Enciclopédia de apologética

Respostas aos críticos da fé cristã

Norman L. Geisler

Enciclopédia de apologética

Tradução
Lailah de Noronha

EDITORA VIDA
Rua Conde de Sarzedas, 246 — Liberdade
CEP 01512-070 — São Paulo, SP
Tel.: 0 xx 11 2618 7000
atendimento@editoravida.com.br
www.editoravida.com.br
@editora_vida /editoravida

Coordenação editorial: Rogério Portella
Tradução: Lailah de Noronha
Edição de texto: Rosa Ferreira
Revisão de provas: Rogério Portella
Diagramação: Imprensa da Fé
Capa: Douglas Lucas

ENCICLOPÉDIA DE APOLOGÉTICA
©1999, por Norman L. Geisler
Título do original:
Baker Encyclopedia of Christian Apologetics
Edição publicada pela da
BAKER BOOK HOUSE COMPANY
(Grand Rapids, Michigan, EUA)

Todos os direitos desta edição em língua
portuguesa são reservados e protegidos por
Editora Vida pela Lei 9.610, de 19/02/1998.

É proibida a reprodução desta obra por quaisquer
meios (físicos, eletrônicos ou digitais), salvo
em breves citações, com indicação da fonte.

■

Exceto em caso de indicação em contrário,
todas as citações bíblicas foram extraídas da
Nova Versão Internacional (NVI)
©1993, 2000, 2011 by *International Bible Society*,
edição publicada por Editora Vida.
Todos os direitos reservados.

Todas as citações bíblicas e de terceiros foram adaptadas
segundo o Acordo Ortográfico da Língua Portuguesa,
assinado em 1990, em vigor desde janeiro de 2009.

■

As opiniões expressas nesta obra refletem
o ponto de vista de seus autores e não são
necessariamente equivalentes às da Editora
Vida ou de sua equipe editorial.

Os nomes das pessoas citadas na obra
foram alterados nos casos em que poderia
surgir alguma situação embaraçosa.

Todos os grifos são do autor, exceto os indicados.

1. edição: 2002
1ª reimp.: jul. 2017
2ª reimp.: mar. 2020
3ª reimp.: jul. 2021
4ª reimp.: jan. 2022
5ª reimp.: mar. 2025

Dados Internacionais de Catalogação na Publicação (CIP)
(Câmara Brasileira do Livro, SP, Brasil)

Geisler, Norman L.
  Enciclopédia de apologética: respostas aos críticos da fé cristã / Norman L.
Geisler; tradução Lailah de Noronha — São Paulo: Editora Vida, 2002.

  Título original: *Baker Encyclopedia of Christian Apologetics*
  ISBN 978-85-7367-560-3

  1. Apologética – Enciclopédias I. Título.

02-3765   CDD 239.03

Índice para catálogo sistemático:
1. Apologética: Cristianismo: Enciclopédias 239.03

Agradecimentos

Quero agradecer às pessoas que contribuíram significativamente na preparação deste manuscrito. Entre elas se acham Steve Bright, Jeff Drauden, Scott Henderson, Mark Dorsett, Holly Hood, Kenny Hood, David Johnson, Trevor Mander, Doug Potter, Mac Craig, Larry Blythe, Jeff Spencer e Frank Turek.

Sou muito grato a Joan Cattell pelas horas incontáveis dedicadas à revisão do manuscrito completo. Também merecem agradecimentos especiais meu filho, David Geisler, por coletar a vasta bibliografia, e minha secretária fiel, Laurel Maugel, que o digitou e revisou cuidadosamente.

Acima de tudo, quero agradecer a minha dedicada esposa, Barbara, seu amor, apoio e sacrifício, que tornaram possível a realização deste projeto.

Abreviações

RA	*Almeida Revista e Atualizada*, segunda edição
AT	Antigo Testamento
ATR	*Anglican Theological Review*
BA	*The Biblical Archaelogist*
BAR	*Biblical Archaelogical Review*
Bib. sac.	*Bibliotheca Sacra*
BJRL	*Bulletin oh the John Rylands Library*
BR	*Bible Review*
c.	cerca de
cap.	capítulo
cf.	confira, confronte
CNBB	Tradução bíblica oficial da Conferência Nacional dos Bispos do Brasil
CRJ	*Christian Research Journal*
CT	*Christianity Today*
e.g.	*exempli gratia*, por exemplo
EB	*Encyclopaedia biblica*
ERE	*Encyclopaedia of religion and ethics*
fr.	francês
GOTR	*Greek Orthodox Theological Review*
gr.	grego
i.e.	*id est*, isto é
IEJ	*Israel Exploration Journal*
ingl.	inglês
ISBE	*International standard bible encyclopaedia*
JAMA	*Journal of the American Medical Association*
JASA	*Journal of the American Scientific Affiliation*
JETS	*Journal of the Evangelical Theological* Society
lat.	latim
LXX	*Septuaginta*
m.	data da morte
n.	data do nascimento
NT	Novo Testamento
NTCERK	*New twentieth century encyclopaedia of religious knowledge*
NVI	*Nova Versão Internacional*
s.	seguinte
SE	*Studia Evangelica*
v.	veja; versículo
WTJ	*Westminster Theological Journal*

Aa

acaso. O conceito de *acaso* evoluiu em significado. *Acaso* para Aristóteles e outros filósofos clássicos era apenas a interseção fortuita de duas ou mais linhas de causalidade. Nos tempos modernos, no entanto, o termo assumiu dois significados diferentes. Alguns vêem o acaso como a ausência de qualquer causa. Como Mortimer Adler afirmou, alguns interpretam o acaso como "o que acontece sem nenhuma causa — o absoluto espontâneo ou fortuito" (Sproul, xv).

Outros vêem o acaso como a grande causa, apesar de ser cega, e não-inteligente. Os naturalistas e materialistas geralmente falam dessa maneira. Por exemplo, desde David Hume, o argumento teleológico tem sido confrontado pela alternativa de que o universo resultou do acaso, não da criação inteligente. Apesar de o próprio Hume não tê-lo feito, alguns entenderam que isso significava que o universo foi causado pelo acaso, não por Deus.

Acaso e teísmo. O *acaso*, concebido ou pela falta de uma causa ou como a própria, causa, é incompatível com o teísmo. Enquanto o acaso reinar, Arthur Koestler observou, "Deus é um anacronismo" (ibid., p. 3). A existência do acaso tira Deus do seu trono cósmico. Deus e o acaso são mutuamente excludentes. Se o acaso existe, Deus não está no controle total do universo. Não pode nem existir um Criador inteligente.

A natureza do acaso. A definição da palavra *acaso* depende parcialmente da cosmovisão a emprega. Dois usos geralmente são confundidos quando falamos sobre a origem das coisas: acaso como PROBABILIDADE matemática e acaso como causa real. O primeiro é apenas abstrato. Quando um dado é jogado, as chances são de um em seis que dará o número seis. A probabilidade é de 1 em 36 que dê seis nos dois dados e 1 em 216 que dê três seis se jogarmos três dados. Essas são probabilidades matemáticas. Mas o acaso não fez que os três dados dessem seis. O que interferiu foi a força e o ângulo do lançamento, a posição inicial na mão, como os dados bateram contra objetos na sua trajetória e outros resultados da inércia. O acaso não teve influência sobre o processo. Como Sproul disse: "O acaso não tem o poder de fazer nada. Ele é cósmica, total e completamente impotente" (ibid., p. 6).

Para que ninguém pense que "viciamos" os dados ao citar um teísta, ouça as palavras de Hume:

> O acaso, quando examinado estritamente, é apenas uma palavra negativa, e não significa qualquer poder real que tenha existência em qualquer parte'. [...] "Apesar de não haver *acaso* no mundo, nossa ignorância da causa real de qualquer evento tem a mesma influência na compreensão, e gera uma mesma espécie de crença ou opinião (Hume, Seção 6).

Atribuir poder causal ao acaso. Herbert Jaki, em *God and the cosmologists* [*Deus e os cosmólogos*], apresenta um capítulo penetrante intitulado "Dados viciados". Ele se refere a Pierre Delbert, que disse: "O acaso aparece hoje como lei, a mais geral de todas as leis" (Delbert, p. 238).

Isso é mágica, não ciência. As leis científicas lidam com o regular, não o irregular (como o acaso é). E as leis da física não causam nada; apenas descrevem a maneira como as coisas acontecem regularmente no mundo como resultado de causas físicas. Da mesma forma, as leis da matemática não causam nada. Elas apenas insistem em que, se eu colocar 5 moedas no meu bolso direito e colocar mais 7, terei 12 moedas ali. As leis da matemática nunca colocaram uma moeda no bolso de ninguém.

O erro básico de fazer do acaso um poder causal foi bem colocado por Sproul: "1. O acaso não é uma entidade. 2. Não-entidades não têm poder porque não existem. 3. Dizer que algo acontece ou é causado pelo *acaso* é atribuir poder instrumental ao nada" (p. 13). Mas é absurdo afirmar que nada produziu algo. O nada sequer existe e, logo, não tem poder para causar algo (v. CAUSALIDADE, PRINCÍPIO DA).

Causa(s) inteligente(s) e resultados do "acaso". Nem todos os eventos do acaso acontecem por fenômenos naturais. Causas inteligentes podem justapor-se ao "acaso". Dois cientistas, trabalhando independentemente a partir de abordagens diferentes, fazem a mesma descoberta. Um ser racional enterra um tesouro. Outro o encontra por acaso ao cavar o alicerce de uma casa.

O que parece ser uma mistura aleatória não está necessariamente isento de propósito racional. Há um propósito racional por trás da criação de uma mistura aleatória de seqüências numéricas num sorteio de loteria. Há um propósito racional para a mistura aleatória de dióxido de carbono que expelimos no ar à nossa volta; senão voltaríamos a respirá-lo e morreríamos de falta de ar. Nesse sentido, Deus, o Criador, e o acaso não são conceitos incompatíveis. Contudo, falar sobre a causa do acaso é absurdo.

Conclusão. Estritamente falando, o acaso não pode causar ou originar o Universo e a vida. Todo evento tem uma causa adequada. As escolhas são causas inteligentes ou causas não-inteligentes, causas naturais ou causas não-naturais. A única maneira de saber de qual delas se trata é pelo tipo de efeito produzido (v. ORIGENS, CIÊNCIA DAS). Já que o universo manifesta criação inteligente, é razoável supor uma causa inteligente (v. TELEOLÓGICO, ARGUMENTO). O acaso ou a casualidade aparente (como a loteria ou a mistura de moléculas de ar) pode ser parte de um desígnio geral, inteligente, na criação.

Fontes

P. DELBERT, *La science et la realité*.
J. GLEICK, *Caos: a criação de uma nova ciência*.
D. HUME, *Investigação sobre o entendimento humano*.
S. JAKI, *God and the cosmologists*.
R. C. SPROUL, *Not a chance*.

acognosticismo. Não deve ser confundido com o AGNOSTICISMO. O agnosticismo afirma que não podemos *conhecer* a Deus; o acognosticismo afirma que não podemos *falar significativamente* (cognitivamente) sobre Deus. Este conceito também é chamado "não-cognoscivismo" ou "ateísmo semântico".

O acognosticismo de A. J. AYER. Seguindo a distinção feita por HUME entre afirmações definidoras e empíricas, A. J. Ayer ofereceu o princípio da verificabilidade empírica. Esse princípio considerava que, para as afirmações serem significantes, devem ser analíticas, a "relação de idéias" (David Hume) ou sintéticas (o que Hume chamou "questões de fato"), isto é, definidoras ou empíricas (Ayer, cap. 1). Afirmações definidoras não têm conteúdo e nada dizem sobre o mundo; afirmações empíricas têm conteúdo, mas não dizem nada sobre qualquer suposta realidade além do mundo empírico. São apenas prováveis quanto à sua natureza e nunca filosoficamente seguras (v. CERTEZA/SEGURANÇA). As afirmações definidoras são úteis em assuntos empíricos e práticos, mas nada podem informar sobre a realidade em qualquer sentido metafísico.

A ausência de sentido na discussão sobre Deus. O resultado do positivismo lógico de Ayer é tão devastador para o teísmo quanto o agnosticismo tradicional. Não é possível conhecer a Deus, nem expressá-lo. Na verdade, o termo *Deus* não tem significado. Portanto, até o agnosticismo tradicional é insustentável, já que o agnóstico presume ser importante perguntar se Deus existe. Mas, para Ayer, a palavra *Deus,* ou qualquer equivalente transcendente, não tem significado. Assim, é impossível ser agnóstico. O termo *Deus* não é nem analítico nem sintético. Não é oferecido pelos teístas como uma definição vazia e sem conteúdo, que a nada corresponde na realidade, nem é um termo cheio de conteúdo empírico, já que "Deus" é supostamente um ser supra-empírico. Portanto, é literariamente sem sentido falar sobre Deus.

Ayer acabou por revisar seu princípio de verificabilidade (v. ibid., cap. 10ss.). Essa nova forma admitiu a possibilidade de algumas experiências empíricas serem seguras, tais como as produzidas por uma única experiência sensorial, e que haja um terceiro tipo de afirmação com alguma verificabilidade analítica ou definidora. Ele não chegou a admitir que a discussão sobre Deus fosse significativa. As experiências verificáveis não seriam verdadeiras, falsas, nem reais, mas apenas significativamente definidoras. Ayer reconheceu que a eliminação eficiente da metafísica deve ser apoiada pela análise detalhada dos argumentos metafísicos (Ayer, cap. 16). Mesmo um princípio revisado de verificabilidade empírica tornaria impossível fazer afirmações significativamente verdadeiras sobre a realidade transempírica como Deus. Não há conhecimento cognitivo de Deus; devemos permanecer "acognósticos".

Inexpressável ou místico. Seguindo a linha proposta por Ludwig WITTGENSTEIN (1889-1951) na obra *Tractatus logico-philosophicus*, Ayer afirmava que, embora Deus possa ser experimentado, tal experiência não pode ser expressa em termos de significado. Wittgenstein acreditava que "a maneira em que as coisas são no mundo é uma questão absolutamente irrelevante para o que é superior. Deus não se revela no mundo". Pois "realmente existem coisas que não podem ser explicadas com palavras [...] Elas compreendem o que é místico", e "o que não podemos expressar com palavras devemos consignar ao silêncio".

Se Deus pudesse expressar-se por meio de nossas palavras, seria "um livro que explodiria todos os livros", mas isso é impossível. Portanto, além de não existir nenhuma revelação proposicional, também não existe nenhum ser cogniscivelmente transcendental. Portanto, quer se considere o princípio da verificabilidade do positivismo lógico mais rígido, quer as limitações lingüísticas mais amplas de Wittgenstein, a discussão sobre Deus é metafisicamente desprovida de sentido.

Wittgenstein acreditava que os jogos de linguagem são possíveis, até mesmo jogos de linguagem religiosa. A discussão sobre Deus pode acontecer e acontece, mas não é metafísica; ela não diz nada sobre a existência e a natureza de Deus.

É desastroso para o teísta que Deus não possa ser conhecido (como em Immanuel KANT) e não possa ser objeto de expressão (como em Ayer). Tanto o agnosticismo tradicional quanto o acognosticismo contemporâneo nos deixam no mesmo dilema filosófico: não há base para afirmações verdadeiras sobre Deus.

A não-falsificabilidade das crenças religiosas. O outro lado do princípio da verificabilidade é o da falsificabilidade. Com base na parábola do jardineiro invisível de John Wisdom, Antony Flew lançou o seguinte desafio aos crentes: "O que precisaria ter acontecido para constituir para você uma prova contra o amor de Deus ou contra a existência de Deus?" (Flew, p. 99). A razão disso é que não se pode permitir que algo seja um ponto a favor da fé em Deus a não ser que haja disposição de permitir que sirva como prova contra ela. Tudo o que tem significado também é falsificável. Não há diferença entre um jardineiro invisível, indetectável, e nenhum jardineiro. Da mesma forma, um Deus que não faz diferença verificável ou falsificável não é Deus. A não ser que o crente possa mostrar como o mundo seria diferente se não houvesse Deus, as condições do mundo não podem ser usadas como evidência. Pouco importa se o teísmo se baseia numa parábola ou num mito, o crente não tem conhecimento significativo ou verificável de Deus. Isso pouco, ou nada, acrescenta ao agnosticismo tradicional de Kant.

Avaliação. Como seu primo, o agnosticismo, o acognosticismo é passível de duras críticas.

Resposta ao acognosticismo de Ayer. Como já foi dito, o princípio da verificabilidade empírica demonstrado por Ayer é contraditório. Não é nem puramente definição nem estritamente fato. Então, pela própria definição, cairia na terceira categoria de afirmações desprovidas de sentido. Ayer reconheceu esse problema e lançou mão de uma terceira categoria para a qual não reivindicava valor de verdade. A verificabilidade, defendia ele, é analítica e definidora, mas não arbitrária ou verdadeira. É *metacognitiva*, ou seja, está além da verificação de exatidão ou falsidade. É apenas útil como guia para o significado. Essa é uma tentativa destinada ao fracasso por duas razões. Em primeiro lugar, ela não chega a eliminar a possibilidade de fazer afirmações metafísicas. Na verdade, admite que não se pode legislar significado arbitrariamente, mas que é preciso considerar o significado das supostas afirmações metafísicas. Mas isso significa que é possível fazer afirmações significativas sobre a realidade, a negação do agnosticismo e acognosticismo completos. Em segundo lugar, restringir o que é significativo é limitar o que poderia ser verdadeiro, já que apenas o significativo pode ser verdadeiro. Então, a tentativa de limitar o significado ao descritivo ou verificável é afirmar que a verdade deve, ela mesma, estar sujeita a algum teste. Se ela não pode ser testada, então não pode ser falsificada e é, pelos próprios padrões, uma crença sem sentido.

Resposta ao misticismo de Wittgenstein. Ludwig Wittgenstein promoveu o acognosticismo auto-ridicularizador. Ele tentou definir os limites da linguagem de tal forma que fosse impossível falar cognitivamente sobre Deus. Deus é literalmente inexprimível. E sobre o que não se pode falar, sequer se deveria tentar falar. Mas Wittgenstein teve tão pouco sucesso na restrição dos limites lingüísticos quanto Kant na delimitação do âmbito dos fenômenos ou da aparência. A própria tentativa de negar todas as afirmações sobre Deus constitui uma afirmação.

Não se pode delimitar a linguagem e o pensamento sem transcender esses mesmos limites. É contraditório expressar o argumento de que o inexprimível não pode ser expressado. Da mesma forma, até mesmo pensar que o impensável não pode ser pensado é contraditório. A linguagem (pensamento) e a realidade não podem ser mutuamente excludentes, pois toda tentativa de separá-las completamente implica alguma interação entre elas. Se uma escada foi usada para chegar ao alto de uma casa, não se pode negar a capacidade da escada de levar o indivíduo até lá (v. VERDADE, NATUREZA DA).

Resposta à não-falsificabilidade de Flew. Duas coisas devem ser ditas sobre o princípio da falsificabilidade de Flew. Em primeiro lugar, no sentido restrito da não-falsificabilidade empírica, ela é muito restritiva. Nem tudo precisa ser empiricamente falsificável. Na verdade, mesmo esse princípio não é empiricamente falsificável. Mas no sentido mais amplo do que é testável e argumentável, certamente o princípio é útil.

A não ser que haja critérios para determinar verdade e falsidade, nenhuma afirmação sobre a verdade pode ser defendida. Tudo, incluindo-se posições diametralmente opostas, pode ser verdadeiro.

Em segundo lugar, nem tudo o que é verificável precisa ser falsificável da mesma maneira. Como John Hick demonstrou, há uma relação assimétrica entre verificabilidade e falsificabilidade. É possível alguém verificar a imortalidade pessoal ao observar conscientemente seu próprio funeral. Mas não é possível provar que a imortalidade pessoal seja falsa. Quem não sobrevive à morte não está lá para refutar nada. E outra pessoa não poderia refutar a imortalidade de uma terceira sem ser onisciente. Mas, se é necessário supor que exista uma mente onisciente ou um Deus onisciente, então seria eminentemente contraditório usar o argumento da falsificação para refutar a existência de Deus. Assim, podemos concluir que toda afirmação sobre a verdade deve ser testável ou argumentável, mas nem todas as afirmações sobre a verdade precisam ser falsificáveis. O estado de inexistência total de qualquer coisa seria impossível de falsificar, já que não haveria ninguém nem maneira de refutá-lo. Por outro lado, a existência de algo é testável por experiência ou inferência.

Fontes

A. J. Ayer, *Language, truth and logic*.
H. Feigel, Logical positivism after thirty-five years, pt, Winter 1964.
A. Flew, Theology and falsification, em *New essays in philosophical theology*.
N. L. Geisler, *Christian apologetics*, cap. 1.
___, *Philosophy of religion*.
J. Hick, *The existence of God*.
I. Ramsay, *Religious language*.
J. Wisdom, Gods, A. Flew, org., *Logic and language I*.
L. Wittgenstein, *Tractatus logico-philosophicus*.

acomodação, teoria da. Na apologética, este termo pode se referir a duas posições: uma delas é aceitável aos evangélicos, e a segunda é rejeitada por eles. A expressão pode se referir à acomodação que Deus fez da sua revelação às nossas circunstâncias finitas a fim de comunicar-se conosco, como na Bíblia ou na Encarnação de Cristo (v. Bíblia, Evidências a favor da; Calvino, João; Cristo, divindade de). Ambas são formas de acomodação autolimitadora da parte de Deus a fim de comunicar-se com criaturas finitas.

Críticos negativos da Bíblia (v. Crítica da Bíblia) acreditam que Jesus se acomodou a posições errôneas dos judeus de sua época quanto à sua convicção de que as Escrituras eram inspiradas e infalíveis (v. Bíblia, Posição de Jesus em relação à). Teólogos ortodoxos rejeitam essa forma de acomodação.

Dois tipos de acomodação. A acomodação legítima pode ser mais bem denominada "adaptação". Deus, por causa de sua infinitude, se *adapta* ao nosso entendimento finito para se revelar. Mas o Deus que é a verdade nunca se acomoda ao erro humano. As diferenças vitais são observados facilmente quando esses conceitos são comparados:

Adaptação	Acomodação
Adaptação ao entendimento finito	Acomodação ao erro finito
Finitude	Pecaminosidade
Verdades parciais	Erros verdadeiros
Verdade revelada na linguagem humana	Verdade mascarada na linguagem humana
Condescender com a verdade	Comprometer a verdade
Antropomorfismos são necessários	Mitos são verdades
A natureza de Deus é revelada	A atividade de Deus é revelada
O que parece ser	O que realmente é

A Bíblia ensina a transcendência de Deus. Seus caminhos e pensamentos são muito mais altos que os nossos (Is 55.9; Rm 11.33). Os seres humanos são minúsculos diante da infinitude de Deus. Deus precisa "tornar-se menor" para falar conosco, mas esse ato divino de adaptação à nossa finitude jamais envolve acomodação ao nosso pecado, pois Deus não pode pecar (Hb 6.18). Deus usa antropomorfismos (expressões verdadeiras de quem Deus é descritas em termos humanos) para falar conosco, mas não usa mitos. Às vezes nos dá apenas parte da verdade, mas essa verdade parcial jamais constitui erro (1Co 13.12). Ele se revela progressivamente, mas nunca erroneamente (v. Revelação Progressiva). Ele nem sempre nos diz *tudo*, mas tudo o que nos diz é verdadeiro.

Jesus e a acomodação. Sabe-se bem que no NT Jesus expressou uma concepção muito elevada das Escrituras (v. Bíblia, a posição de Jesus em relação à). Ele aceitava a autoridade divina (Mt 4.4,7,10), a validade eterna (Mt 5.17,18), a inspiração divina (Mt 22.43), a imutabilidade (Jo 10.35), a supremacia (Mt 15.3,6), a inerrância (Mt 22.29; Jo 17.17), a confiabilidade histórica (Mt 12.40; 24.37,38) e a precisão científica (Mt 19.4,5) das Escrituras. Para evitar a conclusão de que Jesus estava realmente afirmando que tudo isso é verdade, alguns críticos insistem que ele estava apenas se acomodando à crença judaica da época, sem tentar derrubar as convicções deles. Tais idéias errôneas teriam sido o ponto de partida do que ele queria lhes ensinar sobre questões mais importantes de moralidade e teologia.

A acomodação é contrária à vida de Jesus. Tudo que se sabe sobre a vida e os ensinamentos de Jesus revela que ele jamais se acomodou aos falsos ensinamentos da época. Pelo contrário, Jesus repreendeu os que aceitavam o pensamento judaico que contradizia a Bíblia, declarando: "... E por que vocês transgridem o mandamento de Deus por causa da tradição de vocês? [...] Assim, por causa da sua tradição, vocês anulam a palavra de Deus" (Mt 15.3,6*b*).

Jesus corrigiu opiniões falsas sobre a Bíblia. Por exemplo, no famoso Sermão do Monte, Jesus afirmou enfaticamente:

> Vocês ouviram o que foi dito aos seus antepassados: 'Não matarás', e 'quem matar estará sujeito a julgamento'. Mas eu lhes digo que qualquer que se irar contra seu irmão estará sujeito a julgamento (Mt 5.21, 22*a*).

Esta fórmula ou a fórmula semelhante de "Foi dito: ... Eu, porém, vos digo..." é repetida nos versículos seguintes (cf. Mt 5.23-43).

Ele repreendeu o famoso líder judeu Nicodemos: "Você é mestre em Israel e não entende essas coisas?" (Jo 3.10). Isso não é se acomodar às falsas crenças de seus interlocutores. Ele até repreendeu Nicodemos por não entender coisas empíricas, dizendo: "Eu lhes falei de coisas terrenas e vocês não creram; como crerão se lhes falar de coisas celestiais?" (Jo 3.12). Ao falar especificamente sobre a interpretação errada deles sobre as Escrituras, Jesus disse diretamente aos saduceus: "Vocês estão enganados porque não conhecem as Escrituras nem o poder de Deus" (Mt 22.29).

As denúncias de Jesus contra os fariseus de maneira alguma poderiam ser classificadas como acomodação.

> Ai de vocês, guias cegos!" [...] Ai de vocês, mestres da lei e fariseus, hipócritas! [...] Guias cegos! Vocês coam um mosquito e engolem um camelo. Ai de vocês, mestres da lei e dos fariseus, hipócritas! [...] Serpentes! Raça de víboras! Como vocês escaparão da condenação ao inferno? (Mt 23.16-33).

Jesus fez tanta questão de não se acomodar aos falsos ensinamentos e práticas no Templo que

> ...ele fez um chicote de cordas e expulsou todos do templo, bem como as ovelhas e os bois; espalhou as moedas dos cambistas e virou suas mesas. Aos que vendiam pombas disse: 'Tirem estas coisas daqui! Parem de fazer da casa de meu pai um mercado! (Jo 2.15,16).

Até os inimigos de Jesus reconheciam que ele não fazia concessões. Os fariseus disseram: "Mestre, sabemos que és íntegro e que ensinas o caminho de Deus conforme a verdade. Tu não te deixas influenciar por ninguém, porque não te prendes à aparência dos homens" (Mt 22.16). Nada no evangelho indica que Jesus tenha se acomodado ao erro aceito por seus contemporâneos acerca de qualquer assunto.

A acomodação é contrária ao caráter de Jesus. Do ponto de vista puramente humano, Jesus era conhecido por ser um homem de grande caráter moral. Seus amigos mais próximos o consideravam impecável (1Jo 3.3; 4.17; 1Pe 1.19). As multidões se maravilhavam com seus ensinamentos "porque ele as ensinava como quem tem autoridade, e não como os mestres da lei" (Mt 7.29).

Pilatos examinou Jesus e declarou: "Não encontro motivo para acusar este homem" (Lc 23.4). O soldado romano que crucificou Jesus exclamou: "Certamente, este homem era justo" (Lc 23.47). Até incrédulos prestaram homenagem a Cristo. Ernest Renan, famoso ateu francês, declarou sobre Jesus: "Seu idealismo perfeito é a mais elevada regra de vida impecável e virtuosa" (Renan, p. 383). Renan também escreveu: "Vamos colocar, então, a pessoa de Jesus no ponto mais alto da grandeza humana" (ibid., p. 386) e "Jesus continua sendo um princípio inesgotável de regeneração moral para a humanidade" (ibid., p. 388).

Do ponto de vista bíblico, Jesus era o Filho de Deus e por isso não podia mentir, pois Deus "não mente" (Tt 1.2). Realmente, "é impossível que Deus minta" (Hb 6.18). Sua "palavra é a verdade" (Jo 17.17). "Seja Deus verdadeiro, e todo homem mentiroso" (Rm 3.4). Seja qual for a autolimitação divina necessária para a comunicação com os seres humanos, não há pecado, pois Deus não pode pecar. É algo contrário à sua natureza.

Uma objeção é respondida. É verdade que Deus se adapta às limitações humanas para comunicar-se conosco. Jesus, que era Deus, também era um ser humano. Como ser humano, seu conhecimento era limitado. Isso é revelado em várias passagens das Escrituras. Primeiramente, quando criança, "ia crescendo em sabedoria" (Lc 2.52). Mesmo quando adulto seu conhecimento tinha certas limitações. Segundo Mateus, Jesus não sabia o que havia na figueira antes de chegar perto dela (Mt 21.19). Jesus disse que não sabia a hora de sua Segunda Vinda: "Quanto ao dia e à hora ninguém sabe, nem os anjos dos céus, *nem o Filho*, senão somente o Pai" (Mt 24.36; grifo do autor).

Mas, apesar das limitações do conhecimento humano de Jesus, limites são diferentes de falso conhecimento. O fato de ele não saber algumas coisas como homem não quer dizer que estava errado sobre o que sabia. O fato de Jesus desconher, como homem, a hipótese documentária (teoria JEDP) sobre a autoria da Lei é uma coisa. Mas é bem diferente dizer que Jesus estava errado quando afirmou que Davi escreveu o salmo 110 (Mt 22.43), que Moisés escreveu a Lei (Lc 24.27; Jo 7.19, 23), ou que Daniel escreveu uma profecia (Mt 24.15; v. BÍBLIA, A POSIÇÃO DE JESUS EM RELAÇÃO À). As limitações de Jesus sobre coisas que não sabia como homem não o impediam de afirmar verdadeiramente o que de fato sabia (v. PENTATEUCO, AUTORIA MOSAICA DO; PROFECIA, COMO PROVA DA BÍBLIA).

O que Jesus sabia, ensinou com autoridade divina. Ele disse aos seus discípulos:

Foi-me dada toda a autoridade nos céus e na terra. Portanto, vão e façam discípulos de todas as nações, batizando-os em nome do Pai e do Filho e do espírito santo, ensinando-os a obedecer a tudo o que eu lhes ordenei. E eu estarei sempre com vocês, até o fim dos tempos (Mt 28.18-20).

Ele ensinou com ênfase. No evangelho de João, Jesus disse 25 vezes: "Digo-lhe a verdade..." (Jo 3.3,5,11). Ele afirmou que suas palavras valiam tanto quanto as de Deus, ao declarar: "Os céus e a terra passarão, mas as minhas palavras jamais passarão" (Mt 24.35). Além disso, Jesus ensinou apenas o que o Pai lhe ordenara ensinar. Ele disse: "... nada faço de mim mesmo; mas falo exatamente como o que Pai me ensinou" (Jo 8.28*b*). E acrescentou: "Por mim mesmo, nada posso fazer; eu julgo apenas conforme ouço, e o meu julgamento é justo, pois não procuro agradar a mim mesmo, mas àquele que me enviou" (Jo 5.30). Assim, acusar Jesus de errar é acusar Deus Pai de errar, já que ele só falava o que o Pai lhe dissera.

Resumo. Não há evidência de que Jesus tenha se acomodado ao erro humano em qualquer coisa que ensinou. Nem há qualquer indicação de que sua autolimitação na Encarnação tenha resultado em erro. Ele jamais ensinou algo nas áreas em que a Encarnação o limitara como homem. E o que ensinou, afirmou com a autoridade do Pai, detendo toda autoridade no céu e na terra.

Fontes
Accommodation, ISBE.
N. L. GEISLER, *Christian apologetics*, cap. 18.
E. RENAN, *The life of Jesus*.
J. W. WENHAM, *Christ and the Bible*.

Adão, historicidade de. Estudiosos da crítica bíblica geralmente consideram os primeiros capítulos de Gênesis mito (v. ARQUEOLOGIA DO AT; DILÚVIO DE NOÉ, MITO E). Eles indicam o estilo poético do texto, o paralelismo dos primeiros capítulos de Gênesis com outros mitos antigos, a suposta contradição entre o texto com a evolução (v. EVOLUÇÃO BIOLÓGICA; EVOLUÇÃO HUMANA) e a data recente de Adão na Bíblia (c. 4000 a.C.), que é contrária à datação científica dos primeiros humanos como muito mais antigos. Consideram tudo isso evidência de que a história de Adão e Eva é mítica. No entanto, a Bíblia apresenta Adão e Eva como pessoas reais, que tiveram filhos reais, dos quais descendeu o restante da raça humana (cf. Gn 5.1ss.).

Adão e Eva históricos. Há bons motivos para crer que Adão e Eva foram personagens históricas. Em primeiro lugar, Gênesis 1 e 2 apresentam-nos como pessoas reais e até narram os eventos importantes da vida deles. Em segundo lugar, geraram filhos literais que fizeram o mesmo (Gn 4,5). Em terceiro lugar, o mesmo tipo de frase ("Este é o registro", "são estas as gerações"), usada para registrar a história mais tarde em Gênesis (e.g., 6.9; 10.1; 11.10,27; 25.12,19), é usada para o registro da criação (2.4) e para Adão e Eva e seus descendentes (Gn 5.1; v. PENTATEUCO, AUTORIA MOSAICA DO). Em quarto lugar, outras cronologias posteriores do AT colocam Adão encabeçando as listas (Gn 5.1; 1Cr 1.1). Em quinto lugar, o NT designa Adão o primeiro dos ancestrais literais de Jesus (Lc 3.38). Em sexto lugar, Jesus referiu-se a Adão e Eva como os primeiros "homem e mulher" literais, fazendo da união deles a base para o casamento (Mt 19.4). Em sétimo lugar, Romanos declara que a morte literal foi trazida ao mundo por "um homem" real — Adão (5.12,14). Em oitavo lugar, a comparação de Adão (o "primeiro Adão") com Cristo (o "último Adão") em 1 Coríntios 15.45 manifesta que Adão era considerado pessoa literal e histórica. Em nono lugar, a declaração de Paulo: "primeiro foi formado Adão, e depois Eva" (1Tm 2.13,14) revela tratar-se de pessoas reais. Em décimo lugar, logicamente devia haver o primeiro par real de seres humanos, homem e mulher, senão a raça não poderia continuar. A Bíblia chama esse casal literal "Adão e Eva", e não há motivo para duvidar de sua verdadeira existência.

Objeções à historicidade. O estilo poético de Gênesis 1. Apesar da pressuposição comum do contrário e da bela linguagem de Gênesis 1 e 2, o registro da criação não é poesia. Apesar de haver um possível paralelismo de idéias entre os três primeiros e os três ultimos dias, essa não é a forma típica da poesia hebraica, que envolve o uso de duplas em paralelismo. A comparação com Salmos ou Provérbios mostrará claramente a diferença. Gênesis 2 não possui nenhum paralelismo poético. Pelo contrário, o registro da criação é igual a qualquer outra narrativa histórica no AT. O registro é introduzido como outros registros históricos em Gênesis, com a frase "Esta é a história ..." (Gn 2.4; 5.1). Jesus e autores do NT referem-se aos eventos da criação como históricos (cf. Mt 19.4; Rm 5.14; 1Co 15.45; 1Tm 2.13,14). As tabuinhas encontradas em Ebla acrescentaram um testemunho antigo e extrabíblico sobre a criação divina *ex nihilo* (v. CRIAÇÃO, TEORIAS DA).

Contradição com a evolução. O registro da criação de Gênesis contradiz a macroevolução. Gênesis narra a criação de Adão do pó da terra, não de sua evolução a partir de outros animais (Gn 2.7). Fala da criação direta e imediata por ordem de Deus, não por longos processos naturais (cf. Gn 1.1,3,6,9,21,27). Eva foi criada a partir de Adão; ela não evoluiu separadamente. Adão era um ser inteligente que sabia falar uma língua, era capaz de estudar e nomear os animais, e realizar atividades para sustentar-se. Ele não era um semiprimata ignorante (v. EVOLUÇÃO TEÍSTA).

No entanto, ainda que se admita o fato do registro de Gênesis contradizer a macroevolução, concluir que Gênesis está errado e a evolução está certa é incorrer no erro conhecido por petição de princípio. Na verdade, há evidências científicas suficientes para criticar a macroevolução e suas afirmações. V. artigos sob o tópico EVOLUÇÃO.

Objeção à data recente. A data bíblica, tradicional para a criação de Adão (c. 4000 a.C.) é muito recente para se encaixar na evidência de fósseis antigos de aparência humana, que variam de dezenas de milhares a centenas de milhares de anos. A data mais antiga para o surgimento da humanidade baseia-se em métodos científicos de datação e na análise de fragmentos ósseos.

No entanto, há suposições falsas ou contestáveis nessa objeção. Em primeiro lugar, supõe-se que basta adicionar todos os registros genealógicos de Gênesis 5 e 11 e, assim, chegar à data aproximada de 4000 a.C. para a criação de Adão. Isso, todavia, é baseado na falsa suposição de que não existam lacunas nessas listas, que de fato existem (v. GENEALOGIAS ABERTAS OU FECHADAS).

Essa objeção também supõe que o método de datação de fósseis humanos antigos é preciso. Mas esses métodos estão sujeitos a muitas variáveis, incluindo-se a mudança de condições atmosféricas, a contaminação de amostras e mudanças da taxa de decomposição (v. CIÊNCIA E A BÍBLIA e DATAÇÃO CIENTÍFICA).

Presume-se que os fósseis antigos de aparência humana descobertos realmente seriam seres humanos criados à imagem de Deus. Mas essa é uma pressuposição questionável. Muitas dessas descobertas estão de tal modo fragmentadas de modo que a reconstrução é muito especulativa. O chamado "homem de Nebraska" foi "elaborado", na verdade, a partir de um dente de uma raça extinta de porcos! A identificação fora baseada num único dente. O "homem de Piltdown" era uma fraude. Identificar uma criatura pelos ossos, ainda mais por fragmentos ósseos, é altamente especulativo.

Pode ter havido criaturas de aparência quase humana que eram morfologicamente semelhantes aos seres humanos, mas não foram criadas à imagem de Deus. A estrutura óssea não pode provar que havia uma alma imortal feita à imagem de Deus dentro do corpo. A evidência da fabricação de ferramentas simples não prova nada. Sabe-se que animais (macacos, focas e pássaros) são capazes de usar ferramentas simples.

Essa objeção também pressupõe que os "dias" de Gênesis são dias solares de 24 horas. Isso não é certeza, já que *dia* em Gênesis é usado para todos os seis dias (cf. Gn 2.4). E o "sétimo dia", em que Deus descansou, ainda continua, milhares de anos depois (cf. Hb 4.4-6; *v.* GÊNESIS, DIAS DE).

É impossível afirmar que Gênesis não é histórico. Na verdade, dadas as pressuposições não provadas, a história de má interpretação dos fósseis antigos e a pressuposição errônea de que não haja lacunas nas genealogias bíblicas de Gênesis 5 e 11, os argumentos contra a historicidade de Adão e Eva são falhos e falsos.

Fontes

G. L. ARCHER, Jr. *Enciclopédia de temas bíblicos*

A. CUSTANCE, *Genesis and early man.*

N. L. GEISLER & T. HOWE, *Manual popular de dúvidas, enigmas e "contradições" da Bíblia.*

R. C. NEWMAN, *Genesis and the origin of the earth.*

B. RAMM, *The Christian view of science and Scripture.*

agnosticismo. Este termo *provém* de duas palavras gregas (*a*, "não"; *gnōsis* "conhecimento"). O termo *agnosticismo* foi criado por T. H. Huxley. Significa literalmente "não-conhecimento", o oposto de gnosticismo (Huxley, v. 5; v. GNOSTICISMO). Logo, o agnóstico é alguém que alega não conhecer. Quando aplicado ao conhecimento de Deus, há dois tipos básicos de agnósticos: os que afirmam que a existência e a natureza de Deus não são conhecidas, e os que acreditam que não se pode conhecer a Deus (v. ANALOGIA, PRINCÍPIO DA; DEUS, EVIDÊNCIAS DE). Já que o primeiro tipo não elimina todo o conhecimento religioso, daremos atenção aqui ao segundo.

Mais de cem anos antes de Huxley (1825-1895), as obras de David HUME (1711-1776) e Immanuel KANT (1724-1804) lançaram a base filosófica do agnosticismo. Grande parte da filosofia moderna simplesmente pressupõe a validade geral dos tipos de argumentos que eles estabeleceram.

O ceticismo de Hume. O próprio Kant era racionalista (v. RACIONALISMO) até que foi "despertado do sono dogmático" ao ler Hume. Tecnicamente falando as posições de Hume são céticas, mas servem aos propósitos agnósticos. O raciocínio de Hume baseia-se na afirmação de que há apenas dois tipos de afirmações significantes.

Se tomarmos nas nossas mãos qualquer livro, de teologia ou metafísica, por exemplo, ele conterá qualquer raciocínio abstrato relativo a quantidade ou número? Não. Contém algum raciocínio experimental relativo aos fatos e à existência? Não. Então lance-o no fogo, pois não pode conter nada além de sofismas e ilusão" (*Investigação sobre o entendimento humano*).

Qualquer afirmação que não seja puramente a relação de idéias (definidoras ou matemáticas) por um lado, nem uma questão de fatos (empíricos ou reais), por outro, é insignificante. É claro que nenhuma das afirmativas sobre Deus se encaixa nessas categorias, logo o conhecimento de Deus torna-se impossível (v. ACOGNOSTICISMO).

Atomismo empírico. Além disso, todas as sensações são vivenciadas "totalmente soltas e separadas". Conexões causais são feitas pela mente só depois de observada a conjunção constante dos elementos constantes da experiência. O que a pessoa realmente vivencia é apenas uma série de sensações desconexas e separadas. Na verdade, não há conhecimento direto nem do próprio "eu", porque tudo o que sabemos sobre nós mesmos é o conjunto desconexo de impressões sensoriais. Faz sentido falar de conexões feitas apenas na mente *a priori* ou independentemente da experiência. Então, a partir da experiência não pode haver conexões conhecidas e, certamente, não há conexões necessárias. Todas as questões experimentais implicam na possível realidade que lhe é contrária.

Causalidade baseada no costume. Segundo Hume, "todo raciocínio relativo a questões de fato parece ser fundamentado na relação de *causa e efeito* [...] Só por meio dessa relação podemos ir além da evidência da nossa memória e dos nossos sentidos" (Hume IV, p. 2; v. CAUSALIDADE, PRINCÍPIO DA; PRIMEIROS PRINCÍPIOS). E o conhecimento da relação de causa e efeito não é *a priori*, mas surge inteiramente a partir da experiência. Sempre há a possibilidade da falácia *post hoc* — ou seja, que certas coisas acontecem geralmente *depois* de outros eventos (até regularmente), mas não são realmente causadas por eles. Por exemplo, o sol nasce regularmente *depois* que o galo canta, mas certamente não *porque* o galo canta. Não é possível conhecer as conexões causais e, sem o conhecimento da Causa deste mundo, por exemplo, tudo o que resta ao indivíduo é o agnosticismo a respeito desse suposto Deus.

Conhecimento por analogia. Mesmo supondo que todo evento é causado, não podemos ter certeza sobre o que o causa. Assim, no famoso *Diálogos sobre a religião natural*, Hume defende que a causa do universo pode ser: 1) diferente da inteligência humana, já que as invenções humanas são diferentes da natureza; 2) finita, já que o efeito é finito e só é necessário inferir a causa adequada para o efeito; 3) imperfeita, já que existem imperfeições na natureza; 4) múltipla, pois a criação do mundo se parece mais com o produto de tentativas e erros de muitas divindades em cooperação; 5) masculina e feminina, já que essa é a maneira de os humanos serem gerados; e 6) antropomórfica, com mãos, nariz, olhos e outras partes do corpo como as de suas criaturas. Logo, a analogia nos deixa no ceticismo sobre a natureza de qualquer suposta Causa do mundo.

Agnosticismo de Kant. As obras de Hume influenciaram muito o pensamento de Kant. Antes de lê-las, Kant defendia uma forma de racionalismo segundo a tradição de Gottfried LEIBNIZ (1646-1716). Leibniz, bem como Christian Freiherr von WOLFF (1679-1754), que o seguiu, acreditava que a realidade podia ser conhecida racionalmente e que o teísmo era demonstrável. Foram as obras de Kant que acabaram abruptamente com esse tipo de pensamento no mundo filosófico.

A impossibilidade de conhecer a realidade. Kant concedia à tradição racional de Leibniz uma dimensão racional, *a priori*, do conhecimento, ou seja, a forma de todo conhecimento é independente da experiência. Por outro lado, Kant concordava com Hume e com os empiristas que o conteúdo de todo tipo de conhecimento vinha por meio dos sentidos. A matéria-prima do conhecimento é fornecida pelos sentidos, mas a estrutura do conhecimento é adquirida posteriormente na mente. Essa síntese criativa resolvia o problema do racionalismo e do empirismo. No entanto, o resultado infeliz dessa síntese é o agnosticismo, pois, se não é possível saber nada antes que seja estruturado pela sensação (tempo e espaço) e pelas categorias do conhecimento (tais como unidade e causalidade), então não há como ir além do próprio ser e saber o que realmente era antes de o termos assim formado. Isto é, a pessoa só pode saber o que o objeto é para ela, mas nunca o que ele de fato é. Somente o aspecto fenomenológico, mas não o numênico, pode ser conhecido. Devemos permanecer agnósticos sobre a realidade. Só sabemos que algo existe, mas nunca saberemos o que é (Kant. p. 173ss.).

As antinomias da razão humana. Além de existir um abismo intransponível entre *conhecer* e *ser*, entre as *categorias do nosso conhecimento* e a *natureza da realidade*, contradições inevitáveis também resultam quando começamos a atravessar esse limite (Kant, p. 393ss.). Por exemplo, há a antinomia da causalidade. Se todas as coisas são causadas, então não pode haver uma causa inicial, e séries causais devem começar no infinito. Mas é impossível que a série seja infinita e também tenha começo. Esse é o paradoxo que resulta da aplicação da categoria da causalidade à realidade.

Esses argumentos não esgotam o arsenal do agnóstico, mas são a base do argumento "Deus não pode ser conhecido". No entanto, mesmo alguns que não estão dispostos a admitir a validade desses argumentos optam pelo *agnosticismo* mais sutil. Tal é o caso da linha de pensamento chamada positivismo lógico.

Positivismo lógico. Também chamado empirismo lógico é uma filosofia de lógica e linguagem que procura descrever toda realidade em termos sensoriais ou experimentais. Suas idéias originais foram desenvolvidas pelo filósofo Auguste COMTE (1798-1857). Suas implicações teológicas foram descritas por A. J. AYER (1910-1989) mediante seu "princípio da verificabilidade empírica". Ayer alegava que seres humanos não podem analisar ou definir o Deus infinito, logo tudo o que se fala sobre Deus é tolice. A idéia de conhecer ou versar sobre um ser numênico é absurda. Não se deve nem usar o termo *Deus*. Assim, até o agnosticismo tradicional é insustentável. O agnóstico pergunta se Deus existe. Para o positivista, a própria pergunta é insignificante. Assim, é impossível ser agnóstico.

Por incrível que pareça, o ACOGNOSTICISMO de Ayer não negava automaticamente a possibilidade da experiência religiosa, como o agnosticismo. É possível experimentar Deus, mas esse contato com o infinito jamais poderia ser expresso de forma significativa, então é inútil, exceto para o receptor dessa maravilha. O positivista lógico Ludwig WITTGENSTEIN (1889-1951) talvez tenha sido mais coerente ao propor um tipo deísta de restrição ao pensamento positivista (v. DEÍSMO). Se é improfícuo falar sobre Deus ou mesmo usar o termo, então qualquer ser infinito teria o mesmo problema com relação ao que é físico. Wittgenstein negava que Deus pudesse estar preocupado com o mundo ou revelar-se a ele. Entre os âmbitos numênico e fenomenológico só pode haver silêncio. Em resumo, para os não-cognitivistas religiosos Ayer e Wittgenstein, o acognosticismo metafísico é o resultado final da análise da linguagem (v. ANALOGIA, PRINCÍPIO DA).

Não-falsificável. Antony FLEW desenvolveu uma filosofia agnóstica a partir de outra nuança das limitações da linguagem e da consciência do divino. Pode ou não existir um Deus; não é possível provar qualquer das duas teses empiricamente. Então, não é possível acreditar legitimamente em nenhuma delas. Para ser verificável, um argumento deve ser capaz de ser demonstrado falso. Deus deve ser demonstrado, de um jeito ou de outro, para fazer diferença. A não ser que o teísta possa enfrentar esse desafio, a impressão que fica é que ele tem o que R. M. Hare denominou "blik", ou falha de raciocínio (Flew, p. 100). Isto é, ele tem uma crença não-falsificável (portanto injustificada) em Deus, apesar de todos os fatos ou condições circunstanciais.

Lógica do agnosticismo. Há duas formas de *agnosticismo*. A forma fraca simplesmente afirma que Deus é desconhecido. Isso, é claro, abre a possibilidade de conhecer a Deus e torna possível que alguns conheçam a Deus. Assim, esse agnosticismo não ameaça o teísmo cristão. A forma mais forte de agnosticismo é o cristianismo são incompatíveis entre si, pois ela afirma que Deus é incognoscível.

Outra distinção deve ser feita: existe o agnosticismo ilimitado e o limitado. O primeiro afirma que tanto Deus quanto toda realidade são incognoscíveis. O segundo afirma apenas que Deus é parcialmente incognoscível dadas as limitações da finitude e do pecado humanos. Esta segunda forma de agnosticismo pode ser admitida por cristãos como possível e desejável.

Isso deixa três alternativas básicas relativas ao conhecimento de Deus.

1. Não podemos saber nada sobre Deus; ele é incognoscível.
2. Podemos saber tudo sobre Deus; ele pode ser conhecido plenamente.
3. Podemos saber alguma coisa, mas não tudo; Deus é parcialmente cognoscível.

A primeira posição é *agnosticismo*; a segunda, *dogmatismo*, e a última, *realismo*. A posição dogmática é improvável. É necessário ser infinito para conhecer plenamente o Ser infinito. Poucos teístas (provavelmente nenhum deles) defenderam seriamente esse tipo de dogmatismo.

No entanto, os teístas (v. TEÍSMO) às vezes argumentam como se o agnosticismo parcial também fosse errado. A forma que esse argumento assume é que o agnosticismo é errado simplesmente porque não se pode saber se algo relativo à realidade é incognoscível sem ter algum conhecimento sobre ele. Mas essa lógica está errada. Não há contradição em dizer: "Eu sei o suficiente sobre a realidade para afirmar que existem algumas coisas sobre ela que eu não posso saber". Por exemplo, podemos saber o suficiente sobre técnicas de observação e relato para dizer que é impossível sabermos a população exata do mundo num determinado instante (incognoscibilidade na prática). Da mesma forma, podemos saber o suficiente sobre a natureza da finitude para dizer que é impossível a seres finitos conhecer completamente um ser infinito. Então, o cristão só tem controvérsia com o agnóstico pleno, que descarta na prática e na teoria todo conhecimento de Deus.

Agnosticismo contraproducente. O agnosticismo completo reduz-se à afirmação autodestrutiva: (v. AFIRMAÇÕES CONTRADITÓRIAS) "conhecemos o suficiente sobre a realidade para afirmar que nada pode ser conhecido sobre ela" (v. LÓGICA). Essa afirmação é contraditória. Quem sabe algo sobre a realidade não pode afirmar ao mesmo tempo que toda realidade é incognoscível. E quem não sabe absolutamente nada sobre a realidade não tem base para fazer uma afirmação sobre a realidade. Não é suficiente dizer que o conhecimento da realidade só pode ser pura e completamente negativo, isto é, o conhecimento só pode dizer o que a realidade não é. Toda afirmação negativa pressupõe uma afirmação positiva; não se pode afirmar significativamente que alguma coisa não é e estar completamente desprovido de conhecimento dessa coisa. Conclui-se que o agnosticismo total derrota a si mesmo. Ele presume o conhecimento da realidade para negar todo o conhecimento dela.

Alguns já tentaram evitar essa crítica transformando seu ceticismo em pergunta: "O que eu sei sobre a realidade?". Mas isso só adia o dilema. Agnósticos e cristãos devem responder essa pergunta, mas a resposta separa o agnóstico do realista: "Eu posso saber alguma coisa sobre Deus" é bem diferente de "Não posso saber nada sobre Deus". Quando a segunda resposta é dada, uma afirmação contraditória foi evidentemente apresentada.

Nem adianta recorrer à mudez e não dizer nada. Os pensamentos podem ser tão auto-ridicularizantes quanto as afirmações. Quem assume a postura de mudez sequer pode pensar que não sabe absolutamente nada sobre a realidade sem que isso implique conhecimento sobre a realidade.

Alguém pode estar disposto a admitir que o conhecimento sobre a realidade finita é possível, mas não sobre a realidade infinita, o tipo de realidade em questão no teísmo cristão. Nesse caso, a posição não é mais agnosticismo completo, pois afirma que algo pode ser conhecido sobre a realidade. Isso dá espaço para discutir se a realidade é finita ou infinita, pessoal ou impessoal. Essa discussão vai além da questão do agnosticismo para debater o deísmo finito e o teísmo.

O agnosticismo contraproducente de Kant. O argumento proposto por Kant de que as categorias de pensamento (tais como unidade e causalidade) não se aplicam à realidade também é falho. A não ser que as categorias da realidade correspondessem às categorias da mente, nenhuma afirmação poderia ser feita sobre a realidade, nem mesmo a afirmação feita por Kant. A não ser que o mundo real fosse inteligível, nenhuma afirmação sobre ele se aplicaria. É necessária uma pré-formação da mente à realidade para falar algo sobre ela — positivo ou negativo. De outra forma, estaremos pensando sobre uma realidade inimaginável.

Pode-se apresentar o argumento de que o agnóstico não precisa fazer nenhuma afirmação sobre a realidade, mas apenas definir os limites do que podemos saber. Mesmo tal argumento, no entanto, é contraditório. Dizer que alguém não pode saber mais que os limites do fenômeno ou da aparência é como tentar fazer uma linha na areia com as duas pernas. Estabelecer limites tão firmes equivale a ultrapassá-los. Não é possível afirmar que a aparência termina aqui e a realidade começa ali a não ser que se possa ver até certa distância do outro lado. Como alguém pode saber a diferença entre aparência e realidade se não viu o suficiente da aparência e da realidade para fazer a comparação?

Outra dimensão contraditória é sugerida na admissão de Kant: o número existe, mas não sabe *o que* é. Será possível saber que algo existe sem saber nada sobre ele? O conhecimento não implica algum conhecimento das características? Mesmo uma criatura estranha nunca vista anteriormente só poderia ser identificada se tivesse algumas características reconhecíveis como tamanho, cor ou movimento. Até algo invisível deve deixar algum efeito ou vestígio para ser observado. Não é preciso conhecer a origem ou função de uma coisa ou um fenômeno. Mas certamente ele foi observado, ou o observador não poderia saber que ele existe. Não é possível declarar *que* algo existe sem simultaneamente afirmar *o que* ele é. Além disso, Kant reconheceu no número a "fonte" incognoscível da aparência que recebemos. Tudo isso é informativo sobre o real; existe uma fonte real, essencial de impressões. Isso é menos que o agnosticismo completo.

Outras formas de ceticismo. *O ceticismo de Hume.* A tentativa cética geral de anular todo julgamento sobre a realidade também é contraditório, já que implica julgamento sobre a realidade. De que outra maneira alguém saberia que suspender todo julgamento sobre a realidade é o melhor caminho, a não ser que realmente soubesse que a realidade é incognoscível? O ceticismo implica agnosticismo; conforme demonstrado acima, o agnosticismo implica conhecimento sobre a realidade. O ceticismo ilimitado que elogia a suspensão de todo o julgamento sobre a realidade implica um julgamento demasiado abrangente sobre a realidade. Por que desestimular todas as tentativas de chegar à verdade, a não ser que se saiba de antemão que são fúteis? E como se pode ter essa informação de antemão sem já saber algo sobre a realidade?

A alegação feita por Hume de que todas as afirmações significativas são uma relação de idéias ou questões de fato quebra suas próprias regras. A afirmação não se encaixa em nenhuma das duas categorias. Logo, por definição, é sem sentido. Não poderia ser absolutamente uma relação de idéias, porque nesse caso não descreveria a realidade, como dá a entender. Não é puramente uma afirmação fatual porque alega cobrir mais que assuntos empíricos. Em resumo, a distinção de Hume é a base para o princípio da verificabilidade empírica de Ayer, e o princípio da verificabilidade em si não é empiricamente verificável (v. AYER, A. J.)

O atomismo empírico radical de Hume no qual todos os eventos são "completamente desconexos e separados", e o próprio "eu" é apenas um amontoado de impressões sensoriais é inexeqüível. Se todas as coisas fossem desconectadas, não haveria nem como fazer essa afirmação específica, já que certa unidade e conexão são sugeridas na afirmação de que tudo é desconectado. Afirmar que "eu não sou nada além de impressões sobre mim mesmo" é contraditório, pois existe sempre a suposta unidade do "eu" que faz a afirmação. Mas não se pode assumir um "eu" unificado a fim de negá-lo.

Para respostas ao acognosticismo, a forma mística que Wittgenstein lhe deu e o princípio de falsificabilidade de Flew, v. ACOGNOSTICISMO.

Algumas alegações agnósticas específicas. Hume negava o uso tradicional da causalidade e analogia como meio de conhecer o Deus do teísmo. A causalidade é baseada no costume e a analogia levaria a um deus finito e humano ou a um Deus totalmente diferente do suposto análogo.

A justificativa da causalidade. Hume nunca negou o princípio da causalidade. Ele admitiu que seria absurdo afirmar que as coisas surgem sem uma causa (Hume, I. p. 187). O que ele de fato tentou negar foi a existência de qualquer maneira filosófica de *estabelecer* o princípio da causalidade. Se o princípio causal não é mera relação analítica de idéias, mas a crença baseada na conjunção habitual de eventos triviais, então não há necessidade dele. Não se pode usá-lo como justificativa filosófica. Já vimos, no entanto, que dividir todas as afirmações de conteúdo nessas duas classes é contraditório. Então, é possível que o princípio causal tenha conteúdo e seja necessário.

A própria negação da necessidade causal implica a necessidade dela. A não ser que haja uma razão (ou causa) necessária para a negação, ela não é necessariamente válida. E se há uma razão ou causa para a negação, nessa eventualidade, seria usada uma conexão causal necessária para negar a existência conexões causais necessárias.

Alguns já tentaram evitar essa objeção limitando a necessidade à realidade da lógica e das proposições e negando que a necessidade se aplique à realidade em si. Isso não funciona; para que essa afirmação exclua a necessidade do âmbito da realidade, precisa ser uma afirmação necessária sobre a realidade. Na verdade isso faz o que alega que não pode ser feito.

Um fundamento para a analogia. Da mesma forma, Hume não pode negar toda semelhança entre o mundo e Deus, porque isso implicaria que a criação deve ser totalmente diferente do Criador. Isso significaria que os efeitos devem ser completamente diferentes da causa. Essa afirmação também é autodestrutiva; a não ser que haja algum conhecimento da causa, não pode haver fundamento para negar toda semelhança entre a causa e o efeito. Mesmo a comparação negativa implica conhecimento positivo dos termos comparados. Então, ou não há base para a afirmação de que Deus deve ser totalmente diferente, ou pode haver conhecimento de Deus em termos da nossa experiência, e nesse caso Deus não é completamente diferente do que conhecemos pela experiência.

É preciso ter cuidado aqui para não exagerar na conclusão desses argumentos. Uma vez demonstrado que o agnosticismo total é contraproducente, não segue *ipso facto* que Deus exista ou que se tenha conhecimento de Deus. Esses argumentos demonstram apenas que, se Deus existe, não se pode afirmar que ele *não pode* ser conhecido. Disso conclui-se apenas que Deus *pode* ser conhecido, não que *sabemos* algo sobre ele. A refutação do agnosticismo não é, então, a prova do realismo ou teísmo. O agnosticismo apenas se destrói e *possibilita* a formulação do teísmo cristão. A defesa positiva do conhecimento cristão de Deus ainda precisa ser formulada (v. DEUS, EVIDÊNCIAS DE).

As antinomias de Kant. Em cada uma das supostas antinomias de Kant há um erro. Não resulta em contradições inevitáveis falar sobre a realidade em termos de condições necessárias do pensamento humano. Por exemplo, é um erro opinar que tudo precisa de uma causa, pois nesse caso haveria uma infinidade de causas, e até Deus precisaria de uma causa. Apenas coisas limitadas, mutáveis e contingentes precisam de causas. Quando se chega ao Ser Necessário, ilimitado e imutável, não há mais necessidade de uma causa. O finito deve ser causado, mas o ser infinito não-causado. As outras antinomias de Kant também são inválidas (v. Kant, Immanuel).

Conclusão. Existem dois tipos de agnosticismo: o limitado e o ilimitado. O primeiro é compatível com as afirmações cristãs de conhecimento finito do Deus infinito. Mas o agnosticismo ilimitado é autodestrutivo: implica conhecimento sobre a realidade para negar a possibilidade de sua existência. Tanto o ceticismo quanto os não-cognitivismos (acognosticismo) podem ser reduzidos ao agnosticismo. A não ser que seja impossível conhecer o real, é desnecessário abrir mão da possibilidade de qualquer conhecimento cognitivo ou dissuadir os homens de fazer qualquer julgamento sobre ele.

O agnosticismo ilimitado é uma forma sutil de dogmatismo. Ao descartar completamente a possibilidade de qualquer conhecimento do que é real, ele fica no extremo oposto da posição que afirma o conhecimento total da realidade. Ambos os extremos são dogmáticos. Ambos são posições *obrigatórias* relativas ao conhecimento, contrastantes com a posição de podermos *saber* ou *sabermos* algo sobre a realidade. Simplesmente não há processo além da onisciência que permita fazer afirmações tão abrangentes e categóricas. O agnosticismo é dogmatismo negativo, e todo negativo pressupõe um positivo. Logo, o agnosticismo total não é apenas autodestrutivo; é autodivinizador. Apenas a mente onisciente poderia ser totalmente agnóstica, e homens finitos evidentemente não são oniscientes. Assim, a porta permanece aberta para algum conhecimento da realidade. A realidade não é incognoscível.

Fontes
J. Collins, *God in modern philosophy*, caps. 4 e 6.
A. Flew, Theology and falsification, A. Flew, et al., orgs., *New essays in philosophical theology*.
R. Flint, *Agnosticism*.
R. Garrigou-Lagrange, *God: his existence and his nature*.
S. Hackett, *The resurrection of theism*. Parte 1.
D. Hume, "A letter from a gentleman to his friend in Edinburgh", em E. C. Mossner, et al., orgs., *The letters of David Hume*.
___, *Investigação sobre o entendimento humano*.
___, *Diálogos sobre a religião natural*.
T. H. Huxley, *Collected essays*, v. 5.
I. Kant, *Crítica da razão pura*.
L. Stephen, *An agnostic's apology*.
J. Ward, *Naturalism and agnosticism*.

Agostinho. Bispo de Hipona (354-430), fez sua peregrinação espiritual do paganismo grego, passando pelo dualismo maniqueísta, pelo neoplatonismo (v. Plotino), e finalmente ao teísmo cristão. Sua mente privilegiada e enorme produção literária fizeram dele um dos teólogos mais influentes do cristianismo.

Fé e razão. Como todos os grandes filósofos cristãos, Agostinho lutou para entender a relação entre fé e razão. Muitos apologistas tendem a destacar a ênfase de Agostinho sobre a fé e menosprezar sua valorização da razão na proclamação e defesa do evangelho (v. fideísmo; apologética pressuposicional). Enfatizam passagens em que o bispo de Hipona colocou a fé antes da razão, como: "Creio para que possa entender". Na verdade, Agostinho disse: "Primeiro crer, depois entender" (*Do Credo*, 4). Pois, "se desejamos saber e depois crer, não conseguiremos nem saber nem crer" (*Do evangelho de João*, 27.9).

Se tomadas separadamente, essas passagens podem passar uma impressão errônea acerca do ensinamento de Agostinho sobre o papel da razão na fé cristã. Agostinho também acreditava que há um sentido em que a razão vem antes da fé. "Ninguém realmente acredita em alguma coisa antes de achar que ela merece crédito". Logo, "é necessário que tudo em que se acredita seja aceito depois de o pensamento abrir o caminho" (*O livre-arbítrio*, 5).

Ele proclamou a superioridade da razão quando escreveu:

É impossível que Deus odeie em nós o atributo pelo qual nos fez superiores aos demais seres vivos. Devemos, portanto, recusar-nos a crer de um modo que não receba ou não busque razão para nossa crença, uma vez que sequer poderíamos crer se não tivéssemos almas racionais (*Cartas*, 120.1).

Agostinho chegou a usar a razão para elaborar uma "prova da existência de Deus". Em *O livre-arbítrio*, ele argumentou que "existe algo acima da razão humana" (Livro II, cap. 6). Além de poder provar que Deus existe, a razão é útil no entendimento do conteúdo da mensagem cristã. Pois, "como pode alguém crer naquele que proclama a fé se (para não mencionar outros fatores) não entender a própria língua daquele que a proclama?" (Citado em Przywara, p. 59).

Agostinho também usou a razão para remover objeções à fé cristã. Referindo-se a alguém que tinha dúvidas antes de se converter, escreveu: "É razoável que ele tenha perguntas sobre a ressurreição dos mortos antes de ser admitido aos sacramentos cristãos". Ainda mais,

talvez também lhe deva ser permitido insistir em discussões preliminares quanto à questão proposta a respeito de Cristo — por que ele teria vindo tão tardiamente na história mundial, bem como a algumas perguntas sérias, às quais todas as outras são subordinadas (*Cartas* 120.1, 102.38).

Em resumo, Agostinho acreditava que a razão humana era usada antes, durante e depois de alguém depositar sua fé no evangelho.

Deus. Para Agostinho, Deus é auto-existente, o EU SOU O QUE SOU. Ele é substância não-criada, imutável, eterna, indivisível, e absolutamente perfeita (v. DEUS, NATUREZA DE). Deus não é uma força impessoal (v. PANTEÍSMO), mas sim um Pai pessoal. Na verdade, ele é tripessoal: Pai, Filho e Espírito Santo (v. TRINDADE). Nessa substância eterna não há nem confusão de pessoas nem divisão de essência.

Deus é onipotente, onipresente e onisciente. É eterno, existente antes do tempo e além do tempo. É absolutamente transcendente em relação ao universo e, ao mesmo tempo, imanente em toda parte dele como sua causa sustentadora. Apesar de o mundo ter um começo (v. KALAM, ARGUMENTO COSMOLÓGICO), nunca houve um tempo em que Deus não existisse. Ele é um Ser Necessário que não depende de nada, mas de quem tudo mais depende para sua existência: "Sendo, pois, Deus suma essência, isto é, sendo em sumo grau e, portanto, imutável, pôde dar o ser às coisas que criou do nada..." (*A cidade de Deus*, livro XII, cap. 2).

Origem e natureza do universo. Segundo Agostinho, o mundo foi criado *ex nihilo* (v. CRIAÇÃO, POSIÇÕES SOBRE A), do nada. A criação vem *de* Deus mas não é *parte de* Deus. "... [tu] criaste do nada o céu e a terra, duas realidades, uma grande e outra pequena. Só tu existias, e nada mais" (*Confissões*, 12.7). Assim, o mundo não é eterno. Teve começo, não no tempo, mas com o tempo. Pois o tempo começou com o mundo. Não havia tempo antes do tempo. Quando lhe perguntaram o que Deus fazia antes de criar o mundo do nada, Agostinho retrucou que, já que Deus era o autor de todo o tempo, não havia tempo antes que ele criasse o mundo. Não foi criação *no* tempo mas a criação *do* tempo que Deus executou nos seus atos iniciais (ibid., 11.13). Então Deus não *fazia* (agia, criava) nada antes de criar o mundo. Ele apenas *era* Deus.

O mundo é temporal e mutável, e a partir dele podemos ver que deve haver um ser eterno e imutável. "O céu e a terra existem e, através de suas mudanças e variações, proclamam que foram criados".

No entanto,

... o que foi criado e [...] existe, em si nada tem que antes não existisse. Do contrário, sofreria mudanças e variações. E todas as coisas proclamam que não se fizeram por si mesmas (ibid., 11.4).

Milagres. Já que Deus fez o mundo, pode intervir nele (v. MILAGRE). Na verdade o que chamamos natureza é apenas a maneira em que Deus age regularmente na sua criação.

... Quando isso acontecer de modo regular, por assim dizer, como o rio sem fim das coisas que passam, fluem, permanecem e depois passam das profundezas para a superfície, da superfície para as profundezas, dizemos que é natural. Quando, porém, tais acontecimentos se apresentam aos observadores em desusada mudança para servir de aviso aos homens, então, os denominados milagres (*A Trindade*, livro III, cap. 6).

Mas até as atividades regulares da natureza são obras de Deus. Pois:

Quem faz elevar-se a umidade dos cachos de uva através da raiz da videira e produz o vinho, senão Deus que dá o crescimento, quando o homem planta e rega? (1Cor 3,7). Mas quando, a uma indicação do Senhor, a água se converte em vinho de modo instantâneo, até os insensatos concordam que houve intervenção direta do poder divino (Jo 2,9). Quem cobre os arbustos de folhagem e flores, senão Deus? Contudo, quando floresceu a vara do sarcedote Aarão, foi a divindade que se fez ouvir deste modo inusitado ao homem que duvidava (Nm 17, 8). (ibid., livro III, cap. 5)

Seres humanos. A humanidade, como o resto do mundo, não é eterna. Os humanos foram criados por Deus e são semelhantes a ele. São compostos de um corpo mortal e de uma alma imortal (v. IMORTALIDADE). Depois da morte, a alma aguarda a reunião com o corpo num estado de alegria consciente (céu) ou de tormento contínuo (inferno). Essas almas serão reunidas com seus corpos na ressurreição. E, "depois da ressurreição, o corpo, agora totalmente sujeito ao espírito, viverá em perfeita paz por toda a eternidade" (*Da doutrina cristã*, 1.24).

Para Agostinho, a alma, ou a dimensão espiritual humana é de maior valor que o corpo. Na verdade, é na dimensão espiritual que a humanidade é feita à imagem e semelhança de Deus. Portanto, os pecados da alma são piores que os pecados do corpo.

Agostinho

O mal. O mal é real, mas não é uma substância (v. MAL, PROBLEMA DO). A origem do mal é a rebelião das criaturas livres contra Deus (v. MAL, PROBLEMA DO). "Na verdade, o pecado é de tal forma um mal voluntário que não é pecado a não ser que seja voluntário" (*Da verdadeira religião*, 14). É claro que Deus criou boas todas as coisas e deu às suas criaturas morais o bom poder do livre-arbítrio. Mas o pecado surgiu quando "... [a vontade] peca, ao se afastar do bem imutável e comum, para se voltar para o seu próprio bem particular, seja exterior, seja interior" (*O livre-arbítrio*, livro II, cap 19).

Ao escolher o bem menor, criaturas morais trouxeram a corrupção às substâncias boas. Assim, por natureza, o mal é a falta ou a privação do bem. O mal não existe sozinho. Como um parasita, o mal existe apenas como a corrupção das coisas boas.

Pois quem pode duvidar de que a totalidade do que se chama mal nada mais é que corrupção? Males diferentes podem, sem dúvida, receber nomes diferentes; mas o mal de todas as coisas em que qualquer mal seja percebido é a corrupção (*Contra a epístola dos maniqueus*, 38).

O mal é a ausência do bem. É como podridão para uma árvore ou ferrugem para o ferro. Corrompe coisas boas sem ter natureza própria. Dessa maneira Agostinho respondeu ao dualismo da religião maniqueísta que afirmava que o mal era uma realidade igualmente eterna, mas oposta ao bem.

Ética. Agostinho cria que Deus é amor por natureza. Já que a obrigação humana devida ao Criador é ser semelhante a Deus, as pessoas têm o dever moral absoluto (v. MORALIDADE, NATUREZA ABSOLUTA DA) de amar a Deus e ao próximo, feito à imagem de Deus.

Pois esta é a lei do amor que foi imposta pela autoridade divina: "Amarás ao próximo como a ti mesmo", mas "Amarás ao Senhor teu Deus de todo o teu coração e de toda a tua alma e de todo o teu entendimento (*Da doutrina cristã*, 1.22).

Logo, devemos concentrar todos os pensamentos, a vida e a inteligência naquele de quem derivamos tudo que temos. Todas as virtudes são definidas em termos desse amor.

Agostinho disse:

Quanto à virtude que nos conduz à vida feliz, afirmo que a virtude nada mais é que o perfeito amor a Deus. A quádrupla divisão da virtude considero ser extraída de quatro formas de amor: [...] Temperança é o amor se entregando inteiramente ao que ama; perseverança é o amor sofrendo voluntariamente todas as coisas por amor ao objeto amado; justiça é o amor servindo apenas ao objeto amado, e portanto governando corretamente; prudência é o amor distinguindo astutamente entre o que o impede e o que o ajuda.

Assim,

temperança é o amor mantendo-se inteiro e incorrupto para Deus; justiça é o amor servindo apenas a Deus, e assim governando bem tudo mais, ainda que sujeito ao homem; prudência é o amor fazendo a distinção correta entre o que o impulsiona em direção a Deus e o que o impede de fazê-lo (*Da moral da Igreja Católica*, p. 15).

O objeto desse amor é Deus, o Bem Supremo. Ele é amor absoluto, e a obrigação absoluta do ser humano é expressar amor em todas as áreas de atividade, primeiro para com Deus e depois para com o próximo.

História e destino. No clássico *A cidade de Deus* Agostinho elaborou a primeira grande filosofia cristã da história. Ele disse que há duas "cidades" (reinos), a cidade de Deus e a cidade do homem. Essas duas cidades têm duas origens diferentes (Deus e Satanás), duas naturezas diferentes (amor a Deus e amor próprio, orgulho) e dois destinos diferentes (céu e inferno).

A história caminha para o fim. Quando o tempo terminar, haverá a vitória definitiva de Deus sobre Satanás, do bem sobre o mal. O mal será separado do bem, e os justos serão ressuscitados com corpos perfeitos para viver no estado perfeito. O paraíso perdido no começo da história será reconquistado por Deus no final.

A história é de Deus. Deus está realizando seu plano soberano, e no final derrotará o mal e aperfeiçoará o homem.

Assim, temos uma resposta ao problema de por que Deus teria criado os homens, quando antecipadamente sabia que estes iriam pecar. Foi porque tanto neles quanto por meio deles ele poderia revelar quanto merecia a culpa do homem e quanto a graça de Deus perdoou, e também porque a harmonia de toda a realidade que Deus criou e controla não pode ser deformada pela perversa discórdia dos que pecam (*A cidade de Deus*, 14).

Avaliação. Agostinho foi criticado por muitas coisas, mas talvez mais por aceitar acriticamente o pensamento platônico e neoplatônico (v. PLOTINO). Ele até mesmo rejeitou algumas das primeiras posições platônicas no seu livro *Retratações*, escrito perto do fim da sua vida. Por exemplo, por algum tempo ele aceitou a doutrina platônica da preexistência da alma e da lembrança das idéias da existência prévia.

Infelizmente, houve outras idéias platônicas que Agostinho jamais repudiou. Entre elas estava o dualismo platônico do corpo e da alma em que os seres humanos *são* almas e apenas *têm* corpos. Juntamente com isso, Agostinho defendia uma posição muito ascética dos desejos físicos e do sexo, mesmo dentro do contexto do casamento.

Além disso, a epistemologia de Agostinho sobre as idéias inatas foi contestada por empiristas modernos (v. HUME, DAVID), assim como sua posição sobre o iluminis-mo. E mesmo alguns teístas questionam se o argumento dele para provar a existência de Deus a partir da verdade realmente funciona, perguntando por que a Mente absoluta é necessária como fonte da verdade absoluta.

Até algumas pessoas que aceitam o teísmo clássico de Agostinho destacam sua incoerência em não demonstrar a unicidade (singularidade) das idéias divinas. Isso resultou da aceitação das idéias como formas platônicas irredutivelmente simples, muitas das quais não são possíveis numa substância simples (v. UM E MUITOS, PROBLEMA DE). Esse problema foi resolvido mais tarde por Tomás de Aquino com a distinção entre realidade e potencialidade na ordem da existência (v. MONISMO), que foi expressa na doutrina da analogia.

Fontes

AGOSTINHO, *Contra a epístola dos maniqueus.*
___, *Da doutrina cristã.*
___, *A cidade de Deus.*
___, *Confissões.*
___, *Cartas.*
___, *Da verdadeira religião.*
___, *O livre-arbítrio.*
___, *Da predestinação.*
___, *Do credo.*
___, *Do evangelho de João.*
___, *Da moral da Igreja Católica.*
___, *A Trindade*
N. L. GEISLER, *What Augustine says.*
E. PRZYWARA, *An Augustine synthesis.*

Albright, William F. Foi chamado o deão dos arqueólogos bíblicos americanos. Filho de missionários metodistas e nascido no Chile (1891-1971), obteve seu doutorado na Universidade John Hopkins em 1916. Entre suas principais obras estão *From Stone Age to Christianity* [Da Idade da Pedra ao cristianismo], *Archaeology and the religion of Israel* [A arqueologia e a religião de Israel], *The archaeology of Palestine and the Bible* [A arqueologia da Palestina e a Bíblia], *Yahweh and the gods of Canaan* [Iavé e os deuses de Canaã], *The excavation at Tell Beit Mirsim* [A escavação em Tell Beit Mirsim] e *Archaeology of Palestine* [Arqueologia da Palestina]. Escreveu vários artigos e usou sua influência como editor do *Bulletin of the American School of Oriental Research* [Boletim da Escola Americana de Pesquisas Orientais] de 1931 a 1968. Foi um dos líderes da Escola Americana de Pesquisas Orientais (EAPO) por quase 40 anos.

Importância apologética. A influência de Albright na apologética bíblica foi enorme e refletiu sua mudança do liberalismo teológico para o conservadorismo protestante. Seu trabalho destruiu muitas proposições de críticos liberais antigos (v. CRÍTICA DA BÍBLIA), que agora podem ser chamadas pré-arqueológicas. Por meio de suas pesquisas e descobertas, Albright chegou a várias confirmações vitais:

Autoria mosaica do Pentateuco.

O conteúdo do *Pentateuco* é, em geral, muito mais antigo que a data em que foi editado; novas descobertas continuam a confirmar a precisão histórica da literatura antiga em cada um de seus mínimos detalhes. Mesmo quando é necessário admitir adições posteriores ao núcleo original da tradição mosaica, essas adições refletem o crescimento normal das instituições e práticas antigas ou o esforço feito por escribas posteriores de salvar o máximo possível das tradições existentes sobre Moisés. Assim, é puro exagero da crítica negar o caráter substancialmente mosaico da tradição do Pentateuco (*Archaeology of Palestine*, p. 225).

A historicidade dos patriarcas.

As narrativas dos patriarcas, de Moisés e do Êxodo, da conquista de Canaã, dos juízes, da monarquia, do exílio e da restauração, todas foram confirmadas e ilustradas de um modo que eu pensava ser impossível há 40 anos (*Christian century*, p. 1329).

Excetuando-se alguns obstinados entre os eruditos mais velhos, não há quase nenhum historiador bíblico que não esteja impressionado com o acúmulo rápido de dados que apóiam a historicidade substancial da tradição patriarcal (*Biblical period*, 1).

Abraão, Isaque, e Jacó não parecem mais personagens isoladas, muito menos reflexos da história israelita posterior; agora eles parecem mais verdadeiros filhos da sua época, com nomes semelhantes aos de seus contemporâneos, deslocando-se pelo mesmo território, visitando as mesmas cidades (principalmente Harã e Naor), praticando os mesmos costumes que seus contemporâneos. Em outras palavras, as narrativas patriarcais têm um núcleo histórico completo, embora seja provável que uma longa transmissão oral dos poemas originais e sagas em prosa posteriores que subjazem no texto atual de Gênesis tenha refratado consideravelmente os eventos originais (*Archaeology of Palestine*, p. 236).

Evidência a favor do AT. "Não resta dúvida de que a arqueologia já confirmou a historicidade substancial da tradição do Antigo Testamento" (*Archaeology and the religion of Israel*, p. 176).

À medida que o estudo crítico da Bíblia for mais e mais influenciado pelo novo e rico material relacionado ao Oriente Médio antigo, veremos o aumento gradual do respeito pela significância histórica de passagens negligenciadas ou rejeitadas atualmente no AT e no NT" (*From Stone Age to Christianity*, p. 81).

Os rolos do mar Morto provam

conclusivamente que devemos tratar o texto consonantal da Bíblia hebraica com o maior respeito e que a emenda livre de passagens difíceis a que muito eruditos críticos modernos se entregaram não pode mais ser tolerada (*Recent discoveries in Bible lands* [Recentes descobertas nas terras bíblicas], p. 128).

Graças às descobertas de Qumran, o Novo Testamento prova ser na verdade o que acreditavam que fosse: o ensinamento de Cristo e de seus seguidores imediatos entre 25 e 80 d.C (*From Stone Age to Christianity*, p. 23).

Os dados bíblicos históricos são muitos mais precisos que as idéias dos estudantes críticos modernos, que tendem sistematicamente a errar para o lado da crítica exacerbada (*Archaeology of Palestine*, 229).

A unidade de Isaías. Sobre a teoria antiga e popular de que havia dois autores de Isaías (v. DEUTERO-ISAÍAS), Albright fez a seguinte objeção numa entrevista:

Pergunta: 'Muitas passagens em Isaías 40–66 denunciam a idolatria como um mal atual em Israel (e.g., 44.9-20; 51.4-7; 65.2,3; 66.17). Como elas podem ser conciliadas com a teoria de autoria pós-exílica, já que a idolatria certamente não foi reintroduzida em Judá após a restauração..?'

Resposta: 'Eu não creio que qualquer parte de Isaías 40–66 seja posterior ao século VI a.C.' (*Toward a more conservative view*, p. 360).

Datação do NT. "Na minha opinião, cada um dos livros do Novo Testamento foi escrito por um judeu batizado entre os anos 40 e 80 do século I a D. (muito provavelmente entre 50 e 75 d.C.)" (ibid., p. 359).

Já podemos dizer com certeza que não há mais base sólida para datar qualquer livro do Novo Testamento depois de meados de 80 d.C., duas gerações completas antes da data entre 130 e 150 proposta pelos atuais críticos mais radicais do Novo Testamento" (*Recent discoveries in Bible lands*, p. 136).

No artigo "Descobertas recentes na Palestina e o evangelho de são João", Albright argumentou que a evidência em Qumran mostra que os conceitos, terminologia e mentalidade do *evangelho de João* provavelmente pertenceram ao início do século I (v. NOVO TESTAMENTO, DATAÇÃO DO).

Conclusão. Do ponto de vista apologético, o eminente e respeitado arqueólogo apóia com firmeza as colunas mestras da apologética histórica. Com alguma incerteza sobre a transmissão do registro oral do Pentateuco, Albright acredita que as evidências atuais e descobertas previstas demonstrarão que ambos os testamentos são historicamente precisos. As datas desses livros são antigas. A profecia preditiva do AT e a historicidade das narrativas a respeito de Cristo e da igreja primitiva no NT são validadas pela arqueologia moderna (v. ATOS, HISTORICIDADE DE; BÍBLIA, EVIDÊNCIAS DA; DOCUMENTOS DO NOVO TESTAMENTO, CONFIABILIDADE DOS; NOVO TESTAMENTO, HISTORICIDADE DO).

Fontes

W. F. ALBRIGHT, *Archaeology and the religion of Israel*.

___, Recent discoveries in Palestine and the Gospel of St. John, em W. D. DAVIES e D. DAUBE, orgs., *The background of the New Testament and its eschatology*.

___, Toward a more conservative view, em CT (18 de janeiro de 1963).

___, Entrevista, *Christianity Century* (19 /11/1958).

___, *Recent discoveries in Bible lands*.

___, *The biblical period*.

___, *The archaeology of Palestine*.

___, *From Stone Age to Christianity*.

H. H. VOS, Albright William Foxwell, em W. ELWELL, org., *Enciclopédia histórico-teológica da igreja cristã*.

Alcorão, suposta origem divina do. O islamismo ortodoxo e o cristianismo histórico não podem ser ambos verdadeiros. Cada religião reivindica que somente suas escrituras são a Palavra de Deus inspirada. Também contêm reivindicações mutuamente excludentes: Deus é três pessoas. Deus é apenas uma pessoa. A Bíblia diz que Cristo morreu na cruz e ressuscitou dos mortos três dias depois. O *Alcorão* nega essa informação (v. Cristo, morte de; Cristo, objeções morais à morte de; Cristo, lendas substitutivas da morte de; ressurreição, evidência da). Logo, é necessário que o apologista cristão desafie as reivindicações de autoridade divina do *Alcorão*.

Origem do Alcorão. A reivindicação islâmica a favor do *Alcorão* é incomparável em relação a qualquer outra das principais religiões. Será que o *Alcorão* é um milagre? Maomé afirmou que sim — na verdade foi o único milagre que ofereceu como prova de suas afirmações de ser profeta (surata 17.88). A evidência que os muçulmanos oferecem para tal afirmação inclui os seguintes pontos.

Argumento do estilo literário singular. A eloquência é altamente questionável como teste da inspiração divina; mas a pedra fundamental da posição islâmica é que o *Alcorão* possui qualidade e estilo literários que só poderiam ter vindo diretamente de Deus. Na melhor das hipóteses a qualificação literária do *Alcorão* prova que Maomé era uma pessoa dotada artisticamente. Mas dons artísticos e intelectuais surpreendentes não são necessariamente sobrenaturais. Mozart escreveu sua primeira sinfonia aos seis anos de idade e produziu toda a sua obra musical antes dos 35 anos, quando morreu. Maomé só começou a ditar as revelações quando contava com 40 anos. Mas que muçulmano diria que as obras de Mozart são miraculosas? Se eloquência fosse o teste, muitos clássicos literários poderiam ser considerados divinos, desde a *Ilíada* e a *Odisséia* de Homero até Shakespeare.

Além disso, até alguns dos primeiros estudiosos muçulmanos admitiram que o *Alcorão* não era perfeito quanto à forma literária. O teólogo xiita iraniano Ali Dashti observa que:

> entre os teólogos muçulmanos do período antigo, antes do fanatismo e da hipérbole prevalecerem, houve alguns como Ebrahim On-Nassam que reconheceram abertamente que a ordem e a sintaxe do *Alcorão* não eram miraculosas e que obras de valor igual ou maior poderiam ser produzidas por pessoas tementes a Deus.

Apesar de alguns condenarem essa visão (baseada na interpretação da surata 17.90), On-Nassam teve muitos defensores, entre eles vários expoentes importantes da escola mutazilita (Dashti, p. 48).

O *Alcorão* não é único, mesmo entre obras em árabe. O estudioso islâmico C. G. Pfander indica que "nem todos os estudiosos árabes concordam que o estilo literário do *Alcorão* seja superior a todos os outros livros da língua árabe". Por exemplo, "alguns duvidam que em eloquência e poesia ele supere o *Mu'allaqat*, ou o *Magama*t ou o *Hariri*, apesar de poucas pessoas em temas islâmicos serem corajosas o suficiente para expressar tal opinião" (Pfander, p. 264). Dashti afirma, no entanto, que o *Alcorão* contém várias irregularidade gramaticais. Ele observa que:

> O *Alcorão* contém frases que são incompletas e não são totalmente inteligíveis sem o uso de comentários; palavras estrangeiras, palavras árabes desconhecidas e palavras usadas com sentido anormal; adjetivos e verbos flexionados sem consideração de concordância de gênero e número; pronomes aplicados ilógica e incorretamente, que às vezes não têm referente; e predicados que, em passagens rimadas, às vezes estão muito afastados dos sujeitos.

E acrescenta: "essas e outras aberrações na língua deram liberdade aos críticos que negam a eloquência do *Alcorão*" (Dashti, p. 48-9). Ele fornece vários exemplos (74.1; 4.160; 20.66; 2.172 etc.), um dos quais é: "No versículo 9 da *surata* 49 (*Al hujjurat*), 'E quando dois grupos de crentes combaterem entre si, reconciliai-os, então!'. O verbo para "combaterem" está no plural, mas deveria estar no dual como o sujeito, "dois grupos". Anis A. Shorrosh descreve outras falhas no *Alcorão*. Por exemplo, na surata 2, versículo 177, ele indica que a palavra árabe deveria ser *sabirun*, e não *sabirin* como é encontrada por sua posição na frase. Da mesma forma *sabiin* na surata 5, versículo 69 é mais acertada que *sabiun*. Além disso, Shorrosh indica que há "um erro grosseiro no árabe" da surata 3, versículo 59. (Shorrosh, p. 199-200). Dashti conta mais de 100 aberrações das regras e estruturas normais do árabe (Dashti, p. 50). Com tais problemas, o *Alcorão* pode ser eloqüente, mas não é perfeito nem incomparável.

Como Pfander observou:

> mesmo que provassem sem sombra de dúvida que o *Alcorão* é muito superior a todos os outros livros em eloqüência, elegância e poesia, isso não provaria sua inspiração, assim como a força de um homem não demonstra sua sabedoria ou como a beleza de uma mulher não demonstra sua virtude (Pfander, p. 267).

Não há conexão lógica entre eloquência literária e autoridade divina. O Deus soberano (que os muçulmanos aceitam) poderia decidir falar na linguagem cotidiana, se quisesse.

Na melhor das hipóteses é possível tentar argumentar que, se Deus falou, ele deve ter falado da forma mais eloqüente. De qualquer maneira, seria uma falácia argumentar que o simples fato de o *Alcorão* ser eloquente implica que Deus teria sido o seu autor. Os seres humanos podem falar eloqüentemente, e Deus pode falar na linguagem comum.

Outras religiões usaram o belo estilo literário de suas obras como sinal da origem divina. Os muçulmanos aceitariam a inspiração dessas obras? Por exemplo, o fundador persa do maniqueísmo, Mani, "supostamente afirmou que os homens devem crer nele como o Paráclito ["Auxiliador" que Jesus prometeu em João 14] porque ele produziu um livro chamado *Artand*, cheio de belas figuras". Além disso, "ele disse que o livro lhe foi dado por Deus, que nenhum homem vivo poderia desenhar as figuras com tanta beleza e que, portanto, evidentemente viera do próprio Deus" (Pfander, p. 264). Mas nenhum muçulmano aceitaria essa afirmação. Então por que os não-muçulmanos devem aceitar beleza literária como teste válido para a autoridade divina do *Alcorão*?

Argumento do analfabetismo de Maomé. Além do seu estilo, a fonte humana e o conteúdo do *Alcorão* são prova da sua origem divina. Eles insistem em que nenhum livro com essa mensagem poderia ter vindo de um profeta analfabeto como Maomé.

É questionável que Maomé tenha sido realmente analfabeto. Como certa autoridade observou, as palavras árabes *al unmi*, que querem dizer o profeta "inculto" no *Alcorão* (7.157), "podem [significar] 'pagão' em vez de 'analfabeto'". Pfander prefere a tradução "o profeta gentio", concordando que o termo não implica analfabetismo (Pfander, p. 254).

A evidência sugere que Maomé não era analfabeto. Por exemplo, "quando o Tratado de Hudaibah foi assinado, Maomé pegou a pena de Ali, riscou as palavras nas quais Ali o designara "o enviado de Deus" e substituiu-as com a própria mão pelas palavras "filho de Abd'allah". E, "segundo a tradição, quando estava morrendo, Maomé pediu pena e tinta para escrever uma ordem designando seu sucessor, mas sua força acabou antes de o material ser trazido" (Pfander, p. 255).

W. Montgomery Watts informa que "muitos habitantes de meca sabiam ler e escrever, e portanto pressupõe-se que um comerciante eficiente como Maomé entendia um pouco das artes" (Watt, p. 40). Mesmo teólogos muçulmanos referem-se a Maomé como o "perfeito em intelecto" (Gudel, p. 72). Se Maomé não teve treinamento formal na juventude, não há razão para que uma pessoa tão inteligente não pudesse aprender sozinha mais tarde.

Em terceiro lugar, mesmo supondo que Maomé fosse analfabeto, isso não significa que o *Alcorão* tenha sido ditado por Deus. Existem outras explicações possíveis. Ainda que não formalmente treinado, Maomé era uma pessoa inteligente, de grande habilidade. Seu escriba poderia ter compensado suas deficiências ao estilizar a obra. Tal prática era comum. Homero era cego; logo, provavelmente, não escreveu seus épicos sozinho. Alguns críticos argumentam que é possível que a primeira impressão de Maomé estivesse certa, que ele tivesse recebido a informação de um espírito maligno, que pode ter potencializado sua capacidade (v. MAOMÉ, SUPOSTO CHAMADO DIVINO DE).

Argumento da preservação do Alcorão. A preservação perfeita do *Alcorão* prova sua alegada inspiração divina? Os muçulmanos dão a entender que o *Alcorão* existente hoje é idêntico aos manuscritos originais, o que colocaria o livro acima da Bíblia. Os críticos do *Alcorão* discordam disso. Primeiro, geralmente há um sério exagero com relação à preservação do *Alcorão*. Apesar de ser verdade que o *Alcorão* atual é quase uma cópia perfeita do seu original do século VII, não é verdade que seja exatamente igual ao que veio de Maomé.

O *Alcorão* foi originariamente ditado por Maomé e memorizado por seus seguidores devotos, a maioria dos quais foi morta logo após a morte de Maomé. Segundo a antiga tradição, os escribas de Maomé escreveram em pedaços de papel, pedras, folhas de palmeira, ossos e pedaços de couro. Os muçulmanos acreditam que durante a vida de Maomé o *Alcorão* já estava escrito. Mas, segundo o testemunho de Zayd, contemporâneo e seguidor de Maomé, Abu Bakr pediu-lhe para "procurar o *Alcorão* [diversos capítulos e versos] e reuni-lo". Ele respondeu: "Então, pesquisei o *Alcorão*: eu o reuni a partir de folhas de palmeira, e pedras finas e brancas e peitos de homens..." (Pfander, p. 258-9). Na década de 650, durante o reinado de Otman ibn Affan, o terceiro califa muçulmano, relatou-se que várias comunidades islâmicas estavam usando versões diferentes do *Alcorão*. Mais uma vez, Zayd foi chamado para preparar a versão revisada oficial. É essa versão que permaneceu uniforme e intacta, não a versão original vinda diretamente de Maomé.

No livro *Materials for the history of the text of the Qur'an* [Materiais da história do texto do *Alcorão*], o arqueólogo europeu Arthur Jeffry revelou sua descoberta de uma das três cópias conhecidas de algumas obras islâmicas antigas chamadas *Masahif*. Esses livros relatavam o estado do texto do *Alcorão* antes da padronização, promovida por Otman. Isso revela, ao contrário da reivindicação dos muçulmanos, que existiram vários textos diferentes antes da revisão de

Otman. Na realidade, como Dashti indica, alguns versículos do *Alcorão* foram mudados por sugestão dos escribas a Maomé, e outros por causa da influência de Omar I, segundo califa do Império Muçulmano, sobre Maomé.

Jeffry conclui que a recensão de Otman "foi o toque político necessário para estabelecer o texto padrão para todo o império". Já que havia grandes divergências entre as versões de Medina, Meca, Basra, Kufa e Damasco, "a solução de Otman foi canonizar o *Códice de Medina* e ordenar que todos os outros fossem destruídos". Portanto, ele conclui: "resta pouca dúvida de que o texto canonizado por Otman foi apenas um dentre vários tipos de texto existentes na época" (Jeffry, p. 7-8).

Nem todos os muçulmanos atualmente aceitam a mesma versão do *Alcorão*. Os muçulmanos sunitas aceitam a tradição *sahih* de Masud como autoritária. Masud foi uma das poucas pessoas autorizadas por Maomé a ensinar o *Alcorão*. Mas o *Códice de Ibn Masud* do *Alcorão* tem um grande número de variações em relação à recensão de Otman. Só na segunda surata há quase 150 variações. Jeffry precisou de aproximadamente 94 páginas para demonstrar as variações entre os dois. Ele também destaca que as leituras variantes não são apenas questão de pequenas variações linguísticas, como muitos muçulmanos afirmam. Jeffry conclui que o texto de Otman que foi canonizado era apenas um entre vários, e "há suspeita grave de que Otman possa ter editado seriamente o texto que canonizou" (Jeffry, IX-X).

A tradição islâmica revela certas coisas que não se encontram no *Alcorão* atual. Uma delas é que Ayishah, uma das esposas de Maomé, disse:

> Entre o que foi enviado do *Alcorão* estavam dez (versículos) bem conhecidos sobre amamentação, que era proibida: depois foram anulados por cinco bem conhecidos. Então o enviado de Alá faleceu, e eles são o que se recita do *Alcorão* (Pfander, p. 256).

Outro exemplo de algo que não é encontrado no *Alcorão* atual é o que Omar disse:

> Em verdade Alá enviou Maomé com a verdade, e fez descer para ele o Livro, e da mesma forma o Versículo do Apedrejamento era parte do que o Altíssimo enviou: o enviado de Alá apedrejava, e apedrejamos como ele, e no Livro de Deus o apedrejamento é o castigo do adúltero" (Pfander, p. 256).

Essa revelação original foi aparentemente mudada, e uma centena de chibatadas substituiu o apedrejamento como castigo pelo adultério (24.2).

Os denominados "versículos satânicos" ilustram outra mudança no texto original. Segundo uma versão desses versículos, Maomé teve uma revelação em Meca, que permitia a intercessão de certos ídolos, que dizia:

> Considerastes al-Hat e al-Uzza
> E al-Manat, o terceiro, o outro?
> Estes são os cisnes exaltados;
> Sua intercessão é esperada;
> Seus desejos não são negligenciados (Watt, p. 60).

Pouco tempo depois disso Maomé recebeu outra revelação cancelando os três últimos versículos e substituindo o que encontramos agora na surata 53 versículos 21-23 que omitem a parte sobre intercessão desses deuses. Segundo Watt, ambas as versões haviam sido recitadas em público. A explicação de Maomé foi que Satanás o enganou e inseriu os versículos falsos sem que ele soubesse!

W. St. Clair-Tisdall, que trabalhou por muito tempo entre os muçulmanos, indicou que mesmo no *Alcorão* atual existem algumas variações.

Dentre as diversas variações podemos mencionar: 1) Na surata 28.48, alguns apresentam *Sahirani* em vez de *Sihrani*; 2) na surata 32.6, depois de *ummahatuhum* um texto acrescenta as palavras *wahua abun lahum;* 3) na surata 34.18, em vez de *rabbana ba'id*, algumas versões trazem *rabuna ba'ada;* 4) na surata 38.22, em vez de *tis'un* outro texto coloca *tis'atun*; 5) na surata 19.35, em vez de *tantaruna* alguns contêm *yamtaruna* (Clair-Tisdall, p. 60).

Apesar de os muçulmanos xiitas serem minoria, são o segundo maior grupo islâmico do mundo, com mais de cem milhões de seguidores. Eles afirmam que o califa Otman eliminou intencionalmente muitos versículos do *Alcorão* que mencionavam Ali.

L. Bevan Jones resumiu bem a questão no livro *The people of the mosque* [*O povo da mesquita*], quando disse:

> apesar de ser verdadeiro que nenhuma outra obra permaneceu durante doze séculos com um texto tão puro, provavelmente também é verdadeiro que nenhuma outra sofreu mudanças tão drásticas (Jones, p. 62).

Mesmo que o *Alcorão* fosse cópia perfeita do original dado por Maomé, isso não provaria que o original foi inspirado por Deus. Tudo o que demonstraria é que o *Alcorão* atual é uma cópia idêntica do que Maomé disse. Não diria ou provaria nada sobre a verdade do que ele disse. A afirmação muçulmana de que têm a religião verdadeira porque têm o único livro sagrado perfeitamente copiado é tão logicamente falha quanto preferir uma nota perfeitamente falsificada de mil dólares em lugar da genuína ainda que pouco imperfeita. A questão crucial em que os apologistas muçulmanos cometem uma petição de princípio, é se o original é a Palavra de Deus, não se eles possuem uma cópia perfeita dele.

Argumento das profecias. O *Alcorão* contém profecias preditivas que provam sua origem divina? Isso é tratado em detalhes no artigo MAOMÉ, SUPOSTOS MILAGRES DE. Entre os pontos destacados estão os seguintes:

A maioria das predições são na verdade exortações de um líder militar-religioso para continuarem lutando que Deus lhes daria a vitória. A única predição substancial foi a respeito da vitória romana sobre o exército persa em Issus (30.2-4), que não aconteceu no período de tempo dado pela profecia de "dentro de poucos anos" era esperada.

A única outra profecia digna de nota é uma referência a dez noites encontrada na surata 89.2, que é interpretada como uma predição velada dos dez anos da perseguição sofrida pelos primeiros muçulmanos. Essa é uma interpretação duvidosa, já que o versículo aparentemente fala de peregrinação (v. PROFECIA COMO PROVA DA BÍBLIA).

Argumento da unidade. Insistir que o *Alcorão* deve ser revelação divina porque é coerente e não-contraditório também não é convincente. Às vezes, as relações de Maomé foram mudadas, incluindo os "versículos satânicos" citados acima, em que a revelação original permitia que certa tribo adorasse deuses pagãos (53.21-23). Essa é uma questão séria para o profeta que acredita que o politeísmo é o pior pecado.

Todo o conceito de abrogação (*mansukh*), em que erros prévios foram corrigidos por versículos posteriores (chamados *nasikh*), revela a falta de unidade no *Alcorão*. Lê-se na surata 2.1: "Não anulamos nenhum versículo, nem fazemos com que seja esquecido (por ti), sem substituí-lo por outro melhor ou semelhante. Ignoras, por acaso, que Allah é Onipotente?". Por exemplo, a surata 9, versículo 5 é chamada "o versículo da espada", e supostamente anula 124 versículos que originariamente encorajavam a tolerância (cf. 2.256). O *Alcorão* diz enfaticamente "Não há imposição quanto à religião" (2.256), mas em outros trechos incentiva os muçulmanos: "Combatei aqueles que não crêem em Allah" (surata 9.29) e "matai os idólatras, onde quer que os acheis (9.5). *Nasikh* é uma contradição porque o *Alcorão* afirma que "... as palavras de Allah são imutáveis..." (10.64), que, segundo eles afirmam, o *Alcorão* é. Pois "... Nossas decisões são inexoráveis..." (6.34).

Mas o *Alcorão* ensina a doutrina da abrogação pela qual revelações posteriores anulam as anteriores.

Como Gerhard Nehls observou astutamente: "Gostaríamos de descobrir como a revelação divina pode ser melhorada. Ela deveria ser perfeita e verdadeira desde o princípio" (Nehls, p. 11). Alguns muçulmanos, como Ali, afirmam que abrogação é apenas "revelação progressiva", adaptando a mesma mensagem de Alá a pessoas diferentes que vivem em períodos diferentes. "Mas a surata 2, versículo 106 [sobre abrogação] não fala de cultura ou revelação progressiva com referência às escrituras dadas antes de Maomé, mas apenas aos versículos alcorânicos!" (Nehls, p. 2). A revelação de Deus, progressiva, durante 1 500 anos, faz sentido, conforme ocorreu com a Bíblia (v. PROGRESSIVA, REVELAÇÃO). Ela traz o cumprimento e amplia ensi-namentos anteriores, em vez de fazer correções, e certamente não depois de vinte anos. Isso parece particularmente verdadeiro pelo fato de os versículos corretivos estarem geralmente próximos dos que são corrigidos. Além disso, há versículos que as abrogações alcorânicas aparentemente esqueceram de redigir. A surata 7 versículo 54 diz que o mundo foi criado em 6 dias. Mas a surata 41, versículos 9-12, diz que Alá levou um total de oito dias para criar o mundo (2 + 4 + 2). Como ambos podem estar corretos?

O *Alcorão* também afirma que os seres humanos são responsáveis pelas próprias escolhas (18.29), e que Alá de antemão selou o destino de todos, dizendo: "E a cada homem lhe penduramos ao pescoço o seu destino e, no Dia da Ressureição, apresentar-lhe-emos um livro, que encontrará aberto" (17.13; v. tb. 10.99, 100).

Mesmo que o *Alcorão* fosse coerente, unidade ou coerência é na melhor das hipóteses um teste negativo para a verdade, não positivo. É claro que se um livro é de Deus, inerrante, ele não conterá qualquer contradição. Mas só porque um livro não tem contradições não significa que Deus seja o autor. John W. Montgomery observou com perspicácia: "A geometria de Euclides é coerente, mas isso não é suficiente para denominá-la divinamente autorizada" (Montgomery, p. 9).

Coerência é o tipo de argumento que muitas pessoas (mesmo cristãos) usam para seus livros sagrados. Mas nem todos podem ser a Palavra inspirada de Deus, já que são mutuamente contraditórios. Unidade em si não prova autenticidade divina, ou todos os livros sagrados coerentes que contraditórios seriam verdadeiros. A Bíblia é pelo menos tão coerente quanto o *Alcorão*, mas nenhum muçulmano admitiria que, por isso, ela seja inspirada por Deus.

Argumento da precisão científica. Esse argumento conquistou popularidade recentemente, principalmente por causa do livro de Maurice Bucaille *A Bíblia, o Alcorão e a ciência*, no qual o cristianismo é atacado por impedir o progresso da ciência, e o *Alcorão* é exaltado por promovê-la. Na verdade, ele insiste que o *Alcorão* previu maravilhosamente a ciência moderna em várias de suas afirmações, confirmando assim de forma miraculosa sua origem divina.

Mas o cristianismo, não o islamismo, foi o pai da ciência moderna. M. B. Foster, ao escrever para o reconhecido jornal inglês de filosofia *Mind* [*Mente*] observou que a doutrina cristã da Criação é a origem da ciência moderna (v. Foster, Whitehead, p. 3-4). Os fundadores de quase todas as áreas da ciência moderna foram cristãos trabalhando com base na sua cosmovisão. Isso inclui homens como Nicolau Copérnico, Johannes Kepler, William Kelvin, Isaac Newton, Blaise Pascal, Robert Boyle, James Clark Maxwell e Louis Agassiz (v. CIÊNCIA DAS ORIGENS).

Portanto, apesar de o monoteísmo islâmico ter feito muitas contribuições para a cultura moderna, é exagero reivindicar-lhe crédito para a origem da ciência moderna. Os exércitos islâmicos destruíram vastas fontes de conhecimento. Pfander, por exemplo, menciona que, sob o califa Omar, os soldados muçulmanos destruíram vastas bibliotecas em Alexandria e na Pérsia. Quando o general perguntou a Omar o que devia fazer com os livros, acredita-se que ele respondeu: "Lance-os nos rios. Pois, se nesses livros há sabedoria, temos sabedoria ainda melhor no Livro de Deus. Se, pelo contrário, há neles algo que causará desvio, Deus nos proteja deles" (Pfander, p. 365).

É um erro supor que um livro é inspirado só porque se conforma à ciência moderna (v. CIÊNCIA E A BÍBLIA). Apologistas muçulmanos e cristãos cometeram o erro de supor a verdade de um sistema de conhecimento científico específico. O conhecimento científico muda. Assim, o que parecia ser "harmonia" pode desaparecer. Ao tentar ver teorias científicas modernas em seus "livros sagrados", erros embaraçosos foram cometidos por seus defensores.

Mesmo que se pudesse demonstrar perfeita harmonia entre o *Alcorão* e os fatos científicos, isso não provaria sua inspiração divina. Simplesmente provaria que o *Alcorão* não cometeu nenhum erro científico. Na melhor das hipóteses, a precisão científica é um teste negativo da verdade. Se erros fossem encontrados, isso provaria que ele não é a Palavra de Deus. O mesmo se aplica à Bíblia ou a qualquer outro livro religioso. É claro que, se um livro antecipasse de maneira constante e precisa, com séculos de antecedência, o que só viria a ser descoberto mais tarde, isso poderia ser usado num contexto teísta para indicar uma fonte sobrenatural.

Mas o *Alcorão* não demonstra nenhuma evidência de predições sobrenaturais como a Bíblia.

Alguns críticos questionam quão cientificamente preciso o *Alcorão* é. Por exemplo, a afirmação altamente controversa do *Alcorão* de que os seres humanos são formados a partir de um coágulo de sangue. A surata 23, versículo 14 diz:

> Então, convertemos a gota de esperma em algo que se agarra (coágulo), transformamos esse algo em pequeno pedaço de carne e convertemos o pequeno pedaço de carne em ossos; depois, revestimos os ossos de carne....

Essa dificilmente é uma descrição científica do desenvolvimento embriônico. Para evitar o problema, Bucaille reinterpreta o versículo, traduzindo a palavra árabe '*alak* [*coágulo*] por "qualquer coisa que se agarra" (Bucaille, p. 204). No entanto, isso é questionável. É contrário à obra de autoridades islâmicas reconhecidas que fizeram as principais traduções para o inglês. E o próprio Bucaille reconheceu que "... 'pasta de sangue', que figura comumente nas traduções, é uma inexatidão..." (p.233). Isso dá a impressão de que sua tradução caseira foi gerada para resolver o problema, já que reconhece que "uma afirmação desse tipo é totalmente inaceitável para cientistas especializados no assunto" (ibid.).

Da mesma forma, outros críticos observam que na surata 18 versículo 86 o *Alcorão* fala de alguém viajando para o ocidente "Até que, chegando ao poente do sol, viu-o pôr-se numa fonte fervente". Mas até na tentativa de explicar esse problema, Yusuf Ali admite que isso tem "intrigado os comentaristas". E ele não explica realmente o problema, apenas afirma que isso não pode ser "o extremo oeste, pois tal coisa não existe" (Ali, p. 754, n. 2430). Na realidade, não há extremo oeste, e ninguém que viaja para o oeste chega ao lugar onde o sol se põe. Mas é isso que o texto diz, por menos científico que seja.

Outros notaram que a suposta antevisão científica do *Alcorão* é altamente questionável. Kenneth Cragg observa:

> Alguns exegetas do *Alcorão* afirmavam freqüentemente que invenções modernas e dados científicos, até fissão nuclear, foram previstos ali e agora podem ser detectados em passagens não reconhecidas até agora em sua presciência. Significados anteriormente desconhecidos se revelam à medida que a ciência progride.

Essa conclusão, no entanto, "é altamente repudiada por outros como o tipo de corroboração de que o *Alcorão*, como escritura 'espiritual', não precisa nem aprova" (Cragg, p. 42).

Mesmo se provassem que o *Alcorão* é cientificamente preciso, ele não seria divinamente autorizado. Tudo que a precisão prova é que *o Alcorão* não cometeu erros científicos. Isso não seria inédito. Alguns teólogos judeus afirmam o mesmo a respeito da Torá e muitos cristãos afirmam exatamente a mesma coisa a respeito da Bíblia, usando argumentos bem semelhantes. Mas Bucaille não concordaria que isso prova que o AT e o NT são a Palavra de Deus.

Argumento da estrutura matemática. Uma prova popular da origem divina do *Alcorão* é sua suposta base milagrosa no número 19. Dezenove é a soma do valor numérico das letras da palavra "um" (com base na crença básica de que Deus é um). Tal método apologético não é bem aceito nos círculos científicos por boas razões. Nenhum muçulmano aceitaria uma mensagem que afirma ser de Deus se ensinasse idolatria ou imoralidade. Certamente nenhuma mensagem contendo tais afirmações seria aceita apenas por motivos matemáticos. Portanto, mesmo se *o Alcorão* fosse um "milagre" matemático, isso não seria suficiente para provar que era de Deus, mesmo para muçulmanos inteligentes.

Mesmo que a probabilidade for muito alta contra *o Alcorão* ter todas essas combinações incríveis do número 19, isso não prova nada além de que há uma ordem matemática por trás da linguagem do *Alcorão*. Como a linguagem é uma expressão da ordem do pensamento humano e como essa ordem pode ser reduzida à expressão matemática, não é anormal que uma ordem matemática possa ser encontrada por trás da linguagem de um documento. Na verdade, não há nada de tão anormal sobre sentenças que têm dezenove letras.

Além disso, o mesmo tipo de argumento (baseado no número 7) foi usado para "provar" a inspiração da Bíblia. Pegue o primeiro versículo da Bíblia "No princípio criou Deus os céus e a terra". G. Nehls indica que:

> O versículo consiste em 7 palavras hebraicas e 28 letras (7 x 4). Há três substantivos: "Deus, céus, terra". Seu valor numérico [...] é 777 (7 x 11). O verbo "criou" tem o valor 203 (7 x 29). O objeto está contido nas três primeiras palavras — com 14 letras (7 x 2). As outras quatro letras contêm o sujeito — também com 14 letras (7 x 2) [e assim por diante].

Mas nenhum muçulmano permitiria que isso valesse como argumento a favor da inspiração divina da Bíblia. No máximo o argumento é esotérico e não convincente. A maioria dos estudiosos muçulmanos inclusive evita usá-lo.

Argumento das vidas transformadas. Apologistas indicam a transformação das vidas e da cultura pelo *Alcorão* como prova da sua origem divina. Tais transformações são esperadas. Quando alguém acredita em algo fervorosamente, vive segundo essa crença. Mas isso ainda não responde à questão se essa é a Palavra de Deus.

Qualquer grupo de idéias cridas e aplicadas fervorosamente transformará os seguidores e sua cultura. Isso é verdadeiro sejam eles budistas (v. BUDISMO), cristãos, muçulmanos ou judeus. Que muçulmano aceitaria o argumento de que *O capital*, de Karl MARX, é inspirado porque transformou milhões de vidas e muitas culturas?

Os críticos não se surpreendem pelo fato de tantos terem se convertido ao islamismo quando lembram o que foi prometido como recompensa para os que se convertessem e a ameaça de castigo para os que não se convertessem. Os que se "submetessem" receberiam a promessa do paraíso com belas mulheres (2.25; 4.57).

O castigo para aqueles que lutam contra Allah e contra o Seu Mensageiro, e semeiam a corrupção na terra, é que sejam mortos, ou crucificados, ou lhes seja decepada a mão e o pé de lados apostos, ou banidos (5.33).

A tradição islâmica relata que Maomé deu a seguinte exortação para seus seguidores:

> A espada é a chave do paraíso e do inferno; uma gota de sangue derramado pela causa de Deus, uma noite na luta, vale mais que dois meses de jejum e oração. Quem cai na batalha terá seus pecados perdoados no dia do julgamento" (Gibbon, p. 3).

A ganância humana teve influência: "Guerreiros árabes tinham direito a 4/5 de todo saque que juntavam na forma de bens móveis e escravos" (Noss, p. 711). Era muito vantajoso submeter-se ao inimigo. Os politeístas tinham duas escolhas: submeter-se ou morrer. Os cristãos e judeus tinham outra alternativa: pagar altos impostos (9.5, 29). E as conquistas islâmicas foram bem-sucedidas porque, em algumas das terras conquistadas, o povo estava cansado dos maus tratos dos governantes romanos e aceitaram voluntariamente a ênfase do islamismo à igualdade e fraternidade.

Além disso, o cristão ou judeu poderia argumentar a favor da verdade das suas religiões pelo mesmo fundamento. Não seria surpreendente se a crença sincera em Deus, em sua lei moral e no dia final do juízo mudasse a vida de uma pessoa — coisas em que todos os monoteístas morais acreditam. Mas não se pode concluir com isso que Maomé seja o último profeta de Deus.

Se é possível provar que vidas mudadas numa religião são evidência de sua origem divina singular, à luz do poder transformador do evangelho (Rm 1.16), o cristianismo é igual, se não superior, ao islamismo. No livro *Evidences of christianity* [*Evidências do cristianismo*], William PALEY observa:

Pois o que estamos comparando? Um camponês galileu acompanhado por alguns pescadores com um conquistador à frente de um exército. Comparamos Jesus, sem força, sem poder, sem apoio, sem nenhum atrativo ou influência externa, prevalecendo contra os preconceitos, a erudição, a hierarquia de seu país, contra as antigas opiniões religiosas, os ritos religiosos pomposos, a filosofia, a sabedoria, a autoridade do Império Romano no período mais civilizado e iluminado de sua existência — com Maomé fazendo suas jornadas entre os árabes; captando seguidores em meio a conquistas e triunfos, na era e nos países mais em trevas do mundo, e quando o sucesso militar não só operava por esse controle das vontades dos homens e pessoas que buscam feitos prósperos, como também era considerado o testemunho certo da aprovação divina. O fato de multidões, persuadidas por esse argumento, se ajuntarem ao séquito do líder vitorioso; o fato de multidões ainda maiores se prostrarem, sem protesto, perante poder irresistível — é uma conduta em que não podemos ver nada surpreendente; em que não podemos ver nada que se assemelhe às causas pelas quais o estabelecimento do cristianismo foi efetuado (Paley, p. 257).

Argumento da difusão rápida do islamismo. Alguns estudiosos islâmico indicam a rápida difusão do islamismo como prova de sua origem divina. De acordo com um apologista muçulmano: "a difusão rápida do islamismo mostra que o Altíssimo o enviou como revelação final para o homem" (Pfander, p. 226). O islamismo ensina que está destinado a ser a religião universal. Há vários problemas sérios com esse raciocínio. Primeiro, pode-se questionar o tamanho e o crescimento rápido como testes definitivos da verdade. A maioria nem sempre está certa. Na verdade, a história tem demonstrado que geralmente a maioria está errada.

De acordo com o próprio teste o islamismo não é a religião verdadeira, já que o cristianismo tem sido e ainda é a maior religião do mundo em número de adeptos — fato embaraçoso para os muçulmanos. Além disso, mesmo que o crescimento rápido fosse usado como teste da verdade de um sistema, o cristianismo, não o islamismo, provaria ser a religião verdadeira. Pois ele cresceu mais rápido no princípio, com sua mensagem simples e sob forte perseguição romana, que o islamismo pela força militar. Na verdade, não só conquistou a partir de suas raízes judaicas milhares de convertidos em poucos dias e semanas (At 2.41; 4.4; 5.14), mas alcançou o Império Romano pela força espiritual nos seus primeiros séculos.

Certamente, as cruzadas cristãs (séc. XII a XIV) também usaram a espada, proibida por Jesus para espalhar sua mensagem (Mt 26.52). Mas isso foi bem depois de o cristianismo ter conquistado o mundo sem ela. Em comparação, o islamismo não cresceu pela mera força da sua mensagem, mas apenas depois, quando usou a espada. Na realidade, o cristianismo primitivo cresceu mais quando o governo romano estava usando a espada contra os cristãos durante os três primeiros séculos.

Há razões perfeitamente naturais para a difusão rápida do islamismo, diz Shorrosh. O islamismo glorificava o povo, os costumes e a língua árabes. Incentivava a conquista e o saque de outras terras. Utilizava a habilidade de lutar no deserto. Oferecia uma recompensa celestial pela morte e absorvia muitas práticas pré-islâmicas na cultura árabe. Mesmo se indicarem razões mais positivas, como melhorias morais, políticas e culturais, parece não haver razão para supor qualquer coisa além de causas naturais para a difusão do islamismo. Finalmente, houve incentivos naturais para muitos convertidos. Os soldados receberam a promessa do paraíso prometido como recompensa por morrer na difusão do islamismo. E o povo que não se submetesse era ameaçado de morte, escravidão, ou com impostos. Não há necessidade de apelar ao sobrenatural para explicar o crescimento do islamismo sob essas condições.

O estudioso Wilfred Cantwell Smith especifica o dilema islâmico. Os muçulmanos acreditam que o islã é a vontade de Deus e é destinado a dominar o mundo, então seu fracasso deve ser indicação de que a vontade soberana de Deus está sendo frustrada. Mas os muçulmanos negam que a vontade de Deus possa ser frustrada. Portanto, logicamente eles devem concluir que tal domínio não é a vontade de Deus. O biógrafo de Maomé, M. H. Haykal, errava quando responde que os seres humanos são livres, e qualquer derrota ou retrocesso devem ser atribuídos a eles (Haykal, p. 605). Se Deus realmente quisesse a supremacia do islamismo, sua vontade divina teria sido frustrada, por meio da liberdade humana ou sem ela. Pois o islamismo não é e jamais foi, desde a época da sua criação, a religião mundial dominante numérica, espiritual ou culturalmente. Mesmo que o islamismo tivesse um surto repentino de sucesso e ultrapassasse todas as outras religiões, isso não provaria que é de Deus. Logicamente, todo esse sucesso demonstra que foi bem-sucedido, não necessariamente que é verdadeiro. Pois mesmo depois que algo é bem-sucedido, ainda podemos perguntar: É verdadeiro ou falso?

Argumento que Deus fala na primeira pessoa. Os muçulmanos apelam para o fato de que Alá fala na primeira pessoa como evidência de que o *Alcorão* é a Palavra de Deus. Na Bíblia, Deus geralmente é mencionado na segunda ou terceira pessoa, do ponto de vista humano. No entanto, nem todo o *Alcorão* fala de Alá na primeira pessoa, de forma que por essa lógica apenas as partes na primeira pessoa seriam inspiradas. Nenhum muçulmano diria isso voluntariamente. Além disso, em grande parte da Bíblia Deus fala na primeira pessoa, mas os muçulmanos não admitem que essas passagens *sejam* palavras de Deus, principalmente quando Deus abençoa Israel, dando a eles a terra da Palestina como herança.

A verdade é que tanto o *Alcorão* quanto a Bíblia têm passagens que falam de Deus na primeira e na terceira pessoas. Assim, os muçulmanos não podem usar isso como prova singular da origem divina do *Alcorão*.

Evidência de um Alcorão *humanamente inspirado*. Além de não existir evidência da origem divina do *Alcorão*, há fortes indicações de que sua origem não é divina.

Falibilidade. Deus não pode cometer erros ou mudar de idéia. Porém, como visto acima, o *Alcorão* reflete tal falibilidade em várias ocasiões.

Fontes puramente humanas. Conforme descobertas de estudiosos reconhecidos pelo islamismo, o conteúdo do *Alcorão* pode ser rastreado em sua origem até obras judaicas ou cristãs (geralmente dos apócrifos judaicos ou cristãos) ou fontes pagãs. Arthur Jeffry, no livro técnico e erudito *The foreign vocabulary of the Qur'an* [*O vocabulário estrangeiro do Alcorão*], demonstra com habilidade que "não só grande parte do vocabulário religioso, mas também a maior parte do vocabulário cultural do *Alcorão* não são de origem árabe" (Jeffry, p. 2). Algumas das fontes de vocabulário são as línguas etíope, persa, grega, siríaca, hebraica e copta (ibid., 2-32).

St. Clair-Tisdall, em *The sources of Islam* [*As fontes do Islã*], também revela que certas histórias alcorânicas sobre o AT dependem do *Talmude*. A influência do *Talmude* pode ser vista nas histórias alcorânicas de Caim e Abel, Abraão e os ídolos, e a Rainha de Sabá. A influência direta dos apócrifos cristãos pode ser vista na história dos sete adormecidos e nos milagres da infância de Jesus, e doutrinas zoroastristas aparecem em descrições das *huris* (virgens) no paraíso e no *sirat* (a ponte entre o inferno e o paraíso; Tisdall, p. 49-59, 74-91). Práticas como a de visitar a Caaba, os vários detalhes da peregrinação à Meca, incluindo visitas aos montes Safa e Marwa, e o lançamento de pedras contra uma coluna que simboliza Satanás, eram práticas pré-islâmicas da Arábia pagã (Dashti, p. 55, 93-4, 164).

O brilhantismo de Maomé. Como mencionado acima, Maomé pode não ter sido analfabeto, e mesmo que não tivesse treinamento formal, foi uma pessoa inteligente e talentosa. Não há razão que impeça que uma mente criativa seja a fonte dos ensinamentos do *Alcorão* que não têm antecedentes humanos conhecidos.

O biógrafo de Maomé, Haykal, identifica uma possível fonte das "revelações" de Maomé na sua descrição da imaginação fértil dos árabes: "Vivendo como ele sob o vazio do céu e movendo-se constantemente à procura de pasto ou comércio, e sendo constantemente forçado a excessos, exageros, e até mentiras que a vida do comércio geralmente implica, o árabe é dado ao exercício da sua imaginação e a cultiva sempre para o bem ou para o mal, para paz ou para guerra" (ibid., p. 319).

Possíveis fontes satânicas do Alcorão. Também é possível que Maomé tenha recebido suas revelações de um espírito maligno. Ele mesmo a princípio acreditava que suas "revelações" vinham de um demônio, mas foi encorajado por sua esposa Khadija e pela prima dela, Waraqah, a acreditar que a revelação vinha de Deus. Isso é contado em mais detalhes no artigo MAOMÉ, SUPOSTO CHAMADO DIVINO DE. Seja pelo próprio brilhantismo, por outras fontes humanas ou por espíritos malignos finitos, não há nada no *Alcorão* que não possa ser explicado sem a revelação divina.

Conclusão. Apesar das evidências acima contra qualquer origem divina do *Alcorão*, é interessante que autores muçulmanos tenham se negado a abordar a questão das origens humanas do *Alcorão*, mas simplesmente repitam afirmações dogmáticas sobre sua fonte divina. Na verdade, raramente encontra-se reconhecimento de problemas, muito menos uma apologia, entre os estudiosos muçulmanos.

Fontes

A. A. ABDUL-HAQQ, *Sharing your faith with a muslim*.

H. AHMAD, *Introduction to the study of the holy Quran*.

M. M. A. AJIJOLA, *Muhammad and Christ*.

AL-RUMMANI, em A. Rippin e J. Knappert, orgs., *Textual sources for the study of Islam*.

M. ALI, *The religion of Islam*.

Y. ALI, *The Holy Quran: translation and commentary*.

M. BUCAILLE, *A Bíblia, o Alcorão e a ciência*.

W. St. CLAIR-TISDALL, *A manual of the leading Muhammedan objections to christianity*.

K. CRAGG, Contemporary trends in Islam, em

J. D. Woodberry, org., *Muslims and christians on the Emmaus road*.

A. DASHTI, *Twenty-three years: a study of the prophetic career of Mohammad*.

M. FOREMAN, An evaluation of islamic miracle

claims in the life of Muhamma, tese não-publicada (1991).

M. B. Foster, *The Christian doctrine of creation and the rise of modern science, Mind* (1934).

N. L. Geisler e A. Saleeb, *Answering Islam: the Crescent in the light of the cross.*

E. Gibbon, *The history of the decline and fall of the Roman empire.*

J. P. Gudel, *To every muslim an answer: islamic apologetics compared and contrasted with christian apologetics.*

H. Haneef, *What everyone should know about Islam and muslims*

M. H. Haykal, *The life of Muhammad.*

A. Jeffry, ed., *Islam: Muhammad and his religion.*

L. B. Jones, *The people of the mosque.*

J. W. Montgomery, *Faith founded on fact.*

___, Mudjiza, em *The encyclopedia of Islam.*

G. Nehls, *Christians ask muslims.*

J. B. Noss, *Man's religions.*

W. Paley, *Evidences of christianity.*

C. G. Pfander, *The Mizanu'l Haqq (The balance of truth).*

A. A. Shorrosh, *Islam revealed: a christian Arab's view of Islam.*

H. Spencer, *Islam and the Gospel of God.*

C. Waddy, *The muslim mind.*

W. M. Watt, *Muhammad: prophet and statesman.*

A. N. Whitehead, *Science in the modern world.*

Alfarabi. Filósofo árabe de ascendência turca que viveu em Alepo (870?-950). Foi um dos primeiros filósofos monistas ou panteístas a apresentar as obras de Aristóteles e de Platão durante a Idade Média. Influenciou Avicena (Ibn Sinâ, 980-1037) e Averróis (1126-1198), cujas posições dominaram a discussão filosófica no fim da Era Medieval.

O pensamento de Alfarabi foi muito influente nas formas cristãs posteriores do argumento cosmológico (v. Deus, evidências de; kalam, argumento cosmológico). Ele construiu a base para os argumentos escolásticos pela distinção entre *o que* uma coisa é e o fato *de que* ela existe. Alfarabi via isso como o sinal de distinção real entre a essência da criatura e sua existência — conceito mais tarde defendido por Tomás de Aquino.

O argumento cosmológico de Alfarabi. Nessa distinção real está implícito o argumento a favor da existência de Deus que assume a seguinte forma:

1. Existem coisas cuja essência é diferente de sua existência. Chamadas "seres possíveis", elas podem ser concebidas como não-existentes apesar de existirem.
2. Esses seres têm existência apenas no plano acidental, isto é, não faz parte de sua essência existir. É logicamente possível que elas jamais existissem.
3. Qualquer coisa que tenha existência acidental (e não-essencial) deve receber sua existência de outra. Já que a existência não é essencial a ela, deve haver alguma explicação para sua existência.
4. Não pode haver uma regressão infinita de causas para a existência. Já que a existência de todos os seres possíveis é recebida de outra, deve haver uma causa pela qual a existência é recebida.
5. Portanto, deve haver uma Primeira Causa de existência cuja essência e existência são idênticas. Esse é o Ser *Necessário*, e não apenas possível. A Primeira Causa não pode ser um mero ser possível (cuja essência é não existir), já que nenhum ser possível pode explicar a própria existência.

Avaliação do argumento de Alfarabi. Muitas críticas ao argumento cosmológico foram feitas por ateus, agnósticos e céticos. A maioria delas emanam de David Hume e Immanuel Kant e foram respondidas por teístas (v. Deus, objeções a provas em favor de).

Conclusão. Se existem seres cuja essência é não-existir, deve haver um Ser cuja essência é existir, pois as coisas possíveis não são possíveis a não ser que haja um Ser Necessário. Nenhum ser passa a existir exceto se algum Ser lhe der essa existência. Já que um ser não pode dar existência a outro quando é dependente de outro para a própria existência, deve haver um primeiro Ser cuja existência não lhe foi dada por outro, mas que dá existência a todos os outros. Esse é basicamente o mesmo argumento subjacente aos três primeiros dos "cinco caminhos" de Aquino para provar a existência de Deus (v. Tomás de Aquino).

Fontes

F. Copleston, *History of philosophy.*

E. Gilson, Al Farabi, ep.

___, *History of christian philosophy in the Middle Ages.*

alma, imortalidade da. V. IMORTALIDADE.

alta crítica. V. CRÍTICA DA BÍBLIA; CRÍTICA DA REDAÇÃO DO ANTIGO TESTAMENTO; ESPINOSA, BARUCH; WELLHAUSEN, JULIUS.

Altizer, Thomas J. J. G. W. F. Hegel (1770-1831) escreveu: "Deus está morto" (Hegel, p. 506) e Friedrich Nietzsche (1844-1900) levou o conceito a sério. Escreveu: "Deus está morto! Deus continua morto! E nós o matamos" (Nietzche, n.º 125). Na década de 1960 Thomas J. J. Altizer extraiu as implicações radicais desse tipo de ateísmo e as inseriu em sua teologia da "Morte de Deus".

O significado da morte de Deus. Há vários tipos de ateísmo. O ateu *tradicional* acredita que não existe nem nunca existiu um Deus (v. FEUERBACH, LUDWIG; FREUD, SIGMUND; SARTRE, JEAN-PAUL). Os ateus *semânticos* afirmam que o termo *Deus* está morto, que a linguagem religiosa não tem significado (v. AYER, A. J.; ACOGNOSTICISMO). Os ateus *mitológicos*, representados por Nietzsche, afirmam que o mito Deus já esteve vivo, mas morreu no século XX. Os ateus *conceituais* acreditam que existe um Deus, mas está escondido da nossa visão, sendo obscurecido pelas nossas construções conceituais (v. BUBER, MARTIN). Os ateus *práticos* afirmam que Deus existe, mas devemos viver *como se* não existisse, sem usar Deus como muleta para nossa incapacidade de agir de maneira espiritual e responsável. Altizer era um ateu dialético. Os ateus *dialéticos* acreditavam que Deus realmente existiu, mas morreu no nosso século.

Os estágios da morte. Altizer chamou Nietzsche o primeiro cristão radical (Altizer, *O evangelho do ateísmo cristão*, p. 25). Altizer acreditava que "só o cristão sabe que Deus está morto, que a morte de Deus é um evento definitivo e irrevogável" (ibid., p. 111). Deus não está apenas escondido da nossa visão, como Martin Buber acreditava. Ele realmente morreu em três estágios:

A morte na Encarnação. Primeiro, Deus morreu quando se encarnou em Cristo. "O fato de Deus ser Jesus significa que o próprio Deus se tornou carne; Deus não precisa mais existir como Espírito transcendente ou Senhor soberano". Quando o Espírito se torna Verbo, ele se esvazia. Isto é, "se o Espírito realmente se esvazia ao entrar no mundo, então seu próprio Ser essencial e original deve ser deixado para trás numa forma vazia e sem vida" (ibid., p. 67-8). Em resumo, quando Deus veio à terra, o céu ficou vazio (v. CRISTO DA FÉ VS. JESUS DA HISTÓRIA; JESUS HISTÓRICO, BUSCA PELO).

A morte na cruz. Além disso, Deus não morreu apenas em geral na encarnação, mas morreu especificamente na cruz quando Cristo foi crucificado (e não ressuscitou dos mortos). "Sim, Deus morreu na crucificação: logo ele cumpre o movimento da Encarnação, esvaziando-se completamente de sua sacralidade primordial". De fato, só na crucificação, na morte do Verbo na Cruz, é que o Verbo verdadeira e completamente se torna carne. E "a encarnação só é realmente verdadeira se afeta a morte do sagrado original, a morte do próprio Deus" (ibid., p. 82-90, 113, 149-53; (v. CRISTO, MORTE DE; RESSURREIÇÃO, EVIDÊNCIAS DA; RESSURREIÇÃO, OBJEÇÕES À).

A morte nos tempos modernos. Finalmente, Deus morreu nos tempos modernos. Isto é, Deus não só morreu realmente na encarnação e na cruz, mas morreu em nossa consciência, na nossa época, à medida que a realidade de sua morte se desdobrou na cultura ocidental. Para entender isso, é necessário falar sobre um processo dialético. "Progressiva mas decisivamente Deus abandona ou nega sua passividade original [...] encarnando-se tanto *na* quanto *como a* realidade do mundo e da história. Logo, apegar-se à crença num Deus transcendente é negar a realidade histórica da encarnação". Pois "apenas o sagrado que nega a própria forma primordial e sagrada pode se encarnar na realidade do profano". Portanto, "dialeticamente, tudo depende do reconhecimento do significado da identificação total de Deus com Jesus e do entendimento que é Deus que se tornou Jesus e não Jesus que se torna Deus" (ibid., p. 46). Logo, é obrigação de todo cristão desejar a morte de Deus para que o processo dialético possa continuar.

Avaliação. O ateísmo dialético nega a inspiração da Bíblia (v. BÍBLIA, EVIDÊNCIAS DA), optando pela crítica radical infundada (v. BÍBLIA, CRÍTICA DA; NOVO TESTAMENTO, HISTORICIDADE DO; EDIÇÃO, CRÍTICA DE). Nega a ressurreição corporal de Cristo contra toda a evidência histórica (v. RESSURREIÇÃO, EVIDÊNCIAS DA).

Essa teologia é baseada numa interpretação errônea da Encarnação. As Escrituras afirmam que, quando Cristo veio à terra, o que aconteceu não foi a subtração da divindade, mas a adição da humanidade. Deus não deixou o céu; apenas a segunda pessoa da Trindade acrescentou a si outra natureza, humana, sem descartar sua natureza divina (v. CRISTO, DIVINDADE DE; TRINDADE).

Filosoficamente é impossível que o Ser Necessário (Deus) morra. O Ser Necessário não pode passar a existir ou deixar de existir. Ele sempre existirá.

O método dialético subjacente à teoria de Altizer é infundado. Não há base para acreditar que a realidade opere por meio de tese, antítese e síntese dialética.

Conclusão. O movimento da "morte de Deus" foi curto, dominando o cenário por apenas uma década aproximadamente. Baseou-se numa teologia dialética, geralmente atribuída a Hegel. Essa teoria exige que toda tese, tal como "Deus existe", demande a antítese: "Deus não existe": que por sua vez torna-se a base para nova síntese. Isso sempre aparece num movimento progressivo, o qual Altizer não sabia exatamente que forma assumiria. Mas ele acreditava que uma pessoa "deve estar sempre aberta a novas epifanias do Verbo ou do Espírito de Deus [...] epifanias realmente novas cujas próprias ocorrências afetam ou registram um novo movimento, ou uma nova realidade, ou o próprio processo divino" (ibid., p. 84, 105). Assim, enquanto Altizer parece negar todas as formas de transcendência, na verdade ele nega apenas formas tradicionais que transcendem para trás ou para cima e as substitui por uma transcendência futura. Isso já foi chamado de transcendência escatológica (v. Geisler, p. 49-52).

Fontes

T. J. Altizer, *The gospel of Christian atheism.*
____, *Radical theology and the death of God.*
N. L. Geisler, *Philosophy of religion.*
G. W. F. Hegel, *The phenomenology of Spirit.*
F. Nietzche, *Joyful wisdom.*

analogia, princípio da. Dois *princípios da analogia* às vezes afetam a apologética cristã. Uma é uma *regra do historicismo*, formulada pelo historiador e teólogo liberal Ernst Troeltsch (1865-1923), segundo a qual a única maneira de o passado ser conhecido é por analogia com o presente. A implicação dessa regra é que, já que os tipos de milagres realizados na Bíblia não acontecem hoje, também não podemos saber se aconteceram no passado. Para a discussão desse princípio e suas dificuldades, v. o artigo Troeltsch, Ernst. A outra maneira em que esse termo é usado é como um princípio fundamental da razão (v. primeiros princípios). É nesse sentido que o princípio é considerado aqui.

O princípio da analogia. O princípio da analogia afirma que o efeito deve ser semelhante à sua causa. Semelhante produz semelhante. O efeito não pode ser totalmente diferente de sua causa. O ato (ou agente) transmite realidade. O princípio afirma que a Causa de toda existência (Deus) deve ser semelhante aos seres que ele causa. Nega que Deus pode ser totalmente diferente (equívoco) dos seus efeitos, pois o Ser que causa todos os outros seres não pode criar algo que não tenha existência semelhante à sua. Existência causa existência.

Da mesma forma, a analogia afirma que Deus não pode ser totalmente o mesmo que seus efeitos, pois nesse caso eles seriam idênticos a Deus. Mas as criaturas não podem ser idênticas ao que não foi criado, nem o finito ao Infinito. Assim, Deus, o Criador de todo ser, deve ser semelhante às criaturas que fez. Da mesma forma, nossas idéias sobre Deus — se estiverem certas — não são totalmente iguais nem totalmente diferentes; são semelhantes (análogas). A linguagem religiosa análoga, então, é a única maneira de preservar o verdadeiro conhecimento de Deus. A discussão unívoca sobre Deus é impossível e a discussão equívoca sobre Deus é inaceitável e autodestrutiva. Apenas a analogia evita as armadilhas de ambas e dá entendimento genuíno de Deus. Como Tomás de Aquino declarou:

Esse nome Deus [...] não é entendido nem unívoca nem equivocamente, mas analogicamente. Isso fica claro pela seguinte razão — nomes unívocos têm absolutamente o mesmo significado, ao passo que nomes equívocos têm nomes diferentes; no sentido analogo, um nome entendido num significado deve ser colocado no âmbito da definição do mesmo nome entendido em outros significados (*Suma teológica*, 1*a*. 13, 10).

A base para a analogia. A analogia preserva o conhecimento verdadeiro de Deus porque está baseada na própria natureza das auto-expressões de Deus. É claro que Deus só pode expressar-se às criaturas em termos diferentes dele mesmo. Então, pela própria natureza tal expressão ou manifestação de Deus será limitada, visto que o próprio Deus é ilimitado. Mesmo assim, uma expressão sobre Deus deve comunicá-lo. Logo, a analogia flui da própria natureza do processo divino de auto-revelação.

Analogia na causalidade. A semelhança entre o Criador e a criatura é baseada na relação causal entre eles (v. causalidade, princípio da). Já que Deus é existência pura (puro Ser), e já que ele causa todas as outras existências (seres), deve haver uma semelhança entre ele — a Causa eficiente — e seus efeitos. Pois uma causa se comunica com o efeito. Existência causa existência. A Causa da existência deve ser um Ser. Pois ela não pode dar o que não tem; não pode produzir a realidade que não possui. Então, embora a Causa seja um Ser Infinito e o efeito seja um ser finito, o ser que é o efeito é semelhante ao Ser que o causou. A analogia é baseada na causalidade eficiente. Pois "podemos dar nome a Deus somente a partir das criaturas. Portanto, o que é dito sobre Deus e as criaturas é dito tanto à medida da relação entre as criaturas e Deus — a causa principal delas, visto que todos os atributos preexistem excelentemente" (ibid., 1*a*.13, 5).

O testemunho da analogia. A necessidade da analogia não é evidente apenas na revelação geral acerca de Deus encontrada na natureza; ela também é essencial à revelação especial de Deus nas Escrituras (v. Bíblia,

EVIDÊNCIAS DA). A Bíblia declara ser verdadeiro o conhecimento de Deus (v. BÍBLIA, EVIDÊNCIAS DA). Mas esse conhecimento está contido num livro composto por palavras e frases humanas na experiência humana finita. Logo, a questão é: Como podem conceitos humanos finitos comunicar o Deus infinito? A resposta de Aquino é que devem fazê-lo analogamente. Deus não é nem idêntico nem completamente diferente de nossas expressões sobre ele. É, antes, semelhante a elas.

Revelação especial na analogia. Em relação a isso a Bíblia é enfática sobre duas coisas. Em primeiro lugar, Deus está além de nossos pensamentos e conceitos, até mesmo dos melhores que possamos ter (cf. Rm 11.33). Deus é infinito, nossos conceitos são finitos, e nenhum conceito finito pode imaginar o infinito. Também fica claro nas Escrituras que Deus ultrapassa a capacidade insignificante dos conceitos humanos de comunicar sua essência inefável. Paulo disse: "Agora, pois, vemos apenas um reflexo obscuro, como em espelho..." (1Co 13.12). João disse sobre o homem mortal nesta vida: "Ninguém jamais viu a Deus" (Jo 1.18). Em segundo lugar, apesar dessa deficiência, a linguagem humana é adequada para expressar os atributos de Deus. Pois, apesar da diferença infinita entre Deus e as criaturas, não há ausência total de semelhança, já que o efeito sempre se assemelha de alguma forma à Causa eficiente.

Mas se Deus é expresso adequadamente em linguagem humana, mesmo em linguagem inspirada, e ao mesmo tempo infinitamente mais que qualquer linguagem possa expressar, então a linguagem das Escrituras é, no máximo, análoga. Isto é, nenhum termo extraído da experiência humana — e é daí que vêm todos os termos bíblicos —pode fazer mais que nos contar com o que Deus se *parece*. Nenhum deles pode expressar de maneira abrangente o que Deus realmente *é*. A linguagem religiosa é capaz de, no máximo, fazer afirmações válidas da essência de Deus, mas jamais pode expressar sua essência completamente.

A linguagem da analogia. Há duas razões pelas quais as afirmações feitas sobre Deus com base na revelação geral (v. REVELAÇÃO GERAL) são meramente análogas. Inicialmente está a questão da causalidade. Os argumentos a favor da existência de Deus são argumentos do efeito em direção à Causa eficiente da sua existência (ibid., 1a. 2, 3; v. DEUS, EVIDÊNCIAS DE). Já que recebem sua realidade de Deus (que é Realidade Pura), os efeitos devem ser semelhantes a ele. Pois a Realidade transmite e produz realidade.

Depois, a Realidade Pura (Deus) não pode criar outra Realidade Pura. Realidade Pura não é criada, e é impossível criar um Ser incriado. Mas se a Realidade incriada não pode criar outra Realidade Pura, então ela deve criar uma realidade com potencialidade (Aquino, *Do ser e da essência*). Então, todos os seres criados devem ser compostos de realidade e potencialidade. Eles têm existência real e têm o potencial de não existir. Qualquer coisa que passa a existir pode deixar de existir. Mas, se todos os seres criados têm um potencial que limita sua existência, então eles são tipos limitados de existência, e sua Causa incriada é um tipo ilimitado de existência.

Logo, deve haver uma diferença entre as criaturas e seu Criador. Elas são limitadas (potencial), e ele não. Isso implica que, quando se fazem afirmações sobre Deus baseadas no que ele revelou sobre si mesmo na criação, há uma grande exceção: Deus *não* é semelhante à sua criação quanto à potencialidade dela, mas apenas quanto à realidade. Esse elemento negativo é chamado "o caminho da negação" (*via negativa*), e toda discussão adequada sobre Deus deve presumir isso. Essa conclusão emerge da própria natureza das provas da existência de Deus.

Podemos afirmar o positivo e o negativo em duas propostas:

Deus é uma Causa.

Esse é o elemento positivo da semelhança na analogia criatura-Criador. Seja qual for a realidade que existe, ela é como a Realidade que a produziu.

Deus é uma causa não-causada.

Esse é o elemento negativo. A mesma negação deve ser levada em consideração ao examinar outros atributos de Deus que emergiram do argumento a favor da sua existência. Como Aquino disse: "Nenhuma criatura finita pode ser adequada ao primeiro agente, que é infinito" (*Do poder de Deus*, 7.7). Deus é a causa infinita de toda existência finita. Mas infinito quer dizer não-finito; isso também é uma negação. Deus é a Causa eterna, isto é, sem fim e além do tempo. Algumas das negações não são tão óbvias. Deus é a Fonte simples (indivisível) de toda existência complexa. Mas "simples" aqui realmente significa não complexa. Sabemos que as criaturas são contingentes e Deus é necessário, mas por "necessário" só queremos dizer que Deus *não* é contingente. Não temos nenhum conceito positivo na nossa experiência que possa expressar a dimensão transcendente das características metafísicas ilimitadas de Deus.

Portanto, a analogia que usamos para falar sobre Deus sempre conterá um elemento de negação. A criatura é *semelhante* a Deus porque a Realidade transmite realidade, mas *diferente* de Deus porque tem uma potencialidade limitadora que Deus não tem. Ele é Realidade Pura.

Tipos de analogia. Dois tipos básicos de analogia devem ser distinguidos: *extrínseco* e *intrínseco*. A analogia entre Deus e a criação é baseada na analogia intrínseca. Caso contrário, não haveria semelhança real.

Analogia extrínseca. Não há semelhança real entre duas partes na analogia *extrínseca*. Só uma possui a característica; à outra é *atribuída* essa característica por sua relação com ela. Isso pode ser mais bem explicado pela observação dos tipos de analogia extrínseca.

A analogia extrínseca é baseada na causalidade eficiente. A analogia é chamada "analogia por atribuição extrínseca". A característica só é *atribuída* à causa porque a causa produz a característica no efeito. Na realidade, a causa não possui a característica. Alguns alimentos são *denominados* "saudáveis" porque estimulam a saúde do corpo, não porque os alimentos em si sejam saudáveis.

Essa analogia não oferece qualquer base real para o conhecimento de Deus. Só nos mostra o que a causa pode produzir, não a característica que realmente possui. Nesse tipo de analogia, Deus pode simplesmente ser *chamado* bom porque produz coisas boas, mas não porque ele seja realmente bom. Logo, a analogia baseada na atribuição extrínseca nos deixa num estado de AGNOSTICISMO com relação a Deus.

A analogia *extrínseca é baseada na semelhança das relações.* A analogia baseada em relações semelhantes às vezes é chamada "analogia da proporcionalidade inadequada". É "inadequada" porque a relação existe apenas na mente que faz a comparação. Não há verdadeira semelhança entre o que está sendo comparado. Esse tipo de analogia declara que:

Sorriso   *Flores*
         como
Rosto   Campina

Um sorriso não é igual a flores. Mas um sorriso alegra um rosto da mesma forma que flores enfeitam uma campina. Há uma relação perceptível entre *sorriso* e *rosto* que corresponde à relação entre *flores* e *campina*. Essa é uma relação entre duas relações.

Bem Infinito   *Bem Finito*
         como
Ser Infinito   Ser Finito

O bem infinito está relacionado ao Ser infinito da mesma maneira em que o bem finito está relacionado ao ser finito. Mas isso não ajuda, e pode atrapalhar, a encontrar uma relação (semelhança) entre o bem infinito e o bem finito. Esse não é o tipo de analogia em que Aquino baseou a semelhança entre Criador e criatura.

Analogia intrínseca. A analogia intrínseca é a em que ambas as coisas possuem a mesma característica, cada uma de acordo com a própria existência. Novamente há dois tipos: a analogia da proporcionalidade adequada e a analogia de atribuição intrínseca.

A analogia intrínseca é baseada na semelhança de relações. Ao mudar sutilmente a afirmação de relação na analogia da proporcionalidade inadequada, podemos desenvolver a "analogia da proporcionalidade adequada". Na analogia da proporcionalidade adequada duas coisas semelhantes são comparadas, não duas relações semelhantes. Há uma relação adequada entre o atributo que cada uma possui e suas respectivas naturezas. Aplicada a Deus essa analogia declararia que:

Bem Infinito   *Bem Finito*
         como
Ser Infinito   Ser Finito

Apesar de essa analogia não explicar a relação direta entre o atributo da bondade aplicado a ambas as partes, ela compara a maneira em que um atributo de Deus está relacionado à sua essência e, por comparação, a maneira em que um atributo semelhante no homem como criatura está relacionado à sua essência. A analogia não nos diz nada sobre a semelhança entre Deus e a criação. Antes, ela nos informa sobre a mesma relação entre bondade e existência no ser infinito e no ser finito.

A analogia da atribuição intrínseca. Na analogia da atribuição intrínseca, os análogos possuem o mesmo atributo, e a semelhança se baseia na conexão causal entre eles. Por exemplo, água quente faz esquentar o ovo que flutua nela. A causa é transmitida ao efeito. Uma mente transmite sua inteligência a um livro. Então o livro é o efeito inteligível da causa inteligente.

Esse é o tipo de analogia na qual Aquino baseia a semelhança entre Criador e criaturas. O que Deus cria deve ser semelhante a ele porque ele se transmite para o efeito. Existência transmite existência. Realidade Pura cria outras realidades. Esse tipo de analogia de atribuição intrínseca, em que a causa e o efeito têm o mesmo atributo, é a base para fazer afirmações verdadeiras sobre Deus. Essas afirmações correspondem à maneira que Deus realmente é porque essas características são derivadas dele e transmitidas por ele aos

analogia, princípio da

seus efeitos. Em resumo, a semelhança entre Criador e criaturas é derivada das características que o Criador deu às criaturas.

As criaturas não possuem uma característica comum (por exemplo, bondade) da mesma forma que Deus. Um ser infinito possui bondade de forma infinita, e um ser finito possui bondade de forma finita. No entanto, ambos possuem bondade, porque um Ser Bom só pode transmitir bondade. Quanto cada criatura carece da bondade de Deus deve-se ao modo finito e falível da existência da criatura; isso não é causado pela infinita bondade da sua causa. Mas por menor que seja a quantidade de bondade que a criatura possui, essa bondade é semelhante ao atributo encontrado no seu Criador, que *é* bondade.

Deus e as criaturas. Toda discussão descritiva sobre Deus baseia-se na analogia da atribuição intrínseca, pela qual as criaturas são semelhantes ao Criador, por meio da relação causal entre eles. Aquino escreve:

> Alguma semelhança deve ser encontrada entre eles [entre os efeitos e sua causa], já que pertence à natureza da ação que um agente produza o que lhe é semelhante, já que cada coisa age conformse é em seu comportamento (*Suma contra os gentios*, I. 29, 2).

Características importantes dessa relação devem ser entendidas.

A relação causal. A relação entre Deus e o mundo é causal. Nos nomes dados a Deus e às criaturas "vemos na relação comum desses nomes a ordem da causa e efeito" (ibid., I, 33). Então, "tudo que se diz sobre Deus e as criaturas é dito conforme alguma relação da criatura com Deus como causa principal" (ibid., I, 13, 5). Causalidade é uma relação de dependência, não de dualismo. As criaturas possuem a característica só porque a receberam do Criador. Em outras palavras, *a Causa da existência compartilhou existência com os seres que fez existir*. Não fosse por essa relação causal de dependência, não haveria nenhum atributo comum entre o Criador e as criaturas.

A relação intrínseca. A relação causal entre Deus e os seres humanos é real. A semelhança está baseada no fato de que causa e efeito têm a mesma característica, sendo que o efeito a recebe da causa. Deus não é chamado "bom", por exemplo, só porque fez coisas boas. Essa seria uma relação causal extrínseca, como o ar quente que endurece o barro. O ar não é duro; só produz o efeito de dureza. O mesmo ar quente amolece a cera.

Mas Deus *é* bom, e então o ser humano tem uma fonte de bem. Tanto o ar quanto o barro ficam quentes, porque calor transmite calor. Calor produzir calor é uma relação causal intrínseca. Esse tipo de relação causal existe entre Deus e a criação.

Toda criação é semelhante a Deus à medida que é real, mas diferente de Deus à medida que é limitada pela potencialidade de receber semelhança dele. Um escultor, a causa, não pode conseguir o mesmo efeito no pudim e na pedra, apesar da mesma forma ser imposta a ambos. O pudim simplesmente não tem o mesmo potencial que a pedra de receber uma forma estável e duradoura. A semelhança entre Deus e criatura dependerá do potencial limitado da criatura de receber sua realidade. Então, as criaturas *diferem* de Deus quanto à potencialidade, mas são *semelhantes* (embora não idênticas) a Deus quanto à realidade.

A relação essencial. A relação causal entre Deus e o mundo é *per se*, não *per accidens*. Isso quer dizer que é uma relação essencial não-acidental. Deus é a causa da *existência* do mundo, não apenas a causa do seu *aparecimento*.

A relação acidental causal é aquela na qual existe apenas a relação não-essencial entre a causa e o efeito. Músicos geram não-músicos. A habilidade musical não é um elemento essencial da relação entre pai e filho. Assim, não existe relação essencial entre duas grandes violinistas, mesmo sendo mãe e filha, e até mesmo se a genética e a criação tiverem contribuído para as realizações da filha.

No entanto, humanos geram humanos. Características de humanidade foram essenciais para a relação dessas musicistas mãe e filha. A filha poderia ter nascido com deficiência auditiva que a impedisse de discernir tons, mas não poderia nascer felina. A humanidade é a relação causal essencial. As características essenciais da humanidade são possuídas tanto pela causa quanto pelo efeito. Esse é o tipo de relação causal que existe entre Deus e as criaturas.

A causa eficiente. A *causa eficiente é a que faz algo existir*. A *causa instrumental é a* que faz algo surgir. O estudante é a causa eficiente do exame finalizado; sua caneta é apenas a causa instrumental. Portanto, o exame se assemelhará aos pensamentos do estudante, não às idéias da caneta, mesmo que ela fosse equipada com um microcomputador. A garagem se assemelha à planta na mente do contrutor, não ao seu martelo. Logo, não há ligação necessária entre a causa instrumental e seu efeito, apenas entre a causa eficiente e seu efeito.

O mesmo pode ser dito sobre a causa eficiente comparada à *causa material*. A causa material é a fonte *de onde* algo surge. O sol produz calor, que é a causa eficiente das calorias absorvidas pelo pedaço de barro assando sobre a pedra. O calor do sol é a causa material da dureza produzida no pedaço de barro assando sobre a pedra. Mas a dureza não é causada pelo calor do sol. A dureza não é nem causada "eficientemente" pelas condições materiais do barro. Esse é outro tipo de causa material. A causa eficiente do barro endurecido é o Deus que criou os princípios físicos pelos quais o barro reage ao calor.

Além disso, o fato de Deus ter criado o corpo de Adão com uma substância (sua causa material) não quer dizer que Deus seja um ser material. Causas efecientes não precisam assemelhar-se aos efeitos mais que a mente de Santos Dumont se assemelhava a asas e fuselagem. O avião é feito de material; a mente que o criou, não. As palavras visíveis e materiais nessa página se assemelham à minha mente (sua causa eficiente), mas a minha mente não é feita de papel e tinta. Da mesma forma, o Deus invisível (causa eficiente) não é igual ao mundo visível (causa material), nem o mundo material ao Deus imaterial (Jo 4.24).

As críticas à analogia. Várias objeções foram levantadas contra o princípio da analogia (e.g., Ferre, 1.94-97). Muitas delas foram respondidas por Tomás de Aquino ou podem ser inferidas a partir do que ele disse. Eis algumas respostas a objeções significativas.

A teoria geral da analogia não funciona. À medida que a analogia está ligada à metafísica da causalidade intrínseca, ela realmente funciona. Na realidade, a analogia parece ser a única resposta adequada ao problema da linguagem religiosa. Toda discussão sobre Deus em termos negativos implica em conhecimento positivo sobre ele. Mas afirmações positivas sobre Deus são possíveis apenas se conceitos univocamente entendidos puderem ser aplicados às criaturas e ao Criador (como Duns Scotus argumentou).

Já que Deus é infinitamente perfeito e as criaturas são apenas finitamente perfeitas, nenhuma perfeição encontrada no mundo finito pode ser aplicada univocamente a Deus e às criaturas. Mas aplicá-las equivocamente nos deixaria no ceticismo. Portanto, qualquer perfeição encontrada na criação e que pode ser aplicada a Deus sem limites é atribuída analogamente. A perfeição é entendida univocamente (da mesma forma), mas é predicada analogamente (de forma semelhante), porque afirmá-la finitamente de unívoca em relação a um Ser infinito não o descreveria verdadeiramente. E afirmá-la infinitamente não o descreveria. Logo, o conceito unívoco, tirado do mundo finito, só pode falar de Deus de maneira análoga.

As distinções entre unívoco, equívoco e análogo são obsoletas. Segundo Ludwig Wittgenstein, as expressões recebem significado do uso nos jogos de linguagem baseados na experiência. Cada jogo de linguagem é autônomo (i.e., estabelece as próprias regras para determinar significados.) à medida que não há critérios universais de significado. As palavras que passam de jogo a jogo ou palavras com significados semelhantes possuem semelhança; entretanto, jamais podemos isolar um significado básico que devam compartilhar. Então, Wittgenstein acredita que a separação de significados nas categorias *unívoco, análogo* ou *equívoco* se desfaz com o uso dinâmico da linguagem.

Será que o significado é estabelecido tão arbitrariamente, à mercê do contexto? A não ser que haja um significado essencial, contrário ao puramente convencional, da linguagem, todo significado (e toda verdade) é relativo (v. CONVENCIONALISMO). Mas é contraditório afirmar que "Nenhum significado é objetivo", já que até essa afirmação não teria significado objetivo. Se não houvesse significado objetivo, "qualquer coisa" significaria qualquer coisa para qualquer um, até mesmo o oposto do que o comunicador tencionava. Isso seria o caos lingüístico (e social).

Além disso, diferenças entre *unívoco, equívoco* e *análogo* não são arbitrárias. Na verdade, são logica-mente abrangentes; não há alternativas. Um termo é entendido ou aplicado da mesma maneira (univocamente), de maneira totalmente diferente (equivocamente), ou de maneira semelhante (analogamente). Wittgenstein não oferece alternativa. Mas quando aplicada à realidade objetiva, sua teoria acaba em discussão equívoca sobre Deus. Pois apesar de ele aceitar discussões significativas sobre Deus, desde que baseadas em experiências religiosas expressivas, elas não versam realmente a respeito de Deus. Na verdade, são discussões sobre experiência religiosa. Deus continua parte do místico e inexprimível, pelo menos no que diz respeito à linguagem descritiva.

Por que apenas algumas qualidades se aplicam a Deus. Apenas as seguintes características: (autenticidade, compaixão, liberdade, bondade, santidade, imanência, conhecimento, amor, justiça e sabedoria aplicam-se à realidade humana, e não à potencialidade humana. Assim, somente elas fluem da causalidade eficiente, essencial, principal e intrínseca de Deus. Outros seres *possuem* essas qualidades; Deus *é* essas qualidades. Apenas essas características podem ser aplicadas adequadamente ao Ser ilimitado. Coisas podem ser semelhantes a Deus na realidade, mas não em potencialidade, já que Deus não tem potencia-lidade. Ele é Realidade Pura. Então, só sua realidade é semelhante a Deus.

Aplicar palavras ao infinito. Palavras separadas de sua finitude não têm significado. Isso quer dizer que toda discussão relacionada a Deus em termos de analogias ou qualquer outra coisa é insignificante, já que os conceitos não podem aplicar-se ao Ser infinito e transcendente. Tal crítica ignora a distinção entre um conceito e seu predicado. O conceito subjacente a uma palavra permanece o mesmo; muda apenas a maneira como ele é afirmado. Os significados das palavras *bondade, existência* e *beleza* podem ser aplicados à realidade finita e podem ser aplicados a Deus; quando usadas no contexto divino, as palavras são apenas estendidas de modo ilimitado. Existência ainda é existência, e bondade ainda é bondade; quando aplicadas à essência de Deus são liberadas de qualquer forma limitadora de significado. Já que a perfeição denotada por alguns termos não implica necessariamente quaisquer limitações, não há motivo para a perfeição não poder ser predicada de um Ser ilimitado. Nos termos de Tomás de Aquino, o significado é o mesmo; só o modo de significação é diferente.

Analogia e causalidade. Argumenta-se que a analogia baseia-se na premissa questionável da causalidade. É verdade que Tomás de Aquino baseia a analogia na semelhança que deve existir entre a causa eficiente e seu efeito. Isso é verdade porque existência transmite existência. A Causa da existência não pode produzir a perfeição que ela mesma não "possua". Se Deus causa bondade, então ele deve ser bom. Se ele causa existência, ele deve existir. Senão resultará a consequência absurda de que Deus dá o que não tem para dar.

Adequando termos para o infinito. Uma predicação análoga de Deus deixa de identificar o elemento unívoco. Ao estabelecer a analogia entre o finito e o infinito, precisamos ser capazes de isolar o atributo ou a qualidade "unívoca" que ambos possuem. E podemos identificar o elemento básico, apesar de termos de cancelar as limitações do nosso pensamento ao aplicá-lo a sua Realidade Pura. Não se pode predicar a perfeição ao Ser infinito da mesma maneira que ao ser finito porque ele não possui qualidades de maneira finita. A objeção seria válida para conceitos equívocos, que não podem ser aplicados a Deus e à criação, mas não se aplica a conceitos unívocos que possuem predicações análogas. É preciso ter compreensão unívoca do que está sendo predicado. Devo ter cuidado com a minha definição de *amor* quando digo que "eu amo" e que "Deus é amor". A única maneira de evitar um equívoco ao predicar a mesma qualidade a seres finitos e ao Ser infinito é predicá-la adequadamente ao modo de existência de cada um.

Relacionando Criador e criatura. A relação real entre o Criador e as criaturas não é univocamente exprimível. Essa crítica deixa de distinguir a coisa expressa do modo de expressão. O conceito de *ser* ou *existir* é entendido igualmente, quer se refira a Deus quer a um ser humano. É "o que é ou existe". Deus existe e uma pessoa existe; eles têm isso em comum. Então o conceito de *existir* é unívoco a ambos. Mas Deus existe infinita e independentemente, enquanto o ser humano existe finita e dependentemente; nisso são diferentes. Que ambos existem é concebido de forma unívoca; como cada um existe é predicável de forma análoga. Pois Deus necessariamente existe, e as criaturas existem de maneira contingente.

Conclusão. A linguagem religiosa não evoca simplesmente uma experiência sobre Deus que não diz nada sobre quem "Deus" é. O discurso sobre Deus é unívoco, equívoco, ou análogo. Ele não pode ser equívoco, já que sabemos algo sobre Deus. A afirmação: "Não podemos fazer nenhuma afirmação significativa sobre Deus" implica que sabemos o que a palavra *Deus* significa no contexto de outras palavras. Com base nisso, o discurso sobre Deus não pode ser unívoco, já que não podemos predicar um atributo do Ser infinito *da mesma forma* que fazemos com o ser finito. Por exemplo: Deus é "bom", de maneira ilimitada. As criaturas podem ser "boas" de maneira limitada e reflexiva. Ambos são bons, mas não da mesma forma.

Mas, se a discussão sobre Deus não é unívoca, nem equívoca, então *deve* ser análoga. Essa analogia de semelhança é baseada nas relações Criador/criatura. Como Causa da existência, Deus é existência. Ele não pode dar o que não tem para dar. Existência produz existência; Realidade Pura torna reais outras realidades. Já que Deus não pode produzir outro Ser Necessário igual a si mesmo, deve produzir seres contingentes. Mas seres contingentes, ao contrário do Ser Necessário, têm a potencialidade de não existir. Logo, ao mesmo tempo que Deus é Realidade pura, tudo mais é a combinação de realidade e da potencialidade limitadora de não-ser.

Portanto, quando atribuímos a Deus características da criação, não podemos predicar-lhe qualquer de suas limitações. Só podemos atribuir a realidade que a criatura recebeu do Criador. Nesse caso, as criaturas são semelhantes a Deus e diferentes dele. Isso possibilita a compreensão por analogia.

As únicas alternativas à analogia são o ceticismo ou o dogmatismo: ou não sabemos nada sobre Deus, ou supomos que sabemos coisas da mesma maneira infinita que ele sabe.

Fontes

F. Ferre, Analogia, na *Encyclopedia of philosophy*, Paul Edwards, org. N. L. Geisler, *Philosophy of religion.*

___, *Thomas Aquinas: an evangelical appraisal.*

R. McInerny, *The logic of analogy.*

B. Mondin, *The principle of analogy in protestant*

and catholic theology.
Tomás de Aquino, *Do ser e da essência.*
___, *Sobre o poder de Deus.*
___, *Suma contra os gentios.*
___, *Suma teológica.*

aniquilacionismo. É a doutrina da extinção das almas dos ímpios em vez de serem enviadas, concientes, para o inferno eterno. Os descrentes serão destruídos, enquanto os justos entrarão no estado de bem-aventurança eterna.

Apoio das Escrituras. A segunda morte. Os aniquilacionistas apontam para referências bíblicas sobre o destino dos ímpios como "a segunda morte" (Ap 20.14) para apoiar sua teoria. Já que a pessoa perde a consciência deste mundo na primeira morte (morte física), argumenta-se que a "segunda morte" envolverá inconsciência no mundo por vir.

Destruição eterna. As Escrituras falam dos ímpios sendo "destruídos". Paulo disse:

> ...quando o Senhor Jesus for revelado lá dos céus, com os seus anjos poderosos, em meio a chamas flamejantes. Ele punirá os que não conhecem a Deus e os que não obedecem ao envangelho de nosso Senhor Jesus. Eles sofrerão a pena de *destruição* eterna, a separação da presença do Senhor e da majestade do seu poder (2Ts.7*b*-9).

Os aniquilacionistas insistem que a figura da "destruição" é incompatível com a existência contínua e consciente.

Perdição. Os ímpios são descritos como reservados para a "perdição" (eca) ou "destruição" (ra, 2Pe 3.7), e Judas é chamado "destinado à perdição" (Jo 17.12). A palavra *perdição* (*apoleia*) significa perecer. Isso, argumentam os aniquilacionistas, indica que os perdidos perecerão ou deixarão de existir.

O mesmo que não haver nascido. Jesus disse sobre Judas, que foi levado para a perdição, que "melhor lhe seria não haver nascido" (Mc 14.21). Antes de uma pessoa ser concebida ela não existe. Então, se o inferno é igual à condição de pré-nascimento, deve ser um estado de inexistência.

Os ímpios perecerão. Várias vezes o at menciona os ímpios perecendo. O salmista escreveu: "Mas os ímpios, murcharão, perecerão; e os inimigos do Senhor como a beleza dos campos desvanecerão como fumaça" (Sl 37.20; cf. 68.2; 112.10). Perecer, todavia, implica no estado de inexistência.

Respondendo aos argumentos das Escrituras. Quando examinadas cuidadosamente em seu contexto, nenhumas das passagens acima comprova o aniqui-lacionismo. Em alguns pontos a linguagem pode *permitir* tal conclusão, mas em nenhum caso o texto *exige* o aniquilacionismo. Examinado em cada contexto e em comparação com outras passagens das Escrituras, o conceito deve ser rejeitado em todos os casos.

Separação, não extinção. A primeira morte é apenas a separação entre a alma e o corpo (Tg 2.26), não o aniquilação da alma. As Escrituras apresentam a morte como separação consciente. Adão e Eva morreram espiritualmente no momento em que pecaram, mas ainda existiam e podiam ouvir a voz de Deus (Gn 3.10). Antes de sermos salvos, estamos "... mortos em [...] transgressões e pecados" (Ef 2.1), e ainda assim trazemos em nós a imagem de Deus (Gn 1.27; cf. Gn 9.6; Tg 3.9). Apesar de serem incapazes de chegar-se a Cristo sem a intervenção de Deus, os "espiritualmente mortos" estão suficientemente cônscios de que as Escrituras exigem que eles creiam (At 16.31), e se arrependam (At 17.30). Consciência contínua, no estado de separação de Deus e de incapacidade para salvar-se — essa constitui a visão das Escrituras sobre a segunda morte.

Destruição, não inexistência. Destruição "eterna" não seria aniquilação, que só dura um instante e acaba. Se alguém sofre destruição eterna, então deve ter existência eterna. Os carros num depósito de ferro velho já foram destruídos, mas não aniquilados. Eles simplesmente são irreparáveis ou, irrecuperáveis. As pessoas no inferno também.

Já que a palavra *perdição* significa morrer, perecer ou arruinar, as mesmas objeções se aplicam. Em 2 Pedro 3.7 a palavra *perdição* (ra) é usada no contexto de julgamento, claramente implicando consciência. Na analogia do ferro velho os carros destruídos pereceram, mas ainda são carros. Nesse contexto, Jesus falou do inferno como depósito de lixo onde o fogo não cessaria e onde o corpo ressurreto de uma pessoa não seria consumido (Mc 9.48).

Além dos comentários sobre a *morte* e *perdição* anteriores, deve-se observar que a palavra hebraica usada para descrever os ímpios perecendo no at ('*āvad*) também é usada para descrever os justos perecendo (v. Is 57.1; Mq 7.2). Mas até os aniquilacionistas admitem que os justos não serão aniquilados. Sendo esse o caso, não deveriam concluir que os ímpios deixarão de existir com base nesse termo.

A mesma palavra ('*āvad*) é usada para descrever coisas que estão apenas perdidas e mais tarde são encontradas (Dt 22.3), o que prova que perdido não significa inexistente.

"Melhor lhe seria..." Quando diz que teria sido melhor se Judas não tivesse nascido, Jesus não está

comparando a perdição de Judas com a inexistência antes da concepção, mas com sua existência antes do *nascimento*. Essa linguagem figurada hiperbólica muito provavelmente indicaria a severidade do seu castigo; não é uma afirmação sobre a superioridade da inexistência sobre a existência. Numa condenação paralela dos fariseus, Jesus disse que Sodoma e Gomorra se arrependeriam se tivessem visto os milagres dele (Mt 11.23,24). Isso não quer dizer que realmente teriam se arrependido, pois em tal caso Deus certamente lhes teria mostrado esses milagres — 2 Pedro 3.9. É simplesmente uma linguagem figurada poderosa que indica que seu pecado foi tão grande que "no dia do juízo haverá menor rigor para Sodoma" que para eles (Mt 11.24).

Além disso, o nada jamais poderá ser melhor que algo, já que não existe entre eles qualquer coisa comum por meio da qual compará-los. Então não-existir não pode ser realmente melhor que existir. Supor o contrário é um erro de categoria.

Argumentos bíblicos. Além da ausência de qualquer passagem definitiva a favor do aniquilacionismo, vários textos apóiam a doutrina de castigo consciente eterno. Um breve resumo inclui:

O homem rico no Hades. Ao contrário de parábolas que não têm personagens reais, Jesus contou a história de um mendigo real chamado Lázaro que foi para o céu e de um homem rico que morreu e foi para o Hades e estava em tormento consciente (Lc 16.22-28). Ele clamou:

"Pai Abraão, tem misericórdia de mim e manda que lázaro molhe a ponta do dedo na água e refresque a minha língua, por que estou sofrendo muito neste fogo". Mas Abraão respondeu: "Filho, lembre-se de que durante a sua vida você recebeu coisas boas, enquanto Lázaro recebeu coisas más. Agora, porém, ele está sendo consolado aqui e você está em sofrimento" (v. 24,25).

O homem rico implorou que seus irmãos fossem avisados "a fim de que eles não venham também para este lugar de tormento" (v. 28). Não há indício de aniquilação nesta passagem; ele está sofrendo tormento constante e consciente.

O lugar de choro e ranger de dentes. Jesus disse várias vezes que as pessoas no inferno estão em agonia constante. Ele declarou que "os súditos do Reino serão lançados para fora, nas trevas onde haverá choro e ranger de dentes" (Mt 8.12; cf. 22.13; 24.51; 25.30). Mas um lugar de choro é obviamente um lugar de tristeza consciente. Quem não está consciente não chora.

O lugar onde o fogo não se apaga. Várias vezes Jesus chamou o inferno "lugar de fogo inextinguível" (Mc 9.43-48) onde os corpos dos ímpios nunca morrerão (cf. Lc 12.4,5). Mas não faria sentido haver fogo eterno e corpos desprovidos de almas para sofrer o tormento.

Um lugar de tormento eterno. João, o apóstolo, descreveu o inferno como um lugar de tormento eterno, declarando:

O Diabo [...] foi lançado no lago de fogo que arde com enxofre, onde já haviam sido lançados a besta e o falso profeta. Eles serão atormentados dia e noite, para todo o sempre (Ap 20.10).

O lugar para a besta e o falso profeta. Exemplificando claramente que esses seres ainda estarão conscientes depois de mil anos de tormento no inferno, a Bíblia diz sobre a besta e o falso profeta que "os dois foram lançados *vivos* dentro do lago de fogo que arde com enxofre" (Ap 19.20) antes dos "mil anos" (Ap 20.2). Mas depois desse período "o Diabo, que as enganava, foi lançado no lago de fogo que arde com enxofre, onde já haviam sido lançados a besta e o falso profeta" (Ap 20.10, grifo do autor). Eles não só estavam "vivos" quando entraram, como também ainda estavam vivos depois de mil anos de tormento consciente.

O lugar de castigo consciente. O fato de que os ímpios "sofrerão a pena de destruição eterna" (2 Ts 1.9) implica que eles devem estar conscientes. Não se pode sofrer penalidade sem existência. Não é castigo bater num cadáver. Uma pessoa inconsciente não sente dor.

A aniquilação não seria um castigo, mas sim um livramento de toda penalidade. Jó pôde sofrer algo pior que aniquilação nesta vida. O castigo dos ímpios no pós-vida teria de ser consciente. Doutra forma, Deus não seria justo, já que teria dado um castigo menor aos ímpios que a alguns justos, pois nem todos os ímpios sofrem tanto quanto os justos nesta vida.

O lugar eterno. O inferno é descrito como tendo a mesma duração que o céu: "eterno" (Mt 25.41). Já que os santos são descritos como conscientemente alegres (Lc 23.43; 2Co 5.8; Fp 1.23), os pecadores no inferno estão concientes durante o castigo (cf. Lc 16).

Argumentos filosóficos. *A favor da aniquilação.* Além dos argumentos bíblicos, muitos aniquilacionistas oferecem razões filosóficas para rejeitar o castigo consciente e eterno. Entretanto, da perspectiva teísta, a maioria delas nada mais é que uma variação do tema da misericórdia de Deus. Os argumentos dos que negam o teísmo ou a imortalidade humana são vistos nesses respectivos artigos.

Os aniquilacionistas argumentam que Deus é um Ser misericordioso (Êx 20.6), e é desumano deixar que pessoas sofram conscientemente para sempre. Matamos animais encurralados quando não podemos retirá-los de compartimentos em chamas. Livramos outras criaturas de seu sofrimento. Os aniquilacionis-tas argumentam que um Deus misericordioso certamente faria o mesmo por suas criaturas.

Contra a aniquilação. O próprio conceito de um Deus absolutamente misericordioso implica que ele é o padrão absoluto do que é misericordioso e moralmente correto. Na verdade, o argumento moral para a existência de Deus demonstra isso. Mas se Deus é o padrão absoluto de justiça moral, não lhe podemos impor nosso conceito de justiça. A própria idéia de injustiça pressupõe um padrão absoluto, que os teístas atribuem a Deus.

A aniquilação rebaixa tanto o amor de Deus quanto a natureza dos seres humanos como criaturas morais. Seria como se Deus lhes dissesse: "Permitirei que sejam livres apenas se fizerem o que eu mandar. Se não fizerem, então eliminarei sua liberdade e existência!". Isso seria como se um pai dissesse ao filho que esperava que ele fosse médico, mas, quando o filho decidisse ser um guarda florestal, o pai o matasse. O sofrimento eterno é o testemunho eterno da liberdade e dignidade dos seres humanos, mesmo dos que não se arrependem.

Seria contrário à natureza dos homens aniquilá-los, já que foram feitos à imagem e semelhança de Deus, que é eterno (Gn 1.27). Os animais geralmente são mortos para que aliviemos sua dor. Mas (a despeito do movimento da eutanásia) não podemos fazer o mesmo com os seres humanos exatamente porque não são meros animais. São seres criados à imagem de Deus e, por isso, devem ser tratados com o maior respeito pela dignidade de portadores da imagem de Deus. Não permitir que continuem a existir segundo destino que escolheram livremente, por mais doloroso que seja, é eliminar a imagem de Deus neles. Já que o livre-arbítrio é moralmente bom, fazendo parte da imagem de Deus, então seria um mal moral retirá-lo. Mas é isso o que a aniquilação faz: destrói a liberdade humana para sempre.

Além disso, eliminar uma criatura feita à imagem imortal de Deus é renunciar ao que Deus lhe deu — a imortalidade. Equivale, no caso de Deus, a atacar a própria imagem ao destruir seus portadores. Mas Deus não age contra si mesmo.

Castigar o crime de dizer uma meia-verdade com a mesma ferocidade que um genocídio é injusto. Hitler deveria receber um castigo maior que um ladrão comum, apesar de ambos os crimes afrontarem a santidade infinita de Deus. Certamente nem todo julgamento proporcional ao pecado é executado nesta vida. A Bíblia fala sobre níveis de penalidade no inferno (Mt 5.22; Ap 20.12-14). Mas não há níveis de aniquilação. A inexistência seria a mesma para todos.

Conclusão. A doutrina da aniquilação tem bases mais sentimentais que bíblicas. Apesar de haver expressões bíblicas que *podem* ser interpretadas de forma a apoiar o aniquilacionismo, não há nenhuma que seja *necessariamente* entendida dessa maneira. Além disso, várias passagens afirmam claramente que os ímpios sofrerão eterna e conscientemente no inferno (v. INFERNO, "PAGÃOS", SALVAÇÃO DOS; UNIVERSALISMO).

Fontes

J. EDWARDS, *The works of Jonathan Edwards.*
E. FUDGE, *The fire that consumes.*
L. E. FROOM, *The conditionalist's faith of our father.*
N. L. GEISLER, Man's destiny: free or forced", CSR, 9.2
J. GERSTNER, *Jonathan Edwards on heaven and hell.*
C. S. LEWIS, *O grande abismo.*
___, *O problema do sofrimento*, cap. 8.
___, *Cartas do diabo ao seu aprendiz.*
F. NIETZCHE, *Genealogia da moral: uma polêmica.*
R. A. PETERSON, "A traditionalist response to John Stott's arguments for annihilationism", JETS, Dec. 1994.
___, *Hell on trial: the case for eternal punishment.*
C. PINNOCK, *A wideness in God's mercy.*
B. RUSSELL, *Por que não sou cristão.*
J. P. SARTRE, *Sem saída.*
W. G. T. SHEDD, *Eternal punishment.*

Anselmo. Nasceu em Aosta (1033-1109), Piemonte (Itália). Tornou-se prior num mosteiro beneditino e mais tarde foi designado arcebispo de Cantuária (1093). Suas principais obras são: *Proslogion, Monologion, Cur Deus homo,* e *Da verdade.*

Filosoficamente, as idéias de Anselmo foram moldadas por PLATÃO (428-348 a.C.). Teologicamente, as obras de AGOSTINHO formam a base de seu pensamento. Mesmo assim, Anselmo foi um pensador original que criou um dos argumentos mais criativos, controversos e duradouros a favor da existência de Deus — o argumento ONTOLÓGICO.

As concepções de Anselmo. Fé e razão. As posições de fé e razão de Anselmo foram influenciadas pela "fé que busca entendimento" de Agostinho. No entanto, a colocação que Anselmo fez da razão sobre seus alicerces não foi alcançada por Agostinho. Na verdade, o método de raciocínio da escolástica recente baseia-se na dialética filosófica de Anselmo. Seus argumentos a favor da existência de Deus são exemplos disso, especialmente o argumento ontológico, que começou como meditação e terminou como um dos argumentos mais sofisticados e sutis que já foram criados (v. Deus, evidências de; Deus, objeções às provas de).

Em *Cur Deus homo* Anselmo deixou claro que a razão deve ser usada para explicar e defender o cristianismo. Ele afirmou que é possível revelar "na sua verdadeira racionalidade, os aspectos da fé cristã que parecem impróprios e impossíveis para os incrédulos" (ibid., 2.15). Até mesmo doutrinas como a Trindade e a Encarnação (v. Cristo, divindade de) Anselmo considerava "aceitáveis e incontestáveis". Ele concluiu que "ao provar que Deus tornou-se homem por necessidade [...] você [pode] convencer tanto judeus quanto pagãos pela simples força da razão" (ibid., 2.22).

Anselmo via o papel duplo da razão. Primeiramente, ele falou em escrever a prova de certa doutrina da nossa fé "que estou acostumado a dar aos indagadores" (ibid., 1.1). Isso, disse ele:

> não para que alcancem a fé por meio da razão, mas para que possam regozijar-se ao entender e meditar nas coisas em que acreditam; e que, estejam sempre prontos para convencer qualquer um que exigir deles uma razão para a esperança que está em nós (ibid., 1.1).

Verdade. Poucas obras defendem melhor a natureza da verdade que a obra de Anselmo que leva o simples título *Da verdade*. Anselmo faz uma forte defesa do ponto de vista da correspondência da verdade e da natureza absoluta da verdade (v. verdade, natureza absoluta da; verdade, natureza da).

Deus. Anselmo era um teólogo cristão. Como tal, aceitava a Bíblia como a Palavra infalível de Deus (v. Bíblia, evidências da). Disso ele concluiu que Deus é um em essência (v. Deus, natureza de) e três em pessoas — a Trindade. Mas Anselmo acreditava que a existência e a natureza desse Deus único (mas não sua triunidade) poderiam ser demonstradas racionalmente à parte da revelação sobrenatural. Ao contrário do entendimento popular, Anselmo tinha muitos argumentos a favor da existência de Deus. Elaborou muitas formas do argumento cosmológico antes de formular o argumento ontológico.

Os argumentos de estilo cosmológico de Anselmo (v. monologion). Anselmo argumentou a partir da bondade em direção a Deus:

1. Coisas boas existem.
2. A causa dessa bondade pode ser uma ou várias.
3. Mas não pode ser múltipla, senão não haveria como comparar a bondade, pois todas as coisas seriam igualmente boas. Porém algumas coisas são melhores que outras.
4. Portanto, o Sumo Bem (Deus) causa a bondade em todas as coisas boas.

Anselmo argumentou a partir da perfeição em direção a Deus, um argumento que C. S. Lewis emulou em *Cristianismo puro e simples*:

1. Alguns seres estão mais próximos da perfeição que outros.
2. Porém as coisas não podem ser mais ou menos perfeitas a não ser que haja um perfeição absoluta para fazer a comparação.
3. Portanto, deve haver um Ser absolutamente Perfeito (Deus).

Anselmo argumentou a partir da existência em direção a Deus:

1. Algo existe.
2. O que existe, existe por meio de nada ou por meio de algo.
3. Mas o nada não pode causar algo; só algo pode causar algo.
4. E esse algo é uno ou múltiplo.
5. Se, são interdependentes ou todos dependentes de outro para existir.
6. Eles não podem ser interdependentes para existir, pois algo não pode existir por meio de um ser a quem confere existência.
7. Portanto, deve haver um ser por meio do qual todos os outros seres existem.
8. Esse ser deve existir por si mesmo, já que todas as outras coisas existem por meio dele.
9. E o que existe por si mesmo, existe no mais alto nível.
10. Portanto, existe um Ser sumamente perfeito que existe no mais alto nível.

Com exceção das duas últimas propostas, que são nitidamente platônicas ao mencionar níveis de existência, esse argumento poderia ter sido expresso (e até certo ponto foi) por Tomás de Aquino.

O(s) argumento(s) ontológico(s) de Anselmo (v. proslogion). A contribuição mais famosa de Anselmo foi(foram) seu(s) argumento(s) ontológico(s), apesar de o próprio Anselmo não tê-lo(s) chamado assim. Immanuel Kant fez isso vários séculos depois, acreditando que continha(m) uma falácia ontológica.

A primeira forma do argumento ontológico de Anselmo partia da idéia de um ser absolutamente perfeito. Ela assume a seguinte forma:

1. Deus é por definição aquele em relação a quem nada maior pode ser imaginado.

2. O que existe na realidade é maior que o que existe apenas na mente.
3. Portanto, Deus deve existir na realidade. Se ele não existisse, não seria o maior possível.

A segunda forma de argumento ontológico emergiu do debate amigável de Anselmo com outro monge chamado Gaunilo. Ela se dá a partir da idéia do Ser Necessário.

1. Deus é por definição o Ser Necessário.
2. É logicamente necessário afirmar o que é necessário a respeito do conceito do Ser Necessário.
3. A existência é logicamente necessária para o conceito do Ser Necessário.
4. Portanto, o Ser Necessário (Deus) existe necessariamente.

Os prós e os contras do(s) argumento(s) ontológico(s) são discutidos em outro artigo (v. ONTOLÓGICO, ARGUMENTO). Seja qual for seu mérito, o argumento teve uma carreira longa e ilustre e ainda está vivo um milênio mais tarde.

Cristo. A obra de Anselmo, *Cur Deus homo* [Por que o Deus-homem?] é um clássico da história do pensamento cristão. É uma ampla defesa racional da necessidade da Encarnação de Cristo e versa sobre o ponto de vista penal da expiação. A obra é um marco como tratado de teologia racional.

A influência de Anselmo. A popularidade de Anselmo, especialmente por causa do argumento ontológico, continua, apesar de opositores como David HUME e Kant. Anselmo teve um impacto positivo em muitos pensadores modernos e contemporâneos, incluindo René DESCARTES, Baruch ESPINOSA, Charles Hartshorne, Norman Malcolm e Alvin Plantinga.

Resumo. Anselmo é o modelo de APOLOGÉTICA CLÁSSICA ou tradicional. Acreditava na apresentação de provas da existência de Deus. Além disso, acreditava que a evidência histórica, confirmada por milagres, poderia ser apresentada para apoiar a verdade da religião cristã (v. MILAGRES, VALOR APOLOGÉTICO DOS). Anselmo é a antítese do fideísmo e da apologética puramente pressuposicional.

Anselmo era filho da sua época, que foi dominada pela filosofia platônica. As idéias de níveis de existência e existência como perfeição geralmente são rejeitadas. Estas, todavia, não são essenciais ao sistema de apologética clássica como um todo. Na verdade, seu argumento cosmológico com base na existência se compara ao de Tomás de Aquino.

Fontes
ANSELMO, *Cur Deus homo*
___, *Monologion*
___, *Proslogion*
___, *Da verdade.*
N. L. GEISLER, *Philosophy of religion*, caps. 7, 8.
I. KANT, *A crítica da razão pura.*
C. S. LEWIS, *Cristianismo puro e simples.*

antediluvianos, longevidade dos. V. CIÊNCIA E A BÍBLIA.

antinomia. Esta palavra é usada de duas maneiras. No sentido restrito, significa contradição *real*, paradoxo ou antítese (v. KANT, IMMANUEL). Geralmente é usada para demonstrar o absurdo ou a impossibilidade de uma teoria, como *reductio ad absurdum* (redução ao absurdo). No sentido coloquial ou popular, é usada apenas para contradições *aparentes*, como nos mistérios da fé cristã. Nesse caso significa algo que vai além da razão, mas não *contra* ela (v. FÉ E RAZÃO; MISTÉRIO).

antrópico, princípio. Afirmação de que o Universo foi preparado desde o primeiro momento de existência para o aparecimento da vida, em geral, e vida humana em particular (v. BIG-BANG; EVOLUÇÃO BIOLÓGICA; TERMODINÂMICA, LEIS DA). Como observou o astrônomo agnóstico Robert Jastrow, o Universo foi muito bem pré-adaptado para o provável aparecimento da humanidade (v. *A scientist caught*). Pois se houvesse a menor variação na hora do *big-bang*, alterando as condições, mesmo que pouco, nenhuma vida existiria. Para que houvesse vida hoje uma série de exigências extremamente restritivas deveria estar presente na começo do Universo — e estava.

Evidência favorável. Além de apontar para o início do cosmos, a evidência científica aponta para calibra-gem muito sofisticada e precisa do Universo desde o princípio, calibragem que torna possível a vida humana. Para que a vida exista hoje, um conjunto extremamente restritivo de condições deve ter estado presente no começo do Universo:

1. O oxigênio compõe 21% da atmosfera. Se a porcentagem fosse 25%, a atmosfera começaria a pegar fogo, se 15%, os seres humanos morreriam asfixiados.
2. Se a força da gravidade fosse alterada em parte em 10^{40} (que significa 10 seguido de 40 zeros), o Sol não existiria, e a Lua se lançaria contra a Terra ou se perderia no espaço (Heeren, p. 196). Mesmo um pequeno aumento

na força da gravidade resultaria em todas as estrelas serem bem maiores que o nosso Sol, fazendo com que o Sol queimasse de forma rápida e inconstante demais para sustentar a vida
3. Se a força centrífuga dos movimentos planetários não equilibrasse precisamente as forças gravitacionais, nada ficaria em órbita em torno do Sol.
4. Se o Universo estivesse se expandindo a velocidade de um milionésimo menor que está agora, a temperatura da terra seria de 10 000°C (ibid., p. 185).
5. A distância média entre as estrelas na nossa galáxia (que contém 100 bilhões de estrelas) é 48 trilhões de quilômetros. Se essa distância fosse alterada apenas ligeiramente, as órbitas ficariam errantes, e haveria variações extremas de temperatura na terra. (Viajando à velocidade de um ônibus espacial, 27 000 km por hora ou 8 km por segundo, seriam necessários 201 450 anos para viajar 48 trilhões de quilômetros.)
6. Qualquer uma das leis da física pode ser descrita como uma função da velocidade da luz (agora definida: 482 366 064 km por segundo). Mesmo uma variação pequena na velocidade da luz alteraria as outras constantes e tornaria impossível a vida na Terra (Ross, p. 126).
7. Se Júpiter não estivesse na sua órbita atual, seríamos bombardeados com material espacial. O campo gravitacional de Júpiter age como um aspirador cósmico, atraindo asteróides e cometas que, de outra forma, atingiriam a Terra (ibid., p. 196).
8. Se a espessura da crosta da Terra fosse maior, oxigênio demais seria transferido para a crosta, o que tornaria a vida impossível. Se fosse mais fina, a atividade vulcânica e tectônica tornaria a vida insustentável (ibid., p. 130).
9. Se a rotação da Terra durasse mais que 24 horas, as diferenças de temperatura entre a noite e o dia seriam grandes demais. Se o período de rotação fosse mais curto, as velocidades dos ventos atmosféricos seriam altas demais.
10. As diferenças de temperaturas da superfície seriam grandes demais se a inclinação axial da Terra fosse levemente alterada.
11. Se a taxa de descarga atmosférica (relâmpagos) fosse maior, haveria muita destruição pelo fogo; se fosse menor, haveria muito pouco nitrogênio fixado no solo.
12. Se houvesse mais atividade sísmica muitas vidas seriam perdidas. Se houvesse menos, nutrientes no fundo dos oceanos e nos deltas dos rios eles não voltariam para os continentes por meio da elevação tectônica. Até terremotos são necessários para sustentar a vida como a conhecemos.

Já na década de 1960 explicou-se porque, com bases antrópicas "devemos esperar ver um mundo que possui exatamente três dimensões espaciais" (Barrow, p. 247). Robert Dicke descobriu

que na verdade pode ser necessário que o universo tenha o tamanho e a complexidade enormes que a astronomia moderna revelou, para a terra ser uma habitação possível para seres humanos (ibid.).

Da mesma forma, a massa e a entropia do universo, a estabilidade do próton e inúmeras outras coisas precisam ser exatas para possibilitar a vida.

Implicações teístas. Jastrow resumiu bem as implicações teístas:

O princípio antrópico [...] parece dizer o que a própria ciência provou, como fato, que este universo foi feito, foi projetado, para o homem viver nele. *É um resultado muito teísta* (Jastrow, p. 17, grifo do autor).

Isto é, o equilíbrio incrível de numerosos fatores no universo que possibilitam a vida na terra indica "perfeita sintonia" causada por um Ser inteligente. Isso nos leva a crer que o universo foi "providencialmente elaborado" para o nosso benefício. Nada conhecido pelos seres humanos é capaz de "pré-sintonizar" as condições do universo de modo a possibilitar a vida, a não ser um Criador inteligente. Ou, por outras palavras, o tipo de detalhamento e ordem no universo que possibilita a vida na terra é apenas o tipo de efeito que se sabe vir de uma causa inteligente.

O astrônomo Alan Sandage concluiu que:

O mundo é complicado demais em todas as suas partes para ser atribuído apenas ao acaso. Estou convencido de que a existência da vida com toda essa ordem em cada organismo é extremamente bem-elaborada. Cada parte de um ser vivo depende de todas as outras partes para funcionar. Como é que cada parte sabe? Como é que cada parte é especificada na concepção? Quanto mais se aprende sobre bioquímica mais inacreditável ela se mostra, a não ser que haja algum tipo de princípio organizador — um arquiteto para os que crêem... (Sandage, p. 54).

E todas as condições estavam estabelecidas no momento da origem do universo.

Stephen Hawking descreveu como os valores dos diversos números fundamentais nas leis da natureza "parecem ter sido ajustados com precisão para possibilitar o desenvolvimento da vida" e como "a configuração inicial do universo" parece ter sido "escolhida cuidadosamente" (citado por Heeren, p.67). Apesar do fato de apenas uma causa de inteligente poder "escolher cuidadosamente" qualquer coisa, Hawking, em sua obra, continua cético sobre Deus. Ele observou claramente as evidências e formulou a pergunta certa quando escreveu:

> Pode haver apenas um número pequeno de leis, que são coerentes e que conduzem a seres complexos como nós, capazes de fazer a pergunta: Qual é a natureza de Deus? E mesmo se só houver um conjunto único de leis possíveis, ele não passa de um conjunto de equações. O que dinamiza as equações e faz um universo para que governem? [...] Mesmo que a ciência possa resolver o problema de como o universo começou, não pode responder à questão: "Por que o universo se dá ao trabalho de existir?"

Hawking acrescenta: "Eu não sei a resposta para essa pergunta" (Hawking, p. 99).

Albert Einstein não hesitou em responder à pergunta de Hawking quando disse:

> A harmonia da lei natural [...] revela uma inteligência de tamanha superioridade que, comparada a ela, todo pensamento sistemático e toda ação dos seres humanos é uma reflexão absolutamente insignificante (Einstein. 40).

Até o ganhador do Prêmio Nobel Steven Weinberg, um ateu, chegou a dizer que

> parece-me que se a palavra "Deus" tem alguma utilidade, deveria significar *um Deus interessado, um criador e juiz que estabeleceu não só as leis da natureza* e o universo, mas também padrões de bem e mal, alguma personalidade preocupada com nossas ações, algo que, em resumo, merece nossa adoração (Weinberg, p. 244, grifo do autor).

Assim, o princípio antrópico é baseado nas evidências astronômicas mais recentes favoráveis à existência de um Criador superinteligente do cosmos. Em resumo, fornece as evidências para a atualização do argumento teleológico a favor da existência de Deus.

Fontes

J. D. Barrow, et al. *The anthropic cosmological principle.*
A. Einstein, *Como vejo o mundo.*
S. Hawking, *Uma breve história do tempo.*
F. Heeren, *Show me God.*
F. Hoyle, *The intelligent universe.*
R. Jastrow, "A scientist caught between two faiths: interview with Robert Jastrow", ct, 6 Aug. 1982.
___, *Deus e os astrônomos.*
H. R. Pagels, *Perfect symmetry.*
H. Ross, *The fingerprints of God.*
A. Sandage, "A scientist reflects on religious belief", *Truth* (1985).
S. Weinberg, *Sonhos de uma teoria final: a busca das leis fundamentais da natureza.*

antropologia e evolução. v. evolução biológica; elos perdidos.

apócrifos. O termo *apócrifo* geralmente se refere a livros polêmicos do at que os protestantes rejeitam e os católicos romanos e as igrejas ortodoxas aceitam. A palavra *apócrifo* significa "escondido" ou "duvidoso". Os que aceitam esses documentos preferem chamá-los "deuterocanônicos", isto é: livros do "segundo cânon".

A posição católica romana. Católicos e protestantes concordam quanto à inspiração dos 27 livros do nt. Diferem em 11 obras de literatura do at (7 livros e 4 partes de livros). Essas obras polêmicas causaram discórdia na Reforma e, em reação à sua rejeição pelos protestantes, foram "infalivelmente" declaradas parte do cânon inspirado das Escrituras em 1546 pelo Concílio de Trento (v. Bíblia, canonicidade da).

O Concílio afirmou:

> O Sínodo [...] recebe e venera [...] todos os livros [incluindo os apócrifos] tanto do Antigo quanto do Novo Testamento — visto que um só Deus é o Autor de ambos [...] que foram ditados, ou pela própria palavra de Jesus ou pelo Espírito Santo [...] se alguém não aceitar como sagrados e canônicos os livros mencionados integralmente com todas as suas partes, como costumavam ser lidos na Igreja Católica [...] será anátema" (Schaff 2.81).

Outro documento de Trento diz:

> Mas se alguém não aceitar o que está nos livros como sagrados e canônicos, inteiros com todas as suas partes da Bíblia [...] e se consciente e deliberadamente condenar a tradição mencionada anteriormente, que seja anátema (Denzinger, *Sources*, n.º 784).

A mesma linguagem afirmando os apócrifos é repetida pelo Concílio Vaticano ii.

Os apócrifos que Roma aceita incluem 11 ou 12 livros, dependendo de Baruque 1 até 6 ser dividido em duas partes. Baruque 1 até 5 e a carta de Jeremias (Baruque 6). O deuterocânon inclui todos os 14 (ou 15) livros considerados apócrifos pelos protestantes exceto a *Oração de Manassés* e 1 e 2 Esdras (chamados 3 e 4 Esdras pelos

apócrifos

católicos romanos; Esdras e Neemias eram chamados 1 e 2 Esdras pelos católicos).

Apesar do cânon católico romano ter 11 obras de literatura a mais que a versão protestante, apenas 7 livros a mais, ou um total de 46, aparecem no índice (o AT judeu e o protestante têm 39). Como se vê na tabela seguinte, outras 4 peças de literatura estão incorporadas a Ester e Daniel.

Os apócrifos como Escritura. O cânon maior às vezes é denominado "cânon alexandrino", em contraposição ao "cânon palestinense", que não contém os apócrifos, porque supostamente eram parte da tradução grega do AT (a *Septuaginta*, ou LXX) preparada em Alexandria, Egito. As razões geralmente dadas a favor dessa lista alexandrina mais extensa são:

Livros apócrifos	Livros deuterocanônicos
Sabedoria de Salomão	Livro da Sabedoria (c. 30 a.C.)
Eclesiástico (Siraque)	Siraque (132 a.C.)
Tobias (c. 200 a.C.)	Tobias
Judite (c. 150 a.C)	Judite
1 Edras (c. 150-100 a.C.)	3 Edras
1 Macabeus (c. 110 a.C.)	1 Macabeus
2 Macabeus (c. 110-70 a.C)	2 Macabeus
Baruque (c. 150-50 a.C)	Baruque capítulos 1–5
Carta de Jeremias	Baruque 6 (c.300 - 100 a.C)
2 Esdras (c.100 d.C.)	4 Esdras
Adições a Ester	Ester 10.4–16.24 (140-130 a.C)
Oração de Azarias (c. 200-1 a.C)	Daniel 3.24-90: "A canção dos três rapazes"
Susana (c.200 a.C)	Daniel 13
Bel e o dragão	Daniel 14 (c.100 a.C)
Oração de Manassés (ou segunda Oração de Manassés, c. 100 a.C)	

1. O NT reflete o pensamento dos apócrifos, e até faz referência a eventos neles descritos (cf. Hb 1.35 com 2 Macabeus 7. 12).
2. O NT cita mais o AT grego com base na AT, que continha os apócrifos. Isso dá aprovação tácita ao texto inteiro.
3. Alguns pais da igreja primitiva citaram e usaram os apócrifos como Escritura na adoração pública.
4. Esses pais da igreja, como Ireneu, Tertuliano e Clemente de Alexandria aceitavam todos os apócrifos como canônicos.
5. Cenários de catacumbas cristãs primitivas retratam episódios dos apócrifos, mostrando-os como parte da vida religiosa cristã primitiva, o que, no mínimo, revela um grande apreço pelos apócrifos.
6. Manuscritos primitivos importantes (Álef, A e B) intercalam os apócrifos entre os livros do AT como parte do AT greco-judaico.
7. Concílios da igreja primitiva aceitaram os apócrifos: Roma (382), Hipona (393) e Cartago (397).
8. A Igreja Ortodoxa aceita os apócrifos. Sua aceitação demonstra que se trata de uma crença cristã comum, não restrita aos católicos romanos.
9. A Igreja Católica Romana considerou os apócrifos canônicos no Concílio de Trento (1546), de acordo com os concílios anteriores já mencionados e com o Concílio de Florença, pouco antes da Reforma (1442).
10. Os livros apócrifos continuaram sendo incluídos em versões bíblicas protestantes até o século XIX. Isso indica que mesmo os protestantes aceitavam os apócrifos até recentemente.
11. Livros apócrifos com texto em hebraico foram encontrados entre os livros canônicos do AT na comunidade do mar Morto em Qumran, logo faziam parte do cânon hebraico (v. MAR MORTO, ROLOS DO).

Respostas aos argumentos católicos. *O NT e os apócrifos.* Pode haver no NT alusões aos apócrifos, mas não há nenhuma citação definitiva de qualquer livro apócrifo aceito pela Igreja Católica Romana. Há alusões aos livros pseudepigráficos (falsas escrituras) que são rejeitadas por católicos romanos e protestantes, tais como *Ascensão de Moisés* (Jd 9) e o *Livro de Enoque* (Jd 14, 15). Também há citações de poetas e filósofos pagãos (At 17.28; 1Co. 15.33; Tt 1.12). Nenhuma dessas fontes é citada como Escritura, nem possui autoridade.

O NT simplesmente faz referência a verdades contidas nesses livros que, por outro lado, podem conter (e realmente contêm) erros. Teólogos católicos romanos concordam com essa avaliação. O NT jamais se refere a qualquer documento fora do cânon como autorizado.

A LXX e os apócrifos. O fato de o NT citar várias vezes outros livros do AT grego não prova de forma alguma que os livros deuterocanônicos que ele contém sejam inspirados. Não é sequer um fato comprovado que a LXX do século I contivesse os apócrifos. Os primeiros manuscritos gregos que os incluem datam do século IV d.C.

Mesmo que esses escritos estivessem na LXX nos tempos apostólicos, Jesus e os apóstolos jamais os citaram, apesar de supostamente estarem incluídos na mesma versão do AT geralmente citada. Até as notas da *New American Bible* [*Nova Bíblia Americana*, NAB] admitem de forma reveladora que os apócrifos são "livros religiosos usados por judeus e cristãos que não foram incluídos na coleção de escritos inspirados". Pelo contrário, "... foram introduzidos bem mais tarde na coleção da Bíblia. Os católicos os chamam livros 'deuterocanônicos' (segundo cânon)" (NAB, p. 413).

Usados pelos pais da igreja. Citações dos pais da igreja usadas para apoiar a canonicidade dos apócrifos são seletivas e enganadoras. Alguns pais pareciam aceitar sua inspiração; outros os usavam para propósitos devocionais e homiléticos (pregação), mas não os aceitavam como canônicos. Um especialista nos apócrifos, Roger Beckwith, observa:

> Quando examinamos as passagens nos primeiros pais que supostamente deveriam estabelecer a canonicidade dos apócrifos, descobrimos que algumas delas são tiradas do texto grego alternativo de Esdras (1Esdras) ou de adições ou apêndices de Daniel, Jeremias ou algum outro livro canônico, e que [...] não são muito relevantes; descobrimos ainda que outras não são citações dos apócrifos; e que, dentre as que são, muitas não dão qualquer indício de que o livro seja considerado Escritura (*The Old Testament*, cânon 387).

Epístola de Barnabé 6.7 e Tertuliano, *Contra Marcião* 3.22.5, não citam Sabedoria 2.12, e sim Isaías 3.10 (AT), e Tertuliano, *De anima* [*Da alma*] 15, não cita Sabedoria 1.6, e sim Salmos 139.23, como a comparação entre as passagens demonstra. Da mesma forma, Justino Mártir, *Diálogo com Trifão* 129, claramente não cita *Sabedoria*, e sim Provérbios 8.21-25 (AT). Chamar Provérbios de "Sabedoria" está de acordo com a nomenclatura comum dos pais [ibid., p. 427].

Geralmente, nas referências, os pais não estavam afirmando a autoridade divina de nenhum dos onze livros canonizados infalivelmente pelo Concílio de Trento. Citavam, apenas, uma obra bem conhecida da literatura hebraica ou um escrito devocional informativo ao qual não davam nenhuma probabilidade de inspiração do Espírito Santo.

Os pais e os apócrifos. Alguns indivíduos na igreja primitiva valorizavam muito os apócrifos; outros se opunham com veemência a eles. O comentário de J. D. N. Kelly de que "para a grande maioria [dos pais] [...] as escrituras deuterocanônicas se classificavam como Escritura no sentido completo" está fora de sintonia com os fatos. Atanásio, Cirilo de Jerusalém, Orígenes e o grande teólogo católico romano e tradutor da *Vulgata*, Jerônimo, todos se opunham à inclusão dos apócrifos. No século II d.C. a versão siríaca (*Peshita*) não continha os apócrifos (*Introdução bíblica*, cap. 7 a 9).

Temas apócrifos na arte das catacumbas. Muitos teólogos católicos também admitem que as cenas das catacumbas não provam a canonicidade dos livros cujos eventos retratam. Tais cenas indicam o significado religioso que os eventos retratados tinham para os cristãos primitivos. No máximo, demonstram respeito pelos livros que continham esses eventos, não o reconhecimento de que fossem inspirados.

Livros nos manuscritos gregos. Nenhum dos grandes manuscritos gregos (Álef, e B) contém todos os livros apócrifos. Tobias, Judite, Sabedoria e Siraque (Eclesiástico) são encontrados em todos eles, e os manuscritos mais antigos (B ou *Vaticano*) excluem totalmente Macabeus. Mas os católicos apelam a esse manuscrito para apoiar sua posição. Além disso, nenhum manuscrito grego contém a mesma lista de livros apócrifos aceita pelo Concílio de Trento (1545-1563; Beckwith, p. 194, 382-3).

Aceitação pelos primeiros concílios. Esses foram apenas concílios locais e não eram impostos à igreja toda. Concílios locais geralmente erravam nas suas decisões e mais tarde eram anulados pela igreja universal. Alguns apologistas católicos argumentam que, mesmo que um concílio não seja ecumênico, seus resultados podem ser impostos se forem confirmados. Mas reconhecem que não há maneira infalível de saber quais afirmações dos papas são infalíveis. Na verdade, admitem que outras afirmações dos papas são até heréticas, tais como a heresia monotelita do papa Honório I (m. 638).

Também é importante lembrar que esses livros não são parte das Escrituras cristãs (período do NT). Encontram-se, assim, sob a jurisdição da comunidade judaica que os compusera e que, séculos antes, os rejeitara como parte do cânon.

Os livros aceitos por esses concílios cristãos podem até não ser os mesmos em cada caso. Portanto, não podem ser usados como prova do cânon exato mais tarde proclamado "infalível" pela Igreja Católica Romana em 1546.

Os Concílios locais de Hipona e Cartago no Norte da África foram influenciados por Agostinho, a voz mais importante da antigüidade, que aceitava os livros apócrifos canonizados mais tarde pelo Concílio de

Trento. Mas a posição de Agostinho é infundada: 1) O próprio Agostinho reconheceu que os judeus não aceitaram esses livros como parte do cânon (*A cidade de Deus*, 19.36-38). 2) Sobre os livros dos Macabeus, Agostinho disse: "... tidos por canônicos pela igreja e por apócrifos pelos judeus. A igreja assim pensa por causa dos terríveis e admiráveis sofrimentos desses mártires..." (Agostinho, 18.36). Nesse caso, *O livro dos mátires*, de Foxe, deveria estar no cânon. 3) Agostinho era incoerente, já que rejeitou livros que não foram escritos por profetas, mas aceitou um livro que parece negar ser profético (1Macabeus 9.27). 4) A aceitação errada dos apócrifos por Agostinho parece estar ligada a sua crença na inspiração da LXX, cujos manuscritos gregos mais recentes os continham. Mais tarde Agostinho reconheceu a superioridade do texto hebraico de Jerônimo comparado ao texto grego da LXX. Isso deveria tê-lo levado a aceitar a superioridade do cânon hebraico de Jerônimo também. Jerônimo rejeitava completamente os apócrifos.

O Concílio de Roma (382) que aceitou os livros apócrifos não incluiu os mesmos livros aceitos por Hipona e Cartago. Ele não inclui Baruque, apenas seis, não sete, dos livros apócrifos declarados canônicos mais tarde. Até Trento o descreve como livro separado (Denzinger, n.º 84).

Aceitação pela Igreja Ortodoxa. A igreja grega nem sempre aceitou os apócrifos e sua posição atual não é inequívoca. Nos Sínodos de Constantinopla (1638), Jafa (1642) e Jerusalém (1672) esses livros foram declarados canônicos. Mesmo até 1839, no entanto, seu *Catecismo maior* omitia expressamente os apócrifos porque não existiam na Bíblia hebraica.

Aceitação nos Concílios de Florença e Trento. No Concílio de Trento (1546) a proclamação infalível foi feita aceitando os apócrifos como parte da Palavra inspirada de Deus. Alguns teólogos católicos afirmam que o Concílio de Florença, anterior a Trento (1442) fez a mesma declaração. Mas esse concílio não afirmou nenhuma infalibilidade, e a decisão do concílio também não tem nenhuma base real na história judaica, no NT ou na história cristã primitiva. Infelizmente, a decisão de Trento veio um milênio e meio depois de os livros serem escritos e foi uma polêmica óbvia contra o protestantismo. O Concílio de Florença proclamou que os apócrifos era inspirados para apoiar a doutrina do purgatório que havia surgido. Mas as manifestações dessa crença na venda de indulgências chegaram ao ponto máximo na época de Martinho Lutero, e a proclamação de Trento sobre os apócrifos era uma contradição clara ao ensino de Lutero. A adição infalível oficial dos livros que apóiam orações pelos mortos é muito suspeita, chegando apenas alguns anos depois de Lutero protestar contra essa doutrina. Ela tem toda a aparência de uma tentativa de dar apoio "infalível" para doutrinas que não têm verdadeira base bíblica.

Livros apócrifos nas versões bíblicas protestantes. Os livros apócrifos apareceram em versões bíblicas protestantes antes do Concílio de Trento e geralmente eram colocados numa seção separada porque não eram considerados de igual autoridade. Apesar de anglicanos e alguns outros grupos não-católicos terem sempre dado muita importância ao valor inspirativo e histórico dos apócrifos, nunca os consideraram de origem divina e de autoridade igual a das Escrituras. Até teólogos católicos durante o período da Reforma distinguiam entre o deuterocânon e o cânon. O cardeal Ximenes fez essa distinção na sua imponente Bíblia, a *Poliglota complutense* (1514-1517) às vésperas da Reforma. O cardeal Cajetano, que depois se opôs a Lutero em Augsburgo, em 1518, publicou, depois da Reforma ter começado, o *Comentário sobre todos os livros históricos autênticos do Antigo Testamento* (1532), que não continha os apócrifos. Lutero falou contra os apócrifos em 1543, incluindo tais livros no fim da sua Bíblia (Metzger, p. 181ss.).

Livros apócrifos em Qumran. A descoberta dos rolos do mar Morto em Qumran não incluía apenas a Bíblia da comunidade (o AT) mas também sua biblioteca, com fragmentos de centenas de livros. Entre eles se achavam alguns livros apócrifos do AT. O fato de nenhum comentário ser encontrado para qualquer dos livros apócrifos e apenas livros canônicos serem encontrados em pergaminhos e escritos especiais indica que os livros apócrifos não eram considerados canônicos pela comunidade de Qumran. Menahem Mansur alista os seguintes fragmentos dos apócrifos e dos livros *pseudepígrafos*: *Tobias*, em hebraico e aramaico; *Enoque*, em aramaico; *Jubileus*, em hebraico; *Testamento de Levi e Naftali*, em aramaico; *literatura apócrifa de Daniel*, em hebraico e aramaico, e *Salmos de Josué* (Mansur, p. 203). O especialista em manuscritos do mar Morto, Millar Burroughs, concluiu: "Não há motivo para acreditar que alguma dessas obras fosse venerada como Escritura Sagrada" (*More light on the Dead Sea Scrolls* p. 178).

Resumo dos argumentos católicos em. No máximo, tudo o que os argumentos usados a favor da canonicidade dos livros apócrifos provam é que vários livros apócrifos receberam níveis variados de aceitação por pessoas diferentes na igreja cristã, geralmente não atingindo a confirmação de sua canonicidade. Só depois de Agostinho e dos concílios locais que ele dominou declararem-nos inspirados é que começaram a ser mais usados e, por fim, receberam aceitação infalível da Igreja Católica Romana em Trento. Isso ainda não atinge o tipo de reconhecimento inicial, contínuo e total entre as igrejas cristãs dos livros canônicos do AT protestante e da Torá judaica (que exclui os apócrifos). Os verdadeiros livros canônicos foram recebidos *imediatamente* pelo povo de Deus no cânon crescente das Escrituras (*Introdução bíblica*, cap. 8). Qualquer debate subseqüente foi travado pelos que não estavam numa posição, assim como sua audiência imediata, de saber se eram de um apóstolo ou profeta autorizado. Assim, esse debate subseqüente sobre os chamados *antilegomena* era devido a sua *autenticidade*, não canonicidade. Eles já estavam no cânon; algumas pessoas em gerações posteriores questionaram se deviam estar ali. Eventualmente, todos os *antilegomena* (livros questionados mais tarde por algumas pessoas) foram retidos no cânon. Isso não aconteceu com os apócrifos, pois os protestantes rejeitaram todos eles e até os católicos rejeitaram *3 Esdras*, *4 Esdras* e *A oração de Manassés*.

Argumentos a favor do cânon protestante. A evidência indica que o cânon protestante, que consiste em 39 livros da Bíblia hebraica e exclui os apócrifos, é o verdadeiro cânon. A única diferença entre o cânon protestante e o palestino antigo está na sua ordem. A Bíblia antiga tem 24 livros. Combinados em um só estão 1 e 2 Samuel, bem como 1 e 2 Reis, 1 e 2 Crônicas, Esdras e Neemias (o que reduz o número em quatro). Os 12 profetas menores são contados como um único livro (reduzindo o número em 11). Os judeus palestinos representavam a ortodoxia judaica. Portanto, seu cânon era reconhecido por ortodoxo. Foi o cânon de Jesus (*Introdução bíblica*, cap. 4), Josefo e Jerônimo. Foi o cânon de muitos pais da igreja primitiva, entre eles Orígenes, Cirilo de Jerusalém e Atanásio.

Os argumentos que apóiam o cânon protestante podem ser divididos em dois grupos: históricos e doutrinários.

Argumentos históricos. O teste da canonicidade. Ao contrário do argumento católico com base no uso cristão, o verdadeiro teste da canonicidade é a característica profética. Deus determinou quais livros estariam na Bíblia ao dar sua mensagem a um profeta. Então apenas livros escritos por um profeta ou porta-voz credenciado por Deus são inspirados ou pertencem ao cânon das Escrituras.

É claro que, apesar de Deus ter *determinado* a canonicidade desta maneira, o povo de Deus teve de *descobrir* quais desses livros eram proféticos. O povo de Deus a quem o profeta escreveu sabia que os profetas satisfaziam os testes bíblicos para serem representantes de Deus, e eles os autenticaram ao aceitar os livros como vindos de Deus. Os livros de Moisés foram aceitos imediatamente e guardados num lugar sagrado (Dt 31.26). O livro de Josué foi aceito imediatamente e preservado com a Lei de Moisés (Js 24.26). Samuel foi acrescentado à coleção (1Sm 10.25). Daniel já tinha uma cópia do seu contemporâneo profético Jeremias (Dn 9.2) e da Lei (Dn 9.11,13). Apesar da mensagem de Jeremias ter sido rejeitada por grande parte da sua geração, o remanescente deve ter aceitado e espalhado rapidamente sua obra. Paulo encorajou as igrejas a fazer circular suas epístolas inspiradas (Cl 4.16). Pedro possuía uma coleção das obras de Paulo, igualando-as ao AT como "Escritura" (2Pe 3.15,16).

Havia várias maneiras de contemporâneos confirmarem se alguém era profeta de Deus. Alguns foram confirmados de forma sobrenatural (Êx 3, 4; At 2.22; 2Co 12.12; Hb 2.3,4). Às vezes isso acontecia por meio da confirmação imediata da autoridade sobre a natureza ou da precisão da profecia preditiva. Na verdade, os falsos profetas eram eliminados se suas previsões não se realizassem (Dt 18.20-22). Supostas revelações que contradiziam verdades reveladas anteriormente também eram rejeitadas (Dt 13.1-3).

Evidências de que os contemporâneos de cada profeta autenticaram e acrescentaram seus livros ao cânon crescente vêm das citações de obras posteriores. As obras de Moisés são citadas em todo o AT, começando com seu sucessor imediato Josué (Js 1.7; 1Rs 2.3; 2Rs 14.6; 2Cr 17.9; Ed 6.18; Ne 13.3; Jr 8.8; Ml 4.4). Profetas posteriores citam os anteriores (e.g., Jr 26.18; Ez 14.14, 20; Dn 9.2; Jn 2.2-9; Mq 4.1-3). No NT, Paulo cita Lucas (1Tm 5.18); Pedro reconhece as epístolas de Paulo (2Pe 3.15,16), e Judas (4-12) cita 2 Pedro. O Apocalipse está cheio de imagens e idéias de Escrituras anteriores, especialmente Daniel (v., e.g., Ap 13).

Todo o AT judaico/protestante foi considerado profético. Moisés, que escreveu os cinco primeiros livros, foi um profeta (Dt 18.15). O restante dos livros do AT foi conhecido durante séculos pela designação "Profetas" (Mt 5.17; Lc 24.27). Posteriormente esses livros foram divididos em "Profetas" e "Escritos". Alguns acreditam que essa divisão foi baseada no fato do autor ser um profeta por ofício ou por dom. Outros acreditam que a separação foi estabelecida para uso tópico em festivais judaicos, ou que os livros foram colocados em seqüência cronológica, por ordem de tamanho decrescente (*Introdução bíblica*, cap. 7). Seja qual for a razão, é evidente que a maneira original (cf. 7.12) e contínua de referir-se ao AT como um todo até a época de Cristo era a divisão dupla: "a Lei e os Profetas". Os "apóstolos e profetas" (Ef 3.5) compunham o NT. Então, toda a Bíblia é um livro profético, incluindo o

apócrifos

último livro (e.g., Ap 20); isso não se aplica aos livros apócrifos.

Profecia não-autenticada. Há forte evidência de que os livros apócrifos não são proféticos, e já que a profecia é o teste da canonicidade, só esse fato os elimina do cânon. Nenhum livro apócrifo afirma ser escrito por um profeta. Na verdade, o livro de Macabeus afirma não ser profético (1Macabeus 9.27). E não há confirmação sobrenatural de qualquer um dos escritores dos livros apócrifos, como há para os profetas que escreveram livros canônicos. Não há profecia que preveja o futuro nos apócrifos, como há em alguns livros canônicos (e.g., Is 53; Dn 9; Mq 5.2). Não há nova verdade messiânica nos apócrifos. Até a comunidade judaica, a quem os livros pertenciam, reconheceu que os dons proféticos haviam cessado em Israel antes de os apócrifos serem escritos (v. citações anteriores). Os livros apócrifos jamais foram alistados na Bíblia judaica com os profetas ou qualquer outra seção. Os livros apócrifos não são citados nenhuma vez com autoridade por nenhum livro profético escrito depois deles. Levando em conta tudo isso, temos evidências mais que suficientes de que os apócrifos não eram proféticos e, portanto, não deveriam ser parte do cânon das Escrituras.

Rejeição judaica. Além das evidências da característica profética apontarem apenas para os livros do AT judaico e protestante, há uma rejeição contínua dos apócrifos como cânon por mestres judeus e cristãos.

Filo, um mestre judeu alexandrino (20 a.C.-40 d.C.), citava o AT prolificamente, utilizando quase todos os livros canônicos, mas nunca citou os apócrifos como inspirados.

Josefo (30-100 d.C.), um historiador judeu, exclui explicitamente os apócrifos, numerando os livros do AT em 22 (= 39 livros no AT protestante). Ele também nunca citou um livro apócrifo como Escritura, apesar de conhecê-los bem. Em *Contra Ápion* (1.8), ele escreveu:

> Pois não temos uma multidão incontável de livros entre nós, discordando dos outros e contradizendo uns aos outros [como os gregos têm], *mas apenas 22 livros, que são justamente considerados divinos; e deles, cinco pertencem a Moisés, contêm sua lei e as tradições* da origem da humanidade até a morte dele. Esse intervalo de tempo foi pouco menor que três mil anos; mas quanto ao tempo da morte de Moisés até o reinado de Artaxerxes, rei da Pérsia, que reinou em Xerxes, *os profetas,* que vieram depois de Moisés, escreveram o que foi feito nas suas respectivas épocas em *treze livros.* Os outros *quatro livros contêm hinos a Deus* e preceitos para a conduta da vida humana (Josefo, 1.8, grifo do autor).

Esses correspondem exatamente ao AT judaico e protestante, que exclui os apócrifos.

Os mestres judeus reconheceram que sua linhagem profética terminou no século VI a.C. Mas, como até os católicos reconhecem, todos os livros apócrifos foram escritos depois dessa época. Josefo escreveu: "De Artaxerxes até nossa época tudo foi registrado, mas não foi considerado digno do mesmo reconhecimento do que o que o precedeu, porque a sucessão exata dos profetas cessou" (Josefo). Outras afirmações rabínicas sobre o término da profecia apóiam esse argumento (v. Beckwith, p. 370). *O Seder olam rabbah* 30 declara: "Até então [a vinda de Alexandre, o Grande] os profetas profetizavam por meio do Espírito Santo. Daí em diante: 'Incline seu ouvido e ouça as palavras dos sábios'". *Baba batra* 12b declara: "Desde a época em que o templo foi destruído, a profecia foi tirada dos profetas e dada aos sábios". O rabino Samuel bar Inia disse: "O segundo Templo não tinha cinco coisas que o primeiro Templo possuía: a saber, o fogo, a arca, o Urim e o Tumim, o óleo da unção e o Espírito Santo [da profecia]". Então, os mestres judeus (rabinos) reconheceram que o período de tempo durante o qual os apócrifos foram escritos não foi um período em que Deus estava transmitindo escrituras inspiradas.

Jesus e os autores do NT nunca citaram os apócrifos como Escritura, apesar de estarem cientes dessas obras e fazerem alusão a elas ocasionalmente (e.g., Hb 11.35 pode fazer alusão a 2 Macabeus 7,12, ou pode ser uma referência a 1Rs 17.22). Mas centenas de citações no NT mencionam o cânon do AT. A autoridade com que foram citadas indica que os autores do NT as consideravam parte da "Lei e dos Profetas" [i.e., o AT inteiro], que era considerada Palavra de Deus inspirada e infalível (Mt 5.17,18; cf. Jo 10.35). Jesus citou partes de todas as divisões da "Lei" e do "Profetas" do AT, que ele denominava "todas as Escrituras" (Lc 24.27).

Os eruditos judeus em Jâmnia (c. 90 d.C.) não aceitaram os apócrifos como parte do cânon judaico divinamente inspirado (v. Beckwith, p. 276-7). Já que o NT afirma explicitamente que a Israel foram confiadas as palavras de Deus" e que a nação fora destinatária das alianças e da Lei (Rm 3.2), os judeus foram considerados guardiões dos limites do próprio cânon. Como tal, sempre rejeitaram os apócrifos.

A rejeição dos concílios da igreja primitiva. Nenhuma lista canônica ou concílio da igreja cristã considerou os apócrifos inspirados durante os quase quatro primeiros séculos. Isso é importante, já que todas as listas disponíveis e a maioria dos mestres desse período omitem os apócrifos. Os primeiros concílios a aceitar os apócrifos eram apenas locais, sem força ecumênica.

A alegação católica de que o Concílio de Roma (382), apesar de não ser um concílio ecumênico, tinha força ecumênica porque o papa Dâmaso (304-384) o ratificou é sem fundamento. É uma alegação forçada, que supõe que Dâmaso era um papa com autoridade infalível. E até mesmo os católicos reconhecem que esse concílio não era um grupo ecumênico. Nem todos os teólogos católicos concordam que tais afirmações dos papas são infalíveis. Não há listas infalíveis de afirmações infalíveis dos Papas. Nem há um critério universalmente aprovado para desenvolver tais listas. No máximo, apelar ao papa para tornar infalível a afirmação de um concílio local é uma faca de dois gumes. Mesmo teólogos católicos admitem que alguns papas ensinaram erros e foram até heréticos.

Rejeição por parte dos primeiros pais da igreja. Alguns dos primeiros pais da igreja declararam-se contrários aos apócrifos. Entre esses figuravam Orígenes, Cirilo de Jerusalém, Atanásio e o grande tradutor católico das Escrituras, Jerônimo.

Rejeição por Jerônimo. Jerônimo (340-420), o grande teólogo bíblico do início do período medieval e tradutor da *Vulgata* latina, rejeitou explicitamente os apócrifos como parte do cânon. Ele disse que a igreja os lê "para exemplo e instrução de costumes", mas não "os aplica para estabelecer nenhuma doutrina" (Prefácio do *Livro de Salomão* da *Vulgata*, citado em Beckwith, p. 343). Na verdade, ele criticou a aceitação injustificada desses livros por Agostinho. A princípio, Jerônimo até recusou-se a traduzir os apócrifos para o latim, mas depois fez uma tradução rápida de alguns livros. Depois de descrever os livros exatos do AT judaico [e protestante], Jerônimo conclui:

> E então no total há 22 livros da Lei antiga [conforme as letras do alfabeto judaico], isto é, 5 de Moisés, 8 dos Profetas e 9 dos hagiógrafos. Apesar de alguns incluírem [...] Rute e Lamentações no hagiógrafo, e acharem que esses livros devem ser contados (separadamente) e que há então 24 livros da antiga Lei, aos quais o Apocalipse de João representa adorando ao Cordeiro por meio do número de 24 anciãos [...] Esse prólogo pode servir perfeitamente como elmo (i.e., equipado com elmo, contra atacantes) de *introdução a todos os livros bíblicos* que traduzimos do hebraico para o latim, para que saibamos que *os que não estão incluídos nesses devem ser incluídos nos apócrifos* (ibid., grifo do autor).

No prefácio de Daniel, Jerônimo rejeitou claramente as adições apócrifas a Daniel (*Bel e o Dragão e Susana*) e defendeu apenas a canonicidade dos livros encontrados na Bíblia hebraica, escrevendo:

> As histórias de *Susana* e de *Bel e o Dragão* não estão contidas no hebraico [...] Por isso, quando traduzia Daniel muitos anos atrás, anotei essas visões com um símbolo crítico, demonstrando que não estavam incluídas no hebraico [...] Afinal, Orígenes, Eusébio e Apolinário e outros clérigos e mestres distintos da Grécia reconhecem que, como eu disse, essas visões não se encontram no hebraico, *e portanto não são obrigados a refutar Porfírio quanto a essas porções que não exibem autoridade de Escrituras Sagradas* (ibid., grifo do autor).

A sugestão de que Jerônimo realmente favorecia os livros apócrifos, mas só estava argumentando que os judeus os rejeitavam, é infundada. Ele disse claramente na citação acima que: "não exibem autoridade de Escrituras Sagradas", e jamais retirou sua rejeição dos apócrifos. Ele afirmou na obra *Contra Rufino*, 33, que havia "seguido o julgamento das igrejas" nesse assunto. E sua afirmação: "Não estava seguindo minhas convicções" parece referir-se às "afirmações que eles [os inimigos do cristianismo] estão acostumados a fazer contra nós". De qualquer forma, ele não retirou em lugar algum suas afirmações contra os apócrifos. Finalmente, o fato de que Jerônimo tenha citado os livros apócrifos não é prova de que os aceitava. Essa era uma prática comum de muitos pais da igreja. Ele afirmou que a igreja os lê "para exemplo e instrução de costumes" mas não "os aplica para estabelecer qualquer doutrina".

A rejeição dos teólogos. Até teólogos católicos notáveis durante o período da Reforma rejeitaram os apócrifos, tal como o cardeal Cajetano, que se opôs a Lutero. Como já foi citado, ele escreveu o livro *Comentário sobre todos os livros históricos autênticos do Antigo Testamento* (1532), que excluía os apócrifos. Se ele acreditasse que fossem autênticos, certamente os teria incluído num livro sobre "todos os autênticos" livros do AT.

Lutero, João Calvino e outros reformadores rejeitavam a canonicidade dos apócrifos. Luteranos e anglicanos usam-nos apenas para assuntos éticos e devocionais, mas não os consideram oficiais em questões da fé. Igrejas reformadas seguiram *A confissão de fé de Westminster* (1647), afirma:

> Os livros geralmente chamados Apócrifos, não sendo de inspiração divina, não fazem parte do Cânon da Escritura; não são, portanto, de autoridade na Igreja de Deus, nem de modo algum podem ser aprovados ou empregados senão como escritos humanos (*Da Sagrada Escritura*, 1.III).

Em resumo, a igreja cristã (incluindo anglicanos, luteranos e reformados) rejeitou os livros deuterocanônicos como parte do cânon. Eles fazem isso porque lhes falta o fator determinante primário da canonicidade: os livros apócrifos não têm evidência de que foram escritos por profetas credenciados por Deus. Outra evidência é encontrada no fato de que os livros apócrifos jamais foram citados como autoridade nas Escrituras do NT, nem fizeram parte do cânon judaico, e a igreja primitiva nunca os aceitou como inspirados.

O erro de Trento. O pronunciamento infalível do Concílio de Trento de que os livros apócrifos são parte da Palavra inspirada de Deus revela quão falível uma afirmação supostamente infalível pode ser. Esse artigo demonstrou que a afirmação é historicamente infundada. Foi um exagero polêmico e uma decisão arbitrária envolvendo uma exclusão dogmática.

O pronunciamento de Trento sobre os apócrifos foi parte de uma ação polêmica contra Lutero. Seus defensores consideravam que a aceitação dos apócrifos como inspirados era necessária para justificar ensinamentos que Lutero havia atacado, principalmente as orações pelos mortos. O texto de 2 Macabeus 12.46 diz: "... mandou fazer o sacrifício expiatório pelos falecidos, a fim de que fossem absolvidos do seu pecado" (CNBB). Já que havia uma obrigação de aceitar certos livros, as decisões foram um tanto arbitrárias. Trento aceitou 2 Macabeus, que apoiava as orações pelos mortos e rejeitou 2 Esdras (4 Esdras pela avaliação católica), que tinha uma afirmação que não apoiava a prática (cf. 7.105).

A própria história dessa seção de 2(4)Esdras revela a arbitrariedade da decisão de Trento. Ele foi escrito em aramaico por um autor judeu desconhecido (c. 100 d.C.) e circulou nas antigas versões latinas (c. 200). A *Vulgata* o incluiu como apêndice do NT (c. 400). Desapareceu da Bíblia até que protestantes, começando com Johann Haug (1726-1742), começaram a imprimi-lo nos apócrifos com base nos textos aramaicos, já que não constava nos manuscritos em latim da época. Mas, em 1874 uma longa seção em latim (70 versículos do capítulo 7) foi encontrada por Robert Bently numa biblioteca em Amiens, França. Bruce Metzger comentou:

É provável que a seção perdida tenha sido deliberadamente arrancada de um ancestral da maioria dos manuscritos latinos sobreviventes, por razões dogmáticas, pois a passagem contém uma negação enfática do valor das orações pelos mortos.

Alguns católicos argumentam que essa exclusão não é arbitrária porque essa obra não fazia parte das listas deuterocanônicas antigas, foi escrita depois da época de Cristo, foi relegada a uma posição inferior na *Vulgata* e só foi incluída nos apócrifos por protestantes no século XVIII. Por outro lado, 2[4]Esdras fez parte de listas antigas de livros não considerados completamente canônicos. Segundo o critério católico, a data da obra não diz respeito à possibilidade de ter ela constado dos apócrifos judaicos, mas com o fato de ter sido usada por cristãos primitivos; ela foi usada, juntamente com outros livros apócrifos. Não deveria ter sido rejeitada porque tinha posição inferior na *Vulgata*. Jerônimo relegou todas essas obras a uma posição inferior. Ela não reapareceu no latim até o século XVIII porque aparentemente algum monge católico arrancou a seção de orações pelos mortos.

Orações pelos mortos eram preocupação constante dos clérigos de Trento, que convocaram seu concílio apenas 29 anos depois de Lutero ter publicado suas teses contra a venda de indulgências. As doutrinas de indulgências, purgatório e orações pelos mortos permanecem ou caem juntas.

Argumentos doutrinários. Canonicidade. As posições falsas e verdadeiras que determinam a canonicidade podem ser comparadas da seguinte forma (*Introdução bíblica*, p. 62).

Posição incorreta sobre o cânon	Posição correta sobre o cânon
A igreja determina o cânon.	A igreja descobre o cânon.
A igreja é mãe do cânon.	A igreja é filha do cânon.
A igreja é magistrada do cânon.	A igreja é ministra do cânon.
A igreja regula o cânon.	A igreja reconhece o cânon.
A igreja é juíza do cânon.	A igreja é testemunha do cânon.
A igreja é mestra do cânon.	A igreja é serva do cânon.

Fontes católicas podem ser citadas para apoiar uma doutrina de canonicidade que se parece muito com a "posição correta". O problema é que apologistas católicos geralmente se equivocam nesse assunto. Peter Kreeft, por exemplo, argumentou que a igreja deve ser infalível se a Bíblia é, já que o efeito não pode ser maior que a causa e a igreja causou o cânon. Mas se a igreja é regulada pelo cânon, em vez de governá-lo, então a igreja não é a causa do cânon. Outros defensores do catolicismo cometem o mesmo erro, afirmando da boca para fora o fato de que a igreja apenas descobre o cânon, mas por outro lado insistindo no argumento que faz a igreja a definidora do cânon. Eles negligenciam o fato de que foi Deus (por inspiração) quem causou as Escrituras canônicas, não a igreja.

Essa má interpretação às vezes é evidente no uso equivocado da palavra *testemunha*. Quando falamos sobre a igreja como "testemunha" do cânon depois da época em que foi escrito não queremos dizer no sentido de ser uma testemunha ocular (i.e., relatando evidência de primeira mão). O papel adequado da igreja cristã no descobrimento de quais livros pertencem ao cânon pode ser reduzido a vários preceitos.

Somente o povo de Deus contemporâneo à autoria dos livros bíblicos foi verdadeira testemunha da evidência. Só eles foram testemunhas do cânon durante seu desenvolvimento. Só eles poderiam atestar a evidência da característica profética dos livros bíblicos, que é o fator determinante da canonicidade.

A igreja posterior não é testemunha da evidência do cânon. Ela não cria nem constitui evidência para o cânon. É apenas descobridora e observadora da evidência que resta para a confirmação original da qualidade profética dos livros canônicos. A suposição da igreja de que a evidência subsiste em si mesma é o erro por trás da posição católica.

Nem a igreja primitiva nem a recente é juíza do cânon. A igreja não é o árbitro final quanto aos critérios do que será admitido como evidência. Somente Deus pode determinar os critérios para nosso descobrimento do que seja sua Palavra. O que é de Deus terá suas "impressões digitais"; só Deus o determina como são suas "impressões digitais".

Tanto a igreja primitiva quanto a recente são mais juradas que juízas. Os jurados ouvem as evidências, avaliam as evidências e apresentam um veredicto de acordo com as evidências. A igreja contemporânea (século I) testemunhou evidências de primeira mão da *atividade profética* (tais como milagres), e a igreja posterior examinou as evidências da *autenticidade* desses livros proféticos, que foram confirmados diretamente por Deus quando foram escritos (v. MILAGRES NA BÍBLIA).

De certa forma, a igreja "julga" o cânon. Ela é chamada, como todos os jurados são, a realizar a seleção e avaliação das evidências para chegar ao veredicto. Mas não é isso que a igreja romana praticou no seu papel magisterial de determinação do cânon. Afinal, é isso que se quer dizer com o "magistério" da igreja. A hierarquia católica não é apenas ministerial; tem papel judicial, não apenas administrativo. Não é apenas o júri observando a evidência; é o juiz determinando o que se classifica como evidência.

Aí está o problema. Ao exercer o papel magisterial, a Igreja Católica escolheu o curso errado para apresentar sua decisão sobre os apócrifos. Inicialmente, decidiu seguir o critério errado, *uso cristão* em vez de *qualidade profética*. Em segundo lugar, usou *evidência de segunda mão* de escritores posteriores em vez de apenas *evidência de primeira mão* para a canonicidade (confirmação divina da atuação profética do autor). Em terceiro lugar, não usou *confirmação imediata* dos contemporâneos, mas *afirmações posteriores* de pessoas nascidas séculos depois dos eventos. Todos esses erros surgiram da interpretação incorreta do próprio papel da igreja como juíza em vez de jurada, como magistrada em vez de ministra, soberana em vez de serva do cânon. Por outro lado, a rejeição protestante dos apócrifos foi baseada na compreensão do papel das primeiras testemunhas para as características proféticas e da igreja como guardiã dessa evidência da autenticidade.

Os apócrifos do NT. Os apócrifos do NT formam uma coleção de livros contestados que foram aceitos por algumas pessoas no cânon das Escrituras. Ao contrário dos apócrifos do AT, os apócrifos do NT não causaram controvérsia permanente ou séria, já que a igreja universal concorda que apenas 27 livros do NT são inspirados (v. BÍBLIA, EVIDÊNCIAS DA). Os livros apócrifos foram usados pelo valor devocional, ao contrário dos livros mais espúrios (muitas vezes heréticos) da pseudepigrafia do NT. Obras pseudepigráficas às vezes são chamadas "apócrifas", mas foram rejeitadas universalmente por todas as tradições da igreja.

Os apócrifos do NT incluem *A epístola de pseudo-Barnabé* (c. 70-90 d.C.), *A epístola aos coríntios* (c. 96), *O evangelho segundo os hebreus* (c. 65-100), *A epístola de Policarpo aos filipenses* (c. 108), *Didaquê* ou *O ensino dos doze* apóstolos (c. 100-120), *As sete epístolas de Inácio* (c. 110), *Homilia antiga* ou *A segunda epístola de Clemente* (c. 120-140), *O pastor* de Hermas (c. 115-40), *O apocalipse de Pedro* (c. 150), e *A epístola aos laodicenses* (século IV [?]).

Razões para a rejeição. Nenhum dos livros apócrifos do NT teve mais que uma aceitação local ou temporária. A maioria teve, no máximo, *status* quase canônico, meros apêndices de manuscritos diversos ou incluídos em índices. Nenhum cânon importante ou concílio eclesiástico os aceitou como parte da Palavra inspirada de Deus. Onde foram aceitos no cânon por grupos de cristãos, isso se deve ao fato de terem sido atribuídos equivocadamente a um apóstolo ou mencionados por um livro inspirado (por exemplo, Cl 4.16). Quando descobriam que isso era falso, sua canonicidade era rejeitada.

Conclusão. As disputas sobre os apócrifos do AT têm um papel importante nas disputas católicas e protestantes sobre ensinamentos como o purgatório e orações pelos mortos. Não há evidências de que os livros apócrifos sejam inspirados e, portanto, devam ser parte do cânon das Escrituras inspiradas. Eles não afirmam ser inspirados, e a inspiração não lhes é atribuída pela comunidade judaica que os produziu. Não são citados nenhuma vez como Escritura no NT. Muitos pais da igreja primitiva, incluindo Jerônimo, os rejeitavam categoricamente. Acrescentá-los à Bíblia pelo decreto infalível no Concílio de Trento evidencia um pronunciamento dogmático e polêmico criado para sustentar doutrinas que não são apoiadas claramente em nenhum dos livros canônicos.

À luz dessa evidência poderosa contra os apócrifos, a decisão da Igreja Católica Romana e Ortodoxa de declará-los canônicos é infundada e rejeitada pelos protestantes. É um erro sério admitir materiais não inspirados para corromper a revelação escrita de Deus e minar a autoridade divina das Escrituras (Ramm, p. 65).

Fontes

H. Andrews, *An introduction to the apocryphal books of the Old and New Testaments.*
Agostinho, *A cidade de Deus.*
R. Beckwith, *The Old Testament canon of the New Testament church and its background in early judaism.*
M. Burroughs, *More light on the Dead Sea scrolls.*
H. Denzinger, *Documents of Vatican* II, cap. 3.
___, *The sources of catholic dogma.*
N. L. Geisler, "The extent of the Old Testament canon", em G. F. Hawthorne, org., *Current issues in biblical and patristic interpretation.*
___ e W. E. Nix, *Introdução bíblica*, ed. rev.
Josefo, *Antigüidades dos judeus*, 1.8.
B. Metzger, *An introduction to the apocrypha.*
B. Ramm, *The pattern of religious authority.*
P. Schaff, *The creeds of christendom.*
A. Souter, *The text and canon of the New Testament.*
B. Westcott, *A general survey of the canon of the New Testament.*

apologética, argumento da. Existem vários tipos de apologética (v. APOLOGÉTICA, TIPOS DE). Mas, segundo a apologética clássica, existem certos passos lógicos no argumento geral em defesa da fé cristã. Já que cada passo é tratado em detalhes em outros artigos, apenas a lógica do argumento será traçada aqui.

Os passos. O argumento geral em defesa da fé cristã pode ser formulado em doze proposições básicas. Elas decorrem logicamente uma da outra:

1. A verdade sobre a realidade é cognoscível (v. VERDADE, NATUREZA DA; AGNOSTICISMO).
2. Os opostos não podem ser verdadeiros (v. PRIMEIROS PRINCÍPIOS; LÓGICA).
3. O Deus teísta (v. TEÍSMO) existe (v. DEUS, EVIDÊNCIAS DE).
4. Os milagres são possíveis (v. MILAGRE).
5. Os milagres realizados junto com uma afirmação verdadeira são atos de Deus para confirmar sua verdade seu por meio de mensageiro (v. MILAGRES COMO CONFIRMAÇÃO DA VERDADE; MILAGRES, VALOR APOLOGÉTICO DOS).
6. Os documentos do NT são confiáveis (v. NOVO TESTAMENTO, DOCUMENTOS, MANUSCRITOS; NOVO TESTAMENTO, HISTORICIDADE DO; NOVO TESTAMENTO, MANUSCRITOS DO).
7. Como documenta, o NT, Jesus afirmou ser Deus (v. CRISTO, DIVINDADE DE).
8. A reivindicação da divindade de Jesus foi provada pela convergência singular de milagres (v. MILAGRES NA BÍBLIA).
9. Portanto, Jesus era Deus em carne humana.
10. Tudo o que Jesus (que é Deus) afirmou ser verdadeiro é verdadeiro (v. DEUS, NATUREZA DE).
11. Jesus afirmou que a Bíblia é a Palavra de Deus (v. BÍBLIA, EVIDÊNCIAS DA; BÍBLIA, POSIÇÃO DE JESUS EM RELAÇÃO À).
12. Portanto, é verdade que a Bíblia é a Palavra de Deus, e tudo o que se opõe a qualquer verdade bíblica é falso (v. RELIGIÕES MUNDIAIS E CRISTIANISMO; PLURALISMO RELIGIOSO).

A aplicação. Se o Deus teísta existe e milagres são possíveis, se Jesus é o Filho de Deus e a Bíblia é a Palavra de Deus, conclui-se que o cristianismo ortodoxo é verdadeiro. Todas as doutrinas ortodoxas essenciais, tais como Trindade, a expiação de Cristo pelo pecado, a ressurreição física e a segunda vinda de Cristo, são ensinadas na Bíblia. Já que todas essas condições são apoiadas por boas evidências, segue-se que há boas evidências para concluir que o cristianismo ortodoxo é verdadeiro.

E já que proposições mutuamente excludentes não podem ser ambas verdadeiras (v. LÓGICA), então todas as religiões mundiais opostas são religiões falsas (v. RELIGIÕES MUNDIAIS E CRISTIANISMO). Isto é: budismo, hinduísmo, islamismo e outras religiões são falsas pelo fato de se oporem aos ensinamentos do cristianismo (v. artigos relacionados ao ISLAMISMO; MONISMO; ZEN-BUDISMO). Portanto, apenas o cristianismo é a verdadeira religião (v. PLURALISMO).

apologética, necessidade da. É a disciplina que lida com a defesa racional da fé cristã. O termo tem origem na palavra grega *apologia* que "apresentar dar uma razão" ou "defesa". Apesar das objeções a que se faça apologética nesse sentido por parte de fideístas e alguns pressuposicionalistas (v. FIDEÍSMO; PRESSUPOSICIONALISTA,

APOLOGÉTICA), há razões importantes para participar da tarefa apologética.

Deus a ordena. A razão mais importante para a apologética é que Deus a ordenou. A afirmação clássica é:

> ... Santifiquem Cristo como Senhor em seu coração. Estejam sempre preparados para responder a qualquer pessoa que lhes pedir a razão da esperança que há em vocês. Contudo, façam isso com mansidão e respeito... (1Pe 3.15,16*a*).

Esses versículos mandam estarmos prontos. Talvez jamais encontremos alguém que faça perguntas difíceis sobre nossa fé; mesmo assim devemos estar prontos para responder caso alguém pergunte. Estar pronto não é só uma questão de ter a informação correta à disposição, é também a atitude de prontidão e vontade de compartilhar a verdade sobre o que acreditamos. Não se espera que toda pessoa precise de pré-evangelismo, mas, se alguém necessitar, devemos ser capazes e estar dispostos a lhe responder.

Esse mandamento também liga a tarefa de pré-evangelismo ao lugar de Cristo como Senhor de nossos corações. Se ele realmente é Senhor, devemos ser obedientes a ele para

> ... destruir fortalezas. Destruímos argumentos e toda pretensão que se levanta contra o conhecimento de Deus, e levamos cativo todo pensamento, para torná-lo obediente a Cristo" (2Co 10.4*b*,5).

Isso significa que devemos confrontar questões nas nossas mentes e nos pensamentos expressos por outros que porventura impeçam a nós e a eles de conhecer a Deus. Essa é a essência da apologética.

Em Filipenses 1.7 Paulo alude à sua missão de "defesa e confirmação do evangelho". Ele acrescenta no versículo 16: "... aqui me encontro para a defesa do evangelho". Isso implica que o defensor do evangelho esteja em lugares onde possa encontrar outros e defender a verdade perante eles.

Judas 3 acrescenta:

> Amados, embora estivesse muito ansioso por lhes escrever acerca da salvação que compartilhamos, senti que era necessário escrever-lhes *insistindo que batalhassem pela fé de uma vez por todas confiada aos santos.*

O povo a quem Judas fora vítima de falsos mestres, e ele precisava encorajá-los a batalhar pela fé como fora revelada por Cristo. Judas faz uma afirmação importante sobre nossa atitude no versículo 22: "Tenham compaixão daqueles que duvidam."

Tito 1.9 faz do conhecimento das evidências cristãs uma obrigação da liderança eclesiástica. Um bispo na igreja deve ser "[apegado] firmemente à mensagem fiel, da maneira como foi ensinada, para que seja capaz de encorajar outros pela sã doutrina e de *refutar os que se opõem a ela*". Paulo também nos dá uma indicação da nossa atitude nessa missão em 2 Timóteo 2.24,25:

> Ao servo do Senhor não convém brigar mas, sim ser amável para com todos, apto para ensinar, paciente. Deve corrigir com mansidão as que se lhe opõem, na esperança de que Deus lhes conceda o arrependimento, levando-os ao conhecimento da verdade.

Quem tentar responder a perguntas de incrédulos certamente será insultado e tentado a perder a paciência, mas nosso objetivo principal é que cheguem ao conhecimento da verdade de que Jesus morreu por nossos pecados. Com uma tarefa tão importante a realizar, não devemos deixar de obedecer a esse mandamento.

É exigência da razão. Deus criou os seres humanos com a capacidade de raciocinar como parte da sua imagem (Gn 1.27; cf. Cl 3.10). Na verdade, é pelo raciocínio que os humanos se distinguem dos "animais irracionais" (Jd 10). Deus chama seu povo para usar a razão (Is 1.18), para discernir o que é verdadeiro ou falso (1Jo 4.6) e correto ou errado (Hb 5.14). Um princípio fundamental da razão é que ela deve ter evidências suficientes para a fé. Uma fé sem justificação não passa disso — é injustificada (v. FÉ E RAZÃO).

Sócrates disse: "A vida não examinada não vale a pena ser vivida". Ele certamente estaria disposto a acrescentar que a fé não examinada não vale a pena ser vivida. Portanto, é obrigação dos cristãos defender sua fé. Isso faz parte do grande mandamento de amar a Deus de todo coração, alma e mente (Mt 22.36,37).

É necessidade do mundo. As pessoas se recusam claramente a crer sem provas. Já que Deus criou os humanos como seres racionais, ele espera que vivam racionalmente, olhando antes de dar um passo. Isso não significa que não haja espaço para a fé. Mas Deus quer que demos um passo de fé à luz das evidências, não no escuro.

Evidências da verdade devem preceder a fé. Nenhuma pessoa racional entra num elevador sem razão para crer que ele vai sustentá-lo. Nenhuma pessoa sensata entra num avião que está sem parte de uma asa e com cheiro de fumaça na cabine As pessoas lidam com duas dimensões de fé: *fé que* e *fé em*. *Fé que* dá a evidência e base racional para a confiança necessária para estabelecer *fé em*. Quando a *fé que* é estabelecida, podemos depositar fé *em* alguma coisa. Portanto, a pessoa racional quer provas de que Deus existe antes de depositar sua fé em Deus. Incrédulos racionais querem provas de que Jesus é o Filho de Deus antes de depositar sua confiança nele (v. CLÁSSICA, APOLOGÉTICA).

Objeções à apologética. A oposição mais freqüente à apologética é criada por místicos e outros experimentalistas (v. EXPERIMENTAL, APOLOGÉTICA). Fideístas (v. FIDEÍSMO) e alguns pressuposicionalistas também levantam objeções de dois tipos básicos: baseadas na Bíblia e vindas de fora das Escrituras. Um defensor da apologética pode ver nos textos das Escrituras geralmente citados contra a tarefa apologética, algumas más interpretações ou aplicações, que na realidade não demonstram que a apologética seja desnecessária.

Objeções à apologética baseadas na Bíblia. A Bíblia não precisa ser defendida. Uma objeção feita geralmente é que a Bíblia não precisa ser defendida; ela só precisa ser exposta. "Pois a palavra de Deus é viva, e eficaz..." (Hb 4.12*a*). Dizem que a Bíblia é como um leão; ele não precisa ser defendido, só solto. Um leão pode defender-se sozinho.

Isso pressupõe que a Bíblia é a Palavra de Deus. É claro que a Palavra de Deus é final e fala por si própria. Mas como sabemos que a Bíblia, e não o *Alcorão* ou o *Livro de Mórmon*, é a Palavra de Deus? É necessário apelar para a evidência para determinar isso. Nenhum cristão aceitaria a seguinte afirmação: "O *Alcorão* é vivo, e eficaz, e mais afiado que qualquer espada de dois gumes". Devemos exigir evidências (v. BÍBLIA, EVIDÊNCIAS DA).

A analogia do leão é enganadora. O rugido do leão "fala por si próprio" com autoridade só porque conhecemos por evidências anteriores o que o leão pode fazer. Sem histórias de terror sobre a ferocidade do leão, seu rugido não teria autoridade. Da mesma forma, sem evidências para estabelecer uma afirmação de autoridade, não há razão para aceitar essa autoridade.

Deus não pode ser conhecido pela razão humana. O apóstolo Paulo escreveu: "o mundo não o [Deus] conheceu por meio da sabedoria humana" (1Co 1.21). Isso não significa, porém, que não haja evidências para a existência de Deus, já que Paulo declarou em Romanos que a evidência da existência de Deus é tão clara que os homens são "indesculpáveis" mesmo sem ter ouvido o evangelho (Rm 1.19,20). Além disso, o contexto de 1 Coríntios não é a existência de Deus, mas sim seu plano de salvação por meio da cruz. Isso não pode ser conhecido pela mera razão humana, apenas pela revelação divina. É "loucura" para a mente humana depravada. Finalmente, nessa mesma carta de 1 Coríntios Paulo dá a maior evidência apologética para a fé cristã — as testemunhas oculares da ressurreição de Cristo, que seu companheiro Lucas chamou "provas indiscutíveis" (At 1.3). Então sua referência ao mundo que não conheceu a Deus por meio da sabedoria não é menção à incapacidade dos seres humanos de conhecer a Deus mediante a evidência que ele revelou na criação (Rm 1.19,20) e na consciência (Rm 2.12-15). É, sim, referência à depravação humana e rejeição insensata da mensagem da cruz. Na verdade, apesar de a humanidade saber claramente por meio da razão que Deus existe, no entanto ela suprime ou troca essa verdade pela injustiça (Rm 1.18).

A humanidade natural não consegue entender. Paulo insistiu que quem "não tem o Espírito não aceita as coisas que vêm do Espírito de Deus" (1Co 2.14). Então para que serve a apologética? Em resposta a esse argumento contra a apologética, deve-se observar que Paulo não diz que pessoas naturais não conseguem *perceber* a verdade sobre Deus, mas sim que elas não a *recebem* (gr. *dechōmai*, "receber"). Paulo declara enfaticamente que as verdades básicas sobre Deus são "claramente" reconhecidas (Rm 1.20). O problema não é que os incrédulos não estejam cientes da existência de Deus. Eles não querem *aceitá-la* por causa das conseqüências morais que isso teria sobre sua vida pecaminosa. 1 Coríntios 2.14 diz que eles não "são capazes de entendê-las" (*ginōskō*), que pode significar "entender por experiência". Eles conhecem a Deus em suas mentes (Rm 1.19,20), mas não o aceitaram em seu coração (Rm 1.18). "Diz o tolo *em seu coração*: 'Deus não existe'." (Sl 14.1)

Sem fé é impossível agradar a Deus. Hebreus 11.6 insiste que "sem fé é impossível agradar a Deus". Isso parece argumentar que pedir razões, em vez de simplesmente acreditar, desagrada a Deus. Mas, como já foi observado, Deus nos chama a usar a razão (1Pe 3.15). Na verdade, ele nos deu "claramente" (Rm 1.20) "provas indiscutíveis" (At 1.3). O texto de Hebreus não exclui os "fatos", mas implica sua existência. A fé é descrita como "a prova" das coisas que não vemos. Assim como a prova de que uma testemunha é confiável justifica meu testemunho de fé no que ele viu e eu não vi, nossa fé em "fatos que não vemos" (Hb 11.1) é justificada pela prova de que Deus existe. Essas evidências "desde a criação do mundo", são percebidas "por meio das coisas criadas" (Rm 1.20).

Jesus recusou-se a fazer sinais para os ímpios. Jesus repreendeu o povo que buscava sinais; então, devemos contentar-nos em apenas acreditar. Na verdade, algumas vezes Jesus repreendeu os que buscavam sinais. Ele disse: "Uma geração perversa e adúltera pede um sinal". Isso, porém, não significa que Jesus não queria que as pessoas vissem as provas antes de crer. Mesmo nessa passagem Jesus ofereceu o milagre da sua ressurreição como sinal de quem ele era, dizendo que nenhum sinal seria dado "exceto o sinal do profeta Jonas". (Mt 12.39; cf. Lc 16.31; v. MILAGRES NA BÍBLIA).

apologética, argumento da

Jesus apresentou seus milagres como prova da sua missão messiânica (v. MILAGRE; MILAGRES, VALOR APOLOGÉTICO DOS). Quando João Batista perguntou se ele era o Cristo, Jesus mostrou milagres como prova, dizendo:

> Voltem e anunciem a João o que vocês estão ouvindo e vendo: os cegos vêem, os mancos andam, os leprosos são purificados, os surdos ouvem, os mortos são ressuscitados, e as boas novas são pregadas aos pobres (Mt 11.4,5).

"Mas, para que vocês saibam que o Filho do homem tem na terra autoridade para perdoar pecados" — disse ao paralítico — "eu lhe digo: Levante-se pegue a sua maca e vá para casa" (Mc 2.10,11).

Jesus negou-se a entreter as pessoas com milagres. Ele se recusou a fazer milagres para satisfazer a curiosidade do rei Herodes (Lc 23.8). Em outras ocasiões não fez milagres por causa da incredulidade (Mt 13.58), por não querer atirar "pérolas aos porcos" (Mt 7.6). O propósito dos milagres era apologético, isto é, para confirmar sua mensagem (cf. Êx 4.1-9; Jo 3.2; Hb 2.3,4). E ele fez isso em grande abundância pois foi apresentado por Pedro assim: "Jesus de Nazaré foi aprovado por Deus diante de vocês por meio de milagres e sinais que Deus fez entre vocês por intermédio dele" (At 2.22).

Não responda ao insensato com igual insensatez. Dizem que ateísmo é tolice (Sl 14.1), e a Bíblia manda não responder ao tolo. Concordamos com Provérbios 26.4, mas também concordamos com Provérbios 26.5, que diz: "Responda ao insensato como a sua insensatez merece, do contrário ele pensará que é mesmo um sábio". Ou o livro de Provérbios foi escrito por um louco, ou a lição da passagem é que devemos ter cuidado com a maneira e a hora que escolhemos para confrontar idéias falsas. Não discuta com alguém que não dá ouvidos à razão, ou será tão insensato quanto ele. Mas, se puder mostrar a essa pessoa o erro do seu raciocínio de maneira que possa entender, talvez ela busque a sabedoria de Deus em vez de depender da própria sabedoria.

A apologética não é usada na Bíblia. Se a apologética é bíblica, por que não a encontramos sendo usada na Bíblia? De modo geral a Bíblia não foi escrita para incrédulos, mas para crentes. Por já crerem em Deus, Cristo etc., não há necessidade de provar-lhes essas verdades. A apologética é principalmente para os que não crêem, para que possam ter uma razão para crer.

Mas a apologética *é usada* na Bíblia. Até os que estão familiarizados com ela não reconhecem esse fato, pois não percebem que o que vêem é, na verdade, apologética. Moisés usou a apologética. O primeiro capítulo de Gênesis confronta claramente as histórias míticas da criação conhecidas em sua época. Seus milagres no Egito foram a resposta de que Deus falava por meio dele (Êx 4.1-9). Elias usou a apologética no monte Carmelo quando provou milagrosamente que Iavé, não Baal, era o verdadeiro Deus (1Rs 18). Jesus utilizou constantemente a apologética, provando por sinais e milagres que era o Filho de Deus (Jo 3.2; At 2.22). O apóstolo Paulo usou a apologética em Listra quando provou, a partir da natureza, que o Deus supremo do universo existia e que a idolatria era errada (At 14.6-20).

O caso clássico da apologética no NT é Atos 17 em que Paulo debateu com os filósofos na colina de Marte (o Areópago). Ele não só apresentou a evidência favorável à existência de Deus a partir da natureza, mas também defendeu, com base na história, que Cristo era o Filho de Deus. Citou filósofos pagãos para apoiar seus argumentos. A apologética foi usada na Bíblia sempre que afirmações da verdade do judaísmo ou cristianismo entraram em conflito com a incredulidade.

Objeções à apologética com bases não-bíblicas. Essas objeções contra a apologética surgem de suposições de sua irracionalidade, incoerência ou improdu-tividade. Muitas partem do ponto de vista racionalista ou cético (v. AGNOSTICISMO). Outras são fideístas (v. FIDEÍSMO).

A lógica não pode nos dizer nada sobre Deus. Essa objeção é contraditória. Diz que a lógica não pode ser aplicada a essa questão. Mas a afirmação sobentende um conhecimento lógico sobre Deus. Apela à lógica porque afirma ser ela verdadeira enquanto seu oposto é falso. Essa alegação, chamada "lei da não-contradição" (v. PRIMEIROS PRINCÍPIOS; LÓGICA), é a base de toda lógica. A afirmação de que a lógica não se aplica a Deus, aplica lógica a Deus. A lógica é inescapável. Você não pode negá-la com suas palavras a não ser que a afirme com as mesmas palavras. É inegável.

A lógica por si só pode nos dizer algumas coisas sobre Deus — pelo menos hipoteticamente. Por exemplo, se Deus existe, então é falsa a não-existência. E se Deus é um Ser Necessário, então ele não pode não-existir. Além disso, se Deus é infinito e nós somos finitos, então não somos Deus. Também, se Deus é verdade, ele não pode mentir (Hb 6.18), pois mentir seria contrário à sua natureza. Da mesma forma, a lógica nos informa que, se Deus, é onipotente, ele não pode fazer uma pedra tão pesada que ele não consiga levantar. Pois tudo o que ele pode fazer pode levantar.

A lógica não pode "provar" a existência de nada. É verdade, a lógica nos mostra apenas o que é possível ou impossível. Sabemos pela lógica, por exemplo, que círculos quadrados são impossíveis. Também sabemos que algo pode existir, já que nenhuma contradição está envolvida em afirmar que algo existe. Mas não podemos provar só pela lógica que algo realmente existe. No entanto, sabemos que algo realmente existe de outra maneira. Sabemos intuitiva e inegavelmente. Pois não posso negar minha existência a não ser que eu exista para negá-la. A afirmação: "Eu não existo" é contraditória, já que tenho de existir para poder pronunciá-la. Então, apesar de a lógica não poder provar a existência de nada, temos conhecimento inegável de que algo existe. E, uma vez que sabemos que algo existe (por exemplo, eu existo), então a lógica pode ajudar-nos a determinar se é finito ou infinito. E, se é finito, a lógica pode ajudar-nos a determinar se também existe um ser infinito (v. Deus, evidências de).

A razão é inútil em assuntos religiosos. O FIDEÍSMO argumenta que a razão é inútil em assuntos que lidam com Deus. É preciso apenas acreditar. A fé, não a razão, é o que Deus exige (Hb 11.6). Mas até nas Escrituras Deus manda usar a razão (Is 1.18; Mt 22.36,37; 1Pe 3.15). Deus é um ser racional, e nos criou para sermos seres racionais. Deus não insultaria a razão que nos deu pedindo que a ignorássemos em assuntos tão importantes quanto nossas convicções a seu respeito.

O fideísmo é contraditório. Ou ele tem razão para que não raciocinemos sobre Deus ou não tem. Se tem, então usa a razão para dizer que não devemos usá-la. Se o fideísmo não tem razão para não usar a razão, então não tem razão para sua posição, e nesse caso não há razão para aceitar o fideísmo.

Afirmar que a razão é apenas opcional para o fideísta não é o suficiente. Pois o fideísta oferece algum critério para quando usar a razão e quando não, ou o uso é simplesmente arbitrário. Se o fideísta oferece critérios racionais para quando devemos usar a razão, então realmente há uma base racional para essa posição, e nesse caso ele deixa de ser fideísta.

A razão não é o tipo de coisa sobre a qual uma criatura racional pode decidir não participar. Pelo fato de ser racional por natureza, o ser humano deve fazer parte do discurso racional. E o discurso racional exige que as leis da razão sejam seguidas. Um desses princípios é que a pessoa precisa ter uma boa razão para suas convicções. Mas, se ela precisa ter uma boa razão, então o fideísmo está errado, já que afirma que não é necessário ter uma boa razão para o que acredita.

Não é possível provar que Deus existe pela razão. Segundo essa objeção, a existência de Deus não pode ser provada pelo raciocínio humano. A resposta depende do que se quer dizer com "provar". Se "provar" significa demonstrar com certeza matemática, então a maioria dos teístas concordaria que a existência de Deus não pode ser provada. Pois certeza matemática lida apenas com o abstrato. E a existência de Deus (ou qualquer outra coisa) é concreta. Além disso, a certeza matemática é baseada em axiomas ou postulados que devem ser pressupostos para chegar-se à conclusão necessária. Contudo, se a existência de Deus deve ser pressuposta para ser provada, então a conclusão de que Deus existe é apenas baseada na pressuposição de que ele existe, e nesse caso não é realmente uma prova.

Outra maneira de provar isso é lembrar que a certeza matemática é dedutiva por natureza. Sua argumentação tem por base as premissas fornecidas. Mas não se pode concluir validamente o que já não esteja implicado na(s) premissa(s). Nesse caso seria necessário pressupor que Deus existe na premissa para inferi-lo corretamente na conclusão. Mas isso é um exemplo de petição de princípio.

Da mesma forma, se por "provar" a pessoa quer dizer "chegar a uma conclusão logicamente necessária", então a existência de Deus também não pode ser provada, a não ser que o argumento ontológico seja válido. Mas a maioria dos filósofos nega a sua validade. Não é possível provar Deus pela necessidade lógica porque a lógica formal, como a matemática, lida com o abstrato. A não ser que a pessoa comece com algo existente, jamais poderá sair do âmbito puramente teórico. *Se* existe um triângulo, podemos saber logicamente e com certeza absoluta que ele terá três lados e três ângulos. Mas talvez não existissem triângulos em lugar nenhum exceto na mente da pessoa. Da mesma forma, a não ser que saibamos que algo existe, então a lógica não pode ajudar-nos a saber se Deus existe. E a lógica por si só não nos pode dizer que algo existe.

Mas, se por "provar" queremos dizer "fornecer evidência adequada para" ou "dar boas razões para", então pode-se concluir que é possível provar a existência de Deus (v. Deus, evidências de; argumento cosmológico) e a veracidade do cristianismo.

Ninguém se converte por meio da apologética. Existe a acusação de que ninguém conhece a Cristo por meio da apologética. Se isso implica que o Espírito Santo (v. Espírito Santo na apologética, papel do) nunca usa a evidência apologética para levar pessoas a Cristo, trata-se claramente de uma acusação falsa. C. S. Lewis disse que

quase todas as pessoas que conheço que se converteram ao cristianismo quando adultos foram influenciadas pelo que lhes parecia ser, no mínimo, um argumento provável a favor do teísmo (Lewis, p.173).

Lewis é um exemplo do ateu que se converteu sob a influência da apologética. O cético Frank Morrison converteu-se ao tentar escrever um livro que refutasse a evidência da ressurreição de Cristo (v. Morrison). Agostinho conta em suas *Confissões* como foi levado ao cristianismo ao ouvir um debate entre um cristão e um incrédulo. O professor Simon Greenleaf, da Faculdade de Direito de Harvard, foi levado a aceitar a autenticidade dos evangelhos ao aplicar as regras legais à evidência do NT. Deus tem usado evidência e razão de alguma forma para alcançar quase todos os adultos que se convertem ao cristianismo.

Fontes

R. L. Bush, org., *Classical readings in christian apologetics 100-1800 d.C.*
D. Clark, *Dialogical apologetics.*
G. H. Clark, *Religion, reason and revelation.*
W. Corduan, *Reasonable faith.*
N. L. Geisler e R. Brooks, *When skeptics ask: a handbook on christian evidences.*
P. Kreeft, et al., *Handbook of christian apologetics.*
G. R. Lewis, *Testing christianity's truth claims.*
C. S. Lewis, *God in the dock.*
J. McDowell, *Answering tough questions skeptics ask.*
___, *Evidência que exige um veredito.*
J. W. Montgomery, *Faith founded on fact.*
J. P. Moreland, *Scaling the secular city: a defense of christianity.*
F. Morrison, *Who moved the stone?*
W. M. Smith, *Therefore stand.*

apologética, objeções à. V. APOLOGÉTICA, NECESSIDADE DA.

apologética, tipos de. Existem diferentes tipos de sistemas de apologética, mas não existe um meio universalmente reconhecido para categorizá-los. Abordagens divergentes parecem ser determinadas pela perspectiva da pessoa que as categoriza. No entanto, existem alguns termos geralmente aceitos que se podem usar para perceber de maneira significativa as diferenças entre as abordagens mais populares.

Sistemas de categorização. É tentador criar categorias logicamente abrangentes de sistemas apologéticos. Dois problemas tornam isso impossível. Primeiramente, a categoria parece funcionar, mas a categoria correspondente que logicamente se oporia é muito ampla. Em segundo lugar, sistemas divergentes geralmente são colocados na mesma categoria. Por exemplo, se alguém usa as categorias pressuposicional e não-pressuposicional, verá que, além de existir tipos diferentes de pressuposicionalismo, também existem diferenças significativas entre os sistemas não-pressuposicionais. Se alguém usar as categorias evidencial e não-evidencial, acontece a mesma coisa; apologética clássica e histórica e até algumas formas de pressuposicionalismo (e.g., coerência sistemática) devem ser colocadas na mesma categoria. O mesmo acontece se alguém usa apologética clássica e apologética não-clássica como duas categorias amplas.

Tipos de sistemas. Apesar de as categorias não serem logicamente excaustivas e se sobreporem, parece melhor apenas usar títulos comumente aceitos e apresentar as diferenças e semelhanças. A avaliação de cada uma pode ser encontrada em outros artigos sobre sistemas individuais e seus representantes principais.

Três pontos ajudam a entender cada tipo: os defensores serão alistados; algumas características principais serão descritas, e comentários sobre superposições e/ou contraste com outras abordagens serão feitos.

Apologética clássica. Características. A apologética clássica enfatiza argumentos a favor da existência de Deus (v. Deus, evidências de), assim como a evidência histórica que apóia a veracidade do cristianismo. A apologética clássica é caracterizada por dois passos básicos: argumentos teístas e comprobatórios.

Argumentos teístas são usados para estabelecer a verdade do teísmo à parte do apelo à revelação especial (e.g., a Bíblia). A apologética clássica aceita a validade das provas teístas tradicionais sobre Deus, apesar de alguns enfatizarem apenas uma delas. E alguns invalidam certas provas tradicionais, com mais freqüência o argumento ontológico. Mas a maioria aceita alguma forma de argumento cosmológico e o argumento teleológico. Muitos também acreditam que o argumento moral é válido.

O primeiro passo da apologética clássica também envolve chegar à conclusão lógica de que, se o Deus do teísmo existe, milagres são possíveis; na verdade, o maior milagre, a Criação, é possível. A credibilidade dos milagres (v. milagre) é essencial ao próximo passo na apologética clássica — a histórica —, mas flui logicamente do primeiro passo.

O segundo passo é a evidência histórica confirmada que substancia a verdade. Os documentos do NT são comprovadamente confiáveis do ponto de vista histórico (v. documentos do Novo Testamento, manuscritos; Novo Testamento, historicidade do; Novo Testamento, fontes não-cristãs). O apologista também demonstra que esses documentos revelam que Jesus afirmou, por meio de milagres comprovados, ser o Filho de Deus (v. Cristo, divindade de). Com base nisso, geralmente se argumenta que Jesus confirmou que o AT é a Palavra de Deus e prometeu o mesmo para o NT (v. Bíblia, a posição de Jesus em relação à).

Defensores. A apologética clássica foi praticada por AGOSTINHO, ANSELMO E TOMÁS DE AQUINO. Apologistas clássicos modernos incluem Winfried Corduan, William Lane Craig, Norman L. Geisler, John Gerstner, Stuart Hackett, Peter Kreeft, C. S. LEWIS, J. P. Moreland, John LOCKE, William PALEY, R. C. Sproul e B. B. WARFIELD.

Comparação com outras abordagens. Às vezes, os apologistas clássicos começam esse segundo passo demonstrando que a Bíblia é comprovadamente a Palavra de Deus. Ao fazer isso geralmente usam a mesma prova básica usada pela apologética evidencial. Isso inclui milagres (v. MILAGRES, VALOR APOLOGÉTICO DOS; MILAGRES NA BÍBLIA), profecias cumpridas (v. PROFECIA COMO PROVA DA BÍBLIA), a unidade da Bíblia, e outras indicações de sua origem supernatural (v. BÍBLIA, EVIDÊNCIAS DA).

A diferença entre os apologistas clássicos e os evidencialistas sobre o uso da evidência histórica é que os clássicos vêem a necessidade de primeiro estabelecer a natureza teísta do nosso universo, para assim estabelecer a possibilidade e a identidade dos milagres. Os evidencialistas não consideram o teísmo pré-condição logicamente necessária da apologética histórica. O argumento básico dos apologistas clássicos é que não faz sentido falar sobre a ressurreição como ação de Deus a não ser que, como pré-requisito lógico, seja primeiramente estabelecido que existe um Deus que pode agir. Da mesma forma, a Bíblia não pode ser a Palavra de Deus se não há um Deus que possa falar. E não se pode provar que Cristo é o Filho de Deus sem base na premissa logicamente anterior de que existe um Deus que pode ter um Filho.

Apologética evidencial. A apologética evidencial enfatiza a necessidade da prova para apoiar as afirmações das verdades cristãs. A evidência pode ser racional, histórica, arqueológica, e até experimental. Como é muito ampla, esta categoria se sobrepõe a outros tipos de apologética.

Algumas características da apologética evidencial. Já que os evidencialistas compreendem uma categoria grande e diversificada, suas características serão delineadas conforme o tipo. Os evidencialistas geralmente usam a *evidência racional* (por exemplo, provas sobre Deus) para defender o cristianismo. Assim, se sobrepõem à apologé-tica clássica. Mas para o evidencialista isso é apenas uma evidência. Também em contraste com os apologistas clássicos, os evidencialistas não afirmam que a evidência racional seja necessária (já que é apenas uma evidência) nem logicamente anterior a outras evidências.

No uso da *evidência histórica* existe outra sobreposição entre as apologéticas evidencial e histórica. Os evidencialistas não baseiam todo seu argumento na evidência histórica. São mais ecléticos, mesclando evidências de vários campos. Os evidencialistas atuam como advogados que combinam evidências num resumo geral em defesa de sua posição, acreditando que o peso combinado das provas apresentará uma defesa persuasiva.

Muitos evidencialistas enfocam a *evidência arqueológica* como apoio para a Bíblia. Enfatizam que tanto o AT quanto o NT (v. ARQUEOLOGIA DO AT; ARQUEOLOGIA DO NT) foram comprovados por milhares de descobertas. Em sua opinião isso dá razão para aceitar a autoridade divina das Escrituras. Outros tipos de apologética também apelam à evidência arqueológica, mas dela se utilizam de maneira diferente.

Alguns evidencialista apelam à *evidência experimental* para apoiar o cristianismo, geralmente o testemunho de vidas transformadas. A história dos convertidos ao cristianismo é oferecida como evidência da veracidade do cristianismo. Existe outra maneira, argumentam, para explicar as mudanças dramáticas, transformadoras, duradouras, e muitas vezes radicais? A conversão de Saulo de Tarso (At 9) é um exemplo clássico.

A *evidência profética* (v. PROFECIA COMO PROVA DA BÍBLIA) geralmente é oferecida para comprovar o cristianismo. Argumenta-se que apenas a origem divina pode explicar as numerosas e precisas predições bíblicas que se cumpriram. Para os evidencialistas, evidências proféticas e outras evidências não formam um passo específico na ordem lógica geral (como na apologética clássica). Mas é a soma de todas elas sobrepostas que oferece alta probabilidade da veracidade do cristianismo.

Alguns advogados da apologética evidencial. Apesar de a apologética evidencial ter grande apoio popular, ela apresenta poucos defensores específicos que não se encaixam em outras categorias também. Então, parece melhor caracterizar o evidencialismo pelos vários tipos de evidências enfatizadas na abordagem apologética específica. Uma abordagem evidencial reconhecida é oferecida por William PALEY no seu livro *Evidences for Christianity* [Indícios *do cristianismo*], apesar de Paley ter oferecido provas de Deus primeiro, e assim poder ser descrito como apologista clássico. O tão conhecido livro de Bernard RAMM *Protestant christian evidence* [*Indícios do protestantismo cristão*] é outro exemplo de apologética comprobatória, apesar de o autor ter-se afastado dessa linha em obras posteriores. O livro evidencialista mais amplamente distribuído é *Evidência que exige um veredito,* de Josh McDowell.

Algumas comparações com outras abordagens. Apesar da evidência não ser exclusiva da apologética evidencial, a maneira em que é usada é peculiar. Apologistas clássicos e alguns evidencialistas usam argumentos teístas. Mas, para os evidencialistas, estabelecer a existência de Deus não é um pré-requisito lógico ou passo necessário. É apenas parte do conjunto geral de evidências que apóiam o cristianismo.

Em contraste com a apologética histórica, o evidencialista puro não apela para a evidência histórica como base única para sua defesa. Para os evidencialistas há certos eventos, tais como as curas de Jesus, ressurreição de mortos e profecias cumpridas, que por si próprios, separados da pressuposição ou prova anterior de que Deus existe, substanciam a veracidade do cristianismo. Já que os fatos deixam isso claro, não há necessidade, segundo os evidencialistas, de fornecer uma razão independente para acreditar na existência de Deus. Em comparação, tanto a apologética clássica quanto a pressuposicional insistem que eventos históricos só podem ser interpretados à luz da estrutura da cosmovisão da qual são parte.

Apologética experimental. Alguns cristãos apelam principalmente, mas não exclusivamente, à experiência como evidência da fé cristã. Alguns apelam à experiência religiosa em geral. Outros a experiências religiosas especiais. Nessa segunda categoria estão os que enfocam experiências místicas e outros que identificam o que acreditam ser experiências de conversão especificamente sobrenaturais. Existem algumas diferenças obviamente importantes no amplo espectro experimental.

Tipos de experiência. O valor da experiência religiosa geral é de valor limitado para a apologética exclusivamente cristã. Na melhor das hipóteses, a *experiência geral* estabelece a credibilidade da crença em algum tipo de ser supremo (não necessariamente o Deus teísta). No entanto, as provas da experiência religiosa (v. Deus, APOLOGÉTICA EXPERIMENTAL PARA) têm sido oferecidas por cristãos e outros. Experiências religiosas gerais estão disponíveis a todos.

Experiências religiosas especiais são mais limitadas. O místico, por exemplo, afirma uma experiência especial com Deus. *Experiências místicas* (v. MISTICISMO) diferem das experiências religiosas gerais porque afirmam ser contatos diretos e imediatos com Deus. Os místicos cristãos afirmam que tais experiências são verdadeiras.

Embora os chamados "encontros de *experiência existencial* com Deus" (v. KIERKEGAARD, SØREN) não sejam o mesmo que experiências místicas, seus defensores afirmam que também são autênticos. A pessoa é tomada por Deus num encontro não-racional e direto que é mais básico e real que a experiência sensorial. Apesar de nem todos chamarem essas experiências "evidência apologética", elas servem, mesmo assim, para vindicar o cristianismo entre os que as têm. Os que apelam para tais experiências rejeitam abordagens apologéticas no sentido tradicional. Rejeitam argumentos racionais ou evidência factual em lugar do que acreditam ser uma experiência que comprova a si mesma.

Alguns proponentes da apologética experimental. Entre os místicos cristãos o nome Meister Eckart se destaca. Os existencialistas incluem Søren KIERKEGAARD, Rudolph BULTMANN e Karl BARTH (v. tb. FIDEÍSMO). Outros nomes favoráveis a uma abordagem experimental mais geral incluem Friedrich SCHLEIERMACHER e Paul Tillich.

Comparações com outras abordagens. Argumentos experimentais da existência de Deus às vezes são usados por apologistas clássicos e evidencialistas. A diferença é que, para o apologista experimental, o *único* tipo de evidência é o não-racional, místico e existencial. Em outras abordagens apologéticas, o argumento da experiência religiosa é apenas um dentre os vários tipos de evidência.

Os evidencialistas, principalmente do tipo revelacional, rejeitam argumentos puramente experimentais por não poderem ser comprovados e por serem de interpretação subjetiva.

Apologética histórica. A apologética histórica enfatiza a evidência histórica como base para demonstração da veracidade do cristianismo. Esses apologistas acreditam que mesmo a existência de Deus, pode ser provada apenas pela evidência histórica. Por um lado a apologética histórica pertence à classe mais ampla da apologética comprovatória, mas é diferente porque enfatiza a importância, até mesmo a necessidade, de começar com o registro histórico para comprovar a verdade do cristianismo.

Alguns defensores da apologética histórica. O cristianismo é uma religião histórica, então é compreensível que tenha uma ênfase histórica desde o princípio. Os primeiros apologistas, incluindo TERTULIANO, JUSTINO MÁRTIR, CLEMENTE DE ALEXANDRIA e ORÍGENES defenderam a historicidade do cristianismo.

Já que esses apologistas antigos geralmente não eram sistemáticos em suas obras, é difícil dizer se entram na categoria de apologética histórica. Alguns ofereceram argumentos teístas, mas provavelmente nem todos o viam como o primeiro passo logicamente necessário da apologética geral. Os apologistas históricos contemporâneos incluem John Warwick Montgomery e Gary Habermas.

Algumas comparações com outras abordagens. A apologética histórica é diferente da abordagem evidencial por seu enfoque restrito, usando apenas um tipo de evidência em vez de muitos. Ela também oferece um argumento seqüencial. O apologista histórico só começa com evidências históricas como premissa básica. Depois de estabelecida a historicidade, o apologista argumenta que são feitas certas afirmações nas Escrituras das quais pode-se inferir que Deus existe, que a Bíblia é a Palavra de Deus e que Cristo é o Filho unigênito de Deus. O evidencialista não tem essa ordem lógica que começa apenas com evidências históricas. Pelo contrário, o evidencialista emprega uma variedade de evidências das quais se conclui que o cristianismo é verdadeiro.

Tanto a apologética histórica quanto a clássica usam evidências históricas. Mas o apologista clássico acredita que a evidência histórica é apenas um segundo passo, logicamente precedido por argumentos teístas que estabelecem a evidência de cosmovisão necessária pela qual é possível interpretar corretamente as evidências históricas.

Apologética pressuposicional. A apologética pressuposicional afirma que é preciso defender o cristianismo a partir do alicerce de certas pressuposições. Geralmente o adepto desta escola de apologética pressupõe a verdade básica do cristianismo e depois continua demonstrando que só o cristianismo é verdadeiro.

Conforme o *pressuposicionalismo revelacional,* é preciso pressupor que o Deus trino revelou-se nas Escrituras Sagradas antes de haver possibilidade de compreender o Universo, a vida, a linguagem ou a história. Isso às vezes é entendido como um argumento transcendental. Os pressuposicionalistas revelacionais incluem Cornelius VAN TIL, Greg Bahnsen e John Frame.

O *pressuposicionalista racional* também começa com a Trindade revelada na Palavra escrita de Deus. Mas o teste para ver se isso é verdade ou não é apenas a lei da não-contradição (v. PRIMEIROS PRINCÍPIOS). O cristianismo demonstra a própria veracidade, pois, de todas as religiões, é a única internamente coerente. Gordon CLARK e Carl F. H. Henry são pressuposicionalistas racionais.

Assim como os pressuposicionalistas racionais, os pressuposicionalistas de *coerência sistemática* acreditam que um sistema deve ser racionalmente coerente. Além disso, deve considerar abrangentemente todos os fatos. Também é preciso ser relevante existencialmente à medida que satisfaz as necessidades básicas da vida. Só o cristianismo, acreditam eles, oferece um sistema tão consistente. Edward John CARNELL e Gordon Lewis defendem essa posição.

A abordagem apologética de Francis SCHAEFFER tem sido classificada ocasionalmente como forma separada de pressuposicionalismo, um tipo de *pressuposicionalismo prático.* Schaeffer acredita que sistemas falsos não são vivenciáveis, que apenas a verdade cristã é vivenciável.

Algumas comparações com outras abordagens. Os pressuposicionalistas rejeitam a validade das provas teístas. Aceitam as críticas da argumentação teísta de HUME e KANT (v. DEUS, OBJEÇÕES ÀS PROVAS DE). Ou acreditam que "fatos" separados da cosmovisão cristã não têm significado.

Conclusão. Os proponentes de um tipo de sistema apologético criticam os sistemas oponentes. Assim, tanto a avaliação quanto as fontes são descritas sob cada tipo de apologética discutido acima. Somente livros que tratam de sistemas apologéticos em geral são apresentados a na relação de "Fontes".

Fontes
D. CLARK, *Dialogical apologetics,* cap. 5.
N. L. GEISLER, *Christian apologetics,* Parte 1.
G. LEWIS, *Testing Christianity's truth claims.*
B. RAMM, *Varieties of apologetic systems.*

apololética clássica. V. CLÁSSICA, APOLOGÉTICA

apololética experimental. V. EXPERIMENTAL, APOLOGÉTICA

apololética histórica. V. HISTÓRICA, APOLOGÉTICA

apololética pressuposicional. V. PRESSUPOSICIONAL, APOLOGÉTICA

Apolônio de Tiana. Este personagem (m. 98 d.C.) às vezes é apresentado por críticos do cristianismo como o rival de Cristo por afirmar ser o Filho de Deus e ter a capacidade de realizar milagres para apoiar sua afirmação. Filostrato, em *Vida de Apolônio,* registra as histórias póstumas de milagres, incluindo aparições e deificação (APOTEOSE). Alguns críticos usam essas histórias para negar a singularidade da vida, morte e ressurreição de Cristo.

Avaliação das alegações. As alegações a favor de Apolônio ficam muito aquém das referentes a Cristo (v. CRISTO, DIVINDADE DE). A biografia de Apolônio, escrita por Filostrato, termina com sua morte. As biografias de Jesus, não (v. Mt 28; Mc 16; Lc 24; Jo 20, 21). Elas terminam com a ressurreição (v. RESSURREIÇÃO, EVIDÊNCIAS DA). Não há nada sobrenatural na biografia de Apolônio, nem quanto às afirmações de divindade nem quanto aos milagres feitos para provar tal alegação. Histórias de milagres após sua ressurreição sequer fazem parte da biografia. São chamadas apenas "histórias" por seu biógrafo, Filostrato. Na verdade, são lendas posteriores.

O livro de Filostrato é a única fonte existente da vida de Apolônio. Assim, a autenticidade do registro não é comprovada. No caso de Jesus temos vários registros contemporâneos de sua vida, morte e ressurreição (v. Novo Testamento, datação do; Novo Testamento, confiabilidade dos documentos do; Novo Testamento, historicidade do).

A suposta fonte dessas histórias, Dâmis, é provavelmente uma personagem fictícia usada como recurso literário. James Fergeson afirma:

Filostrato professou ter descoberto um documento antigo de autoria de um certo Dâmis como sua fonte, mas tais descobertas são a marca registrada de romances históricos, e não podemos dar crédito a Dâmis" (Fergeson, p.182).

Dâmis supostamente veio de uma cidade, Nínive, que já não existia durante a sua época. Em geral, não há evidência de base factual para as histórias.

Em contraste com isso, os registros sobre a vida de Jesus nos evangelhos oferecem várias evidências historicamente comprovadas quanto à sua precisão. O registro está repleto, por exemplo, de personagens históricas, entre eles os reis herodianos da época, além de Pôncio Pilatos, Tibério, César Augusto e Filipe, tetrarca de Ituréia. Informações detalhadas podem ser comprovadas sobre a Judéia, Galiléia, Samaria, Síria, Belém, Nazaré e Jerusalém (cf. Lc 1.26; 2.4; 3.1), e a época (Mt 14.1-7; Lc 2.1,2; 3.1,2). Os discípulos de Jesus que escreveram sobre ele foram personagens históricas reais.

O estilo de escrever usado por Filostrato era uma forma literária popular da época chamada "romance" ou "ficção romântica". Não deve ser considerado literal ou histórico. O enredo se desenrola em situações inventadas; envolve animais exóticos e descrições formais de obras de arte; e tem discursos longos das personagens.

Como relatório, o registro contém muitas informações geográficas e históricas imprecisas. Por exemplo, Nínive e Babilônia foram destruídas 300 anos antes. As montanhas do Cáucaso são descritas como se fizessem separação entre a Índia e a Babilônia, o que é errado. Os discursos de Filostrato são colocados anacronicamente na boca de Apolônio (extraído de *Lives of the sophists* [*Vida dos sofistas*]).

Filostrato não era uma testemunha ocular, mas foi comissionado a compor seu livro por Júlia Domna, esposa do imperador romano Sétimo Severo, 120 anos depois da morte de Apolônio. Os escritores do nt foram contemporâneos e/ou testemunhas oculares dos eventos (v. Novo Testamento, historicidade do).

Um motivo possível para a publicação foi o desejo de reagir à influência crescente de Jesus. Um historiador diz: "Foi ela (Julia Domna) que incentivou Filostrato a elaborar uma vida de Apolônio de Tiana como uma forma de oposição a Jesus" (ibid., p. 51). Outro disse que, como ela se tornaria a suma sacerdotisa do politeísmo helenístico,

percebendo a necessidade de encontrar uma figura histórica adequada para rebater a propaganda dos evangelhos subversivos, ela se empenhou para ressuscitar a memória de um herói da hagiologia pagã, Apolônio de Tiana (Cook, p.613).

As histórias de milagres referentes a Apolônio são contraditórias. Alguns dizem que morreu em Éfeso, outros em Lindus ou Creta, e depois desapareceu. Só uma aparição é registrada por Filostrato. Foi para um homem enquanto dormia, uma visão acontecida 200 anos depois de Apolônio ter vivido (273 d.C.). Outros dizem que ele não morreu, mas foi deificado porque desapareceu.

Finalmente, há uma diferença importante entre as alegações quanto à deificação de Apolônio e quanto a Jesus ser Deus (v. Cristo, divindade de). A deificação de Apolônio é conhecida por *apoteose*, o processo pelo qual um humano se torna Deus. A encarnação de Cristo foi o processo pelo qual Deus se tornou homem. Além disso, o conceito de "Deus" era diferente. Cristo era Deus no sentido teísta. A alegação quanto a Apolônio o torna Deus apenas no sentido politeísta (v. politeísmo).

Conclusão. Não há evidências de historicidade da obra de Filostrato sobre Apolônio. Ela dá toda indicação de ser uma obra fictícia. Ao contrário dos Evangelhos, ela não apresenta testemunhas oculares, nem ressurreição, nem confirmação. Em contraste, os Evangelhos têm evidência abundante da sua autenticidade e historicidade. O testemunho oferecido pelas testemunhas do nt foi confirmado por vários manuscritos (v. Novo Testamento, manuscritos do) e outras fontes (v. Novo Testamento, confiabilidade das testemunhas do). Em resumo, não há comparação verdadeira entre Apolônio e Cristo. Jesus afirmou ser o Filho do Deus teísta e provou isso por meio de milagres historicamente comprovados, incluindo a própria ressurreição dentre os mortos (v. milagres, valor apologético dos; milagres na Bíblia). Apolônio não fez tais alegações e não teve tais testemunhas para apoiar nenhum suposto milagre. Pelo contrário, a única testemunha é posterior, não comprovada, e os fatos demonstram todo indício de ser mito, não história.

Fontes

S. A. Cook, *The Cambridge ancient history*.
J. Fergeson, *Religions of the Roman Empire*.
G. Habermas, *Ancient evidence for the life of Jesus*.
—, et al., "Apollonius of Tyana: first

century miracle worker", monografia apresentada para a Sociedade Filosófica Evangélica.

apoteose. Os críticos usam teorias da *apoteose* para argumentar que a divindade e ressurreição de Cristo não são crenças exclusivas do cristianismo. Teorias de apoteose relativas a pessoas que são levadas para o céu e divinizadas já foram contadas por outras religiões (v. MITRAÍSMO). Entre os críticos modernos conhecidos que usaram essas histórias para criar dúvidas sobre os registros do NT estão Otto Pfleiderer em *The early christian conception of Christ* [O conceito cristão primitivo sobre Cristo] (1905) e W. Bousset em *Kurios Christos* [Cristo, o Senhor] (1913).

Afirmações de divinização não são raras na mitologia antiga e nas religiões de mistério (Pfleiderer). Entre os supostamente divinizados estão vários imperadores romanos (com destaque para os Césares, Júlio e Augusto) e APOLÔNIO DE TIANA (Habermas, p.168).

Alegações de apoteose. Suetônio relata que, depois da morte de Júlio César,

um cometa apareceu cerca de uma hora antes do pôr-do-sol e permaneceu visível por vários dias. Foi considerado uma manifestação da alma de César, elevada ao céu; daí vem a estrela, hoje colocada acima da testa de sua imagem divina (Suetônio, 1.88).

Durante a cremação de Augusto, Suetônio afirma que seu espírito supostamente foi visto "pairando no céu por entre as chamas" (ibid., vol. 2, p. 100). Isso também é considerado um sinal de apoteose.

Antônio, o escravo favorito do imperador Adriano, também foi supostamente divinizado na morte. Adriano acreditava que uma estrela foi criada a partir de sua alma, e então construiu uma cidade no local e ergueu várias estátuas em homenagem a Antônio. Uma das estátuas declara que Antônio foi glorificado no céu e na verdade era o deus Osíris (Cartlidge, p. 198).

Apolônio, um neopitagórico do século I, também foi supostamente transportado para o céu depois de demonstrar poderes milagrosos. Mais tarde relatou-se que havia aparecido a um jovem rapaz num sonho.

Acreditava-se que Alexandre, o Grande, havia nascido de uma virgem, realizado grandes feitos e aceito louvores por ser divino (Boyd, p. 49). Ele também é colocado na categoria de lendas de homens divinos.

Afirmações de ressurreição. Além de Apolônio de Tiana, há afirmações de que líderes não-cristãos ressuscitaram dos mortos. Robert Price fez um estudo extenso de religião comparativa sobre fenômenos pós-morte encontrados em outras religiões que se opõem às afirmações cristãs sobre Cristo. Essas histórias também foram usadas para minar afirmações da singularidade do cristianismo (v. CRISTIANISMO, SINGULARIDADE DO; PLURALISMO RELIGIOSO).

Avaliação. A hipótese do homem divino foi derrubada por diversos teólogos como Oscar Cullman (*A cristologia do Novo Testamento*), Gary Habermas (*Ressurrection claims in non-christian religions*) [Afirmações de ressurreição em religiões não-cristãs], e Ronald Nash (*Christianity and the hellenistic world*) [Cristianismo e o mundo helenístico].

Existem dificuldades para que essas lendas sejam usadas como alegações que competem com as referentes a Cristo. As fontes dessas histórias são todas muito posteriores aos eventos descritos e são questionáveis. Suetônio viveu 150 anos depois de Júlio e quase cem anos depois de Augusto. O relatório de Dio Cássio sobre Adriano surgiu cerca de cem anos depois. Filostrato escreveu mais de cem anos depois da morte de Apolônio. Em comparação, a encarnação e divindade de Cristo foram atestadas por testemunhas oculares em relatos contemporâneos (v. CRISTO, DIVINDADE DE; NOVO TESTAMENTO, CONFIABILIDADE DOS DOCUMENTOS DO).

Havia uma agenda política por trás da maioria desses relatórios. Quase metade dos doze imperadores biografados por Suetônio foram supostamente deificados, e a história de Apolônio aparece numa época em que alguns no Império tentavam estimular a adoração mitológica renovada. De qualquer forma não poderiam ser denominados registros históricos, já que não há como comprovar se um espírito subiu ao céu ou uma alma se transformou em estrela. Esses são testemunhos altamente subjetivos. Mas a afirmação de que Cristo ressuscitou fisicamente dos mortos, deixando um túmulo vazio e aparecendo num corpo físico durante um período de semanas para centenas de pessoas, é comprovada historicamente (v. RESSURREIÇÃO, EVIDÊNCIAS DA).

O conceito de que um ser humano poderia ser divinizado não é o mesmo que o conceito cristão de encarnação, em que a segunda pessoa da Trindade se torna humano. Em Cristo, o Deus monoteísta se tornou humano. Na apoteose um ser humano se torna mais um entre vários deuses.

O caso de Alexandre. As alegações sobre Alexandre, o Grande, ilustram a diferença radical entre essas histórias de homens divinos e a de Cristo. Ao contrário dos evangelhos, os registros mais antigos de Alexandre não contêm nenhuma das características encontradas em lendas posteriores sobre ele. As histórias dos milagres de Alexandre se desenvolveram durante o período de mil anos. Os milagres de Jesus foram registrados nos trinta anos que se seguiram à ocorrência deles (v. MILAGRES NA BÍBLIA; MILAGRES, MITOS E).

Na verdade as lendas sobre Alexandre surgiram depois da época de Cristo. É provável que as histórias dos feitos excepcionais de Alexandre tenham sido influenciadas pelos registros dos evangelhos.

Os evangelhos foram escritos no contexto do monoteísmo judaico, que afirmava que seres humanos não podem ser Deus. Mas as histórias de Alexandre foram compostas num contexto pagão e politeísta, onde o conceito de humanos divinizados era aceito.

Conclusão. Tentativas de reduzir Jesus a uma lenda grega de homem divino são fadadas ao insucesso. As diferenças são demasiado radicais e, se um relato influenciou o outro, o registro cristão de Deus manifesto em carne humana veio primeiro.

Fontes

B. L. Blackburn, "Miracle working *theioi andres* in hellenism (and hellenic judaism)", D. Wenham, *Gospel perspectives*, v. 6: *The miracles of Jesus*.

W. Bousset, *Kurios Christos*.

G. Boyd, *Jesus under Siege*.

D. R. Cartlidge, *Documents for the study of the gospels*.

O. Cullmann, *Cristologia do Novo testamento*.

R. Fuller, *The foundation of New Testament christology*.

G. Habermas, "Resurrection claims in non-christian religions", *RS* 25.

R. Nash, *Christianity and the hellenistic world*.

O. Pfleiderer, *The early christian conception of Christ*.

R. Price, "Is there a place for historical criticism?", artigo apresentado em "O cristianismo desafia a universidade: conferência internacional de teístas e ateus", Dallas, Texas, 7-10 Feb 1985.

Suetônio, *The twelve Caesars*.

M. Wilkins, *Jesus under Fire*.

E. Yamauchi, "Magic or miracle? Disease, demons and exorcisms", D. Wenham, org. *Gospel perspectives*, v. 6: *The miracles of Jesus*.

Aquino, Tomás de. V. Tomás de Aquino.

argumento cosmológico. Os argumentos tradicionalmente usados para provar a existência de Deus são *o argumento cosmológico, o argumento teleológico, o argumento moral* e *o argumento ontológico*. Esses são respectivamente os argumentos do cosmos, do desígnio, da lei moral e da idéia de um ser absolutamente perfeito (ou necessário).

Formas do argumento. Há duas formas básicas do argumento cosmológico: a *horizontal* ou argumento cosmológico Kalam e a *vertical*. O argumento cosmológico horizontal baseia seu raciocínio numa causa do *início* do universo. O argumento cosmológico vertical baseia seu raciocínio na *existência* do universo existente agora. O primeiro, que explica como o universo *surgiu*, foi defendido por Boaventura (1221-1274). O segundo, que explica como ele *continua existindo*, provém de Tomás de Aquino (1224-1274). O primeiro exige uma causa *originadora*, o segundo uma causa *sustentadora*. Formas diferentes do argumento cosmológico combinam ambas as dimensões.

Resumo dos argumentos cosmológicos. A idéia básica desse argumento é que, já que há um universo em vez de nenhum, ele deve ter sido causado por algo além dele mesmo. Esse raciocínio baseia-se na lei de causalidade (v. causalidade, princípio da), que diz que toda coisa finita ou contingente é causada agora por algo além de si mesma.

Aristóteles: Motor imóvel. O discípulo de Platão (428-348 a.C.), Aristóteles (384-322 a.C.) elaborou o argumento de seu mestre sobre Deus. Em sua melhor forma, o argumento cosmológico é descrito no artigo sobre Aristóteles. O argumento pressupunha um universo politeísta (v. politeísmo). Ele partiu do fato da mudança e seus movimentos para a existência de realidades puras e motores imóveis. Esses seres necessários podem agir sobre seres contingentes. Eles atuam sobre a mudança potencial para torná-la mudança realizada. A cosmologia de Aristóteles postulava dezenas de motores imóveis, mas em última análise um céu e um Deus. Pois apenas coisas materiais podem ser numericamente diferenciadas.

O que chama a atenção sobre o argumento de Aristóteles é que ele introduz a questão de uma regressão infinita de causas (v. infinita, série). Aristóteles luta com uma visão de que devia haver uma pluralidade de primeiras causas, mas, ao contrário dos *demiurgos* de Platão, a Causa Primeira de Aristóteles é uma causa final (determinante).

Mas essa causa determinante não deve ser confundida com a causa eficiente ou produtora dos pensadores cristãos posteriores. Nem os demiurgos de Platão (v. criação, teorias da) nem o motor imóvel de Aristóteles são iguais ao Ser absolutamente perfeito do teísmo cristão. O motor imóvel de Aristóteles não era um Deus pessoal e não tinha importância religiosa. Nenhuma adoração era devida a esse deus. A Causa Primeira não era infinita. Apenas o que é sem forma ou indefinido poderia ser considerado infinito pelos gregos.

Anselmo: argumentos do tipo cosmológico. Antes de Anselmo, Agostinho ofereceu uma "prova" de Deus. Depois dele, Anselmo (1033-1119). Ele é mais conhecido por seu argumento ontológico contido no *Proslogion*, mas uma obra anterior, o *Monologion*, ofereceu três provas *a posteriori* da existência de Deus (Anselmo 1-3). Uma descrição dos seus argumentos é dada no artigo sobre Anselmo.

O primeiro argumento de Anselmo é baseado na existência de coisas boas:

1. Coisas boas existem.
2. A causa dessa bondade é "uma" ou "muitas".
3. Se fossem "muitas", não haveria como comparar a bondade. Mas algumas coisas são melhores que outras.
4. Então, há o sumo bem que causa toda bondade em todas as coisas boas.

O segundo argumento é semelhante, mas começa pela perfeição:

1. Alguns seres estão mais próximos da perfeição que outros.
2. Mas as coisas não podem ser mais ou menos perfeitas a não ser que exista o padrão absolutamente perfeito para fazer a comparação.
3. Esse padrão é o Ser Absolutamente Perfeito.

O terceiro argumento, com base na existência, é mais distintamente cosmológico:

1. Algo existe, e
2. deve sua existência ao nada ou a algo.
3. O nada não pode causar algo.
4. Então, há algo que é "um" ou "muitos".
5. Se forem "muitos", os seres serão interdependentes para a própria existência ou dependentes de outros.
6. Eles não podem ser interdependentes para existir. Algo não pode existir por meio de um ser ao qual confere existência.
7. Logo, deve haver um ser por meio do qual todos os outros seres existem.
8. Esse ser deve existir por si mesmo.
9. Tudo o que existe por si mesmo existe no mais alto grau.
10. Logo, o Ser absolutamente perfeito existe no mais alto grau.

Esses argumentos, ao contrário dos de Platão, mas em consonância com o raciocínio de Plotino, identificam o Criador com o Sumo Bem. Ao contrário dos de Aristóteles, os argumentos de Anselmo consideram Deus a Causa *eficiente*, não *final*, do mundo. Ao contrário de Platão ou Aristóteles, Anselmo afirma que essa Causa eficiente não opera meramente sobre matéria eternamente existente. Antes, essa Causa tudo causa, inclusive a matéria.

Esses argumentos teístas cristãos combinaram pelo menos três elementos: 1) a causalidade eficiente do argumento de Platão contido em sua obra *Timeu*; 2) a identificação desse Deus com o Bem da *República* de Platão, o Ser absolutamente Perfeito; 3) a identificação desse Deus com o Deus do conceito judeu-cristão. Esse Deus causa a própria existência, não apenas as formas de existência, de tudo que existe.

Alfarabi: *argumento da existência necessária*. Filósofos árabes e judeus da Idade Média influenciaram formas posteriores do argumento cosmológico. O pensador muçulmano Alfarabi (870?-950) proveu o fundamento dos argumentos escolásticos posteriores com a distinção entre *essência* e *existência*.

Aristóteles distinguiu entre *o quê* uma coisa é e *que* ela é. Mas Alfarabi afirmou essa distinção como a "essência" e a "existência". Essa distinção implica um argumento pela existência de Deus, cuja forma é demonstrada no artigo sobre Alfarabi (v. tb. Maurer p. 95-97). Esse raciocínio estabelece o conceito de "seres possíveis", cuja essência é distinta da existência. Esses seres não "precisam" existir. Antes não existiam, pois existência não faz parte de sua essência. Pode-se dizer que eles existem *acidentalmente*, em vez de *essencialmente*.

Tais seres devem ter recebido existência de outro ser. Esse ser causador também deve ter sido causado. Mas um ser não-causado teve de começar a causar. Essa causa primeira deve ser um Ser essencial, cuja essência é existir. Só a existência de tal Ser Necessário explica a existência de todos os seres acidentais.

Filosoficamente falando, se existem seres cuja essência é *não existir*, então deve haver um Ser cuja essência é *existir*. Seres possíveis não são possíveis a não ser que haja um Ser Necessário do qual podem receber existência. E já que um ser não pode dar existência a outro quando depende de outro para existir, deve haver um Ser cuja existência não lhe foi dada por outro, mas que dá existência a todos.

Avicena: *argumento da primeira causa*. Depois de Alfarabi, o filósofo muçulmano Avicena formulou um argumento cosmológico semelhante, que foi copiado de várias formas por estudiosos posteriores. (Para a forma, veja o artigo Avicena). A prova começa pelos "seres possíveis" de Alfarabi, que devem ter uma causa para existir. Não pode haver uma série infinita de causas de existência, já que a causa da existência deve existir ao mesmo tempo que causa outro. Por intemédio dessa Causa Primeira todos os seres existem. A Causa Primeira deve ser a Causa necessária, pois causa de todos os seres possíveis não pode ser um ser possível. Deve ser um Ser Necessário.

Ao emprestar algumas premissas neoplatônicas (v. PLOTINO) e a cosmologia de dez esferas, Avicena estendeu seu argumento para defender que essa Causa Primeira necessária criou uma série de anjos ou "inteligências". Eles controlam as dez esferas cósmicas. Ele raciocinou que o Ser Necessário, que é essencialmente um, pode criar apenas um efeito de cada vez. Já que pensar é criar e Deus necessariamente pensa, já que é um Ser Necessário, deve haver da parte de Deus uma emanação de dez seres, chamados "inteligências", que fazem o trabalho real. O último desses seres, chamado "Intelecto Agente", forma os quatro elementos do cosmos e informa à mente humana toda verdade.

O deus de Avicena, então, era um Ser Necessário do qual uma força criativa em série de dez deuses resultava com necessidade absoluta. Ao contrário do Deus cristão que criou livremente e que é diretamente responsável pela existência de tudo que existe, a cadeia de deuses de Avicena é necessária e esses deuses criam tudo abaixo deles.

O filósofo judeu Moisés MAIMÔNIDES (1135-1204) antecipou várias formulações cristãs posteriores de argumentos do tipo cosmológico. Ele argumentava em prol o primeiro motor, a Causa Primeira e o Ser Necessário, como nos três primeiros argumentos de Aquino. Insistiu que o "EU SOU" do AT (Êx 3.14) queria dizer "existência absoluta" e que só Deus existe absoluta e necessariamente. Todas as criaturas têm existência apenas como "acidente" acrescentada a sua essência pela sua Causa.

TOMÁS DE AQUINO: *cinco argumentos*. Quando Aquino formulou sua "Cinco vias", não criou argumentos que eram substancialmente novos. Maimônides tinha os três primeiros argumentos. Alfarabi e Avicena tinham as duas primeiras provas. Anselmo tinha um argumento a partir da perfeição semelhante ao quarto argumento. E a quinta prova de Aquino era um argumento mais teleológico, que estudiosos como Thierry de Chartes e William de Conches adaptaram do argumento de Platão em *Timeu*. Aquino, é claro, afirma os argumentos a partir do contexto da própria filosofia, que é mais aristotélica que a da maioria de seus antecessores cristãos. Os quatro primeiros argumentos de Aquino podem ser resumidos desta forma:

O argumento baseado no movimento (Aquino, 1.2.3):

1. As coisas se movem. O movimento é a forma de mudança mais óbvia.
2. Mudança é uma passagem da *potência* para o *ato* (i.e., da potencialidade para a realidade).
3. Nada passa da potência para o ato exceto por algo que está em realidade, pois é impossível uma potencialidade se realizar.
4. Não pode haver uma regressão infinita de realizadores ou motores. Se não há um motor imóvel, não pode haver movimento subseqüente, já que todo movimento subseqüente depende de motores anteriores para movimento.
5. Logo, deve haver um motor imóvel, um realizador puro sem qualquer potencialidade em si, que não seja realizada.
6. Todos o consideram Deus.

O argumento baseado na causalidade eficiente:

1. Há causas eficientes no mundo (i.e., causas produtoras).
2. Nada pode ser a causa eficiente de si mesmo, pois teria de ser anterior a si mesmo para causar-se.
3. Não pode haver uma regressão infinita de causas eficientes (essencialmente relacionadas), pois, a não ser que tenha havido uma primeira causa da série, não haveria causalidade na série.
4. Logo, deve haver uma Causa primeira, não causa da e eficiente, de toda causalidade eficiente no mundo.
5. Todos dão a ele o nome de Deus.

O argumento baseado na possibilidade e necessidade

1. Há seres que começam a existir e deixam de existir (i.e., seres possíveis).
2. Nem todos os seres podem ser seres possíveis, porque o que surge só o faz por meio do que já existe. O nada não pode causar algo.
3. Logo, deve haver um Ser cuja existência é necessária (i.e., alguém que nunca foi criado e jamais deixará de ser).
4. Não pode haver regressão infinita de Seres Necessários, cada um com sua necessidade dependente de outro porque:
   a. A regressão infinita de causas dependentes é impossível por causa do raciocínio no argumento da causalidade eficaz.
   b. Um Ser Necessário não pode ser dependente.
5. Portanto, deve haver um primeiro Ser que é necessário em si e independente de outros para existir.

O argumento baseado na gradação (perfeição)

1. Há níveis diferentes de perfeição entre as coisas (algumas estão mais próximas da perfeição que outras).

2. Mas as coisas não podem ser mais ou menos perfeitas a não ser que haja o perfeito absoluto.
3. A perfeição é a causa dos menos que perfeitos (o maior é a causa do menor).
4. Logo, deve haver um Ser perfeito que causa a perfeição dos seres menos que perfeitos.
5. A esse chamamos de Deus.

O argumento a favor de uma Causa Primeira da existência. Parece haver uma forma básica por trás de todos esses argumentos que têm apenas pontos de partida diferentes. Cada argumento começa com alguma característica de existência (mudança, causalidade, contingência e perfeição, respectivamente) e depois argumenta a favor de uma Causa Primeira:

1. Alguns seres dependentes existem.
2. Todos os seres dependentes devem ter uma causa para sua existência dependente.
3. A regressão infinita de causas existencialmente dependentes é impossível.
4. Logo, deve haver uma Causa Primeira não causada da existência de todo ser dependente.
5. Esse Ser independente é igual ao "Eu Sou" das Escrituras, o que explica a impossibilidade de existir mais de um ser absolutamente necessário e independente do qual tudo depende para existir.

Duns Scotus: argumento da produtibilidade. John Duns Scotus (1265?-1308?) modificou o argumento cosmológico de Aquino de duas formas importantes. Primeiramente, começou com a *produtibilidade* da existência, não apenas com seres produzidos. Em Segundo lugar, ampliou o argumento contra a regressão infinita de causas dependentes. A forma completa da prova de Scotus (Scotus, p. 39-56) é:

1. A existência é produzida (i.e., os seres são produzidos). Isso aprendemos po meio da experiência (pela observação dos seres produzidos), mas isso também é verdadeiro independentemente da experiência (i.e., isso se aplicaria a seres que não existem). Seria verdadeiro, mesmo se Deus não tivesse criado nada.
2. O produto é produzível, por si mesmo, ou por nada, ou por outra coisa.
3. Mas nenhum ser pode autoproduzi-se. Para causar sua própria existência, teria de existir antes da própria existência.
4. E algo não pode ser causado por nada. Isso é contraditório.
5. Logo, a existência é produzível apenas por algum ser produtivo. Somente seres podem produzir seres.
6. Não pode haver regressão infinita de seres produtivos, cada um produzindo a existência do seguinte, porque:
   a. Isso é uma série de causas essencialmente relacionadas, não acidentalmente relacionadas, 1) onde a causa primária está mais próxima da perfeição que a secundária, 2) onde a causa secundária depende da primária para a própria causalidade e 3) onde a causa deve ser simultânea ao efeito.
   b. A série infinita de causas essencialmente relacionada é impossível, porque: 1) se toda a série é dependente da causalidade (toda causa depende de uma causa anterior), então deve haver algo além da série responsável pela causalidade na série. 2) Se uma série infinita causasse o efeito, então haveria um número infinito de causas simultaneamente causando um único efeito. Isso é impossível. Não pode haver um número infinito real numa série, pois é sempre possível acrescentar mais um a qualquer número. 3) Sempre que há causas anteriores, deve haver uma causa principal (primária). Uma causa não estaria mais próxima do princípio que qualquer outra a não ser que haja um princípio. 4) Causas maiores estão mais próximas da perfeição que causas menores, e isso implica uma Causa perfeita à frente de todas as coisas menos que perfeitas. 5) A regressão infinita de causas implica imperfeição, já que nenhuma causa tem a capacidade de explicar as causas sucessivas. Mas a série imperfeita implica algo perfeito além da série por base da imperfeita.
7. Logo, deve haver uma primeira Causa produtiva de todos os seres produzíveis.
8. Essa Causa Primeira de todos os seres produzíveis deve ser única, porque:
   a. É perfeita em conhecimento, e não pode haver dois seres que saibam tudo perfeitamente, pois um conheceria a si mesmo mais completamente que o outro o conheceria.
   b. É perfeita em vontade; portanto, ama a si mesma mais completamente que ama tudo mais, o que significa que o outro infinito seria amado menos que perfeitamente.
   c. É infinitamente boa, e não pode haver dois seres infinitamente bons, pois assim haveria mais que um bem infinito, e isso é impossível, já que não pode haver mais que o máximo.

argumento cosmológico

   d. É infinita em poder. Se houvesse dois seres com poder infinito, isso significaria que haveria duas causas primárias totais do mesmo efeito, já que não pode haver duas causas que tenham causado, cada, tudo que há.

   e. O infinito absoluto não pode ser excedido em perfeição, já que não pode haver um mais perfeito que o absolutamente Perfeito.

   f. Não pode haver dois Seres Necessários, pois, para diferenciá-los, um teria de ter alguma perfeição da qual o outro carecesse (se não há diferença real, eles não são realmente diferentes). Mas tudo que um Ser Necessário tem, deve ter necessariamente. Então, o que não tem o que o outro tinha necessariamente não seria um Ser Necessário.

   g. Vontade onipotente não pode estar em dois seres, pois então um poderia deixar impotente o que o outro deseja onipotentemente. Mesmo se concordassem em não impedir um ao outro, ainda seriam incompatíveis, pois cada um fosse a causa primária total e (direta) de qualquer coisa que concordassem em criar. Mas a Causa onipotente deve ser a Causa primária total (e direta) do que cria. A causa que concordar com o efeito que não crie diretamente seria apenas a causa indireta e, logo, não a Causa direta (onipotente) do efeito.

Leibniz: O argumento da razão suficiente. A forma mais influente do argumento cosmológico nos tempos modernos surgiu de Gottfried Wilhelm Leibniz (1646-1716), o racionalista alemão. A prova (Leibniz, p. 32-9) é assim formulada:

1. O mundo inteiro (observado) está mudando.
2. Tudo que é mutável carece de razão para a própria existência.
3. Há uma razão suficiente para todas as coisas, ou em si mesmo ou além de si.
4. Logo, deve haver uma causa além deste mundo para sua existência.
5. Essa causa está ou na própria razão suficiente ou possui uma causa além dela.
6. Não pode haver regressão infinita de razões suficientes, pois deixar de alcançar uma explicação não é explicação; mas deve haver uma explicação.
7. Logo, deve haver uma Causa Primeira do mundo que não tem razão além dele é a própria razão. A razão suficiente está nela mesma e não além dela.

Sob a influência do discípulo de Leibniz, Christian Wolff (1679-1754), essa prova tornou-se o padrão do argumento cosmológico no mundo moderno. Wolff começou o argumento (Collins, p. 137-8) de maneira um pouco diferente:

1. A alma humana existe (i.e., nós existimos).
2. Nada existe sem uma razão suficiente para existir.
3. A razão de nossa existência deve estar contida em nós mesmos ou em outro ser, além de nós mesmos.
4. A razão da nossa existência não está em nós. Nossa inexistência é possível ou imaginável.
5. Então a razão da nossa existência deve estar fora de nós mesmos.
6. Não se chega à razão suficiente para existirsem alcançar o ser que tenha em si mesmo a razão para sua própria existência. Se não tivesse, então deve haver uma razão suficiente para sua existência além de si mesmo.
7. O ser que tem em si mesmo a razão para a própria existência é o Ser Necessário.
8. Logo, deve haver um Ser Necessário além de nós, que é a razão suficiente de nossa existência. Se não houvesse um Ser Necessário fora de nós, seríamos Seres Necessários, tendo a razão para própria existência em nós mesmos.
9. É logicamente impossível não existir um Ser Necessário. Auto-existência ou essência flui necessariamente da natureza do Ser Necessário.
10. Logo, esse Ser Necessário é igual ao Deus auto-existente das Escrituras.

A fórmula Leibniz-Wolff do argumento cosmológico baseia-se em grande parte no princípio de razão suficiente (v. SUFICIENTE, PRINCÍPIO DE RAZÃO), que geralmente é defendido como um princípio analítico evidente. O argumento é *a posteriori* na forma, mas não existencial. Começa com a existência de algo, mas depois prossegue em direção a sua conclusão, logo é baseado numa certeza conceitual, não numa certeza real (existencial). É exatamente esse o ponto inicial da crítica moderna ao argumento cosmológico. Até filósofos escolásticos foram altamente influenciados por esse tipo de raciocínio (Gurr). Sua reformulação do argumento cosmológico de Aquino está sujeita à mesma crítica.

Respondendo às objeções ao argumento. Objeções contra o argumento cosmológico, emanadas em grande parte de Immanuel Kant e David Hume, são tratadas abundantemente nos artigos biográficos sobre esses filósofos e no artigo Deus, OBJEÇÕES ÀS PROVAS DE.

argumento cosmológico

Taylor: reafirmando o argumento cosmológico. Richard Taylor provocou novo interesse no argumento cosmológico por meio de uma reformulação que evita muitas objeções tradicionais. A reformulação de Taylor assume a seguinte forma (Taylor, p. 279-95):

1. O universo como um todo não explica a própria existência.
   a. Nenhuma parte observável explica sua existência.
   b. O todo também não explica sua existência (sua inexistência é concebível).
   c. Responder às perguntas *Onde? Há quanto tempo? O quê?* ou *De que tamanho?* Não responde *por que* o mundo existe quando não precisa existir (e.g., uma bola grande encontrada numa floresta precisa de uma explicação do *porquê* de existir; expandir a bola ao tamanho do universo inteiro não elimina a necessidade de uma explicação).
2. Tudo o que não explica a própria existência precisa de uma explicação além de si mesmo.
   a. É logicamente possível que o princípio da razão suficiente não seja verdadeiro. Não é verdadeiro analiticamente; pode ser negado sem contradição.
   b. Mas é implausível e irracional negar sua verdade quando aplicado ao mundo. A inexistência do mundo é imaginável, quer inclua apenas um grão de areia ou todas as estrelas, e supomos o princípio da razão suficiente em todo nosso pensamento.
3. A regressão infinita de razões é impossível, pois ela não oferece uma razão suficiente; apenas evita indefinidamente dar a razão que é necessária para a existência. Portanto, deve haver uma causa primária, auto-suficiente (independente) de todo o universo.

Taylor acrescenta que não é menos significativo falar sobre Deus como o Ser Necessário e independente que falar que círculos quadrados não existem. Se é significativo falar sobre seres que são impossíveis, então é significativo falar sobre o Ser necessário. Um conceito de um Ser que não pode *não* existir é tão significante quanto um conceito de um ser que *não pode* existir (i.e., um que pode ser inexistente).

Alguns comentários são necessários com respeito ao estado do argumento cosmológico à luz da revisão de Taylor. Tal argumento não chega à conclusão racionalmente inevitável. Taylor admite que é logicamente possível que o princípio da razão suficiente não seja verdadeiro. O argumento de Taylor parece dar plausibilidade a um tipo cosmológico de argumento, já que demonstra que é significante buscar uma causa para o mundo inteiro. Demonstra como o conceito de um Ser Necessário é importante e argumenta firmemente contra a regressão infinita. O argumento baseia-se na necessidade de uma explicação da existência do mundo, não numa suposta necessidade conceitual ou lógica, como no argumento ontológico.

Apesar desses fatores positivos para o teísmo, o argumento de Taylor está sujeito às críticas da tradição racionalista Leibniz-Wolff. Ele coloca o sucesso do argumento cosmológico nas mãos do princípio da *razão suficiente*, em vez de baseá-lo totalmente no princípio da *causalidade existencial*. O mundo exige uma causa real e não apenas uma explicação ou razão. Isso não pode ser alcançado ao confundir e/ou igualar uma base para a existência atual do mundo com uma explicação da incapacidade de conceber sua inexistência. Problemas conceituais exigem soluções conceituais. Seres dependentes reais exigem um Ser independente do qual dependem no momento presente.

Conclusão. O argumento cosmológico vertical baseia-se na premissa de que algo mantém o universo em existência agora. Alguma coisa não só *criou* o mundo (Gn 1.1), mas também faz com que *continue a existir* (Cl 1.17). O mundo precisa de uma causa *originadora* e uma causa *conservadora*. Esse argumento responde a uma das perguntas mais básicas: "Por que existe algo (agora) em vez de nada?". Em resumo, isso pode ser enunciado desta maneira:

1. Toda parte do universo é dependente.
2. Se toda parte é dependente, então todo o universo também deve ser dependente.
3. Logo, todo o universo é dependente agora de algum Ser independente além dele para sua existência atual.

Em resposta, os críticos argumentam que a segunda premissa é a falácia denominada composição. Só porque todas as partes de um mosaico são quadradas não significa que o mosaico inteiro seja quadrado. E juntar dois triângulos não forma necessariamente outro triângulo; pode formar um quadrado. A totalidade pode ter (e às vezes tem) uma característica não possuída pelas partes.

Os defensores da forma vertical do argumento cosmológico logo afirmam que às vezes há uma conexão necessária entre as partes e o todo. Por exemplo, se todas as partes de um piso são de carvalho, então todo o piso é de carvalho. Se todas as lajotas na cozinha são marrons, então o piso é marrom. A razão disso é que está na *própria natureza* das lajotas do piso marrom que, ao serem colocadas mais lajotas marrons parecidas, ainda se tenha um piso marrom. E unir dois triângulos não faz necessariamente outro triângulo. Entretanto, unir dois triângulos forma necessariamente, outra figura geométrica.

Portanto, *está na natureza dos seres dependentes que, quando outros lhes são acrescidos, ainda exista um ser dependente.* Se algo é dependente para existir, então outro ser dependente não pode sustentá-lo, assim como um pára-quedista não pode salvar outro se nenhum dos dois estiver com o pára-quedas aberto.

Alguns críticos respondem que o todo é maior que as partes. Apesar de as partes serem dependentes, o universo inteiro não é. Mas a soma das partes é igual ao todo ou é maior que ele. Se o universo inteiro é igual às suas partes, então o todo deve ser dependente, assim como as partes são. Prova disso é que, se todas as partes fossem tiradas, o todo também sumiria. Logo, também deve ser contingente.

Se, por outro lado, o universo inteiro é mais que as partes e não sumisse se as partes fossem todas destruídas, então o "todo" equivaleria a Deus. Pois é um Ser Necessário não causado, independente e eterno, do qual todo o universo depende para existir.

Fontes

Anselmo, *Monologion.*
Aristóteles, *Metafísica.*
J. Collins, *God in modern philosophy.*
J. E. Gurr, *The principle of sufficient reason in some scholastic systems, 1750-1900.*
J. D. Scotus, *Philosophical writings.*
G. Leibniz, *Monadology and other philosophical essays.*
A. Mauer, *A history of medieval philosophy.*
T. Miethe, et al., *Does God exist? A believer and an atheist debate.*
J. P. Moreland, et al., *The debate between theists and atheists.*
R. Taylor, "Metaphysics and God", D. Burrill, org., *The cosmological argument.*
Tomás de Aquino, *Suma teológica.*

Aristóteles. Pensador que tem uma importância imensa para a apologética cristã. Estabeleceu os princípios básicos da razão, usados pela maioria dos apologistas (v. causalidade, princípio da; primeiros princípios; lógica). Alguns dentre os maiores apologistas, principalmente Tomás de Aquino, dependiam dos princípios aristotélicos.

Nascido em Estagira (384-322.C.), Grécia, filho de um médico, Aristóteles entrou para a academia de Platão em 367 a.C., aproximadamente, e permaneceu ali até a morte de Platão (347). Ele começou a instruir Alexandre, o Grande (356-323), em 342 a.C., aproximadamente. Com as conquistas de Alexandre, o pensamento de Aristóteles se espalhou, juntamente com a língua e a cultura grega, por todo o mundo.

As obras principais de Aristóteles podem ser divididas em lógica, estudos físicos, psicologia e filosofia:

Lógica: *Categorias, Da interpretação, Primeiros analíticos, Segundos analíticos. Refutações sofísticas, Tópicos*
Ciências física: *Meteorológicas, Da geração e da corrupção, Tratado do céu, Física*
Psicologia*: Dos sonhos, Sobre memória e lembrança, Sobre a profecia por meio de sonhos (Parva naturalia), Da alma*
Filosofia: *Poética, Metafísica, Ética a Nicômaco, Política, Retórica*

Poucos pensadores, talvez nenhum, antes ou depois de Aristóteles, fosse mais analítico, enciclopédico e produtivo.

Epistemologia (Teoria do conhecimento). Aristóteles era um empirista que acreditava que todo conhecimento começa nos sentidos. Quando um objeto é percebido por um ou mais dos cinco sentidos, a mente começa a agir sobre ele com seus poderes de abstração. Aristóteles via três ações do intelecto: *apreensão* (entendimento), *predicação* (declarações) e *raciocínio silogístico* (lógica).

Apreensão. A primeira ação da mente é a apreensão ou o entendimento de alguma coisa ou objeto. O *sujeito* da apreensão é um animal racional (ser humano). O *objeto* da apreensão é a essência (natureza fundamental) ou forma das coisas. O *método* de apreensão é o processo intelectual de abstração, por meio do qual a mente obtém um universal do proces-samento de informação sobre os particulares. Nisso Aristóteles se diferenciava dos nominalistas posteriores, que negavam universais e ensinavam que apenas particulares existem.

Dez modos de apreensão são chamados "predicamentos" ou *categorias.* As categorias incluem:

1. *Substância — o que* é apreendido. Isso também se chama o *sujeito* da apreensão. Substância primária é o sujeito definitivo de toda predicação. Substância secundária é o universal que é predicável para uma classe.
2. *Quantidade* ou *quanto* do sujeito é apreendido.
3. *Qualidade é que tipo* de sujeito é apreendido.

4. *Relação* nos informa *a que* o sujeito se refere.
5. *Ação* indica *sobre o que* o sujeito está agindo.
6. *Paixão* é *a fonte da qual* o sujeito recebe ação.
7. *Lugar* responde *onde* se apreende o sujeito.
8. *Tempo* responde *quando* o sujeito é apreendido.
9. *Posição* refere-se às *circunstâncias* nas quais o sujeito é apreendido.
10. *Hábito* ou *estado* informa a *condição* em que se encontra o sujeito apreendido. Um hábito é natural, mas não essencial a uma coisa, como roupas para humanos.

Predicação. Quando um objeto é apreendido (entendido), certas predicações podem ser feitas sobre ele. Semelhante à apreensão, a predicação pode ser dividida em *sujeito* da predicação (ser humano) e *objeto* da predicação (natureza fundamental ou forma de alguma coisa). A estas são acrescentados o *propósito* da predicação (a definição ou natureza de algo), *meio* de predicação e o *modo* de predicação.

O meio de predicação pode ser comunicado por uma proposição com um sujeito, predicado e um verbo de ligação, uma afirmação do que "é" ou "não é". Os modos de predicação são os predicáveis, os vários tipos de realidade que um predicado pode transmitir a respeito de algo. Os modos de predicação incluem:

Gênero. A humanidade faz parte do gênero "animal". Essa característica é comum para muitos sujeitos.

Diferença específica. Os humanos são animais "racionais". Essa é a diferença específica desse sujeito.

Espécie. O sujeito denota o gênero e a diferença específica. Por meio do nosso entendimento da criação, sabemos automaticamente que *humano* significa "animal racional". Nesse exemplo específico, o sujeito recebeu um nome científico de espécie, que em latim é *homo sapiens*.

Propriedade. Um sujeito é predicado pelo que flui de sua essência mas não é parte dela. Os seres humanos riem. A habilidade de rir, é uma propriedade dos seres humanos.

Acidentes. O predicado descreve o que está na essência do sujeito mas não é parte dele. Na sentença "Ele tem cabelo preto", a característica de cabelo preto não é parte da essência humana, mas é parte de um sistema de categoria que adere a ela.

Quantidade/extensão. Essa predicação pode ser universal, quando toda a classe está incluída, ou particular, quando uma limitação é especificada. "Seres humanos são animais racionais, mas poucos seres humanos pensam em gaélico."

Qualidade. A predicação que deve ser expressa por uma afirmação ("é") ou uma negação ("não é").

Raciocínio (Lógica). Quando algo é apreendido, e proposições (afirmações) são feitas, conclusões podem ser tiradas da combinação de duas ou mais dessas predicações. Combinar predicações e tirar conclusões resulta em *silogismo*. Há três tipos básicos de raciocínio: *dedutivo, indutivo,* e *ilusório*.

Lógica dedutiva lida com a validade das deduções dadas às premissas num silogismo. Aristóteles desenvolveu essa lógica em *Primeiros analíticos*, e em *Segundos analíticos* acrescentou *lógica material*, que lida com a verdade dessas deduções ou demonstrações. *Lógica indutiva* (também chamada "opinião") lida com o raciocínio da probabilidade. Isso é discutido em *Tópicos*. *Lógica falaciosa* lida com raciocínio incorreto e é discutido em detalhes em *Refutações sofísticas*.

A realidade e Deus. A posição de Aristóteles sobre Deus parte de sua posição sobre a realidade, chamada "metafísica". *Metafísica*, na opinião de Aristóteles, pode ser entendida com mais clareza quando comparada a outras disciplinas. Para Aristóteles, a *física* estuda a realidade que pode ser experimentada por meio dos cinco sentidos. A metafísica estuda a realidade fora da percepção sensorial. *A matemática* é o estudo do (ser) real no sentido em que pode ser quantificado (apesar desse não ser o caso em toda matemática moderna). A metafísica é o estudo do ser no sentido em que é real.

Realidade (ação) e potencialidade (potência). O entendimento de Aristóteles sobre a realidade envolvia o que realmente é (*realidade*) e o que pode ser (*potencialidade*). Tudo na criação é composto de forma (realidade) e matéria (potencialidade), posição chamada *hilomorfismo*. Sua implicação imutável é que a realidade que percebemos por meio dos nossos sentidos está mudando.

Mudança é a passagem da potencialidade para a realidade. Aristóteles postulou dois tipos de mudança, *substancial* e *acidental*. Mudanças substanciais alteram a substância — o que algo é essencialmente. Essa mudança acontece quando a substância surge (geração) ou deixa de existir (corrupção). Mudança acidental é uma mudança naquilo que algo *tem*, nos seus *acidentes*. Um acidente é o que é inerente numa substância, mas não é da essência dessa substância. Morrer é uma mudança substancial. Aprender é uma mudança acidental.

As quatro mudanças. Ao estudar a natureza do ser, Aristóteles postulou quatro causas. Duas são intrínsecas. Aplicadas a uma cadeira de madeira, são as seguintes:

1. A causa formal — *de quê* ela é feita, sua forma ou essência: qualidade de cadeira.
2. A causa material — *com o que* é feita, seu material: madeira

As outras duas causas são extrínsecas:

1. A causa eficiente — *por quem* é feita, o agente: carpinteiro.
2. A causa final — *para que* é feita, o propósito: para servir de assento.

A resposta de Aristóteles ao monismo. A metafísica de Aristóteles pode ser entendida como uma resposta ao argumento de Parmênides (n. em 515 a.C.) a favor do monismo (v. MONISMO; UM E MUITOS, PROBLEMA DE). Parmênides argumentou que: 1) Ou tudo é "um" ou é "muitos". 2) Se há "muitos" seres, eles devem ser diferentes. 3) Se são diferentes, devem ser diferentes por existir ou por não existir. 4) Não podem ser diferentes por não existir, já que não existir é nada (e isso significaria que não são diferentes). 5) E também não podem ser diferentes por existirem, já que existir é o que todos têm em comum. Não podem ser diferentes no sentido em que são iguais. 6) Logo, só pode haver um ser (monismo).

Existem quatro respostas básicas a Parmênides. 1) O ATOMISMO afirmou que essas coisas (átomos) diferem pela inexistência (vazio) absoluta. 2) O platonismo argumentou (v. PLATÃO) que as coisas (formas) diferem pela inexistência relativa (qualidade de outro), determinação pela negação. 3) AQUINO afirmou mais tarde que a existência é um complexo de ação e potência, as coisas diferem pelo tipo de ser que são. 4) Aristóteles acreditava que apenas coisas materiais eram compostas de forma (ato) e matéria (potência). Formas puras, como os deuses, são simples. Então as 47 ou 55 formas (deuses) diferem pelo fato de serem apenas seres diferentes.

A existência e natureza de deus. Dessa resposta a Parmênides, observa-se que o conceito de deus(es) de Aristóteles não era o do Deus Criador do judaísmo. Mas como muitos cristãos posteriores, Aristóteles acreditava que a existência de Deus podia ser provada. Seus argumentos eram:

1. As coisas mudam. Isso é estabelecido pela observação do movimento, a forma mais óbvia de mudança.
2. Toda mudança é a passagem da potencialidade para a realidade. Isto é, quando o potencial é realizado, a mudança já ocorreu.
3. Nenhum potencial pode se auto-realizar. A madeira não pode se transformar em cadeira, apesar de ter a capacidade de se tornar uma cadeira.
4. Deve haver uma realidade que realiza tudo que passa da potencialidade para a realidade. Senão, nada seria realizado.
5. Uma regressão infinita de realizadores é impossível, pois toda a série não seria realizada a não ser que existisse um primeiro realizador.
6. A primeira realidade realiza as coisas pela causalidade final, atraindo-as para si como um amante é atraído pela amada.
7. Há 47 (segundo o astrônomo Eudóxio) ou 55 (conforme Calipo) dessas realidades puras ("motores imóveis").
8. No final, só há um céu e um deus. Apenas coisas materiais podem ser diferentes numericamente, já que a matéria é o princípio da individualização.
9. Este último ponto foi uma adição posterior de Aristóteles ou de um dos seus editores depois da sua morte. A segunda hipótese é mais pro-vável. Para o contexto de Aristóteles na histó-ria do argumento cosmológico, v. ARGUMENTO COSMOLÓGICO.

Várias coisas são notáveis sobre o argumento de Aristóteles: ele introduz a questão da regressão infinita de causas (v. SÉRIE INFINITA). Ele supõe uma pluralidade de primeiras causas com uma observação anexada (que pode ter sido de um editor posterior) que supõe um deus. Ao contrário dos *demiurgos* de Platão, a Causa Primeira de Aristóteles é uma causa proposital final, não uma causa eficiente. O Motor Imóvel também não era um deus pessoal que amava e se preocupava com a criação. Na verdade, o deus de Aristóteles não tinha significado religioso ou necessidade de adoração. Esse deus era apenas uma necessidade lógica a ser usada para explicar o cosmos e depois ser descartada. Essa Causa Primeira não era infinita como é o Deus do teísmo cristão. Aristóteles seguiu a crença grega de que apenas o que era sem forma e indefinido poderia ser considerado infinito. O deus de Aristóteles não criou tudo livremente e *ex nihilo* (v. CRIAÇÃO, TEORIAS DA). O universo é eterno, e deus o está formando ao atraí-lo para si. Então deus não é a causa produtora (eficiente), mas uma causa atraente (final).

Outras opiniões de Aristóteles são de interesse para os apologistas cristãos. Ele acreditava na hermenêutica literal (versus alegórica). Ao contrário de Platão, Aristóteles negou a imortalidade da alma ou vida após a morte. Segundo Aristóteles, a alma, que é a forma do corpo, morre com o corpo (v. IMORTALIDADE). Aristóteles adotou a ética do "meio-termo ideal" que outros viriam a desenvolver, criando uma ética situacional (v. MORALIDADE, NATUREZA ABSOLUTA DA).

Fontes
ARISTÓTELES, *Aristotle's categories* and *De interpretatione*, W. D. Ross, trad.

_____, *The works of Aristotle translated into English*, W. D. Ross, org.

W. Jaeger, *Aristotle: fundamentals of the history of his development*, R. Robinson, trad.

J. Owen, *The doctrine of being in the aristotelian metaphysics*.

W. D. Ross, *Prior and posterior analytics*.

arqueologia do Antigo Testamento. Várias coisas devem ser lembradas quando se examinam dados arqueológicos relativos ao cristianismo (v. ARQUEOLOGIA DO NOVO TESTAMENTO). Incialmente, o significado só pode ser derivado do contexto. Evidências arqueológicas dependem do contexto de data, lugar, materiais e estilo. Como isso é interpretado depende das pressuposições do intérprete. Portanto, nem todas as interpretações das evidências serão a favor do cristianismo.

Em segundo lugar, a arqueologia é um tipo especial de ciência. Físicos e químicos podem fazer todo tipo de experiência para recriar os processos que estudam e observá-los vez após vez. Os arqueólogos não podem. Eles só têm a evidência deixada da única ocasião em que aquela civilização viveu. Estudam peculiaridades passadas, não regularidades atuais. Pelo fato de não poderem recriar as sociedades que estudam, suas conclusões não podem ser testadas como as outras ciências. A arqueologia tenta descobrir explicações plausíveis e prováveis para as evidências que encontra. Ela não pode estabelecer leis como faz a física. Por isso, todas as conclusões devem estar sujeitas a revisão. A melhor interpretação é a que melhor explica todas as evidências.

Em terceiro lugar, a evidência arqueológica é fragmentária. Ela compreende apenas um pequena fração de tudo que ocorreu. Assim, a descoberta de mais evidências pode mudar a história consideravelmente. Isso acontece especialmente quando conclusões foram baseadas no argumento do silêncio — a falta de evidência existente. Muitas posições críticas sobre a Bíblia foram derrubadas posteriormente por descobertas arqueológicas (v. Bíblia, crítica da). Por exemplo, por muito tempo acreditava-se que a Bíblia estava errada quando falou sobre os heteus (Gn 23.10). Mas, desde a descoberta da biblioteca hetéia na Turquia (1906), esse deixou de ser o caso.

A arqueologia apóia o AT. A criação. Os primeiros capítulos de Gênesis (1até11) geralmente são considerados explicações mitológicas derivadas de versões mais antigas da história encontradas no Oriente Médio antigo. Mas essa posição destaca apenas as semelhanças entre Gênesis e as histórias de criação em outras culturas antigas. Se propusermos a derivação da raça humana de uma família, e a isso acrescermos a revelação geral, alguns traços remanescentes da verdadeira história deveriam ser esperados em tais relatos. As diferenças são mais importantes. Os relatos babilônico e sumério descrevem a criação como produto do conflito entre deuses finitos. Quando um deus é derrotado e dividido ao meio, o rio Eufrates flui de um olho e o Tigre do outro. A humanidade é feita do sangue de um deus maligno, misturado com barro. Esses contos demonstram o tipo de distorção e acréscimo a ser esperado quando um relato histórico é mitificado.

É menos provável que a progressão literária fosse dessa mitologia para a elegância sem adornos de Gênesis. A suposição comum de que o registro hebreu é simplesmente uma versão purificada e simplificada da lenda babilônica é falsa. No Oriente Médio antigo, a regra é que relatos ou tradições simples dão lugar (por acréscimo e adorno) a lendas elaboradas, mas não o inverso. Assim, a evidência apóia a posição de que Gênesis não é mito transformado em história. Antes, os relatos extrabíblicos eram história transformada em mitos (v. criação e origens; criação, posições sobre a; Gênesis, dias de).

As descobertas recentes de relatos da criação em Ebla (v. Ebla, tabuinhas de) acrescentam evidências disso. Essa biblioteca de 16 mil placas de argila antecede o relato babilônico em 600 anos. A placa relativa à criação é extremamente parecida com Gênesis, falando sobre um ser que criou céu, lua, estrelas e terra. O povo de Ebla acreditava na criação a partir do nada (v. criação, posições sobre a). A Bíblia contém a versão antiga e menos adornada da história e transmite os fatos sem a corrupção das narrativas mitológicas.

O Dilúvio de Noé. Assim como os relatos da criação, a narrativa do Dilúvio (v. dilúvio de Noé) em Gênesis é mais realista e menos mitológica que outras versões antigas, indicando sua autenticidade. As semelhanças superficiais indicam uma base histórica de eventos que inspiraram todas, em vez de indicar plágio por parte de Moisés. Os nomes mudam. Noé é chamado Ziusudra pelos sumérios e Utnapishtim pelos babilônios. A história básica, não. Deus(es) manda(m) um homem construir um barco de dimensões específicas porque ele(s) vai(vão) inundar o mundo. O homem faz isso, escapa da tempestade e oferece sacrifício ao sair do barco. A(s) divindade(s) responde(m) com remorso pela destruição da vida, e faz(em) uma aliança com o homem. Esses eventos fundamentais indicam uma base histórica.

Relatos semelhantes aos do Dilúvio são encontrados no mundo inteiro. O Dilúvio é contado pelos gregos, hindus, chineses, mexicanos, algonquinos e havaianos. Uma lista de reis sumérios trata o Dilúvio como ponto de referência histórica. Depois de nomear oito reis que tiveram vidas extraordinariamente longas (dezenas de milhares de anos), esta frase interrompe a lista: "[Então] o Dilúvio arrasou [a terra] e, quando o reinado foi dado [novamente] do céu, o reinado foi [primeiro] em Kish".

Há boas razões para crer que Gênesis apresenta a história original. As outras versões contêm elaborações que indicam corrupção. Somente em Gênesis o ano do Dilúvio é dado, bem como as datas para a cronologia relativa à vida de Noé. Na verdade, Gênesis é escrito como um jornal ou diário de bordo dos eventos. O barco do relato babilônico, de formato cúbico, não poderia salvar ninguém. As águas turbulentas o virariam para todos os lados constantemente. Mas a arca bíblica é retangular — longa, larga e baixa — para que navegasse bem nos mares agitados. O tempo de duração da chuva nos relatos pagãos (sete dias) não é tempo suficiente para a devastação que descrevem. As águas teriam de subir pelo menos acima da maioria das montanhas, a uma altura de 5 600 metros, e é mais razoável supor uma chuva mais longa para que isso aconteça. A idéia babilônica de que toda a água do dilúvio sumiu em um dia também é absurda. Outra diferença impressionante entre Gênesis e outras versões é que nesses relatos o herói recebe imortalidade e louvor. A Bíblia descreve o pecado de Noé. Apenas a versão que procura dizer a verdade incluiria essa admissão realista.

Algumas pessoas já sugeriram que esse dilúvio foi grave, mas localizado. Mas há evidências geológicas que apóiam um dilúvio global. Esqueletos parciais de animais recentes são encontrados em fendas profundas em várias partes do mundo e o dilúvio parece ser a melhor explicação para elas. Isso explicaria como essas fendas ocorrem até em montes de altura considerável e se estendem de 40 a 90 metros. Já que nenhum esqueleto está inteiro, é possível concluir que nenhum desses animais (mamutes, ursos, lobos, bois, hienas, rinocerontes, bisões, veados e mamíferos menores) caíram nessas fendas vivos, nem foram levados por rios. Mas por causa desses ossos diferentes terem sido juntamente cimentados em calcita, eles devem ter sido depositados sob água. Essas fendas foram descobertas em vários lugares no mundo. É exatamente esse tipo de evidência que se esperaria que fosse provocado por um episódio dessa espécie, breve mas violento, no curto período de um ano.

A Torre de Babel. Existem evidências consideráveis agora de que o mundo realmente teve uma única língua no passado. A literatura suméria faz alusão a isso várias vezes. Lingüistas também consideram essa teoria favorável à categorização das línguas. Mas o que dizer da torre e da confusão das línguas na terra de Babel (Gn 11)? A arqueologia revelou que Ur-Nammu, rei de Ur de aproximadamente 2044 a 2007 a.C., supostamente recebeu ordens de construir um grande zigurate (templo turriforme) como um ato de adoração ao deus lunar Nanate. Uma estela (monumento em forma de placa) de aproximadamente 1,5 m de largura e 3 m de altura revela as atividade de Ur-Nammu. Um painel o representa saindo com uma cesta de argamassa para começar a construção da grande torre, demonstrando assim sua fidelidade aos deuses, tomando seu lugar como simples operário. Outra tabuinha de argila afirma que a construção da torre ofendeu os deuses, que então derrubaram o que os homens construíram, espalharam-nos e tornaram sua fala incompreensível. Isso é surpreendentemente semelhante ao registro da Bíblia.

Teólogos conservadores acreditam que Moisés escreveu esses primeiros capítulos de Gênesis (v. PENTATEUCO, AUTORIA MOSAICA DO). Mas como poderia, já que esses eventos ocorreram muito antes do seu nascimento? Há duas possibilidades. Primeiro, Deus poderia ter revelado os registros para Moisés de forma sobrenatural. Assim como Deus pode revelar o futuro pela revelação profética, também pode revelar o passado por revelação retrospectiva. A segunda possibilidade é mais provável: Moisés reuniu e editou registros anteriores desses eventos. Isso não é contrário à prática bíblica. Lucas fez o mesmo no seu evangelho (Lc 1.1-4). P. J. Wiseman argumentou convincentemente que a história de Gênesis foi escrita originalmente em tabuinhas de argila e passadas de geração em geração, e que cada "líder de clã" era responsável por mantê-las editadas e atualizadas. O indício principal que Wiseman encontrou para isso na Bíblia é a repetição freqüente de palavras e frases, principalmente a frase "São estas as gerações de" ou similares (e.g., Gn 2.4; 6.9; 10.1; 11.10). Muitas tabuinhas antigas eram guardadas em ordem, sendo as primeiras palavras de uma nova tabuinha a repetição das últimas palavras da tábua anterior. Uma comparação de Gênesis com outras obras literárias antigas indica que o livro não foi compilado depois da época de Moisés. É bem possível que Gênesis seja uma história de família registrada pelos patriarcas e editada nessa forma final por Moisés.

Os patriarcas. Apesar das narrativas da vida de Abraão, Isaque e Jacó não apresentarem os mesmos tipos de dificuldades dos primeiros capítulos de Gênesis, elas foram consideradas lendárias por muito tempo porque pareciam não se encaixar nas evidências conhecidas da época. Mas, quanto mais se descobre, mais histórias são comprovadas. Códigos legais da época de Abraão mostram por que o patriarca teria hesitado em expulsar Hagar do seu acampamento, pois era obrigado legalmente a apoiá-la. Somente quando uma lei maior veio de Deus foi que Abraão a expulsou voluntariamente.

As cartas de Mari revelam nomes como Abamram (Abraão), Jacob-el e benjamitas. Apesar de não se referir a personagens bíblicas, pelo menos demonstram que os nomes eram utilizados. Essas cartas também apóiam o registro de uma guerra (Gn 14) em que cinco reis lutaram contra quatro reis. Os nomes desses reis parecem encaixar-se com as nações proeminentes da época. Por exemplo, Gênesis 14.1 menciona um rei amorreu Arioque; os documentos Mari dão ao rei o nome Ariwwuk. Todas essas evidências levam à conclusão de que as fontes de Gênesis foram registros de primeira mão de alguém que viveu durante a época de Abraão.

Sodoma e Gomorra. A destruição de Sodoma e Gomorra era considerada falsa até que evidências revelaram que as cinco cidades mencionadas na Bíblia na verdade eram centros de comércio na área e estavam situados geograficamente como as Escrituras dizem. A descrição bíblica de sua destruição parece ser igualmente precisa. As evidências indicam atividade sísmica e que as várias camadas da terra foram abaladas e lançadas para o alto. Há muito betume ali, e uma descrição exata seria que enxofre (piche betuminoso) foi lançado sobre as cidades que rejeitaram a Deus. Há evidências que as camadas de pedra sedimentária foram fundidas por calor intenso. Evidências desse incêndio foram encontradas no topo de Jebel Usdum (monte Sodoma). Isso é evidência permanente do grande incêndio que aconteceu no passado longínquo, possivelmente quando uma bacia de petróleo sob o mar Morto pegou fogo e explodiu. Tal explicação não diminui de forma alguma a qualidade miraculosa do evento, pois Deus controla as forças naturais. A hora do evento, no contexto das advertências e da visitação dos anjos, revela sua natureza milagrosa.

A datação do Êxodo. Uma das várias questões sobre o relacionamento de Israel com o Egito é quando o Êxodo para a Palestina aconteceu (v. PENTATEUCO, AUTORIA MOSAICA DO; FARAÓ DO ÊXODO). Existe até uma "data geralmente aceita" (DAG) oficial para a entrada em Canaã de aproximadamente 1230-1220 a.C. As Escrituras, por outro lado, ensinam em três textos diferentes (1Rs. 6.1; Jz 11.26; At 13.19,20) que o êxodo aconteceu durante o século que terminou em 1400 a.C., com a entrada em Canaã 40 anos mais tarde. Apesar do debate continuar, não há qualquer razão para aceitar a data de 1200.

Já foram feitas suposições de que a cidade de "Ramessés" em Êxodo 1.11 se chamava assim em homenagem a Ramessés, o Grande, que não havia construções no delta do Nilo antes de 1300 e que não havia nenhuma grande civilização em Canaã dos séculos XIX a XIII a.C. Mas o nome Ramessés é comum na história egípcia. Ramessés, o Grande, é Ramessés II. Não se sabe nada sobre Ramessés I. Além disso, o nome pode referir-se a uma região, não uma cidade. Em Gênesis 47.11 o nome *Ramessés* descreve a região do delta do Nilo onde Jacó e seus filhos se estabeleceram.

Alguns teólogos agora sugerem que a reinterpretação dos dados exige a mudança da data da Idade Média do Bronze (IBM). Se isso for feito, demonstrará que várias cidades descobertas em Canaã foram destruídas pelos israelitas. A partir de escavações recentes, surgiram evidências de que a última fase do período (IBM) precisa de mais tempo que o que se pensava originalmente, deixando seu fim mais próximo de 1400 a.C. que de 1550 a.C. Esse alinhamento reuniria dois eventos previamente considerados separados por séculos: a queda das cidades da Canaã do período BM II e a conquista.

Outra mudança pode ser justificada pelo ponto de vista tradicional da história egípcia. A cronologia de todo o mundo antigo é baseada na ordem e nas datas dos reis egípcios, que geralmente eram consideradas fixas. Mas Velikovsky e Courville afirmam que 600 anos a mais nessa cronologia desestabilizam datas de eventos em todo o Oriente Médio. Courville demonstrou que as listas dos reis egípcios não devem ser consideradas completamente consecutivas. Ele argumenta que alguns "reis" descritos não eram faraós, mas sim altos oficiais. Historiadores acreditavam que cada dinastia vinha depois da anterior. Mas muitas dinastias listam subgovernadores que viveram ao mesmo tempo que a dinastia anterior. Com essa nova cronologia o êxodo ficaria em 1450 a.C. e faria outros períodos da história israelita se encaixarem com os reis egípcios mencionados. A evidência não é definitiva, mas não há mais razão para exigir uma data posterior para o Êxodo. Para mais informações, v. o artigo FARAÓ DO ÊXODO.

Saul, Davi e Salomão. Saul tornou-se o primeiro rei de Israel, e sua fortaleza em Gibeá foi escavada. Uma das descobertas mais notáveis foi que fundas eram as armas mais importantes da época. Isso não se relaciona apenas à vitória de Davi sobre Golias, mas à referência de Juízes 20.16 de que havia setecentos peritos que "podiam atirar com a funda uma pedra num cabelo sem errar".

Com a morte de Saul, Samuel nos diz que sua armadura foi colocada no templo em Astarote (uma deusa cananéia da fertilidade) em Bete-Seã, e Crônicas diz que sua cabeça foi colocada no templo de Dagom, deus filisteu do milho. Isso era considerado um erro porque parecia improvável que povos inimigos tivessem templos simultaneamente no mesmo lugar. Mas escavações descobriram que havia dois templos nesse local que são separados por um corredor: um para Dagom e o outro para Astarote. Parece que os filisteus haviam adotado a deusa cananéia.

Uma das principais conquistas do reinado de Davi foi a captura de Jerusalém. O fato de os israelitas entrarem na cidade por um túnel que levava ao tanque de Siloé era problemático no registro das Escrituras. Acreditava-se que esse tanque ficava *fora* das muralhas da cidade na época. No entanto, durante escavações na década de 1960, foi finalmente determinado que a muralha realmente passava para além de onde ficava o tanque.

Geralmente considera-se que os salmos atribuídos a Davi foram escritos bem mais tarde porque as suas inscrições sugerem que havia associações de músicos (por exemplo, os filhos de Coré). Tal organização leva muitos a pensar que esses hinos deveriam ser datados da época dos macabeus no século II a.C. Depois das escavações em Ras Shamra, sabe-se que havia tais organizações na Síria e Palestina na época de Davi.

A época de Salomão também tem muitas comprovações. O local do templo de Salomão ainda não foi escavado, porque fica perto do lugar santo islâmico, o Domo da Rocha. Mas o que se sabe sobre templos filisteus construídos na época de Salomão se encaixa muito bem com o estilo, a decoração e os materiais descritos na Bíblia. A única evidência do templo é um pequeno ornamento, uma romã, que ficava na ponta de um cajado e tem a inscrição: "Pertencente ao Templo de Iavé". Foi vista pela primeira vez numa loja em Jerusalém em 1979, verificada em 1984 e adquirida pelo Museu de Israel em 1988.

A escavação de Gezer em 1969 encontrou uma camada enorme de cinzas que cobria quase toda a colina. Entre as cinzas foram encontradas peças de artefatos hebraicos, egípcios e filisteus. Aparentemente as três culturas estiveram ali ao mesmo tempo. Isso deixou os pesquisadores muito intrigados, até que perceberam que a Bíblia dizia exatamente o que haviam encontrado:

O faraó, rei do Egito, havia atacado e conquistado Gezer. Incendiou a cidade e matou os seus habitantes, que eram cananeus, e a deu como presente de casamento à sua filha, mulher de Salomão (1Rs 9.16).

A invasão assíria. Muito se aprendeu sobre os assírios quando 26 mil placas de argila foram encontradas no palácio de Assurbanipal, filho do Esaradom, que levou os reinos do norte ao cativeiro em 722 a.C. Essas tabuinhas narram as várias conquistas do império assírio e registram com honra os castigos cruéis e violentos que caíram sobre os que se opunham a eles.

Vários desses registros confirmam a precisão da Bíblia. Toda referência do AT a um rei assírio foi comprovada. Apesar de Sargão ser desconhecido por certo tempo, quando seu palácio foi encontrado e escavado, havia uma pintura mural da batalha mencionada em Isaías 20. O obelisco negro de Salmaneser amplia nosso conhecimento dos personagens bíblicos ao mostrar Jeú (ou seu emissário) se curvando perante o rei da Assíria.

Entre as descobertas mais interessantes está o registro do sítio de Jerusalém feito por Senaqueribe. Milhares de seus homens morreram e o resto foi disperso quando o rei assírio tentou tomar a cidade que, como Isaías havia previsto, foi incapaz de conquistar. Já que não podia se gabar da sua grande vitória aqui, Senaqueribe encontrou uma maneira de preservar sua reputação sem admitir a derrota:

Quanto a Ezequias, o judeu, ele não se submeteu ao meu jugo. Sitiei 46 das suas cidades mais fortes, fortalezas muradas e inúmeras vilas próximas [...] Expulsei 200 150 pessoas, jovens e velhas, homens e mulheres, cavalos, mulas, burros, camelos, gado grande e pequeno sem conta e (os) considerei presa de guerra. Dele fiz prisioneiro em Jerusalém, sua residência real, como um pássaro numa gaiola (Pritchard, p. 288).

O cativeiro. Várias facetas da história do AT relativas ao cativeiro foram confirmadas. Registros encontrados nos famosos jardins suspensos da Babilônia mostraram que Joaquim e seus cinco filhos recebiam uma pensão mensal e lugar para morar e eram bem tratados (2Rs 25.27-30). O nome Belsazar causou problemas, porque não havia menção dele nem lugar para ele na lista de reis babilônicos; mas Nabonido deixou registrado que havia indicado seu filho, Belsazar (Dn 5), para reinar por alguns anos na sua ausência. Então, Nabonido ainda era rei, mas Belsazar reinava na capital. Também o decreto de Ciro registrado por Esdras parecia encaixar-se nas profecias de Isaías bem demais para ser verdade, até que um cilindro que confirmava o decreto em todos detalhes importantes foi encontrado.

No mesmo período da história do AT, descobrimos que há boas evidências arqueológicas de que as Escrituras dizem a verdade. Em muitos casos, as Escrituras até refletem em primeira mão conhecimento das épocas e costumes que descrevem. Apesar de muitos terem duvidado da precisão da Bíblia, o tempo e as pesquisas constantes têm demonstrado constantemente que a Palavra de Deus está mais bem informada que seus críticos.

Na verdade, enquanto milhares de descobertas do mundo antigo apóiam de forma geral e muitas vezes em detalhes o registro bíblico, nenhuma descoberta incontestável jamais contradisse a Bíblia.

Fontes

W. F. ALBRIGHT, *Archaeology of Palestine*.

G. L. ARCHER, Jr., *Enciclopédia de temas bíblicos*.

J. BIMSON e D. LIVINGSTON, "Redating the exodus", *BAR*, Sept.-Oct. 1987.

N. GLUECK, *Rivers in the desert*.

K. A. KITCHEN, *Ancient Orient and Old Testament*.

J. B. PRITCHARD, org., *Ancient Near East texts*.

C. A. WILSON, *Rocks, relics and biblical reliability*.

E. YAMAUCHI, *The stones and the Scriptures*.

arqueologia do Novo Testamento. A ciência da arqueologia trouxe forte confirmação à historicidade do AT (v. ALBRIGHT, WILLIAM F.; ARQUEOLOGIA DO ANTIGO TESTAMENTO) e do NT. As evidências arqueológicas da confiabili-dade do NT são surpreendentes (v. NOVO TESTAMENTO, DATAÇÃO DO; NOVO TESTAMENTO, HISTORICIDADE DO). Essas evidências serão resumidas em três partes: a precisão histórica de Lucas, o testemunho dos historiadores seculares e a evidência física relativa à crucificação de Cristo (v. CRISTO, MORTE DE).

A precisão histórica de Lucas. Acreditava-se no passado que Lucas, escritor do evangelho mais detalhado historicamente e de Atos, havia inventado sua narrativa por meio de sua imaginação fértil, porque atribuía títulos estranhos a autoridades e mencionava governadores que ninguém conhecia. As evidências agora indicam exatamente o oposto (v. ATOS, HISTORICIDADE DE).

O censo em Lucas 2.1-5. Vários problemas estão envolvidos na afirmação de que Augusto realizou um censo de todo o império durante os reinados simultâneos de Quirino e Herodes. Por exemplo, não há registro de tal censo, mas agora sabemos que censos regulares foram feitos no Egito, Gália e Cirene. É bem provável que Lucas tenha querido dizer que censos eram realizados em todo o império em épocas diferentes, e Augusto começou esse processo. O tempo verbal que Lucas usa indica claramente o caráter repetivo desse evento. Quirino realmente realizara um censo, mas fora em 6 d.C., tarde demais para o nascimento de Jesus, e Herodes morreu antes de Quirino tornar-se governador.

Será que Lucas estava confuso? Não; na verdade ele menciona o censo posterior de Quirino em Atos 5.37. É bem provável que Lucas esteja diferenciando esse censo na época de Herodes dos censos mais conhecidos de Quirino: "Este (o primeiro) recenseamento, foi feito *antes* de Quirino ser governador da Síria". Há vários paralelos no NT para essa tradução da palavra grega *proton*.

Gálio, procônsul de Acaia. Essa designação em Atos 18.12-17 era anteriormente considerada impossível. Mas uma inscrição em Delfos indica esse mesmo título para o referido indivíduo e o localiza na mesma data em que Paulo estava em Corinto (51 d.C.).

Lisânias, tetrarca de Abilene. Lisânias não era conhecido pelos historiadores modernos até ser encontrada uma inscrição registrando a dedicação de um templo na qual são mencionados o nome o título e o lugar certo. A inscrição foi datada entre 14 e 29 d.C., facilmente compatível com o começo do ministério de João, que Lucas data no reinado de Lisânias (Lc 3.1).

Erasto. Em Atos 19.22, Erasto é descrito como um coríntio que se torna co-ministro de Paulo. Se Lucas quisesse inventar nomes, esse seria o melhor lugar para fazê-lo. Como alguém saberia? Durante escavações em Corinto, foi encontrada perto do teatro uma inscrição que diz: "Erasto, para retribuir sua vereação, colocou essa pavimentação com recursos próprios". Se essa inscrição se refere ao mesmo homem, isso explica porque Lucas incluiu o detalhe de que um cidadão importante e rico de Corinto se converteu e deu sua vida para o ministério.

Além desses, Lucas dá títulos corretos para os seguintes oficiais: Chipre, *procônsul* (13.7,8); Tessalônica, *politarcas* (autoridades) (17.6); Éfeso, *guardiã do templo* (19.35); Malta, *homem principal da ilha* (28.7; Yamauchi, p. 115-9). Cada um deles foi confirmado pelo uso romano. Ao todo, Lucas descreve 32 países, 54 cidades e 9 ilhas sem erro. Isso levou o reconhecido historiador Sir William Ramsay a renunciar a suas posições críticas:

> Comecei com uma atitude desfavorável a ele [Atos], pois a engenhosidade e aparente plenitude da teoria de Tübingen haviam-me convencido. Não considerei ser de minha ocupação investigar o assunto de maneira detalhada; mais recentemente, porém, vi-me muitas vezes em contato com o livro de Atos como autoridade em topografia, antigüidades e sociedade da Ásia Menor. Aos poucos ficou evidente que em vários detalhes a narrativa demonstrava verdade incrível (Ramsay, p. 8).

Concordando plenamente, o historiador romano A. N. Sherwin-White diz:

> Para Atos a confirmação de historicidade é impressionante [...] Qualquer tentativa de rejeitar sua historicidade básica vai parecer absurda agora. Por muito tempo historiadores romanos não o valorizaram (Sherwin-White, p. 189).

As teorias críticas que surgiram no início do século XIX e persistem hoje são infundadas. O arqueólogo cristão William F. Albright diz:

> Todas as escolas radicais de crítica do NT que existiram no passado ou existem hoje são pré-arqueológicas e, portanto, estão bem ultrapassadas hoje, uma vez que foram fundadas *in der Luft* [no ar] (Albright, p. 29).

Mais recentemente outro historiador romano bem conhecido catalogou várias confirmações arqueológicas e históricas da precisão de Lucas (Hemer, p. 390s.). O que se segue é um resumo desse relatório volumoso e detalhado (v. ATOS, HISTORICIDADE DE; NOVO TESTAMENTO, FONTES NÃO-CRISTÃS DO):

• Detalhes geográficos e outros que podem ser considerados conhecidos em geral no século I. É difícil estimar quanto conhecimento devia ser esperado de um escritor ou leitor antigo.
• Detalhes especializados, não de conhecimento geral, exceto de um pesquisador contemporâneo, como Lucas, que viajou bastante. Esses detalhes incluem títulos exatos de oficiais, identificação de unidades militares e informação sobre rotas principais.
• Detalhes que arqueólogos sabem ser precisos, mas cujo período exato não podem comprovar. Alguns deles provavelmente não seriam conhecidos, exceto por um escritor que tivesse visitado os distritos.
• Correlação das datas de reis e governadores conhecidos com a cronologia da narrativa.
• Fatos apropriados para a época de Paulo ou seus contemporâneos imediatos na igreja, mas não para uma data anterior ou posterior.
• "Coincidências não-planejadas" entre Atos e as epístolas paulinas.
• Correlações internas de Atos.
• Detalhes independentemente comprovados que ajudam teólogos a separar o texto original de Atos do que pode ter sido acrescentado posteriormente nas famílias de textos alexandrinos ou ocidentais. Supostos anacronismos agora podem ser identificados como inserções referentes a um período posterior.
• Referências geográficas incidentais que indicam familiaridade com o conhecimento geral.
• Diferenças na formulação em Atos que indicam categorias ditintas das fontes usadas por Lucas.
• Peculiaridades na seleção de detalhes, como na teologia, que são explicáveis no contexto do que se conhece agora sobre a vida da igreja no século I.
• Materiais cuja "aparência imediata" sugere que o autor recontava uma experiência recente, não um texto moldado ou editado muito tempo depois.
• Itens culturais ou idiomáticos conhecidos agora como exclusivos do ambiente do século I.
• Agrupamentos inter-relacionados de detalhes em que dois ou mais tipos de correlação são combinados ou onde detalhes relacionados demonstram correlações distintas. Por meio da análise cuidadosa dessas correlações, é possível ao historiador reconstruir partes bem detalhadas da história, ao encaixar os pedaços de fatos como num quebra-cabeça.
• Casos onde a informação dada por Lucas e detalhes de outras fontes se mesclam simplesmente para realçar o contexto. Eles não influenciam a historicidade de forma significativa.
• Detalhes precisos em Lucas que continuam sem comprovação ou refutação até que se saiba mais.

Confirmação por historiadores não-cristãos. Um conceito errôneo bastante difundido acerca de Jesus é que não há menção dele em nenhuma fonte antiga além da Bíblia. Pelo contrário, há várias referências a ele como personagem histórica que morreu pelas mãos de Pôncio Pilatos. Algumas até descreveram relatos de sua ressurreição e adoração como deus por todos que o seguiam. Gary Habermas as discute exaustivamente. Citações de historiadores e outras fontes são encontradas no artigo NOVO TESTAMENTO, FONTES NÃO-CRISTÃS DO.

Evidências relativas à morte de Jesus. Três descobertas fascinantes iluminam a morte de Cristo e, até certo ponto, sua ressurreição. A primeira é um decreto fora do comum; a segunda é o corpo de outra vítima da crucificação.

O decreto de Nazaré. Uma laje de pedra foi encontrada em Nazaré em 1878, inscrita com um decreto do Imperador Cláudio (41-54 d.C.) segundo o qual nenhuma sepultura devia ser violada nem corpos deviam ser extraídos ou movidos. Esse tipo de decreto não é fora do comum, mas o fato surpreendente é que aqui "o ofensor será condenado à penalidade máxima pela acusação de violação de uma sepultura" (ibid., p. 155). Outras advertências citavam uma multa, mas morte por violar uma sepultura? Uma explicação provável é que Cláudio, depois de ouvir a doutrina cristã da ressurreição e do túmulo vazio de Jesus, ao investigar os tumultos de 49 d.C., decidiu impedir que relatórios desse tipo viessem novamente à tona. Isso faria sentido à luz do argumento judaico de que o corpo fora roubado (Mt 28.11-15). Esse é um testemunho primitivo da crença forte e persistente de que Jesus ressuscitou dos mortos.

Yohanan — uma vítima da crucificação. Em 1968, um antigo cemitério foi descoberto em Jerusalém contendo cerca de 35 corpos. Foi determinado que a maioria deles sofrera mortes violentas na rebelião judaica contra Roma em 70 d.C. Um deles era um homem chamado Yohanan ben Hagalgol. Ele tinha entre 24 e 28 anos, uma fenda palatina, e ambos os pés ainda traspassados por um cravo de 18 cm de comprimento. Os pés estavam virados para fora, para que o cravo pudesse atravessar os calcanhares, bem no tendão de Aquiles. Isso também faria as pernas se arquearem para fora, de modo que pudessem ser usadas para apoio na cruz. O cravo havia atravessado uma cunha de acácia, depois os calcanhares, depois uma viga de madeira de oliveira. Também havia indícios de cravos semelhantes colocados entre os dois ossos de cada parte inferior dos braços. Estes haviam feito com que os ossos superiores se desgastassem à medida que a vítima se levantava e abaixava repetidamente para respirar (a respiração é restrita com os braços levantados). As vítimas de crucificação tinham de se erguer para liberar os músculos peitorais e, quando ficavam fracos demais para fazê-lo, morriam por asfixia.

As pernas de Yohanan foram esmagadas com um golpe violento, conforme o hábito do *crucifagium* romano (Jo 19.31,32). Cada um desses detalhes confirma a descrição da crucificação encontrada no NT.

Mais evidências textuais e arqueológicas apóiam a precisão do NT (v. CRISTO, MORTE DE). Mas mesmo esses exemplos revelam até onde a arqueologia confirma a verdade das Escrituras. O arqueólogo Nelson Glueck declarou ousadamente que:

> Pode-se afirmar categoricamente que nenhuma descoberta arqueológica jamais contestou uma referência bíblica. Inúmeras descobertas arqueológicas foram feitas que confirmam em linhas gerais ou em detalhes exatos as afirmações históricas na Bíblia (Glueck, p. 31).

Fontes
W. F. ALBRIGHT, "Retrospect and prospect in the New Testament archaeology", em E. J. VARDAMAN, org., *The teacher's yoke.*
F. F. BRUCE, *Merece confiança o Novo Testamento?*
N. GLUECK, *Rivers in the desert.*
G. R. HABERMAS, *The verdict of history.*
C. J. HEMER, *The book of Acts in the setting of hellenistic history*, C. H. GEMPF, org.
J. MCRAY, *Archaeology and the New Testament.*
W. M. RAMSAY, *St. Paul the traveller and the roman citizen.*
J. A. T. ROBINSON, *Redating the New Testament.*
A. N. SHERWIN-WHITE, *Roman society and roman law in the New Testament*
C. A. WILSON, *Rocks, relics and biblical reliability.*
E. YAMAUCHI, *The stones and the Scriptures.*

Atanásio. Foi um dos grandes defensores da fé cristã (296-373 d.C.). Foi educado numa escola catequética em Alexandria. Como secretário do bispo Alexandre, participou do Concílio de Nicéia (325). Sucedeu a Alexandre três anos depois. Provavelmente antes de 318, antes dos 30 anos de idade, escreveu *Da encarnação* e *Contra as gentes*, explicando como o Logos (Cristo) tornou-se humano e redimiu a humanidade. Mais tarde, em *Cartas sobre o Espírito Santo*, defendeu a personalidade e divindade da terceira pessoa da Trindade.

A ortodoxia de Atanásio. Atanásio não só defendeu o cristianismo ortodoxo como também ajudou a estabelecer o seu padrão, principalmente quanto à divindade de Cristo. De 339 a 359 escreveu uma série de defesas da fé (*Discursos contra os arianos*) direcionada aos que negavam a divindade total de Cristo. Gramaticalmente, a discussão estava centrada na questão de Cristo como *homoiousion* (de "substância semelhante") ou *homoousion* (de "mesma substância") com o Pai. Atanásio manteve-se firme contra grandes obstáculos e dificuldades e, assim, preservou a posição bíblica quando a maioria dos líderes da igreja havia-se voltado para o arianismo. Por isso Atanásio recebeu o título de *contra mundum* ("contra o mundo").

O Credo niceno. Não se sabe exatamente o papel de Atanásio na formulação do *Credo niceno*. Ele certamente o defendeu com sua vida. Esse credo diz, em parte, na forma original:

> Cremos em UM SÓ DEUS, PAI Onipotente, Criador do céu e da terra, e de todas as coisas visíveis e invisíveis. E em um só Senhor: JESUS CRISTO, Filho Unigênito de Deus; gerado de seu Pai antes de todos os mundos, Deus de Deus, Luz de Luz, Verdadeiro de Deus de verdadeiro Deus; gerado, não feito; consubstancial com o Pai, por quem todas as coisas foram feitas...
> E cremos no ESPÍRITO SANTO, Senhor e Doador da vida, procedente do Pai e do Filho; o qual com o Pai e o Filho juntamente é adorado e glorificado; o qual falou pelos profetas.

Fontes
ATANÁSIO, *On the incarnation.*
___, *Contra gentes.*
___, *Orations against arians.*
F. L. CROSS, "Athanasius, St.", em *Oxford dictionary of the Christian Church.*
___, *The study of St. Athanasius.*
J. A. DORNER, *History of the development of the doctrine of the person of Christ,* v. 2.
A. ROBERTSON, *St. Athanasius.*
R. V. SELLERS, *Two ancient christologies.*
P. SCHAFF, *The creeds of christendom,* v. 1.

ateísmo. Enquanto o POLITEÍSMO dominou grande parte do pensamento grego antigo e o teísmo dominou a posição cristã medieval, o ateísmo floresceu no mundo moderno. É claro que nem todos que não têm fé num ser divino querem ser chamados de "ateus". Alguns preferem a atribuição positiva "humanistas" (v. HUMANISMO SECULAR). Outros talvez sejam mais bem descritos como "materialistas". Mas todos são não-teístas, e a maioria é antiteísta. Alguns preferem o termo mais neutro "ateístas".

Ao contrário do teísta, (v. TEÍSMO) que acredita que Deus existe além do e no mundo, e do panteísta, que acredita que Deus é o mundo, o ateu acredita que não há Deus neste mundo e nem no além. Só existe um universo ou cosmo e nada mais.

Já que os ateus têm muito em comum com os agnósticos (v. AGNOSTICISMO) e céticos, são muitas vezes confundidos com eles (v. Russell, "What is an agnostic?"). Tecnicamente, o cético diz: "Eu *duvido* que Deus exista" e o agnóstico declara "Eu *não sei* (ou não posso saber) se Deus existe". Mas o ateu afirma que *sabe* (ou pelo menos acredita) que Deus não existe. Uma vez, porém, que ateus são todos não-teístas e já que a maioria dos ateus partilha com os céticos a posição antiteísta, muitos dos seus argumentos são iguais. É nesse sentido que o ateísmo moderno baseia-se muito no ceticismo de David HUME e no agnosticismo de Immanuel KANT.

Variações do ateísmo. Em geral, há tipos diferentes de ateísmo. O ateísmo *tradicional* (metafísico) afirma que nunca houve, não há e jamais haverá um Deus. Há muitos que defendem essa posição, inclusive Ludwig FEUERBACH, Karl MARX, Jean-Paul SARTRE, e Antony FLEW. Ateus *mitológicos* como Friedrich NIETZSCHE, acreditam que o mito "Deus" jamais foi um Ser, mas o *modelo* vivo pelo qual as pessoas viviam. Esse mito foi morto pelo avanço do entendimento e da cultura do homem. Houve uma forma passageira de ateísmo *dialético* defendido por Thomas ALTIZER que propôs que o Deus transcendente do passado morreu na encarnação e crucificação de Cristo, e essa morte foi posteriormente realizada nos tempos modernos. Ateus *semânticos* (v. VERIFICAÇÃO EMPÍRICA) afirmam que a discussão sobre Deus está morta. Essa posição foi defendida por Paul Van Buren e outros influenciados pelos positivistas lógicos que desafiaram seriamente a significância da linguagem sobre Deus. É claro que os que apóiam esta última posição não precisam nem ser ateus verdadeiros. Podem admitir a existência de Deus e ao mesmo tempo acreditar que não é possível falar sobre ele em termos significativos. Essa posição foi chamada "acognosticismo", já que nega que possamos falar de Deus em termos cognitivos e significativos. O ateísmo *conceitual* acredita que há um Deus, mas ele está escondido da nossa visão, obscurecido por nossas construções conceituais (v. BUBER, MARTIN). Finalmente, ateus *práticos* confessam que Deus existe, mas acreditam que devemos viver *como se* não existisse. A questão é que não devemos usar Deus como muleta para a incapacidade de agir de forma espiritual e responsável (algumas obras de Dietrich Bonhöffer podem ser interpretadas nessa categoria).

Existem outras maneiras de designar os diversos tipos de ateus. Uma maneira seria por meio da filosofia que expressa seu ateísmo. Dessa maneira pode-se falar de ateus *existencialistas* (Sartre), ateus *marxistas* (Marx), ateus *psicológicos* (Sigmund FREUD), ateus *capitalistas* (Ayn RAND) e ateus *comportamentais* (B. F. Skinner).

Para propósitos apologéticos, a maneira mais aplicável de considerar o ateísmo é no sentido metafísico. Os ateus são pessoas que dão razões para crerem que não existe Deus no mundo nem além dele. Assim, estamos falando sobre ateístas filosóficos em vez de ateus práticos, que apenas vivem como se não houvesse Deus.

Argumentos a favor do ateísmo. Os argumentos a favor do ateísmo são em grande parte negativos, apesar de alguns poderem ser formulados em termos positivos. Os argumentos negativos se dividem em duas categorias: 1) argumentos contra as provas da existência de Deus (v. DEUS, OBJEÇÕES ÀS PROVAS DE), e 2) argumentos contra a existência de Deus (v. DEUS, SUPOSTAS CONTRAPROVAS DE). Na primeira categoria de argumentos, a maioria dos ateus se baseia no ceticismo de Hume e no agnosticismo de Kant.

Os ateus oferecem o que consideram ser razões boas e suficientes para acreditar que não existe Deus. Quatro desses argumentos geralmente são usados pelos ateus: 1) a existência do mal (v. MAL, PROBLEMA MORAL

DO); 2) a aparente falta de propósito da vida; 3) ocorrências aleatórias no universo; e 4) a primeira lei da TERMODINÂMICA — segundo a qual "energia não pode nem ser criada nem destruída" como evidência de que o universo é eterno e, logo, não precisa de um Criador.

Respostas aos argumentos. *A existência do mal.* Uma resposta detalhada para o problema do mal é dada em outro artigo (v. MAL, PROBLEMA DO), portanto ele será tratado aqui apenas em termos gerais. O raciocínio do ateu é circular. O ex-ateu C. S. LEWIS argumentou que, para saber que há injustiça no mundo, é preciso haver um padrão de justiça. Então, eliminar Deus efetivamente por causa do mal é postular um padrão moral supremo para declarar que Deus é mau (*Cristianismo puro e simples*). Mas, para os teístas, Deus é o padrão moral supremo, já que não pode existir uma lei moral suprema sem um Provedor Supremo da lei moral.

Os ateus argumentam que um Deus absolutamente bom deve ter um bom propósito para tudo, mas não há um bom propósito para a maior parte do mal no mundo. Logo, não pode haver um Deus absolutamente perfeito.

Os teístas mostram que só porque não sabemos o propósito das ocorrências do mal não significa que não exista um propósito bom. Esse argumento não refuta Deus necessariamente; apenas prova nossa ignorância do plano de Deus. Seguindo esse raciocínio, só porque não vemos um propósito para todo o mal agora, não significa que jamais saberemos. O ateu é prematuro no seu julgamento. Segundo o teísmo, um dia de justiça está chegando. Se existe um Deus, ele deve ter um bom propósito para o mal, mesmo que não o conheçamos. Pois o Deus teísta é onisciente e sabe tudo. Ele é totalmente benigno e tem uma boa razão para tudo. Assim, pela própria natureza deve ter uma boa razão para o mal.

Falta de propósito. Ao supor que a vida não tem propósito, o ateu está sendo mais uma vez um juiz presunçoso e prematuro. Como se pode saber que não há um propósito supremo no universo? Só porque o ateu não sabe o verdadeiro propósito da vida não significa que Deus não tenha um. A maioria das pessoas passa por situações que não fazem sentido na hora, mas eventualmente demonstraram ter grande propósito.

O universo aleatório. O suposto caráter aleatório do universo não refuta Deus. Algumas casualidades são apenas aparentes, não reais. Quando o DNA foi descoberto, acreditava-se que ele se dividia aleatoriamente. Agora todo o mundo científico conhece o incrível e complexo padrão envolvido na divisão da molécula de hélix dupla conhecida como DNA. Até casualidades reais têm um propósito inteligente (v. TELEOLÓGICO, ARGUMENTO).

Moléculas de dióxido de carbono são exaladas aleatoriamente com o oxigênio (e nitogina no ar), mas por um bom propósito. Se não fosse assim, inalaríamos os mesmos gases venenosos que exalamos. E algumas coisas que parecem ser inúteis podem ser o produto de um processo útil. O estrume de cavalo é um bom adubo. Segundo a cronologia do ateu, o universo absorve e neutraliza muito bem seus "lixos". Até onde sabemos, pouco do que se considera lixo é realmente desperdiçado. Mesmo que exista tal "lixo", ele pode ser um subproduto necessário de um processo bom num mundo finito como o nosso, assim como serragem resulta da extração e processamento da madeira.

A eternidade da matéria (energia). Os ateus geralmente citam de modo incorreto a primeira lei científica da termodinâmica. Ela não deve ser formulada: "Energia não *pode* ser criada *nem* destruída". A ciência como ciência não deve ocupar-se com afirmações de "pode" ou "não pode". A ciência operacional lida com o que *é* ou *não é*, baseada na observação. Uma observação só nos diz, conforme a primeira lei, que "a quantidade de energia real no universo permanece constante". Isto é, apesar da quantidade de energia *utilizável* estar diminuindo, a quantidade de energia *real* permanece constante no universo. A primeira lei não diz absolutamente nada sobre a *origem* ou *destruição* de energia. Ela é apenas uma observação sobre a presença contínua de energia no cosmo.

Ao contrário da segunda lei da termodinâmica, que diz que a energia utilizável do universo está se esgotando e, logo, devemos ter um começo, a primeira lei não afirma que a energia é eterna. Portanto, ela não pode ser usada para eliminar um Criador do cosmos.

As crenças do ateísmo. Os ateus não têm crenças idênticas, assim como os teístas. Mas há um núcleo de crenças comuns à maioria dos ateus. Então, apesar de nem todos os ateus acreditarem no que se segue, tudo que segue é aceito pela maioria dos ateus. E a maioria dos ateus acredita no seguinte:

Sobre Deus. Os verdadeiros ateus acreditam que apenas o cosmos existe. Deus não criou o homem; as pessoas criaram Deus.

Sobre o mundo. O universo é eterno. Se não foi eterno, então surgiu "do nada e por nada". É auto-suficiente e autoperpetuador. Nas palavras do astrônomo CARL SAGAN: "o Cosmo é a única coisa que existe, existiu, e tudo que jamais existirá." (Sagan, *Cosmos*, 4). Quando indagado sobre o que causou o mundo?", a maioria dos ateus responderia com Bertrand Russell que ele não foi causado; simplesmente existe. Apenas as partes do universo precisam de uma causa. Elas dependem do todo, mas o todo não precisa de uma causa. Se pedirmos uma causa para o universo, então devemos pedir uma causa para Deus.

E se não precisamos de uma causa para Deus, então também não precisamos de uma causa para o universo.

Se alguém insistir que *tudo* precisa de uma causa, o ateu apenas sugere a regressão infinita de causas que jamais chega à primeira causa (i.e., Deus). Pois se tudo deve ter uma causa, então a "primeira causa" também precisa ter. Nesse caso não é mais a primeira, e nada mais o é (v. Sagan, *Broca's brain*, p. 287).

Sobre o mal. Ao contrário dos panteístas (v. PANTEÍSMO) que negam a realidade do mal, os ateus a afirmam convictamente. Na verdade, enquanto os panteístas afirmam a realidade de Deus e negam a realidade do mal, os ateus, por outro lado, afirmam a realidade do mal e negam a realidade de Deus. Eles acreditam que os teístas são incoerentes ao tentar apegar-se às duas realidades.

Sobre os seres humanos. O ser humano é matéria em movimento sem uma alma imortal. Não há mente a não ser o cérebro. Nem alma independente do corpo. Apesar de nem todos os ateus serem materialistas rígidos que identificam a alma com o corpo, a maioria acredita que a alma é dependente do corpo. A alma, na verdade, morre quando o corpo morre. A alma (e mente) pode ser mais que o corpo, da mesma forma que um pensamento é mais que palavras ou símbolos. Mas, como a sombra de uma árvore deixa de existir com a árvore, a alma também não sobrevive à morte do corpo.

Sobre a ética. Não existem absolutos morais, certamente nenhum absoluto divinamente autorizado. Talvez exitam alguns valores geralmente aceitos e duradouros. Mas leis absolutamente obrigatórias também parecem implicar um Provedor de Leis absoluto, o que não é uma opção (v. MORALIDADE, NATUREZA ABSOLUTA DA).

Já que valores não são *descobertos* por alguma revelação de Deus, eles devem ser *criados*. Muitos ateus acreditam que valores morais emergem do processo de tentativa e erro, da mesma forma que as leis de trânsito se desenvolveram. Geralmente a ação correta é descrita em termos do que trará o maior benefício a longo prazo (v. UTILITARISMO). Alguns reconhecem sinceramente que situações relativas e mutantes determinam o que é certo ou errado. Outros falam sobre o comportamento conveniente (o que "funciona"), e alguns exercem toda sua ética em termos de interesse próprio. Mas praticamente todos os ateus reconhecem que cada pessoa deve determinar valores pessoais, já que não há Deus para revelar o que é certo e errado. Conforme o *Manifesto humanista* declara:

> O humanismo afirma que a natureza do universo retratada pela ciência moderna torna inaceitável qualquer garantia sobrenatural ou cósmica dos valores humanos (Kurtz, p. 8).

Sobre o destino humano. A maioria dos ateus não vê destino eterno para pessoas, apesar de alguns falarem de um tipo de imortalidade coletiva da raça. Mas, apesar da negação da imortalidade individual, muitos ateus são utopistas. Acreditam num paraíso terreno futuro. Skinner propôs uma utopia behavioristicamente controlada em *Walden two*. Marx acreditava que a dialética econômica da história produziria inevitavelmente um paraíso comunista. Outros, como Rand, acreditam que o capitalismo puro pode produzir uma sociedade perfeita. Ainda outros acreditam que a razão humana e a ciência podem produzir uma utopia social. No entanto, quase todos reconhecem a mortalidade final da raça humana, mas se consolam na crença de que sua destruição está a milhões de anos de acontecer.

Avaliação. *Contribuições positivas do ateísmo*. Mesmo do ponto de vista teísta, nem todas as posições expressas por ateus são falsas. Os ateus já ofereceram muitas percepções sobre a natureza da realidade.

A realidade do mal. Ao contrário dos panteístas, os ateus não ignoram a realidade do mal. Na verdade, a maioria dos ateus tem uma percepção aguçada do mal e da injustiça. Indicam corretamente a imperfeição deste mundo e a necessidade de adjudicação da injustiça. Neste caso, eles estão absolutamente certos ao dizer que um Deus amoroso e onipotente certamente faria algo sobre a situação.

Conceitos contraditórios de Deus. Ao afirmar que Deus não é causado por outro, alguns descreveram Deus como se fosse um ser autocriado (*causa sui*). Os ateus mostram corretamente essa contradição, pois nenhum ser causa a própria existência. Fazer isso seria existir e não existir ao mesmo tempo. Pois causar existência é passar da inexistência à existência. Mas a inexistência não pode causar existência. Nada não pode causar algo (v. CAUSALIDADE, PRINCÍPIO DA). Nesse ponto os ateus estão absolutamente corretos.

Valores humanos positivos. Muitos ateus são humanistas. Juntamente com outros eles afirmam o valor da humanidade e da cultura. Buscam sinceramente as artes e ciências e expressam profunda preocupação por questões éticas. A maioria dos ateus acredita que o racismo, o ódio e a intolerância são errados. Muitos ateus louvam a liberdade e a tolerância e têm outros valores morais positivos.

A oposição leal. Os ateus são a oposição leal dos teístas. É difícil ver as falhas do próprio pensamento. Os ateus servem de corretivo para raciocínios teístas inválidos.

Seus argumentos contra o teísmo devem fazer cessar o dogmatismo e abrandar o zelo com que muitos crentes desprezam espontaneamente a incredulidade. Na verdade, os ateus desempenham um papel importante de corretivo para o pensamento teísta. Monólogos raramente produzem um raciocínio refinado. Sem ateus, os teístas não teriam uma oposição significativa com que dialogar e explicar seus conceitos de Deus.

Uma crítica ao ateísmo. Ainda assim, a posição de que Deus não existe carece de apoio racional adequado. Os argumentos do ateu contra Deus são insuficientes (v. ATEÍSMO). Além disso, há bons argumentos para a existência de Deus (v. DEUS, EVIDÊNCIAS DE). Para muitas coisas, o ateísmo não dá uma resposta satisfatória.

Por que existe algo e não nada? O ateísmo não dá uma resposta adequada para explicar porque algo existe quando não é necessário que exista. A inexistência de tudo no mundo é possível, mas o mundo existe. Por quê? Se não há causa para sua existência, não há razão para o mundo existir (v. COSMOLÓGICO, ARGUMENTO).

Qual é a base para a moralidade? Os ateus podem crer na moralidade, mas não podem *justificar* sua crença. Por que alguém seria bom a não ser que haja quem defina bondade e responsabilize as pessoas por seus atos? Dizer que ódio, racismo, genocídio e estupro são errados é uma coisa. Mas se não há padrão absoluto de moralidade (i.e., Deus), então como essas coisas podem ser erradas? Uma prescrição moral implica um Prescribente moral (v. ARGUMENTO MORAL PARA DEUS).

Qual é a base do significado? A maioria dos ateus acredita que a vida é significativa e vale a pena ser vivida. Mas como pode ser isso, se não há propósito para a vida, nem destino após essa vida? Propósito implica um Autor do propósito. Mas, se não há Deus, não há objetivo nem significado final. Apesar disso, a maioria dos ateus vive como se houvesse.

Qual é a base da verdade? A maioria dos ateus acredita que o ateísmo é verdadeiro e o teísmo é falso. Mas afirmar que o ateísmo é verdadeiro implica que há algo que seja verdade absoluta. A maioria dos ateus não acredita que o ateísmo é verdade só para eles. Mas, se o ateísmo é verdade, deve haver uma base para a verdade objetiva (v. VERDADE, NATUREZA DA). A verdade é uma característica da mente, e a verdade objetiva implica uma Mente objetiva além das nossas mentes finitas.

Qual é a base da razão? A maioria dos ateus se orgulha de ser racional. Mas para que ser racional se o universo é o resultado do acaso irracional? Não há razão para ser racional num universo aleatório. Logo, o maior orgulho dos ateus não é possível sem Deus.

Qual é a base da beleza? Os ateus também admiram um pôr-do-sol bonito e ficam impressionados com o céu estrelado. Admiram a beleza da natureza como se ela tivesse significado. Mas se o ateísmo é verdadeiro, tudo é acidental, sem propósito. Os ateus admiram a beleza natural como se fosse feita para eles, e ainda assim não acreditam num Criador que deliberadamente a tenha feito para eles.

Fontes

T. ALTIZER, *The gospel of christian atheism.*
P. BAYLE, *Selections from Bayle's dictionary.*
L. FEUERBACH, *A essência do cristianismo*
J. N. FINDLAY, "Can God's existence be disproved?".
A. Plantinga, *Ontological argument.*
C. HARTSHORNE, "The necessarily existent", A. Plantinga, *The ontological argument.*
J. HICK, *The existence of God.*
B. C. JOHNSON, *An atheist debater's handbook.*
P. KURTZ, *Humanist manifestos* I e II.
C. S. LEWIS, *Cristianismo puro e simples.*
M. MARTIN, *Atheism: a philosophical justification.*
K. MARX, *Marx and Engels on religion.*
G. MAURADES, *Belief in God.*
T. MOLNAR, *Theists and atheists.*
J. P. MORELAND, *Does God exist?*
F. NIETZSCHE, *Gaia ciência.*
___, *Assim falou Zaratustra.*
K. NIELSON, *Philosophy of atheism.*
A. RAND, *For the new intellectual.*
B. RUSSELL, "What is an agnostic?", em *Look* (1953).
C. SAGAN, *Broca's brain.*
___, *Cosmos.*
J. P. SARTRE, *O ser e o nada.*
B. F. SKINNER, *Sobre o behaviorismo.*
___, *Walden two.*
G. SMITH, *The case against God.*
R. C. SPROUL, *If there is a God, why are there atheists?*
P. VAN BUREN, *The secular meaning of the gospel.*

Atenágoras. Apologista cristão do século II denominado o "filósofo cristão de Atenas". Sua famosa *Petição* (c. 177), que ele chamou "Embaixada", intercedia junto ao imperador Marco Aurélio a favor dos cristãos. Mais tarde ele escreveu uma defesa poderosa da ressurreição física (v. RESSURREIÇÃO, NATUREZA FÍSICA DA): *Sobre a ressurreição dos mortos.*

Dois autores posteriores mencionam Atenágoras. Metódio de Olimpo (m. 311) foi influenciado por ele em sua obra *Sobre a ressurreição do corpo.* Filipe Sidetes (início do século VI) afirmou que Atenágoras havia-se convertido ao cristianismo quando lia as Escrituras "buscando contradizê-las" (Pratten, p. 127). Seu tradutor para o inglês observou:

> Tanto sua *Apologia* quanto seu tratado sobre a Ressurreição demonstram habilidade na escrita e uma mente extremamente culta. Ele é sem dúvida o mais elegante, e certamente ao mesmo tempo o mais capaz, dos apologistas cristãos primitivos (ibid.). O silêncio do historiador Eusébio sobre Atenágoras é estranho em vista de sua obra.

Apologética. Os elementos básicos da apologética posterior estavam presentes nos tratados de Atenágoras. Ele defendeu o cristianismo dos ataques do ATEÍSMO, canibalismo (comer o corpo de Cristo) e da prática do incesto. Deu ênfase à vida pacífica e irrepreensível dos cristãos e afirmou que eles mereciam direitos iguais aos outros cidadãos.

As Escrituras. Assim como outros pais da igreja, Atenágoras acreditava que a Bíblia era a Palavra inspirada de Deus (v. BÍBLIA, EVIDÊNCIAS DA). Ele afirmou que "seria irracional da nossa parte deixar de crer no Espírito de Deus, que moveu as bocas dos profetas como instrumentos musicais" (ibid., ix), e que

> os escritos de Moisés, [...] de Isaías, Jeremias e outros profetas que, saindo de seus [...] pensamentos, por moção do Espírito Divino, falavam o que neles se realizava, pois o Espírito se servia deles como flautista que sopra a flauta.

Deus. Atenágoras afirmou a existência, a unidade, a *trindade* e os atributos essenciais de Deus. Isso ele fez contra o desafio do POLITEÍSMO. Atenágoras começou defendendo a existência de Deus contra a posição romana de que os cristãos eram ateus, já que não aceitavam o panteão romano nem adoravam o imperador. Os cristãos não são ateus, escreveu Atenágoras, porque reconhecem um Deus. Ao contrário de alguns gregos que negavam a Deus, os cristãos

> ... [distinguem] Deus da matéria e [demonstram] que uma coisa é Deus e outra a matéria, e que a diferença entre um e outro é imensa, pois a divindade é ineriada e eterna, [...] mas a matéria é criada e corruptível. Não é irracional cham[á-los] de ateus? (ibid.,4).

Contra o contexto politeísta pagão, Atenágoras afirmou a unidade de Deus (ibid., 5). Repreendeu os "absurdos do politeísmo", perguntando:

> Se, desde o princípio, tivesse havido dois ou mais deuses, certamente os dois teriam tido que estar em um só e mesmo lugar ou cada um, à parte, em seu lugar, sendo aquele que criou o mundo mais alto que todas as coisas e estando acima do que ele fez e ordenou, onde estará o outro ou os outros? (ibid.,8).

Deus é unidade e trindade. Ele é uma pluralidade de pessoas na unidade de um Deus. Atenágoras deixou claro que "reconhecemos também um Filho de Deus... o mesmo Espírito Santo [...] é uma emanação de Deus". Logo, "admit[imos] um Deus Pai, um Deus Filho e um Espírito Santo" (ibid., 10). Atenágoras enfatiza que, o Pai e o Filho sendo um, o Filho foi aquele por meio de quem o universo foi criado. O Pai tinha o "Verbo em si mesmo" pela eternidade. Então o Verbo foi gerado pelo Pai, mas "não como feito admitimos" (ibid.).

Atenágoras afirmou os elementos essenciais do teísmo clássico, insistindo que

> ... admitimos um só Deus, incriado, eterno e invisível, impossível, incompreensível e imenso, [...] rodeado de luz, beleza, espírito e poder inenarrável, pelo qual tudo foi feito através do Verbo que dele vem, e pelo qual tudo foi ordenado e se conserva (ibid.).

Criação. Para Atenágoras, "a divindade é incriada e eterna [...] mas a matéria é criada e perecível" (ibid., 4). E várias vezes afirmou que o universo fora criado por meio do Verbo. Ele usa essa distinção radical entre Criador e criação para mostrar os absurdos do politeísmo. Criticou os que não viam a distância entre si e seu Criador, e então oravam a ídolos feitos de matéria (ibid., 15). Ao distinguir o Artista (Deus) e sua arte (o mundo), concluiu: "... não é a ele [o mundo] mas ao seu artífice que se deve adorar" (ibid., 16). Ele indicou que deuses politeístas eram criados. "... como chamarei deuses aos que sei que têm homens como artífices?

A ressurreição. Atenágoras escreveu o tratado *Sobre a ressurreição dos mortos*. Com todos os outros pais primitivos (exceto Orígenes, que foi condenado por heresia nesse caso), Atenágoras afirmou a ressurreição física do mesmo corpo material de carne e osso que morreu (v. GEISLER). Ele insistiu em que o poder de Deus é suficiente para levantar corpos mortos, já que criou esses corpos (*Sobre a ressurreição*, 3). Quanto à acusação de que Deus não pode juntar as partes espalhadas de um cadáver, ele disse:

> ... Não é possível que Deus desconheça, em cada parte e membro, a natureza dos corpos que ressuscitarão, nem que ignore o paradeiro de cada parte desfeita [...] por mais difícil que pareça aos homens discernir... (ibid.,2).

Deus era bem capaz, garantiu ao leitor, de reformar esses corpos "com a mesma facilidade" (ibid., 3).

Seu ensinamento poderoso sobre a ressurreição é usado para refutar a acusação de canibalismo. Ele pergunta:

> ... quem crê na ressurreição quererá oferecer-se como sepultura dos corpos que hão de ressuscitar? Não é possível alguém acreditar que nossos corpos ressucitarão e, ao mesmo tempo, os coma, como se não devessem ressuscitar... (*Petição*, 36).

Uma razão para a ressurreição é que

> ... o homem, que consta de alma e corpo, deve permanecer para sempre. É impossível, porém, que ele permaneça se não ressuscita. De fato, se a ressurreição não se verifica, a natureza dos homens não pode permanecer. [...] Juntamente com a alma imorredoura, a permanência do corpo perdur[ará] eternamente conforme a sua própria natureza (*Sobre a ressurreição*, 15).

Ele acrescentou que cada pessoa deve ter corpo e alma no julgamento para que este seja justo. Se o corpo não for restaurado junto com a alma, "... [não] guardará memória de qualquer de suas obras ou consciência do que nela [na alma] sofrera (ibid., 20). Em termos bíblicos, uma pessoa será julgada pelas coisas que fez "por meio do corpo" (2 Co 5.10). Isso não é completamente possível a não ser que o corpo seja ressuscitado.

Fontes

ATENÁGORAS, *Petição em favor dos cristãos*.
____, *Sobre a ressurreição dos mortos*.
F. L. CROSS, "Athenagoras", em *The Oxford dictionary of the christian church*.
N. L. GEISLER, *The battle for the resurrection*, cap. 4.
B. P. PRATTEN, "Introductory note to the writings of Athenagoras", em A. ROBERTS e J. DONALDSON, orgs., *The ante-Nicene fathers*, v. 2.

atomismo. Espécie de MATERIALISMO que entendia que o universo era feito de pequenas unidades de realidade. Acreditavam que o espaço absoluto (o Vazio) estava cheio dessas partículas pequenas e indivisíveis. Toda variedade no universo era explicada em termos de combinações diferentes de átomos.

Os atomistas eram pluralistas, ao contrário dos monistas, acreditando que a realidade é "muitos", não "um" (v. MONISMO; UM E MUITOS, PROBLEMA DE; PLURALISMO). Os atomistas antigos incluíam filósofos gregos como Demócrito e Leucipo.

Já que a palavra grega *átomo* significa indivisível, muitas das posições materialistas extremas dos atomistas caíram com a divisão do átomo. Mas materialistas contemporâneos ainda acreditam que toda a realidade é composta de energia física que, segundo a primeira lei da termodinâmica (v. TERMODINÂMICA, LEIS DA), não é criada nem destruída.

Outros pluralistas modernos, no entanto, optaram pela posição mais imaterial das entidades de forma atômica chamadas "mônadas" (v. LEIBNIZ, GOTTFRIED) ou objetos eternos (v. WHITEHEAD, Alfred NORTH). Assim, o atomismo continua em diversas formas, das quais as variedades materialistas ainda constituem um desafio para o cristianismo (v. ATEÍSMO).

Há vários problemas sérios com o atomismo materialista tanto nas formas antigas quanto modernas. Primeiro, os atomistas não resolvem o problema de "um" e "muitos". Não têm uma explicação adequada para a razão das coisas simples serem diferentes ou a razão desse *uni*-verso existir quando a única coisa que realmente existe é multiplicidade, não unidade.

Em segundo lugar, a forma antiga do atomismo foi destruída pela divisão do átomo. Essas partículas de realidade supostamente indivisíveis deram lugar a uma consideração mais amena da energia.

Em terceiro lugar, até na forma moderna, a crença na eternidade da matéria (energia física) teve de ceder diante da segunda lei da termodinâmica (v. TERMODINÂMICA, LEIS DA), que revela que o universo físico não é eterno, mas está se desgastando (v. EVOLUÇÃO CÓSMICA).

Em quarto lugar, o materialismo puro é contraditório. É uma teoria imaterial sobre toda matéria que afirma que não existe nada que seja imaterial. O materialista que olha no microscópio, examinando todas as coisas materiais, deixa de levar em conta o "eu" imaterial e autoconsciente e seu processo mental que está fazendo as deduções.

Fontes

J. COLLINS, *A history of modern european philosophy*.
F. COPLESTON, *A history of philosophy*.
M. C. NAHM, *Selections from early greek philosophy*.
J. OWEN, *A history of ancient western philosophy*.
J. E. RAVEN, et al., *The presocratic philosophers*.

Atos dos Apóstolos, historicidade de. A data e a autenticidade são cruciais para a historicidade do cristianismo primitivo (v. NOVO TESTAMENTO, HISTORICIDADE DO) e, logo, para a apologética em geral (v. APOLOGÉTICA, DISCUSSÃO DA; PREOCUPAÇÕES APOLOGÉTICAS DO NOVO TESTAMENTO).

• Se Atos foi escrito antes de 70 d.C., enquanto as testemunhas ainda estavam vivas (v. DOCUMENTOS DO NOVO TESTAMENTO, DATAS DE), o livro tem grande valor histórico para nos informar sobre as crenças cristãs mais primitivas.

• Se Atos foi escrito por Lucas, companheiro do apóstolo Paulo, ele nos coloca dentro do círculo dos apostólos, que participaram dos eventos relatados.
• Se Atos foi escrito por volta do ano 62 d.C (a data tradicional, foi escrito por um contemporâneo de Jesus, que morreu no ano 33 (v. Novo Testamento, datas do)
• Se Atos é considerado história precisa, traz credibilidade aos seus relatos sobre as mais básicas crenças cristãs quanto a milagres (At 2.22; v. milagres, valor apologético dos; milagres na Bíblia), morte (At 2.23), ressurreição (At 2.23, 29-32), e ascensão de Cristo (At 1.9,10).
• Se Lucas escreveu Atos, então seu "livro anterior" (At 1.1), o evangelho de Lucas, deve receber a mesma data (durante a vida dos apóstolos e testemunhas) e credibilidade.

O testemunho de um especialista em história de Roma. Embora a erudição do nt, há muito tempo dominada pela alta crítica (v. crítica da Bíblia), tenha se mantido cética com relação à historicidade dos evangelhos e Atos, isso não acontece com os historiadores que estudam esse período. Sherwin-White é um caso em questão.

Outro especialista acrescentou o peso do seu estudo à questão da historicidade do livro de Atos. Colin J. Hemer descreve dezessete razões para aceitar a data tradicional que colocaria a pesquisa e a composição de Atos durante a vida de muitos de seus personagens. Elas apóiam firmemente a historicidade de Atos e, indiretamente, do Evangelho de Lucas (cf. Lc 1.1-4; At 1.1):

1. Não há menção em Atos à queda de Jerusalém em 70 d.C., uma omissão improvável, dado o conteúdo do livro, se ela já houvesse ocorrido.
2. Não há indício do começo da Guerra Judaica em 66 d.C., nem de qualquer deterioração drástica ou específica das relações entre romanos e judeus, o que implica que foi escrito antes dessa época.
3. Não há indício da deterioração das relações cristãs com Roma decorrentes da perseguição de Nero do final dos anos 60.
4. O autor não demonstra conhecer as cartas de Paulo. Se Atos foi escrito depois, por que Lucas, que se mostra tão cuidadoso com detalhes coincidentes, não tentaria informar sua narrativa por versões relevantes das epístolas? As epístolas evidentemente circularam e devem ter se tornado fontes disponíveis aos leitores de Atos. Esta questão está cercada de incertezas, mas uma data anterior é sugerida pelo silêncio.
5. Não há indício da morte de Tiago pelas mãos do Sinédrio, por volta de 62, conforme registrada por Josefo (*Antigüidades* 20.9.1).
6. A importância do julgamento de Gálio em Atos 18.14-17 pode ser vista como o estabelecimento de um precedente para legitimar o ensinamento cristão sob a égide da tolerância ao judaísmo.
7. A proeminência e autoridade dos saduceus em Atos pertence à era anterior a 70, antes do colapso da sua cooperação política com Roma.
8. Por outro lado, a atitude relativamente simpática em Atos para com os fariseus (ao contrário do evangelho de Lucas) não se encaixa bem no período do reavivamento fariseu depois da reunião de estudiosos de Jâmnia, por volta de 90 d.C. Como resultado dessa reunião, uma fase de conflito crescente com o cristianismo foi liderada pelos fariseus.
9. Algumas pessoas já argumentaram que o livro antecede a ida de Pedro a Roma e também que usa linguagem que implica que Pedro e João, assim como o próprio Paulo, ainda estavam vivos.
10. A proeminência dos "gentios piedosos" nas sinagogas em Atos parece indicar a situação anterior à Guerra Judaica.
11. É difícil determinar a época dos detalhes culturais insignificantes, mas podem representar melhor o ambiente cultural da era romana entre Júlio César e Cláudio.
12. Áreas de controvérsia em Atos pressupõem a relevância do cenário judaico durante o período do templo.
13. Adolf Harnack argumentou que a profecia usada por Paulo em Atos 20.25 (cf. 20.38) pode ter sido contradita por eventos posteriores. Se esse for o caso, ela provavelmente foi escrita antes de esses eventos acontecerem.
14. A formulação primitiva da terminologia cristã usada em Atos se encaixa no período primitivo. Harnack alista títulos cristológicos, como *Iesous* e *ho Kurios*, que são usados livremente, enquanto *ho Christos* sempre se refere ao "Messias", em vez de aparecer como nome próprio, e *Christos* é usado apenas em combinações formais.
15. Rackham chama atenção pelo tom otimista de Atos, que não seria natural depois de o judaísmo ser destruído e dos cristãos serem martirizados na perseguição de Nero do final dos anos 60 (Hemer, p 376-82).

16. O fim do livro de Atos. Lucas não continua a história de Paulo no final dos dois anos de Atos 28.30. "A menção desse período definido implica um ponto terminal, no mínimo pendente" (Hemer, p. 383). Ele acrescenta: "Pode-se argumentar apenas que Lucas atualizou a narrativa até a época em que a escrevia, e o final foi acrescentado na conclusão dos dois anos" (ibid., p. 387).
17. O "caráter imediato" de Atos 27,28: Isso é o que chamamos "caráter imediato" dos últimos capítulos do livro, que são marcados claramente pela reprodução aparentemente automática de detalhes insignificantes, uma característica que chega ao ponto máximo na narrativa da viagem de Atos 27,28. O "caráter vívido e imediato" dessa passagem em particular se diferencia muito do "caráter indireto" das primeiras partes de Atos, onde supomos que Lucas se baseou em fontes ou lembranças de outros e não podia controlar o contexto da sua narrativa (ibid., p. 388-9).

Outros argumentos a favor da historicidade. O argumento tradicional a favor da veracidade histórica baseada em "coincidências não-planejadas" é um conceito discutível. Mas os seguintes argumentos podem ser considerados um desenvolvimento mais refinado dessa abordagem. O livro de Atos contém:

1. *Detalhes geográficos* supostamente bem conhecidos. Ainda é difícil estimar a amplitude do conhecimento geral de um escritor ou leitor antigo.
2. *Mais detalhes especializados* que supostamente são bem conhecidos: títulos de governadores, unidades militares e rotas principais. Essa informação teria sido acessível aos que viajavam ou estavam envolvidos em administração, mas talvez não para outros.
3. *Detalhes locais* de rotas, fronteiras e títulos de governadores de cidades que provavelmente seriam desconhecidos a não ser que o escritor tivesse visitado os distritos.
4. *Correlação de datas* de reis e governadores conhecidos com cronologia aparente da estrutura de Atos.
5. *Detalhes adequados à data* de Paulo ou Lucas na igreja primitiva, mas não adequados às condições prévias ou posteriores.
6. *"Coincidências não-planejadas"* ou detalhes conectivos que ligam Atos às epístolas paulinas.
7. *Correlações internas latentes* em Atos.
8. *Detalhes comprovados independentemente*, compatíveis com os textos alexandrinos contra os ocidentais. Já que há diferenças entre famílias textuais, a confirmação independente pode ajudar a determinar quando as mudanças foram importadas para a tradição textual de Atos. A leitura secundária pode referir-se a condições de um período posterior e, assim, ajudar indiretamente a discriminar períodos de tempo.
9. *Assuntos de conhecimento geográfico comum*, provavelmente mencionados informal ou alusivamente, com uma exatidão não artificial que demonstra familiaridade.
10. *Diferenças estilísticas textuais* que indicam que Lucas usou fontes diferentes.
11. *Peculiaridades na seleção de detalhes*, tais como a inclusão de detalhes que são teologicamente irrelevantes, mas que podem influenciar o conteúdo histórico.
12. *Peculiaridades em detalhes de "caráter imediato"* que sugerem a referência do autor a experiências recentes. Tais detalhes não indicam o resultado de edição e produção refletida e prolongada.
13. *Referências culturais ou idiomáticas* que sugerem um ambiente do século I.
14. *Agrupamentos inter-relacionados* que combinam dois ou mais tipos de correlação. Tal leque de conexões possibilita a reconstrução precisa de um fragmento da história a partir do quebra-cabeça de informações.
15. Exemplos em que novas descobertas e conhecimento ampliado esclarecem informações contextuais. Elas são úteis para o comentarista, mas não influenciam significativamente a historicidade.
16. Detalhes precisos encontrados no espectro de possibilidades contemporâneas, mas cuja precisão não pode ser comprovada.

Autor bem-informado. Alguns exemplos das três primeiras categorias ilustram como essas conexões ajudam a datar o trabalho de Lucas e analisar sua precisão. Atos reflete um entendimento profundo do que era de conhecimento geral em 60 d.C., o que pode ser chamado conhecimento especializado do mundo em que Paulo e Lucas viajaram, e conhecimento preciso dos lugares que visitaram.

Conhecimento geral. O *título* do imperador "Augusto" é traduzido formalmente *ho Sebastos* em palavras atribuídas a um oficial romano (Atos 25.21, 25), mas "Augusto", como o *nome* concedido ao primeiro imperador, é transliterado *Augoustos* em Lucas 2.1. Essa diferença também pode ser ilustrada *por outros textos*.

Fatos gerais de navegação e conhecimento do fornecimento de grãos do imperador são parte da narrativa da viagem de um navio alexandrino até o porto italiano de Putéoli. O sistema de fornecimento do estado foi instituído por Cláudio. Esses são exemplos de grande conhecimento geral. Lucas geralmente parece ter cuidado com a descrição de lugares comuns, e vários detalhes terminológicos poderiam ser ilustrados a partir das inscrições reproduzidas. Lucas acha necessário explicar alguns termos para seu leitor, mas deixa outros de lado. Lugares da topografia da Judéia ou nomenclaturas semíticas são comentados ou explicados (At 1.12,19), enquanto instituições judaicas básicas não são (1.12; 2.1; 4.1).

Conhecimento especializado. O conhecimento da topografia de Jerusalém é demonstrado em 1.12,19 e 3.2,11.

Em 4.6, Anás é descrito como alguém que ainda tem grande prestígio e com o título de sumo sacerdote depois da sua deposição pelos romanos e da escolha de Caifás (cf. Lc 3.2; *Antigüidades* 18.2.2; 20.9.1).

Entre termos romanos, 12.4 dá detalhes da organização de uma guarda militar (cf. Vegetius, *de Re Milit.* 3.8); 13.7 identifica corretamente Chipre como província próconsular (senatorial), com o procônsul residente em Pafos.

O papel desempenhado por Trôade no sistema de comunicação é reconhecido em 16.8 (cf. Seção c, p. 112ss., 16.11). Anfípolis e Apolônia são conhecidas por estações (e supostamente locais de pernoite) na Via Ignácia de Filipos a Tessalônica, como em 17.1. Os capítulos 27 e 28 contêm detalhes geográficos e de navegação da viagem para Roma.

Esses exemplos ilustram os diversos lugares e contextos na narrativa sobre os quais Lucas possui informação. O autor de Atos viajou muito nas áreas mencionadas na narrativa ou teve acesso a fontes especiais de informação.

Conhecimento local específico. Além disso, Lucas manifesta grande conhecimento dos locais, nomes, condições, costumes e circunstâncias que caracterizam uma testemunha contemporânea registrando o tempo e os eventos. Em Atos 13 até 28, descrevendo as viagens de Paulo, demonstra conhecimento muito íntimo das circunstâncias locais. A evidência é representada de maneira marcante nas passagens de "primeira pessoa do plural", quando Lucas acompanhava Paulo, mas vai além delas. Em alguns casos, o conhecimento local específico deve ser descartado porque provas não estão disponíveis. Alguns teólogos também acreditam que algumas afirmações de Lucas ocasionalmente contradizem o conhecimento existente (por exemplo, no caso de Teudas). Vários fatos são confirmados pela pesquisa histórica e arqueológica.

1. Uma passagem natural entre portos denominados corretamente (13.4,5). O Monte Cássio, ao sul de Selêucia, é visível de Chipre. O *nome* do procônsul em 13.7 não pode ser confirmado, mas a *família* de Sérgio Paulo é atestada.
2. O porto fluvial de Perge era o destino adequado para um navio vindo do Chipre (13.13).
3. A localização correta da Licaônia (14.6).
4. A declinação rara mas correta do nome *Listra* e a linguagem correta falada em *Listra*. A identificação correta dos dois deuses associados à cidade, Zeus e Hermes (14.12).
5. O porto correto, Atália, para os viajantes que retornavam (14.25).
6. A rota correta dos Portões Cilícios (16.1).
7. A forma correta do nome *Trôade* (16.8).
8. Um ponto de referência marcante dos marinheiros na Samotrácia (16.11).
9. A identificação correta de Filipos como colônia romana. O local correto do rio Gangites perto de Filipos (16.13).
10. Associação de Tiatira com tingimento de tecidos (16.14). Designações corretas dos títulos das autoridades da colônia (16.20,35,36,38).
11. Indicação correta dos locais onde viajantes passavam noites sucessivas durante a viagem (17.1).
12. A presença de uma sinagoga em Tessalônica (17.1), e o título correto *politarchēs* para as autoridades (17.6).
13. A explicação correta de que viagens marítimas são mais convenientes para chegar a Atenas no verão com ventos favoráveis de leste (17.14).
14. A abundância de imagens em Atenas (17.16), e a referência à sinagoga ali (17.17).
15. A descrição do debate filosófico na ágora (17.17). O uso correto em 17.18,19 da gíria ateniense usada para descrever Paulo, *spermologos*, e o nome correto do tribunal (*areios pagos*); a descrição correta do caráter ateniense (17.21). A identificação correta do altar ao "DEUS DESCONHECIDO" (17.23). A reação lógica dos filósofos que negavam a ressurreição corporal. O título correto, *areopagiēs* para um membro do tribunal (17.34).

16. A identificação correta da sinagoga coríntia (18.4). A designação correta de Gálio como procônsul (18.12). O *bēma* (local de assento do juiz no tribunal) ainda pode ser visto no fórum em Corinto (18.16).
17. O nome *Turannous* (Tirano), atestado numa inscrição do século I (19.9).
18. O culto dos efésios a Ártemis (19.24,27). O culto é bem comprovado, e o teatro efésio era o local de reuniões da cidade (19.29).
19. O título correto, *grammateus*, para o escrivão e o título correto de honra da cidade, *neōkoros* (19.35). O nome correto para identificar a deusa (19.37). A designação correta para os homens da assembléia (19.38). O uso do plural *anthupatoi* em 19.38 é provavelmente uma referência exata ao fato de que dois homens exerciam juntamente as funções de procônsul nessa época.
20. O uso da designação étnica precisa *beroiaios* e do termo étnico *asianos* (20.4).
21. O reconhecimento sugerido da importância estratégica dada a Trôade (20.7-13).
22. A sugestão do perigo da viagem pela costa nessa área levou Paulo a viajar por terra (20.13). A seqüência correta dos lugares visitados e o plural neutro correto do nome da cidade de Pátara (21.1).
23. A rota correta que passava pelo mar aberto ao sul de Chipre favorecida pelo contínuo vento nordeste (21.3). A distância correta entre Ptolemaida e Cesaréia (21.8).
24. O ritual de purificação característico dos judeus piedosos (21.24).
25. A representação precisa da lei judaica relativa ao uso da área do templo pelos gentios (21.28).
26. A posição permanente de um grupo de soldados romanos na Fortaleza Antônia para reprimir tumultos durante festas (21.31). As escadas usadas pelos soldados (21.31,35).
27. As duas maneiras comuns de adquirir a cidadania romana (22.28). O tribuno fica impressionado com a cidadania romana de Paulo (22.29).
28. As identificações corretas de Ananias como sumo sacerdote (23.2) e Félix como governador (23.24).
29. A identificação de uma parada comum na estrada para Cesaréia (23.31).
30. A observação da jurisdição correta da Cilícia (23.34).
31. A explicação do procedimento penal provincial (24.1-9).
32. A concordância com Josefo quanto ao nome Pórcio Festo (24.27).
33. A observação do direito de apelo de um cidadão romano (25.11). A fórmula legal *de quibus-cognoscere volebam* (25.18). A forma característica de referência ao imperador (25.26).
34. A identificação correta das melhores rotas de navegação da época (27.4).
35. O uso de nomes geralmente unidos da Cilícia e Panfília para descrever a costa (27.5). A referência ao porto principal onde se poderia encontrar um navio de partida para a Itália (27.5). A observação da passagem tipicamente lenta para Cnido por causa do vento nordeste (27.7). A localização de Bons Portos e Laséia (27.8) e a descrição correta de Bons Portos tendo más instalações portuárias para o inverno (27.12).
36. Descrição da tendência do vento sul, naquelas regiões climáticas, virar repentinamente um vento nordeste violento, o *gregale* (27.13). A característica corretamente descrita de que um navio com velas quadradas não tem opção senão ser levado por ventos fortes (27.15).
37. O nome e local precisos dados para a ilha de Cauda (27.16). As manobras corretas dos marujos durante uma tempestade (27.16-19). A décima quarta noite julgada pelos navegadores mediterrâneos experientes como sendo hora apropriada para essa jornada numa tempestade (27.27). O termo correto para essa parte do mar Adriático naquela época (27.27). O termo preciso, *bolisantes*, para sondar a profundidade lançando o prumo (v. 28). A posição de provável aproximação de um navio prestes a encalhar diante de um vento leste (27.39).
38. A descrição correta do severo castigo que recairia sobre soldados que deixassem um prisioneiro fugir (27.42).
39. A descrição precisa das pessoas e superstições locais da época (28.4-6).
40. O título correto *prōtos* (*tēs nēsou*) de um homem na posição de liderança ocupada por Públio nas ilhas.
41. A identificação correta de Régio como refúgio para esperar um vento sul que levasse o navio pelo estreito (28.13).
42. A praça de Ápio e as Três Vendas como paradas na Via Ápia (28.15).
43. A prática comum da custódia de um soldado romano (28.16) e as condições de prisão paga pelo próprio prisioneiro (28.30,31).

Conclusão. A historicidade do livro de Atos dos apóstolos é confirmada por evidências incontáveis. Não há nada igual à quantidade de provas detalhadas em qualquer outro livro da antigüidade. Isso não é apenas uma confirmação direta da fé cristã primitiva na morte e ressurreição de Cristo, mas também, indiretamente, do registro do evangelho, já que o autor de Atos (Lucas) também escreveu um evangelho detalhado. Esse evangelho é diretamente paralelo aos outros dois evangelhos sinóticos. A melhor evidência indica que esse material foi composto até 60 d.C., apenas 27 anos depois da morte de Jesus. Isso significa que foi escrito durante a vida de testemunhas dos eventos registrados (cf. Lucas 1.1-4). Isso não permite tempo para qualquer suposto desenvolvimento mitológico feito por pessoas que viveram depois dos acontecimentos. O historiador Sherwin-White observou que as composições de Heródoto nos ajudam a determinar a velocidade com que lendas se desenvolvem. Ele concluiu que

> os testes sugerem que até mesmo duas gerações são muito curtas para permitir que a tendência mitológica prevaleça sobre a precisão histórica da tradição oral (Sherwin-White, p. 190).

Julius Müller (1801-1878) desafiou teólogos da sua época a mostrar um exemplo sequer em que um evento histórico desenvolvesse muitos elementos mitológicos numa só geração (Müller, p.29). Não existe nenhum.

Fontes

W. L. CRAIG, *The son rises.*
J. MÜLLER, *The theory of myths, in its application to the gospel history, examined and confuted.*
C. J. HEMER, *The book of Acts in the setting of hellenistic history*, C. H. GEMPF, org.
A. N. SHERWIN-WHITE, *Roman society and roman law in the New Testament.*

auto-refutáveis, afirmações. *Nomes diversos.* Afirmações auto-refutáveis são que não satisfazem próprios critérios de validade ou aceitabilidade. Também são chamadas auto-referentes, autocomprometedoras, autodestrutivas e autofalsificadoras.

Alguns exemplos. Afirmações tais como "eu não posso expressar uma palavra em português" são auto-refutáveis porque a própria afirmação é feito em português. Da mesma forma, a afirmação "eu não existo" é autofalsificadora, já que a afirmação implica que eu existo para fazer a afirmação.

O princípio da invalidação é um instrumento apologético útil, já que a maioria das posições não-cristãs, senão todas, envolvem afirmações incoerentes. Veja, por exemplo, as seguintes afirmações incoerentes:

1. "Seja cético com relação a todas as reivindicações da verdade."
2. "Nenhuma verdade pode ser conhecida."
3. "Nenhuma afirmação é significativa."

O problema com a afirmação 1) é que se trata de uma reivindicação da verdade sobre a qual não se deve ser cético. Mas isso é incoerente com a própria afirmação. Semelhantemente, a afirmação 2) é uma reivindicação da verdade que pode ser conhecida, o que contradiz o que afirma (ou seja, que nenhuma verdade pode ser conhecida). O mesmo pode ser dito sobre a afirmação 3), que é oferecida como afirmação significativa de que nenhuma afirmação significativa pode ser feita.

Defesa do princípio da autofalsificação. O princípio da autofalsificação não é um primeiro princípio (v. PRIMEIROS PRINCÍPIOS), tal como a lei da não-contradição. No entanto, baseia-se na lei da não-contradição. Pois uma afirmação é auto-refutável quando implica duas afirmações que são contraditórias, uma que afirma explicitamente e uma contraditória sugerida no próprio ato ou processo de fazer a primeira afirmação. Logo, afirmações auto-refutáveis são contraditórias. E a lei da não-contradição é um primeiro princípio evidente, considerado como tal pela análise da afirmação para ver se o predicado é redutível ao sujeito.

Princípio da irrefutabilidade. O princípio da irrefutabilidade também é conhecido por princípio da falsificação ou da invalidação. O outro lado da irrefutabilidade é a incomunicabilidade. Certas coisas são inegáveis porque qualquer tentativa de negá-las acaba por confirmá-las no próprio processo. Assim, são literalmente incomunicáveis, sem negar o que comunicam ou comunicar o que negam. Por exemplo, a afirmação "eu não posso dizer uma palavra em português" obviamente não é verdadeira, porque é a comunicação de uma frase em português, afirmando não poder dizer uma frase em português. Desse modo, ela se destrói.

Valor do princípio da irrefutabilidade. O princípio da irrefutabilidade é usado por muitos teístas (v. TEÍSMO) para estabelecer o ponto de partida para seu argumento da existência de Deus (v. DEUS, EVIDÊNCIAS DE). Começa com "algo existe" (e.g., eu existo). Isso deve ser verdadeiro, já que qualquer tentativa de negar minha existência a afirma no processo. Pois devo existir para negar que existo. Logo, minha existência é inegável.

Comparação e contraste com outros princípios. Mas o princípio da irrefutabilidade não deve ser confundido com o primeiro princípio do pensamento lógico, tal como a lei de não-contradição.

Diferença das leis da lógica. As leis da lógica são evidentes e racionalmente necessárias. E a necessidade lógica afirma que o oposto não pode ser verdadeiro. Por exemplo, é logicamente necessário triângulo ter três lados. Um círculo quadrado é logicamente impossível. Também é logicamente necessário — se há um Ser Necessário — que ele exista necessariamente. Mas não é logicamente necessário que haja um Ser Necessário. É logicamente possível que haja um estado de nada total para sempre (v. ONTOLÓGICO, ARGUMENTO). Isso não quer dizer que não possa haver um argumento inegável da existência de Deus (v. DEUS, EVIDÊNCIAS DE); isso só serve para indicar que há uma diferença entre *necessidade lógica* (que alguns invocam a fim de invalidar o argumento ontológico) e a *irrefutabilidade real* (que outros teístas reivindicam para o ARGUMENTO COSMOLÓGICO).

Da mesma forma, minha inexistência é logicamente possível. Mas não é *realmente afirmável*. Na realidade, é realmente inegável, já que tenho de existir para negar que não existo.

Mas há uma ligação importante entre as leis da lógica e o princípio da irrefutabilidade. A lei de não-contradição, por exemplo, pode ser defendida ao demonstrar que é evidente, pois seu predicado é ou idêntico ou redutível ao sujeito. Assim, afirmações auto-refutáveis são falsas porque são contraditórias. E contradições são falsas porque violam o princípio evidente da não-contradição.

Diferença de um argumento transcendental. O princípio da irrefutabilidade assemelha-se ao ARGUMENTO TRANSCENDENTAL. Ambos afirmam que certas condições são precondições necessárias de outras coisas. Por exemplo, não posso negar a verdade (v. VERDADE ABSOLUTA) sem afirmá-la ao declarar que a afirmação "Não há verdade" é verdadeira. Uma verdade transcendentalmente necessária é uma verdade inegável. Mas o argumento transcendental supõe algo além do que é afirmado. Por exemplo, é precondição de significado transcendentalmente necessária que haja uma mente por trás do significado. Nesse sentido, o argumento transcendental é um tipo de forma indireta de irrefutabilidade. Pois supõe que certas coisas não poderiam ser verdadeiras sem que outras precondições existissem.

Contudo, a afirmação "Nenhuma sentença é significativa, incluindo-se esta" é diretamente autodestrutiva, porque se anula sem apelar para a necessidade de quaisquer outras condições. Logo, o argumento transcendental envolve uma forma indireta de irrefutabilidade.

Status do princípio da irrefutabilidade. O princípio da irrefutabilidade não é evidente como os primeiros princípios tradicionais são. Algumas pessoas afirmam que é um metaprincípio, isto é, um princípio sobre princípios. Nesse caso, não é nem arbitrário nem não-informativo. É aplicável à realidade (v. REALISMO). É princípio que cresce do próprio projeto de tentativas fúteis de negar primeiros princípios ou outras afirmações que não podem ser negadas sem afirmá-las. É um princípio que surge das tentativas impossíveis de evitar certas coisas sem afirmá-las (direta ou indiretamente) no próprio processo. Não é deduzido ou induzido, mas aduzido. Não prescreve, mas descreve o processo de pensamento que se destrói e é auto-refutável.

Irrefutabilidade não é uma regra nova para o jogo da verdade, mas se assemelha mais a um juiz. Usando as regras da lógica (tais como a lei de não-contradição), ele chama a atenção para o fato de que certas afirmações eliminaram a si mesmas do jogo da verdade por ser contraditórias ou autodestrutivas. Nesse sentido, o princípio da irrefutabilidade "apita" indiretamente o jogo da verdade ao demonstrar quais tipos de afirmações são permitidas no jogo. Indica certas "afirmações" que não devem participar do jogo da verdade porque implicam afirmações opostas enquanto são feitas. Elas se auto-eliminam (v. tb. PRIMEIROS PRINCÍPIOS; REALISMO; AGNOSTICISMO).

Averróis. Jurista e médico muçulmano espanhol nascido em Córdoba (1126-1198). Seu nome é uma latinização da forma árabe de Ibn-Rushd. Averróis escreveu tratados sobre direito, astronomia, gramática, medicina e filosofia, sendo um comentário sobre Aristóteles sua obra mais importante. Era conhecido pelos estudiosos por "o comentarista" (de Aristóteles).

Religião e filosofia. Averróis teve sua influência na Idade Média cristã desvalorizada. Pelo fato de ser o comentarista de Aristóteles mais lido, sua interpretação platônica foi considerada correta e adotada pelos cristãos. Como muitos da sua época, Averróis acreditava equivocadamente que Aristóteles era autor de um livro chamado *Teologia*, que na verdade era um resumo das obras de Plotino (Edwards, p. 221). Como resultado, idéias plotinianas foram atribuídas a Aristóteles.

Os comentários de Averróis sobre Aristóteles foram essenciais para os currículos educacionais das primeiras universidades da Europa ocidental (ibid., p. 223).

Panteísmo emanatista. Apesar de parecer estranho que um mulçumano seja panteísta (v. PANTEÍSMO); isso não é incomum entre os sufis. O deus de Averróis estava completamente separado do mundo, sem exercer providência. Semelhante à teologia de Avicena, o universo teria sido criado por emanações de Deus. Haveria uma série de esferas celestiais (inteligências) que desceram de Deus até alcançar a humanidade na esfera inferior. A matéria e o intelecto seriam eternos. Deus seria um Primeiro Motor impessoal e remoto. A única mente real no universo seria a de Deus.

O indivíduo sob esse esquema só tem um intelecto passivo. Deus pensa por meio da mente humana. Averróis negava o livre arbítrio e a imortalidade das almas.

Duplas Verdades. Averróis foi acusado de ensinar uma teoria de "dupla verdade". Na dupla verdade, acredita-se simultaneamente em duas proposições auto-excludentes se uma é filosófica e a outra religiosa. Essa é uma acusação falsa. É irônico que tal acusação tenha sido levantada contra Averróis, que compôs o tratado *Da harmonia entre religião e filosofia*, para refutar essa mesma posição. Averróis acreditava em modos alternativos de acesso à verdade, mas aparentemente não acreditava que poderia haver verdades incompatíveis em campos diferentes (v. Edwards, p. 223).

No entanto, averroístas posteriores foram acusados de defender a dupla verdade. Siger de Brabant supostamente introduziu tais ensinamentos neoplatô-nicos na Universidade de Paris. Boaventura e Tomás de Aquino reagiram fortemente. Aquino é considerado o destruidor da popularidade de Averróis no Ocidente, especialmente por meio do seu livro *Da unidade do intelecto* (1269).

Por volta de 1270, Stephen Tempier, bispo de Paris, condenou vários ensinamentos de Averróis, inclusive a eternidade do mundo, a negação da providência universal de Deus, a unidade do intelecto humano e a negação do livre-arbítrio. Em 1277 publicou várias condenações de erros semelhantes. No preâmbulo dessa última denúncia, acusou Siger e seus seguidores de dizer que "coisas são verdadeiras segundo a filosofia, mas não segundo a fé católica, como se houvesse duas verdades contraditórias" (Cross, p. 116).

Apesar de não haver certeza de que Siger realmente defendeu a teoria da dupla verdade, tal teoria inspirou a suposição iluminista de que os domínios da fé e da razão podem ser separados. Certas formas dessa teoria ainda prevalecem. Thomas Hobbes, Baruch Espinoza e Immanuel Kant promoveram essa idéia, assim como críticos do NT (v. Bíblia, crítica da) que separaram o Jesus da história do Cristo da fé (v. Bultmann, Rudolph; Cristo da fé vs. Jesus da história; Jesus, seminário; mitologia e o nt).

Interpretação alegórica. Seguindo Plotino, Averróis acreditava que a forma suprema de sabedoria leva à experiência mística de Deus (v. misticismo). Essa experiência envolve passar de um conhecimento normal, racional e discursivo para uma experiência transracional, intuitiva e direta de Deus. Tal abordagem exigia uma interpretação alegórica das Escrituras.

Averróis interpretou o *Alcorão* alegoricamente e por isso foi acusado de heresia e exilado, apesar de ser chamado de volta pouco antes da sua morte. Muitos cristãos, de Orígenes (c. 185-c. 254) em diante, assumiram essa abordagem alegórica das Escrituras.

Avaliação. Se ele realmente a ensinou, a teoria da dupla verdade, à qual alguns dos seus discípulos deram continuidade, é contrária às leis básicas do raciocínio (lógica; primeiros princípios). Fé e razão não podem ser bifurcadas (v. fé e razão).

O panteísmo de Averróis é contrário aos princípios gerais do teísmo, e ao teísmo cristão especificamente. Suas posições sobre a eternidade da matéria (v. criação, posições sobre a) são contrárias ao ensinamento sobre a criação (v. *kalam*, argumento cosmológico).

Sua negação do livre-arbítrio apresenta sérios problemas e é uma forma de forte determinismo, que a maioria dos cristãos rejeita. O mesmo pode ser dito sobre sua negação da imortalidade individual (v. inferno; imortalidade). A forma de misticismo de Averróis, em que a mente e as leis da razão são irrelevantes, é inaceitável para os teístas sérios (v. fé e razão; lógica; mistério).

Fontes

Averróis, *Comentário sobre Aristóteles.*

___, *Averroes commentary on Plato's republic,* E. I. J. Rosenthal, org.

___, *Averroes on the harmony of religion and philosophy.*

P. Edwards, "Averroes", ep.

N. L. Geisler e A. Saleeb, *Answering Islam.*

E. Gilson, *History of christian philosophie in the Middle Ages.*

A. A. Maurer, *Medieval philosophy.*

S. Munk, *Melanges de philosophie juive² et arabe.*

E. Renan, *Averroes et l'averroisme*, Paris.

Tomás Aquino, *Da unidade do intelecto*

Avicena. Médico e filósofo (980-1037) das proximidades de Bukhara, na região do Uzbequistão, no oeste asiático. Seu nome é uma pronúncia latinizada da forma arábica de Ibn Sina. Avicena escreveu cerca de cem livros sobre lógica, matemática, metafísica e teologia, e sua maior obra, *O cânon*, era um sistema de medicina. Combinou o aristotelismo (v. Aristóteles) e o neoplatonismo (v. Plotino) em sua filosofia panteísta.

O argumento cosmológico de Avicena. Seguindo o filósofo muçulmano Alfarabi, Avicena formulou um argumento cosmológico semelhante ao que foi emulado por escolásticos posteriores, incluindo Tomás de Aquino. Para encontrar o contexto de Avicena na história do argumento cosmológico, v. COSMOLÓGICO, ARGUMENTO.

A argumentação de Avicena é assim:

1. Existem coisas possíveis (i.e., coisas que surgem porque são causadas, mas não existiriam por si próprias).
2. Todas as coisas possíveis que existem têm uma causa para existir (já que não explicam a própria existência).
3. Contudo, não pode haver uma série infinita de causas de existências.
   a) Pode haver uma série infinita de causas de *geração* (o pai gera o filho, que gera o filho).
   b) Não pode haver uma série infinita de causas de *existência*, já que a causa da existência deve ser simultânea ao efeito. A não ser que houvesse uma base causal para a série, não haveria seres causados.
4. Logo, deve haver uma Causa Primeira para todos os seres possíveis (i.e., para todos os seres que são criados).
5. Essa Causa Primeira deve ser um Ser Necessário, pois a causa de todas as coisas não pode ser um ser possível.

A influência neoplatônica sobre Avicena. Ao emprestar algumas premissas neoplatônicas e a cosmologia de dez esferas, Avicena amplia seu argumento para provar que uma Causa Primeira necessária criou uma série de "inteligências" (demiurgos ou anjos) e dez esferas cósmicas que controlavam:

6. Tudo que é essencialmente Um pode criar imediatamente apenas um efeito (chamado inteligência).
7. Pensar é criar, e Deus necessariamente pensa, já que é um Ser Necessário.
8. Logo, há uma emanação necessária de Deus de dez inteligências que controlam várias esferas do universo. A última delas (intelecto agente) forma os quatro elementos do cosmo. Pelo intelecto agente, a mente humana (intelecto possível) é formada de toda verdade.

Avaliação. Muitas críticas ao argumento cosmológico foram oferecidas por ateus, agnósticos e pelo ceticismo, a maioria das quais originou-se de David HUME e Immanuel KANT (v. DEUS, OBJEÇÕES AOS ARGUMENTOS EM FAVOR DA EXISTÊNCIA DE).

Além dos argumentos tradicionais, a forma do argumento de Avicena está sujeita a muitas críticas contra o panteísmo e o pensamento neoplotiniano.

A cosmologia emanante ficou ultrapassada com a astronomia moderna.

Conclusão. Como no teísmo, o deus de Avicena era um Ser Necessário. Mas, ao contrário do teísmo, a força criativa serial de dez deuses emanou de Deus com necessidade absoluta. Além disso, ao contrário do Deus teísta cristão que criou *ex nihilo* livremente, e que é diretamente responsável pela existência de tudo, na cosmologia de Avicena o universo emana de uma série de deuses (v. CRIAÇÃO, POSIÇÕES SOBRE A).

Fontes

F. COPLESTON, *History of philosophy.*
N. L. GEISLER, *Philosophy of religion.*
E. GILSON, "Avicena" em *The encyclopedia of philosophy.*
___, *History of christian philosophy in the Middle Ages.*

Ayer, A. J. Alfred Jules Ayer (1910-1989) foi um humanista britânico, graduado em Oxford (1932), e membro do Círculo de Viena do positivismo lógico. Esse grupo, formado em 1932, foi influenciado por Ernst Mach (m. 1901). Sua obra era extremamente antimetafísica (v. METAFÍSICA) e anticristã.

Em *Language, truth, and logic* [*Linguagem, verdade e lógica*](1936), Ayer tentou eliminar a metafísica por meio do princípio de verificação. *Foundations of empirical knowledge* [*Alicerces do conhecimento empírico*](1940) lidava com problemas da linguagem particular e outros pensamentos. *Philosophical essays* [*Ensaios filosóficos*] (1954) continha artigos tratando de problemas levantados por seus dois primeiros livros. Até 1956 Ayer havia escrito *The problem of knowledge* [*O problema do conhecimento*] (1956), que reflete o realismo moderado contra o ceticismo. Ele aceita que algumas afirmações possam ser verdadeiras mesmo que não possam ser inicialmente justificadas. Uma experiência que deixou Ayer entre a vida e a morte na década de 1980 convenceu-o da possibilidade da imortalidade, apesar de continuar rejeitando a existência de Deus (v. ACOGNOSTICISMO).

A filosofia de Ayer. Conforme Ayer e os positivistas lógicos, afirmações significativas devem seguir o critério da verificação. Todas as proposições genuínas devem ser empiricamente testáveis se não são simplesmente formais ou definitivas.

Proposições significativas. Assim como David HUME, Ayer ensinou que há três tipos de proposições:

1) Proposições analíticas são truísmos, tautologias ou verdadeiras por definição. Elas são

explicativas, ou seja, o predicado apenas afirma o que o sujeito diz.
2) Proposições sintéticas são verdadeiras por experiência e/ou em relação à experiência. Elas são ampliativas, já que o predicado amplia ou afirma mais que o sujeito. Todas as outras proposições são absurdas.
3) Elas são desprovidas de significado, não têm significância literal e são, no máximo, emotivas.

A metafísica não tem significado. Ayer seguiu Immanuel KANT ao rejeitar afirmações metafísicas ou teológicas, mas por razões diferentes. Kant usou o argumento de que a mente não pode ir além dos fenômenos do mundo físico. Mas Ayer reconheceu que a mente deve ir além do físico. De que outra maneira saberia que não pode ir além? Além disso, enquanto Kant tinha uma metafísica, Ayer não tinha, argumentando que não podemos falar significativamente sobre o que pode estar além do empírico. Como Ludwig Wittgenstein disse: "Sobre o que você não pode falar, não fale". A impossibilidade da metafísica não está na psicologia do homem, mas no significado da linguagem.

Diferenças. Ayer prescreveu duas diferenças no princípio de verificação (v. VERIFICAÇÃO, PRINCÍPIO DA). Em primeiro lugar, há uma diferença entre verificação *prática* e *de princípio*. Ambas são significativas. Na verificação prática o meio de verificação está disponível. Por outro lado, a verificação de princípio envolve proposições que não temos meios para verificar agora, mas sabemos como faríamos isso. Por exemplo: "Não há vida em Marte" é verificável em princípio, mas ainda não é na prática.

Em segundo lugar, há uma diferença entre *verificação forte e fraca.* Apenas a verificação fraca é válida. A verificação forte envolve certeza, acima de qualquer dúvida, ou prova conclusiva. Os primeiros positivistas afirmavam tê-la, mas depois modificaram sua posição. Se houver verificação forte, então também haverá metafísica geral. E seria pretexto Ayer dizer que há tipos importantes de absurdos. A verificação está sujeita a mudança ou a correção, já que está baseada na experiência. Ayer concluiu que nenhuma proposição além da tautologia pode ser mais que provável, por exemplo: "Todos os seres humanos são mortais" é puramente definitivo, ou é uma generalização empírica.

Maior qualificação do princípio da verificação. Ayer aprimorou o princípio da verificação de três maneiras. Em primeiro lugar, nenhuma proposição pode ser refutada conclusivamente pela experiência, a não ser que possa ser verificada conclusivamente pela experiência. Em segundo lugar, proposições analíticas não podem ser verificadas nem refutadas pela experiência. Em terceiro lugar, as proposições não precisam ser diretamente verificáveis para ser significativas. Devem, no entanto, ter alguma experiência sensorial relativa à verdade ou à falsidade.

Na edição revisada de 1946 de *Language, truth, and logic* (1946), Ayer considerou necessário fazer outras revisões no princípio de verificação. Reconheceu relutantemente que algumas proposições definitivas, por exemplo, o princípio da verificação em si, são significativas sem ser concretas nem simplesmente arbitrárias. Além disso, algumas afirmações empíricas podem ser verificadas conclusivamente, por exemplo uma experiência sensorial específica. Essas qualificações, principalmente a primeira, viriam a ser a queda do positivismo lógico.

Aplicação do princípio da verificação. Metafísica e teologia. As conclusões de Ayer foram severas: Todas as proposições metafísicas são absurdas porque não são analíticas nem empíricas. Toda filosofia genuína é analítica, não metafísica. E a metafísica surgiu por acidente de linguagem, a crença que substantivos têm referêcias reais.

A metafísica não é apenas poesia deslocada. A poesia não diz absurdos; há um significado literal por trás de grande parte do que os poetas dizem. Esse não é o caso da metafísica. Além disso, nenhuma proposição significativa que pode ser formulada sobre os termos *Deus* ou *transcendente*. Conforme Ayer, isso não é ateísmo nem agnosticismo, os quais consideram significativo falar sobre Deus. Isso é não-cognitivismo ou acognosticismo, que considera a própria questão de Deus sem sentido.

Ética. Ayer acreditava que afirmações éticas não são formais nem reais, e sim emotivas. Tais afirmações expressam simplesmente o sentimento de quem fala e tentam persuadir outros a sentir o mesmo. Por exemplo: "Você não deve roubar" significa que eu não gosto de roubo e quero que você também sinta o mesmo. Isso não é uma declaração concreta, mas apenas expressa a atitude de quem fala. Afirmações éticas não são afirmações *sobre* sentimentos, e sim afirmações *de* sentimentos. Ayer afirma que essa posição é subjetiva, mas não radicalmente subjetivista. Afirmações éticas são apenas emissoras e, portanto, inverificáveis, enquanto afirmações sobre sentimentos são verificáveis: "Estou entediado" é verificável; um suspiro é inverificável.

Avaliação. O positivismo lógico é diametralmente oposto ao cristianismo evangélico. Se verdadeiro, o positivismo lógico de Ayer teria conseqüências desastrosas para o cristianismo ortodoxo. Nenhuma afirmação sobre a existência ou natureza de Deus poderia ser no mínimo significativa, quanto mais verdadeira. A Bíblia não poderia conter revelação proposicional sobre Deus nem poderia ser a Palavra inspirada de Deus. Não poderia haver prescrições éticas significativas, e nem princípios morais absolutos.

A natureza contraditória da verificação empírica. O golpe mortal do princípio da verificação de Ayer é o fato contraditório de que ele não é empiricamente verificável. Pois, segundo o critério de verificação, todas as afirmações significativas devem ser verdadeiras por definição ou comprováveis empiricamente. Mas o princípio de verificação não é nenhum dos dois. Por seus próprios padrões, o princípio da verificabi-lidade não faz sentido.

E também não escapa do dilema ao criar uma terceira categoria para incluir a significância do princípio da verificação, mas para excluir todas as afirmações metafísicas e teológicas. Pois toda tentativa de definir tal princípio falhou. No fim, a maioria dos membros do Círculo de Viena original descartou seu positivismo lógico restrito, incluindo-se o próprio Ayer.

Os princípios de verificação revisados não sobreviveram. Toda tentativa de expulsar a metafísica e introduzir em seu lugar a verificação por qualificação descobriu que a metafísica reaparecia pela porta dos fundos, renovada pelas qualificações ampliadas que permitiam afirmações metafísicas. As afirmações mais restritas de verificação inevitavelmente eliminaram o próprio princípio de verificação. As afirmações mais amplas do princípio que não eram contraditórias não eliminaram sistematicamente todas as afirmações metafísicas e teológicas.

Legislando significado sem ouvir. O problema do positivismo lógico é que ele tentou legislar o que as pessoas queriam dizer em vez de ouvir o que de fato diziam. Afirmações éticas são o caso clássico em questão. Uma afirmação do tipo "Não faça isso" não quer dizer "Não gosto dessa ação". Significa "Você não pode/ deve fazer isso". É errado reduzir *deve* para *é*, o *prescritivo* para o *descritivo*. Também é um erro reduzir "você deve" para "eu acho que é errado".

Da mesma forma, afirmações sobre Deus não precisam ser reduzidas a tautologias nem afirmações empíricas para ser significativas. Por que as afirmações sobre um Ser transempírico (Deus) deveriam estar sujeitas a critérios empíricos? Afirmações metafísicas são significativas no contexto metafísico usando critérios metafísicos (v. PRIMEIROS PRINCÍPIOS).

Fontes

A. J. AYER, *Foundations of empirical knowledge.*
___, *Language, truth, and logic.*
___, *The problem of knowledge.*
H. FEIGL, "Logical positivism after thirty-five years", PT, Winter 1964.
F. FERRE, *Language, logic, and God.*
A. FLEW, et al. *New essays in philosophical theology.*
N. L. GEISLER, *Philosophy of religion*, cap. 12.

Bb

Barnabé, Evangelho de. Os muçulmanos citam freqüentemente o *Evangelho de Barnabé* para defender os ensinos islâmicos (v. Maomé, suposto chamado divino de; Alcorão, suposta origem divina do). Na verdade, ele é um campeão de vendas em muitos países islâmicos. Suzanne Haneef o recomenda em sua bibliografia anotada sobre o islamismo, dizendo:

> Nele se encontra o Jesus vivo retratado mais vividamente e mais identificado com a missão que lhe foi confiada do que qualquer outro dos quatro evangelhos o NT pode retratá-lo.

É chamado "leitura essencial para qualquer um que busque a verdade" (Haneef, 186).

Uma afirmação islâmica típica é a de Muhammad Ata ur-Rahim:

> O *Evangelho de Barnabé* é o único evangelho ainda existente escrito por um discípulo de Jesus... [Ele] foi aceito como evangelho canônico nas igrejas de Alexandria até 325 d.C. (Ata ur-Rahim, p. 41).

Outro autor muçulmano, M. A. Yusseff, argumenta confiantemente que "em antigüidade e autenticidade, nenhum outro evangelho pode chegar perto do *Evangelho de Barnabé*" (Yusseff, p. 3).

Conteúdo. Não é de surpreender que os apologistas muçulmanos recorram ao *Evangelho de Barnabé*, pois ele apóia um ensinamento islâmico básico contrário ao NT (v. Cristo, morte de). Afirma que Jesus não morreu na cruz (cf. surata 4.157; v. Cristo, lenda da substituição da morte de). Mas argumenta que Judas Iscariotes morreu no lugar de Jesus (seç. 217), tendo-o substituído na última hora. Essa posição é adotada por muitos muçulmanos, já que a grande maioria deles acredita que outra pessoa tomou o lugar de Jesus sobre a cruz.

Autenticidade. Eruditos conhecidos que examinaram cuidadosamente o *Evangelho de Barnabé* consideram que não há *absolutamente* nenhuma base para a autenticação dessa obra. Depois de examinar a evidência num artigo acadêmico em *Islamochristiana*, J. Slomp concluiu: "Na minha opinião a pesquisa acadêmica provou cabalmente que esse evangelho é falso. Essa opinião também é compartilhada por vários eruditos muçulmanos" (Slomp, 68). Na introdução à edição de Oxford do *Evangelho de Barnabé*, Longsdale e Ragg concluem que "a verdadeira data fica [...] mais próxima de século XVI que do século I" (Longsdale, p. 37).

As evidências de que esse não é um evangelho do século I, escrito por um discípulo de Cristo, são esmagadoras:

A referência mais antiga a ele vem de uma obra do século V, o *Decreto gelasiano*, pelo papa Gelásio, 492-495 d.C.). Mas até essa referência é questionada (Slomp, p. 74). Além disso, não há evidência manuscritológica na língua original para sua existência. Slomp diz diretamente: "Não há tradição textual do VEB [manuscrito de Viena do *Evangelho de Barnabé*]" (ibid.). Em contraste, os livros do NT são comprovados por mais de 5 300 manuscritos gregos que começam a ser produzidos durante os três primeiros séculos (v. Bíblia, evidências da).

Em segundo lugar, L. Bevan Jones observa que

> Sua primeira forma conhecida é um manuscrito italiano. Esse manuscrito foi analisado cuidadosamente por eruditos e é considerado pertencente ao século XV ou XVI, isto é, 1400 anos após o tempo de Barnabé (Jones, 79).

Até seus defensores muçulmanos, como Muhammad ur-Rahim, admitem não existirem manuscritos anteriores ao século XVI.

Esse evangelho é muito usado por apologistas muçulmanos hoje, mas não há referência a ele por parte de nenhum escritor muçulmano antes do século XV ou XVI. Certamente eles o teriam usado, se de fato existisse. Houve muitos escritores muçulmanos que escreveram livros que, sem dúvida, teriam se referido a tal obra, se existisse. Mas nenhum deles, nem qualquer outra pessoa, jamais o mencionou entre os séculos VII e XV, quando houve intenso debate entre cristãos e muçulmanos.

Nenhum pai ou mestre da igreja cristã jamais o citou entre os séculos I e XV, apesar do fato de haverem citado todos os versículos de todos os livros do NT, com exceção de onze (*Introdução Bíblica*). Se o *Evangelho de Barnabé* fosse considerado autêntico, certamente teria sido citado muitas vezes, como todos os outros livros canônicos das Escrituras. Se esse evangelho existisse, autêntico ou não, certamente teria sido citado por alguém. Mas nenhum autor antigo o citou, nem contra nem a favor, por mais de 1500 anos.

Às vezes ele é confundido com a *Epístola* de [pseudo] *Barnabé* do século I (c. 70-90 d.C.), que é um livro completamente diferente (Slomp, p. 37-8). Por causa das referências a essa obra, eruditos muçulmanos alegam falsamente haver apoio para uma data anterior. Muhammad Ata ur-Rahim confunde os dois livros e, assim, afirma equivocadamente que o evangelho estava em circulação nos séculos II e III d.C. Esse é um erro estranho, já que ele admite que ambos são descritos como livros diferentes nos "Sessenta Livros", atribuindo o número de série 18 à *Epístola de Barnabé* e o número serial 24 ao *Evangelho de Barnabé*. Rahim até cita a "Epístola de Barnabé" pelo nome como evidência da existência do *Evangelho de Barnabé* (Ata ur-Rahim, p. 42-43).

Alguns até pensaram erroneamente que a referência a um evangelho usado por Barnabé mencionado no livro apócrifo *Atos de Barnabé* (antes de 478) fosse o *Evangelho de Barnabé*. Mas, isso é claramente falso, como a citação revela: "Barnabé, depois de desenrolar o evangelho, que recebemos *de Mateus, seu cooperador*, começou a ensinar os judeus" (Slomp, p. 110). Ao omitir deliberadamente essa frase enfatizada, dá-se a impressão de que há um evangelho de Barnabé.

A mensagem do *Evangelho de Barnabé* é refutada completamente por documentos de testemunhas oculares do século I, encontrados no NT (v. NOVO TESTAMENTO, HISTORICIDADE DO). Por exemplo, seus ensinamentos de que Jesus não afirmou ser o Messias e que ele não morreu na cruz são absolutamente refutados por documentos de testemunhas oculares do século I (v. BÍBLIA, MANUSCRITOS DA). Na verdade, nenhum muçulmano deveria aceitar a autenticidade do *Evangelho de Barnabé*, já que ele contradiz claramente a afirmação do *Alcorão* de que Jesus era o Messias. O livro afirma: "Jesus confessou e disse a verdade: 'Eu não sou o Messias [...] Na verdade fui enviado à casa de Israel como um profeta de salvação, mas depois de mim virá o Messias'" (seç. 42, 48). O *Alcorão* chama Jesus de "Messias" [o "Cristo"] várias vezes (cf. surata 5.19, 75).

Até os promotores muçulmanos do livro, tais como Haneef, têm de admitir que "a autenticidade desse livro ainda não foi estabelecida incontestavelmente [...] É considerado um registro apócrifo da vida de Jesus". Haneef afirma que o livro "ficou perdido do mundo durante séculos por causa da sua repressão como documento herético", mas não há nenhuma evidência documentada disso. Conforme indicado acima, ele sequer foi mencionado por alguém anterior a ele no século VI. Outros teólogos muçulmanos também duvidam da sua autenticidade (v. Slomp, p. 68). O fato é que o livro contém anacronismos e descrições da vida medieval na Europa ocidental que revelam que não foi escrito antes do século XIV. Por exemplo, refere-se ao ano do jubileu a cada cem anos, em vez de cinquenta (*O Evangelho de Barnabé*, p. 82). A declaração papal de mudá-lo para cada cem anos foi feita pela igreja em 1343. John Gilchrist, na obra intitulada *Origins and sources of the Gospel of Barnabas* [*Origens e fontes do Evangelho de Barnabé*], conclui que

> apenas uma solução pode explicar essa coincidência surpreendente. O autor do *Evangelho de Barnabé* só citou as supostas palavras de Jesus sobre o ano do jubileu acontecer 'a cada cem anos' porque sabia do decreto do papa Bonifácio.

Gilchrist acrescentou:

> Mas como saberia sobre esse decreto a não ser que vivesse na mesma época que o papa ou algum tempo depois? É um anacronismo óbvio que nos compele a concluir que o *Evangelho de Barnabé* não poderia ser escrito antes do século XIV d.C." (Gilchrist, p. 16-7).

Um anacronismo importante é que o *Evangelho de Barnabé* usa o texto da *Vulgata* do século IV. Outros exemplos de anacronismos incluem um vassalo que deve uma parte da sua colheita para o seu senhor (*O evangelho de Barnabé*, 122), uma ilustração do feudalismo medieval, uma referência a barris de madeira para vinho (152), em vez dos odres de vinho usados na Palestina, e um procedimento da corte medieval (121).

J. Jomier dá uma lista de erros e exageros:

> A obra diz que Jesus nasceu quando Pilatos era governador, mas ele não se tornou governador até 26 ou 27 d.C. Jesus velejou para Nazaré, que não fica à beira-mar. Da mesma forma, *o evangelho de Barnabé* contém exageros, como a menção de 144 mil profetas e 10 mil profetas mortos "por Jizebel" (v. Slomp).

O estudo de Jomier mostra quatorze elementos islâmicos em todo o texto que provam que um autor mulçumano, provavelmente convertido, escreveu o livro. O pináculo do templo, de onde se diz que Jesus pregou — um péssimo lugar para pregação — foi traduzido para o árabe como *dikka*, uma plataforma usada nas mesquitas (7). Além disso, Jesus é apresentado como alguém que veio apenas para Israel, mas Maomé para a salvação do mundo inteiro (cap. 11). Finalmente, a negação de Jesus como Filho de Deus é islâmica, assim como o fato de que o sermão de Jesus é baseado num *hutba* muçulmano que começa com louvor a Deus e a seu santo Profeta (cap. 12).

Conclusão. O uso islâmico do *Evangelho de Barnabé* para apoiar seus ensinamentos é desprovido de comprovação. Seus ensinamentos até contradizem o *Alcorão*. Essa obra, longe de ser um registro autêntico dos fatos sobre Jesus compilados no século I, é evidentemente uma invenção do fim da era medieval. Os melhores registros do século I que temos da vida de Cristo são encontrados no NT, e categoricamente contradizem o ensinamento do *Evangelho de Barnabé*. Até referências antigas pagãs contradizem o *Evangelho de Barnabé* em ponto cruciais (*ver* NOVO TESTAMENTO, FONTES PAGÃS DO). Para uma crítica detalhada o leitor deve consultar o livro excelente de David Sox, *O Evangelho de Barnabé*.

Fontes

M. ATA UR-RAHIM, *Jesus: prophet of Islam*.
N. L. GEISLER, *Introdução Geral à Bíblia*.
____ e A. SALEEB, *Answering Islam*.
S. HANEEF, *What everyone should know about Islam and Muslims*.
J. JOMIER, *Egypt: reflexions sur la Recontre al-Azhar*.
L. B. JONES, *Christianity explained to muslims*.
J. SLOMP, *The gospel dispute, Islamochristiana*.
D. SOX, *O Evangelho de Barnabé*.
M. A. YUSSEFF, *The Dead Sea scrolls, the Gospel of Barnabas, and the New Testament*.

Barth, Karl. Teólogo alemão (1886-1968) estudou em Berna, Berlim, Tübingen e Marburgo. Ministrou em Genebra de 1901 a 1911. Após um pastorado de 10 anos em Safenwil, Suíça, Barth foi indicado para ocupar cadeira de teologia reformada da Universidade de Göttingen (1921). Em 1925 foi a Münster e depois a Bonn (1929), onde sua oposição ao movimento Socialista Nacional Alemão resultou no seu exílio. A partir de então Barth ensinou teologia na Universidade de Basiléia até se aposentar em 1962.

As obras mais influentes de Barth incluem *Comentário de romanos* (1922), *The Word of God and theology* [*A Palavra de Deus e a teologia*] (1924), *Theology and the church* [*Teologia e a igreja*] (1928), *Cristian dogmatics in outline* [*Esboços de dogmática cristã*] (1927), *Alsem* [*Anselmo*] (1931), *Church dogmatics* [*Dogmática cristã*] (1932-1968). Eles escreveram também uma pequena, porém importante, obra chamada *Nein* [*Não*]

Influências. Barth inspirou-se na epistemologia de Immanuel KANT, por mediação de Albrecht Ritschl e Wilhelm Herrmann. O existencialismo de Søren KIERKEGAARD também teve impacto significativo sobre seu pensamento, apesar de rejeitar essa influência mais tarde. *Os irmãos Karamazov*, de Fiodor Dostoievski, um romance que retratava a falência da filosofia humanista, ajudou a moldar seu pensamento.

Barth também foi influenciado pelo método teológico liberal de Herrmann, pelo ATEÍSMO de Franz Overbeck e pelo pietismo de Jean Blumhardt, um pastor do início do século XIX. O próprio Barth indicou a leitura da Bíblia, especialmente Romanos, e dos reformadores como influências transformadoras na sua vida e no seu pensamento (v. Barth, *Romanos*; todas as citações neste artigo são das obras de Barth, exceto as que têm outra indicação).

Barth também foi muito influenciado de forma negativa pelo ateísmo humanista de Ludwig FEUERBACH. Ele até escreveu um prefácio para uma edição do livro *A essência do cristianismo*, de Feuerbach. Parecia afirmar que a religião antropomórfica é o melhor que os seres humanos podem fazer à parte da revelação divina.

Elementos do pensamento de Barth. Barth foi um estudante do liberalismo que reagiu fortemente contra os ensinamentos liberais. Enfatizou a transcendência de Deus e o domínio do pecado no mundo em oposição à tendência modernista de colocar a humanidade no lugar de Deus. Desenvolveu um método teológico dialético que faz da verdade uma série de paradoxos. Por exemplo, o infinito se tornou finito, o absolutamente transcendente se revelou em Jesus. Também desenvolveu um tema de "crise", descrevendo o conflito com esses paradoxos.

FIDEÍSMO. Como pastor em Safenwil, Barth se desiludiu com o liberalismo diante dos problemas práticos da pregação cristã. Para Barth, a verdade na religião é baseada na fé e não na razão ou evidência (*Church dogmatics*, 1.2.17). Isso é fideísmo. Barth acreditava que a verdade transcendental não pode ser expressa em categorias racionais. Ela precisa ser revelada no conflito dos opostos. O conhecimento teológico é uma racionalidade interna, uma coerência interior dentro das pressuposições da fé. Esse conhecimento é independente das regras do pensamento que governam outros conhecimentos.

O ápice do fideísmo de Barth foi alcançado em *Anselm* e continuou em *Church dogmatics*. Só Deus pode revelar Deus. A fé não precisa de provas. O Verbo de Deus é conhecido por se fazer conhecer (*Anselmo*, p.282). Esse fideísmo era tão forte que Barth escreveu *Nein* para responder a outro teólogo neo-ortodoxo, Emil Brunner. Barth negou que os seres humanos tenham a capacidade ativa de receber revelação especial de Deus (v. REVELAÇÃO ESPECIAL). Pelo contrário, Deus tem de criar milagrosamente o "ponto de contato" dentro da pessoa antes de se comunicarem (*Nein*, p. 29). Barth, como era esperado, negou a eficácia da revelação geral (v. REVELAÇÃO GERAL) para comunicar a verdade de Deus (ibid., p. 79-85). A humanidade está de tal modo viciada pelo pecado que a revelação não pode ser entendida (v. FÉ E RAZÃO; EFEITOS NOÉTICOS DO PECADO).

A TEOLOGIA NATURAL, que busca estabelecer a existência de Deus por meio de argumentos racionais (v. DEUS, EVIDÊNCIAS DE), é simplesmente eliminada (*Romans*, 2.1.168). Os milagres não confirmam a revelação a incrédulos. São significativos apenas para os que já crêem (ibid., 3.3.2; 714s.; v. MILAGRES, VALOR APOLOGÉTICO DOS). No livro *Shorter commentary on Romans* [*Breve comentário de Romanos*] (1959), Barth reconheceu que há um testemunho de Deus na natureza a que todas as pessoas têm acesso, mas logo acrescenta que elas não se aproveitam dele (*Shorter commentary*, p. 28).

A posição de Barth em relação às Escrituras. *Três níveis da Palavra de Deus*. A Palavra de Deus é revelada em três formas:

1. O Verbo encarnado, Jesus Cristo, é o último nível, que é idêntico à segunda pessoa da Trindade.
2. A Palavra registrada é todo o cânon das Escrituras como testemunho da revelação.
3. A Palavra proclamada (pregada) depende da Palavra escrita, porque baseia-se nesse testemunho da revelação.

A Bíblia como registro da revelação. A Bíblia não é uma revelação escrita (*Church dogmatic*, 6.1.5-7). Ela apenas registra a revelação de Deus em Jesus Cristo. A Palavra proclamada espera o cumprimento da Palavra de Deus no futuro. Apenas o Verbo Revelado, o Cristo encarnado, tem o caráter absoluto de Palavra de Deus. A revelação escrita e a Palavra proclamada relacionam-se à Bíblia e só podem ser nomeadas corretamente Palavra de Deus quando Deus decide livremente usá-las para nos confrontar.

Barth estava convencido de que a Bíblia não é a própria revelação, mas sim um *testemunho* da revelação. Há uma diferença entre um evento e seu registro e descrição. Assim, a revelação de Deus e a descrição humana nunca são idênticas.

A Bíblia é falível. A Bíblia não é a palavra infalível de Deus, mas um livro completamente humano. Os autores da Bíblia eram pessoas limitadas no tempo que possuíam perspectiva própria, que é diferente da nossa. Testemunharam os eventos redentores conforme os conceitos da época. Os autores erraram em todas as palavras, mas seu trabalho foi justificado e santificado por Deus para que expressassem a Palavra de Deus jamais com suas palavras falíveis e falhas. A Palavra de Deus coincide com o próprio livro (a Bíblia). A Palavra é sempre uma ação livre e soberana de Deus. Isso remove as palavras da Bíblia da Palavra de Deus, de modo que a Palavra de Deus não está sujeita a ataques direcionados às palavras da Bíblia.

A Bíblia é uma porta de acesso. Deus usa essa Bíblia para seu serviço ao tomar o texto humano e ir ao encontro do indivíduo nela e por meio dela. A autoridade da Bíblia e seu caráter divino não estão sujeitos à demonstração humana. Só quando Deus, pelo Espírito Santo, fala por meio da Bíblia é que a pessoa ouve a Palavra de Deus. A Bíblia consiste em 66 livros reconhecidos na igreja, não porque a igreja lhes conceda autoridade especial, mas porque incorporam o registro dos que testemunharam a revelação (pessoal) na sua forma original (Cristo).

A Palavra de Deus é sempre a Palavra de Deus, mas ela não está à nossa disposição. A expressão comum: "A Bíblia é a Palavra de Deus" não se refere ao livro mas à ação de Deus no livro. A inspiração não garante o caráter gramatical, histórico e teológico das palavras na página; ela as usa como porta de acesso.

Toda semelhança entre a Palavra de Deus e a Bíblia é deficiente, e tudo está em oposição à verdadeira Palavra de Deus e entra em contradição com ela. Não é uma revelação infalível, mas um registro falível da revelação de Deus em Cristo. Pode-se dizer que a Bíblia *se torna* a Palavra de Deus se, e quando, Deus está disposto a falar por intermédio dela.

Linguagem religiosa. Barth se opunha fortemente à linguagem religiosa análoga. Não há ANALOGIA DA EXISTÊNCIA, como em são TOMÁS DE AQUINO. Há apenas uma analogia da fé. Isso significa que a linguagem da Bíblia não descreve como Deus realmente é. Deus transcende de tal maneira nossa linguagem que sua descrição se torna equívoca quando aplicada a ele. É evocativa, mas não descritiva.

A RESSURREIÇÃO. Apesar de sua divergência da posição ortodoxa quanto às Escrituras, Barth manteve algumas posições conservadoras. De maneira incoerente com sua posição sobre as Escrituras, Barth aceitou a concepção virginal, os milagres e a ressurreição corporal. Confessou a Trindade ortodoxa e o Cristo que é Deus.

Sobre a ressurreição, Barth afirmou: "A história da Páscoa fala de [...] Cristo ressurreto realmente, corporalmente, e como tal aparecendo a seus discípulos" (*Commentary*, 1.2.114s.). No livro *Credo*, seu comentário sobre o Credo dos apóstolos, acrescentou:

> O milagre [da ressurreição] consiste em dois fatos que andam juntos... — um, que o túmulo daquele Jesus que morreu na cruz na Sexta-Feira Santa foi encontrado vazio no terceiro dia, e o outro que o próprio Jesus 'aparece' [...] a seus discípulos vivo de maneira visível, audível e tangível.

Barth enfatizou a frase "ressurreto corporalmente" e acrescentou que "não se pode falar em eliminar o túmulo vazio" (*Credo*, p. 100).

Na sua obra *The resurrection of the dead* [*A ressurreição dos mortos*], Barth acrescenta: "O túmulo sem dúvida está vazio, sob toda circunstância concebível vazio! 'Ele não está aqui'". Além disso:

> É um evento que envolve o verdadeiro ver com os olhos e ouvir com os ouvidos e tocar com as mãos [...] Envolve verdadeiro comer e beber, falar e responder, raciocinar e duvidar e depois acreditar.

O evento

> é fixo e caracterizado por algo que realmente aconteceu entre os homens como outros eventos, e foi vivido e mais tarde atestado por eles (*Roman*, 2.64.143).

Barth chega ao ponto de refutar os que enfatizam a "corporalidade glorificada" ao fazer certas inferências especulativas a partir do fato de que Jesus nem sempre foi reconhecido imediatamente após sua ressurreição e de que apareceu atravessando portas fechadas. Barth responde:

> O que os evangelistas realmente sabem e dizem é simplesmente que os discípulos viram e ouviram Jesus novamente após sua morte e que, quando o viram e ouviram, eles o reconheceram, e o reconheceram com base na sua identidade como aquele que conheciam antes.

Realmente, "nas aparições seguintes aos onze, o reconhecimento acontece quando ele permite que vejam e toquem suas mãos e seus pés" (ibid.).

Avaliação. *Características positivas*. Do ponto de vista cristão ortodoxo, Barth constitui uma mistura de bem e mal. Entre as dimensões positivas do seu pensamento estão:

1. Sua tentativa de rejeitar o modernismo e o liberalismo;
2. Sua identificação do esforço modernista de colocar a humanidade no lugar de Deus;
3. Sua rejeição dos esforços de tornar Deus totalmente imanente;
4. Sua ênfase na ressurreição corporal;
5. Sua dedicação em chamar a igreja de volta à Bíblia, com o entendimento de que a fé não está direcionada ao livro, mas apenas a Deus; e
6. Seu apoio às doutrinas ortodoxas centrais.

Críticas. *Deus está fora de alcance*. Barth é um exemplo clássico de fideísta. Ao enfatizar demais a transcendência de Deus, Barth efetivamente o torna incognoscível. Ele jamais superou a forma do "completamente outro" que caracterizava o seu paradoxo, que é não ficar lado a lado com o Filho revelado de Deus, o Cristo (*Commentary*). O Deus de Barth é o Deus de Kierkegaard. Se a linguagem sobre Deus não é sequer analógica, tudo que resta é o AGNOSTICISMO sobre a natureza de Deus.

A tese central é contraditória. A idéia de que verdades transcendentais não podem ser expressas em categorias racionais realiza o que nega — expressa uma verdade transcendental em categorias racionais. Propor que "a verdade é uma série de paradoxos" levanta a questão da veracidade dessa afirmação e, caso seja verdadeira, se é também paradoxal.

O fideísmo é infundado. Argumentar que não há base racional para a fé cristã é contraditório. É um argumento que apóia uma posição religiosa afirmando que argumentos não podem ser dados para apoiar posições religiosas. Além disso, o fideísmo pode ser internamente coerente, mas não há indicação de onde encontra a realidade, então é impossível distingui-lo da falsidade.

A negação da revelação geral não é bíblica. Quando Barth negou a validade da revelação geral, contrariou o cristianismo histórico e as Escrituras. Romanos 1.19,20 (cf. 2.12-15) declara que a revelação geral na natureza é tão clara que até seres humanos pecadores são indesculpáveis. Outras passagens demonstram que Deus pode ser conhecido pela revelação geral, entre elas Salmos 119 e Atos 14 e 17.

Sua posição sobre as Escrituras está errada. Há problemas sérios com a posição de Barth sobre as Escrituras. Ao tentar preservar a liberdade de Deus quanto ao falar por meio das Escrituras, Barth solapou a natureza essencial das Escrituras e da Palavra autorizada de Deus. Sua posição é contrária ao que a Bíblia afirma sobre si mesma (v. BÍBLIA, EVIDÊNCIAS DA), a saber, que não é apenas um testemunho da revelação, mas a própria revelação (v. BÍBLIA, INSPIRAÇÃO DA).

O foco da revelação divina segundo as Escrituras não é uma palavra que se confirma, mas um evento histórico aberto, público e verificável. A evidência é revelada a todos (At 17.31). Lucas compôs sua obra para mostrar os fundamentos históricos sobre os quais a proclamação do evangelho se baseia (Lc 1.1-4). Jesus ofereceu provas infalíveis (At 1.3).

Essa posição equivocada das Escrituras permite escolhas quase ilimitadas do que se quer ou não acreditar. Barth pode ter aceito a ressurreição literal e física, mas muitos que o seguiram não aceitavam. Ele aceitou a crença não-ortodoxa do universalismo. Assim, seguindo ORÍGENES, Barth negou a existência do inferno e afirmou que todos serão salvos.

Fontes

K. BARTH, *Anselm*.
___, *Christian dogmatics in outline*.
___, *Church dogmatics*.
___, *Commentary on Romans*.
___, *Credo*.
___, *Nein*.
___, *Shorter commentary on Romans*.
___, *Theology and the church*.
___, *Word of God and theology*.
G. BOLICH, *Karl Barth and evangelicalism*.
C. PINNOCK, "Karl Barth and christian apologetics", em *Themelios* (197?).
E. BRUNNER, *Revelation and reason*.
S. A. MATCZAK, *Karl Barth on God*.
B. MONDIN, *Analogy in protestant and catholic thought*.

Bayle, Pierre. Nasceu em Carla, França (1647-1706), onde seu pai era um ministro calvinista. Freqüentou a Universidade Jesuíta de Toulouse em 1669, onde se converteu ao catolicismo. Depois, reconsiderou e retornou ao protestantismo, ficando assim sujeito às severas penalidades da lei francesa. Assim, deixou a França e foi para Genebra para terminar seus estudos. Foi nomeado para a cadeira de filosofia em Sedan (1675) e depois em Roterdã (1682), onde publicou seu *Pensées diverses sur la comete* [*Pensamentos diversos sobre o cometa*] e sua *Critique générale de l'histoire du calvinisme de M. Maimbourg* [*Crítica geral da história do calvinismo de Maimbourg*]. Seu pai e seus irmãos morreram na França por causa das perseguições religiosas. De 1684 a 1687 publicou seu famoso jornal, *Nouvelles de la Republique des Lettre* [*Novidades da República das Letras*], uma tentativa de popularizar a literatura. Depois de ser deposto da sua cadeira em 1693, dedicou toda atenção ao seu famoso *Dicionário histórico e crítico* (2 v., 1697), que posteriormente foi expandido para dezesseis volumes até a décima primeira edição (1829-1824).

Crenças. Como Bayle viveu numa época de intolerância religiosa, suas posições eram mais secretas do que seriam em outra situação. Apesar disso, algumas coisas são claras.

Ceticismo. Após a publicação do *Dicionário*, Bayle foi acusado de ceticismo, maniqueísmo e desrespeito pelas Sagradas Escrituras. Bayle foi chamado perante uma comissão presbiteriana e consentiu em mudar alguns artigos ofensivos, que apareceram na forma revisada na segunda edição. No entanto, é evidente que Bayle estava longe de ser um protestante ortodoxo.

Na verdade, Bayle era um cético que se opunha firmemente ao MONISMO de Baruch ESPINOSA e pendia para o DUALISMO maniqueísta — o sistema do qual AGOSTINHO se converteu. Bayle acreditava que os reinos da fé e da razão são mutuamente excludentes. A princípio os protestantes liberais acreditavam que Bayle estava do seu lado, mas logo descobriram que ele considerava as crenças cristãs incompatíveis com a razão e a ciência.

Ataque à religião. O ataque de Bayle à religião era implacável, mas geralmente sutil. Muitos dos seus artigos no *Dicionário* lidavam com o problema do mal, a imoralidade do AT e a suposta irracionalidade do cristianismo. Divertia-se com histórias obscenas de famosas personagens religiosas. Na verdade, seus artigos eram um "ataque maciço contra quase toda posição religiosa, filosófica, moral, científica ou histórica de outras pessoas" (Edwards, p. 258). Considerava-se "um protestante no verdadeiro sentido da palavra, que se opunha a tudo o que era dito e tudo o que era feito" (ibid.).

Tolerância religiosa. Bayle acreditava que "questões de crença devem estar fora do âmbito do Estado" — uma crença que deu à sua obra um lugar no Índice Católico. Em 1686 publicou um *Commentaire philosophique sur ces paroles de Jesus-Christ "Constrains-les d'entrer"* [*Comentário filosófico sobre estas palavras de Jesus "obriga-os a entrar"*] em que defendeu a tolerância aos judeus, muçulmanos, unitários, católicos, e até ateus.

Influência. Apesar de Bayle não ser um revolucionário, sua obras prepararam o caminho para a Revolução Francesa. Três anos antes de John LOCKE (1632-1704) escrever seu famoso livro *Carta sobre tolerância*, Bayle escreveu seu *Commentaire philosophique sur le Compelle Entrare*, em que argumentou que a liberdade é um direito natural e que até o ateu não é necessariamente mau cidadão.

Bayle teve grande influência sobre os filósofos franceses do século XVIII, principalmente sobre François-Marie VOLTAIRE (1694-1778). O *Dicionário* de Bayle foi a fonte da qual tiraram muitos dos seus argumentos. A *Encyclopedie*, obra cética de Denis Diderot, foi baseada na obra de Bayle. Diderot (1713-1784) escreveu:

Artigos que lidam com preconceitos respeitáveis devem expô-los diferentemente; a construção de barro deve ser despedaçada, indicando-se ao leitor outros artigos em que verdades opostas são estabelecidas com base em princípios válidos ("Diderot, Denis" em *Encyclopedia Britannica*).

A influência de Bayle se estendeu a figuras como David HUME e Edward Gibbon. Thomas JEFFERSON recomendou o *Dicionário* como um dos cem livros básicos para começar a Biblioteca do Congresso (EUA). O famoso ateu alemão Ludwig FEUERBACH considerava Bayle como uma figura importante no pensamento moderno e dedicou um volume inteiro a ele.

As teses centrais do ceticismo de Bayle são tratadas em outros artigos, principalmente: AGNOSTICISMO; APOLOGÉTICA; BÍBLIA, CRÍTICA DA; MILAGRES; e NOVO TESTAMENTO, CONFIABILIDADE DO.

Fontes

J. DELVOLVE, *Religion, critique e philosophie positive chez P. Bayle*.
L. FEUERBACH, *Pierre Bayle*.
R. POPKIN, "Bayle, Pierre", EP.
H. E. SMITH, *The literary criticism of P. Bayle*.

basicidade própria. Basicidade própria é uma teoria estabelecida pelo filósofo americano contemporâneo Alvin Plantinga, afirmando que há certas crenças para as quais é possível mas insensato exigir justificação. Elas incluem os conceitos "eu existo" e "há um passado". A pessoa tem o direito de afirmar essas crenças sem dar nenhuma explicação. Plantinga inclui a crença "Deus existe" entre as proposições que são "propriamente básicas". Se verdadeiro, isso minaria a teologia natural, a necessidade de dar qualquer argumento a favor da existência de Deus (v. DEUS, EVIDÊNCIAS DE) e a apologética clássica (v. APOLOGÉTICA CLÁSSICA). Plantinga afirma que a crença em Deus é tão central que seria insensato pedir seu fundamento. A crença em si é o ponto central da cosmovisão do que crê (v. Plantinga, p. 187-98).

Plantinga substitui o fundacionalismo clássico por essas "crenças básicas". Sua teoria é um tipo de fundacionalismo fideísta (v. FIDEÍSMO).

A negação de que haja qualquer princípio fundamental auto-evidente de pensamento envolve o indivíduo em uma de duas situações: ou num regresso infinito no qual nenhuma justificação é dada, ou num ponto de interrupção arbitrário no qual a pessoa simplesmente pára de dar explicações (sem justificação para fazer isso; v. PRIMEIROS PRINCÍPIOS). Plantinga não explica por que coloca sua crença em Deus na categoria de "propriamente básica". Um incrédulo pode simplesmente pedir suas razões de tê-la colocado nessa categoria, de forma que ele é obrigado a dar uma justificação racional, senão estará cometendo uma petição de princípio.

Como outros fideístas, Plantinga aqui deixou de distinguir entre crença *em* e crença *que* Deus existe. É preciso evidência para crer *que* Deus existe, mas não para crer *em* Deus. Seria um insulto a qualquer esposa exigir razões para amá-la. Mas não é um insulto exigir razões de que se trata realmente dela, e não da esposa do vizinho, antes de abraçá-la. Não é digno do relacionamento de uma pessoa com Deus acreditar em Deus por causa da evidência. Se há um Valor Supremo (i.e., Deus) no universo, deve-se crer nesse Ser porque ele merece. Mas é digno pedir evidência de que Deus existe e é o Valor Supremo antes de depositar fé nele. A razão exige que olhemos antes de saltarmos (Geisler, p. 68-9).

Fontes

N. L. GEISLER e W. CORDUAN, *Philosophy of religion*.
A. PLANTINGA, "The reformed objection to natural theology", CSR 11 (1982).

Berkeley, George. Nasceu em Kilekenny, Irlanda (1685-1753). Estudou as obras de John LOCKE e René DESCARTES no Trinity College, Dublin. Tentou, mas não conseguiu, começar uma faculdade em Rhode Island, nos EUA. Depois de ser ordenado ministro anglicano em 1707, foi posteriormente sagrado bispo em 1734.

As principais obras filosóficas de Berkeley incluem *A treatise concerning the principles of human knowledge* [*Tratado dos princípios do conhecimento humano*] (1710), *Three dialogues between Hylas and Philonous* [*Três diálogos entre Hilas e Filonous*] (1713), e *The analyst; or, A discourse addressed to an infidel mathematician* [*O analista; ou um discurso dirigido a um matemático incrédulo*] (1734).

A filosofia de Berkeley. Berkeley é conhecido por duas posições aparentemente incompatíveis. Ele era um empirista epistemológico no estilo de John Locke. Também era um idealista metafísico que negava a existência da matéria.

A epistemologia do empirismo. Segundo Berkeley, a causa e cura das dificuldades filosóficas não está nos nossos sentidos ou em nossa razão, mas no princípio filosófico da *abstração*. Podemos imaginar, compor, dividir e simbolizar (generalizar), e nada mais. Idéias gerais são apenas idéias específicas designadas como representação de um grupo (por exemplo, um triângulo).

O erro da abstração surge da linguagem; acreditamos equivocadamente que as palavras têm significados precisos, que toda palavra representa uma idéia ou que a linguagem serve primariamente para comunicação. Ela também desperta paixões e influencia atitudes. A cura é limitar pensamentos a idéias básicas que estão livres dos seus nomes tradicionais, para evitar controvérsias puramente verbais, a armadilha das abstrações e ser claro. O resultado disso é que não buscaremos o abstrato quando o específico é conhecido, nem suporemos que todos os nomes representam uma idéia.

Berkeley acreditava que a *fonte* de todas as idéias é interna — sensação, percepção, memória e imaginação. O *sujeito* de todo conhecimento é um perceptor (a mente ou "eu"). A *natureza* das idéias é que elas são objetos passivos de percepção. Os *resultados* de tudo isso constituem o idealismo metafísico.

A metafísica do idealismo. Berkeley aceitava a existência apenas de mentes e idéias. Ser é perceber (*esse is percipere*) ou ser percebido (*esse is percipi*). Nenhuma "matéria" nem seres extramentais existem:

1. Não há como separar *ser* de *ser percebido*.
2. O argumento contra a existência de qualidades secundárias também se aplica às primárias. Por exemplo, a extensão não pode ser conhecida separada de cor e peso. Os números baseiam-se em unidade, que não pode ser percebida. A imagem muda conforme a perspectiva. O movimento é relativo.
3. As "coisas" não podem ser conhecidas separadamente do pensamento; elas existem apenas no pensamento.
4. A crença na "matéria" acusa Deus de uma criação inútil (v. Guilherme de Occam). É impossível conceber qualquer coisa existente fora da mente. Fazer isso é um poder da mente de formar uma idéia em si (não fora dela). Nada pode ser concebido como existência não-concebida.

Provas de Deus. Além de ser um empirista epistemológico e um idealista metafísico, Berkeley era um cristão teísta (v. teísmo). Ele até ofereceu uma prova da existência de Deus (v. Deus, evidências de).

1. Todas as idéias são objetos passivos ou percepção.
   a) Mentes percebem, mas
   b) idéias são apenas percebidas.
2. Estou recebendo uma sucessão forte e contínua de idéias vindas de fora de mim, forçadas sobre mim, das quais não tenho controle. O que denomino "mundo" todos os outros também chamam.
3. Portanto, deve haver uma Mente (Deus), um Espírito ativo que causa o "mundo" de idéias que eu e os outros recebemos de fora de nossas mentes.
4. Não percebemos essa Mente de maneira direta, mas apenas seus efeitos, as idéias que ela causa.

Respostas às objeções. Berkeley antecipou e ofereceu respostas a várias objeções, apesar de nem todas serem plausíveis.

Ao argumento de que sua teoria elimina a natureza, Berkeley responde que a natureza é um conjunto de regras pelas quais Deus regularmente estimula idéias nas nossas mentes. À afirmação de que matéria não tem significado, responde que ela é apenas uma idéia alcançada por um grupo de sensações. Embora alguns insistissem parecer severo demais comer e vestir idéias, isso é verdade, mas só porque vai contra nosso uso habitual das palavras.

Quanto aos que afirmam que objetos distantes não estão na mente, respondeu que, se não estão em lugar nenhum, estão nos nossos sonhos. Além disso, a *visão* de um objeto distante é o prognóstico de que logo poderei *senti-lo* tocar-me. Apesar da objeção de que o fogo é diferente da idéia do fogo, Berkeley nos lembrou que Platão não via essa diferença. Mesmo assim, outras crenças universais são falsas. Todos podem *agir* como se a matéria existisse, ainda que isso seja filosoficamente falso. À objeção geral de que idéias e coisas diferem foi dada a resposta de que isso é verdade só porque a primeira idéia é passiva e a segunda é ativa (ativada por Deus). Essa teoria destrói o conceito de movimento? Não. O movimento é redutível a fenômenos sensoriais (idéias). Berkeley também respondeu ao argumento de que as coisas não pensadas deixariam de existir. Deus sempre pensa sobre elas. Essa última resposta ocasionou a famosa resposta de John Knox: "Um poema sobre Berkeley".

> Havia um jovem que disse:
> "Deus deve achar muito anormal
> Se descobrir que essa árvore
> Continua a existir
> Quando não há ninguém no local".
> Prezado Senhor:
> Sua surpresa é anormal:
> Eu sempre estou no local.

E é por isso que a árvore
Continuará a existir
Já que é observada por este seu
fiel criado, Deus.

Pode-se argumentar contra Berkeley que isso faria tudo um resultado direto de Deus ou, senão, artificial. Ele acreditava que isso não era verdadeiro. Há causas secundárias — idéias combinadas em padrões regulares (natureza) para os propósitos práticos da vida. O fogo indica dor em potencial, mas não a provoca.

Já que a Bíblia fala de corpos físicos, Berkeley foi acusado de negar o ensinamento da Bíblia. Sua resposta foi que o que chamamos "corpo" é apenas uma coleção de impressões sensoriais, mas não algo realmente material. À insistência de que sua teoria era uma negação dos milagres, Berkeley respondeu que as coisas não são reais, mas são percepções reais. Então os discípulos realmente perceberam que estavam tocando o corpo ressurrecto de Cristo, apesar de este não ser feito de matéria da maneira que geralmente pensamos (v. RESSURREIÇÃO, EVIDÊNCIAS DA).

Os valores do idealismo. O bispo Berkeley enumerou valores positivos em seu idealismo filosófico. Por exemplo, a fonte do ceticismo (v. AGNOSTICISMO) acabou. Como podemos saber que idéias correspondem à realidade? Sem problema; já que as idéias *são* reais, elas não precisam corresponder a mais nada. A pedra fundamental do ateísmo também se foi — a matéria. É a matéria em movimento eterno que os ateus usam para eliminar a idéia de Deus.

A base para a idolatria é eliminada. Quem adoraria a mera idéia de um objeto na sua mente? Os socinianos perdem sua objeção à ressurreição, já que não há nada específico a ser ressuscitado (v. RESSURREIÇÃO, OBJEÇÕES À).

Avaliação. Apesar de Berkeley ser um cristão teísta na tradição clássica, suas idéias metafísicas causaram grande desconforto para outros teístas. Em vez de resolver problemas, parecem criá-los. Várias críticas devem ser observadas:

Sua pressuposição básica é forçada. A pressuposição fundamental do idealismo de Berkeley é que apenas mentes e idéias existem. Uma vez concedida essa pressuposição, o restante é resultado natural. No entanto, não existe razão convincente para aceitá-la. Na verdade, trata-se de petição de princípio, pois presume que *apenas* mentes e idéias existem. Não é surpresa, portanto, que ele conclua que nada existe além de mentes e idéias. A existência da realidade além da mente e não-mental não é eliminada por nenhum dos argumentos de Berkeley.

Seus argumentos básicos falham. Os argumentos de Berkeley a favor do idealismo são baseados na noção equivocada de que conhecer envolve a percepção *de* idéias em vez de perceber as coisas *por meio das* idéias. Trata-se novamente de petição de princípio. Se as idéias não são o objeto *formal* do conhecimento, e sim o *instrumento* do conhecimento, a teoria de Berkeley é destruída.

Suas soluções engenhosas são contrárias à experiência. Falar de corpos, matéria e natureza que todos experimentamos como meras idéias que Deus regularmente estimula em nós é brilhante, mas anti-intuitivo. É possível, mas inacreditável. Na verdade, é *forçado* falar em comer idéias. Afirmar que Deus apenas ressuscitou um conjunto de idéias *de fato solapa a doutrina da ressurreição*.

Sua teoria acusa Deus de mentira. Na verdade, Berkeley parece acusar Deus de mentira (v. DEUS, NATUREZA DE; MORAL, ARGUMENTO). Se é apenas uma questão do poder de Deus, não há dúvida de que Deus pode estimular a idéia de matéria nas nossas mentes sem que a matéria realmente exista. Mas não é apenas uma questão de poder. Deus é mais que poderoso. Ele é perfeito. Não pode enganar. Entretanto, estimular em nós regularmente a idéia de um mundo fora da mente quando esse não existe é mentira.

Fontes

BERKELEY, George, EP.

G. BERKELEY, *A treatise concerning the principles of human knowledge*.

___, *The analyst; or, A discourse addressed to an infidel mathematician*.

___, *Three dialogues between Hylas and Philonous*.

J. COLLINS, *A history of modern european philosophy*.

Bíblia, canonicidade da. *Canonicidade* (do grego *kanon*, regra ou norma) diz respeito aos livros normativos ou autorizados inspirados por Deus para inclusão nas Escrituras Sagradas. A canonicidade é determinada por Deus (v. BÍBLIA, EVIDÊNCIAS DA). Não são a antigüidade, a autenticidade ou a comunidade religiosa que tornam um livro canônico ou autorizado. Um livro é valioso porque é canônico, e não canônico porque é ou foi considerado valioso. Sua autoridade é *estabelecida* por Deus e simplesmente *descoberta* pelo povo de Deus.

Definição de canonicidade. A distinção entre a determinação de Deus e a descoberta humana é essencial para a visão correta da canonicidade, e deve ser feita cuidadosamente:

Na "visão incorreta" a autoridade das Escrituras é baseada na autoridade da igreja; a visão correta é que a autoridade da igreja deve ser encontrada na autoridade das Escrituras. A visão incorreta coloca a

O relacionamento de autoriadade entre a igreja e o cânon

Posição incorreta sobre o cânon	Posição correta sobre o cânon
A igreja determina o cânon.	A igreja descobre o cânon.
A igreja é mãe do cânon.	A igreja é filha do cânon.
A igreja é magistrada do cânon.	A igreja é ministra do cânon.
A igreja regula o cânon.	A igreja reconhece o cânon.
A igreja é juíza do cânon.	A igreja é testemunha do cânon.
A igreja é mestra do cânon.	A igreja é serva do cânon.

igreja *acima* do cânon, ao passo que a posição apropriada vê a igreja *sob* o cânon. Na verdade, se na coluna intitulada "visão incorreta" a palavra "igreja" for substituída por "Deus", a visão adequada do cânon surge claramente. Foi Deus quem *regulou* o cânon; o homem apenas *reconheceu* a autoridade divina que Deus deu ao cânon. Deus *determinou* o cânon, e o homem o *descobriu*. Louis Gaussen dá um resumo excelente dessa posição:

> Nessa questão, então, a igreja é serva e não senhora; repositório, e não juíza. Ela exercita o cargo de ministra, não de magistrada [...] Dá testemunho, não sentencia. Discerne o cânon das Escrituras, não o cria; reconhece-o, não o autentica [...] A autoridade das Escrituras não é fundada, assim, na autoridade da igreja. É a igreja que é fundada na autoridade das Escrituras (Gaussen, p. 137).

Descobrindo a canonicidade. Métodos adequados devem ser empregados para descobrir que livros Deus determinou serem canônicos. Senão, a lista de livros canônicos seria variada e identificada incorretamente. Muitos procedimentos usados no estudo do cânon do AT foram prejudicados pelo uso de métodos falhos (v. APÓCRIFOS DO AT E DO NT).

Critérios inadequados de canonicidade. Cinco métodos errados afligiram especificamente a igreja (v. Beckwith, p. 7-8):

1. Incapacidade de distinguir um livro que era "conhecido" de um livro que tinha a autoridade divina.
2. Incapacidade de distinguir conflitos sobre o cânon entre grupos diferentes de incerteza sobre o cânon dentro desses grupos.
3. Incapacidade de distinguir entre o acréscimo de livros ao cânon e a remoção de livros dele.
4. Incapacidade de distinguir entre o cânon que a comunidade reconhecia e as opiniões excêntricas de indivíduos.
5. Incapacidade de usar adequadamente a evidência judaica sobre o cânon transmitido por mãos cristãs, quer por negar as origens judaicas, quer por ignorar o meio cristão pelo qual ele foi transmitido.

Princípios de canonicidade. Admitido o fato de que Deus concedeu autoridade e, daí, canonicidade à Bíblia, surge outra questão: Como os crentes tomaram conhecimento do que Deus fizera? Os próprios livros canônicos aceitos da Bíblia referem-se a outros livros que não estão mais disponíveis, por exemplo, o "Livro dos Justos" (Js 10.13) e o "livro das Guerras do SENHOR" (Nm 21.14). E ainda há os livros *apócrifos* e os chamados "livros perdidos". Como os pais da igreja sabiam que eles não eram inspirados? Por acaso João (21.25) e Lucas (1.1) não mencionaram uma profusão de literatura religiosa? Não havia epístolas falsas (2Ts 2.2)? Quais marcas de inspiração guiaram os pais apostólicos enquanto identificavam e coletavam os livros inspirados? Talvez o próprio fato de alguns livros canônicos serem questionados periodicamente, com base em um ou outro princípio, defende o valor do princípio e a precaução dos pais no seu reconhecimento da canonicidade. Oferece certeza de que o povo de Deus realmente incluiu os livros que Deus queria.

Cinco questões fundamentais estão no centro do processo da descoberta:

O livro foi escrito por um profeta de Deus? A pergunta básica era se um livro era profético. A característica profética determinava a canonicidade. O profeta era alguém que declarava o que Deus havia revelado. Então, somente escrituras proféticas eram canônicas. Qualquer coisa que não fosse escrita por um profeta de Deus não fazia parte da Palavra de Deus. Os termos característicos "E a palavra do SENHOR veio ao profeta", ou "O SENHOR disse a", ou "Deus disse" são tão freqüentes nos AT de tal maneira que se tornaram famosas. Se comprovadas, essas afirmações de inspiração são tão claras que seria praticamente desnecessário discutir se alguns livros eram de origem divina. Na maioria dos casos tratava-se apenas da questão de estabelecer a autoria do livro. Se foi escrito por um apóstolo ou profeta reconhecido, seu lugar no cânon estava assegurado.

Evidências históricas ou estilísticas (externas ou internas) que apóiam a autenticidade de um livro profético também defendem sua canonicidade. Esse é o mesmo argumento que Paulo usou para defender suas duras palavras aos gálatas (Gl 1.1-24). Ele argumentou que sua mensagem era autorizada porque ele era um mensageiro autorizado por Deus: "... apóstolo enviado, não da parte de homens nem por meio de pessoa alguma, mas por Jesus Cristo e por Deus Pai..." Contra-atacou também seus oponentes que pregavam "... outro evangelho que, na realidade não é o evangelho. [...] pervent[endo] o evangelho de Cristo". O evangelho dos seus oponentes não podia ser verdadeiro porque eram "falsos irmãos" (Gl 2.4).

Deve-se observar nesse sentido que ocasionalmente a Bíblia contém profecias verdadeiras de indivíduos cuja posição no povo de Deus é questionável, como Balaão (Nm 24.17) e Caifás (Jo 11.49). Mas, mesmo presumindo que essas profecias tenham sido dadas conscientemente, esses profetas não eram autores de livros da Bíblia, e foram apenas citados pelo verdadeiro autor. Portanto, seus pronunciamentos estão na mesma categoria que os poetas gregos citados pelo apóstolo Paulo (cf. At 17.28; 1Co 15.33; Tt 1.12).

Os argumentos que Paulo usou contras os falsos mestres da Galácia também foram usados como base para a rejeição de uma carta que foi forjada ou escrita sob falso pretexto. Uma carta desse tipo é mencionada em 2 Tessalonicenses 2.2. Um livro não pode ser canônico se não for autêntico. Um livro pode usar o recurso de personificação literária sem fraude. Um autor assume o papel de outro para causar impressão. Alguns estudiosos acham que esse é o caso de Eclesiastes, se *Qohelet* escreveu autobiograficamente como se fosse Salomão (v. Leupold, p. 8ss.).

Essa teoria não é incompatível com o princípio, contanto que se possa demonstrar tratar-se de um recurso literário e não uma fraude. Mas, quando um autor finge ser apóstolo para conquistar a aceitação de suas idéias, como os autores de muitos livros apócrifos do NT fizeram, trata-se de fraude.

Por causa desse princípio "profético", 2Pedro foi questionada na igreja primitiva. Até Eusébio, no século IV, disse:

> Quanto àquela enumerada como segunda, tivemos notícias de que não é testamentária, todavia muitos a consideram útil e foi tomada em consideração com as demais Escrituras. (*História eclesiástica*, livro III, cap. 3.3).

Com base em diferenças no estilo literário, alguns acreditavam que o autor de 2Pedro não podia ser o mesmo autor de 1Pedro. Mas 2Pedro afirmava ser escrita por "Simão Pedro, servo e apóstolo de Jesus Cristo" (2Pe 1.1).

Assim, ou a epístola era uma fraude ou havia grande dificuldade em explicar seu estilo diferente. Os que se incomodavam com essas evidências duvidavam da autenticidade de 2Pedro e por isso ela foi colocada entre os livros denominadas *antilegô-menos* por um tempo. Finalmente foi aceita porque era a obra genuína de Pedro. As diferenças de estilo podem ser atribuídas à passagem do tempo, a ocasiões diferentes e ao fato de Pedro ter ditado verbalmente 1Pedro a um amanuense (ou secretário; v. 1Pe 5.12).

A inspiração era tão certa em várias obras proféticas que sua inclusão era óbvia. Algumas foram rejeitadas por falta de autoridade, especialmente as obras pseudepigráficas. Esses livros não comprovavam sua alegação de autoria. Esse mesmo princípio de autoridade foi a razão do livro de Ester ser questionado, principalmente pelo fato do nome de Deus estar nitidamente ausente. Com um exame mais cuidadoso, Ester reteve seu lugar no cânon depois de os pais apostólicos se convencerem de que a autoridade estava presente, ainda que menos evidente.

O autor foi confirmado pelos atos de Deus? O milagre é o ato de Deus para confirmar sua palavra dada por meio do seu profeta para o seu povo. É o sinal para comprovar seu sermão; o milagre para confirmar sua mensagem. Nem toda revelação profética foi confirmada por um milagre específico. Havia outras maneiras de determinar a autenticidade de um suposto profeta. Se havia dúvidas sobre suas credenciais proféticas, isso seria determinado pela confirmação divina, como realmente aconteceu em várias ocasiões nas Escrituras (Êx 4; Nm 16,17; 1Rs 18; Mc 2; At 5; v. MILAGRES NA BÍBLIA).

Havia profetas verdadeiros e falsos (Mt 7.15), logo era necessária a confirmação divina dos verdadeiros. Moisés recebeu poderes miraculosos para comprovar seu chamado (Êx 4.1-9). Elias triunfou sobre os falsos profetas de Baal por uma ação sobrenatural (1Rs 18). Os milagres e sinais que Deus realizou por meio de Jesus lhe conferiram autoridade (At 2.22). Quanto à mensagem dos apóstolos,

> Deus também deu testemunho dela por meio de sinais, maravilhas, diversos milagres e dons do Espírito Santo distribuídos de acordo com a sua vontade" (Hb 2.4).

Paulo deu testemunho do seu apostolado aos coríntios, declarando: "As marcas de um apóstolo — sinais, maravilhas e milagres — foram demonstradas entre vocês, com grande perseverança" (2Co 12.12; v. MILAGRES, VALOR APOLOGÉTICO DOS).

A mensagem diz a verdade sobre Deus? Apenas os contemporâneos imediatos tiveram acesso à confirmação sobrenatural da mensagem do profeta. Outros crentes em lugares distantes e em épocas posteriores dependiam de outros testes. Um deles era a *autenticidade* de um livro. Isto é, o livro diz a verdade sobre Deus e seu mundo conforme outras revelações? Deus não se contradiz (2Co 1.17,18), nem pode mentir (Hb 6.8). Nenhum livro com afirmações falsas pode ser a Palavra de Deus. Moisés afirmou o princípio sobre profetas em geral que:

> Se aparecer entre vocês um profeta ou alguém que faz predições por meio de sonhos e lhes anunciar um sinal miraculoso ou um prodígio, e se o sinal ou o prodígio de que ele falou acontecer, e ele disser: 'Vamos seguir outros deuses que vocês não conhecem e vamos adorá-los', não dêem ouvidos às palavras daquele profeta ou sonhador (Dt 13.3a)

Assim, qualquer ensinamento sobre Deus contrário ao que seu povo já sabia ser verdadeiro devia ser rejeitado. Além disso, qualquer previsão feita sobre o mundo que não se realizasse indicava que as palavras do profeta deveriam ser rejeitadas. Como Moisés disse a Israel:

> Mas talvez vocês perguntem a si mesmos: 'Como saberemos se uma mensagem não vem do SENHOR?'
> Se o que o profeta proclamar em nome do SENHOR não acontecer nem se cumprir, essa mensagem não vem do SENHOR. Aquele profeta falou com presunção. Não tenham medo dele (Dt 18.21,22).

Se um profeta fizesse essas falsas afirmações poderia ser apedrejado. Iavé disse:

> Mas o profeta que ousar falar em meu nome alguma coisa que eu não lhe ordenei, ou que falar em nome de outros deuses, terá que ser morto (Dt 18.20).

Esse tipo de castigo garantia que não haveria nenhuma ação semelhante por parte daquele profeta e dava a outros profetas hesitação antes de dizer: "Assim diz o SENHOR".

A verdade por si só não torna um livro canônico. Esse é mais um teste de não-autenticidade de um livro que de canonicidade. É um teste negativo que poderia eliminar livros do cânon. Os crentes de Beréia usavam esse princípio quando examinavam as Escrituras para ver se os ensinamentos de Paulo eram verdadeiros (At 17.11). Se a pregação do apóstolo não concordasse com o ensinamento do cânon do AT, não poderia ser de Deus.

Grande parte dos apócrifos foi rejeitada porque não era autêntica. As autoridades judaicas e os pais da igreja primitiva rejeitaram ou consideraram de segunda categoria esses livros porque tinham imprecisões históricas e até incongruências morais. Os reformadores rejeitaram alguns deles por causa do que consideravam ensinamentos heréticos, como orações pelos mortos, que 2Macabeus 12.45 apóia. O apóstolo João incentivou firmemente que toda suposta "verdade" fosse testada pelo padrão conhecido antes de ser recebida (1Jo 4.1-6).

O teste de autenticidade foi a razão de Tiago e Judas serem questionados. Algumas pessoas já consideraram Judas falso porque possivelmente cita livros pseudepigráficos não autênticos (Jd 9,14; v. Jerônimo, 4). Martinho Lutero questionou a canonicidade de Tiago por não possuir ênfase evidente da cruz, opinando que o livro parecia ensinar a salvação por obras. Um estudo mais cuidadoso liberou Tiago dessas acusações, e até Lutero se sentiu melhor quanto a ela. Histórica e uniformemente, Judas e Tiago foram justificados, e sua canonicidade foi reconhecida depois de serem harmonizados com o resto das Escrituras.

Ele veio com o poder de Deus? Outro teste de canonicidade é o poder do livro de edificar e equipar os crentes. Isso requer o poder de Deus. Os pais acreditavam que a Palavra de Deus era "viva e eficaz" (Hb 4.12) e conseqüentemente deveria ter uma força transformadora (2Tm 3.17; 1Pe 1.23). Se a mensagem de um livro não atingia seu devido objetivo, se não tivesse o poder de mudar vidas, então Deus evidentemente não estava por trás da sua mensagem. A *mensagem* divina certamente seria apoiada pelo *poder de Deus*. Os pais acreditavam que a Palavra de Deus atinge seu propósito (Is 55.11). Paulo aplicou esse princípio ao AT quando escreveu a Timóteo: "Porque desde criança você conhece as Sagradas Letras que são capazes de torná-lo sábio para a salvação..." (2Tm 3.15). Se é de Deus, funcionará — irá se cumprir. Esse teste simples foi dado a Moisés para testar a verdade da previsão do profeta (Dt 18.20ss.). Se o que foi previsto não acontecesse, não seria de Deus.

Com base nisso, literatura herética e boa literatura apostólica não-canônica foi rejeitada do cânon. Até os livros cujo ensinamento era espiritual, mas cuja mensagem era no máximo devocional, foram julgados não canônicos. Esse é o caso da maioria da literatura escrita nos períodos apostólico e subapostólico. Há uma diferença tremenda entre os livros canônicos do NT e outras obras religiosas do período apostólico. "Não há o mesmo frescor e originalidade, profundidade e clareza. E não é para admirar, pois indica a transição das verdades dadas por inspiração infalível para a verdade reproduzida por pioneiros falíveis" (Louis BERKHOF: *A história da doutrina cristã*, p.38). Falta poder aos livros não-canônicos; não tinham os aspectos dinâmicos encontrados na Escritura inspirada. Não eram acompanhados pelo poder de Deus.

Os livros cujo poder edificante foi questionado incluem Cântico dos Cânticos e Eclesiastes. Um livro que é erótico, sensual ou cético poderia ser de Deus? Certamente não; enquanto esses livros fossem vistos dessa maneira, não poderiam ser considerados canônicos. Certamente, a mensagem desses livros foi considerada espiritual; assim os livros foram aceitos. Mas o princípio foi aplicado imparcialmente. Alguns livros passaram no teste; outros não. Nenhum livro que carecesse das características edificantes ou práticas foi considerado canônico.

Ele foi aceito pelo povo de Deus? Um profeta de Deus era confirmado por um ato de Deus (milagre) e era nomeado porta-voz pelo povo que recebeu a mensagem. Então o selo da canonicidade dependia de o livro ser aceito pelo povo. Isso não quer dizer que todos na comunidade à qual a mensagem do profeta fora pronunciada a tivessem aceito como autoridade divina. Profetas (1Rs 17-19; 2Cr 36.11-16) e apóstolos (Gl 1) foram rejeitados por alguns. Mas os crentes na comunidade do profeta reconheceram a natureza profética da mensagem, assim como outros crentes contemporâneos familiarizados com o profeta. Essa aceitação tem duas fases: aceitação inicial e reconhecimento subseqüente.

A *aceitação inicial* do livro pelo povo a quem foi endereçado era crucial. Paulo disse sobre os telassalonicenses:

Também agradecemos a Deus sem cessar o fato de que, ao receberem de nossa parte a palavra de Deus, vocês a aceitaram, não como palavra de homens, mas conforme ela verdadeiramente é, como palavra de Deus... (2Ts 2.13).

Seja qual for o argumento subseqüente que houvesse sobre a posição de um livro, as pessoas em melhores condições para conhecer suas credenciais proféticas eram as pessoas que conheciam o autor. A evidência definitiva é a que atesta sua aceitação por crentes contemporâneos.

Há ampla evidência de quais livros foram aceitos imediatamente para o cânon. Os livros de Moisés foram colocados imediatamente com a arca da aliança (Dt 31.26). A obra de Josué foi acrescentada (Js 24.26). Depois vieram os livros de Samuel e outros (1Sm 10.25). Daniel tinha uma cópia de Moisés e dos Profetas, que incluía o livro do seu contemporâneo Jeremias (Dn 9.2, 10, 11). Paulo citou o evangelho de Lucas como "Escritura" (1Tm 5.18). Pedro tinha uma coleção das "cartas" de Paulo (2Pe 3.16). Na verdade, os apóstolos insistiram em que suas cartas fossem lidas e circulassem entre as igrejas (Cl 4.16; 1Ts 5.27; Ap 1.3).

Alguns argumentaram que Provérbios 25.1 mostra uma exceção. Sugere que alguns provérbios de Salomão provavelmente não foram aceitos no cânon durante sua vida. Antes, "os homens de Ezequias" transcreveram outros provérbios de Salomão. É possível que esses provérbios adicionais (cap. 25 até 29) não tenham sido apresentados oficialmente à comunidade dos fiéis durante a vida de Salomão, talvez por causa do seu declínio moral posterior. Mas, como eram provérbios *autênticos* de Salomão, não havia razão para não apresentá-los mais tarde e então aceitá-los imediatamente como autorizados. Nesse caso Provérbios 25 até 29 não seria uma exceção à regra canônica da aceitação imediata.

Também é possível que esses capítulos posteriores de Provérbios tenham sido apresentados e aceitos como autoridade durante a vida de Salomão. Essa teoria pode ser sustentada pelo fato de que a parte salomônica do livro deve ter sido compilada em três partes, que começam em 1.1, 10.1 e 25.1. Talvez elas fossem guardadas em rolos diferentes. A palavra *outros* em Provérbios 25.1 pode referir-se ao fato de os homens de Ezequias copiarem a última parte (rolo) com as duas primeiras partes (rolos). Os três rolos teriam sido imediatamente aceitos como autoridade divina, sendo apenas copiados novamente pelos estudiosos.

Já que as Escrituras de todas as épocas são mencionadas em obras bíblicas posteriores, e cada livro é citado por algum pai da igreja primitiva ou alistado em algum cânon, há muitas evidências de que havia contínuo acordo na comunidade da aliança com relação ao cânon. O fato de certos livros serem escritos por profetas em épocas bíblicas e estarem agora no cânon defende sua canonicidade. Junto com as evidências de uma continuidade de crença, isso defende firmemente a idéia de que a canonicidade existiu desde o início. A presença de um livro no cânon ao longo dos séculos é evidência de que os contemporâneos do profeta que o escreveu sabiam que ele era genuíno e tinha autoridade, apesar de gerações posteriores não terem conhecimento definitivo das credenciais proféticas do autor.

O debate posterior sobre certos livros não deve ofuscar sua aceitação inicial pelos contemporâneos imediatos dos profetas. A verdadeira canonicidade foi *determinada* por Deus quando direcionou o profeta a escrever, e foi imediatamente *reconhecida* pelo povo receptor.

Tecnicamente falando, a discussão sobre certos livros nos últimos séculos não era uma questão de *canonicidade*, mas de *autenticidade* ou *genuinidade*.

Como os leitores mais recentes não tinham acesso ao autor nem evidência direta de confirmação sobrenatural, eles tinham de depender do testemunho histórico. Uma vez convencidos pela evidência de que os livros foram escritos por porta-vozes autorizados por Deus, os livros foram aceitos pela igreja universal. Mas as decisões dos concílios da igreja nos séculos IV e V não determinaram o cânon, nem o descobriram ou reconheceram pela primeira vez. Em momento algum a autoridade dos livros canônicos foi competência dos concílios da igreja posterior. Tudo que os concílios fizeram foi dar reconhecimento *posterior*, mais *amplo*, e *final* aos fatos de que Deus havia inspirado os livros e de que o povo de Deus os aceitara.

Vários séculos se passaram antes de todos os livros do cânon serem reconhecidos. A comunicação e o transporte eram lentos, então demorava tempo para os crentes do Ocidente estarem completamente cientes das evidências de livros que haviam circulado primeiro no Oriente, e vice-versa. Antes de 313 d.C a igreja enfrentou perseguições freqüentes que não permitirem espaço para pesquisa, reflexão e reconhecimento. Logo que isso se tornou possível, pouco tempo se passou antes de haver conhecimento geral de todos os livros canônicos pelos concílios regionais de Hipona (393) e Cartago (397). Não havia a necessidade grande de precisão até que surgiu um conflito. Marcião publicou seu cânon gnóstico, com apenas Lucas e dez das epístolas de Paulo, na metade do século II. Epístolas e evangelhos falsos apareceram durante os séculos II e III. Já que esses livros afirmavam ter autoridade divina, a igreja universal precisou definir os limites do cânon, autêntico e inspirado, que já se conhecia.

Aplicando princípios de canonicidade. Para não dar a impressão de que esses princípios foram aplicados explícita e mecanicamente por uma comissão, são necessárias algumas explicações. Como é que os princípios operavam na consciência da igreja cristã primitiva? Apesar da questão do descobrimento do cânon estar centrada igualmente no AT e no NT, J. N. D. Kelly discute esses princípios conforme aplicados ao cânon do NT. Ele escreve:

A questão principal a se observar é que a fixação da lista de livros finalmente reconhecidos e da ordem em que deveriam ser despostos foi resultado de um processo bem gradual [...] Devem-se assinalar três aspectos desse processo. Primeiro, o critério que veio a prevalecer em última instância foi o da apostolicidade. Se não fosse provado que um livro era de autoridade de um apóstolo ou que, pelo menos tinha o suporte da autoridade de um apóstolo, ele era terminantemente rejeitado, por mais que fosse edificante ou popular entre os fiéis. Segundo, houve certos livros que durante muito tempo estiveram na iminência de ser incluídos no cânon, mas que no final deixaram de garantir sua admissão, geralmente por que lhes faltava essa marca indispensável [...] terceiro, alguns dos livros que mais tarde foram incluídos tiveram de aguardar um tempo considerável antes de obter reconhecimento universal [...] Gradualmente, contudo, a igreja, quer do Oriente quer do Ocidente, foi chegando a um denominador comum quanto a seus livros sagrados. O primeiro documento oficial que prescreve como canônicos apenas os vinte e sete livros de nosso Novo Testamento é a Carta de Páscoa que Atanásio escreveu para o ano de 367, mas o processo não se completou em todos os lugares senão um século e meio mais tarde (*Doutrinas centrais da fé cristã*, p.44).

Alguns princípios são implícitos e outros são explícitos. Todos os critérios de inspiração são necessários para demonstrar a canonicidade de cada livro. As cinco características devem pelo menos estar presentes implicitamente, apesar de algumas prevalecerem sobre outras. Por exemplo, a dinâmica do poder capacitador de Deus é mais óbvia nas epístolas do NT que nas narrativas históricas do AT. A autoridade de "Assim diz o *Senhor*" é mais evidente nos profetas que na poesia. Isso não quer dizer que a autoridade não esteja presente nas seções poéticas, nem que não haja dinâmica na história redentora. Significa que os pais nem sempre encontraram todos os princípios operando explicitamente.

Alguns princípios são mais importantes que outros. Alguns critérios de inspiração são mais importantes que outros, pelo fato de a presença de um subentender o outro, ou ser uma chave para os outros. Por exemplo, se um livro possui autoridade divina, ele será dinâmico — acompanhado pelo poder transformador de Deus. Na verdade, quando a autoridade estava inegavelmente presente, as outras características de inspiração eram automaticamente pressupostas. Entre os livros do NT a prova de apostolicidade, sua natureza profética, era considerada uma garantia de inspiração (B. B. WARFIELD, *The inspiration and authority of the Bible*, p. 415). Se a qualidade profética pudesse ser provada, só isso fundamentava o livro. No sentido geral, os pais da igreja só estavam explicitamente preocupados com a apostolicidade e autenticidade. As características edificantes e a aceitação universal de um livro eram pressupostas, a não ser que alguma dúvida sobre as duas primeiras perguntas forçasse uma reavaliação dos testes. Isso aconteceu com 2Pedro e 2João. A evidência positiva dos três primeiros princípios surgiu vitoriosa.

O testemunho do Espírito Santo. O reconhecimento da canonicidade não era uma simples questão mecânica resolvida por um sínodo ou concílio eclesiástico. Era um processo providencial direcionado pelo Espírito de Deus à medida que ele testemunhava para a Igreja sobre a realidade da Palavra de Deus (v. ESPÍRITO SANTO NA APOLOGÉTICA, PAPEL DO). As pessoas não podiam identificar a Palavra enquanto o Espírito Santo não abrisse seu entendimento. Jesus disse: "As minhas ovelhas ouvem a minha voz" (Jo 10.27). Isso não quer dizer que o Espírito Santo tenha falado misticamente em visões para resolver questões de canonicidade. O testemunho do Espírito Santo os convenceu da realidade de que o cânon inspirado por Deus existia, não de sua extensão (Sproul, p. 337-54). A fé se uniu à ciência; princípios objetivos foram usados, mas os pais sabiam que as obras haviam sido usadas nas suas igrejas para mudar vidas e ensinar corações pelo Espírito Santo. Esse testemunho subjetivo se uniu à evidência objetiva na confirmação do que era Palavra de Deus.

Testes de canonicidade não eram um meio mecânico de medir a quantidade de literatura inspirada, e o Espírito Santo não disse: "Esse livro ou essa passagem é inspirada; aquele não é". Isso seria revelação, não descobrimento. O Espírito Santo providencialmente guiou o processo de avaliação e testemunhou para o povo à medida que liam ou ouviam.

Conclusão. É importante distinguir entre a *determinação* e a *descoberta* da canonicidade. Deus é o único responsável por determinar; o povo de Deus é responsável por descobrir. O fato de um livro ser canônico é devido à *inspiração* divina. Sabe-se que um livro é canônico devido ao processo de reconhecimento humano. O livro foi 1) escrito por um porta-voz de Deus; 2) que foi confirmado por um ato de Deus; 3) disse a verdade 4) no poder de Deus; e 5) foi aceito pelo povo de Deus. Se um livro tinha o primeiro sinal claramente, a canonicidade geralmente era dada. Os contemporâneos de um profeta ou apóstolo faziam a confirmação oficial. Os pais da igreja mais recentes investigaram a profusão de literatura religiosa para reconhecer oficialmente quais livros eram divinamente inspirados da forma citada por Paulo em 2Timóteo 3.16.

Fontes

R. BECKWITH, *The Old Testament canon of the New Testament church and its background in early judaism.*
L. BERKHOF, *A história das doutrinas cristãs.*
EUSÉBIO, *História eclesiástica.*
L GAUSSEN, *Theopneustia.*
N. L. GEISLER e W. E. NIX, *Introdução bíblica.*
JERÔNIMO, *Lives of illustrious men.*
J. N. D. KELLY, *Doutrinas centrais da fé cristã.*
J. P. LANGE, *Commentary on the Holy Scriptures.*
H. C. LEUPOLD, *Exposition of Ecclesiastes.*
R. C. SPROUL, "The internal testimony of the Holy Spirit", em N. L. GEISLER, org. *Inerrancy.*
B. B. WARFIELD, *The inspiration and authority of the Bible.*

Bíblia, crítica da. A palavra *crítica*, quando aplicada à Bíblia, significa apenas o exercício do discernimento. Teólogos conservadores e não-conservadores fazem dois tipos de crítica bíblica: a *baixa crítica*, que lida com o texto: a *alta crítica*, que trata da fonte do texto. A baixa crítica tenta determinar o que o texto original dizia, e a outra pergunta quem disse e quando, onde e por que foi escrito.

A maioria das controvérsias relacionadas à crítica bíblica envolve a alta crítica. A alta crítica pode ser dividida em negativa (destrutiva) e positiva (construtiva). A crítica negativa nega a autenticidade de grande parte do registro bíblico. Essa abordagem em geral emprega uma pressuposição anti-sobrenatural (v. MILAGRES, ARGUMENTOS CONTRA; MILAGRES, MITOS E). Além disso, a crítica negativa normalmente aborda a Bíblia com desconfiança equivalente a um preconceito do tipo "culpado até que se prove inocente".

Crítica negativa do NT. Métodos de crítica *histórica, das fontes, da forma, da tradição* e *da redação* (e suas combinações) são as abordagens em que, historicamente, o preconceito surge mais forte. Qualquer um deles, usado para promover uma agenda cética, com pouca ou nenhuma consideração pela verdade, solapa a apologética cristã.

Crítica histórica. A crítica histórica é um termo amplo que abrange técnicas de datar documentos e tradições, para verificar eventos relatados nesses documentos, e usar os resultados na historiografia para reconstruir e interpretar. O padre francês Richard Simon, oratoriano, publicou uma série de livros, a partir de 1678, em que aplicou uma abordagem crítica e racionalista para estudar a Bíblia. Esse foi o nascimento do estudo histórico-crítico da Bíblia, mas só com Johann Gottfried Eichhorn (1752-1827) e Johann David Michaelis (1717-1791) o moderno padrão histórico-crítico foi estabelecido. Eles foram influenciados pela pesquisa histórica secular de Barthold Georg Niebuhr (1776-1831; *Romische Geschichte*, 1811-1812), Leopold von Ranke (1795-1886; *Geshichte der romanischen umd germanischen Volker von 1494-1535*), e outros, que desenvolveram e refinaram as técnicas. Entre os influenciados estava Johann Christian Konrad von Hofmann (1810-1877). Ele combinou elementos de Friedrich Schelling (1775-1854), de Friedrich Schleiermacher (1768-1834) e do luteranis-mo ortodoxo com categorias históricas e métodos críticos para fazer uma síntese bíblico-teológica. Esse modelo enfatizava a "história supra-histórica" e "história santa" ou "história da salvação" (*Heilsgeschichte*) — o tipo de história que não precisa ser literalmente verdadeira. Suas idéias e termos influenciaram Karl BARTH (1886-1968), Rudolf BULTMANN (1884-1976) e outros no século XX. No final do século XIX, teólogos ortodoxos capazes desafiaram a "crítica destrutiva" e sua teologia racionalista.

Entre os teólogos conservadores estavam George Salmon (1819-1904), Theodor von Zahn (1838-1933) e R. H. Lightfoot (1883-1953), que usavam métodos críticos como base para uma crítica construtiva. Essa crítica construtiva se manifesta mais abertamente quando considera assuntos como milagres, o nascimento virginal de Jesus e a ressurreição corporal de Cristo (v. RESSURREIÇÃO, EVIDÊNCIAS DA). A crítica histórica não é levada em conta hoje nos estudos bíblicos eruditos. Vários trabalhos recentes na crítica histórica evidenciam a teologia racionalista que ao mesmo tempo afirma apoiar a doutrina cristã tradicional. Como resultado disso, surgiram desenvolvimentos como a crítica das fontes.

Crítica das fontes. A crítica das fontes, também conhecida por crítica literária, tenta descobrir e definir fontes literárias usadas pelos autores bíblicos. Ela procura descobrir fontes literárias subjacentes, classificar tipos de literatura e responder a perguntas relacionadas à autoria, unidade e datas dos materiais do AT e NT (Geisler, p. 436). Alguns críticos literários tendem a destruir o texto bíblico, rotular certos livros como inautênticos e rejeitar a própria idéia de inspiração verbal. Alguns teólogos levaram a rejeição de autoridade a tal ponto que modificaram a idéia do cânon (por exemplo, com relação à pseudonímia) para acomodar suas conclusões (ibid., p. 436). No entanto, esse empreendimento difícil mas importante pode ser um auxílio valioso para a interpretação bíblica, já que diz respeito ao valor histórico das obras bíblicas. Além disso, a crítica literária cuidadosa pode impedir más interpretações históricas do texto bíblico.

Durante o último século, a crítica das fontes do NT focalizou o denominado "problema sinótico", já que está relacionado a dificuldades que envolvem tentativas de formular o esquema de dependência literária responsável por semelhanças e diferenças entre os evangelhos sinóticos de Mateus, Marcos e Lucas. Teorias diversas costumam trabalhar com a idéia da fonte Q (do alemão *Quelle*, "Fonte") que não sobreviveu, mas foi usada pelos evangelistas, que escreveram em seqüências diversas, com o segundo dependendo do primeiro e o terceiro do segundo. Essas teorias foram precursoras típicas da teoria das *Duas fontes* desenvolvida por B. H. Streeter (1874-1937), que afirmou a prioridade de Marcos e posteriormente conquistou grande aceitação entre os teólogos do NT. Os argumentos de Streeter foram questionados, e sua tese, desafiada por outros. Eta Linnemann, outrora aluna de Bultmann e estudiosa da crítica, escreveu uma crítica severa da sua antiga posição em que usa a análise de fontes para concluir que, na verdade, não existe nenhum problema sinótico. Ela insiste em que cada autor dos evangelhos escreveu um registro independente baseado na experiência pessoal e em informações individuais. Ela escreveu:

Com o passar do tempo, fico cada vez mais convencida de que a crítica do NT praticada por pessoas comprometidas com a teologia histórico-crítica não merece ser chamada de ciência" (Linnemann, p. 9).

E também: "Os evangelhos não são obras literárias que redefinem com criatividade um material já acabado, tal como Goethe reformulou o livro popular sobre Fausto" (ibid., p. 104). Na verdade, "cada evangelho apresenta um testemunho completo e único. Ele deve sua existência a testemunhas oculares diretas ou indiretas" (ibid., p. 194).

Crítica da forma. A crítica da forma estuda formas literárias, tais como ensaios, poemas e mitos, já que obras diferentes têm formas diferentes. Geralmente a forma de uma peça literária pode revelar muito sobre a sua natureza, seu autor e seu contexto social. Tecnicamente isso é chamado de "contexto de vida" (*Sitz im Leben*). A posição liberal clássica é a teoria documen-tária ou teoria de análise das fontes do Pentateuco (JEDP) estabelecida por Julius Wellhausen (1844-1918) e seus seguidores (v. PENTATEUCO, AUTORIA MOSAICA DE). Eles tentaram mediar o tradicionalismo e o ceticismo, datando os livros do AT de forma menos sobrenatural ao aplicar a "teoria dos documentos". Esses documentos são identificados por javista (J), que data do século IX a.C., eloísta (E), século o deuteronomista (D), por volta do tempo de Josias (640-609. a.C), e sacerdotal (P, do alemão *Priesterlich*), talvez do século V a.C. O conceito evolucionário era tão atraente na crítica literária que a teoria das fontes para a origem do Pentateuco começou a dominar toda oposição. Uma posição mediadora de alguns aspectos da teoria foi expressa por C. F. A. Dillman (1823-1894), Rudolph Kittel (1853-1929), e outros. A oposição à teoria documental foi expressa por Franz Delitzsch (1813-1890), que rejeitou a hipótese completamente no seu comentário sobre

Gênesis, por William Henry Green (1825-1900), James Orr (1844-1913), A. H. Sayce (1845-1933), Wilhelm Möller, Eduard Naville, Robert Dick Wilson (1856-1930) e outros (v. Harrison, p. 239-41; Archer; Pfeiffer). Às vezes estudos de crítica e forma são prejudicados por pressuposições doutrinárias, incluindo-se a idéia de que formas anteriores devem ser curtas e formas posteriores, mais longas. Em geral, no entanto, a crítica da forma beneficiou a interpretação bíblica. A crítica da forma foi utilizada de maneira mais proveitosa no estudo de Salmos (Wenham, *History and the Old Testament*, p. 40).

Essas técnicas foram introduzidas no estudo dos evangelhos no NT como *Formgeschichte* ("história da forma") ou *crítica da forma*. Seguindo na tradição de Heinrich Paulus e Wilhelm De Wette (1780-1849), entre outros, teólogos em Tübingen construíram sobre o fundamento da teoria da crítica das fontes. Eles defendiam a prioridade de Marcos como primeiro evangelho e várias fontes escritas. Wilhelm Wrede1 (1859-1906) e outros críticos da forma NT e os primeiros registros escritos desses eventos. Eles tentaram classificar esse material em "formas" de tradição oral para descobrir a situação histórica (*Sitz im Leben*) na igreja primitiva que originou essas formas. Geralmente supõe-se que essas unidades de tradição refletem mais a vida e o ensinamento da igreja primitiva que a vida e o ensinamento do Jesus histórico. As formas em que as unidades são compostas são indicações do seu valor histórico relativo.

A pressuposição fundamental da crítica da forma é exemplificada por Martin Dibelius (1883-1947) e Bultmann. Ao criar novas palavras e ações de Jesus conforme a situação exigia, os evangelistas teriam organizado as unidades ou tradição oral e criado contextos artificiais para servir a seus propósitos. Ao desafiar a autoria, data, estrutura e estilo de outros livros do NT, os críticos destrutivos chegavam a conclusões semelhantes. Para obter uma teologia fragmentada do NT, rejeitaram a autoria paulina de todas as epístolas atribuídas a ele, exceto Romanos, 1Coríntios, 2Coríntios e Gálatas (Hodges, p. 339-48).

Críticos da forma assumidos apóiam duas pressuposições básicas: 1) A comunidade cristã primitiva tinha pouco ou nenhum interesse biográfico genuíno, nem integridade, de modo que criou e transformou a tradição oral para suprir suas necessidades. 2) Os evangelistas foram editores-compiladores de unidades individuais e isoladas de tradição que eles organizaram e ordenaram sem consideração para com a realidade histórica (v. Thomas e Gundry, *A harmony of the gospels* [p. 281-2], que identificam Dibelius, Bultmann, Burton S. Easton, R. H. Lightfoot, Vincent Taylor e D. E. Nineham como os mais importantes críticos da forma do NT).

Crítica da tradição. A crítica da tradição se preocupa principalmente com a história das tradições antes de serem registradas de forma escrita. As histórias dos patriarcas, por exemplo, provavelmente passaram de geração a geração oralmente até serem escritas como narrativa contínua. Essas tradições orais podem ter sido mudadas pelo longo processo de transmissão. É de grande interesse para o estudioso bíblico saber que mudanças foram feitas e como a tradição posterior, agora registrada numa fonte literária, difere da versão oral anterior.

A crítica da tradição é menos garantida ou segura que a crítica literária porque começa onde a crítica literária pára, com conclusões que também são inseguras. É difícil confirmar a hipótese sobre o desenvolvimento de uma tradição oral (Wenham, ibid., p. 40-1). Ainda mais tênue é a "tradição litúrgica" enunciada por S. Mowinckel e seus associados escandinavos, que argumentam que origens literárias estavam relacionadas a rituais de santuários pré-exílicos e fenômenos sociológicos. Derivada da abordagem litúrgica está a escola de "mito e ritual" de S. H. Hooke, que argumenta que um conjunto distinto de rituais e mitos era comum a todos os povos do antigo Oriente Médio, inclusive os hebreus. Ambas as abordagens usam analogias do festival babilônico para apoiar suas variações dos temas clássicos da crítica literária e da crítica da tradição (Harrison, p. 241).

A crítica da forma está bem próxima da crítica da tradição nos estudos do NT. Uma revisão de muitas das pressuposições básicas à luz do texto do NT foi feita por Oscar Cullmann em *A cristologia do Novo Testamento*, e I. Howard Marshall, *The origins of New Testament christology* [*As origens da cristologia do Novo Testamento*] e *I believe in the historical Jesus* [*Eu creio no Jesus histórico*]. Também veja as discussões em Brevard S. Childs, *Introduction to the Old Testament as Scripture* [*Introdução ao Antigo Testamento como Escritura*] e *Introduction to the New Testament as canon* [*Introdução ao Novo Testamento como Cânon*], e Gerhard Hasel, *Teologia do Antigo Testamento* e *Teologia do Novo Testamento*.

Crítica da redação. A CRÍTICA DA REDAÇÃO está mais próxima do texto do que a crítica da tradição. Como resultado, ela é menos exposta a críticas de especulação subjetiva. A crítica da redação (editorial) só pode ter certeza absoluta quando tiverem sido usadas todas as fontes que estavam à disposição do redator (editor), já que a tarefa é determinar como o redator compilou suas fontes, o que foi omitido, o que foi acrescentado, e que predisposição específica estava envolvida no processo. Na melhor das hipóteses, o crítico só tem algumas das fontes à sua disposição, tais como os livros de Reis, que foram usados pelo(s) autor(es) de Crônicas. Em outros lugares, tanto no AT quanto no NT, as fontes precisam ser reconstruídas

Bíblia, crítica da

a partir da própria obra editada. Assim, a crítica da redação fica bem menos confiável como recurso literário (Wenham, *Gospel origins*, p. 439).

Críticos da redação tendem a favorecer a visão de que os livros da Bíblia foram escritos muito tempo depois, e por autores diferentes, do que o texto relata. Editores teológicos mais recentes associaram nomes da história às suas obras pelo prestígio e pela credibilidade que deles receberiam. Nos estudos do AT e NT essa teoria surgiu da crítica histórica, da crítica das fontes e da crítica da forma. Como resultado, ela adota muitas pressuposições idênticas, incluindo a hipótese documental no AT e a prioridade de Marcos no NT.

Avaliação. Como já observamos, a alta crítica pode ser útil, contanto que os críticos se contentem com análises baseadas no que pode ser conhecido objetivamente ou razoavelmente teorizado. A verdadeira crítica não começa seu trabalho com a intenção de subverter a autoridade e o ensinamento das Escrituras.

Comparação dos tipos de crítica. Grande parte da crítica bíblica moderna, no entanto, parte de pressuposições filosóficas não bíblicas expostas por Gerhard Maier em *The end of the historical critical method (O fim do método histórico crítico)*. Essas pressuposições incompatíveis com a fé cristã inclúem deísmo, materialismo, ceticismo, agnosticismo, idealismo hegeliano e existencialismo. A mais básica dentre elas é o naturalismo dominante (anti-sobrenaturalismo) que é intuitivamente hostil a qualquer documento que contenha histórias de milagres (v. MILAGRES NA BÍBLIA; MILAGRE, MITOS E). Esse preconceito naturalista separa a alta crítica negativa (destrutiva) da positiva (construtiva):

	Crítica positiva (construtiva)	Crítica negativa (destrutiva)
Base	Sobrenaturalista	Naturalista
Regra	O texto é "inocente até que prove ser culpado".	O texto é "culpado até que prove ser inocente".
Resultado	A Bíblia é completamente verdadeira.	A Bíblia é parcialmente verdadeira
Autoridade final	Palavra de Deus	Mente do homem
Papel da razão	Descobrir a verdade (racionalidade)	Determinar a verdade (racionalismo)

Algumas pressuposições negativas exigem exame minucioso, especialmente quanto à sua relação com o registro do evangelho. Essa análise é muito relevante para a crítica das fontes, para a crítica de forma e para a crítica da redação, pois esses métodos desafiam a genuinidade, a autenticidade e, conseqüentemente, a autoridade divina da Bíblia. Esse tipo de crítica bíblica é infundada.

Preconceito inculto. Impõe o próprio preconceito anti-sobrenaturalista aos documentos. O criador da moderna crítica negativa, Baruch ESPINOSA, por exemplo, declarou que Moisés não escreveu o Pentateuco, nem Daniel o livro inteiro de Daniel, e nenhum milagre registrado realmente aconteceu. Segundo ele, milagres são científica e racionalmente impossíveis.

Na esteira de Espinosa, críticos negativos concluíram que Isaías não escreveu o livro inteiro de Isaías. Sua autoria teria envolvido previsões sobrenaturais (inclusive saber o nome do rei Ciro) mais de cem anos antes (v. PROFECIA COMO PROVA DA BÍBLIA). Da mesma forma, os críticos negativos concluíram que Daniel não poderia ser escrito até 165 a.C. Essa data recente o colocaria após o cumprimento de sua descrição detalhada dos governos e governantes mundiais até Antíoco Epifânio IV (m. 163 a.C.). Previsões sobrenaturais de eventos futuros nem foram consideradas. O mesmo preconceito naturalista foi aplicado ao NT por David STRAUSS (1808-1874), Albert Schweitzer (1875-1965) e BULTMANN, com os mesmos resultados devastadores.

Os fundamentos desse anti-sobrenaturalismo ruíram com evidências de que o universo começou com o *big-bag* (v. EVOLUÇÃO CÓSMICA). Até os agnósticos como Robert Jastrow (Jastrow, p. 18), falam de forças "sobrenaturais" em ação (Kenny, p. 66; v. AGNOSTICISMO; MILAGRE; MILAGRES; ARGUMENTOS CONTRA); basta, então, comentar aqui que, com a extinção do anti-sobrenaturalismo moderno, não há base filosófica para a crítica destrutiva.

Teoria imprecisa de autoria. A crítica negativa ignora ou minimiza o papel dos apóstolos e testemunhas que registraram os eventos. Dos quatro autores dos evangelhos, Mateus, Marcos e João foram definitivamente testemunhas oculares dos eventos que relataram. Lucas foi contemporâneo deles e historiador cuidadoso (Lc 1.1-4; v. At). Na verdade, todos os livros do NT foram escritos por contemporâneos ou testemunhas oculares da vida de Cristo. Até críticos como o teólogo da "morte de Deus" John A. T. Robinson admitem que os evangelhos foram escritos entre os anos 40 e 65 (Robinson, p. 352), durante a vida das testemunhas oculares.

Mas se os documentos básicos do NT foram compostos pelas testemunhas oculares, grande parte da crítica destrutiva desaba. Ela pressupõe a passagem de muito tempo para que "mitos" fossem desenvolvidos. Estudos revelam que são necessárias pelo menos duas gerações para um mito ser criado (Sherwin-White, p. 190).

O que Jesus realmente disse? Supõe equivocadamente que os autores do NT não distinguiam suas próprias palavras das de Jesus. O fato de uma distinção clara ser feita entre as palavras de Jesus e as dos autores dos evangelhos é evidente pela facilidade com que se faz uma edição do NT que destaca as palavras de Jesus. Na verdade, o apóstolo Paulo distingue claramente suas palavras das de Jesus (v. At 20.35; 1Co 7.10, 12, 25).

João, o apóstolo, também o faz no Apocalipse (v. Ap 1.8, 11, 17*b*-20; 2.1s.; 22.7, 12-16, 20*b*). À vista desse cuidado, o crítico do NT torna-se culpado ao presumir, sem evidência consubstanciadora, que o registro dos evangelhos não relata realmente o que Jesus disse e fez.

Mitos? A crítica destrutiva supõe incorretamente que as histórias do NT são folclore ou mito. Há uma grande diferença entre os registros simples de milagres do NT e os mitos rebuscados que surgiram durante os séculos II e III d.C., como se vê ao comparar os registros. Os autores do NT negam mitos explicitamente. Pedro declarou:

> De fato, não seguimos fábulas [muthos] engenhosamente inventadas, quando lhes falamos a respeito do poder e da vinda de nosso Senhor Jesus Cristo; ao contrário, nós fomos testemunhas da sua majestade (2 Pe 1.16).

Paulo também advertiu contra crença em mitos (1Tm 1.4; 4.7; 2Tm 4.4; Tt 1.14).

Um dos argumentos mais impressionantes contra a teoria do mito foi oferecida por C. S. Lewis:

> Em primeiro lugar, portanto, seja lá o que tais homens forem como críticos bíblicos, eu desconfio deles como críticos. Parece-lhes faltar o bom senso literário; parecem ser incapazes de perceber a própria qualidade dos textos que lêem [...] Se ele me diz que algo num determinado evangelho é lenda ou romance, eu quero saber quantas lendas ou romances ele já leu, quão bem treinado é seu paladar para detectar esse sabor, quantos anos ele passou estudando aquele evangelho [...] Tenho lido poemas, romances, literatura visionária, lendas e mitos por toda a minha vida. Sei qual é sua forma e aparência. Sei que nenhum deles se assemelha a isso [o evangelho] (Lewis, p. 154-5).

Criadores ou registradores? A alta crítica infundada mina a integridade dos autores do NT ao afirmar que Jesus jamais disse (ou fez) o que os evangelhos afirmam. Até alguns que se chamam evangélicos chegaram ao ponto de afirmar que as coisas que "Jesus disse" ou "Jesus fez" nem sempre deve significar que na história Jesus disse ou fez o que se segue, mas às vezes pode significar que no registro inventado no mínimo parcialmente pelo próprio Mateus, Jesus disse ou fez o seguinte (Gundry, p. 630).

Isso mina claramente a confiança na veracidade dos Evangelhos e a precisão dos eventos que relatam. Nessa posição crítica os autores dos evangelhos tornam-se criadores dos eventos, não registradores.

É claro que todo estudioso bíblico cuidadoso sabe que determinado evangelista nem sempre usa as mesmas palavras que os demais usaram ao relatar o que Jesus disse. No entanto, eles sempre transmitem o mesmo significado. Selecionam, resumem e parafraseiam, mas não distorcem. Uma comparação dos relatos paralelos nos evangelhos é grande evidência disso.

Não há base para a afirmação de um estudioso do NT de que Mateus criou a história dos magos (Mt 2) com base na história dos pombinhos (de Lc 2). Pois, segundo Robert Gundry, Mateus "transforma o sacrifício de duas rolinhas ou dois pombinhos' na apresentação do bebê Jesus no templo (Lc 2.24; cf. Lv 12.6-8), no sacrifício dos bebês por Herodes em Belém" (ibid., p. 34-5). Tal teoria não só degrada a integridade dos autores dos evangelhos, como também a autenticidade e a autoridade do registro evangélico. E isso também é ridículo.

Tampouco há apoio para Paul K. Jewett, que chegou ao extremo de afirmar (Jewett, p. 134-5) que o que o apóstolo Paulo afirmou em 1Coríntios 11.3 é errado. Se Paulo está errado, então a verdade consagrada de que "o que a Bíblia diz, Deus diz" não é verdadeira. Na verdade, se Jewett estiver certo, mesmo quando alguém descobre o que o autor das Escrituras está afirmando, não está mais perto de saber a verdade de Deus (cf. Gn 3.1). Se "o que a Bíblia diz, Deus diz" (v. Bíblia, evidências da) não é verdade, a autoridade divina de todas as Escrituras é completamente sem valor.

A parte da igreja primitiva na verdade. O fato de a igreja primitiva não ter nenhum interesse biográfico é altamente improvável. Os autores do NT, impressionados como estavam por crer que Jesus era o Messias tão esperado, o Filho do Deus vivo (Mt 16.16-18), tinham grande motivação para registrar precisamente o que ele realmente disse e fez.

Dizer o oposto é contrariar as suas afirmações claras. João afirmou que "Jesus fez" as coisas registradas em seu evangelho (Jo 21.25). Em outra passagem João disse que anunciava "o que ouvimos, o que vimos com os nossos olhos, o que contemplamos, e as nossas mãos apalparam..." (1Jo 1.1,2).

Lucas manifesta claramente que havia um interesse biográfico intenso por parte das primeiras comunidades cristãs ao escrever:

Muitos já se dedicaram a elaborar um relato dos fatos que se cumpriram entre nós, conforme nos foram transmitidos por aqueles que desde o início foram testemunhas oculares e servos da palavra. Eu mesmo investiguei tudo cuidadosamente, desde o começo, e decidi escrever-te um relato ordenado, ó excelentíssimo Teófilo, para que tenhas a certeza das coisas que te foram ensinadas (Lc 1.11-4).

Afirmar, como fazem os críticos, que os autores do NT não se interessavam em registrar a verdadeira história é improvável.

A obra do Espírito Santo. Tais pressuposições também ignoram ou negam o papel do Espírito Santo na ativação das memórias das testemunhas oculares. Grande parte da rejeição do registro evangélico é baseada na pressuposição de que os autores não poderiam lembrar discursos, detalhes e eventos vinte ou quarenta anos após os eventos. Pois Jesus morreu em 33, e os primeiros registros dos evangelhos provavelmente vieram (no mínimo) entre 50 e 60 (Wenham, *Gospel origins*, p. 112-34).

Mais uma vez o crítico está rejeitando ou ignorando a afirmação clara das Escrituras. Jesus prometeu aos seus discípulos: "Mas o Conselheiro, o Espírito Santo, que o Pai enviará em meu nome, lhes ensinará todas as coisas e lhes fará lembrar tudo o que eu lhes disse" (Jo 14.26).

Então, mesmo com a improvável pressuposição de que ninguém tivesse registrado o que Jesus dissera durante sua vida, nem logo depois, os críticos nos querem fazer acreditar que as testemunhas oculares cujas memórias foram ativadas sobrenaturalmente pelo Espírito Santo não registraram precisamente o que Jesus fez e disse. Crer que as testemunhas oculares do século I estavam certas e os críticos do século XX estão errados parece bem mais provável que o contrário.

Parâmetros para a crítica bíblica. É claro que a erudição não precisa ser destrutiva, mas a mensagem bíblica deve ser entendida em seu contexto teísta (sobrenatural) e em seu cenário histórico e gramatical verdadeiro. Parâmetros positivos para a teologia evangélica são oferecidos na *Declaração de Chicago sobre a hermenêutica*, produzida pelo Concílio Internacional sobre a Inerrância Bíblica: (v. Geisler, *Summit* II: *hermeneutics*, p. 10-3, e Radmacher e Preus, *Hermeneutics, inerrancy, and the Bible*, esp. p. 881-914). Diz em parte o seguinte:

Artigo XIII. AFIRMAMOS que estar ciente das categorias literárias, formais e estilísticas das várias partes das Escrituras é essencial para a exegese adequada, e assim valorizamos a crítica do gênero como uma das muitas disciplinas do estudo bíblico. NEGAMOS que categorias genéricas que neguem a historicidade possam ser apropriadamente impostas às narrativas bíblicas que se apresentam como verdadeiras.

Artigo XIV. AFIRMAMOS que o registro bíblico dos eventos, discursos e pronunciamentos, apesar de apresentado numa variedade de formas literárias apropriadas, corresponde ao fato histórico. NEGAMOS que qualquer desses eventos, discursos ou pronunciamentos registrados nas Escrituras tenha sido inventado pelos autores bíblicos ou pelas tradições que incorporavam.

Artigo XV. AFIRMAMOS a necessidade de interpretar a Bíblia de acordo com seu sentido literal ou normal. O sentido literal é o sentido gramático-histórico, isto é, o sentido que o autor se expressou. A interpretação conforme o sentido literal levará em conta a linguagem figurada e as formas literárias encontradas no texto. NEGAMOS a legitimidade de qualquer abordagem das Escrituras que lhes atribua significado que o sentido literal não apóia.

Artigo XVI. AFIRMAMOS que as técnicas críticas legítimas devem ser usadas para determinar o texto canônico e seu significado. NEGAMOS a legitimidade de permitir que qualquer método de crítica bíblica questione a verdade ou integridade do significado expresso pelo autor ou de qualquer outro ensinamento bíblico.

Redação versus edição. Existem diferenças importantes entre a redação destrutiva e a edição construtiva. Nenhum erudito bem informado nega que certa quantidade de edição ocorreu durante os milhares de anos de história do texto bíblico. Essa edição legítima, no entanto, deve ser distinta da redação ilegítima que os críticos negativos advogam. Os críticos negativos jamais conseguiram apresentar qualquer evidência convincente de que o tipo de redação em que acreditam jamais tenha sido feita no texto bíblico.

A tabela seguinte compara as duas posições.

Edição legítima	Redação ilegítima
Mudanças na forma	Mudanças no conteúdo
Mudanças de escrita	Mudanças substantivas
Mudanças no texto	Mudanças na verdade

O modelo redacionista do cânon confunde a atividade legítima dos escribas, envolvendo forma gramatical, atualização de nomes e organização do material profético, com mudanças ilegítimas de redação no próprio conteúdo da mensagem de um profeta. Confunde a transmissão aceitável do escriba com adulteração inaceitável. Confunde a discussão adequada sobre que texto é mais antigo com discussão inadequada sobre quanto tempo depois os autores mudaram a verdade dos textos. Não há evidência de que qualquer mudança redacional ilegítima significativa tenha ocorrido desde que a Bíblia foi escrita. Pelo contrário, toda evidência apóia uma transmissão cuidadosa em todos os assuntos importantes e nos mínimos detalhes. Nenhuma diminuição da verdade básica ocorreu desde os escritos originais até as Bíblias que temos hoje em nossas mãos (v. MANUSCRITOS DO AT; MANUSCRITOS DO NT).

Fontes

O. CULLMANN, *The christology of the New Testament.*
W. R. FARMER, *The synoptic problem.*
R. GUNDRY, *Matthew: A commentary on his literary and theological art.*
G. HASEL, *Teologia do Novo Testamento.*
R. JASTROW, "A scientist caught between two faiths", em CT, 6 Aug. 1982.
P. JEWETT, *Man as male and female.*
E. KRENTZ, *The historical-critical method.*
C. S. LEWIS, *Christian reflections.*
E. LINNEMANN, *Historical criticism of the Bible.*
___, *Is there a synoptic problem?*
G. M. MAIER, *The end of the historical critical method.*
MARSHALL, I. H. *The origins of New Testament christology.*
A. Q. MORTON, e J. McLEMAN, *Christianity in the computer age.*
E. D. RADMACHER e R. D. PREUS, *Hermeneutics, inerrancy, and the Bible.*
J. ROBINSON, *Redating the New Testament.*
E. P. SANDERS, *The tendencies of the synoptic tradition.*
A. N. SHERWIN-WHITE, *Roman society and roman law in the New Testament.*
B. H. STREETER, *The four gospels: a study of origins.*
R. L. THOMAS, "An investigation of the agreements between Matthew and Luke against Mark", JETS 19, (1976).
___, "The hermeneutics of evangelical redaction criticism", JETS 29/4 (Dec 1986).
J. W. WENHAM, "Gospel origins", TJ 7, (1978).
___, "History and The Old Testament", *Bib. Sac.*, 124, 1967.

Bíblia, evidências a favor da. A Bíblia afirma ser e prova ser a Palavra de Deus. Foi escrita por profetas de Deus, sob inspiração divina.

Escrita por profetas de Deus. Os autores bíblicos foram profetas e apóstolos de Deus (v. MILAGRES, VALOR APOLOGÉTICO DOS; PROFECIA COMO PROVA DA BÍBLIA). Há várias designações para profeta, que nos informam sobre seu papel na produção das Escrituras. Eles são denominados:

1. *Homem de Deus* (1Rs 12.22), que significa escolhido.
2. *Servo do SENHOR* (1Rs 14.18), indicando fidelidade.
3. *Mensageiro do SENHOR* (Is 42.19), demonstrando sua missão.
4. *Vidente* (ro'eh), ou *profeta* (ḥozeh) (Is 30.9,10), revelando discernimento dado por Deus.
5. *Homem do Espírito* (Os 9.7; cf. Mq 3.8), observando a habitação espiritual.
6. *Sentinela* (Ez 3.17), relativo à atenção dada a Deus.
7. *Profeta* (mais freqüentemente), que o marca como porta-voz de Deus.

A obra do profeta bíblico é descrita em termos vívidos: "O SENHOR, o Soberano falou, quem não profetizará?" (Am 3.8). Era ele quem falava "tudo o que o SENHOR dissera" (Êx 4.30). Deus falou a Moisés sobre um profeta, "porei as minhas palavras na sua boca, e ele lhes dirá tudo o que eu lhe ordenar" (Dt 18.18). E disse mais "Nada acrescentem às palavras que eu lhes ordeno e delas nada tirem" (Dt 4.2). Jeremias recebeu ordens: "Assim diz o SENHOR: Coloque-se no pátio do templo do SENHOR e fale a todo o povo das cidades de Judá [...] tudo o que eu lhe ordenar; não omita uma só palavra" (Jr 26.2).

O profeta era alguém que dizia o que Deus mandava dizer; nada mais, nada menos.

Movido pelo Espírito de Deus. Em toda a Bíblia, os autores afirmaram estar sob a direção do Espírito Santo. Davi disse: "O Espírito do SENHOR falou por meu intermédio; a sua palavra esteve em minha língua" (2Sm 23.2). Pedro, ao falar de todo o AT, acrescentou: "pois jamais a profecia teve origem na vontade humana, mas homens falaram da parte de Deus, impelidos pelo Espírito Santo" (2Pe 1.21).

Nem todos os profetas eram conhecidos por esse termo. Davi e Salomão eram reis. Mas eram porta-vozes de Deus, e Davi é chamado "profeta" em Atos 2.29-39. Moisés era legislador. Ele também era o profeta ou o porta-voz de Deus (Dt 18.18). Amós renunciou ao termo "profeta", porque ele não era um profeta profissional, como Samuel e seu "grupo de profetas" (1Sm 19.20). Mesmo se Amós não fosse um profeta por profissão, seria por dom (cf. Am 7.14). Deus o usou para falar. E nem todos os profetas falaram no estilo de primeira pessoa explícito: "Assim diz o SENHOR". Os escritores das narrativas históricas partiram da abordagem que subentendia a expressão "Assim *fez* o Senhor". Sua mensagem era sobre os atos de Deus em relação ao povo e seus pecados. Nesse caso Deus fazia do profeta um canal por meio do qual transmitiria sua mensagem a nós.

Inspirada (soprada) por Deus. Ao escrever sobre todo o cânon do AT, o apóstolo Paulo declarou:

> Toda Escritura é inspirada por Deus e útil para o ensino, para a repreensão, para a correção e para a instrução na justiça, para que o homem de Deus seja apto e plenamente preparado para toda boa obra (2 Tm 3.16,17).

Jesus descreveu as Escrituras como a "... palavra que procede da boca de Deus" (Mt 4.4; 7.10). Ela foi escrita por homens que foram inspirados por Deus" (Mt 4.4;7.10). Paulo disse que suas obras eram "... palavras ensinadas pelo Espírito.." (1Co 2.13), da mesma forma que Jesus disse aos fariseus: " Como é que Davi, falando pelo Espírito, o chama 'Senhor'?" (Mt 22.43).

O que a Bíblia diz. A lógica básica da inerrância das Escrituras é oferecida no artigo BÍBLIA, SUPOSTOS ERROS NA. O fato de a Bíblia ser a Palavra infalível de Deus é expresso de várias maneiras nas Escrituras. Uma é a fórmula: "O que a Bíblia diz, Deus diz". Uma passagem do AT afirma que Deus disse algo, mas, quando esse texto é citado no NT, o texto nos diz que as Escrituras afirmaram isso. Às vezes o inverso também é verdadeiro. No AT diz-se que a Bíblia registra algo. O NT declara que Deus o disse. Considere a seguinte comparação:

O que Deus diz...	A Bíblia diz
Gênesis 12.3	Gálatas 3.8
Êxodo 9.16	Romanos 9.17
O que a Bíblia diz...	**Deus diz**
Gênesis 2.24	Mateus 19.4,5
Salmos 2.1	Atos 4.24,25
Salmos 2.7	Hebreus 3.7
Salmos 16.10	Atos 13.35
Salmos 95.7	Hebreus 3.7
Salmos 97.7	Hebreus 3.7
Salmos 104.4	Hebreus 3.7
Isaías 55.3	Atos 13.34

As reivindicações das Escrituras. "Assim diz o Senhor". Frases como "diz o SENHOR" ou "assim diz o SENHOR" (por exemplo, Is 1.11, 18; Jr 2.3, 5), "disse Deus" (Gn 1.3), e "o SENHOR dirigiu esta palavra", ou similares (Jr 34.1; Ez 30.1) são usadas centenas de vezes nas Escrituras para enfatizar a inspiração direta e verbal de Deus do que foi escrito.

A Palavra de Deus. Em alguns pontos a Bíblia afirma, direta e inequivocamente, ser "a Palavra de Deus". Referindo-se aos mandamentos do AT, Jesus disse aos judeus da sua época: "Assim vocês anulam a Palavra de Deus, por causa da sua tradição" (Mt 15.6). Paulo fala das Escrituras como "as palavras de Deus" (Rm 3.2). Pedro declara: "Vocês foram regenerados, não de semente perecível, mas imperecível, por meio da palavra de Deus, viva e permanente" (1Pe 1.23). O autor de Hebreus afirma: "Pois a palavra de Deus é viva, e eficaz, e mais afiada do que qualquer espada de dois gumes" (Hb 4.12).

A reivindicação de autoridade divina. Outras palavras ou frases usadas nas Escrituras representam reivindicações da autoridade de Deus. Jesus disse que a Bíblia nunca passará e é suficiente para a fé e a vida (Lc 16.31; cf. 2Tm 3.16,17). Ele proclamou que a Bíblia possui inspiração divina (Mt 22.43) e autoridade (Mt 4.4, 7, 10). Ela tem unidade (Lc 24.27; Jo 5.39) e clareza espiritual (Lc 24.25).

A extensão da sua autoridade bíblica. A extensão da autoridade divina nas Escrituras inclui:

1. tudo o que está escrito — 2Tm 3.16;
2. até as palavras — Mt 22.43; 1Co 2.13;
3. e tempos verbais — Mateus 22.32; Gálatas 3.16;
4. mesmo as menores partes das palavras — Mt 5.17,18.

Apesar de a Bíblia não ter sido verbalmente ditada por Deus, o resultado é exatamente como os pensamentos de Deus seriam. Os autores da Bíblia afirmaram que Deus é a fonte das próprias palavras, já que ele supervisionou sobrenaturalmente o processo pelo qual cada ser humano escreveu, usando o próprio vocabulário e estilo para registrar sua mensagem (2Pe 1.20,21).

Apresentada em termos humanos. Apesar de a Bíblia alegar ser a Palavra de Deus, ela também é as palavras de seres humanos. Afirma ser a comunicação de Deus às pessoas, na sua linguagem e expressões.

1. Todos os livros na Bíblia foram composições de *escritores humanos.*

2. A Bíblia manifesta *estilos literários* diferentes, desde a métrica fúnebre de Lamentações à poesia exaltada de Isaías, desde a gramática simples de João até o grego

complexo de Hebreus. A escolha de metáforas demonstra que autores diferentes usaram o próprio contexto histórico e seus interesses. Tiago se interessa pela natureza. Jesus usa metáforas urbanas e Oséias as da vida rural.

3. A Bíblia manifesta *perspectivas e emoções humanas*; Davi falou no salmo 23 do ponto de vista de um pastor; o livro dos Reis foi escrito de um ponto de vista profético, e Crônicas, do ponto de vista sacerdotal; Atos manifesta um interesse histórico e 2Timóteo, o coração de um pastor. Paulo expressou tristeza pelos israelitas que rejeitaram a Deus (Rm 9.2).

4. A Bíblia revela padrões e processos do pensamento humano, incluindo a razão (Romanos) e a memória (1Co 1.14-16).

5. Os autores da Bíblia usaram recursos humanos para informação, incluindo pesquisa histórica (Lc 1.1-4) e obras não canônicas (Js 10.13; At 17.28; 1Co 15.33; Tt 1.12; Jd 9,14).

O texto original é infalível, não as cópias. Como foi observado no artigo Bíblia, supostos erros na, isso não quer dizer que todas as cópias e traduções da Bíblia são perfeitas. Deus inspirou os originais, não as cópias, então a inerrância se aplica ao texto original, não a todas as cópias. Deus na sua providência preservou as cópias de erros substanciais. Na verdade, o nível de precisão é maior que em qualquer outro livro do mundo antigo, excedendo os 99% (v. Novo Testamento, manuscritos do; Antigo Testamento, manuscritos do).

A evidência geral. Somadas, as evidências em favor da reivindicação da Bíblia de ser a Palavra de Deus são surpreendentes.

O testemunho de Cristo. Talvez o argumento mais forte em favor de a Bíblia ser a Palavra de Deus seja o testemunho de Jesus (v. Bíblia, posição de Jesus em relação à). Até incrédulos acreditam que ele foi um mestre divino. Os muçulmanos acreditam que ele foi um verdadeiro profeta de Deus (v. Maomé, suposto chamado divino de). Os crentes, é claro, insistem em que ele é o Filho de Deus como afirmou ser (Mt 16.16-18; Mc 2.5-11; Jo 5.22-30; 8.58; 10.30; 20.28,29) e provou ser por meio de vários milagres (Jo 3.2; At 2.22; v. milagres na Bíblia). Até o *Alcorão* admite que Jesus fez milagres (v. Maomé, supostos milagres de) e que a Bíblia que os cristãos usavam na época de Maomé (século VII d.C.) era precisa, já que foram desafiados a consultá-la para verificar as afirmações de Maomé.

Jesus afirmou que o AT era a Palavra de Deus e prometeu guiar seus discípulos para saberem toda verdade. Jesus reivindicou para a Bíblia:

1. Autoridade divina — Mt 4.4,7,10
2. Indestrutibilidade — Mt 5.17,18
3. Infalibilidade — Jo 10.35
4. Supremacia absoluta — Mt 15.3,6
5. Inerrância factual — Mt 22.29; Jo 17.17
6. Confiabilidade histórica — Mt 12.40; 24.37,38
7. Precisão científica — Mt 19.4,5; Jo 3.12

A autoridade de Jesus confirma a autoridade da Bíblia. Se ele é o Filho de Deus (v. Cristo, divindade de), então a Bíblia é a Palavra de Deus. Na verdade, se Jesus fosse apenas um profeta, a Bíblia ainda seria confirmada como a Palavra de Deus por meio do seu ofício profético. Somente se a autoridade divina de Cristo for rejeitada é que se pode rejeitar de modo coerente a autoridade divina das Escrituras. Se Jesus fala a verdade, é verdade que a Bíblia é a Palavra de Deus.

Evidências de manuscritos. Há manuscritos do NT disponíveis hoje que são datados dos séculos III e IV, e fragmentos que podem datar até mesmo do final do século I. Desde então, o texto permaneceu substancialmente o mesmo. Há manuscritos mais antigos e em maior quantidade do NT que de qualquer outro livro do mundo antigo. Enquanto a maioria dos livros foi preservada em dez ou vinte manuscritos que datam de mil anos ou mais após sua composição, um manuscrito quase completo, o *Papiro Chester Beatty*, foi copiado em 250 d.C aproximadamente. Outro manuscrito com a maior parte do NT, chamado *Vaticano*, data de cerca de 325 d.C.

Os autores bíblicos. Não importa quais fraquezas tivessem, os autores bíblicos são apresentados universalmente nas Escrituras como homens escrupulosamente honestos, e isso dá credibilidade à sua afirmação, pois a Bíblia não se esquiva de admitir as falhas do seu povo.

Eles ensinaram o mais alto padrão de ética, inclusive a obrigação de dizer sempre a verdade. A lei de Moisés ordenou: "Não darás falso testemunho contra o teu próximo" (Êx 20.16). Na verdade, apenas alguém

que é íntegro em sua conduta e pratica o que é justo, que de coração fala a verdade e não usa a língua para difamar, que nenhum mal faz ao seu semelhante e não lança calúnia contra o seu próximo, que rejeita quem merece desprezo, mas honra os que temem o Senhor, que mantém a sua palavra, mesmo quando sai prejudicado (Sl 15.2-4)

era considerado justo.

O NT também exalta a integridade, ordenando: "Portanto, cada um de vocês deve abandonar a mentira e falar a verdade ao seu próximo." (Ef 4.25*a*). A pessoa que "ama e pratica a mentira" será excluída do céu, segundo Apocalipse 22.15. A honestidade absoluta era louvada como virtude cristã cardeal.

Os autores bíblicos não só ensinaram os padrões morais mais elevados, incluindo honestidade, como também viveram assim. O profeta verdadeiro não podia ser comprado. Como o profeta que foi tentado confessou, "eu não poderia fazer coisa alguma [...] que vá além da ordem do Senhor" (Nm 22.18). O que Deus falava, o profeta tinha de declarar, apesar das conseqüências. Muitos profetas foram ameaçados e até martirizados, mas nunca renunciaram à verdade. Jeremias foi colocado na prisão por suas profecias inconvenientes (Jr 32.2; 37.15) e até ameaçado de morte (Jr 26.8,24). Outros foram mortos (Mt 23.34-36; Hb 11.32-38). Pedro e os onze apóstolos (Atos 5), assim como Paulo (At 28), foram todos aprisionados, e a maioria foi posteriormente martirizada por seu testemunho (2Tm 4.6-8; 2Pe 1.14). Na verdade, ser "fiel até a morte" era identidade da convicção cristã primitiva (Ap 2.10).

Às vezes pessoas morrem por causas falsas que acreditam ser verdadeiras, mas poucas morrem pelo que sabem ser falso. Mas as testemunhas bíblicas, que estavam em posição de saber o que era verdadeiro, morreram por proclamar que a sua mensagem veio de Deus. Isso é no mínimo evidência *prima facie* de que a Bíblia é o que eles afirmaram ser — a Palavra de Deus.

A confirmação miraculosa. É sempre possível que alguém creia que fala em nome de Deus, mas na verdade não o faz. Existem falsos profetas (Mt 7.15). É por isso que a Bíblia exorta: "Amados, não creiam em qualquer espírito, mas examinem os espíritos para ver se eles procedem de Deus, por que muitos falsos profetas têm saído pelo mundo" (1Jo 4.1). Uma maneira garantida de distinguir um verdadeiro profeta de um falso profeta são os milagres (At 2.22; Hb 2.3,4). O milagre é ato de Deus, e Deus não confirmaria sobrenaturalmente que o falso profeta é verdadeiro (v. milagres na Bíblia; profecias como prova da Bíblia).

Quando Moisés foi chamado por Deus, recebeu milagres para provar que falava por Deus (Êx 4). Elias, no Monte Carmelo, foi confirmado pelo fogo do céu como profeta verdadeiro do Deus verdadeiro (1Rs 18). Até Nicodemos admitiu diante de Jesus: "Mestre, sabemos que ensinas da parte de Deus; pois ninguém pode realizar os sinais miraculosos que estás fazendo, se Deus não estiver com ele" (Jo 3.2).

Mesmo o *Alcorão* reconheceu que Deus confirmou seus profetas (surata 7.106-8, 116-9), incluindo Jesus, pelos milagres. Afirma que Deus disse a Maomé: "Se rejeitaram a ti, rejeitaram também os apóstolos antes de ti, que vieram com sinais evidentes" (17.103). Alá diz: "Então enviamos depois Moisés e seu irmão com os nossos sinais e uma evidente autoridade" (23.45). Quando Maomé foi desafiado por incrédulos para realizar milagres semelhantes, ele se recusou (2.118; 3.183; 4.153; 6.8,9,37). Nas palavras do próprio Maomé (no *Alcorão*): "Se os infiéis disserem: Porque não lhe foi enviado um sinal por seu Senhor?", já que o próprio Maomé admitiu que "Allah é capaz de revelar um sinal" (sura 6.37; v. Maomé, supostos milagres de; Alcorão, suposta origem divina do). Mas os milagres foram uma característica do ministério de Jesus, e de outros profetas e apóstolos (Hb 2.3,4; 2Co 12.12; v. milagres, valor apologético dos). Quando questionado por João Batista se era o Messias, Jesus respondeu:

...Voltem e anunciem a João o que vocês viram e ouviram: os cegos vêem, os aleijados andam, os leprosos são purificados, os surdos ouvem, os mortos são ressuscitados e as boas novas são pregadas aos pobres (Lc 7.22)

Os milagres, portanto, são a confirmação divina da alegação do profeta de que falava em nome de Deus (ver milagre). No entanto, dentre todos os líderes religiosos mundiais, apenas os profetas e apóstolos judeus-cristãos foram confirmados sobrenaturalmente por milagres genuínos de natureza tal que jamais poderiam ser ilusões ou truques. Milagres comprovadores incluíram a transformação de água em vinho (Jo 2), a cura dos que tinham enfermidades orgânicas (Jo 5), a multiplicação de comida (Jo 6), o andar sobre a água (Jo 6) e a ressurreição de mortos (Jo 11).

Os muçulmanos alegam que Maomé fez milagres, mas não há comprovação dessa afirmação, mesmo no *Alcorão* (para sua recusa de fazer milagres, v. surata 3.181-4; v. Maomé, caráter de). Apenas a Bíblia é confirmada sobrenaturalmente.

Previsões de profetas bíblicos. Ao contrário de qualquer outro livro, a Bíblia oferece previsões específicas que foram escritas centenas de anos antes do seu cumprimento literal. Muitas delas enfocam a vinda de Cristo e outros eventos mundiais. Para uma discussão sobre várias delas, v. profecia como prova da Bíblia. Apesar de os críticos da Bíblia afirmarem que previsões foram escritas depois do seu cumprimento, tais alegações abusam da credibilidade. Em alguns casos de cumprimento mais imediato, nenhuma dessas afirmações é sequer possível. Esses cumprimentos se destacam como sinal da origem peculiar e sobrenatural da Bíblia.

A unidade da Bíblia. Uma linha de evidências que apóia a origem divina da Bíblia é sua unidade em grande diversidade. Apesar de composta por muitas pessoas de contextos históricos diferentes durante muitos anos, a Bíblia fala a partir de uma única mente.

Sem levar em consideração dados desconhecidos na datação de Jó e fontes que Moisés poderia ter usado, o primeiro livro foi escrito no máximo em 1400 a.C. e o último pouco antes de 100 d.C. Ao todo há 66 livros diferentes, escritos por aproximadamente 40 autores diferentes, de diferentes contextos históricos, níveis educacionais e profissões. A maioria foi escrita originalmente em hebraico ou grego, com algumas partes pequenas em aramaico.

A Bíblia cobre centenas de tópicos em literatura, de estilos muito variados. Eles incluem história, poesia, literatura didática, parábolas, alegoria, literatura apocalíptica e épica.

Deve-se observar, no entanto, a unidade incrível. Esses 66 livros revelam uma história contínua de redenção, do paraíso perdido ao paraíso recuperado, a criação e a consumação de todas as coisas (v. Sauer). Há um tema central, a pessoa de Jesus Cristo, até por simples implicação no AT (Lc 24.27). No AT Cristo é previsto; no NT ele é revelado (Mt 5.17,18). Há uma só mensagem: o problema da humanidade é o pecado, e a solução é a salvação por meio de Cristo (Mc 10.45; Lc 19.10).

Essa unidade tão incrível é bem explicada pela existência da Mente divina que os autores das Escrituras afirmam tê-los inspirado. Essa Mente entreteceu cada peça no mosaico único de verdade.

Os críticos afirmam que isso não é tão incrível, considerando que os autores sucessivos estavam cientes dos autores precedentes. Assim, poderiam construir sobre esses textos sem contradizê-los. Ou gerações posteriores apenas aceitaram seus livros no cânon crescente porque pareciam encaixar-se.

Mas nem todos os escritores estavam cientes de que seu livro seria incluído no cânon (por exemplo, Cânticos dos cânticos e o livro de Provérbios, escrito por vários autores). Eles não poderiam ter moldado sua obra para que se encaixasse. Não houve uma ocasião específica em que os livros foram aceitos no cânon. Apesar de algumas gerações posteriores questionarem como um livro ganhou seu lugar no cânon, há evidências de que livros foram aceitos imediatamente pelos contemporâneos dos autores. Quando Moisés escreveu, seus livros foram colocados ao lado da arca (Dt 31.22-26). Mais tarde, Josué foi acrescentado, e Daniel tinha cópias dessas obras, e até o rolo do seu contemporâneo Jeremias (Dn 9.2). No NT, Paulo cita Lucas (1Tm 5.18; cf. Lc 10.7), e Pedro possuía pelo menos algumas das epístolas de Paulo (2 Pe 3.15,16). Apesar de nem todo crente em todo o lugar possuir todos os livros imediatamente, parece que algumas obras foram aceitas e distribuídas imediatamente. Talvez outras tenham sido disseminadas mais lentamente, depois de serem consideradas autênticas.

Mesmo que todos os autores possuíssem todas os livros anteriores, ainda há uma unidade que transcende a habilidade humana. O leitor pode supor que cada autor foi um gênio literário incrível que viu a unidade e o "plano" maior das Escrituras e como sua parte se encaixaria nela. Será que mesmo tais gênios escreveriam de forma a prever o futuro, apesar de não saberem exatamente como ele seria? É mais fácil acreditar numa Mente que supervisionou nos bastidores todo o processo, que formulou o plano e desde o começo planejou como ele se realizaria.

Suponha que um livro de conselhos médicos familiares fosse composto por 40 médicos durante um período de 1500 anos em línguas diferentes, tratando de centenas de assuntos médicos. Que tipo de unidade teria, mesmo supondo que os autores conhecessem o que seus predecessores haviam escrito? Devido à prática médica supersticiosa no passado, um capítulo diria que doenças são causadas por demônios que devem ser exorcizados. Outro afirmaria que as doenças estão no sangue e devem ser escoadas pela sangria. Outro afirmaria que as doenças são uma função psicológica da mente sobre o corpo. Na melhor das hipóteses, tal livro careceria de unidade, continuidade e utilidade. Dificilmente seria uma fonte definitiva de informação sobre causas e curas de doenças. Mas a Bíblia, com uma diversidade maior, ainda é procurada por milhões em virtude de suas soluções para as doenças espirituais. Só ela, de todos os livros conhecidos pela humanidade, precisa de um Deus para explicar sua unidade na diversidade.

Confirmação arqueológica. A arqueologia não pode provar diretamente a inspiração da Bíblia; pode confirmar sua confiabilidade como documento histórico. Essa é uma confirmação indireta de inspiração (v. ARQUEOLOGIA DO NT e ARQUEOLOGIA DO AT, para algumas dessas evidências). A conclusão dessas evidências foi resumida por Nelson Glueck, ao afirmar que

nenhuma descoberta arqueológica jamais contradisse uma referência bíblica. Várias descobertas arqueológicas foram feitas que confirmam de forma geral ou em detalhes exatos as afirmações históricas na Bíblia (Glueck, p. 31).

Millar Burroughs observa que "mais de um arqueólogo descobriu que seu respeito pela Bíblia aumentou por causa de sua experiência de escavação na Palestina" (Burroughs).

Testemunhos de poder transformador. O autor de Hebreus declara que "a palavra de Deus é viva e eficaz, e mais afiada que qualquer espada de dois gumes" (4.12). O apóstolo Pedro acrescentou: "Vocês foram regenerados, não de uma semente perecível, mas imperecível, por meio da palavra de Deus, viva e permanente"(1Pe 1.23). Apesar de não estar na área de evidências primárias, uma linha de evidência subjetiva e complementar é a mudança de vida que a Palavra de Deus traz. Enquanto o islamismo inicial se espalhou pelo poder da espada, o cristianismo primitivo se espalhou pela espada do Espírito, apesar de os cristãos serem mortos pelo poder da espada romana.

O grande apologista cristão William Paley resumiu as diferenças entre o crescimento do cristianismo e o do islamismo claramente:

> Pois o que estamos comparando? Um camponês galileu acompanhando por alguns pescadores como um conquistador à frente de seu exército. Comparamos Jesus, sem força, sem poder, sem apoio, sem nenhuma circunstância externa de atração ou influência, prevalecendo contra os preconceitos, a erudição, hierarquia do seu país, contra as opiniões religiosas antigas, os rituais religiosos pomposos, a filosofia, a sabedoria, a autoridade do Império Romano, no período mais refinado e iluminado da sua existência — com Maomé embrenhando-se entre os árabes; reunindo seguidores em meio a conquistas e vitórias, na era e nos países mais obscuros do mundo, quando o sucesso na batalha não só operava por essa autoridade sobre as vontades e pessoas dos homens que participam de empreendimentos prósperos, como também era considerado um testemunho certo da aprovação divina. O fato de mutiladões de pessoas, persuadidas por esse argumento, se juntarem à comitiva de um líder vitorioso; o fato de multidões ainda maiores, sem discussão, se submeterem a um poder irresistível — é uma conduta com que não podemos nos surpreender, em que não podemos ver nada que se assemelhe às causas pelas quais o estabelecimento do cristianismo foi efetuado (Paley, p. 257)

Apesar da má utilização posterior do poder militar nas Cruzadas e em outros episódios isolados anteriormente, o fato é que o cristianismo *primitivo* cresceu pelo poder espiritual, não pela força política. Desde o início, assim como hoje no mundo todo, foi a pregação da Palavra de Deus que transformou as vidas que deram ao cristianismo sua vitalidade (At 2.41). Pois "a fé vem por se ouvir a mensagem, e a mensagem é ou vida mediante a palavra de Cristo" (Rm 10.17).

Conclusão. A Bíblia é o único livro que alega e prova ser a Palavra de Deus. Ela afirma ter sido escrita por profetas de Deus que registraram no seu próprio estilo e linguagem exatamente a mensagem que Deus queria que transmitissem à humanidade. As obras dos profetas e apóstolos afirmam ser as palavras indestrutíveis, imperecíveis e infalíveis de Deus. As evidências de que suas obras são o que afirmam ser são encontradas não só no seu próprio caráter moral mas também na confirmação sobrenatural da sua mensagem, em sua precisão profética, unidade incrível, poder transformador e no testemunho de Jesus, que foi confirmado como Filho de Deus.

Fontes

M. Burroughs, *What mean these stones?*
F. S. R. L. Gaussen, *Theopneustia*.
N. L. Geisler, org., *Inerrancy*.
___ e A. Saleeb, *Answering Islam*.
___ e W. E. Nix, *Introdução geral à Bíblia*.
N. Glueck, *Rivers in the desert*.
R. L. Harris, *Inspiration and canonicity of the Bible*.
C. F. H. Henry, *Revelation and the Bible*.
A. A. Hodge, et al., *Inspiration*.
H. Lindsell, *The battle for the Bible*.
J. I. Packer, *"Fundamentalism" and the Word of God*
B. B. Warfield, *Limited inspiration*.
___, *The inspiration and authority of the Bible*.
C. Wilson, *Rocks, relics, and reliability*.
J. D. Woodbridge, *Biblical authority: a critique of the Roger McKim proposal*.
E. Yamauchi, *The stones and the Scriptures*.

Bíblia, supostos erros da. Os críticos afirmam que a Bíblia está cheia de erros. Alguns até mencionam milhares de erros. Mas cristãos ortodoxos de todas as eras afirmaram que a Bíblia é infalível no texto original ("autógrafos"; ver Geisler, *Decide for yourself*). "Se ficamos perplexos por qualquer contradição aparente nas Escrituras", Agostinho observou sabiamente, "não se pode dizer: 'O autor desse livro está errado', e sim que o manuscrito está errado, ou a tradução está errada, ou não foi entendida" (Agostinho, 11.5). Nenhum erro que se estenda até o texto original da Bíblia foi comprovado.

Porque a Bíblia não pode errar. O argumento de uma Bíblia sem erros (infalível) pode ser colocado na seguinte forma lógica:

> Deus não pode errar.
> A Bíblia é a Palavra de Deus.
> Logo, a Bíblia não pode errar.

Deus não pode errar. Logicamente, o argumento é válido. Então, se as premissas são verdadeiras, a conclusão também é. Se o Deus teísta existe (v. Deus, evidências de; teísmo), então a primeira premissa é verdadeira. Pois o Deus infinitamente perfeito e onisciente não pode errar. As Escrituras testificam isso, declarando enfaticamente que "é impossível que Deus minta" (Hb 6.18). Paulo fala do "Deus que não mente" (Tt 1.2). Ele é um Deus que, mesmo quando somos infiéis, "permanece fiel, pois não pode negar-se a si mesmo" (2Tm 2.13). Deus é a verdade (Jo 14.6), e sua palavra também. Jesus disse ao Pai: "a tua palavra é a verdade" (Jo 17.17). O salmista exclamou: "A verdade é a essência da tua palavra" (Sl 119.160).

A Bíblia é a Palavra de Deus. Jesus, que é o Filho de Deus (v. Cristo, divindade de), referiu-se ao AT como a "palavra de Deus" que "não pode ser anulada" (Jo 10.35). Disse: "Enquanto existirem céus e terra, de forma alguma desaparecerá da lei a menor letra ou o menor traço, até que tudo se cumpra" (Mt 5.18). Paulo acrescentou: "Toda Escritura é inspirada por Deus" (2Tm 3.16). Ela "procede da boca de Deus" (Mt 4.4). Apesar de autores humanos registrarem as mensagens, "Pois jamais a profecia tem origem na vontade humana, mas homens falaram da parte de Deus impelidos pelo Espírito Santo" (2Pe 1.21).

Jesus disse que os líderes religiosos da sua época estavam "anulando a palavra de Deus" pela "própria tradição" (Mc 7.13). Jesus voltou sua atenção à Palavra escrita de Deus ao afirmar vez após vez: "Está escrito" (por exemplo, Mt. 4.4,7,10). Essa frase ocorre mais de noventa vezes no NT, uma forte indicação da autoridade divina. Enfatizando a natureza infalível da verdade de Deus, o apóstolo Paulo referia-se às Escrituras como a palavra de Deus" (Rm 9.6). O autor de Hebreus declarou que

> a palavra de Deus é viva e eficaz, e mais afiada que qualquer espada de dois gumes; ela penetra até a ponto de dividir alma e espírito, juntas e medulas, e julga os pensamentos e intenções do coração (Hb 4.12).

Logo, a Bíblia não pode errar. Se Deus não pode errar e se a Bíblia é a Palavra de Deus, então a Bíblia não pode errar (v. Bíblia, evidências da). Deus falou, e não gaguejou. O Deus da verdade nos deu a Palavra da verdade, e ela não contém nenhuma inverdade. A Bíblia é a Palavra infalível de Deus. Isso não quer dizer que não haja *dificuldades* nas nossas Bíblias. Elas existem, ou livros como este não seriam necessários. Mas o povo de Deus pode abordar textos difíceis com confiança, sabendo que não são *erros* de fato; Deus não errou.

Erros na ciência e na história? Algumas pessoas sugeriram que as Escrituras sempre podem ser confiáveis em questões de fé e vida ou em questões morais, mas nem sempre estão corretas em questões históricas. Estas dependem delas no âmbito espiritual, mas não na esfera científica (v. ciência e a Bíblia). Se isso fosse verdade, a Bíblia seria ineficaz como autoridade divina, já que o histórico e o científico estão inseparavelmente ligados ao espiritual.

Uma observação das Escrituras revela que as verdades científicas (reais) e espirituais da Bíblia geralmente são inseparáveis. Não se pode separar a verdade espiritual da ressurreição de Cristo do fato de que seu corpo deixou permanente e fisicamente o túmulo e andou entre as pessoas (Mt 28.6; 1Co 15.13-19). Se Jesus não nasceu de uma virgem, ele não é diferente do resto da raça humana, sobre quem se acha o estigma do pecado de Adão (Rm 5.12). Da mesma forma, a morte de Cristo pelos nossos pecados não pode ser separada do derramamento literal de seu sangue na cruz, pois "sem derramamento de sangue, não há perdão" (Hb 9.22). A existência de Adão e o pecado original não podem ser mito. Se não houve um Adão literal e um pecado real, os ensinamentos espirituais sobre o pecado herdado e a morte física e espiritual são falsos (Rm 5.12). A realidade histórica e a doutrina teológica se mantêm ou desmoronam juntas.

Além disso, a doutrina da encarnação (v. Cristo, divindade de) é inseparável da verdade histórica sobre Jesus de Nazaré (Jo 1.1,14). O ensinamento moral de Jesus sobre casamento é baseado no ensinamento sobre a existência literal de Adão e Eva, a quem Deus uniu em matrimônio (Mt 19.4,5). O ensinamento moral ou teológico é desprovido de significado sem o evento histórico ou real. Se alguém negar que o evento literal aconteceu, então não há base para crer na doutrina bíblica baseada nele, ou em outra coisa qualquer, pois tudo passa a ser duvidoso (v. milagres, mito e).

Jesus costumava comparar diretamente eventos do AT com verdades espirituais importantes. Relacionou sua morte e ressurreição a Jonas e o grande peixe (Mt 12.40), sua segunda vinda, a Noé e o Dilúvio (Mt 24.37-39). Tanto a ocasião quanto o modo de comparar deixam claro que Jesus estava afirmando a historicidade desses eventos do AT. Jesus disse a Nicodemos: "Eu lhes falei de coisas terrenas e vocês não creram; como crerão se lhes falar de coisas celestiais?" (Jo 3.12). O resultado dessa afirmação é que, se a Bíblia não fala verdadeiramente sobre o mundo físico, como pode ser digna de confiança quando fala sobre o mundo espiritual? Os dois estão intimamente ligados.

A inspiração inclui não só tudo que a Bíblia *ensina* explicitamente, mas também tudo que a Bíblia *toca*. Isso se aplica a história, ciência ou matemática — tudo que a Bíblia declara é verdade, seja uma questão grande ou pequena. A Bíblia é a Palavra de Deus, e Deus não se afasta da verdade. Todas as partes são verdadeiras, assim como o conjunto que compõem.

Se inspirada, então inerrante. A inerrância é um resultado lógico da inspiração (v. Bíblia, evidências da). *Inerrância* significa "completamente verdadeiro e sem erro". E o que Deus sopra (inspira) deve ser completamente verdadeiro (inerrante). Mas é útil especificar mais claramente o que se quer dizer com "verdade" e o que constituiria um "erro" (v. Geisler, "The concept of truth in the inerrancy debate").

Verdade é o que corresponde à realidade (v. VERDADE, DEFINIÇÃO DA). *Erro* é o que não corresponde à realidade. Nada errado se torna verdadeiro, mesmo que o autor quisesse dizer a verdade. Senão, toda afirmação sincera porventura enunciada seria verdadeira, mesmo se totalmente errada.

Alguns estudiosos bíblicos argumentam que a Bíblia não pode ser inerrante porque usam um raciocínio falho:

1. A Bíblia é um livro humano.
2. Humanos erram.
3. Logo, a Bíblia erra.

O erro desse raciocínio pode ser visto em outro raciocínio também errado:

1. Jesus era um ser humano.
2. Humanos pecam.
3. Logo, Jesus pecou.

Pode-se logo ver que essa conclusão está errada. Jesus era "sem pecado" (Hb 4.15; v. tb. 2Co 5.21; 2Pe 1.19; 2Jo 2.1; 3.3). Mas se Jesus não pecou, o que está errado com o argumento de que Jesus é humano e humanos pecam, logo, Jesus pecou? Onde é que a lógica se desviou?

O erro é supor que Jesus é *apenas* humano. Meros seres humanos pecam. Mas Jesus não era um *mero* ser humano. Ele também era Deus. Da mesma forma, a Bíblia não é *apenas* um livro humano; também é a Palavra de Deus. Como Jesus, ela tem elementos divinos que negam a afirmação de que tudo que é humano erra. Ambos são divinos e não podem errar. Não pode haver mais erro na Palavra escrita de Deus do que havia no Verbo vivo de Deus.

Abordando dificuldades bíblicas. Como Agostinho disse na citação anterior, os erros não procedem da revelação de Deus, mas da má interpretação do homem. Exceto onde erros de escribas e mudanças estranhas se inseriram nas famílias textuais com o passar dos séculos, todas as alegações de erros na Bíblia por parte dos críticos são baseadas nos seus erros. A maioria dos problemas cai em uma das seguintes categorias.

Supor que o inexplicado é inexplicável. Nenhuma pessoa informada afirmaria ser capaz de explicar completamente todas as dificuldades da Bíblia. Mas é um erro do crítico supor que o inexplicado não pode ser e não será explicado. Quando um cientista encontra uma anomalia na natureza, ele não abandona investigações científicas posteriores. Pelo contrário, o inexplicado o motiva a estudar mais. Os cientistas do passado não sabiam explicar meteoros, eclipses, tornados, furacões e terremotos. Até recentemente, os cientistas não sabiam como os zangões conseguiam voar. Todos esses mistérios revelaram seus segredos à paciência incansável. Os cientistas agora não sabem como a vida pode desenvolver-se em termoventas no fundo do mar. Mas nenhum deles joga a toalha e grita: "Contradição!".

O verdadeiro estudioso bíblico aborda a Bíblia com a mesma pressuposição de que há respostas para o que até agora permanece inexplicado. Quando encontra alguma coisa para a qual nenhuma explicação é conhecida, o estudioso continua a pesquisa, procurando os meios para descobrir a resposta. Há motivo racional para a fé de que a resposta será encontrada, porque a maioria dos problemas inexplicáveis do passado atualmente já foi respondida pela ciência, pelo estudo textual, arqueologia, lingüística e outras disciplinas. Os críticos argumentaram que Moisés não poderia ter escrito os cinco primeiros livros da Bíblia, porque a cultura da época de Moisés era anterior à invenção da escrita. Agora sabemos que a escrita existia milhares de anos antes de Moisés (v. PENTATEUCO, AUTORIA MOSAICA DO).

Os críticos acreditavam que as referências da Bíblia ao povo heteu eram completamente fictícias. Um povo com esse nome jamais existira. Agora que a biblioteca nacional dos heteus foi encontrada na Turquia, as afirmações outrora confiantes dos céticos parecem ridículas. Estudos arqueológicos indicam que zombarias semelhantes sobre a rota e data do Êxodo logo serão silenciadas. Esses e muitos outros exemplos inspiram confiança em que as dificuldades bíblicas que ainda não foram explicadas não são erros da Bíblia.

Supor que a Bíblia é culpada de erro até provar inocência. Muitos críticos supõem que a Bíblia está errada até que algo prove esta correta. Mas, como um cidadão acusado de um crime, a Bíblia deve ser lida no mínimo com a mesma pressuposição de precisão conferida a outras obras literárias que afirmam ser não-ficção. Essa é a maneira que abordamos toda a comunicação humana. Se não o fizéssemos, a vida não seria possível. Se supuséssemos que placas de trânsito e semáforos não estão dizendo a verdade, provavelmente estaríamos mortos antes de poder provar o contrário. Se supuséssemos que embalagens de alimentos estavam trocadas, teríamos de abrir todas as latas e embalagens antes de comprá-las.

Deve-se supor que a Bíblia, como qualquer outro livro, está dizendo o que os autores disseram, vivenciaram e ouviram. Críticos negativos começam com a pressuposição exatamente oposta. Não é de admirar que concluam que a Bíblia está cheia de erros.

Confundir interpretações com revelações. Jesus afirmou que "a Escritura não pode ser anulada" (Jo 10.35). Como livro infalível, a Bíblia também é irrevogável. Jesus declarou: "Porque em verdade vos digo: até que o céu e a terra passem, nem um i ou um til jamais passará da lei, até que tudo se cumpra" (Mt 5.18; cf. Lc 16.17). As Escrituras também têm autoridade final, sendo a última palavra em tudo que discutem (v. Bíblia, posição de Cristo em relação à). Jesus empregou a Bíblia para resistir ao tentador (Mt 4.4,7,10), para resolver conflitos doutrinários (Mt 21.42) e reivindicar sua autoridade (Mc 11.17). Às vezes um ensinamento bíblico baseia-se num pequeno detalhe histórico (Hb 7.4-10), numa palavra ou frase (At 15.13-17) ou na diferença entre o singular e o plural (Gl 3.16).

Mas ainda que a Bíblia seja infalível, as interpretações humanas não são. Embora a Palavra de Deus seja perfeita (Sl 19.7), enquanto seres humanos imperfeitos existirem haverá más interpretações da Palavra de Deus e falsas teorias sobre este mundo. Por isso, não devemos apressar-nos em admitir que uma suposição atualmente dominante na ciência seja a palavra final. Algumas das leis irrefutáveis do passado são consideradas erros pelos cientistas atuais. Portanto, contradições entre opiniões populares na ciência e interpretações amplamente aceitas da Bíblia podem ser esperadas. Mas isso não prova que haja verdadeira contradição.

Deixar de entender o contexto. O erro mais comum de todos os intérpretes da Bíblia, inclusive alguns críticos, é ler um texto fora do seu contexto correto. Como diz o provérbio: "O texto fora de contexto é pretexto". Pode-se provar tudo a partir da Bíblia com esse procedimento errôneo. A Bíblia diz: "Deus não existe" (Sl 14.1). Mas o contexto é: "Diz o tolo em seu coração: Deus não existe". Pode-se afirmar que Jesus nos admoestou dizendo: "não resistam ao perverso" (Mt 5.39), mas o contexto anti-retaliação em que ele fez essa afirmação não deve ser ignorado. Muitos lêem a afirmação de Jesus: "Dê a quem lhe pede" como se fosse uma obrigação de dar uma arma a uma criança. Deixar de observar que o significado é determinado pelo contexto é o principal pecado daqueles que acham falhas na Bíblia.

Interpretar o que é difícil pelo que é claro. Algumas passagens são difíceis de entender ou parecem contradizer algumas partes das Escrituras. Tiago parece dizer que a salvação é por obras (Tg 2.14-26), enquanto Paulo ensina que é pela graça. Paulo diz que os cristãos são salvos pela graça "por meio da fé; e isto não vem de vocês, é dom de Deus; não por obras, para que ninguém se glorie" (Ef 2.8,9). E "àquele que não trabalha, mas confia em Deus, que justifica o ímpio, a sua fé lhe é causa de atos como justiça" (Rm 4.5). E também, "não por causa de atos de justiça por nós praticados, mas devido à sua misericórdia, ele nos salvou" (Tt 3.5).

A leitura cuidadosa de tudo o que Tiago diz e tudo o que Paulo diz mostra que Paulo está falando sobre justificação *diante de Deus* (somente pela fé), enquanto Tiago está se referindo à justificação *diante dos outros* (que só vêem o que fazemos). Tanto Tiago como Paulo falam das obras que sempre acompanham a vida daquele que ama a Deus.

Um exemplo semelhante, dessa vez envolvendo Paulo, é encontrado em Filipenses 2.12. Paulo diz: "ponham em ação a salvação de vocês com temor e tremor". Isso parece dizer que a salvação é por obras. Mas contradiz diretamente os textos anteriores e uma série de outras passagens. Quando essa afirmação difícil sobre "pôr em ação a salvação" é entendida à luz das passagens claras, podemos ver que *não* significa que somos salvos por obras. Na verdade, o que quer dizer é encontrado no versículo seguinte. Devemos *pôr em ação* nossa salvação porque a graça de Deus a *efetua* nos nossos corações. Nas palavras de Paulo, "pois é Deus quem efetua em vocês tanto o querer como o realizar, de acordo com a boa vontade dele" (Fp 2.13).

Ensinar a partir de uma passagem obscura. Algumas passagens na Bíblia são difíceis porque seu significado é obscuro. Isso geralmente acontece porque uma palavra-chave no texto é usada apenas uma vez (ou raramente), então é difícil saber o que o autor está dizendo a não ser que possa inferir do contexto. Uma das passagens mais conhecidas da Bíblia contém uma palavra que não aparece em nenhum outro lugar de toda literatura grega existente até a época em que o NT foi escrito. Essa palavra aparece no que se chama popularmente "pai-nosso" (Mt 6.11). Geralmente a tradução diz: "Dá-nos hoje o nosso pão de cada dia". A palavra em questão é traduzida como "de cada dia" — (*epiousion*). Especialistas em grego ainda não chegaram a um acordo sobre sua origem ou significado exato. Comentaristas diferentes tentam estabelecer ligações com palavras gregas conhecidas, e muitos significados já foram propostos:

Dá-nos hoje o pão nosso *contínuo*.
O pão nosso *supersubstancial* (uma dádiva dá-nos hoje sobrenatural do céu).
Para nosso sustento dá-nos hoje o pão nosso.
Dá-nos hoje o pão nosso *de cada dia* (ou aquilo de que precisamos hoje).

Cada uma dessas propostas tem seus defensores, cada uma faz sentido no contexto, e cada uma é uma possibilidade baseada na informação lingüística limitada. Não parece haver uma razão convincente para abandonarmos o que se tornou a tradução aceita em geral, mas isso aumenta a dificuldade, porque o significado de uma palavra-chave é obscuro.

Em outros casos, as palavras são claras, mas o significado não é evidente porque não temos a informação histórica que os primeiros leitores tinham. Isso com certeza acontece em 1Coríntios 15.29, onde Paulo fala sobre aqueles que "se batizam pelos mortos". Ele está se referindo a crentes mortos que não se batizaram e outros se batizando por eles para que fossem salvos (como os mórmons afirmam)? Ou está se referindo a outros se batizando na igreja para assumir o posto daqueles que morreram? Ou se referindo a um crente se batizando "para" (i.e., "em vista da") a própria morte e sepultamento com Cristo? Ou alguma outra coisa?

Quando não temos certeza, há várias coisas que devemos lembrar. Primeiro, não devemos construir uma doutrina com base numa passagem obscura. A regra básica na Bíblia é: "As coisas principais são as coisas simples, e as coisas simples são as coisas principais". Isso se chama "perspicuidade" (clareza) das Escrituras. Se algo é importante, é ensinado claramente, e provavelmente em mais de um lugar. Em segundo lugar, quando certa passagem não é clara, jamais devemos concluir que significa algo que se opõe a outro ensinamento simples das Escrituras.

Esquecer as características humanas da Bíblia. Com exceção de algumas seções pequenas como os Dez Mandamentos, que foram escritos "pelo dedo de Deus" (Êx 31.18), a Bíblia não foi ditada verbalmente (v. Rice). Os autores não eram meros secretários do Espírito Santo. Eram autores humanos empregando seus estilos literários e maneiras de sentir. Esses autores humanos às vezes usavam *fontes humanas* para seu material (Js 10.13; At 17.28; 1Co 15.33; Tt 1.12). Na verdade, todos os livros da Bíblia são a composição de um *escritor humano* — cerca de 40 deles ao todo. A Bíblia também manifesta estilos *humanos de literatura* diferentes. Os autores falam do ponto de vista do observador quando escrevem sobre o sol nascendo ou se pondo (Js 1.15). Também revelam *padrões humanos de pensamento*, inclusive lapsos de memória (1Co 1.14-16), assim como *emoções humanas* (Gl 4.14). A Bíblia revela *interesses humanos* específicos. Oséias tem um interesse rural, Lucas, uma preocupação médica, e Tiago manifesta amor pela natureza. Os autores bíblicos incluem um legislador (Moisés), um general (Josué), profetas (Samuel, Isaías, e outros), reis (Davi e Salomão), um músico (Asafe), um pastor (Amós), um príncipe e homem de Estado (Daniel), um sacerdote (Esdras), um coletor de impostos (Mateus), um médico (Lucas), um intelectual (Paulo) e pescadores (Pedro e João). Com tanta variedade de ocupações representadas pelos autores bíblicos, é natural que seus interesses e suas diferenças pessoais estejam refletidos nas suas obras.

Como Cristo, a Bíblia é completamente humana, mas sem erro. Deixar de lado a humanidade das Escrituras pode levar à refutação falsa da sua integridade pela expectativa de um nível de expressão maior do que é comum num documento humano. Isso ficará mais claro quando discutirmos os próximos erros dos críticos (v. BÍBLIA, CRÍTICAS À).

Supor que um relatório parcial é um relatório falso. Os críticos geralmente deduzem que um relatório parcial é falso. Mas isso não é verdade. Se fosse, a maior parte do que já foi dito seria falsa, já que raramente o tempo ou espaço permite um relatório absolutamente completo. Alguns autores bíblicos expressam a mesma coisa de maneiras diferentes, ou pelo menos de pontos de vista diferentes, em épocas diferentes, enfatizando coisas diferentes. Assim, a inspiração não exclui a diversidade da expressão. Os quatro evangelhos relatam a mesma história — muitas vezes os mesmos incidentes — de maneiras diferentes para grupos diferentes e às vezes até citam a mesma afirmação com palavras diferentes. Compare, por exemplo a famosa confissão de Pedro nos evangelhos:

Mateus: "Tu és o Cristo, o Filho do Deus vivo" (16.16).
Marcos: "Tu és o Cristo" (8.29).
Lucas: "O Cristo de Deus" (9.20).

Até os Dez Mandamentos, que foram escritos "pelo dedo de Deus" (Dt 9.10), são declarados com variações na segunda vez em que foram registrados (cf. Êx 20.8-11 com Dt 5.12-15). Há muitas diferenças entre os livros dos Reis e das Crônicas na descrição de eventos idênticos, mas eles não contêm nenhuma contradição nos eventos que narram. Se tais afirmações importantes podem ser declaradas de maneiras diferentes, então não há motivo para o restante das Escrituras não poderem falar a verdade sem empregar uma forma fixa de expressão.

Citações do AT no NT. Os críticos geralmente indicam variações no uso de passagens do AT no NT como prova de erro. Esquecem que nem toda citação precisa ser exata. Às vezes usamos citações indiretas e às vezes, diretas. Na época (como hoje) era um estilo literário perfeitamente aceitável dar a *essência* de uma afirmação sem usar exatamente as *mesmas palavras*. O mesmo *significado* pode ser expresso sem usar as mesmas *expressões verbais*.

As variações nas citações que o NT faz do AT dividem-se em duas categorias. Às vezes elas existem porque há uma mudança de locutor. Por exemplo, Zacarias registra o Senhor dizendo: "Olharão para *mim*, aquele a quem trespassaram" (12.10). Quando isso é citado no NT, João, não Deus, está falando. Então há uma mudança para: "Olharão para *aquele* a quem traspassaram" (Jo 19.37).

Em outras ocasiões, os autores citam apenas parte do texto do AT. Jesus fez isso na sua sinagoga em Nazaré (Lc 4.18,19, citando Is 61.1,2). Na verdade, ele parou no meio de uma frase. Se tivesse continuado, não poderia chegar à sua conclusão no texto: "Hoje se cumpriu a Escritura que vocês acabaram de ouvir" (v. 21). A próxima frase: "e o dia da vingança do nosso Deus", refere-se à sua segunda vinda.

Às vezes o NT faz uma paráfrase ou resumo do texto do AT (e.g., Mt 2.6). Ou junta dois textos em um só (Mt 27.9,10). Ocasionalmente uma verdade geral é mencionada, sem citar um texto específico. Por exemplo, Mateus disse que Jesus mudou-se para Nazaré: "E foi viver numa cidade chamada Nazaré. Assim cumpriu-se o que fora dito pelos profetas: Ele será chamado Nazareno" (Mt 2.23). Note que Mateus não cita um profeta determinado, mas sim "profeta*s*" em geral. Vários textos falam da humildade do Messias. Ser de Nazaré, um nazareno, era sinônimo de pobreza no Israel da época de Jesus.

Há instâncias onde o NT aplica um texto de maneira diferente da do AT. Por exemplo, Oséias aplica "do Egito chamei o meu Filho" à nação messiânica, e Mateus o aplica ao produto daquela nação, o Messias (Mt 2.15, de Os 11.1). Em nenhum momento o NT interpreta ou aplica mal o AT, nem tira conclusões inválidas dele. O NT não erra ao citar o AT, como os críticos fazem ao citar o NT.

Supor que relatórios divergentes são falsos. O fato de dois ou mais relatórios do mesmo evento serem diferentes não quer dizer que sejam mutuamente excludentes. Mateus 28.5 diz que havia um anjo no túmulo após a ressurreição, enquanto João nos informa que eram dois (20.12). Mas não há relatórios contraditórios. Uma regra matemática infalível explica facilmente esse problema: onde há dois, sempre há um. Mateus não disse que havia *apenas* um anjo. Também poderia haver um anjo no túmulo em determinado momento dessa manhã agitada e dois em outro. Seria necessário acrescentar a palavra "apenas" para que o relatório de Mateus contradissesse o de João. Mas se o crítico tem a intenção de mostrar que os textos erram, o erro não está na Bíblia, mas no crítico.

Da mesma forma, Mateus (27.5) nos informa que Judas se enforcou. Mas Lucas diz que "seu corpo partiu-se pelo meio, e as suas vísceras se derramaram" (At 1.18). Mais uma vez, esses relatórios não se eliminam. Se Judas se enforcou numa árvore à beira de um precipício nessa área rochosa, e seu corpo caiu nas rochas pontiagudas abaixo dele, suas entranhas se espalhariam como Lucas descreve detalhadamente.

Supor que a Bíblia aprova tudo que registra. É um erro supor que tudo que a Bíblia contém é elogiado por ela. A Bíblia inteira é *verdadeira* (Jo 17.17), mas registra *mentiras*, por exemplo, as de Satanás (Gn 3.4; cf. Jo 8.44) e Raabe (Js 2.4). A inspiração abarca a Bíblia completamente no sentido em que registra precisa e verdadeiramente até as mentiras e erros dos seres pecadores. A verdade das Escrituras é encontrada naquilo que a Bíblia *revela*, não em tudo que *registra*. Se essa distinção não for feita, pode-se concluir equivocadamente que a Bíblia ensina imoralidade porque narra o pecado de Davi (2Sm 11.4), que promove a poligamia porque registra a de Salomão (1Rs 11.3), ou que afirma o ateísmo porque cita o insensato dizendo: "Deus não existe" (Sl 14.1).

Esquecer que a Bíblia não é técnica. Para ser verdadeiro, não é necessário usar linguagem erudita, técnica ou "científica". A Bíblia foi escrita para as pessoas comuns de todas gerações e, portanto, usa a linguagem comum, do dia-a-dia. O uso de linguagem fenomenológica, não-científica, não é *anti*científica, é apenas *pré*-científica. As Escrituras foram compostas na *Antigüidade* por padrões antigos, e seria anacrônico impor padrões científicos modernos a ela. Mas não é mais anticientífico falar que o sol "se deteve" que dizer que o sol se pôs (Js 10.13)? Os meteorologistas ainda se referem às vezes ao "nascer-do-sol" e "pôr-do-sol.

Supor que números arredondados são falsos. Como na linguagem do dia-a-dia, a Bíblia usa números arredondados (v. Js 3.4; cf. 4.13). Refere-se ao diâmetro como um terço da circunferência de um objeto (1Cr 19.18; 21.5). Tecnicamente, trata-se apenas de uma aproximação (v. Lindsell, p. 165-6); pode ser impreciso do ponto de vista de uma sociedade tecnológica falar que 3,14159265 é "3", mas não é incorreto (v. CIÊNCIA E A BÍBLIA). É o suficiente para um "mar de fundição" (2Cr 4.2) num templo hebreu antigo, apesar de não ser suficiente para um computador num foguete moderno. Não se pode esperar ver atores referindo-se a um relógio de pulso numa peça de Shakespeare, nem pessoas de um período pré-científico usar números exatos.

Deixar de observar recursos literários. A linguagem humana não é limitada a uma única forma de expressão. Então não há razão para supor que apenas um estilo literário seria usado num livro divinamente inspirado. A Bíblia revela vários recursos literários: livros inteiros escritos em *poesia* (por exemplo, Jó, Salmos, Provérbios). Os evangelhos sinóticos apresentam *parábolas*. Em Gálatas 4, Paulo utiliza uma *alegoria*. O NT está cheio de *metáforas* (2Co 3.2,3; Tg 3.6), *símiles* (Mt 20.1; Tg 1.6), *hipérboles* (Jo 21.25; 2Co 3.2; Cl 1.23), e até *figuras poéticas* (Jó 41.1). Jesus empregou a *sátira* (Mt 19.24; 23.24). A *linguagem figurada* é comum em toda a Bíblia.

Não é errado o autor bíblico usar linguagem figurativa, mas é um erro se o leitor interpretar a linguagem figurativa literalmente. É óbvio que, quando a Bíblia fala do crente descansando à sombra das "asas" de Deus (Sl 36.7), isso não significa que Deus é um pássaro com penas. Quando a Bíblia diz que Deus "desperta" (Sl 44.23), como se estivesse dormindo, isso significa que é estimulado à ação.

Esquecer que apenas o texto original é infalível. Erros genuínos foram encontrados — em cópias do texto bíblico feitas centenas de anos após os autógrafos. Deus pronunciou apenas o texto original da Escritura, não as cópias. Então, apenas o texto original é livre de erros. A inspiração não garante que toda cópia seja infalível, principalmente cópias feitas de cópias feitas de cópias feitas de cópias (v. NOVO TESTAMENTO, MANUSCRITOS DO; ANTIGO TESTAMENTO, MANUSCRITOS DO). Portanto, devemos esperar que erros pequenos sejam encontrados em cópias dos manuscritos.

Por exemplo, 2Reis 8.26 confere a idade de 22 anos ao rei Acazias, enquanto 2Crônicas 22.2 menciona 42. O último número não pode estar certo, ou ele seria mais velho que seu pai. É sem dúvida um erro do copista, mas não altera a infalibilidade do original.

Em primeiro lugar, esses são erros nas cópias, não nos originais. Em segundo lugar, são erros pequenos (geralmente nomes ou números) que não afetam nenhum ensinamento. Em terceiro lugar, esses erros de reprodução são relativamente poucos. Em quarto lugar, geralmente pelo contexto, ou por outra passagem, sabemos qual texto está errado. Por exemplo, Acazias só poderia ter 22 anos. Finalmente, apesar de haver um erro do copista, a mensagem inteira é transmitida. Por exemplo, se você recebesse uma carta com a seguinte afirmação, acha que poderia receber o dinheiro?

"OCÊ GANHOU R$10 MILHÕES."

Apesar de haver um erro na primeira palavra, a mensagem completa é transmitida — você ganhou dez milhões de reais! E se recebesse outra carta, no dia seguinte com, esta mensagem, teria ainda mais certeza:

"VCÊ GANHOU R$ 10 MILHÕES."

Quanto mais erros desse tipo houver (cada um num lugar diferente), mais certeza você tem da mensagem original. É por isso que erros de reprodução nos manuscritos bíblicos não afetam a mensagem básica da Bíblia — e porque estudos dos manuscritos antigos são tão importantes. O cristão pode ler uma tradução moderna com a confiança de que ela transmite a verdade completa da Palavra original de Deus.

Confundir afirmações gerais com universais. Os críticos geralmente se precipitam ao concluir que afirmações não-qualificadas não admitem exceções. Eles tomam esses versículos que oferecem verdades gerais e se contentam em indicar exceções óbvias. Tais afirmações só têm a intenção de ser generalizações.

Provérbios tem muitas delas. Ditados proverbiais por natureza oferecem direção geral, não garantia universal. São regras para a vida, mas regras que admitem exceções. Provérbios 16.7 afirma: "Quando os caminhos de um homem são agradáveis ao SENHOR, ele faz que até os seus imigos vivam em paz com ele". Isso certamente não foi dito com a intenção de ser uma verdade universal. Paulo agradou ao Senhor, e seus inimigos o apedrejaram (At 14.19). Jesus agradou ao Senhor, e seus inimigos o crucificaram. No entanto, é uma verdade geral que quem age de maneira agradável a Deus pode minimizar o antagonismo dos seus inimigos.

Provérbios 22.6 diz: "Instrua a criança segundo os objetivos que você tem para ela e mesmo com o passar dos anos, não se desviará deles". Mas outras passagens bíblicas e a experiência mostram que isso nem sempre acontece. Na verdade, algumas pessoas íntegras na Bíblia (incluindo Jó, Eli e Davi) tiveram filhos desviados. Esse provérbio não contradiz a experiência porque é um princípio geral que se aplica de forma geral, mas permite exceções individuais. Os provérbios não pretendem ser garantias absolutas. Mas expressam verdades que dão conselho e direção úteis, pelos quais o indivíduo deve conduzir sua vida diária.

Provérbios são *sabedoria* (conselhos gerais), não *lei* (imperativos universalmente impostos). Quando a Bíblia declara "sejam santos, porque eu sou santo" (Lv 11.45), então não há exceção. Santidade, bondade, amor, verdade e justiça estão arraigados na própria natureza de um Deus imutável. Mas a literatura de sabedoria aplica as verdades universais de Deus às circunstâncias mutantes da vida. Os resultados nem sempre são os mesmos. No entanto, são conselhos úteis.

Esquecer que a revelação posterior substitui a anterior. Às vezes os críticos não reconhecem a revelação progressiva. Deus não revela tudo ao mesmo tempo, nem estabelece as mesmas condições para todos os períodos da história. Algumas das suas revelações posteriores substituirão suas afirmações anteriores. Os críticos da Bíblia às vezes confundem uma *mudança* na revelação com um *erro*. O fato de um pai deixar uma criança pequena comer com as mãos, mas exigir que a criança maior use garfo e faca não é uma contradição. Isso é revelação progressiva, com cada ordem adequada à circunstância.

Houve um tempo em que Deus testou a raça humana ao proibi-la de comer de uma árvore específica no jardim do Éden (Gn 2.16,17). Essa ordem não vale mais, mas a revelação posterior não contradiz a anterior. Além disso, houve um período (sob a lei de Moisés) em que Deus ordenou que animais fossem sacrificados pelo pecado do povo. Mas, já que Cristo ofereceu o sacrifício perfeito pelo pecado (Hb 10.11-14), essa ordem do AT não é mais válida. Não há contradição entre a primeira e a última ordem.

Da mesma forma, quando Deus criou a raça humana, ordenou que comessem apenas frutas e vegetais (Gn 1.29). Mas depois, quando as condições mudaram depois do dilúvio, Deus mandou que também comessem carne (Gn 9.3). Essa mudança de condição herbívora para onívora é revelação progressiva, mas não é contradição. Na verdade, todas as revelações subseqüentes são apenas ordens diferentes para pessoas diferentes em épocas diferentes no plano geral de redenção de Deus.

É claro que Deus não pode mudar mandamentos que têm relação com sua natureza imutável (cf. Ml 3.6; Hb 6.18). Por exemplo, já que Deus é amor (1Jo 4.16), ele não pode mandar que o odiemos. Nem pode ordenar o que é logicamente impossível, por exemplo, oferecer e não oferecer sacrifício pelo pecado ao mesmo tempo e no mesmo sentido. Mas, apesar desses limites morais e lógicos, Deus poderia dar e deu revelações não-contraditórias e progressivas que, se tiradas do seu contexto apropriado e justapostas, podem parecer contraditórias. Isso é tão errado quanto supor que um pai se contradiz quando deixa o filho de dezesseis anos dormir mais tarde que o filho de 6 anos.

Depois de quarenta anos de estudo contínuo e cuidadoso da Bíblia, só posso concluir que os que "descobriram um erro" na Bíblia não sabem muito sobre ela — sabem pouquíssimo sobre ela. Isso não quer dizer, é claro, que saibamos como resolver todas as dificuldades das Escrituras. Mas vimos problemas suficientes serem resolvidos para saber que essas dificuldades também têm respostas. Enquanto isso, Mark Twain estava certo quando concluiu que não eram as partes da Bíblia que ele não entendia que o preocupavam — eram as partes que ele entendia!

Fontes

Agostinho, *Reply to Faustus the manichaean*, em P. Schaff, org., *A select library of the nicene and ante-nicene fathers of the christian church.*

G. L. Archer, Jr. *Enciclopédia de temas bíblicos.*

W. Arndt, *Bible difficulties.*

___, *Does the Bible contradict itself?*

N. L. Geisler, "The concept of truth in the inerrancy debate", *Bib. Sac.*, Oct.-Dec. 1980.

___ e T. Howe, *When critics ask.*

___ e W. E. Nix, *Introdução bíblica.*

J. W. Haley, *Alleged discrepancies of the Bible.*

H. Lindsell, *The battle for the Bible.*

J. Orr, *The problems of the Old Testament considered with reference to recent criticism.*

J. R. Rice, *Our God-breathed book — The Bible.*

E. Thiele, *The mysterious numbers of the kings of Israel.*

R. Tuck, ed., *A handbook of biblical difficulties.*

R. D. Wilson, *A scientific investigation of the Old Testament.*

Bíblia, visão de Jesus sobre a. O elo crucial na corrente de argumentos de que a Bíblia é a Palavra de Deus (v. Bíblia, evidências da). A progressão (v. apologética, argumentos da) é a seguinte:

1. A verdade sobre a realidade é cognoscível (v. verdade, natureza da; agnosticismo).
2. Os opostos não podem ser verdadeiros (v. primeiros princípios; lógica).
3. O Deus teísta existe (v. Deus, Evidências de).
4. milagres são possíveis (v. milagres, argumentos contra).
5. Os milagres confirmam as afirmações do profeta de Deus (v. milagres, valor apologético dos).
6. Os documentos do NT são historicamente confiáveis (v. Novo Testamento, datação do; Novo Testamento, confiabilidade dos documentos do e Novo Testamento, historicidade do).
7. Como testemunhado pelo NT, Jesus afirmou ser Deus (v. Cristo, divindade de).
8. A afirmação de Jesus de ser Deus foi confirmada pelos milagres (v. milagres, valor apologético dos; milagres na Bíblia; ressurreição, evidências da).
9. Logo, Jesus é Deus.
10. Tudo que Jesus (que é Deus) afirmou ser verdadeiro é verdadeiro (v. Deus, natureza de).
11. Jesus, que é Deus, afirmou que a Bíblia é a Palavra de Deus.
12. Logo, é verdadeiro que a Bíblia é a Palavra de Deus, e tudo que se opõe a qualquer ensinamento

bíblico é falso (v. RELIGIÕES MUNDIAIS E CRISTIANISMO; PLURALISMO RELIGIOSO).

O que Jesus afirmou sobre a Bíblia. O passo 9 é crucial para o argumento geral. Se Jesus é o Filho de Deus, então o que ele afirmou sobre a Bíblia é verdadeiro. E Jesus afirmou que a Bíblia é a Palavra infalível, indestrutível e inerrante de Deus (v. BÍBLIA, SUPOSTOS ERROS NA).

O que Jesus afirmou sobre o AT. O NT só foi escrito depois que Jesus ascendeu ao céu. Então, suas afirmações sobre a Bíblia referem-se ao AT. Mas o que Jesus confirmou para o AT também prometeu para o NT.

Jesus afirmou a autoridade divina do AT. Jesus e seus discípulos usaram a expressão "está escrito" mais de noventa vezes. Geralmente o aspecto do verbo utilizado no original remete ao fato de que algo "foi escrito no passado e ainda permanece como a Palavra escrita de Deus". Geralmente Jesus usava a frase no sentido de "essa é a palavra final sobre a questão. Assunto encerrado". Esse é o caso quando Jesus resistiu à tentação do diabo.

> Jesus respondeu: "*Está escrito*: 'Nem só de pão viverá o homem, mas de toda palavra que procede de boca de Deus'" [...] Jesus lhe respondeu: "Também está escrito: 'Não ponha à prova, o Senhor, o seu Deus'" [...] Jesus lhe disse: " Retire-se, Satanás! Pois está escrito: 'Adore o Senhor, o seu Deus, e só a ele preste culto'" (Mt 4.4,7,10), grifo do autor).

Esse uso demonstra que Jesus acreditava que a Bíblia tinha autoridade final e divina.

Jesus afirmou que o AT era imperecível. "Enquanto existirem céus e terra, de forma alguma desaparecerá da Lei a menor letra ou o menor traço, até que tudo se cumpra" (Mt 5.18). Jesus acreditava que o AT era a Palavra imperecível do Deus eterno.

Jesus afirmou que o AT era inspirado. Apesar de Jesus jamais ter usado a palavra *inspiração*, ele usou seu equivalente. À pergunta dos fariseus, ele replicou: "Então, como é que Davi, *falando pelo Espírito*, o chama Senhor... ?" (Mt 22.43, grifo do autor). Na verdade, o próprio Davi disse a respeito de suas palavras: "O Espírito do SENHOR falou por meu intermédio; sua palavra esteve em minha língua" (2Sm 23.2). É exatamente isso que se quer dizer com inspiração.

Jesus afirmou que a Bíblia é infalível. A palavra *infalível* não é usada no NT, mas um equivalente é — *não pode ser anulada* (literalmente: "não pode ser quebrada"). Jesus disse: "Se ele chamou 'deuses' àqueles a quem veio a palavra de Deus, e *a Escritura não pode ser anulada...*" (Jo 10.35). Na verdade, três frases poderosas descrevem o AT nessa passagem curta: "lei" (v. 34), "palavra de Deus" e "não pode ser anulada". Então, Jesus acreditava que o AT era a lei infalível (ou indestrutível) de Deus.

Jesus afirmou que o AT é a Palavra de Deus. Jesus considerava a Bíblia "Palavra de Deus". Ele insistiu em outra passagem que ela continha o "mandamento de Deus" (Mt 15.3, 6). A mesma verdade é sugerida em sua referência à indestrutibilidade dela em Mateus 5.17,18. Em outras passagens, os discípulos de Jesus a chamam de "palavras de Deus" (Rm 3.2; Hb 5.12).

Jesus atribuiu supremacia total ao AT. Jesus sempre afirmava a autoridade e supremacia total do AT sobre o ensinamento ou "tradição" humana. Ele disse aos judeus:

> E por que vocês transgridem o mandamento de Deus por causa da tradição de vocês? [...] Assim, por causa da sua tradição, vocês anulam a palavra de Deus (Mt 15.3,6).

Jesus acreditava que só a Bíblia tem autoridade suprema mesmo quando todos os ensinamentos humanos mais reverenciados a contestam. Só as Escrituras são a suprema autoridade escrita de Deus.

Jesus afirmou a inerrância do AT. Inerrância implica não conter erro. Esse conceito é encontrado na resposta de Jesus aos saduceus, uma facção que negava a inspiração divina do AT: "Vocês estão enganados por que, não conhecem as Escrituras [que não erram] nem o poder de Deus!" (Mt 22.29). Na oração sacerdotal, Jesus afirmou a veracidade total das Escrituras, dizendo ao Pai: "Santifica-os na verdade; *a tua palavra é a verdade*" (Jo 17.17).

Jesus afirmou a confiabilidade histórica do AT. Jesus afirmou serem historicamente verdadeiras algumas das passagens mais discutidas do AT, incluindo-se a criação de Adão e Eva (Mt 19.4,5), o milagre com Jonas no grande peixe e a destruição do mundo por um dilúvio na época de Noé. Sobre esta última, Jesus declarou:

> Como foi nos dias de Noé, assim também será na vinda do Filho do Homem. Pois nos dias anteriores ao Dilúvio o povo vivia comendo e bebendo, casando-se e dando-se em casamento, até o dia em que Noé entrou na arca (Mt 24.37,38).

Jesus afirmou que Jonas realmente foi engolido por um grande peixe e esteve em seu ventre durante três dias e três noites:

> Pois assim como Jonas esteve três dias e três noites no ventre de um grande peixe, assim o Filho do Homem ficará três dias e três noites no coração da terra (Mt 12.40).

Jesus também falou sobre o assassinato de Abel (1Jo 3.12), Abraão, Isaque e Jacó (Mt 8.11), os milagres de Elias (Tg 5.17), e muitas outras pessoas e eventos do AT como historicamente verdadeiros, inclusive Moisés, Isaías, Davi e Salomão (Mt 12.42), e Daniel, o profeta (Mt 24.15). Ele afirmou a confiabilidade histórica de passagens muito discutidas do AT. A maneira em que esses eventos são citados, a autoridade que lhes é atribuída e a base que formam para ensinamentos importantes que Jesus deu sobre sua vida, morte e ressurreição revelam que ele considerava esse eventos como históricos.

Jesus afirmou a precisão científica do AT. Os capítulos mais discutidos da Bíblia são os onze primeiros (v. CIÊNCIA E A BÍBLIA). Jesus, no entanto, confirmou o registro de todo esse trecho de Gênesis. Confiantemente ele baseia seu ensinamento moral sobre o casamento na verdade literal da criação de Adão e Eva. Disse aos fariseus:

Vocês não leram que, no princípio, o Criados "os fez homem e mulher" e disse: "Por essa razão, o homem deixará pai e mãe e se unirá à sua mulher, e os dois se tornarão uma só carne" (Mt 19.4,5).

Depois de falar com Nicodemos, o líder dos judeus, sobre coisas terrenas, físicas, como nascimento e vento, Jesus declarou: "Eu lhes falei das coisas terrenas e vocês não creram; como crerão se lhes falar de coisas celestiais?" (Jo 3.12). Em resumo, Jesus disse que, a não ser que acreditassem nele quando falava sobre questões científicas empíricas, não acreditariam quando falasse sobre questões celestiais — revelando assim que ele as considerava inseparáveis.

O que Jesus prometeu sobre o NT. Jesus não só afirmou a autoridade e infalibilidade divina do AT, mas também assegurou o mesmo para o NT. Além disso, seus apóstolos e profetas do NT reivindicaram em seus escritos o que Jesus lhes prometera (v. BÍBLIA, EVIDÊNCIAS DA).

Jesus disse que o Espírito Santo ensinaria "toda a verdade". Jesus prometeu que "Mas o Conselheiro, o Espírito Santo, que o Pai enviará em meu nome, lhes ensinará *todas as coisas* e lhes fará lembrar *tudo* o que eu lhes disse". "Mas quando o Espírito da verdade vier, ele os guiará a *toda a verdade*. Não falará de si mesmo; falará apenas o que ouvir, e lhes anunciará o que está por vir." (Jo 14.26; 16.13, grifo do autor). Essa promessa foi cumprida quando falaram e depois registraram (no NT) tudo que Jesus lhes ensinou.

Os apóstolos afirmaram essa autoridade divina que Jesus lhes deu. Jesus não só prometeu aos seus discípulos autoridade divina no que escrevessem, como também os apóstolos afirmaram essa autoridade nas suas obras. João disse: "Mas estes foram escritos para que vocês creiam que Jesus é o Cristo, o Filho de Deus e, crendo, tenham vida em seu nome."

O que era desde o princípio, o que ouvimos, o que vimos com os nossos olhos, o que contemplamos e as nossos nãos apalparam – isto proclamamos a respeito da Palavra da Vida. (1Jo 1.1)

Amados, não creiam em qualquer espírito, mas examinem os espíritos para ver se eles procedem de Deus, por que muitos falsos profetas têm saído pelo mundo [...] Eles vêm do mundo. Por isso, o que falam procede do mundo, e o mundo os ouve; mas quem não vem de Deus não nos ouve. Dessa forma reconhecemos o Espírito da verdade e o espírito do erro. (1Jo 4.1,5,6)

Da mesma forma, o apóstolo Pedro reconheceu toda a obra de Paulo por "Escritura" (2 Pe 3.15,16; cf. 2 Tm. 3.15,16), dizendo:

Tenham em mente que a paciência de nosso Senhor significa salvação, como também o nosso amado irmão Paulo lhes escreveu, com a sabedoria que Deus lhe deu. Ele escreve da mesma forma em todos as suas cartas, falando nelas destes assuntos. Suas cartas contêm algumas coisas difíceis de entender, as quais as ignorantes e instáveis torcem, como também o fazem com as demais Escrituras, para a própria destruição deles.

O NT é o registro do ensino apostólico. O NT é, na verdade, o único registro autêntico que temos dos ensinamentos apostólicos. Cada livro foi escrito por um apóstolo ou profeta do NT (Ef 2.20; 3.3-5).

Logo, o NT é "toda a verdade" que Jesus prometeu. Com base no fato de que Jesus prometeu guiar seus discípulos a "toda a verdade" e eles afirmaram essa promessa e registraram essa verdade no NT, podemos concluir que a promessa de Jesus finalmente foi cumprida no NT inspirado. Dessa forma, Jesus confirmou diretamente a inspiração e autoridade divina do AT e prometeu o mesmo, indiretamente, para o NT. Portanto, se Cristo é o Filho de Deus, então o AT e o NT são a Palavra de Deus.

Jesus e os críticos. Jesus confessou o que muitos críticos modernos negam sobre o AT (v. BÍBLIA, CRÍTICA DA). Se Jesus estava certo, então os críticos estão errados, apesar da pretensão de terem a erudição a seu favor. Pois se Jesus é o Filho de Deus, então é uma questão de senhorio, não uma questão de erudição.

Críticos negativos da Bíblia afirmam que Daniel não foi um profeta que previu o futuro, mas apenas um historiador que registrou os eventos depois que aconteceram (c. 165 a.C.). Mas Jesus concordou com a visão conservadora, declarando que Daniel era um profeta (v. DANIEL, DATAÇÃO DE). Na verdade, Jesus citou uma previsão que Daniel fez de um fato que ainda não havia ocorrido na época de Jesus. No seu Sermão do Monte, disse: "Assim, quando vocês irem 'o sacrilégio terrível', do qual falou o profeta Daniel..." (Mt 24.15, grifo do autor). "Vejam que eu os avisei antecipadamente." (Mt 24.25).

Muitos críticos afirmam que os primeiros seres humanos evoluíram por processos naturais. Mas, como já foi observado, Jesus insistiu em que Adão e Eva foram criados por Deus (Mt 19.4,5; v. ADÃO, HISTORICIDADE DE). Se Jesus é o Filho de Deus, então a escolha é entre Charles Darwin e o divino, entre uma criatura do século XIX e o Criador eterno.

A maioria dos críticos negativos da Bíblia acredita que a história de Jonas é mitologia (v. MITOLOGIA E O NOVO TESTAMENTO). Na verdade, com grande ênfase Jesus afirmou que "como" Jonas ficou no grande peixe três dias e noites, ele "também" ficaria no túmulo por três dias e noites. Certamente, Jesus não teria baseado a historicidade da sua morte e ressurreição em mitologia sobre Jonas.

Os críticos da Bíblia negam que tenha havido um dilúvio global na época de Noé (v. CIÊNCIA E A BÍBLIA). Mas, como visto anteriormente, Jesus afirmou que houve um dilúvio nos dias de Noé em que todos exceto a família de Noé pereceram (Mt 24.38,39; cf. 1Pe 3.20; 2Pe 3.5,6).

É comum os críticos bíblicos ensinarem que há pelo menos dois Isaías, um que viveu após os eventos descritos nos últimos capítulos (40 até 66) e outro que viveu antes e escreveu os capítulos 1 até 39. Mas Jesus citou ambas as partes do livro como a obra do "profeta Isaías" (v. DEUTERO-ISAÍAS). Em Lucas 4.17 Jesus citou a última parte de Isaías (61.1), lendo: "O Espírito do Senhor está sobre mim, porque ele me ungiu para pregar boas novas os pobres" (Lc 4.18). Em Marcos 7.6 Jesus citou a primeira parte de Isaías (29.13), dizendo: "Bem profetizou Isaías acerca de vocês, hipócritas; como está escrito: Este povo me honra com os lábios, mas o seu coração está longe de mim" (Mc 7.6). O discípulo de Jesus, João, deixou absolutamente claro que houve apenas um Isaías ao citar ambas as partes de Isaías (capítulos 53 e 6) na mesma passagem, afirmando sobre a segunda que o mesmo "Isaías disse isso" (Jo 12.37-41).

O crítico negativo da Bíblia faria bem ao perguntar: Quem sabia mais sobre a Bíblia, Cristo ou os críticos? O dilema é esse: Se Jesus é o Filho de Deus, então a Bíblia é a Palavra de Deus. Inversamente, se a Bíblia não é a Palavra de Deus, então Jesus não é o Filho de Deus (já que ele ensinou falsa doutrina).

Apesar das proclamações diretas de Cristo sobre as Escrituras, muitos críticos acreditam que ele não estava afirmando nada realmente, mas apenas se acomodando às crenças equivocadas dos judeus da sua época sobre o AT. Porém essa hipótese é claramente contrária aos fatos (v. ACOMODAÇÃO, TEORIA DA). Outros acreditam, que por Jesus ser apenas um homem ele cometeu erros, alguns dos quais foram sobre a origem e natureza das Escrituras. Mas essa especulação também não está baseada nos fatos da questão (v. ibid.). Jesus nem acomodou seu ensino a falsas crenças (cf. Mt 5.21,22, 27,28, 22.29; 23.1s.) nem estava limitado quanto à autoridade de ensinar a verdade de Deus (cf. Mt 28.18-20; 7.29; Jo 12.48).

Fontes

N. L. GEISLER, *Enciclopédia apologética*, cap. 18.

___ e W. E. NIX, *Introdução bíblica*.

R. LIGHTNER, *The Saviour and the Scriptures*.

J. W. WENHAM, "Jesus' view of the Old Testament", em N. L. GEISLER, org., *Inerrancy*.

Bíblia, visão islâmica da. Os muçulmanos acreditam que o *Alcorão* é a Palavra de Deus, superando todas as outras revelações anteriores. Para sustentar essa crença, precisam manter um ataque contra as alegações opostas da sua arquiinimiga, a Bíblia.

O ataque à Bíblia. As acusações islâmicas contra a Bíblia dividem-se em duas categorias básicas: em primeiro lugar, o texto das Escrituras teria sido alterado ou falsificado; em segundo lugar, erros doutrinários teriam se misturado ao ensinamento cristão, como a crença na encarnação de Cristo, a Trindade divina e a doutrina do pecado original (Waardenburg, p. 261-3).

Louvor à Bíblia original. Por incrível que pareça, às vezes o Alcorão dá às Escrituras judeu-cristãs títulos nobres como: "o Livro de Deus", "a Palavra de Deus", "luz e guia para o homem", "decisão para todos os assuntos", "guia e misericórdia", "o Livro lúcido", "a iluminação (*al-furqan*)", "o evangelho com sua direção e luz, confirmando a Lei precedente" e "guia e advertência aos que temem a Deus" (Takle, p. 217). Os cristãos são incentivados a ler as próprias Escrituras para encontrar a revelação de Deus para eles (surata 5.50). E até o próprio Maomé numa ocasião é exortado a testar a veracidade da própria mensagem pelo conteúdo das revelações divinas prévias feitas a judeus e cristãos (10.94).

A Bíblia anulada. Esse louvor à Bíblia é enganador, já que os muçulmanos logo afirmam que o *Alcorão* supera as revelações anteriores, com base no seu conceito de revelação progressiva. Com isso esperam mostrar que

Bíblia, visão islâmica da

o *Alcorão* cumpre e anula as revelações menos completas, como a Bíblia. Um teólogo islâmico repete essa convicção ao afirmar que, apesar de um muçulmano dever acreditar na *Tawrat* (Lei de Moisés), no *Zabur* (os Salmos de Davi) e no *Injil* (Evangelhos), "segundo os teólogos mais eminentes", os livros no estado atual "foram violados". Ele continua dizendo:

> Deve-se acreditar que o *Alcorão* é o livro mais nobre de todos [...] É a última escritura dada por Deus, anula todos os livros que a precedem [...] É impossível que sofra qualquer mudança ou alteração (Jeffery, p. 126-8).

Apesar de ser essa uma visão comum entre teólogos islâmicos, muitos muçulmanos ainda afirmam crer na santidade e veracidade da Bíblia atual. Mas isso é dito da boca para fora, por causa da sua crença firme na suficiência suprema do *Alcorão*. Poucos chegam a estudar a Bíblia.

Contra o AT. Os muçulmanos geralmente demonstram uma visão menos favorável do AT, que eles acreditam ter sido distorcido pelos mestres da lei. As acusações incluem: esconder a Palavra de Deus (2.42; 3.71), distorcer verbalmente a mensagem nos seus livros (3.78; 4.46), não crer em todas as partes das suas Escrituras (2.85) e não saber o que suas Escrituras realmente ensinam (2.78). Os muçulmanos incluíram os cristãos nessas críticas.

Por causa das ambigüidades dos registros do *Alcorão*, os muçulmanos adotam posições variadas (que às vezes estão em conflito) com relação à Bíblia. Por exemplo, o famoso reformador muçulmano Muhammad Abduh escreve:

> A Bíblia, o Novo Testamento e o *Alcorão* são três livros concordantes; homens religiosos estudam todos os três e os respeitam igualmente. Então o ensinamento divino é completo, e a verdadeira religião resplandece pelos séculos (Dermenghem, p. 138).

Outro autor muçulmano tenta harmonizar as três grandes religiões mundiais dessa forma: "O judaísmo enfatiza a justiça e a retidão; o cristianismo, o amor e a caridade; o islamismo, a fraternidade e a paz" (Waddy, p. 116). Mas a abordagem islâmica típica para esse assunto é caracterizada por comentários do apologista muçulmano, Ajijola:

> Os cinco primeiros livros do Antigo Testamento não constituem a Tawrat original, mas partes da Tawrat foram misturadas com outras narrativas escritas por seres humanos, e a direção original do Senhor se perdeu nesse lodaçal. Da mesma forma, os quatro evangelhos de Cristo não são os evangelhos originais que vieram do profeta Jesus [...] o original e o fictício, o divino e o humano estão tão misturados que o trigo não pode ser separado do joio. A verdade é que a Palavra original de Deus não está preservada nem com os judeus nem com os cristãos. O *Alcorão*, por outro lado, está completamente preservado e nenhum i e nenhum til foi mudado ou excluído dele (Ajijola, p. 79).

Essas acusações nos trazem de volta à doutrina islâmica de *tahrif*, ou corrupção das Escrituras judeu-cristãs. Baseados em alguns dos versículos do *Alcorão* e, principalmente, na exposição do conteúdo real de outras escrituras, os teólogos muçulmanos formularam duas respostas. Conforme Nazir-Ali

> os primeiros comentaristas muçulmanos (por exemplo, At-Tabari e Ar-Razi) acreditavam que a alteração é *tahrif bi'al ma'ni*, uma corrupção do significado do texto sem alteração do texto em si. Gradualmente, a visão dominante mudou para *tahrif bi'al-lafz*, corrupção do próprio texto (Nazir-Ali, p. 46).

Os teólogos espanhóis Ibn-Hazm, e Al-Biruni, com a maioria dos muçulmanos, apóiam essa visão.

Outro erudito corânico afirma que

> a Torá bíblica aparentemente não era idêntica à *tawrat* [lei] pura conforme revelado a Moisés, mas havia variedade considerável de opinião quanto à extensão da corrupção das antigas escrituras.

Por um lado,

> Ibn-Hazm, que foi o primeiro pensador a considerar sistematicamente o problema de *tabdil* [mudança], afirmou [...] que o próprio texto havia sido mudado ou falsificado (*taghyr*), e chamou atenção para histórias imorais que se encontravam nas escrituras.

Por outro lado,

> Ibn-Khaldun afirmou que o próprio texto não havia sido falsificado, mas os judeus e cristãos interpretaram mal suas escrituras, principalmente os textos que previam ou anunciavam a missão de Maomé e da vinda do islamismo (Waardenburg, p. 257).

O fato de um erudito muçulmano demonstrar certo respeito pela Bíblia, fazer citações dela, ou a maneira como ele faz depende da sua própria interpretação de *tabdil*. Ibn-Hazm, por exemplo, rejeita quase todo o AT por ser uma obra falsificada, mas cita alegremente os maus relatórios *Tawrat* sobre a fé e o comportamento do *Banu Isra'il* como provas contra os judeus e sua religião.

Contra o NT. O famoso comentarista muçulmano Yusuf Ali afirma que

> o *Injil* mencionado pelo *Alcorão* não é o NT. Não corresponde aos quatro evangelhos canônicos. É o evangelho único que, segundo o islamismo, foi revelado a Jesus e que ele ensinou. Partes dele sobrevivem nos evangelhos considerados canônicos e em alguns outros dos quais sobrevivem vestígios (Ali, p. 287).

São feitas alegações diretas contra o NT e o ensinamento cristão. Elas incluem acusações de que houve uma mudança e falsificação da revelação divina textual e de que houve erros doutrinários, tais como a crença na encarnação de Cristo, a Trindade, a divindade e a doutrina do pecado original (Waardenburg, p. 261-3).

Discutida entre os teólogos muçulmanos é a questão do destino eterno do "povo do Livro". Apesar de o muçulmano comum considerar qualquer "pessoa boa" digna de salvação, tentar explicar todas as evidências do *Alcorão* sobre esse assunto criou muita incerteza.

Entre os teólogos muçulmanos clássicos, judeus e cristãos geralmente eram considerados incrédulos (*kafar*) por causa da sua rejeição de Maomé como verdadeiro profeta de Deus. Por exemplo, no comentário sobre o *Alcorão* escrito por Tabari, um dos comentaristas muçulmanos mais respeitados de todos os tempos, notamos que, apesar de o autor distinguir entre o "povo do livro" e os politeístas (*mushrikun*) e expressar uma opinião mais elevada quanto aos primeiros, ele declara claramente que a maioria dos judeus e cristãos são incrédulos e pecadores porque se recusam a reconhecer a veracidade de Maomé (Antes, p. 104-5).

Além disso, existe a acusação contra a crença cristã na divindade de Cristo como Filho de Deus (v. CRISTO, DIVINDADE DE), uma crença que significa cometer o pecado imperdoável de *shirk* e que é condenada enfaticamente em todo o *Alcorão*. A condenação dos cristãos é demonstrada na surata 5.72: "São blasfemos aqueles que dizem: Allah é o Messias, filho de Maria [...] A quem atribuir parceiros a Allah ser-lhe-á vedada a entrada no Paraíso e sua morada será o Fogo Infernal..."

Por outro lado o teólogo muçulmano contemporâneo, Falzur Rahman, vai contra o que admite ser "a grande maioria dos comentaristas muçulmanos". Ele defende a opinião de que a salvação não é adquirida pelo ingresso formal na fé muçulmana, mas, como mostra o *Alcorão*, pela crença em Deus e no dia final e pela prática de boas obras (Rahman, p. 166-7).

O debate continua e cada indivíduo muçulmano pode posicionar-se em um dos lados nessa questão, baseado no seu próprio entendimento.

Uma resposta às acusações islâmicas. Uma evidência de que essas visões islâmicas estão extremamente erradas é a incoerência interna da própria visão muçulmana das Escrituras. Outra é que ela é contrária aos fatos.

Tensão na visão islâmica sobre a da Bíblia. Há uma grande tensão na rejeição islâmica da autenticidade do NT real. Essa tensão pode ser focalizada pelos seguintes ensinamentos do *Alcorão*:

- O Novo Testamento original ("injil") é uma revelação de Deus (5.46, 67, 69, 71).
- Jesus foi um profeta e os muçulmanos devem acreditar em suas palavras (4.171; 5.78). Como observa o teólogo muçulmano Mufassir: 'Os muçulmanos acreditam que todos os profetas são verdadeiros porque são nomeados a serviço da humanidade pelo Deus todo-poderoso (Alá)' (Mufassir, I).
- Os cristãos eram obrigados a aceitar o NT do tempo de Maomé (século VII; 10.94).

Na décima surata, Maomé é advertido:

> Se estás em dúvida sobre o que te temos revelado, consulta aqueles que leram o Livro [a Bíblia] antes de ti. Sem dúvida que te chegou a verdade do teu Senhor; não sejas, pois dos que duvidam.

Abdul-Haqq observa que:

> Os doutores do islamismo ficam muito embaraçados com esse versículo, que remete o profeta ao povo do Livro que resolveria suas dúvidas (Abdul-Haqq, p. 23).

Uma das interpretações mais estranhas é que a surata é na verdade dirigida àqueles que questionam sua afirmação. Outros afirmam que:

> Foi o próprio Maomé quem foi mencionado, mas, não importa o quanto mudem e direcionem a bússola, ela sempre aponta para o mesmo pólo celestial — a pureza e preservação das Escrituras.

Mas Abdul-Haqq acrescenta:

> Se novamente, considerarmos que o povo mencionado é aquele que duvidou da verdade do islamismo, todo o fundamento

da missão do profeta é exposto; com relação a isso os incrédulos são dirigidos aos judeus [ou cristãos] para uma resposta às suas dúvidas; isso só fortaleceria o argumento em favor da autoridade das Escrituras — um resultado para o qual os críticos muçulmanos não estariam nem um pouco preparados (ibid., p. 100).

Os cristãos respondem que Maomé não teria pedido que aceitassem uma versão corrompida do NT. Além disso, o NT da época de Maomé é substancialmente idêntico ao atual, já que o NT atual é baseado em manuscritos de vários séculos antes de Maomé (v. NT, MANUSCRITOS DO NT). Então, pela lógica desse versículo, os muçulmanos devem aceitar a autenticidade da Bíblia atual. Mas, se o fizerem, devem aceitar as doutrinas da divindade de Cristo (v. CRISTO, DIVINDADE DE) e da TRINDADE, já que é isso que o NT ensina. Mas os muçulmanos rejeitam totalmente esses ensinamentos, criando um dilema dentro da visão islâmica.

Outra incoerência na visão do *Alcorão* sobre a Bíblia é que os muçulmanos afirmam que a Bíblia é "a palavra de Allah" (2.75). Os muçulmanos também insistem em que as palavras de Deus não podem ser alteradas ou mudadas. Mas, como Pfander demonstra: "se ambas as afirmações estão corretas [...] conclui-se que a Bíblia não foi mudada nem corrompida nem antes nem depois da época de Maomé" (Pfander, p. 101). Mas o ensinamento islâmico insiste em que a Bíblia foi corrompida, logo, há contradição.

Como o acadêmico islâmico Richard Bell demonstrou, é irracional supor que judeus e cristãos conspirariam para mudar o AT. Pois "seu [dos judeus] sentimento para com os cristãos sempre foi hostil" (Bell, p. 164-5). Por que dois grupos hostis (judeus e cristãos), que compartilhavam um AT comum, conspirariam em mudá-lo para apoiar as visões de um inimigo comum, os muçulmanos? Não faz sentido. Além disso, no suposto período das mudanças textuais, judeus e cristãos estavam espalhados pelo mundo, tornando impossível a suposta colaboração para corromper o texto. E o número de cópias do AT em circulação era grande demais para as mudanças serem uniformes. E também não há menção de nenhuma mudança por parte de judeus ou cristãos da época que se tornaram muçulmanos, algo que certamente teriam feito se fosse verdade (v. McDowell, p. 52-3).

Contrário à evidência factual. Além disso, a rejeição do NT por parte dos muçulmanos é contrária à enorme evidência de manuscritos. Todos os evangelhos são preservados nos *Papiros Chester Beatty*, copiados por volta de 250. E todo o NT existe no manuscrito Vaticano (B), que data de cerca de 325-350 d.C. Há mais de 5 300 outros manuscritos do NT (v. NT, MANUSCRITOS DO NT), que datam do século II ao século XV (centenas dos quais são anteriores a Maomé), que confirmam que temos substancialmente o mesmo texto que foi escrito no século I. Esses manuscritos oferecem uma corrente ininterrupta de testemunhos. Por exemplo, o fragmento mais antigo do NT, o Fragmento John Rylands (p^{52}), data de aproximadamente 117-38 d.C. Ele preserva versículos de João 18 como são encontrados no NT atual. Da mesma forma, os *Papiros Bodmer* de c. 200 preservam livros inteiros de Pedro e Judas como os temos hoje. A maior parte do NT, incluindo-se os evangelhos, está nos *Papiros Beatty*, e o NT inteiro no *Vaticano* de cerca de 325 d.C. Não há nenhuma evidência de que a mensagem do NT tenha sido destruída ou distorcida, como os muçulmanos afirmam que foi (v. Geisler e Nix, cap. 22).

Finalmente, os muçulmanos usam críticos liberais do NT para mostrar que o NT foi corrompido, perdido e desatualizado. Mas o falecido teólogo liberal John A. T. Robinson concluiu que o registro do Evangelho foi escrito ainda durante a vida dos apóstolos, entre 40 e 60 d.C. (v. NT, HISTORICIDADE DO; BÍBLIA, CRÍTICA DA). A ex-crítica bultmanniana do Novo Testamento Eta Linnemann concluiu recentemente que a teoria de que o Novo Testamento preservado nos manuscritos não contém precisamente as palavras e ações de Jesus não é mais defensável. Ela escreveu:

> Com o passar do tempo, fico cada vez mais convencida de que a crítica do Novo Testamento praticada por pessoas dedicadas à teologia histórico-crítica não merece ser chamada de ciência (Linnemann, p. 9).

Ela acrescenta: "Os evangelhos não são obras de literatura que reformulam criativamente material já acabado como Goethe reformulou o livro popular sobre o Fausto" (ibid., p. 104). Mas: "Cada evangelho apresenta um testemunho completo e singular. Ele deve sua existência a testemunhas oculares diretas ou indiretas" (ibid., p. 194).

Além disso, o uso desses críticos liberais pelos apologistas muçulmanos mina sua visão do *Alcorão*. Autores muçulmanos gostam de citar as conclusões de críticos liberais da Bíblia sem consideração séria das suas pressuposições. O anti-sobrenaturalismo que levou críticos liberais da Bíblia a negar que Moisés escreveu o *Pentateuco*, indicando os nomes diferentes de Deus usados em passagens diferentes, também argumentaria que o *Alcorão* não veio de Maomé. Pois o *Alcorão* também usa nomes diferentes para Deus em passagens diferentes. *Alá* é usado para Deus em suras 4, 9, 24, 33, mas *Rab [Senhor]* é usado em suras 18, 23 e 25 (Harrison, p. 517). Os muçulmanos não percebem que as visões desses críticos são baseadas em preconceito anti-sobrenatural que, se aplicado ao *Alcorão* e ao *hadith*, também destruiria as crenças muçulmanas básicas. Em resumo, os muçulmanos não podem apelar coerentemente à crítica do NT baseada na idéia de que milagres não acontecem, a não ser que queiram minar sua própria fé.

Conclusão. Se os cristãos da época de Maomé foram incentivados a aceitar o NT e se a evidência abundante de manuscritos confirma que o NT atual é essencialmente o mesmo, então, segundo os ensinamentos do próprio *Alcorão*, os cristãos devem aceitar os ensinamentos do NT. Mas o NT atual afirma que Jesus é o Filho de Deus, que morreu na cruz pelos nossos pecados e ressuscitou três dias depois. Mas isso é contrário ao *Alcorão*. Logo, a rejeição muçulmana da autenticidade do NT é incoerente com sua própria crença na inspiração do *Alcorão*.

Fontes

A. A. ABDUL-HAQQ, *Sharing your faith with a muslim.*
A. A. D. AJIJOLA, *The essence of faith in Islam.*
A. Y. ALI, *The holy Qur'an.*
P. ANTES, "Relations with the unbelievers in islamic theology", em A. SHIMMEL e A. FALATURI, orgs., *We believe in one God.*
R. BELL, *The origin of Islam in its christian environment.*
M. BUCAILLE, *A Bíblia, o Alcorão e a ciência.*
W. CAMPBELL, *The Qur'an and the Bible in the light of history and science.*
E. DERMENGHEM, *Muhammad and the islamic tradition.*
N. L. GEISLER e A. SALEEB, *Answering Islam: the Crescent in the light of the cross.*
___ e W. E. NIX, *Introdução bíblica.*
R. K. HARRISON, *Introduction to the Old Testament.*
A. JEFFERY, org., *Islam, Muhammad and his religion.*
E. LINNEMANN, *Is there a synoptic problem? Rethinking the literary dependence of the first three gospels.*
J. MCDOWELL, *The Islam debate.*
S. S. MUFASSIR, *Jesus, a prophet of Islam.*
M. NAZIR-ALI, *Frontiers in muslim-christian encounter.*
G. PFANDER, *The Mizanu'l Haqq.*
F. RAHMAN, *Major themes of the Qur'na.*
J. WAARDENBURG, "World religions as seen in the light of Islam", em *Islam: past influence and present challenge.*
C. WADDY, *The muslim mind.*

Bíblia e ciência. V. CIÊNCIA E A BÍBLIA.

big-bang. É uma teoria muito popularizada relativa à origem do universo (v. EVOLUÇÃO CÓSMICA), segundo a qual o universo material ou cosmo surgiu de uma explosão há 15 bilhões de anos. Desde então o universo vem se expandindo e desenvolvendo conforme as condições estabelecidas no momento da sua origem. Se essas condições fossem ligeiramente diferentes, o mundo e a vida que conhecemos, inclusive a vida humana, jamais teriam se desenvolvido. O fato de que as condições necessárias e favoráveis para o surgimento da vida humana foram determinadas no próprio momento da explosão cósmica original é chamado de *princípio antrópico.*

Evidências do big-bang. O astrônomo inglês Stephen Hawking esclareceu bem o assunto:

Contanto que o universo tivesse um começo, poderíamos supor que teve um criador. Mas se o universo fosse na verdade completamente auto-abrangente, sem limite ou extremidade, não teria nem começo nem fim; simplesmente existiria (*Uma breve história do tempo*).

Robert Jastrow foi um dos primeiros a mencionar essa questão no seu livro *God and the astronomers* [*Deus e os astrônomos*]. Esse astrônomo agnóstico observou que:

"três linhas de evidência — os movimentos das galáxias, as leis de termodinâmica e a história de vida das estrelas — apontavam para uma conclusão: todas indicavam que o universo teve um começo" (p. 111).

A segunda lei da termodinâmica. A segunda lei da termodinâmica é a lei de entropia. Ela afirma que a quantidade de energia *utilizável* em qualquer sistema fechado está sempre diminuindo. Isso deve ser contrastado com a primeira lei da termodinâmica (v. TERMODINÂMICA, LEIS DA), a lei da conservação de energia, que afirma que a quantidade de energia *real* existente no universo muda de forma, mas permanece constante. Enquanto a energia muda para formas que requerem menos energia, o sistema fechado do universo está se deteriorando; tudo tende ao caos. Jastrow observou: "Depois que o hidrogênio se esgotar numa estrela e se converter em elementos mais pesados, não pode mais ser restaurado ao estado original". Logo, "minuto a minuto e ano após ano, à medida que o hidrogênio é usado nas estrelas, o suprimento desse elemento no universo diminui" (*Scientist caught*, p. 15 - 6).

Ora, se a quantidade total de energia permanece a mesma, mas o universo está gastando a energia utilizável, o universo começou com um suprimento finito de energia. Isso significaria que o universo não poderia ter existido eternamente no passado. Se o universo está ficando cada vez mais desordenado, não pode ser eterno. Senão, estaria totalmente desordenado agora, mas não está. Então ele deve ter tido um começo altamente ordenado.

A expansão das galáxias. A segunda linha de evidência é a expansão das galáxias. Evidências revelam que o universo não está apenas num padrão estável, mantendo seu movimento eterno. Ele está se expandindo. No momento parece que todas as galáxias estão se movendo para fora a partir de um ponto central de origem e que todas as coisas estavam se expandindo mais rápido no passado que agora. Quando olhamos para o espaço, também estamos olhando para o passado, pois estamos vendo coisas não como são agora, mas como eram quando a luz foi emitida muitos anos atrás. A luz de uma estrela a 7 milhões de anos-luz de distância nos conta como aquela estrela era e sua localização 7 milhões de anos atrás. O estudo mais completo feito até agora foi realizado por Allan Sandage utilizando um telescópio de 200 polegadas.

Ele reuniu informações de 42 galáxias, a distâncias no espaço de até 6 bilhões de anos-luz de nós. Suas medições indicam que o universo estava se expandindo mais rapidamente no passado que agora. Esse resultado dá mais apoio à crença de que o universo surgiu de uma explosão (Jastrow, *God and the astronomers*, p. 95).

Outro astrônomo, Victor J. Stenger, usou uma frase semelhante quando afirmou que "o universo explodiu do nada" (Stenger, p. 13). Essa explosão, chamada *big-bang*, foi o ponto de partida do qual todo o universo surgiu. Reverter o universo em expansão nos levaria de volta ao ponto onde o universo fica menor e menor até desaparecer. Segundo esse raciocínio, num determinado ponto no passado distante, o universo surgiu.

O ruído da radiação. Uma terceira linha de evidências de que o universo teve um começo é o "ruído" de radiação de microondas que parece vir de todo o universo. A princípio acreditava-se que era uma falha ou um ruído dos instrumentos, ou até o efeito de fezes de pombas. Mas pesquisas revelaram que o ruído dos instrumentos vinha de toda a parte — o próprio universo tem um som de radiação baixa emanando de alguma catástrofe passada como uma bola de fogo gigante. Jastrow conclui:

Nenhuma explicação além do big-bang jamais foi encontrada para a radiação da bola de fogo. O ponto decisivo, que convenceu quase todos os céticos, é que a radiação descoberta por Penzias e Wilson tem exatamente o padrão de comprimentos de onda esperados para a luz e o calor produzidos numa grande explosão. Defensores da teoria do estado estável tentaram desesperadamente encontrar uma explicação alternativa, mas falharam (Jastrow, "A scientist caught", p. 15).

Novamente, essa evidência leva à conclusão de que houve um começo do universo.

A descoberta de uma grande massa de matéria. Depois que Jastrow escreveu as três linhas de evidência para o começo do universo, uma quarta foi descoberta. Segundo as previsões da teoria do big-bang, provavelmente teria havido uma grande massa de matéria associada à explosão original do universo, mas nada comparável jamais fora encontrado. Então, por meio da utilização do telescópio espacial Hubble (1992), astrônomos conseguiram relatar que "ao investigar o início do tempo, um satélite descobre a estrutura maior e mais antiga jamais observada — evidência de como o universo surgiu 15 bilhões de anos atrás". Na verdade, descobriram a própria massa de matéria prevista pela cosmologia do *big-bang*. Um cientista exclamou: "É como ver Deus" (Lemonick, p. 62).

Objeções ao big-bang. É claro que nem todos os cientistas que aceitam um universo em expansão concluem que o universo foi criado do nada por Deus. Alguns têm buscado diligentemente encontrar outras alternativas para as implicações teístas.

Teoria da repercussão cósmica. Alguns cosmólogos defendem um tipo de teoria da repercussão segundo a qual o universo entra em colapso e repercussão eternamente. Eles propõem que há matéria suficiente para causar uma atração gravitacional que atrairá o universo em expansão. Consideram isso parte da natureza pulsante da realidade de forma semelhante à visão hindu de que o universo se move em ciclos eternos.

Mas os defensores do big-bang observam que não há evidência para apoiar essa teoria. É improvável que haja matéria suficiente no universo para fazer o universo em expansão entrar em colapso uma única vez. Mesmo se houvesse matéria suficiente para causar uma repercussão, há bons motivos para crer que ela não repercutiria para sempre. Pois de acordo com a comprovada segunda lei da termodinâmica, cada repercussão sucessiva teria menos poder explosivo que a anterior, até que o universo não repercutisse mais. Como uma bola que quica, ele finalmente perderia a força, demonstrando não ser eterno. A hipótese da repercussão é baseada na premissa falsa de que o universo é 100% eficiente, o que não é. Parte da energia utilizável é perdida em cada processo.

Lógica e matematicamente a evidência para o *big-bang* sugere que originariamente não havia espaço, nem tempo, nem matéria. Logo, mesmo que o universo de alguma forma estivesse se expandindo e se contraindo desse ponto em diante, no começo teria surgido do nada. Isso ainda exige um Criador inicial.

Cosmologia plasmática (Alfvén-Klein). Hannes Alfvén propôs uma cosmologia plasmática, segundo a qual o universo é composto de gases eletricamente condutores que produzem indiretamente um efeito de repulsão das galáxias, causando a expansão observada. A expansão, no entanto, não começa com um único ponto; ela tem um tipo de big-bang parcial e depois se contrai até aproximadamente um terço do tamanho do universo atual. Então, algum princípio desconhecido entra em ação e faz explodir tudo novamente, mantendo um equilíbrio eterno. Essa especulação não tem apoio científico. Como outras teorias de expansão-contração, é contrária à segunda lei da termo dinâmica. Especula sem evidência de que o universo nunca se desgasta, mas recicla continuamente formas antigas de energia. Nada jamais é gasto.

Os teóricos da cosmologia plasmática admitem que não conhecem nenhuma força que pudesse ter sido responsável pela expansão. É apenas especulação baseada na pressuposição de um universo eterno. E a teoria Alfvén-Klein não explica os isótopos de hélio e luz no universo que não teriam sido sintetizados nessas quantidades só em estrelas. Elas podem ser explicadas pelo big-bang. Além disso, não oferece uma boa explicação para o ruído cósmico, que é explicado pela teoria do big-bang. Matéria mais pesada deveria ser abundante de acordo com a teoria Alfvén-Klein. Nenhuma foi encontrada.

Finalmente, a teoria Alfvén-Klein não explica as origens últimas. Eric Lerner, que popularizou essa teoria, propôs um "ponto de partida" para o cosmo quando estava "cheio de um plasma de hidrogênio mais ou menos uniforme, livre de elétrons e prótons" (Heeren, p. 81). Quando questionado sobre o que criou esse plasma, ele admitiu que "não temos conhecimento real sobre quais foram esses processos" (ibid., p. 81).

O tempo infinito de Hawking. Outra teoria especulativa sobre o big-bang é a hipótese de Stephen Hawking sobre o tempo infinito – o universo não teve começo. Mas essa recapitulação da teoria de Albert Einstein está sujeita às mesmas críticas que levaram o próprio Einstein a descartá-la (v. KALAM, ARGUMENTO COSMOLÓGICO). É uma teoria engenhosa destruída pelo mesmo conjunto brutal de fatos que exige que o universo tenha início. Até Hawking distingue seu abstrato tempo matemático, que não tem início, do tempo real em que vivemos e que teve princípio. E até Hawking admitiu que, se houve um início, então é razoável supor que tenha havido um Criador.

Hawking admitiu ainda que, mesmo que sua proposta acabasse descrevendo o universo real, nenhuma conclusão poderia ser tomada sobre a existência de Deus. Escreveu: "Não creio que a proposta da inexistência de limites prove a inexistência de Deus, mas pode afetar nossas idéias sobre a natureza de Deus". Nas palavras de Hawking, apenas demonstraria que "não precisamos de alguém para acender o pavio do universo" (Heeren, p. 83). Mas isso não quer dizer que não haveria nada para Deus fazer, pois há mais coisas para fazer funcionar um universo do que simplesmente detonar o big-bang inicial.

Os cientistas não têm uma teoria que demonstre como um universo ilimitada poderia existir. Como, por exemplo, as idéias do universo em expansão podem ser combinadas com um ou nenhum limite? Alan Guth, pai do modelo inflacionário, concluiu que a proposta de Hawking

> sofre do problema de ainda não ter uma teoria bem definida em que implantá-la. Ou seja, sua teoria é, na verdade, uma noção de gravidade quântica, e até agora não temos uma teoria completa da gravidade em que implantar essa idéia (Heeren, p. 83).

Mesmo Einstein não foi capaz de encontrar uma explicação para a equação da relatividade geral que não exigisse um início ou um Criador para o universo. Mais tarde ele escreveu seu desejo "de saber como Deus criou o universo" (ibid., p. 84). Na verdade, até Hawking levanta a questão de quem "deu partida às equações" e detonou o universo (*Buracos negros*, p. 99)

Erupção espontânea: sem necessidade de causa. Alguns ateus argumentam que não há necessidade de uma causa do início do universo. Eles insistem que não há nada incoerente sobre algo que surge espontaneamente do nada. Alguns pontos são relevantes para responder a essa objeção.

Inicialmente, essa proposição é contrária ao princípio estabelecido da causalidade (v. CAUSALIDADE, PRINCÍPIO DA) que afirma que tudo que surge teve uma causa. Na verdade, até o cético David HUME confessou sua crença nesse princípio comprovado, dizendo: "Jamais afirmei uma proposta tão absurda quanto a idéia de que qualquer coisa possa surgir sem causa" (Hume, v. 1, p. 187).

Em segundo lugar, ela é contrária à iniciativa científica que busca a explicação causal das coisas. Francis Bacon, o pai da ciência moderna, afirmou que o verdadeiro conhecimento é "o conhecimento das causas" (Bacon, v. 2, p. 121).

Em terceiro lugar, é contrário ao senso comum acreditar que as coisas simplesmente apareçam do nada, sem mais nem menos. A realidade não funciona assim na nossa experiência.

Em quarto lugar, a idéia de que nada pode causar alguma coisa é logicamente incoerente, já que "nada" não tem poder para fazer nada — nem sequer existe. Como diz o axioma latino: *Ex nihilo nihil fit:* Do nada, nada vem.

Em quinto lugar, quando se examina o "nada" de que o universo supostamente veio, sem uma causa sobrenatural, descobre-se que não é realmente nada. Isaac Asimov fala sobre isso como um estado de "existência" em que há "energia" (Asimov, p. 148). Está muito longe de ser nada. Mesmo em termos físicos não é realmente o nada. Ed Tryon, que deu origem à idéia (num artigo de *Nature* de 1973), reconheceu o problema de explicar a criação a partir do nada absoluto, já que os efeitos quânticos exigem algo mais que nada — exigem *espaço*, algo que os físicos agora distinguem cuidadosamente de "nada" (v. Heeren, p. 93). Como Fred Hoyle observou: "As propriedades físicas do vácuo [ou "nada"] ainda seriam necessárias, e isso seria algo" (Hoyle, p. 144). Além disso, a relatividade geral revela que o espaço no nosso universo não é apenas um nada. Como Einstein escreveu: "Não existe um espaço vazio, isto é, um espaço sem campo. O tempo-espaço não existe sozinho, mas apenas como uma qualidade estrutural do campo" (Heeren, p. 93). O cosmólogo Paul Davies lembra que, quando um físico pergunta como a matéria surgiu do nada, "isso significa não só como a matéria surgiu do nada, mas também 'por que o espaço e tempo existem, para que a matéria surja deles?'". Como o cientista espacial John Mather observa,

não temos nenhuma equação para criar espaço e tempo. E o conceito nem mesmo faz sentido, [...] E certamente não conheço nenhum trabalho que realmente o explique, uma vez que não pode sequer formular o conceito (ibid., p. 93-4).

George Smoot, principal pesquisador com o satélite COBE, disse: "É possível imaginar a criação do universo do quase nada — não do nada, mas praticamente nada" (ibid., p. 94). Então, o "nada" a partir do qual alguns cientistas sugerem que o universo surgiria sem uma causa sobrenatural não é realmente nada — é algo. Isso envolve pelo menos espaço e tempo. Mas antes do *big-bang* não havia espaço, nem tempo, nem matéria. Desse "nada", só uma causa sobrenatural poderia criar algo.

A primeira lei da termodinâmica. Muitos astrônomos que propõem que o universo pode ser eterno, incluindo Carl Sagan, usam a primeira lei da termodinâmica para apoiar sua teoria. Geralmente essa lei da conservação de energia é assim formulada: "A energia não pode ser criada nem destruída". Se isso fosse verdade, a conclusão natural seria que o universo (i.e., a soma total de toda energia real) é eterno.

Essa, todavia, é uma má interpretação da lei, que deveria ser assim formulada: "A quantidade real de energia no universo permanece constante". Essa formulação é baseada na observação científica sobre o que realmente ocorre e não é uma afirmação filosófica dogmática sobre o que *pode* ou *não pode* acontecer. Não há evidência científica de que o universo é eterno.

A segunda lei confirma que a primeira lei não pode ser afirmada em termos que não permitem a criação de energia. Pois a segunda lei demonstra que nenhuma energia existiria se não viesse de fora de um sistema. Portanto, não pode haver nada como um sistema realmente fechado.

Dizer que a energia *não pode* ser criada é uma petição de princípio. Isso é o que precisa ser provado. É vitória por definição estipuladora — um exemplo clássico do erro lógico de *petitio principii*.

Universo eterno inativo. Alguns sugerem que o *big-bang* apenas indica a primeira erupção num universo anteriormente eterno. Isto é, o universo era eternamente inativo antes desse primeiro evento. A singularidade do *big-bang* apenas marca a transição da matéria física primeva. Assim, não haveria necessidade de um Criador para fazer surgir algo do nada.

Os teístas observam que nenhuma lei natural conhecida poderia explicar essa erupção violenta a partir de inatividade eterna. Alguns argumentam que um universo eternamente inativo é fisicamente impossível, já que teria de existir no zero absoluto, o que é impossível. A matéria no início poderia ser qualquer coisa, menos fria, pois estaria concentrada numa bola de fogo com temperaturas acima de bilhões de graus Kelvin. Num monte de matéria congelada a zero absoluto, nenhum evento inicial teria ocorrido.

Supor matéria primordial eterna não explica a ordem incrível que segue o momento do *big-bang*. Apenas um Criador inteligente pode explicar isso.

A teoria do estado estável. Hoyle propôs a teoria do estado estável para evitar a conclusão de um Criador. Ela afirma que átomos de hidrogênio surgem para impedir o esgotamento do universo. Essa hipótese tem falhas fatais, e a maior delas é que nenhuma evidência científica sequer sugere tal evento. Ninguém jamais observou energia surgindo em lugar nenhum.

A teoria do estado estável contradiz o princípio de causalidade de que deve haver uma causa adequada para todo evento. Apenas um Criador seria uma causa adequada para a criação de novos átomos de hidrogênio do nada. Negar o princípio de causalidade é um preço alto para o cientista pagar.

Apesar de Hoyle não ter abandonado sua teoria do estado estável, ele concluiu que a incrível complexidade até das formas mais simples de vida exigem um Criador. Depois de calcular que a probabilidade de a primeira vida ter surgido sem intervenção inteligente é de 1 em $10^{40\,000}$, Hoyle reconhece um Criador da vida (Hoyle, p. 24, 147, 150).

Reação às evidências. As evidências combinadas para uma origem do cosmos por meio do *big-bang* dão fortes razões para o início do universo. Nenhuma alternativa científica viável foi encontrada. Mas, se o universo tem início, então, como Hawking admitiu, a evidência indicaria a existência de um Criador. Conclui-se logicamente que tudo que tem início tem um Criador. Diante dessa evidência poderosa para o início do universo, é interessante observar como alguns cientistas perspicazes reagiram à notícia.

O astrofísico Arthur Eddington resumiu a atitude de muitos cientistas naturalistas quando escreveu: "Filosoficamente, a idéia de um início da atual ordem da natureza é repugnante para mim [...] Gostaria de encontrar uma saída genuína" (Heeren, p. 81).

A princípio Einstein se recusou a admitir que sua teoria geral da relatividade levava à conclusão de que o universo tinha um início. Para evitar essa conclusão, Einstein tentou trapacear nas suas equações, mas foi humilhado quando sua falha foi descoberta. A seu favor reconheça-se que finalmente admitiu seu erro e concluiu que o universo foi criado. Então, escreveu sobre seu desejo "de saber como Deus criou esse mundo". Disse: "Não estou interessado nesse ou naquele fenômeno, no espectro desse ou daquele elemento. Quero conhecer seu [de Deus] raciocínio; o resto é detalhe" (citado por Herbert, p. 177).

Deve-se perguntar por que seres racionais reagem de maneiras irracionais à notícia de que o universo teve um início. Jastrow oferece uma pista esclarecedora.

Há um tipo de religião na ciência. É a religião da pessoa que crê que há ordem e harmonia no universo [...] Todo efeito deve ter sua causa: Não há uma primeira causa [...] Essa fé religiosa dos cientistas é violada pela descoberta de que o mundo teve um começo sob condições em que as leis conhecidas da física não são válidas, e como produto de forças e circunstâncias que não podemos descobrir. Quando isso acontece, *o cientista perde o controle.* (Jastrow, *God and the astronomers*, p. 113-4, grifo do autor).

Implicações teístas. Após revisar as evidências de que o cosmos teve um início, o físico Edmund Whittaker concluiu: "É mais simples postular a criação *ex nihilo* — vontade divina constituindo a natureza do nada" (citado em Jastrow, "A scientist caught", p. 111). Até Jastrow, um agnóstico declarado, disse que "o fato de existirem coisas que eu ou qualquer outra pessoa chamaria de forças sobrenaturais em ação é agora, na minha opinião, cientificamente comprovado" (*God and the astronomers*, p. 15, 18). Jastrow acrescenta algumas palavras embaraçosas tanto para astrônomos céticos quanto para teólogos liberais:

Agora percebemos como a evidência astronômica leva à visão bíblica da origem do mundo. Os detalhes diferem, mas os elementos essenciais nos registros astronômicos e bíblicos da gênese são os mesmos: a cadeia de eventos que leva ao homem começa repentina e drasticamente num determinado momento no tempo, numa explosão de luz e energia" (*A scientist caught*, p. 14).

Ele ainda observou:

O astrônomos descobriram agora que ficaram encurralados porque provaram, pelos métodos, que o mundo começou repentinamente num ato de criação [...] E descobriram que tudo isso aconteceu como produto de forças que jamais poderão descobrir (*God and the astronomers*, p. 115).

Assim, ele afirma que "a busca dos cientistas pelo passado termina no momento da criação". Diz ainda:

Esse é um acontecimento extremamente estranho, inesperado para todos, menos para os teólogos. Eles sempre aceitaram a palavra da Bíblia: 'No princípio, criou Deus os céus e a terra' ("A scientist caught", p. 115).

Jastrow termina seu livro com palavras notáveis:

Para o cientista que viveu pela fé no poder da razão, a história termina como um pesadelo. Ele escalou a montanha da ignorância; está prestes a conquistar o pico mais alto; e, quando chega à última pedra, é cumprimentado por um bando de teólogos que estavam sentados ali há séculos (*God and the astronomers*, p. 116).

Outros ateus oferecem indícios semelhantes de que o problema de tirar uma conclusão teísta das evidências não é racional, mas espiritual. Julian Huxley disse: "Na minha opinião, a sensação de alívio espiritual que vem da rejeição da idéia de Deus como ser sobrenatural é enorme" (Huxley, p. 32). Mas, se alguém é puramente objetivo na consideração das evidências, então por que experimentar "alívio espiritual" com a notícia de que Deus não existe!

Talvez o famoso ateu, Friedrich Nietzsche, tenha dito mais claramente: "Se alguém provasse esse Deus dos cristãos para nós, seríamos ainda menos capazes de crer nele" (Nietzsche, p. 627). É óbvio que o problema de Nietzsche não era racional, mas *moral*.

Conclusão. Em vista da ordem incrível no universo, é difícil tirar qualquer conclusão além da existência de um Ser sobrenatural e superinteligente por trás de tudo. Como um cientista gracejou, você pode levar um astrônomo cético à ordem, mas não pode fazê-lo pensar. Depois de escrever o que acreditava serem críticas definitivas de qualquer tentativa de demonstrar e existência de Deus, até o maior agnóstico filosófico, Immanuel Kant, escreveu:

Duas coisas enchem a mente com admiração e reverência cada vez maior e mais nova, por mais freqüente e constante que seja nossa reflexão sobre elas: o céu estrelado e a lei moral dentro de mim" (Kant, p.166).

Os astrônomos modernos enfrentam novamente a evidência de Deus como Criador do cosmos. É interessante que é justamente isso a que o apóstolo Paulo se refere como a razão de serem "indesculpáveis" (Rm 1.19,20).

Fontes

I. Asimov, *The beginning and the end.*
F. Bacon, *Novum organum.*
W. L. Craig, *Theism, atheism, and big bang cosmology.*
___, *The existence of God and the origin of the universe.*
A. Einstein, *Ideals and opinions — The world as I see it.*
N. L. Geisler, *Origin science.*
S. Hawking, *Buracos negros, universos-bebês e outros ensaios.*
___, *Uma breve história do tempo.*
F. Heeren, *Show me God.*
N. Herbert, *A realidade quântica: nos confins da nova física.*
F. Hoyle, et al., *The intelligent universe.*
D. Hume, *The letters of David Hume.*
J. Huxley, *Religion without revelation.*
R. Jastrow, "A scientist caught between two faiths: interview with Robert Jastrow", *CT*, 6 Aug. 1982.
___, *God and the astronomers.*
I. Kant, *Crítica da razão prática.*
M. D. Lemonick, "Echoes of the big bang", *Time*, 4 May 1993.
J. P. Moreland, *The creation hypothesis.*
F. Nietzsche, *O anticristo.*
C. Sagan, *The edge of forever.*
A. Sandage, "A scientist reflects on religious belief ", Truth, 1985.
V. J. Stenger, "The face of chaos", *Free inquiry*, Winter 1992-1993.
S. Weinberg, *Sonhos de uma teoria final: a busca das leis fundamentais da natureza.*

Boaventura. V. cosmológico, argumento; kalam, argumento cosmológico.

Bruce, F. F. Frederick Fyvie Bruce (1910-1990) nasceu em Elgin, Escócia, e estudou os clássicos na Academia Elgin, na Universidade de Aberdeen e na Universidade de Cambridge. Apesar de ser reconhecido por seu trabalho com estudos bíblicos, jamais fez cursos formais sobre Bíblia ou teologia. Recebeu diploma de doutor honorário em divindades na Universidade de Aberdeen. Ensinou grego em Edinburgo (1934-1935) e Leeds (1938-1947). De 1959 a 1978 foi professor catedrático (cátedra de John Rylands) de crítica bíblica e exegese da Universidade de Manchester. Nesse mesmo período (1956-1978) foi editor colaborador para a revista *Christianity Today*.

Bruce escreveu quase 50 livros e cerca de 2 mil artigos, ensaios e críticas. Ele é reconhecido por *Merece confiança o Novo Testamento?* (v. Novo Testamento, confiabilidade dos manuscritos do). Seu livro *Commentary on the epistles to the Ephesians and Colossians* [*Comentário sobre as epistolas aos efésios e colossenses*] se tornou obra de referência. Seu trabalho mais apologético é *In defense of the gospel* [*Em defesa do evangelho*] (1959). *The books and the parchments* [*Os livros e os pergaminhos*] (1963) apóia a autenticidade e confiabilidade da Bíblia, assim como *Jesus and christian origins outside the New Testament* [*Jesus e as origens cristãs fora do Novo Testamento*] (1974). Ele também é conhecido por seu livro sobre Qumran, *Second thoughts on the Dead Sea scrolls* [*Novas idéias sobre os rolos do mar morto]* (1956).

Convicções e ensinamentos. *Escrituras e apologética.* As conclusões de Bruce sobre a Bíblia não o fizeram um grande defensor das Escrituras, apesar de geralmente tender para o ponto de vista conservador. Não se considerava conservador, nem acreditava na "inerrância" da Bíblia, apesar de considerar as Escrituras como "verdade" (Gasque, p. 24).

Se alguma das minhas conclusões críticas, por exemplo, são conservadoras, não o são porque sejam conservadoras, nem porque eu seja conservador, mas porque creio que são as conclusões para as quais a evidência aponta" (Gasque, p. 24).

Sua importância para a apologética foi a defesa da confiabilidade dos manuscritos bíblicos.

Bruce não foi um apologista cristão, mas seus livros apóiam a apologética histórica (v. APOLOGÉTICA HISTÓRICA). *In defense of the gospel* é uma exposição da apologética praticada pelos apóstolos no NT contra o judaísmo, paganismo e GNOSTICISMO primitivo. Bruce insiste em que "apologética cristã é uma parte necessária do testemunho cristão" (*In defense*, p. 10; v. tb. APOLOGÉTICA, NECESSIDADE DA).

Ressurreição. Bruce acreditava na historicidade dos registros da ressurreição e na ressurreição corporal. Distinguiu a visão cristã de ressurreição corporal da visão grega de IMORTALIDADE da alma ("Paul on immortality", p. 464-5). Critica a visão gnóstica de ressurreição espiritual, insistindo em que, para Paulo: "essa ressurreição futura só poderia ser uma ressurreição corporal" (ibid., p. 466). Mas sua visão de que os crentes recebem um corpo espiritual da ressurreição ao morrer ajudou a minar a visão evangélica histórica de um corpo físico da ressurreição (v. RESSURREIÇÃO, NATUREZA FÍSICA DA). Sobre 2Coríntios 5.1-10, ele disse: "Aqui Paulo parece sugerir que, para os que não sobreviverem até a *parousia* [vinda], o novo corpo estará disponível na hora da morte" (ibid., p. 470-1). Isso levou vários dos seus alunos, inclusive Murray Harris, a afirmar a visão não-ortodoxa de que o corpo da ressurreição dos crentes virá do céu, não da sepultura. Mais tarde, pressionado pela crítica, Harris abandonou essa visão (v. Geisler, *The battle for the resurrection*, cap. 6 e 11).

Fontes

F. F. Bruce, *Commentary on the Acts of the Apostles.*
___, *Commentary on the epistles to the Ephesians and Colossians.*
___, *Jesus and christian origins outside the New Testament.*
___, *In defense of the gospel.*
___, "Paul on immortality", em Scottish Journal of Theology 24.4 (Nov. 1971).
___, *Second thoughts on the Dead Sea scrolls.*
___, *The books and the parchments.*
___, *Merece confiança o Novo Testamento?*
W. Gasque, "F. F. Bruce: a mind for what matters", em *Christianity Today* (7 Apr. 1989).
N. L. Geisler, *The battle for the resurrection.*
M. J. Harris, *Raised immortal.*

Buber, Martin. Existencialista judeu (1878-1965) nasceu em Viena, Áustria, e estudou filosofia e arte nas universidades de Viena, Zurique e Berlim. Sionista quando jovem, foi importante no reavivamento do hassidismo, uma forma de MISTICISMO judaico. Sua famosa filosofia "Eu-Tu" foi desenvolvida em 1923, apesar de William James ter usado a frase em 1897. Buber lecionou na Universidade de Frankfurt de 1923 a 1933 e fugiu da Alemanha em 1938. Lecionou na Universidade Hebraica de 1938 a 1951. Sua forma de existencialismo exerceu grande influência sobre o teólogo neo-ortodoxo Emil Brunner.

As principais obras de Buber incluem *Good and evil* [Bem e mal], *I and thou* [Eu e tu] (1923), *The eclipse of God* [O eclipse de Deus], *The prophetic faith* [A fé profética] (1949), e *Two types of faith* [Dois tipos de fé].

A filosofia de Buber. Eu-Tu contra eu-aquilo. A relação Eu-Tu é quando os outros são tratados como um fim, não um meio. As pessoas devem ser amadas e as coisas, usadas, não vice-versa. As pessoas são o sujeito, não o objeto. Mas muitas coisas podem atrapalhar relações Eu-Tu — parecer ao invés de ser; discurso ao invés de diálogo; impor-se ao outro ao invés de revelar-se ao outro.

Como Buber acreditava em Deus, e Jean-Paul Sartre não acreditava, suas visões existenciais formam um contraste instrutivo:

Jean-Paul Sartre	Martin Buber
Projeto comum	Eu-Tu
Os outros são o inferno.	Os outros são o céu.
Os outros são o meio de eu me "objetificar".	Os outros me ajudam a descobrir minha subjetividade nas relações interpessoais.
Não há significado absoluto já que a humanidade não pode ser Deus.	Existe significado absoluto, já que existe em campo pessoal absoluto de relacionamento pessoais

Deus. De acordo com Buber, Deus é "completamente outro", mas também "completamente igual", mais próximo de mim que eu de mim mesmo (v. Deus, NATUREZA DE). Deus está tão perto que não pode ser buscado, já que não há lugar onde não seja encontrado. Na verdade, Deus não é procurado pelo ser humano; o humano encontra Deus por meio da graça quando Deus chega à pessoa. Todos os que santificam esta vida encontram o Deus vivo como a insondável condição da existência. Ver tudo em Deus não é renunciar ao mundo, mas estabelecê-lo na sua verdadeira base. Podemos sentir a presença de Deus, mas jamais podemos resolver seu mistério. Deus é sentido em todo o mundo e em outros, mas deve ser encontrado sozinho. Em união com Deus, não somos absorvidos, mas permanecemos um "eu" individual. Por essa diferença ontológica, Buber evita o panteísmo absoluto.

Linguagem Religiosa. Como Plotino, Buber afirmava que Deus não é o Bem, mas o Superbem; ele deve ser amado no seu mistério. Deus não se autonomeia (no "Eu Sou"), mas se revela. Essa é uma revelação, não uma definição. A idéia de Deus é uma obra-prima da construção humana, a imagem do Inimaginável. No entanto, a palavra *Deus* não deve ser descartada, simplesmente porque é a palavra humana mais pesada, e portanto a mais imperecível e indispensável das palavras. Mas a palavra *religião* é irritante e sofreu a doença epidêmica da nossa época. Ela deve ser substituída pela frase *todas as relações humanas com Deus*.

O eclipse de Deus. A filosofia atrapalha a relação humana com Deus. A pessoa considera suprema a sua personalidade e, assim, apaga a luz do céu. A paixão peculiar dos filósofos é o orgulho de que seu sistema substitui a Deus. Além disso, a linguagem objetiva do "aquilo" é idolatria verbal que obscurece a Deus. Deus não está sujeito à lei da contradição; falamos dele apenas dialeticamente.

Avaliação. Entre as características positivas do pensamento de Buber estão sua ênfase na necessidade de relacionamentos pessoais e de uma base em Deus. Buber oferece uma crítica valiosa da maneira em que a filosofia tem eclipsado Deus, bem como sugestões úteis sobre como superar relacionamentos artificiais.

Sua visão, todavia, está sujeita a muitas críticas contra outras formas de existencialismo religioso (v. Barth, Karl; Kierkegaard, Søren). Do ponto de vista evangélico, algumas são dignas de menção.

Negação da revelação proposicional. A negação da revelação proposicional por parte de Buber (v. revelação especial) teve grande influência sobre Brunner e a neo-ortodoxia (v. Bíblia, evidências da). Ele nega que Deus tenha se revelado em qualquer afirmação proposicional. É estranho falar isso sobre um Deus teísta. Esse deus pode agir, mas não falar; não está morto, mas é mudo. Então as criaturas podem fazer o que o Criador não pode. O efeito é maior que a Causa.

Discussão equívoca sobre Deus. Além de Deus ser tímido, quando se revela, a linguagem não nos sugere nada sobre o próprio Deus. É linguagem equívoca, totalmente diferente da maneira que Deus é. O efeito não é semelhante à Causa. Deus dá o que não tem. Não há analogia entre Criador e criaturas (v. analogia, princípio da).

Uma epistemologia mística. Buber está sujeito às mesmas críticas que outros místicos. Como saber se Deus é que foi encontrado nessa experiência mística, e não Satanás? A experiência totalmente subjetiva não tem critérios objetivos pelos quais possa ser avaliada. A experiência mística cristã é indistingüível da experiência mística budista (v. budismo). Não há critérios significativos pelos quais saber a verdade.

Fontes
M. Buber, *Good and evil.*
___, *I and thou.*
___, *The eclipse of God.*
___, *The prophetic faith.*
___, *Two types of faith.*
N. L. Geisler, *Philosophy of religion.*
A. Johnson, *Faith misguided: exposing the dangers of mysticism.*

budismo. V. panteísmo, zen-panteísmo.

Bultmann, Rudolph. V. milagres, mitos e.

busca pelo Jesus histórico. V. Jesus histórico, busca pelo.

Butler, Joseph. Importante apologista inglês do século xviii (1692-1753) (v. apologética, necessidade da). Apesar de vir de uma família presbiteriana, Butler foi ordenado na Igreja da Inglaterra em 1718, depois de freqüentar a Universidade de Oxford. Posteriormente tornou-se bispo de Durham.

Apesar de Butler ter dado uma contribuição significativa à discussão da moralidade em "Three sermons on human nature" [*Três sermões sobre a natureza humana*], ele é mais conhecido por *Analogy of religion* [*Analogia da religião*], em que defende o cristianismo contra o deísmo, especialmente o de Anthony Achley Cooper, Conde de Shaftesbury, e Matthew Tindal. Lord Shaftesbury escreveu *Characteristics of men, manners, opinions, times* [*Características de homens, maneiras, opiniões e tempos, p. 1711*], e Tindal, *Christianity as old as the creation* [*Cristianismo tão velho quanto a criação, p. 1730*].

A apologética de Butler. Butler foi influenciado por seu contemporâneo mais velho, Samuel Clarke, discípulo de Sir Isaac Newton e defensor da fé cristã. *Analogy of religion* foi uma defesa da plausibilidade do cristianismo em termos da analogia entre a religião revelada e a natural (v. revelação geral).

O uso da probabilidade. Conforme a base empírica do conhecimento e as limitações da ciência, Butler argumentou, que nosso conhecimento da natureza é apenas provável (v. CERTEZA; INDUÇÃO). Já que esse é o caso:

sempre estamos na posição de aprendizes, e assim jamais podemos supor que o que conhecemos sobre a natureza é *o padrão* para julgar o que é natural (Rurak, 367).

A probabilidade, que é o guia da vida, apóia a crença numa revelação sobrenatural de Deus na Bíblia (v. BÍBLIA, EVIDÊNCIAS DA) e nos milagres de Cristo.

Butler começou *Analogy* observando que:

não sei como, muitas pessoas têm como certo que o cristianismo não é mais um objeto de estudo, mas que, agora finalmente, foi comprovado como fictício.

Sua resposta é que

qualquer homem racional que considere bem a questão pode estar tão certo quanto está sobre a própria existência de que, pelo contrário, essa questão não está de tal modo fechada que não precise mais ser discutida. Na minha opinião, há fortes evidências em favor da sua veracidade (*Analogy in religion*, 2).

Objeção ao deísmo. Butler direcionou seu ataque contra o deísta Tindal, que argumentava:

há uma religião da natureza e da razão, escrita nos corações de todos nós desde a primeira criação, pela qual a humanidade deve julgar a verdade de qualquer religião instituída (Tindal, p. 50).

Para os deístas que rejeitam as Escrituras como revelação sobrenatural por causa das suas dificuldades, Butler responde: Quem acredita que as Escrituras procederam daquele que é o Autor da natureza pode esperar encontrar nelas o mesmo tipo de dificuldades que são encontradas na constituição da natureza" (v. REVELAÇÃO GERAL). Logo, "quem nega que as Escrituras vieram de Deus, por essas dificuldades, pode pela mesma razão, negar que o mundo foi formado por ele" (*Analogy in religion*, p. 9, 10). Já que os deístas admitiam esta última condição não deviam negar a primeira. Como James Rurak comenta:

a religião natural e a revelada serão julgadas pelo mesmo padrão, a constituição e o curso da natureza. A religião natural não pode ser usada como padrão para julgar a revelação (Rurak, 367).

Há uma analogia entre elas.

Julgar o cristianismo como um todo. Outro resultado do argumento análogo de Butler é que um sistema de religião deve ser julgado como um todo, não apenas a partir de ataques direcionados contra partes específicas, como tendem a fazer os deístas. Quando esse padrão fosse aplicado ao cristianismo, Butler acreditava que revelaria que há um "Autor Inteligente e Governador da natureza". Ele estendeu essa analogia para a seguinte crença:

A humanidade está destinada a viver num estado futuro; o fato de todos serem recompensados ou punidos; [...] que este mundo está num estado de apostasia e maldade [...] deu ocasião a uma dispensação adicional da Providência; da maior importância; provada por milagres; [...] executada por uma pessoa divina, o Messias, para recuperar o mundo; não revelada, no entanto, a todos os homens, nem provada com a evidência mais forte possível a todos aqueles a quem é revelada, mas apenas para uma parte da humanidade, e com a medida de evidência específica que a sabedoria de Deus considerou necessária (*Analogy in religion*, p. 16-7).

Revelação natural e sobrenatural. Com os deístas, Butler concorda que Deus é o Autor da natureza e que o cristianismo contém uma republicação dessa revelação original na criação. Mas o cristianismo é mais que uma revelação sobrenatural. Butler explica:

pode-se dizer que a essência da religião natural consiste na atenção religiosa a 'Deus Pai Todo-Poderoso': E a essência da religião revelada, distinta da natural, consiste na atenção religiosa a 'Deus Filho' e ao 'Espírito Santo'.

E,

como essas revelações são dadas a conhecer, por razão ou por revelação, não importa; porque os deveres surgem das relações em si, não da maneira em que somos informados sobre elas (*Analogy in religion*, p. 198).

A defesa dos milagres. Butler dedicou um capítulo ao assunto "Sobre a suposta pressuposição contra uma revelação considerada milagrosa". No próprio resumo do argumento (à margem), ele insiste:

I. Não há suposição, a partir da analogia, contra o esquema cristão geral; pois 1) embora não possa ser descoberto por razão ou experiência, só sabemos uma pequena parte do grande todo; 2) mesmo que seja diferente do curso conhecido da natureza, a) o desconhecido talvez não se assemelhe ao conhecido *em toda parte*; b) observamos diferença às vezes na natureza; c) a suposta diferença não é completa. Então nenhuma suposição resta contra o esquema cristão geral, quer o denominemos milagroso quer não.

II. Não há suposição contra a revelação primitiva, pois 1) *o milagre* é relativo ao *curso* da natureza. 2) A revelação pode ter seguido a criação, o que é um fato admitido. 3) O milagre seguinte não [é] uma dificuldade adicional". Pois 4) "A tradição declara que a religião foi revelada no princípio".

III. Não há suposição da analogia contra milagres nos tempos históricos, pois 1) não temos caso paralelo de um segundo mundo caído; 2) especificamente, a) há uma suposição contra todos os fatos alegados antes do testemunho, não depois do testemunho; b) razões para intervenção milagrosa podem ter surgido em 5000 anos; 3) a necessidade que o homem tem de direção sobrenatural é uma das razões; i) milagres [são] comparáveis a eventos *extraordinários*, contra os quais alguma suposição sempre existe. Então ii) milagres não [são] incríveis. Na verdade, iii) em alguns casos, [são] *a priori* prováveis. c) Jamais há uma suposição peculiar contra eles (*Analogy in religion*, p. 155-61).

Com base em tudo isso concluo: que realmente não há suposição contra milagres, que os torne, de algum modo, incríveis; que, pelo contrário, nossa capacidade de discernir razões lhes dá credibilidade positiva à história, em casos em que essas razões se sustêm; e de forma alguma é certo afirmar que haja qualquer suposição peculiar da analogia, mesmo no menor grau, contra milagres, conforme se distinguem de outros fenômenos [naturais] extraordinários.

Portanto, por analogia com a natureza, os milagres são críveis e até *a priori* prováveis (v. MILAGRE).

Avaliação. *Do lado positivo.* Dado o seu contexto deísta, Butler fez uma defesa importante do cristianismo. Argumentando a partir da premissa deísta de revelação natural, demonstrou que não havia suposição provável contra o cristianismo. Além disso, ao reduzir sua base epistemológica à simples probabilidade, evitou, com méritos, uma necessidade racional para suas conclusões. Não importa como se avaliem seus resultados, Butler deve ser louvado por sua tentativa racional de defender o cristianismo contra os ataques dos seus críticos naturalistas.

Do lado negativo. Do ponto de vista da apologética clássica (v. CLÁSSICA, APOLOGÉTICA), Butler enfraqueceu desnecessariamente o argumento cosmológico ao argumentar com base na analogia.

Alguns naturalistas argumentam que o argumento de Butler em favor dos milagres é baseado numa falsa analogia: "A suposição contra milagres não é apenas uma suposição contra um evento específico, mas contra o acontecimento desse *tipo* de evento". Além disso, a comparação com eventos extraordinários na natureza não é válido.

Pois, no caso dessas forças, dados os mesmos antecedentes físicos, as mesmas conseqüências sempre advirão; e a verdade disso pode ser verificada pelo experimento (Bernard, p. 161-2).

Embora essa crítica pareça válida para algumas das ilustrações que Butler dá (por exemplo, eletricidade e magnetismo), não parece funcionar com todas as singularidades da natureza. Especificamente, não se aplicaria à TEORIA DO *big-bang* defendida por muitos cientistas naturalistas, já que as condições antecedentes eram o nada ou a inexistência. A partir de tais condições, nenhum a previsão pode ser feita ou verificada por experimentos posteriores. Além disso, Butler parece estar correto no lado negativo do seu argumento de que não há probabilidade *a priori* contra milagres. Na verdade, ele defende convincentemente a sua probabilidade *a priori* (v. MILAGRES, ARGUMENTOS CONTRA).

Fontes

J. BUTLER, *Analogy in religion*, esp. J. H. BERNARD, "Note F: the improbability of miracle".

___, *Fifteen sermons*.

___, *The works of Joseph Butler*, W. E. GLADSTONE, org.

E. C. MOSSNER, *Bishop Butler and the Age of Reason*.

J. RURAK, "Butler's analogy: a still interesting synthesis of reason and revelation", *ATR*, Oct. 1980.

M. TINDAL, *Christianity as old as the creation*.

Cc

Calvino, João. Nasceu em Noyon, Picardy, França (1509-1564), mas tornou-se o reformador de Genebra, Suíça. Erudito humanista em Paris quando foi atraído para os princípios da Reforma, Calvino baseou grande parte do seu pensamento teológico nas obras de Agostinho. Além da sua sistematização da teologia, *Institutas da religião cristã*, o reformador João Calvino foi um exegeta protestante pioneiro da Bíblia. Os comentários de Calvino sobre as Escrituras Sagradas ainda são muito usados. Por meio da Academia de Genebra, Calvino e seus colegas também foram pioneiros no treinamento evangelístico, na erudição protestante e numa ética abrangente da vida cristã.

A apologética de **João Calvino.** Os seguidores de João Calvino não estão unidos na interpretação da sua abordagem apologética. Entre eles estão apologistas clássicos e pressuposicionalistas (v. CLÁSSICA, APOLOGÉTICA; PRESSUPOSICIONAL, APOLOGÉTICA).

Os pressuposicionalistas, com raízes em Herman Dooyerweerd, são liderados por Cornelius Van Til e seguidores seus como Greg Bahnsen e John Frame. Os apologistas clássicos seguem a opinião de B. B. Warfield sobre Calvino e são representados por Kenneth Kantzer, John Gerstner e R. C. Sproul (v. Kantzer). Calvino se identificaria com os apologistas clássicos.

As raízes de Calvino *na apologética clássica.* Ao contrário da visão pressuposicional, a visão de Calvino sobre o uso da razão humana na proclamação do evangelho não era muito diferente dos grandes pensadores anteriores. Como AGOSTINHO e TOMÁS DE AQUINO, Calvino acreditava que a revelação geral de Deus é manifesta na natureza e estabelecida nos corações de todos os homens (v. REVELAÇÃO GERAL).

O senso inato de divindade. "Consideramos indiscutível o fato de existir na mente humana, e na verdade por instinto natural, algum senso de divindade", disse Calvino em *Institutas da Religião Cristã*, 1.3.1. Ele argumentou que "não há nação tão bárbara, nenhuma raça tão brutal, que não esteja imbuída com a convicção que há um Deus" (ibid.). Esse "senso de divindade está gravado tão naturalmente no coração humano, na verdade, que até os réprobos são forçados a reconhecê-lo" (ibid., 1.4.4).

A existência de Deus e a imortalidade da alma. Na primeira parte das *Institutas*, Calvino considera "a essência invisível e incompreensível de Deus que, até certo ponto, é feita visível nas suas obras" e as "provas da IMORTALIDADE da alma" (ibid., 1.5.1-2). Pois

em cada uma das suas [de Deus] obras sua glória está gravada em letras tão brilhantes, tão distintas e tão ilustres, que ninguém, por mais simples e iletrado, pode alegar ignorância como desculpa" (ibid.).

Calvino não elaborou isso formalmente, como fez Aquino, mas provavelmente teria aceito o argumento teleológico, o argumento cosmológico, e até o argumento moral. Os dois primeiros podem ser vistos na sua ênfase em criação e causalidade e o último na sua crença numa lei moral natural. Ao comentar Romanos 1.20,21, Calvino conclui que Paulo

...claramente afirma, aqui que Deus pôs o conhecimento de si mesmo nas mentes de todos os homens. Em outras palavras, Deus tem assim demonstrado sua existência por meio de más obras a fim de levar os homens a verem o que não buscam conhecer de sua livre vontade, ou seja, que existe Deus (Romanos, p. 66).

LEI NATURAL. Para Calvino esse conhecimento inato de Deus inclui o conhecimento da sua lei justa. Ele argumentou que, já que "os gentios têm a justiça da lei gravada naturalmente nas suas mentes, certamente não podemos dizer que são completamente cegos à lei da vida" (*Institutas*, 1.2.22). Ele chama essa consciência moral de "lei natural", que é "suficiente para sua condenação justa", mas não para salvação (ibid.). Com isso a lei natural "o julgamento da consciência" é capaz de distinguir entre o justo e o injusto (*Comentário de Romanos*, p. 48).

A natureza justa de Deus "está gravada em letras tão brilhantes, tão distintas e tão ilustres, que ninguém, por mais simples e iletrado, pode alegar ignorância como desculpa" (*Institutas*, 1.5.1).

A lei natural não só é clara, mas também é específica. Estão "gravados nos seus corações uma discriminação e um julgamento, pelos quais distinguem a justiça da injustiça, honestidade da desonestidade". Segundo Calvino, até povos sem o conhecimento da Palavra de Deus "provam seu conhecimento [...] de que adultério, roubo e assassinato são males, e que a honestidade deve ser almejada" (*Comentário de Romanos*, p. 48). Deus deixou provas de si mesmo para todos os povos tanto na criação quanto na consciência.

Já que uma lei moral natural implica um Legislador Moral, Calvino teria concordado com o que mais tarde tornou-se conhecido como o ARGUMENTO MORAL DA EXISTÊNCIA DE DEUS. Na verdade, sua aceitação da lei natural o coloca no centro da tradição da apologética clássica de Agostinho, Anselmo e Aquino.

A evidência da inspiração das Escrituras. Calvino falou várias vezes sobre as "provas" da inspiração da Bíblia. Elas incluem a unidade das Escrituras, sua majestade, suas profecias e sua confirmação milagrosa. Calvino escreveu:

> Veremos [...] que o volume das Escrituras sagradas ultrapassa em muito todas as outras obras. Além disso, se as observarmos com olhos transparentes e julgamento imparcial, elas se apresentarão imediatamente com uma majestade divina que submeterá nossa oposição presunçosa e nos forçará a prestar-lhe homenagem (*Institutas*, 1.7.4).

À luz da evidência, até incrédulos "serão convencidos a confessar que as Escrituras exibem evidência clara de ser inspirada por Deus e, conseqüentemente, de conter sua doutrina celestial" (ibid.).

Os efeitos deletérios da depravação. Calvino foi rápido em demonstrar que a depravação obscurece essa revelação natural de Deus. Calvino escreve:

> A idéia de que a natureza [de Deus] não é clara a não ser que o reconheça por origem e o fundamento de toda bondade. Disso surgiriam a confiança nele e um desejo de apegar-se a ele, se não fosse a depravação da mente humana que a afastou do caminho certo da investigação (ibid., 1.11.2).

O papel do Espírito Santo. Calvino acreditava que a certeza completa de Deus e a verdade das Escrituras vêm apenas pelo Espírito Santo. Escreveu:

> Nossa fé na doutrina não está estabelecida até que tenhamos uma convicção perfeita de que Deus é seu autor.

Então, a maior prova das Escrituras é uniformemente obtida a partir do caráter do dono da palavra [...] Nossa convicção da verdade das Escrituras deve ser derivada da fonte mais elevada que conjeturas, julgamentos ou raciocínios humanos; a saber, o testemunho secreto do Espírito (ibid., 1.7.1; cf. 1.8.1) (v. ESPÍRITO SANTO NA APOLOGÉTICA, PAPEL DO).

É importante lembrar, no entanto, como indica R. C. Sproul, que "o *testimonium* não é colocado acima da razão como forma de subjetivismo místico. Mas vai além e transcende a razão" (Sproul, p. 341). Nas palavras do próprio Calvino:

> Mas respondo que o testemunho do Espírito é superior à razão. Pois só Deus pode testemunhar adequadamente sobre suas palavras, de modo que essas palavras não conquistam mérito total nos corações dos homens até que estejam seladas pelo testemunho interior do Espírito (ibid.).

Agindo por meio da evidência objetiva, Deus dá certeza subjetiva de que a Bíblia é a Palavra de Deus (v. BÍBLIA, EVIDÊNCIAS DA).

Conclusão. Apesar de João Calvino, por causa do seu lugar na história, se preocupar primariamente com os debates sobre autoridade, soteriologia e eclesiologia, no entanto o esboço da sua abordagem à apologética parece claro. Ele se encaixa na categoria geral da apologética clássica. Isso é evidente por sua crença de que "provas" de Deus estão disponíveis à mente não-regenerada e pela sua ênfase na revelação geral e na lei natural (v. LEI, NATUREZA E TIPOS DE).

Fontes

J. CALVINO, *Comentário sobre as Epístolas de Paulo aos Romanos e Tessalonicenses*.
___, *Institutas da religião cristã*.
K. KANTZER, *John Calvin's theory of the knowledge of God and the Word of God*.
R. C. SPROUL, "The internal testimony of the Holy Spirit", em N. L. GEISLER, org., *Inerrancy*.
B. B. WARFIELD, *Calvin and calvinism*.

campo comum. A questão de "campo comum" é principalmente um debate entre a apologética clássica e a pressuposicional. A questão é se existe uma área de evidência neutra ou um ponto de partida onde cristãos e não-cristãos podem reunir-se (v. HISTÓRICA, APOLOGÉTICA). Os pressuposicionalistas revelacionais negam que haja um campo comum ao qual ambas as partes podem se relacionar para estabelecer a verdade do cristianismo.

Cornelius VAN TIL acreditava firmemente que os efeitos noéticos do PECADO prejudicaram o entendimento humano de tal forma que não há entendimento comum dos fatos. Não é possível construir um argumento apologético sobre os fatos da experiência ou história sem a obra sobrenatural do Espírito Santo no coração e na mente (v. Espírito Santo na apologética, papel do). A visão de mundo de uma pessoa deve ser pressuposta ou firmada por um argumento transcendental para dar uma estrutura interpretativa a fatos que de outra forma seriam vazios.

Apologistas históricos e clássicos rejeitam essa visão, afirmando que há pontos de partida na razão (v. fé e razão; lógica) a partir dos quais se constrói uma defesa de uma cosmovisão teísta e cristã (v. apologética, argumento da; Deus, evidências de).

Camus, Albert. Romancista e ensaísta francês (1913-1960) cujas principais contribuições foram feitas durante e após a Segunda Guerra Mundial. *O estrangeiro*, seu primeiro romance, e *O mito de Sísifo* (ambos de 1942) foram seguidos, após a guerra, por *A peste* (1947) e *O rebelde* (1951). Sua última grande obra, *A queda*, apareceu em 1956. Em 1957 Camus ganhou o Prêmio Nobel de literatura. Morreu em 1960, num acidente de carro.

Opiniões de Deus e da vida. Camus foi parte de um pequeno movimento de ateus franceses (v. ateísmo) associado ao existencialismo e especialmente a Jean-Paul Sartre. Começou como niilista (v. niilismo), crendo que, em vista dos absurdos da vida, a única questão filosófica séria era o suicídio. Aos poucos mudou para uma posição mais humanista (v. humanismo secular).

À luz da negação de Deus, Camus, como outros ateus, ficou sem uma âncora de valores morais. No entanto, adotou o humanismo moralista, falando agressivamente contra o que considerava males morais, inclusive a guerra e a pena de morte. Até seu protesto moral contra o teísmo desmente valores morais básicos. A liberdade do indivíduo é suprema; o valor que colocou na vida humana o fez opor-se ao suicídio.

Camus argumentou firmemente que o teísmo é anti-humanitário, por causa do sofrimento intolerável infligido à humanidade (v. mal, problema do). Em *A peste*, o dilema que coloca diante do teísmo é descrito mediante a história de uma peste causada por ratos. Seu raciocínio pode ser assim formulado:

> O indivíduo deve unir-se ao médico e lutar contra a peste ou unir-se ao sacerdote e não lutar contra a peste.
> Não unir-se ao médico para lutar contra a peste é anti-humanitário.
> Lutar contra a peste é lutar contra Deus, que a enviou.
> Logo, se o humanitarismo está certo, o teísmo está errado.

Avaliação. *Partes positivas do pensamento de Camus.* Desde o início, em *O mito de Sísifo*, Camus penetrou incisivamente no absurdo da vida vivida sem Deus. Nos seus primeiros estados de espírito niilistas, percebeu a futilidade do suicídio. Sua filosofia humanitária demonstrava uma preocupação moral profunda quanto ao destino da humanidade. Em sua jornada em direção ao existencialismo, chegou a ver o fracasso do niilismo anterior. Também se aproximou do entendimento do que os cristãos chamam de depravação humana. Durante sua vida, Camus refletiu uma necessidade profunda de Deus.

Dimensões negativas. O argumento do mal contra o teísmo supõe equivocadamente que Deus é o autor de todo o mal no mundo. Nenhuma responsabilidade é atribuída aos seres humanos por suas ações pecaminosas em infligir sofrimentos sobre si mesmos (v. livre-arbítrio). A Bíblia deixa claro que a rebelião de Adão e Eva e seus descendentes causa mal e morte (Rm 5.12). Toda a natureza está infectada com o pecado (Romanos 8).

Além disso, Camus supõe que o fato de os cristãos terem compaixão dos que sofrem é inconsistente com a crença cristã na soberania de Deus. Tanto em princípio como na prática, o cristianismo tem oferecido mais alívio ao sofredor em todos os níveis que a filosofia não-cristã. Até o agnóstico Bertrand Russell reconheceu que o que o mundo precisava era da compaixão e do amor cristãos (Russell, p. 579). Só no cristianismo algo foi feito, por meio da morte e ressurreição de Cristo, para impedir a peste do pecado (Rm 4.25; 1Co 15.1-4).

Como muitos outros ateus, Camus revelou certo anseio por Deus (v. Deus, evidências de). Escreveu: "Para qualquer pessoa que está sozinha, sem Deus e sem um mestre, o peso dos dias é terrível" (*A queda*, p. 33). Acrescentou em outra parte: "Nada pode desencorajar o apetite pela divindade no coração do homem" (*O rebelde*, p. 147).

O senso moral de certo e errado do romancista devia tê-lo levado a postular a existência de um Legislador Moral cuja simples presença explica a persistente convicção moral de que algumas injustiças são absolutamente erradas (v. moral em favor da existência de Deus, argumento). Como o antigo ateu de Oxford, C. S. Lewis, perguntou a si mesmo: "De onde havia tirado essa idéia de justo e injusto? Um homem não considera uma linha torta a não ser que tenha alguma noção do que é uma linha reta". Ele acrescenta: "A que estava comparando esse universo quando o chamei de injusto [...] É claro que poderia abrir mão da minha idéia de justiça ao dizer que não era nada além de uma idéia particular", conclui. "Mas, se fizesse isso, meu argumento contra Deus também cairia por terra — pois o argumento dependia da crença de que o mundo realmente era injusto, não apenas de que não agradava meus caprichos particulares." Então,

no próprio ato de tentar provar que Deus não existia — em outras palavras, que toda a realidade não fazia sentido — descobri que era forçado a reconhecer que uma parte da realidade — ou seja, minha idéia de justiça — fazia muito sentido" (Lewis, p. 45, 46).

Fontes
G. Bree, *Camus*.
A. Camus, *A queda*.
___, *O mito de Sísifo*.
___, *A peste*.
___, *O rebelde*.
___, *O estrangeiro*.
P. Edwards, "Camus, Albert", ep.
C. S. Lewis, *Surpreendido pela alegria*.
B. Russell, "What is an agnostic?", *The basic writings of Bertrand Russell*, R. E. Egner, et al., orgs.

cananeus, massacre dos. Quando os israelitas chegaram à cidade cananéia de Jericó no início da sua invasão da terra prometida, Josué e seus soldados "destruindo ao fio da espada, homens, mulhers, jovens, velhos, bois, ovelhas e jumentos: todos os seres vivos que nela havia" (Js 6.21). Os críticos do Bíblia acusam que tal massacre de vidas inocentes e propriedades não pode ser moralmente justificado. Parece contrário ao mandamento de Deus de não matar seres humanos inocentes (v. Êx 20.13).

Razões da destruição. A defesa das ações do Israel antigo dividem-se em três categorias: 1) um desafio da suposição de inocência moral; 2) delineamento das implicações da natureza teocrática singular da ordem e 3) exame das condições sob as quais ela foi executada.

As Escrituras deixam bem claro que os cananeus estavam longe de ser "inocentes". A descrição dos seus pecados em Levítico 18 é vívida: "Até a terra ficou contaminada; e eu castiguei a sua iniqüidade, e a terra vomitou os seus habitantes" (v. 25). Eles eram visceralsamente imorais, contaminados com todo tipo de "abominações", incluindo o sacrifício de crianças (v. 21,24,26).

Deus dera ao povo da Palestina mais de 400 anos para se arrependerem da sua iniquidade. O povo daquela terra teve toda oportunidade de abandonar sua iniqüidade. Conforme Gênesis 15.16, Deus disse a Abraão que seus descendentes voltariam a herdar essa terra, mas ainda não, porque a iniquidade do povo ainda não era completa. Essa afirmação profética indicou que Deus não destruiria o povo da terra até que sua culpa merecesse a destruição completa em julgamento.

Por isso, Josué e o povo de Israel não estavam agindo por iniciativa própria. A destruição de Jericó foi feita pelo exército de Israel como instrumento de julgamento sobre os pecados desse povo pelo justo Juiz de toda a terra. Nenhuma outra nação antes ou depois possuiu essa relação especial com Deus e seu mandamento (cf. Êx 19.5; Dt 4.8; Sl 147.20; Rm 3.1,2). Conseqüentemente, qualquer pessoa que questiona a justificação desse ato está questionando a justiça de Deus.

Deus é soberano sobre toda vida e tem o direito de tirar o que ele dá. Jó declarou: "o Senhor o deu e o Senhor o levou; louvado seja o nome do Senhor!" (Jó 1.21). Moisés registrou as palavras de Deus: "destruindo ao fio da espada, homens, mulheres, jovens, velhos, bois, ovelhas e jumentos: todos os seres vivos que nela havia" (Js 6.21). Os seres humanos não criam vida e não têm o direito de tirá-la (Êx 20.13), exceto sob regras determinadas por aquele que é dono de toda vida humana.

Deus permite tirar a vida em autodefesa (Êx 22.2), na pena de morte (Gn 9.6) e em guerra justa (cf. Gn 14.14-20). E quando há uma ordem teocrática para fazê-lo, como no caso de Israel e os cananeus, sua justificação moral é garantida pela soberania de Deus.

Quanto à matança de crianças como parte dessa ordem, deve-se observar que, dado o estado canceroso da sociedade em que nasceram, não podiam evitar sua poluição fatal. Se as crianças que morrem antes da idade de responsabilidade vão para o céu (v. bebês, salvação de), foi um ato de misericórdia de Deus tirá-los desse ambiente ímpio e levá-las à sua presença santa. Mas, no final, o argumento principal em todas as Escrituras é que Deus é soberano sobre a vida (Dt 32.39; Jó 1.21). Ele pode ordenar seu fim conforme a sua vontade, e seu povo pode ter confiança total de que as ações de Deus são boas.

Conclusão. No caso dos cananeus, era necessário ao estabelecimento de uma nação e um sacerdócio santos exterminar o paganismo da cidade e seu povo. Se algo restasse, exceto o que foi levado para a casa do tesouro do Senhor, sempre haveria a ameaça da influência pagã para afastar o povo da adoração pura do Senhor. Como a história subseqüente de Israel mostra, foi isso que aconteceu.

Fontes
G. L. Archer, Jr., *Enciclopédia de temas bíblicos*.
N. L. Geisler & T. Howe, *Manual de dúvidas, enigmas e "contradições" da Bíblia*.

J. Haley, *Alleged discrepancies of the Bible.*
W. Kaiser, org., *Classical evangelical essays in Old Testament interpretation.*
J. Orr, *Christian view of God and the world,* apêndice da preleção 5.

canonicidade. V. Bíblia, canonicidade da.

Carnell, Edward John. Apologista pioneiro da renascença evangélica após a Segunda Guerra Mundial (1919-1967). Um dos fundadores do Seminário Teológico Fuller em 1948, foi seu presidente de 1955 a 1959. Carnell sofria de depressão e de insônia crônica, que ocasionou o vício conhecido em barbitúricos. Morreu tragicamente de uma dose excessiva de soníferos, ingeridos acidental ou intencionalmente, na idade precoce de 48 anos.

Carnell escreveu 8 livros, a maioria dos quais lida com apologética: *An introduction to christian apologetics* [*Uma introdução à apologética* 1948]; *The theology of Reinhold Niebuhr* [*A teologia de Reinhold Niebuhr*] (1951); *A philosophy of the christian religion* [*Filosofia da religião Cristã*] (1952); *Christian commitment: an apologetic* [*O compromisso cristão, uma defesa*](1957); *The case for orthodox theology* [*O caso da teologia ortodoxa*](1959); *The kingdom of love and the pride of life* [*O Reino de amor e o orgulho da vida*](1960); e *The burden of Søren Kierkegaard* [*O fardo de Søren Kierkegaard*](1965). Artigos e críticas também discutem apologética. Digno de menção é o artigo de três partes "How every christian can defend his faith", em *Moody monthly* (jan., fev. e mar. de 1950).

As influências que moldaram o pensamento de Carnell são resumidas por um dos seus principais discípulos, Gordon Lewis:

> Na Universidade Wheaton, nas aulas de Gordon H. Clark, Carnell encontrou o teste da não-contradição (v. primeiros princípios). O teste de adequação ao fato empírico foi defendido por Edgar S. Brightman na Universidade de Boston, onde Carnell fez o doutorado.
>
> Finalmente, a exigência da relevância à experiência pessoal tornou-se proeminente durante a pesquisa de doutorado em teologia de Carnell na Universidade de Harvard, no estudo de Søren Kierkegaard e Reinhold Niebuhr (Lewis, *Testing christianity's truth claims*, p. 176).

A apologética de Carnell. Carnell era hipotético ou pressuposicional (v. pressuposicional, apologética) na sua abordagem, em contraste com o método apologético clássico.

Carnell definiu a apologética como "o ramo da teologia cristã que tem a tarefa de defender a fé".

Acrescentou: "Não há nenhuma abordagem 'oficial' ou 'normativa' da apologética". Em vez disso, "a abordagem é governada pelo ambiente da época. Isso significa que um apologista deve improvisar" (*Kingdom of love*, p. 6).

Ao lembrar-se dos seus esforços apologé-ticos, escreveu: "Nos meus próprios livros sobre apologética tentei sistematicamente basear-me em algum ponto útil de contato entre o evangelho e a cultura". Por exemplo, "Em *An introduction to christian apologetics*, o apelo era à lei da não-contradição; em *A philosophy of the christian commitment,* era o sentimento judicial. Neste livro [*The kingdom of love and the pride of life*], estou apelando para a lei do amor" (ibid., p. 6).

Rejeição dos argumentos clássicos. Como outros pressuposicionalistas, Carnell rejeitou a validade dos argumentos teístas tradicionais (v. Deus, evidências de). Nisso ele segue muitos dos argumentos dos céticos, como David Hume, e agnósticos (v. agnosticismo), como Immanuel Kant.

Os problemas básicos dos argumentos teístas. A principal razão para Carnell rejeitar o raciocínio teísta é seu ponto de partida. Começa na experiência e termina no ceticismo (*An introduction to christian apologetics,* p. 126ss.). Na verdade, Carnell alista sete objeções:

1. O empirismo termina em ceticismo. "Se tudo o que a mente tem para usar são percepções sensoriais como relatórios fornecidos à mente do que está acontecendo no mundo externo, o conhecimento jamais pode se elevar ao universal e ao necessário, pois do fluxo só pode vir fluxo" (ibid., p. 129).
2. O princípio da economia elimina o Deus cristão. Hume estabeleceu o ritmo para os empiristas ao insistir que a causa fosse proporcional ao efeito, mas não necessariamente maior. Um efeito infinito dita uma causa infinita, mas um efeito finito não precisa disso.
3. A falácia da atribuição. Mesmo "supondo que uma causa *possa* ter mais atributos que os vistos no efeito, [...] o universo finito não *exige* para sua explicação a existência de uma causa infinita".
4. Falácia do Deus único. Como podemos ter certeza de que o Deus provado pelo primeiro argumento é a mesma Divindade que o governador moral do universo? Já que nenhum deles precisa ser infinito, pois o efeito é finito, á espaço para milhares de deuses.

5. Falácia da antecipação. Tomás de Aquino usou os mesmos argumentos que Aristóteles, mas chegou à conclusão diferente de um Deus pessoal. Isso não teria acontecido porque ele *já* tinha experiência íntima do verdadeiro Deus?
6. Difícil situação do compromisso. Uma vez compromissados com uma posição empírica, como podemos mostrar que o Deus que conseguimos demonstrar é o Pai de Jesus Cristo? Os dados obtidos da natureza são satisfeitos pelo Motor Imóvel proposto por Aristóteles, então por que passar dele para a Trindade?
7. Pressuposições não-empíricas. "Provar a existência de Deus a partir do fluxo na natureza exige conceitos que não podem ser encontrados na natureza [...] Para saber a causa é preciso primeiro saber o que é não-causado[...] Então argumentos empíricos são bem-sucedidos apenas se começarmos com conceitos que são significantes quando Deus já é conhecido, pois só ele é inamovível, não-causado, incontin-gente, perfeito e absoluto" (ibid., p. 133-4). Até "uma lasca na estátua ou uma falha na tela faz o artista inferior [...] Em resumo, o universo revela em si mesmo uma quantidade excessiva de mal para poder suportar o peso do argumento teleológico" (ibid., p. 139).

Na melhor das hipóteses, os argumentos teístas empíricos só têm "valor de inconveniência", mostrando que o empirismo é insuficiente e mostrando algo além do empírico (ibid., p. 152).

Rejeição de outros "testes da verdade". Carnell critica e descarta outros testes da verdade.
1. Os *instintos* "não podem ser o teste da verdade, já que não podem distinguir entre o que é legitimamente natural à espécie e o que é adquirido. Apenas a mente pode fazer isso".
2. Os *costumes* são um teste inadequado porque "podem ser bons ou maus, verdadeiros ou falsos. Algo além e fora dos costumes, portanto, deve testar a validade dos próprios costumes".
3. A *tradição*, um corpo mais normativo de costumes passados por um grupo desde a antigüidade, é insuficiente. "Existem tantas tradições, conflitantes em sua essência, que apenas no hospício poderiam ser todas juustificadas."
4. O *consensus gentium*, ou o "consenso das nações", falha como teste da verdade. No passado todos acreditavam que a terra era o centro do universo. "Uma proposição deve ser verdadeira para ser digna de crença, mas isso não quer dizer que a crença de todos é verdadeira."
5. Os *sentimentos* são insuficientes, pois "sem a razão para guiá-los, os sentimentos são irresponsáveis".
6. A *percepção sensorial* é, na melhor das hipóteses, "uma fonte da verdade, não sua definição ou teste. Nossos sentidos geralmente nos enganam".
7. A *intuição* não pode testar a verdade, já que não podemos "detectar intuições falsas, que existem em profusão".
8. A *correspondência* de uma idéia à realidade não pode ser um teste. "Se a realidade é extraconceitual, como podemos comparar nossa idéia da mente a ela?"
9. O *pragmatismo* é inadequado, pois numa base puramente pragmática não há como distinguir as visões opostas do materialismo e do teísmo sobre o absoluto máximo (seja a realidade material seja espiritual). Além disso, pragmático não tem o direito, conforme sua teoria, de esperar que sua teoria seja comprovada pela experiência futura, já que não tem base para crer na regularidade do mundo.

Carnell argumenta que todas as provas dedutivas são inadequadas, porque

a realidade não pode ser atingida apenas pela lógica formal [...] A verdade lógica não pode passar para a verdade material até que os fatos da vida sejam introduzidos na situação.

E provas indutivas são testes inválidos para a verdade, pois não podem exceder a probabilidade.

Uma premissa é demonstrada apenas quando é a implicação necessária de uma premissa auto-evidente ou quando é demonstrada a falsidade da sua contradição (*Introduction to christian apologetics*, p. 48-53, 105).

A necessidade das idéias inatas. Uma alternativa ao empirismo, então, é um tipo de "racionalismo cristão". Agostinho ensinou que "a mente, por dom natural do Criador, desfruta da apreensão imediata dos padrões que dão sentido à nossa busca da verdade, do bem e do belo". Pois

para falar significativamente sobre a verdade, o bem, e o belo [...] devemos ter critérios, mas critérios que sejam universais e necessários devem ser encontrados em outro lugar que não o fluxo da percepção sensorial.

Senão, "como sabemos que uma coisa realmente é verdadeira, se a alma, por natureza, não possui tal convicção?". E "como seremos capazes de dizer confiantemente que o que é bom hoje será bom amanhã, a não ser que encerremos nossa teoria do bem em algo fora do processo da história?". Em resumo, "como podemos saber qual é o caráter de toda realidade, de modo a agir sabiamente a não ser que Deus nos diga?" (ibid., p. 152-7).

Carnell acredita que as leis da lógica são evidência inata de Deus (v. LÓGICA). As pessoas têm um senso inato das regras de raciocínio correto. Sem o Deus revelado nas Escrituras, seria insignificante dizer que assassinato é errado hoje, de modo que ainda seja errado amanhã. O fato de podermos fazer tal afirmação é uma comprovação de que existe um Autor da nossa natureza moral.

Também há o conhecimento de Deus por meio da natureza. O mundo é regular; ele mostra provas do Deus que faz coisas que são coerentes. Podemos observar sentido em nossa existência, e não deveríamos ser capazes de fazê-lo exceto por essa pressuposição ou hipótese.

Uma base pressuposicional para todo conhecimento. A segunda alternativa ao empirismo confirma a primeira. A segunda compreende uma análise existencial do que faz a vida humana significativa (v. Lewis, "Three sides to every story").

Todo pensamento envolve pressuposições (ibid., p. 91, 95). Carnell reconhece que

> pode se perguntar por que temos pressuposições. Por que não ficar com os fatos? A resposta para isso é *muito fácil*! Temos pressuposições porque devemos fazer pressuposições para pensar. As melhores pressuposições são as que podem responder pelo todo da realidade" (ibid., p. 94).

Então, como no método científico, temos de começar com a "hipótese" e depois colocá-la à prova (ibid., p. 89s.).

A hipótese cristã é a melhor pressuposição.

"O cristão pressupõe Deus e as Escrituras" (ibid., p.101). Na verdade, "Deus é a única premissa maior do cristão, mas esse Deus é conhecido por meio das Escrituras" (ibid.).

Quanto à acusação de raciocínio circular, Carnell responde francamente:

> O cristão comete petição de princípio ao supor a verdade da existência de Deus para estabelecer essa mesma existência. De fato! Isso é verdadeiro para que se estabeleça a validade de qualquer absoluto. A verdade da lei da [não]contradição deve ser suposta para provar a validade daquele axioma (v. PRIMEIROS PRINCÍPIOS). A natureza deve ser suposta para que se prove a natureza (ibid.).

De fato, "a demonstração rígida de um primeiro postulado é impossível, como Aristóteles demonstrou, pois leva ou ao regresso infinito ou ao raciocínio circular" (ibid., p. 102).

Isso não quer dizer que algumas hipóteses não sejam mais bem informadas que outras.

A inadequação dos testes da verdade. "A verdade é a qualidade da opinião ou proposição que, quando seguida até que se obtenha o testemunho total dos fatos na nossa experiência, não desaponta nossas expectativas" (*Introduction to christian apologetics*, p. 45). A verdade é o que corresponde à mente de Deus. É pensar os pensamentos de Deus como ele (ibid., p. 47).

A inadequação dos testes dedutivos da verdade. Carnell rejeita os argumentos estritamente dedutivos e indutivos como maneira de estabelecer a verdade do cristianismo. Em seu lugar dá preferência à abordagem pressuposicional. Provas dedutivas são rejeitadas porque,

> quando alguém demonstra uma proposição, mostra que é a conclusão necessária de uma premissa que já é considerada verdadeira [...] Pode-se detectar facilmente que a demonstração pura é operativa apenas num sistema de símbolos formais, como na lógica e na matemática (ibid., p. 104).

A inadequação dos testes indutivos da verdade. O raciocínio indutivo (v. INDUTIVO, MÉTODO) é rejeitado como teste adequado para a verdade do cristianismo, pois "aqui não se pode ir além da PROBABILIDADE" (ibid., p. 105). Nenhuma prova real é possível com um argumento de PROBABILIDADE, já que o oposto sempre é possível.

A impropriedade da revelação geral. Apesar de algum apelo ser feito à revelação geral (v. REVELAÇÃO GERAL) como ponto de contato, Carnell argumenta que ela é uma base inadequada para conhecer a verdade sobre Deus. Carnell concordava com Calvino que a revelação geral

> não deve apenas nos motivar a adorar a Deus, mas também despertar em nós a esperança da vida futura. Mas, apesar das representações claras dadas por Deus no espelho das suas obras [...] a nossa estupidez é tão grande, que, sempre desatentos a esses testemunhos óbvios, não tiramos vantagem deles". Então devemos recorrer à revelação especial (*Introduction to christian apologetics*, p. 159-72).

A necessidade de revelação especial. Já que a revelação geral é inadequada, há necessidade de pressupor a verdade da revelação especial. Portanto, o apelo à revelação especial nas Escrituras é — como qualquer outra hipótese — verificável se seu sistema resultante é autocoerente no plano horizontal e compatível com a realidade no plano vertical.

Carnell enfatiza que trocar a revelação natural pela especial não divide a epistemologia cristã. Há uma única premissa principal, que o Deus que se revelou nas Escrituras existe. Essa premissa fortalece a fé daquele que crê, "pois a fé é um descanso da alma na suficiência da evidência". A Bíblia é necessária para nos dar mais evidência. Pois "verdade" é significado sistematicamente formulado e, se a Bíblia cumpre esse padrão, é tão verdadeira quanto a lei da transmissão de Lambert. Qualquer hipótese é verificada quando interpreta a vida eficientemente (ibid., p. 175).

Carnell defende tanto o fato quanto a necessidade da revelação especial. Nenhum argumento filosófico prova que a revelação não pode acontecer, pois

só se pode saber se Deus se revelou ou não após examinar todos os fatos da realidade, pois qualquer fato ignorado pode ser a própria revelação [...] Então, para encontrar Deus, é preciso pelo menos estar em todo lugar ao mesmo tempo, o que significa ser o próprio Deus.

Basicamente,

se um homem diz que não há Deus, ele simplesmente se faz Deus, e então a revelação é realizada. Se ele diz que há um Deus, a única maneira de saber isso é pela revelação do próprio Deus.

[Pois] a razão fundamental pela qual precisamos de uma revelação especial é responder à questão 'O que devo fazer para ser salvo?' A alegria é nosso principal interesse, mas essa alegria não pode ser nossa até sabermos exatamente como Deus vai tratar conosco no fim da história (ibid., p.175-8).

O teste de coerência sistemática. Dois testes nos ajudam a avaliar a verdade de uma cosmovisão: primeiro, ela deve ser logicamente coerente; segundo, deve explicar todos os fatos relevantes. Eles se unem em um critério chamado "coerência sistemática". "Aceite a revelação que, quando examinada, dá um sistema de pensamento que é autocoerente no plano horizontal e que se encaixa com os fatos da história no plano vertical." A Bíblia não é aceita arbitrariamente como a Palavra de Deus. Eleger qualquer outra posição seria ignorar os fatos (ibid., p. 190).

O teste negativo: não-contradição. O teste racional básico para a verdade é a lei da não-contradição. É uma necessidade inata do pensamento e da vida humana. Sem a lei da não-contradição, nem sensação, nem verdade e nem fala são possíveis (ibid., p. 161-3). Essa lei de pensamento é epistemologicamente anterior a todo conhecimento (ibid., p. 164s.). A defesa que Carnell faz da lei da não-contradição é o que Cornelius Van Til denominou ARGUMENTO TRANSCENDENTAL.

O teste positivo: ajuste factual. Além da "coerência no plano horizontal", o segundo teste da verdade de Carnell era que o sistema *se encaixe com os fatos no plano vertical* (ibid., p. 108-9). Coerência é apenas ponto de partida. Sem ele, a verdade está ausente; desprovida de algo mais, a verdade está truncada (ibid., p. 109). Como Lewis disse:

A mera coerência formal sem adequação factual é vazia e irrelevante. Por outro lado, a relevância obtida por mera experiência sem coerência acaba em caos e ausência de significado (*Testing christianity's truth claims*, p. 206).

Os "fatos" incluíam experiência externa, como fatos históricos, e experiência interna, como paz pessoal e subjetiva do coração (Introduction, p.109-13). Os "fatos" de Carnell incluem questões éticas, existenciais, psicológicas e de valor.

Valores são parte do ajuste factual. Carnell estava convencido de que nenhuma outra cosmovisão poderia satisfazer a busca humana pela comunhão pessoal. Nenhuma outra oferece padrões significativos de amor e perdão (Lewis, *Testing christianity's truth claims*, p. 218). Carnell dedica *A philosophy of the christian religion* a essa tese. Lewis observou:

"Edward Carnell tentou mostrar que o cristianismo é não só *verdadeiro*, mas também *desejável* para cada pessoa como indivíduo (*Testing christianity's truth claims*, p. 210, grifo do autor).

Carnell escreveu *Christian commitment* e *The kingdom of love and the pride of life* para provar que apenas o cristianismo dá um sistema de valor e satisfação. Como afirmado na autenticidade existencial de Francis SCHAEFFER, pode-se viver pelos princípios cristãos sem hipocrisia.

Em *Kingdom of love and the pride of life*, Carnell argumentou a tese não-convencional de que a psicoterapia de Freud dá o modelo para fazer uma apologética do amor, já que relaciona confiança e amor à felicidade. Declarou:

Acredito que, se os apologistas cristãos unissem suas inteligências e utilizassem melhor o amor como ponto de contato, grandes coisas seriam realizadas pela defesa da fé" (*Kingdom of love*, p. 10).

Acrescentou que não havia apreciado a significância apologética do amor até ler Sigmund Freud.

Quanto mais refletia sobre o relacionamento entre paciente e analista, mais convencido fiquei de que a psicoterapia criou inconscientemente uma nova base para a apologética cristã. O cristianismo sempre defendeu o amor como lei da vida" (ibid., p. 6).

O amor é aceitação incondicional. É sempre bondoso e sincero, e não espera nada exceto bondade e verdade em retorno.

Se o homem é feito à imagem de Deus (como as Escrituras dizem que é), então os conservadores devem acolher qualquer evidência que ajude a estabelecer uma conexão vital entre o poder curador do evangelho e o homem como criatura que é atormentada por ansiedade e desavença. Um divórcio entre graça comum e especial é uma ofensa tanto à cultura quanto ao evangelho (ibid., 9).

Os defensores de Carnell reconhecem que essa abordagem de valores tem limites. Gordon Lewis pergunta: "Mas apenas a apologética psicológica é suficiente para apoiar a reivindicação da verdade do cristianismo?". Ele responde sua própria pergunta na negativa:

Em termos de experiência, a verdade do amor resolve problemas, mas do ponto de vista teórico, uma religião pode aliviar as ansiedades das pessoas com falsas promessas. Na verdade, é o que algumas das seitas chamadas cristãs fazem (*Testing christianity's truth claims*, p. 252).

A ética é parte do ajuste factual. Só o cristianismo pode resolver a situação moral do indivíduo. Nenhuma outra religião pode dar uma resposta coerente à pergunta: Como pode um pecador ser justo perante Deus? Lewis resume o(s) teste(s) da verdade de Carnell:

Em resumo, a apologética de Carnell considera a hipótese cristã verdadeira porque, sem contradição, explica mais evidências empíricas [...], evidências axiológicas [...] evidências psicológicas [...] evidências éticas [...] com menos dificuldade que qualquer outra hipótese" (ibid., p. 282).

Probabilidade e certeza moral. Carnell está ciente de que seu método não dá certeza racional absoluta. Conscientemente, ele escolhe uma confiança racional da alta probabilidade, desde que acompanhada de uma certeza moral que vá além da dúvida razoável (*Introduction to christian apologetics*, p. 113s.).

O ponto de contato: a imagem de Deus. Ao contrário de Van Til, Carnell acreditava que o ser humano natural era capaz de entender algumas verdades sobre Deus. Não gostava das "homilias vagas sobre os EFEITOS NOÉTICOS DO PECADO" (*Christian commitment*, p. 198). Entre outras coisas, a imagem de Deus provê princípios morais inatos e a própria idéia de Deus. Ao citar João Calvino com aprovação, Carnell escreveu:

Certamente não se deve achar estranho que Deus, ao me criar, tenha colocado essa idéia (Deus) em mim para ser como a marca do artista gravada na sua obra (*Introduction to christian apologetics*, p. 160).

Avaliação. Contribuições da apologética de Carnell. *A ênfase na lei da não-contradição.* Carnell enfatizou corretamente a importância da lei da não-contradição como teste negativo da racionalidade (v. LÓGICA). Ele considerava sua importância transcendental e jamais deixou de usá-la, apesar do fato de acrescentar outras dimensões aos seus critérios gerais para a verdade de uma cosmovisão.

A exigência do ajuste factual. Ao contrário do pressuposicionalismo racional de Clark, a apologética de Carnell levou em consideração a necessidade de ser abrangente em qualquer teste adequado da verdade. A coerência lógica só oferece um teste negativo para falsidade. Positivamente, demonstra apenas que um sistema *pode ser* verdadeiro, não que *seja verdadeiro*. Para demonstrar a verdade, uma cosmovisão deve estar ligada à realidade.

A rejeição da suficiência factual. Carnell reconheceu que a verdade absoluta e metafísica não está nos fatos em si. Os fatos sozinhos são insuficientes. Apenas fatos compreendidos no contexto coerente de uma cosmovisão completa podem ser a base da verdade absoluta. Se a substância da experiência não estiver estruturada por um modelo de significado, não é possível falar sobre a significância desse sistema. Deve-se pressupor ou teorizar um modelo metafísico do universo antes que seja ao menos possível fazer reivindicações da verdade absoluta. É claro que é possível entender os fatos num sentido cotidiano. Crentes e incrédulos podem ter algo em comum no entendimento do que é uma dúzia de rosas. Mas o fato de o significado absoluto dessas rosas ser glorificar o Deus do teísmo só é conhecido por aqueles que têm uma pressuposição teísta.

A necessidade de uma estrutura de cosmovisão. Carnell viu corretamente a necessidade de uma cosmovisão e de uma visão da vida, isto é, do que em alemão se chama *Weltanschauung*. Apenas uma dimensão da questão da verdade não é o suficiente. Verdades de cosmovisão devem cobrir tudo que está no mundo. Separar o elemento racional, o elemento empírico ou o elemento existencial apenas é inadequado. Carnell viu claramente a necessidade de testar a verdade de todo o sistema cristão. Ele integrou os três elementos básicos nesse teste: o racional, o empírico e o existencial.

A validade contextual da coerência sistemática. Dada uma estrutura teísta, a coerência sistemática é um método suficiente para determinar a verdade. Isto é, numa cosmovisão teísta, a posição que explica de maneira mais coerente todos os fatos relevantes é verdadeira. É por isso que o cristianismo passa no teste e o judaísmo não, já que o primeiro explica toda a profecia (v. PROFECIA COMO PROVA DA BÍBLIA) sobre o Messias, e o segundo não. Da mesma forma, o islamismo não explica a evidência teísta de que Cristo morreu na cruz e ressuscitou dentre os mortos três dias depois. O cristianismo explica. Então, tanto o judaísmo quanto o islamismo são reprovados no teste de abrangência.

A necessidade da relevância existencial. Carnell viu o que poucos apologistas estão dispostos a admitir, que um verdadeiro *Weltanschauung* deve ser relevante à vida. Isso não foi enfatizado o suficiente em *An introduction to christian apologetics*. Mas, quando escreveu *Christian commitment: an apologetic*, a relevância existencial havia-se tornado importante para o teste de abrangência de Carnell no que diz respeito à verdade do seu sistema.

Dificuldades na apologética de Carnell. A apologética de Carnell não está isenta de falhas, algumas delas defeitos cruciais.

Epistemologia inata. Carnell evidentemente baseia-se em Agostinho para sua crença em idéias inatas. Apesar disso não ser uma crítica fatal do seu sistema, vale a pena comentar que a crença em idéias inatas é infundada (v. HUME, DAVID) e desnecessária. Os mesmos dados podem ser explicados simplesmente supondo uma *capacidade* inata sem *idéias* inatas. KANT e TOMÁS DE AQUINO demonstraram como isso poderia ser feito — mas Aquino não chegou à conclusão do agnosticismo.

Rejeição dos argumentos teístas. Ao mesmo tempo que Carnell rejeita a validade dos argumentos teístas tradicionais, usa um argumento propriamente teísta. Conforme AGOSTINHO e René DESCARTES, Carnell argumenta que o ceticismo total é contraditório. Se o ceticismo é duvidar, então ele está pensando. E, se pensa, então deve existir (*cogito ergo sum*). Mas Carnell argumenta que isso fornece não só o conhecimento de si próprio, mas "o *cogito* nos dá o conhecimento de Deus. Sabendo o que a verdade é, sabemos o que Deus é, *pois Deus é a verdade*". Acrescenta: "A prova de Deus é semelhante à prova da lógica; lógica deve ser usada para provar a lógica" (ibid., p. 158-9). Então, ao mesmo tempo que Carnell rejeita os argumentos teístas tradicionais, oferece uma "prova" própria — que é a mesma que sua prova para a validade das leis da lógica.

Na verdade, isso pode ser colocado na mesma forma que o que Van Til chamou de ARGUMENTO TRANSCENDENTAL. Então a questão não é se podemos provar Deus, mas sim que tipo de prova funciona. Assim, Carnell não é um pressuposicionalista, mas sim um teísta racional — oferecendo uma prova para a existência de Deus.

É claro que Carnell acredita que esse tipo de argumento evita o fluxo de experiência sensorial porque tem um ponto de partida interior na pessoa, não exterior na natureza. Mas, quando comenta Romanos 1.20, admite que

os céus [natureza externa] declaram a glória de Deus, pois nos lembram constantemente que Deus existe. A perfeição limitada da natureza é uma recordação da perfeição absoluta; a mutabilidade da natureza é uma recordação que há uma imutabilidade absoluta.

Até admite que seu teste factual da verdade é o mundo externo, pois, ao "*encaixar os fatos*, queremos ser *fiéis à natureza*" (ibid., p. 169-70). Não importando como seja chamado o argumento, trata-se ainda de uma "prova" racional da existência de Deus que pode ser feita a partir da natureza externa, que é o que os argumentos teístas tradicionais rejeitados por Carnell pretendem alcançar.

Uso incoerente da probabilidade. Carnell também é incoerente no seu uso da PROBABILIDADE. Carnell repreende as abordagens apologéticas que começam com probabilidades empíricas e históricas. A argumentação empírica é rejeitada como teste adequado para a verdade do cristianismo, pois "aqui não se pode ir além da probabilidade" (ibid., p. 105). Ele insiste em que nenhuma prova real é possível com um argumento de probabilidade, já que o oposto sempre é possível. Mas, ao defender-se contra a acusação de que sua visão apenas apresenta probabilidade, mesmo em questões cruciais como a ressurreição de Cristo, ele responde afirmando que a probabilidade é suficiente. Pois

nenhum evento histórico, por mais recente, pode ser demonstrado além de um grau de probabilidade. Então seria inadequado esperar que a comprovação da ressurreição de Cristo, por exemplo, chegasse ao ponto de necessidade lógica (ibid., p. 198).

Mas não se pode adotar os dois aspectos da questão. Se a probabilidade jamais é prova, então não importa quão alta seja a probabilidade, Carnell não teria provas da ressurreição (cf. At 1.3).

Um erro de categoria metodológica. Carnell trata explicitamente o teste das reivindicações da verdade do cristianismo como o teste de uma "hipótese" científica (*An introduction to christian apologetics*, p. 101). Mas, como

Etienne Gilson demonstrou muito bem, isso é um erro de categoria metodológica. Emprestar um método da geometria, ou matemática, ou ciência não é a maneira de fazer metafísica. Cada disciplina tem seu próprio método apropriado. E o que funciona na ciência, por exemplo, nem sempre funciona na metafísica.

Argumentação num círculo vicioso. O uso de fatos para testar a verdade da cosmovisão, que por sua vez dá significado a esses fatos, é um círculo vicioso. Ao testar cosmovisões não se pode pressupor a verdade de um dado contexto ou estrutura, pois é exatamente isso que está sendo testado. Mas o método apologético da consistência sistemática proposto por Carnell não pode ser um teste do contexto (ou modelo) pelo qual os próprios fatos, os quais ele defende, recebem significado.

O ajuste factual é inadequado para testar uma cosmovisão porque tal "ajuste" é determinado para os fatos pelo padrão geral da cosmovisão. O significado de um fato não é encontrado na sua pura factualidade, mas pela maneira em que é modelado ou incorporado por uma cosmovisão. Carnell diz: "um fato é qualquer unidade de ser que é capaz de dar significado, mas é o significado, não o fato, que é o conhecimento" (*Introduction to christian apologetics*, p. 92). Então, parece claro que os mesmos dados (por exemplo, a ressurreição de Cristo) podem ser interpretados alternativamente como uma anomalia (do ponto de vista naturalista), um evento mágico sobrenatural (do ponto de vista panteísta) ou uma ação sobrenatural de Deus (do ponto de vista teísta). Cosmovisões incompatíveis classificam os mesmos dados com significados diferentes. Por não usar argumentos teístas para estabelecer um contexto geral de cosmovisão para os fatos da experiência, Carnell não consegue evitar essa crítica (v. MILAGRES, ARGUMENTOS CONTRA). Por exemplo, algumas línguas antigas que não dividem letras em palavras deixavam o leitor decidir pelo contexto. Nenhum apelo aos simples fatos pode resolver o problema; apenas um contexto, modelo ou estrutura exterior pode fazer isso. E quando uma estrutura se encaixa tão bem quanto outra, não há como adjudicar o problema pela apelação a modelos diferentes, em que cada um explica todos os fatos à sua própria maneira. Ou sistemas diferentes podem explicar de modo igualmente satisfatório o mesmo número de fatos e ter dificuldade com outros.

Coerência sistemática não oferece maneira de saber se o modelo se encaixa melhor nos fatos porque os fatos são antecipadamente ajustados para se encaixar no modelo e dar sentido ao todo desde o início. O fato da ressurreição de Cristo já é um "interprefato" teísta e como tal naturalmente se encaixará melhor num esquema teísta das coisas que numa cosmovisão naturalista.

Mas, se falamos apenas sobre o evento anômalo ou incomum de um cadáver ressurrecto numa estrutura de uma cosmovisão naturalista, o fato em si também se encaixa na estrutura.

Conflito de critérios múltiplos para testar a verdade. Um sistema que tem muitos critérios para testar a verdade, como o de Carnell, tem um problema com o que fazer quando os critérios oferecem resultados contraditórios. Nenhum critério é oferecido por Carnell para adjudicar tais conflitos. O que acontece, por exemplo, se o critério do amor contradiz a lei da não-contradição? O que acontece quando os fatos parecem apoiar uma posição que contradiz outro princípio do seu sistema?

O erro do "balde furado". Coerência sistemática é uma forma de argumento do "balde furado". Na verdade diz que o empirismo não é um teste adequado da verdade, que o existencialismo não é um teste adequado da verdade e que o racionalismo não é um teste adequado da verdade. Mas se um balde furado não segura a água, então dois ou três baldes furados também não segurarão. Somar soluções inadequadas não produz uma solução adequada, a não ser que haja alguma maneira de corrigir a inadequação de um teste.

Mas o problema com a coerência lógica como teste da verdade não é corrigido pelo apelo aos fatos. Esse argumento lógico não falha apenas porque não oferece referenciais factuais para o pensamento, mas porque na sua forma mais forte não oferece argumentos racionalmente inescapáveis, e na forma fraca é apenas um teste para a possibilidade da verdade de um sistema. A lei da não-contradição só pode mostrar que um sistema está errado se tem contradições nos seus princípios centrais. Mas vários sistemas podem ser internamente não-contraditórios. Da mesma forma, podem existir várias cosmovisões que explicam todos os dados da experiência à medida que os interpretam. O panteísmo, por exemplo, não tem contradições internas lógicas, e pode explicar todos os fatos como interpretados através das lentes da sua cosmovisão. Apenas se sobrepusermos as lentes não-panteístas isso não acontece. Quem entra em outra cosmovisão pode descobrir que seus princípios básicos são coerentes, que ela explica todos os fatos da experiência interpretados por meio da sua estrutura e que é existencialmente relevante àqueles que têm esse estilo de vida.

Apenas um teste negativo da verdade. Consistência sistemática testa apenas a falsidade, não a verdade, de uma cosmovisão. Mais de uma visão pode ser coerente e adequada. Mas aquelas que não são coerentes nem adequadas serão consideradas falsas. O ponto de vista de Carnell seria no máximo apenas capaz de eliminar cosmovisões falsas (ou aspectos de cosmovisões). Ele não pode determinar que uma cosmovisão é verdadeira.

É digno de nota que Frederick Ferre, que usa um método semelhante, tenha reconhecido que mesmo cosmovisões não-teístas podem ter peso igual ou até maior que o modelo cristão quando testadas por seus próprios critérios. Se os teístas ocidentais admitirem isso, certamente o hindu ou budista sofisticado poderia criar um teste combinatório da verdade para justificar sua cosmovisão.

Fontes

J. E. Barnhard, *The religious epistemology and theodicy of Edward John Carnell and Edgar Sheffield Brightman*, dissertação não publicada, Universidade de Boston, 1964.
E. J. Carnell, *The burden of Søren Kierkegaard*.
____, *The case for orthodox theology*.
____, *Christian commitment: an apologetic*.
____, "How every christian can defend his faith", *Moody monthly*, Jan., Feb., Mar. 1950.
____, *An introduction to christian apologetics*.
____, *The kingdom of love and the pride of life*.
____, *A philosophy of the christian religion*.
____, *The theology of Reinhold Niebuhr*.
N. L. Geisler, *Christian apologetics*, cap. 7.
E. Gilson, *The unity of philosophical experience*.
G. Lewis, "Edward John Carnell", W. Elwell, org., *Handbook of evangelical theologians*.
____, et al. *Integrative theology*, v. 1.
____ *Testing christianity's truth claims*.
____, "Three sides to every story", R.
L. Harris, org., *Interpretation and history*.
N. Nash, *The new evangelicalism*.
B. Ramm, *Types of apologetics systems*.
W. S. Sailer, *The role of reason in the theologies of Nels Ferre and Edward John Carnell*, dissertação doutoral não publicada, Universidade Temple.

causalidade, princípio da. O princípio da causalidade é um *primeiro princípio*. Todos os primeiros princípios são auto-evidentes ou redutíveis a auto-evidência. Mas nem tudo que é auto-evidente parece ser auto-evidente a todos. O princípio da causalidade (v. primeiros princípios) se encaixa nessa categoria e, portanto, **Afirmação do princípio da causalidade.** O princípio da causalidade pode ser declarado de várias maneiras, algumas mais aceitas que outras. Por exemplo, pode-se dizer que:

1. Todo efeito tem uma causa.

Essa forma é claramente auto-evidente, e é analítica, pois o predicado pode ser reduzido a sujeito. Outras maneiras afirmar o princípio não são analíticas, nem auto-evidentes:

2. Todo ser contingente é causado por outro.
3. Todo ser limitado é causado por outro.
4. Tudo que surge é causado por outro.
5. Inexistência não pode causar existência.

Às vezes o princípio é afirmado de maneiras diferentes dessas, mas cada forma é redutível a uma ou mais dessas afirmações. Por exemplo, "Tudo que começa tem uma causa" é o mesmo que "Tudo que surge é causado por outro". E "Todo ser dependente é causado por outros" é o mesmo que "Todo ser contingente é causado por outro".

Defesa do princípio. *Uma verdade inegável.* Se o princípio da causalidade é afirmado, "Todo efeito tem uma causa", então é inegável.

Nessa forma o princípio da causalidade é analiticamente auto-evidente, já que "efeito" quer dizer o que é causado e uma "causa" quer dizer o que produz o efeito. Então, o predicado é redutível ao sujeito. É como dizer: "Todo triângulo tem três lados". Mas há uma dificuldade em afirmar o princípio dessa forma para um teísta que quer usá-lo para provar a existência de Deus (v. Deus, evidências de). Ele apenas passa o ônus da prova de volta para o teísta, que deve mostrar que seres contingentes, finitos e/ou temporais são efeitos. Ainda que isso possa ser feito, não é tão útil quanto usar a forma "Inexistência não pode produzir existência". Permanece, todavia, a questão se essa forma é auto-evidente ou inegável.

Todas as maneiras de defender as formas não analíticas do princípio da causalidade (formas 2-4) exigem explicação do que se quer dizer com os termos da afirmação. Vejamos os seguintes exemplos:

A natureza da existência e inexistência. A afirmação n.º 5 pode ser defendida pela definição dos termos. "Inexistência não pode causar existência" porque apenas existência pode fazer algo existir. Inexistência não é nada; não existe. E o que não existe não tem poder de produzir nada. Apenas o que existe pode causar existência, já que o próprio conceito de "causa" implica que alguma coisa existente tem o poder de criar outra. Do nada absoluto não vem absolutamente nada. Ou, para expressar de maneira mais popular: "Nada vem do nada; nada jamais poderia".

A natureza da contingência. Todos os seres contingentes precisam de uma causa, pois um ser contingente é algo que existe, mas que pode, sob outras circunstâncias, não existir. Já que tem a possibilidade de não existir, não é responsável pela sua própria existência. Em si, não há razão para existir. Antes não existia, mas inexistência não pode causar nada. Existência só pode ser causada por existência. Apenas algo pode produzir algo.

Observe que ambas as defesas acima (existência/inexistência e contingência) dependem do princípio de que "Inexistência não pode causar existência" ou "o nada não pode causar algo". Muitos filósofos afirmam que esse princípio é considerado verdadeiro intuitivamente e é auto-evidente. Mas, se alguém não aceitar isso como auto-evidente, a afirmação pode ser defendida de duas maneiras.

Em primeiro lugar, inerente ao conceito de *produzir* ou *causar* está a implicação de que algo que existia criou o que é produzido ou causado. A alternativa é definir o nada como algo ou uma inexistência como existência, o que é absurdo. Esse argumento deve ser distinguido da proposta de David HUME de que não é absurdo dizer que *o nada pode ser seguido por algo*. O próprio Hume nega que *algo pode ser causado pelo nada*: "Jamais afirmei uma proposição tão absurda como que algo pode surgir sem uma causa" (Hume, *The letters of David Hume*, v. 1, p. 187).

Os teístas aceitam plenamente a afirmação de Hume. Por exemplo, um estado em que não havia mundo foi seguido por um estado em que o mundo existia (depois que Deus o criou). Isto é, nada (nenhum mundo) seguido de algo (um mundo). Não há contradição inerente em dizer que nada pode ser seguido de algo. O problema surge em dizer que o nada pode *produzir ou causar* algo.

A importância dessa verdade começa a surgir quando é afirmada de outra maneira: *Se desde sempre não existisse absolutamente nada (inclusive Deus), então sempre haveria absolutamente nada (inclusive Deus).*

Em segundo lugar, tudo que surge deve ter uma causa. Se surgiu, não é um *Ser Necessário*, que por sua natureza *deve sempre existir*. O que surge é um *ser contingente*, que por natureza é capaz de existir ou não existir. Algo separado do ser contingente deve determinar que ele surgirá. Então, tudo que surgiu deve ser causado, já que deve haver uma ação eficiente que o faz passar de um estado de potencialidade (potência) para um estado de realidade (ato). Pois, Aquino observou, nenhuma potência de existir pode realizar-se. Realizar-se significa que estaria anteriormente num estado de realidade, e ser atualizado significa que estaria num estado de potencialidade. Não pode ser ambos ao mesmo tempo. Isso violaria o princípio da não contradição. Logo, não se pode negar o princípio da causalidade sem violar o princípio da não-contradição.

Primeiros princípios e a existência de Deus. Dado que algo existe (o que é inegável) pela causalidade (e pelo princípio da analogia), a existência de Deus pode ser demonstrada (v. COSMOLÓGICO, ARGUMENTO). Em cada caso, é claro, o ônus da prova cai sobre a premissa menor, não a premissa que é o princípio da causalidade.

Tudo que surge tem uma causa. Usando essa afirmação do princípio da causalidade, a existência de uma Primeira Causa pode ser demonstrada da seguinte maneira:

Tudo o que surge é causado por outro.
O universo surgiu.
Portanto, o universo foi causado por outro.

É claro que deve-se demonstrar que o universo surgiu. O teísta faz isso pela ciência e filosofia (v. BIG-BANG; *KALAM*, ARGUMENTO COSMOLÓGICO).

Outra maneira de provar a existência de Deus usa uma afirmação diferente do princípio da causalidade:

Todo ser contingente é causado por outro.
O universo é contingente.
Logo, o universo é causado por outro.

Aqui também o ônus da prova está na demonstração de que o universo como um todo é contingente. Isso geralmente é feito ao demonstrar que o universo como um todo poderia surgir ou, de fato, surgiu, logo é contingente. Da mesma forma, o universo poderia deixar de existir. Ele deve ter uma causa para explicar sua existência, ao invés da sua inexistência.

É claro que, se alguém quiser demonstrar que essa causa do universo é inteligente ou moral, o princípio da analogia deve ser usado para mostrar que efeitos se assemelham à sua causa eficiente (v. ANALOGIA, PRINCÍPIO DA; PRIMEIROS PRINCÍPIOS). Por exemplo:

Efeitos se assemelham às suas causas de sua existência.
O universo manifesta uma criação inteligente na sua existência. Logo, o universo tem um Criador inteligente.

Objeções. A maioria das respostas às objeções direcionadas ao princípio da causalidade estão implícitas no que foi afirmado.

Não há necessidade de uma causa. Alguns ateus (v. ATEÍSMO) argumentam que não há necessidade de uma causa. Eles insistem em que não há nada incoerente sobre algo surgindo do nada. Isso, todavia, é contrário à realidade que conhecemos e vivemos e à iniciativa científica, que busca uma explicação causal. É antiintuitivo acreditar que coisas simplesmente apareçam e desapareçam. Quem defende tal visão também deve encarar o fato de que algo que nem mesmo existe não tem o poder de fazer coisa alguma.

Se tudo é causado, então Deus também é. Essa objeção é baseada numa compreensão errônea. O princípio da causalidade não afirma que *tudo* tem uma causa. Afirma apenas que tudo *que tem um começo* (e então é finito) precisa de uma causa. Por exemplo, se o universo não teve começo, então não precisa de uma causa para seu começo. Da mesma forma, se Deus não teve começo, ele também não precisa de uma causa. Só o que tem um começo precisa de uma causa. Mas poucas pessoas argumentam que o universo não teve começo. No final das contas o universo precisa de uma Causa que não teve um começo, pois o universo não pode surgir do nada.

O princípio da causalidade não se aplica à realidade. Alguns críticos insistem em que o princípio da causalidade pertence ao âmbito da lógica, mas não se aplica à realidade (v. REALISMO). Isso é contraditório. Não se pode afirmar consistentemente que as leis do pensamento não podem ser afirmadas com relação à realidade. É inconsistente pensar que a realidade não pode ser pensada. Já que o princípio da causalidade é um princípio fundamental da razão (v. FUNDACIONALISMO), deve aplicar-se à realidade. Caso contrário, acaba-se numa posição contraditória segundo a qual o que é conhecido sobre a realidade não pode ser conhecido. O princípio da causalidade é um princípio sobre a realidade. Quando diz: "Inexistência não pode produzir existência", *existência* significa o que é real e *inexistência* o que não é real.

Não há necessidade de uma causa aqui e agora. Alguns críticos argumentam que, mesmo se houve uma causa do começo do universo, ela não precisa existir agora. Ou uma causa deixou de existir, ou ainda existe, mas não é necessária para suster o universo.

O Deus teísta demonstrado pelo argumento cosmológico não poderia ter causado o universo e depois deixado de existir. O Deus teísta é um Ser Necessário, e um Ser Necessário não deixa de existir. Se existe, deve por sua própria natureza existir necessariamente. Um Ser Necessário não pode existir num modo contingente mais que um triângulo pode existir num modo de cinco lados.

Um Ser Necessário deve continuar a causar seus ser(es) contingente(s). Um ser contingente deve permanecer contingente enquanto existir, já que jamais pode ser um Ser Necessário. Mas essa é a única alternativa para um ser contingente além de deixar de existir ou continuar sendo um ser contingente. Mas se um ser contingente é sempre contingente, sempre precisa de um Ser Necessário de que dependa para sua existência. Já que nenhum ser contingente se mantém em existência, precisa ter um Ser Necessário para impedir que deixe de existir — o tempo todo.

A suposição oculta em postular um antigo Ser Necessário que não existe mais é que causalidade simultânea não faz sentido. Mas não há contradição em dizer que um efeito está sendo efetuado no mesmo instante em que sua existência é causada. Esse é sem dúvida o caso no relacionamento entre premissas (causa) e a conclusão (efeito) num silogismo. Causa e efeito são simultâneos, pois, no instante em que se retira(m) a(s) premissa(s), a conclusão não surge. Da mesma forma, a relação causal entre um rosto e sua imagem no espelho é simultânea.

O que atrapalha a compreensão é confundir um *efeito* com um *pós-efeito*. Por exemplo, quando a bola é jogada, ela continua a se mover depois que o lançador deixou de jogá-la. Depois que se dá corda no relógio, ele continua funcionando. Mas, nesses e noutros exemplos, o pós-efeito também está sendo efetuado direta ou simultaneamente por alguma causa, depois que a causa original deixou de operar. A força da inércia mantém a bola se movendo; as forças de tensão e reação mantêm a mola movendo o relógio. Se qualquer uma dessas forças desaparecesse, o pós-efeito cessaria. Se a inércia cessasse logo depois da bola sair da minha mão, a bola pararia instantaneamente no ar. Da mesma forma, o relógio deixaria de funcionar no instante em que as leis da física que o colocam em funcionamento deixassem de operar. Todo suposto pós-efeito é apenas um efeito de algumas causas simultâneas.

Não há pós-efeitos existenciais. Tudo que existe, existe aqui e agora. E tudo que está sendo criado agora deve ter um criador agora. Uma distinção básica ajudará a ilustrar esse problema. O artista não é a causa da existência de uma pintura; ele é apenas a causa da criação da pintura. A pintura continua existindo depois que o artista tira suas mãos da tela. O pai não causa a *existência* do filho, mas apenas causa a *criação* do filho, pois quando o pai morre o filho continua a viver.

Seres finitos claramente precisam de uma causa, não só para sua criação, mas também para sua existência aqui e agora. Pois a todo momento da sua existência são dependentes de outro ser para sua existência. Nunca deixam de ser seres limitados, finitos, contingentes. E, como tal, exigem uma causa para cada momento da sua existência. Não importa se estamos nos referindo a José da Silva no primeiro, segundo ou terceiro momento da sua existência. Ele ainda existe, recebeu existência, e portanto está recebendo existência de algo além de si mesmo.

Parte do problema poderia ser removido se não falássemos de existência como se todo o conjunto fosse recebido ao mesmo tempo, mas de *existir*, um processo de momento a momento. A palavra *ser* pode ser ainda mais enganosa nesse aspecto. Ninguém recebe todo o seu ser de uma só vez, nem mesmo no próximo instante. Cada criatura tem um "ser" presente. A existência vem um momento de cada vez. Mas a cada momento de existência dependente precisa haver algum Ser independente que dá aquele momento de existência. Nesse caso, a distinção entre o latim *esse* (ser) e *ens* (ser, coisa) é útil. Deus é puro *Esse* e nosso presente *esse* (nossa *serzice*, nosso caráter de ser) é dependente dele. Alguma existência pura precisa existencializar nossa potencialidade de existência, caso contrário não existiríamos. Deus como Realidade pura está tornando real tudo que é real. Logo, é a realidade presente de tudo que é real que exige uma base causal.

A física quântica mostra que eventos subatômicos não são causados. O princípio da incerteza de Heisenberg (v. INDETERMINAÇÃO, PRINCÍPIO DE) é um princípio de mecânica quântica que afirma que

a posição e velocidade de uma partícula não pode ser simultaneamente conhecida com certeza absoluta. Segundo essa teoria, por exemplo, é possível prever precisamente que fração de átomos de urânio se desintegrará radioativamente na próxima hora, mas é impossível prever *quais* átomos farão isso (ibid.).

Conclui-se que, se alguns eventos são imprevisíveis, eles não devem ser causados.

Mas, essa conclusão não está certa por várias razões discutidas no artigo INDETERMINAÇÃO, PRINCÍPIO DA. Em primeiro lugar, o princípio de Heisenberg não é um princípio de *incausalidade*, mas um princípio de *imprevisibilidade*. Em segundo lugar, é apenas a posição de determinada partícula que não pode ser prevista, não o padrão geral. Em terceiro lugar, já que o meio subatômico não pode ser "observado" sem ser bombardeado, o cientista não pode ter certeza de como realmente é. Nem todos os físicos concordam com Heisenberg. A resposta de Einstein foi: "Deus não joga dados com o universo".

Conclusão. Há outros argumentos negativos sobre o princípio da causalidade (v. DEUS, OBJEÇÕES ÀS PROVAS DA EXISTÊNCIA DE), mas eles não negam o próprio princípio. Por exemplo, o argumento de que pode haver um número infinito de causas não nega o princípio da causalidade; ele o pressupõe. O princípio da causalidade em si é tão válido quanto qualquer primeiro princípio. Sem ele nem a ciência em particular nem o raciocínio em geral seriam possíveis. Todo o conhecimento natural sobre o mundo externo depende de uma conexão causal entre ele e nossas mentes.

Fontes
L. FEUERBACH, *The essence of christianity*.
S. FREUD, *O futuro de uma ilusão*.
R. GARRIGOU-LAGRANGE, *God: his existence and his nature*.
N. L. GEISLER, *Christian apologetics*.
___, e W. CORDUAN, *Philosophy of religion*.
E. GILSON, *On being and some philosophers*.
D. HUME, *Dialogues concerning natural religion*.
___, *The letters of David Hume*, J. Y. T. GREIG, org.
I. KANT, *Crítica da razão pura*.
A. LIGHTMAN, *Origins*.
J. MARITAIN, *Existence and the existent*.
E. MASCALL, *Existence and analogy*.
B. MONDIN, *The principle of analogy in protestant and catholic theology*.
L. M. REGIS, *Epistemology*.
B. RUSSELL, *Por que não sou cristão*.
TOMÁS DE AQUINO, *On being and essence*.

Celso. Filósofo pagão do século II. Sua obra *A verdadeira doutrina* (ou *Discurso*) é a obra mais antiga que se conhece que ataca a fé cristã (c. 178). É conhecida por meio da resposta de oito livros de Orígenes, *Contra Celso*, que preserva grande parte do discurso de Celso. Nenhuma outra cópia sobreviveu.

Orígenes retrata as crenças de Celso como uma combinação de uma visão platônica (v. PLATÃO) de Deus e do POLITEÍSMO grego. O resultado era um Deus desconhecido que coloca seus demônios diversos na experiência humana. A verdadeira religião é demonstrada ao concentrar-se em Deus e propiciar demônios cultuais. A adoração é devida ao imperador sob as formas de celebração de festas públicas, prestação de serviço público e alistamento no exército (v. Douglas, p. 206).

Celso se apresenta como um observador pagão descompromissado, sem qualquer sentimento forte sobre religião. Ele louva o cristianismo por sua doutrina do Logos e pelos valores morais elevados, mas se opõe firmemente à sua exclusividade. Critica grande parte da história bíblica por seus relatos de milagres e expressa repugnância pelas doutrinas da encarnação e crucificação. Também se opõe ao não-conformismo cristão, que ele considera uma ameaça ao governo romano. Suas acusações se resumiam a superstição religiosa, intolerância e não-conformismo político.

As acusações foram respondidas por Orígenes. Celso fracassou em sua apreciação da evidência histórica (v. Novo Testamento, historicidade do) e da justificação filosófica de milagres bíblicos (v. milagre; milagres, argumentos contra). Também fracassou em entender a evidência que apóia a divindade de Cristo (v. Cristo, divindade de) e a singularidade do cristianismo (v. Cristo, singularidade de; religiões mundiais e cristianismo).

Fontes
Celso, *The true doctrine.*
H. Chadwick, *Origen contra Celsum.*
F. L. Cross, "Celsus", em *The Oxford dictionary of the christian church.*
E. R. Dodds, *Pagan and christian in an age of anxiety.*
Orígenes, *Contra Celso.*

certeza / convicção. *Certeza* é a confiança de que algo é verdadeiro. Às vezes certeza é diferente de *convicção*. Certeza é objetiva, mas convicção é subjetiva. Um primeiro princípio ou afirmação auto-evidente é objetivamente certa, quer a pessoa tenha certeza disso quer não. Convicção envolve o consentimento pelo conhecedor do que é certo; é uma aceitação subjetiva do que é objetivamente certo. No uso comum os termos são empregados alternativamente. A diferença é que certeza existe onde há razões objetivas ou evidências que são proporcionais ao nível de certeza reivindicado. Mas, no que se refere à convicção, não precisa haver um nível proporcional de razões objetivas ou evidências para o nível de convicção que se tem.

Tipos de certeza. A certeza divide-se nas categorias lógica, moral, prática e espiritual.

Certeza lógica. A certeza lógica é encontrada em grande parte na matemática e na lógica pura. Esse tipo de certeza está envolvida onde o oposto seria uma contradição. Algo é certo nesse sentido quando não há possibilidade lógica de ser falso. Já que a matemática é redutível à lógica, encaixa-se nessa categoria. É encontrada em afirmações como $5 + 4 = 9$. Também é encontrada em tautologias ou afirmações que são verdadeiras por definição: Todos os círculos são redondos, e nenhum triângulo é quadrado.

Certeza metafísica. Há algumas outras coisas, porém, que podemos ter certeza absoluta de que não são afirmações sem conteúdo. Por exemplo, tenho certeza de que existo. Isso é inegável, já que não posso negar minha existência sem existir para fazer a negação. Os primeiros princípios também podem ser conhecidos com certeza, já que o sujeito e o predicado dizem a mesma coisa: "A existência existe"; "Inexistência é não existir". "Inexistência não pode produzir existência" também é certo, já que *produzir* implica um produtor existente.

Certeza moral. Certeza moral existe onde a evidência é tão grande que a mente não tem nenhuma razão para vetar a vontade de crer que é assim. Confia-se completamente numa certeza moral. É claro que há uma possibilidade lógica de que as coisas a respeito das quais temos certeza moral sejam falsas. Mas a evidência é tão grande que não há razão para crer que sejam falsas. Em termos legais isso é o que se quer dizer com "sem sombra de dúvida".

Certeza prática (alta probabilidade). Certeza prática não é tão forte quanto certeza moral. As pessoas afirmam estar "certas" de coisas que acreditam ter uma alta probabilidade de verdade. Alguém pode ter certeza de que tomou o café da manhã hoje, sem ser capaz de provar isso matemática ou metafisicamente. Isso é verdade a não ser que algo tenha mudado a percepção dessa pessoa e, assim, ela seja levada a pensar que tomou o café da manhã. É possível estar errado sobre essas questões.

Certeza espiritual (sobrenatural). Na hipótese de que o Deus teísta exista, ele poderia dar certeza sobrenatural de que algo é verdade. Da mesma forma, se Deus fala diretamente a uma pessoa (e.g., Abraão em Gn 22), então essa pessoa poderia ter certeza espiritual que transcende outros tipos de certeza, porque vem diretamente de Deus. Aqueles *que têm experiências místicas diretas* com Deus (v. misticismo), tal como Paulo descreve em 2 Coríntios 12, têm esse tipo de certeza. Ela seria maior que qualquer outro tipo de certeza, já que um ser onisciente é sua garantia e a onisciência não pode errar. Como e se essa certeza realmente existe sem uma ação sobrenatural é um ponto duvidoso entre teólogos, apesar de muitos apologistas clássicos e outros argumentarem que existe (v. Espírito Santo na apologética, papel do).

Certeza e consentimento. Certeza é sempre acompanhada de assentimento. Isto é, a mente sempre concorda com proposições que são certas, *caso as entenda adequadamente*. Mas nem todo assentimento é acompanhado de convicção. No cotidiano, damos assentimento a algo que é apenas provável, e não necessário. Nos negócios geralmente não há certeza absoluta; é preciso dar assentimento com base em vários níveis de probabilidade. Esse é quase sempre o caso no raciocínio indutivo, já que quem raciocina está passando do específico para o geral e não tem certeza de todos os dados específicos. Uma indução completa seria uma exceção, já que todo dado específico é conhecido. Por exemplo: "Há três, apenas três bolinhas de gude na minha mão direita" é algo que se pode saber com certeza. Apesar de ser possível que a pessoa não tenha visto ou contado corretamente, a probabilidade de estar correta é alta o suficiente para a proposição ser uma certeza moral (v. INDUTIVO, MÉTODO).

Alguém pode possuir certeza intelectual de uma proposição, mas não ter convicção subjetiva ou emocional. Esse é o caso comum da dúvida. Há medo emocional, apesar da comprovação racional. A pessoa pode ter certeza moral de que Deus existe e mesmo assim sentir sua ausência.

Muitas vezes a convicção subjetiva também funciona na direção oposta. Um sentimento de convicção domina a análise racional de tal forma que move a vontade de consentir com pouca ou nenhuma evidência.

Certeza e erro. A convicção subjetiva é uma maneira em que é possível ter certeza moral e/ou convicção sobre a verdade de algo que é objetivamente falso. A vontade de crer pode dominar a falta de evidência, a ponto de se ter segurança de crença sem sua veracidade. Razões de erros incluem sentidos ou processos mentais defeituosos, consciência incompleta, a motivação da vontade e a necessidade de agir na ausência de evidência convincente.

Não se pode estar errado sobre os primeiros princípios ou as proposições auto-evidentes. Uma vez que a mente as entenda, é compelida a concordar com elas. Não há liberdade de não concordar com uma verdade auto-evidente. Apesar dessa tendência natural à verdade ser um impulso inconsciente, parece que, adequadamente falando, o assentimento à certeza é consciente. Só pode ter certeza quem entende que a verdade é um primeiro princípio ou pode ser reduzida a ele. Esse nível de análise exige consciência. Apenas quando se entende o princípio e a verdade se torna inequivocamente clara, o assentimento é necessário e a convicção é garantida.

Convicção envolve repouso. Já que a convicção envolve o assentimento consciente com a certeza da verdade pela qual um ser humano tem um apetite inconsciente, a posse dessa verdade pelo intelecto é a recompensa da convicção. Na presença de tais verdades, nada no mundo pode privar o intelecto dessa posse. A recompensa da fome de verdade é a convicção de que desfruta conscientemente quem percebe a certeza e a necessidade da verdade que veio a possuir.

Fontes
ARISTÓTELES, *On hermeneutics*.
G. HABERMAS, *Dealing with doubt*.
J. NEWMAN, *The grammar of assent*.
L. M. REGIS, *Epistemology*.
J. B. SULLIVAN, *An examination of first principles in thought and being*.
TOMÁS DE AQUINO, *On hermeneutics*.
___, *Suma teológica*.
F. D. WILHELMSEN, *Man's knowledge of reality*.

Chesterton, Gilbert K. Ensaísta e poeta inglês (1874-1936) inteligente e espirituoso, a quem C. S. Lewis disse dever muito. Chesterton trocou a escola de arte pelo jornalismo e, em 1922, a Igreja da Inglaterra pelo catolicismo romano. Suas obras religiosas incluem *Heretics* (1905), *Orthodoxy* (1908), *The everlasting man* (1925) e *Avowals and denials* (1934). Sua obra *Autobiography* (1936) fornece uma boa visão do cenário religioso de 1895 a 1936.

Opiniões. Deus. Chesterton defendeu o catolicismo ortodoxo, e suas obras estão repletas de argumentos apologéticos espirituosos a favor da fé cristã. Em *Orthodoxy*, declarou que "nunca houve nada tão perigoso ou emocionante quanto a ortodoxia" (p. 106).

Qualquer pessoa poderia seguir os modismos religiosos, desde o gnosticismo até a Ciência Cristã, mas evitá-los tem sido uma grande aventura; e na minha opinião a carruagem de fogo passa como um trovão pelas eras, deixando as heresias tediosas estateladas e prostradas, e a verdade indômita, cambaleante, mas por fim ereta (ibid., p. 107).

Chesterton criticou as cosmovisões não-teístas. Chamou o ATEÍSMO

o dogma mais ousado de todos [...] É a afirmação de uma negativa universal; dizer que não há Deus no universo é como dizer que não há insetos em nenhuma das estrelas (*Five types*, p. 59).

Criticou o panteísmo por ser incapaz de inspirar a ação moral.

Pois o panteísmo implica por sua natureza que uma coisa é tão boa quanto a outra; a ação, por seu turno, implica na sua natureza que uma coisa é preferível a outra (*Orthodoxy*, p. 143).

Até o paganismo é melhor que o panteísmo, acrescentou.

O paganismo está livre para imaginar divindades, enquanto o panteísmo é forçado a fingir, de maneira pedante, que todas as coisas são igualmente divinas (*Catholic church and conversion*, p. 89).

Chesterton resumiu a diferença entre o cristianismo e o BUDISMO nessa observação perspicaz:

O cristão tem pena dos homens porque estão morrendo, e o budista tem pena dos homens porque estão vivendo. O cristão lamenta o que prejudica a vida de um homem; mas o budista lamenta que esteja vivo (*Generally speaking*, p. 115-6).

No seu vívido testemunho pessoal, Chesterton confessou:

Sempre acreditei que o mundo envolvia mágica; agora pensei que talvez envolvesse um mágico [...] Esse nosso mundo tem algum propósito; e se há um propósito, há uma pessoa. Sempre achei que a vida era uma história; e se há uma história há um contador de histórias(*Orthodoxy*, p. 61).

Milagres. Chesterton acreditava que Deus intervém ativamente no mundo. Ele definiu *milagre* como "o controle repentino da matéria pela mente" (ibid., p. 137). A realidade dos milagres foi básica para a defesa apologética de Chesterton. Insistiu em que os milagres devem ser confirmados pela evidência, assim como outros eventos da história.

Minha crença que milagres aconteceram na história humana não é uma crença mística; acredito neles com base em evidência humana como acredito no descobrimento da América" (ibid., p. 161).

"Uma conspiração de fatos" impõe essa aceitação na mente. As testemunhas não eram sonhadores místicos, mas pescadores, fazendeiros e outros que eram "incultos e cautelosos" (ibid., p. 163). Por outro lado, as negações de milagres não se baseiam em evidências, mas em comprometimento filosófico. "Só há uma razão para uma pessoa inteligente não acreditar em milagres. Ela acredita no materialismo" (*St. Francis of Assisi*, p. 204). Os crentes aceitam os milagres porque têm evidência deles. Os incrédulos os negam porque têm uma doutrina contra eles.

Criação. A criação para Chesterton foi a "maior das revoluções" (*Chaucer*, p. 27). Ele não parece ter negado a possibilidade da criação por meio da evolução (v. EVOLUÇÃO TEÍSTA), mas também reconheceu as deficiências da evolução como teoria das origens (v. EVOLUÇÃO BIOLÓGICA). Mesmo que a teoria fosse verdadeira,

a evolução como explicação, como filosofia absoluta da causa dos seres viventes, ainda enfrenta o problema de tirar coelhos de uma cartola vazia; um processo que geralmente envolve algum tipo de desígnio (ibid., p. 172).

Chesterton declarou que a sugestão de que a evolução produziu a mente humana é

como dizer um homem que pergunta quem passou com a roda por cima da sua perna: foi a evolução que o fez'. Afirmar o processo não é mesmo que afirmar o agente (*Handful of authors*, p. 97-8).

Além disso,

é absurdo o evolucionista reclamar que é inimaginável para um Deus considerado inimaginável fazer tudo do nada (v. CRIAÇÃO, VISÕES DA), e depois fingir que é mais imaginável o nada se tornar alguma coisa (*Saint Thomas Aquinas*, p. 173).

Pecado. Chesterton também afirmou a Queda de Adão e o pecado original. É ruim o bastante estarmos presos no mundo mau, disse ele, mas temos usado mal o mundo bom. O mal é o uso errado da vontade, e então as coisas podem ser corrigidas apenas por meio do uso correto da vontade. "Todas as outras crenças, exceto essa, são formas de capitulação ao fatalismo" (*The thing*, p. 226). Chesterton descreveu os efeitos da queda ao dizer que a doutrina do pecado original é "a doutrina da igualdade dos homens". Por enquanto todos são insensatos (*Heretics*, p. 165-6).

Avaliação. Chesterton foi um defensor espirituoso e inteligente da fé cristã em geral e da fé católica romana especificamente. Ele está entre os grandes apologistas intelectuais católicos do século XX. Sua abordagem é mais literária que lógica quanto a forma, mas é racional e penetrante.

Fontes

G. K. CHESTERTON, *A handful of authors*.
___, *Autobiography*.
___, *Five types*.
___, *Generally speaking*.
___, *Heretics*.
___, *Orthodoxy*.
___, *St. Francis of Assisi*.
___, *Saint Thomas Aquinas*.
___, *The catholic church and conversion*.
___, *The thing: why I am a catholic*.
C. HOLLIS, *The mind of Chesterton*.
A. L. MAYLOCK, *The man who was orthodox*.
J. W. MONTGOMERY, *Myth, allegory and gospel* (cap. 2).
M. WARD, *Gilbert Keith Chesterton*.
___, *Return to Chesterton*.

ciência das origens. V. ORIGENS, CIÊNCIA DAS.

ciência e a Bíblia. O conflito entre a ciência e a Bíblia tem sido amargo, principalmente nos últimos 150 anos. A maioria das razões dessa hostilidade está relacionada ao que a pessoa considera ser a natureza e o procedimento de cada domínio. Para muitos, o suposto conflito é resolvido pela separação completa das duas esferas. Isso às vezes é feito pela limitação do papel da religião ou da Bíblia a questões de fé e da ciência a questões de fatos. Especificamente, alguns cristãos envolvidos com a ciência argumentam que a Bíblia nos fala sobre "quem e porquê" (Deus), e a ciência lida com os "como".

Mas essa separação nítida dos domínios da ciência e da Bíblia é insatisfatória, já que a Bíblia não se limita a questões de "quem e porquê". Ela freqüentemente faz afirmações de fatos sobre o mundo científico. E a ciência não se limita apenas a questões de "como". Ela também lida com as origens (v. ORIGENS, CIÊNCIA DAS).

Do ponto de vista cristão, a relação entre a Bíblia e a natureza é a relação entre duas revelações de Deus, revelação especial e revelação geral (v. REVELAÇÃO GERAL E REVELAÇÃO ESPECIAL). A primeira é encontrada na revelação de Deus nas Escrituras (v. BÍBLIA, EVIDÊNCIAS DA) e a segunda na sua revelação na natureza. Entre essas duas, quando interpretadas adequadamente, não há conflitos, já que Deus é o Autor de ambas e não pode contradizer-se.

No entanto, como o entendimento científico é apenas o entendimento humano falível da natureza e como teólogos só têm uma interpretação falível das Escrituras, é compreensível que haja contradições nessas áreas. A situação pode ser diagramada da seguinte maneira:

escrituras	←sem conflito→	natureza
teologia	← algum conflito→	ciência

A teologia bíblica envolve a interpretação humana do texto bíblico. Como tal, está sujeita a má interpretação e erro. Da mesma forma, a ciência é o conjunto de tentativas humanas falíveis de compreender o universo. Assim, o conflito é inevitável. Por exemplo, a maioria dos cientistas acredita que o universo tem bilhões de anos. Alguns teólogos afirmam que ele tem apenas alguns milhares de anos de idade. Certamente, ambos não podem estar certos.

Princípios de reconciliação. Antes das áreas de conflitos específicos serem analisadas, várias diretrizes são úteis para avaliarmos a natureza e o procedimento de ambas as disciplinas.

Ambos os grupos estão sujeitos ao erro. Pessoas informadas de ambos os lados, tanto intérpretes bíblicos como cientistas, cometem erros. Muitos teólogos já acreditaram que o sol girava em torno da terra (como muitos cientistas acreditavam); alguns acreditavam que a terra era quadrada. Mas estavam errados. Da mesma forma, o modelo de um cosmos eterno foi descartado dando lugar ao modelo do *big-bang*. Teorias evolutivas sobre herança de características adquiridas foram derrubadas (v. EVOLUÇÃO BIOLÓGICA; EVOLUÇÃO QUÍMICA).

Ambos os grupos estão sujeitos a correção. Outro princípio importante é que ambas as áreas estão sujeitas a correção uma pela outra. Por exemplo, o fato científico refutou a teoria da terra achatada. Logo, qualquer interpretação que tome versículos sobre os "quatro cantos da terra" como descrições literais de geografia está errada. A ciência provou que isso está errado.

Igualmente, cientistas que insistem em que o universo é eterno defendem uma teoria comprovadamente falsa, tanto pela ciência quanto pelas críticas de cristãos (v. CRIAÇÃO, VISÕES DA; EVOLUÇÃO CÓSMICA; *BIG-BANG*, TEORIA DO).

Nem todos os conflitos são resolvidos com tanta facilidade. Pouquíssimas coisas são provadas com certeza na ciência. Algumas coisas são apenas prováveis ou altamente prováveis. Por exemplo, o fato de a terra girar em torno do Sol não foi absolutamente provado. Essa teoria condiz com os fatos da maneira que são conhecidos e é uma interpretação científica altamente provável da natureza que entra em conflito com uma interpretação contestável das Escrituras, então devemos supor que a segunda está errada. E vice-versa. Por exemplo, a macroevolução é questionável, e a criação do universo, da primeira vida e de novas formas de vida é altamente provável. Logo, a criação deve ser considerada verdadeira e a macroevolução deve ser rejeitada (v. EVOLUÇÃO).

A Bíblia não é um livro de ciências. Um princípio que alguns apologistas cristãos superzelosos às vezes esquecem é que, embora a Bíblia não cometa erros científicos (v. BÍBLIA, SUPOSTOS ERROS NA), ela também não é um livro de ciências. Ela não fala em termos científicos, técnicos, nem com precisão. Usa números arredondados. Emprega linguagem de observação, em lugar de linguagem astronômica (v. BÍBLIA, SUPOSTOS ERROS NA). A Bíblia apenas afirma verdades parciais em várias áreas da ciência. Ela não ensina geometria, nem álgebra, nem trigonometria. Não se pode supor conflitos sem levar esses fatores em consideração.

A ciência está em constante mudança. O conhecimento científico muda constantemente. Isso significa que um apologista de anos atrás que teve sucesso em conciliar a Bíblia com alguma teoria da ciência poderia estar absolutamente errado, já que não havia um conflito real para resolver. A conformidade perfeita também pode estar errada hoje, já que a ciência pode mudar amanhã. Dado o fato de que a ciência é uma disciplina experimental e progressiva, jamais atingindo uma conclusão final quanto a qualquer assunto, cabe a nós não pressupor que haja erros científicos na Bíblia a não ser que:

1. algo seja inquestionavelmente reconhecido como um fato científico; e
2. entre em conflito com uma interpretação das Escrituras que seja inquestionável.

Por exemplo, é inquestionável que a Bíblia ensina que um Deus teísta existe (v. TEÍSMO). Logo, seria necessário provar que é um fato científico inquestionável que Deus não existe para mostrar um conflito real. É improvável que conflitos *reais* entre a ciência e Bíblia jamais venham a ser demonstrados. Alguns conflitos aparentes merecem atenção, bem como algumas teorias prováveis e até altamente prováveis da ciência moderna que encontram paralelos impressionantes na Bíblia. Examinaremos estas primeiro.

A Bíblia e a ciência convergem. Como nem toda informação científica era conhecida nos tempos bíblicos, a Bíblia fala com credibilidade científica considerável, uma evidência da sua natureza sobrenatural.

Origens. O universo teve um princípio. O primeiro versículo da Bíblia proclama que "No princípio criou Deus os céus e a terra". Era comum em teorias antigas considerar o universo eterno, mas a Bíblia ensinava que ele tinha um princípio. É exatamente isso que a maioria dos cientistas acredita agora por aceitar a teoria do *big-bang*. O astrofísico agnóstico Robert Jastrow escreveu que

três linhas de evidência — os movimentos das galáxias, as leis da termodinâmica e a história de vida das estrelas — levavam a uma conclusão: tudo indicava que o Universo teve um princípio (*God and the astronomers* [Deus e os astrônomos], p. 111).

Ordem dos eventos. Gênesis 1 também indica uma criação progressiva: universo, seguido da terra sem forma, seguida pelo que deu forma à terra. Esse é um conceito muito mais sofisticado cientificamente do que a antiga história comum da criação. A Bíblia afirma que Deus disse no princípio: "Haja luz; e houve luz" (Gn 1.3). Jastrow escreveu sobre a semelhança dessa afirmação com a ciência moderna:

Os detalhes diferem, mas os elementos essenciais nos registros astronômico e bíblico são os mesmos: a série de eventos que levam ao homem começa repentina e abruptamente num momento definido no tempo, num clarão de luz e energia (ibid., p. 14).

Nenhuma matéria nova é criada. A Bíblia declarou desde o princípio que a criação é completa. Deus descansou do seu trabalho (Gn 2.2) e ainda descansa (Hb 4.4s.). Em resumo, nenhuma matéria nova (energia) está sendo criada. É exatamente isso que a primeira lei da Termodinâmica declara, ou seja, que a quantidade de energia real no universo permanece constante (v. TERMODINÂMICA, LEIS DA).

O universo está se desgastando. De acordo com a segunda lei da TERMODINÂMICA, o universo está desgastando sua energia utilizável. Está literalmente envelhecendo. É exatamente isso que o salmista disse:

No princípio firmaste os fundamentos da terra, e os céus são obras das tuas mãos. Eles fornecerão, mas tu permanecerás; envelhecerão como vestimentas. Como roupas tu os trocarás e serão jogados fora. Mas tu permaneces o mesmo, e os teus dias formais terão fim (Sl 102.25-27).

Gênesis declara que a vida apareceu primeiro no mar (Gn 1.21), e só depois na terra (1.26,27). Isso está de acordo com a teoria de que a vida multicelular pululava nas águas cambrianas antes de se multiplicar na terra.

A vida se reproduz conforme sua espécie. Em Gênesis 1.24 Deus disse: "Produza a terra seres vivos de acordo com as suas espécies: rebanhos domésticos, animais selvagens e os demais seres vivos da terra, cada um de acordo com a sua espécie". Segundo o paleontólogo agnóstico Stephen Jay Gould:

A maioria das espécies não demonstra mudança direcional durante sua vida na terra. Aparecem no registro fóssil com a mesma aparência que quando desapareceram; mudança morfológica geralmente é limitada e não-direcional (Gould, *Evolution's erratic pace* [*O ritmo incerto da evolução*], p. 13, 14).

Nesse registro fóssil, como em Gênesis, os seres humanos foram os últimos a aparecer.

Os seres humanos feitos do pó da terra. Ao contrário de antigos mitos ou do *Alcorão*, que afirma que os seres humanos foram feitos de um "coágulo" de sangue (v. surata 23.14), a Bíblia afirma que "Então o SENHOR Deus formou o homem do pó da terra e soprou em suas narinas o fôlego de vida, e o homem se tornou um ser vivente" (Gn 2.7). Além disso, acrescenta: "Com o suor do seu rosto você comerá o seu pão, até que volte à terra, visto que dela foi tirado; porque você é pó, e ao pó voltará" (Gn 3.19). Segundo a ciência, os elementos constituintes do corpo humano são os mesmos que os elementos encontrados na terra.

Ciência terrestre. A água retorna à sua fonte. As Escrituras afirmam: "Todos os rios vão para o mar, contudo, o mar nunca se enche; ainda que sempre corram para lá, para lá voltam a correr" (Ec 1.7; cf. Jó 37.16). Apesar de o autor provavelmente não estar ciente do processo exato de evaporação, condensação e precipitação, sua descrição está em perfeita harmonia com esses processos.

A Terra é redonda. Isaías falou de Deus que "assentado no seu trono acima da cúpula da terra" (40.22). Essa é uma descrição surpreendentemente precisa para um profeta do século XVIII a.C. E Salomão havia apresentado a mesma verdade no século X a.C. (Pv 8.27).

A Terra está suspensa no espaço. Numa era em que era comum acreditar que o céu era um domo sólido, a Bíblia fala precisamente de Deus estendendo os céus do norte sobre o espaço vazio e suspendendo a terra sobre o nada (Jó 26.7).

A Bíblia não é apenas compatível com as descobertas científicas verdadeiras, mas antecipou muitas delas. O conhecimento científico é compatível com as verdades das Escrituras.

Outras descobertas científicas. Muitas outras coisas descobertas pela ciência foram afirmadas na Bíblia centenas e até milhares de anos antes. Elas incluem o fato de que: 1) o mar tem sendas e veredas (2Sm 22.16; Sl 8.8; Pv 8.28); 2) o mar tem limites (Pv 8.29); 3) a vida está no sangue (Lv 17.11); 4) a doença pode ser espalhada pelo contato físico (Lv 13).

Supostos conflitos. Gênesis 1 e 2. O exemplo de conflito entre a ciência e a Bíblia citado com mais freqüência é com relação à doutrina da criação. Há o conflito sobre a origem do universo (v. ORIGENS, CIÊNCIA DAS), o conflito relativo à origem da primeira vida e o conflito relativo à origem humana. Um ataque violento contra a Bíblia do ponto de vista científico é encontrado no livro *A Bíblia, o Alcorão e a ciência*, do autor muçulmano Maurice Bucaille. Alguns dos seguintes exemplos específicos de suposto conflito são catalogados por Bucaille. Uma resposta cristã de peso a essa obra apareceu em William Campbell, *The Qur'an and the Bible in the light of history and science* [*O Alcorão e a Bíblia à luz da história e da ciência*].

Dias de Gênesis. Os críticos argumentam que, como os "dias" de Gênesis são obviamente de 24 horas de duração, a Bíblia está em conflito com a datação da ciência moderna que provou que a origem do mundo e da vida levou muito mais tempo.

Mas foi demonstrado no artigo GÊNESIS, DIAS DE, que a palavra hebraica para "dia" pode significar era e que, se se tratassem de "dias solares", não precisavam ser períodos sucessivos de 24 horas. Além disso, os métodos científicos de datação são baseados em duas pressuposições improváveis: 1) que as condições originais eram puras e incontaminadas; e 2) que a taxa ou ritmo das mudanças não variou desde as condições originais.

Gênesis 1.2. Gênesis 1.2 foi chamado "monumento de inexatidões do ponto de vista científico" (Bucaille, p. 40). Bucaille cita o fato de que Gênesis 1.2 menciona água no estágio inicial da história da terra, mas ele insiste em que "colocar-se água aí é um erro" (Bucaille).

Essa é uma acusação estranha, pois o próprio Bucaille admite que "no estágio inicial da formação do universo existia uma massa gasosa" (ibid.). Mas a própria água tem um estado gasoso conhecido por vapor. Além disso, teorias científicas mudam. As teorias de hoje geralmente são descartadas amanhã. Assim, mesmo se houvesse alguma teoria hoje que afirmasse que não havia água nos estágios iniciais do universo, ela continua sendo altamente teórica. E mais, havia água nos primeiros estágios da história da terra, pelo menos na forma de vapor. É por isso que a vida que conhecemos é possível na Terra, mas não em outros planetas do nosso sistema solar. Portanto, na sua pressa de encontrar erros na Bíblia, Bucaille cometeu um.

Gênesis 1.3-5. Com relação a Gênesis 1.3-5, o crítico muçulmano Bucaille afirma: "Mas é ilógico citarmos o efeito produzido (a luz) no primeiro dia, situando a criação do meio de produção (as luzes) três dias mais tarde" (ibid., p. 47).

Mas o sol não é a única fonte de luz no universo. Além disso, não é necessário interpretar que o texto está falando que o Sol foi criado no quarto dia. Pode ser que Deus apenas o tenha feito *aparecer* no quarto dia, depois que a névoa de água se dissipou, tornando sua silhueta visível. (A palavra hebraica para *fez*, ASÃ, ocorre cerca de 1 200 vezes no AT. Tem uma grande variedade de significados, inclusive: fazer, criar, mostrar, aparecer, revelar e fazer aparecer.) Antes disso sua luz estava brilhando, como num dia enevoado, sem que observadores da terra pudessem ver a silhueta do sol.

Gênesis 1.14-19. Muitos concordariam com Bucaille que "Colocar a criação do Sol e da Lua depois da criação da Terra é absolutamente contrário à noções mais solidamente estabelecidas sobre a formação dos elementos do Sistema solar" (Bucaille, p. 47).

Mais uma vez, há dois problemas. Um é supor que até mesmo as idéias científicas mais dominantes devem ser consideradas fato absoluto. Na realidade, é estranho que muçulmanos usem esse argumento, já que eles também apontam o erro de teólogos que acreditavam que a teoria científica quase universalmente dominante de um universo geocêntrico (que tem a terra como centro) era um fato científico. Semelhantemente, idéias científicas dominantes sobre a origem do sol e da lua *poderiam* estar erradas.

Porém, como já vimos nos comentários sobre Gênesis 1.3-5, não é necessário acreditar que o Sol e a Lua foram criados no quarto dia. Antes, por alguma razão (talvez o vapor original tenha-se dissipado), sua forma pode ter-se tornado visível da face da terra apenas no quarto dia.

Gênesis 1.19-23. Os críticos encontram duas coisas inaceitáveis em Gn. 1.19-23: "o fato de continentes emergirem no período da história da terra em que ela ainda estava coberta de água" e "que um reino vegetal organizado com reprodução por sementes pudesse ter aparecido antes da existência do sol".

A primeira questão é infundada, e a segunda foi respondida na seção de Gênesis 1.3-5. Quem acha aceitável que Deus tenha criado plantas que produziam sementes no início da história da terra? Evolucionistas não-teístas que rejeitam Deus e sua obra especial de criação podem ter dificuldades. Isso não deveria ser inaceitável para um muçulmano, como Bucaille, que afirma acreditar no *Alcorão*. O *Alcorão* afirma que Deus criou o mundo e tudo que nele há em alguns dias. A contradição aqui é entre a Bíblia e a hipótese científica dominante (v. Denton; Johnson; Geisler, cap. 5-7).

Gênesis 1.20-30. Bucaille insiste em que essa passagem contém afirmações inaceitáveis de que o reino animal começou com criaturas do mar e aves. Mas as aves só aparecem depois dos répteis e outros animais terrestres (ibid., p. 48-9).

Na verdade a Bíblia não diz que Deus criou aves com penas antes dos répteis. Ela se refere a criaturas com asas (Gn 1.21). Isso geralmente é traduzido por "aves" (i.e., animais voadores), mas jamais "criaturas com *penas*". E, segundo a ciência, criaturas com asas existiam antes das aves com penas. Sua menção juntamente com "grandes animais marinhos" é uma indicação de que a referência é a dinossauros com asas. Aqui Bucaille supõe um cenário evolutivo. Mas a evolução é uma hipótese infundada. Oferecer como prova científica que "várias características biológicas comuns às duas espécies tornam essa dedução possível" é fazer uma dedução errada. Pois características comuns não provam ascendência comum; podem indicar um Criador comum. Afinal, há uma semelhança progressiva em automóveis desde os primeiros até os atuais. Mas ninguém acredita que um evoluiu do outro por processos naturais.

Finalmente, alguns cientistas contemporâneos estão questionando a antiga suposição de que todas as criaturas aladas apareceram depois dos répteis. Alguns fósseis de animais marinhos alados foram encontrados em estratos mais antigos que geralmente são designados para a origem dos répteis. De qualquer forma, não há contradição, exceto entre teorias da ciência e algumas más interpretações de Gênesis.

Gênesis 2.1-3. Ao comentar o ensinamento bíblico de que Deus criou em seis dias (Gn. 2.1-3), Bucaille alega que "Sabe-se perfeitamente, em nossos dias, que a formação do universo e da terra [...] foi afetuada etapas, estendendo-se em períodos de tempos extremamente longos!". Isso foi demonstrado acima como sendo infundado no artigo Gênesis, dias de.

Gênesis 2.4-25. Bucaille adota a teoria ultrapassada de que Gênesis 2 contradiz o registro dado em Gênesis 1. A alegação aqui é que Gênesis 1 declara que os animais foram criados antes dos seres humanos, e Gênesis 2.19 parece inverter essa ordem, dizendo: "Depois que formou da terra todos os animais do campo [...] o Senhor Deus os trouxe ao homem para ver como este lhes chamaria", sugerindo que Adão fora criado antes deles (v. Adão, historicidade de; jardim do Éden).

A solução para esse problema, no entanto, torna-se evidente quando examinamos os dois textos com cuidado. As diferenças surgem do fato de Gênesis 1 dar a *ordem* dos eventos; Gênesis 2 dá o *conteúdo* sobre eles. Gênesis 2 não contradiz o capítulo 1, já que não afirma exatamente quando Deus criou os animais. Apenas diz que ele trouxe os animais (que havia criado anteriormente) a Adão para que ele os nomeasse. A ênfase no capítulo 2 é na concessão de nomes aos animais, não na sua criação. Logo, Gênesis 2.19, enfatizando a classificação (não a criação) dos animais, apenas diz: "Depois que formou da terra [previamente] todos os animais do campo [...] o Senhor Deus os trouxe ao homem para ver como este lhes chamaria".

Gênesis 1 fornece o resumo dos eventos, e o capítulo 2 dá os detalhes. Juntos, os dois capítulos dão um retrato harmonioso e mais completo dos eventos da criação. As diferenças, então, podem ser resumidas da seguinte maneira:

Com isso em mente, os dois textos são perfeitamente complementares.

Gênesis 1	Gênesis 2
Ordem cronológica	Ordem tópica
Resumo	Detalhes
Criação dos animais	Nomeação dos animais

Gênesis 2, 3. Muitos críticos da Bíblia alegam que não há evidência científica de que o jardim do Éden tenha existido como a Bíblia afirma. Mas, além de basear-se no silêncio, que é uma forma do erro do argumento da ignorância, esse argumento não é verdadeiro. Há ampla evidência histórica e geográfica da existência de um jardim do Éden literal.

Gênesis 4. O problema aqui é que a Bíblia diz que Caim se casou quando aparentemente não havia ninguém com quem se casar. Caim e Abel eram os primeiros filhos de Adão: não havia mulheres para casar com Caim. Só havia Adão, Eva (Gn 4.1) e seu irmão morto Abel (4.8). Mas a Bíblia diz que Caim casou-se e teve filhos.

Embora esse seja o problema favorito dos críticos da Bíblia, a solução é bem simples. Caim casou-se com sua irmã (ou talvez uma sobrinha). A Bíblia diz que Adão "teve filhos e *filhas*" (Gn 5.4). Na verdade, como Adão viveu 930 anos (Gn 5.5), teve bastante tempo para gerar muitos filhos. Caim poderia ter-se casado com uma das suas várias irmãs, ou até mesmo com uma sobrinha, caso tenha-se casado depois que seus irmãos ou irmãs tinham filhas já crescidas.

Quanto ao problema secundário do incesto proibido e geneticamente perigoso (Lv 18.6) se Caim se casasse com sua irmã, a solução também não é difícil. Antes de mais nada, não havia imperfeições genéticas no início da raça humana. Deus criou Adão geneticamente perfeito (Gn 1.27). Defeitos genéticos resultaram da Queda e só ocorreram gradualmente durante longos períodos de tempo. Além disso, não havia mandamento na época de Caim de não se casar com um parente próximo. Esse mandamento (Lv 18) veio milhares de anos depois, na época de Moisés (c. 1500 a.C.). Finalmente, como a raça humana começou com um único par (Adão e Eva), Caim não tinha outra pessoa para casar exceto uma parente próxima (irmã ou sobrinha).

Gênesis 5. O problema da longevidade das pessoas antes do Dilúvio é óbvio: Adão viveu 930 anos (Gn 5.5); Matusalém viveu 969 anos (Gn 5.27), e a expectativa de vida média de uma pessoa normal era de mais de 900 anos. Mas até a Bíblia reconhece o que o fato científico demonstra, ou seja, que a maioria das pessoas vive apenas 70 ou 80 anos antes da morte natural (Sl 90.10).

É fato que as pessoas não vivem tanto tempo atualmente. Mas essa é apenas uma afirmação descritiva, não prescritiva. Nenhum cientista demonstrou que é impossível alguém viver tanto tempo. Na verdade, biologicamente não há razão para os seres humanos não viverem centenas de anos. Os cientistas ficam mais perplexos com o envelhecimento que com a longevidade.

Segundo, a referência em Salmos 90 é da época de Moisés (por volta de 1400 a.C.) em diante, quando a longevidade diminuiu para 70 ou 80 anos para a maioria, apesar de Moisés ter vivido 120 anos (Dt 34.7).

Terceiro, alguns sugeriram que esses "anos" são, na verdade, apenas meses, o que reduziria 900 anos à expectativa de vida normal de 80 anos. Mas isso é inaceitável. Não há precedente no AT hebraico para interpretar a palavra *ano* como "mês". E Maalaleel teve filhos quando tinha "apenas" 65 anos (Gn 5.15), e Cainã teve filhos aos 70 anos (Gn 5.12); isso significaria que tinham menos de seis anos — o que não é biologicamente possível.

Quarto, outros sugerem que esses nomes representam linhagens ou clãs que duraram gerações antes de sumirem. Isso, porém, não faz sentido. Para começar, alguns desses nomes (e.g., Adão, Sete, Enoque, Noé) são definitivamente indivíduos cujas vidas são narradas no texto (Gênesis 1—9). Além disso, linhagens não "geram" linhagens com nomes diferentes. E linhagens não "morrem", indivíduos morrem (cf. 5.5, 8, 11). Ademais, a referência a ter "filhos e filhas" (5.4) não condiz com a teoria de clãs.

Quinto, parece melhor aceitar os anos (apesar de serem anos lunares de 12 x 30 = 360 dias).

Nem só a Bíblia fala de expectativa de vida de centenas de anos entre os antigos. Também há registros gregos e egípcios de seres humanos que viveram centenas de anos.

Um problema relacionado a isso é que em Gênesis (6.3) Deus decidiu logo antes do Dilúvio limitar a expectativa de vida do homem a 120 anos. Em Gênesis 11.10-32, no entanto, os dez descendentes de Noé viveram de 148 a 600 anos.

Mesmo supondo que 6.3 refere-se ao tempo de vida dos descendentes de Noé, ele não diz que essa limitação ocorreria *imediatamente*. Pode referir-se apenas ao eventual tempo de vida dos pós-diluvianos. Na verdade, Moisés, que escreveu essas palavras, viveu exatamente 120 anos (Dt 34.7).

Além disso, não há necessidade de interpretar essa passagem como referência à expectativa de vida de indivíduos depois do Dilúvio. Provavelmente refere-se ao tempo de vida que a humanidade ainda teria antes de Deus mandar seu julgamento fatal. Isso condiz melhor com o contexto imediato, que fala de por quanto tempo Deus exortaria a humanidade a se arrepender antes de enviar o Dilúvio.

Gênesis 5, 11. Os críticos afirmam que a Bíblia comete um erro científico quando data a humanidade de 4000 a.C. aproximadamente. Na verdade, há intervalos nas genealogias bíblicas. Logo, é impossível obter um total de anos de Adão até Abraão. A Bíblia tem *genealogias precisas* nas quais há intervalos evidentes (v. GENEALOGIAS ABERTAS OU FECHADAS).

Gênesis 6-9. A história do Dilúvio foi acusada de improbabilidades científicas, inclusive o fato de não haver evidência geológica e o argumento de que seria impossível colocar todas as espécies de animais do mundo num barco tão pequeno. Mas foi demonstrado (v. DILÚVIO DE NOÉ) que há evidência do Dilúvio e que a arca era enorme, suficiente para abrigar os tipos de animais que não poderiam sobreviver ao Dilúvio.

Gênesis 30. Segundo Gênesis 30, Jacó parecia aceitar a posição não-científica da sua época de que a influência pré-natal sobre a mãe afeta as características físicas da prole, pois obteve cordeiros malhados e salpicados depois de colocar varas riscadas diante das cabras que concebiam (Gn 30.37).

Apesar de os cordeiros malhados não terem nascido por causa do plano de Jacó com as varas, há uma base científica para seus resultados:

Para o observador casual eram de cor sólida, pois todos bodes malhados foram removidos; mas seus fatores ou genes hereditários de cor eram mistos, a condição que o geneticista chama de heterozigótica.

[Pois] testes de procriação demonstraram que manchas são recessivas em bodes, tornando possível para um bode ter manchas que podem ser transmitidas, apesar de não serem visíveis (ASA, p. 71).

Deus abençoou Jacó, apesar do seu plano de conseguir o rebanho do seu tio desonesto. O Senhor revelou a Jacó num sonho a verdadeira razão de os cabritos nascerem daquela maneira: "Então ele disse: 'Olhe e veja que todos os machos que fecundam o rebanho são têm linhas, são salpicados e malhados, porque tenho visto tudo o que Labão lhe fez'" (Gn 31.12, grifo do autor).

Êxodo 14. Segundo esse registro da travessia do mar Vermelho, o grupo maciço de fugitivos israelitas não teve mais que 24 horas para atravessar a parte do mar Vermelho que Deus havia preparado. Mas, segundo os números dados, havia aproximadamente dois milhões de pessoas (v. Nm 1.45,46). Mas, para uma multidão desse tamanho, um período de 24 horas não era tempo suficiente para fazer tal travessia.

É preciso lembrar que, apesar de a passagem dar idéia de que o tempo que a nação de Israel teve para atravessar o mar foi curto, essa não é uma conclusão necessária. O texto afirma que Deus mandou um vento oriental que abriu as águas "toda aquela noite" (Êx 14.21). O versículo 22 parece indicar que foi na manhã seguinte que a multidão de israelitas começou sua jornada através do leito do mar. Depois o versículo 24 afirma: "No fim da madrugada, do alto da coluna de fogo e de nuvem, o SENHOR viu o exército dos egípcios e o pôs em confusão". Finalmente, de acordo com o versículo 26, Deus disse a Moisés: "Estenda a mão sobre o mar para que as águas coltem sobre os egípcios". Mas não há referência da hora dessa ordem, e não é necessário concluir Israel havia completado sua travessia naquela mesma manhã.

Uma travessia de 24 horas não é tão impossível quanto parece. A passagem não afirma que o povo atravessou em fila indiana, nem que atravessaram numa extensão de terra da largura de uma via expressa moderna. Na verdade, é bem mais provável que Deus tenha preparado uma extensão de vários quilômetros de largura. Isso certamente condiz com a situação, já que o acampamento de Israel às margens do mar Vermelho provavelmente se estendia por 5 ou 6 km ao longo da costa. Quando chegou a hora de o povo atravessar em terra seca, provavelmente se moveu como um grande tropel, como um grande exército avançando sobre linhas inimigas. O mar Vermelho tem uma extensão de aproximadamente 2 320 km e 290 km de largura em média. Se essa grande multidão atravessou da maneira descrita, para atravessar uma distância de 290 km num período de 24 horas eles teriam de se deslocar a uma velocidade de cerca de 13 km por hora. Essa teria sido uma velocidade razoável e tempo suficiente para atravessar o mar longo e estreito.

Levítico 11. Nos versículos 5 e 6, dois animais, o coelho e a lebre, são considerados impuros por Levítico porque, apesar de remoerem ou ruminarem, não têm o casco fendido. Mas a ciência moderna descobriu que esses dois animais não ruminam. Logo, a Bíblia parece ter cometido um erro nesse caso.

É injusto impor o conhecimento científico moderno à palavra "remoer". Os coelhos não ruminam no sentido técnico, eles fazem uma ação de mastigação chamada "refecção", que parece o mesmo para um observador. Isso é conhecido por "linguagem de observação", e a usamos o tempo todo, principalmente quando estamos falando com pessoas que não entendem os aspectos técnicos de um assunto. Por exemplo, usamos linguagem de observação para falar sobre a aurora e o pôr-do-sol. A descrição não é tecnicamente correta pelos padrões científicos modernos, mas é útil para o nível de conhecimento da pessoa pré-científica comum. A frase bíblica deve ser considerada uma observação ampla e prática que inclui a definição técnica moderna de remoer ou *ruminar*, assim como outros animais, inclusive coelhos, que parecem ruminar. Eles são incluídos na lista de animais que ruminam para que a pessoa comum pudesse fazer a distinção na observação cotidiana.

Esse é um bom exemplo do porquê afirmarmos que a Bíblia não tem erros factuais, mas não é um livro científico no sentido moderno. Essas distinções feitas em Levítico eram práticas, não científicas. Deviam ajudar as pessoas a selecionar a comida. Os animais que ruminam, ou ruminantes, são os que regurgitam a comida a fim de mastigá-la novamente. Os ruminantes são normalmente considerados comida "limpa", ou aceitável para os israelitas. Nem a lebre nem o coelho são ruminantes e tecnicamente não ruminam. Mas ambos movem suas mandíbulas de tal forma que parecem estar ruminando. Até o cientista sueco Lineu os classificou originariamente como ruminantes.

Refecção é o processo em que matéria vegetal indigerível absorve certas bactérias e é eliminada como fezes e depois comida novamente. Esse processo capacita o coelho a digerir melhor. O processo é semelhante à ruminação.

Levítico 13. Levítico 13 descreve "lepra" como uma doença infecciosa que pode contaminar roupas. Mas lepra é uma doença causada por bactérias e não afeta objetos inanimados como roupas.

Todavia, teólogos têm observado que essa é apenas uma questão de uso da palavra, que tem mudado com o tempo. Atualmente a lepra é conhecida por hanseníase. Esse não é o mesmo tipo de infecção que é descrita como "lepra" no AT. A doença bacteriana agora identificada como lepra não produz os sintomas descritos em várias passagens do AT. O termo hebraico *tsar'at*, traduzido "lepra", é um termo mais geral para qualquer doença grave de pele ou sinal de infecção ou impureza na superfície de objetos inanimados. A impureza de roupas ou paredes em Levítico 14.33-57 provavelmente era um tipo de fungo ou mofo. Roupas infectadas deviam ser queimadas (Lv 13.52). Casas deveriam ser purificadas. Se a infecção não pudesse ser erradicada, as casas seriam demolidas e as ruínas, tiradas da cidade (Lv 14.45).

Números 5. Aqui Moisés supostamente ordenou a prática de uma superstição que não tem base na ciência. A esposa acusada de adultério era culpada se, depois de beber água amarga, seu ventre inchasse. Mas as esposas inocentes e culpadas bebiam a mesma água amarga, o que demonstra que não havia base química ou biológica para o inchaço ou ausência dele.

Em resposta, várias coisas são importantes. Primeira, o texto não diz que a diferença da condição da mulher culpada tinha uma causa *química* ou *física*. Na verdade, indica que a causa era *espiritual* e *psicológica*. "Culpa" não é uma causa física. A razão do ventre de uma mulher culpada inchar pode facilmente ser explicada pelo que se sabe cientificamente sobre condições psicossomáticas. Muitas mulheres já tiveram "falsa gravidez" em que seus ventres e seios aumentaram sem realmente terem um bebê crescendo no útero. Algumas pessoas já sofreram cegueira por causas psicológicas. Experiências com placebos (pílulas de açúcar) indicam que muitas pessoas com doenças terminais sentem o mesmo alívio que com morfina. Então, é um fato científico que a mente pode ter um grande efeito sobre os processos físicos.

O texto diz que a mulher era "obrigada a jurar" perante Deus sob ameaça de "maldição" (v. 21). Se fosse culpada, a água amarga teria funcionado como detetor de mentira psicossomático. Uma mulher que realmente acreditasse que seria amaldiçoada e soubesse que era culpada seria afetada. Mas aquelas que sabiam que eram inocentes não seriam.

Finalmente, o texto não diz que alguém realmente bebeu a água e ficou com o ventre inchado. Simplesmente diz "se" (cf. v. 14, 28) beber, esse será o resultado. Sem dúvida só *acreditar* que isso aconteceria e que ela seria considerada culpada convenceria a mulher que soubesse que era culpada de não se sujeitar ao processo.

Josué 6. Josué 6 registra a conquista e destruição da cidade de Jericó. Se esse registro fosse preciso, aparentemente as escavações arqueológicas modernas teriam encontrado evidência desse evento monumental. No entanto, nenhuma evidência da época de Josué foi descoberta.

Durante muitos anos a teoria predominante dos críticos era que não havia nenhuma cidade de Jericó na época em que Josué supostamente entrou em Canaã. Apesar de investigações anteriores da reconhecida arqueóloga britânica Kathleen Kenyon terem confirmado a existência da antiga Jericó e sua destruição repentina, suas descobertas a levaram a concluir que a cidade só teria existido até no máximo 1550 a.C. aproximadamente. Essa data é muito antiga para Josué e os filhos de Israel fazerem parte da sua destruição.

No entanto, a recente revisão dessas descobertas anteriores e uma investigação das evidências atuais indica que não só havia uma cidade que corresponde à cronologia bíblica, mas que seus restos coincidem com o registro bíblico da destruição da sua fortaleza murada. Num artigo publicado em *Biblical Archeology Review* (março/abril de 1990), Bryant G. Wood, professor convidado pelo departamento de Estudos do Oriente Médio na Universidade de Toronto, apresentou evidências de que o registro bíblico é preciso. Sua investigação detalhada forneceu as seguintes conclusões:

Primeira, a cidade que existiu nesse local era fortemente fortificada, correspondendo ao registro bíblico em Josué 2.5,7,15; 6.5,20.

Segunda, as ruínas dão evidência de que a cidade foi atacada depois da colheita na primavera, correspondendo a Josué 2.6; 3.15; 5.10.

Terceira, os habitantes não tiveram a oportunidade de fugir com seus alimentos do exército invasor, como relatado em Josué 6.1.

Quarta, o sítio foi curto, não permitindo que os habitantes consumissem a comida que foi estocada na cidade, como Josué 6.15 indica.

Quinta, as muralhas foram derrubadas de forma que houvesse acesso à cidade para os invasores, como Josué 6.20 registra.

Sexta, a cidade *não* foi saqueada pelos invasores, segundo as instruções de Deus em Josué 6.17,18.

Sétima, a cidade foi queimada depois de as muralhas serem destruídas, tal como Josué 6.24 diz.

Apesar de algumas pessoas não aceitarem que esses fatos estejam relacionados à época correta, há evidência de que estão (v. Wood). De qualquer forma, a possibilidade de que realmente esses sejam os restos da Jericó de Josué não foi descartada. Logo, nenhuma refutação científica da história bíblica de Jericó foi feita. Além disso, mesmo se não houvesse evidência presente ou remanescente, isso não prova que a história não aconteceu. É possível que a evidência tivesse sido destruída ou estivesse em outro local. O argumento de que "não existe evidência, portanto, não aconteceu" é, na melhor das hipóteses, tênue. Envolve o erro do argumento da ignorância.

Josué 10. Durante a batalha com os reis da terra de Canaã, Deus deu a Israel o poder de vencer seus inimigos. À medida que exércitos do povo da terra fugiam de Israel, Josué buscou o Senhor para deter o sol de modo que tivessem luz suficiente para completar a destruição dos seus inimigos. Mas os críticos insistem em que há pelo menos dois erros científicos aqui. Primeiro, Josué está afirmando equivocadamente uma visão geocêntrica (tendo a terra como centro) do sistema solar. Segundo, mesmo levando em conta que isso ocorreu porque a terra parou de girar em torno do seu eixo na sua rota ao redor do sol, isso só causaria problemas ainda maiores. Por exemplo, essa redução de velocidade faria as coisas na terra serem lançadas no espaço.

Esse argumento é baseado na suposição não comprovada de que milagres não são possíveis (v. MILAGRE; MILAGRES, ARGUMENTOS CONTRA). O Deus que fez o sol e a terra pode certamente fazer o sol brilhar mais tempo num dia, se quiser. Alguns teólogos ortodoxos (e.g., Robert Dick Wilson, de Princeton) afirmaram que a palavra hebraica *dôm* (trad. "deter") pode ser traduzida por "silenciar", "cessar" ou "partir". Logo, interpretam que o sol deixou de emanar seu calor intenso para que as tropas pudessem fazer o trabalho de dois dias em um. Essa teoria não envolveria a redução da velocidade da terra no seu eixo. Todavia, é difícil conciliar isso com o versículo 13, que afirma: "O sol parou no meio do céu e por quase um dia não se pôs".

Além disso, mesmo se a terra reduzisse sua velocidade de rotação, não é necessário concluir que a rotação da terra parou completamente. O versículo afirma que o sol "por quase um dia inteiro não se pôs". Isso poderia indicar que a rotação da terra não foi completamente detida, mas que foi retardada de tal forma que o sol não se pôs por quase um dia inteiro. Ou é possível que Deus tenha feito a luz do sol se refletir por meio de um "espelho" cósmico para que pudesse ser visto por um dia a mais. Se a rotação da terra parou completamente, devemos lembrar que Deus é capaz não só de parar a rotação da terra por um dia, mas também impedir qualquer efeito catastrófico possível que poderia resultar da interrupção da rotação da terra. Apesar de não sabermos exatamente *como* Deus realizou esse evento milagroso, isso não quer dizer que não possamos saber que ele aconteceu.

A frase "parou" não é científica, assim como as expressões "nascer do sol" e "pôr-do-sol" usadas por cientistas (meteorologistas) todos os dias quando dão a previsão do tempo. Trata-se simplesmente de uma afirmação referente à observação do ponto de vista de uma pessoa na face da terra que é, afinal, onde estamos. Em resumo, não há prova científica de que Josué não teve um dia extra de luz para terminar sua batalha.

1Reis 7.23. Alguns críticos alegaram um erro científico nas Escrituras, pois, seguindo 1Reis 7.23, Hirão construiu um "tanque de metal fundido, redondo, medindo quatro metros e meio de diâmetro e dois metros e vinte e cinco centímetros de altura". Com base nesse relato, aprendemos que a razão entre a circunferência e o diâmetro é de três para um. Mas esse é um valor impreciso de *pi*, que é, na verdade, 3,14158...

Os apologistas ofereceram duas soluções possíveis para esse problema. Harold Lindsell escreve que 1 Reis não errou no uso de *pi*. Pois, se a largura de 4,5 m do recipiente é medida externamente de uma borda a outra e a circunferência é apenas da água que está dentro do recipiente, *pi* seria 3,14. Dessa forma a medição interna do recipiente seria menor que 4,5 m, explicando como a circunferência da água (ou do interior do recipiente) seria de apenas 13 m e estaria próximo de 3,14 vezes o diâmetro de 4,5 m (13,5 m).

Há duas dificuldades com essa teoria. Primeiramente, é preciso supor uma espessura do recipiente de bronze de 95 cm, que não é afirmada no texto. Segunda, é preciso supor que o diâmetro é medido externamente, mas a circunferência internamente. Isso parece fora do comum e não é mencionado no texto.

Teoria do número arredondado. Segundo essa teoria, é característico da Bíblia falar em números redondos

(v. BÍBLIA, SUPOSTOS ERROS NA), e 3 é o número arredondamento de 3,14. O registro bíblico de várias medidas de partes diferentes do templo não foi necessariamente projetado para dar cálculos científicos ou matemáticos precisos. As Escrituras simplesmente dão uma aproximação. A evidência parece apoiar essa teoria. Arredondar números ou relatar valores ou medidas aproximados era uma prática comum nos tempos antigos, quando cálculos científicos exatos não eram usados. A Bíblia usa números arredondados em outras passagens (cf. Js 3.4; cf. 4.13; 2Cr 9.25; 13.17). Até 3,14 não é preciso. Nem 3,1415..., já que *pi* continua indefinidamente. Então até "precisão científica" é um termo relativo com relação a *pi*. Mas é relativamente correto, já que é o que *pi* é para todos os propósitos práticos. E isso era suficiente para fazer um mar de fundição para o templo antigo. Levar um homem para a lua exige mais precisão. Mas é anacrônico impor esse tipo de precisão matemática à Bíblia.

2 Reis 20. Em resposta à oração de Ezequias, Deus mandou Isaías profetizar ao rei que Deus acrescentaria quinze anos à sua vida (2Rs 20.11). Quando ouviu isso, Ezequias pediu um sinal para confirmar a promessa de Deus. O sinal era que a sombra voltaria dez graus. Isso significaria fazer a sombra voltar, em vez de adiantar o pôr-do-sol. Mas os críticos insistem em que não é cientificamente possível que sombras voltem. Para fazer isso, a terra teria de reverter abruptamente sua rotação.

Essa objeção tem os mesmos problemas que as reclamações dos críticos sobre o sol parar na época de Josué. Num universo teísta (v. TEÍSMO) não há razão para um milagre como esse não poder acontecer.

É digno de crédito acreditar que eventos milagrosos ocorreram (v. MILAGRES, ARGUMENTOS CONTRA), inclusive a criação do nada (v. CRIAÇÃO, VISÕES DA).

A volta do relógio de sol de Acaz sem dúvida foi um milagre. Coisas como essa não ocorrem naturalmente. Na verdade, Ezequias percebeu que não seria uma confirmação milagrosa de Deus se o sinal envolvesse algum fenômeno que pudesse ser explicado (2Rs 20.10). Foi a natureza milagrosa do evento que o qualificou como sinal de Deus. Qualquer tentativa de explicar isso seria pura especulação. Apesar de Deus poder empregar forças da natureza para realizar seus propósitos, ele também pode cumprir sua vontade de uma maneira que transcende a lei natural. A Bíblia não diz exatamente como Deus o fez, mas isso não é fora do comum em milagres onde ocorre a intervenção direta de Deus. Se Deus reverteu milagrosamente a rotação da terra no seu eixo ou a sombra do sol (por refração, talvez) não nos compete saber. É suficiente dizer que Deus pode fazer milagres, e esse foi sem dúvida um milagre.

Jó 38.7. Muitos críticos da Bíblia acreditam que o AT erra quando fala do firmamento como um domo sólido. Em relação a Deus, Jó é questionado: "pode ajudá-lo a estender os céus, duros como espelho de bronze?" (37.18). Na realidade a palavra hebraica para o "firmamento" (*rāqî'a*) que Deus criou (cf. Gn 1.6) é definido no léxico hebraico como objeto sólido. Mas isso contradiz claramente o conhecimento científico moderno do espaço como sendo não-sólido e em grande parte vazio.

É verdade que, na origem, a palavra hebraica *raqia'a* significava um objeto sólido. Mas o significado não é determinado pela *origem* (etimologia), e sim pelo *uso*. Quando usado em relação à atmosfera acima da terra, "firmamento" claramente não significa algo sólido (v. Newman).

A palavra relacionada *rāqa'* ("achatar, espalhar") é traduzida corretamente como "expansão" por traduções recentes. Assim como o metal se espalha quando achatado (cf. Êx 39.3; Is 40.19), igualmente o firmamento é uma área espalhada. O significado "espalhar" pode ser usado independentemente de "achatar", como acontece em várias passagens (cf. Sl 136.6; Is 42.5; 44.24). Isaías escreveu: "É o que diz Deus, o Senhor, aquele que criou o céu e o estendeu, que espalhou a terra e tudo o que dela procede" (Is 42.5). Esse mesmo verbo é usado para estender cortinas ou tendas para morar, o que não faria sentido se não houvesse espaço vazio no qual viver. Isaías, por exemplo, falou do Senhor "que se assenta no seu trono, acima da cúpula da terra, cujos habitantes são pequenos como gafanhotos. Ele estende os céus como um forro, e os arma como uma tenda para neles habitar" (Is 40.22).

A Bíblia fala da chuva caindo do céu (Jó 36.27,28). Mas isso não faz sentido se o céu é um domo de metal. A Bíblia não se refere a pequenos buracos num domo de metal através dos quais os pingos caem. Ela fala no sentido figurado das comportas do céu que se abriram para o Dilúvio (Gn 7.11). Mas provavelmente isso não deve ser interpretado literalmente por ser uma expressão idiomática, como: "Está chovendo canivete".

O registro da criação fala de pássaros que voam "sobre a terra, sob o firmamento do céu" (Gn 1.20). Mas isso seria impossível se o céu fosse sólido. Logo, é mais adequado traduzir *rāqî'a* pela palavra "expansão" (como na ARC). E nesse sentido não há conflito com o conceito de espaço da ciência moderna.

Mesmo que traduzida literalmente, a afirmação de Jó 37.18 não declara que "os céus" são um "espelho de bronze", mas apenas que é *como* [ou semelhante a] um espelho. É uma comparação poética que não precisa ser interpretada literalmente, assim como a afirmação em Provérbios 18.10 de que o nome de Deus é uma "torre forte". Além disso, o ponto de comparação em Jó não é a solidez dos céus e de um espelho, mas sua respectiva durabilidade (*forte* [*'ōz*]).

Jonas 1. Muitas pessoas têm dificuldade em acreditar que uma pessoa poderia viver dentro de uma baleia por três dias e três noites. O problema da respiração, sem contar os processos gástricos, certamente seriam fatais bem antes de três dias se passarem.

Novamente, o evento é apresentado como um milagre (Jn 1.17; cf. Mt 12.40). O Deus que criou Jonas e a baleia poderia preservar a vida de Jonas na baleia. Segundo, Jonas e seu ministério profético são mencionados no livro histórico de 2Reis (14.25). Há confirmação arqueológica de um profeta chamado Jonas cuja sepultura se encontra no norte de Israel, de onde Jonas era. Existem até relatos verossímeis da história moderna de pessoas que sobreviveram em baleias sem qualquer intervenção divina especial.

Um forte argumento para a precisão histórica de Jonas é que ela foi atestada por Jesus, o Filho de Deus (v. CRISTO, DIVINDADE DE). Em Mateus 12.40, Jesus prevê seu próprio sepultamento e ressurreição como sinal para os escribas e fariseus incrédulos da mesma ordem do sinal de Jonas. Jesus diz: "Porque assim como esteve Jonas três dias e três noites no ventre do grande peixe, assim estará o Filho do Homem estará três dias e três noites no coração da terra". Se a história da experiência de Jonas no ventre do grande peixe fosse ficção, ela não daria apoio profético para a reivindicação de Jesus. Para Jesus, o fato histórico da própria morte, sepultamento e ressurreição estava no mesmo nível histórico que Jonas no ventre do peixe. Rejeitar um é lançar dúvida sobre o outro (cf. Jo 3.12).

Jesus continuou mencionando o detalhe histórico importante. Sua própria morte, sepultamento e ressurreição era o sinal supremo que comprovava suas reivindicações. Quando Jonas pregou para os gentios incrédulos, eles se arrependeram. Mas aqui Jesus estava na presença do próprio povo de Deus, e eles se recusaram a crer. Portanto, o povo de Nínive se levantaria para testemunhar contra eles no julgamento, porque os ninivitas se arrependeram com a pregação de Jonas (Mt 12.41). Se os eventos do livro de Jonas fossem meramente parábola ou ficção, e não história literal, os homens de Nínive na verdade não teriam se arrependido, e qualquer julgamento dos fariseus incrédulos seria injusto. Por causa do testemunho de Jesus, podemos ter certeza de que Jonas registra história literal.

Conclusão. Todas as tentativas de culpar a Bíblia de erro científico falham. Tanto a natureza quanto as Escrituras são revelações de Deus, e Deus não pode se contradizer (v. DEUS, NATUREZA DE; VERDADE, NATUREZA DA).

Os conflitos que existem não são entre a natureza e as Escrituras, mas entre interpretações falíveis de uma ou outra, ou de ambas.

Fontes

G. L. ARCHER, Jr *Enciclopédia de temas bíblicos*.
AUTORES DA ASA, *Modern science and the christian faith*.
M. BUCAILLE, *A Bíblia, o Alcorão e a ciência*.
W. CAMPBELL, *The Qur'an and the Bible in the light of history and science*.
N. L. GEISLER e T. HOWE, *When critics ask*.
S. J. GOULD, "Evolution's erratic pace", *Natural History* (1972).
J. HALEY, *An examination of the alleged discrepancies of the Bible*.
R. JASTROW, *God and the astronomers*.
___, "A scientist caught between two faiths: interview with Robert Jastrow", *CT* (6 Aug. 1982).
H. LINDSELL, *The battle for the Bible*.
M. NAHN, *Selections from early Greek philosophy*.
R. NEWMAN, *The biblical teaching on the firmament*.
B. RAMM, *The christian view of science and the Bible*.
G. ROSS, *Joshua's long day and other mysterious events* (vídeo).

cientificismo. Crença de que o método científico é o único método de descobrir a verdade. O pai do cientismo moderno foi o ateu (v. ATEÍSMO) Auguste COMTE (1798-1857), que também começou uma religião de humanismo secular (v. HUMANISMO SECULAR). A teoria de Comte também é conhecida como positivismo, ancestral do positivismo lógico de A. J. AYER.

Como o cientificismo geralmente acolhe muitas crenças individuais, inclusive ateísmo, teorias evolutivas (v. EVOLUÇÃO BIOLÓGICA), anti-sobrenaturalismo (v. MILAGRES, ARGUMENTOS CONTRA) e MATERIALISMO, ele é avaliado nesses artigos. Os que rejeitam a Deus não apreciam seriamente o peso da evidência (v. DEUS, EVIDÊNCIAS DE). Esse mau uso do método científico é restrito e truncado (v. FÉ E RAZÃO; ORIGENS, CIÊNCIA DAS), constituindo uma forma de naturalismo e, muitas vezes, de materialismo.

Os métodos do cientismo são questionáveis, mesmo que haja um método científico universalmente aceito. Não há razão para crer que o método científico seja a única maneira de descobrir a verdade.

Essa dependência do método científico também ignora as diferenças que a maioria dos cientistas percebe entre as ciências da operação, que são empiricamente estudadas, e as ciências forenses, igualmente legítimas, para as quais a metodologia científica rígida é impossível (v. ORIGENS, CIÊNCIA DAS). As ciências forenses não são baseadas na religião, apesar de uma delas, a ciência das origens, ter implicações religiosas. Mas a ciência das origens é a única maneira de analisar algumas questões essenciais sobre a humanidade e sua importância. Ao contrário do cientismo, ela se baseia na evidência para validar suas pressuposições. Estas levam a um ponto de partida e à existência de um Criador inteligente (v. ANTRÓPICO, PRINCÍPIO; *big-bang*; EVOLUÇÃO QUÍMICA; TELEOLÓGICO, ARGUMENTO). As descobertas da ciência das origens contradizem diretamente o cientismo.

Até os cientistas empíricos reconhecem as limitações do método científico (v. Sullivan), já que ele só pode lidar com fenômenos observáveis. É uma petição de princípio a favor do MATERIALISMO supor que não há nada além do observável. Outros aspectos da realidade não podem ser apreendidos pelo método científico (v. Gilson). Alguns são conhecidos intuitivamente (v. PRIMEIROS PRINCÍPIOS), outros inferencialmente (v. TRANSCENDENTAL, ARGUMENTO), e alguns apenas pela revelação especial (v. REVELAÇÃO ESPECIAL).

Fontes

A. J. AYER, *Language, truth, and logic*.
J. COLLINS, *A history of modern european philosophy* (capítulo 16).
A. COMTE, *Curso de filosofia positiva*.
E. GILSON, *The unity of philosophical experience*.
J. N. D. SULLIVAN, *The limitations of science*.
T. WHITTAKER, *Comte and Mill*.

Clark, Gordon H. Nasceu em Filadélfia (1902-1985) e recebeu seu doutorado em filosofia em 1929. Lecionou na Universidade Wheaton, no Seminário Episcopal Reformado no Covenant College e foi presidente do Departamento de Filosofia da Universidade Butler durante 28 anos. Sua carreira acadêmica durou 60 anos.

Clark foi um pressuposicionalista racional, ao contrário de Cornelius Van Til, que foi um pressuposicionalista revelacional (v. PRESSUPOSICIONAL, APOLOGÉTICA). Entre seus alunos figuram Carl F. H. Henry, John Edward Carnell e Ronald Nash.

Seus 30 livros abrangem grande variedade de tópicos filosóficos, éticos e teológicos. Algumas das suas obras de filosofia e apologética incluíram uma história completa da filosofia: *Thales to Dewey [De Tales a Dewey]; A christian view of man and things* [*A visão cristã do homem e das coisas*]; *Religions, reason and revelation* [*Religiões, razão e reveleção*]; e *Historiography, secular and religions* [*Historiografia secular e religiosa*]. Ele também escreveu um livro didático sobre lógica.

A teologia reformada de Clark baseava-se na soberania de Deus, e sua apologética tomava o Deus trino revelado nas Escrituras como seu ponto de partida pressuposicional. Seu teste da verdade era a lei da não-contradição (v. PRIMEIROS PRINCÍPIOS).

Escuridão epistemológica. *Ceticismo empírico.* Na epistemologia, Clark era um cético empírico (v. AGNOSTICISMO), concordando com David HUME. Os sentidos enganam e não se pode confiar neles. Princípios universais e necessários vão além dos limites da experiência humana. Como Hume demonstrou, os sentidos nunca recebem impressão de uma conexão necessária. Assim, nada pode ser provado empiricamente. Clark duvidava de tudo que seus sentidos dissessem sobre o mundo externo. Ele acreditava que, sem a revelação divina, não podemos sequer ter certeza de que existimos.

Clark construiu três objeções principais ao empirismo: primeiro, é impossível descobrir a "conexão necessária" entre idéias e eventos. Isso nega a causalidade e torna toda investigação histórica e científica inútil. Na melhor das hipóteses, o conhecimento pode chegar às impressões do cérebro neste instante e aos vestígios que permaneçam agora das lembranças de impressões passadas. Segundo, a tarefa contínua de integrar-se ao seu ambiente atual influencia inevitavelmente as percepções e as torna indignas de confiança. A memória é efetivamente aniquilada nesse processo. Terceiro, e mais importante, o empirismo usa o tempo e o espaço sorrateiramente no começo do processo de aprendizado. Mas percepções exatas de tempo e espaço só podem vir no fim do processo de aprendizado, então a mente é continuamente bombardeada com informações que não é capaz de julgar com precisão ("Special divine revelation", p. 33).

Ceticismo histórico. O ceticismo histórico de Clark é paralelo às suas dúvidas empíricas. Então, Clark nega a validade da apologética histórica. Mesmo que pudéssemos saber que a ressurreição de Cristo é um fato do testemunho empírico, isso não provaria nada (v. RESSURREIÇÃO, EVIDÊNCIAS DA).

Suponha que Jesus realmente ressuscitou dos mortos. Isso só prova que seu corpo voltou às suas atividades por um período de tempo após sua crucificação; isso não prova que ele morreu pelos nossos pecados ou que ele era o Filho de Deus [...] A ressurreição, vista estritamente como um evento histórico isolado, não prova que Cristo morreu pelos nossos pecados.

Pesquisas históricas e arqueológicas são incompetentes para lidar com tais assuntos (Clark, "Philosophy of education", p. 35).

Idéias inatas. Clark considerava-se agostiniano na epistemologia, começando com idéias inatas e dadas por Deus (v. AGOSTINHO, SANTO). Sem a iluminação divina via idéias inatas, a mente estaria trancada em trevas epistemológicas. Pela luz do *Logos* podemos ver o mundo. Clark traduziu audaciosamente João 1.1:"No princípio era a Lógica. E a Lógica estava com Deus, e a Lógica era Deus" (citado em Nash, *The philosophy of Gordon Clark*, p. 67, 118; v. LÓGICA). Já que cada ser humano foi criado por Deus, cada pessoa é uma idéia inata de Deus. Mas a mente vazia de uma pessoa não pode elevar-se acima do seu contexto sensorial a um nível espiritual abstrato. Sem ajuda, ninguém pode conhecer a Deus. As teorias de empirismo desde ARISTÓTELES e TOMÁS DE AQUINO a John LOCKE, portanto, não funcionam (*Religions, reason, and revelation*, p. 135). Não podemos conhecer a Deus, muito menos de maneira salvadora. Mas Deus se revelou nas Escrituras, sua Palavra infalível e inerrante (v. BÍBLIA, CANONICIDADE DA). O cristianismo baseado nessa revelação é a única religião verdadeira (v. CRISTO, SINGULARIDADE DE; RELIGIÕES MUNDIAIS E O CRISTIANISMO). O cristianismo é considerado verdadeiro porque só ele está livre de contradições internas nas suas reivindicações sobre a verdade. Todos os sistemas opostos têm crenças contraditórias em um ou mais dos ensinamentos básicos.

A rejeição das provas teístas. Como a maioria dos outros pressuposicionalistas, Clark rejeitava as provas tradicionais da existência de Deus (v. DEUS, EVIDÊNCIAS DE). Suas razões eram muito parecidas com as de Hume e Immanuel KANT. Já que nossos sentidos não merecem confiança, não podemos começar pela experiência nem provar nada sobre o mundo, muito menos sobre Deus. Referiu-se à APOLOGÉTICA CLÁSSICA de Tomás de Aquino como "interpretação cristianizada do aristotelismo" (*Christian view of men and things*, p. p. 309). Ele considerou os argumentos de Aquino sobre Deus circulares, meramente formais, inválidos e indefensáveis (*Religions, reason, and revelation*, p. 35).

O tomismo, disse Clark, exige os conceitos de *potencialidade* e *realidade*, mas Aristóteles nunca conseguiu definir precisamente o que quer dizer com essas idéias ("Special divine revelation as rational", p. 31). O raciocínio é circular: *movimento* é usado para definir *realidade* e *potencialidade*, mas *realidade* e *potencialidade* são usados para definir *movimento* (ibid., p. 36).

Tomás remonta às origens do movimento com a suposição de que há uma primeira causa, já que causas não podem regredir infinitamente. Mas essa também é a conclusão tirada por Aquino. Portanto, ele está cometendo petição de princípio (ibid., p. 31).

Para Tomás há duas maneiras de conhecer a Deus. Sabemos por negação o que Deus não é, e podemos saber o que ele é por analogia (v. ANALOGIA, PRINCÍPIO DA). Não pode haver significados idênticos derivados desses dois métodos. Mas a não ser que os termos possam ser unívocos, o argumento é uma falácia (ibid.).

O tomismo identifica Deus como Motor Imóvel. Suponha que a experiência do Motor Imóvel fosse demonstrada. Isso não provaria que o Motor Imóvel é Deus; é apenas uma causa física do movimento. Nada no argumento dá a essa força uma personalidade transcendental.

Na verdade, se o argumento é válido, e se esse Motor Imóvel explica os processos da natureza, o Deus de Abraão, Isaque e Jacó é supérfluo, e de fato impossível (ibid., p. 37).

O argumento da existência de Deus é, no máximo, inútil. Ele não prova mais que um Deus finito ou físico. Permite, embora não prove, a existência de um Deus bom, que, no entanto, não precisa ser onipotente nem a causa de tudo que acontece.

Todos os argumentos causais envolvem um equívoco. Esse argumento envolve a crítica da analogia feita por Clark (v. a próxima seção).

Com base nesse raciocínio, Clark considera o argumento cosmológico

pior que inútil. Na verdade, os cristãos podem ficar felizes com seu fracasso, pois, se fosse válido, provaria uma conclusão inconsistente com o cristianismo (*Religions, reason, and revelation*, p. 41).

Rejeição da analogia. Clark argumentou que a doutrina da analogia, sugerida nos argumentos teístas, envolve um erro lógico de ambigüidade. Considerando-se as proposições: "existem coisas contingentes no movimento, que são tanto realidade quanto potencialidade" e "Deus existe como realidade total e nenhuma potencialidade", Clark questiona se o verbo *existir* pode ser definido da mesma maneira quando aplicado a Seres Necessários e a seres contingentes. E teme que haja muita divergência para o argumento ser válido (*Thales to Dewey*, p. 227, 278). *Existe* tem um sentido temporal e humano demais para ser aplicado adequadamente a Deus: "Nesse sentido da palavra *existe*, Deus não existe" (ibid., 312).

Se chegarmos corretamente à conclusão 'Deus existe', a existência a que chegamos não será a existência de Deus. Silogismos [v. LÓGICA] e argumentos válidos exigem que seus termos sejam usados univocamente (ibid.).

O teste da verdade. Clark foi um defensor resoluto da validade da lei da não-contradição (v. PRIMEIROS PRINCÍPIOS). A não-contradição era a base "inevitável" de todo conhecimento e o teste da verdade (*Christian view of men and things*, p. 313). A defesa de Clark da lei da não-contradição foi o que VAN TIL chamaria argumento transcendental. Sem as formas de lógica, alegou Clark, nenhuma discussão sobre qualquer assunto seria possível (ibid., p. 308). Usando a não-contradição, a apologética tem uma tarefa dupla:

Tarefa negativa. A apologética deve mostrar que todos os sistemas não cristãos são contraditórios em suas reivindicações. Clark fez isso na sua história da filosofia, *Thales to Dewey*. Ele colocou todos os grandes filósofos perante o tribunal da racionalidade e os declarou inaptos.

Tarefa positiva. Clark acreditava que apenas o cristianismo está livre de contradição e, logo, só ele pode ser comprovado. Usando um método geométrico que lembrava René Descartes, Clark reduziu o cristianismo a seus axiomas básicos a fim de mostrar sua consistência interna. Concluiu:

> O cristianismo é uma visão abrangente de todas as coisas; ele considera o mundo, tanto material quanto espiritual, como um sistema ordenado (ibid., p. 33).

Clark estava ciente de que nenhum sistema finito poderia dar respostas a todos os problemas, já que nenhum mortal é onisciente. Ele raciocinou que,

> se um sistema pode dar soluções plausíveis a muitos problemas, e outro deixa muitas perguntas sem resposta, se um sistema tende menos ao ceticismo e dá mais significado à vida, se uma cosmovisão é coerente quando outras são contraditórias, quem pode negar, já que devemos escolher, o direito de escolher o princípio mais promissor? (ibid., p. 34).

Campo comum com não-cristãos. Em oposição ao seu contemporâneo na teologia reformada, Cornelius Van Til, Clark acreditava que podia ser estabelecido um campo comum com os incrédulos. Esse campo comum é encontrado nas leis da lógica e em "algumas verdades divinas", que os incrédulos conhecem em virtude da imagem de Deus neles (*Barth's theological method*, p. 96). Em resposta a Karl Barth, Clark afirmou:

> A fé é uma atividade mental e por definição pressupõe um sujeito racional. A razão, portanto, pode ser considerada um elemento em comum entre crentes e descrentes (ibid., p. 102).

Avaliação. *Contribuições positivas*. Além das contribuições gerais que fez em prol da reavaliação evangélica criativa de sua tarefa filosófica, Clark teve muita influência sobre filósofos evangélicos, entre ele John Carnell, Carl Henry e Ronald Nash.

O sistema de Clark oferece um teste abrangente da verdade em todos os sistemas. A não-contradição pode ser aplicada a todo sistema de crença. É oferecida como meio de descobrir quais são falsos e para comprovar os verdadeiros. A lei da não-contradição é empregada por todas as pessoas racionais, portanto é um tipo de padrão indiscutível, não importa qual a cosmovisão. É justa e universal.

Ao contrário de alguns testes filosóficos complicados da verdade, Clark dá apenas um, e é simples: a verdade não pode entrar em conflito consigo mesma. Ou uma visão é não contraditória ou não é. O critério de Clark também é racional. É claro e sólido, com pouca probabilidade de se perder em experiência subjetiva e mística.

Como Nash observou corretamente, Clark enfatizou "a importância de recusar-se a separar a fé" (citado em Robbins, p. 89). Era um arquiinimigo do fideísmo e insistia na necessidade da crença religiosa racional.

Outra característica positiva é a ênfase de Clark na verdade objetiva e proposicional (v. VERDADE, NATUREZA DA). Ele enfatiza isso corretamente, não só em geral, mas na revelação proposicional expressa nas Escrituras.

Crítica negativa. Ceticismo empírico injustificado. Clark afirmou não confiar nos seus sentidos, mas precisava deles para ler a Bíblia. Como poderia acreditar no que leu? Como outros céticos, Clark confiava incoerentemente nos seus sentidos em relação aos acontecimentos cotidianos. De que outra maneira poderia ter comido ou atravessado a rua? E como saber que seus sentidos são confiáveis sem que isso seja determinado pelo sentidos? Por exemplo, aprendemos pelos nossos sentidos a aceitar a aparência de uma vara reta que parece torta quando mergulhada na água. Não saberíamos que é apenas um reflexo se não pudéssemos confiar nos nossos sentidos.

Tal como outros céticos empíricos, Clark não era cético sobre seu ceticismo (v. AGNOSTICISMO). Aceita-o sem críticas como um passo necessário no seu pressuposicionalismo. Mas por que o ceticismo precisa ser o ponto de partida? Por que não pressupor que podemos aprender com nossos sentidos? Grande parte das críticas contidas no artigo DAVID HUME e na crítica da APOLOGÉTICA PRESSUPOSICIONAL podem ser dirigidas a Clark.

Raciocínio circular. Clark comete o erro de *petitio principii* ou raciocínio circular (v. LÓGICA). Ele admite que seu sistema envolve raciocínio circular, mas tenta resolver o problema, em parte, ao afirmar que todos os outros sistemas também padecem desse mal.

Argumentos não cristãos geralmente supõem o ponto discutido antes de começarem. As questões são formuladas de modo a excluir a resposta cristã desde o princípio (*Religions, reason, and revelation*, p. 27).

Ele acredita que foge do problema porque o ceticismo é contraditório (*Thales to Dewey*, p. 29, 30). Reduzir seu argumento ao nível dos outros não parece ajudar, e isso elimina a possibilidade de que outras visões sejam igualmente consistentes.

Argumentos equivocados contra provas. A rejeição das provas teístas (v. Deus, supostas refutações de) por parte de Clark não foi melhor que a de seus mentores agnósticos Hume e Kant (v. agnosticismo). A apologética de Clark oferece um racionalismo estranho. Primeiro ele defendeu os céticos nos seus argumentos contra Deus, e depois argumentou a necessidade de defender Deus racionalmente pelo pressuposicionalismo. Teria sido mais simples usar argumentos clássicos desde o princípio.

Um *exame de todos os sistemas*? Para ser justo, antes de Clark provar seu argumento, ele deve provar que todos os outros sistemas na história e no cenário contemporâneo são inconsistentes. Ele leva a conclusão do seu argumento além da evidência. A finitude do investigador limita o apoio à sua tese (Lewis, p. 119). Uma vida é curta demais para examinar todos os outros sistemas concebíveis. Clark poderia forçar a conclusão da probabilidade de que o cristianismo seja verdadeiro por esse método, mas, como reduz toda probabilidade a mero ceticismo, seu método apologético nos deixa no ceticismo, pelo seu próprio padrão.

Consistência com outros sistemas. Um problema semelhante é que Clark usa consistência interna como o único teste da verdade de um sistema. Mas ele não pode saber que todos os sistemas são contraditórios usando apenas a lei da não-contradição. Pelos padrões cristãos isso pode ser possível, mas muitos sistemas são consistentes na sua própria visão da realidade. O panteísta (v. panteísmo) diz: "Eu sou Deus". Se essa fosse apenas uma afirmação internamente contraditória, o próprio Deus não poderia dizê-la. Mas ele pode e diz. "Deus é tudo, e tudo é Deus" pode ser uma afirmação contraditória para uma visão teísta, mas para o panteísta que crê que o mundo real é uma ilusão isso é perfeitamente coerente (v. hinduísmo; monismo).

Só um teste negativo. A lei da não-contradição é no máximo um teste negativo da verdade. Ela pode anular uma afirmação de cosmovisão, mas não pode comprová-la. Não pode provar que só uma visão é verdadeira, já que mais que uma pode ser consistente internamente. Como Gordon Lewis disse: "Contradição é o sinal mais garantido de erro, mas consistência não é garantia de verdade" (120).

Conclusão. Clark prestou grandes serviços à apologética cristã ao enfatizar as leis da lógica nas quais todos os argumentos racionais se baseiam. A lei da não-contradição é absolutamente necessária para a afirmação e confirmação de todas as reivindicações da verdade. Mas a lógica é apenas um conjunto de princípios formais. Ela diz o que *pode ser* verdadeiro, não o que *é* verdadeiro. Para saber o que realmente é verdadeiro, mais cedo ou mais tarde é preciso entrar em contato com o mundo externo. É isso que a apologética clássica faz.

A visão do próprio Clark depende da aceitação da validade das impressões sensoriais e da probabilidade (v. indutivismo), que ele nega ter qualquer validade como teste da verdade. De acordo com os próprios princípios, sua visão não poderia ser verdadeira. Ele precisa confiar nos sentidos, mesmo quando lê livros sobre outras visões. Precisa confessar apenas a probabilidade de que *todas* as visões não cristãs sejam falsas, já que não examinou cada uma delas. Deve confiar nos seus sentidos mesmo quando aceita a afirmação de que a Bíblia é verdadeira. O método apologético de Clark fracassa em ser um teste positivo abrangente da verdade do cristianismo.

Fontes

G. H. Clark, *A christian view of men and things.*
___, "Apologetics", em C. F. H. Henry, org., *Contemporary evangelical thought.*
___, *Barth's theological method.*
___, *Philosophy of education.*
___, *Religion, reason, and revelation.*
___, "Special divine revelation as rational", em C. F. H. Henry, org., *Revelation and the Bible.*
___, *Thales to Dewey: a history of philosophy.*
___, "The Bible as truth", em *Bibliotheca Sacra* 114 Apr. 1957.
___, *The Johannine Logos.*
___, "Truth", em E. F. Harrison, org., *Baker's dictionary of theology.*
N. L. Geisler, *Christian apologetics*, cap. 2.
G. Lewis, *Testing christianity's truth claims*, cap. 4.
R. Nash, "Gordon H. Clark", em W. Elwell, org., *Handbook of evangelical theologians.*
___, org., *The philosophy of Gordon Clark:* A festschrift.
D. W. Robbins, org., *Gordon H. Clark: personal reflections.*

Clarke, Samuel. Importante filósofo, físico e apologista inglês de sua época (1675-1729), estudou em Cambridge e tornou-se um newtoniano num meio dominado principalmente pela ciência de René

Descartes (1596-1650). Foi ordenado pela Igreja da Inglaterra. Seus cargos incluíram ser pároco de St. James, Westminster.

Suas obras estão reunidas em *The works of Samuel Clarke*, que incluem suas Conferências Boyle de 1704, "Uma demonstração do ser e dos atributos de Deus", e de 1705, "Um discurso concernente às obrigações imutáveis da religião natural e à verdade e certeza da revelação cristã em resposta ao Sr. Hobbes, a ESPINOSA, ao autor dos *Oracles of reason* e a outros que negam a religião natural e revelada". Vários volumes de sermões ainda existem. As obras de Clarke influenciaram Joseph Butler (1692-1752) no seu *Analogy in religion* (1736).

Abordagem apologética clássica. A abordagem de Clarke entra na categoria de apologética clássica. Ele começou com um forte argumento cosmológico em favor da existência de Deus conforme expresso na teologia natural. Continuou defendendo a revelação sobrenatural cristã (v. MILAGRE). Como o título do seu livro indica, é direcionado a Thomas Hobbes (1588-1679), a Baruch Espinosa (1632-1677) e a outras abordagens naturalistas (v. NATURALISMO).

Existência e atributos de Deus. As Conferências de Boyle de 1704 consistiam em "um argumento numa cadeia de proposições". As três primeiras são as mais importantes:

1. É inegável que algo tenha sempre existido. Já que algo existe, é evidente que algo sempre existiu. Senão, as coisas que existem surgiram do nada, sem uma causa. Uma coisa não pode ser criada sem que algo a crie. Isso é uma "primeira verdade clara e auto-evidente" ("Discourse concerning the being and attributes", p. 1).

2. Um ser imutável e independente sempre existiu.

Ou sempre existiu um ser imutável e independente, do qual todos os outros seres que existem ou existiram no universo, receberam sua origem; ou houve uma sucessão infinita de seres mutáveis e dependentes produzidos uns dos outros numa sucessão infinita (ibid., 2).

Não pode haver uma sucessão infinita de seres, pois tal série deve ser causado de dentro ou de fora. Ela não pode ser causada de fora, já que, supostamente tudo está dentro da série, Não pode ser causada de dentro porque nenhum ser na série é auto-existente e necessário, e tal série surgiu da necessidade, da mera possibilidade, ou do acaso. Não pode ser da necessidade, já que a regressão infinita não permite nada necessário. Não pode ser do acaso, que é uma mera palavra sem qualquer significado. Não pode ser explicada pela mera possibilidade, já que potencialidade pura de existência não explica porque algo existe. Portanto, "deve ter existido desde a eternidade um ser imutável e independente" (ibid.).

3. Esse ser imutável e independente que sempre existiu deve ser auto-existente, ou necessariamente existente. Tudo que existe deve ser criado do nada, sem causa, ou deve ser auto-existente. Surgir sem causa do nada é uma contradição.

Ser criado por alguma causa externa não pode se aplicar a tudo; mas algo sempre existiu independentemente; assim como já foi demonstrado (ibid., p. 3).

Tal ser deve ter existência própria. Esse ser eterno, necessário não pode ser o universo material (v. MATERIALISMO). O universo material não é eterno nem necessário, já que muitas das suas propriedades são contingentes. Não pode ser necessário e eterno, já que sua inexistência pode ser concebida. E a inexistência de um ser necessário não é possível.

Moralidade e cristianismo. As conferências de Boyle em 1705 sobre religião natural e a verdade do cristianismo geraram quinze proposições. As quatro primeiras são dedicadas às obrigações da religião natural. As proposições cinco a quinze são sobre a verdade e certeza da revelação cristã. O argumento é típico da abordagem clássica porque defende a possibilidade de milagres e a historicidade dos eventos sobrenaturais que apóiam o cristianismo (v. APOLOGÉTICA HISTÓRICA; MILAGRES; ARGUMENTOS CONTRA).

Avaliação. A maioria dos pontos da avaliação de Clarke são comentados detalhadamente nos artigos DEUS, EVIDÊNCIAS DE, e DEUS, OBJEÇÕES ÀS PROVAS DE.

Contribuições positivas. Clarke fez uma forte defesa clássica do TEÍSMO e cristianismo (v. APOLOGÉTICA, ARGUMENTOS DA). Seu argumento, principalmente a primeira parte, é um dos mais poderosos já oferecidos a favor de um Ser Necessário eterno. Mais tarde teve grande influência no apologista americano Jonathan EDWARDS. Tem muitas semelhanças com o "terceiro caminho" de TOMÁS DE AQUINO.

Da mesma forma, Clarke viu o que outros teístas clássicos viram, que a defesa do cristianismo deve vir em duas etapas. Primeiro, deve haver uma defesa racional da existência de Deus. Segundo, deve haver uma defesa histórica da origem sobrenatural do cristianismo.

Crítica negativa. Infelizmente, a lógica na última parte do argumento de Clarke não é tão rigorosa quanto na primeira. Apesar de ficar claro que 1) algo existe inegavelmente e 2) algo deve ser eterno e necessário, não fica bem claro pelo seu tratamento se esse "algo" precisa ser 3) absolutamente um. Seus argumentos de que a matéria não pode ser eterna dependem da física de Newton. No contexto da ciência moderna, a evidência de uma origem repentina e explosiva é mais convincente (v. BIG-BANG, TEORIA DO).

Fontes

H. G. ALEXANDER, org., *The Leibniz-Clarke correspondence.*
CLARKE S., "A discourse concerning the being and attributes of God", (Conferências de Boyle, 1704).
___, "A Discourse concerning the unchangeable obligation of natural religion ..." (Conferências de Boyle, 1705).
___, *The works of Samuel Clarke.*
B. PEACH, "Samuel Clarke", em V. FERM, org., *Encyclopedia of morals.*
D. SPRAUGE, "Clarke, Samuel", em EP.

clássica, apologética. Praticada pelos primeiros pensadores que estudaram e usaram a aplicação da razão para a defesa do cristianismo. Entre esses apologistas pioneiros estavam AGOSTINHO, ANSELMO e TOMÁS DE AQUINO (v. APOLOGÉTICA, TIPOS DE). As raízes da apologética clássica também se encontram em alguns apologistas dos séculos II e III. A apologética clássica moderna é representada por William PALEY, John LOCKE, C. S. LEWIS, B. B. WARFIELD, John GERSTNER, R. C. Sproul, William Craig, J. P. Moreland e Norman L. Geisler.

A apologética clássica enfatiza argumentos racionais para a existência de Deus (v. DEUS, EVIDÊNCIAS DE) e evidência histórica que apóia a verdade do cristianismo. Os milagres recebem ênfase como confirmação das afirmações de Cristo e dos profetas e apóstolos bíblicos.

Diferenças em relação à apologética pressuposicional e evidencial. A apologética clássica difere das várias formas de apologética pressuposicional na maneira pela qual lida com as provas da existência de Deus e no seu uso da evidência histórica. A apologética clássica difere da evidencial quanto à questão da existência de uma necessidade logicamente anterior para estabelecer a existência de Deus antes de defender a verdade do cristianismo (por exemplo, a divindade de Cristo e a inspiração da Bíblia [v. CRISTO, DIVINDADE DE]).

A apologética clássica é caracterizada por dois passos básicos. O primeiro passo é estabelecer argumentos teístas válidos para a verdade do TEÍSMO sem (mas com apelo a) revelação especial nas Escrituras. O segundo passo é compilar evidências históricas para estabelecer verdades básicas do cristianismo como a divindade de Cristo e a inspiração da Bíblia. O uso da ressurreição de Cristo geralmente tem um papel importante nesse segundo passo.

Validade das provas teístas. A apologética clássica aceita e os pressuposicionalistas rejeitam a validade das provas teístas tradicionais de Deus. Alguns pressuposicionalistas substituem provas tradicionais por seus próprios argumentos transcendentais de Deus (v. PRESSUPOSICIONAL, APOLOGÉTICA; VAN TIL, CORNELIUS). Nem todos os apologistas clássicos aceitam *todas* as provas tradicionais de Deus. Por exemplo, muitos rejeitam a validade do ARGUMENTO ONTOLÓGICO. Mas a maioria aceita alguma forma de ARGUMENTO COSMOLÓGICO e o ARGUMENTO TELEOLÓGICO. Muitos também acreditam que o ARGUMENTO MORAL é válido.

Apologistas pressuposicionais rejeitam a validade das provas teístas de Deus (v. DEUS, EVIDÊNCIAS DE). A maioria deles aceita a validade de grande parte do que David HUME e Immanuel KANT disseram nas suas críticas da argumentação teísta (v. DEUS, OBJEÇÕES ÀS PROVAS DE). Alguns, como Gordon CLARK, fazem isso com base no ceticismo empírico. Cornelius Van Til e outros fazem isso porque acreditam que fatos não têm significado sem a visão de mundo trinitária pressuposta. Seja qual for o motivo, todos os verdadeiros pressuposicionalistas se unem a ateus e agnósticos na rejeição da validade das provas teístas tradicionais de Deus (v. AGNOSTICISMO; ATEÍSMO).

Evidência histórica e teísmo. Uma tática apologética é demonstrar a confiabilidade histórica do NT (v. NOVO TESTAMENTO, DATAÇÃO DO; NOVO TESTAMENTO, HISTORICIDADE DO; NOVO TESTAMENTO, MANUSCRITOS DO) e argumentar, com base nessa credibilidade, a favor do testemunho do NT que Jesus afirmou ser, e comprovou milagrosamente ser, o Filho de Deus (v. CRISTO, DIVINDADE DE). Assim, a própria voz de Jesus é acrescentada à evidência histórica de que o AT é a Palavra de Deus. Sua promessa do ministério do Espírito Santo faz o mesmo para o NT (v. BÍBLIA, VISÃO DE JESUS DA).

Às vezes apologistas clássicos começam esse segundo passo demonstrando que a Bíblia afirma ser a Palavra de Deus e é comprovada sobrenaturalmente como tal. Ao fazer isso geralmente usam a mesma evidência básica usada por apologistas evidencialistas. Isso inclui milagres (v. MILAGRE; MILAGRES, VALOR APOLOGÉTICO DOS; MILAGRES NA BÍBLIA), profecias cumpridas (v. PROFECIA COMO PROVA DA BÍBLIA), a unidade da Bíblia e outras indicações da sua origem sobrenatural (v. BÍBLIA, EVIDÊNCIAS DA). A diferença entre os apologistas evidencialistas e os clássicos nesse ponto é que os clássicos vêem a necessidade de primeiro estabelecer um universo teísta para estabelecer a possibilidade de milagres. Os evidencialistas não vêem o teísmo como uma pré-condição logicamente necessária da apologética histórica.

O argumento básico do apologista clássico é que não faz sentido falar sobre a ressurreição como um ato de Deus a não ser que seja estabelecido, como passo lógico, que há um Deus que possa agir. Da mesma forma, a Bíblia não pode ser a Palavra de Deus se não há um Deus que possa falar. E não é possível provar que Cristo é o Filho de Deus sem a premissa logicamente anterior de que há um Deus que pode ter um Filho.

Ao mesmo tempo que alguns evidencialistas usam provas teístas, eles não acreditam que seja logicamente necessário fazê-lo. Acreditam que trata-se apenas de uma abordagem alternativa. As obras de John Warwick Montgomery e Gary Habermas se encaixam nessa categoria.

Nesse ponto há uma semelhança entre a apologética clássica e a pressuposicionalista. Ambas acreditam que não se pode argumentar legitimamente com base em dados históricos sem começar com a premissa anterior de que um Deus teísta existe. Eles diferem sobre como estabelecer essa premissa inicial. Os pressuposicionalistas afirmam que cada visão de mundo age como uma grade pressuposicional que filtra fatos adicionais e tenta encaixá-los na idéia do indivíduo de como o mundo funciona. Mas por trás desse processo está um conhecimento inato e subentendido da verdade, como diz Romanos 1 e a máxima de AGOSTINHO de que todo ser humano está "lidando" com Deus. O apologista depende da obra do Espírito Santo para mostrar o fracasso da visão de mundo do indivíduo e estimular o conhecimento inato. Os apologistas clássicos insistem em que o apologista assume um papel mais ativo junto com o Espírito Santo de analisar a verdade sobre Deus até ela estar estabelecida e admitida no coração do incrédulo.

Objeções à apologética clássica. Outras visões cristãs fazem várias objeções importantes à apologética clássica. Algumas delas vêm de evidencialistas e outras de pressuposicionalistas ou fideístas (v. FIDEÍSMO), que rejeitam a validade dos argumentos teístas tradicionais.

Invalidade das provas tradicionais. Fideístas e pressuposicionalistas rígidos rejeitam todos os argumentos clássicos da existência de Deus. Suas objeções específicas são consideradas em outro artigo (v. DEUS, OBJEÇÕES ÀS PROVAS DE).

Invalidade dos argumentos históricos. Fideístas e pressuposicionalistas afirmam que nenhum apelo a qualquer tipo de evidência, inclusive evidências históricas, é válido, já que os mesmos dados são interpretados de forma diferente sob perspectivas diferentes de visão de mundo. Não há fatos puros. Todos os fatos são interpretados, e a interpretação deriva da visão de mundo da pessoa. Se concordarem que o cadáver de Jesus ressuscitou, então essa informação pode ser interpretada de outra forma pelas diferentes visões de mundo. Um teísta cristão (v. TEÍSMO) vê o evento como uma ressurreição sobrenatural que confirma a afirmação de Cristo de ser o Filho de Deus. Mas o panteísta (v. PANTEÍSMO) vê isso apenas como uma manifestação do Ser, do qual somos todos parte. Revela que Cristo era um guru, não Deus, o Criador, revelado na carne humana. O ateu ou naturalista vê o evento como um mito ou, na melhor das hipóteses, uma anomalia que tem uma explicação puramente natural.

Em resposta a essa objeção, muitos apologistas clássicos, inclusive este autor, concordam com o ponto básico defendido pelos pressuposicionalistas; observam, porém, que isso não afeta a abordagem, já que a apologética clássica acredita que é logicamente necessário primeiro estabelecer o teísmo como o contexto de visão de mundo em que os fatos da história são interpretados adequadamente.

A apologética clássica e os pressuposicionalistas discordam em duas questões. Primeiro, apologistas clássicos afirmam que podem estabelecer o teísmo pelos argumentos racionais tradicionais, e os pressuposicionalistas não. Segundo, os apologistas clássicos argumentam que só é logicamente necessário estabelecer o teísmo antes de entender a evidência histórica corretamente. Muitos pressuposicionalistas, tal como Van Til, insistem em que é necessário pressupor um Deus trino (v. TRINDADE) que se revelou nas Escrituras como pressuposição necessária para qualquer evidência histórica que apóie o cristianismo. Mas isso, para os apologistas clássicos, é apenas raciocínio circular.

A validade dos argumentos transcendentais. Nem todos os pressuposicionalistas descartam *todos* os argumentos a favor do cristianismo. Alguns usam um argumento TRANSCENDENTAL (por exemplo, Greg Bahnsen). Eles insistem em que a única maneira válida de argumentar a favor da verdade do cristianismo é mostrar que é transcendentalmente necessário supor a verdade básica do cristianismo como condição para fazer algum sentido independentemente do nosso mundo. Em nenhuma outra pressuposição pode-se supor que há algum significado na história ou ciência, ou mesmo tentativa de comunicação.

Os apologistas clássicos concordam que isso é verdade à medida que o teísmo é necessário para considerar a vida significativa e coerente. Num sistema fechado não há significado absoluto, nem valores absolutos, e nenhum "milagre" ocorre que não possa ser explicado por fenômenos naturalistas (cf. Jo 3.1,2; At 2.22; Hb 2.3,4). Mas não é necessário pressupor que Deus é trino, que tem um Filho que se encarnou como Jesus de Nazaré e se revelou nos 66 livros inspirados das Escrituras cristãs. É possível entender o mundo supondo menos que toda a verdade do cristianismo.

Outras diferenças são detalhadas em outro artigo. É suficiente observar aqui que elas envolvem o papel da fé e da razão, principalmente o uso da lógica ou da razão para demonstrar a existência de Deus, que os apologistas clássicos usam e os pressuposicionalistas puros rejeitam.

Fontes
ANSELMO, *Monologion*.
___, *Prologion*.
R. BUSH, *Readings in classical apologetics*.
W. CORDUAN, *A reasonable faith*.
W. L. CRAIG, *Apologetics: an introduction*.
N. L. GEISLER, *Christian apologetics*.
J. GERSTNER, *Reasons for faith*.
S. HACKETT, *The reconstruction of the christian revelation claim*.
C. S. LEWIS, *Cristianismo puro e simples*.
J. LOCKE, *The reasonableness of christianity*.
J. P. MORELAND, *Scaling the secular city*.
W. PALEY, *Natural theology*.
R. C. SPROUL, *Razão para crer*.
TOMÁS DE AQUINO, *Summa contra gentiles*.
___, *Suma teológica*.

Clemente de Alexandria. Os pais da igreja dos séculos II e III foram apologistas que defenderam a fé contra os ataques de pensadores judeus e pagãos. Entre os primeiros apologistas estava Clemente de Alexandria (c. 150-c. 213).

A apologética de Clemente. Para alguns, a posição de certos apologistas primitivos, como Clemente, parece muito racionalista e enfatiza demais a filosofia grega. Depois de uma análise mais profunda, no entanto, os primeiros defensores pós-apostólicos da fé eram mais cristãos na sua apologética do que parecem à primeira vista (v. FÉ E RAZÃO).

Clemente afirmou que

antes do advento do nosso Senhor, a filosofia era necessária para que os gregos conhecessem a justiça [...] Talvez a filosofia também tenha sido dada aos gregos direta e primariamente, até o Senhor chamar os gregos. Pois ela foi um aio para trazer 'a mente helênica', como a lei, os hebreus, 'para Cristo' (*Stromata* 1.5).

Ele também falou da inspiração dos poetas gregos (*Exortação aos pagãos*, 8), e chegou ao ponto de declarar que, "pela reflexão e visão direta, aqueles dentre os gregos que filosofaram precisamente, viram a Deus" (*Stromata* 1.19).

Mas Clemente não foi racionalista a ponto de não afirmar *o sola Scriptura*, insistindo, a respeito da Bíblia, em que "certamente a usamos como critério na descoberta das coisas". Pois

o que é sujeito a crítica não deve ser aceito até que seja assim sujeito; então o que precisa de crítica não pode ser um primeiro princípio" (*Stromata* 7.16).

No entanto, a filosofia grega servia no máximo como um papel preparatório para Cristo. Pois

a filosofia helênica não compreende toda a extensão da verdade, e [...] prepara o caminho para o ensinamento verdadeiramente real [...] e apropriado àquele que crê na providência para a recepção da verdade" (*Stromata* 1.16).

Havia limitações à filosofia. Os gregos só tinham "certos reflexos da palavra divina" (*Exortação* 7). A fé é o meio de atingir a revelação total de Deus (*Exortação* 8).

Como JUSTINO MÁRTIR, Clemente acreditava que a verdade da filosofia foi tomada por empréstimo das Escrituras hebraicas. Escreveu:

Eu conheço teus mestres, mesmo que os queiras esconder. Aprendeste geometria com os egípcios, astronomia com os babilônios; [...] mas as leis que são consistentes com a verdade, e teus sentimentos com respeito a Deus, deves aos hebreus (*Exortação* 6).

Mas o que os filósofos possuíam da verdade não revelava Cristo diretamente. Ele disse com clareza:

Não creio que a filosofia declare diretamente a Palavra, apesar de em muitos casos a filosofia tentar e conseguir ensinar-nos persuasivamente argumentos prováveis (*Stromata* 1.19).

Geralmente ignora-se o fato de Clemente acreditar que a fé é um pré-requisito da filosofia; acreditar é uma precondição de saber. Pois segundo ele todo conhecimento é baseado em primeiros princípios, e

primeiros princípios são incapazes de demonstração [...] Assim, a fé é algo superior ao conhecimento e [é] seu critério" (*Stromata* 2.4).

Avaliação. Em seu contexto, a defesa da fé cristã feita por Clemente foi eficaz. Com base em seu domínio da filosofia predominante, defendeu a superioridade da revelação cristã. Ao mesmo tempo em que filósofos não-cristãos possuíam alguma verdade, esta também vinha de Deus, por revelação geral ou especial. Sem o cristianismo os gregos teriam no máximo apenas um conhecimento preparatório e parcial de Deus. A plenitude da verdade é encontrada apenas em Cristo. De fato, a verdade que os pagãos possuíam tomaram de empréstimo das Escrituras cristãs.

Fontes
CLEMENTE DE ALEXANDRIA, *Exhortation to the heathen.*
___, *Stromata, ante-nicene fathers*, v. 2,
PHILLIP SCHAFF, org.

coerência. V. VERDADE, DEFINIÇÃO DA.

coerência como teste da verdade. V. CLARK, GORDON; VERDADE, DEFINIÇÃO DA.

Comte, Auguste. De uma família francesa católica e racionalista (1797-1857) (v. RACIONALISMO). Estudou ciência e foi secretário de Saint-Simone na *École Polytechnique*. Disse que "deixou de acreditar em Deus naturalmente" aos 14 anos de idade. Comte é o pai do positivismo e da sociologia. Ele inventou este último termo. Desenvolveu uma seita religiosa mística (v. MISTICISMO), não-teísta e humanista, na qual se instalou como sumo sacerdote (v. HUMANISMO SECULAR).

As principais obras de Comte foram *Discurso sobre o espírito positivo* (1830-1842) e *Catecismo positivista* (1852). O *Catecismo* incluía um calendário de "santos" seculares.

A filosofia positivista de Comte. Com um ponto de partida epistemológico no agnosticismo antimetafísico de Immanuel KANT e no desenvolvimentismo histórico de G. W. F. Hegel, Comte desenvolveu sua "lei de crescimento". Ela incluía três estágios do desenvolvimento humano: *teológico* (infantil) — antigo, *metafísico* (jovem) — medieval e *positivista* (adulto) — moderno. O primeiro apresentava crença primitiva em deuses pessoais, mais tarde substituída pela idéia grega da lei impessoal, suplantada pela crença moderna (positivista) na unidade metodológica da ciência. Esses três estágios representam os estágios mitológico (mythos), metafísico (logos) e científico (positivista) da raça humana. Segundo Comte, os seres humanos passam da explicação pessoal da natureza para a lei impessoal, e finalmente a um método objetivo. Eles avançam da crença em seres sobrenaturais para a aceitação das forças naturais, e para a compreensão através de descrições fenomenológicas (empíricas). Em vez de espíritos animados ou poderes impessoais, as leis naturais são supostas. Nesse crescimento de três fases causas espirituais e depois racionais são substituídas por descrições puramente naturais (positivistas).

O estágio religioso tem evolução própria. As pessoas passam das manifestações politeístas (v. POLITEÍSMO) da natureza para deuses múltiplos e finalmente ao monoteísmo, que consolida todas as forças que não são compreendidas numa única divindade. O problema com a interpretação religiosa é que ela antropomorfiza a natureza. O problema com o estágio metafísico é que torna as idéias reais, em lugar de apenas descrevê-las e interpretá-las, como faz o estágio positivista.

O objetivo de Comte era encontrar uma lei geral pela qual todos os fenômenos estão relacionados. Tal lei, acreditava ele, seria o resultado ideal da filosofia positivista. Mas o resultado mais provável é uma unidade no método científico.

Para Comte, a sociologia é a ciência final, a ciência da sociedade. O progresso social é dialético, passando do feudalismo (v. FREUD, SIGMUND), através da Revolução Francesa, até o positivismo. A liberdade de pensamento está tão deslocada na sociedade quanto na física. A verdadeira liberdade está na sujeição racional a leis científicas. Uma lei é que a sociedade deve se desenvolver numa direção positivista.

Os três estágios de Comte também foram expressos politicamente. Primeiro, a sociedade da Idade Média compartilhava idéias religiosas comuns (estágio teológico). Segundo, a Revolução Francesa tinha ideais políticos comuns (estágio metafísico). Finalmente, a sociedade moderna (positivista) deve compartilhar o método científico. Nesse estágio o sacerdócio católico foi substituído por uma elite científico-industrial. Dogmas são baseados na ciência e proclamados pela elite.

Karl MARX negou que tenha lido Comte antes de 1886, mas um amigo comtiano (E. S. Beesley) presidiu a assembléia de 1864 da Associação Internacional dos Operários Marxistas. As teorias de Comte sem dúvida influenciaram o desenvolvimento da interpretação dialética da história por parte de Marx.

As opiniões religiosas de Comte. Comte não gostava do protestantismo, declarando-o negativo e causador de anarquia intelectual. Desenvolveu uma religião humanista e não-teísta, em que ele era o sumo sacerdote da Religião da Humanidade. Sua amante, Clothilde Vaux, era a sacerdotisa. Comte desenvolveu *Calendário religioso humanista*, com "santos" tais como Frederico, o Grande, Dante e Shakespeare.

Avaliação. As opiniões de Comte estão sujeitas a várias fraquezas filosóficas, científicas e históricas. A crítica de algumas das suas idéias é encontrada em outros lugares, particularmente no artigo HUMANISMO SECULAR.

O ateísmo de Comte é inadequado. Como outros ateus (v. DEUS, SUPOSTA REFUTAÇÃO DE), Comte jamais conseguiu eliminar Deus. Ele não refutou realmente os argumentos a favor da existência de Deus (v. DEUS, EVIDÊNCIAS DE). Em vez disso, tentou eliminá-los por meio de suas teorias do desenvolvimento histórico.

O desenvolvimento histórico de Comte é infundado. A filosofia da história de Comte é gratuita e infundada. Não é justificada filosoficamente nem corresponde aos fatos. A história simplesmente não se encaixa nos estágios nítidos de desenvolvimento que sua teoria exige. Por exemplo, restam grandes teorias metafísicas modernas e contemporâneas, como o PANENTEÍSMO, representado por Alfred North WHITEHEAD, e o monoteísmo que antecedeu o politeísmo, como demonstrado pelas tábuas de Ebla (v. MONOTEÍSMO PRIMITIVO).

As crenças humanistas de Comte são absurdas. Até outros ateus e humanistas ficam constrangidos com as crenças religiosas de Comte. Elas descrevem uma perspectiva religiosa e supersticiosa que ele mesmo classificou como primitiva. Se a religião está ultrapassada pela ciência, para que estabelecer outra religião, com sumo sacerdote, sacerdotisa e dias santos?

Na verdade, Comte deificou o método científico de estudar a natureza. Mas Comte protestou que outros haviam deificado a natureza. A abordagem positivista não era apenas *um* método de descobrir alguma verdade, mas *o* método de descobrir toda verdade. Como tal, envolvia crenças contraditórias no materialismo. Era enfraquecida como cosmovisão pela negação da metafísica e da moralidade absoluta (v. MORALIDADE, NATUREZA ABSOLUTA DA).

Fontes

A. COMTE, *Curso de filosofia positiva.*
___, *Catecismo positivista.*
"Comte, Auguste", *EPS.*
L. LEVY-BRUHL, *The philosophy of Auguste Comte.*
J. S. MILL, *Auguste Comte and positivism.*
T. WHITTAKER, *Comte and Mill.*

contradição. V. PRIMEIROS PRINCÍPIOS.

convencionalismo. Teoria de que todo significado é relativo. Já que todas as afirmações da verdade são afirmações significativas, isso implicaria que toda verdade é relativa. Mas isso é contrário à afirmação cristã de que há verdade absoluta (v. VERDADE, NATUREZA ABSOLUTA DA). Verdades absolutas são sempre verdadeiras, em todos os lugares para todas as pessoas.

O convencionalismo é uma reação ao platonismo (v. PLATÃO), que argumenta que a linguagem tem uma essência imutável ou formas ideais. Convencionalistas acreditam que o significado muda para se ajustar a cada situação. O significado é arbitrário e relativo à cultura e ao contexto. Não há formas transculturais. A linguagem (significado) não tem essência própria; o significado lingüístico é derivado da experiência relativa em que a linguagem se baseia.

Alguns dos proponentes modernos do convencionalismo são Ferdinand Saussure (m. 1913), Gottlob Fregge (m. 1925) e Ludwig WITTGENSTEIN (m. 1951). Sua teoria é muito aceita na filosofia lingüística atual.

Símbolos e significado. Uma diferença importante separa uma teoria convencionalista de símbolos e uma teoria convencionalista de significado. Além dos símbolos naturais (por exemplo, fumaça indicando fogo) e termos onomatopéicos (por exemplo, *cabrum, chuá, bum*) cujo som expressa os significados das palavras, praticamente todos os lingüistas reconhecem que símbolos são convencionalmente relativos. No inglês, a palavra *down* não tem nenhuma relação intrínseca com as penugem de um ganso. A palavra também se refere a uma posição mais inferior, um estado psicológico, um tipo de formação montanhosa, uma tentativa de mover a bola no futebol americano e a direção sul. O mesmo grupo de sons ou sons semelhantes podem ter vários significados bem diferentes em outras línguas, e muitas línguas terão sons diferentes para se referirem às penas de um ganso. Isso acontece com a maioria das palavras.

Isso não é o mesmo que afirmar que o significado de uma frase é relativo culturalmente. É dizer apenas que as palavras usadas para expressar significado são relativas. Isto é, símbolos individuais são relativos, mas não o significado que uma combinação de símbolos dá a uma frase.

Avaliação. Como teoria de significado, o convencionalismo tem sérias falhas. Primeiro, é uma teoria contraditória. Se a teoria fosse correta, a afirmação "Todo significado lingüístico é relativo" seria relativa e, portanto, insignificante. Mas o convencionalista que faz tais afirmações supõe que frases têm significado objetivo, então ele faz afirmações objetivamente significantes para argumentar que não há afirmações objetivamente significantes.

Segundo, se o convencionalismo fosse correto, afirmações universais não seriam traduzidas para outras línguas como afirmações universais. Mas esse não é o caso. A frase "Todos os triângulos têm três lados" é considerada universalmente verdadeira em mongol, espanhol e em qualquer língua com as palavras *triângulo*, *três* e *lado*. O mesmo acontece com a afirmação "Todas as esposas são mulheres casadas". Se o significado fosse culturalmente relativo, nenhuma afirmação universal e transcultural seria possível.

Não haveria verdades universais em nenhuma língua. Não se poderia nem dizer 3 + 4 = 7. Na lógica, não haveria a lei da não-contradição. Na verdade, nenhum convencionalista coerente pode sequer negar tais primeiros princípios absolutos sem usá-los. A própria afirmação de que "o significado de todas as afirmações é relativo a uma cultura" baseia seu significado no fato de as leis da lógica não serem relativas a uma cultura, e sim transcenderem culturas e línguas.

Terceiro, se o convencionalismo fosse verdadeiro, não conheceríamos nenhuma verdade antes de conhecer o contexto dessa verdade nessa língua. Mas podemos saber que 3 + 4 = 7 antes de conhecer qualquer convenção de uma língua. A matemática pode depender dos símbolos relativos para se expressar, mas as verdades da matemática são independentes da cultura. Da mesma forma, as leis da lógica são independentes da convenção humana. A LÓGICA não é arbitrária, e suas regras não são criadas num contexto cultural, e sim descobertas. Elas são verdadeiras acima da língua e da expressão cultural.

Quarto, um problema relacionado é que o convencionalismo confunde a *fonte* de significado com sua *base*. A fonte do conhecimento de uma pessoa de que "Todas as esposas são mulheres casadas" pode ser social. É possível aprender isso de um parente ou professor. Mas a base do conhecimento de que isso é uma afirmação verdadeira não é social, mas sim lógica. Representa um primeiro princípio de lógica na medida em que o predicado é redutível ao sujeito (esposa = mulher casada). É verdadeira por definição, não por aculturação.

Quinta, se o convencionalismo fosse correto, nenhum significado seria possível. Se todo significado é relativo, com base na experiência mutável, que por sua vez deriva significado da experiência mutável, não há base para significado. Uma série infinita é imprópria para encontrar a primeira causa do universo e é imprópria para descobrir o início do significado se todo significado depende de outros significados. Uma afirmação sem base de significado é uma afirmação infundada.

Sexta, o convencionalismo tem apenas um critério interno de significado. Mas critérios internos não ajudam a resolver conflitos entre significados distintos para a mesma afirmação obtidos de perspectivas de diferentes cosmovisões. Um teísta (v. TEÍSMO) ou um panteísta (v. PANTEÍSMO) podem fazer a afirmação: "Deus é um Ser Necessário". As palavras em si, sem definições objetivas por trás das palavras para apoio, carecem de qualquer relação com a verdade. O teísta e o panteísta podem conversar por horas, dando um ao outro a impressão de que acreditam nas mesmas coisas sobre Deus. Ao conseguirem demonstrar significados sólidos de *Deus* e *Ser Necessário*, no entanto, os que conversam podem discutir as diferenças em suas cosmovisões.

É fácil ver que nenhum conhecimento realmente descritivo de Deus é possível para um convenciona-lista. A linguagem é estritamente baseada na experiência. Ela nos diz apenas o que Deus *parece ser para nós na nossa experiência*. Não pode nos dizer o que ele *realmente é por si*. Isso acaba por se reduzir a AGNOSTICISMO contraditório ou à afirmação de que sabemos que não podemos saber nada sobre a natureza de Deus (v. ANALOGIA, PRINCÍPIO DA). Os convencionalistas reduzem o significado de *Deus* a um mero referencial interpreta-tivo, em vez de um ser que está além do mundo. O teísmo mostra que Deus é (v. COSMOLÓGICO, ARGUMENTO; DEUS, EVIDÊNCIAS DE; KALAM, ARGUMENTO COSMOLÓGICO DE).

Sétima, o convencionalismo tem uma justificação circular. Não justifica suas alegações, apenas as declara. Se pedir para um convencionalista dar a base dessa crença de que todo significado é convencional, ele não pode dar uma base não convencional. Se pudesse, não seria mais convencionalista. Mas uma base convencional para o convencionalismo seria uma razão relativa para o relativismo. Tal argumento só poderia ser circular.

Oitava, convencionalistas geralmente distinguem entre gramática superficial e profunda para evitar alguns dos seus dilemas. Mas tal distinção supõe que eles têm um ponto de vista independente da linguagem e da experiência. O convencionalismo, por natureza, não permite um ponto de vista fora da cultura. Assim, até essa distinção é logicamente inconsistente com a teoria.

Conclusão. A teoria de significado dos convencionalistas é uma forma de relativismo semântico. Como outras formas de relativismo, o convencionalismo é contraditório. A própria teoria de que todo significado é relativo é em si um conceito não relativo. É uma afirmação significativa feita para ser aplicada a todas as afirmações significativas. É uma afirmação não convencional que declara que todas as afirmações são convencionais.

Fontes
G. FREGE, *Über Sinn und Bedeutung* ("On sense and reference") em P. GEACH, org. e trad., *Translations from the philosophical writings of Gottlob Frege*.
E. GILSON, *Linguistics and philosophy*.

J. Harris, *Against relativism*.
Platão, *Cratylus*.
F. Saussure, *Cours de linguistique générale* (1916).
___, *Course in general linguistics*.
Tomás de Aquino, *Suma teológica*, 1.84-5.
L. Wittgenstein, *Investigações filosóficas*.

cosmovisão. Modo pelo qual a pessoa vê ou interpreta a realidade. A palavra alemã é *Weltanschau-ung*, que significa um "mundo e uma visão de vida", ou "um paradigma". É a estrutura por meio da qual a pessoa entende os dados da vida. Uma cosmovisão influencia muito a maneira em que a pessoa vê Deus, origens, mal, natureza humana, valores e destino.

Há sete visões principais de mundo. Cada uma é singular. Com uma exceção, panteísmo/politeísmo, ninguém pode acreditar coerentemente em mais de uma cosmovisão, porque as premissas centrais são mutuamente exclusivas (v. VERDADE, NATUREZA DA; PLURALISMO RELIGIOSO; RELIGIÕES, MUNDIAIS E CRISTIANISMO). É claro que apenas uma cosmovisão pode ser verdadeira. As sete cosmovisões principais são: teísmo, deísmo, ateísmo, panteísmo, panenteísmo, teísmo finito e politeísmo.

Analisando as visões. *Teísmo. Um Deus infinito e pessoal existe além do e no universo.* O teísmo diz que o universo físico não é tudo que existe. Há um Deus infinito e pessoal além do universo que o criou, que o sustenta e que age nele de forma sobrenatural. Está transcendentalmente "em algum lugar distante" e imanentemente "aqui". É a visão representada pelo judaísmo tradicional, o cristianismo e o islamismo.

Deísmo. Deus está além do universo, mas não nele. O deísmo é o teísmo sem milagres. Diz que Deus é transcendente sobre o universo mas não imanente nele, por certo não sobrenaturalmente. Defende uma visão naturalista da operação do mundo. Junto com o teísmo, acredita que o originador do mundo é um Criador. Deus fez o mundo, mas não age nele. Ele "deu corda" na criação e a deixa funcionar sozinha. Ao contrário do panteísmo, que nega a transcendência de Deus, favorecendo a sua imanência, o deísmo nega a imanência de Deus, favorecendo sua transcendência. François-Marie Voltaire, Thomas Jefferson e Thomas Paine foram deístas.

Ateísmo. Não existe nenhum Deus além do ou no universo. O ateísmo afirma que o universo físico é tudo que existe. Não existe nenhum Deus em lugar algum, nem no universo nem além dele. O universo ou cosmos é tudo que existe e tudo que jamais existirá. Tudo é matéria. O universo é auto-suficiente. Alguns dos ateus mais famosos foram Karl Marx, Friedrich Nietzsche e Jean-Paul Sartre.

Panteísmo. Deus é o Todo/Universo. Para o panteísta, não há Criador transcendente além do universo. O Criador e a criação são duas maneiras de denotar uma realidade. Deus é o universo ou Todo, e o universo é Deus. Há, em última análise, uma realidade, não muitas diferentes. Tudo é mente. O panteísmo é representado por certas formas de hinduísmo, zen-budismo e Ciência Cristã.

Panenteísmo. Deus está no universo, como a mente está no corpo. O universo é o "corpo" de Deus. É seu pólo real. Mas há outro "pólo" de Deus além do universo físico. Ele tem potencial infinito de se transformar. Essa visão é representada por Alfred North Whitehead, Charles Hartshorne e Shubert Ogden.

Teísmo Finito. Existe um Deus finito além do e no universo. O teísmo finito é como o teísmo, só que o deus além do universo e ativo nele é limitado em natureza e poder. Como os deístas, os teístas finitos geralmente aceitam a criação, mas negam a intervenção milagrosa. Muitas vezes a incapacidade de Deus de derrotar o mal é dada como razão para crer que Deus é limitado em poder. John Stuart Mill, William James e Peter Bertocci defendem essa cosmovisão.

Politeísmo. Muitos deuses existem além do mundo e nele. O politeísmo é a crença em muitos deuses finitos, que influenciam o mundo. Seus defensores negam que qualquer Deus infinito esteja além do mundo. Afirmam que os deuses são ativos, geralmente acreditando que cada um tem seu próprio domínio. Quando um deus finito é considerado chefe sobre outros, a religião é chamada de henoteísmo. Os principais representantes do politeísmo incluem os gregos antigos, os mórmons e os neopagãos (e. g. adeptos da wicca).

Importância de uma cosmovisão. Cosmovisões influenciam o significado pessoal e os valores, a maneira em que as pessoas agem e pensam. A pergunta mais importante a que uma cosmovisão responde é: "De onde viemos?". A resposta a essa pergunta é crucial para o modo pelo qual as outras perguntas são respondidas. O teísmo declara que Deus nos criou. A criação foi do nada, *ex nihilo*. O ateísmo acredita que evoluímos por acaso. O ateísmo defende a criação a partir da matéria, *ex materia*. O panteísmo afirma que emanamos de Deus como raios do sol ou fagulhas do fogo. A criação é a partir do próprio Deus, *ex Deo* (v. criação, visões da). Os outros usam alguma forma dessas explicações, com ligeiras diferenças.

Essa idéia influenciaria a visão sobre a morte, por exemplo. O teísta acredita na imortalidade pessoal; o ateu geralmente não. Para o teísta, a morte é o começo, para o ateu um término da existência. Para o panteísta, a morte é o fim de uma vida e o começo de outra, levando a uma eventual união com Deus.

Os teístas acreditam que foram criados por Deus com o propósito de ter comunhão eternamente com ele e adorá-lo. Os panteístas acreditam que perderemos toda identidade individual em Deus. Os ateus geralmente vêem a IMORTALIDADE como a continuação da espécie. Vivemos nas memórias (por certo tempo) e na influência que temos sobre as gerações futuras.

Obviamente, o que a pessoa acredita sobre o futuro influenciará como ela vive agora. No teísmo clássico, "só vivemos na terra uma vez" (cf. Hb 9.27), portanto a vida assume uma certa sobriedade e urgência que não teria para alguém que acredita em REENCARNAÇÃO. A urgência é em lidar com o *carma* para a próxima vida ser melhor. Mas sempre há mais oportunidades nas vidas futuras de tentar novamente. Para o ateu, o velho comercial de cerveja resume tudo: Temos de "viver pra valer, porque só vivemos uma vez".

Um ato virtuoso recebe significados diferentes das diversas visões de mundo. O teísta vê um ato de compaixão como obrigação absoluta imposta por Deus (v. MORALIDADE, NATUREZA ABSOLUTA DA), que tem valor intrínseco independentemente das conseqüências. O ateu vê a virtude como obrigação auto-imposta que a raça humana colocou sobre seus membros. Um ato não tem valor intrínseco além do que lhe foi designado pela sociedade.

Também há um abismo entre cosmovisões com relação à natureza dos valores. Para o teísta, Deus dotou certas coisas, a vida humana por exemplo, com valor supremo. É sagrada porque Deus a fez à sua imagem. Assim, há obrigações divinas de respeitar a vida e proibições absolutas contra o assassinato. Para o ateu, a vida tem o valor que lhe foi atribuído pela raça humana e suas diversas sociedades. É relativamente valiosa, comparada com outras coisas. Geralmente o ateu acredita que um ato é bom se traz bons resultados e mau se não traz. O cristão acredita que certos atos são bons, não importa quais sejam os resultados.

As diferenças em cosmovisões podem ser resumidas no diagrama seguinte. Em alguns casos as palavras representam apenas a forma dominante ou característica da visão, não a de todos que aceitam o sistema.

Resumo. A realidade é ou apenas o universo, ou apenas Deus, ou o universo e Deus(es). Se só existe o universo, o ateísmo está correto. Se só Deus existe, o panteísmo está correto. Se Deus e o universo existem, então ou há um Deus ou muitos deuses. Se há apenas um Deus, esse Deus é ou finito ou infinito. Se há um deus finito, o teísmo finito está correto, Se esse deus finito tem dois pólos (um além do e um no mundo), o panenteísmo está correto. Se há um Deus infinito, ou há intervenção desse Deus no universo ou não há. Se há intervenção, o teísmo é verdadeiro. Se não há, o deísmo é verdadeiro.

Fontes
N. L. GEISLER, *Worlds apart: a handbook on world views.*
J. SIRE, *The universe next door.*
J. NOBLE, *Understanding the times.*

criação, evidências da. V. ANTRÓPICO, PRINCÍPIO; DEUS, EVIDÊNCIAS DE; COSMOLÓGICO, ARGUMENTO; DARWIN, CHARLES; EVOLUÇÃO BIOLÓGICA; KALAM, ARGUMENTO COSMOLÓGICO DE; ELOS PERDIDOS.

criação, visões da. Três visões básicas procuram explicar a origem do Universo. Os teístas (v. TEÍSMO) afirmam que todas as coisas foram criadas *ex nihilo*, "do nada". Os panteístas (v. PANTEÍSMO) acreditam que o Universo material surgiu *ex Deo*, "de Deus", uma parte de um Deus impessoal, em vez da obra de um ser sábio que age além de si mesmo. O materialismo (v. MATERIALISMO) afirma uma criação *ex materia* (de material preexistente).

Os materialistas, inclusive os ateus (v. ATEÍSMO) e dualistas (v. DUALISMO), acreditam que as origens nem envolvem criação, se *criação* for definida como o trabalho executado por um ser. Para efeito de comparação, todavia, o materialismo e o panteísmo podem ser colocados sob o título da criação. A origem materialista pode ser chamada de Criação *ex materia*, "a partir da matéria".

***Criação* ex materia.** Visão materialista (ou dualista) das coisas existentes geralmente afirma que a matéria (ou energia física) é eterna. A matéria sempre existiu e, por isso, sempre existirá. Como o físico afirma na primeira lei da termodinâmica: "a energia não pode ser criada nem destruída".

Há duas subdivisões básicas na visão da "criação-da-matéria": aquela que envolve um Deus e a que não envolve.

Deus criou a partir de matéria preexistente. Muitos gregos antigos (dualistas) acreditavam na criação por Deus a partir de certo "monte de barro" preexistente e eterno (v. Platão, 27s.). Isto é, Deus e a matéria do universo material (cosmo) sempre existiram. A "criação" é o processo eterno pelo qual Deus tem dado forma continuamente à matéria do universo.

PLATÃO denominou a matéria *forma* (ou caos). Deus era o *Formador* (ou *demiurgo*). Usando um mundo eterno de *idéias*, Deus deu forma ou estrutura à massa sem forma de matéria. O Formador (Deus), por meio dessas idéias (que fluíam da forma), transformou o que era sem forma (matéria) no que é formado (cosmo). Em termos gregos, o *demiurgo*, por meio dos *eidos* (idéias), que fluíam do *agathos* (bem), transformou o *chaos* em *cosmos*. Os elementos do dualismo platônico podem ser facilmente separados:

A matéria é eterna. A matéria básica do universo sempre existiu. Nunca houve uma época em que os elementos do universo físico não existissem.

A "criação" significa formação, não origem. "Criação" não significa fazer algo surgir e sim formação ou ordenação. Deus organiza a matéria que existe.

O "criador" é o Formador, não um Produtor. Portanto, *Criador* não significa *Originador*, e sim *Construtor*. Deus é um Arquiteto do universo material, não a Fonte de todas as coisas.

Deus não é soberano sobre todas as coisas. Tal Deus não está no controle absoluto, pois há algo eterno além de Deus. A matéria eterna está em conflito dualista com Deus, e ele não pode fazer nada a respeito. Ele pode formar a matéria dentro de certos parâmetros. Assim como há limites sobre o que pode ser feito com papel (ele é bom para fazer pipas, mas não espaçonaves), a própria natureza da matéria é uma deficiência. Tanto a existência quanto a natureza da matéria impõem limites a Deus.

Não havia Deus para criar. Uma segunda visão geralmente é chamada de ATEÍSMO, apesar de muitos agnósticos (v. AGNOSTICISMO) terem praticamente a mesma visão de mundo. O ateu diz que não há Deus; o agnóstico afirma não saber se há um Deus. Mas nenhum deles acredita ser necessário supor um Deus para explicar o universo. A matéria simplesmente existe. O universo é tudo que existe. Até o espírito veio da matéria.

O materialista rígido responde à pergunta de onde veio o universo com a pergunta: De onde veio Deus? A visão de mundo do materialista considera a pergunta absurda, porque o universo preenche grande parte do lugar conceitual normalmente reservado para o Criador (v. CAUSALIDADE, PRINCÍPIO DA).

A idéia da criação vinda da matéria tem sido defendida desde os primeiros atomistas (v. ATOMISMO). Karl MARX (1818-1883) foi o filósofo moderno que tentou levar o materialismo a sua conclusão final no socialismo (Marx, p. 298). Um século depois, o astrônomo Carl Sagan popularizou a teoria na televisão e nos livros destinados ao grande público. Grande parte do mundo ocidental ouviu o credo de Sagan: "O cosmo é tudo que existe, ou existiu, ou existirá" (Sagan, p. 4). A humanidade é apenas poeira cósmica. Os seres humanos criaram Deus. Como disse Marx, a mente não criou a matéria; a matéria criou a mente (Marx, p. 231).

Ao supor a existência eterna da matéria e do movimento, o ateu explica todo o resto pelas doutrinas da *evolução natural* (v. EVOLUÇÃO CÓSMICA) e das *leis naturais*. A evolução natural (v. EVOLUÇÃO BIOLÓGICA) funciona pela interação de *matéria, mais tempo, mais acaso*. Até as complexidades da vida humana podem ser explicadas por leis puramente naturais do universo físico. Dado o tempo suficiente, macacos com uma máquina de escrever podem produzir obras de Shakespeare. Nenhum Criador inteligente é necessário.

Os dogmas da criação ex matéria. O conceito ateu das origens pode ser resumido em quatro temas:

A matéria é eterna. Conforme comentado acima, a premissa central do materialismo é que a matéria sempre existiu. Ou, como um ateu disse, se a matéria surgiu, surgiu *do* nada e *pelo* nada (Kenny, p. 147). O universo material é um sistema fechado auto-sustentável e autogerado. Isaac Asimov especulou que havia uma chance igual de que nada viria do nada ou que algo viria do nada. Por acaso, algo surgiu (Asimov, p. 148). Então ou a matéria é eterna ou veio do nada espontaneamente sem uma causa.

Os primeiros materialistas, os atomistas (v. ATOMISMO) acreditavam que a matéria era uma massa de inúmeras partículas indestrutíveis de realidade chamadas átomos. Com a divisão do verdadeiro átomo e o surgimento da teoria $E=mc^2$ (energia igual a massa vezes a velocidade da luz ao quadrado) proposta por Albert EINSTEIN, os materialistas modernos falam da indestrutibilidade da energia (a primeira lei da termodinâmica). Energia não deixa de existir; ela simplesmente assume novas formas. Até na morte, todos os elementos do nosso ser são reabsorvidos pelo ambiente e reutilizados por outras coisas. Então o processo continua.

Nenhum Criador é necessário. O materialismo rígido exige a premissa do ateísmo ou não-teísmo. Não há Deus, nem ao menos necessidade de um Deus. O mundo se explica. Como *O II manifesto humanista* disse: "Como não-teístas, começamos com os humanos, não com Deus, com a natureza e não com a divindade" (Kurtz, p. 16).

Os humanos não são imortais. Outra implicação é que não há alma imortal (v. IMORTALIDADE) ou um aspecto espiritual nos seres humanos. *O I manifesto humanista* rejeitou

> o dualismo tradicional de mente e corpo [...] A ciência moderna desacredita tais conceitos históricos como 'o espírito na máquina' e 'alma separável'" (ibid., p. 8, 16, 17).

O materialista rígido não acredita em espírito nem mente. Não há mente, apenas uma reação química no cérebro. Thomas Hobbes (1588-1679) definiu assim a matéria:

> O mundo (não quero dizer a terra apenas, que denomina os seus amantes "homens mundanos", mas o universo, isto é, toda a massa de todas as coisas que existem) é corpóreo, ou seja, corpo; e tem as dimensões de magnitude, a saber, comprimento, largura e profundidade: e todas as partes do corpo também são o corpo, e têm as mesmas dimensões; e conseqüentemente todas as partes do universo são o corpo, e aquilo que não é corpo não é parte do universo: e porque o universo é tudo, o que não faz parte dele não é nada, e conseqüentemente não está em lugar algum (Hobbes, p. 269).

Materialistas menos rígidos admitem a existência da alma, mas negam que ela possa existir independentemente da matéria. Para eles a alma é para o corpo o que a imagem no espelho é para quem o olha. Quando o corpo morre, a alma também morre. Quando a matéria se desintegra, a mente também é destruída.

Os humanos não são singulares. Entre os que defendem a criação a partir da matéria, há diferenças com relação à natureza dos seres humanos. A maioria concede um status especial aos humanos, como o ponto mais alto no processo evolutivo. Mas praticamente todos concordam que os humanos diferem apenas em grau, não em tipo, das formas de vida mais inferiores. Os seres humanos são apenas a forma mais elevada e mais nova da escada evolutiva. Têm habilidades mais desenvolvidas que os primatas. Certamente os humanos não são peculiares *em relação* ao resto do reino animal, mesmo que sejam os seres mais elevados *nele* existentes.

Uma avaliação da criação ex matéria. Para uma crítica do dualismo, veja FINITO, DEÍSMO. A visão ateísta é criticada em ATEÍSMO. Além disso, a evidência a favor do teísmo é evidência contra um universo eterno (v. COSMOLÓGICO, ARGUMENTO; *KALAM*, ARGUMENTO COSMOLÓGICO DE; TEÍSMO). A ciência contemporânea deu argumentos poderosos contra a eternidade da matéria com base na teoria cosmológica do *big-bang* (v.tb. EVOLUÇÃO COSMOLÓGICA).

Criação ex Deo. Enquanto ateus e dualistas acreditam na criação *ex materia*, o PANTEÍSMO defende a criação *ex Deo*, a partir de deus. Todos os panteístas podem ser enquadrados em duas categorias: panteísmo absoluto e não-absoluto.

Panteísmo absoluto. O panteísmo absoluto afirma que apenas a mente (ou espírito) existe. O que chamamos "matéria" é ilusão, como um sonho ou uma miragem. Parece existir, mas na verdade não existe. Essa visão foi defendida por dois representantes clássicos, Parmênides, do Ocidente (um grego), e Shankara, do Oriente (um hindu).

Parmênides argumentou que tudo é um (v. MONISMO), porque supor que mais de uma coisa existe é absurdo (Parmênides, p. 266-283). Duas ou mais coisas teriam de ser diferentes umas das outras. Mas as únicas maneiras de diferir são por alguma coisa (existência) ou por nada (inexistência). É impossível diferir por nada, já que diferir por nada (ou inexistência) é apenas outra maneira de dizer que não há diferença nenhuma. E duas coisas não podem ser diferentes por existência porque existência é a única coisa que têm em comum. Isso significaria que diferem exatamente naquilo em que são iguais. Logo, é impossível haver duas ou mais coisas; só pode haver um ser. Tudo em um, e um em tudo. Nada mais realmente existe.

Na terminologia da criação, isso significa que Deus existe e o mundo não existe. Há um Criador, mas não há criação. Ou, no mínimo, só podemos dizer que há uma criação pelo reconhecimento de que a criação vem de deus como um sonho vem de uma mente. O universo é apenas o que deus pensa. Deus é a totalidade de toda realidade. E o não-real sobre o que ele pensa e que aparece para nós é como um zero. É literalmente nada.

Shankara descreveu a relação do mundo para Deus, da ilusão à realidade, pela relação do que parece ser uma cobra, mas, por um exame mais acurado, descobrimos ser uma corda (v. Prabhavananda, p. 5). Quando olhamos para o mundo, o que está ali não é a realidade (Brahman). É apenas uma ilusão (*maya*).

Da mesma forma, quando uma pessoa olha para si, o que parece ser (corpo) é apenas uma manifestação ilusória do que realmente existe (alma). E quando alguém olha para sua alma, descobre que a profundidade da sua alma (Átmã) é realmente a profundidade do universo (Brahman). Átmã (humanidade) é Brahman (Deus). Pensar que não somos Deus é parte da ilusão ou sonho do qual devemos acordar. Mais cedo ou mais tarde devemos todos descobrir que tudo vem de Deus, e tudo é Deus.

Panteísmo não-absoluto. Outros panteístas têm uma visão mais flexível da realidade. Ao mesmo tempo que acreditam que tudo é um com deus, aceitam uma multiplicidade na unidade de Deus. Acreditam que tudo é um como todos os raios de um círculo estão no centro desse círculo, ou como todas as gotas juntam-se numa poça infinita. Os representantes dessa visão incluem o filósofo neoplatônico do século II, PLOTINO (205-270), o filósofo moderno, Baruch ESPINOSA (1632-1677), e o contemporâneo hindu, Radhakrishnan.

Conforme o Panteísmo não-absoluto, há muitas no mundo, mas todas vem da essência de deus. Os muitos estão no Um, mas o Um não está nos muitos. Isto é, todas as criaturas são parte do Criador. Elas vem dele assim como uma flor vem Elas vem dele assim como uma flor vem de uma semente ou fagulhas vêm do fogo. As criaturas são apenas gotas que se esparramam da poça Infinita, eventualmente caindo de volta e juntando-se ao Todo. Todas as coisas vêm de Deus, são parte de Deus e se unem de volta a Deus. Tecnicamente falando, para o panteísta, não há criação, mas apenas uma emanação de todas as coisas de Deus. O universo não foi feito do nada (*ex nihilo*), nem de algo preexistente (*ex materia*). Foi feito de Deus (*ex Deo*).

Elementos importantes dessa visão panteísta das origens podem ser resumidos brevemente:

Não há diferença absoluta entre Criador e criação. Criador e criação são um. Eles podem ser diferentes em perspectiva, como os dois lados de um pires, ou relacionalmente, como causa e efeito. Mas criador e criação não são mais diferentes que o reflexo num lago é diferente do cisne que nada nele. Um é uma imagem no espelho e o outro a coisa real. Até para quem acredita que o mundo é real, Criador e criação são apenas dois lados da mesma moeda. Não há diferença real entre eles.

A relação entre Criador e criação é eterna. Os panteístas acreditam que Deus causou o mundo, mas insistem em que ele sempre o causou, assim como raios brilham eternamente de um sol eterno. O universo é tão antigo quanto Deus. Assim como uma pedra poderia ficar para sempre sobre outra num mundo eterno, o mundo também poderia ser dependente de Deus para sempre.

O mundo é feito da mesma substância que Deus. Os panteístas acreditam que Deus e o mundo são feitos da mesma substância. Ambos são compostos de material divino. A criação é parte do Criador. É uma em essência com Deus. Deus é água. Deus é árvores. Como Marilyn Ferguson disse, quando leite é derramado no cereal, Deus é derramado em Deus (Ferguson, p. 382)! No final há apenas uma substância, um material no universo, e é divino. Somos todos feitos dele, então somos todos Deus.

A humanidade é Deus. Se toda a criação é a emanação de Deus, então a humanidade também é. A teóloga popular do panteísmo da Nova Era, Shirley MacLaine, acredita que se pode dizer com a mesma veracidade: "Eu sou Deus", ou "Eu sou Cristo", ou "Eu sou o que sou" (MacLaine, p. 112). No seriado especial de televisão, "Out on a limb" (janeiro de 1987), ela acenou para o oceano e declarou: "Eu sou Deus. Eu sou Deus!". O Senhor Maitreya, considerado por muitos o "Cristo" da Nova Era, declarou por meio de Benjamin Creme, seu agente de imprensa:

> Meu propósito é mostrar ao homem que ele não precisa mais ter medo, que toda Luz e verdade está dentro do seu coração, que quando esse fato simples for conhecido o homem se tornará Deus.

***Uma avaliação da criação* ex Deo.** Há várias maneiras de avaliar a *ex Deo*. Já que é parte de uma visão panteísta, as críticas ao panteísmo se aplicam a ela. Por exemplo, há uma diferença real entre o finito e o infinito, o contingente e o necessário, o mutável e o imutável. E já que não sou um Ser necessário e imutável, então devo ser um ser contingente. Mas um ser contingente é aquele que *pode* não existir. E tal ser realmente existe apenas porque foi causado por Deus, quando de outra forma não existiria. Em resumo, existe a partir do nada (*ex nihilo*).

Segundo, como o argumento cosmológico KALAM demonstra, o universo não é eterno. Logo, surgiu. Mas antes dele existir não era nada. Ou, mais adequadamente, não havia nada (exceto Deus), e depois que ele criou o mundo havia algo (além de Deus). É isso que se quer dizer com criação *ex nihilo*. Portanto, o que surge (como o universo surgiu) surge do nada, isto é, *ex nihilo*.

***Criação* ex nihilo.** *Ex nihilo* vem do latim e significa "a partir do ou do nada". É a visão teísta das origens que afirma que Deus criou o universo sem usar material preexistente. O teísmo declara que só Deus é eterno, que ele criou tudo sem usar material preexistente e sem fazer o universo com "pedaços" da sua própria substância. Pelo contrário, o universo foi feito "do nada" (*ex nihilo*).

A coerência da criação ex nihilo. Alguns críticos afirmam que a criação *ex nihilo* é um conceito sem sentido. Outros afirmam que não é bíblico, um suplemento filosófico ao pensamento cristão. O argumento que a criação *ex nihilo* é incoerente é este:

1. Criar "de" implica material preexistente.
2. Mas a criação *ex nihilo* insiste em que não havia material preexistente.
3. Logo, a criação *ex nihilo* é uma contradição.

Em resposta, os teístas negam a primeira premissa, mostrando que "do nada" é apenas uma maneira positiva de afirmar um conceito negativo — "não de algo". Isto é, Deus não criou o universo com material preexistente. O ditado "nada vem do nada" não é absoluto. Significa criação, visões da

	Teísmo	Ateísmo	Deísmo	Teísmo Finito	Panenteísmo	Panteísmo	Politeísmo
Deus	Um, infinito e pessoal	Nenhum	Um, infinito e pessoal	Um, finito e pessoal	Um, potencialmente infinito, realmente finito	Um, infinito, impessoal ou pessoal	Múltiplo finito e pessoal
Mundo	Criado *ex nihilo*, finito	Eterno (material)	Finito ou eterno	Criado *ex materia* ou *ex nihilo*, eterno	Criado *ex materia* e *ex Deo* Eterno	Criado *ex Deo*, imaterial	Criado *ex materia*, eterno
Deus e Mundo	Deus além do e no universo	Só mundo	Deus além, mas não do mundo	Deus no mundo e além do mundo	Deus potencialmente além do mundo, e no mundo realmente	Deus é o mundo	Deuses no mundo
Milagres	Possíveis e reais	Impossíveis	Podem ser possíveis, mas não reais	Podem ser possíveis, mas não reais	Impossíveis	Impossível	Possíveis e reais
Natureza humana	Alma e corpo imortais	Corpo mortal	Corpo mortal/ alma imortal	Corpo mortal/ alma imortal	Corpo mortal/ alma imortal (alguns)	Corpo mortal alma imortal	Corpo mortal alma imortal
Destino humano	Ressurreição para recompensa ou julgamento	Aniquilação	Recompensa ou julgamento da alma	Recompensa e/ ou julgamento da alma	Na memória de Deus	Reencarnação unindo-se a Deus	Recompensa e julgamento divinos
Origem do mal	Livre-arbítrio	Ignorância humana	Livre-arbítrio e/ ou ignorância	Na luta interna de Deus	Aspecto necessário de Deus	Ilusão	Em lutas entre Deuses
Fim do mal	Será derrotado por Deus	Pode ser derrotado por seres humanos	Pode ser derrotado por seres humanos ou por Deus	Pode ser derrotado por seres humanos	Não pode ser derrotado por seres humanos ou por Deus	Será absorvido por Deus	Não será derrotado pelos deuses
Base da ética	Baseada em Deus	Baseada na humanidade	Baseada na natureza	Baseada em Deus ou na humanidade	Baseada num Deus mutável	Baseada em manifestações menores de Deus	Baseada em deuses
Natureza da ética	Absoluta	Relativa	Absoluta	Relativa	Relativa	Relativa	Relativa
História e objetivo	Linear, proposital, determinada por Deus	Caótica, sem objetivo, eterna	Linear, proposital, eterna	Linear, proposital, eterna	Linear, proposital, eterna	circular, ilusória, eterna	Linear ou circular, proposital, eterna

que algo não pode ser causado *por nada*, não que nada não pode vir *depois do nada*. Isto é, algo pode ser criado do nada, mas não por nada. Deus fez o universo existir a partir da inexistência. *Ex nihilo* simplesmente denota movimento de um estado de nada para um estado de algo. Não implica que o nada é um estado de existência *do qual* Deus formou algo. Nada (além de Deus) é um estado de inexistência que precedeu o surgimento do universo. Quando ateus e panteístas usam a preposição *ex* eles querem dizer "de" no sentido de uma causa material. Com *ex* um teísta quer dizer uma causa eficiente. O meio-dia vem "da manhã", *depois* da manhã, mas não literalmente dela.

A lógica da criação ex nihilo. A base para a criação *ex nihilo* é dupla: primeiro, as únicas alternativas lógicas são inaceitáveis. Segundo, é a conclusão lógica do argumento da Primeira Causa da existência de Deus (v. COSMOLÓGICO, ARGUMENTO).

As três possibilidades. Já foi demonstrado que as criações *ex Deo* e *ex materia* são incompatíveis com o teísmo. Logo, a criação *ex nihilo* deve ser verdadeira.

Em primeiro lugar, o Deus do teísmo não pode criar *ex Deo*. Já que Deus é um ser simples (v. DEUS, NATUREZA DE), ele não pode pegar uma "parte" de si mesmo e fazer o mundo. Simplicidade significa sem divisão ou partes. Logo, não há como o mundo criado ser uma parte de Deus. Esse ponto de vista é panteísmo, não teísmo.

Além disso, o Deus do teísmo é um Ser Necessário, isto é, um ser que não pode não existir. Ele não pode ser criado nem deixar de existir. A criação é um ser contingente; a criação é um ser que existe, mas pode não existir. Então, é impossível que a criação seja parte de Deus, já que ela é contingente e Ele é necessário. Em resumo, um Ser Necessário não tem elementos desnecessários de seu ser a partir dos quais possa fazer algo. Pode-se dizer que Deus não tem *partes* que possa *partilhar*. Se pudesse ficar sem elas, não seriam necessárias. Se são necessárias Ele não pode abrir mão delas. Assim, a criação *ex Deo* é impossível para um Deus teísta.

Além disso, um Deus teísta não pode criar *ex materia*. Pois a crença de que há algo eterno fora de Deus não é teísmo, mas sim dualismo. Não pode haver outro ser infinito além de Deus, já que é impossível haver dois seres infinitos. Se há dois, eles devem ser diferentes, e dois seres infinitos não podem ser diferentes na sua existência, já que são o mesmo tipo de existência. Dois seres unívocos não podem ser diferentes na sua existência, já que existência é o próprio aspecto em que são idênticos. Eles só poderiam ser diferentes se fossem tipos diferentes de seres (v. UM E MUITOS, PROBLEMA DE). Logo, não pode haver dois seres infinitos.

E se há um infinito e um (ou mais) ser(es) finito(s), então o ser finito não pode ser um Ser Necessário eterno. Ele não pode ser necessário já que é limitado na sua potencialidade, e qualquer ser com a potencialidade de não existir não é um Ser Necessário. Não pode ser eterno, já que o que é limitado na sua existência jamais alcança a eternidade. Portanto, não poderia ter preexistido eternamente (v. DEUS, EVIDÊNCIAS DE).

No entanto, se o universo não é eterno, e se Deus não pode criar de si mesmo, então não há alternativa. Para um teísta, a criação *ex nihilo* fica assim demonstrada.

O argumento da Primeira Causa. A forma horizontal do argumento cosmológico (v. KALAM, ARGUMENTO COSMOLÓGICO DE) sustenta que há um princípio do universo material de espaço e tempo. Mas, se o universo tem um princípio, ele nem sempre existiu. Isso elimina a criação *ex materia* (de material preexistente), já que não havia nenhum material antes de a matéria surgir. Não havia nada, e então havia matéria que foi criada por Deus, mas não de alguma matéria preexistente. Em outras palavras, se todo ser finito foi criado por uma Primeira Causa que sempre existiu, então "antes" de qualquer ser finito existir não havia nada além da Primeira Causa eterna. Logo, todo ser finito veio a existir a partir da inexistência.

Elementos da criação ex nihilo. *A diferença absoluta entre Criador e criação.* O teísmo cristão afirma que há uma diferença fundamental entre o Criador e sua criação. As seguintes comparações enfatizarão essas diferenças.

Criador	Criação
não-criado	criada
infinito	finita
eterno	temporal
necessário	contingente
imutável	mutável

Deus e o mundo são radicalmente diferentes. Um é o Criador e o outro é a criação. Deus é a Causa e o mundo é o efeito. Deus é ilimitado e limitado. O Criador é auto-existente, mas a criação é completamente dependente dele para sua existência.

Algumas ilustrações podem ajudar a esclarecer a distinção real entre o Criador e a criação. No PANTEÍSMO, Deus é para o mundo o que um lago é para as gotas de água nele, ou o que um fogo é para as fagulhas que saem dele. Mas no teísmo Deus é para o mundo o que o pintor é para uma pintura ou o autor é para uma peça. Enquanto o artista é, de certa forma, manifesto *na* arte, ele também está *além* dela. O pintor não é a pintura. Seu criador está além, sobre e acima dela.

O Criador do mundo o faz existir e é revelado nele; mas Deus não é o mundo.

A criação teve um princípio. Outro elemento crucial da visão teísta da criação a partir do nada é que o universo (tudo exceto Deus) teve um princípio. Jesus falou de sua glória com o Pai "antes que o mundo existisse" (Jo 17.5). O tempo não é eterno. O universo de espaço e tempo foi criado. O mundo nem sempre existiu. O mundo não começou *no* tempo. O mundo foi o princípio *do* tempo. O tempo não existia *antes* da criação, e então, em algum momento no tempo, Deus criou o mundo. Na verdade, não foi uma criação *no* tempo, mas sim a criação *do* tempo.

Isso não significa que tenha havido um tempo em que o universo não existia. Pois não havia tempo antes do tempo começar. A única coisa "anterior" ao tempo foi a eternidade. Isto é, Deus existe eternamente; o universo começou a existir. Logo, ele é anterior ao mundo temporal ontologicamente (na realidade), mas não cronologicamente (no tempo).

Dizer que a criação teve um princípio é mostrar que ele surgiu do nada. Primeiramente ele não existia, e então passou a existir. Não estava lá, e então apareceu. A causa desse surgimento foi Deus.

Ilustrando a criação ex nihilo. Realmente não há ilustrações perfeitas da criação *ex nihilo*, já que é um evento singular que não ocorre no nosso cotidiano. Só conhecemos coisas que vêm de algo. No entanto, há analogias imperfeitas, mas úteis. Uma é a criação de uma nova idéia, que faz surgir algo que não existia antes. Nós literalmente a concebemos ou arquitetamos. Nós a criamos, por assim dizer, do nada. É claro que, ao contrário do universo físico, as idéias não são matéria. Mas, como a criação *ex nihilo* de Deus, são criadas por uma inteligência criativa.

Outra ilustração de *ex nihilo* é um ato de livre-arbítrio, pelo qual o agente livre inicia uma ação que não existia. Já que uma livre escolha (v. LIVRE-ARBÍTRIO) é autodeterminada, ela não surgiu de condições anteriores. Então, quase como *ex nihilo*, não flui de estados anteriores. Em vez disso, a livre escolha não é determinada por nada; literalmente cria a ação em si.

Apoio para a criação ex nihilo. Uma das afirmações extrabíblicas mais antigas sobre a criação conhecida pelos arqueólogos, com mais de 4 mil anos de idade, esclarece a afirmação sobre a criação *ex nihilo*: "Senhor do céu e da terra: a terra não existia, tu a criaste, a luz do dia não existia, tu a criaste, a luz da manhã [ainda] não fizera existir" (*Ebla archives*, p. 259). A criação do nada é expressa claramente fora da Bíblia em 2 Macabeus 7.28, que diz: "Olha para os céus e para a terra e vê tudo que neles há, e reconhece que Deus não os criou a partir de coisas que existiam".

Ainda que a palavra hebraica para "criação", *bārā'*, não signifique necessariamente criar do nada (v Sl 104.30), em certos contextos só pode significar isso. Gênesis 1.1 declara: "No princípio Deus criou os céus e a terra". Dado o contexto de que se fala da criação original, subentende-se *ex nihilo*. Da mesma forma, quando Deus ordenou: "Haja luz", e houve luz (Gn 1.3), a criação *ex nihilo* estava envolvida. Pois a luz, de forma literal, e aparentemente de maneira instantânea, surgiu onde anteriormente não estava.

Salmos 148.5 declara: "[Os anjos] louvem todos eles o nome do Senhor, pois ordenou e eles foram criados.

Jesus afirmou: "E agora, Pai, glorifica-me junto a ti, com a glória que eu tinha contigo antes que o mundo existisse" (Jo 17.5). Essa frase é repetida em 1 Coríntios 2.7 e 2 Timóteo 1.9. Obviamente, se o mundo teve um princípio, então ele nem sempre existiu. Literalmente surgiu da inexistência. Nesse sentido, toda passagem do NT que fala do "princípio" do universo supõe criação *ex nihilo* (v. Mt 19.4; Mc 13.19). Romanos 4.17 afirma a criação *ex nihilo* em termos bem claros e simples: "... o Deus que dá vida aos mortos e chama à existência coisas que não existem, como se existissem". Em Colossenses 1.16, o apóstolo Paulo acrescentou: "Pois nele foram criadas todas as coisas nos céus e na terra, as visíveis e as invisíveis". Isso elimina a visão de que o universo visível é apenas feito de matéria invisível, já que até o domínio invisível foi criado.

Em Apocalipse, João expressou o mesmo pensamento ao declarar: "Porque criaste todas as coisas, e por tua vontade elas existem e foram criadas" (Ap 4.11).

De Gênesis a Apocalipse, a Bíblia declara a doutrina da criação divina de tudo que existe, além dele, a partir do nada.

Crítica à criação **ex nihilo**. Há várias implicações importantes quanto à criação *ex nihilo*. A maioria vem de compreensões erradas desse ponto de vista.

Ela não implica tempo antes do tempo. Alega-se que esse ponto de vista implica que havia tempo antes de o tempo começar, já que afirma que o tempo teve um princípio e ao mesmo tempo Deus existia antes (um termo temporal) de o tempo começar. Essa objeção é respondida pelo teísta com a demonstração de que *antes* não é usado aqui como um termo temporal, mas para indicar prioridade ontológica. O tempo não existia antes do tempo, mas Deus existia. Não havia tempo antes do tempo, mas havia eternidade. Para o universo, a inexistência veio "antes" da existência no sentido lógico, não no cronológico. O Criador existe desde "antes dos tempos eternos" só por uma prioridade da natureza, não do tempo. Deus não criou no tempo; ele executou a criação do tempo.

Ela não implica que o nada fez algo. Às vezes a criação *ex nihilo* é criticada como se afirmasse que o nada fez algo. É claramente absurdo afirmar que a inexistência produziu existência (v. CAUSALIDADE, PRINCÍPIO DA). Pois a criação exige uma causa existente, mas a inexistência não existe. Logo, o nada não pode criar algo. Somente algo (ou alguém) pode causar algo. O nada não causa nada.

Em vez do nada produzindo algo, a criação *ex nihilo* afirma que Alguém (Deus) fez algo do nada. Isso está de acordo com a lei fundamental da causalidade, que exige que tudo que surge seja causado. O nada não pode criar algo, mas Alguém (Deus) pode criar algo além de si mesmo, quando antes não existia. Então, para o teísmo, a criação do nada não significa criação pelo nada.

Ela não implica que "nada" é algo. Quando o teísta declara que Deus criou "do nada", ele não quer dizer que "nada" era alguma coisa invisível e imaterial que Deus usou para fazer o universo material. Nada *significa* absolutamente nada. Isto é, Deus, e absolutamente nada mais, existia. Deus criou o universo e depois fez sozinho algo mais existir.

Conclusão. A criação *ex nihilo* é biblicamente fundamentada e filosoficamente coerente. É uma verdade essencial do teísmo cristão que claramente o distingue das outras cosmovisões, como o panteísmo (*ex deo*) e o ateísmo (*ex materia*). Objeções à criação *ex nihilo* não resistem diante de uma averiguação cuidadosa.

Fontes

Criação ex materia

I. ASIMOV, *The beginning of the end.*
N. L. GEISLER, *Knowing the truth about creation.*
T. HOBBES, *Leviatã.*
A. KENNY, *Five ways.*
P. KREEFT, *Between heaven and hell.*
P. KUSTZ, *Humanist manifestos I and II.*
K. MARX, *Marx and Engels on religion*, R. NIEBURH, org.
PLATÃO, *Timeu.*
C. SAGAN, *Cosmos.*

Criação ex Deo

B. ESPINOSA, *Tratado político.*
M. FERGUSON, *A conspiração aquariana.*
N. L. GEISLER, *Christian apologetics.*
___ & W. WATKINS, *Worlds apart.*
S. MACLAINE, *Dançando na luz.*
PARMÊNIDES, *Proem*, G. S. KIRK, et al., *The presocratic philosophers.*
PLOTINO, "The six enneads".
PRABHAVANANDA, *Os Upanishads: sopro vital do eterno.*
S. RADHAKRISHNAN, *The Hindu view of life.*

Criação ex nihilo

AGOSTINHO, *A cidade de Deus.*
ANSELMO, *Prologion.*
FILO, *The works of Philo.*
TOMÁS DE AQUINO, *Suma teológica.*

criação e origens. A palavra hebraica da Bíblia para "criação" (*bārā'*) e seu equivalente grego (*ktisis*) geralmente são reservados para a origem ou princípios das coisas. Mas, apesar de Deus ter completado seu trabalho *de* criação (Gn 2.2; Êx 20.13), ele não terminou seu trabalho *na* criação (Jo 5.17). Acreditar numa criação teísta e na preservação seguinte do mundo geralmente não é considerado científico atualmente (v. ANTRÓPICO, PRINCÍPIO; BIG-BANG; ORIGENS, CIÊNCIA DAS). Essa opinião baseia-se em parte numa má interpretação do ensinamento bíblico sobre a criação e providência de Deus e em parte num preconceito naturalista. É digno de nota que a maioria dos fundadores da ciência moderna, que certamente tinham um ponto de vista científico, acreditavam que as evidências do mundo científico indicavam um Criador.

Esse é um estudo relevante, tanto na busca científica da verdade quanto na fé cristã. A criação literal do universo por Deus é vital ao cristianismo (v. CRIAÇÃO, VISÕES DA; EVOLUÇÃO; EVOLUÇÃO BIOLÓGICA). Além das implicações para o teísmo em geral, os cristãos encontram no NT uma relação direta entre a criação literal de Adão (v. ADÃO, HISTORICIDADE DE) e os ensinamentos cristãos mais básicos.

O trabalho de origem de Deus. Há uma diferença entre o trabalho de Deus na *origem* do mundo e seu trabalho na sua *operação*. Na maioria das referências bíblicas, não há dúvida de que a palavra *criação* refere-se à origem do universo. Onde um processo pode ser sugerido, não está em vista a criação do universo físico, mas a propagação da vida animal e humana.

A palavra hebraica *bārā'* é usada para a operação do mundo por Deus apenas raramente, como em Salmos 104.30 e Amós 4.13. É usada para a origem do mundo ou universo em Gênesis 1.1,21,27; 2.3,4; 5.1,2; 6.7; Deuteronômio 4.32; Salmos 89.11,12; 148.5; Isaías 40.26; 42.5; 43.1,7; 45.8,12; e Malaquias 2.10. O grego *ktisis* refere-se à criação em Marcos 10.6; 13.19; Romanos 1.20; 1 Coríntios 11.9; Efésios 3.9; Colossenses 1.16; 1 Timóteo 4.3; e Apocalipse 3.14; 4.11 e 10.6.

A palavra bārā' *no* AT. *Gênesis 1.1 (cf. 1.21,27).* "No princípio Deus criou os céus e a terra". Isso obviamente refere-se não ao funcionamento do universo, mas à sua gênese.

Gênesis 2.3. "Abençoou Deus o sétimo dia e o santificou, porque nele descansou de toda a obra que realizara na criação". O fato de que Deus *descansou* (cessou o ato de criação) e ainda está descansando (Hb 4.4,5) prova que a palavra *criação* é usada aqui sobre eventos de origem passados, singulares, não repetidos.

Gênesis 2.4. "Esta é a história das origens dos céus e da terra, no tempo em que foram criados". Isso coloca o evento da criação no passado.

Gênesis 5.1,2. A criação de Adão e Eva também é mencionada no passado: "Quando Deus criou o homem, à semelhança de Deus o fez; homem e mulher os criou. Quando foram criados, ele os abençoou e os chamou Homem".

Gênesis 6.7. Deus clama a Noé: "Farei desaparecer da face da terra o homem que criei, os homens e também os grandes animais e os pequenos e as aves do céu. Arrependo-me de havê-los feito". Apesar de parecer referir-se aos seres humanos vivos na época de Noé, sua *criação como raça* em Adão (Rm 5.12) foi um evento de origem passado. É claro que Deus continua a propagação da raça (Gn 1.28; 4.1,25). Mas a criação de Adão foi um evento inicial que não foi repetido.

Deuteronômio 4.32. Moisés disse: "Perguntem, agora, aos tempos antigos, antes de vocês existirem, desde o dia em que Deus criou o homem sobre a terra; perguntem de um lado ao outro do céu: Já aconteceu algo tão grandioso ou já se ouviu algo parecido?".

Jó 38.4,7; Salmos 148.5. Sobre os anjos o salmista diz: "Pois ordenou, e eles foram criados". Jó nos diz que os anjos já existiam quando "lancei os alicerces da terra". Então a referência à criação, Salmo, volta ao princípio.

Salmos 89.11,12. Criação é usada para todas as coisas que Deus fez, que agora são suas e lhe dão glória: "Os céus são teus, e tua também é a terra; fundaste o mundo e tudo o que nele existe, tu criaste o Norte e o Sul; o Tabor e o Hermon cantam de alegria pelo teu nome".

Isaías 40.26; 42.5; 43.1,7. Deus criou as estrelas, numerou-as e nomeou-as, relata Isaías 40.26. Em 42.5 ele declara que Deus "criou o céu [...] a terra e tudo o que dela procede". (v. tb. Is 45.8,12). Deus criou Jacó e "todo o que é chamado pelo meu nome" (Is 43.1,7).

Malaquias 2.10. Referindo-se à criação da raça humana, Malaquias diz: "Não temos todos o mesmo Pai? Não fomos todos criados pelo mesmo Deus?". Embora a raça tenha se propagado desde Adão, a Bíblia deixa claro que ela foi criada em Adão (Gn 1.27; v. Rm 5.12). Então a criação da humanidade é vista como um evento de origem. Até Jesus referiu-se a ela como um evento que ocorreu quando "no princípio, o Criador os fez homem e mulher" (Mt 19.4).

A palavra ktisis *no NT.* Assim como o AT, o NT usa sistematicamente a palavra *criação* (*ktisis*) para referir-se a um evento de origem passado.

Marcos 10.6. Quando Jesus diz que "Mas no princípio da criação Deus 'os fez homem e mulher'", sem dúvida refere-se à criação como uma singularidade passada, não um processo regular e observável.

Marcos 13.19. "Porque aqueles serão dias de tribulação como nunca houve desde que Deus criou o mundo até agora, nem jamais haverá." Essa é uma referência inconfundível à criação como ponto de início, não um processo de continuação.

Romanos 1.20. Paulo declarou que "desde a criação do mundo os atributos invisíveis de Deus, seu eterno poder e sua natureza divina, têm sido vistos claramente, sendo compreendidos por meio das coisas criadas".

1 Coríntios 11.8,9. A criação original de Adão e Eva literais é vista nos atos pelos quais Deus fez "a mulher do homem" e "por causa do homem".

Efésios 3.9; Colossenses 1.16. Efésios fala da criação como uma ação completa e passada, referindo-se ao "Deus, que criou todas as coisas". Paulo acrescenta em Colossenses que "todas as coisas foram criadas por ele e para ele [Cristo]".

1 Timóteo 4.3. Embora alimentos sejam produzidos no presente, a referência aqui é à criação *original* dos alimentos. Isso é evidente pelo uso do tempo aoristo, indicando ação completa. Além disso, a frase "para serem recebidos" indica o propósito original da criação dos alimentos.

Apocalipse 3.14. O livro de Apocalipse refere-se à criação como obra passada de Deus pela qual as coisas começaram. João indicou a proeminência de Cristo desde "o soberano da criação de Deus" (Ap 3.14; v. Cl 1.15,18). O exército celestial ao redor do trono de Deus o louva porque por ele todas as coisas "foram criadas" (4.11). E o anjo jurou por aquele "que criou os céus e tudo o que neles há, a terra e tudo o que nela há e o mar e tudo o que nele há" (10.6; v. 14.7)".

A criação contínua de Deus. Alguns usos de *bārā* e *ktisis* referem-se ao trabalho contínuo ou à providência de Deus. Ele não deixa de se relacionar com o mundo que criou. Opera continuamente nele. Sustém sua existência.

Salmos 104.30. "Quando sopras o teu fôlego, eles são criados, e renovas a face da terra." Aqui *criar* (*bārā*) é usado não com relação à *geração* inicial da vida, mas com relação à sua *regeneração* contínua. O contexto fala de Deus fazendo "crescer o pasto para o gado, e as plantas que o homem cultiva" (v. 14). É Deus quem faz "jorrar as nascentes nos vales e correrem as águas entre os montes" (Sl 104.10) e que traz "trevas, e cai a noite" (v. 20). É um Deus que continuamente dá alimento para todos os seres vivos (v. 28). A ênfase repetida recai sobre a preservação de Deus em relação a esse mundo.

Amós 4.13. "Aquele que forma os montes, cria o vento e revela os seus pensamentos ao homem, aquele que transforma a alvorada em trevas, e pisa as montanhas da terra; SENHOR, Deus dos Exércitos, é o seu nome". *Bārā* aqui parece ser usado para o trabalho de Deus na sua criação, não apenas para sua obra original de criação. A palavra *faz*, que geralmente aparece alternativamente com o verbo *criar* (v. Gn 1.26,27; 2.18), é usado em outros textos para descrever a providência contínua de Deus (v. Sl 104.3,4,10).

Outras descrições. De várias maneiras, a Bíblia apresenta Deus trabalhando. Além de criar e fazer, ele está "realizando" e "causando" as operações da natureza. Ele a *sustenta* (Hb 1.3), *conserva* (Cl 1.17), faz *existir* (Ap 4.11), *produz* vida nela (Sl 104.14). Ele é a causa contínua da sua existência. Não haveria a realidade da criação, passada ou presente, se não fosse Deus.

Comparando a criação e a providência. O trabalho duplo de Deus — criar e preservar o mundo — geralmente é apresentado na mesma passagem, até no mesmo versículo. Note esses contrastes reveladores.

Deus produziu e ainda produz. Gênesis 1.1 diz "Deus criou os céus e a terra" e mais tarde está trabalhando na terra *produzindo* "relva" (v. 11). A primeira foi uma ação de origem; a segunda, de operação. Ambas são a obra de Deus.

Deus descansou e ainda trabalha. Gênesis 2.2 declara que "Deus já havia concluído a obra que realizara, e nesse dia descansou". Mas Jesus afirmou que Deus "continua trabalhando até hoje" (Jo 5.17). O primeiro texto declara o início de sua obra de criação; o segundo retrata a *continuação* de sua obra na criação.

Deus lançou os fundamentos da terra e ainda a faz produtiva. Salmos 104.5 declara a Deus: "Firmaste a terra sobre os seus fundamentos". Alguns versículos depois Deus está *tirando* "da terra[...]o seu alimento" (v. 14). O primeiro é um trabalho de originar, o segundo de operar. Deus faz ambos.

Deus criou o mundo e ainda o sustenta. Em Atos 17.24, as Escrituras ensinam que Deus "*fez* o mundo". Quatro versículos depois, lemos: "Nele vivemos, nos movemos, e *existimos*" (v. 28). Deus é a causa passada da sua *criação* e também é a causa presente da sua *existência*.

Deus criou o mundo e ainda o conserva. Colossenses 1.16 expressa o trabalho passado de Deus como aquele pelo qual "foram criadas todas as coisas". O versículo seguinte explica que "nele, tudo subsiste". O primeiro é um ato de criação. O segundo é o ato divino de conservação.

Deus fez o universo e ainda o faz existir. Em Apocalipse 4.11, o apóstolo João compara as obras de criação e preservação de Deus. Ele escreveu: "Por tua vontade elas existem e foram *criadas*". Todas as coisas *receberam* sua existência de Deus e ainda *têm* existência por causa dele.

A realidade da criação lida com origens e operação presente. O Criador é necessário, não apenas para criá-la, mas também para sustentá-la. Nenhum retrato da criação está completo sem uma dessas ações.

Explicando o trabalho de Deus. Como já vimos, o trabalho de Deus em relação à existência do mundo divide-se em duas grandes categorias: criar e preservar (cuidado providencial). Em cada uma dessas categorias há três áreas de contraste: o ator (Deus), seus atos e o resultado de seus atos. Os atos de Deus na criação e preservação podem ser comparados.

Os atos divinos de criação e preservação. As passagens bíblicas apresentadas declaram que os atos de Deus são necessários para a *criação* do mundo e para que ele *continue existindo*. Isso pode ser formulado de várias maneiras que destacam nuanças da distinção:

- Deus criou o universo do nada e o impede de voltar ao nada.
- Deus é a causa inicial e a causa conservadora de tudo que existe.
- Deus estava ativo na produção da vida e é ativo na sua reprodução.
- Deus operou na geração do mundo e o governa ativamente. A providência refere-se mais especificamente à administração de Deus de tudo que existe e acontece.
- Deus estava envolvido na criação do universo e está envolvido na sua conservação.
- Deus é responsável pela criação e operação do cosmo.

Isso pode ser resumido numa tabela:

Atos de criação	Atos de preservação/ providência
Criação do mundo	Preservação do mundo
Surgimento	Continuidade
Criação do nada	Preservação do retorno ao nada
Princípio	Conservação
Produção	Reprodução
Geração	Administração
Fabricação	Manutenção
Originar	Operar

Deus como autor: causalidade primária e secundária. Ao enfatizar Deus como *Originador* e *Operador* principal da criação, pode-se ver Deus direta e indiretamente envolvido com este mundo do princípio ao fim. Apesar de ser a *Causa Primária* de todas as coisas, Deus opera por meio de *causas secundárias*. O que geralmente consideramos processos da natureza são, na verdade, atos indiretos de Deus por meio de causas secundárias (ou naturais). Nessa função, Deus é a *Causa Remota*, e as forças naturais são causas *próximas* de eventos. Outra maneira de dizer isso é que Deus é a *Causa Final* e a natureza, a causa *imediata* da maioria dos acontecimentos. A relação entre os dois papéis de Deus como *Originador* e *Operador* pode ser resumida:

Diretamente, na criação, Deus é:	Diretamente, na providência, Deus é:
Originador	Operador
Fonte	Sustentador
Criador	Conservador
Produtor	Provedor
Indiretamente, Deus é:	**Agindo por meio de:**
Causa primária	Causas secundárias
Causa remota	Causas próximas
Causa final	Causas imediatas
Comandante original	Subautoridades na escala de comando

Os resultados. Deus age em seu mundo de duas maneiras: por *intervenção direta* (como na criação) e por *ação indireta* (como na preservação). A primeira é uma ação *imediata* de Deus e a outra é uma ação *mediata*. As ações diretas de Deus são *instantâneas*; as indiretas envolvem *um processo*. E as ações divinas de criação são *descontínuas* com o que aconteceu antes. Elas foram experiência *nihilo* ("do nada") (v. CRIAÇÃO, VISÕES DA), ou *de nova* (completamente novas). Por exemplo, ele produziu algo do nada, vida da não-vida, e o racional do não-racional. Essas são descontinuidades transpostas por uma ação direta de Deus (v. EVOLUÇÃO BIOLÓGICA).

Além disso, as ações de criação de Deus causaram eventos *singulares* de origem, enquanto suas ações de preservação envolvem uma *repetição* de eventos. Uma produziu *singularidades*, e a outra, *regularidades*. Os eventos da criação original *não são observados* hoje, mas a operação divina pode ser *observada* no presente. O resultado das ações de Deus pode ser comparado desta forma:

Resultado das ações de Deus
Essa distinção entre singularidades passadas e

Resultado da intervenção direta	Resultado da ação indireta
Imediato	Mediato
Instantâneo	Um processo
Descontínuo com o passado	Contínuo com o passado
Evento singular	Repetição de eventos
Singularidade	Regularidades
Não observado	Observado

presentes, ambas ações de Deus, é a base de dois tipos de ciência: ciência da origem e ciência da operação.

Importância científica. Até depois da morte de Darwin, os responsáveis pelo desenvolvimento da ciência moderna eram criacionistas, pois acreditavam na origem sobrenatural do universo e da vida. Entre eles estão:

Johann Kepler (1571-1630), mecânica celestial, astronomia física
Blaise Pascal (1623-1662), hidrostática
Robert Boyle (1627-1691), química, dinâmica do gás
Nicholas Steno (1638-1687), estratigrafia
Isaac Newton (1642-1727), cálculo, dinâmica
Michael Faraday (1791-1867), teoria de campos
Charles Babbage (1792-1871), ciência da computação
Louis Agassiz (1807-1873), geologia glacial, ictiologia
James Simpson (1811-1870), ginecologia
Gregor Mendel (1822-1884), genética
Louis Pasteur (1822-1895), bacteriologia
William Kelvin (1824-1907), energética, termodinâmica
Joseph Lister (1827-1912), cirurgia anti-séptica
James Clerk Maxwell (1831-1879), eletrodinâmica, termodinâmica estatística
William Ramsay (1852-1916), química isotópica

Além desses fundadores de campos científicos e matemáticos estavam seus precursores, que também defendiam a criação sobrenatural. Entre eles estão Roger Bacon (1220-1292), Nicolau Copérnico (1473-1543) e Galileu Galilei (1564-1642). Com algumas exceções, os cientistas antes de 1860 eram cristãos. A afirmação de Newton expressa a crença dos cientistas que viveram durante os primeiros dois séculos e meio do Iluminismo:

Esse esplêndido sistema do Sol, planetas e cometas só poderia proceder do conselho e domínio de um Ser inteligente e poderoso. E se as estrelas fixas são os centros de outros sistemas semelhantes, elas, sendo formadas pelo mesmo conselho sábio, devem estar todas sujeitas ao seu domínio (Newton, p. 369).

Kepler deixou claro os motivos por que fazia ciência quando escreveu:

Deus permita que minha prazerosa especulação (*Mysterium cosmographicum*) tenha entre homens racionais o efeito completo que me esforcei em obter na publicação; isto é, que a crença na criação do mundo seja fortalecida por meio desse apoio externo, que a opinião sobre o Criador seja reconhecida na natureza e que sua sabedoria inexaurível brilhe cada vez mais (citado em Holton, p. 84).

Além dos fundadores da ciência moderna serem criacionistas, o próprio conceito de criação foi um fator significativo no ímpeto à ciência. M. B. Foster, ao escrever no famoso jornal *Mind*, em 1934, observou:

> Surge a questão geral: Qual é a fonte dos elementos não-gregos que foram importados para a filosofia pelos filósofos da pós-Reforma e que constituem a modernidade da filosofia moderna? E [...] qual é a fonte dos elementos não-gregos na teoria moderna da natureza pela qual o caráter peculiar da ciência moderna da natureza seria determinado? A resposta à primeira questão é: a revelação cristã, e a resposta à segunda é: a doutrina cristã da criação (Foster, p. 448).

A passagem para o naturalismo. Depois que Charles Darwin (1809-1882) publicou *A origem das espécies* em 1859, o cenário mudou radicalmente. A princípio uma explicação naturalista das espécies se tornou dominante (v. NATURALISMO). Mas, no último parágrafo da segunda edição desse livro bombástico, foi acrescentada a negação de Darwin de insistir numa explicação naturalista da origem do(s) primeiro(s) ser(es) vivo. Ele escreveu: "Há grandeza nessa visão da vida, com seus vários poderes, tendo sido soprada originalmente pelo Criador em algumas formas ou numa só". Apesar de Darwin acreditar que a vida surgiu num "laguinho de águas mornas", ele não tentou uma explicação totalmente naturalista do universo (v. EVOLUÇÃO CÓSMICA), embora seu ponto de vista aponte naturalmente nessa direção. Por fim, tais explicações naturalistas começaram a dominar.

Falácias do anti-supernaturalismo. O preconceito naturalista na ciência é devido ao aumento do anti-supernaturalismo depois da obra de Baruch Espinosa, que argumentou insistentemente que milagres eram impossíveis, e de David Hume, que insistiu que o milagroso é inacreditável. Ambos os argumentos têm falhas, como demonstrado no artigo MILAGRES, ARGUMENTOS CONTRA.

Na verdade, muitas coisas têm acontecido na ciência do final do século XX para fazer voltar a atenção a um Criador sobrenatural, especialmente por meio da teoria do *big-bang*, do princípio antrópico e de desenvolvimentos na biologia molecular.

Ciência da origem e ciência da operação. Ligada à pressuposição anti-sobrenatural, a atual rejeição científica dos pontos de vista criacionistas baseia-se na incapacidade de distinguir entre a *ciência da operação*, que lida com regularidades atuais observadas, e a *ciência da origem*, a reconstrução especulativa de singularidades passadas não observadas. A primeira é uma ciência empírica; a segunda opera mais como uma ciência forense. Nem a macroevolução nem a criação são ciências operacionais. Ambas operam em princípios de ciência da origem (v. ORIGENS, CIÊNCIA DAS). Criação é uma ciência — uma ciência da origem — tanto quanto a macroevolução.

Importância teológica. É o mundo criado que manifesta a glória de Deus. "Os céus declaram a glória de Deus; e o firmamento proclama a obra das suas mãos" (Sl 19.1). O salmista declarou: "Senhor, Senhor nosso, como é majestoso o teu nome em toda a terra! Tu, cuja glória é contada nos céus" (Sl 8.1). Dessa afirmação flui a base da adoração teísta.

O fato de as criaturas serem feitas para adorar é evidente em todas as Escrituras. João escreveu que no céu a glória da criação será o tema do louvor. Os justos cantarão: "Tu, Senhor e Deus nosso, és digno de receber a glória, a honra e o poder, porque criaste todas as coisas, e por tua vontade elas existem e foram criadas" (Ap 4.11).

Paulo afirmou que esse mandamento de adoração se estende a toda humanidade e que ninguém é realmente ignorante quanto à necessidade de adorar ao Criador: "Pois o que de Deus se pode conhecer é manifesto entre eles, porque Deus lhes manifestou. Pois desde a criação do mundo os atributos invisíveis de Deus, seu eterno poder e sua natureza divina, têm sido vistos claramente, sendo compreendidos por meio das coisas criadas, de forma que tais homens são indesculpáveis; porque, tendo conhecido a Deus, não o glorificaram como Deus, nem lhe renderam graças, mas os seus pensamento tornaram-se fúteis e o coração insensato deles obscureceu-se" (Rm 1.19-21).

Pelo fato de o universo ser criado e não ser Deus, é idolatria adorá-lo ou adorar qualquer parte dele. O cosmo não é feito de material divino; foi feito por Deus a partir do nada. Veja a seção sobre criação *ex nihilo* em CRIAÇÃO, VISÕES DA. É um pecado terrível adorar e servir a "coisas e seres criados, em lugar do Criador" (Rm 1.25). Por isso a Bíblia condena firmemente a idolatria. Deus ordenou: "Não farás para ti nenhum ídolo, nenhuma imagem de qualquer coisas no céu, na terra, ou nas águas debaixo da terra" (Êx 20.4). Deus é tão diferente do mundo quanto o oleiro é diferente do vaso de barro (Rm 9.20,21). Admiração e adoração devem ser dadas ao Artesão, não ao objeto feito.

Importância social/ética. A criação santifica o casamento. Jesus situou a base moral do casamento na criação literal de Adão e Eva. Ao responder à pergunta: "É permitido ao homem divorciar-se de sua mulher por qualquer motivo?" (Mt 19.3), Jesus disse: "Vocês não leram que, no princípio, o Criador os fez 'homem e mulher' e disse: 'Por essa razão, o homem deixará pai e mãe e se unirá à sua mulher, e os dois se tornarão uma só carne'? Assim, eles já não são dois, mas sim uma só carne. Portanto, o que Deus uniu, ninguém separe" (v. 4-6).

A criação confere dignidade aos seres humanos. Moisés disse que *matar* seres humanos era errado porque "à imagem de Deus foi o homem criado" (Gn 9.6). Tiago acrescentou que *amaldiçoar* outros seres humanos é errado pela mesma razão: "Com a língua bendizemos o Senhor e Pai, e com ela amaldiçoamos os homens, feitos às semelhança de Deus" (Tg 3.9).

A criação dá sentido à moralidade. Todos os princípios morais (v. MORALIDADE, NATUREZA ABSOLUTA DA) estão arraigados na perfeição absoluta e na natureza imutável de Deus (v. DEUS, NATUREZA DE). A criação fala mais especificamente a princípios morais referentes a relacionamentos entre seres humanos como co-portadores da imagem de Deus. Por exemplo, a proibição contra matar outro ser humano existe porque só Deus dá e tem o direito de tirar a vida humana (Gn 9.6; Jó 1.21). Não nos atrevemos a fazer o mesmo sem autorização, porque não criamos a vida humana e não a possuímos. Nossa responsabilidade moral de proteger e preservar a vida humana deriva do fato de ser ela criada por Deus.

A criação unifica a humanidade. Deus criou Adão e Eva (Gn 1.27) e lhes ordenou que se multiplicassem(1.28), o que realmente aconteceu (5.1). Todos os seres humanos são seus descendentes (1Cr 1.1; Lc 3.38). Com base na doutrina da unidade humana nos primeiros pais, Paulo declara a filósofos gregos que, de um, Deus fez todas as nações (At 17.26-29). Malaquias perguntou: "Não temos todos o mesmo Pai? Não fomos todos criados pelo mesmo Deus?" (Ml 10). Uma implicação dessa unidade criada é que o racismo é moralmente errado perante o Criador e é incorreto. Há apenas uma raça, a raça de Adão, que é dividida em grupos étnicos. O casamento entre esses grupos é permitido. O ódio étnico é um ataque direto à criação de Deus.

A criação define a igualdade sexual. A doutrina da criação opõe-se a tentativas, por parte de homens ou mulheres, de afirmar superioridade sobre o outro sexo. Apesar de acusações terem sido feitas contra cristãos tradicionais nesse sentido, o comportamento abusivo e humilhante viola o ensinamento das Escrituras. Deus declara que ambos os sexos são iguais perante ele: "À imagem de Deus o criou; homem e mulher os criou" (Gn 1.27). Isso é igualdade em essência. Jesus repetiu essa verdade em Mateus 19.4. Da mesma forma, o apóstolo Paulo observou a interdependência entre homem e mulher: "Além disso, o homem não foi criado por causa da mulher, mas a mulher por causa do homem [...] todavia, a mulher não é independente do homem, nem o homem independente da mulher. Pois, assim como a mulher proveio do homem, também o homem nasce da mulher. Mas tudo provém de Deus" (1Co 11.9-12).

A criação legitima a autoridade do governo. A Bíblia declara que "não há autoridade que não venha de Deus; as autoridades que existem foram por ele estabelecidas" (Rm 13.1). Em Gênesis 9.6, citado acima, a imagem de Deus na humanidade criada é tão importante que os assassinos devem ser executados. A proteção da vida humana e o castigo daqueles que a violam tornou-se uma função do governo. Segundo o apóstolo Paulo, "é serva [autoridade] de Deus para o seu bem. Mas se você praticar o mal, tenha medo, pois ela não porta a espada sem motivo" (Rm 13.4).

A criação estabelece funções e autoridade. A liderança masculina é uma questão contenciosa nas igrejas onde os membros defendem a visão bíblica da criação. Não é que os cristãos tradicionais (homens e mulheres) sejam misóginos, como os defensores dos direitos da mulher geralmente os acusam de ser. Valor igual e respeito de homens e mulheres, bem como uma ordem que enfatize a liderança masculina, são ensinados em Gênesis e aplicados à igreja no NT.

Paulo postula esses princípios firmemente em 1Timóteo 2.11-14: "A mulher deve aprender em silêncio, com toda a sujeição. Não permito que a mulher ensine, nem que tenha autoridade sobre o homem. Esteja, porém, em silêncio. Porque primeiro foi formado Adão, e depois Eva. E Adão não foi enganado, mas sim a mulher que, tendo sido enganada, tornou-se transgressora". Com relação à estrutura de autoridade familiar, Paulo escreveu: "Quero, porém, que entendam que o cabeça de todo homem é Cristo, é o cabeça da mulher é o homem, e o cabeça de Cristo é Deus [...] Pois o homem não se originou da mulher, mas a mulher do homem; além disso, o homem não foi criado por causa da mulher, mas a mulher por causa do homem" (1Co 11.3,8,9).

É evidente aqui que a ordem de criação é dada como base para a estrutura de autoridade dentro de uma família.

Por ordem de criação e pelo papel de Adão como cabeça da aliança entre Deus e a humanidade, a estrutura de autoridade no lar e na igreja foi estabelecida através do homem. A responsabilidade final de Adão era de cumprir as ordens da aliança. Foi seu pecado que trouxe morte à raça humana (v., p. ex, Rm 5.12-14).

Numa breve menção de um assunto complexo, deve-se enfatizar que essa ordem não deve ser considerada como permissão para negar a igualdade essencial entre homem e mulher (v. acima). O plano de Deus de funções diferentes não expressa importância ou valor relativo no corpo espiritual de Cristo, onde "não há judeu nem grego, escravo nem livre, homem nem mulher, pois todos são um em Cristo Jesus" (Gl 3.28).

A criação e a queda estão relacionadas à salvação. Romanos 5 liga expressamente a redenção à criação literal de Adão:

> Portanto, da mesma forma como o pecado entrou no mundo por um homem, e pelo pecado a morte, assim também a morte veio a todos os homens, porque todos pecaram [...] Se pela transgressão de um só a morte reinou por meio dele, muito mais aqueles que recebem de Deus a imensa provisão da graça e a dádiva da justiça reinarão em vida por meio de um único homem, Jesus Cristo (Rm 5.12,17).

Nesse texto, o fato da morte literal, que acontece com todos os seres humanos, está diretamente ligado a um Adão literal e sua queda. Da mesma forma, por comparação direta, a morte literal de Cristo e a salvação do pecado estão relacionadas com esse Adão literal.

A criação está relacionada à ressurreição. Ao citar Gênesis 2.24, Paulo escreveu em 1 Coríntios 15.45-49:

> Assim está escrito: "O primeiro homem, Adão, tornou-se um ser vivente"; o último Adão, espírito vivificante. Não foi o espiritual que veio antes, mas o natural; depois dele o espiritual. O primeiro homem era do pó da terra; o segundo homem, dos céus. Os que são da terra são semelhantes ao homem terreno; os que são dos céus, ao homem celestial. Assim como tivemos a imagem do homem terreno, teremos também a imagem do homem celestial.

Paulo compara um Adão literal e um Cristo literal ao ensinar o significado da ressurreição literal de Cristo. Já que Cristo é as primícias (1Co 15.20) da ressurreição física do crente, a doutrina da criação de Adão está ligada à ressurreição de Cristo e dos crentes.

A criação está relacionada com a segunda vinda. O apóstolo Pedro exortou:

> Antes de tudo saibam que, nos últimos dias, surgirão escarnecedores zombando e seguindo suas próprias paixões. Eles dirão: "O que houve com a promessa da sua vinda? Desde que os antepassados morreram, tudo continua como desde o princípio da criação". Mas eles deliberadamente se esquecem de que há muito tempo, pela palavra de Deus, existem céus e terra, esta formada da água e pela água. E pela água o mundo daquele tempo foi submerso e destruído. Pela mesma palavra os céus e a terra que agora existem estão reservados para o fogo, guardados para o dia do juízo e para a destruição dos ímpios. Não se esqueçam disto, amados: para o Senhor um dia é como mil anos, e mil anos como um dia. O Senhor não demora em cumprir a sua promessa, como julgam alguns. Ao contrário, ele é paciente com vocês, não querendo que ninguém pereça, mas que todos cheguem ao arrependimento. O dia do Senhor, porém, virá como ladrão. Os céus desparecerão com um grande estrondo, os elementos serão desfeitos pelo calor, e a terra, e tudo o que nela há, será desnudada. Visto que tudo será assim desfeito, que tipo de pessoas é necessário que vocês sejam? Vivam de maneira santa e piedosa, esperando o dia de Deus e apressando a sua vinda. Naquele dia os céus serão desfeitos pelo fogo, e os elementos se derreterão pelo calor. Todavia, de acordo com a sua promessa, esperamos novos céus e nova terra, onde habita a justiça (2 Pe 3.3-13).

Pedro compara vividamente a criação literal do mundo com sua destruição literal eventual e a salvação eventual. A verdade de uma é interdependente da outra. Isto é, a confiança do crente na purificação e restauração final da criação baseia-se na evidência da criação do universo.

Conclusão. O Deus da Bíblia é ativo tanto na *origem* quanto na *conservação* do universo. Ele é a causa de sua *criação* e a causa de sua *preservação*. O argumento cosmológico de *kalam* é a evidência do primeiro tipo de relação causal de Deus com o universo (uma *causalidade horizontal*). E o argumento cosmológico tradicional é a evidência da *causalidade vertical* de Deus na sustentação da existência do universo agora. Esse tipo de causalidade se opõe ao deísmo. Ambos os tipos de causalidade apóiam a criação *ex nihilo*. Cada um corresponde a um tipo de ciência: a causalidade originadora de Deus é o objeto da *ciência da origem* (v. ORIGENS, CIÊNCIA DAS), e sua causalidade conservadora é objeto da *ciência operacional*.

A ciência teria se desenvolvido de outra maneira se seus fundadores, de Roger Bacon em diante, tivessem a perspectiva ateísta de grande parte da comunidade científica do final do século XX. A maioria acreditava firmemente numa criação teísta planejada, com leis discerníveis, estabelecidas por um Criador. O preconceito pós-darwiniano contra qualquer explicação sobrenatural da criação baseia-se numa confusão entre ciência de origem e de operação.

Na verdade, até a redenção é descrita como uma nova *criação* (2Co 5.17), o que implica conexão com a "velha". Até a doutrina de inspiração das Escrituras (v. BÍBLIA, EVIDÊNCIAS DA) flui do fato de que há um Deus que por simples palavras trouxe o universo à existência (p.ex., Gn 1.3,6). O apóstolo Paulo declarou que "Deus, que disse: 'Das trevas resplandeça a luz', ele mesmo brilhou em nossos corações, para iluminação do conhecimento da glória de Deus na face de Cristo" (2Co 4.6). Como sua criação, a Palavra de Deus procede "da boca de Deus" (Mt 4.4).

Fontes

I. Asimov, *The beginning of the end.*
Agostinho, *Literary commentary on Genesis.*
___, *On the soul and its origin.*
F. Bacon, *Novum organum.*
P. Simon de Laplace, *The system of the world.*
M. B. Foster, "The Christian doctrine of creation and the rise of modern natural science", *Mind*, 1934.
N. L. Geisler e K. Anderson, *Origins science.*
H. Gruber, *Darwin on man.*
G. Holton, *Thematic origins of scientific thought.*
P. Kreeft, *Between heaven and hell.*
C. S. Lewis, *Milagres.*
K. Marx, *Marx and engels on religion.*
I. Newton, *General Sholium* em *Princípios matemáticos.*
Platão, *Timaeus.*
C. Sagan, *Cosmos.*
Tomás de Aquino, *On the power of God.*
A. N. Whitehead, *Science and the modern world.*

criação e preservação. V. criação e origens.

criacionistas, primeiros. V. criação e origens.

Cristo, divindade de. A base do cristianismo é a crença de que Jesus Cristo é o Filho de Deus, isto é, Deus manifesto em carne humana. A prova disso é o seguinte:

1. A verdade sobre a realidade pode ser conhecida (v. verdade, natureza; agnosticismo).
2. Opostos não podem ser verdadeiros (v. pluralismo religioso; lógica).
3. Deus existe (v. Deus, evidências de).
4. Milagres são possíveis (v. milagres).
5. O milagre é ato de Deus para confirmar sua verdade afirmada pelo mensageiro de Deus (v.milagres, valor apologético dos; milagres como confirmação da verdade).
6. Os documentos do nt são confiáveis (v. Novo Testamento, confiabilidade documentos do; Novo Testamento, manuscritos do; Novo Testamento, historicidade do).
7. No nt Jesus afirmou ser Deus.
8. Jesus provou ser Deus por uma convergência inédita de milagres (v. milagres na Bíblia).
9. Portanto, Jesus era Deus em carne humana.

Já que os seis primeiros pontos são tratados nos verbetes indicados, este artigo enfatizará os pontos 5 e 6.

A afirmação de Jesus de ser Deus. Jesus afirmou ser Deus, diretamente e por implicação necessária do que disse ou fez.

Jesus afirmou ser Iavé. Iavé (yhwh; às vezes aparece em traduções em português como "Jeová" ou em versalete como "Senhor") é o nome especial dado por Deus a si mesmo no at. É o nome revelado a Moisés em Êxodo 3.14, quando Deus disse: "Eu Sou o que Sou". Outros títulos para Deus podem ser usados para seres humanos, tais como *'ādôn* ("Senhor") em Gênesis 18.12, ou falsos deuses, como *'elŏhîm* ("deuses") em Deuteronômio 6.14. *Iavé* no entanto, refere apenas ao único Deus verdadeiro. Nenhuma outra pessoa ou coisa podia ser adorada ou servida (Êx 20.5), e seu nome e sua glória não podiam ser dados a outro. Isaías escreveu: "Assim diz o Senhor [...] Eu sou o primeiro e eu sou o último; além de mim não há Deus" (Is 44.6) e: "Eu sou o Senhor; este é o meu nome! Não daria a outro a minha glória nem a imagens o meu louvor" (42.8).

Jesus afirmou ser *Iavé*. Orou: "E agora, Pai, glorifica-me junto a ti, com a glória que eu tinha contigo antes que o mundo existisse" (Jo 17.5). Mas Iavé do at "não darei a outro a minha glória..." (Is 42.8). Jesus também declarou: "Eu sou o Primeiro e o Último" (Ap 1.17) — exatamente as palavras usadas por Iavé em Isaías 42.8. Ele disse: "Eu sou o bom pastor" (Jo 10.11), mas o at disse: "*Iavé* é meu pastor" (Sl 23.1). Além disso, Jesus afirmou ser o juiz de todos os povos (Mt 25.31s.; Jo 5.27s.), mas Joel cita Iavé dizendo: "Pois ali me assentarei para julgar todas as nações vizinhas" (Jl 3.12). Da mesma forma, Jesus falou de si mesmo como o "noivo" (Mt 25.1), e o at identifica Iavé dessa forma (Is 62.5; Os 2.16). O salmista declarou: "O Senhor é a minha luz" (Sl 27.1) e Jesus disse: "Eu sou a luz do mundo" (Jo 8.12).

Talvez a reivindicação mais forte que Jesus tenha feito de ser Iavé está em João 8.58, onde ele diz: "Antes de Abraão nascer, Eu Sou". Essa afirmação reivindica não só existência antes de Abraão, mas igualdade com o "Eu Sou" de Êxodo 3.14. Os judeus à sua volta entenderam claramente seu significado e pegaram pedras para matá-lo por blasfêmia (v. Jo 8.58; 10.31-33). A mesma afirmação é feita em Marcos 14.62 e João 18.5,6.

Jesus afirmou ser igual a Deus. Jesus afirmou ser igual a Deus de várias maneiras. Uma delas foi ao assumir as prerrogativas de Deus. Ele disse ao paralítico: "Filho, os seus pecados estão perdoados" (Mc 2.5-11). Os escribas responderam corretamente: "Quem pode perdoar pecados, a não ser somente Deus?". Então, para provar que sua afirmação não era apenas jactância, ele curou o homem, oferecendo prova direta de que o que dissera sobre perdoar pecados também era verdadeiro.

Outra prerrogativa que Jesus assumiu foi o poder de ressuscitar e julgar os mortos:

Eu lhes afirmo que está chegando a hora, e já chegou, em que os mortos ouvirão [...] e sairão; os que

Cristo, divindade de

fizeram o bem ressuscitarão para a vida, e os que fizeram o mal ressuscitarão para serem condenados. (Jo 5.25, 29).

Ele removeu toda dúvida do que queria dizer quando acrescentou: "Pois, da mesma forma que o Pai ressuscita os mortos e lhes dá vida, o filho também dá vida a quem ele quer" (Jo 5.21). Mas o AT claramente ensinava que apenas Deus dava a vida (Dt 32.39; 1Sm 2.6), ressuscitava os mortos (Sl 2.7) e era o único juiz (Dt 32.35; Jl 3.12). Jesus declarou corajosamente deter poderes que apenas Deus possuía.

Jesus também afirmou que deveria ser honrado como Deus. Ele exigiu "que todos honrem o Filho como honram o Pai. Aquele que não honra o Filho, também não honra o Pai que o enviou" (Jo 5.23). Os judeus que o ouviam sabiam que ninguém podia afirmar ser igual a Deus dessa maneira, e novamente pegaram pedras (Jo 5.18).

Jesus afirmou ser o Deus-Messias. Até o *Alcorão* reconhece que Jesus era o Messias (5.17, 75). Mas o AT ensina que o Messias vindouro seria o próprio Deus. Portanto, quando Jesus afirmou ser esse Messias, também estava afirmando ser Deus. Por exemplo, o profeta Isaías (em 9.6) chama o Messias de "Deus Forte". O salmista escreveu sobre o Messias: "O teu trono, ó Deus, subsiste para todo o sempre" (Sl 45.6; v. Hb 1.8). Salmos 110.1 registra uma conversa entre o Pai e o Filho: "Senta-te à minha direita". Jesus aplicou essa passagem a si mesmo em Mateus 22.43,44. Na grande profecia messiânica de Daniel 7, o Filho do Homem é chamado "ancião" (v. 22), expressão usada duas vezes na mesma passagem onde aparece Deus Pai (v. 9, 13). Jesus também disse que era o Messias no seu julgamento perante o sumo sacerdote. Quando perguntaram: "Você é o Cristo, o Filho do Deus Bendito?", Jesus respondeu: "Sou, [...] e vereis o Filho do homem assentado à direita do Poderoso vindo com as nuvens do céu". Com isso, o sumo sacerdote rasgou suas vestes e disse: "Porque precisa de testemunhas? Vocês ouviram a blasfêmia" (Mc 14.61-64). Não havia dúvida de que, ao afirmar ser o Messias, Jesus também afirmou ser Deus (v. tb. Mt 26.54; Lc 24.27).

Jesus afirmou ser Deus ao aceitar adoração. O AT proíbe adorar qualquer pessoa além de Deus (Êx 20.1-4; Dt 5.6-9). O NT concorda, mostrando que seres humanos recusaram adoração (At 14.15), e também os anjos (Ap 22.8,9). Mas Jesus aceitou adoração em várias ocasiões, mostrando que afirmava ser Deus. Um leproso curado o adorou (Mt 8.2), e um governante se ajoelhou perante ele com um pedido (Mt 9.18). Depois que cessou a tempestade, "então os que estavam no barco o adoraram, dizendo: 'Verdadeiramente tu és o Filho de Deus!'" (Mt 14.33). Uma mulher cananéia (Mt 15.25), a mãe de Tiago e João (Mt 20.20), o endemoninhado geraseno (Mc 5.6), todos adoraram Jesus sem uma palavra de reprovação. Os discípulos o adoraram após sua ressurreição (Mt 28.17). Tomé viu o Cristo ressurreto e exclamou: "Senhor meu e Deus meu!" (Jo 20.28). Isso só poderia ser permitido por uma pessoa que seriamente se considerasse Deus. Jesus não só aceitou essa adoração devida apenas a Deus sem reprovar os que a praticaram como também elogiou os que reconheceram sua divindade (Jo 20.29; Mt 16.17).

Jesus afirmou ter autoridade igual a de Deus. Jesus também colocou suas palavras no mesmo nível que as de Deus. "Vocês ouviram o que foi dito aos seus antepassados [...] Mas eu lhes digo..." (Mt 5.21, 22) é repetido vez após vez. "Foi-me dada toda a autoridade nos céus e na terra. Portanto, vão e façam discípulos de todas as nações ..." (Mt 28.18,19). Deus deu os Dez Mandamentos a Moisés, mas Jesus disse: "Um novo mandamento lhes dou: Amem-se uns aos outros" (Jo 13.34). Também disse: "Enquanto existirem céus e terra, de forma alguma desaparecerá da Lei a menor letra ou o menor traço, até que tudo se cumpra" (Mt 5.18), mas depois, a respeito de suas próprias palavras, afirmou: "Os céus e a terra passarão, mas as minhas palavras jamais passarão" (Mt 24.35). Ao falar dos que o rejeitam, Jesus disse: "A própria palavra que proferi o condenará no último dia" (Jo 12.48). Não há dúvida de que Jesus esperava que suas palavras tivessem a mesma autoridade que as declarações de Deus no AT.

Jesus afirmou ser Deus ao autorizar oração em seu nome. Jesus não só incentivou que as pessoas cressem nele e obedecessem aos seus mandamentos, como também autorizou que a orassem em seu nome. "E eu farei o que vocês pedirem em meu nome [...] O que vocês pedirem em meu nome, eu farei" (Jo 15.7). Jesus até insistiu: "Ninguém vem ao Pai, a não ser por mim" (Jo 14.6). Em resposta a isso, os discípulos não só oravam em nome de Jesus (1Co 5.4), mas oravam a Cristo (At 7.59). Jesus certamente queria que seu nome fosse invocado perante Deus e como Deus na oração.

À luz dessas formas claras pelas quais Jesus afirmou ser Deus, qualquer observador imparcial dos evangelhos deve reconhecer que Jesus de Nazaré realmente afirmou ser Deus em carne humana. Afirmou ser igual ao *Iavé do AT*.

Supostas alegações contraditórias de Cristo. Apesar de Cristo declarar ser Deus, alguns críticos tomam certas afirmações de Jesus como negações da divindade. Dois desses incidentes são muito citados: num, um jovem governante rico veio a Jesus e o chamou "Bom Mestre". Mas Jesus o repreendeu, dizendo: "Por que você me chama bom? Ninguém é bom, a não ser um, que é Deus" (Mc 10.17,18; v. Mc 10.17-27; cf. passagens paralelas, Mt 19.16-30; Lc 18.18-30).

Mas note que Jesus não negou ser Deus; ele pediu que o jovem examinasse as implicações do que dissera. Jesus estava dizendo: "Você percebe o que está dizendo quando me chama bom? Está realmente dizendo que sou Deus?". É claro que o homem não percebeu as implicações nem de suas afirmações nem do que a lei dizia; assim, Jesus o estava forçando a um dilema muito constrangedor. Ou Jesus era bom e Deus, ou era mau e humano, pois todo ser humano é mau e não merece vida eterna.

O segundo suposto exemplo é encontrado em João 14.28, onde Jesus disse: "O Pai é maior do que eu". Como pode o Pai ser maior se Jesus é igual a Deus? A resposta é que, como homem, Jesus se subordinou ao Pai e aceitou limitações inerentes à humanidade. Então, o Pai era maior que o Jesus *humano*. Além disso, na ordem da salvação, o Pai tem um cargo mais alto que o Filho. Jesus procedeu do Pai como o profeta que trouxe as palavras de Deus e o sumo sacerdote que intercedeu pelo povo. Em sua essência natural como Deus, Jesus e o Pai são iguais (Jo 1.1; 8.58; 10.30). Um pai terreno é tão humano quanto seu filho, mas tem uma posição mais alta. Assim, o Pai e o Filho na Trindade são iguais *em essência*, mas diferentes *em função*. Da mesma forma, falamos do presidente de uma nação como tendo um cargo de maior dignidade, mas não tendo maior caráter.

Não podemos dizer que Jesus se considerava inferior a Deus por natureza. Esse resumo nos ajuda a entender as diferenças:

Jesus e o Pai como Deus

Jesus é igual...	Jesus é subordinado...
em sua natureza divina.	em sua natureza humana.
em sua essência divina.	em sua função humana.
em seus atributos.	em seu cargo humano.
em seu caráter divino.	em sua posição humana.

A *afirmação dos discípulos de Jesus ser Deus*. Além da afirmação de Jesus sobre si mesmo, seus discípulos também reconheceram sua afirmação da divindade. Manifestaram isso de várias maneiras, incluindo-se as seguintes:

Os discípulos atribuíram títulos de divindade a Cristo. Em concordância com seu mestre, os apóstolos de Jesus o chamaram "o primeiro e o último" (Ap 1.17; 2.8; 22.13), "a verdadeira luz" (Jo 1.9), sua "rocha" ou "pedra" (1Co 10.4; 1Pe 2.6-8; v. Sl 18.2; 95.1), o "esposo" (Ef 5.28-33; Ap 21.2), "o Supremo Pastor" (1Pe 5.4), e "o grande Pastor" (Hb 13.20). O papel de redentor do AT (Sl 130.7; Os 13.14) é dado a Jesus no NT (Tt 2.13; Ap 5.9). Ele é visto como perdoador de pecados (At 5.31; Cl 3.13; v. Sl 130.4; Jr 31.34) e "Salvador do mundo" (Jo 4.42; v. Is 43.4). Os apóstolos também ensinaram sobre ele: "Cristo Jesus, que há de julgar os vivos e os mortos" (2Tm 4.1). Todos esses títulos são exclusivos de Iavé no AT, mas são atribuídos a Jesus no NT.

Os discípulos consideraram Jesus o Deus-Messias. O NT começa com uma passagem que conclui que Jesus é Emanuel (Deus conosco), referindo-se à previsão messiânica de Isaías 7.14. O próprio título "Cristo" tem o mesmo significado que o título hebraico *Messias* ("ungido"). Em Zacarias 12.10, Iavé diz: "Olharão para [...] aquele a quem traspassaram". Mas os autores do NT aplicam essa passagem à crucificação de Jesus (Jo 19.37; Ap 1.7). Paulo interpreta Isaías 45.22,23 ("Pois eu sou Deus, e não há nenhum outro [...] Diante de mim todo joelho se dobrará; junto a mim toda língua jurará") aplicando o texto a Jesus: "Para que ao nome de Jesus se dobre todo joelho [...] e toda língua confesse que Jesus Cristo é o Senhor" (Fp 2.10,11). Paulo diz que todos os seres criados chamarão Jesus de *Messias* (Cristo) e *Iavé* (Senhor).

Os discípulos atribuíram os poderes de Deus a Jesus. Obras e autoridade que pertencem apenas a Deus são atribuídas a Jesus por seus discípulos. Disseram que ele ressuscitou os mortos (Jo 5.21; 11.38-44) e perdoou pecados (At 5.31; 13.38). Disseram que foi o agente principal na criação (Jo 1.2; Cl 1.16) e sustentação (Cl 1.17) do universo.

Os discípulos associaram o nome de Jesus ao de Deus. Seus seguidores usaram o nome de Jesus como agente para que suas orações fossem recebidas e repondidas (At 7.59; 1Co 5.4). Geralmente, nas orações e bênçãos, o nome de Jesus é usado com o de Deus, como em "A vocês, graça e paz da parte de Deus, nosso Pai e do nosso Senhor Jesus Cristo" (Gl 1.3; Ef 1.2). O nome de Jesus aparece com a mesma importância que o de Deus nas denominadas fórmulas trinitárias; Jesus mandou batizar "em nome [singular] do Pai e do Filho e do Espírito Santo" (Mt 28.19). Essa associação é feita no fim de 2 Coríntios (13.14): "A graça do Senhor Jesus Cristo, o amor de Deus e a comunhão do Espírito Santo sejam com todos vocês".

Os discípulos chamaram Jesus de Deus. Tomé viu as marcas de Jesus e exclamou: "Senhor meu e Deus meu!" (Jo 20.28). Paulo diz que Jesus é aquele em quem "habita corporalmente toda a plenitude da divindade" (Cl 2.9). Em Tito, Jesus é "nosso grande Deus e Salvador, Jesus Cristo" (2.13), e o autor de Hebreus

Cristo, divindade de

diz sobre ele: "O teu trono, ó Deus, subsiste para todo o sempre" (Hb 1.8). Paulo diz que, antes de Cristo existir na forma de homem, exisia "sendo Deus" (Fp 2.5-8). As frases paralelas sugerem que, se Jesus era totalmente humano, então ele também era totalmente Deus. Uma expressão semelhante, "a imagem do Deus invisível" refere-se, em Colossenses 1.15, à manifestação de Deus. Essa descrição é reforçada em Hebreus, que diz: "O Filho é o resplendor da glória de Deus e a expressão exata do seu ser, sustentando todas as coisas por sua palavra poderosa" (1.3).

O prólogo do evangelho de João afirma categoricamente: "No princípio era aquele que é a Palavra. Ele estava com Deus, e era Deus." (Jo 1.1).

Os discípulos consideravam Jesus superior aos anjos. Os discípulos não acreditavam simplesmente que Cristo era mais que um homem; acreditavam que ele era maior que qualquer ser criado, até mesmo que os anjos. Paulo diz que Jesus está "muito acima de todo governo e autoridade, poder e domínio, e de todo nome que se passa mencionar, não apenas nesta era, mas também na que há de vir" (Ef 1.21). Os demônios submeteram-se ao seu comando (Mt 8.32). Os anjos que recusaram a adoração de humanos são vistos adorando-o (Ap 22.8,9). O autor de Hebreus apresenta um argumento completo da superioridade de Cristo aos anjos, dizendo: "Pois a qual dos anjos Deus alguma vez disse: 'Tu és meu Filho; eu hoje te gerei? [...] E ainda, quando Deus introduz o Primogênito no mundo, diz: 'Todos os anjos de Deus o adorem?" (Hb 1.5,6).

Supostas alegações contrárias à divindade de Cristo feitas pelos discípulos. Os críticos oferecem textos para argumentar que os discípulos de Jesus não acreditavam que ele era Deus. Tais textos precisam ser examinados rapidamente dentro do contexto. As Testemunhas de Jeová usam João 1.1 para mostrar que Jesus era "*um* deus", não "*o* Deus", porque nenhum artigo definido *o* aparece no grego. Essa é uma má interpretação tanto da linguagem quanto do versículo. No grego, o artigo definido geralmente é usado para enfatizar "o indivíduo", e, quando não está presente, a referência é à "natureza" do que é denotado. Então, o versículo pode ser traduzido: "E o Verbo era da natureza de Deus". No contexto dos versículos seguintes e no restante do evangelho de João (p. ex., 1.3; 8.58; 10.30; 20.28), é impossível que João 1.1 sugira que Jesus seja algo menos que divino. O restante do NT une-se a João na proclamação direta de que Jesus é Deus (p. ex., em Cl 1.15,16 e Tt 2.13).

Além disso, alguns textos do NT usam o artigo definido e claramente referem-se a Cristo como "o Deus". Não importa se João usou o artigo definido em 1.1. Ele e outros autores das Escrituras consideravam Jesus "o Deus", não "um deus" (v. Hb 1.8).

Os críticos também usam Colossenses 1.15, onde Paulo classifica Cristo como "o primogênito de toda a criação". Isso parece denotar que Cristo é uma criatura, a primeira criatura do universo. Essa interpretação também é contrária ao contexto, pois Paulo, em Colossenses 1.16, diz precisamente que em Cristo "foram criadas todas as coisas" e está prestes a dizer que "a plenitude da Divindade" está nele (2.9). O termo *primogênito* geralmente refere-se a uma posição de proeminência na família, o que claramente acontece nesse contexto (v. 1.18). Cristo é o herdeiro de todas as coisas, criador e dono. Ele vem antes de todas as coisas.

O mesmo se aplica a Apocalipse 3.14, outro versículo usado para negar a divindade de Cristo. João refere-se a Cristo como "o princípio da criação de Deus" (RA). Isso dá a impressão de que Cristo foi o primeiro ser criado. Mas aqui o significado é que Cristo é o *Soberano*, não o *princípio* da criação de Deus. A mesma palavra grega para *princípio* é usada para Deus Pai em Apocalipse 21.6,7:

> Está feito. Eu sou o Alfa e o Ômega, o Princípio e Fim. A quem tiver rede, darei de beber gratuitamente da fonte da água da vida. O vencedor herdará tudo isto, e eu serei seu Deus e ele será meu filho.

A força do testemunho. Há testemunho abundante do próprio Cristo, e daqueles que o conheciam melhor, de que Jesus afirmou ser Deus e que seus seguidores acreditavam ser essa a verdade. Se esse for o caso, não há dúvida de que é nisso que eles acreditavam. C. S. LEWIS observou, quando deparou com a audácia das afirmações de Cristo, que somos confrontados com alternativas diferentes.

> Estou tentando evitar que se diga a coisa mais tola que muita gente diz por aí, a respeito de Cristo: "Estou pronto para aceitar que Jesus foi um grande mestre de moral, mas não aceito a sua prerrogativa de ser Deus". Eis aí precisamente o que não podemos dizer. Um homem que fosse só homem, e dissesse as coisas que Jesus disse, não seria um grande mestre de moral: seria ou um lunático, em pé de igualdade com quem diz ser um ovo cozido, ou então será o Demônio (Lewis, p.29).

Evidência de que Jesus é Deus. O fato de Jesus e seus discípulos afirmarem que ele era Deus em carne humana não prova em si mesmo que ele é Deus. A verdadeira questão é se há alguma boa razão para crer nessas afirmações. Para apoiar suas afirmações de divindade, Jesus demonstrou poder e autoridade sobrenaturais que são únicos na história humana.

Profecias messiânicas cumpridas. Havia dezenas de profecias preditivas no AT relativas ao Messias (v. PROFECIA COMO PROVA DA BÍBLIA). Considere as seguintes previsões, feitas séculos antes, de que Jesus:

1. nasceria de uma mulher (Gn 3.15; v. Gl 4.4);
2. nasceria de uma virgem (Is 7.14; v. Mt 1.21s.) (v. VIRGEM, NASCIMENTO);
3. morreria 483 anos após a declaração de reconstrução do templo, em 444 a.C. (Dn 9.24s.; isso foi cumprido com precisão. V. Hoehner, p. 115-38);
4. seria descendente de Abraão (Gn 12.1-3 e 2.18; v. Mt 1.1 e Gl 3.16);
5. descenderia da tribo de Judá (Gn 49.10; v. Lc 3.23, 33 e Hb 7.14);
6. seria descendente de Davi (2 Sm 7.12s.; v. Mt 1.1);
7. nasceria em Belém (Mq 5.2; v. Mt 2.1 e Lc 2.4-7);
8. seria ungido pelo Espírito Santo (Is 11.2; v. Mt 3.16, 17);
9. seria anunciado por um mensageiro (Is 40.3 e Ml 3.1; v. Mt 3.1,2);
10. realizaria de milagres (Is 35.5,6; v. Mt 9.35; v. MILAGRES NA BÍBLIA);
11. purificaria do templo (Ml 3.1; v. Mt 21.12s.);
12. seria rejeitado pelos judeus (Sl 118.22; v. 1Pe 2.7);
13. seria morto de maneira humilhante (Sl 22 e Is 53; v. Mt 27.31ss.); sua morte envolveria:
    a) rejeição duradoura pelo seu próprio povo (Is 53.3; v. Jo 1.10,11; 7.5, 48);
    b) silêncio perante seus acusadores
    d) (Is 53.7; v. Mt 27.12-19);
    c) zombaria (Sl 22.7,8; v. Mt 27.31);
    d) mãos e pés traspassados (Sl 22.16; v. Lc 23.33);
    e) crucificação com ladrões (Is 53.12; v. M. 15.27,28);
    f) oração por seus perseguidores (Is 53.12; v. Lc 23.34);
    g) perfuração de seu lado (Zc 12.10; v. Jo 19.34);
    h) sepultamento no túmulo de um homem rico (Is 53.9; v. Mt 27.57-60);
    i) lançar a sorte pelas suas vestes (Sl 22.18; v. Jo19.23,24).
14. ressurreição dos mortos (Sl 2.7 e 16.10; v. At 2.31 e Mc 16.6);
15. seria levado ao céu (Sl 68.18; v. At 1.9);
16. colocado assentado à direita de Deus (Sl 110.1; v. Hb 1.3).

Essas profecias foram escritas centenas de anos antes de Cristo nascer. Elas são precisas demais para se basearem em tendências literárias da época ou apenas em suposições inteligentes, como "profecias" num jornal sensacionalista.

Elas também são mais precisas que as supostas profecias de Maomé no *Alcorão* (v. ALCORÃO, SUPOSTA ORIGEM DIVINA DO). Até os críticos mais liberais admitem que os livros proféticos foram escritos no mínimo 400 anos antes de Cristo, e o livro de Daniel no máximo em 165 a.C. (v. DANIEL, DATAÇÃO DE). Há boas evidências para datar esses livros bem antes (alguns salmos e os primeiros profetas dos séculos VIII e IX a.C.). Mas qualquer datação razoável coloca essas obras bem antes de Jesus ter vivido. É humanamente impossível fazer previsões claras, repetidas e precisas com 200 anos de antecedência. O cumprimento dessas profecias no universo teísta é milagroso e indica a confirmação divina de Jesus ser o Messias.

Alguns sugeriram que há aqui uma explicação natural para o que parecem ser unicamente previsões sobrenaturais. Uma explicação é que as profecias foram cumpridas acidentalmente em Jesus. Por acaso, ele estava no lugar certo na hora certa. Mas como explicar as profecias sobre milagres? "Ele fez um cego ver por acaso?" "Ressuscitou alguém por acaso?" É pouco provável que esses sejam eventos casuais. Se Deus está no controle do universo, a probabilidade é eliminada. Além disso, é pouco provável que esses eventos convergissem na vida de um homem. A probabilidade das 16 previsões serem cumpridas em um homem foi calculada em 1 em 10^{45}. Se considerarmos 48 previsões, a probabilidade é de 1 em 10^{157}. É praticamente impossível conceber um número tão alto (Stoner, p. 108).

Mas não é apenas a improbabilidade lógica que elimina essa teoria; é a implausibilidade moral de um Deus Todo-Poderoso e onisciente deixar as coisas fugir do seu controle de tal forma que todos os seus planos de cumprimento profético sejam arruinados por alguém que simplesmente estava no lugar certo na hora certa. Deus não pode mentir, nem pode quebrar uma promessa (Hb 6.18). Então devemos concluir que ele não permitiu que suas promessas proféticas fossem frustradas pelo acaso. Todas as evidências indicam que Jesus é o cumprimento divinamente designado das profecias messiânicas. Ele foi o homem de Deus, confirmado pelos sinais de Deus.

Se Deus fez as previsões serem cumpridas na vida de Cristo, não permitiria que fossem cumpridas na vida de qualquer outro. O Deus da verdade não permitiria que uma mentira fosse confirmada (v. MILAGRES COMO CONFIRMAÇÃO DA VERDADE).

Uma vida miraculosa e sem pecado. A própria natureza da vida de Cristo confirma sua reivindicação de divindade. Viver uma vida perfeitamente santa seria um feito grandioso, mas afirmar ser Deus e oferecer uma vida santa como evidência é outra questão. Maomé não o fez (v. MAOMÉ, CARÁTER DE). Buda também não, nem qualquer outro líder religioso (v. CRISTO, SINGULARIDADE DE). Alguns dos inimigos de Cristo trouxeram falsas acusações contra ele, mas o veredicto de Pilatos foi o veredicto da história: "Não encontro motivo para acusar este homem" (Lc 23.4). Um soldado no Calvário concordou, dizendo: "Certamente este homem era justo" (Lc 23.47), e o ladrão na cruz ao lado de Jesus disse: "Mas este homem não cometeu nenhum mal" (Lc 23.41). Mas o verdadeiro teste é o que as pessoas mais próximas de Jesus disseram sobre seu caráter. Seus discípulos viveram e trabalharam bem próximos dele durante três anos, mas suas opiniões sobre ele não se tornaram negativas. Pedro chamou-o "cordeiro sem mancha e sem defeito" (1Pe 1.19) e acrescentou: "e nenhum engano foi encontrado em sua boca" (2.22). João chamou-o de "Jesus Cristo, o Justo" (1Jo 2.1; cf. 3.7). Paulo expressou a crença unânime da igreja primitiva de que Cristo "não tinha pecado" (2Co 5.21), e o autor de Hebreus diz que foi tentado como um homem, "porém sem pecado" (4.15). O próprio Jesus desafiou os seus acusadores: "Qual de vocês pode me acusar de algum pecado" (Jo 8.46), mas ninguém foi capaz de julgá-lo culpado de nada. Ele proibiu a retaliação (Mt 5.38-42). Ao contrário de Maomé, jamais usou a espada para espalhar sua mensagem (Mt 26.52). Assim, o caráter impecável de Cristo dá testemunho duplo da veracidade de sua afirmação. Isso dá evidência do que ele deu a entender, mas também nos assegura que não estava mentindo quando disse Deus.

Além dos aspectos morais de sua vida, a natureza milagrosa de seu ministério é a confirmação divina. Jesus milagres inéditos. Transformou água em vinho (Jo 2.7s.), andou sobre a água (Mt 14.25), multiplicou pães (Jo 6.11s.), abriu os olhos dos cegos (Jo 9.7s.), fez os coxos andar (Mc 2.3s.), expulsou demônios (Mc 3.11s.), curou as multidões de todos os tipos de doenças (Mt 9.35), inclusive lepra (Mc 1.40-42), e até ressuscitou os mortos em várias ocasiões (Jo 11.43,44; Lc 7.11-15; Mc 5.35s.). Quando perguntaram se ele era o Messias, usou seus milagres como evidência para apoiar a afirmação, dizendo:

Voltem e anunciem a João o que vocês estão ouvindo e vendo: os cegos vêem, o smancos andam, os leprosos são purificados, os surdos ouvem, os mortos são ressuscitados, e as boas novas pregadas ao pobres. (Mt 11.4,5).

Essa realização especial de milagres era o sinal especial de que o Messias veio (v. Is 35.5,6). O líder judeu Nicodemos até disse: "Mestre, sabemos que ensina da parte de Deus, pois ninguém pode realizar os sinais miraculosos que estás fazendo, se Deus não estiver com ele" (Jo 3.2). Para um judeu do século I, milagres como os que Cristo fez eram indicações claras da aprovação divina para a mensagem do pregador (v. MILAGRES COMO CONFIRMAÇÃO DA VERDADE). Mas, no caso de Jesus, parte dessa mensagem era que ele era Deus em carne humana. Então, seus milagres comprovam sua afirmação de ser o Deus verdadeiro.

A ressurreição. Nada igual a ressurreição de Cristo é reivindicado por qualquer outra religião, e nenhum outro milagre tem tanta confirmação histórica. Jesus Cristo ressuscitou dos mortos ao terceiro dia no mesmo corpo físico, apesar de transformado, em que morreu. No seu corpo físico ressuscitado ele apareceu para mais de 500 discípulos num período de 40 dias e conversou com eles (At 1.3; 1Co 15.3-6; v. RESSURREIÇÃO, ORDEM DOS EVENTOS). A natureza, a extensão e a quantidade desses aparecimentos removem qualquer dúvida de que Jesus realmente ressuscitou dos mortos no mesmo corpo de carne e osso em que morreu. Durante cada aparecimento, foi visto e ouvido com os sentidos naturais do observador. Em pelo menos quatro ocasiões foi tocado ou ofereceu-se para ser tocado. Pelo menos duas vezes realmente foi fisicamente tocado. Quatro vezes Jesus alimentou-se com seus discípulos. Quatro vezes viram seu túmulo vazio, e em duas ocasiões ele lhes mostrou as cicatrizes da crucificação. Ele literalmente esgotou as maneiras pelas quais é possível provar que ressuscitou corporalmente da sepultura. Nenhum evento no mundo antigo tem a comprovação de mais testemunhas oculares que a ressurreição de Jesus (v. RESSURREIÇÃO, EVIDÊNCIAS DA).

O que é mais impressionante sobre a ressurreição é o fato de o AT e Jesus terem previsto que ele ressuscitaria dos mortos. Isso destaca o valor evidencial da ressurreição de Cristo de forma singular.

Previsão da ressurreição no AT. Os profetas judeus previram a ressurreição em afirmações específicas e pela dedução lógica. Os apóstolos aplicaram textos específicos do AT à ressurreição de Cristo (Sl 2.7; cf. Hb 1.5 e At 13.33). Pedro diz que, já que sabemos que Davi morreu e foi sepultado, ele devia estar falando de Cristo quando disse: "porque tu não me abandonarás no sepulcro, nem permitirás que o teu Santo satra decomposição" (Sl 16.8-11, citado em At 2.25-31). Sem dúvida Paulo usou essas passagens e outras semelhantes nas sinagogas, quando "... discutiu com eles com base nas Escrituras, explicando e provando que o Cristo deveria sofrer e ressuscitar dentre os mortos"(At 17.2,3).

O AT também ensina a ressurreição por dedução lógica. Há ensinamentos claros de que o Messias morreria (cf. Sl 22; Is 53) e igualmente evidentes de que ele teria um reinado político duradouro em Jerusalém (Is 9.6; Dn 2.44; Zc 13.1). Não há maneira viável de conciliar esses dois ensinamentos a não ser admitir que o Messias, que morreria, viria a ser ressuscitado dos mortos para reinar eternamente. Não há indicação no AT de dois Messias, um sofrendo e outro reinando, como alguns teólogos judeus já sugeriram. Referências ao Messias estão sempre no singular (cf. Is 9.6; 53.1s.; Dn 9.26). Nenhum outro Messias é jamais designado.

Mas Jesus não havia começado nenhum reinado quando morreu. Só pela sua ressurreição as profecias do Reino messiânico poderiam ser cumpridas.

A previsão de Jesus sobre sua ressurreição. Em várias ocasiões Jesus também previu sua ressurreição dos mortos. Na primeira parte do seu ministério, disse: "Destruam este templo [do meu corpo], e eu o levantarei em três dias" (Jo 2.19, 21). Em Mateus 12.40, disse: "Pois assim como Jonas esteve três dias e três noites no ventre de um grande peixe, assim o Filho do homem ficará três dias e três noites no coração da terra". Àqueles que viram seus milagres e ainda assim não creram, disse: "Uma geração perversa e adúltera pede um sinal miraculoso! Mas nenhum sinal lhe será dado, exceto o sinal do próprio Jonas" (Mt 12.39; 16.4). Após a confissão de Pedro: "Então ele começou a ensinar-lhes que era necessário que o Filho do homem sofresse muitas coisas, fosse morto e três dias depois ressuscitasse."(Mc 8.31). Isso se tornou uma parte central do seu ensinamento desse ponto até sua morte (Mt 27.63; Mc 14.59). Além disso, Jesus ensinou que ressuscitaria dos mortos, dizendo sobre sua vida: "Tenho autoridade para dá-la e para retomá-la" (Jo 10.18).

O filósofo da ciência Karl Popper argumentou que, sempre que uma "previsão arriscada" é cumprida, é considerada confirmação da teoria que a previu. Assim, o cumprimento da previsão de Jesus sobre a própria ressurreição é a confirmação de sua afirmação de ser Deus. Pois o que seria mais arriscado que prever sua própria ressurreição? Se alguém não aceitar essas linhas de evidência como prova da afirmação de Cristo, tem um preconceito tal que não aceitará coisa alguma como evidência.

Resumo. Jesus afirmou ser Deus e provou isso pela convergência de três conjuntos de milagres inéditos: profecias cumpridas, uma vida milagrosa e sua ressurreição dos mortos. Essa convergência única de eventos sobrenaturais confirma suas alegações de ser Deus em carne humana. Isso também responde à objeção de David HUME de que, já que todos os milagres têm reivindicações semelhantes, suas provas se cancelam mutuamente. Nem todas as religiões têm as mesmas reivindicações de milagres. Apenas no cristianismo seu líder afirma poder provar que é Deus pela convergência de eventos sobrenaturais únicos como os que Jesus ofereceu (v. CRISTO, SINGULARIDADE DE). Dessa forma, só Cristo é confirmado milagrosamente como Deus e, por causa disso, só ele deve ser aceito como verdadeiro em tudo que ensina.

Fontes

F. F. BRUCE, e W. J. MARTIN, "Two laymen on Christ's deity", *CT.*

J. BUELL, et al., *Jesus: God, ghost or guru?*

N. L. GEISLER, *Christian apologetics.*

___ e A. Saleeb, *Answering Islam.*

C. HODGE, *Systematic theology*, v. 1, cap. 8.

H. W. HOEHNER, *Chronological aspects of the life of Christ.*

C. S. LEWIS, *Cristianismo puro e simples.*

J. MCDOWELL e B. LARSON, *Jesus — uma defesa bíblica de sua divindade.*

R. RHOADS, *Christ before the manger.*

P. W. STONER, *Science speaks.*

B. B. WARFIELD, *The person and work of Christ.*

Cristo, humanidade de. V. CRISTO, DIVINDADE DE; DOCETISMO.

Cristo, lendas da substituição da morte de. A morte e ressurreição de Cristo são absolutamente cruciais à verdade do cristianismo histórico (1Co 15.1-4). Na verdade, a comprovação ou refutação do cristianismo ortodoxo depende do fato de Cristo ter ressuscitado corporalmente dos mortos (Rm 10.9; 1Co 15.12-19). Mas, se Cristo não morreu, certamente não ressuscitou dos mortos. Uma das maneiras pelas quais os céticos (v. AGNOSTICISMO) e críticos (v. BÍBLIA, CRÍTICA DA) do cristianismo tentam evitar a verdade da ressurreição (v. RESSURREIÇÃO, EVIDÊNCIAS DA) é supor que alguma outra pessoa substituiu Jesus na cruz no último instante.

Lendas de substituição. Formas da lenda de substituição foram oferecidas já no século II por oponentes do cristianismo como explicação alternativa da afirmação cristã de que Cristo morreu e ressuscitou dos mortos. Mas a evidência factual da morte de Cristo na cruz é substancial, e é comprovada sem qualquer crença teológica.

A lenda da substituição atualmente é mais ensinada entre os muçulmanos; portanto, sua visão será respondida nesse artigo. Essa resposta inclui necessariamente uma explicação da posição do cristianismo sobre salvação à luz da cruz. O esforço em defender a inteligibilidade histórica e teológica da morte de Cristo é empreendido parcialmente no artigo geral CRISTO, MORTE DE e no artigo relacionado aos problemas islâmicos e liberais com a crucificação, CRISTO, OBJEÇÕES MORAIS À MORTE DE. O conteúdo seguinte supõe esse conteúdo e tentará evitar repeti-lo.

Razões para rejeitar a morte de Cristo. Por um lado, a indisposição islâmica de aceitar o evento histórico da morte de Cristo é estranha. Além de haver ausência total de evidências para uma substituição, o islamismo também ensina que

1. Jesus morreria (surata 3.55; cf. 19.33).
2. Jesus ressuscitaria dos mortos (19.33).
3. Os discípulos de Jesus que testemunharam os eventos creram que era Jesus, não outra pessoa que fora crucificada no seu lugar.
4. Os soldados romanos e os judeus acreditavam que era Jesus de Nazaré que eles crucificaram.
5. Jesus fez milagres, inclusive ressuscitando pessoas dos mortos.

Se tudo isso é aceito pelos muçulmanos, então não há razão para rejeitar o fato de Jesus ter morrido na cruz, nem que ressuscitou dos mortos três dias depois.

Primeiras lendas de substituição. Lendas de substituição não são exclusivas do islamismo. Alguns dos primeiros oponentes do cristianismo ofereceram especulações semelhantes. Segundo o pai da igreja do século II, Frenaco, Basílide, o gnóstico (v. GNOSTICISMO) ensinou que "na crucificação, ele [Jesus] mudou de forma com Simão de Cirene que carregou a cruz. Os judeus confundiram Simão com Jesus e o pregaram na cruz. Jesus ficou ridicularizando o erro deles antes de subir ao céu" (Lightfoot, p. 156ss.). No século III, Mani da Pérsia, fundador da religião maniqueísta, ensinou que o filho da viúva de Naim, que Jesus ressuscitara dos mortos, foi morto em seu lugar. Segundo outra tradição maniqueísta, o diabo, que estava tentando crucificar Jesus, foi a vítima dessa troca. Fócio (c. 820-895) referiu-se, em suas obras, a um livro apócrifo, *As viagens de Paulo*, que dizia que outra pessoa fora crucificada no lugar de Jesus (Abdul-Haqq, p. 136).

Lendas islâmicas de substituição. Os muçulmanos foram atraídos pela idéia de que Judas ou Simão de Cirene morreram na cruz no lugar de Jesus. Uma teoria oposta de que ele desmaiou na cruz e foi tirado ainda vivo não reforça tal hipótese. Al-Tabari, famoso historiador e comentarista muçulmano do *Alcorão*, relata que Wahab B. Munabih, que viveu por volta do ano 700, propagou a mentira de que uma forma humana, não uma pessoa, foi substituída. Sua versão é relatada:

Eles o trouxeram à cruz onde pretendiam crucificá-lo, mas Deus o levou para si e um simulacro foi crucificado no seu lugar. Ele ficou ali durante sete horas, e depois sua mãe e outra mulher que ele havia curado de loucura vieram chorar por ele. Mas Jesus veio a elas e disse: "Deus me levou para si, e esse é apenas um simulacro" (Abdul-Haqq, p. 135-6).

Outro exemplo da crescimento dessa tradição lendária é a teoria de Thalabi, que viveu uns 300 anos depois de Munabih. A forma de Jesus foi colocada em Judas, que o traiu, e o crucificaram, supondo que era Jesus. Depois de três horas Deus levou Jesus para si ao céu (v. Bruce, p. 179).

Mais recentemente, A. R. Doi oferece a hipótese de que, quando os soldados romanos vieram com Judas para prender Jesus, "os dois judeus se confundiram no escuro, e os soldados prenderam Judas em vez de Jesus. Então Jesus foi salvo e levado ao céu" (Doi, p. 21). Como evidência, os muçulmanos geralmente citam o espúrio *EVANGELHO DE BARNABÉ*.

A base inadequada. As lendas de substituição simplesmente não são dignas de crédito do ponto de vista histórico.

Elas contradizem o registro existente do testemunho ocular de que Jesus de Nazaré foi crucificado (Mt 27; Mc 14; Lc 23; Jo 19).

Elas são contrárias aos primeiros testemunhos extrabíblicos judeus, romanos e samaritanos (Habermas, p. 87-118, Bruce, p. 31; v. *resumo em* ARQUEOLOGIA DO NOVO TESTAMENTO; CRISTO, MORTE DE). Apesar do fato de todos esses autores terem sido oponentes do cristianismo, eles concordam que Jesus de Nazaré foi crucificado sob o comando de Pôncio Pilatos. Não há nenhum vestígio de testemunho contrário no século I por amigos ou inimigos do cristianismo. As primeiras lendas de substituição começam por volta de 150 d.C entre pessoas muito influenciadas pelo gnosticismo. Nenhuma baseia-se em evidências de testemunhas oculares ou contemporâneas dos eventos.

Elas são implausíveis, pois exigem ignorância total por parte dos que estavam mais próximos de Jesus, seus discípulos e os romanos. Supõem que Jesus disse a sua mãe e a outra mulher que alguém parecido com ele fora crucificado e que elas não informaram os discípulos nem os corrigiram quando foram pregar diligentemente, sob ameaça de morte, que Jesus havia morrido e ressuscitado dos mortos.

Já que a maioria dos muçulmanos rejeita o fato da crucificação e morte de Cristo, eles têm grande dificuldade em explicar os aparecimentos após a ressurreição e a ascensão de Cristo. Já que crêem que Cristo era apenas um ser humano, aceitam o fato da mortalidade de Cristo. Acreditam que Jesus será ressuscitado com todos os outros seres humanos, mas, depois de rejeitar sua morte na cruz, são forçados a encontrar alguma outra explicação para a morte de Cristo.

Esse dilema incentivou a especulação. Muitos teólogos islâmicos acreditam que Jesus Cristo foi levado ao céu vivo. Sua morte ainda acontecerá no futuro, quando voltar à terra antes do último dia. Isso eles tiram da interpretação literal de surata 4.157,158: E por dizerem: Matamos o Messias, Jesus, filho de Maria, o mensageiro de Allah, embora não sendo, na realidade, certo que o mataram, nem o crucificaram, mas o confundiram com outro. E aqueles que discordam quanto a isso estão na dúvida, porque não possuem conhecimentoalgum, mas apenas conjecturas para seguir; porém, certamente, não o mataram. Mas Allah fê-lo ascender até Ele, porque é Poderoso, Prudentíssimo.

Outros supõem que Jesus teve morte natural algum tempo após a crucificação e ficou morto por três horas ou, segundo outra tradição, sete horas — e depois disso ressuscitou e foi levado ao céu (Abdul-Haqq, p. 131). Não há testemunho histórico para apoiar tal especulação.

Alguns autores islâmicos, como Ahmad Khan, da Índia, acreditam que Jesus foi crucificado, mas não morreu na cruz. Ele apenas desmaiou (v. RESSURREIÇÃO, TEORIAS ALTERNATIVAS DA) e foi retirado depois de 3 horas (Abdul-Haqq, 132). Outros muçulmanos no Norte da Índia acrescentaram a lenda de que Jesus visitou o Tibete. Abdul-Haqq diz que Ghulam Ahmad

> inventou a teoria de que Jesus Cristo viajou para a Caxemira [...] depois da sua crucificação. Para apoiar essa teoria, encontrou convenientemente um túmulo em Sirinagar, Caxemira, que declarou ser o túmulo de Jesus".

Mas "as especulações [da seita de Ahmad] foram consideradas heréticas pela ortodoxia islâmica" (ibid., p. 133).

Abdalati diz que o fato de

> ele [Jesus] ter ressuscitado em alma e corpo ou em alma apenas depois de ter uma morte natural não influencia a fé islâmica. Não se trata de um Artigo da Fé, pois o que é importante e fundamental para um muçulmano é o que Deus revela; e Deus revelou que Jesus não foi crucificado, mas sim levado a ele (v. Abdalati, p. 159).

Ele menciona a surata 4.157 (citada anteriormente). A maioria dos muçulmanos, no entanto, acredita que Jesus ressuscitará fisicamente dos mortos na ressurreição geral no último dia. Nada mais é essencial à fé islâmica. Portanto, rejeitar a morte de Jesus por crucificação leva à rejeição da sua ressurreição três dias depois e deixa o enigma da ascensão para antes da morte ou ressurreição.

A má interpretação. A negação islâmica da morte de Cristo por crucificação é baseada em má interpretação teológica. Abdalati, por exemplo, descreve, entre suas razões para rejeitar a crucificação de Cristo:

> É justo da parte de Deus, ou da parte de qualquer um, fazer alguém se arrepender pelos pecados ou erros de outros, pecados que essa pessoa não cometeu? (Abdalati, p. 160).

Isso, é claro, baseia-se em má interpretação da doutrina sobre a expiação de Cristo. Como foi comentado em outro artigo (CRISTO, OBJEÇÕES MORAIS À MORTE DE), Cristo não confessou nem se arrependeu dos nossos pecados. Ele morreu por nossos pecados (1Co 15.3). *Judicialmente*, Deus "[o] tornou pecado por nós" (2 Co 5.21) — a substituição que os cristãos admitem com prazer. Ele pagou o preço da morte em nosso lugar, para que pudéssemos estar diante de Deus sem culpa (Mc 10.45; Rm 4.25; 1Pe 2.22; 3.18). Esse conceito de vida pela vida não é estranho ao islamismo. É o princípio por trás da sua crença na pena de morte; o assassino deve pagar com a vida.

Outra má interpretação por trás da rejeição islâmica da crucificação é que um Deus misericordioso pode perdoar o pecado sem condená-lo justamente. Na verdade, há dois erros básicos aqui. A teologia islâmica comete o primeiro erro quando sugere que o que Jesus fez não foi voluntário, mas infligido a ele. Jesus disse: "... porque eu dou a minha vida para retomá-la. Ninguém a tira de mim, mas e a dou por minha espontânea vontade. Tenho autoridade para dá-la e para retomá-la" (Jo 10.17,18). Quando Jesus morreu, a Bíblia diz que ele "entregou [espontaneamente] o espírito" (Jo 19.30).

O segundo erro é que o Deus soberano possa ser santo e ao mesmo tempo mudar arbitrariamente as regras sobre o certo e o errado (v. CRISTO, OBJEÇÕES MORAIS À MORTE DE). Os muçulmanos, como os cristãos, acreditam no inferno para os que não se arrependem (surata 14.17; 25.11-14). Mas, se a justiça santa exige que os que não a aceitam sejam punidos, então Deus não pode arbitrariamente perdoar alguém por coisa alguma sem uma base justa de perdão. A teologia islâmica não possui tal base. Os muçulmanos rejeitam o pagamento sacrificial de Cristo pelo pecado para um Deus justo, pelo qual os injustos que aceitam o pagamento de Cristo em favor deles são declarados justos (cf. Rm 3.21-26). A não ser que alguém consiga pagar o preço do pecado, Deus é obrigado a expressar ira, não misericórdia. Sem a crucificação, o sistema islâmico não tem como explicar de que forma Alá pode ser misericordioso e ao mesmo tempo justo.

Salvação em Cristo. Superficialmente, parece que a salvação pela graça por meio da fé na morte e ressurreição de Cristo é incompreensível para os muçulmanos. Esse, cremos, não é o caso. Apesar de o incrédulo não *receber* (gr. *dechomai*) a verdade de Deus (1Co 2.14), ele pode *percebê-la*. Segundo Romanos 1.18-20, os incrédulos são "indesculpáveis" à luz da revelação de Deus na natureza. Só o fato de os incrédulos serem convidados a crer no evangelho implica que podem entendê-lo (cf. At 16.31; 17.30,31). Jesus repreendeu os incrédulos por não entenderem o que ele estava falando, declarando: "Se vocês fossem cegos, não seriam culpados de pecado; mas agora que dizem que podem ver, a culpa de vocês permanece" (Jo 9.41).

A base islâmica para a Salvação por substituição. Até mesmo no islamismo o conceito cristão da cruz faz sentido. O islamismo tem várias doutrinas, a justiça e o perdão de Deus, céu e inferno, que não fazem sentido sem a expiação substitutiva. O islamismo ensina que Deus é justo (v. ISLAMISMO). Mas a justiça absoluta deve ser satisfeita. Deus não pode simplesmente *ignorar* o pecado. Deve ser pago um preço pelo pecado que permita às pessoas entrar no céu, pago por elas mesmas ou por alguém no lugar delas. Numa carta a um amigo explicando porque se tornara cristão, Daud Rahbar argumenta:

A doutrina alcorânica da justiça de Deus exige que esse mesmo Deus esteja envolvido no sofrimento e seja visto envolvido no sofrimento. Só então ele pode ser um justo juiz do sofrimento da humanidade.

Pois "um Deus que é preservado do sofrimento será um juiz arbitrário e caprichoso" (Nazir-Ali, 28).

A base racional para a salvação por substituição. Não há nada contraditório ou incrível a respeito da salvação por substituição. A mente islâmica não deve ter mais dificuldade com esse conceito que qualquer outra mente. Esse conceito está de acordo com a prática humana quase universal. É considerado louvável que as pessoas morram para defender os inocentes. Guerreiros são saudados por morrer por sua tribo. Soldados são honrados por morrerem pelo seu país. Pais são considerados compassivos quando morrem pelos filhos. É exatamente isso que Jesus fez. Como o apóstolo Paulo disse: Dificilmente haverá alguém que morra por um justo, embora pelo homem bom talvez alguém tenha coragem de morrer. Mas [...] Cristo morreu em nosso favor quando ainda éramos pecadores" (Rm 5.7,8).

Além disso, até no islamismo há morte sacrificial. A prática muçulmana de *id ghorban* (feito de sacrifício) apresenta o sacrifício de um novilho em memória do sacrifício de Abraão do seu filho. Para alguns isso é associado ao perdão de pecados. E soldados muçulmanos que sacrificam suas vidas pela causa do islamismo ganham o Paraíso (3.157-8; 22.58-9). Se Alá podia chamar seus servos para morrer pelo islamismo, por que achar estranho que Deus chamasse seu Filho para morrer pela salvação dos muçulmanos e do mundo?

Conclusão. Grande parte da rejeição islâmica de Cristo baseia-se em má interpretação dos fatos sobre ele. Eles crêem na inspiração divina do AT e NT originais, no nascimento virginal, na vida santa, no ensinamento de autoridade divina, na morte e eventual ressurreição (v. RESSURREIÇÃO, EVIDÊNCIAS DA), na ascensão e segunda vinda de Cristo. É uma tragédia que a rejeição das alegações de Jesus ser o Filho de Deus e Salvador do mundo se percam em meio a tudo que os muçulmanos aceitam. O problema principal é a rejeição da autenticidade da Bíblia. Talvez o entendimento melhor da base factual da autenticidade da Bíblia (v. NOVO TESTAMENTO, HISTORICIDADE DO) pudesse abrir um caminho para levar o *Alcorão* a sério quando encoraja os duvidosos a buscar as Escrituras:

Porém, se estás em dúvida sobre o que te temos revelado, consulta aqueles que leram o livro antes de ti. Sem dúvida que te chegou a verdade do teu Senhor; não sejas, pois, dos que estão em dúvida. (10.94)

Fontes
H. ABDALATI, *Islam in focus*.
A. A. ABDUL-HAQQ, *Sharing your faith with a muslim*.
R. BELL, *The origin of Islam in its christian environment*.

F. F. Bruce, *Jesus and christian origins outside the New Testament.*

A. R. I. Doi, "The status of prophet Jesus in Islam-II" *MWLJ.*

W. D. Edwards, et al., "On the physical death of Jesus Christ," *JAMA* 21 de Mar. de 1986.

Flávio Josefo, "Antiquities of the Jews," 18.3

N. L. Geisler e W. E. Nix, *Introdução bíblica.*

G. Habermas, *Ancient evidence for the life of Jesus.*

M. H. Haykal, *The life of Muhammad.*

Justin Martyr, *First apology,* em *The ante-nicene fathers.*

J. B. Lightfoot, *The apostolic fathers.*

S. S. Muffasir, *Jesus, A prophet of Islam.*

M. Nazir-Ali, *Frontiers in muslim-christiam encounter.*

"Sanhedrin", *The babylonian Talmud.*

Tácito, *Anais.*

Cristo, morte de. A morte de Cristo é o pré-requisito necessário para sua ressurreição (v. RESSURREIÇÃO, EVIDÊNCIAS DA), que é a prova principal da reivindicação de Jesus ser Deus (v. APOLOGÉTICA, ARGUMENTO DA). Além disso, o islamismo, um dos principais oponentes do cristianismo, nega que Jesus tenha morrido na cruz (McDowell, p. 47s.). Muitos céticos (v. AGNOSTICISMO) desafiam a realidade da morte de Cristo.

Evidências da morte de Cristo. Há evidências esmagadoras, históricas e reais, de que Jesus morreu na cruz e ressuscitou no terceiro dia (v. RESSURREIÇÃO, EVIDÊNCIAS DA). A evidência da morte de Cristo é maior que a de quase todos os outros eventos no mundo antigo. A historicidade dos registros do evangelho foi confirmada por uma profusão de manuscritos do NT e testemunhas oculares contemporâneas (v. Novo Testamento, DATAÇÃO DO; NOVO TESTAMENTO, CONFIABILIDADE DOS DOCUMENTOS DO; NOVO TESTAMENTO, HISTORICIDADE DO).

Explicações alternativas. Céticos e muçulmanos escolheram dentre várias versões da teoria segundo a qual Jesus não morreu na cruz. Uma é que uma droga teria colocado Jesus em estado de coma, e mais tarde ele acordara no túmulo. O testemunho claro da narrativa de Mateus é que ele recusou até a droga geralmente oferecida à vítima antes da crucificação para ajudar a amortecer a dor (27.34). Aceitou apenas vinagre mais tarde (v. 48) para matar a sede.

Se a Bíblia tem algum crédito, todos os autores do NT dizem especificamente ou falam de modo a subentender que acreditavam que Cristo morreu na cruz (cf. Rm 5.8; 1Co 15.3; 1Ts 4.14). Nem desmaio nem desfalecimento nem drogas poderiam produzir o vencedor vigoroso da morte descrito nas aparições da ressurreição. A evidência de que Cristo realmente morreu na cruz é esmagadora.

Uma morte prevista. O AT previu (v. PROFECIA COMO PROVA DA BÍBLIA) que o Messias morreria (Sl 22.16; Is 53.5-10; Dn 9.26; Zc 12.10). Jesus cumpriu isso e quase cem outras profecias do Antigo Testamento sobre o Messias (v., por exemplo, Mt 4.14; 5.17,18; 8.17; Jo 4.25,26; 5.39).

Jesus previu muitas vezes durante seu ministério que iria morrer e ressuscitar (Mt 12.40; Mc 8.31; Jo 2.19-21; 10.10,11). Uma das predições mais explícitas é Mateus 17.22,23: "Reunindo-se eles na Galiléia, Jesus lhes disse: 'O Filho do homem será entregue nas mãos dos homens. Eles o matarão, e no terceiro dia ele ressuscitará' E os discípulos ficaram cheios de tristeza".

Todas as previsões da sua ressurreição no AT (cf. Sl 2.7; 16.10) e no NT (cf. Mt 12.40; 17.22,23; Jo 2.19-21) supõem que ele morreria (v. RESSURREIÇÃO, EVIDÊNCIAS DA).

Morte por crucificação. Os ferimentos de Jesus tornaram a morte inevitável. Ele não dormiu na noite anterior à sua crucificação; foi espancado e açoitado, e desmaiou enquanto carregava a cruz. Só esse prelúdio à crucificação já foi extenuante.

A natureza da crucificação garante a morte. Para uma descrição de um homem crucificado cujos ossos foram desenterrados, v. ARQUEOLOGIA, NOVO TESTAMENTO. Jesus ficou pendurado na cruz das nove horas da manhã até logo antes do pôr-do-sol (Mc 15.25,33). Sangrou dos ferimentos nas suas mãos e pés e dos espinhos que furaram seu couro cabeludo. Por esses ferimentos teria vazado boa parte do sangue em mais de seis horas. Além disso, a crucificação exige que a pessoa se projete constantemente para cima pelas mãos, apoiando-se nos pés feridos, para respirar. Isso causava dor agonizante dos cravos. Um dia como esse mataria qualquer pessoa saudável (v. Tzaferis).

Além desses ferimentos, o lado de Jesus foi traspassado com uma lança. Desse ferimentos escorreu uma mistura de sangue e água (Jo 19.34), prova de que a morte física havia ocorrido. Só esse detalhe, e sua confirmação pelos especialistas médicos modernos, comprova plenamente a afirmação de que essa narrativa é um registro de testemunhas oculares. Um artigo no *Journal of the American Medical Association* (21/3/1986) concluiu:

> Sem dúvida, o peso da evidência histórica e médica indica que Jesus estava morto antes do ferimento no seu lado ser feito e apóia a visão tradicional de que a lança, enfiada entre suas costelas no lado direito, provavelmente perfurou não só o pulmão direito, mas também o pericárdio e o coração e,

assim, garantiu sua morte. Conseqüentemente, as interpretações baseadas na suposição de que Jesus não morreu na cruz parecem estar em conflito com o conhecimento médico moderno (p. 1463).

Jesus disse que estava morrendo quando declarou na cruz: "Pai, nas tuas mãos entrego o meu espírito!" (Lc 23.46). E "dito isto, expirou" (v. 46). João narra que ele "rendeu o espírito" (Jo 19.30). Seu grito de morte foi ouvido pelos que estavam por perto (Lc 23.47-49).

Soldados romanos, acostumados com crucificações e morte, atestaram a morte de Jesus. Apesar de quebrar as pernas da vítima ser uma prática comum (para que ela não pudesse mais respirar), eles não acharam necessário quebrar as pernas de Jesus (Jo 19.33). Pilatos certificou-se de que Jesus estava morto antes de dar o corpo a José para ser enterrado. "Chamado o centurião, perguntou-lhe se Jesus já tinha morrido. Sendo informado pelo centurião, entregou o corpo a José" (Mc 15.44,45).

Jesus foi enrolado em cerca de 50 quilos de pano e especiarias e colocado num túmulo selado por três dias (Mt 27.60; Jo 19.39,40). Se ainda não estivesse morto, a falta de comida, de água e de tratamento médico acabariam com ele.

Referências à crucificação. O artigo ARQUEOLOGIA, NOVO TESTAMENTO inclui registros de vários historiadores e autores não-cristãos até os séculos I e II que registraram a morte de Cristo como fato incontestável. Entre eles constam o *Talmude* e o historiador judeu da época de Cristo, Josefo, e o historiador romano Cornélio Tácito (55?-117 d.C.).

Segundo Júlio Africano (c. 221), Talo, um historiador samaritano do século I (c. 52), "ao discutir a escuridão que caiu sobre a terra *durante a crucificação de Cristo*", referiu-se a ela como um eclipse (Bruce, p. 113, grifo do autor). O escritor grego do século II, Luciano, fala de Cristo como "*o homem que foi crucificado na Palestina porque começou uma nova seita no mundo*". Ele o chama e "*sofista crucificado*" (Geisler, p. 323). A "carta de Mara Bar-Serapion" (c. 73 d.C.), que se encontra no Museu Britânico, fala da morte de Cristo, perguntando: "Que vantagem tiveram os judeus em *executar seu Rei sábio?*" (Bruce, p. 114). Finalmente, houve um escritor romano, Flégon, que falou da morte e ressurreição de Cristo em suas *Crônicas*, dizendo: "Jesus, quando vivo, não se defendeu de nenhuma das acusações que recebeu, mas *ressuscitou dos mortos, e exibiu marcas do seu castigo, e mostrou como suas mãos foram furadas pelos cravos*' (Flégon, *Crônicas*, citado por Orígenes, 4:455). Flégon até mencionou "o eclipse na época de Tibério César, em cujo reino Jesus aparentemente foi crucificado, e houve grandes terremotos" (ibid., p. 445).

Os primeiros autores cristãos após a época de Cristo afirmaram sua morte na cruz pela crucificação. Policarpo, discípulo do apóstolo João, mencionou várias vezes a morte de Cristo, dizendo, por exemplo, que "nosso Senhor Jesus Cristo, que por nossos pecados sofreu até a morte" (Policarpo, 33). Inácio (30-107), amigo de Policarpo, escreveu: "E ele realmente sofreu e morreu, e ressuscitou". Senão, ele acrescenta, todos os seus apóstolos que sofreram por sua fé, morreram em vão. "Mas, (em verdade) nenhum desses sofrimentos foi em vão; pois *o Senhor realmente foi crucificado* pelos incrédulos" (Inácio, 107). Em *Diálogo com Trifão*, Justino Mártir observou que os judeus da sua época acreditavam que "Jesus [era] um enganador galileu, a quem crucificaram" (Justivo, 253).

Esse testemunho contínuo do AT até os pais da igreja, inclusive crentes e descrentes, judeus e gentios, é evidência esmagadora de que Jesus sofreu e morreu na cruz.

Fontes

FLÉGON, *Chronicles*.

F. F. BRUCE, *Merece confiança o Novo Testamento?*

N. L. GEISLER, *Christian apologetics*.

G. HABERMAS, *Ancient evidence for the life of Jesus*, Journal of the American Medical Society, 21 Mar. 1986.

JUSTINO MÁRTIR, "Dialogue with Trypho", *The antenicene fathers*, v. 1.

J. MCDOWELL, *Evidência que exige um veredicto*.

"Passover", Talmud babilônico.

D. STRAUSS, *New life of Jesus*, v. 1.

V. Tzaferis, "Jewish tombs at and near Giv'at ha-Mivtrat," IEJ, 20 (1970).

Cristo, nascimento virginal de. V. VIRGINAL, NASCIMENTO.

Cristo, objeções morais à morte de. Muitos críticos do cristianismo, inclusive eruditos muçulmanos e liberais, rejeitam a doutrina da salvação mediante a cruz por motivos morais. Uma razão que os muçulmanos dão é que, segundo o islamismo, os principais profetas da história sempre foram vitoriosos contra seus inimigos. Se o Cristo de Deus foi morto na cruz por seus adversários, então o que aconteceria com o tema recorrente do *Alcorão* segundo o qual quem não obedecer ao profeta de Deus não vencerá? A admissão da cruz não é o reconhecimento de que os ímpios triunfaram sobre o justo no final? (Bell, p. 154).

Os teólogos cristãos liberais negam a cruz porque parece eminentemente injusto punir uma pessoa inocente pelos culpados. Na verdade a própria Bíblia declara que "o filho não levará a injustiça do pai ..." (Ez 18.20).

A rejeição islâmica da crucificação. A descrença islâmica na crucificação de Jesus está centrada no seu entendimento dele como profeta. O desgosto islâmico pela crucificação de um profeta baseia-se em seu conceito de soberania de Deus e rejeição da crença na depravação humana.

A crucificação é contrária à soberania de Deus. Todos os muçulmanos ortodoxos concordam que Deus não permitiria que um de seus profetas sofresse uma morte tão ignominiosa como a crucificação (v. Cristo, lenda de substituição da morte de; islamismo). Muffasir resumiu bem tal opinião ao dizer: "Os muçulmanos acreditam que Jesus não foi crucificado. Os seus inimigos tinham a intenção de matá-lo na cruz, mas Deus o salvou dessa conspiração" (Muffasir, p. 5).

Várias passagens no *Alcorão* ensinam que Jesus não foi crucificado na cruz por nossos pecados. A surata 4.157-8 é um texto-chave; aparentemente parece dizer que Jesus sequer morreu. Certamente nega que ele morreu por crucificação. Diz:

E por dizerem: Matamos o Messias, Jesus, filho de Maria, o mensageiro de Allah, embora não sendo, na realidade, certo que o mataram, nem o crucificaram, mas o confundiram com outro. E aqueles que discordam quanto a isso estão na dúvida, porque não possuem conhecimento algum, mas apenas conjecturas para seguir; porém, certamente não o mataram. Mas Allah fê-lo ascender até Ele, por que é Poderoso, Prudentíssimo.

Um Deus soberano tem controle sobre todas as coisas, e não permitiria que seu servo sofresse tal morte. Pelo contrário, um Deus soberano, como Alá é, livraria seu servo dos seus inimigos. Abdalati, no estilo tipicamente islâmico pergunta: "É compatível com a misericórdia e sabedoria de Deus acreditar que Jesus foi humilhado e assassinado da maneira que dizem que foi?" (Abdalati, 160). O *Alcorão* afirma:

E quando Allah disse: Ó Jesus, por certo que porei termo à tua estada na terra; ascender-te-ei até Mim e salvar-te-ei dos incrédulos, fazendo prevalecer sobre eles os teus seguidores, até ao Dia da Ressurreição.

Uma resposta à opinião islâmica sobre a soberania. A crença islâmica na soberania de Deus derruba sua objeção à cruz. Se Deus pode fazer tudo que quer, então pode permitir que seu próprio Filho morra por crucificação. O *Alcorão* declara:

Allah! Não há mais divindade além d'Ele, Vivente, Auto-Subsistente, a Quem jamais alcança a inatividade ou o sono; d'Ele é tudo qunto existe nos céus e na terra. Quem poderá interceder junto a Ele, sem o Seu consentimento? Ele conhece tanto o passado como o futuro, e eles (humanos) nada conhecem da Sua ciência, senão o que Ele permite. O Seu Trono abrange os céus e a terra, cuja preservação não O abate, porque é o Ingente, o Altíssimo (2.225).

Muitos dos 99 nomes de Deus expressam sua soberania. *Al-Aziz*, "o Poderoso" na sua sublime soberania (59.23); *Al-Ali*, "o Altíssimo", que é poderoso (2.255-6); *Al-Qadir*, "o Capaz", que tem o poder de fazer o que quer (17.99-101); *Al-Quddus*, "o Santo", a quem tudo no céu e na terra atribui santidade (62.1); *Al-Mutaali*, "o Grande", que se colocou acima de tudo (13.9,10); *Al-Muizz*, "o Engrandecedor", que engrandece ou rebaixa quem quer (3.26); *Malik al-Mulk*, "Rei do Reino", que dá soberania a quem lhe apraz (3.26); *Al-Wahed*, "o Único", singular na sua soberania divina (13.16,17); *Al-Wahid*, "o Singular", o único que criou (74.11); *Al-Wakil*, "o Administrador", que administra tudo (6.102).

Alá pode fazer o que bem entender, então poderia permitir que seu Servo fosse crucificado, se assim o quisesse. Na verdade uma passagem no Alcorão parece aplicar essa mesma verdade a Cristo:

Quem possuiria o mínimo poder para impedir que Allah, assim querendo, aniquilasse o Messias, filho de Maria, sua mãe e todos os que estão na terra? Só a Allah pertence o Reino dos céus e da terra, e tudo quanto há entre ambos. Ele cria o que lhe apraz, por que é Onipotente (5.17)

Supondo que Deus é soberano, é pura presunção determinar o que ele deve ou não deve fazer. Como o profeta Isaías nos informa, Deus disse: " Pois os meus pensamentos não são os pensamentos de vocês, nem os seus caminhos são os meus caminhos (Is 55.8). O profeta Isaías nos ensina que Deus realmente aprovou a morte ignominiosa do seu Servo:

... Ele não tinha qualquer beleza ou majestade que nos atraísse, nada havia em sua aparência para que o desejássemos [...] Contudo nós o consideramos castigado por Deus, por Deus atingido e afligido. Mas ele foi transpassado por causa das nossas trangressões, foi esmagado por causa de nossas iniquidades; o castigo que nos trouxe a paz estava sobre ele, e pelas suas feridas fomos curados [Is 53.2-5]

Assim, a crucificação de Jesus não foi apenas aprovada por Deus, ela foi prevista (cf. Sl 22.16; Zc 12.10). Não deveria ser surpresa para um leitor do NT que a mensagem da crucificação fosse ofensiva para os incrédulos. Na verdade, Paulo até referiu-se à cruz como "loucura", mas acrescentou que "Agradou a Deus salvar aqueles que crêem por meio da loucura da pregação"

"Porque a loucura de Deus é mais sábia que a sabedoria humana" (v. 25).

Portanto, a idéia de que Deus permite que seus servos sejam insultados não é anormal. O biógrafo de Maomé, Haykai, fala de casos de insulto sofridos por Maomé. Observa, por exemplo, que

a tribo de Thaqif, no entanto, não só repudiou Maomé como também enviou seus servos para insultá-lo e expulsá-lo da sua cidade. Ele fugiu deles e se abrigou perto de um muro [...] que fora crucificado ali sentou sob uma vinha ponderando sua derrota pelos filhos de Rabi'ah" (Haykai, 137).

Além disso, mesmo se supusermos, como os muçulmanos, que Deus livraria seus profetas dos seus inimigos, é errado concluir que ele não livrou Cristo dos seus inimigos. Na verdade, é exatamente isso que a ressurreição representa. Pois "Deus [o] ressuscitou, rompendo os laços da morte porque era impossível que a morte o retivesse" (At 2.24). Segundo as Escrituras, Deus ressuscitou Jesus porque, como disse: "Tu és meu Filho, eu hoje te gerei" (At 13.33). E também as Escrituras declaram que Deus cumpriu sua promessa para seu povo (em Sl 16.10) e certificou-se a respeito de "Cristo, que não foi abandonado no sepulcro e cujo corpo não sofreu decomposição. Ele foi "exaltado à direita de Deus" (At 2.31, 33).

Na verdade, foi pela morte e ressurreição de Cristo que "tragada foi a morte pela vitória" (1Co 15.54), e podemos dizer: "Onde está, ó morte, a sua vitória? Onde está, ó morte, o seu aguilhão?" (1Co 15.55).

Ao contrário do ensinamento islâmico, a morte e ressurreição de Cristo manifestaram a misericórdia de Deus. Na verdade, sem isso não haveria misericórdia para um mundo pecaminoso. Paulo escreveu: "Mas Deus demonstra seu amor por nós: Cristo morreu em nosso favor quando ainda éramos pecadores"(Rm 5.8). Ele acrescenta em outra passagem que é "não por causa de atos de justiça por nós prsticados, mas devido à sua misericórdia (Tt 3.5). Como o próprio Jesus disse: "Ninguém tem maior amor do que aquele que dá a sua vida pelos seus amigos" (Jo 15.13). Mas ele morreu por nós "quando [éramos seus] inimigos" (Rm 5.10).

A crucificação é baseada no pecado original. Outra razão para rejeitar a crucificação baseia-se na rejeição da doutrina da depravação. Os eruditos islâmicos são rápidos em relacionar a afirmação cristã de que Jesus morreu na cruz por nossos pecados com a doutrina da depravação.

A. R. I. Doi observa que "atrelado à crença cristã na crucificação de Isa [Jesus] está o conceito irreconciliável do pecado original" (Doi, p. 19). Ele acrescenta categoricamente que

o islamismo não acredita na doutrina do pecado original. Não é o pecado de Adão que a criança herda e manifesta ao nascer. Toda criança nasce sem pecado e os pecados dos pais não são passados para os filhos.

Além disso,

"o islamismo nega enfaticamente o conceito de pecado original e depravação hereditária. Toda criança nasce pura e correta; todo desvio na pós-vida do caminho da verdade e retidão é devido à educação imperfeita".

Ao citar o profeta Maomé, Doi afirma que

"toda criança nasce num molde religioso; são seus pais que depois o transformam em judeu, cristão ou sabeu [...] Em outras palavras, o bem o e mal não são criados no homem ao nascer. Os bebês não têm caráter moral positivo".

Em vez disso,

todo ser humano[...] tem duas inclinações — uma que o leva a fazer o bem e o impele ao bem, e outra incitando-o a fazer o mal e impelindo-o ao mal; mas a assistência de Deus está próxima (Doi, p. 20).

Resposta ao argumento contra a depravação. O cristão ortodoxo também liga a morte expiatória à depravação humana. Se Deus não fosse imutavelmente justo e a humanidade incuravelmente depravada, a morte de Cristo pelos nossos pecados não seria necessária. Mas, ao contrário da crença islâmica, a humanidade é depravada, logo, o sofrimento e a morte de Cristo foram necessários. A rejeição da depravação total é infundada — o que também é sugerido pelo ensina-mento islâmico.

Até os muçulmanos reconhecem que os seres humanos são pecadores. De outra forma, por que precisariam da misericórdia de Deus? Na verdade, por que tantos (inclusive todos os cristãos) cometeram o maior de todos os pecados (*shirk*), afirmando existirem seres semelhantes a Deus (surata 4.116)? Por que Deus precisaria mandar profetas para adverti-los de seu pecado, se não fossem pecadores constantes? Todo o ministério profético, que é a base do islamismo, se ocupa com chamado ao arrependimento do pecado da idolatria.

Mas por que a humanidade teria esse apetite insaciável por falsos deuses se as pessoas não fossem depravadas?

Além disso, por que os incrédulos mandados para o inferno devem sofrer para sempre? Isso parece implicar grande pecaminosidade para merecer castigo tão severo quanto o sofrimento eterno. É ao mesmo tempo fantasioso e contrário ao *Alcorão* negar a pecaminosidade inerente à humanidade.

Alguns teólogos muçulmanos acreditavam na doutrina de pecado hereditário [...] E há uma tradição famosa de que o Profeta do islamismo disse: 'Nenhuma criança nasce sem que o diabo a toque, exceto Maria e seu filho Jesus (Nazir-Ali, p.165).

Textos do *Alcorão* apóiam a doutrina da depravação humana. A humanidade é pecaminosa e injusta (14.34-37; 33.72), tola (33.72), ingrata (14.34/37), fraca (4.28-32), desesperada ou orgulhosa (11.9-12-10-13), dada a brigas (16.4) e rebelde (96.6; Woodberry, p. 155). O *Alcorão* até declara que, "se Allah castigasse os humanos por sua iniquidade não deixaria criatura alguma sobre a terra" (16.61). O Aiatolá Khomeini chegou a dizer que "a calamidade do homem são seus desejos carnais, e isso existe em todo mundo, e está arraigado à natureza do homem" (Woodberry, p. 159).

Jesus teve de se arrepender pelos pecados. A negação islâmica da morte de Cristo por crucificação baseia-se numa má interpretação sobre o arrependimento. Abdalati, por exemplo, descreve, entre suas razões para rejeitar a crucificação de Cristo:

É justo da parte de Deus, ou de qualquer pessoa, fazer alguém se arrepender pelos pecados ou erros de outros, pecados que o penitente não cometeu? (Abdalati, p. 160).

Resposta à acusação de que Jesus teve de se arrepender. Em nenhum lugar na Bíblia está escrito que Cristo se arrependeu pelos nossos pecados. Só diz que ele "morreu pelos nossos pecados" (1Co 15.3). *Judicialmente*, Deus tornou, pecado por nós aquele que não tinha pecado" (2Co 5.21). Mas em nenhuma ocasião ele confessou os pecados de alguém. Ensinou seus discípulos a orar: "Perdoa-nos as nossas dívidas" (Mt 6.12), mas Jesus não se une a eles nessa petição. Isso é uma distorção total do conceito da expiação substitutiva.

A Bíblia ensina que Jesus tomou nosso lugar; pagou o preço da morte por nós (cf. Mc 10.45; Rm 4.25; 1Pe 2.22; 3.18). Esse conceito de vida pela vida é o mesmo princípio por trás da crença islâmica na pena de morte. Quando um assassino tira a vida de outra pessoa, deve abrir mão da própria vida como castigo. Várias doutrinas relativas à justiça e ao perdão de Deus, ao céu e ao inferno, não fazem sentido sem a expiação substitutiva.

Deus pode perdoar sem castigar. Outro conceito errado da rejeição islâmica da crucificação é que o Deus misericordioso pode perdoar o pecado sem condená-lo justamente. Isso é refletido na pergunta de Abdalati:

O Deus Misericordioso, Perdoador e Altíssimo seria incapaz de perdoar os pecados dos homens sem infligir essa suposta crucificação cruel e humilhante em quem era não só inocente mas também dedicado ao seu serviço e causa de maneira tão notável? (Abdalati, p. 162).

Resposta ao perdão sem expiação. Dois erros básicos estão presentes aqui. Primeiro, sugere-se que o que Jesus fez não foi voluntário, mas foi imposto sobre ele. Os evangelhos declaram que Jesus deu sua vida voluntária e espontaneamente. Jesus disse: "... eu dou a minha vida para retomá-la. Ninguém a tira de mim, mas eu a dou por minha espontânea vontade. Tenho autoridade para dá-la e para retomá-la" (Jo 10.17,18).

Os muçulmanos não parecem apreciar o fundamento sobre o qual o Deus justo e santo pode perdoar os pecados. Apesar de Deus ser soberano, ele não é parcial sobre o que é certo e errado *(v. Geisler, Christian ethics,* p. 136-7). Os muçulmanos, assim como os cristãos, acreditam que Deus castigará para sempre no inferno os que não se arrependerem (cf. surata 14.17; 25.11-14). Mas, se a justiça santa de Deus exige que quem não o aceitar seja castigado eternamente por seus pecados, conclui-se que Deus não perdoará arbitrariamente sem uma base justa para esse perdão. Na teologia islâmica há perdão, mas não há base para esse perdão, pois eles rejeitam o pagamento sacrificial de Cristo pelo pecado perante o Deus justo, pelo qual ele pode declarar justo o injusto que aceita o pagamento de Cristo em seu favor (cf. Rm 3.21-26).

Um Deus realmente justo não pode simplesmente ignorar o pecado. A não ser que alguém capaz de pagar a dívida do pecado a Deus o faça, ele é obrigado a expressar sua ira, não sua misericórdia. Sem a crucificação, o sistema islâmico não tem meios de explicar como Alá pode ser misericordioso e justo ao mesmo tempo.

O ponto cego teológico nesse sistema criado pela rejeição do sacrifício expiatório de Cristo leva a outras afirmações infundadas, tais como a pergunta retórica de Abdalati:

A crença [cristã] da crucificação e do sacrifício pelo pecado aparece em alguma religião além dos credos pagãos ou dos gregos, romanos, índios, persas, e semelhantes? (Abdalati, p. 160).

A resposta é um óbvio "sim". É a base do judaísmo histórico, como mesmo um conhecimento casual do AT revela. Moisés disse a Israel: "Pois a vida da carne está no sangue, e eu o dei a vocês para fazerem propiciação por si mesmos no altar; é o sangue que faz propiciação pela vida. É por isso que os filhos de Israel tinham de sacrificar o novilho da Páscoa, comemorando sua libertação do cativeiro (Êx 12.1ss.). É por isso que o Novo Testamento fala de Cristo como "o Cordeiro de Deus, que tira o pecado do mundo" (Jo 1.29). E o apóstolo Paulo chamou Cristo "nosso Cordeiro pascal, [que] foi sacrificado" (1Co 5.7). O autor de Hebreus acrescenta: "sem derramamento de sangue, não perdão" (Hb 9.22).

É claro que os teólogos muçulmanos argumentam que o AT original também foi distorcido. No entanto, como o NT, os antigos manuscritos do mar Morto do AT revelam que o AT hoje é substancialmente o mesmo que na época de Cristo, mais de 600 anos antes de Maomé (v. Geisler e Nix, cap. 21). Portanto, já que o *Alcorão* incentiva os judeus da época de Maomé a aceitar a revelação de Deus na Lei (surata 10.94), e já que o AT judaico é substancialmente o mesmo hoje que era na época de Maomé, então os muçulmanos devem aceitar que sacrifícios pelos pecados eram um mandamento de Deus.

Rejeição liberal da cruz. Juntamente com os muçulmanos, os cristãos "liberais" não-ortodoxos rejeitam a justiça absoluta de Deus (v. ESSENCIALISMO DIVINO), a depravação do homem e a expiação substitutiva. Os liberais geralmente não rejeitam a historicidade da cruz, mas a consideram imoral. Insistem em que é essencialmente irracional e imoral castigar uma pessoa inocente no lugar da culpada.

A cruz é irracional. Nada parece mais contraditório ou irracional que a idéia de salvação por substituição. Até o apóstolo Paulo sugeriu isso quando disse "a mensagem da cruz é loucura para os que estão perecendo" (1Co 1.18). Na verdade, um dos pais da igreja primitiva, TERTULIANO (c. década de 160-c. 215-220) não disse sobre a cruz: "Creio porque é absurda" (Tertuliano, 5)?

Pouquíssimos teólogos cristãos do passado afirmaram que a cruz era irracional. Sem dúvida, Tertuliano jamais disse que a morte de Cristo era absurda, que teria sido a palavra latina *absurdum*. Ele disse que era "loucura" (Lat.: *ineptum*) para os que estavam morrendo — incrédulos — exatamente como Paulo disse. Tertuliano sempre promoveu o uso da razão e da consistência racional na sua teologia. Disse: "Nada pode ser considerado racional sem ordem, muito menos a própria razão passar sem ordem" (ibid.). Até quando falava do mistério do livre-arbítrio humano, Tertuliano declarou que "nem assim pode ser considerado irracional" (ibid., 1.25).

Até em relação à TRINDADE e encarnação de Cristo, os cristãos ortodoxos insistem em que os ensinamentos cristãos são racionais (v. LÓGICA). Os "mistérios" da fé podem ir além da nossa razão e ser alcançados por revelação especial, mas nunca vão contra nossa habilidade de compreender com consistência lógica (v. MISTÉRIO). A Trindade, por exemplo, não é considerada contradição. Ela não afirma que há três pessoas em uma *pessoa*, mas três pessoas em uma *essência*.

A cruz é imoral. Os liberais louvaram as virtudes da morte de Cristo como exemplo de amor sacrificial. Mas tanto muçulmanos quanto liberais detestam a idéia do castigo substitutivo pelo pecado. Essa visão essencialmente imoral. Como pode uma pessoa inocente ser castigada pelos culpados? A própria Bíblia não diz que "o filho não levará a culpa do pai, nem o pai, levará a culpa do filho. A justiça do justo lhe será creditada; e a impiedade do ímpio lhe será cobrada" (Ez 18.20)?

Uma prática humana quase universal é considerar louváveis as ações de quem morre para defender os inocentes. Soldados são honrados por morrerem por seu país. Pais são considerados compassivos quando morrem por seus filhos. Mas é exatamente isso que Jesus fez. Como o apóstolo Paulo afirmou: Dificilmente haverá alguém que morra por um justo, embora pelo homem bom talvez alguém tenha coragem de morrer. Mas Deus demonstra seu amor por nós: Cristo morreu em nosso favor quando ainda éramos pecadores (Rm 5.7-8)

A morte sacrificial não é estranha ao islamismo. A prática de *Id Ghorban* (feito de sacrifício) representa o sacrifício de um novilho em memória do sacrifício que Abraão fez de seu filho. Para alguns isso é associado ao perdão dos pecados. Soldados muçulmanos que sacrificam suas vidas pela causa do islamismo recebem o Paraíso como recompensa (surata 3.157-8; 22.58-9). E não é novidade que uma pessoa pague a dívida de outra, mesmo com o sacrifício de sua vida por ela.

Se Alá pode pedir que seus servos morram pelo islamismo, por que é tão estranho que Deus chamasse seu Filho para morrer a fim de que a salvação pudesse ser oferecida aos muçulmanos e para o resto do mundo? O *Alcorão* dá um belo exemplo de expiação substitutiva ao descrever o sacrifício de Abraão do seu filho no Monte Moriá. A surata 37. 102-7 diz:

Seu pai lhe disse: Ó filho meu, sonhei que te degolava... quando ambas aceitaram o desígnio (de Allah) e (Abraão) preparava (seu filho) para o *sacrifício*, então o chamamos [Deus]: Ó Abraão... E o *resgatamos* com outro sacrifício importante [grifo do autor].

O uso das palavras *sacrifício* e *resgate* é exatamente o que os cristãos querem dizer com a morte de Jesus na cruz. Jesus usou as mesmas palavras para descrever a própria morte (Mc 10.45). Então a morte sacrificial de Cristo não se opõe ao *Alcorão*.

Como foi observado, o peso dessa crítica da cruz baseia-se na falsa premissa que a morte de Jesus foi involuntária. Mas ela não foi forçada. Ao aguardar a cruz, Jesus disse ao Pai: "não seja feita a minha vontade, mas a tua" (Lc 22.42). Antes, no evangelho de João, Jesus referiu-se ao sacrifício da sua vida ao dizer: "Ninguém a tira de mim, mas eu a dou por minha espontânea vontade"(Jo 10.18). O livro de Hebreus registra as palavras de Jesus: Aqui estou, no livro está escrito a meu respeito; vim para fazer a tua vontade, ó Deus" (Hb 10.7).

Não há outra maneira de pagar a dívida do pecado exceto que o filho santo de Deus o faça. Como Anselmo argumentou (em *Cur Deus homo?*), o preço do pecado deve ser pago a Deus. A justiça de Deus exige que o pecado seja expiado (cf. Lv 17.11; Hb 9.22). Então, ao invés de injustiça, é a justiça que exige a expiação substituta de Cristo. *O Alcorão* ensina que Deus é justo (v. surata 21.47-8). Justiça absoluta significa que Deus não pode simplesmente *ignorar* o pecado. Um preço deve ser pago, ou pelas próprias pessoas ou por outra pessoa no lugar delas, que as capacita a ir para o céu.

Punir uma pessoa inocente não quebra nenhuma lei moral contanto que ela esteja disposta e uma lei moral maior exija a suspensão da lei menor (v. Geisler, *Ética cristã*). No caso da cruz, trata-se da salvação do mundo, pela qual Cristo, o inocente, aceitou voluntariamente a injustiça de morrer numa cruz.

Conclusão. A crítica moral da cruz baseia-se num raciocínio circular. Não faz sentido afirmar que a expiação substitutiva é *essencialmente* imoral a não ser que algo seja essencialmente moral, uma natureza imutavelmente moral de Deus. Mas a natureza imutavelmente justa e santa de Deus exige que o pecado seja castigado. A não ser que a justiça de Deus seja satisfeita por outra pessoa no lugar dos pecadores, o princípio essencial, moral e eterno, usado pelos liberais exigiria que todos fossem punidos eternamente por seus pecados no inferno. Mas essa doutrina também não agrada aos liberais. Assim, se Deus é amoroso, como os liberais felizmente admitem, então ele precisa encontrar uma maneira de pagar nossa dívida do pecado e nos livrar. Cristo se dispôs e satisfez a justiça de Deus, "o justo pelos injustos" (1Pe 3.18), para liberar o amor redentor de Deus e nos libertar da culpa e das conseqüências dos nossos pecados (Jo 3.16; Rm 5.8). Não há outra maneira.

Fontes
H. Abdalati, *Islam in focus*.
A. A. Abdul-Haqq, *Sharing your faith with a muslim*.
M. Ali, *Religious ideas of Sir Sayaad Ahmad Khan*.
R. Bell, *The origin of Islam in its christian environment*.
A. R. Doi, "The status of prophet Jesus in Islam-II," *MWLJ*, Jun. 1982.
W. D. Edwards, et al., "On the physical death of Jesus Christ", *JAMA*, 21 Mar. 1986.
N. L. Geisler, *Ética critã*.
__ e A. Saleeb, *Answering Islam: the Crescent in the light of the cross*.
__ e W. E. Nix, *Introdução bíblica*.
G. Habermas, *Ancient evidence for the life of Jesus*.
M. H. Haykai, *The life of Mohammed*.
Justino Mártin, *First apology*, em *Ante-nicene fathers*.
S. S. Muffasir, *Jesus, a prophet of Islam*.
M. Nazir-Ali, *Frontiers in muslim-christian encounter*.
"Sanhedrin," *The babylonian Talmud*.
Tertuliano, *On the flesh of Christ*.
J. D. Woodberry, org., *Muslims and christians on the Emmaus road*.
A. Z. Yamani, "Prefácio", W. M. Watt, *Islam and christianity today: A contribution to dialogue*.

Cristo, singularidade de. Os cristãos ortodoxos acreditam que Jesus é o Filho unigênito de Deus em carne humana (v. Cristo, divindade de). Mas alguns incrédulos, que podem ou não crer que Jesus existiu, não acreditam que Jesus era um homem necessariamente sábio ou especificamente bom. Outros, como os muçulmanos (v. islamismo), acham que Jesus foi um profeta, dentre outros profetas. O hinduísmo retrata Cristo como um dentre vários grandes gurus. Os liberais e muitos outros acreditam que Cristo foi um ser humano bom e um grande exemplo moral.

No seu ensaio "Por que não sou cristão", o agnóstico Bertrand Russell escreveu: "Historicamente é pouco provável que Cristo tenha sequer existido e, se existiu, não sabemos nada a seu respeito". Quanto ao caráter de Cristo, disse:

> Eu mesmo não consigo sentir que em questão de sabedoria ou de virtude Cristo esteja no mesmo nível que outras pessoas conhecidas na história. Acho que devo colocar Buda e Sócrates acima dele nesses assuntos (Russell, *Por que não sou cristão*).

Divindade e humanidade. O cristianismo é singular entre as religiões mundiais, e a singularidade

Cristo, singularidade de

verdadeira de Cristo é o centro do cristianismo. A verdade sobre Cristo é baseada principalmente nos documentos do NT que foram comprovados autênticos em outro artigo (v. Novo Testamento, confiabilidade dos manuscritos do; Novo Testamento, historicidade do). O registro do NT, principalmente dos evangelhos, é um dos documentos mais confiáveis do mundo antigo. A partir desses documentos aprendemos que várias facetas da pessoa de Cristo são absolutamente singulares.

Jesus Cristo era singular pelo fato de apenas ele, de todos que viveram, ter sido Deus e homem. O NT ensina a divindade e humanidade totalmente unificadas de Cristo. O Credo de Nicéia (325 d.C) afirma a crença uniforme de todo cristianismo ortodoxo de que Cristo era totalmente Deus e totalmente homem em uma pessoa. Todas as heresias relativas a Cristo negam uma ou ambas as proposições. Apenas isso, como alegação, já o torna singular entre todos os outros líderes ou personagens religiosas que já viveram, o que pode ser comprovado com evidências factuais. Algumas dessas evidências são vistas em outros aspectos da singularidade de Cristo (v. Cristo, divindade de).

A natureza sobrenatural de Cristo. *Singular nas profecias messiânicas.* Jesus teve uma existência cheia de milagres e poder sobrenatural desde sua concepção até sua ascensão. Séculos antes do seu nascimento, foi alvo de predições por parte da profecia sobrenatural (v. milagres na Bíblia; profecia como prova da Bíblia).

O AT, que até o crítico mais fervoroso reconhece que já existia séculos antes de Cristo, previu *onde* (Mq 5.2), *quando* (Dn 9.26) e *como* (Is 7.14) seria a vinda de Cristo ao mundo. Ele nasceria de uma mulher (Gn 3.15) da linhagem do filho de Adão, Sete (Gn 4.26), através do filho de Noé, Sem (Gn 9.26,27), e de Abraão (Gn 12.3; 15.5). Viria pela tribo de Judá (Gn 49.10) e seria descendente de Davi (2Sm 7.12ss.). O AT previu que Cristo morreria pelos nossos pecados (Sl 22; Is 53; Dn 9.26; Zc 12.10) e ressuscitaria dos mortos (Sl 2.7; 16.10).

Todas essas profecias sobrenaturais foram cumpridas singularmente em Jesus Cristo. Isso não aconteceu com nenhum dos grandes líderes ou personagens espirituais que já viveram, incluindo Maomé (v. Maomé, supostos milagres de).

Singular na concepção. Cristo não só foi predito sobrenaturalmente, também foi concebido de forma miraculosa. Ao anunciar sua concepção virginal, Mateus (1.22,23) indica a profecia de Isaías (7.14). Lucas, um médico, registra esse início miraculoso de vida humana (Lc 1.26s.); Paulo faz alusão ao fato em Gálatas 4.4. De todas as concepções humanas, a de Jesus se destaca como singular e miraculosa (v. virginal, nascimento).

Singular na vida. Desde o seu primeiro milagre em Caná da Galiléia (Jo 2.11), o ministério de Jesus foi marcado por milagres (cf. Jo 3.2; At 2.22). Não eram curas de doenças ilusórias, nem poderiam ser explicados com dados naturais. São singulares (v. milagre) porque são imediatos, sempre bem-sucedidos, não tiveram reincidência conhecida e curaram doenças que eram incuráveis pela medicina, tais como pessoas nascidas cegas (João 9). Jesus até ressuscitou dos mortos várias pessoas, inclusive Lázaro, cujo corpo já estava se decompondo (Jo 11.39).

Jesus transformou água em vinho (Jo 2.7s.), andou sobre a água (Mt 14.25), multiplicou pão (Jo 6.11s.), abriu os olhos dos cegos (Jo 9.7s.), fez os coxos andar (Mc 2.3s.), expulsou demônios (Mc 3.10s.), curou todo tipo de doença (Mt 9.35), incluindo lepra (Mc 1.40-42), e até ressuscitou os mortos em várias ocasiões (Mc 5.35s.; Lc 7.11-15; Jo 11.43,44). Quando perguntaram se ele era o Messias, usou seus milagres como evidência para apoiar a afirmação, dizendo: Voltem e anunciem a João o que vocês estão ouvindo e vendo: os cegos vêem, os mancos andam, os leprosos são ressuscitados, e as boas novas são pregadas aos pobres (Mt 11.4,5). Essa grande quantidade de milagres foi um sinal especial de que o Messias viera (v. Is 35.5,6). O líder judeu Nicodemos até disse: Mestre, sabemos que ensinas da parte de Deus, pois ninguém pode realizar os sinais miraculósos que estás fazendo, se Deus não estiver com ele (Jo 3.2).

Singular na morte. Os eventos relativos à morte de Cristo foram miraculosos (v. Cristo, morte de). Isso incluiu a escuridão de meio-dia às três da tarde (Mc 15.33) e o terremoto que abriu os túmulos e rasgou o véu do santuário (Mt 27.51-54). A maneira pela qual sofreu a tortura mortal da crucificação foi miraculosa. A atitude que teve em relação aos seus zombadores e carrascos foi miraculosa, dizendo: "Pai, perdoa-lhes, pois não sabem o que estão fazendo" (Lc 23.34). A maneira pela qual ele realmente morreu foi miraculosa. Como Jesus disse: "porque eu dou a minha vida para retomá-la ninguém a tira de mim, mas eu a dou por minha espontânea vontade" (Jo 10.17,18). No momento da sua partida, não foi vencido pela morte, mas entregou seu espírito voluntariamente. Jesus disse: "Está consumado!" Com isso, curvou a cabeça e entregou o espírito"(Jo 19.30).

Singular na ressurreição. O maior milagre da missão terrena de Jesus foi a ressurreição (v. ressurreição, evidências da). Ela não só foi prevista no AT (Sl 2;16), mas o próprio Jesus a previu desde o início do seu ministério. Disse: "' Destruam este templo, [do meu corpo] e eu o levantarei em três dias'[...]Mas o templo do qual ele falava era o seu corpo".s (Jo 2.19, 21; Mt 12.40-42; 17.9). Jesus demonstrou a realidade da sua ressurreição em doze aparições durante 40 dias para mais de 500 pessoas.

Singular na Ascensão. Assim como sua entrada nesse mundo, a partida de Jesus também foi miraculosa. Depois de comissionar seus discípulos,"E eles ficaram com os olhos fixos no céu enquanto ele subia. De repente surgiram diante deles dois homens vestido de branco"(At 1.10).

Ao contrário da opinião de alguns (v. Harris, p. 423), essa não foi uma "parábola", mas sim a ascensão corporal, literal, ao céu, do qual voltará no mesmo corpo literal para reinar neste mundo (At 1.11; Ap. 1.7, 19, 20). Os grandes Credos cristãos enfatizam claramente a miraculosa ascensão corporal de Cristo.

Singular na santidade. Alguns dos inimigos de Cristo trouxeram falsas acusações contra ele, mas o veredicto de Pilatos no seu julgamento foi o veredicto da história: "Não vejo neste homem crime algum" (Lc 23.4). Um soldado na cruz concordou, dizendo: "Certamente, este homem era justo" (Lc 23.47), e o ladrão na cruz ao lado de Jesus disse que "Mas este homem não cometeu nenhum mal" (Lc 23.41).

Para a descrição do que as pessoas mais próximas de Jesus pensavam do seu caráter, Hebreus diz que ele foi tentado como homem,"porém, sem pecado"(4.15). O próprio Jesus desafiou seus acusadores: "Qual de vocês pode me acusar de algum pecado?" (Jo 8.46), mas ninguém foi capaz de culpá-lo de nada. Assim, o caráter impecável de Cristo dá testemunho duplo da verdade da sua proclamação. A santidade de Jesus foi singular.

O caráter de Cristo é singular. O caráter de Cristo era singular de outras maneiras. Ele manifestou em grau absoluto as melhores virtudes. Também combinou características aparentemente opostas.

Ao exemplificar virtudes. Até Bertrand Russell, que imaginava ver defeitos no caráter de Cristo, confessou mesmo assim que "o que o mundo precisa é de amor, amor cristão, ou compaixão". Mas isso não corresponde a crença da maioria, a saber, que Cristo foi a manifestação perfeita da virtude do amor.

A submissão voluntária de Jesus ao sofrimento e morte ignominiosa por crucificação, tendo ao mesmo tempo amor e perdão pelos que o matavam, é prova dessa virtude (Lc 23.34,43). Só ele viveu perfeitamente o que ensinou no Sermão do Monte (Mt 5—7). Ele não se vingou de seus inimigos; pelo contrário, perdoou-os. Repreendeu seus discípulos por fazer mau uso da espada (Mt 26.52), e milagrosamente recolocou e curou a orelha amputada de um dos que, dentre a turba, vieram para levá-lo à morte (Lc 22.50).

Jesus foi o exemplo perfeito de paciência, bondade e compaixão. Teve compaixão das multidões (Mt 9.36), a ponto de chorar por Jerusalém (Mt 23.37). Apesar de condenar justamente (em termos claros) os fariseus que enganavam os inocentes (Mt 23), não hesitou em falar com líderes judeus que demonstravam interesse (Jo 3).

Ao combinar características aparentemente opostas. Uma das coisas singulares sobre Cristo é a maneira pela qual unia na sua pessoa características que em qualquer outra pessoa pareceriam impossíveis. Foi exemplo perfeito de humildade, a ponto de lavar os pés de seus discípulos (Jo 15). Mas fez afirmações audaciosas de divindade, tais como: "Eu e o Pai somos um" (Jo 10.30) e "antes de Abraão nascer, Eu Sou" (Jo 8.58; cf. Êx 3.14). A afirmação "sou manso e humilde de coração" (Mt 11.29) parece arrogante, mas comprovou tais palavras por sua atitude para com as crianças (Mt 18). No entanto, era tão forte que virou as mesas dos que comercializavam na casa de Deus, usando um chicote para espantar seus animais (Jo 2). Jesus era conhecido por sua bondade, mas foi severo com os hipócritas que enganavam os inocentes (Mt 23).

Vida e ensinamento. Como o próprio Jesus declarou, a essência do que ensinou está estabelecida no AT (Mt 5.17,18). Ele condenou tradições irrelevantes e más interpretações do AT (Mt 5.21s., 15.3-5; v. ACOMODAÇÃO, TEORIA DA). Apesar da essência do que ensinou não ser nova, a forma e a maneira pela qual ensinou foi singular. O Sermão do Monte emprega um método de ensino novo.

As parábolas vívidas, como o bom samaritano (Lc 10), o filho pródigo (Lc 15) e a ovelha perdida (Lc.15.4ss.), são obras-primas de comunicação. As parábolas estão no centro do estilo de ensino de Jesus. Ao se inspirar no estilo de vida das pessoas para ilustrar verdades que queria transmitir, Jesus comunicava a verdade e refutava o erro. Além disso, ao falar em parábolas podia evitar "lançar pérolas aos porcos". Podia confundir os que não queriam acreditar (os incrédulos), mas iluminar os que queriam acreditar (os discípulos). Embora o uso de alegorias e parábolas em si não fosse original, a maneira como Jesus as empregou era. Ele trouxe a arte de ensinar mistérios eternos em termos da experiência cotidiana para um novo patamar. As "leis do ensino" identificadas por pedagogos modernos (Shafer, *Seven laws*), foram praticadas perfeitamente no estilo de ensino de Jesus.

A maneira pela qual Jesus ensinou foi singular. Os intelectuais judeus admitiram: "Ninguém jamais falou da maneira como esse homem fala" (Jo 7.46). Enquanto ensinava em parábolas, as multidões se aglomeravam para ouvi-lo (Mt 13.34). Quando jovem, impressionou até os rabinos do templo. Pois "Todos os que o ouviam ficavam maravilhados com o seu entendimento e com as suas respostas" (Lc 2.47). Mais tarde, confundiu aqueles que tentaram enganá-lo de forma que "Ninguém conseguia responder-lhe uma palavra; e daquele dia em diante, ninguém jamais se atreveu a lhe fazer perguntas" (Mt 22.46).

Cristo é superior. Jesus Cristo foi singular de todas as formas. Da divindade completa à humanidade perfeita; da concepção milagrosa da à ascensão sobrenatural; da caráter impecável até seu ensinamento incomparável — Jesus está acima de todos os outros mestres religiosos ou morais.

Cristo é superior a Moisés. Como judeu, Jesus não tinha argumentos contra Moisés, o profeta que trouxe a lei judaica e tirou os israelitas do cativeiro egípcio para a liberdade como nação independente. Moisés e Jesus eram profetas do mesmo Deus, e Jesus disse que não veio para abolir a lei (encontrada nas obras de Moisés), mas para cumpri-la (Mt 5.17). Jesus deixa implícito que as palavras de Moisés são as palavras de Deus (comparar Mt 19.4,5 com Gn 2.24). Porém, em vários aspectos, vemos que Jesus é superior a Moisés.

Cristo é profeta superior a Moisés. Em Deuteronômio 18.15-19, Moisés previu que Deus levantaria um profeta judeu com uma mensagem especial. Qualquer pessoa que não acreditasse nesse profeta seria julgada por Deus. Essa passagem tem sido tradicionalmente interpretada como referente ao Messias. Gênesis 3.15 também é interpretado por muitos como referência a Jesus "a semente da mulher que esmagaria a cabeça da serpente".

A revelação de Cristo é superior à de Moisés. "Pois a lei foi dada por intermédio de Moisés; a graça e a verdade vieram por intermédio de Jesus Cristo" (Jo 1.17). Apesar de Moisés estabelecer as estruturas morais e sociais que guiavam a nação, a lei não podia salvar ninguém do castigo dos seus pecados, que é a morte. Como Paulo diz: "...ninguém será declarado justo diante dele baseando-se na obediência à lei, pois é mediante a lei que no tornamos plenamente conscientes do pecado" (Rm 3.20). A revelação que veio por meio de Jesus é que os pecados que a lei revelou foram perdoados, "sendo justificados gratuitamente por sua graça, po meio da redenção que há em Cristo Jesus" (Rm 3.24). A revelação de Cristo foi construída sobre o alicerce de Moisés ao resolver o problema que a lei nos mostrou.

A posição de Cristo é superior à de Moisés. Moisés é o maior dos profetas do AT, mas Jesus é mais que um profeta. Como a epístola aos Hebreus diz: Moisés foi fiel como servo em toda a casa de Deus, dando testemunho do que haveria de ser dito no futuro, mas Cristo é fiel como Filho sobre a casa de Deus; e esta casa somos nós, se é que nos apegamos firmemente à confiança e à esperança da qual nos gloriamos. Apesar de Moisés servir a Deus, Jesus foi declarado Filho de Deus com o direito de reinar sobre todos os servos.

Os milagres de Cristo são superiores aos de Moisés. Moisés realizou grandes milagres, mas os milagres de Cristo foram maiores em grau (v. MILAGRES NA BÍBLIA). Moisés levantou a serpente de bronze para curar os que a olhassem, mas nisso ele apenas seguiu instruções. Jamais fez os cegos verem, os surdos ouvirem. E não há nada no ministério de Moisés para ser comparado à ressurreição de Lázaro ou de Cristo.

As afirmações de Cristo são maiores que as de Moisés. Moisés jamais afirmou ser Deus e não fez nada além de cumprir seu papel de profeta. Jesus afirmou ser Deus e previu a própria ressurreição para prová-lo.

Cristo é superior a Maomé. Maomé, o fundador do islamismo, concordou com Jesus e Moisés que Deus é um (v. ISLAMISMO), que criou o universo e que está além do universo. Há um número considerável de concordâncias sobre os eventos dos primeiros dezesseis capítulos de Gênesis, até o ponto em que Hagar foi expulsa da casa de Abraão. Depois disso, a Bíblia enfatiza Isaque e o islamismo se preocupa com o que aconteceu com seu patriarca, Ismael. O ensinamento de Maomé pode ser resumido em cinco doutrinas:

1. Alá é o único Deus verdadeiro.
2. Alá enviou muitos profetas, incluindo-se Moisés e Jesus, mas Maomé é o último e maior.
3. O *Alcorão* é o livro religioso supremo (v. ALCORÃO, SUPOSTA ORIGEM DIVINA DO), sendo maior que a Lei, os Salmos, e o Injil (Evangelhos) de Jesus.
4. Há muitos seres intermediários entre Deus e nós (anjos), alguns dos quais são bons e alguns maus.
5. As obras de cada homem serão avaliadas para determinar quem será destinado ao céu e ao inferno na ressurreição. A maneira de conseguir salvação inclui recitar o *shahadah* várias vezes ao dia ("Não há Deus além de Alá; e Maomé é seu profeta."); orar cinco vezes por dia; jejuar um mês de cada ano; dar esmolas e fazer peregrinações a Meca.

Cristo oferece uma mensagem superior. Jesus fez afirmações superiores às de Maomé. Jesus afirmou ser Deus (v. CRISTO, DIVINDADE DE). Maomé afirmou apenas ser um simples homem que era profeta (v. MAOMÉ, SUPOSTO CHAMADO

DIVINO DE). Portanto, se Jesus não é Deus, certamente não é profeta. Jesus ofereceu uma confirmação superior das suas afirmações. Jesus realizou vários milagres. Maomé não fez milagres e admitiu no *Alcorão* que Jesus fez muitos. Só Jesus morreu e ressuscitou dos mortos.

Cristo oferece o melhor caminho de salvação. Ao contrário do Deus do islamismo, o Deus da Bíblia foi ao nosso encontro ao mandar seu Filho à terra para morrer pelos nossos pecados. Maomé não ofereceu nenhuma esperança garantida de salvação, apenas regras para obter o favor de Alá. Cristo deu tudo que é necessário para nos levar ao céu na sua morte: "Pois também Cristo sofreu pelos pecados uma vez por todas, o justo pelos injustos, para conduzir-nos a Deus" (1Pe 3.18).

Cristo oferece o modelo de vida superior. Maomé passou os últimos dez anos da sua vida guerreando. Como polígamo, ultrapassou até o número de esposas (quatro) que prescreveu para sua religião. Também violou a própria lei ao saquear caravanas que iam a Meca, algumas das quais estavam em peregrinação. Empenhou-se em vinganças, contrariando seu ensinamento (v. MAOMÉ, CARÁTER DE).

Jesus é superior aos gurus hindus. No HINDUÍSMO (v. HINDUÍSMO VEDANTA), *guru* é um mestre. As escrituras hindus não podem ser entendidas pela leitura; elas só podem ser aprendidas por meio de um guru. Esses homens santos, são adorados mesmo após morrerem, ao contrário das encarnações dos deuses. O que eles ensinam é que os seres humanos precisam de libertação do ciclo infinito de reencarnação (*samsara*) que é causado pelo *carma*, os efeitos de todas as palavras e ações da vida presente e das anteriores. Libertação (*moksha*) é obtida quando o indivíduo expande seu ser e consciência a um nível infinito e percebe que *atman* (o eu) é o mesmo que *Brahman* (o ser absoluto do qual toda multiplicidade se origina).

Isto é, cada hindu deve alcançar a divindade pessoal. Tal realização só pode ser alcançada ao seguir: *Jnana ioga* — salvação pelo conhecimento das escrituras antigas e da meditação interior; *Bhakti ioga* — salvação pela devoção a uma das várias divindades; *carma ioga* — salvação por obras, como cerimônias, sacrifícios, jejum e peregrinações, que devem ser feitos sem esperar recompensa. Cada um desses métodos incluirá até certo ponto *Raja ioga*, uma técnica de meditação envolvendo controle do corpo, respiração e pensamentos.

O hinduísmo consiste em grande parte de superstição, histórias lendárias sobre os deuses, práticas ocultas e adoração de demônios.

Cristo ensina uma cosmovisão superior. Jesus ensina uma cosmovisão teísta (v. TEÍSMO). Mas o panteísmo, a realização da divindade, é o centro do hinduísmo.

O ensinamento de Cristo é moralmente superior. O hinduísmo ortodoxo insiste em que pessoas sofredoras sejam abandonadas ao sofrimento, porque esse é seu destino determinado pelo carma. Jesus disse: "Ame o seu próximo como a si mesmo". Ele definiu próximo como qualquer pessoa necessitada. João disse: "Se alguém tiver recursos materiais e, vendo seu irmão em necessidade, não se compadecer dele, como pode permanecer nele o amor de Deus? (1Jo 3.17). Além disso, muitos, se não a maioria, dos gurus usam sua posição bem-conceituada para explorar seus seguidores financeira e sexualmente. O Bagwan Shri Rajneesh acumulou dezenas de Rolls Royces de presente dos seus seguidores. Os Beatles ficaram desencantados com Maharishi Mahesh Yogi quando descobriram que ele estava muito mais interessado pelo corpo de uma das mulheres no seu grupo que com seu espírito. Admitiram: "Cometemos um erro". Até o respeitado guru Mahatma Gandhi dormia com outras mulheres além da sua esposa.

Jesus oferece o caminho superior para a iluminação. Os gurus são necessários para trazer entendimento às escrituras sagradas de *Bhagavad Gita* e os *Upanixades*, mas não há nenhuma verdade esotérica ou oculta na Bíblia que precise ser explicada além do entendimento comum. A meditação cristã não é um esforço para esvaziar a mente, mas sim para enchê-la da verdade dos princípios bíblicos (Sl 1). A meditação interior é como descascar uma cebola; tira-se camada por camada até que, quando se chega ao centro, descobre-se que não há nada ali. A meditação na Palavra de Deus começa com conteúdo e revela o significado até dar contentamento à alma.

Cristo ensina a melhor maneira de salvação. O hindu está perdido no ciclo do carma da reencarnação até alcançar *moksha* e é abandonado para achar a saída desse labirinto sozinho. Jesus prometeu que seríamos salvos pela fé (Ef 2.8,9; Tt 3.5-7) e que poderíamos saber que nossa salvação está garantida (Ef 1.13,14; 1Jo 5.13).

Cristo é superior a Buda. Sitarda Gautama (*Buda* é um título que significa "iluminado") é inferior a Cristo. O budismo começou como movimento de reforma dentro do hinduísmo, que se tornara um sistema de especulação e superstição. Para corrigir isso, Gautama rejeitou os rituais e o ocultismo e desenvolveu uma religião essencialmente ateísta (mas formas posteriores de budismo voltaram aos deuses hindus). Suas crenças básicas são resumidas em Quatro Nobres Verdades:

1. A vida é sofrimento.
2. O sofrimento é causado pelo desejo de prazer e prosperidade.

3. O sofrimento pode ser superado pela eliminação do desejo.
4. O desejo pode ser eliminado pela Trilha Óctupla.

A Trilha Óctupla é um sistema de educação religiosa e preceitos morais do BUDISMO. Inclui 1) sabedoria correta ("As Quatro Nobres Verdades"); 2) intenções corretas; 3) linguagem correta; 4) conduta correta (não matar, beber, roubar, mentir nem adulterar); 5) ocupação correta (que não causa sofrimento); 6) esforço correto; 7) mentalidade correta (negar o eu finito) e 8) meditação correta (*Raja Ioga*).

O objetivo de todo budista não é o céu nem estar com Deus, pois não há Deus no ensinamento de Gautama. O que buscam é o nirvana, a eliminação de todo sofrimento, desejo e ilusão de auto-existência. Apesar de uma linha liberal do budismo (budismo aiana) agora ter deificado Gautama como salvador, o budismo tevarada mantém-se mais próximo dos ensinamentos de Gautama e afirma que ele jamais reivindicou divindade. Quanto ao fato de ser o salvador, diz-se que as últimas palavras de Buda foram: "Budas não mostram o caminho; busque a própria salvação com diligência". Como forma variante do hinduísmo, o budismo está sujeito a todas as críticas mencionadas anteriormente. O ensinamento de Jesus é superior. Além disso:

Cristo enche a vida de mais esperança. O ensinamento de Jesus é superior ao de Buda porque Jesus ensinou a ter esperança na vida, mas o budismo vê a vida apenas como sofrimento e egoísmo, coisas a serem erradicadas. Jesus ensinou que a vida é uma dádiva de Deus para ser desfrutada (Jo 10.10) e que o indivíduo deve ser sumamente honrado (Mt 5.22). Ele também prometeu esperança na vida vindoura (Jo 14.6).

Cristo oferece a melhor maneira de salvação. O budista também ensina a reencarnação como meio de salvação. Mas dessa forma o eu ou a individualidade da alma é erradicada no fim de cada vida. Assim, apesar de continuar vivendo, não é você como um indivíduo que tem alguma esperança de alcançar o nirvana. Jesus prometeu esperança para cada homem e mulher como indivíduo (Jo 14.3) e disse para o ladrão na cruz ao seu lado: "[...] hoje estará comigo no paraíso" (Lc 23.43).

Jesus é o melhor Cristo. Jesus afirmou e provou ser Deus encarnado. Buda era um simples homem que morreu e não ressuscitou. Mas Jesus ressuscitou corporalmente da sepultura. Gautama apenas queria trazer sua "iluminação" aos outros para ajudá-los a chegar ao nirvana, onde todos os desejos e toda existência individual se perdem.

Cristo é superior a Sócrates. Apesar de Sócrates não ter começado uma religião, atraiu muitos seguidores. Sócrates não escreveu nada, mas PLATÃO, seu discípulo, escreveu muito sobre ele, apesar desses registros serem tanto das idéias de Platão quanto do pensamento de Sócrates. Platão apresenta Sócrates como um homem convencido de que Deus o designou para a tarefa de promover a verdade e a bondade ao fazer os seres humanos examinarem suas palavras e ações para ver se são verdadeiras e boas. Ele é considerado a primeira pessoa a reconhecer a necessidade de desenvolver uma abordagem sistemática para a descoberta da verdade, apesar de o sistema em si ter sido finalmente formulado por Aristóteles — discípulo de Platão.

Como Cristo, Sócrates foi condenado à morte por acusações falsas de autoridades que foram ameaçadas por seu ensinamento. Ele poderia ter sido absolvido se não tivesse insistido em fazer seus acusadores e juízes examinarem suas afirmações e vidas, o que não estavam dispostos a fazer. Contentou-se em morrer, sabendo que havia cumprido sua missão até o fim, e que a morte, fosse um sono sem sonhos ou uma comunhão maravilhosa com grandes homens, era boa.

Cristo tem uma base superior para a verdade. Jesus, como Sócrates, geralmente usava perguntas para fazer seus ouvintes examinarem a si mesmos, mas sua base para saber a verdade sobre os seres humanos e Deus estava arraigada no fato de que ele era o Deus onisciente. Ele disse a respeito de si mesmo: "Eu sou o caminho, e a verdade, e a vida". Ele mesmo era a fonte da qual toda verdade fluía. Da mesma forma, como Deus, era a Bondade absoluta pela qual toda outra bondade é medida. Certa vez pediu para um jovem examinar suas palavras ao dizer: "Por que me chamas bom? Ninguém é bom, senão um, que é Deus". Jesus era a própria verdade e bondade que Sócrates queria entender.

Cristo dá mais conhecimento exato. Apesar de Sócrates ter ensinado alguns princípios verdadeiros, geralmente tinha de especular sobre muitas questões importantes, como o que acontece na morte (v. CERTEZA/CONVICÇÃO). Jesus deu uma resposta exata para tais questões, porque tinha conhecimento exato do destino humano (Jo 5.19-29; 11.25,26). Onde a razão (Sócrates) tem evidência insuficiente para tirar uma conclusão definitiva, a revelação (Jesus) dá respostas que jamais poderiam ser antecipadas.

A morte de Cristo foi mais nobre. Sócrates morreu por uma causa e fez isso com coragem, o que é muito louvável. Mas Jesus morreu como substituto por outros (Mc 10.45) para pagar o preço do que mereciam. Além de morrer por seus amigos, também morreu por aqueles que eram e continuariam sendo seus inimigos (Rm 5.6,7). Tal demonstração de amor é inigualável em qualquer outro filósofo ou filantropo.

A prova que Cristo oferece da sua mensagem é superior. Provas racionais são boas quando há evidência válida para suas conclusões (v. Deus, evidências de). Mas Sócrates não pôde apoiar sua afirmação de ser enviado por Deus com nada que se compare aos milagres de Cristo e sua ressurreição (v. ressurreição, evidências da). Profetas e profetisas pagãos, tais como o Oráculo de Delfos, não se comparam à previsão precisa e aos milagres bíblicos (v. profecia como prova da Bíblia). Nesses atos há uma prova superior de que a mensagem de Jesus foi autenticada por Deus como verdadeira (v. milagres, valor apologético dos; milagres como confirmação da verdade).

Cristo é superior a Lao Tse (taoísmo). O taoísmo moderno é uma religião de bruxaria, superstição e politeísmo, mas era originariamente um sistema filosófico, e é assim que se apresenta à cultura ocidental hoje. Lao Tse construiu esse sistema em torno de um princípio que explicava tudo no universo e guiava tudo. Esse princípio é chamado *Tao*. Não há uma forma simples de explicar o *Tao* (v. zen-budismo). O mundo está cheio de opostos conflitantes — bem e mal, macho e fêmea, luz e trevas, sim e não. Todas as oposições são manifestações do conflito entre *Yin* e *Yang*. Mas na realidade final *Yin* e *Yang* estão completamente entrelaçados e perfeitamente equilibrados. Esse equilíbrio é o mistério chamado *Tao*. Para entender o *Tao* é preciso perceber que todos os opostos são um e que toda verdade está na contradição, não na resolução (v. lógica; primeiros princípios).

O taoísmo vai além disso para incitar a vida em harmonia com o *Tao*. Uma pessoa deve ter uma vida de completa passividade e reflexão sobre questões como: "Qual o som de uma mão batendo palmas?", ou: "Se uma árvore cai na floresta e não há ninguém para ouvir, ela ecoará?". É preciso estar em paz com a natureza e evitar todas as formas de violência. Esse sistema de filosofia tem muitas semelhanças com o zen-budismo.

Cristo traz liberdade superior. Jesus permite que os seres humanos usem a razão. Na verdade, ele ordena que o façam (Mt 22.37; cf. 1Pe 3.15); o taoísmo não faz isso, pelo menos no nível mais elevado. O taoísmo se ocupa com a afirmação de que "a razão não se aplica à realidade". Essa afirmação é contraditória, pois é uma afirmação razoável sobre a realidade. Poderá ser falsa ou verdadeira sobre como as coisas realmente são, mas declara que no final a verdade está na contradição. Jesus ordenou: "Amo o Senhor, o seu Deus de todo o coração, de toda a sua alma *e de todo o seu entendimento*. Este é o primeiro e maior mandamento" (Mt 22.37,38, grifo do autor). Deus diz: "Venham, vamos refletir juntos" (Is 1.18). Pedro nos exorta a "...responder a qualquer pessoa que lhes pedir a razão da esperança que há em vocês" (1Pe 3.15b).

Jesus incentivou o uso da liberdade de escolha, sem jamais se impor aos incrédulos (Mt 23.37). O taoísmo pede que cada seguidor suspenda a escolha, abra mão do poder de mudar as coisas. Jesus diz que cada pessoa tem uma escolha e que essa escolha faz a diferença. Cada um decide crer ou não crer (Jo 3.18), obedecer ou desobedecer (Jo 15.14), mudar o mundo ou ser mudado por ele (Mt 5.13-16).

Jesus permite que cada pessoa tenha a liberdade de ser salvo. O taoísmo só oferece uma maneira de conformar-se com a maneira que as coisas são. Cristo oferece uma caminho para mudança de quem somos e do que somos, para conhecermos as alegrias da vida. Em vez de aceitar a morte como fim inevitável, Cristo dá uma maneira de vencer a morte pela sua ressurreição. Lao Tse não pode fazer essa afirmação.

Conclusão. Cristo é absolutamente singular entre todos os que já viveram (v. religiões mundiais e o cristianismo). Ele é singular em sua natureza sobrenatural, em seu caráter superlativo, em sua vida e ensinamento (v. Cristo, divindade de). Nenhum outro mestre mundial afirmou ser Deus. Mesmo quando os seguidores de algum profeta endeusaram seu mestre, não há prova dada para essa afirmação que possa ser comparada ao cumprimento de profecias, à vida santa e milagrosa e à ressurreição. Nenhum outro líder religioso (exceto alguns que copiaram Cristo) ofereceu salvação pela fé, sem obras, baseada na ação de tirar a culpa do pecado humano. Nenhum líder religioso ou filosófico demonstrou o amor pelas pessoas que Jesus demonstrou ao morrer pelos pecados do mundo (Jo 15.13; Rm 5.6-8). Jesus é absolutamente singular entre todos os seres humanos que já viveram.

Fontes

J. N. D. Anderson, *The world's religions.*
H. Bushnell, *The supernaturalness of Christ.*
N. L. Geisler, *The battle for the ressurection.*
___ e R. Brooks, *When skeptics ask.*
M. J. Harris, *From grave to glory.*
C. S. Lewis, *Cristianismo puro e simples.*
B. Russell, *Por que não sou cristão.*
A. Shafer, *The seven laws of teaching.*

Cristo da fé *versus* Jesus da história. A origem da diferença entre o "Cristo da fé" e o Jesus da história geralmente é remontada a Martin Kahler (1835-1912), mas provavelmente ele não quis dizer com o termo o que a maioria dos críticos acreditam. Mesmo antes de

Kahler, Gotthold Lessing (1729-1781) assentou o fundamento para a separação entre o Cristo da fé e o Jesus da história. O que aconteceu nessa separação por meio das "buscas do Jesus histórico" é discutido no artigo JESUS HISTÓRICO, BUSCA DO.

O "fosso" de Lessing. Já em 1778, Lessing considerou a separação entre o histórico e o eterno como "o fosso terrível que não consigo atravessar, por mais freqüente e diligentemente que tente chegar ao outro lado" (Lessing, p. 55). O fosso separava as verdades contingentes da história das verdades necessárias da religião. Era simplesmente impossível atravessá-lo a partir do nosso lado. Assim, Lessing concluiu que, não importando quão prováveis os registros do evangelho sejam considerados, jamais podem servir de base para conhecer verdades eternas.

O fosso de Kant. Em 1781, Immanuel KANT mencionou no seu *Crítica da razão pura* a separação entre as verdades contingentes da nossa experiência e as verdades necessárias da razão. Assim, ele acreditava ser necessária a destruição de qualquer base filosófica ou científica de crença em Deus. "Portanto, acho necessário", ele disse, "negar o *conhecimento*, para dar espaço à *fé*" (Kant "Prefácio," p. 29). Kant acreditava que é preciso abordar o âmbito da religião pela fé, que é o âmbito da razão prática, não da razão teórica. Criou um fosso intransponível entre o âmbito objetivo, científico e cognoscível dos fatos e o âmbito incognoscível do valor (moralidade e religião). Essa dicotomia fato/valor está na base da disjunção entre o Cristo da fé e o Jesus da história.

A divisão histórica/historial de Kahler. O título do livro de Kahler descreve a dicotomia que ele considerava necessária: *The so-called historical Jesus and the historic, biblical Christ* (1892). A esse volume é atribuída a origem da distinção entre o Jesus "histórico" (*historisch*) e o Cristo "historial" (*Geschichtlich*). O que Kahler tinha em mente com "histórico", no entanto, era o Jesus reconstruído da erudição liberal crítica da sua época, não o Jesus real do século I.

Kahler perguntou:

"Devemos esperar [que os crentes] dependam da autoridade dos eruditos quando a questão se relaciona à fonte da qual retiram a verdade para suas vidas?"

Acrescentou:

"Não consigo confiar nas probabilidades ou numa série instável de detalhes, cuja confiabilidade está sempre mudando" (Kahler, 109, 111).

Apesar de Kahler não aceitar uma Bíblia inerrante (sem erros), acreditava que os evangelhos em geral eram confiáveis. Falou de sua "fidelidade relativamente notável". A confusão de Kahler sobre como considerar os evangelhos levou-o a considerá-los confiáveis até as "lendas" do evangelho, "até onde seja concebível" (ibid., 79-90, 95, 141-2).

O que "queremos deixar muito claro", disse Kahler, é "que no final acreditamos em Cristo, não por causa de qualquer autoridade, mas porque ele mesmo desperta tal fé em nós" (ibid., p. 87). Ele fez a pergunta crítica da igreja da sua época:

Como Jesus Cristo pode ser um objeto real da fé para todos os cristãos se o que e quem ele realmente era só pode ser averiguado por metodologias de pesquisa tão elaboradas que só os eruditos da nossa época são adequados para a tarefa? (v. Soulen, p. 98).

O "salto" de Kierkegaard. O que também preparou o cenário para a disjunção posterior entre o Cristo da fé e o Jesus histórico foi o iconoclasta dinamarquês, Søren KIERKEGAARD. Kierkegaard perguntou: "Como algo de natureza histórica pode ser decisivo para a felicidade eterna?" (*Concluding unscientific postscripts*, p. 86). Portanto, Kierkegaard rebaixou a base histórica do cristianismo. A história real não era importante comparada à crença "de que em tal ano o Deus apareceu a nós na forma humilde de um servo, que viveu e ensinou na nossa comunidade, e depois morreu" (*Philosophical fragments*, 130). Apenas um "salto" de fé pode colocar-nos além do histórico e dentro do espiritual (v. FIDEÍSMO).

Cristo versus Jesus. Rudolph Bultmann fez a disjunção final definitiva e radical entre o Cristo da fé e o Jesus da história. A visão pode ser resumida assim:

A implicação geralmente tirada dessa disjunção é que o histórico tem pouca ou nenhuma importância

O Jesus histórico	O Cristo histórico
Irrelevante para a fé	Relevante para a fé
Jesus dos eruditos	Cristo dos crentes
Jesus da história crítica	Cristo dos evangelhos
Fundamento incerto	Fundamento certo
Inacessível à maioria dos cristãos	Acessível a todos os cristãos
A factualidade de Jesus	A significância de Jesus
Jesus do passado	O Cristo do presente

espiritual. Como Kierkegaard argumentou, mesmo se alguém pudesse provar a historicidade dos evangelhos em cada detalhe, isso não o aproximaria necessariamente de Cristo. Por outro lado, se os críticos pudessem refutar a historicidade dos evangelhos, atendo-se ao homem e que viveu em quem as pessoas acreditavam que

Deus habitava, isso não destruiria os fundamentos da fé verdadeira.

Avaliação. Toda a dicotomia entre o Jesus da história e o Cristo da fé é baseada em suposições altamente duvidosas. A primeira lida com a historicidade dos documentos do NT.

O que é necessário para salvação. Esse conceito de que a crença nos fatos do evangelho é historicamente irrelevante é contrário à afirmação do NT do que é necessário para salvação. O apóstolo Paulo apresentou como essencial a crença de que Jesus morreu e ressuscitou corporalmente da sepultura (v. CRISTO, MORTE DE; RESSURREIÇÃO, EVIDÊNCIAS DA). Ele escreveu:

> E, se Cristo não ressuscitou, é inútil a nossa pregação, como também é inútil afé que vocês têm. Mais que isso, seremos considerados falsas testemunhas de Deus, pois contra ele testemunhamos que ressuscitou a Cristo dentre os mortos. Mas se de fato os mortos não ressuscitam, ele também não ressuscitou a Cristo. Pois, se os mortos não ressuscitou, é inútil é a fé que vocês têm, e ainda estão em seus pecados. Neste caso, também os que dormiram em Cristo estão perdidos. Se é somente para esta vida que temos esperança em Cristo, somos, de todos os homens, os mais dígnos de compaixão (1Co 15.14-19).

A preocupação dos autores. Essa indiferença quanto à historicidade também não é compartilhada pelos próprios autores do NT, que parecem estar preocupados com os detalhes de um registro preciso, não um mito vago. Na verdade Lucas nos conta suas técnicas de pesquisa e seu objetivo como historiador:

> Muitos já se dedicaram a elaborar um relato dos fatos que se cumpriram entre nós, conforme nos foram transmitidos por aqueles que desde o início foram testemunhas oculares e servos da palavra. Eu mesmo investiguei tudo cuidadosamente, desde o começo, e decidi escrever-te um relato ordenado, o excelentíssimo teófilo, para que tenhas a certeza das coisas que te foram ensinadas (Lc 1.1-4).

Lucas expressa esse interesse histórico ao relacionar a história a pessoas e eventos que são parte do registro público da história (v. ATOS, HISTORICIDADE DE; LUCAS, SUPOSTOS ERROS EM), tais como Herodes, o Grande (1.5), César Augusto (2.1), Quirino (2.2), Pilatos (3.1), e muitos outros ao longo de Lucas e Atos. Note seu detalhismo histórico em datar o anúncio que João Batista fez de Cristo

> No décimo quinto ano do reinado de Tibério César, quandos Pôncio Pilatos era governador da Judéia; Herodes, tetrarca da Galiléia; seu irmão Filipe, tetrarca da Ituréia e Traconites; Lisânias, Tetrarca de Abilene; Anás e Caifás exerciam o sumo sacerdócio (Lc 3.1, 2*a*)

Há uma suposição injustificada de que o NT, e principalmente os evangelhos, carecem de apoio histórico adequado. Isso simplesmente não é verdade (v. NOVO TESTAMENTO, ARQUEOLOGIA DO; NOVO TESTAMENTO, DATAÇÃO DO; NOVO TESTAMENTO, CONFIABILIDADE DOS DOCUMENTOS DO; NOVO TESTAMENTO, HISTORICIDADE DO, e outros artigos relacionados à precisão do registro do NT).

Uma falsa dicotomia. A separação entre o Jesus e o Cristo historicos é baseada na dicotomia falsa de fato e fé (v. FÉ E RAZÃO) ou de fato e valor. O significado histórico de Cristo não pode ser separado de sua historicidade. Se ele não tivesse vivido, ensinado, morrido e ressuscitado dos mortos como o NT afirma, então ele não teria significância salvadora hoje.

Mesmo depois de um século de uso, a distinção continua sendo ambígua e varia em significado de autor a autor. Kahler a usou para defender o "pietismo crítico". Para Bultmann, significava o estilo de existencialismo de Martin Heidegger (Meyer, p. 27). John Meyer observa que "o Cristo da fé exaltado por Bultmann parece suspeitosamente um mito gnóstico ou um arquétipo de Jung" (ibid., p. 28). Mais próximo do outro extremo do espectro, eruditos como Paul Althaus (1888-1966) usaram a distinção de Kahler para defender uma abordagem mais conservadora da historicidade de Jesus. Kahler não teria aceito a concepção de Bultmann nem a de Althaus. Albert Schweitzer (1875-1965) está mais ciente do que Kahler quis dizer. Ele denuncia duramente os que, em nome dessa distinção, fizeram o Cristo histórico responsável por todo tipo de tendência, desde a destruição da cultura antiga até o progresso das realizações modernas. Portanto, a distinção entre *histórico* e *historial* tornou-se uma expressão capciosa e portadora de todo tipo de bagagem ideológica (ibid.).

Fontes

G. BLOOMBERG, *The historical reliability of the gospels.*

M. J. BORG, *Jesus in contemporary scholarship.*

D. E. BRAATEN, "Martin Kahler on the historic, biblical Christ", em R. A. HARRISVILLE, *The historical Jesus and the kerygmatic Christ.*

G. HABERMAS, *The historical Jesus.*

M. KAHLER, *The so-called historical Jesus and the historic, biblical Christ.*

I. KANT, *Crítica da razão pura.*

S. KIERKEGAARD, *Concluding unscientific postscripts.*

___, *Philosophical fragments.*

J. P. Meyer, *A marginal jew.*

G. Lessing, *Lessing's theological writings*, trad. H. Chadwick.

R. N. Soulen, *Handbook of biblical criticism*, 2ª ed.
R. Striple, *Modern search for the real Jesus*.

cronologia na Bíblia, problemas de. V. GENEALOGIAS ABERTAS OU FECHADAS.

crucificação de Cristo. V. CRISTO, MORTE DE.

curas psicossomáticas. Curas acontecem em várias religiões. Portanto, não têm valor apologético. Além disso, muitos eventos considerados sobrenaturais podem ser apenas psicossomáticos. Se algo realmente acontece no corpo, tal evento entra na categoria de falso milagre (v. MILAGRES, FALSOS) e deve ser diferenciado do verdadeiro (v. MILAGRES, DEFINIÇÃO DE). Então é do interesse da atividade apologética diferenciar curas sobrenaturais de curas psicológicas.

Foi demonstrado que a mente tem uma influência incrível sobre o corpo. Doenças e curas psicossomáticas ou "produzidas por influências psíquicas" realmente ocorrem. As enfermidades psicossomáticas não são imaginárias. Enfermidades sem base no corpo são chamadas doenças de conversão ou outras formas de neurose. A úlcera é uma doença psicossomática se foi causada pelo menos em parte pelo nervosismo que perturbou o processo digestivo e induziu uma superprodução de ácidos ou outras enzimas. Já que têm base emocional, tais doenças tendem à cura pela mente. Isso é usado por alguns para argumentar que curas sempre são fenômenos psicoemocionais.

O poder da mente. Pessoas ficaram doentes e até foram internadas simplesmente porque um grupo de amigos (fazendo uma experiência) sugeriu que elas estavam doentes. Foram "curadas" da mesma forma — quando os amigos sugeriram mais tarde que estavam com a aparência melhor. Esse é um exemplo de doença causada pelas emoções e "cura" que só estão perifericamente relacionadas ao corpo.

O médico e apologista cristão Paul Brand fornece exemplos do poder da mente de curar o corpo. A mente pode controlar com eficácia a dor estimulando a produção de endorfinas, simples disciplina mental, inundando o sistema nervoso com outros estímulos. A acupuntura é um exemplo de acrescentar sensações para interromper a dor.

No chamado efeito placebo, a fé em simples pílulas de açúcar estimula a mente a controlar a dor e até curar alguns distúrbios. Em algumas experiências entre pessoas com câncer terminal, a morfina era um analgésico eficiente em dois terços dos pacientes, mas placebos também foram eficientes na metade deles. O placebo engana a mente para que acredite que o alívio chegou, e o corpo reage de acordo.

Por meio do *biofeedback*, as pessoas podem treinar-se a direcionar processos corporais que antes eram considerados involuntários. Podem controlar a pressão arterial, os batimentos cardíacos, as ondas cerebrais e a temperatura do corpo.

Sob hipnose, 20% dos pacientes podem ser induzidos a perder a consciência da dor tão completamente que podem sofrer cirurgia sem anestesia. Alguns pacientes foram até curados de verrugas sob hipnose. O hipnotizador sugere a idéia e o corpo realiza um feito surpreendente de renovação e construção da pele, envolvendo a cooperação das milhares de células num processo mental direcionado não obtido de outra maneira.

Numa falsa gravidez, a mulher acredita tanto em sua condição que sua mente direciona uma seqüência extraordinária de atividades: Aumento hormonal, aumento dos seios, suspensão da menstruação, indução de mal-estar e até contrações de parto. Tudo isso sem fertilização nem feto (Brand, p. 19).

O Dr. William Nolen explica que

o paciente que descobre repentinamente [...] que pode agora mover um braço ou perna que estavam anteriormente paralisados, teve paralisia como resultado de um distúrbio emocional, não físico.

Sabe-se que

neuróticos e histéricos freqüentemente se aliviarão de seus sintomas pelas sugestões e pelo ministério de curandeiros carismáticos. É tratando os pacientes desse tipo que os curandeiros afirmam suas vitórias mais dramáticas' (Nolen, p. 287).

Não há nada milagroso nessas curas. Psiquiatras, internos, profissionais graduados e doutores que fazem terapia psiquiátrica aliviam milhares desses pacientes dos seus sintomas todo ano (ibid.).

O psiquiatra cristão Paul Meyer revelou que curou uma jovem de cegueira simplesmente instruindo-a que, quando acordasse em outro quarto, poderia ver. A cura aconteceu exatamente como o médico ordenou. Sua visão foi restaurada pelo poder da sugestão. Outros médicos registraram curas de diarréia crônica pela prescrição de placebos. Doenças severas de pele e até paralisia foram curadas por esse método.

Sabe-se que por volta de 80% das doenças estão relacionadas ao estresse (Pelletier, p. 8). Essas doenças emocionalmente induzidas geralmente podem ser revertidas pela terapia psicológica ou por meio das "curas pela fé", quando a atitude mental adequada ocasiona um efeito de cura.

Nenhuma dessas curas é sobrenatural. O efeito da mente sobre o corpo é um processo natural. Não envolve nenhuma suspensão das leis naturais. É possível aprender a fazer isso. Quando feito por uma pessoa que afirma ser um canal para Deus, não é menos natural. A fé em vários tipos de deuses ou apenas em outra pessoa (o médico ou curandeiro) fará a mesma coisa.

Os cristãos não devem surpreender-se que curas psicossomáticas naturais aconteçam. Deus criou a mente com habilidades maravilhosas e criou os poderes curativos do corpo. A Bíblia reconhece o efeito da mente sobre a saúde da pessoa: "O coração bem disposto é remédio eficiente, mas o espírito oprimido resseca os ossos" (Pv 17.22). No seu livro *Anatomy of an illness* [*Anatomia de uma enfermidade*], Norman Cousins descreveu em detalhes como *ele* literalmente curou-se do seu câncer por meio do riso. É possível adoecer quando entristecido por uma tragédia ou ficar curado ao ouvir boas notícias.

Já que Deus nos criou como unidades de mente e corpo, ele deve receber a glória quando essa relação maravilhosa da mente afetando o corpo é usada para trazer cura. Mas é um exagero sério considerar essas curas sobrenaturais.

O que a mente não pode fazer. Há algumas condições em que apenas a "fé" não pode curar. O poder do pensamento positivo não pode evitar a morte, ressuscitar os mortos, dar visão a um corpo sem olhos, criar membros amputados ou curar tetraplégicos. O Dr. Nolen observa que nenhuma lesão paralisadora da medula espinhal jamais foi e nunca será curada por meio da fé (Nolen, p. 286). Joni Earickson Tada sofreu tal lesão num acidente de natação e ficou tetraplégica. Apesar das orações fervorosas e de toda a sua fé, ela permanece sem ser curada por toda a fé que pôde exercitar. Joni conclui:

> Deus certamente pode curar, e às vezes cura, pessoas de forma milagrosa hoje em dia. Mas a Bíblia não ensina que sempre curará que chegam a ele com fé. Ele se reserva soberanamente o direito de curar ou não curar como lhe convém (Tada, p. 132).

Intervenção sobrenatural. A sra. Tada reconhece que, se Deus curasse sua medula, um tipo diferente de cura teria acontecido, um tipo que suspende os processos naturais. Os milagres, ao contrário de curas naturais, são a maneira pela qual Deus age em ocasiões especiais. A forma pela qual Deus geralmente cura é lenta. Mas num milagre ele age de imediato. Quando Jesus curou o leproso, a cura foi instantânea — não o resultado de auto-rejuvenescimento da pele (Mc 1.42).

Muitos dos milagres de Jesus envolveram a aceleração de um processo natural. O fazendeiro coloca o grão no solo e ele se multiplica lentamente em mais grãos até a colheita. Mas Jesus pegou o pão (grão) e o multiplicou imediatamente para alimentar os cinco mil (Jo 6.10-12).

Referimo-nos aos "milagres" do nascimento ou da vida. Deus é quem causa ambos. Mas a questão se torna confusa quando falamos sobre eventos naturais, graduais e repetidos como "milagres". São apenas a maneira pela qual Deus trabalha regularmente. São maravilhosos, mas não milagrosos (v. MILAGRE).

O verdadeiro milagre não é uma atividade natural, mas a ação sobrenatural direta (v. MILAGRES NA BÍBLIA). É por isso que uma das palavras bíblicas para milagre é "maravilha". Ela atrai nossa atenção. Uma sarça ardente não é anormal, mas, quando queima sem ser consumida e a voz de Deus fala dela, esse não é um evento natural (Êx 3.1-14).

Do ponto de vista apologético, como distinguir a cura normal da cura milagrosa? Como distinguir a cura psicológica da sobrenatural? Apenas a segunda tem valor apologético (v. MILAGRES, VALOR APOLOGÉTICO DOS).

A fé é o ingrediente essencial da cura psicossomática, mas não da cura sobrenatural, apesar de acompanhá-la. Uma pessoa pode ser curada mesmo que não acredite que a cura é possível. Nos Evangelhos 35 milagres de Jesus são registrados. Dentre esses, a fé do agraciado só é mencionada em dez: 1) o coxo (Jo 5.1-9); 2) leproso (Mt. 8.2-4); 3) a mão seca (Mt 9.2-8); 4) o cego de nascença (Jo 9.1-7); 5) o cego Bartimeu (Mt 20.29-34); 6) a mulher com hemorragia (Mt 9.20-22; Mc 5.24-34; Lc 8.43-48); 7) os dez leprosos (Lc 17.11-19); 8) Pedro andando na água (Mt 14.24-33); 9) a primeira pescaria milagrosa (Lc 5.1-11); 10) a segunda pescaria milagrosa (Jo 21.1-11).

Na maioria desses casos a fé não foi exigida explicitamente como pré-condição. Nos poucos casos em que a fé foi exigida, provavelmente foi a fé em Cristo como Messias que foi necessária, não simplesmente o fé que a pessoa poderia ser curada. Portanto, mesmo nesses casos não foi necessário ter fé para ser curado.

Em pelo menos 18 dos milagres de Jesus, a fé não está presente explícita ou implicitamente. Em alguns casos a fé é resultado do milagre, não sua condição. Quando Jesus transformou a água em vinho, "manifestou a sua glória, e os seus discípulos creram nele" (Jo 2.11).

Os discípulos de Jesus não acreditaram que ele poderia alimentar os 5 000 pela multiplicação dos pães e peixes (Lc 9.13,14; cf. Mt 14.17). Mesmo depois que viram Jesus alimentar 5 mil, não acreditaram que poderia fazê-lo de novo para 4 mil (Mt 15.33). No caso do paralítico, Jesus o curou quando viu a fé dos quatro que o carregaram até Jesus, não a fé do próprio homem (Mc 2.5).

Em sete milagres Jesus não podia ter exigido fé. Certamente isso é verdade com relação aos três que ressuscitou dos mortos. Mesmo assim Jesus ressuscitou Lázaro (Jo 11), o filho da viúva (Lc 7) e a filha de Jairo (Mt 9). O mesmo é verdadeiro com relação à figueira amaldiçoada (Mt 21), ao milagre da moeda no peixe (Mt 17.24-27), às duas vezes que Jesus multiplicou os pães (Mt 14.15) e quando acalmou o mar (Mt 8.18-27).

Também não pode ser provado que a fé dos discípulos foi necessária. Na maioria dos casos os discípulos careciam de fé. No milagre da ressurreição de Lázaro, Jesus orou para que as pessoas presentes acreditassem que Deus o enviara (Jo 11.42). Logo antes de Jesus repreender as ondas, disse aos discípulos: "Onde está a sua fé?" (Lc 8.25). Depois de ter acalmado as águas, perguntou: "Ainda não têm fé?" (Mc 4.40).

Às vezes Jesus fazia milagres apesar da descrença. Os discípulos careciam de fé para expulsar o demônio do menino (Mt 17.14-21). Até a passagem mais usada para mostrar que a fé é necessária para a operação de milagres prova exatamente o oposto. Mateus 13.58 nos diz: "E não realizou muitos milagres ali, por causa da incredulidade deles". No entanto, apesar da incredulidade presente, Jesus "imp[ôs] as mãos sobre alguns doentes e cur[ou-os]" (MC 6.5).

Como distinguir curas. Há uma distinção clara entre a cura sobrenatural e a psicológica. A cura realmente milagrosa diferencia-se da mental por várias características. Apenas religiões que manifestam essas características podem usá-las como confirmação de reivindicações de fé.

Milagres não exigem fé. Deus está no controle soberano do universo e pode realizar, e realiza, milagres com ou sem nossa fé. Dons milagrosos são distribuídos aos crentes do NT "como quer" (1Co 12.11). Como foi demonstrado, Jesus fez milagres mesmo onde havia incredulidade.

Já as curas psicológicas exigem fé. Quem sofre de doenças psicossomáticas deve crer em Deus, ou no médico, ou num evangelista. Sua fé possibilita a cura. Mas não há nada sobrenatural nesse tipo de cura. Ela acontece com budistas (v. BUDISMO), hindus (v. HINDUÍSMO), católicos romanos, protestantes e até ateus. Curandeiros que alegam possuir poderes sobrenaturais podem fazê-lo. E psicólogos e psiquiatras também.

Milagres não exigem contato pessoal. Às vezes o apóstolo impunha as mãos sobre os que Deus curava milagrosamente (cf. At 8.18). No entanto, isso não era essencial para os milagres. Jesus não tocou muitos dos que foram curados. Jesus ressuscitou o filho do oficial do rei à distância (Jo 4.50-54). Jesus não tocou Lázaro quando o trouxe de volta à vida (Jo 11.43,44). O apóstolo tocou os crentes samaritanos para que pudessem receber o Espírito Santo (At 8.18; 19.6). Mas os próprios apóstolos receberam o Espírito sem que ninguém lhes impusesse as mãos (At 2.1).

Em comparação, as curas de fé dependem de imposição de mãos ou de algum outro contato físico ou influência pessoal. Alguns que oram por cura usam toalhas ou lenços de oração. Outros pedem que os ouvintes coloquem as mãos no rádio ou na TV como ponto de contato. Um evangelista pede que as pessoas fiquem de pé sobre a Bíblia com as mãos na televisão. O contato pessoal ou pelo menos a preparação psicológica parece ser condicional para a própria cura.

Milagres não envolvem recaídas. Os milagres bíblicos duram; não houve recaídas. Quando Jesus curava uma doença, ela não voltava. É claro que todos posteriormente morreram, mesmo os que ressuscitaram dos mortos. Mas isso foi o resultado do processo natural de mortalidade, não porque o milagre fora cancelado. Entretanto, quando Jesus fazia um milagre, ele durava. Qualquer outro problema que o corpo apresentasse, não era causado porque o milagre não tivesse reparado imediata e permanentemente aquele problema.

Curas psicológicas nem sempre duram, sejam induzidas por hipnotismo, placebos ou curandeiros. Na verdade, os "curados" e os "canais de cura" sucumbem à má saúde. O pregador de rádio Chuck Smith relata que conhece alguns dos principais expoentes da fé positiva no evangelho de cura e prosperidade que foram internados em hospitais por exaustão nervosa (Smith, p. 136-7).

Milagres são sempre bem-sucedidos. Jesus não falhou em nenhum milagre que tentou fazer. Já que o milagre é ato de Deus, é impossível que falhe. É verdade que Jesus nem sempre tentava fazer um milagre. Às vezes ele explicava por quê (cf. Mt 13.58). Já que não era do ramo do entretenimento, nem sempre satisfazia os caprichos da platéia. Deus faz milagres de acordo com sua vontade (Hb 2.4) e propósitos, não os nossos. Quando, porém, Deus tenta criar um evento sobrenatural, ele o concretiza.

Tentativas psicológicas de curar nem sempre são bem-sucedidas. Como foi observado, alguns tipos de problemas físicos não são curáveis pela fé. As curas psicológicas são mais freqüentemente bem-sucedidas nos tipos de personalidade mais influenciáveis. Alguns estudos demonstram que a grande maioria das pessoas no movimento de cura são esses tipos de personalidade.

Milagres são curas de doenças orgânicas, não só de enfermidades funcionais. Jesus curou pessoas cegas de nascença (Jo 9) e pernas (Jo 5). Os apóstolos curaram um homem paralítico de nascença (At 3.2). Jesus restaurou uma mão seca instantaneamente (Mc 3.1-5). Curas psicológicas não acontecem em nenhum desses tipos de curas orgânicas ou condições da natureza. Geralmente são eficazes apenas em doenças funcionais. Com freqüência apenas auxiliam ou antecipam a recuperação. Não curam instantaneamente nem restauram o incurável.

O dr. Brand afirmou diretamente que nunca ouviu falar de cura milagrosa de câncer do pâncreas, fibrose cística, defeito maior de nascença ou amputação (entrevista, *Christianity Today*, 25/11/1983). Certa vez George Bernard Shaw comentou sarcasticamente que as curas em Lourdes, França, não o convenceram. Viu muitas muletas e cadeiras de rodas em exposição, "mas nenhum olho de vidro, nenhuma perna de pau, nenhuma peruca" (ibid.).

Milagres são sempre instantâneos. Como mencionado anteriormente, Jesus curava as pessoas "imediatamente" (Mc. 1.42). Quando falou, o mar se acalmou completamente (Mt 8.26). Quando o apóstolo curou o homem paralítico de nascença, "imediatamente, os pés e os tornozelos do homem se firmaram" (At 3.7). Até no caso de um milagre de dois estágios, cada estágio foi cumprido imediatamente (Mc 8.22-25).

Resumo. A mente pode auxiliar no processo de cura. A atitude mental positiva geralmente antecipa o processo curativo natural. Quando a doença é causada psicologicamente, pode haver uma reversão dramática quando a pessoa acredita repentinamente que pode ser curada. Nesse sentido algumas curas psicossomáticas podem ser imediatas. Mas a cura psicossomática não pode ocorrer em todas as doenças, principalmente as orgânicas e incuráveis. Curas de "fé" de doenças funcionais não são sobrenaturais. Carecem das características do verdadeiro milagre, que são as marcas que dão valor apologético aos milagres. Na verdade, apenas os profetas judeus-cristãos comprovaram exemplos singulares desses tipos de curas (v. MILAGRES COMO CONFIRMAÇÃO DA VERDADE; MAOMÉ, SUPOSTOS MILAGRES DE).

Fontes
P. BRAND, *CT* (25 Nov. 1983).
N. L. GEISLER, *Signs and wonders*.
W. NOLEN, *A doctor in search of a miracle*.
K. PELLITIER, *CMSJ* 1 (1980):8.
C. SMITH, *Charismatics or charismania?*
J. E. TADA, *Um passo mais*.
B. B. WARFIELD, *Counterfeit miracles*.

Dd

Daniel, datação de. O livro de Daniel contém uma quantidade incrível de profecias detalhadas. Alega falar dos vários grandes reinos no decorrer da história humana bem antes de sua existência: Babilônia, Medo-Pérsia, Grécia e Roma. Se isso for verdadeiro, é uma das maiores evidências da origem divina da Bíblia e, em comparação, dos outros livros da Bíblia (v. PROFECIA COMO PROVA DA BÍBLIA).

História ou profecia? Daniel viu no futuro os reinos dos gentios desde o reinado de Nabucodonosor, começando por volta de 605 a.C., até o Império Romano, que começou a exercer domínio já em 241 a.C. e, sob o general romano Pompeu, conquistou a Palestina em 63 a.C. Assim, o livro de Daniel descreve eventos mundiais centenas de anos antes de acontecerem (Dn 2.7). Daniel 11 apresenta uma extensa e detalhada descrição do reinado de Ciro, o Grande, até o reinado do anticristo, o reino milenar e o fim dos tempos.

Se Daniel escreveu no século VI a.C., como os teólogos conservadores afirmam, então é um exemplo poderoso de profecia. Mas se Daniel é datado em 170 a.C., como muitos teólogos argumentam, ele está escrevendo história, e não profecia, e um dos grandes argumentos a favor da origem sobrenatural da profecia bíblica se perderia.

Evidência interna apóia uma composição antiga. Há evidência persuasiva indicando que Daniel viveu e escreveu no século VI a.C. e que, assim, suas descrições detalhadas da história são previsões sobrenaturais.

Esses eventos são apresentados como futuros. Sua escrita é datada por anos específicos dos reinados dos reis da Babilônia e da Medo-Pérsia (por exemplo, os primeiros versículos dos capítulos 2, 7, 9, 10 e 11). Foram coisas que os homens mais sábios do maior reino da terra não poderiam adivinhar (cf. Dn 2.1-13). O texto afirma explicitamente que eram sobre o futuro, "o que acontecerá nos últimos dias" (Dn 2.28; cf. 9.24-29). Ele até declara que era uma extensão de tempo "prolongada", em Daniel 10.1, indicando o futuro distante. Logo, o ataque à natureza preditiva das palavras de Daniel é um ataque ao seu caráter. Mas só José entre os personagens do AT demonstra o caráter impecável de Daniel (v. Dn 1.4,8; 6.3). Até seus inimigos reconheceram que não podiam encontrar falhas em seu caráter ou dedicação (Dn 6.5).

As partes históricas de Daniel são descrições tão claras, detalhadas e precisas de sua época que dão credibilidade ao discurso quando falam sobre o futuro. Só a distinção clara de Daniel entre o presente e o futuro é evidência de que ele estava escrevendo conscientemente profecia, não história, nas suas grandes visões.

Antes do surgimento do anti-sobrenaturalismo moderno, a datação de Daniel como do século VI a.C. (e, portanto, sua natureza profética) não era questionada entre os teólogos. Por incrível que pareça, não foi o descobrimento de algum fato arqueológico ou histórico que levou os teólogos modernos, seguindo o exemplo de Baruch ESPINOSA, a atribuírem a data do século II a.C. para o livro de Daniel. Foi a pressuposição filosófica (infundada) do anti-sobrenaturalismo que os levou a presumir uma data recente (v. MILAGRE; MILAGRES, SUPOSTA IMPOSSIBILIDADE DOS).

O fato de as profecias de Daniel serem pós-datadas nos registros históricos demonstra sua precisão. Senão, por que todo o esforço por parte dos que rejeitam a origem sobrenatural de suas profecias de datá-las em época posterior à que os eventos realmente ocorreram?

Testemunhas apóiam a composição antiga. Josefo (v. FLÁVIO JOSEFO), historiador judeu da época de Cristo, colocou Daniel entre os *Profetas* (a segunda seção do AT judaico), não entre os *Escritos* (a terceira e última seção). Naquela data, portanto, Daniel era considerado profeta, não historiador. E os profetas eram considerados mais antigos. Na verdade, a razão para a datação recente de Daniel é que ele se encontra entre os Escritos no *Talmude* posterior (400 d.C.). Mas a divisão normal do AT por teólogos judeus posteriores era a *Lei* e os *Profetas* (v. Dn 9.2,11-13; Zc 7.12; Mt 5.17;

Lc 24.27). A ordem não convencional do *Talmude* poderia ter sido criada para usos litúrgicos, tópicos ou literários (v. Geisler, cap. 14).

Jesus confirmou que Daniel era profeta. Na verdade, usou o exemplo de uma previsão feita por Daniel que ainda era futura na época de Jesus. Prevendo a futura destruição de Jerusalém e do templo pelo exército romano de Tito, Jesus referiu-se ao "sacrilégio terrível", que estaria no santo lugar do templo (Mt 24.15). E há forte evidência histórica de que os evangelhos sinóticos foram escritos antes de 70 d.C. (v. Atos, historicidade de; Bíblia, crítica da; Novo Testamento, historicidade do). A evidência apóia a afirmação de Jesus de ser o Filho de Deus. Tal entrelaçamento de credenciais proféticas significa que negar a natureza profética das profecias de Daniel é um passo em direção à negação da divindade de Cristo (v. Cristo, divindade de).

Os manuscritos do mar Morto apóiam uma data anterior. Um fragmento de Daniel, possivelmente do século II, foi encontrado entre os manuscritos do mar Morto em Qumran. Já que era apenas uma cópia, indicaria uma data anterior.

Daniel, o homem, é mencionado em Ezequiel 14.14, 20; 28.3. Até os críticos mais radicais reconhecem que Ezequiel viveu no século VI a.C. Mas se o único profeta Daniel conhecido no AT viveu no século VI, não há razão para negar que suas profecias sejam do mesmo período. Isso é verdadeiro principalmente à luz da natureza do livro, que é vívida, com um sabor de notícia de primeira mão, como fornecida por uma testemunha ocular.

O *Talmude* atribui o livro de Daniel ao profeta Daniel que viveu no século VI a.C. Isso garante à data antiga o apoio dos teólogos judeus posteriores.

Mesmo com datação recente, as predições de Daniel foram precisas. Mesmo com a data posterior (170 a.C.), algumas das previsões de Daniel seriam futuras e sobrenaturalmente precisas. Algumas das previsões mais sensacionais foram cumpridas na época de Cristo. Daniel 9.24-27 prevê que Cristo morreria depois de "expiar as culpas" e depois de "trazer justiça eterna", aproximadamente 483 anos depois de 444 a.C. De acordo com o ano lunar judaico de 360 dias, há exatamente 483 anos entre 444 a.C. e 33 d.C. Deve-se acrescentar aos 477 anos lunares (444 + 33) outros 6 anos (= 483). Há 5 dias a mais (365) no ano real (solar) que no ano lunar (360). E cinco dias vezes 477 é 2 385 dias. Isso dá mais seis anos e meio (v. Hoehner, x).

Objeções a um Daniel profético. *As escrituras judaicas classificam Daniel como um dos "escritos".* Se Daniel era um profeta, perguntam os críticos, porque seu livro não está entre os *Profetas* na Bíblia judaica, mas só mais tarde entre os *Escritos*? Conforme mencionado acima, essa foi uma decisão posterior, por volta de 400 d.C. Daniel estava originalmente entre os *Profetas*. No século I da era cristã, o historiador judeu Josefo colocou Daniel entre os profetas (*Contra Ápion* 1.8). Na divisão posterior dos Profetas em Profetas e Escritos era compreensível que Daniel fosse colocado entre os Escritos. Os capítulos de 1 a 6 contêm muita história. E Daniel foi um profeta por dom, não por função, já que tinha um papel político importante no governo babilônico.

A teologia é desenvolvida demais. Alguns críticos afirmam que Daniel não poderia ter sido escrito no século VI porque a visão altamente desenvolvida de anjos, do Messias, da ressurreição e do julgamento final no livro foi conhecida apenas num período posterior.

Esse argumento constitui petição de princípio. Se Daniel é um livro anterior, então é prova de que essa teologia "altamente desenvolvida" existia na época. Jó e Isaías são livros anteriores e fazem referência à ressurreição (Jó 19.25,26; Is 26.19). Malaquias e Zacarias foram escritos antes do século II a.C. e referem-se ao Messias (Zc 3.1; 6.12; Ml 3.1; 4.2). Anjos são proeminentes em Gênesis (v. cap. 18, 19 e 28) e em todo o livro de Zacarias.

Daniel supostamente errou. Alguns críticos alegam que o livro comete erros históricos. Esse argumento demonstra que o que realmente está em jogo não é a datação de Daniel, e sim a inspiração divina das Escrituras. Faria mais sentido se um Daniel mais antigo fosse historicamente impreciso. Um escritor posterior saberia o que aconteceu.

Mas nenhum dos supostos erros de Daniel resistiu ao exame (v. Archer, cap. 20). Por exemplo, conforme Daniel 5.31, o reino de Belsazar foi derrubado por um exército invasor, e "Dario, o medo", tornou-se rei. Mas eruditos modernos não encontraram nenhuma menção a tal pessoa nos documentos antigos. Alguns teólogos modernos afirmam que o autor de Daniel erroneamente pensou que os medos, em vez dos persas, conquistaram a Babilônia. Eles afirmam que o autor confundiu Dario I, rei da Pérsia (521-486 a.C.), com a conquista da Babilônia e identificou esse personagem como Dario, o medo. Esse, alegaram, parece constituir um erro por parte de Daniel.

Evidências arqueológicas modernas (v. arqueologia do Antigo Testamento) mostram que Dario, o medo, poderia facilmente ter sido outra pessoa além de Dario I da Pérsia. Dois homens se encaixam perfeitamente nas referências de Daniel. Ciro, o Grande, que governou um império unido medo-persa, poderia representar o lado medo dessa aliança, sendo conhecido fora das comunicações oficiais como Dario, o medo. O fato de Daniel identificar esse Dario como medo se encaixa ao contexto persa onde isso seria digno de nota.

Um candidato melhor surgiu nos textos cuneiformes: Gubaru, que foi designado por Ciro para ser governador sobre toda a Babilônia. A prática comum na aristocracia babilônica e persa, principalmente para emigrantes, era que os nomes particulares refletissem o histórico e a família do indivíduo e o nome oficial representasse as realidades políticas das novas alianças da pessoa. Daniel era conhecido em suas funções oficiais como Beltessazar (Dn 1.7). Sadraque, Mesaque e Abede-Nego eram nomes babilônicos dos jovens hebreus Ananias, Misael e Azarias.

No artigo *Daniel in the historians' den [Daniel na cova dos historiadores]*, William Sierichs, Jr. afirma que Belsazar não era o "filho" de Nabucodonosor, e "Belsazar não era o rei como o livro de Daniel afirma, e jamais foi rei" (TSR, v. 7.4, p. 8). Mas até o crítico radical dr. Philip R. Davies admitiu que ambos são "argumentos fracos" (Philip R. Davies, *Daniel* [Sheffield: JSOT Press, 1985], p. 31). Ele escreveu:

> Comentários críticos, principalmente no início do século [xx], enfatizaram que Belsazar não era filho de Nabucodonosor e nem rei da Babiônia. Esse argumento é repetido, às vezes, como prova contra a historicidade de Daniel, sendo rejeitada por estudiosos conservadores. A partir de 1924 (J.A. Montgomery, *Daniel*, International, Critical Commentary [Edinburg: T and T Clark/New York: C. Scribner's Sons, 1927], p. 66-7) tornou-se evidente que, apesar de Nabonido ter sido o último rei da dinastia neobabilônica, Belsazar efetivamente governava a Babilônia. Sobre esse ponto, Daniel está correto. O significado literal do vocábulo "filho" não deveria ser levado em consideração... (p. 30-1)

O vocabulário de Daniel é de um período posterior. Críticos lingüísticos acham termos em Daniel que supostamente não eram usados até o século II a.C. Supõe-se que palavras como *harpa, trombeta* e *saltério* originaram-se no período macabeu posterior (século II a.C.), e não no século VI. O estudioso do AT R. K. Harrison observa que:

> esse argumento não constitui mais um problema na crítica do livro, porque como [William F.] Albright demonstrou, agora é bem reconhecido que a cultura grega penetrou o Oriente Médio muito antes do período neobabilônico (Harrison, 1126).

Além disso, esse argumento é logicamente um erro de ignorância. Só porque não se *sabe* se uma palavra era usada num período anterior não significa que não era, a não ser que tenham onisciência sobre o uso da linguagem em toda a sociedade antiga. E quanto mais se sabe lingüisticamente sobre culturas antigas, mais os teólogos descobrem evidência de uso anterior (v. Archer, cap. 20).

Conclusão. Há fortes evidências de que as previsões de Daniel vêm do século VI a.C., fazendo delas predições notáveis do decorrer da história desde a Babilônia, Medo-Pérsia, Grécia e Roma até depois de Cristo. Os críticos não ganham nada com a pós-data de Daniel. Uma data mais recente significaria que Daniel escreveu exemplos notáveis de profecia sobrenatural (Dn 9). Se essas profecias são verdadeiras, por que as outras não o seriam?

Fontes
G. L. ARCHER, Jr., *Merece confiança o Antigo Testamento?*
___, *Enciclopédia de dificuldades bíblicas.*
N. L. GEISLER, *A popular survey of the Old Testament.*
___ e T. HOWE, *When critics ask.*
H. HOEHNER, *Chronological aspects of the life of Christ.*
R. K. HARRISON, *Introduction to the Old Testament.*
J. MCDOWELL, *Daniel in the critics den.*
J. WHITCOMB, *Darius the mede.*

Dario, o medo. V. DANIEL, DATAÇÃO DE.

Darrow, Clarence. Clarence Darrow (1857-1938) foi um advogado criminalista muito conhecido no início do século XX. Ele é mais conhecido pela defesa de um homem que foi acusado de ensinar evolução (v. EVOLUÇÃO BIOLÓGICA) em escolas públicas. Durante o julgamento de John Scopes em Dayton, Tennessee (1925), Darrow conseguiu defender firmemente suas próprias opiniões como evolucionista e agnóstico (v. AGNOSTICISMO). O estadista cristão William Jennings Bryan (1860-1925) representou o Estado e morreu alguns dias depois do veredicto.

O verdadeiro Darrow. Darrow foi muito citado por dizer: "É intolerante por parte das escolas públicas ensinar apenas uma teoria das origens" (McIver, p. 1-13). Wendell Bird, cujo artigo no *Yale Law Review* de 1978 foi responsável por muitas reproduções dessa suposta citação, subseqüentemente reconheceu que tal afirmação provavelmente não era autêntica.

Darrow também foi citado incorretamente no sentido de acreditar que a criação era uma visão científica. Ele declarou no julgamento de Scopes que as crianças devem aprender tanto a criação, quanto a evolução. Ele quis dizer que a evolução deveria ser ensinada como ciência, e a criação, como teologia. Isso se encaixa no argumento que usou no tribunal e na sua declaração alguns anos mais tarde: "Na verdade, não há outra teoria a ser ensinada com relação à origem das várias espécies animais, inclusive o homem" (Darrow, p. 275).

Darrow e a acusação de intolerância. Ele acreditava que aprovar e defender a lei da criação de Tennessee era "intolerância" e usou a palavra *intolerância* ou *intolerante* seis vezes em apenas duas páginas da transcrição do julgamento (Hilleary, p. 75, 87). Bryan disse no seu depoimento:

Eu realmente quero que o mundo saiba que esses cavalheiros não têm outro propósito além de ridicularizar todo cristão que acredita na Bíblia.

Darrow respondeu bruscamente: "Temos o propósito de impedir que *intolerantes* e ignorantes controlem a educação dos Estados Unidos, e você sabe disso, e isso é tudo" (ibid., p. 299, grifo do autor).

Em outro trecho, Darrow argumentou que

se não sobrar o suficiente do espírito de liberdade no estado do Tennessee, e nos Estados Unidos, não há uma única linha de qualquer constituição que possa resistir à *intolerância* e ignorância que procura destruir os direitos do indivíduo; e intolerância e ignorância estão sempre ativas (ibid., p. 75, grifo do autor).

Darrow até refere-se a Thomas JEFFERSON, perguntando:

Um corpo legislativo tem o direito de dizer: 'Você não pode ler um livro ou fazer uma lição, ou fazer um discurso sobre ciência até descobrir se o que está dizendo [é] contra Gênesis [...]? Teria — exceto pela obra de Thomas Jefferson, que foi entretecida na constituição de cada estado da União, e permaneceu ali como uma espada flamejante para proteger os direitos do homem contra a ignorância e a *intolerância* (ibid., p. 83).

Em outra questão Darrow apelou para o juiz, protestando:

O Meritíssimo conhece os fogos que foram acesos na América para alimentar a *intolerância* e o ódio religioso [...] O senhor sabe que nenhuma outra suspeita possui a mente dos homens tão intensamente quanto a *intolerância*, a ignorância e o ódio" (ibid., p. 87, grifo do autor).

Até os advogados que se opunham a Darrow notaram o uso da palavra *intolerantes*, mencionando: "Dizem que é patrocinado por vários *intolerantes* religiosos. O sr. Darrow disse isso, substancialmente isso" (ibid., 197, grifo do autor).

Essas citações não deixam dúvida de que Darrow acreditava que quem produzia, promovia e defendia a lei antievolução do Tennessee era intolerante por negar o direito de ensinar evolução nas escolas públicas, embora a criação não fosse ali ensinada. É interessante observar exatamente o que o próprio Darrow estava promovendo para ver se ele mesmo permanece acima da acusação de intolerância.

O que Darrow estava defendendo. Darrow certamente estava desafiando a lei para estabelecer o ensinamento da evolução. Mas mesmo evolucionistas reconhecem que "as escolas públicas de Dayton só estavam ensinando uma teoria — evolução —, e era isso que Darrow estava tentando defender" (McIver, p. 9). Assim, o apelo de Darrow: "Que tenham ambas. Que ambas sejam ensinadas" soa falso. Certamente ele não defendia que o registro de Gênesis fosse ensinado nas escolas públicas, mesmo como teologia. Darrow se opunha categoricamente ao ensino da religião nas escolas públicas.

A referência de Darrow a Jefferson é infeliz, já que Jefferson acreditava que "todos os homens foram criados..." e até refere-se ao "Criador" na *Declaração de Independência*. Jefferson ficaria surpreso em retornar à América e descobrir que uma nova sociedade declarou inconstitucional ensinar as verdades da *Declaração da Independência* nas escolas públicas. O próprio Jefferson instituiu um departamento de teologia na Universidade Estadual da Virgínia e transformou em lei um tratado com os índios kaskaskia (1803) de pagar um missionário católico para estabelecer uma missão entre eles.

Avaliação. A opinião de que a evolução é apenas científica e a criação é apenas religiosa é uma forma de intolerância distintiva. Se a criação não é científica, então a maioria dos grandes cientistas entre 1620 e 1860 não eram científicos quando diziam que a evidência científica indicava um Criador (v. CRIAÇÃO E ORIGENS).

Como argumentado em outro artigo (v. ORIGENS, CIÊNCIA DAS), a criação é tão científica quanto a macroevolução (Geisler, *Origin science*, cap. 6 e 7). Nem a criação nem a macroevolução representa uma ciência empírica. Nenhuma criatura observou a origem do universo e da vida, e ela não se repete hoje. Mas tanto a visão criacionista quanto a evolucionista são "científicas" no sentido de ciência *forense*. Elas são apenas reconstruções especulativas de eventos passados não observados com base na evidência remanescente. Argumentar que podemos permitir que professores de ciências na escola pública ensinem evolução é permitir especulação sobre possíveis causas naturais, mas não possíveis causas inteligentes. Por essa mesma lógica, os arqueólogos não são científicos quando supõem uma causa inteligente para a cerâmica antiga. Darrow teria sido mais coerente na defesa da pesquisa científica e da liberdade acadêmica se realmente tivesse pronunciado a afirmação atribuída a ele: "É intolerante por parte das escolas públicas ensinar apenas uma teoria das origens!".

Fontes
C. Darrow, *The story of my life*.
N. L. Geisler, *The Creator in the courtroom*.
___, *Origin science: a proposal for the creation-evolution controversy*, caps. 6, 7.
___, "Was Clarence Darrow a bigot?", em *C/E*, Fall 1988.
W. Hilleary e W. Metzger, *The world's most famous court trial*.
T. McIver, "Creationist misquotation of Darrow", em *C/E*, Spring 1988.
I. Newton, "General Scholium", *Princípios matemáticos*, Livro 3, "The systems of the world".

Darwin, Charles. Charles Robert Darwin (1809-1882) nasceu em Shrewsbury, Inglaterra, filho de médico. Como naturalista, conseguiu patrocinadores e apoio do governo para uma expedição no navio militar HMS Beagle, onde fez suas famosas observações sobre as diferenças dos tentilhões. Mais tarde usou o que havia aprendido nesse navio como evidência da sua teoria da evolução (v. criação e origens; criação, visões da; evolução; evolução biológica; evolução química; elos perdidos).

Darwin é mais famoso pela obra *A origem das espécies* (1859), na qual sugeriu nas últimas linhas da primeira edição que, "enquanto este planeta continua em seus ciclos conforme a lei fixa da gravidade", nele

a vida, com seus vários poderes, sendo originalmente soprada [pelo Criador] em algumas formas ou talvez em uma só [...] de um princípio tão simples formas infinitas tão belas e maravilhosas evoluíram e continuam evoluindo.

A expressão entre colchetes foi acrescentada na segunda edição de *Origem*. Só na sua obra posterior, *The descent of man* (*A descendência do homem*, 1871), Darwin proclamou que os humanos também evoluíram pelos processos naturais a partir de formas inferiores de vida. Essa teoria causou uma revolução nas ciências, cujas reverberações são sentidas ainda hoje.

Foi um momento decisivo no pensamento moderno porque, na opinião de muitos, Darwin deu a primeira explicação plausível de como a evolução poderia ter ocorrido. Ao aplicar o princípio da seleção natural (sobrevivência do mais forte) às variações dentro de populações, Darwin conseguiu argumentar persuasivamente que, durante longos períodos de tempo, pequenas mudanças somaram grandes mudanças. Essas grandes mudanças podem explicar a origem da nova espécie sem a intervenção direta de um Poder sobrenatural, exceto talvez para dar início a todo o processo.

A evolução do Deus de Darwin. Darwin começou como teísta cristão, foi batizado na Igreja da Inglaterra e, apesar de sua rejeição ao cristianismo, foi enterrado na Abadia de Westminster. A vida de Darwin é um microcosmo da crescente descrença do final do século xix (*Darwin's early religious training*).

Apesar de ser anglicano, Darwin foi mandado para uma escola dirigida por um ministro unitarista (Moore, p. 315). Mais tarde, em 1828, entrou para a Universidade de Cambridge, onde, por decisão de seu pai, se prepararia para o ministério (ibid.). Com pouca idade e com o auxílio de *Exposition of the creed* [*Exposição do credo*], de Pearson, e *Evidence of Christianity derived from its nature and reception* [*Evidências do cristianismo derivadas de sua natureza e recepção*], do bispo Sumner (1824), "Darwin abandonou os poucos escrúpulos que tinha para professar crença em todas as doutrinas da Igreja" (ibid.). No entanto, Darwin ficou muito impressionado com dois livros de William Paley, *A view of the evidences of Christianity* [*Uma visão das evidências do cristianismo*] (1794); e *Natural theology*, ou *Evidences of the existence and attributes of the Deity* [*Teologia natural, ou evidências da existência e dos atributos da Divindade*] (1802).

As crenças teístas originais de Darwin. Ele aceitou o argumento do desígnio de Paley (v. teleológico, argumento). Em sua *Autobiografia*, referiu-se ao seu diário, onde escrevera que

enquanto se está em meio à grandeza da floresta brasileira é impossível dar uma idéia adequada dos sentimentos elevados de espanto, admiração e evolução que enchem e elevam a mente.

Ele acrescenta: "Eu me lembro de minha convicção de que há mais no homem que a mera respiração de seu corpo" (Darwin, *Autobiography*, p. 91).

Darwin reconheceu

a dificuldade extrema, ou melhor, a impossibilidade de conceber este universo imenso e maravilhoso, inclusive o homem com sua capacidade de olhar para o passado distante e para o futuro, como resultado do acaso ou da necessidade.

Então,

ao refletir, sinto-me constrangido a olhar para uma Primeira Causa com uma mente inteligente de certa forma análoga à do homem; e mereço ser chamado teísta.

Darwin reconheceu que havia sido criacionista. Até falou da visão criacionista como uma teoria "que a maioria dos naturalistas até recentemente nutriu, e que nutri no passado" (Darwin, p. 30).

Essa conclusão estava forte na minha mente na época, pelo que posso lembrar, em que escrevi *A origem das espécies*; e desde aquela época tornou-se gradualmente mais fraca (Darwin, *Autobiography*, p. 92-3).

A rejeição de Darwin ao cristianismo. Por volta de 1835, antes de zarpar no *Beagle* (em 1836), Darwin ainda era criacionista. Darwin descreve seu próprio declínio religioso na sua *Autobiografia*. Escreveu:

A bordo do Beagle [outubro de 1836 a janeiro de 1839] eu era bem ortodoxo, e me lembro das zombarias intensas por parte de vários oficiais (apesar de também serem ortodoxos) por citar a Bíblia como autoridade incontestável em alguma questão de moralidade.

Mas ele não acreditava que a Bíblia fosse uma autoridade incontestável quanto à ciência nessa época. De acordo com Ernst Mayr, Darwin tornou-se evolucionista entre 1835 e 1837 (Mayr, x). "Já em 1844, suas opiniões [sobre evolução] haviam atingido grande maturidade, como demonstrado por seu manuscrito 'Essay'." (ibid.) O filho e biógrafo de Charles Darwin, Francis Darwin, disse que

apesar de Darwin ter quase todas as idéias principais da *Origem* em mente já em 1838, ele deliberou durante vinte anos antes de se comprometer publicamente com a evolução" (F. Darwin, p. 3.18).

Apenas uma década mais tarde (1848) Darwin estava completamente convencido da evolução, declarando desafiadoramente a J. D. Hooker: "Não importa o que você diz, minha teoria das espécies é evangelho absoluto" (citado por Moore, p. 211).

A deterioração das crenças cristãs de Darwin começou com uma erosão da confiança na Bíblia. É verdade que já em 1848 leu *The evidence of the genuineness of the gospels* [*A evidência da genuinidade dos evangelhos*], do professor Andrew Norton, de Harvard, que argumentou que os evangelhos "continuam sendo essencialmente os mesmos que quando foram compostos originalmente" e que "foram atribuídos aos seus verdadeiros autores" (Moore, p. 212). Mas sua fé no AT já havia se deteriorado alguns anos antes (v. Bíblia, crítica da).

A aceitação da alta crítica negativa. "Gradualmente comecei a ver que o Antigo Testamento, com sua história do mundo claramente falsa, com sua torre de Babel, com o arco-íris como sinal etc. etc., atribuindo a Deus sentimentos de um tirano vingativo, não era mais merecedor de confiança que os livros sagrados dos hindus ou as crenças de um bárbaro qualquer" (Darwin, *Autobiography*, p. 85).

A aceitação do anti-sobrenaturalismo. Tanto Baruch Espinosa em 1670 quanto David Hume um século mais tarde atacaram a base da intervenção sobrenatural no mundo. Darwin acrescentou:

Por meio de uma reflexão maior de que a evidência mais clara seria necessária para fazer qualquer homem são acreditar nos milagres pelos quais o cristianismo é apoiado; de que quanto mais sabemos sobre as leis fixas da natureza mais inacreditáveis os milagres se tornam; de que os homens daquela época eram ignorantes e crédulos a um ponto quase incompreensível por nós; de que não se pode provar que os evangelhos foram escritos ao mesmo tempo que os eventos; de que são diferentes em vários detalhes importantes, importantes demais na minha opinião para serem admitidos como imprecisões normais de testemunhas oculares — por essas reflexões [...] eu gradualmente passei a não acreditar no cristianismo como revelação divina (*Autobiography*, p. 86).

No entanto, Darwin acrescentou:

Eu não estava disposto a abrir mão da minha crença [...] assim a descrença insinuou-se lentamente, mas no final foi completa. O avanço foi tão lento que não sofri, e nunca mais duvidei nem por um segundo sequer de que minha conclusão estava correta (ibid., p. 87).

A "doutrina condenável" do inferno. Darwin escreve que a crença ortodoxa no inferno foi uma influência específica de sua rejeição ao cristianismo. Ele escreveu:

Na verdade mal posso ver como alguém pode querer que o cristianismo seja verdadeiro; pois uma linguagem tão clara do texto parece mostrar que os homens que não crêem, e isso incluiria meu pai, meu irmão e quase todos os meus melhores amigos, serão punidos eternamente. E essa é uma doutrina condenável (ibid., p. 87).

A morte da filha de Darwin. O ceticismo crescente de Darwin já era completo quando sua querida filha, Anne, morreu em 1851. O biógrafo James Moore escreve que

> duas emoções fortes, raiva e tristeza, na *Autobiografia* destacam os anos de 1848 a 1851 como o período em que Darwin finalmente renunciou à sua fé (Moore, p. 209).

Isso, é claro, foi logo depois que sua visão da evolução se solidificou (1844-1848) e antes de escrever seu famoso *Origem* (1859).

Apesar de os herdeiros de Darwin suprimirem o efeito que a morte da filha teve sobre Darwin, suas palavras revelam o impacto (v. Moore, p. 220-3). Em conexão com a doutrina do castigo eterno, Darwin não conseguia ver a conciliação entre a vida de uma criança perfeita e um Deus vingativo (ibid., p. 220). Referindo-se a si mesmo como um "miserável horrível", um dos condenados, em maio de 1856 advertiu um jovem entomologista:

> Ouvi o unitarianismo ser chamado de uma cama para salvar um cristão caído; e acho que você está numa cama dessas, mas acredito que ainda cairá mais e mais (citado por Moore, p. 221).

Um mês mais tarde, Darwin referiu-se a si mesmo como "o capelão do Diabo", que satiricamente, em linguagem figurada, refere-se a um incrédulo convicto (Moore, p. 222; v. MAL, PROBLEMA DO).

A decadência de Darwin. Darwin gradualmente descartou o teísmo a favor do DEÍSMO, deixando apenas o ato de intervenção divina para a criação da primeira forma ou das primeiras formas de vida. Essa era aparentemente sua visão na época de *A origem das espécies* (1859), onde, na segunda edição, falou da

> vida, com seus vários poderes, sendo originalmente soprada [*pelo Criador*] em algumas formas ou em uma [...] de um princípio tão simples formas infinitas tão belas e maravilhosas evoluíram e continuam evoluindo (grifo do autor).

Rejeição do argumento do planejamento de Paley. Apesar de Darwin se apegar a um Deus deísta que criara o mundo, mas deixara que ele operasse pelas "leis naturais fixas", gradualmente chegou a rejeitar até a força convincente do argumento da criação. Disse que foi "levado" à conclusão de que "o velho argumento do desígnio na natureza, apresentado por Paley, que antes me parecia tão conclusivo, falha, agora que a lei da seleção natural foi descoberta [...] parece não haver mais planejamento na variabilidade dos seres orgânicos e na ação da seleção natural que na direção que o vento toma. Tudo na natureza é resultado de leis fixas" (ibid., 87). Darwin escreveu:

> Tenho a tendência de ver tudo como resultado das leis planejadas, com os detalhes, quer bons quer maus, deixados à mercê do que podemos chamar acaso (F. Darwin, 1.279; 2.105).

Com o acaso como a única fé que lhe restara, o naturalista se aventurou a chamar a seleção natural de sua "divindade". Pois crer nas criações milagrosas ou na "intervenção contínua do poder criativo", disse Darwin,

> é tornar minha divindade, a Seleção Natural, supérflua e responsabilizar *a* divindade — se é que ela existe — pelos fenômenos que são atribuídos corretamente apenas às suas leis magníficas (citado por Moore, p. 322).

Aqui Darwin não só afirmou seu deísmo, mas indicou seu crescente agnosticismo pela frase "se é que ela existe".

Deísmo finito? Nos últimos estágios de seu deísmo Darwin parecia flertar com um deus finito (v. FINITO, DEÍSMO) como o que John Stuart MILL havia adotado. Já em 1871, em *A descendência*, Darwin pareceu negar a crença num Deus infinitamente poderoso. Escreveu *Crença em Deus — religião* que "não há evidência de que o homem tenha sido dotado originalmente com uma crença enobrecedora na existência de um Deus Onipotente" (*Descent*, p. 302). Aqui ele sugere deísmo finito. Se esse for o caso, durou pouco; Darwin definitivamente acabou se tornando um agnóstico (v. AGNOSTICISMO).

Agnosticismo. Em 1879, Darwin já era um agnóstico, escrevendo:

> Creio que geralmente (e mais e mais à medida que envelheço), mas nem sempre, um agnóstico seria a descrição mais correta de meu estado mental (citado por Moore, p. 204).

Mais tarde, escreveu: "O mistério do princípio de todas as coisas é insolúvel por nós; e eu por exemplo devo me contentar em continuar sendo um agnóstico" (Darwin, *Autobiografia*, p. 84).

Apesar de seu agnosticismo, Darwin claramente nega ter sido ateu. Disse: "Nas minhas variações mais extremas jamais fui ateu, negando a existência de Deus" (citado por Moore, p. 204). Os historiadores rejeitam a história apócrifa da conversão de Darwin no seu leito de morte.

Em 1879, muitos anos após a *A descendência* (1871), Darwin declarou: "Parece-me absurdo duvidar de que um homem possa ser um teísta fervoroso e um evolucionista" (Carta 7, maio de 1879). O próprio Darwin se contentava em continuar sendo agnóstico.

Avaliação. Ao contrário do dogmatismo de muitos evolucionistas contemporâneos, que afirmam que "a evolução é um fato", Darwin era mais reservado, pelo menos nas suas publicações.

Aspectos positivos das teorias de Darwin. Darwin deve ser louvado por geralmente ter o cuidado de não exagerar. Certamente esse é o caso em *A origem das espécies.*

A evolução é apenas uma teoria. Darwin reconheceu que sua visão era apenas uma teoria, não um fato. Ele a chamou "teoria da evolução", em oposição à "teoria da Criação", expressões que usou muitas vezes em *A origem das espécies* (por exemplo, p. 235, 435, 437). Tecnicamente, a macroevolução é mais que uma hipótese não confirmada que uma teoria (v. EVOLUÇÃO BIOLÓGICA). Muitos, inclusive alguns evolucionistas, acreditam que se trata de uma tautologia não-falsificável. Robert H. Peters, em *The american naturalist*, afirmou que as teorias evolutivas

> são na verdade tautologias e, como tais, não podem fazer previsões empíricas testáveis. Elas sequer são teorias científicas (Peters, 1).

Outros, como Stephen Toulmin e Langdon Gilkey chegaram a conclusões semelhantes, chamando-a de "mito científico" (Gilkey, p. 39).

Ambos os lados devem ser considerados. Ao contrário de muitos evolucionistas atuais, Darwin acreditava que a evolução e sua antítese lógica, a criação, devem ser consideradas, medindo-se cuidadosamente a evidência de ambas. Na "Introdução" de *Origem* Darwin afirmou: "Estou ciente de que quase nenhuma questão é discutida neste volume para a qual não haja fatos, em geral aparentemente levando a conclusões diretamente opostas àquelas que foram tiradas". Acrescenta: "Um resultado justo pode ser obtido apenas pela menção e avaliação total dos fatos e argumentos de ambos os lados de cada questão; e isso é impossível aqui". Isso parece apoiar uma teoria de dois modelos que muitos criacionistas sugerem para as escolas públicas, mas cujo mandato foi rejeitado pela Suprema Corte americana (*Edwards*, 19 de junho de 1987).

A microevolução foi confirmada. É atribuída a Darwin, até por criacionistas, a confirmação da existência de pequenas mudanças no desenvolvimento natural das espécies. Elas são até observáveis, como revela seu estudo dos tentilhões. Enquanto os criacionistas discordam de Darwin quanto à possibilidade de tais mudanças resultarem em grandes mudanças pela seleção natural após longos períodos de tempo, Darwin e outros devem ser reconhecidos pela extinção da visão platônica mais antiga de formas fixas no nível do que os biólogos chamam espécies.

A lei da seleção natural foi explicada. Darwin também viu corretamente a função valiosa que a seleção natural tem no desenvolvimento da vida. A sobrevivência do mais forte é um fato da vida animal, como demonstram documentários sobre a natureza na África. Mais uma vez, criacionistas e evolucionistas diferem quanto à quantidade de mudança que a seleção natural pode causar e se ela é evolutiva. Mas concordam que a seleção natural pode e faz algumas mudanças biológicas importantes no desenvolvimento da vida.

"Elos perdidos" são mencionados. Darwin também estava ciente do fato de que a evidência a favor (ou contra) a evolução estava no registro fóssil e que havia nela espaços vazios (v. a seguir). Ele, é claro, esperava que descobertas futuras preenchessem esses espaços e confirmassem sua "teoria".

Aspectos negativos. Uma crítica mais completa da evolução biológica e humana é encontrada no artigo EVOLUÇÃO BIOLÓGICA. Aqui a ênfase será dada às falhas das visões pessoais de Darwin.

A falta de evidência fóssil. Ao sentir a falta de formas intermediárias no registro fóssil, Darwin confessou:

> A geologia certamente não revela nenhuma mudança orgânica gradativa, *e possivelmente essa é a objeção mais óbvia e séria que pode ser usada contra a teoria* [da evolução] (Darwin, *A origem das espécies*, 152, grifo do autor).

Darwin confessou que não encontramos

> um número infinito dessas formas transicionais que, na nossa teoria, ligaram todas as espécies passadas e presentes do mesmo grupo em uma cadeia longa e ramificada da vida (ibid., 161).

Ele atribuiu isso à falta do "registro geológico como história do mundo mal cuidado" (ibid.), e outros, à suposta falta de formas transicionais. Mas esse é um argumento de silêncio praticamente irrefutável e pressupõe que formas transicionais realmente existem.

A realidade é que não há elos perdidos, mas sim uma cadeia perdida, com apenas alguns elos aqui e ali.

O registro fóssil é a única evidência real do que *realmente aconteceu,* ao contrário do que *poderia ter* acontecido, logo essa é uma objeção muito séria. E o período subseqüente de aproximadamente 140 anos não foi favorável a Darwin. Apesar da descoberta de milhares de fósseis, nas palavras de Fred Hoyle, "o registro evolutivo é tão furado quanto uma peneira" (Hoyle, p. 77). Mas o paleontólogo Stephen Jay Gould, de Harvard, admitiu que

a raridade extrema das formas transicionais no registro fóssil persiste como o segredo profissional da paleontologia. As árvores evolutivas que decoram nossos livros só têm dados nas pontas e nós de seus galhos; o resto é suposição, por mais razoável que seja, não a evidência de fósseis" (Gould, p. 14).

Na verdade, a falta de evidência para a teoria de Darwin forçou muitos evolucionistas contemporâneos como Gould a recorrer a soluções mais especulativas, como "equilíbrios acentuados" que por natureza dão grandes saltos em períodos de tempo relativamente curtos.

A microevolução não prova a macroevolução. Tudo que Darwin demonstrou com sucesso foi que mudanças pequenas ocorrem em formas específicas de vida, não que haja qualquer evolução entre tipos maiores. Mesmo considerando longos períodos de tempo, não há evidência real de grandes mudanças. Citando Gould novamente:

A história da maioria das espécies fósseis inclui duas características especificamente em harmonia com o gradualismo:
1. *Estase.* A maioria das espécies não exibe nenhuma mudança direcional durante a vida na terra. Elas surgem no registro fóssil com a mesma aparência com que desaparecem; a mudança morfológica geralmente é limitada e sem direção.
2. *Surgimento repentino.* Numa área local, nenhuma espécie surge gradualmente pela transformação lenta de seus ancestrais; ela aparece de repente, completamente formada (Gould, ibid., 13-4).

A evidência fóssil claramente dá uma demonstração de criaturas maduras e completamente funcionais aparecendo repentinamente e permanecendo muito semelhantes. Isso é evidência de criação, não de evolução.

Saltos são evidência de criação. À luz das grandes omissões no registro fóssil, as próprias afirmações de Darwin são incriminadoras. Ele disse:

Quem acredita que alguma forma antiga foi transformada repentinamente [...] entra no âmbito dos milagres e deixa o da ciência (citado por Denton, p. 59).

Ainda estudante, Darwin, comentando *Evidences of Christianity*, de Sumner, disse que "quando se vê uma religião estabelecida, que não tem protótipo existente [...] há grande possibilidade de sua origem divina". Como Howard Gruber disse:

A natureza não salta, mas Deus sim. Logo, se queremos saber se algo que nos interessa é de [origem] natural ou sobrenatural, devemos perguntar: Isso surgiu gradualmente a partir do que veio antes, ou repentinamente, sem qualquer evidência de causa natural? (ibid.).

Mas claramente, pelas próprias premissas de Darwin, o resultado não é a macroevolução, pois ele admite que há grandes saltos no registro fóssil, que são sinal de criação, não de evolução.

Darwin fez uma analogia falsa. Grande parte da persuasão da teoria de Darwin veio do argumento aparentemente plausível segundo o qual se a seleção artificial pode fazer pequenas mudanças significativas num curto período, então certamente a seleção natural pode fazer grandes mudanças num longo período de tempo. Mas, como E. S. Russell observou: "a *ação do homem na reprodução seletiva não é análoga à ação da 'seleção natural',* mas *quase seu oposto absoluto*". Pois "o homem tem um objetivo ou um fim em vista; 'a seleção natural' não pode ter. O homem escolhe os indivíduos com quem quer cruzar, escolhendo-os pelas características que quer perpetuar ou acentuar". E

ele os protege e à sua prole com todas as suas forças, defendendo-os da operação da seleção natural, que logo eliminaria muitas anomalias; ele continua sua seleção ativa e objetiva de geração a geração até atingir, se possível, sua meta.

Mas

nada desse tipo acontece, ou pode acontecer, pelo processo cego da eliminação diferencial e da sobrevivência diferencial que denominamos incorretamente seleção natural (citado em Moore, p. 124).

Então, a coluna central da teoria de Darwin está baseada numa analogia falsa (v. EVOLUÇÃO BIOLÓGICA para maiores comentários sobre essa questão).

Darwin admitiu sérias objeções. Darwin dedicou um capítulo inteiro de *A origem das espécies* para o que chamou "uma série de dificuldades" (80). Por exemplo: "Podemos acreditar que a seleção natural pode produzir [...] um órgão tão maravilhosos quanto o olho?" (ibid.). Como os organismos que precisam dele sobreviveram sem ele enquanto evoluía durante milhares ou milhões de anos? Na verdade, a maioria dos órgãos e organismos complexos devem ter todas as partes funcionando juntas ao mesmo tempo desde o princípio. Adquiri-las gradualmente seria fatal para seu funcionamento. Além disso, "os instintos podem ser adquiridos ou modificados por meio da seleção natural?" (ibid.). Darwin admite as dificuldades da evolução ao dizer que "algumas delas são tão sérias que até hoje mal posso refletir sobre elas sem ficar um pouco atordoado" (ibid.).

A evidência revela ancestrais separados. Por incrível que pareça, o próprio Darwin reconheceu a natureza enganosa da analogia em que sua teoria se baseava. Ao explicar suas últimas palavras tão citadas da *Origem*, segundo as quais Deus criou "uma" ou "algumas" formas de vida, Darwin admite duas coisas reveladoras. Primeiro, reconheceu cerca de oito a dez formas criadas. Disse: "Acredito que os animais são descendentes de um número igual ou menor" (Darwin, *A origem das espécies*, p. 241). Além disso, admitiu que só se pode argumentar por analogia, acrescentando:

> A analogia me levaria um passo adiante, isto é, à *crença* de que todos os animais e plantas são descendentes de um único protótipo. *Mas a analogia pode ser um guia enganoso* (ibid., grifo do autor).

Essa é uma admissão reveladora em vista da analogia comprovadamente falsa usada entre seleção artificial e natural.

A teoria de Darwin não foi derivada da natureza. Até mesmo evolucionistas admitem que Darwin não derivou sua teoria do estudo da natureza, mas de uma cosmovisão naturalista. George Grinnell escreveu:

> Fiz muitas pesquisas sobre Darwin e posso dizer com certa segurança que Darwin também não derivou sua teoria da natureza, mas sobrepôs uma certa cosmovisão filosófica à natureza e depois passou vinte anos tentando juntar fatos para tentar prová-la (Grinnell, p. 44).

Isso é muito interessante em vista do que o Tribunal Federal decidiu no julgamento "Scopes II" (McLean, 22 de janeiro de 1982) que a criação não é ciência, porque, primeiro, tem uma fonte não científica — a Bíblia. O juiz decidiu que a criação não pode ser ensinada junto com a evolução porque "'a ciência da criação' [...] tem como referência os primeiros onze capítulos do livro de Gênesis" (citado em Geisler, p. 173).

Não é estranho que a criação não seja científica por ter uma fonte não científica, quando paralelamente a teoria de Darwin também tem? A verdade é que uma teoria científica não precisa de uma *fonte* científica, mas apenas de algum *apoio* científico possível ou real. Como o autor demonstrou no testemunho do julgamento de "Scopes II", muitas teorias científicas válidas têm fontes não científicas, até religiosas. A idéia de Nikola Tesla para o motor de corrente alternada veio de uma visão que teve ao ler um poema panteísta. E o modelo da molécula de benzeno de Kekule foi derivada da visão de uma cobra mordendo a própria cauda (ibid., p. 116-7).

A teoria de Darwin é equivalente ao ateísmo. Apesar de Darwin e muitos darwinistas negarem de forma decisiva que a teoria de Darwin seja em princípio ateísta, essa acusação pesa seriamente contra ele. Charles Hodge (1797-1878), o estudioso de Princeton, numa análise profunda, perguntou e respondeu à própria pergunta:

> O que é darwinismo? É ateísmo. Isso não significa que o sr. Darwin e todos os que adotam suas teorias sejam ateus; mas significa que sua teoria é ateísta, que a exclusão do planejamento da natureza é [...] equivalente ao ateísmo (Hodge, p. 177).

A lógica de Hodge é desafiadora. A evolução exclui o planejamento, e se não há planejamento na natureza então não há necessidade de um Planejador da natureza. Logo, apesar das afirmações em contrário, a evolução é em princípio uma teoria ateísta, já que exclui a necessidade de um Criador inteligente (v. COSMOLÓGICO, ARGUMENTO; FLEW, ANTONY).

Até muitos evolucionistas reconhecem que o cenário de Darwin de uma "poça de água morna" em que a primeira vida surgiu espontaneamente exclui Deus completamente do âmbito da biologia. Ele escreveu: "Geralmente dizem que todas as condições para a primeira produção de um organismo vivo estão presentes agora e que sempre estiveram presentes". Então, o surgimento espontâneo seria possível se

> pudéssemos conceber uma poça morna com todos os tipos de amônia e sais fosfóricos, luz, calor eletricidade presentes, de modo que uma proteína fosse formada pronta para sofrer mudanças ainda mais complexas (citado por F. Darwin, 3.18).

Francis Darwin admitiu que

Darwin jamais afirmou que sua teoria explicaria a origem da vida, mas a implicação existe. *Logo, Deus foi banido da criação das espécies e de todo o âmbito da biologia* (ibid.).

Qual a necessidade de um Criador? Só é necessário supor o que muitos acreditam há muito tempo, que o universo material era eterno e parece não haver lugar para uma Primeira Causa, para Deus. Há, é claro, evidências contra o surgimento espontâneo da primeira vida (v. EVOLUÇÃO QUÍMICA) e um universo eterno (v. BIG-BANG, TEORIA DO; KALAM, ARGUMENTO COSMOLÓGICO). E, logo, há necessidade de Deus, a despeito do darwinismo (v. DEUS, EVIDÊNCIAS DE).

Razões para negar o cristianismo eram inválidas. Além de o deísmo e o agnosticismo de Darwin serem injustificados, sua rejeição ao cristianismo também era, pois estava baseada no predomínio de uma alta crítica negativa (v. BÍBLIA, CRÍTICA DA) em sua época, que era pré-arqueológica e há muito tempo foi desacreditada.

Da mesma forma, Darwin supõe incorretamente que o Deus do AT era vingativo, e não amoroso, algo contrário à afirmação do AT sobre o amor, a misericórdia e o perdão de Deus (Êx 20.6; Jn 4.2). Na verdade, o amor de Deus é mencionado com mais freqüência no AT que no NT.

Além disso, o conceito de Darwin a respeito do INFERNO era bastante defeituoso. A própria idéia de que o inferno é injusto implica que deve haver um Deus absolutamente justo. E um Deus absolutamente justo deve punir o pecado.

Mais que isso, Darwin parecia ter um conceito de inferno que não era conseqüência de um Deus amoroso, que não força suas criaturas livres a crer nele contra a vontade.

Finalmente, a família de Darwin disfarça o fato de que, quando Darwin abandonou a fé cristã, não conseguiu lidar com a morte de sua querida filha. Justamente na hora em que precisava da esperança cristã da ressurreição (v. RESSURREIÇÃO, EVIDÊNCIAS DA) e reunião com os entes queridos, ele não a teve, porque seu anti-sobrenaturalismo crescente havia eliminado qualquer base firme de crença. Então, ele se voltou para Deus — o que sobrara dele — e o culpou por ser "vingativo". Tal é a condição de um coração ingrato e incrédulo (cf. Rm 1.18ss.).

Fontes
C. DARWIN, *Autobiografia*.
__, *The descent of man.*
__, *A origem das espécies.*
F. DARWIN, *The life and letters of Charles Darwin*, v. 3.
M. DENTON, *Evolution: a theory in crisis.*
N. L. GEISLER, *The Creator in the courtroom.*
L. GILKEY, *Maker of heaven and earth.*
S. J. GOULD, "Evolution's erratic pace", *NH*, 1972.
C. GRINNELL, "Reexamination of the foundations", *Pensee*, May 1972.
C. HODGE, *O que é darwinismo?*
F. HOYLE et al., *Evolution from space.*
P. JOHNSON, *Darwin on trial.*
__, *Reason in the balance.*
E. MAYR, "Introdução", C. DARWIN, *A origem das espécies*, 1964 org.
J. MOORE, *The post-darwinian controversies.*
R. PETERS, "Tautology in evolution and ecology", *AN*, Jan.—Feb. 1976.

datação científica. O problema. A datação geralmente aceita (DGA) na comunidade científica apresenta vários problemas para a apologética cristã, já que supõe de dez a vinte bilhões de anos para o universo e centenas de milhares de anos para a vida humana. Isso é contrário a uma datação amplamente suposta por muitos evangélicos de 10 a 20 mil anos do universo e da vida humana.

Na realidade, a DGA apresenta quatro problemas diferentes para a defesa do cristianismo histórico: 1) A DGA apóia a evolução? 2) A DGA contradiz a posição bíblica da idade do universo? 3) A DGA contradiz a posição bíblica da idade da raça humana? 4) A DGA contradiz a posição bíblica da criação em "seis dias"? Como a última pergunta é discutida em detalhes em outro artigo (v. GÊNESIS, DIAS DE), apenas as três primeiras serão discutidas aqui.

Datação científica e evolução. Mesmo considerando verdadeira a conclusão da DGA de que o universo tem bilhões de anos e a vida tem pelo menos meio bilhão de anos, isso não quer dizer que a macroevolução tenha ocorrido (v. EVOLUÇÃO BIOLÓGICA). Pois bilhões de anos são apenas uma condição necessária para a verdade da evolução, mas não uma condição suficiente para ela. Um período de tempo mais longo simplesmente não é suficiente para explicar como mudanças graduais por processos naturais poderiam transformar um micróbio num homem. Multimilhões de anos são uma condição necessária para todas as coisas vivas evoluírem. Mas longos períodos de tempo não são o suficiente para provar que a macroevolução é verdadeira por dois motivos básicos: 1) longos períodos de tempo não produzem complexidade específica; e 2) um mecanismo natural é necessário para explicar a macroevolução.

Longos períodos de tempo não produzem complexidade específica. Não há evidência empírica ou experimental de que longos períodos de tempo produzam o tipo de complexidade específica e irredutível encontrada nos seres vivos (v. EVOLUÇÃO QUÍMICA). A simples observação revela que, se alguém derrama sacos de confete vermelho, branco e azul de um avião a trezentos metros de altitude, isso não formará a bandeira americana no gramado do quintal de ninguém. As leis da natureza, sem intervenção inteligente, misturarão as cores; elas não formarão 50 estrelas e 13 listras com o confete. E a observação e experimentação demonstram que lançar os pedaços de papel colorido de trezentos metros de altitude não dará o tempo necessário para que se organizem. Só há uma causa conhecida pelos seres humanos que pode criar uma bandeira americana com pequenos pedaços de papel, e essa é a inteligência. Mas intervenção inteligente não é evolução naturalista; é criação.

A necessidade de um mecanismo natural. Para a evolução naturalista ocorrer, é preciso mais que longos períodos de tempo. Deve haver também algumas causas naturais que possam explicar a complexidade crescente nas coisas vivas a partir do organismo unicelular original até o ser humano. Nenhum mecanismo jamais foi encontrado. A seleção natural não faz isso. É apenas um princípio de sobrevivência de tipos existentes de vida, não o surgimento de novos tipos (v. DARWIN, CHARLES). Mutações naturais também não fazem isso. Geralmente não são úteis e muitas vezes são letais. Variação em populações só explica pequenas mudanças em tipos específicos de vida e não mudanças macroevolutivas necessárias entre todas as diversas formas de vida, desde a mais simples até a mais complexa. Portanto, longos períodos não explicam como a macroevolução poderia ocorrer. São necessárias causas naturais que possam realmente produzir complexidade específica superior sem qualquer causa inteligente. Na verdade, a evidência é contrária (v. TELEOLÓGICO, ARGUMENTO; ANTRÓPICO, PRINCÍPIO). Leis naturais não especificam; escolhem a esmo. Não causam ordem específica superior; causam desordem. Não criam vida; causam decomposição.

Pouco tempo é fatal para a macroevolução. Uma razão pela qual os evolucionistas naturalistas se opõem tão veementemente aos esquemas de datação que postulam um universo jovem (de 10 mil a 20 mil anos) é que isso é fatal para a teoria evolutiva. A evolução simplesmente deve ter períodos de tempo mais longos que apenas alguns milhares de anos. Logo, apesar dos longos períodos de tempo supostos pelo esquema DGA não eliminarem a criação, curtos períodos de tempo eliminam a evolução.

Datação científica e a idade do universo. A teoria DGA não causa problema para todos os cristãos ortodoxos — apenas para os que acreditam no universo jovem (de milhares de anos). Apologistas do universo jovem, tais como Henry Morris (v. Morris, toda a obra) e seus seguidores, devem contestar a DGA. Eles o fazem de duas maneiras.

Argumentos científicos negativos contra um universo antigo. O elemento essencial mínimo de uma apologética do universo jovem é encontrar falhas no esquema de datação científica aceito atualmente. Isso é tentado de várias maneiras.

Pressuposições improváveis. Proponentes do universo jovem indicam que há pressuposições improváveis nos métodos de datação do universo antigo. Por exemplo, métodos de datação radiométrica supõem uma condição original da substância que era "pura". Eles também supõem que houve uma taxa ou ritmo constante de mudança desde então. Por exemplo, para argumentar a favor de uma terra antiga com base na salinidade do mar, a pessoa precisa supor que ele não tinha sal e que o sal tem sido depositado nele por rios e córregos a uma freqüência relativamente constante desde o princípio. Mas essas premissas são ambas questionáveis, principalmente se houve um dilúvio universal (v. NOÉ, DILÚVIO DE). Da mesma forma, para argumentar a favor de um universo de bilhões de anos com base nos isótopos de chumbo no urânio, é necessário supor que eles não existiam no princípio e que a taxa de decomposição tem sido constante desde então. Isso também foi questionado.

Além disso, sempre existe o problema de uma amostra contaminada ou algum outro fator para alterar a taxa de decomposição ou depósito. Isto é, para apoiar o argumento de universo antigo, é preciso mostrar que a amostra usada não foi contaminada com material de um período posterior. Esse é o caso da datação com carbono. Caso contrário, a data resultante não é a data original do material.

Argumentos positivos a favor de um universo jovem. Outra tática disponível para os defensores do universo jovem é dar evidência científica de que o universo é jovem. Muitos desses argumentos foram oferecidos. O problema desse método é que ele também deve aceitar algumas pressuposições não provadas (ou improváveis) como uma condição original e um processo constante desde então. Mas é exatamente isso que os proponentes do universo jovem desafiam na teoria do universo antigo. Por exemplo, alguns deles argumentaram, com base na pouca profundidade do pó lunar, que a lua tem apenas milhares de anos. Mas fazer isso é supor que a lua não tinha pó no princípio e que a taxa de acúmulo tem sido relativamente constante a cada ano. Isso também não foi provado, e talvez seja improvável. No entanto, os proponentes de um universo jovem têm todo direito de oferecer evidência científica positiva da sua teoria, seja por meio de um dilúvio universal, seja pela freqüência mais rápida de decomposição ou depósitos. E se o peso da evidência favorece sua teoria, o peso da evidência vai contra a macroevolução, que exige períodos de tempo mais longos.

A alternativa: um universo antigo. Outros cristãos ortodoxos defendem sua teoria aceitando a possibilidade de um universo antigo de bilhões de anos e indicando o fato de que a Bíblia não os constrange em lugar algum a aceitar um universo jovem. Geralmente indicam vários fatores. Primeiro, Gênesis 1.1 diz apenas que houve um "princípio", mas não exatamente quando foi. Segundo, os "dias" de Gênesis podem representar longos períodos de tempo. Terceiro, pode ter havido um intervalo de tempo antes de os dias de Gênesis começarem (como numa forma da teoria do intervalo). Quarto, há intervalos conhecidos no registro genealógico (v. GENEALOGIAS ABERTAS).

Datação científica e a idade da raça humana. Outro problema que os defensores da terra jovem e até muitos da terra antiga enfrentam é conciliar a DGA da idade da raça humana com o registro bíblico. Já que isso é discutido detalhadamente em outro artigo (v. ELOS PERDIDOS), será apenas resumido aqui. Há várias maneiras para resolver esse problema.

Rejeição dos métodos de datação da raça humana. Os métodos de datação da antigüidade da raça humana estão sujeitos a maior debate que os da data do universo — e pelas mesmas razões, só que em maior grau em alguns casos. Primeiro, há o problema de supor que o estado original era puro. Segundo, também há o problema de demonstrar uma taxa constante de decomposição. Terceiro, há a questão de contaminação da amostra ou influência de outras forças. Além disso, alguns métodos de datação (como o Carbono 14) só são precisos para milhares, não centenas de milhares ou milhões de anos. Outros métodos de datação como os períodos interglaciais são ainda menos precisos.

Desafiando a classificação "humana" para os fósseis. Outro problema é a pressuposição de que antropóides ou hominídeos muito antigos eram realmente seres humanos criados à imagem e semelhança de Deus em lugar de símios altamente desenvolvidos. E o uso de instrumentos simples não prova humanidade, já que alguns animais atualmente usam instrumentos simples (como focas que usam pedras para abrir conchas). A maioria dos estudiosos admite que o homem civilizado não tem centenas de milhares de anos. E os seres humanos com evidência de religião e consciência de Deus não são muito mais antigos. Essas formas bem mais recentes indicam o tempo da origem dos verdadeiros seres humanos feitos à imagem de Deus, isto é, seres com capacidade racional, moral e religiosa.

Demonstração de intervalos nas genealogias bíblicas. É verdadeiro que, se alguém supõe que não há intervalos nas genealogias bíblicas, a raça humana tem pouco mais de seis mil anos. Mas há intervalos evidentes nos registros ancestrais da Bíblia (v. Mt 1.8 e 1Cr 3.11-14), mesmo nas genealogias antigas em Gênesis (v. Lc 3.36 com Gn 11.12). Isso é discutido detalhadamente em outro artigo (v. GENEALOGIAS ABERTAS). Muitos conhecidos teólogos evangélicos têm sustentado essa teoria, desde B. B. WARFIELD até Gleason Archer.

Conclusão. Apesar de haver conflitos entre certas interpretações do registro bíblico e teorias predominantes da idade da terra e da humanidade, não há contradições reais. Isso é verdadeiro por duas razões básicas. Primeira, ninguém provou com certeza absoluta que o universo tem determinada idade, jovem ou antiga. Segunda, há maneiras diferentes de interpretar o registro bíblico de forma a evitar conflito com a DGA de bilhões de anos. Logo, apesar de haver conflito com a teoria científica predominante e interpretações preferenciais do registro bíblico, não há uma contradição insolúvel.

Fontes
G. ARCHER, *Merece confiança o Antigo Testamento?*
A. CUSTANCE, *The genealogies of the Bible.*
R. GENTRY, *Creation's tiny mystery.*
W. H. GREEN, "Primeval chronology", em WALTER KAISER, org., *Essays in Old Testament interpretation.*
H. MORRIS, et al., *What is creation science?*
J. D. MORRIS, *The young earth.*
R. NEWMAN et al., *Genesis one and the origin of the earth.*
B. RAMM, *The christian view of science and Scripture.*
H. ROSS, *Creation and time.*
B. B. WARFIELD, "On the antiquity and the unity of the human race", *The Princeton Theological Review* (1911).
J. WHITCOMB, et al., *The Genesis flood.*
D. E. WONDERLY, *God´s time-records in ancient sediments.*
D. A. YOUNG, *Christianity and the age of the earth.*

deísmo. Deísmo é a crença num Deus que fez o mundo, mas nunca interrompe as operações deste com eventos sobrenaturais. É um TEÍSMO sem milagres (v. MILAGRE). Deus não interfere na sua criação. Pelo contrário, criou-a para

deísmo

ser independente dele mediante leis naturais imutáveis (v. ESPINOSA, BARUCH). Na natureza, ele também providenciou tudo de que as criaturas precisam para viver.

O deísmo cresceu nos séculos XVI a XVIII, mas começou a morrer no século XIX. Hoje seus dogmas insistem na negação anti-sobrenatural, aos milagres (v. MILAGRES, ARGUMENTOS CONTRA), e nas visões críticas da Bíblia (v. BÍBLIA, CRÍTICA DA). Representa aqueles que acreditam num ser superior que tem pouco ou nada que ver com nossas vidas.

O deísmo cresceu na Europa, especialmente na França e na Inglaterra, e no final do século XVIII na América (v. Orr, cap. 3 e 4). Os deístas europeus mais proeminentes foram Herbert de Cherbury (1583-1648), o pai do deísmo inglês; Matthew Tindal (1656-1733); John Toland (1670-1722) e Thomas Woolston (1669-1731). Alguns deístas americanos notáveis foram Benjamin Franklin (1706-1790), Stephen Hopkins (1707-1785), Thomas Jefferson (1743-1826) e Thomas Paine (1737-1809). O efeito da visão dos deístas americanos, principalmente Paine e Jefferson, são sentidos mais hoje por meio da fundação e herança política dos Estados Unidos (v. Morais, cap. 4, 5).

Vários tipos de deísmo. Todos os deístas concordam que há um Deus, que criou o mundo. Todos os deístas concordam que Deus não intervém no mundo mediante ações sobrenaturais. Mas nem todos os deístas concordam quanto à preocupação de Deus com o mundo e à existência da vida após a morte para os seres humanos (v. IMORTALIDADE). Com base nessas diferenças, quatro tipos de deísmo são distinguíveis. Os quatro variam da preocupação mínima por parte de Deus até a preocupação máxima pelo mundo, mas sem intervenção sobrenatural (Morais, p. 17, 85-126).

O Deus sem preocupação. O primeiro tipo de deísmo foi em grande parte de origem francesa. De acordo com essa visão, Deus não se preocupa em governar o mundo que fez. Criou o mundo e o estabeleceu, mas não tem consideração pelo que vem acontecendo com ele depois disso.

O Deus sem preocupação moral. Na segunda forma de deísmo, Deus se preocupa com os acontecimentos do mundo, mas não com as ações morais dos seres humanos. O homem pode agir correta ou incorretamente, justa ou injustamente, moral ou imoralmente. Deus não se preocupa com isso.

O Deus com preocupação moral com esta vida. O terceiro tipo de deísmo afirma que Deus governa o mundo e se preocupa com a atividade moral dos seres humanos. Na verdade, exige obediência à lei moral que estabeleceu na natureza. Mas não há futuro depois da morte.

O Deus com preocupação moral com esta vida e a próxima. O quarto tipo de deísmo afirma que Deus regula o mundo, exige obediência à lei moral baseada na natureza e preparou uma vida após a morte, com recompensas para os bons e castigos para os maus. Essa visão era comum entre os deístas ingleses e americanos.

Crenças básicas. Apesar de haver diferenças entre os deístas, as crenças comuns permitem um entendimento de sua cosmovisão comum.

Deus. Todos os deístas concordam que há um Deus (v. TEÍSMO). Esse Deus é eterno, imutável, inatingível, onisciente, onipotente, benévolo, verdadeiro, justo, invisível, infinito — em resumo, completamente perfeito, sem que lhe falte nada.

Deus é uma unidade absoluta, não uma TRINDADE. Deus é apenas uma pessoa, não três. O conceito teísta cristão da Trindade é falso, até insignificante. Deus não existe como três pessoas iguais. Jefferson zombou disso dizendo que "a aritmética trinitária em que três são um e um é três" é "jargão incomparável". Paine acreditava que o conceito trinitário resultava em três deuses, logo era politeísta (v. POLITEÍSMO). Em comparação, os deístas afirmam que Deus é um em natureza e um em pessoa.

A origem do universo. O universo é a criação de Deus (v. CRIAÇÃO E ORIGENS). Antes de o universo existir, não havia nada exceto Deus (v. CRIAÇÃO, VISÕES DA). Ele criou tudo. Então, ao contrário de Deus, o mundo é finito. Teve um começo, mas Deus não tem princípio nem fim.

O universo opera por leis naturais. Essas leis fluem da própria natureza da Deus (v. ESSENCIALISMO DIVINO). Como ele, elas são eternas, perfeitas e imutáveis, representando a ordem e a constância da natureza divina. São regras pelas quais Deus mede sua atividade e regras que ele espera serem o padrão de sua criação.

A relação entre Deus e o universo. Deus é tão diferente do universo quanto um pintor de uma pintura, um relojoeiro de um relógio e um escultor de uma escultura (v. TELEOLÓGICO, ARGUMENTO). Mas, como uma pintura, um relógio e uma escultura, o universo revela muitas coisas sobre Deus. Por meio de suas características, demonstra que existe um Criador cósmico, como esse Criador é e o que ele espera. O universo também revela que foi criado por Outro Ser e que sua regularidade e sua conservação devem ser atribuídas a Outro Ser. Há um Deus que criou, regula e sustenta o mundo. E esse mundo depende de Deus, não Deus do mundo.

Deus não se revela de qualquer outra maneira além da criação. O universo é a Bíblia do deísta. Somente ele revela a Deus. Todas as outras supostas revelações, quer verbais quer escritas, são invenções humanas (v. REVELAÇÃO ESPECIAL).

Milagres. Milagres não acontecem (v. MILAGRES, ARGUMENTOS CONTRA). Ou Deus não pode intervir na natureza ou não quer. Os deístas que acreditam que Deus não pode fazer milagres geralmente argumentam com base na imutabilidade das leis da natureza. Um milagre violaria as leis naturais. Mas as leis naturais são imutáveis, logo não podem ser violadas, pois uma violação envolveria uma mudança do imutável. Portanto, milagres são impossíveis. Os deístas que acham que Deus poderia fazer um milagre, mas não faz, geralmente argumentam com base na propensão humana à superstição e ao engano, na falta de evidência suficiente para apoiar um milagre e no conhecimento humano da natureza constante. Eles insistem em que isso põe em destaque a natureza do Mecânico perfeito, já que ele fez a máquina da natureza funcionar sem precisar de consertos constantes. Para os deístas, toda narrativa de milagres é resultado da invenção ou superstição humana.

Seres humanos. Os deístas concordam que a humanidade foi criada por Deus e está adequadamente capacitada a viver alegremente no mundo. O ser humano é pessoal, racional e livre (v. LIVRE-ARBÍTRIO), dotado de direitos naturais que não devem ser violados por nenhum indivíduo, grupo ou governo. O ser humano tem a habilidade racional de descobrir na natureza tudo que é necessário saber para viver uma vida feliz e completa.

Como todos os outros animais, o *homo sapiens* foi criado com poderes e fraquezas. Os poderes são a razão e a liberdade. Entre as fraquezas está uma tendência à superstição e um desejo de dominar outros de sua raça. Essas duas fraquezas inatas acabaram por produzir religiões sobrenaturais e governos opressores.

Ética. A base da moralidade humana é a natureza (V. LEI, NATUREZA E TIPOS DE; REVELAÇÃO GERAL). Na natureza cada pessoa descobre como se autogovernar, associar-se com outras criaturas e relacionar-se com Deus. Para a maioria dos deístas, o único princípio humano inato é o desejo pela felicidade. Como esse desejo inato é satisfeito depende da razão. Uma pessoa que deixa de agir pela razão torna-se infeliz e age imoralmente.

Os deístas diferem quanto à universalidade das leis morais. Eles concordam que a base de todo valor é universal, porque está baseado na natureza. Mas discordam sobre quais leis morais são absolutas e quais são relativas. O fato de haver certo e errado não é questionado. O problema está em determinar exatamente o que é certo ou errado em cada caso ou circunstância. Alguns deístas, tais como Jefferson, concluem que regras morais específicas são relativas. O que é considerado certo numa cultura é errado em outra (v. MORALIDADE, NATUREZA ABSOLUTA DA). Outros deístas argumentam que o uso correto da razão sempre levará a um certo absoluto ou a um errado absoluto, apesar de a aplicação desses absolutos variar, dependendo da cultura ou circunstância.

O destino humano. Apesar de alguns deístas negarem que a humanidade sobreviva à morte em qualquer caso, muitos acreditam na vida pós-morte. Para a maioria desses deístas, a vida após a morte é de natureza imaterial; nela, as pessoas moralmente boas serão recompensadas por Deus e as moralmente más serão punidas.

História. Em geral, os deístas tinham pouco a dizer sobre a história. Eles geralmente acreditavam que a história era linear e objetiva. Também acreditavam que Deus não intervinha na história por intermédio de atos sobrenaturais de revelação ou sinais chamados milagres. Diferiam quanto à preocupação de Deus com o que acontece na história. Muitos deístas franceses dos séculos XVII e XVIII acreditavam que Deus não se importava com esse assunto. A maioria dos deístas ingleses achava que Deus exercia um tipo de cuidado providencial sobre as questões da história, mas sem intervenção milagrosa.

Muitos deístas acreditavam que o estudo da história tinha grande valor. Pois, antes de mais nada, a história demonstra a tendência humana à superstição, ao engano, à dominação, e as terríveis conseqüências, quando essa tendência não é controlada ou desafiada.

Avaliação do deísmo. *Contribuições.* Coisas positivas podem ser aprendidas com o deísmo. Muitos concordam com a insistência dos deístas na importância e utilização da razão em assuntos religiosos (v. APOLOGÉTICA, NECESSIDADE DA; FÉ E RAZÃO; LÓGICA). As muitas afirmações feitas sobre milagres e revelação sobrenatural devem ser verificadas. Nenhuma pessoa razoável entraria num elevador se tivesse um bom motivo para crer que não fosse seguro. Da mesma forma, ninguém deve confiar numa afirmação religiosa sem uma boa razão para crer que é verdadeira.

Os deístas foram louvados pela crença de que o mundo reflete a existência de Deus (v. COSMOLÓGICO, ARGUMENTO). A regularidade e a ordem do mundo sugerem um Criador cósmico. A incapacidade do mundo para explicar suas operações e sua existência parece sugerir uma explicação final fora do mundo — Deus. As perfeições limitadas verificáveis na natureza podem sugerir que há um Ser ilimitado e perfeito além da natureza, que criou e sustenta todas as coisas. Essa evidência natural está disponível para que todos a vejam e a ela respondam de maneira razoável.

Os deístas também são reconhecidos por expor muitas fraudes religiosas e superstições. Seus constantes ataques a muitas crenças e práticas ajudaram as pessoas a avaliar a própria fé religiosa e purificá-la da corrupção.

Críticas ao deísmo. Mas há razão para criticar a cosmovisão deísta. Um ser que pôde criar o universo do nada certamente é capaz de fazer pequenos milagres, se quiser. Um Deus que criou a água pode parti-la ou permitir que uma pessoa ande sobre ela. A multiplicação instantânea dos pães e peixes não seria problema para um Deus que criou matéria e vida. Um nascimento virginal ou até a ressurreição física dos mortos seriam milagres pequenos comparados com o milagre da criação do universo a partir do nada. Parece contraditório admitir um grande milagre como a criação e depois negar a possibilidade de milagres menores.

A compreensão deísta da lei universal natural não é mais válida. Os cientistas de hoje consideram as leis da natureza gerais, não necessariamente universais. As leis naturais descrevem como a natureza se comporta em geral. Não ditam como a natureza sempre age (v. MILAGRES, ARGUMENTOS CONTRA).

Se Deus criou o universo para o bem de suas criaturas, parece ter poder para intervir miraculo-samente em sua vida, se seu bem-estar depende disso. Certamente o Criador bondoso que as trouxe à existência não abandonaria sua criação. Pelo contrário, imagina-se que tal Deus continuaria a nutrir pelas suas criaturas o mesmo amor e preocupação que o levaram a criá-las, mesmo que isso significasse prover tais cuidados por meios milagrosos (v. MAL, PROBLEMA DO).

Supondo, então, que milagres são possíveis, não se pode rejeitar toda afirmação de revelação sobrenatural sem primeiro examinar a evidência para sua aprovação. Se lhe faltam evidências, deve ser rejeitada. Mas se a evidência apóia a afirmação, então a suposta revelação deve ser considerada autêntica. Certamente não deve ser descartada sem maiores investigações.

Além disso, o fato de muitos indivíduos e grupos terem abusado das crenças religiosas não é motivo suficiente para rejeitar religiões sobrenaturais. As descobertas científicas também foram vítimas de abusos, mas poucos argumentam que o abuso torna tais descobertas falsas ou constitui razão para abolir a ciência. Além disso, a mutabilidade da linguagem e o fato da falha humanas não parecem ser argumentos válidos contra a revelação sobrenatural (v. BÍBLIA, SUPOSTOS ERROS NA; BÍBLIA, EVIDÊNCIAS DA). É concebível que um Deus onipotente e onisciente superasse esses problemas. Pelo menos tais problemas não deveriam eliminar a possibilidade de Deus ter-se revelado, verbalmente ou de forma escrita. Mais uma vez, a evidência deve ser consultada primeiro.

Finalmente, o argumento dos deístas contra o cristianismo e a Bíblia é considerado falho (v. BÍBLIA, CRÍTICA DA). Que anti-sobrenaturalista conseguiu responder a teístas cristãos como J. Gersham Machen e C. S. Lewis (v. Lewis, esp. *Milagres*; Machen)? Eles construíram uma defesa ampla e sólida com base na ciência, filosofia e lógica contra a crença de que as histórias de milagres na Bíblia são necessariamente míticas (v. MITOLOGIA E O NOVO TESTAMENTO).

Por exemplo, a crença de Paine de que a maioria dos livros da Bíblia foram escritos por outras pessoas, e não pelas que afirmaram escrevê-los, e escritos muito depois dos acontecimentos, ainda é proclamada como fato irrefutável por muitos críticos. Mas não há nenhum vestígio de evidência razoável que não tenha sido rejeitada com bons motivos por arqueólogos e teólogos. Mais de 25 mil descobertas confirmaram o retrato do mundo antigo dado pela Bíblia (v. ARQUEOLOGIA DO NOVO TESTAMENTO; ARQUEOLOGIA DO ANTIGO TESTAMENTO). Há evidência suficiente para apoiar a autoria e as datas antigas da maioria dos livros bíblicos (v. NOVO TESTAMENTO, DATAÇÃO DO; NOVO TESTAMENTO, CONFIABILIDADE DOS DOCUMENTOS DO).

Além disso, o ataque deísta contra ensinamentos cristãos como Trindade, redenção e divindade de Cristo (v. CRISTO, DIVINDADE DE), mostra um entendimento superficial e ingênuo desses ensinamentos.

Fontes
J. BUTLER, *The analogy of religion*.
R. FLINT, *Anti-theistic theories*.
N. L. GEISLER, *Christian apologetics*.
___ e W. WATKINS, *Worlds apart*.
I. KANT, *Religion within the limits of reason alone*.
J. LELAND, *A view of the principal deistic writers ...*
C. S. LEWIS, *Christian reflections*.
___, *Milagres: um estudo preliminar*.
J. G. MACHEN, *The virgin birth of Christ*.
H. M. MORAIS, *Deism in eighteenth century America*.
J. ORR, *English deism: its roots and its fruits*.
T. PAINE, *Complete works of Thomas Paine*.
M. TINDAL, *Christianity as old as the creation*; ou *The gospel: A republication of the religion of nature*.

Derrida, Jacques. É considerado um "filósofo" francês contemporâneo, apesar de alguns questionarem se ele é um verdadeiro filósofo. É pai de um movimento conhecido como "desconstrutivismo", ainda que pessoalmente ele rejeite o significado popular do termo. O movimento também é chamado "pós-modernismo", apesar de Derrida também não usar o termo para descrever sua visão.

Entre os livros influentes de Derrida estão *A voz e o fenômeno* (1967-1968), *Da gramatologia, Escrita e diferença, Posições* (1981) e *Limited Inc.* (1977).

Parte de seu pensamento está fundamentada em Immanuel Kant (metafísica), Friedrich Nietzsche (ateísmo), Ludwig Wittgenstein (visão da linguagem), Friedrich Frege (convencionalismo), Edmund Husserl (método fenomenológico; v. verdade, natureza absoluta da), Martin Heidegger (existencialismo) e William James (pragmatismo e a vontade de acreditar).

As visões de Derrida são difíceis de entender por causa da natureza de suas posições, sua forma de escrever e, às vezes, as más traduções. Por causa desses fatores, foi mal interpretado muitas vezes. Não adota o niilismo, por exemplo, que é a negação de toda existência e valor (v. moralidade, natureza absoluta da). E não é anarquista, que nega toda estrutura social. Apesar de obras que parecem negar toda lei moral, Derrida também não é um antinomiano.

O desconstrutivismo é uma forma de hermenêutica, de interpretar um texto. Pode, assim, ser distinguido das outras abordagens interpretativas. Derrida não está interessado em destruir o significado, mas em reconstruí-lo. Não é a negação que desmantela o texto, mas a crítica o remodela. Ele se opõe às regras fixas da análise. Um desconstrutivista lê e relê um texto, procurando significados novos, mais profundos e esquecidos.

O desconstrutivismo adota o *convencionalismo*. Todo significado é relativo à cultura e à situação. Não há significado antes da linguagem.

O desconstrutivismo aceita o *perspectivismo*. Toda verdade é condicionada pela perspectiva da pessoa.

O desconstrutivismo adota uma forma de *referencialismo*. Não há referência perfeita ou correspondência única entre as palavras e o significado que elas conferem. Então, o significado é intransferível entre autor e leitor. Constantemente mudamos o contexto através do qual vemos símbolos. Esse contexto é limitado. Não podemos saber algo com base numa perspectiva infinita.

O desconstrutivismo é *diferencialismo*. Todas as estruturas racionais omitem algo. O leitor aborda o texto com suspeita, procurando a "diferença", o desconhecido que não está lá.

O desconstrutivismo adota uma forma de solipsismo lingüístico. Segundo essa teoria, não podemos escapar dos limites da linguagem. Podemos ampliar nossos conceitos lingüísticos, mas não escapar de nossos limites.

O desconstrutivismo adota o *progresso semântico*. Não se pode esgotar todos os significados possíveis. Um texto pode ser sempre desconstruído.

Derrida e o desconstrutivismo. Derrida é ateu (v. ateísmo) com relação à existência de Deus e agnóstico com relação à possibilidade de conhecer a verdade absoluta. É antimetafísico, afirmando que nenhuma metafísica é possível. Acredita que estamos presos em nossa redoma lingüística. Mas reconhece que usar a linguagem para negar a metafísica é em si uma forma de metafísica. Essa incoerência indica a necessidade da arquiescrita, um protesto poético contra a metafísica.

Três fatores são básicos para entender a filosofia de Derrida — gramática, lógica e retórica. A gramática expressa frases aceitáveis com palavras modificadoras adequadas. A lógica reconhece o absurdo das frases contraditórias. E a retórica demonstra como e quando usar as frases dominadas por meio da gramática e da lógica.

Derrida acredita que a gramática é relativamente superficial, relacionada com a manutenção dos sinais da linguagem em boa ordem. Lógica e retórica são mais profundas, lidando com o uso e a interpretação dos sinais. Derrida rejeita a história da filosofia ocidental, em que a linguagem é baseada na lógica. Isso significaria que há um alicerce de lógica na realidade. Ele rejeita essa pressuposição.

Segundo Derrida, a linguagem é baseada na retórica, não na lógica. A soberania da lógica está alicerçada na teoria de que sinais (por exemplo, palavras) representam idéias. As idéias fazem contraste semântico com outras idéias. A linguagem diferencia idéias. Devemos "deconstruir" a linguagem baseada na lógica para aprender sobre como expressões lingüísticas são usadas na atividade humana. A linguagem baseada na lógica acarreta uma crença incorreta de que há "linguagens particulares" com "fala pessoal" e "vida mental particular". Se a lógica é soberana, então a linguagem particular é possível. Idéias não iriam variar com as circunstâncias.

Retórica como base da linguagem. Derrida acreditava que o significado é baseado na força retórica, ou seja, o papel que exerce na atividade humana (v. Wittgenstein, Ludwig). Em vez de uma lógica formal subjacente, o significado vem da torrente da vida. Palavras expressam experiência ligada ao tempo. Assim, para entender o que o texto significa, é preciso primeiro entender completamente seu contexto real de vida. Isso é visto nos cinco argumentos centrais de Derrida:

1. Todo significado é complexo. Não há nenhum significado puro e simples por trás dos sinais da linguagem. Se toda linguagem é complexa, nenhum significado essencial transcende o tempo e o lugar.
2. Todo significado é contingente. Todo objeto da linguagem e significado é contingente a uma realidade de vida mutável. Não há significado objetivo.

3. Todo significado é impuro. Experiências puras não existem sem referência a uma experiência transitória. Não há vida mental particular que não pressuponha um mundo real. Não podemos sequer pensar sobre um conceito sem contaminá-lo com alguma referência do nosso próprio passado ou futuro.
4. Não existe percepção. Os desconstrutivistas não rejeitam a vivência. Rejeitam conceitos idealizados desconectados do mundo do cotidiano. A natureza do que é significado não é independente do sinal que a significa.
5. A retórica é a base de todo significado. Toda linguagem escrita é dependente da linguagem falada. Não é dependente do significado dos sinais falados. É dependente do padrão de vocalização (fonêmica). Fonemas são partes do som que podem ser representados por uma letra. Sem essa diferença em fonemas as letras são impossíveis. A diferenciação é a chave do significado, já que todos os sons devem ser diferenciados para ser distintos e formar sons significativos.

Muitos acreditam que, com Derrida, a filosofia ocidental chega ao fim. Ela literalmente se autodestrói à medida que se deconstrói. O próprio Derrida acredita que isso continua eternamente em desconstruções ou reinterpretações sucessivas.

Avaliação. Derrida mostra como a tradição lingüística leva ao agnosticismo. Faz algumas críticas precisas do pensamento ocidental. Revela que, se a filosofia da pessoa não começa na realidade, ela nunca acabará logicamente na realidade. Sua crítica da "linguagem particular", pensamento esotérico desligado da experiência humana, é perspicaz.

No entanto, o desconstrutivismo de Derrida está sujeito a sérias críticas.

Sua expressão difícil (altamente metafórica) é obscura e contraditória. Isso obscurece sua teoria, gera má interpretação e dificulta a avaliação. Sua visão contém afirmações contraditórias, tais como: "A história da filosofia está fechada". Ou: "A metafísica chegou ao fim". Ele não consegue deixar de usar filosofia e metafísica em tais afirmações. Sua dúvida quanto à possibilidade real de sabermos alguma coisa é contraditória. Como ele pode saber isso a não ser que saiba algo? Que tipo de *status* epistemológico devemos dar a suas afirmações? Se fossem verdadeiras, seriam falsas. Se são apenas protestos poéticos, não destroem o significado objetivo ou a metafísica.

Até sua negação da lógica na retórica é altamente problemática, se não contraditória. A própria linguagem que nega a lógica é baseada nela; caso contrário, seria insignificante.

Apesar de sua rejeição à (ou protesto contra a) metafísica, Derrida tem pressuposições metafísicas. O próprio fato de discutir "O que é real?" indica uma metafísica subjacente. E ele afirma que a linguagem depende de uma relação com o mundo. Isso implica uma visão metafísica do mundo.

Sua teoria é uma forma de nominalismo empirismo radical ("real" é realidade concreta, diretamente à minha frente). Como tal é reduzida a um tipo de solipsismo e está sujeita às mesmas críticas que essas teorias.

A supremacia da diferença sobre a identidade foge ao senso comum e torna toda comunicação impossível. Na verdade, Derrida não poderia sequer comunicar a própria visão, se estivesse certo.

A visão de Derrida está bem associada ao positivismo lógico, com sua famosa natureza contraditória.(Para uma crítica, v. AYER, A. J.) A visão convencionalista do significado adotada por Derrida é contraditória (v. CONVENCIONALISMO). As frases que transmitem sua teoria não teriam significado numa teoria convencionalista sobre significado. Em resumo, ele não deixou uma base para se firmar — nem sequer para expressar sua própria teoria.

Finalmente, a "fala" de Derrida não é melhor que o "númeno" incognoscível de Kant, o "silêncio" de Wittgenstein, ou as "chamas" de Hume. Pois nenhum deles nos diz nada sobre a realidade.

Um tipo de fé está envolvido nesse processo, e o deconstrucionismo é fideísta (v. FIDEÍSMO). A fé é sempre necessária. Já que o significado absoluto é impossível, a indecisão é inevitável. Vivemos sempre entre a certeza absoluta e a dúvida absoluta, entre o ceticismo e o dogmatismo. Logo, a fé sempre é necessária.

Fontes
J. DERRIDA, *Limited Inc.*
___, *Da gramatologia.*
___, *A voz e o fenômeno.*
___, *Escritura e a diferença.*
R. W. DASENBOOCK, org., *Redrawing the lines.*
S. EVANS, *Christian perspectives on religious knowledge.*
LUNDIN, *The culture of interpretation.*
J. F. LYOTARD, *O pós-moderno.*
G. B. MADISON, *Working through Derrida.*
C. NORRIS, *Derrida.*

Descartes, René. *Vida e obras de Descartes*. O teísta francês René Descartes nasceu em 1596 e morreu em 1650 depois de ministrar uma aula matinal de filosofia à rainha Cristina da Suécia. Foi chamado à filosofia por meio de um sonho no dia 10 de novembro de 1619. Foi um grande matemático e aprendeu filosofia com os jesuítas. Suas principais obras são *Princípios da filosofia* (1641) e *Discurso sobre o método* (1637).

Seu método filosófico. Descartes buscou um ponto arquimediano do qual pudesse começar seu raciocínio. Ao contrário de Agostinho (v.), que passou por um período de dúvida real, Descartes nunca foi cético. Usou a dúvida como ponto de partida universal e metódico para sua filosofia.

Afirmação do método. O método de Descartes era simples e universal. Ele propôs reter a dúvida apenas do que é indubitável. Em resumo, duvida de tudo de que seja consistentemente possível duvidar.

Aplicação do método. Ao aplicar seu método, Descartes descobriu que podia duvidar: 1) de seus sentidos — já que às vezes enganam (por exemplo, um galho na água parece torto); 2) de que estava acordado — já que às vezes poderia estar sonhando que estava acordado; 3) que 2 + 3 = 5 — já que sua memória poderia deixar de lembrar os números; 4) que há um mundo externo — já que um demônio maligno poderia enganá-lo. Mas, com toda sua dúvida, havia uma coisa que Descartes considerava impossível duvidar, isto é, de que estava duvidando.

Da dúvida à existência. Descartes encontrou seu ponto de partida universal na dúvida. Ele argumentou da dúvida em direção ao pensamento e daí à existência. Foi de *dubito* a *cogito* a *sum* (de "duvido" a "penso" a "sou").

Descartes raciocinou assim: "A única coisa de que não posso duvidar é que estou duvidando. Mas, se estou duvidando, então estou pensando (pois dúvida é uma forma de pensamento). E, se estou pensando, sou algo pensante (pois só mentes podem pensar)".

Nesse ponto, Descartes supõe que há uma diferença entre uma coisa pensante e uma coisa extensa. Minha mente é uma coisa pensante — e não posso duvidar de sua existência. Meu corpo e o mundo são coisas extensas — e posso duvidar da sua existência. Então, mesmo sendo um teísta, ele não conseguia raciocinar diretamente em direção a Deus a partir do mundo externo, como Aristóteles, Tomás de Aquino, Gottfried Leibniz e muitos outros teístas (v. cosmológico, argumento).

A existência de Deus pode ser provada. No entanto, Descartes encontrou uma maneira indireta de demonstrar a existência de Deus envolvendo o mundo exterior. Começaria com seu ponto de partida indubitável — a sua própria existência — e raciocinaria a partir daí em direção a Deus e depois de Deus ao mundo externo.

Um argumento cosmológico (prova a posteriori). O raciocínio de Descartes procedeu desta maneira: 1) se duvido, então sou imperfeito (pois careço de conhecimento); 2) mas, se sei que sou imperfeito, devo conhecer o perfeito (senão não teria como saber que não sou perfeito); 3) mas o conhecimento do perfeito não pode surgir de mim, já que sou imperfeito (uma mente imperfeita não pode ser a fonte [base] de uma idéia perfeita); 4) logo, deve haver uma Mente perfeita que é a fonte dessa idéia perfeita. Essa abordagem era diferente, e talvez única. Descartes teve de provar que Deus existia antes de ter certeza de que o mundo existia!

O argumento ontológico (prova a priori). Como Anselmo antes dele, Descartes acreditava que o argumento ontológico para a existência de Deus era válido. Sua forma para ele era esta: 1) é logicamente necessário afirmar sobre um conceito o que é essencial à sua natureza (por exemplo, um triângulo deve ter três lados); 2) mas a existência é logicamente necessária à natureza de um Ser necessário (i.e., Ser); 3) logo, é logicamente necessário afirmar que um Ser necessário realmente existe.

Houve várias reações ao argumento ontológico de Descartes. Mas ele o defendeu firmemente, reafirmando-o nesta forma para evitar críticas: 1) a existência de Deus não pode ser concebida apenas como possível, e não real (pois assim ele não seria um Ser necessário); 2) podemos conceber a existência de Deus (ela não é contraditória); 3) logo, a existência de Deus deve ser concebida como mais que possível (isto é, como real).

Uma objeção a seu argumento, a que ele nunca respondeu, foi a de Pierre Gassendi, que insistia em que Descartes não provara que a existência de Deus não é logicamente impossível. Portanto, não provara que é logicamente necessária. Gottfried Leibniz argumentou mais tarde que a existência é um atributo e, como tal, é uma qualidade simples e irredutível que não pode entrar em conflito com outras. Então, Deus pode ter todos os atributos, inclusive a existência. Mas depois Immanuel Kant criticaria essa teoria, insistindo em que a existência não é um atributo.

O teste da verdade de Descartes. Descartes era racionalista, no que foi seguido por Baruch Espinosa e Gottfried Leibniz. Como tal, acreditava que a verdade se encontrava no âmbito das idéias.

Idéias claras e distintas. Para Descartes, a verdadeira idéia era clara e distinta. Apenas idéias claras e distintas são verdadeiras (não as misturadas), a saber, as idéias consideradas auto-evidentes pela intuição racional. Ou aquelas que são (geometricamente) dedutíveis de idéias auto-evidentes.

Quatro regras de pensamento válido. No seu *Discurso sobre o método,* Descartes estabeleceu quatro regras para determinar uma idéia verdadeira. Primeiramente, a regra da certeza afirma que apenas idéias indubitavelmente certas (claras e distintas) devem ser consideradas verdadeiras. Segundo, a regra da divisão afirma que todos os problemas devem ser reduzidos às suas partes mais simples. Terceiro, segundo a regra da ordem, o raciocínio deve proceder do simples ao complexo. Finalmente, a regra da enumeração diz que é preciso revisar e reavaliar cada passo no argumento.

A fonte dos erros. Toda epistemologia deve explicar erros, principalmente uma epistomologia como a de Descartes, que exalta a certeza. A resposta de Descartes foi que erros surgem no julgamento (na vontade), não no pensamento. Pois erramos quando julgamos estar correto o que não sabemos estar correto.

A prova da existência de um mundo externo proveniente de Deus. O próprio método cartesiano de dúvida sistemática levantou a questão da existência de um mundo externo em questão — pelo menos por meio dos sentidos apenas. Portanto, era necessário para ele argumentar a favor da existência do mundo de maneira mais indireta. Ele fez isso da seguinte maneira: 1) Recebo uma sucessão forte e contínua de idéias sobre um mundo, que não estão sob o meu controle (logo, não posso estar errado a seu respeito); 2) assim, ou Deus está fazendo com que acredite nelas falsamente ou há um mundo real externo que as causa; 3) mas Deus não me enganará (nem permitirá que seja enganado) no que estou percebendo clara e distintamente, já que é perfeito (e o engano é um sinal de imperfeição); 4) logo, é verdadeiro que há um mundo externo; 5) já que o mesmo argumento se aplica ao meu corpo, é verdade que tenho um corpo.

Avaliação das visões de Descartes. Descartes é em parte bênção, em parte problema para o TEÍSMO cristão. Por um lado, é um teísta racional que oferece argumentos a favor da existência de Deus. Por outro lado, sua forma de dualismo racionalista é um fator negativo significante que apóia visões contrárias ao teísmo bíblico.

Algumas características positivas. Do lado bom, Descartes pode ser louvado por várias coisas. Entre elas, muitas têm valor apologético.

A verdade é objetiva. Para começar, Descartes defendeu a objetividade da verdade (v. VERDADE, NATUREZA DA). Ela não é subjetiva ou mística. Pelo contrário, é comum a todas as mentes racionais.

A verdade é cognoscível. Ao contrário do agnosticismo, Descartes afirmou que a verdade é cognoscível. Ao contrário de Immanuel KANT ou David HUME, Descartes argumentou que a verdade sobre a realidade pode ser conhecida pela mente. Além disso, defendeu que a certeza poderia ser alcançada no nosso conhecimento. O ceticismo poderia ser evitado. Na verdade, ele é contraditório.

A verdade é racional. Descartes abraçou os primeiros princípios do conhecimento, tais como a lei da não-contradição. Ele os usou na compreensão do mundo. Acreditava que sem eles a realidade não poderia ser conhecida.

A verdade é discutível. Não somente a verdade é cognoscível e racional, mas também pode apresentar argumentos racionais, como os argumentos a favor da existência de Deus. Essa visão é útil para a apologética cristã, principalmente para a apologética clássica.

Dimensões negativas. Nem tudo em que Descartes acreditava é útil para o apologista cristão. Na verdade, algumas coisas provaram ser destrutivas para o cristianismo ortodoxo.

O argumento ontológico inválido. A maioria dos apologistas cristãos não concorda com a defesa cartesiana do argumento ontológico. A maioria dos pensadores argumenta que ele envolve uma transição ilegítima entre o pensamento e a realidade.

Seu ponto de partida insuficiente. Um problema mais sério é o ponto de partida de Descartes. Por que duvidar do que é óbvio, isto é, que se tem um corpo e que há outros corpos à sua volta? Por que duvidar de tudo que é duvidável? Por que não duvidar apenas do que é necessário duvidar ou do que não se tem razão para acreditar? Ou, em outras palavras, pode-se duvidar de que o ponto de partida de Descartes, a dúvida, seja a melhor maneira de abordar o mundo.

Seu ponto de partida não é realista. Descartes começou sua filosofia no pensamento (pensamento indubitável) e depois passou para a realidade. Raciocinou: "Penso, logo existo". Na realidade, porém: "Sou, logo existo". Ele colocou a carroça à frente dos bois!

Quando se começa no âmbito do pensamento separado da realidade, não se pode sair legitimamente do pensamento puro. Tal é o destino de qualquer racionalismo ou idealismo que não comece com a existência (v. REALISMO).

Dualismo intransponível entre mente e corpo. A forma específica de racionalismo de Descartes estabeleceu um dualismo intransponível entre a mente e o corpo. Na verdade, eles são definidos de tal maneira que são logicamente separados. A mente é definida como uma coisa pensante e não-extensa, e a matéria como uma coisa extensa e não-pensante. Então, por definição "os dois jamais se encontrarão". Ao fazer isso, Descartes ficou vulnerável à crítica da defesa do homem como "um espírito numa máquina". O dualismo cartesiano tem implicações sérias para a visão da natureza dos seres humanos, assim como para a da natureza das Escrituras. Pois ele não só nega a unidade da natureza humana, mas também estabelece uma dicotomia na natureza entre o material e o espiritual que apóia grande parte da crítica negativa da Bíblia (v. BÍBLIA, CRÍTICA DA; BÍBLIA, EVIDÊNCIAS DA; BÍBLIA, SUPOSTOS ERROS NA).

Outros problemas. Descartes foi criticado por muitas outras coisas — o espaço não permite entrar em detalhes. Como aconteceu também com Baruch Espinosa, sua forma geométrica de deducionismo era questionável. Descartes não justifica o uso que faz do princípio da causalidade. E não prova que uma mente imperfeita não pode ser a causa de uma idéia perfeita. Ele não dá o valor devido ao papel da experiência na busca da verdade. Seu padrão de julgamento da verdade não é claro. Esse padrão não pode aplicar-se a conceitos, já que apenas julgamentos são verdadeiros. E não pode aplicar-se a julgamentos, já que Descartes admite que alguns deles são falsos. Finalmente, sua visão é reduzida a solipsismo mental (a saber, eu sei apenas enquanto estou pensando — agora —, e não quando não estou pensando).

Fontes
J. COLLINS, *God and modern philosophy*.
R. DESCARTES, *Princípios da filosofia*.
___, *Discurso sobre o método*
E. GILSON, *The unity of philosophical evidence*.

desconstrutivismo. v. DERRIDA, JACQUES.

desmaio, teoria do. A *teoria do desmaio* é a teoria naturalista (v. NATURALISMO) de que Cristo não estava morto quando foi tirado da cruz e colocado no túmulo. Portanto, não ressuscitou dos mortos (v. RESSURREIÇÃO, EVIDÊNCIAS DA). Ela foi proposta por H. E. G. Paulus em *The life of Jesus [A vida de Jesus]*, (1828).

Essa teoria tem sérias falhas como explicação alternativa da ressurreição (v. RESSURREIÇÃO, TEORIAS ALTERNATIVAS DA), já que há forte evidência de que Jesus sofreu a morte física real na cruz (v. CRISTO, MORTE DE), e centenas de testemunhas o viram num corpo ressurreto totalmente inteiro e transformado (v. RESSURREIÇÃO, EVIDÊNCIAS DA). Até mesmo a obra naturalista *A new life of Jesus [Uma nova vida de Jesus]* (1879), de David Strauss, refutou a teoria do desmaio:

É impossível que um ser que tivesse saído às escondidas, quase morto, de uma sepultura, que tivesse se arrastado fraco e doente, necessitando de tratamento médico, alguém que precisava de curativos, fortalecimento e cuidado e que finalmente entregou-se a seus sofrimentos, pudesse ter dado aos discípulos a impressão de que era um Vencedor sobre a morte e a sepultura, o Príncipe da Vida, uma impressão que era a base do seu futuro ministério [...] Tal revivificação só poderia ter diminuído a impressão que lhes dera na vida e na morte e, no máximo, só lhes teria dado uma voz elegíaca, mas jamais poderia ter transformado sua tristeza em entusiasmo, sua reverência em adoração[v. 1; p.412].

Fontes
W. CRAIG, *Knowing the truth about the resurrection*.
G. HABERMAS, *The resurrection of Jesus: an apologetic*.
H. E. G. PAULUS, *The life of Jesus*.
D. STRAUSS, *A new life of Jesus*.

determinismo. Determinismo é a crença de que todos os eventos, inclusive escolhas humanas (v. LIVRE-ARBÍTRIO), são determinados ou causados por outro. Os defensores dessa visão acreditam que escolhas humanas são o resultado de causas antecedentes, que por sua vez foram causadas por causas anteriores.

Tipos de determinismo. Há dois tipos básicos de determinismo: naturalista e teísta. Deterministas naturalistas incluem o psicólogo comportamental B. F. Skinner, autor de *Beyond freedom and dignity [Além da liberdade e dignidade]* e *Beyond behaviorism [Além do behaviorismo]*. Ateu (v. ATEÍSMO), Skinner escreveu que todo comportamento humano é determinado por fatores genéticos e comportamentais. Nessa teoria, humanos são como um pincel nas mãos de um artista, apesar de em sua opinião o "artista" ser uma mistura de manipulação societária e acaso. O ser humano está à mercê dessas forças, simplesmente como instrumento por meio do qual elas se expressam.

A versão teísta dessa visão insiste em que Deus é a causa final que determina todas as ações humanas. *Bondage of the will [A escravidão da vontade]*, de Martinho LUTERO, e *Freedom of the will [Liberdade da vontade]*, de Jonathan EDWARDS, são exemplos desse determinismo teísta. Trata-se da visão defendida por todos os calvinistas ferrenhos.

Argumentos a favor do determinismo. *O argumento da possibilidade alternativa*. Todo comportamento humano é não causado, autocausado ou causado por outra coisa. Mas o comportamento humano não pode ser não causado, já que nada acontece sem uma causa. Além disso, ações humanas não podem ser autocausadas, pois nenhuma ação pode causar a si mesma. Para isso, teria que ser anterior a si mesma, o que é impossível. A única alternativa restante, então, é que todo comportamento humano é causado por algo externo a ele.

O argumento da natureza da causalidade. Edwards argumentou com base na natureza da causalidade. Ele raciocinou que, já que o princípio da causalidade (v. CAUSALIDADE, PRINCÍPIO DA; PRIMEIROS PRINCÍPIOS) exige que todas as ações sejam causadas, então é irracional afirmar que coisas surgem sem uma causa. Mas para

determinismo

Edwards uma ação autocausada é impossível, já que a causa é anterior ao efeito, e algo não pode ser anterior a si mesmo. Portanto, no final das contas, todas as ações são causadas pela Primeira Causa (Deus). "Livre-arbítrio" para Edwards é fazer o que se quer, mas Deus dá os desejos ou afeições que controlam a ação. Logo, todas as ações humanas são determinadas por Deus.

O argumento da soberania. Se Deus é soberano, então todas as ações devem ser determinadas por ele (v. Deus, natureza de). Se Deus controla tudo, então ele deve ser a causa de tudo. Senão, não controlaria tudo.

O argumento da onisciência. Alguns deterministas argumentam com base na onisciência de Deus. Pois, se Deus sabe tudo, então tudo que ele sabe deve acontecer conforme sua vontade. Se não fosse assim, Deus estaria errado sobre o que soubesse. Mas a Mente onisciente não poder estar errada sobre o que sabe.

Uma resposta ao determinismo teísta. Os não-deterministas, principalmente os autodeterministas (v. livre-arbítrio), rejeitam as premissas dos argumentos deterministas. É importante distinguir duas formas de determinismo, rígido e moderado. O determinismo rejeitado aqui é o determinismo rígido:

Determinismo rígido	Determinismo moderado
Ação é causada por Deus.	Ação não é causada por Deus.
Deus é a única causa.	Deus é a causa primária; seres humanos são a causa secundária.
O livre-arbítrio humano total é eliminado.	O livre-arbítrio humano é compatível com a soberania.

O determinismo moderado às vezes é chamado *compatibilismo*, já que é "compatível" com o livre-arbítrio (autodeterminismo). Apenas o determinismo rígido é incompatível com o livre-arbítrio ou a causalidade secundária do agente humano livre.

Resposta ao argumento da possibilidade alternativa. Todo comportamento humano é não causado, autocausado ou causado por outra coisa. Mas o comportamento humano pode ser autocausado, já que não há nada contraditório sobre uma ação autocausada (como há sobre um ser autocausado). Pois uma ação não precisa ser anterior a si mesma para ser causada por si própria. Apenas o ser (eu) precisa ser anterior à ação. Uma ação autocausada é apenas causada por mim mesmo. E eu mesmo sou anterior às minhas ações.

Resposta ao argumento da natureza da causalidade. Jonathan Edwards argumentou corretamente que todas as ações são causadas, mas isso não significa que Deus seja a causa de todas essas ações. A ação autocausada não é impossível, já que a pessoa é anterior às suas ações. Portanto, nem todas as ações precisam ser atribuídas à Primeira Causa (Deus). Algumas ações podem ser causadas por seres humanos a quem Deus deu liberdade moral. Livre-arbítrio não é, como Edwards afirma, fazer o que se quer (com Deus dando os desejos). Mas é fazer o que se decide. E nem sempre fazemos o que desejamos, como é o caso em que o dever é colocado antes do desejo. Logo, não podemos concluir que todas as ações são determinadas por Deus.

Resposta ao argumento da soberania. Não é preciso rejeitar o controle soberano de Deus sobre o universo para acreditar que o determinismo está errado. Pois Deus tem o controle pela sua onisciência, assim como por seu poder causal. Como o próximo ponto revela, Deus pode controlar eventos ao desejar, segundo seu conhecimento onisciente, o que acontecerá pelo livre-arbítrio. Deus não precisa criar (ou causar) a escolha do homem. Apenas ter a certeza de que uma pessoa fará algo livremente é suficiente para Deus controlar o mundo.

Resposta ao argumento da onisciência. É verdade que tudo que Deus sabe deve acontecer segundo sua vontade. Senão, Deus estaria errado quanto ao que soubesse, pois a Mente onisciente não pode estar errada sobre o que sabe. Mas isso não significa que todos os eventos são determinados (i.e., causados por Deus). Deus poderia simplesmente determinar que fôssemos seres autodeterminantes no sentido moral. O fato de ele saber com certeza o que as criaturas livres farão com sua liberdade é suficiente para que o evento seja determinado. Mas o fato de Deus não as forçar a escolher é suficiente para estabelecer que as ações livres humanas não são determinadas (causadas) por outra pessoa. Deus determinou o *fato* da liberdade humana, mas as criaturas livres executam as *ações* da liberdade humana.

Pontos fracos do determinismo. O determinismo é contraditório. O determinista insiste em que deterministas e não-deterministas estão determinados a acreditar no que acreditam. Mas os deterministas acreditam que os autodeterministas estão errados e devem mudar de opinião. Contudo, "devem mudar" implica que eles estão livres para mudar, o que é contrário ao determinismo.

O determinismo é irracional. C. S. Lewis argumentou que o determinismo naturalista e completo é irracional (v. Lewis). Para o determinismo ser verdadeiro, seria necessária uma base racional para seu pensamento. Mas, se o determinismo é verdadeiro, não há base racional para o pensamento, já que tudo é determinado por forças não racionais. Portanto, se o determinismo afirma ser verdadeiro, então deve ser falso.

O determinismo destrói a responsabilidade humana. Se Deus é a causa de todas as ações humanas, então os seres humanos não são moralmente responsáveis. A pessoa só é responsável por uma escolha se houve livre-arbítrio para fazer ou deixar de fazê-la. Toda responsabilidade implica a habilidade de responder, ou por si mesmo ou pela graça de Deus. Dever implica poder. Mas, se Deus causou a ação, então não poderíamos evitá-la. Logo, não somos responsáveis.

O determinismo anula o elogio e a culpa. Da mesma forma, se Deus causa todas as ações humanas, não faz sentido louvar os seres humanos por fazerem o bem, nem culpá-los por fazerem o mal. Pois, se os corajosos não tivessem outra escolha além de demonstrar coragem, por que recompensá-la? Se os maus não tivessem escolha além de cometer seus crimes, por que puni-los? Recompensas e castigos por comportamento moral só fazem sentido se as ações não foram causadas por outro.

Determinismo leva ao fatalismo. Se tudo é determinado além do nosso controle, por que fazer o bem e evitar o mal? Na verdade, se o determinismo estiver correto, o mal é inevitável. O determinismo destrói a própria motivação de fazer o bem e esquivar-se do mal.

Determinismo não é bíblico. Os oponentes teístas do determinismo oferecem várias objeções a partir das Escrituras. Definir livre-arbítrio como "fazer o que se quer" é contrário à realidade. Pois as pessoas nem sempre fazem o que querem, nem desejam sempre fazer o que fazem (cf. Rm 7.15,16).

Se Deus deve conceder o desejo antes de a pessoa poder executar uma ação, então Deus deve ter dado a Lúcifer o desejo de se rebelar contra ele. Mas isso é impossível, pois nesse caso Deus daria um desejo contra Deus. Deus estaria contra si mesmo, o que é impossível.

Os deterministas teístas como Edwards têm uma visão falha e mecanicista da personalidade humana. Ele equipara o livre-arbítrio humano a balanças que precisam de mais pressão de fora para pender. Seres humanos, entretanto, não são máquinas; são pessoas feitas à imagem de Deus (Gn 1.27).

Edwards pressupõe equivocadamente que autodeterminismo é contrário à soberania de Deus. Pois Deus poderia ter predeterminado as coisas de acordo com o livre-arbítrio, não em contradição a ele. Até a *Confissão de fé de Westminster*, que é calvinista, declara: "Posto que, em relação à presciência e ao decreto de Deus, que é a causa primária, todas as coisas acontecem imutável e infalivelmente, contudo, pela mesma providência. Deus ordena que elas sucedam, necessária, livre ou contingentemente, *conforme* a natureza das causas secundárias" (5.2, grifo do autor).

Fontes
AGOSTINHO, *Sobre o livre-arbítrio.*
J. EDWARDS, *Freedom of the will.*
J. FLETCHER, *Checks to antinomianism.*
D. HUME, *The letters of David Hume.*
M. LUTERO, *Bondage of the will.*
___, *On grace and free will.*
B. F. SKINNER, *Beyond behaviorism.*
___, *Beyond freedom and dignity.*
TOMÁS DE AQUINO, *Summa theologica.*

Deus, argumento moral de. V. MORAL DE DEUS, ARGUMENTO.

Deus, coerência de. V. DEUS, OBJEÇÕES ÀS PROVAS DE; PANENTEÍSMO.

Deus, discussão sobre. V. ANALOGIA, PRINCÍPIO DA.

Deus, evidências de. Os argumentos mais conhecidos para a existência de Deus são O ARGUMENTO COSMOLÓGICO, O ARGUMENTO TELEOLÓGICO, O ARGUMENTO MORAL e O ARGUMENTO ONTOLÓGICO. Respectivamente, esses são os argumentos da *criação* (gr. *cosmos*, "universo, mundo"), *finalidade* (gr. *telos*, "finalidade, propósito") e da idéia de um *ser* perfeito (gr. *ontos*, "realidade, existência"). Além deles, o argumento axiológico, o argumento antropológico e o argumento da experiência religiosa geralmente são usados. O argumento axiológico (gr. *axios*, "valor") é baseado nos julgamentos de valor. Está intimamente ligado ao argumento moral, o argumento que parte de uma lei moral para um Legislador Moral.

O argumento cosmológico. Existe um universo, em vez de nenhum, que deve ter sido causado por algo além de si mesmo. A lei da causalidade (v. CAUSALIDADE, PRINCÍPIO DA) diz que todo ser finito é causado por algo além de si mesmo.

Há duas formas básicas para esse argumento. A primeira diz que o cosmo ou universo precisou de uma causa no seu *princípio*; a segunda argumenta que ele precisa de uma causa para *continuar* existindo.

Uma causa no princípio. O argumento de que o universo teve um princípio causado por algo além do universo pode ser afirmado desta maneira:

1. O universo teve um princípio.
2. Qualquer coisa que teve um princípio deve ter sido causada por outra coisa.

3. Logo, o universo foi causado por outra coisa (um Criador).

Evidência científica. Evidências científicas e filosóficas podem ser usadas para apoiar esse argumento. De acordo com a segunda lei da termodinâmica, num sistema isolado e fechado como o universo, a quantidade de energia utilizável está diminuindo. O universo está se desgastando, logo não pode ser eterno. Caso contrário, teria esgotado sua energia utilizável há muito tempo. Deixadas à própria sorte, sem intervenção inteligente externa, as coisas tendem à desordem. Já que o universo ainda não atingiu o estado de desordem total, esse processo não está acontecendo eternamente.

Outra série de evidências vem da bem aceita cosmologia do *big-bang*. De acordo com essa teoria, o universo surgiu com uma explosão aproximadamente 15 ou 20 bilhões de anos atrás. A evidência oferecida para isso inclui: 1) o efeito de Doppler, observado na luz das estrelas à medida que se afastam; 2) o eco da radiação vinda do espaço, que tem o mesmo comprimento de onda que seria emitido por uma explosão cósmica gigantesca; 3) a descoberta de uma massa de energia que seria esperada de uma explosão.

O agnóstico Robert Jastrow, fundador-diretor do Instituto Goddard de Estudos Espaciais da NASA, disse:

Pode existir uma explicação lógica para o nascimento explosivo do nosso universo; mas, se existe, a ciência não pode descobrir essa explicação. A busca do cientista pelo passado termina no momento da criação.

Mas se o universo foi criado, então é razoável concluir que houve um Criador. Pois tudo que tem início tem um Iniciador.

Evidência filosófica. O tempo não pode voltar no passado eternamente, pois é impossível passar por um número infinito e real de momentos. Um número teoricamente infinito de pontos sem dimensão existe entre meu polegar e meu dedo indicador, mas não posso colocar um número infinito de folhas de papel entre eles, não importa quão finas sejam. Cada momento que passa gasta tempo real que nunca mais podemos viver. Se você passasse seu dedo por um número infinito de livros numa biblioteca, jamais chegaria ao último livro. É impossível terminar uma série infinita de coisas reais.

Assim, o tempo deve ter um princípio. Se o mundo não tivesse princípio, não poderíamos ter chegado ao presente. Mas, se chegamos, o tempo deve ter começado em determinado momento e continuado até hoje. Portanto, o mundo é um evento finito e precisa de uma causa para seu princípio. O argumento pode ser resumido:

1. Um número infinito de momentos não pode ser percorrido.
2. Se um número infinito de momentos tivesse de transcorrer antes do presente, então o presente jamais teria vindo.
3. Mas o presente veio.
4. Logo, um número infinito de momentos não transcorreu antes do presente (i.e., o universo teve um princípio).
5. Mas tudo que tem um princípio é causado por outra coisa.
6. Logo, deve haver uma Causa (Criador) do universo.

Uma causa agora. A versão anterior do argumento cosmológico foi denominada "argumento horizontal", já que argumenta de forma linear de volta a um princípio. Esse argumento também é conhecido como argumento cosmológico *kalam*. Foi formulado por filósofos árabes da Idade Média e empregado por Boaventura (1217-1274). O filósofo contemporâneo William Craig publicou várias obras sobre ele. Um problema com o argumento é que ele afirma que houve um Criador apenas no princípio do universo. Não mostra a necessidade contínua de um Criador. Essa é a questão da forma vertical do argumento cosmológico. O proponente mais famoso desse argumento foi TOMÁS DE AQUINO (1225-1274).

Algo nos mantém em existência agora para não desaparecermos. Algo não só causou o surgimento do mundo (Gn 1.1), mas também causa a continuação da sua existência (v. Cl 1.17). O mundo precisa de uma causa originadora e de uma causa conservadora. Esse argumento responde à pergunta básica: "Por que existe algo (agora) ao invés de nada?". Resumidamente, ele pode ser afirmado desta maneira:

1. Todas as partes do universo são dependentes.
2. Se todas as partes são dependentes, então o universo inteiro também deve ser dependente.
3. Logo, o universo inteiro é dependente em sua existência de algum Ser Independente agora.

Os críticos respondem que a segunda premissa é a falha da composição. Só porque todas as peças de um mosaico são quadradas não significa que o mosaico inteiro seja quadrado. E juntar dois triângulos não forma necessariamente outro triângulo; forma um quadrado. O todo pode ter (e às vezes tem) uma característica não possuída pelas partes. A defesa responde que às vezes há uma ligação necessária entre as partes e o todo. Se todas as partes de um piso são de carvalho, o piso inteiro é de carvalho. E, apesar de dois triângulos juntos não formarem necessariamente outro triângulo, formarão necessariamente outra figura geométrica. Ser uma figura geométrica faz parte da natureza de um triângulo, assim como ser dependente faz parte da natureza de tudo no universo. Um ser dependente não pode sustentar outro ser dependente.

Alguns críticos argumentam que o todo é maior que as partes, assim, apesar de as partes serem dependentes, o universo inteiro não é. Mas isso não funciona no caso do universo. Se as partes contingentes, que juntas compõem o universo, sumirem, o universo some. Evidentemente o universo inteiro é dependente.

O argumento teleológico. Existem muitas formas para o argumento teleológico, a mais famosa derivada da analogia do relojoeiro de William PALEY. Já que todo relógio tem um relojoeiro, e já que o universo é extremamente mais complexo no seu funcionamento do que um relógio, conclui-se que deve haver um Criador do universo. Resumidamente, o argumento teleológico raciocina a partir de um projeto em direção a um Projetista inteligente.

1. Todos os projetos implicam um projetista
2. Há muito planejamento envolvido no projeto do universo.
3. Logo, deve haver um Grande Projetista do universo.

Toda vez que vemos um objeto complexo, sabemos por experiência prévia que ele veio da mente de um projetista. Os relógios implicam relojoeiros; prédios implicam arquitetos; pinturas implicam artistas; e mensagens codificadas implicam uma fonte inteligente.

Além disso, quanto maior o projeto, maior o projetista. Os castores fazem represas com toras, mas jamais construíram algo parecido com a ponte Golden Gate. Mil macacos datilografando por milhões de anos jamais produziriam *Hamlet* por acaso. Shakespeare não o escreveu na primeira tentativa. Quanto mais complexo o projeto, maior a, inteligência necessária para produzi-lo.

É importante lembrar que por "projeto complexo" quero dizer *complexidade específica*. Um cristal, por exemplo, tem especificidade, mas não complexidade. Tal como um floco de neve, ele tem os mesmos padrões básicos repetidos vez após vez. Polímeros aleatórios, por outro lado, têm complexidade, mas não especificidade. Uma célula viva, no entanto, tem especificidade e complexidade. Esse tipo de complexidade nunca é produzida por leis puramente naturais. É sempre o resultado de um ser inteligente. É o mesmo tipo de complexidade encontrada na linguagem humana. A seqüência de letras no alfabeto genético de quatro letras também é idêntica à de uma linguagem escrita. E a quantidade de informação complexa num simples animal unicelular é maior que a informação encontrada num dicionário *Aurélio*.

O astrônomo agnóstico Carl SAGAN inadvertidamente deu um exemplo ainda maior. Ele declarou que a informação genética no cérebro humano expressa em bits é provavelmente comparável ao número total de conexões entre os neurônios — cerca de 100 trilhões, 10^{14} bits. Se escrita em inglês, por exemplo, essa informação encheria uns 20 milhões de volumes, tantos quantos se encontram nas maiores bibliotecas do mundo. O equivalente a 20 milhões de livros está dentro da cabeça de cada um de nós. "O cérebro é um lugar muito grande num espaço bem pequeno", disse Sagan. Ele declarou também que "a neuroquímica do cérebro é incrivelmente ativa, o circuito elétrico de uma máquina mais maravilhosa que qualquer outra inventada por seres humanos". Mas, se esse é o caso, então por que o cérebro humano não precisa de um Criador inteligente, assim como o computador mais simples?

O argumento ontológico. O argumento onto-lógico parte da idéia de um Ser Perfeito ou Necessário para a existência de tal Ser. Pelo que se sabe, o primeiro filósofo a desenvolver o argumento ontológico (apesar de não ser o primeiro a dar-lhe esse nome) foi ANSELMO (1033-1109). Na forma mais simples, o argumento é construído a partir da *idéia* de Deus para a *existência* de Deus. Há duas formas para esse argumento: a idéia de um Ser Perfeito e a da idéia de um Ser Necessário.

O Ser Perfeito. Segundo essa afirmação, a simples idéia de Deus como ser absolutamente perfeito exige que ele exista. Resumidamente:

1. Deus é por definição um ser absolutamente perfeito.
2. Mas a existência é uma perfeição.
3. Logo, Deus deve existir.

Se Deus não existisse, ele careceria de uma perfeição, a saber, a existência. Mas se Deus não tivesse alguma perfeição, não poderia ser absolutamente perfeito. Mas Deus é *por definição* um ser absolutamente perfeito. Portanto, um ser absolutamente perfeito (Deus) deve existir.

Desde a época de Immanuel KANT (1724-1804), a maioria das pessoas concorda que essa forma de argumento é inválida porque a existência não é a perfeição. Argumenta-se que a existência não acrescenta nada ao conceito de uma coisa: apenas dá uma instância concreta dela. A moeda na minha mente pode ter exatamente as mesmas propriedades da que está no meu bolso. Mas há uma segunda forma do argumento ontológico que não está sujeita a essa crítica.

O Ser Necessário. Anselmo argumentou que o próprio conceito de um Ser Necessário exige sua existência:

1. Se Deus existe, devemos imaginá-lo como um Ser Necessário.
2. Mas, por definição, um Ser Necessário não pode não existir.
3. Logo, se um Ser Necessário pode existir; então deve existir.

Já que não há contradição na idéia de um Ser Necessário, parece correto concluir que ele deve existir. Pois a própria idéia de um Ser Necessário exige sua existência. Pois, se ele não existisse, não seria uma *existência* necessária.

Os críticos desse argumento mostram um problema, pois é o mesmo que dizer: *"Se* há triângulos, eles devem ter três lados". Mas o argumento nunca passa do "se" inicial. Isso não prova a questão que afirma responder. Apenas *supõe,* mas não prova, a existência de um Ser Necessário. Apenas diz que, se um Ser Necessário existe — e isso está aberto a questionamento —, ele deve existir necessariamente, já que essa é a única maneira pela qual um Ser Necessário pode existir, se é que existe.

O argumento ontológico não pode provar a existência de Deus, mas pode provar certas coisas sobre sua *natureza.* Por exemplo, Deus deve existir necessariamente, se é que existe. Ele não pode deixar de existir ou existir contingentemente.

O argumento da lei moral. As raízes do argumento moral de Deus são encontradas em Romanos 2.12-15, que diz que a humanidade é indesculpável por causa das "exigências da lei [...] gravadas em seu coração". Desde a época de Kant esse argumento foi citado de várias formas. A mais popular emana de C. S. LEWIS em *Cristianismo puro e simples.* O coração do argumento segue esta estrutura básica:

1. Leis morais implicam um Legislador Moral.
2. Há uma lei moral objetiva.
3. Logo, há um Legislador Moral.

A primeira premissa é auto-evidente. As leis morais são diferentes das leis naturais. As leis morais não *descrevem o que é, prescrevem o que deveria ser.* Elas não podem ser conhecidas a partir do que as pessoas fazem. São o que todas as pessoas deveriam fazer, quer façam quer não.

O peso do argumento está na segunda premissa — há uma lei moral objetiva. Isto é, há uma lei moral que não é apenas prescrita por nós, mas também *para* nós. Os seres humanos realmente prescrevem o comportamento adequado para outros humanos. A questão é se há evidência de que uma prescrição universal e objetiva compreende todos os seres humanos. A evidência para tal lei é forte. Está subentendida nos nossos julgamentos do tipo: "O mundo está piorando". Como saberíamos, a não ser que houvesse algum padrão além do mundo pelo qual pudéssemos medi-lo? Afirmações como "Hitler estava errado" não têm força se essa é apenas uma opinião ou se os julgamentos morais de Hitler estavam certos ou errados dependendo das normas culturais. Se ele estava objetivamente errado, então deve haver uma lei moral além de todos nós pela qual estamos todos presos. Mas se existe tal lei moral objetiva e universal, então deve haver um Legislador Moral (Deus).

O argumento da necessidade religiosa. Muitas pessoas afirmam que não precisam de Deus. Sigmund FREUD até considerou que o desejo de acreditar em Deus é uma ilusão. O desejo de Deus está baseado na realidade ou nos desejos inatingíveis dos seres humanos? A base para a crença em Deus é puramente psicológica ou é factual? Não importa se os humanos sentem necessidade dele, há boa evidência da existência de Deus. Mas o anseio por Deus existe, não como desejo psicológico, mas como verdadeira necessidade existencial. Essa necessidade em si é uma evidência da existência de Deus.

Resumidamente, o argumento da suposta necessidade de Deus para sua existência é assim:

1. Os seres humanos precisam de Deus.
2. Aquilo de que os humanos realmente precisam provavelmente existe.
3. Logo, Deus realmente existe.

Para esse argumento ter a oportunidade de ser comprovado, a segunda premissa deve ser diferenciada da afirmação de que tudo de que se precisa será encontrado. É possível precisar realmente de água e morrer de desidratação. Mas isso é bem diferente de argumentar que a pessoa realmente precisa de água e não existe água em lugar nenhum.

Pareceria irracional acreditar que há necessidades reais no universo que são impossíveis de suprir.

Há muitos desejos impossíveis de suprir, mas supor que há necessidades impossíveis de suprir é supor um universo irracional. Da mesma forma, seria razoável supor que, se os seres humanos realmente precisam de Deus, provavelmente há um Deus, ainda que ninguém o tivesse encontrado. Assim como acontece com outras necessidades não supridas na vida, pode ser que alguns procurem no lugar errado ou de forma errada (v. Pv 14.12).

Isso nos leva ao ponto crucial do problema: Os seres humanos têm necessidade real de Deus, ou isso é apenas um desejo? Se há uma necessidade real, então porque nem todos a sentem? Por exemplo, a maioria dos ateus afirma que não há necessidade real de Deus.

Até os ateus precisam de Deus. A literatura religiosa está cheia de testemunhos de crentes que confessam que realmente precisam de Deus. O salmista escreveu: "Como a corça anseia por águas correntes, a minha alma anseia por Ti, ó Deus" (Sl 42.1). Jeremias 29.13 declara: "Vocês me procurarão e me acharão quando me procurarem de todo o coração". Jesus ensinou: "Nem só de pão viverá o homem, mas de toda palavra que procede da boca de Deus" (Mt 4.4). Agostinho resumiu isso muito bem quando disse que o coração do homem fica inquieto até encontrar seu descanso em Deus.

O que geralmente não é valorizado pelos incrédulos é o fato de que a necessidade de Deus não é limitada às pessoas ignorantes e conformadas. Algumas das maiores mentes, inclusive os fundadores da maioria das áreas da ciência moderna, confessaram sua necessidade. Não é de admirar que essa lista inclua os teólogos Agostinho, Anselmo e Tomás de Aquino. Mas também inclui Galileo Galilei, Nicolau Copérnico, William Kelvin, Isaac Newton, Francis Bacon, Blaise Pascal, René Descartes, Gottfried Leibniz, John Locke e Søren Kierkegaard. É quase impossível afirmar que a deficiência intelectual os tenha levado a sentir necessidade de Deus.

Lidando com os sentimentos. Mas, se Deus é necessidade de todos, por que nem todos refletem essa necessidade? Por incrível que pareça, há evidência de que refletem. Veja, por exemplo, o testemunho de ateus e agnósticos nos seus momentos mais sinceros. Julian Huxley, por exemplo, admitiu sinceramente um tipo de encontro religioso:

> Num domingo de Páscoa, cedo de manhã, levantei-me ao amanhecer, antes de todos, saí, corri para meu bosque favorito, entrei onde sabia que havia cerejas silvestres, e ali, no orvalho da primavera, peguei uma grande quantidade daquelas delícias, que trouxe, com uma sensação de que fosse uma oferta aceitável, de volta à casa. Lembro-me de ter feito isso três ou quatro páscoas seguidas. Gostava da solidão e da natureza, e tinha uma paixão por flores silvestres: mas quando a santidade está no ar, como na Páscoa, então ela pode expandir-se livremente (p. 70).

Friedrich Schleiermacher definiu a religião como o sentimento de dependência absoluta do Todo (Schleiermacher, p. 39). E, apesar de Freud não querer chamar esse sentimento de religioso, ele admite sentir tal dependência. Paul Tillich definiu religião como o compromisso supremo (Tillich, p. 7, 8, 30). Nesse sentido da palavra *religião*, a maioria dos humanistas têm um compromisso com o humanismo. O II *Manifesto humanista* diz: "O compromisso com toda a humanidade é o maior compromisso de que somos capazes" (Kurtz, p. 23). Este é, usando a expressão de Tillich, um "compromisso supremo". John Dewey definiu o religioso como qualquer ideal perseguido com grande convicção por causa do valor geral e duradouro. Nesse sentido, o humanismo certamente envolve uma experiência religiosa.

Erich Fromm estava até disposto a usar a palavra *Deus* para o sentimento de compromisso supremo com toda a humanidade. E, apesar de querer desassociar-se do que chamava crenças "autoritárias", admitiu que suas crenças humanistas eram religiosas. Sentia que sua devoção à humanidade como um todo era uma devoção religiosa. O objeto humanista dessa devoção ele chamou "Deus" (Fromm, p. 49, 54, 87). O existencialista judeu Martin Buber disse que a palavra *Deus* é a mais forte no nosso vocabulário, mas insistiu que, ao amar outras pessoas, a pessoa já cumpriu as obrigações religiosas pessoais (Buber, *Eu e tu*, p. 55).

Até os humanistas ateus (v. HUMANISMO SECULAR) que negam ter qualquer experiência religiosa geralmente admitem que uma vez a tiveram no passado. Jean-Paul Sartre fala de experiências na infância. Escreveu:

> No entanto, eu acreditava. De pijama, ajoelhado ao lado da cama, com minha mãos juntas, fazia minhas orações todos os dias, mas pensava em Deus cada vez menos" (Sartre, p. 102).

Bertrand Russell admitiu ter acreditado em Deus, assim como Friedrich Nietzsche.

A religião secular. Quer passadas quer presentes as experiências de devoção a Deus, ao "Todo" ou à humanidade, muitos humanistas admitem algum tipo de experiência que seria denominada "religiosa". E, apesar do I *Manifesto humanista* exigir o abandono da crença em qualquer forma de vida extraterrestre (v. Kurtz, p. 14-16), muitos humanistas ateus insistem em que não renegaram a religião por causa disso. Na verdade, o impulso religioso é tão grande, até nos humanistas, que August Comte estabeleceu uma seita humanista e nomeou-se sumo sacerdote. No sentido em que a palavra *religioso* é definida atualmente por dicionários, filósofos, teólogos e pelos próprios humanistas, o humanismo é uma religião.

Devido a uma interessante série de eventos, a Suprema Corte dos Estados Unidos reconheceu o humanismo secular como religião. O julgamento do caso *Estados Unidos* vs. *Kauten* (1943) permitiu isenção de convocação militar com base na objeção consciente, mesmo se a pessoa não acreditasse numa divindade. O Segundo Tribunal afirmou:

[A objeção consciente] pode ser justamente considerada uma resposta do indivíduo a um mentor interior, que pode ser denominada consciência ou Deus, que é para muitas pessoas atualmente o equivalente do que sempre foi considerado um impulso religioso (Whitehead, p. 10).

Em 1965, o Supremo Tribunal no caso *Estados Unidos* vs. *Seeger* decidiu que qualquer crença é válida se for "sincera e significativa [e que ela] ocupe um lugar na vida de seu possuidor paralela à posição preenchida pela crença ortodoxa em Deus" (ibid., 14). Depois de consultar o teólogo Tillich, a Suprema Corte definiu religião como a crença "baseada num poder ou ser ou numa fé, aos quais tudo mais está subordinado ou sobre os quais tudo mais é dependente no final" (ibid.).

Num artigo bastante revelador na revista *Humanist Magazine* (1964), várias fraquezas foram demonstradas com relação a isso. No artigo "What's wrong with humanism?" ["O que há de errado com o humanismo?"] é feita a acusação de que o movimento é intelectual demais e quase "removido cirurgicamente da vida". Para alcançar as massas com sua mensagem, o escritor sugere que seja feito um esforço para desenvolver uma Bíblia humanista, um hinário humanista, dez mandamentos para humanistas e até práticas confessionais (testemunhos)! Além disso

o uso das técnicas hipnóticas — música e outros mecanismos psicológicos — durante os cultos humanistas daria à audiência aquela experiência espiritual profunda e eles sairiam revigorados e inspirados por sua fé humanista (citado em Kitwood, p. 49).

É raro os humanistas falarem tão abertamente sobre as falhas psicológicas de seu sistema e a necessidade de tomar de empréstimo práticas cristãs para corrigi-las.

Fraquezas na religião humanista. T. M. Kitwood resumiu as deficiências quando observou que o humanismo secular "não evoca uma resposta da pessoa inteira, intelecto, vontade e emoção". Além disso os humanistas "carecem de originalidade ao fazer afirmações positivas sobre a vida do homem e facilmente caem nas trivialidades" (Kitwood, p. 48).

Outra fraqueza do humanismo pode ser a de que ele não leva em conta a natureza humana. Alguns humanistas refletiram uma ingenuidade incrível com relação à vida. John Stuart MILL escreveu que seu pai "achava que tudo seria ganho se toda a população aprendesse a ler" (ibid., p. 50). Até Russell pensava que "se pudéssemos aprender a amar nosso próximo o mundo logo se tornaria um paraíso para nós todos" (ibid.). Finalmente, Kitwood acusa os humanistas de serem "um corpo aristocrático e como tal isolado das mais terríveis realidades da vida" (ibid., p. 51). Uma conclusão surge claramente: o humanismo secular prova não ser suficiente para as realidades psicológicas da vida. William JAMES enfatizou no seu tratamento clássico da experiência religiosa que aqueles que colocaram em chamas este mundo foram eles mesmos, inflamados por outro mundo. São os santos, não os secularistas. Acreditavam num mundo sobrenatural, que o humanismo secular nega (James, p. 290).

Apesar de os humanistas seculares geralmente confessarem ter experiências místicas e religiosas, negam que elas envolvam um Deus pessoal. Mas isso é inadequado, primeiro porque sua experiência é estranhamente pessoal para não ter um objeto pessoal. Falam de "lealdade", "devoção" e "amor" como valores básicos. Mas esses são termos que fazem sentido adequado somente quando existe um objeto pessoal. Quem, por exemplo, pode apaixonar-se pelo teorema de Pitágoras? Ou quem seria religiosamente motivado pela exortação: "Prepara-te para conhecer teu $E=mc^2$?". Como Elton TRUEBLOOD observou com perspicácia:

A alegria e maravilha que os homens sentem na busca da verdade, inclusive a qualidade do sentimento dos cientistas que se consideram materialistas, é o *mesmo tipo de sentimento que temos quando há comunicação real entre duas mentes finitas* (Trueblood, p. 115).

Só um objeto pessoal pode realmente satisfazer a devoção pessoal. Talvez seja isso que cause a falta de uma experiência religiosa satisfatória entre os humanistas. Huxley disse que sua experiência religiosa ficou cada vez mais fraca com o passar dos anos. Escreveu:

Eu estava acostumado, desde a idade de 15 ou 16 anos, a ter tais momentos naturalmente [...] Mas agora [...] eram concedidos em quantidade decrescente, e (apesar de ocasionalmente com grande intensidade) mais transitoriamente (Huxley, p. 77).

Sartre confessou que suas experiências religiosas cessaram quando dispensou Deus de sua vida. Disse:

> Tive muito mais dificuldade para me livrar dele, pois havia se instalado no meu subconsciente [...] Prendi o Espírito Santo no porão e o lancei fora; o ateísmo é um caso de amor cruel e duradouro; acredito que o levei às últimas conseqüências (Sartre, p. 252-3).

A confissão de Sartre acerca da dificuldade e até da crueldade da vida sem Deus não deveria surpreender alguém que realmente entende a pessoa humana. A satisfação origina-se no pessoal. Os seres humanos se satisfazem com o que Buber chamou de experiência "Eu-Tu", não com a experiência "eu-isto". Isto é, as pessoas se satisfazem melhor com pessoas (sujeitos), não com coisas (objetos). Logo, não é estranho que uma experiência religiosa não seja totalmente satisfeita com algo menos que um objeto pessoal.

Tillich reconheceu que nem todo compromisso absoluto era feito com algo absoluto. Na verdade, acreditava que ser absolutamente comprometido com o que é menos que absoluto é idolatria (v. Tillich, p. 57). Buber demonstrou que ídolos podem ser mentais tanto quanto metais (Buber, *Eclipse de Deus*, p. 62). Combinando esses dois discernimentos dos próprios pensadores, podemos observar que, quando os humanistas fazem de algum ideal ou objetivo finito o objeto do seu compromisso religioso, são idólatras.

Os humanistas reconhecem que a vida humana é mortal. A raça pode ser aniquilada ou extinta. Então por que os humanistas tratam a humanidade como se fosse eterna? Por que um compromisso resoluto com aquilo que está mudando e até perecendo, produto de um processo evolutivo cego? Não é o cúmulo da arrogância humanista que a humanidade se dote de divindade (v. Geisler, cap. 15)? Essa devoção ilimitada que os humanistas dão à humanidade é devida apenas ao Infinito. A única coisa digna de compromisso absoluto é o Absoluto.

A necessidade confessada pelo ateu. Uma das indicações mais fortes de que os seres humanos precisam de Deus é encontrada no próprio homem que nega a necessidade de Deus. As necessidades confessas de humanistas ateus são testemunho eloqüente dessa afirmação.

Nietzsche lamentou sua solidão intolerável comparada a outros poetas que acreditavam em Deus. Escreveu:

> Seguro diante de mim as imagens de Dante e Espinosa, que foram mais capazes de aceitar o destino da solidão [...] e no final, para todos os que de alguma forma ainda tinham um "Deus" como companhia [...] Minha vida agora consiste no meu desejo de que fosse diferente [...] e de que alguém pudesse fazer *minhas* "verdades" parecerem inacreditáveis para mim (Nietzsche, p. 441).

Sartre admitiu sua necessidade pessoal de religião, dizendo: "Preciso de Deus". Acrescentou: "Busquei minha religião, ansiei por ela, pois era o remédio. Se me tivesse sido negada, eu mesmo a inventaria" (Sartre, p. 97, 102). O ateu francês Albert Camus acrescentou: "Nada pode desencorajar o apetite pela divindade no coração do homem" (*O rebelde*, p. 147). Freud minou a base da realidade de Deus, mas admitiu que ele também tinha uma sensação schleiermachiana de dependência absoluta. Admitiu que tinha "um senso da insignificância e impotência do homem diante do universo" (Freud, p. 57). Freud também admitiu que esse senso de dependência absoluta é inevitável e não pode ser vencido pela ciência.

A mesma necessidade do divino é dramatizada em *Esperando Godot*, de Samuel Beckett, peça teatral com um título que lembra a frase de Martin Heidegger, "waiting for God" ("esperando por Deus"). Os romances de Franz Kafka expressam a futilidade das tentativas solitárias e persistentes de encontrar algum ser cósmico. Walter Kaufmann chega ao ponto de confessar

> A religião está baseada na aspiração do homem de transcender a si mesmo [...] Quer adore ídolos quer procure aperfeiçoar-se, o homem é o primata intoxicado por Deus (Kaufmann, p. 354-5, 399).

Outros incrédulos como Julian Huxley também assumiram uma atitude positiva com relação a necessidades religiosas aparentemente incuráveis. Huxley falou da

> possibilidade de desfrutar de experiências de arrebatamento transcendental, físico ou místico, estético ou religioso [...] de alcançar harmonia e paz interior, que coloca o homem acima das preocupações e dos cuidados do dia-a-dia (citado em Kitwood, p. 38).

O que é isso além de outra descrição da busca de um Deus?

Se a necessidade de Deus é tão enraizada, até nos humanistas, por que tantos parecem capazes de viver sem Deus? Alguns sugeriram que o incrédulo é *incoerente* nesse ponto. A filosofia ateísta (v. ATEÍSMO) de John Cage o levou ao suicídio quando tentava viver de maneira puramente aleatória. Jackson Pollock, no entanto, decidiu ser incoerente e viver. Seu passatempo era colher cogumelos de forma aleatória, como era sua visão do mundo e ele sabiamente decidiu não procurar saber quais eram venenosos.

Numa entrevista franca com o jornal *Chicago Sun Times*, Will Durant admitiu que o homem comum desmoronará moralmente se acreditar que não há Deus. Mas "um homem como eu", disse Durant, "sobrevive moralmente porque retenho o código moral que me ensinaram junto com a religião, apesar de eu ter descartado a religião, que era o catolicismo romano". Durant continuou:

> Você e eu vivemos à sombra de algo [...] porque estamos usando o código ético cristão que nos foi ensinado fundido com a fé cristã [...] Mas o que acontecerá com nossos filhos [...]? Não damos a eles a ética aquecida por uma fé religiosa. Eles estão vivendo à sombra de uma sombra (Durant, 1B:8).

É difícil viver à sombra de algo e pior ainda viver à sombra da sombra. Mas é exatamente aí que os humanistas tentar viver sem Deus.

Geralmente a ética ou a estética se torna substituta de Deus, mas mesmo isso só satisfaz enquanto está ligado a uma crença em Deus. Como Martin Marty observou, o ateísmo

> acontece e pode acontecer apenas onde a crença existe ou existia. [Isso] explica porque o ateísmo [...] é uma prova em si, por causa de seu caráter invariavelmente polêmico (Marty, p. 119-20).

Quem tenta subverter tudo — até as sombras estéticas e éticas, descobre com Camus que "para quem está sozinho, sem Deus e sem um mestre, o peso dos dias é terrível" (Camus, *A queda*, p. 133).

Sartre considerou o ateísmo "cruel", Camus, "terrível", e Nietzsche, "enlouquecedor". Os ateus que coerentemente tentam viver sem Deus tendem a cometer suicídio ou a ficar loucos. Os que são incoerentes vivem à sombra ética ou estética da verdade cristã enquanto negam a realidade que fez a sombra. Mas crédulos e incrédulos evidenciam uma necessidade definitiva de Deus. Viktor Frankl, em *The unconscious God* [*O Deus inconsciente*], argumenta que "o homem sempre esteve numa relação intencional para com a transcendência, mesmo que apenas no nível inconsciente". Nesse sentido, ele diz, todos os homens procuram o "Deus Inconsciente" (citado em Macdonald, p. 43).

O argumento da alegria. C. S. Lewis desenvolveu um argumento baseado na alegria ou na antecipação do prazer celestial. Esse argumento foi afirmado por Lewis em *Cristianismo puro e simples*, *O problema do sofrimento* e *Surpreendido pela alegria*. Foi defendido por Peter Kreeft em *Handbook of Christian apologetics* [*Manual de apologética cristã*] e *The heart's deepest longing* [*O mais profundo anseio do coração*].

O argumento da alegria é assim: As criaturas não nascem com desejos a não ser que a satisfação para esses desejos exista. Um bebê sente fome; a comida pode satisfazê-lo. Um patinho quer nadar; a água supre sua necessidade. Homens e mulheres sentem desejo sexual; a relação sexual satisfaz esse desejo. Se sinto um desejo que nenhuma experiência nesse mundo pode satisfazer, provavelmente fui feito para outro mundo. Se nenhum prazer terreno satisfaz a necessidade, isso não significa que o universo seja uma fraude. Provavelmente os prazeres terrenos não foram feitos para satisfazê-la, mas para despertá-la (Lewis, *Surpreendido pela alegria*, p. 120).

A lógica do argumento da alegria. A lógica do argumento da alegria é colocada dessa maneira:

1. Todo desejo natural inato tem um objeto real que pode satisfazê-lo.
2. Os seres humanos têm um desejo natural, inato, pela IMORTALIDADE.
3. Logo, deve haver uma vida imortal após a morte.

Para defender a primeira premissa, argumenta-se que, "se há fome, há comida; se sede, bebida; se eros, sexo; se curiosidade, conhecimento; se solidão, sociedade" (Kreeft, *Handbook*, p. 250). A natureza se apressa a preencher um vazio. A segunda premissa é apoiada por um apelo a um anseio misterioso que difere de todos os outros de dois modos. Primeiro, seu objeto é indefinível e inatingível nesta vida. Segundo, a mera presença desse desejo na alma é considerada mais preciosa e agradável que qualquer outra satisfação. Por mais inadequadamente que expressemos isso, o que desejamos é o paraíso, o céu ou a eternidade (ibid.). Até os ateus sentem esse desejo.

Se essas premissas são verdadeiras, então há "mais" que esta vida; há uma vida futura. O fato de reclamarmos deste mundo, da dor e da morte — mas nunca da eternidade — revela um desejo arraigado por ela. Talvez nunca a alcancemos, mas isso não anula sua existência, assim como ficar solteiro não prova que não haja alegria matrimonial e morrer de fome não prova que não exista comida (ibid.).

Avaliação. Esse argumento não é logicamente incontestável. Poucos, se tantos, argumentos são. Mas tem uma certa força existencial que não pode ser negada. Até grandes incrédulos admitiram um desejo por Deus. O famoso incrédulo Bertrand Russell admitiu numa carta a Lady Otto:

> Mesmo quando uma pessoa se sente muito próxima de outras pessoas, alguma coisa nela parece pertencer obstinadamente a Deus e recusa-se a entrar numa comunhão terrena — pelo menos é assim que eu deveria expressar isso, se acreditasse que Deus existe. É estranho, não é? Importo-me profundamente com este mundo e com muitas coisas e pessoas nele, mas [...] para quê? Deve existir algo mais importante, alguém diria, apesar de eu não acreditar que exista (*Autobiography*, p. 125-6).

É claro que é possível que o universo seja irracional, que esteja zombando de nossas necessidades básicas. Mas há algo na pessoa que se recusa a aceitar isso. O desejo de felicidade pode ser desacreditado, mas é mais difícil de erradicar.

Conclusão. Poucos teístas apoiariam sua defesa da existência de Deus em um único argumento. Cada argumento parece demonstrar uma característica de Deus junto com sua existência. Por exemplo, o argumento cosmológico demonstra que Deus é infinitamente poderoso; o argumento teleológico revela que ele é inteligente; o argumento moral que ele é moral; e, se ele existe, o argumento ontológico demonstra que é um Ser Necessário.

Alguns teístas oferecem outros argumentos para a existência de Deus, tal como o argumento da necessidade religiosa ou o argumento da experiência religiosa (v. EXPERIMENTAL, APOLOGÉTICA). A maioria dos não-teístas afirmam que não precisam de Deus, mas suas obras e sua experiência traem sua posição. Mas, se há uma necessidade real de Deus, é bem mais razoável acreditar que haja um Deus real que pode realmente suprir essa necessidade real.

Fontes

ANSELMO, *Proslogio*.
M. BUBER, *Eclipse de Deus*.
___, *Eu e Tu*.
A. CAMUS, *A queda*.
___, *O rebelde*.
W. DURANT, *Chicago Sun Times*, 24 Aug. 1975.
V. FRANKL, *The inconscious God*.
E. FROMM, *Psicoanálise e religião*.
S. HAWKING, *Uma breve história do tempo*.
F. HOYLE, *The intelligent universe*.
J. HUXLEY, *Religion without revelation*.
W. JAMES, *Varieties of religious experiences*.
R. JASTROW, A scientist caught between two faiths: interview with Robert Jastrow, CT 6 Aug. 1982.
___, *God and the astronomers*.
W. KAUFMANN, *Critique of religion and philosophy*.
T. M. KITWOOD, *What is human?*
P. KREEFT, *Handbook of Christian apologetics*.
___, *The heart's deepest longing*.
P. KURTZ, org. *Humanist manifestos* I and II.
C. S. LEWIS, *Cristianismo puro e simples*.
___ *Surpreendido pela alegria*.
___, *O problema do sofrimento*.
M. MACDONALD, "The roots of commitment" CT, 19 Aug. 1976.
M. MARTY, *Varieties of unbelief*.
F. Nietzsche, *The portable Nietzsche*.
H. Ross, *The fingerprint of God*.
B. Russell, *The autobiography of Bertrand Russell*.
C. SAGAN, *Cosmos*.
A. SANDAGE, "A scientist reflect on religious belief", *Truth*, 1985
J. P. SARTRE, *As palavras*.
F. SCHLEIERMACHER, *On religion: speeches to its cultural despisers*.
TOMÁS DE AQUINO, *Suma teológica*.
P. TILLICH, *Ultimate concern*.
D. E. TRUEBLOOD, *Philosophy of religion*.
S. WEINBERG, *Sonhos de uma teoria final: a busca das leis fundamentais da natureza*.
J. WHITEHEAD, "The establishment of the religion of secular humanism and its first amendment implications", TTLR.

Deus, natureza de. A TEOLOGIA NATURAL lida com o que pode ser conhecido sobre a existência (v. COSMOLÓGICO, ARGUMENTO; KALAM, ARGUMENTO COSMOLÓGICO DE) e natureza de Deus por meio da razão natural (v. REVELAÇÃO GERAL), separada de qualquer revelação sobrenatural (v. REVELAÇÃO ESPECIAL). De acordo com os teístas cristãos clássicos (v. TEÍSMO), tais como TOMÁS DE AQUINO (1225-1274), todos os atributos metafísicos essenciais de Deus podem ser conhecidos pela razão natural. Isso inclui a asseidade, simplicidade, imutabilidade, eternidade, imensidade, unidade, infinidade e moralidade de Deus.

Asseidade (auto-existência). A maioria dos teístas clássicos considera a asseidade ou existência pura de Deus uma característica fundamental. Os pais da igreja primitiva, assim como AGOSTINHO (354-430), ANSELMO (1033-1109) e Aquino, continuamente citam a Bíblia para apoiar essa posição. Ao defender a auto-existência (asseidade) de Deus, os teístas clássicos tais como Aquino gostam de citar Êxodo 3.14, onde Deus se identifica para Moisés como "Eu Sou o que Sou". Eles interpretavam isso como referência a Deus como Ser Puro ou Existência Pura.

Deus é Realidade Pura, sem potencial em seu ser. Tudo que tem potencial (potência) precisa ser realizado ou causado por outro. E já que Deus é a Causa suprema, não há nada além dele que realize qualquer potencial (i.e., habilidade) que ele possa ter. E Deus não pode realizar seu próprio potencial de existir, já que isso significaria que ele causou sua própria existência. Mas um ser autocausado é impossível, já que não pode criar a si mesmo. Algo deve existir antes dele para poder fazer algo. Nem mesmo Deus pode criar a si mesmo por seus próprios esforços ontológicos. Então, Deus deve ser Realidade Pura na sua Existência.

É claro que Deus tem o potencial de criar outras coisas. Mas não pode criar a si mesmo. Ele sempre existiu. E, apesar de Deus ter o potencial de *fazer* outras coisas, ele não pode *ser* nada além do que é. Ele tem o poder de *criar* outras coisas (potência ativa), mas não tem o poder (potência passiva) de *existir* de qualquer outra maneira além daquela em que existe, isto é, como um Ser infinito, eterno, necessário e simples.

A asseidade de Deus significa que ele *é* Existência; tudo mais apenas *tem* existência. Deus é Realidade Pura; todas as outras coisas têm realidade e potencial. Então Deus não pode não existir. Todas as criaturas podem ser não existentes. Isto é, têm o potencial de inexistência. Só Deus é um Ser Necessário. Todos os outros seres são contingentes.

Simplicidade (indivisibilidade). Já que Deus não é composto em sua Existência, mas é Pura Existência, Pura Realidade sem potencial, conclui-se que é simples e indivisível. Um Ser que por natureza não é composto não pode ser decomposto. Quem não tem partes não pode ser dividido. Logo, Deus tem simplicidade absoluta sem a possibilidade de ser dividido. É literalmente indivisível.

Da mesma forma, um Deus de Realidade Pura sem potencial não pode ser dividido. Pois, se fosse divisível, teria de ter o potencial de ser dividido. Mas a Realidade Pura não tem nenhum potencial no seu Ser. Logo, deve ser absolutamente simples ou indivisível.

A indivisibilidade de Deus também resulta de sua imutabilidade (v. a seguir). Pois se Deus pudesse ser dividido, poderia mudar. Mas Deus é imutável por natureza. Então não pode ser dividido. Ele também é absolutamente simples na sua natureza.

Necessidade (incontingência). Deus é por natureza um Ser absolutamente necessário. Isto é, ele não pode não existir. Deus não é um Ser que pode existir, mas um Ser que deve existir. Não é contingente, já que não tem a possibilidade de não existir. Se não tem o potencial de não existir, então deve existir.

Isso não quer dizer que o ARGUMENTO ONTOLÓGICO seja válido. Aquino considerou e rejeitou essa prova da existência de Deus proposta por Anselmo. Se Deus (i.e., Realidade Pura) existe, então deve existir necessariamente. Mas só porque posso defini-lo não quer dizer que ele exista. Aquino ofereceu seus famosos argumentos cosmológicos para a existência de Deus (*Suma teológica*, 1.2.3). E uma vez que sabemos, pela razão e revelação, que Deus existe, podemos ter certeza de que ele deve existir necessariamente. Tal ser não tem o potencial de não existir.

Imutabilidade. Na sua épica *Suma teológica* (1a.9.1), Aquino oferece três argumentos básicos a favor da imutabilidade de Deus. O primeiro argumento é transmitido no fato de um Deus de Realidade Pura (sua qualidade "Eu Sou") não ter potencial. Conclui-se então que Deus não pode mudar (Êx 3.14). Tudo que muda tem que ter o potencial para mudar. Mas, como Realidade pura, Deus não tem potencial, então não pode mudar.

O segundo argumento para a imutabilidade de Deus resulta de sua simplicidade. Tudo que muda é composto do que muda e do que não muda. Deus não pode mudar porque um ser absolutamente simples não tem composição. Se tudo sobre um ser mudasse, então seria um ser completamente diferente. Na verdade, não seria mudança, mas aniquilamento de uma coisa e criação de algo completamente novo. Mas se em toda mudança num ser algo permanece igual e algo não, então ele deve ser composto desses dois elementos. Então um Ser absolutamente simples, sem composição, não pode mudar.

O terceiro argumento para a imutabilidade de Deus origina-se em sua perfeição absoluta. Tudo que muda adquire algo novo. Mas Deus não pode adquirir algo novo, já que não poderia ser melhor ou mais completo. Portanto, Deus não pode mudar. Se mudasse, não seria Deus, pois teria carecido de alguma perfeição.

Aquino também argumenta que só Deus é imutável (*Suma teológica*, 1a.9.2). Todas as criaturas existem só por causa da vontade do Criador. Seu poder as trouxe à existência, e é seu poder que as mantém na existência. Portanto, se ele retirasse seu poder elas deixariam de existir. Tudo que pode deixar de existir não é imutável. Portanto, só Deus é imutável; tudo mais poderia deixar de existir.

Impassibilidade (sem paixões). Um atributo muito reconhecido de Deus que foi atacado recentemente é a *impassibilidade*. Deus é impassível. A paixão implica desejo do que não se tem. Mas Deus, como Ser absolutamente perfeito, não carece de nada. Para carecer de algo ele precisaria ter um potencial para tê-lo. Mas Deus é Pura Realidade, sem potencial nenhum. Portanto, Deus está completa e infinitamente satisfeito com sua própria perfeição.

Mas dizer que Deus é impassível no sentido de não ter paixões ou desejos de satisfação não é dizer que ele não tem sentimentos. Deus fica irado com o pecado e se regozija com a justiça. Mas os sentimentos de Deus são imutáveis. Ele sempre, imutavelmente, sente o mesmo sentimento de ira contra o pecado. Nunca deixa de regozijar-se com a bondade e justiça. Portanto, Deus não tem paixões mutáveis, mas tem sentimentos imutáveis.

Eternidade (intemporalidade). Deus não é temporal (*Summa theologica*, 1a.10.1). Ele está além do tempo. Aquino oferece vários argumentos para apoiar essa conclusão. O primeiro argumento é assim:

1. Tudo que existe no tempo pode ser computado de acordo com seu antes e depois.
2. A existência imutável, como Deus é, não tem antes nem depois; é sempre a mesma.
3. Conseqüentemente, Deus deve ser intemporal.

O tempo é duração caracterizada por mudanças substanciais e acidentais. Uma mudança substancial é uma mudança no que algo *é*. O fogo muda o que um pedaço de madeira é. Uma mudança acidental é uma mudança no que algo *tem*. Conhecimento crescente é uma mudança acidental num ser. Aquino vê três níveis de existência em relação ao tempo e à eternidade:

1. Deus na *eternidade* é Pura Realidade, sem mudança essencial ou acidental.
2. Anjos e santos que vivem no mundo espiritual do céu vivem em *eviternidade* (do latim *aevum*,, "sem fim").
3. Os seres humanos, compostos de alma e corpo, forma e matéria, vivem no *tempo*.

A eternidade (Deus) dura sem qualquer potência. A eviternidade (anjos) dura com potência completamente realizada. Suas mudanças não são essenciais, mas acidentais. Os seres espirituais na eviternidade não mudam na essência, apesar de sofrerem mudanças acidentais. Os anjos crescem em conhecimento por infusão divina e têm mutabilidade com relação a escolha, inteligência, afeições e lugares (ibid., 1a.10.6). Mas sem mudança substancial na eviternidade os anjos são imutáveis no seu nível de graça e amor. O que é verdadeiro sobre os anjos também é verdadeiro sobre os eleitos no céu.

O tempo (a humanidade) dura com potência atualizada progressiva.

O segundo argumento a favor da eternidade de Deus resulta, semelhantemente, da imutabilidade. Começa com a premissa de que tudo que é imutável não muda no estado de seu ser. Tudo que está no tempo passa por uma sucessão de estados. Assim, tudo que é imutável não é temporal. Esse argumento enfatiza outro aspecto do tempo: tudo que é temporal tem estados sucessivos, um após o outro. Deus não os tem, logo ele não é temporal.

Imutabilidade total implica necessariamente eternidade (ibid., 1a.10.2). Porque tudo que muda substancialmente está no tempo e pode ser computado de acordo com o antes e o depois. Tudo que não muda não está no tempo, já que não tem estados diferentes pelos quais o antes e o depois possam ser computados. Nunca muda. Tudo que não muda não é temporal. Além de ser eterno, Deus é o único ser eterno (ibid., 1a.10.3), pois só ele é essencialmente imutável.

Aquino distingue a eternidade do tempo sem fim (ibid., 1a.10.4). Primeiro, tudo que é essencialmente completo (eternidade) é essencialmente diferente do que tem partes (tempo). A eternidade é o agora para sempre; o tempo inclui passado, presente e futuro, agora e antes. A implicação disso é que a eternidade de Deus não é dividida; toda ela é presente para ele no seu agora eterno. Deve, assim, ser essencialmente diferente do tempo em momentos sucessivos.

Segundo, o tempo sem fim é apenas um alongamento do tempo. Mas a eternidade estabelece diferenças qualitativamente. Ela difere essencialmente, não apenas acidentalmente. A eternidade é um estado essencial, imutável de existência que transcende a realidade de momento a momento sucessivo. O tempo mede essa realidade, ou melhor, o palco em que a realidade transcorre.

Terceiro, um ser eterno não pode mudar, ao passo que o tempo envolve mudança. Por mudança podem ser feitas as medidas do antes e do depois. Tudo que pode ser computado de acordo com o antes e o depois não é eterno. O tempo sem fim pode ser computado conforme o antes e o depois. Logo, o tempo sem fim não é o mesmo que eternidade. O eterno é imutável, mas o que pode ser computado pelo antes e depois mudou. Conclui-se então que o agora eterno não pode viver em relação aos antes e depois infinitos.

Obviamente, Aquino viu uma diferença crucial entre o "agora" do tempo e o "agora" da eternidade (ibid.). O agora do tempo é móvel. O agora da eternidade não é mutável de forma alguma. O agora eterno é imutável, mas o agora do tempo está sempre mudando. Há apenas uma analogia entre o tempo e a eternidade;

Deus, natureza de

eles não podem ser os mesmos. O agora de Deus não tem passado nem futuro; o agora do tempo tem.

Alguns concluíram equivocadamente que Aquino não acreditava na duração de Deus pela eternidade, porque rejeitava a temporalidade em Deus. Aquino argumentou que a duração ocorre contanto que a realidade exista. Mas a eternidade, a eviternidade e o tempo duram de formas diferentes.

Conclui-se, portanto, que a diferença essencial na qualidade da duração no tempo, na eviternidade e na eternidade vem da condição da realidade. Deus *é Realidade Pura*. Os anjos *têm recebido realidade total* de Deus nas suas formas espirituais criadas. Os seres humanos *receberam realidade progressivamente* na forma espiritual e no corpo material.

Já que Deus dura sem potencialidade, não pode durar progressivamente. Dura de forma muito maior — como Realidade Pura.

Imensidade. Com a eternidade está o atributo da imensidade (extensão ilimitada). Deus não é limitado no tempo nem no espaço. Na imanência de Deus ele preenche o espaço, mas não é espacial. Apenas coisas materiais existem no espaço e no tempo, e Deus não é material. "Deus é espírito" (Jo 4.24). Como ser espiritual, Deus não é material nem espacial. Faz parte da transcendência de Deus que ele esteja além do tempo e do espaço.

Unidade. Os teístas clássicos ofereceram três razões para a unidade de Deus (ibid., 1a.11.3). O primeiro argumento é baseado na simplicidade de Deus. Um ser absolutamente simples não pode ser mais que um, já que para ser mais que um deve haver partes; no entanto, seres simples não têm partes. Seres absolutamente simples não são divisíveis. Portanto, Deus não pode ser mais que um ser.

A perfeição de Deus argumenta em favor de sua unidade. Se dois ou mais deuses existissem, teriam de ser diferentes. Para serem diferentes, um precisa ter o que o outro não tem. Mas o ser absolutamente perfeito não pode carecer de nada. Portanto, só pode existir um ser absolutamente perfeito. A unidade de Deus também pode ser inferida da unidade do mundo. O mundo é composto de várias coisas. Várias coisas não se unem a não ser que sejam ordenadas. Mas o mundo tem uma unidade ordenada. Portanto, deve haver um Ordenador do mundo.

Os teístas argumentam que a unidade essencial é explicada melhor por um Ordenador que por vários ordenadores. Pois um é a causa essencial da unidade, mas muitos são apenas a causa acidental da unidade. Portanto, é razoável inferir que há apenas uma causa para o mundo, não muitas.

Relacionabilidade (com o mundo). Uma crítica ao teísmo clássico é que um Deus eterno e imutável não poderia relacionar-se com um mundo mutável. Aquino antecipou essa objeção e a tratou extensamente.

Há três tipos de relações: uma em que ambos os termos são idéias; uma em que ambos os termos são reais; e uma em que um termo é real e um é idéia (ibid., 1a.13.7).

Ora, já que as criaturas dependem de Deus mas Deus não é dependente delas, estão relacionadas como reais para uma idéia. Isto é, Deus *sabe* sobre o relacionamento de dependência, mas não o *tem*. Quando há uma mudança na criatura, não há mudança em Deus. Assim também quando o homem muda sua posição de um lado para outro de uma coluna: a coluna não muda; apenas o homem muda em relação à coluna. Então, apesar de o relacionamento entre Deus e as criaturas ser real, Deus não depende de forma alguma desse relacionamento.

Aquino só está negando os relacionamentos *dependentes*, não todos os reais. Deus nunca muda quando se relaciona com o mundo, mas mudanças reais ocorrem nesse relacionamento com o mundo. A relação do homem com a coluna realmente muda quando ele se move, mas a coluna não muda.

A relação real mas imutável de Deus com o mundo fica mais evidente quando Aquino considera como o Deus eterno se relaciona com o mundo temporal (ibid., 1a.3.7, ad 2). Deus condescende em se relacionar com os seres humanos, como se compartilhasse o tempo com eles. Ele pode criar uma relação temporal no tempo, apesar de o tempo não poder se mover na eternidade. Para ter um relacionamento com o mundo temporal, Deus não precisa ser temporal. Faz tão pouco sentido dizer que Deus precisa ser temporal para se relacionar com um mundo temporal quanto dizer que ele tem de ser uma criatura para criar.

Deus está realmente relacionado com as criaturas como seu Criador. Mas as criaturas estão realmente relacionadas com Deus apenas porque ele é seu Criador. Elas são dependentes dessa ligação entre Criador e criatura; ele, não. Portanto a relação de Deus com suas criaturas é real, e não apenas ideal. Trata-se, no entanto, de um relacionamento real de dependência por parte das criaturas, não de uma relação de dependência por parte de Deus (ibid., 1a.13.7, ad 5).

O conhecimento de Deus. Deus conhece a si próprio. Se Deus é absolutamente simples, ele pode conhecer a si próprio? Todo conhecimento envolve um conhecedor e um conhecido. Mas Deus não tem tal dualidade. Aquino argumenta que no autoconhecimento o conhecedor e o conhecido são idênticos. Logo, Deus só pode conhecer a si mesmo por meio de si mesmo (ibid., 1a.14.2). Já que Deus é simples, ele conhece a si próprio simplesmente.

Deus também conhece a si mesmo perfeitamente. A coisa é conhecida perfeitamente quando seu potencial de ser conhecido é completamente realizado e não há potencial desatualizado em conhecer a si próprio. Portanto, o autoconhecimento de Deus é completamente realizado (ibid., 1a.14.3).

O conhecimento de Deus é idêntico à sua essência. Pois se as ações de conhecimento de Deus fossem realmente distintas da sua essência, então estariam relacionadas, assim como a realidade e o potencial. Mas não pode haver potencialidade em Deus. Portanto, o conhecimento e a essência de Deus são realmente idênticos (ibid., 1a.14.4). Isso não significa que Deus não possa conhecer as coisas além de si mesmo. Pois Deus é a causa eficaz de todas as coisas.

Deus conhece e faz. Apesar de Deus conhecer outras coisas além de si mesmo, ele as conhece por meio de si mesmo. Pois Deus não conhece outras coisas por meio de si mesmo sucessiva ou logicamente, mas simultânea e intuitivamente (ibid., 1a.14.7, ad 2). O conhecimento de Deus é perfeito porque ele não precisa conhecer as coisas discursivamente mediante suas causas, mas as conhece direta e intuitivamente (ibid., 1a.14.7 ad 3, 4). Deus não só sabe todas as coisas pelo seu conhecimento, mas também causa todas as coisas pelo seu conhecimento. Deus causa todas as coisas pela sua existência, mas a existência e o conhecimento de Deus são idênticos (ibid., 1a.14.8). Isso não quer dizer que a criação seja eterna porque ele é eterno. Pois Deus causa todas as coisas como elas são em seu conhecimento. Mas a idéia da criação ser eterna não estava no conhecimento de Deus (ibid., 1a.14.8, ad 2).

Um efeito preexiste na mente da causa eficaz. Logo, tudo que existe deve preexistir em Deus, que é sua causa eficaz. Deus conhece todos os vários tipos de perfeição em si mesmo, assim como os que participam de sua semelhança. Logo, Deus conhece perfeitamente tudo que existe, na medida em que tudo preexiste nele (ibid., 1a.14.5).

Deus conhece todas as criaturas idealmente. Deus conhece a própria essência perfeitamente. E conhecer sua essência perfeitamente implica conhecê-la conforme todos os modos pelos quais possa ser conhecida, a saber, em si mesma e nas criaturas que participam dela. Mas toda criatura tem a própria forma, na qual é semelhante a Deus. Conclui-se, então, que Deus conhece a forma ou idéia de todas as criaturas como modelada à sua semelhança. O conhecimento perfeito envolve a capacidade de distinguir uma coisa da outra. Isto é, ele conhece não só o que as coisas têm em comum (*esse*) mas como elas diferem (*essentia*). Portanto, Deus conhece todas as coisas em sua essência individual. Mas todas as coisas preexistem no conhecimento de Deus. Portanto, todas as coisas preexistem no conhecimento de Deus, não só com relação à sua existência, mas também com relação às suas essências individuais.

A base para o que Deus conhece é sua própria essência, porém a extensão do que ele conhece não é limitada a essa essência, mas alcança todas as coisas semelhantes a ela (ibid., 1a.15.2). O conhecimento que Deus tem de todas as coisas em si mesmo não significa que ele só conheça outras coisas em geral, e não especificamente. Pois o conhecimento de Deus se estende até os limites da causalidade. E a causalidade de Deus se estende a coisas singulares, já que ele é a causa de cada coisa individual. Portanto, Deus conhece as coisas singulares (ibid., 1a.14.11). Deus tem conhecimento perfeito de tudo. E conhecer algo só em geral mas não especificamente é conhecimento inadequado. Assim, Deus conhece tudo adequadamente. Isto é, não conhece os raios dos círculos apenas por conhecer o centro; ele conhece os raios assim como o centro.

Deus conhece o mal. O conhecimento perfeito das coisas deve incluir o conhecimento de tudo que pode ocorrer com elas. O mal pode ocorrer como corrupção das coisas boas. Logo, Deus pode conhecer o mal (v. MAL, PROBLEMA DO). Mas as coisas são cognoscíveis na maneira em que existem. O mal é uma privação nas coisas boas. Portanto, Deus conhece o mal como uma privação no bem (ibid., 1a.14.10).

Deus conhece as coisas mutáveis. Já que Deus é imutável e seu conhecimento é idêntico à sua essência, ele conhece o passado, presente e futuro no agora eterno. Portanto, quando o tempo muda, o conhecimento de Deus não muda, já que ele conhecia antecipadamente. Deus conhece mudança, mas não da *maneira* que conhecemos, em momentos sucessivos. Desde a eternidade Deus conhece a totalidade do antes e do depois do agora temporal da história humana (ibid., 1a.14.15).

Deus conhece as mesmas coisas que nós, mas não as conhece da mesma forma que nós as conhecemos. Nosso conhecimento é discursivo, passando de premissas a conclusões. No conhecimento humano há discursos duplos: uma coisa é conhecida *depois* da outra, e uma coisa é conhecida *por meio* de outra. Mas Deus não pode conhecer as coisas seqüencialmente, já que é eterno e conhece todas as coisas eternamente de uma só vez. E Deus não pode conhecer as coisas logicamente, pois é simples e conhece todas as coisas por meio de sua singularidade. Portanto, Deus não pode conhecer nada discursivamente (seqüencialmente, de tópico a tópico), visto que o conhecimento discursivo implica uma limitação de considerar uma coisa de cada vez por parte do conhecedor (ibid., 1a.14.7).

Deus conhece todas as possibilidades. Por conhecer a si mesmo perfeitamente, Deus conhece perfeitamente todas as maneiras diferentes em que suas perfeições podem ser compartilhadas pelos outros. Pois há na essência de Deus todo o conhecimento de todos os tipos possíveis de coisas que a sua vontade poderia realizar. Logo, Deus conhece todas as coisas específicas que poderiam ser realizadas (ibid., 1a.14.6).

O conhecimento de Deus permite o livre-arbítrio. Reunindo essas linhas de pensamento sobre o conhecimento de Deus, vemos como a soberania de Deus atua junto com o livre-arbítrio humano. O conhecimento de Deus não é simplesmente sobre o real; ele também conhece todos os tipos possíveis de potencial. Conhece o que existe e o que poderia existir. Pois Deus conhece tudo que existe de todas as maneiras possíveis. Tanto o real quanto o potencial têm realidade. Apenas o impossível não tem realidade. Então, tudo que é potencial tem realidade. Conclui-se que Deus pode conhecer o que é potencial assim como o que é real (ibid., 1a.14.9).

Isso significa que Deus pode conhecer contingentes futuros, isto é, coisas que são dependentes do livre-arbítrio. Pois o futuro é o potencial que preexiste em Deus. E Deus conhece tudo que existe em si mesmo como a causa dessas coisas (ibid., 1a.14.13). Já que Deus é um ser eterno, conhece todo o tempo no agora eterno. Mas o futuro é parte do tempo, portanto Deus conhece o futuro, inclusive os atos livres realizados nele. É claro que tudo que Deus conhece é conhecido infalivelmente, já que Deus não pode errar no seu conhecimento. Os contingentes futuros são conhecidos infalivelmente. São contingentes com relação à sua causa imediata (livre-arbítrio humano), mas necessários com relação ao conhecimento de Deus. Deus pode fazer isso sem eliminar o livre-arbítrio, pois o ser onisciente pode saber tudo que não é impossível saber. E não é impossível o ser eterno conhecer o fim necessário causado por um meio contingente. Deus pode conhecer o que *deve ser* mediante o que *pode ser*, mas não o que *não pode ser*.

Portanto, o ser onisciente conhece as ações futuras como eventos necessariamente verdadeiros. Se uma ação ocorrerá e Deus sabe disso, então aquele evento precisa ocorrer, pois a Mente onisciente não pode estar errada sobre o que conhece. Assim, a afirmação "Tudo que é conhecido por Deus deve necessariamente ser" é verdadeira caso se refira à afirmação da verdade do conhecimento de Deus, mas é falsa caso se refira à necessidade dos eventos contingentes (ibid., 1a.14.5).

A vontade de Deus. Vontade pode ser definida como a inclinação racional de um ser para seu próprio bem. Tudo que tem intelecto também tem vontade, pois a vontade acompanha o intelecto. Além disso, toda natureza tende para o próprio bem ou fim adequado. Quando o fim é racional, a inclinação é a racional. Deus tem inclinação racional para o bem de sua própria natureza. Portanto, Deus tem vontade (ibid., 1a.19.1).

Ter vontade não significa que Deus mude. Pois o objeto da vontade de Deus é sua bondade divina. E o que está na pessoa não precisa de mudança fora da pessoa para alcançá-lo. Logo, Deus não precisa mover-se fora de si mesmo para alcançar seu próprio fim. Então, há vontade em Deus, visto que ele se inclina para o seu próprio bem. A vontade também envolve amor e deleite no que é possuído. Deus ama a vontade e se deleita na possessão de sua própria natureza. Portanto, Deus tem vontade no sentido de deleite, mas não no sentido de desejo (ibid.).

A vontade de Deus causa a existência das coisas. Só porque Deus determina as coisas apenas em si mesmo não significa que só determine a si mesmo. Pois está de acordo com a natureza do ente comunicar seu bem para os outros. E Deus é o ente por excelência; ele é a fonte de toda existência. Logo, está de acordo com a natureza de Deus determinar outros seres além de si mesmo (ibid., 1a.19.2). Assim, Deus determina as coisas além de si em si mesmo e por meio de si mesmo. Deus não é outro além de si mesmo, mas pode determinar coisas distintas de si em si mesmo. Pois vontade implica relacionamento. Logo, apesar de Deus não ser outro além de si mesmo, ele determina coisas além de si mesmo (ibid., 1a.19.2, ad 1).

Deus não é movido por nada além de si mesmo quando decide criar por meio de si mesmo (ibid. 1a.19.2, ad 2). Mas, ao determinar coisas além de si mesmo, Deus não é movido por qualquer insuficiência em si mesmo, e sim pela suficiência em si mesmo, isto é, pela sua própria bondade. Portanto, determinar outras coisas por meio de sua própria suficiência não denota nenhuma insuficiência em Deus (ibid., 1a.19.2, ad 3). Assim como Deus conhece muitas coisas por meio da singularidade de sua essência, ele pode determinar muitas coisas por meio da singularidade (bem) de sua vontade (ibid., 1a.19.2, ad 4).

Deus deve determinar e pode determinar. Deus determina as coisas de duas maneiras. Algumas coisas — a própria bondade, por exemplo — ele deve determinar. Não pode escolher o contrário. Essas coisas ele determina com necessidade *absoluta*. Outras coisas Deus determina com necessidade *condicional* — a bondade das criaturas, por exemplo. Tudo que é determinado por necessidade condicional não é absolutamente necessário. A criação é determinada por necessidade condicional.

É claro que Deus determina outras coisas *por causa da* própria bondade, mas não *obrigado por* ela. Pois Deus pode existir sem determinar outras coisas. Deus só precisa estabelecer sua própria bondade necessariamente e outras coisas contingentemente. Portanto, essas outras coisas não precisam ser determinadas com necessidade absoluta. É claro que é necessário à vontade de Deus que ele determine a própria natureza necessariamente. Mas Deus não precisa determinar nada além de si mesmo. Quando Deus estabeleceu coisas além de si mesmo, deve ter feito isso voluntariamente (ibid., 1a.19.3, ad 3).

Parece que Deus deve determinar as coisas necessariamente. Como um Ser Necessário, ele deve conhecer necessariamente tudo que conhece. Assim, parece que ele deve determinar necessariamente o que determina.

Aquino responde que o conhecimento divino está necessariamente relacionado à coisa criada conhecida, porque o conhecimento no Conhecedor é um com sua essência. Mas a determinação divina não está necessariamente relacionada à coisa criada determinada. A determinação está relacionada às coisas como elas existem em si, fora da essência divina. Deus conhece necessariamente o que conhece, mas não determina necessariamente o que determina. Além disso, todas as coisas existem necessariamente em Deus, mas nada existe necessariamente fora dele. Porém Deus só precisa determinar o que é necessariamente de sua natureza. Portanto, Deus só precisa determinar outras coisas como elas existem nele, mas não como existem fora dele (ibid., 1a.19.3).

Todas as coisas criadas preexistem na vontade de Deus. A vontade de Deus é a causa de todas as coisas, então todas as coisas criadas preexistem no conhecimento de Deus. A vontade é a tendência de colocar em ação o que se conhece. Portanto, todas as coisas criadas fluem da vontade de Deus (ibid., 1a.19.4). É claro que Deus deve dar o bem a tudo que escolhe criar; Deus não pode criar o mal. Mas não é necessário que Deus determine qualquer outra coisa ou bem além de si mesmo. Portanto, Deus só precisa dar o bem ao que quer criar (ibid., 1a.19.4, ad 1).

A vontade de Deus é não causada. Quanto à questão da vontade de Deus ser causada, Aquino diz que, pelo contrário, a vontade de Deus *é* a causa de todas as coisas. O que é a causa de tudo não precisa de causa. Pois em Deus o meio e o fim preexistem na causa por serem determinados juntos. A vontade humana contempla um fim determinado e o que pode ser feito para atingir esse objetivo. A vontade de Deus causa tanto o fim determinado quanto o meio para alcançar esse fim.

E já que todas as coisas preexistem na Primeira Causa (a vontade de Deus), não há causa para a vontade de Deus (ibid., 1a.19.5).

A vontade de Deus jamais pode falhar. A vontade de Deus é a causa universal de todas as coisas. Portanto, a vontade de Deus é sempre cumprida. O que não cumpre a vontade de Deus numa ordem cumpre em outra. Por exemplo, o que escapa à ordem de seu favor retorna à ordem de sua justiça. Quando causas específicas falham, a causa universal não falha. Deus não pode falhar (ibid., 1a.19.6).

Pode-se falar de uma vontade *antecedente* e *conseqüente* de Deus. Deus determina antecedentemente que todos sejam salvos (2 Pe 3.9). Mas Deus determina conseqüentemente que alguns sejam perdidos, a saber, aqueles que a justiça exige. Mas o que é determinado antecedentemente não é determinado absolutamente, mas condicionalmente. Apenas o conseqüente é determinado à luz de todas as circunstâncias. É claro que Deus determina algumas coisas por meio de causas secundárias. E causas primárias às vezes são prejudicadas por um defeito na causa secundária. O movimento do corpo é prejudicado por uma perna defeituosa. De igual modo, a vontade antecedente de Deus é ocasionalmente impedida por um defeito numa causa secundária. Sua vontade subseqüente, no entanto, nunca é frustrada. Pois causas primárias universais não podem ser prejudicadas por causas secundárias defeituosas, assim como a bondade como tal não pode ser prejudicada pelo mal. Mas Deus é a Causa Primária universal da existência, e sua vontade não pode ser prejudicada por ele ter causado a existência (ibid., 1a.19.6, ad 2).

Deus não muda de idéia. E a vontade de Deus não pode ser mudada, pois ela está de perfeito acordo com seu conhecimento. Ele é onisciente, então o que ele sabe que acontecerá, acontecerá. Isso não quer dizer que Deus não determine que algumas coisas mudem. Mas a vontade de Deus não muda (ibid., 1a.19.7). Quando a Bíblia fala de Deus "se arrependendo", quer dizer que do nosso ponto de vista parece que ele mudou de idéia. Deus sabia desde a eternidade como tudo aconteceria. E a vontade de Deus inclui causas intermediárias, tais como o livre-arbítrio. Assim, Deus sabe o que as causas intermediárias decidirão fazer. E a vontade de Deus está de acordo com seu conhecimento imutável. Portanto, a vontade de Deus não muda, já que ele estabelece o que sabe que acontecerá. O que é estabelecido pela necessidade condicional não viola a liberdade humana, já que o que é determinado está condicionado à sua escolha livre. Deus determina a salvação dos seres humanos condicionalmente. Portanto, a determinação divina de salvar não viola o livre-arbítrio humano, antes o utiliza.

Fontes
Agostinho, *Cidade de Deus*.
S. Charnock, *Discourse upon the existence and attributes of God*.
R. Garriguou-LaGrange, *God: his existence and his nature*.
N. L. Geisler, *Philosophy of religion*.
Tomás de Aquino, *Suma contra os gentios*.
___, *Suma teológica*.

Deus, necessidade de. V. Deus, evidências de.

Deus, objeções às provas de. A maioria das objeções tradicionais aos argumentos em defesa da existência de Deus desenvolveram-se a partir das questões propostas por David Hume e Immanuel Kant. Algumas delas são tratadas mais detalhadamente sob a estrutura apologética específica à qual estão relacionadas, tais como o argumento moral, o argumento ontológico e o argumento teleológico. Este resumo descreve argumentos e objeções à existência de Deus. São respostas às questões feitas pelos apologistas cristãos. Argumentos contra a existência de Deus levantados pelos próprios não-teístas são discutidos em Deus, supostas refutações de.

Causas finitas para seres finitos. O argumento cosmológico teoriza a partir de um efeito finito até uma Causa infinita (Deus). Essa conclusão é desafiada pelos que insistem em que a única coisa necessária para explicar um efeito finito é uma causa finita. Supor uma Causa infinita é um exagero metafísico.

No entanto, *todo* ser ou efeito finito é limitado, e *todo* ser limitado só é explicado adequadamente se foi causado por algum Ser que não é limitado. A primeira Causa é o limitador ilimitado de todas as coisas limitadas. Se essa Causa fosse limitada (i.e., causada), precisaria de uma causa além dela em que basear sua existência limitada. Inevitavelmente, *todo* ser limitado é causado. Mas a Realidade Pura, ou Existência como tal, é ilimitada. E a Realidade que dá os limites para tudo mais que é realizado deve ser ilimitada na sua existência. A primeira Causa deve ser não causada, e uma Causa não causada tem de ser a Causa ilimitada ou infinita de tudo mais.

Nenhum Ser Necessário. Insistem em que termos como *Ser Necessário* e *Causa não causada* não têm significado, já que nada na nossa experiência corresponde a eles. Essa não é uma objeção válida. A própria frase "Um Ser Necessário não tem significado" não faz sentido, a não ser que as palavras *ser necessário* possam ser definidas. A afirmação é contraditória.

Não há nada de incoerente entre tais termos se não são contraditórios. Sabemos o que *contingente* significa, e *necessário* é o oposto, a saber, "não contingente". Os significados desses termos são derivados de seu relacionamento com o que é dependente deles. E esses significados são duplos. Primeiro, os termos *necessário* e *infinito* são negativos. *Necessário* significa "não contingente". *Infinito* significa "não finito". Sabemos o que essas limitações significam pela experiência e, por comparação, sabemos que Deus não pode ter nenhuma delas. Um termo negativo não denota um atributo negativo. Não é a afirmação de nada; pelo contrário, é a negação de toda contingência e limitação na primeira Causa. O conteúdo positivo de Deus é derivado do princípio da causalidade. Ele é Realidade porque causa toda realidade. É Existência, já que é a Causa de toda existência. Mas, como Causa de toda existência, sua existência não pode ser causada. Como Base de toda existência contingente, ele deve ser um Ser Necessário (não-contingente).

Causalidade não passível de prova. Já que todas as formas do argumento cosmológico dependem do princípio da causalidade (v. causalidade, princípio da), ele falharia sem o princípio. Porém esse princípio pode ser provado? Normalmente pensamos que ele é óbvio, baseados na experiência. Mas a experiência pode ser uma ilusão. Tudo que não é baseado na experiência é apenas tautologia, isto é, verdadeiro apenas por definição e, portanto, não é prova em si.

Essa crítica vem do atomismo epistemológico de Hume — conforme o qual todas as impressões empíricas são "completamente desligadas e separadas". Hume acreditava que a conexão causal necessária não podia ser estabelecida empiricamente a partir da experiência sensível. Mas a causalidade é apoiada pela necessidade metafísica. Não precisamos depender somente da observação empírica. O próprio Hume jamais negou que as coisas tivessem uma causa para sua existência. Disse: "Nunca afirmei uma proposição tão absurda como a que sustentasse que algo pode surgir sem uma causa" (Hume, p. 1.187).

Seria ontologicamente imprudente supor que algo poderia surgir do nada. O princípio da causalidade usado por Aquino é que "todo ser limitado tem uma causa para sua existência". Esse princípio é baseado na realidade fundamental de que a inexistência não pode causar existência; o nada não pode produzir algo. É necessário um produtor ou um produto (v. causalidade, princípio da).

A necessidade de uma causa da existência está baseada na natureza dos seres finitos e mutáveis compostos por *existência* (realidade ou ato) e *essência* (potencial ou potência). A existência como tal é ilimitada; toda existência limitada está sendo limitada por algo diferente da existência em si (esse fator limitador será chamado de "essência"); tudo que está sendo limitado está sendo causado, pois ser limitado na existência é ser causado de determinada maneira finita. Uma existência limitada é uma existência causada.

Pelo contrário, todos os seres limitados são seres compostos, compostos de existência e essência. Sua essência limita o tipo de existência que podem ter. Da mesma forma, um Ser ilimitado é um Ser não composto (i.e., um Ser simples). Tal Ser não tem essência limitadora como tal. Sua essência é idêntica à sua existência ilimitada. A necessidade de causalidade, então, é derivada de uma análise do que um ser finito é. Ao ser examinado, o ser finito é visto como ser causado, e o ser causado deve ter uma causa.

Contradições da causalidade. Muitos não-teístas interpretam mal o princípio de causalidade. Supõem que o princípio insiste em que "todas as *coisas* têm uma causa". Se isso fosse verdadeiro, resultaria que não se deve nunca parar de buscar uma causa, mesmo para Deus. Mas não se deve afirmar que o princípio é: "Todo *ser* tem uma causa". Antes é: "Todo *ser finito e contingente* tem uma causa". Dessa maneira não há contradição entre a Primeira Causa, que não é contingente, e o princípio da causalidade, que afirma que todos os seres finitos precisam de uma causa. Uma vez que a pessoa chega ao ser infinito e necessário, não há necessidade de procurar outra causa. O ser necessário explica (estabelece) sua própria existência. Existe porque deve existir. Não pode não existir. Só o que *pode* não existir (a saber, um ser contingente) precisa de uma explicação. Perguntar para um ser necessário por que ele existe é como perguntar por que a necessidade deve ser necessária, ou por que os círculos são redondos.

Uma série infinita de causas. Uma objeção ao argumento cosmológico é que uma Causa Primeira não é necessária porque uma série infinita de causas é possível. Séries infinitas são comuns na matemática.

A sugestão de uma série infinita só é feita na forma horizontal (*kalam*) do argumento cosmológico (v. KALAM, ARGUMENTO COSMOLÓGICO DE). Na forma vertical proposta por TOMÁS DE AQUINO, a própria primeira causa, além de um ser finito, contingente e mutável, deve ser infinita e não causada (v. DEUS, EVIDÊNCIAS DE). Isso se dá porque *todo* ser finito precisa de uma causa. Logo, um ser finito não pode causar a existência de outro. Não pode haver nem mesmo um elo intermediário entre o Criador e suas criaturas. A primeira causa além dos seres cuja existência está sendo realizada deve ser o Realizador da existência.

Matematicamente séries infinitas são possíveis, mas não séries reais. As primeiras são abstratas; as segundas são concretas. É possível ter um número infinito de pontos numa linha desta página. Mas não é possível colocar um número infinito de letras nesta linha, não importa quão pequenas sejam (v. INFINITA, SÉRIE). Pontos são entidades abstratas ou teóricas; uma série de causas de existência é composta de entidades reais. Um número infinito dos primeiros é possível, mas não das últimas. A razão para isso é simples: não importa quanto dominós estejam enfileirados, pode-se acrescentar mais um. O número não pode ser infinito.

Além disso, a série infinita de causas simultâneas e existencialmente dependentes não é possível. Deve haver uma base atual para uma série simultânea de causas, senão nenhuma delas teria uma base para sua existência. Uma regressão infinita sem uma base é o mesmo que afirmar que a existência na série surge da inexistência, já que nenhuma causa na série tem uma base real para sua existência. Ou, se uma causa na série dá a base para a existência das outras, então ela deve ser a Primeira Causa, mas nesse caso a série não é infinita. Senão a causa causaria sua própria existência, ao mesmo tempo que está causando a existência de tudo mais na série. Isso é impossível.

O argumento ontológico inválido. KANT acreditava que essa prestidigitação ontológica introduz um Ser Necessário em todo argumento cosmológico. Tal movimento argumenta invalidamente da experiência à necessidade. Essa crítica não é aplicável à forma metafísica do argumento cosmológico (v. COSMOLÓGICO, ARGUMENTO; TOMÁS DE AQUINO).

Já que o argumento cosmológico começa com a existência, não o pensamento, ele não precisa contrabandear a existência para o argumento. A primeira premissa é: "Algo existe". Não há nenhum começo em "aquilo a partir de que nada maior pode ser concebido", com que Anselmo iniciou seu argumento ontológico.

O argumento cosmológico continua com princípio fundado na realidade, não no pensamento. São princípios ontologicamente fundamentados, em vez de idéias racionalmente inevitáveis. Baseia-se na verdade metafísica de que "O nada não pode causar nada", em lugar da afirmação racional de que "Tudo deve ter uma razão suficiente" (v. SUFICIENTE, PRINCÍPIO DA RAZÃO). O argumento termina com "Realidade Pura é a causa da existência de toda existência limitada", em vez de "um Ser que logicamente não pode não existir".

O conceito da necessidade. Uma objeção é que o princípio da necessidade se aplica apenas a construções ou idéias lógicas, não à existência da vida real.

Na verdade *necessário* é mal aplicado ao "Ser Necessário" do argumento cosmológico.

Esse argumento falha porque a objeção é contraditória. Ou a afirmação "A necessidade não se aplica à vida real" é uma afirmação sobre existência ou não é. Se é uma afirmação sobre existência, é contraditória, pois afirma ser necessária e sobre a realidade, ao mesmo tempo dizendo que nenhuma afirmação necessária pode ser feita sobre a realidade. Se é apenas uma metaafirmação, ou afirmação sobre afirmações (e não uma verdadeira afirmação sobre a realidade), então não é informativa sobre que tipo de afirmação pode ou não ser feita sobre a realidade.

Essa crítica também constitui petição de princípio. Os críticos afirmam "saber" que a necessidade não se aplica à existência porque não há Ser Necessário. Não há maneira válida e antecipada, ao observar o argumento a favor da existência de Deus, de saber se um Ser Necessário existe. O conceito não é contraditório. Apenas significa não contingente, o que é uma idéia coerente. Mas se não há uma maneira *a priori* de saber se um Ser Necessário não pode existir, então é possível que a necessidade realmente *possa aplicar-se* à existência, ou seja, se um Ser Necessário realmente existe.

Contradições metafísicas. Kant ofereceu várias supostas contradições e antinômios que ele achava resultarem da aplicação do argumento cosmológico à realidade. Pelo menos três desses antinômios se aplicam ao argumento cosmológico.

O antinômio sobre o tempo. Se supusermos que o tempo se aplica à realidade, o resultado parece ser a contradição de que o mundo é ao mesmo tempo temporal *e* eterno. *Tese*: O mundo deve ter começado no tempo, ou uma infinidade de momentos passou-se antes de ele começar, e isso é impossível (já que uma infinidade de momentos jamais termina). *Antítese*: O mundo não poderia ter começado no tempo, pois isso implica que havia um tempo antes de o tempo começar, e isso é contraditório.

A teoria do tempo de Kant é incorreta. O tempo não é um espectro de momentos sucessivos que existe sem princípio nem fim. Então, a criação não começou num tempo que já existia; a criação *foi* o princípio do tempo. A única coisa "anterior" ao tempo é a eternidade, e a eternidade é anterior de maneira causal, não temporal.

Além disso, esse argumento ignora a possibilidade de uma criação eterna, que alguns teístas, como Aquino, consideravam filosoficamente possível. De qualquer forma, a objeção de Kant, se válida, atacaria apenas a forma horizontal (*kalam*) do argumento cosmológico (v. KALAM, ARGUMENTO COSMOLÓGICO DE). Ela não afeta a forma vertical do argumento baseada numa causa atual de existência. Esse tipo de argumento cosmológico não depende de uma posição específica sobre a origem da criação, mas apenas de sua conservação atual em existência. O mundo finito exige uma causa agora, não importa se começou no tempo ou se é eterno.

O antinômio da causalidade. Os teístas são acusados de argumentar que o mundo ao mesmo tempo tem uma Primeira Causa e não tem uma Primeira Causa. *Tese*: Nem toda causa tem uma causa, senão uma série de causas não começaria a causar, como de fato causam. *Antítese*: Uma série de causas não pode ter um princípio, já que tudo exige uma causa. Logo, a série deve continuar indefinidamente.

A antítese desse suposto dilema está incorreta ao afirmar que *toda* causa precisa de uma causa. De acordo com o princípio da causalidade (v. CAUSALIDADE, PRINCÍPIO DA), apenas coisas *finitas* e contingentes precisam de causas. Portanto, a Causa do ser finito não é finita. Apenas causas finitas precisam de uma causa; a Primeira Causa não causada não precisa de uma causa, porque não é finita.

A antinomia da contingência. Kant insiste em que tudo deve ser contingente e ao mesmo tempo não ser contingente, se supusermos que esses conceitos se aplicam à realidade. *Tese*: Nem tudo é contingente, de outra forma não haveria condição para a contingência. O dependente deve ser dependente de algo que não é dependente. *Antítese*: Tudo deve ser contingente, pois a necessidade se aplica apenas a conceitos, não a coisas.

Essa objeção falha porque não há como negar que a necessidade pode ser aplicada à realidade sem fazer uma afirmação necessária sobre a realidade. Apenas uma refutação ontológica poderia estabelecer a afirmação de Kant. E refutações ontológicas (v. DEUS, SUPOSTAS REFUTAÇÕES DE) são contraditórias. Além disso, o argumento cosmológico já concluiu que algo existe necessariamente. A validade desse argumento é a refutação à alegação de Kant de que a necessidade não se aplica à existência.

O Deus cosmológico. Alega-se que o argumento cosmológico não prova o Deus teísta. Há muitos outros conceitos de Deus além do teísmo (v. VISÃO DE MUNDO). Essa Primeira Causa tem a mesma chance de ser igual ao Deus teísta quanto aos deuses politeístas, ao deus panteísta, panenteísta, deísta, ou ao universo material do *ateísmo* (v. ATEÍSMO; DEÍSMO; DEÍSMO FINITO; PANENTEÍSMO; PANTEÍSMO; POLITEÍSMO).

Deus não é os deuses do politeísmo. Não pode haver mais de uma existência ilimitada como tal. Mais que o Maior não é possível. Tal Causa é puro Ato ou Realidade, um Ato que é ilimitado e único. Apenas realidade unida à potência é limitada, tal como se dá nos seres contingentes. Para se diferenciar, um ser teria de carecer de alguma característica encontrada no outro. Mas qualquer ser que carecesse de alguma característica de existência não seria uma existência ilimitada e perfeita. Em outras palavras, dois seres infinitos não podem ser diferentes no seu potencial, já que não têm potencial; são realidade pura. E não podem ser diferentes na sua realidade, já que realidade como tal não difere de realidade como tal. Logo, devem ser idênticos. Só pode haver uma Causa ilimitada para toda existência limitada.

Deus não é o deus do panteísmo. O panteísmo afirma que um Ser ilimitado e necessário existe, mas nega a realidade dos seres limitados e finitos. Todavia a mudança é um fato fundamental da existência finita. O panteísmo é contrário à nossa experiência de mudança. Se toda mudança, inclusive a que se dá nas nossas mentes e consciências, é irreal, então nenhum rio se move, nenhuma árvore cresce e nenhum ser humano envelhece. Se há mudanças reais, realmente deve haver seres mutáveis distintos de Deus, pois Deus é um Ser imutável.

Deus não é o deus do panenteísmo. O panenteísmo, também conhecido como teísmo bipolar ou teologia de processo, afirma que Deus tem dois pólos: um *pólo real* (que é identificado com o mundo temporal mutável) e um *pólo potencial* (que é eterno e imutável). Tal conceito de Deus deve ser rejeitado. A conclusão do argumento cosmológico demonstra a necessidade de um Deus de Realidade Pura sem nenhum potencial (pólo). Além disso, Deus não pode estar sujeito à limitação, composição ou espaço-temporalidade por ser ilimitado. Além disso, o Deus teísta não pode ter pólos ou aspectos, já que é absolutamente simples (i.e., não composto), sem nenhuma dualidade (premissa 5). Uma existência ilimitada e parcialmente limitada é uma contradição.

Deus também não está sujeito a mudanças. Pois tudo que muda deve ser composto de realidade e potencial para mudar. Mudança é uma passagem do potencial para a realidade; do que poderia ser para o que realmente se tornou. Mas já que a existência como tal não tem potencialidade, ela não pode mudar. Qualquer coisa que mude prova, dessa forma, que possuía algum potencial para a mudança que sofreu. Uma realidade pura e ilimitada não pode mudar.

Finalmente, o Deus do panenteísmo é uma confusão do processo do mundo com o Deus que alicerça esse processo. Deus está no processo como a base imutável para mudança, mas Deus não é do processo. Deus é a causa de toda existência finita e imutável, mas está além de toda finitude e mudança. Deus muda relacionalmente (ao entrar em relações mutáveis com o mundo), mas não muda essencialmente. Quando a pessoa passa de um lado de uma coluna para o outro, há uma mudança real na relação, mas não há mudança na coluna.

Deus não é o deus do deísmo. O Deus deísta não é a causa real do universo, como o Deus teísta é. Já que o universo é um ser dependente, precisa de algo Independente do qual depender — o tempo todo. O universo nunca cessa de ser dependente ou contingente. Uma vez contingente, sempre contingente. Um ser contingente não pode tornar-se um Ser Necessário, pois um Ser Necessário não pode surgir nem deixar de existir. Então, se o universo deixasse de ser contingente, teria se tornado um Ser Necessário, o que é impossível.

Deus não é o deus do teísmo finito. Uma causa não causada não é finita. Pois todo ser finito precisa de uma causa, ou seja, é causado. Mas essa causa é não causada. Logo, não pode ser finita ou limitada. Antes é o Limitador ilimitado de todo ser limitado. Em resumo, tudo que é limitado é causado. Logo, esse Ser não causado deve ser ilimitado.

Deus não é o deus do ateísmo. A Causa não causada não pode ser idêntica ao universo material, como muitos ateus acreditam. Como normalmente imaginado, o cosmos ou universo material é um sistema limitado espaço-temporal. Sendo, por exemplo, sujeito à segunda lei da termodinâmica, está se desgastando. Além disso, já que espaço e tempo implicam limitações a um tipo de existência atual, e uma Causa não causada não é limitada, ela não pode ser idêntica ao mundo espaço-temporal. O Deus teísta está no mundo temporal como o próprio alicerce da existência contínua, mas não é do mundo, pois este é limitado e ele não é.

Se, em resposta, afirmássemos que todo o universo material não é temporal e limitado, como as partes são, isso só demonstraria o que o teísmo afirma. Pois sua conclusão é que existe, além do mundo contingente da espaço-temporalidade limitada, uma realidade "completa" que é eterna, ilimitada e necessária. Em outras palavras, isso concorda com o teísmo, de acordo com o qual há um Deus além do mundo limitado e mutável da experiência. Não passa de um substituto para Deus o que se admite como uma realidade "completa" que é "maior" que a parte vivida da realidade e que tem todos os atributos metafísicos essenciais do Deus teísta.

Portanto, a conclusão do argumento cosmológico deve ser o Deus do teísmo, ou seja, a Causa única, indivisível, infinita, necessária e nãocausada de tudo que existe, tanto quando surgiu quanto agora que continua existindo.

Nenhuma causa atual. Mas grande parte do raciocínio acima é inútil se, como alguns críticos argumentam, pudesse existir uma causa inicial sem a necessidade de uma agora. Ou essa Causa já deixou de existir há muito tempo, ou pelo menos não é necessária para sustentar o universo.

Um Deus que causou o universo e subseqüentemente deixou de existir não poderia ser o Deus teísta demonstrado pelo argumento cosmológico. O Deus teísta é um Ser Necessário, e um Ser Necessário não pode deixar de existir. Se existe, deve, por sua própria natureza, existir necessariamente. Um Ser Necessário não pode existir de modo contingente assim como um triângulo não pode existir sem três lados.

Um Ser Necessário deve causar um ser contingente o tempo todo. Pois um ser contingente deve ser sempre contingente enquanto existir, já que não pode ser um Ser Necessário. Mas, se um ser contingente é sempre contingente, então sempre precisa de um Ser Necessário do qual possa depender para sua existência. Já que nenhum ser contingente se mantém em existência, deve ser mantido em existência o tempo todo por um Ser Necessário.

Para uma discussão completa desse argumento, v. a seção de "objeções" em COSMOLÓGICO, ARGUMENTO. Como é explicado naquele artigo, existir é um processo de momento a momento. Nada recebe toda sua existência de uma só vez, nem no instante seguinte. A existência vem um momento de cada vez. A cada momento de existência dependente deve haver algum Ser independente pelo qual o momento de existência é dado. Deus como Realidade Pura está realizando tudo que é real.

Modelos arbitrários. Essa objeção afirma que é só porque temos modelado a realidade como contingente ou composta de realidade e potencial que somos, então, forçados a concluir que há um Ser Necessário ou Realidade Pura. Isso, insistem, é uma maneira arbitrária e forçada de encarar a realidade.

Os teístas mostram que o modelo de contingência/necessidade não é arbitrário, e sim logicamente completo. Ou há apenas um Ser Necessário ou há ser(es) contingente(s) e um Ser Necessário. Porém não existe apenas um ser contingente. Pois seres contingentes não são responsáveis pela própria existência, já que existem, mas poderiam não existir.

Da mesma forma, ou tudo é Realidade Pura, ou potencial puro, ou uma combinação de realidade e potencial não diferenciados. Nenhuma outra possibilidade existe. Mas não pode haver duas Realidades Puras, já que a realidade como tal é ilimitada e única. Não pode haver dois absolutos ou dois seres infinitos. Portanto, tudo mais que existe deve ser uma combinação de realidade e potencial. Contudo, como nenhum potencial pode se auto-realizar, então seres compostos de realidade e potencial devem ser realizados pela Realidade Pura.

Falácias modais. A lógica modal é baseada na distinção entre o possível e o necessário. Essa forma de raciocínio desenvolveu sua lista de falácias. Alguns lógicos modais argumentariam que é possível todas as partes de meu carro quebrarem ao mesmo tempo, mas isso não significa que todas as partes necessariamente quebrarão. Assim, embora todos os seres contingentes possivelmente não existam, não necessariamente inexistem ao mesmo tempo, não carecendo, assim, de uma causa universal de existência.

Com relação à lógica modal, essa objeção é correta e criaria dúvida sobre algumas formas do argumento a partir da contingência. No entanto, essa objeção não se aplica ao argumento de Aquino, já que ele não se preocupa em demonstrar que todas as coisas que podiam *não existir* precisavam de uma única causa para produzir sua existência, mas que todas as coisas que *existem* (apesar de possivelmente poderem não existir) precisam de um causa para sua existência real, tanto individualmente como no todo.

Uma segunda acusação possível de cometer uma falácia modal é que é ilegítimo inferir do fato de o mundo necessariamente precisar de um ser como a Primeira Causa que o mundo precise de *um Ser Necessário* como Primeira Causa. Mais uma vez, como foi afirmado, essa proposição estaria correta, mas o argumento cosmológico de Aquino não faz essa inferência. Deus não é considerado um Ser Necessário porque o argumento necessariamente demonstra sua existência. Ele é chamado de Ser Necessário porque ontologicamente não pode não existir. Aprendemos sobre esse Ser Necessário não a partir do rigor de nossas premissas, mas porque a causa de toda existência contingente não pode ser uma existência contingente, mas deve ser um Ser Necessário.

O erro de muitos teístas, principalmente desde Gottfried LEIBNIZ (1646-1716), é lançar o argumento cosmológico no contexto de *necessidade lógica* baseado no princípio da *razão suficiente*. No final, isso leva a contradições e a um argumento inválido. Em comparação, outros teístas (inclusive Aquino) usaram o princípio da causalidade existencial para inferir a existência da Causa ilimitada ou do Realizador de toda existência. Essa conclusão não é racionalmente inevitável, mas é realmente inegável. Se algum ser contingente existe, então um Ser Necessário existe; se algum ser com o potencial de não existir existe, então um Ser sem potencial de não existir deve existir.

Mundo imperfeito, causa imperfeita. Também alega-se que, se há uma causa do universo, ela não precisa ser perfeita, já que o mundo é imperfeito. Se uma causa se assemelha aos seus efeitos, então parece que o mundo deve ser causado por um grupo de deuses imperfeitos, finitos, masculinos ou femininos. Pois isso é o que conhecemos como as causas de coisas imperfeitas e semelhantes na nossa experiência.

A causa final, no entanto, não pode ser imperfeita, já que o imperfeito só pode ser conhecido se no final há um Perfeito pelo qual se deduz que não é perfeito. E a causa não precisa ser igual ao seu efeito. A causa não pode ser menor que seu efeito, mas pode ser maior. A causa do ser finito não pode ser imperfeita, já que é o próprio Ser ou Realidade Pura. Apenas a Realidade Pura pode realizar uma potência (potencial). Nenhuma potência pode se realizar. Logo, a Causa da existência tem de ser perfeita na sua Existência, já que não tem potencial, limitações ou privação que possam constituir uma imperfeição.

A explicação do acaso. Por que supor uma causa inteligente (criador) do mundo quando o acaso pode explicar o aparente desígnio? Dado tempo suficiente, qualquer combinação "de sorte" resultará. O universo pode ser um "feliz acidente" (v. ACASO).

Em primeiro lugar, não houve tempo suficiente para o acaso dar resultado. Um ex-ateu, Fred Hoyle, calculou que, dado o período de tempo geológico de bilhões de anos, a probabilidade ainda é apenas uma em $10^{30\,000}$ de que uma forma tão complexa como um animal unicelular surja por forças meramente naturais (Hoyle). A probabilidade é praticamente zero de que o acaso tenha sido responsável.

Segundo, o acaso não "causa" nada; só as forças causam. E sabe-se que as forças naturais não produzem complexidade específica, tal como a encontrada nos seres vivos. O acaso é apenas uma abstração que descreve a interseção de duas ou mais linhas de causas.

Finalmente, não é científico nem racional apelar à probabilidade. Como até o cético David HUME admitiu, a ciência é baseada na observação sobre eventos que ocorrem regularmente. E o único tipo de causa conhecida pelos seres racionais que pode causar a complexidade específica encontrada nos seres vivos é uma causa inteligente (v. EVOLUÇÃO QUÍMICA).

Uma possível inexistência. De acordo com essa objeção, é sempre possível imaginar que qualquer coisa, inclusive Deus, não exista. Logo, nada existe necessariamente. Já que Deus é considerado um Ser Necessário, então nem ele deve existir necessariamente; portanto, Deus não existe.

Essa é uma objeção válida ao argumento onto-lógico, mas não contra os argumentos cosmológico e teleológico. É possível que nada tenha existido, inclusive Deus. Assim, um estado de total inexistência não é uma situação impossível. Mas algo inegavelmente existe, e por isso essa objeção é irrelevante. Pois enquanto algo finito existir, deve haver uma Causa para sua existência.

Apenas uma existência lógica. Alguns ateus argumentam que é logicamente necessário que um triângulo tenha três lados, mas não é necessário que alguma coisa de três lados exista. Mesmo se fosse logicamente necessário que Deus existisse, isso não significa que ele realmente exista.

Na melhor das hipóteses, essa é uma objeção válida apenas para o argumento ontológico. Os teístas não precisam imaginar Deus, e a maioria deles não imagina, como um ser *logicamente* necessário, mas como um ser *realmente* necessário.

É logicamente possível que nenhum triângulo exista, mas, se existe, é necessário que tenha três lados. É logicamente possível que não haja um Ser Necessário. Mas, se um Ser Necessário existe, então é realmente necessário que exista. Pois um Ser Necessário deve existir necessariamente.

Inferindo causa com base na experiência. Há um abismo intransponível entre a coisa-para-mim (*fenômeno*) e a coisa-em-si (*númeno* ou real), disse Kant. Não podemos conhecer o *númeno*; conhecemos as coisas apenas como as percebemos, não como realmente são. Portanto, não podemos inferir validamente uma causa real dos efeitos que sentimos.

Essa objeção é forçada e contraditória. É petição de princípio, pois parte do princípio de que nossos sentidos não nos dão informação sobre o mundo real. Supõe equivocadamente que sentimos apenas sensações, e não a realidade. Acredita erroneamente que só conhecemos nossas idéias, em vez de conhecer a realidade por meio de nossas idéias. Em segundo lugar, ao afirmar que não é possível conhecer a realidade, a pessoa está fazendo uma afirmação sobre a realidade. O agnóstico afirma saber o suficiente sobre a realidade para ter certeza de que nada pode ser conhecido sobre a realidade. Trata-se de uma afirmação autocontraditória.

Como Kant poderia saber que a realidade causa nossas experiências a não ser que haja uma conexão causal válida entre o mundo real (numenal) da causa e o mundo aparente (fenomenal) da experiência? Além disso, não seria possível sequer saber que suas próprias idéias eram conexões reais entre causa (mente) e efeito (idéias). E ele não escreveria livros, como os agnósticos, supondo que os leitores olhariam para os efeitos fenomenais (palavras) e pudessem conhecer algo sobre a causa (mente) numenal (real).

A causa de Deus. Bertrand RUSSELL (1872-1970) argumentou que, se todas as coisas precisa de uma causa, então Deus também precisa. E se todas as coisas não precisam de uma causa, o mundo também não precisa. Mas em nenhum dos dois casos precisamos de uma Primeira Causa.

A premissa principal é falsa. Os teístas não afirmam que *tudo* precisa de uma causa. O princípio da causalidade afirma apenas que tudo que *começa* (ou é finito) precisa de uma causa. Se algo não tem princípio, então obviamente não precisa de um Iniciador. Os não-teístas como Russell reconhecem que o universo não precisa de uma causa — simplesmente existe. Se o universo simplesmente existe sem uma causa, por que Deus não pode existir?

Arbitrário ou não-supremo. Russell acreditava que a lei moral está ou além de Deus ou resulta da sua vontade. Mas se ela está além de Deus, então Deus não é supremo, já que está sujeito a ela (e, assim, não é o Bem supremo). E se Deus decidiu o que seria moral, então ele é arbitrário e não essencialmente bom, e nesse caso não seria digno de nossa adoração. Então, de qualquer forma nenhum Deus digno do nome existe.

Os teístas respondem de duas maneiras. Os voluntaristas encaram o dilema e concordam que a lei moral flui da vontade de Deus, mas negam que isso seja arbitrário. Deus é a fonte de toda bondade. O que ele determina como certo é certo. E o que ele determina que seja considerado errado é errado. A vontade de Deus é o tribunal supremo.

Os essencialistas evitam o dilema, indicando que há uma terceira alternativa: a vontade de Deus está sujeita ao que é essencialmente bom, mas esse Bem é sua natureza imutável. Isto é, algo não é bom apenas porque Deus o determina (voluntarismo). Pelo contrário, Deus o determina porque é bom. É bom porque está de acordo com sua natureza imutavel-mente boa. Dessa forma, Deus não é nem arbitrário nem menos que supremo.

Existência onipotente. Os teístas afirmam que Deus é onipotente. Mas muitos não-teístas insistem em que isso é impossível. A lógica de seu argumento é:

1. Se Deus é onipotente, então poderia fazer qualquer coisa.
2. E se pudesse fazer qualquer coisa, então Deus poderia fazer uma pedra tão grande que não pudesse movê-la.
3. Mas se Deus não pudesse mover essa rocha, então não poderia fazer tudo.
4. Logo, um Deus onipotente que pode fazer qualquer coisa não pode existir.

Nos termos em que é afirmada, o teísta rejeita a primeira premissa como definição inadequada de onipotência. Deus não pode fazer qualquer coisa literalmente. Só pode fazer o que é possível fazer de forma coerente com sua existência como Deus. Ele não pode fazer o que é lógica e realmente impossível. Deus não pode fazer algumas coisas. Não pode deixar de ser Deus. Não pode contradizer sua natureza (cf. Hb 6.18). Não pode fazer o que é logicamente impossível, por exemplo, fazer um círculo quadrado. Da mesma forma, Deus não pode fazer uma rocha tão pesada que não possa levantá-la simplesmente porque tudo que pode fazer é finito. Qualquer coisa que seja finita ele pode mover por seu poder infinito. Se pode fazê-la, pode movê-la.

Ao mesmo tempo bem e mal, existência e inexistência. Os não-teístas dizem que, se Deus é infinito, então é tudo, inclusive os opostos. É bom e mau. É perfeito e imperfeito. Também é Existência e inexistência. Mas esses são opostos, e Deus não pode ser opostos. Além disso, o teísta não pode admitir que Deus seja mau ou inexistente. Portanto, não existe Deus teísta.

O teísta rejeita a premissa de que Deus é tudo; ele é apenas o que é — um Ser absolutamente perfeito. E Deus não é o que não é — um ser imperfeito. É o Criador, e não uma criatura. Deus é existência pura e necessária. Então, não pode ser inexistente. Deus não pode ser o oposto do que é, assim como um triângulo não pode ser um quadrado e um círculo não pode ser um retângulo.

Quando dizemos que Deus é ilimitado ou infinito, não queremos dizer que é tudo. Não significa, por exemplo, que Deus seja limitado e finito. O ilimitado não pode ser limitado. O Criador não criado não pode ser uma criatura criada. O padrão de todo o bem não pode ser mau.

Uma projeção da imaginação. Ludwig FEUERBACH (1804-1872) argumentou que os seres humanos fizeram Deus à sua imagem. Deus é apenas uma projeção do que pensamos sobre nós mesmos. As idéias de Deus vêm das nossas idéias de seres humanos. Logo, Deus é apenas uma projeção dessas idéias. Não existe além delas.

Esse tipo de argumento comete um erro sério: Quem pode saber que Deus não é "nada além" de uma projeção sem conhecimento do "além"? A essência do seu argumento pode ser afirmada dessa maneira:

1. Deus existe na consciência humana.
2. Mas os humanos não podem ir além da própria consciência.
3. Portanto, Deus não existe além da nossa consciência.

O problema com esse argumento é a segunda premissa. Só porque não podemos ir além de nossa consciência não significa que nada existe além de nossa consciência. Não posso ir além da minha mente, mas sei que há outras mentes além da minha com as quais interajo. Se não podemos ir além de nossa consciência, Feuerbach não poderia fazer a afirmação de que não há Deus lá. Como ele sabe que não há Deus lá, a não ser que seu conhecimento vá além de sua consciência? Fazer afirmações do tipo "nada além" (tais como: "Deus não é nada além de uma projeção de nossa imaginação") implica um conhecimento do "além".

Só porque não podemos ir além da própria consciência não significa que nossa consciência não esteja ciente das coisas que estão além de nós. Não podemos *sair* de nós mesmos, mas podemos *alcançar* o que é externo. É exatamente isso que o conhecimento faz. A consciência não é apenas consciência de si mesmo. Também é consciência dos outros. Quando lemos um livro, não estamos apenas conscientes de nossas próprias idéias, estamos conscientes de outra mente que escreveu as palavras das quais derivamos aquelas idéias. A consciência alcança além de si. É isso que os sentidos e a mente nos capacitam a fazer.

Uma ilusão. Sigmund FREUD insistiu em que Deus é uma ilusão — algo que desejamos ser verdadeiro, mas em que não temos base para acreditar, além do nosso desejo. Esse argumento é desenvolvido no artigo FREUD, SIGMUND. Seu raciocínio aparente:

1. Uma ilusão é algo baseado apenas no desejo, mas não na realidade.
2. A crença em Deus tem as características de uma ilusão.
3. Portanto, a crença em Deus é um desejo não baseado na realidade.

É claro que nessa forma o teísta desafia a premissa menor. Nem todos que acreditam em Deus acreditam apenas porque desejam um Consolador Cósmico. Alguns encontram a Deus porque anseiam pela realidade; outros porque estão interessados na verdade, não para se sentirem bem. Deus não é apenas um Pai consolador; também é um Juiz que castiga. Os cristãos acreditam no inferno, mas ninguém realmente deseja que seja verdadeiro. Na verdade, Freud pode ter invertido as coisas; talvez nossa imagem dos pais terrenos seja baseada em Deus, e não o inverso. Certamente o desejo por Deus não é a única base para acreditar que Deus existe (v. DEUS, EVIDÊNCIAS DE). O argumento de Freud, no máximo, se aplicaria apenas aos que não têm outra base além do próprio desejo de que Deus exista.

Além disso, a realidade da existência de Deus é independente das razões pelas quais as pessoas desejam ou não que ele exista. Ou Deus não existe ou existe. Os desejos não podem mudar a verdade. A própria descrença de Freud pode ser ilusão, baseada no seu desejo de não seguir a Deus (v. Sl 14.1; Rm 1.18-32).

O acaso e as origens. Se o acaso pode explicar a origem do universo (v. EVOLUÇÃO), não há necessidade de uma causa. Essa objeção às provas da existência de Deus está sujeita a várias críticas.

Um efeito não pode ser maior que sua causa. A Causa dos seres inteligentes deve ser inteligente. Ela não pode conceder perfeições que não tem para dar (v. PRIMEIROS PRINCÍPIOS; TELEOLÓGICO, ARGUMENTO).

Não é científico falar que o acaso causou os padrões incrivelmente complexos e inteligentes encontrados na estrutura da vida (v. TELEOLÓGICO, ARGUMENTO) e do universo (v. *big-bang*). Apenas a intervenção inteligente explica adequadamente a organização do DNA no organismo mais simples.

O acaso é apenas uma *descrição* estatística da probabilidade dos eventos. Apenas forças ou poderes podem causar eventos. O acaso apenas descreve a probabilidade de uma força (ou forças) produzirem determinado evento.

O acaso não pode ser uma causa nos termos do argumento cosmológico. O acaso não é um poder, por isso não pode causar nada.

Nem mesmo o crítico que propõe que o acaso explica todo o universo concordaria que as próprias palavras usadas para expressar suas idéias fossem um produto do acaso.

A possibilidade do nada. Alguns críticos argumentam contra o argumento cosmológico com base na afirmação de que é logicamente possível que nada jamais tenha existido, inclusive Deus. Se é logicamente possível que Deus jamais tenha existido, então não é logicamente necessário que ele exista.

O teísta pode admitir prontamente que é possível um Ser Necessário não existir contanto que nada mais tenha existido. Todavia, *se* há um Ser Necessário, não é possível que ele não exista. Um Ser logicamente necessário não precisa existir real e necessariamente. Mas um Ser realmente necessário deve existir real e necessariamente. A objeção do ateu ao conceito de um Ser Necessário aplica-se apenas a um ser logicamente necessário, não a um ser realmente necessário.

Apesar de ser *logicamente* possível que nada jamais tenha existido, inclusive Deus, isso não é *realmente* possível. Algo existe. Enquanto não for realmente possível um estado de total inexistência, algo deve existir necessária e eternamente (e.g., Deus), já que o nada não pode produzir algo. E se houvesse um estado de total inexistência, então sempre haveria uma inexistência total. Pois o nada não pode produzir nada.

Um Ser Necessário (não causado). Mas talvez toda a idéia de um Ser não causado não faça sentido. Trata-se de um conceito coerente no sentido de ser não contraditório. Um ser contingente é que *pode* não existir. Um Ser Necessário é aquele que *não pode* não existir. Já que o último é logicamente (e realmente) oposto ao outro, então rejeitar a coerência de um ser necessário envolveria rejeitar a coerência de um ser contingente. Porém esses são os únicos tipos de existência que pode haver. Logo, rejeitar a significância do conceito de um Ser Necessário seria rejeitar a significância de toda existência. Mas dizer que "toda existência é insignificante" é fazer uma afirmação sobre a existência que afirma ter significado. Isso é contraditório.

Outra maneira de mostrar a significância do conceito de um Ser não causado é indicar o conceito ateísta de um universo não causado. A maioria dos ateus acredita ser significativo falar de um universo que não teve causa. Mas se o conceito de um universo não causado é significativo, então o conceito de um Deus não causado também é.

Um universo não causado. Por mais significante que um universo não causado seja, fazê-lo existir em termos práticos é outra coisa. O universo é uma coleção de partes, cada uma contingente e, assim, dependente de uma causa. Ou o universo inteiro é *igual* a todas as suas partes ou é *mais* que todas as suas partes. Se é igual a elas, então também precisa de uma causa. A soma de muitas partes dependentes nunca será igual a mais que um todo dependente, não importa quão grande ele seja. Adicionar *efeitos* nunca dá uma causa; produz apenas uma grande série de efeitos. Só se o universo for *mais* que todos os seus efeitos é que pode ser não causado e necessário. Mas afirmar que há um algo mais, não causado e necessário do qual tudo no universo depende é afirmar exatamente o que o teísta quer dizer com um Ser Necessário do qual todos os seres contingentes dependem para sua existência.

A questão toda pode ser esclarecida ao fazer ao não-teísta esta pergunta: Se tudo no universo (i.e., todo ser contingente) deixasse de existir repentinamente, sobraria alguma coisa? Se não, o universo como um todo também seria contingente, já que a existência do todo depende das partes. Mas se algo permanecesse depois de todas as partes contingentes do universo deixarem de existir repentinamente, então realmente haveria Algo não causado, necessário e transcendente que não é dependente do universo para sua existência. Mas, de qualquer forma, a afirmação dos ateus é falha.

Argumentos não convincentes. Alguns alegam que os argumentos teístas só persuadem aqueles que já acreditam, isto é, os que não precisam deles. Portanto, são inúteis. Mas o fato de uma pessoa ser convencida por um argumento depende de vários fatores. Em primeiro lugar, mesmo que o argumento seja válido, a persuasão dependerá em parte do fato de o argumento ser entendido ou não.

Uma vez que a mente entenda o argumento, concordar com ele é uma questão de vontade. Ninguém é forçado a acreditar em Deus só porque a mente entende que há um Deus. Fatores pessoais podem levar uma pessoa a evitar o compromisso da crença. Os argumentos teístas não convertem incrédulos automaticamente. Mas pessoas de boa vontade que entendem o argumento devem aceitá-lo como sendo verdadeiro. Se não o fazem, isso não prova que o argumento esteja errado, apenas demonstra sua relutância em aceitá-lo.

Conclusão. Muitas objeções foram propostas contra as provas da existência de Deus. Elas geralmente são baseadas numa má interpretação das provas. Nenhuma delas é bem-sucedida em refutar os argumentos. Se fossem, seriam uma prova de que não se pode ter uma prova. Isso é um argumento contraditório.

Fontes
W. L. CRAIG, *The* kalam *cosmological argument*.
L. FEUERBACH, *The essence of Christianity*.
J. N. FINDLAY, "Can God's existence be disproved?", em A. PLANTINGA, org., *The ontological argument*.
R. FLINT, *Agnosticism*.
S. FREUD, *O futuro de uma ilusão*.
R. GARRIGOU-LAGRANGE, *God: his existence and his nature*.
N. L. GEISLER, *Philosophy of religion*.
F. HOYLE, et al., *Evolution from space*.
D. HUME, *Dialogues Concerning natural religion*.
___, *The letters of David Hume*.
I. KANT, *A crítica da razão pura*.
A. KENNY, *Five ways*.
B. RUSSELL, *Por que não sou cristão*.

Deus, supostas refutações de. Muitos teístas oferecem provas a favor da existência de Deus. Da mesma forma, ateus devotos (v. ATEÍSMO) têm oferecido o que consideram ser refutações da existência de Deus correspondendo aos argumentos ontológico, cosmológico, teleológico e moral. Argumentos específicos de não-teístas contra os argumentos apologéticos são discutidos em DEUS, OBJEÇÕES ÀS REFUTAÇÕES DE.

Uma refutação ontológica de Deus. Um ateu argumentou da seguinte forma (v. Findlay, p. 111s.):

1. Deus é por definição uma existência necessária.
2. Mas a necessidade não pode aplicar-se à existência.
3. Logo, Deus não existe.

Para apoiar a segunda premissa crucial, observou que a necessidade é um termo lógico, não ontológico. Isto é, a necessidade se aplica a proposições, não à existência ou realidade.

Os teístas observam que a segunda premissa é contraditória. É uma afirmação necessária sobre a existência que reivindica que afirmações necessárias não podem ser feitas sobre a existência. Quem disse que a necessidade não pode ser aplicada à existência? Isso impõe o significado em vez de atentar para ele. O próprio critério pelo qual se conclui que a necessidade não pode ser aplicada à existência é arbitrário. Não há necessidade de aceitá-lo.

Uma refutação cosmológica de Deus. Esse argumento contra a existência de Deus pode ser afirmado assim:

1. Deus é um ser autocausado (v. Sartre, p. 758, 762).
2. Mas é impossível causar a própria existência, pois a causa é anterior ao efeito, e nada pode ser anterior a si mesmo.
3. Logo, Deus não pode existir.

Esse argumento comete um engano na primeira premissa. Os teístas não afirmam que Deus é um ser *auto*causado. Esse é um conceito contraditório. Antes os teístas definem Deus como um ser *in*causado, o que não é contraditório. Até os ateus acreditam que o universo é incausado e sempre existiu. Mas se Deus não é definido como um ser autocausado, a refutação é falha.

Uma refutação teleológica de Deus. Um argumento teleológico contra a existência de Deus pode ser afirmado assim (v. Hume, Parte 8):

1. O universo foi projetado ou aconteceu por acaso.
2. Mas o acaso é a causa adequada do universo.
3. Logo, o universo não foi projetado.

Para apoiar a segunda premissa, duas linhas de argumento são oferecidas. A primeira afirma que numa quantidade infinita de tempo todas as combinações acontecerão, não importa quais as probabilidades contra isso. Segunda, não importa qual a probabilidade de algo não acontecer, isso ainda pode acontecer e às vezes acontece.

Os teístas observam que isso não chega a ser uma refutação, já que não é logicamente necessária. A segunda, mesmo como argumento (mas não como refutação), apresenta sérios problemas. A evidência de que o universo teve princípio é muito mais poderosa, já que sua energia utilizável está se desgastando (v. TERMODINÂMICA, LEIS DA; *big-bang*, TEORIA DO), e, já que um número infinito de momentos antes de hoje não poderia ter passado, nenhuma série infinita poderia ser percorrida (v. KALAM, ARGUMENTO COSMOLÓGICO DE). Além disso, a ciência não se baseia na PROBABILIDADE, mas na observação e repetição. Esses princípios nos informam que uma coisa complexa como a vida não ocorre sem uma causa inteligente.

Uma refutação moral de Deus. O argumento moral contra a existência de Deus é sem dúvida o mais conhecido (v. MAL, PROBLEMA DO). Uma versão conhecida desse argumento é esta: (v. Bayle, p. 157ss.);

1. Um Deus completamente bom destruiria o mal.
2. Um Deus onipotente poderia destruir o mal.
3. Mas o mal não foi destruído.
4. Logo, tal Deus não existe.

Esse argumento também não consegue ser uma refutação, porque a primeira premissa é ambígua e a terceira premissa não afirma completamente as condições reais. Para começar, *destruir* é ambíguo. Se significa "aniquilar", então Deus não pode destruir todo o mal sem destruir toda a liberdade (v. LIVRE-ARBÍTRIO). Mas nenhum ateu quer que a liberdade de não acreditar em Deus seja retirada. Segundo, se destruir significa "derrotar", a terceira premissa não acrescenta a importante palavra *ainda*: "O mal *ainda* não foi destruído". Quando isso é afirmado, a conclusão é diferente, já que Deus ainda pode derrotar o mal no futuro. Se o ateu (v. ATEÍSMO) responde afirmando: "O mal ainda não foi derrotado *e nunca será*", não há base para a afirmação. Apenas Deus conhece o futuro com certeza. Então o ateu deve ser Deus para eliminar Deus por meio desse raciocínio.

A refutação existencial de Deus. O filósofo existencialista Jean-Paul SARTRE argumentou:

1. Se Deus existe, então tudo está determinado.
2. Mas se tudo está determinado, então não sou livre.
3. Mas sou livre.
4. Logo, Deus não existe.

Minha liberdade é inegável. Pois até a tentativa de negá-la a afirma. Mas se a liberdade é inegável, então

Deus não pode existir. Pois um ser onisciente (Deus) que exista sabe tudo que acontecerá. Então, tudo é determinado, pois se não acontecesse como ele sabia que aconteceria, Deus teria errado. Mas um ser onisciente não pode errar. Portanto, se Deus existe, tudo é determinado, mas tudo não está determinado, porque sou livre. Logo, não há Deus.

Os teístas desafiam a segunda premissa. Não há contradição entre determinação e livre-arbítrio. Deus pode determinar as coisas de acordo com nosso livre-arbítrio. Elas podem ser determinadas com relação à sua presciência e ainda livres com relação à nossa escolha (v. DETERMINISMO). Assim como todo evento no *replay* de um jogo é determinado, mas foi livre (v. LIVRE-ARBÍTRIO) no momento em que aconteceu, qualquer evento no mundo pode ser determinado da perspectiva de Deus —mas livre do nosso ponto de vista.

Fontes

P. BAYLE, *Selections from Bayle's dictionary.*
W. L. CRAIG, *The* kalam *cosmological argument.*
J. N. FINDLAY, "Can God's existence be disproved?", em A. PLANTINGA, org., *The ontological argument.*
R. FLINT, *Agnosticism.*
R. GARRIGUOU-LAGRANGE, *God: his existence and his nature.*
N. L. GEISLER e W. CORDUAN, *Philosophy of religion.*
D. HUME, *Dialogues*, Parte 8.
A. KENNY, *Five ways.*
J. P. MORELAND, *The existence of God debate.*
B. RUSSEL, *Por que não sou cristão.*
J. P. SARTRE, *O ser e o nada.*

Deutero-Isaías. V. ISAÍAS, DEUTERO.

Dewey, John. John Dewey (1859-1952) foi chamado pai da moderna educação americana, sobre a qual teve grande influência. Como filósofo e escritor, identificou-se com a filosofia do instrumentalismo, também conhecido como progressivismo ou humanismo pragmático. No contexto do sistema educacional americano, suas visões influenciaram praticamente todo cidadão americano do século XX. Dewey assinou o *Manifesto humanista* e foi líder do movimento pelo direcionamento da educação ao humanismo secular (v. HUMANISMO SECULAR).

Nascido e educado no estado de Vermont, Dewey fez seu doutorado na Universidade John Hopkins. Lá estudou o pragmatismo de C. S. Pierce, a psicologia experimental de G. S. Hall e as filosofias de G. S. Morris (um neo-hegeliano) e T. H. Huxley. Dewey ensinou nas universidades de Michigan e Chicago e esteve na Universidade Columbia de 1904 a 1930. Escreveu muitos livros e vários artigos sobre assuntos que variam desde educação e democracia (*Democracy and education* [*Democracia e educação*], 1916) a psicologia (*Human nature and conduct: an introduction to social psychology* [*Natureza humana e comportamento: uma introdução à psicologia social*, 1930), lógica (*Logic: the theory of inquiry* [*Lógica: a teoria da investigação*], 1938) e arte (*Art as experience* [*Arte como experiência*], 1934). Sua visão de Deus e de religião é muito bem expressa em *A common faith* [*Uma fé comum*] *(1934).*

Religião numa era de ciência. Como humanista secular, Dewey rejeitava a crença no Deus teísta (v. TEÍSMO). Dewey concluiu que a ciência moderna tornou improvável a crença numa origem sobrenatural do universo. "O impacto da astronomia eliminou as velhas histórias religiosas sobre a criação." E "descobertas geológicas removeram o mito de criação que antes parecia tão grande". Além disso

a biologia revolucionou conceitos de alma e mente [...] e essa ciência marcou profundamente as idéias de pecado, redenção e imortalidade.

A antropologia, a história e a crítica literária forneceram uma versão radicalmente diferente dos eventos e personagens históricos sobre os quais as religiões cristãs se fundaram.

A psicologia

já nos está revelando explicações naturais de fenômenos tão extraordinários que no passado sua origem sobrenatural era, por assim dizer, a explicação natural" (*A common faith*, p. 31).

A ciência, acreditava Dewey, fez até do AGNOSTICISMO uma reação muito branda ao teísmo tradicional. "'Agnosticismo' é a sombra lançada pelo eclipse do sobrenatural" (ibid., p. 86). E "agnosticismo generalizado é apenas a eliminação parcial do sobrenatural". Como antiteísta ou ateu (v. ATEÍSMO), rejeitou qualquer tentativa de provar a existência de Deus.

A causa da insatisfação talvez não seja tanto 1) os argumentos que KANT usou para demonstrar a insuficiência dessas supostas provas, quanto o sentimento crescente 2) de que elas são demasiadamente formais para oferecer qualquer apoio para a religião em ação (ibid., p. 11).

Acreditava que a realidade do mal não poderia ser conciliada com o conceito de um Deus pessoal, bom e onipotente (v. MAL, PROBLEMA DO).

Desde seu surgimento na Renascença por meio do protesto contra a autoridade eclesiástica, no século XVIII, Dewey acreditava que o secularismo dera fruto no século XIX pela "difusão do sobrenatural através da vida secular" (ibid., p. 65). Interesses seculares cresceram independentes da religião organizada e "restringiram a importância social das religiões organizadas a um espaço limitado, e esse espaço está diminuindo" (ibid., p. 83).

Já que não há Criador, os seres humanos não foram criados. Para Dewey, homens e mulheres pensam em termos científicos e seculares, logo, agora devem ter uma visão naturalista das origens (v. EVOLUÇÃO BIOLÓGICA). A humanidade é resultado dos processos naturalistas evolutivos, não a criação especial de qualquer tipo de Deus.

A eliminação da religião sobrenatural. Dewey se opunha a qualquer sobrenaturalismo na religião. Como a maioria das religiões celebram de alguma forma o sobrenatural, ele se opôs à religião no conceito:

A afirmação por parte das religiões de que possuem monopólio das idéias e dos meios sobrenaturais pelos quais, supostamente, podem ser promovidas impede a concretização de valores distintamente religiosos inerentes à humanidade (ibid., p. 27-8).

A ciência questiona o próprio conceito do sobrenatural. Muitas coisas ensinadas como milagres agora têm explicações naturais. A ciência continuará a explicar os fenômenos incomuns da natureza (v. MILAGRES, ARGUMENTOS CONTRA).

Além da crença no sobrenatural ser baseada na ignorância, ela atrapalha a inteligência social.

Ela sufoca o crescimento da inteligência social pela qual a mudança social poderia ser direcionada para fora do campo dos meros acidentes, na definição normal de acidente (ibid., p. 78).

As religiões

envolvem crenças intelectuais específicas e associam [...] importância à concordância com elas como doutrinas verdadeiras, verdadeiras num sentido intelectua. [...] elas desenvolveram um aparato doutrinário que os crentes" são obrigados [...] a aceitar (ibid., p. 29).

Essas crenças incluem noções de poderes invisíveis que controlam o destino humano e aos quais são devidas obediência, reverência e adoração. Não sobra nada nessas crenças que valha a pena preservar (ibid., p. 7).

Tais crenças atrapalham o progresso social. Pois

os homens nunca usaram totalmente os poderes que possuem para promover o bem na vida, porque esperavam que algum poder externo além de si mesmos e da natureza fizesse o trabalho que eles têm a responsabilidade de fazer. A dependência de um poder externo equivale a abandonar o esforço humano (ibid., p. 46).

O problema é a divisão entre o secular e o sagrado feita pela religião. "A idéia de que 'religioso' significa uma certa atitude e visão, independentemente do sobrenatural, não exige tal divisão". Pois

ela não limita valores religiosos a um compartimento específico nem supõe que determinada forma de associação tem uma relação singular consigo. No sentido social, o futuro da função religiosa parece estar altamente ligado à sua emancipação das religiões e de uma religião específica (ibid., p. 66-7).

Além do progresso social ser prejudicado pela crença no sobrenatural, os valores sociais também são condenados por ela.

A afirmação de um número crescente de pessoas é que a depreciação dos valores sociais naturais resultou, tanto em princípio quanto em fato real, da referência de sua origem e significância a fontes sobrenaturais (ibid., p. 71).

Até mesmo atitudes realmente religiosas são prejudicadas pela crença no sobrenatural. Dewey escreveu:

Sugeri que o elemento religioso na vida foi prejudicado pelas idéias acerca do sobrenatural arraigadas que essas culturas onde o homem tinha pouco controle da natureza externa e pouco desenvolvimento de métodos de pesquisa e teste (ibid., p. 56).

Um novo tipo de religião. Apesar de sua rejeição à religião e ao sobrenatural, Dewey não se considerava irreligioso. Insistia na necessidade e preservação da religião. O que Dewey realmente preconizava era que a religião tradicional — que envolve crença no sobrenatural além desta vida — fosse descartada como atitude religiosa com relação a toda a vida:

Vou desenvolver outro conceito de natureza da fase religiosa da experiência, que a separe do sobrenatural e das coisas que surgiram a partir dele. E vou tentar demonstrar que essas derivações são empecilhos, e o que é genuinamente religioso sofrerá uma emancipação quando liberto delas;

para que, pela primeira vez, o aspecto religioso da experiência esteja livre para se desenvolver livremente, por conta própria (ibid., p. 2).

O problema mais sério com a religião é que ela prejudica o progresso social. Sua crença no sobrenatural prejudica a realização de objetivos socialmente desejáveis. Portanto, nada é perdido ao eliminá-la. Na verdade, já que há mais pessoas religiosas que pessoas que têm religião, há muitos benefícios em rejeitar a religião. Pois, disse Dewey:

> Acredito que muitas pessoas são de tal modo repelidas pelo que existe como religião à vista de suas implicações intelectuais e morais, que nem estão cientes das atitudes nelas mesmas que, se viessem a fruir, seriam genuinamente religiosas (ibid., 9).

O estabelecimento das atitudes religiosas naturais. Dewey foi rápido em mostrar que não estava propondo que uma nova religião substituísse a religião sobrenatural. Pelo contrário, ele tentava emancipar elementos e perspectivas que poderiam ser denominadas religiosas (ibid., p. 8). A diferença entre uma religião e o religioso é que uma religião "sempre significa um conjunto especial de crenças e práticas, tendo algum tipo de organização institucional, moderada ou rígida". Em comparação, "o adjetivo 'religioso' não denota nada referente a uma entidade específica, institucional ou como sistema de crenças". Mas "denota uma atitude que pode ser tomada em relação a todo objeto e todo fim ou ideal proposto" (ibid., p. 9, 10).

Substituir a religião tradicional por atitudes religiosas reajustaria e redirecionaria a vida. Então a definição humanista de Dewey do religioso é:

> Qualquer atividade encetada em prol de um fim ideal contra obstáculos e apesar de ameaças de perda pessoal por causa da convicção de seu valor geral e duradouro é de qualidade religiosa (ibid., p. 27).

Dewey reconhece, da mesma forma que Friedrich SCHLEIERMACHER, que uma experiência religiosa envolve um sentimento de dependência. Mas insiste em que deve ser uma dependência sem doutrinas tradicionais ou medo (ibid., p. 25). A experiência religiosa ajuda a desenvolver um senso de unidade impossível sem ela. Pois por intermédio de uma experiência religiosa

> a pessoa é sempre direcionada a algo além de si mesma, e então sua própria unificação depende da idéia da integração de cenários mutáveis do mundo numa totalidade imaginária que chamamos de Universo (ibid., p. 19).

Tal experiência acontece de maneiras diferentes com pessoas diferentes.

> Às vezes é causada por devoção a uma causa; às vezes por um trecho de um poema que revela uma nova perspectiva; às vezes, como foi o caso de ESPINOSA, [...] mediante a reflexão filosófica.

Assim, experiências religiosas não são necessariamente uma espécie singular à parte. Pelo contrário, "acontecem com freqüência, juntamente com muitos momentos significantes da vida" (ibid., p. 14). A experiência religiosa é um tipo de ideal unificador de outras experiências na vida.

Dewey estava disposto a usar o termo *Deus*, mas queria dizer não um ser sobrenatural, mas

> os fins ideais que num determinado tempo e lugar são reconhecidos por autoridade sobre sua vontade e emoção, os valores aos quais a pessoa é extremamente dedicada, contanto que esses fins, por meio da imaginação, assumam unidade (ibid., p. 42).

Deus representa uma unificação dos valores essenciais da pessoa. Para Dewey, progresso e realização são esses valores ideais.

Ele considerava essencial que as pessoas tivessem ideais religiosos. Pois

> nem a observação, nem o pensamento, nem a atividade prática podem alcançar a unificação completa da pessoa que é chamada de todo. A pessoa *toda* é um ideal, uma projeção imaginária (ibid., p. 19).

Então, a auto-unificação pode ser atingida apenas por meio de um compromisso religioso com "Deus" (i.e. valores ideais). Dewey diz:

> Eu deveria descrever essa fé como a unificação da pessoa mediante a aliança com fins ideais inclusivos, que a imaginação apresenta para nós e aos quais a vontade humana reage como dignos de controlar nossos desejos e escolhas (ibid., p. 33).

Uma fé comum. A forma religiosa do humanismo pragmático proposto por Dewey era global. Na sua "fé comum", ele viu um objetivo religioso para todos.

Aqui estão todos os elementos para uma fé religiosa que não se limitará a seita, classe ou raça. Tal fé sempre foi implicitamente a fé comum da humanidade. Resta ainda fazê-la explícita e militante (ibid., p. 87).

Ele viu a doutrina da fraternidade como tendo a maior importância religiosa.

Quer sejamos quer não, num sentido metafórico, todos irmãos, estamos pelo menos no mesmo barco, atravessando o mesmo oceano turbulento. A importância religiosa potencial desse fato é infinita (ibid., p. 84).

O princípio último de Dewey. Para Dewey, o absoluto era o progresso democrático. Dewey se opunha à religião tradicional sobrenatural porque a considerava prejudicial ao progresso social. Disse que "a pressuposição de que apenas agentes sobrenaturais podem dar controle é um método garantido de adiar esse esforço [de melhoria social]" (ibid., p. 76).

Ele viu três estágios no desenvolvimento social.

No primeiro estágio, os relacionamentos humanos eram considerados infectados com os males da natureza humana corrupta que necessitavam de redenção de fontes externas e sobrenaturais.

Isso deve ser rejeitado. "No estágio seguinte, descobriu-se que aquilo que é importante nessa relação está ligado a valores considerados distintamente religiosos." Isso também deve ser superado.

O terceiro estágio perceberia que na verdade os valores admirados nessas religiões que têm elementos ideais constituem idealizações de fatores característicos da associação natural que foram projetados a um âmbito sobrenatural para segurança e aprovação [...] A não ser que haja um movimento em direção ao que chamei de terceiro estágio, o dualismo fundamental e uma divisão na vida continuarão (ibid., p. 73).

A ciência como meio para o progresso. Naturalmente, depende da humanidade alcançar o progresso social. Essa crença não é nem egoísta nem otimista. O único meio adequado de alcançar o objetivo do progresso social é a ciência.

Há apenas um caminho garantido de acesso à verdade — o caminho da pesquisa paciente e cooperativa, operando por meio da observação, do registro experimental e da reflexão controlada (ibid., p. 32).

Pois

se admitíssemos haver apenas um método para verificar o fato e a verdade transmitidos pela palavra "científico"

no sentido mais geral e generoso — nenhuma descoberta em qualquer área do conhecimento e da pesquisa poderia prejudicar a fé que é religiosa (ibid., p. 33).

Para Dewey, a fé na ciência, isto é, a inteligência crítica, é mais religiosa que a fé em qualquer revelação de Deus. Por outro lado

algum aparato doutrinário fixo é necessário para *uma* religião. Mas a fé nas possibilidades da pesquisa contínua e rigorosa não limita o acesso à verdade, a um canal ou esquema. Essa fé reverencia a inteligência como uma força (ibid., p. 26).

A ciência tem uma vantagem sobre a religião como meio para o progresso humano porque é um método, não um conjunto de crenças fixas. É uma maneira de mudar o pensamento pela pesquisa testada. Além de a ciência ser superior à religião, ela se opõe ao dogma religioso.

Pois o método científico é contrário ao dogma e à doutrina também, contanto que consideremos "doutrina" no seu sentido comum — um corpo de crenças definidas que só precisam ser ensinadas e aprendidas como verdadeiras. Mas

essa atitude negativa da ciência em relação à doutrina não indica indiferença à verdade. Significa suprema lealdade ao método pelo qual a verdade é alcançada. No final, o conflito científico-religioso é um conflito entre a aliança com esse método e a aliança com um mínimo irredutível de crenças tão preestabelecidas que jamais poderão ser modificadas (ibid., p. 38-9).

Logo, a ciência e a religião são incompatíveis. Mas uma dedicação religiosa à ciência é essencial ao progresso humano.

Avaliação. PRAGMATISMO. O relativismo de Dewey é manifesto na verdade e na ética. Pela visão pragmática da verdade, tudo que funciona é verdadeiro. Mas muitas coisas que "funcionam" em curto prazo são falsas. A verdade não é o que funciona, mas o que corresponde aos fatos (v. VERDADE, NATUREZA DA). Nenhum pragmático gostaria de que alguém representasse erroneamente sua teoria porque representá-la de tal forma seria funcional. Nem mesmo pais pragmáticos desejam que seus filhos mintam para eles simplesmente porque é conveniente fazê-lo do ponto de vista da criança. Josiah Royce criticou o pragmatismo de James ao perguntar se James testemunharia no tribunal e "juraria dizer o que fosse conveniente!".

O pragmatismo não se daria melhor no âmbito da ética. Nem tudo que funciona é correto. Algumas coisas que funcionam são simplesmente malignas. Traição, mentira e até assassinato de indesejáveis têm sido atividades "bem-sucedidas". Questões éticas não são resolvidas pela obtenção de resultados desejados. Tudo que o sucesso prova é que determinada conduta *funciona*; não prova que a conduta seja *correta*.

Progressivismo. O relativismo de Dewey não é total. Seu sistema tem o absoluto do progresso ou da realização. Tudo que funciona para o progresso social é bom; tudo o que o prejudica é mau. Mas por qual padrão o progresso é julgado? Se o padrão está na sociedade, então não podemos ter certeza de que estamos *progredindo*. Talvez estejamos *mudando*. Se o padrão está fora da raça, é uma norma transcendente, um imperativo divino, o que Dewey rejeita.

Outro problema com o progressivismo é sua carência de um ponto fixo pelo qual se meça a mudança. Caso contrário, não é possível sequer medir a mudança. Se, por exemplo, um observador de um carro em movimento está num carro em movimento, não pode medir facilmente a velocidade em que o outro carro está andando. Se o outro carro está andando na mesma velocidade, na mesma direção, o observador não pode sequer saber se está se movendo, a não ser que outra coisa que não está se movendo possa ser usada para fazer a medição.

Na prática, o progressivismo está baseado nos desejos daqueles que têm o poder de estabelecer as prioridades. Por que progressivismo *social*? Por que progressivismo social *democrático*? É possível progredir em direção a ditaduras cada vez melhores. A definição de Dewey de "realização" ou "progresso" em termos sociais e democráticos é totalmente arbitrária e filosoficamente injustificada. Não é mais justificada que qualquer outro objetivo que se possa escolher.

Relativismo. Intimamente ligado ao progressivismo está o relativismo. Dewey nega absolutos no âmbito da verdade (v. VERDADE, NATUREZA DA) e da ética (v. MORALIDADE, NATUREZA ABSOLUTA DA). Isso é incoerente. Para mostrar que *tudo* é relativo, é preciso ter uma perspectiva não-relativa para enxergar toda a verdade. Não se pode "relativizar" tudo mais sem ter uma base absoluta. A afirmação "Tudo é relativo" significa que a afirmação também é relativa, ou que pelo menos essa afirmação é absoluta. Vimos que Dewey acreditava em absolutos, mas por sua própria escolha. Então, a afirmação é contraditória e falha segundo sua própria cosmovisão. Ele é culpado de parcialidade, dizendo que tudo é relativo, exceto o que ele quer que seja absoluto. Isso é puro dogmatismo.

Resumo. O humanismo de Dewey era naturalista, relativista, otimista e até religioso, apesar de sua oposição à religião. Algumas características desse pensamento são peculiares a Dewey. A forma de humanismo de Dewey era pragmática, militantemente secular, progressiva e democrática. E Dewey deu muita ênfase à ciência como meio de realização humana. A definição de *Deus* como o objetivo ideal e unificador para o progresso humano é própria dele. Dewey acreditava na salvação pela educação, e a base da educação é a pesquisa. Aprendemos fazendo, e o aprendizado está sempre incompleto. Sempre há espaço para mais progresso. Não haverá um milênio, apenas um processo contínuo e relativo de buscar novos objetivos por meio de experimentos pragmáticos.

Fontes

R. J. Bernstein, "Dewey, John", em EP
J. O. Buswell, Sr., *The philosophies of F. R. Tennant and John Dewey.*
G. H. Clark, *Dewey.*
J. Dewey, *A common faith.*
N. L. Geisler, *Is man the measure?*, cap. 4.
P. A. Schilpp, org., *The philosophy of John Dewey.*

dias de Gênesis. V. Gênesis, DIAS DE.

Dilúvio de Noé. O registro do Dilúvio de Noé em Gênesis 6—9 levantou sérias questões nas mentes dos críticos da Bíblia, entre elas:

> Como essa pequena arca poderia carregar centenas de milhares de espécies?
> Como um navio de madeira flutuaria numa tempestade tão violenta?
> Como a família de Noé e os animais sobreviveram tanto tempo na arca?

Espécies salvas. O primeiro problema questiona a possibilidade uma arca tão pequena carregar todas as espécies animais da terra. O consenso dos historiadores e arqueólogos da Antigüidade é que um côvado tinha cerca de 46 cm. Traduzindo as dimensões da Bíblia de acordo com essa medida, a arca de Noé teria apenas 14 m de altura, 23 de largura e 137 de comprimento (Gn 6.15). Noé recebeu ordens de pegar dois pares de cada tipo de animal impuro e sete pares de cada tipo de animal puro (6.19; 7.2). Mas os cientistas contam as espécies animais entre meio bilhão e mais de um bilhão.

Um desastre local? Uma explicação possível é que o dilúvio tenha sido local. Nesse caso Noé só precisaria repovoar a área e dispor de animais para comer e sacrificar.

Como evidência de que o Dilúvio não foi universal, observa-se que a mesma linguagem "universal" de Gênesis 6-9 é usada em outras partes quando algo menor que o mundo inteiro é mencionado. O povo no Dia de Pentecoste é descrito como sendo "de todas as nações do mundo" (At 2.5), mas as nações citadas estão restritas ao mundo romano. Paulo fala em Colossenses 1.23 a respeito do "evangelho, que vocês ouviram e que tem sido proclamado a *todos os que estão debaixo do céu*". O itinerário de Paulo em Atos 13-28 mostra que ele foi apenas até a região do Mediterrâneo.

E o sedimento que um dilúvio como o de Noé teria deixado só é encontrado no vale da Mesopotâmia, não no mundo inteiro. Não há água suficiente no mundo para cobrir as maiores montanhas (7.20). Algumas montanhas têm vários quilômetros de altura. Águas tão altas teriam causado problemas na rotação da terra. As montanhas na área mesopotâmica não são tão altas.

Finalmente, o tamanho da arca restringiria o número de espécies. As de uma área restrita seriam acomodadas mais facilmente.

Um dilúvio universal? Alguns estudiosos do AT acreditam que há evidências de um dilúvio universal. A linguagem de Gênesis é mais intensa que a das referências observadas. A ordem de divina de levar animais de toda espécie não seria necessária se apenas a vida numa área geográfica limitada fosse destruída. Os animais poderiam migrar para repovoar a região. E Gênesis 10.32 declara que o mundo inteiro foi povoado após o Dilúvio por meio das oito pessoas que foram salvas. Isso não seria verdade se as pessoas fora da região não tivessem se afogado. Pedro refere-se à salvação de apenas oito pessoas (1Pe 3.20).

O sedimento no vale da Mesopotâmia é de um dilúvio local, não do Dilúvio universal. As camadas sedimentares em todo o mundo estão abertas a interpretação, inclusive a possibilidade de uma catástrofe mundial. Também há sinais de mudanças dramáticas na posição das massas de terra do planeta. As montanhas poderiam ter assumido formas novas, muito mais elevadas por causa das forças sem paralelo atuantes durante o Dilúvio.

A arca era grande o suficiente. Mas suponto que o Dilúvio tenha sido universal, permanece a questão de como Noé colocaria todos aqueles animais na arca. Engenheiros, programadores e especialistas em animais selvagens, todos consideraram o problema, e seu consenso é que a arca era suficiente para a tarefa.

A arca era na verdade uma estrutura enorme — do tamanho de um navio moderno, com três níveis de convés (Gn 6.16), que triplicavam seu espaço para mais de 45 000 m^3. Isso é equivalente a 569 vagões de trem.

Segundo, o conceito moderno de "espécie" não é o mesmo que um "tipo" na Bíblia. Mas, ainda que fosse, há provavelmente apenas 72 mil tipos diferentes de animais terrestres, que a arca teria de conter. Como o tamanho médio dos animais terrestres é menor que o de um gato, menos da metade da arca seria suficiente para guardar 150 mil animais — mais do que provavelmente havia. Insetos só tomam um pouco de espaço. Os animais marinhos ficaram no mar, e muitas espécies poderiam ter sobrevivido na forma de ovo. Sobraria bastante espaço para oito pessoas e a comida.

Terceiro, Noé poderia ter levado variedades mais jovens ou menores de alguns animais grandes. Dados todos esses fatores, havia espaço suficiente para todos os animais, comida para a viagem e os oito seres humanos a bordo.

Navio de madeira numa tempestade violenta. A arca era feita de madeira e carregava uma carga pesada. Argumenta-se que as ondas violentas de um dilúvio global certamente a teriam partido em pedaços (cf. Gn 7.4, 11).

A arca era feita de um material forte e flexível (cedro). Cedro cede sem quebrar. A carga pesada dava estabilidade à arca. Além disso, arquitetos navais relatam que um vagão retangular flutuante, como a arca, é o tipo de embarcação mais estável em águas turbulentas. Um ex-arquiteto naval concluiu: "A arca de Noé era extremamente estável, mais estável, na verdade, que os navios modernos" (v. Collins, p. 86). Na verdade, os navios modernos seguem as mesmas proporções básicas. Mas sua estabilidade é reduzida pela necessidade de atravessar a água com o mínimo de resistência possível. Não há razão para a arca de Noé não ter sobrevivido a um dilúvio gigantesco, ou até mesmo global. Os testes de estabilidade modernos demonstraram que tal embarcação poderia enfrentar ondas de até sessenta metros e inclinar-se até quase noventa graus e voltar a se estabilizar.

Sobrevivência dentro da arca. Como todos esses animais e humanos sobreviveram mais de um ano fechados nessa arca?

Há algumas divergências quanto à duração do Dilúvio. Gênesis 7.24 e 8.3 falam que as águas do Dilúvio duraram 150 dias. Mas outros versículos parecem dizer que foram apenas quarenta dias (Gn 7.4,12,17). E um versículo indica que foi mais de um ano. Esses números referem-se a coisas diferentes. Quarenta dias é o período em que a chuva caiu sobre a terra (7.12), e 150 dias é o tempo em que as águas foram baixando pouco a pouco (8.3; v. 7.24). Depois disso, só no quinto mês depois de a chuva começar a arca firmou-se no monte Ararate (8.4). Cerca de onze meses depois de a chuva começar, as águas secaram (8.13). E exatamente um ano e dez dias depois de o Dilúvio ter começado, Noé e sua família pisaram em terra seca (8.14).

Outra resposta é que os seres vivos podem fazer qualquer coisa para sobreviver, contanto que tenham água e comida suficiente. Muitos dos animais devem ter hibernado completa ou parcialmente. E Noé tinha bastante espaço para comida do lado de dentro e água abundante para pegar do lado de fora.

Para comentários sobre como relatos extrabíblicos do Dilúvio e lendas do mundo antigo se relacionam ao registro da Bíblia, v. ARQUEOLOGIA DO ANTIGO TESTAMENTO; EBLA, TABUINHAS DE.

Fontes

G. L. ARCHER, Jr., *Merece confiança o Antigo Testamento?*
D. COLLINS, "Was Noah's ark stable?" *CRSQ*, 14 (Sept.1977).
A. CUSTANCE, *The flood: local or global?*
G. M. PRICE, *The new geology.*
B. RAMM, *The Christian view of science and Scripture.*
A. REIWINKEL, *The flood.*
J. WHITCOMB, *The world that perished.*
____ e H. MORRIS, *The Genesis flood.*
J. WOODMORAPPE, *Noah's ark: a feasibility study.*
D. A. YOUNG, *The biblical flood.*

divino-humanas, lendas. V. APOTEOSE.

divinos, histórias de nascimentos. Desde que James FRAZER publicou *O ramo de ouro* (1890, 1912), tem sido comum acusar o cristianismo de não ser singular quanto à história da encarnação de Cristo, mas que histórias de nascimentos sobrenaturais são comuns entre os deuses pagãos. Se isso for verdadeiro, parece minar o cristianismo, demonstrando que ele talvez tenha tomado emprestado tais idéias de outras religiões.

Vários tipos de evidência que refutam a teoria da fonte do mito pagão são discutidos em detalhes em outro artigo (v. LUCAS, SUPOSTOS ERROS EM; MITRAÍSMO; MITOLOGIA E O NOVO TESTAMENTO; NOVO TESTAMENTO, HISTORICIDADE DO; VIRGINAL, NASCIMENTO). Aqui os itens principais são resumidos:

1. O NT foi escrito por contemporâneos e não é o resultado de desenvolvimento mitológico posterior. Lendas não se desenvolvem se as histórias são escritas enquanto testemunhas oculares ainda estão vivas para refutar as imprecisões.
2. Os registros de nascimento virginal não mostram sinais de serem míticos, nem incluem elementos emprestados de mitos de nascimentos pagãos conhecidos.
3. Pessoas, lugares e eventos identificados com o nascimento de Cristo são historicamente precisos. Até detalhes que eram considerados erros foram comprovados pela pesquisa.
4. Nenhum mito grego falou da encarnação literal de um Deus monoteísta na forma humana. No cristianismo, a segunda pessoa da Trindade tornou-se humana. Nas religiões pagãs, os deuses apenas se disfarçavam de humanos; não eram realmente humanos. Nos mitos pagãos, um deus e um ser humano invariavelmente mantinham relações sexuais, o que não acontece no registro cristão.
5. Os mitos de deuses gregos que se tornaram humanos vêm depois do tempo de Cristo, então os autores do evangelho não poderiam tê-los tomado de empréstimo.

Fontes

J. FRAZER, *O ramo de ouro.*
J. G. MACHEN, *The virgin birth of Christ.*
R. NASH, *Christianity and Hellenism.*
E. YAMAUCHI, "Easter — myth, hallucination, or history?", *CT* (29 Mar. 1974; 15 Apr. 1974).

docetismo. Docetismo (gr. *dokein*, "aparentar") é uma heresia do final do século I que afirmava que Jesus apenas aparentava ser humano (Kelly, p. 141). O docetismo é

a afirmação de que o corpo humano de Cristo era um fantasma e de que seu sofrimento e morte foram meras aparências. "Se sofreu, não era Deus; se era Deus, não sofreu" (Bettenson, 49).

Negavam a humanidade de Cristo, mas afirmavam a divindade. Isso é o oposto do arianismo, que afirmava a humanidade de Jesus, mas negava sua divindade (v. CRISTO, DIVINDADE DE). O docetismo já estava presente no final da época do NT, como é evidente pela exortação de João, o apóstolo, sobre aqueles que negam "que Jesus Cristo veio *em carne*" (1Jo 4.2, grifo do autor. V. tb. 2Jo 7).

Uma resposta bíblica. As Escrituras estão repletas de evidências de que Jesus Cristo era completamente humano em todos os aspectos, mas sem pecado (Hb 4.15). Na verdade, ele é chamado de "o homem Cristo Jesus" (1Tm 2.5).

Jesus tinha ancestrais humanos. Os evangelhos afirmam que Jesus tinha uma verdadeira genealogia humana que começava com o primeiro homem, Adão.

Isso só era possível por parte de mãe, já que ele nasceu de uma virgem (Mt 1.20-25; Lc 2.1-7; v. NASCIMENTO VIRGINAL). Mateus traça a genealogia de Jesus a Abraão por intermédio de seu pai legal, José, por meio de quem herdou o direito ao trono de Davi (Mt 1.1). Lucas aparentemente traça a genealogia de Jesus por meio de Maria, sua verdadeira mãe, a Adão, o primeiro membro da raça humana (Lc 3.23-38).

Jesus teve uma concepção humana. Segundo Mateus, "apareceu-lhe um anjo do Senhor em sonho e disse: 'José, filho de Davi, não tema receber Maria como sua esposa, pois o que nela foi gerado procede do Espírito Santo' ". Na linguagem científica, Jesus começou como todos os seres humanos, pela fertilização de um óvulo humano. Só que, no caso dele, foi fertilizado sobrenaturalmente pelo Espírito Santo, não por esperma humano.

Jesus teve um nascimento humano. Segundo o dr. Lucas:

> Assim, José também foi da cidade de Nazaré da Galileia para a Judeia, para Belém, cidade de Davi, porque pertencia à casa e à linhagem da Davi. Ele foi a fim de alistar-se, com Maria, que lhe estava prometida em casamento e esperava um filho. Enquanto estavam lá, chegou o tempo de nascer o bebê, e ela deu à luz o seu primogênito. Envolveu-o em panos e o colocou numa manjedoura, porque não havia lugar para eles na hospedaria (Lc 2.4-7).

Não houve nada sobrenatural no nascimento de Jesus. Maria teve uma gravidez de nove meses (Lc 1.26,56,57) e dores de parto, e Jesus nasceu através do canal de nascimento, como todas as outras crianças. Lucas, citando a lei mosaica, falou de Jesus como "primogênito" (Lc 2.23), a mesma expressão usada para todos os judeus machos primogênitos. Foi um nascimento natural, só que Maria não tinha parteira, então deu à luz sozinha (Lc 2.7).

Paulo afirma o nascimento humano de Jesus de forma simples: "Mas, quando chegou a plenitude do tempo, Deus enviou seu Filho, nascido de mulher, nascido debaixo da lei". Ele provém da mulher, como todos nós (1Co 11.12).

Jesus teve uma infância humana. Apesar de sabermos pouco sobre a infância de Jesus, sabemos o suficiente para concluir que ele cresceu como as outras crianças, aprendeu e se desenvolveu normalmente. Como outros meninos judeus, foi circuncidado ao oitavo dia e dedicado ao Senhor no templo aos quarenta dias (Lc 2.21,22). Aparentemente era uma criança precoce (Lc 2.41-49), impressionando os líderes religiosos com seu conhecimento de assuntos espirituais aos doze anos de idade (Lc 2.42-47). A partir daí, Lucas relata: "Jesus ia crescendo em sabedoria, estatura e graça diante de Deus e dos homens" (Lc 2.52). Como homem, tinha conhecimento finito. Como Deus, era infinito em todas as coisas (v. TRINDADE).

Jesus passou fome humana. Lucas registra que Jesus foi para o deserto "onde, durante quarenta dias, foi tentado pelo Diabo. Não comeu nada durante esses dias e, ao fim deles, teve fome". O corpo de Jesus precisava de comida para sustentá-lo.

Jesus teve sede humana. João diz: "Jesus, cansado da viagem, sentou-se à beira do poço. Isto se deu por volta do meio-dia. Nisso veio uma mulher samaritana tirar água. Disse-lhe Jesus: 'Dê-me um pouco de água' (Jo 4.6,7). Jesus precisava de água para sustentar seu corpo. Quando não bebia o suficiente, ficava com sede.

Jesus sentiu cansaço humano. Jesus também ficava cansado fisicamente. E quando ficava cansado, descansava. João disse que Jesus estava "cansado da viagem" (Jo 4.6). Outras vezes se afastou da multidão: "Havia muita gente indo e vindo, ao ponto de eles não terem tempo para comer. Jesus lhes disse: 'Venham comigo para um lugar deserto e descansem um pouco' (Mc 6.31).

Jesus teve emoções humanas. O versículo mais curto da Bíblia diz apenas: "Jesus chorou" (Jo 11.35), quando ele estava ao lado do sepulcro de seu amigo. Mas, um momento antes, o texto diz: "Ao ver chorando Maria e os judeus que a acompanhavam, Jesus agitou-se no espírito e pertubou-se (v. 33). Jesus chorou por Jerusalém, dizendo: "Jerusalém, Jerusalém, você, que mata os profetas e apedreja os que lhe são enviados! Quantas vezes eu quis reunir os seus filhos, como a galinha reúne os seus pintinho debaixo das suas asas, mas vocês não quiseram" (Lc 13.34).

Jesus também ficou irado quando viu o templo sendo profanado: "Então ele fez um chicote de cordas e expulsou todos do templo, bem como as ovelhas e os bois; espalhou as moedas dos cambistas e virou as suas mesas" (Jo 2.15). Irado com a hipocrisia religiosa, atacou os líderes religiosos:

> Ai de vocês, mestres da lei e fariseus, hipócritas, porque percorrem terra e mar para fazer um convertido e quando conseguem, vocês o tornam duas vezes mais filho do inferno do que vocês.
>
> Ai de vocês, guias cegos!, pois dizem: "Se alguém jurar pelo santuário, isto nada significa; mas se alguém jurar pelo ouro do santuário, está obrigado por seu juramento" (Mt 23.15,16).

Jesus tinha um senso de humor humano. Ao contrário de algumas opiniões austeras, Jesus tinha senso de humor. O humor é baseado no senso do ridículo. Jesus expressou isso em várias ocasiões. Na mesma denúncia de Mateus 23, ele disse aos escribas e fariseus: "Guias cegos! Vocês coam um mosquito e engolem um camelo" (v. 24). Além disso, depois da ressurreição repreendeu os seus discípulos, que eram pescadores experientes, porque haviam pescado a noite toda e sem apanhar um peixe sequer (Jo 21.5).

Jesus tinha linguagem e cultura humanas. Jesus era judeu. Era o filho de Abraão e Davi (Mt 1.1). Tinha uma mãe judia (Mt 1.20-25; Gl 4.4). Tinha cultura e religião judaicas (Jo 4.5-9, 21,22). A mulher de Samaria o reconheceu imediatamente como judeu pela aparência e pelo modo de falar (Jo 4.9).

Jesus teve tentação humana. O autor de Hebreus nos informa: "Pois não temos um sumosacerdote que não possa compadecer-se das nossas fraquezas, mas sim alguém que, como nós, passou por todo tipo de tentação, porém, sem pecado" (4.15). A tentação de Cristo foi real (Mt 3). Como ser humano, Cristo sentiu toda sua força (Mt 26.38-42).

Jesus era de carne e osso humanos. Jesus, como Adão antes da queda, não possuía mortalidade inerente. Isso veio como resultado da queda (Rm 5.12). No entanto, Jesus era capaz de morrer e realmente morreu. Como qualquer outro ser humano, Jesus sangrava quando se cortava. "Um dos soldados perfurou o lado de Jesus com uma lança, e logo saiu sangue e água" (Jo 19.34). O livro de Hebreus compartilha as implicações desse sangue e água: "Portanto, visto que os filhos são pessoas de carne e sangue, ele também participou dessa condição humana, para que, por sua morte, derrotasse aquele que tem o poder da morte, isto é, o Diabo" (2.14).

Jesus sentiu dor humana. A crucificação inflige uma morte agonizante, e Jesus sentiu cada momento dela, recusando até uma droga que lhe diminuiria a dor (Mt 27.34). Sua dor foi física e emocional. Na cruz, clamou em agonia: "Meu Deus! Meu Deus! Por que me abandonaste?" (Mt 27.46). Antes de sua morte, angustiou-se no jardim, suando gotas de sangue e confessando: "A minha alma está profundamente triste, numa tristeza mortal" (Mt 26.38). O autor de Hebreus descreve as experiências de Jesus vividamente: "Durante os seus dias de vida na terra, Jesus ofereceu orações e súplicas, em alta voz e com lágrimas, àquele que o podia salvar da morte, sendo ouvido por causa da sua reverente submissão" (5.7).

Jesus teve uma morte humana. A Bíblia testifica repetidamente que Jesus morreu (por exemplo, Mt 16.21; Rm 5.8; 1Co 15.3; v. CRISTO, MORTE DE). "Ele foi morto no corpo" (1Pe 3.18). As Escrituras dizem repetidamente que Jesus derramou seu "sangue" por nossos pecados. Paulo escreveu: "Mas agora, em Cristo Jesus, vocês que antes estavam longe, foram aproximados mediante o sangue de Cristo" (Ef 2.13). Hebreus acrescenta: "...quanto mais o sangue de Cristo, que pelo Espírito eterno se ofereceu de forma imaculada a Deus, purificará a nossa consciência de atos que levam à morte, para que sirvamos ao Deus vivo" (9.14).

Uma resposta teológica. A negação da humanidade de Cristo é um erro tão grave quanto negar sua divindade. Se Jesus não é Deus e humano, não pode mediar entre Deus e humanos (1Tm 2.5). A salvação envolve a reconciliação dos seres humanos com Deus (2Co 5.18,19). Isso só é possível se Deus se torna humano. ANSELMO demonstrou isso em seu *Cur Deus homo?* [*Por que o Deus homem?*] Negar a verdadeira humanidade de Cristo é negar a base de nossa reconciliação com Deus. É por isso que a igreja primitiva condenou o docetismo. Entre os condenados por ensinar essa falsa doutrina estava Cerinto, a quem o apóstolo João se opôs em Éfeso (v. Cross, p. 413; Douglas, p. 305).

Fontes

H. BETTENSON, *Documents of the Christian church.*

F. L. CROSS, *The Oxford dictionary of the Christian-church.*

J. D. DOUGLAS, *The new international dictionary of the Christian church*, org. rev.

J. N. D. KELLY, *Doutrinas centrais da fé cristã.*

Dooyeweerd, Herman. Filósofo reformado holandês (1894-1977) que estudou e depois ensinou filosofia legal na Universidade Livre em Amsterdã (1926-1965). É mais conhecido por sua obra de quatro volumes *A new critique of theoretical thought* [*Nova crítica do pensamento teórico*] (1953-1958). Fundou o jornal *Philosophia Reformata*, que foi fundamental no estabelecimento da Associação pela Filosofia Calvinista (mais tarde chamada Filosofia Cristã). Outras obras: *The Christian idea of the State* [*A idéia cristã do Estado*], *In the twilight of western thought* [*No crepúsculo do pensamento ocidental*], *Roots of western culture* [*As raízes da cultura ocidental*] e *Transcendental problems* [*Problemas transcendentais*]. Seu trabalho seguiu a tradição reformada de Abraham Kuyper (1837-1920), apesar de ter ido muito além de seu antecessor na crítica ao pensamento ocidental e no desenvolvimento de seu próprio sistema.

A filosofia de Dooyeweerd. Apesar de seu pensamento basear-se no pensador reformado Kuyper, as raízes filosóficas do pensamento de Dooyeweerd remontam a Immanuel KANT (1724-1804) e à fenomenologia de Edmund Husserl (1859-1938). Ele começa com uma crítica dos fundamentos do pensamento ocidental, concluindo que sua base na razão é infundada e infrutífera, cega a seus próprios compromissos religiosos, principalmente na pretensa autonomia pela qual a filosofia se desligou da revelação divina. Da mesma forma, rejeitou a suficiência da revelação geral ou da graça comum como base para construir uma teologia natural (v. DEUS, EVIDÊNCIAS DE).

A crítica transcendental. Uma das heranças de Dooyeweerd é sua *crítica transcendental*, que foi usada por Cornelius VAN TIL na sua apologética pressuposicional. A forma de argumento segue a redução transcendental de KANT, pela qual se estabelecem as condições necessárias do pensamento e das ações.

A crítica transcendental difere da crítica transcendente. A segunda é puramente externa, sem chegar à raiz da questão. A crítica transcendental pergunta: "O que faz a ciência possível?"; "Como a Fé (o ponto de partida religioso) direciona a ciência (e a filosofia)?"; "Como ela pode, infelizmente, também orientar mal a ciência?" (Klapwijk, p. 22). Segundo Jacob Klapwijk, essa crítica

concentra-se nos fenômenos da própria ciência, como se reconstituindo, de dentro para fora, o raciocínio que a ciência segue, para finalmente chegar a esse ponto de origem, o ponto de partida religioso e oculto de toda atividade científica (ibid.).

A crítica transcendental procura a "antítese", já que sua tarefa é entrar em conflito com todas as estruturas de pensamento de base humana. Uma lei do conhecimento humano é que a verdade é alcançada apenas no conflito de opinião (Dooyeweerd, IX). Essa crítica interna se opõe ao ponto de partida absoluto do coração impenitente e "tenta abrir os olhos de um pensador para pressuposições e motivações pré-teóricas" que, segundo Dooyeweerd, são de natureza religiosa (ibid.). Com isso demonstra-se "que a argumentação racional do conhecimento humano é impelida (e possivelmente distorcida) pela motivação do coração humano" (ibid.). Pois todo cientista, consciente ou inconscientemente, tem uma "idéia cósmica" ou estrutura geral na qual se encaixa todo conhecimento factual. "Essa estrutura em si, no entanto, está fundada numa base religiosa (crédula ou incrédula)" (ibid.). Então o método transcendental é a chave para a porta do coração. Apenas a serviço de Deus ele pode ser usado para destrancar essa porta.

O coração como raiz da realidade. Dooyeweerd via o coração como a raiz da existência cristã. É o centro religioso da pessoa. O coração pecaminoso está contra Deus; logo, não há nenhuma estrutura de pensamento religiosamente neutra para a qual se possa apelar na construção de um sistema filosófico (v. NOÉTICOS DO PECADO, EFEITOS).

A falha de todo pensamento não cristão é que ele julga encontrar significado na criação. Mas significado não é encontrado na criação imanente, e sim no Criador transcendente. Logo, devemos rejeitar a autonomia humana (v. SCHAEFFER, FRANCIS) e viver na dependência da revelação de Deus (v. Dooyeweerd, *In the twilight*, p. 67).

Soberania nas esferas da realidade. Dooyeweerd constrói um sistema distintamente cristão de domínios hierarquicamente ordenados que, segundo ele, compõem o fundamento da realidade. Sua teoria é conhecida como soberania das esferas, com cada esfera de atividade intelectual ou prática subordinada à revelação de Deus.

Deus estabeleceu quinze esferas de ação para a operação de aspectos diferentes da criação:

Sucessão de esferas	Momento modal	Ciência
1. numérica	quantidade discreta	matemática
2. espacial	extensão	matemática
3. cinemática	movimento	mecânica
4. física	energia	física, química
5. biológica	vida orgânica	biologia, fisiologia e morfologia
6. psíquica	sentimento-sensação	psicologia empírica
7. analítica	distinção teórica	lógica
8. histórica	processo cultural	história do desenvolvimento da sociedade humana
9. lingüística	significado simbólico	filologia, semântica
10. social	relação social	sociologia
11. econômica	economia	economia
12. estética	harmonia	estética
13. jurídica	retribuição	jurisprudência
14. ética	amor ao próximo	ética
15. fé	certeza transcendente com relação à origem	teologia

(Adaptado de: E. L. Hebdon Taylor: *The Christian philosophy of law, politics, and the State* [Nutley, N.J.: Craig, 1969], 274.)

Todo significado nas esferas criadas aponta para algo além de si. Dooyeweerd escreveu:

> *Significado*, como dissemos, aponta para algo *fora* e *além* de si, a uma origem, que, em si mesma, não é mais *significado*. Continua dentro dos limites do *relativo*. A verdadeira Origem, pelo contrário, é absoluta e *auto-suficiente!* (*New critique*, p. 10).

Além disso, não há verdades isoladas. Toda verdade deve ser vista em coerência com o sistema inteiro da verdade.

Não existe verdade parcial que seja suficiente para si. Verdade *teórica* parcial só é verdade na coerência das verdades teóricas, e essa coerência na sua relatividade pressupõe a plenitude ou totalidade da verdade (ibid., p. 116).

Só Deus, o Soberano, é absoluto. Cada esfera é relativa e subordinada a ele. "O conceito de uma 'verdade absoluta teórica' se dissolve em contradição interna" (ibid., p. 156).

Isso significa que o dogma relativo à autonomia do pensamento teórico deve levar seus adeptos a um *impasse* aparentemente inevitável. Para manter essa autonomia, são obrigados a buscar seu ponto de partida no próprio pensamento teórico (Dooyeweerd, *In the twilight*, p. 19).

Cada esfera está sujeita à soberania de Deus. Dooyeweerd cita Calvino: "Deus não está sujeito às leis [que ele fez], mas [ele] não [é] arbitrário" (*A new critique*, p. 93). Esse julgamento está na base de todo pensamento especulativo. Ele "revela os limites da razão humana estabelecidos para ele por Deus na sua ordem mundial temporal" (ibid.).

Influência. A filosofia de Dooyeweerd não teve muita aceitação fora dos grupos reformados, mas mesmo assim atraiu um pequeno grupo de seguidores dedicados. Hans Rookmaaker e Van Til talvez sejam seus discípulos mais conhecidos, apesar de Francis Schaeffer ter popularizado muitas de suas idéias.

Avaliação. *Contribuições positivas.* Entre os aspectos valiosos do pensamento de Dooyeweerd está seu desejo de preservar a soberania de Deus.

Uma crítica pesada ao pensamento não-cristão. Poucos filósofos cristãos atacaram mais diretamente a jugular do pensamento não-cristão. Dooyeweerd oferece uma crítica pesada aos fundamentos do pensamento ocidental, avaliando corretamente que este é ignorante quanto aos seus próprios compromissos religiosos.

Soberania e soberania das esferas. Dooyeweerd deixa tudo em ordem. Deus é o primeiro e é soberano. Nada mais é absolutamente absoluto. Todas as outras coisas dependem dele. Com a soberania absoluta de Deus firme no lugar, Dooyeweerd vê todas as outras esferas como ramificações. Na verdade, a própria idéia de que tudo que existe abaixo de Deus é soberano apenas *na sua esfera* é útil, pois quando há conflitos entre as esferas, ela chama a atenção para o fato de que não são absolutamente absolutas.

O coração. A filosofia de Dooyeweerd começa no coração. Pois, como dizem as Escrituras: "Acima de tudo, guarde o seu coração, pois dele depende toda a sua vida". (Pv 4.23). Na verdade, o ateísmo começa no coração (Sl 14.1). Portanto, nenhum conhecimento completo da humanidade é possível sem incluir o papel do coração.

O ponto de partida fixo. Como ponto de partida fixo para sua filosofia, o Dooyeweerd pós-kantiano desenvolveu um argumento transcendental, que se tornou uma característica de seu discípulo, Van Til. Essa abordagem oferece uma base epistemológica firme sobre a qual construir.

Aspectos negativos. Dooyeweerd tem críticos, mesmo entre teólogos reformados. Da mesma forma, rejeitou a suficiência da revelação geral (v. revelação geral) ou a graça comum como base para construir uma teologia natural (v. Deus, evidências de).

A tendência ao voluntarismo. Um voluntarismo subentendido é inerente à ênfase que Dooyeweerd dá à soberania. Apesar de um esforço nobre para evitar a acusação de ser arbitrário, ele não consegue. Pois regras imutáveis da razão comum a Deus e ao homem, mas baseadas na natureza de Deus, não parecem ser o que ele tem em mente (v. Deus, natureza de).

A confusão da autonomia e da supremacia da razão. Apesar de Dooyeweerd estar certo ao repreender a autonomia da razão separada de Deus, parece rejeitar o fato de que isso não significa que a razão possa ser um padrão supremo para a verdade. Isso surge de seu voluntarismo, que vê a razão como vindo da vontade de Deus, não ligada à sua própria natureza.

A falta de base bíblica. Há uma falha geral na demonstração de que todas as suas esferas estão baseadas nas Escrituras. De um ponto de vista estritamente cristão, o que sua visão afirma ser, isso é uma deficiência séria.

Uma incoerência básica. Dooyeweerd insiste em que o ser humano autônomo não pode interpretar a criação sozinho. Deve vê-la com a ajuda de Deus, do ponto de vista de Deus. Mas afirma que há um ponto de partida pré-científico (fenomenológico) pelo qual a pessoa pode interpretar a criação. Nesse caso, Dooyeweerd não é coerente com a abordagem transcendental. Pois, em vez de procurar as condições transcendentalmente necessárias a todos os pensamentos e ações humanos, ele parece basear sua epistemologia num ponto de partida fenomenológico.

Um ponto de partida não racional. Além disso, esse método fenomenológico é contraditório. Não se pode *conceber* o pré-conceitual nem *pensar* no pré-racional. A verdade é que a razão é inevitável. Não há ponto de partida pré-racional para seres racionais.

Uma negação da supremacia das leis da lógica. Para Dooyeweerd, a LÓGICA que conhecemos só se aplica ao mundo criado. Mas então como podemos pensar sobre Deus sem essas leis de raciocínio? Certamente a verdade não pode ser encontrada em afirmações contraditórias sobre Deus. Como isso seria diferente do *koan* de um zen-budista (v. BUDISMO), tal como uma mão batendo palmas, sendo uma chave para "entender" a realidade suprema (o Tao)?

Testes inadequados para a verdade. Os testes de Dooyeweerd para a verdade parecem resumir-se a um teste subjetivo (o testemunho do Espírito Santo) e a teste inadequado (coerência interna). O segundo é na verdade apenas um teste de falsidade; todas as teorias incoerentes são falsas. Mas não é realmente um teste da verdade, já que mais de uma visão oposta pode ser internamente incoerente (v. CLARK, GORDON).

A insuficiência da revelação geral. Como muitos pensadores reformados, Dooyeweerd acredita que a revelação geral não é compreensível para a humanidade pecadora. Mas isso é diretamente contrário à afirmação das Escrituras (Rm 1.19,20; 2.12), que asseguram que a revelação geral é "claramente vista" e a humanidade pecadora é indesculpável por não ser sensível a ela (v. REVELAÇÃO GERAL). O fato de o coração incrédulo não *entendê-la* (1Co 2.14) não significa de forma alguma que não *perceba* a revelação geral de Deus (cf. Sl 19.1-6; At 14.17).

Fontes
V. BRUMMER, *Transcendental criticism and Christian philosophy.*
A. L. CONRADIE, *The neo-calvinist concept of philosophy.*
H. DOOYEWEERD, *In the twilight of western thought.*
___, *A new critique of theoretical thought.*
L. KALSBEECK, *Contours of a Christian philosophy.*
J. KLAPWIJK, "Dooyeweerd's Christian philosophy: antithesis and critique", *RJ*, Mar. 1980.
R. NASH, *Dooyeweerd and the Amsterdam philosophy.*
J. M. SPIER, *An introduction to Christian philosophy.*
E. L. H. TAYLOR, *The Christian philosophy of law, politics, and politics, and the State.*

dualismo. Na metafísica, o dualismo é a crença de que há dois princípios co-eternos em conflito um com o outro, tais como matéria e forma (ou espírito), ou bem e mal. O platonismo é um exemplo do primeiro, e o zoroastrismo, o GNOSTICISMO e o maniqueísmo são exemplos do segundo. Os dualistas acreditam na criação *ex materia*, isto é, de material preexistente. Tal posição é diferente da dos teístas, que acreditam na criação *ex nihilo*, do nada, e da dos panteístas (v. PANTEÍSMO), que acreditam na criação *ex Deo*, de Deus (v. CRIAÇÃO, VISÕES DA).

Dificuldades com o dualismo. Como TOMÁS DE AQUINO observou (v. Aquino, passim), nem todos os primeiros princípios, como o bem e o mal, são eternos. Baixo e alto são opostos, mas isso não significa que deve haver seres eternamente baixos e eternamente altos. Então, o bem e o mal podem ser opostos sem serem ambos eternos. Ele chegou à conclusão de que o problema é a suposição de que

> todos os contrários parecem estar comprimidos sob as categorias de bem e mal, por um deles sempre ser deficiente em comparação, eles acham que os princípios ativos primários são o Bem e o Mal.

Então "não há um primeiro princípio do mal como há do bem". Uma razão para isso é que

> o princípio original das coisas é essencialmente bom. [Mas] nada pode ser essencialmente mau. Todo ser, como ser, é bom; o mal não existe exceto num sujeito bom (Aquino 1.1).

No dualismo, nenhum dos princípios pode ser supremo, já que cada um é limitado pelo outro. Mas alguma coisa deveria ser suprema. Como afirmou, C.S. Lewis,

> Os dois Poderes, o bem e o mal, não explicam um ao outro. Nenhum deles [...] pode afirmar que é Supremo. Mais supremo que ambos é o fato inevitável de existirem juntos. Cada um deles, então, está *condicionado* — se encontra, quer queira quer não, numa situação; e assim, a própria situação, ou alguma força desconhecida que produziu essa situação é o Supremo real (Lewis, *God in the dock*, p. 22).

Você não pode aceitar que dois seres condicionados e mutuamente independentes sejam Absolutos (ibid.).

No sentido moral, um princípio não pode ser declarado "bom" e o outro "mau", a não ser que sejam medidos por algo além dos dois. Mas, como Lewis observou

> no momento que você diz isso, está colocando no universo uma terceira coisa além dos dois poderes: uma lei ou padrão ou regra de bem ao qual um dos poderes se conforma e o outro deixa de se conformar.

Mas, já que

os dois poderes são julgados por esse padrão, ou pelo Ser que criou esse padrão, então esse padrão, ou o Ser que fez esse padrão, é anterior e superior a ambos, e será o Deus real (*Cristianismo puro e simples*, p. 49).

"O dualismo dá ao mal uma natureza positiva, substantiva e autoconsistente, como a do bem", mas "se o mal tem o mesmo tipo de realidade que o bem, a mesma autonomia e plenitude, nossa aliança com o bem torna-se a lealdade arbitrária de um partidário." Contudo

"a teoria íntegra do valor [...] exige que o bem seja original, e o mal, mera perversão; que o bem seja a árvore, e o mal, a hera; que o bem seja capaz de perceber o mal (como quando homens sãos percebem a loucura) enquanto o mal não pode fazer o mesmo... (Lewis, *God in the dock*, p. 22-3).

Como Agostinho concluiu, o mal é a falta do bem, e não o contrário. Pois, quando tiramos todo o mal de algo, ele fica melhor. Por outro lado, quando tiramos todo o bem de algo, não há nada (Agostinho). Logo, o bem é supremo, e o mal é uma limitação ou privação do bem (v. MAL, PROBLEMA DO).

Fontes

Agostinho, *Anti-manichean writings*.
N. L. Geisler, *Philosophy of religion*, caps. 14, 15.
___, *The roots of evil*.
C. S. Lewis, *God in the dock*.
___, *Cristianismo puro e simples*.
Tomás de Aquino, *On evil*.

Duns Scotus. V. COSMOLÓGICO, ARGUMENTO.

dupla verdade, teoria da. V. Averróis.

dúvida. V. CERTEZA / CONVICÇÃO; FÉ E RAZÃO; PRIMEIROS PRINCÍPIOS; INDUTIVISMO; Espírito Santo na apologética, papel do.

Ee

Ebla, tabuinhas de. Dezesseis mil tabuinhas de argila do terceiro milênio a.C. foram descobertas em Ebla, na Síria moderna, a partir de 1974. Giovanni Pettinato data-as de 2580-2450 a.C., e Paolo Matthiae sugere 2400-2250 a.C. Ambos os períodos antecedem qualquer outro material escrito em centenas de anos.

Importância apologética das tabuinhas. A importância das tabuinhas de Ebla é que elas correspondem aos primeiros capítulos de Gênesis, confirmando-os. Apesar de prejudicados por pressão política e negações subseqüentes, os relatórios publicados em jornais respeitados oferecem várias linhas possíveis de apoio para o registro bíblico (v. ARQUEOLOGIA DO ANTIGO TESTAMENTO).

Segundo os relatórios, as tábuas contêm nomes das cidades de Ur, Sodoma e Gomorra e de deuses pagãos mencionados na Bíblia, como Baal (v. Ostling, p. 76-7).

Os relatórios dizem que as tabuinhas de Ebla contêm referências a nomes encontrados no livro de Gênesis, inclusive Adão, Eva e Noé (Dahood, p. 55-6).

É de grande importância a descoberta dos registros da criação mais antigos que se conhecem além da Bíblia. A versão de Ebla antecede o registro babilônico em cerca de seiscentos anos. A tabuinha da criação é surpreendentemente parecida com Gênesis, falando de um ser que criou os céus, a Lua, as Estrelas e a terra. Semelhanças mostram que a Bíblia contém a versão mais antiga e menos alterada da história e transmite os fatos sem a corrupção das narrações mitológicas. As tabuinhas relatam a crença na criação do nada, declarando: "Senhor do céu e da terra: a terra não existia, tu a criaste, a luz do dia não existia, tu a criaste, a luz da manhã [ainda] não havia sido criada" (*Ebla archives*, p. 259).

Há implicações significativas nos arquivos de Ebla para a apologética cristã. Elas destroem a crença crítica na evolução do monoteísmo (v. MONOTEÍSMO PRIMITIVO) a partir do politeísmo e henoteísmo, supostamente anteriores. Essa hipótese da evolução da religião é popular desde a época de Charles DARWIN (1809-1882) e Julius WELLHAUSEN (1844-1918). Agora sabe-se que o monoteísmo é anterior. E a força da evidência de Ebla apóia o ponto de vista de que os primeiros capítulos de Gênesis são história, não mitologia (v. DILÚVIO DE NOÉ; CIÊNCIA E A BÍBLIA).

Fontes
S. C. BELD, et al., *The tablets of Ebla: concordance and bibliography.*
M. DAHOOD, "Are the Ebla tablets relevant to biblical research?", *BAR*, Sept.-Oct. 1980.
H. LAFAY, "Ebla", *National geographic*, 154.6 (Dec. 1978).
P. MATTHIAE, *Ebla: an empire rediscovered.*
E. MERRILL, "Ebla and biblical historical inerrancy". *Bib. Sac.*, Oct.-Dec. 1983.
R. OSTLING, "New grounding for the Bible?", *Time*, 21 Dec. 1981.
B. PETTINATO, *The archives of Ebla.*

Éden, jardim do. "Ora, o SENHOR Deus tinha plantado um jardim no Éden, para os lados do leste, e ali colocou o homem que formara", relata Gênesis 2.8. Já que Adão e Eva são apresentados como pessoas reais, com filhos reais, dos quais se originou toda a ração humana (Gn 5.1; 1Cr 1.1; Lc 3.38; Rm 5.12), supõe-se também que houve um jardim do Éden literal. Na verdade, a Bíblia fala dele como um lugar real na terra, repleto de árvores, plantas e animais. Tinha rios e um portal (Gn 2 e 3). Mas os críticos salientam que não há evidência arqueológica (v. ARQUEOLOGIA DO ANTIGO TESTAMENTO) de que tal local tenha existido. Eles concluem que a história do Éden é apenas um mito (v. BÍBLIA, CRÍTICA DA).

Argumentos a favor de um jardim real. Mas evidências fortes que apóiam a realidade literal do jardim do Éden vêm de várias fontes.

Já que as Escrituras dizem que o Senhor selou o jardim de alguma forma após a Queda, exatamente por isso os crentes não devem esperar encontrar evidências arqueológicas (Gn 3.24). Nem há qualquer indicação de que Adão e Eva tenham feito vasos ou construído edificações duráveis. Tudo que tivesse sobrado de um jardim do Éden seria destruído pelo Dilúvio que cobriu a terra (Gn 6—9; 2Pe 3.5,6).

A Bíblia dá evidência do local, já que os dois rios mencionados ainda existem — o Tigre e o Eufrates (Gn 2.14). Mesmo que os rios tenham adquirido um curso diferente após o dilúvio, a colocação de nomes em rios indica que o autor acreditava que esse era um local literal. A Bíblia até os localiza na Assíria (v. 14), que é o atual Iraque.

Para uma discussão acerca da realidade de Adão e Eva, v. ADÃO, HISTORICIDADE DE. Há evidências abundantes de que esses são os primeiros seres humanos e progenitores literais da raça humana. Pessoas literais precisam de um lugar literal para viver. A Bíblia chama esse lugar jardim que Deus plantou no Éden (Gn 2.8).

O NT refere-se a eventos que aconteceram no Éden como históricos. Fala da criação de Adão e Eva (Mt 19.4; 1Tm 2.13) e de seu pecado original (1Tm 2.14; Rm 5.12). Mas esses eventos históricos literais precisam de um lugar geográfico em que acontecer.

As Escrituras afirmam que Deus ainda restaurará os seres humanos por uma ressurreição corporal literal (v. RESSURREIÇÃO FÍSICA, NATUREZA DA) a um paraíso literal restaurado (Rm 8.18-23; Ap 21, 22). Mas o que é um paraíso literal reconquistado se não houve um paraíso literal perdido?

Conclusão. Para aqueles que dão alguma credibili-dade ao registro bíblico, a evidência de um Éden literal é bem convincente. Esse lugar está entrelaçado com ensinamentos básicos da fé cristã, tais como Criação literal, Queda e Restauração, o que lhe dá ainda mais importância. Negar o Éden literal é negar uma pedra fundamental dos ensinamentos básicos da Bíblia para os quais há forte evidência.

Edwards, Jonathan. Importante filósofo-teólogo, avivalista e pastor na América antiga (1703-1758). Filho de um ministro congregacional, Edwards foi um apologista clássico (v. CLÁSSICA, APOLOGÉTICA). Depois de receber o diploma de bacharel em Yale (1720), ingressou no ministério na Igreja Presbiteriana em Nova York, em 1726. Morreu poucas semanas após começar seu trabalho como presidente da Faculdade de Nova Jersey (hoje Universidade Princeton), em 1758.

Edwards foi muito influenciado por John LOCKE (1632-1704) e Isaac Newton (1642-1727), e em menor extensão pelo idealismo britânico de George BERKELEY (1685-1753). Menino prodígio, Edwards produziu suas obras iniciais na adolescência. Sua primeira obra filosófica, "Of being" ["*Do ser*"], contém um argumento cosmológico poderoso, assim como sua outra obra juvenil "The mind" [*A mente*]. Da mesma forma, no seu *Miscellanies* [*Miscelâneas*] defende a existência e necessidade de Deus. No "Sermon on Romans 1.20" ["*Sermão sobre Romanos*"], (1743), não-publicado, Edwards fornece um argumento cosmológico e teleológico detalhado a favor de Deus. Uma de suas maiores obras, *The freedom of the will* [*Da liberdade da vontade*] (1754), também é enfaticamente apologética, assim como *A treatise concerning religious affections* [*Um tratado sobre as sensações religiosas*] (1746). Sua grande obra sobre apologética, *A rational divinity* [*Uma teologia racional*], não foi completada.

A apologética de Edwards. Como apologista clássico seguindo os passos de TOMÁS DE AQUINO e John Locke, Edwards começou com provas da existência de Deus. Edwards usou os argumentos cosmológico e teleológico, apesar da ênfase ser dada ao primeiro.

A relação de fé e razão. Edwards equilibrou a razão e a revelação. A razão tinha oito funções básicas:

Primeiro, a razão deve provar a existência de Deus, o Revelador. Segundo, a razão prevê que haverá uma revelação. Terceiro, só a razão pode compreender racionalmente qualquer "suposta" revelação. Quarto, só a razão pode demonstrar a racionalidade da revelação. Quinto, a razão deve comprovar que qualquer revelação seja genuína. Sexto, a razão argumenta a confiabilidade da revelação. Sétimo, a razão, tendo previsto mistérios em qualquer revelação divina genuína, defende esses mistérios, refutando quaisquer objeções à sua presença. Oitavo, apesar de a "luz divina e sobrenatural" não vir da razão, é a razão que compreende o que essa luz ilumina [Jonathan Edwards, p. 22-3].

Mas a razão humana tem quatro limitações significativas.

Primeiro, ela não pode tornar o conhecimento de Deus "real" para o homem impenitente. Segundo, não pode conceder uma revelação sobrenatural e salvadora, nem mesmo "percebê-la" pela mera razão. Terceiro, se recebe uma revelação, não pode determinar daí em diante o que essa revelação pode ou não conter. Quarto, não pode nem "compreender" a revelação divina como revelação divina, apesar de poder reconhecer sua presença [ibid., p. 27].

Provas da existência de Deus. Edwards esboça sua abordagem da existência de Deus (v. Deus, evidências de) em *Freedom of the will* (2.3). O apologista prova *a posteriori*, ou a partir dos efeitos, que deve haver uma causa eterna e depois argumenta que esse ser deve ser necessário e perfeito *a priori*. Edwards combinou provas cosmológicas e teleológicas. Até argumentou contra um universo eterno (v. "Sermão sobre Romanos 1.20") no estilo do argumento cosmológico de *kalam*.

Deus é eterno. O fato de Deus ser eterno estava firme na mente de Edwards desde a infância. No seu ensaio "The mind", concluiu que "não é estranho que haja [algo eterno], pois a necessidade de haver algo ou nada o subentende". E já que existe algo, então sempre houve algo. Por quê? Porque o nada é uma impossibilidade, já que "não podemos ter tal conhecimento porque tal coisa não existe".

A convicção firme de Edwards de que algo é eterno surge da lei da causalidade (v. causalidade, princípio da), que ele descreve como princípio auto-evidente, um "ditame do bom senso", "a mente da humanidade" e "esse grande princípio do bom senso" (*Freedom*, 2.3). Em *Miscellanies* ele declara que o princípio segundo o qual todos os efeitos têm uma causa é uma verdade auto-evidente (v. primeiros princípios). Nesse caso, "se imaginarmos uma época em que não havia nada, um corpo não pode surgir por conta própria. Pois acreditar que algo pode surgir sem uma causa é abominável ao entendimento" (*Freedom*, p. 91, 74).

Edwards estava tão convencido de que nada podia surgir sem uma causa que argumentou que mesmo um mundo eterno precisaria de uma causa. Pois, "se supusermos que o mundo é eterno, a beleza, o plano e a disposição útil do mundo não indicariam com menos força a existência de um autor inteligente". Pois,

se considerássemos um poema como a *Eneida* de Virgílio, seria ele mais satisfatório a nós se nos dissessem que era da eternidade [...] Seria mais satisfatório se nos dissessem que foi feito por manchas aleatórias de tinta no papel?" (ibid., 312, p. 79, 80).

Deve haver um ser eterno. Assim, a eternidade de Deus é necessária porque um "nada" eterno é impossível, já que o nada não pode produzir algo. Algo existe, então algo sempre deve ter existido. Há apenas duas alternativas: nada ou Deus. Mas como o estudioso da obra de Edwards, John Gerstner, disse sucintamente:

O nada é absolutamente nada. Isto é, não podemos formar a idéia do Nada. Se pensamos que temos uma idéia do Nada, então pensamos que sabemos que o Nada existe. O Nada então é Algo (Gerstner, "Outline of the apologetics", p. 10).

Provas dos atributos de Deus. Como Gerstner observou corretamente:

Teólogos extraordinários como Tomás de Aquino e Jonathan Edwards descobrem mais sobre Deus na revelação comum da natureza que teólogos ordinários encontram na revelação extraordinária das Escrituras. (ibid., p. 99).

Edwards resume o que pode ser conhecido sobre Deus pela revelação geral (v. revelação geral):

Somente pela metafísica é que podemos demonstrar que Deus não é limitado a um lugar nem é mutável; que ele não é ignorante ou esquecido; que é impossível ele morrer ou ser injusto; e há apenas um Deus e não centenas ou milhares (*Freedom*, 4.13).

Deus é independente. Já que Deus é eterno e necessário, deve ser independente. É anterior ao mundo, e o mundo é dependente dele, não o inverso.

Deus tem todas as perfeições. "Ter algumas, mas não todas [as perfeições], é ser finito. Ele é limitado em certos aspectos, isto é, com relação ao número de virtudes ou perfeições." Mas "isso é [...] incoerente com a existência independente e necessária. Ser limitado quanto às virtudes e qualidades excelentes é ser contingente" ("Sermon on Romans 1.20").

Deus é infinito. Edwards afirmou que "nada é mais certo que a existência de um Ser incriado e ilimitado" (*Works*, p. 97-8). Pois aquilo que é necessário e independente tem de ser infinito.

Deus é um. Já que Deus é infinito, ele deve ser um. Pois "ser infinito é ser tudo e seria uma contradição supor dois tudos" (*Miscellanies*, n.° 697). Toda realidade está em Deus, ou como sua existência ou no que flui dela. Nas palavras de Edwards:

Deus é a soma de toda existência e não há existência sem sua existência. Todas as coisas estão nele, e ele está em todas elas (ibid., n.° 880).

O ataque de Edwards ao deísmo. Edwards acreditava que Deus existia e que milagres são possíveis

(v. MILAGRE; MILAGRES, VALOR APOLOGÉTICO DOS). Deus não é deísta (v. DEÍSMO). Na verdade, a crítica de Edwards ao deísmo é uma das mais profundas do século XVIII.

Deístas, ao contrário dos cristãos teístas, acreditavam que Deus criou o mundo e se revelou na natureza, mas nunca faz milagres nem produz revelação sobrenatural. Essa visão foi declarada na "Bíblia dos deístas", *Christianity as old as creation, or the gospel, a republication of the religion of nature* [*O cristianismo tão antigo quanto a criação, ou o evangelho, uma reedição da religião da natureza*] (1730), de Matthew TINDAL. Para Tindal, e outros deístas, tais como Thomas JEFFERSON, Thomas Paine e François VOLTAIRE, a revelação natural era suficiente.

Como Gerstner observa, Edwards "refuta os deístas não por um apelo à fé, mas pela análise racional" (Gerstner, "Outline of the apologetics", p. 196). Ele demonstra a insuficiência da razão como substituta da revelação (ibid., p. 197). Ao contrário de Tindal, Edwards argumenta que, quando a razão demonstra que uma revelação é de Deus, é razoável insistir em que toda doutrina contida naquela revelação é verdadeira (*Works*, p. 2479s.). Quando se sabe que a Bíblia é a Palavra de Deus, a lógica exige que tudo que ela diz seja aceito.

Prova da necessidade da revelação sobrenatural. O argumento de Edwards a favor da revelação divina é triplo: "1) Apesar de Deus por meio da natureza revelar tanto sobre si mesmo, os homens não 'conhecem' a Deus realmente pela natureza. 2) Mesmo que conhecessem a Deus pela natureza, ela não revela se Deus os salvará ou condenará. 3) Mesmo se a natureza revelasse esse fato, não mudaria a atitude hostil do homem contra Deus e a salvação"(Gerstner, "Outline of the apologetics", 198-9).

As pessoas não "conhecem" a Deus pela natureza. Num de seus sermões, Edwards fala da "cegueira natural do homem nas coisas da religião" (Edwards, *Works*, 2247s.). Pois "há uma cegueira extrema nas coisas da religião, que naturalmente possui os corações da humanidade" (ibid., p. 247). Isso não é culpa dos sentidos, mas da cegueira do coração. Assim, "surge claramente a *necessidade* da *revelação* divina" (ibid., 253).

As pessoas não sabem se serão salvas. Por melhor que seja a revelação natural, ela não é salvadora. A revelação natural traz condenação, não salvação. Deixa as pessoas indesculpáveis (Rm 1.20). Se elas "não se convenceram pela salvação, serão convencidas pela condenação" (ibid., p. 255).

A revelação natural não ameniza a inimizade. A natureza deixa a humanidade em inimizade com Deus. Edwards concluiu:

Acredito que a humanidade seria como um bando de feras, com relação ao seu conhecimento sobre todas as verdades importantes, se não houvesse algo como a revelação no mundo, e que jamais teriam deixado sua brutalidade.

Além disso, "ninguém jamais alcançou noções toleráveis das coisas divinas, a não ser pela revelação contida nas Escrituras" (*Miscellanies*, p. 350). Como Gerstner disse: "Se há alguma coisa que a revelação natural revela, é que a revelação natural não é suficiente (Gerstner, "Outline of the apologetics", p. 200).

Prova da revelação sobrenatural na Bíblia. É claro que isso só mostra que precisamos de revelação especial, não que a temos. Para demonstrar que a Bíblia é a Palavra de Deus, Edwards usou um argumento duplo: 1) Ela é internamente coerente. 2) Ela é externamente comprovada.

O teste interno: racionalidade. Numa formulação negativa, o cristianismo não é falso por apresentar mistérios (v. MISTÉRIO), mas sim porque não tem contradições internas (v. "MISCELLANIES", p. 544). Razão e revelação corretas se harmonizam, e "a Bíblia não pede [que os seres humanos] acreditem contra a razão" ("Sermon on Isaiah 3.10"). Deus chega ao coração por meio da cabeça.

O teste externo: evidência milagrosa. Como outros apologistas clássicos, Edwards acreditava que milagres resultam da existência de um Deus teísta. Se Deus pode criar o mundo, ele pode intervir nele. Essa intervenção milagrosa assume uma dentre quatro formas.

Primeiro, há o milagre da profecia sobrenatural (v. PROFECIA COMO PROVA DA BÍBLIA). Em *Miscellanies*, ele discute o cumprimento das previsões do AT, tanto gerais quanto messiânicas (p. 443, 891, 1335). Só Deus poderia fazer tais previsões.

Segundo, milagres podem ser usados para dar crédito a um mensageiro de Deus. Edwards recorre aos milagres de Cristo. Às vezes, como no caso da ressurreição de Lázaro, Jesus afirmou com antecedência que faria um milagre para provar sua afirmação.

Será possível que Deus ouviria um impostor, ou ordenaria ou permitiria que uma coisa tão extraordinária fosse feita imediatamente como conseqüência da palavra e do ato de um impostor? (ibid., p. 444).

Terceiro, ele recorre à natureza sobrenatural do conteúdo do ensinamento de Moisés (v. MILAGRES COMO CONFIRMAÇÃO DA VERDADE), argumentando que nenhuma coisa divina viria de uma fonte puramente humana.

Por exemplo, como os judeus, que não tinham conhecimento em ciência ou filosofia e que eram propensos à idolatria como as nações à sua volta, poderiam inventar sua doutrina refinada e avançada acerca de Deus? (ibid., p. 159, 1158).

Quarto, ele argumentou com base nos resultados sobrenaturais da conversão. De que outra maneira uma pessoa venceria o medo da morte? ("Sermon on Romans 14.7"). Ele se empenhou, em "A treatise concerning religious affections" ["Tratado sobre as sensações religiosas"], em mostrar que a alegria e a paz que caracterizam a conversão cristã não estão presentes em outras religiões.

A necessidade de iluminação subjetiva. Apesar de tudo isso enfatizar evidências racionais e objetivas, Edwards não acreditava que a revelação geral nem a especial fossem suficientes para abrir corações depravados para a verdade de Deus. Somente "a luz divina e sobrenatural" poderia abrir o coração para receber a revelação de Deus. Sem essa iluminação divina, ninguém aceita a revelação de Deus, não importa quão forte seja a evidência. É necessário um coração novo, não um cérebro novo. Isso vem pela iluminação do Espírito Santo. Essa luz divina não concede nova verdade, ou nova revelação. Pelo contrário, dá um novo coração, uma nova atitude de receptividade à verdade revelada (v. Gerstner, "Outline of the apologetics" ["Esboço da apologética"], p. 295-7; v. Espírito Santo na apologética, papel do).

A racionalidade do livre-arbítrio e da predestinação. Como grande defensor da predestinação, Edwards acreditava que Deus não tinha obrigação de salvar ninguém. Todos merecem ir para o inferno. Então, "ele poderia, se quisesse, ter deixado todos perecerem ou poderia redimir todos" (*Jonathan Edwards*, p. 119). Mas Deus escolheu predestinar alguns ao céu e deixar que outros recebam o que merecem no inferno. Como todos podem ser livres se ao mesmo tempo Deus predeterminou que apenas alguns fossem salvos? Edwards tenta conciliar racionalmente essas duas doutrinas aparentemente contraditórias ao afirmar que a Liberdade "é o poder, oportunidade ou vantagem que todo mundo tem para fazer o que quer" (ibid., p. 311). O livre-arbítrio é fazer o que se quer, mas é Deus quem dá apenas aos eleitos o desejo de aceitá-lo. Logo, apenas eles serão salvos (v. "pagãos", salvação de; crianças, salvação de; universalismo).

A defesa racional do inferno por Edwards. Edwards não demonstra em parte alguma sua crença na racionalidade do cristão mais que na sua defesa da doutrina do castigo consciente eterno. Argumentou que mesmo um simples pecado merece o inferno, já que o Deus santo e eterno não pode tolerar nenhum pecado. Quanto mais, então, uma multidão de pecados diários em forma de pensamentos, palavras e ações fazem a pessoa indigna de sua presença? A isso deve ser acrescentada a rejeição da misericórdia imensa de Deus. E acrescente-se a isso uma disposição para encontrar falhas na justiça e na misericórdia de Deus, e temos evidências abundantes da necessidade do inferno. Então, insistiu, se tivéssemos uma verdadeira consciência espiritual, não ficaríamos chocados com a severidade do inferno, e sim com nossa depravação (*Works*, v. 1, p 109).

Edwards argumentou que

é muito irracional supor que não deveria haver castigo futuro, supor que Deus, que fez o homem como criatura racional, capaz de saber seu dever e ciente de que merece castigo quando não o faz, deixaria o homem sozinho e o deixaria viver como quer, jamais o puniria pelos seus pecados e jamais faria distinção entre o bem e o mal [...] É irracional supor que Aquele que fez o mundo deixaria as coisas em tal confusão e jamais cuidaria do governo de suas criaturas, e jamais julgaria suas criaturas racionais (*Works*, v. 2, p. 884).

Edwards responde a algumas das perguntas mais difíceis sobre o inferno já feitas por uma mente racional:

Por que as pessoas não se arrependem no inferno? Parece que, uma vez num lugar tão horrível, os condenados quereriam sair. Não é assim, raciocinou Edwards. Pois como pode um lugar desprovido da misericórdia de Deus conseguir o que nenhum esforço de sua graça conseguiu na terra, a saber, causar a mudança no coração e na disposição dos ímpios? Se o inferno pudesse reformar pecadores perversos, então estes seriam salvos sem Cristo, que é o único meio de salvação (ibid., v. 2, p 520). O sofrimento não amolece o coração; antes, o endurece. Vivesse Edwards em nossos dias, descobriria que os altos índices de reincidência e criminalidade crônica nas prisões modernas confirmam esse ponto de vista.

Por que os pecados temporais merecem castigo eterno? A justiça de Deus exige castigo eterno para os pecados porque "a atrocidade de qualquer crime deve ser avaliada conforme o valor ou dignidade da pessoa contra a qual ele é cometido" (Davidson, p. 50). Então, um assassinato de um presidente ou do papa é mais atroz que o de um terrorista ou chefão da máfia. O pecado contra um Deus infinito é um pecado infinito, digno de castigo eterno (*Works*, v. 2, p. 83).

Por que o inferno não pode ter valor redentor? O inferno satisfaz a justiça de Deus e a glorifica ao mostrar quão grande e assombroso esse padrão é. "A justiça vindicativa de Deus parece rígida, exata, tremenda e terrível, e, portanto, gloriosa" (ibid., p. 2 p. 87). Quanto mais horrível e tenebroso o julgamento, maior o brilho na espada da justiça de Deus. Castigo aterrorizante é digno da natureza de um Deus aterrorizante. Pela demonstração majestosa da ira de Deus, ele recupera a majestade que lhe foi recusada. Uma demonstração tenebrosa de castigo na vida futura trará a Deus o que os seres humanos recusaram-se a dar a ele nesta vida. Aqueles que não glorificam a Deus espontaneamente nesta vida serão forçados a glorificá-lo na próxima.

Todos são ativa ou passivamente úteis a Deus. No céu, os crentes serão ativamente úteis ao louvar a sua misericórdia. No inferno, os incrédulos serão úteis passivamente ao trazer majestade à sua justiça. Assim como uma árvore morta é útil como lenha para o fogo, os homens desobedientes são apenas combustível para o fogo eterno (ibid., v. 2, p. 216). Já que os incrédulos preferem ficar longe de Deus agora, por que não esperar que esse seja seu estado escolhido pela eternidade?

Um Deus misericordioso permitiria sofrimento no inferno? Supor que a misericórdia de Deus não permite sofrimento no inferno é contrário à realidade. Deus permite muito sofrimento neste mundo. É um fato empírico que Deus e o sofrimento humano não são incompatíveis (Gerstner, "Outline of the apologetics", p. 80). Se a misericórdia de Deus não pode tolerar sofrimento eterno, então também não pode tolerá-la em doses menores (*Works*, v. 2 p. 84).

Além disso, Edwards argumentou que a misericórdia de Deus não é uma paixão ou emoção que supera sua justiça. Esse tipo de misericórdia seria um defeito em Deus, ela o faria fraco e incoerente, não um justo juiz.

Finalmente, nossas atitudes e sentimentos serão transformados e corresponderão mais aos de Deus. Logo, amaremos apenas o que Deus ama e odiaremos o que Deus odeia. Já que Deus não sofre ao pensar no inferno ou em vê-lo, nós também não sofreremos — mesmo no caso de pessoas que amamos nesta vida. Edwards dedicou um sermão inteiro e isso: "The end of the wicked contemplated by the righteous" ["O fim dos ímpios contemplado pelos justos"]. Na condensação desse sermão por Gerstner

> não parece nem um pouco cruel da parte de Deus infligir tal sofrimento extremo a criaturas extremamente perversas (Gerstner, "Outline of the apologetics", p. 90).

Avaliação. Só é possível examinar rapidamente as implicações à apologética encontradas na obra de Edwards.

Avaliação positiva. Jonathan Edwards foi um famoso avivalista americano e um grande intelectual — uma combinação rara. Sua defesa da fé seguia a tradição da APOLOGÉTICA CLÁSSICA.

Não importa o que se pense das respostas de Edwards a perguntas difíceis sobre o inferno, ele tentou confrontar os problemas teológicos mais difíceis. Ele acreditava que a verdade de Deus está em harmonia com a razão correta. Sua defesa do cristianismo começou com um dos argumentos mais racionais e poderosos a favor da existência de Deus já oferecidos por um teísta.

Apesar de enfatizar o raciocínio, Edwards não era racionalista. Argumentou a favor da necessidade da revelação especial. Acreditava que a razão era insuficiente para trazer as pessoas a Cristo. Nada além da obra sobrenatural da iluminação divina do coração humano poderia fazer isso (v. ESPÍRITO SANTO NA APOLOGÉTICA, PAPEL DO).

Edwards viu claramente a necessidade de apresentar uma defesa racional da existência de Deus antes de tentar uma defesa histórica do cristianismo. Mas ele também percebeu que a verdade do cristianismo não pode ser justificada sem recorrer à evidência externa. Há um teste factual, assim como racional, para a verdade do cristianismo.

Crítica negativa. Algumas críticas justificadas e algumas injustificadas foram feitas a Edwards. Críticas comuns à teologia reformada são comentadas em outro artigo (v. LIVRE-ARBÍTRIO). Para uma compreensão precisa de seu pensamento, entretanto, duas críticas devem ser respondidas: que seu idealismo platônico (v. PLATÃO) o leva ao panteísmo e que seu Deus carece de misericórdia.

A acusação de que Edwards era panteísta (v. PANTEÍSMO), porque identificou Deus com toda Existência, é respondida cuidadosamente em Gerstner, "An outline of the apologetics of Jonathan Edwards", pt. 2, p. 99-107. O Deus de Edwards é apenas "toda Existência" no sentido de que toda existência ou é sua essência ou flui dele. Edwards deixa claras distinções entre Deus e a criação, entre Ser Necessário e ser contingente. E sua ênfase a indivíduos eternamente eleitos ou eternamente condenados é incompatível com uma cosmovisão panteísta (ibid., p. 104).

Um dos argumentos de Edwards sobre o inferno é que Deus não tem a obrigação de ser misericordioso. A misericórdia, ele insiste, é uma escolha, e não um dever. Deus só tem de conceder sua misericórdia a quem decidiu concedê-la. Esse argumento parece negar o que Edwards diz acreditar: Deus é um ser completamente perfeito, o que incluiria benevolência total. Mas se Deus é completamente benevolente, então algo em Deus o obriga a ajudar pecadores necessitados. Jamais acharíamos que uma pessoa é completamente boa se ela não tentasse salvar todos os que pudesse de um naufrágio ou de um prédio em chamas.

Segundo Edwards, ninguém é levado a agir, a não ser que Deus aja por ele. O livre-arbítrio é fazer o que se quer, mas só Deus dá o desejo para tal. Quando aplicado à escolha de Lúcifer, a de se rebelar contra Deus, isso significaria que Deus lhe deu o desejo de pecar. Mas Deus não pode pecar (Hc 1.13) nem pode dar a pessoas livres o desejo de pecar (Tg 1.13,14). Logo, o conceito de livre-arbítrio de Edwards (e o conceito bem semelhante do calvinista rígido) parece racionalmente incoerente.

Fontes

B. W. Davidson, Reasonable damnation: how Jonathan Edwards argued for the rationality of hell, jets, 38.1 (Mar. 1995).

J. Edwards, *Freedom of the will.*

___, *Jonathan Edwards: representative selection...*, Clarence H. Faust, et al., orgs.

___, Of being, *The philosophy of Jonathan Edwards from his private notebooks*, seção 12, H. G. Townsend, org.

___, "Sermon on Isaiah 3.10", ms. não publicado, Yale University Beinecke Library.

___, "Sermon on Romans 1.20", ms. não publicado, Yale University Beinecke Library.

___, "Sermon on Romans 14.7", ms. não publicado, Yale University Beinecke Library.

___, The mind, *The philosophy of Jonathan Edwards from his private notebooks*, seção 12, H. G. Townsend, org.

___, *The works of Jonathan Edwards*, E. Hickman, org.

J. Gerstner, *Jonathan Edwards: A mini-theology.*

___, An outline of the apologetics of Jonathan Edwards, em *Bib. Sac.*, 133 (Jan.-Mar. 1976; Apr.-Jun. 1976; Jul.-Set. 1976; Oct.-Dec. 1976).

Einstein, Albert. Nasceu em Ulm, Alemanha, em 1879. Formou-se na escola de engenharia em Zurique, em 1901. Em 1905 escreveu seu primeiro artigo sobre a teoria da relatividade, pelo qual recebeu o doutorado da Universidade de Zurique. Mais tarde, em 1919, ficou mundialmente famoso, do dia para a noite, quando a Sociedade Britânica Real anunciou que sua nova teoria da gravidade havia derrubado a teoria de Isaac Newton, que se mantivera por trezentos anos. Em 1921, ganhou o Prêmio Nobel de Física por seu trabalho no campo da física teórica. O anti-semitismo crescente na Europa levou Einstein a mudar-se para os Estados Unidos em 1933, onde ensinou na Universidade Princeton até sua morte em 1955.

Einstein abraçou o pacifismo, o liberalismo e o sionismo. Buscou durante toda a vida encontrar uma teoria do campo unificado — um objetivo que lhe escapou a vida inteira. Sua primeira publicação foi intitulada *A new determination of molecular dimensions* [*Uma nova determinação de dimensões moleculares*] (1905). Seu artigo seguinte, *On a heuristic viewpoint concerning the production and transforma-tion of light* [*Sobre um ponto de vista heurístico a respeito da produção e transformação da luz*], postulava que a luz é composta de *quanta* (partículas que mais tarde foram denominadas *fótons*) que, além do comportamento de ondas, demonstram certas propriedades exclusivas das partículas. Em *On the electrodynamics of moving bodies* [*Da eletrodinâmica dos corpos em movimento*], postulou que o tempo e o movimento são relativos para o observador. Seu artigo seguinte, *Does the inertia of a body depend upon its energy content?* [*A inércia de um corpo depende de seu conteúdo de energia?*], postulava sua famosa equação $E=MC^2$ (Energia = massa vezes a velocidade da luz ao quadrado). Em 1916 ele escreveu *The foundation of the general theory of relativity* [*Fundamentos da teoria geral da relatividade*], obra em que argumentou que a gravidade não é uma força, mas um campo curvo no espaço-tempo contínuo criado pela presença da matéria.

Visão de Deus e da religião. Apesar de seu apoio ao movimento sionista, Einstein não era um judeu praticante. Sua relação com o judaísmo era mais étnica que religiosa. O judaísmo não tinha grande importância em sua vida, mas ele insistia em que um judeu pode abandonar sua fé e ainda ser judeu. Numa carta do período da guerra ao físico Paul Ehrenfest, Einstein expressou um sentimento de amargura contra Deus por causa do holocausto europeu:

O antigo Jeová ainda está ausente. Infelizmente ele sacrifica os inocentes com os culpados, a quem ele deixa tão terrivelmente cegos que sequer sentem culpa (ibid., 156; v. cananeus, massacre dos).

Quanto à interação de religião e ciência, Einstein acreditava que

ao domínio da religião pertence a fé em que os regulamentos válidos para o mundo da existência são racionais, isto é, compreensíveis à razão. Não posso imaginar um cientista genuíno sem essa fé profunda. A situação pode ser expressa por uma imagem: ciência sem religião é aleijada, religião sem ciência é cega (Frank, p. 286; v. fé e razão).

A ordem do universo. Para Einstein o universo era uma maravilha da ordem matemática:

Quanto mais um homem é imbuído da regularidade ordenada de todos os eventos, mais firme se torna sua convicção de que não há mais espaço, ao lado dessa regularidade ordenada, para causas de uma natureza diferente (de um Criador). Para ele, nem o governo humano nem o governo de uma vontade divina existe como causa independente de eventos naturais. Com certeza a doutrina de um Deus pessoal que interfere com eventos naturais jamais poderia ser refutada, de modo real, pela ciência, pois essa doutrina pode sempre refugiar-se nos domínios em que o conhecimento científico ainda não se estabeleceu (ibid.; v. teleológico, argumento).

Um biógrafo explicou que Einstein acreditava que

do ponto de vista matemático o sistema das leis físicas é muito complexo, e, para entendê-lo, são necessárias enormes capacidades matemáticas. No entanto, ele espera que a natureza realmente obedeça a um sistema de leis matemáticas (citado em Herbert, p. 177).

A natureza de Deus. Numa resposta de 1929 a uma pergunta do rabino Goldstein de Nova York, Einstein descreveu sua crença num conceito panteísta de Deus: "Acredito no Deus de Espinosa que se revela na harmonia de tudo que existe, não num Deus que se preocupa com o destino e as ações dos homens" (Clark, p. 38; v. Espinosa, Baruch). Acrescentou em outro lugar: "A fonte principal dos conflitos atuais entre os domínios da religião e da ciência está no conceito de um Deus pessoal" (Frank, 285). Logo, ele rejeitou o teísmo em favor do panteísmo.

Conseqüentemente, negava que haveria um dia de recompensa ou castigo após a morte.

O que não consigo entender é como poderia haver um Deus que recompensaria ou castigaria seus súditos ou que poderia nos induzir a desenvolver nossa vontade no nosso cotidiano (Bucky, 85).

Ele disse:

Não acredito que um homem deve ser reprimido nas suas ações diárias por ter medo do castigo após a morte ou que deva fazer as coisas só porque dessa maneira será recompensado depois que morrer [...] A religião não deveria ter nada que ver com medo de viver ou medo de morrer, e sim deveria ser uma busca do conhecimento racional (ibid., p. 86).

Deus e milagres. Ao anunciar que a existência de milagres jamais poderia ser refutada, Einstein uniu-se a Espinosa ao negar que pudessem ocorrer:

As leis naturais da ciência não só foram resolvidas teoricamente, mas também foram provadas na prática. Então não posso acreditar nesse conceito de um Deus antropomórfico que tem os poderes de interferir nessas leis naturais [...] Se há tal conceito de Deus, é um espírito sutil, não uma imagem de um homem que tantos fixaram nas suas mentes. Em essência, minha religião consiste em uma admiração humilde por esse espírito superior ilimitável que se revela nos pequenos detalhes que somos capazes de perceber com nossas mentes frágeis e delicadas (ibid., v. milagres, argumentos contra).

A origem do universo. Há uma estranha ironia quanto à visão de Deus sustentada por Einstein. Sua aceitação relutante da teoria do *big-bang* para a origem do universo deveria afastá-lo da sua posição panteísta para uma posição mais teísta. Pois Einstein não conseguiu encontrar uma explicação para sua equação da relatividade geral que não exigisse um princípio ou um Criador para o universo. Até mesmo o físico e antiteísta do final do século xx, Stephen Hawking, faz a pergunta sobre quem "acendeu as equações" e detonou o universo (Hawking, p. 99).

Primeiro Einstein se opôs à evidência crescente de uma origem por uma grande explosão (*big-bang*), talvez por perceber suas implicações teístas. Para evitar essa conclusão, Einstein acrescentou um "fator indeterminante" a suas equações e acabou sendo humilhado mais tarde quando sua fraude foi descoberta. Felizmente, ele eventualmente admitiu seu erro e concluiu que o universo foi criado. Então, escreveu sobre seu desejo de saber como Deus criou esse mundo. Disse: "Não estou interessado nesse ou naquele fenômeno, no espectro desse ou daquele elemento. Quero conhecer seu pensamento, o resto é detalhe" (v. Herbert, p. 177).

Avaliação. É lógico que, após reconsiderar a evidência de que o cosmo teve um princípio, Einstein deveria ter concluído, como o físico britânico Edmund Whittaker: "É mais simples postular criação *ex nihilo* — vontade divina constituindo a natureza do nada" (Jastrow, "Scientist caught", p. 111; v. criação, visões da). Até Robert Jastrow, agnóstico convicto, disse: "Que existem o que eu ou qualquer pessoa chamaria de forças sobrenaturais em ação agora é, creio eu, fato cientificamente comprovado" (*God and the astronomers*, p. 15, 18). Jastrow observa que

astrônomos agora sabem que se colocaram num beco sem saída porque provaram, pelos seus métodos, que o mundo começou abruptamente num ato de criação [...] E descobriram que tudo isso aconteceu como resultado de forças que eles não têm esperanças de descobrir (ibid., p. 15).

Infelizmente, não temos evidência de que Einstein tenha chegado à conclusão que seus avanços científicos apóiam (v. ANTRÓPICO, PRINCÍPIO; EVOLUÇÃO CÓSMICA; *KALAM*, ARGUMENTO COSMOLÓGICO DE; TERMODINÂMICA, LEIS DA).

Se é fato científico que o universo surgiu de uma explosão por forças sobrenaturais, Einstein deve ter aceitado milagres. Esse foi o maior milagre de todos.

Fontes

P. A. BUCKY, *The private Albert Einstein.*
R. W. CLARK, *Einstein: his life and times.*
"Einstein," *EB*, 1994 org.
P. FRANK, *Einstein: his life and times.*
S. HAWKING, *Buracos negros, universos-bebês e outros ensaios.*
F. HEEREN, *Show me God.*
N. HERBERT, *A realidade quântica — nos confins da nova física.*
R. JASTROW, "A scientist caught between two faiths: interview with Robert Jastrow", *CT* 6 Aug. 1982.
___, *God and the astronomers.*

elos evolucionários perdidos. Os evolucionistas acreditam em ancestrais comuns para todas as plantas e animais, inclusive seres humanos. Sua teoria macroevolutiva (v. EVOLUÇÃO; EVOLUÇÃO BIOLÓGICA) implica a crença de que todas as formas superiores de vida evoluíram das formas inferiores por meio de pequenas mudanças no decorrer de vários milhões de anos. No entanto, reconhecem que o registro fóssil estudado pela paleontologia não revela tal série extremamente gradativa de formas animais nas seqüências de tempo adequadas. Esses fósseis transicionais que deveriam ser encontrados no solo, mas não têm sido, são chamados "elos perdidos" na cadeia evolutiva.

O próprio pai da evolução moderna, Charles Darwin, reconheceu isso como um problema sério quando escreveu em *A origem das espécies*: "Então por que nem toda formação geológica nem todo estrato estão cheios de tais elos intermediários? A geologia certamente não revela nenhuma cadeia orgânica extremamente gradativa, e essa, talvez, seja a objeção mais óbvia e grave que possa ser alegada contra a minha teoria" (p. 152). É claro que Darwin esperava que um número suficiente desses "elos perdidos" fosse encontrado para substanciar o que ele chamou "teoria da evolução", em vez de "teoria da criação" (235, 435, 437).

Nos quase 150 anos desde que Darwin escreveu (1859), milhões de fósseis foram desenterrados. Mas os "elos perdidos" necessários para confirmar essa teoria não foram encontrados. Na verdade, descobriu-se que algumas espécies consideradas transicionais na verdade não eram verdadeiros fósseis transicionais, de forma que o registro é ainda mais escasso hoje que na época de Darwin! O paleontólogo Stephen Jay Gould, da Universidade de Harvard, confessou:

A extrema raridade de formas transicionais no registro fóssil persiste como "o segredo do negócio" da paleontologia. As árvores evolutivas que enfeitam nossos livros didáticos só têm dados nas extremidades e nos nós de seus galhos; o resto é inferência, por mais razoável que seja, não evidência de fósseis (Gould, p. 14).

Niles Eldredge concorda, argumentando que

a expectativa afetou a percepção de tal forma que o *fato mais óbvio sobre a evolução biológica — imutabilidade —* raramente, se alguma vez, foi incorporado nas noções científicas de como a vida realmente evolui. Se já existiu um mito, é que a evolução é um processo de mudança constante (Eldredge, p. 8).

Gould reconheceu francamente que a história da maioria das espécies fósseis inclui duas características especificamente incoerentes com o gradualismo:

Estase. A maioria das espécies não exibe nenhuma mudança direcional durante sua presença na terra. Aparecem no registro fóssil praticamente da mesma forma que quando desaparecem; mudança morfológica geralmente é limitada e sem direção.

Aparição repentina. Em nenhum lugar, a espécie surge gradualmente, por meio da transformação constante de seus ancestrais. Aparece de uma vez, "completamente formada" (Gould, p. 13-4). Assim, é justo dizer que a teoria da evolução, como Darwin a concebeu, não foi verificada pela única fonte de evidência real, o registro fóssil.

Explicação de "elos perdidos". Apesar de a incapacidade de encontrar "elos perdidos" ter desapontado os evolucionistas, poucos abandonaram a teoria. Pelo contrário, reagem de várias formas:

Existem algumas formas fósseis transicionais para apoiar a evolução, então é provável que outras venham a ser encontradas. Fósseis de cavalos são dados como exemplo de série fóssil.

Uma pequena fração de todos os animais que existiram foi preservada em fósseis. E apenas uma fração muito pequena de todos os fósseis foi desenterrada. Então, não devemos esperar que muitos "elos perdidos" sejam encontrados.

Por natureza, fósseis transicionais eram poucos. Isso aumenta sua raridade.

Muitas espécies tinham partes moles que pereceram facilmente e não foram preservadas.

Muitos evolucionistas apóiam a posição denominada "equilíbrio pontuado", que afirma que a evolução ocorreu mais rapidamente do que se pensava. Há saltos no registro fóssil. A evolução, afirmam eles, parece mais uma bola quicando até o alto de uma escada que uma bola rolando para o alto de um monte.

Elos cruciais foram encontrados entre os primatas e os seres humanos. Eles incluem o homem de Neandertal, o homem de Pequim, o Australopithecus, Lucie e outros.

Resposta à teoria do elo perdido. As respostas de criacionistas a essas defesas da teoria evolutiva seguem várias linhas de raciocínio.

Mesmo que uma série extremamente gradual de fósseis fosse encontrada, havendo assim menos elos perdidos na progressão, isso não provaria a evolução. Semelhança e progresso não provam necessariamente um ancestral comum; podem ser evidência de um Criador comum. Os evolucionistas às vezes falam da evolução do avião ou do carro, de modelos simples a mais complexos mais tarde. No entanto, nem o carro nem o avião evoluíram por forças naturais que produziram pequenas mudanças durante um longo período de tempo. Em ambos os casos, houve interferência externa inteligente que criou um modelo semelhante aos anteriores. Essas ilustrações apóiam o modelo criacionista de um Criador comum, em lugar de um ancestral evolutivo comum.

Isso leva a outro problema: formas de vida diferentes podem ser semelhantes externamente ou até mesmo nos componentes básicos de seu código genético, mas ainda assim ser partes de sistemas completamente diferentes. Assim como é necessário inteligência para criar *Hamlet* a partir de palavras selecionadas de um idioma, também é necessário inteligência para selecionar e organizar informação genética a fim de produzir uma variedade de espécies que se encaixam num biossistema.

Além disso, o código genético de uma forma de vida difere de outra, assim como o modelo T de Henry Ford difere de um Mercedes Benz. Existem semelhanças básicas, mas são sistemas bem diferentes. E mudanças sistemáticas devem aparecer simultaneamente para o sistema funcionar; elas não podem ser gradativas. Isto é, todo o novo sistema deve surgir de modo funcional. Mas mudança simultânea e sistemática num organismo que já funciona é adequado a um modelo criacionista, não evolucionista. É possível fazer pequenas mudanças num carro gradualmente durante um tempo sem mudar seu tipo básico. Mudanças podem ser feitas aos poucos no formato dos pára-lamas, na cor e no acabamento. Mas se uma mudança é feita no tamanho do pistão, isso envolve mudanças simultâneas no virabrequim, no bloco, no sistema de refrigeração, no compartimento do motor e em outros sistemas. De outra forma, o novo motor não funcionará (Denton, p. 11). Da mesma forma, transformar um peixe num réptil ou um réptil num pássaro envolve mudanças drásticas e simultâneas em todos os sistemas biológicos do animal. A evolução gradual não pode explicar isso. O mesmo se aplica ao sistema do código genético muito mais complexo.

O próprio conceito do "elo perdido" contém uma petição de princípio a favor da evolução. A analogia pressupõe uma cadeia com algumas lacunas. A verdadeira descrição implica alguns elos com uma *cadeia perdida*. Existem "intervalos" gigantescos entre os principais tipos de vida em todos os "níveis" da suposta hierarquia evolutiva. No entanto, toda a analogia da cadeia pressupõe que a "cadeia" de evolução existiu e que existem "elos" perdidos a ser encontrados. Isso sobrepõe uma analogia a favor da evolução no registro fóssil. Um estudo imparcial desse registro não revela partes de uma cadeia, mas formas básicas diferentes, que aparecem de forma repentina e simultânea, completamente formadas e funcionais, reproduzindo a espécie e continuando praticamente iguais em toda sua história geológica. Essa evidência indica um criador inteligente.

Há menos fósseis transicionais hoje que na época de Darwin. Pois muitas coisas consideradas transicionais na verdade não eram. A evolução do cavalo é um exemplo disso. Até os evolucionistas reconhecem que a suposta progressão não é uma série contínua de transformação. Há uma regressão em alguns casos (e.g., o número de costelas no Eohippus antigo é dezoito e no Orohippus posterior é quinze). Da mesma forma, o número de costelas no Pliohippus antigo é dezenove, ao passo que no Equus Scotti posterior é dezoito. Até a maioria dos evolucionistas deixou de lado esse exemplo como prova da evolução. O menor animal (do tamanho de um cachorro) da série (Eohippus) não é um cavalo, e sim um texugo.

Entre os poucos "elos perdidos" encontrados, o celacanto (um peixe com nadadeiras fortes, normalmente datado do período devoniano) não é meio peixe e meio réptil. É 100% peixe. Nenhum celacanto foi encontrado com pés evoluindo nele. Na verdade, foram encontrados celacantos vivos no presente, e são idênticos aos do registro fóssil de uns 60 milhões de anos atrás. Da mesma forma, o arqueoptérix não é meio pássaro e meio réptil. Outros pássaros antigos tinham dentes como ele. Alguns pássaros atuais, tais como o avestruz, têm garras nas suas asas. O arqueoptérix tem penas e asas perfeitamente formadas — necessáras para o vôo. E primatas que utilizam ferramentas simples não são prova da evolução. Até mesmo alguns pássaros e focas usam objetos como ferramentas. Mas os primatas não fizeram foguetes ou computadores.

A descoberta de supostos "elos perdidos" entre primatas e humanos não apóia a macroevolução (v. Lubenow).

Logicamente, as semelhanças físicas entre as espécies não provam um ancestral comum. Uma explicação alternativa é que elas têm um Criador comum, que as criou para viverem em ambientes semelhantes. A genética é a única maneira de provar uma ligação. Infelizmente, não há como reconstruir a estrutura genética dos ossos desenterrados. É o que está oculto que importa. E a diferença entre um cérebro primata e um humano é imensa. Essa diferença não se refere apenas ao tamanho do cérebro, mas à sua complexidade e habilidade de criar arte, linguagem humana e mecanismos altamente complexos.

Além disso, alguns dos ossos do passado, famosos por serem considerados de espécies transicionais, não são mais vistos dessa maneira nem pelos evolucionistas. O homem de Piltdown, uma referência nos livros de ciência e museus durante anos, acabou desmascarado como fraude. O homem de Nebraska era a reconstrução a partir de um dente, que na verdade era de um porco extinto. No entanto, o homem de Nebraska foi usado como evidência no julgamento Scopes (1925) para apoiar o ensino da evolução nas escolas públicas. A evidência fóssil do homem de Pequim desapareceu. Alguns questionam sua validade, baseada em estudos anteriores ao desaparecimento dos pedaços de ossos. Um problema sério é que essa criatura foi morta com um objeto pontiagudo, uma causa de morte altamente improvável para um pré-humano. Até alguns evolucionistas acreditam que o australopiteco era um orangotango. Até hoje, nenhuma descoberta de fóssil primata sujeita a exame minucioso científico e objetivo é uma forte candidata à árvore genealógica humana. Apesar de supostas diferenças genéticas, o homem de Neandertal tinha capacidade cerebral maior que o homem moderno, e há evidência de que celebrava rituais religiosos, características normalmente associadas a seres racionais e morais. Com essa história, há razão para questionar outras descobertas fragmentárias. A postura curvada do homem de Neandertal[15] foi atribuída a uma deformidade óssea resultante de uma deficiência de vitaminas que os habitantes de cavernas sofriam por falta de luz solar.

Ainda que outros primatas *morfologicamente* semelhantes a seres humanos fossem desenterrados, isso não significaria que são *espiritualmente* iguais. Por trás da forma de homem estão a mente e a alma humanas (v. imortalidade). A pessoa humana tem uma consciência singular, e esta tem linguagem, com sua estrutura orientada por regras gramaticais. Além disso, os seres humanos têm consciência e práticas religiosas; os primatas, não. Todas as tentativas de demonstrar semelhança física entre primatas e seres humanos como base para a evolução ignoram a diferença gigantesca entre o reino animal e um ser humano criado à imagem e semelhança de Deus (Gn 1.27).

Fontes

W. R. Bird, *The origin of the species revisited*, 2 v.
C. Darwin, *A origem das espécies*.
M. Denton, *Evolution: a theory in crisis*.
N. Eldredge, *Os mitos da evolução humana*.
N. L. Geisler, *Is man the measure?*, cap. 11.
___, *Origin science* (cap. 7).
D. Gish, *Evolução: o desafio do registro fóssil*.
S. J. Gould, "Evolution's erratic pace", em *Natural history* (1972).
A. Johnson, *Darwinism on trial*.
M. Lubenow, *Bones of contention*.
J. Moore, *The post-darwinian controversies*.
C. Thaxton, et al., orgs., *Of pandas and people*.

epistemologia. *Epistemologia* é a disciplina que lida com a teoria do conhecimento. O termo pode ser dividido em *epistemologia* (gr. *episteme*, "conhecer, saber"; *logos*, "estudo"). É o estudo de como conhecemos.

As várias epistemologias incluem o racionalismo (v. Espinosa, Baruch), empiricismo (v. Hume, David), agnosticismo (v. Kant, Immanuel), idealismo (v. Platão), positivismo, (v. Comte, Auguste), existencialismo (v. Søren Kierkegaard), fenomenologia (v. Hegel, W. F. G.; Heidegger, Martin), e misticismo (v. Plotino).

A epistemologia discute se as idéias são inatas ou se nascemos como uma *tabula rasa*, isto é, um quadro-negro vazio. Ela também se ocupa com testes da verdade (v. verdade, natureza absoluta da) e se verifica idéias verdadeiras apenas são coerentes (v. coerentismo) ou se precisam de uma base suprema (v. fundacionalismo) em primeiros princípios auto-evidentes.

A epistemologia também lida com certeza (v. certeza convicção) e dúvida (v. ceticismo). O agnosticismo afirma que não podemos conhecer a realidade. O nível de certeza do que conhecemos varia entre a baixa probabilidade (v. indutivismo) e a necessidade racional (v. primeiros princípios; lógica; tautologias).

escatológica, verificação. V. VERIFICAÇÃO, ESTRATÉGIAS DE.

Espinosa, Baruch. Baruch (ou Benedictus) Espinosa (1632-1677) nasceu em Amsterdã, de uma família de judeus portugueses. Apesar de ser do ramo da ótica (polidor de lentes) e jamais ter lecionado filosofia na universidade, teve grande influência na filosofia moderna. Acima de tudo, criou um impacto negativo no cristianismo ortodoxo. Espinosa foi até excomungado da sua sinagoga em 1656 por acreditar que Deus é "extenso", uma forma de PANTEÍSMO, que anjos são imaginários e que IMORTALIDADE da alma não existe.

O filósofo medieval Moisés MAIMÔNIDES (1135-1204), por meio do seu *Guia dos perplexos*, ajudou Espinosa a conceituar Deus como um Ser Necessário e a empregar a razão humana independentemente da revelação divina. A idéia de Anselmo (c. 1034-1109) de Deus como um ser absolutamente perfeito e necessário também influenciou o pensamento de Espinosa. O racionalista francês René DESCARTES (1596-1650), que escreveu *Meditations* [*Meditações*], ensinou Espinosa a usar os métodos matemáticos na filosofia. O filósofo do primeiro século FÍLON (13 a.C.-45 d.C.) levou Espinosa a acreditar que Deus é a base de toda existência e que a Bíblia deve ser interpretada alegoricamente. A geometria de Euclides (c. 300 a.C.) ensinou a Espinosa seu racionalismo dedutivo. A partir desse histórico, ele deu grande ênfase à unidade de Deus. Todos esses e outros fatores contribuíram para uma forma singular de panteísmo racionalista.

As duas obras principais de Espinosa são *Tractatus theologico-politicus, tractatus politicus* [*Tratado teológico-político, tratado político*], (1670) e *Ética* (1674).

Filosofia. Como Euclides, Espinosa começa definindo seus axiomas e depois fazendo deduções a partir deles. Somente dessa maneira, ele escreve, é que se pode ter certeza de suas conclusões. A verdade só é conhecida por meio de uma idéia verdadeira. A verdade perfeita só é conhecida por meio da idéia perfeita. O erro tem quatro causas: 1) Nossas mentes dão apenas uma impressão fragmentada das idéias. 2) A imaginação é afetada pelos sentidos físicos e nos confunde. 3) O raciocínio é abstrato e geral demais. 4) Não podemos começar com a idéia perfeita. O remédio para o erro é voltar à Idéia perfeita de Deus. Quanto mais a pessoa se alimenta da Idéia perfeita, mais perfeita ela se torna. Sensações são confusas e indefinidas.

A filosofia de Espinosa começa com a idéia perfeita de Deus, o ser absolutamente necessário e perfeito. Deus deve ser concebido como um ser que existe por si mesmo — isto é, autocausado. Mas só pode haver um Ser absolutamente independente. Todos os outros seres são modalmente dependentes de Deus. Esses "modos" são aspectos ou momentos de Deus, atributos seus e propriedades para nós. Os dois únicos atributos de Deus que conhecemos são o pensamento e a *extensão* de Deus infinitamente no espaço.

Provas de Deus. Espinosa acreditava que a existência de Deus podia ser provada com certeza matemática. A primeira forma de sua prova pode ser afirmada da seguinte maneira:

1. Deve haver uma causa para tudo, tanto existente quanto inexistente.
2. Um Ser Necessário deve existir necessariamente, a não ser que haja uma causa adequada para explicar sua inexistência.
3. Mas não existe causa adequada para explicar porque um Ser Necessário não existe:
    a) Tal causa teria de ser ou de dentro da natureza de Deus ou de fora dela;
    b) Nenhuma causa fora de uma existência necessária poderia anular sua existência;
    c) e nada interior a um Ser Necessário nega que este seja um Ser necessário;
    d) Logo, não há causa adequada para explicar porque um Ser Necessário não existe;
4. Logo, um Ser Necessário necessariamente existe.

A segunda forma do argumento de Espinosa é esta:

1. Algo existe necessariamente.
2. Essa Existência Necessária é finita ou infinita.
3. Mas nenhuma causa finita pode impedir existência infinita, e é contraditório dizer que a Causa infinita impediu a Existência infinita.
4. Logo, deve haver uma Existência infinita.

A criação difere de Deus apenas como um modo difere da sua substância ou um pensamento da mente que o gerou. Todos os modos fluem necessariamente de Deus como 180° fluem de um triângulo. Essa criação é *ex Deo*, não criação *ex nihilo* (v. CRIAÇÃO, VISÕES DA). O efeito deve ser tão infinito quanto a Causa. A vontade não é um atributo de Deus, mas apenas um modo (logo, não é uma fonte de criação).

Este mundo é o mais perfeito possível. O mal é necessário. O mundo natural opera pela lei natural (científica) (v. NATURALISMO). A lei da gravidade de Newton é universal e é o modelo para todas as leis científicas. Não há exceções para uma lei verdadeira.

A impossibilidade de MILAGRES. Espinosa acreditava que só poderia haver uma substância infinita e que, portanto, o universo não foi criado. Deus é idêntico ao universo. Não poderia criá-lo, pois é da sua substância (v. MILAGRES, IMPOSSIBILIDADE DE). Para Espinosa, Deus não é transcendente; não está além da criação que conhecemos ou em alguma outra criação. Isso significa que a criatividade de Deus não é mais que a atividade da natureza. Se a suposição de Espinosa é verdadeira, milagres são impossíveis. Se Deus (o sobrenatural) é idêntico à natureza (o natural), não há intervenção sobrenatural na natureza vinda de fora dela. Com essa estrutura geral em mente, podemos examinar os argumentos de Espinosa contra milagres.

Espinosa declarou:

portanto, nada acontece na natureza em contradição com suas leis universais; não, tudo concorda com elas e as segue, pois [...] ela mantém a ordem fixa e imutável.

Na verdade, "um milagre, seja em contravenção à natureza, seja ultrapassando-a, é um absurdo". Espinosa era dogmático com relação à impossibilidade de milagres. Proclamou:

Podemos, então, ter certeza absoluta de que todo evento que é realmente descrito nas Escrituras necessariamente aconteceu, como todas as outras coisas, segundo leis naturais" (*Tractatus*, 1:83, 87, 92).

O argumento de Espinosa contra milagres é mais ou menos assim:

1. Os milagres são violações de leis naturais.
2. As leis naturais são imutáveis.
3. É impossível violar leis imutáveis.
4. Logo, milagres são impossíveis.

A segunda premissa é a chave do argumento de Espinosa. A natureza "mantém a ordem fixa e imutável" (ibid., p. 83). Tudo "acontece necessariamente [...] segundo as leis naturais" (ibid., p. 92). Se é verdadeiro que "nada acontece na natureza em contravenção às suas leis universais", Espinosa está certo em acreditar que um milagre "é um absurdo" (ibid., p. 83, 87).

Para apreciar as implicações, é preciso estar ciente de que Espinosa era um racionalista que tentou construir sua filosofia com base na geometria euclidiana (*Ética*, 1.1-42). Ele acreditava era preciso aceitar como verdadeiro apenas o que é evidente ou o que é redutível à evidência. Como DESCARTES, Espinosa argumentava de forma geométrica a partir de axiomas, chegando a conclusões contidas nesses axiomas. Espinosa viveu na era que foi marcada pela organização do universo físico. Por isso era axiomático que leis naturais eram imutáveis.

Crítica bíblica. O racionalismo e o naturalismo de Espinosa têm conseqüências profundas para quem acredita em eventos milagrosos ou revelações sobrenaturais. Ele tornou-se um dos primeiros intelectuais modernos a fazer uma alta crítica sistemática da Bíblia (v. BÍBLIA, CRÍTICA DA; WELLHAUSEN, JULIUS). Seu livro *Tractatus Theologico-politicus*, muito difundido no final do século XVII, era em grande parte um comentário crítico da Bíblia. Ele chegou a algumas conclusões radicais que, se verdadeiras, tornariam falsas as Escrituras sobrenaturalmente inspiradas.

O NATURALISMO de Espinosa o levou a concluir que Moisés não poderia ter escrito muitas passagens do Pentateuco (v. PENTATEUCO, AUTORIA MOSAICA DO), logo a teoria de que Moisés era seu autor era infundada (*Tractatus*, p. 126). Ele acreditava que Esdras, o escriba, escrevera os cinco primeiros livros do AT, assim como o restante dele (ibid., p. 129-30).

Não é de admirar que Espinosa tenha rejeitado os registros dos evangelhos sobre a ressurreição. Os apóstolos, disse, pregaram uma religião universal baseada apenas na crucificação (ibid., p. 170). O cristianismo era uma religião mística e não-proposicional, sem fundamentos. Essencialmente, Espinosa concordou com Paulo em 1 Coríntios 15 quanto ao fato de que, sem a ressurreição de Cristo, o cristianismo é uma religião sem esperança. Por não acreditar na ressurreição, essa era sua opinião a respeito da fé cristã. Todos os outros milagres também são condenados. Ele louvou "qualquer pessoa que procura as verdadeiras causas dos milagres e tenta entender os fenômenos naturais como um ser inteligente" (*Ética*, Apêndice, pt. 1, proposição 36). Além de tudo ter acontecido de acordo com leis naturais, as próprias Escrituras "fazem a afirmação geral em várias passagens de que o curso da natureza é fixo e imutável" (*Ética*, p. 92, 96).

Para Espinosa, as Escrituras simplesmente "*contêm* a palavra de Deus" (*Tractatus*, p. 165, grifo do autor). Essa posição foi uma das características do cristianismo liberal posterior, defendido por Friedrich SCHELEIERMACHER (1768-1834). É falso dizer que a Bíblia *é* a Palavra de Deus (v. BÍBLIA, EVIDÊNCIAS DA). Partes da Bíblia que *contêm* a palavra são conhecidas como tal porque a moralidade se conforma à lei natural conhecida por razão humana (ibid., p. 172, 196-7).

Os profetas não falaram com base na "revelação" sobrenatural, e "os modos de expressão e discursos adotados pelos apóstolos nas epístolas mostram claramente que elas não foram escritas por revelação e ordem divina, mas apenas pelos poderes naturais e opiniões dos autores" (ibid., p. 159). Espinosa ocasionalmente diz que os profetas falavam por "revelação", mas vê isso como o poder extraordinário da imaginação (ibid., p. 24).

Os conceitos gerais e o anti-sobrenaturalismo da crítica bíblica de Espinosa ainda são amplamente aceitos pelos teólogos seculares e eruditos cristãos liberais.

Avaliação. Três elementos no pensamento de Espinosa são interessantes para a apologética cristã: PANTEÍSMO, o anti-sobrenaturalismo (v. MILAGRES, ARGUMENTOS CONTRA) e a crítica bíblica (v. BÍBLIA, CRÍTICA DA). Os três estão relacionados. Como o panteísmo e a crítica bíblica são criticados em seus respectivos artigos, a ênfase aqui será dada às pressuposições naturalistas e suas conseqüências sobre a crença na inspiração das Escrituras.

O ataque de Espinosa aos milagres baseia-se na geometria ou dedução euclidiana, no racionalismo, no determinismo natural e na visão da natureza de Deus.

Um jogo dedutivo com cartas marcadas. O panteísmo dedutivo e racionalista de Espinosa sofre de um problema sério de petição de princípio. Isso é verdadeiro com relação ao panteísmo e ao anti-sobrenaturalismo que flui dele. Como David HUME observou, nada validamente dedutível das premissas deve estar presente nessas premissas desde o princípio. Se Deus é definido como ser absolutamente necessário, do qual tudo mais é apenas um modo, é evidente que o resultado é o panteísmo, pois uma definição panteísta de Deus está contida no axioma. Se uma concepção panteísta é inserida *a priori*, não é de admirar que mais tarde ela possa ser deduzida.

Da mesma forma, se o MATERIALISMO já é pressuposto nas premissas racionalistas de Espinosa, não é de admirar que ataque os milagres da Bíblia. A questão é se suas premissas racionalistas são defensáveis. Ele não fornece um argumento convincente. Mas, uma vez que se definam leis naturais como "fixas" e "imutáveis", é fácil chegar à conclusão de que relatos de milagres são irracionais. Nada pode quebrar o inquebrável.

O Deus e a ciência de Espinosa. O Deus de Espinosa era de substância igual à do universo. Milagres como intervenções sobrenaturais só são possíveis num universo teísta. Logo, cientistas querem razão para crer que um Deus teísta (v. TEÍSMO) existe, antes de acreditar que há qualquer evidência a favor de milagres. Num universo do tipo Natureza = Deus, milagres simplesmente não acontecem.

A crença de Albert EINSTEIN no Deus de Espinosa deu origem a uma das histórias mais fascinantes na ciência moderna. O astrofísico Robert Jastrow fala da relutância dos cientistas em concluir que o universo surgiu por meio de uma grande explosão ("*big-bang*") bilhões de anos atrás. Jastrow oferece várias linhas de evidência científica que apóiam um princípio do universo: o fato de o universo estar se desgastando, a teoria da relatividade de Einstein, e o padrão de expansão e o eco de radiação que podem ser detectados. O eco de radiação "convenceu os mais céticos" (Jastrow, p. 15). Einstein desenvolveu a teoria geral da relatividade, mas não notou que um universo em expansão era o resultado natural de sua teoria. O matemático russo Alexander Friedmann descobriu a razão da omissão de Einstein, um erro infantil de álgebra. Na verdade, ele havia dividido por zero. Einstein respondeu defendendo sua tese original, só que cometeu outro erro nessa prova.

Posteriormente Einstein reconheceu seu erro e escreveu: "Minha objeção baseava-se num erro de cálculo. Considero os resultados do sr. Friedmann corretos e esclarecedores". No entanto, "essa circunstância [de um universo em expansão] me irrita". Em outra ocasião, ele disse: "Admitir tais possibilidades parece um absurdo" (ibid., p. 16, 25-8).

Por que a teoria de que o universo teve um princípio parece "absurda" e tão irritante a ponto de levar Einstein a cometer um erro matemático? A resposta, escreve Jastrow, foi dada quando Einstein disse que sua religião era a crença "no Deus de Espinosa, que se revela na harmonia ordenada do que existe" (ibid., p. 28).

Conclusão. Espinosa foi um racionalista (v. RACIONALISMO) para quem a essência de Deus era igual ao universo, e para quem o universo é eterno e opera segundo a uniformidade da lei natural. Liderou o ataque filosófico contra os milagres e contra o testemunho da Bíblia sobre o Deus Salvador pessoal. Mas, como foi demonstrado, sua pressuposição de fé comete uma petição de princípio quando defendida logica-mente, porque sua definição de leis naturais, sem fundamento, preconiza que elas sejam inquebráveis (v. MILAGRES, ARGUMENTOS CONTRA).

O que Espinosa precisava fazer, mas não fez, era fornecer um argumento sólido para suas pressuposições racionalistas. Seu raciocínio é geométrico, mas retirou seus axiomas do nada, em vez de basear-se na observação empírica.

O conceito de lei natural de Espinosa como sistema determinista é auto-refutável. Se tudo é determinado, a teoria de que o determinismo é errado também é determinada. Mas o determinismo não pode ser verdadeiro e falso ao mesmo tempo. Logo, a base de Espinosa para o anti-sobrenaturalismo é infundada. Portanto, milagres não podem ser considerados impossíveis.

Finalmente, a evidência em favor de um princípio singular do universo de espaço e tempo tem crescido (v. BIG-BANG, TEORIA DO; EVOLUÇÃO CÓSMICA). Nesse caso, há um exemplo irrefutável de um milagre, e sua hipótese de Espinosa é refutada. Além disso, concluir que o universo teve um princípio arrasa o conceito de Deus defendido por Espinosa, um Deus que não existe além do universo.

Fontes

B. Espinosa, *Tractatus theologico-politicus, tractatus politicus*.
R. Jastrow, *God and the astronomers*.
W. James, *Some problems of philosophy*.
C. F. von Weizsacker, *The relevance of science*.
W. Craig, *The kalam cosmological argument*.
S. Hawking, *Uma breve história do tempo*.

"espírito mentiroso" enviado por Deus. V. mentiras nas Escrituras.

Espírito Santo na apologética, papel do. A maioria dos apologistas cristãos concordam que o Espírito Santo dá ao indivíduo testemunho da salvação pessoal. Romanos 8.16 afirma: "O próprio Espírito testemunha ao nosso espírito que somos filhos de Deus" (v. 1Jo 3.24; 4.13). Muitos também acreditam que o Espírito Santo dá testemunho da verdade do cristianismo. Um dos vários textos que ensinam isso é 1 João 5.6-10:

> Este é aquele que veio por meio de água e sangue, Jesus Cristo [...] E o Espírito é quem dá testemunho, porque o Espírito é a verdade [...] Nós aceitamos o testemunho dos homens, mas o testemunho de Deus tem maior valor, pois é o testemunho de Deus, que ele dá acerca de seu Filho [...] Quem não crê em Deus o faz mentiroso, porque não crê no testemunho que Deus dá acerca de seu Filho

Alguns alegam que o uso da razão relacionada a Deus, como a apologética diz fazer (v. APOLOGÉTICA, NECESSIDADE DA), é incoerente com a ênfase bíblica da necessidade de o Espírito Santo convencer alguém da verdade do cristianismo. Mas a posição cristã é que não há contradição entre razão e evidência por um lado e a obra do Espírito Santo por outro.

Os pais da igreja primitiva. Os primeiros apologistas cristãos, de Justino Mártir (100-165) a Clemente de Alexandria (c. 155-220), usaram a razão para defender a fé. Eles também acreditavam na necessidade da revelação divina e da obra do Espírito Santo para trazer a verdade sobre Deus à humanidade. No entanto, não deram tratamento sistemático ao relacionamento preciso entre a razão humana e o ministério do Espírito Santo. Isso foi tarefa dos teólogos posteriores, principalmente Agostinho, Tomás de Aquino e os reformadores.

Agostinho. Agostinho (354-430) enfatizou a obra do Espírito - chamar seres humanos depravados e mortos em delitos à nova vida em Cristo. Mas manteve essa obra em tensão com a crença de que a razão humana é necessária para julgar e entender a revelação divina. Sem ela não podemos conhecer a verdade de Deus. Cada um dos cinco propósitos servidos pela razão no pensamento de Agostinho é independente da mediação sobrenatural do Espírito Santo.

A razão vem antes da fé. Primeiro, há um sentido em que a razão vem antes da fé. Agostinho declarou que

> ninguém realmente acredita em algo a não ser que tenha primeiro pensado que tudo que em que se acredita deve ser aceito depois que o pensamento mostra o caminho" (*O livre-arbítrio*, 5).

A razão distingue os seres humanos. Segundo, a razão é uma faculdade distintiva e superior nos seres humanos.

> Deus nos livre que ele odeie em nós a faculdade pela qual nos fez superiores aos outros seres. Portanto, devemos recusar-nos a acreditar nisso e não receber ou buscar a razão para nossa própria crença, já que não poderíamos nem acreditar se não tivéssemos almas racionais (*Cartas*, 120.1).

A razão complementa a criação e a providência. Terceiro, a razão complementa as provas que Deus dá de sua existência (v. Deus, evidências de). "Ficará claro que Deus existe quando, com sua assistência, eu provar, como prometi, que existe algo superior à razão humana" (*O livre-arbítrio*, 2.6).

A razão capacita a comentar o evangelho. Quarto, a razão ajuda as pessoas a entenderem o conteúdo da mensagem cristã. Como alguém pode acreditar num pregador sem entender as palavras que o pregador fala? O entendimento contribui para a crença.

A razão remove as objeções. Quinto, a razão pode ser usada para remover objeções à fé. Referindo-se a alguém que tinha dúvidas antes de se tornar cristão, escreveu: "É razoável que indague sobre a ressurreição dos mortos antes de ser admitido aos sacramentos cristãos". Além disso,

> talvez também deva ter permissão para insistir em discussão preliminar sobre a questão proposta relativa a Cristo — por que ele veio tão tarde na história humana, e sobre algumas outras grandes questões, às quais todas as outras estão subordinadas (*Cartas*, 102.38).

Assim, Agostinho ensinou que a razão é útil antes, durante e depois de se exercitar a fé no evangelho. No entanto, a razão tem deficiências e, sem a obra do Espírito Santo, a humanidade estaria nas trevas.

O papel do Espírito Santo. A necessidade e superioridade da revelação divina ficam bastante claras no pensamento de Agostinho. Uma famosa afirmação sua é: "Primeiro creia, depois entenda" (*Sobre o credo*, 4). "Se quiséssemos saber e depois crer, não seríamos capazes nem de saber nem de crer" (*Do evangelho de João*, 27.9). Já que a fé foi um dom do Espírito (*Enchiridion*, 31), não há verdadeiro conhecimento da fé cristã sem a obra do Espírito Santo.

A revelação supera o resultado do pecado. "A falsidade surge não porque as coisas nos enganam [...] É o pecado que engana a alma, quando as pessoas buscam algo que é verdadeiro, mas abandonam ou negligenciam a verdade" (*Da verdadeira religião*, 36). Esse pecado é herdado, pois

o pecado que eles [Adão e Eva] cometeram foi tão grande que prejudicou toda natureza humana — nesse sentido, a natureza foi transmitida à posteridade com uma propensão ao pecado e uma necessidade de morrer (*A Cidade de Deus*, 14.1).

Somente a revelação divina recebida pela fé pode superar isso. "E ninguém consegue descobrir Deus sem que tenha primeiro acreditado no que mais tarde conhecerá" (*O livre-arbítrio*, 2.6).

A revelação é superior à razão. "Então o que entendemos devemos à razão; aquilo em que acreditamos, à autoridade" (*Da vantagem do crer*, 25). Agostinho deixou isso bem explícito quando confessou a Deus: "Éramos fracos demais para encontrar a verdade somente por meio da razão, por essa causa precisávamos da autoridade das Escrituras Sagradas" (*Confissões*, 6.5).

Além de o Espírito Santo ser o meio pelo qual recebemos a revelação escrita de Deus (ibid., 7.21), ele é necessário para iluminar e confirmar sua verdade. E o Espírito Santo é a verdade da presença de Deus no cristão. "Se em verdade tens caridade, tens o espírito de Deus para entender: pois é uma coisa muito necessária" (*Homilia* VI).

Tomás de Aquino. A questão da relação entre o Espírito Santo e o uso da razão humana é realmente uma subdivisão do assunto mais amplo, fé e razão. Aquino (1224-1274) falou extensamente sobre ambas. Falou sobre as provas racionais da existência de Deus e ofereceu evidências históricas e experimentais para apoiar a verdade do cristianismo. Aquino também acreditava que ninguém chega à fé em Cristo sem uma obra especial e graciosa do Espírito Santo.

A filosofia aplica a razão. Aquino via três usos para a razão na filosofia. A razão humana pode ser usada para provar a teologia natural (a existência e natureza de um Deus). Pode também ser usada para ilustrar a teologia sobrenatural (a Trindade e a encarnação). E pode ser usada para refutar falsas teologias.

Ela demonstra a existência e a unidade de Deus e outras proposições relativas a Deus e às criaturas. "Tais verdades sobre Deus foram provadas demonstrativamente pelos filósofos, guiados pela luz da razão natural" (*Summa theologica*, 1a.3, 2). A filosofia usa os ensinamentos dos filósofos para explicar doutrinas cristãs tais como a Trindade. Apesar de os argumentos demonstrativos não estarem disponíveis à teologia sobrenatural, existem argumentos prováveis que podem revelar a verdade divina. E a filosofia pode ser usada para se opor a ataques contra a fé, demonstrando que são falsos e desnecessários.

A razão humana pode apoiar a fé. Sobre o uso da "razão" (*apologia*) em 1 Pedro 3.15, Aquino argumentou que, apoiando o que cremos, a razão humana tem uma relação dupla com a vontade do crente. Às vezes a pessoa não tem vontade de acreditar senão movido pela razão humana. Nesse caso, a razão diminui o mérito que viria com a fé, já que as pessoas "deveriam acreditar nas questões da fé, não por causa da razão humana, mas por causa da autoridade divina". E "a razão humana pode ser subseqüente à vontade do crente".

Pois, quando um homem tem a vontade pronta para crer, ele ama a verdade em que crê, reflete sobre as razões que pode encontrar para apoiá-la e as leva a sério; e, dessa maneira, a razão humana não exclui o mérito da fé, mas é sinal de mérito maior (ibid., 2a2ae.2, 10).

A fé é apoiada pela evidência provável não baseada nela. "Aqueles que depositam sua fé nessa verdade, no entanto, 'para a qual a razão humana não oferece evidência experimental', não acreditam ignorantemente, como se 'seguissem fábulas artificiais'." Antes, "argumentos confirmam verdades que excedem o conhecimento natural e manifestam as obras de Deus que superam toda natureza" (*Suma contra gentios*, 1.6). Na evidência positiva apresentada por Aquino figuravam a ressurreição dos mortos, a conversão do mundo e os milagres (v. MILAGRES, VALOR APOLOGÉTICO DOS).

A evidência negativa compreende argumentos contra as falsas religiões, inclusive seu apelo sensual a prazeres carnais, ensinamentos que contradizem suas promessas, fábulas e falsidade, a falta de profetas e milagres que ofereçam confirmação para testemunhar a inspiração divina do seu livro sagrado (por exemplo, o *Alcorão*), o uso da força para difundir a mensagem, o testemunho de sábios que se recusaram a crer e perversões das Escrituras.

Pode ser surpreendente para quem conhece suas diferenças saber quão próximas as razões de Aquino para a necessidade do Espírito Santo estão das de João Calvino. Calvino estudou a fundo Aquino e os teólogos medievais, apesar de ser devedor, em grande parte, a Agostinho.

O Espírito supera os efeitos do pecado (v. NOÉTICOS DO PECADO, EFEITOS). Como Calvino em seus escritos posteriores, Aquino acreditava que o pecado distorce profundamente a mente. Essa distorção deixa a razão incapaz de contemplar a Deus e, assim, descobrir a fé que traz certeza. Deus quer que seu povo tenha confiança, assim seu Espírito comunica certo conhecimento dele por meio da fé (*Suma teológica*, 2a2ae.1, 5, ad 4).

O Espírito revela verdade sobrenatural. Para Aquino a única maneira de superar um adversário da verdade divina é a partir da autoridade das Escrituras — uma autoridade divinamente confirmada pelos milagres. Pois cremos naquilo que está acima da razão humana apenas porque Deus o revelou. É necessário "receber pela fé não apenas coisas que estão acima da razão, mas também aquelas que podem ser conhecidas pela razão". Sem a revelação do Espírito Santo, estaríamos nas trevas com relação a mistérios da fé como a Trindade, a salvação e outras questões reveladas apenas na Bíblia.

O Espírito é necessário para conceder fé. Além de muitas coisas serem conhecidas apenas pela fé, a própria fé pela qual são conhecidas é um dom do Espírito Santo. A razão pode acompanhar a fé, mas não pode causar fé. "Fé é chamada consentimento sem questiona-mento à medida que o consentimento de fé, ou assentimento, não seja causado por uma investigação do entendimento". A fé é produzida por Deus. Ao comentar Efésios 2.8,9, Aquino argumentou que o livre-arbítrio é inadequado para a fé, já que os objetos da fé estão acima da razão. "O fato de um homem acreditar, portanto, não acontece por si mesmo a não ser que Deus o permita" (*Comentário sobre Efésios*, 96). A fé é um dom de Deus, e ninguém pode crer sem ela.

A razão acompanha o assentimento da fé; ela não a causa (*Da verdade*, 14.A1, ad 6). Uma não causa a outra, mas a fé e a razão são paralelas. "A fé envolve a vontade (liberdade), e a razão não força a vontade" (ibid.). Uma pessoa é livre para discordar, mesmo diante de razões convincentes para crer.

O Espírito dá um motivo para crer. Para crer em Deus, é preciso ter o testemunho interior do Espírito Santo. Pois quem crê tem um motivo suficiente para crer, a autoridade do ensinamento de Deus, confirmado pelos milagres, e o motivo maior da inspiração interior (*instinctus*) de Deus convidando-o a crer (*Summa theologica*, 2a2ae.6, 1).

Quanto ao consentimento voluntário nas questões de fé, podemos observar dois tipos de causas. A causa que persuade *de fora* é confirmada por algo como um milagre ou um apelo humano. Isso é suficiente se não há uma causa que persuada *de dentro*. "O consentimento da fé, que é sua ação principal, portanto, tem como causa o próprio Deus, movendo-nos interiormente por meio da graça." Crer próprio da vontade que foi preparada por Deus por meio de sua graça, para receber o conhecimento que supera a natureza (ibid., 2a2ae.2, 9, ad 3).

O Espírito torna certa a evidência provável. Como podemos ter certeza, já que o apoio de nossa fé se baseia em testemunhos intermediários (falíveis)? Aquino responde que acreditamos nos profetas e apóstolos por causa de seu testemunho confirmado por milagres (Mc 16.20; v. MILAGRES NA BÍBLIA). Cremos em outros mestres apenas por concordarem com os escritos dos profetas e apóstolos (*Da verdade*, 14.10, ad 11). Socamente a Bíblia, inspirada pelo Espírito Santo, dá certeza e autoridade infalível à fé (v. CERTEZA/ CONVICÇÃO).

Deus é a base da fé. Somente Deus, não a razão, é a base da fé. A razão pode provar *que* Deus existe, mas não pode convencer um incrédulo a acreditar *em* Deus (*Suma teológica*, 2a2ae.2.2, ad 3). Podemos acreditar (consentir sem reservas) em algo que não é nem auto-evidente nem deduzido a partir de si mesmo (onde o intelecto é movido) por uma ação da vontade.

Isso não significa que a razão não tenha um papel anterior.

A fé não envolve uma busca pela razão natural de provar aquilo em que se acredita. Envolve, no entanto, uma forma de questionamento das coisas pelas quais uma pessoa é levada a acreditar, e.g., se elas são faladas por Deus e confirmadas por milagres" (ibid., 2a2ae.2.1, resposta).

Os demônios, por exemplo, estão convencidos pela evidência de que Deus existe,

mas não são suas vontades que trazem consentimento do que supostamente acreditam. Antes são forçados pela evidência dos sinais que os convencem de que aquilo em que os fiéis acreditam é verdadeiro.

No entanto,

esses sinais não causam a aparência do que se acredita para se dizer que os demônios, em virtude disso, podem ver as coisas em que acreditam (*Da verdade*, 14.9, ad 4).

João Calvino. João Calvino (1509-1564) acreditava que a razão humana era adequada para entender a existência de Deus, a imortalidade da alma e até a verdade do cristianismo. Ao mesmo tempo, acreditava que ninguém poderia ter certeza dessas verdades sem a obra do Espírito Santo. Calvino acreditava que muitas verdades sobre Deus poderiam ser conhecidas, sem qualquer obra especial do Espírito Santo, tais como senso de divindade, lei natural e evidência da verdade da Bíblia.

O senso inato de divindade. Todo ser humano tem um senso natural de Deus à partir da obra do Espírito Santo. Algum senso da pessoa de Deus está embutido na mente e nos instintos humanos. "Não há nação tão bárbara, nenhuma raça tão bruta, que não esteja imbuída com a convicção de que há um Deus" (*Institutas*, 1.3.1). Esse *senso de divindade* está tão naturalmente gravado no coração humano que até mesmo filósofos incrédulos são forçados a reconhecê-lo isso (ibid., 1.4.4).

A existência de Deus e a imortalidade da alma. Calvino falou da "essência invisível e incompreensível de Deus" que foi revelada na criação. Essa prova se estende à imortalidade da alma.

Em cada uma de suas obras sua glória está gravada em letras tão brilhantes, tão distintas e tão ilustres que ninguém, por mais tolo e iletrado, pode alegar ignorância como desculpa (ibid., 1.5.1-2).

Com respeito a Romanos 1.20,21, Calvino conclui que Deus

apresentou às mentes de todos o meio de conhecê-lo, tendo se manifestado de tal forma por meio de suas obras, que devem ver necessariamente o que por conta própria não procuram saber — que existe um Deus (*Comentário sobre Romanos e Tessalonicenses*, 2).

Conhecimento natural da lei natural. O conhecimento inato de Deus inclui conhecimento de sua lei justa. Calvino acreditava que já que "os gentios têm a justiça da lei naturalmente gravada nas suas mentes, certamente não podemos dizer que são completamente cegos à lei da vida" (*Institutas*, 1.2.22). Essa consciência moral é a *lei natural* e é suficiente para que nenhum mortal tenha desculpa para não conhecer a Deus. Por meio dessa lei natural, o julgamento da consciência é capaz de distinguir entre o justo e o injusto. Esse conhecimento inclui o senso de justiça implantado pela natureza no coração. Inclui uma discriminação e um julgamento naturais que distinguem justiça e injustiça, honestidade e desonestidade. Calvino acreditava que crimes como adultério, roubo e assassinato são considerados maus em todas as sociedades, e a honestidade é valorizada (*Romanos e Tessalonicenses*, p. 48). É evidente que Deus deixou provas de si mesmo para todos na criação e na consciência.

A evidência da inspiração das Escrituras. Calvino falou repetidas vezes sobre "provas" da inspiração da Bíblia (v. Bíblia, evidência da), entre elas a unidade das Escrituras, sua majestade, suas profecias e sua confirmação milagrosa. Ele escreveu:

Se olharmos para [a Bíblia] com olhos puros e julgamento imparcial, ela se apresentará imediatamente com uma majestade divina que subjugará nossa oposição presunçosa e nos forçará a homenageá-la (*Institutas*, 1.7.4).

A evidência compele até incrédulos a confessar (até certo ponto conscientemente) que as Escrituras exibem evidências claras de que foram enunciadas por Deus (ibid.).

O uso da razão humana, apesar de não ser absoluto, trouxe convicção suficiente sobre a existência de Deus e a verdade das Escrituras. Calvino disse que provas da inspiração das Escrituras podem não ser tão fortes a ponto de produzir e fixar uma convicção na mente, mas são "auxílios muito adequados" (ibid., 1.8.1).

Calvino fala da "credibilidade da Escritura suficientemente provada, até o ponto em que a razão natural admita". Oferece provas racionais sobre várias áreas, como a dignidade, a verdade, a simplicidade e a eficácia das Escrituras. A isso ele acrescenta evidência de milagres, profecia, história da igreja e até os mártires (ibid.).

A necessidade do Espírito Santo. Ao mesmo tempo, Calvino acreditava que ninguém jamais se convenceu das verdades sobre Deus, Cristo e a Bíblia sem a obra sobrenatural do Espírito Santo. Ele não via contradição no que dissera sobre o conhecimento natural de Deus e das Escrituras.

Os efeitos deletérios da depravação. Calvino acreditava que a depravação humana obscurecia a capacidade de entender e perceber a revelação natural de Deus (v. noéticos do pecado, efeitos). Escreveu:

Sua idéia da natureza dele [de Deus] não é clara a não ser que você o reconheça como sendo a origem e o alicerce de toda bondade. Logo, surgiria em você confiança nele e um desejo de apegar-se a ele, se a depravação da mente humana não o tirasse do rumo certo da investigação (ibid., 1.11.2).

O testemunho do Espírito. A certeza completa vem apenas pelo Espírito, que age como intermédio da evidência objetiva para confirmar no coração da pessoa que a Bíblia é a Palavra de Deus. Calvino afirmou que

nossa fé na doutrina não está estabelecida até que tenhamos uma *convicção perfeita* de que Deus é seu autor. Logo, a *maior prova* das Escrituras é uniformemente originada do caráter daquele a quem pertencem suas palavras.

Então,

nossa convicção da verdade das Escrituras deve ser derivada de *uma fonte superior às conjecturas, julgamentos ou razões humanas*, a saber, o testemunho secreto do Espírito (ibid., 1.7.1, cf. 1.8.1, 1.7.4; grifo do autor).

Usar a razão para defender as Escrituras é insuficiente.

Apesar de podermos manter a Palavra sagrada de Deus contra os oponentes, isso não significa que iremos imediatamente implantar a certeza que a fé exige nos seus corações (ibid., 1.7.4).

Calvino insistiu em que o testemunho do Espírito é superior à razão.

Pois assim como somente Deus pode testemunhar adequadamente sobre suas palavras, essas palavras também não obterão crédito total nos corações dos homens até que estejam seladas pelo testemunho interior do Espírito.

Ele acrescenta:

O mesmo Espírito, portanto, que falou pela boca dos profetas, deve penetrar em nossos corações, para nos convencer de que eles transmitiram com fidelidade a mensagem que lhes foi divinamente confiada (ibid., 1.7.4).

Seja portanto confirmado que os que são ensinados interiormente pelo Espírito Santo consentem implicitamente nas Escrituras; que a Bíblia, levando consigo a própria evidência, não consente em submeter-se a provas e argumentos, mas deve a convicção total com que devemos recebê-la ao testemunho do Espírito [...] Iluminados por ele, não mais acreditamos, no nosso próprio julgamento nem no dos outros, que as Escrituras são de Deus; mas, de maneira superior ao julgamento humano, temos certeza absoluta [...] que vieram a nós, pela instrumentalidade dos homens, da própria boca de Deus (ibid., 1.7.5).

Calvino acrescentou que a prova apresentada pelo Espírito transcende provas e probabilidades (v. CERTEZA/ CONVICÇÃO). Sua segurança não pede razões; em tal conhecimento a mente descansa mais firme e seguramente que em qualquer raciocínio. É uma "convicção que só a revelação do céu pode produzir" (ibid.). Sem essa confirmação divina, todo argumento e apoio da igreja é vão. "Até que esse fundamento superior tenha sido estabelecido, a autoridade das Escrituras permanece incerta" (ibid., 1.8.1).

O testemunho do Espírito e da evidência. É importante lembrar, como R. C. Sproul demonstra, que "o *testimonium* não descarta a razão como uma forma de misticismo ou subjetivismo. Pelo contrário, transcende e vai além da razão" (Sproul, "Internal testimony of the Holy Spirit", p. 341). É a ação de Deus por meio da evidência objetiva, não separado da evidência, que dá a certeza subjetiva de que a Bíblia é a Palavra de Deus. É uma combinação do objetivo e do subjetivo, não uma exclusão da evidência objetiva por uma experiência subjetiva. V. adiante os comentários sobre B. B. WARFIELD.

Jonathan Edwards. Jonathan EDWARDS (1703-1758) oferece novas percepções sobre a relação entre a evidência apologética e o Espírito Santo. Ele também via uma relação complementar entre os dois. Edwards via oito funções da razão:

1. A razão deve provar a existência de Deus, o Revelador.
2. A razão percebe que haverá uma revelação.
3. A razão pode demonstrar que algo que alegue ser revelação não é de Deus.
4. A razão demonstra a racionalidade da revelação.
5. A razão verifica se uma revelação é genuína.
6. A razão defende a confiabilidade da revelação.
7. A razão prenuncia que haverá mistérios numa revelação divina genuína, defende-os e refuta objeções à sua presença.
8. A razão compreende o que é iluminado pela revelação.

A razão prova a existência de Deus. Edwards esboça sua concepção da existência de Deus em *Freedom of the will* [*Da liberdade da vontade*] (2.3). A primeira prova é *a posteriori*, a partir de efeitos, de que há uma causa eterna. A partir de argumentos, demonstra que tal ser é necessariamente existente. A necessidade dessa existência demonstra suas perfeições *a priori*. As provas dos argumentos COSMOLÓGICO e TELEOLÓGICO se unem nessa abordagem.

A razão pode conferir certeza. É impossível que o nada pudesse causar algo. E já que algo existe, deve haver um Ser Necessário e eterno. Essa convicção firme de Edwards vem do princípio da causalidade, que ele descreve como um princípio auto-evidente, uma "regra do bom senso", a "mente da humanidade" e "esse princípio maior do bom senso" (ibid.). Em *Miscellanies,* ele declara: "É reconhecido por todos como auto-evidente que nada pode começar sem uma causa". Logo, "quando compreendida, essa é uma verdade que irresistivelmente terá lugar no consentimento". Nesse caso, "se supusermos um tempo quando não havia nada, um corpo não surgirá por conta própria". Pois afirmar que algo pode surgir sem uma causa é "o que a inteligência abomina" (*Miscellanies* número 91).

Edwards estava tão convicto de que algo não poderia surgir sem uma causa que, a exemplo de Aquino, argumentou que até um mundo eterno precisaria de uma causa. Pois,

se supuséssemos que o mundo é eterno, a própria disposição bela, planejada e útil do mundo também levaria à conclusão clara de que teve um autor inteligente.

Ele usa o exemplo de uma grande obra da literatura. Tal obra, ainda que existisse desde a eternidade, exigiria mais explicação que tinta derramada sobre papel (ibid., número 312).

Dependemos da metafísica para mostrar como é esse Ser Necessário, para

demonstrar que Deus não é limitado a um lugar, nem é mutável; que ele não é ignorante, ou esquecido; que é impossível para ele morrer, ou ser injusto; e há apenas um Deus e não centenas ou milhares (*Freedom of the will*, 4.13).

Edwards tinha certeza de que a razão demonstra os atributos divinos na sua infinidade (v. Deus, natureza de).

A razão limitada necessita do Espírito Santo. Apesar do valor dado à razão humana, Edwards acreditava que limitações significativas da razão humana precisam da obra do Espírito Santo no coração. A razão não pode tornar o conhecimento de Deus "real" para os não-regenerados. Ela não pode oferecer uma revelação sobrenatural capaz de levar à salvação, ou mesmo perceber tal revelação, por causa da depravação humana. Se recebe uma revelação, não consegue determinar seu pleno conteúdo divino.

Nada é mais evidente para Edwards que o fato, por mais válida que seja a revelação natural, de que há uma necessidade indispensável da revelação sobrenatural:

Se não fosse a revelação divina, tenho certeza de que não há sequer uma doutrina da chamada religião natural, apesar de toda filosofia e conhecimento, que não estivesse envolvida em trevas, dúvidas, disputas intermináveis e terrível confusão [...] De fato, os filósofos receberam o fundamento da maioria de suas verdades dos antigos, ou dos fenícios, ou do que recolheram aqui e ali das relíquias da revelação (*Miscellanies*, 1.1.19).

Apesar da convicção de Edwards de que a razão natural poderia construir argumentos válidos a favor da existência de Deus, ele negou que algum filósofo não cristão tenha feito isso. "Jamais se conheceu ou se ouviu falar de um homem que tivesse uma idéia [correta] sobre Deus, sem que esta lhe tivesse sido ensinada" (ibid., 1.6.15).

O Espírito dá vida à revelação. Por causa da luz do Espírito Santo, os cristãos podem formular uma religião natural válida onde os pagãos fracassam. Isso acontece porque

o aumento do conhecimento e da filosofia no mundo cristão deve-se à revelação. As doutrinas da religião revelada são os fundamentos de toda sabedoria útil e excelente [...] A palavra de, Deus leva nações bárbaras a usar seu discernimento. Traz suas mentes à reflexão e a razão abstrata e livra da incerteza nos primeiros princípios, tais como a existência de Deus, a dependência de todas as coisas a ele [...] Tais princípios são a base de toda filosofia pura, como se vê mais e mais à medida que a filosofia avança (ibid.).

Em vista disso, não é razoável supor que a filosofia em si poderia preencher a lacuna. O conhecimento é fácil, porém, para os que o compreendem por meio da revelação.

Pode parecer incoerente da parte de Edwards afirmar que Deus pode ser comprovado pela razão natural e que o incrédulo jamais poderia chegar ao Deus verdadeiro dessa maneira. O motivo, como Edwards explicou, é que a razão tem mais facilidade para demonstrar um ponto proposto por outra pessoa que para descobrir o ponto diretamente. Saberíamos que as obras da criação são efeitos se não nos tivessem dito que têm uma causa? As maiores mentes poderiam ser levadas ao erro e à contradição se tentassem formular uma descrição da causa apenas pelo estudo dos efeitos (ibid., 1.6.16).

Edwards acreditava ser possível a um incrédulo construir prova válida da existência do Deus verdadeiro, mas o fato de ninguém jamais ter feito isso demonstrou para ele que a mente precisa ter a iluminação do Espírito. Uma vez que a mente tenha conhecimento do verdadeiro Deus da revelação, é possível construir um argumento válido de sua existência com base nas premissas tiradas apenas da natureza e da razão (v. REVELAÇÃO GERAL). Assim, uma revelação especial não é *logicamente necessária* para provar a existência do Deus verdadeiro, mas na prática é *historicamente necessária*.

Edwards afirma que, ao entendermos completamente as dificuldades envolvidas em conhecer o Deus verdadeiro, inevitavelmente atribuímos toda religião verdadeira à instrução divina e todo erro teológico à invenção humana (ibid., 1.6.22).

A iluminação subjetiva é necessária. Apesar de toda sua ênfase na evidência racional e objetiva, Edwards acreditava que nem a revelação geral nem a especial eram suficientes para fazer pessoas depravadas abrir-se para a verdade. Além da revelação especial objetiva, era necessária a iluminação divina subjetiva. Apenas a luz sobrenatural poderia abrir o coração para receber a revelação de Deus. Sem essa iluminação divina, ninguém jamais aceitaria a revelação de Deus, não importa quão poderosa fosse a evidência a seu favor. Um novo coração é necessário, não um novo cérebro. Isso é feito pela iluminação do Espírito Santo. Essa luz divina não oferece nenhuma verdade nova nem revelações novas. Antes concede um novo coração, uma nova atitude de receptividade pela qual se pode aceitar a verdade de Deus.

B. B. Warfield. A apologética clássica (v. CLÁSSICA, APOLOGÉTICA) foi levada adiante por Benjamin Breckinridge Warfield (1851-1921). Ele também via a necessidade tanto da razão humana quanto da obra do Espírito Santo para convencer pessoas da verdade do cristianismo.

A necessidade da apologética racional. Warfield definiu apologética como "a vindicação sistematicamente organizada do cristianismo em todos os elementos e detalhes, contra toda oposição" (*Works*, 9.5). Ou, mais tecnicamente:

A apologética não assume a defesa, nem mesmo a vindicação, mas o estabelecimento, não do cristianismo estritamente falando, e sim do conhecimento de Deus que o cristianismo professa incorporar e busca tornar eficaz no mundo, e que é responsabilidade da teologia explicar cientificamente (ibid., 3).

Ele dividiu a apologética funcionalmente:
1. A apologética demonstra a existência e a natureza de Deus.
2. A apologética revela a origem divina e a autoridade do cristianismo.
3. A apologética demonstra a superioridade do cristianismo (ibid., 10).

A primeira função pertence apropriadamente à apologética filosófica, que assume o estabelecimento da existência de Deus como Espírito pessoal, Criador, Preservador e Governador de todas as coisas. A ela pertencem os problemas do teísmo com a complexa discussão das teorias antiteístas.

Warfield acreditava que a apologética eram os prolegômenos necessários à teologia. Escreveu:

A teologia apologética prepara o caminho para toda teologia ao estabelecer suas pressuposições necessárias, sem as quais nenhuma teologia é possível — a existência e natureza essencial de Deus, a natureza religiosa do homem que o capacita a receber a revelação de Deus, a possibilidade de uma revelação de Deus, a possibilidade da revelação e sua concretização real nas Escrituras [*Works*, 9.64].

Warfield acreditava que a apologética tem "uma parte primária" e "uma parte conquistadora" na disseminação da fé cristã. O cristianismo é caracterizado pela missão de chegar à posição dominante por meio do raciocínio. Outras religiões apelam para a espada ou procuram outra maneira de propagar-se. O cristianismo apela à razão e é portanto "a religião apologética" (*Selected shorter writings* [*Escritos breves selecionados*], 2.99-100).

O papel do Espírito. Os indícios ou demonstrações do caráter divino da Bíblia andam lado a lado com o Espírito Santo para convencer as pessoas da verdade da Bíblia. Warfield concordava com Calvino em que eles não são em si capazes de levar pessoas a Cristo nem mesmo de convencê-las da autoridade divina e completa das Escrituras. No entanto, Warfield acreditava que o Espírito Santo sempre exerce seu poder de forma convincente por meio da evidência.

Sobre a relação entre a apologética e a Bíblia, Warfield disse:

É fácil, naturalmente, dizer que o cristão não deve basear sua opinião além das Escrituras, mas *nas* Escrituras. Ele certamente deve. Mas com certeza a Bíblia deve primeiramente *ser-lhe* autêntica como tal, antes de poder basear nela seu ponto de vista (ibid., 2.98).

Nesse apelo à evidência, Warfield percebeu que o cristão tem algo em comum com os incrédulos. Os fatos são universalmente disponíveis, e todos podem ser convencidos da existência de Deus e da verdade das Escrituras por meio delas, pelo poder da razão de um pensador redimido. No seu artigo de 1908 sobre "Apologética", ele disse que, apesar de a fé ser um dom, ainda é uma convicção formal da mente. Todas as formas de convicção devem ter evidência como base. A razão investiga a natureza e validade dessa base (*Works*, 9.15).

A razão não salva ninguém, não porque não haja prova para a fé cristã, mas porque a alma morta não pode responder à evidência.

A ação do Espírito Santo conceder a fé não está separada da evidência, mas junto dela; e no primeiro instante consiste em preparar a alma para a recepção da evidência.

A apologética não transforma homens e mulheres em cristãos, mas a apologética fornece a base sistematicamente organizada sobre a qual a fé deve apoiar-se (ibid.).

Assim, o relacionamento entre a razão e a evidência de um lado e o Espírito Santo do outro é complementar. Não é *ou* o Espírito Santo *ou* a evidência. É o Espírito Santo agindo *na* e *por meio da* evidência para convencer as pessoas da verdade do cristianismo. Há uma dimensão externa (objetiva) e interna (subjetiva) do processo pelo qual as pessoas reconhecem que o cristianismo é verdadeiro. Tais dimensões podem ser chamadas *racional* e *mística*, respectivamente. Mas as duas nunca estão separadas, como muitos místicos cristãos e subjetivistas tendem a fazer (v. *Biblical and theological studies* [Estudos bíblicos e teológicos], cap. 16).

Bernard Ramm. De acordo com Bernard Ramm, há três círculos concêntricos de verificação. Eles representam três andares na confirmação das reivindicações da verdade cristã.

Testemunho interno. No primeiro círculo de verificação, testemunho interno, o pecador ouve o evangelho e é convencido de sua verdade pelo Espírito Santo. Isso é "uma verificação espiritual, pois a verificação primária da religião deve ser dessa ordem, senão o caso é transferido para um método de verificação estranho à religião". Essa influência persuasiva do Espírito Santo é interna, mas não subjetiva (*Witness of the Holy Spirit* [O testemunho do Espírito Santo], p. 44).

A ação de Deus. A função primária da evidência cristã é cultivar a recepção favorável para o evangelho. O evangelho ainda deve fazer sua obra, não os argumentos apologéticos. As provas mostram que

> esse Deus [bíblico] realmente entra em nosso tempo, nossa história, nosso espaço, nosso cosmo e faz uma diferença [...] Pelo fato de Deus fazer essa diferença, sabemos que acreditamos na verdade e não em ficção ou mera filosofia religiosa (ibid., p. 57).

Logo, o cristianismo é confirmado por fatos objetivos. Os atos mais excepcionais de Deus, milagres e profecias cumpridas, oferecem a melhor evidência das reivindicações da verdade do cristianismo (v. MILAGRES, VALOR APOLOGÉTICO DOS). Eventos sobrenaturais comprovam os teológicos. A razão testa a revelação (v. FÉ E RAZÃO).

Cosmovisão. O cristianismo também é testado pela capacidade de fornecer uma visão do mundo inteiro, da humanidade e de Deus. Os princípios cristãos dão mais sentido à vida e ao mundo. Uma cosmovisão, ou "visão sinóptica", organiza as coisas de maneira mais significativa (ibid., p. 60). A escolha de uma cosmovisão atraente não a torna verdadeira. Além disso, ela deve ser internamente coerente (ibid., p. 63, 67). Os critérios e a coerência de Ramm são semelhantes aos critérios de coerência factual e consistência lógica propostos por John Carnell.

Ramm está convencido da validade da lei da não-contradição como teste necessário da verdade (v. PRIMEIROS PRINCÍPIOS). Não podemos pensar sem ela (ibid., 68, 69; *Protestant Christian evidences* [Evidências cristãs protestantes], 41, 54). No entanto, Ramm não dá a mesma ênfase à lógica que outros pressuposi-cionalistas, como Gordon CLARK.

Probabilidade ou certeza. Ramm faz distinção entre *probalidade* e *certeza*. A revelação divina nas Escrituras e o testemunho interno do Espírito Santo permitem uma convicção espiritual plena. Essa confiança espiritual se estende à existência e aos atributos de Deus, à verdade das afirmações de Jesus Cristo e à salvação pessoal. Tais fatos são baseados no que Deus fez na história. Nenhum fato histórico é conhecido com "certeza", já que ninguém pode voltar ao lugar físico e a época para testar o evento empiricamente. Ele não pode ser recriado no laboratório. Mas isso não significa que devemos usar a palavra *provavelmente*. Os fatos históricos podem ser conhecidos com um alto nível de probabilidade. Com a evidência das Escrituras, o testemunho do Espírito Santo e as mudanças efetuadas pelas ações do Deus vivo no cosmo, o cristão deposita a fé no alto grau de probabilidade da convicção absoluta.

Resumo. Obviamente, nem todos os apologistas apresentados aqui concordam em todos os pontos, mas há um acordo geral em comparação com o FIDEÍSMO, MISTICISMO e outras formas de subjetivismo.

O papel da razão. A razão humana, sem a revelação especial (v. REVELAÇÃO GERAL; REVELAÇÃO ESPECIAL), pode fornecer argumentos que apóiam a existência de Deus, conhecer vários atributos essenciais de Deus (v. DEUS, EVIDÊNCIAS DE), oferecer evidência que sustenta a fé cristã, defender o cristianismo contra ataques, julgar a verdade de supostas revelações e ensinar o conteúdo de uma revelação de Deus.

Há consenso geral sobre os limites da razão. Ela é marcada pelos efeitos do pecado. Não chega ao conhecimento adequado do Deus verdadeiro sem a ajuda divina. Não pode conceder certeza absoluta com relação à verdade sobre Deus. Não pode explicar os mistérios da encarnação e da Trindade. Apóia a fé em Deus, mas não é a base para essa fé. Ela sozinha não pode levar ninguém a crer em Deus ou dar conhecimento salvador.

O papel do Espírito. A maioria dos apologistas clássicos concorda que o Espírito Santo tem vários papéis apologéticos necessários. O Espírito possibilitou a origem das Escrituras. Dá aos indivíduos entendimento da verdade revelada nas Escrituras e suas implicações. O Espírito Santo é necessário para a convicção total das verdades do cristianismo, e só ele leva as pessoas a crer na verdade redentora de Deus. O Espírito Santo age na evidência e por meio dela, mas não separado dela. Como Espírito de um Deus racional, não se desvia da mente para chegar ao coração. O Espírito oferece evidência sobrenatural (milagres) para confirmar o cristianismo.

Fontes
Agostinho, *Confissões*.
___, *Enchiridion*.
___, *Homilia VI sobre João 3.1—4.3*.
___, *Cartas*.
___, *Da verdadeira religião*.
___, *Do livre-arbítrio*.
___, *Da predestinação*.
___, *Do credo*.
___, *Evangelho de João*.
___, *Da moral da Igreja Católica*.
___, *Do valor da crença*.
___, *Da Trindade*, em *Nicene and post-Nicene fathers*.
___, *Cidade de Deus*.
J. Calvino, *Institutas da religião cristã*, edição de 1559.
___, *As Epístolas aos Romanos e Tessalonicenses*.
J. Edwards, *Freedom of the will*.
___, "Miscellanies".
___, "Of being".
___, "The mind".
N. L. Geisler, *Christian apologetics*.
S. Grenz, et al., orgs., *Twentieth-century theology*.
K. Krantzer, *John Calvin's theory of the knowledge of God and the Word of God*.
G. Lewis, *Testing Cchristianity's truth claims*.
B. Ramm, *Problems in Christian apologetics*.
___, *Protestant Christian evidences*.
___, *The God who makes a difference*.
___, *The witness of the Spirit*.
R. C. Sproul, et al., *Classical apologetics*.
___, "The internal testimony of the Holy Spirit", em N. L. Geisler, org., *Inerrancy*.
Tomás de Aquino, *Commentary on Ephesians*.
___, *On truth*.
___, *Suma contra gentios*.
___, *Summa theologica*.
B. B. Warfield, *Biblical and theological studies*.
___, "Introduction", em F. R. Beattie, *Apologetics, or the rational vindication of Christianity*.
___, *Selected shorter writings of Benjamin B. Warfield*, 2 v.
___, *The works of Benjamin B. Warfield*, 10 v.

essencialismo divino. *Essencialismo* (do latim *esse*, "ser"), em relação aos princípios morais e à vontade de Deus, é o ponto de vista segundo qual os princípios éticos baseiam-se na essência divina imutável (v. Deus, natureza de), não só na vontade mutável de Deus. É contrário ao *voluntarismo* divino, que afirma que algo é bom porque Deus o deseja. O essencialismo, pelo contrário, afirma que Deus deseja algo porque é bom.

Há dois tipos básicos de essencialismo: platônico e teísta. Platão acreditava que Deus, o *demiurgo*, deseja todas as coisas de acordo com o Bem (*agathós*), que é externo a Deus e ao qual ele se sujeita.

Os teístas (v. teísmo), acreditam que Deus deseja as coisas de acordo com sua natureza imutavelmente boa (v. Deus, natureza de). Então o bem supremo não está fora de Deus, mas nele, é sua própria natureza imutável. Isso é chamado essencialismo divino.

Argumentos a favor do essencialismo. Os essencialistas cristãos oferecem três linhas básicas de argumento a favor de sua visão: filosófica, bíblica e prática.

Argumentos filosóficos do essencialismo. Os teístas tradicionais argumentam que Deus segundo sua natureza é imutável. Tomás de Aquino ofereceu três argumentos básicos a favor da imutabilidade de Deus (v. Deus, natureza de).

O argumento da realidade pura de Deus. O primeiro argumento é baseado no fato de que o Deus de pura realidade ("Eu Sou") não tem potencialidade, pois tudo que muda tem potencialidade. Mas não pode haver potencialidade em Deus (ele é Realidade Pura). Portanto, Deus não pode mudar (Êx 3.14). Pois tudo que muda tem o potencial de mudar. Porém, como Realidade Pura, Deus não tem o potencial de realizar por meio da mudança.

O argumento da perfeição de Deus. O segundo argumento a favor da imutabilidade de Deus baseia-se em sua perfeição absoluta. Tudo que muda adquire algo novo. Mas Deus não pode adquirir nada novo, já que é absolutamente perfeito; ele não poderia ser melhor. Portanto, Deus não pode mudar. Deus é pela própria natureza um ser absolutamente perfeito. Se lhe faltasse alguma perfeição, não seria Deus. No entanto, para mudar é preciso ganhar algo novo. Mas ganhar uma nova perfeição é ter carecido dela. Um Deus que carece de alguma perfeição não poderia ser o Deus absolutamente perfeito que é.

O argumento da simplicidade de Deus. O terceiro argumento a favor da imutabilidade de Deus parte de sua simplicidade. Tudo que muda é composto do que muda e do que não muda. Mas não pode haver composição em Deus (ele é um ser absolutamente simples). Logo, Deus não pode mudar.

Se tudo sobre um ser mudasse, ele não seria mais o mesmo ser. Na verdade, isso nem seria mudança, mas aniquilação de uma coisa e recriação de algo completamente novo. Se a cada mudança algo permanece igual e algo não, a coisa que muda deve ser composta desses dois elementos. Já que um ser absolutamente simples como Deus não pode ter dois elementos, conclui-se que Deus não pode mudar.

Argumentos bíblicos do essencialismo divino. As Escrituras apóiam o essencialismo teísta declarando que Deus é imutável por natureza.

Evidência de imutabilidade no AT. O salmista do AT declarou:

No princípio firmaste os fundamentos da terra, e os céus são obras das tuas mãos. Eles perecerão, mas tu permanecerás; envelhecerão como vestimentas. Como roupas tu os trocarás e serão jogados fora. Mas tu permaneces o mesmo, e os teus dias jamais terão fim (Sl 102.25-27).

Como 1 Samuel 15.29 afirma: "Aquele que é a Glória de Israel não mente nem se arrepende, pois não é homem para se arrepender".

O profeta acrescentou: "De fato, eu, o Senhor, não mudo. Por isso vocês, descendentes de Jacó, não foram destruídos" (Ml 3.6)

Evidência de imutabilidade no NT. O NT é igualmente forte com relação à natureza imutável de Deus. Hebreus 1.10-12 cita Salmos 102, em comprovação. Alguns capítulos depois o autor de Hebreus afirma: "Para que por meio de duas coisas imutáveis nas quais é impossível que Deus minta, sejamos firmemente encorajados, nos" (Hb 6.18).

O apóstolo Paulo acrescenta em Tito 1.2: o Deus que não mente prometeu antes dos tempos eternos

Tiago 1.17 mostra: Toda boa dádiva e todo dom perfeito vêm do alto, descendo do Pai das luzes, que não muda como sombras inconstantes".

Mas, se Deus é imutável por natureza, então sua vontade está sujeita à sua natureza imutável. Assim, tudo que Deus deseja deve ser bom de acordo com sua natureza. Deus não pode desejar o que é contrário à sua natureza. Ele não pode mentir (Hb 6.18). Não pode ser odioso nem injusto. O essencialismo divino deve estar correto.

Argumentos práticos da imutabilidade moral de Deus. Dois argumentos práticos são oferecidos a favor do essencialismo divino, o da necessidade de estabilidade moral e o da necessidade da repugnância moral. Ambos são apoiados pelo que conhecemos sobre a confiabilidade de Deus e o testemunho escriturístico de que podemos confiar que Deus não muda.

O argumento da necessidade de estabilidade moral. Se todos os princípios morais fossem baseados na vontade mutável de Deus, então não haveria segurança moral. Como alguém poderia dedicar-se a uma vida de amor, misericórdia ou justiça e depois descobrir que as regras mudaram e que aquelas não são as coisas certas? Na verdade, como poderíamos servir a Deus como supremo se ele pudesse desejar que nosso bem supremo não fosse amá-lo, mas odiá-lo?

O argumento da repugnância moral. Essencialistas divinos insistem em que é moralmente repugnante supor, como os voluntaristas, que Deus poderia mudar sua vontade quanto ao amor essencialmente bom e, em vez disso, querer que o ódio fosse uma obrigação moral. Da mesma forma, é difícil conceber como um ser moralmente perfeito poderia desejar que estupro, crueldade e genocídio fossem moralmente bons. Já que é repugnante do ponto de vista moral que criaturas feitas à imagem de Deus imaginem tal mudança na vontade de Deus, quanto mais deve ser para o Deus à imagem de quem fomos feitos.

O argumento da confiabilidade de Deus. A Bíblia apresenta Deus como eminentemente confiável. Quando ele faz uma promessa incondicional, jamais deixa de cumpri-la (cf. Gn 12.1-3; Hb 6.16-18). Na verdade, os dons e chamados de Deus são decisões imutáveis de sua parte (Rm 11.29). Deus não é homem para que se arrependa (1Sm 15.29). Sempre se pode confiar que ele cumprirá sua palavra (Is 55.11). Mas essa confiança suprema em Deus não seria possível se ele pudesse mudar sua vontade sobre qualquer coisa a qualquer hora. A única coisa que faz Deus moralmente responsável por cumprir sua palavra é sua natureza imutável. Senão, ele poderia decidir a qualquer momento mandar todos os crentes para o inferno. Poderia recompensar os ímpios por assassinato e crueldade. Tal Deus não seria confiável. O Deus da Bíblia é imutavelmente bom.

Objeções ao essencialismo. *Objeção da supremacia de Deus.* Os voluntaristas, como GUILHERME DE OCCAM, opõem-se ao essencialismo. Um dos argumentos baseia-se na supremacia de Deus, que pode ser afirmada:

1. Ou Deus deseja que algo seja correto, ou é correto porque Deus deseja.
2. Mas, se ele o deseja porque é correto, então Deus não é supremo, porque há algo além dele ao qual está sujeito.
3. Logo, algo é correto porque Deus deseja assim.

Os essencialistas indicam dois problemas com esse argumento. A primeira premissa apresenta um falso dilema. Não é preciso escolher um ou outro; ambos podem coexistir. Isto é, talvez os princípios morais fluam da vontade de Deus baseada na natureza de Deus. Se esse for o caso, a conclusão voluntarista não está correta. E a segunda premissa supõe incorretamente que o padrão ético supremo ao qual a vontade de Deus deve sujeitar-se está "além" de Deus. Mas, se está "nele", a saber, sua natureza moral suprema, então o dilema desaparece.

Objeção da natureza da moralidade. Os que se opõem ao essencialismo argumentam que princípios morais pela própria natureza fluem da vontade de Deus, não de sua natureza. Pois uma lei moral é uma prescrição, e prescrições só vêm de prescribentes. É uma ordem ética, e ordens só vêm de ordenadores. Logo, é da natureza da lei moral que ela venha de um Legislador Moral. Insistem em que afirmar (como os essencialistas) que as leis morais fluem da essência de Deus, não de sua vontade, é interpretar mal a natureza de um princípio moral.

Mas os essencialistas respondem que os voluntaristas supõem erroneamente, mais uma vez, que se trata de um ou outro, em vez de ambos. O problema é resolvido supondo-se (como faz o essencialismo) que os princípios morais fluem da vontade de Deus baseada em sua natureza imutável. Isto é, Deus deseja o que é correto de acordo com o caráter imutavelmente bom de sua natureza moral (v. MORALIDADE, NATUREZA ABSOLUTA DA).

Objeção da soberania de Deus. O argumento da soberania da vontade de Deus baseia-se mais na interpretação específica de certas passagens bíblicas que em raciocínio filosófico. Jó não declarou a Deus: "Sei que podes fazer todas as coisas; nenhum dos teus planos pode ser frustado" (Jó 42.2)? E o apóstolo Paulo não afirmou sobre Deus: "Pois ele diz a Moisés: 'Terei misericórdia de quem eu quiser ter misericórdia e terei compaixão de quem eu quiser ter compaixão'. Portanto, isso não depende do desejo ou do esforço humano, mas da misericórdia de Deus" (Rm 9.15,16)? Deus não faz tudo "conforme o bom propósito da sua vontade" (Ef 1.5)?

Não é preciso rejeitar a soberania de Deus para ver o erro desse argumento. Essas passagens não estão falando da base suprema dos princípios morais, mas da eleição de Deus. Nem mesmo textos bíblicos que falam da vontade de Deus como a fonte absoluta do que é moralmente correto comprovam o voluntarismo. Princípios morais poderiam vir da vontade de Deus *baseada em sua natureza imutável*. Isso é, na verdade, exatamente o que a Bíblia declara sobre o caráter imutável de Deus.

Objeção de que Deus mudou de idéia. Segundo os essencialistas, há exemplos nas Escrituras onde Deus mudou de idéia. Ele não se "arrependeu" de ter feito a humanidade nos dias de Noé (Gn 6)? Deus não se "arrependeu" ou mudou de idéia sobre a destruição de Nínive (Jn 3)? Deus não mudou de idéia quanto a destruir Israel depois que Moisés orou (Nm 14)?

Essencialistas divinos mostram que Deus não mudou *realmente* em nenhum desses casos. Os seres humanos mudaram em relação a Deus e, portanto, só *parece*, do ponto de vista humano, que Deus mudou. O vento parece mudar quando deixamos de pedalar contra ele e passamos a andar a favor dele. Uma cachoeira não mudou seu fluxo simplesmente porque viramos um copo para cima e de repente vemos que ele está cheio. Como TOMÁS DE AQUINO observou, quando a pessoa se move de um lado da coluna para o outro, a coluna não muda em relação à pessoa. Pelo contrário, a pessoa se move em relação à coluna.

Conclusão. O essencialismo divino baseia-se em bons argumentos filosóficos, bíblicos e práticos. As objeções contra ele não são bem-sucedidas. Logo, apesar de os princípios éticos fluírem da vontade de Deus, eles estão baseados em sua natureza imutável. Assim, Deus não pode desejar nada que seja contrário à sua natureza moral essencialmente boa.

Fontes
AGOSTINHO, *A cidade de Deus.*
C. S. LEWIS, *Cristianismo puro e simples.*
PLATÃO, *Protágoras.*
___, *A república.*
TOMÁS DE AQUINO, *Suma teológica.*

essênios e Jesus. Os *essênios* eram uma seita judaica separatista que estabeleceu uma comunidade perto do mar Morto (v. MAR MORTO, ROLOS DO). Seu nome deve derivar de *ḥasîdîm* ("pessoas leais" [ou piedosas]). Isso pode refletir sua crença de que viviam no fim dos tempos de apostasia. O reinado maligno de Antíoco Epifânio no século II a.C. pode ter sido o impulso para a fundação dessa seita. Sua comunidade durou até o século II d.C. Segundo Josefo (*Guerras dos judeus*, 2.8.2), os essênios, fariseus e saduceus eram as principais seitas do judaísmo. Plínio, o Velho, ligou-os a Qumran. Sua vida era marcada pelo ascetismo, comunismo e a rejeição dos sacrifícios animais. Na época do NT, eram cerca de 4 mil (Cross, p. 471).

Jesus e os essênios. Alguns teólogos, tais como I. Ewing (*The essene Christ;* [*O Cristo essênio*]), alegam que Jesus era o "Mestre da Justiça" essênio, mencionado nos rolos do mar Morto.

Há quem defenda que João Batista e até Jesus teriam sido membros da comunidade essênia. Durante seu ministério registrado nos evangelhos, Jesus só se opôs a fariseus e saduceus. Nunca criticou os essênios. Jesus certamente se considerava "Mestre de Justiça". Quando foi batizado, disse: "Deixe assim por enquanto; convém que assim façamos, para cumprir toda a justiça" (Mt 3.15). Então João consentiu. Jesus era sacerdote. De acordo com o NT, Jesus foi sacerdote para sempre segundo a ordem de Melquisedeque (Hb 7.17). Ele cumpriu a tipologia do sacerdócio aarônico. Da mesma forma, o "Mestre da Justiça" da comunidade essênia era um sacerdote. Jesus passou um tempo no deserto perto dos essênios. Também opôs-se enfaticamente ao sistema religioso vigente, de maneira bem semelhante aos essênios.

Avaliação. Há várias falhas na teoria essênia. Os três argumentos básicos a favor da visão essênia serão tratados em ordem.

O fato de Jesus não criticar os essênios é um argumento falho baseado no silêncio. Não foi registrado nada que ele tenha dito contra eles. Os essênios não eram parte do judaísmo oficial, que se opunha a Cristo. O *Talmude* também não se opunha aos essênios, mas não é um livro essênio. Esse também é um exemplo da falha "preto e branco". Ela ignora o fato de Jesus talvez não ter pertencido a nenhum grupo. E ignora diferenças cruciais entre o ensinamento de Jesus e as doutrinas essênias. Jesus

- opunha-se à pureza cerimonial em relação à qual os essênios eram tão radicais;
- opunha-se ao legalismo, e eles eram sem dúvida legalistas quanto à lei mosaica;
- enfatizou o Reino de Deus, eles, não;
- pregou o amor, eles, não;
- afirmou ser o Messias sem pecado; eles colocaram um fardo pesado de pecado sobre cada pessoa;
- garantiu a salvação aos gentios; eles eram nacionalistas judeus;
- ensinou que havia um Messias; eles buscavam dois;
- ensinou a ressurreição do corpo; eles enfatizavam a IMORTALIDADE da alma, mas não do corpo.

Em geral, o ensinamento ético de Jesus era mais parecido com o judaísmo rabínico que com a austeridade de Qumran.

Apesar de Jesus ensinar a justiça, isso não significa que fosse o "Mestre da Justiça" essênio. Tal identificação ignora diferenças cruciais. O líder essênio

- era um sacerdote, enquanto Jesus foi um Profeta, Sacerdote e Rei;
- era um pecador que precisava de purificação, mas Jesus não teve pecado (v. CRISTO, DIVINDADE DE);
- considerava-se criatura, não o Criador;
- não fez expiação por ninguém ao morrer;
- não ressuscitou dos mortos como Jesus;
- não foi adorado como Deus;
- viveu bem antes de Jesus.

Não há evidência real de que Jesus tivesse sequer visitado a comunidade essênia, mas, de qualquer forma, uma afiliação casual com os essênios é irrelevante. Sua identidade não permaneceu com ninguém mais além de Deus. Em vários aspectos, Jesus foi um iconoclasta do judaísmo estabelecido. Apesar de ter cumprido, não destruído a lei (Mt 5.17,18), opôs-se ao judaísmo oficial por razões diferentes das dos essênios. A hierarquia judaica o rejeitou como Messias, o Filho de Deus. Esse não foi o caso dos essênios. Além disso, Jesus não era um asceta. Foi criticado por comer com pecadores (v. CRISTO, DIVINDADE DE).

Conclusão. Não há evidência de que Jesus tivesse contato com a comunidade essênia. Mas, se teve, isso não faz dele um essênio nem refuta suas afirmações singulares. Seus ensinamentos eram diferentes em aspectos importantes. Só Jesus afirmou ser o Messias judeu (v. PROFECIA COMO PROVA DA BÍBLIA) e Filho de Deus (v. CRISTO, DIVINDADE DE).

Fontes
M. BLACK, *The scrolls and Christian origins*.
F. L. CROSS, "Essenes", em *The Oxford dictionary of the Christian church.*.

M. Dupont-Sommer, *The Jewish sect of Qumran and the Essenes*.
I. Ewing, *The Essene Christ*.
Flávio Josefo, *Guerras dos judeus*.
C. D. Ginsburg, *Os essênios*.
J. B. Lightfoot, *St. Paul's Epistles to the Colossians and to Philemon*.

Eusébio. Eusébio (c. 260-340) foi bispo de Cesaréia e o "pai da história da igreja". Sua *História eclesiástica* é a principal fonte de informação desde o período apostólico até o século IV. Contém uma quantidade imensa de material da igreja oriental, apesar de pouco a respeito da igreja ocidental. Eusébio também escreveu *Os mártires da Palestina*, um relato das perseguições promovidas pelo imperador Diocleciano (303-310). Também escreveu uma biografia do imperador Constantino.

As obras apologéticas e polêmicas de Eusébio foram extensas. Entre elas estão: *Contra Hiérocles* (respondendo à retórica anticristã de um governador pagão da Bitínia), *A preparação para o evangelho* (por que cristãos aceitam a tradição hebraica e rejeitam a grega) e *Demonstração do evangelho* (argumentos a favor de Cristo com base no AT). Eusébio também escreveu um livro sobre a encarnação: *A teofania*. Outra de suas obras, *Contra Marcelo, bispo de Ancira*, é uma coleção de passagens do AT que prevêem a vinda de Cristo. A esse último acrescentou um livro teológico, *Refutação de Marcelo*. Eusébio escreveu *A defesa de Orígenes* com os pontos de vista de Orígenes a respeito da Trindade e da encarnação (v. Schaff, série 2d, 1.36). Escreveu outras obras como *Problemas dos evangelhos*, *Sobre a Páscoa*, *Sobre a teologia da igreja* e *Dos nomes e lugares nas Sagradas Escrituras*.

Eusébio é um elo histórico crucial entre os apóstolos e a Idade Média. Depois dos apóstolos e primeiros apologistas, ele é o exemplo principal da forma assumida pelos apologistas cristãos primitivos. Além disso, desempenhou um papel importante na transmissão das Escrituras (v. Geisler e Nix, p. 278-82) por meio da preparação de cinqüenta cópias da Bíblia apenas 25 anos depois de Diocleciano ordenar sua extinção em 302.

Outras testemunhas primitivas são comentadas no artigo Novo Testamento, fontes não-cristãs do.

Fontes

F. L. Cross, *The Oxford dictionary of the Christian church*.
N. L. Geisler e W. Nix, *Introdução bíblica*.
J. Stevenson, *Studies in Eusebius*.
D. S. Wallis-Hadrill, *Eusebius of Caesarea*.
P. Schaff, *The Nicene and post-Nicene fathers*.

Evangelho de Barnabé. V. Barnabé, Evangelho de.

Evangelho de Q. V. Q, documento.

Evangelho de Tomé. A alegação dos críticos. Alguns críticos radicais do NT alegam que o evangelho gnóstico de Tomé é igual ou superior ao NT e que não apóia a ressurreição de Cristo. O Seminário Jesus coloca o *Evangelho de Tomé* na tão gravemente mutilada Bíblia adotada por eles. Ambas as posições são sérios desafios à fé cristã histórica.

O *Evangelho de Tomé* foi descoberto em Nag Hammadi, Egito, perto do Cairo, em 1945, e traduzido para o inglês em 1977. Apesar de alguns terem tentado dar-lhe uma data anterior, a mais provável não deve ser anterior a 140-170 d.C. Contém 114 afirmações secretas de Jesus. Entre os defensores do *Evangelho de Tomé* estão Walter Baur, Frederick Wisse, A. Powell Davies e Elaine Pagels.

Uma avaliação da credibilidade do Evangelho de Tomé. A melhor maneira de avaliar a credibilidade do *Evangelho de Tomé* é pela comparação com os evangelhos do NT, que os mesmos críticos geralmente questionam muito (v. Novo Testamento, historicidade do; Novo Testamento, Confiabilidade dos documentos do; Novo Testamento, manuscritos do). Quando essa comparação é feita, o *Evangelho de Tomé* revela-se inferior.

Os evangelhos canônicos são bem anteriores. Levando em conta as datas mais amplamente aceitas dos evangelhos sinóticos (c. 60-80 d.C.), o *Evangelho de Tomé* vem quase um século mais tarde. Na verdade, há evidência de datas ainda anteriores de alguns evangelhos (v. Novo Testamento, datação do), como até alguns teólogos liberais admitem (v. Robinson, John A., tudo). O. C. Edwards afirma quanto ao *Evangelho de Tomé* e aos evangelhos canônicos: "Como reconstruções históricas não há como os dois reivindicarem as mesmas credenciais" (p. 27). E Joseph Fitzmyer acrescenta:

> Vez após vez, ela está cega para o fato de que está ignorando um século inteiro de existência cristã no qual esses cristãos gnósticos simplesmente não existiam (p. 123).

O Evangelho de Tomé *é dependente dos evangelhos canônicos.* Mesmo que pudesse ser comprovado que o *Evangelho de Tomé* contém afirmações autênticas de Jesus, "nenhuma defesa convincente foi feita de que qualquer afirmação de Jesus nos evangelhos *depende* de uma afirmação no *Evangelho de Tomé*" (Boyd, p. 118). Mas o contrário é verdadeiro, já que o *Evangelho de Tomé* pressupõe verdades encontradas anteriormente nos evangelhos canônicos.

O Evangelho de Tomé *retrata o gnosticismo do século II.* O *Evangelho de Tomé* é influenciado pelo tipo de gnosticismo predominante no século II. Por exemplo, afirma que Jesus disse estas palavras improváveis e humilhantes: "Toda mulher que se fizer homem entrará no Reino dos céus" (citado por Boyd, p. 118).

A falta de narrativa do Evangelho de Tomé não prova que Jesus não fez milagres. O fato de o(s) autor(es) do *Evangelho de Tomé* não incluir (incluírem) narrativas dos milagres de Jesus não significa que não acreditava(m) neles. O livro parece ser uma coleção dos pronunciamentos de Jesus, e não de suas obras.

Os evangelhos canônicos são mais confiáveis historicamente. Há várias razões pelas quais os evangelhos do NT são mais confiáveis que os gnósticos. Primeira, os cristãos primitivos foram meticulosos na preservação das palavras e obras de Jesus. Segunda, os autores dos evangelhos estavam perto das testemunhas oculares e pesquisaram os fatos (Lc 1.1-4). Terceira, há boa evidência de que os autores dos evangelhos fossem narradores honestos (v. Novo Testamento, historicidade do; testemunhas, critério de Hume para). Quarta, o retrato geral de Jesus apresentado nos evangelhos é o mesmo.

O cânon básico do NT foi formado no século I. Ao contrário das afirmações dos críticos, o cânon básico do NT foi formado no século I. Os livros contestados não têm efeito apologético sobre o argumento da confiabilidade do material histórico usado para estabelecer a divindade de Cristo.

O NT revela que uma coleção de livros existia no século I. Pedro fala que possuía as epístolas de Paulo (2Pe 3.15,16). Na verdade, ele as considerava tão importantes quanto as "Escrituras" do AT. Paulo teve acesso ao evangelho de Lucas e o cita em 1 Timóteo 5.18. As igrejas foram instruídas a enviar a outras igrejas as epístolas que receberam (Cl 4.16).

Além do NT, há listas canônicas extrabíblicas que apóiam a existência de um cânon do NT (v. Geisler e Nix, p. 294). Na verdade, todos os evangelhos e as epístolas básicas de Paulo estão representados nessas listas. Até o cânon herético do gnóstico Marcião (c. 140 d.C.) continha o evangelho de Lucas e dez das epístolas de Paulo, inclusive 1 Coríntios.

Os pais do século II apóiam os evangelhos canônicos. Os pais do século II citaram um conjunto de livros que inclui todos os livros importantes que apóiam a historicidade de Cristo e sua ressurreição, a saber, os evangelhos, Atos e 1 Coríntios. Clemente de Roma (95 d.C.) citou os evangelhos (*Aos coríntios*, 13, 42, 46). Inácio (c. 110-115) citou Lucas 24.39 (*Aos esmirnenses*, 3). Policarpo (c. 115) citou todos os evangelhos sinóticos (*Aos filipenses*, 2, 7). O *Didaquê* cita várias vezes os evangelhos sinóticos (p. 1, 3, 8, 9, 15,16). A *Epístola de Barnabé* (c. 135) cita Mateus 22.14. Papias (c. 125.140), nos *Oráculos*, fala de Mateus, Marcos (dependente de Pedro) e João (por último), que escreveram os evangelhos. Ele diz três vezes que Marcos não cometeu erros. Além disso, os pais consideravam os evangelhos e as epístolas de Paulo tão importantes quanto o AT inspirado.

Logo, os pais deram testemunho da precisão dos evangelhos canônicos já no início do século II, bem antes do *Evangelho de Tomé* ser escrito.

O relato da ressurreição. O *Evangelho de Tomé* reconhece a ressurreição de Jesus. Na verdade, o próprio Cristo ressurreto e vivo aparece nele falando (34.25-27; 45.1-16). É verdade que o livro não enfatiza a ressurreição, mas isso era de esperar, já que se trata de uma fonte voltada principalmente para as "afirmações", em vez de uma narração histórica. Além disso, o preconceito teológico gnóstico contra o assunto tenderia a menosprezar a ressurreição corporal.

Conclusão. A evidência da autenticidade do *Evangelho de Tomé* nem se compara à do NT. O NT data do século I; o *Evangelho de Tomé*, do século II. O NT é confirmado por várias linhas de evidência, inclusive referências internas, listas canônicas antigas, milhares de citações dos primeiros pais da igreja e as datas bem estabelecidas dos evangelhos sinóticos.

Fontes

G. Boyd, *Jesus under siege.*
O. C. Edwards, *New review of books and religion* (May 1980).
C. A. Evans, *Nag Hammadi texts and the Bible.*
J. Fitzmyer, *America* (16 Feb. 1980).
A. Frederick, et al., *The gnostic gospels.*
N. L. Geisler, e W. Nix, *Introdução bíblica.*
R. M. Grant, *Gnosticism and early Christianity.*
E. Linneman, *Is there a synoptic problem?*
E. Pagels, *The gnostic gospels.*
J. A. Robinson, *Redating the New Testament.*
J. M. Robinson, *The Nag Hammadi library in English.*
F. Seigert, et al., *Nag-Hammadi register.*
M. J. Wilkins, et al., *Jesus under fire.*

evangelhos, historicidade dos. V. Novo Testamento, historicidade do.

evidentes, verdades. Quando aplicada a proposições, a expressão evidente significa que, quando os termos são conhecidos, a verdade da proposição é cognoscível por si mesma, sem precisar de esclarecimento ou confirmação de qualquer coisa exterior a ela. Por exemplo: "Todas as "esposas" são "mulheres casadas"" é evidente, já que os termos esposas e mulheres casadas significam a mesma coisa. Este tipo de afirmação evidente é considerada tautologia, já que é desprovida de todo significado, sem afirmar realmente que existe qualquer esposa. Significa simplesmente: "Se existe uma esposa, ela é uma mulher casada".

Princípios evidentes. Os primeiros princípios são considerados princípios-evidentes, pois são o alicerce (v. FUNDACIONALISMO) de todas as outras afirmações. Aparentemente, no entanto, há uma ordem de prioridade entre primeiros princípios.

Em contraste com o fundacionalismo, o coerentismo rejeita todos os princípios e verdades evidentes, exceto as tautologias, que, segundo eles, são vazias e inúteis no conhecimento da realidade. Eles insistem não ser necessário um alicerce absoluto para a verdade, mas apenas coerência entre suas afirmações.

"Eu sou eu" é uma afirmação evidente. Não é necessária informação adicional para saber que ela é verdadeira. Depois de compreendidos os termos, fica claro, por si mesma, que é verdadeira. Além disso, as leis básicas de não-contradição afirmam que uma proposição não pode ser verdadeira e falsa ao mesmo tempo e no mesmo sentido. Essa é uma verdade irredutível em cujos termos todas as outras verdades são consideradas verdadeiras. Sem a lei de não-contradição, nada pode ser considerado verdadeiro. É um primeiro princípio evidente.

Defesa das afirmações evidentes. Não há prova direta de uma proposição evidente em nada além de si mesma. É considerada verdadeira simplesmente pela análise de seus termos. Se o predicado é redutível ao sujeito, é evidente. Afirmações evidentes não podem ser provadas por outros termos. Se pudessem, não seriam por outros evidentes.

No entanto, há uma "prova" indireta de afirmações evidentes. Pois uma verdade evidente não pode ser negada sem ser afirmada. Por exemplo, eu não posso negar que "existo" sem existir para negar isso. Da mesma forma, a lei de não-contradição não pode ser negada sem sugerir que é verdadeira. A afirmação: "Uma afirmação pode ser verdadeira e falsa ao mesmo tempo e no mesmo sentido" — deve ser verdadeira ou falsa. Mas só pode ser aceita ou negada se a lei da não-contradição for válida. É preciso supor que a lei seja válida antes de afirmar que não é.

Dessa forma, há uma "prova" indireta de verdades auto-evidentes: Elas não podem ser negadas sem ser empregadas. Esse tipo de prova às vezes é colocado na forma de um ARGUMENTO TRANSCENDENTAL.

evolução. A evolução compreende três áreas básicas: a origem do universo, a origem da primeira vida e a origem de novas formas de vida. Respectivamente, elas são chamadas evolução cósmica, evolução química e evolução biológica (v. EVOLUÇÃO BIOLÓGICA; EVOLUÇÃO QUÍMICA; EVOLUÇÃO CÓSMICA). Pelo fato de implicações e argumentos diferentes separarem os tipos de apologética relacionadas a cada uma dessas vias evolutivas, elas devem ser discutidas em artigos diferentes.

No sentido amplo, *evolução* significa desenvolvimento; mais especificamente passou a significar a teoria da ancestralidade comum. Acredita-se que todos os seres vivos evoluíram por processos naturais a partir de formas de vida anteriores e mais simples. A EVOLUÇÃO TEÍSTA supõe um Deus que deu partida ao processo (ao criar a matéria e/ ou a primeira vida) e/ ou dirigiu o processo. A evolução naturalista acredita que o processo inteiro é natural, inclusive a origem do universo e da primeira vida por geração espontânea.

Para outras discussões relacionadas à crítica da ciência da evolução, v. ADÃO, HISTORICIDADE DE; ANTRÓPICO, PRINCÍPIO; BIG-BANG, TEORIA DO; CRIAÇÃO, VISÕES DA; DARWIN, CHARLES; ELOS PERDIDOS; ORIGENS, CIÊNCIA DAS, e TELEOLÓGICO, ARGUMENTO.

evolução biológica. Alguns gregos antigos acreditavam na evolução. Mas, antes de Charles DARWIN (1809-1882), as teorias da evolução tendiam a surgir de uma cosmovisão panteísta (v. PANTEÍSMO) e careciam de credibilidade científica. DARWIN teorizou o mecanismo, chamado "seleção natural", para fazer a evolução funcionar. Isso colocou a evolução no contexto naturalista que tem sido sua fortaleza desde então. Grande parte do que Darwin ensinou foi rejeitado ou ultrapassado, mas sua doutrina da seleção natural foi mantida.

A evolução biológica divide-se em micro evolução (pequena escala) e macroevolução (grande escala). Os oponentes da macroevolução geralmente aceitam a microevolução, já que esse processo simplesmente descreve a habilidade que têm várias formas de vida de se adaptar ao seu ambiente. Por exemplo, há vários tipos de cachorros, mas são todos cachorros. Suas diferenças de raciais "evoluíram" (desenvolveram-se) por meio da seleção natural e artificial. A macroevolução defende a evolução em grande escala, do micróbio ao homem, desde o primeiro animal unicelular até o ser humano como o animal mais elevado na cadeia.

A maioria dos macroevolucionistas acredita que a primeira vida começou como resultado das reações químicas no que Darwin chamou "pequena poça morna". Pesquisas demonstram que é possível gerar as proteínas necessárias para a vida com apenas alguns gases básicos e água. Isso incentivou a opinião de que a vida surgiu da matéria sem vida (v. EVOLUÇÃO QUÍMICA). Dizem que novas formas de vida evoluíram por meio de mutações e da seleção natural. À medida que as condições na terra mudaram, animais adaptaram novas características para suprir os desafios. Os que se adaptaram sobreviveram, e os que não se adaptavam entraram em extinção. A grande variedade de animais extintos representada entre os fósseis e suas semelhanças com espécies vivas são usadas para confirmar essa tese.

Base científica. A evolução, como outras abordagens de eventos passados, é uma ciência *especulativa*, não *empírica*. A ciência especulativa lida com singularidades passadas para as quais não há padrões de eventos recorrentes com que possam ser testadas. As teorias da evolução e da criação também são chamadas teorias da *ciência da origem* (v. ORIGENS, CIÊNCIA DAS), em vez de *ciência da operação*. Ciência da operação é ciência empírica; e trata da maneira em que as coisas operam agora. Estuda fenômenos regulares e repetidos. Suas respostas podem ser testadas ao repetir-se a observação ou a experiência. Seus princípios básicos são a possibilidade de *observação* e a da *repetição*. A microevolução é o estudo legítimo da ciência da operação, principalmente relacionada à genética.

Já que a ciência das origens lida com singularidades passadas, ela é mais uma ciência *forense*. Os eventos passados das origens não foram observados e não podem ser repetidos. Devem ser reconstituídos pela observação da evidência que resta. Assim como o cientista forense tenta reconstruir como o homicídio ocorreu a partir da evidência física, o cientista das origens tenta reconstruir a origem do universo, a primeira vida e novas formas de vida a partir da evidência.

Os princípios da ciência das origens. Em lugar da observação e da repetição, o cientista das origens usa os princípios da causalidade e da analogia. O princípio da *causalidade* (v. CAUSALIDADE, PRINCÍPIO DA; PRIMEIROS PRINCÍPIOS), que está na base da ciência moderna e de todo o pensamento racional, afirma que todo evento tem uma causa adequada. Na ciência, o princípio da *analogia* (ou uniformidade) afirma que o presente é a chave do passado. Ou, mais precisamente, os tipos de causas que produzem certos tipos de efeitos no presente são os que produziram eventos semelhantes no passado.

Dois tipos de causas. A causalidade divide-se em dois tipos básicos: *natural* e *inteligente*. Causas inteligentes às vezes são chamadas *causas primárias* e causas naturais são chamadas *causas secundárias*. A maioria das ciências busca causas naturais nas leis da física ou da química. Mas outras lidam com causas inteligentes. A arqueologia, por exemplo, busca uma causa inteligente para os restos culturais do passado. Os astrônomos do programa SETI (Search for Extra Terrestrial Intelligence [Busca por Inteligência Extraterrestre] dirigiram seus radiotelescópios ao espaço sideral, procurando uma mensagem de seres inteligentes. Ambas as ciências acreditam que sabem quando encontraram um efeito que requer uma causa inteligente pelas marcas especiais que a mente deixa no que produz. Por exemplo, há uma diferença óbvia entre um pacote de biscoitos em formas de letra derramado na mesa e a série ordenada de letras: "Paulo, leve o lixo para fora. Mamãe". Os que acreditam que há uma causa inteligente para a origem do universo, da primeira vida e/ ou de novas formas de vida são chamados "criacionistas". Os que acreditam que isso pode ser explicado por causas meramente naturais e não inteligentes são chamados "evolucionistas". Os "evolucionistas teístas" tentam sintetizar as duas visões.

Três áreas básicas de debate separam criacionistas e evolucionistas quanto à questão das *origens*: 1) a origem do universo (v. EVOLUÇÃO CÓSMICA), 2) a origem da primeira vida (v. EVOLUÇÃO QUÍMICA) e 3) a origem da vida humana. Historicamente, essas áreas foram chamadas "cosmogonia, biogonia, antropogonia" (v. ELOS PERDIDOS), em comparação com as ciências de operação, cosmologia, biologia e antropologia.

A origem de novas formas de vida. *Explicação naturalista das origens.* As novas formas de vida vieram de causas naturais ou sobrenaturais (inteligentes). Darwin deu uma das maiores contribuições à teoria da evolução com sua analogia da seleção por criadores com a seleção na natureza. O princípio de seleção natural tornou-se o selo da evolução porque forneceu o sistema pelo qual novos desenvolvimentos de formas de vida poderiam ser explicados sem apelar a uma causa sobrenatural.

Darwin estava ciente de que havia sérias falhas na analogia entre criadores e a natureza, mas ele cria que o que os humanos podiam fazer em algumas gerações poderia ser feito pela natureza em algumas centenas de gerações. Mas o tempo não é o único fator que enfraquece a analogia. E. S. Russell escreveu:

É lamentável que Darwin tenha apresentado o termo "seleção natural", pois isso criou muita confusão. Ele fez isso, é claro, porque chegou à sua teoria por meio do estudo dos efeitos da seleção praticados pelo homem na criação de animais domésticos e plantas cultivadas. Aqui o uso da palavra é completamente legítimo. No entanto, a *ação do homem na reprodução seletiva não é análoga à ação da "seleção natural"*, mas *quase o seu oposto direto* [...] O homem tem um objetivo ou fim em vista; a "seleção natural" não pode ter. O homem seleciona os exemplares que quer cruzar, escolhendo-o pelas características que quer perpetuar ou acentuar. Protege-os de seus resultados por todos os meios possíveis, guardando-os assim da intervenção da seleção natural, que rapidamente eliminaria muitas anomalias; ele continua sua seleção ativa e objetiva até alcançar, se possível, seu alvo. Nada assim acontece, ou pode acontecer, por meio do processo cego da eliminação e sobrevivência diferencial, que chamamos erroneamente "seleção natural" [citado em Moore, p. 124].

Evidência do registro fóssil. Raramente é dada a importância ao fato de a única evidência verdadeira a favor ou contra a evolução estar no registro fóssil. Todos os outros argumentos a favor da evolução são baseados no *que poderia ter acontecido*. Apenas os registros fósseis registram exemplos do *que realmente aconteceu*. Darwin também reconheceu isso como um problema e escreveu em *A origem das espécies:*

> Então porque nem toda formação geológica e nem todo estrato estão cheios de elos intermediários? A geologia certamente não revela nenhuma cadeia orgânica detalhadamente graduada, e isso talvez seja a objeção mais óbvia e séria que possa ser levantada contra minha teoria (Darwin, p. 280).

Nesses 150 anos, desde que Darwin a escreveu, a situação só ficou pior para sua teoria. O famoso paleontólogo Stephen Jay Gould, de Harvard, escreveu:

> A extrema raridade de formas transicionais no registro fóssil persiste como o segredo da paleontologia. As árvores evolutivas que enfeitam nossos livros só têm dados nas pontas e nos nós de seus galhos; o resto é dedução, por mais razoável que seja, não evidência de fósseis (Gould, p. 14).

Eldredge e Tattersall concordam, dizendo:

> A expectativa deturpou a percepção de tal forma que o *fato mais óbvio sobre a evolução biológica — ausência de mudança —* raramente, se tanto, foi incorporado às noções científicas de como a vida realmente evolve. O verdadeiro mito é que a evolução é um processo de mudança constante (Eldredge, p. 8).

O que o registro fóssil sugere? Evolucionistas como Gould agora concordam com o que criaci- onistas desde Louis Agassiz até Duane Gish sempre disseram, que o registro fóssil inclui duas características especificamente inconsistentes com o gradualismo:
Estase. A maioria das espécies aparece no registro fóssil praticamente com a mesma aparência de quando desapareceram; a mudança morfológica é limitada e sem objetivo.
Aparecimento repentino. Em qualquer área, uma espécie não surge gradualmente. Surge de repente e completamente formada (Gould, ibid., 13-4).

Não há indicação real de que uma forma de vida se transforme em outra completamente diferente. Apesar de essas duas características parecerem invalidar a evolução clássica, também são problemáticas para os criacionistas.

Alguns criacionistas dizem que o registro fóssil reflete os restos do grande Dilúvio, ou porque alguns animais foram mais capazes de escapar das águas ou pela seleção hidrodinâmica à medida que os restos eram depositados. Esses cientistas estão preocupados em preservar evidências de uma terra jovem porque acreditam que a criação foi feita em sete períodos literais de 24 horas e que não há grandes espaços de tempo nas primeiras genealogias de Gênesis.

Outros, conhecidos por "criacionistas da terra antiga", afirmam que a terra não precisa ter apenas milhares de anos. Esse grupo acredita que o registro fóssil mostra que a criação foi feita numa série de estágios, com cada novo surgimento no estrato geológico indicando um novo momento de criação direta. Os invertebrados aparecem primeiro, seguidos por um longo período em que a natureza natureza se equilibrara antes da explosão seguinte de criação. Depois apareceram os peixes e daí os anfíbios, até o homem ser criado. Essa última teoria concorda com o registro fóssil, mas não há consenso entre os criacionistas sobre a idade da terra. Esse é um assunto muito polêmico, mas ambos os lados concordam que a evidência fóssil apóia mais a criação que a evolução.

Alguns evolucionistas tentaram explicara a evidência fóssil ao apresentar a idéia do equilíbrio pontuado. Esses cientistas dizem que os saltos no registro fóssil refletem verdadeiras catástrofes que induziram mudanças radicais repentinas às espécies existentes. Logo, a evolução não é gradual, mas pontuada por saltos repentinos de um estágio para o outro. A teoria tem sido criticada porque nenhuma evidência de mecanismo de causas secundárias necessárias para possibilitar esses avanços repentinos foi demonstrada. Assim, a teoria parece basear-se apenas na ausência de fósseis transicionais. Ela abandona Darwin, que sabia que evidências de algo repentino eram favoráveis à criação. Aceitar a idéia da pontuação como resultado de uma causa primária aproxima-se perigosamente da uma visão criacionista.

A evidência dos órgãos atrofiados. Os evolucionistas têm usado a presença dos "órgãos atrofiados" nos seres humanos como apoio. Argumentam que, já que o corpo humano tem órgãos para os quais não há uso conhecido, eles são remanescentes de um estágio animal anterior no qual eram úteis. O fato de órgãos atrofiados poderem ser removidos sem mal aparente ao corpo indica que são inúteis. O apêndice, os músculos das orelhas e a terceira pálpebra são colocados nessa categoria.

Mas só porque as funções desses órgãos são desconhecidas não significa que elas não existam. Já que o conhecimento científico é finito e progressivo, pode haver funções sobre as quais a ciência ainda não está ciente. O fato de tais órgãos poderem ser removidos sem mal aparente para o corpo é insignificante. Outros órgãos podem compensar sua perda. E pode existir uma perda que não é facilmente detectada. Alguns órgãos, como as amígdalas, podem ser importantes no estágio inicial do desenvolvimento da pessoa, como, por exemplo, durante o início da infância, para ajudar a combater doenças. E órgãos como um rim ou um pulmão podem ser removidos sem grande perda, mas têm uma função.

É importante observar que a lista de órgãos atrofiados diminuiu de cerca de cem, quando a idéia foi proposta pela primeira vez, para meia dúzia hoje. Há indícios de propósitos para alguns deles. O apêndice pode auxiliar na digestão e pode ser útil no combate a doenças. Os coelhos têm um apêndice grande, e vegetarianos podem beneficiar-se mais com apêndice. O músculo da orelha ajuda a proteger contra congelamento em climas mais frios. A "terceira pálpebra" ou *membrana nictitante* existe nos seres humanos para coletar material estranho que entra no olho. O "rabo" ou cóccix é necessário para sentar confortavelmente. As glândulas endócrinas, antes consideradas órgãos atrofiados, agora são consideradas de grande importância na produção de hormônios. Descobriu-se que o timo está envolvido na proteção do corpo contra doenças.

Mesmo que alguns órgãos realmente fossem remanescentes de um período anterior no desenvolvimento humano, isso não provaria a evolução. Podem ser remanescentes de um estágio anterior da raça humana, em vez de uma espécie pré-humana. Pode-se dizer que um órgão que perdeu sua função não demonstraria que está evoluindo, mas "involuindo" — perdendo alguns órgãos e habilidades. Isso é o oposto da evolução.

A evidência do código genético. Os criacionistas concluem que há limitações reais à mudança evolutiva embutidas no código genético de todo ser vivo. As mudanças nessa estrutura indicam um projeto para a categoria principal de cada forma de vida. Cada nova forma de vida surgiu por um ato de intervenção inteligente que organizou informação genética para adequar-se a determinadas funções. Assim como seqüências de letras variam formando palavras diferentes, padrões de DNA variam produzindo espécies diferentes. Se a inteligência é necessária para criar *Os lusíadas* a partir de uma seleção de palavras encontradas num dicionário, ela também é necessária para selecionar e organizar informações genéticas para produzir a variedade de espécies que trabalham juntas, como um sistema, na natureza.

O surgimento repentino dessas formas de vida fortalece a alegação de que uma inteligência sobrenatural estava agindo para alcançar essa organização. De acordo com o princípio da uniformidade, essa é a solução mais plausível para o problema. Então, o maior problema para os evolucionistas não são os "elos perdidos", mas uma explicação para a origem de novos sistemas complexos de informação genética.

A evidência baseada na complexidade específica. Além do fato de a primeira célula viva ser extremamente complexa, as formas de vida elevadas são ainda mais complexas. Se a informação genética num animal unicelular excede a da *Enciclopédia britânica*, a informação no cérebro humano é maior que a da Biblioteca do Congresso. Se é necessária uma causa inteligente para produzir a forma de vida mais simples, quanto mais para a vida humana!

A complexidade sempre foi um grande problema para a evolução. É o mesmo problema enfrentado ao examinarmos a origem da primeira vida (v. EVOLUÇÃO QUÍMICA). A analogia dos criadores usada para ilustrar como processos naturais fizeram tudo contém muita intervenção inteligente, que é ignorada na teoria. Os criadores manipulam o processo de acordo com um plano inteligente para encorajar desenvolvimentos específicos. Com relação à informação, isso é passar de um estado de complexidade no código de DNA para um estado de complexidade maior, ou pelo menos mais específico. É como mudar a frase:

"Ela tinha cabelo castanho"

para a afirmação mais complexa:

"Seus cachos acaju brilhavam ao sol".

Esse aumento na informação codificada no filamento de DNA exige inteligência tanto quanto o código original para produzir vida. Na verdade, se a analogia de Darwin prova alguma coisa, é a necessidade de intervenção inteligente para produzir novas formas de vida. O princípio da uniformidade leva diretamente a essa conclusão quando deixa claro que estamos lidando com a ciência das origens, não com a ciência da operação.

A evidência da mudança sistêmica. Mudanças macroevolutivas exigem mudanças em grande escala de um tipo de organismo para outro. Os evolucionistas argumentam que isso ocorreu gradualmente durante um longo período. Uma objeção séria a essa teoria é que todas as mudanças funcionais de um sistema para outro devem ser simultâneas (v. Denton, p. 11). Por exemplo, pequenas mudanças podem ser feitas num carro gradualmente durante um período de tempo sem mudar seu tipo básico. Pode-se mudar o formato dos pára-choques, a cor e o estilo gradualmente. Mas, se há uma mudança no tamanho do êmbolo, isso exigirá mudanças simultâneas no virabrequim, no bloco e no sistema de ventilação. Se isso não for feito, o novo motor não funcionará.

Da mesma forma, mudar peixe para réptil ou de réptil para pássaro exige mudanças dramáticas em todo o sistema do animal. Todas essas mudanças devem ocorrer simultaneamente ou a oxigenação do sangue não combinará com o desenvolvimento do pulmão, nem com a passagem nasal e mudanças na garganta, reflexos autônomos no cérebro, musculatura torácica e membranas. A evolução gradual não explica isso.

Para explicar a mesma coisa pelo prisma da genética, não se pode passar de pequenas mudanças graduais num código genético simples para uma molécula complexa de DNA sem grandes mudanças simultâneas, muito menos por mutações aleatórias. Pequenas mudanças aleatórias em "Batatinha quando nasce se esparrama pelo chão" jamais produzirão *Os lusíadas*, mesmo que todas as letras do alfabeto e a pontuação estiverem presentes. A primeira mudança pequena e aleatória poderia ser "Batatinha quanto nasce...". A próxima, "Batatinha quando nasce...". A cada mudança, a mensagem fica mais truncada, muito longe de *Os lusíadas* e indo na direção errada. Apenas um ser inteligente pode transformar as mesmas letras da língua em *Os lusíadas* — por redesenvolvimentos simultâneos e sistemáticos.

O alfabeto tem 23 letras; o alfabeto genético tem apenas quatro, mas o método de comunicação pela seqüência de letras é igual. O cientista de informação Hubert P. Yockey insiste:

É importante entender que não estamos raciocinando por analogia. A hipótese da seqüência aplica-se diretamente à proteína e ao texto genético como também à língua escrita, e, portanto, o tratamento é matematicamente idêntico" (Yockey, p. 16).

Acontece que um filamento de DNA carrega a mesma quantidade de informação que um volume de uma enciclopédia.

Cada nova forma de vida tem seu próprio código singular, que, apesar de semelhante nas letras usadas, difere grandemente na mensagem transmitida. Pode-se usar as mesmas palavras e transmitir uma mensagem completamente diferente. Logo, o argumento do evolucionista da alta semelhança das formas de expressão num macaco e um ser humano não prova ancestrais comuns. As frases: "Você me ama" e "Você me ama?" têm ambas as mesmas palavras, mas transmitem mensagens totalmente diferentes. Com inteligência pode-se construir um parágrafo (ou até mesmo um livro inteiro) em que exatamente as mesmas frases transmitem mensagens completamente diferentes. Um exemplo rudimentar pode ser algo assim:

João veio antes de Maria. Maria veio após João [= depois de]. Então João e Maria se encontraram [= no mesmo lugar].

Compare isso com as mesmas frases numa ordem diferente, transmitindo um significado diferente:

Maria veio após João [= procurando-o]. João veio antes de Maria [= à frente de]. Então João e Maria se encontraram [= num encontro amoroso].

O alto nível de similaridade de informação genética no macaco e no ser humano não significa absolutamente nada. É a maneira em que as peças são unidas que faz uma grande diferença. Ouça o testemunho desse evolucionista:

Quando nos empenhamos em tentar estabelecer uma série evolutiva de seqüências, não conseguimos achar a ordem linear que esperávamos, do primitivo ao avançado.

Na verdade, "em vez de uma progressão de divergência crescente, cada seqüência vertebrada é igualmente isolada, por exemplo, da seqüência citocromática do cação". Logo,

nessas e em outras inúmeras comparações, provou-se impossível ordenar seqüências protéicas numa série macroevolutiva correspondente às transições esperadas de peixe > anfíbio > réptil > mamífero (Thaxton, p. 139-40).

Conclusão. Agora que temos novas evidências sobre a natureza do universo, a informação armazenada nas moléculas de DNA e outras confirmações fósseis, as palavras de Agassiz ressoam mais alto que quando foram escritas pela primeira vez em 1860:

[Darwin] perdeu de vista a mais impressionante das características, e a que permeia o todo, a saber, que percorrem a Natureza evidências inconfundíveis de pensamento, correspondentes às operações de nossa mente e portanto inteligíveis para nós como seres pensantes e inexplicáveis em qualquer outra base exceto que devem sua existência à inteligência ativa; e nenhuma teoria que ignore esse elemento pode ser fiel à natureza (Agassiz, p. 13).

Há duas teorias das origens de novas formas de vida. Uma diz que tudo surgiu por causas naturais; a outra depende de uma causa sobrenatural (inteligente). As evidências esmagadoras apóiam esta última.

Fontes
L. Agassiz, "Agassiz: review of Darwin's *Origins ...*" série 2, v. 30 (30 Jun.1860).
M. J. Beheb, *Darwin's black box*.
W. R. Bird, *The origin of species revisited*, 2 v.
C. Darwin, *A origem das espécies*.
R. Dawkins, *River out of Eden*.
___, *The blind watchmaker*.
M. Denton, *Evolution: a theory in crisis*.
N. Eldredge, *Os mitos da evolução humana*..
N. L. Geisler, *Is man the measure?*, cap. 11.
___, *Origin science*, cap. 7.
D. Gish, *Evolução: o desafio do registro fóssil*.
S. J. Gould, "Evolution's erratic pace", *NH*, 1972.
P. Johnson, *Darwinism on trial*.
___, *Reason in the balance*.
M. Lubenow, *Bones of contention*.
J. Moore, *The post-darwinian controversies*.
C. Thaxton, et. al., orgs., *Of pandas and people*.
H. P. Yockey, "Self-organization, origin of life scenarios, and information theory", *JTB*, 1981.

evolução cósmica. Ou o universo teve princípio ou não teve. Se teve princípio, então foi causado ou não foi causado. Se foi causado, que tipo de causa poderia ser responsável por criar todas as coisas?

O universo eterno. Tradicionalmente, os cientistas evolucionistas cósmicos acreditam que o universo, de alguma forma, sempre existiu. A matéria é eterna. A principal base científica é a primeira lei da termodinâmica (v. TERMODINÂMICA, LEIS DA), segundo a qual "energia não pode ser criada nem destruída".

Os criacionistas respondem que isso é uma má interpretação da primeira lei que deveria ser afirmada: "A quantidade real de energia no universo permanece constante". Ao contrário da versão mal-interpretada da primeira lei, isso baseia-se na observação científica sobre o que ocorre e não é uma afirmação filosófica sobre o que pode ou não acontecer. Não há evidência científica de que o universo é eterno.

Fred Hoyle propôs a teoria do estado estável para evitar essa conclusão. Ela afirma que átomos de hidrogênio surgem para impedir que o universo se dissipe. Isso também exige que o universo constantemente gere átomos de hidrogênio a partir do nada. Essa hipótese apresenta falhas insolúveis. Não há evidência científica de que tal evento tenha ocorrido. E tal ocorrência seria contrária ao princípio da causalidade (v. CAUSALIDADE, PRINCÍPIO DA), que afirma que deve haver uma causa adequada para cada evento. Os criacionistas observam prontamente que apenas o Criador seria a causa adequada para a criação de novos átomos de hidrogênio a partir do nada (v. CRIAÇÃO, VISÕES DA).

Apegar-se a crenças como a teoria do estado estável ou a teoria da eternidade da matéria tem um alto preço para o cientista, pois ambas violam uma lei fundamental da ciência: o princípio da causalidade. Ambas as teorias exigem que o cientista acredite em eventos que acontecem sem uma causa. Mesmo o grande cético David Hume disse: "Jamais afirmei uma proposição tão absurda como a de que algo pode surgir sem uma causa" (Hume, v. 1 p. 187). Mas essa proposição absurda é aceita por cientistas que ganham a vida na base da lei da causalidade. Se o universo inteiro não foi causado, por que deveríamos crer que as partes tenham sido causadas? Se as partes são todas causadas, que evidência poderia sugerir que o todo não é o foi? Nada no princípio da causalidade apóia essa conclusão.

Alguns evolucionistas cósmicos afirmam um tipo de teoria da repercussão, pela qual o universo entra em colapso e repercute para sempre. Mas não há evidência de que exista matéria suficiente para parar e reiniciar por forças gravitacionais o universo em expansão sequer uma vez. Além disso, essa hipótese é contrária à segunda lei da termodinâmica, que afirma que, mesmo que o universo repercutisse, iria, como uma bola que ricocheteia, perder a força (v. BIG-BANG, TEORIA DO).

Universo com princípio. Os criacionistas podem oferecer evidências de que o universo não é eterno, mas teve uma causa. Apesar de não ser teísta, Robert Jastrow, fundador e diretor do Instituto Goddard de Estudos Espaciais da NASA, resumiu a evidência no seu livro *God and the astronomers* [*Deus e os astrônomos*]. Jastrow indica três linhas de evidência — os movimentos das galáxias, as leis da termodinâmica e o histórico da vida das estrelas — que indicam que o universo teve um princípio (Jastrow, p. 111). Ora, se estamos falando de um movimento da ausência de matéria para a matéria, estamos claramente num âmbito de eventos que não podem ser repetidos, relativos à ciência das origens.

A segunda lei da termodinâmica. Talvez a evidência mais significativa seja a segunda lei da termo- dinâmica. Segundo essa lei, "a quantidade de energia utilizável no universo está diminuindo". Ou, em outras palavras: "Num sistema isolado e fechado, a quantidade de energia utilizável está diminuindo". Não importa como seja formulada, essa lei mostra que um universo eterno teria utilizado toda sua energia ou chegado ao estado de total desordem. Como isso não aconteceu, ele deve ter tido um princípio.

A primeira lei da termodinâmica diz que a quantidade real de energia no universo permanece constante — não muda. A segunda lei da termodinâmica diz que a quantidade de energia *utilizável* em qualquer sistema fechado (o que o universo é) está diminuindo. Tudo tende à desordem, e o universo está se dissipando. Ora, se a quantidade total de energia continua a mesma, mas a energia utilizável está se dissipando, a quantidade inicial não era infinita. A quantidade infinita não pode acabar. Isso significa que o universo é e sempre foi finito. Não poderia ter existido no passado infinito. Então deve ter tido um princípio. E, se teve um princípio, este deve ter sido causado, já que todo evento tem uma causa correspondente (v. CAUSALIDADE, PRINCÍPIO DA).

O movimento das galáxias. Os cientistas argumentam que o universo não está situado apenas num padrão estabelecido, mantendo seu movimento eterno. Agora parece que todas as galáxias estão se movendo para fora, como se de um ponto de origem central e que todas as coisas estavam se expandindo mais rápido no passado do que agora. Olhando para o espaço, também olhamos para o passado. Vemos as coisas como elas eram quando a luz foi emitida pelas estrelas muitos anos atrás. A luz de uma estrela a sete milhões de anos-luz de distância nos diz como ela era e onde estava há sete milhões de anos. Usando um telescópio de duzentas polegadas, Allan Sandage compilou informação sobre 42 galáxias, até seis bilhões de anos-luz de distância. Suas medições indicam que o universo estava se expandindo mais rapidamente no passado do que hoje. Esse resultado também apóia a crença de que o universo começou com uma explosão (Jastrow, *God and the astronomers*, p. 95).

O eco da radiação. Uma terceira linha de evidência de que o universo teve um princípio é o "eco" da radiação que parece vir de tudo. A princípio acreditava-se que era uma falha ou ruído dos instrumentos. Mas pesquisas descobriram que o ruído vinha de toda parte — o próprio universo tem uma radiação baixa de alguma catástrofe passada que parece uma grande bola de fogo. Jastrow diz:

> Nenhuma explicação além do *big-bang* jamais foi encontrada para a radiação da bola de fogo. O ponto decisivo, que convenceu quase todos os céticos, é que a radiação descoberta por Penzias e Wilson tem exatamente o padrão de comprimento de onda esperado para a luz e o calor produzidos numa grande explosão. Defensores da teoria do estado estável tentaram desesperadamente encontrar uma explicação alternativa, mas falharam (ibid., p. 15).

A descoberta de uma grande massa de matéria. Depois que Jastrow registrou as três linhas de evidência para o princípio do universo, uma quarta foi descoberta. Segundo a teoria do *big-bang*, deve ter existido uma grande massa de matéria associada à explosão original que criou o universo, mas nenhuma era conhecida até 1992. Por meio do telescópio espacial Hubble, astrônomos encontraram a própria massa de matéria prevista pela cosmologia do *big-bang*. Assim, a evidência combinada dá uma prova surpreendente do fato de que o universo teve um princípio.

Causa do cosmo. Se o universo não é eterno, mas surgiu em algum momento, a lei da causalidade nos diz que ele deve ter tido uma causa. Pois tudo que surge é causado. Logo, o universo foi causado.

Logicamente, se estamos procurando uma causa que existia antes de o universo (natureza) começar, estamos procurando uma causa sobrenatural. Até Jastrow, agnóstico convicto, declarou: "O fato de haver o que eu ou qualquer pessoa chamaria de forças sobrenaturais agindo é agora, na minha opinião, um fato cientificamente comprovado" (ibid., p. 15, 18). Já que está falando do ponto de vista da ciência da operação, provavelmente ele quer dizer que não há causa secundária que possa explicar a origem do universo. Mas com o reconhecimento da ciência das origens, podemos supor uma causa primária sobrenatural que parece ser a resposta mais plausível à questão.

Conclusão. Jastrow resume bem o enigma dos evolucionistas cósmicos e conclui assim o seu livro:

> Para o cientista que viveu pela fé no poder da razão, esta história termina como um pesadelo. Ele escalou a montanha da ignorância; está prestes a conquistar o pico mais alto; e, quando chega à última pedra, é cumprimentado por um bando de teólogos que estavam sentados ali há séculos (ibid., p. 105-6).

Depois de ser humilhado pela evidência de que o cosmos teve um princípio, Albert Einstein declarou seu desejo de saber como Deus criou este mundo. Não estou interessado neste ou naquele fenômeno, no espectro deste ou daquele elemento. Quero conhecer seu pensamento, o resto são detalhes (citado em Herbert, p. 177).

Fontes

W. L. CRAIG, *The* kalam *argument for the existence of God*.

F. HEEREN, *Show me God*.

N. HERBERT, *A realidade quântica: nos confins da nova física*.

D. HUME, *The letters of David Hume*, v. 1

M. D. Lemonick, "Echoes of the big-bang", *Time*, 4 May 1993.
R. Jastrow, "A scientist caught between two faiths", CT, 6 Aug. 1982.
___, *God and the astronomers*.
H. Ross, *The fingerprint of God*.
E. Whittaker, *The beginning and end of the world*.

evolução humana. V. Darrow, Clarence; Darwin, Charles; Dewey, John; evolução biológica; elos perdidos.

evolução química. Os evolucionistas químicos afirmam que leis puramente naturais podem explicar a origem da primeira vida por geração espontânea. Os criacionistas insistem em que uma causa inteligente é necessária para construir a estrutura básica da vida. Ao contrário do que se acredita, a evidência positiva de uma causa inteligente não é baseada na improbabilidade estatística de a vida ter surgido por acaso. Na verdade, é porque a ciência não é baseada no acaso; é baseada na observação e na repetição (v. origens, ciência das).

Apesar do fato estabelecido — baseado na obra de Louis Pasteur (1822-1895) — de que a vida não começa espontaneamente da ausência de vida, todos os cientistas naturalistas acreditam que no princípio foi assim. A base científica para essa conclusão são as experiências de Harold Urey e Stanley Miller. Eles demonstraram que estruturas básicas de vida (aminoácidos) podem ser obtidas a partir de elementos puramente químicos (hidrogênio, nitrogênio, amônia e gases de dióxido de carbono) por leis naturais sem qualquer intervenção inteligente. Uma descarga elétrica passada através desses elementos, os fez produzir essas estruturas fundamentais de vida. Supondo que raios passassem por elementos semelhantes na atmosfera primitiva, a primeira vida pode ter surgido pelo processo puramente natural na terra ou em qualquer outro lugar.

A teoria é que logo depois que a terra esfriou o suficiente, a combinação de hidrogênio, nitrogênio, amônia e dióxido de carbono reagiu, formando aminoácidos, que com o tempo evoluíram para filamentos de DNA e finalmente para células. Esse processo supostamente consumiu vários bilhões de anos, e foi necessária a energia acumulada do sol, da atividade vulcânica, de raios e raios cósmicos para manter o processo em andamento.

Os problemas. A teoria segundo a qual a vida teria surgido por causas puramente naturais está sujeita a várias objeções.

É contrária à experiência científica universal de que a vida nunca surge da ausência de vida. A equivocada crença pré-moderna de que isso era possível baseava-se no desconhecimento das bactérias microscópicas. Quando Pasteur esterilizou o recipiente, matando as bactérias, nenhuma vida surgiu. A mesma incapacidade é reconhecida por princípios de causação. Um conceito causal básico exige que o efeito não possa ser maior que sua causa (v. causalidade, princípio da). Assim como a inexistência não pode produzir existência, a ausência de vida não pode produzir vida. A água não pode subir sozinha acima do nível de sua fonte.

As experiências da origem da vida envolvem interferências ilegítimas do investigador. Por exemplo, intervenção inteligente é manifesta em vários níveis. Por que certos gases (como o hidrogênio) são incluídos e outros (como o oxigênio) são excluídos? Essa não é uma escolha inteligente, baseada no conhecimento do que funcionará ou não? Além disso, quem construiu o aparato para a experiência? Por que ele não tem um formato diferente? Por que decidiram injetar uma descarga elétrica? Certamente, escolhas inteligentes foram feitas em vários níveis.

Há uma suposição injustificada de que as condições primitivas da terra (ou de algum outro lugar) eram semelhantes às da experiência. Hoje sabe-se que duas condições cruciais eram diferentes. Já que a experiência não funcionará com a presença de oxigênio, supuseram que a atmosfera primitiva da terra não tinha oxigênio. Mas sabe-se agora que isso é falso. Só esse fato em si é suficiente para anular a experiência e a teoria da evolução química. Além disso, como muitos evolucionistas químicos admitem, os elementos químicos na concentração usada na experiência não são encontrados em nenhum lugar da terra. Todo o cenário da sopa primitiva é um mito (v. Thaxton, cap. 4).

A analogia entre a experiência de Miller e as condições conhecidas da terra primitiva é inválida, pois ignora a presença de forças destrutivas. O oxigênio destruiria o processo. A energia necessária do Sol e da radiação cósmica danifica as próprias substâncias produzidas. Sob as condições necessárias para a vida ter surgido espontaneamente, é mais provável que os elementos fossem destruídos mais depressa do que seriam produzidos. A natureza está cheia de forças destrutivas que derrubam e desorganizam. Isso é parte da segunda lei da termodinâmica (v. termodinâmica, leis da).

Mesmo que os elementos químicos certos pudessem ser produzidos, não se pode responder de forma satisfatória como seriam ordenados adequadamente e envolvidos numa parede celular. Isso exigiria outra série totalmente distinta de condições.

Além disso, os evolucionistas jamais apresentaram qualquer mecanismo que possa captar a energia para fazer o trabalho de selecionar aminoácidos e determinar qual deles construirá cada gene para desenvolver um organismo vivo. Não adianta ter uma gaveta cheia de pilhas se não há uma lanterna — um mecanismo para captar energia — para contê-las. A molécula de DNA é muito complexa. Veja uma descrição dessa complexidade em EVOLUÇÃO BIOLÓGICA.

Supondo que poderia haver energia suficiente disponível, os únicos sistemas que podem captar energia para fazer esse tipo de trabalho são ou vivos ou inteligentes. É fácil transferir bastante energia a um sistema aleatoriamente para aquecê-lo, mas organizá-lo e criar informação exige inteligência.

Finalmente, mesmo com todas as interferências nas experiências de Miller, que anulam os resultados a favor do processo puramente natural, não foi produzida uma única célula viva. Um aminoácido não passa de um elemento químico. Por mais biologicamente interessante que seja, não está vivo. Falta um ingrediente crucial — o código de vida ou DNA — que é a evidência positiva de uma inteligência criativa.

Outras teorias naturalistas. Outras teorias foram propostas para explicar as origens da primeira vida na terra. Uma é que haveria leis naturais envolvidas no processo ainda não descobertas, mas os cientistas só são capazes de indicar tal necessidade quando as leis que conhecem militam contra a criação da vida. Outros sugerem que a vida pode ter vindo à terra de outro lugar no universo — ou num meteorito ou numa antiga espaçonave —, mas ambas as soluções apenas pioram o problema. De onde veio aquela vida? Fendas termais no fundo do oceano e depósitos de argila estão sendo estudados como possíveis fontes de reprodução do princípio da vida, mas isso não explica uma maneira de captar energia para possibilitar a complexidade específica. A causa mais provável, e a única que a evidência apóia, é uma causa inteligente. O único debate significativo é entre o panteísta e o teísta; ambos insistem em que há uma Mente por trás da complexidade específica nos seres vivos, diferindo apenas quanto a essa Mente estar além do universo ou apenas nele.

Evidência de inteligência. Falta evidência de uma causa natural da origem, mas haverá evidência positiva que indique uma causa inteligente da primeira vida?

A chave para saber que tipo de causa está envolvida nas questões da origem é o princípio da analogia (uniformidade). Esse é um dos princípios fundamentais em qualquer compreensão científica do passado. A arqueologia utiliza ao supor uma causa inteligente para os artefatos que podem ter se originado em civilizações passadas. O programa SETI analisa as ondas de rádio do cosmos em busca de vida extraterrestre, procurando algo que rompa com a uniformidade.

O princípio da analogia (uniformidade). Ao observar vez após vez que tipos de efeitos são produzidos pelas causas, podemos determinar qual tipo de causa é necessária para produzir vida. Sabemos que pedras redondas geralmente são causadas por leis naturais resultantes do movimento da água e da fricção. Sílex e obsidiana não se transformarão em lança ou flecha dessa forma. A única questão, então, é se uma célula viva é mais parecida com uma pedra redonda ou uma ponta de flecha. Qualquer pessoa que observe os rostos esculpidos dos presidentes no monte Rushmore sabe que essas formas de pedra foram formadas por uma causa inteligente. Além de causas naturais jamais produzirem o tipo de informação específica demonstrada no monte Rushmore, sabe-se também pela observação repetida que causas inteligentes realmente produzem esse tipo de especificidade.

Complexidade específica indica uma causa inteligente. O tipo de evidência que indica uma causa inteligente para a vida é chamado complexidade específica. Carl SAGAN disse que uma única mensagem do espaço sideral confirmaria sua crença de que há vida extraterrestre. Tal comunicação seria *complexidade específica*. Ou, para ser mais preciso, já que sabemos que mensagens complexas sempre resultam de causas inteligentes, só resta ver se uma célula viva contém mensagem complexa. Com a descoberta do código DNA de vida, a resposta é clara. Em toda a natureza, apenas células vivas têm mensagens complexas conhecidas por complexidade específica. Um pedaço de quartzo tem especificidade, mas não complexidade. A mensagem num cristal é repetitiva, como a mensagem: *estrelaestrelaestrela*. Uma cadeia de polímeros aleatórios (chamados polipeptídeos) é complexa, mas não dá mensagem específica. Parece-se mais com: *fqpizgenyatkpvno*. Apenas uma célula viva tem especificidade e complexidade que não é repetitiva e que comunica uma mensagem ou função clara, tal como: *Esta frase tem um significado*. Logo, uma célula viva exige uma causa inteligente. A ciência fala da vida simples e da vida complexa. Mesmo o organismo unicelular mais simples tem informação suficiente que, se escrita, daria um volume da *Enciclopédia britânica*.

Uma mensagem clara e distinta — um projeto complexo com uma função específica — foi causada por alguma forma de inteligência que interveio para impor à matéria natural limites que ela não assumiria sozinha. Alguns fenômenos naturais são organizados e surpreendentes, mas claramente causados por forças naturais. O Grande Cânion e as cataratas do Niágara exigem apenas as forças cegas do vento e da água para formá-los. Não se pode dizer o mesmo sobre o monte Rushmore ou uma usina hidrelétrica. Eles requerem intervenção inteligente.

A confirmação da teoria da informação. Estudos da teoria da informação confirmam que é possível determinar uma causa inteligente apenas pelas freqüências de letras. Numa série de letras que carrega uma mensagem (mesmo que não saibamos qual é a mensagem), há uma certa freqüência de letras. É isso que faz códigos desconhecidos serem decifráveis e possibilita a remoção de ruídos de uma fita, aumentando a clareza da mensagem.

O que explicaria o surgimento repentino da vida e também forneceria a organização informativa da matéria viva? Se aplicarmos o princípio da uniformidade (analogia) à questão, a única causa que sabemos que faz esse tipo de trabalho geralmente é a inteligência. A suposição razoável é que também foi necessária inteligência desse tipo no passado. A experiência uniforme nos prova isso e, como David Hume diz, a experiência uniforme resulta em prova, aqui há *prova* direta e completa, baseada na natureza do fato (Hume, p. 122-3). Já que não é possível que estejamos falando de inteligência humana ou mesmo de seres vivos no âmbito natural, deve tratar-se de uma inteligência sobrenatural. Isso cria uma disjunção no decorrer da natureza que irrita a maioria dos cientistas; porém, uma vez que se admita que há uma disjunção radical do nada para algo no princípio do universo, pode haver pouca objeção à idéia de mais uma intervenção quando a evidência claramente a indica.

A confirmação da biologia molecular. O livro de Michael Behe, *A caixa preta de Darwin,* confere forte evidência, baseada na natureza de uma célula viva, de que ela não poderia ter se originado ou evoluído a partir de nada menos que a criação inteligente. A célula representa, em muitos casos, complexidade irredutível que não pode ser explicada pelas pequenas mudanças incrementais exigidas pela evolução.

Darwin admitiu:

Se pudesse ser demonstrado que qualquer órgão complexo que existisse não pudesse ser formado por várias modificações sucessivas e pequenas, minha teoria seria derrubada (*A origem das espécies,* p. 154).

Até evolucionistas, como Richard Dawkins, concordam:

Na verdade, a evolução muito provavelmente nem sempre é gradual. Mas deve ser gradual quando usada para explicar o surgimento de objetos complicados e aparentemente projetados, como os olhos. Pois se não é gradual nesses casos, deixa de ter qualquer poder explicativo. Sem graduação nesses casos, voltamos ao milagre, que é sinônimo da ausência total de explicação [naturalista] (p. 83).

Behe dá vários exemplos de complexidade irredutível que não pode evoluir em pequenos passos.

Conclui:

Ninguém na Universidade de Harvard, ninguém nos institutos nacionais de saúde, nenhum membro da Academia Nacional de Ciências, nenhum ganhador do Prêmio Nobel — absolutamente ninguém pode dar uma explicação detalhada de como o cílio, ou a visão, ou a coagulação do sangue, ou qualquer outro processo bioquímico complexo pode ter se desenvolvido no estilo darwiniano. Mas estamos aqui. Todas essas coisas surgiram de alguma forma; se não no estilo darwiniano, como? (p. 187).

Outros exemplos de complexidade irredutível que Behe são: aspectos de reduplicação de DNA, transporte de elétrons, síntese telomérica, fotossíntese e regulação de transcrição (ibid., p. 160). "A vida na terra, no seu nível mais fundamental, nos seus componentes mais críticos, é produto de atividade inteligente" (ibid., 193). Behe acrescenta:

A conclusão da criação inteligente flui naturalmente dos próprios dados — não de livros sagrados ou crenças sectárias. Deduzir que sistemas bioquímicos foram criados por um agente inteligente é um processo monótono que não exige novos princípios de lógica ou ciência (ibid.).

Logo,

o resultado desses esforços cumulativos para investigar a célula — para investigar vida no nível molecular — é um clamor alto, claro e penetrante de "desígnio"! O resultado é tão preciso e tão significativo que deve ser exibido como uma das maiores conquistas da história da ciência. A descoberta compete com as de Newton e Einstein (ibid., p. 232-3).

Conclusão. Como Hume demonstrou, no mundo empírico supomos conexões causais apenas porque vemos certos eventos unidos vez após vez. E já que o presente é a chave para o passado, o mesmo se aplica às causas da origem. Portanto, não é científico supor algo além de uma causa inteligente para a primeira célula viva, já que a experiência repetida diz que a única causa conhecida capaz de produzir complexidade específica, como a vida tem, é uma causa inteligente. Então, a evolução química não passa no teste científico. E é irrelevante especular que uma causa natural ainda é possível, já que a ciência é baseada na evidência que aponta claramente na direção de uma causa inteligente pela conjunção constante que David Hume denominou "prova".

Fontes
M. J. Behe, *A caixa preta de Darwin.*
R. Dawkins, *The blind watchmaker.*

M. Denton, *Evolution: a theory in crisis*.
D. Hume, *Investigação acerca do entendimento humano*.
A. Johnson, *Darwin on trial*.
L. Orgel, *As origens da vida*.
M. Polanyi, "Life transcending physics and chemistry", *CEN*.
B. Thaxton, et al., *The mystery of life's origin*.

evolução teísta. *Definição.* No sentido amplo, a evolução teísta é a crença de que Deus usou a evolução como meio de produzir as várias formas de vida física neste planeta, inclusive a vida humana. Mas há vários tipos de evolução nas quais Deus supostamente está envolvido. Na verdade, há várias idéias de Deus ligadas à evolução.

Tipos de evolução ligadas a Deus. Nem todas as formas de evolução ligadas a Deus são tecnicamente formas de evolução teísta, já que muitas delas não envolvem um conceito teísta. A seguinte tipologia deve ser considerada sugestiva, não exaustiva.

Evolução teísta. Evolução "teísta" significa a crença de que o Deus teísta usou o processo evolutivo que criara para produzir todas as espécies de vida. Além disso, "teísta" quer dizer que Deus fez pelo menos um MILAGRE após sua criação original do universo *ex nihilo* (v. CRIAÇÃO, TRÊS VISÕES DA). Senão, não há diferença entre teísmo e deísmo na questão das origens. É claro que o evolucionista teísta (que não nega mais que dois atos de criação sobrenatural) ainda poderia acreditar nos outros milagres na Bíblia após a criação, tais como o NASCIMENTO VIRGINAL ou a RESSURREIÇÃO.

Evolução teísta mínima. O evolucionista teísta mínimo acredita que Deus realizou dois atos sobrenaturais de criação: 1) a criação da matéria do nada e 2) a criação da primeira vida. Depois disso todos os outros seres vivos, até mesmo os seres humanos, surgiram por processos naturais que Deus ordenou desde o princípio.

Evolução teísta máxima. O evolucionista teísta máximo acredita que Deus realizou pelo menos três atos sobrenaturais de criação: matéria, a primeira vida e a alma humana. Depois da criação inicial da matéria e da vida, todos os organismos animais, até mesmo o corpo humano, evoluíram pelas leis naturais que Deus estabeleceu desde o princípio. Essa é a visão tradicional católica, pelo menos no último século.

A crença em outros atos de criação sobrenatural provavelmente seriam chamados forma mínima de criacionismo (apesar disso ser uma linha arbitrária), já que afirmaria que Deus interveio sobrenaturalmente pelo menos quatro vezes na criação. A maioria dos teólogos que afirmam isso também acredita que Deus interveio sobrenaturalmente muito mais vezes que isso. Eles geralmente se denominam criacionistas progressivos. Bernard Ramm e Hugh Ross (*The fingerprints of God* [*As impressões digitais de Deus*]) encaixam-se nessa categoria.

Evolução deísta. O deísmo não acredita em nenhum ato sobrenatural ou milagre após o ato inicial da criação do universo material a partir do nada. Quanto ao processo evolutivo e a produção de formas de vida, inclusive os seres humanos, não há diferença real entre a evolução deísta e a evolução naturalista, que inclui o ateísmo e o agnosticismo.

Evolução panteísta. Outra forma de evolução envolvendo crença em Deus é chamada evolução panteísta. O panteísmo, ao contrário do teísmo e do deísmo, acredita que Deus é tudo e tudo é Deus. Deus é o universo ou a Natureza. Baruch Espinosa e Albert Einstein acreditavam nisso. O ex-ateu Fred Hoyle adotou essa visão no seu livro *Evolution from space* [*A evolução vinda do espaço*] (1981). Segundo essa teoria, Deus criou a primeira vida e depois muitas formas básicas de vida, em várias ocasiões, como indicado pelos grandes lapsos no registro fóssil. Mas o Deus que interveio inteligentemente para formar esses vários tipos de vida fez isso de dentro do universo, não de fora. Pois Deus é a Mente do universo. Deus é a natureza.

Evolução panenteísta. Ao contrário do panteísmo, que acredita que Deus é tudo, o panenteísmo afirma que Deus está em tudo. O panenteísmo é diferente por sua crença de que Deus é a Força Vital no universo e na força evolutiva. Henri Bergson expressou essa teoria no livro *Creative evolution* [*Evolução criativa*] em 1907. Essa também parece ser a posição do evolucionista católico Teilhard de Chardin. Segundo essa posição, a evolução é o processo contínuo que avança, às vezes em saltos, pela virtude da força divina imanente no universo.

Avaliação. Já que a essência de todas as teorias é criticada em outros artigos sobre deísmo, panteísmo e panenteísmo, não é necessário fazê-lo aqui. Resta apenas destacar que sua visão da evolução de organismos vivos pressupõe as posições anti-sobrenaturalistas do ateísmo e agnosticismo. Só o teísmo realmente acredita nos atos sobrenaturais do Deus que está além do universo e que ocasionalmente intervém nele.

Muitos dos argumentos usados contra a evolução naturalista ou materialista também se aplicam a essas outras formas de evolução que envolvem Deus. Pois não faz diferença se os processos naturais foram criados pelo Deus teísta ou não. A evidência mostra que leis naturais não inteligentes não têm a habilidade de dar vida ou criar novas formas de vida, muito menos seres humanos (v. Darwin, Charles; elos perdidos).

Fontes
H. BERGSON, *Creative evolution*.
C. DARWIN, *A origem das espécies*.
___, *The descent of man*.
F. HOYLE, *Evolution from space*.
G. MILLS, "A theory of theistic evolution as an alternative to naturalistic theory", *Perspectives on science and Christian faith* (1995).
B. RAMM, *The Christian view of science and Scripture*.
D. RATZSCH, *Battle of beginnings*.
H. ROSS, *The fingerprints of God*.
Teilhard de CHARDIN, *The omega point*.
H. VAN TILL, *Portraits of creation*.
___, *The fourth day*.

exclusivismo. O *exclusivismo*, com relação a reivindicação da verdade, afirma que, se uma proposição da verdade é verdadeira, todas as proposições opostas a ela devem ser falsas. Isso é baseado na lei do meio excluído da lógica (ou A ou não-A, mas não ambos). Essa lei afirma que se A é verdade, então todo não-A é falso (v. LÓGICA; PRIMEIROS PRINCÍPIOS).

O *exclusivismo religioso* afirma que apenas uma religião pode ser verdadeira, e todas as outras opostas à única religião verdadeira devem ser falsas. Vários termos relacionados ao pluralismo religioso devem ser diferenciados: *pluralismo, relativismo, inclusivismo* e *exclusivismo*. O PLURALISMO é a crença de que toda religião é verdadeira. Cada uma proporciona um encontro genuíno com o Supremo. Uma pode ser melhor que as outras, mas todas são adequadas. O *relativismo* (v. VERDADE, NATUREZA DA) é semelhante ao pluralismo, afirmando que cada religião é verdadeira para quem acredita nela. Não há verdade objetiva na religião, logo não há critérios pelos quais determinar qual é a melhor. O *inclusivismo* afirma que uma religião é explicitamente verdadeira, e todas as outras são implicitamente verdadeiras. O *exclusivismo* é a crença de que apenas uma religião é verdadeira, e as outras opostas a ela são falsas.

Há vários tipos de exclusivismo. O exclusivismo filosófico é aquele em que uma afirmação ou posição é incompatível com outra. Por exemplo, o teísmo é incompatível com o ateísmo (v. COSMOVISÃO). Pois se a afirmação "Deus existe" é verdadeira (v. TEÍSMO), a afirmação "Deus não existe" é necessariamente falsa (v. ATEÍSMO).

O exclusivismo religioso, ao contrário do pluralismo religioso, afirma que apenas uma religião é verdadeira (v. CRISTO, SINGULARIDADE DE), e as outras opostas a ela são falsas. Se o cristianismo é verdadeiro (v. APOLOGÉTICA, ARGUMENTO DA), então o islamismo é falso, já que suas reivindicações de verdade se opõem às doutrinas centrais do cristianismo, tais como a morte de Cristo na cruz e sua ressurreição três dias depois (v. CRISTO, MORTE DE; RESSURREIÇÃO, EVIDÊNCIAS DA).

existencialismo. Como movimento ateu, o *existencialismo* floresceu na metade do século XX, mas seus efeitos permaneceram. O existencialismo provoca um efeito negativo no cristianismo evangélico.

Influência teológica. Vários movimentos teológicos, amplamente conhecidos por neo-ortodoxos, foram influenciados pelo existencialismo. Karl BARTH enfatizou o encontro pessoal com Deus, salientando que a Bíblia é o registro humano falível da Palavra de Deus. Emil Brunner enfatizou que a revelação é pessoal, não proposicional. Rudolph BULTMANN desenvolveu o método antimitológico para arrancar da Bíblia sua desatualizada cosmovisão sobrenatural para chegar à essência existencial (v. MITOLOGIA E O NOVO TESTAMENTO).

Principais defensores do existencialismo. Um grupo eclético de filósofos e teólogos contribuíram para o que se tornou o existencialismo moderno. Entre eles estão o teísta luterano Søren KIERKEGAARD (1813-1855), o ateu alemão Friedrich NIETZSCHE (1844-1900), os ateus franceses Jean-Paul SARTRE (1905-1980) e Albert CAMUS (1913-1960), o teísta judeu alemão Martin BUBER (1878-1965), o não-teísta alemão Martin HEIDEGGER (1832-1970), o católico francês Gabriel Marcel (1889-1964) e o leigo ortodoxo alemão-oriental Karl Jaspers (1883-1969).

Ênfases e contrastes do existencialismo. O existencialismo enfatiza a vida acima do conhecimento, o desejo acima do pensamento, o concreto acima do abstrato, o dinâmico acima do estático, o amor acima da lei, o pessoal acima do proposicional, o indivíduo acima da sociedade, o subjetivo acima do objetivo, o não-racional acima do racional e a liberdade acima da necessidade.

No centro do existencialismo está a crença de que a existência tem precedência sobre a essência. Todos os existencialistas defendem essa visão, de alguma forma. Eles discordam em outros aspectos, mas a maioria dos existencialistas, especialmente os ateus, tendem a aceitar outras proposições:

Os seres humanos são basicamente animais que aprenderam a escolher. Não são vistos como seres racionais, políticos ou mecânicos.

A humanidade como objeto não está livre, mas indivíduos como sujeitos estão livres.

"Eu" não sou "eu mesmo". O "ser" pode ser estudado e descrito como a "coisa". Mas o "eu" por trás da coisa transcende a descrição; é totalmente livre.

Objetividade carece de existência. Apenas o subjetivo realmente existe.

existencialismo

Significado e valor são encontrados em existência, vida, desejo e ação. Forma, essência e estrutura são irrelevantes e inúteis.

Significado e valores são criados, não descobertos. Existencialistas teístas como Kierkegaard discordam nesse caso.

Da essência à existência. Tudo isso parece mais filosófico que prático, e os existencialistas lutam com o movimento do abstrato para o concreto. Eles próprios descrevem o movimento de várias maneiras. O existencialista cristão Kierkegaard descreveu-o como "passo de fé" (v. FIDEÍSMO), no qual se tem um encontro pessoal com Deus. O ateu Sartre o denominou "tentativa de passar da existência para si para a existência em si". Ele acreditava que fazer isso é impossível, e que a vida é absurda. Os existencialistas ateus, inclusive Sartre e Camus, insistem que nenhuma experiência existencial autêntica é possível. O melhor a fazer é reconhecer a própria inautenticidade. Os existencialistas teístas acreditam que a experiência existencial genuína é possível, mas não sem o encontro pessoal com Deus. Se isso é feito apenas como indivíduo (Kierkegaard) ou na comunidade (Marcel), não se sabe. Pelo menos é possível. Para o existencialista judeu Martin Buber, tal movimento vai dos relacionamentos Eu-coisa para Eu-Tu. Gabriel Marcel acreditava ser possível uma verdadeira experiência existencial passando de "mim" (o indivíduo) ou "eles" (a multidão) para "nós" (a comunidade).

Avaliação. As opiniões existencialistas são tão variadas que comentários gerais dificilmente podem ser classificados por um ou mais grupos sob a categoria. Algumas generalizações, todavia, podem ser relacionadas.

Contribuições positivas. A ênfase do existencialismo no amor acima do legalismo encaixa-se no ensinamento de Jesus (Mc 2.27) e é um tipo de corretivo para o legalismo sempre presente em alguns domínios da vida cristã. A ênfase no prático em vez de no puramente teórico coincide com a ênfase cristã numa fé viva (v. Tiago). O NT evita o abstrato no ensinamento que boas obras resultam da fé verdadeira (Ef 2.8-10; Tg 2). Todos os cristãos acreditam na liberdade humana, apesar de alguns grupos discordarem em algumas nuanças do significado (v. DETERMINISMO; LIVRE-ARBÍTRIO).

No sentido original de que "existência está acima da essência", TOMÁS DE AQUINO pode ser classificado como existencialista. Ele descreveu Deus como Existência Pura. Deus, que é superior em ordem e importância a qualquer outro ser, é pura Realidade sem nenhuma potencialidade. Deus é Existência Pura. Esse é o máximo no existencialismo cristão, do ponto de vista do realismo.

Erros e perigos. Mas o existencialismo não aborda adequadamente a essência da existência. Se a existência é superior à essência, então a essência da existência não pode ser conhecida. Os existencialistas, no entanto, tentam explicá-la, descrevê-la e conhecê-la. Escrevem livros sobre o assunto. Para serem coerentes, no momento em que reconhecem que há uma essência da existência, deixam de ser existencialistas no sentido comum do termo. O existencialismo estabelece a disjunção radical entre essência e existência. Mas nunca encontramos existência pura na vida sem alguma essência. Jamais sabemos *que* uma coisa existe sem saber um pouco sobre *o que* ela é.

O existencialismo é tão subjetivo que tende ao misticismo (v. MISTICISMO). Sem critérios objetivos, não há como diferenciar o encontro com o real do encontro com a ilusão. Para os existencialistas teístas, não há como o indivíduo saber se encontrou o verdadeiro Deus ou o subconsciente — ou até mesmo Satanás (2Co 11.14).

Quando conhecemos outras pessoas ou Deus, o pessoal não pode ser totalmente separado do proposicional. Podemos dizer algo sobre as pessoas por meio de proposições ou declarações sobre elas. Pessoas que nunca se encontraram também podem se conhecer intimamente por meio de cartas. Da mesma forma, a Bíblia é uma revelação proposicional sobre o Deus pessoal (v. BÍBLIA, EVIDÊNCIAS DA).

A liberdade adotada pelos existencialistas ateus é impossível. Não temos liberdade absoluta. E, se há um Deus, todas as outras vontades estão subordinadas à sua vontade absoluta.

A irracionalidade não corresponde ao que a vida é. Deus e a realidade absoluta não estão em contradição. Deus é o Pai de toda razão. A lógica flui de sua natureza (v. FÉ E RAZÃO). Os existencialistas não praticam a irracionalidade. São bem racionais quando expõem e defendem seu sistema. Inevitavelmente tentam a tirar conclusões racionais de sua visão da existência. A própria tentativa é contraditória.

Fontes

J. COLLINS, *The existencialists.*
W. BARRETT, *Irrational man.*
J. P. SARTRE, *O existencialismo e um humanismo.*
A. CAMUS, *O mito de Sísifo.*
E. BRUNNER, *Revelation and reason.*
K. BARTH, *Church dogmatics*, v. 1.
M. HEIDEGGER, *What is metaphysics?*
R. BULTMANN, *Kerygma and myth: a theological debate*, org., H. W., trad. R. H. FULLER.
G. MARCEL, *The mystery of being.*
K. JASPERS, *Reason and existence.*
S. KIERKEGAARD, *Temor e tremor.*

Êxodo, data do. V. ARQUEOLOGIA DO ANTIGO TESTAMENTO; FARAÓ DO ÊXODO.

experimental, apologética. A apologética experimental é a forma de defender a fé cristã que apela para a experiência cristã como evidência da verdade do cristianismo. Apelando à evidência interna, em vez de externa, ela difere grandemente de outros sistemas apologéticos (v. APOLOGÉTICA, TIPOS DE).

Proponentes da apologética experimental. Muitos pensadores cristãos enfatizaram a experiência, alguns místicos, outros não. Meister Eckart, na Idade Média, foi considerado herege, mas escreveu convincentemente sobre as implicações do misticismo cristão. No período moderno, o EXISTENCIALISMO (v. KIERKEGAARD, SØREN) e a neo-ortodoxia (v. BARTH, KARL) deram muito valor à experiência religiosa e suas provas do cristianismo. Os liberais e modernistas clássicos rejeitam a verdade cristã objetiva, então a religião experimental geral é praticamente o único fundamento possível sobre o qual construir uma apologética cristã (v. MILAGRES, MITO E; SCHLEIERMACHER, FRIEDRICH). Entre os evangélicos, Elton Trueblood defendeu o experimentalismo. Apesar de geralmente ficar fora das discussões apologéticas, a apologética experimental caracteriza o movimento pentecostal, carismático e a chamada "terceira onda".

Tipos de apologética experimental. Os apologistas cristãos experimentais dividem-se em várias categorias. Alguns apelam à experiência religiosa em geral, apesar de geralmente esta não ser usada para provar as afirmações singulares do cristianismo tanto quanto a existência de ensinamentos comuns a várias religiões. Isso pode incluir a existência do Deus transcendental ou a imortalidade da alma.

Outros experimentalistas cristãos apelam para experiências religiosas. Nessa categoria estão os que enfatizam experiências místicas e os que buscam conversões cristãs sobrenaturais. A descrição clássica de Jonathan EDWARDS para a natureza da conversão, *A treatise concerning religious affections* [*Tratado sobre as sensações religiosas*], argumenta em favor de Deus a partir da experiência da conversão, apesar de Edwards geralmente enfatizar a razão.

Experiência religiosa geral. O valor da experiência religiosa em geral está limitado às afirmações cristãs. Logicamente é difícil ver como esse argumento pode ser usado para apoiar até mesmo um Deus distintamente teísta. Na melhor das hipóteses, estabelece alguma credibilidade para um tipo de ser supremo. Mas provas da experiência religiosa foram oferecidas por cristãos e outros.

O valor das experiências religiosas em geral é que estão disponíveis a todos. Até o ateu Sigmund Freud admitiu que experimentou um tipo de "sentimento de dependência absoluta" como descrito por Friedrich SCHLEIERMACHER. Paul TILLICH denominou-se experiência do "compromisso absoluto". O humanista John DEWEY acreditava que todo mundo tem uma experiência religiosa na sua busca pelos objetivos, apesar dos obstáculos.

Experiência religiosa especial. A experiência religiosa especial, ao contrário da geral, não é tão divulgada. Para os que têm tais experiências, elas podem ser uma demonstração poderosa da prova do cristianismo. Elas têm formas místicas e existenciais variadas.

Experiência mística cristã. Os místicos cristãos (v. MISTICISMO) reivindicam uma experiência especial com Deus. Experiências místicas diferem das experiências gerais de outra maneira: proclamam ser contatos diretos com Deus, sem mediação. A experiência é auto-evidente, tão básica para a realidade quanto a experiência sensorial de perceber cores. Para elas, pelo menos, nada precisa de comprovação.

Experiências existenciais. Apesar de encontros existenciais com Deus não serem místicos, seus proponentes afirmam que eles também autenticam a si mesmos. Há ocasiões em que a pessoa é tomada por Deus num encontro não-racional e direto que é mais básico e real que a experiência sensorial. Apesar de nem todos considerarem tais experiências evidência, elas servem para provar a autenticidade da fé à pessoa que tem a experiência. Quem apela para tais experiências rejeita abordagens apologéticas no sentido tradicional. Rejeita o apelo à evidência racional e factual e aceita o que acredita ser uma experiência que comprova a si mesma.

Deve-se observar que nem todos os que têm experiências especiais com Deus consideram esses momentos provas apologéticas para o cristianismo, nem para si nem para os outros. Quem enfatiza essas experiências como componente principal do sistema cristão, no entanto, tende a considerá-las provas de sua fé.

Avaliação da apologética experimental. Apesar de alguns cristãos basearem sua fé principalmente na experiência, outros desmascaram totalmente o valor apologético desses argumentos subjetivos. Mas, vista da forma correta, a experiência tem um papel importante na religião.

Aspectos positivos. Toda verdade religiosa deveria ser vivida. A verdade religiosa, ao contrário das outras formas de verdade, é preeminentemente uma verdade a ser vivida. Como disse William JAMES, no coração da experiência religiosa está o objetivo de ter um relacionamento satisfatório e transcendental. A verdade religiosa, disse Kierkegaard, é pessoal, não apenas proposicional. É uma experiência que propicia o relacionamento vivo com o Deus vivo. Nesse sentido, a verdade religiosa é muito mais que o que sabemos; é o que vivemos. Não é apenas verdade para ser dominada pelos cristãos; ela os domina.

Toda verdade é vivida. No sentido mais geral, toda verdade deve ser vivida. Na sua base, experiência significa consciência — consciência do Supremo. Isso se estende da consciência de Deus à consciência de uma verdade matemática. Se não é vivida, então não é possível "conhecê-la". Assim, a experiência nesse sentido não é apenas importante para a fé religiosa; é essencial.

Verdade conceitual é vazia sem experiência. Uma conseqüência da necessidade de experimentar a verdade é que conceitos estéreis são vazios por não se basearem na experiência (v. TAUTOLOGIAS). Apesar de haver vários níveis e objetos de experiência, não há verdade sobre a realidade que seja totalmente separada da experiência. A não ser que se tenha consciência de um objeto por meio da experiência, não se pode conhecê-lo diretamente. Logo, a experiência é indispensável para conhecer qualquer verdade, inclusive a verdade religiosa.

Aspectos negativos. Embora toda verdade, mesmo a religiosa, deva ser vivida no sentido amplo de termos consciência dela, nenhuma reivindicação de verdade religiosa deve basear-se na experiência sem crítica ou comprovação (v. VERDADE, NATUREZA DA).

O experimentalismo confunde as categorias. É uma confusão de categorias falar da verdade religiosa experimental. Há *experiências* religiosas verdadeiras (experiência de Deus), mas elas são diferentes das *expressões* (afirmações) sobre tais experiências. A verdade é encontrada na expressão sobre o objeto de nossas experiências, não nas próprias experiências. Então, tecnicamente, não há experiência religiosa verdadeira ou falsa. Há afirmações verdadeiras ou falsas relativas ao que a pessoa realmente experimentou de Deus e acerca desse Deus. Mas a própria experiência, no sentido primário, não é verdadeira nem falsa.

A razão é necessária. Se a razão é considerada no sentido secundário de reflexão sobre nossa experiência primária (especialmente a reflexão racional), ela é crucial para sabermos a verdade sobre nossa experiência primária. A experiência primária, assim definida por muitos que a enfatizam, não é reflexiva nem crítica. Supostamente não há utilidade para a lógica nem para a razão. A lógica é pré-conceitual. Esse tipo de experiência, se realmente possível, é perigosa e não tem função definitiva para determinar a verdade na religião. É "pura" experiência, sem meios próprios para nos deixar saber se a experiência nos está colocando em contato com a realidade divina. A não ser que a denominada "experiência secundária", pelo uso da razão, possa avaliar e julgar essa experiência pura, ela não tem valor de verdade. Como Jonathan Edwards diria, Deus quer alcançar o coração, mas ele nunca deixa de passar pela cabeça.

Ao contrário do que alguns afirmam, não há experiências religiosas auto-evidentes que possam demonstrar a verdade do cristianismo. Há diferenças importantes entre a experiência sensorial e a experiência religiosa especial. Uma é experiência geral, e outra, especial. Uma é experiência contínua, e outra, apenas ocasional. Uma é pública e a outra, particular. Uma é sensitiva e objetiva, enquanto a outra é espiritual e subjetiva. Nenhuma comparação entre as duas é válida.

Isso deixa pendente a afirmação de João CALVINO e outros de que todos os homens têm conhecimento inato de Deus. Se têm, certamente não é específico o suficiente para estabelecer muito mais que a existência de Deus (e talvez da imortalidade), mas não as verdades singulares do cristianismo, como a divindade de Cristo (v. CRISTO, DIVINDADE DE), a TRINDADE e Cristo como caminho para Deus (v. CRISTO, SINGULARIDADE DE; "PAGÃOS", SALVAÇÃO DOS; PLURALISMO; RELIGIÕES MUNDIAIS, CRISTIANISMO E).

Uma "fonte da" verdade não é uma "prova da" verdade. Aqueles que usam a experiência no sentido primário para demonstrar a verdade do cristianismo envolvem-se num mal-entendido básico. A experiência religiosa é certamente uma *fonte* de verdade sobre Deus, mas não pode ser usada como *teste* para essa verdade. Tal uso apologético da experiência religiosa é forçado, já que apela para a experiência a fim de provar a verdade da experiência.

Experiências religiosas não são auto-interpretativas. Nenhuma experiência religiosa, e certamente nenhuma do tipo especial (místico), pode ser autoclassificada. Outras interpretações são possíveis, que são dadas prontamente por Ludwig FEUERBACH, William James e Freud. O fato de a pessoa religiosa ter tido a experiência e tê-la classificado não significa que essa é a única interpretação ou a interpretação adequada. Alucinações, ilusões e projeções mentais têm acontecido em muitas experiências religiosas. É necessário mais que uma experiência subjetiva para demonstrar a verdade objetiva.

Experiências religiosas carecem de valor objetivo. Alguns critérios objetivos e demonstráveis para determinar a verdade das experiências religiosas são necessárias. É óbvio, com base nos fatos, que experiências semelhantes podem ser interpretadas de maneiras diferentes e que experiências religiosas entram em conflito umas com as outras. É por isso que a Bíblia adverte contra falsos profetas (Mt 7.15) e falsos ensinamentos (1Tm 4.1s.; 1Jo 4.1s.). Na verdade ela até estabelece critérios objetivos pelos quais a falsidade pode ser conhecida (cf. Dt 18.9-22).

Experiências indescritíveis não têm valor de verdade. Os místicos geralmente afirmam ter experiências inefáveis. Seja qual for o valor subjetivo que possam ter para a pessoa que as vive, não podem constituir reivindicação válida da verdade para outras pessoas. Estados subjetivos têm força de coerção, se tanto, apenas para quem os experimentam. Pela própria natureza são vivenciados apenas por uma pessoa. Segundo, uma experiência indescritível não pode ser testada porque nem ao menos é conhecida. Seria necessário conhecê-la antes de poder testá-la. Se não é compreendida racionalmente, não pode ser testada racionalmente.

Conclusão. A experiência religiosa geral não é específica o suficiente para apoiar afirmações da verdade do cristianismo. No máximo pode apoiar algumas afirmações vagas sobre um ser transcendental, mas não as afirmações singulares de um Deus trino que se revela nas Escrituras. As experiências religiosas também não são objetivas nem verificáveis. Não oferecem investigação crítica ou racional. Critérios objetivos são necessários para todas as experiências subjetivas serem significativas para outra pessoa além da que as vivenciam. A verificação objetiva certamente é necessária antes que possam ser usadas para estabelecer uma reivindicação da verdade. A mente deve entender e investigar o que o coração está sentindo. Caso contrário, não podemos saber se corresponde à realidade (v. VERDADE, NATUREZA ABSOLUTA DA).

Fontes
J. EDWARDS, *A treatise concerning religious affections.*
L. FEUERBACH, *The essence of Christianity.*
S. FREUD, *O futuro de uma ilusão.*
N. L. GEISLER, et al. *Philosophy of religion*, Pt.1
W. JAMES, *Varieties of religious experience.*
S. KIERKEGAARD, *Temor e tremor.*
R. OTTO, *The idea of the holy.*
F. SCHLEIERMACHER, *On religion: speeches to its cultured despisers.*
P. TILLICH, *Ultimate concern.*
E. TRUEBLOOD, *Philosophy of religion.*

Ff

falsificação, princípio de. V. FLEW, ANTONY; VERIFICAÇÃO, ESTRATÉGIAS DE.

faraó, endurecimento do coração do. Em Êxodo 4.21, Deus declara: "Eu vou endurecer o coração dele, para não deixar o povo ir". Mas se Deus endureceu o coração do faraó, ele não pode ser julgado moralmente responsável pelas suas ações, já não o fez por livre e espontânea vontade, mas por coação (cf. 2Co 9.7; 1Pe 5.2). Parece haver um problema sério aqui em relação ao amor e à justiça de Deus (v. MAL, PROBLEMA DO). Se Deus ama a todos, por que ele endureceu o coração do faraó para que rejeitasse a vontade de Deus? Se Deus é justo, por que culpar o faraó pelo seu pecado, se foi Deus quem endureceu o coração dele para o pecado?

Soluções propostas. Há duas respostas básicas para esse problema com base em teologias divergentes.

A resposta do determinista rígido. Calvinistas ou deterministas rígidos (v. DETERMINISMO) enfatizam a soberania de Deus e afirmam que ele tem o direito de endurecer ou amolecer o coração que quiser. Quanto à justiça de Deus, a resposta é de Paulo em Romanos 9.20: "Mas quem é você, ó homem, para questionar Deus?! Acaso aquilo que é formado pode dizer ao que o formou: 'Por que me fizeste assim?'" O amor redentor de Deus é dado aos eleitos. Mais uma vez, citando Paulo, eles insistem em que Deus "tem misericórdia de quem quer, e endurece a quem ele quer" (Rm 9.18). A forte resposta calvinista ao problema, então, é que o faraó já era um incrédulo endurecido, e Deus apenas o endureceu ao retirar a graça que suaviza os efeitos da Queda no coração incrédulo. Ele deixou o faraó intensificar sua rebelião, como um incrédulo faria sem restrição divina. Deus fez isso para mostrar seu poder e glória. O faraó não teria se arrependido verdadeiramente sem a intervenção positiva do poder redentor de Deus.

Essa posição é baseada numa visão voluntarista inaceitável (v. VOLUNTARISMO), em que Deus pode desejar uma de duas ações opostas. Isso parece fazer Deus arbitrário quanto ao que é bom. Ao contrário do determinismo, Deus é amoroso (Jo 3.16; Rm 5.6-8; 2Co 5.14,15; 1Jo 2.1) e não quer que ninguém pereça (2Pe 3.9). Independentemente do que o determinista diga, a justiça de Deus é impugnada se ele endurece pessoas em pecado contra a vontade desta. O livre-arbítrio e a compulsão são contraditórios. Como Paulo comentou sobre a contribuição: "Cada um dê conforme determinou em seu coração, não com pesar ou por obrigação Deus ama quem dá com alegria" (2Co 9.7). Pedro acrescentou que os líderes da igreja, ao servirem a Deus, devem trabalhar "não por obrigação, mas de livre vontade" (1Pe 5.2).

A resposta dos deterministas moderados. Outros respondem ao problema do endurecimento do coração do faraó alegando que Deus não endureceu o coração do faraó contra seu livre-arbítrio. As Escrituras deixam claro que o faraó endureceu o próprio coração. Elas declaram que o coração do faraó "se endureceu" (Êx 7.13), que ele "obstinou-se em seu coração" (Êx 8.15) e que "o coração do faraó permaneceu endurecido" à medida que Deus agia sobre ele (8.19). Mais um vez, quando Deus enviou a praga das moscas, "mas também dessa vez o faraó obstinou-se em seu coração" (8.32). Essa mesma frase ou equivalente é repetida várias vezes (v. tb. 9.7,34,35). Na realidade, com exceção da previsão de Deus acerca do que aconteceria (Êx 4.21), o fato é que o faraó endureceu primeiramente o próprio coração (7.13; 8.15 etc.), e Deus o endureceu mais tarde (cf. 9.12; 10.1, 20,27).

Teólogos explicam que palavras hebraicas diferentes para "endurecer" são usadas nessa passagem (Forster, p. 1555-1568). *Qāshâ*, que significa "teimosia", é usada duas vezes, uma vez quando Deus é o agente e uma vez quando o faraó é o agente (7.3; 13.15). Em ambos os casos, ela é usada para o processo geral, não para uma ação específica. *Kāvēd*, que significa "pesado" ou "insensível", é usada várias vezes, não só se referindo ao coração do faraó, mas também às pragas. Deus enviou um "pesado" enxame de moscas, granizo e enxame de gafanhotos. *ḥāzāq*, que significa "força" ou "incentivo", é o termo usado em relação ao coração do faraó. Quando o faraó é o agente do endurecimento, *a palavra usada é kāvēd*. Quando Deus é o agente, o termo usado é *ḥāzāq*. "Embora o faraó tome sua própria decisão moral, Deus lhe dará força para realizá-la", escreve Roger Forster (p. 72). Com base nisso, não há nada moralmente sinistro com relação ao "endurecimento" do faraó, e esse é o entendimento com o qual calvinistas moderados e arminianos podem concordar.

Deus endureceu o coração dele de forma semelhante à maneira em que o sol endurece a argila e também derrete a cera. Se o faraó fosse receptivo às advertências de Deus, seu coração não teria sido endurecido por Deus. Mas quando Deus deu ao faraó uma suspensão temporária das pragas, ele se aproveitou da situação. "Mas quando o faraó percebeu que houve alívio, obstinou-se em seu coração e não deu mais ouvidos a Moisés e a Arão, conforme o Senhor tinha dito" (Êx 8.15).

A questão pode ser resumida da seguinte forma: Deus endurece corações?

Deus não endurece corações	Deus endurece corações
inicialmente	subseqüentemente
diretamente	indiretamente
contra o livre-arbítrio	por meio do livre-arbítrio
quanto à sua causa	quanto ao seu efeito

Conclusão. Se Deus endureceu o coração do faraó ou de alguma outra pessoa de acordo com a própria tendência e escolha dela, não pode ser acusado de ser injusto, cruel, ou de agir contrariamente ao livre-arbítrio dado por ele mesmo. E as Escrituras deixam claro que o faraó endureceu o próprio coração. Então, o que Deus fez estava de acordo com a livre escolha do próprio o faraó (v. livre-arbítrio). Os eventos podem ser determinados por Deus na sua presciência, mas são livres do ponto de vista da escolha humana. Jesus atingiu esse equilíbrio quando disse em Mateus 18.7: "É inevitável que tais coisas [que fazem tropeçar] aconteçam, mas ai daquele por meio de quem elas acontecem!".

Fontes
Agostinho, *O livre-arbítrio*.
___, *A graça*
J. Edwards, *Freedom of the will*.
J. Fletcher, *John Fletcher's checks to antinomianism*, P. Wiseman, cond.
R. T. Forster, *God's strategy in human history*.
N. L. Geisler, *Predestinação ou livre-arbítrio*, R. Basinger, et al., orgs.
M. Lutero, *A escravidão da vontade*.

faraó do Êxodo. A teoria predominante dos teólogos modernos é que o faraó do Êxodo foi Ramessés II (v. Bíblia, crítica da). Nesse caso, o Êxodo teria acontecido por volta de 1270 a 1260 a.C. Mas a Bíblia (Jz 11.26; 1Rs 6.1; At 13.19,20) data o Êxodo em aproximadamente 1447 a.C. Segundo a datação normalmente aceita, o faraó do Êxodo seria Amenotepe II, uma identificação que os arqueólogos e teólogos tradicionalmente rejeitam.

O Êxodo antigo. Os estudiosos modernos elevaram Ramessés II e a data de metade do século XIII ao nível de doutrina indiscutível, mas há evidência suficiente para desafiar a opinião convencional sobre o Êxodo, assim como a datação tradicional de vários faraós. Explicações alternativas dão melhor esclarecimento a todos os dados históricos, tornando possível a data de 1447 a.C. para a saída dos israelitas.

A Bíblia é bem específica em 1Reis 6.1 que 480 anos haviam se passado do Êxodo até o quarto ano do reinado de Salomão, por volta de 967 a.C., o que colocaria o Êxodo por volta de 1447 a.C. Isso também concorda com Juízes 11.26, que afirma que Israel passou trezentos anos na terra até o tempo de Jefté (por volta de 1100 a.C.). Da mesma forma, Atos 13.20 fala do período de 450 anos de governo dos juízes de Moisés a Samuel, que viveu por volta do ano 1000 a.C. Paulo disse em Gálatas 3.17 que houve 430 anos de Jacó a Moisés. Isso seria de 1800 a 1450 a.C. O mesmo número é usado em Êxodo 12.40. Se a Bíblia está errada nesse ponto, ela certamente é coerente e não permite um Êxodo no século XIII.

Possíveis soluções. Há pelo menos três maneiras de conciliar os dados bíblicos com a data do século XV. A primeira supõe a possibilidade de um Ramessés mais antigo. A segunda oferece uma base para ajustar a cronologia dos reis egípcios (v. arqueologia do Antigo Testamento). Como essas mudanças abalariam muitas opiniões amplamente aceitas sobre a história antiga, elas enfrentam muita oposição, mas a evidência é forte.

A data geralmente aceita foi baseada em três suposições:

1. "Ramessés" em Êxodo 1.11 recebeu o nome de Ramessés, o Grande.
2. Não houve nenhum projeto de construção no delta do Nilo antes de 1300.
3. Não houve nenhuma grande civilização em Canaã entre os séculos XIX e XIII A.C.

Se tudo isso for verdadeiro, as condições descritas em Êxodo seriam impossíveis antes de 1300 a.C. Mas o nome *Ramessés* aparece em toda a história egípcia, e a cidade mencionada em Êxodo 1 pode ter honrado um nobre mais antigo com esse nome. Como Ramessés, o Grande, é Ramessés II, deve ter existido um Ramessés I, sobre o qual não se sabe nada. Em Gênesis 47.11, o nome Ramessés é usado para descrever a área do delta do Nilo onde Jacó e seus filhos se instalaram. Esse pode ser o nome que Moisés normalmente usava para se referir a toda a área geográfica. Ramessés, então, não precisa sequer se referir a uma cidade chamada pelo nome de um rei.

Segundo, projetos de construção foram encontrados em Pi-Ramesse (Ramessés) e em ambos os sítios possíveis para Pitom, datando dos séculos XIX e XVII a.C, a era na qual os israelitas chegaram. Eles revelam forte influência palestina. Uma escavação feita em 1987 demonstra que houve construção em Pi-Ramesse e em um dos sítios de Pitom no século XV. Então, se Êxodo 1.11 faz referência aos projetos de construção que estavam em andamento na época em que os israelitas eram escravos, ou àqueles em que estavam trabalhando na época do Êxodo, há evidência de construção em andamento. Pesquisas superficiais não apresentaram sinais de civilizações como as dos moabitas e edomitas antes da entrada de Israel na terra, mas a escavação mais profunda revelou muitos sítios que se encaixam nesse período. Até o homem que fez a pesquisa inicial mudou sua opinião. Provou-se assim que os três argumentos a favor da datação do Êxodo após 1300 a.C eram falsos. Ora, se essas três suposições estão erradas, não há razão para supor uma data posterior para o Êxodo, e podemos procurar evidências para apoiar a data bíblica de aproximadamente 1447.

Revisão de Bimson-Livingston. John Bimson e David Livingston propuseram em 1987 que a data da mudança da Idade do Bronze Médio para a Idade do Bronze Recente era imprecisa e devia ser mudada. O que estava em jogo era a evidência de cidades destruídas em Canaã. A maioria dos sinais de uma invasão ou conquista significativa datam de cerca de 1550 a.C. — 150 anos antes. Essa data é atribuída a essas ruínas porque se supõe que foram destruídas quando os egípcios expulsaram os hicsos, uma nação hostil que dominou o Egito durante vários séculos. Bimson acredita que mudar o fim da Idade do Bronze Médio demonstraria que essa destruição foi feita pelos israelitas, não pelos egípcios.

Como tal mudança pode ser justificada? A Idade do Bronze Médio (BM) foi caracterizada por cidades fortificadas; a Idade do Bronze Recente (BR) tinha em grande parte colônias menores, sem muros. Portanto, o causador da destruição dessas cidades fornece data para a divisão do período. A evidência é escassa e imprecisa. Além disso, há dúvidas de que os egípcios, que começavam a estabelecer um novo governo e exército, pudessem realizar longos sítios por toda a terra de Canaã. Evidências positivas surgiram de escavações recentes que revelaram que a última fase da Idade do Bronze Médio é mais prolongada do que se imaginava, ficando assim seu término mais próximo de 1420 a.C.

Isso corresponde à Bíblia, onde as cidades em Canaã eram "grandes, com muros que vão até o céu" (Dt 1.28), como disse Moisés. Além disso, a extensão da destruição, com apenas algumas exceções, coincide com a descrição bíblica. "Realmente, a área na qual a destruição ocorreu no final do [Idade do Bronze Médio] corresponde à área da ocupação israelita, ao passo que as cidades que sobreviveram estavam foram dessa área."

Alguns arqueólogos perguntam onde está a evidência do domínio israelita no final da Idade do Bronze. Sempre consideramos os israelitas responsáveis pela transição da Idade do Bronze para a Idade do Ferro em 1200 a.C. O problema com essa teoria é que aquelas mudanças são iguais em todo o Mediterrâneo, não apenas na Palestina. Os hebreus não poderiam ser responsáveis por uma mudança tão extensa. Na verdade, como nômades, eles provavelmente não trouxeram nada consigo, viveram em tendas por algum tempo e compraram sua cerâmica nos mercados cananeus. Além disso, o livro de Juízes mostra que, depois que Israel entrou na terra, eles não exerceram domínio sobre ninguém por várias centenas de anos. Foram dominados por todos à sua volta.

Bimson resume sua proposta desta maneira:

Propomos: 1) um retorno à data bíblica da conquista de Canaã (i.e., logo antes de 1400 a.C.) e 2) uma diminuição da data do final da Idade do Bronze Médio, de 1550 a.C. para logo antes de 1400 a.C. O resultado é que dois eventos previamente separados por séculos são unidos: a queda das cidades BM II de Canaã torna-se evidência arqueológica da conquista. Essas propostas duplas criam uma coincidência quase perfeita entre a evidência arqueológica e o registro bíblico.

Revisão de Velikovsky-Courville. Uma terceira possibilidade cria um problema para a teoria tradicional da história egípcia. A cronologia de todo o mundo antigo é baseada na ordem e nas datas dos reis egípcios. Em grande parte, conhecemos essa ordem por meio de um historiador chamado Maneto, que é citado por outros três historiadores. Também há monumentos que dão listas parciais. Essa ordem era considerada indiscutível. No entanto, a única data absolutamente fixa é no seu final, quando Alexandre, o Grande, conquistou o Egito. Velikovsky e Courville afirmam que seiscentos anos adicionais nessa cronologia mudam as datas de todos os eventos no Oriente Médio.

Deixando de lado a idéia de que a história egípcia é fixa, há três evidências de que a história de Israel coincide com a história do Egito. Esse tipo de coincidência, onde o mesmo evento é registrado em ambos os países,

faraó do Êxodo

é chama-se sincronismo. As três ocasiões em que encontramos sincronismos são as pragas de Moisés, a derrota dos amalequitas e o reinado de Acabe.

Um papiro muito antigo escrito por um sacerdote egípcio chamado Ipuwer, apesar de receber várias interpretações, fala de dois eventos singulares: uma série de pragas e a invasão de uma potência estrangeira. As pragas coincidem bem com o registro mosaico das pragas do Egito em Êxodo 7—12. O texto fala do rio transformado em sangue (cf. Êx 7.20), colheitas destruídas (Êx 9.25), fogo (Êx 9.23,24; 10.15) e trevas (Êx 10.22). A praga final, que matou o filho do faraó, também é mencionada: "De fato os filhos dos príncipes são esmagados contra as paredes [...] A prisão é arruinada [...] Aquele que enterra seu irmão está em toda parte [...] Há gemidos em toda a terra, misturados a lamentações" (Papiro 2.13; 3.14; 4.3; 6.13). Isso coincide com o registro bíblico que diz: "O Senhor matou todos os primogênitos do Egito, desde o filho mais velho do faraó, herdeiro do trono, até o filho mais velho do prisioneiro que estava no calabouço [...] E houve grande pranto no Egito, pois não havia casa que não tivesse um morto" (Êx 12.29,30). Imediatamente após esses desastres, houve uma invasão de "uma tribo estrangeira" que saiu do deserto (Papiro 3.1). Essa invasão deve ter sido dos hicsos, que dominaram o Egito entre o Reino Médio e o Novo Reino.

O monolito de El-Arish conta uma história semelhante de trevas e sofrimento na terra nos dias do rei Tom. Também relata como o faraó "saiu para a batalha contra os amigos de Apopi (o deus das trevas)", mas o exército não voltou mais: "Sua majestade lançou-se no chamado Lugar do Redemoinho". O lugar do incidente é Pi-Kharoti, que pode ser o equivalente a Pi-ha-hiroth, onde os israelitas acamparam perto do mar (Êx 14.9). Isso é muito interessante, porque o nome da cidade construída pelos israelitas é Pi-Tom, "a morada de Tom". E o rei que reinou logo antes da invasão dos hicsos foi (no grego) Timaios. Mas a data egípcia para o rei Tom está cerca de seiscentos anos adiantada, por volta de 2000 a.C. Ou a cronologia egípcia está errada, ou a história se repetiu de maneira muito incomum.

Segundo Velikovsky, os hicsos devem ser identificados com os amalequitas, que os israelitas encontraram antes de chegar ao Sinai (Êx 17.8-16). Eles poderiam ter chegado ao Egito poucos dias depois de os israelitas partirem. Os egípcios referem-se a eles como Amu, e historiadores árabes mencionam alguns faraós amalequitas. Mas os equivalentes bíblicos são bem convincentes. Quando o falso profeta Balaão encontrou Israel, eles os abençoou apesar das instruções que havia recebido, mas, quando se voltou, defrontando o Egito, "viu Amaleque e pronunciou este oráculo: "Amaleque foi o primeiro entre as nações, mas o seu fim será destruição" (Nm 24.20). Por que ele amaldiçoou Amaleque, e não o Egito? Só se o Egito estivesse sob domínio amalequita! Além disso, os nomes do primeiro e do último rei amalequita na Bíblia (Agague I e II, v. Nm 24.7 e 1Sm 15.8) correspondem ao primeiro e ao último rei hicso. Isso indicaria que os hicsos entraram no Egito logo depois do Êxodo e permaneceram no poder até Saul derrotá-los e libertar os egípcios do cativeiro. Isso explicaria as relações amistosas que Israel tinha com o Egito na época de Davi e Salomão. Na verdade, Velikovsky descobriu semelhanças surpreendentes entre a rainha de Sabá e rainha egípcia Hatshepsut. Acredita-se que ela viajou à Terra Prometida, e as dádivas que recebeu ali são muito semelhantes às que Salomão deu à sua visitante (v. 1Rs 10.10-22). Ela também construiu um templo no Egito que é semelhante ao templo de Salomão. Mas, de acordo com a cronologia egípcia, ela viveu antes do Êxodo. Somente se a cronologia for reexaminada esse paralelismo poderá ser explicado. A invasão de Tutmés III à Palestina também pode ser igualada ao ataque de Sisaque (2Cr 12.2-9).

O terceiro sincronismo é uma série de cartas (em tabuinhas de argila) chamadas de cartas El-Amarna. São correspondências entre os reis da Palestina (Jerusalém, Síria e Sumur) e os faraós Amenotepe III e seu filho Aquenatom. Os palestinos estavam preocupados com um exército que se aproximava do sul chamado *habiru*, que estava causando grande destruição. Com base em tal descrição, tradicionalmente acredita-se que essas cartas falam da entrada dos israelitas em Canaã. Velikovsky mostra que uma investigação maior dessas tabuinhas revela um quadro totalmente diferente. Primeiro, Sumur pode ser identificado como a cidade de Samaria, que só foi construída depois de Salomão (1Rs 16.24). Segundo, o "rei de Hati" ameaça invadir do norte, o que parece ser uma invasão hitita. Terceiro, nenhum dos nomes nas cartas coincide com os nomes dos reis dados no livro de Josué. Em outras palavras, a situação política está totalmente errada, caso essas cartas sejam da época do Êxodo. Se mudarmos sua data para a época em que Acabe reinou em Samaria e foi ameaçado pelos moabitas e hititas, todos os nomes, lugares e eventos podem ser situados em Reis e Crônicas, até os nomes dos generais dos exércitos. Mas isso coloca Amenotepe III quinhentos anos depois da cronologia tradicional. Assim, ou a cronologia está errada ou é necessário afirmar que a história se repetiu exatamente meio milênio depois.

A descrição que emerge é coerente apenas se a história israelita for usada para datar os eventos egípcios. Tal interpretação também exige uma nova cronologia para a história egípcia. Courville demonstrou que as listas dos reis egípcios não devem ser consideradas completamente consecutivas. Ele mostra que alguns dos "reis" descritos não eram faraós, mas governadores locais ou altos oficiais. Entre os mencionados estão José (Yufni) e o pai adotivo de Moisés, Quenefres, que era príncipe apenas por casamento.

O reconhecimento de que "reis" da XIII Dinastia eram na verdade príncipes de regiões locais ou vice-reis esclarecem sobre o que Maneto considerava uma dinastia. Evidentemente não estava fora de cogitação dar nomes à linhagem principal de reis, compondo uma dinastia, e depois voltar na escala de tempo e começar uma linhagem de vice-reis como dinastia distinta. Ao classificar esses vice-reis como reis, o antigo historiador hidealizou uma cronologia errônea e extremamente expandida do Egito. A correção dessa cronologia coloca o Êxodo por volta de 1447 a.C. e faz outros períodos da história israelita coincidirem com os reis egípcios mencionados.

Conclusão. A evidência é forte a favor da data do século XV a.C para o Êxodo. Isso entra em conflito com a data geralmente aceita para os reis egípcios. Mas talvez a datação convencional para a Idade do Bronze e certamente a cronologia dos reis egípcios precisem ser drasticamente mudadas. Mais pesquisas e escavações serão necessárias para descobrir quais teorias descrevem melhor a seqüência de eventos no Egito e em Canaã. No entanto, parece que a datação bíblica é mais precisa que se suspeitava, mais até que o conhecimento reunido à custa de pesquisa.

Fontes

G. ARCHER, *Enciclopédia de temas bíblicos.*
J. BIMSON e D. LIVINGSTONE, "Redating the Exodus", *Biblical archaeology review* (Sep.-Oct. 1987).
COURVILLE, D. A. *The exodus problem and its ramifications.*
N. L. GEISLER e R. BROOKS, *When skeptics ask*, cap. 9.
R. K. HARRISON, *Introduction to the Old Testament.*
VELIKOVSKY, *Worlds in collision.*

fé e razão. A relação da fé com a razão é muito importante para o cristão reflexivo. O problema de como combinar esses aspectos de personalidade existe desde os primeiros apologistas. De Justino MÁRTIR e CLEMENTE de Alexandria a Tertuliano, todos tiveram dificuldades. AGOSTINHO fez a primeira tentativa séria de relacionar as duas, mas o tratamento mais abrangente veio no final do período medieval, quando o intelectualismo cristão floresceu na obra de TOMÁS DE AQUINO.

Relação da fé com a razão. Aquino acreditava que a fé e a razão se entrelaçam. A fé usa a razão, e a razão não pode ser bem-sucedida na descoberta da verdade sem a fé.

A razão não pode produzir fé. A razão acompanha, mas não causa a fé. A fé é *assentimento sem questionamento* porque o assentimento da fé não é causado pela investigação, e sim por Deus. Ao comentar Efésios 2.8,9, Aquino argumentou que

> o livre-arbítrio é inadequado para o ato da fé, já que o conteúdo da fé está acima da razão [...] Então, o fato de um homem acreditar não pode surgir nele a não ser que Deus o conceda" (Aquino, *Ephesians*, 96)

A fé é um presente de Deus, e ninguém pode crer sem ela. No entanto, "isso não impede que a compreensão daquele que acredita tenha algum pensamento discursivo de comparação sobre as coisas em que acredita" (*Da verdade*, 14.A1.2). Tal pensamento discursivo, ou raciocínio de premissas a conclusões, não é a *causa* do assentimento da fé, mas pode e deve acompanhá-lo (ibid., 14.A1.6). Fé e razão são paralelas. Uma não causa a outra porque "fé envolve *vontade* (liberdade) e a razão não força a vontade" (ibid.). A pessoa está livre para discordar, mesmo que haja razões convincentes para acreditar.

Como questão de abordagem tática na apologética, se a autoridade das Escrituras é aceita (fé), o apelo pode ser feito a ela (razão).

> Logo, contra os judeus somos capazes de argumentar por meio do Antigo Testamento, e contra hereges podemos argumentar por meio do Novo Testamento. Mas os maometanos [v. ISLAMISMO] e os pagãos não aceitam nem um nem outro [...] Devemos, portanto, recorrer à razão natural, à qual todos os homens são forçados a dar seu assentimento (*Summa theologica*, 1a.2.2).

No entanto, algumas verdades cristãs são atingíveis pela razão humana, por exemplo, que Deus existe e é um. "Tais verdades sobre Deus foram provadas demonstrativamente pelos filósofos, guiados pela luz da razão natural" (ibid., 1a.3.2).

Três usos da razão. A razão ou filosofia pode ser usada de três maneiras, diz Aquino:

1. A ponta os "preâmbulos da fé" (que Deus existe, que somos suas criaturas...; v. COSMOLÓGICO, ARGUMENTO; DEUS, EVIDÊNCIAS DE).
2. Analisa os ensinamentos dos filósofos para revelar conceitos correspondentes na fé cristã. Aquino dá o exemplo da obra de Agostinho, *A Trindade*, que se baseia na filosofia para ajudar a explicar a Trindade.
3. Opõe-se a ataques contra a fé a partir da lógica (*Gentios*, 1.9).

A razão pode ser usada para provar a teologia natural, que estuda a existência e a natureza de um Deus. Pode ser usada para *ilustrar* conceitos teológicos sobrenaturais, tais como a Trindade e a Encarnação (v. Cristo, divindade de). E pode ser usada para refutar falsas teologias (*A Trindade*, 2.3). O apologista direciona a pessoa a aceitar dois tipos de verdade sobre coisas divinas e destruir o que é contrário à verdade. A pessoa é direcionada às verdade da teologia natural pela investigação racional e às verdades da teologia sobrenatural pela fé.

Assim, para mostrar o primeiro tipo de verdade divina, devemos proceder com argumentos demonstrativos. Mas, já que tais argumentos não estão disponíveis para o segundo tipo de verdade divina, nossa intenção não deveria centrar-se em convencer nosso adversário por meio de argumentos: deveria preocupar-se em responder a seus argumentos contra a verdade; pois, como demonstramos, a razão natural não pode contrariar a verdade da fé. A única maneira de derrotar um adversário da verdade divina é a partir da autoridade das Escrituras — a autoridade divinamente confirmada por milagres. Pois cremos no que está além da razão humana apenas porque Deus o revelou. No entanto, certamente há argumentos prováveis que devem ser apresentados para revelar a verdade divina [*Gentios*, 1.9; v. milagres, valor apologético dos].

A existência de Deus é auto-evidente de modo absoluto, mas não relativamente (para nós) (ibid., 1.10,11; v. primeiros princípios). Logo, em última análise, é necessário receber *pela fé* as coisas que podem ser conhecidas pela razão, assim como as coisas que estão acima da razão. O assentimento intelectual que carece de fé não pode ter convicção, pois a razão humana é notoriamente suspeita com relação a assuntos espirituais. Conseqüentemente,

foi necessário que a verdade divina fosse dada por meio da fé, sendo dita a eles, por assim dizer, pelo próprio Deus que não pode mentir (*Suma teológica*, 2a2a e.1, 5.4).

Autoridade divina. Aquino não acreditava que a razão fosse suficiente para a crença em Deus. Ela pode provar *que* Deus existe, mas não pode convencer um incrédulo a acreditar *em* Deus.

Razão antes da fé. Podemos acreditar (assentimento sem reserva) em algo que não é auto-evidente nem deduzido dele por uma ação da vontade. Isso, no entanto, não significa que a razão não tenha um papel anterior ao da crença. Julgamos que uma revelação é digna de crédito "com base nos sinais evidentes ou algo desse tipo" (ibid., 2a2ae.1, 4. ad 2).

A razão enuncia que deve ser crido antes que se acredite.

A fé não envolve uma busca por meio da razão natural para provar o que se acredita. Envolve, porém, uma forma de verificação das coisas pelas quais uma pessoa é levada a acreditar, e.g. se são faladas por Deus e confirmadas por milagres" (ibid., 2a2ae.2, 1, resposta).

Os demônios não são convencidos de bom grado pela evidência de que Deus existe, mas são forçados intelectualmente pelos sinais confirmadores de que aquilo em que os fiéis acreditam é verdadeiro. Mas não podem dizer que realmente *acreditam* (*Da verdade*, 14.9. ad 4).

O testemunho do Espírito. Para que alguém acredite em Deus é preciso que tenha o testemunho interno do Espírito Santo (v. Espírito Santo na apologética, papel do). Pois

quem acredita tem, de fato, motivo suficiente para acreditar, a saber, na autoridade do ensinamento de Deus, confirmado por milagres, e — o mais importante — na inspiração interior [*instinctus*] de Deus convidando-o a acreditar" (*Suma teológica*, 2a2ae.6.1).

O Espírito Santo usa duas causas para estimular a fé voluntária. A persuasão pode vir de fora — por exemplo, um milagre que é testemunhado. Ou pode vir de dentro. A primeira causa nunca é suficiente para que alguém consinta interiormente com as coisas da fé. O assentimento da fé é causado por Deus à medida que ele conduz o crente interiormente por meio da graça. A crença é uma questão de vontade, mas a vontade precisa ser preparada por Deus "para ser elevada ao nível do que ultrapassa a natureza" (ibid., 2a2ae.2, 9. ad 3).

Razão apoiando a fé. Ao comentar o uso da *razão* em 1 Pedro 3.15, Aquino argumentou que "o raciocínio humano, apoiando o que acreditamos, pode estar numa relação dupla com a vontade do crente". Primeiro, o incrédulo pode não ter a vontade de acreditar a não ser que seja levado pela razão humana. Segundo, a pessoa com uma vontade disposta a acreditar ama a verdade, considera-a e leva a sério sua evidência. A primeira vontade, incrédula, pode vir a ter um tipo de fé, mas não terá mérito, porque a crença não vai muito além da visão. A segunda pessoa também estuda o raciocínio humano, mas é uma obra meritória de fé (ibid., 2a2ae.2, 10).

Evidência positiva. A fé é apoiada pela evidência provável.

Aqueles que depositam sua fé nessa verdade, no entanto, não baseada nela, "para a qual a razão humana não oferece nenhuma evidência experimental", não acreditam ignorantemente, como se "seguissem fábulas artificiais" (2Pe 1.16).

Mas

ela revela a própria presença, assim como a verdade do seu ensinamento e inspiração, por meio de argumentos apropriados; e para confirmar aquelas verdades que excedem o conhecimento natural, dá manifestações visíveis de obras que ultrapassam a habilidade de toda natureza.

O tipo de evidência positiva que Aquino usou incluía coisas como ressuscitar os mortos, milagres e a conversão do mundo pagão ao cristianismo (*Da verdade*, 14.A1).

Evidência negativa. A evidência negativa compreende argumentos contra religiões falsas, inclusive coisas como seu apelo tentador aos prazeres carnais, ensinamentos que contradizem suas promessas, suas várias fábulas e falsidades, a falta de milagres para dar testemunho à inspiração divina de seus livros sagrados (como o *Alcorão*), o uso de guerra (armas) para difundir sua mensagem, o fato de homens sábios não acreditarem em Maomé, apenas nômades ignorantes do deserto, o fato de que não havia profetas para testemunhar a seu favor e perversões muçulmanas das histórias do NT e do AT (*Gentios*, 1.6).

Fé e testemunho falível. Como podemos ter certeza quando o sustentáculo de nossa fé se baseia em tantos testemunhos intermediários (falíveis)? Aquino responde que os intermediários estão acima de suspeita se forem confirmados por milagres (p. ex., Mc 16.20). "Só acreditamos nos sucessores dos apóstolos e profetas se nos dizem as mesmas coisas que os apóstolos e profetas deixaram nas suas obras" (*Da verdade*, 14.10 e 11). Só a Bíblia é a autoridade final e infalível de nossa fé (v. BÍBLIA, EVIDÊNCIAS DA).

Fé e argumentos demonstrativos. Aquino diferenciou dois tipos de argumentos racionais: demonstrativos e persuasivos.

Argumentos demonstrativos, irrefutáveis e intelectualmente convincentes não podem alcançar as verdades da fé, apesar de poderem neutralizar a crítica destrutiva que deixaria a fé indefensável.

Por outro lado,

o raciocínio persuasivo tirado das probabilidades [...] não diminui o mérito da fé, pois não implica uma tentativa de transformar a fé em visão ao transformar em primeiros princípios evidentes aquilo em que se crê (*Da Trindade*, 2.1 ad 5).

Distinguindo fé e razão. Embora a fé não esteja separada da razão, Aquino as diferencia formalmente. Ele acreditava que estão relacionadas, mas o relacionamento não força uma pessoa a crer.

Fé em relação à razão. A razão humana não força a fé. Se forçasse, a fé não seria um ato livre. O que acontece é que

a mente de quem acredita se decide quanto a um lado da questão não em virtude da sua razão, mas em virtude da sua vontade. Portanto, o assentimento é considerado na definição [de fé] como um ato mental, à medida que a mente é levada à sua decisão pela vontade (ibid., 2a2ae.2, 1, ad 3).

Fé não é irracional. A fé é razão com assentimento. Pois

refletir com assentimento é, então, característico do crente: é assim que seu ato de crença está separado de todos os outros atos da mente envolvidos com o verdadeiro e o falso (*Summa theologica*, 2a2ae.2, 1, resposta).

Assim, a fé é definida como "o hábito da mente pelo qual a vida eterna começa em nós e que leva a mente a assentir com coisas que não estão manifestas". A fé difere da ciência porque o objeto da fé é invisível. E também difere da dúvida, suspeita e opinião porque há evidência para apoiar a fé.

Fé é um ato livre. Aquino cita Agostinho com aprovação ao dizer que "a fé é uma virtude pela qual se acredita em coisas invisíveis" (ibid., 2a2ae.4, 1, resposta). Ele declara:

Crer é um ato da mente assentindo com a verdade divina por causa da ordem da vontade movida por Deus por meio da graça; nisso o ato está sob o controle do livre-arbítrio e é direcionado a Deus. O ato da fé é, portanto, meritório. Isto é, há recompensa para quem crê no que não vê. Não há mérito (recompensa) em crer no que pode ser visto, já que não há fé envolvida; é visível. O cientista [i.e., filósofo] é impelido a assentir pela força de uma prova conclusiva. Logo, o assentimento não é meritório (ibid., 2a2ae.2, 9).

Fé é um ato da mente e da vontade. Já que a crença é um ato do intelecto sob o ímpeto da vontade, resulta tanto da mente quanto da vontade, e ambas são perfectíveis pela ação. "Para um ato de fé ser completamente bom, então, hábitos devem necessariamente estar presentes na mente e vontade" (ibid., 2a2ae.4, 2, resposta). Isto é, uma pessoa não pode ser salva sem uma disposição de fazer algo com a fé. Fé salvadora produzirá boas obras.

Natureza meritória da fé. A fé é meritória, não porque é preciso se esforçar por ela, mas porque envolve a vontade de acreditar. Ela "depende da vontade segundo sua própria natureza" (ibid., ad 5). "Pois na ciência e opinião [argumentos prováveis] não há inclinação por causa da vontade, mas apenas por causa da razão" (ibid., 14.3, resposta). Mas "nenhum ato pode ser meritório a não ser que seja voluntário, como foi dito" (ibid., 14.5, resposta).

Aquino acreditava que Hebreus 11.1 é uma boa definição de fé, pois descreve não só o que a fé faz, mas o que ela *é*. Ele via aí os três pontos essenciais:

1. A passagem menciona a vontade e o objeto que move a vontade como princípios sobre os quais a natureza da fé se baseia.
2. Nela podemos distinguir a fé a partir das coisas que são invisíveis, em contraste com a ciência e o entendimento.
3. Toda a definição se reduz à frase essencial, "a certeza daquilo que se esperamos" (ibid., 14.2).

A diferença formal entre fé e razão é que não é possível saber e acreditar na mesma coisa ao mesmo tempo. Pois "todas as coisas que sabemos com conhecimento científico adequadamente denominado sabemos por reduzi-las a primeiros princípios que estão naturalmente presentes e disponíveis à compreensão".

Fé e conhecimento sobre o mesmo objeto. O conhecimento científico culmina na visão da coisa em que se acredita, de modo que não haja lugar para a fé. Não é possível ter fé e conhecimento científico sobre a mesma coisa (ibid., 14.9, resposta). O objeto da fé verdadeira está acima dos sentidos e do entendimento. "Consequentemente, o objeto da fé é aquilo que está fora do nosso entendimento." Como Agostinho disse, "cremos no que está ausente, mas vemos o que está presente" (ibid., 14.9, resposta).

Isso não significa, é claro, que todo mundo necessariamente acreditará no que eu posso ver sem fé (*Suma teológica*, 2a2ae.1, 5). Significa, isto sim, que a mesma pessoa não pode ter ao mesmo tempo fé em um objeto e prova a respeito dele. Quem acredita nele pelo testemunho de outro não vê (não sabe) pessoalmente.

Conhecimento provável e fé. Da mesma forma, não se pode ter "opinião" (conhecimento provável) e "ciência" (conhecimento certo) sobre o mesmo objeto. Como Aquino diz,

a opinião inclui um receio de que a outra parte [da contradição] seja verdadeira, e o conhecimento científico exclui tal medo. Mas esse medo de que o oposto possa ser verdadeiro não se aplica às questões da fé. Pois a fé traz com ela uma convicção maior do que o que pode ser conhecido pela razão (*Da verdade*, 14.9 ad 6).

Conhecimento doutrinário e fé. Se a existência de Deus pode ser provada pela razão, e se o que se sabe pela razão também não pode ser uma questão de fé, então porque a crença em Deus é proposta no *Credo*? Aquino responde que nem todos são capazes de demonstrar a existência de Deus.

Não dizemos que a proposição *Deus é um*, à medida que é provada pela demonstração, é um artigo de fé, mas algo pressuposto antes dos artigos. Pois o conhecimento da fé pressupõe conhecimento natural, assim como a graça pressupõe a natureza (ibid., 14.9, ad 8).

Aperfeiçoada pelo amor, produzida pela graça. A razão só pode ir até certo ponto. A fé vai além da razão e a completa. "A fé não destrói a razão, mas vai além dela e a aperfeiçoa" (ibid., 14.10, resposta, ad 7). "O amor é a perfeição da fé. Já que o amor é um atributo da vontade, a fé é formada por amor" (ibid., ad 1). "Dizemos que ela é formada no sentido em que a fé adquire alguma perfeição a partir do amor" (ibid., ad 7). Mas "o ato de fé que precede o amor é um ato imperfeito, esperando completar-se a partir do amor" (ibid., 14.A5, resposta). Assim, o amor aperfeiçoa a fé. Já que acreditar depende do entendimento e da vontade, "tal ato não pode ser perfeito sem que a vontade seja aperfeiçoada pelo amor, e o entendimento, pela fé. Logo, fé sem forma não pode ser uma virtude" (ibid., ad 1).

No entanto, "o que a fé recebe do amor é acidental à fé na sua constituição natural, mas essencial a ela com relação à sua moralidade" (ibid., 14.6, resposta).

Além do amor ser necessário para aperfeiçoar a fé, a graça é necessária para produzi-la. "A graça é o primeiro [isto é, remoto] atributo das virtudes, mas o amor é seu atributo próximo" (ibid., 14.A5, ad 6).

As limitações da razão. Aquino não acreditava que a razão humana fosse ilimitada. Na verdade ofereceu muitos argumentos para a insuficiência da razão e para a necessidade da revelação.

Cinco razões para revelação. Seguindo o filósofo judeu Moisés Maimônides, Aquino estabeleceu cinco razões pelas quais devemos primeiro crer naquilo que, mais tarde, poderemos comprovar (Maimônides, 1.34):

1. O objeto do entendimento espiritual é profundo e sutil, bem afastado da percepção oferecida pelos sentidos.
2. O entendimento humano é fraco em sua luta com essas questões.
3. Várias coisas são necessárias como provas espirituais conclusivas. Leva tempo para discerni-las.
4. Algumas pessoas não têm inclinação para a investigação filosófica rigorosa.

5. É necessário envolver-se com outras ocupações além da filosofia e da ciência para suprir as necessidades da vida (*Da verdade*, 14.10, resposta).

Aquino disse ser claro que,

se fosse necessário usar a demonstração estrita como única maneira de alcançar o conhecimento das coisas que devemos saber sobre Deus, poucos de qualquer forma construiriam a demonstração e mesmo essas pessoas só poderiam fazê-lo depois de muito tempo.

Em outro trecho, Aquino descreve apenas três razões básicas da necessidade da revelação divina.

1. Poucos possuem o conhecimento de Deus; alguns não têm a disposição para o estudo filosófico, e outros não têm o tempo ou são indolentes.
2. É preciso tempo para descobrir a verdade. Essa verdade é muito profunda, e há muitas coisas que devem ser pressupostas. Durante a juventude a alma é distraída pelos "vários movimentos das paixões".
3. É difícil separar o que é falso no intelecto. Nosso julgamento é fraco para separar conceitos verdadeiros e falsos. Mesmo ao demonstrar proposições há uma mistura do que é falso.

É por isso que era necessário que a convicção inabalável e a verdade pura com relação às coisas divinas fossem apresentadas aos homens por meio da fé (*Gentios*, 1.4, 2-5).

Os efeitos NOÉTICOS do pecado. É claro que a mente é deficiente com relação às coisas de Deus. Como exemplos de fraqueza Aquino considerou os filósofos e seus erros e contradições.

Portanto, para que o conhecimento de Deus, inabalável e seguro, pudesse estar presente entre os homens, era necessário que as coisas divinas fossem ensinadas por meio da fé, apresentadas, por assim dizer, pela Palavra do Deus que não pode mentir (ibid., 2a2ae.2, 4).

Pois "a busca da razão natural não satisfaz a necessidade humana de saber até mesmo as realidades divinas que a razão pode provar" (ibid., 2a2ae.2, 4, resposta).

Como resultado dos efeitos noéticos do pecado, a graça é necessária. Aquino concluiu:

Se o fato de termos algo em nosso poder significa que podemos fazê-lo sem a ajuda da graça, então estamos presos a muitas coisas que não estão no nosso poder sem a graça curadora — por exemplo, amar a Deus ou ao nosso próximo.

O mesmo se aplica à crença. Mas com a ajuda da graça realmente temos esse poder (ibid., 2a2ae.2, 6, ad 1).

Aquino, no entanto, não acreditava que o pecado destruísse a habilidade racional humana. "O pecado não pode destruir totalmente a racionalidade do homem, pois assim ele não seria mais capaz de pecar" (ibid., 1a2ae.85, 2).

Coisas acima da razão. Além de ser necessária por causa da depravação humana, a fé também é necessária porque algumas coisas simplesmente vão além do poder da razão. Isso não significa que sejam contrárias à razão, mas que não são completamente compreensíveis.

Contudo, sabe-se que a fé ultrapassa a razão, não porque não há ato de razão na fé, mas porque o raciocínio sobre a fé não pode levar à visão das coisas que são questões de fé (ibid., 14.A2, ad 9).

Se alguém pudesse basear a fé completamente na razão, a fé não seria um ato livre; seria assentimento causado pela mente.

Uma questão de fé pode estar "acima da razão em dois níveis". No nível mais alto pode estar absolutamente acima da razão — excedendo a capacidade intelectual da mente humana (e.g., a TRINDADE). É impossível ter conhecimento científico disso. Os crentes concordam com isso só por causa do testemunho de Deus. Ou ela pode não exceder absolutamente a capacidade intelectual de todos, mas é extremamente difícil de compreender, e está acima da capacidade intelectual de alguns (por exemplo, que Deus exista sem um corpo). "Podemos ter provas científicas disso e, se não temos, podemos acreditar" (*Da verdade*, 14.9, resposta).

Devemos ter fé quando a luz da graça é mais forte que a luz da natureza. Pois, "apesar da luz divinamente derramada ser mais poderosa que a luz natural, no nosso estado atual não a compartilhamos perfeitamente, mas imperfeitamente". Portanto,

por essa participação defeituosa, por meio dessa mesma luz derramada não chegamos à visão dessas coisas para cujo conhecimento a luz nos foi dada. No entanto, teremos tal visão no céu, quando compartilharmos essa luz perfeitamente, e na luz de Deus veremos a luz (*Gentios*, 14.8, ad 2).

Assim, a fé ultrapassa a razão. Pois "algumas verdades sobre Deus excedem toda habilidade da razão humana. Tal é a verdade de que Deus é trino" (ibid. 1.3). A essência inefável de Deus não pode ser conhecida pela razão humana. O motivo para isso é que a mente depende dos sentidos.

Ora, coisas dependentes dos sentidos não podem levar o intelecto humano ao ponto de ver nelas a natureza da substância divina; pois coisas dependentes dos sentidos são efeitos que carecem do poder da sua causa (ibid., 1.3, 3).

Só porque não temos razões para as coisas que vão além da razão não significa que elas não sejam racionais. Toda crença que não é auto-evidente pode ser defendida como necessária. Talvez não conheçamos o argumento, mas ele existe. Pelo menos é conhecido por Deus "e pelos abençoados que têm visão e não fé sobre essas coisas" (*Da Trindade*, 1.1.4; *Da verdade* 14.9, ad 1). Apesar de a razão humana não conseguir alcançar as coisas da fé, serve como prefácio para elas. Embora

verdades filosóficas não possam ser opostas à verdade da fé, pois realmente não a atingem, ainda admitem analogias comuns; e algumas ainda oferecem um prenúncio, pois a natureza é o prefácio da graça (*Da Trindade*, 2.3).

Embora a verdade da fé cristã que temos discutido ultrapasse a capacidade da razão, essa verdade que a razão humana é naturalmente capacitada a conhecer não pode ser oposta à verdade da fé cristã (*Gentios*, 1.7, [1]).

Resumo. A visão de Aquino sobre a relação entre a fé e a razão mistura elementos positivos de pressuposicionalismo e evidencialismo, de racionalismo (v. Descartes, René; Liebniz, Gottfried) e fideísmo. Aquino enfatiza a necessidade da razão antes, durante e depois de as crenças serem adquiridas. Mesmo os mistérios da fé não são irracionais.

No entanto, Aquino não acredita que apenas a razão possa levar alguém à fé. A salvação é atingida somente pela graça de Deus. A fé nunca pode estar *baseada* na razão. No máximo pode estar *apoiada* pela razão. Então, a razão e a evidência nunca forçam a fé. Há sempre espaço para que os incrédulos não acreditem *em* Deus, ainda que um crente possa elaborar uma prova válida *de que* Deus existe. A razão pode ser usada para demonstrar que Deus existe, mas jamais pode persuadir alguém a acreditar em Deus. Só Deus pode fazer isso, agindo no livre-arbítrio do homem e por meio dele.

Essas distinções propostas por Aquino são eminentemente relevantes para a discussão entre racionalistas e fideístas ou entre evidencialistas e pressuposicionalistas. Com relação à crença de que Deus existe, Aquino se une aos racionalistas e evidencialistas. Mas com relação à crença em Deus, concorda com os fideístas (v. FIDEÍSMO) e pressuposicionalistas (v. APOLOGÉTICA PRESSUPOSICIONAL).

Fontes
N. L. GEISLER, *Thomas Aquinas: an evangelical appraisal.*
M. MAIMÔNIDES, *O guia dos perplexos.*
TOMÁS DE AQUINO, *Em Boécio, Da Trindade.*
___, *Commentary on Saint Paul's Epistle to the Ephesians.*
___, *Suma contra os gentios.*
___, *Suma teológica .*
___, *Da verdade.*

Feuerbach, Ludwig. Ateu alemão (1804-1872) nascido em Landshut, na Baváría, e educado em Heidelberg e em Berlim sob a influência de G. W. F. HEGEL. Recebeu seu doutorado em Erlangen em 1828 (White, p. 190). Em 1830, publicou uma obra anônima, *Pensamentos sobre a morte e a imortalidade*, que interpretava o cristianismo como uma religião egoísta e desumana. Quando sua autoria foi descoberta, ele foi demitido do corpo docente.

Feuerbach foi influenciado por Pierre BAYLE e escreveu uma biografia sobre ele (1838). Sua obra mais influente foi *A essência do cristianismo* (1841), apesar de também ter escrito *Princípios da filosofia do futuro*, 1843, *Preleções sobre a essência da religião* (1851) e *Theogonie* (Teogonia, 1857).

A natureza da religião. Feuerbach foi influenciado pela dialética de Hegel e, por sua vez, influenciou Karl MARX e Sigmund FREUD. O materialismo de Feuerbach reagiu contra o idealismo de Hegel. Na religião, Feuerbach foi influenciado pelo ponto de vista de David STRAUSS de que a religião nos diz mais sobre a vida interior dos indivíduos que sobre o objeto da adoração (White, p. 191).

Seu objetivo principal:

Transformar os amigos de Deus em amigos do homem, crentes em pensadores, adoradores em trabalhadores, candidatos a outro mundo em estudantes deste mundo, cristãos, que se consideram meio animais e meio anjos, em homens — homens completos (*A essência do cristianismo*, XI.).

A base da religião: Autoconscientização. Segundo Feuerbach, apenas um ser humano (não um animal) tem autoconsciência. A religião é uma expressão dessa consciência, sob a máscara da conscientização de Deus. "No objeto que contempla, portanto, o homem passa a se conhecer" (*A essência do cristianismo*, 5). Mas a conscientização como tal é ilimitada, então a humanidade deve ser ilimitada. E conscientização é objetificação. Logo, Deus não é nada além de uma objetificação da espécie humana.

Deus, uma projeção da imaginação humana. Feuerbach acreditava que a religião é apenas o sonho da humanidade. Ofereceu vários argumentos apoiando sua hipótese de que Deus não é nada além da autoprojeção da consciência humana.

Argumento da personalidade humana. O primeiro é baseado nos elementos básicos da personalidade humana: razão, vontade e afeição. Razão, vontade e afeição existem cada qual para seu próprio benefício. Pois "querer, amar, pensar são os poderes mais elevados, são a natureza absoluta do homem como homem e a base da sua existência" (*A essência do cristianismo*, p. 3). Mas tudo que existe para seu próprio benefício é Deus. Logo, pela própria natureza, a pessoa é Deus.

Argumento da natureza do entendimento. Não é possível entender algo sem ter sua natureza, já que só coisas parecidas podem se entender. Pois "a medida da natureza também é a medida do entendimento". Ou seja, é preciso ser para conhecer. Mas os humanos entendem o divino. Portanto, a humanidade deve ser o divino. Nas palavras de Feuerbach, "à medida que a natureza alcança, à medida que tua autoconsciência também alcança, nesta mesma medida tu és Deus" (*A essência do cristianismo*, p. 8).

Argumento dos limites da natureza da pessoa. Um ser humano não pode ir além de sua natureza; não pode sair de si. Mas uma pessoa pode sentir o infinito (ter consciência dele). Pois "todo ser é em e por si mesmo infinito — tem seu Deus, seu ser imaginável mais elevado, em si mesmo" (*A essência do cristianismo*, 7). Assim, os seres humanos são infinitos por natureza. O infinito que você sente é sua própria infinitude.

Argumento da história da religião. Feuerbach acreditava que historicamente certos atributos foram dados a Deus porque no raciocínio humano tais atributos eram considerados divinos. Não eram considerados divinos porque foram dados a Deus. Nesse caso, conclui-se que o que chamamos "divino" ou "Deus" não é nada além de características humanas atribuídas a Deus.

"O objeto de qualquer sujeito não é nada além da própria natureza do sujeito tomada objetivamente. Quais sejam os pensamentos e disposições do homem, tal é seu Deus." Logo,

> a conscientização de Deus é autoconscientização, conhecimento de Deus é autoconhecimento. Por seu Deus conheces o homem, e pelo homem seu Deus; os dois são idênticos (*A essência do cristianismo*, p. 12).

Necessidade da religião. Apesar de suas conclusões pessimistas, Feuerbach acreditava que a religião era essencial. A razão é que seres humanos, pela própria natureza, devem objetificar; não podem evitar fazê-lo. E Deus, segundo Feuerbach, é essa objetificação. Mas a ignorância do fato de que o objeto na verdade é a própria pessoa é essencial à religião. A criança deve primeiro ver-se sob a forma de outro (o pai) antes de poder ver-se como ela mesma. Se isso não fosse verdade nas projeções religiosas, seria idolatria, a saber, a adoração de si mesmo. Então, é necessário acreditar que essa projeção da própria natureza é realmente Deus, mesmo que não seja.

O progresso no entendimento humano não seria possível sem essa projeção. O ser humano cresce em autoconhecimento quando antigas divindades se tornam ídolos. Logo, o curso ideal da religião é que os indivíduos aprendam a atribuir mais a si mesmos e menos a Deus.

Os atributos de Deus são realmente o que as pessoas acreditam sobre si mesmas. A asseidade ou auto-existência de Deus é o desejo de evitar a temporali-dade ao supor um princípio absoluto. A perfeição de Deus é a natureza moral humana considerada ser absoluto. A personalidade de Deus é o esforço de mostrar que personalidade é a forma mais elevada de existência. A providência de Deus é na verdade o desejo pela importância. A oração expressa o desejo de autocomunicação. O resultado da crença em milagres é o desejo de satisfação imediata das vontades sem espera cansativa.

A ironia da religião. Há uma ironia básica nesse processo que pode ser vista comparando-se as crenças ao sistema circulatório do corpo. A religião é uma *ação sistólica*, como a das artérias, em que pessoas projetam seu melhor em Deus. A bondade é transportada para fora da personalidade como o sangue rico em oxigênio sai do coração. Sem esse sentimento de bondade, o indivíduo passa a ser pecaminoso. Isso estabelece a ação diastólica, como a das veias, pelas quais a bondade é levada de volta ao coração na forma de graça. Mandamos toda nossa bondade humana "para o andar de cima" e o chamamos Deus. Então, sentindo-nos depravados, pedimos para o Deus que criamos mandar de volta nossa bondade na forma de graça.

Feuerbach conclui, portanto, que:

1. A religião é a projeção da imaginação humana no ato de autoscientização.
2. Deus é o melhor que se vê involuntariamente em si mesmo.
3. A religião é a dialética necessária do desenvolvimento para o progresso humano.
4. A religião capacita o autodescobrimento indireto e involuntário.

A influência de Feuerbach. A influência de Feuerbach no pensamento moderno foi considerável.

Houve um impacto direto e imediato sobre Karl MARX, e por meio dele sobre o movimento comunista mundial. Marx e Friedrich Engels incorporaram os argumentos de Feuerbach contra Deus e a religião ao seu materialismo dialético, ao mesmo tempo em que criticavam Feuerbach por sua falta de envolvimento político. Engels gabou-se que, com um golpe para pulverizar a religião, o comunismo colocaria o materialismo de volta no trono (Marx, p. 224).

Feuerbach também teve um impacto considerável na formação do existencialismo ateísta moderno por meio de Martin Heidegger e Jean-Paul SARTRE. O pai da teologia neo-ortodoxa, Karl Barth, presta homenagem a Feuerbach (v. BARTH, KARL). Em geral, Feuerbach é um dos ateus mais importantes e cativantes dos tempos modernos, antecipando até a obra de Sigmund Freud.

Avaliação. O ATEÍSMO como cosmovisão é avaliado em outros artigos, mas alguns comentários sobre a análise singular de Feuerbach sobre a religião são necessários aqui.

Algumas contribuições positivas. Até os ateus têm alguns discernimentos sobre a natureza da realidade. Entre os de Feuerbach estão:

Ele viu a centralidade da questão de Deus. Apesar de seu caso amoroso com o divino ser infeliz, Feuerbach identificou Deus como a questão central:

> Todas as minhas obras tiveram, estritamente falando, um propósito, uma intenção, um tema. Isso não é nada menos que religião e teologia e tudo que está ligado a elas" (*A essência do cristianismo,* X).

Ele expôs a religião centralizada no homem. Barth revelou na "Introdução" de uma edição de *A essência do cristianismo* que Feuerbach analisou corretamente toda forma de religião centrada na humanidade, inclusive as que vêm do pai do liberalismo moderno, Friedrich Schleiermacher. BARTH observou:

> Poderíamos negar que o próprio Feuerbach, como um espião pouco astuto, mas de visão bem aguçada, revela o segredo esotérico de todo esse sacerdócio? [...] A teologia faz muito tempo se tornou antropologia (Barth, xxi).

Quando a teologia moderna abandonou o ponto de partida da revelação divina, os seres humanos criaram Deus à sua própria imagem. A moderna teologia liberal tornou-se antropologia.

Ele chamou a linguagem religiosa negativa de inútil. Feuerbach disse corretamente:

> Somente quando o homem perde o gosto pela religião, e então a religião em si se torna existência insípida — é que a existência de Deus se torna uma existência insípida — uma existência sem qualidade (*A essência do cristianismo,* p. 15).

Linguagem religiosa puramente negativa — onde podemos saber apenas o que Deus não é — é inútil e inadequada. Não podemos saber que Deus não é "isso" a não ser que saibamos o que "isso" é (v. ANALOGIA, PRINCÍPIO DA).

Ele criticou corretamente religiões centradas em outro mundo. A condenação de Feuerbach às religiões centradas em outro mundo é mais precisa que a maioria das pessoas religiosas admite. Algumas formas de cristianismo tendem a se preocupar mais com o céu que com a terra. É possível que alguém fique tão obcecado com o doce porvir que se esqueça do presente infeliz. Nem todos os crentes são pensadores (*A essência do cristianismo,* XI).

Ele expôs o narcisismo de boa parte da experiência religiosa. A tese de Feuerbach não está errada; está apenas excessivamente ampliada. Muitas religiões realmente fazem seu deus à imagem humana, criando um deus que é domesticado e inofensivo — um deus que podem manipular. Tal deus pode ser tudo que quiserem, mas não é o Deus infinito e soberano da Bíblia (v. DEUS, NATUREZA DE).

Problemas com a visão de Feuerbach. Sua tese central é contraditória. A premissa básica da visão de Feuerbach é contraditória. Ele afirma que "Deus não é nada mais que uma projeção da imaginação humana". Mas todas as afirmações de "nada mais" pressupõem conhecimento do "mais que". Como ele poderia saber que Deus não é "nada mais" a não ser que ele mesmo conhecesse o "mais que"? Em resumo, a afirmação central do sistema de Feuerbach destrói-se a si mesma porque implica mais conhecimento do que o que permite.

Talvez o ateísmo seja uma projeção. Feuerbach não considera seriamente que sua própria visão pode ser uma projeção de sua própria imaginação. Talvez Feuerbach esteja apenas imaginando que não há Deus. Talvez, como Freud, Feuerbach esteja preocupado em criar uma visão de Deus à sua própria imagem. Seu ateísmo também poderia facilmente ser uma ilusão — algo que resulta dos seus desejos — como o teísmo que ele rejeita. A autoprojeção também explica o ateísmo, talvez melhor do que explica o teísmo. Assim, talvez não tenhamos criado o Pai; quem sabe o ateísmo o tenha matado.

Ele nunca prova consciência infinita. Muitos argumentos que Feuerbach oferece para o ateísmo são forçados; ele pressupõe o que será provado. Nunca prova realmente que a consciência humana é infinita; apenas supõe. É claro que, se nossa consciência realmente é infinita, então somos Deus. Mas esse sem dúvida não é o caso, já que nossa consciência é mutável e limitada, enquanto Deus é imutável e ilimitado.

Não é necessário ser para conhecer. Outra suposição falha é que é necessário ser idêntico a todo objeto que se conhece. Mas ele não prova essa premissa, e esse não é o caso. Coisas semelhantes podem se conhecer. O conhecimento pode ser por analogia (v. ANALOGIA, PRINCÍPIO DA). Não precisamos ser uma árvore para conhecer uma árvore, só precisamos supor a sua semelhança em nossa mente. Da mesma forma, não precisamos ser Deus para conhecer a Deus. Simplesmente temos de ser semelhantes a Deus. Semelhança é suficiente para conhecimento; o sujeito e o objeto não precisam ser idênticos.

Tal crença destruiria o processo humano. Feuerbach acreditava que supor um Deus que na verdade não existe é essencial ao desenvolvimento humano. Mas quem aceita a análise de Feuerbach não acredita mais que as autoprojeções sejam Deus. Então, segundo o argumento de Feuerbach, o progresso humano cessará. Se a ignorância do fato de que somos Deus é essencial ao progresso humano, então, quando a pessoa se torna feuerbachiana, o jogo acaba e o progresso é impossível.

O MATERIALISMO de Feuerbach era inconsistente. Apesar de Feuerbach abominar seu mentor Hegel, jamais escapou totalmente da ressaca do idealismo. E também não se livrou da questão irritante de Deus. Para uma pessoa que acredita no materialismo básico, essa ênfase na consciência é eminentemente inadequada. Engels observou que Feuerbach "parou na metade do caminho; sua metade inferior era materialista, a metade superior era idealista" (citado em White, p. 192).

Essa análise da experiência religiosa é superficial. Barth denominou o problema de Feuerbach de "superficialidade". Escreveu:

Feuerbach era um "verdadeiro filho do seu século", que "não conhecia a morte", e "entendia mal o maligno". Na verdade, qualquer um que soubesse que nós, homens, somos maus da cabeça aos pés e que refletisse que devemos morrer, reconheceria que a mais ilusória de todas as ilusões é supor que a essência de Deus é a essência do homem (Barth, XXVIII).

Fontes

K. BARTH, "An introductory essay", Feuerbach, *A essência do cristianismo.*
W. B. CHAMBERLAIN, *Heaven wasn't his destination: the philosophy of Ludwig Feuerbach.*
J. COLLINS, *God and modern philosophy.*
___, *History of modern European philosophy.*
F. ENGELS, *Feuerbach and the outcome of classical German philosophy.*
L. FEUERBACH, *A essência do cristianismo.*
___, *Pierre Bayle.*
___, *Preleções sobre a essência da religião.*
N. L. GEISLER, et al., *Philosophy of religion.*
K. MARX, *Marx and Engels on religion.*
H. WHITE, "Feuerbach, Ludwig", *EP.*

fideísmo. O fideísmo religioso afirma que assuntos de fé e crença religiosa não são apoiados pela razão. A religião é uma questão de fé e não pode ser argüida pela razão. Só é preciso crer. A fé, não a razão, é o que Deus exige (Hb 11.6). Os fideístas são céticos em relação à natureza da evidência aplicada à crença. Eles acreditam que nenhuma evidência ou argumento se aplica à crença em Deus. Deus não é alcançado pela razão, mas apenas pela fé. Søren KIERKEGAARD e Karl BARTH são exemplos de fideístas.

Na epistemologia, os fideístas geralmente são coerentistas. Definitivamente rejeitam o fundacionalismo clássico ou qualquer crença em primeiros princípios auto-evidentes. Alguns pressuposicionalistas (v. APOLOGÉTICA PRESSUPOSICIONAL) são classificados como fideístas, apesar de muitos acreditarem em alguma forma de argumento para apoiar sua crença em Deus.

Resposta ao fideísmo. Até do ponto de vista bíblico, Deus nos chama a usar a razão (Is 1.18; Mt 22.36,37; 1Pe 3.15). Deus é um ser racional e nos criou seres racionais. Deus não insultaria a razão que nos deu, pedindo para a ignorarmos em questões tão importantes quanto nossas crenças a seu respeito.

O fideísmo também é contraditório, usando a razão para dizer que não devemos usar a razão em questões de religião. Se alguém não tem razão para não usar a razão, então essa posição é indefensável. Não há razão para que se aceite o fideísmo.

Afirmar que a razão é apenas opcional para um fideísta não é suficiente. Pois, ou o fideísta oferece algum critério para sermos razoáveis e quando não devemos, ou a decisão é simplesmente arbitrária. Se há critérios racionais para sermos racionais, há uma base racional para usar a razão, e o fideísmo é falsificável. A razão não é o tipo de coisa de que uma criatura racional escolha participar. Pelo fato de sermos racionais por natureza, é preciso que sejamos parte do discurso racional. E o discurso racional exige que certas leis da razão sejam seguidas (v. PRIMEIROS PRINCÍPIOS; LÓGICA). Um desses princípios é que a pessoa deve ter uma razão suficiente para suas crenças. Mas se é necessário ter razão suficiente, então o fideísmo está errado, já que afirma que não é necessário termos uma razão suficiente para crer (v. FÉ E RAZÃO).

Os fideístas geralmente confundem crença *em* com crença *que.* Apesar do que eles afirmam sobre fé aplicar-se adequadamente à crença *em* Deus, não se aplica à crença *que* Deus existe. É necessário ter evidência *de que* há um piso no elevador. De outra forma, é loucura dar um passo no escuro. Da mesma forma, é loucura dar um passo no escuro como um ato de fé em Deus, a não ser que haja evidência de que ele está lá.

Há boas razões para crer que Deus existe, tal como o argumento cosmológico, o argumento teleológico e o argumento moral. Além disso, há boas evidências para crer que milagres acontecem, inclusive a morte de Cristo e sua vitória sobre a morte por nós (v. RESSURREIÇÃO, EVIDÊNCIAS DA).

Filho do Homem, Jesus como. A expressão *Filho do Homem* é usada mais freqüentemente para indicar Jesus que qualquer outro nome, exceto a própria palavra *Jesus*. *Filho do Homem* aparece nos quatro evangelhos: 30 vezes em Mateus, 14 em Marcos, 25 em Lucas, e 13 em João (Marshall, p. 777). Também ocorre em Atos 7.56. Hebreus 2.6 refere-se a "filho do homem" e Apocalipse 14.14 a "filho de homem".

O problema é que Jesus faz referência si mesmo quase exclusivamente como "Filho do Homem", quando os cristãos afirmam que ele é o Filho de Deus. Será que essa é uma negação implícita de sua divindade? Além do sentido literal das palavras, as Escrituras são usadas para fundamentar essa teoria: Salmos 8.4; 80.17; Ezequiel 2.1; 3.1; 4.1, e outras.

O significado literal das palavras não transmite necessariamente o significado literal da expressão. Há muitos projetos "engavetados" que não estão literalmente guardados numa gaveta. Uma "plataforma" eleitoral não é uma superfície plana de madeira ou de aço. O contexto deve nos ajudar a entender essas expressões. Ezequiel é responsável por 93 ocorrências da expressão no AT. Na maioria delas, Deus está falando, e elas parecem expressar intimidade especial para com Ezequiel, o servo. Daniel usa o termo apenas duas vezes, mas vai mais longe, pois Daniel 7.13 descreve um rei, o Messias, em toda sua glória na presença de Deus. É a ele que Daniel se refere como tendo "aparência de homem" em 8.15, com a implicação de que era muito mais que carne e osso. É interessante que em 8.17 o Messias passa adiante a expressão. Daniel é chamado pelo nome do Messias: "Filho do homem...". Há, certamente, algumas nuanças complexas e sutis por trás do uso desse termo no AT.

Se Jesus usa a auto-identificação "Filho do Homem" para enfatizar a própria humanidade e condição de servo, como em Ezequiel, ou para anunciar seu papel messiânico, como em Daniel, ou ambos, o termo certamente não é uma negação de divindade.

O estudioso do NT I. Howard Marshall demonstra que Jesus geralmente empregava a expressão quando estava destacando sua divindade (ibid.; v. CRISTO, DIVINDADE DE). Jesus disse à multidão que havia perdoado os pecados do paralítico, "para que vocês saibam que o Filho do homem tem na terra autoridade para perdoar pecados" (Mc 2.10). Em vez de supor que ele estava negando sua divindade, a multidão estava prestes a apedrejá-lo por blasfêmia.

Jesus disse repetidas vezes que o Filho do Homem morreria e ressuscitaria dos mortos, eventos que lhe deram suas credenciais messiânicas. Marcos escreveu: "Então ele começou a ensinar-lhes que era necessário que o Filho do homem sofresse muitas coisas e fosse rejeitado pelos líderes religiosos, pelos chefes dos sacerdotes e pelos mestres da lei, fosse morto e três dias depois ressuscitasse" (8.31; v. Mc 9.9,12,31; 10.33; 14.21). Jesus também usou a frase com referência à sua segunda vinda em poder e glória. Quando o sumo sacerdote lhe perguntou: "Você é o Cristo, o Filho do Deus Bendito?' 'Sou', disse Jesus. 'E vereis o Filho do homem assentado à direita do Poderoso vindo com as núvens do céu". Foi com base nessas palavras que o Sinédrio condenou Jesus à morte por blasfêmia (Mc 14.61-64). Reconheceram que o Filho do Homem em questão era claramente o homem poderoso da visão de Daniel:

> Em minha visão à noite, vi alguém semelhante a um filho de homem, vindo com as nuvens dos céus. Ele se aproximou do ancião e foi conduzido à sua presença. Ele recebeu autoridade, glória e o reino; todos os povos, nações e homens de todas as línguas o adoraram. Seu domínio é um domínio eterno que não acabará, e seu reino jamais será destruído (Dn 7.13,14).

No registro do julgamento de Jesus, em Mateus (26.64), o próprio Jesus se descreve como "O Filho do homem assentado à direita do Poderoso". Quem mais além de Cristo, o Filho de Deus, poderia sentar-se na posição honrada à direita de Deus?

Além disso, quando uma voz do céu confirmou a divindade e glória de Cristo, Jesus falou sobre o Filho do Homem sendo "levantado" da morte (Jo 12.28-32). Então a multidão respondeu: "A Lei nos ensina que o Cristo permanecerá para sempre; como podes dizer: 'O Filho do homem precisa ser levantado'?" (Jo 12.34). A multidão certamente entendeu o significado da expressão. Ela é usada alternadamente com *Messias* e com o conceito de Isaías 48.11 de que o Messias compartilha a "glória" do Pai, que Deus declarou que não daria a outro.

Mesmo que a expressão fosse apenas uma referência à humanidade de Jesus, isso não seria uma negação de sua divindade. Ele afirmou claramente ser Deus de várias maneiras e em várias ocasiões, como demonstrado no artigo Cristo, divindade de. Ele também aceitou louvor como Deus em outras ocasiões (v., p.ex., Mt 16.16-18; Jo 20.28,29).

Fontes

D. Guthrie, *Introduction to New Testament theology*.
T. Miethe e G. Habermas, *Why I believe God exists*.
O. Cullmann, *Christology in the New Testament*.
I. H. Marshall, "Son of man", em *Dictionary of Christ and the Gospels*.

Fílon de Alexandria. Filósofo e exegeta de Alexandria, Egito (c. 20 a.C.-50 d.C.). Por sua afinidade com a filosofia platônica, é conhecido como o Platão hebreu. Suas diversas obras incluem *Against Flaccus, procurator of Egypt* [*Contra Flaco, procurador do Egito*]; *Legum allegoriae*; *On providence* [*Da providência*]; *On the eternality of the world* [*Da eternidade do mundo*]; *Questions and solutions in Genesis and Exodus* [*Perguntas e soluções em Gênesis e Êxodo*]; *The contemplative life* (*Da vida contemplativa*) e *The life of Moses* [*A vida de Moisés*].

Fílon teve uma influência considerável nos líderes cristãos da "escola alexandrina", tais como Clemente de Alexandria e Justino Mártir. Seu método alegórico de interpretar as Escrituras também influenciou Orígenes, Ambrósio, Agostinho e outros. Outros elementos de sua filosofia tiveram um impacto no pensamento cristão posterior, inclusive seu uso de provas da existência de Deus, sua doutrina do *Logos* e suas teorias da incognoscibilidade de Deus, linguagem negativa sobre Deus, criação *ex nihilo* (v. criação, visões da) e providência específica.

Filosofia de Fílon. Fílon tentou interpretar as Escrituras conforme a filosofia grega. Sua abordagem era eclética e inovadora.

Conceito de Deus. Fílon ensinou que os seres humanos podem conhecer a Deus, quer diretamente por meio da revelação divina, quer indiretamente por meio da razão humana. Várias formas de provas da existência de Deus incluíam o argumento de Platão a favor de um *demiurgo* (tratado em *Timaeus*) e o argumento cosmológico de Aristóteles a favor de um Motor Imóvel. Fílon aplica o Motor Imóvel à existência do mundo, não apenas ao movimento. Ele até adotou o argumento estóico a favor de uma Mente (Deus) na natureza para mostrar que havia um Deus transcendente além da natureza.

Fílon acreditava que tais argumentos só poderiam mostrar a existência de Deus, não sua natureza. Para ele, Deus era inefável e inominável. Apenas o conhecimento negativo era possível. Termos positivos só podem descrever a atividade de Deus, não sua essência.

Misticismo e alegoria. Já que Deus não pode ser conhecido de maneira positiva, Fílon, como outros platonistas (v. Platão) e neoplatonistas (v. Plotino), recorreu ao misticismo. Nem mesmo a revelação de Deus nas Escrituras oferecia conhecimento positivo da natureza de Deus e não poderia ser interpretada literalmente quando falava sobre Deus. Apenas a interpretação alegórica poderia dar o verdadeiro significado.

Criação e providência. Como teísta judeu (v. teísmo), Fílon acreditava na criação *ex nihilo* (v. criação, visões da). Como platonista, acreditava que a matéria existia antes da criação. Na tentativa criativa de conciliar essas posições, supôs que houve dois atos criativos de Deus, um pelo qual ele criou a matéria e outro pelo qual ele criou o mundo a partir da matéria preexistente.

Como Deus é onipotente, é capaz de intervir milagrosamente nas leis da natureza que estabeleceu. Mas ele faz isso com um propósito. Ao contrário da filosofia grega, Deus tem providência geral sobre o mundo e providência especial e específica.

Logos. Ao interagir com a filosofia grega, Fílon tomou emprestado certos conceitos platônicos para expressar suas próprias visões teístas. Seu conceito do *Logos* é um desses casos. Em *De opificio*, ele descreve o *Logos* como um princípio cosmológico, dizendo:

> Deus, supondo, como Deus suporia, que uma bela cópia jamais poderia ser criada sem um belo modelo [...] quando ordenou a criação desse mundo visível, primeiro separou o mundo inteligível, para que, usando um modelo incorpóreo e divino, pudesse fazer do mundo corpóreo uma imagem mais nova do velho [...] Quando uma cidade está sendo fundada [...] às vezes aparece um homem treinado como arquiteto e, depois de examinar as características favoráveis do local, primeiro faz um esboço na sua mente de quase todas as partes da cidade que será construída [...] Depois, recebendo uma impressão de cada uma delas na sua alma, como na cera, modela uma cidade na mente. Baseado nesse modelo, ele procede com a construção na cidade de pedra e madeira, fazendo a substância corpórea se assemelhar a cada uma das idéias incorpóreas. Da mesma forma devemos pensar sobre Deus [Dodd, p. 67].

As semelhanças e diferenças entre o *Logos* de Fílon e o de João 1 são instrutivas (v. Logos, teoria do). Pois ambos os *Logos* são a imagem de Deus, o meio da criação e o meio do governo de Deus sobre a criação. Só que, em João, o *Logos* é verdadeiramente pessoal, que se tornou um ser humano realmente encarnado e ao mesmo tempo idêntico a Deus em natureza (Jo 1.1-14). C. H. Dodd observa como diferença decisiva que João "concebe o *Logos* encarnado, e [...], realmente vivendo e morrendo na terra como homem. Isso significa que o *Logos*, que em Fílon não é pessoal [...], no evangelho é totalmente pessoal, envolvido em relações pessoais com Deus e com os homens, e tendo um lugar na história". Além disso, "o *Logos* de Fílon não é objeto da fé e do amor. O *Logos* encarnado do quarto Evangelho ama e é amado" (Dodd, p. 73).

Avaliação. Fílon deve ser criticado por sua teologia puramente negativa (v. ANALOGIA, PRINCÍPIO DA), seu MISTICISMO, seu método alegórico de interpretação e sua atração excessiva pela filosofia grega, que o levou a erros. Sua doutrina do Logos foi equivocadamente aplicada a Cristo (v. LOGOS, TEORIA DO) por autores posteriores.

Fontes
N. BENTWICH, *Fílon-Judaeus of Alexandria*.
C. H. DODD, *The interpretation of the fourth Gospel*.
J. DRUMMOND, *Fílon Judaeus*.
R. NASH, *Christianity and the Hellenistic world*.
FÍLON JUDAEUS, *De vita contemplativa*.
F. E. WALTON, *Development of the Logos-doctrine in Greek and Hebrew thought*.
H. A. WOLFSON, *Fílon: foundations of religious philosophy in Judaism, Christianity and Islam*.

finito, deísmo. O TEÍSMO acredita que um Deus infinito está além do mundo e no mundo. O teísmo finito, em comparação, supõe um deus que é apenas finito. O politeísmo afirma que há muitos deuses, mas teístas finitos acreditam que só há um Deus.

As antigas versões gregas de um Deus limitado incluíam a filosofia de PLATÃO (428-348 a.C.; v. Platão, p. 17-92). Mas, no mundo ocidental, a maioria dos deuses finitos surgem de um contexto teísta. Em geral, muitos teístas finitos chegam a essa conclusão porque não conseguem conciliar sua tradição teísta com a presença penetrante do mal (v. MAL, PROBLEMA DO).

Tipologia do teísmo finito. Há muitas possibilidades diferentes para o ponto de vista finito sobre Deus, e nem todas têm representantes conhecidos. A maioria dos teístas finitos afirma que Deus é pessoal, mas alguns, inclusive Henry Wieman, supõem um ser impessoal (Wieman, p. 6-8, 54-62). As limitações desse Deus poderiam ser internas, como John Stuart MILL acreditava, ou externas ao mundo, como Platão acreditava. As limitações poderiam estar em sua bondade, mas não em seu poder (uma posição minoritária), ou no seu poder, mas não na sua bondade, como proposto por Edgar Brightman (v. Brightman) e Peter Bertocci. Ou Deus poderia ser limitado em poder e bondade (ponto de vista de Mill).

Um deus finito pode ter ou um ou dois pólos. Para a explicação do teísmo finito bipolar, veja o artigo PANENTEÍSMO. Exemplos monopolares são discutidos aqui. Apesar de muitos teístas finitos acreditarem que deus é transcendental (está além do universo), alguns têm um deus finito que é imanente (está dentro do universo). Henri Bergson, um exemplo dessa última posição, acredita que Deus é a Força Vital que dá continuação ao processo de evolução (v. Bergson, cap. 3).

Dogmas do teísmo finito. Teístas finitos tendem a discordar entre si sobre Deus e o mundo. Apesar de este artigo enfatizar pontos em comum, algumas diferenças serão comentadas.

Visão de Deus. A característica mais fundamental da posição do deus finito é que esse deus é limitado pela própria natureza; poucos, se é que existem, afirmam que ele é limitado pela bondade. Alguns afirmam que Deus é limitado em poder e em bondade. Quase todos concordam que Deus não é infinito em poder.

Estritamente falando, a posição de Deus finito afirma que Deus é intrinsecamente limitado na sua natureza. Apesar de Platão parecer acreditar que Deus não é intrinsecamente limitado na sua natureza, a maioria acredita que o mundo eterno (que Deus não criou) impõe limites à habilidade de Deus para agir nele (v. DUALISMO). Se Deus não criou o mundo e não sustenta sua existência, então não é capaz de fazer com ele o que quiser; por exemplo, não pode destruí-lo.

Visão do mal. Ao contrário dos panteístas, os teístas finitos afirmam que o mal é real. Na verdade, a presença e o poder do mal limitam a Deus. O mal é físico e moral. O mal físico nem sempre é evitável, mas podemos fazer algo a respeito do mal moral. Cooperar com os esforços de Deus pelo bem, mesmo ir além deles se necessário, é parte de nosso dever moral no mundo.

Há várias explicações para a origem do mal. Os *dualistas* (v. DUALISMO) dizem que ele está sempre aqui, de alguma forma. Outros atribuem parte dele ao livre-arbítrio humano. Todos, no entanto, concordam que não há garantia de que o mal será completamente destruído. Se Deus fosse onipotente, destruiria o mal. Mas, já que o mal não é destruído, não deve existir um Deus onipotente. O argumento é este:

1. Se Deus fosse onipotente, destruiria o mal.
2. Se Deus fosse completamente bom, destruiria o mal.
3. Mas o mal não foi destruído.
4. Logo, não pode haver um Deus onipotente e completamente bom.

Ponto de vista sobre a criação. O teísmo finito não tem uma posição uniforme sobre a criação. Os que vêm da tradição grega dualista, seguindo Platão, acreditam na criação *ex materia*, isto é, a partir de matéria eterna preexistente (v. CRIAÇÃO, VISÕES DA). Deus não criou o mundo; ele apenas *formou* a matéria que já existia. À luz disso, a limitação do poder de Deus é externa. Logo, há algo sobre a extensão e a natureza da matéria sobre a qual nem Deus tem controle absoluto. Ele apenas tem de trabalhar com o mundo e fazer o melhor que pode sob as limitações que o mundo impõe a seus poderes criativos.

Uma visão alternativa é que Deus criou o universo *ex nihilo*, do nada. Nesse caso, Deus está limitado por sua natureza, não por alguma coisa externa com a qual deve lidar e sobre a qual não tem autoridade.

Todos os teístas finitos concordam que a criação não foi *ex Deo* (de Deus). Essa não é uma posição panteísta, apesar de Deus estar limitado à criação e ser limitado por ela.

Visão do mundo. Poucas afirmações relativas ao mundo unem os teístas finitos. Todos concordam que o mundo existe e funciona de acordo com as leis naturais. Além disso, não há unanimidade sobre se ele sempre existiu e/ou sempre existirá. A única posição comum entre os teístas finitos é que o universo físico não é eterno nem ilimitado em energia. O universo está sujeito à lei da entropia (v. TERMODINÂMICA, LEIS DA) e está se exaurindo.

Visão de milagres. A maioria dos teístas finitos rejeita os milagres. Alguns admitem que intervenções sobrenaturais são possíveis em princípio, mas negam que aconteçam na prática. Nesse caso, o teísmo finito é semelhante ao deísmo, que afirma um Criador sobrenatural, mas rejeita qualquer ato sobrenatural na criação. Mas o deísmo é bem diferenciado do teísmo finito pelo fato de o Deus deísta não ter limites intrínsecos em seu poder. Ambas as posições consideram milagres uma violação da lei natural. E já que dão tanta ênfase à regularidade e uniformidade do mundo, não querem admitir que milagres as interrompam (v. MILAGRE; MILAGRES, ARGUMENTOS CONTRA).

Visão dos seres humanos. Em última análise a humanidade foi criada por Deus. Mas, desde Darwin, os teístas finitos foram convencidos de que Deus usou um processo evolutivo natural. Como foi dito, alguns deístas finitos até identificam Deus com a força evolutiva na natureza.

A maioria dos teístas finitos admite que os humanos têm alma, e alguns acreditam que as pessoas são imortais. Todos rejeitam uma visão puramente materialista (v. MATERIALISMO) da humanidade, mas nem todos têm certeza de que haja vida após a morte.

Visão da ética. Poucos teístas finitos acreditam nos absolutos éticos. Já que Deus não é imutável, conclui-se que nenhum valor baseado nele também seja imutável. Mas muitos acreditam que valores são objetivos e duradouros. Alguns até acreditam que certos valores são incondicionais. Mas, para a maioria, como Deus não revelou nenhuma norma ética inequívoca, as pessoas têm de decidir por si mesmas o procedimento correto em cada situação. A direção geral nessas decisões é dada de maneiras diferentes por posições diferentes.

Visão da história. Com relação ao movimento da história e da humanidade, alguns são mais otimistas que outros. Alguns indicam um progresso evolutivo gradual do universo com a esperança de vitória final. A maioria tem menos certeza de que o bem derrotará todo o mal. Todos admitem que é possível que não haja nenhuma vitória final. É até imaginável que o mal vença o bem, apesar de a maioria dos teístas finitos considerar essa possibilidade intuitivamente repugnante. No entanto, já que Deus é limitado e (no máximo) está lutando contra o mal, não há garantia. A luta pode simplesmente durar para sempre.

Avaliação. O teísmo finito contém percepções significativas da realidade. Como sistema, no entanto, tem sérios problemas.

Contribuições positivas. O mal é tratado realisticamente. Ao contrário de cosmovisões como o PANTEÍSMO, o teísmo finito não pode ser culpado de tentar evitar a realidade do mal. É por encarar o problema que a maioria dos teístas finitos chegou a essa posição.

O exercício do poder divino é limitado. Não importa o que os teístas finitos digam sobre o significado da palavra *onipotente*, ela não pode significar que Deus possa literalmente fazer qualquer coisa. Os teístas finitos estão certos ao mostrar que Deus é limitado no seu uso do poder. Por exemplo, Deus não pode usar seu poder (limitado ou ilimitado) para criar e destruir a mesma coisa ao mesmo tempo. Deus não pode fazer círculos quadrados. Não pode dar livre-arbítrio às criaturas e ao mesmo tempo forçá-las a agir contra suas decisões.

Da mesma forma, o teísmo finito indica um problema real em muitas visões teístas do mal. A posição reconhece que "o melhor mundo possível" pode não ser realmente possível. Só porque podemos *imaginar* nosso universo presente com menos ou nenhum mal, não significa que Deus possa *alcançar* tal universo. Um mundo de criaturas livres, quer livremente criadas por Deus quer não, coloca algumas limitações no uso do poder de Deus (v. MAL, PROBLEMA DO).

Há uma necessidade de lutar contra o mal. Outro valor que emerge da maioria das formas de teísmo finito é um antídoto para o fatalismo. O resultado da luta entre o bem e o mal depende do homem num sentido real. Nossos esforços podem fazer a diferença. O DETERMINISMO completo é fatal quanto à motivação necessária para lutar contra o mal. Os teístas finitos não podem ser acusados de resignação passiva ao inevitável. Sua visão demanda envolvimento real das pessoas para derrotar o mal.

Problemas com a visão. Apesar de suas várias percepções positivas quanto à natureza das coisas, o teísmo finito como sistema é fatalmente falho.

Sua visão de Deus é inadequada. Filosoficamente, o conceito de um deus finito é contrário ao princípio da causalidade, que afirma que todo ser finito precisa de uma causa. Um deus finito é apenas uma criatura grande, e todas as criaturas precisam de um Criador. Um ser finito é um ser contingente, não um Ser Necessário, que *não pode não* existir. Um ser contingente *pode ser inexistente*. Mas tudo que poderia não existir depende para sua existência do que não pode não existir, um Ser Necessário.

Além disso, quem acredita que Deus é limitado em perfeição assim como em poder não identifica o que realmente é Deus, pelo menos não Deus no sentido absoluto. Pois só seria possível medir a imperfeição por um padrão absoluto (v. Lewis, p. 45-6). Mas o padrão absoluto da perfeição é por definição Deus. Então um deus finito e imperfeito seria algo menor que o Deus absoluto. Na verdade, parece não haver maneira de supor um deus finitamente bom sem ter um Deus infinitamente bom como padrão para comparação.

Nenhum bem incompleto é digno de adoração. Adoração significa atribuir valor absoluto a algo ou alguém. Mas por que alguém atribuiria valor absoluto ao que não é absolutamente digno? Todo ser finito é uma criatura, e adorar a criatura em vez de ao Criador é idolatria. Ou, citando as palavras de Paul Tillich, um compromisso absoluto não deveria ser feito com nada além de um Ser Absoluto. Mas um ser parcialmente bom não é o Bem absoluto. Então por que alguém adoraria um deus finito?

Sua visão do mal é inadequada. O problema do mal não elimina Deus. Na verdade, não podemos se quer saber se há injustiças absolutas no mundo a não ser que tenhamos algum padrão absoluto de justiça — Deus — além do mundo. Inversamente, só o Deus onipotente pode derrotar o mal, e só o Deus onipotente desejaria derrotar o mal. Logo, se o mal ainda vier a ser derrotado, então deve haver um Deus onipotente e completamente bom. Um Deus finito não seria suficiente para a tarefa.

Além disso, há uma alternativa ao argumento para um Deus finito. Lembre-se de que o argumento é assim:

1. Se Deus fosse onipotente, destruiria o mal.
2. Se Deus fosse completamente bom, destruiria o mal.
3. Mas o mal não foi destruído.
4. Logo, não pode haver um Deus onipotente e completamente bom.

A cosmovisão teísta só precisa mudar a terceira premissa:

3. *Mas o mal ainda não foi destruído.*

A palavra *ainda* imediatamente revela a possibilidade de o mal ser destruído (i.e., derrotado) no futuro. E o teísta finito que insiste em que isso nunca acontecerá está supondo que sabe mais do que uma criatura finita é capaz de saber.

Alguns teístas finitos até admitem esse ponto. Bertocci, por exemplo, disse que há mal "cujo efeito destrutivo, *pelo que sabemos*, é maior que qualquer bem que pode vir dele". Mas é exatamente esse o problema. Como um homem finito poderia saber tanto sobre o futuro a ponto de dizer que nada será feito para derrotar o mal e trazer um bem maior? Por mais improvável que pareça, o futuro pode trazer boas novas.

Além disso, se há um Deus onipotente e completamente bom, isso garante automaticamente que o mal *será* derrotado no futuro. O raciocínio é:

1. Um Deus completamente bom tem o desejo de derrotar o mal.
2. Um Deus onipotente tem a habilidade para derrotar o mal.
3. Mas o mal ainda não foi derrotado.
4. Logo, o mal será derrotado no futuro.

Dessa forma, a questão não seria se o mal é compatível com um Deus infinito; certamente parece ser. Na verdade, se um Deus infinito existe, então há uma garantia de que o mal será derrotado, já que tal Deus teria o desejo e o poder para fazê-lo. Então parece que o teísmo finito não conseguiu eliminar um Deus infinito por meio do mal.

Outro problema para as formas modernas de teísmo finito é que, se Deus não é completamente bom, então qual é o padrão para medir sua bondade? Não podemos medi-lo pelo padrão de sua natureza, pois isso ele alcança perfeitamente. Mas se medirmos Deus por alguma lei moral absoluta além de Deus, então o Legislador dessa lei absoluta será Deus. Pois as leis vêm de legisladores, e prescrições morais vêm de prescribentes morais (v. moral a favor de Deus, argumento). Assim, leis absolutamente perfeitas não viriam de um Legislador Moral absolutamente perfeito? Se um Deus finito não alcança o padrão absoluto de bondade, então não é Deus. O Ser moral absoluto *além dele* seria Deus.

Talvez seja por isso que a maioria dos teístas finitos queiram limitar apenas o poder de Deus, e não sua bondade. Mas, para quem olha de fora, isso parece um julgamento arbitrário e racionalização. Além disso, como Deus pode ser um Ser infinitamente bom se é apenas um ser finito? Como é possível ser mais do que tem a capacidade de ser? Como os atributos de Deus podem ser ampliados além do que sua natureza real permite?

Como pode o conhecimento da pessoa, por exemplo, ser ampliado além da capacidade de seu cérebro?

O teísmo finito afirma que Deus não pode destruir todo o mal. Alguns dizem que é por causa de um limite intrínseco de sua natureza. Outros afirmam que é por causa de uma limitação extrínseca sobre ele. Mas a única limitação extrínseca que o Criador não poderia destruir seria um Ser Necessário eterno e não-criado, pois um ser criado e contingente poderia ser destruído por um Ser Necessário, não-criado. Mas se há um Ser Necessário eterno e não-criado além de Deus, então tal ser é o Criador, e o "deus finito" acaba sendo apenas uma criação limitada. Se, no entanto, o ser além de Deus é apenas criado e contingente, mas Deus é não-criado e necessário, Deus poderia destruí-lo. Mas se ele pode criar e destruir tudo, por que não admitir que é onipotente?

Este é o dilema: se Deus pode destruir tudo no universo exceto a si mesmo, então ele é onipotente. Se há algum outro ser indestrutível além de Deus, então ele não é um Deus onipotente; esse outro ser pode resistir ao seu poder. Mas em ambos os casos a visão do deus finito estaria errada, pois haveria um Ser onipotente que poderia destruir o deus finito.

Os teístas finitos admitem que não há garantia de que o bem triunfará sobre o mal no final. Assim, os que trabalham pelo bem podem estar trabalhando em vão. É claro que no decorrer diário dos eventos nossos esforços são frustrados. No entanto, um compromisso religioso não é um compromisso diário; é um compromisso definitivo. Será que um deus finito, que não pode garantir vitória mesmo que nos esforcemos ao máximo, pode realmente inspirar um compromisso definitivo? Quantas pessoas realmente assumirão um compromisso definitivo de trabalhar em prol do que não tem garantia que vencerá no final? Podemos ficar inspirados a confessar corajosamente: "Prefiro perder a batalha com quem vencerá no final que vencer a batalha com quem perderá no final".

Outras visões inadequadas. Além de suas visões falhas sobre Deus e o mal, os teístas finitos não defendem adequadamente suas visões de aniquilacionismo e anti-sobrenaturalismo (v. MILAGRES, ARGUMENTOS CONTRA).

Fontes

H. BERGSON, *Creative evolution.*
E. S. BRIGHTMAN, *A philosophy of religion.*
E. J. CARNELL, *Christian apologetics*, caps. 16, 17.
J. COLLINS, *God and modern philosophy.*
N. L. GEISLER, et al., *Worlds apart*, cap. 6.
C. S. LEWIS, *Cristianismo puro e simples..*
J. S. MILL, *Three essays on religion: nature, utility of religion, and theism.*
H. P. OWENS, *Concepts of deity.*
H. N. WIEMAN, *The source of human Good.*

firmamento. V. CIÊNCIA E A BÍBLIA.

Flávio Josefo. Josefo (c. 37-c. 100 d.C.) foi fariseu de linhagem sacerdotal e historiador judeu. Além de sua autobiografia, escreveu duas obras importantes, *Guerras dos judeus* (c.77-78) e *Antigüidades dos judeus* (c. 94). Também escreveu uma obra menor, *Contra Ápion*.

Josefo confirmou de forma geral, e muitas vezes em minuciosos detalhes, a historicidade do AT e de parte do NT (v. NOVO TESTAMENTO, FONTES NÃO-CRISTÃS DO). Apesar de a obra de Josefo relatar os fatos de maneira a não ofender os romanos, ela tem grande valor apologético para o cristianismo — uma religião que era condenada pelos romanos. Josefo foi altamente apreciado e grandemente citado pelos primeiros pais da igreja para apoiar o cristianismo.

Testemunho do cânon. Josefo apóia a posição protestante do cânon do AT contra a posição católica, que reconhece os apócrifos do AT (v. APÓCRIFOS DO ANTIGO E NOVO TESTAMENTOS). Ele até menciona os nomes dos livros, que são idênticos aos 39 livros do AT protestante. Reúne 39 livros em 22 volumes, que correspondem ao número das letras do alfabeto hebraico:

> Pois não temos uma multidão inumerável de livros entre nós, discordando um do outro e contradizendo um ao outro [como os gregos têm], mas apenas 22 livros, que contêm os registros de todos os tempos passados e que são justamente considerados divinos; e deles, 5 pertencem a Moisés, os quais contêm suas leis [...] Os profetas, que vieram depois de Moisés, escreveram o que foi feito na sua época em 13 livros. Os 4 restantes contêm hinos a Deus e preceitos para a conduta da vida humana (*Contra Ápion* 1.8).

Outro ponto de interesse apologético é a referência de Josefo a Daniel, o profeta, como um escritor do século VI a.C. (*Antigüidades*, p. 10-2). Isso confirma a natureza sobrenatural das incríveis previsões sobre o decorrer da história depois da época em que Daniel viveu (v. PROFECIA COMO PROVA DA BÍBLIA). Ao contrário do *Talmude*, que é mais recente, Josefo obviamente coloca Daniel entre os profetas, já que não está em Moisés nem na seção dos "hinos de Deus", que incluiria Salmos, Provérbios, Eclesiastes e Cântico do Cânticos. Isso ajuda a confirmar a data anterior de Daniel.

Testemunho do NT. Josefo referiu-se a Jesus como irmão do Tiago que foi martirizado. Escreveu:

> Festo agora estava morto, e Álbio estava prestes a atacar; então reuniu o Sinédrio dos juízes, e trouxe diante deles o irmão de Jesus, e alguns outros [ou alguns de seus companheiros], e quando formou uma acusação contra eles como

infratores da lei, entregou-os para serem apedrejados (*Antigüidades* 20.9.1).

Essa passagem comprova a existência de Cristo por um autor não-cristão do século I e a afirmação principal que seus seguidores faziam a seu respeito — que ele era o Messias.

Josefo também confirmou a existência e o martírio de João Batista, o arauto de Jesus:

> Alguns dos judeus pensavam que a destruição do exército de Herodes veio de Deus, e muito justamente, como castigo do que fez contra João, que era chamado o Batista; pois Herodes assassinou a João, que era um homem bom e ordenava que os judeus exercessem a virtude, tanto em justiça para com os outros, quanto em piedade para com Deus, para assim serem batizados (*Antigüidades* 18.5.2).

Essa referência confirma a existência, o nome, a missão e o martírio de João Batista, assim como o NT o apresenta.

Num texto polêmico, Josefo dá uma breve descrição de Jesus e sua missão:

> Ora, havia nessa época Jesus, um homem sábio, se for lícito chamá-lo de homem, pois fazia obras maravilhosas — um mestre de homens do tipo que recebem a verdade com prazer. Atraiu a si muitos dos judeus e muitos dos gentios. Ele era [o] Cristo; e quando Pilatos, seguindo a sugestão dos líderes entre nós, o condenou à cruz, aqueles que o amavam desde o princípio não o abandonaram. Pois ele lhes apareceu vivo novamente no terceiro dia, como os profetas divinos haviam previsto essas e dezenas de milhares de outras coisas maravilhosas a seu respeito; e a tribo de cristãos, chamados pelo seu nome, não desapareceu até hoje [*Antigüidades*, 18.3.3].

Essa passagem foi citada por Eusébio na sua forma atual (*História eclesiástica* 1.11), e a evidência dos manuscritos a apóia. Mas é amplamente considerada uma interpolação, já que é improvável que Josefo, um judeu, afirmasse que Jesus era o Messias e que isso tenha sido comprovado pelas profecias cumpridas, obras milagrosas e ressurreição dos mortos. Até Orígenes disse que "Josefo não acreditava que Jesus era o Messias, nem declarou que era" (*Contra Celso* 2.47; 2.13; Bruce, p. 108). F. F. Bruce sugere que a frase "se for lícito chamá-lo de homem" pode indicar que o texto é autêntico, mas que Josefo está escrevendo em referência sarcástica à crença cristã de que Jesus é o Filho de Deus (Bruce, p. 109).

Outros teólogos sugeriram corrigir o texto de forma a preservar sua autenticidade sem a implicação de que Josefo aceitava pessoalmente que Cristo era o Messias (v. Bruce, p. 110-1). Pode ser que um texto árabe do século X (v. McDowell, p. 85) reflita a intenção original:

> Nessa época havia um homem sábio que se chamava Jesus. E sua conduta era boa e [ele] era considerado virtuoso. Muitas pessoas dentre os judeus e outras nações se tornaram seus discípulos. Pilatos o condenou a ser crucificado e morrer. E aqueles que se tornaram seus discípulos não abandonaram seu discipulado. Eles relataram que ele havia aparecido a eles três dias após sua crucificação e que estava vivo; conseqüentemente, talvez fosse o messias sobre o qual os profetas relataram maravilhas.

Nessa forma, o texto não afirma que Josefo acreditava na ressurreição, mas apenas que seus discípulos a "relataram". Isso pelo menos refletiria um relatório honesto daquilo em que seus discípulos íntimos acreditavam. Bruce observa que há boa razão para crer que Josefo realmente se referia a Jesus, testemunhando sobre sua datação, reputação, parentesco com Tiago, crucificação sob Pilatos pela instigação dos líderes judeus, afirmação messiânica, fundação da igreja e a convicção da ressurreição entre seus seguidores.

Fontes

F. F. Bruce, *Merece confiança o Novo Testamento?*
L. H. Feldman, *Studies on Philo and Josephus*.
Josefo, *Contra Ápion*.
___, *Antigüidades dos judeus*.
___, *Guerras dos judeus*
J. McDowell, *Evidência que exige um veredito*.
S. Pines, *An Arabic version of the Testimonium Flavianum and its implications*.
R. J. H. Shutt, *Studies in Josephus*.
H. St. J. Thackeray, *Josephus the man and the historian*.

Flew, Antony. Antony Flew (n. 1923) é um proeminente ateu britânico que lecionou filosofia nas principais universidades britânicas e foi professor de filosofia na Universidade de Keele. Escreveu ou editou vários livros e artigos acadêmicos e é bem conhecido por suas obras em teologia filosófica. Entre suas obras mais poderosas estão o artigo "Milagres", na *Encyclopedia of philosophy* [*Enciclopédia de filosofia*], e seus livros *New essays in philosophical theology* [*Novos ensaios de teologia*] e *The resurrection debate* [*O debate sobre a ressurreição*].

A falsificabilidade de Deus. A não ser que exista algum critério pelo qual se possa saber se algo é falso, afirma Flew, não se pode saber se é verdadeiro. Se a declaração teísta "Deus existe" é uma afirmação, "ela necessariamente será equivalente à negação da negativa dessa afirmação". Mas "se não há nada que uma suposta afirmação negue, então também não há nada que afirme; portanto, essa não é realmente uma afirmação" (*New essays*, p. 98). À medida que esse argumento se aplica a Deus,

Flew está dizendo que, a não ser que um teísta possa especificar condições pelas quais se pudesse provar que Deus não existe, não há condições pelas quais provar que Deus existe. Algum evento ou série de eventos teria de ser concebido que pudesse provar que não há Deus.

Além de aceitar a premissa de Flew e admitir que nenhuma afirmação religiosa é falsificável (v. ACOGNOSTICISMO; FIDEÍSMO), há duas respostas amplas para Flew. Primeira, pode-se rejeitar o princípio de falsificabilidade. Segunda, se pode aceitar o desafio de Flew e afirmar condições pelas quais a existência de Deus poderia ser falsificada (v. AYER, A. J.).

Rejeição ao princípio da falsificabilidade de Flew. O princípio da falsificabilidade em si não é falsificável. Não há condições sob as quais se possa saber que esse princípio é falso. E outras coisas além da existência de Deus não são falsificáveis. Por exemplo, a imortalidade da pessoa pode ser provada, desde que haja consciência após a morte. Mas não pode ser falsificada, uma vez que, se formos aniquilados por ocasião da morte, não poderemos falsificar a alegação de IMORTALIDADE.

Aceitação do princípio da falsificação de Flew. A outra resposta é aceitar o desafio de Flew e demonstrar que a falsificação é possível em uma de três maneiras: passada, presente e futura.

Falsificação histórica. A ressurreição de Jesus Cristo no terceiro dia pode ser falsificada (v. RESSURREIÇÃO, EVIDÊNCIAS DA). Bastava que se achasse o corpo de Jesus ou a prova de uma conspiração para eliminar o corpo. Ou encontrar uma testemunha ocular de que Jesus continuou na sepultura mais que três dias. O apóstolo Paulo reconheceu isso quando disse: "E, se Cristo não ressuscitou, é inútil a nossa pregação, como também é inútil a fé que vocês têm. Mais que isso, seremos considerados falsas testemunhas de Deus, pois contra ele testemunhamos que ressuscitou a Cristo [...]. E, se Cristo não ressuscitou, inútil é a fé que vocês têm, e ainda estão em seus pecados. Neste caso, também os que dormiram em Cristo estão perdidos" (1Co 15.14-18). Se a ressurreição pode ser desacreditada, o cristianismo e o Deus do cristianismo são falsos.

Falsificação agora. Já que a evidência apologética da verdade do cristianismo é baseada em eventos passados, não há maneira direta de testá-la no presente. Só se pode usar evidência do passado que permanece no presente para argumentar a favor ou contra a verdade de eventos passados. Já que o cristianismo depende da verdade da premissa "Deus existe (agora)", essa é uma premissa falsificável. Um teísta pode estar disposto a abrir mão da crença em Deus se o ateu puder apresentar uma prova válida da inexistência de Deus. Tais provas já foram tentadas, e todas falharam (v. DEUS, SUPOSTAS REFUTAÇÕES DE). Isso significa que a falsificação não foi bem-sucedida, não que não pudesse ter êxito em princípio, se de fato nenhum Deus existisse.

Falsificação escatológica. A falsificação escatológica de algumas coisas, tais como a imortalidade, é impossível. Mas muitas crenças religiosas poderiam ser falsificadas. A afirmação "Irei a um lugar de alegria quando morrer" é falsificada se a pessoa continua consciente após a morte e vai para um lugar de sofrimento. Da mesma forma, a reencarnação pode ser falsificada, se alguém morrer com um "carma", mas não reencarnar. É mais difícil falsificar a existência de Deus, ainda que alguém viva para sempre. Deus poderia decidir esconder-se para sempre, mas isso é improvável.

Não importa como é abordado, o princípio da falsificação de Flew está longe de ser um golpe convincente à verdade do teísmo ou do cristianismo. O teísta pode oferecer muitas maneiras pelas quais crenças básicas podem ser falsificadas em princípio, mas não na prática.

Onipotência divina, liberdade e mal. Flew propôs um dilema difícil para o teísmo no artigo sobre "Onipotência divina e liberdade humana" (Flew, *New essays*, cap. 8). Ele reconhece que os teístas afirmam que mesmo um Ser onipotente não pode fazer o que é contraditório. Mas desafia a visão de muitos teístas de que é contraditório criar um mundo onde nenhuma criatura livre faria o mal.

Flew insiste que

a onipotência poderia ter, poderia sem contradição ser considerada como tendo criado pessoas que realmente sempre escolheriam livremente fazer a coisa certa (p. 152).

E em resposta à afirmação teísta de que Deus não poderia ter criado bens de ordem superior sem permitir bens de ordem inferior, Flew argumenta que

a onipotência poderia ter criado criaturas sobre as quais ela poderia estar certa de que *responderiam* ao desafio adequado pelo exercício voluntário de força moral sem que tais criaturas tivessem adquirido esse caráter pelo exercício real de força moral (p. 155).

Os argumentos de Flew evocaram a famosa resposta do "livre-arbítrio" de Alvin Plantinga (v. PLANTINGA, ALVIN), que argumentou que, enquanto uma única criatura livre escolher o mal, Deus não pode impedi-la sem restringir sua liberdade — e nesse caso elas não seriam realmente livres. Outros observam que o que é logicamente possível não é necessariamente realizável (v. MAL, PROBLEMA DO). Assim, apesar de ser logicamente possível que ninguém jamais fizesse o mal, isso não é realmente realizável enquanto alguém livremente escolher fazer o mal.

Milagres e apologética cristã. Flew alega que os milagres não são históricos (v. MILAGRE; MILAGRES, VALOR APOLOGÉTICO DOS), nem verossímeis, nem identificáveis.

O argumento de Flew de que os milagres não são históricos baseia-se na suposição de que milagres não são repetíveis. Falham, portanto, no teste de credibilidade. O argumento de Flew segue a forma desenvolvida por David HUME. A maneira pala qual Flew entende o argumento de Hume é a seguinte:

1. Todo milagre é uma violação de uma lei da natureza.
2. A evidência contra qualquer violação da natureza é a evidência mais forte possível.
3. Portanto, a evidência contra milagres é a evidência mais forte possível.

Flew diz que Hume estava preocupado principalmente com a questão da evidência. O problema era como a ocorrência de um milagre poderia ser provada, e não se tais eventos realmente ocorreram. Mas "nossa única base para caracterizar a ocorrência relatada como milagrosa é ao mesmo tempo a razão suficiente para denominá-la fisicamente impossível". Mas por que é assim? Flew responde que o historiador crítico, confrontado com a história de um milagre, a descarta. Isso é presumir a resposta como prova. Qual a justificativa para descartar os milagres?

Para justificar seu procedimento ele terá de apelar exatamente para o princípio que Hume apresentou: a "impossibilidade absoluta ou a natureza milagrosa" dos eventos atestados.

Isso tem de ser feito de modo a satisfazer o intelecto de pessoas razoáveis. Assim, Flew acredita que, apesar de os milagres não serem logicamente impossíveis, são cientificamente impossíveis.

É pura e simplesmente pela suposição de que as leis válidas hoje eram válidas no passado [...] que podemos racionalmente interpretar os detritos (fragmentos) do passado como evidência e a partir deles construir nosso relato do que realmente aconteceu ("Milagres").

À acusação de que esse uniformismo é irracionalmente dogmático, Flew responde com o que está no centro de sua amplificação do argumento de Hume. Como Hume insistiu,

a possibilidade de milagres é uma questão de evidência, e não de dogmatismo. Além disso, relatos de supostas ocorrências do milagroso são necessariamente singulares, específicos e passados.

Proposições repetíveis, portanto, têm maior credibilidade lógica (ibid.). Esse argumento pode ser afirmado da seguinte maneira:

1. Milagres, por natureza, são específicos e não repetíveis.
2. Eventos naturais são por natureza gerais e repetíveis.
3. Na prática, a evidência para o geral e repetível é sempre maior que para o específico e não repetível.
4. Portanto, na prática, haverá sempre mais a evidência contra os milagres que a favor deles.

Com base nessa afirmação fica claro que Flew acredita que a generalidade e a repetibilidade são fatores que estabelecem a credibilidade.

Repetibilidade e falsificabilidade. A maioria dos naturalistas modernos, tais como Flew, aceitam algumas singularidades não repetíveis, por exemplo, na formação do universo (v.*big-bang*, TEORIA DO). E quase todos os cientistas acreditam que o processo de origem da vida jamais se repetiu. Se o argumento de Flew for aplicado consistentemente, é errado os cientistas acreditarem em tal singularidade. O argumento de Flew eliminaria algumas crenças básicas dos naturalistas.

A visão de Flew também está sujeita à mesma crítica que Flew fez aos teístas, pois não é uma posição infalsificável (v. acima). Não importa o que aconteça, mesmo uma ressurreição, Flew (ao contrário até das afirmações de Hume) seria obrigado a negar que era um milagre. E nenhum evento no mundo falsificaria o naturalismo. Assim, as cartas estão marcadas, de forma que a evidência sempre pesará mais a favor do anti-sobrenaturalismo que contra ele. E não ajudaria se Flew afirmasse que o naturalismo é falsificável em princípio, se nunca fosse na prática. Então, para ser justo, teria de permitir aos teístas o mesmo privilégio. Se o sobrenaturalismo nunca pode ser estabelecido na prática, o naturalismo também não. É sempre possível ao teísta alegar sobre todo evento supostamente natural que "Deus é a causa final". O teísta pode insistir em que todos os eventos "naturais" (i.e., naturalmente repetíveis) são a forma de Deus operar normalmente e que os eventos "milagrosos" são a maneira de Deus operar ocasionalmente. Pelas próprias afirmações de Flew, não há como, na prática, falsificar a crença teísta.

É possível objetar a conjetura de Flew de que o repetível sempre excede o não repetível. Se fosse assim, então, como Richard Whately demonstrou, ninguém poderia acreditar na historicidade de nenhum evento singular do passado. Se a repetibilidade na prática é o verdadeiro teste de evidência superior, ninguém deveria acreditar que observou nascimentos ou que mortes ocorreram, pois nenhum deles é repetível na prática. A ciência da geologia seria eliminada.

Os cientistas não rejeitam singularidades imediatamente, observa o físico e professor Stanley Jaki.

Felizmente para a ciência, os cientistas muito raramente descartam relatos sobre um caso realmente *novo* com a afirmação: "Não pode ser realmente diferente dos mil casos que já investigamos". A resposta corajosa do jovem assistente: "Mas professor, e se esse for o milésimo primeiro caso?" que [...] é exatamente a resposta que deve ser oferecida com relação aos fatos suspeitos por causa de seu caráter milagroso (Jaki, p.100).

Então, se o naturalista impõe argumentos a tal ponto de eliminar milagres, conseqüentemente a base de muitas outras crenças é eliminada por implicação. Qualificações apresentadas de modo a incluir dados naturais e científicos reabrem a porta para os milagres.

Identificabilidade. O segundo argumento de Flew não é ontológico, mas epistemológico. Milagres não são rejeitados porque se sabe que eles não ocorreram. São rejeitados porque não se sabe ou não é possível saber se ocorreram. O argumento de Flew vai além da mera identificabilidade. Se bem-sucedido, demonstraria que milagres não têm valor apologético.

Flew afirma estar disposto a permitir a possibilidade de milagres em princípio (v. Espinosa, Baruch). Na prática, argumenta, há um problema sério, até insuperável, por sermos incapazes de identificar milagres. O argumento pode ser assim resumido:

1. Um milagre deve ser identificável ou distinguível antes de se saber o que ocorreu.
2. Milagres só podem ser identificados no âmbito da natureza ou na dimensão do sobrenatural.
3. Identificá-lo por referência ao sobrenatural (como um ato de Deus) é petição de princípio.
4. Identificá-lo em referência a termos naturais elimina a dimensão sobrenatural necessária.
5. Portanto, não é possível saber se milagres ocorreram, já que eles não podem ser identificados.

Flew insiste, contra Agostinho (*A cidade de Deus* 21.8), que se um milagre é apenas "um portento [que] não é contrário à natureza, mas contrário ao nosso conhecimento da natureza", então realmente não tem valor como prova do sobrenatural. Apenas mostra o conhecimento relativo de uma geração. Enquanto a idéia de Agostinho sobre milagre asseguraria a dependência da criação em Deus, faria isso somente à custa da subversão do valor apologético de todos os milagres (Flew, p. 348). Se um milagre não está além do poder da natureza, mas apenas além do nosso *conhecimento* da natureza, então um milagre não é nada além de um evento natural. Não poderíamos saber se um milagre realmente aconteceu; apenas que pareceu acontecer. Para ser verdadeiramente milagroso, um milagre deve ser independente da natureza, mas um milagre não pode ser identificado exceto por sua relação com a natureza. Não há maneira natural de identificar um milagre, a não ser que seja considerado milagre por motivos independentes. Deve ser considerado apenas um evento estranho ou incoerente que uma lei científica mais ampla poderia explicar.

Com base nisso, Flew argumenta que nenhum evento supostamente milagroso pode ser usado para provar que um sistema religioso é verdadeiro. A não ser que já exista um Deus que age, não pode haver uma ação de Deus. Argumentar com base na ação de Deus a favor do sistema sobrenatural é cometer petição de princípio. Devemos identificar o evento como sobrenatural de um ponto de vista estritamente naturalista. Mas isso é impossível, já que um evento incomum no âmbito natural é, do ponto de vista naturalista, estritamente um ponto de vista natural.

Portanto, milagres não têm valor apologético.

Agora o coração do argumento de Flew está em foco (ibid., p. 348-9). Milagres não são identificáveis porque não há maneira de defini-los sem presumir como certa a prova de sua existência.

1. Um milagre deve ser identificável antes de poder ser identificado.
2. Um milagre é identificado de uma de duas maneiras: a) um evento anormal na natureza ou b) uma exceção à natureza.
3. Um evento anormal na natureza é apenas um evento natural, não um milagre.
4. Uma exceção da natureza não pode ser conhecida a partir da própria natureza apenas.
5. Logo, um milagre não é identificável e não pode ser usado para provar nada.

Parece que Flew conseguiu provar seu argumento. Sua primeira premissa é sólida. Devemos saber o que estamos procurando antes de saber se o encontramos. Não podemos descobrir o que não pode ser definido. Mas definir milagres em termos de eventos naturais é reduzi-los a eventos naturais. Defini-los em termos de uma causa sobrenatural é supor que Deus existe, um argumento circular.

Pressupondo a existência de Deus. Uma maneira de responder a Flew é afirmar que tanto os naturalistas quanto os sobrenaturalistas argumentam em círculo. Os argumentos anti-sobrenaturalistas pressupõem o naturalismo. Então, alguns teístas simplesmente afirmam que é necessário argumentar em círculo. Toda razão é circular (Van Til, p. 118), pois todo pensamento, no final das contas, é baseado na fé (v. FIDEÍSMO).

Se um sobrenaturalista escolhe esse caminho, a base (ou falta dela) parece tão boa quanto a do anti-sobrenaturalista. Os naturalistas que tentam eliminar milagres com base no compromisso de fé com o naturalismo não estão em posição de proibir os teístas de simplesmente acreditar que Deus existe e, portanto, que milagres sejam identificáveis. Uma vez que seja dado aos naturalistas o privilégio de uma mera base de fé para o naturalismo, sem prova racional ou científica, outras cosmovisões devem receber a mesma oportunidade.

Evidência da existência de Deus. Outra forma de abordagem está disponível, no entanto: Os teístas podem dar justificativa racional para a crença em Deus. Se bem-sucedidos, podem definir (mostrar a identificabilidade de) milagres no âmbito do reino sobrenatural que têm *razão* para crer que existe. É exatamente isso que o argumento cosmológico e o argumento teleológico fazem. Até o ponto em que se possa dar um argumento racional para a existência de Deus, a crítica de Flew é evitada.

Resumo. Dois temas de Flew são uma ameaça séria à apologética cristã: 1) O argumento de que a crença em Deus não é falsificável, e 2) o ponto de vista de que milagres não são identificáveis. Há algumas maneiras de encarar o desafio da verificabilidade. O cristianismo pode ser comprovado por eventos no passado, presente e futuro. Um assunto mais sério é o ataque aos milagres. Apesar de Flew não afirmar que esse argumento elimina a possibilidade de milagres, ele poderia, se bem-sucedido, prejudicar seriamente a apologética cristã (v. CLÁSSICA, APOLOGÉTICA; HISTÓRICA, APOLOGÉTICA). Se milagres não podem ser identificados como eventos sobrenaturais, eles não têm valor apologético. Um simples evento anormal na natureza não tem nenhum valor evidencial para provar nada além da existência da natureza.

Mas, como demonstrado acima, a apologética clássica pode escapar desses problemas, seja por pressupor a existência de uma esfera sobrenatural (i.e., Deus), seja por oferecer evidência para sua existência. Enquanto houver um Deus capaz de agir, ações especiais de Deus (milagres) são possíveis e identificáveis. A única maneira de refutar essa possibilidade é refutar a possibilidade da existência de Deus. Tais esforços estão destinados ao fracasso e geralmente são contraditórios (v. DEUS, SUPOSTAS REFUTAÇÕES DE).

Os apologistas históricos não têm essa opção, já que acreditam que toda a defesa do cristianismo, inclusive a existência de Deus, pode ser estabelecida apenas com base na evidência histórica. Contra essa visão, Flew tem um argumento poderoso.

Fontes

TOMÁS DE AQUINO, *Suma contra os gentios*, Livro 3.
AGOSTINHO, *Cidade de Deus.*
A. FLEW, "Miracles", em *The Encyclopedia of philosophy*, P. EDWARDS, org.
___, "Theology and falsification", em *New essays in philosophical theology.*
N. L. GEISLER, *Miracles and the modern mind.*
S. JAKI, *Miracles and physics.*
C. S. LEWIS, *Milagres.*
T. MIETHE, ed., *Did Jesus rise from the dead? The resurrection debate.*
R. SWINBURNE, *Miracles.*
C. VAN TIL, *Defense of the faith.*

Frazer, James. James Frazer (1854-1941) nasceu em Glasgow e estudou na Academia Larchfield, em Helensburg, e nas Universidades de Glasgow e Cambridge. De 1907 a 1919 lecionou antropologia social na Universidade de Liverpool. Frazer foi importante para o lançamento do jornal *The Cambridge Review* (1879). Fez a primeira de suas Conferências Gifford em 1911 sobre "Crença na imortalidade e a adoração aos mortos". Entre 1890 e 1912 produziu sua obra monumental, *O ramo de ouro*. Esse livro e *Folk-lore in the Old Testament* [*Folclore no Antigo Testamento*] (1918), em três volumes, foram produzidos em edições condensadas em 1922 e 1923, respectivamente. Frazer também escreveu *The worship of nature* [*A adoração à natureza*] (1926) e *The fear of the dead in primitive religion* [*O medo dos mortos na religião primitiva*] (1933-1934).

O ramo de ouro confere um colorido evolutivo à história das religiões. Frazer propôs que as religiões evoluíram a partir da mágica, passando pelo animismo e POLITEÍSMO, até o henoteísmo e, finalmente, para o MONOTEÍSMO. Ele acusou o cristianismo de copiar os mitos pagãos. Apesar de seu uso seletivo e cômico de fontes que foram desatualizadas por pesquisas subseqüentes, as idéias do livro ainda são amplamente aceitas.

Avaliação. A tese da evolução da religião de Frazer é infundada por razões discutidas em detalhes em outros artigos. V. MILAGRES, MITO E; MITRAÍSMO; MITOLOGIA E O NOVO

Testamento; e ressurreição em religiões não-cristãs, relatos de. Entre as principais razões estão:

Os mitos pagãos mais freqüentemente citados como modelos para o nascimento, morte e ressurreição de Cristo na verdade apareceram depois dos evangelhos (v. Yamauchi). Portanto, os autores cristãos não poderiam ter copiado essas histórias.

Há diferenças importantes nas versões pagãs e cristãs. Por exemplo, os pagãos não acreditavam na ressurreição (v. ressurreição, natureza física da) do corpo físico que morreu, mas na reencarnação da alma em outro corpo. Histórias pagãs eram todas sobre deuses politeístas (v. politeísmo), não sobre uma divindade monoteísta (v. teísmo).

Há boas evidências de que o monoteísmo tenha sido a primeira religião primitiva dos povos mais antigos de que se tem notícia, principalmente no Crescente Fértil, e não o animismo ou o politeísmo (v. monoteísmo primitivo). Os registros mais antigos de Ebla (v. ebla, tabuinhas de) e os livros do AT sobre a Antigüidade, Gênesis e Jó, apontam para o monoteísmo. O antropólogo W. Schmidt propõe uma interpretação dos dados em que o monoteísmo é a visão mais primitiva de Deus. O animismo, o politeísmo e o henoteísmo são considerados corrupção posterior (*Origin and growth: primitive revelation* [*Origem e crescimento: revelação primitiva*]). William F. Albright comenta:

Não pode haver mais dúvida que Fr. Schmidt refutou com sucesso a progressão evolutiva simples [...] fetichismo—politeísmo—monoteísmo, ou a progressão proposta por Tylor, animismo—politeísmo—monoteísmo [...] O simples fato é que os fenômenos religiosos são tão complexos na origem e tão instáveis na natureza que a simplificação excessiva é mais enganosa no campo da religião que talvez em qualquer outro campo (Albright, p. 171).

Mesmo nas denominadas "religiões primitivas" existentes há um conceito muito difundido de um deus superior ou celestial que os teólogos acreditam estar intimamente ligado com o monoteísmo primitivo. John Mbiti descreveu trezentas religiões tradicionais. Mas "em todas essas sociedades, sem exceção, as pessoas têm uma noção de Deus como Ser Supremo (v. Mbiti, *African religions and philosophy* [*Religiões africanas e filosofia*]).

Albright também reconhece que os deuses superiores podem ser onipotentes e lhes pode ser atribuída a criação do mundo; em geral são divindades cósmicas que ocasionalmente, talvez habitualmente, residem no céu (Albright, p. 170).

Isso claramente vai contra as noções animistas e politeístas de divindade.

O estudo de Frazer e seus críticos mostra de forma praticamente conclusiva que a tese de Frazer não é motivada pelos fatos, mas por sua visão evolutiva da religião (v. Darwin, Charles). Ele simplesmente pressupôs isso. Sua contribuição foi uma apresentação engenhosa do conhecimento existente numa estrutura específica.

A visão evolutiva da religião foi, ela mesma, recente, ganhando popularidade apenas quando a teoria da evolução biológica (v. evolução biológica; elos perdidos) foi popularizada por Charles Darwin em *A origem das espécies* (1859) e *Descent of man* [*Descendência do homem*] (1871). A idéia evolutiva de Frazer é baseada em várias conjeturas não provadas. Ela pressupõe que a evolução biológica é um fato, apesar de não ser comprovada. Também pressupõe que a evolução biológica descreve eventos nos níveis social e religioso, o que não é conseqüência necessária em qualquer dos casos.

Até a revisão feita por Theodore Gaster no livro de Frazer afirma:

[A revisão] elimina, por exemplo, a discussão prolongada de Frazer sobre a relação entre a mágica e a religião, porque a visão ali expressa, que sugere que as duas coisas estão em sucessão genealógica [....], foi demonstrada como mero subproduto do evolucionismo do final de século xix, sem base adequada (Frazer, *The new golden bough* [*O novo ramo de ouro*], 1959, xv-xvi).

A teoria de Frazer também é baseada num anti-sobrenaturalismo infundado (v. milagres, argumentos contra). A Bíblia ensina que Deus revelou-se especificamente a certas pessoas e geralmente a toda a humanidade por meio da criação e da ordem moral (cf. Salmo 19; Rm 1.18-20; 2.14,15). A visão evolutiva faz do monoteísmo um produto do desenvolvimento humano. Deus era visto a princípio como algo na natureza e depois como algo além da natureza. Ele não se revela às pessoas.

Além desses fatores, foi demonstrado que mitos pagãos são posteriores ao registro cristão de nascimento, morte e ressurreição. Ronald Nash observa que a cronologia está toda errada se as religiões pagãs influenciaram os criadores dos mitos cristãos. Todas as fontes que falam desses mitos pagãos são bem posteriores (Nash, p. 193). Os cristãos não poderiam ser os influenciados. A conclusão é que as religiões pagãs provavelmente copiaram seus mitos do cristianismo (v. divinos, histórias de nascimentos; mitraísmo; mitologia e o Novo Testamento; ressurreição em religiões não-cristãs, relatos de).

Diferenças importantes entre as versões pagãs e cristãs também impossibilitam uma dependência cristã. Nash descreve seis diferenças entre a morte de Jesus e os registros de morte de deuses pagãos: 1) Nenhuma divindade pagã morreu no lugar de um ser humano, como Jesus. 2) Somente Jesus morreu para expiar os pecados. 3) Jesus morreu de uma vez por todas, mas divindades pagãs morriam e nasciam com os ciclos anuais da natureza. 4) A morte de Jesus foi um evento testemunhado na história; as histórias de divindades pagãs são apenas míticas. 5) Jesus morreu voluntariamente. 6) A morte de Jesus foi uma vitória, não uma derrota (Nash, 171-2). Da mesma forma, a ressurreição, os conceitos cristãos de novo nascimento e redenção e os sacramentos todos diferem significativamente das crenças e práticas religiosas pagãs (Nash).

Fontes

W. F. ALBRIGHT, *From the stone age to Christianity*.
J. FRAZER, *O ramo de ouro* (1890-1912).
J. FRAZER, *O novo ramo de ouro* (1959).
E. O. JAMES, "Frazer, James George", em *New twentieth-century encyclopedia of religious knowledge*.
S. KIM, *The origin of Paul's gospel*.
J. S. MBITI, *African religion and philosophy*.
___, *Concepts of God in Africa*.
J. G. MACHEN, *The origin of Paul's religion*.
___, *The virgin birth*.
R. NASH, *Christianity and the Hellenistic world*.
W. SCHMIDT, *High gods in North America*.
___, *The origin and growth of religion*.
___, *Primitive revelation*.
E. YAMAUCHI, "Easter — myth, hallucination, or history?" *CT* (29 Mar. 1974; 15 Apr. 1974).

Freud, Sigmund. Pai da psicanálise, foi um dos ateus (v. ATEÍSMO) mais influentes da modernidade (1856-1339). Suas posições sobre religião propiciaram uma base racional amplamente aceita para a descrença em Deus. Por isso são examinadas minuciosamente pelos apologistas cristãos.

Freud nasceu em 1856 em Freiberg, Morávia. Quando tinha três anos de idade, sua família se mudou para Viena, onde mais tarde ele freqüentou a universidade e estudou medicina. Casou-se com Martha Bernays, que lhe deu seis filhos.

Além de suas obras sobre psicologia, Freud se preocupava com religião. Escreveu *Totem e tabu* e *Moisés e o monoteísmo*, mas sua obra mais eficaz em minar a crença em Deus foi *O futuro de uma ilusão*, datada de 1927.

Visão da religião. Apesar de ser ateu, Freud encontrou algumas características positivas na religião. Reconheceu que: 1) Realmente há alguma verdade na religião. 2) Na verdade, parte da religião pode ser completamente verdadeira, e não pode ser definitivamente refutada. 3) Seria muito importante se fosse verdadeira. 4) Há um sentimento de dependência, do qual a religião surgiu, que é compartilhado por todos. 5) A religião tem dado grande conforto às pessoas. 6) Certos objetivos da religião, como fraternidade e alívio do sofrimento, são bons e corretos. 7) Historicamente, tem sido a parte mais importante e influente da cultura. Freud até admitiu que sua posição contra a religião poderia estar completamente infundada, mas mesmo assim a defendia firmemente.

Apesar desses benefícios, Freud acreditava que a religião deve ser rejeitada por ser autoritária na forma, desnecessária e inadequada. Ele suspeitava que estava fundada num anseio ilusório de realização de desejos. A religião é algo que queremos que seja verdadeiro, mas não temos base para confiar além do nosso anseio. Em termos psicanalíticos, Deus é uma neurose da infância que não foi abandonada, o resultado de um anseio por um tipo de proteção celestial. O fato de desejarmos ganhar na loteria não significa que ganharemos. O desejo de um pai para nos confortar em meio às dificuldades da vida também é ilusório.

Freud acreditava que a religião era prejudicial porque:

1. Surge do desejo de um Consolador Cósmico.
2. Originou-se durante um período primitivo (de obscurantismo) do desenvolvimento humano.
3. Suga a energia do ímpeto de resolver os problemas mundiais.
4. É egoísta e impaciente, querendo recompensa imediata e imortal depois da morte.
5. Pode contribuir para a natureza passional e irracional, por causa da doutrinação e repressão de desenvolvimento sexual.
6. Mantém as pessoas num estado perpétuo de infantilidade e imaturidade.
7. Seus adeptos são "bitolados"; não a abandonam voluntariamente sob nenhuma circunstância.
8. Não é necessária; a humanidade agora tem a ciência para controlar o mundo e, com resignação, pode viver com o resto.
9. Não trouxe satisfação pessoal e social em milhares de anos de esforço.
10. Tem uma base ilusória e falsa. É considerada verdadeira porque: a) nossos ancestrais primitivos acreditavam nela; b) provas milagrosas foram passadas desde a Antigüidade, e é prova de impiedade questionar sua autenticidade.

Justificações inadequadas para a religião. Se alguém purificasse a religião de todas as suas contradições, ela ainda seria rejeitada, porque é apenas a realização de um anseio. Por que devemos acreditar nesse absurdo, e não em outros? Não se deve simplesmente agir "como se fosse verdadeira", contrariando nosso senso de realidade.

Espiritismo e transes não justificam a religião. Essas experiências só provam o estado mental subjetivo das pessoas que as vivenciam. A religião não deve ser aceita em virtude de ser uma crença ancestral. Nossos ancestrais eram ignorantes sobre muitas coisas.

E não devemos aceitar a religião devido ao sentimento de dependência que está dentro de todos os seres humanos (v. SCHLEIERMACHER, FRIEDRICH). Refletir unicamente sobre esse sentimento é irreligioso; o que se faz a respeito desse sentimento de dependência é que constitui a religião. A religião não deveria ser aceita como uma restrição moral necessária. Uma base racional é melhor e é aplicável a todas as pessoas, não só às religiosas.

Achar que Deus é indefinível e indescritível é inadequado. Esse Deus incognoscível não é interessante para os seres humanos.

Resposta às objeções. À objeção de que "a razão e a ciência são lentas demais para dar o conforto e as respostas necessárias", Freud replicou que a razão persiste e é melhor em longo prazo. Freud admitiu que não há garantia de recompensa na razão e na ciência. Tal garantia é buscada por egoísmo. A razão é menos egoísta que a religião. Ele também admitiu que sua visão poderia ser uma ilusão. Ele respondeu que a fraqueza de sua visão não prova que a religião esteja correta. Se fé na razão também é intolerante e dogmática, pelo menos a razão pode ser abandonada sem castigo por descrença. A religião, não.

À acusação de que a rejeição é perigosa para a instituição e o trabalho da religião, Freud comenta que a pessoa realmente religiosa não se incomodará com seu ponto de vista.

Seriam os seres humanos demasiadamente passionais para ser governados pela razão? Como a sociedade sabe se são, uma vez que isso nunca foi tentado? "Sem a religião, o resultado será o caos moral." Não, afirma Freud. Pois a razão é uma base melhor para os valores morais. Também é falsa a idéia de que somos indefesos sem a religião, pois temos a ciência e a habilidade de nos resignarmos a cuidar de nossos próprios problemas.

Em geral o argumento ao qual Freud respondia era que, verdade ou não, os seres humanos não podem ficar sem consolação religiosa. Não é de admirar que Freud insista em que as pessoas precisam amadurecer.

Avaliação. É digno de nota que Freud não é contra a religião, mas contra a religiosidade dogmática e autoritária. Admite que até mesmo o tipo dogmático pode ser verdadeiro e que ele esteja errado; ele tende a relacionar a maioria das religiões ao tipo de dependência que Schleiermacher chama religião. Freud concorda com Schleiermacher em que a religião pode ser verdadeira e necessária.

Esses consentimentos fazem a rejeição geral da religião por Freud parecer preconceituosa, injustificada e até cruel. Na verdade, ele finge não se importar com o fato de os princípios religiosos poderem ser verdadeiros, de que a religião tem objetivos altruístas, oferece conforto e é a parte mais significativa e influente da cultura humana.

A dinâmica da religião. A suposição de que o desejo de satisfação está errado é tão claramente infundado quanto dizer que o desejo por comida e água é errado. Freud supõe que tudo que a religião envolve é um desejo de consolo. Mas algumas obrigações religiosas não são confortáveis. A pessoa as cumpre por um senso de dever para com Deus e os outros. Certamente, os que são perseguidos e martirizados não encontram consolo.

A ignorância cultural de nossos ancestrais não desqualifica automaticamente seu julgamento religioso, não mais que a falta de treinamento formal significa que alguém não possa ter sabedoria. Na verdade, o oposto pode ser verdadeiro se a educação tem um objetivo implícito de induzir ao preconceito. A pessoa pode ser educada pela cultura secular longe de uma reflexão cuidadosa sobre assuntos religiosos.

Em vez de sugar a energia da preocupação com o mundo, a religião historicamente a tem estimulado muito. Outro grande psicólogo, William JAMES, demonstrou que os santos são fortes, não fracos. Seu clássico *Varieties of religious experiences* [*Variedades de experiências religiosas*] concluiu que quem está em contato com um mundo mais elevado geralmente tem maior motivação para mudar esse mundo. Por outro lado, não é egoísmo desejar a justiça ou receber uma recompensa. O que há de errado em desejar o que é certo? Se o correto não é feito nesta vida, por que não desejá-lo na próxima, supondo que há uma esperança racional de que exista um mundo por vir? Nessa mesma linha, por que não recompensar o bem e castigar o mal? A experiência ensina que essa é uma maneira valiosa de aprender o que é digno.

Com respeito às paixões humanas, a experiência demonstra que a religião verdadeira não contribui para a paixão descontrolada, exceto quando sentimentos religiosos são manipulados para servir a um propósito nacionalista ou racial inadequado. Doutra forma, a religião reprime e controla as paixões humanas. A religião é um fogo que motiva a moralidade, um catalisador para o compromisso com os valores. É a força motriz por trás do controle da paixão.

Já que os seres humanos nunca abandonam sua dependência do universo ou do todo, por que rejeitá-la como inválida? Não é fraqueza dizer que sempre somos seres dependentes. Significa que somos constituídos como criaturas que precisam receber da mão do Criador. Supor que admitir uma necessidade real é sinal de fraqueza psicológica é como dizer que fome e sede são neuroses. Todo mundo tem uma necessidade básica de compromisso, o que Paul TILLICH chamou "compromisso supremo". Freud admitiu que seu compromisso era com o deus da Razão (*Logos*). A questão não é se a pessoa tem um compromisso supremo, mas se aquilo com que está comprometida realmente é supremo. Ao contrário do que pensava Freud, a religião é necessária. Os seres humanos jamais conseguirão controlar tudo ou estar satisfeitos sozinhos. AGOSTINHO estava certo quando disse que a alma fica inquieta até encontrar seu descanso em Deus. Até os ateus existenciais modernos (v. CAMUS, ALBERT; SARTRE, JEAN-PAUL) reconheceram sua necessidade de Deus (v. DEUS, NECESSIDADE DE).

A incapacidade de muitos em usar a religião adequadamente não a invalida, assim como o adultério não invalida o valor do casamento. O valor da religião é mais bem visto pelos que a aceitam que pelos que a rejeitam. Isso se vê na rejeição de Freud à Bíblia, como um livro não histórico, sem conferir a autenticidade dos documentos bíblicos. Sua rejeição à Bíblia não foi baseada na razão nem na evidência. Tomando por empréstimo seu próprio argumento, Freud rejeitou a Bíblia com base no próprio anseio, sem evidência racional. Freud não dá atenção aos argumentos racionais ou experimentais da existência de Deus (v. DEUS, EVIDÊNCIAS DE). Ele simplesmente os ignora.

É necessário dar uma resposta breve ao que Freud afirmou serem justificações inadequadas da religião. Freud está certo ao afirmar que a realização de anseios, a crença diante do absurdo, a crença contrária à realidade, os estados mentais subjetivos e as crenças ancestrais são bases inadequadas para a crença. A religião não deve ser aceita simplesmente porque é coerente, e certamente não porque é absurda. Um Deus completamente indefinível é de pouco interesse para o homem.

Freud define a religião de forma diferente de Schleiermacher, e por isso sua rejeição à dependência absoluta é mal-argumentada. A moralidade não precisa ser baseada apenas na razão ou na autoridade religiosa; pode ser baseada na aceitação razoável de uma autoridade suprema.

A razão substituirá a religião? Freud afirma que não está disposto para abrir mão da ciência, mas afirma que isso não é ilusão. Então a indisposição do crente de abrir mão de Deus também não deveria ser considerada ilusão. Ao contrário da alegação de Freud, se o ateísmo for verdadeiro, ele é, ao mesmo tempo, perigoso e destrutivo para a religião. Pois a crença em Deus é absolutamente fundamental para a maioria das formas de religião. Além disso, Freud tem uma visão irreal da natureza humana. Outro incrédulo, Thomas Hobbes, está mais perto da verdade. Nem a ciência nem a resignação substituem adequadamente a religião, como foi evidenciado pelo desespero existencial das pessoas sem Deus. E a razão é uma base incompleta para a moralidade. Precisamos de um Deus para explicar por que há razões universais para fazer certas coisas. Da mesma forma, a maturidade individual e a dependência cósmica não são incompatíveis. É possível ter um caráter forte e ser totalmente dependente de Deus. Compare Moisés, Elias, Joana d'Arc e Oliver Cromwell.

Uma resposta à afirmação de Freud de que a religião é uma ilusão. É difícil colocar a posição de Freud num tipo de argumento que tem premissas a desafiar. Talvez o que ele queira dizer seja o seguinte:

1. Uma ilusão é algo baseado apenas num desejo, não na realidade.
2. A crença em Deus tem as características de uma ilusão.
3. Logo, a crença em Deus é um desejo não baseado na realidade.

É claro que nessa forma a premissa menor pode ser desafiada facilmente. Nem todos que acreditam em Deus o fazem só porque querem um Consolador Cósmico. Alguns acreditam em Deus porque têm sede de realidade. Muitos acreditam em Deus porque estão interessados na verdade, não apenas por estar preocupados em se sentir bem.

Além disso, há muitas dimensões desconfortáveis da crença cristã em Deus. Deus não é apenas um Pai provedor; ele também é um Juiz que castiga. Os cristãos acreditam no inferno, mas ninguém realmente deseja que ele exista.

Freud pode ter invertido as coisas. Talvez nossas imagens dos pais terrenos sejam baseadas em Deus, e não o contrário. Talvez seja assim porque Deus nos criou à sua imagem, e não o contrário. Talvez a crença cristã em Deus não seja baseada no desejo de *criar* um Pai. Mas talvez a crença do ateu de que não há Deus seja baseada no desejo de *matar* o Pai. Afinal, a Bíblia declara que os desejos humanos rebeldes reprimem a verdade sobre Deus (Rm 1.18) porque as pessoas decidem viver um estilo de vida contrário ao caráter dele (v. Sl 14).

O simples anseio humano por Deus não é a única base para crer que Deus existe. Há boas razões para crer que Deus existe (v. DEUS, EVIDÊNCIAS DE). Na melhor das hipóteses, o argumento de Freud só se aplica aos que não têm outra base além do próprio desejo de que Deus exista. Além disso, Deus pode existir ainda que muitas (ou todas as) pessoas tenham o motivo errado para crer/ desejar que ele exista. Só porque alguém deseja ganhar na loteria não significa que isso acontecerá. Algumas pessoas ganham. Só porque muitos desejam um estilo de vida melhor não significa que isso seja alcançável. Muitos obtêm.

Além disso, Freud confunde *desejo* com *necessidade*. E se houver, como muitos ateus admitem, uma *necessidade real* de Deus no coração humano? Crianças sempre querem doce, mas precisam de comida. Se o desejo por Deus é uma necessidade, não apenas um desejo, então a análise que Freud fez da experiência religiosa é inadequada.

Pode ser que a própria crença de Freud de que não há Deus seja uma ilusão. Se alguém não deseja obedecer a Deus, é muito mais fácil acreditar que não existe nenhum Deus. Na verdade, para alguém que vive em pecado e rebelião contra Deus, é muito confortante acreditar que nem ele nem o inferno existem (Sl 14.1; Rm 1.18ss.).

Fontes
S. FREUD, *Moisés e o monoteísmo*.
___, *O futuro de uma ilusão*.
___, *Totem e tabu*.
R. C. SPROUL, *If there is a God, why are there atheists?*
N. L. GEISLER, *Philosophy of religion*, cap. 4.
P. VITZ, *The religious unconsciousness of Sigmund Freud*.

fundacionalismo. *Fundacionalismo* é a teoria do conhecimento (v. EPISTEMOLOGIA) que afirma a necessidade de certos princípios fundamentais (v. PRIMEIROS PRINCÍPIOS) como a base de todo pensamento. Em contrapartida, o coerentismo afirma que tais princípios não são necessários, mas que as idéias só precisam estar ligadas como uma teia, de forma consistente, sem quaisquer princípios fundamentais absolutos.

Argumento a favor do fundacionalismo. Os fundacionalistas argumentam que nenhum conhecimento, nem mesmo sobre idéias coerentes, seria possível sem que houvesse princípios fundamentais como a lei da não-contradição. Esses princípios possibilitam saber que as idéias são coerentes, e não contraditórias. Eles indicam que nenhuma teia fica solta no ar; ela precisa estar ancorada em algum lugar. C. S. LEWIS observou:

Assim, esses primeiros princípios da Razão Prática são fundamentais para todo conhecimento e argumento. Negá-los é negar o próprio conhecimento; não adianta tentar compreender os primeiros princípios. Se for possível ver através de tudo, então tudo é transparente. Mas um mundo completamente transparente é um mundo invisível. "Ver através" de todas as coisas é o mesmo que não ver (Lewis, p. 87).

O argumento fundacional básico é que deve haver uma base para todas as reivindicações da verdade e que a regressão infinita (v. INFINITA, SÉRIE) nunca oferece um fundamento; só prorroga o oferecimento para sempre. Logo, deve haver alguns princípios fundamentais sobre os quais todo conhecimento se baseia. Tudo que não é auto-evidente deve ser feito evidente em termos de algo que é. Portanto, em última análise, deve haver alguns princípios auto-evidentes em torno dos quais tudo mais pode tornar-se evidente.

Não é razoável tentar contorná-los. Portanto, não se pode ter "mente aberta" sobre sua veracidade. Não se pode nem ter uma mente sem eles.

Princípios fundamentais. Os fundacionalistas clássicos geralmente concordam que as leis básicas da LÓGICA são princípios fundamentais. Elas incluem a lei da não-contradição — que uma proposição não pode ser verdadeira e falsa ao mesmo tempo e no mesmo sentido. Da mesma forma, os princípios análogos do terço (ou termo médio) excluído (ou algo é verdadeiro ou é falso, mas não ambos) e da identidade (o que é verdadeiro é verdadeiro, e o que é falso é falso) são princípios fundamentais.

Na metafísica, os fundacionalistas tradicionais oferecem princípios, tais como: "Existência é existir"; "Inexistência é não existir"; "Algo é existente ou inexistente".

Os primeiros princípios éticos incluem: "O bem deve ser buscado"; "O mal deve ser evitado"; "Ou uma coisa é boa ou é má".

Críticas. As críticas mais importantes ao fundacionalismo são:

Não há consenso sobre os primeiros princípios. Nem todos concordam sobre quais princípios devem ser incluídos nos princípios fundamentais. Em resposta, os fundacionalistas demonstram que a incapacidade de chegar a um acordo universal sobre o número de princípios fundamentais não significa que eles não existam, assim como a incapacidade de concordar sobre quantos princípios éticos existem não significa que não haja base absoluta para certo e errado (v. MORALIDADE, NATUREZA ABSOLUTA DA), e que a não concordância sobre quantas leis científicas existem não significa que elas não existam.

Não há base para os primeiros princípios. Mas se tudo precisa de uma base, por que não procuramos a base para os denominados princípios fundamentais? Qual é o fundamento do fundacionalismo?

Os fundacionalistas não argumentam que toda afirmação precisa de uma base. Eles acreditam que todas as afirmações que não são auto-evidentes precisam de um fundamento. Acreditam que afirmações que não são evidentes em si devem tornar-se evidentes amparados por algo que seja auto-evidente. Quando se chega ao auto-evidente, este não precisa ser evidente com base em mais nada (v. REALISMO).

O que é auto-evidente? Alguns discordam que não há como saber o que é auto-evidente. Nem tudo que é considerado auto-evidente para os fundacionalistas é auto-evidente para outras pessoas.

Para essa crítica, os fundacionalistas demonstram que uma verdade auto-evidente é aquela cujo predicado é redutível a seu sujeito, direta ou indiretamente. Logo, tudo que é necessário fazer é analisá-la claramente para descobrir se esse é o caso. Por exemplo, é auto-evidente que "a existência existe", já que tudo que "existe" tem "existência". Da mesma forma, é auto-evidente que "todo efeito tem uma causa", já que um "efeito" significa aquilo que é "causado". Além disso, só porque algumas coisas não são evidentes para todos não significa que não sejam auto-evidentes. A razão pela qual uma verdade auto-evidente pode não ser evidente para alguém poderia ser pelo fato de a pessoa não a ter analisado cuifalha de forma alguma invalida a natureza auto-evidente do primeiro princípio.

Fontes
ARISTÓTELES, *Metafísica*.
N. L. GEISLER e R. M. BROOKS, *Come let us reason*.
C. S. LEWIS, *The abolition of man*.
L. M. REGIS, *Epistemology*.
TOMÁS DE AQUINO, *Suma teológica*, Pt. 1.
F. D. WILHEMSEN, *Man's knowledge of reality*.

Gg

genealogias. Do ponto de vista apologético, o problema de genealogias "abertas" ou "fechadas" é o seguinte: se elas são abertas (têm intervalos), então por que aparecem fechadas, especialmente em Gênesis 5 e 11, onde as idades exatas em que os filhos nasceram são mencionadas? Se são fechadas, então a criação da humanidade é estabelecida por volta de 4000 a.C., o que contradiz toda evidência histórica e científica de uma data mínima da humanidade (v. GÊNESIS, DIAS DE). Já que devem ser ou abertas ou fechadas, há um problema apologético com relação à autenticidade do registro de Gênesis.

Soluções para o problema. *Posição da cronologia fechada.* Segundo a posição da cronologia fechada, não há intervalos nas listas de Gênesis 5 e 11. Ambas estão completas e dão todos os números necessários para determinar a idade da raça humana.

Argumentos. A favor da posição da cronologia fechada, argumentos diferentes foram oferecidos. O mais forte é o argumento *prima facie*. As genealogias parecem ser fechadas. Pois, além de ser dada a idade em que o filho nasceu, e seu filho, e assim por diante, a idade total do pai depois de ter o filho também é dada. Por exemplo, o texto diz: "Aos 130 anos, Adão gerou um filho [...] e deu-lhe o nome de Sete [...] Viveu ao todo 930 anos e morreu. Aos 105 anos, Sete gerou Enos" (Gn 5.3-6). Essa linguagem parece não deixar espaço para intervalos.

Com uma exceção, nenhuma lista na Bíblia deixa elos perdidos nessa genealogia. Há apenas duas outras listas desse primeiro período dadas por Gênesis 5 e 11, e ambas têm os mesmos nomes.

A única exceção é Cainã (na lista de Lc 3). Fora isso, desconsiderando as ortografias alternativas Salá/ Selá, Héber/ Éber, Pelegue/ Faleque, Reú/ Ragaú, e o nome de Abrão mudado para Abraão, as listas são idênticas e não revelam intervalos. Os mesmos nomes aparecem em todas, sem gerações perdidas aparentes.

Argumenta-se que não há evidência sólida para a civilização humana ter começado antes de 4000 a.C.

Gênesis 5, 11	1 Crônicas 1.1-28	Lucas 3.34-38
Adão	Adão	Adão
Sete	Sete	Sete
Enos	Enos	Enos
Cainã	Cainã	Cainã
Maalaleel	Maalaleel	Maalaleel
Jarede	Jarede	Jarede
Enoque	Enoque	Enoque
Matusalém	Matusalém	Matusalém
Lameque	Lameque	Lameque
Noé	Noé	Noé
Sem	Sem	Sem
Arfaxade	Arfaxade	Arfaxade
—	—	Cainã
Salá	Salá	Salá
Héber	Héber	Héber/Éber
Pelegue	Pelegue	Pelegue/Faleque
Reú	Reú	Reú/Ragaú
Serugue	Serugue	Serugue
Naor	Naor	Naor
Terá	Terá	Terá
Abrão	Abrão/Abraão	Abraão

Os supostos "humanos" fossilizados não são descendentes de Adão. Foram explicados de formas diferentes como: 1) uma raça pré-adâmica extinta entre Gênesis 1.1 e 1.2 (a "teoria do intervalo"); 2) criaturas pré-humanas que tinham formas semelhantes a humanos, mas não eram realmente humanos; 3) fraudes (o homem de Piltdown) ou más interpretações (como o "homem de Nebraska", que descobriram ser baseado na identificação errada do dente de um porco extinto).

Finalmente, os proponentes da cronologia fechada tentam explicar o intervalo nas listas (Cainã, Lc 3.36) como um problema textual, tal como erro de escriba ou a inclusão de outro filho de Arfaxade além de Salá. Segundo essa posição, Salá e Cainã seriam irmãos. Logo, o nome de Cainã em Lucas 3 não representaria um intervalo nas cronologias completas de Gênesis e Crônicas.

Objeções à posição da cronologia fechada. A explicação implausível de Lucas 3.36. A tentativa de explicar que Lucas 3.36 não tem intervalos parece altamente implausível. Não existe nenhuma autoridade manuscritológica real para omitir Cainã de Lucas 3.36. Essa seqüência está em todos os manuscritos principais e praticamente em todos os menores. Não há no texto absolutamente nenhuma indicação de que Cainã deva ser incluído como irmão de Salá. A construção gramatical é a mesma para todos os outros nomes na lista que eram filhos. Apesar de o grego colocar "de" sem a palavra *filho*, os tradutores colocaram *filho* corretamente, já que é isso que a expressão subentende em todos os outros casos da lista. É uma petição de princípio dizer que essa é uma exceção, quando tem a mesma construção. Não há precedentes em nenhuma das listas genealógicas para classificar Cainã como algo além de pai de Salá.

A única explicação alternativa é que tanto Gênesis 11 quanto 1 Crônicas 1 são esquemas que destacam os pontos importantes na árvore genealógica. Eles têm pelo menos um intervalo conhecido nas suas genealogias.

Outros intervalos conhecidos. A genealogia de Cristo em Mateus 1 tem pelo menos um grande intervalo conhecido; apesar de o texto dizer que Jorão foi pai de Uzias (v. 8), sabe-se pelo texto de 1 Crônicas 3 que três gerações ausentes separam Jorão de Uzias:

Mateus 1.8	1 Crônicas 3.11,12
Jorão	Jeorão
—	Acazias
—	Joás
—	Amazias
Uzias	Azarias (mais conhecido por Uzias)

Assim, já que há intervalos conhecidos nas genealogias, mesmo de um ponto de vista estritamente bíblico as genealogias não podem ser consideradas fechadas.

Evidência científica e histórica. Mesmo considerando-se a interpretação mais conservadora do que constitui um remanescente humano do "homem moderno", ainda é forte a evidência de que havia seres humanos bem antes de 4000 a.C. Os seres humanos parecem vagar pela América do Norte desde 10000 a.C. Mesmo que todas as descobertas fósseis antes dos povos Cro-Magnon e Neandertal não fossem humanas, há vários esqueletos completos desses grupos que datam de antes de 10000 a.C. Mesmo descartando todos os fósseis de civilizações pré-históricas e falando apenas da humanidade "civilizada", o tempo se estende a vários milhares de anos antes de 4000 a.C. Houve uma civilização no Egito bem antes dessa época. Evidências científicas e históricas parecem descartar uma genealogia fechada.

Genealogias abertas. A evidência científica. Genealogias abertas são a melhor solução para o problema.

Como já foi discutido, mesmo descontando as afirmações exageradas de fósseis de seres humanos de supostos milhões de anos ou até centenas de milhares de anos, há forte evidência para a existência de humanos "modernos" bem antes de 4000 a.C., diferentemente do que exigia a genealogia fechada.

A evidência bíblica. A evidência bíblica para a genealogia aberta com um número desconhecido de gerações ausentes tem boa base. Primeiro, existem as três gerações ausentes em Mateus 1.8, apesar de o grego *gennaō*) ("gerou", "foi o pai de") ser usado. Na cultura hebraica bíblica, ser *pai* era considerado o mesmo que *antepassado* ou *ancestral. Gerou* pode significar "foi ancestral de". A palavra *filho* (*ben*) pode significar descendente. Jesus foi o "filho de Davi", apesar de pelo menos 31 gerações separarem Davi de Cristo (as 28 dadas em Mateus 1.17 mais as três ausentes do versículo 8, que são encontradas em 1 Crônicas 3.11,12).

Em outro exemplo, uma comparação de 1Crônicas 6.6-14 com Esdras 7.3,4 revela que Esdras omite 6 gerações entre Zeraías e Esdras:

Há no mínimo uma geração faltando até mesmo na genealogia de Gênesis 5 e 11, que *parece* fechada. Isso demonstra que não importa o que o texto *pareça* dizer, a cronologia deve ser interpretada por meio de uma genealogia aberta.

Se não há intervalos nas genealogias de Gênesis 5 e 11, surgem exemplos impossíveis. Pois ao acrescentar os números é possível determinar as seguintes datas de nascimento e morte A.A. (após a criação de Adão):

1Crônicas 6.6-14	Esdras 7.3,4
Zeraías	Zeraías
Meraiote	Meraiote
Amarias	—
Aitube	—
Zadoque	—
Aimaás	—
Azarias	—
Joanã	—
Azarias	Azarias
Amarias	Amarias

genealogias

Adão (1-930)
Sete (130-1042)
Enos (235-1140)
Cainã (325-1236)
Maalaleel (395-1290)
Jarede (460-1422)
Enoque (622-987)
Matusalém (687-1656)
Lameque (874-1651)
Noé (1056-2006)
Sem (1558-2158)
Arfaxade (1658-2096)
Salá (1693-2126)
Héber (1723-2187)
Pelegue (1757-1996)
Reú (1787-2026)
Serugue (1819-2049)
Naor (1849-1997)
Terá (1878-2083)
Abraão (2008-2183)
Isaque (2108-2228)
Jacó (2168-2315)

Primeiro, Adão, o primeiro homem (v. ADÃO, HISTORICIDADE DE), teria sido contemporâneo do pai de Noé. Pois Adão morreu no ano 930 A.A. (após a criação de Adão). Lameque, pai de Noé, nasceu em 874 A.A. Isso significa que eles foram contemporâneos por 56 anos. Da mesma maneira, Abraão só não foi contemporâneo de Noé por uma diferença de dois anos. Mas não há indicação de que este seja o caso.

É mais implausível supor que Naor, o avô de Abraão, tenha morrido antes de seu ancestral de sete gerações Noé. Pois Noé morreu em 2006 A.A. e Naor morreu em 1997 A.A.

Isaque teria nascido 50 anos antes da morte de Sem, filho de Noé.

Gênesis 10.4 diz que um homem (Javã) deu origem a povos, não indivíduos (e.g., Quitim e Rodanim). O *im* no final de seus nomes é plural, indicando uma pluralidade de povos — tribos ou nações.

Se não houver intervalos, surgem improbabilidades significativas de população. Números 3.19,27,28 diz que os quatro filhos de Coate originaram as famílias dos anramitas, isaritas, hebronitas e uzielitas, dos quais somente os homens eram em número de 8 600 apenas um ano depois do Êxodo. Logo, o avô de Moisés teve, só durante a vida de Moisés, 8 600 descendentes homens, 2 750 dos quais tinham entre 30 e 50 anos (Nm 4.36). Essa realmente seria uma família prolífera.

Coate, filho de Levi, nasceu antes da ida de Jacó ao Egito (Gn 46.11), onde Israel ficou durante 430 anos (Êx 12.40,41). Já que Moisés tinha 80 anos na época do Êxodo (Êx 7.7), ele deve ter nascido mais de 350 anos depois de Coate. Mas Coate era avô de Moisés (1Cr 6.1-3). Isso faria com que a geração entre Coate e Moisés (a saber, Anrão) durasse 350 anos, quando a expectativa de vida do período de Moisés já havia sido diminuída para 120. Bem antes da época de Moisés, Abraão morreu aos 175 anos, Isaque aos 120, Jacó aos 147 e José aos 110.

A Bíblia não sugere em lugar algum a soma dos números dados em Gênesis 5 e 11. Nenhuma afirmação cronológica é deduzida desses números nem em Gênesis 5 e 11 nem em qualquer outra parte das Escrituras. Não é fornecida nenhuma totalização em lugar algum no texto bíblico do tempo que se passou entre a criação e Abraão, como há para o tempo no Egito (Êx 12.40) e o tempo entre o Êxodo e Salomão (1Rs 6.1).

A simetria do texto argumenta contra o fato de ele ser completo. Teólogos observaram que o arranjo simétrico de Gênesis 5 e 11 em grupos de dez defende sua compressão. Noé é o décimo nome depois de Adão, e Terá o décimo depois de Noé. Cada um termina com um pai que tinha três filhos. Esse certamente é o caso em Mateus 1, onde há três séries de 14 (o sete duplo, número de integralidade e perfeição), pois sabemos que três gerações estão faltando em Mateus 1.8 (1Cr 3.11,12).

Objeção à posição da genealogia aberta. Das objeções à posição da genealogia aberta que ainda não foram discutidas, a mais importante é baseada na suposta interpretação implausível da linguagem de Gênesis 5 e 11. Alega-se não só que parece exagero encontrar intervalos em Gênesis 5 e 11, dada a linguagem do texto, como também parece *eisegese* (impor ao texto algo que não se acha nele) em lugar de exegese (extrair do texto o que ali se acha). Afinal, o nome do pai e do filho são citados, assim como a idade do pai quando teve esse filho, que se tornou pai do próximo filho com certa idade. Descrever a idade do pai na hora do nascimento do filho é inútil, a não ser que seja o filho imediato e não haja intervalos.

Em resposta, algumas questões importantes devem ser lembradas.

Primeira, a Bíblia vem de outra cultura e contexto lingüístico. A linguagem metafórica pode atrapalhar o leitor quando quer dizer algo diferente. No hebraico, como no português, é possível falar dos quatro "cantos" da terra (Is 41.9; cf. Ez 7.2). A Bíblia está dizendo que o mundo é quadrado? Alguns críticos dizem que sim. Mas a terra também é descrita como um círculo ou globo (Is 40.22). É possível que quatro cantos seja uma linguagem metafórica que pode significar a geografia compreendida pelos quatro "quartos" do compasso, assim como quando nós falamos?

Segunda, como observado nas datas insustentáveis acima, até na Bíblia há forte evidência de intervalos nas genealogias.

Terceira, há maneiras de entender o texto de Gênesis 11 que permitem intervalos. A frase "e x viveu tanto anos e gerou y" pode significar "e x viveu tantos anos e tornou-se o ancestral de y". Isso não é especulação, pois em Mateus 1.8 ("Jorão gerou a Uzias") significa exatamente isso. "Gerou" deve significar "tornou-se ancestral de", já que 1Crônicas 3.11,12 preenche três gerações ausentes entre Jorão e Uzias. Isso não teria sido uma falha de Mateus, pois a genealogia da linhagem de Davi era conhecida por todos os judeus.

Alusões quanto à idade do pai na hora do nascimento do filho não são necessariamente insignificantes. Só porque não sabemos o motivo pelo qual Deus incluiu algo no texto não significa que não houve propósito para fazê-lo. É um pouco presunçoso dizer a Deus o que ele deveria ou não ter colocado na sua Palavra inspirada. B. B. Warfield sugere que essa informação deve "deixar uma impressão vívida em nós do vigor e da grandeza da humanidade naqueles velhos tempos da plenitude do mundo" (Warfield). Esse detalhe dá credibilidade ao fato de que as pessoas viviam até idade extremamente avançada antes do dilúvio (v. ciência e a Bíblia). Faz sentido saber que homens que viveram tanto tempo não tiveram filhos aos 16 anos, como homens que vivem apenas 70 anos. Mesmo descontando a idade avançada de Noé para ter filhos (500), a idade média para ter um filho em Gênesis 5 está acima de 100 anos de idade. Isso certamente é apropriado para alguém que viveu até 800 ou 900 anos.

Conclusão. A evidência apóia a posição de que a Bíblia não nos dá em Gênesis 5 e 11 uma cronologia fechada, mas sim uma genealogia resumida. Isso é sustentado pela evidência bíblica interna de gerações ausentes, mesmo em Gênesis 11, como também por experiência externa que a humanidade data de bem antes de 4000 a.C. Se esse for o caso, não há conflito real nesse assunto entre a Bíblia e a ciência nem entre a Bíblia e si mesma. A genealogia aberta dá uma linhagem precisa de descendência para os propósitos de linhagem, mas não satisfaz nossa curiosidade sobre a data da criação humana.

Fontes

M. Anstay, *Chronology of the Old Testament.*
A. Custance, *The genealogies of the Bible.*
W. H. Green, "Primeval choronolgy", W. Kaiser, org., *Essays in Old Testament interpretation.*

J. Jordan, "The biblical chronology question: an analysis", *csshq*, 2.2 (Winter 1979, Spring 1980).
R. Newman, et al., *Genesis one and the origin of the earth.*
F. Schaeffer, *No final conflict.*
B. B. Warfield, "On the antiquity and the unity of the human Race", ptr, 1911.

Gênesis, dias de. O problema apresentado pela ciência moderna aos defensores da interpretação "literal" de Gênesis 1 é lendário: Como pode haver seis dias literais de criação quando a datação científica tem demonstrado que a vida surgiu gradativamente ao longo de um período de muitos milhões de anos?

Seis dias de 24 horas. Os apologistas prontamente observam que esse problema é grave só para aqueles que acreditam em seis dias sucessivos de 24 horas (= 144 horas) de criação. Isso não se aplica a outras posições de 24 horas nem à posição que interpreta "dias" como sendo longos períodos de tempo.

Argumentos a favor dos dias solares. O problema é ampliado pelo fato de haver evidência *prima facie* que indica que os dias de Gênesis 1 realmente são períodos de 24 horas. Considere os seguintes argumentos:

O significado normal de yom. O significado normal da palavra hebraica *yom* ("dia") é 24 horas, a não ser que o contexto indique o contrário. Mas o contexto não indica nada além de um dia de 24 horas em Gênesis 1.

Os números estão em série. Quando números são usados numa série (1, 2, 3...) de dias, referem-se a dias de 24 horas. Não há exceção a isso em outra parte do at.

A expressão "tarde e manhã" é usada. A frase "houve tarde e manhã" denota cada período. Já que o dia literal de 24 horas no calendário judaico começava no pôr-do-sol e terminava antes do pôr-do-sol do dia seguinte, Gênesis 1 deve referir-se a dias literais.

Os dias são comparados a uma semana de trabalho. Segundo a Lei de Moisés (Êx 20.11), a semana de trabalho judaica de domingo a sexta-feira devia ser seguido de descanso no sábado, assim como Deus havia feito na sua semana de seis dias da criação. Sabemos que a semana de trabalho judaica refere-se a seis dias sucessivos de 24 horas.

A vida não pode existir sem luz. Segundo Gênesis 1, o Sol e as estrelas só foram feitos no quarto dia (1.14), mas havia vida no terceiro dia (1.11-13). A vida, no entanto, não pode existir muito tempo sem luz. Logo, os "dias" não podem ter sido longos períodos de tempo.

As plantas não podem viver sem animais. As plantas foram criadas no terceiro dia (1.11-13), e os animais, só no quinto dia (1.20-23). Mas há uma relação simbiótica entre plantas e animais, um dependendo do outro para a sobrevivência. Por exemplo, as plantas liberam oxigênio e recebem o dióxido de carbono e os animais fazem o inverso. Então, plantas e animais devem ser criados juntos, não separados por longos períodos de tempo.

Resposta aos argumentos. Apesar desses argumentos, a questão ainda não tem solução definitiva. Aqueles que rejeitam a posição dos seis dias solares respondem:

Dia (yôm) pode significar um longo período. Geralmente a palavra hebraica *yôm* significa 24 horas. Mas o significado em Gênesis 1 é determinado pelo contexto, não pela maioria. Mesmo nessa passagem, em Gênesis 1 e 2, *yôm* é usado para toda a criação. Gênesis 2.4 refere-se ao "tempo [*yôm*]" em que foram criados. A palavra hebraica aparece em outra passagem para longos períodos, como em Salmos 90.4 (citado em 2Pe 3.8): "De fato, mil anos para ti são como o dia de ontem que passou".

Dias numerados não precisam ser solares. E não há regra na linguagem hebraica exigindo que todos os dias numerados em série refiram-se a dias de 24 horas. Ainda que não houvesse exceções no AT, isso não significaria que "dias" em Gênesis 1 não pudesse referir-se a um período maior que 24 horas. Mas há outro exemplo no AT. Oséias 6.1,2 diz: "Venham, voltemos para o SENHOR. Ele nos despedaçou, mas nos trará cura [...] ele nos dará vida novamente; ao terceiro dia nos restaurará, para que vivamos em sua presença". Claramente o profeta não está falando de "dias" solares, mas de períodos mais longos no futuro. Todavia, ele numera os dias em série.

Houve um princípio e um fim. O fato de essa frase *geralmente* referir-se a dias de 24 horas, não significa que ela *sempre* seja usada dessa forma. Gênesis 1 é um bom candidato a exceção. Além disso, se tudo em Gênesis 1 for considerado num sentido estritamente literal, a frase "tarde e manhã" não compreende um dia de 24 horas, mas apenas o final da tarde e começo da manhã. Isso é bem menos que 24 horas. Tecnicamente o texto não diz que o dia era composto de "tarde e manhã" (o que faria um dia de 24 horas judaico). Mas fala simplesmente que "Passaram-se a tarde e a manhã; esse foi o primeiro dia" (1.5). A frase pode estar no sentido figurado, indicando o começo e fim de um período definido de tempo, assim como nos referimos ao "amanhecer da história" ou ao "entardecer da vida".

Finalmente, se todos os dias nessa série de sete forem considerados 24 horas, então por que a expressão "tarde e manhã" não é usada para o sétimo dia? Na verdade, como veremos, o sétimo dia não é de 24 horas, e então não há necessidade de considerar os outros dias como sendo de 24 horas, já que todos usam a palavra *yom* e têm uma série de números com eles.

Os seis períodos são comparáveis a uma semana de trabalho. É verdade que a semana da criação é comparada a uma semana de trabalho (Êx 20.11). Mas não é raro no AT comparações em termos de unidades, em vez de minutos. Por exemplo, Deus designou quarenta anos de peregrinação para quarenta dias de desobediência (Nm 14.34). E em Daniel 9.24-27, 490 dias são comparados a 490 anos.

Sabemos que o sétimo dia é mais que 24 horas, já que, segundo Hebreus 4, o sétimo dia ainda está acontecendo. Pois Gênesis diz que "No sétimo dia Deus [...] descansou" (2.2), mas Hebreus 4.5-10 nos informa que Deus ainda está nesse descanso de sábado no qual entrou depois de criar.

Quando surgiu a luz? A luz não foi criada no quarto dia, como os defensores do dia solar argumentam. Antes, foi feita já no primeiro dia, quando Deus disse: "Haja luz" (Gn 1.3). Quanto à razão para haver luz no primeiro dia e o Sol não aparecer até o quarto dia, há duas possibilidades. Alguns estudiosos observaram um paralelismo entre os três primeiros dias (luz, água e terra — totalmente vazia) e os três dias seguintes (luz, água e terra — cheia de criaturas). Isso pode indicar um paralelismo em que o primeiro o quarto dia cobrem o mesmo período de tempo. Nesse caso estamos lidando com três períodos de tempo, não seis, e o Sol existiu desde o princípio. Outros argumentam que, apesar de o Sol ter sido criado no quarto dia, ele não *apareceu* visualmente até o quarto dia. Talvez isso tenha acontecido por causa de uma nuvem de vapor que permitia que a luz passasse, não a forma distinta dos corpos celestes emanando luz.

Nem todas as plantas e animais são interdependentes. Se Gênesis 1 é um paralelismo, compreendendo três dias, como sugerido acima, então o problema de plantas e animais criados separadamente desaparece. E algumas plantas e animais são interdependentes, mas nem todos. O Gênesis não menciona todas as plantas e animais, mas apenas alguns.

Se os dias são seis períodos sucessivos, então essas formas de vida vegetal e animal que precisam umas das outras poderiam ter sido criadas juntas. Na verdade, a ordem básica dos eventos é de dependência. Por exemplo, muitas plantas e animais podem existir sem seres humanos (e foram criados primeiro), mas seres humanos (que são criados no último dia) não podem existir sem plantas e animais.

"Dias" como períodos de tempo. Outros cristãos ortodoxos acreditam que os dias de Gênesis envolvem longos períodos de tempo. Eles oferecem evidência bíblica e científica para essa posição.

A evidência bíblica para dias longos. Há muitas indicações no texto das Escrituras para apoiar a crença de que os "dias" da criação foram mais longos que 24 horas. As mais freqüentes para apoiar essa posição são explanadas a seguir.

Dia (yom) freqüentemente significa tempo. Voltando ao significado das palavras, deve-se observar como *yom* é usado na Bíblia. A palavra às vezes significa um *dia profético*, um tempo futuro significativo, como em "dia do Senhor" (Jl 2.31; v. 2Pe 3.10). Como observado acima, "mil anos [...] são como o dia de ontem". Em Salmos 90.4 e 2Pedro 3.8. E em Gênesis 2.4, a palavra resume toda a criação. Isso indica um significado amplo da palavra *yom* na Bíblia é paralelo ao significado da palavra portuguesa *dia*.

Como observado acima, Hebreus 4.3-5 ensina que Deus ainda está nesse descanso do sétimo dia após a criação, descrito como um dia em Gênesis 2.2,3. Esse dia, então, tem pelo menos 6 mil anos de duração, mesmo nas cronologias mais curtas.

O terceiro dia é mais longo. No terceiro "dia" Deus criou a vegetação e a fez amadurecer. Pois o texto diz: "A terra *fez brotar a vegetação*: plantas que dão sementes de acordo com as suas espécies, e árvores cujos frutas produzem sementes de acordo com as suas espécies. E Deus viu que ficou bom" (Gn 1.12, grifo do autor). Mas crescer de semente à maturidade e produzir mais sementes é um processo que leva meses ou anos.

O sexto dia é mais longo. Também parece que o sexto dia foi bem mais longo que um dia solar. Considere tudo que aconteceu nesse período de tempo (v. Newman, Apêndice III):

Deus criou todos os milhares de animais terrestres (Gn 1.24,25).

Deus formou o homem do pó (Gn 2.7), como um oleiro (cf. Jr 18.2s.).

Deus plantou um jardim (Gn 2.8), sugerindo atividade envolvendo tempo.

Adão observou e deu nome a todos aqueles milhares de animais (Gn 2.19).

Deus prometeu: "Farei para ele alguém que o uma auxilie e lhe corresponda" (Gn 2.18), denotando um tempo subseqüente.

Adão procurou uma auxiliadora para si, aparentemente entre as criaturas que Deus havia feito: "Todavia não se *encontrou para o homem* [implicando um tempo] alguém que o auxiliasse e lhe correspondesse" (Gn 2.20, grifo do autor)

Deus fez Adão dormir por um tempo e operou nele, tirando uma de suas costelas e curando a carne (Gn 2.21).

Adão demonstrou que esperava Eva havia algum tempo (Gn 2.23).

Eva foi trazida para Adão, que a observou, aceitou-a e uniu-se a ela (Gn 2.22-25).

Parece pouco provável que todos esses eventos, principalmente o segundo, estivessem compreendidos num período de 24 horas.

A evidência científica para dias longos. A maior parte da evidência científica estabelece uma idade para um mundo de bilhões de anos. A idade do universo é baseada na velocidade da luz e na distância das estrelas, assim como na velocidade de expansão do universo. Rochas primitivas foram datadas com base na radioatividade, de bilhões de anos. Considerando apenas a velocidade em que o sal escorre para o oceano e a quantidade de sal ali existente, chega-se a milhões de anos (v. ORIGENS, CIÊNCIA DAS).

Posições sobre os dias de Gênesis. É claro que, se os dias de Gênesis são longos períodos de tempo, não há conflito com a ciência moderna sobre a idade da terra. Mas, ainda que os dias de Gênesis sejam dias de 24 horas, ainda há maneira de conciliar longos períodos de tempo com Gênesis 1 e 2.

Posição do dia revelatório. Alguns teólogos conservadores sugerem que os "dias" de Gênesis podem ser dias de *revelação*, não dias de *criação* (Wiseman). Isto é, Deus levou uma semana solar literal (de 144 horas) para revelar a Adão (ou Moisés) o que ele havia feito nas eras antes de os seres humanos serem criados. Até as passagens de Êxodo (20.11) que falam que Deus "fez" ['*āsâ*] o céu e a terra em seis dias podem significar "revelou".

Assim como um profeta pode receber uma revelação de Deus projetando uma série de eventos futuros (v. Dn 2, 7, 9; Ap 6–19), Deus também pode revelar uma série de eventos passados a um de seus servos. Na verdade, Moisés ficou no monte santo por quarenta dias (Êx 24.18). Deus poderia ter levado seis desses dias para revelar os eventos passados da criação para ele. Ou, depois que Deus criou Adão, ele poderia ter levado seis dias literais para revelar a ele o que havia feito antes de Adão aparecer. Alguns teólogos acreditam que esse material poderia ser memorizado e passado adiante como a primeira "história das origens dos céus e da terra" (Gn 2.4), assim como as outras histórias (lit., genealogias) foram aparentemente registradas e passadas adiante (p.ex., Gn 5.1; 6.9; 10.1).

Posição de dias e eras alternadas. Outros teólogos evangélicos sugeriram que os "dias" de Gênesis são períodos de 24 horas de tempo nos quais Deus criou as coisas mencionadas, mas que estão separados por longos períodos entre eles. Isso explicaria as indicações de grandes períodos de tempo em Gênesis 1 e as indicações de que havia dias de 24 horas envolvidos.

Teorias de intervalo. C. I. Scofield popularizou a posição de que poderia haver um grande intervalo de tempo entre os dois primeiros versículos da Bíblia nos quais todas as eras geológicas se encaixam. Dessa maneira os dias poderiam ser de 24 horas, e o mundo ainda poderia ter muitos milhões de anos ou mais.

Outros acreditam que pode haver um "intervalo", ou melhor, um lapso de tempo antes de os seis dias de 24 horas começarem. Nesse caso, o primeiro versículo da Bíblia não se referiria necessariamente à criação *ex nihilo* original de Deus (v. CRIAÇÃO, VISÕES DA), mas a ações mais recentes de Deus na formação de um mundo que havia criado antes (v. Waltke).

Então há maneiras de acomodar longos períodos de tempo e ainda aceitar uma interpretação basicamente literal de Gênesis 1 e 2. Não há necessariamente um conflito entre Gênesis e a crença de que o universo tem milhões ou até bilhões de anos.

Quanto é a idade da terra? Parece não haver maneira de provar quanto tempo o universo realmente tem, nem com base na ciência nem com base na Bíblia. Há intervalos conhecidos e possíveis nas genealogias bíblicas. E há pressuposições improváveis em todos os argumentos científicos para uma terra antiga, isto é, uma terra de milhões ou bilhões de anos.

Intervalos no registro bíblico. O bispo James Usher (1581-1656), cuja cronologia foi usada na antiga *Bíblia de Scofield*, argumentou que Adão foi criado em 4004 a.C. Mas seus cálculos são baseados na suposição de que não há intervalos nas genealogias de Gênesis 5 e 11. Sabemos, no entanto, que isso é falso (v. GENEALOGIAS, ABERTAS OU FECHADAS). Pois a Bíblia diz: "Arfaxade [...] gerou a Salá" (Gn 11.12), mas na genealogia de Jesus em Lucas 3.36 "Cainã" é colocado entre Arfaxade e Salá. Se há um intervalo, pode haver outros. Na verdade, conhecemos outros. Por exemplo, Mateus 1.8 diz: "Jorão, [gerou] a Uzias", mas a listagem paralela em 1Crônicas 3.11-14 ilustra gerações ausentes entre Jeorão e Uzias (Azarias), a saber, Acazias, Joás e Amazias. Quantos intervalos há na genealogia bíblica e qual o tempo de cada intervalo não se sabe. Mas os intervalos existem, logo, cronologias completas não podem ser feitas, mas apenas genealogias precisas (linhagens de descendência) são apresentadas.

Pressuposições nos argumentos científicos. Há muitos argumentos científicos para o universo antigo, alguns dos quais são persuasivos. Mas nenhum desses argumentos é incontestável, e todos eles podem estar errados. Alguns exemplos ilustrarão por que não devemos ser dogmáticos.

A velocidade da luz pode mudar. Apesar de EINSTEIN considerá-la absoluta, e a ciência moderna considerá-la imutável, não pode ser provado que a velocidade da luz nunca mudou. No entanto, a velocidade da luz (c. 300 000 km/s) é pressuposta em muitos argumentos em favor de uma terra antiga. Mas, *se* a velocidade da luz é constante e *se* Deus não criou os raios de luz junto com as estrelas, então aparentemente o universo tem bilhões de anos. Pois ao que tudo indica são necessários milhões de anos para essa luz chegar até nós. Porém são grandes "claúsulas condicionais", que ainda não foram provadas. Na verdade, parece que não podem ser provadas. Então, enquanto o argumento com base na velocidade da luz a favor do universo antigo pode parecer plausível, não é uma prova definitiva.

A datação radioativa faz pressuposições. Sabe-se bem que $U235$ e $U238$ liberam isótopos de chumbo em determinado ritmo. Ao medir a quantidade de seu depósito, é possível calcular quando a decomposição começou. Muitas rochas primitivas na crosta terrestre foram datadas de bilhões de anos por esse método. Novamente, por mais plausível que possa parecer, isso não é definitivo. Pois é preciso supor pelo menos duas coisas para chegar à conclusão de que o mundo tem bilhões de anos. Primeiro, é preciso supor que não havia depósitos de chumbo no princípio. Segundo, é preciso supor que o ritmo de decomposição sempre foi estável durante toda a história. Nenhuma das duas hipóteses pode ser provada. Logo, não há como comprovar pela datação radioativa que o mundo tem bilhões de anos.

Não há conflito. O mesmo é aparentemente verdadeiro com relação a todos os argumentos para uma terra antiga.

Por exemplo, os oceanos têm determinada quantidade de sais e minerais neles, e estes escorrem para o oceano num ritmo fixo a cada ano. Pela matemática simples pode-se determinar a quantos anos isso vem acontecendo. Mas aqui também deve-se supor que não havia sais e minerais no oceano no princípio e que o ritmo não mudou. Um dilúvio global, como o que a Bíblia descreve, certamente teria mudado o ritmo de depósitos durante aquele período.

Isso não quer dizer que o universo não tenha bilhões de anos. Pode ter. No entanto, todos os argumentos a favor da idade antiga partem de pressuposições que não podem ser provadas. Com isso em mente, as seguintes conclusões são adequadas: Não há conflito demonstrado entre Gênesis 1 e 2 e o fato científico. O conflito real não é entre a *revelação* de Deus na Bíblia e o *fato* científico, mas entre algumas *interpretações* cristãs da Bíblia e muitas *teorias* de cientistas com relação à idade da terra.

Na verdade, já que a Bíblia não diz exatamente a idade do universo, a idade da terra não é um teste de ortodoxia. Na verdade, muitos teólogos evangélicos ortodoxos afirmam que o universo tem milhões ou bilhões de anos, inclusive Agostinho, B. B. Warfield, John Walvoord, Francis Schaeffer, Gleason Archer, Hugh Ross e a maioria dos líderes do movimento que produziu a famosa Declaração de Chicago sobre a inerrância da Bíblia (1978).

Fontes
AGOSTINHO, *Cidade de Deus*, Livro 11.
N. L. GEISLER, *Knowing the truth about creation.*
H. MORRIS, *Biblical cosmology and modern science.*
____, *The Genesis record.*
R. NEWMAN, *Genesis one and the origin of the earth.*
B. RAMM, *The Christian view of science and Scripture.*
H. ROSS, *Creation and time.*
B. WALTKE, *The creation account in Genesis 1:1-3*, 5 v.
D. WISEMAN, *Creation revealed in six days.*
D. YOUNG, *Christianity and the age of the earth.*
E. YOUNG, *Studies in Genesis one.*

gnosticismo. Os gnósticos se seguiram a vários movimentos religiosos que enfatizavam a *gnose* ou o conhecimento, principalmente sobre a origem da pessoa. O DUALISMO cosmológico também era uma característica do sistema — mundos espirituais opostos do bem e do mal. O mundo material estava alinhado com o mundo sombrio do mal.

Ninguém conhece com certeza a origem do gnosticismo. Alguns acreditam que começou com um grupo herético dentro do judaísmo. Os proponentes dessa teoria citam *O apocalipse de Adão* e *A paráfrase de Sem* como antigos documentos gnósticos que revelam uma origem judaica. Outros dão a ele um contexto cristão. Uma forma incipiente pode ter-se infiltrado na igreja em Colossos ou pode ter tido uma base completamente pagã. Durante os séculos II a IV o gnosticismo foi considerado uma séria ameaça por pais da igreja como AGOSTINHO, Justino MÁRTIR, IRENEU, CLEMENTE DE ALEXANDRIA, TERTULIANO e ORÍGENES.

Fontes primárias. O livro de Ireneu, *Contra as heresias*, dá um tratamento extenso ao que os gnósticos acreditavam. Três códices gnósticos escritos em copta foram publicados. Dois foram descobertos em NAG HAMMADI, Egito, em 1945. O Códice Askewia-nus contém *Pistis Sophia*, Códice Brucianus contém *O livro de Jeú*. O mais conhecido entre os documentos de Nag Hammadi é o EVANGELHO DE TOMÉ. Uma terceira obra desse período, Códice Berolinensis, foi encontrada em outra parte e publicada em 1955. Contém o *Evangelho de Maria* [Madalena], a *Sofia de Jesus*, *Atos de Pedro* e o *Apócrifo de João*. A primeira tradução de um tratado, o *Evangelho da verdade*, apareceu em 1956, e uma tradução de 51 tratados, inclusive o *Evangelho de Tomé*, apareceu em 1977.

Líderes. Os pais da igreja primitiva acreditavam que o gnosticismo começara no século I e que Simão, o mágico de Samaria (At 8), foi o primeiro gnóstico. De acordo com os pais da igreja, Simão praticava magia, afirmava ser divino e ensinava que sua companheira, uma ex-prostituta, era Helena de Tróia reencarnada. Hipólito (m. 236) atribuiu o *Apophasis megale* [*O grande anúncio*] a Simão. O discípulo de Simão, um antigo samaritano chamado Menandero, que lecionou em Antioquia da Síria no final do século I, ensinava que os que acreditavam nele não morreriam. Essa afirmação foi anulada quando ele morreu.

No início do século II, Saturnino (Satórnilo) afirmou que o Cristo incorpóreo era o redentor, negando que Cristo realmente tivesse se encarnado como homem. Essa crença é compartilhada com o DOCETISMO. Nesse período, Cerinto, da Ásia Menor, ensinava o adocia-nismo, a heresia segundo a qual Jesus tinha sido apenas um homem sobre o qual Cristo descera no batismo. Já que Cristo não podia morrer, abandonou Jesus antes da crucificação. Basilides do Egito foi considerado dualista por Ireneu e monista por Hipólito.

Um dos gnósticos mais polêmicos, apesar de atípico, foi MARCIÃO do Ponto. Ele acreditava que o Deus do AT era diferente do Deus do NT e que o cânon das Escrituras incluía apenas uma versão truncada de Lucas e dez das epístolas de Paulo (todas, menos as Epístolas pastorais). Suas teorias foram severamente atacadas por Tertuliano (c. década de 160-c. 215). Marcião tornou-se um estímulo para a igreja primitiva definir oficialmente os limites do cânon (v. APÓCRIFOS; BÍBLIA, CANONICIDADE DA).

Valentim de Alexandria foi outro gnóstico proeminente. Veio a Roma em 140 e ensinava que havia uma série de emanações divinas. Dividiu a humanidade em três classes: 1) hiléticos ou incrédulos, que estavam imersos na natureza material e carnal; 2) cristãos psíquicos ou comuns, que viviam pela fé e atividades pneumáticas; 3) gnósticos espirituais. Entre seus seguidores estavam Ptolomeu, Heráclo, Teódoto e Marcos. A interpretação de João por Heráclo é o primeiro comentário conhecido do NT.

Crenças de característica gnóstica persistiram até o século IV. Entre as manifestações posteriores estavam o maniqueísmo, uma seita dualista que enganou Agostinho na sua vida pré-cristã. Contra ela Agostinho escreveu muitos tratados.

Ensinamentos. Já que o gnosticismo carecia de uma autoridade comum, ele compreendia várias crenças. A base da maioria, se não todas, era:

1. O dualismo cósmico entre espírito e matéria, bem e mal.
2. A distinção entre o Deus finito do AT, *Iavé*, que era igualado ao Demiurgo de PLATÃO, e o Deus transcendental do NT.
3. A visão da criação como resultante da queda de Sofia (Sabedoria).
4. A identificação da matéria como maligna.
5. A crença em que a maioria das pessoas são ignorantes sobre sua origem e condição.
6. A identificação de fagulhas de divindade que estão encapsuladas em certos indivíduos espirituais.
7. A fé num Redentor docetista, que não era realmente humano nem morreu na cruz. Esse redentor trouxe salvação na forma de uma *gnose* secreta ou um conhecimento que foi comunicado por Cristo após sua ressurreição.
8. O objetivo de escapar da prisão do corpo, atravessando as esferas planetárias de demônios hostis e reunindo-se com Deus.
9. A salvação baseada não na fé nem nas obras, mas num conhecimento especial ou *gnose* da própria condição.
10. A visão confusa da moralidade. Carpócrates incentivou seus seguidores a se empenharem em promiscuidade deliberada. Epifânio, seu filho, ensinava que libertinagem era a lei de Deus. A maioria dos gnósticos, no entanto, tinham uma posição muito ascética com relação ao sexo e ao casamento, argumentando que a criação da mulher era a fonte de todo mal e a procriação de filhos só multiplicava o número de pessoas escravizadas pelo mundo material. A salvação das mulheres dependia de um dia se tornarem homens e voltarem às condições do Éden antes de Eva ser criada. Por incrível que pareça, as mulheres eram proeminentes em muitas seitas gnósticas.
11. A interpretação do batismo e da santa ceia como símbolos espirituais da *gnose*.
12. A visão da ressurreição como sendo espiritual, não física (v. RESSURREIÇÃO, NATUREZA FÍSICA DA).

Um dos códigos de Nag Hammadi, *De resurrectione* [*Da ressurreição*] afirma que:

O Salvador tragou a morte [...] Pois colocou de lado o mundo que perece. Transformou-se em um éon incorruptível e levantou-se, depois de ter tragado o visível através do invisível, e nos deu o caminho para a imortalidade [...] Mas se somos manifestos nesse mundo ao vesti-lo, somos seus raios e estamos cercados por ele até nosso crepúsculo, que é nossa morte nesta vida. Somos elevados por ele como raios pelo sol, sem sermos impedidos por nada. Isso é a ressurreição espiritual que traga o psíquico junto com o carnal (Malinine, p. 45).

O gnosticismo como movimento organizado praticamente morreu. O único remanescente atual acha-se no sudoeste do Irã. Mas muitos ensinamentos gnósticos continuam entre os adeptos da Nova Era, existencialistas e críticos da Bíblia. O reavivamento do interesse *no Evangelho de Tomé* pelo chamado Seminário Jesus é um exemplo disso. Também há uma tendência, mesmo entre alguns teólogos evangélicos (v. Geisler), de negar a natureza física da ressurreição. Mas o gnosticismo continua vivo hoje de forma ampla no movimento da Nova Era (Jones).

Avaliação. O gnosticismo foi muito criticado pelos pais da igreja primitiva, principalmente Ireneu, Tertuliano, Agostinho e Orígenes, apesar de Orígenes aceitar algumas de suas posições. A posição de Marcião com relação ao cânon é criticada nos artigos APÓCRIFOS DO NOVO TESTAMENTO e BÍBLIA, CANONICIDADE DA. Para mais comentários sobre o gnosticismo, v. os artigos CRISTO, MORTE DE; DOCETISMO; DUALISMO.

Fontes

AGOSTINHO, *The anti-manichean writings*.
C. A. EVANS, *Nag Hammadi texts and the Bible*.
A. FREDERICK, et al., *The gnostic gospels*.
N. L. GEISLER, *The battle for the resurrection*.
R. M. GRANT, *Gnosticism and early Christianity*.
P. JONES, *Spirit wars*.
M. MALININE, et al., *De resurrection*.
J. M. ROBINSON, *The Nag Hammadi library in English*.
F. SEIGERT, et al., *Nag-Hammadi-register*.
TERTULIANO, *Contra os valentinianos*.
___, *Cinco livros contra Marcião*.
___, *Sobre a carne de Cristo*.
___, *Da ressurreição da carne*.
E. YAMAUCHI, *Pre- christian gnosticism*.

gnósticos, evangelhos. V. GNOSTICISMO; EVANGELHO DE TOMÉ; NAG HAMMADI, EVANGELHOS DE.

Greenleaf, Simon. Uma das grandes mentes da história jurídica americana (1783-1853). Ele não só lecionou direito na Universidade de Harvard como também produziu o principal estudo de evidência legal em três volumes (*A treatise on the law of evidences* [*Tratado sobre a lei das evidências*], 1842-1853) usado para ensinar aos advogados as regras de evidência legal e o meio pelo qual a autenticidade dos documentos e testemunhas pode ser testada.

Quando desafiado a aplicar essas regras aos documentos do NT, Greenleaf produziu um volume *The testimony of the evangelists* [*O testemunho dos evangelistas*] que defende a autenticidade do NT. A obra defende um elo importante no argumento apologético geral a favor do cristianismo — a confiabilidade das testemunhas do NT.

Um Novo Testamento autêntico. As conclusões de Greenleaf incluem fortes indicações de evidência. As seguintes citações são retiradas de sua obra:

"A todo documento, aparentemente antigo, que vem do repositório ou custódia adequados, e não apresentando nenhuma marca evidente de falsificação, a lei presume genuíno e faz retornar à parte oposta o encargo de provar o contrário", escreveu Greenleaf. De acordo com essa *"Regra do documento antigo"*, o NT seria considerado autêntico, já que não apresenta nenhum sinal de falsificação e está sob custódia adequada da igreja no decorrer dos séculos, como é demonstrado pela evidência manuscritológica (v. Novo Testamento, manuscritos do).

"Nas questões de interesse público e geral, todas as pessoas devem ser supostamentes versadas, com base no princípio de que indivíduos são versados nos próprios interesses". Aplicado às testemunhas do NT, isso significaria que os livros que vêm delas devem ser considerados autênticos, já que versavam sobre seus próprios interesses.

"Em julgamentos de fato, pelo testemunho oral, a investigação adequada não é pela possibilidade do testemunho ser falso, mas pela probabilidade suficiente de que seja verdadeiro". Já que há evidência provável de que as testemunhas do NT disseram a verdade (v. Novo Testamento, historicidade do), a possibilidade de que pudessem estar mentindo não supera a verdade de seu testemunho.

"Uma proposição do fato é provada quando sua veracidade é estabelecida por evidência competente e satisfatória". Há evidência competente e satisfatória da veracidade do registro do NT (v. arqueologia do Novo Testamento).

"Na ausência de circunstâncias que gerem suspeita, toda testemunha deve ser considerada digna de crédito, até que o contrário seja demonstrado; o ônus de contestar sua credibilidade repousa sobre a parte oposta". O NT, como outros livros, deve ser considerado inocente. Esse é o oposto do princípio de "considerado culpado até que prove ser inocente" usado pelos críticos negativos (v. crítica da Bíblia).

"O crédito devido ao depoimento das testemunhas depende, primeiramente, de sua honestidade; segundo, de sua capacidade; terceiro, de seu número e da consistência de seu testemunho; quarto, da conformidade do testemunho com a experiência; e quinto, da coincidência de seu testemunho com circunstâncias colaterais." De acordo com esses princípios, o NT é um registro autêntico (v. tb. ressurreição, evidências da; testemunhas, critério de Hume para).

Certeza moral. Sobre a natureza da certeza moral, Greenleaf escreveu (p. 24):

Mas a prova de questões de fato repousa apenas na evidência moral; o que significa não apenas a espécie de evidência que não obtemos nem dos nossos próprios sentidos, nem da intuição, nem da demonstração. Nos assuntos comuns da vida não exigimos nem esperamos evidência demonstrativa, porque ela é incoerente com a natureza das questões de fato, e insistir na sua apresentação seria irracional e absurdo.

Em geral, Greenleaf considerou-se persuadido por um alto nível de probabilidade de que os relatos sejam verdadeiros:

Então a força da evidência circunstancial é considerada dependente do número de pormenores envolvidos na narrativa; da dificuldade de fabricar todos eles, se falsos, e da grande facilidade de detecção; da natureza das circunstâncias a serem comparadas, e das quais as datas e outros fatos devem ser coletados; da complexidade da comparação; do número de passos intermediários no processo de dedução, e da estrutura da investigação.

Nas narrativas dos autores sagrados, tanto judeus quanto cristãos, existem muitos exemplos desse tipo de evidência, cujo valor mal se pode estimar adequadamente. Como já foi afirmado, isso não equivale a uma demonstração matemática, nem esse nível de prova pode ser justamente exigido relações em qualquer conduta moral. Em todas as relações humanas, o nível mais elevado de segurança a que podemos chegar, antes da evidência de nossos sentidos, é o da probabilidade. O máximo que pode ser afirmado é que a narrativa é mais provavelmente verdadeira que falsa; e pode ser verdadeira no mais alto nível de probabilidade, mas ainda não chegar à certeza matemática absoluta (p. 45).

Conclusão. A conclusão de Greenleaf já diz tudo:

As narrativas dos evangelistas agora são submetidas à leitura cuidadosa e exame do leitor, sob os princípios e pelas regras já afirmadas [...] Seu trabalho é de um advogado, examinando o depoimento das testemunhas pelas regras de sua profissão, para averiguar se, caso elas testificassem assim sob juramento, num tribunal de justiça, teriam sido consideradas confiáveis; e se suas narrativas, como as temos agora, seriam recebidas como documentos antigos, vindos da custódia adequada. Se esse for o caso, então acredita-se que todo homem honesto e imparcial agirá em conformidade com esse resultado, recebendo tal testemunho em toda a extensão de seu significado.

Fontes
S. GREENLEAF, *A treatise on the law of evidences*.
___, *The testimony of the evangelists*.

Guilherme de Occam. O ceticismo moderno (v. AGNOSTICISMO) não começou com David HUME. Começou no final da Idade Média com William de Occam (1285-1349). Occam foi contemporâneo mais jovem de Duns SCOTUS (1266-1308) e TOMÁS DE AQUINO (1224-1274). Viveu no final da Idade Média e contribuiu para o surgimento da Idade Moderna. Embora o ceticismo tenha florescido com David Hume (1711-1776), suas raízes estavam em Guilherme de Occam.

O pensamento de Ockham teve influência significativa sobre o empirismo radical e o ceticismo de Hume, o situacionismo ético de Joseph Fletcher (v. MORALIDADE, NATUREZA ABSOLUTA DE), o idealismo de George BERKELEY (1685-1753), a antitransubstanciação de Martinho LUTERO (1483-1546), assim como sobre o voluntarismo ético, o nominalismo e a univocidade da linguagem religiosa (v. ANALOGIA, PRINCÍPIO DA).

Ceticismo epistemológico. Seu ceticismo foi manifesto em três níveis: epistemológico, metodológico e apologético. Quanto à epistemologia foi um nominalista e um empirista cético.

Occam não confiava em seus sentidos. Enfatizava a intuição. Afirmou que as essências ou universais são abstrações mentais baseadas em coisas reais (v. REALISMO). Mas Occam acreditava que a essência era apenas invenção sem base na realidade. Tais coisas como a natureza humana não eram reais. Apenas seres humanos individuais existem.

O NOMINALISMO tem sérias implicações quando aplicado à queda da humanidade e sua redenção. Como pode um ser pecador herdar uma natureza, se não existe natureza? Como Cristo pode assumir a natureza humana e morrer por todos, se não há natureza humana? Como alguém pode ter uma crença ortodoxa na Trindade, que afirma que Deus é três pessoas numa essência, se não existe essência?

Occam argumentou que, como Deus era onipotente, podia fazer qualquer coisa. Podia criar a idéia da árvore na nossa mente, mesmo sem a presença de uma árvore (v. DEUS, NATUREZA DE). Isso, é claro, rebaixou a crença no processo de "conhecer" algo. A pessoa podia "conhecer" com certeza algo que não existia. Deus não podia criar a idéia de um mundo nas nossas mentes sem que houvesse mundo? Aplicando Occam a um cético posterior, o "demônio" concebido por René DESCARTES (1596-1650) não poderia nos enganar para acreditarmos que um mundo inexistente existe?

Mesmo sem engano malevolente, por que o Deus benevolente não poderia criar as impressões que desejasse sem que houvesse qualquer objeto externo que a elas correspondesse?

Ceticismo metodológico. Occam também supôs o princípio de economia de causas, conhecido por *navalha de Ockham*. Esse instrumento também provou ser útil para os céticos posteriores, com seu princípio de simplicidade ou economia de causas. Apesar de a afirmação de Occam ser: "Não multiplique causas sem necessidade", ela foi popularizada (corrompida) pela idéia: "A causa mais simples é a melhor explicação", ou: "Quanto menor, mais verdadeiro". Isto é: "O mais simples é o verdadeiro". Quando isso é combinado ao princípio de onipotência, as conseqüências podem ser desastrosas. Por exemplo, Deus poderia criar a impressão de que há um mundo físico sem que haja um. Essa explicação mais simples seria, então, a verdadeira. Essa, realmente, é a conclusão a que o bispo Berkeley chegou mais tarde.

Ceticismo apologético. Occam não era cético com relação à existência de Deus. Era um teísta. No entanto, seu ceticismo minou a defesa apologética do teísmo. Suas objeções ao argumento cosmológico antecipram Hume e Immanuel KANT. Occam levantou pelo menos três dúvidas com relação ao argumento cosmológico (Occam, 129ss; v. DEUS, OBJEÇÕES AOS ARGUMENTOS A FAVOR DE).

A possibilidade de uma série infinita. Occam negou que a regressão essencialmente relacionada e infinita de causas (v. INFINITAS, SÉRIES) fosse impossível (v. KALAM, ARGUMENTO COSMOLÓGICO). Como causas essencialmente relacionadas (p. ex., um pai gerando um filho) não precisam ser simultâneas, elas poderiam ser causas originárias e não meramente conservativas. O pai não é a causa continuada da existência do filho. Só se essa simultaneidade da causa conservativa atual for acrescentada ao conceito de uma série essencialmente relacionada de causas, argumentou Occam, é que uma regressão infinita é impossível.

É contraditório afirmar que não há Primeira Causa para o que continua sendo conservado em existência agora. Portanto, o argumento cosmológico é válido em referência ao que existe agora, mas não para qualquer criação original.

Conhecimento de causas eficientes. Antecipando Hume, Occam baseou o conhecimento de causas eficientes na experiência (v. CAUSALIDADE, PRINCÍPIO DA). Causalidade é definida como "aquilo cuja existência ou presença é seguida por algo" (Maurer, p. 270). A distinção antecipa a crítica de Hume de que não há base na experiência para fazer uma ligação necessária entre causa e efeito. Mas a inevitabilidade da conclusão do argumento cosmológico depende da necessidade da conexão entre causa e efeito. Occam colocou então sua navalha no cordão central que unia o argumento cosmológico.

Incapacidade de provar um Deus. Occam também afirmou que não se podia provar em sentido absoluto a existência de apenas um Deus (v. TEÍSMO; DEUS, NATUREZA DE). Apenas se a unidade de Deus for interpretada como "o Ser mais perfeito que realmente existe" é que se pode dizer que a unidade de Deus foi provada. Se, no entanto, como os teístas cristãos insistem, a unidade de Deus refere-se ao Ser "mais perfeito" possível, a unidade de Deus não pode ser provada. A proposição "Deus existe" não é auto-evidente. Muitos duvidam disso, e uma proposição auto-evidente não pode ser colocada em dúvida. E a unidade absoluta de Deus também não pode ser conhecida por meio de outras proposições, que também podem ser postas em dúvida, nem pela experiência, pois a experiência só pode prover tal unidade ao que é real, não ao que é possível.

Portanto, não há maneira de demonstrar que Deus é absolutamente um.

Linguagem religiosa unívoca. Numa área Occam foi contra o ceticismo. Falou firmemente contra qualquer conceito equívoco ou analógico aplicado a Deus. Occam argumenta convincentemente que nenhum conceito pode ter significado totalmente diferente ou equívoco quando aplicado a Deus. Pois, se tivesse, não teríamos idéia do que significava. Semelhantemente, o conceito análogo deve ter um elemento de semelhança, senão seria totalmente diferente. Esse elemento de semelhança é realmente unívoco. Logo, sem conceitos unívocos não podemos saber nada sobre Deus.

Apesar de analisar bem os conceitos unívocos, Occam parece não entender a necessidade de predicação analógica, como suposta por Aquino. Isto é, devemos definir termos usados por Deus e pelas criaturas da mesma maneira, mas eles são aplicados de forma diferente. Deus é infinitamente bom, mas as criaturas só podem lutar por bondade finita. Bondade não pode ser aplicada univocamente ou da mesma maneira ao infinito e ao finito (v. ANALOGIA, PRINCÍPIO DA).

Avaliação. O ceticismo epistemológico de Occam é discutido nos artigos CAUSALIDADE, PRINCÍPIO DA; PRIMEIROS PRINCÍPIOS; HUME, DAVID, e REALISMO. O ceticismo apologético é tratado em COSMOLÓGICO, ARGUMENTO; DEUS, OBJEÇÕES ÀS PROVAS DE; HUME, DAVID e KANT, IMMANUEL.

Quanto ao ceticismo metodológico de Occam, dadas suas premissas, a "navalha de Occam" não funciona em debates sobre Deus, já que pressupõe a existência do Deus onipotente como premissa. Mesmo a suposição de que Deus *pudesse* criar idéias em nós sem objetos externos não significa que ele *faria* isso. O Deus teísta de Occam não é apenas onipotente, mas totalmente benevolente. E o Deus benevolente não engana (v. ESSENCIALISMO DIVINO). O ceticismo de Occam não funciona sem o princípio questionável da parcimônia. Mas como alguém pode provar que supor o mínimo possível de causas é a maneira de determinar o que é verdade? Isso não é um primeiro princípio. Na melhor das hipóteses, é apenas um guia geral em questões científicas. Não é uma regra universal em questões metafísicas.

Por que supor que o mundo externo é redundante? Deus pode ter bons propósitos para ele. Usando a própria "navalha de Occam", pode-se dizer que é uma explicação mais simples admitir que o mundo objetivamente real envia impressões a todos, que supor que Deus precise criar impressões em todo ser humano individualmente. A explicação de Occam de que Deus criaria idéias diretamente de um mundo externo em todo ser humano é *deus ex machina*. Occam invoca o sobrenatural para salvar sua conclusão do colapso. Mais uma vez, é mais simples nesse caso dar uma explicação natural que invocar uma sobrenatural.

Fontes

O. F. M. BOEHNER, "Introdução", em William of Ockham, *Philosophical writings*.
N. L. GEISLER e W. CORDUAN, *Philosophy of religion*.
E. GILSON, *History of christian philosophy in the middle ages*.
A. MAURER, *Medieval philosophy*.
WILLIAM OF OCKHAM, *Expositio super librum perihermenias*.
___, *Ordinatio* (D. II, Q. VIII, prima redactio).
___, *Philosophical writings*.
___, *Summa totius logicae* (I, c.xiv).

Hh

ḥadith, supostos milagres na. V. Maomé, supostos milagres de.

Hegel, Georg Wilhelm Friedrich. *Vida e obras de Hegel.* Hegel (1770-1831) nasceu em Wurtenberg, Alemanha, numa família luterana. Seu pai era oficial do governo. Hegel se entediava com professores enfadonhos e "faltava a" muitas aulas. Lecionou na Universidade de Jena, onde ele e F. W. J. Schelling lutaram contra a onda de ceticismo. Hegel era luterano e ao que parece freqüentava a igreja regularmente.

Suas principais obras incluem *Lições sobre a filosofia da história, Filosofia da natureza, Enciclopédia das ciências filosóficas em compêndio, A razão na história, Lições sobre a filosofia da religião,* sua obra principal, *Fenomenologia do espírito* e *Filosofia da estética.*

Influências sobre Hegel. Como a maioria das grandes personagens da história, Hegel baseou-se em muitos que vieram antes dele. Para mencionar alguns de principais, de Platão aprendeu que o significado do homem é encontrado no estado; que a filosofia é a expressão mais elevada da realidade; e que toda determinação é pela negação. De Plotino, Hegel aprendeu a ver o mundo e a consciência como manifestação do Absoluto — uma forma de panteísmo. De Baruch Espinosa, aprendeu sobre a inseparabilidade entre Deus e a natureza e, portanto, o anti-sobrenaturalismo. De Immanuel Kant Hegel, concluiu que devemos começar com o fenômeno da experiência e usar o método transcendental para chegar à verdade. É claro que seu treinamento judaico-cristão lhe ensinou uma visão linear da história.

Epistemologia de Hegel. A teoria de Hegel do conhecimento não é fácil de transmitir brevemente. Mas alguns de seus aspectos são claros.

Dialética de Hegel. Para começar, é necessária uma palavra sobre o que Hegel não acreditava. Apesar de usar a palavra "dialética", ele não acreditava no tipo marxista (v. Marx, Karl) de dialética de tese-antítese-síntese. Esse trio não aparece nenhuma vez nos oito volumes de suas obras publicadas (Meuller, p. 411). Aparece uma vez no "Prefácio" de seu *Fenomenologia do espírito,* onde afirmou que essa fórmula vinha de Kant e rejeitou-a, chamando-a "esquema sem vida" (ibid., p. 412). O especialista hegeliano Gustav Meuller afirmou que "a lenda mais aborrecedora e devastadora de Hegel é que nele tudo é visto em 'tese, antítese e síntese'" (ibid., 411). A lenda foi espalhada por Karl Marx por causa de sua compreensão distorcida de Hegel.

A lei da não-contradição. Hegel não é claro quanto ao *status* da lei da não-contradição (v. primeiros princípios). Às vezes ele parece negá-la, afirmando que "todas as coisas são contraditórias", que "o movimento é por si uma contradição existente" e que "só enquanto algo se contradiz é que se move, tem impulso ou atividade" (Acton, p. 443-4). Na verdade, ele nem a menciona como categoria separada de pensamento no seu *Ciência da lógica.* Alguns acreditam que ele só afirma va que há contradições no nível finito que são resolvidas no Absoluto. Outros acreditam que ele não usava o termo no seu sentido lógico e técnico, mas apenas no sentido prático no desenrolar da dialética da história. Outros acreditam que o termo se refere a uma doença necessária do pensamento a caminho da verdade absoluta. Hegel afirma que um "círculo quadrado" ou um "círculo de vários lados" é contraditório (Acton, p. 444). É claro que, se Hegel quis dizer que a lei da não-contradição (v. primeiros princípios) não se aplica a todas as alegações da verdade, então sua teoria era incoerente.

O argumento transcendental. Seguindo a prática de Kant, Hegel argumentava transcendentalmente, apesar de acreditar que isso resultava em absolutos no conteúdo e na forma de conhecimento. Ele acreditava que havia duas opções: realismo e transcendentalismo. Isto é, podemos ignorar Kant e voltar ao realismo ingênuo ou ampliar Kant e desenvolver um transcendentalismo (v. transcendental, argumento). Ele escolheu a segunda. Como Kant, acreditava que formas *a priori* na mente garantem a certeza. Ao contrário de Kant, no entanto, Hegel julgava que mesmo o conteúdo nosso conhecimento é absoluto. Argumentou que o conhecimento parcial (relativo) é impossível porque pressupõe conhecimento do todo (o absoluto).

O processo transcendental de conhecer começa com o conhecimento tal como se nos apresenta (nos fenômenos de nossa experiência) e depois continua até encontrar suas condições necessárias. O teste do conhecimento é consistência e coerência. Mas nosso conhecimento não pode persistir a não ser que esteja baseado em alguma forma maior de conhecimento. E a regressão não pode ser infinita (senão não saberíamos nada). Portanto, eventualmente devemos chegar ao conhecimento absoluto, que é a confirmação de todo o outro (conhecimento inferior).

Visão de Hegel sobre Deus. *Provas da existência de Deus.* Hegel acreditava que havia vencido as objeções de KANT para a existência de Deus (v. DEUS, OBJEÇÕES ÀS PROVAS DA SUA EXISTÊNCIA). Numa série de palestras, defendeu o ARGUMENTO ONTOLÓGICO para a existência de Deus (v. Acton, p. 449).

Panteísmo evolucionário. A metafísica de Hegel é um tipo de PANTEÍSMO evolucionário realizado no processo histórico. Também pode ser considerada uma forma de PANENTEÍSMO, já que há uma bipolaridade de Deus e do mundo. De qualquer forma, a história é o conjunto "dos passos" de Deus na areia do tempo. Ou melhor, a história é a revelação de Deus no mundo temporal. É a conquista progressiva do mundo pelo Espírito Absoluto.

Metafísica dialética. A METAFÍSICA de Hegel é um exemplo de como sua dialética funcionava. Primeiro, ele começa com a lógica, que pressupõe a idéia eterna. Essa é a mais vazia de todas as noções, desprovida de conteúdo. Representa Deus como ele é em sua essência eterna antes da criação do espírito finito.

A seguir, há a filosofia da natureza. Essa é a criação sem Deus. Mas a criação deve estar relacionada a Deus. Então como podem esses dois ser conciliados?

A resposta de Hegel está na filosofia do espírito, em que há uma dualidade vencedora. Os dois pólos de dualidade são Deus e o mundo. Hegel acreditava que Deus e o mundo devem ser unidos e, assim, abrir mão de suas identidade separadas. Essa é uma idéia básica do panenteísmo mais recente de Alfred North WHITEHEAD. O ponto de contato está no homem, que é o tradutor entre natureza e espírito. Logo, o homem tem a espiritualidade de Deus e o materialismo do mundo.

Essa vitória divide-se em três fases: espírito subjetivo, espírito objetivo e Espírito Absoluto (Deus). No espírito subjetivo, a dualidade entre sujeito e objeto é vencida. Hegel começa com o homem consciente (a dimensão espiritual). Depois passa para o homem corporal (a dimensão material). Finalmente, volta-se para o homem integrado, ser autoconsciente (a dimensão ética).

No espírito objetivo a distinção entre sujeitos é vencida. Tudo é parte da unidade maior — o espírito humano. Portanto, no homem como um todo a dualidade é vencida à medida que o todo se posiciona acima das partes e as une. Em resumo, não há Deus separado da natureza. Deus é dependente da natureza.

A visão de Hegel do cristianismo. *A encarnação.* Hegel considerava o cristianismo (luteranismo) a religião absoluta, a manifestação mais elevada do Absoluto até então. Isso é manifesto especialmente na encarnação de Deus em Cristo, na qual Deus apareceu na terra num homem específico numa época específica. Aqui o Infinito se identifica com o finito.

O centro da religião é a encarnação. O Espírito Absoluto é onde a dualidade entre Deus e homem é vencida. Isso é feito em três fases: arte, religião e filosofia. A arte é apenas uma manifestação limitada (em imagens) do Absoluto. A religião realiza uma manifestação mais elevada do Espírito Absoluto na verdadeira liberdade revelada em símbolos. Então, a essência da religião é a cristologia — o Deus-homem que morreu e ressuscitou. Quando ele morreu, Deus e o homem morreram. Porém, quando ressuscitou, nem Deus nem o homem ressuscitaram, mas o Espírito Absoluto em que Deus e o homem se uniram.

Hegel acreditava que a manifestação mais elevada do Absoluto está na filosofia. É a Idéia eterna, a epítome, o mais completo de todos os conceitos. Essa é apenas a "categoria" mais elevada de todo pensamento e existência, não o ponto mais elevado de realização. Jamais poderemos "alcançar" o Espírito Absoluto, ele sempre desaparece, deixando apenas a longa estrada do argumento que leva a ele. Logo, enquanto Deus se torna homem na religião, o homem se torna Deus na filosofia.

A Trindade. A conciliação final do Infinito e do finito, de Deus e do homem, é encontrada na Trindade. Pois Deus existia antes do mundo como Pai, foi manifesto na sua encarnação no mundo como Filho e como aquele que reconcilia Deus e mundo no Espírito Santo. Assim, apesar de Deus não poder existir sem negação e opostos, ambos são finalmente conciliados na Trindade.

Visão de Hegel da Bíblia. *Um começo anti-sobrenaturalizado da vida de Cristo.* Numa tentativa inicial de escrever uma biografia de Jesus, Hegel apresentou uma visão anti-sobrenaturalizada de Jesus e formulou os ensinamentos sobre Jesus em termos da ética kantiana, algo que aprendeu do famoso *Religião dentro dos limites da razão pura*, de Kant. Aqui Jesus é retratado por Hegel como ignorante e obscurantista em comparação a Sócrates. Além disso, Jesus não é nascido de uma virgem (v. VIRGINAL, NASCIMENTO). Todos os milagres mencionados são interpretados naturalisticamente. O prefácio do Evangelho de João é reinterpretado de forma a afirmar: "A Razão Pura incapaz de qualquer limitação é a própria Divindade".

Mais tarde, em *O espírito do cristianismo e seu destino*, Hegel comparou a ética evangélica do amor a duas éticas da lei, a judaica e a kantiana, mas nunca abandonou nem seu anti-sobrenaturalismo nem sua visão dos Evangelhos centrada na moralidade. Hegel também reinterpretou em termos de tragédia grega as histórias da morte redentora e ressurreição de Cristo encontradas no Evangelho.

Em *A positividade da religião cristã*, Hegel diz que, ao afirmar ser o Messias, Jesus estava apenas usando a linguagem do seu ouvinte, uma forma de TEORIA DA ACOMODAÇÃO. Em vez de reverenciá-lo por seu ensinamento sobre virtude, reverenciaram seu ensinamento sobre virtude por causa dos milagres que supostamente realizara. Aqui Hegel argumenta que a religião grega foi vencida pelo cristianismo porque "o despotismo dos imperadores romanos havia expulsado o espírito humano da terra e espalhado a miséria que obrigava os homens a buscar e esperar felicidade no céu". Então, "roubado da liberdade, seu espírito, seu elemento eterno e absoluto, foi forçado a se refugiar na divindade". Dessa maneira, a objetividade de Deus é um complemento da corrupção e escravidão do homem (*Primeiros escritos teológicos*, p. 162-3).

Transcendentalismo posterior de Hegel (PANTEÍSMO). Mais tarde, em sua *Enciclopédia*, dominado por seu idealismo transcendental (i.e., panteísmo evolucioná-rio), Hegel foi um revisionista radical da verdade literal e histórica da morte e ressurreição de Cristo. O centro da religião revelada é a cristologia: Jesus Cristo é o Deus-homem. Como tal, morreu na cruz; portanto, Deus e o homem morreram ali. A ressurreição não foi nem de Deus nem do homem. Mas na ressurreição Deus e homem uniram-se em Espírito Absoluto. Logo, no panteísmo desenvolvimentista de Hegel é encontrada a manifestação mais elevada do Espírito Absoluto.

Interpretação das Escrituras. Toda Escritura deve ser interpretada em termos de Espírito Absoluto, que Hegel identifica como o Espírito Santo. Ao interpretar as Escrituras, devemos evitar o liberalismo e o racionalismo. O verdadeiro entendimento é baseado no Espírito. Crenças ortodoxas devem ser reinterpretadas à luz da interpretação (panteísta) de Hegel acerca do Espírito triunfando sobre todo literalismo. Ele cita 2 Coríntios 3.6: "A letra mata, mas o Espírito vivifica". Com isso, a teologia é convertida em filosofia — filosofia hegeliana.

Influência de Hegel sobre outros. Hegel teve uma enorme influência sobre os que o seguiram. Isso inclui o ATEÍSMO de Ludwig FEUERBACH, que argumentou que "Deus" é o auto-entendimento do homem. O professor Winfried Corduan divide os seguidores em esquerda, centro e direita. Na esquerda estão os que acreditam que o pensamento de Hegel leva sistematicamente ao ateísmo impessoal. Na direita estão aqueles que interpretam a filosofia de Hegel num sentido teológico. No centro estão os que acreditam que a crença central no Espírito Absoluto permite a religião. Isso inclui Bruno Bauer, Ludwig Feuerbach e Karl Marx (v. Corduan).

Influência de Hegel sobre o ateísmo. Hegel teve uma influência significativa sobre o ateísmo moderno. Vários jovens hegelianos de esquerda foram seus alunos, inclusive Karl MARX, com seu MATERIALISMO DIALÉTICO derivado de sua má interpretação da "dialética" de Hegel. Friedrich NIETZSCHE, Thomas ALTIZER e os teólogos da "Morte de Deus" foram influenciados pela afirmação de Hegel de que Deus e o homem morreram na morte de Cristo.

Influência de Hegel sobre o EXISTENCIALISMO. Hegel influenciou existencialistas de vários tipos: teístas, ateus, panteístas e panenteístas. Apesar de sua rejeição clara a grande parte das teorias de Hegel, o existencialismo teísta de Søren KIERKEGAARD depende da idéia de Hegel de que a essência da consciência é liberdade; de que a verdade é vivida, não conhecida (práxis); de que a existência é um processo concreto e dinâmico; e de uma avaliação realista da posição infeliz do indivíduo no processo da história. Da mesma forma, o existencialismo ateísta de Jean-Paul SARTRE também depende das idéias hegelianas de que a consciência é negatividade (liberdade absoluta); de que a pessoa é condenada a nunca se conhecer; e de que o homem impõe significado às coisas. A fenomenologia de Husserl está baseada no método fenomenológico (descritivo) usado por Hegel para analisar a experiência humana. E o EXISTENCIALISMO panteísta de Martin Heidegger é derivado do hegelianismo.

Influência de Hegel sobre a moderna crítica bíblica. De interesse especial para a apologética cristã é a influência significativa de Hegel sobre a CRÍTICA NEGATIVA DA BÍBLIA. Por exemplo, seguindo Hegel, F. C. Baur e sua escola de Tübingen afirmaram que a tensão do século I entre a forma judaica do cristianismo de Pedro oposta à forma antijudaica de Paulo foi conciliada no

Evangelho de João no século II (v. Novo Testamento, datação de). E a versão anti-sobrenaturalista de David Strauss sobre a vida de Cristo parte da idéia hegeliana de que a realidade espiritual é maior que a histórica. Logo, como Rudolph Bultmann afirmaria mais tarde: o cristianismo é mito (v. mitologia e o Novo Testamento).

Influência de Hegel sobre a hermenêutica. Da mesma forma, o panteísmo místico de Martin Heidegger e a hermenêutica desenvolvida por Bultmann e Gadamer baseiam-se na ênfase de Hegel nas interpretações espirituais das Escrituras. Isso deu origem à "nova hermenêutica", que é toda subjetiva.

Avaliação do pensamento de Hegel. Do ponto de vista apologético, o sistema de pensamento de Hegel tem aspectos positivos e negativos. Primeiro, alguns elementos positivos serão rapidamente observados.

Valores positivos. Sem elaboração (que é feita em outros artigos anotados), Hegel afirmou o valor da metafísica; da verdade absoluta (v. verdade, natureza absoluta da); de uma visão cristã linear da história; da compreensão dos seres humanos nas suas situações de vida concretas; da liberdade humana (v. livre-arbítrio); de uma dimensão *a priori* do conhecimento (v. primeiros princípios); de um argumento transcendental; e outras coisas.

Crítica negativa. Apesar dos valores positivos de Hegel, sua filosofia geral tem tido um efeito negativo sobre o cristianismo ortodoxo. Alguns deles incluem seu panteísmo ou panenteísmo, seja qual for o caso; sua negação do realismo (v.); seus fundamentos para a crítica da Bíblia; seu anti-sobrenaturalismo (v. milagres), que envolve a negação da ressurreição física (v. ressurreição, evidências da); sua idéia de que determinação é por negação (v. analogia, princípio da); sua interpretação "espiritual", que antecipa o pós-modernismo e a desconstrução de Jacques Derrida e outros (v. tb. misticismo); e sua incapacidade de basear o conhecimento num Deus imutável, minando assim a verdade absoluta que afirmava (v. verdade, natureza da).

Fontes

H. B. Acton, "Hegel, Georg Wilhelm Friedrich", em *The encyclopedia of philosophy* (v. 3).

J. Collins, *A history of modern Western philosophy.*

W. Corduan, "Transcendentalism: Hegel", em N. L. Geisler, *Biblical errancy: its philosophical roots.*

G. W. F. Hegel, *Earthly theological writings.*

___, *Enciclopédia das ciências filosóficas.*

___, *A razão na história.*

___, *Fenomenologia do espírito.*

___, *Lições sobre a filosofia da história.*

___, *Filosofia da natureza.*

___, *Lições sobre a filosofia da religião.*

S. Kierkegaard, *Either/or.*

G. E. Meuller, "The Hegel legend of thesis, a*ntithesis-synthesis*", *Journal of History of Ideas* 19, no. 3 (1958).

A. V. Miller, *Hegel's phenomenology of spirit.*

H. Sterling, *The secrets of Hegel.*

Heisenberg, princípio da incerteza de. V. indeterminação, princípio da.

helênicos, salvadores. V. apoteose; histórias de nascimentos divinos; mitraísmo; ressurreição em religiões não-cristãs, afirmações de.

henoteísmo. *Henoteísmo* é um tipo de politeísmo que acredita que há um deus supremo entre os muitos deuses que existem, como Zeus no politeísmo grego. Isso não deve ser confundido com teísmo ou monoteísmo (v. monoteísmo primitivo), que acredita que há apenas um Deus supremo e nenhum outro deus.

heteus (hititas), problema dos. Gênesis afirma que Hete foi o progenitor dos heteus (ou hititas), cujo reino surgiu onde hoje se encontra a Turquia. Entretanto, de acordo com algumas evidências arqueológicas, os heteus não se tornaram uma força proeminente no Oriente Médio até o reino de Mursílis I, por volta de 1620 a.C. Foi Mursilis quem conquistou a Babilônia em 1600 a.C.

Contudo, várias vezes em Gênesis 23 faz-se referência ao encontro de Abraão com os filhos de Hete, que controlavam Hebrom por volta de 2050 a.C. Como os heteus poderiam ter controlado Hebrom tanto tempo antes de se tornarem uma força significativa na área?

Tabuinhas cuneiformes foram encontradas descrevendo conflitos em Anatólia (Turquia) entre principados heteus de 1950 a 1850 a.C. aproximadamente. Mesmo antes desse conflito, havia naquela região uma raça de não-indo-europeus chamada hati. Essas pessoas foram subjugadas por invasores por volta de 2300 a 2000 a.C. Os invasores indo-europeus adotaram o nome hati. Em algumas línguas semitas como o hebraico, *hate* e *hete* seriam escritos com as mesmas letras. Só as consoantes eram escritas, não as vogais.

Na época de Ramessés II, no Egito, a força militar dos heteus foi suficiente para precipitar um pacto de não-agressão entre o Egito e o Império Heteu, estabelecendo uma fronteira entre eles. Nessa época o Império Heteu chegava até Cades, no rio Orontes (atual Asi). Entretanto, evidências adicionais indicam que os heteus realmente penetraram mais ao sul, na Síria e Palestina.

Apesar de o reino hitita não ter atingido seu apogeu até a segunda metade do século XIV, há evidência satisfatória para substanciar a presença significativa dos heteus de modo suficiente para que controlassem Hebrom na época de Abraão.

Fontes

C. E. A. Hittites, em *Dictionary of biblical archaeology*.
N. L. GEISLER & T. HOWE, *Manual popular de dúvidas, enigmas e "contradições" da Bíblia*
G. L. ARCHER, Jr., *Enciclopédia de temas bíblicos*.
O. R. GURNEY, *The hittites*.
E. NEUFIELD, *The hittite laws*.

Hick, John. *A vida e obras de Hick.* Um dos filósofos da religião mais importantes do final do século XX. Suas obras literárias e influência têm sido uma grande força contra o cristianismo ortodoxo em vários momentos críticos. Isso inclui as questões da existência de Deus, do problema do mal, do destino dos seres humanos e da divindade de Cristo.

As posições de Hick. Hick defende firmemente o PLURALISMO e o UNITARISMO. Sua teodicéia (v. MAL, PROBLEMA DO) envolve o UNIVERSALISMO e o REENCARNACIONISMO. Todas estas posições, inclusive as de Hick, são discutidas em outros artigos. As principais obras de Hick são alistadas a seguir.

Fontes

A. D. CLARKE e B. HUNTER, orgs., *One God, one Lord: Christianity in a world of religious pluralism*.
D. GEIVETT, *Evil and the evidence for God: the challenge of John Hick's theology*.
D. GEIVETT, et al., em DENNIS OKHOLM et al., *More than one way? Four views on salvation in a pluralistic world*.
K. GNANAKAN, *The pluralistic predicament*.
J. HICK, *Death and eternal life*.
___, *An interpretation of religion*.
___, *The metaphor of God incarnate: christology in a pluralistic age*.
___, "A pluralist's view?", em DENNIS OKHOLM et al., *More than one way? Four views on salvation in a pluralistic world*.
A. MCGRATH, "The challenge of pluralism for the contemporary Christian church", *Journal of the Evangelical Theological Society* (Sept. 1992).
___, "Response to John Hick", em DENNIS OKHOLM et al., *More than one way? Four views on salvation in a pluralistic world*.
R. NASH, *Is Jesus the only savior?*
H. NETLAND, *Dissonant voices: religious pluralism and the question of truth*.
D. OKHOLM, et al, *More than one way? Four views on salvation in a pluralistic world*.

hinduísmo vedanta. O *hinduísmo* representa uma categoria ampla de crenças religiosas, a maioria das quais é panteísta (v. PANTEÍSMO) ou panenteísta (v. PANENTEÍSMO). Uma das formas mais antigas de panteísmo é encontrada na última parte dos *Vedas*, as escrituras hindus. Essa parte final é chamada *Upanixades*. Pelo fato de os *Upanixade* virem no final de cada um dos quatro *Vedas*, foram chamados VEDANTA, que significa fim ou objetivo do *Veda*.

Portanto, quando um hindu moderno fala do *Vedanta*, ele quer dizer as duas coisas: as escrituras mencionadas, que são para ele a última parte dos *Vedas*, e ao mesmo tempo a razão última para a existência dos Vedas, sua culminação perfeita — numa palavra, sua sabedoria mais elevada (Prabhavananda, *Spiritual heritage*, p. 39).

O autor e a data dos *Upanixades* são desconhecidos. Consistem nas experiências registradas de sábios hindus (ibid., p. 39,40). Os *Upanixades*, juntamente com o *Bhagavad-Gita*, formam a base do hinduísmo vedanta, que é um exemplo clássico de panteísmo (v. tb. MONISMO; UM E MUITOS; PROBLEMA DE; PARMÊNIDES; PLOTINO).

O conceito vedanta sobre Deus. Nem todas as formas de hinduísmo acreditam num Deus impessoal. O hinduísmo bhakti não acredita. Nem o Hare Krishna. Mas o panteísmo vedanta ensina que só Deus (Brahman) existe. Esse Deus é ao mesmo tempo infinito em forma, imortal, imperecível, impessoal, onipresente, supremo, imutável, absoluto e indivisivelmente, mas também nada disso. Pois Deus está além de todo pensamento e palavra:

O olho não o [Brahman] vê, nem a língua expressa, nem a mente compreende. Nem o conhecemos nem podemos ensinar. Ele é diferente do conhecido e [...] do desconhecido. Quem realmente conhece Brahman o conhece como além do conhecimento; quem acredita que o conhece, não o conhece. Os ignorantes pensam que Brahman é conhecido, mas os sábios sabem que ele está além do conhecimento [v. *Upanixades*, p. 30,1].

Brahman é inexprimível e indefinível. Nada pode ser realmente dito ou pensado sobre ele. Isso é ilustrado graficamente pelo filósofo hindu Sankara no comentário sobre *os Upanixades*: "'Senhor', disse um aluno ao seu mestre, 'ensina-me a natureza de Brahman'. O mestre não respondeu. Quando foi importunado pela segunda e terceira vez, respondeu: 'Eu te ensinarei, mas tu não seguirás. Seu nome é silêncio'" (Prabhavananda, *Spiritual heritage*, p. 45).

O conceito vedanta sobre o mundo. O panteísmo vedanta também ensina que tudo é Deus e Deus é tudo.

Há apenas uma realidade. O mundo que vemos, ouvimos, tocamos, degustamos e cheiramos não existe realmente. Ele parece existir, mas na verdade é uma ilusão, ou *maya*. O universo que percebemos é como andar por uma floresta densa à noite e ver o que parece ser uma cobra. Mas, quando voltamos para o mesmo lugar à luz do dia, vemos que a cobra era na verdade uma corda. A corda parecia uma cobra, porém na realidade não era uma cobra. Assim como a cobra *parecia* existir, o universo *parece* existir, mas na verdade não existe. O universo, pelo contrário, é *maya*, uma ilusão sobreposta à verdadeira realidade, Brahman.

Como os *Upanixades* afirmam: "Somente Brahman existe — nada mais existe. Quem vê o universo complexo, e não a realidade única, passa de morte em morte" (Prabhavananda, *Upanixades*, p. 21). "Medite, e perceberá que mente, matéria e *maya* (o poder que une mente e matéria) são apenas três aspectos de Brahman, a realidade única" (ibid., p. 119).

O conceito vedanta sobre a humanidade. O panteísmo vedanta diz que a humanidade é Brahman. *Maya*, ou o universo ilusório, fez-nos pensar que cada pessoa é um indivíduo no universo. Mas, se a pessoa pudesse eliminar o *maya* dos seus sentidos e mente e meditar no Ser verdadeiro (Átmã), chegaria à conclusão de que Átmã é Brahman, a única realidade. A profundidade da alma da pessoa é idêntica à profundidade do universo.

Depois de alcançar o Brahman, um sábio declarou: "Eu sou a vida [...] estou estabelecido na pureza de Brahman. Alcancei a liberdade do Ser. Sou Brahman, auto-iluminado, o tesouro mais brilhante. Sou dotado de sabedoria. Sou imortal, imperecível" (ibid., p. 54).

O conceito vedanta sobre a ética. De acordo com o panteísmo vedanta, as pessoas devem transcender o mundo da ilusão para descobrir o Ser verdadeiro (Prabhavananda, *Spiritual heritage*, p. 55). Isso é alcançado ao ir além do bem e do mal. "Quando o observador contempla o Fulgente, o Senhor, o Ser Supremo, então, transcendendo o bem e o mal, e liberto de impurezas, une-se a ele" (*Upanixades*, p. 47). Quando uma pessoa se une a Brahman, ele não será mais perturbado por pensamentos como "Fiz uma coisa ruim" ou "Fiz uma coisa boa". Pois ir além do bem e do mal é não se preocupar mais com o que foi feito (ibid., p. 111). É tornar-se independente das ações do passado pessoal (ou de outra pessoa), presente ou futuro. Até os resultados de quaisquer ações serão vistos com indiferença. "Quando teu intelecto libertar-se das suas ilusões, ficarás indiferente aos resultados de toda ação, presente ou futura" (Prabhavananda, *Bhagavad-Gita*, p. 41).

Esse impulso em direção à indiferença a qualquer ação é explicado mais claramente em *Bhagavad-Gita*. No *Gita*, um longo diálogo ocorre entre Krishna, uma manifestação de Brahman, e seu amigo e discípulo, Arjuna. Arjuna fala com Krishna sobre sua relutância em lutar contra um povo no meio do qual tem muitos amigos. Ele pergunta a Krishna como poderia ser justificado o assassinato de seus amigos. Krishna diz a Arjuna que ele precisa libertar-se dos frutos de suas ações, não importa quais sejam. Krishna afirma o seguinte:

> Aquele cuja mente se encontra
> Longe de qualquer vínculo,
> Não corrompido pelo ego,
> Nenhuma ação o limitará
> Com qualquer grilhão:
> Mesmo que assassine esses milhares
> Não será assassino (ibid., p. 122).

Krishna explica a Arjuna que esse estado de união com Brahman pode ser alcançado por um ou pela combinação qualquer dos seguintes caminhos:

1. *Raga yoga* — o caminho da união por meio da meditação e controle mental;
2. *Karma yoga* — o caminho da união por meio do trabalho;
3. *Jnana yoga* — o caminho da união por meio do conhecimento; ou
4. *Bhakti yoga* — o caminho da união por meio do amor e da devoção (Prabhavananda, *Spiritual heritage*, p. 98, 123-9).

Mas qualquer caminho deve ser acompanhado por desprendimento ou indiferença a qualquer ação. Só assim o bem e o mal serão transcendidos e a união com Brahman, alcançada.

O destino humano. Perceber a unidade com Brahman é essencial no panteísmo vedanta, pois sem essa consciência a pessoa está condenada para sempre ao ciclo de *samsara*. Samsara é o ciclo do tempo e desejo, ou nascimento, morte e renascimento (v. REENCARNAÇÃO). É o ciclo ao qual tudo no mundo de ilusão está preso. E *samsara* "em si está sujeito e condicionado pela causa infinita, o *darma* do universo" (Corwin, p. 22).

A vida da pessoa também é determinada pela lei do *carma* ou ação. Essa é a lei moral do universo. Huston Smith explica que *carma* é "a lei moral de causa e efeito". É absolutamente comprometedora e não permite exceções. O *carma* diz que toda decisão feita por um indivíduo no presente é causada por todas as decisões anteriores nas vidas passadas, e por sua vez afetará toda decisão futura (Smith, p. 76).

A pessoa cujo *carma* é bom pode seguir um dos dois caminhos possíveis. Quem consegue se libertar do *samsara* — o ciclo de nascimento e renascimento — alcançará os planos mais elevados de existência ou consciência até tornar-se um com o ser divino "no seu aspecto impessoal e, assim, chegar finalmente ao término da sua jornada" (*Spiritual heritage*, p. 70).

Quem fez o bem, mas não o suficiente para se livrar do *samsara*, irá "para um ou outro céu, onde gozará dos frutos das suas boas obras que fez no corpo [...] e quando esses frutos se acabarem, nascerá de novo, isto é, reencarnará" na terra num "novo corpo adequado a um nível de existência novo e superior" (ibid., p. 70-1). Se o *carma* da pessoa é em grande parte mau, ela "vai para as regiões dos perversos para comer ali os frutos amargos das suas obras. Quando esses frutos se acabarem, ela também retornará à terra" reencarnada (ibid., p. 71).

Com relação à lei do *carma* e ao ciclo do *samsara*, "é na terra que o homem determina seu destino espiritual e alcança sua realização final" (ibid.). A salvação depende apenas dos esforços pessoais. Estados superiores de existência oferecem recompensas de felicidade e estados inferiores são castigos que cada pessoa alcança para si. "A história de um indivíduo específico, o número de vezes que passa por renascimento, ou reencarnação, como é chamada, depende totalmente da qualidade da sua vontade, do esforço moral que exerce" (ibid., p. 27) (v. INFERNO).

No final, toda a humanidade alcançará libertação do *samsara* e a união com *Brahman*. Algumas pessoas poderão voltar à terra várias vezes, mas certamente alcançarão sua salvação. Como Prabhavananda diz: "Os *Upanixades* não conhecem a condenação eterna — e esse também é o caso de toda!s as outras escrituras hindus" (ibid., p. 71 [v. INFERNO]).

O panteísmo vedanta é o panteísmo absoluto do Oriente. O hinduísmo ficou mais popular e aceito no Ocidente por causa de grupos religiosos e práticos como a Meditação Transcendental e a Sociedade Internacional pela Consciência de Krishna. O panteísmo vedanta é um monismo absoluto, declarando que Deus é tudo e tudo é Um.

Avaliação. Como outras cosmovisões, o MONISMO tem dimensões positivas e negativas. Apesar de sua posição de realidade suprema estar errada, o hinduísmo vedanta pode ser recomendado por sua busca pelo conhecimento da verdadeira realidade. A realidade vai muito além do mundo que nossos sentidos percebem.

O desejo de negar todas as limitações da verdadeira realidade também é bom. A verdade não pode ser limitada pela sensações ou percepções humanas. O hinduísmo luta com o problema básico do mal (v. MAL, PROBLEMA DO). Reconhece que o mal deve ser explicado e combatido.

Já que o hinduísmo vedanta é uma forma de monismo e panteísmo, é avaliado em outros artigos.

Seu erro metafísico básico está na rejeição à analogia da existência (v. ANALOGIA). Nem toda existência é unívoca — a mesma coisa. Há um Ser Infinito e há seres finitos, e estes são tipos diferentes de seres. Há uma analogia de existência.

Da mesma forma, a negação da realidade do mal é uma forma clássica de ILUSIONISMO. Mas quem não sabe o que é real, não pode saber que o mundo é uma ilusão. Conhecer o real é pré-requisito para conhecer o que não é real.

Para manter o panteísmo absoluto, os monistas devem negar a validade do conhecimento sensorial. Os sentidos nos dizem que há muitas coisas e que elas são físicas. O monista deve negar essas duas informações sobre a realidade. Mas a negação de todo conhecimento sensorial é incoerente. Não é possível saber que os sentidos enganam sem confiar neles para fazer tal afirmação. Vemos um galho torto na água e sabemos que nossos sentidos estão nos enganando. Como sabemos que o galho é realmente reto? Devemos usar nossos sentidos. O sentido da visão nos diz como ele parece ser quando está fora da água e o tato nos permite sentir como ele é dentro da água.

Os monistas esperam que confiemos em nossos sentidos quando olhamos para seus livros ou ouvimos as suas palestras para que as entendamos. Não reconhecem que, apesar do conhecimento ser mais que sensação, ele começa com a sensação. Tudo na mente passou primeiro pelos sentidos, exceto a própria mente. Portanto, conhecemos mais que sensações, mas não conhecemos o mundo sem sensações. As sensações são básicas para toda compreensão da realidade.

Epistemologicamente, o hinduísmo monista está sujeito a várias críticas feitas também ao AGNOSTICISMO. É contraditório, pois usa as leis básicas do pensamento para expressar suas teorias sobre o que afirma ser inexprimível. Usa primeiros princípios na sua rejeição aos primeiros princípios e à realidade finita.

A ética do hinduísmo vedanta é uma forma de relativismo, já que nega que haja absolutos morais (v. MORALIDADE, NATUREZA ABSOLUTA DA). Isso também é contraditório. Não é possível evitar todos os absolutos morais sem afirmar o absoluto moral de que não há absolutos morais. A afirmação de que a pessoa "deve" evitar absolutos é um "dever" moral em si. Não é possível afirmar que a verdadeira realidade está além do bem e do mal a não ser que haja um princípio moral absoluto pelo qual medir o bem e o mal. Nesse caso, no entanto, há um padrão moral absoluto.

Fontes

Bhagavad-Gita, Prabhavananda, trad., com C. Usherwood.

D. Clark e N. L. Geisler, *Apologetics in the New Age*.

C. Corwin, *East to Eden? Religion and the dynamics of social change*.

N. L. Geisler e W. Watkins, *Worlds apart: a handbook on world views*.

H. P. Owen, *Concepts of deity*.

Prabhavananda, *The spiritual heritage of India*.

S. Radhakrishnan, *The hindu view of life*.

___, *The principle Upanishads*.

H. Smith, *The religions of man*.

The Upanishads: breath of the eternal, Prabhavananda, F. Manchester, trad.

história, objetividade da. O argumento geral em defesa do cristianismo (v. apologética, argumento da) é baseado na historicidade dos documentos do NT (v. Novo Testamento, manuscritos; Novo Testamento, historicidade do). Mas isso, por sua vez é baseado na afirmação de que a história é objetivamente cognoscível. Já que tal fato é desafiado fortemente pelos historiadores contemporâneos, é necessário refutar essa afirmação para assegurar a defesa do cristianismo.

Objeções à história objetiva. Muitos argumentos foram levantados contra a posição de que a história é objetivamente cognoscível. A discussão aqui apresentada segue em linhas gerais o excelente resumo encontrado na tese não publicada de mestrado de William L. Craig (v. Craig). Há pelo menos dez argumentos contra a objetividade da história a serem examinados (v. Beard, p. 323-5).

Se esses argumentos forem válidos, isso impossibilitará a comprovação do cristianismo por meio de um método histórico. Esses dez argumentos dividem-se em quatro categorias maiores: metodológica, epistemológica, axiológica e metafísica.

Objeções epistemológicas. A *epistemologia* lida com o método de obtenção do conhecimento, e o relativista histórico contende que as próprias condições pelas quais alguém chega a conhecer a história são tão subjetivas que é impossível obter conhecimento objetivo da história. Três objeções principais são dadas.

A não-observabilidade da história. Os subjetivistas históricos argumentam que a substância da história, ao contrário da estudada pela ciência empírica, não é diretamente observável. O historiador não lida com eventos passados, mas com afirmações sobre eventos passados. Esse fato capacita o historiador a lidar com fatos de forma imaginativa. Fatos históricos, insistem eles, só existem na mente criativa do historiador. Os documentos não contêm fatos, mas são, sem o entendimento do historiador, meras linhas de tinta no papel.

Além disso, uma vez que o evento tenha acontecido, ele nunca mais poderá ser completamente recriado. O historiador deve atribuir significado ao registro fragmentado de segunda mão. "O evento em si, os fatos, não dizem nada, não dão nenhum significado. É o historiador que fala, que impõe um significado" (Becker, *What are historical facts?*, p. 131).

Duas razões permitem ao historiador apenas um acesso indireto ao passado. Primeira, o mundo do historiador é composto de registros, e não de eventos. É por isso que o historiador se vê limitado a oferecer apenas um "retrato restaurado" do passado. Nesse sentido, o passado é na verdade um produto do presente. Segunda, o cientista pode testar sua teoria, ao passo que a experiência não é possível com eventos históricos. O cientista empírico tem a vantagem da repetição; pode sujeitar suas teorias à falsificação. O historiador não pode. O evento histórico não observável não pode mais ser comprovado; faz parte do passado desaparecido para sempre. Portanto, o que a pessoa acredita sobre o passado não será mais que uma reflexão da imaginação. Será uma construção subjetiva nas mentes dos historiadores atuais, mas não se pode esperar que seja a representação objetiva do que realmente aconteceu.

A natureza fragmentária dos registros históricos. Na melhor das hipóteses o historiador pode esperar a totalidade da documentação, mas a totalidade dos eventos nunca é possível. Os documentos cobrem no máximo uma fração dos eventos (Beard, p. 323). Com base apenas em documentos fragmentários não se pode tirar conclusões finais e totais de maneira válida. Os documentos não apresentam os eventos, mas apenas sua interpretação mediada pelos autores. No máximo, temos o registro fragmentado do que alguém pensou que aconteceu. Assim, "o que realmente aconteceu ainda teria de ser reconstruído na mente do historiador" (Carr, p. 20). Pelo fato de os documentos serem tão fragmentados e os eventos tão distantes, a objetividade torna-se uma ilusão para o historiador. Pouquíssimas peças do quebra-cabeça permanecem, e os retratos parciais das poucas peças sobreviventes só sugerem a mente de quem deixou as peças.

Os historiadores são historicamente condicionados. Os relativistas históricos insistem em que o historiador é produto de seu tempo e está sujeito à programação inconsciente. É impossível afastar-se e observar a história objetivamente porque o observador é parte do processo histórico. A síntese histórica depende da personalidade do escritor bem como do meio social e religioso em que o autor vive (Pirenne, p. 97). Nesse sentido é necessário estudar o historiador antes de poder entender a história do historiador.

Uma vez que o historiador é parte do processo histórico, a objetividade nunca pode ser atingida. A história de uma geração será rescrita pela próxima, e assim por diante. Nenhum historiador pode transcender a relatividade histórica e observar o processo mundial pelo lado de fora (Collingwood, p. 248). Na melhor das hipóteses pode haver interpretações históricas sucessivas, menos que definitivas, cada uma observando a história do ponto de vista da sua geração de historiadores. Não existem historiadores neutros.

Objeções metodológicas. Objeções metodológicas referem-se ao procedimento pelo qual os historiadores fazem seu trabalho. Três objeções metodológicas principais atacam o conceito de que a história é objetiva o suficiente para estabelecer a verdade do cristianismo.

A natureza seletiva da pesquisa. Além do historiador não ter acesso aos eventos e ter de trabalhar com interpretações fragmentárias, o que torna a objetividade mais improvável é que o historiador deve fazer escolhas entre esses relatórios fragmentados. Os historiadores nem chegam a tocar em alguns volumes encontrados nos arquivos (Beard, p. 324). A seleção atual entre os registros fragmentados é influenciada por fatores subjetivos e relativos, inclusive preconceito pessoal, disponibilidade, conhecimento de línguas, crenças pessoais e condições sociais. O historiador torna-se parte inseparável da história escrita. O que é incluído e o que é excluído na interpretação sempre será questão de escolha subjetiva. Não importa quão objetivo seja o historiador, é praticamente impossível apresentar o que realmente aconteceu. Uma "história" não é mais que a interpretação baseada na seleção subjetiva de interpretações fragmentárias de eventos passados e impossíveis de repetir.

Então, argumenta-se, os fatos da história não são óbvios. "Os fatos falam apenas quando o historiador os chama; é ele quem decide a quais fatos dar apoio, e em que ordem ou contexto" (Carr, p. 32). Na verdade, quando os "fatos" falam, não são os eventos originais que são articulados, e sim opiniões fragmentadas posteriores sobre esses eventos. Portanto, pela própria natureza do projeto, o historiador jamais pode esperar objetividade.

A necessidade de estruturar os fatos. O conhecimento parcial do passado torna necessário que o historiador "preencha" as lacunas com sua imaginação. Como uma criança desenha linhas entre os pontos de uma figura, o historiador contrói as conexões entre os eventos.

Sem o historiador, os pontos não são numerados nem organizados de forma óbvia. A imaginação oferece continuidade.

Além disso, o historiador não se contenta em contar apenas o que aconteceu, mas se sente obrigado a explicar por que aquilo aconteceu (Walsh, p. 32). Isso torna a história completamente coerente e inteligível. A boa história apresenta tema e unidade, que são dados pelo historiador. Os fatos por si só não fazem a história, assim como pontos desconexos não fazem uma figura. Aí está, segundo o subjetivista, a diferença entre crônica e história. A primeira é apenas a matéria-prima. Sem a estrutura oferecida pelo historiador, a "substância" da história seria insignificante.

O estudo da história é um estudo de causas. O historiador quer saber *por quê*, para tecer a rede unificada de eventos interligados que forme o todo. Assim, a subjetividade é inevitavelmente interposta. Mesmo que haja alguma semelhança de objetividade na crônica, não há esperança de objetividade na história. A história é, em princípio, não objetiva, pois o que a faz história (ao contrário da simples crônica) é a estrutura interpretativa dada a ela a partir do ponto de vista subjetivo do historiador. Logo, conclui-se que a necessidade da estrutura inevitavelmente impossibilita a objetividade.

A necessidade de selecionar e organizar. O historiador observa indiretamente documentos fragmentados por intermédio da interpretação da fonte original. No processo, a quantidade selecionada de material de arquivos disponíveis é colocada na estrutura interpre-tativa pela utilização da linguagem carregada de valores do próprio historiador dentro da cosmovisão geral. Os eventos foram entendidos do ponto de vista relativo da geração do historiador, e até os tópicos estudados correspondem às preferências subjetivas do pesquisador. As cartas estão marcadas contra a objetividade desde o início. Ao escrever, o historiador, do ponto de vista pessoal, abrange eventos que não se repetem de registros fragmentados de segunda mão quando organiza subjetivamente o material. (Collingwood, p. 285-90).

A seleção e a organização serão determinadas pelos fatores pessoal e social. O produto escrito final evidenciará preconceitos sobre o que foi incluído e o que foi excluído. Carecerá de objetividade pela maneira em que os fatos foram organizados e enfatizados. A seleção será, conforme a estrutura adotada, estreita ou ampla, clara ou confusa. Seja qual for sua natureza, a estrutura reflete a mente do historiador (Beard, p. 150-1). Isso leva o leitor ainda mais longe do conhecimento objetivo do que realmente aconteceu.

Os subjetivistas concluem que as esperanças de objetividade são esmagadas a cada passo do processo.

Uma objeção axiológica (de valor). O historiador não pode deixar de fazer julgamentos de valor (v. VERDADE, NATUREZA DA). Isso, argumentam os relativistas históricos, torna a objetividade inatingível, pois na própria seleção e organização de materiais são feitos julgamentos de valor. Títulos de capítulos e seções implicam valores do escritor.

Como disse um historiador, o próprio material da história está "carregado de valores" (Dray, p. 23). Os fatos da história consistem em assassinatos, opressão e outros males que não podem ser descritos em palavras moralmente neutras. Pelo uso da linguagem comum, o historiador é forçado a impor valores. Se, por exemplo, uma pessoa é chamada de "ditador" ou "governante benevolente", trata-se de um julgamento de valores. Como se pode descrever Adolf Hitler sem fazer julgamento de valores? E se alguém tentasse um tipo de descrição cientificamente neutra dos eventos passados, sem qualquer interpretação afirmada ou sugerida dos propósitos humanos, isso não seria história, mas mera crônica e sem significado histórico.

Não há como o historiador ficar fora da história. Perspectivas e preconceitos serão expressos na linguagem de valores pela qual e através da qual o mundo é visto. Nesse sentido a objetividade é inatingível. Todo escritor inevitavelmente avaliará as coisas de uma perspectiva subjetiva e com palavras escolhidas.

Objeções metafísicas. Três objeções metafísicas foram apontadas contra a crença na história objetiva. Cada uma delas é predicada, teórica ou prática, na premissa de que a cosmovisão afeta o estudo da história.

A inevitabilidade das visões de mundo. Cada historiador interpreta o passado na estrutura geral de uma *Weltanschauung* (cosmovisão). Cada historiador opera a partir de uma das três filosofias da história: 1) a história é um emaranhado *caótico* de eventos sem significado; 2) os eventos da história da humanidade se repetem numa espécie de *ciclo*; 3) os eventos levam a história de forma *linear* a um ponto final (Beard, p. 151). Qual o historiador escolher será uma questão de fé ou de filosofia. Sem que uma visão ou outra seja pressuposta, nenhuma interpretação é possível. As *Weltanschauungen* determinam se o historiador vê os eventos como um labirinto insignificante, uma série de repetições infinitas ou um avanço objetivo. Essas cosmovisões são necessárias e inevitavelmente orientadas por valores. Sem uma COSMOVISÃO, o historiador não pode interpretar o passado; mas a cosmovisão torna a objetividade impossível.

Uma cosmovisão não é gerada pelos fatos. Os fatos não dispensam explicação. Os fatos ganham significado apenas no contexto geral da cosmovisão. Sem a estrutura da cosmovisão, a "substância" da história não tem significado. Agostinho, por exemplo, via a história como uma grande teodicéia, mas W. F. G. Hegel a via como um desdobramento do divino. Não se trata de uma descoberta arqueológica ou factual, mas apenas das pressuposições religiosas ou filosóficas que levaram cada pessoa a desenvolver uma posição. As filosofias orientais da história são ainda mais variadas; envolvem um padrão cíclico em vez de um padrão linear.

Uma vez que se admita a relatividade ou perspectividade de uma cosmovisão em vez de outra, os relativistas históricos insistem em que já se abriu mão de todos os direitos para reivindicar objetividade. Se há maneiras diferentes de interpretar os mesmos fatos, dependendo da perspectiva geral, então não existe interpretação objetiva única da história.

Milagres são supra-históricos. Mesmo supondo que a história *secular* pudesse ser conhecida objetivamente, ainda permanece o problema da subjetividade da história *religiosa*. Alguns escritores estabelecem uma forte distinção entre *Historie* e *Geschichte* (Kahler, p. 63; v. KAHLER, Martin). A primeira é empírica e objetivamente cognoscível até certo ponto; a segunda é espiritual e incognoscível de maneira histórica ou objetiva. Mas como espiritual ou supra-histórica, não há como comprová-la de maneira objetiva. A história espiritual não tem conexão necessária com o contínuo espaço-temporal dos eventos empíricos. É "mito" (v. MILAGRES, ARGUMENTOS CONTRA; MILAGRES, MITO E; MITOLOGIA E O NOVO TESTAMENTO). Oferece significado religioso subjetivo ao seguidor, mas carece de fundamento objetivo. Como a história de George Washington e a cerejeira, *Geschichte* é uma história feita de eventos que provavelmente jamais aconteceram, mas que inspiram os homens a algum bem moral ou religioso.

Se essa distinção for aplicada ao NT, mesmo supondo que a vida e os ensinamentos centrais de Jesus de Nazaré possam ser objetivamente estabelecidos, não há maneira histórica de confirmar a dimensão milagrosa do NT (v. MILAGRES NA BÍBLIA). Milagres não acontecem como parte da *Historie* e, portanto, não estão sujeitos à análise objetiva; são eventos do tipo *Geschichte* e, como tais, não podem ser analisados pela metodologia histórica. Muitos teólogos contemporâneos aceitaram essa distinção. Paul TILLICH afirmou que é "uma distorção desastrosa do significado da fé identificá-la com a crença na validade histórica das histórias bíblicas" (Tillich, p. 87). Mas, como Søren KIERKEGAARD, Tillich acreditava que o importante é que ela evoque a resposta religiosa adequada. Com isso Rudolf Bultmann e Shubert Ogden concordariam, bem como grande parte do pensamento teológico contemporâneo.

Até os que, como Karl Jaspers, opõem-se à visão mais radical de desmitificação de Bultmann, aceitam a distinção entre dimensões espirituais e empíricas de milagres (Jaspers, p. 16-7). Do lado mais conservador dos que mantêm essa distinção está Ian Ramsey. De acordo com Ramsey, "não é suficiente pensar sobre os fatos da Bíblia como 'fatos históricos brutos' para os quais os evangelistas dão 'interpretação' distinta". "Nenhuma tentativa de fazer a linguagem da Bíblia conformar-se com a linguagem pública, precisa e direta — seja essa linguagem científica, seja histórica — foi bem-sucedida." A Bíblia fala sobre situações que os existencialistas denominam "autênticas" ou "existenciais-históricas" (Ramsey, p. 118-9, 122). Sempre há "mais" que o empírico em toda situação religiosa ou milagrosa.

Milagres são historicamente incognoscíveis. A partir do princípio de analogia de Ernst Troeltsch, alguns historiadores passaram a se opor à possibilidade de estabelecer o milagre com base no testemunho sobre o passado. Como discutido mais detalhadamente em milagres, argumentos contra, Troeltsch equacionou o problema desta maneira:

> Com base na analogia dos eventos conhecidos por nós, buscamos por conjectura e entendimento empático explicar e reconstruir o passado [...] já que discernimos o mesmo processo de fenômenos em operação no passado e no presente, e vemos, ali e aqui, os vários ciclos históricos da vida humana influenciando e atravessando uns aos outros.

Sem uniformidade, não poderíamos saber nada sobre o passado, pois sem a analogia com o presente seria impossível. De acordo com esse princípio, alguns argumentam que "nenhuma quantidade de testemunho jamais tem permissão de estabelecer como realidade passada algo que não pode ser encontrado numa realidade presente" (Becker, *Detachment*, 12-3). Se não é possível identificar milagres no presente, não há analogia na qual basear o entendimento de supostos milagres no passado. O historiador, como o cientista, deve adotar o ceticismo metodológico com relação a supostos eventos para os quais não há paralelos contemporâneos. O presente é a base do conhecimento do passado. Como F. H. Bradley disse:

> Vimos que a história se baseia no último recurso sobre a dedução de nossa experiência, julgamento baseado no nosso estado atual [...]; quando nos pedem para afirmar a existência de eventos no passado, os efeitos das causas que reconhecidamente não têm analogia no mundo em que vivemos, e que conhecemos, ficamos sem nenhuma resposta além desta, que [...] temos de construir uma casa sem alicerce [...] E como podemos tentar isso sem entrar em contradição? (Bradley, 100).

Uma resposta ao relativismo histórico. Apesar dessas fortes objeções à possibilidade da objetividade histórica, a questão não está de forma alguma encerrada. Há falhas na posição dos relativistas históricos. As respostas dadas estão na ordem das objeções acima.

O problema do acesso indireto. Se por *objetivo* queremos dizer conhecimento absoluto, então nenhum historiador humano pode ser objetivo. No entanto, se *objetivo* significa "uma apresentação justa mas passível de revisão que homens e mulheres racionais devem aceitar", então a porta está aberta para a possibilidade de objetividade. Nesse último caso, a história é tão objetiva quanto algumas ciências (Block, p. 50). A paleontologia (geologia histórica) é considerada uma das ciências mais objetivas. Ela lida com fatos físicos e processos do passado. Mas os eventos representados pelas descobertas fósseis não são mais diretamente acessíveis aos cientistas ou *mais repetíveis* que eventos históricos para o historiador. Há algumas diferenças. O fóssil é uma impressão mecanicamente verdadeira do evento original, e a testemunha ocular da história pode ser menos precisa. Entretanto, processos naturais também podem prejudicar a impressão fóssil. Pelo menos se a pessoa puder determinar a integridade e a confiabilidade da testemunha ocular, não se pode eliminar a possibilidade da objetividade histórica nem da objetividade geológica.

O cientista pode afirmar ser capaz de repetir os processos do passado pela experimentação, enquanto o historiador não pode. Mas mesmo aqui as situações são semelhantes. Nesse sentido a história também pode ser "repetida". Padrões semelhantes de eventos, pelos quais comparações podem ser feitas, reincidem hoje como ocorreram no passado. Experimentos sociais limitados podem ser realizados para ver se a história humana se "repete". O historiador, assim como o cientista, tem os instrumentos para determinar o que realmente aconteceu no passado. A falta de acesso direto aos fatos ou eventos originais não prejudica mais a um que a outro (v. origens, ciência das).

Da mesma forma, os fatos científicos não são mais "óbvios" que os fatos históricos. Se *fato* significa "evento original", então nem a geologia nem a história possuem fato algum. *O fato* deve ser considerado a informação sobre o evento original e, nesse sentido, não existem apenas subjetivamente na mente do historiador. O que a pessoa faz com os dados, o significado ou a interpretação atribuídos a eles não eliminam de forma alguma os dados. Permanece tanto para a ciência quanto para a história um núcleo de fatos objetivos. Assim, a porta está aberta para a objetividade. É possível fazer uma distinção válida entre propaganda e história. A propaganda carece de base suficiente no fato objetivo, mas a história não. Sem fatos objetivos, nenhum protesto pode ser feito contra má história ou má propaganda. Se a história está registrada na mente de quem a contempla, não há razão para não decidir contemplá-la da maneira que desejar.

Isso nos traz à questão crucial, que é se os "fatos são óbvios" porque são objetivos. Um argumento pode ser proposto segundo o qual, de fato, são. É incoerente afirmar que os fatos não têm significado, já que a afirmação sobre o fato supostamente insignificante é uma afirmação significante sobre o fato. Todos os fatos são significantes; não há os chamados fatos brutos. Mas esse argumento não prova realmente que os fatos são óbvios. Ele mostra que os fatos podem ter e têm significado. Mas o que ele deve provar (e não prova) é que os fatos só têm um significado e que o apresentam evidentemente. A questão de nenhuma afirmação significante sobre fatos poder ser feita sem atribuir algum significado aos fatos não prova que o significado emane dos fatos. É possível que o significado tenha sido designado aos fatos por aquele que faz a afirmação significativa sobre eles. Na verdade, apenas "significadores" (i.e., mentes) podem atribuir significado.

Não está claro em que sentido o fato objetivo pode significar algo por si. É um sujeito (e.g., uma mente) que emite significado sobre objetos (ou sobre outros sujeitos), mas objetos em si não são sujeitos que emitem significado. Isso acontece normalmente, a não ser que suponhamos que todos os fatos objetivos sejam realmente pequenas mentes transmitindo significado ou transmissores pelos quais outras mentes ou uma Mente se comunica. Mas tal suposição seria o equivalente a invocar uma cosmovisão específica como superior a outra para provar que "fatos são óbvios". E mesmo assim poderia ser argumentado que os fatos não são óbvios, mas transmitem a Mente (Deus) que fala por meio deles.

Parece melhor concluir, então, que fatos objetivos não são óbvios. Mentes finitas podem oferecer interpretações diferentes para eles ou uma Mente infinita pode dar uma interpretação absoluta deles, mas não há uma interpretação objetiva que a mente finita possa lhes dar. É claro que, se há uma Mente absoluta de cujo ponto de vista os fatos recebem significado absoluto, há uma interpretação objetiva dos fatos que todas as mentes finitas devem aceitar como significado absoluto. Se essa é a cosmovisão correta (v. Deus, evidências de; teísmo), então há um significado objetivo em todos os fatos no mundo. Todos os fatos são fatos teístas, e nenhuma maneira não-teísta de interpretá-los é objetiva ou verdadeira. Logo, a objetividade histórica é possível, já que a história teísta do mundo seria a história de Deus. A objetividade, então, é possível numa cosmovisão.

A natureza fragmentária dos registros históricos. O fato de o registro fóssil ser fragmentado não destrói a objetividade da paleontologia. Os restos fósseis representam apenas uma porcentagem minúscula dos seres viventes no passado. Isso não impede os cientistas de tentarem reconstruir o retrato objetivo do que realmente aconteceu na história geológica. Da mesma forma, a história humana é transmitida por registros parciais. Nem todo osso é necessário para fazer determinados julgamentos qualificados sobre o animal inteiro. A reconstrução da ciência e da história estão sujeitas a revisão. Descobertas subseqüentes podem oferecer novos fatos que exigem novas interpretações. Mas pelo menos há uma base objetiva no fato para o significado atribuído à descoberta. Interpretações não podem criar fatos nem ignorá-los, se buscar ser objetivas. Podemos concluir então que a história não precisa ser menos objetiva que a geologia simplesmente porque depende de registros fragmentados. O conhecimento científico também é parcial e depende de suposições e de uma estrutura geral que pode acabar sendo inadequada com a descoberta de mais fatos (v. ciência e a Bíblia).

Seja qual for a dificuldade existente, de um ponto de vista estritamente científico, para preencher as lacunas entre os fatos, uma vez suposta uma postura filosófica com relação ao mundo, o problema de objetividade em geral é resolvido. Se há um Deus, o retrato geral já está feito; os fatos da história apenas preencherão os detalhes de seu significado. Se o universo é teísta, o esboço do artista já é conhecido de antemão (v. teísmo); o detalhe e a pintura só virão à medida que todos os fatos da história forem encaixados no esboço geral considerado verdadeiro a partir da estrutura teísta. Nesse sentido, a objetividade histórica certamente é mais plausível dentro de determinada estrutura, tal como uma cosmovisão teísta. A objetividade reside na visão que melhor encaixa os fatos coerentemente num sistema teísta geral apoiado por boas evidências (v. Deus, evidências de).

Condicionamento histórico. É verdade que todo historiador está limitado ao tempo. Cada pessoa ocupa um lugar relativo nos eventos mutáveis do mundo espaço-temporal. Mas isso não significa que, pelo fato de o historiador ser o produto de determinada época, a pesquisa histórica da pessoa também seja um produto do tempo. O fato de uma pessoa não poder evitar um lugar relativo na história não impossibilita a objetividade. A crítica confunde o conteúdo do conhecimento e o processo de alcançá-lo (Mandelbaum, p. 94). O lugar de onde se origina uma hipótese não está essencialmente relacionado à maneira pela qual sua verdade é estabelecida.

Além disso, se a relatividade é inevitável, a posição dos relativistas históricos é contraproducente: ou sua posição é historicamente condicionada, e portanto não objetiva, ou não é relativa, mas objetiva. Se for a última, admite que é possível ser objetivo na observação da história. No entanto, se a posição do relativismo histórico também é relativa, então não pode ser considerada objetivamente verdadeira. É simplesmente uma opinião subjetiva que não tem base para afirmar ser objetivamente verdadeira sobre toda a história. Se é subjetiva, não pode eliminar a possibilidade de a história ser objetivamente cognoscível, e se é um fato objetivo sobre a história, é sinal de que fatos objetivos podem ser conhecidos sobre a história. No primeiro caso, a objetividade não é eliminada e, no segundo, a relatividade se contradiz. Em qualquer caso, a objetividade é possível.

A reedição constante da história é baseada na suposição de que a objetividade é possível. Por que se esforçar pela precisão sem acreditar que a revisão é mais objetivamente verdadeira que a posição anterior? Por que analisar criticamente se o progresso em direção a uma posição mais precisa não é o suposto objetivo? A objetividade perfeita pode ser praticamente inatingível com os recursos limitados do historiador. Mas a incapacidade de atingir 100% de objetividade está bem longe da total relatividade. Atingir um certo grau de objetividade que esteja sujeita à crítica e à revisão é a conclusão mais realista que os argumentos dos relativistas. Em resumo, não há razão para eliminar a possibilidade de um grau suficiente de objetividade histórica.

A seletividade dos materiais. O fato de que o historiador deve escolher dentre todos os materiais possíveis não torna de maneira automática a história puramente subjetiva. Jurados fazem juramentos "acima de qualquer sombra de dúvida" sem ter toda a evidência. A disponibilidade de evidência relevante e crucial é suficiente para obter objetividade. Não é preciso saber tudo para obter objetividade. Não é necessário saber tudo para saber algo. Nenhum cientista sabe todos os fatos, mas todos alegam objetividade. Contanto que nenhum fato importante seja ignorado, não há razão para eliminar a possibilidade da objetividade na história nem na ciência.

A seleção de fatos pode ser objetiva ao ponto de os fatos serem selecionados e reconstruídos no contexto em que os eventos representados realmente ocorreram. Já que é impossível para qualquer historiador reunir numa narrativa tudo que está disponível sobre um assunto, é importante selecionar os pontos que representam o período (Collingwood, p. 100). A condensação não implica necessariamente distorção. Além disso, a evidência em favor da historicidade do NT no qual a apologética cristã se baseia é maior que a relativa à verdade de qualquer outro documento do mundo antigo (v. Novo Testamento, manuscritos do; Novo Testamento, historicidade do). Se os eventos que subjazem a ele não podem ser conhecidos objetivamente, é impossível saber qualquer coisa a respeito daquele período.

No entanto, permanece a questão: O contexto real e as conexões de eventos passados são conhecidos ou cognoscíveis? A não ser que haja uma estrutura aceita para os fatos, não há maneira de reconstruir em miniatura o que realmente aconteceu. O significado objetivo dos eventos históricos depende do conhecimento da conexão que os eventos realmente tiveram quando ocorreram. Os eventos, no entanto, estão sujeitos a várias combinações, dependendo da estrutura dada a eles pelo historiador, da importância relativa que lhes é atribuída e se eventos anteriores são considerados causais ou meramente antecedentes. Na verdade não há maneira de conhecer as conexões originais sem pressupor uma hipótese ou cosmovisão pela qual os eventos são interpretados. É claro que a objetividade dos fatos simples e da mera seqüência de fatos antecedentes e conseqüentes é cognoscível sem supor uma cosmovisão. Mas a objetividade do significado desses eventos não é possível sem uma estrutura significativa, tal como a fornecida por uma hipótese ou cosmovisão geral. Logo, o problema de encontrar significado objetivo na história, como o problema de significado objetivo na ciência, depende do *Weltanschauung* pessoal. Significado objetivo depende de sistema. Só num dado sistema o significado objetivo dos eventos pode ser entendido. Uma vez conhecido esse sistema, é possível pela seleção justa e representativa reconstruir o retrato objetivo do passado. Assim, numa estrutura teísta estabelecida, a objetividade é possível.

Estruturando o material da história. Tudo que o historiador poderia saber sobre eventos sem pressupor a verdade de uma estrutura interpretativa em contraste com qualquer outra é a pura factualidade e seqüência de eventos. Quando o historiador vai além dos fatos óbvios e da mera ordem de eventos e começa a falar de conexões causais e de importância relativa, uma estrutura interpretativa é necessária para entender os fatos.

Se será determinado ou não que os fatos tinham originalmente a suposta conexão causal e a importância atribuída dependerá da cosmovisão adotada estar correta ou não. Afirmar que fatos têm "ordem interna" é petição de princípio. A verdadeira questão é: Como conhecer a ordem correta? Já que os fatos podem ser ordenados em pelo menos uma de três maneiras (caótica, cíclica e linear), simplesmente presumir que uma delas é a maneira em que os fatos realmente foram ordenados é pressupor a resposta sem base real para isso. O mesmo conjunto de pontos pode ter as linhas que os ligam desenhadas de várias maneiras. O fato é que as linhas não são colocadas sem uma estrutura interpretativa por meio da qual a pessoa as vê. Portanto, o problema do significado objetivo da história não pode ser resolvido sem apelar para uma cosmovisão. Uma vez conhecido o esboço estrutural, é possível saber a posição objetiva (significado) dos fatos. Contudo, sem uma estrutura, a simples "substância" não significa nada.

Sem uma estrutura geral, não há como saber quais eventos na história são mais significantes, logo, não há maneira de saber a verdadeira significância desses e de outros eventos no seu contexto geral. O argumento de que a importância é determinada pelos eventos que influenciam a maioria das pessoas é inadequado. É uma forma de utilitarismo histórico sujeita às mesmas críticas que qualquer teste utilitarista para a verdade. A maioria não determina o melhor; grande influência não significa grande importância ou valor. Mesmo depois que a maioria das pessoas foi influenciada, ainda é possível questionar a verdade ou valor do evento que as influenciou. É claro que, se a pessoa supõe como estrutura que os eventos mais significativos são os que influenciam a maioria das pessoas em longo prazo, os ideais utilitaristas serão determinantes. Mas que direito ela tem de supor uma estrutura utilitarista em vez de uma não-utilitarista? Novamente, é uma questão de justificar a própria estrutura geral ou cosmovisão.

O argumento oferecido por alguns objetivistas é que eventos passados devem ser estruturados, pois de outra forma são incognoscíveis e falhos. Tudo que esse argumento prova é que é necessário entender os fatos por meio de alguma estrutura, caso contrário não faz sentido falar sobre eles. A questão de a estrutura estar correta ou não deve ser determinada sobre alguma base além dos meros fatos. Se houvesse uma objetividade de fatos puros, ela só forneceria o simples "o quê" da história. Mas o significado objetivo lida com o porquê desses eventos; isso é impossível sem um conjunto de significado-estrutura no qual fatos podem encontrar seu lugar de significância. Significado objetivo sem cosmovisão é impossível.

Uma vez que se admita, no entanto, que há justificação para adotar uma cosmovisão, o significado objetivo da história torna-se possível (v. TEÍSMO; DEUS, EVIDÊNCIAS DE). Num contexto teísta, cada fato da história torna-se um fato teísta. Uma vez concedida a ordem factual dos eventos e conhecida a conexão causal de eventos, o significado objetivo torna-se possível. As estruturas caótica e cíclica são eliminadas em favor da linear. E, numa visão linear de eventos, conexões causais surgem como resultado do contexto num universo teísta. O teísmo fornece o esboço a partir do qual a história pinta um retrato completo. Os pigmentos do fato puro assumem significado real à medida que são misturados no esboço teísta. Objetividade significa consistência sistemática. Isto é, a maneira mais significante em que todos os fatos da história se misturam no esboço teísta completo é o que realmente aconteceu. Dessa forma, o teísmo pode dar uma estrutura objetiva para os fatos históricos.

A seleção e organização de materiais. O historiador pode reorganizar dados sobre o passado sem distorcê-lo (Nagel, p. 208). Já que a construção original dos eventos não está disponível nem para o historiador nem para o geólogo, o passado deve ser reconstruído a partir das evidências disponíveis. Reconstrução, no entanto, não exige revisão. O historiador deve organizar o material. O importante é se este está organizado ou reorganizado de acordo com os eventos tal como realmente ocorreram. Contanto que o historiador incorpore coerentemente todos os eventos significantes de acordo com uma cosmovisão geral e estabelecida, a objetividade está garantida. A objetividade organiza os fatos de acordo com a maneira em que as coisas realmente eram. A distorção ocorre quando fatos são negligenciados ou deturpados.

O historiador pode querer ser seletivo no âmbito do estudo, estudar apenas as dimensões políticas, econômicas ou religiosas de um período específico. Mas tal especialização não exige subjetividade total. É possível enfatizar sem perder o contexto geral. Uma coisa é enfatizar detalhes num campo geral, outra bem diferente é ignorar ou distorcer o contexto geral no qual o interesse intensificado está ocorrendo. Contanto que o especialista fique em contato com a realidade em vez de refletir pura subjetividade, um nível mensurável de objetividade pode ser mantido.

Julgamentos de valores. Pode-se concordar com o argumento de que a linguagem comum está carregada de valores e que julgamentos de valores são inevitáveis. Isso de forma alguma torna impossível a objetividade histórica (Butterfield, p. 244). Objetividade significa dar tratamento justo aos fatos, apresentar o que aconteceu da maneira mais correta possível. Além disso, objetividade significa que, quando a pessoa busca saber por que esses eventos ocorreram, a linguagem do historiador deve atribuir a esses eventos o valor que tiveram no contexto original. Supondo, numa cosmovisão estabelecida, que certas coisas têm determinado valor, um relato objetivo da história deve reconstruir e reestruturar esses eventos com o mesmo valor relativo. Assim, a objetividade exige julgamentos de valor em vez de evitá-los. A questão não é se a linguagem de valor pode ser objetiva, mas se afirmações de valor retratam objetivamente os eventos. Uma vez que a cosmovisão tenha sido determinada, os julgamentos de valores não são indesejáveis ou meramente subjetivos; são essenciais. Se este é um mundo teísta, não seria objetivo dar qualquer coisa menos que um valor teísta aos fatos da história.

A necessidade da cosmovisão. Quem argumenta contra a objetividade da história sem uma cosmovisão geral está correto. O significado é dependente de um sistema. Sem cosmovisão, não faz sentido falar sobre significado objetivo (Popper, p. 150s.). Sem um contexto, o significado não pode ser determinado, e o contexto é dado pela cosmovisão, não pelos fatos simples.

Mas supondo que este seja um universo teísta, conclui-se que a objetividade é possível. No universo teísta, cada fato tem significado objetivo; cada fato é um fato de Deus. Todos os eventos se encaixam no contexto geral do propósito último. É possível determinar os fatos e atribuir-lhes significado no contexto geral do universo teísta ao demonstrar que se encaixam mais coerentemente com a interpretação que lhe foi dada. Então é possível reivindicar a descoberta da verdade objetiva sobre a história.

Por exemplo, supondo que este seja um universo teísta e que o corpo de Jesus de Nazaré ressuscitou da sepultura, o cristão pode argumentar que esse evento incomum é o milagre que confirma as reivindicações associadas à verdade de Jesus ser o Messias. Sem essa estrutura teísta, não é nem sequer significativo fazer tal afirmação. Hipóteses abrangentes são necessárias para determinar o significado de eventos, e a hipótese teísta é essencial para afirmar que qualquer evento histórico é milagre.

A incognoscibilidade histórica de milagres. Ao ser examinado, o princípio da analogia formulado por Ernst Troeltsch revela ser semelhante à objeção aos milagres feita por David Hume, que se baseava na uniformidade da natureza. Nenhum testemunho sobre supostos milagres deve ser aceito se contradisser o testemunho uniforme da natureza. Troeltsch também rejeitava qualquer evento específico do passado para o qual não houvesse análogo na experiência uniforme do presente. Há pelo menos duas razões para negar o argumento da analogia de Troeltsch. Primeira, ele dá preferência à interpretação naturalista de todos os eventos históricos. É uma exclusão metodológica da possibilidade de aceitar o milagre na história. O testemunho com base na regularidade não é de forma alguma um testemunho contra um evento específico incomum. Os casos são diferentes e devem ser avaliados da mesma forma. As generalizações empíricas ("Pessoas não ressuscitam numa circunstância normal") não devem ser usadas como testemunho contra relatórios fidedignos de testemunhas oculares de que num caso específico alguém de fato ressuscitou dos mortos. A evidência de um evento histórico específico deve ser avaliada pelos próprios méritos, independentemente da generalização sobre outros eventos.

A segunda objeção ao argumento da analogia de Troeltsch é que ela procura demais pôr os fatos à prova. Como Richard Whately argumentou convincentemente, nessa pressuposição uniformista não só os milagres seriam excluídos, mas também qualquer evento incomum do passado. Seria necessário negar que a carreira de Napoleão Bonaparte ocorreu (v. Whately). Ninguém pode negar que a probabilidade contra o êxito de Napoleão era grande. Seu exército prodigioso fora destruído na Rússia; todavia, depois de poucos meses ele liderou outro grande exército na atual Alemanha, que também foi arruinado em Leipzig. No entanto, os franceses o supriram com mais um exército suficientemente forte para oferecer resistência formidável na França. Isso se repetiu cinco vezes até que finalmente ele foi exilado numa ilha. Não há dúvida de que os eventos específicos de sua carreira foram altamente improváveis. Com base nisso, entretanto, não há razão para duvidar da historicidade das aventuras napoleônicas. A história, ao contrário da hipótese científica, não depende do universal e repetível. Firma-se, isto sim, na suficiência do bom testemunho a favor de eventos específicos e não-repetíveis. Se não fosse assim, nada poderia ser aprendido com a história.

É seguramente um erro importar os métodos uniformistas da experimentação científica para a pesquisa histórica. A reincidência e a generalidade são necessárias para estabelecer uma lei científica ou padrões gerais (dos quais os milagres seriam exceções específicas). Mas esse método não funciona na história. O que é necessário para estabelecer eventos históricos é o testemunho digno de crédito de que esses eventos específicos realmente ocorreram (v. TESTEMUNHAS, CRITÉRIOS DE HUME PARA). Esse é o mesmo caso dos milagres. É um erro injustificável na metodologia histórica supor que nenhum evento incomum e específico pode ser aceito, não importa quão grande a evidência

história, objetividade da

a seu favor. O princípio da analogia de Troeltsch destruiria o pensamento histórico genuíno. O historiador honesto deve estar aberto para a possibilidade de eventos singulares e específicos, não importando se foram descritos como milagrosos. Não se deve excluir *a priori* a possibilidade de estabelecer eventos como a ressurreição de Cristo sem examinar a evidência. É um erro supor que os mesmos princípios pelos quais a ciência *empírica* funciona podem ser usados na ciência *forense*. Como a segunda lida com eventos não repetidos e não observados no passado, ela opera com base nos princípios da *ciência das origens*, não da *ciência da operação*. E esses princípios não eliminam, mas estabelecem a possibilidade do conhecimento objetivo do passado — quer na ciência quer na história (v. ORIGENS, CIÊNCIA DAS).

A natureza supra-histórica dos milagres. Um milagre é sobrenatural. Certamente o apologista cristão não argumenta que milagres são meros produtos do processo natural. Algo é milagre quando o processo natural não é capaz de explicá-lo. Deve haver uma injeção do reino sobrenatural no natural, senão não há milagre (v. MILAGRE). Esse é o caso especialmente dos milagres do NT, nos quais processos pelos quais Deus realizava seus atos são desconhecidos. Esse também é o caso, até certo ponto, de um milagre secundário, no qual podemos descrever por meios científicos como o milagre ocorreu, mas não por que ocorreu. Em ambos os casos, parece melhor admitir que as dimensões milagrosas de um evento histórico estão no processo natural, porém não pertencem a ele.

Milagres ocorrem na história. De acordo com a objetividade da história, não há uma boa razão para o cristão render-se aos teólogos existenciais radicais com relação à questão das dimensões objetivas e históricas dos milagres. Milagres podem não pertencer ao processo natural histórico, mas realmente ocorrem dentro dele. Até Karl BARTH fez essa distinção quando escreveu: "A ressurreição de Cristo, ou sua segunda vinda, [...] não é um evento histórico; os historiadores podem estar certos [...] de que nossa preocupação aqui é com o evento que, apesar de ser o único acontecimento real *na* história, não é um acontecimento real *da* história" (Barth, p. 90, grifo do autor).

Ao contrário de muitos teólogos existencialistas, também devemos preservar o contexto histórico no qual um milagre acontece, pois sem ele não há como verificar a objetividade do milagre. Os milagres na verdade têm uma dimensão histórica sem a qual nenhuma objetividade da história religiosa é possível. E, como foi argumentado acima, a metodologia histórica pode identificar essa objetividade tão certamente quanto a objetividade científica pode ser estabelecida dentro da estrutura aceita de um mundo teísta. Em resumo, milagres podem ser mais que históricos, mas não podem ser menos que históricos. Somente se realmente tiverem dimensões históricas os milagres são objetivamente significativos e apologeticamente valiosos.

O milagre é significativo em áreas diferentes. O milagre pode ser identificado no contexto empírico ou histórico tanto direta quanto indiretamente, tanto objetiva quanto subjetivamente. Tal evento é ao mesmo tempo cientificamente incomum e teológica e moralmente relevante. As dimensões científicas podem ser entendidas de maneira diretamente empírica; a dimensão moral é cognoscível apenas indiretamente por meio da experiência. É ao mesmo tempo "anormal" e "evocativa" de algo mais que seus dados empíricos. O NASCIMENTO VIRGINAL é cientificamente anormal, mas no caso de Jesus é representado como "sinal" para chamar a atenção para ele como algo "mais" que humano. As características teológicas e morais do milagre não são empiricamente objetivas. Nesse caso, elas são experimentadas subjetivamente. Mas isso não significa que não haja base objetiva para as dimensões morais do milagre. Se nosso universo é teísta (v. TEÍSMO), então a moralidade está baseada objetivamente em Deus. Logo, a natureza e a vontade de Deus são a base objetiva pela qual se pode testar se o evento evoca subjetivamente o que está objetivamente de acordo com a natureza e a vontade de Deus. A mesma coisa se aplica às dimensões da veracidade do milagre. Elas evocam subjetivamente resposta à alegação da verdade a ele associada. No entanto, a alegação da verdade deve estar de acordo com o que já se conhece sobre Deus. Se sua mensagem não corresponde ao que sabemos ser verdadeiro sobre Deus, não devemos acreditar que o evento seja milagre. É axiomático que os atos do Deus teísta não devem ser usados para confirmar o que não é a verdade de Deus.

Portanto, milagres acontecem na história, mas não pertencem completamente à história. Mesmo assim, são historicamente fundamentados. São mais que históricos, mas não menos que históricos. São dimensões empíricas e superempíricas de eventos sobrenaturais. As dimensões empíricas são objetivamente cognoscíveis, e estas fazem um apelo subjetivo ao crente. Mas até aqui há base objetiva na verdade conhecida a respeito de Deus e na sua bondade pela qual o crente pode julgar se coisas empiricamente anormais são realmente atos do Deus verdadeiro e bom.

A relatividade completa da história. Além da invalidez dos argumentos do relativismo histórico, há alguns bons argumentos contra suas conclusões. Dois desses argumentos são suficientes para demonstrar por que a possibilidade da objetividade na história não foi — e não pode ser — sistematicamente eliminada.

O conhecimento objetivo por fatos e cosmovisão. A análise cuidadosa dos argumentos dos relativistas revela que eles pressupõem algum conhecimento objetivo da história. Isso é visto pelo menos de duas maneiras. Primeira, eles falam da necessidade de selecionar e organizar os "fatos" da história. Mas se eles são realmente fatos, apresentam algum conhecimento objetivo *de per si*. Uma coisa é argumentar sobre a *interpretação* dos fatos, mas negar que há qualquer fato para interpretar é outra coisa bem diferente. É compreensível que a estrutura da cosmovisão da pessoa afete o entendimento do fato de que Cristo morreu numa cruz no início do século I. Mas isso é bem diferente de negar que esse é um fato histórico (v. CRISTO, MORTE DE).

Segunda, se os relativistas acreditam que a cosmovisão da pessoa pode distorcer a maneira em que ela vê a história, então deve haver uma interpretação correta. Senão, seria insignificante dizer que algumas visões estão distorcidas.

A relatividade histórica total é contraditória. Na verdade, a relatividade total (seja histórica, seja filosófica, seja moral) é autocontraditória (v. PRIMEIROS PRINCÍPIOS). Como alguém poderia saber que a história é completamente incognoscível sem saber algo sobre ela? É necessário conhecimento objetivo para saber que todo conhecimento histórico é subjetivo. Os relativistas totais devem firmar-se no seu próprio absoluto para relativizar todas as outras coisas. Afirmar que toda história é subjetiva acaba sendo uma afirmação objetiva sobre a história. Assim, o relativismo histórico total se anula.

É claro que alguns podem afirmar que o conhecimento histórico não é totalmente relativo, mas apenas parcialmente relativo. Então a história, ou pelo menos parte da história, é objetivamente cognoscível. As afirmações históricas das verdades centrais do cristianismo são mais amplamente apoiadas pela evidência que as afirmações de veracidade para quase todos os outros eventos no mundo antigo. Portanto, isso também é uma admissão de que a relatividade parcial não elimina a verificabilidade histórica do cristianismo. Em resumo, o relativismo histórico total é contraditório, e o relativismo histórico parcial admite que argumentos históricos sejam justificados na defesa da fé cristã.

A objetividade da historiografia. Várias conclusões gerais podem ser tiradas do debate sobre subjetividade/objetividade: Em primeiro lugar, a objetividade absoluta é possível apenas para a Mente infinita. Mentes finitas devem contentar-se com a consistência sistemática. Os seres humanos só podem fazer tentativas passíveis de revisão de reconstruir o passado baseadas na estrutura estabelecida de referência que incorpora de forma abrangente e coerente os fatos num esboço geral. Nesse nível de objetividade, o historiador pode ser tão preciso quanto o cientista. Nem geólogos nem historiadores têm acesso direto a eventos repetíveis, nem a dados completos sobre eles. Ambos devem usar julgamentos de valores para selecionar e estruturar o material parcial disponível.

Na realidade, nem o cientista nem o historiador podem alcançar significado sem uma cosmovisão para interpretar os fatos. Simples fatos não podem ser conhecidos sem alguma estrutura interpretativa. Logo, a necessidade de estrutura ou referencial para o significado é crucial para a questão da objetividade. Sem resolver a questão sobre este mundo ser ou não teísta independentemente dos simples fatos, não há maneira de determinar o significado objetivo da história. Se, no entanto, há boas razões para acreditar que este é um universo teísta, a objetividade na história é uma possibilidade. Pois uma vez que o ponto de vista geral seja estabelecido, trata-se simplesmente de uma questão de encontrar a visão da história mais coerente com esse sistema geral. A consistência sistemática é o teste da objetividade tanto nas questão históricas, quanto nas científicas.

Resumo. O cristianismo faz alegações sobre eventos históricos, inclusive alegações de que Deus interveio sobrenaturalmente na história. Mas alguns historiadores se queixam de que não há maneira objetiva de determinar o passado. E, mesmo que houvesse uma base objetiva, os milagres não se encaixariam nela. O historiador tem material fragmentário de segunda mão para selecionar. Esses fragmentos não podem ser entendidos objetivamente, porque o historiador inevitavelmente impõe um valor interpretativo não-observável. A supra-história ou mito é útil para evocar a resposta religiosa subjetiva, mas não para descrever seguramente o passado.

No entanto, essas objeções fracassam. A história pode ser tão objetiva quanto a ciência. O geólogo também vê em segunda mão evidências fragmentadas e não repetidas de um ponto de vista pessoal. Apesar de referenciais interpretativos serem necessários, nem toda cosmovisão precisa ser relativa e subjetiva.

Quanto à objeção de que a história dos milagres não é objetivamente verificável, os milagres podem ocorrer no processo histórico, como qualquer outro evento. A única diferença é que o milagre não pode ser explicado pelo decorrer dos eventos. Milagres cristãos afirmam ser mais que empíricos, mas não são menos que história. Historicamente, os milagres podem ser verificados. As dimensões morais e teológicas dos milagres não são totalmente subjetivas. Elas exigem uma resposta subjetiva, mas há padrões objetivos de verdade e bondade (segundo o Deus teísta) pelos quais podem ser estimadas.

A porta para a objetividade da história, e, assim, para a historicidade objetiva dos milagres, está aberta. Nenhum princípio forçado de analogia uniformista pode trancá-la *a priori*. A evidência que apóia a natureza geral da lei científica não pode eliminar boas evidências históricas de eventos anormais, porém específicos da história. Argumentos contrários aos milagres não são apenas indiscutivelmente naturalistas em preconceitos, mas, se aplicados sistematicamente, eliminam a história secular conhecida e aceita (v. MILAGRES, ARGUMENTOS CONTRA). A única abordagem realmente honesta é examinar cuidadosamente a evidência testemunhal de um suposto milagre para determinar sua autenticidade.

Fontes

K. BARTH, *The word of God and the word of man*.
C. BEARD, "That noble dream", em *The varieties of history*.
C. L. BECKER, "Detachment and the writing of history", P. L. SNYDER, org., *Detachment and the writing of history*.
___, "What are the historical facts?", *The philosophy of history in our time*.
M. BLOCK, *The historian's craft*.
F. H. BRADLEY, *The presupposition of critical history*.
H. BUTTERFIELD, "Moral judgments in history", H. MEYERHOFF, org., *Philosophy*.
E. H. CARR, *What is history?*
R. G. COLLINGWOOD, *The idea of history*.
W. L. CRAIG, "The nature of history", tese não publicada de mestrado, Trinity Evangelical Divinity School.
W. H. DRAY, org., *Philosophy of history*.
K. JASPERS, et al., *Myth and Christianity*.
M. MANDELBAUM, *The problem of historical knowledge*.
E. NAGEL, "The logic of historical analysis", H. MEYERHOFF, org,. *Philosophy*
H. PIRENNE, "What are historians trying to do?", H. MEYERHOFF, org., *Philosophy*.
K. POPPER, *The poverty of historicism*.
I. RAMSEY, *Religious language*.
P. TILLICH, *Dynamics of faith*.
E. TROELTSCH, "Historiography", J. HASTINGS, org., *Encyclopedia of religion and ethics*.
W. H. WALSH, *Philosophy of history*.
R. WHATELY, *Historical doubts relative to Napoleon Bonaparte*.

histórica, apologética. A apologética histórica enfatiza a evidência histórica como base para demonstrar a verdade do cristianismo (v. APOLOGÉTICA, TIPOS DE). Nesse ponto coincide com a APOLOGÉTICA CLÁSSICA. A diferença crucial entre as duas é que a apologética histórica não acredita ser necessário estabelecer primeiro a existência de Deus. A apologética histórica acredita que a verdade do cristianismo, inclusive a existência de Deus, pode ser provada com base apenas na evidência histórica.

Essa suposição coloca a apologética histórica na ampla classe da *apologética evidencial*, mas difere por enfatizar a importância, se não a necessidade de começar com a evidência histórica para a verdade do cristianismo. Geralmente, o apologista histórico vê a ressurreição de Cristo como a mola mestra da apologética. Nesse sentido, esta pode ser chamada *apologética da ressurreição*.

Defensores da apologética histórica. O cristianismo é uma religião histórica, assim é compreensível que tivesse uma ênfase histórica desde o princípio. Os primeiros apologistas, inclusive JUSTINO MÁRTIR, TERTULIANO, CLEMENTE DE ALEXANDRIA e ORÍGENES defenderam a historicidade do cristianismo. Da mesma forma, a apologética clássica (v. APOLOGÉTICA CLÁSSICA), com AGOSTINHO, ANSELMO e TOMÁS DE AQUINO, considerava a apologética histórica parte importante da estratégia geral para defender a fé cristã.

Contudo, o que distingue a apologética histórica como disciplina é sua crença de que é possível defender toda a fé cristã, inclusive a existência de Deus e o fato dos milagres, estritamente a partir da evidência histórica, sem a necessidade de qualquer apelo anterior aos argumentos teístas (apesar de alguns usarem evidências teístas de forma suplementar). Essa ênfase parece constituir em grande parte um fenômeno moderno. Os apologistas contemporâneos que pertencem a essa categoria incluem John Warwick Montgomery e Gary Habermas (v. MILAGRE, VALOR APOLOGÉTICO DOS; MILAGRES NA BÍBLIA).

Contraste com outros sistemas. A apologética histórica difere da apologética pressuposicional e da apologética clássica (v. APOLOGÉTICA PRESSUPOSICIONAL) quanto à natureza da evidência em si e à natureza da evidência histórica especificamente.

A apologética histórica, assim como a apologética clássica, começam com a evidência para demonstrar a verdade do cristianismo. Os pressuposicionalistas, por outro lado, começam com as pressuposições do incrédulo. O que está em questão é a validade da evidência para apoiar a verdade. Os pressuposicionalistas puros (revelacionais) insistem em que nenhuma evidência, histórica ou não, faz sentido, a não ser que seja interpretada pela lente da cosmovisão cristã geral da pessoa. O apologista histórico acredita que os fatos históricos são evidentes no contexto histórico. Os pressuposicionalistas puros, por outro lado, insistem em que nenhum fato é evidente; todos os fatos são interpretados e exigem uma estrutura de cosmovisão cristã para compreensão adequada.

Apologética clássica versus *histórica.* A apologética histórica tem muito em comum com a apologética clássica. Ambas acreditam na validade da evidência histórica. Ambas consideram a evidência histórica crucial para a defesa do cristianismo. Entretanto, discordam totalmente quanto à necessidade de a apologética teísta ser logicamente anterior à apologética histórica. A apologética clássica acredita que não faz sentido falar sobre a ressurreição como ato de Deus a não ser que esteja estabelecido que existe um Deus que pode agir primeiro. A apologética histórica, no entanto, argumenta que é possível demonstrar que Deus existe ao demonstrar somente pela evidência histórica que um ato de Deus ocorreu, como na ressurreição de Jesus Cristo.

A abordagem histórica. A abordagem básica da apologética histórica é começar com a historicidade dos documentos do NT e depois usar os milagres de Cristo, especificamente a ressurreição, para demonstrar que Cristo é o Filho de Deus (estabelecendo assim que existe um Deus teísta que pode fazer milagres).

A abordagem típica da apologética histórica começa pela tentativa de demonstrar a historicidade dos documentos do NT. Isso geralmente inclui argumentos em favor da autenticidade dos documentos do NT (v. Novo Testamento, datação do; Novo Testamento, manuscritos do) e da confiabilidade de suas testemunhas (v. Novo Testamento, historicidade do; Novo Testamento, fontes não-cristãs do).

O segundo passo seria examinar as afirmações neotestamentárias de Cristo quanto a ser ele o Filho do Deus teísta que oferece provas milagrosas para suas afirmações. A mais importante dessas provas é que Cristo ressuscitou dos mortos (v. milagres, argumentos contra).

Terceiro, a defesa dos milagres de Cristo, especialmente sua ressurreição, é apresentada. Às vezes isso é apoiado pelos argumentos históricos externos ao NT, mas a confiabilidade dos documentos do NT é o enfoque comum (e essencial).

Com base apenas nessas premissas, conclui-se que Jesus é o Filho do único e verdadeiro Deus teísta, o único que pode ser responsável por esses eventos milagrosos na vida de Jesus. A partir do argumento da divindade de Cristo, muitas vezes afirma-se que a Bíblia é a Palavra de Deus, já que Jesus (que é Deus) fez tal afirmação (v. Bíblia, evidência da; Bíblia, posição de Jesus em relação à). Dessa maneira, Deus, milagres, a divindade de Cristo (v. Cristo, divindade de) e a inspiração da Bíblia são todos apoiados por um argumento histórico.

Avaliação. As críticas da apologética histórica vêm de dois grupos, dos pressuposicionalistas e dos apologistas clássicos.

Fatos evidentes? Os pressuposicionalistas, e até alguns apologistas clássicos, opõem-se a que a apologética histórica comece com a falsa suposição de que os fatos históricos "são evidentes". A abordagem histórica supõe erroneamente que há "fatos evidentes". Qualquer pessoa inteligente pode vê-los e deles pode tirar conclusões adequadas. Mas todos os "fatos" ganham significado a partir do contexto da cosmovisão. A cosmovisão é como um par de óculos de lentes coloridas que tingem tudo que é visto através delas. Todos os fatos são fatos interpretados. Os supostos fatos evidentes são como pontos espalhados numa folha de papel. Não há nenhuma linha a ligá-los, e os pontos são insignificantes a não ser que a mente os conecte. De que forma as linhas são desenhadas depende da perspectiva de cada um.

Como acontece com as objeções à apologética clássica, apenas um teísta entende a ressurreição de Jesus de Nazaré como um ato sobrenatural do Deus teísta e que esse ato demonstra que Jesus é o Filho único do Deus teísta (v. teísmo). O fato de apenas teístas, ou supostos teístas, chegarem a essas conclusões indica que a cosmovisão teísta é logicamente anterior até mesmo à identificação da ressurreição dos mortos como sobrenatural (v. ressurreição, evidências da). O evento não pode ser um ato especial de Deus, a não ser que haja um Deus que possa fazer tais atos especiais (v. Deus, natureza de).

Isso não quer dizer que *psicologicamente* um evento como esse não possa ativar a crença em Deus, se um cético ou agnóstico vier a crer que ele realmente aconteceu. Significa apenas que só quem aceita pelo menos a possibilidade, se não a plausibilidade, da visão teísta chegaria a essa conclusão. A grande maioria das pessoas que passam a acreditar no cristianismo por causa dos milagres de Cristo e dos apóstolos faz isso apenas porque já adotou a cosmovisão teísta, explícita ou implícita. Por exemplo, os membros de povos pré-letrados geralmente se convertem ao cristianismo depois que passam a acreditar nesses eventos milagrosos. Mas essas pessoas já possuíam um teísmo tácito que adorava um Deus superior ou Deus celestial (v. MONOTEÍSMO PRIMITIVO). Até os deístas (v. DEÍSMO) acreditam que Deus fez o grande milagre de criar o mundo (v. CRIAÇÃO E ORIGENS). Assim, a ressurreição dos mortos evocaria sua crença de que Deus também poderia fazer outros milagres. Mas, apesar disso, tanto na teoria quanto na prática, a crença no Deus que faz milagres é logicamente anterior à crença de que determinado evento é milagre, inclusive o evento de alguém ser ressuscitado dos mortos.

Impressões digitais de quem? Outras lacunas na abordagem da apologética histórica só podem ser resolvidas com uma cosmovisão teísta. Por exemplo, um passo crucial na apologética geral é ser capaz de identificar um dado evento como milagre. Mas como saber que o milagre tem a "impressão digital de Deus", para confirmar a reivindicação da verdade do profeta de Deus, a não ser que já se saiba que Deus existe e como são suas "impressões digitais"? Só quem sabe como Deus é pode identificar atos divinos. A própria identificação do ato incomum como milagre depende do conhecimento anterior de tal Deus (v. MILAGRES, IDENTIFICABILIDADE DE).

Que tipo de Deus? Se a pessoa não supuser a existência de um Deus teísta (que é moralmente perfeito e não nos enganaria), o argumento histórico não funciona. Suponha que houvesse um Deus que não é moralmente perfeito, mas que, mesmo assim, tivesse a capacidade de realizar milagres. Ele não poderia enganar as pessoas fazendo milagres para beneficiar um impostor? É crucial para o argumento histórico a premissa de que *Deus não poderia fazer um milagre por meio de ou para alguém que esteja fazendo uma afirmação fraudulenta em seu nome* (v. MILAGRES COMO CONFIRMAÇÃO DA VERDADE). Sem a convicção prévia de que o Deus que faz tais milagres é um Ser essencialmente perfeito (i.e., um Deus teísta) que não nos enganaria, não é possível ter certeza de que a evidência histórica para um milagre realmente apóie a afirmação daquele por meio de quem ou para quem o milagre é realizado.

Fontes

G. H. CLARK, *Historiography, secular and religious.*
N. L. GEISLER, *Christian apologetics*, caps. 5, 15.
G. HABERMAS, *The history of Jesus: ancient evidence for the life of Christ.*
___, *The resurrection of Jesus: an apologetic.*
J. W. MONTGOMERY, *Christianity and history.*
___, *Evidence for faith.*
___, *The shape of the past.*

histórico, Jesus. V. CRISTO DA FÉ *VS.* JESUS DA HISTÓRIA; JESUS, SEMINÁRIO.

humanismo secular. O humanismo enfatiza os valores e interesses dos seres humanos. Há formas cristãs (v. LEWIS, C. S.) e formas não-cristãs. O humanismo secular é a forma dominante da segunda forma. Sua declaração é que "O homem é o padrão de todas as coisas". Em vez de *focalizar* os seres humanos, sua filosofia é *baseada nos* valores humanos.

Os humanistas seculares formam um grupo variado. Incluem EXISTENCIALISTAS (v. SARTRE, JEAN-PAUL), marxistas (v. MARX, KARL), PRAGMÁTICOS (v. DEWEY, JOHN), egocentristas (v. RAND, AYN) e comportamentalistas (v. B. F. Skinner, em DETERMINISMO). Apesar de todos os humanistas acreditarem em alguma forma de evolução (v. EVOLUÇÃO BIOLÓGICA; EVOLUÇÃO QUÍMICA), Julian HUXLEY chamava sua posição de "religião do humanismo evolutivo". Corliss Lamont podia ser chamado de "humanista cultural". Apesar das diferenças, os humanistas não-cristãos têm uma base de crenças comuns. Elas foram resumidas em dois "manifestos humanistas" e representam uma coalizão de vários pontos de vista do humanismo secular.

I *Manifesto humanista.* Em 1933, um grupo de 34 humanistas americanos enunciaram os princípios fundamentais da sua filosofia no I *Manifesto humanista*. Entre os signatários estavam Dewey, o pai da educação pragmática americana; Edwin A. Burtt, filósofo da religião, e R. Lester Mondale, ministro unitarista e irmão de Walter Mondale, que viria a ser vice-presidente dos EUA.

As afirmações. Na introdução, os autores se identificam como "humanistas religiosos" e afirmam que "estabelecer tal religião é uma grande necessidade do presente" (Kurtz, *Humanist manifestos*). O manifesto consiste em quinze afirmações básicas que dizem em parte:

"Primeiro. Os humanistas religiosos consideram o universo auto-existente e não criado." Os signatários são antiteístas (v. TEÍSMO) que negam a existência de um Criador que tenha criado ou que sustente o universo.

"Segundo. O humanismo acredita que o homem é parte da natureza e que surgiu como resultado de um processo contínuo." O naturalismo e a evolução naturalista são afirmados. O sobrenatural é negado.

"Terceiro. Por terem uma visão orgânica da vida, os humanistas acreditam que o dualismo tradicional da mente e do corpo deve ser rejeitado." Os humanos não têm alma ou aspecto imaterial na sua natureza. Tampouco são imortais (v. IMORTALIDADE). Nenhuma existência se estende além da morte.

"Quarto. O humanismo reconhece que a cultura religiosa e civilização do homem [...] são o produto de um desenvolvimento gradual." Além disso, "o indivíduo nascido numa cultura específica é em grande parte moldado por aquela cultura". Isso implica evolução cultural e relatividade cultural. A evidência cultural significa que a sociedade gradualmente tornou-se mais sofisticada e complexa; a relatividade cultural significa que os indivíduos são em grande parte moldados pelas suas respectivas culturas.

"Quinto. O humanismo afirma que a natureza do universo retratada pela ciência moderna torna inaceitável qualquer garantia sobrenatural ou cósmica de valores humanos." Não há valores dados por Deus a serem descobertos; portanto, os valores são relativos e estão sujeitos a mudanças (v. MORALIDADE, NATUREZA ABSOLUTA DA).

"Sexto. Estamos convencidos de que o tempo já passou para o teísmo, deísmo, modernismo e vários tipos de 'pensamento novo'." Os escritores do primeiro manifesto eram ateus (v. ATEÍSMO) ou agnósticos (v. AGNOSTICISMO) no sentido tradicional dos termos. Até crenças não-sobrenaturais são rejeitadas (v. MILAGRES, ARGUMENTOS CONTRA).

"Sétimo. A religião consiste nas ações, propósitos e experiências que são humanamente significativas [...]tudo que, no seu nível, expressa vida humana inteligentemente satisfatória." A essência dessa afirmação é definir religião em termos puramente humanistas. A religião é tudo que é significativo, interessante ou satisfatório para os seres humanos.

"Oitavo. O humanismo religioso considera a realização completa da personalidade humana como o objetivo da vida do homem e busca seu desenvolvimento e cumprimento aqui e agora." A esperança do humanista é limitada a este mundo. O "objetivo principal do homem" é terrestre, não celestial (v. MATERIALISMO).

"Nono. No lugar das antigas atitudes envolvidas na adoração e oração, o humanista encontra suas emoções religiosas expressas no sentido elevado de vida pessoal e no esforço cooperativo de promover o bem-estar social." A emoção religiosa está focalizada nas esferas natural, pessoal e social, não nos âmbitos espiritual e sobrenatural.

"Décimo. Conclui-se que não haverá emoções e atitudes exclusivamente religiosas do tipo até aqui associado à crença no sobrenatural." Este ponto consubstancia as implicações naturalistas das afirmações anteriores. A experiência religiosa deve ser explicada em termos puramente materialistas.

"Décimo primeiro. O homem aprenderá a enfrentar as crises da vida com base em seu conhecimento da naturalidade e da probabilidade delas." Os humanistas acreditam que a educação humanista promoverá bem-estar social ao desencorajar ansiedade e preocupação que se originem da ignorância.

"Décimo segundo. Acreditando que a religião deve agir cada vez mais para produzir alegria e vida, os humanistas religiosos procuram promover o lado criativo do homem e encorajar realizações que acrescentem satisfação com a vida." Essa ênfase dos valores humanistas de criatividade e realização demonstra a influência de Dewey.

"Décimo terceiro. Os humanistas religiosos afirmam que todas as associações e instituições existem para a satisfação da vida humana." Os humanistas reconstituiriam rapidamente instituições religiosas, rituais, organização eclesiástica e atividades comunitárias em torno de sua cosmovisão.

"Décimo quarto. Os humanistas estão firmemente convictos de que a atual sociedade aquisitiva e motivada pelo lucro demonstrou ser inadequada e que uma mudança radical nos métodos, controles e motivações deve ser instituída." No lugar do capitalismo, os humanistas sugerem "uma ordem econômica socializada e cooperativa".

"Décimo quinto e último. Afirmamos que o humanismo irá: a) afirmar a vida, ao invés de negá-la; b) buscar evocar as possibilidades de vida, não fugir delas: e c) procurar estabelecer as condições de vida satisfatórias para todos, não apenas para alguns." A tendência pró-socialista continua nessa afirmação resumida, que apresenta o humanismo religioso numa estrutura de apoio à vida.

Os humanistas que criaram o manifesto afirmaram que "a busca do bem-estar ainda é a principal tarefa da humanidade" e que cada pessoa "tem dentro de si o poder para sua realização". Eles eram otimistas com relação aos objetivos e perfeccionistas na sua crença de que a humanidade tinha a habilidade de alcançá-los.

Avaliação do I Manifesto humanista. O I Manifesto humanista pode ser resumido desta forma:

1. ateísta (v. ATEÍSMO) em relação à existência de Deus;
2. naturalista em relação à possibilidade de milagres (v. MILAGRES, ARGUMENTOS CONTRA);
3. evolucionista (v. EVOLUÇÃO) em relação às origens humanas;
4. relativista em relação aos valores (v. MORALIDADE, NATUREZA ABSOLUTA DA);
5. otimista em relação ao futuro;
6. socialista quanto política e economia;
7. religioso quanto a atitude em relação à vida, e
8. humanista em relação aos métodos que sugere aos que querem alcançar os objetivos dele.

A afirmação não é apenas otimista; é excessivamente otimista em relação à possibilidade da perfeição humana. Até os criadores do II *Manifesto humanista* (1973) reconheceram que "os eventos desde [1933] fazem essa afirmação anterior parecer otimista demais".

O I *Manifesto* evita propositadamente o uso das palavras *precisa* e *pode*. Mas não evita *irá* (art. 15) e *deve* (art. 3, 5, 12, 13, 14). As afirmações dos humanistas sobre valores que consideram importantes implicam que a pessoa "precisa" buscar esses valores. Logo, os humanistas seculares estão na verdade oferecendo uma prescrição moral que acreditam que os seres humanos *precisam seguir*.

Algumas prescrições morais subentendem uma força universal, pelas fortes palavras usadas: *necessidade* (introdução), *deve* (art. 3, 5, 12, 14), *insiste* (art. 5), *não* ou *nada* (arts. 7, 10, conclusão) e até *exige* (art. 14) juntamente com os valores defendidos. Na introdução, uma obrigação universal é eufemisticamente chamada de "valor dominante". Da mesma forma os valores de liberdade, criatividade e realização são claramente considerados universais e irrevogáveis.

Merece atenção o tom religioso do primeiro manifesto que é muito evidente. As palavras *religião* ou *religioso* ocorrem 28 vezes. Os autores consideram-se religiosos, querem preservar a experiência religiosa e até se denominam "humanistas religiosos". Sua religião, no entanto, não tem um objeto pessoal supremo de experiência religiosa.

II **Manifesto humanista**. Em 1973, quarenta anos depois da criação do I *Manifesto humanista*, os defensores do humanismo secular de vários países acharam que era necessária uma atualização. "O II *Manifesto humanista*" foi assinado por Isaac Asimov, A. J. AYER, Brand Blanshard, Joseph Fletcher, Antony FLEW, Jacques Monod e B. F. Skinner.

No prefácio, os autores negam que "estejam estabelecendo um credo comprometedor", mas dizem que "hoje é nossa convicção". Reconhecem continuidade dos humanistas anteriores ao afirmar que Deus, orações, salvação e providência são parte da "fé não comprovada e desatualizada".

As afirmações. As dezessete afirmações básicas no II *Manifesto humanista* aparecem sob os títulos "religião" (art. 1 e 2), "ética" (3 e 4), "o indivíduo" (5 e 6), "sociedade democrática" (7 a 11) e "comunidade global" (12 a 17).

"Primeiro. No melhor sentido, a religião pode inspirar dedicação aos ideais éticos mais elevados. O cultivo da devoção moral e da imaginação criativa é expressão de experiência e aspiração 'espiritual' genuína." Os autores rapidamente acrescentam "que as religiões tradicionais dogmáticas ou autoritárias [...] prestam um desserviço à espécie humana". Além disso, não encontram evidência suficiente do sobrenatural. Como "não-teístas, começamos com os humanos, e não com Deus, com a natureza, e não com a divindade". Não conseguiram descobrir nenhuma providência divina. Logo, "nenhuma divindade nos salvará; nós mesmos devemos nos salvar".

"Segundo. Promessas de salvação imortal ou medo de condenação eterna são ilusórias e prejudiciais." Elas distraem os homens da auto-realização e da preocupação com a injustiça. A ciência descrê da alma (v. IMORTALIDADE). "Pelo contrário, a ciência afirma que a espécie humana é resultado de forças evolutivas naturais." A ciência não encontrou evidência de que haja vida após a morte. Os humanos devem preocupar-se com o bem-estar nesta vida, não na próxima.

"Terceiro. Afirmamos que valores morais são derivados da experiência humana. A ética é autônoma e situacional, e não depende de sanção teológica ou ideológica." Os humanistas baseiam seu sistema de valores na experiência humana, "aqui e agora". Os valores não têm base ou objetivo supra-humano (v. MORALIDADE, NATUREZA ABSOLUTA DA).

"Quarto. A razão e a inteligência são os instrumentos mais eficazes que a humanidade possui." Nem fé nem paixão as substituem. Os humanistas sugerem que "o uso controlado dos métodos científicos [...] deve ser estendido na busca da solução para os problemas humanos". Uma combinação de inteligência crítica e compaixão humana é a melhor esperança para resolver problemas humanos.

"Quinto. A preciosidade e dignidade da pessoa como indivíduo é valor central do humanismo." Os humanistas permitem autonomia individual condizente com a responsabilidade social. Assim, a liberdade individual de escolha deve ser ampliada (v. DETERMINISMO; LIVRE-ARBÍTRIO).

"Sexto. Na área da sexualidade, cremos que atitudes intolerantes, geralmente cultivadas pelas religiões ortodoxas e culturas puritanas, reprimem indevidamente a conduta sexual." Os autores afirmam os direitos de controle de natalidade, aborto, divórcio e qualquer forma de comportamento sexual entre adultos de comum acordo. "Se não prejudicarem outras pessoas nem obrigá-las a fazer o mesmo, os indivíduos devem ter permissão para expressar suas inclinações sexuais e seguir seus estilos de vida como desejam."

"Sétimo. Para realçar a liberdade e dignidade, o indivíduo deve experimentar grande variedade de liberdades civis em todas as sociedades." Isso inclui liberdades de expressão e de imprensa, democracia política, oposição a políticas do governo, processos judiciais, religião, associação, expressão artística e investigação científica. Devem ser protegidos e estendidos aos indivíduos os direitos de morrer com dignidade e de usar eutanásia e suicídio. Os humanistas se opõem à invasão crescente da privacidade individual. Essa lista detalhada é um catálogo dos valores humanistas.

"Oitavo. Estamos comprometidos com uma sociedade aberta e democrática." Todas as pessoas devem ter participação no desenvolvimento de valores e estabelecimento de metas. "As pessoas são mais importantes que decálogos, regras, proibições ou regulamentos." Aqui se manifesta uma oposição à lei moral divina como a encontrada nos Dez Mandamentos (Decálogo).

"Nono. A separação entre igreja e Estado e a separação entre ideologia e Estado são imperativas." Os humanistas acreditam que o Estado "não deve favorecer nenhum grupo religioso específico pelo uso de dinheiro público, nem promover determinada ideologia".

"Décimo. [...] Precisamos democratizar a economia e julgá-la pela sensibilidade às necessidades humanas, testando resultados em termos do bem comum." Isso significa que o valor de qualquer sistema econômico deve ser julgado numa base utilitarista.

"Décimo primeiro. O princípio da igualdade moral deve ser promovido mediante a eliminação de toda discriminação baseada em raça, religião, sexo, idade ou nacionalidade." A eliminação total da discriminação resultará numa distribuição mais justa da riqueza. Haveria uma renda anual mínima, previdência social para todos que precisam e o direito à educação universitária.

"Décimo segundo. Deploramos a divisão da humanidade por nacionalidades. Chegamos a um momento decisivo na história da humanidade em que a melhor opção é transcender os limites da soberania nacional e buscar a construção de uma comunidade global." Isso envolveria uma entidade política supranacional que permitisse diversidade cultural.

"Décimo terceiro. Essa comunidade global deve renunciar o recurso da violência e da força como método de resolver disputas internacionais." Esse artigo considera a guerra, por mais localizada que seja, absoluta, e reivindica um "imperativo planetário" para reduzir gastos militares.

"Décimo quarto. A comunidade global deve empregar planejamento cooperativo com relação ao uso de recursos rapidamente esgotáveis [...] e o crescimento populacional excessivo deve ser controlado por acordo internacional." Para os humanistas, portanto, a conservação é um valor moral.

"Décimo quinto. É obrigação moral das nações desenvolvidas dar [...] grande assistência técnica, agrícola, médica e econômica" a nação subdesenvolvidas.

Isso deve ser feito por meio de "uma autoridade internacional que garanta os direitos humanos."

"Décimo sexto. A tecnologia é uma chave vital para o progresso e desenvolvimento humanos." Este artigo fala contra a condenação indiscriminada da tecnologia e seu uso para controlar, manipular ou modificar seres humanos sem consentimento da humanidade.

"Décimo sétimo. Devemos expandir a comunicação e o transporte entre fronteiras. As restrições de viagem devem cessar." Esse artigo termina com uma advertência: "Devemos aprender a viver abertamente juntos, ou pereceremos juntos".

A conclusão fala contra "terror" e "ódio". Afirma os valores da razão e compaixão, assim como tolerância, entendimento e negociação pacífica. Exige "o mais alto compromisso [i.e., a esses valores] de que somos capazes", que "transcende [...] igreja, Estado, partido, classe ou raça". Fica claro que os humanistas estão exigindo um compromisso supremo com valores morais transcendentes — um compromisso religioso.

Avaliação do II Manifesto humanista. O *II Manifesto humanista* é mais forte, mais detalhado e menos otimista que o *I Manifesto humanista*. É menos cuidadoso no uso de termos morais tais como *deve* e na exigência de um compromisso supremo. É realmente uma convocação forte, urgente, moral e religiosa. Como seu predecessor, também é ateísta, naturalista, evolucionista, socialista, relativista e ainda otimista quanto à possibilidade de a humanidade salvar a si própria. A ênfase na característica internacional é bem mais forte.

A "Declaração humanista secular". A terceira voz de coalizão para o humanismo secular soou. Signatários da "Declaração humanista secular", que apareceu no periódico humanista secular *Free Inquiry*, incluíam Asimov, Fletcher, Skinner e alguns que não assinaram o *II Manifesto*, entre eles os filósofos Sidney Hook e Kai Nielsen.

As afirmações. A declaração patrocina o "humanismo secular democrático". É evidente pelos primeiros parágrafos que os humanistas consideram a religião estabelecida sua grande inimiga: "Infelizmente, hoje enfrentamos uma variedade de tendências anti-secularistas: o ressurgimento das religiões dogmáticas e autoritárias; o cristianismo fundamentalista, literal e doutrinante". Além disso, o documento reclama do "clericalismo muçulmano rapidamente crescente e intransigente no Oriente Médio e na Ásia, a reafirmação da autoridade ortodoxa da hierarquia papal do catolicismo romano, o judaísmo religioso e nacionalista, e a volta a religiões obscurantistas na Ásia". A plataforma desses humanistas é:

Livre Investigação. "O primeiro princípio do humanismo secular democrático é seu compromisso com a livre investigação. Opomo-nos a qualquer tirania sobre a mente do homem, qualquer esforço por parte de instituições eclesiásticas, políticas, ideológicas ou sociais de algemar o livre pensamento."

Separação entre igreja e Estado. "Por causa de seu compromisso com a liberdade, os humanistas seculares acreditam no princípio da separação entre igreja e Estado." Na sua opinião, "qualquer esforço para impor uma concepção exclusiva da Verdade [v. VERDADE, NATUREZA DA], piedade, virtude ou justiça sobre toda a sociedade é uma violação da investigação livre".

O ideal de liberdade. "Como secularistas democráticos, defendemos sistematicamente o ideal de liberdade." O conceito de liberdade do humanismo secular inclui não só liberdade de consciência e crença em relação a poderes repressivos eclesiásticos, políticos e econômicos, como também "liberdade política genuína, decisões democráticas baseadas na opinião da maioria e respeito pelos direitos das minorias e pelo regime da lei".

Ética baseada na inteligência crítica. "O humanista secular reconhece o papel central da moralidade na vida humana." A conduta ética deve ser julgada pela razão crítica, e seu objetivo é desenvolver "indivíduos autônomos e responsáveis, capazes de fazer suas escolhas na vida baseados no entendimento do comportamento humano". Apesar de os humanistas seculares serem ostensivamente opostos à moralidade absolutista, afirmam que "padrões objetivos surgem, e valores e princípios éticos podem ser descobertos, no decorrer da deliberação ética".

Educação moral. "Cremos que o desenvolvimento moral deve ser cultivado nas crianças e jovens [...] logo, é dever da educação pública lidar com esses valores." Tais valores incluem "virtudes morais, inteligência e o desenvolvimento do caráter".

Ceticismo religioso. "Como humanistas seculares, geralmente somos céticos em relação a afirmações sobrenaturais." Apesar de ser verdadeiro que "reconhecemos a importância da experiência religiosa, que redireciona e dá significado à vida dos seres humanos, [negamos] que tais experiências estejam relacionadas ao sobrenatural". Acreditam que não há evidência suficiente para afirmar que existe algum propósito divino para o universo. "Homens e mulheres são livres e responsáveis pelo próprio destinos." E não podem esperar salvação de um ser transcendente.

Razão. "Vemos com preocupação o ataque atual pelos não-secularistas à razão e à ciência." Apesar de os humanistas seculares negarem que a razão e a ciência podem resolver todos os problemas humanos, afirmam que não conhecem um substituto melhor que a inteligência humana.

Ciência e tecnologia. "Cremos que o método científico, apesar de imperfeito, ainda é a maneira mais confiável de entender o mundo. Logo, procuramos as ciências naturais, biológicas, sociais e comportamentais para conhecimento do universo e do lugar do homem nele."

Evolução. Esse artigo lamenta o ataque dos fundamentalistas religiosos à evolução. Apesar de negar que a evolução seja um "princípio infalível", os humanistas seculares acreditam que ela "é apoiada tão fortemente pelo peso da evidência que é difícil rejeitá-la". Conseqüentemente, "deploramos os esforços dos fundamentalistas (especialmente nos Estados Unidos) de invadir as salas de aulas, exigindo que a teoria criacionista seja ensinada aos alunos e exigindo que ela seja incluída nos livros didáticos de biologia" (v. ORIGENS, CIÊNCIA DAS). Os humanistas seculares consideram isso uma ameaça tanto à liberdade acadêmica como à integridade educacional.

Educação. "Na nossa opinião, a educação deve ser o método essencial de construir sociedades humanitárias, livres e democráticas." As metas de educação incluem a transmissão de conhecimento, treinamento ocupacional, instrução de cidadania e incentivo ao crescimento moral. Os humanistas seculares também imaginam a tarefa mais ampla de embarcar num "programa de longo prazo de educação pública e esclarecimento com relação à relevância da perspectiva secular da condição humana".

A declaração conclui com o apelo: "O humanismo secular democrático é muito importante para que a civilização humana o abandone". Censura a religião ortodoxa contemporânea como sendo "anticiência, antiliberdade e anti-humana", mostrando que "o humanismo secular deposita confiança na inteligência humana e não na orientação divina". Termina lamentando "o crescimento dos credos sectários intolerantes que promovem o ódio".

Avaliação da "Declaração humanista secular". Pode parecer surpreendente que essa declaração tenha aparecido logo após o II *Manifesto humanista* (apenas oito anos), especialmente porque muitas pessoas assinaram os dois documentos. Grande parte do conteúdo é semelhante a um ou aos demais manifestos. Como afirmações humanistas anteriores, enfatiza o naturalismo, a evolução, a habilidade humana de auto-salvação, assim como compromissos éticos humanistas comuns com a liberdade, a tolerância e a inteligência crítica.

No entanto, *a Declaração* tem pontos distintos. Os aspectos mais significativos são as áreas em que difere dos esforços anteriores. Primeiro, esses humanistas seculares querem ser chamados "humanistas seculares *democráticos*". A ênfase na democracia é evidente em todo o texto. Segundo, eles não declaram que são humanistas religiosos, como os autores dos documentos anteriores. Isso é estranho, já que os humanistas pedem reconhecimento como grupo religioso, e a Suprema Corte dos Estados Unidos o tenha definido assim em *Torcasso* vs. *Watkins*, em 1961. Na verdade, a declaração poderia ser caracterizada corretamente como anti-religiosa, pois ataca especificamente a tendência recente de crenças religiosas conservadoras. A maior parte da declaração, na verdade, parece ser uma reação contra as tendências recentes contrárias ao humanismo secular. Finalmente, é impossível deixar de notar uma incoerência estranha no fato de que a declaração afirma liberdade acadêmica, mas insiste em que o criacionismo científico seja excluído das aulas de ciências.

Elementos comuns no humanismo secular. Um estudo dos manifestos e das declarações humanistas e outras obras de humanistas seculares de destaque revelam uma base comum de pelo menos cinco princípios:

1. O não-teísmo é comum a todas as formas de humanismo secular. Muitos humanistas negam completamente a existência de Deus, mas todos negam a necessidade de um Criador do mundo. Portanto, os humanistas seculares se unem na oposição a toda religião teísta.
2. O naturalismo é essencial ao humanismo, seguindo a negação do teísmo. Tudo no universo deve ser explicável por meio de leis naturais.
3. A evolução é a maneira de o humanista secular explicar as origens. Ou o universo e as coisas vivas surgiram por meio da intervenção de um Criador sobrenatural, ou evoluíram por meios puramente naturalistas. Então os não-teístas não têm escolha senão defender a evolução.
4. O relativismo ético une os humanistas seculares, pois eles não gostam de absolutos (v. ABSOLUTOS MORAIS). Não há valores morais dados por Deus; a humanidade decide os próprios valores. Esses padrões estão sujeitos a mudanças e são relativos em situações diferentes. Já que não há base absoluta para valores em Deus, não há valores absolutos recebidos dele.
5. A auto-suficiência humana é o princípio central. Nem todos os humanistas seculares são utópicos, mas todos acreditam que os seres humanos podem resolver seus problemas sem o auxílio divino. Nem todos acreditam que a raça seja imortal, mas todos acreditam que a sobrevivência da humanidade depende do comportamento e da responsabilidade pessoal.

Nem todos acreditam que a ciência e a tecnologia são o meio de salvar a humanidade, mas todos acreditam que a razão humana e a educação secular são a única esperança de continuidade para a raça humana.

Conclusão. O humanismo secular é um movimento que consiste em grande parte de ateus, agnósticos e deístas. Todos são antiteístas e anti-sobrenaturalistas. Todos são firmemente naturalistas. Essas doutrinas específicas são desafiadas em outros artigos, entre eles: DEUS, SUPOSTAS REFUTAÇÕES DE; DEUS, EVIDÊNCIAS DE; DEUS, OBJEÇÕES ÀS PROVAS DE; EVOLUÇÃO; EVOLUÇÃO BIOLÓGICA; EVOLUÇÃO QUÍMICA; EVOLUÇÃO CÓSMICA; MILAGRES e MILAGRES, ARGUMENTOS CONTRA. Moralmente os humanistas são relativistas (v. MORALIDADE, NATUREZA ABSOLUTA DA). Vários tipos de humanismo não-teísta são avaliados sob os nomes de seus principais proponentes.

Fontes
D. EHRENFELD, *The arrogance of humanism.*
N. L. GEISLER, *Is man the measure?*
J. HITCHCOCK, *What is secular humanism?*
C. S. LEWIS, *The Abolition of Man.*
P. KURTZ, org., *Humanist manifesto I e II.*
___, org., "A secular humanist declaration", *Free inquiry.*
F. SCHAEFFER, *Whatever happened to the human race?*
R. WEBBER, *Secular humanism: threat and challenge.*

humanistas, manifestos. V. HUMANISMO SECULAR.

Hume, critérios para testemunhas confiáveis. V. TESTEMUNHAS, CRITÉRIOS DE HUME PARA.

Hume, David. Filósofo e historiador, nasceu e cresceu em Edimburgo, Escócia (1711-1776), e freqüentou a Universidade de Edimburgo. Formou-se em direito, mas logo depois decidiu não exercer a profissão. Em vez disso, durante o apogeu do iluminismo europeu, Hume dedicou-se ao estudo rigoroso da filosofia. Esse estudo o levou ao ceticismo (v. AGNOSTICISMO) e ao desdém pelo milagroso (v. MILAGRES, ARGUMENTOS CONTRA). Mas, ao contrário de Baruch ESPINOSA, um século antes, Hume atacou os milagres do ponto de vista empírico, não racionalista. De várias maneiras os dois pensadores se opõem. Espinosa era dogmático, Hume era cético. Espinosa era racionalista, Hume era empírico. Apesar das diferenças, compartilhavam a conclusão de que não é razoável acreditar em milagres. Para Espinosa, milagres são na verdade impossíveis; para Hume, são apenas inacreditáveis.

Ceticismo empírico de Hume. O cético acredita em suspender o julgamento sobre questões metafísicas. O ceticismo de Hume baseava-se na sua epistemologia. Acreditava que todas as idéias são baseadas na experiência sensorial. Já que não há experiências sensoriais de conceitos como *Deus*, Hume os rejeitava como insignificantes.

Dois tipos de proposições. Todos os objetos da inquisição humana, escreveu Hume, são *relações de idéias* ou *questões de fato*. O primeiro tipo inclui afirmações e definições matemáticas; o segundo inclui tudo que se conhece empiricamente — por meio de um ou mais sentidos. Hume era tão enfático sobre essa distinção que concluiu assim sua *Investigação sobre o entendimento humano*:

> Quando pesquisamos nas bibliotecas, convencidos desses princípios, que estragos faremos? Se tomarmos em nossas mãos qualquer volume — de teologia ou metafísica escolástica, por exemplo — perguntemos: *Ele contém algum raciocínio abstrato relativo a quantidade ou número?* Não. *Contém algum raciocínio experimental relativo a fato e existência?* Não. Então queime-o, pois não pode conter nada além de sofisma e ilusão. (12.3.173).

Causas conhecidas pelo hábito. Para Hume "todo raciocínio relativo a assuntos de fato parece ser fundado na relação de *causa* e *efeito*. Somente por meio dessa relação podemos ir além da evidência de nossa memória e dos sentidos" (ibid., 4.1.41). Por isso, a mente jamais poderá encontrar a causa de dado evento. Só "depois da conjunção constante de dois objetos, calor e fogo, por exemplo [...] estamos determinados apenas pelo hábito de esperar um a partir da presença de outro" (ibid., 5.1.57). Isto é, usamos a causalidade, mas não há base empírica para fazê-lo. Em resumo, não se pode conhecer as *conexões* causais entre as coisas; só se pode acreditar nelas baseado nas *conjunções* habituais. "Todas as inferências da experiência, portanto, são efeitos de hábito, não de raciocínio" (ibid.).

Segundo Hume, não podemos sequer ter certeza de que o sol surgirá amanhã. Acreditamos que ele surgirá porque isso já aconteceu costumeiramente no passado. Algumas coisas acontecem tantas vezes em conjunção com outras que é tolice não acreditar que haverá conjunções no futuro. Hume até chamaria essa experiência uniforme de "prova", pela qual quer dizer "argumentos de tal modo baseados na experiência que não deixam dúvida ou oposição" (ibid., 6.1.69). No entanto, "todos os eventos parecem completamente soltos e separados. Um evento segue o outro, mas jamais podemos observar alguma ligação entre eles. Parecem *conjuntos*, mas nunca *conectados*" (ibid., 7.2.85). Eventos conjuntos não provam que são conectados pela causalidade assim como não há conexão causal entre o galo cantando e o sol nascendo. Tudo que se pode fazer é extrapolar com base em ocorrências muitas vezes repetidas.

Avaliação do empirismo cético de Hume. É incoerente. O ceticismo de Hume mostra-se vulnerável a sérias críticas. Talvez a mais séria seja a de que é incoerente. Segundo Hume, proposições significativas são *empíricas* ou *analíticas*. As empíricas têm conteúdo mas não revelam nada sobre a realidade metafísica, tal como Deus. As *analíticas* são vazias e sem conteúdo. Como o princípio da verificabilidade empírica baseia-se nos dois tipos de proposições de Hume, essa é uma proposição autodestrutiva (v. LÓGICO, POSITIVISMO), pois a afirmação de que "apenas proposições analíticas ou empíricas são significantes" não é uma afirmação analítica (verdadeira por definição) nem uma afirmação empírica. Logo, pelos próprios critérios, é insignificante. Se admitimos que tais afirmações são significantes, por que as afirmações metafísicas não podem ser significantes?

O ATOMISMO é contrário à experiência. Outra objeção séria ao empirismo cético de Hume é que ele é baseado no atomismo empírico injustificado. Hume acreditava que todas as sensações eram atomicamente separadas. "Um evento segue o outro, mas nunca se pode observar a ligação entre eles. Parecem *conjuntos*, mas nunca *conectados*" (ibid., 7.2.85). Mas não é assim que os experimentamos. Nós os encontramos como um fluxo contínuo. Não recebemos uma série destacada de fotos instantâneas, antes vemos um filme contínuo do mundo externo. Somente quando a pessoa *supõe* incorretamente que tudo é atomicamente desconectado e separado é que surge o problema de conectá-los.

A causalidade pode ser experimentada internamente. Hume é amplamente mal compreendido. Ele não negou o princípio da causalidade. Negou a base em que algumas pessoas tentam provar a causalidade (v. CAUSALIDADE, PRINCÍPIO DA). Hume rejeitava a intuição, descartando conexões causais que experimentamos em nossa consciência e que não são baseadas em eventos externos. Sou a causa desta frase à medida que a digito, e experimento esse fato. Todo mundo experimenta os próprios pensamentos e ações. Nós os experimentamos como fluxo contínuo de causa e efeito.

Hume não pôde viver sua teoria. Hume não era coerente com seu ceticismo no âmbito prático nem no teórico. Na área prática, Hume admitiu que precisava descansar de suas buscas céticas e deprimentes e jogar uma partida de gamão. Realmente, ninguém pode viver uma vida neutra em todos os assuntos metafísicos e morais. A vida exige certos compromissos nessas áreas. Nenhum cético se mantém neutro sobre a questão da existência do direito moral de acreditar e expressar suas opiniões. E não existe dúvida sobre tudo. (Hume não era cético em relação ao ceticismo.) Um cético total não poderia comer, andar ou falar (v. AGNOSTICISMO).

Mais precisamente, Hume não era coerente com a própria teoria. Quando argumentava que não conhecemos a conexão entre eventos, Hume insistia em que não podemos se quer ter certeza de que o sol surgirá amanhã. Mas quando argumentava contra os milagres insistia em que a experiência — uniforme até hoje — de que todos os homens morrem e não ressuscitam dos mortos prova que nenhuma ressurreição acontecerá amanhã (v. RESSURREIÇÃO, EVIDÊNCIAS DA).

Hume jamais negou a causalidade. Além disso, o próprio Hume jamais negou que as coisas têm causa para existir. Escreveu: "Eu nunca afirmei uma proposição tão absurda quanto essa de dizer que qualquer coisa pode surgir sem uma causa" (Hume, *Letters*, v. 1, p. 187). Na verdade, na mesma fonte, Hume afirmou que seria "absurdo" negar o princípio da causalidade. O que Hume negou foi a maneira pela qual alguns filósofos tentam provar o princípio da causalidade. Para Hume, a conjunção habitual é a base para supor uma conexão causal.

A rejeição de Hume dos argumentos a favor da existência de Deus. O ceticismo de Hume com relação à existência de Deus baseava-se no seu empirismo e é manifesto em várias objeções que foram muito repetidas desde sua época. São baseadas no seu famoso *Dialogues concerning natural religion* [*Diálogos sobre a religião natural*].

Argumentos contra o Deus teísta. Hume argumentou que todas as tentativas de provar a existência de Deus, pelo menos do Deus teísta (v. TEÍSMO), falham por um dos seguintes motivos (v. DEUS, OBJEÇÕES ÀS PROVAS DE):

Seres finitos precisam apenas de causas finitas. Segundo Hume, supor uma Causa infinita é um exagero metafísico. Um universo finito só precisa de uma causa finita.

O princípio da causalidade é improvável. Não há maneira de provar o princípio da causalidade. Tudo que é baseado na experiência poderia existir de outra forma. E tudo que não é baseado na experiência é apenas tautologia, isto é, verdadeiro apenas por definição.

O princípio da analogia prova um Deus não-teísta. Mesmo supondo que houvesse um tipo de causa do mundo, não seria um Deus infinitamente perfeito.

Na melhor das hipóteses o argumento da analogia nos leva a um Deus finito e imperfeito para um mundo finito e imperfeito. Se insistirmos em que Deus deva ser igual ao que criou, então seria Deus igual a um repolho ou a um coelho, só porque os fez?

Uma série infinita de causas é possível. Uma série infinita de causas é possível. Logo, não há necessidade de chegar a *Primeira* Causa. Séries infinitas são possíveis na matemática.

A necessidade não se aplica à existência, mas apenas a conceitos. Um Ser Necessário, tal como o argumento cosmológico conclui, é má aplicação do termo *necessário*. A razão é que a necessidade se aplica apenas a conceitos ou idéias, nunca à realidade objetiva. Afirmações necessárias são analíticas e sem conteúdo. E afirmações sobre o mundo real não são necessárias.

Não há necessidade de um criador; o acaso pode explicar tudo (v. teleológico, argumento). Não há necessidade de supor uma causa inteligente (um criador) do mundo; o acaso pode explicar a aparente criação no mundo. Dado o tempo suficiente, qualquer combinação afortunada pode surgir. O universo pode ser um "acidente".

É possível que nada jamais tenha existido, inclusive Deus. É sempre possível imaginar que qualquer coisa, inclusive Deus, não exista. Logo, nada existe necessariamente. Já que Deus é considerado um Ser Necessário, nem mesmo ele deve existir necessariamente, portanto Deus sequer precisa existir.

O que é logicamente necessário não existe necessariamente. Alguns antiteístas argumentam que é logicamente necessário um triângulo ter três lados, mas não é necessário uma coisa de três lados existir. Logo, mesmo se fosse logicamente necessário Deus existir, isso não quer dizer que ele realmente exista.

Se todas as coisas foram criadas, então Deus também foi. Se tudo precisa de uma causa, Deus também precisa. E se nem todas as coisas precisam de uma causa, o mundo também não precisa. Mas em nenhum dos casos precisamos de uma Primeira Causa.

Esses argumentos são respondidos, e a lógica de Hume é criticada no artigo Deus, objeções aos argumentos para a existência de.

Conclusão. Hume foi uma das personagens mais influentes da filosofia moderna. Sua apresentação clara e poderosa do ceticismo e do anti-sobrenaturalismo foi um fator significativo na formação da mente secular moderna. No entanto, a análise cuidadosa das posições cruciais de Hume revela que são inconsistentes e contrárias à experiência. Na realidade, a base de seu ceticismo é contraditória, já que ele não suspende realmente o julgamento de muitas posições dogmáticas que assume sobre Deus e milagres.

Fontes
J. COLLINS, *God and modern philosophy*.
R. FLINT, *Agnosticism*.
N. L. GEISLER, *Philosophy of religion*.
D. HUME, *Investigação acerca do entendimento humano*.
___, *Dialogues concerning natural religion*.
___, *The letters of David Hume*.

Huxley, Julian. Julian Sorell HUXLEY (1887-1975) foi neto de Thomas Huxley, que ficou conhecido pelo apoio a Charles DARWIN. Julian recebeu seu diploma em zoologia da Universidade de Oxford e mais tarde lecionou ali. Em 1912, foi designado catedrático do Departamento de Biologia da Universidade Rice. Tornou-se professor de zoologia no Kings College, Londres, em 1925, e, em 1952, presidente da Associação Humanista Britânica. Foi signatário do II *Manifesto humanista* de 1973 (v. HUMANISMO SECULAR). Seus livros incluem *Principles of experimental embryology* [*Princípios de embriologia experimental*] (1934), *Evolution, the modern synthesis* [*Evolução, a síntese moderna*] e *Religion without revelation* [*Religião sem revelação*] (1928, revisado em 1957).

Julian é reconhecido por seu *humanismo evolutivo*. Essa posição tem sua expressão mais completa em *Religion without revelation*. Baseando-se na biologia evolutiva de Darwin, na filosofia evolutiva de Herbert Spencer e na ética evolutiva de seu avô T. H. Huxley, Julian desenvolveu um sistema completo de crenças que denominou "humanismo evolutivo". Expressou posições sobre uma variedade de assuntos, incluindo Deus, origens humanas, religião, valores, ciência, arte e suas esperanças quantos às possibilidades futuras da raça humana.

Deus e religião. Como outros humanistas, Huxley não acreditava no Deus teísta (v. TEÍSMO). Acreditava que a evolução explicava tudo (v. ATEÍSMO; EVOLUÇÃO BIOLÓGICA).

A descrença em Deus no pensamento de Huxley. Huxley se opunha a Deus, mas era a favor da religião. Disse: "Acredito [...] que hoje certamente *não conhecemos* nada além deste mundo e da experiência natural". Isto é, "um Deus pessoal, seja ele Jeová, ou Alá, ou Apolo, ou Amen-Rá, ou sem nome, mas apenas Deus, eu nada *conheço* a respeito dele". E não queria conhecer. "Não sou apenas agnóstico sobre o assunto [...] Não creio num Deus pessoal em qualquer sentido em que essa frase seja normalmente usada" (Huxley, p. 17-8).

A crença em Deus, segundo Huxley, era puramente psicológica. Deus Pai era uma personificação da natureza; o Espírito Santo representava os ideais; o Filho personificava a natureza humana ideal. Então "os deuses são criações do homem, representações personalizadas das forças do destino, com sua unidade projetada neles pelo pensamento e imaginação humanos" (ibid., p. 51).

Huxley acreditava que o entendimento científico moderno tornava o conceito de Deus obsoleto.

Deus não pode mais ser considerado o controlador do universo sob forma alguma, exceto num sentido hipotético. A hipótese de um Deus não tem mais valor pragmático,

disse ele. Operacionalmente,

Deus está começando a se assemelhar não a um rei, mas ao último sorriso do gato que desaparece numa versão cósmica da história de Alice no País das Maravilhas (ibid., p. 58-9).

Na verdade, Huxley acreditava que "logo será impossível um homem ou mulher inteligentes e educados acreditarem num Deus assim como agora é impossível acreditar que a terra é plana" (ibid., p. 62).

A descrença trouxe grande alívio para Huxley. "No meu caso", concluiu, "o senso de alívio espiritual que vem da rejeição à idéia de Deus como ser sobrenatural é enorme." Ele esperava ansiosamente que outros se juntassem a ele na sua crença (e alívio). Então "a arrogância insuportável dos que afirmam ser os únicos a possuir a verdade religiosa felizmente desapareceria". E assim também a intolerância, as guerras religiosas, a perseguição religiosa, os horrores da Inquisição, as tentativas de reprimir o conhecimento e o aprendizado, produzindo rápida mudança social e moral (ibid., p. 33).

A crença de Huxley na religião. Apesar da sua forte descrença em Deus, Huxley considerava-se profundamente religioso. "Creio", disse Huxley, "que é necessário acreditar em alguma coisa. O ceticismo completo não funciona" (ibid., p. 13). No final, descobriu que crer no método científico supria parte de sua necessidade religiosa. Assim, Huxley acreditava que o método científico é "o único método que em longo prazo dará uma base satisfatória para a crença" (ibid., p. 13).

Quando Huxley aplicou o método científico às experiências religiosas, inclusive à sua, concluiu que "a religião surgiu de um sentimento do sagrado". Huxley considerava a capacidade para esse sentimento fundamental para a humanidade, algo inerente à construção da mente humana normal e obtido por meio dela. Huxley falou honesta e vividamente sobre suas experiências religiosas:

Lembro-me vividamente de outro incidente no mesmo ano. Fazíamos exercícios noturnos entre Aldershot e Fleet: a noite quente de junho estava perfumada pelas giestas:

a monotonia do exercício, o silêncio imposto e a escuridão, combinados à beleza daquela hora, nos impeliam à meditação desordenada.

De repente, sem motivo específico, sem ligação aparente com outros pensamentos, um problema e sua solução passaram pela minha mente. Eu havia entendido como duas opiniões ou procedimentos podem ser ambos sinceramente considerados bons, e também realmente *ser* bons — e quando os dois entrassem em contato, cada um poderia parecer e ser mau. Isso pode acontecer quando ambos apontam para a mesma direção, mas um está se deslocando de tal modo mais devagar que se torna um peso para o outro. Idéias e fatos, exemplos específicos e seu significado geral, a tragédia do conflito amargo entre duas realidades superiores, duas honestidades sólidas se debateram na minha mente naquele momento de introspecção, e eu dera um novo passo em direção àquela base pacífica para a ação que é expressa pelo provérbio francês: "Tout comprendre, c'est tout pardonner" ["Compreender tudo é perdoar tudo"].

Também havia aquela qualidade definitiva de ser lançado à consciência, implicada no termo *revelação*, que já foi descrito para descoberta puramente intelectual por muitos matemáticos e homens da ciência, especialmente Poincare, nos ensaios sobre o método científico. Foi um exagero da sensação que vem quando alguém percebe repentinamente um ponto que havia escapado à compreensão, mas sem nenhuma sensação de esforço. A mesma sensação geral na esfera do sentimento se pode ter quando se é repentinamente transportado a uma satisfação completa por alguma visão súbita de morros distantes depois da planície; ou por uma qualidade súbita de luz — "a luz que nunca existiu no mar ou na terra" e no entanto está ali subitamente, transformando uma paisagem familiar; ou por um poema ou retrato, ou um rosto. Mas antes eu só tivera uma sensação completa de recebimento externo numa experiência — a única ocasião em que tive uma visão (de um tipo não alucinatório, mas incrivelmente real: essas, do tipo religioso, abundam nos registros dos místicos [v. MISTICISMO] tal como santa Teresa d'Ávila) [ibid., p. 86-7].

Experiências religiosas tão vívidas deixaram Huxley com crenças passionais "no valor supremo de certas idéias e atividades", ele disse, "as quais, na linguagem teológica, são chamadas Fé" (ibid., p. 76). Na verdade, Huxley confessou:

A vida teria sido intolerável sem [esses] relances do estado alternativo, momentos ocasionais de grande felicidade e renovação espiritual, geralmente vindos por meio da poesia ou por meio de uma bela paisagem, ou por intermédio de pessoas (ibid., p. 77).

Um dia, enquanto pesquisava numa biblioteca em Colorado Springs, Huxley encontrou alguns ensaios de Lord Morley nos quais encontrou estas palavras: "A próxima grande tarefa da ciência será criar uma religião para a humanidade". Huxley foi desafiado por essa visão. Escreveu:

Fui estimulado porque compartilhava sua convicção de que a ciência necessariamente teria um papel essencial na criação de qualquer religião do futuro que fosse digna do nome (ibid., 82).

Uma religião para humanistas. Huxley aceitou o desafio de Morley de desenvolver uma religião científica. Batizou-a de "humanismo evolutivo". Um de seus princípios básicos, como o nome demonstra, é a teoria da evolução.

Evolução humana e destino. A experiência mística levou Huxley a rejeitar a interpretação puramente materialista do universo, tal como via no marxismo (v. MATERIALISMO). Concluiu:

Em minha opinião, a hipótese materialista, que nega a importância dos fatores mentais e espirituais no cosmo, apesar de mais sofisticada, é tão errônea quanto a noção ingênua da hipótese mágica, que projeta forças espirituais para eventos materiais.

Apesar de sua rejeição ao materialismo puro, Huxley era um naturalista absoluto. Insistia em que descobertas da fisiologia, biologia e psicologia requerem o naturalismo. Não havia mais espaço para o sobrenatural. Forças materiais e "espirituais" no cosmos são parte da natureza (ibid., p. 187).

A evolução é, sem dúvida, a única explicação naturalista da origem da vida. Huxley escreveu:

Eu pessoalmente acredito na uniformidade da natureza, em outras palavras, que a natureza é considerada ordenada [...] e que não há duas realidades, uma natural e a outra sobrenatural, de tempos em tempos invadindo e alterando o decorrer dos eventos na realidade natural (ibid., 45).

Huxley acrescentou: "Creio também na unidade da natureza". Além disso:

Creio na unidade pela continuidade. A matéria não aparece ou desaparece, nem coisas vivas aparecem exceto a partir de coisas existentes essencialmente em si mesmas (v. NATURALISMO).

Logo: "A matéria mais complexa que está viva deve ter, no passado, se originado de matéria que não estava viva" (ibid., p. 45).

À medida que a evolução avançava, ela melhorava. Pois cada novo tipo dominante possui organização geral melhorada. Essa substituição progressiva de tipos e grupos dominantes é demonstrada mais claramente nos últimos vertebrados."Então é perfeitamente adequado", disse Huxley,"usar termos como *superior* e *inferior* para descrever tipos diferentes de organismo, e *progresso* para certos tipos de tendência" (ibid., p. 192).

A culminação do processo biológico evolutivo é a humanidade. Huxley acreditava que a maneira restante de progredir era o aperfeiçoamento do cérebro e da mente. "É claro que o homem está apenas no início de seu período de domínio evolutivo e que as possibilidades vastas e ainda inimagináveis de maior avanço ainda estão por vir" (ibid., p. 193). A biologia revelou o destino humano como a forma mais elevada produzida pela evolução, o último tipo dominante e o único organismo capaz de criar maiores avanços. O destino do homem é realizar novas possibilidades para o mundo e ser o instrumento da continuidade do processo evolutivo (ibid., p. 193).

A natureza dos seres humanos. Huxley não era um otimista absoluto quanto à natureza do homem. Ele reconhecia tendências e atividades malignas, tais como cobiça, arrogância, fanatismo, sadismo e gula (ibid., p. 196-7). Ele acreditava, no entanto, que a humanidade era capaz de se salvar desses males.

Além disso, Huxley não era um materialista rígido (v. MATERIALISMO). Acreditava nos aspectos "espiritual" e "mental" da "matéria" do universo assim como no aspecto "material" (ibid., p. 186-7). Rejeitava o materialismo marxista (v. MARX, KARL) e defendia a experiência "mística". Mesmo assim, era um naturalista dedicado a explicar os fenômenos humanos.

Huxley era claramente otimista quanto à habilidade da humanidade para alcançar um grande futuro. O ser humano era a única esperança de evolução futura. Juntamente com seu avô, Julian confessou: "Minha fé está nas possibilidades do homem" (ibid., p. 212). Essa esperança era de que o *Homo sapiens* continuaria a tornar real o novo potencial mediante a evolução contínua.

Evolução e ética. O progresso evolutivo do passado fornece princípios diretivos para o futuro. Com base nisso, a humanidade deve buscar as qualidades que foram bem-sucedidas. Esses princípios incluem eficiência e controle do meio ambiente, autocontrole e independência, individuação e níveis de organização, harmonia no trabalho, consciência e conhecimento crescentes, armazenamento de experiência e organização mental (ibid., p. 193). Os seres humanos atingiriam seu destino com mais sucesso explorando a razão, a imaginação e o pensamento conceitual, bem como as capacidades singulares de acumular, organizar e aplicar experiência por meio da cultura e da troca de idéias (ibid., p. 193). O dever mais sagrado e a oportunidade mais gloriosa é promover o cumprimento máximo do processo evolutivo e realizar completamente as possibilidades humanas latentes (ibid., p. 194).

Mas apesar do "desabrochar do indivíduo ser visto como valor intrínseco, como um fim em si mesmo", o valor do indivíduo está limitado pela necessidade de manter e melhorar a sociedade (ibid., p. 194-5). O indivíduo tem deveres para desenvolver o potencial pessoal e ajudar outros individual e coletivamente a realizar seu potencial. Cada pessoa deve contribuir pelo menos um pouco para promover a evolução do todo (ibid., p. 195).

Segundo Huxley,

o postulado básico do humanismo evolutivo é que forças mentais e espirituais [...] realmente têm efeito operativo e realmente são de importância decisiva na tarefa altamente prática de alcançar o destino humano; e elas não são sobrenaturais, não estão fora do homem, mas dentro dele (ibid.).

Essas forças não operam apenas dentro de indivíduos, mas também pelo processo social. Já que o ser humano é o único que tem controle consciente dessas forças, as pessoas são individualmente responsáveis por realizar mais progresso na vida. "Isso se aplica", disse Huxley, "tanto ao instinto de reprodução quanto à ganância ou à sede de poder, tanto à arrogância e ao fanatismo, seja nacional seja religioso, quanto ao sadismo indisfarçado ou à auto-indulgência" (ibid., p. 197).

No humanismo evolutivo, o dever geral do indivíduo é realizar o potencial pessoal. O tipo certo de desenvolvimento individual abre caminho permanentemente para o crescimento. Três áreas de desenvolvimento pessoal são possíveis: especialização, desenvolvimento de habilidades pessoais em todas as áreas da vida e desenvolvimento de harmonia e paz interior (ibid., p. 199, 200).

Na verdade, o humanismo evolutivo tem duplo objetivo: satisfação pessoal imediata e progresso cósmico em longo prazo. Esse segundo valor Huxley denomina "o evangelho do humanismo evolutivo", que é um "valor transcendente" (ibid., p. 201).

A ciência e o futuro. Apesar de Huxley não acreditar na imortalidade individual (ibid., p. 18), acreditava que a humanidade continuaria. Acreditava que a ciência era o melhor órgão para atingir esse alvo — não a ciência sem a religião, mas uma religião científica. Escreveu:

O homem do século XX sem dúvida precisa de um novo órgão para lidar com o destino, um novo sistema de crenças religiosas e atitudes adaptadas à nova situação na qual suas sociedades agora devem existir. A característica radicalmente nova da situação atual talvez possa ser afirmada desta maneira: Religiões e credos antigos eram em grande parte adaptações para lidar com a ignorância e os medos do homem, e acabaram lidando primariamente com a estabilidade da atitude. Mas a necessidade hoje é de um sistema de crenças adaptado para lidar com seu conhecimento e suas possibilidades criativas; e isso implica a capacidade de enfrentar, inspirar e guiar mudanças (ibid., p. 188).

A religião humanista de Huxley, então, é o órgão do destino. Mesmo assim, Huxley não tinha ilusões de grandeza com relação às expectativas imediatas desse tipo de religião. "Como todas as outras novas religiões [...] a princípio será expressa e difundida por uma pequena minoria." No entanto, ele previu que, "quando chegar a hora certa, se tornará universal, não só potencialmente e na teoria, mas realmente e na prática". A natureza psicológica humana torna isso inevitável. "O homem não pode evitar o processo de convergência que caminha para a integração de grupos humanos hostis ou divergentes numa única sociedade e na cultura mundial orgânica" (ibid., p. 208).

Assim, um processo evolutivo inevitável resultará numa religião humanista universal. Essa sociedade ateísta continuará o desenvolvimento evolutivo por maneiras intelectuais, psicológicas e sociais continuamente novas.

Huxley não sabia que forma sua nova religião teria, que rituais ou celebrações poderia praticar, se teria um sacerdócio, prédios, ou se adotaria símbolos (ibid., p. 209). Fosse qual fosse a forma, deveria ser "unificada e tolerante" (ibid., p. 160). Ele tinha certeza, no entanto, de que viria. Já que "o espírito científico e o método científico provaram ser os agentes mais eficazes para a compreensão e controle da natureza física", resta às gerações futuras aplicá-los para controlar o destino humano (ibid., p. 205).

Comparação e contraste. O humanismo evolutivo é bem mais amplo que a variedade proposta por Huxley. Praticamente todos os humanistas acreditam em alguma forma de evolução. Discordam sobre qual mecanismo o desencadeou. Nem todos concordam com Huxley que a seleção natural (sobrevivência do mais forte) é o meio pelo qual a evolução acontece. O que distingue ainda mais o tipo de humanismo proposto por Huxley é que ele acreditava que deveria ser uma religião universal e a base da ética. Isto é, tudo que auxilia o processo evolutivo é bom, e tudo que o prejudica é mau.

Avaliação. Como religião, o sonho de Huxley não foi rapidamente assimilado. Parece que muitos humanistas seculares na verdade não querem que seja. Humanistas mais recentes admitiram que Huxley era otimista demais (cf. II *Manifesto humanista*, 1973). Não há boa evidência observável para indicar a inevitabilidade da evolução de uma religião humanista universal.

A ética evolutiva envolve alguns problemas sérios. Como a sociedade preserva os direitos individuais dos que estão impedindo a evolução social (v. MORALIDADE, NATUREZA ABSOLUTA DA)? Como um "dever" ético pode ser derivado de um "fato" biológico? Como pode o suposto fato da evolução ser a base do valor moral? Muitas coisas más também evoluíram. Assim, deve haver algum padrão fora do processo evolutivo para saber o que é bom ou mau.

A confissão feita por Huxley quanto a valores transcendentes e supremos, experiências místicas e o destino do mundo será bem recebida pelos que afirmam que esses são indicadores verbais de um "Deus" substituto. Insistirão em que apenas mentes podem "destinar" e apenas pessoas podem ser o objeto de compromissos religiosos. Argumentarão que Huxley evitou o nome *Deus*, mas não sua realidade.

Com a deterioração dos fundamentos da evolução moderna (v. EVOLUÇÃO), a base do humanismo evolutivo de Huxley também está se deteriorando. Além disso, é incoerente. Numa frase ele afirma que a primeira vida surgiu da matéria sem vida (ibid., p. 45), porém na seguinte ridiculariza a crença na geração espontânea (ibid., p. 62). Huxley erroneamente usa a ciência operacional para explicar as origens (v. ORIGENS, CIÊNCIA DAS). Tenta explicar eventos não repetidos do passado por eventos repetíveis do presente. Huxley faz mau uso do método científico que promove como base do humanismo evolutivo. Tal naturalismo também carece de justificação filosófica. Ele não ofereceu argumentos adequados para negar a possibilidade da intervenção sobrenatural (v. MILAGRES, ARGUMENTOS CONTRA).

Finalmente, como outros não-teístas, a crítica de Deus feita por Huxley (v. DEUS, OBJEÇÕES AOS ARGUMENTOS DE) é superficial e inadequada. Ele não interage com a evidência substancial em favor da existência do Deus teísta (v. DEUS, EVIDÊNCIA DE).

Fontes

A. DESMOND. *Huxley: from devil's disciple to evolution's high priest.*

N. L. GEISLER, *Is man the measure?*

J. HUXLEY, *Religion without revelation.*

T. M. KITWOOD, *What is humanism?*

E. LO, "Religion without revelation", em J. W. MONTGOMERY, org., *Christianity for the tough mind.*

E. L. MASCALL, *The secularization of Christianity.*

D. A. NOEBEL, *Understanding the times.*

R. SEEGER, "J. Huxley, Atheistic religionist", *JASA* 39.3 (Dec. 1987).

Iluminismo. O período da história moderna conhecido por *Iluminismo* começou no final do século XVII e dominou os séculos XVIII e grande parte do século XIX na Europa. Baseava-se no racionalismo holandês e alemão, principalmente na obra racionalista e anti-sobrenaturalista de Baruch Espinosa, *Tractatus theologico-politicus, tractatus politicus* (1670). Christian WOLF (1679-1754) tornou-se o padrão do período quando seguiu o caminho para a verdade por meio da "razão pura". Mais tarde Immanuel KANT o definiu em *A religião nos limites da simples pura* (1793) como

a elevação do homem de um estado auto-infligido de inferioridade. Um inferior é alguém que é incapaz de usar seu conhecimento sem a ajuda de outro [...] Ter a coragem de usar seu conhecimento é então o lema do Iluminismo (Douglas, p. 345; v. RACIONALISMO).

Outros escritores que contribuíram para o Iluminismo foram David HUME, especialmente com seu *Investigação sobre o entendimento humano* (1748) e com *Diálogos sobre a religião natural* (1779); Hermann S. Reimarus (1694-1768) e os deístas (v. DEÍSMO) John Toland (1670-1722), Matthew TINDAL (1656-1733), Thomas PAINE (1737-1809) e François-Marie VOLTAIRE (1694-1778). A obra de Gottfried Lessing, *Nathan the wise* (Natã, o sábio, 1779) argumentou a favor da tolerância religiosa, já que a verdade não era exclusiva do cristianismo, mas encontrada em muitas religiões.

O Iluminismo enfatizava a razão e independência e promovia uma desconfiança acentuada da autoridade. A verdade deve ser obtida por meio da razão, observação e experiência. O movimento foi dominado pelo anti-sobrenaturalismo (v. MILAGRES, ARGUMENTOS CONTRA). O pluralismo religioso foi um dos resultados (v. PLURALISMO RELIGIOSO). Desse contexto surgiram o deísmo, a crítica bíblica e a rejeição da revelação divina (v. BÍBLIA, CRÍTICA DA; BÍBLIA, EVIDÊNCIAS DA). A religião natural foi enfatizada. Suas formas mais radicais encorajaram o AGNOSTICISMO, o CETICISMO e o ATEÍSMO. Essa forma radicalizada sobrevive no humanismo secular. Karl BARTH descreveu o Iluminismo como "o sistema fundado na onipotência da capacidade humana" (citado em "Iluminismo").

Fontes
G. R. CRAIG, *Reason and authority in the eighteenth century.*
"Iluminismo", em F. L. Cross, org., *The Oxford dictionary of the Christian church.*
J. D. DOUGLAS, *Dictionary of the Christian church.*
P. GAY, *The party of humanity.*

ilusão religiosa. V. FREUD, SIGMUND.

ilusionismo. Ilusionismo é a crença de que o "mundo" só parece ser real. Nossos sentidos nos enganam. A mente ou o espírito é o guia para a verdadeira realidade. O ilusionismo está associado ao MONISMO e ao PANTEÍSMO. O filósofo grego Parmênides é o exemplo do monista que acredita que tudo além do Absoluto é ilusão (v. UM E MUITOS, PROBLEMA DE). O hinduísmo shankarista é um exemplo de PANTEÍSMO ilusionista. A Ciência Cristã é panteísta e ilusionista.

O ilusionismo resolve o problema do mal (v. MAL, PROBLEMA DO) negando sua existência. O ilusionismo afirma Deus e nega o mal, ao passo que o ateísmo afirma o mal e nega Deus. O TEÍSMO afirma a realidade de ambos, mas nega que haja uma contradição.

No ilusionismo hindu, a ilusão do mundo externo é chamada *maya*, e a ilusão de diversidade é chamada *mithya*. No século IX o pensador hindu, Sankara, argumentou que Brahman (o nome hindu do Absoluto) é a única realidade. O mundo externo só parece existir, assim como uma corda vista à distância parece ser uma serpente. Quando examinamos o mundo de perto, vemos que a única realidade por trás da ilusão é Brahman. Brahman "faz" o mundo parecer diversificado e mau apenas no sentido em que a corda "faz" criar a aparência de serpente.

O ilusionismo ocidental assumiu várias formas. Os primeiros proponentes do ilusionismo no Ocidente foram os gregos Parmênides e Zenão. Parmênides (n. 515 a.C.) foi um dos primeiro filósofos a centralizar sua atenção em problema metafísico de a realidade ser uma ou muitas. Ele argumentou que não podemos confiar nos nossos sentidos (Parmênides, p. 266-7). Parmênides acreditava que as coisas podem parecer ser muitas e más, mas são absolutamente únicas e boas. Os sentidos são facilmente enganados, conseqüentemente os humanos vêem o mundo falsamente como diversificado e mau.

Um dos discípulos de Parmênides, Zenão (n. 490 a.C.), tentou provar esse argumento por meio da lógica. Seu "argumento da pista de corrida" negava a existência do movimento. Um corredor que cobre determinada distância atravessa um número sucessivo de metades de distância. Para se deslocar de A a B, é preciso passar pelo ponto médio (m1). Mas para passar de A a m1, é preciso passar pelo ponto médio dessa distância (m2). E para passar pelo ponto médio m2, é preciso passar pelo ponto médio (m3). Logo, para nos deslocarmos em qualquer direção, parece que devemos atravessar um número infinito de pontos médios, o que parece impossível. Isso significa, segundo Zenon, que o movimento é impossível e, portanto, uma ilusão.

Uma forma moderna de ilusionismo no Ocidente é a Ciência Cristã. Segundo Mary Baker Eddy, o mal não é uma entidade real, e sim uma falsa percepção; é o "erro da mente mortal". A Ciência Cristã afirma que Deus é verdade e que "não há dor na verdade, e não há verdade na dor". Pecado, doença e morte, portanto, são ilusões mortais que não existem na realidade (Eddy, p. 113, 289, 480).

Avaliação. Muitas das críticas ao ilusionismo são as mesmas discutidas no artigo PANTEÍSMO.

O ilusionismo é contraditório. Só se pode saber que tudo é ilusão se comparado à realidade. Ilusão significa irrealidade. Deve haver um padrão real pelo qual a ilusão é definida.

É claro que o ilusionista poderia afirmar que não está negando toda realidade, apenas a realidade deste mundo. Brahman é real. E sabe-se que o mundo é irreal em comparação com essa Realidade. Ainda que isso resolva o problema lógico do ilusionismo, deixa um problema epistemológico. Já que estamos neste mundo e supostamente somos parte da ilusão, como podemos saber que o mundo inteiro é uma ilusão?

O ilusionista que afirma que somos realidade absoluta (Deus) e, não somos parte do mundo, usa um argumento forçado. Como sabemos que somos Deus? Os ilusionistas admitem que nem sempre souberam que eram Deus. Mas a afirmação: "Descobri que sempre fui Deus" é em si uma afirmação contraditória. Pois deus (Realidade Absoluta) não muda. Mudança só faz parte da ilusão. Logo, Deus sempre soube que era Deus. E, como não sabíamos, conclui-se que não somos Deus.

Além disso, se o mal é uma ilusão, de onde veio a ilusão? E por que todos a experimentam desde os primeiros momentos de consciência? Como a ilusão surgiu e como passou de geração a geração? A origem, persistência e universalidade da suposta "ilusão" defende sua objetividade e realidade. Qual a diferença entre dizer que todo mundo a tem o tempo todo e não consegue se livrar dela e dizer que é objetivamente real?

Parece mais razoável afirmar que o ilusionismo é ilusão. Parecer não haver diferença prática entre considerar dor ou mal ilusão e considerá-los realidade. Dor ou mal são parte da experiência humana e são enfrentados por todos. Nesse caso, parece mais sensato concluir que alguns estão se iludindo ao concluir que a dor ou o mal não são reais. Citando Sigmund FREUD, pode-se perguntar: Por que desejamos tão desesperadamente que o mal não seja real quando é tão universal, persistente e inevitável? Será que não é nossa crença de que o mal não é real que é a grande ilusão?

Os que acreditam que tudo é uma ilusão não vivem dessa maneira. Evitam a dor como todos os outros. Comem e bebem como os demais. Os que não o fazem logo experimentam a ilusão da morte. Então, o ilusionismo é literalmente um filosofia impossível de ser vivida. É negada na prática pelos que a defendem.

Fontes
M. B. EDDY, *Ciência e Saúde com a chave das Escrituras.*
D. CLARK, *The pantheism of Alan Watts.*
___, et al. *Apologetics in the New Age.*
N. L. GEISLER, *The roots of evil.*
PARMÊNIDES, O Poema, Os pensadores, v. I. p. 143-98

imortalidade. *Imortalidade* é o termo geralmente usado para a crença de que seres humanos, pelo menos na sua dimensão espiritual, sobrevivem conscientemente à morte e vivem para sempre.

Conceito grego versus conceito cristão de imortalidade. Conceitos gregos e cristãos de imortalidade diferem entre si (v. Ladd). Segundo um antigo conceito grego de imortalidade (p.ex., Platão), os seres humanos *são* uma alma e apenas *têm* um corpo. A alma é para o corpo o que um cavaleiro é para um cavalo. A salvação é em parte libertação *do* corpo, que é a prisão da alma. Há uma dualismo de alma e s⁻ *oma* (corpo).

A tradição judaico-cristã, apesar de reconhecer que alma e corpo se separam na morte, defende a unidade da dimensão espiritual e física da natureza humana. O ser humano é um corpo com alma. A alma é para o corpo o que a forma é para a matéria, ou a forma é para um vaso. Logo, a salvação não é salvação *do* corpo, mas salvação *no* corpo (v. RESSURREIÇÃO, NATUREZA FÍSICA DA). Na verdade, a palavra *imortalidade* é usada para seres humanos no NT exclusivamente no contexto do corpo ressurreto (1Co 15.53; 2Tm 1.10).

Evidência bíblica da imortalidade. A doutrina da imortalidade foi revelada progressivamente na Bíblia, mais explicitamente no NT.

Afirmação do AT sobre a imortalidade. Ao contrário do pensamento grego, a esperança de vida do AT após a morte era definitivamente corporal. As referências do AT a um estado imortal são em grande parte passagens de ressurreição. Os judeus ansiavam pela ressurreição como a restauração do cadáver que havia sido colocado no túmulo à vida na terra. Os judeus não só acreditavam que o homem fora criado "do pó" (Gn 2.7) e voltaria ao pó (Ec 12.7), mas que na ressurreição os mortos seriam reconstituídos do pó. Esse poder de trazer os mortos de volta à vida é expresso em várias passagens (v. Dt 32.39; 1Sm. 2.6; Jó 19.25-27; Sl 49.14,15).

Davi falou sobre a ressurreição (no salmo 16) ao afirmar que "o teu santo [não] sofra decomposição" (v. 10). Segundo o NT (At 2.25-27; 13), Pedro disse sobre a profecia de Davi que "prevendo isso, falou da ressurreição do Cristo, que não foi abandonado no sepulcro e cujo corpo [*sarx*] não sofreu decomposição" (At 2.31). Tal ressurreição envolvia um corpo físico de "carne" sarx (v. RESSURREIÇÃO, NATUREZA FÍSICA DA).

Jesus cria no que o AT ensinava essa doutrina e o citou para apoiar sua posição contra os saduceus que o rejeitavam. Declarou: "Vocês estão enganados porque não conhecem as Escrituras nem o poder de Deus" (Mt 22.29). Depois citou Êxodo 3.6,15: "Eu sou o Deus de Abraão, o Deus de Isaque e o Deus de Jacó?" (Mt 22.32), acrescentando: "Ele não é Deus de mortos, mas de vivos".

Isaías falou sobre a ressurreição do corpo morto quando escreveu: "Mas os teus mortos viverão[...]. Vocês que voltaram ao pó, acordem e cantem de alegria" (Is 26.19). O fato de corpos surgirem do pó deixa clara a identificação com a ressurreição física. Daniel previu que "multidões que dormem no pó da terra acordarão: uns para a vida eterna, outros para a vergonha, para o desprezo eterno" (Dn 12.2). A referência ao "pó da terra" mais uma vez apóia a idéia de uma ressurreição física.

Apesar de não fazer parte do AT (v. APÓCRIFOS DO ANTIGO E NOVO TESTAMENTOS), a literatura judaica intertestamental também menciona a ressurreição física. O livro da *Sabedoria* promete que "no tempo da sua visitação" as almas dos justos mortos serão restauradas e "julgarão as nações, dominarão os povos" (3.7,8). O livro de *2 Macabeus* fala do fiel e corajoso judeu que teve sua língua e mãos cortados, dizendo: Outro (*2 Esdras*) prevê que "do céu recebi estes membros, e é por causa de suas leis que o desprezo, pois espero dele recebê-los novamente" (7.11) depois da época do Messias: "A terra restaurará os que nela dormem, e assim também o pó daqueles que vivem no silêncio" (7.32). A morte é descrita aqui como um tempo em que "ficaremos em descanso até aquele tempo em que tu [Deus] renovarás a criação" (7.75).

No livro apocalíptico *2 Baruque*, perguntaram a Deus: "Sob que forma viverão os que viverem nos teus dias?". A resposta é uma afirmação inequívoca de crença na ressurreição material: "Pois a terra certamente restaurará os mortos [que agora recebe a fim de preservá-los]. Não lhes imporá qualquer mudança de forma, antes assim como os recebeu, assim os restaurará, e tal como lhos entreguei, assim também os levantará" (49.1; 50.2).

Os fariseus da época do NT acreditavam na ressurreição física do cadáver do túmulo. Como os saduceus negavam a ressurreição (Mt 22.23), seus oponentes, os fariseus, acreditavam no corpo físico ressurreto (v. At 23.8). Eles imaginavam o corpo da ressurreição tão físico que fazia sentido perguntar com qual de seus sete maridos a mulher estaria casada no céu (Mt 22.28).

Maria e Marta refletiam a crença judaica do NT na ressurreição ao dar a entender que seu irmão Lázaro seria ressuscitado nos últimos dias, quando seu corpo ainda estava no túmulo. Até Murray Harris, que rejeita a posição judaica da ressurreição material, reconhece, no entanto, que

era impossível, por exemplo, os judeus acreditarem que Lázaro, que estava morto havia quatro dias, poderia ser ressuscitado dentre os mortos sem a remoção da pedra que fechava sua tumba e seu surgimento do túmulo (v. Jo 11.38-44)" (Harris, p. 39).

Afirmação da imortalidade no NT. Apesar de o NT dar várias evidências da crença na imortalidade corporal após a ressurreição (v. RESSURREIÇÃO, EVIDÊNCIAS DA), também afirma a existência consciente da alma entre morte e ressurreição.

Jesus prometeu ao ladrão arrependido na cruz alegria consciente no mesmo dia de sua morte, dizendo: "Eu lhe garanto: Hoje você estará comigo no paraíso" (Lc 23.43). Estêvão orou: "Senhor Jesus, recebe o meu espírito" (At 7.59). O apóstolo Paulo escreveu: "Temos, pois confiança e preferimos estar ausentes do corpo e habitar com o Senhor" (2Co 5.8). Contemplando a morte, Paulo acrescentou: "Estou pressionado dos dois lados: desejo partir e estar com Cristo, o que é muito melhor" (Fp 1.23).

As "almas" dos que haviam sido recentemente martirizados estavam conscientes no céu, pois "quando ele abriu o quinto selo, vi debaixo do altar as almas daqueles que haviam sido mortos por causa da palavra de Deus e do testemunho que deram" (Ap 6.9). Mesmo a besta e o falso profeta que foram lançados vivos no lago de fogo (Ap 19.20) ainda estavam conscientes mil anos depois (Ap 20.10).

Moisés e Elias, morreram muitos séculos antes, conversaram conscientemente sobre a morte de Cristo no monte da transfiguração (Mt 17.3).

Objeções à imortalidade. Os tipos grego e judaico-cristão de vida imortal têm sido atacados. Destacam-se quatro argumentos de caráter fisiológico: 1) o argumento da consciência e do cérebro; 2) o argumento da dependência da mente consciente do cérebro; 3) o argumento semelhante de que só o cérebro dá acesso ao mundo; 4) um argumento de personalidade.

A natureza da autoconsciência. Para haver vida imortal, a mente deve sobreviver conscientemente à morte. Mas a mente não pode funcionar sem o cérebro. Portanto, quando o cérebro morre, a consciência cessa. Esse argumento materialista (v. MATERIALISMO) faz várias suposições falsas.

Primeira, ele supõe que a consciência é uma função física, que a "mente" é uma função da matéria, um processo dentro do cérebro. Não há provas para basear essa suposição.

Segunda, o argumento supõe, equivocadamente, que o simples fato de mente e cérebro agirem juntos exige que sejam idênticos. Mas não é necessariamente assim. Eles podem interagir sem ser iguais.

Terceira, o argumento supõe que a pessoa não é nada sem o cérebro. Essa é uma falha redutiva. Coisas que se combinam não são necessariamente a mesma coisa, assim como minhas idéias expressas nessas palavras não são o mesmo que essas palavras.

Quarta, o argumento materialista é incoerente. Afirmações do tipo "nada além" supõem conhecimento "além de". Como eu poderia saber que não sou nada além de meu cérebro sem que eu seja mais que ele? Não posso colocar meu cérebro num tubo de ensaio e analisá-lo a não ser que eu (minha mente) esteja fora do tubo de ensaio.

Por outro lado, há razões para crer que a mente não pode ser reduzida à matéria: 1) Tudo que é material é limitado ao espaço e ao tempo. Quando se move, move-se no espaço e no tempo. Mas a mente não é tão limitada. Ela percorre o universo sem sair do lugar. 2) Mesmo o materialista fala sobre os pensamentos de sua mente. Mas se o materialismo rígido estiver certo, não tenho pensamentos discerníveis. Meus pensamentos são um simples 3) fluxo de elétrons ou alguma outra partícula material. Os materialistas afirmam que sua doutrina é verdadeira e querem que outras pessoas concordem com suas conclusões. Mas isso implica que são *livres* para considerar seus argumentos e mudar sua opinião. Isso não é possível se são apenas processos materiais e não seres livres.

A dependência do cérebro. A mente depende do cérebro para funcionar. Sem o cérebro, ela não pode estar consciente. Mas na morte o cérebro pára de funcionar. Logo, a consciência também deve cessar nesse momento. Esse materialismo modificado é conhecido como epifenomenalismo. A mente é idêntica ao cérebro, mas é dependente do cérebro físico assim como a sombra depende da árvore.

Esse argumento supõe, mas não prova, a dependência da mente do cérebro. Só porque certas funções mentais podem ser explicadas de maneira física não significa que sejam absolutamente dependentes dos processos físicos. Pode haver maneiras de a mente pensar independentemente do cérebro. Afinal, Deus não tem um corpo, e há boas razões para crer que ele existe como Ser consciente (v. DEUS, EVIDÊNCIAS DE). A ciência da neurobiologia é um estudo empírico. Mas isso não significa que tudo que examina é puramente físico. Ela não pode explicar a mente de maneira totalmente física, assim como a mente não pode ser confinada a um tubo de ensaio. Sempre há o "eu" do lado de fora da experiência. Só porque certas coisas podem ser quantificadas não significa que não existam qualidades (tais como o amor) que não possam ser quantificadas. Da mesma forma, o fato de podermos falar em termos materiais sobre certas funções da mente não significa que a mente seja material.

Argumento do acesso ao mundo. Também argumenta-se que, mesmo se o materialismo for falso, ainda pode não existir imortalidade. A mente (pessoa) tem acesso ao mundo por meio do cérebro.

Mas a morte destrói o cérebro. Portanto, a morte destrói o meio de acesso da pessoa ao mundo.

As falhas nesse argumento são logo detectadas. O argumento afirma (sem provas) que o cérebro da pessoa é a única maneira de acessar o mundo. A pessoa poderia perder seu corpo e receber outro corpo (temporário ou permanente) e ainda tenha acesso ao mundo. Isso também supõe sem provas que não há outros mundos para os quais se tem acesso. Talvez existam outros mundos, físicos ou espirituais, ou outras dimensões aos quais se possa ter acesso.

Esse argumento ainda supõe que não há outra maneira de estar consciente exceto por meio deste mundo. Mas não é fornecido nenhum argumento que demonstre que não é possível estar consciente sem algum tipo de corpo. Deus se inclui nessa categoria, e temos boas evidências de que ele existe (v. DEUS, EVIDÊNCIAS DE). Seres espirituais são conscientes, mas não têm corpos físicos como os conhecemos (Lc 24.39).

Argumento da natureza da personalidade. Alguns insistem em que o termo "pessoa" envolve corpori-zação. Assim, nenhuma pessoa pode sobreviver sem corpo. Logo, a morte destrói o que significa ser uma pessoa.

Esse argumento é uma petição de princípio, pois define "pessoa" de modo que torna impossível a sobrevivência à morte. Se *pessoa* é definida como "pessoa humana", "pessoa finita" ou "ser pessoal", não é essa a conclusão. Pode haver outras maneiras ou outros mundos nos quais uma pessoa possa estar consciente sem o corpo.

Além disso, a morte só separa uma dimensão de consciência — a consciência deste mundo. Ainda poderíamos estar autoconscientes, conscientes de Deus e/ou conscientes de outro mundo (por exemplo, um mundo espiritual). Nenhum argumento pode ser oferecido para mostrar que isso seria impossível.

Argumento da auto-identidade. O argumento da auto-identidade contra a imortalidade tem a seguinte forma: se a vida após a morte precisa envolver imortalidade individual, então deve haver alguma maneira de identificar um espírito individual. Mas espíritos não são distinguíveis, já que não têm um corpo pelo qual possam ser reconhecidos. Portanto, não pode haver imortalidade individual.

A suposição aqui é que características físicas são a única maneira de identificar uma pessoa. Isso não é verdade, como sabem muito bem os deficientes visuais que se conhecem sem nunca terem se tocado. E correspondentes que não têm fotos um do outro. Mesmo que haja ondas de som ou caracteres em braile para as pessoas se comunicarem umas com as outras, esses são apenas meios de comunicação; não são características físicas identificadoras.

Há detalhes sobre os espíritos (ou mentes) humanos individuais que os diferenciam de outros espíritos humanos. Cada um tem histórias e memórias diferentes. Cada um tem personalidade ou caráter diferente, não são diferenças físicas. A música captada pela mente (não apenas sons no ar) não é física. Mas podemos distinguir uma música bonita da outra, mesmo na nossa mente.

Finalmente, não é necessário saber quais são as características identificadoras para saber que não precisam ser físicas. Dizer que precisam ser físicas é um exagero.

Evidência extrabíblica da imortalidade. Os argumentos de PLATÃO a favor da imortalidade já foram suplementados por filósofos com outros tipos de evidência. Peter Kreeft forneceu 25 argumentos a favor da imortalidade (*Handbook*, p. 235s.). A maioria dos argumentos a favor da imortalidade enfrentou sérias objeções.

Argumentos fracos ou falhos da imortalidade. Muitos dos argumentos mais fracos a favor da imortalidade pareciam fortes para algumas pessoas na época. A maioria é rejeitada por grande parte dos estudiosos.

Argumento da crença universal. Outros argumentam com base na crença universal na imortalidade. Os seres humanos antecipam a imortalidade. A maioria dos povos antigos realizava rituais de sepultamento, mumificação e outras práticas. No entanto, os céticos observam que essa crença não é realmente universal, já que os ateus e agnósticos não a aceitam. Mesmo que fosse, uma crença universal não é necessariamente verdadeira. A grande maioria acreditava que o Sol girava em torno da Terra.

O argumento pode ser revisto para adequar-se pelo menos em parte à objeção. Kreeft observa que o objeto da crença da grande maioria provavelmente é verdadeiro. A maior parte das pessoas acredita na vida após a morte, então a vida após a morte provavelmente é verdadeira (ibid., p. 236). Mesmo nessa forma, a primeira premissa admite que a afirmação é apenas "provavelmente" verdadeira. Ainda assim isso é questionável, uma vez que há muitas coisas em que a maioria das pessoas já acreditou.

O argumento poderia ser melhorado: "Aquilo em que os sábios acreditam provavelmente é verdadeiro. Os sábios acreditam na vida após a morte. Portanto, a vida após a morte provavelmente é verdadeira" (ibid.). Isso nos deixa a questão de quem seriam os "sábios" e se os sábios também não estariam errados sobre muitas coisas.

Argumento do conhecimento inato. Platão indicava a habilidade inata de saber coisas que nunca foram aprendidas como prova de que a alma existia antes do nascimento e, portanto, sobreviveria após o nascimento. No seu livro *Meno*, supunha-se que o menino escravo sabia geometria sem ter estudado.

Os críticos, no entanto, insistem em que, embora seja possível haver capacidades inatas, não existem idéias inatas (v. HUME, David). Ainda que existissem, isso não provaria que foram trazidas de um estado preexistente, já que a pessoa poderia ter nascido com elas. É mais provável que o menino escravo de Sócrates tenha sido induzido por perguntas hábeis a usar sua habilidade natural para raciocinar e chegar àquelas idéias. Já se comprovou que outras supostas "memórias" de vidas anteriores eram falsas. No famoso caso de Bridie Murphy, mais tarde foi demonstrado que essa jovem não havia vivido séculos atrás na Irlanda, mas que sua avó havia lido suas histórias da Irlanda e falado gaélico com ela quando era pequena. Sob hipnose (o poder da sugestão), as experiências de infância vieram à tona como "memórias" de uma vida anterior (Geisler, p. 75).

Argumento da alma como princípio de vida. Outro argumento em *Fédas*, era que, já que a alma é o princípio da vida no corpo, ela não pode morrer. A vida jamais pode admitir o seu oposto, que é a morte. Logo, a alma não pode morrer. Mas essa também é uma argumentação exagerada, pois todos os animais e até plantas também estão vivos. Com esse argumento seria necessário acreditar na imortalidade de cenouras e repolhos.

Argumento da alma imaterial. Em Fedás Platão sustentava a imortalidade da alma. Já que a alma não é material, argumentou, não é divisível nem destrutível. O que é indestrutível é imortal. No entanto, até seu maior discípulo, ARISTÓTELES, invalidou esse argumento, negando a imortalidade das almas individuais. Afinal, nem toda forma (que é imaterial) sobrevive à morte, como a forma de uma cadeira, vaso ou até um animal demonstra.

Do ponto de vista cristão, a alma não é indestrutível, já que tudo que Deus cria ele também pode destruir. Mas se o argumento de Platão estivesse correto, nem Deus poderia aniquilar uma alma. Logo, se a alma não é indestrutível, até uma entidade imaterial pode ser destruída.

Argumento das experiências de extracorpóreas. Alguns argumentaram a favor da imortalidade com base em experiências extracropóreas. Até o humanista britânico e positivista lógico A. J. AYER mudou de idéia com relação à imortalidade depois de uma experiência extracorpórea. Em algumas dessas experiências, a consciência supostamente sai do corpo e observa coisas que não poderiam ser observadas a partir dele.

Na melhor das hipóteses essas experiências só poderiam indicar uma breve sobrevivência da alma, não a existência imortal da pessoa. Os céticos insistem em que essas experiências são alucinatórias ou imaginárias, cada pessoa projetando imagens pessoais do pós-vida como mecanismo de defesa quando confrontada com a possível morte.

As experiências extracorpóreas denominadas "pesadas" (quando a pessoa supostamente viu ou ouviu coisas que seria impossível testemunhar) podem ser explicadas do ponto de vista cristão como demoníacas. Muitas dessas experiências estão ligadas a atividades ocultista e heréticas (v. 1Tm. 4.1s.). De qualquer forma, não provam a imortalidade, já que existem outras explicações.

Há sérias dúvidas do ponto de vista cristão de que a pessoa realmente esteve morta. A definição cristã de morte (cf. Gn 35.18; 2Co 5.8; Tg 2.26) ocorre quando a alma deixa o corpo. Se não deixa o corpo, então a experiência não evidencia a sobrevivência. Se tivesse deixado, o retorno ao corpo seria uma ressurreição. Só Deus pode ressuscitar os mortos (Dt 32.39; 1Sm 2.6; Jo 5.28,29; 11.25). Mas muitos incrédulos já tiveram tais experiências, que confirmaram suas crenças anticristãs. Deus não opera milagres para confirmar o erro das pessoas (v. MILAGRES, VALOR APOLOGÉTICO DOS). Além disso, deixar o corpo e voltar é contrário à Bíblia, que diz que só morremos uma vez (Hb 9.27). De acordo com as experiências, essas pessoas morreriam duas vezes.

Argumento de visões místicas. Experiências místicas (MISTICISMO) e visões do céu são freqüentemente relatadas em algumas igrejas e, se verdadeiras, constituiriam prova de uma existência após a vida. Paulo relatou um evento desse tipo (2Co 12), apesar de ter o cuidado de não caracterizá-la como visão ou experiência extracorpórea.

Se alguém apelar para uma revelação, deve oferecer prova da confiabilidade dessa revelação (v. BÍBLIA, EVIDÊNCIAS DA). No caso de experiências místicas, não há prova racional. Se alguém ficar no corpo enquanto tem uma visão, o cético argumenta que experiências subjetivas internas não são nada mais que isso — subjetivas — e não têm força evidencial capaz de exigir a crença de mais ninguém. Se a pessoa realmente deixa o corpo e volta, isso é contrário ao ensinamento da Bíblia de que só morremos uma vez. Qualquer afirmação de que Deus tenha ressuscitado uma pessoa dentre os mortos cria o paradoxo de que Deus não ressuscitaria alguém para que pudesse ensinar coisas contrárias à sua Palavra. A maioria dos que afirmam ter passado uma experiência extracorpórea realmente ensinam de maneira contrária às Escrituras (v. Abanes).

Argumento da comunicação com os mortos. Outra afirmação completamente antibíblica é que a vida após a morte pode ser comprovada pela comunicação com os mortos por meio de médiuns ou transes. Isso é comum no meio do ocultismo e da nova era. Elizabeth Kübler-Ross, autora de *Death and dying* [*A morte e o morrer*], afirma ter vivido tais experiências. Os céticos, no entanto, explicam tais experiências como alucinações ou manifestações do inconsciente de quem as teve. Os cristãos mostram que a Bíblia condena o contato com os mortos (Dt 18.11) e adverte sobre o engano promovido pelos demônios (1Tm 4.1; 1Jo 4.1).

Argumento do propósito da vida. Alguns indicaram o significado, propósito ou objetivo da vida como prova da imortalidade. O argumento era este: "A vida precisa ter um propósito digno. Se a vida termina em aniquilação, não tem um propósito digno. Portanto, deve haver vida após a morte" (Kreeft, *Handbook*, p. 248).

A resposta dos críticos, é que a vida não precisa ter um propósito digno (v. Camus, Albert; existencialismo; Sartre, Jean-Paul). Outros desafiariam a questão desse propósito digno ser ou não a promoção da sobrevivência da espécie nesta vida.

Argumentos plausíveis ou prováveis da imortalidade. Aparentemente, a melhor maneira de preencher essa lacuna consiste em apelar para evidências demonstradas por outros argumentos. Há razões mais plausíveis para acreditar na imortalidade; algumas parecem ser bem fortes. A mais forte de todas é o argumento da ressurreição física de Cristo.

Argumento da ressurreição de Cristo. A imortalidade é comprovada pelo fato de Cristo ter voltado dos mortos (v. ressurreição, evidências da). Essa evidência consiste nos seguintes fatos:

O NT (v. Novo Testamento, confiabilidade dos documentos do; Novo Testamento, historicidade do) revela que mais de quinhentas testemunhas viram a Cristo após sua ressurreição (1Co 15.6) em doze ocasiões diferentes, distribuídas num período de quarenta dias (At 1.3). Ele foi visto e ouvido em cada ocasião. Foi tocado pelo menos duas vezes (Mt 28.9; Jo 20.17; v.b. Lc. 24.39; Jo. 20.27). Comeu (Lc 24.30,42,43; Jo 21.12,13; At 1.4; v. 10.41). As feridas resultantes da crucificação eram visíveis (Lc 24.39; Jo 20.27). Os discípulos viram seu túmulo vazio e os panos com que seu corpo fora envolvido. Essas experiências transformaram os seguidores de Cristo de céticos medrosos e dispersos na maior sociedade missionária do mundo, pregando a ressurreição. Nada mais pode explicar toda essa evidência exceto a ressurreição corporal e literal de Cristo.

Alternativas naturalistas à ressurreição já foram propostas, mas nenhuma era plausível. Elas se dividem em duas categorias. Uma nega que Jesus realmente morreu, apesar da evidência de sua morte real ser mais que substancial (v. Cristo, morte de). O segundo grupo nega que ele ressuscitou, dando uma alternativa naturalista. Essas alternativas são facilmente refutadas pela evidência (v. ressurreição, teorias alternativas da).

Argumento da existência de um Deus pessoal. Supondo que haja um Deus teísta, pode-se argumentar que um ser humano criado com uma dimensão racional, moral e imaterial não seria criado para ser destruído. O argumento é assim:

1. Há boas evidências de que exista um Deus teísta pessoal.
2. Os seres humanos foram criados semelhantes a Deus, como seres pessoais, racionais e morais.
3. O Deus teísta pessoal não aniquilaria o que é semelhante a ele de maneiras tão sem sentido.
4. Portanto, os seres humanos são imortais.

A evidência a favor das duas primeiras premissas é dada nos artigos argumento cosmológico; Deus, evidências de; Deus, argumento moral de; *kalam*, argumento cosmológico de. A terceira premissa é defendida no artigo sobre o aniquilacionismo. Os críticos observam corretamente que esse é um argumento *a priori*. É baseado no que esperaríamos que Deus fizesse, mas não há necessidade de que ele o faça. Ainda que isso seja verdadeiro, não tira a força do argumento num sentido existencial ou moral.

O tipo de ser que os humanos são — pessoal, racional e moral — evita a crítica de que até cristãos acreditam que se Deus aniquila as almas de animais, por que não destruiria seres humanos? A resposta parece plausível: Os seres humanos foram feitos à imagem dele.

Argumento do amor de Deus. Um argumento semelhante surge do amor de Deus. O Deus teísta é bom e amoroso (v. Deus, natureza de). Mas, se Deus é amoroso, deseja o bem dos que ama. A imortalidade deveria resultar disto: um ser amoroso não aniquila outro; antes deseja a existência contínua do objeto de seu amor. Deus é absolutamente amoroso. Portanto, Deus deseja a existência contínua de todas as pessoas (ibid., p. 246).

Esse argumento não força demais as coisas, como alguns podem alegar. Não insiste em que Deus *é obrigado* a desejar a existência de uma criatura imortal, nem desejar necessariamente sua existência imortal. Apenas afirma que, dado o fato de que Deus decidiu que outras pessoas existissem, é razoável supor que seu amor pessoal por essas outras pessoas leve-o a continuar desejando a existência delas. É claro que, dessa forma, o argumento não oferece uma prova completa da imortalidade, mas apenas uma expectativa razoável.

Argumento da justiça absoluta. O Deus teísta também é absolutamente justo. O argumento com base na justiça de Deus é formulado assim:

1. Deus é o padrão absoluto de justiça.
2. Não há justiça absoluta para muitas coisas nesta vida.
3. Portanto, deve haver outra vida em que a justiça absoluta seja alcançada.

Os ataques à primeira premissa ignoram o argumento da existência de Deus (v. MORAL DE DEUS, ARGUMENTO) ou voltam-se contra quem os utiliza. Isso porque insistir, como fazem os antiteístas, em que há injustiças absolutas neste mundo é supor um padrão absoluto de justiça pelo qual a injustiça é conhecida (v. ATEÍSMO; MAL, PROBLEMA DO).

Da mesma forma, é extremamente difícil demonstrar que há justiça absoluta nesta vida. É possível apelar para a reencarnação, argumentando que a injustiça será vingada em outra encarnação. Mas isso não ajuda, já que os reencarnacionistas acreditam na sobrevivência da alma e/ ou imortalidade. E sem tal recurso pareceria ser necessário admitir que há injustiças não resolvidas nesta vida. À luz disso, é difícil explicar por que um Deus absolutamente justo não as retificaria em outra vida. Caso se lance mão do recurso do aniquilacionismo como forma de castigo, então, supostamente, pelo menos alguns receberiam vida eterna.

Argumento do dever moral. Immanuel KANT ofereceu um argumento de ordem prática: O bem supremo para todas as pessoas é que tenham felicidade em harmonia com o dever. Mas as pessoas não são capazes de alcançar o bem supremo nesta vida. Nem podem encontrar esse bem sem Deus. Portanto, devemos postular um Deus e uma vida futura em que o bem supremo possa ser alcançado.

Os críticos de Kant dizem que ele não provou realmente a tese da imortalidade. Apenas provou que a imortalidade faz sentido. Também percebemos que um dever moral faz sentido. Mas não temos prova de que realmente haja um dever moral real.

Esses argumentos têm validade, mas não destroem realmente a persuasão racional da necessidade de supormos a imortalidade como explicação da moralidade. Essa razão suprema geralmente assume a forma do argumento da justiça absoluta.

Argumento do anseio pelo céu. C. S. Lewis (*Cristianismo puro e simples, Surpreendido pela alegria, The pilgrim's regress* [*O regresso do peregrino*], *O problema do sofrimento, Peso de glória*) afirmou o seguinte argumento:

1. Todo desejo inato natural tem um objeto real que pode satisfazê-lo.
2. Os seres humanos têm um desejo inato e natural pela imortalidade.
3. Portanto, deve haver uma vida imortal após a morte.

Em defesa da primeira premissa, argumenta-se que, se há fome, há comida; se há sede, há bebida; se há *eros*, há satisfação sexual; se há curiosidade, há conhecimento; se há solidão, há sociedade (Kreeft, *Handbook*, p. 250). A segunda premissa é apoiada por um apelo a um anseio estranho e misterioso que difere de todos os outros anseios porque é indefinível e inatingível nesta vida, e a mera presença desse desejo é considerada mais preciosa e agradável que qualquer outra satisfação. Por mais erroneamente que expressemos tal desejo, o que todos desejam é o paraíso, o Céu ou a eternidade (ibid.).

Se essas premissas forem verdadeiras, há algo "além" desta vida. O fato de reclamarmos deste mundo, com sua dor e morte, revela um desejo profundo pela eternidade. Talvez jamais a alcancemos, mas isso não refuta sua existência, assim como permanecer solteiro a vida toda não prova que não haja satisfação matrimonial, e morrer de fome não prova que não exista comida em lugar algum (ibid.). Esse argumento foi uma força moral positiva.

O argumento da "aposta de Pascal" da imortalidade. Apesar de o argumento conhecido como a "aposta de Blaise PASCAL" ser usado principalmente a favor da existência de Deus, ele também pode ser aplicado à imortalidade. Em resumo, se temos tudo a ganhar e nada a perder por acreditar na imortalidade, seria tolice não acreditar nela. Pode-se fazer uma crítica de que essa não é realmente uma prova da imortalidade, mas um argumento para acreditar nela com ou sem provas. Nesse aspecto, é semelhante ao argumento de Hume contra os milagres. Na melhor das hipóteses apenas demonstra por que as pessoas devem *acreditar* que os milagres não acontecem. Pode ser que não haja imortalidade, apesar de ser tolice não acreditar nela.

Conclusão. Sejam quais forem os indícios, expectativas ou conclusões sobre o pós-vida inferidas da consciência e experiências humanas, a prova mais convincente (At 1.3; 2Tm 1.10) da imortalidade vem da ressurreição de Cristo e dos que ele e outros profetas e apóstolos ressuscitaram dos mortos, conforme o registro das Escrituras. Outras supostas ressurreições não têm comprovação (v. RESSURREIÇÃO EM RELIGIÕES NÃO-CRISTÃS, REIVINDICAÇÕES DE) e geralmente acabam sendo afirmações fraudulentas ou equivocadas (v. Kole). Outros argumentos plausíveis suplementam a ressurreição, mas não parecem ser definitivos sem ela. No entanto, alguns deles têm mérito. No geral dão alguma evidência a partir da revelação geral (v. REVELAÇÃO GERAL), distinta das Escrituras, em favor da imortalidade dos seres humanos.

Fontes

R. ABANES, *Journey into the light.*
W. L. CRAIG, *Knowing the truth about the resurrection.*
R. GEIS, *Life after death.*
N. L. GEISLER, *The battle for the resurrection.*
___ e J. Y. AMANO, *Reencarnação ou ressurreição.*
M. J. HARRIS, *Raised immortal.*
A. KOLE, *Miracle and magic.*
P. KREEFT, *Handbook of Christian apologetics.*
___, *The heart's deepest longing.*
G. LADD, "The Greek versus the Hebrew view of man", em *The pattern of New Testament truth.*
C. S. LEWIS, *Cristianismo puro e simples.*
___, *Surpreendido pela alegria.*
___, *The pilgrim's regress.*
___, *O problema do sofrimento.*
___, *Peso de glória.*
J. P. MORELAND e G. HABERMAS, *Immortality: The other side of death.*
PLATÃO, *Fédon.*
___, *A república.*

inato. Inato significa "congênito; que pertence à natureza de um ser; que nasce com o indivíduo". Idéias inatas são aquelas com as quais alguém nasce ou tem antes de qualquer experiência sensorial. PLATÃO acreditava em idéias inatas. ARISTÓTELES as rejeitava, afirmando que nascemos como uma *tabula rasa*; todas as idéias são derivadas de nossa experiência sensorial (v. HUME, DAVID).

incerteza, princípio da. V. INDETERMINAÇÃO, PRINCÍPIO DA.

inclusivismo. V. PLURALISMO RELIGIOSO.

indeterminação, princípio de. Alguns supõem equivocadamente que o "princípio de incerteza" ou indeterminação, postulado por Werner Heisenberg, apóia um ataque ao princípio da causalidade (v. CAUSALIDADE, PRINCÍPIO DA; PRIMEIROS PRINCÍPIOS) e, portanto, aos argumentos pela existência de Deus (COSMOLÓGICO, ARGUMENTO). Ele é usado para mostrar que nem todos os eventos têm causas, que algumas coisas acontecem espontânea ou imprevisivelmente, principalmente no nível subatômico. Logo, o princípio também é usado para apoiar a visão da liberdade humana conhecida como indeterminismo (v. LIVRE-ARBÍTRIO; INDETERMINISMO).

Compreendendo o princípio. É um princípio da mecânica quântica que afirma que "a posição e a velocidade de uma partícula não podem ser simultaneamente conhecidas com certeza absoluta. Se uma for conhecida com muita certeza, a outra se torna muito incerta". Por exemplo, de acordo com essa teoria, "é possível prever precisamente qual fração de [átomos de urânio] se desintegrará radioativamente na próxima hora, mas é impossível prever *quais* átomos desaparecerão" (Lightman, p. 560).

No entanto, esse princípio não apóia a teoria segundo a qual eventos surgem sem causa ou que as ações humanas são desprovidas de causa. O princípio de indeterminação de Heisenberg não diz que não há causa dos eventos, mas só diz que não se pode prever o percurso de determinada partícula. Logo, não deve ser considerado um princípio de *não-causalidade*, mas um princípio de *imprevisibilidade*. O princípio da causalidade afirma que há uma causa, mesmo que não saibamos exatamente qual seja. Se não houvesse causa, não haveria efeito ou evento. Na verdade, a ciência moderna baseia-se no princípio de que as coisas não surgem sem uma causa (v. ORIGENS, CIÊNCIA DAS).

O princípio de Heisenberg nem mesmo nega a previsibilidade em geral. Afirma apenas que "sistemas físicos devem ser descritos em termos de probabilidades" (Lightman, p. 553). Ou seja, é possível prever precisamente qual fração de partículas reagirá de certa forma, mas não *quais* átomos reagirão (ibid.). Apesar da posição de determinada partícula não poder ser prevista, o padrão geral pode ser previsto. Isso implica uma conexão causal. A questão é que cientistas, *com seus instrumentos e habilidades observadoras limitados*, não podem agora prever o percurso de partículas subatômicas individuais.

A Mente infinita poderia prever o percurso e a velocidade. Se eu esvaziar um saco de bolas de pingue-pongue sobre vários recipientes abertos, não é possível que eu preveja qual bola cairá em cada um dos recipientes. *Na prática*, não é possível saber e

indeterminismo

calcular apropriadamente todos os fatores físicos envolvidos no ato de cair e ricochetear. Só podemos saber que aproximadamente duas vezes mais bolinhas entrem nos recipientes que são duas vezes maiores. Isso não significa que, *em princípio*, seja impossível saber quais bolas cairão em quais recipientes.

O princípio de Heisenberg descreve o meio subatômico, que não é conhecido sem interferência do investigador. Microscópios eletrônicos, pelos quais o meio subatômico é observado, bombardeiam as partículas subatômicas para "vê-las". Como Mortimer Adler observou:

> Ao mesmo tempo que os princípios de incerteza de Heisenberg eram estabelecidos, a física quântica reconhecia que as medições experimentais intrusivas que fornecem os dados usados nas fórmulas matemáticas da teoria quântica concediam aos objetos e eventos subatômicos um caráter indeterminado [...] Conclui-se, então, que a indeterminação não pode ser intrínseca à realidade subatômica (Adler, p. 96-100).

Logo, um comportamento imprevisível pode resultar, em parte, da tentativa de observá-la.

Nem todos os físicos aceitam a física quântica e a teoria da incerteza. Em resposta a isso, Albert EINSTEIN protestou: "Deus não joga dados com o universo".

A má aplicação do princípio. É um erro de categorias aplicar um princípio da física às esferas metafísica e moral sem justificativa. Mesmo que haja indeterminação na física, isso não significa que a indeterminação automaticamente invada o meio *moral*. Por definição, a física lida com o que *é* (no meio físico) e a moralidade com o que *deveria ser*.

Erros de indeterminação. Os princípios da física também não se aplicam automaticamente à metafísica. Etienne Gilson demonstrou o erro metodológico desse tipo de pensamento na história da filosofia ocidental (v. Gilson). Há sérios erros em supor que o mundo metafísico (real) opera sem causalidade.

Supor que não há causas para eventos torna a ciência impossível, já que as ciências da operação e das origens dependem do princípio da causalidade. Supor que não há causas para eventos torna o mundo irracional. É contrário à razão afirmar que as coisas acontecem sem uma causa. Outros problemas são observados no artigo.

Fontes

M. J. ADLER, *Truth in religion*.
E. GILSON, *The unity of philosophical experience*.
N. L. GEISLER, *Origin science*.
___ e WINFRIED CORDUAN, *Philosophy of religion*.
W. HEISENBERG, *Física e filosofia*.
S. JAKI, *Miracles and physics*.
A. LIGHTMAN, et al., *Origins*.

indeterminismo. O indeterminismo assevera que algumas ou todas as ações humanas não são causadas. As ações são totalmente contingentes e espontâneas (v. LIVRE-ARBÍTRIO). Charles Pierce e William JAMES eram indeterministas. Alguns indeterministas contemporâneos apelam para o princípio da indeterminação de Werner Heisenberg (v. INDETERMINAÇÃO, PRINCÍPIO DE) para apoiar sua posição. Segundo esse princípio, os eventos no meio subatômico (como o percurso específico de uma determinada partícula) são imprevisíveis.

Os oponentes do indeterminismo respondem com várias objeções, afirmando que:

• o princípio de Heisenberg é mal aplicado, já que não lida com *causalidade*, mas com *previsibilidade*;
• o indeterminismo tornaria toda ciência impossível, já que tudo depende do princípio de causalidade;
• o mundo se tornaria irracional, se as coisas acontecessem sem uma causa;
• o princípio de causalidade está bem estabelecido e é inegável (v. CAUSALIDADE, PRINCÍPIO DA);
• os seres humanos perdem a responsabilidade moral se não têm participação em suas ações;
• pelo menos no nível cósmico, o indeterminismo nega o papel de Deus com Originador e Sustentador de todas as coisas (Gn 1; Cl 1.15,16; Hb 1.3).

Conclusão. O indeterminismo afirma que as ações não estão ligadas às escolhas livres ou a qualquer outra "causa". Isso pode ser comparado às teorias do determinismo, que afirma que todas as ações são determinadas por forças fora do indivíduo, e do autodeterminismo, que afirma que todas as ações são autocausadas, sem fatores externos. Cada uma dessas teorias é baseada num fundamento inadequado. O indeterminismo viola leis fundamentais do pensamento e, se verdadeiro, eliminaria a responsabilidade moral.

indutivo, método. A LÓGICA indutiva e a dedutiva são bem diferentes. A lógica dedutiva surge a partir de idéias gerais em direção a instâncias específicas. Os seres humanos são mortais. Portanto, João, um ser humano, é mortal.

A lógica indutiva parte de instâncias específicas em direção a conclusões gerais. Sócrates, Aristóteles, Moisés, Adão, Joaquim, Manuel e Antônio são todos mortais. Isso é evidência de que todos os seres humanos são mortais.

Enquanto a lógica indutiva observa a causa (ou condição) e determina seus efeitos/conseqüências, a lógica indutiva observa os efeitos e tenta determinar as causas.

A lógica dedutiva é raciocínio *a priori* e lógica indutiva é raciocínio *a posteriori*. Esses termos latinos significam que a lógica dedutiva tira suas conclusões antes de examinar a experiência. A lógica indutiva tira as conclusões somente *após* examinar a experiência. É claro que a premissa ou o procedimento indutivos podem ser colocados na forma dedutiva: Os seres humanos que nascem certamente morrem. Maria acabou de nascer. Portanto, Maria invariavelmente morrerá. A forma desse argumento é dedutiva, mas a premissa principal é baseada numa observação indutiva.

Os cânones da lógica dedutiva foram estabelecidos por Aristóteles no século IV a.C. As regras foram determinadas pela primeira vez por Francis Bacon em *Novum organum*, em 1620, e mais tarde elaboradas por John Stuart MILL (1806-1873).

A natureza do raciocínio indutivo. Uma das maiores diferenças entre lógica dedutiva e indutiva se acha nos tipos de conclusões alcançadas. Ao contrário da certeza do raciocínio dedutivo, o raciocínio indutivo fornece níveis de probabilidade.

Níveis de probabilidade. Na lógica dedutiva, se as premissas forem verdadeiras, a conclusão *deve* ser verdadeira (v. CERTEZA/CONVICÇÃO). A única indução correta é a *indução perfeita*, tal como: "Todas as moedas na minha mão direita são de dez centavos". Se há apenas três e podemos ver e contar todas as três, então temos a indução perfeita e a convicção. A razão pela qual induções geralmente chegam apenas a conclusões prováveis é que geralmente são sustentadas por analogia ou generalização. A analogia é a declaração de que, pelo fato de haver uma semelhança entre duas coisas, elas também serão semelhantes em outros aspectos. Se fizéssemos um diagrama de tal argumento, ele ficaria assim:

A,B,C e D têm todos as qualidades *p* e *q*.
A,B e C têm todos a qualidade *r*.
Portanto, D também tem a qualidade *r*.

Isso parece razoável, contanto que haja alguma ligação entre as qualidades *p* e *q* e a qualidade *r*. Mas isso geralmente não é possível saber com certeza. Para exemplificar, suponha que escolhemos pardais, gaivotas e beija-flores para A, B e C como animais que têm asas (*p*) e penas (*q*). Agora se D for a letra atribuída a gansos selvagens, então conclui-se que é verdadeiro que também tem a qualidade *r*, a habilidade de voar. Para quase todos os pássaros, esse argumento funciona. Mas e se D for um pingüim? Ele tem asas e penas, mas não pode voar. Aqui vemos que nossa conclusão deve permanecer apenas provável, e jamais poderemos afirmar que é verdade absoluta. Quanto mais fortes, porém, forem as analogias que fazemos, mais prováveis serão as nossas conclusões.

A natureza da probabilidade. Pelo fato de a indução basear-se na analogia, estendendo observações de alguns para a toda classe, isso geralmente envolve um *salto indutivo*. Precisa estender-se além das observações específicas para fazer afirmações amplas e gerais. Geralmente, conclusões indutivas não podem ser universalmente denominadas verdadeiras porque são generalizações, e exceções sempre são possíveis. Em vez de serem verdadeiras ou falsas, envolvem níveis de probabilidade. Às vezes esses níveis podem ser medidos quanto à porcentagem de precisão; outras vezes, a porcentagem pode ser estimada. Conclusões indutivas devem ser avaliadas conforme se encaixem na seguinte escala:

99% — Praticamente certo: evidência esmagadora.
Exemplo: a lei da gravidade.
90% — Altamente provável: evidência muito boa.
Exemplo: Nenhum floco de neve tem estrutura idêntica a outro.
70% — Provável: evidência suficiente. Exemplo: A eficácia e segurança dos remédios que já foram testados e aprovados.
50% — Possível: nenhuma evidência ou evidência equivalente contra e a favor. Exemplo: Nosso time ganhará o "cara ou coroa".
30% — Improvável: evidência insuficiente a seu favor. Nesse ponto, ninguém acredita exceto alguns poucos para quem funcionou.
10% — Altamente improvável: evidência escassa a favor. A teoria de que Jesus passou seus primeiros anos estudando com um guru hindu entra nessa categoria.
1% — Praticamente impossível: quase nenhuma evidência a favor. A evidência da existência de unicórnios está nesse nível.

Às vezes existem números reais para calcular a probabilidade. Isso é *probabilidade estatística*.

indutivo, método

Quando não há números, a evidência deve ser pesada pela *probabilidade empírica*.

Probabilidade estatística. Ao calcular o nível de probabilidade de um problema estatístico, existem regras a ser seguidas:

Definir os termos claramente. Não se pode discutir significativamente se "todos os homens são criados iguais" até que os termos *todos os homens*, *criados* e *iguais* sejam esclarecidos.

Classes suficientes devem ser planejadas para abranger todos os dados. As classes *católica*, *protestante* e *judaica* são insuficientes para abranger todos os dados da religião americana. Essas categorias excluem muçulmanos, hindus, budistas, humanistas seculares e uma variedade de religiões menores. As categorias *monista*, *politeísta*, *teísta* e *não-teísta* provavelmente seriam suficientes para abranger as religiões americanas.

Só um princípio de classificação pode ser usado. Apenas uma questão deve ser levantada de cada vez. Se a questão é: "Você é republicano ou democrata?", então não é necessário perguntar como parte da mesma questão: "Você é conservador ou liberal?". Isso confunde as categorias.

Classes não podem sobrepor-se. Republicanos e democratas contêm conservadores e liberais. Se duas respostas são possíveis para algumas pessoas, ambas serão recebidas de alguns, nenhuma de outros, e ainda outros responderão uma ou outra sem nos mostrar que há sobreposição. Tais estatísticas são inúteis, porque não há como saber quais respostas dão a informação desejada.

O método mais apropriado para relatar os resultados deve ser selecionado. Há três maneiras em que as estatísticas podem ser afirmadas. A *média*, a *moda* (mais freqüente) e a *mediana* (o número médio). A média *é* o valor que pode ser encontrado pela soma de todos os números e a divisão pelo número de algarismos somados. (A média de 5, 6, 7, 8, 9 é 7 [5 + 6 + 7 + 8 + 9 = 35 — 5 números = 7].) Pode ser usado para descobrir onde o grupo se encontra no todo, como para a nota média de uma prova. Se você quiser saber qual a nota que a maioria das pessoas tirou numa prova, a *moda* é mais apropriada. É conhecida simplesmente pela constatação do número que ocorre mais vezes. Se as notas são 5, 6, 7, 8, 8, 8, 8, 8, 9, então 8 é a moda.

Às vezes é útil saber onde se localiza a metade para determinada pergunta. Essa é a *mediana* do grupo, que representa o ponto médio entre os números mais alto e mais baixo nos nossos dados. A mediana da nossa série 5, 6, 7, 8, 9 é 7, o mesmo que a média. Geralmente a mediana será próxima da média, mas não em casos em que haja um dado bem maior ou bem menor que os outros números. A mediana de 1, 2, 3, 49, 50 é 3. Essa pode não ser a melhor maneira de representar os dados.

Probabilidade empírica. Há quatro questões básicas que devem ser formuladas a todo argumento indutivo no qual dados empíricos são apresentados.

1. *Quantos casos foram examinados?* Quão abrangente é a amostra?

2. *Quão representativa é a evidência?* Como os escolhidos representam o espectro de idéias econômicas, sociais, raciais e religiosas encontradas nesse país? Quanto mais diferenças existirem entre os casos, mais forte será a conclusão. Se os casos estudados não refletem como o mundo real é, a conclusão não será verdadeira.

3. *Quão cuidadosa foi a avaliação da evidência?* Como foram estudadas as semelhanças? Quantas diferenças foram estudadas? Todas as explicações possíveis foram consideradas? Os resultados executados foram isolados de outras causas possíveis? Toda a evidência foi apresentada? Quão crítica foi a avaliação da evidência?

4. *Como a informação coletada se relaciona com o conhecimento já existente?* Ela contradiz alguma certeza? Ajuda a explicar melhor as coisas? Às vezes novas evidências podem abalar as estruturas de questões que considerávamos resolvidas, mas seu nível de probabilidade e utilidade explanatória fazem delas descobertas bem-vindas.

Tipos de probabilidade. Além da indução perfeita, o raciocínio indutivo produz um dos dois tipos de probabilidade: *a priori* ou *a posteriori*.

Probabilidade a priori. A probabilidade *a priori* ou probabilidade matemática diz respeito ao da possibilidade e das possíveis combinações. Oferece uma maneira matemática de avaliar a possibilidade de um evento. Há várias fórmulas matemáticas para descobrir a probabilidade de vários tipos de eventos. Por exemplo, alguns eventos são simples e exclusivos: Ou acontece uma coisa ou outra. Quando se lança uma moeda, você tem cara ou coroa. Outros eventos são mais complexos, como descobrir quantas combinações possíveis de aminoácidos existem que formariam as proteínas necessárias para a vida (v. ACASO).

Probabilidade a priori *para eventos exclusivos*. Um evento exclusivo não está combinado com outros eventos nem é dependente deles. Uma moeda só tem dois lados. Assim, quando ela é lançada, a probabilidade é de uma em duas (ou uma de duas) de dar cara. Da mesma forma, há seis faces num dado, portanto a probabilidade de dar qualquer um dos números é de uma em seis. A probabilidade de tirar o ás de espadas de um baralho é de uma em cinqüenta e duas. Isso não significa, é claro, que realmente serão gastas 52 tentativas para tirá-lo. Ele pode aparecer na primeira vez. Isso quer dizer apenas que a probabilidade *a priori* de tirá-lo a princípio é de uma em 52. Isso significa que, se alguém tentasse tirá-lo um número infinito de vezes, tiraria o ás em média a cada 52 vezes.

Probabilidade a priori *para eventos independentes*. Isso lida com a probabilidade matemática antecipada dos resultados de duas ou mais moedas ou dados. Esses são eventos separados e independentes e, assim, a probabilidade deve ser multiplicada. Isso significa que a probabilidade de tirar duas caras ao lançar duas moedas é 1/2 x 1/2 = 1/4 ou uma em quatro. Da mesma forma, a probabilidade de tirar um seis em dois dados é 1/6 x 1/6 = 1/36 ou uma em 36. Se uma moeda e um dado são usados, então a probabilidade é 1/2 x 1/6 ou uma em doze.

Probabilidade a priori *de eventos dependentes*. Às vezes um evento é dependente do outro, nesse caso devemos saber quantas combinações diferentes ou permutações são possíveis. Para uma permutação simples, em que queremos descobrir quantas combinações existem para determinado número de eventos conhecidos, multiplicamos esse número (n) por (n - 1) x (n - 2) x (n - 3) e assim por diante até chegar a 1. Em outras palavras, multiplicamos todos os números inteiros entre 1 e n para descobrir quantas combinações existem. Por exemplo, para descobrir quantas permutações existem para um grupo de três letras, multiplicamos 3 x 2 x 1 = 6. Por exemplo, as combinações possíveis são para as letras A, B e C. São:

| ABC | BAC | ZCAB |
| ACB | BCA | CBA |

Se um mágico distribuir quatro cartas para quatro pessoas, são 24 combinações possíveis da ordem em que essas cartas podem estar (4 x 3 x 2 x 1 = 24). Se um sistema de segurança tem dez dígitos no teclado e cada um só pode ser usado uma vez, há 10 x 9 x 8 x 7 x 6 x 5 x 4 x 3 x 2 x 1 = 3 628 800 códigos possíveis. Na música há 479 001 600 séries de doze notas possíveis (uma seqüência de notas que usa cada passo da escala cromática uma vez).

Uma série em que várias possibilidades podem encaixar-se em cada lugar é uma *permutação complexa*. Em lugar de uma combinação simples em que cada número é usado apenas uma vez, os números podem ser repetidos numa permutação complexa. Em vez de apenas teclar dez números em determinada ordem (uma permutação simples), uma permutação complexa é mais parecida com a senha da trava de uma pasta que tem três mostradores, cada um dos quais com números de 1 a 10. Qualquer um desses números pode cair em qualquer posição na série. Então o número total de combinações possíveis é 10 x 10 x 10 = 1 000.

Para calcular o número de combinações possíveis para uma permutação complexa, é preciso tomar o número de opções para cada posição e elevá-lo ao número de posições. Por exemplo, num brinquedos de montar rostos que tem quatro opções de nariz, queixo, boca, par de olhos, cabelo e testa, há quatro opções para cada posição e seis posições no todo. Pegamos o número de opções (4) e o multiplicamos por si mesmo o mesmo número de vezes que o número de posições (6). Então temos 4 x 4 x 4 x 4 x 4 x 4 (ou 4^6) = 4 096 rostos diferentes.

Valor apologético das probabilidades a priorísticas. Há muitas aplicações da probabilidade matemática à apologética. Por exemplo, segundo Fred Hoyle (em *Evolution from space* [*A evolução vinda do espaço*]), um ex-ateu, quando as combinações possíveis são consideradas, as probabilidades de a primeira célula viva ter surgido sem um Criador são de $1/10^{40\,000}$. Com tais probabilidades, como alguém pode negar que o universo foi criado e ainda ser considerado razoável? Da mesma forma, o astrônomo Hugh Ross calculou a probabilidade de a forma de vida mais simples ter surgido por acaso. Ele diz que isso exigiria um mínimo de 239 moléculas de proteína. Cada uma dessas moléculas é composta de (em média) 445 aminoácidos unidos. Ora, cada um desses elos deve ser feito por um dos 20 aminoácidos diferentes. Então a probabilidade de a forma mais simples de vida surgir dessa união por acaso é 1 em $20^{445 \times 239}$ — 239 ou $1/10^{137\,915}$. É razoável acreditar que não só a forma mais simples de vida, mas todas as formas complexas de vida surgiram de um acidente da sorte?

O evolucionista Julian Huxley calculou que a probabilidade da evolução do cavalo era de 1 em 1 000[1] 000 000. Ele admitiu que ninguém jamais apostaria em algo tão improvável (Huxley, p. 45,6). É claro que muitos evolucionistas conhecem essas probabilidades e dizem: "Bem, dado o tempo suficiente qualquer coisa pode acontecer". Mas há tempo suficiente? Vamos supor que todo o universo fosse feito de aminoácidos (o que está bem longe da verdade). Haveria 10^{77} moléculas disponíveis. Se unirmos todos esses aminoácidos ao acaso numa velocidade de 1 por segundo para a idade amplamente aceita do universo (cerca de 15 bilhões de anos), então a probabilidade dessa forma simples de vida aparecer é reduzida a $1/10^{14\,999\,999\,905}$. Isso é uma probabilidade em dez elevada a 15 bilhões. Vinte bilhões de anos não é tempo suficiente mesmo se o universo estivesse abarrotado de partículas para produzir vida.

Para se defender desse ataque, o evolucionista pode responder: "Mas isso só precisava acontecer uma vez. Tirar uma mão perfeita de *bridge* também é um evento altamente improvável, mas já aconteceu". Isso é verdade. É possível; mas é provável? Qual o nível de probabilidade de que a hipótese evolutiva seja verdadeira? David HUME disse: "Um homem sábio sempre baseia sua crença na evidência". Toda evidência diz que o universo é pequeno demais e jovem demais para permitir a união aleatória da vida, mesmo numa forma simples. Seguindo a máxima de Hume, como pode um homem sábio acreditar que a vida surgiu espontaneamente e pelo acaso quando a evidência diz que isso é praticamente impossível?

Por outro lado, qual a probabilidade de o registro da criação de Moisés ter aleatoriamente colocado os eventos da criação na ordem certa? Suponha que haja oito eventos sucessivos (criação do universo, luz, água, atmosfera, mares e terra, vida marinha, animais terrestres e homem) que poderiam ter sido colocados em qualquer ordem. Essa é uma permutação simples ($8 \times 7 \times 6 \times 5 \times 4 \times 3 \times 2 \times 1 = 40\,320$). Então a probabilidade de Moisés registrar esses eventos na ordem correta era apenas 1 em 40 320.

Além disso, calcula-se que há 191 profecias no AT sobre o Messias. Elas incluem onde ele nasceria (Mq 5.2), como ele morreria (Is 53), quando morreria (Dn 9), que ele ressuscitaria dos mortos (Sl 16). A probabilidade de que 48 dessas profecias se cumprissem em um homem é cerca de $1/10^{157}$. Isso é um 1 com 157 zeros atrás. Se um apostador conseguisse acertar em 48 cavalos ganhadores sem um único erro, seria razoável suspeitar que ele dispunha de informações exclusivas. Da mesma forma, é altamente provável que os profetas do AT tenham tido auxílio para saber tanto sobre eventos que aconteceriam centenas de anos após a morte deles. Certamente essa é a conclusão razoável.

Probabilidade a posteriori. Probabilidade *a posteriori* é probabilidade empírica. Ao contrário da probabilidade *a priori*, não é probabilidade conhecida antes da possibilidade matemática de um evento ocorrer. Pelo contrário, é a probabilidade real depois do fato de que um evento ocorreu. Tal probabilidade é conhecida pelo uso do método científico.

Na ciência das origens (v. ORIGENS, CIÊNCIA DAS) ela é conhecida previamente por meio dos princípios de causalidade (v. CAUSALIDADE, PRINCÍPIO DA), da analogia ou da uniformidade.

Fontes

F. BACON, *Novum organum*.
N. L. GEISLER, *Origin science*.
___ e R. M. BROOKS, *Come let us reason*.
F. HOYLE, *Evolution from space*.
J. HUXLEY, *Evolution in action*.
J. McDOWELL, *Evidência que exige um veredito*.
J. S. MILL, *A lógica das ciências morais*.
H. ROSS, *The fingerprint of God*.
B. RUSSELL, "On induction", em *Basic writings of Bertrand Russell*.
P. W. STONER, *Science speaks*.

inferno. O inferno já foi chamado de cruel, desumano e bárbaro. Bertrand RUSSELL disse que quem ameaça pessoas com o castigo eterno, como Jesus fez, é desumano (Russell, p. 593-4). Os incrédulos em geral têm questionado a existência e a justiça do inferno. Os cristãos ortodoxos, no entanto, católicos e protestantes, têm defendido a realidade e eqüidade do inferno.

A existência do inferno. A existência do inferno tem sido defendida por argumentos baseados nas Escrituras e na razão humana.

Jesus ensinou a existência do inferno. As Escrituras afirmam enfaticamente a doutrina do inferno. Algumas das afirmações mais fortes de que existe um inferno vêm de Jesus Cristo, a segunda pessoa da TRINDADE. Ele falou mais sobre o inferno que sobre o céu. Jesus advertiu: "Não tenham medo dos que matam o corpo, mas não podem matar a alma. Antes, tenham medo daquele que pode destruir tanto a alma como o corpo no inferno" (Mt 10.28). Ele acrescentou sobre aqueles que o rejeitam: "Assim como o joio é colhido e queimado no fogo, assim também acontecerá no fim desta era" (Mt 13.40).

No sermão profético, proferido no monte da Oliveiras, nosso Senhor disse que no juízo final Deus dirá "aos que estiverem à sua esquerda: 'Malditos, apartem-se de mim para o fogo eterno, preparado para o Diabo e os seus anjos'" (Mt 25.s41). Sobre a seriedade do perigo do inferno, Jesus advertiu: "Se a sua mão o fizer tropeçar, corte-a. É melhor entrar na vida mutilado do que, tendo as duas mãos, ir para o inferno, onde o fogo nunca se apaga" (Mc 9.43). A realidade do inferno é óbvia segundo a história vívida contada por Jesus em Lucas 16. Essa história é diferente de uma parábola, já que nela Jesus usa o nome real de uma pessoa (Lázaro). A história fala do destino de um rico e um mendigo, Lázaro, após a morte:

> Havia um homem rico que se vestia de púrpura e de linho fino e vivia no luxo todos os dias. Diante do seu portão fora deixado um mendigo chamado Lázaro, coberto de chagas; este ansiava comer o que caía da mesa do rico. Até os cães vinham lamber suas feridas.
>
> Chegou o dia em que o mendigo morreu, e os anjos o levaram para junto de Abraão. O rico também morreu e foi sepultado. No Hades, onde estava sendo atormentado, ele olhou para cima e viu Abraão de longe, com lázaro ao seu lado. Então, chamou-o: "Pai Abraão, tem misericórdia de mim e manda que Lázaro molhe a ponta do dedo na água e refresque a minha língua, porque estou sofrendo muito neste fogo".
>
> Mas Abraão respondeu: "Filho, lembre-se de que durante durante a sua vida você recebeu coisas boas, enquanto que Lázaro recebeu coisas más. Agora, porém, ele está sendo consolado aqui e você está em sofrimento. E além disso, entre vocês e nós há um grande abismo, de forma que os que desejam passar do nosso lado para o seu, ou do seu lado para o nosso, não conseguem".
>
> Ele respondeu: "Então eu te suplico, pai: manda Lázaro ir à casa de meu pai, pois tenho cinco irmãos. Deixa que ele os avise, a fim de que eles não venham também para este lugar de tormento".
>
> Abraão respondeu: "Eles têm Moisés e os Profetas; que os ouçam".
>
> "Não, pai Abraão", disse ele, "mas se alguém dentre os mortos fosse até eles, eles se arrependeriam."
>
> Abraão respondeu: "Se não ouvem a Moisés e aos Profetas, tampouco se deixarão convencer, ainda que ressuscite alguém dentre os mortos" (Lc 16.19-31).

A Bíblia ensina que o inferno existe. Outros escritos inspirados do NT afirmam a existência do inferno. Talvez o relato mais detalhado seja o de Apocalipse de João:

> Depois vi um grande trono branco e aquele que nele estava assentado. A terra e o céu fugiam da sua presença, e não se encontrou lugar para eles. Vi também os mortos, grandes e pequenos, em pé diante do trono, e livros foram abertos. Outro livro foi aberto, o livro da vida. Os mortos foram julgados de acordo com o que tinham feito, segundo o que estava registrado nos livros. O mar entregou os mortos que nele havia, e a morte e o Hades entregaram os mortos que neles havia; e cada um foi julgado de acordo com o que tinha feito. Então a morte e o Hades foram lançados no lago de fogo. O lago de fogo é a segunda morte. Aqueles cujos nomes não foram encontrados no livro da vida foram lançados no lago de fogo (Ap 20.11-15).

O apóstolo Paulo falou da separação eterna de Deus, dizendo:

> ... quando o Senhor Jesus for revelado lá dos céus, com os seus anjos poderosos, em meio a chamas flamejantes. Ele punirá os que não conhecem a Deus e os que não obedecem ao evangelho de nosso Senhor Jesus. Eles sofrerão a pena de destruição eterna, a separação da presença do Senhor e da majestade do seu poder (2Ts 1.7b-9).

O autor de Hebreus acrescenta uma observação de finalidade: "... o homem aos homens está destinado a morrer uma só vez e depois disso enfrentar o juízo" (Hb 9.27).

A justiça de Deus exige o inferno. Além de afirmações diretas, as Escrituras oferecem razões para a existência do inferno. Uma é que a justiça exige a existência do inferno, e Deus é justo (Rm 2). Ele é tão puro e imaculado que não pode sequer ver o pecado (Hc 1.13). Deus trata a todos com igualdade: "Pois em Deus não há parcialidade" (Rm 2.11). Como Abraão declarou: "Não agirá com justiça o Juiz de toda a terra?" (Gn 18.25). O salmo 73 representa as passagens que ensinam que nem toda justiça é feita nesta vida. Os perversos parecem prosperar (v. 3). Logo, a existência de um lugar de castigo para os perversos após esta vida é necessária para manter a justiça de Deus. Certamente não haveria justiça real se não houvesse um lugar de castigo para as almas dementes de Stalin e Hitler, que iniciaram o massacre impiedoso de milhões. A justiça de Deus exige que haja um inferno.

Jonathan EDWARDS argumentou que mesmo um único pecado merece o inferno, já que o Deus eterno e santo não pode tolerar nenhum pecado. Cada pessoa comete muitíssimos pecados em pensamentos, palavras e ações. Tudo isso é intensificado pelo fato de que rejeitamos a imensa misericórdia de Deus. Acrescente-se ainda a prontidão do homem em reclamar da justiça e misericórdia de Deus, e temos evidências abundantes da necessidade do inferno. Se tivéssemos verdadeira consciência espiritual, não ficaríamos abismados com a severidade do inferno, mas sim com nossa própria depravação (Edwards, 1 p. 109).

O amor de Deus exige o inferno. A Bíblia afirma que "Deus é amor" (1Jo 4.16). Mas o amor não pode agir coercivamente, apenas persuasivamente. Um Deus de amor não pode forçar as pessoas a amá-lo. Paulo falou que as coisas são feitas livremente, e não por obrigação (2Co 9.7). Amor forçado não é amor; é estupro. Um ser amoroso sempre dá "espaço" para outros. Não se impõe contra a vontade dos outros. Como C. S. LEWIS escreveu:

inferno

O Irresistível e o Irrefutável são as duas armas que a própria natureza do seu esquema o impede de usar. Anular o livre-arbítrio humano [...] seria inútil para ele. Ele não pode forçar. Só pode atrair (Lewis, *Cartas do inferno*, cap. 8).

Logo, os que escolhem não amar a Deus devem ter o direito de não amá-lo. Os que não desejam estar com ele devem ter permissão para ficar separados dele. O inferno permite a separação de Deus.

A dignidade humana exige o inferno. Já que Deus não força as pessoas a ir para o céu contra sua vontade, o livre-arbítrio humano exige um inferno. Jesus exclamou: "Jerusalém, Jerusalém, você, que mata os profetas e apedreja os que lhe são enviados! Quantas vezes quis eu reunir os seus filhos, como a galinha reúne os seus pintinhos debaixo das suas asas, e vocês não quiseram!" (Mt. 23.37). Como Lewis disse:

Há apenas dois tipos de pessoas no final das contas: aquelas que dizem a Deus: "Seja feita a tua vontade", e aquelas a quem Deus diz, no final: "Seja feita a *tua* vontade" (*Cartas do inferno*, p. 69).

A soberania de Deus exige o inferno. A não ser que haja inferno não há vitória final sobre o mal (v. MAL, PROBLEMA DO). Pois o que frustra o bem é o mal. O trigo e o joio não podem crescer juntos para sempre. Há uma separação final, senão o bem não triunfará sobre o mal. Como na sociedade, o castigo do mal é necessário para que o bem prevaleça. Da mesma forma, na eternidade o bem deve triunfar sobre o mal. Se isso não acontecer, Deus não está no controle total. A soberania de Deus exige o inferno, senão ele não seria o vencedor final sobre o mal que a Bíblia declara que ele é (v. 1Co 15.24-28; Ap 20—22).

A cruz de Cristo implica a realidade do inferno. No centro do cristianismo está a cruz (1Co 1.17,18; 15.3). Sem ela não há salvação (Rm 4.25; Hb 10.10-14). É a razão pela qual Cristo veio ao mundo (Mc 10.45; Lc 19.10). Sem a cruz não há salvação (Jo 10.1,9,10; At 4.12). Apenas por meio da cruz podemos ser libertos dos nossos pecados (Rm 3.21-26). Jesus sofreu grande agonia e até separação de Deus na cruz (Hb 2.10-18; 5.7-9). Antecipando a cruz, Jesus "orou ainda mais intensamente; e o seu suor era como como gotas de sangue que caíam no chão" (Lc 22.44). Mas por que a cruz e todo esse sofrimento, a não ser que haja o inferno? A morte de Cristo perde ou seu significado eterno a não ser que haja uma separação de Deus da qual as pessoas precisam ser salvas.

A natureza e localização do inferno. A Bíblia descreve a realidade do inferno com linguagem figurada poderosa. Ele é descrito como um lugar de trevas (Mt 8.12; 22.13), que está "fora" [das portas da cidade celestial] (Ap 22.14,15). O inferno fica fora da presença de Deus (Mt 25.41; 2Ts 1.7-9). É claro que esses são termos relacionais, não necessariamente espaciais. Deus está "acima", e o inferno está "abaixo". Deus está "dentro", e o inferno está "fora". O inferno está na direção contrária a Deus.

A natureza do inferno é uma realidade horrível. É como ser deixado do lado de fora, no escuro, para sempre (Mt 8.12). É como uma estrela errante (Jd 13), uma nuvem sem água (Jd 12), um fogo inextinguível (Mc 9.43-48), um abismo (Ap 20.1,3), uma prisão (1Pe 3.19) e um lugar de agonia e arrependimento (Lc 16.28).

Emprestando o título do livro de Lewis, o inferno é o "grande abismo" — uma separação eterna de Deus (2Ts 1.7-9). Há, na linguagem bíblica, "um grande abismo" entre o inferno e o céu (Lc 16.26) de forma que ninguém pode passar de um para o outro.

A Bíblia não diz em lugar nenhum que o inferno é "uma câmara de tortura" em que pessoas são forçadas a entrar contra a vontade para serem torturadas. Essa é uma caricatura criada por incrédulos para justificar sua reação de que o Deus que envia pessoas para o inferno é cruel. Isso não quer dizer que o inferno não seja um lugar de tormento. Jesus disse que era (Lc 16.24). Mas, ao contrário da tortura que é infligida de fora contra a vontade da pessoa, a tormenta é autoinfligida.

Até os ateus (v. SARTRE; ATEÍSMO) sugeriram que a porta do inferno é trancada pelo lado de dentro. Somos condenados à liberdade de estar sem Deus. A presença divina do céu seria a tortura para quem o rejeitou irrecuperavelmente. O tormento é viver com as conseqüências de nossas más escolhas. É o choro e ranger de dentes que resulta da consciência de que fracassamos e merecemos as conseqüências. Assim como um jogador de futebol bate no chão com força depois de perder um gol que decidiria a Copa, as pessoas no inferno sabem que a dor que sofrem é autoinfligida.

O inferno também é descrito como um lugar de fogo eterno. Esse fogo é *real*, mas não necessariamente *físico* (como o conhecemos), porque as pessoas terão corpos físicos não perecíveis (Jo 5.28,29; Ap 20.13-15), então o fogo normal não os afetaria. Além disso, as figuras de linguagem que descrevem o inferno são contraditórias, se consideradas num sentido físico. Ele tem *fogo*, mas é *trevas*. É um lago e um abismo. Apesar de tudo na Bíblia ser literalmente verdadeiro, nem tudo é verdadeiramente literal.

A duração do inferno. Muitos incrédulos estariam dispostos a aceitar um inferno temporal, mas a Bíblia fala dele como eterno.

O inferno durará enquanto Deus existir. A Bíblia declara que Deus existe para sempre (Sl 90.1,2). Na verdade, ele não tem princípio nem fim (Ap 1.8). Criou todas as coisas (Jo 1.3; Cl 1.15,16) e permanecerá depois que este mundo for destruído (2Pe 3.10-12). Mas Deus, por natureza, não pode tolerar o mal (Is 6; Hc 1.13). Logo, as pessoas más devem ficar separadas de Deus para sempre. Enquanto Deus for Deus e o mal for mal, um deve ficar separado do outro.

O inferno durará enquanto o céu durar. O céu é descrito como "eterno" na Bíblia. Mas a mesma palavra grega (*aiōnion*), usada no mesmo contexto, também indica que o inferno é "eterno" (Mt 25.41; cf. v. 46; 2Ts 1.9; Ap 20.10). Então, se o céu é eterno, o inferno também é. Não há absolutamente nenhuma base bíblica para supor que o inferno é temporal e o céu é eterno.

Tampouco existe a possibilidade de alguém sair do inferno. Existe um grande abismo, de modo que ninguém pode sair (Lc 16.26). O julgamento começa logo após a morte (Jo 8.21; Hb 9.27). Isso não é diferente do fato de algumas decisões na vida serem irreversíveis. O suicídio é um caminho sem volta.

As pessoas permanecem conscientes após a morte, quer estejam no céu (2Co 5.8; Fp 1.23; Ap 6.9), quer no inferno (Lc 16.23). A besta ainda estará consciente depois de mil anos no inferno (Ap 19.20; 20.10). Não faz sentido ressuscitar os incrédulos para o julgamento eterno (Dn 12.2; Jo 5.28,29) antes do grande trono branco (Ap 20.11-15), a não ser que estejam conscientes.

Objeções ao inferno. Os incrédulos têm feito muitas objeções à doutrina do inferno (v. Lewis, *O problema do sofrimento*, cap. 8).

O inferno é aniquilação. A Bíblia afirma claramente que há sofrimento consciente no inferno que causará "choro e ranger de dentes" (Mt 8.12). Pessoas aniquiladas não estão conscientes de qualquer sofrimento. A besta e o falso profeta no inferno estarão conscientes após mil anos de sofrimento (Ap 19.20; 20.10; v. ANIQUILACIONISMO).

A aniquilação não seria um castigo, mas a libertação de todo sofrimento. Jó parecia preferir a aniquilação ao sofrimento (Jó 3). Mas Deus não realizou esse desejo. Jesus fala de níveis de castigo (Mt 5.22), mas não pode haver níveis de inexistência.

A aniquilação dos ímpios é contrária à natureza de Deus (v. DEUS, NATUREZA DE) e à natureza dos humanos feitos à sua imagem (v. IMORTALIDADE). Não é coerente com o Deus amoroso eliminar os que não fazem o que ele deseja. Se Deus aniquilasse os seres humanos estaria atacando a si mesmo, pois somos feitos à sua imagem (Gn 1.27), e Deus é imortal. O fato de tais pessoas estarem sofrendo não justifica aniquilá-las, assim como um pai não deve matar o filho que está sofrendo. Até alguns ateus insistiram em que a aniquilação não deve ser desejada mais que a liberdade consciente.

O inferno é temporal, não eterno. O inferno não pode ser apenas um aprisionamento longo. O inferno deve existir enquanto existir um Deus justo, contra o qual todo o inferno se opõe.

Apesar de as palavras *para sempre* poderem significar um longo período de tempo em alguns contextos, nesse contexto são usadas para o céu assim como o inferno (v. Mt 25). Às vezes a forma enfática "para todo o sempre" é usada. Essa frase é usada para descrever o céu e o próprio Deus (Ap 14.11; 20.10). E Deus não pode estar preso ao tempo; ele é eterno (Edwards, 2, p.85-6).

A sugestão de que o sofrimento temporal levará ao arrependimento final é irreal. As pessoas no inferno estão rangendo os dentes, o que não indica uma disposição mais temente a Deus ou reformada, mas uma rebelião firme e insistente. Assim, depois de as pessoas estarem no inferno por algum tempo, haverá mais justificação para o castigo de Deus, não menos. Se o inferno tivesse um efeito reformador sobre as pessoas, então Jesus não teria amaldiçoado os que o rejeitam e são enviados para o inferno (Mt 11.21-24). Nenhum pecado seria imperdoável se as pessoas no inferno pudessem ser reformadas (Mt 12.31,32). Da mesma forma, Jesus jamais diria a Judas que teria sido melhor se não tivesse nascido.

Como pode um lugar destituído da graça restringente de Deus conseguir o que nenhum dos esforços de sua graça conseguiram na terra, ou seja, uma mudança do coração? Se o inferno pudesse reformar pecadores perversos, eles seriam salvos sem Cristo, que é o único meio de salvação (Edwards, v. 2, p. 520). O sofrimento não tende a suavizar o coração duro; ele o endurece ainda mais (v. FARAÓ, ENDURECIMENTO DE). A reincidência e a criminalidade persistente nas prisões modernas confirmam o argumento de Edwards.

A justiça de Deus exige o castigo eterno. "A atrocidade de qualquer crime deve ser avaliada de acordo com o valor ou a dignidade da pessoa contra a qual foi cometido" (Davidson, p. 50). Logo, o assassinato de um presidente ou do papa é considerado mais atroz que o de um terrorista ou chefão da máfia. O pecado contra o Deus infinito é um pecado infinito digno de castigo infinito (Edwards, v. 2 p. 83).

Por que não reformar as pessoas? Por que o castigo eterno? Por que Deus não tenta reformar os pecadores? A resposta é que Deus tenta reformar as pessoas; o período de *reforma* é chamado vida. Pedro declarou:

> O Senhor não demora em cumprir a sua promessa, como julgam alguns. Ao contrário, ele é paciente com vocês, não querendo que ninguém pereça, mas que todos cheguem ao arrependimento (2Pe 3.9; v. 1 Tm 2.4).

Mas depois do período de reforma vem o período de prestação de contas (Hb 9.27). O inferno é apenas para os irreparáveis e impenitentes, os depravados (v. 2Pe 2.1-6), não para os reformáveis. Se fossem reformáveis, ainda estariam vivos. Pois Deus, na sua sabedoria e bondade, não permitiria que fosse para o inferno quem ele sabia que iria para o céu se lhe fosse dada a oportunidade. Como C. S. Lewis observou, a alma que deseja a alegria de maneira séria e constante não a perderá. Os que buscam, acham. Para quem bate, a porta será aberta (Lewis, *O grande abismo*).

Deus não pode forçar criaturas livres a serem reformadas. A reforma forçada é pior que castigo; é cruel e desumana. Pelo menos o castigo respeita a liberdade e a dignidade da pessoa. Como Lewis observa com perspicácia: "ser 'curado' contra sua vontade [...] é ser colocado no mesmo nível dos que não têm vontade própria; é ser classificado com bebês, imbecis e animais domésticos" (Lewis, *God in the dock*, 226). Os seres humanos não são objetos manipuláveis; são sujeitos respeitados porque são feitos à imagem de Deus. Os seres humanos devem ser punidos quando fazem o mal porque são livres e sabem o que é errado. São *pessoas* a serem castigadas, não *pacientes* a serem curados.

A condenação por pecados temporais é exagerada? Castigar uma pessoa eternamente pelo que fez por um curto período na terra parece a princípio um exagero. No entanto, um exame mais profundo revela que isso não só é justo, mas necessário. Para começar, apenas o castigo eterno será suficiente para pecados contra o Deus eterno (v. Deus, natureza de). Os pecados podem ser ter sido cometidos no tempo, mas são contra o Eterno. Além disso, nenhum pecado pode ser tolerado enquanto Deus existir, e ele é eterno. Logo, o castigo pelo pecado também deve ser eterno.

Além disso, a única alternativa ao castigo eterno é pior, ou seja, roubar dos seres humanos sua liberdade e dignidade, levando-os à força para o céu contra seu livre-arbítrio. Isso seria o "inferno", já que eles não pertencem ao lugar onde todos amam e adoram a Pessoa que eles mais querem evitar. A alternativa de Deus seria aniquilar a própria imagem em suas criaturas. Mas isso seria um ataque contra si mesmo.

Além disso, sem separação eterna, não haveria céu. O mal é contagioso (1Co 5.6) e deve ser isolado. Como uma praga mortal, se não for contido continuará a contaminar e corromper. Se Deus não separasse o trigo do joio, o joio sufocaria o trigo. A única maneira de preservar um lugar eterno de bem é separar eternamente dele todo mal. A única maneira de ter um céu eterno é ter um inferno eterno.

Finalmente, se o castigo temporal de Cristo é suficiente para nossos pecados eternamente, então não há razão para o sofrimento eterno não ser apropriado para nossos pecados temporais. Não é a *duração* da ação, mas o *objeto* que é importante. Cristo satisfez o Deus eterno pelo seu sofrimento temporal, e os incrédulos ofenderam ao Deus eterno pelos seus pecados temporais. Logo, o sofrimento temporal de Cristo satisfaz a Deus eternamente (1Jo 2.1), e nossos pecados temporais ofendem a Deus eternamente.

O inferno não tem valor redentor. À objeção de que não há valor redentor na condenação das almas ao inferno, pode-se responder que o inferno satisfaz a justiça de Deus e a glorifica ao mostrar quão grande e temível esse padrão é. "A justiça vindicativa de Deus parecerá rígida, precisa, temível, e terrível, e portanto gloriosa" (Edwards, v. 2, p.87). Quanto mais horrível e temível o julgamento, mais reluzente o brilho da espada da justiça de Deus. O castigo terrível é compatível com a natureza de um Deus que inspira temor. Com uma demonstração majestosa de ira, Deus recebe de volta a majestade que lhe foi recusada. Aqueles que não dão glória a Deus de livre e espontânea vontade durante esta vida serão forçados a dar-lhe glória na próxima vida.

Todas as pessoas, então, são ativa ou passivamente úteis para Deus. No céu, os crentes louvarão ativamente sua misericórdia. No inferno, os incrédulos serão passivamente úteis ao trazer majestade à sua justiça. Assim como uma árvore estéril é útil apenas para lenha, os desobedientes serão apenas combustível para um fogo eterno (ibid. v. 2, p. 126). Já que os incrédulos preferem ficar distantes de Deus no tempo, por que não deveríamos esperar que esse seja seu estado escolhido na eternidade?

O inferno é apenas uma ameaça, não uma realidade. Alguns críticos acreditam que o inferno é apenas uma ameaça que Deus não cumprirá. Mas é blasfêmia afirmar que um Deus de verdade usa mentiras deliberadas para governar os seres humanos.

Ademais, isso significa que "os que acham que o inferno é uma fraude são mais astutos que o próprio Deus por descobrir isso" (Davidson, p. 53). Como Edwards afirmou:

> Eles supõem que foram muito astutos porque descobriram que isso não é verdade; e assim Deus não escondeu seu plano o suficiente para impedir que esses homens tão perspicazes conseguissem discernir a trapaça e derrotar o plano (Edwards, v. 2, p. 516).

Os santos poderão ser felizes se uma pessoa querida estiver no inferno? A pressuposição dessa questão é que somos mais misericordiosos que Deus. Deus está perfeitamente feliz no céu, e ele sabe que nem todos estarão lá. Mas é infinitamente mais misericordioso que nós. Além disso, se não pudéssemos ser felizes no céu sabendo que alguém estava no inferno, nossa alegria não dependeria de nós, mas de outra pessoa. O inferno, todavia, não pode vetar o céu. Podemos ser felizes no céu da mesma forma que podemos ser felizes comendo e sabendo que outros estão morrendo de fome, desde que tenhamos tentado alimentá-los, mas eles recusaram a comida. Assim como podemos curar lembranças tristes aqui na terra, Deus também "enxugará dos [nossos] olhos toda lágrima" no céu (Ap 21.4).

Edwards observou que supor que a misericórdia de Deus não permite sofrimento no inferno é contrário aos fatos. Deus permite bastante sofrimento neste mundo. É um fato empírico que Deus e a dor das criaturas não são incompatíveis (Gerstner, p. 80). Se a misericórdia de Deus não pode o suportar sofrimento eterno, então também não pode suportá-lo em quantidades menores (Edwards, v. 2, p. 84). A misericórdia de Deus não é uma paixão ou emoção que excede sua justiça. A misericórdia interpretada dessa maneira é um defeito em Deus. Ela o deixaria fraco e incoerente, incapaz de ser um Juiz.

As atitudes e os sentimentos dos santos no céu serão transformados e corresponderão mais aos de Deus. Logo, amaremos apenas o que Deus ama e odiaremos o que ele odeia. Já que Deus não fica infeliz ao pensar ou ver o inferno, nós também não ficaremos — ainda que ali estiverem pessoas que amamos nesta vida. Edwards dedicou um sermão a isso: "The end of the wicked contemplated by the righteous" ["O fim dos ímpios contemplado pelos justos"]. Na condensação que Gerstner fez desse sermão, "não parecerá nem um pouco cruel da parte de Deus infligir sofrimento tão extremo a tais criaturas extremamente perversas" (Gerstner, p. 90).

Por que Deus criou pessoas destinadas ao inferno? Alguns críticos do inferno argumentam que, se Deus sabia que suas criaturas o rejeitariam e acabariam num lugar tão horrível como o inferno, por que ele as criou? Não teria sido melhor que jamais tivessem existido do que existirem e irem para o inferno?

É importante lembrar que a inexistência não pode ser considerada condição melhor que qualquer tipo de existência, já que a inexistência é nada. E afirmar que o nada pode ser melhor que algo é um enorme erro categórico. Para comparar as duas coisas, elas precisam ter algo em comum. Mas não há nada em comum entre existência e inexistência. Elas são diametralmente opostas.

Uma pessoa pode *sentir* vontade de que uma vida de miséria seja simplesmente extinta, mas não pode pensar consistentemente que a inexistência seja um estado melhor que *a existência*. É verdade que Jesus disse que teria sido melhor se Judas não tivesse nascido (Mc 14.21). Mas essa é apenas uma expressão indicando a gravidade de seu pecado, não uma afirmação sobre a superioridade da inexistência sobre a existência. Numa condenação paralela dos fariseus, Jesus disse que Sodoma e Gomorra teriam se arrependido se tivessem visto seus milagres (Mt 11.20-24; v. MILAGRE). Isso não significa que realmente teriam se arrependido (ou Deus certamente lhes teria mostrado esses milagres — 2Pe 3.9). Trata-se apenas de uma forma de linguagem expressiva, indicando que seu pecado foi tão grande que "haverá *menos rigor*" (v. 24) no dia do julgamento para Sodoma que para eles.

E também, só porque alguns perderão no jogo da vida não significa que ele não deve ser jogado. Antes da final da Copa do Mundo começar, ambos os times sabem que um deles perderá. Mas todos decidem jogar. Antes de cada motorista pegar a estrada cada dia, sabemos que pessoas serão mortas. Mas decidimos dirigir. Pais sabem que ter filhos pode acabar em grande tragédia, tanto para sua prole quanto para eles mesmos. Mas o conhecimento prévio do mal não impede nossa vontade de permitir a possibilidade do bem. Por quê? Porque consideramos melhor jogar, arriscando a oportunidade de ganhar, que não tentar nada. É melhor perder na Copa do Mundo que não poder nem jogar nela. Do ponto de vista de Deus, é melhor amar o mundo todo (Jo 3.16) e perder alguns dos seus habitantes que não amar ninguém.

Mas as pessoas não conseguem evitar o pecado. A Bíblia diz que nascemos pecadores (Sl 51.5) e somos "por natureza, merecedores da ira" (Ef 2.3). Se os pecadores não podem evitar o pecado, é justo mandá-los para o inferno por causa disso?

As pessoas vão para o inferno porque nascem com uma tendência para pecar e decidem pecar. Nascem na estrada que leva ao inferno, mas também ignoram as advertências pelo caminho para evitar a destruição (Lc 13.3; 2 Pe 3.9).

Apesar de os seres humanos pecarem porque são pecadores (por natureza), sua natureza pecaminosa não os força a pecar. Como Agostinho disse corretamente: "Nascemos com a propensão ao pecado e a necessidade de morrer". Note que ele não disse que nascemos com a necessidade de pecar. Apesar de o pecado ser *inevitável*, já que nascemos com uma tendência para ele, o pecado não é *invencível*.

O último lugar para o qual os pecados estão destinados pode ser evitado. Tudo que a pessoa precisa fazer é arrepender-se (Lc 13.3.; At 17.30; 2Pe 3.9). Todos são responsáveis pela decisão de aceitar ou rejeitar a oferta de salvação feita por Deus. E responsabilidade também implica a capacidade de responder (se não por nossas próprias forças, pela graça de Deus). Todos que vão para o inferno poderiam tê-lo evitado, se quisessem. Nenhum pagão em lugar nenhum está sem a luz clara de Deus, por isso é indesculpável (Rm 1.19-20; v. 2.12-15; v. "Pagãos", salvação dos). Como Deus mandou um missionário a Cornélio (At 10.35), ele também proverá a mensagem de salvação para todos que a buscam. Pois "sem fé é impossível agradar a Deus, pois quem dele se aproxima precisa crer que ele existe e que recompensa aqueles que o buscam" (Hb 11.6).

Razoabilidade do inferno. Apesar de muitos crerem que o inferno não é razoável, segundo Jonathan Edwards, um bom argumento pode ser estabelecido a favor de sua racionalidade:

É muito irracional supor que não deveria haver castigo futuro, supor que Deus, que fez o homem como criatura racional, capaz de entender seu dever e ciente de que merece castigo quando não o cumpre, deveria deixar o homem sozinho, e deixá-lo viver como quer, e jamais castigá-lo por seus pecados, e não diferenciar o bem do mal [...] É muito irracional supor que aquele que fez o mundo deveria deixar as coisas em tal confusão, e não cuidar do governo das suas criaturas, e que ele nunca julgará suas criaturas racionais (Edwards, v. 2, p. 884).

Razões para rejeitar o inferno. Como vários estudos demonstram, as pessoas estão muito mais dispostas a acreditar no céu que no inferno. Nenhuma pessoa boa quer que alguém vá para o inferno. Mas, como Sigmund Freud diria, é uma ilusão rejeitar algo só porque *desejamos* não acreditar nele. Na verdade, como até alguns ateus observaram, a crença no inferno elimina a acusação de que ele é apenas uma ilusão. A questão se há um inferno deve ser determinada com base na evidência, não no desejo. A evidência para a existência do inferno é forte.

Se a evidência para o inferno é substancial, por que tantas pessoas a rejeitam? Edwards descreveu duas razões principais para a indisposição de aceitar o inferno: 1) ele é contrário à nossa preferência pessoal; 2) temos um conceito deficiente do mal e de seu castigo merecido.

Na verdade, uma negação do inferno é uma indicação da depravação humana. Edwards chama a atenção para nossa incoerência. Estamos todos cientes da natureza abominável de guerras e atos contra a humanidade. Por que não ficamos igualmente chocados com nossa maneira de demonstrar regularmente nosso desprezo pela majestade de Deus (Edwards, v. 2, p. 83)? Nossa rejeição do inferno e da misericórdia de Deus é indicação de nossa própria depravação — portanto, merecemos o inferno. Edwards escreveu:

Parece-te incrível que Deus seja tão absolutamente negligente com o bem-estar do pecador, a ponto de mandá-lo para um abismo ou sofrimento infinito? Isso te choca? E não é chocante para ti que sejas tão absolutamente negligente como tens sido para com a honra e a glória do Deus infinito? (ibid., v. 2, p. 82).

Fontes

Agostinho, *A cidade de Deus*.
W. Crockett, org., *Four views on hell*.
B. W. Davidson, "Reasonable damnation: how Jonathan Edwards argued for the rationality of hell", *jets* 38.1 (Mar. 1995).
J. Edwards, *The works of Jonathan Edwards*.
L. Dixon, *The other side of the good news*.
N. L. Geisler, "Man's destiny: free or forced", csr, 9.2 (1979).
J. Gerstner, *Jonathan Edwards on heaven and hell*.
C. S. Lewis, *God in the dock*.
___, *O grande abismo*.
___, *O problema do sofrimento*, cap. 8.
___, *Cartas do inferno*.
D. Moore, *The battle for hell*.
F. Nietzsche, *Genealogia da moral: uma polêmica*.
R. A. Peterson, *Hell on trial: the case for eternal punishment*.
B. Russell, *Por que não sou cristão*.
J. P. Sartre, *Sem saída*.
W. G. T. Shedd, *The doctrine of endless punishment*.
J. L. Walls, *Hell: the logic of damnation*.

infinita, série. Uma série infinita é uma série de eventos, pontos, entidades ou causas sem começo ou sem fim (ou ambos). Ela geralmente é usada com relação a uma série que não tem começo, isto é, que não tem começo no passado. Nesse sentido é mais adequado falar de uma regressão infinita.

Há dois tipos de séries infinitas: matemática ou metafísica (real). Infinidades matemáticas são abstratas. A linha entre A e B pode ter um número infinito de pontos ou interseções não-dimensionais de duas linhas. Infinidades reais são concretas, e não é possível colocar um número infinito de entidades reais entre A e B, não importa quão pequenas essas entidades sejam.

Uma série (regressão) infinita real é impossível. Já que uma série infinita não tem começo e também uma série de momentos se sucede a outra, não importa quão longa seja a série, sempre seria possível acrescentar mais uma. Mas não se pode acrescentar mais um a um número infinito. Logo, é impossível atingir um número infinito. Só se pode acrescentar mais um indefinidamente. A infinidade jamais pode ser alcançada. Segundo, um número infinito de momentos jamais pode transcorrer. Mas o número de momentos antes de hoje transcorreu. Senão, hoje jamais teria chegado. Logo, não há um número infinito de momentos antes de hoje. O tempo começou. Esse fato é usado para provar a existência de uma Primeira Causa no argumento cosmológico de KALAM para a existência de Deus. Resumidamente: tudo que teve princípio foi causado. O universo teve princípio (já que não poderia haver um número infinito de momentos antes de hoje). Portanto, o universo teve uma causa.

Uma série infinita de causas pode ser real ou potencial. Uma série infinita real é completada. Uma série infinita potencial é a que continua sem fim.

Uma série matemática infinita pode continuar ou voltar. Uma série de causas que recue até o infinito não é possível porque é preciso existir uma causa para começar a série de causas. Mas uma série potencial de causas ou eventos é possível em direção à eternidade futura, já que não há razão pela qual não possa continuar a produzir uma série de efeitos sem fim para sempre. Porém, tal série não seria realmente infinita, mas apenas potencialmente infinita. Isto é, jamais seria completa, podendo sempre ter mais uma causa acrescentada à sua série.

Uma série infinita de momentos ou eventos não só é impossível, mas também é uma série infinita de causas. Os ATEUS às vezes argumentam que, mesmo se o mundo precisar de uma causa, não há razão para deixar de supor uma causa para essa causa, e assim por diante, infinitamente. Porém essa é uma má interpretação do que significa ser a causa de existência de algo. Pois em toda série infinita de causas de existência *pelo menos uma* causa deve estar realmente causando a existência do mundo. Entretanto, por definição, em toda série infinita de causas *toda* causa está sendo causada por uma causa anterior. Assim, a causa que causa existência também causa a própria existência, já que toda causa na série, incluindo a si mesma, é causada. Mas é impossível causar a própria existência, pois a causa é ontologicamente anterior ao efeito, e algo não pode ser realmente anterior a si mesmo. Portanto, uma série infinita de causas de existência é impossível.

Há duas maneiras de evitar esse dilema, ambas estão nas mãos dos teístas. Primeira, a causalidade poderia vir de fora da série para evitar a causa autocausada na série. Mas nesse caso temos ou outra causa autocausada fora da série (o que é impossível) ou uma Causa incausada (que é um conceito teísta), caso contrário teríamos outra série infinita por trás dessa causa (o que é impossível). Ou o ateu pode afirmar que nem toda causa na série está sendo causada. Mas nesse caso pelo menos uma causa na série é uma Causa incausada (o que é um conceito teísta). Não importa que rumo tome o ateu, ele depara ou com uma impossibilidade ou com uma Primeira Causa não-causada (Deus).

Há outras objeções à impossibilidade de uma série infinita de eventos ou causas. Duas pedem comentários.

Alguns defensores da possibilidade de uma série infinita afirmam que ela deve ser possível, já que o futuro é infinito, e Deus pode conhecer o futuro. Se não pode, então é limitado e o teísmo está errado. Essa objeção confunde uma série infinita *real* no futuro, que não é possível, com uma série interminável ou *potencialmente* infinita, que é possível. Apesar de ser sempre possível acrescentar um evento ou momento ao futuro (uma série infinita potencial), não é possível atingir um número completo de eventos no futuro ao qual mais nenhum pode ser acrescentado (i.e., uma série infinita real). Segundo, como foi demonstrado, uma série infinita real de causas é impossível. E Deus não pode conhecer o impossível. Só pode conhecer o real e o possível. Logo, Deus não pode conhecer uma série infinita de causas.

Fontes

AL-GHAZALI, *Incoerência da filosofia* [ARISTÓTELES, *Metafísica*].
BOAVENTURA, *2 Setentiarium*.
W. L. CRAIG, *The existence of God and the beginning of the universe*.
___, *The kalam cosmological argument*.
J. D. SCOTUS, *God and creatures: the quodlibetal questions*.
C. S. LEWIS, *Milagres*.
J. P. MORELAND, *Scaling the secular city*.
TOMÁS DE AQUINO, *Suma teológica*.

informação, teoria da. V. ANTRÓPICO, PRINCÍPIO; EVOLUÇÃO QUÍMICA.

Ingersoll, Robert G. O agnóstico americano Robert G. Ingersoll (1833-1899) nasceu em Dresden, Nova York. Ingersoll popularizou a alta crítica da Bíblia (v. BÍBLIA, CRÍTICA DA), bem como o pensamento humanista (v. HUMANISMO SECULAR). Com pouca educação formal, tornou-se advogado em 1854 e desfrutou de uma carreira bem-sucedida. Foi um famoso orador nacional. Ingersoll considerava-se agnóstico (v. AGNOSTICISMO). Suas principais palestras públicas foram publicadas como *Some mistakes of Moses* [Alguns erros de Moisés] (1879) e *Why I am an agnostic* [Por que sou agnóstico] (1889). Sua obra completa é encontrada em *The works of Robert G. Ingersoll* (12 v., 1902), editada por Clinton P. Farrell.

irrefutabilidade, princípio da. V. AUTO-REFUTÁVEIS, AFIRMAÇÕES.

Isaías, Deutero-. Isaías inclui profecias surpreendentemente específicas que se realizaram séculos mais tarde com precisão exata (v. PROFECIA COMO PROVA DA BÍBLIA). O valor apologético dessa profecia, no entanto, foi diminuído pela alegação dos críticos de que houve pelo menos dois Isaías. Eles afirmam que o segundo Isaías, que viveu em data posterior, registra a história em vez de estabelecer profecias preditivas.

A posição tradicional quanto ao livro de Isaías é que ele foi escrito por Isaías, filho de Amoz, entre 739 e 681 a.C. No entanto, críticos negativos argumentam que "Proto-Isaías" abrange os capítulos de 1 a 39, ao passo que Deutero-Isaías escreveu os capítulos de 40 a 66 no século v a.C. Nesse caso, a incrível profecia de Isaías que incluía a previsão de que um rei chamado Ciro (Is 45.1) seria levantado por Deus para disciplinar Israel perde seu valor profético. Pois, se o próprio Isaías não escreveu isso cerca de 150 anos antes de Ciro nascer, mas depois que ele viveu, não há nada de maravilhoso em saber seu nome.

Uma resposta à hipótese. A posição tradicional de que o livro de Isaías é uma única obra escrita pelo profeta Isaías é apoiada por vários argumentos.

A posição crítica que separa Isaías em dois ou mais livros é baseada na suposição de que não existe profecia preditiva. Teólogos modernos afirmam que as profecias nos capítulos 40 a 55 sobre Ciro devem ter sido escritas depois que Ciro reinou na Pérsia. Essa posição é anti-sobrenatural e tenta explicar essas seções de Isaías como história. No entanto, já que Deus distingue o fim desde o começo (Is 46.10), não é necessário negar o elemento sobrenatural nas profecias de Isaías (v. MILAGRES, ARGUMENTOS CONTRA).

As diferenças entre as duas partes do livro podem ser explicadas de outras maneiras além da abordagem de dois autores. Os capítulos de 1 a 39 preparam o leitor para as profecias contidas nos capítulo de 40 a 66. Sem esses capítulos preparatórios, a última parte do livro não faria muito sentido. Os capítulos de 1 a 35 advertem sobre a ameaça assíria que pairava sobre o povo de Deus. Os capítulos de 36 a 39 formam uma transição da seção anterior para os capítulos de 40 a 66, antecipando a invasão de Senaqueribe (cap. 36 e 37) e a decadência espiritual que estava causando a queda de Jerusalém (cap. 38 e 39). Esses quatro capítulos intermediários (36—39) não estão em ordem cronológica porque o autor os usa para preparar o leitor para o que se seguirá.

A diferença nas palavras e no estilo de escrita entre as duas seções do livro foi usada pelos eruditos críticos para substanciar sua afirmação de que há pelo menos dois livros diferentes. Essas diferenças, no entanto, não são tão grandes quanto se afirma, e as que realmente existem podem ser explicadas como diferenças no assunto e ênfase. Nenhum autor escreve exatamente no mesmo estilo usando precisamente o mesmo vocabulário quando escreve sobre assuntos diferentes. Todavia, várias frases encontradas em ambas as seções comprovam a unidade do livro. Por exemplo, o título "o Santo de Israel" é encontrado 12 vezes nos capítulos de 1 a 39 e 14 vezes em 40-66.

Em Lucas 4.17, Jesus levantou-se para ler na sinagoga e "foi-lhe entregue o livro do profeta Isaías".

Frases semelhantes nas duas partes de Isaías

Capítulos de 1—39	Capítulos de 40—66
1.15b — "As suas mãos estão cheias de sangue."	59.3 a — "Pois as suas mãos estão manchadas de sangue..."
28.5 — "Naquele dia, o SENHOR dos Exércitos será uma coroa gloriosa, um belo diadema para o remanescente do seu povo."	62.3 — "Será uma explêndida coroa na mão do SENHOR, um diadema real na mão do seu Deus."
35.6b — "Águas irromperão no ermo, e ribeiros, no deserto."	41.18 — "Abrirei rios nas colinas estéreis e fontes no vales. Transformarei o deserto num lago, e o chão ressequido em manaciais."

O povo na sinagoga e o próprio Jesus acreditavam que esse livro era do profeta Isaías. Outros autores do NT aceitam Isaías como autor do livro inteiro. João 12.38 afirma que Isaías foi quem escreveu as afirmações encontradas em Isaías 6.1s. e 53.1. Outros exemplos em que o NT atribui partes dos capítulos de 40 a 66 a Isaías incluem Mateus 3.3; Marcos 1.2,3 e João 1.23 (Is 40.3); Mateus 12.17-21 (Is 42.1-4); Atos 8.32,33 (Is 53.7,8); e Romanos 10.16 (Is 53.1).

Os rolos do mar Morto incluem a cópia completa mais antiga do livro de Isaías, e não há espaço no rolo entre os capítulos 39 e 40. Isso indica que a comunidade de Qumran aceitava a profecia de Isaías como um livro completo no século II a.C. A versão grega da Bíblia hebraica, que data do século II a.C., trata o livro de Isaías como um único livro escrito por um único autor, Isaías, o profeta.

Ainda que a crítica pudesse demonstrar que parte ou todo o livro Isaías foi escrito no século V ou mais tarde, isso não refutaria a natureza sobrenatural das previsões sobre Cristo. Estas foram cumpridas séculos depois da última data possível para sua aparição. Isaías previu o NASCIMENTO VIRGINAL do Messias (Is 7.14), seu ministério (Is 11; 61) e sua morte pelos nossos pecados (Is 53; v. CRISTO, MORTE DE). Isaías 53 é tão específico e tão messiânico que até a interpretação rabínica desse capítulo antes da época de Cristo o considerava uma previsão sobre o futuro Messias (v. Driver). Na realidade, mesmo que a autoria fosse datada do final do século V a.C., é uma previsão sobrenatural clara e específica dada centenas de anos antes. Se Isaías teve uma fonte sobrenatural para essa profecia, então não há razão para acreditar que não teve a mesma fonte sobrenatural para suas previsões sobre Ciro.

Conclusão. A tentativa dos críticos da Bíblia de postular um segundo Isaías posterior ao exílio babilônico não nega a natureza sobrenatural de suas previsões específicas. Eles nem conseguem provar que houve um outro Isaías que escreveu os capítulos 40 de 66. Logo, as predições de Isaías que mencionam Ciro pelo nome mais de 150 anos antes de ele nascer ainda prevalecem. Mesmo que Isaías recebesse data mais tardia em parte ou por inteiro, o livro está cheio de previsões específicas, principalmente aquelas cumpridas literalmente por Cristo, que foram feitas com séculos de antecedência.

Fontes
O. T. ALLIS, *The Old Testament: its claims and its critics.*
___, *The unity of Isaiah*
G. L. ARCHER, Jr., *Merece confiança o Antigo Testamento?*
S. R. DRIVER, et. al., trad., *The fifty-third chapter of Isaiah according to jewish interpreters.*
N. L. GEISLER e T. HOWE, *Manual popular de dúvidas, enigmas e "contradições" da Bíblia.*
R. K. HARRISON, *Introduction to the Old Testament.*

Isaías, nascimento virginal em. V. VIRGINAL, NASCIMENTO.

islamismo *Islã* significa "submissão". O seguidor dessa religião é chamado *muçulmano* (submisso). Maomé, o fundador da fé islâmica, era um comerciante árabe de Meca que nasceu por volta de 570 e morreu em 632. Assim como os cristãos medem a história a partir do nascimento de Cristo, os muçulmanos elegem como marco da história a data de 622, o ano em que Maomé fugiu de Meca para Medina. Essa hégira (*hijra* significa "fuga", em árabe) marcou o momento decisivo de Maomé em sua submissão a Deus e sua proclamação de uma nova revelação de Deus. Os muçulmanos acreditam que Maomé foi o último profeta de Deus, sobrepujando Cristo, o profeta anterior.

Os muçulmanos acreditam em submeter-se ao único Deus, *Alá*. Opõem-se categoricamente à fé cristã na Trindade divina (v. TRINDADE). Crer que há mais que uma pessoa em Deus é uma idolatria e blasfêmia denominada *shirk*.

Crenças. *A Palavra de Deus.* Apesar de os muçulmanos acreditarem que Deus se revelou na lei judaica (*tawrat*), nos Salmos (*zabur*) e nos Evangelhos (*injil*), afirmam que a Bíblia cristã de hoje está corrompida, ou *tahrif*. Afirmam que o *Alcorão* é a Palavra final de Deus (v. ALCORÃO, SUPOSTA ORIGEM DIVINA DO). Ele é dividido em 114 capítulos ou *suratas* e tem aproximadamente o tamanho do NT.

Doutrinas. Há cinco doutrinas islâmicas básicas:

1. Há somente um Deus.
2. Houve muitos profetas, inclusive Noé, Abraão, Moisés, Jesus e Maomé.
3. Deus criou os anjos (*jinn*), alguns dos quais são bons e outros maus.
4. O *Alcorão* é a revelação total e final de Deus.
5. O dia final de julgamento está vindo, seguido pelo céu para os fiéis e pelo inferno para os perdidos.

Além dessas cinco crenças centrais, há cinco práticas básicas do islamismo:

1. Tudo que é necessário para se tornar um muçulmano é confessar o shahadah: "Não há Deus além de Alá; Maomé é o mensageiro de Alá".

islamismo

2. É preciso orar (*salat*), cinco vezes ao dia.
3. É preciso fazer um jejum anual (*sawm*) durante o nono mês lunar (*Ramadã*).
4. É preciso dar esmolas (*zaqat*) aos pobres, a quadragésima parte do salário.
5. Todo muçulmano capaz deve peregrinar para Meca uma vez na vida (Hajj).

Os muçulmanos também acreditam na *jihad* ou guerra santa, que alguns grupos radicais têm exaltado ao nível de uma doutrina fundamental. Embora isso possa envolver a morte dos infiéis por causa de sua fé, para os muçulmanos mais moderados *Jihad* é esforço sagrado com a palavra, não necessariamente com a espada.

Muitas doutrinas são compartilhadas com o cristianismo, tais como a criação (v. CRIAÇÃO, TEORIAS DA), anjos, céu, INFERNO e a RESSURREIÇÃO de todas as pessoas. Quanto ao Cristo, afirmam sua posição de profeta, NASCIMENTO VIRGINAL, ascensão física, segunda vinda, ausência de pecado (v. CRISTO, SINGULARIDADE DE), MILAGRES e messianidade.

Os muçulmanos negam a base da mensagem cristã, ou seja, que Cristo morreu na cruz pelos nossos pecados (v. CRISTO, MORTE DE; CRISTO, OBJEÇÕES MORAIS À MORTE DE; CRISTO, LENDA SUBSTITUTA DA MORTE) e que ele ressuscitou da morte fisicamente três dias depois (v. RESSURREIÇÃO, EVIDÊNCIAS DA; RESSURREIÇÃO, NATUREZA FÍSICA DA).

Deus como Ser Absoluto. Alá é descrito pelos muçulmanos em termos de vários atributos básicos. Fundamental a todos é o atributo da unidade absoluta. De todos os atributos do Deus islâmico, o mais importante é sua unidade indivisível. Negar isso é blasfêmia.

O Deus islâmico é sua unidade absoluta e indivisível. Na surata 112, Maomé define Deus com essas palavras: "Dize: Ele é Allah, o Único! Allah, o Eterno e Absoluto! Jamais gerou ou foi gerado! E ninguém é comparável a Ele!". Acredita-se que essa surata vale um terço de todo o *Alcorão*. Os sete céus e as sete terras são fundados nela. A tradição islâmica afirma que confessar esse versículo retira os pecados "como um homem arranca as folhas de uma árvore no outono" (Cragg, p. 39).

Duas palavras são usadas no *Alcorão* para descrever a unidade de Deus: 'aḥad e waḥid. 'Aḥad é usado para negar que Deus tenha qualquer parceiro ou companheiro. No árabe, isso significa a negação de qualquer outro número. A palavra *waḥid* pode significar o mesmo que a primeira palavra ou também pode significar "O único e o mesmo Deus para todos". Isso quer dizer que há apenas um Deus para os muçulmanos, e que ele é o mesmo Deus para todos os povos. Deus é uma unidade e uma singularidade.

A unidade de Deus é um aspecto tão fundamental do islamismo que, como disse um autor muçulmano: "O islamismo, como outras religiões antes dele na sua clareza e pureza original, não é nada além da declaração da unidade de Deus, e sua mensagem é uma convocação para testemunhar sobre essa unidade"(Maḥmud, p. 20). Outro autor muçulmano acrescenta: "A unidade de Alá é a característica distintiva do islamismo. Essa é a forma mais pura de monoteísmo, isto é, a adoração de Alá, que não foi gerado nem gerou nem teve qualquer associado a ele na sua divindade. O islamismo ensina isso nos termos mais inequívocos" (Ajijola, p. 55).

É por causa dessa ênfase intransigente na unidade absoluta de Deus que o maior pecado no islamismo é o *shirk* — associar parceiros a Deus. O *Alcorão* declara firmemente que "Allah jamais perdoará quem lhe atribuir parceiros, conquanto perdoe outros pecados a quem lhe apraz. Quem atribuir parceiros a Allah desviar-se-á profundamente" (p. 116)

Deus como rei absoluto. Nas palavras do *Alcorão*:

Allah! Não há divindade além d'Ele, Vivente, Auto-Subsistente, a quem jamais alcança a inatividade ou o sono; d'Ele é tudo quanto existe nos céus e na terra. Quem poderá interceder junto a Ele, sem o Seu consentimento? Ele conhece tanto o passado como o futuro, e eles (humanos) nada conhecem da Sua ciência; senão o que Ele permite. O Seu trono abrange os céus e a terra, cuja preservação não O abate, porque é o Ingente, o Altíssimo (2.255).

Deus é auto-suficiente e não precisa de nada, mas tudo precisa dele. Esse atributo é conhecido como aseidade, ou auto-existência. Deus é o Poderoso e o Todo-Poderoso. É o Criador de todas as coisas existentes e das coisas que existirão; e nada acontece sem sua vontade. Ele é o Conhecedor de tudo que pode ser conhecido. Sua sabedoria compreende todo o universo que criou e sustenta sozinho. Deus é completamente soberano sobre toda sua criação.

Muitos dos 99 nomes islâmicos de Deus falam da sua soberania. Ele é:

Al-'Adl, o Justo, cujas palavras são perfeitas na justiça e na verdade (6.115);
Al- 'Ali, o Altíssimo, que é poderoso (2.225,6);
Al-'Aziz, o Precioso, poderoso na sua soberania sublime (59.23);
Al-Badi', o Idealizador, que arquitetou toda a arte da criação (2.117);
Al-ḥakim, o Sábio, que julga os seus servos (40. 48-51);
Al-ḥasib, o Suficiente, que é suficiente como aquele a quem se presta contas (4.6,7);

Al-Jabbar, o Inacessível, cujo poder e força são absolutos (59.23);

Al-Jalil, o Majestoso, poderoso e majestoso ele é;

Al-Jami', o Reunificador, que congrega todos os homens no dia determinado (3.9);

Al-Malik, o Rei, que é Rei dos reis (59.23);

Al-Mu'izz, o Honorificiente, que honra ou rebaixa a quem deseja (3.26);

Al-Muntaqim, o Vingador, que se vinga dos pecadores e socorre os fiéis (30.47);

Al-Muqsit, o Justo, que estabelecerá as balanças com justiça (21.47,8);

Al-Muta'ali, o Altíssimo, que se estabeleceu acima de todos (13.9,10);

Al-Qadir, o Poderoso, que tem o poder de fazer o que lhe agrada (17.99-101);

Al-Quddus, o Santíssimo, a quem todos no céu e na terra atribuem santidade (62.1);

Al-wahid, o Único na sua soberania (13.16); o Único que criou (74.11);

Al-Wakil, o Administrador, que controla tudo (6.102);

Malik al-Mulk, o Detentor da realeza, que dá soberania a quem lhe agrada (3.26).

Deus como justiça absoluta. Vários nomes de Deus revelam sua justiça absoluta: o Majestoso, o Reunificador, o Suficiente, o Juiz, o Justo, o Santíssimo, aquele a quem todos no céu e na terra atribuem santidade, o Observador da Justiça e o Vingador.

Deus como amor absoluto. Ao contrário do que se acredita, Alá é um Deus de amor. Na verdade, alguns dos nomes de Deus retratam essa mesma característica. Por exemplo, Deus é *Ar-Rahman*, o Clemente, o mais misericordioso dentre os que demonstram misericórdia (1.3; 12.64), e *Al-Wadud*, o Amoroso, compassivo e amoroso com seus servos (11.90, 92). Ele impôs a lei de misericórdia a si mesmo (6.12). Ele diz: "Minha clemência abrange tudo" (7.156). Maomé disse no *Alcorão*: "Se verdadeiramente amais a Allah, segui-me; Allah vos amará e perdoará as vossas faltas, porque Allah é Indulgente, Misericordioso" (3.31).

Deus como vontade absoluta. Há certo mistério com relação aos nomes de Deus. O historiador Kenneth Cragg afirma que esses nomes "devem ser interpretados como características de sua vontade divina, e não leis de sua natureza. A ação, que surge de tais descrições, pode ser esperada, mas não é uma questão de necessidade". O que dá unidade às ações de Deus é quem as determina. Como Determinador, ele pode ser reconhecido pelas descrições dadas a ele, mas não se conforma a nenhuma. A ação de sua vontade pode ser identificada por seus efeitos, mas sua vontade é inescrutável. Isso explica a antítese em alguns dos nomes de Deus (v. a seguir). Por exemplo, Deus é "Aquele que induz ao erro" e também "Aquele que guia".

Deus como ser absolutamente incognoscível. Já que tudo é baseado na vontade de Deus e já que seus efeitos às vezes são contraditórios e não refletem nenhuma essência absoluta, a natureza de Deus é totalmente incognoscível. Na verdade,

a vontade divina é um absoluto além do qual nem razão nem revelação se estendem. Na Unidade da vontade única, no entanto, essas descrições coexistem com aquelas que se relacionam à misericórdia, compaixão e glória (Cragg, p. 64).

Deus é nomeado a partir de seus efeitos, mas não deve ser identificado com nenhum deles. A relação entre a Causa Absoluta (Deus) e suas criaturas é extrínseca, não intrínseca. Isto é, Deus é considerado bom porque causa o bem, mas a bondade não faz parte de sua essência.

Avaliação. O monoteísmo islâmico é passível de muitas críticas, especialmente do ponto de vista cristão. Sua idéia rígida de unidade absoluta é crucial.

O problema da unidade absoluta. O monoteísmo islâmico é rígido e inflexível. Sua visão da unidade de Deus é tão forte que não permite nenhuma pluralidade em Deus. Logo, não vê nada entre monoteísmo e triteísmo (três deuses), e os cristãos são colocados nessa segunda categoria. Há várias razões para essa má interpretação. Para começar, parece haver uma má interpretação do texto bíblico relacionado a Deus (MAOMÉ, SUPOSTAS PREVISÕES BÍBLICAS SOBRE). Os muçulmanos também têm uma visão grosseiramente antropomórfica do significado de Cristo como o "Filho" de Deus. Geralmente isso parece exigir algum tipo de geração sexual, segundo o pensamento deles. Mas os termos "Pai" e "Filho" não exigem geração física, assim como o termo *alma mater* não implica que a escola onde nos formamos foi nosso ventre físico. A paternidade pode ser interpretada em outro sentido além do biológico.

Há um problema filosófico mais profundo e básico. Em última análise, Deus não tem essência ou natureza (cognoscível) da qual se possa distinguir três pessoas ou centros de consciência (v. TRINDADE). Essa posição é conhecida como NOMINALISMO. Deus é vontade absoluta, e vontade absoluta deve ser absolutamente única. A pluralidade de vontades (pessoas) tornaria impossível qualquer unidade absoluta. E os muçulmanos acreditam que Deus é absolutamente único (pela revelação e pela razão). A razão

islamismo

informou a Maomé que a unidade é anterior à pluralidade. Como Plotino dissera vários séculos antes (205-270), toda pluralidade é composta de unidades. Logo, a unidade é a condição absoluta de tudo. Aceitar essa maneira neoplatônica de pensar implica logicamente a negação da possibilidade de qualquer pluralidade de pessoas em Deus. Logo, pela própria natureza do compromisso filosófico do tipo de neoplatonismo dominante na Idade Média, o pensamento islâmico sobre Deus foi solidificado numa singularidade intratável que não permite nenhuma forma de trinitarismo.

Esse monoteísmo rígido não é completamente coerente com algumas das distinções do próprio islamismo. Os teólogos islâmicos, em coerência com certos ensinamentos do *Alcorão*, fizeram distinções dentro da unidade de Deus. Por exemplo, eles acreditam que o *Alcorão* seja a Palavra eterna de Deus. A surata 85.21,22 declara: "Sim, este é um Alcorão Glorioso, inscrito em uma Tábua preservada [no céu]". E na surata 43.3,4, lemos: "Nós o fizemos um Alcorão árabe, a fim de que o compreendêsseis. E, em verdade, encontra-se na mão dos Livros, em nossa Presença, e é altíssimo (em dignidade), repleto de sabedoria" (v. 13.39).

Esse original eterno é o modelo do livro terreno que conhecemos por *Alcorão*.

Os muçulmanos insistem em que o verdadeiro *Alcorão* no céu não é criado e expressa perfeitamente a mente de Deus. Mas reconhecem que o *Alcorão* não é idêntico à essência de Deus. Alguns teólogos muçulmanos até comparam o *Alcorão* à visão do *Logos* divino de Cristo, defendida pelos cristãos ortodoxos (v. CRISTO, DIVINDADE DE). Como o professor Yusuf K. Ibish afirmou sobre o *Alcorão*:

> Ele não é um livro no sentido comum, nem é comparável à Bíblia, nem ao Antigo e Novo Testamento. É uma expressão da Vontade Divina. Se você quiser compará-lo a algo no cristianismo, deve compará-lo ao próprio Cristo.

E acrescenta: "Cristo foi a expressão do Divino entre os homens, a revelação da Vontade Divina. É isso o que o *Alcorão* é" (Waddy, p. 14).

O islamismo ortodoxo descreve a relação entre Deus e o *Alcorão* ao observar que a fala é um atributo eterno de Deus, que como tal não tem começo nem interrupção, exatamente como seu conhecimento, seu poder e outras características de seu ser infinito (v. Golziher, p. 97). Mas se a fala é um atributo eterno de Deus que não é idêntico a Deus, mas é de alguma forma distinta dele, então isso não permitiria o mesmo tipo de pluralidade na unidade que os cristãos afirmam para a Trindade? Portanto, parece que a visão islâmica da unidade absoluta de Deus não seria, por sua própria distinção, incompatível com o trinitarismo cristão. A lógica básica islâmica do monoteísmo ou do politeísmo é inválida. Eles mesmos admitem que algo pode ser uma expressão eterna de Deus sem ser numericamente idêntico a ele. Então, usando sua ilustração, por que Cristo não pode ser a eterna "expressão da Vontade Divina" sem ser a mesma pessoa que essa Vontade Divina?

O problema do voluntarismo. Na própria base da visão islâmica de Deus estão um voluntarismo (v. ESSENCIALISMO) e um nominalismo radicais. Para o islamismo tradicional, Deus não tem essência, pelo menos uma essência cognoscível (v. DEUS, NATUREZA DE). Mas ele é Vontade. É verdade que Deus é considerado justo e amoroso, mas não é essencialmente justo ou amoroso. E ele é misericordioso só porque "Ele impôs a Si mesmo a clemência" (surata 6.12). Contudo, como Deus é Vontade Absoluta, se escolhesse não ser misericordioso, não seria. Não há natureza ou essência em Deus segundo a qual deva agir.

Há dois problemas básicos com esse nominalismo radical: um metafísico e um moral.

O problema metafísico. A posição islâmica ortodoxa sobre Deus afirma, como já vimos, que Deus é um Ser absolutamente necessário. É auto-existente, e não pode não existir. Mas, se Deus é por natureza um tipo necessário de ser, então é de sua natureza existir. Ele deve ter uma natureza. O islamismo ortodoxo acredita que haja outros atributos essenciais de Deus, tais como ser auto-existente, incriado e eterno. Mas se essas são características essenciais de Deus, então Deus deve ter uma essência, senão os atributos não podem ser essenciais. É precisamente assim que a essência é definida, a saber, como os atributos ou características essenciais de um ser.

O problema moral. O voluntarismo islâmico supõe um problema moral sério. Se Deus é apenas vontade, sem uma essência, então ele não pode fazer as coisas porque são certas; antes elas são certas porque ele as faz. Deus é arbitrário quanto ao que é certo e errado. Não tem de fazer o bem. Não tem de ser amoroso com todos; poderia odiar, se quisesse. Na verdade, na surata 3.31 lemos: "Allah vos amará [...] Allah é indulgente, Misericordioso", mas o versículo 32 diz que "Allah não aprecia os incrédulos". Deus poderia decidir não ser amoroso. É por isso que os teólogos muçulmanos têm tanta dificuldade com a questão da predestinação.

Os problemas do AGNOSTICISMO. Já que Deus não tem essência, pelo menos não uma que os nomes (ou atributos) de Deus realmente descrevam, a visão islâmica de Deus envolve uma forma de agnosticismo.

Na realidade, a base do islamismo não é *conhecer* a Deus, mas *obedecê-lo*. Não é meditar sobre sua essência, mas *submeter-se* à sua vontade. Como Pfander observou corretamente sobre os muçulmanos: "Se pelo menos pensarem profundamente, descobrirão que são incapazes de conhecer a Deus [...] Portanto o islamismo leva ao agnosticismo" (Pfander, p. 187).

O agnosticismo islâmico surge porque os muçulmanos acreditam que Deus causou o mundo pela causalidade extrínseca. Na verdade, "a vontade Divina é um absoluto, além da razão e da revelação. Na unidade da Vontade única, no entanto, essas descrições coexistem com as que se relacionam com a misericórdia, compaixão e glória" (Cragg, p. 42-3). Deus é nomeado por seus efeitos, mas não deve ser identificado com nenhum deles. A relação entre a Causa Absoluta (Deus) e suas criaturas é extrínseca, não intrínseca. Isto é, Deus é considerado bom porque faz o bem, mas não porque a bondade faça parte de sua essência.

Entre as fraquezas significativas inerentes nesse agnosticismo, um problema moral, um filosófico e um religioso se destacam imediatamente.

Primeiro, se Deus não é essencialmente bom, mas apenas considerado bom porque faz o bem, por que não considerá-lo mau também, já que causa o mal? (v. MAL, PROBLEMA DO) Por que não chamá-lo "pecador" e "infiel", já que faz as pessoas não crerem? Seria coerente fazer isso, já que Deus é nomeado de acordo com suas ações. Se os muçulmanos respondem que algo em Deus é a base para chamá-lo "bom", mas nada nele é a base para chamá-lo "mau", então admitem que os nomes de Deus realmente nos dizem algo sobre sua essência. Na verdade, eles admitem uma relação intrínseca entre a causa (Criador) e o efeito (criação). Isso leva a um problema metafísico na visão islâmica de Deus.

Segundo, na base das visões medievais de Deus, um neoplatonismo entrincheirado surge de Plotino. A teoria de PLOTINO de que o Supremo [Deus] era de forma absoluta um Ser indivisível influenciou grande-mente o monoteísmo islâmico. Além disso, Plotino afirmava que o Ser é tão absolutamente transcendente (acima e além de tudo) que não pode ser conhecido, exceto pela experiência mística. Isso influenciou o agnosticismo muçulmano e o misticismo sufita. A razão fundamental pela qual não pode haver semelhança entre o Ser [Deus] e o que flui do universo é que Deus está além da existência, e não há semelhança entre existência e o que está além dela.

TOMÁS DE AQUINO deu a resposta definitiva ao agnosticismo e misticismo plotiniano. Aquino argumentou que um efeito deve assemelhar-se à sua causa. "Não se pode dar o que não se tem." Logo, se Deus causa bondade, ele precisa ser bom. Se causou existência, ele precisa possuí-la (Geisler, *Thomas Aquinas*, cap. 9).

Objeções a essa posição geralmente confundem a causa material ou instrumental com a causa eficiente. A causa eficiente de algo é aquela *por meio da qual* ele surge. A causa instrumental é *meio pelo qual* ele surge, e a causa material é constituição. As causas material e instrumental não se assemelham necessariamente a seus efeitos, mas as causas eficientes sim. A pintura não se assemelha ao pincel do artista, mas assemelha-se à mente do artista. O pincel é a causa instrumental, ao passo que o artista é a causa eficiente.

Outro erro é confundir causalidade material com eficiente. Água quente é mole, mas pode fazer um ovo endurecer, por causa das propriedades do ovo. A mesma água quente amolece a cera. A diferença é o material que recebe a causalidade. Assim, um Deus infinito pode causar e causa um mundo finito. Portanto Deus não é finito porque causou um cosmos finito. Nem é contingente porque ele, como Ser Necessário, causou um universo contingente. A finitude e a contingência são parte do próprio material de um ser criado. Deus é diferente da criação nesses modos de ser. No entanto, tudo que existe *possui* existência, e Deus *é* Existência. Deve haver uma semelhança entre Existência e existência (v. ANALOGIA, PRINCÍPIO DA). Deus é a realidade pura, sem nenhuma potencialidade. Tudo mais que existe tem o potencial de não existir. Então todas as coisas criadas têm realidade, já que realmente existem, e potencialidade, já que poderiam não existir. Deus é como as criaturas quanto à realidade, mas diferente quanto à potencialidade. É por isso que, quando nomeamos Deus a partir de seus efeitos, devemos negar tudo que implica finitude e limitação ou imperfeição e atribuir a ele apenas o atributo puro ou a perfeição. Essa é a razão pela qual o mal não pode ser atribuído a Deus, mas o bem sim. O mal implica imperfeição ou privação de alguma característica boa. O bem em si não implica limitação nem imperfeição (v. MAL, PROBLEMA DO). Então Deus é bom pela própria natureza, mas não pode ser mau ou fazer o mal.

Terceiro, a experiência religiosa no contexto monoteísta envolve a relação entre duas pessoas, o adorador e Deus. É, como Martin BUBER observou corretamente, uma relação "eu-tu". Mas como pode uma pessoa adorar alguém sobre quem não pode saber nada? Mesmo no islamismo, é preciso amar a Deus. Mas como podemos amar alguém sobre quem não sabemos nada? Como o ateu Ludwig FEUERBACH disse: "O homem realmente religioso não pode adorar um ser totalmente negativo [...] Somente quando um homem perde o gosto pela religião é que a existência de Deus se torna uma existência sem qualidade, um Deus incognoscível" (Feuerbach, p. 15).

Alguns críticos sugeriram que a posição islâmica extremamente transcendente de Deus já levou algumas seitas muçulmanas a divinizar Maomé. Já que a relação com o Deus transcendente é vista como distante, é apenas por meio de Maomé que alguém se atreve a se aproximar do trono de Deus. No *Qawwalis* (um evento da cultura popular), Maomé é louvado em versos. Isso geralmente assume a forma de divinização: "Se *Maomé* não tivesse existido, o próprio Deus não teria existido!". Essa é uma alusão à relação próxima que Maomé supostamente tinha com Deus. Maomé geralmente recebe títulos como "Salvador do mundo" e "Senhor do universo". A divinização popular de Maomé, que se opôs tão violentamente a toda idolatria desse tipo, apenas demonstra a falência teológica da visão islâmica de um Deus tão distante e tão incognoscível que o devoto precisa manter contato com algo que consiga entender, mesmo a ponto de divinizar o profeta que condenou a idolatria.

Os problemas do determinismo extremado. Já que no islamismo o relacionamento entre Deus e os seres humanos é o de Mestre e escravo, Deus é o Monarca abdoluto e os seres humanos devem submeter-se (v. DETERMINISMO; LIVRE-ARBÍTRIO). Esse retrato irresistível de Deus no *Alcorão* criou uma tensão na teologia muçulmana com relação à soberania absoluta de Deus e o livre-arbítrio humano. Apesar de protestos em contrário, o islamismo ortodoxo ensina a predestinação absoluta do bem e do mal; todos os nossos pensamentos, palavras e ações, quer bons quer maus, foram previstos, pré-ordenados, determinados e decretados desde a eternidade, e tudo que acontece, acontece segundo o que foi escrito. A surata 6.18 diz que "Ele é o Soberano absoluto dos Seus Servos". Comentando sobre esses tipos de afirmações do *Alcorão*, Cragg demonstra que Deus é o *Qadar*, (determinação) de todas as coisas e sua *taqdir*, (sujeição), abrange todas as pessoas e toda história. A natureza, quer animada quer inanimada, está sujeita a seu comando, e tudo que é criado — uma flor de verão ou a ação de um assassino, um recém-nascido ou a incredulidade de um pecador — vem dele e é dele". Na verdade, se "Deus quisesse, não precisaria existir criação, não precisaria existir idolatria, não precisaria existir inferno, não precisaria existir um meio de escapar do inferno" (Cragg, p. 44-5).

Há quatro problemas básicos com essa forma extrema de pré-determinação: lógico, moral, teológico e metafísico. Pela ordem, ela envolve uma contradição; elimina a responsabilidade humana; faz de Deus o autor do mal e dá lugar ao panteísmo.

O problema lógico com o determinismo islâmico é que mesmo comentaristas muçulmanos são forçados a reconhecer que Deus realiza ações contraditórias (v. PRIMEIROS PRINCÍPIOS). O estudioso do Islã Ignaz Golziher resume a situação: "Provavelmente não há outro ponto de doutrina sobre o qual ensinamentos igualmente contraditórios possam ser derivados do *Alcorão* como este" (Golziher, p. 78). Um teólogo muçulmano observa: "A doutrina alcorânica da predestinação é bem explícita, apesar de não ser muito lógica" (Stanton, p. 54-5). Por exemplo: Deus é "Aquele que induz ao erro", e também "Aquele que guia". Ele é "Aquele que causa danos", e Satanás também é. Ele é "o Destruidor", "o Constrangedor" ou "Tirano," e "o Insolente". Quando pessoas são descritas, todos esses conceitos têm um sentido maligno.

Teólogos muçulmanos às vezes tentam conciliar isso dizendo que essas contradições não estão na natureza de Deus (já que ele realmente não tem uma natureza), mas estão no âmbito de sua vontade. Elas não estão na sua essência, mas nas suas ações. No entanto, essa é uma explicação inadequada. Deus tem uma natureza ou essência cognoscível. Logo, os teólogos muçulmanos não podem evitar a contradição de que Deus tem características opostas ao colocá-las fora da sua essência e dentro do mistério de sua vontade. Além disso, ações fluem da natureza e a representam, então deve haver algo na natureza que corresponda à ação. Água salgada não flui de um rio de água doce.

Outros tentam diminuir os extremos severos do determinismo muçulmano ao criar uma distinção, não encontrada no *Alcorão*, entre o que Deus *faz* e o que ele *permite* que suas criaturas façam pelo livre-arbítrio. Isso resolve o problema, mas somente por meio da rejeição de afirmações claras do *Alcorão*, da tradição e dos credos.

Essas afirmações podem ser vistas juntamente com o problema moral do determinismo islâmico. Ao mesmo tempo que teólogos muçulmanos preservam a responsabilidade humana, eles só podem conseguir isso com sucesso ao modificar aquilo que o *Alcorão* realmente diz. A surata 9.51 declara: "Dize: nada nos ocorrerá além do que Allah nos tiver predestinado!...". A surata 7.178-9 acrescenta: "Quem Allah encaminhar estará bem encaminhado; aqueles que desencaminhar serão desventurados. Temos criado para o Inferno numerosos gênios e humanos...". A surata 36.7-10 diz:

> A afirmação sobre a maioria deles prova ser verdadeira pois que são incrédulos. Nós sobrecarregamos os seus pescoços com correntes até ao queixo, para que andem com as cabeças

erguidas (sem poderem ver). E lhes colocaremos uma barreira pela frente e uma barreira por trás, e lhes ofuscaremos os olhos, para que não possam ver. Tanto se lhes dá que os admoestes ou não: jamais crerão.

O *Alcorão* francamente admite que Deus poderia salvar a todos, mas não quis fazer isso. A surata 32.13 declara: "E se quiséssemos, teríamos iluminado todos os seres; porém, a Minha sentença foi pronunciada; sabei que encherei o Inferno com gênios e humanos, todos juntos". É extremamente difícil entender como, afirmando essa posição, alguém pode coerentemente sustentar qualquer tipo de responsabilidade humana.

Há também um problema teológico com essa visão severa da determinação soberana de Alá sobre todos os eventos: ela faz de Deus o autor do mal. No *hadith*, Maomé declara: "No decreto necessariamente determina tudo que é bom e tudo que é doce e tudo que é amargo, e essa é minha decisão entre vós". De acordo com uma tradição, Maomé bateu no ombro de Abu Bakr e disse: "Ó Abu Bakr, se Alá, o Altíssimo, não quisesse que houvesse desobediência, não teria criado o Diabo". Na verdade, um dos teólogos mais respeitados de todos os tempos, Al-Ghazzali, francamente reconhece que "ele [Deus] também fez a incredulidade do incrédulo e a irreligião dos ímpios, e, sem essa vontade, não haveria nem incredulidade nem irreligião. Tudo que fazemos, fazemos por sua vontade: o que ele não quer, não acontece". Se alguém pergunta por que Deus não deseja que os homens creiam, Al-Ghazzali responde:

> Não temos o direito de perguntar sobre o que Deus deseja ou não. Ele é perfeitamente livre para desejar e fazer o que lhe agrada. Ao criar incrédulos, ao desejar que permaneçam nesse estado; [...] ao desejar, em suma, o que é mau, Deus tem fins sábios em vista que não nos é necessário saber (Haqq, p. 152).

No problema metafísico com o determinismo islâmico, essa posição extrema levou alguns teólogos muçulmanos à conclusão lógica de que na verdade só existe um agente no universo — Alá. Um teólogo muçulmano escreveu:

> Além de [Alá] poder fazer qualquer coisa, ele realmente é o Único que pode fazer algo. Quando um homem escreve, é Alá quem criou na sua mente a vontade de escrever. Alá ao mesmo tempo dá poder para escrever, depois realiza o movimento da mão e da caneta e a aparência no papel. Todas as outras coisas são passivas, só Alá é ativo (Nehls, p. 21).

Esse panteísmo está na base de grande parte do pensamento medieval. Tomás de Aquino escreveu *Suma contra os gentios* para ajudar os missionários a lidar com o islamismo na Espanha.

Esse predeterminismo radical é expresso nas afirmações dos credos islâmicos. Lê-se:

> Deus Altíssimo é o Criador de todas as ações de suas criaturas, quer de incredulidade quer de credulidade, quer de obediência quer de rebelião: todas elas são pela vontade de Deus e sua sentença e sua conclusão e seu decreto" (Cragg, p. 60-1).

Outro confessa:

> Uma possível qualidade de Deus é seu poder de criar o bem ou o mal a qualquer hora que quiser: esse é seu decreto [...] Coisas boas e más são o resultado do decreto de Deus. É o dever de todo muçulmano crer nisso [...] É ele quem causa mal e bem. Então as boas obras de alguns e o mal de outros são sinais de que Deus deseja castigar alguns e recompensar outros. Se Deus deseja atrair alguém para si, então ele lhe dará a graça que fará aquela pessoa fazer boas obras. Se deseja rejeitar alguém e humilhar outra pessoa, então criará pecado nela. Deus cria todas as coisas, boas e más. Deus cria pessoas e também suas ações: *Ele te criou e também o que fazes* (*Alcorão* 37.96 [Rippin & Knappert, p. 133; grifo do autor]).

Conclusão. A atitude do controle absoluto de Alá sobre todo aspecto de sua criação influencia profundamente a teologia e a cultura islâmicas. O poeta persa Omar Khayyam refletiu a tendência fatalista da teologia islâmica quando escreveu:

> Tudo é um tabuleiro de noites e dias
> Onde o destino joga com homens como peças;
> Aqui e ali move e une e mata,
> E um por um os coloca de volta no armário.

Artigos relacionados ao islamismo e à apologética islâmica: Alfarabi; Avicena; Averróis; Bíblia, visão islâmica da; Maimônides; Novo Testamento, suposta corrupção do; Maomé, supostas previsões bíblicas de; Maomé, suposto chamado divino de; Maomé, caráter moral de; Alcorão, origem divina do, Alcorão, supostos milagres no.

Fontes

K. Cragg, *The call of the Minaret*.
L. Feuerbach, *A essência do cristianismo*.
N. L. Geisler, *Thomas Aquinas: an evangelical appraisal*.
___ e A. Saleeb, *Answering Islam*.
I. Golziher, *Introduction to Islamic theology*.
Tomás de Aquino, *Suma contra os gentios*.
S. Zwemer, *The Moslem doctrine of God*.

James, William. William James (1842-1910) foi deísta finito (v. FINITO, DEÍSMO) quanto à sua cosmovisão e pragmático (v. PRAGMATISMO) em sua teoria da verdade e da ética (v. MORALIDADE, NATUREZA ABSOLUTA DA; VERDADE, NATUREZA DA). Ele abordava o mundo e Deus de um ponto de vista experimental. Seu teste da verdade para uma cosmovisão era simplesmente: "Que diferença concreta essa cosmovisão fará na vida real da pessoa?". A verdade, portanto, não está inerente na idéia. "A verdade acontece numa idéia. Ela se torna verdadeira, é feita verdadeira, pelos eventos." A cosmovisão que funciona melhor é verdadeira (*Essays in pragmatism* [*Ensaios sobre pragmatismo*], p. 160-1; todas as citações neste artigo são das obras de James).

Visão de Deus. Para James, a cosmovisão que funcionava melhor era uma forma de deísmo finito. Tal Deus evitava "o Deus sagrado irreal da teologia escolástica [teísmo] ou o monstro panteísta ininteligível" (*Pluralistic universe* [*Universo pluralista*], p. 316). O Deus panteísta engole todos os indivíduos na unidade absoluta de sua consciência (v. MONISMO; PANTEÍSMO). O Deus teísta é tão transcendentemente distinto de suas criaturas que nada tem em comum com elas (ibid., p. 26; v. TEÍSMO).

À luz desses extremos, James acreditava que a linha de menor resistência era aceitar uma "consciência sobre-humana" que não fosse totalmente abrangente, que fosse finita em poder e/ou sabedoria (ibid., p. 311). "Toda evidência que temos, na minha opinião, parece arrastar-nos com muita força para a crença numa forma de vida sobre-humana com a qual, sem saber, partilhar a autoconsciência" (ibid., p. 309). Tal Deus não precisa ser infinito; na verdade poderia haver mais de um Deus. James prontamente entendeu o POLITEÍSMO como a cosmovisão possível para o pragmático. O importante era supor um poder maior que fosse amigável para com a humanidade e os ideais humanos. Tal poder "deve ser diferente e maior que nossos seres conscientes" (*Varieties of religious experience* [*Variedades da experiência religiosa*], p. 396).

Mesmo afirmar esse pouco sobre Deus parecia para James uma crença exagerada. Tudo que James sabia com certeza era que existe algo "mais" no além com o qual os seres humanos se sentem ligados como "continuação subconsciente da vida consciente". Desconsiderando as crenças exageradas e confinando-nos ao que é comum e genérico, há uma experiência de salvação que vem como conteúdo positivo da experiência religiosa. Isso pelo menos, James confessou, é literal e objetivamente verdadeiro (ibid., p. 386, 388).

James especulou muito pouco sobre suas crenças exageradas. Ele concluiu assim seu clássico *Varieties of religious experience*: "Quem sabe a fidelidade dos indivíduos aqui embaixo às próprias crenças exageradas possa ser útil para que Deus, por sua vez, seja mais eficientemente fiel às suas tarefas mais nobres?" (p. 391).

Apesar das diferenças específicas que várias cosmovisões expressam sobre Deus, James tinha certeza de que a única coisa que toda a experiência religiosa tinha em comum era que "todas concordam que algo 'mais' existe; apesar de algumas afirmarem que ele existe na forma de um deus pessoal ou deuses pessoais, apesar de outros estarem satisfeitos em imaginá-lo como um rio de tendência ideal cravado na estrutura eterna do mundo". James também encontrou semelhanças genéricas entre religiões no fato de que o(s) deus(es) age(m), e que é benéfico dar sua vida a ele(s). As diferenças surgem, acrescentou, quando as religiões explicam o que querem dizer com a união com o divino, que vem com a experiência religiosa (ibid., p. 385). Qualquer coisa além disso era, para James, crença exagerada e especulativa. O teísmo cristão, por exemplo, definiria o *mais* como o Deus *Iavé*, e *a união* como a imputação da justiça de Cristo a nós. Tais crenças são mera especulação. Essa é apenas uma maneira de conceituar Deus (v. PLURALISMO RELIGIOSO), e James não a considerava a maneira mais prática.

A natureza do universo. James declarou-se oposto simultaneamente às idéias panteístas e materialistas / ateístas do mundo (v. ATEÍSMO), mas as distinções entre seu pensamento e o do panteísta em geral eram pequenas. O mundo não é redutível à matéria, nem é puro espírito ou mente. Ao contrário do monismo, James afirmava a visão pluralista do universo — que existem várias coisas diferentes. Ainda assim, tal universo não é realmente diferente de Deus. "A idéia teísta, retratando Deus e sua criação como entidades distintas uma da outra, ainda deixa o sujeito humano fora da realidade mais profunda no universo" (*Pluralistic universe*, p. 25). As teorias distintas de James o identificam como próximo, em teoria, do que mais tarde seria chamado PANENTEÍSMO.

O Deus dos teístas é muito distinto (transcendente) do que ele criou.
Os teístas também estão errados em supor que Deus é completo e auto-suficiente.
A criação foi o ato livre de Deus, e ele a fez como uma substância estranha a si mesmo, e a humanidade é feita de uma terceira substância, que é diferente de Deus e da criação.

Na visão panenteísta, semelhante a algumas formas de panteísmo, Deus anima o mundo assim como a alma anima o corpo. Isso é diferente do naturalismo "o frio e a escuridão cortantes e a ausência de todo significado permanente". O naturalismo coloca a humanidade "numa posição semelhante à de um grupo de pessoas vivendo num lago congelado, cercado por penhascos dos quais não há saída" (ibid., p. 122).

Milagres. Como tal Deus se relaciona com o mundo é um pouco difícil de entender até que James classifica o Deus miraculoso cristão como "grotesco" por conformar a natureza às vontades humanas (v. MILAGRE). "O Deus que a ciência reconhece deve ser um Deus exclusivamente de leis universais, um Deus que opera no atacado, não no varejo" (*Varieties*, p. 372-4). O Deus de James está mais ligado organicamente ao mundo: "O divino não pode significar uma única qualidade, deve significar um grupo de qualidades, em torno das quais, alternativamente, todos os homens podem encontrar missões dignas. Se cada atitude for uma sílaba na mensagem total da natureza humana, todos nós somos necessários para fornecer o sentido completo" (ibid., p. 368).

Apesar do tom naturalista (v. NATURALISMO), James acreditava no sobrenatural. Na verdade, ele acreditava que o cristianismo se rendeu com excessiva facilidade ao naturalismo, assumindo os preceitos das ciências físicas sem questionar. Como Immanuel KANT, James acreditava que o sobrenaturalismo teísta confina-se desnecessariamente aos sentimentos sobre a vida como um todo, vida que o teísmo considera com otimismo exagerado. Nessa maneira superotimista e universalista de ver o mundo ideal, a praticidade se evapora (ibid.). James rejeita esse sobrenaturalismo mais "grosseiro". Seu sobrenaturalismo mais "refinado" admite "orientações providenciais e não encontra dificuldade intelectual na mistura do mundo ideal e do mundo real, interpolando influências da religião ideal entre as forças que causativamente determinam os detalhes do mundo real" (ibid., p. 392).

Seja qual for o nome dado, James professava uma visão mais ampla da realidade que a aceita pela ciência. Ele estava disposto a usar o termo *sobrenatural*, mas não no sentido teísta. Ele não aceitaria, por exemplo, a idéia de "curas milagrosas", que era comum no final do século XIX. Ele se opunha a qualquer interrupção sobrenatural de um processo natural. Isso deve ser descartado pelo cientista como criações da imaginação. Com uma consciência quase profética a respeito do século seguinte, James acrescentou: "Ninguém pode prever até que ponto essa legitimação dos fenômenos ocultistas sob títulos científicos inéditos pode prosseguir — até mesmo 'profecia' e 'levitação' podem entrar nesse esquema" (ibid., p. 378).

Mas outro tipo de milagre cotidiano era recebido mais abertamente — as influências sutis, até subliminares de Deus sobre nós por meio do mundo natural. Se "houver um mundo mais amplo de existência que o de nossa consciência normal, se nele houver forças cujos efeitos sobre nós sejam intermitentes, se uma condição facilitadora dos efeitos for a abertura da porta 'subliminar', teremos os elementos de uma teoria à qual os fenômenos da vida religiosa proporcionam plausibilidade". James estava tão impressionado com a importância dessas "energias transcósmicas" que ele acreditava que elas influenciavam o mundo natural (ibid., p. 394).

Essa negação do milagroso, exceto dentro de normas naturalistas restritas, resultou na negação de uma experiência transformadora de conversão. James afirmava ceticamente que "homens convertidos —

como uma classe — são indistinguíveis dos homens naturais; alguns homens naturais até excedem alguns homens convertidos quanto a seus frutos". Logo, "os que acreditam no caráter não-natural da conversão súbita têm de praticamente admitir que não há nenhuma característica óbvia que diferencie a classe de todos os verdadeiros convertidos das outras classes" (ibid., p. 192).

O bem e o mal. James acreditava que a "santidade" fluía da experiência religiosa. Ele rejeitava a teoria de Friedrich Nietzsche de que o santo é um indivíduo fraco. James indicou personagens fortes como Joana D'Arc e Oliver Cromwell como exemplos disso. James louvava a vida santa, dizendo que ela dava à religião seu "lugar de destaque na história" mesmo quando outros aspectos da fé não faziam frente ao bom senso prático e ao teste empírico. "Sejamos santos, então, se pudermos, tenhamos ou não sucesso de forma visível e temporária" (*Varieties*, p. 290).

Mas não há padrão absoluto para a vida santa de bem, pois James era relativista (v. MORALIDADE, NATUREZA ABSOLUTA DA) que acreditava que "não existe uma filosofia ética feita dogmaticamente com antecedência" (*Essays*, p. 65). Cada um deve encontrar o que funciona melhor para si mesmo. James oferece apenas a norma geral de que devemos evitar o "naturalismo" puro por um lado, por sua inépcia, e o "salvacionismo puro" por outro, por sua tendência à alienação (*Varieties*, p. 140). Entre esses dois extremos devemos encontrar o caminho mais conveniente. A raça humana como um todo ajuda no processo de determinar o conteúdo da filosofia ética à medida que contribuímos para a vida moral da raça.

Apesar de sua moralidade relativa e da tendência ao panteísmo, James discordava radicalmente da maioria dos panteístas, pois acreditava que o mal é real, não uma ilusão. Ele acusava o panteísmo e o teísmo de fazer uma separação muito radical dos conceitos de moralidade absoluta e relativa. Na verdade, ele tentou dar força aparentemente absoluta a um grupo de normas morais aceitas universalmente, apesar de não poderem ser chamadas "absolutos". Apesar de o sistema parecer amarrado por fios tênues, o material conectivo é o pragmatismo: "'O verdadeiro', em resumo, é apenas o conveniente na nossa opinião, assim como 'o correto' é apenas o conveniente no nosso comportamento" (*Essays*, p. 170).

Seres humanos. Os seres humanos têm uma dimensão espiritual e também uma dimensão material. Por meio da evolução a partir de formas inferiores de vida, a humanidade atingiu um ponto de imortalidade (v. EVOLUÇÃO BIOLÓGICA). Nesse ponto, James assume a suposição naturalista de que a mente não pode sobreviver à morte porque é apenas uma função do cérebro. Mesmo que o pensamento seja uma função do cérebro, isso não nos leva a negar a imortalidade, pois o aspecto espiritual é inegável. "O fato de esta vida natural depender do cérebro não tornaria de forma alguma a vida mortal impossível — ela pode ser bem compatível com a vida sobrenatural oculta no além" (*Human immortality* [*Imortalidade humana*], p. 24, 38-9). A ciência pode provar apenas a *concomitância* no funcionamento da mente e do cérebro; a *dependência* que a mente tem do cérebro ainda não foi provada (ibid., p. 42-3).

A história e seu objetivo. James se opunha às teorias otimistas e pessimistas do destino humano. Ele não poderia concordar com os que acreditavam que o mundo não poderia ser salvo. O otimismo considera a salvação do mundo inevitável. No meio do caminho entre os dois, estava a doutrina do *meliorismo*, que julga que a salvação não é necessária nem impossível. Pragmático, James se sentia obrigado a aceitar a melhoria do mundo como sendo provável, mas não inevitável. "O pragmatismo deve adiar uma resposta dogmática, pois ainda não sabemos com certeza que tipo de religião funcionará melhor no final" (*Pragmatism and other essays* [*Pragmatismo e outros textos*], p. 125, 132).

O realismo de James levou-o a rejeitar a crença do UNIVERSALISMO de que todos devem ser salvos. "Quando o cálice for derramado, os resíduos ficarão para trás para sempre, mas a possibilidade do que for derramado é doce o suficiente para ser aceita" (ibid., p. 130). Para justificar sua conclusão, James ofereceu este exemplo:

> Suponha que o autor do mundo lhe explicasse os fatos antes da criação, dizendo: "Vou fazer um mundo que não terá garantia de salvação, um mundo cuja perfeição será apenas condicional, sendo a condição que cada um faça o melhor que puder. Eu lhe ofereço a chance de fazer parte de tal mundo. A segurança dele, como você vê, não é garantida. É uma verdadeira aventura, com perigo real, mas pode ser bem-sucedida. É um esquema social de trabalho cooperativo a ser realizado genuinamente. Você está disposto a participar? Vai confiar em si mesmo e confiar nos outros agentes o suficiente para correr o risco?" (ibid., p. 127).

Diante de tal proposta, James acreditava que a maioria das pessoas iria preferir o risco de tal aventura à inexistência. Esse, acredita ele, é o mundo que temos.

Avaliação. William James foi um filósofo fascinante que não se encaixava em nenhum molde. Suas teorias apresentam uma variedade de características positivas e negativas para os teístas.

Positivas. Do ponto de vista cristão, James geralmente parece tentar caminhar na direção da fé ortodoxa, embora a partir de uma grande distância.

O materialismo é rejeitado. Os teístas concordam com a rejeição de James ao materialismo. A humanidade é mais que matéria. Sobre essa imortalidade, James estava absolutamente correto.

O mal é real. James não tinha ilusões sobre o mal (v. ILUSIONISMO). Ele aceitava sua realidade. Rejeitava um panteísmo que afirmava Deus e negava o mal. Ao mesmo tempo, evitava a tentação do ateísmo de afirmar o mal e negar a Deus.

O princípio do divino é afirmado. Ao mesmo tempo que James não era um teísta, ele acreditava num tipo de deus e aceitava a mão desse deus na criação. Ele via o valor prático dessas crenças na vida de uma pessoa.

A vida santa é valorizada. James estava disposto a admitir o papel significativo que as crenças religiosas tinham na sua vida. Ele louvava a santidade e sua contribuição ao valor da religião.

O universalismo é rejeitado. Ao contrário de outros pensadores liberais, James negava o otimismo ilusório universalista. Estava disposto a admitir que nem todos podem ser salvos e que algum tipo de inferno existe. Isso é honestidade revigorante para alguém que rejeitava a autoridade divina da Bíblia.

Negativas. O deísmo finito é inadequado. O deus finito de James era bastante limitado. Para uma discussão sobre os problemas com essa cosmovisão, v. PANENTEÍSMO e WHITEHEAD, ALFRED NORTH.

O anti-sobrenaturalismo é infundado. A rejeição do sobrenatural por James era ilógica (v. MILAGRES, ARGUMENTOS CONTRA). Sua afirmação de que a religião sobrenatural mina o ímpeto humano de progredir é contrária à sua própria análise. Ele dava à religião "lugar de destaque" na história humana pela virtude do amor altruísta dos sobrenaturalistas cristãos. Ele concluiu que "o conjunto de qualidades pertinentes à santidade é indispensável para o bem-estar do mundo" (*Varieties*, p. 290). Ele admirava os teístas cujas crenças causaram grande impacto, entre eles Cristo, Cromwell e Stonewall Jackson. Ele ainda admitiu que grandes instituições acadêmicas e sociais, inclusive universidades, hospitais, a Cruz Vermelha, o movimento de abolição da escravatura e missões de resgate, foram iniciadas por pessoas que acreditavam no sobrenatural.

Sua teoria sobre o mal é insuficiente. Apesar de James reconhecer a realidade do mal, seu deísmo finito o deixava sem garantia de uma vitória final sobre o mal. Um deus finito não tem os recursos infinitos necessários para assegurar a vitória final sobre o mal. Nisso, James oferece inadvertidamente uma solução para seu problema. Ele admitiu que "o mundo fica mais rico por ter um Diabo nele, contanto que possamos dominá-lo" (ibid., p. 55). É exatamente isso que um deus finito não pode fazer. Um deus limitado poderia perder ou, na melhor das hipóteses, empatar. Somente o Deus infinitamente bom e poderoso do teísmo pode garantir o final da luta contra o mal (v. MAL, PROBLEMA DO).

O pragmatismo é infundado. A crítica interna mais séria contra o pragmatismo é que, pragmaticamente, ele não funciona. Precisaríamos de conhecimento infinito de todas as conseqüências para cada ação ou filosofia alternativa. Jamais poderemos ter certeza dos resultados das coisas. Apenas um Deus teísta poderia ser um pragmático eficaz, e ele não é.

Um dos colegas de James em Harvard, Josiah Royce, chegou ao âmago da questão dessa visão pragmática da verdade quando perguntou a James se ele testemunharia no tribunal e juraria "dizer o conveniente, todo o conveniente, e nada além do conveniente, com a ajuda da experiência futura".

O relativismo é incoerente. James negava todos os absolutos morais (v. ABSOLUTOS MORAIS). Para ele o correto era o conveniente no modo de viver, como a verdade era conveniente no modo de saber. Mas é impossível negar todos os absolutos morais sem sugerir um absoluto moral.

Fontes

J. CARNELL, *An introduction to Christian apologetics*, caps.16, 17.

N. L. GEISLER, *The roots of evil*.

___ and W. Watkins, *worlds apart*, cap. 6.

W. JAMES, *A pluralistic universe*.

___, *Essays in pragmatism*.

___, *Human immortality: two supposed objections to the doctrine*.

___, *Pragmatismo e outros textos*.

___, *Variedades da experiência religiosa*.

Jefferson, Thomas. Thomas Jefferson (1743-1826), o autor da *Declaração de Independência* (1776) e o terceiro presidente dos Estados Unidos da América era deísta (v. DEÍSMO). Algumas de suas primeiras obras garantiram-lhe um lugar no coração dos historiadores como "o maior autor da Revolução Americana"

(Ketcham, 4:259). Suas posições filosóficas e religiosas influenciam suas obras, mas geralmente não ficam explícitas, exceto em suas cartas. É principalmente a partir dessas cartas que seu deísmo pode ser claramente descoberto.

As posições religiosas de Jefferson refletem-se no seu resumo dos Evangelhos, *The life and morals of Jesus of Nazareth* [*A vida e a ética de Jesus de Nazaré*] (1803). Numa referência de 1816 ao livro, ele o chamou de "paradigma de suas doutrinas, feito ao recortar textos do livro e colocá-los nas páginas de um livro em branco, numa determinada ordem de tempo ou assunto [...] O mais belo fragmento de ética que jamais vi". O 57.º Congresso evidentemente concordou, ordenando uma edição publicada em 1904.

A cosmovisão de Jefferson. *Deus e o Mundo.* Jefferson acreditava que há um Deus, o Criador, Sustentador e Administrador do universo. Ele afirmava que esse Deus é infinitamente sábio, bom, justo e poderoso. Influenciado por Isaac Newton, Jefferson via o mundo como harmonioso, sob o controle das leis naturais e aberto à investigação humana. Deus o criou dessa maneira. A verdade disso fica clara pela estrutura do universo:

> Eu acredito (sem revelação) que, quando observamos o universo em suas partes, gerais ou específicas, é impossível para a mente humana não perceber nem sentir uma convicção de criação, de uma perícia consumada e de poder indefinido em cada átomo de sua composição. Os movimentos dos corpos celestes, mantidos exatamente no seu curso pelo equilíbrio das forças centrífuga e centrípeta; a estrutura da terra, com sua distribuição de terras, águas e atmosfera; corpos animais e vegetais, examinados nos menores detalhes; insetos, meros átomos de vida, mas tão perfeitamente organizados quanto o homem ou o mamute; as substâncias minerais, sua geração e seus usos; é impossível, eu digo, que a mente humana não creia que há em tudo, nessa criação, causa e efeito que levam à causa suprema, um Criador de todas as coisas desde matéria e movimento, seu Preservador e Regulador (Foote, p. 10).

Milagres. Jefferson também acreditava que Deus jamais interveio na história por meio de milagres sobrenaturais ou revelação (v. MILAGRE; REVELAÇÃO ESPECIAL). Registros que sugeriam o contrário eram invenções, superstição ou fanatismo (Fesperman, p. 81).

Jefferson rejeitava enfaticamente o nascimento virginal de Cristo. "O dia virá", disse ele, "em que o registro do nascimento de Cristo aceito nas igrejas trinitárias será classificado como a fábula de Minerva emergindo do cérebro de Júpiter" (Foote, p. 49). Ele também cortou a ressurreição de sua "Bíblia" expurgada do sobrenatural, terminando-a assim: "Então tomaram o corpo de Jesus, e o envolveram em lençóis de linho com aromas, como é o costume de sepultamento dos judeus. Mas no lugar onde ele foi crucificado, havia um jardim; e no jardim um sepulcro novo, onde nenhum homem havia jazido. Ali eles sepultaram Jesus, e rolaram uma grande pedra para a entrada do túmulo, e partiram" (*Life and morals*, p. 132).

Bíblia. Obviamente Jefferson considerava os Evangelhos distorções sempre que sugeriam a ação sobrenatural de Deus. Ele acusou os autores de "muitas vezes esquecer, ou não entender, o que viera dele, dando a interpretação errônea deles a suas máximas e expressando sem inteligibilidade para os outros o que eles mesmos não haviam entendido" (ibid., vii). Os ensinamentos de Jesus foram expressos de forma "mutilada, incorreta, e muitas vezes incompreensível" (ibid., p. 49) por um bando de "simplórios e impostores" que corromperam os verdadeiros ensinamentos morais. O pior nesse bando era o apóstolo Paulo, "o grande corifeu e primeiro corruptor das doutrinas de Jesus" (v. BÍBLIA, CRÍTICA DA).

Jefferson literalmente cortou os milagres dos evangelhos e reteve apenas os ensinamentos morais de Jesus. Suas posições não eram tão radicalmente deístas quanto as de Thomas PAINE. Elas se assemelhavam mais ao deísmo de Matthew Tindal no seu *Christianity as old as creation; or, The Gospel: a republication of the religion of nature* [*O cristianismo tão antigo quanto a criação; ou O Evangelho: a republicação da religião da natureza*] e às posições do unitarista Joseph Priestley. Jefferson rejeitava os principais ensinamentos teológicos do cristianismo, como a divindade de Cristo, o pecado original, a salvação pela graça somente por meio da fé e a morte expiatória de Cristo. Ele acreditava que Jesus foi o maior reformador e moralista da história.

Dependia dos que entendiam a verdade, tal como Jefferson, purificar a verdade dos erros que haviam sido impostos a ela. Ele se empenhou em reunir a verdade editada de várias partes dos quatro evangelhos, organizados na ordem que lhe parecia mais natural (Fesperman, p. 81, 83-4).

Seres humanos. Como afirmado na *Declaração de Independência*, Jefferson considerava "evidente que todos os homens foram criados iguais; que são dotados por seu Criador de certos direitos inalienáveis; que entre eles estão vida, liberdade e a busca da felicidade". Esses "direitos inalienáveis" estão baseados na natureza, que é em si imutável.

Já que esses direitos são naturais, eles são universais (v. LEI NATURAL; MORALIDADE ABSOLUTA, NATUREZA DA). Outros direitos naturais, na opinião de Jefferson, eram o direito de associação, o direito de autogoverno e o direito de liberdade com relação à religião (Padover, p. 89-91, 143, 148, 155-6).

A criação divina de todas as pessoas como seres iguais teve conseqüências lógicas. Uma foi que a escravidão como prática aceita nos Estados Unidos teve de ser abolida. Jefferson tentou realizar esse objetivo ao tentar passar um plano que ele projetou, o "Relatório do Governo para o Território Oeste" (1784). Isso possibilitaria a abolição da escravatura em todos os estados depois de 1800 (ibid., p. 92-3). Sua legislação foi derrotada por um voto. Dois anos mais tarde ele escreveu sobre essa decisão. "A voz de um único indivíduo [...] teria impedido esse crime abominável de espalhar-se por todo o país. Logo, vemos que o destino de milhões de futuros escravos depende da voz de um único homem, e o céu ficou em silêncio naquele terrível momento! Mas espera-se que não fique em silêncio para sempre, e que os amigos dos direitos da natureza humana prevalecerão no final" (Foote, p. 18).

O ser humano é um "animal racional" (v. ARISTÓTELES) que foi dotado "de um senso inato de justiça". A razão e o senso humano de moralidade poderiam errar, pois nem "sabedoria" nem "virtude" são hereditárias. No entanto, a verdade prevalecerá, e os seres humanos podem "ser restringidos do que é errado e protegidos no que é correto, pelos poderes moderadores, confiados a pessoas da própria escolha" (Padover, p. 143, 131-5, 178, 91).

Deus e governo. Fica claro com base na *Declaração* que Jefferson não contemplava a separação de Deus do governo. Na verdade, ele acreditava que os governos deviam lealdade a Deus. Inscrita no mármore do seu memorial em Washington, D. C., está a afirmação: "Deus, que nos deu vida, nos deu liberdade. Podem as liberdades de uma nação permanecer asseguradas quando tivermos removido a convicção de que essas liberdades são um dom de Deus?".

Apesar de Jefferson estar na França como embaixador quando o Congresso ratificou a *Primeira Emenda* (1789), ele certamente concordava que "o Congresso não fará nenhuma lei relativa ao estabelecimento da religião; nem proibindo seu livre exercício". Esse não é o "muro de separação" que ele supostamente apoiara. A intenção da *Primeira Emenda* é claramente que o governo federal não deveria estabelecer uma religião nacional, como os ingleses. É interessante que cinco colônias tinham religiões estaduais quando ratificaram essa emenda. Foi por ressentimento sobre o que a Associação Batista de Danbury, Connecticut, dissera sobre suas posições que Jefferson escreveu sobre o "muro de separação entre a igreja e o Estado". Ele jamais usou a frase fora do contexto de sua carta particular, e outras afirmações indicam que esse "muro" de Jefferson deveria proteger o governo estadual da interferência federal com relação à religião.

Jefferson deixou muitas evidências de suas posições sobre igreja e cooperação estadual. Ele criou um departamento de religião na Universidade da Virgínia. Até propôs que os alunos fossem obrigados a ir à igreja e fossem proibidos de praguejar. Num tratado com os índios kaskaskias, Jefferson e o Congresso pagaram por serviços de um missionário e um templo com dinheiro de impostos. O Congresso fez isso mais de uma vez, sendo cuidadoso em não favorecer um grupo religioso mais que outro.

A filosofia central nesse caso era que nenhuma posição ou grupo religioso deveria receber sanção legal à custa de outra posição ou grupo. Ele disse: "Eu sou a favor da liberdade de religião e contra todas as manobras para criar uma ascendência legal de um grupo sobre outro" (Padover, p. 119). Além de afirmar que tal ação violaria o direito da lei natural de religião livre, Jefferson acreditava que isso seria desvantajoso para a religião, já que cada grupo serve como um controle para os outros.

Cristo e religião. A religião havia sido a causa do grande mal na opinião de Jefferson, e era importante que uma opinião fosse equilibrada por opiniões opostas. Milhares haviam sido queimados, torturados, multados e aprisionados, "porém ainda não avançamos nem uma polegada em direção à uniformidade". A coerção passada havia tornado metade do mundo tola, e a outra metade, hipócrita.

Apesar de Jefferson identificar-se como cristão, muitos concordavam com os batistas de Danbury que ele não era ortodoxo. Ele considerava sua "Bíblia" editada uma prova "de que sou um *verdadeiro cristão*, ou seja, um discípulo das doutrinas de Jesus" (*Life and morals*, VIII). Jefferson admitiu que não era um cristão que aceitava os ensinamentos históricos da Bíblia e da igreja. "Sou um cristão no sentido único em que acredito que Jesus gostaria que qualquer um fosse, sinceramente ligado às suas doutrinas acima de todas as outras; dedicando a ele toda a excelência humana e crendo que ele jamais afirmou o contrário" (Foote, p. 4).

Mal. As pessoas têm simultaneamente qualidades boas e más. Na verdade, "a experiência comprova que as qualidades morais e físicas do homem, quer boas, quer más, são transmissíveis até certo ponto". Uma função primária do governo é proteger as pessoas de fazer mal umas às outras e estar atento às necessidades e desejos das massas. Quando um governo deixa de realizar essa função, seus oficiais "tornam-se lobos". Essa não é uma ocorrência incomum. A tendência das pessoas de exercer poder abusivo sobre outras "parece ser a lei de nossa natureza geral, apesar de exceções individuais; e a experiência declara que o homem é apenas um animal que devora a própria espécie". O tipo de governo que tende a promover esse mal é o dirigido por reis, nobres ou sacerdotes. "Quase todos os males conhecidos [na Europa] podem ser relacionados ao seu rei como fonte" (Padover, p. 164, 97, 103). Quando os governos se tornam tirânicos, é *obrigação* dos governados derrubá-los.

Ética. Seguindo a tradição da lei natural de John Locke, Jefferson afirmou que a lei moral natural se aplica às nações e aos indivíduos: "É estranhamente absurdo supor que um milhão de seres humanos reunidos não estejam sob as mesmas leis morais que os obrigam individualmente" (Foote, p. 42). A fonte da moralidade humana é o "amor aos outros", que foi "implantado" pela natureza. É esse "instinto moral [...] que nos leva irresistivelmente a sentir e a socorrer" os aflitos. Ações morais são relativas. Ações julgadas virtuosas num país são consideradas corruptas em outro. Isso acontece porque a "natureza estabeleceu a *utilidade* para o homem [como] padrão [...] de virtude" (Padover, p. 150-1).

Jefferson considerava Epicuro e Jesus os maiores mestres morais. Considerava-se seguidor de ambos, apesar de se identificar mais com Epicuro. A respeito disso, escreveu: "Sou [...] um epicurista. Acredito que as doutrinas genuínas (não as imputadas) de Epicuro contêm tudo que é racional na filosofia moral que Grécia e Roma nos deixaram" (Padover, p. 175).

Destino humano. A alma humana sobrevive à morte. No seu leito de morte Jefferson escreveu estas palavras de despedida para sua filha:

> As visões da vida desaparecem, seus sonhos não existem mais;
> Amigos queridos do meu peito, por que estão cobertos de lágrimas?
> Vou para os meus pais, saúdo aquela praia
> Que coroa todas as minhas esperanças e que enterra todas as minhas inquietações.
> Adeus, minha querida, minha filha amada, adeus!
> A última agonia da vida é separar-me de ti.

> Dois serafins me esperam com o manto da morte;
> Darei a eles teu amor quando der meu último suspiro
> (Foote, p. 68).

Jefferson falou sobre o Juiz de toda humanidade na *Declaração*, mas não definiu o que quis dizer com o termo. Ele não omitiu as referências de Jesus sobre recompensas no céu para os justos e castigo no inferno para os incrédulos em sua Bíblia resumida. O que ele acreditava literalmente sobre isso é outra questão.

Avaliação. Por Jefferson ser um deísta, suas posições sofrem as mesmas críticas. Isso inclui a negação de milagres (v. MILAGRES, ARGUMENTOS CONTRA), assim como a rejeição à imanência de Deus (v. TEÍSMO). Suas posições sobre a Bíblia também eram infundadas (v. BÍBLIA, SUPOSTOS ERROS NA; BÍBLIA, CRÍTICA DA; BÍBLIA, EVIDÊNCIAS DA).

Fontes

J. BUTLER, *The analogy of religion natural and revealed to the constitution and course of nature.*

F. I. FESPERMAN, "Jefferson's Bible", em *Ohio Journal of Religious Studies,* 4:2 (Oct. 1976).

R. FLINT, *Anti-theistic theories.*

H. W. FOOTE, *Thomas Jefferson: champion of religious freedom, advocate of Christian morals.*

N. L. GEISLER, *Miracles and the modern mind.*

___ e W. WATKINS, *Worlds apart.*

I. KANT, *Religion within the limits of reason alone.*

R. KETCHAM, "Jefferson, Thomas", em *The encyclopedia of philosophy,* 4:259.

J. LELAND, *A view of the principal deistic writers...*

R. NASH, *Christian faith and historical understanding.*

J. ORR, *English deism.*

S. K. PADOVER, *Thomas Jefferson and the foundations of American freedom.*

JEPD, teoria das fontes. V. PENTATEUCO, AUTORIA MOSAICA DO.

Jesus, fontes não-cristãs referentes a. Os críticos da Bíblia alegam ou sugerem que os documentos do NT não são confiáveis, pois foram escritos pelos discípulos de Jesus ou por cristãos posteriores. Eles observam que não há confirmação de Jesus em nenhuma fonte não-cristã. Vários fatores minam a validade dessa crítica (v. BÍBLIA, CRÍTICA DA).

A evidência. Há evidências muito convincentes de que o NT é um registro confiável composto por contemporâneos e testemunhas oculares dos eventos

(v. BÍBLIA, HISTORICIDADE DA; NOVO TESTAMENTO, DATAÇÃO DO; NOVO TESTAMENTO, HISTORICIDADE DO; NOVO TESTAMENTO, MANUSCRITOS DO). O Novo Testamento detém, mais que qualquer outro documento escrito da história antiga, o maior *número* de manuscritos de *antiguidade* bem atestada, com *cópias* bem feitas, escritas por pessoas que *cronologicamente* se encontravam mais próximas dos eventos registrados. A arqueologia continuamente confirma detalhes de suas obras (v. ARQUEOLOGIA DO NOVO TESTAMENTO). Se o registro do NT não é confiável, não temos esperança de nenhum conhecimento confiável dos acontecimentos antigos.

A objeção de que os escritos do NT são sectários envolve uma implicação significativa, mas falsa, de que as pessoas que estiveram envolvidas nos fatos ou com as pessoas sobre os quais prestam depoimento não constituem testemunhas confiáveis. Isso é claramente falso. Os sobreviventes do Holocausto estavam próximos dos eventos que descreveram para o mundo. Esse mesmo fato os coloca na melhor posição para saber o que aconteceu. Eles estavam lá, e aconteceu com eles. O mesmo se aplica ao testemunho judicial de alguém que sobreviveu a um ataque. Isso se aplica aos sobreviventes da invasão da Normandia durante a Segunda Guerra Mundial ou à Ofensiva de Tet durante a Guerra do Vietnã. As testemunhas do NT não deveriam ser desqualificadas porque estavam próximas dos eventos que relatam.

Relacionado à acusação de que Jesus carece de testemunho de incrédulos está o fato de que há forte evidência favorável a ele, mas falta de evidência fraca.

Suponha que quatro pessoas tenham sido testemunhas oculares de um assassinato. Também havia uma testemunha que chegou no local depois do assassinato e apenas viu o corpo da vítima. Outra pessoa ouviu um relato de segunda mão do assassinato. No julgamento, o advogado da defesa argumenta: "A não ser pelas quatro testemunhas oculares, esse é um caso difícil de resolver, e as acusações devem ser retiradas por falta de evidências". Outras pessoas podem pensar que o advogado estava tentando mudar de assunto com uma pista falsa. A atenção do juiz e o júri estaria sendo desviada da evidência mais forte para a mais fraca, e o raciocínio estaria claramente errado. Já que as testemunhas do NT foram as únicas testemunhas oculares e ofereceram testemunhos contemporâneos de Jesus, é uma falha desviar a atenção para as fontes seculares não-cristãs. No entanto, é educativo mostrar que evidências a favor de Jesus podem ser compiladas fora do NT.

As fontes. Algumas fontes excelentes foram colocadas à disposição para dar melhores descrições desse testemunho. Josh McDowell, em *Evidência que exige um veredito*, dedica um capítulo à evidência não-cristã. F. F. BRUCE escreveu uma análise de nível popular da evidência em *Merece confiança o Novo Testamento?* E em *Jesus and Christian origins outside the New Testament* [*Jesus e as origens cristãs fora do Novo Testamento*], que é um estudo mais profundo e completamente documentado. Uma análise recente sobre o assunto é de Gary Habermas em um capítulo de *The historical Jesus* [*O Jesus histórico*].

Historiadores antigos. Uma quantidade surpreendente de informação sobre Jesus pode ser extraída dos historiadores que foram contemporâneos dele ou viveram logo depois. Estes incluem:

Tácito. Um romano do século I chamado Tácito é considerado um dos historiadores mais precisos do mundo antigo. Ele nos oferece o registro do grande incêndio de Roma, pelo qual alguns culparam o imperador Nero:

> Mas nem todo o socorro que uma pessoa poderia ter prestado, nem todas as recompensas que um príncipe poderia ter dado, nem todos os sacrifícios que puderam ser feitos aos deuses, permitiram que Nero se visse livre da infâmia da suspeita de ter ordenado o grande incêndio, o incêndio de Roma. De modo que, para acabar com os rumores, acusou falsamente as pessoas comumente chamadas cristãs, que eram odiadas por suas atrocidades, e as puniu com as mais temíveis torturas. *Christus,* o que deu origem ao nome cristão, foi condenado à morte por Pôncio Pilatos, durante o reinado de Tibério; mas, reprimida por algum tempo, a supertição perniciosa irrompeu novamente, não apenas em toda a Judéia, onde o problema teve início, mas também em toda a cidade de Roma.

Essa passagem contém referências aos cristãos, chamados assim por causa de Christus (*Cristo* em latim), que sofreu uma "penalidade extrema" sob Pôncio Pilatos durante o reinado de Tibério. A "superstição" que começou na Judéia e chegou a Roma foi muito provavelmente a ressurreição de Jesus.

Suetônio. Suetônio foi o secretário principal do imperador Adriano (reinado 117-138). Duas referências são importantes:

> Como os judeus, por instigação de *Cherstus,* estivessem constantemente provocando distúrbios, ele os expulsou de Roma (*Vida de Cláudio,* 25.4).

> Nero infligiu castigo aos cristãos, um grupos de pessoas dadas a uma superstição nova e maléfica (*Vida dos Césares,* 26.2).

Essas breves referências estabelecem algumas coisas. Havia um homem chamado Chrestus (ou

Cristo) que viveu durante o século I. Alguns judeus causaram tumultos relacionados a esse homem. Suetônio, ao escrever muitos anos mais tarde, não estava na posição de saber se os tumultos eram provocados por Chrestus ou pelos judeus contra seus seguidores. De qualquer forma, Cláudio ficou aborrecido o suficiente para expulsar todos os judeus da cidade (inclusive os companheiros de Paulo, Áqüila e Priscila) em 49. Além disso, os cristãos foram perseguidos depois do incêndio de Roma, e haviam professado uma nova crença religiosa.

Josefo. Flávio Josefo (37/ 38-97) foi um revolucionário judeu que, na época da revolta judaica, passou a ser leal aos romanos para salvar sua vida. Tornou-se um historiador, trabalhando sob o patrocínio do imperador Vespasiano. Seu *Antiguidades dos judeus* data do início da década de 90 e contém duas passagens de interesse. A primeira refere-se a "Tiago, irmão de Jesus chamado Cristo" (20.9). Isso confirma os fatos do Novo Testamento de que havia um homem chamado Jesus, que era conhecido como "Cristo" e teve um irmão chamado Tiago. A segunda referência é bem mais explícita e controversa:

> Por essa época surgiu Jesus, um homem sábio, se é que é correto chamá-lo de homem, pois operava obras maravilhosas [...] tornou a aparecer-lhe vivo ao terceiro dia, tal como os profetas de Deus haviam predito essas e mais dez mil outras coisas a seu respeito (*Antiguidades* 28.33).

A genuinidade dessa passagem tem sido questionada por especialistas de todas as crenças porque parece duvidoso que um judeu que viveu e trabalhou fora do contexto cristão tenha dito tais coisas sobre Jesus. Até o apologista e teólogo Orígenes (c. 185- c. 254) disse que Josefo não acreditava que Jesus era o Messias (*Contra Celso* 1.47). Apesar desses problemas, há razões a favor da genuinidade da maior parte do texto. Primeira, há boa evidência textual para a menção de Jesus e nenhuma evidência textual do contrário. Segunda, o texto está escrito no estilo de Josefo. Terceira, algumas das palavras provavelmente não vieram de um cristão. Quarta, a passagem se encaixa no seu contexto gramatical e historicamente. Quinta, a referência a Jesus em *Antiguidades* 20 parece pressupor uma menção anterior. Finalmente, uma versão árabe do texto contém elementos básicos sem as partes questionáveis:

> Nessa época havia um homem sábio chamado Jesus. Seu comportamento era bom, e sabe-se que era uma pessoa de virtudes. Muitos dentre os judeus e de outras nações tornaram-se seus discípulos. Pilatos condenou-o à crucificação e à morte. E aqueles que haviam sido seus discípulos não deixaram de segui-lo. Eles relataram que ele lhes havia aparecido três dias depois da crucificação e que ele estava vivo [...] talvez ele fosse o Messias, sobre o qual os profetas relatavam maravilhas.

Mesmo sem as partes que são provavelmente interpolações cristãs, esse texto é um testemunho extraordinário da vida, morte e influência de Jesus. Ele diz que Jesus foi conhecido como um homem sábio e virtuoso que tinha discípulos judeus e gentios. Pilatos o condenou a ser crucificado. Os discípulos relataram que ele ressuscitou dos mortos ao terceiro dia. A idéia estava ligada à sua proclamação de ser o Messias.

Talo. Talo escreveu por volta de 52 d.C. Nenhuma de suas obras sobreviveu, mas algumas citações fragmentadas são preservadas por outros autores. Um desses autores é Júlio Africano, que, por volta de 221, cita Talo numa discussão sobre a escuridão que seguiu a crucificação de Cristo:

> No mundo inteiro caiu uma escuridão tenebrosa; as rochas foram partidas por um terremoto, e muitos lugares na Judéia e outros distritos foram derrubados. Essa escuridão, Talo, no terceiro dos livros que escreveu sobre a história, explica essa escuridão como um eclipse do Sol — o que me parece ilógico.

Africano identifica a escuridão que Talo considerou um eclipse solar como a escuridão na crucificação descrita em Lucas 23.44,45.

Oficiais do governo. Outras fontes não-cristãs foram os antigos oficiais do governo, cuja profissão os colocava numa posição singular para obter informação oficial não disponível ao público.

Plínio, o Jovem. Plínio foi um autor e administrador romano. Numa carta ao imperador Trajano, por volta de 112, Plínio descreve as práticas de adoração dos primeiros cristãos:

> [Eles tinham] o costume de se reunir antes do amanhecer num certo dia, quando então cantavam responsivamente os versos de um hino a Cristo, tratando-o como Deus, e prometiam solenemente uns aos outros a não cometer maldade alguma, não defraudar, não roubar, não adulterar, nunca mentir, e a não negar a fé quando fossem instados a fazê-lo; depois disso tinham o costume de separar-se e se reunir novamente para compartilhar a comida — comida do tipo comum e inocente (*Epístolas* 10.96).

Essa passagem confirma várias referências do Novo Testamento. A mais notável é que os primeiros cristãos adoravam Jesus como Deus. Suas práticas também revelam uma ética forte, provavelmente a de Jesus. Também há uma referência à festa do amor e à Santa Ceia. Depois, na mesma carta, Plínio chama o ensinamento de Jesus e seus seguidores de "superstição excessiva" e "superstição contagiosa", que pode referir-se à crença e à proclamação cristã da ressurreição de Jesus.

Imperador Trajano. Em resposta à carta de Plínio, o imperador Trajano dá as seguintes instruções para punir os cristãos:

> Nenhuma busca para encontrar essas pessoas deve ser feita; quando eles forem denunciados e condenados, devem ser punidos; mas com a restrição de que, quando a pessoa negar ser um cristão, e provar que não é (ou seja, adorando nossos deuses), ela será perdoada por arrependimento, apesar de ter incorrido em suspeita anteriormente (ibid., 10.97).

Isso esclarece como o antigo governo romano via o cristianismo. Eles deveriam ser punidos por não adorar os deuses romanos, mas a perseguição não era irrestrita.

Adriano. O historiador cristão Eusébio (c. 265-339) registra uma carta do imperador Adriano para Míncio Fundano, procônsul asiático. Semelhante à carta de Trajano a Plínio, Adriano dá alguma instrução sobre como lidar com os cristãos:

> Efetivamente, não me apraz deixar a questão sem investigação, não suceda que sejam molestados os inocentes e aos delatores que se dê apoio para exercerem a maldade. Se, pois, os provincianos podem manifestadamente manter essa petição contra os cristãos, pleiteando-a perante o tribunal, empreguem apenas este trâmite, e não petições nem somente gritos. É preferível, se alguém quer incriminar, que tu mesmo tomes conhecimentos da causa.

A passagem confirma que cristãos muitas vezes eram acusados de infringir as leis e eram punidos, mas que a moderação era incentivada.

Outras fontes judaicas. Além dos autores judeus do Novo Testamento e Josefo, outras testemunhas judaicas referem-se à vida de Jesus.

Talmude. As obras talmúdicas mais valiosas com relação ao Jesus histórico são aquelas compiladas entre 70 e 200 durante o denominado Período Tanaíta. O texto mais significativo é o tratado da *Mishná*.

> Na véspera da Páscoa eles penduraram Yeshu e antes disso, durante quarenta dias o arauto proclamou que [ele] seria apedrejado "por prática de magia e por enganar Israel e fazê-lo desviar-se. Quem quer que saiba algo em sua defesa venha e interceda por ele". Mas ninguém veio em sua defesa e eles o penduraram na véspera da Páscoa (*Talmude babilônico*, Sanhedrin .43 *a*).

Essa passagem confirma a crucificação, a época do evento na véspera da Páscoa e a acusação de feitiçaria e apostasia. Esse texto também nos informa sobre a proclamação que foi enviada antes da morte de Jesus (v. Jo 8.58,59; 10.31-33,39). Outra referência nessa seção menciona cinco discípulos de Jesus. A maioria das outras referências a Jesus e ao cristianismo no *Talmude* são bem posteriores e de valor histórico questionável.

Toldot Yeshu. Uma testemunha bem posterior é *Toldot Yeshu*, um documento anticristão compilado no século v. Esse documento explica que o corpo de Jesus foi secretamente removido para uma segunda sepultura porque os discípulos pretendiam roubar o corpo. Quando os discípulos chegaram à sepultura, o corpo de Jesus havia sumido, então eles concluíram que ele havia ressuscitado. Enquanto isso as autoridades judaicas eram informadas sobre o verdadeiro local do corpo de Jesus. Apesar de ser bem posterior, esse documento provavelmente reflete a primeira opinião comum (v. Mt 28.11-15).

Outras fontes de entre os gentios. Houve fontes dos gentios sobre a vida de Cristo além das romanas. Elas incluem:

Luciano. Luciano de Samosata foi um autor grego do século II cujas obras contêm críticas sarcásticas ao cristianismo:

> Os cristãos, como sabes, adoram um homem até hoje — o personagem distinto que introduziu seus rituais insólitos, e foi crucificado por isso [...] Essas criaturas mal-orientadas começam com a convicção geral de que são imortais, o que explica o desdém pela morte e a devoção voluntária que são tão comuns entre eles; e ainda foi incutido neles pelo seu legislador original que são todos irmãos, desde o momento em que se convertem, e negam os deuses da Grécia, e adoram o sábio crucificado, e vivem segundo suas leis. Tudo isso adotam como fé, e como resultado desprezam todos os bens mundanos, considerando-os simplesmente como propriedade comum (*Death of pelegrine*, 11-3).

Seguindo Habermas, várias coisas podem ser verificadas a partir desse texto. Jesus era adorado pelos cristãos. Ele introduziu novos ensinamentos e foi crucificado por seus ensinamentos. Seus ensinamentos incluíam a irmandade dos crentes, a importância da conversão e a importância de negar outros deuses. Os cristãos viviam segundo as leis de Jesus. Além disso, os seguidores de Jesus consideravam-se imortais e eram caracterizados por seu desprezo pela morte, devoção voluntária e renúncia a bens materiais. Apesar de ser um dos críticos mais declarados da igreja, Luciano fornece um dos registros mais informativos de Jesus e do cristianismo primitivo fora do NT.

Mara Bar-Serapion. Um sírio, Mara Bar-Serapion, escreveu para seu filho Serapion entre o século I e o início do século III aproximadamente. A carta contém uma aparente referência a Jesus:

> Que vantagem os atenienses abtiveram em condenar Sócrates à morte? Fome e peste lhes sobreviveram como castigo pelo crime que cometeram. Que vantagem os habitantes de Samos obtiveram ao pôr fogo em Pitágoras? Logo depois sua terra ficou coberta de areia. Que vantagem os judeus obtiveram com a execução de seu sábio rei? Foi logo após esse acontecimento que o reino dos judeus foi aniquilado. Com justiça Deus vingou a morte desses três sábios: os atenienses morreram de fome; os habitantes de Samos foram surpreendidos pelo mar; os judeus arruinados e expulsos de sua terra, vivem completamente dispersos. Mas Sócrates não está morto; ele sobrevive aos ensinos de Platão. Pitágoras não está morto; ele sobrevive na estátua de Hera. Nem o sábio rei está morto; ele sobrevive nos ensinos que deixou (Manuscrito siríaco, add 14, 658; citado em Habermas, p. 200).

Essa passagem confirma quatro ensinamentos específicos do NT: 1) Jesus era considerado um homem sábio e virtuoso; 2) Jesus foi considerado por muitos o rei de Israel; 3) os judeus executaram Jesus; 4) Jesus continuou vivo nos ensinamentos de seus seguidores.

Fontes gnósticas. Logo depois da época de Cristo, vários grupos não-cristãos cresceram paralelos à igreja. Um dos mais bem-sucedidos foi o dos gnósticos (v. GNOSTICISMO).

O *Evangelho da verdade.* Esse livro do século II provavelmente foi escrito por Valentino (135-160). Ele confirma que Jesus foi uma personagem histórica em várias passagens:

> Pois quando o viram e ouviram, ele permitiu que o provassem e cheirassem e tocassem o Filho amado. Quando ele apareceu instruindo-os sobre o Pai [...] Pois veio por meio de aparência carnal (30.27-33; 31.4-6).

Em outra passagem lemos que:

> Jesus era paciente em aceitar o sofrimento [...] pois ele sabia que essa morte é vida para muitos [...] foi pregado numa árvore; publicou o decreto do Pai na cruz [...] Entregou-se à morte através da vida [...] Depois de libertar-se dos trapos perecíveis, vestiu o imperecível, que ninguém jamais poderá lhe arrancar (20.11-14, 25-34).

Essas citações afirmam que Jesus era o Filho de Deus e o Verbo, que se tornou homem e assumiu um corpo carnal. Ensinou seus seguidores sobre o Pai. Jesus sofreu e foi crucificado. Sua morte traz vida para muitos. Jesus foi ressuscitado dos mortos num corpo imperecível.

O apócrifo de João foi uma obra gnóstica do século II que se inicia com um suposto registro histórico de um encontro entre Arimânio, o Fariseu, e João, filho de Zebedeu, o discípulo. João supostamente disse que Jesus "foi para o lugar de onde veio" (1.5-17). Essa era uma aparente referência à ascensão. Arimânio respondeu que João fora enganado por Jesus. Não há evidência além de *O apócrifo* de que esse evento tenha ocorrido.

O EVANGELHO DE TOMÉ (c. 140-200) é uma coleção de alguns eventos espúrios e outros reais, além de citações de Jesus. Ele nos diz várias coisas sobre a identidade de Jesus. Jesus se identifica como o Ressurreto, o Filho do Homem, o Filho de seu Pai e o Todo do Universo. Como na Bíblia, os discípulos não reconhecem a verdadeira identidade de Jesus. O *Evangelho de Tomé* refere-se à morte e exaltação de Jesus. É um documento completamente gnóstico e por isso, e também pela data posterior, tem valor histórico limitado.

O tratado sobre a ressurreição é uma obra gnóstica do final do século II. Apesar da filosofia gnóstica carregada, o *Tratado* afirma vários ensinamentos: Jesus realmente era divino. Apesar disso, Jesus, o Filho de Deus, assumiu a forma carnal. Jesus morreu, ressuscitou e derrotou a morte para os que crêem nele. O valor dessa obra como fonte histórica também é limitado.

Outras fontes perdidas. Além dessas fontes não-cristãs da vida de Cristo, alguns documentos são sugeridos, mas não foram encontrados.

Os *Atos de Pôncio Pilatos.* Apesar de um documento supostamente oficial — *Atos de Pôncio Pilatos* — não ter sobrevivido, ele é mencionado por JUSTINO MÁRTIR por volta do ano de 150 e por TERTULIANO por volta do ano 200. Justino escreve:

"Transpassaram as minhas mãos e os meus pés" significava os cravos que na cruz transpassaram seus pés e mãos. E depois de crucificá-lo, aqueles que o crucificaram lançaram sorte sobre as suas roupas e as repartiram entre si. Que tudo isso aconteceu assim, podeis comprová-lo pelas atas redigidas no tempo de Pôncio Pilatos (I *Apologia*, p. 35).

Justino também afirma que os milagres de Jesus podem ser confirmados nesse documento (ibid., p. 48).

Flegon. Flegon (n. c. 80) foi escravo liberto do imperador Adriano. Nenhuma das obras de Flegon sobreviveu, mas ele é mencionado várias vezes por autores posteriores. Falou sobre a morte e ressurreição de Cristo em *Crônicas*, obra que não sobreviveu, dizendo: "Jesus, enquanto vivo, não se preservou, mas ressuscitou depois da morte e exibiu as marcas de seu castigo, e mostrou como suas mãos foram traspassadas pelos cravos" (citado em Orígenes, 4.455; v. Habermas, 210; Anderson, p. 19). Flegon também mencionou "o eclipse na época de Tibério César, em cujo reino Jesus parece ter sido crucificado, e o grande terremoto que aconteceu na época" (Orígenes, p. 14). Júlio Africano confirma as mesmas citações (Júlio Africano, p. 18).

Habermas resume, com base nas referências de Flegon, que Jesus previu o futuro, que houve um eclipse na época da crucificação, e que isso ocorreu durante o reinado de Tibério. Após sua ressurreição, Jesus apareceu e mostrou suas feridas, principalmente as marcas dos cravos da crucificação (Habermas, p. 211).

Resumo. As fontes primárias da vida de Cristo são os quatro evangelhos (v. NOVO TESTAMENTO, HISTORICIDADE DO). No entanto, há relatos consideráveis de fontes não-cristãs que complementam e confirmam os registros evangélicos. Estes vêm em grande parte de fontes gregas, romanas, judaicas e samaritanas do século I. Em resumo, elas nos informam que Jesus: 1) era de Nazaré; 2) viveu de modo sábio e virtuoso; 3) foi crucificado na Palestina sob Pôncio Pilatos durante o reinado de Tibério César na época da Páscoa, sendo considerado o rei judeu; 4) segundo seus discípulos, ele ressuscitou dos mortos depois de três dias; 5) seus inimigos reconheceram que ele realizou feitos incomuns denominados por outros "feitiçaria"; 6) seu pequeno grupo de discípulos se multiplicou rapidamente, espalhando-se até Roma; 7) seus discípulos negavam o politeísmo, viviam de acordo com princípios morais e adoravam a Cristo como divino. Essa descrição confirma a imagem do Jesus apresentada nos evangelhos do NT.

Fontes

J. N. D. ANDERSON, *The witness of history*.
F. F. BRUCE, *Merece confiança o Novo Testamento?*
___, *Jesus and Christian origins outside the New Testament*.
EUSÉBIO, *História eclesiástica*.
FLÁVIO JOSEFO, *Antiguidades dos judeus*.
G. HABERMAS, *The historical Jesus*, cap. 9.
LUCIANO DE SAMOSATA, *The works of Lucian of Samosata*.
J. MCDOWELL, *Evidência que exige um veredito*, cap. 5
ORÍGENES, *Contra Celso*.
PLÍNIO, O JOVEM, *Cartas*.
A. ROBERTS e J. DONALDSON, orgs. *The ante-Nicene fathers*.
SUETÔNIO, *Life of Claudius*.
___, *Life of Nero*.
TÁCITO, *Anais*.

Jesus, Seminário. O Seminário Jesus é uma sociedade de teólogos do NT, dirigida por Robert W. Funk, que foi organizada em 1985 com o patrocínio do Instituto Estar, de Santa Rosa, Califórnia. Mais de setenta teólogos se reúnem duas vezes por ano para fazer declarações sobre a autenticidade das palavras e ações de Cristo. O Seminário é composto por católicos liberais e protestantes, judeus e ATEUS. A maioria é de professores do sexo masculino, mas o grupo inclui um pastor, um cineasta e três mulheres. Cerca de metade deles formaram-se nas faculdades de teologia de Harvard, Claremont ou Vanderbilt.

Obras. Uma das intenções da organização é publicar livros de crítica textual para uma grande variedade de pessoas que normalmente lêem tais estudos. Assim, o grupo tem um número crescente de publicações. Entre as obras até agora publicadas encontram-se: Marcus Borg, *Jesus in contemporary scholarship* [*Jesus na erudição contemporânea*] e *Meeting Jesus again for the first time* [*Encontrando-se de novo com Jesus pela primeira vez*]; John Dominic Crossan, *In fragments: the aphorisms of Jesus* [*Em fragmentos: os aforismos de Jesus*], *Jesus: a revolutionary biography* [*Jesus: uma biografia revolucionária*], *The historical Jesus: the life of a mediterranean peasant* [*O Jesus histórico; a vida de um camponês mediterrâneo*] e *The other four Gospels: shadows on the contours of canon* [*Os outros quatro evangelhos: sombras nos contornos do cânon*]; Funk, *The five Gospels* [*Os cinco evangelhos*] e *The parables of Jesus* [*As parábolas de Jesus*]; e Burton Mack, *Jesus: A new vision* [*Jesus: uma nova visão*], *The myth of innocence: Mark and christian origins* [*O mito da inocência:*

Marcos e as origens cristãs], *The lost Gospel: the book of Q and christian origins* [*O evangelho perdido: o livro de Q e origens cristãs*] e *Who wrote the New Testament: the making of the christian myth* [*Quem escreveu o Novo Testamento: a criação do mito cristão*]. O maior esforço do grupo foi a tradução dos evangelhos editados por Robert J. Miller, *The complete Gospels: annotated scholar's version* [*Os evangelhos completos: versão anotada por eruditos*].

Objetivos do trabalho do Seminário. Apesar de os membros do seminário produzirem obras de crítica, desde sua concepção o Seminário Jesus buscou colocar suas conclusões à disposição do público em geral, em vez de limitá-las à comunidade acadêmica: "Vamos tentar realizar nosso trabalho para o público ver; não só honraremos a liberdade de informação, mas também insistiremos na divulgação pública de nosso trabalho" (Funk, *Forum*, 1.1). Para esse fim o Seminário buscou publicidade de todas as fontes possíveis. Uma conferência na TV, muitos artigos, entrevistas, cassetes e possivelmente um filme são parte dessa campanha de informação ao público sobre a teologia anti-sobrenatural. Funk confessou a natureza radical do trabalho quando disse: "Estamos investigando o que é mais sagrado para milhares de pessoas; portanto, estaremos constantemente nos aproximando da blasfêmia" (ibid., p. 8). Essa é uma revelação honesta e precisa do que tem acontecido.

Procedimentos do Seminário. O grupo vale-se de bolinhas coloridas para votar sobre a precisão do que Jesus falou. A cor vermelha indica palavras que Jesus provavelmente pronunciou. Cor-de-rosa indica palavras que provavelmente podem ser atribuídas a Jesus. Cinza representa palavras que provável, mas não certamente, vieram de fontes posteriores. Preto indica palavras que Jesus quase certamente não disse.

O voto baseou-se numa variedade de obras cristãs além dos quatro evangelhos canônicos, incluindo o fragmentado *Evangelho de Pedro*, o suposto, mas não existente, DOCUMENTO Q ou *Quelle* ("fonte"), o EVANGELHO DE TOMÉ do século II, e no documento chamado *Marcos secreto*, que não sobreviveu. *Tomé* geralmente é tratado como o quinto evangelho, tão importante quanto os quatro livros canônicos.

Resultados da votação. O resultado desse trabalho é a conclusão de que apenas 15 citações (2%) podem ser consideradas absolutamente palavras autênticas de Jesus. Cerca de 82% do que os evangelhos canônicos atribuem a Jesus não é autêntico. Outros 16% das palavras são de origem duvidosa. A seguinte tabela divide as proporções de cada Evangelho por categoria e a porcentagem de citações "autênticas" de Cristo. Note-se que *Tomé* teve maior porcentagem de votos "vermelhos", autênticos, que Marcos e João.

Conclusões do Seminário. Várias conclusões radicais emergem do trabalho do Seminário Jesus que afetam seriamente o cristianismo ortodoxo histórico, pois elas são levadas a sério pelo público:

1. O "antigo" Jesus e o "cristianismo antigo" não são mais relevantes.
2. Não há consenso sobre quem Jesus foi (cínico, sábio, reformador judeu, fe-ministra, profeta mestre, profeta social radical ou profeta escatológico?).
3. Jesus não ressuscitou dos mortos. Um dos membros, Crossan, teoriza que o cadáver de Jesus foi enterrado numa vala rasa, desenterrado e comido por cães.
4. Os evangelhos canônicos são recentes e não merecem credibilidade.
5. As palavras autênticas de Jesus podem ser reconstruídas com base no denominado "documento Q", o *Evangelho de Tomé*, *Marcos secreto* e o *Evangelho de Pedro*.

Citações dos Evangelhos	Vermelho	Rosa	Cinza	Preto	Autêntico
Mateus 420	11	61	114	235	2,6%
Marcos 177	1	18	66	92	0,6%
Lucas 392	14	65	128	185	3,6%
João 140	0	1	5	134	Ø
Tomé 202	3	40	67	92	1,5%

Como Funk disse claramente, o Seminário concluiu que "os contextos narrativos em que as palavras de Jesus são preservadas nos evangelhos são invenção dos evangelistas. São fictícias e secundárias" ("The emerging Jesus", p. 11).

Avaliação. Para uma avaliação mais extensa do *Evangelho de Tomé* e do documento Q, v. esses artigos. A maioria das questões levantadas pelo Seminário é analisada em BÍBLIA, EVIDÊNCIAS DA; BÍBLIA, CRÍTICA DA; CRISTO, MORTE DE; MILAGRES, ARGUMENTOS CONTRA; NOVO TESTAMENTO, HISTORICIDADE DO e RESSURREIÇÃO, EVIDÊNCIAS DA. Outras afirmações podem ser acrescentadas:

A ala radical da teologia. O Seminário Jesus representa a ala radical da teologia do NT, que infelizmente inclui grande número de teólogos e pastores de destaque. O fato de algumas de suas posições serem adotadas por vários teólogos contemporâneos não é o problema, pois a verdade não é determinada por voto majoritário. A maioria das provas que oferecem, além do procedimento de votação, não são convincentes e geralmente inexistem, com exceção de citações de um ou outro teólogo liberal como fontes incontestáveis. Apesar de os teólogos radicais chamarem bastante a atenção no final do século XX, no quadro mais amplo da história cristã eles são minoria.

Anti-sobrenaturalismo injustificado. As conclusões radicais do grupo são baseadas em pressuposições radicais, uma das quais é uma rejeição injustificada de qualquer intervenção milagrosa na história por parte de Deus (v. MILAGRES, ARGUMENTOS CONTRA). Um dos principais motivos para rejeitar a autenticidade dos evangelhos canônicos é a suposição de nenhuma referência a milagres ser confiável. Essa pressuposição infiltrou-se na teologia por meio de David HUME e David STRAUSS. O anti-sobrenaturalismo de David Hume é infundado.

Aceitação infundada de datas posteriores. Da suposição do anti-sobrenaturalismo vem a tendência de presumir datas mais tardias para a autoria dos evangelhos (no mínimo, 70 a 100, e alguns sustentam mais tarde). Ao fazer isso, podem criar tempo suficiente entre os eventos e o registro para as testemunhas oculares morrerem e desenvolver-se certa "aura" mitológica em torno do fundador do cristianismo. Assim, podem dizer que 84% das palavras de Jesus foram inventadas mais tarde. Mas há problemas com essas datas posteriores e, à medida que a arqueologia amplia o entendimento das fontes do século I, essa posição torna-se insustentável. Entre os problemas estão:

A evidência de manuscritos do início do século II indica firmemente uma origem asiática no século I. Os evangelhos são citados em outras obras do século I (v. BÍBLIA, EVIDÊNCIAS DA).

O evangelho de Lucas foi escrito antes de Atos, que tem forte evidência de uma data no máximo entre 60-62 d.C. (v. ATOS, HISTORICIDADE DE). Isso está dentro do período de tempo de vida dos contemporâneos de Jesus.

Os escritos de Paulo falam da historicidade dos eventos mais cruciais nos evangelhos, a morte e ressurreição de Cristo. Até teólogos críticos datam 1 Coríntios de cerca de 55-56 d.C. Isso o coloca dentro de um período 25 anos após a morte de Jesus em 33.

Alguns estudiosos importantes admitem datas anteriores para os evangelhos básicos. O falecido bispo J. A. T. Robinson argumentou que eles foram escritos entre 40 e 60. Isso dataria os primeiros registros em apenas sete anos após os eventos relatados.

Mesmo as datas posteriores das décadas de 60 a 80 não dão margem a distorções mitológicas. Já foi demonstrado que mesmo duas gerações é pouco tempo para permitir que tendências lendárias eliminem o fato histórico puro (v. MITOLOGIA E O NOVO TESTAMENTO).

Aceitação acrítica do documento Q. O método pelo qual o Seminário Jesus conseguiu chegar às suas conclusões radicais com grande atividade acadêmica foi simples. Ele rebaixaram os registros do século I e das testemunhas oculares contemporâneas da vida de Jesus (os quatro evangelhos) a obras de mitologia e os substituíram por obras das quais não sobreviveram quaisquer traços documentais, tais como Q, e obras claramente apócrifas como o *Evangelho de Tomé.* Mas Q é um documento puramente hipotético. Não há manuscritos. Ninguém jamais citou tal livro ou referiu-se à sua existência. É uma reconstrução literária puramente hipotética baseada em pressuposições injustificadas. Isso contraria a própria evidência.

O uso de *Tomé* é questionável por várias razões. É claramente uma obra do século II, bem fora da época dos contemporâneos dos eventos. Contém heresias, pois seu ensinamento é gnóstico (v. NAG HAMMADI, EVANGELHOS DE). A afirmação de ter sido escrito por um apóstolo o coloca na categoria de lenda. É interessante que seu uso para desacreditar a ressurreição ignora o fato de que a obra se apresenta como palavras do Cristo ressurreto.

Os teólogos do Seminário Jesus também usam *Marcos secreto* e o *Evangelho de Pedro. Pedro* é uma obra apócrifa do século II ou III. Ninguém, na história recente, jamais viu *Pedro* ou a cópia da carta de Clemente que supostamente o continha. Então como pode seu conteúdo ser usado para julgamento acadêmico da autenticidade dos evangelhos?

Paralogismo. O processo de raciocínio do Seminário Jesus é uma forma sofisticada de erro de lógica conhecido por *petitio principii*, ou petição de princípio. Seu raciocínio circular começa com visão não-sobrenaturalizada de uma personagem religiosa do século I e termina no mesmo ponto.

Conclusão. Apesar do desejo de chamar a atenção do grande público e de suas tentativas de alcançar tal objetivo, nada é novo nas conclusões radicais do Seminário Jesus. Ele só oferece outro exemplo de crítica negativa e infundada da Bíblia. Suas conclusões são contrárias à evidência esmagadora favorável à historicidade do NT e à confiabilidade das testemunhas do NT. Elas baseiam-se em preconceito anti-sobrenaturalista infundado.

Fontes

C. Blomberg, *The historical reliability of the Gospels.*
___, "The seventy-four 'scholars': who does the Jesus Seminar really speak for?", em *CRJ* (Fall 1994).
G. Boyd, *Jesus unders siege.*
D. A. Carson, "Five Gospels, no Christ", *Christianity Today* (25 Apr. 1994).
E. Ferguson, *Backgrounds of the earliest Christianity.*
G. Habermas, *The historical Jesus.*
C. J. Hemer, *The book of Acts in the setting of Hellenic history.*
I. H. Marshall, *I believe in the historical Jesus.*
J. W. Montgomery, *History and Christianity.*
A. N. Sherwin-White, *Roman society and Roman law in the New Testament.*
M. J. Wilkins, et al., *Jesus under fire.*

Jesus, singularidade de. V. Cristo, divindade de; Cristo, singularidade de; religiões mundiais e cristianismo.

Jesus da história. V. Cristo da fé contra Jesus da história; Jesus histórico, busca do; Jesus, Seminário.

Jesus histórico, busca do. Há mais de cem anos que acontece uma busca para identificar o Jesus histórico e diferenciar essa pessoa do Cristo da Fé (v. Cristo da fé contra Jesus da história). Na verdade, várias buscas já foram feitas. Todas, exceto a última, rejeitaram totalmente a historicidade do NT e minaram o cristianismo ortodoxo e a apologética cristã.

As buscas pelo Jesus real podem ser divididas em quatro períodos: 1) a primeira busca ou busca "antiga", 1778-1906; 2) o período "sem busca", 1906-1953; 3) a "nova" busca, 1953-1970; e 4) a terceira busca, de 1970 (v. Holden, cap. 2).

O período da primeira busca. A busca pelo Jesus histórico partiu da publicação póstuma por Gotthold Lessing do livro [*Fragmentos*], de Hermann Reimarus. No fragmento "Sobre a intenção de Jesus e seus discípulos", Reimarus separou o que os apóstolos disseram sobre Jesus do que Jesus realmente disse sobre si. Essa dicotomia entre o Cristo da fé e o Jesus da história permanece dogma central de grande parte da pesquisa moderna do NT (v. Jesus, seminário). Ela está baseada no anti-sobrenaturalismo de Baruch Espinosa, no deísmo inglês e na dicotomia de fato/ valor de Immanuel Kant.

Em 1835, David Strauss publicou sua obra despida do sobrenatural *The life of Jesus critically examined* [*A vida de Jesus examinada criticamente*]. Sob a influência de David Hume, Strauss descartou a confiabilidade dos elementos históricos e sobrenaturais nos evangelhos, considerando-os "ultrajes" e "mitos". Isso levou a tentativas posteriores de desmitificar os registros evangélicos (v. mitologia e o Novo Testamento).

Albert Schweitzer encerrou esse período em 1906 com seu *The quest of the historical Jesus* [*A busca do Jesus histórico*]. Ele argumentou que a mensagem de Jesus era de natureza escatológica e que a pesquisa supostamente objetiva sobre o homem Jesus havia produzido uma personagem moldada nos próprios preconceitos dos pesquisadores. "Não há nada mais negativo que o resultado do estudo crítico da vida de Jesus", escreveu Schweitzer. "Ele é uma personagem criada pelo racionalismo, dotado de vida pelo liberalismo e vestido de trajes históricos pela teologia moderna" (Schweitzer, p. 396).

O período sem buscas. Schweitzer prejudicou severamente a confiança da busca pelo histórico e inaugurou um período durante o qual tal pesquisa ficou desacreditada. Rudolph Bultmann considerava tal obra metodologicamente impossível e teologicamente ilegítima. Em *Jesus e a Palavra* (1958), ele escreveu:

> Realmente acredito que não podemos saber quase nada com relação à vida e à personalidade de Jesus, já que as primeiras fontes cristãs não demonstram interesse em nenhuma das duas, além de serem fragmentárias e muitas vezes lendárias; e outras fontes sobre Jesus não existem (Bultmann, p. 8).

Bultmann indicou a mudança da procura histórica para o encontro existencial. Valendo-se do pensamento de Strauss, Bultmann começou a desmitificar os evangelhos e a reinterpretá-los de forma existencial.

A nova busca. Um aluno de Bultmann, Ernst Kasemann, começou a "nova busca" numa palestra de 1953. Ele rejeitou o método de Bultmann como docético (v. docetismo), porque Bultmann desconsiderava a humanidade de Jesus. Apesar de manter grande parte das pressuposições da busca anterior, os objetivos de Kasemann eram diferentes. A antiga busca objetivava a descontinuidade entre o Cristo da fé e o Jesus da história em meio à suposta continuidade.

A nova busca preocupava-se com a pessoa de Cristo como a palavra pregada de Deus e sua relação com a história. A obra principal da nova busca é *Jesus of Nazareth* [*Jesus de Nazaré*], de Gunther Bornkamm (1960).

A terceira busca. A pesquisa mais recente sobre o Jesus histórico é em grande parte a reação à "nova busca". Ela é multifacetada, incluindo alguns da tradição radical, uma nova tradição da perspectiva e conservadores. Na categoria "conservadora" estão I. Howard Marshall, D. F. D. Moule e G. R. Beasley-Murray. Eles rejeitam a idéia de que a descrição do Jesus do NT foi de alguma forma criada por seitas helênicas de salvação (v. MITRAÍSMO; APOTEOSE).

O grupo da nova perspectiva coloca Jesus no contexto do século I. Esse grupo inclui E. P. Sanders, Ben F. Meyer, Geza Vermes, Bruce Chilton e James H. Charlesworth. A tradição radical é exemplificada pelo Seminário Jesus e seu interesse no EVANGELHO DE TOMÉ e no DOCUMENTO Q. Mais informações sobre esse grupo podem ser encontradas no artigo SEMINÁRIO JESUS. O Seminário Jesus usa muitos dos métodos de Strauss e Bultmann, mas, ao contrário do primeiro, o grupo é otimista sobre a recuperação do indivíduo histórico. Os resultados até hoje, no entanto, renderam teorias bem diferentes, baseadas num pequeno fragmento dos ensinamentos do NT que consideram autêntico.

Avaliação. Suposições falsas sobre método e premissas. Com a exceção da retomada acadêmica conservadora, todas as buscas basearam-se em premissas falsas e procederam com base em métodos falhos ou questionáveis. A maioria desses métodos são examinados detalhadamente nos artigos citados. As premissas falsas incluem:

Anti-sobrenaturalismo. Relatos de milagres e qualquer referência ao sobrenatural são rejeitados imediatamente. Isso é injustificado (v. MILAGRE; MILAGRES, ARGUMENTOS CONTRA; NATURALISMO).

Dicotomia de fato/ valor. A suposição de KANT de que é possível separar fato de valor é claramente falsa, o que fica evidente na impossibilidade de separar o fato da morte de Cristo de seu valor. Não há significado espiritual no nascimento virginal se ele não for um fato biológico. E não se pode separar e fato da vida de seu valor; um assassino inevitavelmente ataca o valor do indivíduo como ser humano ao tirar a vida da pessoa.

Falsa separação. As buscas não podem substanciar a disjunção entre o Cristo da fé e o Jesus do fato. Elas supõem, sem provas, que os Evangelhos não são históricos e que não apresentam a pessoa histórica de Jesus.

Negação da historicidade. No centro das buscas está uma negação da natureza histórica dos evangelhos. Mas sua historicidade foi consolidada mais que a de outros livros (v. NOVO TESTAMENTO, CONFIABILIDADE DOS DOCUMENTOS DO; NOVO TESTAMENTO, HISTORICIDADE DO; NOVO TESTAMENTO, FONTES NÃO-CRISTÃS DO).

Má interpretação de "mito". A maioria das buscas não entendeu a natureza do "mito". Só porque um evento é mais que empírico não significa que é menos que histórico. O milagre da ressurreição, por exemplo, é mais que a ressurreição do corpo de Jesus — mas não é menos que isso. Como C. S. LEWIS observou, os que equiparam o NT à mitologia não estudaram bem o NT; tampouco não estudaram bem os mitos (v. MITOLOGIA E O NOVO TESTAMENTO).

Falsas suposições sobre documentos extrabíblicos. Na busca radical mais recente há um esforço mal direcionado para adiar a datação do NT e acrescentar os documentos extrabíblicos Q e o *Evangelho de Tomé*. Mas está bem estabelecido que há registros do NT anteriores a 70 d.C, enquanto contemporâneos e testemunhas oculares ainda estavam vivos. Além disso, não há prova de Q ter existido como documento escrito. Não há manuscritos ou citações dele. O *Evangelho de Tomé* é uma obra de meados do século II, muito recente para ter figurado entre os escritos dos evangelhos.

Fontes

C. BLOMBERG, *The historical reliability of the Gospels*.
G. BORNKAMM, *Jesus of Nazareth*.
G. BOYD, *Jesus under siege*.
R. FUNK, *The five Gospels*.
G. HABERMAS, *The historical Jesus*.
C. J. HEMER, *The book of Acts in the setting of Hellenic history*.
J. HOLDEN, *An examination of the Jesus seminar*.
I. H. MARSHALL, *I believe in the historical Jesus*.
D. STRAUSS, *The life of Jesus critically examined*.
A. SCHWEITZER, *The quest of the historical Jesus*.
H. REIMARUS, *Fragments*, org. G. LESSING.

João, evangelho de. O evangelho de João é um elo importante no argumento a favor da divindade de Cristo e da veracidade do cristianismo. Supondo que a verdade é cognoscível (v. VERDADE, NATUREZA DA), o argumento geral pode ser afirmado (v. APOLOGÉTICA, ARGUMENTO GERAL DA) da seguinte forma:

1. O Deus do teísmo existe.
2. No universo teísta, milagres são possíveis (v. MILAGRE).
3. Milagres ligados a reivindicações da verdade são atos de Deus que confirmam a verdade

proclamada por seu mensageiro (v. MILAGRES, VALOR APOLOGÉTICO DOS).
4. Os documentos do NT são historicamente confiáveis.
5. No NT, Jesus afirmou ser Deus.
6. Jesus provou ser Deus mediante a convergência inédita de milagres.
7. Portanto, Jesus era Deus em carne humana.

O evangelho de João comprova a quinta premissa, registrando as afirmações explícitas de divindade por parte de Jesus:

> Além disso, o Pai a ninguém julga, mas confiou todo julgamento ao Filho, para que todos honrem o Filho como honram o Pai. Aquele que não honra o Filho, também não honra o Pai que o enviou (5.22,23).
> Eu lhes afirmo que antes de Abraão nascer, Eu sou! (8.58).
> Eu e o Pai somos um (10.30).
> E agora, Pai, glorifica-me junto a ti, com a glória que eu tinha contigo antes que o mundo existisse (17.5).

Outras afirmações sobre as reivindicações de divindade feitas por Cristo não são registradas nos sinóticos como são em João (p.ex. 9.35-38; 13.13-15 e 18.6). Afirmações claras de um apóstolo contemporâneo sobre a divindade de Cristo vêm de João:

> No princípio era aquele que é a Palavra. Ele estava com Deus, e era Deus (1.1).
> Ninguém jamais viu a Deus, mas o Deus Unigênito, que está junto do Pai, o tornou conhecido (1.18)
> Isaías disse isso porque viu a glória de Jesus e falou sobre ele (12.41).
> Senhor meu e Deus meu! [A confissão de Tomé sobre o Cristo ressurreto, 20.28].

Pelo fato de tais afirmações não terem passagens análogas em outros evangelhos, os críticos negativos descartaram sua autenticidade. Os apologistas freqüentemente evitam a questão limitando-se às afirmações de Jesus sobre sua divindade nos sinóticos (p.ex. Mt 16.16,17; Mc 2.5-10; 14.61-65) e nas ocasiões em que ele aceitou adoração (p.ex., Mt 28.9; Mc 5.6; 15.19).

Não podemos, no entanto, evitar João completamente. Se, como alguns críticos afirmam, João criou essas citações ou não as relata com precisão, os registros do evangelho estão minados, assim como os ricos ensinamentos teológicos encontrados em João (v. NOVO TESTAMENTO, DATAÇÃO DO; NOVO TESTAMENTO, CONFIABILIDADE DOS DOCUMENTOS DO).

Argumentos contra a historicidade. Vários argumentos são usados contra a autenticidade do registro de João:

João foi escrito no século II, então não poderia ser escrito por uma testemunha ocular. Supostamente, o autor coloca na boca de Jesus e seus discípulos afirmações que lhe atribuem divindade.

Se João tivesse sido escrito durante o século II, isso em si não o tornaria falso. É comum o fato de outros registros da Antiguidade — que os críticos aceitam — terem sido escritos séculos após os eventos sobre os quais falam. A primeira biografia de Alexandre, o Grande, foi escrita 200 anos depois de sua morte, mas é usada por historiadores como fonte confiável de informação. Mas não há evidência de que João tenha escrito tanto tempo depois. Nenhuma evidência testemunhal ou documentária contradiz suas afirmações explícitas de ter sido testemunha ocular do que Jesus disse e fez. João registra: "Este é o discípulo que dá testemunho dessas coisas e que as registrou. Sabemos que o seu testemunho é verdadeiro" (Jo 21.24). No contexto, a afirmação identifica claramente o autor como o apóstolo João. Não há evidência do contrário, logo a evidência *prima facie* para um evangelho autêntico é forte.

Essa evidência é fortalecida pelo frescor e vivacidade do livro, que não contém registros antigos de muitos anos após os eventos que relatam. Explicações de contexto histórico, detalhes pessoais e conversas particulares cuidadosamente relacionadas (p.ex., Jo 3, 4, 8—10,13—17) revelam a obra de uma testemunha ocular (v. Jo 2.6; 4.6; 6.10; 12.3, 5). Por exemplo, João (5.2) menciona cinco pavilhões no tanque de Betesda. Escavações entre 1914 e 1938 descobriram esse tanque e confirmaram que ele era exatamente como João descreveu. Como esse tanque não existia no século II, é pouco provável que qualquer fraude do século II tivesse acesso a tal detalhe sobre pessoas, lugares, geografia e topografia.

Outra alegação dos críticos é que João é muito diferente, em eventos e em linguagem, para estar tratando do mesmo homem e eventos que os evangelhos sinóticos. As questões de linguagem serão discutidas a seguir. O fato de os eventos serem diferentes é uma prova favorável. Se João tivesse sido escrito até um século depois dos sinóticos para promover compromissos teológicos, a tendência seria referir-se a algumas das mesmas ocorrências, apenas acrescentando algo a elas. Isso não acontece. Mas há sobreposições nos momentos óbvios (a crucificação e ressurreição) e em outras ocorrências marcantes — Jesus andando sobre a água, a multiplicação dos pães, sua entrada

João, evangelho de

triunfal em Jerusalém e especialmente a última ceia. Não há diferença substancial entre esses registros.

A hipótese do século II levou um duro golpe com a descoberta no Egito do "Fragmento John Rylands" do evangelho, que pode ser datado por volta de 114 d.C. João foi escrito na Ásia Menor. Se cópias estavam circulando numa pequena vila do outro lado do Mediterrâneo já em 114, o original certamente era uma obra do século I.

Tradicionalmente João é considerado o último evangelho a ser escrito, durante a década de 90. Mas pesquisas recentes dos ROLOS DO MAR MORTO levaram alguns teólogos a datar João antes de 70, por sua afinidade com Qumran (Guthrie, p. 261-2). A maior evidência observada é a simplicidade da linguagem e o tema de luz e trevas, tão comum no pensamento de Qumran (Jo 1.4-9; v. 8.12). Até mesmo teólogos liberais, tais como John A. T. Robinson, datam João entre 40-65 (Robinson, p. 352), o que o colocaria apenas uma década após os próprios eventos. Essa data pode ser recente demais, mas reflete o que se aprendeu sobre o conhecimento em primeira mão do autor com relação aos eventos relatados.

A origem de João no século I, enquanto as testemunhas oculares ainda estavam vivas, parece ser inquestionável. Isso sugere definitivamente a historicidade de João.

João não usa parábolas. O evangelho de João é diferente porque não contém parábolas, tão características dos evangelhos sinóticos. Isso é considerado por alguns críticos evidência de que João é um registro menos confiável. Mas, dadas as outras semelhanças entre eventos essenciais e ensinamentos, é difícil entender como a ausência de parábolas provaria que o relato de João não é confiável. No entanto, quatro questões são levantadas:

Esse é um argumento baseado no silêncio. O silêncio nesse ponto não prova nada logicamente, exceto que João decidiu limitar sua obra a outros assuntos. Ele pode ter feito isso de propósito, especialmente se seu evangelho foi o último a ser escrito. Não haveria razão para João ter de repetir o material já disponível. Com outros três evangelhos em circulação durante vinte ou trinta anos, o propósito de João pode ter sido complementar os relatos. Ele foi seletivo, indicando que aconteceu muito mais do que poderia ser dito (20.30,31; 21.24,25).

Jesus usa linguagem parabólica em João. Craig Blomberg observa que, apesar de João não conter parábolas narrativas, o livro mostra que Jesus gostava de metáforas e linguagem figurada ou proverbial (Blomberg, p. 158). Jesus se identifica como o bom pastor que tenta resgatar a ovelha perdida (10.1-16;

cf. Mt 18.12-14; Lc 15.3-7). Discipulado significa serviço (13.4,5,12-17; cf. Lc 22.24-27). João introduz "semear" *versus* "ceifar" (4.37); o filho aprendiz (5.19-20*a*); "escravidão" *versus* "filiação" (8.35); "trabalhar" e "andar na luz" (9.4; 11.9-10); o "ladrão", o "porteiro" e o "aprisco das ovelhas" (10.1-3*a*); o "germinar do grão de trigo" (12.24); a "vinha" e o "agricultor" (15.1-6); e a "dor de parto" (16.21; Blomberg, 158). Em vez de mostrar que o relatório de João não é autêntico, tais expressões parabólicas estabelecem o elo entre o Jesus de João e o Jesus dos sinóticos.

O livro abrange épocas e lugares diferentes. João relata conversas mais particulares, ao passo que Jesus se expressava por meio de parábolas com a multidão incrédula (Mt 13.13-15). Os eventos registrados não são encontrados nos sinóticos. João lida com os ministérios inicial e final de Cristo, enquanto os sinóticos lidam, em grande parte, com os ministérios central e da Galiléia. É compreensível que Jesus tenha dito coisas de modo um pouco diferente em horas e locais diferentes, como qualquer pregador itinerante.

João estava atingindo um novo público. A ausência de parábolas narrativas sugere que o público desse pregador não era um grupo de língua semita. João usa termos com um apelo quase universal para minimizar as barreiras de comunicação (Carson, p. 46). Isso corresponde à data posterior a 70 d.C. quando os romanos conquistaram Jerusalém e o evangelho alcançava um público mais variado e não-judeu.

As palavras têm estilo diferente. Supõe-se que qualquer diferença de estilo prove que João preocupou-se em criar em vez de relatar as palavras de Jesus. Todavia, essa não é a conclusão lógica. Há pelo menos outras três explicações possíveis para as diferenças:

1. Os sinóticos pode ser mais precisos que João;
2. João pode ser mais preciso que os sinóticos.
3. Ambos podem relatar eventos diferentes com precisão e alguns dos mesmos eventos de maneiras diferentes. A evidência apóia a última alternativa.

As palavras são em grande parte as mesmas. Se João é recente ou impreciso, por que ele às vezes relata as afirmações de Jesus com as mesmas palavras que os sinóticos? João e Marcos relatam que Jesus disse ao paralítico: "Pegue a sua maca e vá para casa" (Mc 2.11; Jo 5.8). As palavras de Jesus aos discípulos que o viram andando sobre a água são: "Sou eu! Não tenham medo!" (Mc 6.50; Jo 6.20). Quando Jesus apareceu aos discípulos, disse: "Paz seja com vocês!" (Lc 24.36; Jo 20.19).

No entanto, não é necessário para um relatório confiável usar exatamente as mesmas palavras, contanto que o mesmo significado seja transmitido. Em vários pontos o teor do que Jesus disse é o mesmo em João e na passagem sinótica equivalente. Ao alimentar a multidão de 5 mil pessoas, Jesus disse: "Mandem o povo assentar-se" (v. Jo 6.10) e Marcos diz que Jesus "ordenou que fizessem todo o povo assentar-se" (6.39). Em João, Jesus defendeu a mulher que o ungiu dizendo: "Deixe-a em paz; que o guarde para o dia do meu sepultamento" (12.7). Marcos escreve: "Derramou o perfume em meu corpo antecipadamente, preparando-o para o sepultamento" (14.8). Sobre a traição de Judas, Jesus disse em João: "Digo-lhes que certamente um de vocês me trairá" (13.21). Marcos escreve: "Digo-lhes que certamente um de vocês me trairá, alguém que está comendo comigo" (14.18). Em João 13.38, Jesus disse a Pedro: "Você dará a vida por mim? Asseguro-lhe que, antes que o gelo cante, você me negará três vezes!". Em Lucas, ele diz: "Eu lhe digo, Pedro, que antes que o galo cante hoje, três vezes você negará que me conhece" (Lc 22.34). Aqui João concorda com um sinótico e Marcos diverge, mencionando duas, ao invés de três vezes (Mc 14.30). Em João 18.11, Jesus disse a Pedro: "Guarde a espada!". Em Mateus 26.52, disse: "Guarde a espada!".

João registra ensinamentos específicos que se assemelham muito aos evangelhos sinóticos:

Jesus é o "Filho do homem" (1.51; 5.27; 8.28; v. Mt 9.6; 16.13; 20.18; Mc 2.10; 8.31; 10.45; Lc 12.40; 19.10; 24.7, ao todo 80 ocorrências).

Jesus ensinou com autoridade (2.18; 5.27; 10.18; v. Mt 7.29; 9.6; 28.18; Mc. 1.22, 27; Lc. 4.32; 5.24).

É preciso nascer de novo para entrar no Reino de Deus (3.3; v. Mc 10.15).

A seara abundante espera os ceifeiros (4.35; v. Mt. 9.37,38).

O profeta não tem honra em sua pátria (4.44; v. Mc 6.4).

Jesus corrigiu a tradição judaica, principalmente quanto ao sábado (5.9b-16; 7.22,23; v. Mt 12.1-13; Mc 2.23–3:5; Lc 13.10-17).

Os incrédulos serão julgados segundo suas obras (5.29; v. Mt. 25.46).

Jesus é o Filho Unigênito de Deus, tendo o direito de chamá-lo 'ʌBB*, Pai (5.37; 17.11; v. Mt 3.17; 18.10; Mc 14.36; Lc 3.22; 9.35; 23.46).

Jesus é a luz do mundo (8.12; v. Mt 5.14).

Jesus ensinou, em parte, para endurecer os corações dos que se opunham a ele (9.39; v. 12.39,40; Mc 4.12; 8.17).

O Bom Pastor resgata seu rebanho (10.1-16; v. Mt. 18.12-14; Lc. 15.3-7).

O Pai revela o Filho; ninguém conhece o Pai senão o Filho (10.14,15; 13.3; 17.2, 25; v. Mt. 11.25-27).

Jesus foi tentado a abandonar o caminho da cruz (12.27; v. Mc 14.35,36).

Crer em Jesus significa crer no Pai (12.44,45; cf. Mt 10.40; Mc 9.37; Lc 10.16).

O verdadeiro discipulado significa serviço voluntário (13.4,5,12-17; v. Lc 22.24-27).

O discípulo não é maior que seu mestre (13.16; v. Mt 10.24; Lc 6.40).

O Espírito Santo dará aos discípulos sua mensagem diante das autoridades (14.26; 15.26; v. Mt. 10.19,20; Mc 13.11).

Os discípulos serão expulsos das sinagogas (16.1-4; cf. Mt. 10.17,18; Mc 13.9).

Os discípulos serão espalhados pelo mundo (16.32; v. Mc 14.27).

Os cristãos têm autoridade para reter ou perdoar pecados (20.23; v. Mt. 18.18; Blomberg, p. 157-8).

Há passagens "joaninas" nos sinóticos. Mateus 11.25-27 registra uma típica passagem joanina que apresenta Jesus usando o mesmo discurso direto, sem parábolas, que João atribui a ele. Na verdade, o texto parece tão joanino que, se alguém não soubesse que era de Mateus, concluiria que veio de João. Lucas 10.21,22 também tem estilo joanino. Então, o suposto estilo joanino das palavras de Jesus não é exclusivo do evangelho de João. Pelo contrário, poderia representar o estilo real de falar que Jesus usava freqüentemente.

As declarações "Eu sou" de Jesus são diferentes do que Jesus disse nos sinóticos. Já que as sete afirmações "Eu Sou" (4.26; 6.35; 8.12, 58; 10.9, 11; 11.25; 14.6) são exclusivas de João, alguns afirmam que é pouco provável que Jesus tenha dito isso, pelo menos dessa maneira.

Na verdade, esse argumento é uma faca de dois gumes. É possível argumentar igualmente que as palavras dos sinóticos não são confiáveis porque diferem das afirmações joaninas. Mas não é correto dizer que os sinóticos não têm afirmações de Jesus usando essa identificação implícita com YHWH do AT. "Eu sou" (do grego egōeimi) é baseado na proclamação de Iavé de ser Deus no AT (v. Dt 5.6; 32.39; Sl 46.11; Is. 40—45, passim). Em Mateus 11.25-27 e Lucas 10.21,22, os sinóticos usam um estilo semelhante de expressão. A mais explícita é a afirmação de Jesus para o sumo sacerdote em Marcos 14.62: "*Sou* egōeimi [o Cristo]". Numa demonstração de poder semelhante a uma epifania, Jesus disse aos discípulos: "Coragem! *Sou eu*! Não tenham medo!" (Mc 6.50; grifo do autor).

Além disso, onde João ou os outros autores teriam conseguido essa forma notável? Antigos autores apócrifos tentaram conformar seu estilo ao formato que era aceito como genuíno. Nenhum outro líder religioso do século I usou afirmações como essas. A semelhança mais próxima vem da fonte judaica chamada *Documento de Damasco*, encontrada em Qumran. Nele está escrito: "Buscas o Deus dos deuses? Eu sou", seguido no capítulo seguinte por "Eu sou, não temais, porque antes dos dias existirem Eu sou" (cit. em Stauffer, p. 179; observe como Deus faz afirmações semelhantes em Sl 46.2 e Is 43.1).

O conteúdo das afirmações "Eu sou" de João é sugerido nos sinóticos. Craig Blomberg observou que os quatro evangelhos descrevem um homem cujas palavras durariam para sempre, que perdoou pecados, que relacionou o destino da humanidade consigo mesmo, que exigiu lealdade absoluta, que ofereceu descanso aos cansados e salvação aos perdidos, e que garantiu que Deus responderia às orações feitas em seu nome (p. 166). O uso dessa expressão por parte de Jesus nos sinóticos e em João revela sua reivindicação da divindade. Como Stauffer argumentou: "'Eu sou' — significava: onde estou, ali está Deus, ali Deus vive e fala" (Stauffer, p. 194-5).

Argumentos a favor da autenticidade geral de João se aplicam às passagens "Eu Sou". Não há uma boa razão para suspeitar que João e os sinóticos não sejam independentemente autênticos. Essas passagens conferem em todas as áreas principais de semelhança, muitas vezes até nos detalhes. João também usa afirmações na terceira pessoa, como é comum aos sinóticos. Em João 10.1-7 ele obviamente volta para a primeira pessoa porque seus ouvintes não entendem o significado de sua ilustração na terceira pessoa.

"Eu lhes asseguro que aquele que não entra no aprisco das ovelhas pela porta, mas sobe por outro lugar, é ladrão e assaltante" [...] *Jesus usou essa comparação, mas eles não compreenderam o que lhes estava falando. Então Jesus afirmou de novo: Digo-lhes a verdade: "Eu sou a porta das ovelhas"*. (Jo 10.1,6,7; grifo do autor).

Jesus pode ter usado o estilo mais curto e simples citado por João em várias ocasiões para dar ênfase ou quando os ouvintes não entendiam.

Já que João enfatiza o antagonismo entre os líderes judeus e Jesus (v. Jo 5.16,18; 7.1; 10.31 etc.), é compreensível que afirmações como "Eu Sou" ocorram em João.

Não há provas de que João tenha criado os sete "Eu Sou" ou os sete "sinais" (milagres) com os quais João apoiou o tema de Jesus (v. 20.30,31). Ambos foram escolhidos para serem incluídos no evangelho como evidências. Acontece que não há equivalência entre as "afirmações" de João e as dos sinóticos. Por que deveria haver se ele está conscientemente complementando os sinóticos já disponíveis com base na riqueza de informações que "nem mesmo no mundo inteiro haveria espaço suficiente" (Jo 21.25)?

Há equivalência entre João e os sinóticos em algumas passagens, principalmente as que tratam dos sinais ou milagres que Jesus fez. Jesus andando sobre a água e a multiplicação dos pães em João 6 e sua ressurreição em João 20 aparecem nos sinóticos sem variação significativa no registro de João. Se o livro não mostra adições inautênticas ou exageros na narração dos sinais de Jesus, não há razão para duvidar de que João esteja relatando o que Jesus disse.

Finalmente, foi João quem escreveu que Jesus prometeu a ativação divina da memória dos apóstolos sobre "tudo o que [Jesus] lhes disse" (Jo 14.26; 16.13). Se as memórias foram sobrenaturalmente ativadas pelo Espírito Santo, não há nenhum problema em entender como os autores dos evangelhos conseguiram reproduzir tão de perto o que Jesus disse décadas depois.

A concisão das afirmações de Jesus demonstra que são palavras de João. Outra alegação relativa ao estilo do discurso de Jesus é que a concisão demonstra a obra de um autor e de um redator. Isso ignora o fato de que nem todos os registros de João sobre as afirmações de Jesus são concisos (v. Jo 3.3-21; 5.19-47; 6.26-58; 10.1-18). O sermão do "Cenáculo" tem três capítulos (Jo 14—16), competindo com o Sermão do Monte de Mateus 5—7 em extensão. João 17 relata a oração mais longa de Jesus.

Já os sinóticos registram afirmações breves de Cristo. Mateus fornece o vigoroso "Dêem a César o que é de César e a Deus o que é de Deus" (22.21). Marcos registra: "Tudo é possível àquele que crê" (9.23), e Lucas: "Nem só de pão viverá o homem" (4.4). Observe declarações como as de Lucas 18.27; 23.34,43,46.

Por que a concisão seria sinal de inautenticidade? O mesmo argumento poderia ser usado para concluir que Abraham Lincoln não fez o discurso de Gettysburg. Sem dúvida houve ocasiões em que Jesus falou extensamente e ocasiões em que suas palavras foram claras e sucintas.

João mostra atenção cuidadosa com a precisão das palavras de Jesus. Ele separa o que Jesus falou (que os discípulos geralmente não entendiam) do que os discípulos só entenderam mais tarde. Jesus disse: "Destruam este templo, e eu o levantarei em três dias". João acrescenta: "Depois que ressuscitou dos mortos, os seus discípulos lembraram-se do que ele tinha dito. Então creram na Escritura e na palavra que Jesus dissera" (Jo 2.19, 22; v. 20.9). O que Jesus realmente disse, no entender de João, é separado do que os outros discípulos acharam que ele disse (21.22,23). Outros evangelhos fazem a mesma distinção (v. Mc 3.30). Então, a concisão das afirmações registradas em João não é sinal de que Jesus não disse essas coisas.

A frase "Digo a verdade" [gr.,*amēn, amēn*] *são exclusiva de João*. Mais uma vez os críticos supõem que o uso exclusivo de João: "Digo a verdade", nas afirmações de Jesus indica que Jesus jamais usou essa forma de ênfase (Jo 1.51; 3.3,5,11; 5.19,24,25; 6.26,32,47,53; 8.34,51,58; 10.1,7; 12.24; 13.16, 20,21,38; 14.12; 16.20,23; 21.18). Essa expressão não é usada nos sinóticos, mas "Asseguro-lhe que..." [*amēn, amēn/ego soi*] (Jo 13.38) é semelhante a Asseguro-lhe que..." [*amēn, amēn/ ego soi*] (Mt 26.34 e Mc 14.30). O uso duplo pode indicar ênfase (v. Blomberg, p. 159).

Não há razão para supor que Jesus não tenha falado dessa forma na ocasião. Os discursos de Jesus em João geralmente são de épocas diferentes (começo e final do ministério) e de lugares diferentes (Judéia, em vez da Galiléia), e até para pessoas diferentes (p.ex., a mulher samaritana, que não tinha as mesmas expectativas políticas falsas acerca do Messias que os judeus — 4.25,26 (v. Carson, p. 58). João apresenta mais conversas particulares que os sinóticos. João registra a conversa particular de Jesus com Nicodemos (cap. 3), com a mulher no poço (cap. 4), com a mulher adúltera (cap. 8) e para os discípulos (caps. 13—16). Durante seu ministério Jesus evitava fazer afirmações públicas explícitas quanto ao fato de ser o Messias. Mas ele não hesitou em fazê-lo em particular (4.25,26) e perante o sumo sacerdote (Mc 14.61-65). Jesus usava a linguagem adequada à ocasião.

Alguns teólogos evangélicos sugerem que João fez uso duplo de *em verdade* (*amēn*) por motivos homiléticos. Por trás dessa teoria está a alegação de que o evangelho de João foi composto como um sermão (v. 20.30,31). D. A. Carson argumenta assim (p. 46). Conseqüentemente, Jesus pode ter realmente dito *amēn*, mas João duplicou o termo como recurso retórico. Embora isso seja possível, parece melhor concluir que qualquer duplicação resultou do desejo do autor de expressar para o leitor uma ênfase que apenas uma testemunha auricular poderia ter detectado no tom de voz de Jesus quando ele falou.

Melhor ainda, não há razão pela qual Jesus não pudesse ter dito *amēn, amēn* nessas ocasiões, assim como João registra. Não há passagens equivalentes nos sinóticos que contradigam isso.

Há diferenças de vocabulário em João. Aproximadamente 150 palavras de Jesus em João não são encontradas nos outros evangelhos (Carson, p. 45). Muitas delas são tão gerais que Jesus deveria ter dito essas palavras como parte do seu discurso normal, se é que as usou. Isso é oferecido como evidência de que João criou, não relatou, o que Jesus disse.

Tal argumento ignora o fato de que qualquer comunicador respeitado usa palavras de acordo com a ocasião. E já que em geral se aceita que Jesus falava aramaico, há espaço para alternativas de palavras no grego pelo autor como tradutor. Tudo isso levanta a questão que se aplica a vários argumentos sobre as afirmações de Jesus nos evangelhos. Um discurso ou diálogo pode ser relatado literalmente ou numa versão condensada (Westcott, cxv-cxix). O estilo e o propósito do relato podem variar. Carson escreve:

> Em alguns casos reter o estilo de um discurso pela inclusão de uma variedade de frases e gracejos literais pode ser importante; em outros, pode ser bem mais estratégico enfatizar o argumento essencial e esboçá-lo, ainda que a linguagem usada seja bem diferente da linguagem do discurso original (p. 46).

Logo, muitos teólogos conservadores estão dispostos a aceitar que nem todas as afirmações de Jesus devem estar preservadas *ipsissima verba* (nas palavras exatas), mas apenas *ipsissima vox* (com o mesmo significado).

O tempo e outras características gramaticais também influenciam a escolha de palavras, como Carson observa. Se o "presente histórico" é bastante usado na narrativa, mas com pouca freqüência nos discursos, demonstra que o padrão não apóia teorias de fontes contemporâneas que tentam dar a essas passagens redatores diferentes (Carson, p. 45).

O argumento contra a autenticidade dessas afirmações é uma forma de petição de princípio. O problema só existe porque esses modos diferentes de expressão encontrados em João não são considerados na fixação do que constituiu o estilo de Jesus. Mas isso é um paralogismo porque presume que as expressões de João não são parte da maneira autêntica de Jesus falar.

O registro e a ordem dos eventos diferem. Outro argumento contra a confiabilidade do registro de João é que a ordem dos eventos às vezes é diferente. A maior parte de João 1—17 e 21 não aparece em nenhum dos outros evangelhos, então a seqüência relativa não é problema.

João descreve a purificação do templo durante o início do ministério de Jesus (2.13-22), mas ela é colocada no final pelos sinóticos (v. Mc 11.15-19). Jesus estava cumprindo profecias quando condenou o comércio no templo. Ele chamava a atenção quanto à expansão do Reino para o mundo gentílico. Então é bem provável que Jesus tenha feito isso duas vezes, no início de seu ministério e depois que chegou à cidade para luta final. Isso é apoiado pelas diferenças nos relatos. João não fala da hostilidade aberta da liderança do templo, como Marcos, que sugere que essa purificação final reforçou sua intenção de matá-lo, "pois o temiam, visto que toda a multidão estava maravilhada com o seu ensino" (Mc 11.18). Esse antagonismo das autoridades caracterizou o final do ministério de Jesus. O fato de Jesus usar o mesmo texto do AT para repreendê-los não deve causar surpresa, já que os confrontava pelos mesmos pecados (v. Mt 4.4,7,10).

Nenhum dos evangelhos afirma ter sido escrito em ordem cronológica. O tema, não a seqüência, dita a ordem do texto. Na cronologia geral, se uma perícope do mesmo evento é colocada num lugar diferente, ela pode servir a um propósito literário ligeiramente diferente. Mateus e Lucas colocam os três eventos da tentação numa ordem diferente (v. Mt 4 e Lc 4). O argumento de que a seqüência de João demonstra ser um registro posterior e pouco confiável está errado. Poderia ser material complementar ou escrito com temas diferentes em mente. A despeito da seqüência, os eventos que João têm em comum com os sinóticos demonstram semelhança considerável até nos detalhes, conforme demonstrado por Blomberg (p. 156-7):

Em ambos, Jesus dá visão ao cego, ressuscita os mortos e cura o filho de um oficial à distância (Jo 4.46b-54; Lc 7.1-10)

Em ambos, Jesus desafia as interpretações da lei sobre o sábado (Jo 9.6-7; Mc 8.23-25).

Ambos mencionam Jesus recusando-se a fazer milagres simplesmente para satisfazer seus inimigos (Jo 6.30-34; Mc 8.11-13).

Ambos relatam tentativas de prender Jesus que falharam (Jo 8.59; 10.39; Lc. 4.29,30).

Ambos descrevem sua amizade com Maria e Marta (Jo 11.20; 12.2,3; Lc 10.38-42).

Em ambos, ele é acusado de estar possuído (Jo 10.19-21; Mc 3.22).

Em ambos, João Batista é a voz do que clama no deserto de Isaías 40.3 e o predecessor do Messias (Jo 1.23; Mc 1.2,3).

O batismo de João com água é comparado ao futuro batismo do Messias com o Espírito (Jo 1.26,27, 33; Mc 1.7,8).

O Espírito unge Jesus como João testemunhou (Jo 1.32; Mc 1.10).

A multidão de 5 mil é alimentada (Jo 6.1-15; Mc 6.32,33).

Jesus anda sobre a água (Jo 6.16-21; Mc 6.45-52).

Gerhard Maier acrescenta algumas semelhanças entre João e Mateus (cit. em Blomberg, p. 159). Isso é bem interessante, pois Mateus geralmente é considerado pelos críticos um dos menos semelhantes a João.

Ambos usam citações do AT e anunciam seu cumprimento.

Ambos registram a freqüência, extensão, localização e natureza instrutiva de sermões extensos de Jesus.

Ambos apresentam discursos de despedida elaborados (o Cenáculo e o discurso no Monte das Oliveiras).

Ambos enfatizam a instrução particular dos discípulos.

Ambos citam um propósito evangelístico, com o evangelho sendo oferecido "primeiro ao judeus e depois a todos os gentios".

João tem uma cristologia recente. Uma razão muitas vezes afirmada para rejeitar a precisão de João no relato das afirmações de Jesus é a suposta cristologia "posterior" e "altamente desenvolvida", que enfatiza a divindade plena de Jesus (p.ex.: Jo 1.1; 8.58; 10.30; 20.29). Essa objeção baseia-se numa visão dialética infundada do desenvolvimento doutrinário. Críticos, seguindo F. C. Baur, atribuem a visão desenvolvimentista hegeliana (v. HEGEL, G. W. F.) ao registro evangélico (Corduan, p. 90-2). Eles começam com a teoria de que João deve ter sido posterior, já que suas visões eram uma síntese do conflito anterior entre a tese de Pedro e a antítese de Paulo. Mas essa teoria de tese-antítese é indefensável.

Marcos (considerado pela maioria desses mesmos críticos o primeiro evangelho) faz afirmações de divindade por e sobre Cristo. Por exemplo, quando Jesus afirmou perdoar os pecados, os fariseus viram isso como afirmação de divindade e responderam: "Por que esse homem fala assim? Está blasfemando! Quem pode perdoar pecados, a não ser somente Deus?" (Mc 2.7). E quando perguntaram a Jesus sob juramento se ele era o Messias (que segundo o AT seria Deus — Sl 45.8; Is 9.6; Zc 12.10), ele respondeu claramente: "Sou. [...] E vereis o Filho do homem assentado à direita do Poderoso vindo com as nuvens do céu" (Mc 14.62). A resposta reconhece claramente sua afirmação de ser Deus, e o Sinédrio usou isso para condenar Jesus por "blasfêmia"

(v. 64). Fora dos evangelhos, a epístola de Paulo aos romanos (c. 56), que é considerada por muitos como anterior aos evangelhos, tem uma descrição forte da divindade de Cristo, proclamando-o "Deus acima de todos" (Rm 9.5).

Muitas das afirmações mais fortes da divindade de Jesus aparecem no contexto em que ele é desafiado ou confrontado pela multidão. Embora isso se aplique a João e aos evangelhos sinóticos (v. Mc 2.7-10; 14.61,62; Jo 10.24,30-33), João enfatiza o antagonismo dos "judeus" (v. Jo 5.16,18; 7.1; 10.31). É compreensível que ele desse atenção especial às afirmações claras de divindade.

O propósito principal dos sinóticos não era enfatizar a divindade de Cristo. A ênfase judaica de Mateus foi dada ao esperado Messias. Marcos enfatizou Jesus como Servo (Mc 10.45). Lucas destacou a humanidade de Jesus. O propósito claro de João era mostrar Jesus, o Deus encarnado (1.1,14; 20.31). Não é surpresa que haja mais afirmações de divindade nesse evangelho. No auge dele, João relata que Tomé declarou a divindade de Cristo, proclamando-o "Senhor meu e Deus meu" (20.28). Se isso não for exato, então João interpreta mal o ponto central de seu livro, que os milagres de Jesus levaram os discípulos a reconhecer a verdadeira identidade dele como Deus (v. 20.28-31).

Conclusão. Os argumentos contra a autenticidade das afirmações de Jesus no evangelho de João parecem baseados mais em suposições filosóficas *a priori* que na evidência histórica e textual. Há explicações razoáveis para as diferenças com base em onde, quando, para quem e sob quais circunstâncias Jesus falou. A maioria delas é explicada pela premissa razoável de que João escreveu um evangelho posterior e conscientemente suplementar. Ele deliberadamente evita repetir o que os outros evangelhos disseram a não ser que fosse realmente importante para o tema. Como foi visto nas áreas de sobreposição, as passagens equivalentes entre João e os evangelhos sinóticos são substanciais.

Não há evidência real de que João tenha criado, em vez de relatado, o que Jesus disse. Pelo contrário, o registro de João é tão intenso, vivo, particular, detalhado e pessoal que apresenta o testemunho íntimo, de primeira mão, por parte do autor. Há razão para crer que João preservou as palavras originais de Jesus ou o mesmo significado, até mesmo as palavras exatas.

As razões para aceitar a autenticidade do evangelho de João são tão boas ou melhores que as que apóiam os sinóticos. Tudo pode ser aceito em sã consciência como histórico. Mateus e Marcos são equivalentes a Lucas, e Lucas discute seu próprio método historiográfico e precisão (v. Atos, historicidade de):

> Muitos já se dedicaram a elaborar um relato dos fatos que se cumpriram entre nós, conforme nos foram transmitidos por aqueles que desde o início foram testemunhas oculares e servos da palavra. Eu mesmo investiguei tudo cuidadosamente, desde o começo, e decidi escrever-te um relato ordenado, ó excelentíssimo Teófilo, para que tenhas a certeza das coisas que te foram ensinadas (Lc 1.1-4).

Se Mateus e Marcos contam substancialmente a mesma história que Lucas, então, são tão confiáveis historicamente quanto Lucas. E se o material equivalente de João não diverge em substância dos sinóticos, o ônus da prova está com os críticos para mostrar razões sólidas pelas quais o testemunho do apóstolo não deva ser considerado historicamente confiável (v. Novo Testamento, historicidade do).

As diferenças no uso da linguagem entre João e os sinóticos podem ser explicadas em grande parte pela localização (Judéia), data (início e fim do ministério) e natureza (muitas conversas particulares). As afirmações "Eu Sou" podem ser interpretadas como afirmações mais curtas e simples que Jesus fez para os que não o entenderam a princípio. Na verdade, o fato de o registro de João ser tão íntimo, vivo e detalhado defende firmemente sua autenticidade.

O elo de João no argumento apologético é um dos mais fortes da corrente. Na verdade, é o único evangelho que afirma ser escrito por um apóstolo e testemunha ocular (Jo 21.24,25). Carson conclui:

> É totalmente plausível que Jesus às vezes tenha falado no estilo que denominamos "joanino", e que o estilo de João tenha sido até certo ponto influenciado pelo próprio Jesus. Quando toda evidência é reunida, não é difícil acreditar que, quando ouvimos a voz do evangelista na sua descrição do que Jesus disse, estamos ouvindo a voz do próprio Jesus (Carson, p. 48).

Fontes
C. Blomberg, *The historical reliability of the Gospels*.
F. F. Bruce, *Merece confiança o Novo Testamento?*
D. F. Carson, *The Gospel according to John*.
W. Corduan, "Transcendentalism: Hegel", em *Biblical errancy: its philosophical roots*, N. L. Geisler, org.
R. T. France, *The evidence for Jesus*.
N. L. Geisler, *Christian apologetics*.
D. Guthrie, *New Testament introduction: the Gospels and Acts*.
I. H. Marshall, *I believe in the historical Jesus*.

J. A. T. Robinson, *Redating the New Testament*.
E. Stauffer, *Jesus and his story*.
R. L. Thomas, *A harmony of the Gospels*.
B. F. Westcott, *The Gospel according to St. John*, v. 1.

Josefo. V. Flávio Josefo.

Josué, dia longo de. V. ciência e a bíblia.

judaísmo. V. Bíblia, evidências da; Cristo, divindade de; Cristo, milagres de; Trindade; profecia como prova da Bíblia.

Justino Mártir. Um dos apologistas cristãos (v. clássica, apologética) do início do século II (100[?]-164). Era filho de pais pagãos de Samaria. Converteu-se ao cristianismo em 130. Depois lecionou em Éfeso, onde se envolveu num debate e escreveu *Diálogo com Trifão* (c. 130). Posteriormente, abriu uma escola cristã em Roma. Ali escreveu sua *Primeira apologia* (c. 155). A *Segunda apologia* (c. 161) foi voltada para o senado romano. Sua ênfase na filosofia grega e na razão levaram algumas pessoas a concluir equivocadamente que ele era racionalista. Como outros pais da igreja primitiva, Justino acreditava na inspiração e autoridade divina das Escrituras.

Suposto racionalismo. Citada como evidência de seu suposto racionalismo é a afirmação de Justino de que até os gregos que "viviam uma vida razoável e honesta" conheciam Cristo, o Logos (2.8). Ele chegou ao ponto de dizer que Cristo "é o Verbo, do qual todo o gênero humano participou. Portanto, aqueles que viveram conforme o Verbo são cristãos, quando foram considerados ateus..." (*Primeira apologia*, 46.2,3).

O papel da razão. Apesar dessas citações, é infundado concluir que Justino acreditava que os pagãos poderiam entrar no Reino por meio da filosofia. Seus críticos interpretam mal sua visão sutil de fé e razão.

Justino afirmou enfaticamente que sua fé estava em Cristo, não em Sócrates: estava no cristianismo, não na filosofia. Escreveu: "E a Razão correta [Cristo], quando veio, provou que nem todas as opiniões nem todas as doutrinas são boas, mas que algumas são más, enquanto outras são boas" (ibid., 2.9). Justino acreditava que o cristianismo era superior à filosofia grega, declarando:

> Portanto, a nossa religião mostra-se mais sublime do que todo o ensinamento humano [...] tudo o que os filósofos e legisladores disseram e encontraram de bom, foi elaborado por eles pela investigação e intuição, conforme a parte do Verbo que lhes coube. Todavia, como eles não conheceram o Verbo inteiro, que é Cristo, eles freqüentemente se contradisseram... (*Segunda apologia*, 10.3).

Os ensinamentos cristãos "[são] superiores a toda filosofia humana" (ibid., 15.3). Justino afirmou que ninguém confiava em Sócrates o suficiente para morrer por ele, como muitos morreram pelos ensinamentos e presença de Cristo (ibid., 10.7).

Como muitos outros pais da igreja primitiva, Justino acreditava que a verdade existente na filosofia grega era emprestada da revelação divina das Escrituras hebraicas (*Primeira apologia* 60.1-10). Na melhor das hipóteses, a filosofia grega continha apenas verdades parciais e obscuras, mas o cristianismo continha a verdade de forma completa e clara. Logo, "tudo o que de bom foi dito por eles, pertence a nós cristãos" (*Segunda apologia*, 13.4).

Visão da ressurreição. Como Justino estava tão próximo cronologicamente dos apóstolos, e como a ressurreição é tão crucial para o cristianismo, sua visão da ressurreição é bastante interessante (v. ressurreição, evidências da).

A ressurreição é possível. Contra os que negavam a ressurreição, Justino confrontou os que se diziam crentes, mas consideravam impossível que Deus ressuscitasse os mortos. Deus, disse ele, havia demonstrado seu poder ao criar o primeiro homem, "pois ele foi feito do pó por Deus [...] agora estamos demonstrando que a ressurreição da carne é possível" (*Ante-Nicene fathers*, 1.294-9). Justino declara:

> Que os incrédulos se calem, apesar de eles mesmos não crerem. Mas, em verdade, ele chamou a carne à ressurreição, e promete a ela vida eterna. Pois, quando ele promete salvar o homem, faz a promessa para a carne (Justino, cap. 8).

A ressurreição física (v. ressurreição, natureza física da). Justino admitiu que havia pessoas que afirmavam que Jesus apareceu apenas como espírito, somente com aparência de carne. Tais pessoas roubavam uma grande promessa feitas aos cristãos:

> Se a ressurreição fosse apenas espiritual, seria necessário que ele, ao ressuscitar dos mortos, mostrasse o corpo separado de si, e a alma vivendo separada dele. Porém ele não fez isso, mas ressuscitou o corpo, confirmando nele a promessa de vida (ibid., cap. 2)

Caso contrário, por que Cristo ressuscitou no corpo em que havia sido crucificado e deixou os discípulos tocarem seu corpo quando duvidaram?

E eles foram convencidos por todo tipo de prova que era ele mesmo, e no corpo, pediram que comesse com eles, para que comprovassem com mais precisão que ele realmente havia ressuscitado corporalmente (ibid., cap. 9).

Justino Mártir observou que Jesus também provou a possibilidade de a carne subir ao céu, mostrando que o lar do corpo físico da ressurreição dos cristãos está no céu: "A ressurreição é uma ressurreição da carne que morreu. Pois o espírito não morre; a alma está no corpo, e sem a alma não pode viver" (ibid., cap. 10).

Conclusão. Os primeiros apologistas, como Justino, não eram tão sistemáticos quanto os apologistas posteriores como TOMÁS DE AQUINO. No entanto, Justino estava longe de ser racionalista quanto ao uso da razão. Ele acreditava firmemente na superioridade e necessidade da revelação divina. No entanto, não há dúvida de que Justino, como os apologistas clássicos depois dele, usaram a razão para explicar e defender a fé cristã (v. CLÁSSICA, APOLOGÉTICA).

Fontes
H. CHADWICK, "Justin Martyr's defense of Christianity", *BJRL* 47 (1965).
F. L. CROSS, *The Oxford dictionary of the Christian church*.
JUSTINO MÁRTIR, "Apologia", em A. ROBERTS e J. DONALDSON, org., *The ante-Nicene fathers*, v. 1.
___, *Diálogo com Trifão*
___, *Primeira Apologia*.
___, "Fragments of the lost work of Justin on the resurrection", em A. ROBERTS e J. DONALDSON, org., *The ante-Nicene fathers*, v. 1.
___, *Segunda Apologia*.

Kk

Kabir. Mestre e reformador religioso indiano que viveu no século XV no norte da Índia. Rebelou-se contra o sistema de castas do hinduísmo (v. HINDUÍSMO VEDANTA) e gerou várias seitas, a últimas das quais foi o SIQUISMO. Seus discípulos eram chamados kabirpanthis e procediam do hinduísmo e islamismo.

É claro que Kabir era odiado por hindus e por muçulmanos. Brâmanes o censuravam por ser sócio de uma mulher de má fama. Foi denunciado pelo rei de Déli por supostamente afirmar sua divindade. Ele morreu em Maghar, perto de Gorakhpur. Seus seguidores acreditam que ele era a encarnação da divindade que sua mãe encontrou flutuando sobre uma flor de lótus (v. APOTEOSE; DIVINOS, HISTÓRIAS DE NASCIMENTOS). Também há lendas sobre sua mãe ter sido uma virgem, ou que ele nasceu da mão de sua mãe quando ela era viúva.

Kabir não deixou obras literárias, mas inspirou parelhas de versos, hinos, poemas e odes (encontrados no Khas Grantha). Cerca de cinqüenta anos após sua morte, muitos ditados de Kabir foram compilados por Bhago Das. Vários deles estão incluídos no texto sagrado sique *Adi Granth*. Provavelmente foi discípulo de Ramanand, da escola de pensamento Viasnava. Seu ensinamento foi uma das principais fontes inspiradoras de Nanak Shah, o fundador do siquismo. Foi um dos primeiros pensadores a tentar influenciar o hinduísmo e o islamismo. Tinha algum conhecimento de sufismo, seita mística do islã (v. ISLAMISMO; MISTICISMO).

Não se sabe ao certo se ele acreditava num céu ou INFERNO distintos. Acreditava, no entanto, na reencarnação. Seus seguidores acreditam que as almas vão ou para o céu ou para inferno entre as encarnações (Burn, p. 633). Kabir era anti-ritualista. Rejeitava os símbolos externos e práticas do hinduísmo. Ele também era teísta, crendo no ser supremo chamado Ram. Seu Deus tinha vários nomes: Ram, Ali e Karim. O politeísmo é uma ilusão (*maya*). Ao contrário do hinduísmo e do islamismo, ele acreditava que a salvação era pela fé, não por obras. Na busca de Deus, um guia é necessário. No entanto, tal mestre não deve ser aceito cegamente sem ser testado. Já que todos devemos nossa existência ao mesmo Deus, devemos demonstrar ternura a todos que vivem.

Um ensinamento importante de Kabir é a doutrina do Sabda, ou o Verbo. Qualquer pessoa que queira conhecer a verdade deve abandonar os vários verbos e seguir o Verbo. O Verbo é a porta para a verdade. Ele disse: "Eu conheço o Verbo, que me mostrou o [Deus] invisível" (Burn, p. 633).

A suposta ressurreição de Kabir. Depois de sua morte em 1518, seus seguidores muçulmanos e hindus dividiram-se quanto à cremação de seu corpo, prática que os hindus favorecem e os muçulmanos condenam. Acredita-se que o próprio Kabir apareceu para resolver a controvérsia. Quando ordenou que tirassem o pano colocado sobre seu corpo, descobriram apenas flores. Seus seguidores hindus queimaram metade das flores e os muçulmanos enterraram a outra metade. Há problemas significativos com a tentativa de comprovar tais afirmações. E as diferenças entre elas e a ressurreição de Cristo são decisivas (v. RESSURREIÇÃO, EVIDÊNCIAS DA; RESSURREIÇÃO EM RELIGIÕES NÃO-CRISTÃS, AFIRMAÇÕES DE).

Fontes
R. BURN, "Kabir, Kabirpanthis", em ERE.
___, "Sikhs, Siks, Sikhism", em *The new Schaff-Herzog encyclopedia*.
G. HABERMAS, "Resurrection claims in non-Christian religions", RS 25 (1989).
___, "Did Jesus perform miracles?", em M. WILKINS, org., *Jesus under fire*

Kahler, Martin. Martin Kahler (1835-1912) estudou teologia em Heidelberg, Tübingen e Hälle e foi professor na Universidade de Hälle. Referiu-se certa vez a seus estudos com F. C. Baur em Tübingen como um "banho frio crítico" (v. Strimple, p. 90). Suas principais obras em teologia foram *Die Wissenschaft der christlichen Lehre* [*A sabedoria da doutrina cristã*], 1883 e *Geschichte der protestantischen Dogmatik im 19. Jahrhundert* [*História da dogmática protestante no século* XIX](pub. 1962). Sua obra mais influente, *O denominado Jesus histórico e o Cristo histórico e bíblico* (1892) foi traduzida para o inglês em 1964.

Kahler é considerado o ímpeto para a "segunda busca" pelo Jesus histórico (v. CRISTO DA FÉ *VS*. JESUS DA HISTÓRIA; BUSCA DO JESUS HISTÓRICO). Kahler atacou a tentativa do século XIX de reconstruir o Jesus da história como exercício de especulação. Ele afirmou que o "Cristo real" era o Cristo da fé, não o Jesus que é o resultado da suposta pesquisa histórica (v. BÍBLIA, CRÍTICA DA). O Cristo real é o Cristo do *kerygma* (proclamação) cristão, que está disponível a todos.

As teorias de Kahler deram ímpeto a conservadores e liberais. Os liberais e neo-ortodoxos aceitam sua conclusão de que a fé não pode depender da pesquisa histórica (v. FIDEÍSMO). Os conservadores regozijaram-se por seu repúdio às tentativas de separar o Jesus da história do Cristo da fé.

Má interpretação de Kahler. Kahler é o pai da distinção alemã entre o Jesus "histórico" (*historisch*) e o Cristo "histórico" (*geschichtlich*). No entanto, é duvidoso que ele quisesse que essa distinção fosse usada como tem sido usada pelos críticos do NT. Quando Kahler referiu-se ao "denominado" Jesus histórico, tinha em mente o Jesus reconstruído que resultou da crítica liberal, não o Jesus do século I. Como Robert Strimple disse:

O tratado de Kahler e seu título são mal empregados quando usados para apoiar a distinção do século XX entre "o Jesus da História" e "o Cristo da fé".

Carl E. Braaten disse na sua "Introdução" à tradução inglesa de *O denominado Jesus histórico*:

O "Jesus histórico" não é o Jesus terreno como tal, mas sim o Jesus que pode ser feito objeto da pesquisa histórico-crítica. O termo tem referência primária ao problema do conhecimento histórico e não pretende negar ou desvalorizar a historicidade da revelação (Strimple, p. 92).

Kahler jamais negou a confiabilidade histórica do NT. Não rejeitou a descrição geral de Cristo apresentada nas Escrituras. Ele simplesmente insistiu em que nem as fontes evangélicas nem os métodos naturalistas do historiador são adequados para produzir uma biografia verdadeira do Jesus real (ibid., p. 93). Não negou que os evangelhos apresentam "um retrato confiável do Salvador para os crentes" (ibid., p. 94).

Kahler enfatizou que o uso dos princípios de analogia de Ernst TROELSCH não podem revelar o Jesus real. Isso exige analogias no presente por meio das quais se pode entender o passado (v. ANALOGIA, PRINCÍPIO DA; HISTÓRIA, OBJETIVIDADE DA). "A distinção entre Jesus Cristo e nós mesmos não é de grau, mas de gênero" (ibid.).

Logo, os cânones da história naturalista jamais podem descobrir o Filho encarnado de Deus.

"Kahler tentou livrar o cristão da tirania do especialista, do papado, do erudito", escreve Strimple (ibid., p. 95). Ele perguntou:

Nós [crentes] devemos esperar depender da autoridade dos homens estudados quando o assunto se refere à fonte da qual eles devem tirar a verdade para suas vidas? Não posso confiar nas probabilidades ou na massa volúvel de detalhes, cuja confiabilidade muda constantemente (Kahler, p. 109,111).

Isso lembra Gotthold Lessing e sua "vala feia", bem como a questão posterior de Søren KIERKEGAARD: "Como algo de natureza histórica pode ser decisivo para a felicidade eterna?" (Kierkegaard, p. 86). Mas Kahler jamais compreendeu sua teoria no sentido em que BULTMANN e críticos posteriores interpretaram o Cristo da fé contra o Jesus da história.

Confiável, mas não infalível. Kahler rejeitava a inspiração verbal e infalibilidade das Escrituras (v. BÍBLIA, EVIDÊNCIAS DA), que denominou "fé autoritária" (Kahler, p. 72). Ridicularizou a idéia de que apenas a infalibilidade das Escrituras com relação a todo assunto incidente poderia garantir sua confiabilidade sobre o ponto central. Acreditava que devemos "abordar a Bíblia sem teorias detalhadas sobre sua natureza e origem". A tradição do evangelho era "inerentemente falível" e a Bíblia como livro "contém" a revelação de Deus (Kahler, p. 91, 106, 112-4).

Afirmava no entanto que a Bíblia é o único meio suficiente para chegar ao "porto seguro" da fé no Cristo vivo. Pois "quanto mais convivência a pessoa tem com a Bíblia, mais ela descobre que o poder de atração do Salvador converge com a autoridade da Bíblia" (ibid., p. 76). Acrescentou: "Fomos precipitados em seguir o conselho de Lessing de ler a Bíblia como lemos outros livros" (ibid., p. 123).

Segundo Kahler, a Bíblia apresenta um retrato geralmente confiável do Cristo histórico.

O retrato bíblico de Cristo, tão real e único além da imaginação, não é uma idealização poética originada na mente humana. A realidade do próprio Cristo deixou sua marca indelével sobre seu retrato (ibid., p. 79-90, 95).

Essa impressão de Cristo é encontrada novamente no "retrato panorâmico" da Bíblia, não no retrato minucioso:

> Nos evangelhos, não detectamos nenhuma tentativa rigorosa de precisão da observação ou de preservação de detalhes [...] No entanto, a partir dessas tradições fragmentadas, lembranças parcialmente compreendidas, essas descrições coloridas pelas personalidades individuais dos autores, confissões profundamente sentidas, sermões que o proclamam Salvador, sentimos o olhar fixo da imagem viva e coerente de um Homem, uma imagem que jamais deixamos de reconhecer. Em suas ações e vida incomparáveis (inclusive suas aparições após a ressurreição), esse Homem gravou sua imagem na mente e memória de seus seguidores com traços tão pronunciados e profundos que não poderia ser apagada nem distorcida (ibid., p. 141-2).

Essa é

> uma vida humana tangível, retratada de maneira rica e concreta e ao mesmo tempo breve e concisa. Quando conseguimos deixar para trás a exigência de um registro bíblico infalível, podemos apreciar até a confiabilidade das lendas, dentro dos limites do que é imaginável" (ibid.).

Essa não é a visão conservadora das Escrituras, mas está longe da visão liberal radical que nega a historicidade básica dos evangelhos.

Apesar de Kahler afirmar a confiabilidade geral das Escrituras, não depositou sua fé no aspecto histórico. A fé é gerada no coração por Deus. Ele escreveu:

> Queremos deixar absolutamente claro que cremos em Cristo não por causa de qualquer autoridade, mas porque ele mesmo evoca tal fé em nós (ibid., p. 87).

A fé independente do NT atuante na mente de Kahler foi expressa pelos samaritanos em João 4.42: "Já agora não é pelo que disseste que nós cremos; mas porque nós mesmos temos ouvido e sabemos que este é verdadeiramente o Salvador do mundo" (ibid., p. 76-7).

Avaliação. A questão da historicidade e inspiração das Escrituras é tratada detalhadamente em artigos como Atos, historicidade de; Bíblia, crítica da; Bíblia, evidências da; Lucas, supostos erros em; milagres, mito e e Novo Testamento, historicidade do. A tentativa de separar fatos e fé é tratada em artigos como fideísmo; fé e razão e Kant, Immanuel. A tentativa de construir um muro entre a fé e a história é discutida nos artigos Cristo da fé *vs.* Jesus da história e Jesus, Seminário.

Apesar de ser verdade que a fé no final das contas não é baseada no histórico, mas no Deus que a evoca, isso não significa que a fé cristã não seja enfatizada e apoiada pelo histórico (v. Espírito Santo na apologética, papel do). Isso também não significa que a revelação de Deus que evoca a fé verdadeira não seja mediada pelo histórico. Deus é a causa primária e remota, mas os dados históricos sobre Cristo são a causa secundária e intermediária que evocam a fé.

Fontes

G. Blomberg, *The historical reliability of the Gospels*.
M. J. Borg, *Jesus in contemporary scholarship*.
C. E. Braaten, "Martin Kahler on the historic, biblical Christ", em R. A. Harrisville, *The historical Jesus and the kerygmatic Christ*.
G. Habermas, *The historical Jesus*.
M. Kahler, *The so-called historical Jesus and the historic, biblical Christ*.
S. Kierkegaard, *Concluding unscientific postscripts*.
J. P. Meyer, *A marginal jew*.
R. N. Soulen, *Handbook of biblical criticism*, 2 ed.
R. Striple, *Modern search for the real Jesus*.

***kalam*, argumento cosmológico.** O argumento cosmológico é o argumento a partir da criação ao Criador, *a posteriori*, do efeito à causa, e é baseado no princípio da causalidade (v. causalidade, princípio da; primeiros princípios). Afirma que todo evento tem uma causa, ou que tudo que começa tem uma causa.

O argumento *kalam* (do árabe, "eterno") é uma forma horizontal (linear) de argumento cosmológico. O universo não é eterno, então deve ter tido uma Causa. Essa Causa deve ser considerada Deus. Esse argumento tem uma história longa e venerável entre filósofos islâmicos como Alfarabi, Al Ghazli e Avicena. Alguns filósofos acadêmicos também o usaram, especialmente Boaventure. Mas ele não foi aceito por Tomás de Aquino, que acreditava ser filosoficamente possível (apesar de biblicamente falso) que Deus pudesse ter causado o universo desde a eternidade.

Essência do argumento. O esquema básico do argumento *kalam* é:

1. Tudo o que teve princípio teve uma causa.
2. O universo teve princípio.
3. Logo, o universo teve causa.

Linhas de evidência científica e filosófica geralmente são fornecidas para apoiar a segunda premissa crucial. A evidência científica é baseada em grande parte na Segunda Lei da Termodinâmica (v. TERMODINÂMICA, LEIS DA), que afirma que a energia útil do universo está se esgotando e, portanto, não pode ser eterna. Outra evidência de apoio é tirada da cosmologia do *big-bang*, inclusive o universo em expansão e o eco expresso de radiação da explosão original — tudo isso usado para apoiar a idéia de um princípio do universo.

O argumento filosófico favorável ao princípio pode ser resumido assim:

1. Se um número infinito de momentos tivesse ocorrido antes de hoje, então hoje jamais teria chegado, já que é impossível atravessar um número infinito de momentos.
2. Mas hoje chegou.
3. Logo, houve um número finito de momentos antes de hoje; o universo teve um princípio.

Críticas. Críticas foram feitas contra o argumento *kalam*. As mais importantes estão incluídas aqui, com respostas pelos proponentes do argumento (v.tb. *big-bang*, TEORIA DO).

Universo eterno imemorável. Alguns sugerem que o *big-bang* apenas indica a primeira erupção do universo previamente eterno. Isto é, o universo era eternamente inativo antes desse primeiro evento. A singularidade do *big-bang* apenas indica a transição da matéria física primitiva. Logo, não há necessidade de um Criador para fazer algo do nada.

Nenhuma das leis naturais conhecidas pode explicar essa erupção violenta a partir de inatividade eterna. Alguns teístas afirmam que o universo eternamente inativo é fisicamente impossível, já que teria de existir a zero grau, o que é impossível. A matéria no princípio era tudo, menos fria, sendo amalgamada numa bola de fogo com temperaturas acima de bilhões de graus Kelvin. Na porção de matéria congelada a zero grau, nenhum evento poderia ocorrer. Finalmente, supor matéria primitiva eterna não explica a incrível ordem que se segue ao momento do *big-bang* (v. ANTRÓPICO, PRINCÍPIO). Apenas um Criador inteligente pode ser responsável por isso.

Universo em repercussão. Alguns cientistas sugeriram que o *big-bang* pode ser apenas o evento mais recente no processo eterno de expansão e contração. Há vários problemas com essa hipótese. Não há evidência científica real para essa especulação. Isso contradiz a Segunda Lei, que exige que, mesmo que o universo estivesse se expandindo e se contraindo, ainda estaria se desgastando, então acabaria em colapso de qualquer forma. Lógica e matematicamente, a evidência do *big-bang* sugere que originariamente não havia espaço, nem tempo, nem matéria. Logo, ainda que o universo estivesse de alguma forma passando por expansão e contração a partir desse momento, no princípio ele surgiu do nada. Isso ainda exigiria um Criador inicial.

Teoria do estado estável. Fred Hoyle elaborou a teoria do estado estável para evitar a necessidade de supor uma primeira causa. De acordo com essa hipótese, átomos de hidrogênio surgem espontaneamente para impedir o desgaste do universo. Nesse caso, não seria necessário um princípio, já que sua energia útil não está se desgastando. No entanto, há dois problemas sérios com essa especulação. Primeiro, não há evidência científica de que átomos de hidrogênio surjam espontaneamente. Isso nunca foi observado em lugar algum. Segundo, a crença em átomos de hidrogênio surgindo do nada é criação *ex nihilo* (v. CRIAÇÃO, VISÕES DA). Isso não explica o que (ou quem) as cria. Na verdade, tal crença é contrária ao princípio fundamental da ciência (e do pensamento racional) que diz que tudo que surge teve uma causa.

Não há necessidade de uma causa. Alguns ATEUS argumentam que não há nada incoerente em algo que surge do nada. Eles insistem que o universo poderia surgir "pelo nada e do nada" (Kenny, 66). Os proponentes do argumento *kalam* oferecem várias explicações em resposta. Primeiro, isso é contrário ao princípio estabelecido da causalidade. É contrário à iniciativa científica, que busca uma explicação causal. É contra-intuitivo acreditar que as coisas simplesmente surgem do nada. Muitos argumentam que a idéia de que o nada pode causar algo é logicamente incoerente, já que o "nada" não tem poder para fazer nada — ele nem mesmo existe.

Série infinita. Alguns pensadores acreditam que um número infinito de momentos é possível, já que na matemática séries infinitas são possíveis. Por exemplo, um número infinito de pontos existe entre os extremos de uma régua (v. DEUS, OBJEÇÕES ÀS PROVAS DE). Em resposta a essa objeção, os proponentes do argumento *kalam* insistem em que há uma diferença entre uma série infinita *matemática* e uma série infinita *real*. Séries matemáticas são *abstratas*, mas séries reais são *concretas*. Numa série concreta é impossível ter um número infinito, pois não importa quão longa ela seja sempre é possível acrescentar mais um. Mas assim ela seria mais que infinitamente longa, seria impossível. Além disso, o fato de se ter um número infinito de pontos abstratos (sem dimensão) entre os extremos de um livro na minha mesa não significa que se possa colocar um número infinito de livros (nem mesmo folhas de papel) entre eles, não importa quão finos sejam.

Outros se opõem dizendo que, se Deus conhece o futuro, que é infinito, então ele conhece uma série infinita de eventos. E, se ele a conhece, então ela deve ser possível, não importa quão contrária seja às nossas intuições. Mas os defensores demonstram que o futuro não é uma série infinita *real*, mas apenas *potencial*, sempre havendo a possibilidade de mais um evento. Além disso, se a série infinita real é impossível, Deus não pode conhecê-la, já que Deus não pode conhecer o impossível, apenas o real e o possível.

Não há Deus pessoal. Alguns se opõem ao argumento *kalam* porque ele não prova que Deus é pessoal ou inteligente. Logo, não é útil para o teísmo cristão que acredita num Criador inteligente. Em resposta, alguns teístas argumentam que apenas um ser com livre-arbítrio poderia criar algo do nada. E alguns teístas acreditam que o argumento cosmológico *sozinho* prova um Deus teísta. Ele deve ser unido ao argumento teleológico e/ ou ao argumento moral para demonstrar que Deus também é inteligente e moral. Em segundo lugar, alguns proponentes do argumento *kalam* oferecem argumentos para a personalidade da Primeira Causa, independentemente dos argumentos teleológico ou moral. Três foram sugeridos.

O argumento para a Primeira Causa pode ser afirmado desta forma:

1. O universo teve uma Primeira Causa.
2. O ato da Primeira Causa de criar foi determinado, ou indeterminado, ou autodeterminado.
3. Mas não pode ser determinado, já que não havia nada antes da Primeira Causa.
4. E não pode ser indeterminado, já que isso é contrário ao princípio da causalidade.
5. Logo, o ato de criar deve ter sido auto determinado.
6. Mas atos autodeterminados são atos livres, pois é isso que se entende por ato livre (v. LIVRE-ARBÍTRIO).
7. Logo, o ato pelo qual a Primeira Causa criou o mundo deve ser um ato livre de um ser inteligente e pessoal.

O argumento da natureza das causas pode ser afirmado desta maneira:

1. Uma causa inteligente é caracterizada por efeitos que têm efeitos ordenados e regulares.
2. Segundo o PRINCÍPIO ANTRÓPICO, o universo foi "adaptado" ou "pré-moldado" desde o momento de sua origem no *big-bang* para o eventual surgimento da vida humana. Qualquer mudança das condições, por menor que fosse, tornaria a vida como a conhecemos impossível.
3. Logo, a Primeira Causa deve ter sido uma causa inteligente.

O argumento da natureza das causas naturais afirma que causas naturais têm certas características que não estavam presentes antes do momento da criação do universo. O argumento pode ser afirmado desta maneira:

1. Causas naturais têm condições predeterminadas.
2. Mas não havia condições predeterminadas antes do momento da origem *big-bang* do universo de tempo e espaço.
3. Logo, a Causa não foi uma causa natural; ela deve ter sido uma causa não-natural sem condições predeterminadas.
4. A única causa conhecida que tem essas características é uma causa livre.
5. Logo, a Primeira Causa foi uma causa livre.

Limites do argumento. *O argumento e a existência contínua de Deus.* Três objeções têm mais valor que outras. Elas não invalidam o que o argumento *kalam* demonstra, mas mostram suas severas limitações. Esse argumento não pode provar que algum Deus existe agora. Logo, não pode refutar o DEÍSMO. Além disso, suas suposições não são aceitáveis para o PANTEÍSTA, então é inútil contra o panteísmo.

O argumento *kalam* como tal não prova que algum Deus existe agora ou existe necessariamente. É um argumento sobre como o universo se *originou*, não como é *sustentado*. Demonstra que uma Primeira Causa era necessária para explicar como o universo *surgiu*. Isso não significa que não haja uma maneira de retificar esse inconveniente. Pode-se argumentar que essa Primeira Causa deve existir agora, já que o único tipo de ser que pode causar um ser contingente (i.e., que pode surgir) é um Ser Necessário. Um Ser Necessário não pode surgir nem deixar de existir. No entanto, isso toma emprestado o raciocínio do argumento cosmológico vertical para compensar a falta no argumento cosmológico horizontal. Pode ser mais fácil começar com a forma vertical.

Kalam e o deísmo. Já que o argumento de *kalam* como tal não prova que Deus é necessário para sustentar a existência atual do universo, ele tem tons deístas (v. DEÍSMO). Isso não significa que esse argumento negue a possibilidade de milagres, mas nega a base ontológica para a imanência de Deus. Um Deus que não é, como o ARGUMENTO COSMOLÓGICO horizontal demonstra ser a causa da própria existência do universo, deisticamente remoto. O argumento mostra que Deus era necessário para dar início ao universo, que é exatamente o que os deístas acreditam que aconteceu. Novamente, o problema não é retificável, a não ser que se busque ajuda na forma vertical do argumento cosmológico, mostrando como um Ser Necessário é necessário o tempo todo para sustentar todos os seres contingentes a todos os momentos da sua existência.

O argumento e o panteísmo. O *kalam* não refuta o panteísmo. Na verdade, comete uma petição de princípio ao assumir a realidade do mundo finito. Nenhum panteísta admitiria as premissas de que um mundo finito de espaço e tempo realmente existe e está realmente se desgastando, ou que o tempo é real, envolvendo unidades reais discretas que passam sucessivamente. Logo, o *kalam* não é eficaz no combate ao panteísmo. Que valor tem para o teísmo esse argumento, que não elimina nem o deísmo nem o panteísmo? Parece não haver solução que não envolva um apelo para a forma vertical do argumento, cosmológico. A forma vertical do argumento cosmológico parece necessária para sustentar o argumento *kalam*.

Fontes

T. AL-F. AL-GHAZALI, *Incoherence of the philosophers*, trad. S. A. KAMALI.
Al-KINDI, *On first philosophy.*
BONAVENTURE, *2 sententiarium* I.I.1.2.I-6.
W. CRAIG, *The existence of God and the beginning of the universe.*
___, *The kalam cosmological argument.*
A. KENNY, *Five ways.*
J. P. MORELAND, "The cosmological argument", em *Scaling the secular city.*

Kant, Immanuel. Immanuel Kant (1724-1804) nasceu em Königsberg, Prússia Oriental. Ele estudou e mais tarde lecionou na Universidade de Königsberg. Não se casou e levou uma vida altamente regrada. As principais obras de Kant foram *História geral da natureza e teoria dos céus* (1755), que propõe a hipótese nebular; *Crítica da razão pura* (1781); *Progressos da metafísica* (1783); *Crítica da razão prática* (1790); *Crítica da faculdade do juízo* (1790);

A religião dentro dos limites da simples razão (1793); *Metafísica dos costumes* (1797).

A*GNOSTICISMO filosófico de Kant.* Antes de Kant, as duas correntes de pensamento européias dominantes eram o RACIONALISMO e o EMPIRISMO. Os racionalistas incluíam René DESCARTES (1596-1650), Baruch ESPINOSA (1632-1677) e Gottfried LEIBNIZ (1646-1716). Os empiristas eram liderados por John LOCKE (1632-1704), George BERKELEY (1685-1753) e David HUME (1711-1776). Os racionalistas enfatizavam o *a priori* e os empiristas o *a posteriori*. Os racionalistas acreditavam em idéias inatas, ao passo que os empiristas insistiam em que nascemos como uma *tabula rasa*. Kant foi treinado na tradição racionalista, mas, suas palavras, foi "acordado do seu sono dogmático" pelo cético escocês Hume.

O gênio de Kant revelou-se na síntese dessas duas epistemologias divergentes (v. EPISTEMOLOGIA). Os empiristas, conclui, estão certos no sentido em que nascemos como páginas em branco, sem idéias inatas. O conteúdo de todo conhecimento vem *por meio*, da experiência. Já os racionalistas enfatizam corretamente que há uma dimensão *apriorística* do conhecimento. Embora o *conteúdo* de todo conhecimento venha por intermédio dos sentidos, a *forma* ou *estrutura* é dada pelas formas prévias (*a priori*) da sensação e das categorias da mente (*Crítica da razão pura*, p. 173-5, 257-75).

O preço da síntese kantiana foi alto: nesse modelo de processo de conhecimento perdeu-se a capacidade de conhecer a realidade. Se Kant estava certo, sabemos como sabemos, mas já não sabemos de fato. Pois se todo conhecimento é formado ou estruturado por categorias *aprioristicas*, só podemos conhecer as coisas como elas aparentam ser, não como elas são. Podemos conhecer *fenômenos*, mas não o *número*. Logo, o ganho epistemológico líquido significou a perda ontológica total. A realidade ou a coisa-em-si, incluindo-se Deus, está eternamente além de nós. O que nos resta é a coisa-para-mim, que é a aparência, mas não a realidade. Logo, a teoria de Kant culmina no agnosticismo filosófico.

Kant ofereceu uma segunda razão para seu agnosticismo, as antinomias da razão (v. ANTINOMIA). Quando categorias de conhecimento são aplicadas à realidade, resultam em antinomias. Duas servem para ilustrar a questão. A antinomia sobre o tempo afirma:

Tese: O mundo deve ter tido princípio, senão um número infinito de momentos teria se passado até agora. Mas isso é impossível, já que não se pode transpôr o infinito.

Antítese: Mas o mundo não poderia começar no tempo, senão teria havido tempo antes do tempo começar, o que é impossível.

Na antinomia da causalidade:

Tese: Nem toda causa tem uma causa, senão a série jamais teria começado; todavia começou. Então, deve haver uma primeira causa.

Antítese: Mas a série não pode ter um início, já que tudo tem uma causa. Então, não pode haver uma primeira causa.

Já que a razão, quando aplicada à realidade, termina em contradições, é preciso que nos contentemos em aplicar a razão apenas ao mundo *fenomenal*, o mundo para mim, e não ao mundo *numênico*, o mundo em si.

Teoria de Kant sobre Deus. Kant acreditava em Deus, mas insistia em que a existência de Deus não pode ser provada (v. DEUS, OBJEÇÕES ÀS PROVAS DE). Todas as provas a favor da existência de Deus são inválidas. O argumento cosmológico e o argumento teleológico são baseados no argumento ontológico, que é inválido. Cada um depende do conceito de um Ser Necessário. Mas afirmações sobre a existência não são necessárias. Um Ser Necessário não é um conceito que dispensa explicação. O que é logicamente necessário não é realmente necessário. Além disso, regressão infinita é possível. E a causa *numênica* (real) não pode ser derivada do efeito fenomenal (aparente).

O argumento ontológico deixa a experiência (ao falar da maior causa possível) e se eleva ao âmbito das idéias puras. Além disso, a existência não é um *predicado* (atributo), mas apenas uma *ocorrência* de algo. Por exemplo, o dinheiro na minha mente tem os mesmos atributos que o dinheiro na minha carteira. A única diferença é que um existe e o outro não.

Kant não acreditava que a existência de Deus pudesse ser provada pela razão teórica, mas acreditava que ela era um postulado necessário da razão prática (v. MORAL PARA A EXISTÊNCIA DE DEUS, ARGUMENTO). Eis um resumo de seu raciocínio na *Crítica da razão prática*:

1. O maior bem para todas as pessoas é que elas tenham felicidade em harmonia com o dever.
2. Todas as pessoas devem esforçar-se em busca do bem maior.
3. O que as pessoas devem fazer, podem fazer.
4. Mas as pessoas não são capazes de realizar o bem maior nesta vida a não ser que exista um Deus.
5. Logo, devemos postular um Deus e uma vida futura em que o bem maior possa ser alcançado.

Anti-sobrenaturalismo de Kant. Kant não só sintetizou o racionalismo e o empirismo, mas deu ímpeto ao agnosticismo moderno e ao deísmo. Seu impacto na história da filosofia foi sentido especialmente na epistemologia e na metafísica. De certa forma, a posição de Kant com relação aos milagres é mais útil ao naturalismo que a de Hume. O ataque de Hume ao sobrenaturalismo é frontal, ao passo que o de Kant é subterrâneo (v. MILAGRES, ARGUMENTO CONTRA). Para Kant, milagres não são essenciais à verdadeira religião.

Moralidade e a verdadeira religião. Como Espinosa, Kant acreditava que a moralidade é o coração da verdadeira religião, apesar de as justificativas de ambos para essa conclusão serem diferentes uma da outra. Segundo Kant, a razão teórica jamais pode alcançar a Deus (v. *Crítica da razão pura*). Deus só pode ser conhecido pela razão prática (v. *Crítica da razão prática*). À luz do fato de que não podemos saber se há um Deus, mas devemos cumprir a ordem moral, devemos viver supondo que há um Deus.

Prenunciando Friedrich SCHLEIERMACHER (1768-1834), Kant afirmou que a razão prática ou moral deve determinar o que é essencial à religião. Essa razão moral deve ser um guia para a interpretação da Bíblia (v. BÍBLIA, CRÍTICA DA). Ele até admitiu que "freqüente-mente essa interpretação pode, à luz do texto (da revelação), parecer forçada — geralmente pode até ser forçada; mas se o texto pode de alguma forma apoiá-la, deve ser preferida à interpretação literal" (*A religião dentro dos limites da simples razão*). O ensinamento moral da Bíblia "certamente nos convence da sua natureza divina" (ibid., p. 104).

Com a moralidade como regra para a verdade, os milagres tornam-se um introdução adequada ao cristianismo, mas não estritamente necessários para ele. A religião moral deve "no final, tornar supérflua a crença em milagres em geral". Acreditar que milagres podem ser úteis para a moralidade é uma "presunção absurda" (ibid.).

Kant afirmou que a vida de Cristo pode ser "nada mais que milagres", mas advertiu que, no uso desses relatos, "não os transformemos num dogma da religião que o conhecer, crer em e professar os milagres em si sejam o meio pelo qual agradamos a Deus" (ibid., p. 79-80). Com isso ele dá a entender que a crença em milagres não é essencial à fé cristã.

Crítica bíblica naturalista. A própria natureza do milagre é desconhecida: "Não podemos saber nada sobre auxílio sobrenatural", Kant escreveu (ibid., p. 179). Uma coisa da qual podemos ter certeza é que, se um milagre contradiz claramente a moralidade, ele não pode ser de Deus. Que pai mataria um filho que é, até onde ele sabe, perfeitamente inocente (ibid., p. 82)? Então a lei moral desqualifica a história da disposição de Abraão de sacrificar Isaque em Gênesis 22. Kant levou esse argumento moral à conclusão de que milagres nunca acontecem. Numa passagem reveladora, argumentou:

As pessoas cujo julgamento nessas questões é tão parcial que elas mesmas se consideram indefesas sem milagres, acreditam que amenizam o golpe que dão na razão ao afirmar que eles acontecem raramente. Quão raramente? Uma vez a cada cem anos? Aqui não podemos determinar nada com base no conhecimento do objeto [...] mas apenas com base nas máximas que são necessárias para o uso da nossa razão. Logo, milagres devem ser considerados acontecimentos diários (apesar de estar disfarçados de eventos naturais), senão nunca devem ser considerados [...] Já que a primeira alternativa (que milagres acontecem diariamente) não é nem um pouco compatível com a razão, nada resta exceto adotar a segunda máxima — pois esse princípio continua sendo uma máxima para julgamentos, e não uma afirmação teórica. (Por exemplo, com relação à) preservação admirável das espécies nos reinos vegetal e animal [...] ninguém, na verdade, pode afirmar que sabe se a influência direta do Criador é necessária ou não em cada situação. Para nós não são [...] nada além de efeitos naturais e jamais devem ser considerados algo diferente (ibid., p. 83-4).

Quem vive pela razão moral, então, "não incorpora a crença em milagres às suas máximas (de razão teórica ou prática), apesar de, na verdade, não impugnar sua possibilidade ou realidade" (ibid., p. 83). Portanto, milagres devem ser possíveis, mas nunca é racional acreditar neles, já que a razão sempre é baseada em leis universais.

À luz desse naturalismo moral, não é de surpreender que Kant rejeite a ressurreição de Cristo (v. RESSURREIÇÃO, EVIDÊNCIAS DA). Ele escreveu: "Os registros mais secretos, acrescentados como seqüência, da sua ressurreição e ascensão [...] não podem ser usados a favor da religião dentro dos limites exclusivos da razão sem violar seu valor histórico" (ibid., p. 119).

Em vez de olhar para a evidência histórica a favor das Escrituras, ele simplesmente a descartava como inautêntica porque era moralmente dispensável. Mais uma vez a hermenêutica moral forçada é melhor que a interpretação "literal". Por quê? Não porque os fatos históricos o apóiem, e sim porque a interpretação de Kant da lei moral exige isso. Segundo Kant, a verdade histórica é determinada *a priori* pela lei moral, não *a posteriori* a partir dos fatos. Numa hermenêutica moral, o que aconteceu é interpretado por meio do que deveria ter acontecido.

Se o argumento é válido, devemos viver como se milagres não acontecessem — ainda que tenham acontecido. Devemos ordenar nossas vidas pela razão (prática), mesmo se isso for contrário aos fatos. Devemos "raciocinar" na prática que o que é verdadeiro é falso.

Avaliação. Esse é um uso irracional da razão, e seus efeitos devastaram a epistemologia ocidental.

Conseqüências filosóficas. Filosoficamente, o mundo pós-kantiano não pode conhecer a Deus nem discernir a realidade. A filosofia de Kant contradiz principalmente Paulo, quando este afirma que o poder de Deus e a natureza divina são claramente vistos por meio da natureza (Rm 1.20). Nem mesmo as Escrituras podem dizer como Deus realmente é. As Escrituras não nos informam sobre como Deus realmente é por si, mas apenas a maneira que ele é *para nós*. A Bíblia diz como Deus quer que *pensemos sobre ele*. Ela apenas apresenta discussão teológica que não fala realmente sobre Deus.

Conseqüência teológica. A teologia kantiana seguiu essa disjunção racional entre o que aparenta ser e o que é. Aceitando o abismo entre a aparência e a realidade, Søren KIERKEGAARD (1813-1855) proclamou existencialmente que Deus era "completamente diferente" e insistiu em que a razão humana não tomasse parte na defesa do evangelho. Kierkegaard escreveu:

Se Deus não existe, seria, é claro, impossível prová-lo; e se ele existe, seria tolice tentar. Pois desde o início, ao começar minha investigação, pressupus isso [...] senão sequer teria começado, entendendo prontamente que o todo seria impossível se ele não existisse (*Fragmentos filosóficos*, p. 31-5).

Três das teorias de Kant, se verdadeiras, destruiriam a fé cristã. Primeira, Kant é um agnóstico filosófico (v. AGNOSTICISMO). Segunda, ele afirmou que nenhum argumento a favor da existência de Deus é válido (v. COSMOLÓGICO, ARGUMENTO). Terceira, ele negou o direito de acreditar em milagres.

Os argumentos de Kant a favor do agnosticismo são inválidos. Suas antinomias erram pelo fato de terem uma premissa falsa. Não há necessidade de existir tempo antes do tempo; poderia haver eternidade. O teísmo não afirma a criação *no* tempo, mas a criação *do* tempo com o mundo. Nem tudo precisa de uma causa, apenas seres contingentes (finitos, temporais). Logo, um Ser Necessário, primeiro e eterno, não precisa de uma causa (v. CAUSALIDADE, PRINCÍPIO DA).

O argumento de que não podemos conhecer o mundo real é incoerente. A própria afirmação: "Não podemos conhecer a realidade" é uma afirmação que pressupõe o conhecimento sobre a realidade. A tentativa de minar as provas teístas também falha, como discutido no artigo DEUS, OBJEÇÕES ÀS PROVAS DE.

Kant sugere, sem entrar em pormenores, numa premissa crucial (premissa 3 a seguir), no seu argumento contra milagres, que a razão opera de acordo com as leis universais. A partir de suas obras, pode-se reconstruir o argumento:

1. Não podemos conhecer o mundo real (o mundo em si) pela razão teórica.
2. Tudo em nossa experiência (o mundo para nós) deve ser determinado pela razão prática.
3. A razão prática opera segundo as leis universais.
4. Milagres devem ocorrer diariamente, raramente ou nunca ocorrem.
5. Mas o que ocorre diariamente não é milagre; ocorre segundo as leis naturais.
6. O que ocorre raramente não é determinado por nenhuma lei.
7. Mas tudo deve ser determinado pela razão prática que opera nas leis universais.
8. Logo, milagres não acontecem.

Para apoiar a terceira premissa crucial, Kant escreveu:

> Nas questões da vida, portanto, é impossível para nós depender de milagres ou sequer levá-los em consideração quanto ao uso da razão (e a razão deve ser usada em todo incidente da vida) (*Religião dentro dos limites*).

MILAGRES são teoricamente possíveis, mas praticamente impossíveis. Se vivermos como se eles ocorressem, derrubamos a razão prática e a lei moral, que são a essência da religião verdadeira. Portanto, admitir que milagres ocorrem e viver à sua luz é, na realidade, prejudicial à religião. Mesmo que existam atos sobrenaturais, devemos viver (e pensar) como se não existissem.

Kant fez uma disjunção radical entre o mundo incognoscível das coisas que existem (os *númenos*) e o mundo da nossa experiência (os *fenômenos*). No entanto, os filósofos observaram duas coisas sobre esse agnosticismo. Primeiramente, Kant foi inconsistente, já que às vezes passava para o mundo *numênico* (real) para fazer afirmações sobre ele. Ao fazer isso, deixava implícito que o mundo numênico é cognoscível. Em segundo lugar, não se pode separar congruentemente os dois reinos sem ter algum conhecimento de ambos. Uma linha não pode ser desenhada, a não ser que se possa ver além dela. Dizer: "Eu sei que a realidade é incognoscível" é afirmar saber algo sobre a realidade. O agnosticismo completo é incoerente.

Como outros naturalistas, Kant comete uma petição de princípio ao estabelecer uma regra de uniformidade, uma estrutura interpretativa pela qual o naturalista exige conhecimento uniforme do mundo. Para Espinosa, a regra é racional; para Hume, é empírica; para Anthony FLEW é metodológica; para Kant, é moral. Kant regula toda a vida pela lei moral universal (razão prática). Já que ele não permite exceções a uma lei, não há exceções à regra: "Viva como se não existissem milagres".

Mas isso é uma petição de princípio. Por que alguém deve supor que não há exceções a nenhuma lei? E por que devemos supor que tudo está sob uma lei? Talvez existam peculiaridades, tais como a origem do mundo ou a história da terra, que desafiam a classificação (v. ORIGENS, CIÊNCIA DAS). O próprio Kant criou a hipótese nebular com base na singularidade científica no início de nosso sistema solar.

A ciência agora sabe mais, e o modelo mudou. A lei natural agora é considerada geral e estatística, mas não necessariamente universal e sem exceções (v. LEI NATURAL). Kant acreditava, como outros de sua época, que a lei da gravidade de Newton era universalmente verdadeira, sem exceções. Se Kant estava errado em sua posição sobre a lei científica — insistindo em que todo evento fosse classificado sob alguma lei natural, então sua objeção moral aos milagres fracassou.

Conseqüências hermenêuticas. Segundo o fideísmo pós-kantiano, a Bíblia não é uma adaptação à *finitude* humana; é uma acomodação ao *erro* humano. Ela não contém antropomorfismos, e sim mitos. A tarefa da hermenêutica não é "trazer para fora a verdade" (*exegese*) do texto, mas extrair a verdade do texto do erro que o envolve. De qualquer forma, a verdade objetiva está fora de alcance; então quem estuda a Bíblia procura pela "verdade" subjetiva. Logo, a hermenêutica pós-kantiana está impedida de obter conhecimento real de Deus a partir das Escrituras ou de qualquer outra fonte.

Conseqüências apologéticas. Nesse contexto, a apologética só pode ser fideísta ou pressuposicional. Não é por acaso que não havia pressuposicionistas (v. PRESSUPOSICIONAL, APOLOGÉTICA) antes de Kant e menos não-pressuposicionistas depois dele (v. CLÁSSICA, APOLOGÉTICA). Aqueles que aceitam as conclusões de Kant são forçados a renegar a razão a favor da mera fé (v. FÉ E RAZÃO). Não podem mais cumprir o imperativo bíblico de dar "razão da esperança". A neo-ortodoxia de Karl BARTH negou até a afirmação limitada de Emil BRUNNER de que existe a capacidade de receber a revelação de Deus. Barth proibiu a TEOLOGIA NATURAL e não permitia nem uma ANALOGIA de Deus na criação. Em Kierkegaard e Barth, nasceu o moderno fideísmo cristão, que consiste em proclamação sem verificação de reivindicações da verdade.

Conseqüências evangelísticas. Quando o cristianismo é reduzido a declaração sem defesa, sua missão é seriamente prejudicada. Entre as várias teorias do mercado intelectual, é necessário declarar Cristo e defender a declaração. Deus, que criou a razão humana à sua imagem e que nos convida a raciocinar com ele (Is 1.18), exige o sacrifício do pecado, não da razão, como condição para entrar no reino. Ao contrário do agnosticismo kantiano, do existencialismo de Kierkegaard ou do MISTICISMO panteísta, o cristianismo não é um "salto no escuro". Pelo contrário, convida todos a olhar antes de pular. AGOSTINHO observou corretamente que "realmente ninguém acredita em algo a não ser que tenha primeiro chegado à conclusão que deve acreditar naquilo". Logo, "é necessário que tudo em que se acredita seja aceito depois que a razão levou à conclusão" (*Da predestinação*, 5).

Conclusão. O ataque de Kant aos milagres é fundamental. Ele considera os milagres fundamentalmente desnecessários à verdadeira religião. Para ele, a religião verdadeira é viver segundo a lei universal da razão prática. No entanto, o agnosticismo de Kant é contraditório, comete petição de princípio ao supor uma uniformidade moral e presume que a natureza de uma "lei" científica é um *sine qua non* universal, em vez da generalização estatística. Para evitar o milagroso, Kant teve de eliminar os registros de milagres dos documentos básicos do cristianismo, sem qualquer razão histórica para isso.

O cristianismo histórico afirma que milagres são parte verdadeira e essencial do sistema de crença religioso (Rm 10.9; 1Co 15.12-32). O cristianismo sem milagres é um cristianismo sem Cristo, cuja vida foi (e ainda é) caracterizada por milagres (v. MILAGRES, ARGUMENTOS CONTRA).

Fontes

J. COLLINS, *God and modern philosophy*.
W. CRAIG, *The kalam cosmological argument*.
R. FLINT, *Agnosticism*.
N. L. GEISLER, *Christian apologetics* (cap. 1).
___, *Ética cristã*.
___, *Miracles and modern thought*.
___ e WIN CORDUAN, *Philosophy of religion* (cap. 7-9).
S. HACKETT, *The resurrection of theism*.
I. KANT, *Crítica da faculdade do juízo*.
___, *Crítica da razão prática*.
___, *Crítica da razão pura*.
___, *Progressos da metafísica*.
___, *A religião denter dos limites da simples razão*
C. S. LEWIS, *Milagres*.

Kierkegaard, Søren. Nasceu em Copenhague (1813-1855), filho de Michael Pederson, dinamarquês pobre da península da Jutlândia que acumulou fortuna vendendo cortinas e depois vendeu seu negócio em 1786 para estudar teologia. Kierkegaard disse que foi criado com severidade e devoção por um velho melancólico. Sua mãe e cinco de seus seis irmãos morreram quando ele era pequeno, resultado, dizia-se, de uma maldição sobre a família. Ele se referiu às mortes no título de seu primeiro livro, *From papers of one still living* [*Dos papéis de um dos sobreviventes*].Era muito inteligente, mas preguiçoso, e amava o teatro e a música, principalmente Mozart. Um defeito na espinha pode ter afetado sua maneira de ver a vida. Hans Christian Andersen retratou o jovem Kierkegaard freqüentemente bêbado, como personagem principal de seu romance *Shoes of fortune* [*Os sapatos da fortuna*]. Convertido ao cristianismo e reconciliado com seu pai em 1838, estudou de 1831 a 1841, antes de receber o diploma de mestre em filosofia. Ficou noivo de Regina Olsen depois da formatura, mas decidiu não se casar.

Obras. A extensa produção literária de Kierkegaard começou quando ele tinha 21 anos em 1834 e continuou até 1855. Suas obras podem ser assim classificadas:

Começando com *Papéis*, o autor produziu muitos ensaios e livros estéticos e filosóficos. Essas obras incluem os discursos "A expectativa da fé", "Toda dádiva é perfeita e definitiva", "O amor cobre uma multidão de pecados", "Fortalecido no homem interior", "O Senhor deu e o Senhor tirou", "Adquirir sua alma com paciência", "Preservar sua alma com paciência", "Paciência na espera", "O espinho na carne",

"Contra a covardia", "O homem justo persevera na oração com Deus e vence — nisso Deus vence", "Um culto confessional", "Na ocasião de um casamento" e "Ao lado de um túmulo".

Seus livros sobre estética incluem *Post-scriptum definitivo e não científico, Temor e tremor, Johannes climacus or de omnibus dubitandum est, Fragmentos filosóficos, Prefácios, repetição, Etapas no caminho da vida, O conceito do temor* e *O conceito de ironia*.

As obras explicitamente religiosas de Kierkegaard incluem *Neutralidade armada, Ataque contra a "cristandade", Julgai por vós mesmos, De autoridade e revelação: o livro de Adler, Da diferença entre um gênio e um apóstolo, Pureza de coração é querer uma só coisa, Resposta a Theophilus Nicolaus (Fé e paradoxo), A crise e uma crise na vida de uma atriz, A dialética da comunicação ética e ético-religiosa, O evangelho do sofrimento, O sumo sacerdote — O publicano — A mulher pecadora, O indivíduo, Os lírios do campo, O ponto de vista, A presente era, A doença para a morte, O Deus imutável, Treinamento no cristianismo, Qual é o julgamento de Cristo quanto à cristandade oficia* e *Obras de amor*.

Outras obras que não podem ser classificadas incluem: *Meditações de Kierkegaard, Artigos de jornal, Os diários de Kierkegaard* e *As orações de Kierkegaard*.

Convicções básicas. Teologicamente Kierkegaard era ortodoxo. Escreveu que não estava tentando mudar as doutrinas ensinadas na igreja, e sim insistindo em que algo fosse feito com elas (*Journals and Papers*, 6:362). Ele acreditava na inspiração das Escrituras (v. BÍBLIA, EVIDÊNCIAS DA), no NASCIMENTO VIRGINAL, em milagres, na expiação, na ressurreição corporal e no julgamento final (v. INFERNO). Em "Pensamentos que ferem pelas costas", ele se mostra horrorizado porque o cristianismo substituiu a ressurreição pela imortalidade platônica.

Três fases da vida, uma eterna. As convicções gerais de Kierkegaard são expressas em três fases de vida: a estética, a ética e a religiosa. Seu propósito é levar a pessoa da vida estética de prazer para a vida religiosa de compromisso por meio da vida moral do dever. Em *Meu ponto de vista para minha obra como autor*, ele escreveu: "Eu sou e fui um autor religioso, e todo meu trabalho como autor está relacionado ao cristianismo, ao problema de alguém se tornar cristão, à polêmica direta e indireta contra a ilusão de que num país como o nosso todos são cristãos de algum tipo" (ibid., p. 5-6).

Alguns contrastes são úteis para resumir esses três níveis:

A fase estética	A fase ética	A fase religiosa
Sentimento	Decisão	Existência
Voltado para si mesmo	Voltado para a lei	Voltado para Deus
Rotinas da vida	Regras da Vida	Revelação da vida
Voltado para o presente	Voltado para a vida/ tempo	Voltado para a eternidade
Indivíduo é espectador	Indivíduo é participante	Respeito ao legislador
Viver pelos caprichos pessoais	Viver pelas normas universais	O individual
Vida de deliberação	Vida de vontade	Pessoa de Deus
Vida de intelecto	Preocupações futuras	Verdade subjetiva
Interesses imediatos	Respeito à lei moral	Âmbito existencial
	O universal	
	Proposições sobre Deus	
	Verdade objetiva	
	Âmbito essencial	

Kierkegaard descreve o conflito entre as esferas estética e ética na sua obra *Isso ou aquilo* (1843), um ataque ao pensamento dialético de G. W. F. Hegel (1770-1831). Kierkegaard acreditava que a paixão é o ápice da existência. Não há valor real nem no acúmulo objetivo de conhecimento nem na sua intuição alegre e mística. A vida não é encontrada em fatos neutros nem em discernimentos alegres, mas em escolhas responsáveis.

O volume 1 é uma apresentação dramática da vida estética por um homem sofisticado que vê o *pathos* inevitável do prazer. Nesse hedonismo, a própria experiência reflexiva é o objeto do prazer. O esteta refinado é moralmente indiferente, em vez de rebelde. A experiência estética é uma experiência de possibilidades infinitas, nunca de realidade presente. O autor tem medo de tornar-se o eu verdadeiro e apenas brinca com o ambiente. Ele escolhe, não entre o bem e o mal, mas entre escolher e não escolher. O máximo para a vida estética é o compromisso com o desespero. O esteta tem interesses imediatos, mas não preocupações futuras.

O volume 2 apresenta o outro pólo — a responsabilidade moral. A vida significativa é impossível sem o esforço moral. Ser ético significa ser governado pelo eterno; ser estético é ser governado pelo temporal. Ética e estética são qualitativamente distintas, mas estão naturalmente relacionadas pelo fato de a primeira ser a condição anterior à segunda. Agir eticamente significa aceitar responsabilidades sob a soberania de Deus. Logo, a realização pessoal não está na simples criação pessoal, mas na integração do eterno com o temporal.

Nesse Eclesiastes kierkegaardiano, a escolha básica do estilo de vida estético é no final das contas fundir o bem e o mal, ao passo que o estilo de vida ético inevitavelmente escolherá o bem. Isso lembra a máxima de Agostinho: "Ama a Deus e faze o que queres". Kierkegaard está preocupado principalmente com a maneira em que a pessoa vive (paixão), em vez de o que ela faz (conteúdo). Mas a pessoa ética também acaba no desespero de encontrar significado. Isso leva o leitor à terceira fase, a religiosa. A vida ética leva ao fracasso em atingir os próprios ideais. Isso leva ao arrependimento, a precondição da fé.

Kierkegaard introduz Deus como o Legislador Moral. O arrependimento ético termina em tristeza causada pelo próprio fracasso. Isso em si não leva à redenção. A ética leva à lei com seu fracasso, não ao Legislador.

Essa obra importante prepara para a fase religiosa sem entrar nela. A lei termina em autoconfiança, mas não traz confiança em Deus. O indivíduo no final acaba com duas escolhas — a religião ou o desespero.

Kierkegaard esperava que suas obras estéticas levassem as pessoas a querer escolher a religião como maneira de encontrar o significado eterno. Ele escreveu vários "discursos edificantes" para dar a resposta ao desespero das fases estética e ética. Infelizmente, descobriu que as pessoas preferiam diversão a edificação. Em "A expectativa da fé", uma resposta à fase estética, afirmou que o conforto só é encontrado no eterno. É uma estrela guia para um marinheiro que enfrenta a repetição monótona das ondas. O tédio do temporal é vencido apenas pela tranqüilidade do transcendental. A fé é uma paixão pelo eterno e uma resposta a ele. Até a dúvida pode ser um instrumento para despertar o Deus eterno.

Em "Toda dádiva boa e perfeita", uma resposta à vida de dever ético, Kierkegaard demonstra como Deus usa a depressão moral para o nosso bem. Mesmo a oração negada não é injusta. A pessoa que ora está melhorando, ainda que a resposta não seja para o bem. Até tragédias podem ser vitórias se recebidas com ação de graças. Toda tragédia pessoal é de alguma forma redimida pela soberania de Deus. O sofrimento é benéfico para destruir a autodeterminação rebelde.

Religião vs. ética. Em *Temor e tremor*, Kierkegaard revela como a ética é transcendida pela religião. Abraão é devotado à lei de Deus, que proíbe matar. No entanto, Deus manda oferecer Isaque como sacrifício. Incapaz de explicar ou justificar sua ação, Abraão suspendeu a ética e deu um "salto de fé". Ao fazê-lo, destronou a ética sem destruí-la.

Kierkegaard acreditava que a fé religiosa era pessoal, algo que somos. Devemos vivê-la, não apenas conhecê-la. A verdade espiritual não pode ser apenas reconhecida; deve se apropriar dela pelo compromisso.

Em *Pós-escritos não-científicos finais*, outra distinção é estabelecida dentro da fase religiosa. A religião x é religião natural, e a religião y é sobrenatural. A primeira é religiosidade; a segunda é o cristianismo. A religião x é racional, mas a religião y é paradoxal. A primeira enfatiza apenas uma necessidade geral; a segunda é criada por uma necessidade especial de Cristo.

Em *Fragmentos filosóficos*, Kierkegaard relaciona fé e razão. O livro é filosófico e objetivo. O cristianismo é estudado quanto a seu conteúdo (o que), ao contrário dos *Pós-escritos*, que enfatiza o cristianismo como modo existencial de vida (como). Esse ataque à filosofia centrada no homem influenciou Karl Barth profundamente. Os seres humanos vêem Deus como um Desconhecido desconcertante. Deus deve iniciar a comunicação. Duas questões são levantadas. Primeira, é possível basear a felicidade eterna no conhecimento histórico? Isso remonta a Gotthold Lessing (1729-1781) e sua "vala". Segunda, como pode o Deus transcendente comunicar-se conosco?

Kierkegaard usa a parábola de um rei que se torna mendigo para conquistar o amor de uma donzela pobre a fim de argumentar que não se pode conseguir o eterno a partir do puramente histórico, nem o espiritual a partir do racional. O pecado original é o fato humano fundamental (v. *O conceito do temor*). A humanidade não pode conhecer nem encontrar a verdade sem que Deus lhe ofereça o conhecimento e o encontro por meio da revelação. Essa revelação milagrosa e autêntica não faz parte do sistema racional.

Razão e revelação. Kierkegaard comparou Sócrates a Cristo para chegar à diferença entre revelação e razão:

Sabedoria de Sócrates	Revelação de Cristo
Lembranças passadas	Expectativa futura
Verdade despertada de dentro	Verdade recebida de fora
Verdade imamente	Verdade transcendente
Verdade racional	Verdade paradoxal
Verdade vem do homem sábio	Verdade vem do Deus-Homem

As verdades cristãs não são analíticas (auto-evidentes) nem sintéticas, porque ainda que factualmente corretas, não são aceitas, pois o conhecimento humano carece da certeza contida nas afirmações cristãs. As afirmações cristãs são paradoxais e só podem ser aceitas pela fé. Há um Deus real e transcendente, que só pode ser escolhido na sua auto-revelação. Esse Deus é significante e real, mas paradoxal. Ele é o limite desconhecido do conhecer; ele atrai magneticamente a razão e causa uma colisão passional com a humanidade dentro do paradoxo. A razão não pode penetrar Deus, nem pode evitá-lo. O próprio zelo dos positivistas em eliminar Deus demonstra sua preocupação com ele. O paradoxo supremo de todo pensamento é a tentativa de descobrir algo que o pensamento não pode conceber.

Provas e indicações. Deus é desconhecido para nós, mesmo em Cristo. Deus indica sua presença apenas por "sinais" (indicações). A revelação paradoxal do desconhecido não é cognoscível pela razão. A reação humana deve ser um salto de fé, que é concedido por Deus, mas não imposto a nós; podemos aceitar a fé ou decidir viver racionalmente (v. FIDEÍSMO). A fé em Deus não pode ser racional ou empiricamente fundada. Racionalmente não podemos sequer imaginar como Deus é ou não é. O máximo que podemos fazer é projetar em direção ao transcendente qualidades familiares que jamais o alcançam. Não podemos argumentar com base nas obras da natureza de Deus, pois ou elas pressupõem Deus ou conduzem à dúvida.

Os que pedem provas da existência de Deus ignoram a Deus (v. DEUS, EVIDÊNCIAS DE), pois já possuem o que imaginam (v. "Por ocasião de um culto confessional", em *Thoughts on crucial situations in human life* [*Pensamentos sobre situações cruciais na vida humana*]). Ainda que se pudéssemos provar a existência de Deus, ela seria irrelevante para nós. É sua relação conosco que tem importância religiosa. O evangelho é apresentado apenas como escolha existencial, não para reflexão racional (*Pós-escritos*, p. 485; *Obras de amor*, p. 74). Deus não é irracional. Deus é supra-racional, o que transcende a racionalidade finita. O verdadeiro absurdo na situação humana é que as pessoas devem agir como se tivessem certeza, apesar de não terem motivo para ter certeza.

Fé e o irracional. O livro *Post-Scriptum definitivo e não científico* acrescenta que a razão objetiva jamais pode encontrar a verdade existencial. Provas não podem comprovar nem derrubar o cristianismo. Tentar provar Deus é um insulto tão vergonhoso quanto ignorá-lo. Reduzir o cristianismo à probabilidade objetiva seria fazer dele um tesouro que se pode possuir negligentemente, como dinheiro no banco.

A fé em fatos religiosos, tais como a encarnação ou autoridade das Escrituras, não é fé verdadeira. Fé verdadeira é dom de Deus e inatingível pelo esforço. A encarnação (v. CRISTO, DIVINDADE DE) e a Bíblia são pontos de referência objetivos, mas não são razões. A fé verdadeira é o salto em direção à revelação de Deus que não se baseia em evidência objetivamente racional ou empírica. A razão, no entanto, tem o papel negativo de nos ajudar a distinguir o absurdo do paradoxo. O cristão é impedido pela razão de crer em absurdos (*Post-scriptum*, 504). Ele conta a parábola de um louco que quer provar que é são. Ele bate uma bola no chão, dizendo: "Bum, a terra é redonda". Ele mostra que o que o louco disse era verdade, mas mesmo assim isso não prova que ele é são. A maneira pela qual ele diz isso mostra que ele não está relacionado corretamente com a verdade (ibid., p. 174).

Conhecimento volitivo e racional de Deus. O pecado, não nossa inabilidade mental, faz Deus parecer um paradoxo absoluto. Esse paradoxo absoluto torna-se absurdo na cruz, a ofensa oferecida pelo evangelho. A tarefa humana, portanto, não é compreender a Deus intelectualmente, mas submeter-se a ele existencialmente em amor sacrificial. O paradoxo não é teórico, mas volitivo. Não é metafísico, mas axiológico. Deus é loucura para nossa mente e ofensa ao nosso coração. O paradoxo objetivo de Deus em Cristo deve receber uma resposta paradoxal de fé e amor.

Escrituras. Kierkegaard acreditava que a Bíblia era a Palavra inspirada de Deus (v. REVELAÇÃO ESPECIAL). Escreveu:

Estar sozinho com as Sagradas Escrituras! Não me atrevo! Quando abro numa passagem, seja qual for — ela me prende instantaneamente, me pergunta (é como se o próprio Deus me perguntasse: "Fizeste o que leste aqui?").

Ele até a chama "Palavra de Deus", acrescentando: "Meu ouvinte, com que intensidade estimas a *Palavra de Deus?*" (*Auto-exame,* p. 51). Kierkegaard até acreditava que o cânon estava fechado e que Deus não dá novas revelações. Criticava duramente qualquer pessoa que afirmasse ter recebido uma nova revelação (v. Bíblia, canonicidade da).

No entanto, Kierkegaard não acreditava ser necessário ou importante defender a infalibilidade das Escrituras. Isso fica evidente em suas posições sobre o eterno e o temporal, bem como em seus comentários sobre crítica bíblica.

O eterno e o temporal. Como pode a salvação eterna depender de documentos históricos (e portanto incertos)? Como pode o histórico oferecer conhecimento não-histórico? (v. Cristo da fé vs. Jesus da história). A resposta de Kierkegaard é que, à medida que a Bíblia oferece informação empírica, constitui base insuficiente para a fé religiosa. Somente a fé inspirada pelo Espírito encontra o Deus eterno no Cristo temporal (v. Espírito Santo na apologética, papel do). Os autores bíblicos não certificam primariamente a historicidade da divindade de Cristo (v. Cristo, divindade de), mas testificam a favor da divindade de Cristo na história. Logo, a crítica bíblica é irrelevante. O importante não é a historicidade de Cristo, e sim a contemporaneidade de sua pessoa que confronta hoje pessoas pela fé na ofensa do evangelho. O Jesus histórico é uma pressuposição necessária, mas a história não prova que ele é o Messias. A única prova disso é o fato de sermos seus discípulos.

Historicidade e contemporaneidade. Se o eterno vem como evento na história, como pode estar igualmente disponível a todas as gerações? A resposta é que a fé não depende do acaso ou de um encontro fortuito com Jesus na rua. Isso seria contemporaneidade. A fé é centrada num evento histórico, mas não se baseia nele. Nenhuma contemporaneidade superficial pode gerar fé; apenas a contemporaneidade espiritual pode fazê-lo.

Pois se a geração contemporânea não deixasse após sua passagem senão estas palavras: "Cremos que nesse determinado ano Deus apareceu entre nós na forma humilde de servo, que ele viveu e ensinou na nossa comunidade, e finalmente morreu, isso seria mais que suficiente (ibid., p. 130).

Assim, o tempo é irrelevante para a fé. Não existe discipulado de segunda mão.

Crítica da Bíblia. Quanto ao apologista da Bíblia, Kierkegaard o exorta: "Quem defende a Bíblia para o benefício da fé deve ter certeza de que, no caso de ter sucesso além das expectativas, poderá com todo seu trabalho não garantir nada relativo à fé". Para o crítico, ele adverte: "Quem ataca a Bíblia também deve ter buscado uma compreensão clara da possibilidade de, se o ataque for bem-sucedido acima de toda expectativa, nada haver que acompanhe o resultado filológico". Se os defensores da Bíblia alcançam seus maiores sonhos ao demonstrar que livros pertencem ao cânon, sua autenticidade, confiabilidade e inspiração, de que adianta? Será que alguém que antes não tinha fé deu um passo em direção a ela? A fé não resulta simplesmente da investigação científica; na verdade, não vem de forma direta. Pelo contrário, "em sua objetividade a pessoa tende a perder o interesse pessoal infinito na paixão, que é a condição da fé" (*Post-scritum definitivos*). Mas e se os oponentes da Bíblia comprovarem tudo que alegam sobre ela, isso elimina o cristianismo? De forma alguma. Se o crente "acreditasse por causa de alguma prova, estaria prestes a abrir mão de sua fé". A fé não precisa de provas, disse ele. A fé, na verdade, considera a prova sua inimiga (ibid., p. 31).

Em outro trecho Kierkegaard afirma que, para dar lugar à fé, homens e mulheres devem ser libertos dos grilhões da necessidade histórica. A história não é uma necessidade que se revela, como Hegel disse, mas uma resposta livre ao desafio e à confrontação. A liberdade escapa da rede da explicação científica.

Rejeição à teologia natural. A religião natural é boa, mas não é cristã, porque carece de revelação transcendente. Ela suplementa o cristianismo, porém é patética sem o cristianismo para completá-la. Surge da colisão da razão com o desconhecido (um conceito desenvolvido no *Numinous,* de Rudolph Otto), que jamais vai além da colisão. O ser humano é um criador de deuses que deifica tudo que é esmagador. Mas no fundo do coração da devoção natural esconde-se um capricho que sabe que produziu a divindade e que a divindade é uma fantasia. Logo, a religião natural desvia-se ou para o politeísmo, que coleta todas as fantasias, ou para o panteísmo, que as funde de modo incongruente. Assim, Kierkegaard conclui que, por mais que a razão nos aproxime de Deus, essa ainda será a maior distância que ele estará de nós.

Kierkegaard acrescenta uma observação interessante sobre a religião comparativa. O budismo, diz, procura o eterno fora do tempo — pela meditação. Sócrates buscou o eterno antes do tempo — pela memória. Mas o cristianismo busca o eterno no tempo — pela revelação.

Avaliação. Apesar de Kierkegaard poder ser considerado um evidencialista moderado com relação às verdades objetivas e históricas, com relação à verdade religiosa ele é quase um exemplo clássico de fideísta. Ele e Karl BARTH, são os fundadores do ataque cristão à abordagem racional e evidencial do cristianismo no mundo moderno. No entanto, há vários valores no pensamento kierkegaardiano, até mesmo para a apologética cristã.

Contribuições positivas. Kierkegaard pode ser louvado por sua crença nos fundamentos da fé cristã. Ele enfatizou o encontro pessoal com o cristianismo autêntico, a importância do livre-arbítrio em oposição ao determinismo comportamental e o retorno à fé do NT. Enfatizou a imutabilidade, a transcendência, e a graça de Deus e a depravação humana. Ofereceu explicações criativas sobre muitas passagens bíblicas.

Uma repreensão ao racionalismo. Alguns racionalistas, como René DESCARTES, Gottfried LEIBNIZ e Christian Wolff, enfatizaram uma abordagem extrema de Deus. Desvalorizaram o papel da fé e do encontro pessoal no relacionamento genuíno com Deus. Exageraram seus argumentos a favor da existência de Deus (v. DEUS, EVIDÊNCIAS DE), afirmando que eram matematicamente absolutos. O ataque de Kierkegaard ao racionalismo e sua ênfase sobre o encontro pessoal com o Deus vivo é uma repreensão útil ao racionalismo puro.

A distinção clássica entre a razão e as verdades da fé (v. FÉ E RAZÃO) às vezes é esquecida na apologética racional moderna. Há verdades que, apesar de irem contra a razão, vão além da razão (v. MISTÉRIO). Kierkegaard via isso claramente.

A verdadeira base para a fé. Alguns apologistas clássicos (v. CLÁSSICA, APOLOGÉTICA) e apologistas evidenciais (v. APOLOGÉTICA, TIPOS DE) tendem a esquecer que a fé não se baseia na evidência ou razão sobre Deus, mas no próprio Deus. Kierkegaard enfatizou esse ponto em demasia.

Pré-evangelismo útil. Poucos descreveram o desespero da vida estética tão claramente quanto Kierkegaard. *Either/ Or* [*Isso ou Aquilo*] dá uma visão inédita da futilidade da vida sem Deus. Isso pode ser formulado como um argumento implícito a partir da necessidade religiosa (v. DEUS, NECESSIDADE DE).

O histórico e o eterno. Kierkegaard está correto ao observar que o milagre é mais que mera dimensão histórica, e o histórico é insuficiente para possibilitar o contato com o Deus vivo (v. MILAGRES, MITO E). A ênfase exagerada por parte dos apologistas históricos pode ser mal-interpretada e dar a entender que é possível chegar a Deus mediante a evidência histórica apenas. Kierkegaard faz advertências agudas quanto ao abismo entre o histórico e o eterno.

Está correto em notar que, mesmo se alguém tivesse registros históricos perfeitos, essa informação por si só não levaria a pessoa ao contato com Deus.

Dificuldades. FIDEÍSMO. Como outros fideístas, Kierkegaard oferece razões incoerentes para o fideísmo, que afirma que não se pode oferecer razões para as questões da fé. O restante dessa questão é discutida no artigo FIDEÍSMO.

Separando fato e valor. Seguindo Immanuel Kant, Kierkegaard separa radicalmente fato e valor, o que é e o que deve ser. Isso deu ímpeto à separação do Jesus da história do Cristo da Fé (v. CRISTO DA FÉ VS. JESUS DA HISTÓRIA; JESUS, SEMINÁRIO; MILAGRES, MITO E). Apesar de o histórico não possibilitar o contato com o eterno, o eterno também não pode ser separado da história real. Apesar de Kierkegaard não negar a realidade histórica dos milagres, reduz a importância dessa dimensão. Os milagres podem ser mais que históricos, mas não são menos. Ao negar a importância do histórico, ele mina a autenticidade do NT e, com ele, o cristianismo do NT. A mudança de ênfase de fato para valor leva à negação do fato e de seu apoio à fé.

Apoio evidencial para a fé. Apesar de Kierkegaard estar correto sobre a fé ser baseada não em fatos, mas em Deus, ele está errado ao supor que não há apoio racional e evidencial para a fé. É claro que Deus é a base da fé em Deus, todavia isso não significa que não temos qualquer outro apoio racional ou evidencial para a fé. Kierkegaard exagera quando afirma: "O milagre não pode provar nada; pois, se você não acredita que ele [Deus] é o que diz ser, você nega o milagre. Um milagre pode chamar a atenção" (*Training in Christianity* [*Treinamento no cristianismo*], p. 99).

Fé em e fé que. Não há evidência para fé *em* Deus. Isso é estritamente uma questão de fé. No entanto, há evidência para se ter fé *que* exista um Deus. Kierkegaard não enfatiza a importância de ter a evidência de que Deus existe. Nenhuma pessoa racional depositaria sua fé num elevador para ir ao nono andar sem evidência de que o elevador pudesse fazer isso. Da mesma forma, nenhuma pessoa racional deveria confiar em Deus sem que fosse razoável acreditar que existe um Deus confiável.

O papel dos argumentos teístas. Kierkegaard não oferece refutações aos argumentos a favor de Deus como Kant (v. DEUS, OBJEÇÕES ÀS PROVAS DE). Ele oferece apenas um tipo de reclamação existencial contra argumentos teístas, que são uma ofensa a Deus. Mas por que o Deus da razão ficaria ofendido por usarmos a razão? A razão é parte do que nos faz semelhantes a ele (Gn 1.27).

Um Deus completamente diferente. O conceito de Deus como "completamente diferente" é uma forma de AGNOSTICISMO. Como o reino *numênico* de Kant (a coisa-em-si), Deus jamais pode ser conhecido. Podemos conhecer apenas *que* ele existe, mas não *o que* ele é. Precisamos conhecer algo sobre *o que* algo é ou não podemos saber *que* existe. Mesmo um objeto estranho que nunca vimos antes não é "completamente diferente". Podemos não conhecer seu propósito, mas podemos conhecer seu peso, forma e cor. A própria afirmação de que não sabemos nada sobre Deus é uma declaração de que se sabe algo sobre ele; logo, é incoerente. Conhecimento puramente negativo sobre algo é impossível. A afirmação de que Deus não é "isso" sugere que conhecemos o "isso". Assim, considerar a linguagem religiosa mera indicação de Deus, incapaz de descrevê-lo, na verdade nos deixa em ignorância total e em situação de derrota.

Suspensão da ética. Em sua suspensão do ético pelo religioso, Kierkegaard abriu o caminho para a ética de situação. Apesar de crer firmemente nas leis morais de Deus, no mais alto nível do dever — sua relação com Deus —, não há como distinguir o certo do errado. O encontro existencial com Deus coloca a pessoa além dos reinos racional e ético. Apesar do contexto racional e ético em que começa, a suspensão do ético pelo religioso deixa a pessoa sem qualquer guia real no nível mais elevado de certo e errado.

Subjetividade da verdade. Kierkegaard não afirmou que a verdade era subjetiva. Ele disse: "A verdade é subjetividade". E, apesar de não negar a verdade objetiva (v. VERDADE, NATUREZA DA) na ciência ou na história, negava que a verdade religiosa fosse objetiva ou testável. Isso não só nos deixa com um mero teste subjetivo da verdade religiosa como também confunde a natureza objetiva da verdade religiosa com a condição subjetiva de recebê-la. Certamente deve-se aplicar as verdades do cristianismo à vida subjetivamente, mas isso não significa que tais verdades devam ser definidas como subjetividade. Toda essas verdades correspondem objetivamente à situação descrita.

Minimizando o historicamente necessário. Quando Kierkegaard falou sobre a mera fé num homem chamado Jesus, em quem as pessoas acreditavam que Deus habitava, como os fatos históricos mínimos necessários para a fé cristã, ele abriu caminho para a demitologização radical de BULTMANN. Isso ataca a afirmação do NT de que o fato da ressurreição corporal é absolutamente necessário para o cristianismo. Como o apóstolo Paulo declarou: "E, se Cristo não ressuscitou, inútil é a fé que vocês têm, e ainda estão em seus pecados" (1Co 15.17; v. Rm 10.9).

Revelação pessoal e proposicional. Apesar de crer na inspiração das Escrituras, a ênfase de Kierkegaard na natureza pessoal da verdade religiosa e na necessidade do encontro existencial com Deus desequilibrou a balança axiológica contra a revelação proposicional. Ela não só foi diminuída, mas também separada do que é realmente importante, a revelação pessoal. Isso levou à neo-ortodoxia de Karl BARTH e Emil BRUNNER, que negou a posição histórica e ortodoxa de que a revelação é proposicional.

Os termos salto, absurdo *e* paradoxo. Kierkegaard não era irracionalista, como alguns afirmaram, mas o uso que faz dos termos nos dá essa impressão. *Absurdo* e *paradoxo* geralmente têm sido reservados, de Zenão a Kant, para significar contradição lógica (v. PRIMEIROS PRINCÍPIOS; LÓGICA). São, na melhor das hipóteses, uma escolha infeliz de termos e geralmente são mal-interpretados. Kierkegaard foi muito mal-interpretado, em parte por tê-los usado. Da mesma forma, falar de um "salto" de fé parece irracional, como até Kierkegaard pareceu reconhecer mais tarde (v. *Journals*, p. 581). Tais palavras extremas para descrever o mistério do que não vai contra a razão, mas apenas está além dela, só podem levar à má interpretação.

Fontes

G. E. ARBAUGH, *Kierkegaard's authourship*.

S. EVANS, *Kierkegaard's "Fragments" and "Postscript"*.

___, *Subjectivity and religious belief*.

F. CARMINCAL, "The unknown and unread Søren Kierkegaard", em *Studia et apologia*.

J. CARNELL, *The burden of Søren Kierkegaard*.

P. S. MINEAR, et al., *Kierkegaard and the Bible*.

H. NYGEREN, "Existentialism: Kierkegaard", em N. L. GEISLER, org., *Biblical inerrancy: its philosophical roots*.

V. tb. as várias obras de Kierkegaard citadas acima.

Krishna. V. HINDUÍSMO VEDANTA; RESSURREIÇÃO NAS RELIGIÕES NÃO-CRISTÃS, REIVINDICAÇÕES DE; RELIGIÕES MUNDIAIS, CRISTIANISMO E.

Kushner, Harold. Rabino americano do final do século XX cuja versão popular de deísmo finito é expressada em seus best-sellers *Quando tudo não é o bastante* e *Quando coisas ruins acontecem às pessoas boas*. Kushner desafia o cristianismo em vários pontos importantes, principalmente na sua rejeição aos milagres e nos argumentos a favor de um Deus finito (v. MILAGRES, ARGUMENTOS CONTRA).

Um Deus limitado. Segundo Kushner, existe um Deus que é limitado em poder e perfeição. Mas,

> quando falamos de um Deus, estamos fazendo algo mais que um censo de quantos seres divinos existem? Será que estamos dizendo que Deus "está no controle..."? (*Quando tudo não é o bastante*, p. 133).

Além disso, "pelo fato de ser Um, ele está completamente sozinho a não ser e até que haja outras pessoas para amá-lo" (ibid., p. 56). Esse Deus "não pode monopolizar todo Poder e não deixar nenhum para nós" (ibid.). Além de Deus ser limitado por nossa causa, ele também é limitado por causa de sua natureza. Nas palavras de Kushner:

> Reconheço suas limitações. Ele é limitado no que pode fazer pelas leis da natureza e pela evolução da natureza humana e da liberdade moral humana (*Quando coisas ruins acontecem às pessoas boas*, p. 134).

Devemos entender "que até Deus tem dificuldade para controlar o caos e limitar a destruição que o mal pode causar" (ibid., p. 43).

Kushner vê a finitude de Deus como uma vantagem para nossa vida, não um risco. Pois, "se podemos reconhecer que existem algumas coisas que Deus não controla, muitas coisas boas se tornam possíveis" (ibid., p. 45). Na verdade, "Deus, que não causa nem previne tragédias, ajuda ao inspirar pessoas a ajudar" (ibid., p. 141). Deus não pode controlar o mundo e os seres humanos, mas ele "é o poder divino que os incentiva a crescer, avançar e desafiar" (ibid., p. 132).

Deus, para Kushner, é um Deus de amor, não de poder (*Quando tudo não é o bastante*, p. 55). Ele é mais bondoso que capaz (ibid., p. 58). "Deus é a força que nos leva a deixar o egoísmo e ajudar nosso próximo, e ao mesmo tempo o inspira a transcender o egoísmo e nos ajudar" (ibid., p. 183). Quanto às nossas circunstâncias trágicas: "Deus não pode impedir a calamidade, mas nos dá a força e perseverança para superá-la" (*Quando coisas ruins acontecem às pessoas boas*, p. 141). Deus não pode evitar nossas desgraças, mas também não as envia. "Nossas desgraças não têm nada que ver com ele, e então podemos pedir ajuda a ele" (ibid., p. 44). Mesmo durante o holocausto, Deus "estava com as vítimas, e não com os assassinos, mas [...] ele não controla a escolha do homem entre o bem e o mal" (ibid., p. 84).

Seres humanos bons. A humanidade é um resultado evoluído da "criação de Deus" (*Quando tudo não é o bastante*, p. 77). Cada indivíduo é feito "à imagem de Deus". Isso se manifesta principalmente em sua habilidade de escolher entre o bem e o mal. Os seres humanos também são seres racionais.

Quando as primeiras páginas da Bíblia descrevem Adão dando nomes aos animais, é feita uma homenagem à sua habilidade singular de raciocínio, de classificar as coisas em categorias. O homem sozinho pode usar sua mente para fazer ferramentas, [...] assim como para escrever livros e sinfonias (ibid., p. 103-4).

Os seres humanos não só têm mente e vontade, mas também têm corpos físicos que sentem dor (ibid., p. 78). No entanto, o corpo humano é bom. Para Kushner, "ver o corpo humano e todo o mundo natural com nojo ou desconfiança é uma heresia, assim como vê-lo sem a devida reverência" (ibid., p. 83). Deus é bom, e também fez a humanidade boa. Quando a Bíblia descreve Adão e Eva comendo o fruto da árvore do conhecimento do bem e do mal, eles não caíram; eles "subiram". Foi um momento de progresso para a raça humana, não uma catástrofe. Foi um salto no processo evolutivo.

Kushner refere-se à mente humana como "a prova mais irrefutável da mão de Deus no processo evolutivo" (ibid., p. 110). Em outro trecho escreve sobre "o que Deus tinha em mente quando preparou os seres humanos para evoluírem" (ibid., p. 135). Portanto, a evolução é o meio pelo qual Deus expressa sua criatividade (v. EVOLUÇÃO BIOLÓGICA). O ser humano é o produto mais elevado desse processo — a criatura mais parecida com Deus.

Um mundo caótico. Embora o mundo esteja num processo de mudança, existem coisas sobre o mundo que até Deus não pode mudar. Deus não pode fazer condições fatais serem menos fatais ou curar uma doença (*Quando coisas ruins acontecem às pessoas boas*, p. 110). "As leis da natureza não fazem exceções para pessoas boas. Uma bala não tem consciência; nem um tumor maligno ou um automóvel desgovernado" (ibid., p. 58).

As mãos de Deus estão atadas pelas leis insensíveis da natureza. Logo, não podemos pedir um MILAGRE para Deus. Quando coisas muito anormais acontecem, "devemos curvar nossas cabeças para agradecer pela presença de um milagre, e não pensar que nossas orações, contribuições ou abstinências fizeram isso" (ibid.). A oração não nos dá contato com o Deus sobrenatural. Na verdade a oração "nos dá contato com outras pessoas, pessoas que têm os mesmos temores, valores, sonhos e dores que nós" (ibid., p. 119).

Esse mundo também é irracional (*Quando tudo não é o bastante*, p. 111). Não há significado final em nada que acontece (*Quando coisas ruins acontecem às pessoas boas*, p. 136). Não há razão para algumas pessoas sofrerem e não outras.

> Esses eventos não refletem a escolha de Deus. Elas acontecem por acaso, e o acaso é outro nome para caos, naqueles cantos do universo onde a luz criativa de Deus ainda não penetrou (ibid., p. 53).

Perdoar Deus pelo mal. O mal é real (*Quando tudo não é o bastante*, p. 89). "Estar vivo é sentir dor, e esconder-se da dor é estar menos vivo" (ibid.). O mundo é injusto, e devemos ajustar-nos a ele. Em vez de culpar Deus, precisamos perdoá-lo. Numa passagem comovente, o rabino pergunta:

> Você é capaz de perdoar e amar a Deus mesmo quando descobriu que ele não é perfeito, mesmo quando ele o decepcionou ao permitir azar e doença e crueldade no seu mundo, e permitiu que algumas dessas coisas acontecessem com você? Você pode aprender a amá-lo e perdoá-lo apesar das suas limitações [...] assim como aprendeu a perdoar e amar seus pais apesar de não serem tão sábios, fortes ou perfeitos quanto você precisava que fossem? (*Quando coisas ruins acontecem às pessoas boas*, p. 148).

A solução para o problema do mal (v. MAL, PROBLEMA DO) é "perdoar Deus por não ter feito um mundo melhor, estender a mão para as pessoas à nossa volta e continuar vivendo apesar de tudo" (ibid., p. 147).

Maturidade na ética. A teoria de Kushner do certo e errado tem raízes na tradição judaica, mas floresce à luz da psicologia contemporânea. Às vezes ele fala sobre Deus como Legislador. "Ele nos comanda. Ele impõe a nós um senso de obrigação moral" (*Quando tudo não é o bastante*, p. 180). Deus "nos comanda. É por isso que estamos na terra, para servir a Deus, para fazer sua vontade" (*Quando coisas ruins acontecem às pessoas boas*, p. 86). A obediência às leis de Deus, no entanto, é uma atividade ética inferior. Seguindo o psicólogo Jean Piaget, Kushner acredita que a obediência não é necessariamente a maior virtude. Na verdade,

> uma religião que define moralidade como obediência aos seus mandamentos é adequada para crianças e pessoas imaturas, e pode ter sido adequada para a humanidade como um todo quando a civilização era imatura.

Tal religião era adequada para a civilização imatura, mas obediência cega gera crianças perpétuas (*Quando tudo não é o bastante*, p. 127-8).

Um nível mais elevado de maturidade ética é alcançado por aqueles "que entendem que as regras não vêm 'do alto'. As regras são feitas por pessoas como elas, e podem ser mudadas por pessoas como elas".

> Nesse ponto ser "bom" não significa mais apenas obedecer às regras. Agora significa compartilhar a responsabilidade de avaliar e fazer regras que serão justas, para que possamos desfrutar a vida numa sociedade justa (ibid., p.123).

Esperança em relação ao futuro. Quanto à vida após a morte, o rabino Kushner é incerto. A IMORTALIDADE pessoal é apenas uma esperança. "Nem eu nem qualquer pessoa viva pode conhecer a realidade dessa esperança" (*Quando coisas ruins acontecem às pessoas boas*, p. 28). Ele "acredita que a parte de nós que não é física, a parte que chamamos de alma ou personalidade, não morre e não pode morrer". Mas logo acrescenta: "Não sou capaz de imaginar uma alma sem um corpo. Será que seremos capazes de reconhecer almas sem corpos como sendo as pessoas que conhecemos e amamos?" (ibid.).

Kushner admite que a crença no mundo futuro pode ajudar as pessoas a suportar a injustiça deste mundo. Mas pode permitir a aceitação da injustiça, em vez de se fazer algo a respeito (ibid., p. 29). Devemos viver para o presente, um momento de cada vez. "Jamais resolveremos o problema de viver de uma vez por todas" (*Quando tudo não é o bastante*, p. 143). O importante é viver o agora. Aqueles que vivem no presente com integridade não têm medo de morrer (ibid., p. 155). "Não tenho medo da morte porque sinto que vivi. Amei e fui amado" (ibid., p. 161). A maioria das pessoas não tem medo de morrer, mas de viver. Temem a vinda da morte sem jamais ter vivido (ibid., p. 156).

Não devemos buscar recompensas futuras. "Quando se aprende a viver, a própria vida é a recompensa" (ibid., p. 152). O rabino Kushner cita com aprovação o *Talmude*, que diz: "Uma hora neste mundo é melhor que toda eternidade do Mundo Futuro" (ibid., p. 151). Quando falamos de Deus no céu como nossa esperança, "banalizamos a religião e impedimos que pessoas bem-intencionadas a levem a sério e encontrem ajuda ali" (ibid., p. 179). Nossa imortalidade real é ter filhos e plantar coisas de que outros possam desfrutar depois que partirmos (ibid., p. 173).

O céu e o INFERNO estão na terra. O céu "é ter aprendido a fazer as coisas e desfrutar das coisas que nos tornam humanos, as coisas que apenas seres humanos podem fazer". Em comparação,

> o pior tipo de inferno que posso imaginar não é de fogo e enxofre [...] O pior inferno é perceber que você poderia ter sido um ser humano de verdade [...] e agora é tarde demais (ibid., p. 157).

Deus não intervirá no futuro para recompensar e castigar os corruptos. A verdadeira recompensa é "que ele fez a alma humana de tal maneira que apenas uma vida de bondade e honestidade nos faz sentir espiritualmente saudáveis e humanos" (ibid., p. 183).

Avaliação. *Contribuições positivas*. Apesar de seu DEÍSMO finito ser falso, sua articulação da posição contém verdades:

Reconhecimento do problema do mal. Kushner baseou seu pensamento numa área crucial — o problema do mal. Com respeito ao tema, ele reconhece a realidade do mal, em vez de optar pelo panteísmo, que o nega. Ele tem razão ao afirmar que furacões não têm consciência; atingem pessoas boas e más. Atingem igrejas e casas de prostituição. Qualquer solução adequada ao problema do mal natural deve lidar com essa realidade (v. MAL, PROBLEMA DO). Kushner tenta encontrar essa solução. Ele não a relega ao âmbito do absolutamente inexplicável. Apesar de teístas não concordarem com a solução encontrada (v. a seguir), de qualquer forma louvamos suas tentativas de encontrá-la.

Discernimento do problema do sofrimento. Por ter sofrido fisicamente, Kushner não é um observador imparcial; ele é sensível ao impacto existencial do sofrimento. Sua perspectiva é a diferença entre C. S. LEWIS no seu livro *O problema do sofrimento*, quando não está sofrendo pessoalmente, e suas reflexões posteriores em *A grief observed* [*Uma dor observada*], depois que sua esposa morreu de câncer.

Reconhecimento do problema da intervenção divina. Ele também indica um problema que alguns teístas tendem a ignorar. Dada a realidade da condição humana, Deus não pode fazer tudo. Existem limites operacionais à intervenção divina. Deus não pode violar a liberdade humana que concedeu aos seres feitos à sua imagem. Assim, fazer um milagre contrário à liberdade moral é operacionalmente impossível para Deus. Intervir continuamente seria contrário às próprias leis que tornam possível a vida física e moral.

Pontos fracos e objeções. A maioria dos aspectos questionáveis do pensamento de Kushner são criticados em outros artigos. Eles serão citados aqui com referências.

Primeiro, o deísmo finito é infundado (v. FINITO, DEÍSMO).

Segundo, o conceito do mal de Kushner é inadequado (v. MAL, PROBLEMA DO).

Terceiro, a negação do sobrenatural de Kushner é infundada (v. MILAGRE).

Quarto, sua negação da imortalidade é contrária à evidência (v. IMORTALIDADE). Sem essa negação sua defesa desmorona, já que depende da premissa de que erros cometidos nesta vida não serão retificados na próxima vida (v. Geisler, *The roots of evil* [*As raízes do mal*], apêndice 3).

Apesar de sua popularidade, a forma de deísmo finito de Kushner, principalmente com relação ao mal, não resiste à prova. Ela tem mais apelo emocional que justificação racional.

Fontes

H. KUSHNER, *Quando tudo não é o bastante*.

___, *Quando coisas ruins acontecem às pessoas boas*.

N. L. GEISLER, *The roots of evil*, ed. rev.

___ e H. KUSHNER, transcrição, debate televisionado, "The John Ankerberg show", 1984.

Ll

Lapide, Pinchas. Rabino e teólogo do final do século XX que, sem se converter ao cristianismo, defende a crença cristã de que Jesus de Nazaré ressuscitou corporalmente da sepultura. Sua conclusão apóia um elo crucial na apologética cristã — o da ressurreição de Cristo.

No seu livro *The resurrection of Jesus* [*A ressurreição de Jesus*], o rabino Lapide concluiu:

> Com relação à futura ressurreição dos mortos, sou e continuo sendo um fariseu. Com relação à ressurreição de Jesus no domingo de Páscoa, fui durante décadas um saduceu. Não sou mais um saduceu, já que a seguinte deliberação me levou a refletir melhor sobre isso (125).

Ele acrescenta:

> Se o poder de Deus que estava ativo em Eliseu é grande o suficiente para ressuscitar até uma pessoa morta que foi jogada no túmulo do profeta (2Rs 13.20,21), então a ressurreição corporal de um judeu crucificado também não seria impossível (p. 131).

Já que milagre é ato de Deus que confirma a verdade de um profeta de Deus (v. MILAGRES, VALOR APOLOGÉTICO DOS), é difícil evitar a conclusão de que Jesus é o Messias (v. CRISTO, DIVINDADE DE). Como disse certo autor:

> Não entendo a lógica de Pinchas Lapide. Ele acredita que é possível que Jesus tenha sido ressuscitado por Deus. Ao mesmo tempo, ele não aceita que Jesus seja o Messias. Mas Jesus disse que era o Messias. Por que Deus ressuscitaria um mentiroso? (*Time*, 4 de junho de 1979).

Na verdade, outro rabino disse a Jesus: "Mestre, sabemos que ensinas da parte de Deus, pois ninguém pode realizar os sinais miraculosos que estás fazendo, de Deus não estiver com ele" (Jo 3.2).

Fontes
P. LAPIDE, *The resurrection of Jesus*.
___, *Time* (4 June 1979).

lei, natureza e tipos de. A lei moral é uma medida de conduta. É o primeiro princípio (v. PRIMEIROS PRINCÍPIOS) da ação humana. Depois de proclamada, uma lei é obrigatória. Os teonomistas afirmam que a única lei legítima é a lei divina, insistindo em que governos humanos devem ser baseados na lei bíblica (Bahnsen). Os eticistas situacionais insistem em que não há absolutos morais e que toda lei é redutível à lei humana. Os moralistas refletem sobre a relação entre a lei divina e a lei humana. Um dos tratamentos mais abrangentes e influentes do assunto é o de TOMÁS DE AQUINO. Teólogos seculares, protestantes e católicos, incluindo-se João CALVINO, John LOCKE, Thomas JEFFERSON e até o teórico legal William Blackstone, basearam-se em sua análise.

A natureza da lei. A lei é uma medida ou regra pela qual somos levados a agir ou somos impedidos de agir. A lei é o primeiro princípio de ação. É a regra básica ou o princípio pelo qual as ações das pessoas são direcionadas. A regra ou medida da atividade humana é a razão, cuja função é direcionar meios a fins (Aquino, *Suma teológica*, 1a2ae. 90, 1). A lei civil é uma ordem da razão para o bem comum, feita pelos representantes que coordenam a comunidade. Ela é promulgada por eles (ibid., 1a2ae, 90, 4).

A lei como primeiro princípio. Cada área da atividade humana tem PRIMEIROS PRINCÍPIOS. Existem primeiros princípios do raciocínio humano, tais como a lei da não-contradição. Da mesma forma, existem primeiros princípios da existência, tais como o princípio: "A existência existe". E há primeiros princípios da ação humana, tais como: "Faça o bem, evite o mal". A última lei é a natural. Os preceitos da lei natural são para a razão prática o mesmo que os primeiros princípios do pensamento são para o raciocínio filosófico. O primeiro

lei, natureza e tipos de

princípio da razão prática é nosso fim último ou felicidade última. A lei preocupa-se principalmente com o planejamento para esse fim. Em resumo, a lei é a regra direcionada para o bem comum (felicidade) (ibid., 1a2ae. 90, 2).

Proclamação da lei. Para ser efetiva, a lei deve ser proclamada. Ninguém é obrigado a obedecer a um preceito sem ser primeiro informado razoavelmente sobre ele (Aquino, *Disputas*). Isso resulta logicamente da natureza da lei como dever de ação para o bem comum. Logo, para estabelecer a obrigação, a lei deve ser aplicada às pessoas para ser regulada e deve ser levada ao conhecimento pela promulgação (*Suma teológica*, 1a2ae. 90, 4). Não conhecer a lei é desculpa legítima para não obedecê-la, a não ser que seja ignorância culpável.

Diferentes tipos de lei. Quatro tipos de lei foram diferenciados: eterna, natural, humana e divina. Cada uma é a medida ou regra num âmbito diferente.

Lei eterna. Lei eterna é a idéia na mente de Deus, o princípio do universo que está por trás do governo de todas as coisas (ibid., 1a2ae. 91, 1). É a fonte e o modelo de todas as outras leis. Pois todas as leis derivam-se da lei eterna à medida que partilhem da razão correta. É eterna porque, estando na mente de Deus, é o plano das coisas que foram estabelecidas desde a eternidade (ibid.). Portanto, lei eterna é a razão divina pela qual o universo é governado. Todas as coisas sujeitas à providência divina são governadas e medidas pela lei eterna; logo, compartilham a lei eterna (ibid., 1a2ae. 91, 2). É a mente eterna de Deus que concebeu e determinou tudo que existiria e como funcionaria. Dela fluem outros tipos de leis.

LEI NATURAL. A comunicação da lei eterna às criaturas racionais é chamada *lei natural*. A lei natural é a participação humana na lei eterna por meio da razão. Está contida na lei eterna primariamente e secundariamente na faculdade judicial natural da razão humana (ibid., 1a2ae. 71, 6). A lei natural é a luz da razão pela qual discernimos o que é certo e errado (ibid., 1a2ae. 91, 2). É a lei escrita nos corações humanos (Rm 2.15).

A lei natural nos ensina a fazer o bem e evitar o mal. O bem e o mal devem ser estabelecidos no contexto do que é adequado para os seres humanos como humanos, sua vida racional e moral (*Disputas*, 2). Assim, uma boa ação está de acordo com a natureza humana moral e racional. Uma má ação é contrária à natureza humana. Infelizmente, a maioria das pessoas erra nesse ponto porque age de acordo com os sentidos, em vez de agir com a razão (*Suma teológica*, 1a. 49, 3).

No entanto, viver segundo a natureza humana não significa que a natureza humana é a medida suprema. Na atividade voluntária, a medida aproximada é a razão humana, mas a medida suprema é a lei eterna (ibid., 1a2ae. 71, 6). Quando a ação humana é consumada em harmonia com a ordem da razão e da lei eterna, a ação é correta; quando se afasta do que é correto, é errada (ibid., 1a2ae. 21, 1). A razão humana é a base para a lei natural no sentido em que participa da razão eterna de Deus. Nesse sentido, violar a ordem da razão resulta na violação da lei de Deus (ibid., 1a2ae. 19, 5).

Lei humana. A *lei humana*, também chamada lei civil ou positiva, é a tentativa da razão humana de fazer leis práticas baseadas na lei natural. A lei humana resulta quando a razão prática procura promulgar leis concretas para a sociedade a partir de preceitos da lei natural (ibid., 1a2ae. 91, 3). É uma particularização dos princípios gerais da lei natural.

As leis humanas podem ser inferidas da lei natural. Alguns preceitos são inferidos da lei natural como conclusão. Por exemplo, "Não matarás" vem de "Não farás o mal". Outros preceitos são incorporações específicas da lei natural. A lei natural dita que criminosos devem ser punidos, mas não (nem sempre) estabelece o caráter dessa punição (ibid., 1a2ae. 95, 2). A lei humana deve ser derivada da lei natural, quer como conclusão, quer como aplicação específica (ibid.). A primeira é como ciência demonstrativa, e a segunda, como arte. Logo, as leis declaradas como conclusões recebem sua força da lei natural e do governo que as promulga. As leis aplicadas recebem sua força somente do governo.

Nem tudo o que é proibido pela lei humana é essencialmente mau. Algumas coisas são ordenadas como boas ou proibidas como más. Outras são boas porque são ordenadas ou negativas porque são proibidas (ibid., 2a2ae. 57, 2). Uma ação maldosa, proibida por um preceito negativo, nunca deve ser cometida. Entretanto, muitos fatores devem conspirar para fazer que uma ação ordenada de virtude seja correta. Uma ação virtuosa não precisa ser cumprida em todo caso, "mas apenas quando condições devidas de pessoa, tempo, lugar e situação exigem sua obediência" (v. Gilby, p. 361).

A lei humana é imposta a pessoas imperfeitas. "Portanto, ela não proíbe todos os males, dos quais os virtuosos se abstêm, mas apenas os mais graves, que a maioria pode evitar, e principalmente os que são prejudiciais a outros e de cuja prevenção depende a estabilidade social" (*Suma teológica*, 1a2ae. 96, 2). Isto é,

a lei humana não pode perdoar a todos e a tudo o que é contra a virtude; ela é suficiente para proibir ações contra a vida comunitária; o restante ela tolera quase como se fosse lícito, não porque é aprovado, mas porque não é punido (ibid., 2a2ae. 77, 1).

"Nem toda ação de virtude é ordenada pela lei humana, mas apenas as que são impostas para o bem público" (ibid., 2a2ae. 96, 3). Pois "o fim imediato da lei humana é a própria utilidade dos homens" (ibid., 1a2ae. 95, 3).

É claro que nem toda lei humana é legítima. Uma lei tem a força de lei apenas quando beneficia a comunidade (ibid., 2ae. 90, 2). Leis contrárias ao bem comum (o que é exigido pela lei natural) não têm a força de lei. Da mesma forma, leis não promulgadas, ainda que direcionadas ao bem comum, não geram compromisso (*Disputas*, p. 177).

Lei divina. A *lei divina* tem um propósito diferente da lei natural. Sua intenção é levar as pessoas a Deus. Isto é, "o propósito do legislador é que o homem possa amar a Deus" (Aquino, *Suma contra os gentios*, p. 111-6). A lei divina, portanto, não é dada aos incrédulos, mas aos crentes. A lei natural é para os incrédulos. A lei divina é obrigatória na igreja, mas a lei natural é obrigatória em toda sociedade. A lei natural é direcionada ao bem temporal, mas a lei divina é direcionada ao bem eterno. Visto que a lei natural reflete o próprio caráter de Deus, ela não pode mudar. A lei divina, contudo, é baseada na vontade de Deus e, portanto, muda. Logo, "tanto na lei divina quanto na humana, algumas coisas são ordenadas porque são boas [...] Outras, por sua vez, são boas porque são ordenadas..." (*Suma teológica*, 2a2ae. 57, 2). Isso se reflete na mudança efetuada por Deus na lei divina do AT para o NT. A lei natural continua sendo a mesma de geração a geração e de pessoa a pessoa.

Propósito da lei. Em geral, o propósito de Deus para a lei é regular a atividade humana. Cada tipo de lei, é claro, tem seu regulamento em mente. Pela lei eterna Deus regulamenta todo o universo, pela lei divina regulamenta a igreja e pela lei natural regulamenta todas as criaturas racionais. Além dessas esferas, Aquino descreve várias dimensões específicas do propósito de Deus em dar a lei.

Amizade. Um propósito da lei é promover a amizade.

Como o propósito principal da lei humana é possibilitar a amizade dos homens entre si, a lei divina tem o propósito principal de proporcionar amizade entre o homem e Deus (ibid., 2a2ae. 99, 2).

Para ser civilizado, o comportamento deve ser regulamentado. Sem leis, a amizade não pode funcionar, já que é a medida dos relacionamentos corretos.

Amor a Deus. Jesus resumiu todas as leis em duas: amar a Deus e aos outros. Aquino chama o amor a Deus "propósito total do legislador". Logo, não é *nem* lei *nem* amor; é a lei do amor. Leva a humanidade a Deus. Pois "o amor é nossa união mais forte com Deus, e isso acima de tudo é o propósito da lei divina". Deus é amor, e o maior dever é amá-lo (*Suma contra os gentios*, p. 111-6).

Reprimir o mal. Nem todos obedecerão à lei de Deus, logo sanções são necessárias, ou para reformar o pecador ou para proteger a sociedade por meio da punição ao infrator (*Suma teológica*, 2a2ae. 68, 1). Esse também é o caso da lei divina e natural. O propósito principal é o nosso bem, mas o propósito secundário é castigar os que desobedecem.

Bem comum. As leis humanas também têm o propósito de alcançar o bem comum. Aquino reconheceu que "é impossível fazer uma regra adaptar-se a todos os casos". Logo, "os legisladores devem considerar o que ocorre na maioria dos casos e devem estruturar suas leis de acordo". Por exemplo, a lei ordena que as coisas emprestadas sejam devolvidas. E se uma arma foi emprestada e, após devolvida, for usada para a violência (ibid., 2a2ae. 120, 1)? Então o que produz o bem comum nem sempre é correto num caso específico. Já que o legislador não pode levar toda exceção específica em consideração, a lei deve ser baseada no que geralmente acontece (Aquino, *Comentário, 5 Ética*, serm. 16).

Leis divergentes. Às vezes há conflito entre tipos de lei. Em tais casos, há uma hierarquia de prioridades.

Prioridade da lei natural. Há exceções até para leis humanas justas. As leis humanas são apenas gerais, não universais. Às vezes a lei natural as anula. Embora a lei de direitos de propriedade exija que devolvamos o que tomamos emprestado quando nos for pedido, não devemos devolver uma arma para alguém que pretender cometer um assassinato. Nesse caso, "obedecer à lei seria errado; deixá-la de lado e seguir o que é exigido pela justiça e benefício comum será correto" (Aquino, *Suma teológica* , 2a2ae. 120, 1). A virtude da justiça ou eqüidade exige isso. A lei moral tem preferência sobre a lei humana em casos especiais, ainda que a lei humana seja justa.

Leis baseadas na natureza de Deus. As leis divina e humana, sendo baseadas na vontade de Deus, podem ser mudadas (v. ESSENCIALISMO). A lei natural, no entanto, é baseada na natureza de Deus e não pode ser mudada (*Suma teológica*, 2a2ae. 57, 2; v. DEUS, NATUREZA DE). Logo, conclui-se que, sempre que há um conflito entre a lei imutável e a lei mutável, a primeira tem preferência. Quando os discípulos colheram grãos no sábado, foram isentos de culpa pela necessidade da fome. E Davi não transgrediu a lei ao tomar os pães que não devia comer (ibid., 3a. 90, 4).

Forma vs. conteúdo. Pensadores cristãos observaram que

> o julgamento segundo o qual a forma da lei não deve ser seguida em determinadas circunstâncias não é uma crítica à lei, mas uma apreciação de uma situação específica que surgiu (ibid., 2a2ae. 120, 1).

Se alguém não faz isso, a severidade tem preferência sobre a eqüidade. Pois "o cuidado legal deve ser direcionado pela eqüidade, que fornece uma regra superior para a atividade humana" (ibid., 2a2ae. 120, 2). Há uma lei superior e leis inferiores. Quando elas divergem, o indivíduo é obrigado a obedecer à superior.

Fontes

G. Bahnsen, *Theonomy in Christian ethics.*
N. L. Geisler, *Ética cristã.*
___, *Thomas Aquinas: an evangelical appraisal.*
T. Gilby, *Texts of Aquinas.*
Tomás de Aquino, *On the cardinal virtues.*
___, *Comentário, v Ética.*
___, *Compendium theologiae.*
___, *Disputas.*
___, *Da perfeição das criaturas espirituais.*
___, *Suma contra os gentios.*
___, *Summa theologica.*
___, *Da verdade.*

lei natural. V. lei, natureza e tipos de; revelação geral; moralidade, natureza absoluta da.

Leibniz, Gottfried. Um gênio nascido na Alemanha (1646-1716) que aprendeu grego e filosofia escolástica tão cedo que lhe negaram um mestrado em Direito na Universidade de Leipzig por ser jovem demais. Inventou o cálculo em parceria com Isaac Newton, em 1676. Escreveu uma tese de doutorado sobre as soluções simbólicas aos problemas filosóficos. Foi muito influenciado pelo racionalista contemporâneo Baruch Espinosa, apesar de Espinosa ser panteísta (v. panteísmo), e Leibniz, teísta (v. teísmo).

As obras mais influente de Leibniz foram *Discurso sobre metafísica, Monadologia* e *Teodicéia*. Sua influência sobre o pensamento moderno foi considerável. Immanuel Kant era racionalista leibniziano antes de ser acordado de seu "sono dogmático" ao ler David Hume.

Teoria do conhecimento: racionalismo. Leibniz afirmou três objetivos de seu trabalho na vida, que considerava de igual importância: o amor de Deus, a promoção do bem-estar humano e a perfeição da razão. O método de Leibniz era matemático, mas empiricamente fundamentado. Ele começou analisando descobertas científicas (não apenas idéias, como René Descartes). Ele acreditava que tudo começava nos sentidos, exceto a mente. Um fundamento puramente lógico para a ciência não é possível. Mas a razão é necessária para completar o conhecimento. Não há uma coleção universal de dados sensoriais, e os sentidos não podem organizar e relacionar todos os dados.

O conhecimento metafísico (universal) é possível apenas porque Deus fez todas as coisas em harmonia. Todas as idéias são inatas, geradas pela mente a partir de informação sensorial.

Primeiros princípios. Algumas idéias são necessariamente verdadeiras. Esses primeiros princípios são a condição de todo conhecimento. Como primeiros princípios, os predicados em cada afirmação podem ser deduzidos do sujeito. Eles incluem:

O princípio da razão suficiente. "Há uma razão suficiente para tudo, ou em outro ou em si mesmo." Esse princípio é a base de todas as proposições e inteligibilidade.

O princípio da não-contradição. "Uma coisa não pode ser verdadeira e falsa ao mesmo tempo e no mesmo sentido."

O princípio da identidade. "Uma coisa é idêntica a si mesma." Eu sou eu; a é a.

O princípio da razão suficiente regulamenta toda a verdade. Os princípios da não-contradição e da identidade estabelecem todas as verdades necessárias.

O princípio da identidade dos indiscerníveis. "Onde não há diferença discernível, as coisas são idênticas." Nenhuma substância separada (ou mônada) é igual a outra. O mundo está cheio de coisas qualitativamente diferentes, hierarquicamente graduadas. Se duas coisas são iguais, não há razão suficiente para Deus escolher ambas para existirem num mundo bom ao máximo (v. mal, problema do).

O princípio da continuidade. "O mundo está cheio; não há brechas na hierarquia dos seres no melhor dos mundos." A natureza nunca age em saltos.

O princípio da contingência. "Toda coisa contingente tem uma causa." A possibilidade não explica a realidade. A questão básica: Por que algo existe, em vez de nada?

O princípio da perfeição. "O bem tende a maximizar." Como no princípio escolástico da finalidade (agentes agem para um bom fim), o bem produz o bem no grau máximo possível.

O resultado: é melhor existir que não existir. Essências têm tendência (*conatus*) à existência.

Provas de Leibniz para a existência de Deus.
Leibniz ofereceu vários argumentos para a existência de Deus:

Argumento da perfeição ou da harmonia. Seu argumento da perfeição ou da harmonia pode ser afirmado assim:

1. Essências puras são possibilidades eternas.
2. É melhor existir que não existir.
3. Todas as coisas têm uma tendência à existência (*conatus*). a) Algumas são incompatíveis com outras. b) Nem tudo pode existir em determinado momento. c) Mas todas se empenham para existir.
4. Ainda assim, há harmonia no universo.
5. Logo, deve haver um Deus que ordena todas as coisas, mantendo-as em harmonia umas com as outras.

Argumento cosmológico. O ARGUMENTO COSMOLÓGICO formulado por Leibniz tinha a seguinte forma:

1. Todo o mundo observado está mudando.
2. Tudo o que muda carece de razão para a própria existência.
3. Mas há uma razão suficiente para tudo.
4. Logo, deve haver uma causa além do mundo para a existência.
5. Essa causa é ou a própria razão suficiente ou existe outra além dela.
6. Mas não pode haver regressão infinita de razões suficientes, pois a incapacidade de atingir uma explicação não é explicação. Deve haver uma explicação.
7. Logo, deve haver uma Primeira Causa do mundo que não tem razão além de si, mas é a própria razão suficiente.

Esse argumento difere do de Aquino pelo uso do princípio da razão suficiente. TOMÁS DE AQUINO recorreu apenas ao princípio da causalidade e, assim, evitou as acusações de racionalismo que foram corretamente dirigidas contra Leibniz. O princípio da razão suficiente levou ateus (v. SARTRE, JEAN-PAUL; NIETZCHE, FRIEDRICH) a concluir que o argumento cosmológico resultava no conceito incoerente de Deus como ser autocausado.

ARGUMENTO ONTOLÓGICO. Leibniz também contribuiu para o debate do argumento ontológico:

1. Se é possível que um ser absolutamente perfeito exista, então é necessário que ele exista. a) Por natureza, um ser absolutamente perfeito não pode carecer de nada. b) Mas, se não existisse, careceria de algo. c) Logo, um ser absolutamente perfeito não pode carecer de existência.
2. É possível (não-contraditório) que um ser absolutamente perfeito exista. a) Uma perfeição é uma qualidade simples (= mônada), já que cada uma difere em tipo. b) Mas tudo que é simples não diverge de outra coisa simples. c) Logo, é possível que um ser (Deus) tenha todas as perfeições.
3. Portanto, é necessário que um ser absolutamente perfeito exista.

Metafísica (monadologia). Leibniz desenvolveu sua própria teoria da substância para ligar o mundo físico às realidades metafísicas. Sua doutrina gira em torno das *mônadas*. Ele acreditava que mônadas existem como "partículas" imateriais mais elementares que o átomo, pois os átomos físicos podem ser divididos, mas as mônadas metafísicas não podem. As mônadas diferem umas das outras em forma, tamanho, espaço e qualidade. São criadas, podem ser destruídas, mas não podem mudar. Cada mônada percebe e age diferentemente, em seu nível hierárquico, conforme estabelecido por Deus. Juntas, agem em harmonia total umas com as outras de acordo com o plano de Deus e têm tendência inata à perfeição que está incorporada à sua essência. Como corpo e alma são substâncias separadas, suas mônadas separadas funcionam juntas em harmonia exata como ordenado por Deus.

Na hierarquia da mônadas, as mais altas são as que pertencem ao âmbito espiritual. As mônadas da alma são de ordem superior às do corpo. A Mônada suprema e não-criada é Deus. Deus criou todas as outras mônadas e maximiza o bem entre elas e por meio delas.

O problema do mal. Segundo Leibniz, Deus preordena todas as coisas pela presciência, sem coagir o livre-arbítrio. A liberdade é a espontaneidade de um ser intelectual. Deus tem uma vontade antecedente, que só faz o bem. Ele também tem uma vontade conseqüente para realizar o melhor mundo possível, dada a existência do mal. Por ser o melhor de todos os seres possíveis, Deus ordena o melhor de todos os mundos possíveis. Já que o mundo é ordenado por Deus, ele deve ser o melhor mundo possível ou o menos deficiente dos mundos.

Existem três tipos de mal: metafísico (finitude), moral (pecado) e físico (sofrimento). A finitude é a base do pecado e do sofrimento. O pecado é o resultado da ignorância, um estado confuso e impuro. O mal faz parte da imagem total do bem, dando sombra para que a luz se destaque no contraste (v. MAL, PROBLEMA DO).

Deus age para aperfeiçoar o universo, o que só pode ser feito pelo aperfeiçoamento das pessoas. Deus procura aperfeiçoar a alma imortal por intermédio da igreja. Essa posição sobre a igreja universal baseia-se na *Cidade de Deus*, de AGOSTINHO.

Avaliação. Algumas das idéias de Leibniz são falhas, mas suas contribuições positivas devem ser reconhecidas:

Contribuições positivas. Por meio de seu trabalho no desenvolvimento do cálculo, Leibniz contribuiu imensamente para a matemática e a ciência moderna, contribuindo também para a epistemologia, a metafísica, a teologia e a teodicéia.

Epistemologia. Leibniz foi fundacionalista (v. FUNDACIONALISMO), e enfatizou corretamente que o conhecimento é impossível sem primeiros princípios. Apesar de muitos discordarem de sua crença em idéias inatas, até Kant no seu AGNOSTICISMO reconheceu a necessidade da dimensão inata do conhecimento.

Metafísica. Como teísta (v. TEÍSMO), Leibniz acreditava na criação *ex nihilo*. Ele deu forma moderna a conceitos teístas, com os quais lutou, da tradição de Agostinho, ANSELMO e Tomás de Aquino. Seu argumento cosmológico influenciou teístas.

Teodicéia. A solução de Leibniz para o problema do mal era clássica (v. MAL, PROBLEMA DO). Ela lutava com a origem, natureza e persistência do mal de forma a tentar preservar a perfeição absoluta de Deus e a liberdade humana. Além disso, apesar das críticas infundadas, seu conceito de um "mundo melhor possível" é um elemento essencial na teodicéia.

Fraquezas. Apesar dos valores centrais, Leibniz é vulnerável a certas críticas:

Epistemologia racionalista. Como Hume demonstrou, o conceito de idéias inatas é contrário à experiência. Não há evidência de que nascemos com um depósito de idéias, apenas aguardando serem ativadas. A dimensão *a priori* do conhecimento parece estar na área da *capacidade*, não do *conteúdo*. Isto é, nascemos com a capacidade de conhecer a verdade, mas não com a mente cheia delas.

DUALISMO. O dualismo (mente e corpo) de Leibniz leva às posições improváveis do paralelismo, ocasionalismo e harmonia estabelecida entre mente e corpo. Não há interação ou unidade reais entre os dois.

O princípio da razão suficiente. Apesar da validade de muitos dos primeiros princípios de Leibniz, o princípio da razão suficiente leva logicamente a um Ser contraditório, autocausado. Pois se a causa da existência de Deus está nele mesmo, Deus é autocausado. Ao contrário do primeiro princípio da causalidade de Aquino, o princípio da razão suficiente não se baseia na realidade (v. REALISMO), mas apenas no âmbito das idéias. Finalmente, o princípio não é irrefutável, já que se pode dizer que uma coisa não tem razão (causa) sem usar uma afirmação contraditória. Na verdade, o Deus não-criado é a suprema Causa incausada.

O argumento ontológico. A forma do argumento ontológico de Leibniz é baseada numa premissa muito rejeitada: a existência é uma perfeição (v. KANT, IMMANUEL). Além disso, sua tentativa de provar que o conceito é logicamente possível não atinge o objetivo. Ela está sujeita à mesma crítica direcionada a outros pluralismos baseados na visão unívoca da existência (v. ANALOGIA, PRINCÍPIO DA). É impossível evitar o monismo.

Nem mesmo a forma do argumento cosmológico de Leibniz sugere o ponto de partida certo por ser baseada apenas na observação [aparência] de mudança.

Visão do mal. Essa visão do livre-arbítrio tende a ser reduzida a uma forma de determinismo. Pois se é Deus quem dá o ímpeto ou desejo pelas livres escolhas, como elas podem ser realmente livres (v. LIVRE-ARBÍTRIO)?

Semelhantemente, sua teodicéia implica que o melhor que Deus pode fazer ainda envolve o mal. Isso foi poderosamente satirizado no *Candide*, de Voltaire. Embora Deus deva fazer o melhor de que é capaz, o mundo presente não é o melhor. Este não é o melhor mundo possível, apesar de provavelmente ser a melhor *maneira* possível de chegar ao melhor *mundo* possível (v. MAL, PROBLEMA DO).

Fontes

J. COLLINS, *God and modern philosophy*.
N. L. GEISLER e W. CORDUAN, *Philosophy of religion*.
J. E. GURR, *The principle of sufficient reason in some scholastic systems, 1750-1900*.
D. HUME, *Investigação acerca do entendimento humano*.
I. KANT, *Crítica da razão pura*
G. LEIBNIZ, *Discurso sobre metafísica*.
___, *Monadologia*.
___, *Teodicéia*.

Lessing, Gotthold Ephraim. Filho de um pastor alemão erudito que se tornou dramaturgo e crítico (1729-1781). Estudou teologia na Universidade de Leipzig, onde assimilou o racionalismo do iluminismo, cujo principal representante era Christian WOLFF, seguidor de Gottfried LEIBNIZ. Lessing foi influenciado pelos deístas ingleses (v. DEÍSMO).

Como crítico teatral, foi influenciado pelo deísta Hermann Reimarus, de cujo livro, *An apology for rational worshippers of God* [*Uma apologia dos adoradores racionais de Deus*], ele publicou trechos em 1774, em 1777 e 1778 (v. DEÍSMO). Lessing finalmente chegou a ser dominado pelo panteísmo de Baruch ESPINOSA.

A influência de Lessing sobre outros pensadores é imensa. Isso pode ser visto no liberalismo de Friedrich SCHLEIERMACHER e Samuel Coleridge, bem como no existencialismo de Søren Kierkegaard, no historicismo de G. W. F. HEGEL e no positivismo de Auguste Comte.

Visões de Deus. Lessing veio de uma família trinitária (v. TRINDADE), mas gradualmente adotou idéias deístas e finalmente tornou-se pasnteísta. Como tal, sua vida prenunciou grande parte da história dos dois séculos seguintes. Em 1753, Lessing já indicava em *The Christianity of reason* [*O cristianismo da razão*] que estava tendendo ao PANTEÍSMO, ao misturar Espinosa e LEIBNIZ e negar que Deus é um superobjeto além ou por trás do mundo (v. Chadwick, p. 445). Sua obra de 1763, *On the reality of things outside God* [*Da realidade das coisas além de Deus*], publicada postumamente em 1795, negava o teísmo tradicional. Ele negou a existência de um mundo criado separadamente de Deus.

Friedrich Jacobi, em *Letters to Moses Mendelssohn on Spinoza's doctrine* [*Cartas a Moisés Mendelssohn sobre a doutrina de Espinosa*] (1785), relatou como, sete meses antes da morte de Lessing, o crítico lhe falara sobre sua rejeição à metafísica transcendente do deísmo. Ele adotou a visão imanentista de Espinosa. Isso foi confirmado por trechos encontrados entre os papéis de Lessing (ibid., p. 446).

Além de Lessing acreditar que nada existe fora da mente divina, ele também acreditava existir uma contingência fora de Deus, já que as idéias de coisas contingentes são necessárias. Isso prenunciava as idéias dos pensadores mais recentes da teologia do processo (v. PANTEÍSMO), tais como Alfred North WHITEHEAD.

História e os evangelhos. Em 1754, Lessing publicou uma série de "Vindicações", na qual defendeu várias personagens históricas que, segundo ele, haviam sido tratadas injustamente pela igreja. Ao expressar simpatia pela ética cristã nesses líderes, demonstrou antipatia pelas doutrinas cristãs.

Cristo versus Jesus. O ponto decisivo para Lessing ocorreu em 1769. Como bibliotecário do duque de Brunswick, começou a publicar trechos de um manuscrito do deísta Reimarus (1766-1769). O último trecho precipitou uma controvérsia com o pastor Johann Goeze, de Hamburgo, e lançou a busca pelo Jesus histórico (v. CRISTO DA FÉ *VS.* JESUS DA HISTÓRIA; JESUS HISTÓRICO, BUSCA DO; JESUS, SEMINÁRIO). Além de Lessing diferenciar o Jesus da história do Cristo da fé, ele fez um estudo crítico das fontes dos evangelhos sinóticos em *New hypotheses concerning the evangelists regarded as merely human historians* [*Novas hipóteses sobre os evangelistas considerados simples historiadores humanos*] (1784). As visões de Lessing foram expressas numa peça de teatro, "Natã, o sábio", que defendia o amor e a tolerância, em vez da concordância com um credo. A visão de Lessing foi a essência do iluminismo cristão, a teoria segundo a qual, por trás dos acréscimos religiosos, o cristianismo é um código moral de irmandade universal.

A "vala" de Lessing. O legado de Lessing foi uma "vala" aberta entre as verdades contingentes da história e as verdades necessárias da fé. Ele separou a revelação de verdades eternas das verdades contingentes e limitadas ao tempo da história. Foi com esse grande abismo que KIERKEGAARD lutou e do qual tirou seu "salto de fé" (v. *Temor e tremor*).

Lessing afirmou que as "verdades acidentais da história jamais podem tornar-se a prova das verdades necessárias da razão" (Chadwick, p. 445). Não há ligação lógica entre as realidades históricas e a fé. Verdades da fé são matemáticas e *a priori*, independentes da experiência. As anteriores são verdades contingentes, *a posteriori* da experiência. Portanto, a narrativa histórica jamais transmite conhecimento de Deus.

Relativismo. Lessing foi mais relativista que cético. Imortalizou sua visão no aforismo: "Se Deus segurasse em sua mão direita toda a verdade e em sua mão esquerda unicamente o eterno esforço em busca da verdade, tal que me fizesse sempre e eternamente estar errado, e me dissesse: 'Escolhe!', com humildade eu me precipitaria à sua esquerda e pediria: 'Pai, dá-me esta, a verdade absoluta é reservada somente para ti'"(Chadwick, p. 445).

Avaliação. Deixando de lado a autopropalada humildade de Lessing, é evidente que o resultado líquido de suas visões é a forma contraditória de AGNOSTICISMO, relativismo (v. VERDADE, NATUREZA DA) e uma dicotomia de fato e valor e de história e fé (v. APOLOGÉTICA, ARGUMENTO DA; NOVO TESTAMENTO, MANUSCRITOS DO; NOVO TESTAMENTO, CONFIABILIDADE DOS DOCUMENTOS DO). Uma opinião perspicaz é que "Lessing passou sua vida esperando que o cristianismo fosse verdadeiro e argumentando que não era" (Chadwick, p. 445).

Fontes
H. CHADWICK, *Lessing's theological writings.*
E. H. GOMBRICH, "Lessing", em *Proceedings of the British Academy*, v. 43 (1957).
P. HAZARD, *European thought in the eighteenth century.*

F. C. A. Koelln, *The philosophy of the enlightenment*.
G. Lessing, *Lessing's gesammelte werke*, org. P. Rilla.

"Lessing, vala de". V. Lessing, Gotthold Ephraim.

Lewis, C. S. Clive Staples Lewis (1898-1963) é com razão o teísta e apologista cristão mais influente do século xx pelo fato de a maior parte de seu trabalho ter sido feito na mídia popular, inclusive em transmissões de rádio e por meio de histórias infantis. (v. apologética, necessidade da). Como professor da Universidade de Oxford, esse ex-ateu expressou verdades profundas em linguagem tão simples que atingiu o coração de milhões de pessoas. Lewis negou ser filósofo ou teólogo, mas seu discernimento dos pontos essenciais do teísmo fez dele um apologista e comunicador importante.

A natureza e existência de Deus. Lewis aceitava a posição de Agostinho-Anselmo-Aquino sobre o Deus eterno, necessário, transcendente, moralmente perfeito e pessoal (v. Deus, natureza de). Deus transcende espaço e tempo:

> Sem dúvida Deus está no tempo. Sua vida não consiste de momentos que se sucedem uns aos outros [...] Dez e trinta, e todos os outros momentos desde o começo do mundo, são sempre o presente para Deus.

Em outras palavras:

> Deus tem toda a eternidade para ouvir a oração proferida numa fração de segundo por um piloto cujo avião se despedaça em chamas (*Cristianismo puro e simples*, p. 95-6)

Deus é, no entanto, imanente (presente e operante) na criação. Lewis escreveu:

> Procurar Deus — ou o Céu — pela exploração espacial é como ler ou assistir a todas as peças de Shakespeare na esperança de encontrar Shakespeare numa das personagens ou Stratford num dos lugares. Shakespeare está de certa forma presente em todos os momentos de cada peça. Mas nunca está presente da mesma maneira que Falstaff ou Lady Macbeth. Nem está difuso numa peça como um gás (*Christian reflections* [*Reflexões cristãs*], p. 167-8).

O argumento cosmológico. Apesar de aceitar uma forma teísta de evolução (v. a seguir), Lewis acreditava na criação a partir do nada (v. criação, pontos de vista sobre a). Pois "o que Deus cria não é Deus; assim como o que o homem cria não é homem" (*God in the dock* [*Deus no banco dos réus*], p. 138). Ele explicou que a matéria não é coeterna com Deus:

> A entropia nos assegura que, apesar da regra universal na Natureza que conhecemos, ela não pode ser absolutamente universal. Se um homem diz: "O gato não morreu", você sabe na hora que essa não é a história completa. A parte que você ouviu implica um capítulo posterior em que o gato berrou, e um capítulo anterior em que alguém atirou um pau nele. A natureza que está se "desgastando" não pode ser a história completa. O relógio não pode parar a não ser que alguém tenha dado corda nele (*Milagres* p. 157).

A matéria é o produto de uma Mente cósmica (v. dualismo). "Mas admitir *esse* tipo de mente cósmica é admitir um Deus fora da Natureza, um Deus transcendente e sobrenatural" (ibid., p. 30). O universo é matéria. A matéria não pode produzir uma mente; apenas uma mente pode produzir matéria (v. materialismo). A criação do mundo não foi a partir de matéria preexistente. O mundo foi criado do nada. Deus criou este mundo livremente:

> A liberdade de Deus consiste em que nenhuma causa além dele mesmo produz seus atos e nenhum obstáculo externo os impede — em que sua própria bondade é a raiz da qual todos eles crescem e sua própria onipotência, o ar em que florescem (*O problema do sofrimento*, p. 23).

Deus não criou o mundo porque era obrigado; criou porque quis. A existência do universo é totalmente contingente da boa vontade do Criador.

O argumento moral. Lewis começa *Cristianismo puro e simples* com a premissa de que uma lei moral e objetiva, como até mesmo divergências comuns pressupõem, implica um Legislador Moral.

> Há alguma coisa que dirige o universo e que se revela em mim na forma de uma lei insistindo para que eu faça o que é certo. Penso que devemos admitir que essa Alguma Coisa mais se parece com uma mente do que com qualquer outra coisa que conhecemos; e isso porque, afinal de contas, tudo o mais que conhecemos é matéria, e não poderíamos imaginar um pouco de matéria que fosse capaz de dar instruções (*Cristianismo puro e simples*, p. 14).

O argumento de Lewis pode ser assim resumido:

1. Deve haver uma lei universal moral e objetiva, senão nenhum julgamento ético faz sentido (v. moralidade, natureza absoluta da). Nada poderia ser considerado mau ou errado, e

não haveria razão para cumprir promessas ou acordos (*God in the dock*, cap. 1).
2. Essa lei moral não se origina em nós. Na verdade, estamos obrigados a ela.
3. A fonte dessa lei é mais semelhante a uma mente que semelhante à matéria, e não pode fazer parte do universo assim como um arquiteto não faz parte do prédio que constrói.
4. Logo, existe um Legislador Moral que é a fonte e o padrão absolutos de tudo que é certo e errado (ibid., cap. 7).

Para uma discussão mais detalhada do argumento da lei moral de Lewis e sua defesa, v. sua seção no artigo MORAL, ARGUMENTO PARA A EXISTÊNCIA DE DEUS.

A natureza dos seres humanos. Não importa como a ciência mostre que o corpo humano surgiu, o processo foi divinamente iniciado e consumado por Deus na criação da alma humana racional.

Seres humanos são racionais. Lewis não se importaria com o título de "racionalista". Várias vezes ele exalta a racionalidade humana. Escreve:

Não conseguiria entender o universo sem poder confiar na minha razão. Se não pudéssemos confiar na inferência não poderíamos saber nada sobre nossa própria existência (*God in the dock*, p. 277).

"O coração nunca substitui a cabeça, mas pode e deve obedecê-la" (*The abolition of man* [*A abolição do homem*], p. 30).

Também deve haver uma razão ou explicação suprema. "Não se pode continuar fingindo dar explicações para sempre: você descobrirá que invalidou a própria explicação com explicações." Além disso, "não se pode continuar percebendo através das coisas para sempre". Conseqüentemente, "não adianta tentar perceber através de primeiros princípios. Se você percebe através de qualquer coisa, então tudo é transparente". Mas "perceber através de todas as coisas é o mesmo que não perceber" (ibid., p. 91).

Lewis acreditava que o pensamento racional é inegável. Ele insiste em que "todos os argumentos [contra] a validade do pensamento criam uma exceção subentendida e ilegítima a favor do pensamento que se faz no momento". Logo, "a validade do pensamento é básica: todas as outras coisas devem se encaixar nela da melhor maneira possível" (Lewis, *Milagres*, p. 23).

Seres humanos são morais. A ênfase na natureza racional não nega as emoções humanas. Os que colocam o pensamento acima do sentimento são para Lewis "homens sem peito" (Lewis, *Abolition of man*, p. 34). "A cabeça governa o ventre por meio do peito — o centro [...] das emoções que o hábito treinado organiza em sentimentos estáveis." Sem esse elemento médio "o homem é vão: pois por seu intelecto ele é mero espírito, e pelo seu apetite, mero animal" (ibid., 34). Além da natureza moral resta um ideal moral atingível. Lewis concordaria com a afirmação de que o valor primário da educação é a educação nos valores primários. A educação cumpre seu devido propósito quando cultiva julgamentos de valor para ajudar a aperfeiçoar a natureza moral. Sem emoções treinadas, o intelecto é impotente contra o animal (ibid., p. 33-4). Logo, Lewis observa, é melhor jogar cartas com um cético que é um cavalheiro do que com um filósofo moral que foi criado entre trapaceiros (ibid., p. 34). Só pelo fato de estar sob a lei de Deus é que podemos falar sobre ter poder de autocontrole (ibid., p. 86).

O humanismo secular, num tipo de simplicidade horrorosa, remove o órgão moral e ao mesmo tempo exige a função moral. "Criamos homens sem peito e esperamos deles virtude e iniciativa. Rimos da honra e ficamos chocados ao encontrar traidores em nosso meio" (ibid., p. 35).

Seres humanos são criativos. Caracteristicamente, Lewis também afirmou a natureza estética dentro do ideal da criatividade humana. Dorothy Sayers, no seu livro *Toward a Christian aesthetic* [*Em busca da estética cristã*], considera a idéia de arte como *criação* a contribuição mais importante do cristianismo à estética (6). O artista ou escritor não é o Criador, mas um subcriador. A expressão criativa revela a imagem dos sentimentos interiores de um artista assim como o Deus invisível foi visivelmente expresso na encarnação de seu Filho. Ele e outros cristãos de seu grupo da Universidade de Oxford, chamado Inklings [Vagas idéias], produziu uma quantidade imensa de obras literárias. O próprio Lewis escreveu:

Sete livros de ficção das Crônicas de Nárnia: *O leão, a feiticeira e o guarda-roupa*; *O príncipe na ilha mágica*; *A viagem do peregrino da alvorada*; *O sobrinho do feiticeiro*; *O cavalo e seu menino*; *A cadeira de prata*; *A última batalha*.

Uma "trilogia espacial", que explorou a natureza da batalha de Deus contra o mal pessoal e social no contexto de uma série de três histórias de ficção científica: *Longe do planeta silencioso*, *Perelandra* e *That hideous strength* [*Aquela força hedionda*].

Cartas do Diabo ao seu aprendiz e *O grande abismo*, histórias de ficção leves refletindo a dinâmica da tentação e da rebelião contra Deus.

Uma série de programas da rádio BBC transformada em um clássico apologético, *Cristianismo puro e simples*, assim como obras mais profundas de apologética e filosofia, incluindo *God in the dock* [*Deus no banco dos réus*], *Studies in medieval and renaissance literature* [*Estudos em literatura medieval e renascentista*], *The abolition of man* [*A abolição do homem*] e *O problema do sofrimento*.

Sua autobiografia intelectual e espiritual, *Surpreendido pela alegria*.

A história comovente de sua crise de fé com a morte da esposa, *A grief observed* [*Uma dor observada*].

Muitas correspondências pessoais, das quais uma amostra foi publicada em *Letters to an american lady* [*Cartas a uma senhora americana*].

Seres humanos são imortais. Lewis também afirmou o valor eterno da humanidade (v. IMORTALIDADE). Essa afirmação surge da crença de que cada pessoa é feita à imagem de Deus. Afirmar humanidade enquanto se nega o valor moral supremo não assegura qualquer valor humano real. Humanistas seculares, segundo Lewis, eliminam a humanidade, em vez de afirmá-la (v. *The abolition of man* [*A abolição do homem*] e uma versão alegórica dessa mensagem, *That hideous strength* [*Aquela força hedionda*]). Ao negar ao ser humano a natureza imortal, moral e semelhante a Deus, eles negam a personalidade e eliminam a base para o tratamento do indivíduo com respeito supremo (*The abolition of man*, p. 76-7).

A ironia, então, é que, à medida que humanistas seculares elevam a humanidade à divindade, ele lançam fora toda humanidade, com seu direito inerente ao respeito. Em comparação, o cristianismo, ao afirmar que a base do valor supremo vem de um Deus transcendente, preserva a base da dignidade humana suprema.

Assim, o humanismo secular desumaniza o que procura deificar. Apenas a visão cristã retém a verdadeira humanidade. Pois Lewis afirma que "ou somos espírito racional, obrigados a obedecer para sempre aos valores absolutos do *Tao* [lei moral], ou somos mera natureza a ser amassada e cortada em novas formas" (ibid., p. 84). A única garantia contra a tirania e a escravidão é afirmar o valor humano imortal no contexto da lei moral absoluta. Pois "o processo que, sem controle, abolirá o homem, prossegue aceleradamente entre comunistas e democratas assim como entre os fascistas" (ibid., p. 85). Somente na lei moral absoluta é que existe a realidade concreta na qual se pode ser verdadeiramente humano (ibid., p. 86).

Seres humanos têm dignidade. Seguindo-se à racionalidade e à responsabilidade moral está a dignidade humana. Há uma base firme para essa virtude na natureza humana imortal e semelhante a Deus: a pessoa tem habilidades racionais, morais e volitivas. É por isso que a punição pelo erro é apropriada. A pessoa sabe o que não deve fazer e merece ser penalizada pela ação ilícita (*God in the dock*, p. 292). O castigo é o complemento à dignidade humana.

Citando Martin BUBER, Lewis exorta a ciência a não tratar a pessoa como objeto — "isso" — mas a reconhecer o ser humano — "tu" (Lewis, *The abolition of man*, 90). Jamais devemos submeter um ser humano à ciência como mero objeto a ser controlado. Isso, diz Lewis, é "o 'acordo do mágico' [...] no qual o homem entrega objeto após objeto, e finalmente a si mesmo, para a Natureza, em troca de poder" (ibid., p. 87). Quando a ciência consegue assumir o controle, ela tem o mesmo objetivo que a mágica, apesar de seus meios serem diferentes (ibid., p. 89). Ele nos lembra que até o pai da ciência moderna, Francis Bacon, condenou aqueles que fazem do conhecimento científico um fim, e não um meio (ibid., p. 88). Lewis exortou a ciência ao arrependimento: "A ciência regenerada que tenho em mente não faria nem com minerais e vegetais o que a ciência moderna ameaça fazer com o próprio homem" (ibid., p. 89, 90).

Lewis repreende os secularistas por se gabarem da ciência:

> Com relação aos poderes manifestos no avião ou no rádio, o homem é tanto o paciente ou sujeito quanto o possuidor, já que é o alvo das bombas e da propaganda (ibid., p. 68).

O que chamamos poder sobre a natureza acaba como o poder de algumas pessoas sobre outras (ibid., p. 69). "Cada novo poder conquistado *pelo* homem também é um poder *sobre* o homem. Cada avanço o deixa mais fraco e ao mesmo tempo mais forte" (ibid., p. 71).

A não ser que as pessoas no controle do poder estejam obrigadas por uma lei moral objetiva, o poder conquistado será usado apenas para escravizar, e não para beneficiar a raça humana. Lewis diz:

> Duvido que a história nos mostre um exemplo de um homem que, depois de ter saído da moralidade tradicional e adquirido poder, tenha usado esse poder de maneira benevolente (ibid., p. 75).

A ironia final é que, quando a humanidade sai da lei moral, que Lewis chama *tao*, a palavra chinesa para "caminho", ela não é mais humana, mas objeto. "A conquista final do homem provou ser a abolição do homem" (ibid., p. 77).

Os humanistas seculares de sua época eram tão preconceituosos com relação à visão penal que Lewis tinha da justiça que nenhuma das publicações acadêmicas publicou seus escritos sobre o tema. Sua afirmação definitiva foi publicada pela primeira vez numa revista australiana e mais tarde incorporada a *God in the dock*. Nesse artigo, Lewis ataca a visão reformatória da justiça do humanismo secular. Ele argumenta que é tirania sujeitar o ser humano à cura compulsória e indesejada. A visão reformatória é "humanitarismo ilusório", que disfarça a crueldade com a falsa premissa de que o crime é patológico, não moral. Na verdade, a visão reformatória desumaniza o indivíduo, tratando-o como paciente ou caso, em vez de pessoa. Lewis insiste em que ser "curado" contra a própria vontade coloca o homem ou mulher na categoria dos que não conseguem pensar por si mesmos e não conseguirão. Mesmo o castigo severo de alguém como ser humano racional trata a pessoa como um portador da imagem de Deus (*God in the dock*, p. 292).

Lewis estava intensamente ciente do perigo da substituição da lei moral objetiva de Deus por leis políticas objetivas (v. LEI, NATUREZA E TIPOS DE). A história mostra que ditadores que se afastam da lei moral são invariavelmente malevolentes. O potencial para o mal quando muito poder está ao alcance político de uma pessoa é horrendo. Essa mensagem também entra no comentário social da obra alegórica *That hideous strength*.

Milagres. O naturalismo afirma que a natureza é "o que há". Portanto, se o naturalismo é verdadeiro, todo evento na natureza deve ser explicável sob a ótica do sistema total da natureza. Mas a razão (indutiva) humana, que até mesmo os naturalistas pressupõem e exercitam, não pode ser explicada estritamente em termos de causas naturais não-racionais. Além disso,

> o naturalista não pode condenar os pensamentos de outras pessoas porque têm causas irracionais e continuar a acreditar nos seus próprios pensamentos, que têm (se o naturalismo for verdadeiro) causas igualmente irracionais (*Milagres*, p. 22).

E também, argumenta Lewis, se o naturalismo está correto, não há razão para os pensamentos do lunático ou drogado não serem levados em conta pelo naturalista tanto quanto os próprios pensamentos. Essa é a contradição do naturalismo.

Existe mais que a natureza; existe a mente, que não pode ser reduzida à matéria. E existe o valor (o que deveria ser), que não pode ser reduzido à natureza (o que é). Na verdade, por trás da natureza, existe uma Mente moral absoluta que fornece a lei moral.

Mal. Segundo Lewis, o mal não é eterno, como afirma o dualismo.

> Os dois Poderes, o bem e o mal, não se explicam. Nenhum dos dois [...] pode afirmar ser o Absoluto. Mais absoluto que ambos é o fato inexplicável de sua existência conjunta. Nenhum deles escolheu esse *tête-à-tête*. Cada um, portanto, está *condicionado* — encontra-se a contragosto numa situação; e ou essa situação em si, ou alguma força desconhecida que produziu essa situação, é o Absoluto real. O dualismo ainda não atingiu o fundamento da existência. Não se pode aceitar dois seres condicionados e mutuamente independentes como o Absoluto autofundado e auto-abrangente (*God in the dock*, p. 22).

O mal surgiu do livre-arbítrio (v. LIVRE-ARBÍTRIO). Isso não significa que ser livre seja mau. Na liberdade é que mais nos assemelhamos a Deus e participamos da realidade eterna (ibid., p. 129). O cristianismo concorda com os dualistas em que o universo está em guerra. Mas o cristão não acha que essa é uma guerra entre poderes independentes. É, na verdade, uma rebelião civil, e estamos vivendo no território ocupado pelo rebelde (*Cristianismo puro e simples*, p. 25). Essa rebelião não foi a princípio uma transformação em maldade. "A maldade, quando examinada, acaba sendo a busca de um bem da maneira errada" (ibid., p. 24). Como AGOSTINHO e TOMÁS DE AQUINO, C. S. Lewis acreditava que o mal não existe por si mesmo, mas como a corrupção do bem (v. MAL, PROBLEMA DO). "A bondade é o que é; a maldade é apenas a bondade corrompida. E deve ter havido algo bom antes de se corromper" (ibid., p.24). Até o Diabo é um anjo caído. Assim, "o mal é um parasita, não uma coisa original" (ibid., 50).

Deus não permite o mal sem um propósito bom. Até o mal físico tem um impacto moral. Pois Deus

> sussurra para nós nos nossos prazeres, fala na nossa consciência, mas grita na nossa dor: ela é seu megafone para despertar um mundo surdo (*O problema do sofrimento*, p. 81).

Seres humanos. Assim, os seres humanos são seres racionais e morais livres, com uma alma imortal. Mas cada um está num corpo num mundo material com outros corpos. Lewis escreveu:

> Uma criatura sem ambiente não teria escolhas para fazer: então essa liberdade, como a autoconsciência (se na verdade

não forem a mesma coisa), exige novamente a presença diante do eu de algo além do eu (ibid., p. 17).

O ambiente humano é chamado natureza. Mas a humanidade é mais que processos naturais. Os seres humanos pensam racionalmente, e "nenhum pensamento é válido se puder ser totalmente explicado como resultado de causas irracionais". Toda visão de mundo que faz da mente humana o resultado de causas irracionais é inadmissível. Tal visão "seria a prova de que não há provas, o que é absurdo" (*Milagres*, p. 21).

O ser humano é um ser racional e moral. Sem a natureza moral não haveria humanidade verdadeira, então os que abolissem a lei moral aboliriam a humanidade no processo (*The abolition of man* p. 77):

> Ou somos espíritos racionais, obrigados eternamente a obedecer aos valores absolutos do *tao*, ou somos mera natureza a ser amassada e cortada em novas formas para o prazer de senhores que, supostamente, não devem ter nenhum motivo além dos próprios impulsos "naturais". Apenas o *tao* dá uma lei de ação humana e comum que pode subjugar reis e súbitos. Uma crença dogmática no valor objetivo é necessária para a própria idéia de um governo que não é tirania ou uma obediência que não é escravidão (ibid., p. 84-5).

Ética. A criatura moral humana é obrigada a viver de acordo com a lei moral absoluta (v. MORALIDADE, NATUREZA ABSOLUTA DA), que transcende a lei humana. Foi isso que os autores da *Declaração de Independência* americana tinham em mente quando escreveram sobre as "Leis da Natureza e do Deus da Natureza" e de "certos direitos inalienáveis" de que todos são "dotados pelo seu Criador". Como seres morais, criados à imagem de Deus, temos certas obrigações absolutas para com os outros.

Essa lei moral objetiva é prescritiva, não descritiva. Ela estabelece os princípios pelos quais devemos viver, não apenas expressa a maneira em que vivemos. Não é convenção social, pois às vezes ela condena a sociedade. E não é instinto de massa, pois às vezes agimos de acordo com um senso de dever contra nosso instinto de preservação (*Cristianismo puro e simples*, p. 22). Podemos progredir em nosso entendimento, mas a lei moral não muda (*The abolition of man*, p. 58-9).

A história e o objetivo. A vida é o campo de provas para a eternidade. Durante a vida, cada criatura racional faz uma decisão de vida. Todos participam do jogo e, "se um jogo é jogado, deve ser possível perder". É claro que, acrescenta Lewis,

> eu pagaria qualquer preço para poder dizer verdadeiramente: "Todos serão salvos". Mas a minha razão retruca: "Sem a vontade deles, ou com ela?". Se digo: "Sem sua vontade", logo percebo uma contradição; como o ato voluntário supremo de auto-entrega pode ser involuntário? Se digo: "Com sua vontade", minha razão responde: "Como se dará isso, se *não vão* se entregar?" (*O problema do sofrimento*, p. 106-7).

No final da vida e da história, Lewis encontra dois tipos de pessoa — "aquelas que dizem para Deus: 'Seja feita a Tua vontade', e aquelas a quem Deus diz, no final: 'Seja feita a *tua* vontade'. Todos que estiverem no inferno terão escolhido isso". Lewis acreditava que "sem essa escolha pessoal não haveria inferno. Nenhuma alma que séria e constantemente deseje a felicidade abriria mão dela. Quem busca, acha. A quem bate, abrir-se-á" (*O grande abismo*, p. 69). Logo, as portas do inferno estão trancadas por *dentro*. Até os que *desejassem* sair do inferno não fariam isso às custas da autonegação, que é o único meio pelo qual a alma pode atingir o bem (*O grande abismo*, p. 127).

Avaliação. Apesar do valor surpreendente de Lewis para a apologética cristã, nem tudo nas suas posições é compatível com o cristianismo evangélico. Lewis escreveu uma de suas melhores críticas ao naturalismo já publicada (*Milagres*), na qual defendeu os milagres literais do NT, inclusive a ressurreição de Cristo. No entanto, Lewis negava, incoerentemente, a natureza literal de muitos milagres do AT (v. MILAGRES NA BÍBLIA):

> Os hebreus, como outros povos, tinham mitologia: mas, como eram o povo escolhido, sua mitologia era a mitologia escolhida — a mitologia escolhida por Deus para ser o veículo das primeiras verdades sagradas, o primeiro passo no processo que termina no NT, onde a verdade se tornou completamente histórica. Se podemos dizer com certeza onde, nesse processo de cristalização, qualquer história específica do NT cai, é outra questão. Eu acredito que as memórias da corte de Davi estão num extremo e são um pouco menos históricas que *Marcos* ou *Atos*; e que o *Livro de Jonas* é o outro extremo (*Milagres*, p. 139).

Lewis aceitava a divindade de Cristo. Mas não acreditava num Cristo que comprovou a historicidade e autenticidade de alguns dos próprios eventos do NT que Lewis rejeitava. Jesus comprovou a verdade literal de Jonas (Mt 12.40), da criação não-evolutiva de Adão e Eva (Mt 19.4), do Dilúvio (Mt. 24.38,39) e de outros eventos milagrosos (v. Geisler, *Inerrancy* [Inerrância], p. 3-35). Lewis parece atribuir ao AT um desenvolvimento não-cristão de mitos (v. MILAGRES, MITO E). Isso é bastante surpreendente à luz de sua crítica aos teólogos do NT que fazem a mesma coisa. Lewis os repreende:

Uma teologia que nega a historicidade de quase tudo nos evangelhos, aos quais a vida e as afeições e o pensamento cristãos se fixaram por quase dois milênios — que ou nega totalmente o milagroso ou, por incrível que pareça, depois de engolir o camelo da Ressurreição se incomoda com o mosquito da multiplicação dos pães — se oferecida a um homem simples pode produzir apenas um ou outro de dois efeitos. Ou ele se tornará um católico romano ou um ateu (*Christian reflections*, p. 153).

Lewis reconhece que pode estar errado com relação aos milagres do AT. Ele admite que sua posição é experimental e está sujeita a erros, e que o assunto está além do seu conhecimento:

A consideração dos milagres do AT está além da intenção deste livro e exigiria muitos tipos de conhecimento que não possuo. Minha posição atual — que é experimental e está sujeita a toda espécie de correção — seria que, assim como, no lado factual, uma longa preparação culmina na encarnação de Deus como Homem, no lado documentário a verdade aparece primeiro na forma *mítica* e então, mediante um longo processo de condensação ou focalização, finalmente se torna encarnada como História (*Milagres*, p.139).

Lewis também aceitava outras idéias da alta crítica sobre o AT (v. BÍBLIA, CRÍTICA DA). Ele questionou a historicidade de Jó, "porque o livro começa com um homem bem desligado da história ou mesmo da lenda, sem genealogia, vivendo num país do qual a Bíblia não diz quase nada" (*Cristianismo puro e simples*, 110). Lewis acreditava nisso apesar da referência a Jó como sendo um personagem histórico tanto no AT (Ez 14.14, 20) quanto no NT (Tg 5.11). Uz é mencionada em Jeremias 25.20 e Lamentações 4.21. Costumes e formas de nomes próprios ligados a Jó também foram comprovados (Archer, p. 438-48).

Lewis tinha uma posição bastante negativa com relação a vários salmos, chegando ao ponto de considerá-los "diabólicos" (*Reflections on the Psalms* [*Reflexões sobre Salmos*], p. 25). Rejeitou a autoria davídica de todos os salmos exceto o salmo 18 (ibid., 114). Isso é surpreendente, dada sua grande consideração por Cristo e os evangelhos. Jesus comprovou que Davi escreveu o salmo 110 (Mt 22.41-46). Jesus também afirmou a autoridade divina de todo o AT (Mt 5.17,18; Jo 10.35) e principalmente dos Salmos (v. Lc 24.44), um dos livros que ele citou com mais freqüência.

Apesar de mais tarde ter algumas dúvidas (Ferngreen), seu próprio contexto educacional aparentemente levou Lewis a supor uma visão evolutiva (v. EVOLUÇÃO BIOLÓGICA) da origem do universo (v. *Cristianismo puro e simples*, p. 52, 65). O fato de até mesmo um apologista intelectual tão piedoso e corajoso quanto Lewis ter sido envolvido pelas suposições humanistas e da alta crítica demonstra que cada crente deve avaliar continuamente a verdade do que está aprendendo num ambiente secular pagão.

Fontes

G. L. ARCHER, Jr., *Merece confiança o Antigo Testamento?*
G. B. FERNGREEN, et al., "C. S. Lewis on creation and evolution ...".
N. L. GEISLER, *Is man the measure?*
___, org. *Inerrancy.*
C. S. LEWIS, *Christian reflections.*
___, *God in the dock*, esp. "The humanitarian theory of punishment".
___, *Cristianismo puro e simples.*
___, *Milagres.*
___, *The abolition of man.*
___, *O problema do sofrimento.*
___, *Reflections on the Psalms.*
___, *Cartas do Diabo ao seu aprendiz.*
___, *Studies in medieval and Renaissance literature.*
R. PURTILL, *C. S. Lewis'case for the Christian faith.*
D. SAYERS, "Toward a Christian aesthetics", em *The whimsical Christian.*
J. R. R. TOLKIEN, *O Senhor dos Anéis*

limitação de Cristo, teoria da. Os críticos da Bíblia ofereceram duas teorias que minam o argumento apologético a favor da divindade de Cristo (v. CRISTO, DIVINDADE DE) e da autoridade das Escrituras (v. BÍBLIA, EVIDÊNCIAS DA). O elo crucial no argumento geral para ambas é que Jesus ensinou ser o Filho de Deus e que a Bíblia é a Palavra de Deus (v. APOLOGÉTICA, ARGUMENTO DA). Essas proposições são baseadas na premissa de que os evangelhos nos dizem exatamente o que Jesus ensinou. Se Jesus acomodou intencionalmente suas palavras ao que seus ouvintes criam, mas não revelou o que realmente acreditava, a conclusão não se sustenta (v. ACOMODAÇÃO, TEORIA DA).

Da mesma forma, se Jesus era tão limitado em seu conhecimento humano a ponto de ele não se estender a assuntos como a autoridade e autenticidade do AT, não estava realmente afirmando nada sobre essas questões. Antes, seu ministério limitava-se a questões espirituais e morais, e ele não afirmou nada sobre questões históricas e críticas.

limitação de Cristo, teorias da

Os argumentos a favor de um Cristo limitado. Duas colunas de sustentação do argumento da limitação são a *humanidade de Cristo* e a *teoria da kenosis*.

Conhecimento humanamente limitado. A Bíblia deixa claro que Jesus era humano (v. CRISTO, DIVINDADE DE). Mas se Jesus era realmente humano em todos os sentidos, por que não poderia cometer um erro humano? Por que Jesus não poderia estar errado sobre muitas das coisas em que acreditava, contanto que não prejudicassem sua missão redentora geral?

Esvaziamento na encarnação. A Bíblia também ensina que Jesus "se esvaziou" de sua onisciência na encarnação. O fato de tal esvaziamento ter limitado severamente seu conhecimento quando ensinava é denominado teoria da *kenosis*, da palavra grega *kenoō*, "esvaziar". Ele não sabia quando seria sua segunda vinda, pois disse: "Quanto ao dia e à hora ninguém sabe, nem os anjos no céu, nem o Filho, senão somente o Pai" (Mc 13.32). Ele não sabia se havia figos na árvore em Marcos 11.13. Quando criança ele "ia crescendo em sabedoria", como outras crianças (Lc 2.52). Ele precisou fazer perguntas (Mc 5.9, 30; 6.38; Jo 14.9). Talvez Jesus também não conhecesse a origem do AT e da verdade histórica de seu registro.

Resposta à teoria da limitação. A "teoria da limitação" é mais plausível e potencialmente mais prejudicial que a teoria da acomodação. Mas ambos os argumentos a favor da limitação do conhecimento de Cristo ignoram pontos cruciais sobre quem Jesus era.

Deus pode errar ou pecar? Em Jesus, uma e a mesma pessoa era Deus e homem ao mesmo tempo. Se a pessoa humana tivesse pecado ou errado, Deus teria pecado ou errado. É por isso que a Bíblia tem cuidado ao dizer: "Passou por todo tipo de tentação, porém, sem pecado" (Hb 4.15). Ele era humano o bastante para sentir cansaço e tentação, mas não para pecar (v. 2Co 5.21; 1Pe 3.18; 1Jo 3.3). Se o pecado atribuído a Cristo também deve ser atribuído a Deus, que não pode pecar (Hc 1.13; Hb 6.18), o erro atribuído a Cristo teria sido o erro cometido por Deus (v. TRINDADE).

A teoria de que Jesus se esvaziou da divindade quando se tornou humano é infundada. Certamente não é o que diz Filipenses 2. Os versículos 5 e 6 dizem que ele se esvaziou de sua natureza divina ao humilhar-se e tornar-se ser humano. Quando ele se esvaziou, ainda tinha a forma ou essência de Deus. Se a mesma palavra, *forma*, aplicada para servo significa que ele era servo, então aplicada a Deus significa que ele é Deus. É isso que João 1.1 declara. O Jesus humano afirmou ser Deus. Como ele demonstrou que isso era verdade é discutido detalhadamente no artigo CRISTO, DIVINDADE DE. Um erro ou pecado teria sido atribuído à segunda pessoa da Trindade.

Já que a doutrina ortodoxa de Cristo reconhece que ele era completamente humano, não há problema com a afirmação de que Jesus não sabia muitas coisas. Ele tinha duas naturezas, uma infinita ou ilimitada em conhecimento, a outra finita ou limitada em conhecimento. Será possível que Jesus não tenha "errado" a respeito do que ensinou acerca do AT, mas simplesmente era tão limitado que seu conhecimento e autoridade humanos não se estendiam a essas áreas? A evidência dos registros do NT exige a resposta negativa enfática a essa pergunta.

Jesus tinha conhecimento supranormal. Até em seu estado humano, Cristo possuía conhecimento suprahumano. Ele viu Natanael sob a figueira (Jo 1.48). Jesus conhecia a vida particular da mulher samaritana (Jo 4.18,19). Sabia quem o trairia (Jo 6.64) e tudo o que aconteceria em Jerusalém (Mc 8.31; 9.31; Jo 18.4). Sabia da morte de Lázaro antes de lhe contarem (Jo 11.14). Apesar de suas limitações, o conhecimento de Jesus era completamente adequado à sua missão e ensino doutrinário.

Jesus possuía autoridade absoluta. Cristo afirmou, com autoridade absoluta, que tudo que ensinou veio de Deus. "Os céus e a terra passarão, mas as minhas palavras jamais passarão" (Mt 24.35). Jesus proclamou: "Todas as coisas me foram entregues por meu Pai" (Mt 11.27). Ele mandou seus discípulos ensinarem outros "a obedecer a tudo o que eu lhes ordenei"(Mt 28.20). Jesus afirmou que o próprio destino das pessoas dependia de suas palavras (Mt 7.24-26) e que suas palavras seriam a base para o julgamento (Jo 12.48). A expressão "Digo-lhes a verdade" enfático é usado para introduzir seus ensinamentos 25 vezes, somente em João. Em Mateus ele declarou que nem um til passaria da lei que ele não cumprisse. E, em todo o restante de Mateus 5, Jesus igualou as próprias palavras a essa lei. Ele afirmou que suas palavras trazem vida eterna (Jo 5.24) e jurou que seu ensinamento vinha do Pai (Jo 8.26-28). Embora fosse um ser humano na terra, Cristo aceitou ser reconhecido como Deus (p.ex., Mt 28.18; Jo. 9.38).

Conclusão. A conclusão mais razoável é que os ensinamentos de Jesus possuíam autoridade divina. Apesar das limitações necessárias envolvidas na encarnação, não há erro nem má interpretação no que Cristo ensinou. Ainda que haja possíveis limitações na extensão do conhecimento de Jesus, não havia limitações na veracidade de seus ensinamentos. Assim como Jesus era completamente humano, mas seu caráter *moral* era perfeito (Hb 4.15), ele era finito no conhecimento humano, mas sem erro factual no que ensinou (Jo 8.40,46). Tudo que Jesus ensinou veio de Deus e continha autoridade divina.

Fontes
N. L. GEISLER, *Christian apologetics*, cap. 18.
J. WENHAM, *Christ and the Bible*, cap. 2.

linguagem religiosa. V. ANALOGIA, PRINCÍPIO DA; LÓGICO, POSITIVISMO; WITTGENSTEIN, LUDWIG.

livre-arbítrio. As idéias sobre a natureza do livre-arbítrio humano dividem-se em três categorias: determinismo, indeterminismo (v. INDETERMINAÇÃO, PRINCÍPIO DA) e autodeterminismo. O determinista leva em conta as ações causadas por outro, o indeterminista as ações não-causadas e o autodeterminista as ações autocausadas.

Determinismo. Para uma discussão completa e os argumentos a favor e contra essa posição, v. DETERMINISMO. Há dois tipos básicos de determinismo: naturalista e teísta. O determinismo naturalista é mais prontamente associado ao psicólogo comportamental B. F. SKINNER. Skinner acreditava que todo comportamento humano é determinado por fatores genéticos e comportamentais. Os seres humanos só agem conforme sua programação.

Todos os que aceitam as formas rígidas da teologia calvinista acreditam em algum nível de determinismo teísta. Jonathan EDWARDS relacionava todas as ações a Deus como Primeira Causa. "Livre-arbítrio" para Edwards é fazer o que se quer, e Deus é o Autor dos desejos do coração. Deus é soberano, está no controle de tudo e, em última análise, é a causa de tudo. A humanidade pecadora está totalmente cativa às suas inclinações, então pode fazer tudo o que quiser, mas o que quiser estará sempre sob o controle de seu coração corrupto e mundano. A graça de Deus controla ações como Deus controla desejos e pensamentos, bem como ações correspondentes.

Resposta ao determinismo. Os indeterministas respondem que a ação autocausada não é impossível e que não é necessário atribuir todas as ações à Primeira Causa (Deus). Algumas ações podem ser causadas por seres humanos aos quais Deus deu liberdade moral. O livre-arbítrio não é, como Edwards afirma, fazer o que *deseja* (com Deus dando os desejos). É fazer o que *decide*, o que nem sempre é a mesma coisa. Não é necessário rejeitar o controle soberano de Deus para negar o determinismo. Deus pode controlar pela onisciência tanto quanto pelo poder causal.

Duas formas de determinismo podem ser diferenciadas: rígida e moderada. O *determinista rígido* acredita que todas as ações são causadas por Deus, que Deus é a única causa eficiente. O *determinista moderado* acredita que Deus como Causa Primária é compatível com o livre-arbítrio humano como Causa Secundária.

Indeterminismo. Segundo o indeterminista, poucas ações humanas (se de fato alguma é) são causadas. Eventos e ações são contingentes e espontâneos. Charles Pierce e William JAMES eram indeterministas.

Argumentos a favor do indeterminismo. Os argumentos a favor do indeterminismo seguem a natureza das ações livres. Já que estas não seguem nenhum padrão determinado, conclui-se que são indeterminadas. Alguns indeterministas contemporâneos recorrem ao princípio de indeterminação de Werner Heisenberg (v. INDETERMINAÇÃO, PRINCÍPIO DE) para apoiar sua posição (v. PRIMEIROS PRINCÍPIOS). Segundo esse princípio, eventos no âmbito subatômico (como a trajetória específica determinada partícula) são completamente imprevisíveis.

Conforme o argumento da imprevisibilidade das ações livres, uma ação deve ser previsível para ser determinada. Mas ações livres não são previsíveis. Logo, são indeterminadas.

Crítica do indeterminismo. Todas as formas de indeterminismo naufragam no princípio da causalidade, que afirma que todos os eventos têm causa (v. CAUSALIDADE, PRINCÍPIO DA). Mas o indeterminismo afirma que escolhas livres são eventos não-causados.

O indeterminismo torna o mundo irracional e a ciência impossível. É contrário à razão afirmar que as coisas acontecem aleatoriamente, sem uma causa. Logo, a indeterminação é reduzida ao irracionalismo. As ciências de operação e das origens dependem do princípio da causalidade. Só porque uma ação livre não é causada por outra não significa que é não-causada. Poderia ser autocausada.

O uso do princípio de Heisenberg é mal aplicado, já que não lida com a *causalidade* de um evento, mas com a *imprevisibilidade*.

O indeterminismo rouba a responsabilidade moral dos seres humanos, já que não são a causa dessas ações. Se não são, por que deveriam ser culpados por ações malignas? O indeterminismo, pelo menos na escala cósmica, é inaceitável do ponto de vista bíblico, já que Deus está relacionado causalmente ao mundo como Criador (Gn 1) e Sustentador de todas as coisas (Cl 1.15,16).

Autodeterminismo. De acordo com essa teoria, as ações morais de uma pessoa não são causadas por outro nem são não-causadas, mas são causadas pela própria pessoa. É importante saber desde o início exatamente o que significa autodeterminismo ou livre-arbítrio. Negativamente, significa que a ação moral não é não-causada nem é causada por outro. Não é nem indeterminada nem determinada por outro. Positivamente, é moralmente autodeterminada, uma ação livremente escolhida, sem compulsão, em que seria possível fazer o contrário. Vários argumentos apóiam essa posição.

Argumentos a favor do autodeterminismo. Ou as ações morais são não-causadas, ou são causadas por outro, ou são causadas pela própria pessoa. Mas nenhuma ação pode ser desprovida de causa, já que isso viola o princípio racional fundamental segundo o qual todo evento tem uma causa. E as ações de uma pessoa não podem ser causadas por outros, pois nesse caso não seriam ações *pessoais*. Além disso, se as ações da pessoa são causadas por outro, como responsabilizá-la por elas? Tanto Agostinho (em *Do livre-arbítrio* e *Da graça e do livre-arbítrio*) quanto Tomás de Aquino eram autodeterministas, e também o são os calvinistas moderados e arminianos contemporâneos.

A negação de que algumas ações podem ser livres é contraditória. O determinista completo insiste em que tanto deterministas quanto indeterministas estão determinados a acreditar no que acreditam. Mas os deterministas acreditam que os autodeterministas estão errados e devem mudar sua posição. Mas "dever mudar" implica liberdade para mudar, o que é contrário ao determinismo. Se Deus é a causa de todas as ações humanas, então os seres humanos não são moralmente responsáveis. E não faz sentido louvar os seres humanos por fazerem o bem nem culpá-los por fazerem o mal.

Uma dimensão dessa controvérsia está relacionada com o conceito de "eu". O autodeterminista acredita que haja um "eu" (sujeito) que é mais que o objeto. Isto é, minha subjetividade transcende minha objetividade. Não posso colocar tudo que sou sob a lente de um microscópio para analisar, como um objeto. Eu sou mais que minha objetividade. Esse "eu" que transcende a objetificação é livre. O cientista que tenta estudar o eu sempre transcende a experiência. O cientista está sempre do lado de fora olhando para dentro. Na verdade, "eu" sou livre para "me" rejeitar. Isso não é determinado pela objetividade, nem está sujeito a ficar preso à análise científica. Como tal, o "eu" é livre.

Objeções ao autodeterminismo. O livre-arbítrio elimina a soberania. Se os seres humanos são livres, estão fora da soberania de Deus? Ou Deus determina tudo, ou não é soberano. E se ele determina tudo, então não há ações autodeterminadas.

É suficiente observar que Deus soberanamente delegou livre-arbítrio a algumas de suas criaturas. Não havia necessidade de fazê-lo. Então o livre-arbítrio é um poder soberanamente dado para fazer escolhas morais. Só a liberdade absoluta seria contrária à soberania absoluta de Deus. Mas a liberdade humana é uma liberdade limitada. Os seres humanos não estão livres para se tornar Deus. Um ser contingente não pode tornar-se um Ser Necessário. Pois um Ser Necessário não pode ser criado. Deve ser sempre o que é.

O livre-arbítrio é contrário à graça. Alega-se que ou as ações livres e boas vêm da graça de Deus ou de nossa iniciativa. Mas no caso da última, elas não são resultado da graça de Deus (Ef 2.8,9). Todavia, essa não é uma conclusão lógica. O livre-arbítrio é um dom gracioso. Além disso, a graça especial não é imposta coercivamente à pessoa. A graça, pelo contrário, age persuasivamente. A posição rígida do determinista confunde a natureza da fé. A capacidade da pessoa receber o dom gracioso da salvação de Deus não é a mesma coisa que trabalhar por ele. Pensar assim é dar crédito ao receptor do dom, e não ao Doador.

A ação autocausada é logicamente impossível. Alega-se que o autodeterminismo significa causar a si mesmo, o que é impossível. Uma pessoa não pode ser anterior a si mesma, que é a implicação da ação autocausada. Essa objeção interpreta mal o determinismo, que não significa que a pessoa *causa a si mesma*, mas sim *causa o acontecimento de outra coisa*. Uma ação autodeterminada é determinada pela própria pessoa, não por outra.

O autodeterminismo é contrário à causalidade. Se todas as ações precisam de causa, da mesma forma acontece com as ações da vontade, que não são causadas pela pessoa, mas por outra coisa. Se tudo precisa de uma causa, as pessoas que executam as ações também precisam (v. CAUSALIDADE, PRINCÍPIO DA).

Não há violação do princípio da causalidade real no exercício das ações livres. O princípio não afirma que todas as *coisas* (seres) precisam de uma causa. Coisas finitas precisam de uma causa. Deus é não-causado (v. DEUS, NATUREZA DE). A pessoa que realiza as ações livres é causada *por* Deus. O *poder* da liberdade é causado por Deus, mas o *exercício* da liberdade é causado pela pessoa. O eu é a primeira causa das ações pessoais. O princípio da causalidade não é violado pelo fato de todo ser finito e toda ação ter uma causa.

O autodeterminismo é contrário à predestinação. Outros alegam que o autodeterminismo é contrário à predestinação de Deus. Mas os autodeterministas respondem que Deus pode predeterminar de várias maneiras. Pode determinar 1) contrariamente ao livre-arbítrio (forçando a pessoa a fazer o que ela não escolhe fazer); 2) baseado nas livres escolhas já feitas (esperando para ver o que a pessoa vai fazer); 3) sabendo de modo onisciente o que a pessoa fará "de acordo com pré-conhecimento de Deus Pai" (1Pe 1.2). "Pois aqueles que de antemão conheceu, também os predestinou para serem conformes à imagem de seu Filho" (Rm 8.29). Ou a posição 2 ou a 3 é coerente com o autodeterminismo. Ambas insistem em que Deus pode determinar o futuro pelo livre-arbítrio, já que ele sabe onisciente *com certeza* como as pessoas agirão em liberdade. Então, o futuro é *determinado* do ponto de vista do conhecimento infalível de Deus, mas *livre* do ponto de vista da escolha humana.

Ligado ao argumento do determinismo rígido está o fato de que, apesar de Adão ter livre-arbítrio (Rm 5.12), os seres humanos pecadores estão escravizados pelo pecado e não estão livres para atender a Deus. Mas essa posição é contrária ao chamado constante de Deus a que os homens se arrependam (Lc 13.3; At 2.38) e creiam (p.ex., Jo 3.16; 3.36; At 16.31), e às afirmações diretas de que até os incrédulos têm a habilidade de reagir à graça de Deus (Mt 23.37; Jo 7.17; Rm 7.18; 1Co 9.17; Fm 14; 1Pe 5.2).

Esse argumento prossegue afirmando que, se os humanos têm a capacidade de atender, então a salvação não é pela graça (Ef 2.8,9), mas pelo esforço humano. No entanto, isso é um engano com relação à natureza da fé. A habilidade de uma pessoa receber o *dom* gracioso da salvação de Deus não é o mesmo que *trabalhar* por ele. Pensar assim é dar crédito a quem recebe o dom, e não ao Doador, que o dá graciosamente.

Fontes

Agostinho, *O livre-arbítrio*.
J. Edwards, *The freedom of the will*.
J. Fletcher, *John Fletcher's checks to Antinomianism*, condensado por P. Wiseman.
R. T. Foster, et al., *God's strategy in human history*.
N. L. Geisler, "Man's destiny: free or forced", csr, 9.2 (1979).
D. Hume, *The letters of David Hume*.
C. S. Lewis, *Milagres*.
M. Lutero, *On grace and free will*.
___, *The bondage of the will*.
B. F. Skinner, *Beyond behaviorism*.
___, *O mito da liberdade*.
Tomás de Aquino, *Suma teológica*.

Locke, John. *Vida e obras de Locke.* Nasceu em Somersetshire, Inglaterra, em 1632, e morreu em 1704. Não gostava da educação escolástica, mas leu e gostou de René Descartes e Francis Bacon. Sua obra sobre a tolerância influenciou bastante a Revolução Americana — principalmente Thomas Jefferson.

As principais obras de Locke foram *A carta sobre a tolerância*, 1667), *Ensaio acerca do entendimento humano* (1690) e *The reasonableness of Christianity* [*A razoabilidade do cristianismo*] (1695).

A epistemologia empírica de Locke. Locke era empirista, seguindo a obra de Aristóteles (v.). No seu *Ensaio acerca do entendimento humano*, ele chamou sua epistemologia "método histórico simples", isto é, tratar as idéias tal como elas surgem nas nossas mentes. Seu objetivo era descobrir a origem, extensão e grau de certeza ao nosso conhecimento.

As duas fontes de idéias. Locke acreditava que havia duas fontes de idéias (ou objetos de pensamento): 1) sensação — experiência de um objeto externo (que atua sobre o corpo e produz uma idéia na mente) — e 2) reflexão — experiência de operações internas da mente. Como prova, ele ofereceu quatro argumentos. Primeiro, os bebês nascem como *tábulas rasas*, sem um depósito de idéias. Segundo, onde há experiências diferentes, há idéias diferentes.

Terceiro, onde não há experiência, não há idéia correspondente. Por exemplo, pessoas nascidas cegas não têm idéia de visão, e surdos-mudos não têm idéia de som. Quarto, temos apenas idéias detectadas pelos cinco sentidos (ou combinações deles).

A natureza do conhecimento. Para Locke, todo conhecimento é concordância ou discordância.

Intuição é concordância entre duas idéias percebidas imediatamente (p.ex., "Eu" e "existo" = Eu existo). Esse é o conhecimento mais correto.

Demonstração é concordância entre duas idéias por meio de uma terceira idéia (p.ex., "Deus existe"). Isso é menos certo para nós somente porque a cadeia de argumentos causa isso.

Sensação é concordância entre a idéia e o objeto externo (p.ex., "O mundo existe"). Isso é menos certo. A prova de Locke do mundo externo era assim: 1) Deve haver uma fonte das nossas idéias. Nem todas elas poderiam ser criadas por nós. 2) Algumas idéias são mais ativas que outras, demonstrando que são (originais, e não criadas por nós. 3) Temos o testemunho combinado de vários sentidos de que essas idéias ativas vêm do mundo externo. 4) Prazer e/ou dor ocorrem repetidamente com o contato com ele, mesmo quando não queremos. Logo, deve haver um mundo externo que é a fonte dessas idéias ativas sobre as quais não temos controle.

Argumento de Locke a favor da existência de Deus. O argumento de Locke para a existência de Deus segue a linha do argumento cosmológico tradicional (v.). 1) Algo existe. Por exemplo, eu existo (o que se sabe pela intuição). Além disso, o mundo existe (o que se sabe pela sensação). 2) Esse algo que existe vem ou a) de si mesmo, b) do nada ou c) de outro. Mas 3) somente algo pode causar algo. Algo não pode ser causado pelo nada. 4) Não pode existir uma SÉRIE INFINITA de causas da existência do mundo. Se existisse, o mundo inteiro seria fundado no nada. Mas isso é impossível, pois nesse caso (já que o nada não pode causar algo) o mundo jamais teria surgido. Logo, 5) deve haver uma primeira causa da minha existência e do mundo. 6) Esse ser eterno deve ser onipotente e onisciente. Deve ser onipotente porque é a fonte de todo o poder e deve ser onisciente porque o cognoscível não pode surgir do incognoscível. Locke acreditava que era ridículo dizer que tudo tem uma causa exceto o universo.

A defesa do cristianismo. Tendo por base seu TEÍSMO racional, Locke argumentou na tradição da apologética clássica (v. APOLOGÉTICA CLÁSSICA). No seu *The reasonableness of Christianity* ele defendeu a existência de milagres. Nos seus dois *Vindications* [*Vindicações*], (1695, 1697), defendeu o que dissera em *The reasonableness of Christianity*.

A defesa do sobrenatural. Locke não era nem deísta (v. DEÍSMO) nem sociniano (que negava a ressurreição) [v. RESSURREIÇÃO, EVIDÊNCIAS DA]. Defendeu os milagres e a Bíblia como Palavra de Deus (v. BÍBLIA, EVIDÊNCIAS DA). Ele acreditava que a Bíblia poderia ser defendida pela razão, mas que continha mistérios da fé cristã que vão além da razão.

A divindade de Cristo. Ele também defendeu a divindade de Cristo (v. CRISTO, DIVINDADE DE), afirmando: "Vemos que o povo justificou sua fé nele, i.e., sua fé nele como Messias, por causa dos milagres que fez" (*The reasonableness of Christianity* [58] 1). Acrescentou sobre Jesus: "Ele foi enviado por Deus: seus milagres demonstraram isso" (ibid., 242). Há uma ausência evidente da discussão sobre a Trindade. Mas a ausência não significa necessariamente negação. Apesar de Locke admitir numa carta a Limborch que disse algumas coisas para agradar aos deístas (v. DEÍSMO), ele explicitamente negou o arianismo.

Posição de Locke sobre ética e governo. Locke acreditava que a "lei da natureza" (v. NATURAL, LEI) nos ensina que,

> sendo todos iguais e independentes, nenhuma pessoa deve prejudicar outra em sua vida, saúde, liberdade ou posse; pois os homens são todos criação de um Deus onipotente e infinitamente sábio (*Carta sobre a tolerância*, 2.6).

Essa mesma posição foi expressa por Thomas Jefferson na *Declaração da independência* (1776), na qual escreveu: "Afirmamos serem evidentes as seguintes verdades, que todos os homens são iguais, que são dotados por seu Criador de certos direitos inalienáveis, entre os quais estão a vida, a liberdade e a busca da felicidade".

Fontes

J. G. CLAPP, Locke, John, em *The encyclopedia of philosophy*, v. 4.
J. COLLINS, *A history of modern European philosophy*.
J. LOCKE, *An essay concerning toleration*.
___, *An essay concerning human understanding*.
___, *The reasonableness of Christianity*.

lógica. A lógica lida com os métodos de pensamento válido. Revela como tirar conclusões adequadas de premissas e é um pré-requisito de todo pensamento. Na verdade, ela se baseia em leis fundamentais da realidade e da verdade, os princípios que tornam possível o pensamento racional (v. PRIMEIROS PRINCÍPIOS). A lógica é um instrumento tão indispensável e inevitável para todo pensamento que até os que a evitam ainda usam formas lógicas para argumentar sua rejeição (v. FIDEÍSMO).

As três leis fundamentais de todo pensamento racional são:

1. a lei da não-contradição (A não é não-A);
2. a lei da identidade (A é A);
3. a lei do terceiro excluído (ou A ou não-A).

Cada uma tem uma função importante. Sem a lei da não-contradição poderíamos dizer que Deus é Deus e que Deus é o Diabo. Se a lei da identidade não for obrigatória, não pode haver unidade nem identidade. Sem ela não há diferença em dizer: "Eu sou eu" ou "eu sou uma cadeira". Se a lei do termo médio excluído não valesse, os opostos poderiam ser verdadeiros.

Além desses princípios básicos, há princípios de inferência válida. Essas inferências tradicionalmente foram classificadas como lógica *dedutiva* ou *indutiva* (v. INDUTIVO, MÉTODO), ou argumentos transcendentais. Mas todas elas usam alguma forma dessas três leis básicas.

A lógica e Deus. Se a lógica é a base de todo pensamento, é a base de todo pensamento sobre Deus (teologia). Alguns se opõem, dizendo que isso deixa Deus sujeito à lógica. Mas Deus é soberano e não está sujeito a nada além de si mesmo. Então como o pensamento sobre Deus pode estar sujeito à lógica?

Por um lado Deus não está sujeito à lógica; na verdade, nossas *afirmações* sobre Deus estão sujeitas à lógica. Todas as afirmações racionais devem ser lógicas. Já que a teologia procura fazer afirmações racionais, afirmações teológicas estão sujeitas às regras do pensamento racional, assim como qualquer outra afirmação.

Mas Deus realmente está sujeito à lógica, mas não porque haja algo mais absoluto que ele. Como a lógica representa princípios de pensamento racional e como Deus é um Ser racional, Deus está sujeito à própria natureza racional. À medida que a lógica manifesta razão, ela flui da própria natureza de Deus, e Deus está sujeito à sua natureza. Na realidade, ele não pode agir de forma contrária a ela, ética ou logicamente. Por exemplo: "É impossível que Deus minta" (Hb 6.18). Da mesma forma, é impossível para Deus contradizer a si mesmo. Ambas as situações violam sua natureza básica (v. Deus, natureza de).

Deus não está sujeito apenas à própria consistência racional; ele também está sujeito à lógica que é derivada dela. Pois não poderíamos nem começar a pensar ou falar sobre Deus sem a lei da não-contradição. Nesse caso, a lógica é anterior a Deus porque precisamos usar a lógica antes de poder sequer pensar nele racionalmente. A lógica é anterior a Deus na *ordem do conhecimento*, mas Deus é anterior à lógica na *ordem da existência*. A lógica é anterior a Deus *epistemologicamente*, mas Deus é anterior à lógica *ontologicamente*.

Argumentar que isso sujeita Deus à nossa lógica é estabelecer uma dicotomia falsa. Lógica é lógica; não é "nossa" lógica no lugar da lógica "dele". A nossa é baseada na dele. A natureza racional de Deus é a base de nossa natureza racional. Ele fez assim para que pudéssemos entender algo sobre ele. A lei da não-contradição aplica-se aos pensamentos de Deus e também aos nossos. As pessoas não a *inventaram*; só a *descobriram*.

Racionalidade vs *racionalismo*. Outros protestam que sujeitar as verdades sobre Deus à razão humana é uma forma de racionalismo (v. epistemologia; Espinosa, Baruch). No entanto, essa objeção ignora várias coisas importantes. Primeiro, Deus não está sendo submetido à nossa razão. Deus é o autor da razão e nos criou à sua imagem. Portanto, os princípios básicos da razão não são arbitrariamente impostos a Deus; na verdade, eles vêm de Deus (v. fé e razão).

Segundo, as leis básicas da razão não se opõem à revelação de Deus; são parte essencial da revelação geral de Deus. A racionalidade humana, com suas leis básicas, é manifestação da racionalidade de Deus. Deus é racional, e os seres humanos foram feitos à sua imagem. Assim, usar a lógica não é opor-se à revelação; é parte dela.

Terceiro, nem mesmo a revelação especial (v. revelação especial) pode ser conhecida ou comunicada sem a lógica. Não seríamos capazes de distinguir a revelação de Deus da revelação do Diabo sem que a lei da não-contradição fosse válida. Além disso, quando a Bíblia revela que "Deus tanto amou o mundo", não poderíamos saber que o amor não é ódio sem que a lei da não-contradição fosse válida. Portanto a lógica é essencial para a revelação especial (v. revelação especial) e para a revelação geral (v. revelação geral).

Finalmente, há uma diferença entre usar a razão e ser racionalista. O racionalista tenta *determinar* toda a verdade pela razão humana. O cristão sensato apenas usa a razão para *descobrir* a verdade que Deus revelou, pela revelação geral ou pela revelação especial na Bíblia (v. Bíblia, evidências da).

A lógica e Aristóteles. Alguns críticos da lógica tradicional afirmam que Aristóteles inventou a lógica, e não há razão para aceitar sua forma ocidental de lógica, em vez do tipo "oriental", que não usa a lei da não-contradição. Mas Aristóteles não *inventou* a lógica; ele a *descobriu*. As leis do pensamento racional estavam em operação eternamente em Deus e desde o princípio nas criaturas racionais. Aristóteles apenas as *articulou*.

Essa crítica também subentende que o pensamento "oriental" pode evitar o uso da lógica. Mas, como vimos, as leis básicas de pensamento são inescapáveis para todos os seres racionais, seja qual for a sua cultura e visão de mundo. Nenhum filósofo "oriental" (v. zen-budismo) pode sequer pensar ou falar sem usar a lei da não-contradição. A própria negação dessa lei emprega a lei na sua negação. Ela é literalmente irrefutável (v. irrefutabilidade, princípio da).

Muitos tipos de lógica. Outros afirmam que há vários tipos de lógica. Por que escolher apenas uma e estabelecê-la como norma para todos os tipos? Em resposta a isso, basta observar que, apesar de haver muitos tipos de lógica (dedutiva, indutiva, simbólica etc.), todas as formas de lógica dependem dos princípios racionais básicos de pensamento afirmados anteriormente. Por exemplo, nenhuma forma válida de lógica pode operar sem o princípio da não-contradição. Se coisas contraditórias podem ser verdadeiras, então o pensamento é impossível. Mas não podemos negar o pensamento sem pensar. Logo, negar as leis do pensamento é literalmente impensável.

A lógica e a onipotência. A Bíblia diz que "para Deus todas as coisas são possíveis" (Mt 19.26). Ele é onipotente, e um Ser onipotente pode fazer qualquer coisa. Portanto, parece que Deus poderia violar a lei da não-contradição, se quisesse. Mas isso se baseia em má interpretação. Quando a Bíblia declara que Deus pode fazer o impossível, não se refere ao que é *realmente* impossível, mas ao que é *humanamente* impossível.

Além disso, onipotência não significa que Deus possa fazer o que é contraditório. Se fosse assim, Deus deixaria de ser Deus. Mas é impossível ao Ser não-criado decidir que quer ser criado. É impossível para o Ser Necessário (que não pode deixar de existir) decidir que não quer existir. Deus não pode contradizer a própria natureza. Portanto, onipotência não significa que Deus possa fazer literalmente qualquer coisa. A Bíblia diz que "é impossível que Deus minta" (Hb 6.18; v. 2Tm 2.13). E assim como Deus não pode contradizer sua natureza moral, ele não pode contradizer sua natureza racional. Na verdade, a onipotência só significa que Deus pode fazer qualquer coisa que não seja contraditória ou impossível. Por exemplo, Deus não pode fazer um círculo quadrado. E não pode criar uma pedra tão pesada que não consiga levantá-la. Pois, se fizesse, não poderia movê-la. E não precisa "movê-la". Só precisa destruí-la e recriá-la no lugar onde deseja colocá-la.

A lógica e os milagres. Deus criou leis naturais, mas pode transcendê-las por meio de milagres (v. MILAGRE). Deus planejou a lei da gravidade e a viscosidade dos líquidos, mas Jesus andou sobre a água. Por que as leis da lógica não podem ser violadas como as leis da física?

Primeiro, essa é uma analogia inválida. As leis da natureza são *descritivas*, enquanto as leis lógicas, como as leis éticas, são *prescritivas*. Isto é, as leis da lógica nos dizem como devemos raciocinar para conformar nosso pensamento à realidade. Semelhantemente, as leis morais, são prescrições universais (v. MORALIDADE, NATUREZA ABSOLUTA DA). Todo mundo deve raciocinar que, se todos os triângulos têm três lados e essa figura é um triângulo, então ela tem três lados. Não há exceções; todos devem chegar a essa conclusão. As leis da física são generalizações descritivas. Elas apenas nos informam sobre como as coisas são; não nos exortam sobre como algo deve ser. Como descrições do modo em que as coisas geralmente ocorrem, elas admitem exceções. O milagre é a exceção. Assim, ele não contradiz a lei geral. A comparação entre as leis físicas e as leis do pensamento é inválida.

Além disso, Deus não criou as leis da lógica. Elas manifestam sua natureza não-criada. Deus é racional, e há certos princípios básicos de racionalidade que não podem mudar, assim como Deus não pode mudar sua natureza essencial. As leis da física não são assim. Supostamente, Deus poderia ter criado outros tipos de mundos, com outros tipos de leis. A lei da gravidade, por exemplo, aplica-se ao universo material. Não se aplica a anjos sem corpos físicos.

A lógica e os mistérios da fé. Alguns apresentam a objeção de que os grandes mistérios cristãos, tais como a TRINDADE, a Encarnação (v. CRISTO, DIVINDADE DE) e a predestinação (v. DETERMINISMO; LIVRE-ARBÍTRIO), violam as leis da razão humana. Há uma diferença entre proposições que vão *além* da razão, tais como mistérios da fé, e aquelas que vão *contra* a razão. As que vão além da razão não vão contra a razão. O entendimento humano sem o auxílio da revelação especial não pode alcançá-las. Tais verdades só podem ser conhecidas por meio da revelação especial. Quando conhecidas, suas premissas não contradizem outras verdades reveladas.

A lógica e a Trindade. A doutrina da Trindade afirma três pessoas numa Essência. Não afirma que há três pessoas numa Pessoa ou três essências em uma Essência. Essas seriam contradições lógicas.

Lógica e a Encarnação. A Encarnação não afirma que Deus se tornou humano. O Infinito não pode se tornar finito, ou o Necessário, contingente. Antes ela afirma que a segunda pessoa da Trindade tornou-se homem. Jesus assumiu uma natureza humana sem deixar de lado sua divindade. Portanto, a Encarnação não foi a subtração da divindade, mas a adição de sua humanidade. Duas naturezas numa pessoa não é uma contradição. Duas naturezas numa natureza ou duas pessoas numa Pessoa seriam, mas não duas naturezas juntas numa Pessoa. Trata-se de um mistério, não de uma contradição.

A lógica e a predestinação. A predestinação e o livre-arbítrio também não são uma contradição lógica. Não é contraditório afirmar que Deus predeterminou quem será salvo, desde que tenha predeterminado que isso aconteceria por meio do livre-arbítrio. O que seria contraditório é afirmar que Deus *forçou* pessoas a aceitá-lo *livremente*, já que liberdade forçada é logicamente incompatível. Mas afirmar que Deus determinou conscientemente como efetuaria a salvação pela sua graça e por meio do nosso livre-arbítrio não é uma contradição lógica. É um mistério, mas não uma contradição lógica (v. DETERMINISMO; LIVRE-ARBÍTRIO).

Fontes

ARISTÓTELES, *Primeiros analíticos.*
___, *Segundos analíticos*
___, *Refutações dos sofistas.*
___, *Tópicos.*
I. COPI, *Introdução à lógica.*
N. L. GEISLER, *Come let us reason.*

lógico, positivismo. O positivismo lógico é uma escola de pensamento que operou durante a década de 1920 entre um grupo de filósofos de Viena que incluía Alfred J. AYER, Rudolf Carnap, Herbert Feigl e Moritz Schlick. Eles tomaram uma posição antimetafísica e desenvolveram um princípio de verificação empírica pelo qual tudo (exceto tautologias e afirmações empíricas) é considerado sem sentido.

Essa posição continha implicações devastadoras para o cristianismo, já que nem a existência nem os atributos de Deus poderiam ser significativamente declarados. Todo o debate sobre Deus foi considerado absurdo literal (v. ANALOGIA, PRINCÍPIO DA; WITTGENSTEIN, LUDWIG). Esse ponto de vista às vezes é chamado ACOGNOSTICISMO ou ATEÍSMO semântico.

As raízes do princípio da verificabilidade empírica são encontradas no ceticismo empírico de David HUME. No último parágrafo de *Investigação sobre o entendimento humano*, Hume escreveu:

> Quando pesquisamos bibliotecas, persuadidos desses princípios, que danos fazemos? Se pegamos qualquer volume na mão — de teologia ou da escola da metafísica, por exemplo, devemos perguntar: *Ele contém algum raciocínio abstrato relativo a qualidade ou número?* Não. *Contém algum raciocínio experimental relativo ao trivial e à existência?* Não. Então lance-o ao fogo, pois não pode conter nada além de sofismas e ilusão (Hume, p. 173).

Se Hume estava certo, há dois tipos de afirmações significativas: 1) as verdadeiras por definição (analíticas) e 2) as consideradas verdadeiras por meio dos sentidos (sintéticas). Apenas afirmações definitivas e sensoriais são significativas. Todo o resto é literalmente absurdo.

No mundo anglófono, Ayer foi um defensor zeloso dessa posição. Ele formulou a conclusão de Hume para o princípio da verificabilidade empírica, que afirmava em sua forma original que há apenas dois tipos de proposições significativas.

O positivismo lógico morreu pela própria espada (v. Feigl). O princípio da verificabilidade empírica não é empiricamente verificável. Toda tentativa nesse sentido destrói sua eficácia. O positivismo não pode ser usado para excluir afirmações metafísicas (v. METAFÍSICA).

Fontes

A. J. AYER, *Foundations of empirical knowledge.*
___, *Linguagem, verdade e lógico.*
___, *The problem of knowledge.*
H. FEIGL, "Logical positivism after thirty-five years", em *Philosophy Today* (Winter 1964).
F. FERRE, *Language, logic, and God.*
A. FLEW, et al., *New essays in philosophical theology.*
N. L. GEISLER, *Philosophy of religion* (cap. 12)
D. HUME, *Investigação sobre o entendimento humano.*

***logos*, teoria do.** A palavra grega *logos* vem de *lego* ("Eu falo"). *Logos* significa "palavra, fala, explicação, princípio ou razão". Na filosofia grega, o conceito de *logos* tinha significados diferentes. Heráclito a considerava a lei racional que governava o universo. Anaxágoras a via como o princípio da inteligência no universo, apesar de chamá-la *nous* ("mente"), assim como PLATÃO. Para os estóicos, o *logos* era o princípio de toda racionalidade no universo. Mas logo antes de o NT ser escrito, o filósofo judeu FÍLON (30 a.C-45 d.C.) descreveu o *logos* como a imagem de Deus que era distinta de Deus e um intermediário entre Deus e o mundo (Edwards, "Logos"). Mais tarde, no século III, PLOTINO declarou que o *logos* ou *nous* era a emanação inferior do único Ser (Deus).

No entanto, não há razão para supor que João esteja retratando algo inferior a Deus no *logos*. João diz clara e enfaticamente que "o *logos* era Deus" (Jo 1.1; v. tb. 8.58; 10.30; 20.28). O conceito que João tem do *logos* é de um ser pessoal (Cristo), enquanto os gregos o consideravam um princípio racional impessoal. O *logos* é mencionado com pronomes pessoais, como *ele* (1.2) e *nele* (1.4). Esse não era o caso do *logos* grego.

Segundo João, o *logos* "se fez carne" (1.14). Combinar *logos* (razão) ou *nous* (mente) e carne era contrário ao pensamento grego. A carne era ou maligna, como no GNOSTICISMO, ou quase maligna, no pensamento platônico ou plotiniano (v. PLOTINO). Apenas na tradição judaico-cristã a matéria ou carne era considerada respeitável de alguma forma. Os cristãos a viam como boa o suficiente para ser digna de vestir a Deus na encarnação.

O AT, não as idéias gregas, é a raiz das idéias do NT. João, como todos os autores do NT (talvez exceto Lucas), eram judeus. A raiz de seu pensamento estava no judaísmo. Eles citam o AT centenas de vezes. Logo, é contrário ao fundamento judaico e ao pensamento dos autores do NT usar fontes gregas para suas idéias teológicas.

O NT é um livro teísta (v. TEÍSMO), enquanto o pensamento grego era politeísta e panteísta (v. PANTEÍSMO). Não esperaríamos que João se baseasse em tal cosmovisão para expressar suas idéias. O AT falava do futuro Messias que era Deus (Sl 110.1; Is 9.6; 45.6; Zc 12.10), que viria em carne, sofreria e ressuscitaria fisicamente dos mortos (v. Is 53). Nem a religião nem a filosofia grega ensinam essa doutrina. Afirmações segundo as quais o cristianismo baseou-se em idéias ou deuses pagãos são infundadas (v. MITRAÍSMO; RESSURREIÇÃO EM RELIGIÕES NÃO-CRISTÃS, REIVINDICAÇÕES DE).

Fontes

G. H. CLARK, *Selections from Hellenistic philosophy*.
P. EDWARDS, "Logos", em EP.
FÍLO, *De vita contemplativa*.
W. R. INGE, "Logos", em ERE.
J. G. MACHEN, *The origin of Paul's religion*.
R. NASH, *Christianity and the Hellenistic world*.
F. E. WALTON, *Development of the logos doctrine in Greek and Hebrew thought*.

Lucas, supostos erros em. Lucas foi acusado pelos críticos de conter imprecisões históricas significativas na narrativa do nascimento de Cristo, no capítulo 2.

O censo mundial. Lucas 2.1-3 refere-se a um censo mundial sob César Augusto quando Quirino era governador da Síria. Mas, segundo os registros da história antiga, esse censo não aconteceu. Na verdade, Quirino só se tornou governador da Síria no ano 6 d.C. Os críticos geralmente acreditam que Lucas errou ao afirmar um censo sob César Augusto e que o censo realmente aconteceu no ano 6 ou 7 d.C. (este mencionado por Lucas no discurso de Gamaliel, em At 5.37).

Uma possível retradução. F. F. BRUCE oferece outra possibilidade. O grego de Lucas 2.2 pode ser traduzido: "Este, o primeiro recenseamento (censo), foi feito antes daquele quando Quirino era governador da Síria". Nesse caso, a palavra grega traduzida por "primeiro" (*protos*) é traduzida como um comparativo, "antes". Devido à construção da frase, essa não é uma tradução improvável. Nesse caso não há problema, já que o censo do ano 6 d.C. é bem conhecido pelos historiadores.

Evidência arqueológica recente. A falta de qualquer evidência extrabíblica levou alguns a considerar isso um erro. Mas, com os estudos recentes, agora aceita-se amplamente que de fato houve um censo anterior, como Lucas registra.

William Ramsay descobriu várias inscrições que indicavam que Quirino foi governador da Síria em duas ocasiões, a primeira vários anos antes de 6 d.C. Segundo os próprios documentos que registraram os censos (cf. Ramsay, *Was Christ?*), realmente houve um censo entre 10 e 5 a.C. Registros periódicos aconteciam a cada catorze anos. Por causa desse padrão regular de recenseamento, qualquer ação era considerada uma política geral de Augusto, apesar de o censo local possivelmente ter sido instigado por um governador. Portanto, Lucas reconhece o censo como vindo do decreto de Augusto.

Já que o povo de um país subjugado era obrigado a jurar lealdade ao imperador, não era incomum o imperador requerer um censo imperial como expressão dessa lealdade e como meio de alistar homens para o serviço militar, ou, como provavelmente aconteceu nesse caso, como preparação para arrecadar impostos. Por causa das relações tensas entre Herodes e Augusto nos últimos anos do reinado de Herodes, como o historiador judeu Josefo relata, é compreensível que Augusto começasse a tratar o domínio de Herodes como um país subjugado e conseqüentemente impusesse tal censo para manter o controle sobre Herodes e o povo.

Terceiro, um censo era um projeto enorme que provavelmente levaria vários anos para ser finalizado. Tal censo com o propósito de impostos começado na Gália entre 10-9 a.C. levara quarenta anos para ser completado. É provável que o decreto para começar o censo, em 8 ou 7 a.C., só tenha começado na Palestina algum tempo depois. Problemas de organização e preparação podem ter adiado o censo inicial para 5 a.C. ou até mais tarde.

Quarto, não era uma exigência incomum que as pessoas voltassem ao lugar de origem ou para o lugar onde possuíam propriedade. Um decreto de C. Vibius Maximus em 104 d.C. exigia que todos os ausentes de sua terra natal voltassem para o censo. Os judeus estavam bem acostumados às viagens, por fazerem a peregrinação anual a Jerusalém.

Não há nenhuma razão para suspeitar da afirmação de Lucas com relação ao censo. O registro de Lucas ajusta-se ao padrão normal de recenseamento, e sua data não seria improvável. Esse pode ter sido apenas um censo local feito como resultado da política geral de Augusto. Lucas apenas oferece um registro histórico confiável de um evento não registrado em outra fonte. Lucas provou ser um historiador surpreendentemente confiável (v. ATOS, HISTORICIDADE DE; v. Ramsay, *St. Paul the traveler and Roman citizen*). Não há razão para duvidar dele aqui.

A área governada por Quirino Dada a afirmação de Lucas de que o censo decretado por Augusto foi o primeiramente feito enquanto Quirino era governador da Síria, o fato de Quirino tornar-se governador da Síria muito tempo depois da morte de Herodes, por volta do ano 6 d.C., parece um erro no evangelho.

Como foi observado, há uma maneira alternativa de traduzir esse versículo que resolve o problema. Além disso, hoje há evidência de que Quirino foi governador da Síria numa ocasião anterior, que coincide com a época do nascimento de Cristo.

Quintílio Varo foi governador da Síria do ano 7 ao ano 4 a.C. aproximadamente. Varo não era um líder confiável, fato demonstrado em 9 d.C., quando perdeu três legiões de soldados na floresta de Teutoburger, na Alemanha. Quirino, por outro lado, era um líder militar reconhecido que esmagou a rebelião dos homonadenses, na Ásia Menor. Quando chegou a época de começar o censo, por volta de 8 ou 7 a.C., Augusto confiou a Quirino o problema delicado na área instável da Palestina, efetivamente substituindo Varo ao apontar Quirino para a posição de autoridade especial nessa questão.

Quirino provavelmente foi governador da Síria em duas ocasiões diferentes, uma vez durante a ação militar de perseguição aos homonadenses entre 12 e 2 a.C. e mais tarde, começando por volta do ano 6 d.C. Uma inscrição latina descoberta em 1764 foi interpretada de forma a declarar que Quirino foi governador da Síria em duas ocasiões.

Gary Habermas resume bem a situação:

1) O censo de impostos era procedimento bem comum no Império Romano e realmente ocorreu na Judéia, particularmente. 2) As pessoas eram obrigadas a voltar à cidade natal para cumprir as exigências do processo. 3) Esses procedimentos foram empregados aparentemente durante o reinado de Augusto (37 a.C.-14 d.C.), colocando-o dentro do período de tempo do nascimento de Jesus. 4) A data da coleta de impostos mencionada por Lucas possivelmente ocorreu em 6-5 a.C., o que também seria útil para tentar encontrar uma data mais exata para o nascimento de Jesus (*The verdict of history*, p. 153).

Conclusão. Há três razões para crer que Lucas é preciso em seu registro do nascimento de Jesus. Primeiro, existe a regra geral de "inocente até que provem o contrário". Um documento da Antiguidade sob custódia adequada que alega oferecer um registro preciso (v. Lc 1.1-4) deve ser aceito como autêntico até que provem o contrário. Isso é conhecido como *regra do documento antigo*. Essa regra é usada nos tribunais para estabelecer a autenticidade dos documentos antigos.

Segundo, existem, como se observou, explicações plausíveis que harmonizam o registro com a evidência histórica (v. tb. Atos, HISTORICIDADE DE).

Terceiro, Lucas provou ser um historiador confiável até nos detalhes. William Ramsay passou vinte anos pesquisando a área sobre a qual Lucas escreveu. Sua conclusão foi que, nas referências a 32 países, 54 cidades e nove ilhas, Lucas não cometeu nenhum erro! Esse é um registro que deve ser invejado por historiadores de todas as eras.

Fontes

G. L. Archer, Jr., *Enciclopédia de temas bíblicos.*

F. F. Bruce, *Merece confiança o Novo Testamento?*

N. L. Geisler e T. Howe, *Manual popular de dúvidas, enigmas e "contradição" da Bíblia.*

G. Habermas, *The verdict of history.*

W. Ramsay, *St. Paul the traveler and Roman citizen*

____, *Was Christ born in Bethlehem?*

Lutero, Martinho. Martinho Lutero (1483-1546), o grande reformador alemão que não foi conhecido como apologista, tinha como preocupação maior restaurar a igreja. No entanto, não disse nada que negue o uso sistemático da razão pelos APOLOGISTAS CLÁSSICOS na defesa da fé.

A razão é condenada. Lutero declarou que a razão é a faculdade dada por Deus pela qual os seres humanos são distinguidos animais inscionais (*disputatio de homine*). Lutero, assim como outros grandes mestres da igreja, estava interessado em que a razão humana não substituísse o evangelho. *A Confissão de Augsburgo* (Art. 2) condena a crença de que alguém possa ser justificado "pela própria força e razão". Martin Chemnitz acrescentou: "A razão por si mesma e a partir de eventos não pode estabelecer nada relativo ao amor de Deus por nós" (Chemnitz, p. 609). Essas afirmações desaprovadoras sobre a razão humana devem ser vistas no contexto adequado (v. FÉ E RAZÃO).

Primeiramente, elas foram feitas no contexto de alguém tentando alcançar a salvação pelas próprias forças, não por meio do mérito de Cristo e da graça pela fé. A razão humana não pode alcançar a salvação. Apenas o evangelho traz salvação. Mas isso não quer dizer que a razão não possa ser usada para defender o evangelho. Em segundo o lugar, Lutero acreditava que o amor redentor de Deus não pode ser estabelecido pela razão. Isso não quer dizer que a existência de Deus não possa ser estabelecida pela razão (v. COSMOLÓGICO, ARGUMENTO). Na verdade, entre os apologistas clássicos estava AGOSTINHO, o mentor filosófico e teológico de Lutero.

Razão na teologia luterana. Apesar de o próprio Lutero, tão preocupado com a salvação, não ter desenvolvido uma apologia ou uma teologia sistemática, seu colega, Filipe Melâncton, desenvolveu ambas.

Melâncton e outros reformadores luteranos usaram a apologética clássica para desenvolver provas da existência de Deus. Chemnitz fala da validade dos ensinamentos derivados das Escrituras "pelo raciocínio bom, certo, firme e claro" (ibid., p. 249). As próprias polêmicas de Lutero são firmemente construídas a partir de argumentos irrefutavelmente racionais.

A razão, é claro, pode ser o "instrumento do Diabo" quando usada em oposição a Deus. Mas a posição assumida pelos reformadores luteranos e teólogos luteranos modernos quanto às Escrituras revela uma tradição de teologia e apologética racional.

Um exemplo moderno da tradição luterana é John Warwick Montgomery em suas obras de defesa da fé. Veja essas obras citadas entre as fontes deste artigo.

Fontes
M. CHEMNITZ, *Examination of the Council of Trent*, v. 1.
L. S. KEYSER, *A system of Christian evidence*.
M. LUTHER, *Luther's works*, v. 34, J. PELIKAN, org.
J. W. MONTGOMERY, *Christianity and history*.
___, *Christianity for the tough-minded*.
___, *Evidence for faith*.

Mm

Machen, J. Gresham. Nasceu em Baltimore (1881-1937) e formou-se em literatura clássica na Universidade Johns Hopkins. No Seminário Teológico de Princeton, foi aluno de B. B. WARFIELD e R. D. Wilson. Também estudou na Universidade de Princeton e como bolsista na Alemanha, em Marburgo e Göttingen. Em Marburgo foi aluno de Adolf Jülicher e Wilhelm Herrmann, que foi discípulo de Albrecht Ritschl. Em Göttingen foi aluno de E. Schürer e W. Bouset. Em 1906, Machen tornou-se professor de NT no Seminário de Princeton.

Em 1912, fez uma preleção: "Cristianismo e cultura", que estabeleceria o tema de sua carreira. Identificou o problema na igreja cristã como a relação entre conhecimento e piedade. Há três abordagens desse relacionamento, disse ele. Os protestantes liberais subordinaram o evangelho à ciência e ignoraram o sobrenatural. Os conservadores preservaram o sobrenatural, mas rejeitaram a ciência. A solução de Machen foi combinar a busca do conhecimento com a religião.

Em 1914, Machen já era professor de NT em Princeton. Depois da Primeira Guerra Mundial, a Igreja Presbiteriana do Norte e o Seminário de Princeton passaram por uma mudança fundamental na teologia, do cristianismo histórico e do calvinismo tradicional para o liberalismo ou modernismo, seguindo as tendências teológicas alemãs. Na batalha resultante, a denominação e o seminário se dividiram. Em 1929, Machen, Oswald T. Allis, Cornelius VAN TIL, Robert Dick Wilson e mais vinte alunos deixaram o seminário. Sob a liderança de Machen, esses homens estabeleceram o Seminário Westminster em Filadélfa.

Em 1933, para se opor ao liberalismo crescente na Igreja Presbiteriana dos Estados Unidos, Machen fundou a Junta Independente para Missões Presbiterianas Internacionais. Essa junta testava e comissionava missionários ortodoxos, dando às igrejas conservadoras uma alternativa além dos liberais enviados pela própria denominação. A Assembléia Geral exigiu que Machen deixasse a Junta. Ele se recusou e foi julgado por violar seus votos de ordenação. Sem ter a oportunidade de defender suas ações, foi suspenso do ministério pelo Presbitério de New Brunswick em Trenton, Nova Jersey. Ele e outros foram expulsos da Igreja Presbiteriana dos Estados Unidos (PCUSA) em 1936. Imediatamente uma nova organização foi formada, a Igreja Presbiteriana da América. Poucos meses depois, Machen morreu repentinamente, enquanto viajava pregando para apoiar a nova denominação. Sem sua liderança firme, a nova igreja foi dividida pelos interesses individuais de seus líderes. Duas denominações surgiram, a Igreja Presbiteriana Ortodoxa e a Igreja Presbiteriana Bíblica.

Apesar de rejeitar o título "conservador" e algumas das ênfases teológicas tradicionalmente adotadas pelo movimento conservador, Machen foi o líder intelectual desse movimento durante a década de 1920. Sua erudição e trabalho pessoal eram respeitados até por seus oponentes. Uma de suas contribuições mais úteis para as gerações de estudantes foi o *New Testament Greek for beginners* [*Grego neo-testamentário para principiantes*, (1924)]. Sua defesa clássica, *The VIRGIN BIRTH OF CHRIST* [*O nascimento virginal de Cristo*], (1930), foi de grande importância teológica. Essa coleção de palestras dadas no Seminário Teológico Columbia argumentava que o nascimento virginal não foi uma adição posterior do cristianismo. Outras defesas significativas da fé intelectualmente forte foram *The origin of Paul's religion* [*A origem da religião de Paulo*] (1921), *Christianity and liberalism* [*Cristianismo e liberalismo*], (1923), *What is faith?* [*O que é a fé*] 1927, *The christian faith in the modern world* [*A fé cristã no mundo moderno*], (1938) e *The Christian view of man* [*A visão cristã do homem*], (1937).

Apologética fervorosa e séria. A apologética de Machen está bem próxima da obra de Charles Hodge, B. B. Warfield, A. A. Hodge, Caspar Wistar Hodge e Geerhardus Vos. Como a obra desses homens, a filosofia de Machen baseava-se em Thomas REID e no

REALISMO escocês. Ele acreditava que a razão, que lidava com fatos e dependia deles, era essencial para a fé. Seguia o padrão clássico de *notitia* (conhecimento cognitivo) e *assensus* (assentimento), que leva à *fiducia* (fé). Machen demonstrou que a razão não *prova* a fé. Esse era o erro fundamental do liberalismo (Lewis e Demarest, p. 374). Machen era cauteloso em colocar a experiência cristã no seu devido contexto:

> A experiência cristã é corretamente usada quando ajuda a nos convencer de que os eventos narrados no Novo Testamento realmente aconteceram; mas ela nunca pode nos capacitar a sermos cristãos, quer os eventos tenham ocorrido quer não (*Cristianismo e liberalismo*, p. 78).

O ponto de partida de Machen para a apologética foi a consciência humana, que dependia da análise lógica e do bom senso. Não entrou em detalhes de provas teístas; no entanto, dependia dos argumentos tradicionais. Machen chegou ao ponto de adiar sua ordenação até responder satisfatoriamente às objeções de KANT. Afirmou:

> A própria base da religião de Jesus era uma crença triunfante na existência real de um Deus pessoal.
> E sem essa crença, nenhum tipo de religião pode encontrar sua referência, corretamente, em Jesus, nos dias de hoje. Jesus foi um teísta, e o teísmo nacional está na base do cristianismo. Jesus, de fato, não sustentou seu teísmo através de argumentos; ele não proveu antecipadamente respostas ao ataque de Kant às provas teístas. Mas isso não significa que ele fosse indiferente à crença que é o resultado lógico dessas provas. Significa que a crença existia tão firme para ele quanto para seus ouvintes e que no seu ensino ela é sempre pressuposta. Assim, hoje, não é necessário que todos os cristãos analisem a base lógica de sua crença em Deus; a mente humana tem uma faculdade maravilhosa para a condenação dos argumentos perfeitamente válidos, e o que parece uma crença instintiva pode vir a ser o resultado de muitos passos lógicos. Ou, preferivelmente, pode ser que a crença em um Deus pessoal seja o resultado de uma revelação primitiva e que as provas teístas sejam apenas a confirmação lógica do que foi originalmente recebido por diferentes meios. De qualquer modo, a confirmação lógica da crença em Deus é uma preocupação vital para o cristão (ibid., p. 64).

Infalível e inerrante. Seguindo a antiga tradição de Princeton, Machen acreditava que a Bíblia no original (autógrafos) era plenamente inspirada, sendo que a Palavra de Deus foi mediada pela vida, pela personalidade dos autores e pelo estilo literário em que escreveram. Assim, a narrativa histórica não é julgada pelos mesmos padrões que a poesia. As Escrituras são infalivelmente a verdade de Deus e são inerrantes, mas não foram mecanicamente ditadas (v. BÍBLIA, EVIDÊNCIAS DA). "Em todas as suas partes", disse Machen, as Escrituras são "a própria Palavra de Deus, completamente verdadeiras no que dizem com relação a questões de fato e completamente autoritárias em seus mandamentos" (*Christian faith in the modern world*, p. 2, 37). Ele afirmou: "Apenas os autógrafos dos livros bíblicos — em outras palavras, os livros como vieram da pena dos autores sagrados, e nenhuma das cópias que agora possuímos desses autógrafos — foram produzidos sob o impulso e pela liderança sobrenatural do Espírito Santo, o que chamamos inspiração" (ibid., p. 39).

Defesa do cristianismo. A apologia de Machen da ortodoxia era em grande parte evidencial. Começou por apelar aos fatos, principalmente bíblicos e históricos, que exigem uma explicação adequada. A defesa da ortodoxia de Machen baseava-se em dois milagres importantes, o nascimento virginal e a ressurreição corporal de Jesus Cristo. Machen geralmente apelava, como Paulo, ao fato de que, se Cristo não nasceu de uma virgem na história e não ressuscitou corporalmente três dias após sua morte, nossa fé é vã.

Machen defendeu os milagres nas Escrituras (v. MILAGRES, ARGUMENTOS CONTRA), especialmente os de Cristo, ao definir um evento sobrenatural como o que "acontece pelo poder imediato, de Deus" (*Cristianismo e liberalismo*, p. 104). Isso, pressupõe a existência de um Deus pessoal e de uma ordem real da natureza. Logo, os milagres estão sobrenatural e dependentemente unidos ao teísmo.

Em defesa dos milagres do NT (v. MILAGRES NA BÍBLIA), Machen ressaltou o erro de isolar os milagres do restante do NT. É um erro discutir a ressurreição de Jesus como se o que foi provado fosse apenas a ressurreição de um homem do século I na Palestina (ibid., p. 106). Na verdade, a ressurreição é apoiada pela singularidade histórica da pessoa de Cristo e de suas afirmações e pela "ocasião adequada" ou propósito para o milagre conforme detectados (ibid., p. 106). A fé demonstrada pela igreja primitiva foi o argumento mais convincente para a ressurreição (*What is Christianity?*, p. 6, 99). Machen ainda apóia milagres bíblicos ao ressaltar as tendências naturalistas ilegítimas da igreja liberal, que os rejeita.

Avaliação. Machen defendeu a fé protestante ortodoxa no momento crucial da primeira metade do século XX. Estabeleceu um padrão elevado de escolástica numa época em que poucos, liberais ou conservadores, produziam estudos acadêmicos valiosos. Muitas dessas obras ainda são muito usadas.

A apologética geral de Machen é resumida por C. Allyn Russell: "A tese de Machen era que o cristianismo e o liberalismo eram essencialmente duas religiões distintas e mutuamente excludentes, não duas variedades da mesma fé". Segundo Russel, cristãos e liberais usavam a mesma linguagem, mas procediam de raízes completamente diferentes:

Ao atacar o liberalismo como religião não-cristã, Machen declarou que as tentativas liberais de conciliar o cristianismo com a ciência moderna haviam abandonado tudo o que é característico do cristianismo (Russell, p. 50).

Fontes
W. Elwell, *Enciclopédia histórico-teológica da Igreja Cristã*.
___, *Handbook of evangelical theologians*.
G. Lewis e B. Demarest, *Challenges to inerrancy: a theological response*.
D. G. Hart, "The Princeton mind in the modern world and the common sense of J. Gresham Machen", wtj 46.1 (Spring 1984): 1-25.
J. G. Machen, *Christian faith in the modern world*.
___, *Cristianismo e Liberalismo*.
___, *The Christian view of man*.
___, *The origin of Paul's religion*.
___, *The virgin birth of Christ*.
___, *What is Christianity?*
___, *What is faith?*
G. M. Marsden, "J. Gresham Machen, history and truth", wtj 42 (Fall 1979): 157-75.
C. A. Russell, "J. Gresham Machen, scholarly fundamentalist", jph 51 (1973): 40-66.
N. B. Stonehouse, *J. Gresham Machen: a biographical memoire*.
C. I. K. Story, "J. Gresham Machen: apologist and exegete", psb 2 (1979): 91-103.

Madalena, manuscritos de. V. Novo Testamento, manuscritos do.

Maimônides. Moisés, filho de Maimôn (1135-1204), latinizou seu nome para Maimônides. Deixou sua cidade natal, Córdoba, Espanha, durante a invasão muçulmana, foi para o Norte da África e finalmente para o Egito, tendo morrido no Cairo. Apesar de ser conhecido por sua doutrina legal, o "rabino Moisés", como os escolásticos o chamavam, tornou-se o mais célebre filósofo judeu da Idade Média.

Em seu *Guia dos perplexos*, escreveu sobre os pensadores judeus semi-intelectuais que estavam confusos porque acreditavam que os princípios da filosofia grega contradiziam sua fé. O livro foi escrito para os que hesitavam entre as afirmações contraditórias da filosofia e da religião. Maimônides acreditava ser possível conhecer a filosofia grega completamente sem abrir mão da observância dos mandamentos. Infelizmente, a conciliação geralmente era a favor de uma interpretação alegórica, à custa do entendimento literal das Escrituras.

Além da fé judaica, enfatizando principalmente a unidade e a inefabilidade de Deus, Maimônides foi grandemente influenciado por Alfarabi, Aristóteles, Averróis, Fílon, Platão e Plotino. O resultado foi a própria síntese desses filósofos, com preferência para Platão em vez de Aristóteles e forte influência de Plotino. Maimônides influenciou Tomás de Aquino e outros filósofos escolásticos, e também o racionalista moderno Baruch Espinosa.

Filosofia. Seguindo seu treinamento judaico, Maimônides acreditava que Deus era um. Também acreditava que a existência de Deus era demonstrável, mas que sua essência era incognoscível. Ofereceu provas para a existência de Deus que foram usadas por escolásticos posteriores, tais como Deus como Primeira Causa, Primeiro Motor e Ser Necessário (três dos cinco argumentos a favor da existência de Deus propostos por Aquino). Ao contrário dos gregos, acreditava que Deus era a Causa eficiente, e também o formal e a final, do mundo.

Os filósofos gregos argumentaram a favor da eternidade do mundo, porém Maimônides concluiu que esses argumentos não eram decisivos porque ignoravam a onipotência de Deus, que pode criar livremente um universo da duração que quisesse. Aquino seguiu essa linha de raciocínio.

Seguindo Plotino, Maimônides acreditava que todo o conhecimento de Deus é negativo. Qualquer coisa positiva refere-se apenas às ações de Deus, não à sua natureza, que é essencialmente incognoscível.

A Bíblia revela um nome divino e positivo, yhwh. O tetragrama significa "existência absoluta". Deus é a Existência pura e necessária. Todas as criaturas são contingentes. Sua existência é apenas um "acidente" acrescentado à sua essência.

Avaliação. Há muitas contribuições positivas nas posições de Maimônides. Do ponto de vista do teísmo e da apologética clássicos (v. clássica, apologética), sua ênfase à natureza de Deus e à criação e seus argumentos em favor da existência de Deus são louváveis.

O que deve preocupar os cristãos é a teologia negativa de Maimônides, que não permite analogias positivas (v. ANALOGIA). E sua tendência de alegorizar partes das Escrituras que não podem ser conciliadas com a filosofia platônica então dominante era desnecessária e inaceitável.

Fontes

S. Baro, org., *Essays on Maimonides*.
Maimônides, *Guia dos perplexos*.
A. Maurer, *Medieval philosophy*, cap. 8.
S. Pines, "Maimonides", em EP.
H. A. Wolfson, "Maimonides on negative attributes", em A. Marx, org., *Louis Ginzberg Jubilee volume*.

maniqueísmo. V. DUALISMO.

manuscritos do Antigo Testamento. Os manuscritos do AT não são tão cruciais à apologética cristã quanto os manuscritos do NT (v. Novo Testamento, historicidade do; Novo Testamento, manuscritos do). No entanto, sua confiabilidade geral é importante, pois os manuscritos desempenham um papel crucial no estabelecimento da confiabilidade do AT. Eles também ajudam a estabelecer a data das profecias do AT (v. profecia como prova da Bíblia), o que desempenha um papel de apoio na defesa do cristianismo (v. apologética, argumento da). Como no caso do NT, os manuscritos originais (*autógrafos*) do AT não estão disponíveis, mas o texto hebraico é amplamente representado por manuscritos pré- e pós-cristãos (v. Geisler, "Bible manuscripts", 1.248-52). Como resultado, a confiabilidade do texto hebraico pode ser determinada pela evidência dos manuscritos disponíveis. Mas, durante os dois mil anos em que passaram copiando o texto (500 a.C. a 1500 d.C.), os estudiosos judeus preservaram inacreditavelmente suas tradições textuais.

História do texto do AT. No judaísmo, uma sucessão de estudiosos foi encarregada da padronização e preservação do texto bíblico:

• Os *soferim* [escribas] foram estudiosos e guardiães do texto entre os séculos V e III a.C.
• Os *zugot* ["pares" de estudiosos textuais] foram designados para essa tarefa nos séculos II e I a.C.
• Os *tanaítas* [repetidores ou mestres] estiveram em atividade até 200 d.C. A obra dos *tanaítas* pode ser encontrada no *Midraxe* ["interpretação textual"], *Toseftá* ["adição"] e *Talmude* [instrução], a última das quais é dividida em *Mixná* repetição e *Gemara* o assunto a ser aprendido. O *Talmude* foi escrito gradativamente entre 100 e 500 d.C.
• Entre 500 e 950 d.C os massoretas acrescentaram a vocalização (um sistema de pontos e traços) e os sinais gráficos que auxiliam na pronúncia do texto consonantal recebido dos soferim, com base na *Massorá* ("tradição") que haviam recebido. Os mas-soretas eram escribas que codificaram e escreveram as críticas e comentários orais do texto hebraico. Havia duas escolas ou centros principais de atividade massorética, cada uma bastante independente da outra, a babilônica e a palestinense. Os massoretas mais famosos foram os estudiosos judaicos que viveram em Tiberíades, na Galiléia, Moisés ben Asher (com seu filho Aarão) e Moisés ben Naftali, no final dos séculos IX e X. O texto de Ben Asher é o texto-padrão da Bíblia hebraica atual, conforme melhor representado pelo Códice Leningrado B19^A (L) e o Códice Alepo.

Atualmente discute-se o texto hebraico "massorético" padrão — usado na tradução da Bíblia. Frederic Kenyon colocou a questão essencial quando perguntou se o texto massorético representa o texto hebraico escrito originalmente pelos autores. A edição-padrão do texto massorético foi publicada pela primeira vez sob a editoração de um cristão de origem judaica, Jacó ben Chayim (c. 1525). Foi essencialmente uma recensão do texto do massoreta Ben Asher (c. 920) (v. *Introdução bíblica*, cap. 25). A resposta à pergunta de Kenyon surge de uma investigação cuidadosa do número e da natureza dos manuscritos hebraicos.

O número de manuscritos. A primeira coleção de manuscritos hebraicos, feita por Benjamin Kennicott (1776-1780) e publicada em Oxford, alistava 615 manuscritos do AT. Mais tarde Giovanni de Rossi (1784-1788) publicou uma lista de 731 manuscritos. As descobertas mais importantes de manuscritos na era moderna são as da guenizá do Cairo (década de 1890) e os manuscritos do mar Morto (1947 e anos seguintes). Só na guenizá (depósito para manuscritos do sótão da sinagoga) do Cairo foram encontrados 200 mil manuscritos e fragmentos (Kahle, p. 13, e Würthwein, p. 25) dos quais 10 mil são bíblicos (Goshen-Gottstein, p. 35). Segundo J. T. Milik, fragmentos de cerca de 600 manuscritos são conhecidos a partir dos MANUSCRITOS DO MAR Morto, nem todos bíblicos. Moshe Goshen-Gottstein estima que o número total de fragmentos de manuscritos hebraicos do AT em todo o mundo chega às dezenas de milhares (ibid., cap.31).

Coleções principais. Cerca de metade dos fragmentos de manuscritos da guenizá do Cairo estão guardados na Universidade de Cambridge. O resto está espalhado pelo mundo. O papirologista Paul Kahle, especializado na guenizá do Cairo, identificou mais de 120 manuscritos raros preparados pelo "grupo babilônico" dos escribas massoretas.

A maior coleção de manuscritos do AT hebraico no mundo é a Segunda Coleção Firkowitch em Leningrado. Ela contém 1 582 itens da Bíblia e da Massorá em pergaminho (725 em papel), mais 1 200 outros fragmentos de manuscritos hebraicos na Coleção Antonin (Würthwein, p. 23). Kahle afirma também que esses manuscritos e fragmentos da Coleção Antonin são todos provenientes da guenizá do Cairo (Kahle, p.7). Na Coleção Firkowitch são encontrados 14 manuscritos do período de 929 a 1121 d.C que se originaram na guenizá do Cairo.

Manuscritos da guenizá do Cairo estão espalhados por todo o mundo. Alguns dos melhores nos Estados Unidos estão na Coleção Memorial Enelow no Seminário Teológico Judaico, em Nova York (Goshen-Gottstein, p. 44ss.).

O catálogo do Museu Britânico alista 161 manuscritos do AT hebraico. Na Universidade de Oxford, o catálogo da Biblioteca Bodleian alista 146 manuscritos do AT, cada um contendo um grande número de fragmentos (Kahle, p. 5). Goshen-Gottstein estima que apenas nos Estados Unidos há dezenas de milhares de fragmentos de manuscritos semitas, cerca de 5% dos quais são bíblicos — mais de 500 manuscritos (Goshen-Gottstein, p. 30).

Manuscritos hebraicos. Os mais importantes manuscritos do AT hebraico datam do período entre o século III a.C. e o século XIV d.C. Desses, os manuscritos mais surpreendentes são os manuscritos do mar Morto, que datam do século III a.C. ao século I d.C. Incluem um livro (Isaías) e milhares de fragmentos que, juntos, representam todos os livros do AT exceto Ester.

Descobertas dos manuscritos do mar Morto. A Caverna 1 foi descoberta por um jovem pastor árabe. Dela ele tirou sete rolos quase completos e alguns fragmentos:

Isaías A (IqIs^a). O rolo de Isaías do Mosteiro de São Marcos é uma cópia popular com várias correções acima da linha ou na margem. É a cópia mais antiga que se conhece de qualquer livro completo da Bíblia.

Isaías B (IqIs^b). O Isaías da Universidade Hebraica está incompleto, mas seu texto é mais parecido com o texto massorético que Isaías A.

Outros fragmentos da Caverna 1. Essa caverna também revelou fragmentos de Gênesis, Levítico, Deuteronômio, Juízes, Samuel, Isaías, Ezequiel, Salmos e algumas obras não bíblicas, inclusive *Enoque*, *Ditos de Moisés* (previamente desconhecido), *Livro do Jubileu, Livro de Noé, Testamento de Levi, Tobias e Sabedoria de Salomão*. Um fragmento interessante de Daniel, contendo 2.4 (onde a língua muda do hebraico para o aramaico), também vem dessa caverna. Fragmentos de comentários de Salmos, Miquéias e Sofonias também foram encontrados na Caverna 1.

Caverna 2. A Caverna 2 foi inicialmente descoberta e saqueada por beduínos. Foi escavada em 1952. Fragmentos de cerca de 100 manuscritos, inclusive dois de Êxodo, um de Levítico, quatro de Números, dois ou três de Deuteronômio, um de Jeremias, Jó, Salmos, e dois de Rute, foram encontrados.

Caverna 3. A Caverna 3 foi encontrada por arqueólogos e investigada no dia 14 de março de 1952. Ela revelou duas metades de um rolo de cobre com indicações de 60 ou 64 locais contendo tesouros escondidos. Esses locais estavam quase todos dentro e ao redor da área de Jerusalém, indo do norte de Jericó ao Vale de Acor. Até agora, a busca pelos tesouro não deu resultados. Várias teorias surgiram para explicar esse rolo. Foi sugerido que é obra de um excêntrico, ou parte do folclore do povo, ou talvez um registro dos depósitos do dinheiro do dízimo e dos vasos sagrados dedicados ao culto no templo (v. Allegro).

Caverna 4. A Caverna da Perdiz ou Caverna 4, depois de ser saqueada por beduínos, foi investigada em setembro de 1952, e provou ser a mais produtiva. Literalmente milhares de fragmentos foram recuperados, quer comprados dos beduínos, quer descobertos quando os arqueólogos peneiraram a areia no chão da caverna. Esses pedaços representam centenas de manuscritos, sendo que quase 400 deles foram identificados. Incluem 100 cópias de livros da Bíblia, todos do AT, exceto Ester.

Um fragmento de Samuel da Caverna 4 (4Qsam^b) é considerado a peça mais antiga que se conhece do hebraico bíblico. Data do século III a.C. Também foram encontrados alguns fragmentos de comentários de Salmos, Isaías e Naum. Acredita-se que toda a coleção da Caverna 4 representa a abrangência da biblioteca de Qumran e, dado o número relativo de livros encontrados, seus livros favoritos parecem ser Deuteronômio, Isaías, Salmos, os Profetas Menores e Jeremias, nessa ordem. Num fragmento contendo parte de Daniel 7.28, 8.1, a língua passa do aramaico para o hebraico.

Cavernas 5 e 6. As cavernas 5 e 6 foram escavadas em setembro de 1952. Fragmentos de Tobias e de alguns livros bíblicos, todos em estágio avançado de deterioração, foram encontrados na Caverna 5. A Caverna 6 apresentou em grande parte papiros, em vez de fragmentos de couro. Pedaços de papiro de Daniel, 1Reis e 2Reis estavam entre as descobertas.

Caverna 7 até 10. As Cavernas 7 até 10, examinadas em 1955, não apresentaram manuscritos importantes do AT. Mas a Caverna 7 revelou alguns fragmentos de manuscritos contestados que foram identificados por José O'Callahan como partes do NT. Se isso for verdadeiro, seriam os manuscritos mais antigos do NT, datando apenas de 50 ou 60 d.C.

Caverna 11. A Caverna 11 foi escavada no início de 1956. Ela proporcionou ao mundo uma cópia bem preservada de 36 salmos, mais o salmo 151, apócrifo, que antes só havia sido encontrado em textos gregos. Um rolo bem preservado de parte de Levítico, partes significativas de um Apocalipse da Nova Jerusalém e um *targum* [paráfrase] de Jó em aramaico foram descobertos.

Vários estudos recentes dos manuscritos do mar Morto oferecem descrições e inventários detalhados. Gleason L. Archer, Jr. tem um bom resumo no apêndice do seu *Merece confiança o Antigo Testamento?*.

Descobertas de Murabba'at. Estimulados pelas descobertas lucrativas em Qumran, os beduínos procuraram e encontraram cavernas ao sudeste de Belém que revelaram manuscritos contendo datas e documentos da Segunda Revolta Judaica (132-135). A exploração e escavação sistemática dessas cavernas começou em janeiro de 1952. Os manuscritos mais antigos e com datas ajudaram a estabelecer a antiguidade dos manuscritos do mar Morto. Dessas cavernas veio outro rolo dos *Profetas Menores*, a segunda metade de Joel a Ageu, que se assemelha bastante ao texto massorético. O papiro semítico mais antigo que se conhece (um palimpsesto), inscrito pela segunda vez em escrita hebraica antiga (datando dos séculos VII ou VIII a.C.), foi encontrado ali (v. Barthelemy).

Outro sítio, conhecido por Khirbet Mird, revelou materiais manuscritos. No dia 3 de abril de 1960, um fragmento de pergaminho (século I d.C.) do salmo 15 e parte do salmo 16 foram encontrados no uádi Murabba'at (v. Cass, p. 164).

Pentateuco *samaritano*. Os samaritanos provavelmente se separaram dos judeus durante o século V ou IV a.C., depois de um longo e duro conflito religioso e cultural. Na época do cisma, suspeita-se que os samaritanos levaram consigo as Escrituras tal como existiam e prepararam seu próprio texto revisado do Pentateuco. O *Pentateuco samaritano* não é uma versão no sentido estrito, e sim uma porção manuscrita do texto hebraico. Contém os cinco livros de Moisés e é escrito num estilo antigo de escrita hebraica. Alguns dos manuscritos bíblicos mais antigos de Qumran usam essa escrita, já que ela foi reavivada no século II a.C., durante a revolta dos macabeus contra os gregos. O crítico textual Frank M. Cross Jr. acredita que o *Pentateuco samaritano* provavelmente vem do período macabeu.

Uma forma do texto do *Pentateuco samaritano* parece ter sido conhecida pelos pais da igreja Eusébio de Cesaréia (c. 265-339) e Jerônimo (c. 345-c. 419). Ele só foi disponibilizado para os estudiosos modernos ocidentais em 1616, quando Pietro della Valle o descobriu em Damasco. Uma grande agitação surgiu entre os teólogos. O texto era considerado superior ao texto massorético (TM), até que Wilhelm Gesenius, em 1815, o julgou praticamente inútil para crítica textual. Mais recentemente o valor do *Pentateuco samaritano* foi reafirmado por estudiosos como A. Geiger, Kahle e Kenyon.

Nenhum manuscrito existente do *Pentateuco samaritano* foi datado de antes do século XI. A comunidade samaritana afirma que um rolo foi escrito por Abisai, bisneto de Moisés, no décimo terceiro ano após a conquista de Canaã, mas a autoridade é tão espúria que a afirmação pode ser descartada com segurança. O códice mais antigo do *Pentateuco samaritano* tem uma nota sobre sua venda em 1149-1150, mas o manuscrito em si é bem mais antigo. Um manuscrito foi copiado em 1204. Outro datado de 1211-1212 agora está na Biblioteca John Rylands, em Manchester. Outro, que data de c. 1232, está na Biblioteca Pública de Nova York.

A edição-padrão impressa do *Pentateuco samaritano* contém cinco volumes, editados por A. von Gall, *Der Hebräische Pentateuch der Samaritaner.* [*O Pentateuco hebraico dos samaritanos*] (1914-1918). Ela fornece um texto eclético baseado em 80 manuscritos e fragmentos do final da era medieval. Apesar do texto de von Gall estar em letras hebraicas, os samaritanos escreviam num alfabeto bem diferente do hebraico quadrado. No entanto, sua escrita, como o hebraico, descendia de antigos caracteres paleo-hebraicos.

Existem cerca de 6 000 divergências entre o *Pentateuco samaritano* e o *texto massorético*, a maioria triviais. Em cerca de 1 900 casos o texto samaritano concorda com a Septuaginta e não com o texto massorético. Algumas das divergências foram introduzidas propositadamente pelos samaritanos para preservar suas tradições religiosas e dialéticas. O texto massorético perpetua o dialeto e as tradições da Judéia antiga.

No início da era cristã uma tradução do *Pentateuco samaritano* foi feita para o dialeto aramaico dos samaritanos. Esse targum samaritano também foi traduzido para o grego, chamado *Samaritikon*, que ocasionalmente era citado por Orígenes. Depois do século XI, várias traduções do *Pentateuco samaritano* foram feitas em árabe (Kahle, p. 51-7).

manuscritos do Antigo Testamento

Outras descobertas importantes. Papiros Nash. Entre os manuscritos hebraicos mais antigos do AT, sobrevivem uma cópia danificada do *Shᵉm'* (Dt 6.4-9) e dois fragmentos do *Decálogo* (Êx 20.2-17; Dt 5.6-21). Os papiros Nash datam do período entre o século II a.C. e o século I d.C.

Orientales 4445. Orientales 4445, um manuscrito do Museu Britânico, é datado por Christian D. Ginsburg do período entre 820 e 850 d.C, com anotações acrescentadas um século depois. Mas Paul E. Kahle (v. Würthwein, p. 18) argumenta que os textos consonantais hebraicos e a pontuação (os pontos ou marcas de vogais acrescentados) são do século X. Pelo fato de o alfabeto hebraico consistir apenas em consoantes, a escrita hebraica normalmente só apresenta essas letras, com umas poucas letras usadas para representar alguns dos sons vocálicos. Marcas ou "pontos" vocálicos foram desenvolvimento medieval. Esse manuscrito contém Gênesis 39.20 até Deuteronômio 1.33, exceto Números 7.47-73 e 9.12—10.18.

Códice cairense. Um códice é um manuscrito em forma de livro com páginas. Segundo o colofão, ou inscrição no final do livro, o Códice cairense foi escrito e pontuado com vogais em 895 por Moisés ben Asher em Tiberíades, na Palestina (ibid., p. 25). Contém os Primeiros Profetas (Josué, Juízes, 1 e 2 Samuel, 1 e 2 Reis) e os Profetas Posteriores (Isaías, Jeremias, Ezequiel e os Profetas Menores). É simbolizado por um C na *Biblia Hebraica Stuttgartensia* e é considerado o texto hebraico de maior autoridade baseado na tradição do texto massorético.

Códice Alepo. O Códice Alepo foi escrito por Shelomo ben Baya'a (Kenyon, p. 84), mas, segundo a anotação do colofão, foi pontuado por Moisés ben Asher (c. 930). É um códice-modelo, apesar de, por muito tempo, não ter sido permitido copiá-lo, e acreditava-se até que havia sido destruído (Würthwein, p. 25). Ele foi contrabandeado da Síria para Israel. Agora já foi fotografado e é a base da *Nova Bíblia hebraica* publicada pela Universidade Hebraica (Goshen-Gottstein, p. 13). Oferece autoridade autêntica para o texto de ben Asher.

Códice Leningrado. Segundo uma anotação de cólofon, o Códice Leningrado (L) foi copiado no Cairo Antigo por Samuel ben Jacó em 1008, a partir de um manuscrito (agora perdido) escrito por Aarão ben Moisés ben Asher c. 1000 (Kahle, p. 110). Representa um dos manuscritos mais antigos da Bíblia hebraica completa. Kittel o adotou por base para a terceira edição da sua *Biblia Hebraica* e continua a ser usado assim na *Biblia Hebraica Stuttgartensia*.

Códice Babilônico dos Profetas Posteriores. O *Códice babilônico* (V (ar)ᵖ) às vezes é chamado de *Códice Leningrado dos Profetas* (Kenyon, p. 85) ou o *Códice* [s.] *Petersburgo* (Würthwein, p. 26). Contém Isaías, Jeremias e os Doze. Data de 916, mas sua maior importância é que, por meio dele, a pontuação acrescentada pelos escribas da escola babilônica dos massoretas foi redescoberta. É simbolizado por V (ar)ᵖ na *Biblia Hebraica Stuttgartensia*.

Códice Reuchlin dos profetas. Datado de 1105, o Códice Reuchlin agora está em Karlsruhe. Como o manuscrito do Museu Britânico (c. 1150), contém uma recensão do texto de Ben Naftali, um massoreta de Tiberíades. Estes têm sido de grande valor no estabelecimento da fidelidade do texto de Ben Asher (Kenyon, 36).

Códices de Erfurt. Os *Códices de Erfurt* (E1, E2, E3) estão listados na Biblioteca da Universidade em Tübingen. Eles representam mais ou menos (mais em E3) o texto e a pontuação da tradição de Ben Naftali. E1 é um manuscrito do século XIV. E2 provavelmente é do século XIII. E3, o mais antigo, data de antes de 1100 (Würthwein, p. 26).

Códices perdidos. Há uma quantidade significativa, mas agora perdida, de códices cujas leituras peculiares são preservadas e mencionadas na *Biblia hebraica stuttgartensia*. O *Códice Severi* é uma lista medieval de 32 variantes do Pentateuco, supostamente baseada num manuscrito trazido a Roma em 70 d.C que mais tarde o Imperador Severo (222-235) deu a uma sinagoga que construiu. O *Códice Hillel* foi supostamente escrito em c. 600 pelo rabino Hillel ben Moisés ben Hillel. Acredita-se que era procurado e que foi usado para revisar outros manuscritos. Leituras desse manuscrito são citadas por massoretas medievais e estão anotadas na *Biblia hebraica sttutgartensia* (ibid., p. 27).

Natureza dos manuscritos. *Tipos de erros nos manuscritos.* Apesar de o texto oficial do AT ser transmitido com muito cuidado, era inevitável que certos erros de cópia aparecessem nos textos durante as centenas de anos de transmissão para milhares de manuscritos. Há vários tipos de erros de cópia que produzem variantes textuais (Archer, p. 55-7).

• *Haplografia* é escrever uma palavra, letra ou sílaba apenas uma vez quando deveriam ser escritos mais de uma vez.

• *Ditografia* é escrever duas vezes o que deveria ter sido escrito apenas uma.

• *Fissão* é dividir uma palavra em duas palavras.

• *Homofonia* é a substituição de uma palavra por outra que é produzida como ela (e.g., "censo" e "senso") ou a leitura incorreta de letras de formas semelhantes.

- *Homoteleuto* é a omissão de uma passagem intermediária porque o olho do escriba pulou de uma linha para outra palavra semelhante em outra linha.
- *Omissões acidentais* ocorrem onde nenhuma repetição está envolvida (e.g., "Tinha Saul [...] anos" [cf. 1Sm 13.1], ou quando vogais são confundidas com consoantes.

Regras para crítica textual. Os estudiosos desenvolveram certos critérios para determinar qual leitura é correta ou original. Sete regras podem ser sugeridas (ibid., p. 59-61).

1. A leitura mais antiga deve ter preferência, porque está mais próxima do original.
2. A leitura mais complexa deve ter preferência, porque os escribas são mais aptos a simplificar leituras complexas.
3. A leitura mais sucinta deve ter preferência, porque copistas estavam mais aptos a inserir novo material que omitir parte do texto sagrado.
4. A leitura que explica melhor as outras variantes deve ter preferência.
5. A leitura com maior evidência geográfica deve ter preferência, porque é menos provável que tais manuscritos ou versões tenham-se influenciado mutuamente.
6. A leitura que é mais parecida com o estilo normal do autor deve ter preferência.
7. A leitura que não reflete um preconceito doutrinário deve ter preferência (Würthwein, p. 80-1).

Qualidade dos manuscritos. Várias razões foram sugeridas para a relativa escassez de manuscritos hebraicos antigos. A primeira e mais óbvia é a combinação de antigüidade e destrutibilidade; dois a três mil anos é muito tempo para esperar que documentos antigos durem. No entanto, várias linhas de evidência apóiam a conclusão de que sua qualidade é muito boa.

Leituras variantes. Há poucas variantes nos textos disponíveis porque os massoretas destruíam sistematicamente os manuscritos antigos depois de serem cuidadosamente copiados. Kenyon ilustra a escassez de variações no texto massorético pela comparação entre o *Códice de Leningrado dos Profetas*, da tradição babilônica ou oriental, com o texto palestinense padrão (ocidental) de Ezequiel. No texto ocidental o texto massorético às vezes está corrompido. Mas há apenas dezesseis conflitos reais entre os dois textos (Kenyon, p. 45, 70-2).

Reverência dos judeus pelas Escrituras. Não foi apenas a precisão dos escribas que garantiu seu produto. Foi a reverência quase supersticiosa pela Bíblia. Segundo o *Talmude*, havia especificações não só para o tipo de peles a serem usadas e o tamanho das colunas, mas também havia até um ritual religioso que o escriba devia realizar antes de escrever o nome de Deus. Regras normatizavam o tipo de tinta usada, ditavam o espaçamento das palavras e proibiam a escrita de qualquer coisa com base apenas na memória. As linhas, e até as letras, eram contadas metodicamente. Se um único erro fosse encontrado num manuscrito, ele seria descartado e destruído. Esse formalismo foi responsável, pelo menos em parte, pelo cuidado extremo exercido na cópia das Escrituras. Também foi a razão de haver apenas alguns manuscritos (porque as regras exigiam a destruição de cópias defeituosas).

Comparação de passagens duplicadas. Outra linha de evidência a favor da qualidade dos manuscritos do AT é encontrada na comparação das passagens duplicadas do próprio texto massorético. Alguns trechos dos salmos aparecem duas vezes (e.g., 14 e 53); grande parte de Isaías 36-39 também é encontrada em 2Reis 18-20; Isaías 2.2-4 é quase exatamente idêntico a Miquéias 4.1-3; Jeremias 52 é uma repetição de 2Reis 25; e grandes porções de Crônicas são encontradas em Samuel e Reis. Uma análise dessas passagens demonstra não só uma forte concordância textual, mas, em alguns casos, quase identidade entre os textos. Pode-se concluir, portanto, que os textos do AT não sofreram revisões radicais, mesmo supondo-se que essas passagens semelhantes tiveram fontes idênticas.

Evidência da arqueologia. Uma prova substancial a favor da precisão do texto do AT vem da arqueologia. Várias descobertas confirmaram a precisão histórica dos documentos bíblicos, até o uso ocasional de nomes obsoletos de reis estrangeiros. Essas confirmações arqueológicas da precisão das Escrituras foram registradas em vários livros (v. ARQUEOLOGIA DO NOVO TESTAMENTO; ARQUEOLOGIA DO ANTIGO TESTAMENTO). O arqueólogo Nelson Glueck afirma: "Pode-se dizer categoricamente que nenhuma descoberta arqueológica jamais contestou uma referência bíblica. Várias descobertas arqueológicas foram feitas que confirmam em geral ou especificamente afirmações históricas na Bíblia" (Glueck, p. 31).

A Septuaginta e o texto massorético. A *Septuaginta* foi a Bíblia de Jesus e dos apóstolos. A maioria das citações do NT são tiradas dela diretamente, mesmo quando seu texto difere do texto massorético. No geral, a *Septuaginta* se assemelha muito ao texto massorético e é uma confirmação da fidelidade do texto hebraico do século X.

Se nenhuma outra evidência estivesse disponível, o argumento a favor da fidelidade do texto massorético poderia ser aceito confiantemente com base nas comparações textuais e compreensão do extraordinário sistema dos escribas. Mas, com a descoberta dos MANUSCRITOS DO MAR MORTO, começando em 1947, há demonstração quase esmagadora do texto hebraico recebido dos massoretas. Críticos do texto massorético alegaram que os manuscritos são poucos e recentes. Por meio dos manuscritos do mar Morto, fragmentos de manuscritos antigos confirmam quase todo o AT. Essas confirmações datam de quase mil anos antes dos grandes manuscritos massoréticos do século X. Antes das descobertas na guenizá do Cairo e das cavernas do mar Morto, o papiro Nash (um fragmento dos Dez Mandamentos e Sh^{e}ma', Dt 6.4-9), datado entre 150 e 100 a.C., era o único fragmento conhecido do texto hebraico a era cristã.

Concordância com o Pentateuco *samaritano.* Apesar das muitas variantes pequenas entre o *Pentateuco samaritano* e o texto hebraico do AT, há concordância substancial entre eles. As 6 000 variantes do texto massorético são em grande parte diferenças de ortografia e variação cultural de palavras. Dessas, 1 900 variações concordam com a *Septuaginta* (p. ex., nas idades dadas aos patriarcas em Gn 5 e 11). Algumas variantes do *Pentateuco samaritano* são sectárias, tais como o mandamento de construir o templo no monte Gerizim, não em Jerusalém (e.g., após Êx 20.17). No entanto, deve-se observar que a maioria dos manuscritos do *Pentateuco samaritano* são recentes (séculos XIII e XIV) e nenhum é de antes do século X (Archer, p. 42-3). Mas o *Pentateuco samaritano* ainda confirma o texto geral do qual divergiu centenas de anos antes.

Comparação com os manuscritos do mar Morto. Com a descoberta dos manuscritos do mar Morto, os estudiosos têm manuscritos hebraicos mil anos mais antigos que os grandes manuscritos do texto massorético, capacitando-os a conferir a fidelidade do texto hebraico. Eles são idênticos em mais de 95% dos casos, e a variação de 5% consiste em grande parte de caligrafia e ortografia (ibid., p. 24). O rolo de Isaías (1QIs^a) de Qumran levou os tradutores da versão americana *Revised standard version* a optar por fazer apenas 13 mudanças do texto massorético; 8 delas eram conhecidas com base em versões antigas, e poucas delas foram significativas (Burrows, p. 305ss.). Das 166 palavras hebraicas em Isaías 53, apenas 17 letras hebraicas no rolo Isaías B diferem do texto massoreta. Dez letras são questão de ortografia; 4, de mudanças de estilo, e as outras 3 compõem a palavra que significa "luz" (acrescentada no v. 11), que não afeta muito o significado (Harris, p. 124). Além disso, essa palavra também é encontrada no mesmo versículo na *Septuaginta* e no rolo de Isaías A.

Conclusão. Os milhares de manuscritos hebraicos, com sua confirmação pela *Septuaginta* e pelo *Pentateuco samaritano*, e as várias outras comparações de fora e de dentro do texto dão apoio surpreendente à confiabilidade do texto do AT. Logo, é apropriado concluir com a afirmação de Kenyon: "O cristão pode pegar a Bíblia toda na mão e dizer sem medo nem hesitação que segura a verdadeira palavra de Deus, passada sem perda essencial de geração a geração ao longo dos séculos".

Como o texto do AT relaciona-se de maneira fundamentalmente com a apologética cristã, sua confiabilidade apóia a fé. Isso é verdadeiro não só no estabelecimento das datas em que previsões sobrenaturais foram feitas sobre o Messias, como também na confirmação da historicidade do AT que Jesus e os autores do NT afirmaram (v. BÍBLIA, EVIDÊNCIAS DA; BÍBLIA, VISÃO DE JESUS SOBRE A).

Fontes

J. M. ALLEGRO, *The treasure of the copper scroll*, 2ª ed. rev.

G. L. ARCHER, Jr., *Merece confiança o Antigo Testamento?*, Apêndice 4.

D. BARTHELEMY e J. T. MILIK, *Ten years of discovery in the judean wilderness*.

T. S. CASS, *Secrets from the caves*.

K. ELLIGER e W. RUDOLPH, orgs., *Biblia hebraica stuttgartensia*.

N. L. GEISLER, "Bible manuscripts", em *Wycliffe Bible Encyclopedia*

_____ e W. E. NIX, *Introdução bíblica*.

N. GLUECK, *Rivers in the desert: a history of the Negev*.

M. GOSHEN-GOOTSTEIN, "Biblical manuscripts in the United States", *Textus* 3 (1962).

R. L. HARRIS, *Inspiration and canonicity*.

P. E. KAHLE, *The Cairo geniza*.

F. G. KENYON, *Our Bible and the ancient manuscripts*.

R. KITTEL e P. KAHLE, orgs., *Bíblia hebraica*, 7ª ed.

M. MANSOOR, *The Dead Sea scrolls*

J. C. TREVER, "The discovery of the scrolls", *Biblical Archaeologist* 11 (Sep. 1948)

G. VERMES, trad., *The Dead Sea scrolls in english*.

E. WÜRTHWEIN, *The text of the Old Testament: an introduction to the Biblia Hebraica*.

Maomé, caráter de. A maioria dos estudiosos do islamismo reconhece que Maomé era geralmente uma pessoa de boa conduta moral. Muitos muçulmanos insistem em que ele estava acima do pecado e que foi o perfeito exemplo moral. Afirmam que Maomé "é, na história, o melhor modelo de piedade e perfeição para o homem. É a prova viva do que o homem pode ser e do que pode realizar no âmbito da excelência e virtude" (Abdalati, p. 8). Isso, dizem, é uma prova importante de que Maomé é o profeta singular de Deus (Pfander, p. 225-6).

Um clássico popular islâmico de Kamal ud-Din ad-Damiri assim descreve do profeta Maomé:

> Maomé é o mais favorecido dos homens, o mais honrado de todos os apóstolos, o profeta da misericórdia [...] É o melhor dos profetas, e sua nação é a melhor das nações; [...] perfeito em intelecto, e foi de origem nobre. Tinha uma forma absolutamente graciosa, generosidade completa, bravura perfeita, humildade excessiva, conhecimento útil [...] perfeito temor a Deus e piedade sublime. Foi o mais eloqüente e o mais perfeito dos homens em toda variedade de perfeição (Gudel, p. 72).

Avaliação do caráter de Maomé. *Poligamia.* Existem áreas, contudo, em que surgem questões sobre a perfeição moral de Maomé. A primeira é a questão da poligamia. Segundo o *Alcorão*, um homem pode ter quatro esposas (Surata 4.3). Isso levanta duas questões: A poligamia é correta do ponto de vista moral? Maomé seguiu a própria lei?

Na tradição judaico-cristã, a poligamia é considerada moralmente errada. Apesar de Deus tê-la pemitido, assim como outras fraquezas e pecados humanos, jamais a aprovou (v. POLIGAMIA). O *Alcorão*, no entanto, claramente aprova a poligamia, permitindo que o homem tenha até quatro esposas, se for capaz de cuidar delas. A Surata 4.3 declara: "Podereis desposar duas, três ou quatro das que vos aprouve".

Sem pressupor a verdade da revelação cristã, há argumentos contra a poligamia do ponto de vista moral comum a muçulmanos e cristãos. A monogamia deve ser reconhecida por *precedente*, já que Deus deu ao primeiro homem apenas uma esposa (Eva). Ela é subentendida por *proporção*, já que o número de homens e mulheres que Deus traz ao mundo é mais ou menos equivalente. E a monogamia é sugerida pela *paridade.* Se os homens podem casar-se com várias mulheres, parece justo que a mulher possa ter vários maridos.

Até o biógrafo Muhammad Husayn Haykal reconheceu implicitamente a superioridade da monogamia quando afirmou que "a felicidade da família e da comunidade pode ser mais bem servida pelas limitação que a monogamia impõe" (p. 294). Os próprios relacionamentos de Maomé com suas esposas são um argumento contra a poligamia. As esposas chegaram ao ponto de conspirar contra ele. Isso é compreensível, pois Maomé geralmente ignorava algumas de suas esposas e evitava outras em várias ocasiões (ibid., p. 436). Ele acrescenta:

> Realmente, o favoritismo por algumas de suas esposas criou tamanha controvérsia e antagonismo entre as "Mães dos Crentes" que Maomé pensou em se divorciar de algumas delas (ibid., p. 437).

Tudo isso fica aquém da situação moral exemplar em princípio e prática.

Mesmo que a poligamia, como ensinada no *Alcorão*, for considerada moralmente correta, permanece outro problema sério. Maomé recebeu uma revelação de Deus de que o homem não deveria ter mais que quatro esposas ao mesmo tempo, entretanto ele tinha muitas outras. Um defensor muçulmano de Maomé, ao escrever em *The prophet of Islam as the ideal husband* [*O profeta do Islã como o marido ideal*], admitiu que ele teve quinze esposas. Mas dizia aos outros que só podiam ter quatro. Como alguém pode ser o exemplo moral perfeito e não viver segundo uma das leis básicas que estabeleceu para os outros como proveniente de Deus?

A resposta islâmica não é convincente. Maomé recebeu uma "revelação" de que Deus lhe havia concedido uma exceção, mas para mais ninguém. Ele cita Deus dizendo: "Ó Profeta, em verdade, tornamos lícitas, para ti as esposas que tenhas dotado, assim como as que a tua mão direita possui [...] bem como toda a mulher crente que se oferecer ao profeta, por gosto, e uma vez que o Profeta queira desposá-la; *este é um privilégio exclusivo teu, vedado aos demais crentes*" (Surata 33.50).

Além disso, os muçulmanos acreditam (baseados na Surata 4.3 *b* e outros ensinamentos) que podem ter um número ilimitado de concubinas, principalmente entre as que conquistam durante a guerra. Isso era, sem dúvida, uma motivação poderosa para o sucesso no campo de batalha.

Maomé também reivindicou uma isenção divina para outra lei que dá a cada esposa seus justos direitos conjugais. Os maridos deveriam seguir uma alternância fixa entre suas esposas. Maomé insiste em que Deus lhe disse que ele poderia ter quem quisesse quando quisesse: "Podes prescindir (quando da vez) delas, as que desejares e tomar as que te agradarem; e se desejares tomar de novo a qualquer delas que tiveres prescindido (quando da vez dela), não terás culpa alguma"

(33.51). Aparentemente até Deus teve de frear o amor de Maomé pelas mulheres. Pois ele finalmente recebeu uma revelação que dizia: "Além dessas não te será permitido casares com outras, nem trocá-las por outras mulheres, ainda que suas belezas te encantem..." (33.52). Uma observação dos fatos da luxúria e incoerência de Maomé cria dúvidas quanto à sua condição de exemplo moral perfeito e marido ideal.

O tratamento das mulheres. O *Alcorão* e o *ḥadith* concedem uma condição inferior às mulheres. O nível superior dos homens é baseado diretamente em mandamentos do *Alcorão*. Como foi observado, os homens podem casar-se com quatro esposas (poligamia), mas as mulheres não podem ter vários maridos. A Surata 2.228 dá explicitamente aos homens o direito de se divorciar de suas esposas, porém não dá o direito igual às mulheres, afirmando que "[têm] um grau a mais sobre elas" (2.228).

Maomé sancionou o espancamento de uma serva para que ela dissesse a verdade. "A serva foi chamada e Ali imediatamente a agarrou e espancou dolorosa e repetidamente enquanto mandava que dissesse a verdade para o Profeta de Deus" (Haykal, p. 336). Segundo o *Alcorão*, os homens podem bater em suas mulheres. A Surata 4.34 declara: "Os homens são protetores das mulheres, porque Allah dotou uns com mais (força) do que as outras [...] Quanto àquelas de quem constatais rebeldia, admoestai-as (na primeira vez), abandonai os seus leitos (na segunda vez) e castigai-as [batei nelas] (na terceira vez)". Yusuf Ali tenta amenizar esse versículo acrescentando "suavemente", palavra não encontrada no árabe.

As mulheres muçulmanas devem usar um véu, andar atrás dos maridos e ajoelhar-se atrás deles em oração. Duas mulheres devem testemunhar em contratos civis no lugar de um homem (Abdalati, p. 189-91).

Em um *ḥadith* encontrado no Sahih Al-Bukhari, existe a seguinte narrativa, que descreve a condição inferior das mulheres:

Narrado [por] Ibn 'Abbas: O Profeta disse: "Foi-me mostrado o inferno e que a maioria de seus habitantes eram mulheres ingratas". Perguntaram: "Elas não crêem em Alá?" (ou são ingratas a Alá?) Ele respondeu: "Elas são ingratas a seus maridos e são ingratas pelos favores e pelo bem (ações caridosas) feitos a elas" (Bukhari, 1.29).

À luz dessas afirmações, parece incrível ouvir apologistas muçulmanos dizer em:

Evidentemente, Maomé não só honrava a mulher mais que qualquer outro homem, mas elevou-a ao *status* que realmente pertence a ela — uma realização da qual apenas Maomé já foi capaz (Haykal, p. 298).

Outro autor muçulmano afirma: "O islamismo deu à mulher direitos e privilégios que ela jamais teve em outras religiões ou sistemas constitucionais" (Abdalati, p. 184).

Imperfeição moral de Maomé. Maomé estava longe de ser perfeito. Até o *Alcorão* fala de sua necessidade de pedir perdão a Deus. Na Surata 40.55, Deus lhe disse: "Persevera, pois, porque a promessa de Allah é infalível; implora o perdão da tuas faltas...". Claramente o perdão devia ser pedido pelos próprios pecados, não pelos de outros (v. tb. 48.2).

Sobre uma dessas ocasiões, Haykal disse incisivamente: "Maomé realmente errou quando rejeitou o [mendigo cego] Ibn Umm Maktum e o expulsou [...] nesse caso ele [Maomé] foi tão falível quanto qualquer pessoa" (p. 134). Dessa forma, fica difícil acreditar que Maomé possa ser tão louvado. Por melhor que a moral de Maomé tenha sido em comparação à de outros de sua época, ele não conseguiu ser o exemplo perfeito para todos os povos de todas as eras que muitos muçulmanos afirmam que foi. Ao contrário do Jesus dos evangelhos, ele certamente não tentaria desafiar seus inimigos com a pergunta: "Qual de vocês pode me acusar de algum pecado?" (Jo 8.46).

Guerras santas. Maomé acreditava na "guerra santa" (ou *jihad*). Por revelação divina, ele ordenou aos seus seguidores: "Combatei pela causa de Allah" (2.244). Acrescentou: "Matai os idólatras onde quer que os acheis" (9.5). E: "E quando vos enfrentardes com os incrédulos (em batalha), golpeai-lhes os pescoços" (47.4). Em geral, os muçulmanos deviam combater "os que não crêem nem em Allah é no Dia do Juízo Final" (9.29). Na realidade, o Paraíso é prometido para os do Juízo Final que lutam por Deus. A Surata 3.195 declara: "Quanto àqueles que foram expulsos dos seus lares e migraram, e sofreram pela Minha causa, combateram e foram mortos, absolvê-los-ei dos seus pecados e os introduzirei em Jardins [...] como recompensa de Allah. Sabei que Allah possui a melhor das recompensas" (v. tb. 2.244 e 4.95). Essas "guerras santas" foram realizadas "pela causa de Allah" (v. Sura 2.244) contra "descrentes".

A Surata 5.33 declara que "o castigo, para aqueles que lutam contra Allah e contra o Seu Mensageiro, e semeiam a corrupção na terra, é que sejam mortos, ou crucificados, ou lhes seja decepada a mão e o pé de lados opostos, ou banidos". Reconhecendo que esse castigo é adequado, dependendo das "circunstâncias", Ali oferece pouco consolo quando escreve que as formas mais cruéis de tratamento árabe aos inimigos, tais como "furar os olhos e deixar a vítima infeliz exposta ao sol tropical", foram abolidas! (Ali, p. 252, 738). Tal guerra e perseguição por parte de inimigos por motivos religiosos — não importando os meios — é vista pela maioria dos críticos como intolerância religiosa. À luz dessas ordens claras de usar a espada agressivamente para difundir o islamismo e a prática islâmica durante séculos, afirmações de que "essa guerra é travada apenas para a liberdade de convocar os homens para se achegarem a Deus e sua religião" soam falsas (v. Haykal, p. 212).

Conveniência moral. Maomé sancionou o saqueamento das caravanas comerciais de Meca por seus seguidores (Haykal, p. 357s.). O próprio profeta liderou três ataques. Sem dúvida o propósito desses ataques não era apenas obter recompensa financeira, mas também mostrar ao povo de Meca o poder crescente da força muçulmana. Os críticos do islamismo questionam essa pirataria. Tais ações obscurecem a suposta perfeição moral de Maomé.

Em outra ocasião, Maomé aprovou a mentira de um seguidor a um inimigo chamado Khalid para matá-lo. Então, na presença das esposas do homem, "o atacou com sua espada e o matou. As esposas de Khalid foram as únicas testemunhas e começaram a chorar e se lamentar por ele" (Haykal, p. 273).

Em outras ocasiões, Maomé não teve aversão a assassinatos politicamente convenientes. Quando um judeu importante, Ka'b Ibn Al-Ashraf, criou uma discórdia contra Maomé e compôs um poema satírico sobre ele, o profeta perguntou: "Quem me livrará de Ka'b?". Imediatamente quatro voluntários se dispuseram e logo voltaram para Maomé com a cabeça de Ka'b nas mãos (Gudel, p. 74). Haykal reconhece muitos assassinatos desse tipo no seu livro *The life of Muhammad* [*A vida de Maomé*]. Sobre um deles, escreveu: "O Profeta ordenou a execução de Uqbahibn Abu Muyat. Quando Uqbah implorou: 'Quem cuidará dos meus filhos, ó Maomé?', Maomé respondeu: 'O fogo'" (p. 234; v. 236, 237, 243).

O próprio *Alcorão* nos informa que Maomé não era imune a mentiras quando as considerava vantajosas. Ele até teve uma "revelação" para desfazer uma promessa antiga de evitar matar durante o mês sagrado de peregrinação: "Perguntam-te se é lícito combater no mês sagrado. Dize-lhes: 'A luta durante este mês é um grave pecado'" (2.217).

Novamente: "Allah ordenou a todos vós a dissolução dos vossos juramentos (em alguns casos)..." (66.2). Em vez de coerência, a vida moral de Maomé às vezes era caracterizada por conveniência.

Vingança. Em pelo menos duas ocasiões, Maomé ordenou o assassinato de pessoas que escreveram poemas que zombavam dele. Essa reação exagerada extremamente sensível à zombaria é defendida por Haykal:

Para um homem como Maomé, cujo sucesso dependia em grande parte da estima que conseguisse conquistar, uma composição satírica e maliciosa poderia ser mais perigosa que uma batalha perdida (Gudel, p. 74).

Mas essa é uma ética pragmática do tipo "o fim justifica os meios".

Apesar de os "muçulmanos sempre se oporem à morte de mulheres e crianças", Haykal diz que "uma mulher judia foi executada porque matou um muçulmano ao derrubar uma mó sobre sua cabeça" (p. 314). Em outra ocasião, duas escravas que supostamente haviam cantado contra Maomé foram executadas com seu mestre (p. 410). Quando uma mulher, Abu 'Afk, foi acusada de insultar Maomé (por meio de um poema), um dos seguidores de Maomé

a atacou durante a noite enquanto estava cercada por seus filhos, um dos quais ela amamentava [...] Depois de tirar a criança de sua vítima, ele a matou (Haykal, p. 243).

O zelo com que os seguidores de Maomé matavam por ele era infame. Haykal registra as palavras de um devoto que teria matado sua filha se Maomé ordenasse. Umar ibn al Khattab declarou fanaticamente: "Por Deus, se [Maomé] pedisse para cortar a cabeça dela, eu o faria sem hesitar" (Haykal, p. 439).

Crueldade. Maomé atacou a última tribo judaica de Medina por suspeitar de que haviam conspirado com os inimigos de Meca contra os muçulmanos. Ao contrário das duas tribos judaicas anteriores que foram apenas expulsas da cidade, dessa vez todos os homens da tribo foram mortos, e as mulheres e crianças, vendidas como escravas. Alguém tentou justificar isso, dizendo que

é preciso examinar a crueldade de Maomé contra os judeus à luz de que seu desprezo e rejeição em relação a ele foram a maior decepção da vida do profeta, e por um tempo ameaçaram destruir completamente sua autoridade profética (Andrae, p. 155-6).

Seja como for, isso justificaria matar os homens e vender as mulheres e crianças? E esse tipo de atividade é exemplar para uma pessoa que supostamente tem um caráter moral perfeito?

Apesar dessa evidência contra Maomé, um defensor do islamismo responde que, mesmo se "suas alegações fossem verdadeiras, ainda assim as refutaríamos com o simples argumento de que os grandes estão acima da lei" (Haykal, p. 298)!

Conclusão. Os muçulmanos fazem afirmações extraordinárias sobre o caráter de Maomé, chegando até a atribuir perfeição moral a ele. No entanto, o registro de Maomé, mesmo no *Alcorão* e na tradição muçulmana (*Hadith*), está aquém dessas afirmações. Apesar de ser uma pessoa geralmente de boa conduta moral em seus afazeres diários, Maomé ensinou, aprovou e participou de atividades moralmente imperfeitas. Não há evidência de que tenha sido moralmente superior ao ser humano comum. Na verdade, há evidência do contrário. Em comparação, a vida de Cristo foi impecável (v. Cristo, singularidade de).

Fontes

H. Abdalati, *Islam in focus*.
S. Al-Bukhari, *The translation of the meanings of Sahih Al-Bukhari*.
Y. Ali, *The holy Qur'an*.
T. Andrae, *Mohammed: the man and his faith*.
A. Dawud, *Muhammad in the Bible*.
N. L. Geisler e A. Saleeb, *Answering Islam*.
J. P. Gudel, *To every muslim an answer*.
M. H. Haykal, *The life of Muhammad*.
C. G. Pfander, *The mizanu'l haqq* [*The balance of truth*].
M. A. Rauf, *Islam: creed and worship*.
D. J. Sahas, *The Greek orthodox theological review*, 27.2,3.
A. Schimmel e A. Falaturi, orgs., *We believe in one God*.

Maomé, supostas predições bíblicas a respeito de. Maomé (570-632) afirmou ser o último dos profetas de Deus, o auge das palavras proféticas de Deus à humanidade, o selo dos profetas (Surata 33.40). Num ḥadith (tradição oral muçulmana) muito conhecido, Maomé afirma sua singularidade desta forma: "Recebi permissão para interceder; fui enviado para toda a humanidade; e os profetas foram selados comigo" (Schimmel, p. 62). O que ele disse foi mais tarde escrito no *Alcorão*, que é considerado pelos muçulmanos a Palavra verbalmente inspirada e inerrante de Deus. Como último profeta, Maomé foi superior a Abraão, Moisés, Jesus e outros como *o* profeta de Deus.

A apologética islâmica segue várias linhas de raciocínio para provar a superioridade de Maomé sobre os profetas anteriores. As principais provas são:

1. o AT e o NT contêm profecias claras sobre ele;
2. o chamado de Maomé para ser profeta foi milagroso (v. Maomé, suposto chamado divino de);
3. a linguagem e o ensinamento do *Alcorão* são incomparáveis (v. Alcorão, suposta origem divina do);
4. os milagres de Maomé são um selo de suas reivindicações (v. Maomé, supostos milagres de);
5. sua vida e caráter provam que ele foi o último e o maior dos profetas (v. Maomé, caráter de).

Profecias bíblicas. No livro islâmico popular, *Muhammad in the Bible* [*Maomé na Bíblia*], Abdu-Ahad Dawud argumenta que a Bíblia prevê a vinda do profeta Maomé. Ele afirma que "Maomé é o objeto real da Aliança, e somente nele são cumpridas real e literalmente todas as profecias no AT" (11). Ele examina o NT, considerando Maomé, não Cristo, o profeta anunciado. Os textos que Dawud e outros muçulmanos usam para apoiar essas afirmações incluem:

Deuteronômio 18.15-18. Deus prometeu a Moisés: "Levantarei [a Israel] do meio dos seus irmãos um profeta como você; porei minhas palavras na sua boca, e ele lhes dirá tudo o que eu lhe ordenar" (v. 18).

Os muçulmanos acreditam que essa profecia é cumprida em Maomé, assim como o *Alcorão* afirma quando se refere ao "Profeta iletrado, o qual encontram mencionado em sua Torá e seu Evangelho..." (Surata 7.157).

Mas essa profecia não poderia ser uma referência a Maomé. Primeiro, é evidente que o termo "irmãos" significa compatriotas israelitas. Foi dito aos levitas judeus na mesma passagem que eles "não terão herança alguma entre os seus compatriotas" (v. 2). Já que o termo "irmãos" refere-se a Israel, não a seus adversários árabes, por que Deus levantaria para Israel um profeta dentre seus inimigos? Em outra passagem de Deuteronômio, o termo *irmãos* também significa compatriotas israelitas, não estrangeiros. Deus mandou os judeus escolherem um rei "dentre os seus próprios irmãos", não um estrangeiro (Dt 17.15). Israel jamais escolheu para si um rei não-judeu, apesar de os reis herodianos, que eram estrangeiros, terem sido impostos a Israel por Roma.

Assim, Maomé veio de Ismael, como os muçulmanos admitem, e herdeiros ao trono judaico vieram de Isaque. Segundo a Torá, quando Abraão orou: "Permite que Ismael seja o meu herdeiro!", Deus respondeu enfaticamente: "A minha aliança, eu a estabelecerei com Isaque" (Gn 17.18,21). Mais tarde, Deus repetiu: "Será por meio de Isaque que a sua descendência há de ser considerada" (Gn 21.12). O próprio *Alcorão* afirma que a linhagem profética veio por Isaque, não por Ismael: "E o agraciamos com Isaac e Jacó; e designamos, para a sua prole, a profecia e o livro..." (Surata 29.27). O teólogo muçulmano Yusuf Ali acrescenta a palavra *Abraão* e muda o significado da seguinte maneira: "Demos a Abraão, Isaque e Jacó, e depositamos na sua descendência o dom da profecia e revelação". Ao acrescentar Abraão, o pai de Ismael, ele pode incluir Maomé, um descendente de Ismael, na linhagem profética! Mas o nome de Abraão não se encontra no texto árabe do *Alcorão*, que os muçulmanos consideram estar perfeitamente preservado.

Jesus, não Maomé, cumpriu completamente esse versículo. Ele veio de seus irmãos judeus (v. Gl 4.4). Cumpriu Deuteronômio 18.18, pois "ele lhes dirá tudo o que eu lhe ordenar". Jesus disse: "Nada faço de mim mesmo, mas falo exatamente o que o Pai me ensinou" (Jo 8.28). E: "Pois não falei por mim mesmo, mas o Pai que me enviou me ordenou o que dizer e o que falar" (Jo 12. 49). Ele se denominou "profeta" (Lc 13.33), e o povo o considerava profeta (Mt 21.11; Lc 7.16; 24.19; Jo 4.19; 6.14; 7.40; 9.17). Como Filho de Deus, Jesus foi profeta (falando aos homens por Deus), sacerdote (Hb 7—10, falando a Deus pelos homens) e rei (reinando sobre os homens por Deus, Ap 19 e 20).

Outras características do "Profeta" por vir só se aplicam a Jesus. Entre elas estão falar com Deus "face a face" e fazer "sinais e prodígios", que Maomé admitiu que não fez (v. adiante).

Deuteronômio 33.2. Muitos teólogos islâmicos acreditam que esse versículo prevê três visitações de Deus — uma no "Sinai" para Moisés, outra em "Seir" por meio de Jesus, e uma terceira em "Parã" (Arábia), por intermédio de Maomé, que veio a Meca com um exército de dez mil soldados ("miríades").

Essa alegação pode ser respondida facilmente pelo exame de um mapa da área. Parã e Seir ficam perto do Egito, na península do Sinai (v. Gn 14.6; Nm 10.12; 12.16—13.3; Dt 1.1), não na Palestina, onde Jesus ministrou. Parã fica no nordeste do Sinai, a centenas de quilômetros de Meca.

Mais significativo ainda, esse versículo está falando da vinda do "Senhor", não de Maomé. E ele está vindo com "miríades de *santos*", não com 10 mil *soldados*, como Maomé.

Essa profecia é considerada "bênção com a qual Moisés, homem de Deus, abençoou os israelitas antes da sua morte" (v. 1). Se fosse uma previsão sobre o islamismo, que tem sido um inimigo constante de Israel, ela dificilmente teria sido uma bênção para Israel. Na verdade, o capítulo mais tarde apresenta uma bênção a cada tribo de Israel dada por Deus, que expulsará "o inimigo" (v. 27).

Deuteronômio 34.10. Esse versículo afirma que "Em Israel nunca mais se levantou profeta como Moisés". Os muçulmanos argumentam que isso prova que o profeta previsto não poderia ser um israelita, mas teria sido Maomé.

No entanto, o "nunca mais" significa desde a morte de Moisés até o tempo em que esse último versículo foi escrito, provavelmente por Josué. Mesmo que Deuteronômio tivesse sido escrito bem depois, como alguns críticos acreditam, teria sido composto muitos séculos antes da época de Cristo e não o eliminaria como cumprimento dessa profecia.

Como observado acima, Jesus foi o cumprimento perfeito dessa predição sobre o futuro profeta. Uma razão por que o texto não poderia se referir a Maomé é que o futuro profeta seria semelhante a Moisés "e que fez todos aqueles sinais e maravilhas que o Senhor o tinha enviado para fazer" (Dt 34.11). O próprio Maomé confessou que não fez milagres e prodígios, como Moisés e Jesus (v. Surata 2.118; 3.183). Finalmente, o futuro profeta seria como Moisés, que falou com Deus "face a face" (Dt 34.10). Maomé afirmou receber suas revelações por meio de um anjo (v. Sura 25.32; 17.105). Jesus, como Moisés, foi um mediador direto (1Tm 2.5; Hb 9.15), que se comunicou diretamente com Deus (v. Jo 1.18; 12.49; 17). Assim, a predição não poderia se referir a Maomé, como muitos muçulmanos afirmam.

Habacuque 3.3. O texto declara que "Deus veio de Temã, o Santo veio do monte Parã. Sua glória cobriu os céus e seu louvor encheu a terra". Alguns teólogos muçulmanos acreditam que a passagem se refere ao profeta Maomé vindo de Parã (Arábia), e a usam juntamente com um texto semelhante em Deuteronômio 33.2.

Como já foi comentado (sobre Dt 33.2), Parã fica a centenas de quilômetros de Meca, para onde foi Maomé. Além disso, o versículo está falando de Deus, não de Maomé, que negou ser Deus. Finalmente, o "louvor" não poderia se referir a Maomé (cujo nome significa "louvado"), já que o sujeito de "louvor" e "glória" é Deus, e os muçulmanos seriam os primeiros a reconhecer que Maomé não é Deus e não deve ser louvado como tal.

Salmos 45.3-5. Como essa passagem fala de alguém que vem com a "espada" para dominar seus inimigos, os muçulmanos às vezes o citam como predição do profeta Maomé, que era conhecido como "o profeta da espada". Eles insistem em que o texto não poderia se referir a Jesus, já que ele não veio com uma espada, como ele mesmo admitiu (em Mt 26.52).

Mas o versículo seguinte (v. 6) indica que a pessoa mencionada é "Deus", que, segundo o NT, Jesus afirmou ser (Jo 8.58; 10.30); mas Maomé negou repetidas vezes ser algo além de um profeta humano (v. CRISTO, DIVINDADE DE).

Além disso, apesar de Jesus não ter vindo na primeira vez com uma espada, a Bíblia declara que ele assim virá outra vez, quando "os exércitos do céu" o seguirão (Ap 19.11-16). Na primeira vez ele veio para morrer (Mc 10.45; Jo 10.10,11). Na segunda vez ele virá "em meio a chamas flamejantes [...] punirá os que não conhecem a Deus" (2Ts 1.7, 8). Portanto, não há justificativa para considerar o texto uma predição sobre Maomé. Na realidade, Hebreus 1.8,9 explicitamente identifica Cristo nessa passagem.

Isaías 21.7. Isaías vê numa visão carruagens com tropas de cavalos, jumentos e camelos. Os comentaristas muçulmanos acreditam que a tropa de "jumentos" é Jesus, e a tropa de "camelos" é Maomé, que, segundo eles, substituiu Jesus como profeta. Mas isso é especulação sem nenhuma base no texto ou no contexto. Até uma observação rápida da passagem revela que Isaías está falando sobre a queda da Babilônia, vários séculos antes da época de Cristo. O versículo 9 declara: "Caiu! A Babilônia caiu!". Não há nada no texto sobre Cristo nem Maomé. Além disso, a referência a cavalos, jumentos e camelos está falando sobre os vários meios pelos quais a notícia da queda da Babilônia se espalharia. Mais uma vez, absolutamente nada se refere a Maomé.

Mateus 3.11. Segundo Dawud, essa predição sobre João Batista não poderia se referir a Cristo e deve referir-se a Maomé (p. 157). João disse: "Mas depois de mim vem alguém mais poderoso do que eu, tanto que não sou digno nem de levar as suas sandálias. Ele os batizará com o Espírito Santo e com fogo". Dawud argumenta que "o próprio advérbio 'depois' claramente exclui Jesus de ser o Profeta previsto", já que "ambos eram contemporâneos e nasceram no mesmo ano". Além disso, "João não poderia estar falando de Jesus, porque, se esse fosse o caso, ele teria seguido a Jesus e se submetido a ele como discípulo e subordinado". E ainda mais: "Se Jesus fosse realmente a pessoa que o Batista previu, [...] não seria necessário nem faria sentido ele ser batizado pelo seu inferior no rio como um judeu penitente comum!". Na realidade, João "*não reconheceu* o dom de profecia de Jesus até que ouviu falar — *na prisão* — sobre seus milagres". Finalmente, já que o homem que João proclamou deixaria Jerusalém e seu templo mais gloriosos (v. Ag 2.8,9; Ml 3.1), não poderia tratar-se de Cristo; caso contrário, seria o mesmo que "confessar o fracasso absoluto de todo o empreendimento" (Dawud, p. 158-60).

O ministério público de Jesus só teve início "depois" do de João, exatamente como João previra. Jesus só o começou depois de seu batismo por João (Mt 3.16,17) e da tentação (Mt 4.1-11). Segundo, João submeteu-se a Jesus, dizendo que não era digno de levar suas sandálias (Mt 3.11). Na verdade, o texto diz que João tentou impedi-lo, dizendo: "Eu preciso ser batizado por ti, e tu vens a mim?" (Mt 3.14). Terceiro, Jesus afirmou sua razão para o batismo, isto é, que ele era necessário para "cumprir toda a justiça" (Mt 3.15). Já que ele não viera para "abolir a Lei ou os Profetas", e sim "cumprir" (Mt 5.17), tinha de se identificar com suas exigências. Senão, não poderia ser, como era, perfeitamente justo (v. Rm 8.1-4). Quarto, João claramente sabia quem Cristo era quando o batizou, porque o anunciou como "o Cordeiro de Deus, que tira o pecado do mundo!" (Jo 1.29). E ele, com a multidão, viu o "Espírito de Deus" vindo sobre Jesus e a "voz dos céus" proclamar: "Este é o meu Filho amado, em quem me agrado" (Mt 3.16,17). Apesar de João ter expressado algumas dúvidas mais tarde, elas foram rapidamente respondidas por Cristo, que confirmou com seus milagres (Mt 11.3-5) que era o Messias profetizado por Isaías (35.5,6; 40.3).

Finalmente, nem todas as profecias do AT sobre o Messias (Cristo) foram cumpridas durante sua primeira vinda; algumas aguardam seu retorno (v. PROFECIA COMO PROVA DA BÍBLIA). Jesus afirmou que não estabeleceria seu Reino até a consumação do século (Mt 24.3), quando "verão o Filho do homem vindo nas nuvens do céu com poder e grande glória" (Mt 24.30). Somente então irá "o Filho do homem se assentar em seu trono glorioso, vocês que me seguiram [os Doze] também se assentarão em doze tronos, para julgar as doze tribos de Israel" (Mt 19.28).

As testemunhas oculares, contemporâneas de Jesus, e seus discípulos o reconheceram como aquele profetizado no AT, já que é exatamente assim que aplicam as profecias de Malaquias (3.1) e Isaías (40.3) às suas obras (v. Mt 3.1-3; Mc 1.1-3; Lc 3.4-6).

João 14.16. Os teólogos muçulmanos vêem na referência de Jesus ao "Conselheiro" prometido (gr. *paraklētos*) uma predição sobre Maomé. Eles baseiam tal interpretação na referência do *Alcorão* (Surata 61.6) a Maomé como "'Aḥmad" (*periklytos*), que consideram ser a tradução correta da palavra grega *paraklētos*, nesse caso.

Dos mais de cinco mil manuscritos gregos do NT (Geisler e Nix, cap. 22), não há absolutamente nenhuma autoridade textual para colocar a palavra *periklytos* ("louvado") no original, como os muçulmanos afirmam que deveria ser. Em todos os casos está escrito *paraklētos* ("consolador"). Nessa passagem Jesus identifica claramente o "Conselheiro" como "o Espírito Santo, que o Pai enviará em meu nome" (Jo 14.26).

O Conselheiro foi dado por Jesus aos apóstolos (v. 16), isto é, àqueles que dariam testemunho dele porque estavam com ele "desde o princípio" (Jo 15.27; v. Lc 1.1,2; At 1.22). Mas Maomé não foi um dos apóstolos de Jesus, então não poderia ter sido aquele a quem Jesus se referiu como "Conselheiro" (*paraklētos*).

O Conselheiro que Jesus prometeu habitaria com eles "para sempre" (v. 16), mas Maomé está morto há treze séculos.

Jesus disse aos discípulos: "Vocês o conhecem" (v. 17), mas os apóstolos não conheceram Maomé. Ele só nasceria seis séculos depois. Além disso, Jesus disse aos seus apóstolos que o Conselheiro estará "em vocês" (v. 17). Maomé não poderia estar nos apóstolos de Jesus de forma espiritual ou doutrinariamente compatível.

Jesus afirmou que o Conselheiro seria enviado "em meu nome" (Jo 14.26). Mas nenhum muçulmano acredita que Maomé foi enviado por Jesus no nome de Jesus.

O Conselheiro que Jesus estava prestes a enviar não "falará de si mesmo" (Jo 16.13). Mas Maomé constantemente testifica por si mesmo (por exemplo, na Surata 33.40). O Conselheiro glorificaria Jesus (Jo 16.14), mas o islamismo declara que Maomé substituiu a Jesus. Ele não glorificaria a Jesus, a quem considerava um profeta anterior e, por isso, inferior.

Finalmente, Jesus afirmou que o Conselheiro viria "dentro de poucos dias" (At 1.5), não centenas de anos depois. O Espírito Santo veio cinquenta dias depois, no Dia de Pentecostes (Atos 1 e 2).

Uso islâmico das Escrituras. A observação cuidadosa de todos esses textos no seu pano de fundo literário demonstra que eles são arrancados violentamente de seu contexto pelos apologistas muçulmanos ansiosos por encontrar na Escritura judaico-cristã algo que comprove a superioridade do islamismo (v. CRISTO, SINGULARIDADE DE). Os teólogos islâmicos reclamam quando os cristãos tentam interpretar o *Alcorão* para demonstrar a vantagem do cristianismo. Mas são culpados da mesma coisa de que acusam os cristãos.

O uso islâmico das Escrituras geralmente é arbitrário e sem justificativa textual. Embora os teólogos islâmicos sejam rápidos em apontar que as Escrituras foram corrompidas (v. NOVO TESTAMENTO, MANUSCRITOS DO), no entanto, quando encontram um texto que acham que pode dar crédito à sua teoria, não têm problema nenhum em aceitar sua autenticidade. Sua determinação de quais textos bíblicos são autênticos é arbitrária e egoísta.

Conclusão. A Bíblia não prediz em lugar nenhum a vinda de Maomé. As tentativas de apologistas islâmicos de reivindicar tal coisa são interpretações forçadas, contrárias ao contexto da passagem. Já os profetas do AT profetizaram com detalhes a vinda de Cristo. Cristo, não Maomé, é apresentado como o Mensageiro de Deus (v. MILAGRES, VALOR APOLOGÉTICO DOS; CRISTO, DIVINDADE DE). Na realidade, as Escrituras comprovam que Cristo é o Filho de Deus.

Fontes
Y. ALI, *The holy Qur'an.*
A. DAWUD, *Muhammad and the Bible.*
N. L. GEISLER e W. E. NIX, *Introdução bíblica.*
___ e A. SALEEB, *Answering Islam: the Crescent in the light of the cross.*
A. SCHIMMEL, *And Muhammad is his messenger.*

Maomé, suposto chamado divino de. Maomé afirmou ter sido chamado por Deus para ser profeta. Na verdade, ele afirmou ser o último dos profetas de Deus na terra, "o derradeiro dos Profetas" (Surata 33.40). A suposta natureza miraculosa de seu chamado é usada pelos muçulmanos como prova de que o islamismo é a religião verdadeira.

Uma investigação dos fatos, mesmo a partir de fontes islâmicas, revela que a visão que o Islã tem de Maomé sofre de um problema agudo de presunção. Não é possível encontrar, por exemplo, provas da reivindicação de que ele foi chamado para dar a revelação completa e final de Deus nas circunstâncias que envolvem seu chamado.

Elementos do chamado. *Sufocado por um anjo.* Durante seu chamado, Maomé disse que foi sufocado pelo anjo — três vezes. Maomé disse sobre o anjo: "Ele me sufocou com o pano até eu achar que iria morrer. Então me soltou e disse: 'Recite!' (*Iqra*). Quando hesitou, recebeu "mais duas vezes o maltrato" (Andrae, p. 43-4). Essa parece ser uma forma anormal de aprendizado coagido, não característico do Deus gracioso e misericordioso que os muçulmanos afirmam que Alá é, assim como contrário ao livre-arbítrio que acreditam que ele deu às suas criaturas.

Enganado por um demônio? O próprio Maomé questionou a origem divina da experiência. A princípio pensou que estava sendo enganado por um *jinn* (espírito maligno). Na verdade, Maomé a princípio ficou com muito medo da fonte dessa nova revelação, mas foi encorajado por sua esposa Khadijah e o primo dela, Waraqah, a acreditar que a revelação era a mesma que Moisés recebera e que ele também seria um profeta de sua nação. Um dos biógrafos muçulmanos modernos mais respeitados, Muhammad Husayn Haykal, fala vividamente sobre o medo atormentador de Maomé de estar possuído por um demônio:

> Entrando em pânico, Maomé se levantou e perguntou a si mesmo: "O que vi? *Será que fiquei possuído como temia?*". Maomé olhou para a sua direita e sua esquerda, mas não disse nada. Ficou ali por um tempo tremendo de medo e estupefato. Temia que a caverna pudesse estar mal-assombrada e que ele acabasse fugindo, ainda incapaz de explicar o que viu (p. 74; grifo do autor).

Haykal observa que Maomé antes temia a possessão demoníaca, mas sua esposa Khadijah o convenceu do contrário. Pois, "como fez em ocasiões anteriores quando *Maomé temeu estar possuído pelo demônio*, agora também permaneceu leal a seu marido e desprovida de qualquer dúvida". Assim, "respeitosamente, até reverentemente, ela lhe disse: 'Regozije-se meu primo! Seja firme. Por aquele que domina a alma de Khadijah, eu oro e espero que seja o Profeta desta nação. Por Deus, não abandonarei'" (ibid., p. 75).

Na verdade, a descrição de Haykal sobre a experiência da "revelação" recebida por Maomé é semelhante a de outros médiuns. Haykal escreveu sobre a revelação para remover a suspeita de culpa sobre uma das mulheres de Maomé:

> Maomé não havia se movido de seu lugar quando a revelação veio a ele acompanhada das convulsões costumeiras. Ele ficou estendido nas suas roupas, e um travesseiro foi colocado sob sua cabeça. Aishah [sua esposa] mais tarde relatou: "Temendo que algo ameaçador estivesse prestes a acontecer, todos na sala estavam com medo, exceto eu, pois não temia nada, porque sabia que eu era inocente...", Maomé recuperou-se, sentou-se e começou a enxugar a testa onde gotas de suor se juntaram (ibid., p. 337).

Outra característica geralmente associada a "revelações" ocultas é o contato com os mortos (cf. Dt 18.9-14). Haykal, relata uma ocasião em que "os muçulmanos que o ouviram [Maomé] perguntaram: 'Está invocando os mortos?', e o Profeta respondeu: 'Eles me ouvem assim como vocês, mas não podem me responder'" (ibid., p. 231). Em outra ocasião Maomé foi encontrado "orando pelos mortos enterrados naquele cemitério" (ibid., p. 495). Haykal até admite francamente que

> não há razão para negar o evento da visita do Profeta ao cemitério de Baqi por ser inadequado, levando-se em consideração *o poder espiritual e psíquico de Maomé de comunicação com os diversos campos da realidade e sua percepção da realidade espiritual que excede a dos homens comuns* (ibid., p. 496; grifo do autor).

Silêncio e depressão. Outra coisa que obscurece a suposta origem divina de sua mensagem é o fato de que, depois disso, houve um longo período de silêncio que, segundo alguns registros, durou três anos, durante os quais Maomé entrou em desespero, sentindo-se abandonado por Deus e chegando a considerar o suicídio. Essas circunstâncias não parecem ser características de um chamado divino.

A "revelação" satânica. Em outra ocasião, Maomé anunciou uma revelação que achava ser de Deus, mas depois a mudou, afirmando que Satanás havia colocado os versos no texto. Deus teria dito ao profeta: "Tais (divindades) não são mais do que nomes, com que as denominastes, vós e vossos antepassados, acerca do que Allah não vos conferiu autoridade alguma" (53.23 v.22.51). Mas infelizmente a mentira humana sempre é uma possibilidade. Os próprios muçulmanos acreditam que todos os que reivindicam ter revelações que se opõem ao *Alcorão* são mentirosos. À luz disso, é razoável perguntar se os muçulmanos consideraram a possibilidade de a primeira impressão de Maomé, de que estava sendo enganado por um demônio, ser correta. Eles reconhecem que Satanás é real e que é um grande mentiroso. Então por que descartam a possibilidade de o próprio Maomé ter sido enganado, como pensou a princípio?

Fontes humanas para o Alcorão. Finalmente, alguns críticos não vêem nada de sobrenatural na origem das idéias de Maomé, observando que a grande maioria das idéias no *Alcorão* têm fontes judaicas, cristãs ou pagãs conhecidas (v. ALCORÃO, SUPOSTA ORIGEM DIVINA DO). Até Haykal inadvertidamente indica uma possível fonte das "revelações" de Maomé. Ele escreveu:

> A imaginação do árabe é forte por natureza. Por viver sob a abóbada do céu e deslocar-se constantemente à procura de pastos ou comércio, e por ser constantemente forçado a extremos, exageros e até mentiras que a vida comercial geralmente

acarreta, o árabe é dado ao exercício de sua imaginação e a cultiva continuamente para o bem ou para o mal, para a paz ou para a guerra (ibid., 319).

Conclusão. A reivindicação de que Maomé foi chamado por Deus não pode ser apoiada pela evidência. Na realidade, a comprovação, mesmo em fontes islâmicas, é justamente a oposta. Além disso, não há confirmação sobrenatural desse chamado (v. MAOMÉ, SUPOSTOS MILAGRES DE) tal como existe no caso de Jesus (v. CRISTO, DIVINDADE DE; PROFECIA COMO PROVA DA BÍBLIA; RESSURREIÇÃO, EVIDÊNCIA DA).

Finalmente, o caráter de Maomé deixa muito a desejar em relação à sua reivindicação (v. MAOMÉ, CARÁTER DE). Comparado ao caráter impecável de Cristo, Maomé torna-se insignificante (v. CRISTO, SINGULARIDADE DE).

Fontes

A. Y ALI, *The meaning of the glorious Qur'an.*
T. ANDRAE, *Muhammad: the man and his faith.*
N. L. GEISLER e A. SALEEB, *Answering Islam.*
M. H. HAYKAL, *The life of Muhammad.*

Maomé, supostos milagres de. O islamismo afirma ser a única religião verdadeira. Para apoiar essa afirmação, oferece o *Alcorão* como principal milagre. Mas muitos apologistas islâmicos também afirmam que Maomé fez outros milagres para sustentar suas reivindicações de ser profeta de Deus, apesar do fato de que, quando lhe pediram milagres para apoiar suas reivindicações, Maomé tenha se recusado a fazê-los (Surata 3.181-4).

Definição islâmica de milagre. Para os muçulmanos, o milagre é sempre um ato de Deus (v. MILAGRE; MILAGRES NA BÍBLIA). A natureza é a maneira pela qual Deus age geral e repetidamente, e milagre é considerado *khawarik*, "o violador do costume". Existem muitas palavras para milagre em árabe, mas a única usada no *Alcorão* é *ayah*, "sinal" (v. 2.118, 151, 253; 3.108; 28.86-7). O termo técnico usado pelos teólogos muçulmanos para designar o milagre que confirma o chamado profético de alguém é *mudjiza*. Para qualificar-se, o evento precisa ser:

1. Um ato de Deus que não pode ser executado por qualquer criatura;
2. contrário ao curso habitual das coisas;
3. direcionado à comprovação da autenticidade do profeta;
4. precedido pela anunciação de um futuro milagre;
5. feito da forma exata em que foi anunciado;
6. feito apenas pelas mãos do profeta;
7. a comprovação de sua reivindicação profética, não sua refutação;
8. acompanhado pelo desafio de reproduzi-lo;
9. irreproduzível por qualquer pessoa presente.

Os muçulmanos acreditam que Moisés, Elias e Jesus fizeram milagres que cumpriram esses critérios (v. "Mudjiza"). A questão é: A eloquência do *Alcorão* preenche essas características para ser um milagre? A resposta subjetiva é não, nem na forma nem no conteúdo.

Milagres no Alcorão. Reivindicações de milagres sobre Maomé dividem-se em três categorias: reivindicações e previsões sobrenaturais de Maomé registradas no Alcorão; reivindicações de milagres no *Hadith* ou tradição islâmica (Bukhari, iii-vi).

A Surata 6.35 é usada por muitos muçulmanos para mostrar que Maomé podia fazer milagres:

Uma vez que o desdém dos incrédulos te penaliza, vê: mesmo que pudesses penetrar por um túnel, na terra, ou ascender até ao céu para apresentar-lhes um sinal, ainda assim não farias com que cressem.

Uma investigação cuidadosa do texto revela que ele não afirma que Maomé era capaz de fazer milagres. Antes de mais nada, isso é hipotético *"Mesmo que pudesse..."*. Não diz que ele fez. Em segundo lugar, a passagem até implica que ele não podia fazer milagres. Senão, por que estaria penalizado por não fazê-los? Se pudesse fazer milagres, poderia ter eliminado facilmente o desdém que lhe era tão "angustiante".

A suposta divisão da Lua. Pela interpretação de muitos muçulmanos, a Surata 54.1,2 diz que, conforme a ordem de Maomé perante os descrentes, a Lua foi dividida. Pois está escrito: "A Hora (do Juízo) se aproxima, e a lua se fendeu. Porém, se presenciam algum sinal, afastam-se dizendo: É magia transitória!".

Novamente há problemas com a interpretação do texto. Maomé não é mencionado na passagem. O *Alcorão* não chama esse episódio de milagre, ainda que a palavra sinal (*ayah*) seja usada. Se é milagre, contradiz outras passagens que afirmam que Maomé não fez proezas relacionadas à natureza, como essa (v. 3.181-4).

Além disso, a passagem é anterior àquelas em que descrentes pedem um sinal. Se Maomé conseguisse realizá-lo, o sinal teria sido universalmente observado e mencionado com surpresa em todo o mundo. Mas não há evidência de que tenha sido (Pfander, p. 311-2). Até teólogos islâmicos dizem que isso se refere à ressurreição dos últimos dias, não a um milagre durante a época de Maomé. Eles acreditam que a expressão "a Hora (do Juízo)" refere-se ao final dos tempos. O tempo verbal é considerado a maneira comum de língua árabe expressar um evento profético futuro.

A jornada noturna. Uma ocorrência milagrosa registrada no *Alcorão* é o *Isra* de Maomé ou "jornada noturna". Muitos muçulmanos acreditam que Maomé, depois de ser transportado para Jerusalém, ascendeu ao céu no lombo de uma mula. A Surata 17.1 declara:

Glorificado seja Aquele que, durante a noite, transportou o Seu servo, tirando-o da Sagrada Mesquita (em Makka) e levando-o à Mesquita de Alacsa (em Jerusalém), cujo recinto bendizemos, para mostrar a ele alguns dos nossos sinais.

Mais tarde, a tradição muçulmana complementou esse versículo, falando da escolta de Gabriel por vários níveis do céu. Ele é cumprimentado por pessoas importantes (Adão, João, Jesus, José, Enoque, Arão, Moisés e Abraão). Enquanto está lá negocia com Deus para que a ordem de orar cinqüenta vezes seja reduzida para cinco vezes ao dia.

Não há razão para considerar essa passagem como referência a uma viagem literal ao céu. Muitos teólogos muçulmanos não a interpretam dessa maneira. O famoso tradutor do *Alcorão*, Abdullah Yusuf Ali, ao comentar essa passagem, afirma que "ela começa com a Visão mística da Ascensão do Santo Profeta; ele é transportado da Mesquita Sagrada (de Meca) para a Mesquita Distante (de Jerusalém) numa noite e vê alguns Sinais de Deus" ("Introdução à Surata XVII", p. 691). Mesmo segundo uma das primeiras tradições islâmicas, a esposa de Maomé, Aisha, relatou que "o corpo do apóstolo ficou como estava, mas Deus removeu seu espírito à noite" (Ishaq, p. 183). Mesmo se isso fosse considerado milagre, não há evidência apresentada para testar sua autenticidade. Pela própria definição do islamismo de sinal confirmador, esse milagre não teria nenhum valor apologético ("Mudjiza"; v. MILAGRES, VALOR APOLOGÉTICO DOS).

A vitória em Badr. Outra reivindicação de milagre geralmente atribuída a Maomé é a vitória em Badr (v. 3.123; 8.17). A Surata 5.11 diz: "Ó crentes, recordai-vos das mercês de Allah para convosco, pois quando um povo intentou agredir-vos, Ele o conteve. Temei a Allah, porquanto a Allah se encomendam os crentes".

Segundo a tradição islâmica, vários milagres supostamente ocorreram aqui, sendo o mais proeminente aquele em que Deus enviou três mil anjos para ajudar na batalha (supostamente identificáveis pelos turbantes que usavam), além do resgate miraculoso de Maomé logo antes de um homem de Meca tentar matá-lo com uma espada. Uma tradição diz que Maomé jogou um punhado de terra contra o exército de Meca para cegá-los e fazer com que batessem em retirada.

É questionável se todas essas passagens referem-se ao mesmo evento. Até mesmo teólogos muçulmanos acreditam que a Surata 8 menciona outro evento e deve ser interpretada simbolicamente, como Deus lançando medo no coração do inimigo de Maomé, Ubai ibn Khalaf (Pfander, p. 314). A Surata 5 é interpretada como referência a outro evento, possivelmente a tentativa de assassinato de Maomé em Usfan.

Apenas a Surata 3 menciona Badr, e não diz nada sobre um milagre. No máximo revela apenas cuidado providencial de Deus por Maomé, não um evento sobrenatural. Certamente não fala de um milagre que confirme as credenciais proféticas de Maomé, já que não há evidência de que preencha os nove critérios.

Se a vitória de Badr é o sinal de confirmação divina, então por que a derrota subseqüente em Uhud não foi sinal de reprovação? A derrota foi tão humilhante que "tiraram duas argolas de corrente da ferida de Maomé, e dois de seus dentes frontais caíram". Além disso, os muçulmanos mortos foram mutilados no campo de batalha pelo inimigo. Um inimigo de Maomé "cortou vários narizes e orelhas para fazer um colar com eles". Até Muhammad Husayn Haykal reconheceu que "os muçulmanos foram derrotados" aqui, observando que o inimigo ficou " intoxicado com a vitória" (Haykal, p. 266-7). Mas ele não considerou isso sinal sobrenatural de desfavor divino. Na verdade, depois da batalha de Badr, o *Alcorão* se gaba de que os seguidores de Maomé podiam derrotar um exército com a ajuda de Deus estando em número dez vezes menor que o inimigo (Surata 8.65). Mas aqui estavam em número apenas três vezes menor, assim como na vitória em Badr, e no entanto sofreram grande derrota.

Maomé não é o primeiro líder militar com menor número de guerreiros na história a ter uma grande vitória. A Guerra dos Seis Dias de Israel, em 1967, foi uma das batalhas mais rápidas e decisivas na história das guerras modernas. Mas nenhum muçulmano a consideraria sinal milagroso da aprovação divina da vitória de Israel sobre uma nação árabe.

A divisão do peito de Maomé. Segundo a tradição islâmica, no nascimento de Maomé (ou logo antes da sua ascensão), Gabriel supostamente abriu o peito de Maomé, removeu e purificou seu coração, depois o encheu com sabedoria e o colocou de volta. Isso se baseia em parte na surata 94.1, 2, 8, que diz: "Acaso, não expandimos o teu peito, E aliviamos o teu fardo, [...] E volta para o teu Senhor (toda) a atenção".

A maioria dos teólogos muçulmanos conservadores interpretam esta passagem como linguagem figurativa que descreve a grande ansiedade que Maomé sofreu nos seus primeiros anos em Meca. O grande comentarista Ali disse: "O peito é simbolicamente o berço da sabedoria e do sentimento mais elevado de amor e afeição" (*The meaning of the glorious Qur'an* [*O significado do glorioso Alcorão*], 2.1755).

Profecias no Alcorão. Os muçulmanos oferecem as profecias do *Alcorão* como prova de que Maomé podia fazer milagres. Mas a evidência não é convincente. As suratas geralmente citadas são aquelas em que Maomé promete vitória a suas tropas.

Que líder militar religioso não diz às suas tropas: "Deus está do nosso lado; vamos ganhar. Continuem lutando!"? Além disso, tendo em mente que Maomé é conhecido como "o profeta da espada", com seu grande número de conversões obtidas depois que renunciou a meios pacíficos, mas relativamente ineficazes para difundir sua mensagem, não é surpresa que tenha previsto a vitória.

Levando-se em conta o zelo das forças muçulmanas, que receberam a promessa do Paraíso por seus esforços (v. 22.58-9; 3.157-8; 3.170-1), não é de surpreender que tenham sido muitas vezes vitoriosos. Finalmente, não é de admirar o fato de que tantos se "submeteram", levando-se em conta a ordem de Maomé: "O castigo para aqueles que lutam contra Allah e contra o Seu Mensageiro, e semeiam a corrupção na terra, é que sejam mortos ou crucificados, ou lhes seja decepada a mão e o pé de lados opostos, ou banidos" (5.33).

A única predição substancial foi a respeito da vitória romana (bizantina) sobre o exército persa em Issus. A Surata 30.2-4 diz: "Os bizantinos foram derrotados, em uma terra muito próxima; porém, depois de sua derrota, vencerão dentro de alguns anos".

Essa predição é pouco impressionante (v. Gudel, p. 54). Segundo Ali, "alguns anos" significa de três a nove anos, mas a vitória real só veio treze ou quatorze anos depois da profecia. A derrota dos romanos pelos persas na captura de Jerusalém aconteceu por volta de 614 ou 615. O contra-ataque só começou em 622, e a vitória só se completou em 625. Isso seria pelo menos dez ou onze anos, não "alguns anos", como Maomé disse.

A edição Uthman do *Alcorão* não tem vogais, que só foram acrescentadas bem mais tarde (Spencer, p. 21). Logo, a palavra *sayaghlibuna*, "vencerão", poderia ser traduzida, com a mudança de duas vogais, *sayughlabuna*, por "serão vencidos" (Tisdall, p. 137). Ainda que essa ambigüidade fosse removida, a profecia não é nem em longo prazo nem anormal. Era previsível que os romanos derrotados contra-atacariam. Só era necessário um pouco de conhecimento das tendências da época para prever tal evento. Na melhor das hipóteses, poderia ter sido uma boa estimativa. De qualquer forma, parece não haver prova suficiente de que seja sobrenatural.

A única outra suposta profecia digna de menção é encontrada na Surata 89.2, em que a frase "e pelas dez noites" é interpretada por alguns como uma predição dos dez anos de perseguição que os primeiros muçulmanos sofreram (Ahmad, p. 347s.). Mas sem dúvida essa é uma interpretação rebuscada, porque até o tradutor do *Alcorão*, Ali, admitiu que *pelas dez noites* geralmente é interpretado como as primeiras dez noites de *Zul-Hajj*, o período sagrado de peregrinação (Ali, 1731, n. 6109). Certamente não há nenhuma predição clara.

A evidência de que Maomé possuía o dom da profecia é fraca. Suas profecias eram vagas e contestáveis. Foi muito mais fácil dar significado a elas depois do evento que entender o significado antes.

Se Maomé possuísse a habilidade de prever milagrosamente o futuro, certamente a teria usado para esmagar seus oponentes. Mas não o fez. Pelo contrário, admitiu que não fez milagres, como os profetas antes dele fizeram, e simplesmente ofereceu como seu sinal *o Alcorão*.

Finalmente, Maomé jamais apresentou uma profecia como prova de seu dom (v. MAOMÉ, SUPOSTO CHAMADO DIVINO DE). Não há menção a nenhuma. Jesus ofereceu milagres repetidamente como prova de que era o Messias, o Filho de Deus. Quando estava prestes a curar o paralítico, disse aos judeus incrédulos: "Mas, para que vocês saibam que o Filho do homem tem na terra autoridade para perdoar pecados", algo que os judeus afirmavam que só Deus podia fazer (Mc 2.7), "eu lhe digo: Levante-se, pegue a sua maca e vá para casa" (v. 10,11) À luz desse forte contraste quanto à confirmação miraculosa das respectivas afirmações, qualquer pessoa racional teria sérias dúvidas quanto a existência de evidências suficientes para apoiar as reivindicações de Maomé.

Milagres no ḥadith. A maioria das reivindicações de milagres feitos por Maomé não ocorreram no *Alcorão*, o único livro do islamismo, para o qual a inspiração divina é reivindicada (v. MAOMÉ, SUPOSTOS MILAGRES DE; *ALCORÃO*, SUPOSTA ORIGEM DIVINA DO). A grande maioria dos supostos milagres é relatada no ḥadith [*Tradição*], que, segundo os muçulmanos, contém muitas tradições autênticas. Há centenas de histórias de milagres no ḤADITH (v. ḤADITH, SUPOSTOS MILAGRES NO).

Al Bukhari conta como Maomé curou a perna quebrada de um amigo, Abdullaha ibn Atig, que se feriu enquanto tentava assassinar um dos inimigos do Profeta.

Várias fontes relatam a história de que Maomé milagrosamente deu água para 10 mil soldados na batalha de Hudaibiyah. Ele supostamente colocou a mão numa garrafa vazia e deixou a água fluir de seus dedos. Há várias histórias de provisão milagrosa de água. Numa, a água é transformada em leite.

Existem várias histórias de árvores que falam com Maomé, que o saúdam ou saem da frente para ele passar. Certa vez, quando Maomé não conseguia encontrar um lugar isolado para fazer as necessidades, duas árvores supostamente se uniram para escondê-lo e depois voltaram para o seu lugar quando ele terminou. Bukhari afirma que uma árvore na qual Maomé se encostou ficou com saudades quando ele partiu. Há muitas histórias de lobos e até montanhas que saudaram Maomé.

Algumas histórias narram Maomé alimentando milagrosamente grandes grupos com pouca comida. Anas conta que Maomé alimentou oitenta ou noventa homens com alguns pães de cevada. Ibn Sa'd relata a história de uma mulher que convidou Maomé para uma refeição. Ele levou mil homens com ele e multiplicou a pequena refeição da mulher para alimentar a todos.

O ḥadith geralmente relata histórias dos feitos milagrosos de Maomé contra seus inimigos. Uma vez Maomé amaldiçoou um de seus inimigos, cujo cavalo afundou até a altura do estômago no chão duro. Sa'd disse que Maomé transformou o galho de uma árvore numa espada de aço.

A autenticidade dessas histórias é questionável por várias razões:

Elas são contrárias ao Alcorão. Para os muçulmanos, apenas o *Alcorão* é divinamente inspirado. Mas nenhum dos milagres de Maomé está registrado no *Alcorão*. Na verdade, eles são contrários a todo o espírito do Maomé do *Alcorão*, que repetidamente recusou-se a fazer esse tipo de coisas diante dos incrédulos que o desafiaram (v. surata 3.181-4; 4.153; 6.8,9).

Elas são apócrifas. Esses supostos milagres da tradição islâmica seguem o mesmo padrão narrativo que os contos apócrifos de Cristo escritos um ou dois séculos após sua morte. São adições lendárias feitas por pessoas que viveram muitos anos depois dos eventos originais, e não o registro de testemunhas oculares contemporâneas (v. MILAGRES, MITO E).

A maioria das pessoas que reuniram histórias de milagres viveram de cem a duzentos anos depois. Dependeram de histórias passadas oralmente durante gerações com vários acréscimos. Nem mesmo as histórias consideradas autênticas pelos muçulmanos, como determinado pelo *isnad* (ou cadeia de contadores de histórias), têm credibilidade suficiente. Essas histórias não são baseadas em testemunhas oculares, mas em gerações de contadores de histórias. Joseph Horowitz questionou a confiabilidade do *isnad*:

> A questão sobre quem divulgou inicialmente esses contos de milagres deveria ser facilmente respondida se ainda pudéssemos olhar para o *isnad*, ou cadeia de testemunhas, com a mesma confiança que aparentemente esperam de nós. É muito atraente quando o mesmo relatório aparece em várias versões essencialmente semelhantes [...] Em geral a técnica do *isnad* não impossibilita decidir onde se apossar do registro oral e onde é o caso de copiar os livros de preleções dos mestres (Horowitz, p. 49-58).

Não há consenso sobre elas. Entre os muçulmanos não há uma lista geralmente aceita de milagres autênticos do ḥadith. Na verdade, a maior parte das histórias do ḥadith é rejeitada pela maioria dos teólogos muçulmanos. Grupos diferentes aceitam coleções diferentes. Isso cria dúvidas quanto à sua autenticidade.

Bukhari, considerado o colecionador mais confiável, admitiu que, das 300 mil ḥadith que reuniu, considerava apenas 100 mil possivelmente verdadeiras. E entre as últimas ele selecionou 7 275. Isso significa que ele admitiu que mais de 290 000 delas não são confiáveis.

Nenhum cânon é aceito por todos. Nenhum cânon de ḥadith é aceito por todos os muçulmanos. A maioria dos muçulmanos divide sua credibilidade em ordem descendente da seguinte maneira: o *Sahih* de Al Bukhari (m. 256 a.H. ["após *a Hégira*", fuga de Maomé em 622 d.C]), o *Sahih* de Muslim (m. 261 a.H.), o *Sunan* de Abu Du'ad (morto em 275 a.H.), o *Jami* de Al-Tirmidhi (m. 279 a.H.), o *Suand* de Al Nasa (m. 303 a.H.), e o *Sunan* de Ibn Madja (m. 283 a.H.). Com esses ḥadith, os biógrafos relacionaram histórias de milagres. As mais importantes são Ibn Sa'd (m. 123 a.H.), Ibn Ishaq (m.151 a.H.) e Ibn

Hisham (m. 218 a.H.). As categorias acima são rejeitadas pelo islamismo xiita, embora os xiitas, juntamente com outros muçulmanos, aceitem o *Alcorão*.

Sua origem é suspeita. A origem das reivindicações de milagres do islamismo é suspeita. Sabe-se que o islamismo tomou por empréstimo de outras religiões muitas de suas crenças e práticas (Dashti, p. 55). Isso é freqüentemente documentado. Não é de admirar que as reivindicações islâmicas de milagres tivessem surgido, dessa forma, quando apologistas cristãos demonstraram a superioridade de Jesus sobre Maomé pelos milagres de Jesus (v. MILAGRES NA BÍBLIA; NOVO TESTAMENTO, HISTORICIDADE DO). Histórias de milagres islâmicos começaram a aparecer depois que dois bispos cristãos, Abu Qurra, de Edessa, e Arethas, de Cesaréia, indicaram a ausência de milagres autenticadores em Maomé. Sahas observou:

A implicação [do desafio do bispo] é bem clara: o ensinamento de Maomé pode até ter mérito; mas não é suficiente para qualificá-lo como profeta, sem sinais sobrenaturais. Se tais sinais fossem demonstrados, seria possível aceitá-lo como profeta (p. 312).

Portanto, se os muçulmanos pudessem inventar milagres, conseguiriam responder ao desafio cristão.

Sahas observa que várias histórias de milagres se assemelham muito aos milagres de Jesus encontrados nos Evangelhos (ibid., p. 314). Por exemplo, Maomé subiu ao céu, transformou água em leite e alimentou milagrosamente grande número de pessoas.

Falta de valor apologético. Elas não preenchem os critérios islâmicos. Nenhuma das histórias de milagres preenche as nove categorias aceitas pelos muçulmanos para um milagre capaz de c onfirmar a reivindicação do profeta (*mudjiza*). Logo, pelos próprios padrões islâmicos, nenhuma dessas histórias demonstra a verdade do islamismo.

Elas não vêm do *Alcorão* (que é considerado inspirado), logo não têm autoridade divina pelos critérios islâmicos. A ausência desses eventos no *Alcorão*, onde Maomé é constantemente desafiado a apoiar suas afirmações milagrosamente, é um forte argumento de que não são autênticos (v. ALCORÃO, SUPOSTA ORIGEM DIVINA DO). Certamente se Maomé pudesse silenciar seus críticos confirmando sobrenaturalmente sua mensagem, ele teria feito isso.

Maomé aceita o fato de que Deus confirmou os profetas antes dele com milagres. Ele se refere à confirmação de Deus às credenciais proféticas de Moisés (v. 7.106-8, 116-9; 23.45). O *Alcorão* também se refere a manifestações do poder miraculoso de Deus por meio dos profetas (v. 4.63-5; 6.84-6).

Maomé também aceita o fato de que Jesus fez milagres para provar a origem divina de sua mensagem, tais como curar e ressuscitar pessoas dentre os mortos (v. surata 5.113). Mas, se Jesus podia realizar feitos miraculosos ligados à natureza para confirmar sua comissão divina e Maomé se recusou a fazer o mesmo, a superioridade de Maomé sobre Cristo como profeta é questionável.

A resposta de Maomé ao desafio de fazer milagres (v. surata 6.8,9; 17.90-2) é esclarecedora: "Quem sou eu senão um mortal, um Mensageiro?". Não é possível imaginar Moisés, Elias ou Jesus dando tal resposta. Maomé admitiu que, quando Moisés foi desafiado pelo faraó, respondeu com milagres (v. surata 7.106-8, 118). Sabendo que essa era a maneira de Deus confirmar seu profeta, Maomé se recusou a fazer milagres semelhantes.

Os muçulmanos não oferecem uma boa explicação para a ausência de milagres de Maomé. O argumento islâmico mais comum é que

uma das maneiras estabelecidas de Deus é que ele dá aos profetas o tipo de milagres que concordam com o espírito da época para que o mundo possa ver que ele está além do poder humano e que o poder de Deus se manifesta nesses milagres.

Logo,

durante a época de Moisés a arte da feitiçaria havia se desenvolvido mais. Portanto, Moisés recebeu milagres que surpreenderam os magos, e, ao ver esses milagres, os magos aceitaram a liderança e autoridade de Moisés.

Semelhantemente,

durante a época do Profeta do islamismo, a arte da eloqüência havia progredido bastante. Então, o Profeta do islamismo recebeu o milagre do *Alcorão*, cuja eloqüência emudeceu os maiores poetas de sua época (Gudel, p. 38-9).

Mas não há evidência de que essa seja "uma das maneiras estabelecidas de Deus". Pelo contrário, segundo a admissão do próprio *Alcorão* de que Deus repetidamente operou milagres relativos à natureza por meio de Moisés e de outros profetas, incluindo-se Jesus, a maneira estabelecida por Deus para confirmar seus profetas é por meio de milagres. Além disso, não há nada sobrenatural na eloqüência.

Resumo. O fato de Maomé não querer (ou aparentemente não poder) fazer milagres ligados à natureza, mesmo sabendo que os profetas antes dele podiam e fizeram, parece uma escapatória para não-muçulmanos reflexivos. Eles perguntarão: "Se Deus confirmou outros profetas por meio de tais coisas, por que não fez o mesmo com Maomé para remover toda dúvida?". Nas palavras do próprio Maomé (do *Alcorão*): "E dizem do Mensageiro: 'Por que Deus não lhe enviou algum sinal?'", já que até Maomé admitiu que "Deus é capaz de enviar um sinal" (Sura 6.37).

Maomé simplesmente ofereceu seu próprio sinal (o *Alcorão*) e disse que o rejeitaram por incredulidade, não pela sua incapacidade de fazer milagres. Nas poucas ocasiões em que eventos sobrenaturais estão ligados à vida de Maomé, eles podem ser explicados por meios naturais. Por exemplo, os muçulmanos consideram a grande vitória na batalha de Badr em 624 indicação sobrenatural da aprovação divina em seu favor. Mas exatamente um ano depois as forças de Maomé sofreram uma derrota humilhante. No entanto, isso não é considerado sinal de reprovação divina.

Ao contrário do *Alcorão*, a tradição islâmica (o *ḥadith*) está cheia de afirmações de milagres, mas elas carecem de autenticidade: contradizem a afirmação de Maomé no *Alcorão*. São registradas um século ou mais após Maomé. A maioria é rejeitada por teólogos muçulmanos. Demonstram evidências de acréscimos. Não preenchem os critérios estabelecidos por teólogos muçulmanos para a confirmação sobrenatural das afirmações de Maomé, de que era profeta de Deus.

Em comparação, Jesus fez vários milagres. A maioria deles, se não todos, relacionava-se com sua reivindicação de ser Deus em carne humana (v. CRISTO, DIVINDADE DE; MILAGRE). Os relatos desses milagres são de testemunhas oculares e contemporâneas de Jesus. Dessa maneira crucial, há uma diferença significativa entre a confirmação sobrenatural de Cristo como o Filho de Deus e a falta de uma confirmação confiável de que Maomé fosse ao menos profeta de Deus.

Fontes

H. ABDALATI, *Islam in focus*.
H. M. AHMAD, *Introduction to the study of the holy Quran*.
I. R. AL FARUQI, *Islam*.
A. Y. ALI, "Introduction to sura XVII", em *The meaning of the glorious Qur'an*.
___, "Mudjiza", em *The encyclopedia of Islam*.
M. I. BUKHARI, *The translation of the meanings of Sahih Al-Bukhari*, M. M. KHAN, trad.
A. DASHTI, *Twenty-three years: a study of the prophetic career of Mohammad*.
A. DAWUD, *Muhammad in the Bible*.
I. R. A. FARUQI, *Islam*.
N. L. GEISLER e ABDUL SALEEB, *Answering Islam: the Crescent in the light of the cross*.
J. GUDEL, *To every muslim an answer*.
M. HAYKAL, *The life of Muhammad*.
J. HOROWITZ, "The growth of the Mohammed legend", em *The Moslem world* 10 (1920).
I. ISHAQ, *Sirat rasul Allah* [trad. por *The life of Muhammad*].
G. NEHLS, *Christians ask Muslims*.
C. G. PFANDER, *The balance of truth*.
M. A. RAUF, *Islam: creed and worship*.
D. J. SAHAS, "The formation of later Islamic doctrines as a response to Byzantine polemics: the miracles of Muhammad", em GOTR, 1982.
A. SCHIMMEL, "The prophet Muhammad as a centre of Muslim life and thought", *We believe in one God*.
A. A. SHORRISH, *Islam revealed: a Christian Arab's view of Islam*.
H. SPENCER, *Islam and the gospel of God*.
W. S. C. TISDALL, *The source of Islam*.

mal, problema do. Se Deus é absolutamente bom, então por que o mal existe (v. DEUS, NATUREZA DE)? O problema do mal é um sério desafio à defesa do cristianismo. Na verdade, há muitos problemas relacionados ao mal, por exemplo, os problemas sobre sua origem, natureza e propósito e sobre como evitá-lo. Os problemas originados pelo mal podem ser divididos em moral, metafísico (v. METAFÍSICA) e físico.

Cosmovisões e o mal. Apesar de toda cosmovisão ter de lidar com a questão do mal, o problema é especialmente relevante para o teísmo. Das três cosmovisões principais, o ATEÍSMO afirma a realidade do mal e nega a realidade de Deus. O PANTEÍSMO afirma a realidade de Deus, mas nega a realidade do MAL. O teísmo afirma a realidade de Deus e do mal. Associado a isso está o problema: como o Ser absolutamente bom (Deus) pode ser compatível com o mal, o oposto do bem?

Comparado com outras cosmovisões que afirmam Deus e o mal, o teísmo parece estar na posição menos vantajosa. O TEÍSMO finito, por exemplo, afirma que Deus deseja destruir o mal, mas é incapaz porque tem poder limitado. O DEÍSMO clássico, da mesma forma, pode distanciar Deus do mal ao enfatizar que Deus não é imanente no mundo, pelo menos não sobrenaturalmente. Estamos sozinhos. E, para o PANENTEÍSMO, o mal é uma parte necessária do progresso contínuo de interação de Deus e do mundo (seu corpo).

O problema para o teísmo é que ele não só acredita que Deus é Todo-Poderoso e poderia destruir o mal, mas também é amoroso e deveria destruí-lo. Além disso, o Deus teísta é onisciente e criou o mundo completamente cônscio do que aconteceria. E, ainda por cima, criou o mundo livremente (v. CRIAÇÃO, VISÕES DA), de modo que o mundo poderia ter sido diferente.

É no contexto desse tipo de Deus teísta que abordamos os problemas do mal.

A origem do mal. De onde veio o mal? O Deus absolutamente bom não pode criar o mal. E, aparentemente, uma criatura perfeita nem pode dar origem à imperfeição. Então de onde vem o mal? O problema pode ser assim resumido:

1. Deus é absolutamente perfeito.
2. Deus não pode criar nada imperfeito.
3. Mas criaturas perfeitas não podem fazer o mal.
4. Portanto, nem Deus nem suas criaturas perfeitas podem produzir o mal.

Todavia, no universo teísta essas são as únicas fontes possíveis do mal moral. Portanto, parece não haver solução para a origem do mal no universo teísta.

Os elementos básicos na resposta teísta a esse problema são encontrados em AGOSTINHO e TOMÁS DE AQUINO. Os teístas desde então seguiram as linhas de seu pensamento. Ambos concordaram na resposta, que pode ser declarada da seguinte forma:

1. Deus é absolutamente perfeito.
2. Deus criou apenas criaturas perfeitas.
3. Uma das perfeições que Deus concedeu a algumas dessas criaturas foi o poder do livre-arbítrio.
4. Algumas dessas criaturas escolheram livremente fazer o mal.
5. Portanto, uma criatura perfeita causou o mal.

Deus é bom, e criou criaturas boas com uma qualidade boa chamada livre-arbítrio. Infelizmente, elas usaram esse poder bom para trazer o mal ao universo ao se rebelar contra o Criador. Então o mal surgiu do bem, não direta, mas indiretamente, pelo mau uso do poder bom chamado liberdade. A liberdade em si não é má. É bom ser livre. Mas com a liberdade vem a possibilidade do mal. Então Deus é responsável por tornar o mal possível, mas as criaturas livres são responsáveis por torná-lo real.

É claro que outras questões se associam a essa solução do livre-arbítrio para a origem do mal. Uma é: O que provocou a escolha do mal pela primeira criatura?

Os teístas diferenciam a Causa Primária da ação livre (Deus) e a causa secundária (o ser humano). Deus deu o poder de escolha. Mas Deus não é responsável pelo exercício do livre-arbítrio para fazer o mal. Deus não *realiza* a ação livre por nós. O livre-arbítrio humano não é mera causa instrumental por meio da qual Deus age. Os seres humanos são a causa eficiente, embora secundária, das próprias ações livres. Deus produz o *fato* do livre-arbítrio, mas cada ser humano realiza o *ato* do livre-arbítrio. Então Deus é responsável pela *possibilidade* do mal, mas devemos assumir a responsabilidade pela *realidade* dele. Deus não deseja que o mal seja feito nem deseja que não seja feito. Ele deseja permitir que o mal seja feito, e isso é bom.

Mas se Deus não pode desejar o mal, então qual é sua causa? Nenhuma ação pode ocorrer sem ser causada, já que isso viola o primeiro princípio da causalidade (v. CAUSALIDADE, PRINCÍPIO DA), que exige que todo evento tenha causa.

Para responder a essa pergunta, é necessário descrever a natureza do livre-arbítrio. Há três visões básicas da natureza do livre-arbítrio. No determinismo, uma ação livre é causada por outra pessopa; no indeterminismo, é não-causada, e no autodeterminismo é causada pela própria pessoa. O DETERMINISMO eliminaria a responsabilidade humana, já que outro causou a ação, não nós mesmos. O INDETERMINISMO é irracional, já que uma regra fundamental da razão é que toda ação tem causa. Conclui-se então que toda livre escolha deve ser causada pela própria pessoa.

É claro que a pessoa usa o *poder* do livre-arbítrio para fazer livres escolhas. Mas a pessoa não é o livre-arbítrio. Ela apenas *tem* livre-arbítrio. É errado dizer que *sou* livre-arbítrio; apenas *tenho* livre-arbítrio. Então, sou a causa eficiente de minhas ações, mas o poder do livre-arbítrio é o meio pelo qual ajo livremente.

A natureza do mal. Há outra dimensão dessa dificuldade. Qual é a *natureza* do mal? Isto é, qual é a essência ou identidade do mal? Esse também é um problema especificamente desagradável para o teísta clássico (v. CLÁSSICA, APOLOGÉTICA). Só Deus é eterno, e tudo o que criou era bom. Então, o que é o mal?

Os teístas rejeitam o DUALISMO. O mal não é um princípio co-eterno separado de Deus. Pois nem todos os opostos como o bem e o mal são primeiros princípios. Isso supõe equivocadamente que só porque algo pode ser essencialmente bom (Deus), algo pode ser essencialmente mau. Mas, ao rejeitar o dualismo, é extremamente difícil explicar a realidade do mal. Se o mal não é algo separado de Deus, e não pode proceder do interior de Deus, então o que é? O problema pode ser resumido desta maneira:

1. Deus é o Autor de tudo que existe.
2. O mal é algo que existe.
3. Portanto, Deus é o Autor do mal.

Rejeitar a primeira premissa leva ao dualismo. Da mesma forma, negar a segunda leva ao ilusionismo que nega a realidade do mal (v. PANTEÍSMO). Nenhuma das duas é aceitável ao teísta. Então qual é a solução? Concordar que Deus não criou todas as coisas é negar sua soberania. Dizer que o mal não é nada nega a realidade. Mas admitir que Deus causou todas as coisas e que o mal é alguma coisa é reconhecer que Deus causou o mal — uma conclusão rejeitada por Aquino. Essa conclusão, no entanto, parece resultar logicamente dessas premissas. A não ser que se rejeite a verdade de uma dessas premissas, é preciso aceitar a verdade da conclusão.

O teísta responde que o mal não é uma *coisa* ou substância. É uma *falta* ou privação de algo bom que Deus fez. O mal é a privação de algum bem específico. A essência dessa posição pode ser assim resumida:

1. Deus criou toda substância.
2. O mal não é uma substância (mas uma privação numa substância).
3. Logo, Deus não criou o mal.

O mal não é uma substância, mas a corrupção das substâncias boas que Deus fez. O mal é como a ferrugem no carro ou a podridão na árvore. É a *falta* de coisas boas, mas não é algo por si só. O mal é como a ferida no braço ou furos de traça na roupa. Só existe em outra coisa, não sozinho.

É importante lembrar que privação não é o mesmo que simples *ausência*. A visão está ausente na pedra assim como no cego. Mas a ausência de visão na pedra não é privação. A privação é a ausência de algo que *deveria estar ali*. Já que a pedra por natureza não deveria ver, ela não está privada de visão, como o cego. O mal, então, é a privação de algum bem que deveria estar ali. Não é a simples negação.

Dizer que o mal não é algo, mas uma falta nas coisas, não é afirmar que ele não é *real*. O mal é a falta real nas coisas boas, como o cego sabe muito bem. O mal não é uma substância real, mas é a privação real nas substâncias boas. Não é entidade real, mas a corrupção real numa entidade real.

O mal como privação surge de várias formas. Há privações físicas, como mutilações, e há privações morais, como na perversão sexual. A privação pode estar na substância (*o que* algo é) ou em relacionamentos (*como* se relaciona com outros). Há não só *coisas* más como também há *relações* más entre as coisas.

O relacionamento de amor é bom; o de ódio é mau. Da mesma forma, quando a criatura adora o Criador, se relaciona bem; quando blasfema contra o Criador, é um relacionamento mau.

Desse ponto de vista, conclui-se que não há nada que seja totalmente mau. Se fosse totalmente privado de todo bem, não seria nada. Um carro totalmente enferrujado não é um carro. E uma roupa totalmente comida por traças é apenas um cabide num armário. O mal, como a ferida, só pode existir em outra coisa. Um braço totalmente ferido significa que a pessoa está mutilada.

Em vista disso, algo não pode ser totalmente privado, pelo menos não no sentido metafísico. Um ser totalmente corrompido nem existiria. E a vontade totalmente debilitada não poderia executar nenhuma ação moral. É preciso ter cuidado para não levar a depravação humana tão longe a ponto de destruir a habilidade de pecar. Não pode haver o mal supremo, pois, apesar de o mal reduzir o bem, ele jamais poderá destruí-lo completamente. Nada pode ser completa e ilimitadamente mau. Pois se o bem fosse completamente destruído — e isso seria necessário para o mal ser completo —, o próprio mal desapareceria, já que seu sujeito, isto é, o bem, não existiria mais.

O fato de o mal não poder ser total em sentido metafísico não implica que não possa ser total no sentido moral. Um ser pode ser *totalmente* (ou *radicalmente*) depravado do ponto de vista moral, no sentido de o mal ter invadido todas as partes de seu ser. Mas a depravação moral total só pode ser extensiva, não intensiva. Pode estender-se a todas as partes do ser de uma pessoa, mas não pode destruí-la. Se destruísse a pessoa, não haveria alguém para fazer o mal. O mal total, nesse sentido, destruiria a habilidade de a pessoa fazer o mal.

Os teístas clássicos analisam o problema do mal a partir de quatro causas: 1) eficiente, 2) final, 3) formal e 4) material. Para o ser humano, Deus é a *causa eficiente*; a glória de Deus e o bem delas é a *causa final*; a alma é a *causa formal*; e o corpo é a *causa material*. Mas, já que o mal não é substância, ele não tem causa formal, e sua causa material é a substância boa.

Causa eficiente	— Livre-arbítrio
Causa final	— Nenhuma. O mal é a falta de ordem.
Causa formal	— Nenhuma. O mal é a privação da forma.
Causa material	— A substância boa.

A causa eficiente do mal moral é o livre-arbítrio, não direta, mas indiretamente. Não há propósito (causa final) no mal. Ele é falta de ordem apropriada para um fim bom. O mal não tem causa formal própria. Antes é a destruição da forma em outra coisa. Sua causa material é o bem, mas não o próprio. Só existe numa coisa boa, corrompendo-a.

A persistência do mal. Há outro aspecto do problema do mal. Por que Deus o permite? Mesmo que não o tenha produzido, permitiu que acontecesse. Contudo, ele é onipotente e poderia destruí-lo. Então por que não o faz?

A maneira clássica de afirmar o problema da persistência do mal é a seguinte:

1. Se Deus fosse totalmente bom, destruiria o mal.
2. Se Deus fosse onipotente, destruiria o mal.
3. Mas o mal não é destruído.
4. Logo, não há Deus.

Expresso dessa forma, o argumento abre a possibilidade de um Deus finito, mas os teístas rejeitam tal conceito. Pois todo ser finito e limitado tem uma causa (v. COSMOLÓGICO, ARGUMENTO). Então um Deus finito é apenas uma criatura que precisa de um Criador infinito. E já que Deus é poderoso, então deve ser infinitamente poderoso. Da mesma forma, já que ele é bom, deve ser infinitamente bom. Portanto, um Deus finito não é uma opção para o teísta. Deus tem o desejo e a habilidade necessários para tornar qualquer coisa possível.

É possível destruir o mal? O teísta responde desta forma:

1. Deus não pode fazer o que é realmente impossível.
2. É realmente impossível destruir o mal sem destruir o livre-arbítrio.
3. Mas o livre-arbítrio é necessário no universo moral.
4. Logo, Deus não pode destruir o mal sem destruir esse universo moral e bom.

É impossível a Deus fazer o que é contraditório. Ele não pode fazer uma afirmação ser verdadeira e falsa ao mesmo tempo. Não pode fazer nada que envolva tal impossibilidade, como fazer um círculo quadrado ou uma pedra tão pesada que ele não consiga levantar.

Mesmo um ser onipotente não é capaz de fazer qualquer coisa. Só pode fazer o que é possível. Mas não é possível forçar as pessoas a escolherem livremente o bem. Liberdade forçada é uma contradição. Portanto, Deus não pode destruir literalmente todo o mal sem aniquilar o livre-arbítrio. A única maneira de destruir o mal é destruir o bem do livre-arbítrio. Mas quando não há livre-arbítrio moral, não há possibilidade de bem moral. A não ser que o ódio seja possível, o amor não é possível. Onde nenhuma criatura pode blasfemar, nenhuma criatura pode adorar. Portanto, se Deus destruísse todo o mal, teria de destruir todo o bem.

Mas o teísmo afirma que, apesar de Deus não *destruir* (aniquilar) todo o mal sem destruir todo o bem, ele pode derrotar e *derrotará* (vencerá) todo o mal sem destruir o livre-arbítrio. O argumento pode ser resumido da seguinte forma:

1. Deus é absolutamente bom e deseja derrotar o mal.
2. Deus é onipotente e é capaz de derrotar o mal.
3. O mal *ainda* não foi derrotado.
4. Portanto, um dia será derrotado.

O poder e perfeição infinitos de Deus garantem a derrota final do mal. O fato de não ter acontecido ainda não diminui de forma alguma a certeza de que o mal será derrotado. Ainda que o mal não possa ser destruído sem destruir o livre-arbítrio, ele pode ser *derrotado*.

O Deus onipotente poderia, por exemplo, separar as pessoas boas das más conforme sua livre escolha. As que amam a Deus ficarão separadas das que não o amam. As que desejam o bem, mas são prejudicadas pelo mal, deixarão de ter seus bons propósitos frustrados. E as que fazem o mal e são incomodadas por influências boas não serão mais impedidas pelas instigações do bem. Cada um, no CÉU ou no *inferno*, viverá segundo seu livre-arbítrio. Dessa forma, a vitória de Deus sobre o mal não violaria o livre-arbítrio.

O Deus teísta *pode* derrotar o mal, e *fará* isso. Sabemos disso porque ele é absolutamente bom e gostaria de derrotar o mal. E, por ser onipotente, ele é capaz de derrotar o mal. Portanto, ele o fará. A garantia de que o mal será derrotado é a natureza do Deus teísta.

O propósito do mal. Nenhum mal é bom, mas um pouco de mal tem um bom propósito. Dores de advertência, por exemplo, são doloridas, mas nesse caso a dor tem um bom propósito. É claro que nem todo o mal parece ser desse tipo. E o mal que parece não ter um propósito bom? O problema pode ser resumido da seguinte maneira:

1. O Deus onipotente tem um bom propósito para tudo.
2. Não há um bom propósito para alguns sofrimentos.
3. Logo, não pode haver Deus onipotente.

Parece evidente que há sofrimento inútil no mundo. Algumas pessoas melhoram com o sofrimento, mas outras ficam amarguradas. Ossos quebrados são mais fortes quando se recuperam, mas alguns jamais se recuperam. Muitas pessoas morrem. O que dizer de todo o mal inútil no mundo?

A resposta teísta ao mal aparentemente sem propósito é dividida em quatro. Primeiro, Deus tem um bom propósito para tudo. Segundo, conhecemos um bom propósito para a maior parte do mal. Terceiro, parte do mal é produto do bem. Quarto, Deus é capaz de tirar coisas boas do mal.

Deus tem um bom propósito para tudo. O antiteísta ignora uma diferença importante: Deus conhece um propósito bom para todo o mal, mesmo que nós não o conheçamos. Só porque mentes finitas não conseguem imaginar um bom propósito para um mal não significa que ele não exista. Já que Deus é onisciente, ele sabe tudo. E já que é completamente bom, tem um bom propósito para tudo. Então, Deus realmente conhece um bom propósito para todo o mal, apesar de não o conhecermos:

1. O Deus completamente bom tem um bom propósito para tudo.
2. Existem certos males para os quais não vemos um bom propósito.
3. Logo, há um bom propósito para todo mal, apesar de não o vermos.

O fato de seres finitos não verem o propósito de certos males não significa que este não exista. A incapacidade de ver o propósito do mal não refuta a benevolência de Deus; apenas revela nossa ignorância.

O propósito de boa parte do mal é conhecido por nós. Apesar de não sabermos tudo, sabemos algo. E o que sabemos é que há um bom propósito para esse mal. Dores de advertência têm um bom propósito. Na verdade, a habilidade de sentir dor tem um bom propósito. Pois, se não tivéssemos o sistema nervoso, poderíamos destruir-nos sem sequer sentir dor. E a dor física pode ser a advertência que nos salva do desastre moral. Como C. S. Lewis mostrou, a dor é o megafone de Deus para advertir o mundo moralmente surdo. E se nós, seres finitos, conhecemos o bom propósito de boa parte do mal, sem dúvida a mente infinita pode conhecer o bom propósito para o resto.

O mal às vezes é subproduto do bom propósito. Nem todo mal específico precisa de um bom propósito. Alguns males podem simplesmente ser o subproduto necessário do bom propósito. O passarinho que acorda cedo come a minhoca. A contrapartida é que a minhoca que acorda cedo é comida! O que é vida para formas superiores é morte para formas inferiores. Plantas e animais morrem para que o homem possa ter comida para viver. Então o mal resulta indiretamente do bem porque é a conseqüência de um propósito bom. Portanto, a resposta pode ser expressa da seguinte maneira:

1. Deus tem um bom propósito para tudo que faz.
2. Alguns bons propósitos têm subprodutos maus.
3. Logo, alguns males são subprodutos de um bom propósito.

Nem todo evento *específico* no mundo precisa ter um bom propósito. Apenas o propósito *geral* precisa ser bom. O ferreiro tem um bom propósito para martelar o ferro derretido e fazer a ferradura. Mas toda faísca que sai tem um propósito para seu destino. Algumas faíscas podem causar incêndios involuntários. Da mesma forma, Deus tinha um bom propósito para criar a água (sustentar a vida), mas afogamentos são um dos subprodutos malignos. Assim, nem todo afogamento específico precisa ter um bom propósito, apesar de a criação da água em que ele ocorreu ter tido. Muitas coisas boas seriam perdidas se Deus não tivesse permitido que o mal existisse. O fogo não queima a não ser que o ar seja consumido. A retribuição justa não é infligida nem a paciência é alcançada sem o mal da provação.

Isso não significa que este mundo atual seja o melhor mundo possível. Significa que Deus o fez como a melhor maneira de atingir seu objetivo supremo do bem maior. Talvez Deus nem sempre tire algo bom de todo subproduto mau no mundo decadente. Isso poderia ser verdade no âmbito físico e moral. Como o lixo radioativo, alguns subprodutos malignos podem resistir ao reprocessamento. Na verdade, conforme a segunda lei da termodinâmica, o mundo físico está apodrecendo. Mas Deus tem o poder de recriá-lo (v. 2Pe 3.13). A morte do ser humano pode ser derrotada pela ressurreição (v. Rm 8; 1Co 15). Nada disso é problema para o Deus onipotente.

O problema do mal físico. A solução anterior para o problema do mal não parece resolver o problema dos desastres naturais. Por que existem tornados, furacões e terremotos? Não é suficiente dizer que o livre-arbítrio das criaturas causou todos eles. Além disso, muitas pessoas inocentes morrem por causa deles. Como explicar então o mal natural? Na forma lógica:

1. O mal moral é explicado pelo livre-arbítrio.
2. Mas alguns males naturais não resultam do livre-arbítrio.
3. O mal natural não pode ser explicado pelo livre-arbítrio das criaturas.
4. Logo, Deus deve ser responsável pelo mal natural.
5. Mas os males naturais causam sofrimento e morte de inocentes.
6. Logo, Deus é responsável pelo sofrimento e morte dos inocentes.

Os teístas questionam várias premissas desse argumento. Uma resposta à premissa 5, por exemplo, é que neste mundo decadente ninguém é inocente. Pecamos em Adão (Rm 5.12) e como conseqüência merecemos a morte (Rm 6.23). O desastre natural é resultado direto da maldição sobre a criação por causa do pecado da humanidade (Gn 3; Rm 8). Ela não será removida até Cristo voltar (Ap 21, 22).

Da mesma forma, a proposição 6 está errada, já que implica que Deus é moralmente culpável por tirar a vida de uma criatura. Esse é um erro claro, pois supõe que, já que é errado uma criatura tirar uma vida inocente, também é errado o Criador tirá-la. Mas Deus deu a vida e só ele tem o direito de tirá-la (cf. Dt 32.39; Jó 1.21). Nós não demos a vida, e não temos o direito de tirá-la.

A premissa 3 é definitivamente falsa, pois o teísmo pode explicar todo mal natural pela referência ao livre-arbítrio. Na linguagem bíblica, o livre-arbítrio de Adão e Eva trouxe o desastre natural a este mundo. Além disso, o livre-arbítrio de anjos maus explica o resto do sofrimento humano. No entanto, mesmo ignorando essa possibilidade, que por si mesma explicaria todo mal natural, o sofrimento físico pode ser explicado em relação ao livre-arbítrio humano.

1. Alguns sofrimentos são causados diretamente pelo livre-arbítrio. A escolha de abusar de meu corpo pode causar doença.
2. Alguns sofrimentos são causados indiretamente pelo livre-arbítrio. A escolha de ser preguiçoso pode resultar em pobreza.
3. Alguns males físicos que afligem outros podem resultar do nosso livre-arbítrio, como no caso de maus tratos ao cônjuge ou aos filhos.
4. Outros sofrem indiretamente por causa do nosso livre-arbítrio. O alcoolismo pode levar à pobreza dos filhos do alcoólatra.
5. Alguns males físicos podem ser o subproduto necessário de um bom processo. Chuva, ar quente e ar frio são todos necessários para alimentação e para a vida, mas um subproduto dessas forças é o tornado.
6. Alguns males físicos podem ser a condição necessária para alcançar o bem moral maior. Deus usa a dor para chamar nossa atenção. Muitos chegaram a Deus por meio do sofrimento.
7. Alguns sofrimentos físicos podem ser a condição necessária de um bem moral maior. Assim como diamantes são formados sob pressão, o mesmo acontece com o caráter.
8. Alguns males físicos são o acompanhamento necessário do mundo físico moralmente bom. Por exemplo, é bom ter água para nadar e passear de barco, mas uma concomitância necessária é que também podemos afogar-nos nela. É bom ter relações sexuais para procriação e prazer, apesar de isso possibilitar o estupro. É bom ter alimento para comer, mas isso também possibilita a morte por envenenamento.

A essa altura, o crítico pode perguntar por que o mundo físico é necessário. Por que Deus não criou espíritos, que não poderiam machucar seus corpos nem morrer? A resposta é: Deus criou; eles se chamam anjos. O problema é que, apesar de nenhum anjo poder morrer por envenenamento, ele também não pode se deliciar com um churrasco. Apesar de nenhum anjo jamais ter-se afogado, nenhum anjo jamais foi nadar ou esquiar na água. Nenhum anjo jamais foi estuprado, mas também nunca desfrutou do sexo ou da bênção de ter filhos (Mt 22.30). Neste mundo físico, simplesmente temos de aceitar o mal concomitante com o bem.

Finalmente, é claro, os teístas cristãos acreditam que Deus nos redimirá de todo mal físico também, dando-nos corpos imortais e incorruptíveis. Mas, se os recebêssemos antes de estarmos moralmente preparados para eles, não faríamos o progresso moral necessário para sermos adequados a eles.

A possibilidade de evitar o mal. Se Deus sabia que o mal aconteceria, por que criou este mundo? Deus tinha a liberdade de criar ou não criar. Por que decidiu criar um mundo que sabia que iria cair? Os teístas acreditam que Deus é onisciente, completamente bom e livre. Por ser onisciente, previu o mal. Por ser livre, poderia ter evitado a criação do mundo. Mas isso entra em conflito com o Deus completamente bom, pois tal Deus deve ter tido um bom motivo para criar o mundo, sabendo que haveria o pecado. Então por que o criou?

Havia outras alternativas melhores à disposição de Deus. Ele poderia não ter criado nada. Poderia ter criado um mundo amoral, onde nenhum pecado poderia acontecer. Poderia ter criado um mundo livre, onde ninguém teria escolhido pecar. Poderia ter criado um mundo onde o pecado acontecesse, mas todos fossem finalmente salvos. Qualquer desses mundos teria sido melhor que o mundo concebido pelo teísta cristão ortodoxo, no qual o mal acontece e nem todos serão salvos no final (v. INFERNO; ANIQUILACIONISMO; UNIVERSALISMO). O problema assume esta forma:

1. Deus poderia ter escolhido uma alternativa melhor ao: (a) não criar nada; (b) não criar um mundo livre; (c) criar um mundo livre que não pecasse; (d) criar um mundo que pecasse, mas em que todos fossem salvos.
2. Mas Deus não escolheu nenhuma dessas alternativas.
3. Logo, Deus não fez o melhor.
4. Mas fazer menos que o melhor é um mal para Deus.
5. Logo, não existe um Deus absolutamente perfeito.

Alguns teístas desafiam a quarta premissa, argumentando que Deus não precisa fazer o melhor; ele apenas precisa fazer o que é bom. E o que ele fez ao criar este mundo foi bom, mesmo que pretensamente pudesse ter sido algo melhor. Mas supondo, por amor ao argumento, que Deus precise fazer o melhor, será que outra alternativa realmente seria melhor que este mundo? Os teístas respondem: "Não!".

A ausência de mundo não é melhor que o mundo. Nada não é melhor que algo. Esse é um erro clássico de categorias. Algo e nada não têm nada em comum, então não podem ser comparados. Não é nem como comparar maçãs e laranjas, já que ambas são frutas. É como comparar maçãs e a ausência de maçãs, insistindo que a ausência é mais saborosa.

O mundo sem liberdade não é moralmente melhor que o mundo livre. O mundo sem liberdade é amoral, já o livre-arbítrio é necessário para a moralidade. O mundo amoral não pode ser moralmente melhor que o mundo moral. Já que o mundo amoral não é o mundo moral, não há base moral para comparação. Isso também é um erro de categorias.

Um mundo livre onde ninguém peca ou mesmo um mundo livre onde todos pecam e depois são salvos é *concebível*, mas não *atingível*. Enquanto todos forem realmente livres, sempre será possível que alguém se recuse a fazer o bem. É claro que Deus poderia forçar todos a fazer o bem, mas então não seriam livres. Liberdade forçada não é liberdade. Já que Deus é amor, ele não pode impor-se contra a vontade de ninguém. Amor forçado não é amor; é estupro. E Deus não é um estuprador divino. O amor deve agir persuasivamente, mas não coercivamente. Portanto, em todo mundo livre concebível alguém escolheria fazer o mal, então um mundo sem mal e perfeito pode não ser possível.

Um mundo onde o pecado jamais se materializa é *concebível*, mas pode não ser o *mais desejável* moralmente. Se o mal não é permitido, então não pode ser combatido. Semelhante aos carros, o mundo testado é melhor que o mundo não testado. Em outras palavras, nenhum lutador de boxe pode derrotar um oponente sem entrar no ringue. Deus pode ter permitido o mal com o propósito de derrotá-lo. Se o mal não é permitido, então as virtudes mais elevadas não podem ser atingidas. Sem dor não há aperfeiçoamento. A tribulação produz a perseverança. Não há como experimentar a alegria do perdão sem permitir a queda no pecado. Então, o mundo onde o mal não é derrotado e os bens maiores são atingidos não seria o melhor mundo atingível. Portanto, apesar de um mundo onde o pecado não acontece ser *teologicamente concebível*, ele seria *moralmente inferior*.

Conclusão. Ninguém jamais demonstrou que qualquer mundo alternativo é moralmente melhor que o mundo que temos. Logo, nenhum antiteísta pode demonstrar que Deus não criou o melhor mundo, mesmo com a privação do bem. Isso, é claro, não significa que o teísta esteja comprometido com a crença de que o mundo atual é o melhor mundo que poderia ser alcançado. Deus ainda não terminou sua obra, e as Escrituras prometem que algo melhor será alcançado. A suposição do teísta é que este mundo é o melhor caminho *para* o melhor mundo atingível.

Fontes

O problema metafísico do mal
AGOSTINHO, *Contra a epístola dos, maniqueus.*
___, *A cidade de Deus.*
___, *Sobre a natureza de Deus.*
___, *Da verdadeira religião.*

Tomás de Aquino, *Compendium theologica*.
___, *Suma teológica*.

O problema moral do mal
N. L. Geisler, *Philosophy of religion*.
___, *The roots of evil*.
G. W. Leibniz, *Theodicy*.
C. S. Lewis, *O grande abismo*.
Tomás de Aquino, *On evil*.
O problema físico do mal
Agostinho, *Cidade de Deus*.
A. Camus, *A peste*.
___, *The roots of evil*.
C. S. Lewis, *O problema do sofrimento*.
A. Plantinga, *God, Freedom, and evil*.
F. M. Voltaire, *Cândido, ou O otimista*.

mar Morto, manuscritos do. A descoberta dos manuscritos do mar Morto (mmm) em Qumran, a partir de 1949, teve implicações apologéticas significativas. Esses textos antigos, escondidos dentro de vasos em cavernas nas montanhas por uma comunidade religiosa monástica, confirmam a confiabilidade do texto do AT. Eles oferecem porções importantes dos livros do AT — até livros inteiros — que foram copiados e estudados pelos essênios. Esses manuscritos são datados a partir do século III a.C. e, assim, nos oferecem o primeiro vislumbre conhecido até agora dos textos dos livros do AT e suas profecias. Os textos de Qumran tornaram-se testemunho importante da origem divina da Bíblia (v. profecia como prova da Bíblia). Dão maior evidência contra a crítica bíblica negativa (v. Bíblia, crítica da) de livros cruciais como Daniel e Isaías (v. Daniel, datação de; Antigo Testamento, manuscritos do; redação do Antigo Testamento, crítica da).

Os mmm datam desde o século III a.C. até o século I da era cristã. Contêm um livro completo do AT, Isaías (v. Isaías, Deutero) e milhares de fragmentos, que juntos representam todos os livros do AT, exceto Ester. William F. Albright denominou essa "a maior descoberta de manuscritos dos tempos modernos" (v. Trever, p. 55).

Datação dos manuscritos do mar Morto. As datas são importantes, mas não cruciais, para o valor apologético dos mmm. A datação usou várias linhas de evidência.

Datação com carbono 14. A datação com carbono 14 é uma forma científica confiável de datação quando aplicada a material não contaminado de até vários milhares de anos de idade. Já que destrói parte do material testado, esse processo é usado moderadamente. Metade de um pedaço de embrulho de linho de 50 gramas de um rolo da caverna 1 foi testado pelo Dr. W. F. Libby, da Universidade de Chicago, em 1950, para dar uma idéia geral da idade da coleção. Os resultados indicaram a idade de 1 917 anos com a variante de 200 anos (10%), que deixou a data entre 168 a.C. e 233 d.C.

Datação paleográfica e ortográfica. A paleografia (estudo de formas antigas de escrita) e a ortografia são mais úteis, indicando que alguns manuscritos foram compostos antes de 100 a.C. Albright estudou fotografias do rolo completo de Isaías e determinou sua data por volta de 100 a.C. "Que descoberta incrível!", escreveu. "E felizmente não há a menor dúvida no mundo quanto à genuinidade do manuscrito" (ibid., p. 55).

Datação arqueológica. Evidências corroborativas de uma data antiga vieram da arqueologia. Os vasos contendo os manuscritos eram do fim da era helênica (c. 150-63 a.C.) e começo da romana (c. 63 a.C.-100 d.C.). Moedas encontradas nas ruínas do mosteiro provaram, pelas inscrições, que foram cunhadas entre 135 a.C. e 135 d.C. A trama e o padrão do tecido apoiavam uma data antiga. Evidências também vieram das descobertas de Murabba'at ao sul de Belém, onde manuscritos datados foram descobertos em 1952. Com datas de 132-135 d.C., elas provaram ser paleograficamente mais jovens que os mmm (Zeitlin). No final, não havia sombra de dúvida de que os manuscritos de Qumran vieram do século I a.C. e do século I d.C. Assim, eles são mil anos mais velhos que os manuscritos massoréticos do século X. Antes de 1947, o texto hebraico era baseado em três manuscritos parciais e um completo que datavam de cerca de 1000 d.C. Agora, milhares de fragmentos estão disponíveis, assim como livros completos, contendo grandes partes do AT de um milênio antes do tempo dos manuscritos massoréticos.

Apoio para o texto massorético. A natureza e o número dessas descobertas são de valor crítico para o estabelecimento do texto verdadeiro (v. Antigo Testamento, manuscritos do). Com fragmentos incontáveis do AT inteiro, há amostras abundantes com que comparar o texto massorético. A evidência indica as seguintes conclusões gerais.

Confirmação do texto hebraico. Os manuscritos confirmam de forma surpreendente a fidelidade com que o texto hebraico foi copiado no decorrer dos séculos. Até as cópias massoréticas do século X, poucos erros surgiram. Millar Burrows, em *The Dead Sea scrolls*, escreve:

É de admirar que durante mil anos o texto tenha sofrido pouquíssimas alterações. Como disse no meu primeiro artigo sobre o rolo [de Isaías]:"Aqui está a maior importância, o apoio à fidelidade da tradição massorética" (Burrows, p. 304).

R. Laird Harris mostra que "evidentemente a diferença entre o textos-padrão de 900 d.C. e o texto de 100 a.C. não é tão grande quanto a diferença entre os textos Neutro e Ocidental no estudo do NT" (Harris, p. 99). Gleason Archer observa que as duas cópias de Isaías descobertas na caverna 1 em Qumran "provaram ser palavra por palavra idênticos à nossa Bíblia hebraica em mais de 95% do texto. Os 5% de variação consistiam principalmente em distrações óbvias do escriba e variações de ortografia" (Archer, p. 19). Voltando à questão original e "mais importante" levantada pelo erudito do AT Frederic Kenyon (1863-1952) uma geração atrás, pode-se afirmar agora com mais confiança que nunca que o texto hebraico moderno representa fielmente o texto hebraico escrito originalmente pelos autores do Antigo Testamento. As descobertas do mar Morto nos capacitaram a responder a essa questão com muito mais segurança do que era possível antes de 1948 (Bruce, p. 61-9).

Apoio à Septuaginta. Já que o Novo Testamento cita muitas vezes a versão grega do AT, a *Septuaginta* (LXX), a confiabilidade desse texto é importante, especialmente onde é citada no NT. Os MMM dão apoio à LXX e respondem a perguntas sobre variações entre o hebraico e a LXX grega:

1. Um fragmento contendo Deuteronômio 32.8 diz: "segundo o número dos filhos de Deus", termo que é traduzido "anjos de Deus" pela LXX, como em Gênesis 6.4 (margem); Jó 1.6; 2.1; e 38.7. O texto massorético diz: "segundo o número dos filhos de Israel".
2. O texto massorético de Êxodo 1.5 diz "setenta" pessoas. Um fragmento dos MMM de Êxodo 1.5 diz "setenta e cinco" pessoas, de acordo com a LXX.
3. Hebreus 1.6*b*: "E todos os anjos de Deus o adorem" é uma citação da LXX de Deuteronômio 32.43. Essa citação não concorda com o texto massorético, mas os fragmentos dos MMM que contêm essa passagem tendem a confirmar a LXX.
4. Isaías 9.6 diz: "ela o chamará" no texto massorético, mas a LXX e agora o grande rolo de Isaías diz: "o seu nome será", por causa de uma consoante a menos do alfabeto hebraico.
5. A versão grega de Jeremias tem 60 versículos a menos (um oitavo) que o texto hebraico de Jeremias. O fragmento de Jeremias apóia essas omissões.
6. Na caverna 11, uma cópia do Salmo 151, que era desconhecida até então no texto hebraico, foi encontrada, apesar de aparecer na LXX. Alguns livros apócrifos, que antes só eram conhecidos na LXX, também foram encontrados entre os manuscritos hebraicos nas cavernas de Qumran (Vermes, p. 296).

Esse quadro não deve de forma alguma ser visto uniformemente, já que não há tantas diferenças entre os MMM e o texto massorético. Em alguns casos, as variações não concordam coerentemente com a LXX; em outros, nem concordam. Mas até Orlinsky, que é um dos maiores defensores do texto massorético contra emendas propostas baseadas nos MMM, admite:

A versão LXX, tanto quanto o texto massorético, ganhou muito respeito, com o resultado das descobertas de Qumran em certos círculos onde havia muito tempo tal respeito era necessário (citado em Wright, 121).

Esclarecimento do NT. Alguns fragmentos dos MMM foram identificados como os pedaços mais antigos do NT que se conhecem. Além disso, as expectativas messiânicas revelam que a visão do NT de um Deus-Messias pessoal que ressurgiria dos mortos está de acordo com o pensamento judaico do século I.

Os fragmentos do NT? José O'CALLAHAN, paleógrafo jesuíta espanhol, foi manchete em todo o mundo em 1972, quando anunciou que havia traduzido um pedaço do evangelho de Marcos num fragmento dos MMM. Essa seria a mais antiga porção do evangelho de Marcos já descoberta. Fragmentos da caverna 7 haviam sido datados entre 50 a.C. e 50 d.C.; eram considerados "não identificados" e classificados como "textos bíblicos". O'Callahan posteriormente identificou nove fragmentos. A coluna central na tabela seguinte usa o sistema numérico estabelecido para os manuscritos. Por exemplo, "7Q5" significa fragmento 5 da caverna 7 de Qumran.

Marcos 4.28	7Q6?	50 d.C.
Marcos 6.48	7Q15	d.C.?
Marcos 6.52,53	7Q5	50 d.C.
Marcos 12.17	7Q7	50 d.C.
Atos 27.38	7Q6?	60 d.C.
Romanos 5.11,12	7Q9	+ 70 d.C.
1Timóteo 3.16; 4.1-3	7Q4	+ 70 d.C.
2Pedro 1.15	7Q10	+ 70 d.C.
Tiago 1.23,24	7Q8	+ 70 d.C.

Simpatizantes e críticos reconheceram desde o princípio que, se válidas, as conclusões de O'Callahan revolucionariam as teorias atuais sobre o NT. O *New York Times* relatou: "Se a teoria do padre O'Callahan for aceita, isso provará que pelo menos um dos evangelhos — o de são Marcos — foi escrito apenas alguns anos após a morte de Jesus". A United Press International (UPI) observou que as conclusões do jesuíta significavam que "as pessoas mais próximas dos eventos — os seguidores originais de Jesus — consideravam o registro de Marcos preciso e confiável, não um mito, mas verdadeira história" (ibid., p. 137). A revista *Time* citou um teólogo que afirmou que, se ele estiver correto, "podem fazer uma fogueira com as 70 toneladas de indigesta erudição alemã" (Estrada, p. 136).

É claro que os críticos de O'Callahan se opuseram à sua identificação e tentaram descobrir outras possibilidades. Por causa da natureza fragmentária dos manuscritos, é difícil ser dogmático quanto às identificações. No entanto, O'Callahan oferece uma possibilidade plausível, apesar de revolucionária. Se a identificação de um único desses fragmentos como parte NT é válida, então as implicações para a apologética cristã são enormes. Estaria comprovado que o evangelho de Marcos foi escrito durante a vida dos apóstolos, contemporâneos dos eventos.

A data anterior a 50 d.C. não permite acréscimos e modificações mitológicos aos registros. Eles teriam de ser aceitos como históricos. Também seria demonstrado que Marcos foi um dos primeiros evangelhos. Além disso, já que esses manuscritos não são originais, mas cópias, isso revelaria que o Novo Testamento foi "publicado" — copiado e disseminado — ainda durante a vida dos autores. Isso também revelaria a existência do cânon do NT durante esse período inicial, com trechos representando cada parte principal do NT: os evangelhos, Atos e epístolas paulinas e gerais.

O fragmento de 2 Pedro argumentaria a favor da autenticidade dessa controvertida epístola. A ausência de fragmentos das obras de João pode indicar que foram escritas mais tarde (80-90 d.C.), em concordância com as datas tradicionais. Com todas essas conclusões revolucionárias não é de admirar que sua autenticidade esteja sendo desafiada.

Expectativas judaicas sobre o Messias no século I. Os MMM também revelaram textos que, apesar de não se referirem ao Cristo do NT, têm alguns paralelos interessantes, além algumas diferenças significativas. As semelhanças que confirmam o quadro encontrado no NT descrevem precisamente a expectativa judaica de um Messias individual e pessoal que morreria e ressuscitaria dos mortos. Um fragmento chamado "Florilégio de Gênesis" (4Q252) reflete a crença num Messias individual que seria descendente de Davi. "Coluna 5 (1) (o) Governo não passará da tribo de Judá. Durante o domínio de Israel, (2) um descendente davídico no trono [não] cessará [...] até que venha o Messias da Justiça, a Raiz de (4) Davi" (v. Eisenman, p. 89).

Até a divindade do Messias é confirmada pelo fragmento conhecido por "O Filho de Deus" (4Q246), Placa 4, colunas 1 e 2: "A opressão estará sobre a terra [...] [até] o Rei do povo de Deus surgir, [...] e se tornará [gra]nde sobre a terra. [...]Todos [f]arão as [pazes,] e todos [o] servirão. Ele será chamado [filho do [Gr]ande [Deus;] pelo Seu nome será designado [...] Ele será chamado filho de Deus; eles o chamarão filho do Altíssimo"(ibid., p. 70).

O fragmento "O Messias do céu e da terra" (4Q521) menciona até a ressureição do Messias: "(12) então ele curará os enfermos, ressuscitará os mortos, e aos humildes anunciará boas novas de alegria" (ibid., 23; v. 63, 95).

Os MMM também confirmam que Qumran não foi a fonte do cristianismo primitivo. Há diferenças importantes entre seu conceito do "Mestre de Justiça", aparentemente uma esperança messiânica essênia, e o Jesus revelado nas Escrituras e no cristianismo primitivo. As diferenças são suficientes para mostrar que o cristianismo primitivo não era apenas uma ramificação dos essênios, como se imaginou (v. Billington, p. 8-10). Os essênios enfatizavam o ódio aos inimigos; Jesus enfatizou o amor. Os essênios eram exclusivistas com relação às mulheres, pecadores e estrangeiros; Jesus o aceitava. Os essênios eram sabatistas legalistas; Jesus não era. Os essênios enfatizavam as leis de purificação judaicas; Jesus atacou-as. Os essênios acreditavam que dois messias viriam; os cristãos acreditavam que Jesus era o único Messias (v. Charlesworth).

Conclusão. Os MMM dão uma contribuição apologética importante para o estabelecimento da confiabilidade geral do texto do AT hebraico, pois contêm as cópias mais antigas dos livros do AT e até livros inteiros. Isso é importante para demonstrar que as profecias do AT realmente foram proferidas séculos antes de se cumprirem. Além disso, é quase certo que os MMM dão apoio ao NT. Eles podem conter os primeiros fragmentos conhecidos do NT e definitivamente contêm referências a crenças messiânicas semelhantes às ensinadas no NT.

Fontes
W. F. ALBRIGHT, *Archaeology of Palestine.*
G. L. ARCHER, Jr., *Merece confiança o Antigo Testamento?*
C. BILLINGTON, "The Dead Sea scrolls in early Christianity", *IBA*, Jan.-Mar. 1996.
E. M. BLAIKLOCK, et al., *The new international dictionary of biblical archaeology.*
F. F. BRUCE, *Second thoughts on the Dead Sea scrolls.*
M. BURROWS, *The Dead Sea scrolls.*
J. CHARLESWORTH, et al., *Jesus and the Dead Sea scrolls.*
E. M. COOK, *Solving the mystery of the Dead Sea scrolls.*
R. EISENMAN, et al., *A descoberta dos manuscritos do mar Morto*
R. L. HARRIS, *Inspiration and canonicity of the Bible.*
J. C. TREVER, "The discovery of the scrolls", *BA* 11 (Sept. 1948)
J. VANDERKAM, *Os manuscritos do mar Morto hoje.*
G. VERMES, *The Dead Sea scrolls in English.*
___, *The essene writings of Qumran.*
D. E. WHITE e W. WHITE, Jr., *The first New Testament.*
G. E. WRIGHT, org., *The Bible and the ancient Near East.*
S. ZEITLIN, *BA*, Dec. 1963.
___, *The Dead Sea scrolls and modern scholarship.*

Maria, aparições de. Muitos afirmam a legitimidade de aparições da Virgem Maria ou outros santos. Essas aparições são às vezes usadas como prova para alguma doutrina ou reivindicação de verdade ligada à Igreja Católica Romana. São milagres verdadeiros? Têm algum valor apologético no estabelecimento da verdade?

O valor apologético das aparições. As aparições de Maria não estão realmente ligadas a qualquer reivindicação específica da verdade (v. MILAGRES, VALOR APOLOGÉTICO DOS). Maria jamais declarou que era Deus em carne, tampouco passou a provar isso com milagres. As reivindicações de veracidade geralmente são feitas pelos que viram a aparição. Geralmente não fica claro qual seria a afirmação específica.

Mesmo quando afirmações específicas são associadas ao evento, a suposta natureza milagrosa do evento é refutável. As principais autoridades católicas romanas rejeitam a autoridade das supostas aparições de Maria. A maior parte dessas aparições é de natureza experimental básica, e isso levanta questões sobre a validade do restante das afirmações. Na melhor das hipóteses, as aparições acrescentam um toque de confusão ao debate doutrinário, e Deus não é Deus de confusão.

Muitas das aparições têm explicação científica ou são uma espiritualização de fenômenos naturais (por exemplo, a formação de uma nuvem ou o reflexo de luz numa janela). Algumas apresentam todas as caracteríscas de alucinações. Do pequeno número de eventos que fogem a explicações puramente naturais, alguns podem ser explicados como ilusões demoníacas. As poucas aparições com base objetiva na realidade apresentam sinais de ilusão satânica característicos de falsos milagres (v. MILAGRES FALSOS). As aparições não têm características específicas de milagre verdadeiro, como descrito nos artigos MILAGRE e MILAGRES, VALOR APOLOGÉTICO DOS. Tendem a ser associadas à adoração de uma estátua, crucifixo ou ícone, o que é uma forma idólatra de adoração (v. Êx 20.4). Algumas envolvem comunicação com os mortos (v. Dt 18.11) e falsos ensinamentos (v. 1Tm 4), tais como a veneração a Maria ou a relíquias (v. Geisler e MacKenzie, cap. 15).

Também há ocorrências semelhantes em outras religiões; portanto, quaisquer reivindicações conflitantes com a verdade são nulas, já que duas reivindicações opostas à verdade não podem ser apoiadas se a evidência é do mesmo tipo. Budistas (v. BUDISMO) têm visões de Buda, hindus (v. HINDUÍSMO), de Krishna, e muitos adeptos de seitas têm visões de formas não-bíblicas de Jesus Cristo. A Igreja de Jesus Cristo dos Santos dos Últimos Dias (mórmon) é em grande parte fundamentada em aparições angélicas a Joseph Smith e sustentada por visões experimentadas pelos "apóstolos" da igreja, só que o "Cristo" mórmon é irmão de Lúcifer e resultado da união sexual entre Deus (que tem um corpo físico) e Maria.

Há muitas visões e aparições contraditórias e incoerentes, mas nenhum visionário devoto foi capaz de substanciar suas afirmações, como Jesus fez (v. CRISTO, SINGULARIDADE DE), realizando milagres inéditos e objetivamente comprováveis (v. MILAGRES NA BÍBLIA; RESSURREIÇÃO, EVIDÊNCIAS DA).

Conclusão. Seja qual for a posição que as aparições de Maria possam ter como eventos incomuns, elas não subsistem como verdadeiros milagres (v. MILAGRE; MILAGRES, MÁGICA E). Ao contrário, sua associação a práticas ocultas e falsos ensinamentos demonstra que não são atos sobrenaturais de Deus. Como não estão ligadas a afirmações claras da verdade e não são eventos singulares, pois têm paralelo em outras religiões, não têm valor apologético no no estabelecimento da verdade (v. MILAGRES, VALOR APOLOGÉTICO DOS).

Fontes
N. L. GEISLER, *Miracles and the modern mind.*
___, *Signs and wonders.*

___ & R. E. MACKENZIE, *Roman catholics and evangelicals: agreements and differences.*
A. KOLE, *Miracle and magic.*
E. MILLER e K. SAMPLES, *The cult of the Virgin: catholic mariology and the apparitions of Mary.*
G. PETER, *Indonesia revival.*
"Amazing" RANDY, *The healers.*
B. B. WARFIELD, *Counterfeit miracles.*

Martin, Michael. Michael Martin, crítico bíblico do final de século XX, escreveu *The case against Christianity* [*O argumento contra o cristianismo*] para argumentar que Jesus não é uma personagem histórica. Ele afirma que a primeira camada dos quatro evangelhos não é histórica, que Paulo não estava interessado no Jesus histórico e que Jesus, se é que existiu, não ressuscitou dos mortos.

Avaliação. Uma crítica às teorias de Martin começa com o que o próprio Martin aceita com relação às primeiras epístolas de Paulo (v. NOVO TESTAMENTO, DATAÇÃO DO; NOVO TESTAMENTO, HISTORICIDADE DO; NOVO TESTAMENTO, MANUSCRITOS DO). Martin aceita a autenticidade de algumas das primeiras epístolas, inclusive 1 e 2 Coríntios e Gálatas. Nessas cartas, Paulo afirmou que Jesus morreu e ressuscitou (1Co 15), que os apóstolos estavam em Jerusalém quando Jesus morreu (Gl 1.17), onde os visitou duas vezes, uma vez após sua conversão (Gl 1.18,19) e catorze anos depois (2.1-10), tendo também se encontrado com Pedro em Antioquia (Gl 2.11-14). Paulo não só foi contemporâneo dos apóstolos como estava no mesmo nível que eles (1Co 9.1). Ao contrário de Martin, Paulo conheceu Tiago, o "irmão do Senhor" (1Co 9.5; Gl 1.18,19). Esse é o sentido natural dessas passagens.

Além disso, Josefo chamou Tiago de "irmão de Jesus", não de uma facção de Jerusalém (Josefo, 20.9.1). Na verdade, os quatro evangelhos falam dos irmãos de Jesus no contexto de sua família terrena (Mt 12.46,47; Mc 3.31,32; Lc 8.19,20; Jo 7.5). Não há evidência antiga do contrário.

Paulo menciona outros detalhes sobre a vida de Jesus (2Co 5.16, 21). Assim, não é verdade que não existe evidência da historicidade de Jesus. Até mesmo a primeira camada de material aceita por Martin revela detalhes básicos sobre a morte e ressurreição de Cristo.

Datação posterior dos evangelhos. Também há boas razões para rejeitarmos as datas posteriores sugeridas por Martin, entre 70 e 135, para os evangelhos. Uma vez provada a falsidade dessa premissa, qualquer de seus argumentos contra a historicidade de Jesus pode ser derrubado. Até mesmo teólogos radicais como John A. T. Robinson datam os evangelhos entre 40 e 65 d.C. (v. Robinson, 352).

Vários argumentos a favor de uma data anterior a 70 d.C. podem ser fornecidos. A maioria dos teólogos data Marcos entre 60-70, ou, mais precisamente, 65-70. Martin afirma erroneamente que Marcos não foi mencionado até a metade do século II. Papias refere-se a Marcos durante o primeiro quarto do século II. Martin também erra ao afirmar que Lucas não era conhecido por Clemente, Inácio ou Policarpo. Os três evangelhos sinóticos são citados por eles, incluindo-se o texto da ressurreição de Lucas 24. Martin afirma que Clemente não deixa claro se os discípulos receberam instruções de Jesus na terra. Mas Clemente escreveu: "Os apóstolos receberam do senhor Jesus Cristo o Evangelho que nos pregaram: Jesus Cristo foi enviado por Deus" (*1 Clemente* 42). O argumento de Martin contra as datas anteriores é derrubado. E quando os evangelhos são colocados na mesma geração que as testemunhas oculares e contemporâneas dos eventos (como acontece com as datas anteriores ao ano 70), há boa evidência para a historicidade de Jesus (v. NOVO TESTAMENTO, HISTORICIDADE DO).

O teólogo radical John A. T. Robinson passou a acreditar que uma data posterior é insustentável. Ele situa os evangelhos entre 40 e 60. O estudioso inglês de história romana Colin Hemer demonstrou que Lucas escreveu Atos entre 60 e 62. E Lucas diz ali que seu evangelho já estava pronto (v. At 1.1; cf. Lc 1.1). A maioria dos críticos acredita que Marcos e/ ou Mateus foram escritos antes de Lucas. Isso colocaria os três no período dos contemporâneos de Jesus e das testemunhas oculares (v. NOVO TESTAMENTO, DATAÇÃO DO).

Uso de fontes extrabíblicas. O uso de fontes extrabíblicas por Martin é inconsistente. Ele rejeita de modo errôneo a referência de Josefo a Jesus. Até cita incorretamente duas autoridades como favoráveis à sua teoria, F. F. BRUCE e John Drane. Como a maioria dos teólogos, Bruce é cético com relação à interpretação de um texto de Josefo, segundo o qual ele parece acreditar na ressurreição de Cristo. Mas Bruce aceita claramente a autenticidade da referência de JOSEFO a Cristo como figura histórica. Drane declarou: "A maioria dos teólogos não têm dúvida da autenticidade" da maior parte dessa citação. Portanto, as mesmas pessoas que Martin usa para derrubar as citações de Josefo afirmam que essas citações demonstram que Jesus foi uma personagem histórica do começo do século I.

Crítica à ressurreição. Martin acredita que as discrepâncias entre evangelhos desacreditam a ressurreição. A questão sobre quem eram as mulheres que estavam no túmulo e quando estiverem lá é um exemplo disso. Mateus diz que as mulheres eram Maria Madalena e a outra Maria. Marcos acrescenta Salomé às duas Marias. Lucas acrescenta Joana às duas Marias. João refere-se apenas a Maria Madalena.

A resposta a esse problema não é difícil. Espera-se diferenças entre registros independentes. Se não houvesse diferenças de perspectiva, os registros seriam altamente suspeitos. Para uma discussão mais detalhada das mulheres na ressurreição, v. RESSURREIÇÃO DE CRISTO, EVIDÊNCIAS DA. As discrepâncias são conciliáveis (v. BÍBLIA, SUPOSTOS ERROS; RESSURREIÇÃO, ORDEM DOS EVENTOS DA). No caso das mulheres no túmulo, Marcos e Lucas indicam que outras mulheres faziam parte do grupo (Mc 15.40,41; Lc 23.55; 24.10). João cita Maria usando a expressão "não sabemos" (20.2), demonstrando que ela não estava sozinha e que esse não era um relatório exaustivo sobre as visitantes da sepultura.

Martin também aplica mal sua analogia da evidência sobre Cristo a ser apresentada num tribunal. Os críticos são mais ansiosos para alistar incoerências que para dar ao texto uma leitura justa. O padrão para evidência atual é diferente daquele usado por testemunhas do século I. Comparados a outras histórias, os evangelhos são excepcionalmente bem atestados. O propósito dos evangelhos, no entanto, não era apresentar depoimentos ou testemunhos do banco de testemunhas, pois de fato são narrações independentes com a perspectiva da fé. A ressurreição pode ser comprovada independentemente da historicidade dos evangelhos a partir de fatos aceitos por quase todos os críticos (v., p. ex., Habermas, cap. 5).

O testemunho de Paulo a favor da ressurreição. Martin e muitos outros críticos aceitam a autenticidade de 1Coríntios 15 e de sua datação (cerca de 55-56 d.C). Esse capítulo sozinho é letal para o argumento de Martin. Paulo registrou relatórios de testemunhas oculares pelo menos cinco anos após os eventos e no máximo 25 anos depois, além de seu próprio registro de testemunha ocular de uma aparição após a ressurreição de Cristo. Temos outros dados para confirmar o testemunho de Paulo. Por exemplo, o material doutrinário de Paulo é um dado favorável. Apesar da negação de Martin, os evangelhos foram escritos cedo o suficiente para confirmar os eventos. E sermões em Atos confirmam isso (At 2, 10, 13; v. ATOS, HISTORICIDADE DE). Nesses sermões, são fornecidos detalhes históricos (Jesus comendo com os discípulos). Na verdade, o tema comum dos sermões é a ressurreição.

Lista de "ilusões" de Martin. Martin afirmou que os discípulos eram vítimas de uma psicose chamada *folie a deus*. Tiveram ilusões divinas. Mas sua alegação é puramente circunstancial. Além disso, os discípulos não demonstram sintomas de perturbação mental. Na realidade estavam tão convencidos e foram tão convincentes que se mostraram dispostos a morrer por seu testemunho, o mesmo acontecendo com seus descendentes espirituais. Psicoses do tipo *folie a deus* não apresentam nesse caso nenhuma evidência a favor e muita evidência contra.

Conclusão. Martin não pode apoiar sua afirmação de que Jesus não é sequer personagem histórica. Mesmo partindo de suas premissas, é possível demonstrar a historicidade de Jesus. Além disso, há forte razão para rejeitar as datas posteriores de Martin para os evangelhos. Uma vez que as datas anteriores são reconhecidas, a historicidade de Jesus é óbvia; apenas os detalhes são deixados para o debate.

Fontes

K. ALAND e B. ALAND, *The text of the New Testament.*
C. BLOMBERG, *The historical reliability of the Gospels.*
F. F. BRUCE, *Merece confiança o Novo Testamento?*
CLEMENTE DE ALEXANDRIA, *Stromata.*
FLÁVIO JOSEFO, *História dos hebreus.*
R. T. FRANCE, *The evidence for Jesus.*
G. HABERMAS, *The verdict of history.*
I. H. MARSHALL, *I believe in the historical Jesus.*
M. MARTIN, *The case against Christianity.*
B. METZGER, *The text of the New Testament.*
J. W. MONTGOMERY, *Christianity and history.*
___, *The shape of the past.*
J. A. T. ROBINSON, *Redating the New Testament.*
A. N. SHERWIN-WHITE, *Roman society and Roman law in the New Testament.*
G. A. WELLS, *Did Jesus exist?*

Mártir, Justino. V. JUSTINO MÁRTIR.

Marx, Karl. Um dos ateus modernos (1818-1883) mais influentes (v. ATEÍSMO). Seus pais eram alemães de origem judaica que se converteram ao luteranismo quando ele tinha seis anos. Fortemente influenciado pelo idealismo de G. W. F. HEGEL (1770-1831), de quem foi aluno, adotou o ateísmo do colega Ludwig FEUERBACH (1804-1872). Depois de alguma atividade política radical, que levou à sua expulsão da França (1845), uniu-se a Friedrich Engels para produzir o *Manifesto* comunista (1848). Com o apoio econômico do comércio têxtil próspero de Engels, Marx passou vários anos pesquisando no Museu Britânico para produzir *O capital* (1867).

Deus e religião. Quando universitário, Marx já era um ateu militante que acreditava que a "crítica da religião é a base de toda crítica". Para essa crítica, Marx baseou-se grandemente num hegeliano jovem e radical chamado Feuerbach.

Engels falou da "influência que Feuerbach, mais que qualquer outro filósofo pós-hegeliano, teve sobre nós" (*Marx and Engels on religion* [*Marx e Engels sobre religião*], p. 214). Ele comentou entusiasmado a obra *A essência do cristianismo*, de Feuerbach, que "com um golpe [...] pulverizou [a religião] [...] pois sem evasivas colocou o materialismo no trono novamente" (ibid., p. 224). Marx extraiu estes três princípios de Feuerbach:

Primeiro, "o homem é a essência mais elevada para o homem" (ibid., p. 50). Isso significa que há o imperativo categórico de derrubar tudo — principalmente a religião — que rebaixe a humanidade. Segundo, "o homem faz a religião; a religião não faz o homem" (ibid., p. 41). Religião é a autoconsciência do ser humano que se sente perdido e sem identificação com um "Deus". Terceiro, a religião é "a reflexão fantástica na mente humana sobre as forças externas que controlam seu cotidiano, a reflexão na qual as forças terrestres assumem a forma de forças sobrenaturais" (ibid., p. 147). Deus é projeção da imaginação humana. Deus não fez o ser humano à sua imagem; o ser humano fez um Deus à sua imagem (v. Sigmund Freud).

O ATEÍSMO de Marx, no entanto, foi bem além de Feuerbach. Marx concordava com os materialistas em que "a matéria não é produto da mente, mas a mente é o produto mais elevado da matéria" (ibid., p. 231). Marx fazia objeção a Feuerbach porque este não seguia as implicações de suas idéias no âmbito social, pois "ele não pretende abolir a religião; quer aperfeiçoá-la" (ibid., p. 237). "Feuerbach", raciocinou Marx, "não vê que o 'sentimento religioso' é um produto social" (ibid, p. 71). Assim, "ele não se apodera do significado de 'revolucionário', da atividade 'prático-crítica'"(ibid., p. 69). Nas palavras do slogan do marxismo, "a religião é o ópio do povo" (ibid., p. 35). As pessoas tomam a droga da religião

> porque este mundo não é adequado para assegurar ao homem sua realização completa e seu desenvolvimento integrado, [então] ele compensa isso com a imagem de um mundo diferente, perfeito (ibid., p. 36).

Na concepção marxista do surgimento evolutivo do universo, não há espaço para um Criador ou Governador (v. EVOLUÇÃO BIOLÓGICA). O ser supremo do DEÍSMO, que está isolado de todo o mundo existente, é uma contradição. Marx concluiu que o único serviço que deve ser prestado a Deus é fazer do ateísmo um artigo compulsório de fé e proibir a religião completamente (ibid., 143). Marx jeita até o AGNOSTICISMO:

O que, na realidade, é o agnosticismo além de, para usar um termo expressivo de Lancashire, materialismo "envergonhado"? A concepção agnóstica da natureza é completamente materialista (ibid., p. 295).

Marx estava convencido de que a religião morreria imediatamente quando o socialismo fosse adotado. Como a religião é reflexo do mundo real, não desaparecerá até "as relações práticas do cotidiano oferecerem ao homem nada menos que relações perfeitamente inteligíveis e razoáveis em relação a seus semelhantes e à natureza" (ibid., p. 136).

A utopia comunista deveria ser realizada antes do fim da religião.

Seres humanos. O marxismo defende a visão materialista da origem humana e da natureza (v. MATERIALISMO). Isso, é claro, implicou a evolução naturalista. *O capital* veio oito anos depois de *A origem das espécies*, de Charles Darwin, ser publicado em 1859. A evolução foi uma adição útil à estrutura materialista de Marx. "A mente é produto da matéria." Isto é, a mente evoluiu da matéria. A matéria sem vida sempre existiu (v. EVOLUÇÃO CÓSMICA). A matéria sem vida produziu a vida (v. EVOLUÇÃO QUÍMICA) e, finalmente, a matéria sem inteligência produziu a inteligência (v. EVOLUÇÃO BIOLÓGICA).

Marx escreveu sua tese de doutorado na Universidade de Jena (1841) sobre as filosofias materialistas dos filósofos gregos Epicuro e Demócrito. Acrescentando o apoio da evolução darwiniana, ele poderia explicar, sem Deus, a origem da vida humana como produto dos processos evolutivos no mundo material.

Marx descartou a filosofia pura como especulação, comparada à tarefa vital de mudar o mundo (Marx, *Selected writings in sociology and social philosophy* [*Escritos selecionados sobre sociologia e filosofia social*], p. 82). Logo, não estava muito interessado no materialismo filosófico. Como materialista, não negou completamente a mente. Acreditava que tudo sobre o homem, inclusive a mente, era determinado pelas condições materiais:

> Para nós, a mente é um modo de energia, uma função do cérebro; tudo que sabemos é que o mundo material é governado por leis imutáveis, e assim por diante (Marx, *Marx and Engels on religion* p. 298).

Essa teoria se ajusta ao que os filósofos chamam epifenomenalismo, que defende que a consciência é imaterial, mas dependente de coisas materiais para sua existência. Certamente a vida após a morte era ilusão (v. IMORTALIDADE).

Karl Marx estava mais interessado no ser social concreto. Ele acreditava que "a natureza real do homem é o total da natureza *social*" (ibid., p. 83). Além de fatos biológicos óbvios como a necessidade de comida, Marx não dava muita importância à existência individual. Ele acreditava que o que era verdadeiro acerca de uma pessoa em determinado tempo e em determinada sociedade era verdadeiro para todos, em todos os tempos e em todos os lugares (ibid., p. 91, 92). A consciência determina o ser humano, mas o ser social determina a consciência (ibid., p. 67). A sociologia não pode ser reduzida à psicologia. Uma generalização básica era que o ser humano é socialmente ativo, distinto de outros animais, porque pessoas as *produzem* seu meio de subsistência (ibid., p. 69). Elas trabalham para se sustentar. Logo, Marx conclui, é certo trabalhar, ter uma vida de atividade produtiva.

Os que não encontram satisfação no trabalho industrial sofrem alienação. Essa alienação será eliminada quando a propriedade privada for eliminada (ibid., p. 250). A propriedade privada, no entanto, não é a causa, mas a conseqüência da alienação (ibid., p. 176). A alienação consiste no fato de que o trabalhador é forçado a satisfazer outra pessoa, em vez de buscar satisfação pessoal. Até os objetos produzidos pertencem a outro. A cura para esse mal é a futura sociedade comunista, na qual o indivíduo pode satisfazer-se ao trabalhar para o bem do todo (ibid., p. 177, 253).

Mundo e história. A visão geral do mundo de Marx é materialista e dialética. Marx usou o termo *materialismo histórico* para designar

> a visão do curso da história que busca a causa suprema e o grande poder motor de todos os eventos importantes no desenvolvimento econômico da sociedade (*Marx and Engels on religion*, p. 298).

Quando isso é aplicado especificamente à história, Marx é materialista *dialético* que procura tese, antítese e síntese. A história acontece de acordo com a lei dialética universal que pode ser prevista assim como o astrônomo prevê eclipses. No prefácio de *O capital*, Marx comparou seu método ao de um físico e disse: "O objetivo final desta obra é expor a lei econômica do movimento da sociedade moderna", e também falou de leis naturais de produção capitalista como "trabalhar com determinação obstinada em direção a resultados inevitáveis".

A natureza da dialética da história moderna é que a tese do capitalismo é confrontada pela antítese do socialismo, que abrirá caminho para a síntese suprema do comunismo. A história é predeterminada como o curso das estrelas, mas as leis que governam a história não são mecânicas, e sim econômicas (v. DETERMINISMO). A humanidade é economicamente determinada. Isto é, "o modo de produção da vida material determina o caráter geral dos processos social, político e espiritual da vida" (ibid., p. 67, 70, 90, 111s.). Também há outros fatores, mas o aspecto econômico é o fator primário da determinação social. Engels proclamou enfaticamente:

> Nem eu nem Marx afirmamos mais que isso. Logo, se alguém distorce nossas palavras dizendo, por exemplo, que o elemento econômico é o *único* determinante, transforma essa proposição numa frase insignificante, abstrata e insensata (*Marx and Engels on religion*, p. 274).

O futuro. Baseado em seu conhecimento da dialética da história e do determinismo econômico, Marx estava certo de que o capitalismo se tornaria cada vez mais instável e que a luta de classes entre a burguesia (classe governante) e o proletariado (classe trabalhadora) se intensificaria. Então os pobres ficariam mais numerosos e pobres até que, por meio de uma enorme revolução social, tomariam o poder e instituiriam a nova fase comunista da história (ibid., p. 79, 80, 147ss., 236).

O fato de que essas previsões não se realizaram foi uma vergonha para a teoria marxista. O fato de o oposto quase ter acontecido por pouco não extinguiu o marxismo.

A utopia comunista. Segundo Marx, o capitalismo tem suas contradições internas. Pois à medida que as massas se tornassem mais numerosas e os capitalistas menos numerosos, eles controlariam grandes concentrações do equipamento produtivo, que usariam para o próprio lucro. As massas eliminariam os capitalistas por serem impedimento à produção e tomariam a economia industrial. Na sociedade progressiva emergente, não haveria salário, nem dinheiro, nem classes sociais e por fim não haveria Estado. Essa utopia comunista simplesmente seria a associação livre de produtores sob o próprio controle consciente. A sociedade finalmente passaria "de cada um segundo a habilidade para cada um segundo a necessidade" (ibid., p. p. 263). Haveria, no entanto, um período intermediário de "ditadura do proletariado" (ibid., p. 261). Mas no estágio mais elevado o Estado desapareceria, e a verdadeira liberdade começaria.

Ética. Há várias dimensões características da ética do marxismo. Três delas são o relativismo (v. MORALIDADE, NATUREZA ABSOLUTA DA), o utilitarismo e o coletivismo.

Relativismo. O marxismo é uma forma de ateísmo e, como Nietzsche observou, quando Deus morre, todo valor absoluto morre com ele, é compreensível que a ética marxista seja relativista. Não há absolutos morais. Existem duas razões para isso. Primeira, não há âmbito externo e eterno. O único absoluto é o processo mundial dialético que se desenrola. Engels escreveu:

> Rejeitamos, portanto, toda tentativa de impor a nós mesmos qualquer dogma moral como lei eterna, suprema e imutável sob o pretexto de que o mundo moral tem seus princípios permanentes, que transcendem a história (v. Hunt, p. 87-8).

Segunda, não existe natureza ou essência fundamental que sirvam de princípios gerais à conduta humana. Idéias de bem e mal são determinadas pela estrutura socioeconômica. A luta entre classes gera a própria ética.

Utilitarismo. O padrão de moralidade é sua contribuição para a criação de uma sociedade comunista. Tudo que promove a causa suprema do comunismo é bom, e o que a prejudica é mau. As ações podem ser justificadas pelos objetivos. Certa vez, Lenin definiu moralidade como o que serve para destruir a sociedade capitalista exploradora e unir trabalhadores na criação da nova sociedade comunista (ibid., p. 89). Assim, o fim justifica os meios. Alguns neo-marxistas rejeitam esse ponto, insistindo em que os meios estão sujeitos aos mesmos princípios morais que o fim. Mas eles já deixaram o marxismo ortodoxo. Esse é o equivalente comunista ao "bem maior para o maior número no final" do utilitarismo.

Coletivismo. Na ética marxista, o universal transcende o individual. Isso é herança de Hegel, que acreditava que a vida perfeita é possível somente quando o indivíduo é organicamente integrado à totalidade ética. Para Marx, no entanto, a totalidade ética maior não é o Estado, como era para Hegel, mas a "liberdade universal da vontade". Todavia, essa "liberdade" (v. LIVRE-ARBÍTRIO) não é individual, mas coletiva e universal. A diferença em relação a Hegel é que o ápice passa do Estado para a sociedade, da política para o público.

Na sociedade perfeita, a moral privada é eliminada e os ideais éticos da comunidade são alcançados. Isso é determinado pela produção material. A produção material determina a religião, a metafísica e a moralidade.

Avaliação. *Contribuições positivas.* A preocupação de Marx com a condição dos trabalhadores deve ser louvada. As condições de trabalho melhoraram drasticamente hoje em comparação com as de um século atrás, quando Marx escreveu suas idéias. Da mesma forma, Marx é justo ao atacar a posição de que os trabalhadores são o meio para o fim do lucro capitalista. As pessoas não deveriam ser usadas como fim para as coisas, mesmo coisas desejadas por outras pessoas. Logo, o marxismo deu uma contribuição significativa para o *ethos* social que coloca o ser acima do dinheiro.

O marxismo foi o corretivo do capitalismo ilimitado e descontrolado. Qualquer sistema que permite que os ricos se enriqueçam mais e os pobres se tornem cada vez mais pobres, sem limites morais, é abusivo. Na antiga economia judaica, essa possibilidade era controlada pelo ano do Jubileu (um ano a cada meio século), quando propriedades eram devolvidas aos donos originais.

As aspirações utópicas do marxismo são nobres. O marxismo é tanto uma filosofia da história quanto o intento de derrotar maldades reconhecidas no mundo. Essa visão ganhou a imaginação e a dedicação de muitos pensadores idealistas.

Elementos negativos. Infelizmente, os aspectos prejudiciais do marxismo são significativos. No centro está o ateísmo militante e dogmático. É contraditório insistir que Deus não é *nada além* de uma projeção da imaginação humana. Afirmações do tipo "nada além" supõem um conhecimento "além de". Não se pode saber se "Deus" está limitado apenas à imaginação sem que o conhecimento sobre Deus ultrapasse a mera imaginação.

A visão determinista da história por parte de Marx é contrária aos fatos. As coisas não acabaram como Marx previu. A teoria histórica marxista também é um erro categórico, supondo que influências econômicas agem como leis físicas.

O materialismo, como visão da humanidade, ignora os ricos aspectos espirituais e religiosos da natureza humana, sem falar da evidência da imaterialidade e da imortalidade humana. Acrescente-se a isso a teoria da origem humana baseada no ponto de vista falho da evolução naturalista. Foi demonstrado que essa teoria é uma explicação inadequada para as origens humanas. A metafísica de Marx é geralmente anti-sobrenatural, eliminando a possibilidade de milagres. Mas essa teoria tem falhas filosóficas cruciais, como se observa no artigo MILAGRES, ARGUMENTOS CONTRA.

O relativismo ético é autodestrutivo em sua forma mais forte. A negação absoluta dos absolutos corta a própria garganta, substituindo um absoluto por outro. A sociedade socialista não evitou o absolutismo. E as falácias da ética de "o fim justifica os meios" são infames.

O marxismo apresenta um idealismo admirável de objetivos (utopia), mas demonstra um registro miserável de realizações. A realidade nos países marxistas levou milhões mais para perto do inferno que do paraíso. Embora o objetivo da comunidade perfeita seja desejável, o meio revolucionário de atingi-lo resultou numa destruição em massa inédita na história humana. Do ponto de vista cristão, o meio de transformar a humanidade não é a revolução, mas a regeneração. A liberdade não é pelo nascimento de um novo governo, mas pelo nascimento de uma nova pessoa interior — isto é, o novo nascimento. A visão da religião de Marx era superficial. Aos dezessete anos de idade, ele deveria ter ouvido a exortação de seu pai: "Fé [em Deus] é uma [exigência] real do homem mais cedo ou mais tarde, e há momentos na vida em que até o ateu é involuntariamente levado a adorar o Todo-Poderoso" ("Carta de Trier", 18 de novembro de 1835).

Marx também poderia ter aplicado os próprios pensamentos quando disse:

A união com Cristo dá exaltação interior, consolo no sofrimento, segurança tranqüila e um coração aberto para o amor da humanidade, para tudo que é nobre, grande, não por ambição, pelo desejo da fama, mas apenas por causa de Cristo" (escrito por Marx quando adolescente, entre 10 e 16 de agosto de 1835).

O pai de Marx temia que o desejo pela fama tivesse transformado a consciência cristã de Marx num desejo demoníaco. Em março de 1837, ele admoestou o filho ambicioso:

Às vezes não consigo me libertar de idéias que despertam em mim maus pressentimentos e temor quando sou atingido, como que por um raio, pelo pensamento: Seu coração está de acordo com sua mente, seus talentos? Será que ele dá lugar a sentimentos terrenos, porém mais delicados, que, neste vale de tristeza, são tão essencialmente reconfortantes para um homem de sentimentos? *E já que esse coração é obviamente animado e governado por um demônio não concedido a todos os homens, esse demônio será celestial ou faustiano?* (*Selected writings*; grifo do autor).

Fontes

K. BLOCKMUEHL, *The challenge of marxism*.
N. L. GEISLER, *Is man the measure?* (cap. 5).
R. N. C. HUNT, *The theory and practice of communism*.
D. LYON, *Karl Marx: a Christian assessment of his life e thought*.
K. MARX, *O capital*.
___, *Marx and Engels on religion*.
___, *Selected writings in sociology and social philosophy*.

materialismo. O *materialismo* acredita que tudo é matéria ou redutível a ela. O *panteísmo*, por outro lado, afirma que tudo é mente. Os teístas (v. TEÍSMO) afirmam que a Mente produziu a matéria, e os materialistas declaram que a matéria produziu a mente (v. ATEÍSMO). No materialismo rígido, a "mente" não existe, apenas a matéria. Segundo o materialismo moderado ou o epifenomenalismo, a mente existe, mas é dependente da matéria assim como a sombra depende da árvore.

Thomas Hobbes definiu matéria:

O mundo (quero dizer não só a terra, que denomina os seus amantes "homens mundanos", mas o *universo*, isto é, a massa de todas as coisas que existem) é corpóreo, ou seja, corpo; e tem dimensões de magnitude, a saber, comprimento, largura e profundidade: e toda parte do corpo também é corpo e tem dimensões semelhantes; conseqüentemente, todas as partes do universo são corpo, e o que não é corpo não é parte do universo: e já que o universo é tudo, o que não faz parte dele não é nada, e conseqüentemente não está em lugar nenhum (p. 269).

Princípios básicos. Os materialistas afirmam vários princípios básicos comuns (tais como: tudo é feito de matéria [energia]). A maioria dos materialistas compartilha outros princípios, tais como o de que os humanos não são imortais (v. IMORTALIDE DE).

Só existe matéria. Como Carl SAGAN disse, o Cosmo é tudo que existiu, existe e existirá. Tudo é matéria ou redutível a ela e dependente dela. Se a matéria deixasse de existir, nada restaria.

A matéria é eterna. A maioria dos materialistas acredita que a matéria sempre existiu. Ou, como disse um ateu (v. ATEÍSMO), se a matéria surgiu, surgiu do nada e por meio do nada (Kenny, p. 66; v. CRIAÇÃO, VISÕES DA). O universo material é auto-sustentado e autocriado. É provavelmente eterno, mas, se surgiu, então surgiu sozinho, sem ajuda externa. Isaac Asimov especulou que a probabilidade de que nada tenha surgido do nada e de que algo tenha surgido do nada é a mesma. Por acaso, algo surgiu (Asimov, p. 148). Portanto, a matéria é eterna, ou então surgiu do nada espontaneamente.

Os materialistas tradicionais acreditavam que existiam inúmeros corpúsculos de realidade chamados *átomos* (v. ATOMISMO). Com a divisão do átomo e a emergência da equação $E=mc^2$ de EINSTEIN (energia = massa vezes a velocidade da luz ao quadrado), os materialistas passaram a falar sobre energia indestrutível. Apelam para a primeira lei da termodinâmica, afirmando que "a energia não pode ser criada nem destruída". A energia não deixa de existir; apenas assume novas formas. Mesmo na morte, todos os elementos do nosso ser são reabsorvidos pelo ambiente e reutilizados. O processo continua eternamente (v. TERMODINÂMICA, LEIS DA).

Não há criador. Outra premissa do materialismo rígido é o ateísmo ou não-teísmo. Isto é, não há nem Deus nem necessidade de um Deus. Como o II *Manifesto humanista* declara: "Como não-teístas, começamos com seres humanos, não com Deus, com a natureza, não com a divindade" (Kurtz, 16). Segundo a posição não-teísta da criação a partir da matéria, nenhuma causa é necessária para fazer a matéria surgir ou formar a matéria já existente. Não há nem Criador nem Formador do mundo. O mundo explica a si mesmo.

Os seres humanos são mortais. Outra implicação dessa posição é que não há "alma" imortal nem aspecto espiritual nos seres humanos (v. IMORTALIDADE). Como o I *Manifesto humanista* observou, "o DUALISMO tradicional de mente e corpo deve ser rejeitado". O materialista acredita que a ciência moderna desautoriza qualquer dimensão espiritual ou alma (Kurtz, p. 8, 16-7). Não há mente, apenas reação química no cérebro. Materialistas menos rígidos admitem a existência da alma, mas negam que ela possa existir sem a matéria. Para eles, a alma é para o corpo o que a imagem do espelho é para quem a vê. Quando o corpo morre, a alma também morre. Quando a matéria se desintegra, a mente também é destruída.

Os seres humanos não são singulares. Os materialistas divergem quanto à natureza dos seres humanos. A maioria atribui um *status* especial aos humanos como ponto mais alto do processo evolutivo (v. EVOLUÇÃO BIOLÓGICA). Isso não permite uma diferença qualitativa dos animais. Os humanos diferem apenas em grau, não em tipo, das formas inferiores de vida. Os seres humanos são a forma animal mais elevada e recente na escala evolutiva, com habilidades mais desenvolvidas que seus companheiros primatas (v. HUMANISMO SECULAR).

Argumento a favor do materialismo. *A natureza da autoconsciência.* Para haver mais que matéria, a mente deve sobreviver conscientemente à morte. Mas a mente não funciona sem o cérebro. Portanto, quando o cérebro morre, a consciência cessa ao mesmo tempo. Esse argumento pressupõe que a consciência é função física, que a "mente" é função da matéria. A mente é apenas um processo dentro do cérebro. Não há prova para tal suposição.

Também infundada é a suposição de que, uma vez que a mente e o cérebro funcionam *juntos*, devem ser idênticos. Uma suposição daí derivada é que não sou nada exceto meu cérebro. Isso é erro reducionista. O que funciona junto não é necessariamente a mesma coisa, assim como as idéias expressas por estas palavras não são o mesmo que as palavras em si. A mente e o cérebro interagem sem serem a mesma coisa.

Dependência da consciência. Numa forma modificada de materialismo, o *epifenomenalismo*, a mente não é idêntica ao cérebro, mas é dependente do cérebro físico, assim como a sombra depende da árvore. Mais uma vez isso supõe, mas não prova, que a mente depende do cérebro. Certas funções mentais podem ser explicadas no nível físico, mas isso não quer dizer que sejam dependentes de processos físicos. Se há uma dimensão espiritual, além da física, da realidade, a mente demonstra todos os sinais de ser capaz de funcionar em ambas. A neurobiologia é uma ciência empírica, mas os cientistas admitem abertamente que ainda não chegaram nem perto de isolar o "eu". Podem quantificar interações entre mente e cérebro, mas não tiveram sucesso em aprender as qualidades das reações emocionais ou pessoais.

Acesso ao mundo. Os materialistas insistem em que a mente ou ego tem acesso ao mundo por meio do cérebro. A morte destrói o cérebro, de forma que a morte fecha essa porta. O cérebro é certamente uma via de acesso, mas não podemos saber se é a única via de acesso para o mundo. Talvez sim, talvez não. Um fato mais objetivo é que pode haver um outro mundo, ou até dimensões múltiplas, com tipos de acesso totalmente diferentes. E pode haver maneiras de alguém estar consciente além da interação com o mundo físico. Se existem seres espirituais, Deus e anjos, e a evidência é de que existem (v. DEUS, EVIDÊNCIAS DE), eles certamente estão conscientes, embora sem o acesso de um corpo físico para o mundo. A possibilidade dessa dimensão espiritual, é claro, é o que o materialista quer evitar admitir, mas não há razão para isso.

A necessidade de corporitifação. Os materialistas raciocinam que nenhuma pessoa pode sobreviver sem corpo, e a morte o destrói. Assim, ela destrói a pessoa. É uma petição de princípio definir "pessoa" de forma arbitrária, algo infundado à luz de nosso conhecimento. Não sabemos se a morte destrói a pessoa pelas razões já afirmadas. No máximo podemos dizer que a morte rompe uma dimensão de consciência — consciência deste mundo. Ainda podemos estar autoconscientes, conscientes de Deus e conscientes de outro mundo.

Avaliação. Como os materialistas têm muitos princípios em comum com outros ateus e agnósticos, esses princípios são discutidos nos respectivos artigos. Seu anti-sobrenaturalismo (v. MILAGRE) é filosoficamente infundado. Da mesma forma, a aceitação da evolução (v. EVOLUÇÃO; EVOLUÇÃO BIOLÓGICA; EVOLUÇÃO CÓSMICA) é cientificamente infundada.

Os argumentos materialistas são contraditórios. Afirmações do tipo "nada além de" supõem um conhecimento "além de". Como eu poderia saber que não sou nada além de meu cérebro sem ser mais que ele? Não posso analisar meu cérebro num tubo de ensaio sem estar fora dele.

No centro do materialismo está a rejeição à existência da mente ou do espírito como entidade separada que sobrevive à dissolução da matéria. A mente, na verdade, é matéria, ou pelo menos dependente da matéria.

O materialismo rígido é incoerente. A posição materialista pura é claramente incoerente (v. Lewis, cap. 3). Pois sem dúvida a *teoria* materialista não é feita de matéria. Isto é, a *teoria* sobre a matéria não contém matéria. A *idéia* de que tudo é feito de moléculas não consiste em si de moléculas. Pois o próprio *pensamento* sobre a matéria deve estar além e acima da matéria. Se o pensamento sobre a matéria faz parte da matéria, não pode ser um pensamento sobre *toda* a matéria, já que, sendo parte da matéria, não pode transcender a si mesmo para fazer uma afirmação sobre *toda* a matéria.

A mente (ou seu pensamento) só pode transcender a matéria se for mais que ela. Se é mais que matéria, então não existe apenas matéria. Tudo que é material é limitado a uma região de espaço e tempo. Quando se move, se move no espaço e no tempo. Mas a mente não é tão limitada. Ela percorre o universo sem sair do lugar. Até o materialista fala sobre pensamentos pessoais. No entanto, se o materialista rígido estivesse certo, não poderia haver pensamentos individuais. Haveria uma simples corrente de elétrons ou de alguma outra partícula material. Apenas um ser autoconsciente pode realmente produzir pensamentos. Os materialistas querem que as pessoas concordem com sua doutrina e aceitem suas teorias. Mas isso não é possível, caso as teorias estejam corretas. Se a consciência é apenas o resultado de corrente da elétrons, as pessoas são processos materiais, não seres humanos livres.

O materialismo modificado é incoerente. Alguns materialistas admitem que a mente é mais que matéria, porém negam que a mente possa existir independentemente da matéria. Insistem em que a mente é mais que matéria, assim como o todo é mais que a soma de suas partes. Mas o todo deixa de existir quando as partes somem. Por exemplo, um motor inteiro de automóvel tem algo mais que suas partes individuais espalhadas no chão de uma garagem. No entanto, quando as partes são destruídas, o motor "inteiro" também é destruído. Da mesma forma, a mente é mais que matéria, mas é dependente da matéria e deixa de existir quando as partes materiais do homem se dissolvem.

Embora aparentemente esse argumento materialista seja menos incoerente que o primeiro, continua errado. Ele afirma que a mente é, em última análise, dependente da matéria. Mas a afirmação "a mente é dependente da matéria" não afirma sua dependência da matéria. Isto é, afirma ser a verdade sobre toda a mente e a matéria. Contudo, nenhuma verdade sobre *toda* a matéria pode ser dependente da matéria para ser verdade. Não é possível colocar-se fora da matéria para fazer uma afirmação sobre toda matéria, declarando ao mesmo tempo estar nela, dependendo dela. Se minha mente é completamente dependente da matéria, ela não pode fazer afirmações de um ponto de vista além dela. E se suas afirmações não são de um ponto de vista independente da matéria, não são realmente afirmações de *toda* a matéria. Pois é preciso ir além de algo para ver o todo. O todo não pode ser visto de dentro. Isso significa reivindicar conhecimento transcendente tendo apenas uma base imanente de operação.

A mente transcende a matéria. Embora os materialistas tentem reduzir tudo à matéria, parece que num sentido epistemológico, pelo menos, o oposto é verdadeiro. Para cada análise que faço da matéria, sempre há o "eu" que está fora do objeto de minha análise. Realmente, até quando analiso a mim mesmo, há um "eu" que transcende a "mim". Jamais posso alcançar meu eu (ego) transcendental. Só posso vê-lo, por assim dizer, de relance. Mesmo que tente colocar meu "eu" num tubo de ensaio de análise, ele se torna um "eu" para o qual o fugidio eu está olhando. Sempre há mais que um eu; há o eu, que não é apenas o eu. Ao contrário do materialismo, então, tudo é redutível ao (i.e., em última análise dependente do) eu.

A mente é anterior e independente da matéria.

A matéria não é eterna. Há forte evidência para o que os cientistas denominam teoria BIG-BANG da origem do universo, demonstrando que a matéria teve princípio. O argumento cosmológico KALAM demonstra que o universo material tem uma causa. Mas a causa de toda matéria não pode em si ser matéria;

logo, algo mais que matéria deve existir. Como Karl MARX disse, ou a matéria produziu a mente ou a mente produziu a matéria. Já que a matéria foi produzida, uma Mente deve tê-la produzido.

O legislador era imaterial. Outra maneira de demonstrar que nem tudo é matéria é conhecida por ARGUMENTO MORAL PARA DEUS. Ele pode ser assim formulado:

1. Existe uma lei moral objetiva (v. MORALIDADE, NATUREZA ABSOLUTA DA).
2. A lei moral é prescritiva, não descritiva.
3. O que é prescritivo não é parte do mundo material descritivo.
4. Logo, existe uma realidade objetiva imaterial. Algo além da matéria existe (Lewis, *Cristianismo puro e simples*, 17-9).

Conclusões. Todos os argumentos a favor do materialismo são essencialmente contraditórios. Qualquer tentativa de negar que há uma realidade além do material implica que uma realidade não-material, tal como a mente, existe. O materialismo é uma posição insustentável.

Fontes

I. ASIMOV, *The beginning and the end*.
N. L. GEISLER, *When skeptics ask*.
T. HOBBES, *Leviatã*.
A. KENNY, *The five ways: st. Thomas Aquinas' proofs of God's existence*.
P. KURTZ, org., *Secular humanist Manifestos I and II*.
C. S. LEWIS, *Cristianismo puro e simples*.
___, *Milagres*.
J. P. MORELAND, et al., *Immortality*.
C. SAGAN, *Cosmos*.

mentiras nas Escrituras. As Escrituras ensinam que Deus é a verdade (Dt 32.4) e que é impossível que ele minta (Hb 6.18). Deus ordena que não mintamos (Êx 20.16) e adverte que punirá os mentirosos severamente (Ap 21.8). Mas há muitas ocasiões em que Deus parece abençoar a mentira. Os críticos da Bíblia ressaltam essa aparente contradição.

É digno de nota que esse problema não existe para os voluntaristas divinos, que acreditam que uma ação é boa ou má apenas porque Deus deseja que seja assim. Porém, segundo o essencialismo (v. ESSENCIALISMO DIVINO), Deus é essencialmente bom e não pode fazer ou querer o mal (v. DEUS, NATUREZA DE). Nesse contexto, o problema da mentira divinamente aprovada é grave.

Categorias de suposta mentira. As "passagens sobre mentiras" na Bíblia não estão todas na mesma categoria. Algumas são mentiras verdadeiras, outras não. Algumas são aprovadas por Deus, outras não. Mas em nenhum caso a Bíblia dá aprovação divina à mentira.

Mentiras relatadas sem aprovação. Mentiras evidentes são registradas na Bíblia, mas nem por isso são aprovadas. A Bíblia relata muitos pecados sobre os quais não coloca aprovação. Por exemplo, algumas das mentiras de Satanás são registradas nas Escrituras. Satanás disse a Eva: "Certamente não morrerão" (Gn 3.4), quando Deus dissera enfaticamente que morreriam (Gn 2.17). Esse é um caso claro de uma mentira que Deus não aprova. Muitos teólogos colocam a mentira de Raabe nessa categoria (v. a seguir). Nesse caso, ela foi abençoada *apesar de* sua mentira, e não *por causa* dela.

Verdades parciais que não são mentiras. Nem todas as verdades parciais são mentiras. Em pelo menos um caso, o próprio Deus mandou Samuel contar apenas parte da verdade para Saul (1Sm 16.1-5). Como Samuel temia pela própria vida nas mãos do rei Saul quando Deus mandou o profeta ungir um novo rei, Deus o instruiu a dizer a Saul que viera oferecer um sacrifício, o que era verdadeiro, mas também um subterfúgio.

Mentiras aprovadas à luz de uma lei superior. Alguns teólogos conservadores e estudiosos da ética cristã acreditam que, apesar de a mentira ser essencialmente errada, mentir para salvar a vida não é. Isso, eles argumentam, é baseado numa hierarquia ou gradação de valores na qual a misericórdia (ao salvar uma vida) precede a verdade que resulta em assassinato. As parteiras hebréias em Êxodo 1 parecem entrar nessa categoria, e talvez Raabe, que mentiu para salvar a vida dos espias hebreus.

Passagens envolvendo mentiras aparentes. Várias passagens importantes envolvendo supostas mentiras com aprovação divina devem ser examinadas. Entre elas está o caso da "meia-verdade" de Abraão sobre sua esposa Sara, que também era sua meia-irmã.

Gênesis 12.10-20. Temendo que o rei do Egito o matasse e tomasse sua esposa (mas sem ameaça direta), Abraão instruiu Sara: "Diga que é minha irmã, para que me tratem bem por amor a você e minha vida seja poupada por sua causa" (Gn 12.13). Sara era meia-irmã de Abraão. No entanto, o que Abraão instruiu Sara a fazer foi mentir.

Nenhuma aprovação divina à ação de Abraão é demonstrada; o oposto é sugerido. O aumento da riqueza de Abraão não deve ser visto como recompensa divina por sua mentira. Os presentes do faraó são compreensíveis. O faraó pode ter se sentido obrigado a recompensar o constrangimento terrível que sua sociedade corrupta exercia sobre os que visitavam sua terra, e também por levar inadvertidamente a esposa de Abraão para seu palácio. O adultério era estritamente proibido pela religião egípcia.

Os anos de dificuldade que se seguiram podem ter sido resultado direto da falta de fé de Abraão no poder protetor de Deus. Apesar de algumas pessoas serem retratadas como homens de Deus, elas ainda são falíveis e responsáveis por seus pecados, como Davi no seu adultério com Bate-Seba e no assassinato do marido dela (2Sm 12). Deus abençoou tais líderes *apesar de*, não *por causa de* seus pecados.

Gênesis 31. Gênesis 31.35 registra a aparente mentira de Raquel acerca dos ídolos que havia roubado. Mas Deus parece abençoar Raquel, pois ninguém descobriu nada e Deus concedeu prosperidade a ela e a seu marido Jacó. No entanto, um exame mais detalhado do texto revela que Deus não abençoou Raquel por roubar os ídolos e mentir sobre sua ação. Só porque Labão não descobriu que ela era a ladra não significa que Deus a tenha abençoado. É razoável supor que Deus não expôs o roubo de Raquel para proteger a vida de Jacó (v. 31.31). O registro bíblico revela que Deus deixou Raquel em segundo plano até sua morte dolorosa (Gn 35.16-20).

Josué 2.4,5. Quando os espiões hebreus chegaram a Jericó, procuraram refúgio na casa de Raabe. Quando o rei de Jericó ordenou que Raabe trouxesse os homens, ela disse que eles já haviam partido e que não sabia onde estavam. Quando Israel destruiu Jericó, Raabe e toda a sua família foram salvos, sendo deixados vivos como recompensa por sua proteção. Como Deus poderia abençoar Raabe por mentir?

Os defensores do texto bíblico dividem-se em dois grupos nessa questão. Alguns argumentam que não fica claro que Deus tenha abençoado Raabe por mentir. Ele a abençoou por sua "fé" (Hb 11.31), não pela mentira. Deus abençoou Raabe *apesar de* sua mentira, não *por causa* dela. Os defensores dessa teoria insistem em que Deus salvou e abençoou Raabe por ela haver protegido os espiões e ajudado na derrota de Jericó. Eles reiteram que a Bíblia não diz em parte alguma que Deus abençoou Raabe por mentir.

Outros teólogos insistem em que Raabe enfrentou um verdadeiro dilema moral. Seria impossível salvar os espiões e dizer a verdade aos soldados do rei. Assim, Deus não responsabilizaria Raabe (v. Geisler, cap. 7). Certamente uma pessoa não pode ser responsabilizada por desobedecer a uma lei inferior para cumprir uma obrigação superior. A Bíblia ordena obediência ao governo (Rm 13.1; Tt 3.1; 1Pe 2.13), mas a desobediência civil é justa quando o governo tenta impor a injustiça (Êx 5; Dn 3, 6; Ap 13). O caso das parteiras hebréias (Êx 1), que mentiram para salvar a vida dos meninos, talvez seja o exemplo mais claro.

1 Samuel 16.1-5. Vimos que Abraão foi julgado por dizer a meia verdade de que Sara era sua irmã, mas em 1 Samuel 16 Deus realmente incentiva Samuel a dizer que viera a Belém para oferecer um sacrifício, quando também viera para ungir Davi como rei. Deus não encorajou uma mentira? Por que Deus condenou Abraão por fazer o mesmo que ordenou a Samuel?

É importante observar que as duas situações não são as mesmas. A "meia verdade" de Abraão era uma mentira absoluta, pois a pergunta sugerida era: "Sara é sua esposa?". E sua resposta na verdade foi: "Não, ela é minha irmã". Com essa resposta Abraão intencionalmente distorceu os fatos, o que é uma mentira.

Perguntaram a Samuel: "Vens em paz?" Sua resposta foi: "Vim sacrificar ao Senhor" (1Sm 16.5). Isso correspondia aos fatos, ou seja, foi por isso que ele foi e foi isso o que fez. O fato de ter outro propósito não está diretamente relacionado à pergunta que lhe fizeram e à resposta que deu. É claro que se perguntassem: "Tens outro propósito para vir?", então teria de esclarecer tudo. "Não" seria uma mentira.

Ocultamento e mentira não são necessariamente a mesma coisa. Certamente Samuel ocultou um dos propósitos de sua missão para salvar a própria vida (1Sm 16.2). Não é sempre necessário (nem mesmo possível) dizer tudo para dizer a verdade. O fato de que Deus mandou Samuel ocultar um dos propósitos de sua visita para evitar a ira assassina de Saul não significa que ele fosse culpado de mentira. Não dizer parte da verdade e dizer uma mentira não são necessariamente a mesma coisa. E segredo e ocultamento não são a mesma coisa que duplicidade e falsidade.

2 Reis 6.19. Quando Eliseu saiu para encontrar seus inimigos, disse a eles: "Este não é o caminho nem esta é a cidade que procuram. Sigam-me, e eu os levarei ao homem que vocês estão procurando" (2Rs 6.19). Como poderia um homem de Deus mentir para as tropas sírias?

Simplesmente o que Eliseu lhes disse não era uma completa mentira. As tropas sírias foram enviadas a Dotã para capturar Eliseu. O Senhor os cegou, e Eliseu saiu da cidade para encontrá-los. O que Eliseu disse a eles foi: "Não é este o caminho nem esta a cidade". Quando Eliseu saiu da cidade, não estava mais em Dotã. Conseqüentemente, entrar em Dotã não era mais a maneira de capturar Eliseu nem era mais a cidade. Eliseu também os instruiu: Sigam-me, e eu os levarei ao homem que vocês estão procurando". Isso também era verdadeiro. Eliseu foi adiante deles para Samaria e, quando chegaram, o Senhor lhes abriu os olhos, e viram Eliseu e constataram que estavam em Samaria.

2 Crônicas 18.18-22. Nessa passagem, Micaías, o profeta, retrata Deus alistando espíritos mentirosos para provocar o mau rei Acabe a selar a própria destruição. O texto diz: "O Senhor pôs um espírito mentiroso na boca destes seus profetas" (v. 22). Mas como pode o Deus de toda verdade proferir mentira?

Os defensores afirmam que Deus não está promovendo o mal nesse caso, mas simplesmente controlando o mal em favor do bem. Vários fatores ajudam a entender essa situação. Primeiro, essa é uma visão, um retrato dramático da autoridade soberana de Deus descrita num imaginário régio.

Segundo, essa visão dramática representa a autoridade absoluta de Deus, até sobre espíritos malignos. O Deus da Bíblia, ao contrário de algumas religiões pagãs, está no controle soberano de tudo, até mesmo do mal, que ele usa para realizar seus bons propósitos v. Jó 1—3).

Terceiro, a Bíblia às vezes fala de Deus "endurecendo" os corações das pessoas (v. Rm. 9.17,18) ou até enviando a elas fortes ilusões (2Ts 2.11). Mas, por meio de um exame mais detalhado, descobrimos que Deus fez isso aos que endureceram seus corações (Êx 8.15) e que "não creram na verdade" (2Ts 2.12). Deus usa até a depravação deles para realizar seus propósitos. Deus *permite* mentiras como julgamento do mal.

Deus, para seus propósitos de justiça, permitiu que Acabe fosse enganado pelos espíritos malignos para cumprir sua vontade soberana e boa.

João 7.3-10. Os críticos da Bíblia às vezes apelam para esse texto a fim de mostrar que Jesus mentiu. Essa é uma acusação grave, já que, além de tratar-se de uma mentira divinamente aprovada, teria sido contada pelo próprio Deus na pessoa de seu Filho. Os irmãos incrédulos de Jesus o desafiaram a ir a Jerusalém e apresentar-se abertamente como o Messias (7.3,4). Jesus recusou-se, dizendo: "Eu ainda não subirei a esta festa, porque para mim ainda não chegou o tempo apropriado" (v. 8). Mais tarde, porém, Jesus subiu (v. 10). Jesus não foi abertamente, como os irmãos sugeriram, nem logo quando sugeriram. Além disso, João 7.8 relata que Jesus disse que ele não iria "ainda". Ele "permaneceu na Galiléia" antes de subir.

Lucas 24.28. Quando Jesus terminou seu discurso para os dois discípulos na estrada para Emaús, "fez como quem ia mais adiante" (Lc 24.28*b*). Apesar de não se tratar nesse caso de uma mentira verbal, é possível mentir por meio de ações. Alguns críticos acreditam que é isso que Jesus fez nessa ocasião.

Chamar isso de mentira é um exagero. O texto continua dizendo: "Mas eles insistiram muito com ele: 'Fique conosco, pois a noite já vem; o dia já está quase findando'. Então, ele entrou para ficar com eles" (v. 29). Em outras palavras, Jesus estava partindo até que o persuadiram a ficar com eles. Em vez de impor sua vontade aos discípulos, esperou que eles tomassem a iniciativa, o que por certo aconteceu imediatamente. Ao mostrar que poderia seguir seu caminho, convidou esses amigos entristecidos a se aproximar.

Êxodo 1.15. A maioria das acusações de mentiras divinamente aprovadas acabam ou não sendo mentiras ou não sendo aprovadas por Deus. Há pelo menos um caso, no entanto, que parece descartar ambas as situações.

O faraó (rei) do Egito ordenou diretamente que as parteiras hebréias assassinassem os meninos hebreus. "Todavia, as parteiras temeram a Deus e não obedeceram às ordens do rei do Egito; deixaram viver os meninos" (Êx 1.17). Além de as parteiras desobedecerem ao faraó, quando este as questionou sobre suas ações, elas mentiram, dizendo: "As mulheres hebréias não são como as egípcias. São cheias de vigor e dão à luz antes de chegarem as parteiras" (Êx 1.19). "Deus foi bondoso com as parteiras", segundo 1.20,21. "Visto que as parteiras temeram a Deus, ele concedeu-lhes que tivessem suas próprias famílias".

Praticamente não há dúvida de que as parteiras desobedeceram a uma ordem do governo ao não assassinar os meninos recém-nascidos e ao mentir para disfarçar. O dilema moral no qual as parteiras se encontraram era inevitável. Ou elas obedeciam à lei de Deus de não matar ou obedeciam à obrigação menor do faraó. Ao invés de cometer infanticídio deliberado contra os filhos de seu próprio povo, as parteiras desobedeceram ao rei. Deus manda obedecer aos poderes governamentais, mas também manda não matar (Êx 20.13).

A salvação de vidas inocentes é uma obrigação maior que a obediência ao governo. Quando o governo ordena um ato contra Deus, não devemos obedecer. Deus teria responsabilizado as parteiras se tivessem cumprido seu dever em relação ao governo. No caso das parteiras, a lei maior era a preservação da vida dos meninos recém-nascidos (v. At 4; Ap 13). Além disso, a mentira e o ato de enorme desobediência aconteceram no contexto do compromisso de fé das parteiras para com Deus. Elas tiveram de fazer uma escolha de lealdade e obediência, escolha que exigiu coragem e sabedoria espiritual. Uma situação semelhante pode envolver obediência à autoridade dos pais. A submissão faz parte da autoridade moral. Mas se um pai manda um filho matar ou adorar um ídolo, o filho deve submeter-se à autoridade maior e recusar-se a fazê-lo. Jesus ressaltou a necessidade de seguir a lei moral maior quando disse: "Quem ama seu pai ou sua mãe mais do que a mim não é digno de mim" (Mt 10.37a).

As parteiras temiam a Deus, e isso levou-as a fazer o que era necessário para salvar vidas. Sua afirmação falsa ao faraó era parte essencial de seu esforço para salvar vidas.

Conclusão. Textos narrativos nos quais uma pessoa mente se encaixam numa das seguintes categorias: Primeiro, em alguns casos não havia mentiras, mas apenas afirmações legítimas de parte da verdade. Segundo, na maioria dos casos de mentiras óbvias não há indicação de que Deus as tenha aprovado. Pelo contrário, geralmente houve algum tipo de julgamento. Nos casos que podem ser legitimamente chamados de falsificação divinamente aprovada, tais como o das parteiras em Êxodo 1, há um conflito inevitável com a lei moral maior. Somente quando há um conflito raro, *inevitável* com umas das leis morais maiores de Deus, é que ele suspende nosso dever para com a verdade.

Fontes
Agostinho, *Against lying*.
___, *On lying*.
N. L. Geisler, *Ética cristã*, cap. 7.
J. Murray, *Principles of conduct*.

metafísica. A *metafísica* (lit. além do físico) é o estudo da existência ou realidade. É usada alternadamente com a ontologia (gr. *ontos*, "ser", e *logos*, "palavra sobre").

A metafísica é a disciplina filosófica que responde a perguntas como: O que é real? (v. realismo); A realidade é uma ou muitas? (v. um e muitos, problema de); Ela é natural (v. naturalismo) ou sobrenatural? (v. milagres, argumentos contra). Outro problema metafísico importante é se a existência é unívoca ou analógica (v. analogia, princípio da).

Na tradição aristotélico-tomista, a metafísica é definida como o estudo do ser enquanto existente. A física é o estudo do ser enquanto físico. A matemática é o estudo do ser enquanto quantificável.

milagre. Diante de uma cultura materialista e naturalista, os crentes acreditam que Deus criou e governa o universo, e que são desafiados a defender sua fé. Um tema da filosofia e da apologética cristã é entender e explicar por que os registros bíblicos de milagres devem ser aceitos, o que os milagres são e não são, como relacioná-los aos processos naturais e o que nos revelam sobre Deus. Por causa da importância desse assunto, os milagres são discutidos sob várias categorias relacionadas à natureza dos milagres em geral, registros nas Escrituras e ataques à possibilidade de intervenções milagrosas de Deus. As ocorrências que os crentes consideram falsas ou ocultistas serão distinguidas dos atos genuínos de Deus (v. milagres falsos).

Definição. M*ilagre* é o ato especial de Deus que interrompe o curso natural dos eventos. A idéia cristã do milagroso depende diretamente da existência do Deus teísta (v. cosmológico, argumento; moral para Deus, argumento; teleológico, argumento). Se o Deus teísta existe, milagres são possíveis. Se há um Deus que pode agir, então seus atos são possíveis. A única maneira de demonstrar que milagres são impossíveis é refutar a existência de Deus.

A afirmação acima exige imediatamente uma explicação: Que "atos especiais" de Deus? Como se sabe quando eles ocorrem? Deve haver características distintas específicas de milagres antes de podermos analisar eventos que possuem essas características. Dizer apenas que um milagre é uma singularidade é insuficiente. Singularidades ocorrem na natureza sem intervenção divina óbvia.

Os teístas (v. teísmo) definem milagres em sentido fraco ou forte. Segundo Agostinho, a definição mais fraca descreve um milagre como "um sinal [que] não é contrário à natureza, mas contrário ao nosso conhecimento da natureza" (Agostinho, 21.8).

Outros, seguindo Tomás de Aquino, definem milagre no sentido forte de um evento que está fora do poder da natureza, algo feito apenas por meio de poder sobrenatural. Esse sentido mais forte é importante para os apologistas. O milagre é intervenção divina, uma exceção sobrenatural do curso regular do mundo natural. O ateu (v. ateísmo) Antony Flew disse bem: "Um milagre é algo que jamais teria acontecido se a natureza tivesse de, por assim dizer, usar os próprios recursos" (Flew, p. 346). Leis naturais descrevem regularidades naturalmente causadas; um milagre é uma singularidade sobrenaturalmente causada.

Para elaborar essa definição, precisamos de algum conhecimento do que se quer dizer por *lei natural*. No sentido amplo, a lei natural é a descrição geral da maneira comum e ordenada em que o mundo opera. Conclui-se, então, que o milagre é a maneira incomum, irregular e específica pela qual Deus age no mundo.

Probabilidade de milagres. Se podemos saber se milagres realmente aconteceram depende da

milagres

resposta a três perguntas: 1) "Milagres são possíveis?"; 2) "Os documentos do NT são confiáveis?"; 3) "As testemunhas oculares do NT eram confiáveis?".

Um argumento freqüentemente ignorado é o da probabilidade dos milagres. É verdade que a filosofia (i.e., argumentos pela existência de Deus) demonstra que milagres são *possíveis*, mas apenas a história revela que são *reais*. Mas também é verdadeiro que, dada a existência de um Deus teísta, os milagres são *prováveis*.

Um Deus teísta tem a *capacidade* de realizar milagres, já que é todo-poderoso ou *onipotente*. Ele também tem o *desejo* de fazer milagres porque sabe todas as coisas, é *onisciente* e é totalmente bom ou *onibenevolente*. Quem examina a história para ver se Deus *fez* milagres já pode saber que Deus é o tipo de Deus que *faria*, se pudesse, e *pode*.

Por que Deus faria milagres, se pudesse? Por natureza e vontade, ele é o tipo de Deus que deseja comunicar-se com suas criaturas e fazer o bem a elas. E um milagre, por definição, é um evento que faz exatamente isso. Milagres curam, restauram, trazem de volta à vida, comunicam a vontade de Deus, vindicam seus atributos e muitas outras coisas que estão de acordo com sua natureza. Tais coisas são adequadas à natureza daquele que as faz (o Criador ou Redentor) e a necessidade de quem o recebeu (a criatura). Por analogia, que bom pai terreno capaz de resgatar o filho que está se afogando não faria tudo em seu poder para realizá-lo? E se ele tivesse todo poder, então saberíamos de antemão que sua bondade o levaria a fazê-lo. Quanto mais nosso Pai celestial? Portanto, sabemos antes mesmo de examinar a evidência da realidade dos milagres que, se Deus existe, eles não são apenas possíveis, mas também prováveis.

Além disso, se o milagre é ato de Deus para confirmar sua palavra por meio de um mensageiro(v. MILAGRES, VALOR APOLOGÉTICO DOS), é razoável que Deus queira fazer milagres. Por meio dos milagres, Deus confirma seus profetas (Hb 2.3,4). Essa foi a maneira pela qual Deus confirmou Moisés (Êx 4) e Elias (1Rs 18). E essa é a maneira pela qual confirmou Jesus (Jo 3.2; At 2.22). De que melhor maneira Deus poderia nos confirmar seus porta-vozes? E é provável que um Criador inteligente, pessoal e moral queira comunicar-se da maneira mais eficaz com suas criaturas.

Realidade dos milagres. Ainda que a filosofia torne possíveis os eventos sobrenaturais e a natureza do Deus teísta demonstre que são prováveis, somente a história revela se são reais. Mas a "história" aqui inclui a história do cosmo e a história da raça humana.

Realidade do milagroso na história cósmica. Um fato raramente apreciado por completo é que, mesmo antes de observar a história humana, é possível saber que eventos milagrosos não são apenas possíveis, mas *reais*. O próprio ARGUMENTO COSMOLÓGICO, pelo qual sabemos que Deus existe, também prova que um evento sobrenatural ocorreu. Pois, se o universo teve um início e, portanto, um Iniciador (v. BIG-BANG, TEORIA DO; KALAM, ARGUMENTO COSMOLÓGICO), Deus criou o universo do nada (v. CRIAÇÃO, VISÕES DA). Mas criação *ex nihilo*, a partir do nada, é o maior evento sobrenatural já ocorrido. Se o fato de Jesus ter transformado um pouco de pão em muito pão é milagre, quanto mais a criação de tudo a partir do nada? Transformar água em vinho não é nada em comparação à criação das primeiras moléculas de água. Portanto, a conclusão surpreendente é que, se o Criador existe, então o milagroso não é apenas possível, mas também real. De forma que a história do cosmo revela que o milagroso ocorreu por Deus fazer algo do nada; fazer vida da não-vida; fazer o racional (mente) do não-racional (v. EVOLUÇÃO e artigos relacionados). Que milagres maiores ocorreriam na história humana que já não sabemos terem acontecido na história cósmica?

O milagroso na história humana. Ao contrário do que se acredita, se Deus existe, devemos abordar a história com a expectativa do milagroso, não com um preconceito naturalista contra ele. Pois, como já vimos, se o Criador existe, milagres não são apenas possíveis e prováveis, mas o milagroso já ocorreu na história cósmica. Deus já interferiu sobrenaturalmente na história do cosmo e na vida que conduz à história humana. À luz disso, a expectativa mais razoável não é perguntar *se*, mas perguntar *onde* ele interferiu na história humana.

A realidade dos milagres na história humana é baseada na confiabilidade dos documentos do NT (v. NOVO TESTAMENTO, MANUSCRITOS DO) e na confiabilidade das testemunhas do NT (v. NOVO TESTAMENTO, HISTORICIDADE DO; NOVO TESTAMENTO, FONTES NÃO-CRISTÃS). Pois uma vez aceita a confiabilidade desses dois testemunhos combinados, fica acima de qualquer dúvida que o NT registra vários eventos milagrosos.

Dimensões dos milagres. No padrão da Bíblia, um milagre tem várias dimensões.

Primeiro, milagres têm *caráter incomum*. O milagre é um evento fora do comum em comparação com o padrão regular de eventos no mundo natural. Como uma "maravilha", atrai a atenção por sua singularidade. Uma sarça ardente que não é consumida, fogo do céu e uma pessoa passeando sobre a água não são ocorrências normais. Logo, atraem a atenção dos observadores.

Segundo, milagres têm uma *dimensão teológica*. Milagre é um ato de Deus que pressupõe um Deus que age. O ponto de vista de que um Deus além do universo o criou, o controla e pode interferir nele é denominado TEÍSMO.

Terceiro, milagres têm *dimensão moral*. Eles trazem glória a Deus ao manifestar seu caráter moral. Milagres são atos visíveis que refletem a natureza invisível de Deus. Assim, nenhum milagre verdadeiro é mau, porque Deus é bom. Milagres, por natureza, procuram produzir e/ ou promover o bem.

Quarto, milagres têm *dimensão doutrinária*. Os milagres na Bíblia estão ligados direta ou indiretamente a "reivindicações da verdade" (v. MILAGRES NA BÍBLIA). São maneiras de distinguir o profeta verdadeiro do falso profeta (Dt 18.22). Eles confirmam a verdade de Deus por meio do servo de Deus (Hb 2.3,4). Mensagem e milagre andam juntos.

Quinto, milagres têm *dimensão teleológica*. Ao contrário da mágica (v. MILAGRES, MÁGICA E), eles jamais são realizados para diversão (v. Lc 23.8). Os milagres têm o propósito específico de glorificar ao Criador e dar evidência ao povo para crer, ao confirmar a mensagem de Deus por meio de seu profeta.

Contexto teísta de um milagre. A característica essencial dos milagres bíblicos é seu contexto teísta (v. TEÍSMO). Apenas na cosmovisão teísta o milagre pode ser identificado. Quando Moisés encontrou a sarça ardente (Êx 3.1-6), começou a investigá-la por sua natureza incomum. A palavra que veio de Deus disse a Moisés que aquele evento não era apenas incomum, mas era um milagre. Se Moisés relatasse a ateus convictos (v. ATEÍSMO) o que havia acontecido com a sarça ardente, eles teriam direito de duvidar da história. No universo ateísta, não faz sentido falar sobre atos de Deus. Para o não-teísta, a sarça ardente e a voz não pareceriam mais milagrosos que a voz do céu para aqueles que acharam que ela era um trovão (Jo 12.29). Mas, considerando-se que Deus existe e levando em conta sua natureza racional e moral, essas características dão aos milagres seu poder apologético.

Conclusão. Devemos saber o que estamos procurando antes de reconhecer o milagre. Primeiramente, milagres contrastam com a natureza, que é a maneira regular e naturalmente previsível de Deus agir no mundo. Os milagres são a maneira incomum e humanamente imprevisível pela qual Deus às vezes intervém nos eventos do mundo. O milagre pode parecer-se com qualquer ocorrência incomum, mas tem uma causa sobrenatural. É realizado com poder divino, segundo a vontade divina, para um propósito divino, a fim de autenticar a mensagem ou o propósito divino.

Fontes

AGOSTINHO, *A cidade de Deus*.
C. BROWN, "Milagre, prodígio, sinal", em *Novo dicionário internacional de teologia do Novo Testamento*.
A. FLEW, "Miracles", em *The encyclopedia of philosophy*.
N. L. GEISLER, *Miracles and the modern mind*.
D. GEIVETT e G. HABERMAS, *In defense of miracles*.
C. S. LEWIS, *Milagres*.
R. SWINBURNE, *Miracles*.
F. R. TENNANT, *Miracle and its philosophical presuppositions*.

milagres, argumentos contra. A maioria dos pensadores modernos que rejeitam milagres seguem os argumentos do cético escocês (v. AGNOSTICISMO) David HUME (1711-1776). Hume proporcionou o que muitos acreditam ser o mais formidável de todos os desafios à perspectiva sobrenaturalista: Milagres são inacreditáveis.

Hume estabeleceu três argumentos contra os milagres: filosófico, histórico e religioso. O primeiro argumento é o argumento *teórico*, baseado na incredibili-dade de afirmar que leis naturais jamais sejam subvertidas. O segundo é o argumento *prático*, que desafia o fato de milagres terem testemunhas dignas de crédito (v. NOVO TESTAMENTO, HISTORICIDADE DO). O último é baseado na natureza contraditória de reivindicações semelhantes de milagres que sobejam em todas as religiões.

A incredibilidade dos milagres. Baseando-se na epistemologia empírica, Hume lançou seu ataque aos milagres com o comentário:

Estou orgulhoso de ter descoberto um argumento [...] que, se justo, será, entre os sábios e eruditos, o empecilho eterno para todos os tipos de ilusão supersticiosa, e conseqüentemente será útil enquanto o mundo durar (Hume, *Investigação sobre o entendimento humano*, 10.1.18).

O raciocínio de Hume é o seguinte (*Investigação*, 10.1.18, 120-3):

1. A pessoa sábia mantém sua crença proporcional à evidência.
2. O evento que pode ser fundado na experiência infalível pode, com toda certeza, ocorrer de novo no futuro.
3. A confiabilidade da evidência derivada de testemunhas e do depoimento humano estabelece provas ou probabilidades, à medida que é confirmada por outros relatórios e evidências.

4. Todas as circunstâncias devem ser cosideraconsideradas no julgamento da probabilidade, e o padrão absoluto é como os relatórios concordam com a experiência e a observação pessoal.
5. Quando a experiência pessoal não é a mesma, a pessoa deve manter um julgamento contrário e sujeitar a questão a argumento meticuloso.
6. Quaisquer contradições entre testemunhas devem ser consideradas suspeitas. A suspeita também deve surgir se as testemunhas são poucas, de "caráter duvidoso", têm interesses velados sobre o que afirmam, hesitam no testemunho ou afirmam com vigor extremo.
7. "Mas quando o fato testemunhado é tal que raramente seja observado, há o confronto entre duas experiências opostas, no qual uma destrói a outra com toda a força, e a superior só pode operar na mente pela força que resta."
8. O milagre viola as leis da natureza, que foram estabelecidas pela "experiência firme e inalterável".
9. Logo, "a prova contra o milagre, com base na própria natureza do fato, é argumento tão completo quanto qualquer argumento de experiência que possa ser imaginado".
10. A experiência é prova direta e completa contra a existência de qualquer milagre.

O argumento de Hume pode ser assim abreviado:

1. O milagre é a violação das leis da natureza.
2. A experiência firme e inalterável estabeleceu essas leis da natureza.
3. A pessoa sábia proporciona a crença à evidência.
4. Logo, a prova contra os milagres é esmagadora.

Hume escreveu:

Logo, deve haver uma experiência uniforme contra todo evento milagroso, caso contrário o evento não mereceria esse título [...]. Nada é considerado milagre se aconteceu no transcurso comum da natureza (10.1.122-3).

Alternativas no argumento de Hume. Há duas maneiras básicas de entender o argumento de Hume contra os milagres. Nós as chamaremos de interpretações "rígidas" e "moderadas". Segundo a interpretação "rígida", Hume estaria dizendo:

1. Os milagres, por definição, violam as leis naturais.
2. As leis naturais são inalteravelmente uniformes.
3. Logo, milagres não podem acontecer.

Mas, embora o argumento de Hume às vezes dê essa impressão, não é isso necessariamente o que ele tinha em mente. Se esse é seu argumento, então trata-se claramente de uma petição de princípio que define milagres como impossíveis. Pois, se milagres são uma "violação" do que não pode ser "alterado", então milagres são impossíveis *ipso facto*. Os sobrenaturalistas poderiam facilmente evitar esse dilema. Poderiam recusar-se a definir milagres como "violações" da lei fixa e simplesmente chamá-los "exceções" da regra geral. Ambas as premissas podem ser negadas. A lei natural é o padrão regular (normal) de eventos. Não é o padrão universal ou inalterável.

Essa seria a maneira fácil de evitar o problema. Na verdade, a posição de Hume contém um argumento que é bem mais difícil de responder, um argumento que se refere a uma posição "moderada" da lei natural. Não é um argumento a favor da *impossibilidade* dos milagres, mas de sua *incredibilidade*: e

1. O milagre é por definição a ocorrência rara.
2. A lei natural é por definição a descrição da ocorrência regular.
3. A evidência para o regular é sempre maior que para o raro.
4. Indivíduos sábios sempre baseiam a crença na maior evidência.
5. Logo, indivíduos sábios jamais devem acredtar em milagres.

Note que essa forma "moderada" do argumento não elimina os milagres; eles são considerados incríveis pela natureza da evidência. O sábio não afirma que milagres não podem acontecer; ele simplesmente *nunca acredita* que aconteçam. A evidência suficiente nunca existe para a crença.

Nessa interpretação "moderada" do argumento, os milagres ainda são eliminados, já que pela *própria natureza do caso* nenhuma pessoa sábia deve acreditar que um milagre já tenha acontecido. Nesse caso, Hume aparentemente evitou a petição de princípio e ao mesmo tempo eliminou com sucesso a possibilidade da crença racional em milagres. Variações desses argumentos ainda são consideradas válidas por alguns respeitados filósofos contemporâneos.

Avaliação do argumento de Hume. Como a forma "rígida" do argumento de Hume é claramente uma petição de princípio e é facilmente respondida pela redefinição dos termos, vamos concentrar-nos na forma "moderada". A chave para desvendar esse ataque está na alegação feita por Hume quanto à experiência uniforme.

A experiência "uniforme" de Hume é uma petição de princípio ou é uma alegação especial. É uma petição de princípio se Hume supõe saber que a experiência é uniforme *antes* da evidência. Como alguém pode saber que toda experiência possível confirmará o naturalismo, sem ter acesso a todas as experiências possíveis, passadas, presentes e futuras? Se, no entento, Hume só quer dizer por experiência "uniforme" as experiências específicas de *algumas* pessoas (que não depararam com o milagre), isso é uma alegação especial. Outros afirmam ter testemunhado milagres. Como Stanley Jaki observa:

> Pelo fato de ser um filósofo sensorialista ou empirista, Hume deveria dar credibilidade igual para o reconhecimento de qualquer fato, comum ou incomum (Jaki, p. 23).

Como C. S. Lewis observou:

> Ora, é claro que devemos concordar com Hume que, se existe a experiência absolutamente "uniforme" contra milagres, se em outras palavras eles jamais aconteceram, de fato nunca aconteceram. Infelizmente sabemos que a experiência contra eles é uniforme apenas se sabemos que todos os relatórios sobre eles são falsos. E só podemos saber que todos os relatórios são falsos se já soubermos que milagres nunca ocorreram. Na verdade, estamos argumentando em círculos (Lewis, p. 105).

A única alternativa para esse argumento circular é estar aberto para a possibilidade de os milagres terem ocorrido.

Além disso, Hume não *avalia* a evidência objetivamente; ele *soma* a evidência contra os milagres. A morte acontece vez após vez; a ressurreição acontece raramente. Portanto, devemos rejeitar a segunda. Nas palavras do próprio Hume:

> Não é milagre um homem aparentemente saudável morrer repentinamente só porque tal tipo de morte raramente é observado. Mas é milagre que um homem morto volte a viver, porque isso nunca foi observado em nenhuma era ou país.

Logo, "é mais provável que todos os homens devam morrer" (*Investigação*, 10.1.122).

Há outros problemas com o conceito de Hume de somar eventos para determinar a verdade. Mesmo que algumas ressurreições tenham *realmente acontecido*, segundo os princípios de Hume não se deve acreditar nelas. No entanto, a verdade não é determinada pela maioria de votos. Hume comete um tipo de *consensus gentium* que é uma falha lógica informal argumentar que algo é verdadeiro porque é aceito pela maioria das pessoas.

Esse argumento na verdade iguala "evidência" e "probabilidade". Ele diz, na realidade, que a pessoa deve sempre acreditar no que é mais provável, no que tem as maiores chances. Portanto, não se deve acreditar que nos dados lançados saíram três seis no primeiro lançamento. As chances de isso acontecer, afinal, são de 216 para uma. Ou uma pessoa não deve acreditar que recebeu um jogo perfeito de bridge (o que já aconteceu), já que a probabilidade de isso acontecer é de uma em 1 635 013 559 600! Hume ignora o fato de pessoas sábias basearem crenças em *fatos*, não em probabilidades. Às vezes a probabilidade contra um evento é alta (baseada na observação anterior de eventos semelhantes), mas a evidência a favor do evento é boa (baseada na observação corrente ou testemunho desse evento).

A idéia de Hume de "somar" evidências elimina a crença em qualquer tipo de evento incomum ou singular. Richard Whately satirizou a tese de Hume no panfleto *Historical doubts concerning the existence of Napoleon Bonaparte* [*Dúvidas históricas quanto à existência de Napoleão Bonaparte*]. Já que as conquistas de Napoleão são tão fantásticas, tão extraordinárias, tão inéditas, nenhuma pessoa inteligente deve acreditar que tais eventos aconteceram. Depois de relatar os feitos militares maravilhosos e incomparáveis de Napoleão, Whately escreveu: "Alguém acredita em tudo isso e ainda se recusa a acreditar num milagre? Ou melhor, o que é isso a não ser um milagre? Isso não é uma violação das leis da natureza?". Se o cético não nega a existência de Napoleão, "deve pelo menos reconhecer que não aplica a essa pergunta o mesmo raciocínio que usa com outras" (Whately, p. 274, 290).

Finalmente, o argumento de Hume leva a conclusões forçadas. Tenta demonstrar que uma pessoa não deve acreditar num milagre *mesmo que ele aconteça*! Isso porque argumenta não que milagres não aconteceram, mas que não devemos *acreditar* que ocorreram por ser a evidência do comum sempre maior que a do raro. Com essa lógica, se um milagre realmente acontecesse — por mais raro que seja —, mesmo assim a pessoa não deveria acreditar nele. Há algo claramente absurdo nessa afirmação de que um evento deve ser desacreditado, mesmo que a pessoa saiba que aconteceu.

Negação uniforme dos milagres. Alguém pode eliminar a crença em eventos atuais baseado na evidência de eventos passados? Parece que Hume quer que cada pessoa sábia creia de antemão que milagres nunca aconteceram, não acontecem e nunca acontecerão. Antes de examinar a evidência, a pessoa deve revestir-se do testemunho padronizado e "inalterável" do uniformismo. Somente abordando o mundo com um preconceito invencível contra qualquer coisa que não tenha sido pessoalmente conhecida no passado é que todas as afirmações do miraculoso podem ser descartadas.

Hume reconheceu a falha de seu raciocínio quando argumentou que, com base na conformidade passada, nada pode ser considerado verdadeiro com relação ao futuro. Não podemos sequer saber se o sol nascerá amanhã (*Resumo do tratado da natureza humana*, p. 14-16). Logo, o fato de Hume negar milagres futuros baseado na experiência passada é incoerente com seus princípios e uma violação do próprio sistema.

Se fosse verdadeiro que nenhuma exceção atual pudesse anular "leis" baseadas na experiência uniforme do passado, não haveria progresso no conhecimento científico do mundo. Pois exceções estabelecidas ou repetidas de padrões passados são exatamente o que força a mudança na crença científica. Quando a exceção observada de uma "lei" passada é estabelecida, essa "lei" é revista, se possível, para explicar a exceção. Uma nova "lei" a substitui. Foi exatamente isso que aconteceu quando certas "exceções" espaciais, mas repetidas, da lei da gravidade de Newton foram encontradas, e a teoria da relatividade de Einstein foi considerada mais ampla e adequada. As exceções das "leis" têm um valor heurístico (de descoberta); são estímulos ao progresso de nosso conhecimento acerca do universo. Assim, o que é verdadeiro com relação a exceções repetidas que exigem uma explicação natural também é verdadeiro com relação a exceções não-repetidas, que indicam uma explicação sobrenatural.

Falta de testemunhas confiáveis. Hume também argumentou contra o testemunho a favor de milagres, na prática. Já demonstramos que tentativas *a priori* de eliminar milagres falham, assim só restam argumentos *a posteriori*. Hume alega que não há evidência suficiente para confirmar os milagres do NT. Ele enumera vários argumentos que, se verdadeiros, excluiriam a credibilidade das testemunhas do NT.

Hume diz:

Não se encontra, em toda a história, nenhum milagre confirmado por um número suficiente de homens de bom senso, educação e erudição inquestionáveis para nos proteger contra toda ilusão a seu respeito.

E não há testemunhas suficientes de "integridade tão certa, que as coloque acima de suspeita de qualquer conspiração para enganar outros". E elas não são "de crédito e reputação suficientes aos olhos da humanidade para terem muito a perder caso seja detectada nelas alguma falsidade". Finalmente, os supostos milagres também não foram "realizados de maneira tão pública e numa parte tão celebrada do mundo de modo a tornar o seu reconhecimento inevitável" (*Resumo do tratado da natureza humana*, p. 124).

"A forte propensão da humanidade ao extraordinário e maravilhoso [...] deve despertar razoável suspeita contra todas as relações desse tipo." E "se o espírito da religião se unir ao amor pelo extraordinário, chega-se ao fim do bom senso", escreveu Hume (ibid., p. 125-6).

Os milagres e os ignorantes. Hume acredita que o argumento favorável aos milagres está prejudicado porque "eles foram observados principalmente entre nações ignorantes e bárbaras". Os que encontram quem neles acredite em países civilizados, ele acrescentou, em geral os encontram originalmente entre os que têm "ancestrais ignorantes e bárbaros". Além disso, "as vantagens são tão grandes de causar uma impostura entre pessoas ignorantes que [...] se tem assim a probabilidade muito maior de sucesso em países remotos do que se a primeira cena tivesse acontecido numa cidade reconhecida pelas artes e erudição" (ibid., p. 126-8).

"No todo, então, parece que nenhum testemunho de nenhum tipo de milagre jamais resultou em probabilidade, muito menos prova." Além disso, "mesmo supondo que resultasse em prova, seria confrontado por outra prova derivada da própria natureza do fato que se esforçasse para estabelecer" (ibid., p. 137).

Avaliação. Apesar de Hume sugerir que estava aberto para a evidência real do milagre caso ela alcançasse seus padrões de pureza, logo se suspeita que as regras de evidência foram adulteradas de forma a eliminar as reivindicações de credibilidade de qualquer milagre.

Hume chega a admitir sinceramente que nenhum número de testemunhas o convenceria de um milagre. Ao falar do que considerava serem milagres altamente comprovados entre os jansenistas de sua época, Hume escreveu: "E o que temos para opor a tamanha multidão de testemunhas além da *absoluta impossibilidade* da natureza milagrosa dos eventos que relatam?". Tal impossibilidade, acrescenta, deve ser suficiente "aos olhos de pessoas racionais" (ibid., p. 133; grifo do autor). Não importa quantas testemunhas forem dadas para esses eventos "absolutamente impossíveis", nenhuma "pessoa racional" acreditará nelas. Se for esse o caso, Hume ainda está abordando todo evento milagroso, por mais bem comprovado que seja, com um preconceito naturalista *a priori* incurável. Todo discurso de verificação da credibilidade das testemunhas é antissobrenaturalismo pobremente disfarçado.

Esse preconceito demonstra que o argumento de Hume divide-se em duas direções. O conhecimento da natureza humana também revela preconceitos contra a aceitação de milagres.

A posição de Hume também é incoerente. Ele não permitiu o testemunho a favor dos milagres, mas permitiu o testemunho dos que viram água congelada, rejeitando o testemunho dos que não tinham visto. Mas por que permitir o testemunho para um evento e não para outro? Ele não pode responder que é porque os outros viram água congelada, pois isso é uma petição de princípio. O problema é que uma tribo tropical nunca a viu, então por que devem aceitar o testemunho de um estrangeiro que diz tê-la visto, não importando quantas vezes a viu? Milagres aconteceram mais de uma vez. Além disso, segundo os próprios princípios de Hume, mesmo que alguém tenha visto água congelar apenas uma vez e andou e escorregou nela, isso seria suficiente para saber que aconteceu. Todavia, o mesmo se aplica ao milagre. Apenas o preconceito anti-sobrenaturalista impediria a pessoa de considerar honestamente o testemunho confiável sobre sua ocorrência.

Hume aparentemente não está ciente da forte evidência histórica a favor da confiabilidade dos documentos bíblicos e das testemunhas (v. Bíblia, evidências da; Novo Testamento, historicidade do). Pelo menos, ele a ignora. No entanto, os milagres bíblicos não podem ser descartados sem uma investigação detalhada. Por isso ninguém deve descartar a possibilidade desses milagres antes de examinar a evidência a favor deles.

Testemunhas do NT e os critérios de Hume. Hume descreveu os critérios básicos que considerava necessários para testar a credibilidade das testemunhas (ibid., p. 120). Eles são discutidos no artigo testemunhas, critérios de Hume para. Podem ser resumidos em quatro perguntas:

1. As testemunhas se contradizem?
2. Há número suficiente de testemunhas?
3. As testemunhas foram honestas?
4. Elas eram tendenciosas?

As testemunhas não se contradizem. Centenas de supostas contradições nos evangelhos foram avaliadas e consideradas falhas por teólogos, inclusive Gleason Archer, John Haley, William Arndt e outros (v. algumas dessas defesas na lista de fontes deste artigo). O erro não está no evangelho, mas no procedimento usado pelo crítico. Para um estudo de exemplos de acusações, v. Bíblia, supostos erros na. Os depoimentos das testemunhas do NT nunca são contraditórios (v. Bíblia, supostos erros na). Cada um conta uma parte crucial e complementar da história inteira.

É verdade que existem pequenas discrepâncias. Um relato (Mt 28.2-5) diz que havia um anjo no túmulo na manhã da ressurreição de Jesus; João diz que eram dois anjos (Jo 20.12). Deve-se notar sobre esses tipos de discrepâncias que elas são conflitantes, mas não contradições irreconciliáveis. Mateus não diz que havia *apenas* um anjo ali; isso seria uma contradição. Provavelmente numa hora havia um, e depois havia um segundo anjo no local. Conflito em detalhes é o que se deve esperar de testemunhas autênticas e independentes. Qualquer juiz perceptivo que ouviu várias testemunhas darem testemunhos idênticos suspeitaria de fraude (v. evangelhos, historicidade dos).

O número de testemunhas é suficiente. Os 27 livros do NT foram escritos por testemunhas oculares ou contemporâneas dos eventos que registraram. Seis desses livros são cruciais para a verdade dos milagres do NT: Mateus, Marcos, Lucas, João, Atos e 1 Coríntios. Todos esses livros testemunham o milagre da ressurreição. Até mesmo teólogos críticos reconhecem agora que esses livros são documentos do século I, a maioria escrita antes de 70 d.C, enquanto os contemporâneos de Cristo ainda viviam. Praticamente todos os teólogos reconhecem que 1 Coríntios foi escrita pelo apóstolo Paulo por volta de 55 ou 56 d.C., pouco mais de duas décadas após a morte de Cristo. Esse é um testemunho poderoso a favor da realidade do milagre da ressurreição. É um documento bem antigo. Foi escrito por uma testemunha ocular do Cristo ressurreto (15.8; At 9.3-8). Faz referência a mais de quinhentas testemunhas oculares da ressurreição (15.6), enfatizando que a maioria delas ainda estava viva (v. 6). Qualquer leitor imediato de 1 Coríntios poderia comprovar a confiabilidade da evidência da ressurreição.

As testemunhas eram honestas. Poucos questionam o fato de que o NT oferece um grande padrão de moralidade baseado no amor (Mt 22.36,37) e piedade interior (Mateus 5—7). Os apóstolos de Jesus repetiram esse ensinamento nas suas obras (p.ex, Rm 13.1; 1Co 13; Gl 5). Suas vidas exemplificaram seu ensinamento moral. A maioria morreu pelo que acreditava (2Tm 4.6-8; 2Pe 1.14), sinal inconfundível de sua sinceridade.

Além do ensinamento de que a verdade é um imperativo divino (Ef 4.15,25), é evidente que os autores do NT eram escrupulosos ao registrá-lo. Pedro declarou: "De fato, não seguimos fábulas engenhosamente inventadas, quando lhes falamos a respeito do poder e da vinda de nosso Senhor Cristo" (2Pe 1.16). O apóstolo Paulo insistiu: "Não mintam uns aos outros" (Cl 3.9).

Onde quer que as afirmações dos autores do NT coincidam com as descobertas de historiadores e arqueólogos, provam ser precisas (v. ARQUEOLOGIA DO NOVO TESTAMENTO). O arqueólogo Nelson Glueck conclui:

> Pode-se afirmar categoricamente que nenhuma descoberta arqueológica jamais contestou uma referência bíblica. Inúmeras descobertas arqueológicas foram feitas que confirmam em geral ou em detalhe exato as afirmações da Bíblia (p. 31).

Millar Burrows observa que "vários arqueólogos viram seu respeito pela Bíblia aumentar por causa da experiência de escavações na Palestina" (Burrows, p. 1). Não há sinal de que os autores do NT tenham falsificado os fatos relativos à questão. Seu testemunho seria considerado válido por qualquer júri sem preconceito. Como concluiu o grande especialista de Harvard, Simon GREENLEAF, seu testemunho não demonstra nenhum sinal de perjúrio.

As testemunhas não eram tendenciosas. Há razão para crer que as testemunhas dos milagres de Cristo, principalmente o de sua ressurreição, não estavam predispostas a acreditar nos eventos sobre os quais deram testemunho. Os próprios apóstolos não acreditaram quando as mulheres relataram o que acontecera (Lc 24.11). Mesmo alguns discípulos que viram a Cristo demoram a crer (Lc 24.25). Na verdade, quando Jesus apareceu para dez apóstolos e mostrou suas feridas da crucificação, "não creram ainda, tão cheios estavam de alegria e de espanto..." (Lc 24.41). E, mesmo depois de ficarem convencidos ao ver Jesus comendo, seu companheiro ausente, Tomé, protestou que não acreditaria se não pusesse o dedo nas feridas das mãos e do lado de Jesus (Jo 20.25).

Jesus também apareceu para incrédulos, especificamente para seu meio-irmão cético, Tiago (Jo 7.5; 1Co 15.7) e para um judeu fariseu chamado Saulo de Tarso (At 9). Se Jesus tivesse aparecido para os que acreditam ou tendessem a acreditar, poderia haver legitimidade na acusação de que as testemunhas estavam predispostas a crer. Mas aconteceu o oposto.

As testemunhas da ressurreição não lucraram pessoalmente por seu testemunho acerca da ressurreição. Elas foram perseguidas e ameaçadas (v. At 4, 5 e 8). A maioria dos apóstolos foi martirizada. Mas, mesmo diante da morte, proclamaram e defenderam a ressurreição. E as testemunhas não devem ser descartadas só porque têm interesse no que aconteceu. Caso contrário, não deveríamos aceitar o testemunho de sobreviventes do Holocausto, e aceitamos. A questão é se há evidência de que estavam falando a verdade.

Afirmações incoerentes. Hume afirma que "Todo milagre, portanto, que se pretende ter sido feito em qualquer uma dessas religiões (e todas elas falam em milagres) [...] tem a mesma força, apesar de mais indiretamente, para derrubar todos os outros sistemas".

Todavia, segundo Hume, esses milagres não atingem sua meta. Antes, "ao destruir um sistema rival, ele [o milagre] também destrói o crédito dos milagres sobre os quais esse sistema foi estabelecido" (Hume, p. 129-30). Já que todas as religiões têm os mesmos tipos de milagres, nenhum deles estabelece a veracidade de suas doutrinas. Eles se cancelam como testemunhos da verdade.

Há, no entanto, vários problemas significativos com o argumento de Hume baseado na natureza incoerente das reivindicações de milagres.

Todas as reivindicações de milagres são iguais? Hume supõe equivocadamente que todos os milagres são iguais. Isso é contrário aos fatos. Alguns obviamente referem-se a anomalias naturais ou curas psicossomáticas. Principalmente nas religiões orientais e da Nova Era, ocorrências sobrenaturais geralmente são truques (v. MILAGRES, MÁGICA E). No caso das profecias, sua precisão é muito baixa para ser levada a sério. Há uma grande diferença entre andar sobre brasas e andar sobre a água, como Jesus fez (Jo 6). Há uma diferença entre curar alguém de enxaqueca e curar um cego de nascença, como Jesus fez (Jo 9). Curandeiros de todas as religiões levantam doentes, mas Jesus levantou os mortos (Jo 11).

Todas as testemunhas são igualmente confiáveis? O raciocínio de Hume supõe que a credibilidade das testemunhas para as reivindicações de milagres em todas as religiões seja a mesma. Os milagres do NT são comprovados por testemunhas oculares contemporâneas. As histórias islâmicas de milagres aparecem gerações mais tarde (v. MAOMÉ, SUPOSTOS MILAGRES DE). Alguns apresentam testemunhas dignas de crédito, outros não. A credibilidade de cada testemunha de um milagre deve ser avaliada por seus méritos. Decididamente não são iguais.

Avaliação. Ao invés de refutar os milagres do NT, o terceiro argumento de Hume de que as histórias de milagres de todas as religiões são igualmente (não)confiáveis apóia a autenticidade dos milagres bíblicos. Pois a superioridade das testemunhas cristãs é um argumento válido contra as reivindicações não-cristãs de milagres. Podemos reafirmar o argumento dessa maneira:

1. Todas as religiões não-cristãs (que reivindicam milagres) são apoiadas por reivindicações semelhantes de "milagres" (tanto na sua natureza quanto nas suas testemunhas).
2. Mas nenhum desses "milagres" tem um testemunho forte o suficiente para sustentar valor evidencial, portanto eles se auto-anulam.
3. Logo, nenhuma religião não-cristã é apoiada por milagres.

Nesse caso, podemos argumentar que apenas o cristianismo é divinamente confirmado como verdadeiro.

1. Apenas o cristianismo tem reivindicações singulares de milagres confirmadas por testemunho suficiente.
2. O que tem confirmação milagrosa singular das suas reivindicações é verdadeiro (ao contrário das posições opostas).
3. Logo, o cristianismo é verdadeiro (ao contrário das posições opostas).

Os milagres de Jesus foram instantâneos, sempre bem-sucedidos e singulares. Os supostos operadores de milagres que afirmam sucesso parcial só realizam curas psicossomáticas, empregam truques, fazem sinais satânicos ou promovem outros eventos naturalmente explicáveis. Nenhum curandeiro contemporâneo sequer afirma curar todas as doenças (inclusive as "incuráveis") instantaneamente, com 100% de sucesso. Jesus e seus apóstolos o fizeram. Isso é único e posiciona esses milagres contra todas as reivindicações opostas de outras religiões. Se os milagres bíblicos são singulares, confirmam as reivindicações de verdade ligadas a eles (Êx 4.1s.; 1Rs 18.1s.; Jo 3.2; At 2.22; 14.3; Hb 2.3,4). Todos os outros supostos milagres são, como o argumento de Hume demonstra, incoerentes.

Argumentos a partir da analogia. Ernst Troeltsch (1865-1923) estabeleceu a regra da analogia: A única maneira de conhecer o passado é pela analogia no presente. Isto é, o desconhecido do passado só é revelado pelo que se conhece no presente. Com base nisso, alguns argumentam que, já que nenhum milagre ocorre no presente, tais como os milagres que alegam ter ocorrido no passado, conclui-se que o método histórico adequado elimina o miraculoso.

Troeltsch usou o "princípio da analogia", e Antony Flew um princípio semelhante da "história crítica" contra os milagres. Essas teorias são examinadas extensamente no artigo Troeltsch, Ernst, portanto serão comentadas apenas em termos gerais aqui.

O "princípio da analogia" de Troeltsch. Esse princípio, segundo Troeltsch, afirma que, "sem uniformidade no presente, não podemos saber nada sobre o passado" (*Historicism and its problems* [*O historicismo e seus problemas*]). Com base nesse princípio, Troeltsch e outros insistiram em que nenhuma evidência ou testemunha é adequada para estabelecer milagres (Becker, p. 12-3).

Esse argumento não declara que nenhum desses milagres relatados na Bíblia ocorreu. A afirmação, na verdade, é que eles não são historicamente cognoscíveis, quer tenham ocorrido, quer não. A maioria concordaria em que nenhum desses milagres, como um nascimento virginal, andar sobre a água ou ressuscitar os mortos, ocorre hoje; assim, pela analogia de Troeltsch, não é possível saber se tais eventos ocorreram.

"História crítica" de Flew. A "história crítica" de Flew é semelhante. Flew afirma que os restos do passado não podem ser interpretados como evidência histórica, a não ser que suponhamos que as mesmas regularidades básicas existentes naquela época sejam verificadas hoje. O historiador deve julgar a evidência do passado pelo conhecimento pessoal do que é provável ou possível (p. 350).

Flew concluiu que o historiador crítico descarta sumariamente histórias de milagres, classificando-as como impossíveis e absurdas (ibid., p. 352). A impossibilidade, acrescenta Flew, não é lógica, mas física. Milagres são possíveis na teoria, mas na prática transgridem as leis naturais que simplesmente nunca são transgredidas.

Avaliação do argumento histórico. Troeltsch e Flew tentam eliminar a *cognoscibilidade* por meio do que Flew chama "história crítica". Além disso, o argumento (como Flew admite) segue a forma básica do anti-sobrenaturalismo de Hume, criticado anteriormente. Todos esses argumentos supõem que, para ser crítico e histórico, é preciso ser anti-sobrenatural. Segundo essa posição, a mente fechada é pré-requisito para fazer um estudo histórico "crítico".

O princípio de que o presente é a chave do passado ou de que o passado é conhecido pela analogia com o presente é válido, porque as pessoas vivas no presente não têm acesso direto ao passado. Deve-se presumir que os tipos de causas que reconhecidamente produzem certos tipos de efeitos no presente também produziram tipos semelhantes de efeitos no passado.

Mas esse princípio não elimina a crença confiável em milagres no passado, mesmo que nenhum desses milagres exista no presente. Há falácias envolvidas no argumento histórico.

Uniforme ou uniformista? Troeltsch e Flew confundiram os princípios da *uniformidade* (analogia) e do *uniformismo*. Eles supuseram que todos os eventos passados apresentam-se uniformemente hoje. Isso não só é uma suposição, como também não confere com o que os cientistas naturalistas acreditam sobre as origens. Todos os cientistas acreditam que a origem do universo e a origem da vida são eventos singulares e não-repetíveis (v. ORIGENS, CIÊNCIA DAS). Mas se o passado pode ser conhecido apenas em termos de processos ativos agora, então não há base científica para conhecê-los. Outro problema com o uniformismo é que os processos mudam. Uniformistas geológicos não explicam catástrofes, mudanças climáticas, deslocamentos da crosta terrestre e outros fatores que possam ter alterado forças geológicas.

O uniformismo supõe ilogicamente que não houve singularidades passadas. Embora o conhecimento do passado seja *baseado em* analogias do presente (uniformidade), o *objeto de* tal conhecimento pode ser uma singularidade. Arqueólogos podem saber com base na analogia que apenas seres inteligentes podem fazer pontas de projéteis. Mas a manufatura de uma única ponta de lança por determinado artesão em determinada tribo também pode ser estudada em si. O que se pode aprender sobre esse evento passado singular pode tornar-se conhecimento atual — uma base para analogia quando outras pontas de lança forem descobertas. Pela analogia, cientistas aprenderam que certos níveis de complexidade específica originam-se apenas em seres inteligentes.

A analogia devidamente interpretada considera confiável a possibilidade de alguns eventos no passado terem uma causa sobrenatural inteligente. Mesmo sem analogia com o presente, há boa evidência de que o universo teve um princípio (v. BIG-BANG) e uma causa sobrenatural inteligente.

Alegação especial. O argumento histórico contra os milagres alega especialmente que a evidência de eventos individuais não pode ser permitida, a não ser que os eventos sejam repetidos. Isso favorece a evidência para todos os eventos que ocorram regularmente, em detrimento dos eventos específicos em questão. Essa não é uma regra normal de evidência. Além disso, alega que nenhum milagre ocorreu, pode ocorrer e jamais ocorrerá no mundo atual. Flew e Troeltsch simplesmente não são oniscientes para saber se sua suposição é verdadeira.

Petição de princípio. Flew também comete, na prática, uma petição de princípio quando afirma que os milagres são "absolutamente impossíveis" e que o pensador crítico os descarta "sumariamente". Mas por que um pensador crítico seria tão preconceituo contra a realidade histórica do milagre? Por que se deve começar a metodologia armada contra certos eventos passados, antes de analisar as evidências?

Prejudicando o progresso científico. Posições uniformistas têm prejudicado o progresso da ciência. A teoria do *big-bang* é um exemplo. O astrofísico Arthur Eddington referiu-se a esse princípio especial e explosivo do universo com as palavras "repugnante", "absurdo" e "inacreditável" (Jastrow, p. 112). Albert Einstein cometeu um erro matemático por ter certeza de que o *big-bang* era "tolice" (ibid., p. 28).

A evidência é tão convincente que muitos cientistas agora acreditam que os átomos básicos de hidrogênio do universo foram criados em milésimos de segundo. A maioria dos astrônomos hoje aceita a realidade de uma grande explosão inicial. Aqui está uma singularidade que pela própria natureza não pode ser repetida. Mas é uma teoria viável das origens e um objeto adequado da ciência, embora os cientistas tivessem de ser arrastados até ela, já que de fato tem implicações teístas definitivas.

Apelando para o geral a fim de eliminar o específico. Um tipo estranho de lógica age no argumento histórico. É preciso julgar todos os eventos específicos (especiais) do passado com base nos eventos gerais (regulares) do presente. Por que não usar eventos especiais do presente como analogia para eventos especiais do passado? Existem "anomalias" únicas e específicas. Do ponto de vista estritamente científico, o milagre é como a anomalia. Aqui o argumento histórico usa uma alegação especial. Nem Troeltsch nem Flew permitem que a evidência explique eventos *específicos*, em lugar da evidência de categorias gerais de eventos. Existem muitos mais eventos regulares e repetidos que eventos não-repetidos. Não há evidência para o não-repetido. É como recusar-se a acreditar que alguém ganhou na loteria porque milhares perderam. Com esse mesmo raciocínio, o filósofo contemporâneo Douglas K. Erlandson argumenta que a lei científica, como tal, lida com classes gerais de eventos, enquanto o sobrenaturalista lida com eventos que não se encaixam nas classes gerais. A crença em algo não prejudica a crença em outra coisa (Erlandson, p. 417-28).

Forçando a argumentação. Os argumentos históricos provam que a maior parte do que os naturalistas acreditam sobre o passado não pode ser verdadeiro. Como Richard WHATELY demonstrou em sua famosa sátira do ceticismo naturalista de Hume (Whately, p. 224, 290), se é preciso rejeitar os eventos singulares no passado porque não há analogia com o presente, então a incrível história de Napoleão deve ser rejeitada.

Não é crítica o suficiente. Na verdade, a "história crítica" não é crítica o suficiente. Ela não critica a aceitação irrazoável das pressuposições que eliminam conhecimento histórico válido. Longe de ser aberto para evidências, seu naturalismo elimina com antecedência qualquer interpretação miraculosa dos eventos no passado. Ela *legisla* sobre o significado, em vez de *procurá-lo*.

Argumentos da ciência. Desde a origem da ciência moderna, é comum afirmar que os milagres não são científicos. Alguns críticos opõem-se a milagres porque são considerados contrários à própria natureza do procedimento científico de lidar com eventos irregulares ou excepcionais. Eles insistem em que, quando os cientistas se deparam com um evento irregular ou anômalo, não supõem um milagre. Ampliam seu conhecimento acerca dos processos naturais de modo a incluir esse evento. Fazer o contrário seria abandonar o método científico. Alguns argumentos incluem:

Ninian Smart. Ninian Smart declara que nada na natureza pode estar fora dos limites da exploração, caso contrário invalidaria a pesquisa científica. Mas a crença de que certos eventos são milagrosos cria uma barreira para a ciência. Logo, aceitar milagres viola o campo de ação da ciência (Smart, cap. 2). O argumento pode ser assim resumido:

1. O milagre é a exceção da lei natural.
2. Na ciência, exceções são estímulos para encontrar uma explicação melhor, não uma indicação para parar a pesquisa.
3. Logo, aceitar milagres impede o progresso científico.

Portanto, o milagre jamais pode ser identificado como evento irregular ou anomalia. Pelo contrário, pede mais pesquisa. Quando a lei natural não explica a exceção, os cientistas não abandonam o barco; examinam novamente, com mais profundidade. A exceção para uma descrição científica (L1) pode estar incluída na descrição mais ampla (L2).

Patrick Nowell-Smith. A afirmação do sobrenaturalista de que um evento é um milagre porque não pode ser explicado em termos de leis científicas incomoda Patrick Nowell-Smith.

Podemos acreditar nele [no sobrenaturalista] quando diz que nenhum método científico conhecido explicará o evento [...] Mas dizer que é inexplicável como resultado de agentes naturais já está além de sua competência como cientista, e dizer que deve ser atribuído a agentes sobrenaturais é dizer algo que ninguém poderia ter o direito de afirmar baseado somente na evidência (Nowell-Smith, 245-6).

Por mais estranho que um evento seja, argumenta, não deve ser atribuído ao sobrenatural, porque futuros cientistas poderão explicá-lo. No passado, o vôo do zangão não podia ser explicado pela lei natural. No entanto, os princípios dessa ocorrência muito natural foram revelados na descoberta de reservas de energia nas células da abelha chamadas *mitocôndrias*, que possibilitam o vôo pelo movimento rápido das asas. O argumento pode ser assim descrito:

1. O que não tem explicação científica não é necessariamente cientificamente inexplicável.
2. Milagres não têm explicação científica.
3. Milagres não são cientetificamente inexplicáveis.

Uma explicação é considerada científica, segundo Nowell-Smith, se uma hipótese da qual previsões podem ser feitas pode ser comprovada mais tarde (ibid., p. 249). Além disso, a explicação deve descrever como o evento acontece.

Nessa definição, milagres "legítimos" devem ser explicáveis por leis que podem ser declaradas. Caso contrário, o evento pode ser explicado.

Se podemos detectar qualquer ordem nas intervenções de Deus, deve ser possível extrapolar da maneira comum e prever quando ou como um milagre ocorrerá (ibid., 251).

Nowell-Smith desafia os sobrenaturalistas a considerar se a idéia de explicação não inclui necessariamente hipótese, previsão e pensamento sobre a possibilidade de o "sobrenatural" fazer parte dela (ibid., p. 253).

Se alegarem que ele está apenas redefinindo o "natural" para incluir milagres, Nowell-Smith responde:

Concederei o seu sobrenatural, se isso é tudo que significa. Pois o sobrenatural não será nada além de um novo campo para a pesquisa científica, um campo tão diferente da física quanto a física é da psicologia, mas não diferente em princípio nem exigindo qualquer método não-científico (ibid.).

Isso pode ser assim resumido:

1. Somente o que tem capacidades preditivas pode ser considerado a explicação de um evento.
2. A explicação miraculosa não pode fazer previsões comprováveis.
3. Logo, a explicação miraculosa não pode ser considerada explicação do evento.

As implicações desse raciocínio são que explicações miraculosas devem tornar-se científicas ou deixar de ser explicações. Assim, um milagre é metodologicamente não-científico. Isso é contrário à maneira científica de explicar eventos, maneira que sempre envolve a habilidade de prever eventos semelhantes. Além disso, Nowell-Smith nega que a racionalidade seja necessária para explicar qualquer anomalia na natureza. No final, tudo o que acontece deve ser explicado como resultado da lei natural.

Alistair McKinnon. Outro oponente dos milagres, Alistair McKinnon (v. outro argumento de McKinnon no artigo MILAGRE) apresenta o argumento da lei científica da seguinte maneira:

1. Uma lei científica é uma generalização baseada na observação passada.
2. Qualquer exceção a uma lei científica anula essa lei como tal e exige uma revisão dela.
3. Um milagre é uma exceção a uma lei científica.
4. Logo, qualquer dito "milagre" exigiria uma revisão da atual lei científica.

Para McKinnon, um milagre deve ser considerado um evento natural sob uma nova lei, que o incorpora à sua explicação natural. Leis são como mapas, e mapas nunca são violados; são revistos quando se descobre que estão errados.

Malcolm Diamond. Outros tentaram argumentar que milagres se opõem à metodologia científica. Por exemplo, Malcolm Diamond, professor de filosofia na Universidade de Princeton, insiste em que é desastroso aceitar exceções milagrosas a leis científicas. Se aceitarem algumas exceções como sendo sobrenaturais,

o desenvolvimento científico será impedido ou irá tornar-se algo completamente volúvel, porque seria necessariamente

uma questão de capricho: o investigador iria ou não invocar o conceito de milagre (Diamond, p. 317).

Diamond vê dois problemas com o sobrenaturalismo. Primeiro, exceções não devem interromper a pesquisa científica. Elas são, na verdade, estímulos para maior estudo. Segundo, exceções não devem ser necessariamente chamadas milagres. O que é estranho prova que Deus existe? Se não prova, como distinguir o incomum do sobrenatural?

Segundo Diamond,

permitir a possibilidade de explicações sobrenaturais para ocorrências naturalmente observáveis é algo que, na verdade, levaria cientistas ativos a abandonar a iniciativa científica [...] Esses cientistas não poderiam investigar [o milagre]. Como cientistas, não seriam capazes de determinar se a exceção era sobrenatural (ibid., p. 320).

Os cientistas devem operar com autonomia. Devem estabelecer as próprias regras e arbitrar seus próprios jogos. Logo, apesar de nada impedir logicamente um cientista de aceitar uma interpretação sobrenatural para um evento totalmente extraordinário, os cientistas estariam liquidando a ciência.

Diamond conclui:

A resposta que darei a favor da interpretação naturalista é pragmática. Ela recomenda confiança nas explicações científicas sem fingir ser uma refutação conclusiva do sobrenaturalismo (ibid.).

O esboço desse argumento é pragmático, baseado na autonomia do método científico:

1. Os cientistas, por serem cientistas, não podem deixar de buscar explicações naturalistas para todo evento.
2. Admitir um único milagre é deixar de buscar uma explicação natural.
3. Logo, admitir milagres é deixar de ser um cientista.

Avaliação. Ao contrário de outros argumentos contra os milagres, a objeção científica não tenta provar que eles são impossíveis ou mesmo inacreditáveis. Se bem-sucedida, ela demonstraria que milagres não são identificáveis pelo método científico. Isso abre a possibilidade de haver outras maneiras de identificar um milagre. Se por definição o método científico lida apenas com determinada classe de eventos (os repetíveis), então eventos singulares como os milagres não podem ser identificados pelo método científico. Mas o que tal argumento não prova é que milagres não acontecem ou que não há outra maneira de identificá-los. E também não demonstra que não há outra maneira de identificar um método científico pelo qual um milagre possa ser identificado, pelo menos em parte.

Anomalias e o método científico. Mesmo o procedimento científico que lida com eventos repetíveis e regulares permite eventos excepcionais que não exigem a explicação de outra lei natural. Um cientista que depara com uma anomalia não revisa automaticamente as leis antigas. Se a exceção não é repetível, não há direito de usá-la como base para uma nova lei. É inadequado exigir que *todos* os eventos excepcionais sejam naturalmente causados, mas apenas que eventos repetíveis sejam explicáveis. Portanto, no milagre não-repetível não há violação do direito de um cientista praticar a ciência.

A ciência normalmente lida com regularidades, não com singularidades. Não se pode esperar que um método equipado para lidar com regularidades elimine a viabilidade científica de um milagre.

Uma abordagem científica do mundo não é limitada a eventos. Existem abordagens científicas legítimas que lidam com eventos singulares, que até sobrenaturalistas apóiam.

Mesmo o método científico admite exceções ou anomalias, e nenhum cientista reexamina as leis naturais tomando por base uma única exceção. A não ser que o cientista possa demonstrar que está lidando com uma parte regular e repetível da natureza, ele não tem base para criar uma nova lei natural. Não há razão pela qual um milagre não possa encaixar-se na categoria ampla do anômalo, mesmo no sentido geral do método científico.

É claro que um milagre compreende mais que mera anomalia. Existem indícios da atuação "divina". Entretanto, mesmo a partir da abordagem estritamente científica, que lida com regularidades, não é possível eliminar legitimamente a possibilidade de se identificar um milagre. Argumentar que toda exceção a uma lei natural exige outra explicação natural é simplesmente uma petição de princípio. Tal argumento vai além da ciência e revela um preconceito naturalista (v. MATERIALISMO; NATURALISMO).

Como insistem os teístas, se há um Deus, ele não pode ser mantido fora de sua criação. Se ele tem a habilidade de criar o universo, tem o poder de produzir atos excepcionais ocasionais, mas naturalmente não-repetíveis no seu mundo. A única maneira eficaz de refutar milagres é refutar a Deus (v. DEUS, SUPOSTAS REFUTAÇÕES DE).

Confusão de categorias. Até alguns naturalistas admitiram que esse é um argumento *a priori* que pode ser refutado pela observação de que uma exceção a uma lei científica sobrenaturalmente causada não a anula. Leis científicas expressam regularidades. Um milagre é exceção especial e não-repetível (Diamond, p. 316-7). Uma exceção não-repetível não exige a revisão de uma lei natural. Mais provavelmente deveria ser atribuída à observação falha. Do ponto de vista estritamente científico, uma exceção não-repetível é apenas isso — uma exceção a leis científicas conhecidas. Se, sob condições específicas, a anomalia ocorrer de novo, o cientista tem o direito de chamá-lo evento natural. Nesse caso, as anomalias devem ser indicadores para o desenvolvimento de uma lei natural mais geral.

Os milagres, no entanto, não são resultado de leis naturais. São causados por ações intencionais de agentes racionais, Deus e seus representantes. A ação da vontade é o que não pode ser repetido e, portanto, coloca milagres fora do âmbito da observação científica. Um milagre acontece porque Deus quer. Não é possível programar Deus para "querer isso" novamente, a fim de que os cientistas possam acompanhar. Os milagres não mudam nosso conceito sobre as leis científicas, apenas acontecem fora delas.

Já que os milagres são exceções não-repetíveis de leis conhecidas, eles deixam as leis naturais intactas e, portanto, não são não-científicos. Smart escreveu: "Milagres não são experimentais, repetíveis. São eventos específicos, peculiares [...] Não são leis menores. Conseqüentemente, não destroem leis maiores".

Petição de princípio. Se objeções científicas têm como alvo eliminar a aceitação de milagres por uma pessoa racional, não são bem-sucedidas. Elas claramente usam uma petição de princípio ao insistir em que todo evento na natureza deve ser considerado um evento natural. Pois se de tudo que acontece — por mais não-repetível que seja — nada deve ser considerado milagre, milagres são antecipadamente eliminados por definição. Mesmo que a ressurreição dos mortos ocorresse, não seria considerada milagre.

Apesar de afirmar que o problema deve ser atacado com a mente aberta (ibid., p. 243), Nowell-Smith demonstra um preconceito inabalável a favor do naturalismo. Seus padrões exigem que todo e qualquer evento seja considerado evento natural. Na verdade, ele está aberto apenas a interpretações naturalistas, não para o sobrenatural. Isso é uma clara petição de princípio. Ele define "explicação" de maneira tão intolerante que elimina a possibilidade de uma explicação sobrenatural. Insiste arbitrariamente que todas as explicações devem ser naturalistas para serem consideradas.

O sobrenaturalista não defende que "qualquer evento, não importa quão estranho seja, deve ser atribuído a um agente sobrenatural". Parece provável que a maioria dos eventos estranhos *são* naturais. Mas o sobrenaturalista também se opõe quando Nowell-Smith diz que a agência sobrenatural *não pode* ser parte do relato de um evento estranho. O sobrenaturalista diz que é necessário examinar a evidência por seus méritos.

Nowell-Smith simplesmente supõe que no final todos os fenômenos admitem uma explicação natural (ibid., p. 247). Ele não pode saber isso como cientista. Não há prova empírica. Essa suposição é simplesmente uma questão naturalista de fé. Mesmo que apresentassem a ele evidência empírica de um milagre, ele deixa claro que jamais admitiria que se trata de algo sobrenatural. Enquanto aguarda a descoberta de uma explicação naturalista, persistirá em acreditar que ela será encontrada.

E não é necessário que todas as explicações verdadeiras tenham valor previsível. Há eventos que ele chamaria naturais e que ninguém pode prever. Se o naturalista responde que não pode prever uma ocorrência na prática, mas pode fazê-lo na teoria, o sobrenaturalista também pode alcançar esse nível de previsão. Na teoria, sabemos que um milagre acontecerá quando Deus julgar necessário. Se conhecêssemos todos os fatos, inclusive a mente de Deus, poderíamos prever precisamente quando o milagre aconteceria. Além disso, milagres bíblicos são singularidades passadas. Como a origem do universo, não estão se repetindo atualmente. Mas nenhuma previsão pode ser feita a partir de uma singularidade; previsões só podem ser feitas a partir de padrões. O passado não é conhecido pela ciência empírica, mas pela ciência legista. É errado exigir *previsões*. Na verdade, a pessoa tenta fazer *"retrovisões"*.

O sobrenaturalista pode concordar com Nowell-Smith quando este diz que "o colapso de *todas* as explicações em termos da ciência atual não [...] nos força imediatamente para fora do âmbito do 'natural'" (ibid., p. 248). Os dois se separam quando Nowell-Smith exige causas naturais para milagres. Tal posição vai além do que é sustentado pela evidência. O naturalista demonstra um compromisso de fé que compete com a dedicação religiosa dos crentes que mais acreditam em milagres.

Um problema por trás desse tipo de naturalismo científico é a confusão da *origem* naturalista e da *função* natural. Motores funcionam de acordo com leis físicas, mas leis físicas não produzem motores; as mentes produzem. Da mesma forma, a origem de um milagre não são as leis físicas e químicas do universo, apesar de o evento resultante operar de acordo com a lei natural. Apesar de leis naturais regularem a operação das coisas, elas não são responsáveis pela origem de todas as coisas.

Naturalismo metodológico. Argumentos científicos contra os milagres são uma forma de naturalismo metodológico rígido. O próprio método escolhido não admite a possibilidade de um evento vir a ser considerado milagre. Explicações que abrangem eventos regulares não se aplicam necessariamente a singularidades. Pedras redondas num rio são produzidas por forças naturais descritíveis. Mas nenhuma lei natural pode explicar as faces dos presidentes no monte Rushmore. Aqui uma causa não-natural e inteligente é invocada (v. EVOLUÇÃO QUÍMICA; TELEOLÓGICO, ARGUMENTO).

Quando não se sabe se uma singularidade deve ser atribuída a causas naturais, demonstrando sinais de intervenção divina, há razões positivas para aceitá-la como milagre. As seguintes proposições sobre milagres são discutidas com mais detalhes no artigo MILAGRE:

1. Têm *caráter incomum* como eventos irregulares.
2. Apresentam uma *dimensão teológica* como atos divinos.
3. Apresentam uma *dimensão moral*, já que Deus é um Ser moral absolutamente perfeito. Um sinal moral de um milagre é que ele traz glória a Deus.
4. Apresentam uma *dimensão teleológica*. São ocorrências propositais.
5. Apresentam uma *dimensão doutrinária*. Milagres estão ligados, direta ou indiretamente, a reivindicações da verdade (Hb 2.3,4; v. MILAGRES, VALOR APOLOGÉTICO DOS).

Quando um evento incomum e não-repetível, que não se saiba ter sido produzido por causas naturais, é acompanhado por outros sinais de intervenção, há razão para identificá-lo como um ato de um Deus teísta (v. DEUS, EVIDÊNCIA EM FAVOR DA EXISTÊNCIA DE).

Uma definição muito restritiva da ciência. Os argumentos da ciência contra os milagres são baseados numa definição muito restritiva da ciência, que lida apenas com eventos repetíveis. A ciência também lida com singularidades. É verdade que o método científico apenas testa eventos regulares e repetíveis. Mas os cientistas também reconhecem a ciência das origens, que é em grande parte um estudo de singularidades. O BIG-BANG que gerou o universo é uma singularidade radical. A história do nosso planeta é uma singularidade, contudo é objeto de pesquisa. Acharíamos estranho e insensato que um professor de biologia excluísse tudo, exceto uma causa natural para as faces esculpidas no monte Rushmore. Pareceria estranho que um arqueólogo estar limitado a causas naturais em relação a pontas de flecha e cerâmica. Afirmar que quem não insiste em causas naturais não pode ser científico é restringir indevidamente a ciência.

Milagres e a integridade da ciência. Agora estamos numa posição de avaliar a acusação de que a crença em milagres não é científica. Os comentários de Diamond deixam evidente sua crença na autonomia absoluta do método científico. Ele supõe como questão de fé, somente com justificação pragmática, que o método científico é *o* método para determinar toda a verdade. Na realidade, não é exatamente o método científico, mas um aspecto da abordagem científica — a busca de causas naturais — que é considerada a única abordagem à verdade. Os argumentos de Diamond são vulneráveis a várias críticas.

Primeiro, é errado pressupor que o método científico necessariamente implica naturalismo. Os cientistas, não precisam ser tão intolerantes a ponto de acreditar que nada pode ser considerado milagre. Tudo que um cientista precisa defender é a premissa de que todo evento tem uma causa e de que o universo observável opera de maneira ordenada.

Segundo, é errado supor que leis naturais têm domínio sobre todo e qualquer evento, em lugar de todo evento *regular*. Supor que todo evento irregular e não-repetível tem uma explicação natural não é ciência, e sim metafísica. Leis naturais não são responsáveis pela origem de todos os eventos, assim como as leis da física em si mesmas não são responsáveis pela origem de um automóvel. Leis naturais são responsáveis pela *operação* dessas coisas.

Terceiro, não é científico rejeitar explicações racionais. Se um Deus criou o universo e cuida dele, não é irracional esperar que ele opere algumas atividades regulares e também alguns eventos especiais. A única maneira de refutar efetivamente essa possibilidade é refutar a existência de tal Deus, o que a maioria dos ateus concorda que é impossível fazer (Geisler, *Miracles and the modern mind* [*Milagres e a mente moderna*], cap. 12). A pessoa realmente científica e de mente aberta não descartará com antecedência, lógica e metodologicamente, a possibilidade de identificar alguns eventos miraculosos em defesa da autonomia científica.

Quarto, quando o argumento contra milagres é reduzido a suas premissas básicas, fica assim:

1. Tudo o que realmente acontece no mundo são eventos naturais.
2. Alguns supostos "milagres" aconteceram.
3. Logo, esses milagres são realmente eventos naturais.

Essa disposição revela o raciocínio circular do argumento do naturalista. Tudo que acontece no mundo natural é, *ipso facto*, um evento natural. Tudo que ocorre *na* natureza foi causado *pela* natureza. Até mesmo Michael Polanyi aparentemente caiu nessa armadilha quando escreveu:

Se a conversão da água em vinho ou a ressurreição dos mortos pudesse ser verificada experimentalmente, isso refutaria totalmente sua natureza miraculosa. Na verdade, à medida que cada evento pode ser estabelecido em termos de ciência natural, ele pertence à ordem natural das coisas (Jaki, p. 78).

Isso, é claro, pressupõe o que se pretende provar, que nenhum Ser sobrenatural pode agir na natureza. Só porque um evento acontece no mundo, não significa que ele tenha sido causado pelo mundo. Pode ter sido especialmente causado por um Deus que transcende o mundo.

A preservação do método científico. Se milagres são admitidos, como alguém pode reter a integridade do método científico? Se alguns eventos são colocados fora dos limites de ação dos cientistas, será que o sobrenaturalista fechou a porta para a investigação racional de alguns eventos? Supor uma causa sobrenatural para a origem de alguns eventos raros não afeta de forma alguma o domínio da ciência, admitindo-se que a ciência é baseada num padrão regular de eventos. A ciência da operação é naturalista e tem todo direito de exigir o controle explanatório sobre todos os eventos regulares. Mas a ciência, como tal, não tem o direito de afirmar que só ela pode explicar singularidades.

A ciência tem autoridade ilimitada na classificação de eventos regulares. O cientista tem o direito, até a obrigação de examinar todos os eventos, incluindo anomalias. Porém o evento singular e não repetido que não é parte de um padrão regular deve ser classificado entre os "eventos ainda não considerados naturais". Nessa classe estão eventos que podem ter uma causa sobrenatural. Supor que todos os eventos ainda não explicados são naturalmente explicáveis vai além da ciência e entra no domínio da crença filosófica no naturalismo. Na verdade, tal suposição elimina a possibilidade de haver um Deus sobrenatural capaz de intervir no mundo que criou. Mas isso é contrário à evidência (v. Deus, evidências a favor da existência de).

Resumo. Hume ofereceu um argumento vigoroso contra milagres. Todavia, por mais forte que possa parecer, a avaliação indica que Hume foi otimista demais ao crer que esse argumento poderia ser "um obstáculo duradouro" e "útil enquanto o mundo durar" para refutar qualquer reivindicação digna de crédito a favor do miraculoso. Na verdade, o argumento de Hume não é bem-sucedido. Na forma "rígida" ele comete uma petição de princípio ao supor que milagres são, *por definição*, impossíveis. Na forma "moderada" do argumento, Hume ignora a evidência contrária, incorre uma petição de princípio, força a argumentação (por exemplo, Napoleão não teria existido), é incoerente com a própria epistemologia e torna o progresso científico impossível. Em resumo, eliminar milagres antes de examiná-los parece prejudicial. A pessoa sábia não *legisla* com antecedência, determinando que não se pode acreditar que milagres aconteçam; na verdade, ela *examina* a evidência para ver se realmente aconteceram. Então, para a mente racional, os esforços de Hume para eliminar milagres devem ser considerados fracassados.

Hume estava certo em exigir que testemunhas preenchem os critérios de credibilidade. Na realidade, os tribunais dependem de tais critérios para determinar questões de vida ou morte. Mas, sem que Hume soubesse, seus testes de credibilidade de testemunhas, que ele acreditava suficiente para eliminar a credibilidade dos milagres, na verdade comprovam a confiabilidade das testemunhas do NT, principalmente o milagre da ressurreição.

O argumento das testemunhas que se contradizem, levantado por Hume, fracassa porque é baseado em pressuposições falsas que, quando corrigidas, voltam-se contra ele como prova da singularidade do cristianismo. Seu argumento é baseado na premissa de que todos os supostos milagres são iguais. Mas isso não é verdadeiro, nem com relação à natureza do milagre nem com relação ao número e credibilidade das testemunhas.

Ao avaliar o argumento histórico contra milagres, deve-se observar que há uma diferença crucial entre o princípio da *uniformidade* (ou analogia), no qual toda pesquisa válida é baseada, e o princípio do *uniformismo*. O segundo é um dogma naturalista que elimina de antemão, pelo próprio princípio metodológico, a credibilidade do milagroso. O princípio da analogia de Troeltsch, usado para rejeitar milagres, é um exemplo de uniformismo histórico. É uma forma de naturalismo histórico, que supõe que todos os eventos na história são naturalmente explicáveis. Esse preconceito, no entanto, é contrário ao pensamento racional em geral e ao pensamento científico em particular.

Várias tentativas foram feitas para provar que a crença em milagres é contrária às explicações científicas ou aos métodos científicos. Alguns argumentam que milagres, por serem contrários às leis naturais, são imprevisíveis; outros alegam que milagres não são repetíveis ou que sacrificariam a autonomia da ciência. Tais argumentos cometem uma petição de princípio a favor do naturalismo. Supõem que o método científico deve ser definido de tal maneira que exclua a aceitação de milagres. A premissa central, apesar de oculta, é que todo evento no mundo deve ter uma causa natural. Se não se tem uma explicação agora, deve-se acreditar que mesmo assim ela existe. O sobrena-turalista indica que não é preciso ser incorrigivelmente naturalista para ser científico. Adequadamente falando, o domínio da lei científica é o âmbito dos eventos *regulares*, não de *todos* os eventos.

Os milagres não destroem a integridade do método científico. A ciência é possível enquanto os teístas acreditarem que o mundo é ordenado, regular e opera de acordo com a lei da causalidade. Se a origem do mundo pode ter uma Causa sobrenatural sem violar as leis pelas quais ele opera, tal Deus também pode causar outros eventos sem violar a operação natural regular. Já que a ciência empírica lida com a maneira em que as coisas *operam*, não como elas se *originam*, a origem de um evento por uma causa sobrenatural não viola de forma alguma a lei natural. Como o físico George Stokes observou, um novo efeito pode ser introduzido no mundo natural sem suspender a operação ordinária do mundo (Stokes, p. 1063).

Fontes
G. L. Archer, Jr., *Enciclopédia de temas bíblicos.*
W. F. Arndt, *Bible difficulties.*
____, *Does the Bible contradict itself?*
I. Barbour, *Issues in science and religion.*
C. Becker, "Detachment and the writing of history", em P. L. Snyder, org., *Detachment and the writing of history.*
F. H. Bradley, *The presuppositions of critical history.*
M. Burrows, *What mean these stones?*
M. L. Diamond, "Miracles", *Religious studies* 9 (Sept. 1973).

D. K. Erlandson, "A new look", em *Religious studies* (Dec. 1977).
A. Flew, "Miracles", em *The encyclopedia of philosophy*, org., P. Edwards.
N. L. Geisler, *Answering Islam*.
___, *Christian apologetics*.
___, *Miracles and the modern mind*.
___, *When critics ask*.
D. Geivett e G. Habermas, *In defense of miracles*.
N. Glueck, *Rivers in the desert: a history of the Negev*.
S. Greenleaf, *The testimony of the evangelists*.
J. W. Haley, *An examination of the alleged discrepancies of the Bible*.
S. Hawking, *Uma breve história do tempo*.
D. Hume, *Resumo de um tratado da natureza humana*.
___, *Investigação acerca do entendimento humano*.
___, *Treatise on human nature*.
S. Jaki, *Miracles and physics*.
R. Jastrow, *God and the astronomers*.
C. S. Lewis, *Milagres*.
P. Nowell-Smith, "Miracles", em A. Flew, et al., orgs,. *New essays in philosophical theology*.
N. Smart, "Miracles and David Hume", em *Philosophers and religious truth*.
G. Stokes, *International standard Bible encyclopedia*.
R. Swinburne, *The concept of miracle*.
E. Troeltsch, *Historicism and its problems*.
___, "Historiography", em ere.
R. Whately, "Historical doubts concerning the existence of Napoleon Bonaparte", em H. Morley, org., *Famous pamphlets*, 2ª ed.
A. N. Whitehead, *The concept of a miracle*.
C. Wilson, *Rocks, relics, and biblical reliability*.
H. P. Yockey, "Self-organization, origin of life scenarios, and information theory", *jtb* (1981).

milagres, cessação dos dons de. As pessoas que aceitam milagres bíblicos debatem entre si se o dom especial de realizar milagres, usado para confirmar a revelação de Deus (v. milagres, valor apologético dos) cessou desde a época dos apóstolos. A questão tem importância para a apologética. Primeiro, a existência hoje de milagres do tipo realizado pelos apóstolos, milagres que serviam de sinais, levanta a questão se os milagres do nt confirmam peculiarmente as reivindicações da verdade de Cristo e dos apóstolos, conforme registrado nas Escrituras. Segundo, se milagres que confirmam reivindicações da verdade divina existem hoje, será que as reivindicações da verdade que os acompanham devem ser aceitas em pé de igualdade com as das Escrituras? A revelação divina cessou?

Os indivíduos selecionados por Jesus e que ficaram conhecidos por apóstolos receberam certos sinais inconfundíveis de seu ofício (2Co 12.12). Esses dons de sinais incluíam a habilidade de ressuscitar os mortos com uma ordem (Mt 10.8; At 20.9,10), curar imediatamente doenças que eram naturalmente incuráveis (Mt 10.8; Jo 9.1-7), exorcizar instantaneamente espíritos maus (Mt 10.8; At 16.16-18), falar mensagens em línguas conhecidas que nunca estudaram pessoalmente (At 2.1-8, cf. 10.44-46) e passar adiante dons sobrenaturais a outros para ajudá-los na missão apostólica (At 6.6, v. 8.5,6; 2Tm 1.6). Em certa ocasião (At 5.1-11), os apóstolos transmitiram uma sentença de morte para duas pessoas que mentiram "ao Espírito Santo".

Defesa de milagres contínuos. Os advogados da proposição de que dons milagrosos existem na igreja hoje defendem suas afirmações com vários argumentos:

Deus fez milagres na história redentora. Eles são registrados de Gênesis a Apocalipse (v. milagres na Bíblia). Parece que não há razão para crer que tenham cessado arbitrariamente com os apóstolos.

Deus não mudou (Ml 3.6). "Jesus Cristo é o mesmo, ontem, hoje e para sempre" (Hb 13.8). Se o Deus milagroso não mudou, então por que os milagres cessariam?

Jesus falou que os milagres continuariam. Ele disse: "Digo-lhes a verdade: Aquele que crê em mim fará também as obras que tenho realizado. Fará coisas ainda maiores do que estas, porque eu estou indo para o Pai" (Jo 14.12). Em sua comissão registrada em Marcos, Jesus disse que milagres acompanhariam o evangelho à medida que se expandisse (16.17,18).

Milagres manifestam a grandeza (Êx 7.17) e glória (Jo 11.40) *de Deus*, para livrar seus filhos necessitados (Êx 14.21; Dt 4.34; At 12.1-19) e comunicar as mensagens ao povo (Êx 4.8; Hb 2.3,4).

Essas necessidades continuam hoje.

Há exemplos de manifestações miraculosas realizadas por meio dos apóstolos, inclusive os dons de línguas, curas especiais e até mortos sendo ressuscitados (v. Wimber, *Power evangelism* [*Evangelismo de poder*], p. 44).

A posição de que milagres cessaram. Argumentos positivos e negativos são dados para a posição de que o dom especial de milagres terminou com a época apostóica.

Provando milagres atuais a partir do passado. Logicamente não há ligação entre ocorrências miraculosas passadas e presentes. Mesmo durante os

milagres, cessação dos dons de

milhares de anos da história bíblica, os milagres se agruparam em três períodos bem limitados: 1) o período mosaico: do Êxodo à conquista da Terra Prometida (com algumas ocorrências no período dos juízes); 2) o período profético: do final do reino de Israel e Judá durante os ministérios de Elias e Eliseu, até, com menor intensidade, Isaías; 3) o período apostólico: a partir do ministério de Cristo e dos apóstolos no século I. Ocorrências de milagres não foram nem contínuas nem sem propósito. Teologicamente, os três grandes períodos de milagres têm certas coisas em comum: Moisés precisava de milagres para livrar Israel e sustentar o grande número de pessoas no deserto (Êx 4.8). Elias e Eliseu fizeram milagres para livrar Israel da idolatria (v. 1Rs 18). Jesus e os apóstolos realizaram milagres para confirmar o estabelecimento da nova aliança e o livramento do pecado que ela trazia (Hb 2.3,4). e fato de milagres terem ocorrido em épocas diferentes para propósitos especiais não significa que aconteçam quando essas condições não prevalecem mais.

Atributos imutáveis; atos mutáveis. Deus nunca muda, mas seu programa na terra muda. Há estágios diferentes de seu plano redentor, e o que é verdadeiro num estágio não é verdadeiro em outro. Não somos mais obrigados a evitar comer certos frutos proibidos (Gn 2.16,17). Não precisamos oferecer um cordeiro como sacrifício pelos pecados (Êx 12). Não somos mais liderados pelos doze apóstolos e Paulo, antes temos a revelação final de Deus nas Escrituras. Observe que 2 Coríntios 12.12 chama milagres "as credenciais do apostolado".

Promessas aos apóstolos. Jesus realmente prometeu que os milagres continuariam depois que partisse, mas não disse que durariam até a sua volta. Foi especificamente para os apóstolos que ele fez a afirmação de João 14.12. O antecedente *vos* nessa promessa é limitado aos onze que estavam com ele. A promessa do batismo com o Espírito Santo, com o qual veio o dom de línguas, foi dada apenas aos apóstolos (At 1.1,2). Somente os apóstolos receberam o cumprimento dessa promessa no Pentecoste (At 1.26; v. 2.1,7,14). Casos não-apostólicos de línguas testemunham a salvação dos primeiros samaritanos e gentios e daqueles sobre quem os apóstolos impunham as mãos (v. At 8.17,18; 2Tm 1.6) ou acompanham a proclamação de um apóstolo (At 10.44; v. 11.15). A referência às "credenciais do apostolado" (2Co. 12.12) não fariam sentido se esses dons fossem possuídos por qualquer pessoa além dos apóstolos ou daqueles a quem Cristo e os apóstolos concederam o dom.

Desejo não prova cumprimento. Há um desejo pelos milagres contínuos, mas nem todas as necessidades sentidas são necessidades reais. Jó não recebeu uma cura milagrosa. Nem Epafrodito. Nem o apóstolo Paulo, que desejava ardentemente ser curado (2Cor 12). O testemunho comovente de Joni Earickson Tada fala de sua busca por uma cura milagrosa antes de aceitar a maneira em que Deus havia decidido usá-la como tetraplégica.

Quando comparamos os períodos que ocasionaram milagres nos tempos bíblicos, não há nenhuma necessidade real de milagres hoje. Milagres confirmaram nova revelação (Êx 4.6; Jo 3.2; At 2.22). Mas a Bíblia é muito mais do que aquilo que os santos do NT possuíam, e é completa e suficiente para fé e prática. O Pentecoste não precisa ser repetido, como o Calvário e o túmulo vazio.

Embora os milagres possam manifestar a grandeza, a glória e o livramento de Deus, ele os expressa também de outras maneiras. Os céus proclamam sua glória e grandeza (Sl 19; Is 40). O livramento espiritual é conquistado no poder do evangelho (Rm 1.16). Deus age por meio da providência geral e especial sem suspender leis naturais (v. MILAGRES, MÁGICA E).

Mesmo quando existe uma aparente necessidade de intervenção divina, há situações em que Deus jamais intervém com milagres. Ele não adia a hora da morte (Rm 5.12; Hb 9.27). Isso não significa que Deus nunca intervirá sobrenaturalmente para resolver o problema da morte. A hora estabelecida para isso acontecer será na ressurreição (1Co 15). Enquanto isso, esperamos a redenção corporal (Rm 8.23) — o milagre da ressurreição.

O problema do dons de sinais. A afirmação de que dons de sinais apostólicos ainda existem não distingue o *fato* dos milagres do *dom* de milagres:

Dom de milagres	Fato dos milagres
Limitado aos tempos bíblicos	Ocorre a qualquer hora
Temporário	Permanente
Feito por meio de seres humanos	Feito sem seres humanos
Confirma nova revelação	Não confirma revelação
Valor apologético	Sem valor apologético

A posição de que milagres cessaram com os apóstolos não pressupõe que Deus não tenha feito milagres desde o século I. Ela argumenta que o *dom* especial de feitos milagrosos possuído pelos apóstolos cessou quando a origem divina de sua mensagem foi confirmada. Em Hebreus 2.3,4, o autor referiu-se aos dons especiais concedidos aos apóstolos como algo já pertencente ao passado por volta de 69 d.C., quando mencionou a mensagem "primeiramente anunciada pelo Senhor". "Deus também deu testemunho dela por meio de sinais, maravilhas, diversos milagres e dons do Espírito Santo distribuídos de acordo com a sua vontade". Judas, que escreveu mais tarde (depois de 70), fala da fé que "uma vez por todas [foi] confiada aos santos" (v. 3). Judas exortou seus ouvintes a lembrar "do que foi predito pelos apóstolos de nosso Senhor Jesus Cristo" (v. 17). Aqui também a mensagem apostólica confirmada milagrosamente foi mencionada como tendo ocorrido no passado, já em 70 d.C. Apesar da profusão de milagres apostólicos (v. At 28.1-10) até o final de Atos, cerca de 60-61 d.C, não há registro de milagres apostólicos nas epístolas paulinas após essa época.

O argumento com base na ausência repentina de milagres depois de sua abundância anterior não deve ser confundido com o "argumento do silêncio", que é falho. A Bíblia não é silenciosa com relação à natureza, propósito e função desses milagres apostólicos especiais (v. p.ex., 2Co 12.12; Hb. 2.3,4). Essa função de confirmar revelação apostólica coincide com sua cessação, já que os dons não eram necessários após a revelação ser confirmada.

Deve-se notar que Paulo aparentemente não pôde curar alguns de seus auxiliares de confiança (Fp 2.26; 2Tm 4.20), pedindo oração ou recomendando que tomassem remédio (1Tm 5.23). Mesmo enquanto Paulo operava milagres, foi incapaz de curar a própria enfermidade física (Gl 4.13). Na verdade, não há nenhum sinal nas Escrituras de alguém fazendo um milagre para benefício próprio. Essa doença pode ter resultado da cegueira infligida a ele por Deus ou foi uma enfermidade causada para torná-lo humilde. De qualquer forma, Paulo a via como algo que aumentava seu valor como servo por meio de sua fraqueza. Milagres deviam ser feitos segundo a vontade de Deus.

Os sinais especiais dados aos apóstolos estabeleciam sua autoridade como representantes de Cristo na fundação da igreja. Jesus prometeu "poder" especial a eles como suas testemunhas (At 1.8). Em 2 Coríntios 12.12, Paulo apresentou seus milagres como confirmações de sua autoridade. Hebreus 2.3,4 fala dos milagres apostólicos especiais como confirmação das testemunhas de Cristo. O padrão de Deus, de Moisés em diante, foi dar essa confirmação especial a seus principais servos (Êx 4; 1Rs 18; 1Jo 3.2; At 2.22).

A posição cessacionista conclui, baseada nas Escrituras e na história, que os dons de sinais extraordinários, tais como os apóstolos exerciam, não foram possuídos por ninguém desde sua época. Ainda que o *dom* especial de milagres tenha cessado, o *fato* dos milagres não desapareceu necessariamente. Não há evidência, no entanto, de grupos ou pessoas que possuam dons especiais. Dada a inclinação da mídia pelo sensacionalismo, se alguém tivesse tais poderes isso seria um fato muito divulgado. Os milagres apostólicos tinham pelo menos três características ausentes nos atos realizados por todos os supostos operadores de milagres modernos.

As características dos milagres do NT. Inicialmente, milagres do NT eram *instantâneos*. Quando Jesus ou os apóstolos faziam um milagre, os resultados eram sempre imediatos. O homem com uma enfermidade de nascença recebeu uma ordem: "Então Jesus lhe disse: 'Levante-se! Pegue a sua maca e ande'. Imediatamente o homem ficou curado, pegou a maca e começou a andar" (Jo 5.8,9). Pedro tomou a mão do mendigo e "imediatamente os pés e os tornozelos do homem ficaram firmes" (At 3.7). Mesmo o milagre de duas fases de Marcos 8.22-25 levou apenas alguns momentos, e cada fase teve os resultados desejados imediatamente. Não há cura gradual durante dias ou semanas. As curas eram todas imediatas.

Em segundo lugar, o milagre do NT *nunca* falhava. Milagre é ato especial de Deus, e Deus não pode falhar. Além disso, não há registro de alguém que tenha recebido o milagre e voltado à condição antiga. Se houvesse recaídas, os inimigos da mensagem do evangelho teriam rapidamente usado isso para desacreditar Cristo ou os apóstolos.

É claro que os que foram ressuscitados dentre os mortos morreram novamente. Só Jesus recebeu um corpo ressurreto permanente e imortal (1Co 15.20). Lázaro morreu novamente, quando sua hora chegou. O milagre da ressurreição final e eterna será na segunda vinda de Cristo (1Co 15.52,53).

Em terceiro lugar, os dons de sinais do NT, exercitados por Jesus e pelos apóstolos foram *bem-sucedidos em todos os tipos de condições* — até com doenças incuráveis e pessoas mortas. Eles curaram pessoas que nasceram cegas (Jo 9) e até mortos, um já em decomposição (Jo 11). Além disso, eles curaram todos os tipos de doenças, não apenas as mais fáceis (Mt 10.8). Às vezes, curavam todas as pessoas trazidas a eles em uma região (At 28.9). É fato verificável que atualmente ninguém possui os poderes especiais de Jesus e dos apóstolos de curar instantaneamente todas as doenças e até ressuscitar os mortos com uma ordem (At 9.40). Essas marcas especiais do apóstolo (2Co 12.12), juntamente com a capacidade de comunicar às pessoas o Espírito Santo (At 8.18) e dons especiais (2Tm 1.6), além de de punir crentes mentirosos com a morte (At 5), cessaram.

Em quarto lugar, ao contrário dos milagres dos tempos apostólicos, os milagres modernos não confirmam nova revelação, nem estabelecem as credenciais dos mensageiros de Deus. Agora a fidelidade da pessoa em obedecer e proclamar as Escrituras estabelece a mensagem. Tentativas de enfatizar o miraculoso ou reivindicar dons sobrenaturais nos dias de hoje se tornaram uma marca *desqualificadora*, ao invés de *qualificadora*. Esse é o caso principalmente entre os que dizem prever o futuro. Para os que fazem tais reivindicações, o padrão bíblico de precisão é absolutamente nenhuma previsão falsa (Dt 18.22). Já que a nova revelação cessou com os apóstolos, reivindicações proféticas e miraculosas devem ser encaradas com sérias suspeitas.

Jesus, a revelação final. Jesus foi a revelação completa e final de Deus. "Há muito tempo Deus falou muitas vezes e de várias maneiras aos nossos antepassados por meio dos profetas, mas nestes últimos dias falou-nos por meio do Filho, a quem constitui herdeiro de todas as coisas e por meio de quem fez o universo" (Hb 1.1,2). Jesus informou aos apóstolos que sua revelação continuaria com o Espírito Santo, que "lhes ensinará todas as coisas e lhes fará lembrar de tudo o que eu lhes disse"(Jo 14.26). Usando as Escrituras, o Espírito Santo cumpre o papel assumido anteriormente pelos profetas: "Mas quando o Espírito da verdade vier, ele os guiará a toda a verdade. Não falará de si mesmo; falará apenas o que ouvir, e lhes anunciará o que está por vir" (Jo 16.13). É claro que os apóstolos eram os agentes divinamente autorizados por meio dos quais o Espírito Santo proclamou a revelação final de Jesus Cristo.

Na verdade, os apóstolos reivindicaram esse poder revelador (Jo 20.31; 1Co 2.13; 1Ts 4.2; 2Ts 2.2; 1Jo 2.19; 4.6), afirmando que a igreja foi edificada "sobre o fundamento dos apóstolos e dos profetas" (Ef 2.20). A igreja primitiva reconheceu sua autoridade e "se dedicavam ao ensino dos apóstolos"(At 2.42). Os apóstolos foram as testemunhas oculares de Cristo (At 1.22), incluindo-se Paulo (1Co 9.1; 15.5-9). Já que esses canais divinamente autorizados de "toda verdade" morreram no século I, conclui-se que a revelação divina cessou com eles. Se a revelação cessou, não há mais necessidade de sinais miraculosos de uma nova revelação.

Conclusão. Argumentos a favor da continuação dos dons de milagres erram o alvo. Apesar de Deus não mudar, suas ações são diferentes em épocas diferentes. O propósito dos sinais e prodígios era confirmar a nova revelação, mas a revelação cessou com os apóstolos. Isso é comprovado pelo fato de ninguém desde a época deles ter realmente possuído seu poder singular de curar e até ressuscitar os mortos instantaneamente. Isso não quer dizer que Deus não possa fazer milagres agora. Mas tais milagres não estão ligados a nenhuma reivindicação da verdade e não são um dom possuído por um indivíduo. Seja qual for o evento realmente miraculoso que possa ocorrer, ele não tem valor apologético.

Fontes

T. Edgar, *Miraculous gifts: are they for today?*
N. L. Geisler, *Miracles and the modern mind.*
____, *Signs and wonders.*
W. Grudem, *Are miraculous gifts for today?.*
J. Jividen, *Miracles: from God or man?*
B. B. Warfield, *Counterfeit miracles.*
J. Wimber, *Power evangelism.*
____, *Power healing.*

milagres, falsos. Distinguir o milagre verdadeiro do falso é importante para a defesa da fé cristã. Pois milagres são a maneira singular de Deus confirmar que uma reivindicação da verdade provém dele (v. MILAGRES, VALOR APOLOGÉTICO DOS; MILAGRES NA BÍBLIA). Mas o falso não pode ser detectado sem que se conheçam as características do milagre genuíno.

O milagre verdadeiro tem precondições: é um ato especial de Deus, e não pode haver atos de Deus sem que haja um Deus para realizar esses atos especiais. Milagres podem ocorrer apenas no contexto de uma cosmovisão teísta (v. TEÍSMO). O milagre é intervenção divina no mundo. Deus não pode "intervir", a não ser que seja, de forma real, transcendente sobre ele. Transcendência também deve significar que Deus tem poder *sobrenatural*. Um Deus que criou o mundo do nada, *ex nihilo* (v. CRIAÇÃO, VISÕES DA), tem o poder de intervir.

Os ateus observam o mesmo evento que o teísta, a ressurreição de Cristo, por exemplo, a partir de sua cosmovisão, e não reconhecem nenhum milagre (v. ATEÍSMO; RESSURREIÇÃO, EVIDÊNCIA DA). Para eles, o que aconteceu deve ser uma anomalia; algo incomum, talvez, mas que um dia será explicado por meio de processos naturais (v. NATURALISMO). Se confrontados com a ressurreição, os panteístas não admitem que a intervenção divina tenha ocorrido, pois não acreditam que Deus criou todas as coisas (v. PANTEÍSMO). Os panteístas afirmam que Deus é todas as coisas. Logo, a ressurreição só poderia ser um evento incomum no mundo, não um evento sobrenatural, causado de fora dele.

Descrição do milagre verdadeiro. As três palavras que as Escrituras usam para descrever um milagre ajudam a delinear esse significado com mais precisão. Cada uma das três palavras para eventos sobrenaturais (*sinal, prodígio, poder*) delineia um aspecto do milagre (para uma discussão completa desses elementos, v. o artigo MILAGRES NA BÍBLIA). Do ponto de vista humano, o milagre é um evento incomum ("prodígio") que transmite e confirma uma mensagem incomum ("sinal") por meio de poder incomum ("poder"). Do ponto de vista divino, milagre é ato de Deus ("poder") que atrai a atenção do povo de Deus ("prodígio") para sua Palavra (por meio de um "sinal").

Segundo a Bíblia, o milagre tem cinco dimensões que, juntas, diferenciam o milagre verdadeiro do falso. Primeiro, milagre verdadeiro tem *dimensão não-natural*. Uma sarça ardente que não é consumida, fogo do céu e andar sobre a água não são ocorrências normais. Seu caráter incomum exige atenção. Segundo, o milagre verdadeiro tem *dimensão teológica*. Pressupõe o Deus teísta que pode realizar esses atos especiais. Terceiro, o milagre verdadeiro tem *dimensão moral*. Manifesta o caráter moral de Deus (v. DEUS, NATUREZA DE). Não há milagres malignos, porque Deus é bom. O milagre que castiga ou julga estabelece a natureza justa de Deus.

Quarto, o milagre tem *dimensão teológica*. Ao contrário da mágica (v. MILAGRES, MÁGICA E), os milagres nunca servem de entretenimento (v. Lc 23.8). Seu propósito geral é glorificar o Criador. Apesar de não-naturais, são adequados à criação e à natureza do Criador. O nascimento virginal, por exemplo, foi sobrenatural em sua operação, não-natural nas suas propriedades, mas objetivo no seu produto. Foi não-natural, mas não antinatural. A concepção virginal de Maria resultou numa gravidez normal de nove meses e num nascimento (v. DIVINOS, HISTÓRIAS DE NASCIMENTOS). Quinto, milagres, na Bíblia, principalmente os dons de milagres, têm *dimensão doutrinária*. Comprovam direta ou indiretamente reivindicações da verdade. Demonstram que o profeta é realmente enviado por Deus (Dt 18.22). Confirmam a verdade de Deus por meio do servo de Deus (At 2.22; 2Co 12.12; Hb 2.3,4). Mensagem e milagre andam juntos.

Marcas distintivas do milagre. Além de suas dimensões, o milagre verdadeiro tem marcas distintivas. A mais básica é que *o milagre verdadeiro é exceção à lei natural*. Leis naturais são eventos regulares e previsíveis, mas milagres são eventos especiais e imprevisíveis. É claro que existem alguns eventos naturais incomuns ou anomalias que às vezes são confundidos com milagres. Meteoros, eclipses e outros fenômenos naturais eram considerados milagres no passado, mas não são. Meteoros cruzam nosso caminho pouco freqüentemente, mas são puramente naturais e previsíveis. Eclipses são naturais e previsíveis. Terremotos são relativamente imprevisíveis, mas, à medida que os cientistas aprendem mais sobre eles, sabem onde ocorrerão, mesmo se não souberem precisamente quando. O fato de não serem milagres não significa que não pertencem à providência especial de Deus. Ele os usa e controla. Podemos ter certeza de que às vezes ele intervém de forma dramática. Um nevoeiro na Normandia foi de grande ajuda na invasão da Europa pelas Forças Aliadas no Dia D e na derrota da Alemanha nazista. O nevoeiro tem causas naturais, mas a hora desse nevoeiro foi demonstração da providência de Deus. Mas não foi um milagre. Se as balas tivessem se desviado dos soldados aliados, teria acontecido um milagre.

O milagre verdadeiro também produz resultados imediatos (v. CURAS PSICOSSOMÁTICAS). Em Mateus 8.3, Jesus tocou um homem e imediatamente este foi curado de lepra. Todas as curas milagrosas de Jesus e dos apóstolos tiveram essa rapidez. Nenhum milagre levou meses, nem horas. Apenas um levou alguns minutos, porque foi um milagre em duas fases — na verdade dois atos instantâneos, interligados, de Deus (Mc 8.23-25). Em comparação, eventos naturais levam tempo e dão trabalho. Leva toda uma estação para plantar, colher, moer e misturar trigo para fazer pão, mas Jesus o fez instantaneamente (Jo 6). São necessários dezoito anos ou mais para criar um ser humano adulto, mas Deus criou Adão instantaneamente (Gn 1.27; 2.7).

Uma característica do milagre verdadeiro é que *ele sempre traz glória a Deus*. A "mágica" oculta traz glória ao mágico, e "curas" psicossomáticas ao que as faz. Ilusões satânicas (v. 2Ts 2.9; Ap 16.14) são mentiras (2Ts 2.9) que não glorificam o Deus que não pode mentir (Tt 1.2; Hb 6.18).

Apesar de milagres não serem eventos naturais, *beneficiam o mundo natural*. A ressurreição é o exemplo máximo. Ela reverte a morte e restaura o bem da vida (v. Rm 8). A cura faz o corpo voltar à maneira em que Deus o fez, quando ele era "bom" (Gn 1.27-31). Até milagres "negativos" são bons porque ajudam a justiça de Deus a derrotar o pecado.

Milagres verdadeiros nunca falham. Eles são atos de Deus, para quem "todas as coisas são possíveis" (Mt 19.26). Como Deus não pode falhar, seus milagres também não podem. Isso não significa que qualquer servo de Deus possa fazer um milagre a qualquer hora. Milagres ocorrem apenas de acordo com a vontade de Deus (Hb 2.3,4; 1Co 12.11). Além disso, verdadeiros milagres não têm recaída. Se uma pessoa é milagrosamente curada, essa cura é permanente. Pseudomilagres, principalmente do tipo psicossomático, geralmente fracassam. Não funcionam em pessoas que não têm fé, e às vezes não funcionam em pessoas que têm fé. Quando funcionam, seu efeito geralmente é apenas parcial e/ ou temporário.

Tipos de falsos milagres. Como observado anteriormente, muitos eventos incomuns que não são milagres verdadeiros são atribuídos a Deus. Deus age por meio de processos naturais. Outros eventos incomuns são atos de seres humanos (e/ ou espíritos enganadores, chamados demônios). Esses também não são milagres reais. Satanás pode enganar, mas ele não pode agir transcendentalmente sobre a natureza de maneira real — e nunca para a glória de Deus intencionalmente.

Truques mágicos. O milagre verdadeiro é distinguível da mágica (v. MILAGRES, MÁGICA E). A maioria dos mágicos35 modernos não fingem que as ilusões que criam são algo além de diversão que "engana" o público. A intenção é que os espectadores saiam impressionados pela maneira como que o mágico fez aquilo, mas certos de que o mágico e seus assistentes o fizeram. Isso é diferente dos atos ocultistas, a não ser que um ato de ilusionismo seja feito por razões ocultistas. Truques mágicos envolvem enganos inocentes, mas milagres não envolvem engano. A mágica tem uma explicação puramente natural; milagres, não. O milagre está sob o controle de Deus, enquanto a mágica está sob controle humano. Como todas as ações humanas, a mágica pode ser usada para o bem ou o mal. Não é má em si.

Curas psicossomáticas. Interações entre mente e corpo, doenças psicossomáticas e curas geralmente não envolvem doenças falsas ou neuróticas e curandeiros charlatães. Esse assunto complexo e mal-entendido é comentado com mais detalhes no artigo CURAS PSICOSSOMÁTICAS. Neste artigo, é suficiente dizer que curas pelo poder da mente sobre o corpo, daí o nome psicossomáticas, não são milagrosas. Curas mentais exigem fé. Milagres, não. Seja usando o efeito placebo, tocando a televisão como "ponto de contato" com um "curandeiro" ou mais diretamente instrumentos terapêuticos como acupuntura e *biofeedback*, as curas psicossomáticas podem fazer bem ou mal. Elas usam a incrível estrutura do corpo, planejada por Deus, para curar. Mas nunca devem ser mal-interpretadas, como intervenções diretas ou verdadeiros milagres. São fenômenos humanos, comuns em muitas religiões.

Anomalias da natureza. Como foi observado, os milagres não devem ser confundidos com anomalias naturais, como o eclipse lunar. Este último é incomum, mas não é contrário à natureza. Milagres não são naturalmente repetíveis. Anomalias são previsíveis. O vôo do zangão foi uma anomalia durante muitos anos, mas, como ocorria regularmente, era previsível antes mesmo de ser explicável. Anomalias não têm as dimensões teológica, moral e teleológica.

Providência especial. Alguns eventos são causados por Deus indiretamente, não diretamente. Isto é, Deus usa leis naturais para realizá-los. Eles podem ser bastante surpreendentes e podem estimular a fé, mas não são sobrenaturais. George Müller reuniu seus órfãos ingleses em volta da mesa de jantar e agradeceu pela comida que não tinham no momento. Naquele instante uma carroça carregada de pão quebrou na frente do orfanato, e tudo foi doado a Müller. Esse foi um ato de providência maravilhosa, mas não foi um milagre.

Sinais satânicos. Uma das dimensões mais polêmicas do assunto de falsos milagres é a dos "sinais" satânicos. A Bíblia usa a mesma palavra para milagre ("sinal") ao descrever algumas manifestações incomuns de Satanás. Muitos teólogos chamam esses eventos de "milagres". Descobrir se Satanás pode fazer milagres fica difícil por causa do uso indistinto da palavra "milagre". Todavia, para preservar o valor apologético dos milagres, deve haver alguma maneira de distinguir o milagre divino do satânico. A maioria dos teólogos concorda com alguns fatos fundamentais: Satanás é um ser criado (Cl 1.15,16); não é onipotente (Ap 20.10), não pode criar vida (Gn 1.21; Dt 32.39), não pode levantar os mortos (Gn 1.21). Ele é o mestre do engano (Jo 8.44).

Dados esses fatos, não há razão para supor que Satanás possa realizar eventos realmente sobrenaturais. Como mestre da mágica e supercientista, ele pode enganar quase todo o mundo (v. Mt 24.24). Na realidade, "o mundo todo está sob o poder do Maligno" (1Jo 5.19), que é "o príncipe do poder do ar" (Ef 2.2). E "o deus desta era cegou o entendimento dos descrentes" (2Co 4.4). Pois "o próprio Satanás se disfarça de anjo de luz" (2Co 11.14).

Os poderes de Satanás, apesar de grandes, são finitos, e os de Deus são infinitos. Logo, parece melhor distinguir o milagre verdadeiro do sinal satânico tanto em nome quanto em capacidade. Deus faz milagres verdadeiros; Satanás faz sinais falsos. Deus faz milagres genuínos; Satanás faz milagres falsificados. É exatamente assim que a Bíblia os chama em 2 Tessalonicenses 2.9, quando fala que "a vinda desse perverso é segundo a ação de Satanás, com todo o poder, com sinais e com maravilhas enganadoras".

Assim como há marcas de milagres, existem sinais da obra de Satanás, que são demonstradas na tabela seguinte.

Milagre divino	Sinal satânico
Ato realmente sobrenatural	Apenas um ato supranormal
Sob o controle de Criador Nunca associado ao ocutismo	Sob o controle da criatura Associado ao ocultismo
Ligado ao Deus	Frequentemente ligado a deuses panteístas ou politeístas
Associado à verdade	Associado ao erro
Associado ao bem	Associado ao mal
Envolve profecias da verdade	Envolve profecias mentirosas
Glorifica o Criador	Glorifica a criatura

Sinais satânicos não são sobrenaturais. Sinais falsos são incomuns. Podem ser supranormais e extraordinários. Mas não são miraculosos. Podem ser considerados falsos sinais se não forem bem-sucedidos, não são imediatos ou instantâneos, não são permanentes. Como nos casos que envolveram Moisés e os magos do Egito ou Elias e os profetas de Baal (Êx 8-12; lRs 18), os sinais de Satanás perdem numa competição com Deus.

Sinais satânicos estão associados ao erro. Sinais e ensinamentos falsos andam juntos. "Ora, o Espírito afirma expressamente que, nos últimos tempos, alguns apostatarão da fé, por obedecerem a espíritos enganadores e a ensinos de demônios"(ITm 4.1). Há "o espírito da verdade e o espírito do erro" (IJo 4.6). Então falsos ensinamentos não serão confirmados por um milagre verdadeiro. Sinais falsos estarão ligados a ensinamentos falsos. Um profeta verdadeiro não faz profecias falsas. Se os sinais previstos não acontecerem, foi um sinal falso. Alguns dos ensinamentos falsos ligados a sinais falsos seriam: Existem deuses além do único e verdadeiro Deus teísta (Dt 6.4; 13.1-3). Adoração pode usar imagens e ídolos (Ex 203,4). Jesus não é Deus (CI 2.9). Jesus não veio em carne humana (IJo 4.1,2). Devemos entrar em contato com espíritos de mortos (Dt 18.11). Podemos prever o futuro Dt 18.21-22). Revelações verdadeiras falíveis ou parciais podem vir de Deus (Hb 6.18). Cristo não precisa estar no centro da vida (Ap 19. 10).

Sinais satânicos estão associados ao mal moral. Milagres falsos tendem a acompanhar rebelião moral e ira contra Deus (1. Sm 15.23), imoralidade sexual (Judas 7), ascetismo (ICo 7.5; Um 4.3), legalidade (CI 2.16,17), orgulho em supostas visões (CI 2.18), mentira e fraude (1. Tin, 4.2; Jo 8.44), e outras obras da carne (Cf. GI 5.19).

Sinais satânicos estão associados ao ocultismo. Práticas ocultistas que podem acompanhar sinais satânicos incluem: contatos com espíritos (Dt 18.11); uso de médiuns ou hipnose (Dt 18.11); perda de controle das próprias faculdades mentais (lCo 14.32); conduta desordenada (ICo 14.40); uso de cristais, pedras, varas e outros meios de adivinhação (Dt 18.11; Êx 21.2 1); meditação oriental de esvaziamento da mente, rezas ou uso de frases repetitivas (Mt 6.7); autodeificação (Gn 3.5; 2Ts 2.9); astrologia (Dt 4.19; Is 47.13-15); idolatria ou uso de imagens na adoração (Êx 203,4); experiências com aparições de pessoas mortas (Dt 18. 11; 1 Co 10. 1821; 2Co 11.14).

Sinais satânicos são limitados em poder. Satanás pode imitar os milagres de Deus, mas não reproduzi-los exatamente. Mais uma vez os milagres de Moisés e Elias em suas disputas com os magos egípcios e profetas de Baal. demonstram essa superioridade. Algumas pessoas acreditaram equivocadamente que Satanás pode criar vida e ressuscitar os mortos. Isso *é claramente contrário às Escrituras. SÓ Deus é o criador das criaturas vivas (Gn 1.21; cf. Dt 3 2.3 9; 1 S m 2.2,6; J *o 1. 1). O próprio S atanás é um ser criado (CI 1. 15,16), e criaturas por natureza não criam vida. Os servos de Satanás admitiram que não podiam nem criar piolhos em Êxodo 8.18,19.

Ressuscitar os mortos era um sinal especial de um apóstolo (Mt 10.8; 2Co 12.12). Se Satanás pudesse fazê-lo, não seria um sinal distintivo do apóstolo de Deus. E se Satanás pudesse ressuscitar os mortos, poderia copiar a ressurreição - a prova máxima da capacidade de ressuscitar os mortos. Nenhum caso de ressurreição real foi comprovado por evidência sequer próxima daquela em favor da ressurreição de Cristo. A maioria é claramente falsa.

Alguns são simples truques fraudulentos. Esse é o caso de um feiticeiro africano que reivindicou ter sacrificado um homem para apaziguar os deuses e depois tê-lo restaurado à vida. O ilusionista Andre Kole, que havia demonstrado a natureza falsa de muitos truques do ocultismo, descobriu que o feiticeiro havia cavado um túnel pelo qual o homem, que ele supostamente havia matado, escapou, retomando depois (v. Geisler, 118).

Algumas supostas ressurreições são "comas" misticamente induzidos. Alguns gurus indianos são capazes de desacelerar seus processos corporais ao alterar seu estado de consciência. Isso os capacita a passar horas num túmulo com pouco oxigênio. Pelo menos um ilusionista moderno conseguiu escapar de um caixão enterrado debaixo de três metros de terra em uma hora e meia. Ele não afirmou ter ressuscitado. Simplesmente aprendeu a conservar o oxigênio do seu grande caixão enquanto cavava pelo solo fofo até a superfície.

Alguns casos são apenas ressuscitamentos médicos. A ciência médica regularmente faz ressuscitamentos em pessoas que apresentam morte clínica, mas não estão realmente mortas. Uma ressurreição real ocorre quando alguém estava fisicamente morto. Em comparação, Jesus ressuscitou Lázaro após este ficar enterrado por quatro dias e seu corpo estar-se decompondo (Jo 11.39).

Algumas supostas ressurreições são apenas casos em que indivíduos desmaiaram ou entraram em coma. O evangelista e milagreiro Oral Robert afirmou ter ressuscitado pessoas dos mortos. Quando constrangido a dar nomes e endereços, recusou-se a dá-los. Finalmente, mencionou uma menina que havia desmaiado no seu culto. Quando perguntaram como ele sabia que ela estava morta, disse que seu corpo estava frio ao toque e que ele e a mãe da menina acharam que ela estava morta.

Ressurreições foram relatadas nos reavivamentos indonésios (v. Geisler, 71-2). Quando George Peters pesquisou a questão pessoalmente, não encontrou evidência de ressurreições físicas reais. Em vez disso, descobriu que a palavra "morte" na língua local também pode referir-se a estados de inconsciência, tais como desmaios e comas (Peters, 88).

Alegações de ressurreição ainda são feitas, mas nenhuma foi comprovada como uma ressurreição física real dos mortos (v. RESSURREIÇÃO, NATUREZA FÍSICA DA). Quem realmente possuísse esse poder atrairia multidões. Jesus teve de pedir às pessoas para não divulgarem seus milagres (Mt 8.4; 17.9). Ele era tão assediado por multidões atrás de milagres que muitas vezes não tinha tempo para comer (Mc 6.3 1; Jo 6.24). Mas não se conhece ninguém desde o tempo dos apóstolos que tivesse esse tipo de poder.

Deus podia ressuscitar os mortos. Ele ressuscitará todos os mortos no futuro (Jo 5.28-30; Ap 20.4,5). Até essa ocasião ele provavelmente não fará isso.

Conclusão. Milagres verdadeiros são realmente sobrenaturais; falsos milagres são, na melhor das hipóteses, apenas supranormais. Sinais satânicos são associados ao mal e à falsidade. Atos sobrenaturais são distinguidos pelo bem e pela verdade. E Satanás não tem o poder de executar um ato realmente sobrenatural. Seus sinais são sempre ilusões e geralmente falsidades óbvias a qualquer um que conheça sinais. Ele é o mestre da mágica e um supercientista. Mas apenas Deus pode criar vida e levantar os mortos. Apenas Deus pode prever o futuro infalivelmente. Apenas Deus pode curar instantaneamente o que é "incurável". O poder de Deus é infinito e bom, e seus atos sobrenaturais comprovam isso.

Fontes
AGOSTINHO, *Cidade de Deus*.
C. BROWN, -Milagre, prodígio, sinal",
em *Novo dicionário internacional de teologia do Novo Testamento*.
N. L. GEISLER, *Miracles and the modern mind*.
___, *Signs and wonders*.
A. KOLE, *Miracle and magic*.
C. S. LEWIS, *Milagres*.
G. PETERS, *Indonesia revival*.
"Amazing" RANDI, *The healers*.
M. TARI, *A mighty wind*.
13. 13. WARFIELD, *Counterfeit miracles*.

milagres, mágica e. Crucial ao uso apologético de milagres é a capacidade de distinguir milagres verdadeiros dos falsos. Muitas religiões afirmam ser "autenticadas" por atos milagrosos. Enquanto o judaísmo afirma que a vara de Moisés tornou-se uma serpente e o cristianismo proclama que Jesus andou sobre a *água, os islamitas dizem que Maorné moveu uma montanha, e gurus hindus declaram ter o poder de levitar.

O profeta da Nova Era, Benjamin Creme, oferece um espírito de poder e adivinhação superior ao de Jesus e que está disponível agora para os seguidores do "Cristo": "E isso que os capacitou a fazer o que na época era chamado de milagre, mas que hoje é chamado de cura espiritual ou esotérica. Diariamente, no mundo todo, milagres de cura são feitos.

Se um milagre é realmente um ato de Deus que suspende leis naturais com o propósito de confirmar Deus como a fonte de alguma verdade, o que devemos fazer a respeito dessas "ofertas de ocasião". Podemos saber a diferença entre o que é realmente miraculoso e o que não é de Deus e pode ser demoníaco? E possível definir um milagre de tal forma a excluir reivindicações falsas e outros tipos de eventos incomuns?

O problema de definição. Segundo o teísmo, um milagre é uma intervenção sobrenatural de um Deus transcendente no mundo natural. Mas o PANTEÍSMO, como o ATEÍSMO, diz que não há Deus além do universo. Logo, todos os eventos têm causas naturais. Eles discordam apenas se o "natural" é limitado ao físico ou se pode incluir o espiritual. Como o "Jesus" panteísta do *Evangelho aquariano de Jesus Cristo* diz: "Todas as coisas resultam da lei natural". Até a Ciência Cristã diz que um milagre é "aquilo que é divinamente natural, mas deve ser aprendido humanamente; um fenômeno da Ciência". Em vez de dizer que não há milagres, os panteístas redefinem milagres como uma manipulação da lei natural. Numa visão clássica do panteísmo, os filmes de *Guerra nas estrelas,* Luke Skywalker aprendeu a usar "a força" (lei natural) num podequase espiritual que o capacitava a executar atos incríveis. Os panteístas tentaram incorporar a física avançada em explicações do supranormal. O livro de FriJof Capra *O tao da física* é uma versão atualizada da doutrina panteísta de que toda matéria é, no fundo, mística:

A unidade básica do universo não é apenas a característica central da experiência mística, mas também é uma das revelações mais importantes da física moderna. Isso se torna evidente no nível atômico e se manifesta mais e mais à medida que vemos a questão mais a fundo, até o âmbito das partículas subatômicas.

Assim, a fonte dos "milagres" panteístas não é um Deus pessoal onipotente que está além do universo. É uma Força impessoal no universo. Logo, esses eventos incomuns não são realmente sobrenaturais; são apenas *supranormais.*

Sobrenatural versus supranormal. O cristianismo não nega que eventos supranormais acontecem, mas nega que sejam realmente singulares ou tenham qualquer valor apologético na confirmação de reivindicações de verdade religiosa. A definição de um milagre verdadeiro tem três elementos básicos associados a milagres na Bíblia: *poder, sinal* e *prodígio* (para mais informações sobre esses elementos, v. MILAGRES NA BÍBLIA).

O poder dos milagres vem de um Deus que está além do universo. A natureza dos milagres é que eles são *prodígios,* que inspiram temor porque transcendem as leis naturais. A palavra *sinal* revela o propósito dos milagres: eles confirmam a mensagem e o mensageiro de Deus. A dimensão teológica dessa definição é que milagres implicam um Deus fora do universo que intervém nele. Moralmente, porque Deus é bom, milagres produzem e/ou promovem o bem. Na sua dimensão doutrinária, milagres revelam quais profetas são verdadeiros e quais são falsos. Teleologicamente (i.e., em termos de objetivo), milagres nunca são feitos para proporcionar entretenimento. Eles têm o propósito de glorificar a Deus e direcionar as pessoas a ele.

Os "milagres" panteístas não preenchem essa definição porque seu poder não é de Deus. O autor da Nova Era, David Spangler, identificou a fonte de milagres para os panteístas quando escreveu:

"Cristo é a mesma força que Lúcifer, mas aparentemente está-se movendo na direção oposta. Lúcifer se move para criar a luz interior ... Cristo se move para liberar essa luz". Então o poder para eventos supranormais no panteismo vem de Lúcifer, ou Satanás, apesar de ser chamado de Cristo quando sai do indivíduo.

Do ponto de vista bíblico, Lúcifer, também chamado de Diabo e Satanás.) não é o mesmo que Deus nem mesmo igual a Deus. No princípio, Deus criou tudo que era bom: a terra (Gn 1. 1, 3 1), a humanidade (Gn 1.27,28) e os anjos (Cl 1. 15,16). Um anjo se chamava Lúcifer (Is 14.12). Ele, era belo, mas se ensoberbeceu (1 Tm 3.6) e rebelou-se contra Deus, dizendo: "subirei acima das mais altas nuvens e serei semelhante ao Altíssimo" (Is 14.14). Um terço de todos os anjos deixou seu lar com Deus para segui-lo (Ap 12.4). Esses seres são agora conhecidos como Satanás e seus demônios (Ap 12.7 e Mt 25.41). Eles têm poderes íncomuns, no sentido de que todos os anjos têm poderes sobrenaturais como parte do mundo espiritual. São descritos atuando "nos filhos da desobediência" (Ef 2.2). Satanás "se transforma em anjo de luz" (2Co 11. 14) até mesmo para parecer estar do lado de Deus, mas isso é apenas um disfarce.

Milagres *versus* mágica. De uma perspectiva bíblica há testes para distinguir milagres da Nova Era ou influências ocultistas que podem ser chamadas de "mágica". Milagres são intervenções sobrenaturais ordenadas por Deus. A mágica é manipulação supranormal de forças naturais. A tabela seguinte resume essas diferenças.

Milagre	Mágica
Sob o controle de Deus.	Sob controle humano.
Não está disponível a qualquer hora.	Está disponível a qualquer hora.
Poder sobrenatural.	Poder supranormal.
Associado ao bem.	Associada ao mal.
Associado apenas à verdade.	Associada também ao erro.
Pode subjugar o mal.	Não pode subjugar o bem.
Afirma que Jesus é Deus em carne.	Nega que Jesus é Deus em carne.
Profecias sempre verdadeiras.	Profecias às vezes falsas.
Nunca associado a práticas ocultistas.	Geralmente associada a práticas ocultistas.

A mágica usa meios ocultistas para realizar seus atos. São práticas que afirmam evocar poderes do âmbito espiritual. Em muitos casos, é exatamente isso que fazem; mas se trata de poder demoníaco. Algumas práticas ligadas diretamente ao poder demoníaco na Bíblia são:

Magia	(Dt 18.10)
Adivinhação	(Dt 18.10)
Consulta aos espíritos	(Dt 18.11)
Mediunidade	(Dt 18.11)
Adivinhação	(Dt 18.10)
Astrologia	(Dt 4.19; Is 47.13-15)
Heresia	(1Tm 4.1; 1Jo 4.1-3)
Imoralidade	(Ef 2.2,3)
Autodeificação	(Gn 3.5; Is 14.12)
Mentira	(Jo 8.44)
Idolatria	(1Co 10.19-20)
Legalismo e autoprivação	(Cl 2.16-23; 1Tm 4.1-4)

Muitos que praticam e ensinam "milagres" panteístas admitem que usam práticas ocultistas e as recomendam. Os testes a seguir demonstram claramente que tais reivindicações de poderes sobrenaturais não são milagres.

Análise de caso: Jean Dixon. Jean Dixon foi uma das médiuns mais famosas do século xx. Ela supostamente fez muitas previsões supranormais, mas seu trabalho não atinge de forma alguma os padrões do miraculoso.

Profecias falsas. Até sua biógrafa, Ruth Montgomery, admite que Dixon fez muitas profecias falsas.

Ela previu que a China comunista provocaria uma guerra por causa de Quemoy e Matsu em outubro de 1958; achava que o líder trabalhista Walter Reuther se candidataria a presidente em 1964.

No dia 19 de outubro de 1968, ela nos garantiu que Jacqueline Kennedy não estava pensando em se casar; no dia seguinte, a sra. Kennedy casou-se com Aristóteles Onassis! Ele também disse que a Terceira Guerra Mundial começaria em 1954, a guerra do Vietnã terminaria em 1966 e Castro seria banido de Cuba em 1970.

O Almanaque do Povo (1976) fez um estudo sobre as previsões dos 25 maiores médiuns, inclusive Dixon. Os resultados: "Do total de 72 previsões, 66 (ou 92%) estavam completamente erradas" (Kole, p. 69). Das que estavam parcialmente corretas, duas eram vagas e duas pouco surpreendentes — os Estados Unidos e a Rússia continuariam sendo potências importantes e não haveria guerras mundiais. É evidente que não é necessário ter poderes sobrenaturais para chegar a esses resultados subnormais.

O índice de precisão de aproximadamente 8% poderia ser atribuído ao acaso e conhecimento geral das circunstâncias. Mas pode haver outras coisas envolvidas. Montgomery nos diz que Dixon usava uma bola de cristal, astrologia e telepatia, e que seu dom de profecia foi dado a ela por uma vidente cigana quando era menina.

A suposta previsão sobre Kennedy. Até a profecia altamente reconhecida de Jean Dixon sobre a morte de John F. Kennedy é vaga e está errada em alguns aspectos (ela diz que a eleição de 1960 seria dominada pelos trabalhistas, o que não aconteceu). Chegou a dizer que Richard Nixon ganharia, o que não aconteceu, previsão que contradisse em outra ocasião. Sua profecia do assassinato não especifica o nome de Kennedy. Em comparação, Isaías deu o nome do Rei "Ciro" e disse o que ele faria um século e meio antes de ele nascer (v. Is 45.1). Segundo, Dixon não dá detalhes de como, onde ou quando Kennedy seria morto. Compare isso com a especificidade das profecias do AT com relação ao nascimento e morte de Cristo (v. Is 53). Terceiro, sua previsão era geral. Tudo o que adivinhou foi que um presidente democrata morreria durante seu mandato. Em 1960 havia uma probabilidade de 50% de que um democrata fosse eleito e, dados dois mandatos de quatro anos, uma boa chance de que houvesse pelo menos um atentado. Além disso, o início da década de 1960 se encaixa num ciclo centenário em que a cada vinte anos um presidente morreu durante o mandato. O presidente de 1980, Ronald Reagan quase foi assassinado.

A Bíblia não permite tais coisas. Todas as formas de adivinhação são proibidas. Nenhum erro é permitido ao profeta de Deus. Deuteronômio 18.22 diz que um profeta deve ser 100% preciso: "Se o que o profeta proclamar em nome do Senhor não acontecer nem se cumprir, essa mensagem não vem do Senhor. Aquele profeta falou com presunção. Não tenham medo dele".

A última frase significa que é adequado apedrejar tal profeta. Se Deus falou, acontecerá. Não há necessidade para a segunda chance.

Foi provado que algumas reivindicações de poderes supranormais não eram nada além de ilusionismo e truques mágicos. Danny Korem, mágico profissional que escreveu um livro expondo tais fraudes, diz: "dadas as devidas circunstâncias, qualquer pessoa pode ser enganada e pensar que testemunhou algo que jamais aconteceu".

Um exemplo disso é o "médium" Uri Geller, que afirma ter o poder de entortar objetos de metal sem tocá-los, bem como ser capaz de praticar telepatia e clarividência. Ele até recebeu apoio num relatório do Instituto de Pesquisa de Stanford, publicado numa revista popular de ciência. Mas os editores da revista notaram que os homens que julgaram os testes acharam que

> houve pouca consideração pela metodologia estabelecida da psicologia experimental [...] Dois juízes também acharam que os autores não haviam considerado as lições aprendidas no passado por parapsicólogos que pesquisavam essa área traiçoeira e complicada.

Seu ceticismo foi comprovado. A revista *New Science* registrou que "pelo menos cinco pessoas afirmam ter visto Geller realmente trapacear". Uma mulher que o viu num estúdio de televisão disse que "viu Geller entortar — com a mão, não com poderes psíquicos — a colher grande". Outro truque de Geller é tirar sua foto com uma máquina fotográfica sem tirar a capa da lente. Mas isso também foi feito por um fotógrafo usando uma lente grande angular e com a capa quase fechada. O sucesso de Geller também parece diminuir dramaticamente quando os controles são maiores. Em programas de televisão, ele gostava de tirar um objeto de uma entre dez latas de filme.

No programa de Merv Griffin na US TV, Geller fez o truque com sucesso, mas algumas pessoas pensaram ter visto Geller sacudindo a mesa para que as latas chacoalhassem e ele pudesse distinguir a mais pesada. Então, no programa de Johnny Carson, no dia 1.º de agosto de 1973, precauções especiais foram tomadas e Geller não pôde chegar perto o suficiente da mesa para sacudi-la ou tocar as latas. Fracassou.

É difícil evitar a conclusão de um crítico que disse que "o relatório de Stanford simplesmente não resiste à massa de evidência circunstancial de que Uri Geller é apenas um bom mágico". O mágico Andre Kole esclarece:

> O que a maioria das pessoas não entende sobre Uri Geller — que ele tentou suprimir na sua publicidade — é que ele estudou e praticou mágica quando jovem em Israel. Mas logo entendeu que atraía mais seguidores ao reivindicar poderes paranormais que como mágico. Na verdade, a maior parte do que faz seria um tanto insignificante vindo de um mágico.

Milagres bíblicos singulares. Milagres bíblicos são superiores e singulares. Os magos do Egito tentaram reproduzir os atos de Moisés por meio de ilusionismo com algum sucesso (Êx 7.19s.; 8.6s.), mas, quando Deus trouxe os piolhos do pó da terra, os magos fracassaram e exclamaram: "Isso é o dedo de Deus" (Êx 8.19). Elias silenciou todas as reivindicações dos profetas de Baal quando trouxe fogo do céu sem que eles conseguissem fazer o mesmo (1Rs 18). A autoridade de Moisés foi vindicada quando Corá e seus seguidores foram engolidos pela terra (Nm 16). Foi demonstrado que Arão era o sacerdote escolhido por Deus quando seu cajado floresceu (Nm 17).

No NT, Jesus curou os doentes (Mt 8.14-17), fez os cegos verem (Mc 8.22-26), purificou os leprosos (Lc 8.49-56). Esse padrão continuou com os apóstolos, quando Pedro curou o mendigo no portão do templo (At 3.1-11) e ressuscitou Dorcas dos mortos (At 9.36-41). Hebreus 2.4 nos diz o propósito desses milagres: "Deus também deu testemunho dela por meio de sinais, maravilhas, diversos milagres e dons do Espírito Santo distribuídos de acordo com a sua vontade". Com relação à objetividade, bondade e confirmação da mensagem de Deus, não há comparação entre esses milagres e entortar colheres.

Profecia bíblica singular. A profecia bíblica também é singular, pois, enquanto a maioria das previsões é vaga e geralmente falha, as Escrituras são incrivelmente precisas (v. PROFECIA COMO PROVA DA BÍBLIA). Deus previu não apenas a destruição de Jerusalém (Is 22.1-25), mas também o nome de Ciro, o rei persa que iria repatriar os judeus (Is 44.28; 45.1). Isso foi predito 150 anos antes de tudo acontecer. Até o lugar onde Jesus nasceu é citado por volta de 700 a.C. (Mq 5.2). A hora de sua entrada triunfal em Jerusalém foi prevista precisamente por Daniel em 538 a.C. (Dn 9.24-26). Nenhum adivinho pode gabar-se de precisão ou consistência igual.

Cristo previu a própria morte (Mc 8.31), o tipo de morte (Mt 16.24), a traição que sofreria (Mt 26.21) e sua ressurreição dos mortos no terceiro dia (Mt 12.39,40). Não há nada igual em nenhuma profecia ou milagre ocultista. A ressurreição de Jesus em cumprimento à sua predição se destaca como *o único evento singular e não-repetível da história.*

Fontes
F. CAPRA, *O tao da física.*
L. DOWLING, *The aquarian gospel of Jesus Christ.*
N. L. GEISLER, *Signs and wonders.*
A. KOLE, *Miracle and magic.*

D. Korem, *The powers.*
"Amazing" Randy, *Flim Flam.*
B. B. Warfield, *Counterfeit miracles.*

milagres, mito e. Sob o ataque implacável do naturalismo moderno, muitos pensadores religiosos se entrincheiraram na teoria de que milagres não são eventos do mundo cronológico-espacial (v. MILAGRES). Em vez disso, milagres seriam mitos ou eventos num mundo espiritual, além do tempo e espaço. Como resultado, os registros bíblicos devem ser "desmitificados" ou despidos da "casca" mitológica para chegar ao "cerne" existencial da verdade. Rudolf Bultmann (1884-1976) estava à frente dessa teoria dos "milagres". Ele adaptou à exegese do NT o conceito de análise existencial do filósofo fenomenologista Martin Heidegger (1889-1976). Usando os métodos de Heidegger, ele tentou separar da cosmovisão do século I a mensagem essencial do evangelho.

Naturalismo desmitificado. Bultmann acreditava que as Escrituras baseavam-se num universo de três andares, com a terra no centro, o céu acima com Deus e os anjos e o submundo abaixo. O mundo

é o cenário da atividade sobrenatural de Deus e seus anjos de um lado, e Satanás e seus demônios do outro. Essas forças sobrenaturais intervêm no curso da natureza e em tudo que pensamos e desejamos e fazemos (Bultmann, p. 1).

Os documentos do NT precisavam ser purificados dessa estrutura mitológica. A linguagem da mitologia é inacreditável para as pessoas modernas, para as quais a visão mitológica do mundo está obsoleta. "Todo o nosso pensamento atual é formado, bem ou mal, pela ciência moderna", então "uma aceitação cega do NT [...] significaria aceitar em nossa fé e religião a comosvisão que elevamos negar no cotidiano" (ibid., 3, 4).

Excessivamente confiante, Bultmann sequer abriu espaço para considerar a pressuposição de que a descrição bíblica de milagres é impossível. Tal teoria não podia mais ser levada a sério. A única maneira honesta de recitar os credos era despir a verdade da estrutura mitológica que a circunda.

Propósito do mito. Se o retrato bíblico é mitológico, como devemos interpretá-lo? Para Bultmann "o propósito real do mito não é apresentar o retrato objetivo do mundo como ele é, mas expressazr o entendimento do homem sobre si mesmo no mundo em que vive".

Logo, "o mito deve ser interpretado não cosmologicamente, mas antropologicamente, ou, melhor ainda, existencialmente".

"O mito fala do poder ou dos poderes que o homem supõe que experimenta como base e limite do seu mundo e de sua própria atividade e sofrimento." Em outras palavras, o mito fala de um poder transcendente que controla o mundo. É essa esperança que a religião compartilha quando se elimina seu material periférico cronologicamente limitado (ibid., p. 10-11).

Bultmann conclui, confiante: "Obviamente [a ressurreição] não é um evento da história passada [...] Um fato histórico que envolve a ressurreição dos mortos é totalmente inconcebível" (ibid., p. 38-9). Ele oferece várias razões para essa conclusão anti-sobrenatural. Primeiro, há "a incredibilidade de um evento mítico como a ressurreição de um cadáver". Segundo, "há a dificuldade de estabelecer a historicidade objetiva da ressurreição, não importa quantas testemunhas sejam citadas". Terceiro, "a ressurreição é um artigo de fé que, como tal, não pode constituir uma prova miraculosa". Finalmente, "tal milagre não é desconhecido no âmbito da mitologia" (ibid., p. 39, 40).

Então, o que é a ressurreição (v. RESSURREIÇÃO, EVIDÊNCIAS DA)? Para Bultmann, é um evento da história subjetiva, um evento da fé no coração dos primeiros discípulos. Como tal, não está sujeita à verificação ou falsificação histórica, pois não é um evento no mundo de espaço e tempo. Cristo não ressurgiu do túmulo de José; ressuscitou pela fé no coração dos discípulos.

É difícil formular precisamente o raciocínio que Bultmann usou para apoiar sua tese. Parece algo assim:

1. Mitos são por natureza mais que verdades objetivas; são verdades transcendentes da fé.
2. Mas o que não é objetivo não pode ser parte do mundo verificável de espaço e tempo.
3. Logo, milagres (mitos) não são parte do mundo objetivo de espaço e tempo.

Fraquezas do naturalismo desmitificador. *Milagres não são menos que históricos.* Não se deve concluir que, pelo fato de um evento ser *mais* que histórico, ele deva ser *menos* que histórico. Os milagres do evangelho têm, com certeza, uma dimensão transcendente. São mais que eventos históricos. Por exemplo, o NASCIMENTO VIRGINAL envolve tanto a natureza divina de Cristo (v. Cristo, DIVINDADE DE) e o propósito espiritual de sua missão quanto à biologia. É apresentado como "sinal" (Is 7.14). A RESSURREIÇÃO é mais que a ressurreição de um cadáver. Sua dimensão divina implica verdades espirituais (Rm 4.25; 2Tm 1.10).

Isso não significa de forma alguma que esses milagres não sejam eventos puramente objetivos e reais. Até Bultmann admite que os autores do NT acreditavam que os eventos que descreveram eram históricos: "Não se nega que a ressurreição de Jesus seja muitas vezes usada no NT como uma prova miraculosa [...] Tanto a lenda do túmulo vazio quanto as aparições insistem na realidade física do corpo ressurreto do Senhor".

Todavia, "elas certamente foram acrescentadas à tradição primitiva" (ibid., p. 39). Nenhuma razão sólida foi dada para concluir que esses eventos não poderiam ser eventos na história do espaço e do tempo (v. MILAGRES NA BÍBLIA).

Milagres no mundo, mas não do mundo. Bultmann supõe equivocadamente que qualquer evento *no* mundo deve ser *do* mundo. O milagre pode originar-se no mundo sobrenatural (sua fonte), mas ocorrer no mundo natural (sua esfera). Dessa maneira, o evento pode ser objetivo e verificável sem ser redutível a dimensões puramente factuais. É possível verificar diretamente por meios históricos se o cadáver de Jesus de Nazaré foi ressurreto e observado empiricamente (as dimensões objetivas do milagre), sem reduzir os aspectos espirituais do evento a meros dados científicos. Porém, ao afirmar que tais milagres não podem ocorrer na história do espaço e tempo, Bultmann está apenas revelando um preconceito naturalista injustificado e antiintelectual.

A base do anti-sobrenaturalismo de Bultmann não é evidencial nem está aberta a discussão. É algo que ele defende "não importa quantas testemunhas sejam citadas" (ibid.). O dogmatismo de sua linguagem é revelador. Milagres são "inacreditáveis", "irracionais", "realmente impossíveis", "sem sentido", "totalmente inconcebíveis", "simplesmente impossíveis" e "intoleráveis". Logo, a "única alternativa honesta" para as pessoas modernas é afirmar que milagres são espirituais e que o mundo físico está imune à interferência sobrenatural.

Se milagres não são eventos históricos objetivos, então são inverificáveis e infalsificáveis. Não há maneira factual de determinar se são verdade. Foram colocados além do âmbito da verdade objetiva e devem ser tratados como puramente subjetivos. A crítica de Antony Flew (v. VERIFICAÇÃO, TIPOS DE) foi direta quando ele fez o desafio: "Muitas vezes, pessoas que não são religiosas têm a impressão de que não houve nenhum evento ou série de eventos concebível cuja ocorrência seria admitida por pessoas religiosas sofisticadas como razão suficiente para reconhecer: 'Nunca houve um Deus'".

Antony FLEW perguntou: "O que teria que acontecer ou ter acontecido de modo a constituir para você uma refutação do amor de Deus, ou da sua existência?" (Flew, p. 98).

Fazendo as perguntas de Flew para Bultmann: "Se o cadáver de Jesus de Nazaré tivesse sido descoberto depois da primeira Páscoa, isso tornaria falsa sua crença na ressurreição?".

Claramente isso não aconteceria para Bultmann. A resposta do apóstolo Paulo a essa pergunta, dada em 1 Coríntios 15, é um enfático "sim". Pois, "se Cristo não ressuscitou, inútil é a fé que vocês têm, e ainda estão em seus pecados" (1Co 15.17).

Se milagres não são eventos históricos, não têm valor evidencial (v. FIDEÍSMO). Não provam nada, já que têm valor apenas para os que querem acreditar neles. No entanto, os autores do NT atribuem valor evidencial aos milagres. Consideram-nos "provas indiscutíveis" (At 1.3) e não "fábulas engenhosamente inventadas" (2Pe 1.16). Paulo declarou que Deus "deu prova disso a todos, ressuscitando-o dentre os mortos" (At 17.31).

Conclusão. A abordagem desmitificadora de Bultmann aos milagres e documentos do NT em geral é injustificada. Antes de mais nada, é contrária à evidência esmagadora da autenticidade dos documentos do NT e a confiabilidade das testemunhas (v. NOVO TESTAMENTO, HISTORICIDADE DO). Em segundo lugar, é contrária à afirmação do NT (2Pe 1.16; v. Jo 1.1-3; 21.24). Finalmente, o NT não é o estilo literário da mitologia (v. MITOLOGIA E O NOVO TESTAMENTO). C. S. LEWIS, como autor de mitos (fábulas), observou com perspicácia que "o dr. Bultmann nunca escreveu um evangelho". Então pergunta: "Será que a experiência da sua vida culta [...] realmente deu-lhe algum poder de ler as mentes de pessoas mortas há muito tempo?". Como escritor de mitos, Lewis geralmente considerava os críticos errados quando tentavam ler sua mente em vez de suas palavras. No entanto, acrescenta:

Os "resultados garantidos dos estudos modernos", quanto à maneira em que um livro antigo foi escrito, são "garantidos", podemos concluir, apenas porque os homens que conheciam os fatos estão mortos e não podem expor as falácias dos intérpretes.

As críticas de Bultmann são irrefutáveis porque, como Lewis ironicamente afirma: "São Marcos está morto. Quando encontrarem são Pedro haverá questões mais importantes a serem discutidas" (*Christian reflections*, p. 161-3).

Fontes
R. Bultmann, *Kerygma and myth: a theological debate*, org. H. W. Bartsch, trad. R. H. Fuller.
A. Flew, "Theology and falsification", em *New essays in philosophical theology*.
N. L. Geisler, *Miracles and the modern mind*.
C. S. Lewis, *Christian reflections*.
___, *Milagres*.

milagres, suposta impossibilidade dos. V. naturalismo; milagres, argumentos contra; Espinosa, Baruch.

milagres, valor apologético dos. As principais reivindicações do cristianismo dependem do valor apologético dos milagres (v. apologética, argumento da; milagre). Se milagres não têm valor evidencial, não há evidência objetiva, histórica, para apoiar as reivindicações do cristianismo histórico e ortodoxo.

Alguns naturalistas contemporâneos argumentam que, não importa quão incomum um evento seja, ele não pode ser considerado milagre. Se isso for verdade, pode ter sérias implicações para os que acreditam em milagres. Nenhum evento incomum que reivindique origem divina poderia ser considerado milagre. Além disso, religiões teístas como o judaísmo e o cristianismo, nas quais reivindicações milagrosas são usadas apologeticamente, não poderiam realmente identificar nenhum de seus eventos incomuns como confirmação milagrosa de suas verdades, não importa quanta evidência pudessem produzir para a autenticidade desses eventos.

Identidade dos milagres. Há dois aspectos no caso da identidade dos milagres. Primeiro, milagres devem ser identificáveis antes de um milagre específico poder ser identificado. Segundo, é preciso reconhecer determinadas características para identificar um evento específico como milagre. O foco aqui será na identidade dos milagres.

Segundo alguns, milagres não podem ser identificados porque o conceito de milagre não é coerente. Alistair McKinnon, por exemplo, afirma que "a idéia de suspensão da lei natural é autocontraditória. Resulta do significado do termo" (Swinburne, p. 49). Pois se leis naturais são descritivas, apenas nos informam sobre o curso real dos eventos. Mas nada, diz McKinnon, pode violar o curso real dos eventos. Ele escreve:

Essa contradição pode destacar-se mais se em lugar de *lei natural* usarmos a expressão *curso real dos eventos*. O milagre seria definido como "o evento que envolve a suspensão do curso real dos eventos".

Logo, "quem insistisse em descrever um evento como milagre estaria na posição um tanto estranha de afirmar que sua ocorrência era contrária ao curso real dos eventos" (ibid., p. 50). O argumento de McKinnon pode ser resumido da seguinte maneira:

1. Leis naturais descrevem o curso real dos eventos.
2. Um milagre é uma violação a uma lei natural.
3. Mas é impossível violar o curso real dos eventos (o que é, é; o que acontece, acontece).
4. Logo, milagres são impossíveis.

Argumento de McKinnon. Há vários problemas com esse argumento. Três em especial são dignos de nota:

Petição de princípio. Se McKinnon está certo, os milagres não podem ser identificados no mundo natural, já que tudo que acontece não será milagre; se tudo que acontece é um evento natural *ipso facto*, é claro que milagres nunca acontecem. Mas isso é apenas uma petição de princípio; sua definição de lei natural vai contra os milagres. Não importa o que aconteça no mundo natural, automaticamente será chamado "evento natural". Isso eliminaria de antemão a possibilidade de qualquer evento no mundo ser milagre. Mas isso não reconhece sequer a possibilidade de nem todo evento *no* mundo ser *do* mundo. Pois um milagre pode ser um efeito *na* natureza de uma causa que está *além da* natureza. Pois a mente de um computador está *além* do computador, mas o computador está *no* mundo.

Má definição. O problema é que McKinnon definiu mal as *leis naturais*. Leis naturais não devem ser definidas como o que *realmente* acontece, e sim como o que *regularmente* acontece. Como Richard Swinburne demonstra: "leis da natureza não descrevem apenas o que acontece [...] Descrevem o que acontece de forma regular e previsível". Portanto, "quando o que acontece é completamente irregular e imprevisível, sua ocorrência não é algo descritível por leis naturais" (ibid., p. 78). Assim, milagres podem ser identificados como eventos na natureza que entram na categoria do irregular e imprevisível. Um milagre é mais que um evento irregular e imprevisível no mundo natural, mas não é menos que isso. De qualquer forma, eles não podem ser descartados pela simples definição de uma lei natural como o que realmente acontece. Apesar de ocorrerem no mundo natural, milagres são diferentes de ocorrências naturais.

milagres, valor apologético dos

Tipos confusos de eventos. Como leis naturais lidam com *regularidades* e milagres com *singularidades*, os milagres não podem ser violações de leis naturais. Não são nem da mesma categoria de eventos. Um milagre não é uma "minilei" natural; é um evento único com características próprias. Portanto, afirmar que milagres não acontecem (ou não se deve acreditar que aconteceram) porque não estão na mesma categoria que os eventos naturais é erro de categoria. Pela mesma lógica, também podemos dizer que nenhum livro tem uma causa inteligente porque sua origem não pode ser explicada por leis operacionais da física e química.

Argumento de Flew. Um ataque mais poderoso ao valor apologético dos milagres é dado por Antony FLEW. A objeção básica aos milagres por parte dos naturalistas contemporâneos não é ontológica, mas epistemológica. Isto é, os milagres não são rejeitados porque sabemos que não ocorrem. Na verdade, não sabemos e não podemos saber que ocorreram. A objeção de Flew entra nessa categoria. Se bem-sucedido, o argumento de Flew demonstra que milagres não têm valor apologético.

Milagres são parasitas da natureza. Flew define amplamente o milagre como algo que "jamais teria acontecido se a natureza tivesse de, por assim dizer, usar os próprios recursos" (Flew, p. 346). Ele observa que TOMÁS DE AQUINO demonstrou que milagres não são necessariamente a violação da lei natural. Aquino escreveu que "o artesão não é contra o princípio do artesanato [...] se causa uma mudança no seu produto, mesmo depois de ter dado a primeira forma ao objeto" (Aquino, 3.100). Além desse *poder* ser inerente à idéia de artesanato, a *mente* do artesão também é. O milagre leva a marca inconfundível do poder e da mente divinos. O milagre, então, é "uma interposição surpreendente do poder divino pela qual as operações do curso normal da natureza são anuladas, suspensas ou modificadas" (v. Flew, p. 346).

Aceitando essa definição teísta, Flew insiste em que "exceções são a lógica dependendo das regras. Somente se puder ser demonstrado que há uma ordem é que se torna possível demonstrar que a ordem é ocasionalmente anulada" (ibid., p. 347). Em resumo, os milagres, para Flew, são logicamente parasitas da lei natural. Logo, uma posição firme sobre milagres é possível sem uma posição firme sobre a regularidade da natureza.

A improbabilidade dos milagres. Flew argumenta que milagres são improváveis *prima facie*, citando o historiador R. M. Grant, segundo o qual "a credulidade na Antigüidade variava inversamente à saúde da ciência e diretamente ao vigor da religião" (ibid.). David Strauss, crítico bíblico do século XIX, era ainda mais cético. Escreveu:

Podemos rejeitar sumariamente todos os milagres, profecias, narrativas de anjos e demônios e semelhantes, por serem simplesmente impossíveis e inconciliáveis com as leis conhecidas e universais que governam o curso dos acontecimentos (v. ibid., p. 347).

Segundo Flew, tal ceticismo é justificado por uma base metodológica.

Identificabilidade. Flew afirma estar disposto a permitir na teoria a possibilidade de milagres. Na prática, argumenta que o problema de identificar um milagre é sério, até mesmo insuperável.

O argumento contra milagres a partir da não-identidade pode ser resumido:

1. Um milagre deve ser identificado (distinguido) antes de ser possível saber que ocorreu.
2. Um milagre pode ser distinguido de uma entre duas maneiras: em termos de natureza ou em termos do sobrenatural.
3. Identificá-lo pela relação com o sobrenatural como ato de Deus é uma petição de princípio.
4. Identificá-lo em relação ao evento natural tira sua qualidade sobrenatural.
5. Logo, não é possível saber se milagres ocorreram, já que não há como identificá-los.

Flew insiste, contra Agostinho (v. Agostinho, 21.8), que, se o milagre é apenas "o portento [que] não é contrário à natureza, mas contrário ao nosso conhecimento da natureza" (Flew, p. 348), ele não tem nenhum valor apologético real. Pois, argumenta Flew, se o evento é apenas milagre em relação *a nós no presente*, não prova que a revelação que pretende apoiar esteja *realmente* além do poder da natureza. Apesar da idéia de Agostinho de que o milagre asseguraria que a criação depende de Deus, ela acaba subvertendo o valor apologético do milagre (ibid.). Pois, se o milagre é apenas contrário ao nosso *conhecimento* da natureza, ele não é nada além de um evento natural. De qualquer forma, não poderíamos saber que o milagre *realmente* ocorreu, só que *parece* a nós que ocorreu.

A idéia de Flew pode ser afirmada de outra maneira. Para identificar um milagre na natureza, a identificação desse milagre deve ser em termos do que é independente da natureza. Mas não há maneira de identificar um milagre como independente do natural exceto apelando para o reino sobrenatural, o que é petição de princípio. Isso significaria afirmar, na verdade: "Sei que isto é um evento milagroso no mundo natural, porque sei (a partir de alguma base independente) que há uma causa sobrenatural além do mundo natural".

No entanto, não há maneira natural de identificar um milagre. Pois a não ser que já se saiba (em base independente) que o evento é milagroso, ele deve ser considerado apenas mais um evento natural. Do ponto de vista científico, é apenas "estranho" ou incoerente com eventos previamente conhecidos. Tal evento deve ocasionar *pesquisa* de uma lei científica mais ampla, não adoração.

Com base nisso, conclui-se que nenhum evento supostamente milagroso pode ser usado para provar que um sistema religioso é verdadeiro. Ou seja, milagres não podem ter nenhum valor apologético. Não podemos argumentar que Deus existe devido a um evento ser ato de Deus, pois a não ser que saibamos que há um Deus que pode agir, não podemos saber que uma ocorrência é ato seu. O segundo elemento não pode provar o primeiro (ibid., p. 348-9).

Se milagres não são identificáveis, porque não há maneira de defini-los sem uma petição de princípio, o raciocínio continua:

1. O milagre deve ser identificável antes de poder ser identificado.
2. O milagre é identificado em apenas uma de duas maneiras — ou como um evento incomum na natureza, ou como exceção à natureza.
3. Mas um evento incomum na natureza é apenas um evento natural, não um milagre.
4. Uma exceção à natureza não pode ser considerada (i.e., identificada) apenas de dentro da natureza.
5. Logo, um milagre não é identificável.

E, é claro, o que não é identificável não tem valor evidencial. Não pode ser usado para provar a verdade do cristianismo.

Resposta ao argumento de Flew. A primeira premissa de Flew é sólida. Devemos saber o que estamos procurando antes de saber que o encontramos. Se não podemos defini-lo, então não podemos ter certeza de que o descobrimos. Mas, se podemos definir um evento em termos da natureza, os milagres podem ser reduzidos a eventos naturais. Entretanto, defini-los em termos de uma causa sobrenatural (Deus) é pressupor que Deus existe. Portanto, milagres não podem ser usados como evidência da existência de Deus. O sobrenaturalista argumenta em círculos.

Pressuposição da existência de Deus. Uma maneira de responder a Flew é afirmar que argumentar em círculos não é característica exclusiva dos sobrenatura-listas. Os naturalistas fazem a mesma coisa. Argumentos anti-sobrenaturalistas pressupõem o naturalismo. Logo, é necessário argumentar em círculo, porque toda razão é circular (Van Til, p. 118). No final das contas, todo pensamento é fundado na fé (v. FÉ E RAZÃO; FIDEÍSMO).

Se o sobrenaturalista decide seguir esse caminho, a base (ou falta de base) é tão boa quanto a do anti-sobrenaturalista. Certamente os naturalistas que descartam milagres a partir do compromisso de fé no naturalismo não estão na posição de proibir os teístas de simplesmente acreditar que Deus existe e, logo, que milagres são possíveis e identificáveis. Uma vez que os naturalistas aceitam o privilégio da mera base de fé para o naturalismo, para o qual não têm prova racional ou científica, eles devem dar às cosmovisões alternativas a mesma oportunidade.

Evidência da existência de Deus. Mas há outro caminho. Os teístas podem oferecer primeiro uma justificativa racional para crer em Deus por meio dos argumentos cosmológico e teleológico. Se bem-sucedidos, podem ter o direito de definir (mostrar a identidade de) os milagres em termos do reino sobrenatural em cuja existência têm razão para crer. Desde que se possa fornecer um argumento racional para a existência de Deus, não é difícil evitar a crítica de Flew de que milagres não têm valor apologético identificável.

Milagres como confirmação da verdade. A apologética cristã é baseada em milagres. Se milagres não são possíveis (v. TEÍSMO) e reais (v. NOVO TESTAMENTO, HISTORICIDADE DO; MILAGRES NA BÍBLIA), não há maneira de verificar as reivindicações da verdade do cristianismo. Isso levanta a questão da relação entre o milagre e a reivindicação da verdade. Será que os milagres são a confirmação apropriada e válida das reivindicações da verdade do cristianismo?

A afirmação de David HUME (1711-1776) de que todas as reivindicações da verdade religiosa são contraditórias falha, porque a credibilidade de todos os supostos "milagres" não é igual. No entanto, permanece a dúvida quanto a um milagre poder confirmar a verdade.

No contexto do AT e DO NT, as pessoas não demonstraram aceitação ingênua de toda suposta palavra ou ação de Deus. Como hoje, queriam provas. Os milagres deveriam confirmar a mensagem do porta-voz de Deus.

Milagres confirmaram a reivindicação profética. Quando Deus pediu que Moisés liderasse Israel para fora do Egito, ele respondeu:

"E se eles não acreditarem em mim nem quizerem me ouvir e disserem: 'O Senhor não lhe apareceu,?'" Então o Senhor lhe perguntou: "Que é isso em sua mão?" "Uma vara", respondeu ele. Disse o Senhor: "Jogue-a ao chão". Moisés jogou-a, e ela se transformou numa serpente. Moisés fugiu dela, mas o Senhor lhe disse: "Estenda a mão e pegue-a pela cauda". Moisés estendeu a mão, pegou a serpente e esta se transformou numa vara em sua mão. E disse o Senhor: *"Isso é para que eles acreditem que o Deus dos seus antepassados, o Deus de Abraão, o Deus de Isaque, o Deus de Jacó, apareceu a você"* (Êx 4.1-5; grifo do autor).

Está claro que os milagres deveriam confirmar a mensagem que Deus lhe dera. Deus, na verdade, fez vários milagres. Porque "se eles não acreditarem em ainda assim não acreditarem nestes dois sinais nem lhes derem ouvidos, tire um pouco de água do Nilo e derrame-a em terra seca. Quando você derramar essa água em terra seca ela se transformará em sangue" (Êx 4.8,9).

Mais tarde, quando Moisés foi desafiado por Corá, um milagre foi novamente a vindicação de Deus.

Depois disse [Moisés] a Corá e a todos os seus seguidores: "Pela manhã o Senhor mostrará quem lhe pertence e fará aproximar-se dele aquele que é santo, o homem a quem ele escolher" [...] E disse Moisés: "Assim vocês saberão que o Senhor me enviou para fazer todas essas coisas e que isso não partiu de mim. Se estes homens tiverem morte natural e experimentarem somente aquilo que normalmente acontece aos homens, então o Senhor não enviou. Mas, se o Senhor fizer acontecer algo totalmente novo, e a terra abrir a sua boca e os engolir, junto com tudo o que é deles, e eles descerem vivos ao Sheol, então vocês saberão que estes homens desprezaram o Senhor" [...] Desceram vivos à sepultura, com tudo o que possuíam; a terra fechou-se sobre eles e pereceram, desaparecendo do meio da assembléia (Nm 16.5, 28-30,33).

Poucos questionaram a autoridade divina de Moisés a partir de então.

Quando confrontado pela crença em divindades pagãs, Elias, o profeta de Israel, desafiou o povo de Israel: "Até quando vocês vão oscilar para um lado e para o outro? Se o Senhor é Deus, sigam-no; mas se Baal é Deus, sigam-no" (1Rs 18.21). Para provar que era profeta do Deus verdadeiro, *Iavé*, Elias propôs um confronto no qual invocariam uma confirmação sobrenatural. Depois de os profetas de Baal não terem conseguido fazer fogo descer do céu sobre seu sacrifício, Elias mandou encharcar o altar a *Iavé* e orou: "Ó Senhor, Deus de Abraão, de Isaque e de Israel, que hoje fique conhecido que tu és Deus em Israel e que sou o teu servo e que fiz todas estas coisas por ordem tua" (1Rs 18.36).

O texto acrescenta: "Então o fogo do Senhor caiu e queimou completamente o holocausto, a lenha, as pedras e o chão, e também secou totalmente a água na valeta. Quando o povo viu isso, todos caíram prostrados e gritaram: 'O Senhor é Deus! O Senhor é Deus!'" (1Rs 18. 38, 39).

Milagres confirmados na reivindicação messiânica. O ministério de Jesus foi caracterizado por sinais sobrenaturais que confirmaram sua identidade de profeta, e mais que profeta. Mas o evangelho de Mateus registra que alguns fariseus e escribas ainda exigiam um sinal de confirmação: "Mestre, queremos ver um sinal miraculoso feito por ti". Jesus recusou-se a concedê-lo nesse dia, não porque milagres não constituíssem um sinal de sua identidade, mas porque o pedido foi feito com desprezo e incredulidade. Em vez disso, Jesus anunciou que logo teriam o maior de todos os sinais confirmatórios: "Uma geração perversa e adúltera pede um sinal miraculoso! Mas nenhum sinal lhe será dado, exceto o sinal do profeta Jonas" (Mt 12.38,39). Assim como Jonas ficou no ventre do peixe durante três dias, Jesus ficou na sepultura e voltou à vida. Ele ofereceu o sinal miraculoso de sua ressurreição como prova de que era o Messias.

João enviou mensageiros para perguntar a Jesus se ele era o Messias.

Naquele momento Jesus curou muitos que tinham males, doenças graves e espíritos malignos, e concedeu visão a muitos que eram cegos. Então ele respondeu aos mensageiros: "Voltem e anunciem a João o que vocês viram e ouviram: os cegos vêem, os aleijados andam, os leprosos são purificados, os surdos ouvem, os mortos são ressuscitados e as boas novas são pregadas aos pobres" (Lc 7.21,22).

Eram exatamente esses os tipos de milagres que os profetas previram que confirmariam a presença do Messias de Israel. A resposta estava clara: os milagres de Jesus confirmavam suas mensagens.

Nicodemos, membro do Sinédrio, disse a Jesus: "Mestre, sabemos que ensinas da parte de Deus, pois ninguém pode realizar os sinais miraculosos que estás fazendo, se Deus não estiver com ele" (Jo 3.2).

No seu grande sermão no Pentecoste, Pedro disse à multidão que Jesus foi "aprovado por Deus diante de vocês por meio de milagres, maravilhas e sinais que Deus fez entre vocês por intermédio dele, como vocês mesmos sabem" (At 2.22).

Milagres confirmaram a reivindicação apostólica. Hebreus 2.3,4 afirma que Deus testemunhou sobre sua "grande salvação" no evangelho "por meio de sinais, maravilhas, diversos milagres e dons do Espírito Santo distribuídos de acordo com a sua vontade" (Hb 2.3,4). Milagres foram usados para confirmar a mensagem apostólica. Eles eram o sinal sobrenatural para seu sermão, a confirmação divina de sua revelação.

Para defender seu apostolado em Corinto, Paulo escreveu: "As marcas de um apóstolo — sinais, maravilhas e milagres — foram demonstrados entre vocês, com grande perserverança" (2Co 12.12). Esse poder apostólico especial e miraculoso foi oferecido como prova da verdade que lhes falava.

Alcorão e milagres comprobatórios. O judaísmo e o cristianismo não são as únicas religiões que reconhecem a validade dos milagres como meio de confirmar uma mensagem de Deus. O islamismo também (v. MAOMÉ, SUPOSTOS MILAGRES DE). Maomé reconheceu que profetas antes dele (inclusive Jesus) foram confirmados por poderes miraculosos. "E se desmentem, (recorda-te de que) também foram desmentidos os mensageiros que antes de ti, apresentaram as evidências, os Salmos e o Livro luminoso" (Surata 3.184).

O *Alcorão* registra uma declaração de Moisés sobre seus milagres: "Tu bem sabes que ninguém, senão o Senhor dos céus e a terra, revelou estás evidências e, por certo, ó Faraó, creio que estás condenado à perdição" (17.102). Alá diz: "Então enviamos Moisés e seu irmão com os nossos sinais e uma evidente autoridade" (23.45). Então, na prática, todas as grandes religiões monoteístas concordam em que a reivindicação da verdade pode ser comprovada por milagres.

Incrédulos e milagres comprobatórios. Mesmo muitos dos que rejeitam milagres concordam que milagres singulares poderiam ser usados para apoiar as reivindicações da veracidade da religião que os possui. Até HUME sugeriu que milagres realmente singulares confirmariam as reivindicações da verdade de uma religião. Ele argumentou que milagres semelhantes entre religiões opostas se anulariam. Ele afirmou apenas que "todo milagre, portanto, que parecia ter sido realizado em qualquer uma dessas religiões (e todas elas sobejam em milagres) [...] tem a mesma força, apesar de mais indiretamente, para derrubar todos os outros sistemas" e " ao destruir o sistema rival, destrói também o crédito desses milagres sobre os quais esse sistema foi estabelecido". Já que "o objetivo [um milagre] é estabelecer o sistema específico ao qual é atribuído, ele tem a mesma força [...] para derrubar todos os outros sistemas". Isso indica a possibilidade de que uma religião que apresente confirmação miraculosa singular seja verdadeira, e todas as afirmações opostas, falsas.

O agnóstico (v. AGNOSTICISMO) Bertrand RUSSELL (1872-1970) admitiu que milagres confirmariam uma reivindicação da verdade. Em resposta à pergunta "Que tipo de evidência o convenceria de que Deus existe?", Russell disse:

Creio que, se eu ouvisse uma voz do céu prevendo tudo que iria acontecer comigo nas próximas 24 horas, inclusive eventos que pareceriam altamente improváveis, e se todos esses eventos acontecessem, então talvez eu me convencesse pelo menos da existência de alguma inteligência super-humana. Posso imaginar outra evidência do mesmo tipo que possa me convencer, mas, pelo que sei, essa evidência não existe.

Confirmação lógica dos milagres. A lógica subjacente à idéia de que um milagre seja usado para confirmar uma reivindicação religiosa da verdade é a seguinte:

1. Se o Deus teísta existe, milagres são possíveis.
2. O milagre é ato especial de Deus.
3. Deus é a fonte e o padrão de toda verdade; ele não pode errar.
4. E o Deus teísta também não confirmaria algo que fosse falso.
5. Logo, milagres verdadeiros ligados à mensagem confirmam que a mensagem é de Deus:
   a) O milagre confirma a mensagem.
   b) O sinal confirma o sermão.
   c) O ato de Deus confirma a Palavra.
   d) Nova revelação precisa de nova confirmação.

Se há um Deus onipotente, onibenevolente e onisciente, conclui-se que ele não faria um ato milagroso para confirmar uma mentira. Já que milagres são por natureza atos especiais de Deus, Deus não pode ir contra a própria natureza. O Deus de toda verdade não confirmaria miraculosamente um erro. Logo, quando uma reivindicação da verdade é confirmada várias vezes por milagres, como os dos profetas do AT, de Jesus e dos apóstolos do NT, a verdade se mostra e todas as posições opostas revelam-se falsas.

Critérios para confirmação. Vários critérios podem ser estabelecidos, com base nos princípios discutidos acima, para reconhecer milagres como confirmação da reivindicação da verdade. Esses são critérios para milagres apologeticamente valiosos. Todos supõem que milagres são possíveis. Milagres confirmatórios devem ser:

Ligados a uma reivindicação da verdade
Verdadeiramente sobrenaturais
Singulares
Múltiplos
Preditivos

Ligados a uma reivindicação da verdade. Nem todos os eventos estão ligados a reivindicações da verdade. Não houve nenhuma reivindicação da verdade da qual os atos da criação são evidência. E nenhuma lição foi ensinada pelo trasladação de Enoque ao céu (Gn 5), pelas pragas sobre o rei que tomou a esposa de Abraão (Gn 12), pelo maná do céu (Êx 16), pelos feitos sobrenaturais de Sansão (Jz 14—16) ou pela ressurreição do homem que tocou os ossos de Eliseu (2Rs 13). A maioria dos milagres está ligada a uma pessoa que, com isso, é confirmada como profeta de Deus. Mas esses atos não têm valor apologético direto sem a reivindicação específica do caráter profético do mensageiro e da mensagem da parte de Deus.

Verdadeiramente sobrenaturais. Um milagre é verdadeiramente sobrenatural, e não anomalia, mágica (v. MILAGRES, MÁGICA E),cura psicossomática (v. CURA PSICOSSOMÁTICA), nem mesmo um ato especial de providência. Nenhum deles envolve intervenção realmente sobrenatural. Todos podem ser explicados por meios naturais, ainda que às vezes bem incomuns e usados por Deus. Uma característica de um evento sobrenatural é que ele é imediato, não gradual. É um evento irregular e naturalmente não-repetível. É sempre bem-sucedido quando realizado por Deus ou uma pessoa que ele capacita.

Singular. Hume argumentou que um evento supostamente sobrenatural não pode apoiar uma reivindicação religiosa se uma reivindicação contraditória é feita por outro que pode fazer o mesmo de tipo de suposto milagre. Milagres semelhantes de fontes opostas se anulam. Logicamente, do ponto de vista teísta, é impossível que milagres verdadeiros confirmem reivindicações opostas, já que o milagre é ato de Deus, que não pode confirmar a mentira (Hb 6.18; v. Tt 1.2).

Múltiplos. Como diz Deuteronômio 17.6: "Pelo depoimento de duas ou três testemunhas tal pessoa poderá ser morta". Testemunhas múltiplas são melhores que apenas uma. Na verdade, em assuntos legais de vida ou morte, o testemunho múltiplo geralmente é obrigatório. O milagre não elimina a dúvida. Logo, apologeticamente, milagres, relevantes devem ser múltiplos.

Preditivos. Outra característica geralmente ligada ao milagre confirmatório é ser geralmente profetizado. Embora isso não seja essencial, é útil, pois elimina a acusação de que o evento milagroso não esteja ligado à reivindicação da verdade. De outra forma, poderia ser visto como resultado do acaso. Por exemplo, se um falso mestre estivesse ensinando às margens do mar da Galiléia enquanto Jesus andava sobre as águas, o andar de Jesus não teria sido confirmação das posições do falso mestre.

Em várias ocasiões na Bíblia, Jesus e outros profetas predisseram e fizeram milagres que confirmaram suas reivindicações. Jesus profetizou sua ressurreição desde o começo de seu ministério (Mt 12.40; 17.22,23; 20.18,19; Jo 2.19-22). Ele profetizou explicitamente a ressurreição como "sinal" (milagre) de suas reivindicações (Mt 12.39,40). Uma vez Jesus previu enfaticamente que um milagre seria evidência de sua reivindicação de ser o Messias: "'Mas, para que vocês saibam que o Filho do homem tem na terra autoridade para perdoar pecados' — disse ao paralítico — 'eu lhe digo: levante-se, pegue a sua maca e vá para casa'" (Mc 2.10,11).

No AT, os milagres geralmente eram anunciados com antecedência. Elias profetizou que o fogo do céu consumiria o sacrifício (1Rs 18.22s.). Moisés prometeu julgamentos sobrenaturais de Deus sobre o Egito (Êx 4.21-23). Moisés anunciou que o cajado floresceria (Nm 17.5) e que o rebelde Corá seria julgado (Nm 16.28-30).

Conclusão. O próprio Flew não afirmou que seu argumento elimina a possibilidade de milagres. Na verdade, ele acredita que suas conclusões debilitam seriamente a apologética cristã (v. CLÁSSICA, APOLOGÉTICA; HISTÓRICA, APOLOGÉTICA). Se os milagres não podem ser identificados como eventos sobrenaturais, não têm valor apologético real. Um evento simplesmente incomum na natureza não pode provar nada além da natureza. Todavia, a apologética cristã pode evitar esse problema, quer pressupondo a existência de Deus quer oferecendo evidência independente de milagres para a existência dele. Enquanto houver um Deus capaz de agir, atos especiais de Deus (milagres) são possíveis e identificáveis. A única maneira de refutar essa possibilidade é refutar a possibilidade da existência de Deus. Mas tais tentativas são notoriamente mal-sucedidas e incoerentes (v. DEUS, SUPOSTAS REFUTAÇÕES DE).

Além de os milagres poderem confirmar uma reivindicação da verdade, os milagres bíblicos (v. MILAGRES NA BÍBLIA) cumprem todos os critérios que os tornam apologeticamente valiosos. Como demonstrado anteriormente, nenhuma outra religião nem qualquer reinvindicação da verdade opostas ao cristianismo deram exemplos comprovados de eventos realmente sobrenaturais (v. CRISTO, DIVINDADE DE). Podemos concluir que os milagres bíblicos, e somente eles, apóiam as reivindicações da verdade de Cristo e dos profetas bíblicos. Somente o cristianismo é a religião sobrenaturalmente comprovada (v. RELIGIÕES MUNDIAIS E CRISTIANISMO).

Fontes
AGOSTINHO, *A cidade de Deus* (21.8).
A. FLEW, "Miracles", *EP*.
N. L. GEISLER, *Christian apologetics*.
___, *Miracles and the modern mind*.
C. S. LEWIS, *Milagres*.
J. LOCKE, *Reasonableness of Christianity*.
B. RUSSELL, "What is an agnostic?", *Look*, 1953.
R. SWINBURNE, *Miracles*.
TOMÁS DE AQUINO, *Suma contra os gentios*, Livro 3.
C. VAN TIL, *Defense of the faith*.
B. B. WARFIELD, *Counterfeit miracles*.

milagres de Jesus. V. MILAGRES NA BÍBLIA.

milagres na Bíblia. No sentido amplo do termo *milagre*, todo evento causado sobrenaturalmente descrito nas Escrituras é miraculoso. Mas as Escrituras também usam o conceito num sentido mais limitado e técnico. Em eventos sobrenaturais do passado (e eventos previstos para o futuro), um sinal anormal externo confirma uma mensagem de Deus.

Talvez o texto definitivo do NT sobre milagres seja Hebreus 2.3,4:

Como escaparemos, se negligenciarmos tão grande salvação? Esta salvação, primeiramente anunciada pelo Senhor, foi-nos confirmada pelos que a ouviram. Deus também deu testemunho dela por meio de sinais, maravilhas, diversos milagres e dons do Espírito Santo distribuídos de acordo com a sua vontade.

Os milagres são a maneira de Deus dar crédito a seus mensageiros. O milagre é ato de Deus que confirma que a mensagem é verdadeira, substancia o sermão e comprova a Palavra de Deus (v. MILAGRES, VALOR APOLOGÉTICO DOS).

Quando Corá desafiou a autoridade divina de Moisés, Deus confirmou Moisés ao abrir a terra para engolir Corá (Nm 16). Quando Israel hesitou entre o deus Baal e *Iavé*, Deus confirmou Elias em lugar dos profetas de Baal ao mandar fogo do céu para consumir os sacrifícios. Elias havia orado: "Que hoje fique conhecido que tu és Deus em Israel e que sou o teu servo e que fiz todas estas coisas por ordem tua" (1Rs 18.36).

Em milagres Jesus foi, ao mesmo tempo, confirmado e revelado. O líder religioso Nicodemos disse a Jesus: "Sabemos que ensinas da parte de Deus, pois ninguém pode realizar os sinais miraculosos que estás fazendo, se Deus não estiver com ele" (Jo 3.2). Muitas pessoas o seguiam porque viam os sinais que ele fazia com os doentes (Jo 6.2). João disse sobre o primeiro milagre registrado de Jesus: "Revelou assim a sua glória, e os seus discípulos creram nele" (Jo 2.11). João disse que escreveu sobre os milagres de Jesus "para que vocês creiam que Jesus é o Cristo, o Filho de Deus" (Jo 20.31). Os apóstolos tinham confiança ao proclamar que "Jesus de Nazaré foi aprovado por Deus diante de vocês por meio de milagres, maravilhas e sinais que Deus fez entre vocês por intermédio dele, como vocês mesmos sabem".

Os milagres eram as credenciais apostólicas na igreja primitiva. Paulo afirmou que os sinais do verdadeiro apóstolo foram manifestos entre os coríntios (2Co 12.12). Ele e Barnabé relataram aos apóstolos "todos os sinais e maravilhas que, por meio deles, Deus fizera entre os gentios" (At 15.12).

Sinais, prodígios e poder. A Bíblia usa três palavras básicas para descrever um milagre: *sinal*, *prodígio* e *poder*. Cada uma das palavras tem uma conotação que revela a idéia completa dos milagres bíblicos (v. MILAGRE).

"Sinal". Apesar de a palavra hebraica para sinal ('ôt) às vezes ser usada para referir-se a coisas naturais tais como estrelas (Gn 1.14) ou o sábado (Êx 31.13), ela geralmente tem um significado sobrenatural, algo determinado por Deus com uma mensagem especial designada a ela (v. MILAGRES, VALOR APOLOGÉTICO DOS).

milagres na Bíblia

A primeira ocorrência do conceito aparece na predição divina dada a Moisés de que Israel seria liberto do Egito para servir a Deus em Horebe. Deus disse: "Eu estarei com você. Esta é a prova de que sou eu que o envia" (Êx 3.12). Quando Moisés disse a Deus: "E se eles não acreditarem em mim nem quiserem me ouvir?" (Êx 4.1), o Senhor providenciou dois "sinais": seu cajado se transformou numa serpente (Êx 4.3) e sua mão se tornou leprosa (Êx 4.6). "Isso é para que eles acreditem que o Deus dos seus antepassados, o Deus de Abraão, o Deus de Isaque, o Deus de Jacó, apareceu a você" (4.5). Moisés fez os sinais, e o povo creu (4.30,31). Deus deu outros sinais, — as pragas, como testemunho aos egípcios: "E os egípcios saberão que eu sou o Senhor, quando eu estender a minha mão contra o Egito e tirar de lá relação aos milagres de Cristo (Mt 13.58), ao nascimento virginal de Cristo (Lc 1.35), ao derramamento do Espírito Santo em Pentecostes (At 1.8), ao "poder" do evangelho para salvar pecadores (Rm 1.16), ao dom especial de milagres (1Co 12.10) e ao poder de ressuscitar os mortos (Fp 3.10). A ênfase da palavra está no aspecto da *energização divina* do evento milagroso.

Repetidamente o propósito da ocorrência sobrenatural é dado como um "sinal" duplo: "Nisto você saberá que eu sou o Senhor" (Êx 7.17; cf. 9.29-30; 10.1,2) e que esse era "meu povo" (Êx 3.10; cf. 5.1; 6.7; 11.7).

Várias afirmações sobre sinais aparecem no contexto do livramento de Deus em favor do seu povo, tirando-o do Egito. Deus reclamou para Moisés no deserto, dizendo: "Até quando este povo me tratará com pouco caso? Até quando se recusará a crer em mim, apesar de todos os sinais que realizei entre eles?" (Nm 14.11; cf. v. 22). Moisés desafiou Israel: "Perguntem, agora, aos tempos antigos [...] ou que um deus decidiu tirar uma nação do meio de outra para lhe pertencer, com provas, sinais, maravilhas e lutas" (Dt 4.32,34). Moisés lembrou o povo: "O Senhor realizou, diante dos nossos olhos, sinais e maravilhas grandiosas e terríveis contra o Egito e contra o faraó e toda a sua família" (Dt 6.22). "Por isso o Senhor nos tirou do Egito com mão poderosa e braço forte, com feitos temíveis e com sinais e maravilhas" (Dt 26.8; cf. 29.2,3; Js 24.17; Ne 9.10; Sl 105.27; Jr 32.20,21).

Em todo o AT Deus realiza "sinais" miraculosos. Sinais confirmam profeta como porta-voz de Deus. Como foi observado, Moisés recebeu credenciais miraculosas (Êxodo 3 e 4). Gideão pediu a Deus: "dá-me um sinal de que és tu que está falando comigo" (Jz 6.17). Deus respondeu com fogo milagroso que consumiu a oferta (v. 21). Deus confirmou a si mesmo a Eli por previsões milagrosas sobre a morte de seus filhos (1Sm 2.34). Sinais proféticos confirmaram a designação do rei Saul por Deus (1Sm 10.7, 9). Isaías fez previsões como sinais de sua mensagem divina (Is 7.14; 38.22). Vitórias sobre inimigos foram chamadas "sinais" (1Sm 14.10). Sinais confirmaram curas (Is 38.7,22) e acompanharam julgamento (Jr 44.29).

No NT, *sinal (semeion)* é usado 77 vezes (48 vezes nos evangelhos). É ocasionalmente usado para eventos comuns, tais como a circuncisão (Rm 4.11), e para um bebê envolvido em faixas (Lc 2.12). Esses sinais têm significado divino especial. Geralmente a palavra é reservada para o que chamaríamos milagre. É usada quando Jesus curou (Jo 6.2; 9.16), transformou água em vinho (Jo 2.11) e ressuscitou os mortos (Jo 11.47). Da mesma forma, os apóstolos fizeram milagres de cura (At 4.16,30), "grandes sinais e milagres que eram realizados" (At. 8.13) e "sinais e maravilhas" (At 14.3; 15.12); pois "muitos maravilhas e sinais eram feitos pelas dos apóstolos" (At 2.43). Até as autoridades judaicas disseram: "Que faremos com esses homens? Todos os que moram em Jerusalém sabem que eles realizaram um milagre notório que não podemos negar" (At 4.16).

A palavra "sinal" também é usada para o milagre mais importante no NT, a ressurreição de Jesus Cristo dos mortos. Jesus disse que sua geração incrédula veria o sinal "do profeta Jonas". Como Jonas havia ficado no ventre do peixe durante três dias e três noites, "o Filho do Homem ficará três dias e três noites no coração da terra" (Mt 12.39,40). Jesus repetiu essa predição da sua ressurreição quando lhe pediram um sinal em Mateus 16.1,4. Além de a ressurreição ser um milagre, ela também transmitia uma mensagem de Deus (Jo 2.19).

"*Prodígio.*" Muitas vezes as palavras *sinais* e *prodígios* são usadas juntas no AT para os mesmos eventos (Êx 7.3; cf. Dt 4.34; 7.19; 13.1,2; 26.8; 28.46; 29.3; 34.11; Ne 9.10; Sl 135.9; Jr 32.20,21). Outras vezes a Bíblia descreve como "prodígios" eventos que são descritos em outras passagens como "sinais" (Êx 4.21; 11.9,10; Sl 78.43; 105.27; Jl 2.30). Às vezes a palavra é usada para um "sinal" natural (Ez 24.24) ou um coisa singular que um profeta fez para deixar clara a sua mensagem (Is 20.3). A palavra *prodígio* (*môfét*) geralmente tem significado sobrenatural (divino).

A palavra grega *teras* significa "um sinal miraculoso, prodígio, portento, presságio, maravilha"

milagres na Bíblia

(Brown, 2.633). Ela carrega consigo a idéia daquilo que é maravilhoso ou surpreendente (ibid., 623-5). Em 16 das 17 ocorrências no NT, a palavra "prodígios" é usada juntamente com a palavra "sinal". Ela descreve os milagres de Jesus (Jo 4.48; At 2.22), os milagres dos apóstolos (At 2.43; 14.3; 15.12; Rm 15.19; Hb 2.3,4), os milagres de Estêvão (At 6.8) e os milagres de Moisés no Egito (At 7.36). Ela conota eventos sobrenaturais antes da segunda vinda de Cristo (Mt 24.24; Mc 13.22; At 2.19).

"Poder." "Poder" (Kôaḥ) às vezes é usado para poder humano no AT (Gn 31.6; Dt 8.17; Na 2.1). Mas geralmente é usado para poder divino, inclusive o poder criador de Deus: Foi Deus quem fez a terra com o seu poder" (Jr 10.12; 27.5; 32.17; 51.15). O "poder" de Deus vence seus inimigos (Êx 15.6,7), livra seu povo do Egito (Nm 14.17; cf. v. 13), governa o universo (1Cr 29.12), dá a Israel sua terra (Sl 111.6) e inspira os profetas (Mq 3.8). De modo geral, o poder está diretamente ligado a eventos chamados "sinais" ou "prodígios", ou a ambos (Êx 9.16; 32.11; Dt 4.37; 2 Rs 17.36; Ne 1.10). Às vezes palavras hebraicas que denotam poder são usadas no mesmo versículo com "sinais e prodígios". Moisés fala do livramento de Israel "com provas, sinais, maravilhas e lutas, com mão poderosa e braço forte" (Dt. 4.34; cf. 7.19; 26.8; 34.12).

"Poder" (*dynamis*) às vezes é usado no NT para referir-se a poder humano (2Co 1.8), a capacidades humanas (Mt 25.15) ou a poderes demoníacos (Lc. 10.19; Rm. 8.38). Como seu equivalente no AT, o termo do NT geralmente é traduzido como "milagres". *Dunamis* é usado em combinação com "sinais e maravilhas" (Hb 2.4), com relação aos milagres de Cristo (Mt 13.58), ao nascimento virginal de Cristo (Lc 1.35), ao derramamento do Espírito Santo em Pentecostes (At 1.8), ao "poder" do evangelho de salvar pecadores (Rm 1.16), ao dom especial de milagres (1Co 12.10) e ao poder de ressuscitar os mortos (Fp 3.10). A ênfase da palavra está no aspecto da *energização divina* do evento milagroso.

Natureza bíblica do milagre. As três palavras que as Escrituras usam para descrever milagre ajudam a delinear o significado dos milagres mais precisamente. Cada uma das três palavras para eventos sobrenaturais (*sinal, prodígio, poder*) descreve um aspecto do milagre. Do ponto de vista humano, o milagre é um evento incomum ("prodígio") que transmite e confirma uma mensagem incomum ("sinal") por meio de poder incomum ("poder"). Do ponto de vista divino, o milagre é ato de Deus ("poder") que atrai a atenção do povo de Deus ("prodígio") para a Palavra de Deus (por meio de um "sinal").

Os propósitos do milagre são:

1. *Glorificar* a natureza de Deus (Jo 2.11; 11.40);
2. *confirmar* certas pessoas como mensageiras de Deus (At 2.22; Hb 2.3,4); e
3. *dar evidência* para a crença em Deus (Jo 6.2,14; 20.30,31).

Nem todas as testemunhas do milagre crêem nele. Nesse caso, o milagre é um testemunho contra os que rejeitam essa evidência. João lamentou: "Mesmo depois que Jesus fez todos aqueles sinais miraculosos, não creram nele" (Jo 12.37). O próprio Jesus disse sobre algumas pessoas: "Tampouco se deixarão convencer, ainda que ressuscite alguém dentre os mortos" (Lc 16.31). Um resultado, mas não o propósito, dos milagres é a condenação do incrédulo (v. Jo 12.31,37).

Referências bíblicas a milagres. Cerca de 250 ocorrências nas Escrituras preenchem a definição restrita de sinal, prodígio e poder. Como muitas passagens referem-se a atos sobrenaturais múltiplos, o numero de eventos miraculosos reais é maior que o número de referências relacionadas. Além disso, a Bíblia geralmente refere-se a eventos singulares que combinam vários milagres. Dez leprosos foram curados (Lc 17.12-14), assim como todos ou a maioria dos doentes numa cidade (Mt 9.35).

Gênesis	
1	Criação de todas as coisas.
5.19-24	Trasladação de Enoque para estar com Deus.
7.9-12, 17-24	Dilúvio.
11.1, 5-9	Julgamento na Torre de Babel.
12.10-20; 17.15-19; 18.10-14	Pragas sobre faraó por tomar a esposa de Abraão.
19,9-11	Sodomitas acometidos de cegueira.
19.15-29	Sodoma e Gomorra destruídas.
19.24-26	Esposa de Ló transformada em sal.
21.24-26	Sara concebe Isaque.

Êxodo

3.1-15	A sarça ardente.
4.1-5	O cajado de Moisés é transformado em serpente e restaurado.
4.6,7	Mão de Moisés se torna leprosa é restaurada.
7.10-12	O cajado de Arão é transformado em serpente, que engole as serpentes dos magos.
7.19-24	Água transformada em sangue.
8.5-7; 12, 13	A praga dos sapos no Egito.
8.16-18	A praga dos piolhos no Egito.
8.20-24	A praga das moscas no Egito.
9.1-7	O gado egípcio morre de doença.
9.8-11	Úlceras nos egípcios e seus animais.
9.22-26	Tempestade de trovão, granizo e fogo.
10.3-19	A praga de gafanhotos no Egito.
10.21-23	A praga de trevas cobre os egípcios.
12.29,30	Os primogênitos humanos e de animais do Egito são mortos.
13.21,22	A coluna de fogo guia Israel.
14.19,20	O Anjo protege Israel dos egípcios.
14.21-29	O mar é aberto para Israel poder passar.
15.23-25	As águas amargas de Mara tornam-se doces.
16.12,13	Codornas cobrem o acampamento de Israel.
16.14,15	É providenciado maná para Israel comer.
17.5,6	Água é tirada da rocha.
17.8-16	A vitória sobre Amaleque.
19.16-18	Fogo e fumaça cobrem o monte Sinai.
19.19-25	Deus fala com Moisés no Sinai.
20.1-17	Deus dá a lei

Levítico

9.23,24 10.1-7	Fogo consome o holocausto. Julgamento de Nadabe e Abiú.

Números

11.1,2	Fogo consome os israelitas murmuradores
12.10-15	Miriã fica leprosa e é curada.
16.28-33	Julgamento de Corá e dos rebeldes.
16.35	Fogo consome os rebeldes que ofereceram incenso.
16.46-48	Praga impedida pela oferta de incenso.
17.8	O cajado de Arão floresce.
20.7-11	Moisés fere a rocha para obter água.
21.6-9	A cura por meio da serpente de bronze.
22.21-35	A jumenta de Balaão fala.

Josué

3.14-17	As águas do Jordão são divididas.
5.13-15	O encontro de Josué com o ser angelical.
6	A queda de Jericó.
10.12-14	O sol de detém em Gibeão.

Juízes

2.1-5	O Anjo do SENHOR aparece a Israel.
3.8-11	Espírito do SENHOR vem sobre Otoniel.
3.31	Sangar mata seicentos com uma aguilhada de bois.
6.11-24	O Anjo do SENHOR aparece a Gideão.
6.36-40	O sinal da lã de Gideão.
7.15-25	Deus entrega Midiã nas mãos de Gideão.
13.3-21	O Anjo do SENHOR aparece a Manoá.
14.5,6	Sansão mata o leão.
15.14-17	Sansão mata mil filisteus com uma queixada de jumento.
16.3	Sansão carrega o portão de uma cidade.
16.27-31	Sansão causa a queda do templo de Dagom

1 Samuel

3.2-10	A voz de Deus chama Samuel.
5.1-5	O deus Dagom é derrubado.
5.6-12	Asdode é ferida com tumores.
6.19	Deus fere homens de Bete-Semes.

2 Samuel

6.6,7	Uzá morre depois de tocar na arca.

1 Reis

3.3-28	Deus dá a Salomão grande sabedoria.
17.1	A seca de três anos julga Israel.
17.2-6	Corvos alimentam Elias.
17.8-16	Uma viúva recebe farinha e óleo.
17.17-24	Elias ressuscita o filho da viúva.
18.17-38	Fogo consome o sacrifício de Elias no monte Carmelo.
18.41-46	Elias ora e Deus manda chuva.

milagres na Bíblia

19.5-8	Elias é alimentado pelo anjo do Senhor.
2Reis	
1.9-15	Fogo do céu consome soldados.
2.7,8	Elias abre as águas do Jordão.
2.11	Elias é levado ao céu em carruagem de fogo.
2.13,14	Eliseu abre as águas do Jordão.
2.19-22	Eliseu abre as águas em Jericó.
2.24	Os jovens mortos por ursas.
3.15-20	As covas ficam cheias de água.
4.1-7	As vasilhas da viúva ficam cheias de óleo.
4.8-17	Mulher sunamita dá à luz um filho.
4.32-37	Eliseu ressuscita um morto.
4.38-41	Eliseu torna comestível a comida venenosa.
4.42-44	Uma centena é alimentada com pães e grãos.
5.1-14	Naamã é curado da lepra.
5.27	Geazi é julgado com lepra.
6.5-7	O machado de ferro flutua na água.
6.16,17	A visão de cavalos e carruagens de fogo.
6.18	O exército sírio é atingido por cegueira.
6.19,20	Deus abre os olhos dos sírios.
13.20,21	Um homem morto ressuscita pelo contato com os ossos de Eliseu.
20.9-11	O relógio de sol de Acaz retrocede.
Jó	
38—42.6	Deus fala do meio de um redemoinho
Isaías	
1.1	Visão de Isaías com relação a Jerusalém.
6	Visão do Senhor por Isáias.
Ezequiel	
1	Ezequiel tem uma visão da glória de Deus.
Daniel	
2.26-45	Daniel relata e interpreta o sonho de Nabucodofornalha.
3.14-30	O livramento da fornalha
4	O juízo e a restauração de Nabucodonosor.
5.5	A escrita na parede.
6.16-23	Daniel é salvo dos leões.
7.1—8.14	As visões de Daniel.
9.20-27	Visões de Daniel das setenta semanas.
10.1—12.13	Outras visões de Daniel.
Jonas	
1.4-16	A tempestade divina impede a fuga de Jonas.
1.17	O grande peixe enviado por Deus engole Jonas.
4.6	A planta cresce para fazer sombra para Jonas.
4.7	O verme destrói a planta.
4.8	Deus envia vento oriental.

Mateus	Marcos	Lucas	João	Descrição
			2.1-11	Água transformada em vinho.
			4.46	O filho do nobre é curado.
		4.30		Jesus escapa da multidão.
		5.6		Pescaria farta.
	1.23	4.33		O espírito imundo é expulso.
8.14	1.30	4.38		Sogra de Pedro é curada.
8.16	1.32	4.40		Doentes são curados
8.2	1.40	5.12		Um leproso é curado.
9.2	2.3	5.18		Um coxo é curado.
			5.9	Um homem enfermo é curado.
12.9	3.1	6.6		A mão seca é restaurada.
12.15	3.10			Doentes são curados.

milagres na Bíblia

		7.11		O filho da viúva é ressuscitado.
8.5		7.1		O servo do centurião é curado.
		7.11		O Filho da viúva é ressuscitado.
12.22				O demônio é expulso do cego mundo
8.23	4.35	8.22		A tempestade é cessada.
8.28	5.1	8.26		Demônios expulsos entram nos porcos.
9-18-23	5.22-35	8.40-49		A filha de um líder é ressuscitada.
9.20	5.25	8.43		A mulher com hemorragia é curada.
9.27				Cegos são curados.
9.32				Demônio é expulso do surdo-mudo.
14.13	6.30	9.10	6.1	Cinco mil são alimentados.
14.25	6.48		6.19	Jesus anda sobre a água.
14.36	6.56			Doentes são curados em Genesaré.
15.21	7.24			Filha de um gentio é curada.
	7.31			Um surdo-mudo é curado.
15.32	8.1			Quatro mil são alimentados.
	8.22			Um cego e paralítico é curado.
17.1-8	9.2-8	9.28-36		Transfiguração de Jesus.
17.14	9.17	9.38		Menino *epléptico* é curado.
17.24				A moeda na boca do peixe.
			9.1	A cego de nascença é curado.
		11.14		Um surdo-mudo endemoninhado é curado.
		13.11		A mulher enferma é curada.
		14.1-4		O homem hidrópico é curado.
		11.43		Lázaro é ressuscitado.
		17.11		Dez leprosos são purificados.
20.30	10.46	18.35		Dois cegos são curados.
21.18	11.12			A figueira seca.
		22.51		Orelha do servo é restaurada.
28	16.1-8	24	20	Jesus ressuscita dos mortos.
28.1-7				Um anjo rola a pedra e anuncia a ressurreição.
28.5-8	16.5-7	24.4-8		Um anjo aparece no túmulo.
			20.11-13	Anjos aparecem a Maria.
		16.9	20.14-17	Jesus aparece a MariaMadalena.
28.9,10				Jesus aparece para mulheres.
		16.12	24.13-35	Jesus aparece no caminho para Emaús.
			20.19-23	Jesus aparece para dez.
		16.14-18	24.36-48	20.26-31	Jesus aparece para os onze.
			21.1-25	Jesus aparece para sete.
			21.6	Pesca milagrosa.
28.16-20	16.15-18			Jesus aparece aos apóstolos

milagres na Bíblia

Atos	
1.3-5	Jesus aparece e fala com os apóstolos (Lc 24.49-51).
1.6-9	Jesus ascende ao céu.
1.10,11	Anjos aparecem para os apóstolos.
2.1-4	O Espírito Santo enche os apóstolos.
2.4-13	Os apóstolos falam em outras línguas.
3.1-11	Pedro cura o coxo no templo.
5.5-10	Ananias e Safira morrem.
5.12	Sinais e prodígios dos apóstolos.
5.18-20	Os apóstolos são libertos da prisão.
7.55,56	Estêvão vê Jesus com Deus.
8.7	Espíritos impuros expulsos.
8.13	Filipe faz milagres e sinais.
8.14-17	Os samaritanos recebem o Espírito Santo.
8.39,40	Filipe é arrebatado pelo Espírito Santo.
9.3-7	Jesus aparece para Saulo (v. 1Co 15.8).
9.10-16	Jesus aparece para Ananias.
9.17-19	A visão de Saulo é restaurada.
9.32-34	Pedro cura Enéas.
9.36-42	Dorcas é ressuscitada dos mortos.
10.1-8	Cornélio recebe uma visão.
10.9-16	Pedro recebe uma visão três vezes.
10.44-48	Uma família gentílica recebe o Espírito Santo.
12.7-10	Um anjo liberta Pedro da prisão.
12.23	Um anjo mata Herodes.
13.8-11	Elimas, o mágico, fica cego.
14.8-10	Paulo cura o aleijado de Listra.
16.16-18	Paulo expulsa o demônio de uma jovem.
16.25,26	Um terremoto abre as portas da prisão.
18.9,10	Paulo recebe uma visão.
19.6	Crentes efésios recebem o Espírito Santo.
19.11,12	Paulo faz sinais incomuns.
20.9-12	Êutico é restaurado à vida.
23.11	Paulo recebe visão.
28.3-6	Paulo protegido da mordida de uma víbora.
28.7,8	Paulo cura o pai de Públio.
1Coríntios	
15.6	Jesus aparece a quinhentas pessoas.
15.7	Jesus aparece para Tiago.
2Coríntios	
12.1-6	Visão do céu concedida a Paulo.
Apocalipse	
1.1—3.22	Visão de Jesus concedida a João.
4.1—22.21	Visão do futuro concedida a João.
6.12	O grande terremoto.
6.12	O sol escurece.
6.12	A lua fica como sangue.
6.13	As estrelas caem do céu.
6.14	As montanhas são movidas de seu lugar.
8.7	Saraiva, fogo e sangue caem na terra.
8.8	Uma montanha é lançada no mar. Um terço do mar se transforma em sangue.
8.9	Um terço das criaturas do mar morre.
8.9	Um terço dos navios é destruído.
8.10,11	Uma estrela cai e um terço dos rios e fontes fica amargo.
8.12	Um terço do sol escurece.
8.12	Um terço da lua escurece.
8.12	Um terço das estrelas escurece.
9.1	Uma estrela cai do céu.
9.2	O Sol é escurecido por fumaça do abismo.
9.3-11	Praga de gafanhotos.
9.18	Um terço da humanidade morre.
11.5	As duas testemunhas destroem inimigos com fogo de suas bocas.
11.6	As duas testemunhas impedem a chuva.
11.6	As duas testemunhas transformam água em sangue.
11.6	As duas testemunhas invocam pragas.
11.11	As duas testemunhas ressuscitam.
11.12	As duas testemunhas ascendem ao céu.
11.13	Um terremoto destrói um décimo da cidade.
11.19	Relâmpagos, vozes, trovão, terremoto e granizo.
16.2	Úlceras naqueles que adoram a besta.
16.3	O mar se transforma em sangue, e tudo nele morre.
16.4	Os rios e as fontes de água se transformam em sangue.
16.8	O sol queima as pessoas.
16.10	As trevas cobrem o reino da besta.
16.12	O rio Eufrates seca.
16.18	Vozes, trovão e terremoto.
16.20	Ilhas e montanhas são destruídos.
16.21	Pedras caem sobre as pessoas.
18.1-24	A Babilônia é derrubada.
19.11-16	Jesus Cristo retorna.
21.1	O novo céu e a nova terra aparecem.
21.10	A nova Jerusalém desce.

Milagres do AT. Críticos negativos da Bíblia negam a autenticidade de todos os milagres na Bíblia. Essa conclusão não é baseada numa abordagem histórica, mas numa abordagem filosófica baseada em pressuposições anti-sobrenaturais. Há bons fundamentos para aceitar a autenticidade dos milagres do NT. No entanto, até alguns defensores dos milagres do NT têm questionado a autenticidade de alguns relatos do AT.

Num livro muito popular em defesa da possibilidade de milagres em geral e dos milagres do NT particularmente, o próprio apologista C. S. LEWIS relega muitos milagres do AT ao âmbito do mito. Em *Milagres,* escreveu:

> Minha atual posição [...] seria que, assim como, do lado factual, uma longa preparação culmina na encarnação de Deus no Homem, do lado documentário a verdade aparece primeiro na forma mítica e depois, por um longo processo de ênfase, finalmente se encarna na História. Os hebreus, como outros povos, tinham mitologia; mas, como eram o povo escolhido, sua mitologia era a mitologia escolhida. Acredito que as memórias da corte de Davi estão num extremo da escala e são um pouco menos históricos que são Marcos ou Atos, e que o livro de Jonas está no outro extremo (p. 139).

Não há mais razão para rejeitar a autenticidade de milagres no AT que para rejeitar milagres no NT. A evidência é do mesmo tipo: documentos confiáveis escritos por contemporâneos dos eventos. Na verdade, o próprio NT fala de eventos miraculosos do AT como históricos.

Evidência geral. Demonstramos, em artigos relacionados, porque milagres são filosoficamente *possíveis* (v. COSMOLÓGICO, ARGUMENTO; MILAGRE; MORAL EM FAVOR DA EXISTÊNCIA DE DEUS, ARGUMENTO; TELEOLÓGICO, ARGUMENTO). O Deus pessoal onipotente e bom que criou o mundo de criaturas pessoais à sua imagem pode fazer milagres. Ele fará isso se quiser comunicar-se com suas criaturas finitas, pois milagres são parte crucial de tal comunicação. Começando com a criação, que é o maior de todos os milagres, as Escrituras revelam exatamente esse Deus (v. EVOLUÇÃO CÓSMICA; KALAM, ARGUMENTO COSMOLÓGICO). Evidências históricas demonstram persuasivamente que milagres ocorreram no NT (v. MILAGRES, ARGUMENTOS CONTRA). Como Deus e o plano redentor do AT e NT são os mesmos, há toda razão para esperar que os milagres registrados no AT sejam autênticos.

Evidência específica. A rejeição de Lewis de alguns milagres do AT é incoerente, fundada em pressuposições falhas, contrárias à evidência histórica, e que não estão de acordo com o uso do AT no NT.

É baseada numa visão equivocada de mito. A rejeição de Lewis aos milagres do ATé baseada numa visão infundada de mito (v. MILAGRES, MITO E). Segundo Lewis, a verdade aparece primeiro como mito e depois como história. Na verdade, o inverso é o verdadeiro, principalmente com relação a histórias pagãs em que deuses aparecem na terra, morrem e depois reaparecem em forma corporal. Foi demonstrado que esses mitos pagãos provavelmente copiaram a morte e ressurreição de Cristo, em vez do contrário (v. DIVINOS, HISTÓRIAS DE NASCIMENTOS; FRASER, JAMES; RESSURREIÇÃO EM RELIGIÕES NÃO-CRISTÃS, REIVINDICAÇÕES DE). Além disso, não há indicação na Bíblia de que Deus opera de tal forma. Pelo contrário, a Bíblia condena os mitos (v. 1Tm 1.3,4; 4.7; 2Tm 4.4). Todo conceito de mito que se torna história é emprestado de uma posição crítica anti-sobrenatural, que o próprio Lewis condena (v., por exemplo, *God in the dock,* cap. 16).

É contrária ao monoteísmo do AT. Os milagres do AT se encaixam no conceito monoteísta de Deus que permeia todo o registro bíblico. O Deus teísta (v. TEÍSMO) é o Deus além do mundo que criou o mundo. Como esse Deus teísta ama o que fez, é compreensível que interviesse a favor de criaturas necessitadas. O fato de o AT registrar milagres se encaixa perfeitamente em sua mensagem central (v. MILAGRES NA BÍBLIA).

É incoerente com o registro histórico. As histórias de milagres do AT são parte do mesmo registro histórico que os eventos considerados história cronológico-espacial. Não há nenhuma evidência de que quaisquer manuscritos desses textos jamais tenham existido sem os registros dos milagres. Estão presentes sem modificação nos textos mais antigos que possuímos. Além disso, os milagres integram a história e a mensagem que o AT transmite. Se removermos os eventos milagrosos de Gênesis 1 e 2, a mensagem sobre o Criador desaparecerá. A história de Noé e sua fidelidade numa época de incredulidade não faz sentido sem a intervenção de Deus para salvá-lo e destruir o mundo com o Dilúvio. O chamado de Israel e o livramento do Egito são insignificantes sem a intervenção sobrenatural de Deus para realizar essas coisas. Os milagres de Elias, Eliseu e Jonas são inseparáveis do teor da história que registram.

É contrária ao uso do AT no NT. As referências do NT aos milagres do AT pressupõem sua natureza histórica. A criação do mundo não é apenas citada repetidamente no NT, mas os eventos e pessoas envolvidas também são considerados históricos. Adão e Eva são mencionados como figuras históricas muitas vezes no NT (Mt 19.4; 1Co 11.8,9; 1Tm 2.13,14). Em Romanos 5.12 a inferência é inconfundível: por um só homem entrou o pecado no mundo. Em Lucas

3.38, Adão é incluído na genealogia de Jesus. Da mesma forma, Adão é chamado o "primeiro homem" em comparação direta com Cristo, que é o "último Adão" (1Co 15.45).

Eventos sobrenaturais no AT são a base para o ensinamento do NT. Jesus comparou a verdade de sua ressurreição com a preservação milagrosa de Jonas no ventre de grande peixe, dizendo: "Pois *assim como* Jonas esteve três dias e três noites no ventre do um grande peixe, assim o Filho do homem ficará três dias e três noites no coração da terra" (Mt 12.40). Dado o contexto, é inconcebível que Jesus quisesse dizer: "Assim como vocês crêem naquele mito sobre Jonas, quero falar sobre o que realmente acontecerá na minha morte". Jesus faz uma comparação semelhante entre sua volta e o Dilúvio (histórico), dizendo: "*Assim* acontecerá na vinda do Filho do homem" (Mt 24.39).

Jesus referiu-se a vários eventos miraculosos do AT como históricos, incluindo-se a criação (Mt 19.4; 24.21), os milagres de Elias (Lc 4.26) e as profecias de Daniel (Mt 24.15). À luz do uso que Jesus faz dos milagres do AT, não há como desafiar sua autenticidade sem impugnar sua integridade. Aceitar o NT como autêntico e ao mesmo tempo rejeitar os milagres do AT é incoerente.

Resumo. A descrição bíblica de milagres usa três palavras principais: *poder, prodígio* e *sinal*. Essas palavras designam a fonte (poder de Deus) a natureza (maravilhosa, incomum), e o propósito (revelar algo além de si). Milagre é o sinal para confirmar o sermão; maravilha para confirmar as palavras do profeta; milagre para ajudar a estabelecer a mensagem (v. MILAGRES, VALOR APOLOGÉTICO DOS).

Existem centenas de registros de milagres nas Escrituras. Os do NT chamam mais nossa atenção porque são bem comprovados e revelam Jesus Cristo no seu poder sobre Satanás, as doenças e a morte. O NT demonstra que o poder contínuo de Cristo estava presente na jovem igreja. No entanto, não são mais incríveis ou inacreditáveis que os milagres do AT. Na realidade, dada a existência do Deus teísta, todos os milagres tornam-se possíveis. Como o próprio LEWIS observou: "Se acreditamos em Deus devemos acreditar em milagres? Sem dúvida, sim" (*Milagres*, p. 109). O maior milagre de todos — a ressurreição de Cristo — ocorre no NT. Se isso é histórico, então não há razão para rejeitar os milagres menores de Moisés, Elias ou Eliseu.

Fontes

G. L. ARCHER, Jr., *Merece confiança o Antigo Testamento?*
N. L. GEISLER, *Miracles*.
___, *Miracles and the modern mind*, Apêndice B
C. S. LEWIS, *God in the dock*.
___, *Milagres*.
H. LOCKYER, *All the miracles in the Bible*.

Mill, John Stuart (1806-1873). Adepto da cosmovisão de um deus finito (v. FINITO, DEÍSMO), com um positivismo lógico que assumiu uma forte posição antimetafísica (v. AYER, A. J.). Ele é conhecido por ser o pioneiro no pensamento científico moderno. Criou regras para o raciocínio científico indutivo (v. INDUTIVO, MÉTODO) e foi uma das fontes do utilitarismo ético. Mill elaborou os cânones do pensamento científico indutivo afirmados pela primeira vez por Francis Bacon (1561-1626) em *Novum organum* (1620).

Um Deus pequeno. Mill rejeitou o ARGUMENTO TELEOLÓGICO tradicional exposto por William PALEY. Raciocinou que o argumento de Paley é baseado na analogia segundo a qual semelhança em efeito implica semelhança em causa. Esse tipo de analogia enfraquece à medida que as diferenças aumentam. Relógios implicam relojoeiros somente porque, pela experiência prévia, sabemos que relojoeiros fazem relógios. Não há nada intrínseco no relógio que exija a habilidade de um artesão. Da mesma forma, pegadas implicam seres humanos e estrume implica animais porque a experiência prévia nos informa que essa conexão é apropriada. Não se trata de haver um projeto intrínseco nos vestígios. Portanto, concluiu Mill, o argumento de Paley é fraco.

Mill ofereceu então o que considerava ser a expressão mais forte do argumento teleológico, baseado num "método de concordância" indutivo. Esse argumento foi o mais fraco dos métodos indutivos de Mill, mas ele considerava o argumento teleológico a forma forte desse tipo de indução. Mill começou com o aspecto orgânico em vez de com o aspecto mecânico da natureza:

1. Há uma incrível concordância de propósito entre os diversos elementos no olho humano.
2. Não é provável que uma seleção aleatória tenha unido esses elementos.
3. O método do acordo argumenta a favor de uma causa comum do olho.
4. A causa foi uma causa final (proposital), não uma causa eficiente (produtiva).

Mill disse que a evolução biológica, se verdadeira, diminui a força até mesmo dessa forma mais forte do argumento teleológico, pois grande parte do que parece ser criação é atribuído à seleção natural da evolução (v. Geisler, *Philosophy of religion*, p. 177-84).

O raciocínio de Mill o levou a supor um Deus finito:

> Um Ser de grande poder, mas poder limitado, como ou pelo que limitado não podemos nem supor; de grande, e talvez ilimitada, inteligência, mas talvez, também, mais estritamente limitada que seu poder; que deseja e se preocupa, de certa forma, com a felicidade das criaturas, mas que parece ter outras motivações de ação com as quais se preocupa mais, e que mal se pode supor tenha criado o universo somente para esse propósito ("Nature", em *Three essays on religion* [*Três ensaios sobre religião*], p. 194; exceto onde anotado, as citações subseqüentes serão desse ensaio).

Tal descrição limita Deus em poder e bondade. Podemos inferir a partir da natureza que Deus tem sentimentos benevolentes para com suas criaturas,

> mas passar disso para a inferência de que seus únicos ou principais propósitos são os de benevolência e que o único fim e objetivo da criação tenha sido a felicidade de suas criaturas não é apenas injustificado por qualquer evidência, mas também é uma conclusão em oposição à evidência que temos" (p. 192).

A divindade de Mill não pode prever o futuro ou o que será de seus atos, pois não é onipotente. A evidência demonstra uma inteligência superior à de qualquer ser humano, mas o fato de que Deus usa meios para atingir fins demonstra que ele é limitado. "Quem apelaria a meios se para atingir seu fim se sua palavra fosse suficiente?" (p. 177).

Apesar de acreditar que poderiam existir vários criadores, ele preferiu a idéia de que havia apenas um (ibid., p. 133). Além dos princípios gerais da criação da natureza, há poucos motivos para crer no Criador benevolente. A natureza não é direcionada para um fim moral específico, se é que tem um objetivo (p. 189).

As limitações de Deus estão nele mesmo, não são apenas causadas pelo mundo ou outros seres. Ele não pode controlar as qualidades e forças da estrutura do universo. Os materiais do universo não permitem que Deus cumpra completamente seus propósitos, ou ele não soube como fazê-lo (p. 186).

Criação. O universo não foi criado do nada, segundo Mill. "A indicação dada pela evidência existente indica a criação, não do universo, mas de sua ordem presente por uma Mente inteligente, cujo poder sobre os materiais não era absoluto" (p. 243).

Na verdade, a natureza não dá razão para supor que a matéria ou a força foram feitas pelo Ser que as uniu nas formas em que aparecem agora. Não fica claro que ele tenha poder para alterar qualquer propriedade da matéria. Matéria e energia são, portanto, eternas. Delas Deus construiu um mundo usando os materiais e propriedades disponíveis (p. 178).

Ao supor o Deus finito e a matéria eterna, Mill seguiu PLATÃO num DUALISMO teísta. A criação não é *ex nihilo* (do nada) nem *ex deo* (de Deus). É *ex materia* (de matéria preexistente; v. CRIAÇÃO, VISÕES DA).

Mill acreditava no universo material que chamou "Natureza". *"Natureza* é todo o sistema de material, com todas as suas propriedades" (p. 64). É "todos os fatos, reais e possíveis" ou "o modo [...] no qual todas as coisas acontecem" (p. 5-6). Já que todas as coisas acontecem de maneira uniforme, podemos falar de *leis* da natureza:

> Todos os fenômenos que foram suficientemente examinados são vistos acontecendo com regularidade, tendo até certas condições fixas, positivas e negativas, na presença das quais invariavelmente acontecem (ibid.).

É tarefa da ciência descobrir essas condições.

Milagres. Mill acreditava que o deus finito é o autor das leis da Natureza e poderia intervir nos assuntos da humanidade, apesar de não haver evidência disso. Mill concorda com David HUME que "o testemunho da experiência contra milagres é inevitável e indubitável" (p. 221). Mill toma outra rota para chegar à conclusão anti-sobrenatural (v. MILAGRE; NATURALISMO). Ele acreditava que uma ocorrência incomum, mesmo que contrariasse uma lei bem estabelecida, é apenas a descoberta de outra lei, previamente desconhecida (p. 221).

Então quaisquer fenômenos novos que sejam descobertos ainda dependem da lei e são sempre reproduzidos exatamente quando as circunstâncias são repetidas (p. 222). O milagre alega sobrepujar leis naturais, não apenas cancelar uma lei natural com outra. Tal violação da lei não pode ser aceita. Como Mill tem tanta certeza de que há uma explicação natural para todos os eventos? Ele obtém provas a partir da ausência de uma causa sobrenatural para toda experiência e da experiência freqüente das causas naturais:

> Os princípios mais comuns do juízo lógico nos proíbem supor qualquer efeito como causa do juízo de que não temos nenhuma experiência, a não ser que todas as causas daquilo de que temos experiência sejam comprovadas como estando ausentes. Mas há poucas coisas das quais temos experiência mais freqüente do que de fatos físicos que nosso conhecimento não nos deixa explicar (p. 229-30).

Nada há, portanto, que exclua a suposição de que todo "milagre" tem uma causa natural e, uma vez que essa suposição é possível, "nenhum homem de juízo ordinário e prático suporia uma causa que não tivesse razão para supor ser real, exceto a necessidade de explicar algo que é suficientemente explicado sem ela" (p. 231).

Milagres não podem ser considerados impossíveis se há um Deus. Mill acreditava que, "se tivéssemos o testemunho direto dos nossos sentidos de um fato sobrenatural, ele seria tão completamente autenticado e certificado quanto qualquer fato natural.

Dependendo desse contato pessoal, os milagres não têm comprovação histórica e são inválidos como evidência da revelação (p. 239)".

Mal e ética. Uma das evidências mais convincentes da finitude de Deus é a presença do mal no mundo (v. MAL, PROBLEMA DO; FINITO, DEÍSMO; KUSHNER, HAROLD). Mill concluiu que, "se o criador do mundo pode [fazer] tudo que quer, ele quer a miséria, e não há como escapar da conclusão" (p. 37). Os homens são enforcados por fazer o que a Natureza faz ao matar todo ser que vive. Na maioria das vezes, essa morte acontece com tortura. A Natureza tem uma desconsideração total pela misericórdia e justiça, tratando as pessoas mais nobres e as piores da mesma forma. Tais males são absolutamente incoerentes com um ser todo-poderoso e todo-bondoso. O melhor que ele poderia esperar era uma divindade parcialmente boa com poder limitado (p. 29-30). À luz do mal terrível da Natureza, seria irracional e imoral usar a lei natural como modelo para ação. O dever humano não é imitar a natureza, mas corrigi-la. Alguns aspectos da natureza podem ser bons, porém "nunca foi estabelecido por nenhuma doutrina digna de crédito quais departamentos específicos da ordem da natureza devem ser considerados como projetados para nossa instrução e orientação moral" (p. 42). De qualquer forma, é impossível decidir o que expressa o caráter de Deus na natureza.

Já que a ética não pode ser baseada na revelação nem no sobrenatural, obviamente não existem máximas absolutas de moralidade (p. 99). Depois de rejeitar absolutos morais (v. MORALIDADE, NATUREZA ABSOLUTA DA), Mill criou o cálculo utilitário pelo qual a pessoa é obrigada a fazer o que pode para trazer o maior bem para o maior número de seres no cômputo geral das coisas.

Mill respeitava muito o exemplo moral de Jesus (p. 253-4). Mas com relação à explicação do preceito áureo cristão, Mill acreditava que o utilitarismo era a resposta. Devemos agir para trazer o bem maior para o maior número. Não há absolutos éticos. Pode haver situações em que uma mentira cause mais bem que a verdade. Nosso melhor guia é a experiência, por meio da qual podemos desenvolver parâmetros gerais (*Utilitarianism* [*Utilitarismo*], cap. 2).

Destino humano. O ser humano é mente e alma e também corpo material. Não há evidência, então, de que a alma não possa ser imortal. Mas também não há evidência a favor da alma imortal (v. IMORTALIDADE). Mill acreditava ser correto que almas não se tornam "fantasmas" que se intrometem em assuntos humanos. Além disso só havia uma esperança (p. 201, 208-10). De uma coisa tinha certeza:

Se há vida após a morte, nada pode ser mais oposto a qualquer estimativa que possamos formar acerca da probabilidade do que a idéia comum de que a vida futura seja um estado de recompensas e castigos [v. INFERNO] em qualquer outro sentido além do fato de que as conseqüências de nossas ações sobre nosso próprio caráter e susceptibilidades nos seguirão no futuro, como fizeram no passado e no presente (p. 210-1).

Qualquer vida futura simplesmente dará continuidade à vida agora. Supor que a morte traga a separação radical na mudança do modo de nossa existência é contrário a todas as analogias tiradas desta vida. Devemos supor que as mesmas leis da natureza existirão.

Apesar da falta de evidência para a imortalidade, a vida aqui e agora vale a pena, assim como o esforço para cultivar a melhoria do caráter (p. 250). Também há fundamento para o otimismo com relação à raça humana:

As condições da existência humana são altamente favoráveis ao crescimento de tal sentimento, visto que uma batalha é constantemente travada, na qual a criatura humana mais humilde não é incapaz de participar, entre os poderes do bem e do mal, e na qual até a menor ajuda para o lado certo tem seu valor na promoção do progresso, muito lento e muitas vezes imperceptível, pelo qual o bem está gradualmente conquistando espaço do mal, mas conquistando tão visivelmente em intervalos consideráveis que garante a vitória final do bem, que ainda é bem distante, mas não é incerta (p. 256).

Além de Mill expressar otimismo em relação à vitória final do bem sobre o mal, também acreditava que os esforços humanos nessa direção certamente se transformariam numa nova religião. Pois

fazer algo durante a vida, por menos que seja, se nada mais for possível, para trazer essa consumação um pouco mais perto, é o pensamento mais animador e revigorante que pode inspirar a criatura humana (p. 257).

Avaliação. Visão inadequada de Deus. Filosoficamente, um deus finito não é auto-explicativo. Tal deus é contrário ao princípio da CAUSALIDADE que afirma uma causa para todo ser finito. Um deus finito é apenas uma criatura grande, que precisa de um Criador. Um ser finito é um ser contingente, não-necessário. Um ser contingente é o que pode não existir. Tudo que pode não existir depende, para sua existência, de um Ser Necessário, que não pode não existir (v. COSMOLÓGICO, ARGUMENTO).

Além disso, um deus que não é absolutamente perfeito não é Deus no sentido absoluto. Só é possível medir sua imperfeição por um padrão absoluto de perfeição. Mas a perfeição absoluta é, por definição, Deus. Assim, se houvesse um deus finito imperfeito, ele seria menos que o Deus absoluto. Já que o Deus de Mill pratica o mal, pode-se dizer que seu argumento prova melhor a existência do Diabo. De qualquer forma, alguém incompletamente bom não é digno de adoração. Por que alguém atribuiria dignidade absoluta ao que não é absolutamente digno? Todo ser finito é criatura, e adorar a criatura é idolatria. Ou, nas palavras de Paul TILLICH, não se deve estabelecer *compromisso absoluto* com algo inferior ao *Absoluto*. Uma criatura parcialmente boa não é Absoluta.

Alguns deístas finitos tentam evitar essa crítica ao supor um Deus limitado em poder, mas não em perfeição. Isso parece arbitrário e ilusório. Como Deus pode ser infinitamente bom quando é apenas um ser finito? Como alguém pode ser mais do que tem capacidade de ser? Como os atributos de Deus podem ser estendidos além do que sua natureza permite?

Por fim, um deus finito não dá garantia de que o mal será derrotado. Já que compromisso religioso é absoluto, estamos absolutamente comprometidos com a causa do bem, que pode não vencer no final. Um deus finito que não pode garantir vitória realmente inspiraria o compromisso absoluto? Quantas pessoas realmente farão um compromisso absoluto para trabalhar em prol de causa sem certeza de vitória? Uma pessoa pode ser inspirada a confessar corajosamente: "Prefiro perder uma batalha lutando pelo exército que vencerá no final, a ganhar uma batalha lutando pelo exército que perderá no final". Um deus finito não dá segurança para produzir tal motivação.

Visão inadequada do mal. O problema do mal não elimina Deus ou sua bondade. O mal exige um Deus infinitamente poderoso e perfeito para eliminá-lo. Não se pode sequer saber se há injustiças absolutas sem conhecer algum Ser absolutamente justo além do mundo. Apenas um Deus infinitamente poderoso e perfeito pode derrotar o mal. Somente um Deus onipotente pode derrotar o mal; somente um Deus completamente bom deseja essa derrota. Um deus finito não será suficiente (v. MAL, PROBLEMA DO).

Mill comete um erro categórico ao argumentar que Deus não é perfeito porque mata de maneira que seria considerada assassinato para os humanos. Deus é o Criador da vida e tem o direito de tirar o que dá (Dt 32.39; Jó 1.21). Nós não criamos a vida; não temos o direito de tirá-la. O jardineiro que é soberano sobre as flores e arbustos no seu jardim não tem o direito de cortar os que pertencem ao vizinho. Eles pertencem a quem os controla. Toda a vida pertence a Deus. Ele pode tirá-la, se quiser, sem desobedecer a qualquer lei moral.

Visão inadequada dos milagres. A rejeição de Mill aos milagres, bem como a de Hume, é uma petição de princípio. Mill baseia a crença em métodos que pressupõem o naturalismo (v. MILAGRE; MILAGRES, ARGUMENTOS CONTRA). Ele pressupõe que toda exceção à lei natural terá automaticamente uma explicação natural. Se alguém sabe com antecedência que todo evento, por mais incomum, tem uma explicação natural, os milagres são eliminados de antemão. A abordagem de Mill quanto à imortalidade humana ignora fortes evidências de sua existência.

Visão inadequada da ética. O utilitarismo também é inadequado. Como forma de relativismo, está sujeito às críticas contra os relativistas (v. MORALIDADE, NATUREZA ABSOLUTA DA). Como se pode saber que nada é absoluto sem um padrão absoluto pelo qual medi-lo? Além disso, para funcionar adequadamente, o utilitarismo exige que criaturas finitas saibam o que trará o bem maior para o maior número de pessoas no final. Raramente temos certeza do que trará o bem maior, mesmo em curto prazo. Apenas o Deus infinitamente sábio e bom poderia ser utilitarista. E Mill não conhece tal Deus.

Fontes

N. L. GEISLER, *Ética cristã*.

___, *Filosofia da religião*.

PLATÃO, *Timaeus*.

J. S. MILL, *A lógica das ciências morais*.

___, *Three essays on religion: nature, utility of religion, and theism*.

___, *Utilitarianism*.

mistério. O apóstolo Paulo escreveu: "Não há dúvida de que é grande o mistério da piedade: Deus foi manisfestado em corpo, justificado no Espírito, visto pelos anjos, pregado entre as nações, crido no mundo, recebido na glória" (1Tm 3.16).

A encarnação é um mistério (v. CRISTO, DIVINDADE DE). A TRINDADE também é.

O mistério não deve ser confundido com a antinomia ou o paradoxo, que envolve uma contradição lógica (v. LÓGICA). O mistério vai *além da razão*, mas não *contra a razão*. Não há contradição, embora não tenhamos compreensão total.

Além disso, o mistério não é algo que possa ser alcançado pela razão humana sem ajuda (v. FÉ E RAZÃO). O mistério é conhecido apenas pela revelação divina especial (v. REVELAÇÃO ESPECIAL). Logo, mistérios não são o sujeito da TEOLOGIA NATURAL, mas apenas da teologia revelada.

Outra característica do mistério é que, apesar de sabermos *que* ambos os elementos que compõem o mistério são verdadeiros e compatíveis, não sabemos *como* são compatíveis. Por exemplo, sabemos *que* Cristo é Deus e humano, mas é um mistério *como* essas duas naturezas se unem numa pessoa.

Finalmente, o mistério é distinto do problema. O problema tem *solução*; o mistério é objeto de *meditação*. O problema exige conhecimento *extensivo*; o mistério, concentração *intensiva*. Como os quadradinhos em branco nas palavras cruzadas, o problema pode ser resolvido com mais conhecimento; o mistério não. Se pudesse, não seria mistério. Mistérios não exigem *respostas*, mas sim *discernimento*.

Fontes

N. L. GEISLER e R. BROOKS, *When skeptics ask*.
G. MARCEL, *The mystery of being*.
TOMÁS DE AQUINO, *Suma contra os gentios*.

mistério, religiões de. V. APÓCRIFOS DO NOVO TESTAMENTO; GNOSTICISMO; MILAGRE, MITO E; MITRAÍSMO; MITOLOGIA E O NOVO TESTAMENTO; RESSURREIÇÃO EM RELIGIÕES NÃO-CRISTÃS, REIVINDICAÇÕES DE.

misticismo. *Fundo histórico.* A palavra *misticismo* é derivada da palavra grega *mustikos*, que significa alguém iniciado nos mistérios. Posteriormente, foi usada em círculos cristãos como a parte da teologia que acredita na comunhão direta da alma com Deus. No contexto panteísta (v. PANTEÍSMO), geralmente o indivíduo místico é alguém que busca por meio de contemplação e entrega ser absorvido pelo Supremo; na filosofia, refere-se com feqüência a alguém que acredita que o conhecimento intuitivo e imediato da realidade última é possível.

Tipos de misticismo. O misticismo pode ser classificado de várias maneiras. Em termos de COSMOVISÃO, ele pode ser dividido em cristão e não-cristão ou teísta e não-teísta. Há também formas de misticismo na maioria das religiões mundiais. Algumas, tais como o ZEN-BUDISMO, são místicas em si. O objetivo aqui é se o misticismo tem algum valor apologético. Isto é, a experiência mística ajuda a estabelecer a verdade do sistema de crença da pessoa que a vive?

A natureza da experiência mística. Experiências religiosas são notoriamente difíceis de definir. Friedrich SCHLEIERMACHER disse que a religião é o sentimento de dependência absoluta do Todo. Paul TILLICH definiu religião como o compromisso absoluto. Nossa análise concluiu que é a percepção de alguma forma de Outro transcendente (v. Geisler, *Philosophy of religion* [*Filosofia da religião*]).

Uma experiência religiosa particular. Experiências religiosas são de dois tipos básicos: gerais e específicas. A primeira está disponível a todas as pessoas, e a segunda, apenas para algumas pessoas. A primeira é pública e a segunda é particular. Experiências místicas são particulares por natureza. Isso não significa que os outros não possam ter experiências semelhantes. Só significa que a experiência é singular para quem a teve. E o público não tem tais experiências a qualquer hora.

Uma experiência religiosa focalizada. Algumas formas de percepção são gerais e outras, específicas. Por exemplo, a percepção de estar casado é uma experiência geral que a pessoa tem o tempo todo. Mas a percepção de se casar é uma experiência especial que a pessoa só tem durante a cerimônia. A experiência mística é mais que isso. É a percepção focalizada e intensificada do Supremo, ao passo que a experiência religiosa geral é como a percepção contínua e geral de Schleiermacher de ser dependente do Supremo.

Uma experiência intuitiva. Experiências místicas de Deus não são cognitivas. Não são mediadas por conceitos ou idéias. Pelo contrário, são imediatas e intuitivas. São contatos diretos com Deus. Como tal, não são discursivas. Não envolvem processos de raciocínio.

Uma experiência inefável. Apesar de muitos místicos tentarem descrever sua experiência, a maioria logo diz que palavras são inadequadas para expressá-la. Muitos admitem que só podem dizer o que ela não é. Todas as tentativas positivas são puramente metafóricas, alegóricas ou simbólicas. Ela pode ser vivida, mas não descrita (v. PLOTINO).

O valor apologético das experiências místicas. O misticismo tem valor. Como William JAMES observou, indica um estado além do puramente empírico e racional. Na realidade, formas cristãs de misticismo, tais como a de Meister Eckhart, foram aceitas por muitos cristãos ortodoxos.

No entanto, nossa preocupação aqui é com a reivindicação dos místicos quanto à veracidade inerente de suas experiências místicas. Eles insistem em que elas são tão básicas quanto percepções sensoriais, sendo um tipo de percepção espiritual. Outros desafiam essa argumentação e oferecem várias razões para rejeitar qualquer valor que tenham tais experiências.

Experiências místicas não autenticam a si mesmas. Embora não seja necessário negar que há estados mentais transcognitivos, geralmente os místicos afirmam que tais experiências autenticam a si próprias. Isso parece ser uma confusão de duas coisas. As experiências podem ser autenticadoras para a pessoa que as tem, mas não autenticam a si mesmas. Só autentica a si mesmo, como nos PRIMEIROS PRINCÍPIOS auto-evidentes, o que pode ser conhecido pela investigação dos termos da proposição. Por exemplo: "Todos os triângulos são figuras de três lados" é auto-evidente porque o predicado diz exatamente o que o sujeito diz. Mas não há tal semelhança numa experiência mística com Deus.

A experiência mística não é objetiva. Os próprios místicos admitem que as experiências que têm não são públicas, mas particulares. Então, são subjetivas, e não objetivas. Experiências subjetivas, no entanto, têm validade apenas para o sujeito que as vive. Como William James mencionou em sua obra clássica *Varieties of religious experience* [*Variedades de experiência religiosa*], experiências místicas não têm autoridade sobre as pessoas que não as vivem.

Experiências místicas não são verificáveis. Já que experiências místicas não têm *uma* base objetiva, também não podem ser testadas. Sendo subjetivas por natureza, não há teste objetivo para elas. Logo, estão totalmente relacionadas aos indivíduos que as têm. Por isso, não há maneira de aplicar validamente a outros o que o sujeito experimenta.

Experiências místicas se anulam. Quando uma experiência mística é usada para apoiar a reivindicação da verdade do sistema de crença de quem a viveu, isso não tem valor pela simples razão de que pessoas com sistemas de crença diferentes têm experiências místicas. Mas se o mesmo tipo de evidência é usado para apoiar crenças opostas, ela anula a si mesma. A evidência deve ser singular para uma pessoa em contraste com outra, de modo a validar uma, e não a outra.

Experiências místicas podem ser mal-interpretadas. Não há aqui nenhuma tentativa de negar que algumas pessoas têm experiências místicas. E não negamos que elas possam achar que tais experiências são autênticas. Nem desafiamos o fato de que possa lhes parecer que elas têm sua explicação.

Apenas argumenta-se que não há evidência disso. Experiências semelhantes de pessoas de cosmovisões diferentes (v. COSMOVISÃO) parecem vindicar as próprias cosmovisões ou sistemas religiosos. Todavia, esse fato demonstra que não há autenticação, já que opostos não podem ser verdadeiros. Em resumo, tais experiências não se auto-identificam e, portanto, podem ser erroneamente identificadas por aqueles que as têm.

O misticismo leva ao AGNOSTICISMO. Como a maioria dos místicos admite, eles só têm o conhecimento negativo. Isto é, sabem apenas o que Deus não é. Mas não têm conhecimento positivo do que Deus é, certamente não num sentido cognitivo. Em resumo, são agnósticos religiosos, ou acognósticos (v. ACOGNOSTICISMO). Podem crer em Deus e senti-lo, mas não têm conhecimento positivo do que acreditam ou do que sentem. Reconhecem um reino místico, mas, como Ludwig WITTGENSTEIN, não devem falar sobre ele. Há pelo menos dois problemas sérios com essa posição.

Primeiro, o conhecimento puramente negativo é impossível. Não se pode conhecer o que Não É sem conhecer o que É. Da mesma forma, não se pode saber como Deus não é sem saber como ele é. Segundo, desde que a religião, pelo menos no sentido teísta, envolve uma relação pessoal com Deus, é difícil entender como a pessoa pode tê-la se não conhece nenhuma das qualidades do Amado. Nesse sentido, o comentário do ateu Ludwig FEUERBACH é adequado: "Somente quando o homem perde o gosto pela religião, e a religião em si torna-se assim existência insípida, é que a existência de Deus se torna uma existência insípida — uma existência sem qualidades" (Feuerbach, p. 15).

Fontes

D. K. CLARK, *The pantheism of Alan Watts.*

D. CLARK e N. L. GEISLER, *Apologetics in the New Age.*

W. CORDUAN, "A hair's breadth from pantheism: meister Eckhart's God-centerd spirituality", *JETS* 37 (1994)

M. ECKHART, *Meister Eckhart,* trad. Raymond B. Blakney.

L. FEUERBACH, *The essence of Christianity.*

N. L. GEISLER, *Christian apologetics* (cap. 6).

N. L. GEISLER e W. CORDUAN, *Philosophy of religion*

(Parte Um).
S. Hackett, *Oriental philosophy.*
G. W. F. Hegel, *Fenomenologia do espírito.*
D. L. Johnson, *A reasoned look at Asian religions.*
R. Otto, *Mysticism: east and west.*
Plotino, *Enneads.*
D. T. Suzuki, *Introdução ao zen-budismo.*
F. Schaeffer, *The God who is there.*

mito, mitologia. V. APÓCRIFOS; JESUS, SEMINÁRIO; MILAGRES, MITO E; MITRAÍSMO; NAG HAMMADI; Q, EVANGELHO DE; RESSURREIÇÃO EM RELIGIÕES NÃO-CRISTÃS, REIVINDICAÇÕES DE.

mitologia e o Novo Testamento. A base da argumentação da alta crítica é a teoria de que grande parte da descrição de Jesus e de seus ensinamentos no NT evoluiu com o passar do tempo no contexto social e nos meandros teológicos da igreja primitiva. Jesus, o homem, perdeu-se na lenda e no mito, enterrado sob reivindicações sobrenaturais como o nascimento virginal, milagres e a ressurreição (v. RESSURREIÇÃO, EVIDÊNCIAS DA). Por trás desses eventos estavam os padrões dos deuses gregos e romanos. Além dos ateus e céticos, alguns teólogos do NT têm feito tais acusações. Rudolf Bultmann esteve à frente desse ponto de vista sobre o NT. Ele insistiu em que os registros religiosos deviam ser "desmitificados", ou despojados da sua "casca" mitológica para chegar ao "cerne" existencial da verdade.

Naturalismo desmitificado de Bultmann. Na base do pensamento de Bultmann está sua teoria de que o cristianismo surgiu da cosmovisão pré-científica de um universo de três níveis: a terra está no centro dessa cosmovisão, com Deus e os anjos no céu acima, e o submundo abaixo. O mundo material sofria ação de forças sobrenaturais de cima e de baixo, que intervinham nos pensamentos e ações dos homens (Bult-mann, p. 1). Os documentos do NT deviam ser despojados de sua estrutura mitológica, pois a ciência tornara a cosmovisão sobrenaturalista obsoleta. A aceitação cega do NT sacrificaria o intelecto para assumir na religião a cosmovisão que negamos no cotidiano (ibid., p. 3, 4). A única maneira honesta de recitar os credos é eliminar a estrutura mitológica da verdade neles contida.

Bultmann proclamou com ousadia que a ressurreição não é um evento da história passada, "pois o fato histórico que envolve a ressurreição dos mortos é totalmente inconcebível" (Bultmann, p. 38-9). Ressuscitar um cadáver não é possível. A historicidade objetiva da ressurreição não pode ser verificada, não importa quantas testemunhas sejam citadas. A ressurreição é questão de fé. Isso em si a desqualifica como prova milagrosa. Finalmente, eventos semelhantes são conhecidos por mitologia (ibid., p. 39,40).

Já que a ressurreição não é evento da história no tempo e no espaço, é evento da história subjetiva. É o evento da fé no coração dos primeiros discípulos. Como tal, não está sujeita à verificação histórica objetiva ou à falsificação. Cristo ressuscitou do túmulo de José apenas na fé do coração dos discípulos.

O argumento de Bultmann pode ser assim resumido:

1. Mitos são, por natureza, mais que verdades objetivas; são verdades transcendentes da fé.
2. Mas o que não é objetivo não pode ser parte de um mundo verificável de espaço e tempo.
3. Logo, milagres (mitos) não são parte do mundo objetivo de espaço e tempo.

Avaliação. Várias objeções foram oferecidas ao naturalismo mitológico de Bultmann.

Basicamente, a desmitificação é baseada em pelos menos duas suposições não comprovadas. Primeiro, milagres não são históricos. Segundo, milagres podem acontecer no mundo sem ser do mundo. A teoria de Bultmann é dogmática e inverificável. Ele não tem base evidencial para suas afirmações. Ainda assim, contraria a evidência avassaladora a favor da autenticidade dos documentos do NT e da confiabilidade das testemunhas (v. NOVO TESTAMENTO, HISTORICIDADE DO). Na verdade, sua posição é diretamente contrária à afirmação de Pedro, um dos autores do NT, de que não estava pregando "fábulas engenhosamente inventadas" (2Pe 1.16). Na realidade, ele e os outros apóstolos eram testemunhas oculares. João disse o mesmo no começo e no final de seu evangelho (1.1-3; 21.24).

O NT não pertence ao gênero literário da mitologia. C. S. Lewis, autor de contos, observou que "o dr. Bultmann jamais escreveu um evangelho". Lewis pergunta: "A experiência de sua culta [...] vida realmente lhe deu algum poder de ler as mentes das pessoas [que escreveram os evangelhos] mortas há muito tempo?". Como autor vivo, Lewis em geral considerava seus críticos errados quando tentavam ler sua mente. Acrescenta:

Os "resultados garantidos da erudição moderna", quanto à maneira em que um livro antigo foi escrito, são "garantidos", pode-se concluir, apenas porque os homens que conheciam os fatos estão mortos e não podem expor as falácias dos intérpretes (Lewis, *Christian reflections* [*Reflexões cristãs*], p. 161-3).

Evidência a favor do Novo Testamento. Outros artigos demonstram que o NT foi escrito por contemporâneos e testemunhas oculares dos eventos (v. Lc 1.1-4). Não resultou de desenvolvimento posterior de lenda (v. BÍBLIA, CRÍTICA DE; MITOLOGIA E O NOVO TESTAMENTO; NOVO TESTAMENTO, DATAÇÃO DO; NOVO TESTAMENTO, MANUSCRITOS DO). O artigo MILAGRES, MITO E apresenta as análises a seguir em maiores detalhes.

Alguns livros do NT surgiram durante a vida das testemunhas oculares e de contemporâneos. Lucas foi escrito por volta de 60, apenas 27 anos após a morte de Jesus, antes de Atos, em 60-62 d.C (v. Hemer, todo o livro). Primeira aos Coríntios foi escrita por volta de 55-56, apenas 22 ou 23 anos após a morte de Jesus (v. 1Co 15.6-8). Até o teólogo radical do NT, John A. T. Robinson, data registros básicos dos evangelhos entre 40 e 60 (v. Robinson).

Dado o fato de que partes dos evangelho e outros livros cruciais do NT foram escritos antes de 70 d.C, não há tempo ou maneira de uma lenda se desenvolver enquanto testemunhas oculares ainda estejam vivas para refutar a história. Uma lenda leva tempo e/ou distância para se desenvolver, e nenhum dos dois estava disponível. O historiador A. N. Sherwin-White chama a teoria mitológica do NT de "inacreditável" (Sherwin-White, p. 189). Outros observaram que as obras de Heródoto nos capacitam a determinar a velocidade em que lendas se desenvolvem. Duas gerações é muito pouco tempo para tendências lendárias eliminarem o fato histórico (Craig, p. 101). Julius Müller (1805-1898) desafiou teólogos de sua época a produzir um exemplo sequer de que em uma geração um mito tenha se desenvolvido num contexto em que os elementos mais proeminentes são mitos (Müller, p. 29). Nenhum foi encontrado.

As histórias do NT não demonstram sinais de serem mitológicas. Lewis comenta que os registros são diretos e simples, escritos de forma histórica, e não artística, por judeus rigorosos e sem atrativos, que não conheciam a riqueza mitológica do mundo pagão à sua volta (Lewis, *Milagres*, p. 236). "Tudo que sou na vida privada é um crítico literário e historiador, esse é meu trabalho", disse Lewis. "E estou preparado para dizer com base nisso que, se alguém pensa que os evangelhos são lendas ou romances, essa pessoa está apenas demonstrando sua incompetência como crítico literário. Já li muitos romances e conheço muito bem as lendas que surgiram entre povos antigos, e sei muito bem que os evangelhos não são esse tipo de coisa" (*Christian reflections* [*Reflexões cristãs*], p. 209).

Pessoas, lugares e eventos que cercam as histórias do evangelho são históricos. Lucas se esforça para observar que foi nos dias de "César Augusto" (Lc 2.1) que Jesus nasceu e mais tarde batizou-se "no décimo quinto ano do reinado de Tibério César, quando Pôncio Pilatos era governador da Judéia; Herodes, tetrarca da Galiléia [...] Anás e Caifás exerciam o sumo sacerdócio" (Lc 3.1,2).

Sexto, nenhum mito grego ou romano fala da encarnação literal de um Deus monoteísta em forma humana (v. Jo 1.1-3, 14) por meio de um NASCIMENTO VIRGINAL literal (Mt 1.18-25), seguido pela morte e ressurreição física. Os gregos acreditavam na REENCARNAÇÃO num corpo mortal diferente; os cristãos do NT acreditavam na ressurreição do mesmo corpo físico imortalizado (v. Lc 24.37). Os gregos eram politeístas (v. POLITEÍSMO), não monoteístas, como eram os cristãos do NT.

Histórias de deuses gregos tornando-se humanos por meio de eventos milagrosos como um nascimento virginal não foram anteriores, e sim posteriores à época de Cristo (Yamauchi). Logo, se existe alguma influência de uma coisa sobre a outra é a influência do evento histórico do NT sobre a mitologia, não o inverso.

Conclusão. Os registros do NT não demonstram nenhum sinal de desenvolvimento mitológico. Na verdade, os eventos milagrosos são cercados por referências históricas de pessoas, lugares e épocas reais. Os documentos do NT são antigos demais, numerosos demais e precisos demais para serem acusados de apresentar mitos. Apenas um preconceito anti-sobrenatural injustificado poderia ser a base de qualquer conclusão ao contrário (v. MILAGRES, ARGUMENTOS CONTRA).

Fontes

R. BULTMANN, *Kerygma and myth: a theological debate.*

W. CRAIG, *The son rises.*

N. L. GEISLER, *Miracles and the modern mind*, cap. 6.

R. GROMACKI, *The virgin birth: doctrine of deity.*

C. J. HEMER, *The book of Acts in the setting of Hellenic history.*

JUSTINO MÁRTIR, *Dialogue with Trypho*, cap. 84.

C. S. LEWIS, *Christian reflections.*

___, *Cristianismo puro e simples.*

___, *Milagres.*

J. G. MACHEN, *The virgin birth of Christ.*

J. MULLER, *The theory of myths, in its application to the Gospel history, examined and confuted.*

R. NASH, *Christianity and the Hellenistic world.*

J. A. T. ROBINSON, *Redating the New Testament.*

A. N. SHERWIN-WHITE, *Roman society and roman law in the New Testament.*

E. Yamauchi, "Easter — Myth, hallucination, or history?", CT (15 Mar. 1974; 29 Mar. 1974).

mitraísmo. Alguns críticos contemporâneos do cristianismo argumentam que essa religião não é baseada na revelação divina, mas foi emprestada das religiões de mistério, tais como o mitraísmo. O autor muçulmano Yousuf Saleem Chishti atribui doutrinas como a divindade de Cristo e a expiação a ensinamentos pagãos do apóstolo Paulo e a doutrina da Trindade a invenções pagãs dos pais da igreja.

Teoria da fonte pagã. Chishti tenta demonstrar a vasta influência das religiões de mistério sobre o cristianismo:

A doutrina cristã da expiação foi altamente influenciada pelas religiões de mistério, principalmente o mitraísmo, que tinha seu filho de Deus e Mãe virgem, crucificação e ressurreição após a expiação dos pecados da humanidade e, finalmente, sua ascensão ao sétimo céu.

Ele acrescenta:

Quem estudar os ensinamentos do mitraísmo juntamente com os do cristianismo, certamente se surpreenderá com a afinidade que é visível entre eles, tanto que muitos críticos são obrigados a concluir que o cristianismo é o fac-símile ou a segunda edição do mitraísmo (Chishti, p. 87).

Chishti descreve algumas semelhanças entre Cristo e Mitra: Mitra foi considerado o filho de Deus, foi um salvador e nasceu de uma virgem, teve doze discípulos, foi crucificado, ressuscitou dos mortos no terceiro dia, expiou os pecados da humanidade e voltou para seu pai no céu (ibid., p. 87-8).

Avaliação. Um leitura honesta dos dados do NT demonstra que Paulo não ensinou uma nova religião nem baseou-se em mitologia existente. As pedras fundamentais do cristianismo são tiradas claramente do AT, do judaísmo em geral e da vida de uma personagem histórica chamada Jesus.

Jesus e a origem da religião de Paulo. Um estudo cuidadoso das epístolas e dos evangelhos revela que a fonte dos ensinamentos de Paulo sobre a salvação era o AT e os ensinamentos de Jesus. Uma comparação simples dos ensinamentos de Jesus e Paulo demonstrará isso.

Ambos ensinaram que o cristianismo cumpria o judaísmo. Paulo, como Jesus, ensinou que o cristianismo era um cumprimento do judaísmo. Jesus declarou: "Não pensem que vim abolir a Lei ou os Profetas; não vim abolir, mas cumprir" (Mt 5.17). Jesus acrescentou:

"A lei e os Profetas profetizaram até João. Desse tempo em diante estão sendo pregadas as boas novas do Reino de Deus, e todos tentam forçar sua entrada nele. É mas fácil os céus e a terra desaparecerem do que cair da Lei o menor traço" (Lc 16.16,17).

O cristianismo de Paulo e de Jesus é bom conhecedor do judaísmo e está completamente alheio às seitas de mistério. Paulo escreveu aos romanos: "Porque o fim da lei é Cristo, para a justificação de todo o que crê" (Rm 10.4). Ele acrescentou aos colossenses: "Ninguém os julgue pelo que vocês comem ou bebem, ou com relação a alguma festividade religiosa ou à celebração das luas novas ou dos dias de sábado. Estas coisas são sombras do que haveria de vir; a realidade, porém, encontra-se em Cristo" (Cl 2.16,17).

O cristianismo ensinou que os seres humanos são pecadores. Tanto Paulo quanto Jesus ensinaram que os seres humanos são pecadores. Jesus declarou: "Eu lhes asseguro que todos os pecados e blasfêmias dos homens lhes serão perdoados" (Mc 3.28). Ele acrescentou em João: "Eu lhes disse que vocês morrerão em seus pecados. Se vocês não crerem que Eu Sou [aquele que afirmo ser], de fato morrerão em seus pecados" (Jo 8.24).

Paulo declarou que todos os seres humanos são pecadores, insistindo em que "todos pecaram e estão destituídos da glória de Deus" (Rm 3.23). Ele acrescentou em Efésios: "Vocês estavam mortos em suas transgressões e pecados" (Ef 2.1). Na verdade, parte da própria definição do evangelho era que "Cristo morreu pelos nossos pecados, segundo as Escrituras" (1Co 15.3).

O cristianismo ensinou que a expiação de sangue era necessária. Tanto Jesus quanto Paulo insistiram em que o sangue derramado de Cristo era necessário como expiação pelos nossos pecados (v. Cristo, morte de). Jesus proclamou: "Pois nem mesmo o Filho do homem veio para ser servido, mas para servir e dar a sua vida em resgate por muitos" (Mc 10.45). Ele acrescentou na Última Ceia: "Isto é o meu sangue da aliança, que é derramado em favor de muitos, para perdão de pecados" (Mt 26.28).

Paulo também é enfático. Afirmou que em Cristo "temos a redenção por meio de seu sangue, o perdão dos pecados, de acordo com as riquezas da graça de Deus" (Ef 1.7). Em Romanos, acrescentou: "Mas Deus demonstra seu amor por nós: Cristo morreu em nosso favor quando ainda éramos pecadores" (5.8). Referindo-se à Páscoa do AT, ele disse: "Cristo, nosso Cordeiro pascal, foi sacrificado" (1Co 5.7).

O cristianismo enfatizou a ressurreição de Cristo. Jesus e Paulo também ensinaram que a morte e o sepultamento de Jesus foram completados por sua ressurreição corporal (v. RESSURREIÇÃO, EVIDÊNCIAS DA; RESSURREIÇÃO, NATUREZA FÍSICA DA). Jesus disse: "Está escrito que o Cristo haveria de sofrer e ressuscitar dos mortos no terceiro dia" (Lc 24.46). Jesus fez um desafio: "Destruam este templo, e eu o levanterei em três dias [...] Mas o templo do qual ele falava era o seu corpo" (Jo 2.19,21).

Depois de ter ressuscitado dos mortos, seus discípulos lembraram-se do que ele disse. Então creram nas Escrituras e nas palavras que Jesus havia dito (Jo 2.22; cf. 20.25-29).

O apóstolo Paulo também enfatizou a necessidade da ressurreição para a salvação. Aos romanos escreveu: "Ele [Jesus] foi entregue à morte por nossos pecados e ressuscitado para nossa justificação" (Rm 4.25). Na verdade, Paulo insistiu em que a crença na ressurreição era essencial para a salvação, ao escrever: "Se você confessar com a sua boca que Jesus é Senhor e crer em seu coração que Deus o ressuscitou dentre os mortos, será salvo"(Rm 10.9).

O cristianismo ensinou que a salvação é pela graça mediante a fé. Jesus afirmou que todas as pessoas precisam da graça de Deus. Os discípulos de Jesus lhe disseram: "'Neste caso, quem pode ser salvo?'. Jesus olhou para eles e respondeu: 'Para o homem é impossível, mas para Deus todas as coisas são possíveis'" (Mt 19.25,26). Em todo o evangelho de João Jesus apresentou apenas uma maneira de obter a salvação graciosa de Deus: "Quem crê no Filho tem a vida eterna" (3.36; v. 3.16; 5.24; Mc 1.15).

Paulo ensinou a salvação pela graça mediante a fé, afirmando: "Pois vocês são salvos pela graça, por meio da fé, e isto não vem de vocês, é dom de Deus; não por obras para que ninguém se glorie" (Ef 2.8,9; v. Tt 3.5-7). Ele acrescentou aos romanos: "Todavia, àquele que não trabalha, mas confia em Deus, que justifica o ímpio, sua fé lhe é creditada como justiça" (4.5).

Uma comparação dos ensinamentos de Jesus e Paulo sobre salvação revela claramente que não há base para especular sobre qualquer fonte dos ensinamentos de Paulo além dos de Jesus. O cristianismo baseou-se no judaísmo, não no mitraísmo. Na realidade, a mensagem de Paulo acerca do evangelho foi examinada e aprovada pelos apóstolos originais (Gl 1 e 2), demonstrando o reconhecimento oficial de que sua mensagem não se opunha à de Jesus (v. Habermas, p. 67-72). A acusação de que Paulo corrompeu a mensagem original de Jesus foi respondida há muito tempo por J. Gresham MACHEN na sua obra clássica *The origin of Paul's religion* [*A origem da religião de Paulo*] e por F. F. BRUCE em *Paul and Jesus* [*Paulo e Jesus*].

Origem da TRINDADE. A doutrina cristã da Trindade não tem origem pagã. As religiões pagãs eram POLITEÍSTAS e PANTEÍSTAS, mas os trinitários são monoteístas (v.TEÍSMO). Os trinitários não são triteístas que acreditam em três deuses separados; eles são monoteístas que acreditam num Deus manifesto em três pessoas distintas.

Embora o termo TRINDADE ou sua fórmula específica não apareçam na Bíblia, ele expressa fielmente todos os dados bíblicos. Uma compreensão precisa do desenvolvimento histórico e teológico dessa doutrina ilustra de forma ampla que foi exatamente por causa dos perigos do paganismo que o Concílio de Nicéia formulou a doutrina ortodoxa da Trindade. Para um tratamento breve da história dessa doutrina, v. E. Calvin Beisner, *God in three persons* [*Deus em três pessoas*]. Dois clássicos nessa área são G. L. Prestige, *God in patristic thought* [*Deus no pensamento patrístico*] e J. N. D. Kelly, *Doutrinas centrais da fé cristã.*

Mitraísmo e cristianismo. Com base nisso é evidente que o cristianismo se originou do judaísmo e dos ensinamentos de Jesus. É igualmente evidente que ele não se originou do mitraísmo. As descrições de Chishti dessa religião são infundadas. Na verdade ele não dá referência para as semelhanças que alega.

Ao contrário do cristianismo (v. NOVO TESTAMENTO, HISTORICIDADE), o mitraísmo é baseado em mitos. Ronald Nash, autor de *Christianity and the Hellenistic world* [*O cristianismo e o mundo Helênistico*], escreve:

> O que sabemos com certeza é que o mitraísmo, tal como seus competidores entre as religiões de mistérios, tinha um mito básico. Mitra supostamente nasceu quando emergiu de uma rocha; estava carregando uma faca e uma tocha e usando um chapéu frígio. Lutou primeiro contra o Sol e depois contra um touro primevo, considerado o primeiro ato da criação. Mitra matou o touro, que então se tornou a base da vida para a raça humana (Nash, p. 144).

O cristianismo afirma a morte física e ressurreição corporal de Cristo. O mitraísmo, como outras religiões pagãs, não tem ressurreição corporal. O autor grego Ésquilo resume a visão grega: "Quando a terra tiver bebido o sangue de um homem, depois de morto, não há ressurreição". Ele usa a mesma palavra grega para "ressurreição", *anastasis*, que Paulo usa em 1 Coríntios 15 (Ésquilo, *Eumenides*, p. 647). Nash observa:

> Alegações da dependência cristã primitiva do mitraísmo foram rejeitadas por várias razões. O mitraísmo não tem conceito

da morte e ressurreição de seu deus nem lugar para qualquer conceito de renascimento — pelo menos durante seus primeiros estágios [...] Durante os primeiros estágios da seita, a idéia de renascimento seria estranha à sua visão básica [...] Além disso, o mitraísmo era basicamente uma seita militar. Portanto, é preciso ser cético com relação a sugestões de que tenha atraído civis como primeiros cristãos (ibid.).

O mitraísmo floresceu depois do cristianismo, não antes, logo o cristianismo não poderia ter copiado o mitraísmo. A cronologia está totalmente errada, e por isso não há como o mitraísmo possa ter influenciado o desenvolvimento do cristianismo no século I (ibid., 147; v. MITOLOGIA E O NOVO TESTAMENTO).

Conclusão. Todas as alegações de dependência cristã para com religiões gnósticas (v. GNOSTICISMO) e de mistério (v. NAG HAMMADI, EVANGELHOS DE) foram rejeitadas pelos especialistas em estudos bíblicos e clássicos (ibid., p. 119). O caráter histórico do cristianismo e a data antiga dos documentos do NT não oferecem tempo suficiente para desenvolvimentos mitológicos. E há uma falta absoluta de evidência *antiga* para apoiar tais idéias. O teólogo britânico Norman Anderson explica:

> A diferença básica entre o cristianismo e as religiões de mistério é a base histórica de um e o caráter mitológico das outras. As divindades das religiões de mistério eram apenas "figuras nebulosas de um passado imaginário", enquanto o Cristo que o *kerygma* apostólico proclamou viveu e morreu poucos anos antes dos primeiros documentos do NT serem escritos. Mesmo quando o apóstolo Paulo escreveu sua primeira carta aos coríntios, a maioria das cerca de quinhentas testemunhas da ressurreição ainda estava viva (Anderson, p. 52-3).

Fontes

N. ANDERSON, *Christianity and world religions.*
E. C. BEISNER, *God in three persons.*
F. F. BRUCE, *Paul and Jesus.*
Y. S. CHISHTI, *What is Christianity?*
G. HABERMAS, *The verdict of history.*
J. N. D. KELLY, *Doutrinas centrais da fé cristã.*
J. G. MACHEN, *The origin of Paul's religion.*
R. NASH, *Christianity and the Hellenistic world.*
G. L. PRESTIGE, *God in patristic thought.*
H. RIDDERBOS, *Paul and Jesus.*

modalismo. O modalismo é uma doutrina não-ortodoxa ou herética acerca de Deus, que nega a doutrina trinitária ortodoxa de que há três pessoas distintas e co-eternas na Trindade (v. TRINDADE). Os modalistas afirmam que Deus apenas se manifesta de três modos ou formas em ocasiões diferentes. Infelizmente, algumas ilustrações usadas por trinitários tendem ao conceito modalista de Deus. Por exemplo, os modalistas afirmam que Deus é como a água, que pode se manifestar num dos três estados diferentes em ocasiões diferentes: líquido, gasoso ou sólido.

Há ilustrações mais apropriadas para o trinitarismo. Elas demonstram que Deus é simultaneamente uma pluralidade na unidade, já que são três pessoas distintas em uma natureza eterna. Deus é como um triângulo (sua natureza), que tem três ângulos (suas pessoas). Nessa ilustração o três e o um são simultâneos, não sucessivos. Sem três lados não há triângulo. Além disso, cada ângulo difere dos outros, mas todos compartilham a natureza do triângulo. Ou ainda Deus é como 1^3 ($1 \times 1 \times 1 = 1$). Aqui também há três e um ao mesmo tempo. Não é um manifesto em três ocasiões diferentes de três maneiras diferentes.

No modalismo, há uma pessoa na divindade. Nesse caso, o modalismo é como o monoteísmo tradicional do islamismo, e não como o teísmo trinitário. Na Trindade, três pessoas distintas se unem em uma natureza eterna.

Tanto o trinitarismo quanto o modalismo diferem do triteísmo, que afirma existirem três deuses ($1 + 1 + 1 = 3$). Essa é uma forma de POLITEÍSMO. Como o trinitarismo, apresenta três pessoas diferentes, mas, ao contrário do trinitarismo, acredita que cada um dos três seres separados é um deus, com natureza individual. Os trinitários ortodoxos acreditam que Deus tem uma única natureza, mas que três pessoas distintas, co-eternas e iguais compartilham essa mesma natureza (v. bibliografia do artigo TRINDADE).

molinismo. O *molinismo* é uma doutrina da relação entre a graça de Deus e o livre-arbítrio humano, originada pelo jesuíta espanhol Luís de Molina (1535-1600). Molina afirmou que Deus tem um tipo especial de presciência dos atos humanos livres, que serve como base do gracioso dom divino da salvação. O molinismo foi amplamente adotado pelos jesuítas e confrontado pelos dominicanos. Após o exame de uma congregação especial em Roma (1598-1607), ambas as doutrinas foram permitidas nas escolas católicas.

Exposição do molinismo. Segundo o molinismo, Deus tem três tipos de conhecimento: natural, médio e livre (Craig, *The only wise God* [*O único e sábio Deus*], p. 131).

Conhecimento natural é o conhecimento de Deus de todos os mundos possíveis. Esse conhecimento é essencial para Deus. Preocupa-se com o necessário e o possível.

Conhecimento livre é o conhecimento que Deus tem deste mundo real. Após um ato livre de sua vontade, Deus sabe essas coisas de forma absoluta, mas tal conhecimento não é essencial a Deus.

Conhecimento médio ou *scientia media* é característico do molinismo. Deus não pode saber os futuros atos livres assim como sabe outras coisas. Deus sabe algumas coisas absolutamente, mas atos livres futuros são conhecidos apenas contingentemente "Deus, a partir de uma compreensão muito profunda e inescrutável de toda vontade livre na sua essência, intuiu o que cada um, segundo sua liberdade inata, faria se colocado nessa ou naquela condição" (Garrigou-Lagrange, *The one God* [*O Deus único*], p. 460; v. LIVRE-ARBÍTRIO).

Ao contrário do conhecimento natural, esse conhecimento médio ou intermediário é de certa forma dependente do que criaturas livres decidem fazer. A onisciência de Deus "espera" para ver o que uma criatura livre faz "antes" de selecionar aqueles que serão salvos. Como Deus é eterno, a seqüência é apenas lógica, não cronológica.

Argumentos a favor do conhecimento médio. Argumento das três circunstâncias. Um argumento a favor da *scientia media* é que há três tipos de conhecimento em Deus, porque há três circunstâncias possíveis. Entre o meramente possível e o necessário existe o contingente (livre). Como Deus conhece todas as circunstâncias futuras, conclui-se que deve conhecê-las na forma em que existem (3). Futuros atos livres são contingentes. Deus deve conhecer futuros atos livres por meio de um conhecimento intermediário que não é nem necessário nem meramente possível, mas é contingente, segundo a maneira que as criaturas livres escolherão.

Argumento da ordem do conhecimento. Logicamente, um evento deve ocorrer antes de poder ser verdadeiro. Ele deve ser verdadeiro antes de Deus poder saber que é verdadeiro. Deus não pode considerá-lo verdadeiro antes que seja verdadeiro. Logo, Deus deve esperar (do ponto de vista lógico) a ocorrência dos atos livres antes de poder saber que são verdadeiros.

Argumento da natureza da verdade. A verdade corresponde à realidade. Deus não pode considerar nada verdadeiro, a não ser que já tenha ocorrido. Como futuros atos livres ainda não ocorreram, o conhecimento de Deus sobre eles depende de sua ocorrência. Como sua ocorrência é contingente, o conhecimento de Deus sobre elas é contingente.

Evitando o fatalismo. Um quarto argumento é que o conhecimento médio é a única maneira de evitar o fatalismo. O fatalismo teológico afirma que todas as coisas são necessariamente predeterminadas, inclusive o que chamamos "atos livres". No entanto, se somos realmente livres, algumas coisas não acontecem necessariamente, mas contingentemente, conforme escolhas livres. Porém, se alguns eventos são contingentes, o conhecimento de Deus sobre eles não pode ser necessário. Deus deve saber o que se decidirá livremente que ocorrerá.

Além disso, os molinistas vêem grandes benefícios na sua doutrina para a explicação da predestinação, providência de Deus, dos problemas do mal (v. MAL, PROBLEMA DO) e até do INFERNO. "No momento lógico anterior à criação, Deus não tinha idéia de como muitos seriam salvos e muitos perdidos", segundo um defensor do molinismo (Craig, ibid., p. 145-6). Com relação à predestinação,

o próprio ato de selecionar um mundo para ser criado é um tipo de predestinação. A pessoa neste mundo que Deus sabia que responderia certamente responderá e será salva [...] É claro que, se rejeitássemos sua graça, o conhecimento médio de Deus seria diferente [...] Quanto aos incrédulos, a única razão por que não foram predestinados é que rejeitaram livremente a graça de Deus (ibid., p. 136).

O custo de ter determinado número de eleitos é ter um número determinado que se perderá. Deus ordenou as coisas providencialmente para que aqueles que estão perdidos de qualquer forma não escolhessem a Cristo (ibid., p. 148, 150).

Argumentos bíblicos a favor do molinismo. Argumentos bíblicos a favor do molinismo são baseados em passagens tais como 1 Samuel 23.6-13 e Mateus 11.20-24. Deus sabia que, se Davi permanecesse na cidade, Saul viria para matá-lo. Assim, se as respostas de Deus por meio da estola sacerdotal forem consideradas simples presciência, seu conhecimento terá sido falso. O que foi previsto não aconteceu. Apenas seriam verdadeiras as respostas que fossem consideradas algo certo de acontecer sob circunstâncias livremente escolhidas. Isso indicaria que Deus tem conhecimento contingente sobre elas. Em Mateus 11, Jesus afirma que as cidades antigas que menciona teriam se arrependido se tivessem visto os milagres de Jesus. Mas isso faz sentido apenas se o conhecimento de Deus fosse contingente em relação ao que elas teriam feito.

Resumo. O molinismo supõe que Deus deve "esperar" para saber que as coisas são verdadeiras. Mas

Deus é eterno, e uma perspectiva eterna conhece as coisas "antes" de ocorrerem no tempo. Deus conhece as coisas na eternidade, não no tempo. Todas as coisas preexistem na Causa suprema (Deus). Então Deus sabe coisas nele mesmo desde a eternidade. Ele não precisa "esperar" para saber.

A verdade é correspondente à realidade. Mas a realidade à qual o conhecimento de Deus corresponde é sua própria natureza, pela qual ele conhece eterna e necessariamente todas as coisas da forma que preexistem nele. O conhecimento de Deus não é dependente da espera para que o efeito ocorra no tempo. O efeito preexiste eminentemente na causa, logo Deus sabe todas as coisas que acontecerão perfeitamente nele mesmo "antes" que elas aconteçam no tempo.

O conhecimento de Deus não é contingente. O conhecimento de Deus não é dependente das condições do objeto conhecido. Se o que Deus sabe é contingente, então ele deve sabê-lo contingentemente. Mas como Deus é um Ser Necessário, ele deve saber tudo de acordo com sua natureza, necessariamente. Como Deus é eterno, todo seu conhecimento é intuitivo, eterno e necessário. Como sua existência é independente e ele deve saber tudo de acordo com sua natureza independente, conclui-se que o conhecimento de Deus não é dependente de nada.

O fatalismo não é necessário. O molinismo não é a única alternativa ao fatalismo. Deus pode ter conhecimento *necessário* de atos *contingentes*. Ele pode saber com certeza o que acontecerá livremente. Só porque ele tem certeza sobre um evento não significa que este não acontecerá livremente. O mesmo evento pode ser necessário do ponto de vista do conhecimento de Deus e livre do ponto de vista da escolha humana (v. DETERMINISMO, LIVRE-ARBÍTRIO). Se Deus é onisciente, então ele sabe tudo, inclusive o fato de que Judas trairia a Cristo. Se Judas não tivesse traído a Cristo, Deus estaria errado sobre o que sabia. Mas isso não significa que Judas foi coagido. Pois Deus sabia certamente que Judas trairia a Cristo livremente. Assim como notícias pré-gravadas de televisão referem-se a eventos que não podem ser mudados, mas foram livremente escolhidos, Deus na sua onisciência vê o futuro com a mesma certeza com que vê o passado.

É possível usar a mesma solução para mistérios teológicos sem ser molinista. O conhecimento de Deus sobre o futuro pode ser necessário sem que nenhum evento seja forçado. Os mistérios da predestinação e da providência são mais bem explicados pela negação de qualquer contingência no conhecimento de Deus a respeito deles, já que o fatalismo não resulta da negação do molinismo (v. DETERMINISMO; LIVRE-ARBÍTRIO).

O fato de Deus saber o que as pessoas teriam feito sob condições diferentes não é incoerente com o fato de seu conhecimento ser necessário. Ele apenas sabia necessariamente o que teria acontecido se as pessoas tivessem feito escolhas diferentes.

Avaliação. Tomistas e calvinistas têm-se oposto firmemente ao molinismo, jugando-o uma negação da independência e da graça de Deus.

Segundo o tomismo, Deus é Realidade Pura; nele não há potencial passivo (v. ANALOGIA, PRINCÍPIO DA; ARISTÓTELES; DEUS, NATUREZA DE; TOMÁS DE AQUINO). Se Deus tivesse potencial, ele precisaria de uma causa. Como é a Causa suprema de todas as coisas, Deus não tem potencial (v. DEUS, NATUREZA DE). Se o molinismo estiver correto, Deus é o recipiente passivo do conhecimento dos atos livres. O "conhecimento médio" de Deus é dependente de eventos que realmente ocorrem. O grande "Eu Sou" torna-se o "Eu Posso Ser". Isso implica uma passividade que Deus como Realidade Pura não pode ter. Logo, o molinismo é contrário à natureza de Deus.

Deus se torna um efeito. Outra afirmação da dificuldade é que ou o conhecimento de Deus é completamente causal, determinando todos os eventos, ou é determinado por esses eventos. Não há outra alternativa. Os molinistas dizem que o conhecimento de Deus é determinado por futuros atos livres. Isso sacrifica Deus como Causa suprema. Ele é determinado pelos eventos, não o Determinador. Isso é contrário à natureza de Deus, pois ele se tornaria espectador epistemológico (ibid., p. 107).

A graça eficaz é negada. Outra objeção é que o molinismo nega a graça eficaz de Deus na salvação. Tudo que Deus quer acontece sem que nossa liberdade seja transgredida. "Ele deseja com eficácia nosso consentimento livre, e realmente consentimos, de livre vontade" (ibid., p. 401). Somente dessa maneira a graça de Deus pode ser eficaz. Deus é o Autor ativo da salvação (ibid., p. 398). Como Aquino diz: "Se a intenção de Deus é que esse homem, cujo coração ele está movendo, venha a receber graça santificadora, então esse homem receberá graça infalivelmente".

A intenção de Deus não pode falhar, e os salvos são infalivelmente salvos (*certissime*, diz Agostinho; ibid., 111).

Ao mesmo tempo que concordam com a natureza eficaz da graça, os tomistas se separam dos calvinistas extremados nessa questão. Para os tomistas, as criaturas livres retêm o poder de decidir não seguir a Deus quando Deus graciosa e eficazmente os leva a escolher segundo sua vontade predeterminada.

Os calvinistas extremos ensinam que esse movimento do Espírito Santo no coração da pessoa que escolhe é irresistível. Se é a vontade de Deus, essa pessoa *responderá* porque o Espírito estimula o coração. Os tomistas insistem em que, "ao invés de forçar o ato, ao invés de destruir [...] a liberdade, o impulso divino tornou real [...] a liberdade. Quando a graça eficaz toca o livre-arbítrio, esse toque é virginal, ele não violenta, apenas enriquece" (ibid., p. 110).

Mas isso não é essencial para a posição antimolinista. O conhecimento de Deus poderia ser determinante do ato livre sem causá-lo. Essa doutrina foi defendida por Agostinho e por calvinistas moderados (v. Geisler).

Fontes

W. Craig, *The only wise God*.
___, *Divine foreknowledge and future contingency from Aristotle to Suarez*.
R. Garrigou-Lagrange, *God: his existence and his nature*.
___, *Predestination*.
___, *Reality: a synthesis of thomistic thought*.
___, *The one God*.
N. L. Geisler em Basinger, *Predestinação e livre-arbítrio*.
L. De Molina, *On divine foreknowledge*.
Tomás de Aquino, *Suma contra os gentios*.
___, *Suma teológica*.

monismo. O estudo da realidade é a metafísica. A maneira de ver a realidade é uma cosmovisão. Algo fundamental para a cosmovisão de uma pessoa é se ela vê o "um ou muitos". Essa diferença separa monistas de pluralistas e está tão arraigada nos padrões de pensamento da pessoa que ela raramente está ciente de que tal diferença de ponto de vista realmente existe. O monismo vê tudo como "um". Deus e o universo são uma só coisa. O cristianismo está comprometido com o "muitos" do pluralismo, afirmando que Deus difere da criação (v. teísmo).

Os argumentos a favor do monismo. O monismo, ao contrário de todas as formas de pluralismo, insiste em que toda realidade é uma só. Parmênides de Eléia (n. c. 515 a.C.) inicialmente propôs, ou identificou, a questão, e muitos filósofos desde então lutaram com seu dilema. Quatro respostas foram propostas, mas apenas uma resolve o problema com sucesso.

Parmênides argumentou que não pode haver mais de uma coisa (*monismo absoluto*). Se houvesse duas coisas, elas teriam de ser diferentes. Mas, para serem diferentes, devem ser diferentes em existência ou inexistência. Existência é o que as torna idênticas, então não podem ser diferentes nisso. E não podem ser diferentes pela inexistência, pois inexistência é nada, e ser diferente em nada é não ser diferente. Então não pode haver uma pluralidade de existências. Há apenas um único ser indivisível.

Alternativas ao monismo. Basicamente, há quatro alternativas ao monismo. Aristotelismo, tomismo, *atomismo* e *platonismo*, as duas últimas afirmando que os vários seres diferem pela inexistência. O aristotelismo e o tomismo afirmam que os vários seres diferem pela existência.

As coisas diferem pela inexistência absoluta. Com a geração de filósofos que seguiram Parmênides vieram os atomistas, tais como Leucipo e Demócrito, que afirmavam que o princípio que separa um ser (átomo) de outro é absolutamente nada (i.e., inexistência). Eles o chamaram *vazio*. A existência é completa, e a inexistência é vazio. Os átomos não diferem na essência, mas estão separados por espaços diferentes. Essa diferença, no entanto, é apenas extrínseca. Não há diferença intrínseca nos átomos (seres). Essa resposta era pouco adequada. Ser diferente em absolutamente nada é não ter absolutamente nenhuma diferença. Se a falta de diferença está num local ou em outro não faz diferença. Não ter absolutamente nenhuma diferença é ser absolutamente igual. O monismo derruba o atomismo.

As coisas diferem pela inexistência relativa. Platão acreditava que as coisas diferem porque formas diferentes ou arquétipos estão por trás delas. Essas idéias ou formas são a realidade. Todas as coisas neste mundo da nossa experiência são apenas sombras do mundo real. Elas têm significado porque participam das formas verdadeiras. Por exemplo, cada ser humano individual participa da forma universal da humanidade no mundo das idéias.

Platão viu a fraqueza de sua posição e tentou escapar ao modificá-la para a explicação de que as formas ou idéias não são indivisivelmente separadas pela inexistência absoluta; em vez disso, estão relacionadas pela inexistência *relativa*.

Essa inexistência relativa também foi chamada de "outro" (Platão, *Sofista*, 255d). Platão acreditava que podia ter muitas formas (seres) diferentes e evitar assim o monismo. Cada forma diferia das outras formas porque não era a outra forma.

Toda determinação é pela negação. O escultor determina o que a estátua é em relação à pedra ao eliminar com o cinzel aquilo que não é desejado. A forma final é diferente do que a escultura poderia ser se pedaços de pedra diferentes estivessem aos pés do escultor. Da mesma maneira, cada forma é diferenciada de todas as outras formas pelo que não existe. A cadeira é diferente de todas as outras coisas na sala porque *não* é a mesa. *Não* é o chão ou a parede etc. A cadeira não é absolutamente nada. Ela tem características de cadeira. Mas não é nada em relação às outras coisas, porque não é essas outras coisas.

Parmênides não teria se impressionado com a tentativa de Platão. Ele teria perguntado se havia alguma diferença nos próprios seres. Não havendo, então ele teria afirmado que todos esses seres (formas) devem ser idênticos. Não há muitos seres, mas apenas um.

As coisas diferem como seres simples. Tanto o atomista quanto o platonista lutaram com o dilema de Parmênides. Tentaram diferenciar as coisas pela inexistência. ARISTÓTELES e TOMÁS DE AQUINO tentaram encontrar a diferença nas coisas. Ambos afirmaram que os seres são essencialmente diferentes. Aristóteles afirmou que esses seres são metafisicamente simples (Aristóteles, IX, 5, 1017a 35b-a). Tomás de Aquino os considerava metafisicamente compostos.

Veja o artigo ARISTÓTELES para o argumento completo de que há uma pluralidade de 47 ou 55 motores imóveis que são separados uns dos outros pela própria existência. Essa pluralidade de seres causa todo movimento no mundo, cada um do seu próprio domínio cósmico. Cada um é forma pura sem matéria. A matéria diferencia as coisas neste mundo. Essa pluralidade de formas substanciais totalmente separadas não tem existência em comum. Os motores são completamente diferentes uns dos outros. Não podem ser relacionados (v. Eslick, p. 152-3).

Parmênides perguntaria a Aristóteles como seres simples podem ser diferentes quanto à própria existência. Coisas compostas de forma e matéria podem ser diferentes porque a matéria específica difere de todas as outras matérias, apesar de terem a mesma forma. Mas como as formas (seres) puras diferem? Aqui não há princípio de diferenciação. Se não há diferença na existência, sua existência é idêntica. A solução de Aristóteles não evita o monismo.

Tomismo: as coisas diferem como seres complexos. A quarta alternativa pluralista ao monismo é representada por Tomás de Aquino, que, como Aristóteles, buscou a diferença nas próprias coisas. Mas, ao contrário de Aristóteles, que começou com seres simples, Aquino acreditava que todos os seres finitos são compostos. Apenas Deus é um Ser absolutamente simples, e só pode haver um Ser (Deus) assim. No entanto, pode haver outros tipos de existência, ou seja, seres compostos. Os seres são diferentes na própria existência porque pode haver tipos diferentes de seres (Aquino, 1a.4, 1, ad 3). Deus, por exemplo, é um tipo infinito de ser. Todas as criaturas são tipos finitos de seres. Deus é Realidade Pura; todas as criaturas são compostas de realidade e potencialidade. Logo, seres finitos diferem de Deus porque têm potencialidade limitadora; ele não tem. Coisas finitas podem ser diferentes umas das outras pelo fato de sua potencialidade ser completamente realizada (como nos anjos) ou progressivamente realizada (como nos seres humanos). Mas em todas as criaturas sua essência é realmente diferente da existência. A essência e a existência de Deus são idênticas. Aquino não foi o primeiro a fazer essa distinção, mas foi o primeiro a fazer uso tão extenso dela.

Aquino argumenta no seu livro *Do ser e da essência* que a existência é algo diferente da essência exceto em Deus, cuja essência é sua existência. Tal ser necessariamente será único e singular, já que a multiplicação de algo só é possível quando há uma diferença. Mas em Deus não há diferença. Conclui-se necessariamente que em todas as outras coisas, exceto nessa existência única, a existência deve ser uma coisa, e a essência, outra.

Isso respondeu ao dilema proposto pelo monismo. As coisas diferem quanto à existência porque são tipos diferentes de seres. Parmênides estava errado porque supôs que "ser" sempre é compreendido univocamente (da mesma maneira). Aquino considerava esse ser análogo (v. ANALOGIA, PRINCÍPIO DA). Isso significa que cada ser pode ser compreendido de maneiras semelhantes, mas diferentes. Todos os seres que existem são iguais pelo fato de serem todos *reais*. Seres finitos diferem do único Ser infinito porque têm potencialidades diferentes para se tornar outras coisas ou para deixar de existir. E têm atualizações diferentes desses potenciais individuais.

Superioridade da posição tomista. A posição de Aquino tem valor pela própria racionalidade e pela implausibilidade das posições alternativas. A posição de Parmênides viola nossa experiência da multiplicidade diferenciada mas inter-relacionada de seres.

A posição *tomista* sobre pluralidade é que a multiplicidade é possível porque cada coisa tem seu próprio modo de existência. A essência, o princípio de diferenciação, é real. Isso não significa que a essência seja independente da existência. A essência é real *porque* existe. A distinção real no ser entre essência (*essentia*) e existência (*esse*) parece ser a única resposta satisfatória ao problema de unidade e pluralidade. Sem a analogia da existência, não há maneira de explicar a multiplicidade.

Parmênides não via multiplicidade porque via toda existência univocamente. As coisas são totalmente diferentes ou totalmente idênticas. Não há intermediários. Se toda existência é unívoca, então toda existência é idêntica. Não há espaço para distinção; tudo é uma Existência. É por isso que a cosmovisão monista não suporta a distinção entre Criador e criatura. É por isso que a esperança suprema das religiões monistas é unir-se a "deus". Tudo mais é inexistência. A única maneira de evitar a conclusão monista que resulta da visão equívoca ou da visão unívoca das existências é ter uma visão analógica. A única maneira em que a existência pode ser analógica é se há na existência o princípio da unificação *e* o princípio da diferenciação. Como seres finitos têm potencialidades diferentes (essências), esses seres finitos podem ser diferenciados na realidade quando essas potencialidades são realizadas ou criadas em tipos diferentes de existência.

Conclusão. O ser é o que existe. Quantos seres existem? O ser pode ser simples (realidade pura) ou complexo (realidade e potencialidade). Não pode haver dois seres absolutamente simples, já que não há nada num ser completamente simples pelo qual poderia ser diferenciado do outro. Mas um ser simples deve ser diferente dos seres complexos, já que não tem potencialidade e eles têm. Essa é a distinção entre Criador e criatura. É por isso que só pode haver um Deus puro e simples, mas muitos seres criados que combinem realidade e potência ou potencialidade. Apenas um *é* Existência; tudo o mais *tem* existência. Essa parece ser a única resposta adequada ao monismo.

Fontes

ARISTÓTELES, *Metafísica*.
L. J. ESLICK, "The real distinction", *Modern schoolman* 38 (Jan. 1961)
PARMÊNIDES, *Proem*.
PLATÃO, *Parmênides*.
___, *Sofista*.
R. J. TESKE, "Plato's later dialectic", *Modern schoolman* 38 (Mar. 1961).
TOMÁS DE AQUINO, *Do ser e da essência*.
___, *Suma teológica*.

monoteísmo. V. TEÍSMO; ISLAMISMO; MONOTEÍSMO PRIMITIVO.

monoteísmo primitivo. A Bíblia ensina que o monoteísmo foi o primeiro conceito de Deus. O primeiro versículo de Gênesis é monoteísta: "No princípio Deus criou os céus e a terra" (Gn 1.1). Os patriarcas Abraão, Isaque e Jacó refletem esse monoteísmo primitivo. Jó, o único outro livro bíblico situado num período antigo pré-mosaico, claramente tem uma visão monoteísta de Deus (v., por exemplo, Jó 1.1,6,21). Romanos 1.19-25 ensina que o monoteísmo precedeu o animismo e o politeísmo e que essas formas de religião surgiram à medida que as pessoas trocaram a glória de Deus pela imagens feitas segundo a semelhança do homem mortal, bem como de pássaros, quadrúpedes e répteis.

Monoteísmo, antigo ou recente? O monoteísmo recente proposto por Frazer. Desde que James FRAZER publicou *O ramo de ouro* (1912), acredita-se que as religiões evoluíram a partir do animismo, passando pelo POLITEÍSMO, pelo HENOTEÍSMO, chegando finalmente ao monoteísmo. Mesmo antes disso, Charles DARWIN preparou o caminho para tal esquema evolutivo. Frazer alegou que o cristianismo copiou mitos pagãos. Apesar do seu uso seletivo de dados anedóticos, que se tornaram obsoletos com pesquisas posteriores, o livro ainda tem muita influência, e suas idéias são consideradas verdadeiras. A tese evolutiva de Frazer sobre a religião realmente é infundada, como observado no artigo sobre sua obra.

Argumentos a favor do monoteísmo primitivo. Existem evidências substanciais para apoiar a obra de Schmidt (v. Schmidt), segundo a qual o monoteísmo é a crença primitiva sobre Deus. Argumentos a favor do monoteísmo primitivo vêm dos registros e tradições mais antigos que sobreviveram. Eles incluem não só a Bíblia, mas também as tábuinhas de Ebla e o estudo de tribos pré-letradas. Gênesis representa os registros mais antigos da raça humana, retornando ao primeiro homem e mulher. O arqueólogo William F. ALBRIGHT demonstrou que o registro patriarcal de Gênesis é histórico.

Graças à pesquisa moderna "agora reconhecemos sua [das Escrituras] historicidade substancial. As narrativas sobre os patriarcas, Moisés e o Êxodo, a conquista de Canaã, os juízes, a monarquia, o exílio e a restauração, foram todas confirmadas e ilustradas de uma forma que eu considerava impossível há quarenta anos (*From the Stone Age to Christianity* [Da idade da pedra ao cristianismo], p. 1).

Gênesis é uma obra literária e genealógica, unida por uma lista de descendentes (Gn 5, 10) e a fórmula literária: "Esta é a história da...". A frase é usada em todo o Gênesis (2.4; 5.1; 6.9; 10.1; 11.10,27; 25.12, 19; 36.1,9; 32.2). Além disso, eventos de cada um dos onze primeiros capítulos discutidos de Gênesis são mencionados por Jesus e pelos autores do NT como históricos. Isso inclui a existência de Adão e Eva (v. Mt 19.4,5), a tentação (1Tm 2.14) e a

Queda (Rm 5.12), os sacrifícios de Caim e Abel (Hb 11.4), o assassinato de Abel por Caim (1Jo 3.12), o nascimento de Sete (Lc 3.38), a trasladação de Enoque ao céu (Hb 11.5), os casamentos antes do Dilúvio, o Dilúvio e destruição da humanidade (Mt 24.39), a preservação de Noé e sua família (2Pe 2.5), a genealogia de Sem (Lc 3.35,36) e o nascimento de Abraão (Lc 3.34).

Há forte evidência da historicidade de Adão e Eva especificamente. Mas esse registro revela que essas primeiras pessoas eram monoteístas (Gn1.1,27; 2.16,17; 4.26; 38.6,7).

Depois de Gênesis, Jó é o livro bíblico mais antigo e também revela uma visão monoteísta. Deus é o Criador (4.17; 9.8,9; 26.7; 38.6,7) pessoal (Jó 1.6,21), moral (1.1; 8.3,4), porém soberano (42.1,2) e onipotente (5.17; 6.14; 8.3; 13.3).

Além da Bíblia, os registros relevantes mais antigos vêm de Ebla, na Síria. Eles revelam um monoteísmo claro, ao declarar: "Senhor do céu e da terra, a terra não existia, tu a criaste, a luz do dia não existia, tu a criaste, a luz da manhã ainda não havias criado" (Pettinato, *The archives of Ebla* [*Os arquivos de Ebla*], p. 259).

Religiões primitivas da África revelam unanimemente um monoteísmo explícito. John Mbiti estudou trezentas religiões tradicionais. "Em todas essas sociedades, com uma única exceção, as pessoas têm a noção de Deus como Ser Supremo" (v. *African religions and philosophy* [*Religiões e filosofia africanas*]). Isso é verdadeiro com relação a religiões primitivas em todo o mundo. Até nas sociedades politeístas, um deus maior ou celestial reflete o monoteísmo latente.

A idéia do monoteísmo recente e evoluído é, ela mesma, recente, tendo ganhado popularidade somente na esteira de Charles Darwin e sua teoria da evolução biológica (v. *A origem das espécies*, 1859). A idéia foi afirmada pelo próprio Darwin em *The descent of man* [*A descendência do homem*] (1871). A idéia evolutiva de Frazer na religião é baseada em várias suposições infundadas, entre elas a pressuposição de que a evolução biológica é verdadeira, apesar de carecer de provas (v. EVOLUÇÃO BIOLÓGICA). Ainda que a evolução biológica fosse verdadeira, não há razão para crer que a evolução seria verdadeira no caso da religião.

A tese da evolução do monoteísmo de Frazer também é baseada em evidência fragmentária e anedótica, não na pesquisa histórica e cronológica séria das origens do monoteísmo. Encaixa a evidência no modelo evolutivo. A evidência pode ser tão bem explicada, se não melhor, para defender a tese de que o politeísmo seria uma degeneração do monoteísmo original. O paganismo é um desvio do monoteísmo primitivo. Albright reconhece que "deuses supremos podem ser onipotentes e podem levar crédito pela criação do mundo; em geral são divindades cósmicas que com freqüência residem no céu" (*From the stone age*, p. 170).

Isso claramente se opõe aos conceitos animistas e politeístas.

Conclusão. Não há razão real para negar o registro bíblico do monoteísmo primitivo. Pelo contrário, há evidência suficiente de que o monoteísmo tenha sido a primeira religião, da qual outras se desviaram, assim como Romanos 1.19-25 declara. Isso se ajusta melhor à evidência da existência do Deus monoteísta (v. DEUS, EVIDÊNCIA DE) e à tendência comprovada dos seres humanos de distorcer a verdade que Deus lhes revela (v. NOÉTICOS DO PECADO, EFEITOS).

Fontes

W. F. ALBRIGHT, *From the Stone Age to Christianity*.
G. W. BRASWELL, *Understanding world religions*.
A. CUSTANCE, *The doorway papers*.
J. G. FRAZER, *O ramo de ouro*.
E. O. JAMES, "Frazer, James George", em NTCERK.
E. MERRILL, "Ebla and biblical historical inerrancy", em *Bibliotheca Sacra* (Oct.-Dec. 1983)
J. MBITI, *African religions*.
J. S. MBITI, *African religions and philosophy*.
___, *Concepts of God in Africa*.
B. PETTINATO, *The archives of Ebla*.
W. SCHMIDT, *High gods in North America*.
___, *The origin and growth of religions*.
___, *Primitive revelation*.

moral Deus, argumento. A maioria dos argumentos a favor da existência de Deus, tais como o ARGUMENTO COSMOLÓGICO e o ARGUMENTO TELEOLÓGICO, são do mundo antigo. O ARGUMENTO ONTOLÓGICO vem da era medieval. Mas o argumento moral tem origem moderna, emanando das obras de Immanuel Kant.

Postulado moral de Kant. Kant rejeitou firmemente os argumentos tradicionais a favor da existência de Deus (v. DEUS, OBJEÇÕES ÀS PROVAS DE). No entanto, não rejeitou a crença em Deus. Pelo contrário, acreditava que a existência de Deus é um *postulado* praticamente (moralmente) necessário, apesar de não podermos *provar* isso.

O argumento de Kant a favor da existência de Deus com base na razão prática, extraído do seu *Crítica da razão prática*, pode ser esboçado da seguinte maneira:

1. A felicidade é o que todos os seres humanos desejam.

2. A moralidade (ou seja, o imperativo categórico) é o dever de todos os seres humanos (o que devem fazer).
3. A unidade da felicidade e do dever é o bem maior (o *summum bonum*).
4. O *summum bonum* deve ser buscado (já que é o bem maior).
5. Mas a unidade do desejo e do dever (que é o bem maior) não é possível para seres humanos finitos no tempo limitado.
6. E a necessidade moral de fazer algo implica a possibilidade de fazê-lo (dever implica poder).
7. Logo, é moralmente (i.e., praticamente) necessário postular: a) uma Divindade para tornar essa unidade possível (i.e., um poder de uni-los) e b) imortalidade para tornar essa unidade atingível.

Uma forma mais simples é esta:

1. O bem maior de todas as pessoas é que elas tenham felicidade em harmonia com o dever.
2. Todas as pessoas devem lutar pelo bem maior.
3. O que as pessoas devem fazer, podem fazer.
4. Mas as pessoas não são capazes de atingir o bem maior nesta vida sem Deus.
5. Logo, devemos postular um Deus e uma vida futura em que o bem maior possa ser alcançado.

Kant não ofereceu seu postulado como *prova teórica* sobre Deus. Ele não acreditava que tal prova fosse possível. Mas via a existência de Deus como pressuposição moralmente necessária, não o resultado do argumento racionalmente necessário.

As premissas de Kant foram desafiadas. Os existencialistas (v. EXISTENCIALISMO), inclusive Jean-Paul SARTRE e Albert Camus, e ateus como Friedrich NIETZSCHE desafiaram a pressuposição de que o bem maior é atingível. Martinho LUTERO e João CALVINO, bem como outros reformadores protestantes, apesar de terem vivido antes de Kant, negaram que dever implica poder. Ainda outros, de ARISTÓTELES em diante, acreditavam que o bem maior é atingível nesta vida.

Argumento moral de Rashdall. Hastings Rashdall fez o que Kant não tentou quando ofereceu um argumento racional para a existência de Deus com base na lei moral. Começando com a objetividade da lei moral, ele raciocinou para chegar à Mente moral absolutamente perfeita (v. Hick, p. 144-52).

1. O ideal moral absolutamente perfeito existe (pelo menos psicologicamente em nossas mentes).
2. A lei moral absolutamente perfeita só pode existir se houver uma Mente moral absolutamente perfeita: a) Idéias só podem existir se houver mentes (pensamentos dependem de pensadores). b) E idéias absolutas dependem da Mente absoluta (não de mentes individuais [finitas] como as nossas).
3. Logo, é racionalmente necessário postular Mente absoluta como base para a idéia moral absolutamente perfeita.

Para apoiar a objetividade da idéia moral absoluta, Rashdall oferece este raciocínio:

1. A moralidade geralmente é considerada objetivamente obrigatória.
2. Mentes maduras vêem a moralidade como algo objetivamente obrigatório (i.e., que obriga todos, não apenas alguns).
3. A objetividade moral é um postulado racionalmente necessário (porque algo não pode ser considerado melhor ou pior a não ser que haja um padrão objetivo de comparação).
4. É praticamente necessário postular idéias objetivas morais.

Se a lei moral objetiva existe independentemente de mentes individuais, então deve vir de uma Mente que existe independentemente de mentes finitas. Do ponto de vista racional, é necessário postular tal Mente para explicar a existência objetiva dessa lei moral.

As maneiras mais comuns de desafiar esse argumento são: questionar a existência da lei moral objetiva; negar que o ideal moral absoluto precisaria da Mente moral absoluta. Porque uma mente finita não pode evocar a idéia de perfeição moral sem que esta exista no mundo real. Afinal, não podemos pensar sobre triângulos perfeitos sem que estes existam?

Argumento moral de Sorley. O argumento moral é dependente da objetividade da lei moral. Logo, é necessário oferecer uma defesa dessa premissa. É exatamente isso que W. R. Sorley faz na sua versão do argumento moral a favor da existência de Deus. Já que existe o ideal moral anterior a, superior a e independente de todas as mentes finitas, deve haver uma Mente moral suprema da qual esse ideal moral é derivado:

1. Exite uma lei moral objetiva que é independente da consciência que os homens fazem

dela e que existe apesar da falta de concordância humana com ela: a) as pessoas estão cientes de tal lei entre si; b) as pessoas admitem que sua validade é anterior ao seu reconhecimento dela; c) as pessoas reconhecem que a lei moral tem autoridade sobre elas, apesar de não se renderem a ela; d) nenhuma mente finita compreende completamente sua significância; e) todas as mentes finitas juntas não atingiram a concordância completa sobre seu significado nem conformidade com seu ideal.
2. Mas as idéias existem apenas nas mentes.
3. Logo, deve haver a Mente suprema (acima de todas as mentes finitas) na qual essa lei moral objetiva existe.

Sorley chama a atenção para a diferença importante entre a lei natural e essa lei moral. A primeira é descritiva do universo, enquanto a segunda é prescritiva do comportamento humano. Assim, a lei moral não pode ser parte do mundo natural. É a maneira em que os humanos devem agir. Está além do mundo natural e é o modo pelo qual devemos nos comportar no mundo.

Os que criticam a forma que Sorley deu ao argumento moral afirmam que o simples fato de as pessoas *acreditarem* que há uma lei moral além delas e independente delas não significa que ela *realmente* exista. Juntamente com FEUERBACH, eles acreditam que tal lei é apenas a projeção da imaginação humana. É um ideal coletivo da consciência humana (ou inconsciência), que evoca o melhor da natureza humana como ideal pelo qual devemos viver. Os críticos também apontam as diferenças de compreensão da moral como indicação de que não há uma lei moral universal, mas apenas uma coleção de vários ideais humanos que se sobrepõem e são, portanto, confundidos com a lei moral. Finalmente, os críticos desafiam a premissa de que apenas a Mente suprema e extra-humana pode ser a base para esse ideal moral universal. Idéias perfeitas podem ser criadas por mentes imperfeitas, dizem eles.

Argumento moral de Trueblood. O filósofo evangélico Elton TRUEBLOOD acrescenta algo significativo aos argumentos morais propostos por Rashdall e Sorley na sua forma do argumento:

1. Deve haver uma lei moral objetiva; senão a) não haveria concordância tão grande com relação a seu significado; b) nenhuma discordância moral real jamais teria acontecido, estando cada pessoa certa do próprio ponto de vista moral; c) nenhum julgamento moral estaria errado, sendo todos subjetivamente corretos; d) nenhuma questão ética jamais poderia ser discutida, pois não haveria significado objetivo para qualquer termo ético; e) posições contraditórias estariam todas corretas, já que os opostos estariam igualmente corretos.
2. Essa lei moral está além dos indivíduos e além da humanidade como um todo a) está além das pessoas individuais, já que estas geralmente entram em conflito com ela; b) está além da humanidade como um todo, pois os seres humanos carecem coletivamente dela e até medem o progresso de toda raça por ela.
3. Essa lei moral deve vir de um Legislador moral porque a) uma lei não tem significado, a não ser que venha de uma mente — apenas mentes emitem significado; b) deslealdade não faz sentido, a não ser que se reporte a uma pessoa, mas as pessoas morrem por lealdade ao que é moralmente correto; c) a verdade é insignificante se não for a união das mentes, mas as pessoas morrem pela verdade; d) logo, o descobrimento da lei moral e o dever em relação a ela só fazem sentido se há uma Mente ou Pessoa por trás dela.
4. Portanto, deve haver uma Mente moral e pessoal por trás dessa lei moral.

É digno de nota que a forma do argumento moral de Trueblood demonstra sua validade em termos de racionalidade. Em essência, rejeitar a lei moral é irracional ou sem sentido. Isto é, a não ser que se presuma que o universo é irracional, deve haver uma lei moral objetiva e, portanto, um Legislador Moral objetivo.

Além das coisas ditas contra as outras formas de argumento moral, alguns críticos, principalmente os existencialistas e niilistas, simplesmente indicam o absurdo do universo. Simplesmente se recusam a admitir, com Trueblood, que o universo é racional. Admitem que pode ser absurdo supor que não há lei moral, mas logo acrescentam que é assim que as coisas são — sem sentido. É claro que o defensor do argumento moral poderia demonstrar a natureza contraditória da afirmação de que "nada faz sentido", já que a própria declaração é considerada algo que faz sentido.

Argumento moral de Lewis. A forma moderna mais popular do argumento moral provém de C. S. LEWIS em *Cristianismo puro e simples*. Ele não só fornece a forma mais completa do argumento da maneira mais persuasiva como também responde às principais objeções. O argumento moral de Lewis pode ser resumido da seguinte forma:

1. Deve haver uma lei moral universal, senão a) discordâncias morais não fariam sentido, como todos supomos que fazem; b) todas as críticas morais seriam desprovidas de sentido (p.ex. "Os nazistas estavam errados"); c) é desnecessário cumprir promessas ou tratados, como todos supomos que é; d) não nos explicaríamos quando violássemos a lei moral, como fazemos.
2. Mas uma lei moral universal exige um Legislador Moral, já que a Fonte dela a) dá ordens morais (como os legisladores fazem); b) está interessada em nosso comportamento (como as pessoas morais estão).
3. Além disso, esse Legislador Moral universal deve ser absolutamente bom a) senão todo esforço moral seria fútil, no final das contas, já que estaríamos sacrificando nossas vidas pelo que não é absolutamente correto; b) a fonte de todo bem deve ser absolutamente boa, já que o padrão de todo bem deve ser completamente bom.
4. Logo, deve haver um Legislador Moral absolutamente bom.

A lei moral não é instinto coletivo. Lewis antecipa e responde persuasivamente a objeções importantes ao argumento moral. Essencialmente, suas respostas são: O que chamamos lei moral não pode ser o resultado do instinto coletivo, senão o impulso mais forte sempre ganharia, mas isso não acontece. Sempre agiríamos *por* instinto ao invés de altruisticamente para ajudar alguém, como às vezes fazemos. Se a lei moral fosse apenas instinto coletivo, os instintos estariam sempre corretos, mas não estão. Até amor e patriotismo às vezes estão errados.

A lei moral não é convenção social. A lei moral também não pode ser mera convenção, porque nem tudo aprendido *por meio* da sociedade é *baseado* na convenção social. Por exemplo, matemática e lógica não são. As mesmas leis morais básicas podem ser encontradas em quase todas as sociedades, passadas e presentes. Além disso, os julgamentos sobre o progresso social não seriam possíveis se a sociedade fosse a base dos julgamentos.

A lei moral difere das leis da natureza. A lei moral não deve ser identificada com as leis da natureza. As leis da natureza são descritivas (o que é), não prescritivas (o que deve ser), como são as leis morais. Situações factualmente convenientes (como as coisas *são*) podem ser moralmente erradas. Alguém que tenta me derrubar e fracassa está errado, mas quem me derruba acidentalmente não está.

A lei moral não é imaginação humana. E a lei moral não pode ser apenas a imaginação humana, porque não podemos nos livrar dela, mesmo quando queremos. Nós não a criamos; ela foi gravada em nós de fora para dentro. Se fosse imaginação, então todo valor dos julgamentos seria insignificante, inclusive afirmações como "Odiar é errado" e "O racismo é errado". Mas, se a lei moral não é apenas descrição ou prescrição humana, então deve ser uma prescrição moral de um Prescribente Moral além de nós. Como Lewis observa, esse Legislador Moral se assemelha mais a uma Mente que à natureza. Ele não pode ser parte da natureza, assim como um arquiteto não é idêntico ao prédio que cria.

A injustiça não refuta o Legislador Moral. A objeção principal ao Legislador absolutamente perfeito é o argumento baseado no mal ou na injustiça no mundo. Nenhuma pessoa séria pode deixar de reconhecer que todo assassinato, estupro, ódio e crueldade no mundo o tornam imperfeito. Mas se o mundo é imperfeito, como pode haver um Deus absolutamente perfeito? A resposta de Lewis é simples: "A única maneira de o mundo ser imperfeito é se existe um padrão absolutamente perfeito pelo qual pode ser considerado imperfeito" (v. MORALIDADE, NATUREZA ABSOLUTA DA). Pois a injustiça só faz sentido se há um padrão de justiça pelo qual algo é considerado injusto. E a injustiça absoluta só é possível se há um padrão absoluto de justiça. Lewis recorda os pensamentos que tinha quando ateu:

> Como eu tive essa idéia de *justo* e *injusto*? Um homem não considera uma linha torta sem que tenha alguma noção de uma linha reta. Com que eu estava comparando esse universo quando o chamei de injusto [...] É claro que eu poderia ter abandonado minha idéia de justiça ao dizer que não era nada além de uma idéia particular minha. Mas, se fizesse isso, meu argumento contra Deus também ruiria — pois o argumento dependia de dizer que o mundo era realmente injusto, não apenas que não agradava a meus caprichos individuais. Logo, no próprio ato de tentar provar que Deus não existia — em outras palavras, que o todo da realidade não fazia sentido — me vi forçado a admitir que uma parte da realidade — isto é, minha idéia de justiça — fazia total sentido (*Cristianismo puro e simples*, p. 45, 46).

Em vez de refutar o Ser moralmente perfeito, o mal no mundo pressupõe um padrão perfeito. É possível questionar a onipotência desse Legislador

Supremo, mas não sua perfeição absoluta. Pois se alguém insiste em que há imperfeição real no mundo, deve haver um padrão perfeito para que se saiba isso.

Fontes

N. L. Geisler e W. Corduan, *Philosophy of religion*.
J. Hick, *The existence of God*.
I. Kant, *Crítica da razão prática*.
C. S. Lewis, *Cristianismo puro e simples*.
H. Rashdall, *The theory of good and evil*.
W. R. Sorley, *Moral value and the idea of God*.
E. Trueblood, *Philosophy of religion*.

moralidade, natureza absoluta da. O cristianismo ortodoxo sempre defendeu os absolutos morais. No entanto, a maioria dos éticos defende alguma forma de relativismo. Logo, é necessário defender a crença em absolutos morais.

Absolutos morais. Antes de a natureza absoluta da moralidade poder ser entendida, a moralidade deve ser definida. Uma obrigação moral compreende várias coisas. Primeiro, o dever moral é bom em si mesmo (um *fim*), não apenas bom como meio. Além disso, é algo que *devemos* buscar, um dever. A moralidade é *prescritiva* ("dever"), não apenas descritiva ("ser"). A moralidade lida com o que é correto, em contraste com o que é errado. É uma obrigação, pela qual a pessoa é responsável.

Uma obrigação moral absoluta é:

Um dever moral *objetivo* (não-subjetivo) — dever para com todas as pessoas.
Uma obrigação *eterna* (não-temporal) — dever o tempo todo.
Uma obrigação *universal* (não-local) — dever em todos os lugares.
Um dever absoluto é o que compromete todas as pessoas o tempo todo em todos os lugares.

Defesa dos absolutos. Absolutos morais podem ser defendidos ao demonstrar a deficiência do relativismo moral. Pois ou existe um absoluto moral, ou tudo mais é moralmente relativo. Logo, se o relativismo está errado, então deve haver uma base absoluta para a moralidade.

Tudo é relativo para o absoluto. Simplesmente perguntando: "Relativo a quê?", é fácil ver que o relativismo total é inadequado. Não pode haver relativo ao relativo. Nesse caso, não poderia tratar-se de relativo, *ad infinitum*, já que não haveria nada a que ser relativo, etc. Albert Einstein não acreditava que tudo fosse relativo no universo físico. Ele acreditava que a velocidade da luz é absoluta.

A medição é impossível sem absolutos. Até os relativistas morais fazem afirmações como: "O mundo está melhorando (ou piorando)". Mas não é possível saber que ele está "melhorando", a não ser que saibamos o que é "melhor". Algo menos que perfeito só pode ser medido em comparação a algo perfeito. Logo, todos os julgamentos morais objetivos implicam o padrão moral absoluto pelo qual podem ser medidos.

Discordâncias morais exigem padrões objetivos. Discordâncias morais reais não são possíveis sem o padrão moral absoluto pelo qual os lados podem ser medidos. De outra forma, ambos os lados de qualquer disputa moral estarão certos. Mas os opostos não podem estar ambos corretos. Por exemplo, as afirmações "Hitler foi um homem mau" *versus* "Hitler não foi um homem mau" não podem estar ambas corretas no mesmo sentido (v. primeiros princípios). Sem o padrão moral objetivo pelo qual as ações de Hitler possam ser medidas, não podemos saber se ele era mau.

Absolutos morais são inevitáveis. O relativismo moral total reduz-se a afirmações como: "Você nunca deve dizer nunca", "Você deve sempre evitar usar a palavra sempre" ou "Você absolutamente não deve acreditar em absolutos morais". Afirmações com "deve" são afirmações morais, e afirmações com "nunca deve" são afirmações morais absolutas. Portanto, não há maneira de evitar absolutos morais sem afirmar um absoluto moral. O relativismo moral total é contraditório.

Distinções em absolutos morais. Se há base absoluta para a moralidade, então por que tantos acreditam que toda moralidade é relativa? As razões para isso são em grande parte baseadas na incapacidade de fazer distinções adequadas.

A diferença entre fato (é) e valor (deve ser). Os relativistas confundem fato e valor, o que é e o que deve ser. O que as pessoas *fazem* está sujeito a mudança, mas o que elas *devem* fazer não está. Há uma diferença entre sociologia e moralidade. A sociologia é *descritiva*; a moralidade é *prescritiva*. Os relativistas confundem a situação factual mutável com o dever moral imutável.

Diferença entre valor e exemplo de valor. Também há confusão entre o valor moral absoluto e atitudes mutáveis com relação ao fato de determinada ação violar ou não esse valor. No passado, bruxas eram condenadas como assassinas, mas agora não são. O que mudou não foi o princípio moral de que assassinato é errado. Antes, nossa compreensão sobre o fato de as bruxas realmente matarem pessoas por meio de suas maldições é que mudou. A compreensão factual da pessoa sobre a situação moral é relativa, mas os valores morais envolvidos na situação não são.

A diferença entre valores e compreensão. Uma má interpretação semelhante acontece com a diferença entre o *valor* imutável e a *compreensão* mutável desse valor. Um casal profundamente apaixonado entende melhor seu amor após vinte anos. O amor não mudou. Sua compreensão sobre ele mudou.

A diferença entre fim (valor) e meios. Geralmente os relativistas morais confundem o *fim* (o valor) com o *meio* para atingir esse valor. A maioria das disputas políticas é desse tipo. Políticos liberais e conservadores concordam em que a justiça deve ser feita (o fim); apenas discordam sobre qual programa é o melhor meio para atingir a justiça. Militaristas e pacifistas desejam a paz (o fim); apenas discordam quanto ao fato de um exército forte ser o melhor meio para atingir essa paz.

A diferença entre mandamento e cultura. Outra diferença importante, geralmente ignorada pelos relativistas morais, é entre o mandamento moral absoluto e a maneira relativa em que uma cultura pode manifestá-lo. Todas as culturas têm algum conceito de modéstia e decoro para saudações e cumprimentos. Em algumas um beijo é adequado, mas em outras tal intimidade chocaria. *O que* deve ser feito é comum, mas *como* deve ser feito difere. A incapacidade de fazer essa distinção leva muitos a acreditar que, pelo fato de o valor ser diferentemente expresso entre as culturas, o valor em si (*o que*) difere.

A diferença entre aplicações. Uma discussão legítima para decidir *qual* valor se aplica a uma situação não é igual à discussão *se* há um valor absoluto. Por exemplo, erramos se pensamos que quem acredita que uma mulher grávida tem o direito ao aborto não dá valor à vida humana. Ele simplesmente não acredita que o feto é realmente um ser humano. Esse debate é muito importante, mas não deve comunicar erradamente a idéia de que o bem absoluto de proteger a vida é a questão. A questão é se o feto é uma pessoa humana (v. Geisler, cap. 8).

Conclusão. Absolutos morais são inevitáveis. Até aqueles que os negam usam-nos. As razões para rejeitá-los geralmente são baseadas na má compreensão ou má aplicação do absoluto moral, não na rejeição real a ele. Isto é, valores morais são absolutos, mesmo que a compreensão que tenhamos deles ou das circunstâncias em que devem ser aplicados não seja.

Fontes

M. ADLER, *Six great ideas*, Pt. 2.
A. BLOOM, *O declínio da cultura ocidental*.
N. L. GEISLER, *Ética cristã*.
C. S. LEWIS, *The abolition of man*.
____, *Cristianismo puro e simples*.
E. LUTZER, *The necessity of ethical absolutes*.

muçulmano. V. ALFARABI; AVICENA; AVERRÓIS; BÍBLIA, VISÃO ISLÂMICA DA; CRISTO, OBJEÇÕES MORAIS À MORTE DE; CRISTO, LENDA DA SUBSTITUIÇÃO NA MORTE DE; NOVO TESTAMENTO, SUPOSTA CORRUPÇÃO DO; MAOMÉ, SUPOSTAS PREVISÕES BÍBLICAS DE; MAOMÉ, SUPOSTO CHAMADO DIVINO DE; MAOMÉ, MILAGRES DE; MAOMÉ, CARÁTER DE; ALCORÃO, SUPOSTA ORIGEM DIVINA DO.

Mullins, Edgar Young. Nasceu no dia 5 de janeiro de 1860, em Franklin, Mississippi. Estudou na Faculdade de Mississippi e na Universidade A & M do Texas, onde se formou em 1879. Depois de ouvir um ex-advogado, o major William Evander Penn, falar na Primeira Igreja Batista de Dallas, Mullins se converteu. Penn fora descrito como um homem que usava "razão e persuasão sem denúncia" (Nettles, p. 54). Sentindo o chamado para o ministério, foi para o Seminário Teológico Batista do Sul em 1881, onde se formou em 1885, depois de estudar teologia e filosofia. Em 1886, casou-se com Isla May Hawley. Depois de pastorear em Kentucky e Maryland, foi designado presidente do Seminário do Sul em 1889, onde permaneceu até sua morte em 1928.

Mullins foi teólogo e apologista. Sua principal obra apologética é intitulada *Why is Christianity true?* [*Por que o cristianismo é verdadeiro?*] (1905). Seu último livro, *Christianity at the crossroads* [*O cristianismo na encruzilhada*] (1924), é muito polêmico. Suas outras obras também têm nuanças apologéticas: *The axioms of religion* [*Os axiomas da religião*] (1908), *The Christian religion in its doctrinal expression* [*A religião cristã em sua expressão doutrinária*] (1917) e *Freedom and authority in religion* [*Liberdade e autoridade em religião*] (1913).

Relação entre as ciência e as Escrituras. Mullins foi muito influenciado pelo MÉTODO INDUTIVO da ciência moderna. Ele também reverenciou o pragmático William JAMES. Sem descartar a apologética tradicional, acreditava que o importante era "estabelecer a posição cristã por meio de princípios de investigação empregados pelos seus opositores, contanto que esses princípios sejam válidos" (Mullins [p. 1], p. 4).

Apesar de Mullins não ter denunciado a EVOLUÇÃO, defendeu firmemente a criação direta dos seres humanos. Estava disposto a admitir que "Deus fez o mundo gradualmente durante longos períodos de tempo, que há progresso e crescimento no universo" (Mullins, [4], p. 67). Mas sua afirmação sobre ciência e religião atacou cientistas que fazem "de supostas descobertas na natureza física uma arma conveniente de ataque contra os fatos da religião". Da mesma forma, opôs-se ao "ensinamento de meras hipóteses como se fossem fatos". Apesar de reconhecer que a "evolução há muito já é uma hipótese prática da ciência", sempre afirmava que "seus melhores expositores admitem livremente que as causas da origem das espécies ainda não foram descobertas. E nenhuma prova apareceu de que o homem não é criação direta de Deus, como registrado em Gênesis" (Mullins [5], p. 64).

Defesa do sobrenaturalismo. Mullins declarou que "o maior debate hoje é entre o naturalismo e o sobrenaturalismo" (v. MILAGRES, ARGUMENTOS CONTRA). "Defendemos inalteravelmente o sobrenatural no cristianismo" (Mullins [5], p. 64). Falou firmemente contra seu alicerce no naturalismo, chamando este último de "ultraje contra a natureza humana [...] a milhões de milhas de distância da grande luta no coração do mundo" (Mullins [4], p. 148).

Defesa do teísmo. Apesar de Mullins ter enfatizado a experiência cristã, ele não negligenciou totalmente o valor dos argumentos teístas a favor da existência de Deus (v. DEUS, EVIDÊNCIAS DE). Em *Why is Christianity true?*, falou firmemente contra as principais cosmovisões alternativas (v. COSMOVISÃO), como o PANTEÍSMO, idealismo, MATERIALISMO, AGNOSTICISMO e evolucionismo naturalista. Favoreceu, no entanto, a verificação pragmática do cristianismo. Apesar disso, tentou libertar-se das acusações de subjetivismo ao enfatizar a base factual e histórica do cristianismo, assim como sua natureza racional. Opunha-se à redução do cristianismo a uma filosofia. Escreveu: "O cristianismo não é uma filosofia do universo. É uma religião [...] O cristianismo é uma religião histórica, e uma religião de experiência. Está fundada em fatos. A cosmovisão cristã baseia-se nesses fatos" (Mullins [4], p. 163).

Defesa da historicidade dos evangelhos. A astúcia apologética de Mullins é retratada num tributo feito por Thorton Whaling, professor de apologética e teologia no Seminário Teológico Presbiteriano em Louisville, que observou que "Mullins está bem familiarizado com os ataques históricos contra a fé cristã e também é um mestre das respostas históricas" (Nettles, p. 56). Até sua obra doutrinária, *The Christian religion in its doctrinal expression* [*A religião cristã em sua expressão doutrinária*], contém uma forte defesa dos fatos do Jesus histórico. Baseado na integridade das testemunhas do NT (v. NOVO TESTAMENTO, HISTORICIDADE DO), Mullins reconstruiu a partir dos registros históricos o Jesus sobrenatural que teve NASCIMENTO VIRGINAL, vida sem pecado (v. CRISTO, SINGULARIDADE DE), morreu a morte expiatória e ressuscitou corporalmente dos mortos (v. RESSURREIÇÃO, EVIDÊNCIAS DA).

Defesa da inspiração das Escrituras. A abordagem de Mullins às Escrituras foi indutiva, seguindo a de James ORR, Marcus Dodds e William Sanday. Rejeitou o que considerava a abordagem "escolástica", que fazia dos autores bíblicos "meros instrumentos sem inteligência ou penas usadas pelo Espírito Santo" (Mullins [3], p. 379). Mas confessou de boa vontade sua crença de que a Bíblia é revelação de Deus (v. BÍBLIA, EVIDÊNCIAS DA). Nela, disse ele, temos "a Escritura autorizada por Deus que a experiência cristã não transcende nem pode transcender" (ibid., p. 382). Menciona os escritores bíblicos transmitindo "a verdade isenta de erro" (ibid., [2], 144). Seguindo James Orr, afirma que a Bíblia "interpretada e julgada imparcialmente está livre de erro demonstrável em suas afirmações e é harmoniosa nos seus ensinamentos" (Mullins [3], p. 381).

Ênfase à experiência cristã. Sem negligenciar as dimensões objetivas e racionais da fé, Mullins deu muita ênfase aos elementos experimentais da fé cristã. O cristianismo, segundo ele, "tem que ver com dois grandes grupos de fatos: os fatos da experiência e os fatos da revelação histórica de Deus por meio de Cristo" (Mullins [2], p. 18). Registrou testemunhos de cristãos reconhecidos da história da igreja assim como contemporâneos. Acreditava que havia conseguido "evidência irrefutável da existência objetiva da Pessoa [Deus] que assim me move" (Mullins, p. 284). Combinando todo testemunho experiencial de uma linhagem ininterrupta de cristãos que remontava ao NT, concluiu: "Minha certeza se torna absoluta" (ibid.).

Fontes

WILLIAM E. A. ELLIS, *A man of books and a man of the people.*

FISHER HUMPHREYS, "E. Y. Mullins", em *Baptist theologians*, Timothy George e David Dockery orgs.

E. Y. MULLINS (1), *Why is Christianity true?*

E. Y. MULLINS (2), *The Christian religion in its doctrinal expression.*

E. Y. MULLINS (3), *Freedom and authority in religion.*

E. Y. MULLINS (4), *Christianity at the crossroads.*

E. Y. MULLINS (5), "Science and religion", em *Review and Expositor*, 22.1 (Jan. 1925).

E. Y. MULLINS (6), *The axioms of religion.*

TOM NETTLES, "Edgar Young Mullins", em *Handbook of evangelical theologians.*

BILL CLARK THOMAS, *Edgar Young Mullins: a baptist exponent of theological restatement.*

Nn

não-contradição, princípio da. V. PRIMEIROS PRINCÍPIOS.

Nag Hammadi, evangelhos de. Alguns críticos radicais do NT (v. BÍBLIA, CRÍTICA DA) afirmam que os evangelhos gnósticos são iguais aos do NT e que não apóiam a ressurreição de Cristo (v. MILAGRE; RESSURREIÇÃO, EVIDÊNCIAS DA). O SEMINÁRIO JESUS coloca o EVANGELHO DE TOMÉ na sua Bíblia, que é tão severamente truncada. Ambas as conclusões são um desafio sério à fé cristã histórica.

Os evangelhos gnósticos (v. GNOSTICISMO) foram descobertos em Nag Hammadi, Egito, perto do Cairo, em 1945, e traduzidos para o inglês em 1977. O *Evangelho de Tomé* (140-170) contém 114 pronunciamentos secretos de Jesus.

Credibilidade dos evangelhos gnósticos. A melhor maneira de avaliar a credibilidade desses evangelhos é pela comparação com os evangelhos do NT, que os mesmos críticos têm sérias dúvidas em aceitar (v. GNOSTICISMO; NOVO TESTAMENTO, HISTORICIDADE DO; NOVO TESTAMENTO, MANUSCRITOS DO). Perto dos evangelhos canônicos, os evangelhos gnósticos são bem inferiores.

Obras recentes. As datas atestadas para os evangelhos canônicos são no máximo de 60-100 (v. NOVO TESTAMENTO, DATAÇÃO DO). Os evangelhos gnósticos apareceram quase um século depois. O. C. Edwards afirma: "Como reconstruções históricas, não há maneira de os dois tipos de evangelho reivindicarem credenciais idênticas" (Edwards, p. 27).

Valor histórico. Os primeiros cristãos preservaram meticulosamente as palavras e ações de Jesus. Os autores dos evangelhos eram próximos das testemunhas oculares e pesquisaram os fatos (v. Lc 1.1-4). Há evidência de que os autores dos evangelhos eram honestos como narradores. Eles também apresentam a mesma descrição geral de Jesus (v. BÍBLIA, SUPOSTOS ERROS NA; RESSURREIÇÃO, EVIDÊNCIAS DA).

Cânon do NT. Contrariando os críticos, o cânon do NT com os evangelhos e a maioria das epístolas de Paulo foi formado antes do fim do século I. Os únicos livros disputados, os *antilegomena*, não têm valor apologético no argumento a favor da confiabilidade do material histórico usado para estabelecer a divindade de Cristo.

O NT revela uma coleção de livros no século I. Pedro fala que dispõe das epístolas de Paulo (2Pe 3.15,16), igualando-as às Escrituras do AT. Paulo teve acesso ao evangelho de Lucas, citando-o (10.7) em 1Timóteo 5.18.

Além do NT, listas canônicas apóiam a existência de um cânon do NT (v. Geisler e Nix, 294). Na realidade, todos os evangelhos e epístolas básicas de Paulo são representados nessas listas.

Até o cânon herético de Marcião (c. 140) aceitou o evangelho de Lucas e dez das epístolas de Paulo (v. BÍBLIA, CANONICIDADE DA).

Apoio dos pais da igreja. Um conjunto comum de livros foi citado pelos pais no século II. Isso inclui os seis livros cruciais para a historicidade de Cristo e sua ressurreição, os evangelhos, Atos e 1 Coríntios. Clemente de Roma citou os evangelhos no ano 95 (*Aos coríntios*, 13, 42, 46). Inácio (c. 110-115) citou Lucas 24.39 (*Aos esmirneus*, 3). Policarpo (c. 115) cita todos os Evangelhos sinóticos (*Aos filipenses*, 2, 7). O *Didaquê* (início do século II) cita os evangelhos sinóticos (1, 3, 8, 9, 15, 16). A *Epístola de Barnabé* (c. 135) cita Mateus 22.14. Papias (*Oráculos*, c. 125-140) menciona Mateus, Marcos (narrando Pedro) e João (último) que escreveram os evangelhos. Ele diz três vezes que Marcos não cometeu erros. Os pais consideravam os evangelhos e as epístolas de Paulo equivalentes ao AT inspirado (v. *Aos coríntios*, de Clemente [47], *Aos efésios* [10] e *A Policarpo* [1, 5], de Inácio, e *Aos filipenses*, de Policarpo [1, 3, 4, 6, 12]).

Os pais testemunharam a favor da precisão dos evangelhos canônicos no início do século II. Isso é bem antes de os evangelhos gnósticos serem escritos, no final do século II.

Registros gnósticos da ressurreição. Não há evidência real de que o suposto documento Q (*Quelle*, fonte) proposto pelos críticos tenha existido (v. Linneman; v. Q, DOCUMENTO). Trata-se de uma reconstrução imaginária, portanto a alegação de que ele não tem nada sobre a ressurreição é inútil.

O *Evangelho de Tomé* existe, apesar de pertencer ao final do século II. No entanto, contrariando os críticos que apóiam essa composição, reconhece a ressurreição de Jesus. Na verdade, é o Cristo vivo, pós-morte (34.25-27; 45.1-16) que supostamente fala nele. É verdade que não enfatiza a ressurreição, mas isso é esperado, já que é basicamente uma fonte de "pronunciamentos" e não uma narrativa histórica. Além disso, o preconceito teológico dos gnósticos contra a matéria ignoraria a ressurreição física.

Os credos dos primeiros cristãos. Como os críticos reconhecem a autenticidade de 1 Coríntios 15, que data de mais ou menos 55-56 d.C, é impossível negar a historicidade da ressurreição. Isso foi apenas 22 ou 23 anos após a morte de Jesus (1Co 15.6). Além disso, 1 Coríntios 15.1 refere-se a um possível credo que confessa a morte e a ressurreição de Cristo que seria ainda mais próxima dos eventos. Mesmo supondo a idade mínima de dez a doze anos do credo, ele teria surgido apenas dez a doze anos após os eventos. Poucos eventos antigos têm essa verificação contemporânea imediata.

Conclusão. A evidência a favor da autenticidade dos evangelhos gnósticos não se compara à do NT. O NT é um livro do século I. O *Evangelho de Tomé* é um livro da metade do século I. O NT é comprovado por várias linhas de evidência, inclusive outras referências no NT, listas canônicas antigas, milhares de citações pelos pais primitivos e as datas antigas comprovadas dos evangelhos.

Fontes

O. C. Edwards, *New review of book and religion* (May 1980).

C. A. Evans, *Nag Hammadi texts and the Bible.*

J. Fitzmyer, *America* (16 Feb. 1980).

A. Frederick, et al., *The gnostic gospels.*

N. L. Geisler e W. Nix, *Introdução bíblica.*

R. M. Grant, *Gnosticism and early Christianity.*

E. Linneman, *Is there a synoptic problem?*

J. P. Moreland, org., *Jesus under fire.*

J. M. Robinson, *The Nag Hammadi library in English.*

F. Seigert, et al., *Nag-Hammadi-resister.*

C. M. Tuckett, *Nag Hammadi and the gospel tradition.*

natural, teologia. *Teologia* é o estudo (*logos*) de Deus (*theos*). *Teologia natural* (v. LEI, NATUREZA E TIPOS DE) é o estudo de Deus que se baseia no que se pode conhecer por meio da natureza (v. REVELAÇÃO GERAL). A teologia natural é estabelecida em comparação com a teologia sobrenatural, que depende da revelação sobrenatural (v. REVELAÇÃO ESPECIAL) de Deus, tal como a Bíblia.

A teologia natural depende dos argumentos racionais a favor da existência de Deus (v. COSMOLÓGICO, ARGUMENTO; MORAL A FAVOR DE DEUS, ARGUMENTO; TELEOLÓGICO, ARGUMENTO) e da natureza (v. DEUS, NATUREZA DE). A maioria dos teólogos naturais, seguindo Tomás de Aquino, acredita que é possível conhecer a existência, unidade e natureza geral de Deus a partir da revelação natural. No entanto, a trindade de Deus (v. TRINDADE), a encarnação de Cristo (v. CRISTO, DIVINDADE DE) e a redenção (v. "PAGÃOS", SALVAÇÃO DOS) só podem ser conhecidas pela revelação sobrenatural. Esses itens são conhecidos por mistérios da Fé (v. MISTÉRIO).

naturalismo. O *naturalismo* filosófico ou metafísico refere-se à teoria de que a natureza é tudo o que existe. Não há um reino sobrenatural e/ ou intervenção no mundo (v. MATERIALISMO; MILAGRES, ARGUMENTOS CONTRA). No sentido restrito, todas as formas de nãoteísmo são naturalistas, inclusive o ATEÍSMO, o PANTEÍSMO, o DEÍSMO e o AGNOSTICISMO.

No entanto, alguns teístas (v. TEÍSMO), principalmente os cientistas, defendem uma forma de *naturalismo metodológico*. Isto é, ao mesmo tempo que reconhecem a existência de Deus e a possibilidade de milagres, empregam um método de abordagem do mundo natural que não admite milagres (v. CIÊNCIA DAS ORIGENS). Esse é o caso de muitos evolucionistas teístas (v. EVOLUÇÃO; EVOLUÇÃO BIOLÓGICA), tais como Douglas Young (v. Young) e Donald MacKay (v. MacKay). Eles insistem em que admitir milagres na natureza para explicar o singular ou anômalo é invocar "o Deus dos intervalos". Nesse sentido cooperam com os antisobrenaturalistas, que negam milagres por serem estes contrários ao método científico.

Formas de naturalismo metafísico. Os naturalistas metafísicos são de dois tipos básicos: materialistas e panteístas. O materialista reduz tudo à matéria (v. MATERIALISMO) e o panteísta reduz tudo à mente ou espírito. Ambos negam que o reino sobrenatural intervém no mundo natural. Eles se diferenciam principalmente com relação ao mundo natural ser ou não composto por matéria ou mente (espírito). Os que sustentam a última posição geralmente admitem a possibilidade de eventos *supranormais* derivados dessa Força espiritual invisível (v. MILAGRE; MILAGRES, MÁGICA E). Esses eventos, no entanto, não são sobrenaturais no sentido teísta de um ser *sobrenatural* que intervém no mundo natural que criou.

Bases para o naturalismo. Os naturalistas metafísicos rejeitam completam os milagres. Variam apenas na base da crítica ao sobrenatural. Baruch Espinosa acreditava que milagres são impossíveis porque são irracionais. David Hume afirmou que milagres são inacreditáveis. Rudolph Bultmann considerava que milagres não são históricos, são mitos (v. MILAGRES, MITO E; MITOLOGIA E O NOVO TESTAMENTO). Baseado na impossibilidade de repetir o milagroso, Antony Flew argumentou que milagres não são identificáveis. Immanuel Kant declarou que milagres não são essenciais à religião. Todas essas alegações foram cuidadosamente analisadas e consideradas infundadas nos artigos MILAGRE e MILAGRES, ARGUMENTOS CONTRA.

Avaliação. *Incoerência teísta do naturalismo.* Teorias naturalistas admitem que um tipo deísta de Deus existe ou negam ou duvidam da existência de um Ser divino. Mas supostas refutações de Deus são notoriamente mal-sucedidas (v. Deus, SUPOSTAS REFUTAÇÕES DE). A evidência de que Deus existe é forte (v. COSMOLÓGICO, ARGUMENTO; MORAL DE DEUS, ARGUMENTO; TELEOLÓGICO, ARGUMENTO). Quanto a teorias que admitem a existência de um Deus sobrenatural, porém negam milagres (tais como o deísmo), muitos críticos demonstraram sua incoerência fundamental. Pois, se Deus pode e fez o maior ato sobrenatural de todos — a criação do mundo a partir do nada (v. CRIAÇÃO, VISÕES DA), não há razão para negar a possibilidade de eventos sobrenaturais inferiores (i.e., milagres). Pois fazer água do nada (como Deus fez em Gn 1) é um evento sobrenatural maior que transformar água em vinho (como Jesus fez em Jo 2).

Insuficiência científica. A ciência moderna demonstrou o milagre — a origem do universo material do nada. A evidência da origem instantânea (*big-bang*) do universo é forte. Essa evidência inclui a segunda lei da termodinâmica (v. TERMODINÂMICAS, LEIS DA), o universo em expansão, o eco da radiação e a descoberta da grande massa de energia prevista pela teoria do *big-bang* (v. KALAM, ARGUMENTO COSMOLÓGICO). Assim, a matéria nem é eterna nem é tudo o que existe. E, se há um Criador de todo o universo a partir do nada, o maior milagre já aconteceu.

Insuficiência filosófica. Duas premissas comuns a todas as formas de humanismo secular (v. HUMANISMO SECULAR) são o não-teísmo e o naturalismo. Elas podem ser tratadas juntas, uma vez que, se não há ser sobrenatural (Criador) além do universo natural, então a natureza é tudo que existe. Geralmente o naturalismo significa que tudo pode ser explicado por processos químicos e físicos. No mínimo significa que todo evento no universo pode ser explicado a partir do universo inteiro (o sistema inteiro). Os naturalistas acreditam que não há necessidade de apelar para algo (ou alguém) fora do universo para explicar qualquer evento no universo nem explicar o universo inteiro em si.

Porém os naturalistas mais científicos, que insistem em explicar *tudo* em termos de leis físicas e químicas não podem explicar as próprias teorias ou leis por meio de meros processos físicos e químicos. Pois a "teoria" ou "lei" sobre processos físicos obviamente não é em si um processo químico. É uma *teoria* não-física sobre coisas físicas. Perguntaram certa vez a um professor de física: "Se tudo é matéria, então o que é uma teoria científica sobre a matéria?". Sua resposta foi: "*É mágica!*". Quando lhe perguntaram sua base para crer nisso, ele respondeu: "Fé". É interessante observar a incoerência de a cosmovisão puramente materialista recorrer à fé na "mágica" como base para crenças materialistas.

Outro argumento que revela a incoerência do naturalismo puro foi dado por C. S. Lewis. Citando Haldane, Lewis escreveu:

> Se meus processos mentais são determinados completamente pelo movimentos dos átomos no meu cérebro, não tenho razão para supor que minhas crenças são verdadeiras [...] e portanto não tenho razão para supor que meu cérebro é composto de átomos (Lewis, p. 22).

Se o naturalismo afirma ser verdadeiro, então deve haver algo mais que meros processos naturais; deve haver a "razão", que não é simplesmente um processo físico natural.

Outra maneira de afirmar a incoerência do naturalismo é demonstrar que uma premissa básica da ciência, que até os naturalistas defendem, é contrária à conclusão de que qualquer evento no universo pode ser explicado a partir do universo inteiro. Essa premissa de que "todo evento tem uma causa" é a base filosófica da pesquisa científica (v. CAUSALIDADE, PRINCÍPIO DA). Assim, os cientistas — certamente os naturalistas — tentam encontrar a explicação ou causa natural de todos os eventos. Mas se *todo* evento tem uma causa, conclui-se que o universo *inteiro* tem uma causa. Pois o universo concebido pela ciência moderna é a soma total de todos os eventos num determinado momento. Porém, se *cada* evento é causado, então *todo* evento é causado. E se o universo é a soma total de todos os eventos, então o universo inteiro é causado. Por exemplo, se cada lajota do piso é marrom, então o piso inteiro é marrom. E se cada parte da mesa é de madeira, então a mesa inteira é de madeira. Da mesma forma, se todo evento no universo é um efeito, então, ao acrescentar todos os eventos (efeitos), não se tem uma causa. Pelo contrário, a soma total de todos os eventos causados precisa de uma causa para explicála (v. COSMOLÓGICO, ARGUMENTO).

Não é suficiente para o naturalista dizer que há algo "mais" no universo que a soma de todos os eventos ou "partes", pois ele não estaria explicando *tudo* em termos de "partes" ou eventos físicos, mas em termos de algo além deles. No entanto, é perfeitamente coerente para o não-naturalista insistir em que os eventos do universo não podem ser explicados *apenas* em termos do universo físico dos eventos. Mas o naturalismo não é capaz de explicar nem a si mesmo nem ao universo com uma premissa puramente naturalista.

Fontes

N. L. GEISLER, *Is man the measure?*, cap. 5.
___, *Miracles and the modern mind*, cap. 8.
T. HOBBES, *Leviatã*.
C. S. LEWIS, *Milagres*.
D. MACKAY, *Clockwork image*.
D. A. YOUNG, *Christianity and the age of the earth*.

neopaganismo. É o reavivamento do paganismo antigo (v. MITRAÍSMO). É uma forma de POLITEÍSMO que surgiu na esteira do movimento da "morte de Deus" (v. ALTIZER, THOMAS; NIETZSCHE, FRIEDRICH). O neopaganismo também é manifesto em feitiçaria (*wicca*), ocultismo e outras religiões ligadas ao movimento da Nova Era (v. Geisler).

Mark Satin comparou o novo paganismo com formas primitivas de religião. Citando Andrea Dworkin, observou que a "religião antiga":

- Celebrava a sexualidade, a fertilidade, a natureza e o lugar da mulher nela.
- Adorava uma divindade cabeluda e alegre que amava a música, a dança e boa comida.
- Era centrada na natureza e na mulher, com sacerdotisas, sábias, parteiras, deusas e feiticeiras.
- Não tinha dogmas. Cada sacerdotisa interpretava a religião à sua maneira.

Nem tudo isso poderia ser restabelecido na sociedade da Nova Era, escreve Satin, mas os neopagãos poderiam adaptar a centralização na natureza e na mulher a novas prioridades.

A centralização na natureza tem um equivalente óbvio na nossa preocupação crescente com a qualidade de nossa ligação com o meio ambiente — tanto o natural quanto o criado pelo homem — e tem muito que ver com nossa saúde espiritual e nosso crescimento espiritual (Satin, p. 113-4).

Raízes do neopaganismo. O neopaganismo não é um movimento monolítico. Ele surge do solo do paganismo, HINDUÍSMO, *wicca* e, indiretamente, do ATEÍSMO e de outros sistemas. O ateísmo moderno fertilizou o solo em que o neopaganismo contemporâneo cresceu. David Miller descreve-o surgindo das cinzas da "morte de Deus" proclamada por Thomas ALTIZER e outros nas décadas de 1960 e 1970. "A morte de Deus abre o caminho para o renascimento dos deuses", segundo Miller. Quando Deus morreu na cultura moderna, os deuses antigos surgiram novamente. O monoteísmo estava impedindo o paganismo.

Politeísmo antigo. É claro que a raiz principal do neopaganismo é o politeísmo grego e romano antigo. Miller observou que o POLITEÍSMO antigo permaneceu no submundo ou na tradição da contracultura do Ocidente em todo o reinado de 2 mil anos do pensamento monoteísta. Essa tradição pode estar por trás do recente interesse em coisas como ocultismo, magia, vida extraterrestre, sociedade e religiões orientais, comunidades, novas formas de vida familiar múltipla e outros sistemas de estilo de vida alternativo que parecem tão estranhos (ibid., p. 11). Ele acrescenta que, para tradições racial-culturais, os europeus ocidentais ainda se baseiam em deuses e deusas da Grécia antiga (ibid., p. 6,7,60,81).

Hinduísmo. Nem todo paganismo moderno vem da Grécia. O reavivamento do BUDISMO e principalmente do hinduísmo, com seus milhões de deuses, também apóia a religião da Nova Era e o neopaganismo. O hinduísmo já se infiltrou em quase todos os níveis da cultura ocidental, feito sob medida para o humanismo ocidental ao ensinar que cada um de nós é um pequeno deus.

Feitiçaria (wicca) e feminismo radical. Outra corrente é a religião wicca. Esse movimento, conhecido popularmente como feitiçaria, tem uma superposição forte com o movimento feminista. Os partidários da bruxaria abominam o monoteísmo (v. TEÍSMO). A bruxa feminista Margot Adler expressa essa posição. Adler refere-se ao monoteísmo como uma das posições políticas e religiosas totalitárias que dominam a sociedade (Adler).

Ocultismo e Guerra nas estrelas. A "religião de Jedi" de *Guerra nas estrelas*, de George Lucas, baseia-se no feiticeiro mexicano Don Juan. O biógrafo de Lucas, Dale Pollock, menciona que "o conceito da *Força* nos filmes de Lucas foi muito influenciado por *Tales of power* [*Contos de poder*], de Carlos Castaneda. Esse é um registro de um suposto feiticeiro indígena mexicano, Don Juan, que usa a expressão 'força vital'" (Pollock, p. 10). O diretor do filme de Lucas *O império contra-ataca*, Irvin Kershner, é um zen-budista (v. ZEN-BUDISMO). Ele admitiu sobre o filme:

> Quero apresentar um pouco de zen aqui porque não quero os jovens achando que tudo se resume em mocinho matando bandido, mas que também há um pouco para pensar sobre si mesmos e seu ambiente (Kershner, p. 37).

Seja qual for a fonte da Força de *Guerra nas estrelas*, é claramente semelhante à *Força* em que as bruxas neopagãs acreditam. O próprio Lucas referiu-se à força como uma religião no primeiro filme de sua trilogia de *Guerra nas estrelas* (Lucas, p. 37,121,145). A personagem Luke Skywalker, praticava magia branca quando entrou em contato com o "lado luminoso da Força", a Força era "Deus". Lucas afirmou numa entrevista para *Time* (v. Fontes) que "o mundo funciona melhor se você estiver do lado bom" dessa Força oculta. A feiticaria de Lucas é ainda mais evidente no herói de seu filme subseqüente, *Willow*, cujo objetivo de vida era ser feiticeiro.

Características do neopaganismo. Têm por base politeísmo, o oculto, o relativismo e o pluralismo.

Politeísmo. Os neopagãos são livres para adorar qualquer deus ou deusa, antigo ou moderno, do oriente ou do ocidente. Alguns adoram Apolo e Diana. O autor-filósofo Theodore Roszak (*Where the wasteland ends* [*Onde acaba o ermo*]) é animista. Acredita que "a estátua e o bosque sagrado eram janelas transparentes [...] pelas quais a testemunha era levada para solo sagrado do além e participava do divino" (v. Adler, 27). A maioria dos neopagãos reaviva uma das formas ocidentais de politeísmo. Os nomes dos deuses podem variar, mas a maioria é celta, grega ou latina.

Alguns neopagãos discutem sobre o estado ontológico de seus "deuses", dando-lhes um papel idealista ou estético. Mas, como foi dito: "Todas essas coisas estão dentro do âmbito da possibilidade. Está em nossa natureza chamá-las em 'deuses'". Deus é um ser eterno; e nós também. Então, de certa forma, nós também somos deus. Adler menciona que há duas divindades da maioria dos grupos de *wicca*: O deus é o senhor dos animais e da morte e do além; e a deusa tem três aspectos: Donzela, Mãe e Anciã. Cada um de seus aspectos é simbolizado por uma fase da lua. A Donzela é a lua crescente, a Mãe é a lua cheia e a minguante é como a mulher que já não pode ter filhos. Adler sugere que os neopagãos podem ser considerados adoradores de duas divindades, apesar de as bruxas feministas geralmente serem monoteístas, adorando a deusa como o único deus (ibid., p. 35,112). Os neopagãos às vezes se descrevem como politeístas monoteístas. Morgan McFarland, uma bruxa de Dallas, declarou:

> Eu me considero monoteísta por crer na Deusa, Creatrix, o Princípio Feminino, mas ao mesmo tempo reconheço que outros deuses e deusas existem através dela como manifestações dela, facetas do todo (ibid., p. 36).

Pela própria definição, o uso do vocábulo *monoteísta* aqui é enganoso. Ela e outros pagãos acreditam numa manifestação multifacetada (politeísta) do panteísmo. Cada manifestação, é claro, é finita (v. POLITEÍSMO).

A conexão feminista radical. O neopaganismo está fortemente ligado ao feminismo radical. Nem todos os neopagãos são feministas, nem todas as feministas são neopagãs. Adler descreve a dinâmica dessa forma:

> Muitas assembléias de bruxaria feminista têm [...] atraído mulheres de todos os estilos de vida. Mas, até aqui, a maioria dessas mulheres já foi fortalecida pelo movimento feminista, ou por grupos de conscientização, ou por experiências importantes como divórcio, separação ou uma experiência homossexual (ibid., 37).

Uma feminista neopagã diz:

> Descobrimos que mulheres que trabalham juntas são capazes de evocar seu passado e despertar seus ancestrais [...] Isso não parece acontecer quando homens estão presentes [...] parece que em assembléias mistas, não importa quão "feministas" as mulheres sejam, um tipo de competição começa a acontecer. Entre mulheres apenas, nada disso ocorre, e uma grande reciprocidade se desenvolve, ao contrário de tudo que já vimos (ibid., p. 124).

Algumas eram feiticeiras antes de ser feministas. Uma neopagã de Los Angeles disse que sua jornada espiritual começou quando viu sua mãe falando com os mortos.

> Eu a vi entrar em transe e sentir presenças à sua volta. Ele é uma artista, e sua arte geralmente reflete influência sumerianas [...] Ela faz previsões e pode fazer cessar o vento.

Mas a filha, como a mãe, tinha um papel tradicional de esposa e mãe e sentiu-se limitada e escravizada. Ao tentar o suicídio, ela teve uma visão que confirmou suas crenças ocultas. Sua conscientização como feiticeira e o ponto de vista feminista se uniram na tentativa de liberar sua feminilidade da opressão que sentia (ibid., p. 76-7).

Uma vantagem da feitiçaria para as mulheres é que nesse contexto seu sexo tem *status* igual, e geralmente superior. Já na década de 1890, um observador social chamado Leland escreveu que, em tempos de rebelião intelectual contra o conservadorismo e a hierarquia, há uma luta feminista por superioridade. Ele observou que na feitiçaria a mulher é o princípio primitivo:

> A percepção dessa tirania levou grande número de descontentes à rebelião e, como não podiam prevalecer por meio da batalha aberta, canalizaram seu ódio numa forma de anarquia secreta, que estava, no entanto, intimamente mesclada com superstição e fragmentos da tradição antiga (ibid., 59).

Ocultismo. Quase inevitavelmente os neopagãos estão envolvidos com o ocultismo. Acreditam numa força, energia ou poder impessoal, do qual podem receber a capacidade para fazer coisas supranormais. Luke Skywalker, de *Guerra nas estrelas*, é o modelo clássico dessa crença. Tentativas de maldição são outro exemplo.

Pluralismo e relativismo. Os neopagãos são fortemente pluralistas. Por natureza, o politeísmo cede espaço a vários deuses e deusas. Toda forma de adoração de qualquer deus escolhido é legítima. Tal crença rejeita a verdade absoluta, dando lugar ao irracionalismo no qual opostos podem ser verdadeiros. Miller nega que qualquer sistema opere "segundo conceitos e categorias fixos" e que tudo seja controlado por categorias lógicas exclusivas. Rejeita a idéia de que algo tenha de ser verdadeiro ou falso, belo ou feio, bom ou mau (ibid., p. 7).

Coerentemente, muitos neopagãos rejeitam totalmente a idéia de *A Bíblia das bruxas*, principalmente o artigo definido *A*. Os pagãos modernos continuam sendo antiautoritários, gabando-se de ser "a religião mais flexível e adaptável, [...] perfeitamente disposta a eliminar os dogmas" (Adler, IX, p. 126, 135). Um "credo" neopagão, portanto, é uma contradição. Por definição, eles não têm credos.

Avaliação. Muitas críticas da religião neopagã, politeísta e relativista (v. VERDADE, NATUREZA ABSOLUTA DA) são tratadas em outros artigos. V. DUALISMO; FINITO; DEÍSMO; GNOSTICISMO; DEUS, NATUREZA DE; HINDUÍSMO VEDANTA; MONISMO; NOSTRADAMUS; PANTEÍSMO; PLURALISMO RELIGIOSO; VERDADE, NATUREZA DA; ZEN-BUDISMO. Algumas questões centrais podem ser discutidas brevemente aqui:

Irracionalismo. Os neopagãos afirmam que devem descartar a razão como norma da vida. Mas, nesse caso, então os opostos poderiam ser ambos verdadeiros. Isso viola as leis fundamentais de pensamento (v. PRIMEIROS PRINCÍPIOS). A pessoa que afirma que opostos podem ser ambos verdadeiros não acredita realmente que o oposto daquela afirmação também seja verdadeiro.

Relativismo. Os neopagãos são relativistas. Porém nenhuma verdade pode ser relativa. A própria afirmação é apresentada como uma reivindicação não-relativa. Não pode haver um Deus único (monoteísmo) e mais que um deus (politeísmo) ao mesmo tempo e no mesmo sentido (v. PLURALISMO).

Pluralismo. O desejo pluralista de englobar todas as formas de religião enfrenta o mesmo problema. Não pode ser todas verdadeiras, incluindo-se as opostas. Isso viola a lei da não-contradição (v. LÓGICA; PRIMEIROS PRINCÍPIOS). Ou o politeísmo é verdadeiro ou o monoteísmo é verdadeiro. Ambos não podem ser verdadeiros. Os neopagãos não podem usar afirmações do tipo "ou um ou outro" para afirmar pensamentos do tipo "tanto um quanto outro". Os politeístas têm de negar o pluralismo para afirmá-lo, pois não acreditam que o oposto do pluralismo seja verdadeiro. Mas se os opostos não são verdadeiros, o pluralismo é falso.

Inclusivismo. A afirmação de que devemos ser inclusivos, considerando todas as religiões verdadeiras, também é contraditória. É uma afirmação não-inclusiva (i.e., exclusivista) afirmar que apenas o inclusivismo é verdadeiro e todo exclusivismo é falso. Ao mesmo tempo que afirma permitir diversidade total de expressão, a prática neopagã é bem restritiva. A própria existência de comunidades *secretas* revela a natureza exclusivista do grupo. Alguns referem-se à *wicca* como *a* religião. Até seus defensores acreditam num elemento universal no neopaganismo, insistindo na universalidade do conteúdo, mas não da forma (ibid., p. 116, 145). A existência de um ritual de iniciação é uma característica do exclusivismo. As bruxas afirmam que seu ritual é a maneira de proteger a instituição de pessoas desonestas, más ou que difamariam o grupo (ibid., p. 98). Contudo, se precisam proteger sua instituição do mal ou de pessoas desonestas, deve haver uma forma genuína de preservação. Adler afirma que a feitiçaria já foi a *religião universal*, que foi forçada para o submundo (ibid., p. 66). Essa é uma reivindicação implícita de universalidade exclusivismo de ser *a* religião.

Uma controvérsia em que adeptos da *wicca* condenaram um casal que cobrava dinheiro para dar aulas de feitiçaria também mostra exclusividade. As pessoas que declararam sua reprovação insistiram em que "isso viola a Lei da Feitiçaria", mostrando que há uma lei universal de feitiçaria que define o certo e o errado. Se não define, a feitiçaria pode ser da forma que se desejar. Até os "Princípios da crença *wicca*", adotados pelo Conselho de Feiticeiras Americanas em 11 e 14 de abril de 1974, apresenta uma forte declaração excluindo a crença no cristianismo como "o único caminho". Elas reconheceram isso francamente como parte de "nossa animosidade contra o cristianismo" (ibid., p. 103).

Grupos inclusivos não percebem que toda reivindicação de verdade é exclusiva. Se o cristianismo é verdadeiro, então necessariamente todas as crenças não-cristãs são falsas. Se a feitiçaria é verdadeira, todas as outras crenças são falsas. O neopaganismo é tão exclusivista quanto qualquer outra religião que afirma ter descoberto a verdade sobre a realidade.

Os neopagãos admitem que o "politeísmo sempre inclui o monoteísmo. O inverso não é verdadeiro" (ibid., viii). *Inclui* não é a palavra adequada aqui. O politeísmo está disposto a *absorver* ou *engolir* crenças monoteís-tas, mas deve ser extremamente exclusivista em relação a todas as formas ortodoxas de monoteísmo. Essas cosmovisões não podem compartilhar o mesmo sistema de crença. Sob o manto da linguagem inclusiva, o neopaganismo acredita que o caminho único é negar que haja um único caminho.

Incapacidade de explicar origens. Algumas religiões pagãs falam sobre as origens, mas poucas fazem perguntam legítimas sobre elas (v. COSMOLÓGICO, ARGUMENTO). Existem deuses atuando, mas como nos levaram a esse ponto? O que causou tudo? C. S. LEWIS afirmou que o estabelecimento de uma relação entre Deus e a natureza também os separa. Aquilo que faz e aquilo que é feito são duas coisas, não uma. "Logo, a doutrina da criação de certa forma elimina a divindade na natureza" (Lewis, p. 79, 80). Isso destrói o paganismo.

Incapacidade de explicar a unidade. Se o pagão percebesse que a natureza e Deus são distintos, que um fez o outro, um governou e o outro obedeceu, os deuses não seriam adorados, e sim o Deus criador. C. S. Lewis observou: "A diferença entre crer em Deus e em vários deuses não é aritmética [...] Deus não tem plural" (Lewis, p. 78, 82). Com isso é revelada a depravação do politeísmo, pois os politeístas preferem adorar um deus que fazem, em vez de ao Deus que os fez. Um neopagão concluiu:

> Percebi que não era tão ultrajante, e que podíamos escolher que divindades seguir... [pois] o elemento do cristianismo que [me] incomodava [...] era sua exigência de submissão à divindade.

Ele acrescenta que seus deuses têm características humanas. São imperfeitos e muito mais acessíveis (*Forth Worth Star-Telegram*, 16 Dec.1985, 2A). Na linguagem bíblica essa é uma confissão clara do fato de que os pagãos "suprimem a verdade pela injustiça [...] e trocaram a glória do Deus imortal por imagens feitas segundo a semelhança do homem mortal" (Rm 1.18,23).

Caráter anticonfessional. Apesar de seu protesto, o neopaganismo tem seus credos e dogmas. Adler admite: "Já vi muitas pessoas no grupo se preocupando com detalhes de ritual e mito. Algumas pessoas aceitam esses detalhes como dogma". Embora proteste contra dogmas, Adler estabelece um conjunto de "crenças básicas" que, segundo ela, "a maioria das pessoas nesse livro compartilha" (Adler, p. 88, IX). Ela parece não perceber que dessa forma está definindo um credo.

O credo que ela confessa é informativo:

> O mundo é santo. A natureza é santa. O corpo é santo. A sexualidade é santa. A mente é santa. A imaginação é santa. Sois santos [...] Tu és Deusa. Tu és Deus. A divindade é imanente em toda Natureza. Está tanto dentro quanto fora (ibid.).

Há várias doutrinas regulares do neopaganismo nesse credo, incluindo-se panteísmo, politeísmo, animismo, autodeificação e, implicitamente, livre expressão sexual. No credo que chamaram "Princípio da crença *wicca*", o Conselho das Feiticeiras Americanas descreveu treze princípios básicos. Esses princípios incluem adoração à Lua, harmonia com a natureza, o poder criativo no universo manifestado em polaridades masculinas e femininas e sexo como prazer. Por incrível que pareça, rejeitaram a adoração ao Diabo e a crença de que o cristianismo é "o único caminho" (ibid., p. 101-3).

Missão. Os neopagãos afirmam que não procuram novos convertidos. "Você não se *torna* pagão", eles insistem, "você *é* pagão". Eles afirmam que ninguém se converte à *wicca*. Mas aceitam pessoas atraídas pelo paganismo por "ouvir falar, uma conversa entre amigos, uma palestra, um livro ou um artigo". Independentemente de seu propósito, o que são esses recursos além de meios de proselitismo? Afirmar que essas pessoas sempre foram pagãs e que apenas "se encontraram" (ibid., X, p. 14, 121) é como missionários cristãos negarem que evangelizam, já que os que crêem apenas "voltam para Deus". Como qualquer outra pessoa que acredita que encontrou a verdade ou a realidade, os neopagãos não conseguem resistir à tentação de propagar sua fé. Por que outro motivo a experiência do esclarecimento levaria novos wiccanos a proclamar com o zelo de um novo convertido: "Entrei em contato com a Deusa. Era a religião" (ibid., p. 116)?

Fontes

ADLER, MARGOT, *Drawing down the moon.*

___, "Neo-paganism and feminism", em *Christian Research Journal.*

N. L. GEISLER e J. AMANO, *The infiltration of the New Age.*

I. KERSHNER, Entrevista em *Rolling Stone* (24 July 1980).

C. S. LEWIS, *Reflections on the Psalms.*

G. LUCAS, *Star wars.*

___, Entrevista em *Time* (23 May 1983), 68.

D. MILLER, *The new polytheism.*

D. POLLOCK, *Skywalking: the life and films of George Lucas.*

M. SATIN, *New Age politics.*

neoteísmo. *Significado do termo.* Os defensores dessa posição dizem defender a teoria da "abertura de Deus" ou "teísmo do livre-arbítrio", e com isso querem dizer que Deus aceita mudanças e que os seres humanos têm LIVRE-ARBÍTRIO, em oposição a qualquer prévio DETERMINISMO divino do futuro. Mas o "neoteísmo" parece ser um termo mais adequado, simples e descritivo. Eles mesmos confessam que são teístas, mas adotaram alguns dos princípios do PANENTEÍSMO ou teologia de processo (v. WHITEHEAD, A. N.).

Alguns defensores do neoteísmo. Defensores do neoteísmo incluem Clark Pinnock, Richard Rice, John Sanders, William Hasker e David Basinger (v. Pinnock et al., *The openness of God* [*A abertura de Deus*]). Outros que escreveram em defesa da posição: Greg Boyd, Stephen T. David, Peter Geach, Peter Lang, J. R. Lucas, Thomas V. Morris, Ronald Nash, A. N. Prior, Richard Purtill, Richard Swinburne e Linda Zagzebski.

Alguns princípios básicos do neoteísmo. Em suas palavras, os neoteístas acreditam que "1. Deus não só criou este mundo *ex nihilo*, mas pode intervir e às vezes intervém unilateralmente nos assuntos terrenos. 2. Deus escolheu criar-nos com liberdade incompatibilista (libertária) — liberdade sobre a qual ele não pode exercer controle total. 3. Deus também valoriza a tal ponto a liberdade — a integridade moral das criaturas livres e um mundo no qual tal integridade é possível — que normalmente não anula tal liberdade, mesmo se acha que está produzindo resultados indesejáveis. 4. Deus sempre deseja nosso bem maior, tanto individual quanto coletivamente, portanto é afetado pelo que acontece em nossas vidas. 5. Deus não possui conhecimento exaustivo da maneira exata em que utilizaremos nossa liberdade, apesar de poder às vezes prever com grande precisão as escolhas que faremos livremente" (Pinnock, p. 76-7).

O neoteísmo pode ser descrito da melhor maneira observando-se o que ele tem em comum com o teísmo tradicional ou clássico e também as diferenças entre eles.

Princípios em comum com o teísmo. De acordo com o TEÍSMO clássico, os neoteístas acreditam que Deus é um Ser pessoal, transcendente, onipotente, que criou o mundo *ex nihilo*, do nada (v. CRIAÇÃO, VISÕES DA), e que pode fazer e tem feito atos sobrenaturais nele. Deus está no comando do universo, mas deu aos seres humanos o poder de fazer livres escolhas.

Princípios diferentes do teísmo. Ao contrário do teísmo tradicional, o neoteísmo afirma que Deus não tem conhecimento infalível dos atos livres futuros. Além disso, ele pode mudar e muda sua opinião de acordo com nossas orações. Além disso, Deus não é absolutamente simples nem é atemporal ou eterno. Logo, ele não é capaz de controlar completamente ou prever de forma exata como as coisas se desenvolverão.

Uma avaliação do neoteísmo. *Características positivas.* Há muitas dimensões positivas no neoteísmo. Elas incluem todas as coisas que seus adeptos têm em comum com os teístas clássicos.

Criação ex nihilo. Uma das crenças características do teísmo clássico, em comparação com outras cosmovisões (v. COSMOVISÃO), é que Deus criou o universo do nada. Isso o distingue claramente a posição do panenteísmo e coloca seus adeptos no campo maior do teísmo.

Afirmação de milagres. Ao contrário dos panenteístas e de acordo com os teístas, os neoteístas afirmam a realidade dos MILAGRES. Isso os coloca ao lado do teísmo tradicional e em oposição ao NATURALISMO e teísmo neoclássico atual, conhecido por teologia do processo.

Ênfase à relação de Deus com a criação. Os neoteístas se preocupam bastante, o que é correto, em preservar a relação de Deus com o mundo. Um Deus que não pode ouvir e responder a orações é menos que pessoa e não é o Deus descrito na Bíblia.

Ênfase ao livre-arbítrio. Junto com os teístas clássicos, os neoteístas desejam defender o livre-arbítrio das formas de determinismo que eliminariam o livre-arbítrio genuíno. Isso é louvável.

Além disso, deve ser mencionado que os neoteístas estão corretos em enfatizar que há algumas coisas que são impossíveis para Deus, já que ele decidiu fazer criaturas livres. Ele não pode, por exemplo, forçá-las a escolher algo livremente. Liberdade forçada é uma contradição (v. LIVRE-ARBÍTRIO; MAL, PROBLEMA DO).

Crítica negativa. Os neoteístas devem ser criticados em parte por criar Deus à sua imagem (v. Geisler, toda a obra). Na verdade eles absorveram demais o panenteísmo e estão sujeitos a muitas das mesmas críticas.

O neoteísmo não é bíblico. Já que neoteístas cristãos afirmam aceitar a autoridade da Bíblia, podem ser julgados por seus padrões (Geisler, cap. 4). E a Bíblia, comparada ao neoteísmo, afirma claramente que Deus não muda. O Eu Sou auto-existente (Êx 3.14) das Escrituras diz: "De fato eu, o Senhor, não mudo" (Ml 3.6; Hb 1.12; Tg 1.17), e que conhece "desde tempos remotos, o que ainda virá" (Is 46.10). "É impossível medir o seu entendimento" (Sl 147.5) e, portanto, "predestinou" os eleitos (Rm 8.29; 2Pe 1.2). Ele "não é homem para se arrepender" (1Sm 15.29).

Quando a Bíblia menciona que Deus "se arrepende", isso é apenas do nosso ponto de vista, como quando há arrependimento por parte de um homem (Jn 3). Por exemplo, quando alguém muda de direção depois de pedalar sua bicicleta contra o vento, não foi o vento que mudou. Mesmo os neoteístas admitem que há antropomorfismos na Bíblia.

O neoteísmo é incoerente. Por exemplo, neoteístas acreditam que Deus criou o mundo temporal do nada. Então, ele deve ser anterior ao tempo, e não temporal em si mesmo. Mas os neoteístas negam que Deus seja um Ser atemporal. Isso é incoerente, pois, se Deus criou o tempo, ele não pode ser temporal, assim como Deus não pode ser uma criatura se criou todas as criaturas (v. Geisler, cap. 6).

Da mesma forma, os neoteístas admitem que Deus é um Ser Necessário, embora neguem que seja Realidade Pura. Mas aqui novamente não podem ter as duas escolhas. Pois um Ser Necessário não tem a potencialidade de inexistência. Se tivesse, não seria um Ser Necessário. Porém, se não tem potencialidade de não existir, sua existência deve ser Realidade Pura (sem potencialidade).

Finalmente, se Deus é um Ser Necessário, não pode mudar sua Existência. Pois o Ser Necessário deve ser necessariamente o que é; não pode ser outra coisa. No entanto, os neoteístas afirmam que Deus pode mudar, isto é, ele não é imutável. Mas essas duas coisas afirmadas pelos neoteístas não podem ser verdadeiras.

O neoteísmo mina a infalibilidade. Apesar de muitos neoteístas afirmarem crer que a Bíblia é a Palavra infalível de Deus, isso é incoerente com seus princípios básicos. Se Deus não pode saber o futuro infalivelmente, as previsões bíblicas que envolvem atos livres (que são a maioria) não podem ser infalíveis. Isto é, algumas delas podem estar erradas. Além disso, não temos como saber quais delas estão erradas. Então, o neoteísmo mina a infalibilidade de todas as previsões bíblicas (v. PROFECIA COMO PROVA DA BÍBLIA).

O neoteísmo destrói o teste bíblico acerca dos falsos profetas. A Bíblia declara (em Dt 19.22) que a profecia falsa é o teste do falso profeta. Mas, como foi mencionado, segundo o neoteísmo pode haver previsões falsas na Bíblia. Nesse caso, a falsa predição não pode ser o teste do falso profeta, já que até Deus poderia fazer uma predição falsa.

O neoteísmo mina a confiança em promessas incondicionais. Se o neoteísmo está correto, até as promessas incondicionais não são dignas de confiança, incluindo-se a resposta a orações (v. Geisler, cap. 5, 6). Por mais bem-intencionado que Deus possa ser ao fazer a promessa, se o cumprimento de alguma maneira depende de escolhas humanas livres (o que geralmente ocorre), Deus pode não ser capaz de cumprir sua promessa.

Fontes

De autores neoteístas

G. Boyd, *Trinity and process*.

S. T. Davis, *Lógica e a natureza de Deus*.

C. Pinnock, et al., *The openness of God*.

W. Haskers, *God, time, and knowledge*.

N. Nash, *The concept of God*.

R. Rice, *God's foreknowledge and man's free will*.

R. Swinburne, *The coherence of Theism*

Contra neoteístas

Agostinho, *A cidade de Deus*.

Anselmo, *Proslogio*.

Tomás de Aquino, *Suma teológica*.

J. Calvino, *As Institutas*.

S. Charnock, *Discourse upon the existence and attributes of God*.

R. Garrigou-Lagrange, *God: his existence and nature*.

N. L. Geisler, *Creating God in man's image*.

R. Gruenler, *The inexhaustible God*.

E. Mascall, *He who is*.

H. P. Owen, *Concepts of deity*.

Newman, John Paul. Nasceu em Londres (1801-1890) e foi ordenado pela igreja da Inglaterra em 1825. Foi o mais famoso inglês convertido ao catolicismo romano e um dos maiores apologistas católicos da era moderna. Converteu-se quando era adolescente e cresceu no segmento mais calvinista do anglicanismo. Estudou em Oxford e continuou como preletor no Oriel College. Repelido pelo liberalismo teológico que viu surgir em sua igreja, lançou o Movimento de Oxford ou Movimento dos Panfletos. Quando percebeu que a Igreja Anglicana como um todo não o apoiaria, refugiou-se no catolicismo romano (1845), que ele acreditava oferecer a melhor esperança de vencer o ataque liberal. Ele chegou à posição eclesiástica de cardeal.

Newman produziu várias obras com temas apologéticos. Quando era anglicano, escreveu *Essays on miracles* [Ensaios sobre milagres] e *The arians of the fourth century* [Os arianos do século IV]. Em seu *University sermons* [Sermões da universidade], pregados entre 1826 e 1843, desenvolveu suas posições sobre fé e razão. Em *Essay on the development of Christian doctrine* [Ensaio sobre o desenvolvimento da doutrina cristã] (1845), explicou suas razões para crer que a Igreja Católica Romana era a verdadeira sucessora da igreja primitiva. Seu livro *Idea of a university* [A idéia de uma universidade] foi escrito em 1852. Em 1864, em resposta aos ataques de Charles Kingsley, compôs sua autobriografia, *Apologia pro vita sua*. Sua última obra importante foi *An essay in aid of a grammar of assent* [Um ensaio em auxílio a uma gramática do assentimento],1870.

Posições apologéticas de Newman. Em *Essay on the development of Christian doctrine*, Newman argumentou, contra objeções de liberais a toda religião dogmática, que o assentimento religioso é real. Não é uma idéia passageira. A teologia especulativa, praticada pelos liberais, lidava com lógica e abstrações, mas o crente se apega de todo o coração ao Deus vivo (Dulles, p. 185).

Depois Newman comentou o problema do nível de convicção exigido pela fé e a quantidade de certeza na qual se baseia (v. LESSING, GOTTHOLD). Newman não acreditava na possibilidade de acumular um conjunto de argumentos filosóficos ou históricos que demonstraria que o cristianismo está acima de todos os argumentos possíveis. Acreditava que argumentos puramente objetivos não traziam verdadeira convicção religiosa. Devido ao elemento subjetivo em toda investigação religiosa, Newman preferiu o que se chama "dialética existencial da consciência" (ibid., 186). Nisso ele seguiu Joseph BUTLER no estudo de analogias e probabilidades (v. PROBABILIDADE).

Newman só considerava duas alternativas coerentes com relação à crença em Deus: ATEÍSMO e catolicismo romano. Rejeitava o ateísmo por causa do testemunho da consciência, que segundo ele implicava a existência do Legislador Supremo. No entanto, Newman reconheceu que a ausência de Deus indicava a alienação devida ao pecado e exigia uma maneira divinamente estabelecida de salvação. Essa maneira deve ser acompanhada de uma autoridade de ensino suficiente para resistir à obstinação arbitrária dos seres humanos pecadores. A religião natural (v. NATURAL, TEOLOGIA) antecipa essa religião revelada. Mas ele acreditava que só há uma religião no mundo que supre as aspirações, necessidades e predisposições da fé natural e da devoção (ibid., p. 187).

Em *An essay in aid of a grammar of assent* (cap. 10, parte 2), Newman estabeleceu um argumento histórico impressionante baseado na convergência de probabilidades. Concluiu que o cristianismo é mais provável que outras religiões pela convergência de probabilidades que dão origem à certeza moral (v. CERTEZA/ CONVICÇÃO). Primeiro, a história dos judeus mostra o exemplo de monoteísmo extraordinariamente forte diante da idolatria persistente. O cristianismo é o cumprimento das expectativas messiânicas de Israel e concorda com a previsão de Jesus de que ele encheria a terra e a dominaria.

Newman argumenta com mais detalhes em *Apologia pro vita sua* a favor da dimensão católica de sua apologética. Ele insiste em que, se a revelação divina fosse entregue ao domínio da razão humana, inevitavelmente se deterioraria e dissolveria em caos e confusão (ibid., p. 188). Na opinião dele apenas uma autoridade viva e infalível poderia interromper esse processo de declínio. No seu *Essay on the development of Christian doctrine*, tentou mostrar como a Igreja Católica seguiu uma linha de desenvolvimento que manifesta sua continuidade com a revelação original dada na Bíblia.

Avaliação. A apologética de Newman é valiosa para católicos e protestantes. Algumas características positivas incluem o apelo à evidência objetiva e histórica (v. APOLOGÉTICA HISTÓRICA), a disposição de discutir a dimensão subjetiva e moral e a ênfase na certeza moral que resulta de probabilidades convergentes.

Do lado negativo, Newman não formula uma defesa convincente a favor da singularidade do catolicismo como uma barreira ao liberalismo. O protestantismo conservador, mesmo sem o suposto magistério infalível, teve muito mais sucesso na defesa de suas posições (v. Geisler, cap. 11). Além disso, a tese de Newman sobre o desenvolvimento histórico da doutrina não tem base nas Escrituras nem nos pais da Igreja e é contrária aos pronunciamentos supostamente infalíveis do Concílio de Trento (v. Geisler, cap. 10).

Fontes
A. Dulles, *A history of apologetics*.
N. L. Geisler e R. MacKenzie, *Roman catholics and evangelicals: agreements and differences*.
J. H. Newman, *An essay in aid of a grammar of assent*.
___, *Apologia pro vita sua*.
___, *Essay on the development of Christian doctrine*
G. Salmon, *The infallibility of the church*.

Nietzsche, Friedrich. Um dos ateus mais vívidos e convincentes (v. ateísmo) de todos os tempos (1814-1900). Sua rejeição a Deus foi instintiva e incisiva (v. Deus, supostas refutações de). Com a negação de Deus, Nietzsche negou todo valor objetivo baseado nele. Logo, sua visão é uma forma de niilismo. Apesar de ter sido criado no lar de um pastor luterano, Nietzsche reagiu violentamente contra seu treinamento religioso. Sua mãe, tia e irmãs o criaram desde criança, após a morte de seu pai.

Deus e o mito de Deus. Nietzsche baseou sua crença de que Deus jamais existiu em vários pontos fundamentais (*Além do bem e do mal*, p. 23). Ele argumentou que o Deus do teísta deveria ser autocausado, o que é impossível (v. Deus, objeções à provas de). O mal no mundo eliminaria ainda mais o Criador benevolente (v. mal, problema do). Nietzsche julgou que a base para a crença em Deus era puramente psicológica (v. Freud, Sigmund). Nietzsche exortou: "Rogo-vos, meus irmãos, permanecei fiéis à terra, e não creiais naqueles que vos falam de esperanças de outros mundos!". Acrescentou:

> No passado o pecado contra Deus era o maior pecado; mas Deus morreu, e esses pecadores morreram com ele. Agora pecar contra a terra é a coisa mais terrível (*Assim falava Zaratustra*, p. 125).

Nietzsche acreditava que o mito "Deus" já havia sido importante. Foi o modelo pelo qual a Europa medieval e da Reforma baseou sua vida. Essa cultura, no entanto, estava em decadência. A modernidade havia alcançado a humanidade da presente época, que não podia mais acreditar em Deus. "Deus está morto!", clamou Nietzsche. A humanidade moderna precisa enterrar Deus e continuar.

O mundo. Já que Deus não existe, só existe o mundo. A matéria está em movimento, e a vida se move em ciclos (v. materialismo; naturalismo). O mundo é real, e Deus é ilusão. Não há Deus ao qual devamos ser fiéis. Logo, cada pessoa é exortada a "permanecer fiel à terra". Pois Nietzsche via Deus "como a declaração de guerra contra a vida, contra a natureza [...] a deificação do nada, a vontade do nada considerado santo" (ibid., p. 92-4).

História e destino. A história humana, como o destino humano, é cíclica. Nietzsche rejeitou qualquer noção cristã da história dotada de objetivo ou de um *eschaton* a favor da recorrência cíclica de estilo oriental. A história não caminha a lugar algum. Não há objetivos finais para alcançar, nenhum paraíso a reconquistar. Há apenas a vida individual para viver pela coragem e criatividade. A humanidade cria seu destino aqui, e não há pós-vida — exceto a eterna recorrência da mesma situação. Os super-homens são os gênios que formam o destino. "Eles dizem: 'Assim será!' Determinam o 'se' e o 'para que fim' da humanidade [...] Seu saber é seu criar" (*Além do bem e do mal*, p. 18-9).

Ética. A percepção chocante da morte de Deus levou Nietzsche à conclusão de que todos os valores e absolutos baseados em Deus também estavam mortos (v. moralidade, natureza absoluta da). Logo, Nietzsche rejeitava todos os valores judaico-cristãos tradicionais de maneira quase violenta. Nietzsche questionou até princípios gerais, tais como "não ferir outro homem" (*Além do bem e do mal*, p. 186-7). Ridicularizou o princípio cristão de amor: "Por que, seus idiotas [...] 'Que tal louvar aquele que sacrifica a si mesmo?'" (ibid., p. 220). Na verdade, o cristianismo "é a maior de todas as corrupções imagináveis [...] eu o denomino mancha imortal da humanidade." (*O anticristo*, p. 230).

No lugar dos valores cristãos tradicionais, propôs que as pessoas modernas fossem "além do bem e do mal". Sugeriu a transavaliação que rejeitaria as virtudes "suaves" e femininas do amor e da humildade e se apoderaria das virtudes "duras" e masculinas da severidade e da desconfiança (*Além do bem e do mal*, toda a obra).

Seres humanos. Não há pós-vida, então tudo o que a pessoa puder fazer para superar os limites da mortalidade pessoal é desejar a recorrência eterna da mesma situação (v. imortalidade). Isto é, deve desejar voltar e viver a mesma vida vez após vez. Já que não há Deus e não há valores objetivos para descobrir, a raça humana deve criar os próprios valores. A falta de sentido e conteúdo da vida deve ser superada. Os que a superam são "super-homens".

Avaliação. Todos os ateus compartilham os elementos básicos da posição de Nietzsche. Sua alegação de que nenhum Deus existe é refutada por forte evidência da existência de Deus (v. cosmológico, argumento; moral a favor de Deus, argumento; teleológico, argumento). As objeções a esses argumentos são respondidas em outro artigo (v. Deus, objeções às provas de). Como acontece com o ponto de vista de Freud, a posição de Nietzsche de que Deus é uma ilusão é infundada. Seu relativismo moral não pode resistir à força lógica do absolutismo moral. Tanto a visão materialista (v. materialismo) do universo (v. naturalismo) quanto sua eternidade são contrárias a bons argumentos científicos (v. Big-bang) e filosóficos (v. kalam, argumento cosmológico).

Fontes

J. Collins, *A history of modern European philosophy*, cap. 18.

N. L. Geisler e W. Watkins, *Ethics: options and issues*, cap. 2.

___, *Worlds apart: a handbook on world views*, cap. 2.

R. G. Hollindale, *Nietzsche: the man and his philosophy*.

K. Jaspers, *Nietzsche uns das christentum*, E. B. Ashton, trad.

W. Kaufmann, *The portable Nietzsche*.

F. Nietzsche, *O anticristo*.

___, *Além do bem e do mal*.

___, *Genealogia da moral*.

___, *The Will to Power*.

___, *Assim falava Zaratustra*.

niilismo. *Niilismo* vem do latim *nihil*, que significa "nada", e expressa a negação de toda existência ou valor (v. Nietzsche, Friedrich). Ao rejeitar valores, o niilismo é antinômico ou contraditório. No entanto, mesmo a maioria dos relativistas (v. moralidade, natureza absoluta da) ou situacionistas não nega todo e qualquer valor, apenas todos os valores *absolutos*. Niilistas menos rígidos negam apenas que qualquer valor supremo ou absoluto exista. O único valor que existe é o que nós criamos. Não há valor objetivo a ser descoberto.

A negação de toda existência é contraditória, já que é preciso existir para negar toda existência. Quem não existe não nega nada.

Da mesma forma, a negação de todo valor é incoerente, já que a própria negação envolve a crença de que há valor nessa negação. Os niilistas valorizam sua liberdade de ser niilistas. Logo, não podem escapar à afirmação implícita de valor, mesmo quando o negam explicitamente.

Noé, arca de. V. dilúvio de Noé.

noéticos do pecado, efeitos. Alguns teólogos se opõem a qualquer forma de apologética racional ou evidencial (v. apologética, tipos de), alegando que o pecado corrompeu tanto a mente humana que não é possível que a humanidade caída entenda a revelação de Deus adequadamente nem raciocine corretamente. Essas objeções estão baseadas numa compreensão específica da teologia reformada e são expressas por teólogos como Søren Kierkegaard (1813-1855), Herman Dooyeweerd (1894-1977) e Cornelius Van Til (1895-1987). Outros cristãos reformados e apologistas clássicos (v. clássica, Apologética) rejeitam essa dicotomia, afirmando que, apesar de o pecado destruir a imagem de Deus na humanidade e a revelação geral, ele não as apaga.

Pecado e a mente. *João Calvino*. Reformadores protestantes enfatizam os efeitos noéticos do pecado. João Calvino (1509-1564) foi rápido em demonstrar que a depravação da vontade humana obscurece a capacidade de entender e responder à revelação natural de Deus. Escreveu:

A idéia da natureza dele [de Deus] não é clara a não ser que o reconheça como origem e fundação de toda bondade. Logo, surgiria a confiança nele e o desejo que apegar-se a ele, se a depravação da mente humana não a afastasse do curso adequado de investigação (*Institutas*, 1.11.2).

Calvino acreditava que a Certeza completa (v. certeza/convicção) só vem pelo Espírito Santo (v. Espírito Santo na apologética, papel do) agindo por meio dessa evidência objetiva para confirmar no coração da pessoa que a Bíblia é a Palavra de Deus. Ele escreveu:

Nossa fé na doutrina só é estabelecida quanto temos a convicção perfeita de que Deus é seu Autor. Logo, a maior prova da Escritura é uniformemente tirada do caráter daquele a quem palavra pertence (v. Bíblia, evidências da).

Nossa convicção da verdade das Escrituras deve ser derivada de uma fonte maior que conjecturas, julgamentos ou razões humanas; a saber, o testemunho secreto do Espírito" (ibid., 1.7.1, v. 1.8.1).

É importante lembrar, no entanto, como R. C. Sproul demonstra, que "o *testimonium* não é colocado contra a razão como forma de misticismo ou subjetivismo. Mas vai além e transcende a razão".

Nas palavras de Calvino:

Mas respondo que o testemunho do Espírito é superior à razão. Pois somente Deus pode testemunhar adequadamente a favor de suas palavras, de modo que essas palavras não obterão crédito total no coração dos homens até que sejam seladas pelo testemunho interior do Espírito (citado por Sproul, ibid.).

É Deus agindo por meio da evidência objetiva que nos dá certeza subjetiva de que a Bíblia é a Palavra de Deus (v. BÍBLIA, EVIDÊNCIAS DA).

Cornelius VAN TIL. Uma das expressões modernas mais fortes da destruição da mente pela depravação está na obra de Van Til. Ele disse que o incrédulo tem dentro de si o conhecimento de Deus por causa da criação à imagem de Deus. E, diz no parágrafo seguinte: "Mas essa idéia de Deus é suprimida pelo seu falso princípio, o princípio da autonomia" (*In defense of the faith* [Em defesa da fé], p. 170). É esse princípio que constitui a analogia do "visão distorcida" de Van Til, pelo qual todo conhecimento do incrédulo é distorcido e falso. A doutrina da depravação radical implica na crença de que toda atividade interpretativa incrédula resulta em conclusões falsas.

Argumentos nas Escrituras. A posição de que o pecado corrompe a capacidade humana de entender a revelação de Deus ou receber sua graça redentora geralmente busca o apoio de certas passagens bíblicas.

Mortos no pecado. Paulo usa a linguagem figurada de que os incrédulos estão "mortos" nos seus pecados (Ef 2.1). Com isso se conclui que os mortos não ouvem nem vêem a revelação geral de Deus. Não a conhecem até que são regenerados pelo Espírito Santo. Geralmente Paulo é citado ao dizer: "Quem não tem o Espírito não aceita as coisas que vêm do Espírito de Deus, pois lhe são loucura; e não é capaz de entendê-las, porque elas são discernidas espiritualmente" (1Co 2.14).

Sabedoria do mundo não alcança a Deus. Paulo escreveu que o mundo, pela sua sabedoria, não conheceu a Deus (1Co 1.21). Isso não pode significar que não haja evidência da existência de Deus, já que Paulo declarou em Romanos 1.19,20 que a evidência da existência de Deus é tão clara que os pagãos são "indesculpáveis". O contexto de 1 Coríntios não é a existência de Deus, mas seu plano de salvação na cruz. Isso não pode ser conhecido pela mera razão, mas apenas pela revelação divina. É "loucura" para a mente humana depravada. Finalmente, ainda em 1 Coríntios, Paulo dá sua maior evidência apologética para a fé cristã — o testemunho ocular da ressurreição de Cristo, que seu companheiro Lucas denominou "muitas provas indiscutíveis" (At 1.3). Portanto, sua referência ao mundo que pela sabedoria não conhece a Deus não é uma referência à incapacidade dos seres humanos para conhecer a Deus por meio da evidência que ele revelou na criação (Rm 1.19,20) e na consciência (Rm. 2.12-15). Antes trata-se de uma referência à rejeição humana, insensata e depravada da mensagem da cruz. Apesar de cada pessoa saber claramente por meio da razão humana que Deus existe, a depravação "detém", ou "suprime", essa verdade pela injustiça (Rm 1.18).

Sem fé... "Sem fé é impossível agradar a Deus" (Hb 11.6) parece argumentar contra a necessidade da razão. Na verdade, parece que pedir razões, em vez de simplesmente acreditar, desagrada a Deus. Mas Deus nos chama a usar a razão (1Pe 3.15; v. APOLOGÉTICA, NECESSIDADE DA). Na verdade, ele deu "claramente" (Rm 1.20) "provas indiscutíveis" (At 1.3). O texto de Hebreus não exclui "evidência", mas na verdade a subentende. Pois a fé é a "certeza" das coisas que não vemos (Hb 11.1). Assim como a certeza de que alguém é uma testemunha confiável justifica minha crença no testemunho dela, nossa fé em "coisas que não vemos" (Hb. 11.1) é justificada pela evidência que temos de que Deus existe, que é vista claramente, sendo percebida "por meio das coisas criadas" (Rm 1.20).

Aquele que não pode entender. Paulo insistiu em que "Quem não tem o Espírito não aceita as coisas que vêm do Espírito de Deus" (1Co 2.14). Então, para que serve a apologética? Eles nem podem conhecer a Deus! Mas Paulo não diz que o homem natural não pode perceber a verdade sobre Deus. O apóstolo diz que ele não o recebem (gr. *dechomai,* "dar as boas-vindas"). Paulo declarou enfaticamente que as verdades básicas sobre Deus "têm sido vistas claramente" (Rm 1.20). O problema não é que os incrédulos não estejam cientes da existência de Deus, mas que não querem *aceitá-lo* por causa das conseqüências morais que isso teria em sua vida pecaminosa. Eles não "conhecem" (gr. *ginoskō,* que freqüentemente significa "saber por experiência"). Eles *conhecem* a Deus na mente (Rm 1.19,20), mas não o aceitaram no coração (Rm 1.18). "Diz o tolo em seu coração: Deus não existe" (Sl 14.1).

Resposta. O próprio Van Til percebeu a tensão em sua posição. Ele fala disso como uma "questão difícil", à qual "não podemos dar uma explicação totalmente satisfatória" (*Introduction to systematic theology* [*Introdução à teologia sistemática*], p. 15). Na verdade, se seres humanos pecadores realmente vissem tudo com a "visão distorcida", de modo que não pudessem entender a verdade da revelação geral ou do evangelho, não seriam moralmente responsáveis.

Calvino jamais acreditou nos efeitos noéticos do pecado, a ponto de afirmar que nenhuma pessoa incrédula poderia entender a revelação de Deus. Na realidade, Calvino insistiu em que "existe na mente humana, e na verdade por instinto natural, um senso de divindade" (*Institutas.* 1.3.1). Ele argumentou que "não há nação tão bárbara, nem raça tão bruta, que não esteja impregnada com a convicção de que há um Deus" (ibid.). Esse "senso de divindade está tão naturalmente gravado no coração humano que até os depravados são forçados a reconhecê-lo" (*Institutas*, 2.4.4). Calvino foi além, afirmando que a essência invisível e incompreensível de Deus foi manifesta nas obras de Deus, junto com provas da IMORTALIDADE da alma (*Institutas*, 1.5.1-2). Pois

> em cada uma das suas obras sua glória está gravada em letras tão brilhantes, tão distintas e tão ilustres, que ninguém, por mais obtuso e ignorante, pode alegar ignorância como desculpa (ibid.).

Ao comentar Romanos 1.20,21, Calvino conclui que Paulo ensina que Deus

> apresentou à mente de todos a maneira de conhecê-lo, tendo se manifestado por meio de suas obras, de forma que elas devem necessariamente ver aquilo que elas mesmas não procuram saber — que há um Deus (*New Testament commentaries: Epistles of Paul to the Romans and Thessalonians*).

Para Calvino, esse conhecimento inato de Deus inclui o conhecimento de sua lei justa. Ele acreditava que, já que "os gentios têm a justiça da lei naturalmente gravada em sua mente, não podemos dizer que são totalmente cegos à regra da vida" (*Institutas*, 1.2.22). Ele chama essa consciência moral "LEI NATURAL", que é suficiente para a condenação, mas não para a salvação (ibid.). Por meio dessa lei natural, "o julgamento da consciência" é capaz de distinguir entre o que é justo e injusto (*New Testament commentaries: Epistles of Paul to the Romans and Thessalonians*, p. 48). Por causa das letras brilhantes da glória de Deus, a maioria das pessoas tem as mesmas idéias básicas sobre o que é certo e o que é proibido. É evidente que Deus deixou "provas" de si mesmo para todos, tanto na criação quanto na consciência (ibid, p. 48).

Posição extrema de VAN TIL. Até os discípulos de Van Til tinham sérias reservas quanto à sua posição sobre a destruição total da razão pelo pecado. John Frame responde que "negar a restrição [da graça comum], como Van Til parece fazer no contexto atual, é negar a própria graça comum" (Frame, p. 194). Ele acrescenta que a antítese de Van Til da mente com e sem Cristo exige qualificação considerável. Tal antítese pareceria sugerir que o incrédulo erra a cada afirmação feita. A depravação não funciona necessariamente dessa maneira. A formulação também sugere que a deficiência especificamente intelectual da depravação humana aparecerá de forma inevitável no que o incrédulo diz, faz ou cria, antes que na direção de sua vida. Isso também não significa que a própria negação da verdade pelo incrédulo seja, de certa forma, a afirmação dela (Frame, p. 207).

Frame acrescenta que é simplista afirmar que os efeitos *noéticos do pecado* resultam numa falsificação proposicional de toda afirmação do incrédulo (ibid., 211).

O próprio Van Til oferece afirmações que não se ajustam à antítese. Ele argumenta

> que apresentamos a mensagem e a evidência da posição cristã da maneira mais clara possível, sabendo que, pelo fato de o homem ser o que o crente diz que ele é, o incrédulo será capaz de entender no sentido intelectual as questões envolvidas ("My credo").

Mas como o incrédulo pode entender as questões, mesmo no sentido intelectual, se não há nada em comum, nem conhecimento de qualquer tipo — se ele vê tudo com a visão distorcida?

As Escrituras declaram claramente que os seres não-regenerados são "indesculpáveis" (Rm 1.19,20; 2.12-15). Adão e Eva estavam "mortos em [...] transgressões e pecados" (v. Ef 2.1) no mesmo instante que comeram o fruto proibido (Gn 3.6; Rm 5.12). Mas ouviram e entenderam Deus falando com eles (Gn 3.9-19).

Um erro comum do pressuposicionalismo reformado é a má interpretação da linguagem figurada de "mortos" como o equivalente de espiritualmente "aniquilados", erro que, felizmente, não cometem quando falam da segunda morte (Ap 20.14). A morte nas Escrituras é mais bem entendida em termos de separação, não de aniquilação (v. ANIQUILACIONISMO). O profeta disse: "Mas as suas maldades separam vocês do seu Deus" (Is 59.2). "Mortos" não é a única linguagem figurada usada na Bíblia para descrever a humanidade pecaminosa. Doença, cegueira, poluição e defeito também são usados. Mas nenhuma delas implica uma pessoa totalmente incapaz de entender a revelação de Deus.

Outros teólogos reformados não-pressuposicionais, tais como Jonathan Edwards, B. B. WARFIELD, John Gerstner e R. C. Sproul também acreditam firmemente na depravação total sem aceitar essa posição distorcida dos efeitos noéticos do pecado. A depravação total pode ser compreendida como a incapacidade de iniciar ou obter a salvação sem a graça de Deus.

Nessa mesma conexão, os pressuposicionalistas (v. APOLOGÉTICA PRESSUPOSICIONAL) reformados geralmente interpretam mal 1 Coríntios 2.14, dizendo que o texto significa que incrédulos não podem sequer entender a verdade de Deus antes de serem regenerados. Além da dificuldade óbvia de que os incrédulos teriam de ser salvos antes de crer — o oposto do que as Escrituras dizem em João 3.16,36; Atos 16.31 e Romanos 5.1 —, essa é uma má interpretação da passagem. E não adianta afirmar que eles são regenerados antes de ser salvos (justificados), já que a pessoa é colocada no Reino de Deus pela regeneração (Jo 3.3; Tt 5.5). Como Fred Howe observou, a palavra grega para "receber", *dechomai*, significa "dar as boas-vindas". Isso não significa que não entendam. Eles claramente entendem (Rm 1.19,20), mas não estão dispostos a receber as verdades de Deus (Howe, p. 71-2). Conseqüentemente, não as conhecem por experiência. Eles as conhecem apenas na mente, não no coração. A incompre-ensão dessas verdades leva à má interpretação dos efeitos do pecado.

Limites da razão. Seguindo o filósofo judeu Moisés MAIMÔNIDES (1135-1204), TOMÁS DE AQUINO (1224-1274) estabeleceu cinco razões pelas quais devemos passar a crer e mais tarde talvez possamos dar boa evidência. Devemos crer porque

1. essas verdades são profundas e sutis e separadas de nossos sentidos;
2. a mente é fraca para entender coisas novas;
3. vários fatos precisam ser reunidos para que provas conclusivas se desenvolvam;
4. alguns não possuem o temperamento científico para estudar conceitos filosóficos;
5. temos mais que fazer na vida que apenas pensar.

Fica claro que, se fosse preciso total compreensão para chegar a Deus, poucos poderiam organizar os passos necessários ao conhecimento, e só depois de muito tempo. De modo que a fé, que dá acesso à salvação a qualquer momento, é um grande benefício (Aquino, *Da verdade*, 14.10, resposta). Portanto, para a convicção de coisas divinas, a fé é necessária.

Aquino afirmou:

A mente do homem é muito limitada com relação às coisas de Deus. Olhe para os filósofos; mesmo enquanto analisavam questões sobre o homem, erraram em vários pontos e defenderam posições contraditórias. Portanto, para que o conhecimento de Deus, certo e seguro, pudesse estar presente entre os homens, era necessário que as coisas divinas fossem ensinadas por meio da fé, tal como disse a Palavra de Deus, que não pode mentir (Aquino, *Suma teológica*, 2a2ae. 2, 4, 6).

A mente investigadora não entenderá as coisas de Deus, disse Aquino. Um sinal da deficiência humana em entender o divino está no fato de que filósofos não podem entender assuntos humanos sem erro. Portanto, era necessário que Deus transmitisse verdades divinas por meio da fé, entregues aos seres humanos pelo Deus que não pode mentir (ibid., 2a2ae. 2, 4).

A graça, portanto, é necessária para transpor os efeitos noéticos do pecado. Aquino concluiu que Deus precisa ajudar o homem com a graça reabilitadora. Não podemos amar a Deus nem ao próximo sem a graça. Não podemos nem mesmo crer. Mas com a graça temos esse poder. Como Agostinho diz, todos os que recebem esse auxílio de Deus o recebem pela misericórdia; todos que não o recebem não o recebem pela justiça, por causa do pecado original e pessoal (ibid., 2a2ae. 2, 6 ad 1). No entanto, Aquino não acreditava que o pecado houvesse destruído completamente a habilidade racional humana. Antes "o pecado não pode destruir a racionalidade do homem completamente, senão ele não seria mais capaz de pecar" (ibid., 1a2ae. 85, 2).

Efeitos proporcionais do pecado. Segundo Emil BRUNNER (1889-1966), os efeitos noéticos do pecado são manifestos na mente em proporção direta à distância de uma disciplina de natureza religiosa. Os efeitos do pecado original são mais evidentes, por exemplo, na filosofia que na economia. Já que a disciplina da teologia é a mais religiosa, há maior área de discordância com os incrédulos. Brunner via a cosmovisão religiosa como progressivamente menos importante na ética, na psicologia/ sociologia, na física e ainda menos importante na matemática. Isto é, na matemática os cristãos e não-cristãos têm a menor discordância e na ética, a maior discordância.

Conclusão. O pecado afeta toda a pessoa — mente, emoções e vontade. Os seres humanos são *radicalmente depravados* em sua existência. Outra maneira de dizer isso é que são *extensivamente* afetados pelo pecado. Mas os seres humanos não são totalmente depravados no sentido *intensivo*, já que o pecado não destrói a imagem de Deus (v. Gn 9.6; Tg 3.9). A imagem de Deus é obscurecida, mas não apagada.

Assim, a revelação pode ser percebida, mesmo que não seja recebida de bom grado por criaturas depravadas, sem a obra do Espírito. Não há conhecimento certo e salvífico de Deus sem a sua revelação especial nas Escrituras e sem a graça especial do Espírito Santo aplicando as Escrituras e convencendo a pessoa do pecado, da necessidade e da verdade na revelação geral e especial. A revelação geral sozinha (v. REVELAÇÃO GERAL), no entanto, é suficiente para revelar a Deus, se alguém realmente quiser vê-lo; portanto os perdidos são justamente condenados por não receberem o que viram claramente (Rm 1.20).

Fontes

E. Brunner, *Revelation and reason.*
J. Calvino, *Institutas da religião cristã.*
___, *New Testament commentaries: Epistles of Paul to the Romans and Thessalonians.*
J. Frame, *Cornelius Van Til: an analysis of his thought.*
F. Howe, *Challenge and response.*
K. Kantzer, *John Calvin's theory of the knowledge of God and the Word of God.*
Tomás de Aquino, *Da verdade.*
___, *Suma contra os gentios.*
___, *Suma teológica.*
Van Til, Cornelius, *In defense of the faith.*
___, *Introduction to systematic theology.*

nominalismo. *Nominalismo* é a teoria segundo a qual nem conceitos universais nem essências são reais (v. REALISMO), isto é, não têm existência além da mente. Tudo é individual. Um conceito universal é um conceito geral ou de classe que inclui todos os indivíduos. A classe é um conceito abstrato que existe apenas na mente (v. EPISTEMOLOGIA; PRIMEIROS PRINCÍPIOS).

Humanidade é o conceito geral que inclui todos os seres humanos individuais. Mas os nominalistas insistem em que a humanidade não existe; apenas indivíduos existem. O triângulo é um conceito universal, mas também existe apenas na mente. Na realidade apenas coisas individuais com formato triangular existem.

Natureza do nominalismo. O nominalismo pode ser mais bem visto em comparação com idéias opostas. Seguindo Platão, o teólogo medieval Gilbert de Porree afirmou que conceitos universais são *coisas reais*. Do outro lado do espectro, o pensador medieval Roscellinus (1050-1125) afirmou que conceitos universais são *um mero sinal*, "um eco da voz". Pedro Abelardo (1079-1142) afirmou que conceitos universais são *substantivos* formados por uma confusão de idéias individuais. Guilherme de Occham (1280-1349) foi um verdadeiro nominalista. Para ele, conceito universal é um *mero conceito abstrato na mente*. John Duns Scotus (1266-1308) acreditava que conceitos universais são *vínculos* ou *naturezas comuns* que em si mesmos não são nem universais nem individuais. A natureza como tal é neutra; pode ser generalizada pela mente ou concretizada com a "isto-ice". Tomás de Aquino (1224-1274) mantinha uma posição realista (v. REALISMO), declarando que um conceito universal é *existência mental*. É uma forma existente na mente, mas arraigada na realidade.

Problemas com o nominalismo. Do ponto de vista realista, o nominalismo tem problemas, alguns com conseqüências sérias para as doutrinas cristãs importantes.

O nominalismo leva ao ceticismo. Se não há base na realidade para nossas idéias gerais, palavras não nos dizem nada sobre a realidade. Devemos permanecer céticos sobre o mundo real. Mas o ceticismo completo (v. AGNOSTICISMO) é incoerente. Se suspendesse o julgamento sobre a própria afirmação central, como exige que façamos com tudo mais, o cético teria de ser cético com relação ao ceticismo. Isso destruiria a base do ceticismo.

O nominalismo leva ao relativismo moral. Se conceitos universais não têm base no mundo real, não pode haver nenhum valor moral universal. Tudo seria simplesmente individual ou situacionista. Não haveria nada que se devesse fazer em cada circunstância (tal como ser amoroso ou justo). Mas a negação de todos os absolutos é incoerente (v. MORALIDADE, NATUREZA ABSOLUTA DA), pois a afirmação de que a pessoa *não deve* acreditar em absolutos morais é em si um absoluto moral.

O nominalismo leva à heresia. Todos os cristãos ortodoxos acreditam que Deus tem uma essência ou natureza e que Cristo tem duas naturezas (v. TRINDADE). No entanto, se os nominalistas estiverem corretos, Deus não tem natureza. Da mesma forma, Cristo não poderia ter uma natureza humana e outra divina, como os credos afirmam (v. CRISTO, DIVINDADE DE). Logo, o nominalismo é uma negação do cristianismo histórico e ortodoxo dos credos.

O nominalismo reage excessivamente ao platonismo. Platão (428-348 a.C.) acreditava que tudo o que existe é parte da essência ou forma eterna. Os nominalistas negam tais essências imutáveis, afirmando que tudo é específico ou individual. Eles não reconhecem, no entanto, que essas não são as únicas opções. Aquino demonstrou que, apesar de conceitos universais existirem na mente como abstrações individuais, eles estão arraigados na realidade. Não há entidade como a natureza humana. Contudo, cada ser humano compartilha características essenciais (= natureza ou essência). Portanto, a abstração referente ao que chamamos "humanidade" não é apenas o nome; é referência à relação que existe verdadeiramente na realidade.

Fontes

E. Gilson, *The history of Christian philosophy in the Middle Ages.*
J. F. Harris, *Against relativism.*
J. P. Moreland, *Universals, qualities, and quality-instances.*
Guilherme de Occham, *Ockham: philosophical writings.*
W. V. Quine, *From a logical point of view.*
Tomás de Aquino, *Suma teológica.*

Nostradamus. O francês Michel de Notredame ou Nostredame (1503-1566) era conhecido pelo nome latino Nostradamus. Formou-se na Universidade de Montpellier, na França, e foi físico e astrólogo. Publicou um livro de profecias rimadas intitulado *Centúrias* (1555). Alega-se que ele previu precisamente a morte de Henrique II da França e muitas outras coisas.

Segundo Andre Lamont, *Nostradamus sees all* [*Nostradamus vê tudo*] ("Prefácio", 2.ª ed.), "ele entendia das artes da astronomia, cabala, astrologia, alquimia, mágica, matemática e medicina".

As previsões de Nostradamus. Alguns críticos do cristianismo exaltam Nostradamus como exemplo de alguém que fez previsões do nível das profecias da Bíblia, cancelando assim a reivindicação de singularidade sobrenatural atribuída à profecia bíblica (v. PROFECIA COMO PROVA DA BÍBLIA). Todavia, quando investigadas, não fazem jus a essa afirmação. As previsões de Nostradamus demonstram sinais de uma fonte ocultista e podem ser explicadas por processos puramente naturais.

O grande terremoto na Califórnia. Nostradamus supostamente previu um grande terremoto na Califórnia no dia 10 de maio de 1981. Isso foi relatado no dia 6 de maio de 1981, no jornal USA *Today*. Mas esse terremoto não ocorreu. Na verdade, Nostradamus não mencionou nenhum país, cidade ou ano. Ele escreveu apenas de um "terremoto" numa "nova cidade" e sobre um "grande terremoto" no dia 10 de maio [sem ano].

A ascensão de Hitler. Lamont afirma que Nostradamus profetizou "a vinda de Hitler e do nazismo num mundo dividido" (Lamont, p. 252). Entretanto, Hitler não é mencionado, e a previsão não fornece datas e é vaga: "Seguidores de seitas, grandes infortúnios aguardam o Mensageiro. Uma besta no teatro prepara a peça cênica. O inventor desse feito maligno será famoso. Pelas seitas o mundo será confundido e dividido" (ibid.). Nesse contexto há uma referência a "Hister" (não Hitler) por Nostradamus (C4Q68), que é obviamente um lugar, não uma pessoa. A tentativa de remontar esses dados ao seu nome e cidade natal é exagerada. Além disso, Hitler cresceu em Linz, Áustria, não num lugar chamado Hister.

A quadra 2-24 apresenta:

Bestas loucas de fome nadarão através de rios.
Grande parte do exército estará contra o baixo Danúbio [*Hister sera*].
O grande será arrastado numa jaula de ferro enquanto o irmão mais novo [*de Germain*] não observará nada.

Isso é supostamente uma profecia relativa a Adolf Hitler. Conforme os seguidores de Nostradamus, a parte baixa do Danúbio é conhecida como "*Ister*" ou "*Hister*" (Randi, p. 213), que parece ser próximo o suficiente de Hitler para os propósitos deles.

No entanto, a inversão do "t" e do "s" (*Hitser*) e a substituição do "s" pelo "l" (*Hitler*) em *Hister* são totalmente arbitrárias. Em outra quadra (4-68), Nostradamus menciona o baixo Danúbio junto com o Reno (*De Ryn*). Mas, se *Hister* refere-se a Hitler, a que *De Ryn* se refere? Os seguidores de Nostradamus são incoerentes, tratando um rio como anagrama e o outro rio literalmente. A expressão latina *de Germain* deveria ser interpretada por "irmão" ou "parente próximo", não "Alemanha" (Randi, p. 214). Ainda que essas interpretações altamente questionáveis sejam aceitas, a profecia permanece ambígua. O que querem dizer "bestas" e a "jaula de ferro"? Dizer que Adolf Hitler ("o grande") será "arrastado numa jaula de ferro" enquanto a Alemanha "não observará nada" é tão ambíguo e confuso que torna toda a profecia sem sentido.

A quadra 4068 também refere-se supostamente a Hitler:

No ano muito próximo, perto de Vênus,
Os dois maiores da Ásia e África do Reno e do baixo Danúbio,
que se dirá terem chegado,
Choro, lágrimas em Malta e na costa da Ligúria.

Como no exemplo anterior, "baixo Danúbio" é interpretado como "Hitler". "Os dois maiores da Ásia e África" são interpretados como Japão e Mussolini, respectivamente. Assim, a segunda e a terceira linha referem-se à Aliança Tripartite entre Japão, Itália e Alemanha. O quarto é interpretado como referência ao bombardeio de Malta e ao bombardeio de Gênova (Randi, p. 215).

Além das razões dadas acima, essa profecia afirma que tais eventos aconteceriam num "ano muito próximo", mas a Aliança Tripartite (1941) aconteceu quase quatrocentos anos depois da previsão. Não fica claro como a Ásia poderia referir-se ao Japão, e muito menos como a África poderia referir-se a Mussolini ou à Itália. Novamente os seguidores de Nostradamus são incoerentes, pois interpretam Ásia, África e o baixo Danúbio figurativamente, sem dar a interpretação correspondente para o Reno. Finalmente, essa profecia é ambígua. Poderia ser interpretada de várias maneiras para cumprir diversos eventos diferentes.

A Segunda Guerra Mundial. Segundo Lamont, Nostradamus previu que, depois da Primeira Guerra Mundial, a Guerra Civil espanhola e outras guerras, uma mais terrível ocorreria — a Segunda Guerra Mundial, com seu conflito aéreo e sofrimento. Mas nenhum desses detalhes é fornecido. A profecia é tipicamente vaga, e o evento a que ela supostamente se refere poderia ser facilmente previsto sem qualquer poder sobrenatural. A passagem diz simplesmente:

> Após uma grande exaustão humana, outra maior está sendo preparada. À medida que o grande motor renova os séculos, uma chuva de sangue, leite, fome, ferro e peste [virá]. No céu será visto fogo com grandes faíscas (Lamont, p. 168).

Avaliação. As previsões de Nostradamus são gerais, vagas e explicáveis de maneira puramente natural. Além disso, Nostradamus demonstra sinais claros de influência demoníaca e ocultista (v. MILAGRES, MÁGICA E).

Falsas profecias. Um sinal evidente do falso profeta é a falsa profecia (v. Dt 18). Se as previsões de Nostradamus forem consideradas literalmente, muitas são falsas. Se não são, então podem preencher muitos "cumprimentos". Como John Ankerberg disse, "é fato inegável que Nostradamus fez várias profecias falsas" (Ankerberg, p. 340). Ericka Cheetham, a reconhecida estudiosa de Nostradamus, disse diretamente sobre seus prognósticos em seus *Almanaques*: "Muitas dessas previsões estão erradas" (Ericka, p. 20). Algumas interpretações são tão diversas que, ao mesmo tempo que uma pessoa aponta para uma referência à "Genebra calvinista", outra acredita que a referência seja a "poder atômico" (*The prophecies of Nostradamus* [*As profecias de Nostradamus*], p. 81).

Previsões vagas. A verdade é que a grande maioria dos prognósticos de Nostradamus são tão ambíguos e vagos que poderiam preencher uma variedade de eventos. Considere este:

> Foice ao lado do Lago, junto com Sagitário no ponto do seu ascendente — doença, fome, morte por tropas — o século/ era se aproxima da sua renovação (*Centúrias* 1.6).

As linhas podem ser interpretadas para preencher vários eventos no futuro. Quando algo é considerado um cumprimento, Nostradamus parecerá sobrenatural. Astrólogos e adivinhos usam descrições vagas e simbolismo o tempo todo. Nostradamus era um mestre nessa arte.

Interpretações contraditórias. Não há unanimidade entre os intérpretes de Nostradamus sobre o significado de suas previsões. Essa falta de concordância é outra prova de sua ambigüidade e falta de autoridade. Em *The prophecies of Nostradamus* os editores indicam interpretações contraditórias (v. I, 16; I, 51; II, 41; II, 43; II, 89; III, 97 etc.).

Previsões após o fato. O próprio Nostradamus reconheceu que suas previsões foram escritas de tal forma que "jamais poderiam ser entendidas até que fossem interpretadas após o evento e pelo evento" (Randi, p. 31). Não há nada milagroso em dar a uma profecia um cumprimento que não podia ser claramente visto nela antes. Jamais foi comprovado que uma previsão de Nostradamus era genuína. Isso significa que ele é um falso profeta ou não estava afirmando seriamente que fazia previsões reais. Talvez ele fosse um impostor ou um trapaceiro literário.

Profecias com ar de troça? Seus prognósticos eram tão vagos e improdutivos que até a enciclopédia *Man, myth and magic* [*Homem, mito e mágica*] sugere que "Nostradamus as compôs com ar de troça, porque estava bem ciente de que há um mercado duradouro para profecias, principalmente para as dissimuladas" (Cavendish, p. 2017). Como James Randi disse:

> As incríveis profecias de Michel de Nostredame, sob investigação, revelam ser uma coleção entediante de versos vagos, cheios de trocadilhos, e aparentemente mal escritos [...] De uma distância de mais de quatrocentos anos, imagino ouvir um francês barbudo rindo da ingenuidade dos simplórios do século XX que ele enganou (p. 36).

A confissão de fonte demoníaca. Nostradamus admitiu a inspiração demoníaca quando escreveu:

> O décimo das calendas de abril foi despertado por pessoas malignas; a luz se extinguiu; assembléia demoníaca procurando os ossos do diabo (*damant* — "demônio") segundo Psellos (Lamont, p. 71).

Ao comentar isso, Lamont observou que

> a utilização de demônios ou anjos negros é recomendada por antigos autores de magia. Eles afirmam deter o conhecimento de assuntos temporais e, quando controlados, darão muita informação ao operador.

Ele acrescenta que "Nostradamus não poderia ter evitado tal tentação" (ibid.).

Várias formas de práticas ocultistas. Nostradamus foi associado a várias atividades ocultistas. Lamont observa que "Magia — Astrologia — Simbolismo — Anagramas — [são uma] Chave para Nostradamus" (ibid., p. 69). Nas *Centúrias*, a Quadra 2 é traduzida da seguinte forma:

> A vara de condão na mão assentada em meio aos Galhos, Ele (o profeta) molha na água a bainha (do seu traje) e o pé.

Um temor, e uma voz estremece pelos braços; esplendor divino, O Divino está sentado, próximo (ibid., p. 70).

Lamont comenta que aqui

Nostradamus seguiu os rituais de mágicos de acordo com Iâmblico. É noite — ele está sentado no banco ou tripé profético — uma pequena chama surge. Ele tem a vara de condão na sua mão (ibid., p. 70-1).

Além do uso da varinha de condão do ocultismo, Nostradamus era muito conhecido por seu conhecimento astrológico — outra prática ocultista condenada pela Bíblia (Dt 18). Mas seja qual for a sua fonte, essas previsões não competem de forma alguma com as previsões claras, específicas e altamente precisas das Escrituras.

Conclusão. Não há comparação real entre as previsões de Nostradamus e as profecias da Bíblia. As dele são vagas, falíveis e ocultas. As da Bíblia são claras, infalíveis e divinas (v. Bíblia, evidências da). A Bíblia fez várias previsões claras e distintas centenas de anos antes. Nostradamus não o fez. Não há evidência de que Nostradamus sequer tenha sido profeta; certamente ele não era como os profetas da Bíblia. A profecia bíblica é singular na sua afirmação de ser sobrenatural (v. profecia como prova da Bíblia).

Fontes

J. Ankerberg, et al., *Cult watch*.
M. Cavendish, "Nostradamus", em *Man, myth, and magic*, nova ed., v. 15.
E. Cheetham, *The final prophecies of Nostradamus*.
A. Kole, *Miracle and magic*.
A. Lamont, *Nostradamus sees all*.
M. Nostradamus, *Centúrias*.
J. Randi, "Nostradamus: The Prophet for All Seasons", *The Skeptical Enquirer* (Fall 1882).
The prophecies of Nostradamus.

nova era, religiões da. V. panenteísmo; panteísmo; hinduísmo; zen-budismo; neopaganismo; politeísmo.

Novo Testamento, datação do. A data em que o NT foi escrito é uma questão importante quando se prepara o argumento apologético geral a favor do cristianismo (v. apologética, argumento da). A confiança na precisão histórica desses documentos depende parcialmente de terem sido escritos ou não por testemunhas oculares e por contemporâneos dos eventos descritos, assim como a Bíblia afirma. Estudiosos que optam pela crítica negativa (v. Bíblia, crítica da) fortalecem suas teorias à medida que separam os eventos reais das obras literárias pelo máximo de tempo possível. Por essa razão, estudiosos radicais defendem datas do final do século I e, se possível, do século II, para os autógrafos (v. Jesus, Seminário). Com essas, datas argumentam que os documentos do NT, principalmente os evangelhos, contêm mitologia (v. mitologia e o Novo Testamento). Os autores criaram os eventos contidos, em vez de relatá-los.

Argumentos a favor das datas antigas. *Lucas e Atos.* O evangelho de Lucas foi escrito pelo mesmo autor de Atos dos Apóstolos, que se refere ao evangelho de Lucas como o relato de "tudo o que Jesus começou a fazer e a ensinar" (At 1.1). O destinatário ("Teófilo"), estilo e vocabulário dos dois livros demonstram um autor comum. O especialista em história de Roma Colin Hemer ofereceu evidência poderosa de que Atos foi escrito entre 60 e 62 d.C (v. Atos, historicidade de). Essa evidência inclui as seguintes observações:

1. Não há menção em Atos do evento crucial da queda de Jerusalém no ano 70 d.C.
2. Não há indicação da rebelião da Guerra Judaica de 66 d.C ou da séria deterioração das relações entre os romanos e judeus antes dessa época.
3. Não há indicação da deterioração das relações cristãs com Roma durante a perseguição de Nero na segunda metade final da década de 60 d.C.
4. Não há indicação da morte de Tiago às mãos do Sinédrio em c. 62, registrada por Josefo em *Antiguidades judaicas* (20.9.1.200).
5. A importância do julgamento de Gálio em Atos 18.14-17 pode ser vista como o estabelecimento de um precedente para legitimar o ensinamento cristão sob a proteção da tolerância estendida ao judaísmo.
6. A proeminência e autoridade dos saduceus em Atos reflete uma data anterior a 70, antes do colapso de sua cooperação política com Roma.
7. A atitude relativamente amistosa em Atos para com os fariseus (ao contrário do que se encontra no evangelho de Lucas) não coincide com o período de reavivamento farisaico que levou ao concílio de Jâmnia. Nessa época teve início uma nova fase de conflito com o cristianismo.
8. Atos parece antedatar a chegada de Pedro a Roma, o que implica que Pedro e João estavam vivos na época em que o livro foi escrito.
9. A proeminência de "piedosos" nas sinagogas pode indicar uma data anterior a 70, após a

Novo Testamento, datação do

qual havia poucos interessados e prosélitos gentios do judaísmo.
10. Lucas dá detalhes insignificantes da cultura do início do período júlio-claudiano.
11. As áreas de controvérsia descritas pressupõem que o templo ainda existia.
12. Adolf Harnack afirmou que a profecia de Paulo em 20.25 (cf. 20.38) teria entrado em contradição com eventos posteriores. Nesse caso, o livro deve ter aparecido antes desses eventos.
13. A terminologia cristã usada em Atos reflete um período anterior. Harnack indica o uso de *Iesous* e *ho Kurios*, enquanto *ho Christos* sempre designa "o Messias", e não o nome próprio de Jesus.
14. O tom confiante de Atos parece improvável durante a perseguição de Nero aos cristãos e a Guerra Judaica com Roma durante o final da década de 60.
15. A ação termina no início da década de 60, mas a descrição em Atos 27 e 28 é feita com uma proximidade vívida. Também é um lugar estranho para terminar o livro, se muitos anos tivessem desde que os eventos anterior a 62 ocorreram.

Para provas adicionais da precisão e data antiga de Atos, v. o artigo ATOS, HISTORICIDADE DE. Se Atos foi escrito em 62 d.C ou antes, e Lucas foi escrito antes de Atos (60, por exemplo), então Lucas foi escrito menos de 30 anos após a morte de Jesus. Isso é contemporâneo à geração das testemunhas dos eventos da vida, morte e ressurreição de Jesus. É exatamente isso que Lucas afirma na introdução do seu evangelho:

Muitos já se dedicaram a elaborar um relato dos fatos que se cumpriram entre nós, conforme nos foram transmitidos por aqueles que desde o início foram testemunhas oculares e servos da palavra. Eu mesmo investiguei tudo cuidadosamente, desde o começo, e decidi escrever-te um relato ordenado, ó excelentíssimo Teófilo, para que tenhas a certeza das coisas que te foram ensinadas.

Lucas apresenta a mesma informação sobre quem Jesus é, o que ele ensinou, sua morte e ressurreição, como fizeram os outros evangelhos. Portanto, também não há razão para rejeitar sua precisão histórica.

Primeira aos Coríntios. Em geral teólogos críticos e conservadores aceitam que 1 Coríntios foi escrita até 55 ou 56 d.C. Isso é menos que um quarto de século depois da crucificação em 33. Além disso, Paulo fala de mais de quinhentas testemunhas da ressurreição que ainda estavam vivas quando ele escreveu (15.6). São especificamente mencionados os doze apóstolos e Tiago, o irmão de Jesus. A evidência interna para essa data antiga é forte:

1. O livro afirma repetidamente ter sido escrito por Paulo (1.1,12-17; 3.4,6,22; 16.21).
2. Há equivalências com o livro de Atos.
3. Há um tom de autenticidade no livro do princípio ao fim.
4. Paulo menciona quinhentas pessoas que viram a Cristo, a maioria das quais ainda estava viva.
5. O conteúdo está em harmonia com o que se sabe sobre Corinto durante aquela época.

Também há evidência externa:

1. Clemente de Roma refere-se a ele em sua *Epístola aos coríntios* (cap. 47).
2. *A Epístola de Barnabé* faz alusão a ele (cap. 4).
3. *O pastor* de Hermas o menciona (cap. 4).
4. Há quase seiscentas citações de 1 Coríntios só em Ireneu, Clemente de Alexandria e Tertuliano (Thiessen, p. 201). É um dos livros mais bem atestados de todos do mundo antigo.

Junto com 1 Coríntios, 2 Coríntios e Gálatas são bem atestados e antigos. Todos os três revelam um interesse histórico nos eventos da vida de Jesus e fornecem fatos que concordam com os evangelhos. Paulo fala do nascimento virginal de Jesus (Gl 4.4), de sua vida sem pecado (2Co 5.21), morte na cruz (1Co 15.3; Gl 3.13), ressurreição no terceiro dia (1Co 15.4) e aparições pós-ressurreição (1Co 15.5-8). Ele menciona as centenas de testemunhas oculares que poderiam comprovar a ressurreição (1Co 15.6). Paulo baseia a verdade do cristianismo na historicidade da ressurreição (1Co 15.12-19). Paulo também dá detalhes históricos sobre os contemporâneos de Jesus, os apóstolos (1Co 15.5-8), incluindo seus encontros particulares com Pedro e os apóstolos (Gl 1.18–2.14). Pessoas, lugares e eventos do nascimento de Cristo eram todos históricos. Lucas se esforça muito para mostrar que Jesus nasceu durante os dias de César Augusto (Lc 2.1) e foi batizado no décimo quinto ano de Tibério. Pôncio Pilatos era o governador da Judéia, e Herodes era tetrarca da Galiléia. Anás e Caifás eram os sumos sacerdotes (Lc 3.1,2).

Aceitação de datas recuadas. Há uma aceitação crescente de datas recuadas para o NT, mesmo entre alguns estudiosos críticos. Dois ilustram essa questão, o ex-liberal William F. ALBRIGHT e o crítico radical John A. T. ROBINSON.

William F. Albright. Albright escreveu: "Já podemos dizer enfaticamente que não há mais base sólida para datar qualquer livro do NT depois do ano 80 aproximadamente, duas gerações inteiras antes da data entre 130 e 150 dada pelos críticos mais radicais do NT da atualidade" (*Recent discoveries in Bible lands* [Descobertas recentes em terras bíblicas], 136). Em outra parte, Albright disse: "Na minha opinião, todo o NT foi escrito por judeus batizados entre os anos 40 e 80 do século I (provavelmente entre 50 e 75 d.C.)" ("Towards a more conservative view" ["Em busca de uma visão mais conservadora"], p. 3).

Esse estudioso chegou ao ponto de afirmar que a evidência da comunidade de Qumran demonstra que os conceitos, terminologia e mentalidade do evangelho de João provavelmente são do século I ("Recent discoveries in Palestine" ["Descobertas recentes na Palestina"]). "Graças às descobertas de Qumran, o NT prova ser realmente o que se acredita ser: o ensinamento de Cristo e seus seguidores imediatos entre c. 25 e c. 80 d.C." (*From stone age to Christianity* [*Da idade da pedra ao cristianismo*], p. 23).

John A. T. Robinson. Conhecido por seu papel no lançamento do movimento da "Morte de Deus", Robinson escreveu um livro revolucionário intitulado *Redating the New Testament* [*Redatando o Novo Testamento*], no qual propôs novas datas para os livros do NT que os recuam além do que a maioria dos teólogos conservadores jamais havia feito. Robinson data Mateus do ano 40 até depois do ano 60, Marcos por volta de 45 a 60 Lucas de antes de 57 a após 60 e João de antes de 40 a depois de 65. Isso significaria que um ou dois evangelhos poderiam ter sido escritos apenas sete anos após a crucificação. No máximo foram todos compostos durante a vida dos contemporâneos e das testemunhas oculares dos eventos. Supondo a integridade básica e a precisão razoável dos autores, isso colocaria a credibilidade dos documentos do NT acima de qualquer dúvida.

Outras evidências. Citações antigas. Só dos quatro evangelhos há 19 368 citações pelos pais da igreja do final do século I em diante. Isso inclui 268 por Justino MÁRTIR (100-165 d.C), 1 038 por Ireneu (ativo no final do século II), 1 017 por CLEMENTE DE ALEXANDRIA (c. 155-c. 220), 9 231 por Orígenes (c. 185-c. 254), 3 822 por Tertuliano (c. 160-c. 220), 734 por Hipólito (m. c. 236) e 3 258 por Eusébio (c. 265-c. 339; Geisler, p. 31). Antes disso Clemente de Roma citou Mateus, João e 1 Coríntios em 95 a 97 d.C. Inácio referiu-se a seis epístolas paulinas por volta de 110, e entre 110 e 150 Policarpo citou os quatro evangelhos, Atos e a maioria das epístolas paulinas. *O pastor* de Hermas (115-140) cita Mateus, Marcos, Atos, 1 Coríntios e outros livros. O *Didaquê* (120-150) refere-se a Mateus, Lucas, 1 Coríntios e outros livros. Papias, companheiro de Policarpo, que foi discípulo do apóstolo João, citou João. Isso argumenta fortemente que os evangelhos existiam antes do final do século I, enquanto algumas testemunhas oculares (inclusive João) ainda estavam vivas.

Antigos manuscritos gregos. Sem dúvida o manuscrito mais antigo de um livro do NT é um papiro da Biblioteca John Rylands (P^{52}), que data de 117 a 138 d.C. Esse fragmento do evangelho de João sobrevive desde uma data a apenas uma geração de distância da composição original. Já que o livro foi composto na Ásia Menor e esse fragmento foi encontrado no Egito, certo tempo de circulação é necessário, sem dúvida datando a composição de João no século I. Livros inteiros (Papiros Bodmer) estão disponíveis a partir do ano 200. A maior parte do NT, incluindo todos os evangelhos, está disponível nos manuscritos dos Papiros Chester Beatty, copiados a partir de 150 anos após o NT ter sido terminado (c. 250). Nenhum outro livro do mundo antigo tem um espaço de tempo tão pequeno entre a composição e as cópias manuscritas mais antigas como o NT (v. NOVO TESTAMENTO, MANUSCRITOS DO).

José O'CALLAHAN, um paleógrafo jesuíta espanhol, esteve nas manchetes em todo o mundo no dia 18 de março de 1972, quando identificou um fragmento manuscrito de Qumran (v. MAR MORTO, ROLOS DO) como um pedaço do evangelho de Marcos. O pedaço era da Caverna 7. Fragmentos dessa caverna haviam sido datados entre 50 a.C. e 50 d.C., dentro do espaço de tempo estabelecido para as obras do NT. Usando os métodos aceitos de papirologia e paleografia, O'Callahan comparou seqüências de letras com documentos existentes e posteriormente identificou nove fragmentos pertencentes a um evangelho, Atos e algumas epístolas. Alguns deles foram datados de

Texto	fragmento	data aproximada
Marcos 4.28	7Q6	50 d.C
Marcos 6.48	7Q15	? d.C.
Marcos 6.52,53	7Q5	50 d.C
Marcos 12.17	7Q7	50 d.C
Atos 27.38	7Q6	+60 d.C
Romanos 55.11,12	7Q9	+70 d.C
1Timóteo 3.16; 4.1-3	7Q4	+70 d.C
2Pedro 1.15	7Q10	+70 d.C
Tiago 1.23,24	7Q8	+70 d.C

pouco depois do ano 50, mas ainda assim extremamente cedo.

Conclusão. Os amigos e críticos reconhecem que, se válidas, as conclusões de O'Callahan revolucionarão as teorias do NT. Se apenas alguns desses fragmentos forem do NT, as implicações para a apologética cristã são enormes. Marcos e/ou Atos devem ter sido escritos durante a vida dos apóstolos e contemporâneos dos eventos. Não haveria tempo para adições mitológicas aos registros (v. MITOLOGIA E NOVO TESTAMENTO). Eles devem ser aceitos como históricos. Marcos poderia ser considerado um evangelho antigo. Quase não haveria tempo para uma série anterior de manuscritos Q (v. Q, DOCUMENTO). E como esses manuscritos não são originais, mas cópias, seria possível provar que partes do NT foram copiadas e disseminadas durante a vida dos autores. Nenhuma data do século I permite tempo para mitos ou lendas entrarem nas histórias sobre Jesus. O desenvolvimento de lendas leva pelo menos duas gerações inteiras, segundo A. N. Sherwin-White (v. Sherwin-White, p. 189). A distância física dos eventos reais também é útil. Nenhuma das duas características está disponível aqui. A idéia é totalmente ridícula diante de um evangelho de Marcos datado do ano 50 ou de epoca anterior. Mesmo deixando de lado as afirmações controvertidas de O'Callahan, a evidência cumulativa coloca o NT no século I, durante a vida das testemunhas oculares.

Fontes

W. F. ALBRIGHT, *Archaelogy and the religion of Israel.*
___, *From stone age to Christianity.*
___, *Recent discoveries in Bible lands.*
___, "Recent discoveries in Palestine and the Gospel of St. John", em W. D. DAVIES e DAVID DAUBE, orgs., *The background of the New Testament and its eschatology.*
___, "William Albright: toward a more conservative view", *Christianity Today* (18 Jan. 1963).
R. BULTMANN, *Kerygma and myth: a theological debate.*
D. ESTRADA e W. WHITE, Jr., *The first New Testament.*
E. FISHER, "New Testament documents among the Dead Sea scrolls?", *The Bible Today* 61 (1972).
P. GARNET, "O'Callahan's fragments: our earliest New Testament texts?", *Evangelical Quarterly* 45 (1972).
N. L. GEISLER, *Introdução bíblica.*
C. J. HEMER, *The book of Acts in the setting of Hellenistic history.*
B. ORCHARD, "A fragment of St. Mark's Gospel dating from before A.D. 50?", *Biblical Apostolate* 6 (1972).
W. N. PICKERING, *The identification of the New Testament text.*
W. WHITE, Jr., "O'Callahan's identification: confirmation and its consequences", *Westminster Journal* 35 (1972).
J. A. T. ROBINSON, *Redating the New Testament.*
A. N. SHERWIN-WHITE, *Roman society and Roman law in the New Testament.*
H. C. THIESSEN, *Introduction to the New Testament.*
J. WENHAM, *Redating Matthew, Mark, and Luke: a fresh assault on the synoptic problem.*
E. YAMAUCHI, "Easter — myth, hallucination, or history", *Christianity Today* (15 Mar. 1974; 29 Mar. 1974).

Novo Testamento, fontes não-cristãs do. V. JESUS, FONTES NÃO-CRISTÃS DE.

Novo Testamento, historicidade do. Thomas PAINE, um dos fundadores dos Estados Unidos da América e autor de *Common sense* [*Bom senso*] e *The age of reason* [*A idade da razão*], disse sobre Jesus Cristo: "Não há história escrita na época que Jesus Cristo supostamente viveu que fale da existência de tal pessoa, de tal homem" (Paine, p. 234). No ensaio *Por que não sou cristão*, Bertrand RUSSELL escreveu: "Historicamente é muito duvidoso que Cristo tenha sequer existido, e se existiu não sabemos nada a seu respeito" (Russell, p. 16). Um livro recente de G. A. Wells conclui que, mesmo que houvesse um Jesus histórico, não seria o Cristo do NT.

Mas o cristianismo depende completamente da pessoa histórica de Jesus Cristo (v. 1Co 15). Já que o NT é a fonte primária de informação sobre as palavras e obras de Cristo, se ele não for exato, não possuímos a apresentação em primeira mão das afirmações, caráter e credenciais de Jesus. A integridade histórica do NT é crucial para a apologética cristã.

A evidência a favor da historicidade dos documentos do NT pressupõe a possibilidade do conhecimento da história em geral e a credibilidade da história de milagres, especificamente. Há pessoas que acreditam que nenhuma história pode ser conhecida objetivamente. Sua posição é respondida no artigo HISTÓRIA, OBJETIVIDADE DA. Tal ceticismo radical elimina a possibilidade de saber qualquer coisa sobre o passado. Imediatamente, a história nas universidades e departamentos clássicos é eliminada. Nenhuma fonte sobre eventos passados poderia ser fidedigna. Por analogia, tal ceticismo eliminaria todas as ciências históricas, tais como geologia histórica (paleonto-(logia), arqueologia e ciência legal (v. ORIGENS, CIÊNCIA DAS). Elas também dependem da investigação e interpretação de evidência do passado.

Já que tudo que não ocorre agora é história, tal posição eliminaria todo depoimento de testemunhas oculares. Até mesmo as testemunhas vivas só poderiam testemunhar sobre o que viram em determinado momento da realidade. Por outro lado, se seu testemunho pode ser aceito enquanto vivem, os registros válidos que deixam para trás são igualmente fidedignos.

Alguns críticos se opõem apenas à história de milagres. Isso é discutido em detalhes no artigo MILAGRES, ARGUMENTOS CONTRA. Essa posição claramente comete uma petição de princípio ao supor que nenhuma história de milagres é confiável antes mesmo de examinar a evidência. Ninguém que procure a verdade objetiva deve supor que o relato de um evento anormal não deve ser digno de crédito antes mesmo de considerada a questão. Tanto na ciência (v. BIG-BANG; EVOLUÇÃO QUÍMICA; EVOLUÇÃO CÓSMICA) quanto na história a evidência demonstrou que singularidades radicais ocorreram (v. RESSURREIÇÃO, EVIDÊNCIAS DA; NASCIMENTO VIRGINAL).

O primeiro passo ao estabelecer a historicidade do NT é demonstrar que os documentos do NT foram transmitidos com precisão desde a época da composição original. Isso é demonstrado no artigo NOVO TESTAMENTO, MANUSCRITOS DO.

O segundo passo é demonstrar que foram escritos por contemporâneos ou testemunhas oculares confiáveis dos eventos (v. NT, DATAÇÃO DO). Contrariando os críticos, há mais evidência da historicidade da vida, morte e ressurreição de Cristo que de qualquer outro evento do mundo antigo (v. NOVO TESTAMENTO, FONTES NÃO-CRISTÃS).

Rejeitar a historicidade do Novo Testamento é rejeitar toda a história. Mas não podemos rejeitar toda a história sem empregar um pouco de nossa história. A afirmação: "O passado não é objetivamente cognoscível" é em si uma afirmação objetiva a respeito do passado. Logo, a posição contra a cognoscibili-dade da história se anula (v. HISTÓRIA, OBJETIVIDADE DA).

Fontes

K. ALAND e B. ALAND, *The text of the New Testament.*
C. BLOMBERG, *The historical reliability of the Gospels.*
F. F. BRUCE, *Merece confiança o Novo Testamento?*
R. T. FRANCE, *The evidence for Jesus.*
N. L. GEISLER, *Christian apologetics.*
G. HABERMAS, *The historical Jesus: ancient evidence for the life of Christ.*

I. H. MARSHALL, *I believe in the historical Jesus.*
M. MARTIN, *The case against Christianity.*
B. METZGER, *The text of the New Testament.*
J. W. MONTGOMERY, *History and Christianity.*
___, *The shape of the past.*
T. PAINE, *Examination.*
B. RUSSELL, *Por que não sou cristão.*
A. N. SHERWIN-WHITE, *Roman society and Roman law in the New Testament.*
E. TROELSCH, "Historiography", em J. HASTINGS, org., *Encyclopedia of religion and ethics.*
R. WHATELEY, *Historical doubts concerning the existence of Napoleon Bonaparte.*

Novo Testamento, manuscritos do. A fidelidade do texto do NT é um elo importante na apologética do cristianismo (v. APOLOGÉTICA, ARGUMENTO DA; NOVO TESTAMENTO, HISTORICIDADE DOS DOCUMENTOS DO), e há evidências esmagadoras para apoiar a confiabilidade do texto do NT.

A história dos manuscritos. O testemunho a favor da fidelidade do texto do NT vem principalmente de três fontes: manuscritos gregos, traduções antigas e citações das Escrituras por autores cristãos.

Os manuscritos gregos são os mais importantes e são encontrados em quatro classes: *papiros, unciais* [escritos com letras maiúsculas], *minúsculos* e *lecionários*. Essas designações podem ser difíceis de seguir, pois papiro refere-se ao material ou tecido no qual a escrita era feita. *Uncial* e *minúscula* referem-se à maneira em que as letras eram formadas no estilo de escrita do manuscrito, e *lecionários* são coleções de textos bíblicos encadernados para uso no culto de adoração. O que é confuso é que manuscritos em papiros são escritos com as letras arredondadas, cursivas e maiúsculas da escrita uncial. Mais de duzentos lecionários foram escritos em letras unciais. Mesmo assim, estudiosos tentam catalogar suas descobertas de acordo com a característica mais distintiva de cada um. Cada papiro vem de uma era ou região específica. Os manuscritos gregos tendem a ser comparados uns com os outros e usados extensivamente na comparação do grego usado no texto. Esses manuscritos colocados nas categorias de escrita uncial e minúscula são diferenciados pelo estilo de escrita e por serem escritos em velino ou pergaminho. Então, por exemplo, um manuscrito uncial em papiro está na categoria *papiro*; um manuscrito uncial em velino é chamado *uncial*. A escrita minúscula é pequena, simples, cursiva e só se desenvolveu na Idade Média. Assim, há bem mais manuscritos minúsculos, mas são posteriores, entre os séculos IX e XV.

Outro termo freqüentemente usado em referência a manuscritos antigos e medievais é *Códice*. Enquanto o culto judaico tradicionalmente preferia Escrituras em forma de rolos, os cristãos na cultura grega usavam mais a forma de livro encadernado, que passou a ter mais aceitação a partir do século I. Portanto, a maioria dos manuscritos, mesmo os mais antigos, são Códices encadernados.

Mais manuscritos. Textos gregos catalogados incluem 88 manuscritos em papiro, 274 manuscritos unciais e 245 lecionários unciais. Os manuscritos unciais antigos são extremamente valiosos para estabelecer o texto original do NT. Os outros 2 795 manuscritos e 1 964 lecionários são minúsculos.

Trata-se de um número e de uma variedade surpreendentes. Normalmente os clássicos da Antiguidade sobrevivem em apenas algumas cópias manuscritas. Segundo F. F. BRUCE, sobreviveram nove ou dez cópias das *Guerras gálicas* de Júlio César, vinte cópias da *História romana* de Lívio, duas cópias dos *Anais* de Tácito e oito manuscritos da *História* de Tucídides (Bruce, p. 16). A obra secular antiga mais documentada é a *Ilíada* de Homero, sobrevivendo em 643 cópias manuscritas. Contando apenas as cópias gregas, o texto do NT é preservado em aproximadamente 5 686 porções manuscritas parciais e completas que foram copiadas à mão a partir do século II (possivelmente I) até o século XV (v. Geisler, cap. 26).

Além dos manuscritos gregos, há várias traduções do grego, sem mencionar citações do NT. Contando as principais traduções antigas em aramaico, copta, árabe, latim e outras línguas, há 9 mil cópias do NT. Isso dá um total de mais de 14 mil cópias do NT. Além disso, se compilarmos as 36 289 citações dos pais da igreja primitiva dos séculos II a IV, podemos reconstruir todo o NT com exceção de onze versículos.

Manuscritos mais antigos. Uma característica de um bom manuscrito é sua idade. Geralmente, quanto mais antiga a cópia, mais próxima da composição original ela está e menos erros de copistas apresenta. A maioria dos livros antigos sobrevivem em manuscritos que foram copiados cerca de mil anos depois de serem compostos. É raro ter, como a *Odisséia*, uma cópia feita apenas quinhentos anos após o original. A maior parte do NT é preservada em manuscritos feitos menos de duzentos anos após o original (P^{45}, P^{46}, P^{47}), sendo alguns livros do NT de pouco menos que cem anos após sua composição (P^{66}), e um fragmento (P^{52}) data de apenas uma geração após o século I. O NT, em comparação, sobrevive em livros completos de pouco mais de cem anos após ser concluído. Fragmentos estão disponíveis apenas décadas depois.

Um fragmento, o papiro de John Ryland (P^{52}), data de 117-138 d.C. (v. NOVO TESTAMENTO, DATAÇÃO DO).

Muitos críticos rejeitam a identificação, argumentando que tais porções são fragmentárias demais para identificação precisa. Mas O'Callahan é um paleógrafo respeitado e defende seu trabalho por ser condizente com o método pelo qual outros fragmentos antigos são identificados. Os críticos não conseguiram, sem mudar os procedimentos normais, inventar obras alternativas viáveis das quais os fragmentos poderiam ter vindo. Caso sejam fragmentos do NT, essas datas antigas revolucionarão o estudo crítico do NT.

Manuscritos mais precisos. Os muçulmanos afirmam que o *Alcorão* foi conservado com precisão (v. ALCORÃO, SUPOSTA ORIGEM DIVINA DO). Mas, embora o *Alcorão* seja um *livro medieval* do século VII, o NT é o livro mais precisamente copiado do mundo *antigo*. É claro que o fator importante não é a precisão exata nas cópias, mas se o original é a Palavra de Deus (v. BÍBLIA, EVIDÊNCIAS DA).

Há um mal-entendido muito difundido entre os críticos sobre os "erros" nos manuscritos bíblicos. Alguns estimaram que há cerca de 200 mil erros. Antes de mais nada, esses não são "erros", mas leituras variantes, e a maioria deles é estritamente gramatical. Segundo, essas leituras estão espalhadas em mais de 5 300 manuscritos, de forma que a ortografia variante de uma letra de uma palavra de um versículo em 2 mil manuscritos é considerada 2 mil "erros". Os estudiosos textuais Westcott e Hort estimaram que apenas uma em 60 dessas variantes tem importância. Isso resulta num texto 98,33% puro. Philip Schaff calculou que, das 150 mil variantes conhecidas em sua época, apenas 400 mudavam o significado da passagem, apenas 50 eram de real importância e *nenhuma* afetava

> um artigo de fé ou um preceito de dever que não seja abundantemente sustentado por outras passagens incontestáveis ou pelo teor geral do ensinamento bíblico (Schaff, p. 177).

A maioria dos outros livros antigos não é tão bem autenticada. O teólogo do NT Bruce Metzger estimou que o *Mahabharata* do HINDUÍSMO tem apenas cerca de 90% de precisão e a *Ilíada* de Homero tem cerca 95%. Em comparação, estimou que o NT é aproximadamente 99,5% preciso (ibid.).

Estudiosos islâmicos reconhecem o estudioso textual Frederic Kenyon como autoridade sobre manuscritos antigos. Mas Kenyon concluiu:

> O número de manuscritos do NT, de traduções antigas dele e de citações dele nos autores mais antigos da igreja é

tão grande que é praticamente garantido que a leitura correta de toda passagem duvidosa é preservada em uma ou outra dessas autoridades antigas. Não se pode dizer isso sobre nenhum outro livro antigo no mundo (p. 55).

O testemunho dos manuscritos. *Manuscritos em papiros.* A data dos supostos manuscritos mais antigos do NT é contestada. Um fragmento conhecido como fragmento de "Madalena" contém uma referência a Maria Madalena (em Mt 26). Esse pedaço de papiro está na biblioteca da Universidade de Oxford. O especialista em papiros Carsten Thiede, da Alemanha, argumentou que esse poderia ser o registro de uma testemunha ocular de Jesus. Outros especialistas o datam do século II ou mais tarde (v. Stranton, *Gospel truth?*).

Outros fragmentos do evangelho datam de 50 d.C., e foram encontrados originalmente entre os rolos do mar Morto. José O'Callahan, paleógrafo jesuíta espanhol, identificou um fragmento de manuscrito de Qumran (v. MAR MORTO, ROLOS DO) como sendo o pedaço do evangelho de Marcos mais antigo que se conhece. Fragmentos da Caverna 7 haviam sido datados previamente entre 50 a.C. e 50 d.C., relacionados como "não identificados" e classificados como "textos bíblicos?". Os nove fragmentos de Qumran são relacionados da seguinte forma:

Marcos 4.28	7Q6	50 d.C.
Marcos 6.48	7Q15	? d.C
Marcos 6.52,53	7Q5	50 d.C.
Marcos 12.17	7Q7	50 d.C
Atos 27.38	7Q6?	60 d.C
Romanos 55.11, 12	7Q9	+70 d.C.
1 Timóteo 3.16; 4.1-3	7Q4	+70 d.C.
2 Pedro 1.15	7Q10	+70 d.C.
Tiago 1.15	7Q8	+70 d.C.

Os críticos de O'Callahan se opõem à identificação e deram outras fontes possíveis para eles. A natureza fragmentária do manuscrito dificulta a certeza com relação à sua verdadeira identificação (v. O'CALLAHAN, JOSÉ).

Oitenta e oito manuscritos de papiro inquestionáveis já foram encontrados, dos quais os mencionados a seguir são os representantes mais importantes. O testemunho dos papiros para o texto é inestimável, porque vem dos primeiros duzentos anos após o NT ser escrito. Manuscritos ou fragmentos de papiro são identificados com um "P", seguido por um número sobrescrito de 1 a 88.

Fragmento John Rylands. O fragmento John Rylands (P^{52}), um fragmento de 6 x 9 centímetros de papiro de um Códice, é a cópia incontestável mais antiga de um trecho do NT. Ele data da primeira metade do século II, provavelmente 117-138 d.C. Adolf Deissmann argumenta que pode até ser mais antigo (Metzger, *Text of the New Testament* [O texto do NT], p. 39). O pedaço de papiro, escrito dos dois lados, contém partes de cinco versículos do evangelho de João (18.31-33, 37,38). Pelo fato de ter sido encontrado no Egito, longe da Ásia Menor, onde, segundo a tradição, João foi escrito, essa porção tende a confirmar que o Evangelho foi escrito antes do final do século I. O fragmento pertence à Biblioteca John Rylands, em Manchester, Inglaterra.

Papiros Bodmer. A descoberta mais importante dos papiros do NT desde os manuscritos Chester Beatty foi a aquisição da coleção de Bodmer pela Biblioteca de Literatura Mundial em Culagny, perto de Genebra, na Suíça. Ela também tem três partes, designadas P^{66}, P^{72}, P^{75}. Datando de aproximadamente 200 d.C ou antes, P^{66} contém 104 folhas de João 1.1 — 6.11; 6.35*b* —14.26; e fragmentos de quarenta outras páginas de João 14—21 (Metzger, *Text of the New Testament*, p. 40). P^{72} é a cópia mais antiga conhecida de Judas, 1 Pedro e 2 Pedro. Também incluía o fragmento de um hino, salmo 33 e Salmo 34, 1 Pedro e 2 Pedro, e vários livros apócrifos: *A natividade de Maria, Correspondência de Paulo aos coríntios, Décima primeira ode de Salomão, Homilia sobre a Páscoa*, de Melito, e *A apologia de Filéias*. Esse papiro do século III aparentemente era um códice particular medindo 18 x 15 centímetros, preparado por aproximadamente quatro escribas (Metzger, *Text of the New Testament*, p. 40-1). O manuscrito P^{75} é um códice de 102 páginas (originariamente 144), medindo 30 x 16 centímetros. Contém a maior parte de Lucas e João em unciais claras e cuidadosamente escritas, e data de 175 a 225 d.C. É a cópia mais antiga que se conhece de Lucas (Metzger, *Text of the New Testament*, p. 42).

Papiros Chester Beatty. Esses papiros datam de 250 d.C. aproximadamente. Trinta das folhas pertencem à Universidade de Michigan. Uma coleção importante dos papiros do NT (P^{45}, P^{46}, P^{47}) agora está no Museu Beatty, perto de Dublin. Os papiros de Chester Beatty consistem em três códices, contendo grande parte do NT. P^{45} é feito de pedaços de trinta folhas de um códice de papiro: dois de Mateus, seis de Marcos, sete de Lucas, dois de João e treze de Atos. O códice original consistia em umas 220 folhas, medindo 30 x 24 centímetros cada. Vários outros desses fragmentos pequenos de Mateus apareceram numa coleção em Viena (Metzger, *Text of the New Testament*,

p. 37). O manuscrito P⁴⁶ consiste em 86 folhas mutiladas (33 x 18 cm) de um original que continha 104 páginas das epístolas de Paulo, incluindo Romanos, Hebreus, 1 Coríntios, 2 Coríntios, Efésios, Gálatas, Filipenses, Colossenses, 1 Tessalonicenses e 2 Tessalonicenses. Partes de Romanos e 1Tessalonicenses e 2Tessalonicenses completa não se encontram nos manuscritos, que foram organizados em ordem decrescente de tamanho. Como P⁴⁵, P⁴⁶ data de 250 aproximadamente. O manuscrito P⁴⁷ contém dez folhas mutiladas do livro de Apocalipse, medindo 27 x 15 centímetro. Das 32 folhas originais, apenas a parte do meio, 9.10–17.2, permanece.

Unciais em velino e pergaminho. Os manuscritos considerados mais importantes do NT geralmente são os Códices unciais que datam do século IV em diante. Apareceram logo depois da conversão de Constantino e da autorização do Concílio de Nicéia (325) para copiar livremente a Bíblia.

Há 362 manuscritos unciais de partes do NT, dos quais alguns dos mais importantes são dados a seguir, e 245 são lecionários unciais. Os manuscritos unciais mais importantes são A, B, C e (Alef), que estavam disponíveis aos tradutores da *Versão Autorizada Inglesa*. O único bom manuscrito uncial grego disponível em 1611 era o D, e foi pouco usado na preparação da *Versão Autorizada*. Só esse fato indicava a necessidade da *Versão Revisada*, baseada em manuscritos melhores e mais antigos.

Códice Vaticano. Talvez seja o uncial mais antigo em pergaminho ou velino (c. 325-350) e uma das testemunhas mais importantes do texto do NT. Provavelmente foi escrito até a metade do século IV, mas não era conhecido pelos estudiosos textuais até 1475, quando foi catalogado na Biblioteca do Vaticano. Nos quatrocentos anos seguintes, os eruditos não puderam estudá-lo. Um fac-símile fotográfico completo foi feito em 1889-1890, e outro do NT em 1904.

Ele inclui grande parte da *Septuaginta*, a versão grega do AT, e o NT em grego. Faltam 1Timóteo a Filemom, Hebreus 9.14 até o final do NT e as Epístolas Gerais. Os apócrifos são incluídos com as exceções de *1Macabeus, 2Macabeus* e a *Oração de Manassés*. Também faltam Gênesis 1.1–46.28, 2Reis 2.5-7 e 10–13, e Salmos 106.27–138.6. Marcos 16.9-20 e João 7.53–8.11 foram propositadamente omitidos do texto.

Esse códice foi escrito em unciais pequenas e delicadas em velino fino. Ele contém 759 folhas de 30 x 30 cm — 617 no AT e 142 no NT. O Códice Vaticano pertence à Igreja Católica Romana, e é guardado na Biblioteca do Vaticano, na Cidade do Vaticano.

Códice Sinaítico. Um manuscrito do século IV, geralmente é considerado a testemunha mais importante do texto por sua antiguidade, precisão e ausência de omissões.

O relato da descoberta é um dos mais fascinantes da história textual. Ele foi encontrado no Mosteiro de Santa Catarina, no monte Sinai, pelo conde Lobegott Friedrich Constantine von Tischendorf (1815-1874). Em sua primeira visita (1844), descobriu 43 folhas de velino, contendo 1 Crônicas, Jeremias, Neemias e Ester, num cesto de retalhos que os monges estavam usando para acender o fogo. Ele guardou esse texto da *Septuaginta* e o levou para a Biblioteca da Universidade de Leipzig, na Alemanha, onde permanece e é conhecido por Códice Frederico-Augustano. A segunda visita de Tischendorf, em 1853, não deu resultados, mas, em 1859, quando estava prestes a voltar para casa de mãos vazias, o dirigente do mosteiro mostrou-lhe uma cópia quase completa das Escrituras e alguns outros livros.

Esse manuscrito contém mais da metade da *Septuaginta* e todo o NT, exceto Marcos 16.9-20 e João 7.53—8.11. Os apócrifos, juntamente com a *Epístola de Barnabé* e uma grande parte do *O pastor* de Hermas, também estão incluídos.

Esse Códice foi escrito em unciais gregas grandes e claras em 364 páginas (mais as 43 em Leipzig), medindo 39 x 42 centímetros. Em 1933, o governo britânico o comprou para o Museu Britânico. Em 1938, foi publicado um volume intitulado *Scribes and correctors of Codex Sinaiticus* [*Escribas e revisores do Códice Sinaítico*] (Metzger, *Text of the New Testament*, p. 42-5).

Códice Alexandrino. O Códice Alexandrino (A) é um manuscrito bem preservado que ocupa o segundo lugar depois do Sinaítico como representante do texto do NT. Apesar de alguns datarem esse manuscrito do final de século IV (Kenyon, p. 129), provavelmente é obra dos escribas do século V de Alexandria. Em 1621, foi levado para Constantinopla pelo patriarca Cirilo Lucar. Lucar Thomas Roe, embaixador inglês à Turquia em 1624, para presentear o Rei James I. James morreu antes de o manuscrito chegar à Inglaterra, e o manuscrito foi dado a Charles I em 1627, tarde demais para ser usado na *Versão Autorizada* de 1611. Em 1757, George II o apresentou à Biblioteca Nacional do Museu Britânico.

Contém todo o AT, exceto várias mutilações em Gênesis 14—16, 1Samuel 12—14 e Salmos 49.19—79.10. Apenas Mateus 1.1—25.6, João 6.50—8.52 e 2 Coríntios 4.13—12.6 estão faltando no NT. O manuscrito também contém *1 e 2 Clemente* e os *Salmos de Salomão*, com algumas partes faltando.

O manuscrito contém 773 folhas de 30 x 36 centímetro, 639 do AT e 134 do NT. As unciais grandes e quadradas foram escritas em velino bem fino. O Códice Alexandrino pertence à Biblioteca Nacional do Museu Britânico. O texto varia em qualidade (Metzger, *Text of the New Testament*, p. 47, 49).

Códice Ephraemi Rescriptus. O Códice Ephraemi Rescriptus (C) provavelmente originou-se em Alexandria, Egito, por volta de 345. Foi levado para a Itália por Giovanni Lascaris por volta de 1500 e mais tarde foi comprado por Pietro Strozzi. Catarina de Médici, a manipuladora do poder na política italiana e esposa e mãe de reis franceses, adquiriu-o por volta de 1533. Quando morreu, o manuscrito foi colocado na Bibliothèque Nationale de Paris, onde permanece.

Nesse códice, a maior parte do AT está faltando, exceto partes de Jó, Provérbios, Eclesiastes, Cântico dos Cânticos de Salomão e dois livros apócrifos, *Sabedoria de Salomão* e *Eclesiástico*. No NT faltam 2 Tessalonicenses, 2 João e partes de outros livros (Scrivener, 1.121). O manuscrito é um *palimpsesto*. Pelo fato de o papel ser tão valioso, manuscritos antigos geralmente eram apagados e reutilizados. Com cuidado, estudiosos às vezes podem discernir tanto o texto original quanto o *rescriptus*, ou texto reescrito. Assim, um palimpsesto pode ter valor adicional.

Essas folhas originalmente continham o Antigo e o NT, mas foram apagadas por Ephraem, que escreveu seus sermões nas folhas. Pela reativação química, Tischendorf conseguiu decifrar a escrita quase invisível (Lyon, p. 266-72). Apenas 209 folhas sobreviveram: 64 do AT e 145 (das 238 originais) do NT. As páginas têm 27 x 36 centímetros, com uma coluna larga de 40 a 46 linhas (geralmente 41). O manuscrito C mistura todos os principais tipos textuais, concordando freqüentemente com a família bizantina inferior.

Códice Bezae. Escrito entre 450 e 550, o Códice Bezae (também chamado Codex Cantabrigiensis ou D) é o manuscrito bilíngüe mais antigo que se conhece do NT. Foi escrito em grego e latim e pode ser originário do sul da Gália (França) ou do norte da Itália. Foi encontrado em 1562 por Teodoro de Beza, o teólogo francês, no Mosteiro Santo Ireneu, Lyons, França. Em 1581, Beza o entregou à Universidade de Cambridge.

Esse códice contém os quatro evangelhos, Atos e 3 João 11-15, com variações dos outros manuscritos indicados. Do texto grego faltam partes de Mateus 1, 6—9, 27; João 1—3; Atos 8—10, 21, 22—28. Em latim, faltam partes de Mateus 1, 6–8, 26, 27; Atos 8—10, 20, 21, 22—28; 1 João 1—3. As 406 folhas medem 24 x 30 centímetros, com uma coluna de 33 linhas em cada página. O manuscrito está localizado na Biblioteca da Universidade de Cambridge. É surpreendente por causa de algumas variações distintas do texto normal do NT (Metzger, *Text of the New Testament*, p. 50).

Códice Claromontano. O Codex Claromontano é um texto datado de 550 aproximadamente, designado D^2 ou D^{p2}. A segunda forma significa D^{paulo} porque suplementa D (Códice Bezae) com as Epístolas Paulinas. Contém grande parte do NT que falta no Códice Bezae. Como D, D^2 é um manuscrito bilíngüe e contém 533 páginas, de 21 x 18 centímetros. O manuscrito D^2 parece ser originário da Itália ou da Sardenha (Kenyon, *Our Bible and the ancient manuscripts* [*Nossa Bíblia e os manuscritos antigos*], p. 207-8; Souter, 28).

Recebeu o nome de Claromontano por causa do mosteiro em Clermont, França, onde foi encontrado por Beza. Após a morte de Beza, o códice pertenceu a vários particulares. Finalmente, Luis XIV o comprou para a Bibliothèque Nationale, em Paris, em 1656. Tischendorf editou-o completamente em 1852.

Contém todas as epístolas de Paulo e a epístola aos Hebreus, apesar de versículos de Romanos 1 e 1 Coríntios 14 estarem faltando no grego e versículos de 1 Coríntios 14 e Hebreus 13 estarem faltando no latim. Foi artisticamente escrito numa única coluna de 21 linhas em velino fino de alta qualidade. O grego é bom, mas o latim é gramaticalmente inferior em alguns trechos. O manuscrito agora está na Bibliothèque Nationale, em Paris.

Outros códices. Códice Basilense (E) é um manuscrito dos evangelhos em 318 folhas, do século VIII. Está na biblioteca da Universidade de Basiléia, Suíça.

Códice Laudianos (E^2 ou E^a) data do final do século VI ou do começo do século VII. Foi editado por Tischendorf em 1870. O manuscrito E^2 contém Atos em grego e latim, organizado em linhas muito curtas de uma a três palavras. É o manuscrito mais antigo conhecido que contém Atos 8.37.

Códice Sangermanense (E^3 ou E^p) é uma cópia de D^2 em grego e latim, datada do século IX, logo não tem valor independente para a crítica textual.

Códice Boreliano (F) contém os quatro evangelhos, data do século IX e encontra-se em Utrecht.

Códice Augiense (F^2 ou F^p) é um manuscrito do século IX das epístolas de Paulo em grego e latim (com grandes omissões), mas Hebreus está apenas no latim. Agora está na Faculdade Trinity, em Cambridge.

Também chamado Códice Harleiano, o códice Wolfii A (G) data do século X. Contém os quatro evangelhos, com muitas omissões.

Datando do século IX, o Códice Boerneriano (G^3 ou G^p) contém as epístolas de Paulo em grego com uma tradução literal interlinear em latim. Evidentemente incluía um cópia da epístola apócrifa aos laodicenses. Possivelmente é de origem irlandesa.

O Códice Wolfii B (H) contém os quatro evangelhos, mas com muitas omissões. Data do século IX ou X e agora se encontra na Biblioteca Pública de Hamburgo.

Códice Mutinense (H^2 ou H^a) é uma cópia de Atos (faltam sete capítulos), datada do século IX; acha-se agora na Biblioteca Grã-Ducal em Módena, Itália. O texto é bizantino.

O Códice Coisliniano (H^3 ou H^p) é um códice importante das epístolas de Paulo, que data do século VI. As 43 folhas existentes hoje estão divididas entre as bibliotecas em Paris, Leningrado, Moscou, Kiev, Turim e Monte Atos.

O Códice Washingtoniano II (I) é um manuscrito das epístolas paulinas da Coleção Freer no Instituto Smithsoniano, Washington, D.C. Há 84 folhas restantes das 210 originais. Ele data do século V ou VI e contém partes de Hebreus e todas as cartas de Paulo, exceto Romanos.

O Códice Cyprius (K) é uma cópia completa dos quatro evangelhos datada do século IX ou X.

O Códice Mosquense (K^2 ou K^{ap}) é um códice de Atos, das epístolas gerais e epístolas paulinas com Hebreus, datado do século IX ou X.

O Códice Régio (L) é um códice dos evangelhos datado do século VIII. Sua característica singular é a presença de dois finais do evangelho de Marcos. O primeiro é o final curto, que diz o seguinte: "Mas elas [as mulheres] relataram brevemente a Pedro e aos que estavam com ele tudo o que haviam ouvido. Depois disso, o próprio Jesus enviou por meio deles, do ocidente ao oriente, a proclamação sagrada e imperecível da salvação eterna" (Mc 16.8, *Revised Standard Version*). O segundo final são os versículos 9-20 tradicionais.

O Códice Angélico (L^2 ou L^{ap}) é uma cópia contendo Atos, as epístolas gerais e as epístolas paulinas datada do século IX.

O Códice Pampiano (M) contém os quatro evangelhos. Data do século IX.

O Códice Purpúreo Petropolitano (N), escrito no século VI com letras prateadas em velino púrpura, é um pergaminho de luxo dos evangelhos. Das 462 folhas originais, cerca de 230 estão espalhadas em todo o mundo.

O Códice Sinopense (O) é outra edição de luxo dos evangelhos datada do século VI, escrito com tinta dourada em velino púrpura. Agora está na Bibliothèque Nationale, em Paris. Contém 43 folhas de Mateus 13-24.

O Códice Porfiriano (P^2 ou P^{apr}) é um dos poucos manuscritos unciais que contém o livro de Apocalipse. Contém ainda Atos e as epístolas gerais e paulinas, com omissões. Encontra-se atualmente em São Petersburgo, Rússia.

Agora no Museu Britânico, o Códice Nitriense (R) é um palimpsesto de Lucas, datado do século VI, sobre o qual foi escrito um tratado do século VIII ou IX de autoria de Severo de Antioquia. Também contém 4 mil linhas da *Ilíada* de Homero. O texto é ocidental.

O Códice Vaticano 354 (S) é um dos manuscritos autodatados mais antigos dos evangelhos e foi preparado em 949. Encontra-se na Biblioteca do Vaticano.

O Códice Borgiano (T) é um fragmento valioso do século V que contém Lucas 22 e 23 e João 6—8. O texto se assemelha muito ao do Códice Vaticano.

Agora em Moscou, o Códice Mosquense (V) é uma cópia quase completa dos quatro evangelhos, datada do século VIII ou IX. O manuscrito está em unciais até João 8.39, onde muda para as minúsculas típicas do século XIII.

Códice Washingtoniano I (W) data do século IV ou início do século V. O professor H. A. Sanders, da Universidade de Michigan, editou-o entre 1910 e 1918. O manuscrito contém Deuteronômio, Josué e Salmos, os evangelhos, Hebreus e partes das epístolas paulinas, exceto Romanos. Alguns salmos estão faltando, assim como o texto de Deuteronômio 5e 6, Josué 3 e 4, Marcos 15, João 14—16 e algumas epístolas. O manuscrito dos evangelhos tem 187 folhas, 374 páginas de bom velino. Cada página tem 17 x 24 centímetros e uma coluna de trinta linhas, consistindo em unciais inclinadas pequenas, mas nitidamente escritas. Os evangelhos incluem Mateus, João, Lucas e Marcos, nessa ordem. O final longo de Marcos (16.9-20) é anexado, com uma inserção muito digna de nota depois de 16.14: "E eles se desculparam, dizendo: 'Esta era de injustiça e incredulidade está sob Satanás, que não permite que a verdade e o poder de Deus prevaleçam sobre as coisas impuras dos espíritos. Portanto revelai vossa justiça agora' — assim falaram a Cristo. E Cristo lhes respondeu: 'O termo de anos para o poder de Satanás se cumpriu, mas outras coisas terríveis se aproximam. E por aqueles que pecaram fui entregue à morte, para que retornem à glória incorruptível da justiça que está no céu'" (Metzger, *Text of the New Testament*, 54; *A textual commentary on the greek New Testament* [*Um comentário textual sobre o Novo Testamento grego*, p. 122-8). O manuscrito de Deuteronômio e Josué tem 102 folhas (30 x 36 cm), com duas colunas em cada página de velino grosso. O manuscrito mutilado de Salmos tem porções de 107 folhas que originariamente mediam 33 x 42 centímetros, escritos numa coluna. Esse Códice é misteriosamente misturado, como se fosse compilado de manuscritos que representavam várias tradições ou famílias textuais.

O Códice Dubliense (z [*Zēta*]) é um palimpsesto de 299 versículos de Mateus. Data do século v ou vi.

O Códice Sangallense Δ (*Delta*) é um manuscrito greco-latino interlinear dos quatro evangelhos (faltando Jo 19.17-35). Data do século ix.

O Códice Koridethi ⊖ (*Thēta*) é uma cópia dos evangelhos do século ix. O texto de João difere em tradição do de Mateus, Marcos e Lucas. Parece-se com o texto do século iii ou iv usado por Orígenes e Eusébio de Cesaréia.

O Códice Tischendorf iii Λ (*Lambda*) contém o texto de Lucas e João. O manuscrito do século ix está localizado na Universidade de Oxford.

O Códice Zacynthius Ξ (*Xi*) é um palimpsesto do século xii ou xiii que preserva grande parte de Lucas 1.1—11.33. É o manuscrito mais antigo do NT que tem comentários na margem.

O Códice Petropolitano Π (*Pi*) é uma cópia quase completa dos evangelhos, datada do século ix.

O Códice Rossanense Σ (*Sigma*) é uma cópia de Mateus e Marcos datada do século vi. É o manuscrito bíblico mais antigo enriquecido com ilustrações

O Códice Beratino φ (*Phi*) é uma edição de luxo do século vi contendo Mateus e Marcos, com grandes lacunas.

O Códice Athous Laurae Ψ (*Psi*) é um manuscrito do século viii ou ix que contém os evangelhos, de Marcos 9 em diante, Atos, as epístolas gerais, epístolas paulinas e Hebreus. Apresenta o mesmo final diferente de Marcos que o Códice Régio.

O Códice Athous Dionysiou Ω (*ōmega*) data do século viii ou ix e é uma cópia praticamente completa dos quatro evangelhos. É um dos exemplares mais antigos da tradição textual conhecida por texto bizantino.

Manuscritos minúsculos. Como as datas do século ix ao xv indicam, a maioria dos manuscritos minúsculos não possuem a alta qualidade dos unciais mais antigos. No entanto, não é sempre assim. Alguns minúsculos são cópias recentes de bons textos antigos. Sua maior importância está na comparação que oferecem entre as famílias textuais. Há 2 795 manuscritos minúsculos do NT e 1 924 lecionários minúsculos. São reconhecidos pelo número do manuscrito.

A família alexandrina é representada pelo manuscrito 33, que data do século ix ou possivelmente x. Contém todo o NT exceto Apocalipse e agora pertence à Bibliothèque Nationale. Apesar de ter tipo de texto predominantemente alexandrino, demonstra traços de bizantino em Atos e nas epístolas paulinas.

Alguns estudiosos reconhecem um tipo textual da família cesariense em alguns manuscritos dos evangelhos. Ele remonta ao texto cesariense usado nos séculos iii e iv. Uma subfamília italiana do cesariense é representada por aproximadamente uma dúzia de manuscritos conhecidos por família 13. Esses manuscritos foram copiados entre os séculos xi e xv. Uma de suas características interessantes é que contém o trecho sobre a mulher adúltera (Jo 7.53—8.11) depois de Lucas 21.38, em vez de depois de João 7.52.

Alguns minúsculos individuais incluem os manuscritos a seguir.

O manuscrito 61 consiste em todo o NT, datando do final do século xv ou início do xvi. Foi o primeiro manuscrito encontrado contendo 1 João 5.7, a única razão pela qual Erasmo foi compelido a inserir essa passagem duvidosa no seu NT grego em 1516.

O manuscrito 69 contém todo o NT e data do século xv. É um membro importante da família 13.

O manuscrito 81 foi escrito em 1044 e é um dos mais importantes de todos os minúsculos. Seu texto em Atos concorda freqüentemente com o tipo de texto alexandrino.

O manuscrito 157 é um códice dos evangelhos datado do século xii que segue o tipo cesariano. Uma inscrição editorial ou *colofão*, encontrada nesse e em vários outros manuscritos, afirma que foram copiados e corrigidos "a partir de antigos manuscritos em Jerusalém". (Para mais informações sobre o "cólofon de Jerusalém", v. *Journal of Theological Studies* 14 [1913]: 78ss., 242ss., 359ss.)

O manuscrito 565 é uma dos mais belos de todos os manuscritos conhecidos. Contém todos os evangelhos em velino púrpura com letras douradas.

O manuscrito 614 é uma cópia de Atos e das epístolas datado do século xiii, com muitas leituras pré-bizantinas.

O manuscrito 700 é um códice do século xi ou xii que impressiona por suas leituras divergentes. Contém 2 724 divergências do *Textus Receptus* e 270 que não são encontradas em nenhum outro manuscrito.

O manuscrito 892 é um códice dos evangelhos do século ix ou x com leituras surpreendentes de um tipo antigo (alexandrino).

O manuscrito 1739 é um códice muito importante do século x baseado diretamente em um tipo de manuscrito alexandrino do século IV. Contém nas margens anotações das obras de Ireneu, CLEMENTE, ORÍGENES, EUSÉBIO e Basílio.

O *manuscrito 2053* é uma cópia de Apocalipse do século XIII. É uma das melhores fontes do texto de Apocalipse.

Conclusão. Embora haja muitas leituras variantes nos manuscritos do NT, há uma multidão de manuscritos disponíveis para comparação e correlação dessas leituras para chegar à leitura correta. Por meio do estudo comparativo intensivo das leituras em 5 686 manuscritos gregos, os teólogos eliminaram cuidadosamente erros e adições de copistas "bem-intencionados" e discerniram quais manuscritos antigos são mais precisos. Questões textuais permanecem, mas o leitor atual da Bíblia, e principalmente os que lêem o NT grego recentemente editado pela United Bible Societies, podem ter certeza de que o texto está extremamente próximo dos autógrafos.

Fontes

F. F. BRUCE, *Merece confiança o Novo Testamento?*
P. COMFORT, *The complete text of the earliest New Testament manuscripts.*
A. DEISSMANN, *Light from the ancient east.*
D. ESTRADA e W. WHITE, Jr., *The first New Testament.*
G. FEE, *The textual criticism of the New Testament.*
N. L. GEISLER e W. E. NIX, *Introdução bíblica.*
F. KENYON, *The Bible and archaeology.*
___, *Our Bible and the ancient manuscripts.*
R. LYON, *Reexamination of Codex Ehp ...*
B. METZGER, *Chapters in the history of New Testament textual criticism.*
___, *Manuscripts of the Greek Bible.*
___, *Text of the New Testament.*
___, *A textual commentary on the Greek New Testament.*
A. T. ROBERTSON, *An introduction to the textual criticism of the New Testament.*
G. L. ROBINSON, *Where did we get our Bible?*
P. SCHAFF, *Companion to the Greek Testament and English version.*
F. H. A. SCRIVENER, *Plain introduction to the criticism of the New Testament.*
A. SOUTER, *The text and canon of the New Testament.*
G. STRANTON, *Gospel truth?*
B. H. STREETER, "Codices 157, 1071 and the Caesarean Text", em *Quantulacumque: studies presented to Kirsopp Lake* (1937).

Novo Testamento, preocupações apologéticas do.
A historicidade do NT é baseada na evidência de que a história pode ser conhecida, na confiabilidade de seus manuscritos e na credibilidade de suas testemunhas (NOVO TESTAMENTO, HISTORICIDADE DO). As testemunhas incluem os autores do NT que foram testemunhas oculares e/ ou contemporâneas dos eventos, bem como outras fontes seculares antigas.

Essas questões são parte do elo crucial na apologética cristã geral (v. APOLOGÉTICA, ARGUMENTO DA). Sem o NT confiável, não temos maneira objetiva e histórica de saber o que Jesus disse ou fez. Não podemos estabelecer se ele era Deus, o que ensinou ou o que seus seguidores fizeram e ensinaram. Há dois passos básicos no argumento a favor da credibilidade dos documentos do NT. Primeiro, devemos mostrar que os manuscritos foram escritos cedo o suficiente e com atenção suficiente a detalhes para serem registros fidedignos. Uma questão paralela, também importante, é se os livros do NT foram transmitidos precisamente, para podermos saber com certeza o que foi escrito nas cópias originais ou *autógrafos*. Segundo, devemos saber se as fontes ou testemunhas usadas pelos autores eram confiáveis.

Pode ser surpreendente para quem não está familiarizado com os fatos que haja mais evidência documentária para a confiabilidade do NT que para qualquer outro livro do mundo antigo. A evidência será analisada em três artigos.

NOVO TESTAMENTO, DATAÇÃO DO discute em geral o que se sabe e o que não se sabe sobre quando os evangelhos, as epístolas, Atos, Hebreus e Apocalipse de João foram escritos. Outras informações sobre datação estão disponíveis nos artigos ATOS, HISTORICIDADE DE; BÍBLIA, EVIDÊNCIAS DA; JESUS, SEMINÁRIO; Q, DOCUMENTO.

Os artigos NOVO TESTAMENTO, HISTORICIDADE DO; NOVO TESTAMENTO, MANUSCRITOS DO e NOVO TESTAMENTO, FONTES NÃO-CRISTÃS DO abrangem preocupações mais gerais da transmissão exata dos documentos.

Oo

objetivismo. V. RAND, AYN.

O'Callahan, José. José O'Callahan (n. 1922), paleógrafo jesuíta espanhol, que fez a surpreendente identificação de nove fragmentos entre os manuscritos do mar Morto, de Qumran, como sendo de vários livros do NT.

Os fragmentos. Começando com sua primeira declaração, em 1972, O'Callahan posteriormente identificou nove fragmentos da Caverna 7 como Marcos 4.28; 6.48; 6.52,53; 12.17; Atos 27.38; Romanos 5.11,12; 1 Timóteo 3.16; 4.1-3; 2 Pedro 1.15; e Tiago 1.23,24. Os fragmentos da Caverna 7 haviam sido datados previamente do período entre 50 a.C. e 50 d.C. para a discussão mais extensa sobre esses fragmentos, v. MAR MORTO, ROLOS DO; NOVO TESTAMENTO, MANUSCRITOS DO; NOVO TESTAMENTO, DATAÇÃO DO, e NOVO TESTAMENTO, HISTORICIDADE DO).

Implicações da identificação. Se verdadeiras, as conclusões de O'Callahan invalidam totalmente muitas teorias sobre o NT. O *New York Times* relatou:

> Se a teoria do padre O'Callahan fosse aceita, provaria que pelo menos um dos evangelhos — o de são Marcos — foi escrito poucos anos após a morte de Jesus.

United Press International observou que suas conclusões indicavam que

> as pessoas mais próximas dos eventos — os seguidores originais de Jesus — consideraram o relato de Marcos preciso e confiável, não um mito, mas história verdadeira (Estrada, p. 137).

A *Time* citou um estudioso que afirmou que, se corretas, "elas poderiam fazer uma fogueira com 70 toneladas de indigesta erudição alemã" (ibid., p. 136).

Datando a evidência. As datas antigas (dadas acima) são apoiadas pela evidência de que essas peças não foram datadas por O'Callahan, mas por outros estudiosos, antes que ele as identificasse; as datas jamais foram questionadas seriamente e se encaixam nas datas determinadas para outros manuscritos encontrados na mesma área de Qumran. Os arqueólogos que descobriram a Caverna 7 comprovaram que ela não demonstra sinais de ter sido aberta desde que foi selada em 70 d.C. e que seu conteúdo data de antes disso. O estilo de escrita (em unciais gregos) foi identificado como proveniente do início do século I (v. NOVO TESTAMENTO, MANUSCRITOS DO).

O'Callahan é um paleógrafo reconhecido que fez muitas identificações bem-sucedidas de textos antigos. Suas identificações desses textos são idênticas às passagens. Nenhuma alternativa viável foi encontrada. Na verdade, dois estudiosos calcularam que a probabilidade de essas seqüências de letras representarem algum outro texto é de 1 em $2{,}25 \times 10^{65}$.

Não é de admirar que objeções à identificação de O'Callahan tenham sido levantadas. Alguns alegam que O'Callahan jamais trabalhara com os manuscritos originais. Isso é falso. Outros alegam que os pedaços são fragmentos pequenos. No entanto, outros textos antigos foram identificados com evidência igual ou menor. Alguns alegam que o manuscrito de Marcos 5 é muito vago ou indistinto para ser realmente legível. Mas agora fotografias mais nítidas estão disponíveis.

A identificação de certas letras foi questionada. Se identificações forem revistas, a identidade do manuscrito poderá mudar. Mas, de um modo geral, O'Callahan usou as letras propostas pelos editores originais. Onde não as usou, os editores concordaram em que sua identificação poderia estar correta. Do texto crucial de Marcos 5 ele usou todas as nove letras completas e seis das dez letras parciais. Onde ele variou em relação aos editores originais, seu julgamento era uma possível alternativa baseada no próprio manuscrito.

Alguns críticos ofereceram alternativas possíveis que não provinham do NT. Para que estas fossem bem-sucedidas, eles tiveram de mudar o número de letras de uma linha de texto antigo de 20 para 60 em alguns casos. Tal quantidade de letras por linha seria altamente incomum. Uma evidência confirmadora da tese de O'Callahan é que ninguém descobriu outro texto que não fosse do NT para esses manuscritos. Usando regras normais, O'Callahan deu identificações prováveis do NT.

Relevância apologética. Se a identificação de apenas alguns desses fragmentos for válida, as implicações para a apologética cristã são enormes. O evangelho de Marcos foi escrito durante a vida dos apóstolos e contemporâneos dos eventos (v. Novo Testamento, datação do; Novo Testamento, historicidade do). Essa data antiga (antes de 50 d.C) não dá espaço para acréscimos mitológicos dos registros (v. Mitologia e o Novo Testamento). Eles devem ser considerados históricos. Marcos é um dos primeiros evangelhos. A probabilidade de haver uma fonte Q ou série de manuscritos do evangelho do tipo de Q é mais remota (v. Q, Documento). Já que esses manuscritos não são originais, mas cópias, o NT foi copiado e disseminado rapidamente. A existência de um cânon do NT desde o princípio é sugerido por essa coleção de livros, representando os evangelhos, Atos, epístolas paulinas e gerais — todas as principais partes do NT. Finalmente, o fragmento de 2 Pedro indicaria a autenticidade dessa epístola bastante contestada. A ausência de fragmentos das obras de João poderia indicar que foram escritas mais tarde (80–90 d.C), de acordo com as datas tradicionais.

Fontes
D. Estrada e W. White, Jr., *The first New Testament*.
E. Fisher, "New Testament documents among the Dead sea scrolls?", *The Bible Today* 61 (1972).
P. Garnet, "O'Callahan's fragments: our earliest New Testament Texts?", em *Evangelical Quarterly* 45 (1972).
B. Orchard, "A fragment of St. Mark's Gospel dating from before 50 A.D.?", em *Biblical Apostolate* 7 (1972).
W. N. Pickering, *The identification of the New Testament text*.
W. White, Jr., "O'Callahan's identifications: confirmation and its consequences", *Westminster Journal* 35 (1972).

Occam, Guilherme. V. Guilherme de Occam.

Occam, Navalha de. *Navalha de Occam* é o nome popular do princípio estabelecido por Guilherme de Occam, ou Ockham (1285-1349). Também é chamado *princípio da frugalidade*. Na forma popular, afirma que a explicação mais simples é a melhor explicação. Isso geralmente é interpretado como "quanto menos, mais verdadeiro" e, pela extensão lógica "o menor é o verdadeiro". Mas não era isso que Occam tinha em mente.

Na fórmula original de Occam, o princípio apenas afirma que "causas não devem ser multiplicadas sem necessidade". Isto é, não se deve supor mais causas ou razões que o necessário para explicar os dados. A verdadeira explicação poderia envolver muitas causas, e ter menos causas seria incorreto. Mas complicar desnecessariamente o problema também torna o raciocínio incorreto.

onipotência de Deus, suposta contradição da. Alguns críticos alegam que a visão teísta (v. teísmo) de Deus é incoerente, já que afirma que Deus é onipotente ou todo-poderoso (v. Deus, natureza de). Eles argumentam:

1. Um Ser onipotente pode fazer qualquer coisa.
2. Um Ser onipotente pode fazer uma pedra tão pesada que não consiga movê-la.
3. Logo, um Ser onipotente não pode fazer tudo.
4. Mas as premissas 1 e 3 são contraditórias.
5. Logo, é contraditório afirmar que Deus é onipotente.

Nenhum teísta sofisticado realmente acredita na premissa 1 de forma não qualificada. O que os teístas informados acreditam é que:

1. Deus pode fazer tudo o que é possível.
2. Não é possível fazer uma pedra tão pesada que não possa ser movida.
3. Portanto, não é possível Deus fazer uma pedra tão pesada que não possa movê-la.

Deus não pode fazer literalmente qualquer coisa que possamos imaginar. Ele não pode contradizer a própria natureza. Hebreus 6.18 declara: "É impossível que Deus minta". Deus não pode fazer o que é logicamente impossível, por exemplo, um círculo quadrado. Não pode fazer duas montanhas sem um vale entre elas. Não pode negar a lei da não-contradição (v. primeiros princípios).

Além disso, Deus não pode fazer o que é realmente impossível. Por exemplo, ele não pode querer não criar um mundo que quis criar. Mas, depois de ter desejado criar, era impossível não criar. Deus também não pode forçar criaturas livres (v. livre-arbítrio) a crer em coisas contra a vontade delas. Forçar alguém a fazer algo livremente é uma contradição (v.INFERNO). Pois, se a vontade é livre, não é forçada. E se é forçada, então não é livre.

É realmente impossível fazer uma pedra tão pesada que não possa ser movida. O que um Ser onipotente pode fazer, ele pode mover. A criatura finita não pode ser mais poderosa em sua resistência que o Criador infinito é em seu poder de não sofrer resistência. Se Deus a criou, ele pode fazer com que deixe de existir. Depois, ele a recriaria em outro lugar. Portanto, não há contradição em acreditar que Deus é onipotente e que pode fazer qualquer coisa que seja possível fazer. O crítico estabeleceu um argumento baseado numa caricatura e não demonstrou qualquer incoerência no atributo da onipotência de Deus.

ontologia. *Ontologia* é o estudo (*logos*) da existência (*ontos*). É o estudo da realidade. Ela responde à pergunta "O que é *real*?", como a ética responde à pergunta "O que é *correto*?", a estética responde à pergunta "O que é *belo*?" e a epistemologia responde à pergunta "O que é *verdadeiro*?".

A ontologia e a metafísica são usadas alternadamente. Ambas estudam o ser como ser ou o real como real. São as disciplinas que lidam com a realidade absoluta. X

ontológico, argumento. O argumento ontológico a favor da existência ou ser (gr. *ontos*) de Deus procede da simples idéia que Deus é um Ser absolutamente perfeito ou necessário. O argumento ontológico foi formulado inicialmente por ANSELMO (1033-1109), apesar de este não lhe haver dado tal nome. Ele tem sido submetido a muita crítica, tanto de defensores de argumentos teístas (v. TOMÁS DE AQUINO) quanto de oponentes do teísmo tradicional (v. HUME, DAVID; KANT, IMMANUEL). Immanuel Kant (1724-1804) foi o primeiro a chamá-lo argumento ontológico porque acreditava que fazia uma transição ilícita do pensar para o ser (*ontos*).

Formas de Anselmo. O argumento ontológico pode ser chamado mais precisamente "a prova da oração", já que chegou a Anselmo quando ele meditava sobre a natureza de Deus. Em geral acredita-se que Anselmo desenvolveu duas formas de argumento ontológico. A segunda surgiu no seu debate com um outro monge, chamado Gaunilo.

A primeira forma do argumento ontológico é baseada na idéia de Deus como Ser absolutamente perfeito. Não se pode conceber um ser maior (v. Plantinga, *Ontological argument*, p. 3-27). Na forma lógica, se apresenta assim:

1. Deus é, por definição, o maior Ser que pode ser concebido.
2. Existir na realidade é maior que existir apenas na mente.
3. Portanto, Deus deve existir na realidade. Se não existisse, não seria o maior ser possível.

A segunda forma do argumento vem da idéia de um Ser Necessário:

1. Deus é, por definição, um Ser Necessário.
2. É logicamente necessário afirmar o que é necessário ao conceito de um Ser Necessário.
3. A existência é logicamente necessária ao conceito de um Ser Necessário.
4. Portanto, um Ser Necessário (= Deus) necessariamente existe.

Objeções. Debate de Anselmo com Gaunilo. As objeções do monge Gaunilo e as respostas de Anselmo ajudam a explicar o argumento.

Objeção 1: Existência necessária. Gaunilo afirmou que o argumento é baseado na falsa premissa de que tudo que existe na mente também deve existir na realidade fora da mente. Anselmo respondeu que isso não é verdadeiro. Apenas no caso de um ser absolutamente perfeito, que teria de ser um Ser Necessário, é verdadeiro que, se é concebível, então ele deve existir fora da mente também. Todos os seres contingentes poderiam não existir. Apenas um Ser Necessário não poderia não existir.

Objeção 2: Conceber e duvidar. Gaunilo também insistiu em que, se a inexistência de Deus fosse realmente inconcebível, ninguém poderia duvidar. Mas as pessoas duvidam dela ou a negam; há céticos e ateus. Porém Anselmo respondeu que, embora as pessoas possam *negar* a existência de Deus, elas não podem *conceber* a inexistência de um Ser Necessário. A inexistência de Deus é afirmável, mas não concebível.

Objeção 3: Limitações mentais. Gaunilo afirmou que não podemos se quer formar o conceito do Ser mais perfeito possível. É apenas uma série de palavras, sem referência empírica ou significado. No entanto, Anselmo negou isso, fornecendo seis razões para sua resposta: 1) *Deus* é uma palavra comum e familiar.

2) A fé e a consciência dão conteúdo a essa palavra.

3) Nem todas as idéias são imagens sensíveis, já que conceitos abstratos são possíveis. 4) Deus pode ser compreendido indiretamente, assim como o Sol é compreendido a partir dos seus raios. 5) Podemos formar o conceito do ser mais perfeito partindo do menos que perfeito em direção ao mais perfeito possível

6) Mesmo os que negam a Deus devem ter alguma idéia do que estão negando.

Objeção 4: Pensamento e realidade. Gaunilo afirmou que a mera idéia de uma ilha perfeita não garante sua existência, e assim é com a idéia de um Ser perfeito. Mas Anselmo insistiu em que há uma diferença importante: a idéia de uma ilha perfeita pode carecer de existência, mas não a idéia de um Ser perfeito. É possível uma ilha — mesmo uma ilha perfeita — não existir. Mas não é possível um Ser (Necessário) perfeito não existir.

Objeção 5: Conceber inexistência. Gaunilo afirmou que a inexistência de Deus não é mais inconcebível que a nossa inexistência. É possível, no entanto, imaginar inexistência pessoal. Anselmo se apressou a demonstrar, todavia, que a inexistência de qualquer coisa, exceto de um Ser Necessário, é imaginável. Pois se é possível um Ser Necessário existir, então é necessário que ele exista. Sua inexistência, e somente ela, é inconcebível.

Objeção 6: Prova de existência. A existência de Deus deve ser provada antes que possamos discutir sua essência (p. ex., que ele é um tipo perfeito de Ser). Logo, não podemos usar sua essência (como um Ser absolutamente perfeito) para provar sua existência. Anselmo respondeu que podemos comparar características ideais antes de sabermos se algo é real. Podemos defini-lo (p, ex., o poderoso cavalo alado, Pégaso) e depois questionar sua existência.

Finalmente, Anselmo acusou Gaunilo de não entender bem seu argumento e, portanto, atacar uma caricatura. Ele insistiu em que Deus não deve ser definido como "o maior de todos os seres" (como Gaunilo pensou), mas como "o maior Ser *possível*". Apesar de Gaunilo propor algumas questões pertinentes, nenhuma delas realmente refuta o argumento de Anselmo, principalmente em sua segunda forma.

Objeção de Aquino. O argumento ontológico não convenceu Tomás de Aquino. Sua objeção ao argumento de Anselmo pode ser vista na sua reformulação do argumento:

1. Deus é, por definição, o maior Ser que pode ser concebido.
2. O que existe mental e realmente é maior que o que existe apenas mentalmente.
3. Logo, Deus deve existir realmente, pois uma vez que a frase "Deus existe" seja compreendida, é considerada uma proposição auto-evidente.

Aquino oferece três objeções a esse argumento: Primeira, nem todo mundo entende o termo "Deus" como "o maior o que pode ser concebido". Segunda, mesmo que Deus seja compreendido dessa maneira, isso não prova que ele realmente exista, mas apenas que a idéia existe mentalmente. Isso chega ao cerne da objeção comum ao argumento ontológico. Terceira, a proposição, "Deus, um Ser Necessário, existe", é auto-evidente *em si*, porém não é evidente *para nós*. Pois não podemos conhecer a essência de Deus diretamente, mas apenas mediante seus efeitos, *a posteriori*. Não podemos conhecê-la *a priori*. Apenas Deus conhece a própria essência intuitivamente. Isso também é mais próximo do ponto central da crítica.

Forma do argumento de Descartes. Pouco se avançou no diálogo sobre o argumento ontológico durante séculos. Então o racionalista do século XVII René Descartes (1596-1650) desencadeou uma série de críticas ao reformular e defender o argumento. Sua afirmação seguia a segunda forma de Anselmo:

1. É logicamente necessário afirmar sobre um conceito o que é essencial à sua natureza (p. ex., Um triângulo deve ter três lados).
2. Mas a existência é logicamente necessária à natureza de um Existente (i.e., Ser) necessário.
3. Portanto, é logicamente necessário afirmar que um Existente necessário existe.

Diálogo com Caterus. Como Anselmo, Descartes teve seus antagonistas. Caterus, um padre, insistiu em que o argumento só prova a existência conceitual de Deus. Pois o conjunto de palavras "leão existente" é conceitualmente necessário, mas não prova que um leão exista. Apenas a experiência pode fazer isso. Logo, o conjunto "Ser Necessário" não prova que Deus existe.

Descartes respondeu que Caterus havia refutado outro argumento, não o seu. Sua primeira reafirmação do argumento é baseada no seu conceito de verdade como o que é claramente percebido:

1. Tudo o que percebemos clara e distintamente é verdadeiro.
2. Percebemos clara e distintamente que a existência deve pertencer a um Existente necessário.
3. Então, é verdadeiro que um Existente necessário existe.

A segunda reafirmação de Descartes ao seu argumento assume outra forma:

1. Tudo o que é da essência de algo deve ser afirmado sobre ele.
2. Existência é da essência de um Existente necessário (= Deus).

3. Logo, a existência deve ser afirmada com respeito a Deus.

A terceira reafirmação do argumento ontológico assume esta forma:

1. A existência de Deus não pode ser concebida apenas como possível, mas não real, pois nesse caso ele não seria um *Existente* necessário.
2. Podemos conceber a existência de Deus. Isso não é contraditório.
3. Logo, a existência de Deus deve ser concebida como mais que possível (ou seja, como real).

Debate com Gassendi. A objeção de Pierre Gassendi aos argumentos de Descartes assumiu a seguinte forma:

1. A existência de Deus é tão desnecessária quanto a de um triângulo. A essência de ambos pode ser imaginada sem sua existência.
2. Assim como no caso dos triângulos, a existência não é propriedade necessária de Deus.
3. É uma petição de princípio incluir existência como parte da essência de Deus.
4. Essência e existência não são idênticas, caso contrário tanto Platão quanto Deus existiriam necessariamente. Se não são idênticas, nenhuma delas existe necessariamente.
5. Somos tão livres para imaginar que Deus não existe quanto para imaginar um Pégas o inexistente.
6. Devemos provar que triângulos têm três lados (não apenas supor). Da mesma forma, devemos provar que Deus existe (não apenas supor).
7. Descartes não provou realmente que a existência de Deus não é logicamente impossível. Logo, ele não provou que é logicamente necessária.

A resposta de Descartes assumiu a seguinte forma:

1. Existência é uma propriedade no sentido de que é atribuível a uma coisa.
2. Apenas Deus tem existência necessária; nem Pégaso nem qualquer outra coisa a possui.
3. Não é petição de princípio incluir a existência entre os atributos de um Existente necessário. Na verdade, é necessário fazê-lo.
4. Existência e essência não podem ser separadas num Ser que é um Existente necessário. Logo, Deus deve existir.

Descartes não respondeu à objeção 7. Gottfried Leibniz (1646-1716) tentou fazer isso ao argumentar que a existência é uma perfeição e, como tal, é uma qualidade simples e irredutível que não pode entrar em conflito com outras. Logo, Deus pode ter todas as perfeições, inclusive existência.

Outras reações às provas de Descartes. Em outra visão negativa do argumento ontológico de Descartes, sua visão foi reafirmada:

1. Se não é contraditório que Deus exista, então é certo que ele existe.
2. Não é contraditório que Deus existe.
3. Então, é certo que Deus existe.

À luz dessa nova forma do argumento, os críticos ofereceram duas objeções que, se verdadeiras, invalidariam a conclusão de Descartes. A primeira é que a premissa menor pode ser questionada ou negada. Logo, o argumento resulta necessariamente. Segunda, Descartes admitiu que sua idéia de Deus era inadequada. Mas, se é inadequada, então não é clara. E, se não é clara, então, pela própria definição de verdade como idéias "claras e distintas", não é verdadeira.

Descartes respondeu que a existência de Deus é não-contraditória em qualquer dos dois sentidos em que a consideremos. Se não-contraditória significa *o que não discorda do pensamento humano*, é claramente não-contraditória. Pois não atribuímos a Deus nada além do que o pensamento humano necessita que atribuamos a ele. Se não-contraditório significa *o que não pode ser conhecido pela mente humana*, então não se pode conhecer nada, muito menos a existência de Deus. Tal definição eliminaria todo pensamento humano, o que é impossível. Mesmo que nosso conceito de Deus fosse inadequado, não se conclui que seja contraditório, já que toda contradição surge da falta de clareza, e vemos claramente que Deus deve ser um Ser Necessário. Descartes sugeriu ainda que o que não vemos claramente não destrói o que vemos claramente. Já que vemos claramente que não há contradição no conceito de um Ser Necessário, o argumento surge em resultado. Pois isso é tudo o que é necessário para apoiar a discutida premissa menor do argumento.

Objeções de Hume e Kant. *Crítica de Hume ao argumento ontológico.* David Hume (1711-1776) estabeleceu o que se tornou objeção-padrão ao argumento ontológico, assim como a outras "provas" da existência de Deus. Ela foi seguida pela crítica referencial de Kant à premissa central da primeira forma do argumento.

A crítica de Hume do argumento ontológico tem esta forma lógica básica:

1. Nada é racionalmente demonstrável a não ser que o contrário implique contradição, pois,

se deixa aberta qualquer outra possibilidade, então essa posição não é necessariamente verdadeira.
2. Nada que é distintamente concebível implica contradição. Se fosse contraditório, não seria distintamente concebível; se é impossível, não pode ser possível.
3. Tudo o que imaginamos que existe também podemos imaginar como inexistente. A existência ou inexistência das coisas não pode ser descartada conceitualmente.
4. Não há ser, portanto, cuja inexistência implique contradição.
5. Conseqüentemente, não há ser cuja existência seja racionalmente demonstrável.

Na verdade, Hume afirma que nenhum argumento a favor de Deus é racionalmente inescapável, porque sempre contém premissas que logicamente podem ser negadas. As conclusões sempre carecem de necessidade lógica, porque as premissas sempre admitem outras possibilidades lógicas. Por isso, o argumento ontológico não é uma demonstração racional no sentido restrito.

A crítica de Kant. Foi Kant quem nomeou o argumento ontológico, já que achava que este fazia uma transição ilícita do âmbito do pensamento puro para o da realidade (de *eidos* a *ontos*). Kant tinha várias objeções ao argumento, as quais considerava fatais para toda a causa teísta (ibid., p. 57-64). Primeira, ele levantava a objeção de que não temos um conceito positivo de um Ser Necessário. Deus é definido apenas como o que não pode *não* ser. Além disso, a necessidade não se aplica à existência, mas apenas a proposições. Necessidade é um qualificador lógico, não ontológico. Não existem proposições existencialmente necessárias. Tudo o que se sabe pela experiência (que é a única maneira em que questões existenciais são cognoscíveis) poderia ser desconhecido. Segunda, o que é logicamente possível não é necessariamente possível ontologicamente. Pode não haver nenhuma contradição lógica na existência necessária, mas ela ainda pode ser realmente impossível. Assim, não há contradição envolvida na rejeição tanto à idéia quanto à existência de um Ser Necessário. Da mesma forma, não há contradição na rejeição do triângulo e de sua trilateralidade. Contradição resulta em rejeitar um sem o outro.

Finalmente, existência não é um predicado, como se fosse um atributo ou propriedade que pudesse ser afirmada sobre um sujeito ou coisa. Existência não é um atributo de uma essência, mas uma suposição desse atributo. Kant utilizou o seguinte argumento para apoiar essa idéia:

1. O que não acrescenta nada à idéia da essência não é parte dessa essência.
2. A existência não acrescenta nada à idéia da essência. Nenhuma característica é acrescentada à essência pela suposição de que ela é real e não imaginária. Um dólar real não tem nenhuma característica que um dólar imaginário não tenha.
3. Logo, a existência não é parte da essência. Não é um atributo que possa ser afirmado sobre algo.

Se a terceira premissa de Kant for sólida, invalida pelo menos a primeira forma do argumento ontológico dado por Anselmo. À luz de Kant, o argumento de Anselmo ficaria desta forma:

1. Todos os atributos possíveis devem ser afirmados sobre um Ser absolutamente perfeito.
2. Existência é um atributo possível que pode ser afirmado sobre um Ser absolutamente perfeito.
3. Logo, existência deve ser afirmada sobre um Ser absolutamente perfeito.

Avaliação da crítica de Kant. Segundo a crítica de Kant, a premissa menor está errada. Existência não é um atributo que possa ser predicado a algo. A essência dá a definição, e a existência dá um exemplo do que foi definido. A essência é dada na conceitualização da coisa; existência não acrescenta nada a essa conceitualização, mas apenas a torna concreta. Logo, a existência não acrescenta nada ao conceito de um Ser absolutamente perfeito nem o deprecia. Esta se tornou uma objeção-padrão ao argumento ontológico desde Kant. Ela pode ser redigida da seguinte maneira:

1. O argumento de Anselmo depende da premissa de que a existência é predicado — atributo ou perfeição.
2. Mas a existência não é um predicado.
   a) Anselmo segue o conceito platônico de existência.
   b) A existência não é um atributo, mas apenas exemplo de um atributo.
3. Logo, o argumento de Anselmo não é válido.

Uma moeda que eu imagine à minha mente tem os mesmos atributos da moeda que tenho em meu bolso. A única diferença é que, com a que está na minha carteira, tenho um exemplo de uma moeda. Mas um exemplo concreto de um atributo não acrescenta nada ao atributo em si.

Os proponentes modernos do argumento de Anselmo, tais como Norman Malcolm e Charles Hartshorne, respondem que a crítica de Kant só se aplica ao primeiro argumento de Anselmo. A segunda forma não depende da premissa de que a existência é um atributo.

A formulação de Leibniz. Apesar de Gottfried Leibniz ser mais conhecido pelo argumento cosmológico, também estabeleceu uma forma de argumento ontológico. Ao sentir que o argumento ontológico básico era válido, mas que era necessário demonstrar que o conceito de Deus não era contraditório, Leibniz reformulou o argumento desta maneira (ibid., p. 54-6).

1. Se é possível um Ser absolutamente perfeito existir, então é necessário que exista, pois:
   a) por definição um Ser absolutamente perfeito não pode carecer de nada. b) Mas, se não existe, carece de existência. c) Logo, um Ser absolutamente perfeito não pode carecer de existência.
2. É possível (não-contraditório) que um Ser absolutamente perfeito exista.
3. Logo, é necessário que um Ser absolutamente perfeito exista.

Para apoiar a premissa menor crucial, Leibniz ofereceu o seguinte argumento:

1. Um atributo é uma qualidade simples e irredutível, sem qualquer limite essencial.
2. Tudo que é simples não pode entrar em conflito com outras qualidades simples, já que diferem em tipo.
3. E tudo que difere em tipo de outro não pode entrar em conflito com ele, já que não há área de semelhança na qual se sobreponham ou divirjam.
4. Logo, é possível um Ser (Deus) possuir todos os atributos possíveis.

Nem mesmo os defensores do argumento ontológico acreditam que Leibniz realmente tenha provado a compatibilidade de todos os atributos possíveis de Deus (ibid., p. 156s.). Malcolm viu dois problemas com o argumento. Primeiro, ele supõe que algumas qualidades são essencialmente "positivas" e outras "negativas", mas isso pode não ser verdadeiro. Algumas qualidades podem ser positivas num contexto e negativas em outro. Segundo, Leibniz supõe equivocadamente que algumas qualidades são intrinsecamente simples, ao contrário de Ludwig Wittgenstein, que demonstrou

que o simples num sistema conceitual pode ser complexo em outro. Uma terceira objeção pode ser acrescentada. Leibniz faz um movimento injustificado do conceitual para o real.

Prova ontológica de Espinosa. Como Descartes, seu contemporâneo Baruch Espinosa (1632-1677) afirmou que a existência de Deus era matematicamente demonstrável. Ele escreveu: "Não podemos ter maior certeza da existência de algo que da existência de um ser absolutamente infinito ou perfeito — isto é, Deus". E, como Descartes, Espinosa acreditava que essa certeza era derivada da prova ontológica (ibid., p. 50-3). A formulação de Espinosa para o argumento ontológico é:

1. Deve haver uma causa para tudo, ou para sua existência ou para sua inexistência.
2. Um Ser Necessário (Deus) existe necessariamente, a não ser que haja uma causa adequada para explicar por que ele não existe.
3. Não há causa adequada para explicar por que um Ser Necessário não existe, a) pois essa causa teria de estar ou dentro da natureza de Deus ou fora dela. b) Mas nenhuma causa fora de um Existente necessário poderia anulá-lo. c) E nada dentro de um Existente necessário poderia anulá-lo, pois nada dentro de um Ser Necessário pode negar que é um Ser Necessário. d) Logo, não há causa adequada para explicar por que um Ser Necessário não existe.
4. Logo, um Ser Necessário existe necessariamente.

Poderia ser apontada para a prova de Espinosa a objeção comum de que ele faz a existência realmente necessária, quando é apenas necessária como conceito. Há pelo menos uma outra objeção. A primeira premissa afirma que "deve haver uma causa para o nada". Além dessa premissa não ser comprovada, ela é contraditória. A lei da causalidade só exige que "deve haver uma causa para algo". É injustificado insistir numa causa para o nada. A defesa da premissa de Espinosa é que "a potencialidade da inexistência é a negação de poder". Mas inexistência já é uma negativa, e a negação de inexistência seria uma afirmação de existência. No entanto, isso deixaria a base tradicional para o argumento ontológico e começaria a argumentar a partir da existência. É exatamente isso que Espinosa faz na sua segunda forma do argumento:

1. Algo existe necessariamente. Para negar isso a pessoa teria de afirmar que pelo menos uma coisa existe, a saber, ela mesma.
2. Essa Existência necessária é finita ou infinita.

3. É possível que essa existência necessária seja infinita.
4. Deve haver uma causa para que não seja uma existência infinita.
5. Nenhuma existência finita pode impedir que exista uma Existência infinita e dizer que uma Existência infinita impede sua própria existência infinita é contraditório.
6. Logo, deve haver uma Existência infinita (Deus).

Duas coisas importantes devem ser observadas sobre os argumentos de Espinosa. Primeiro, ele empresta do argumento cosmológico a premissa "Algo existe". Isso deixa uma prova estritamente *a priori*, como ele mesmo admite. Segundo, a conclusão do argumento de Espinosa não é o Deus teísta de Descartes e Leibniz, mas um Deus panteísta. Não há reconhecimento do Ser Necessário e seres contingentes. Essa Existência infinita é absolutamente uma; não há, além dela, substâncias ou criaturas finitas. O que os teístas (v. TEÍSMO) denominam criaturas, Espinosa vê apenas como modos ou momentos na única Substância infinita — Deus.

Refutação ontológica de Findlay. O argumento ontológico teve uma mudança radical com a tentativa de alguns ateus de transformá-lo numa refutação da existência de Deus (v. DEUS, SUPOSTAS REFUTAÇÕES DE). O argumento ontológico é muito rejeitado atualmente. Alguns até inverteram as posições, fazendo dele um tipo de refutação ontológica de Deus. Essa foi a intenção de J. N. Findlay, que argumentou (ibid., p. 111-22):

1. Deus deve ser considerado um Ser Necessário (i.e., como existindo necessariamente), pois qualquer coisa inferior a esse tipo de ser não seria digna de adoração.
2. Mas proposições existencialmente necessárias não podem ser verdadeiras (como Kant demonstrou), pois necessidade é apenas uma característica lógica das proposições, não da realidade.
3. Logo, Deus não existe.

O argumento de Findlay pode ser expresso desta maneira mais simples:

1. A única maneira em que Deus poderia existir é se ele existisse necessariamente (qualquer tipo de existência menos que a necessária o faria menos que Deus).
2. Mas nada pode existir necessariamente (pois necessidade não se aplica à existência, mas apenas a proposições).
3. Logo, Deus não pode existir (pois a única maneira em que poderia existir é a mesma em que não pode existir).

Mais adequadamente, no entanto, o argumento deveria ser formulado desta maneira:

1. A única maneira em que um Ser Necessário poderia existir é existir necessariamente.
2. A proposição "Deus existe necessariamente" é uma proposição existencialmente necessária.
3. Nenhuma proposição existencialmente necessária pode ser verdadeira.
4. Logo, a proposição "Deus existe necessariamente" não pode ser verdadeira.

Na segunda forma, as falhas do argumento ficam evidentes. Vamos ignorar a objeção à premissa 1 do ponto de vista do deísmo finito (que Deus não precisa ser concebido como existindo necessariamente), já que o assunto aqui é se a concepção teísta tradicional de um Ser absolutamente perfeito é ou não correta. O teísta desafiaria as premissas 2 e 3.

Supondo que não existam proposições existencialmente necessárias, o teísta poderia mudar a proposição "Deus existe necessariamente" para "Deus existe". Então o teísta poderia afirmar que a proposição "Deus existe" é uma proposição logicamente necessária (v. Hughes, p. 59). Dessa maneira, a necessidade se aplica apenas à proposição, e não à existência, invalidando assim a crítica.

Mas o teísta não precisa supor que não há proposições existencialmente necessárias. Na verdade, alguns teístas deram exemplos do que eles consideram ser afirmações existencialmente necessárias. Ian T. Ramsey sugere que "Eu sou eu" é um exemplo. Malcolm oferece "Há um número infinito de números primos" como exemplo. Alguns acreditam que "círculos quadrados não existem". Seria existencialmente necessário, apesar de ser negativo para forma. Se há exemplos negativos, por que não exemplos positivos? Negativos pressupõem positivos.

Ainda outros teístas, interpretando Anselmo e Descartes literalmente, insistem em que "Deus existe necessariamente" é um caso especial. É a única proposição existencialmente necessária, e não é apenas desnecessário, mas também impossível dar qualquer outro exemplo de proposições existencialmente necessárias.

No entanto, parece que a maneira mais eficaz de eliminar a refutação ontológica de Findlay é demonstrar que sua premissa é incoerente. A afirmação "Não há proposições existencialmente necessárias" é em si uma proposição existencialmente necessária. E se é, então há proposições existencialmente necessárias. Pelo menos existe essa — e por que não outras? Se não é uma afirmação necessária sobre existência, então não elimina realmente a possibilidade de que poderia haver um Existente existencialmente necessário. Assim, ou ela não realiza sua intenção de eliminar a possibilidade de proposições existencialmente necessárias ou derrota a si mesma ao oferecer uma proposição existencialmente necessária para provar que não há proposições existencialmente necessárias.

A reformulação de Hartshorne. Depois de uma história tão variada, esse venerável argumento para o teísmo sobreviveu e alcançou dias melhores. Um dos defensores mais ardentes do argumento ontológico é o panenteísta Charles Hartshorne. Sua afirmação e defesa do argumento diante de todas as críticas tradicionais é instrutiva (v. Plantinga, p. 123-35). Hartshorne formula assim o argumento:

1. A existência de um Ser Necessário é a) impossível, e não há exemplo dela; ou b) possível, mas não há exemplo dela; ou c) possível, e há exemplo dela.
2. Mas a premissa b é sem sentido, como dizer que existe um quadrado redondo, pois um Ser Necessário não pode ser apenas um ser possível.
3. E a premissa a não é eliminada pelo argumento ontológico como tal, mas a significância do termo Ser Necessário é uma suposição justificável que pode ser defendida por outros meios.

Depois de identificar o que considerava ser a lógica básica do argumento ontológico, Hartshorne continuou chegando à elaboração completa:

1. Todo pensamento deve referir-se a algo além de si que é, pelo menos, possível: a) Onde há significado, há algo que se quis comunicar. b) Apenas pensamentos contraditórios são impossíveis. c) O significado deve referir-se a algo além do próprio conteúdo e consistência interior, ou será desprovido de sentido. d) A passagem do pensamento para a realidade é baseada numa passagem anterior inversa da realidade para o pensamento. e) A ilusão total é impossível; ilusão pressupõe um pano de fundo de realidade; f) É possível haver confusão com relação à realidade específica, mas não com relação à realidade em geral.
2. A existência necessária de um Ser Necessário é "pelo menos possível". a) Não há nada contraditório no conceito de um ser que não pode não existir. b) A única maneira de rejeitar isso é alegar um significado especial para o *possível*. No sentido lógico normal da palavra *possível*, não há contradição no conceito de um Ser Necessário.
3. Com um Ser Necessário, a existência "pelo menos possível" é indistinguível de uma existência "possível e real". Um Ser Necessário não pode ter existência "meramente possível" (se um Ser Necessário pode existir, então ele deve existir), pois a) Deus por definição é uma existência independente e, portanto, não pode ser produzido por outro, como seres "meramente possíveis" podem ser. c) Deus é eterno e, assim, não pode ter surgido como seres "meramente possíveis" podem surgir.
4. Logo, um Ser Necessário necessariamente tem existência possível e real.

Hartshorne responde às objeções ao seu argumento ontológico:

Não é possível que a inexistência de Deus fosse sempre logicamente possível, apesar de ele realmente sempre ter existido. Primeiro, isso é uma alegação especial do significado da palavra *possível*. Em todos os outros casos, *possível* refere-se a seres cuja inexistência é lógica e realmente possível. Por que fazer de Deus uma exceção ao dizer que sua inexistência é realmente impossível, mas logicamente possível? Além disso, nem é logicamente possível Deus ser concebido como algo que surgiu. Na verdade, a própria concepção de sua natureza sequer pode ser logicamente concebida como tendo surgido. Pois é contraditório até pensar em Deus como sendo produzido. Por definição, Deus é um Ser Necessário, e um ser definido dessa forma não pode ser meramente possível.

Não se pode comprovar um ilha perfeita ou um Diabo perfeito com as mesmas premissas do argumento ontológico. A ilha perfeita não é indestrutível, como Deus é. Se é, a fizerem indestrutível, ela se torna idêntica ao cosmo como corpo de Deus. (A visão que Hartshorne tem de Deus é panenteísta — o universo material é visto como o "corpo" de Deus [v. PANENTEÍSMO], mas há um pólo transcendente de Deus que é mais que seu "corpo" cósmico.) Um demônio perfeito é absurdo inequívoco, pois seria infinitamente responsável e infinitamente adverso a tudo que existe e ao mesmo tempo, infinitamente amoroso e infinitamente odioso com relação a tudo que existe; estaria intimamente unido e ferozmente oposto a tudo que existe. Mas tais atitudes contraditórias são impossíveis.

O argumento ontológico prova mais que a mera autoconsistência da idéia de um Ser Necessário. Pois todo significado tem um referente externo que é ou possível ou real. E Deus, por definição, não pode ser meramente um ser possível. Portanto,

1. Todo significado implicitamente afirma Deus em referência a: a) o que ele fez (chamado natureza conseqüente — imanência de Deus) ou b) o que ele pode fazer (chamado natureza primordial — transcendência de Deus).
2. Sem Deus como a base universal de significado, não haveria nenhum significado para universais. Nada pode ter significado objetivo, a não ser que haja um reino que é objetivamente significante.
3. Podemos ficar confusos quanto à existência de coisas específicas, mas não quanto à existência de Deus — que é o conteúdo da própria existência.
4. A única maneira de se opor ao argumento ontológico é fazer uma disjunção absoluta entre significado e realidade. Mas essa disjunção é insignificante. Significado e realidade devem se encontrar em algum ponto; a esse ponto chamamos Deus.

Se existência não é predicado, então pelo menos o *modo* de existência é sugerido em todo predicado. Isto é, quando uma qualidade é predicada sobre algo, é sugerido que algo existe contingente ou necessariamente. E um Ser Necessário (Deus) não pode existir contingentemente.

O argumento ontológico não faz de Deus uma exceção aos princípios filosóficos gerais. Essa essência implica que existência em Deus não é uma exceção aos princípios filosóficos, mas o resultado da aplicação consistente dos princípios filosóficos a vários tipos de existências. A natureza de Deus implica existência como nenhuma outra natureza, porque somente em Deus não há distinção entre o possível e o real (Deus é a realização de tudo que lhe é possível tornar real). "Dizer que uma coisa pode não existir não é dizer que deve haver algo sem existência. É dizer que pode haver existência sem essa coisa." Existência deve existir necessariamente; essa ou aquela existência não precisa existir.

O mero pensamento não produz realidade, mas o pensamento necessário produz. Não pode haver disjunção absoluta entre pensamento e realidade. Pensar é uma experiência real, e pensamos que Deus é possível. Hartshorne conclui:

1. Todos os pensamentos são experiências do que é, no mínimo, possível.
2. Temos pensamentos sobre um Ser que deve existir (um Ser Necessário).
3. Mas um Ser Necessário não pode ser meramente um ser possível.
4. Portanto, um Ser Necessário deve ser mais que meramente possível; deve ser real.

Como Hartshorne disse: "Só temos de excluir impossibilidade ou insignificância para estabelecer realidade". Ou seja: "Ou Deus é um termo sem sentido ou existe um ser divino". Ou, para reafirmar o argumento:

1. Ou a existência de um Ser Necessário é a) menos que uma idéia (i.e., contraditória e impossível), b) ou meramente uma idéia mas não uma realidade, ou c) mais que mera idéia — uma realidade.
2. Não é menos que uma idéia, pois é um conceito não-contraditório.
3. Não é apenas uma idéia, pois é contraditório falar de um Ser Necessário como apenas possível. Se um Ser Necessário existe, deve existir necessariamente. Não há outra maneira em que possa existir.
4. Logo, a existência de um Ser Necessário é mais que uma mera idéia; é uma realidade.

O argumento ontológico não é meramente hipotético; ele não supõe existência. O argumento ontológico *não* diz:

1. Se existe um Ser Necessário, ele existe necessariamente.
2. Existe um Ser Necessário (o que caracteriza uma petição de princípio).
3. Logo, um Ser Necessário existe necessariamente.

Essa crítica contém a suposição contraditória de que "se um Ser Necessário existe como um mero fato contingente, ele não existe como fato contingente, mas como verdade necessária". Esse não é o significado da premissa principal. O argumento, pelo contrário, não é contraditório e deveria ser afirmado desta maneira:

1. Se a expressão *Ser Necessário* tem algum significado, o que significa deve realmente existir (fora da mente).
2. A expressão *Ser Necessário* tem um significado (não é contraditória).
3. Logo, um Ser Necessário realmente existe (fora da mente).

Se não implica a possibilidade de inexistência (pois uma existência necessária não pode *não* existir). *Se* significa a possibilidade da ausência de sentido. E até a possibilidade de ausência de sentido desaparece, pois, a não ser que haja uma base para o significado (Deus), não pode haver significado.

Hartshorne baseia sua teoria firmemente na identificação final do lógico com o ontológico, uma premissa discutida por outros. Segundo, ele não exclui realmente a possibilidade de outros poderem demonstrar que o termo *Deus* é desprovido de sentido. Pode ser que alguém ainda venha a demonstrar uma contradição no próprio conceito de um Ser Necessário. Se alguém fizer isso, os argumentos ontológicos fracassam.

Além disso, o argumento baseia-se na suposição de que deve haver uma base objetiva para significado de sorte que haja *qualquer* significado. É exatamente isso que existencialistas como Jean-Paul Sartre e Albert Camus negavam. Eles acreditavam numa base subjetiva para o significado, mas não negavam todo significado. Seu argumento é que não há significado no universo "em si" exceto o significado subjetivo que a pessoa estabelece. O absurdo objetivo ainda seria uma opção, a não ser que se considere que Hartshorne refutou o absurdo objetivo.

Finalmente, há uma premissa sugerida em todos os argumentos ontológicos que, se verdadeira, provavelmente vindicaria o argumento diante de sua crítica-padrão (a de que ele faz uma transição ilícita do lógico para o ontológico, do pensamento para a realidade). A premissa é esta: *O racionalmente inevitável é o real.* Se defensável (v. Geisler e Corduan, p. 289-96), isso provaria que o absurdo objetivo está errado. Na verdade, se o racionalmente inevitável é o real, e é racionalmente inevitável pensar em Deus existindo necessariamente, parece que a conclusão é que é realmente verdade que Deus existe necessariamente. No entanto, antes de supormos que o argumento ontológico venceu, devemos examinar outra afirmação sobre ele e uma última crítica.

Reformulação de Malcolm. Norman Malcolm geralmente recebe crédito pelo reavivamento do argumento ontológico na forma mais viável, apesar do trabalho de Hartshorne ter dito a mesma coisa vinte anos antes. Malcolm ocasionou um reavivamento popular do interesse pelo argumento, pelo menos na área da filosofia analítica. Malcolm considerava a primeira forma do argumento de Anselmo invalidada pela crítica, formulada por Kant, de que existência não é um atributo; a segunda forma do argumento de Malcolm se considerava imune a essa (ou qualquer outra) crítica (v. Plantinga, p. 137-59). Malcolm reformula assim o segundo argumento de Anselmo:

1. A existência de um Ser Necessário deve ser a) uma existência necessária, b) uma existência impossível ou c) uma existência possível.
2. Mas a existência de um Ser Necessário não é uma existência impossível. a) Ninguém jamais demonstrou que o conceito de um Ser Necessário é contraditório. b) Há uma base na experiência humana para "algo maior que tudo mais que possa ser concebido" (p. ex., o sentimento de culpa ou a experiência da graça). c) A tentativa de Leibniz de provar que não há contradição falha, pois pode haver uma. Não podemos demonstrar que não pode haver uma. Apenas sabemos que ninguém demonstrou que há uma contradição. E a prova permanece até que alguém demonstre que há uma contradição no próprio conceito de um Ser Necessário.
3. E a existência de um Ser Necessário não pode ser meramente uma existência possível, pois uma existência meramente possível mas não necessária de um Ser Necessário a) é contrária à própria natureza de um Ser Necessário. Um Ser Necessário não pode ser um ser possível. b) Um ser possível seria um ser dependente, e isso é contrário a um Ser Necessário, que é um Ser independente por natureza.
4. Logo, um Ser Necessário necessariamente existe.

O argumento de Malcolm também pode ser colocado na forma hipotética:

1. Se é possível um Ser Necessário existir, então é necessário que ele exista, pois a única maneira em que um Ser Necessário pode existir é existir necessariamente.
2. É possível que um Ser Necessário possa existir. Não há nada contraditório sobre afirmar a existência de um Ser Necessário.
3. Logo, um Ser Necessário necessariamente existe.

Ou reafirmar o cerne do argumento na forma categórica:

1. Um Ser Necessário por definição é um ser que não pode *não* existir.
2. O que não pode *não* existir deve existir, pois esse é o complemento lógico.
3. Logo, um Ser Necessário deve necessariamente existir.

Parece que a premissa crítica no argumento é a que afirma que a mera possibilidade de um Ser Necessário é contraditória. Vamos afirmar novamente o argumento com a defesa mais completa de Malcolm para essa premissa:

1. A existência de um Ser Necessário deve ser: a) uma existência necessária, b) mera existência possível ou c) uma existência impossível.
2. Mas ela não pode ser uma existência impossível. Não há contradição.
3. Não pode ser mera existência possível, pois tal existência seria: a) Uma existência dependente. Uma existência dependente não pode, ao mesmo tempo, ser uma existência independente, tal como uma existência necessária. b) Uma existência fortuita. Se Deus simplesmente existisse, ele não seria um Ser Necessário. c) Uma existência temporal. Se Deus tivesse surgido, ele seria dependente, o que é contrário à sua Existência independente ou necessária.
4. Logo, a existência de um Ser Necessário é uma existência necessária; isto é, um Ser Necessário existe necessariamente.

Malcolm admite que pode haver uma contradição no conceito de um Ser Necessário e que ele não pode provar que não há contradição. Essa admissão significa que sua "prova" não é garantida. É logicamente possível que esteja errada. Logo, a conclusão não é racionalmente inevitável. Logo, mesmo dada a validade do restante do argumento, não se trata de uma prova no sentido mais restrito da palavra.

Crítica de Plantinga. Plantinga avalia o argumento ontológico de Malcolm em termos de esquema lógico (ibid., p. 160-71):

1. Se Deus não existe, sua existência é logicamente impossível.
2. Se Deus existe, sua existência é logicamente necessária.
3. Logo, ou a existência de Deus é logicamente impossível ou é logicamente necessária.
4. Se a existência de Deus é logicamente impossível, o conceito de Deus é contraditório.
5. O conceito de Deus não é contraditório.
6. Logo, a existência de Deus é logicamente necessária.

Plantinga não concorda com a segunda premissa. Deus poderia existir sem que sua existência fosse logicamente necessária. A existência de Deus poderia ser logicamente contingente sem ser ontologicamente contingente. Ou, por outras palavras, Malcolm presume que, pelo fato de não ser *ontologicamente possível* que Deus seja contingente, não é *logicamente possível* que Deus seja contingente. Malcolm ignora o fato de que é logicamente possível que Deus seja um Ser Necessário, mas não logicamente *necessário*.

No entanto, Plantinga estará certo apenas se a premissa sugerida no argumento ontológico estiver errada: "O racionalmente inevitável é o real". Se o que é racionalmente inevitável deve ser ontologicamente inevitável, então Hartshorne e Malcolm aparentemente criam um bom argumento contra essa crítica. Eles argumentam que é logicamente necessário considerar Deus real, já que é logicamente contraditório conceber um Ser Necessário que não tenha necessariamente existência.

Avaliação. Isso não significa que o argumento ontológico seja válido. Há uma crítica final e possivelmente fatal. Plantinga observa que também é logicamente "possível" que Deus jamais tenha existido. Na verdade, é logicamente possível que nada jamais tenha existido, incluindo-se Deus. Mas essa pode ser apenas uma omissão aparente no argumento ontológico. Talvez a razão pela qual essa possibilidade lógica não se apresente como evidente aos proponentes do argumento ontológico é que eles estão presumindo uma premissa cosmológica. Pois parece de imediato evidente a qualquer pessoa que existe que algo realmente existe. E, se algo existe, não é verdadeiro que nada existe. E, se algo existe, isso invalida a afirmação de que nada existe. Mas, se algo realmente existe, não é verdadeiro afirmar que nada existe. Logo, fracassa a crítica de Plantinga, segundo a qual o argumento ontológico é mal-sucedido simplesmente porque ignora a possível verdade de que nada existe.

Todos os defensores do argumento ontológico só precisam invalidar a crítica de Plantinga para demonstrar que algo existe. Isso é realizado facilmente ao insistir em que ninguém pode negar existência sem existir para fazer a negação. Pois é realmente impossível afirmar que nada existe, já que deve haver alguém em existência para fazer essa afirmação. Em resumo, os argumentos ontológicos baseados meramente na previsibilidade e inconceptibilidade são inválidos, mas um terceiro argumento baseado na inegabilidade parece evitar essas falhas. Isso parece ser verdadeiro pela simples razão de que a única maneira aparente de invalidar a segunda forma do argumento ontológico é pela conceptibilidade (i.e., possibilidade lógica) da verdade que nada existe, mas essa verdade não é afirmável porque algo realmente existe.

Logo, é inegável que algo existe e, portanto, Deus deve necessariamente existir. Assim, parece que uma terceira forma de argumento ontológico pode se defender com sucesso da crítica de Plantinga.

Nessa forma revista, o que se tem não é realmente um argumento ontológico, mas um argumento cosmológico. Pois há uma diferença, como Anselmo reconheceu na sua resposta a Gaunilo, entre a possibilidade lógica de que nada, incluindo Deus, jamais tenha existido e a realidade da afirmação por alguém que existe: "Nada, incluindo Deus, jamais existiu". É claro que é inegavelmente verdadeiro que algo existe, mas não porque é inconcebível ou logicamente impossível que não exista nada. Não é logicamente contraditório supor que nada poderia ter existido. Inexistência é uma possibilidade lógica. A única maneira de poder invalidar a possibilidade lógica de que "nada jamais existiu, inclusive Deus" é afirmar: "Algo existiu ou existe". Mas, uma vez que a pessoa afirme a premissa "Algo existe" e argumente a partir disso que "Deus existe", ela deixou o argumento ontológico e passou para o cosmológico. Deixou o âmbito *a priori* da razão pura e entrou no âmbito *a posteriori* da existência. O chamado terceiro argumento da impossibilidade de negar existência não é um argumento ontológico, mas um argumento cosmológico. E precisa de mais elaboração e defesa.

O argumento de Plantinga. Após anos de estudo e crítica do argumento ontológico, Plantinga propôs sua versão, que considera válida. Ele oferece várias formulações, uma das quais pode ser resumida em dez passos (Plantinga, *The nature of necessity*, p. 214-5):

1. *Algo tem a propriedade de grandeza máxima se tem a propriedade de excelência máxima em todos os mundos possíveis.* A maior coisa deve ser a melhor coisa, não apenas no mundo que existe, mas em todos os mundos possíveis. Um mundo possível é qualquer mundo logicamente concebível. Sempre que fechamos nossos olhos e imaginamos que nosso mundo real é diferente de alguma forma racional, estamos imaginando um mundo logicamente possível. Obviamente o mundo real é um mundo possível.

    Mas há muitos outros mundos possíveis. Eles "existem" no sentido de que são possibilidades lógicas, não que sejam reais. Se algo não é o mais excelente em todos os mundos possíveis, não é realmente o maior, pois é possível imaginar algo maior.
2. *Excelência máxima implica onisciência, onipotência e perfeição moral.* Com essa premissa Plantinga define o que quer dizer com "algo é o melhor". Ele estrutura esse argumento de maneira que o ser cuja existência pretende demonstrar acabará sendo Deus.
3. *Grandeza máxima é possivelmente exemplificada.* Não há nada contraditório ou logicamente errado em supor que num mundo possível podemos encontrar essa qualidade. Essa exemplificação é elaborada na premissa 4, que supõe um mundo M, uma essência E e a propriedade de grandeza máxima.
4. *Há um mundo (M) no qual a essência (E) é tal que E é exemplificado em M e E implica grandeza máxima em M.* Nesse mundo hipotético, essa essência hipotética tem a propriedade de grandeza máxima. Devemos lembrar a afirmação da premissa 1. O que é verdadeiro sobre uma essência seria verdadeiro sobre um objeto que tem essa essência.
5. *Para qualquer objeto (X), se X exemplifica E, então X exemplifica excelência máxima em todos os mundos possíveis.*
6. *E implica a propriedade de excelência máxima em todos os mundos possíveis.* Plantinga argumenta que a mesma relação que é necessariamente verdadeira em M seria necessariamente verdadeira em qualquer mundo possível. Portanto, ele pode fazer tal afirmação geral com relação a essa essência e à propriedade que implicaria qualquer mundo possível.
7. *Se M fosse real, teria sido impossível que E não pudesse ser exemplificado.* Essa afirmação é um componente simples da lógica modal. Se algo é válido para qualquer mundo possível, certamente seria válido se esse mundo fosse o mundo real. Assim, se o mundo possível em consideração fosse real, essa essência com excelência máxima em todos os mundos possíveis teria de ser real. Na verdade, dadas as premissas precedentes, a negação dessa realidade seria impossível.
8. *O que é impossível não varia de mundo para mundo.* Diferenças entre mundos possíveis são factuais. Não envolvem absurdos lógicos. Não há nenhum mundo logicamente possível no qual círculos sejam quadrados ou deduções lógicas não advenham. Relações lógicas são constantes em todos os mundos possíveis. Logo, necessidade ou impossibilidade lógicasão as mesmas em todos os mundos. De forma que o que Plantinga disse sobre E em M teria de se aplicar a E em todos os mundos possíveis. Também seria impossível E não se exemplificado.

9. *Existe um ser que tem excelência máxima em todos os mundos.* Portanto, conclui-se que
10. *O ser que tem excelência máxima existe no mundo real.* Logo, usando a lógica modal, Plantinga demonstrou que Deus (o Ser com onisciência, onipotência e perfeição moral) existe.

Avaliação. Esse argumento rigoroso evita muitas críticas tradicionalmente levantadas contra o argumento ontológico. Mas deixa clara a crítica que propusemos contra o argumento nesse contexto. Essa abordagem baseada na lógica modal estipula desde o princípio que *algo existe*. O conceito de mundos possíveis só faz sentido se comparado com um mundo real. Apenas se, pelo menos por amor ao argumento, permitirmos que haja uma realidade é que o argumento se desenvolve. Além disso, definir um ser maximamente perfeito em termos teístas é gratuito (premissa 2). Por que a perfeição não poderia ser vista em termos não-morais e não-inteligentes?

Mas finalmente, e mais diretamente, o argumento na premissa 4 estipula a realidade de E como uma essência. Na filosofia de Plantinga, essências não são apenas conceitos ou palavras mentais, mas existem de certa forma como sendo reais. Logo, o argumento está começando a se parecer com o argumento de Descartes, no qual ele estipula a idéia de um Ser Supremo e depois tenta dar uma explicação (Descartes, p. 23-34). Porém esse argumento também foi denominado cosmológico. E o mesmo pode acontecer com o argumento de Plantinga. Talvez seja válido porque deixou o âmbito dos argumentos puramente ontológicos.

Conclusão. O argumento ontológico assumiu muitas formas. Todavia, nenhuma parece não ser válida. A única maneira exeqüível de torná-lo válido (se é que pode ser validado) é supor ou afirmar que algo existe. E uma vez que a pessoa argumente: "Algo existe, logo Deus existe", ela realmente argumentou cosmologicamente. O argumento ontológico em si, sem emprestar a premissa "Algo existe", simplesmente não pode provar a existência de Deus. Pois é sempre logicamente possível que nada jamais tenha existido, de forma que não é necessário logicamente afirmar que Deus existe.

Alguns sugeriram que nossa conclusão é inválida porque o próprio conceito de "nada" é negativo, pressupondo assim que algo existe. Se isso é correto, argumentam, nossa contenção de que "é logicamente possível que nada jamais tenha existido" é errada. No entanto, essa objeção confunde o conceito de inexistência (que não pressupõe o conceito de existência) e um estado de inexistência que não pressupõe um estado de existência. É uma referência à possibilidade lógica do estado de inexistência, não ao conceito de inexistência.

Parece que nenhuma prova ontológica válida foi dada até agora que torne racionalmente inevitável concluir que há um Ser Necessário. No entanto, ninguém teve sucesso em fazer uma refutação ontológica de Deus, tornando logicamente impossível que haja um Deus. Necessária ao argumento teísta válido é a premissa de que "algo existe ou existiu". Quem argumenta que "algo existe, logo Deus existe" deixou a abordagem do argumento ontológico *a priori* e passou para uma abordagem cosmológica *a posteriori*.

Se alguém pudesse validar um argumento teísta ao importar a premissa inegável de que "algo existe" e argumentar com base nela que "algo existe necessariamente", isso ainda seria muito distante do Ser simples e absolutamente perfeito do teísmo cristão. É interessante observar que três visões de Deus resultaram do mesmo tipo de argumento ontológico, e outros acreditam que mais um pode ser suposto. Descartes e Leibniz chegaram a um Deus teísta. Espinosa argumentou a favor de um Deus panteísta. Hartshorne acabou chegando a um Deus panenteísta (v. PANENTEÍSMO). Também sugere-se que, além de importar algum tipo de premissa platônica, o argumento ontológico produz deuses politeístas (v. POLITEÍSMO). Até mesmo muitos ateus estão dispostos a reconhecer que o universo é de alguma forma necessário, mas não o identificam de forma alguma com Deus. Já que as posições são mutuamente excludentes, conclui-se que não podem ser verdadeiras.

Para defender o teísmo, aparentemente é preciso ir além do argumento ontológico. Pois o argumento ontológico apenas, ao que parece, não designa que tipo de Deus (ou deuses) é encontrado na conclusão.

Fontes

R. Descartes, *Meditations on first philosophy*.
N. L. Geisler, "The missing premise in the ontological argument", em *RS* (Sep. 1973).
___ e W. Corduan, *Philosophy of religion*.
G. E. Hughes, "Can God's existence be disproved?", em A. Flew, et al., orgs., *Philosophical theology*.
A. Plantinga, *The nature of necessity*.
___, *The ontological argument: from Anselm to contemporary philosophers*.
B. Spinoza, *Ética*.

Orígenes. Um dos pais da igreja primitiva e defensor do cristianismo (185-254). Foi muito influenciado pelo pensamento platônico (v. Platão; Plotino) e gnóstico (v. gnosticismo). Como conseqüência, sua defesa da fé tendia a sacrificar ensinamentos importantes. Negou a historicidade de partes cruciais das

Escrituras; ensinou a preexistência da alma e o universalismo (a crença de que todos finalmente serão salvos; v. "PAGÃOS", SALVAÇÃO DOS) e negou que Jesus tivesse ressuscitado dos mortos num corpo físico (v. RESSURREIÇÃO, NATUREZA FÍSICA DA). Essas posições foram condenadas por serem heréticas pelos concílios posteriores da igreja.

Orígenes foi um autor cristão do início do século II em Alexandria, Egito. Estudou onze anos com o neoplatonista Amônio Sacca, em cuja escola foi colega de Plotino (205-270). Orígenes liderou uma escola catequética em Alexandria (211-232) e mais tarde fundou uma escola em Cesaréia.

Suas várias obras incluem a *Hexapla*, uma comparação de seis colunas de diversas traduções gregas e hebraicas do AT. Infelizmente, nenhuma cópia dessa grande obra sobreviveu. Ele também escreveu *Contra Celso*, uma obra apologética respondendo ao filósofo Celso, e *De principiis*, um importante tratado teológico.

A Bíblia. Apesar de Orígenes afirmar que a Bíblia era divinamente inspirada, ele não aceitava a historicidade completa das Escrituras nem interpretava tudo literalmente. Como outros na escola alexandrina de interpretação, ele geralmente alegorizava partes cruciais das Escrituras.

A Bíblia apenas parcialmente histórica. Orígenes insistiu:

Portanto, temos de afirmar em resposta, já que somos manifestadamente dessa opinião, que a verdade da história pode e deve ser preservada na maioria das instâncias (*De principiis*, 4.19).

Infelizmente, isso não incluía partes cruciais da Bíblia. Ele afirmou que o leitor atento encontraria várias passagens nos evangelhos nas quais inserções de eventos não-históricos foram feitas. "E se analisamos a legislação de Moisés, muitas das leis manifestam a irracionalidade, e outras a impossibilidade da sua observação literal" (ibid., 4.1.16,17).

Interpretação alegórica. A precisão não era muito importante se a mensagem estivesse mergulhada em alegoria. Orígenes buscava "descobrir em toda expressão o esplendor oculto das doutrinas encobertas pela fraseologia comum e sem atrativos" (ibid., 4.1.7).

A história de Adão e Eva devia ser interpretada simbolicamente. Porque

ninguém, creio eu, pode duvidar que a afirmação de que Deus andava à tarde no paraíso e que Adão se escondeu atrás de uma árvore está relatada simbolicamente nas Escrituras, e que algum significado místico pode ser indicado por isso. E os que não são completamente cegos podem encontrar inúmeros exemplos de tipo semelhante registrados como tendo ocorrido, mas quais não aconteceram literalmente? Os próprios evangelhos estão cheios do mesmo tipo de narrativas; por exemplo, o diabo levando Jesus até uma montanha alta, para mostrar-lhe dali os reinos de todo o mundo e a glória deles (ibid., 4.1.16).

Preexistência da alma. O argumento de Orígenes para a preexistência e eternidade da alma depende grandemente do platonismo. Ele argumenta que Deus havia feito outros mundos antes desse, e faria mais no futuro (ibid., 2.5.3). Na criação,

devemos supor que Deus criou um número tão grande de criaturas racionais ou intelectuais (ou seja qual for o nome que recebem), que anteriormente denominamos entendimentos, quanto ele previu que seria suficiente (ibid., 2.9.1).

Negar a eternidade da alma era como negar a onipotência de Deus, segundo ele. A alma deve ser preexistente e eterna porque,

como ninguém pode ser um pai sem ter um filho, nem um mestre sem possuir um servo, Deus também não pode ser onipotente a não ser que existam aqueles sobre os quais ele possa exercer seu poder; e, portanto, para que Deus seja considerado onipotente, é necessário que todas as coisas existam.

Ele ficou mais poderoso enquanto criava mais pessoas? Na verdade, "ele sempre teve aqueles sobre quem exercia poder, e que foram governados por ele como rei ou príncipe" (ibid., 1.2.10).

Finalmente, Orígenes argumenta que,

se a alma de um homem, que é certamente inferior enquanto continua sendo a alma de um homem, não foi formada junto com seu corpo, mas é comprovadamente implantada estritamente de fora, tanto mais será o caso daqueles seres vivos que são denominados celestiais. Ademais, [...] como poderiam sua alma e as imagens nela presentes terem sido formadas com o corpo, de quem, antes de ser criado no ventre, foi conhecido por Deus, e foi santificado por ele antes do seu nascimento? (ibid., 1.7.4).

UNIVERSALISMO. Orígenes acreditava que no final todos seriam salvos. Essa posição é explicitamente universalista:

Portanto, quando o fim for restaurado ao princípio, e o término das coisas comparado ao seu começo, será restabelecida a condição das coisas na qual a natureza racional foi colocada, quando não precisava comer da árvore do conhecimento do bem e do mal; então, quando todo sentimento de impiedade for removido, e o indivíduo for purificado e limpo, Aquele que é o único Deus bom se torna para si "tudo", e isso não se dará apenas no caso de poucos indivíduos, ou de um número considerável, mas ele mesmo é "tudo em todos". E quando a morte não mais existir em parte alguma, nem o aguilhão da morte, nem qualquer mal sequer, então Deus será "tudo em todos" (Orígenes, *De principiis*, 3.6.3).

Segundo Orígenes, esse conhecimento salvador viria

lenta e gradativamente, vendo que o processo de recuperação e correção acontecerá imperceptivelmente em instantes individuais durante o decorrer de eras inúmeras e imensuráveis, umas derrubando as outras, e chegando por um curso mais rápido à perfeição, enquanto outras seguem de perto, e algumas à distância.

Portanto, por meio de ordens numerosas e incontadas de seres progressivos que estão sendo reconciliados com Deus de um estado de inimizade, o último inimigo finalmente é alcançado, que se chama morte, para que também possa ser destruído, e não mais ser um inimigo. Quando, então, todas as almas racionais forem restauradas a essa condição, a natureza deste nosso corpo se transformará na glória de um corpo espiritual (ibid., 3.6.6).

Os textos bíblicos. Alguns dos argumentos de Orígenes para o universalismo estão baseados em textos bíblicos e outros em especulação filosófica.

No contexto do amor de Deus em Cristo, Orígenes baseou-se em passagens que falavam de Deus conquistando e subjugando seus inimigos. Baseou-se nas passagens que citavam Salmos 110.1, principalmente 1 Coríntios 15.25: "O Senhor disse ao meu senhor: 'Senta-te à minha direita até que eu faça dos teus inimigos um estrado para os teus pés [...] Pois é necessário que ele reine até que todos os seus inimigos sejam postos debaixo de pés" (*De principiis*, 1.6.1).

O fim como o princípio. Orígenes raciocinou a partir da premissa neoplatônica de que "o fim é sempre como o princípio e, portanto, assim como há um fim de todas as coisas, surgem de um princípio muitas diferenças e variedade, que novamente, por intermédio da bondade de Deus, e pela sujeição a Cristo, e intermédio da unidade do Espírito Santo, são chamadas de volta a um fim, que é como o princípio" (ibid., 1.6.2).

Justiça reformatória. Orígenes rejeitou a visão penal da justiça (v. INFERNO), argumentando que a fúria da vingança de Deus é útil para a purgação das almas. Acredita-se que também o castigo, que dizem ser aplicado pelo fogo, é aplicado com o objetivo de cura (ibid., 2.10.6).

Acrescentou:

Os que foram removidos do seu estado primitivo de bênção ainda não foram removidos irrecuperavelmente, mas foram colocados sob a regra das ordens santas e abençoadas que descrevemos; e ao tirar proveito da ajuda delas, e sendo moldados pelos princípios e disciplina salutares, podem recuperar-se, e ser restaurados à sua condição de felicidade (ibid., 1.6.2).

A sabedoria de Deus. Orígenes insistiu em que

Deus, pela habilidade inefável de sua sabedoria, transformando e restaurando todas as coisas, das formas mais diversas, para algum objetivo útil, e para a vantagem comum de todas, chamava de volta as próprias criaturas que diferiam tanto umas das outras na conformação mental à concordância de obra e propósito; de forma que, apesar de estarem sob a influência de motivações diferentes, elas completam a plenitude e perfeição de um mundo, e a própria variedade das mentes tende a um fim de perfeição.

Pois é o mesmo poder que segura e une toda a diversidade do mundo, e lidera os diversos movimentos a uma obra, a fim de que uma obra tão imensa como o mundo não se dissolva pelas dissensões das almas.

E por isso cremos que Deus, o Pai de todas as coisas, para assegurar a salvação de todas as suas criaturas por meio do plano inefável de sua palavra e sabedoria, ordenou cada umas delas, para que todo espírito, quer alma quer existência racional, seja qual for o nome, não seja compelido à força, contra a liberdade da própria vontade, a qualquer outro caminho além do que os motivos da própria mente o levem (para que ao fazer isso o poder de exercitar o livre-arbítrio seja tirado, o que certamente produziria uma mudança na natureza do próprio ser) (ibid., 2.1.2).

Onipotência de Deus. "Porque nada é impossível para o Onipotente, e nada é incapaz de ser restaurado a seu Criador" (ibid., 3.6.5). Isso, é claro, implica que Deus deseja, por sua bondade, fazê-lo (1Tm 2.1; 2Pe 3.9). Mas, se Deus quer salvar a todos, e ele pode salvar a todos (i.e., ele é onipotente), então para Orígenes parecia resultar que ele salvaria a todos.

Espiritualismo. Orígenes também negou a natureza física permanente da ressurreição, pelo que foi condenado pelos bispos do Quinto Concílio Ecumênico da igreja, quando escreveram:

Se alguém disser que após a ressurreição o corpo do Senhor era etéreo [...] e que assim serão os corpos de todos após a ressurreição; e que depois de o próprio Senhor ter rejeitado seu verdadeiro corpo e após outros que ressuscitarem rejeitarem os seus, a natureza dos seus corpos será aniquilada: que seja anátema (Cânon 10 citado por Schaff, 14.314-9).

Da mesma forma,

se alguém disser que o julgamento futuro significa a destruição do corpo e que o final da história será uma natureza [*phusis*] imaterial e que dali em diante não haverá mais matéria, mas apenas espírito [*nous*]: que seja anátema (ibid., Cânon 11).

Por volta de 400, o Concílio de Toledo declarou enfaticamente: "Cremos verdadeiramente que haverá a ressurreição da *carne* da humanidade" (Parker, p. 24,26). E o Quarto Concílio de Toledo (663) acrescentou:

Por intermédio de sua morte e sangue somos purificados e obtemos perdão (dos nossos pecados) e seremos ressuscitados novamente por ele no último dia na mesma carne em que agora vivemos, (e) da maneira em que o (nosso) mesmo Senhor ressuscitou (ibid., 26).

Cristo inferior ao Pai. Apesar de não negar a divindade de Cristo, Orígenes acreditava que Jesus tinha uma posição subordinada ao Pai a ponto de perder sua divindade aqui na terra. Orígenes escreveu:

O Filho de Deus, despojando-se da sua igualdade com o Pai, e mostrando a nós o caminho do conhecimento dele, torna-se a imagem clara da sua pessoa (*De principiis*, 1.2.8).

Até a bondade de Cristo é derivada do Pai:

Se isso é completamente entendido, demonstra claramente que a existência do Filho é derivada do Pai, mas não no tempo, nem de qualquer outro princípio, exceto, como já dissemos, do próprio Pai (*De principiis* 1.2.11).

Orígenes falou claramente sobre a posição inferior ao Pai quando disse:

Supondo que pode haver alguns indivíduos entre as multidões de crentes que não concordam plenamente conosco, e que imprudentemente afirmam que o Salvador é o Deus Altíssimo; no entanto, não pensamos como eles, mas acreditamos nele quando diz: "O Pai que me enviou é maior que eu". Portanto, não faríamos — como Celso nos acusa de fazer — a quem chamamos Pai inferior ao Filho de Deus (*Contra Celso* 8.14).

Segundo Orígenes, apesar de Cristo ser eterno, sua divindade é derivada do Pai:

Porque sempre afirmamos que Deus é Pai de seu Filho unigênito, que nasceu dele, e deriva dele o que ele é, mas sem qualquer começo (*De principiis* 1.2.2).

Numa lógica platônica distorcida, Orígenes até argumentou que de alguma forma a existência do Filho depende do Pai:

Pois se o Filho faz, semelhantemente, todas as coisas que o Pai faz, então, devido ao Filho fazer todas as coisas como o Pai, é a imagem do Pai formada no Filho, *que nasceu dele, como um ato da sua vontade, procedendo da mente*. E por isso acredito que a vontade do *Pai apenas deve ser suficiente para a existência do que ele deseja que exista*. Pois no exercício da sua vontade ele emprega apenas o que é manifesto pelo conselho da sua vontade. E então *a existência do Filho também é gerada por ele* (*De principiis* 1.2.6, grifo do autor).

Avaliação. Na melhor das hipóteses, Orígenes foi uma bênção parcial para a apologética cristã. Defendeu a inspiração básica e historicidade da Bíblia. Enfatizou o uso da razão para defender o cristianismo primitivo contra os ataques do paganismo e outros falsos ensinamentos. Foi um estudioso textual.

No entanto, os pontos fracos de Orígenes parecem exceder os pontos fortes. Negou a inerrância da Bíblia, pelo menos na prática (v. Bíblia, supostos erros na). Ensinou o universalismo, contrário às Escrituras e aos credos ortodoxos. Ensinou a preexistência da alma, em vez do ensinamento ortodoxo da criação. Fez interpretações altamente alegóricas das Escrituras, minando verdades literais importantes. Afirmou uma posição aberrante sobre a natureza de Cristo, que deu origem à heresia ariana posterior (v. Cristo, divindade de). Negou a natureza tangível e física do corpo ressurreto (v. ressurreição, evidência da; ressurreição, natureza física da), ao contrário do ensinamento claro das Escrituras (Lc 24.39; At 2.31; 1Jo 4.2) e dos credos (v. Geisler, *The battle for the resurrection* [*A batalha pela ressurreição*], cap. 5, e *In defense of the resurrection* [*Em defesa da ressurreição*], cap. 9).

Fontes

C. Biggs, *The Christian platonists of Alexandria*.
J. Danielou, *Origen*.
W. Fairweather, *Origen and Greek patristic theology*.
N. L. Geisler, *In defense of the resurrection*.
___, *The battle for the resurrection*.
Orígenes, *Contra Celso*.
___, *De principiis*.

T. Parker, org., *The decades of Henry Bullinger*.
P. Schaff, org., *A select library of Nicene and post-Nicene Fathers of the Christian church*.
J. W. Trigg, *Origen: the Bible and philosophy in the third-century church*.
___, *The Fifth Ecumenical Council of Constantinople* (553 d.C).

origens, ciência das. A crença de que o universo e todas as formas de vida foram criados por Deus não é considerada ciência verdadeira por alguns porque a ciência lida com teorias que podem ser comprovadas por testes. Não há como testar a criação, já que foi uma singularidade passada única. Essa objeção é baseada em má interpretação de dois tipos de ciência: *empírica* e *forense*. A *ciência operacional* lida com o mundo que existe agora, e a *ciência das origens* lida com o *passado* (Geisler, *Origin science* [*Ciência das origens*], caps. 1,6,7). A ciência operacional é uma ciência *empírica* que lida com regularidades atuais, mas a ciência das origens é uma ciência forense que considera singularidades passadas — a *origem* do universo e das formas de vida.

Já que não há uma forma direta de testar uma teoria ou um modelo da ciência das origens, ela deve ser considerada plausível ou implausível, com base na consistência e abrangência com que reconstrói o passado não observado conforme a evidência disponível. A ciência operacional é baseada em princípios de *observação* e *repetição*. As leis da física e química, por exemplo, são baseadas na observação de padrões repetitivos de eventos. Tais observações podem ser feitas a olho nu ou com o auxílio de instrumentos sensíveis, mas algum tipo de observação é crucial. Igualmente, deve haver alguma repetição ou padrão repetitivo. Pois nenhuma análise científica pode ser feita com base num evento singular. A ciência operacional baseia-se na repetição de padrões semelhantes de eventos. Porque a ciência operacional não envolve apenas regularidades *atuais*, mas também *futuras*, que podem ser previstas. Porém nenhuma previsão científica pode ser feita a partir de um evento singular.

A operação do cosmos é estudada pela ciência operacional da *cosmologia*. Mas a origem do cosmos é o campo da ciência da *cosmogonia*. A ciência operacional da *biologia* não lida propriamente com o início da vida, mas com seu funcionamento contínuo. O começo da vida é o campo de estudo da *biogenia*.

Ao distinguir essas duas áreas de investigação, é importante observar diferenças substanciais, mesmo nas leis naturais nos processos que observam. Leis pelas quais algo opera hoje podem funcionar de forma bem diferente da maneira em que funcionavam no princípio. É difícil saber sequer que fatores existiam para interagir uns com os outros. Um exemplo simples e óbvio é que as leis que operam durante o *funcionamento* de um moinho de vento não são suficientes para *produzir* aquele moinho. Um moinho de vento funciona por leis puramente naturais da física — pressão, movimento e inércia. Inércia, no entanto, não pode criar estrutura, soldar o metal, montar o gerador movido a vento ou ajustar as lâminas da hélice. Alguém teve de vir de fora do sistema do moinho, trazer o conhecimento, plantas e manipulação de materiais necessários. Leis naturais explicam adequadamente por que a eletricidade é gerada por um moinho de forma contínua; elas são insuficientes para explicar o *início* do sistema.

Somente o fato de as coisas operarem de forma regular torna possível as observações e previsões baseadas nelas. Por isso, uma abordagem diferente e objetivos diferentes agem numa ciência forense. Normalmente se ouve falar da ciência forense em investigações policiais, nas quais cientistas tentam reconstruir o que aconteceu para criar a cena de uma morte não-observada, por exemplo. Alguns elementos podem ser repetíveis, mas não a série essencial de eventos, já que a pessoa envolvida nos eventos está morta. Mas a falta de princípios da ciência empírica não frustra totalmente a análise científica da morte. A ciência forense tem suas regras e princípios. Usando as evidências que restaram (tais como armas, padrões de ferimentos, gotas de sangue e impressões digitais), o cientista forense pode fazer uma reconstrução plausível do evento original. De forma semelhante, o cientista das origens tenta reconstruir a origem do universo e a origem da vida.

Princípios da ciência das origens. Além dos dois princípios óbvios segundo os quais toda teoria ou modelo deve ser consistente e abrangente, os princípios cruciais da ciência das origens são *causalidade* e *uniformidade* (analogia) (Geisler, *Origin science*, p. 131-2).

Causalidade. Como o cientista forense, o cientista das origens acredita que *todo evento tem uma causa adequada* (v. causalidade, princípio da; primeiros princípios). Esse é o caso tanto para eventos não observados como para eventos observados. Esse princípio tem uma aceitação tão universal que praticamente não precisa de justificação. É suficiente mencionar que Aristóteles disse: "O homem sábio busca causas". Francis Bacon acreditava que a verdadeira sabedoria é o "conhecimento das causas" (Bacon, 2.2.121). Até o cético David Hume concordou com isso (*Letters of David Hume* [*Cartas de David Hume*], 1.187). É evidente para a maioria dos seres racionais que *tudo que surge tem uma causa*. Se isso não fosse verdade, as coisas surgiriam e desapareceriam ao acaso, mas isso não acontece. Na verdade, sem o princípio da causalidade, nenhuma ciência seria possível.

É importante observar que o princípio da causalidade *não* afirma que *tudo* tem uma causa. Concordamos com o ateu (v. ATEÍSMO) que, *se* a matéria (energia) é eterna e indestrutível, não precisa de uma causa. Apenas tudo o que começa — ou é contingente — tem uma causa. Se um Ser é eterno e independente (quer seja o universo quer seja Deus), não precisa de uma causa. Causalidade aplica-se a coisas que *surgem*; tudo o que simplesmente *existe* é não-causado.

Uniformidade (analogia). Em termos gerais, o princípio científico da uniformidade afirma que "o presente é a chave do passado". Aplicado mais especificamente à questão de causas passadas não-observadas, o princípio da uniformidade (analogia) afirma que a causa de certos tipos de eventos agora teria produzido efeitos semelhantes no passado. Eventos passados têm causas semelhantes às causas dos eventos atuais.

O princípio da uniformidade deriva seu nome da experiência *uniforme* na qual é baseado. Observação repetida revela que certos tipos de causas regularmente produzem certos tipos de eventos. Por exemplo, água fluindo sobre pequenas pedras gradativamente desgasta a superfície da pedra, tornando-a lisa e arredondada. Vento na água produz ondas. Chuva forte na terra resulta em erosão, e assim por diante. Essas são causas naturais e *secundárias*. Seus efeitos são produzidos por forças naturais cujos processos são parte observável da *operação* contínua do universo físico.

Entretanto, o princípio da *uniformidade* não deve ser confundido com *uniformitarianismo*. Este é a pressuposição naturalista (v. NATURALISMO) equivocada de que todas as causas de eventos no mundo devem ser naturais. Isso é uma petição de princípio e é contrário à melhor evidência da origem do universo (v. BIG-BANG; EVOLUÇÃO CÓSMICA; TERMODINÂMICA, LEIS DA). Não há razão para aceitar a premissa de que tudo que acontece na natureza foi causado pela natureza (v. NATURALISMO; MILAGRE). Afinal, o mundo natural não causou a si mesmo (v. COSMOLÓGICO, ARGUMENTO; *KALAM*, ARGUMENTO COSMOLÓGICO). Até mentes finitas podem intervir o tempo todo no mundo natural. Nada impede que uma Mente infinita faça o mesmo.

Além de causas secundárias, há causas primárias. A inteligência é uma causa primária. E o princípio de uniformidade (baseado na conjunção constante) nos informa que certos tipos de efeitos vêm apenas de causas inteligentes: linguagem, pontas de lança, cerâmica, retratos e sinfonias. Estamos tão convencidos pela prévia experiência repetida de que apenas a inteligência produz esses tipos de efeitos que, quando vemos um único evento que se assemelhe a um desses tipos de efeitos, invariavelmente supomos uma causa inteligível para ele. Quando esbarramos na frase "João ama Maria" escritas na areia, jamais supomos que as ondas a fizeram. A questão é se a origem do primeiro organismo vivo (que não observamos) se deveu a uma causa secundária (natural) ou a uma causa inteligente primária. A única maneira científica de determinar isso é pela analogia com nossa experiência de qual tipo de causa regularmente produz esse tipo de efeito.

O princípio da uniformidade é um argumento baseado na analogia. É uma tentativa de chegar ao desconhecido (passado) por meio do conhecido (presente). Já que não temos acesso direto ao passado, podemos "conhecê-lo" apenas por analogias, com o presente. É assim que a história humana, a história da terra e a história da vida são reconstruídas. A geologia histórica, por exemplo, é totalmente dependente, como ciência, do princípio da uniformidade. A não ser que possamos observar atualmente na natureza ou em laboratório certos tipos de causas produzindo certos tipos de eventos, não podemos reconstruir validamente a história geológica. Mas já que podemos observar causas naturais produzindo esses tipos de efeitos hoje, podemos postular que causas naturais semelhantes produziram efeitos semelhantes no registro geológico do passado. A arqueologia como ciência é possível apenas porque supomos o princípio da uniformidade. Certos tipos de instrumentos, arte ou escrita fornecem consistentemente informações sobre os seres inteligentes que os produziram. Até simples pontas de lança nos levam a afirmar quais índios as produziram e quando. Elas podem ser diferenciadas de pedaços de pedra moldados pelo vento ou pela água. Quando os restos do passado contêm escrita, arte, poesia ou música, imediatamente insistimos em que vieram de seres inteligentes.

Portanto, se a evidência exige uma causa secundária ou primária, o princípio da uniformidade é a base. A não ser que tenhamos tido uma conjunção constante de um certo tipo de causa com um certo tipo de efeito no presente, não temos base na qual aplicar o princípio a eventos passados conhecidos apenas por meio de restos.

O princípio da consistência. Todas as teorias devem ser consistentes. Qualquer que seja o modelo científico construído do passado, deve ser coerente ou não-contraditório com todos os outros elementos da posição científica da pessoa. Posições contraditórias devem ser rejeitadas. Não se pode afirmar que o universo teve um princípio e não começou. E não se pode afirmar coerentemente que o cosmo foi criado e não foi criado. A lei da não-contradição aplica-se a todos os pontos de vista (v. LÓGICA; PRIMEIROS PRINCÍPIOS).

O princípio da abrangência. Além disso, explicações científicas devem ser abrangentes. Um bom modelo explica abrangentemente os fatos conhecidos. Anomalias persistirão, mas nenhum dado indiscutível pode ser negligenciado na construção da teoria. Logo, sendo iguais todas as outras coisas, a posição mais abrangente é considerada a melhor.

Áreas diversas da ciência das origens. Agora que os princípios básicos da ciência das origens foram estabelecidos, eles podem ser aplicados às três áreas principais da origem: o princípio do universo, o surgimento da primeira vida e o aparecimento de seres humanos (racionais). Em cada caso isso admite uma distinção entre ciência das origens e ciência operacional. Já existem nomes para distingui-las.

	Ciência das origens	Ciência operacional
Universo	Cosmogonia	Cosmogonia
Vida	Biogenia	Biologia
Seres humanos	Antropogenia	Antropologia

A evidência científica é apresentada em outro artigo a favor da posição criacionista da cosmogonia (v. EVOLUÇÃO CÓSMICA), biogenia (v. EVOLUÇÃO QUÍMICA) e antropogenia (v. EVOLUÇÃO BIOLÓGICA). Logo, só falta perguntar se a criação é uma ciência.

Ciência da criação. A visão criacionista das origens pode ser tão científica quanto a visão evolucionista. A crença de que existe um Criador inteligente do universo, da primeira vida e de novas formas de vida é tão científica quanto as visões naturalistas da teoria da macroevolução. Ambas são ciência das origens, não ciência operacional. Ambas lidam com singularidades passadas. Ambas usam a abordagem forense ao reconstruir um cenário plausível do evento passado e não observado à luz da evidência que permanece no presente. Ambas usam os princípios da causalidade e da analogia. Ambas buscam uma explicação dos dados. Ambas, às vezes, apelam para uma causa primária (inteligente) a fim de explicar os dados. A arqueologia supõe uma causa inteligente para a cerâmica. Os antropólogos fazem o mesmo com instrumentos antigos. Da mesma forma, quando os criacionistas vêem o mesmo tipo de complexidade específica num animal simples constituído de uma única célula, tal como o primeiro suposto ser vivo, eles também admitem uma causa inteligente para isso. Sua visão é tão específica no procedimento quanto a dos evolucionistas quando estes oferecem uma explicação natural para o primeiro ser vivo.

Igualmente, a visão criacionista da origem do cosmo é tão científica quanto a posição dos evolucionistas. Ambas usam a evidência científica no presente. E ambas usam o princípio da causalidade. O criacionista indica a evidência da segunda lei da termodinâmica (v. TERMODINÂMICA, LEIS DA) que o universo está se desgastando como evidência de que teve princípio, junto com a outra evidência a favor da teoria do BIG-BANG. Isso, associado ao princípio da causalidade, resulta na conclusão de que:

1. O cosmo teve princípio.
2. Tudo que começa tem uma causa.
3. Logo, o cosmos teve uma causa (v. KALAM, ARGUMENTO COSMOLÓGICO).

Objeções à ciência das origens. Duas objeções básicas surgem repetidamente. A primeira diz respeito ao método científico; e a segunda à origem do modelo científico.

Naturalismo na abordagem científica. A essa altura, os evolucionistas freqüentemente objetam que a abordagem criacionista não é científica porque apela para a causa sobrenatural. Os evolucionistas apenas supõem causas naturais. Logo, a visão dos criacionistas é desqualificada, mesmo como ciência das origens. Tal objeção é um caso clássico de petição de princípio. Quem disse que a ciência só pode permitir causas naturais para fenômenos no mundo natural? Essa moção é inválida, pois elimina a criação por definição. É possível, pela mesma moção, exigir que haja apenas causas sobrenaturais para todos os eventos e eliminar todas as causas naturais por definição (v. MILAGRES, ARGUMENTOS CONTRA). É uma forma de NATURALISMO metodológico. Apesar de poder admitir a existência de uma esfera sobrenatural, insiste em que o método científico deve permitir apenas causas naturais. Embora isso seja verdadeiro com relação à ciência operacional, não é o caso da ciência das origens.

Eliminar a causa inteligente do mundo e da vida como explicação científica é contrário à origem e à história primitiva da ciência. A maioria dos fundadores da ciência moderna eram criacionistas que acreditavam que a evidência científica indicava um Criador sobrenatural e inteligente do universo e da vida. Redefinir a ciência de modo a eliminar a possibilidade da causa inteligente é contrário ao início e caráter próprios da ciência moderna.

A abordagem científica deve seguir a evidência, mesmo que ela a leve a uma causa sobrenatural. Como seria científica uma abordagem que se recusa a concluir que existe o tipo de causa para a qual a evidência aponta? Será que um arqueólogo deve se recusar a aceitar qualquer coisa que não seja uma causa natural para a arte que desenterra?

A única causa adequada para a origem da vida e do universo é a causa sobrenatural. Afinal, se — como toda evidência indica — todo o mundo natural teve um princípio, a Causa deve estar além da natureza (v. KALAM, ARGUMENTO COSMOLÓGICO). Isso, por definição, é o sobrenatural. Baseada em que lógica a pessoa deixa de tirar uma conclusão lógica simplesmente porque quer supor uma definição estipuladora da "ciência" de forma a excluir esse tipo de causa do âmbito científico?

Mesmo que a pessoa insista obstinadamente, seja qual for a razão, em excluir todas as causas não-naturais da palavra *ciência*, isso não invalida as causas sobrenaturais ou o estudo delas. Elas simplesmente passam para outra área da busca intelectual, seja a "filosofia", seja outra ciência qualquer. A ciência é simplesmente empobrecida no caminho da própria busca pela verdade. Não há razão válida para excluir as explicações sobrenaturais do esforço acadêmico interessado em descobrir e ensinar a verdade sobre nosso mundo.

A origem de um modelo científico. Alguns adversários da ciência das origens insistem em que o modelo da criação é tirado de um documento religioso, a Bíblia, e a religião não tem lugar na ciência. Embora a pessoa possa alegar que ensinar a Bíblia numa aula de ciências seja exercício religioso, essa alegação ignora uma distinção muito importante. A fonte de uma teoria científica não tem nenhuma relação com sua validade. Algumas descobertas científicas amplamente aceitas tiveram fontes religiosas. Nikola Tesla (1856-1943) teve a idéia do motor de corrente alternada a partir de uma visão que teve ao ler o poeta panteísta Goethe. O modelo para a molécula de benzeno foi concebido por Kekule após ter uma visão de uma cobra mordendo a própria cauda. Nenhum cientista rejeitaria essas descobertas científicas simplesmente por causa de sua fonte religiosa. Da mesma forma, ninguém deve rejeitar a idéia de um Criador inteligente do universo e da vida simplesmente porque a fonte é religiosa. A questão não é de onde a idéia veio, mas se ela explica adequadamente os fatos. E um Criador inteligente explica adequadamente a origem do universo e da vida.

Uma teoria de "terra plana". Muitos que se opõem a chamar a criação de visão científica insistem em que fazê-lo é abrir a porta para o ensinamento da "terra plana" como ciência também. Mas claramente esse não é o caso. Se a terra é quadrada ou esférica é uma questão de ciência operacional, não das origens, já que a forma da terra está sujeita à verificação e à observação. A forma contínua da terra não está relacionada com a questão da sua origem. Não há necessidade de permitir que a teoria da terra plana seja ensinada como ciência, já que foi refutada cientificamente. Isso pode ser aplicado a algumas teorias, mas a teoria da "terra quadrada" é realmente falsa. E não há razão para permitir que algo que foi refutado seja ensinado como teoria científica legítima.

Esse não é o caso da criação, já que ninguém refutou realmente que uma causa inteligente do universo e da vida é possível (v. DEUS, SUPOSTAS REFUTAÇÕES DE). Na verdade, há mais evidência plausível para um Criador (v. COSMOLÓGICO, ARGUMENTO) e Arquiteto (v. TELEOLÓGICO, ARGUMENTO; ANTRÓPICO, PRINCÍPIO) do cosmo que para a evolução naturalista (v. EVOLUÇÃO BIOLÓGICA).

Criação e outras visões religiosas. Acredita-se que, se for permitida a entrada da visão bíblica da criação na ciência, as visões religiosas islâmica, budista, hindu e outras também devem ser permitidas. Mas o criacionismo científico não é um ponto de vista *religioso*; é uma visão *científica* que apela apenas para a evidência científica a fim de apoiar suas conclusões. Só porque a idéia de uma visão científica vem de um livro religioso não significa que a visão seja religiosa. Como mencionado acima, a *fonte* de muitas teorias científicas foi religiosa, mas a *natureza* da teoria não era. A implicação de que permitir que a criação seja ensinada junto com a evolução daria margem a um número infinito de outras teorias da origem não procede. Basicamente, há duas explicações dos eventos da origem: ou o universo teve uma causa inteligente ou uma causa não-inteligente. Ou a causa é natural ou sobrenatural. Todas as visões da origem — budista, hindu, islâmica (v. BUDISMO; HINDUÍSMO; ISLAMISMO) ou judeu-cristã — classificam-se numa dessas duas categorias. Se a Causa do Universo é "Deus", se deve ser adorada ou como deve ser adorada são questões religiosas e não estão incluídas na esfera de ação da ciência das origens.

ARISTÓTELES supôs um Motor Imóvel (uma Causa não observada), mas jamais o considerou objeto de devoção religiosa. Era simplesmente uma explicação racional para o que ele observara no mundo.

Fontes

F. BACON, *Novum organum.*
P. DAVIS, et al., *Of pandas and people.*
N. L. GEISLER, *Knowing the truth about creation.*
___, et al., *Origin science.*
D. HUME, *Investigação acerca do entendimento humano.*
___, *The letters of David Hume.*

P. Johnson, *Reason in the balance.*
J. P. Moreland, org., *The creation hypothesis.*
___, *Creation and the nature of science.*
C. Thoxton, *The mystery of life's origin* (Epílogo).
___, *The soul of science.*

Orr, James. Teólogo e apologista escocês (1844-1913). Estudou na Universidade de Glasgow e ministrou na Igreja Presbiteriana Unida em Hawick (1874-1891). Lecionou na Faculdade Teológica Presbiteriana (1891-1901) e daí em diante na Faculdade da Igreja Unida Livre em Glasgow. As obras de Orr foram muito lidas na Europa e América do Norte. Seu grande conhecimento, escrita prolífera e análise profunda o fizeram estimado por evangélicos militantes durante a ascensão do liberalismo clássico.

As primeiras obras sobre apologética de Orr foram as mais duradouras. *Christian view of God and the world* [*A visão cristã de Deus e do mundo*] (1893) foi uma obra de referência universal até a década de 1950. Orr foi um dos primeiros críticos britânicos do teólogo liberal Albrecht Ritschl (1822-1889) no seu *The Ritschlian theology and the evangelical faith* [*A teologia de Ritschl e a fé evangélica*] (1897). Defendeu a autoria mosaica essencial do Pentateuco (v. pentateuco, autoria mosaica do) contra os ataques de Julius Wellhausen. Apesar de estar disposto a aceitar algumas facetas da evolução biológica (v. evolução), sua obra *God's image* [*A imagem de Deus*] (1905) enfatizou a necessidade de reconhecer a criação sobrenatural da alma humana. Em *God's image in man* [*A imagem de Deus no homem*] (1910), argumentou que a evolução moral minava a seriedade da depravação humana.

A abordagem apologética de Orr era peculiar. Em *The progress of dogma* [*O progresso do dogma*] (1901), opôs-se a Adolf Harnack (1851-1930) e seu ataque à história do dogma, ao demonstrar a lógica interna do desenvolvimento da ortodoxia. *The virgin birth of Christ* [*O nascimento virginal de Cristo*] (1907) (v. virginal de Cristo, nascimento) e *Revelation and inspiration* [*Revelação e inspiração*] (1910) foram contribuições significativas. Outra obra duradoura foi seu trabalho de editar na *International standard Bible encyclopedia* [*Enciclopédia bíblica internacional padrão*] (1915). Orr também escreveu artigos para *The fundamentals* [*Os fundamentos*] (1910-1915), obra em doze volumes que defendia a teologia conservadora.

Fontes
G. G. Scorgie, *A call for continuity: the theological contribution of James Orr.*
___, "Orr, James", em S. B. Ferguson, et al., orgs., *New dictionary of theology.*
P. Toon, *The development of doctrine in the church.*

Pp

"pagãos", salvação dos. O destino dos que nunca ouviram o evangelho, tradicionalmente chamados pagãos por missiólogos e apologistas, constitui um problema para a benevolência de Deus. Se Deus é completamente bom, então como pode enviar para o inferno pessoas que nunca ouviram sobre Jesus e sobre como serem salvas? Alguns estimam que no final do século XX cerca de metade dos mais de 6 bilhões de pessoas nunca ouviram o evangelho. Muitos mais "ouviram", por assim dizer, o evangelho, mas jamais receberam qualquer instrução significativa sobre Cristo.

Duas respostas a esse problema são oferecidas. Alguns acreditam que os pagãos podem ser salvos sem o evangelho se responderem à luz da revelação geral. Outros acreditam que Deus dá a verdade do evangelho por revelação especial aos que realmente o buscam.

Salvação na revelação geral. Os que acreditam que o pecador pode ser salvo sem ouvir que Jesus morreu pelos seus pecados e ressuscitou dos mortos (1Co 15.1-5) raciocinam da seguinte maneira:

O amor e a justiça de Deus. A Bíblia afirma que Deus é justo (Sl 33.5). Ele não faz acepção de pessoas. Pois "em Deus não há parcialidade" (Rm 2.11). Abraão declarou: "Não agirá com justiça o Juiz de toda a terra?" (Gn 18.25). Além disso, Deus é benevolente. Ele ama o mundo inteiro e enviou seu único Filho para morrer por ele (Jo 3.16). Pois:

O Senhor não demora em cumprir a sua promessa, como julgam alguns. Ao contrário ele é paciente com vocês, não querendo que ninguém pereça, mas que todos cheguem ao arrependimento (2Pe 3.9).

Argumentando com base nos atributos do amor e justiça, alguns apologistas cristãos insistem que tal Deus não condenaria os que nunca ouviram o evangelho de Cristo. Eles oferecem algumas passagens para apoiar sua posição:

Atos 10.35. Pedro falou sobre Deus a Cornélio, o gentio que nunca ouvira o evangelho, dizendo que "de todas as nações aceita todo aquele que o teme e faz o que é justo" (At 10.35). O texto indica que Cornélio era "temente a Deus" (v. 2) e foi aceito por ele, apesar de ainda não ter ouvido a mensagem cristã.

Atos 19.2-6. Esse texto menciona crentes que foram salvos muitos anos depois da época de Cristo, apesar de não terem recebido o Espírito Santo. Paulo perguntou-lhes: "Vocês receberam o Espírito Santo quando creram?" Eles responderam: Não, nem sequer ouvimos que existe o Espírito Santo". Então Paulo declarou a verdade a eles, e "ouvindo isso, eles foram batizados no nome do Senhor Jesus" (At 19.5). Mas foram chamados "discípulos" (crentes) antes de Paulo pregar para eles (v. 1).

Romanos 2.6,7. Paulo declarou que Deus "retribuirá a cada um conforme o seu procedimento". Ele dará vida eterna aos que, persistindo em fazer o bem, buscam glória, honra e imortalidade (Rm 2.6,7). Isso está no contexto de "os gentios, que não têm a lei" (2.14), isto é, pagãos. Mas isso significaria que os pagãos podem receber a "vida eterna" sem a revelação especial por meio da lei de Deus.

Gálatas 3.8. Segundo Paulo, "Prevendo a Escritura que Deus justificaria os gentios pela fé, anunciou primeiro as boas novas a Abraão: 'Por meio de você todas as nações serão abençoadas'" (Gl 3.8). Mas o "evangelho" que Abraão ouviu não tinha o conteúdo explícito de que Cristo, o Filho de Deus, morreu e ressuscitou dos mortos. Pois quando Abraão creu, o texto simplesmente diz: "Levando-o para fora da tenda disse-lhe: 'Olhe para o céu e conte as estrelas, se é que pode contá-las? E prosseguiu: 'Assim será a sua descendência'" (Gn 15.5).

Hebreus 11.6. Segundo esse versículo, "quem dele se aproxima precisa crer que ele existe e que recompensa aqueles que o buscam" (Hb 11.6). Isso parece incluir os que nunca ouviram o evangelho.

Apocalipse 14.6. João, o apóstolo, disse: "Então vi outro anjo, que voava pelo céu e tinha na mão o evangelho eterno para proclamar aos que habitam na terra, a toda nação, tribo, língua e povo" (Ap 14.6). Se o evangelho pelo qual foram salvos é eterno, então foi o mesmo proclamado no AT. O texto seguinte indica que esse texto não tinha o mesmo conteúdo que o evangelho do NT (1Co 15.1-5). Porém as pessoas foram salvas por crerem nas boas novas de que Deus é o Deus da graça.

Jonas 3.1-5. O AT relata uma história explícita de como pagãos foram salvos — pelo menos da destruição física. O profeta judeu Jonas recebeu ordem de ir a Nínive (Assíria) e proclamar: Daqui a quarenta dias Nínive será destruída". Então, "os ninivitas creram em Deus. Proclamaram um jejum, e todos eles, do maior ao menor, vestiram-se de pano de saco"(Jn 3.4,5). E "Tendo em vista o que eles fizeram e como abandonaram os seus maus caminhos, Deus se arrependeu e não os destruiu" (Jn 3.10). Mais tarde Jonas disse sobre sua conversão: "Eu sabia que tu és Deus misericordioso e compassivo, muito paciente, cheio de amor e que prometes castigar mas depois te arrependes" (Jn 4.2).

Não há indicação de que o conteúdo da mensagem fosse mais que a crença num Deus gracioso que perdoa os que abandonam seus pecados e voltam-se para ele pela fé.

Salmos 19.1-4. O próprio céu proclama o evangelho, de acordo com o salmo 19:

> Os céus declaram a glória de Deus; o firmamento proclama a obra das suas mãos. Um dia fala disso a outro dia; uma noite o revela a outra noite. Sem discurso nem palavras, não se ouve a sua voz. Mas a sua voz ressoa por toda a terra, e as suas palavras, até os confins do mundo.

Essa passagem parece ensinar que todos, em todo o lugar, já ouviram o "evangelho" da criação pelo qual podem ser salvos. Por incrível que pareça, essa é a mesma passagem mencionada por Paulo quando diz que ninguém pode ouvir sem um pregador (Rm 10.14,18).

Uma distinção importante. Todos os evangélicos acreditam que era necessário que Cristo morresse e ressuscitasse para que qualquer pessoa seja salva. Os que acreditam que a salvação pode ser obtida por meio da revelação geral insistem, no entanto, em que não é necessário *conhecer* esse fato. Eles mostram que uma pessoa poderia receber um par de sapatos novos de presente de um benfeitor anônimo sem saber qual animal morreu para dar o couro ou quem lhe deu os sapatos. Logo, todos os versículos que indicam que a morte e a ressurreição de Cristo foram necessárias para salvação são considerados referências ao *fato* da morte de Cristo, não ao *conhecimento* explícito desse fato.

Salvação por meio de Cristo. A posição ortodoxa tradicional de Martinho Lutero e João Calvino e seus discípulos era que a salvação não é possível sem a crença na morte e ressurreição de Cristo, pelo menos desde a época de Cristo.

Salvação pelo conhecimento de Cristo. A posição ortodoxa tradicional de que a salvação só se dá por meio do conhecimento de Cristo cria um problema ainda mais sério quanto à justiça e benevolência de Deus com relação ao destino dos que nunca ouviram. No entanto, há muitas passagens nas Escrituras que indicam isso.

Atos 4.12. Os apóstolos declararam que "não há salvação em nenhum outro, pois, debaixo não há nenhum outro nome dado aos homens, pelo devamos ser salvos". Já que há referência explícita ao "nome" de Cristo, é difícil acreditar que o conhecimento explícito de Cristo não seja exigido como condição de salvação. Não é apenas o *fato* de Cristo, mas o *nome* de Cristo que é necessário para salvação.

Romanos 10.9. Paulo insiste que, "Se você confessar com a sua boca que Jesus é Senhor e crer em seu coração que Deus o ressuscitou dentre os mortos, será salvo". Romanos 10.9 parece exigir que a confissão do próprio nome de "Jesus" seja necessária para a salvação.

Romanos 10.13-14. O apóstolo continua, acrescentando: "Todo aquele que invocar o nome do Senhor será salvo". Como, pois, invocarão aquele em quem não creram? E como crerão naquele de quem não ouviram falar? E como ouvirão, se não houver que pregue? A ênfase do fato de o incrédulo ter de "invocar" Cristo e de precisar "ouvir" o evangelho de alguém que "pregue" para ele parece eliminar a possibilidade de alguém ser salvo hoje sem ouvir o evangelho de Cristo.

João 3.18. O próprio Jesus disse enfaticamente: "Quem nele crê não é condenado, mas quem não crê já está condenado, por não crer no nome do Filho Unigênito de Deus". A fé explícita "no nome do unigênito Filho de Deus" é colocada como a condição da salvação.

João 3.36. Esta passagem é clara: "Quem crê no Filho tem a vida eterna; já quem rejeita o Filho não verá a vida, mas a ira de Deus permanece sobre ele" Isso parece indicar claramente o conhecimento do "Filho" (Cristo) necessário à salvação.

João 10.9, 11, 14. Jesus declarou:

> Eu sou a porta; quem entra por mim será salvo. Entrará e sairá, e encontrará pastagem [...] Eu sou o bom pastor. O bom pastor da a sua vida pelas ovelhas [...] Eu sou o bom pastor; conheço as minhas ovelhas, e elas me conhecem.

O fato de as ovelhas (crentes) precisarem "conhecer" a Cristo e "entrar" pela porta indica que um conhecimento explícito de Cristo é necessário para salvação.

1 João 5.10-13. João repete a mesma verdade:

> Quem não crê em Deus o faz mentiroso, por que não crê no *testemunho* que Deus dá acerca de seu Filho. E este é o *testemunho*: Deus nos deu a vida eterna, e essa vida está em seu Filho. Quem tem o Filho, tem a vida; quem não tem o filho de Deus, não tem a vida. Escrevi-lhes estas coisas, a vocês que *crêem no nome do Filho de Deus*, para que vocês saibam que têm a vida eterna.

As palavras destacadas deixam claro que João está ensinando que o conhecimento explícito de Cristo é necessário para a salvação.

Uma resposta aos revelacionistas gerais. Os defensores da salvação apenas mediante a REVELAÇÃO ESPECIAL estão bem cientes dos textos usados como comprovação pelos que acreditam que a salvação dos pagãos é somente por meio da revelação geral.

Atos 10.35. Duas coisas geralmente são mencionadas sobre o caso de Cornélio. Primeiro, Cornélio é prova de que os que buscam a Deus em vista da luz que têm, receberão a revelação especial pela qual podem conhecer a Cristo. Afinal, o objetivo da história é mostrar que Deus enviou Pedro com a revelação especial e que Cornélio só se tornou cristão depois de ouvir e crer nessa revelação especial. Alguns indicam que o livro de Atos cobre o período de transição entre o AT e o NT, durante o qual os que eram salvos recebiam a luz de Cristo pela qual podiam tornar-se cristãos. Cornélio pode encaixar-se nessa categoria.

Atos 19.2-6. Essa passagem é sobre os discípulos de João Batista que ainda não tinham ouvido falar sobre a vinda do Espírito Santo. Isso não está relacionado a nunca terem ouvido o evangelho. O episódio ilustra a natureza transitória da época, durante a qual os que ainda não tinham escutado a mensagem cristã (ou a mensagem completa) eram salvos com base na revelação especial que haviam recebido.

Hebreus 11.6. De acordo com este texto: "Quem dele se aproxima precisa crer que ele existe e que recompensa aqueles que o buscam". Apesar de a referência ser ao conhecimento de Deus, não de Cristo, um inclui o outro. Já que o contexto menciona os santos do AT, não os crentes do NT, é compreensível que a afirmação mais ampla sobre o conhecimento explícito de Cristo não tenha sido incluída. É uma afirmação da exigência mínima para ser salvo em qualquer época. Não exclui a crença em Cristo como exigência explícita para a salvação.

Gálatas 3.8. Os proponentes da revelação especial respondem de duas maneiras a essa passagem. Alguns acreditam que mesmo na época do AT os santos tinham algum conhecimento da vinda de Cristo. Paulo disse que o "descendente" de Abraão era Cristo (Gl 3.16). Jesus disse aos judeus: "Abraão, pai de vocês, regozijou-se por que veria o meu dia; ele o viu e alegrou-se" (Jo 8.56). Isso pode indicar que Abraão conhecia a Cristo pessoalmente (talvez como o Anjo do SENHOR). Outros proponentes simplesmente acreditam que Gálatas 3.8 descreve o conteúdo mínimo (separado do conhecimento explícito da morte e ressurreição de Cristo) necessário para salvação no AT. O conteúdo do que Abraão acreditava foi claramente descrito no AT (Gn 15.5,6) e não dizia nada sobre a morte e a ressurreição de Cristo, apenas que a descendência de Abraão seria tão numerosa quanto as estrelas do céu.

Apocalipse 14.6. A referência de João ao *evangelho eterno*, sem levar em consideração o que a expressão queira dizer, não apóia a posição de que a salvação dos "pagãos" é baseada apenas na revelação geral. Essa mensagem veio a eles por meio da revelação especial. Deus enviou um anjo para pregá-la. Além disso, o conteúdo desse evangelho era sobre os que creram no "Cordeiro" e "foram comprados" por seu sangue (Ap 14.1, 4). O fato de o evangelho ser eterno não deve significar nada além de que Cristo era o "Cordeiro que foi morto desde a criação do mundo" (Ap 13.8). Certamente não há indicação de que João esteja falando sobre um "evangelho eterno" conhecido apenas pela revelação geral.

Jonas 3.1-5. Os santos do AT não tinham necessariamente o mesmo conhecimento exigido para a salvação que os do NT. A doutrina da REVELAÇÃO PROGRESSIVA indica que Deus desvendou progressivamente seu plano na terra ao dar mais e mais revelação até a revelação total e final, em Cristo (Hb 1.1,2).

Salmos 19.1,2. O salmista não está falando da revelação especial de Deus, mas das revelações gerais feitas por meio dos "céus", que são "obras das suas mãos [criadoras]". Ele não está falando da cruz, que é a obra do amor redentor de Deus (Rm 10.14, 18).

De acordo com Romanos, a revelação geral nos informa sobre "o seu [de Deus] eterno poder e sua natureza divina" (Rm 1.20). Isso é suficiente para condenação, já que torna todos os homens "indesculpáveis" (ibid.), mas não para a salvação.

Romanos 2.6,7. Esse texto não afirma que os pagãos são salvos pela revelação geral, mas apenas os que "buscam [...] imortalidade". Mais tarde Paulo disse que não somente Cristo "tornou inoperante a morte e trouxe à luz a vida e a imortalidade por meio do evangelho" (2Tm 1.10). A revelação geral e outros meios são parte da "bondade de Deus [que] leva ao arrependimento" (v. 4). Os que respondem à luz da revelação geral recebem revelação especial pela qual podem ser salvos.

Uma defesa da justiça de Deus. Mas é justo Deus mandar para o inferno pessoas que nunca ouviram o único evangelho pelo qual poderiam ser salvas? Na verdade essa questão abrange várias perguntas numa só. Elas serão divididas e analisadas uma a uma.

Os pagãos estão perdidos? A resposta bíblica a essa pergunta é clara: Todos os seres humanos nascem em pecado (Sl 51.5) e são "por natureza merecedores da ira" (Ef 2.3). Pois

...da mesma forma como o pecado entrou no mundo por um homem, e pelo pecado a morte, assim também a morte veio a todos os homens, porque todos pecaram (Rm 5.12).

Referindo-se explicitamente aos pagãos que só têm a revelação geral, o apóstolo Paulo declarou:

Pois desde a criação do mundo os atributos invisíveis de Deus, seu eterno poder e sua natureza divina, têm sido vistos claramente, sendo compreendidos por meio das coisas criadas, de forma que tais homens são indesculpáveis (Rm 1.20).

Da mesma forma, acrescenta: "Todo aquele que pecar sem a lei, sem a lei também perecerá, e todo aquele que pecar sob a lei, pela lei será julgado" (Rm. 2.12). Assim, resumindo sua conclusão da passagem inteira, Paulo declara que "não há distinção, pois todos pecaram e estão destituídos da glória de Deus" (Rm 3.22,23). Sim, rebeldes pecadores contra Deus permanecem perdidos e separados do conhecimento de Cristo.

Há salvação sem Cristo? Todos os cristãos ortodoxos concordam que não há salvação sem a obra redentora de Cristo. Jesus disse: "Eu sou o caminho, a verdade e a vida. Ninguém vem ao Pai, a não ser por mim" (Jo 14.6). O apóstolo Paulo acrescentou: "Porquanto há um só Deus e um só mediador entre Deus e os homens: o homem Cristo Jesus (1Tm 2.5). Além disso, o autor de Hebreus concordou com essa posição, afirmando que, "Mas agora que ele [Cristo] apareceu uma vez por todas no fim dos tempos, para aniquilar o pecado mediante o sacrifício de si mesmo" (Hb 9.26).

Mas quando este sacerdote [Cristo] acabou de oferecer, para sempre, um único sacrifício pelos pecados, assentou-se à direita de Deus [...] Por que, por meio de um único sacrifício, ele aperfeiçoou para sempre os que estão sendo santificados (Hb 10.12,14).

Literalmente, "não há salvação em nenhum outro, pois debaixo do céu não há nenhum outro nome dado aos homens pelo qual devamos ser salvos" (At 4.12).

É justo condenar aqueles que não ouviram? Sim, é justo condenar os que não receberam a revelação especial de Deus. Inicialmente, por meio da revelação geral eles conhecem "seu eterno poder e sua natureza divina" (Rm 1.20). Estão cientes de que ele "fez o céu, a terra, o mar e tudo o que neles há" (At 14.15). Estão cientes de que Deus "não ficou sem testemunho: mostrou sua bondade, dando-lhes chuva do céu e colheita no tempo certo" (At 14.17). Apesar de não terem a Lei de Moisés,

Todo aquele que pecar sem a lei, sem a também percerá [...] De fato, quando os gentios, que não têm a lei, praticam naturalmente o que ela ordena, tornam-se lei para si mesmos, embora não possuam a lei [de Moisés]; pois mostram que as exigências da lei estão gravadas e seu coração (Rm 2.12-15).

Apesar de Deus ter-se revelado aos pagãos por meio da criação e da consciência, a humanidade pecadora rejeitou universalmente essa luz. Logo, Deus não é obrigado a dar-lhes mais luz, já que rejeitaram a luz que têm. Na verdade, apesar de terem a luz, "a ira de Deus se revela dos céus contra toda impiedade e injustiça dos homens que suprimem a verdade pela injustiça" (Rm 1.18). Uma pessoa perdida no escuro de uma floresta densa que procura um pouco de luz deve ir em direção a ela. Se essa pessoa se afasta da pouca luz e fica eternamente perdida nas trevas, ela só pode culpar a si mesma. As Escrituras dizem: "Este é o julgamento: a luz veio ao mundo, mas os homens amaram as trevas, e não a luz, porque as suas obras eram más" (Jo 3.19).

Se o incrédulo realmente buscasse a Deus por meio da revelação geral, Deus providenciaria a revelação especial suficiente para a salvação dele.

Depois que Deus levou Pedro ao gentio Cornélio, o apóstolo declarou: "Agora percebo verdadeiramente que Deus não trata as pessoas com parcialidade, mas de todas a nações aceita todo aquele que o teme e faz o que é justo" (At 10.34,35). O autor de Hebreus nos diz que aqueles que procuram encontram. "Deus [...] recompensa aqueles que o buscam" (Hb 11.6).

Deus tem vários caminhos à sua disposição por meio dos quais pode levar a verdade do evangelho às almas perdidas. O meio mais comum são os pregadores do evangelho (Rm 10.14,15), seja pessoalmente, seja pelo rádio, TV ou alguma gravação. Numa determinada ocasião Deus usará um anjo para pregar o evangelho "a toda nação, tribo, língua, e povo" (Ap 14.6). Muitas pessoas já receberam uma Bíblia, leram-na e foram salvas. Outras foram salvas mediante literatura evangélica. Não podemos saber se Deus transmitiu revelação especial por meio de visões, sonhos ou outras maneiras milagrosas. A verdade é que Deus está mais interessado em que que todos sejam salvos do que nós estamos. Pois "O Senhor não demora em cumprir a sua promessa, como julgam alguns. Ao contrário, ele é paciente com vocês, não querendo que ninguém pereça, mas que todos cheguem ao arrependimento" (2Pe 3.9). A justiça de Deus exige que ele condene todos os pecadores, mas seu amor o compele a salvar a todos os que, por sua graça, crêem. Porque "todo aquele que invocar o nome do Senhor será salvo" (Rm 10.13).

É importante lembrar uma coisa. Enviar pessoas que nunca ouviram para o inferno não é injusto. Pensar assim é o mesmo que afirmar que não é certo um indivíduo morrer de uma doença para a qual há uma cura que ele não conhece. A questão crucial é como a pessoa contraiu a doença, não se ela ouviu falar da cura. Além disso, se a pessoa não deseja saber se há uma cura nem fazer o que é necessário para ser curada, com certeza será considerada culpada.

Pessoas de todas as nações serão salvas? Os que rejeitam a posição de que a revelação especial seja necessária para a salvação geralmente indicam os países não-cristãos. E a China, a Índia, a África e muitos países que eram comunistas? Certamente não é justo ter no céu tantos dos países ocidentais e tão poucos das terras orientais.

Não há razão para a porcentagem de pessoas salvas ser a mesma em todos os países. A quantidade de salvos dependerá de quem crê, e isso varia de lugar para lugar. Assim como na agricultura e na pesca, algumas áreas são mais férteis que outras. As Escrituras garantem que haverá "grande multidão que ninguém podia contar, de todas as nações, tribos, povos e línguas, em pé, diante do trono e do Cordeiro" (Ap. 7.9*a*). Na verdade, apesar da porcentagem variar, pareceria estranho se não houvesse ninguém de um país que desejasse ser salvo (assim como seria estranho que todas as pessoas de outro país quisessem ser salvas). As pessoas têm livre-arbítrio, e o livre-arbítrio é exercitado livremente. Alguns acreditarão, outros não.

Existe a segunda chance? Alguns apologistas cristãos e muitas seitas acreditam que Deus dará uma segunda chance depois da morte para os que nunca ouviram o evangelho. Os cristãos ortodoxos rejeitam isso. A Bíblia declara: "Da mesma forma, como o homem está destinado a morrer uma só vez e depois disso enfrentar o juizo" (Hb 9.27). A urgência com que as Escrituras instam sobre tomar uma decisão agora nesta vida (Pv 29.1; Jo 8.24; Hb 3.7-13). O texto de 2 Pedro 3.9 é forte evidência de que não há segunda chance. O fato de as pessoas irem imediatamente para o céu ou para o inferno (Lc 16.19-31; 2Co 5.8; Ap 19.20) indica que a decisão deve ser tomada nesta vida. Já que Deus tem tantas maneiras de se revelar aos incrédulos antes da morte, é desnecessário que o faça depois que morrem. A crença na segunda chance solapa a ordem de fazer missões. Para que haver a Grande Comissão (Mt 28.18-20), se as pessoas podem ser salvas sem receber a Cristo nesta vida?

Interpretações das Escrituras usadas para apoiar a segunda chance de salvação são, na melhor das hipóteses, muito polêmicas (e.g. 1Pe 3.18,19). Textos claros ensinam que o INFERNO aguarda os incrédulos. Não há evidência real de que Deus dará segunda chance para alguém ser salvo após a morte. Jesus disse: "Eu lhes disse que vocês morrerão em seus pecados. Se vocês não crerem que Eu Sou [quem afirmo ser] de fato morrerão em seus pecados" (Jo 8.24).

Fontes

M. Bronson, *Destiny of the heathen*.

J. H. Gerstner, "Heathen", em *Baker's dictionary of theology*.

M. Lutero e D. Erasmo, *Free will and salvation*.

E. D. Osburn, "Those who have never heard: have they no hope?", *JETS*.

S. Pfurtner, *Luther and Aquinas on salvation*.

F. Pieper, *Salvation only by faith in Christ*.

C. Pinnock, *A wideness in God's mercy*.

I. Ramsey, "History and the Gospels: some philosophical reflections", *SE*.

J. O. Sanders, *How lost are the heathen?*

J. Sanders, *No other name*.

R. Wolff, *The final destiny of heathen*.

Paine, Thomas. Entre os deístas (v. DEÍSMO) mais militantes do princípio da história dos Estados Unidos da América (1737-1809). Suas obras políticas, tais como *Common sense* [Senso comum] 1776) e *The rights of man* [Direitos do homem] (1791-1792), foram muito influenciadas por suas crenças deístas. O pensamento de Paine influenciou as revoluções americana e francesa. Mas sua importância não termina aí. Na obra *The age of reason* [O século da razão] (1794-1795), Paine estabeleceu sua defesa do deísmo de forma que fosse inteligível para todas as pessoas. Por acreditar que o republicanismo e o igualitarismo estavam ameaçados pelos líderes eclesiásticos, Paine escreveu *The age of reason* para destruir todas as afirmações de revelação sobrenatural e, assim, desacreditar o clero (Morias, p. 120-2).

Visão de Deus. "Acredito em um Deus, e em nenhum outro". escreveu Paine. Como os teístas (v. TEÍSMO), Paine acreditava que o Deus único era onipotente, onisciente, bondoso, infinito, misericordioso, justo e inapreensível (*Complete works of Thomas Paine* [As obras completas de Thomas Paine] p. 5, 26, 27, 201). Mas, ao contrário dos teístas, Paine acreditava que a única maneira de descobrir tal Deus é "pelo exercício da razão". Ele rejeitava todas as formas de revelação sobrenatural, acreditando que eram incognoscíveis. Afirmou que "revelação aplicada à religião significa algo comunicado *imediatamente* por Deus ao homem". Conseqüentemente, rejeitava até que revelações a outras pessoas tivessem autoridade prescritiva. O que foi revelado a alguém foi revelado àquela pessoa apenas. Era um rumor para qualquer outra pessoa, e, conseqüentemente, ela não era obrigada a acreditar nele (ibid., p. 26, 7). Logo, apesar da afirmação de que "nenhum homem negará ou desafiará o poder do Todo-Poderoso de fazer tal comunicação, se ele desejar", tal revelação só poderia ser cognoscível à pessoa que a recebeu diretamente de Deus (ibid.).

Paine também argumentou que a revelação sobrenatural (v. REVELAÇÃO ESPECIAL) era impossível, dada a inadequação da linguagem humana para transmiti-la. A revelação de Deus deve ser absolutamente "imutável e universal" (ibid., p. 25). A linguagem humana não poderia ser o meio para essa comunicação. As mudanças no significado das palavras, a necessidade de tradução para outras línguas, os erros de tradutores, copistas e impressores, e a possibilidade de alteração proposital, todos demonstram que nenhuma linguagem humana pode ser o veículo da Palavra de Deus (ibid., p. 19; cf. 55-6). Assim, Paine rejeitava todas as afirmações de revelação verbal ou escrita de Deus. Todas essas crenças eram "invenções humanas, estabelecidas para amedrontar e escravizar a humanidade, e monopolizar o poder e o lucro" (ibid., p. 6). A "religião revelada" pela qual tinha o maior desprezo era o cristianismo. Ele resumiu seus sentimentos:

De todos os sistemas de religião que foram inventados, não há nenhum mais depreciativo para o Todo-Poderoso, mais destrutivo para o homem, mais repugnante para a razão, e mais contraditório em si, que essa coisa chamada cristianismo. Absurdo demais para acreditar, impossível demais para convencer, e inconsistente demais para praticar; torna o coração insensível, ou produz apenas ateus e fanáticos. Como máquina de poder, serve ao propósito do despotismo; e, como meio de enriquecimento, à avareza dos sacerdotes; mas até agora, com relação ao bem do homem em geral, não leva a nada aqui nem no além (ibid., p. 150).

"A única religião", acrescentou Paine, "que não foi inventada, e que tem em si toda evidência de originalidade divina, é o deísmo puro e simples". Na verdade, o deísmo "deve ter sido a primeira, e provavelmente será a última [religião] na qual o homem crerá" (ibid.).

Criação. Paine acreditava que o universo foi criado por Deus e é sustentado por ele. Deus criou "milhões de mundos" e são todos habitados por criaturas inteligentes que "desfrutam das mesmas oportunidades de conhecimento que nós". Uma razão de Deus ter criado todos esses mundos era para que a "gratidão devocional" e a "admiração" das suas criaturas fosse evocada em sua contemplação desses mundos (ibid., p. 46-7).

"A PALAVRA DE DEUS É A CRIAÇÃO QUE VEMOS: E é *nessa palavra*, que nenhuma invenção humana pode falsificar ou alterar, que Deus fala universalmente ao homem." (v. REVELAÇÃO GERAL). O universo revela tudo o que é necessário saber sobre Deus. Por meio dele podemos saber que Deus existe, como ele é e o que espera (ibid., p. 24, 26, 309; grifo de Paine).

O universo revela a existência de Deus. É evidente que as coisas que constituem o universo não poderiam ter-se criado (v. COSMOLÓGICO, ARGUMENTO). Deve haver "a primeira causa eternamente existente, de natureza totalmente diferente de qualquer existência material que conhecemos, e pelo poder da qual todas as coisas existem; e essa primeira causa, o homem chama de Deus" (ibid., p. 26; cf. 28). Paine também argumentou com base no movimento. Como o universo consiste em matéria que não pode se mover, a origem da rotação dos planetas é impossível a não ser que exista uma primeira causa externa que os colocou em movimento. Essa Primeira Causa deve ser Deus (Albridge, 6.17). Ele também argumentou com base na estrutura (v. TELEOLÓGICO, ARGUMENTO). Como a "obra das mãos do homem é prova da existência do homem", e como o relógio é "evidência positiva da existência de um relojoeiro", então "da mesma forma a criação é evidência para a nossa razão e nossos sentidos da existência de um Criador" (*Complete works*, p. 310). O mundo também revela como Deus é:

> Queremos contemplar Seu poder? Nós o vemos na imensidão da sua criação. Queremos contemplar sua sabedoria? Nós a vemos na ordem imutável pela qual o todo incompreensível é governado. Queremos contemplar sua prodigalidade? Nós a vemos na abundância com que enche a terra. Queremos contemplar Sua misericórdia? Nós a vemos no fato de ele não reter essa abundância nem dos ingratos. Queremos contemplar sua vontade com relação ao homem? A bondade que demonstra a todos é uma lição para nossa conduta uns para com os outros (ibid., p. 201).

Tudo o que a pessoa precisa saber está disponível à humanidade pela consulta da "escritura chamada Criação" (ibid.).

Seres humanos. Segundo Paine, o ser humano é um ser racional, pessoal e livre. Ele acreditava na "igualdade do homem" e nos deveres religiosos de cada pessoa de "praticar a justiça, amar a misericórdia e promover a felicidade de seus semelhantes" (ibid., p. 5, 41, 309). Paine negava implacavelmente que a raça humana havia se rebelado contra Deus e precisava de salvação. Como afirmou, a humanidade

> está na mesma condição relativa com seu Criador [que] sempre esteve, desde a criação do homem, e [...] é seu maior consolo saber isso (ibid., p. 24).

Quanto à IMORTALIDADE, Paine só podia dizer: "Espero felicidade além desta vida" (*Age of reason*, 1.3). Acrescentou:

> Não me preocupo com o modo da existência futura. Eu me contento em acreditar, até mesmo com convicção positiva, que o Poder que me deu existência é capaz de continuá-la, de qualquer forma ou maneira que quiser, com ou sem este corpo [...] Parece mais provável para mim que continuarei a existir na vida futura do que eu tenha existido, como existo agora, antes de a existência começar (ibid., p. 58).

Paine acreditava que as pessoas moralmente boas seriam felizes no pós-vida e as pessoas moralmente perversas seriam punidas. As que não fossem particularmente boas ou ímpias, mas moralmente indiferentes, seriam "completamente aniquiladas" (*Complete works*, p. 5, 56).

Mal. Paine não tenta em momento algum conciliar a presença do mal com o conceito de Deus (v. MAL, PROBLEMA DO). Na verdade, o único mal, ele até parecia notar, era o mal causado pela injustiça social e o mal causado pela "religião revelada". O primeiro podia ser tratado em grande parte no nível político. O segundo, que compunha a maior espécie de mal, podia ser mais bem prevenido pela inadmissão "de qualquer outra revelação além da manifesta no livro da criação" e pela consideração de qualquer outra suposta "palavra de Deus" como "fábula e imposição" (ibid., p. 37).

Ética. Paine resumiu o coração das suas convicções éticas da seguinte maneira:

> ... a bondade moral e beneficência de Deus manifestas na criação para com todas as suas criaturas; que, vendo, como vemos diariamente, a bondade de Deus a todos os homens, é um exemplo que chama todos os homens a praticar o mesmo uns para com os outros; e, conseqüentemente, que qualquer perseguição, e vingança entre homem e homem, e toda crueldade aos animais é uma violação do dever moral (ibid., p. 56).

Se cada pessoa estivesse "impressionada tão completa e firmemente quanto deveria estar com a crença de um Deus, sua vida moral seria regulada pela força dessa crença". A humanidade "temeria a Deus, e a si mesma, e não faria o que não poderia ficar oculto do outro". Por outro lado,

> foi ao esquecer-se de Deus nas suas obras e seguir livros de suposta revelação que o homem se distanciou do caminho reto do dever e da felicidade, e se tornou sucessivamente a vítima da dúvida e do engano (ibid., p. 150, 309).

A Bíblia e milagres. Paine não escreveu qualquer obra que expressasse sua opinião sobre a história ou o destino. Mas tinha certeza de que a Bíblia era historicamente questionável (v. NOVO TESTAMENTO, HISTORICIDADE DO) e cheia de erros (v. BÍBLIA, SUPOSTOS ERROS NA). Ridicularizava e considerava mítica qualquer história bíblica relacionada ao sobrenatural (v. MITOLOGIA E O NOVO TESTAMENTO). Alegou que as atribuições tradicionais de autoria a quase todos os livros na Bíblia estavam erradas e que a maioria foi escrita bem mais tarde do que se acreditava tradicionalmente. Argumentou que todo o NT foi escrito (v. NOVO TESTAMENTO, DATAÇÃO DO) "mais de trezentos anos após a época em que Cristo supostamente viveu" (ibid., p. 9-12, 15, 19-21, 53, 61-131, 133).

Paine não acreditava que atos sobrenaturais de Deus tivessem ocorrido na história (v. MILAGRES, ARGUMENTOS CONTRA). Aceitando as leis da natureza como prescrições de como a natureza "deve agir", definiu milagre como "algo contrário à operação e efeito dessas leis". Mas acrescentou que, "a não ser que saibamos toda a extensão dessas leis, e [...] os poderes da natureza, não somos capazes de julgar se algo que nos parece maravilhoso ou milagroso está dentro do, ou além do, ou é contrário ao seu poder natural de ação". Logo, nosso conhecimento limitado da natureza nos deixa sem "nenhum critério positivo para determinar o que um milagre é, e a humanidade, ao dar crédito a aparições sob a suposição de que são milagres, está sujeita a ser continuamente explorada". Como conseqüência dessas considerações, "nada pode ser mais inconsistente que supor que o Todo-Poderoso usaria meios tais como os que se chamam milagres". É bem mais provável ("um em um milhão") que quem relata um evento minta que a natureza mude. "Jamais vimos, na nossa época, a natureza sair do seu curso, mas temos boa razão para crer que milhões de mentiras foram ditas no mesmo período" (ibid., p. 51-3).

Avaliação. Os elementos básicos das teorias de Paine são avaliados em outros artigos. V. BÍBLIA, SUPOSTOS ERROS NA; BÍBLIA, EVIDÊNCIAS DA; DEÍSMO; INFERNO; MILAGRES, ARGUMENTOS CONTRA, e NOVO TESTAMENTO, HISTORICIDADE DO.

Fontes

A. O. ALDRIDGE, "Paine, Thomas", em EP.
R. FLINT, *Anti-theistic theories.*
N. L. GEISLER, *Christian apologetics.*
___, & W. WATKINS, *Worlds apart: a handbook on world views.*
I. KANT, *Religion within the limits of reason alone.*
J. LELAND, *A view of the principal deistic writers.*
C. S. LEWIS, *Christian reflections.*
___, *Milagres.*
J. G. MACHEN, *The virgin birth of Christ.*
H. M. MORAIS, *Deism in eighteenth century America.*
J. ORR, *English deism: its roots and its fruits.*
T. PAINE, *Common sense.*
___, *Complete works of Thomas Paine.*
___, *The age of reason*, Partes 1 e 2.
___, *The rights of man.*
M. TINDAL, *Christianity as old as the creation...*

Paley, William. William Paley (1743-1805), apologista inglês, foi para Cambridge (1759) estudar matemática. Depois de ser ordenado ao pastorado (1767), lecionou em Cambridge durante nove anos. Chegou a ser arquidiácono de Carlisle. Escreveu três obras importantes, *The principles of moral and political philosophy* [Os princípios da filosofia moral e política] (1785), *A view of the evidences of christianity* [Um exame das evidências do cristianismo] (1794) e *Natural theology; or, Evidences of the existence and attributes of the deity* [Teologia natural, ou evidências a favor da existência e atributos da divindade] (1802). Mais tarde, em 1831, enquanto estudava para seus exames de bacharelado em Cambridge, Charles DARWIN estudou e foi profundamente influenciado pelo *Evidences* de Paley.

Apologética de Paley. Paley foi um apologista clássico (v. CLÁSSICA, APOLOGÉTICA). Seus dois livros na área cobrem as duas áreas centrais da apologética tradicional, a existência de Deus (*Natural theology*) e a verdade do cristianismo (*Evidences*).

Argumento a favor da existência de Deus. Paley ofereceu o que se tornou a fórmula clássica do argumento teleológico (v. TELEOLÓGICO, ARGUMENTO). Ela tem por base a analogia do relógio: Se alguém encontrasse um relógio num campo vazio, concluiria corretamente que ele teve um criador devido a sua estrutura óbvia. Da mesma forma, quando se olha para a estrutura ainda mais complexa do mundo em que vivemos, não se pode deixar de concluir que há um grande Criador por trás dele.

Nas palavras de Paley, "ao atravessar um pântano, suponha que eu chutasse uma *pedra* e perguntassem como a pedra chegou até ali; eu poderia responder que ela sempre estivera ali..." Mas "suponha que eu encontrasse um *relógio* no chão, e tivesse de explicar como o relógio apareceu ali; dificilmente pensaria em responder que o relógio sempre esteve ali". Ele pergunta: "Por que tal conclusão é inadmissível no segundo caso e não no primeiro? Por essa razão, e não por qualquer outra, a saber, que, quando inspecionamos o relógio, percebemos — o que não pudemos descobrir na pedra — que suas várias partes são estruturadas e montadas para um propósito..." (Paley, p. 3). Paley demonstra que as estruturas na natureza são mais incríveis que as de um relógio. Ele é cuidadoso ao basear seu argumento na observação, dizendo repetidamente: "Observamos...", "Essas observações..." e "Nosso observador..." (Paley, *Evidences*, p. 10-1, 16-7, 20, 29).

O raciocínio é assim: Um relógio demonstra que foi montado para um propósito inteligente (para marcar horas). Tem uma mola para lhe dar movimento. Uma série de rodas, feitas de bronze para não enferrujar, transmite esse movimento. A mola é feita de aço resistente. A cobertura frontal é de vidro para que se possa ver através dela. Tudo isso é evidência de estrutura inteligente.

Mas o mundo demonstra maior evidência de estrutura que um relógio. É uma obra de arte superior ao relógio. Tem uma variedade infinita de meios adaptados aos fins. Só o olho humano seria suficiente para demonstrar estrutura inteligente na natureza. Paley saqueou o *Anatomia* de Kiell para obter ilustrações de adaptações de meios aos fins na natureza, incluindo ossos e músculos de seres humanos e seus equivalentes no mundo animal.

Paley argumentou que deve haver apenas um Criador, já que na natureza se manifesta a uniformidade de propósito divino em todas as partes do mundo. Esse Criador inteligente (pessoal) também é bom, como evidenciado pelo fato de que a maioria das estruturas são benéficas e pelo fato de que o prazer é dado como sensação animal.

Paley acrescentou que um regresso infinito de causas não é plausível (v. INFINITA, SÉRIE). Pois "a cadeia composta de um número infinito de elos não pode sustentar-se mais que a cadeia composta de um número finito de elos". Isso acontece "porque, ao aumentar o número de elos, de dez, por exemplo, para cem, de cem para mil etc., não chegamos sequer a nos aproximar; não observamos a menor tendência de sustento próprio" (Paley, p. 9, 10).

Uma versão modernizada do argumento de Paley pode ser esta: Ao atravessar um vale, suponha que eu encontre uma pedra estratificada arredondada e tivesse de explicar como ela ficou assim. Posso responder plausivelmente que, no passado, foi depositada pela água em camadas, que mais tarde se solidificaram pela ação química. Um dia um pedaço maior da pedra se quebrou e foi subseqüentemente arredondado pelos processos de erosão natural da água. Certo dia eu deparo com o monte Rushmore com suas formas de granito de quatro faces humanas. Aqui estão sinais óbvios de produção inteligente, não o resultado de processos naturais. Mas por que uma causa natural serve para a pedra e não para as faces? Quando examinamos as faces na montanha, percebemos o que não poderíamos descobrir na pedra — que elas manifestam estrutura inteligente. Elas transmitem informação especificamente complexa. A pedra, por outro lado, tem padrões ou estratos redundantes facilmente explicáveis pelo processo observado de sedimentação. Mas os rostos têm traços extremamente definidos e complexos. A experiência nos leva a concluir que tais formas só podem ocorrer quando feitas por artesãos inteligentes (v. Geisler, *Origin science*, p. 159).

Evidências a favor da verdade. Paley estava ciente de que milagres (v. MILAGRES) eram essenciais para a certificação da revelação cristã (v. MILAGRES, VALOR APOLOGÉTICO DOS). Ele aceitou a tese de David HUME de que a credibilidade dos milagres depende da confiabilidade das testemunhas. As testemunhas do cristianismo, alegou, são consideradas confiáveis porque persistiram no seu relatório até sob o risco de perseguição e ameaças de morte. Ele rejeitava outros prodígios que pudessem ser reduzidos a falsas percepções, exageros, ou que fossem importantes para o interesse próprio de quem os reivindicava.

Paley rejeitava a tese de Hume de que a experiência universal testifica contra os milagres. Isso, segundo ele, era uma petição de princípio, já que os milagres por definição devem ser exceção à ocorrência universal. A questão real é se há testemunhas confiáveis.

Avaliação. Paley é um dos grandes apologistas do final do século XVIII e início do século XIX. Na verdade, sua influência continua. Paley usou os argumentos centrais. Enfatizou a evidência para estabelecer os argumentos clássicos. Dois discípulos, F. R. Tennant e A. E. Taylor (v. TELEOLÓGICO, ARGUMENTO), deram continuidade a sua versão do argumento teleológico. Recentemente o pensamento de Paley ganhou interesse renovado por meio do desenvolvimento do princípio antrópico.

Crítica de Hume. Em geral acredita-se que HUME respondeu ao argumento teleológico de Paley de antemão. A primeira objeção de Hume supõe estrutura no universo, mas argumenta por analogia que criadores humanos finitos cooperam para construir grandes obras, usando tentativa e erro ou um longo período de tempo (v. Hume). Paley referiu-se explicitamente a esse ponto no seu argumento de que o mundo inteiro revela um plano unificado — um fato indicativo de uma Inteligência singular.

O segundo argumento de Hume mudou de base ao argumentar que a estrutura é apenas aparente. A adaptação dos meios aos fins pode resultar do acaso. Ele insiste em que, se supusermos que o universo de matéria em movimento é eterno, então, numa infinidade de operações casuais, todas as combinações se realizarão. Logo, não há necessidade de supor uma causa inteligente (ibid.).

Paley não só respondeu a essa objeção, mas usou o princípio da uniformidade de Hume para refutar a tese dele de que é razoável postular uma causa natural para as estruturas da natureza. Pois Paley argumentou, seguindo Hume, que a "experiência uniforme" revela que apenas uma causa inteligente pode produzir os tipos de efeitos que vemos na natureza. Paley escreveu:

"Sempre que vemos as marcas de estrutura, somos levados por sua causa ao autor *inteligente*. E essa transição do entendimento é fundada na *experiência uniforme*." Inteligência, disse Paley, pode ser distinguida por certas propriedades, tais como o propósito, relacionamento íntimo das partes umas com as outras e cooperação complexa das partes para servir a um propósito comum. (*Natural theology*, p. 37). Experiências uniformes (que Hume estava até disposto a chamar "prova") argumentam contra qualquer causa natural dos tipos de efeitos que vemos em toda a natureza. Na verdade, o único tipo de causa conhecida pela experiência repetida e uniforme (que é a base de Hume para conhecer uma conexão causal) é a causa inteligente.

Logo, o argumento de Hume contra a estrutura se volta contra ele como argumento a favor de um Criador (v. TELEOLÓGICO, ARGUMENTO).

Conclusão. Os argumentos de Paley em favor de Deus e em favor do cristianismo ainda formam a espinha dorsal para grande parte da apologética contemporânea. A única grande diferença é que agora temos muito mais "carne" para colocar no esqueleto. Com a descoberta da evidência da origem do universo (v. BIG-BANG), o tempo infinito de Hume foi cientificamente eliminado. Com a descoberta do princípio antrópico, é evidente que há apenas uma Mente sobrenatural por trás do universo desde o momento do seu começo. A microbiologia, com a complexidade incrível da molécula de DNA (v. EVOLUÇÃO QUÍMICA), acrescenta ao argumento de Paley dimensões de complexidade específica e estrutura inteligente que ele jamais poderia imaginar.

Fontes

M. L. CLARKE, *Paley: evidence for the man*.
N. L. GEISLER, et al., *Origin science*.
___, *Philosophy of religion*.
___, *When skeptics ask*.
D. HUME, *Dialogues concerning natural religion*.
D. L. LEMAHIEU, *The mind of William Paley*.
G. W. MEADLEY, *Memoirs of William Paley*.
W. PALEY, *A view of the evidence of christianity*.
___, *Natural theology; or, Evidences of the existence and attributes of the deity*.
F. R. TENNANT, *Philosophical theology*

panenteísmo. *O panenteísmo* não deve ser confundido com *o panteísmo*. Panteísmo significa literalmente que tudo ("pan") é Deus ("teísmo"), mas panenteísmo significa "tudo *em* Deus". Também é chamado *teologia do processo* (já que vê Deus como um ser mutável), *teísmo bipolar* (já que acredita que Deus tem dois pólos), *organicismo* (já que vê tudo que existe como um organismo gigantesco) e *teísmo neoclássico* (porque acredita que Deus é finito e temporal, ao contrário do teísmo clássico).

As diferenças entre teísmo e panenteísmo podem ser assim resumidas:

Teísmo	Panenteísmo
Deus é o Criador.	Deus é o diretor.
Criação é *ex nihilo*.	Criação é *ex materia*
Deus é soberano sobre o mundo.	Deus está trabalhando com o mundo.
Deus é independente do mundo.	Deus é dependente do mundo.
Deus é imutável.	Deus é mutável.
Deus é absolutamente perfeito.	Deus está se aperfeiçoando.
Deus é monopolar.	Deus é bipolar.
Deus é realmente infinito.	Deus é realmente finito.

Em lugar do Deus Criador, infinito, imutável e soberano, os panenteístas vêem Deus como um diretor finito e mutável das questões mundiais, que trabalha em cooperação com o mundo para atingir maior perfeição em sua natureza.

O TEÍSMO vê a relação de Deus com o mundo como a de um pintor e sua obra. O pintor existe independentemente da pintura; ele trouxe a pintura à existência, e ainda sua mente é expressa pela pintura. Em comparação, o panenteísta vê a relação de Deus com o mundo da maneira que ao mente está relacionada ao corpo. Na verdade, eles acreditam que o mundo é o "corpo" de Deus é um pólo, e a "mente" é outro pólo. No entanto, como alguns materialistas modernos que acreditam que a mente é dependente do cérebro, os panenteístas acreditam que Deus é dependente do mundo. Mas há uma dependência recíproca, um sentido em que o mundo é dependente de Deus.

Variações do panenteísmo. Todos os panenteístas concordam que Deus tem dois pólos, um pólo real (o mundo) e um pólo potencial (além do mundo). Todos concordam que Deus é mutável, finito e temporal em seu pólo real. E todos concordam que seu pólo potencial é imutável e eterno.

A principal diferença em como vêem Deus é se Deus no seu pólo real é uma entidade (evento) real ou uma sociedade de entidades atuais. Alfred North Whitehead (1861-1947) acredita na primeira visão, e Charles Hartshorne na segunda.

A maioria das outras diferenças são basicamente metodológicas. A abordagem de Whitehead é mais empírica, enquanto a de Hartshorne é mais racional. Logo, Whitehead tem um tipo de argumento teleológico para Deus, enquanto Hartshorne é famoso por seu argumento ontológico. Alguns panenteístas, tais como John Cobb, rejeitam a disjunção entre os dois pólos em Deus. Ele afirma que Deus age como unidade, não apenas num pólo ou no outro. Mas todos concordam que Deus tem dois pólos, que podem ser diagramados:

Natureza primordial	Natureza conseqüente
Pólo potencial	Pólo real
Eterno	Temporal
Absoluto	Relativo
Imutável	Mutável
Imperecível	Perecível
Ilimitado	Limitado
Conceitual	Físico
Abstrato	Concreto
Necessário	Contingente
Objetos eternos	Entidades atuais
Impulso inconsciente	Realização consciente

Representantes do **panenteísmo.** Há vários precursores da visão do processo de Deus. O Demiurgo de Platão (428-348 a.C.) lutava eternamente com o caos para transformá-lo no cosmos. Isso forneceu a base dualista (v. dualismo) para os dois "pólos" de Deus. Mesmo antes (c. 500 a.C.), a filosofia do fluxo de Heráclito afirmou que o mundo é um processo constantemente mutável.

No mundo moderno, G. W. F. Hegel (1770-1831) propôs a revelação progressiva de Deus no processo do mundo, dando um passo significativo em direção ao panenteísmo. No evolucionismo cósmico de Herbert Spencer (1820-1903), o universo é visto como processo progressivo. Henri Bergson (1851-1941) propôs a evolução criativa (1907) de uma força vital (elã vital) que impulsiona a evolução em "saltos." Mais tarde ele identificou essa força com Deus (1935). Mesmo antes disso, *Space, time and deity* [*Espaço, tempo e divindade*], de Samuel Alexander (1920), lançara uma visão processual da relação de Deus com o universo temporal. A principal fonte do panenteísmo, no entanto, é Whitehead. Sua influência é perceptível em Hartshorne, Schubert Ogden, Cobb e outros.

Crenças básicas do **panenteísmo.** Apesar de haver diferenças internas entre os panenteístas, sua cosmovisão básica tem os mesmos elementos essenciais. Os elementos incluídos são:

A natureza de Deus. Todos os panenteístas concordam que Deus tem dois pólos. O pólo conseqüente ou concreto — na realidade. É Deus como ele realmente é na sua existência de momento a momento. É Deus nos pormenores reais de sua transformação. Nesse pólo Deus é finito, relativo, dependente, contingente e em processo. O outro pólo de Deus é o primordial ou abstrato. Isso é Deus em abstração, o que é comum e constante no caráter de Deus não importa como o mundo exista. O pólo abstrato divino fornece um mero esboço da existência de Deus sem preenchê-lo com conteúdo concreto ou específico. Nesse pólo Deus é infinito, absoluto, independente, necessário e imutável.

Os panenteístas concordam que o pólo abstrato de Deus está incluído no seu pólo concreto. Sua transformação ou seu processo caracteriza toda a realidade. Mas essa realidade de Deus não deve ser considerada existência, que é estática e não criativa. A criatividade permeia tudo o que existe. E Deus é extremamente criativo.

Deus também é considerado pessoal. Há discordância sobre o fato de ele ser uma entidade real (como em Whitehead) ou uma série ordenada de entidades atuais (como em Hartshorne). Mas quase todos os panenteístas acreditam que Deus é pessoal.

Natureza do universo. O universo é caracterizado por processo, mudança ou transformação. Isso acontece porque ele é constituído por uma multidão de criaturas criativas que estão constantemente introduzindo mudanças e novidades ao universo. Além disso, o universo é eterno. Isso não significa necessariamente que o universo atual seja eterno. Pelo contrário, pode significar que houve muitos universos no passado infinito. Algum mundo sempre existiu de alguma forma e algum mundo de alguma forma sempre existirá no futuro infinito. Finalmente, todos os panenteístas rejeitam a idéia teísta tradicional da criação do nada, isto é, *ex nihilo* (v. criação, visões da). Alguns, incluindo Ogden, aceitam a expressão *ex nihilo*, mas reinterpretam a criação de modo que ela signifique apenas que o mundo atual ou o estado atual do mundo nem sempre existiu e foi criado a partir de um mundo anterior. Outros (como Whitehead e Hartshorne) rejeitam até a idéia de criação *ex nihilo* e afirmam a criação *ex materia* (a partir de material preexistente). É claro que, já que o material é na verdade o pólo físico de Deus, a criação também é *ex deo*. Na verdade, o universo atual é co-criado por Deus e pelo homem a partir de matéria preexistente. Deus, é claro, é o Transformador ou Formador primário de cada mundo e de cada estado de mundo.

Relação de Deus com o universo. Na cosmovisão panenteísta, o pólo conseqüente de Deus é o mundo. Isso não quer dizer que Deus e o mundo sejam idênticos, pois Deus é mais que o mundo, e os indivíduos que compõem o mundo são distintos de Deus. Isso significa, no entanto, que o mundo é o corpo cósmico de Deus e que essas criaturas que compõem o mundo são como células no seu corpo. É por isso que Deus não pode existir sem algum tipo de universo físico. Ele não precisa desse mundo, mas tem de coexistir em *algum* mundo. Semelhantemente, o mundo não pode existir sem Deus. Logo, o mundo e Deus são mutuamente dependentes. Além disso, as criaturas no universo atribuem valor para a vida de Deus. O objetivo abrangente de todas as criaturas é enriquecer a felicidade de Deus e ajudá-lo assim a complementar o que lhe falta.

Milagres. Uma implicação do panenteísmo é que atos sobrenaturais são impossíveis (v. MILAGRES, ARGUMENTOS CONTRA). Já que o mundo é o corpo de Deus, não há nada fora de Deus que possa ser interrompido ou no qual ele possa irromper. Na realidade, Deus é em grande parte um recipiente passivo da atividade de suas criaturas e não uma força ativa no mundo. Deus é um Solidário cósmico e não um Ativista cósmico (v. FINITO, DEÍSMO; KUSHNER, HAROLD). Conseqüentemente a intervenção milagrosa no mundo não é característica da natureza do Deus panenteísta. Muitos panenteístas rejeitam os milagres porque a visão científica contemporânea do mundo os elimina. Ogden toma essa posição. É por isso que ele adota o programa de Rudolph Bultmann de desmitificar as histórias de milagres na Bíblia (v. MITOLOGIA E O NOVO TESTAMENTO).

Seres humanos. Os panenteístas concordam que a humanidade é pessoal e livre. Na verdade, a humanidade como um todo é co-criadora com Deus e de Deus. Ela não só ajuda a decidir o curso dos eventos humanos e mundiais, mas também dos eventos relativos a Deus. A identidade humana não se encontra no "Eu" duradouro. Mas, como o resto do mundo, a identidade é encontrada apenas nos eventos ou ocasiões reais da história nos quais a humanidade se transforma. O ser humano está parcialmente criando a si mesmo em toda decisão e ação, a cada momento. O objetivo é servir a Deus ao atribuir valor à sua experiência constantemente crescente.

Ética. Muitos panenteístas acreditam que não há valores absolutos (v. MORALIDADE, NATUREZA ABSOLUTA DA). Já que Deus e o mundo estão em grande fluxo, não pode haver nenhum padrão imutável e absoluto de valor. Por outro lado, panenteístas como Hartshorne alegam que há uma base universal de ética, ou seja, beleza, harmonia e intensidade. Qualquer coisa que promova, ou se baseie em, ou aja a partir dessa base, é boa; qualquer coisa que não o faça é má. Entretanto, mesmo supondo esse fundamento estético universal, ordens ou regras éticas específicas não são universais. Ainda que o indivíduo deva, em geral, promover beleza e não feiúra, como exatamente isso deve ser feito é relativo. Portanto, apesar da possibilidade de haver uma base ou fundamento supremo para a ética, os valores em si não são absolutos, mas relativos.

Destino humano. O destino da humanidade não deve ser procurado no céu, inferno ou pós-vida consciente (v. IMORTALIDADE). Mas os seres humanos, como todas as outras criaturas de Deus, viverão para sempre apenas na memória cósmica de Deus. Uma pessoa que contribua ricamente para a vida de Deus terá a satisfação de saber que Deus se lembrará carinhosamente dela para sempre. Os que vivem sem atribuir muito valor a Deus, os que, em outras palavras, vivem infielmente, não serão lembrados com tanto carinho por Deus.

No panenteísmo, o processo evolutivo contínuo ajuda a impulsionar os eventos eternamente. Deus e a humanidade também são considerados co-criadores da história. Mas, ao contrário do teísmo, não há um final da história. Sempre haverá a divindade insuperável que está constantemente crescendo em perfeição. E sempre haverá algum mundo cheio de criaturas criativas cujo objetivo abrangente é enriquecer a experiência de Deus. A história não tem começo e não tem fim. Não há destino final, utopia ou fim. A história, como todas as outras coisas, sempre existiu, existe e sempre existirá em processo. A história não chega a lugar algum, está apenas prosseguindo.

Avaliação. *Contribuições do panenteísmo.* Os panenteístas procuram uma visão abrangente da realidade. Reconhecem que o conhecimento parcial das coisas é inadequado. Então procuram desenvolver uma visão coerente e razoável de tudo que existe, uma cosmovisão completa.

O panenteísmo consegue propor uma relação íntima entre Deus e o mundo sem destruir essa relação, como o panteísmo. Deus está *no* mundo, mas não é idêntico a ele. A presença de Deus no universo não destrói a multiplicidade que os seres humanos experimentam, mas a preserva e até lhe dá propósito e significado. Dada a existência do Ser supremo, os panenteístas demonstram que o mundo deve depender de Deus para sua origem e continuidade. Sem a existência de Deus, o mundo não continuaria a existir. Eles insistem em que deve haver uma causa adequada para explicar o mundo.

Os panenteístas relacionam seriamente sua cosmovisão a teorias contemporâneas da ciência. Seja qual for a cosmovisão da pessoa, a ciência não pode ser ignorada. Descobertas humanas válidas em qualquer área ou disciplina devem ser incorporadas à cosmovisão individual. Se a realidade é realmente razoável e não contraditória, todo conhecimento pode ser coerentemente sistematizado, não importa quem o descubra ou onde seja descoberto. Os panenteístas levam isso a sério.

Críticas ao panenteísmo. Algumas das críticas mais importantes serão mencionadas aqui.

A idéia do Deus que é infinito e finito, necessário e contingente, absoluto e relativo é contraditória. A contradição surge quando opostos são afirmados sobre a mesma coisa ao mesmo tempo e da mesma maneira ou forma. Por exemplo, dizer que um balde está cheio de água e vazio ao mesmo tempo e da mesma forma é contraditório. Isso jamais poderia acontecer, pois é logicamente impossível.

Hartshorne respondeu à acusação de contradição ao demonstrar que opostos metafísicos não são atribuídos ao mesmo pólo divino. Mas os atributos que estão relacionados, tais como finitude e contingência, são aplicados a um pólo diferente. Infinidade e finitude, necessidade e contingência, apesar de aplicadas à mesma coisa ao mesmo tempo, são aplicadas aos pólos apropriados em Deus (Hartshorne, *Man's vision of God* [A visão humana de Deus], p. 22-4). O teísta cristão H. P. Owen respondeu que parece não haver distinção real entre os dois pólos divinos. Como o pólo abstrato não tem existência concreta ou real, ele deve ser uma mera idéia, tendo realidade mental, mas não existência (Owen, p. 105). Portanto, Deus não deve ser realmente infinito e necessário, pois esses atributos estão no pólo potencial que não existe na realidade. Deus na realidade é apenas finito e contingente. Ou Deus deve ser ambos os lados dos opostos metafísicos ao mesmo tempo e no mesmo pólo. A primeira opção torna sem sentido a doutrina de Deus do panenteísmo, e a segunda a torna contraditória. De qualquer forma, o conceito bipolar de Deus é incoerente.

A idéia de Deus como ser autocausado é contraditória. É difícil entender como qualquer ser pode criar a si mesmo para existir. Achar que isso poderia ocorrer é acreditar que atos potenciais podem realizar-se. Copos poderiam se encher com café e o aço poderia se transformar num arranha-céu. Como um ser poderia existir antes de si mesmo para se criar? É isso que um ser autocausado teria de fazer para existir. O panenteísta pode responder que Deus não criou a si mesmo; sempre existiu. Pelo contrário, a versão panenteísta do Deus autocausado cria sua transformação. Isto é, Deus produz mudanças em si mesmo. Deus realiza seus próprios potenciais efetuando seu próprio crescimento.

Mas isso leva a outro problema. Se Deus causa sua transformação e não sua existência, então o que ou quem sustenta a existência de Deus? Como um ser pode mudar sem que exista um ser imutável para sustentar a existência do ser mutável? É impossível que tudo esteja em fluxo. Tudo o que muda passa da potencialidade para a realidade, do que não existe para o que existe. Tal mudança não poderia realizar-se ou ser autocausada, pois potenciais ainda não são o que têm o potencial de ser.

O nada não pode produzir algo. E tais mudanças não poderiam ser incausadas, pois deve haver uma causa para todo efeito ou evento (v. CAUSALIDADE, PRINCÍPIO DA). Parece, então, que o universo de mudança, que é o pólo concreto de Deus, deve ser causado por algo que não muda. Algo fora da ordem mutante deve sustentar toda a ordem existente. Por isso, deve haver um ser além do que o filósofo de processo considera "Deus" que sustenta sua existência. Se isso é verdadeiro, o Deus panenteísta não é realmente Deus, mas o ser que o sustenta é realmente Deus. Tal Deus não é um ser imutável-mutável, como a divindade resultante do processo é, mas teria de ser simplesmente imutável.

Outro aspecto desse problema é que o panenteísta sabe que tudo, inclusive Deus, é relativo e mutável. Como alguém pode saber que algo está mudando quando não há um ponto de referência estável pelo qual medir a mudança? O teísta tem Deus e seu caráter e vontade absolutos e imutáveis. O panenteísta não tem tal padrão. O panenteísta poderia responder que seu padrão imutável é a natureza primordial imutável de Deus. Mas isso não parece adequado. Pois o pólo primordial de Deus é apenas uma abstração — não tem realidade. Pode ser um padrão conceitual, mas não real. Além disso, um panenteísta que diz que Deus é imutável quer dizer que Deus é imutavelmente mutável — não pode deixar de mudar sempre e melhorar sempre (Hartshorne, *Natural theology* [*Teologia natural*], p. 110, 276). Assim, parece que voltamos ao começo, com tudo mudando e nada que esteja sendo mudado.

O conceito panenteísta de personalidade parece entrar em conflito com nossa experiência. Nós pelo menos acreditamos que somos seres pessoais que, até certo ponto, suportamos mudanças. A maioria de nós não acredita que nos tornamos novas pessoas a cada momento que existimos. Na verdade, dizer: "Eu me torno uma nova pessoa a cada momento que existo" supõe que há algo que perdura, o "eu" que sofre as mudanças. Senão, o que muda? Se nada perdura de momento a momento, é possível dizer que qualquer coisa mude? Se não há sentido em que a pessoa é uma identidade contínua, parece que só podemos falar de uma série de ocasiões distintas de "eus" atuais (ibid., p. 58). E a única coisa que se pode dizer que muda nessa série de "eus" é a série em si, não cada "eu" individual na série. Isso parece destruir a auto-identidade e contradizer a experiência humana. Esse problema é especificamente forte para Hartshorne. De acordo com sua teoria, a pessoa deixa de existir toda vez que há um momento sem um "eu" consciente. Isso incluiria períodos de sono ou sob anestesia ou outros momentos de inconsciência. Um pai despertando um filho do sono o estaria chamando de volta à existência.

Dizer com o panenteísta que sempre existiu algum tipo de mundo é uma petição de princípio. É claro que é impossível que o nada total tenha existido, pois ninguém existiria para experimentá-lo. Nesse caso não haveria o nada *total*. Mas isso pressupõe que apenas o que pode ser experimentado pode ser verdadeiro. Por que esse critério da verdade deveria ser aceito? Hartshorne dá a entender que isso deveria ser aceito porque não pode haver sentido sem experiência (ibid.). Portanto, um conceito que não pode ser experimentado não deve ter sentido. Mas, se isso é verdadeiro, Hartshorne estabeleceu sua tese por mera definição, pois, se não pode existir sentido sem experiência, então a total inexistência, que não pode ser experimentada, não faz sentido. Hartshorne estabeleceu sua tese definindo o sentido de tal maneira que torna a inexistência total num conceito desprovido de sentido. Ele não provou a ausência de sentido da frase "nada existe", mas apenas a supôs, o que é petição de princípio.

Mesmo que Hartshorne possa provar que o nada total não é possível, a visão panenteísta não se comprova automaticamente. Pois isso seria apenas uma maneira de dizer que nem tudo pode ser contingente. Mas isso leva naturalmente a uma posição teísta (v. TEÍSMO), na qual deve haver um Ser Necessário além do mundo contingente. Não é necessário concluir que o panenteísmo é verdadeiro só porque um estado de total inexistência não é possível.

Se a proposição "Nada existe" é logicamente possível, a existência do Deus de Hartshorne e Ogden é tênue. Tal Deus deve manter o universo em andamento e mudar universos rapidamente, ou ele some de cena. Ele está amarrado como que por um cordão umbilical a algum mundo. Mas, se é logicamente possível que a frase "algum mundo existe" nem sempre tenha sido verdadeira, é logicamente possível que a afirmação "Deus existe" tenha sido, em algum momento, falsa. Mas, segundo Hartshorne e Ogden, se Deus não é logicamente necessário, um ser necessário que deve sempre ter existido a despeito de qualquer outra coisa, a existência de Deus deve ser logicamente impossível. Por essa regra, o Deus de Hartshorne e Ogden é necessariamente falso.

A teologia do processo enfrenta um sério dilema (Gruenler, p. 75-9). Deus compreende todo o universo ao mesmo tempo, mas Deus é limitado ao espaço e tempo. Mas qualquer coisa limitada ao espaço e tempo não pode pensar mais rápido que a velocidade da luz, que leva bilhões de anos para atravessar o universo a cerca de 300 mil quilômetros por segundo. No entanto, parece não haver maneira de a mente que leva todo esse tempo para pensar em todo o universo poder compreender e direcionar simultaneamente todo o universo. Por outro lado, se a mente de Deus transcende o universo de espaço e tempo, e instantânea e simultaneamente abrange o todo, essa não é uma visão panenteísta de Deus, mas sim teísta.

Fontes

N. L. GEISLER, "Teologia do processo", em *Tensions in contemporary theology*.

____ e W. WATKINS, *Worlds apart: a handbook on world views*.

R. G. GRUENLER, *The inexhaustible God: biblical faith and the challenge of process theism*.

C. HARTSHORNE, *A natural theology for our time*.

____, *Man´s vision of God*.

____, *The logic of perfection*.

S. M. OGDEN, *The reality of God*.

____, *Theology in crisis: a colloquium on the credibility of "God"*.

____, "Toward a new theism", em *Process philosophy and christian thought*.

H. P. OWEN, *The christian knowledge of God*.

W. E. STOKES, "A Whiteheadian reflection on God´s relation to the world", em *Process Theology*.

TOMÁS DE AQUINO, *Suma teológica*.

A. N. WHITEHEAD, *Adventures of ideas*.

____, *Modes of thought*.

____, *Process and reality*.

panteísmo. *Panteísmo* quer dizer que tudo ("pan") é Deus ("teísmo"). É a cosmovisão da maioria dos hindus (v. HINDUÍSMO), muitos budistas (v. BUDISMO) e outras religiões da Nova Era. Também é a cosmovisão da Ciência Cristã, Unidade Cristã e Cientologia.

Segundo o panteísmo, Deus "é tudo em todos". Deus permeia, abrange e se encontra em todas as coisas. Nada existe fora de Deus, e todas as coisas estão de alguma forma identificadas com Deus. O mundo é Deus, e Deus é o mundo. Mais precisamente, no entanto, no panteísmo tudo é Deus, e Deus é tudo.

O panteísmo tem uma longa história tanto no oriente quanto no ocidente. Do misticismo oriental dos sábios e videntes hindus ao racionalismo de filósofos ocidentais como Parmênides, Baruch ESPINOSA e G. W. F. HEGEL, o panteísmo sempre teve seus defensores.

***Tipos de* panteísmo.** Há tipos diferentes de panteísmo. O panteísmo *absoluto* é representado pelo pensamento de Parmênides, filósofo grego do século v a.C., e da escola vedanta do hinduísmo (v. HINDUÍSMO VEDANTA). O panteísmo absoluto ensina que há apenas um ser no mundo, Deus, e que as demais coisas que parecem existir não existem realmente. Outro tipo de panteísmo, o *emanantista*, foi estabelecido pelo filósofo do século III de nossa era PLOTINO. Segundo essa teoria, tudo flui de Deus da mesma maneira que uma flor cresce a partir da semente. Também há o panteísmo *desenvolvimentista* de Hegel (1770-1831). Hegel via os eventos da história como manifestações reveladoras do Espírito Absoluto. O panteísmo *modal* do racionalismo de ESPINOSA, do século XVII afirmava que há apenas uma substância absoluta, na qual todas as coisas finitas são apenas modos ou momentos. O panteísmo *múltiplo* é encontrado em algumas formas do hinduísmo, especialmente em Radhakrishnan. Essa posição afirma vários níveis de manifestação de Deus, sendo o nível mais alto da manifestação de Deus o Ser Absoluto, ao passo que os níveis inferiores o revelam em multiplicidade crescente. O panteísmo *penetrante* é a visão popularizada pelos filmes *Guerra nas estrelas*, de George Lucas, nos quais a Força (Tão) permeia todas as coisas. Essa crença é encontrada no zen-budismo.

Crenças básicas. Existem outros tipos de panteísmo, mas estes estabelecem as características comuns da cosmovisão. Cada um desses tipos identifica Deus com o mundo, mas variam na idéia dessa identidade. Todos os panteístas acreditam que Deus e o mundo real são um, mas diferem quanto à maneira em que Deus e o mundo estão unidos. As crenças básicas da cosmovisão panteísta são apresentadas a seguir.

Natureza de Deus. Deus e a realidade são impessoais. Personalidade, consciência e intelecto são características de manifestações inferiores de Deus, mas não devem ser confundidas com ele. Em Deus há a simplicidade absoluta de um ser. Não há partes. A multiplicidade pode fluir dele, mas ele, por si só, é simples, não múltiplo.

Natureza do universo. Os panteístas que supõem algum tipo de realidade para o universo concordam que ele foi criado *ex deo*, "de Deus", não *ex nihilo*, "do nada", como o teísmo afirma (v. CRIAÇÃO, VISÕES DA). Há apenas um "Ser" ou Existente no universo; os demais são uma emanação ou manifestação dele (v. UNIDADE E DIVERSIDADE, PROBLEMA DE). É claro que os panteístas absolutos afirmam que o universo não é nem uma manifestação. Somos todos apenas parte de uma ilusão elaborada. A criação simplesmente não existe. Deus existe. Nada mais.

Deus em relação ao universo. Ao contrário dos teístas, que vêem Deus além e separado do universo, os panteístas acreditam que Deus e o universo são um. O teísta concede alguma realidade ao universo de multiplicidade, mas o panteísta não concede. Os que negam a existência do universo, é claro, não vêem nenhuma relação entre Deus e o universo. Mas todos os panteístas concordam que toda realidade que existe é Deus.

Milagres. Uma implicação do panteísmo é que milagres são impossíveis. Pois, se tudo é Deus, e Deus é tudo, nada existe fora de Deus que poderia ser interrompido ou penetrado, o que a natureza de um milagre exige. Para mais comentários sobre isso, v. o artigo sobre ESPINOSA. Já que os panteístas concordam que Deus é simples (não tem partes) e é tudo o que existe, Deus não poderia fazer nenhum milagre, pois o milagre implica que Deus está de certa forma "fora" do mundo no qual "intervém". O único sentido em que Deus "intervém" no mundo é pela penetração regular nele de acordo com repetidas leis espirituais superiores, tais como a lei do *Carma* (v. REENCARNAÇÃO), Logo, a cosmovisão panteísta elimina os milagres (v. MILAGRES, ARGUMENTOS CONTRA).

Seres humanos. Os panteístas acreditam que o ser humano como ser distinto é absolutamente irreal (panteísmo absoluto) ou que a humanidade é real, mas bem menos real que Deus. O ensinamento básico do panteísmo absoluto é que os seres humanos devem superar sua ignorância e perceber que *são* Deus. Os que colocam uma distância entre Deus e a humanidade ensinam uma visão dualista da pessoa — corpo e alma. O corpo incapacita o ser humano, impedindo-o de unir-se a Deus. Portanto, cada um deve purificar-se do seu corpo para que a alma possa ser liberta para atingir a unidade com o Ser Absoluto. Para todos os panteístas, o objetivo principal ou fim último da humanidade é unir-se a Deus.

Ética. Os panteístas geralmente se esforçam para viver moralmente corretos e incentivar outros a fazer o mesmo. Muitas vezes suas obras estão cheias de exortações ao uso do bom senso, à devoção à verdade e ao amor altruísta pelos outros.

Mas essas exortações geralmente se aplicam a um nível inferior de obtenção espiritual. Quando uma pessoa atingiu a união com Deus, ela não se preocupa mais com leis morais. Desligamento ou despreocupação total com as ações e seus resultados geralmente são ensinados como pré-requisito para atingir a união com Deus. Como Deus está além do bem e do mal, a pessoa deve transcendê-los para alcançar a Deus. A moralidade é enfatizada apenas como preocupação temporal, e por trás disso não há base absoluta para certo ou errado (v. ABSOLUTOS MORAIS). Prabhavananda e Christopher Usherwood admitem isso quando dizem:

> Toda ação, sob certas circunstâncias e para certas pessoas, pode ser um meio para o crescimento espiritual — se for feita com espírito de desligamento. Todo bem e todo mal é relativo para o ponto individual de crescimento... Mas, no sentido mais elevado, não pode haver nem bem nem mal (*Bhagavad-Gita*, p. 140).

Assim, para o panteísta, a conduta ética é um meio, não o fim em si mesmo. É usada apenas para ajudar a pessoa a atingir o nível mais elevado de espiritualidade. No final, a realidade não é nem boa nem má. Como Prabhavananda diz: "Se dissermos: 'Sou bom" ou 'Sou ruim', estamos apenas usando a linguagem de *maya* [o mundo da ilusão] (v.ILUSIONISMO). 'Sou Brahman' é a única afirmação a nosso respeito que podemos fazer" (*Spiritual heritage* [Herança espiritual], p. 203).

História e destino humanos. Os panteístas dificilmente falam sobre história, exceto em formas modificadas de panteísmo geralmente influenciadas pelo teísmo ocidental (como em Hegel). Eles não estão preocupados com ela, pois ela não existe, ou é vista como um aspecto do mundo das aparências, algo a ser transcendido. A história não tem objetivo ou fim supremo. Sempre que recebe algum tipo de realidade, é sempre (com exceção do panteísmo de Hegel) considerada cíclica. Como a roda de *samsara*, a história se repete eternamente. Não há eventos singulares nem eventos finais da história. Não há milênio, utopia ou *eschaton*.

Quanto ao destino humano individual, a maioria dos panteístas, principalmente dos tipos orientais, acredita na reencarnação. Depois que a alma deixa o corpo, ela entra em outro corpo mortal para realizar seu *Carma*. Eventualmente o objetivo é deixar o corpo e, no caso da maioria dos panteístas, unir-se a Deus. Isso é chamado de *Nirvana* e significa a perda da individualidade. A salvação final nesse tipo de sistema panteísta é *da* individualidade da pessoa, não *nela*, como os cristãos acreditam (v. IMORTALIDADE).

Avaliação. *Contribuições do panteísmo.* O panteísmo tenta explicar toda realidade, em vez de partes dela. Se somos parte de um *uni*-verso, qualquer cosmovisão deve procurar abraçar essa unidade. O panteísmo tem uma visão holística das coisas. Qualquer visão abrangente de Deus deve incluir a sua presença e atividade imanente no mundo. O Deus que não se relaciona e que não pode se relacionar com a humanidade não receberá adoração de muitos, e muitos sequer pensarão que ele a mereça. O panteísmo enfatiza corretamente que Deus está no mundo e está intimamente relacionado a ele. Deus não é transcendentalmente remoto e totalmente removido do universo.

Finalmente, a ênfase que o panteísmo dá a não atribuir limitações a Deus na nossa linguagem sobre ele é adequada. Se Deus é ilimitado e transcendente, todas as limitações devem ser eliminadas dos termos que lhe são aplicados. Sem isso, surge a idolatria verbal. O Infinito não pode ser compreendido por nossas idéias finitas.

Críticas. O panteísmo absoluto é contraditório. O panteísmo absoluto afirma: "Eu sou Deus". Mas Deus é o Absoluto imutável. A humanidade, todavia, sofre o processo de mudança chamado iluminação em conseqüência dessa percepção. Então como as pessoas poderiam ser Deus se as pessoas mudam e Deus não muda?

Os panteístas tentam escapar a essa crítica permitindo alguma realidade à humanidade, seja ela emanacional, modal ou manifestacional. Mas, se realmente somos apenas modos de Deus, por que não sabemos disso? H. P. Owen descreve isso como "amnésia metafísica" que permeia todas as nossas vidas. Se estamos sendo enganados sobre a consciência de nossa existência individual, como sabemos que o panteísta não está sendo enganado ao afirmar ter consciência da realidade absoluta?

Na verdade, se o mundo é realmente ilusório, como podemos distinguir entre realidade e fantasia? Lao Tse expressa bem a pergunta: "Se, quando estava dormindo, eu era um homem sonhando que era uma borboleta, como sei que quando estou acordado não sou uma borboleta sonhando que é um homem?" (Guiness, p. 14). Se o que consideramos continuamente real não é, como poderíamos distinguir entre realidade e fantasia? Talvez, quando atravessamos uma avenida com três pistas de trânsito vindo em nossa direção, não precisemos nos preocupar, pois é tudo uma ilusão. Será que devemos sequer olhar para atravessar a rua, se nós, o trânsito e a rua não existimos de verdade? Se os panteístas vivessem seu coerentemente panteísmo, não sobraria nenhum panteísta.

***Natureza incoerente do* panteísmo.** O panteísmo é incoerente (v. PANTEÍSMO), e também todas as formas de pensamento que afirmam que a individualidade é uma ilusão causada pela mente. De acordo com o panteísmo, mentes são aspectos da ilusão e não podem dessa forma dar nenhuma base para explicá-la. Se a mente é parte da ilusão, ela não pode ser a base para explicar a ilusão. Logo, se o panteísmo é verdadeiro ao afirmar que minha individualidade é uma ilusão, o panteísmo é falso, já que não há base para explicar a ilusão (v. D. K. Clark, capítulo 7).

O panteísmo também não consegue resolver o problema do mal de maneira satisfatória (v. MAL, PROBLEMA DO). Declarar que o mal é ilusão (v. ILUSIONISMO) ou menos que real não é apenas frustrante e vazio para os que sofrem com o mal, mas parece filosoficamente inadequado. Se o mal não é real, qual é a origem da ilusão? Por que as pessoas têm sofrido por tanto tempo e por que o mal parece tão real? Apesar da afirmação contrária do panteísta, ele também sofre dor, angústia, e posteriormente morrerá. Até os panteístas se prostram de dor quando ficam com apendicite. Saem do caminho quando um caminhão vem na direção deles para não se machucarem.

Se Deus é tudo, e tudo é Deus, como os panteístas afirmam, então o mal é uma ilusão e no final não há certo e errado. Pois há quatro possibilidades com relação ao bem e o mal:

1. Se Deus é totalmente bom, o mal deve existir à parte de Deus. Mas isso é impossível, já que Deus é tudo — nada pode existir sem ele.
2. Se Deus é totalmente mau, o bem deve existir separadamente de Deus. Isso também não é possível, já que Deus é tudo.
3. Deus é totalmente bom e totalmente mau. Isso não pode ser, pois é contraditório afirmar que a mesma coisa é totalmente boa e má a mesmo tempo. Além disso, a maioria dos panteístas mal.
4. O bem e o mal são ilusórios. Não são categorias reais.

A categoria 4 é a mais aceita pelos panteístas. Mas se o mal é apenas ilusão, no final não há pensamentos e ações boas e más. Logo, que diferença faria se louvamos ou amaldiçoamos, aconselhamos ou estupramos, amamos ou assassinamos alguém? Se, no final, não há diferença moral entre essas ações, as responsabilidades morais absolutas não existem. No final das contas crueldade e não-crueldade são iguais. Um crítico resumiu a questão com a seguinte ilustração:

Um dia eu estava falando para um grupo de pessoas nos aposentos de um jovem sul-africano em Cambridge. Entre elas, estava presente um jovem indiano que era de formação sique (v. SIQUISMO), mas da religião hindu (v. HINDUÍSMO). Ele começou a falar firmemente contra o cristianismo, mas não entendia realmente os problemas de suas crenças. Então eu disse: "Não estou correto em dizer que, com base no seu sistema, crueldade e não-crueldade são iguais, que não há diferença intrínseca entre elas?". Ele concordou [...] O aluno em cujo quarto nos reunimos, que entendera claramente as implicações do que o sique admitira, pegou sua chaleira com água fervendo com a qual estava prestes a fazer chá e a posicionou acima da cabeça do indiano. O homem olhou para cima, perguntou o que ele estava fazendo e ele disse, com uma objetividade fria, mas gentil: "Não há diferença entre crueldade e não crueldade". Depois disso o hindu partiu na noite. [Schaeffer, *The God who is there*, p. 101].

Se os panteístas estão corretos em afirmar que a realidade não é moral, que o bem e o mal, certo e errado são inaplicáveis para o que existe, então estar correto é tão insignificante quanto estar errado (Schaeffer, *He is there and he is not silent*). A base para a moralidade é destruída. O panteísmo não leva o problema do mal a sério. Como C. S. LEWIS disse:

"Se você não levar as distinções entre o bem o mal a sério, é fácil dizer que qualquer coisa que encontrar neste mundo é uma parte de Deus. Mas, sem dúvida, se você pensar que algumas coisas são realmente más, e Deus realmente bom, não pode falar assim" (*Cristianismo puro e simples*, p. 30).

Dessa e de outras maneiras, o conceito panteísta de Deus é incoerente. Dizer que Deus é infinito, mas de certa forma compartilha sua existência (*ex Deo*) com a criação, é levantar a questão de como o finito pode ser infinito — o que os panteístas absolutos afirmam. Senão, é preciso considerar o mundo finito menos que real, apesar de existir. Vimos os problemas da primeira opção absoluta. Mas a segunda opção torna Deus infinito e finito, pois supostamente compartilha sua existência com criaturas, o que implica um ser infinito tornando-se menos que infinito. Mas como o Infinito pode ser finito, o absoluto ser relativo e o imutável ser mutável?

O Deus do panteísmo também é incognoscível. A própria afirmação "Deus é incognoscível de maneira intelectual" parece desprovida de sentido ou incoerente. Pois, se a afirmação em si não pode ser entendida de maneira intelectual, é incoerente. Porque a afirmação é que nada pode ser entendido sobre Deus de maneira intelectual. Mas o panteísta espera que apreendamos intelectualmente essa verdade — de que Deus não pode ser entendido de maneira intelectual. Isto é, o panteísta parece estar fazendo uma afirmação sobre Deus que garante que tais afirmações sobre ele não podem ser feitas. Mas como pode alguém que afirma que só se pode fazer afirmações negativas sobre Deus, fazer uma afirmação positiva sobre Deus? Plotino admitiu que o conhecimento negativo pressupõe alguma percepção positiva. Senão, não se saberia o que negar.

Os críticos ainda afirmam que a negação de muitos panteístas da aplicabilidade da lógica à realidade é incoerente. Pois, para negar que a lógica se aplica à realidade, parece que seria preciso fazer uma afirmação lógica sobre a realidade que garante que nenhuma afirmação lógica pode ser feita. Por exemplo, quando o zen-budista D. T. Suzuki diz que para compreender a vida devemos abandonar a lógica (Suzuki, p. 58), ele usa a lógica nessa afirmação e a aplica à realidade. Na verdade, a lei da não-contradição (A não pode ser A e não-A) não pode ser negada sem que a usemos na própria negação (v. PRIMEIROS PRINCÍPIOS). Portanto, para negar que a lógica se aplica à realidade, é preciso fazer uma afirmação lógica sobre a realidade. Mas então como a posição será defendida?

Fontes

BHAGAVAD-GITA. Prabhavananda, trad., com C. Usherwood; v. esp. Apênd. 2: "The Gita and War".
D. K. CLARK, *The pantheism of Alan Watts*.
D. K. CLARK, *Apologetics in the New Age*.
G. H. CLARK, *Thales to Dewey*.
W. CORDUAN, "Transcendentalism: Hegel" em N. L. GEISLER, org., *Biblical inerrancy: an analysis of its philosophical roots*.
B. ESPINOSA, *Ética*.
R. FLINT, *Anti-theistic theories*.
O. GUINESS, *The dust of death*.
S. HACKETT, *Oriental philosophy*.
G. W. F. HEGEL, *The phenomenology of mind*.
C. S. LEWIS, *Cristianismo puro e simples*.
H. P. OWEN, *Concepts of deity*.
PLOTINO, *Enéadas*.

PRABHAVANANDA, *The spiritual heritage of India*.
___, *Os upanishads: sopro vital do eterno*.
S. RADHAKRISHNAN, *The hindu view of life*.
J. M. ROBINSON, *An introduction to early Greek philosophy*.
F. SCHAEFFER, *He is there and he is not silent*.
___, *The God who is there*.
H. SMITH, *The religions of man*.
D. T. SUZUKI, *Introduction ao zen-buddhism*.

Pascal, aposta de. V. PASCAL, BLAISE.

Pascal, Blaise. Matemático, cientista e filósofo francês (1623-1662). Quando contava 16 anos, completou um tratado original sobre seções cônicas. Contribuiu para o desenvolvimento do cálculo diferencial e originou a teoria matemática da probabilidade. Várias propostas e demonstrações matemáticas receberam seu nome: triângulo aritmético de Pascal, lei de Pascal e hexagrama místico de Pascal.

A ênfase de Pascal na fé o levou a entrar em contato com os jansenistas, um grupo católico sectário, oposto aos jesuítas. Entre os jansenistas ele teve sua "primeira conversão" (1646). Mais tarde teve sua "conversão definitiva", quando descobriu o "Deus de Abraão, Deus de Isaque, Deus de Jacó, não dos filósofos e eruditos" (Pascal, p. 311).

Depois da condenação do apologista jansenista Antoine Arnuald (em 1655), Pascal escreveu suas 18 *Lettres provinciales* (Cartas provincianas, (1656-1657), que atacavam a teoria jesuítica de graça e moralidade. Sua obra mais famosa é *Pensamentos*, publicada após sua morte a partir de anotações começadas anteriormente. *Pensamentos* vindicou o cristianismo por meio de fatos, cumprimento profético e por um apelo ao coração (Cross, p. 1036).

FÉ E RAZÃO. Apesar da oposição de Pascal a René Descartes e apesar do seu racionalismo cartesiano dar-lhe o título imerecido de fideísta (v. FIDEÍSMO), na verdade Pascal ofereceu muitas evidência para apoiar a fé cristã. Segundo a tradição de AGOSTINHO, na qual foi educado, Pascal acreditava que apenas a fé podia libertar do pecado e colocar o homem num relacionamento pessoal com Deus. Sempre há um pouco de risco na fé, mas é um risco que vale a pena correr. Ele confessou que o "coração tem razões que a própria razão desconhece". No entanto, isso não exclui o uso da razão para apoiar as verdades da fé cristã.

Apologética. A apologética racional de Pascal para o cristianismo pode ser dividida em três partes. Primeira, seu uso da evidência; segunda, o apelo às profecias cumpridas; e terceira, sua famosa "aposta".

O uso da evidência. Pascal acreditava que "é um sinal de fraqueza provar a existência de Deus a partir da natureza" (Pascal, n.º 466). Ele acrescenta: "É um fato surpreendente que nenhum autor canônico jamais tenha usado a natureza para provar a existência de Deus" (ibid., n.º 463). No entanto, ele descreveu doze "provas" do cristianismo:

1. ... religião cristã, pelo fato de ser estabelecida tão firme e gentilmente, apesar de tão contrária à natureza;
2. a santidade, sublimidade e humildade de uma alma cristã;
3. os milagres das santas Escrituras;
4. Jesus Cristo especificamente;
5. os apóstolos especificamente;
6. Moisés e os profetas especificamente;
7. o povo judeu;
8. profecias;
9. perpetuidade: nenhuma religião desfruta de perpetuidade;
10. doutrina, explicando tudo;
11. a santidade dessa lei, e
12. a ordem do mundo (ibid., n.º 482).

Algumas dessas evidências Pascal discute extensamente. A prova baseada na profecia abrange *Pensamentos* n.º 483-511. Ele observa a natureza sobrenatural das profecias, já que "escreveram essas coisas muito antes de acontecerem" (ibid., n.º 484). Indica sua especificidade, citando a previsão feita por Daniel sobre em que ano o Messias morreria (ibid., n.º 485). Com relação à profecia messiânica, ele descreve várias previsões detalhadas, tais como o precursor de Cristo (Ml 3), seu nascimento (Is 9; Mq 5) e sua obra em Jerusalém para cegar os sábios e estudiosos, Isaías 6, 8, 29 (ibid., n.º 487) (v. PROFECIA COMO PROVA DA BÍBLIA).

Aposta de Pascal. Em *Pensamentos,* ofereceu a *Aposta.* Supondo, como Pascal, que não podemos saber com certeza somente pela razão se Deus existe ou o que está além desta vida, como devemos viver nesta vida? Qual a probabilidade de haver um Deus e uma pós-vida? Pascal escreveu:

Ou Deus existe ou não existe. Mas para que lado nos inclinaremos? A razão não pode decidir essa questão. O caos infinito nos separa. Na extremidade dessa distância infinita uma moeda é lançada que dará cara ou coroa. Qual será tua aposta? A razão não pode fazer-te escolher nenhuma delas, a razão não pode provar que qualquer uma das duas esteja errada...

Sim, mas deves apostar. Não há escolha, já estás comprometido. Qual escolherás então? Vejamos: já que uma escolha deve ser feita, vejamos qual te oferece o menor interesse. Tens duas coisas a perder: o verdadeiro e o bom; e duas coisas a apostar: tua razão e tua vontade, teu conhecimento e tua felicidade; e tua natureza tem duas coisas a evitar: erro e desgraça [...] Examinemos o ganho e a perda envolvidos em apostar "cara", que Deus existe. Estimemos os dois casos: se ganhares, ganharás tudo, se perderes não perderás nada. Então não hesita; aposta que ele existe...

Confesso, admito isso, mas na verdade será que não há maneira de ver quais são as cartas? Sim. As Escrituras e o resto etc. Sim, mas minhas mãos estão amarradas e meus lábios, selados; estou sendo forçado a apostar e não sou livre; estou preso e por natureza não posso crer. O que queres de mim então? Isso é verdadeiro, mas pelo menos entende que, se és incapaz de crer, é por causa das tuas paixões, já que a razão te impele a crer e no entanto não consegues. Concentra-te então em não te convenceres por provas numerosas da existência de Deus, mas pela redução das tuas paixões. Queres encontrar a fé e não conheces o caminho. Queres ser curado da descrença e pedes pelo remédio: aprende com os que foram presos como tu e que agora apostam tudo que têm. Estas são as pessoas que conhecem o caminho que queres seguir, que foram curadas da aflição da qual começaram. Comportaram-se como se cressem, tomando água benta, encomendando missas, e assim por diante. Isso te fará crer naturalmente, e te tornará dócil. Mas é disso que tenho medo. Mas por quê? O que tens a perder? No entanto, para te mostrar que esse é o caminho, a verdade é que isso diminui as paixões que são teus maiores obstáculos..."

Digo que ganharás mesmo nesta vida, e que a cada passo que tomares nesse caminho verás que teu ganho é tão certo e teu risco tão insignificante que no final perceberás que apostaste em algo certo e infinito pelo qual não pagaste nada.

Segundo a aposta de Pascal, ninguém perde ao apostar que Deus e a imortalidade existem. Mesmo que não se possa provar a existência de Deus ou do pós-vida, é uma boa aposta acreditar neles. Não temos nada a perder. Se Deus não existe, a vida do crente é uma vida maravilhosa de qualquer forma. Se ele existe, muito mais ainda. Além dessa vida ser maravilhosa, a próxima será ainda melhor. Então, crer em Deus e na vida futura é uma boa aposta, tanto para esta vida quanto para a futura.

A aposta não pode ser evitada. Devemos crer em Deus ou não crer nele. Já que não podemos deixar de apostar, a probabilidade está surpreendentemente a favor de Deus.

O jogo da vida deve ser jogado. Mesmo os que dão fim à própria vida devem jogar; eles apenas encurtam a duração do jogo. Mas supor que não há Deus além da sepultura é uma aposta arriscada — que não vale a pena fazer. Porém supor que há um

Deus é uma aposta que não vale a pena deixar de fazer. Pois crer que há um Deus traz recompensas nesta vida com certeza e possivelmente na próxima. Mas supor que não há Deus traz infelicidade nesta vida e a possibilidade de mais infelicidade no futuro. Nas palavras do próprio Pascal:

> Isso não deixa escolha; onde houver infinitude, e não houver uma infinidade de probabilidades de perder ao invés de ganhar, não há espaço para hesitação, deves dar tudo.

Avaliação. *Sua abordagem é fideísta* (v. FIDEÍSMO). Pascal, apesar de enfatizar o coração e a fé, não é um fideísta. Em *Pensamentos* n.º 149, ele coloca na boca de Jesus estas palavras:

> Não quero que creias em mim submissamente e sem razão; não pretendo subjugar-te pela tirania. Nem afirmo explicar tudo[...] Quero mostrar-te, por meio de provas claras e convincentes, as marcas da divindade em mim que te convencerão do que sou, e estabelecer minha autoridade pelos milagres e provas que não podes rejeitar, de forma que crerás nas coisas que ensino, não encontrando razão para rejeitá-las exceto tua própria incapacidade de reconhecer se são verdadeiras ou não.

Isso obviamente não é fideísmo.

Seu argumento com base na profecia é falho. A visão de Pascal foi submetida a sérias críticas no século XVIII. O deísta François-Marie VOLTAIRE (1694-1778) é típico. Com relação aos milagres, Voltaire escreveu: "Nenhuma das profecias que Pascal mencionou pode ser aplicada honestamente a Cristo; e sua discussão sobre milagres era absurda" (Torrey, p. 264). No entanto, como vemos no artigo PROFECIA COMO PROVA DA BÍBLIA, as perguntas dos deístas podem ser respondidas e o argumento de Pascal pode ser vindicado como defesa do cristianismo.

Suas posições não eram iluminadas. Voltaire, na vigésima quinta carta filosófica, declarou que a posição de Pascal sobre a queda, redenção, providência divina, predestinação e graça não era nem iluminada nem humanitária e que ele incentivava o fanatismo.

Quanto à "Aposta" de Pascal, Voltaire ficou chocado que ele recorreresse a tal meio para provar a existência de Deus. Se "os céus proclamam a glória de Deus", por que Pascal rebaixaria a evidência eterna de Deus na natureza (v. DEUS, EVIDÊNCIAS DE)?

Certa vez, Walter Kaufmann, professor da Universidade de Harvard, afirmou em tom de zombaria que talvez o Deus de Pascal "ultrapassasse Lutero". Isto é, "Deus poderia castigar aqueles cuja fé é inspirada pela prudência" (Kaufmann, p. 177). Mas isso também não é uma crítica da Aposta. No máximo excluiria apenas os que acreditam em Deus por causa dela. Além disso, o argumento é baseado numa visão falha do caráter de Deus. Nenhum Deus moralmente digno, sem falar do Deus racional, castigaria alguém que usa a sabedoria para pensar sobre seu destino final.

O ateu George H. Smith argumenta que se perde muito ao fazer tal aposta:

> O que temos a perder? Integridade intelectual, auto-estima e uma vida passional e satisfatória, antes de mais nada. Em resumo, tudo que torna a vida agradável. Longe de ser uma aposta segura, a aposta de Pascal exige a aposta da vida e felicidade da pessoa (Smith, p. 184).

Mas não está tão claro que seja esse o caso. O próprio Pascal foi um homem de grande intelecto e grande integridade, como a maioria de seus inimigos está disposta a admitir. E certamente é falso afirmar que Pascal e outros cristãos inteligentes não têm uma "vida satisfatória". Na verdade, isso é parte da aposta de Pascal, ou seja, que não temos nada a perder, já que só essa vida de fé — mesmo que Deus não exista — é eminentemente satisfatória. Finalmente, Smith ignora o ponto principal de Pascal: o crente também aguarda a recompensa eterna. "Tudo a ganhar e nada a perder"; a incredulidade tem dificuldades para refutar Pascal.

É possível desafiar a premissa de que os crentes não têm nada a perder. Se não há Deus, os cristãos se submetem a uma vida de sacrifício por nada (2Co 11.22-28; 2Tm 3.12). Eles perderam uma boa dose de alegria por ser crentes. Mas, levando em conta que o crente tem verdadeira alegria e paz, perdão e esperança, mesmo em meio ao sofrimento (Rm 5, Tg 1), essa não é uma alegação convincente.

No entanto, a aposta não é prova da existência de Deus, mas um caminho de prudência. Ela apenas mostra que é tolice não acreditar em Deus. Resta a questão se o caminho "sábio" leva à verdade.

Fontes

D. ADAMSON, *Blaise Pascal: mathematician, physicist, and thinker about God.*

W. KAUFMANN, *Critique of religion and philosophy.*

P. KREEFT, *Christianity for modern pagans: Pascal's pensées.*

B. PASCAL, *Pensées.*

"Pascal, Blaise", em F. L. CROSS, et al., orgs., *The Oxford dictionary of the christian church*, 2ª ed.

R. H. Popkin, "Pascal", em P. Edwards, org., *Encyclopedia of philosophy*.
G. H. Smith, *Atheism: the case against God*.
H. F. Steward, *Pascal's apology for religion*.
N. Torrey, "Voltaire, François-Marie Arouet De", em P. Edwards, ed., *Encyclopedia of philosophy*.
C. C. J. Webb, *Pascal's philosophy of religion*.

Páscoa, conspiração da. *A hipótese da conspiração da Páscoa.* The Passover plot [*A conspiração da Páscoa*] é um livro do teólogo radical do nt H. J. Schonfield, que propôs que Jesus foi um conspirador messiânico inocente que armou um "esquema" para "cumprir" profecias e substanciar suas alegações (Schonfield, p. 35-8). De acordo com a conspiração, Jesus secretamente "tramou em fé" (ibid., p.173), maquinou com um jovem, Lázaro, e José de Arimatéia, para fingir a morte na cruz, ser reanimado no túmulo e demonstrar aos seus discípulos (que não sabiam da conspiração) que ele era o Messias. No entanto, o plano deu errado quando os soldados romanos perfuraram o lado de Jesus e ele morreu. Os discípulos, todavia, confundiram outras pessoas com Cristo alguns dias depois e acreditaram que ele havia ressuscitado dos mortos (Schonfield, p. 170-2).

Um desafio à conspiração da Páscoa. Se verdadeira, a "conspiração da Páscoa" refutaria o cristianismo ortodoxo, que toma por base a crença de que Jesus realmente era o Messias que cumpriu sobrenaturalmente as profecias do at morreu na cruz e ressuscitou dos mortos três dias depois (1Co 15.1-5). Sem essas verdades básicas, não há cristianismo histórico (1Co 15.12-18). Logo, é obrigação do apologista evangélico refutar a hipótese da conspiração da Páscoa.

Pelo menos três dimensões básicas da apologética tradicional são questionadas por essa suposta conspiração: o caráter de Cristo, a natureza sobrenatural das predições messiânicas e a ressurreição de Cristo. Elas serão avaliadas nessa ordem.

O caráter de Cristo. Se a suposta conspiração for verdadeira, Jesus não era nem um pouco "inocente". Era um conspirador messiânico, dissimulado e enganador. Pretendia enganar seus discípulos mais próximos fazendo-os crer que era o Messias, quando na verdade não era. Mas essa tese é contrária ao caráter de Cristo conhecido pelos registros dos evangelhos, que são comprovadamente confiáveis (v. Novo Testamento, manuscritos do; Novo Testamento, historicidade do; Novo Testamento, datação do). O Jesus dos evangelhos é o exemplo perfeito de honestidade e integridade (v. Cristo, singularidade de).

A natureza da profecia sobrenatural. Ao contrário da "conspiração da Páscoa", a profecia messiânica é sobrenatural (v. profecia como prova da Bíblia). E, no caso de Cristo, há muitas razões pelas quais ele não poderia ter manipulado eventos para dar a entender que cumpria todas as previsões sobre o Messias do at.

Antes de mais nada, isso era contrário ao seu caráter honesto, como mencionado acima. Presume que ele era um dos maiores enganadores de todos os tempos. Pressupõe que ele não era nem mesmo uma pessoa boa, muito menos o homem perfeito que os evangelhos afirmam ser. Há várias linhas de evidência que se unem para demonstrar que essa é uma tese completamente implausível.

Segundo, não existe a possibilidade de Jesus ter controlado tantos eventos necessários para o cumprimento das profecias do at sobre o Messias. Por exemplo, ele não tinha controle sobre onde nasceria (Mq 5.2), sobre como nasceria (Is 7.14), quando morreria (Dn 9.25), de qual tribo (Gn 49.10) e linhagem seria (2Sm 7.12), e várias outras coisas.

Terceiro, somente de forma sobrenatural Jesus poderia ter manipulado os eventos e as pessoas na sua vida a fim de que reagissem exatamente da maneira necessária para fazer parecer que ele estava cumprindo todas essas profecias, incluindo a proclamação de João (Mt 3), as reações de seus acusadores (Mt 27.12), como os soldados lançaram sorte para levar suas vestes (Jo 19.23,24) e como traspassariam seu lado com uma lança (Jo19.34). Na realidade, até Schonfield admite que a conspiração falhou quando os romanos perfuraram Cristo. O fato é que qualquer pessoa com todo esse poder manipulador teria de ser divina — exatamente o que a hipótese da Páscoa tenta evitar. Em resumo, é preciso um milagre maior para crer na conspiração da Páscoa que para aceitar que as profecias são sobrenaturais.

A ressurreição de Cristo. "A conspiração da Páscoa" oferece um cenário implausível como alternativa para a ressurreição de Cristo. Isso se dá por várias razões. Primeira, é contrária aos registros dos evangelhos, que são comprovadamente confiáveis (v. Novo Testamento, historicidade do), tendo sido escritos por testemunhas oculares e contemporâneos dos eventos. Segunda, ignora totalmente o testemunho poderoso da ressurreição de Cristo (v. ressurreição, evidências da), incluindo: 1) um túmulo permanentemente vazio; 2) mais de quinhentas testemunhas oculares (1Co 15:5-7); 3) cerca de doze aparições físicas de Cristo no mesmo corpo marcado pelos cravos (Jo 20.27), 4) distribuídas durante o período de quarenta dias (At 1.3), 5) durante os quais Jesus comeu com eles pelo menos quatro vezes e os ensinou sobre o Reino de Deus; 6) a transformação, da noite para o dia, de discípulos medrosos, céticos, divididos, na maior sociedade missionária que o mundo jamais conheceu!

Conclusão. "A conspiração da Páscoa" é na verdade um cenário implausível, baseado em pressuposições injustificadas e contrário a muitos fatos conhecidos. Por exemplo, ela supõe: 1) datas recentes injustificadas para os evangelhos (v. Novo Testamento, datação do); 2) um preconceito anti-sobrenaturalista (v. milagre); 3) um caráter falho de Cristo (v. Cristo, singularidade de); 4) a ingenuidade incrível dos seus discípulos; 5) casos numerosos de identificação errada após sua morte (v. ressurreição, evidências da; ressurreição, teorias alternativas da); 6) uma transformação milagrosa baseada num erro total.

De uma perspectiva positiva, a suposta conspiração é contrária: 1) às datas antigas dos evangelhos; 2) à multiplicidade dos registros das testemunhas oculares: 3) à verificação da história e da arqueologia (v. arqueologia do Novo Testamento); 4) ao caráter conhecido dos discípulos de Jesus; 5) ao túmulo permanentemente vazio; 6) à natureza das aparições após a ressurreição; e 7) ao número incrível de testemunhas oculares do Cristo ressurreto — mais de quinhentas. Em resumo, a tese de *A conspiração da Páscoa* é apenas mais uma bela teoria arruinada por um conjunto brutal de fatos.

Fontes

C. Blomberg, *The historical reliability of the Gospels.*
G. Habermas, *The historical Jesus.*
H. J. Schonfield, *The Passover plot.*
E. Yamauchi, "Passover plot or Easter triumph", em John W. Montgomery, *Christianity for the toughminded.*
C. Wilson, *The Passover plot exposed.*

Paulo, supostas contradições entre Jesus e a religião de. V. Bíblia, supostos erros na; mitraísmo.

pecado, efeitos noéticos do. V. noéticos do pecado, efeitos; ceticismo; V. agnosticismo; apologética, necessidade da; apologética, objeções à; Bíblia, crítica da; certeza/convicção; fé e razão; Deus, objeções às provas de; Hume, David; Kant, Immanuel; milagres, valor apologético dos.

Pentateuco, autoria mosaica do. A Bíblia atribui os primeiros cinco livros da Bíblia, Gênesis, Êxodo, Levítico, Números e Deuteronômio, o Pentateuco, a Moisés em Êxodo 24.4; Josué 1.7,8; Esdras 6.18; Daniel 9.11 e Malaquias 4.4. Jesus citou o Pentateuco, atribuindo a fonte a Moisés em Marcos 7.10 e Lucas 20.37. A maioria dos críticos modernos nega a autoria mosaica e atribui as obras a um grupo complexo, muito posterior, de escribas e editores sacerdotais. O objetivo era evitar os registros dos livros sobre ocorrências sobrenaturais e autoridade divina (v. Bíblica, crítica; edição do Antigo Testamento, crítica de; Wellhausen, Julius).

Já no século xvii, Baruch Espinosa negou que Moisés escrevera o Pentateuco. Muitos estudiosos críticos uniram-se a ele no século xix. Julius Wellhausen afirmou que os cinco primeiros livros foram escritos por várias pessoas, e nomeou as partes: javista (j), eloista (e), sacerdotal (p) e deuteronomista (d). Características literárias supostamente distinguiam esses autores.

Entre os argumentos oferecidos para demonstrar que Moisés não poderia ter escrito os primeiros livros, sete foram muito usados:

1. Moisés não poderia ter escrito o registro da sua morte em Deuteronômio 34.
2. Certas partes são parentéticas, portanto devem ter sido acrescentadas (p. ex., Dt 2.10-12; 2.20 23).
3. Moisés ainda não estava vivo quando os eventos de Gênesis foram registrados.
4. Nomes diferentes de Deus são usados em partes diferentes, refletindo um autores diferentes.
5. Os nomes de alguns lugares não são os que teriam sido usados na época de Moisés, mas bem mais tarde.
6. Há referência a Israel na terra prometida, mas Moisés morreu antes de o povo entrar (Dt 34).

Resposta aos argumentos. Os teólogos conservadores responderam que nenhum desses argumentos é forte o suficiente para justificar as afirmações e teorias extraordinárias que surgiram delas nos estudos do AT. Há razões mais fortes para atribuir o Pentateuco a Moisés.

O registro da morte de Moisés. Como Moisés era um profeta (Dt 18.15; At 3.22) que possuía dons e habilidades milagrosos (v., p. ex., Êx 4), não há razão para ele não poder escrever o registro da sua morte de antemão (v. milagres, valor apologético dos).

No entanto, como não há sinais no próprio texto de que seja uma profecia, pode ter sido escrito por seu sucessor. Teólogos como R. D. Wilson, Merrill

Unger, Douglas Young, R. Laird Harris, Gleason L. Archer, Jr. e R. K. Harrison facilmente aceitam que o capítulo final de Deuteronômio provavelmente foi acrescentado por Josué ou outra pessoa próxima a Moisés. Isso, na verdade, apóia a teoria de continuidade dos profetas escritores, (uma teoria segundo a qual cada profeta sucessor) escreve o último capítulo do livro de seu predecessor. A adição de um capítulo sobre o funeral de Moisés escrito por outro profeta, segundo o costume da época, não altera de forma alguma a crença de que Moisés foi o autor de tudo até o capítulo final. Isso certamente não se ajusta ao cenário JEDP.

Seções parentéticas. As seções parentéticas em Deuteronômio 2 não precisam ser redações posteriores. Os autores geralmente usam material editorial (e.g., parentético) nas suas obras. Tal adição foi feita à frase anterior nesse parágrafo. Nenhum manuscrito anterior as omite. Portanto, não há evidência convincente que sugira que foram acrescentadas por um redator posterior.

Mesmo que comentários parentéticos fossem acrescentados ao texto, isso não mudaria nada que Moisés escreveu no restante do texto, nem depreciaria sua afirmação de autoria do texto inspirado. Muitos teólogos evangélicos estão dispostos a admitir que comentários como esses poderiam ter sido feitos por escribas posteriores para esclarecer o significado do texto. Se são adições, não são mudanças inspiradas que estão sujeitas ao mesmo debate que Marcos 19.9-20 e João 8.1-11. É possível argumentar com base na evidência interna e externa se elas devem ser consideradas parte do texto inspirado das Escrituras. E, como acontece com o texto de 1João 5.7 sobre a Trindade, se não há boa evidência, o texto deve ser rejeitado. Sem esse tipo de evidência para a passagem, parece melhor considerá-la um comentário editorial do próprio Moisés. Em nenhum caso a autoria mosaica do texto inspirado do Pentateuco é questionada.

Moisés e Gênesis. Quanto à composição de Gênesis, Deus poderia ter revelado a história das origens a Moisés, como fez com outras revelações sobrenaturais (e.g., Êx 20). Moisés ficou no monte durante quarenta dias, e Deus poderia ter revelado a ele a história até a sua época.

Já que não há indicação clara no texto que foi isso que aconteceu, talvez haja maior razão para crer que Moisés compilou, e não compôs, o registro de Gênesis. Há indicação de que Gênesis foi uma compilação de documentos familiares e história oral que foram cuidadosamente transmitidos. Cada seção tem anexada a ela a frase "Esta é a história da ..." ou "Este é o Registro d[e] as gerações dos...". Essas frases ocorrem em todo o livro de Gênesis (2.4; 5.1; 6.9; 10.1,32; 11.10,27; 25.12,19; 36.1; 37.2), ligando-o como uma série de registros familiares e genealogias. Às vezes os registros são até chamados livro [heb.=*šefer*](5.1). Como líder do povo judeu, Moisés teria acesso a esses registros familiares da história passada e poderia tê-los compilado da forma que conhecemos pelo Gênesis.

Nomes diferentes para Deus. Os críticos argumentam que nomes diferentes de Deus em passagens diferentes indicam autores diferentes. Indicam Gênesis 1, onde o suposto autor eloísta (E) usa exclusivamente *'elohîm* para Deus. Mas em Gênesis 2 a frase *Yahweh 'elohîm* (SENHOR Deus) é usada. O uso de *Yahweh* (ou Javé) é considerado indício da mão do autor javista (J).

Mas esse argumento é falho. O mesmo tipo de coisa ocorre no *Alcorão*, que é atribuído a uma fonte, Maomé. O nome *Alá* é usado para Deus nas suratas 4, 9, 24, e 33, mas *Rab* é usado nas suratas 18, 23, e 25 (Harrison, p. 517). No *Alcorão* os nomes são usados em capítulos diferentes. Em Gênesis eles estão espalhados no mesmo capítulo ou seção, levando a alguma separações incríveis do texto. Até os eruditos favoráveis à teoria JEDP não conseguem concordar sobre as separações.

A explicação mais natural é que os nomes diferentes de Deus são usados, dependendo do assunto e do aspecto de Deus que está sendo discutido. O nome majestoso *elohîm* é uma palavra adequada ao falar da criação, como em Gênesis 1. *Yahweh*, o que faz alianças, é mais adequado quando Deus se relaciona com pessoas, como em Gênesis 2, 3.

Estilo literário. Os críticos defensores de JEDP dizem que o *Pentateuco* reflete um estilo literário de um período bem posterior. Por exemplo, o deuteronomista (D) usa estilo e estrutura do século VII a.c. Mas essa alegação também não pode ser baseada em fatos. Descobertas arqueológicas mostram que a forma literária usada em Deuteronômio é, na realidade, uma forma antiga de todo o Oriente Médio. Moisés segue como esquema literário os tratados de suserania feitos entre reis e seus súditos (v. Kline).

O argumento faz uma suposição que não é verdadeira na história literária. Os críticos supõem que Moisés não poderia ter escrito em mais de um estilo. Como egípcio culto, ele foi exposto a tratados de suserania e a todas as outras formas narrativas e artísticas disponíveis na época. Bons autores modernos mudam de estilo e forma conforme desenvolvem sua arte e também para criar efeito. Às vezes eles podem usar formas diferentes num única obra. Um exemplo notável é C. S. Lewis. Os críticos da Bíblia ficariam loucos se fossem confrontados com o nome de um mesmo autor em histórias infantis, críticas literárias profundas, análises escolásticas, sátiras alegóricas, ficção científica, narrativa biográfica, disputas e tratados lógicos.

Nomes posteriores de lugares. Nomes posteriores de lugares são facilmente explicados como inserções posteriores. Por exemplo, a cidade natal deste autor era chamada Van Dyke, Michigan, mas hoje é encontrada no mapa com o nome de Warren. Copistas posteriores podem ter atualizado os nomes de alguns lugares para as pessoas entenderem melhor. Josué 14.15 é quase certamente o caso, já que entrou no texto uma anotação parentética, que diz: "Hebrom era chamada Quiriate-Arba, em homenagem a tiba, o maior homem entre os anaquins)".

Possessão da terra. Deuteronômio 2.12 refere-se a Israel na "terra da sua possessão", o que só aconteceu depois da morte de Moisés. Logo, argumenta-se que Moisés não poderia ter escrito essas palavras.

Como os comentaristas do AT Kei e Delitzsch concluíram, essa referência é à terra a leste do rio Jordão (Gileade e Basã), territórios que foram conquistados pelos israelitas sob a liderança de Moisés e divididas entre as duas tribos e meia, e que é descrita no cap. III.20 como a 'possessão' que Jeová dera a essas tribos (Kiel e Delitzsch, ...1.293).

E, sendo uma referência parentética, 2.12 poderia ter sido uma inserção não-mosaica posterior ao texto original. Seja qual for a evidência que isso fornece de edição posterior, não apóia a autoria JEDP nem nega a autoria mosaica do texto inspirado original.

Autoria mosaica do Êxodo. Há forte evidência de que Moisés tenha escrito Êxodo. Inicialmente, nenhuma outra pessoa conhecida daquele período tinha o tempo, interesse e habilidade de compor tal registro. Segunda, Moisés foi uma testemunha ocular dos eventos do Êxodo até Deuteronômio e, assim, era singularmente qualificado. Na verdade, o registro é um relato vívido de uma testemunha ocular de eventos espetaculares, tais como a travessia do mar Vermelho, o recebimento dos mandamentos e as peregrinações.

Terceira, pelos registros rabínicos conhecidos mais antigos, esses livros foram unanimemente atribuídos a Moisés. Esse é o caso do *Talmude*, assim como das obras de autores judaicos como Fílon e Josefo.

Quarta, o autor reflete o conhecimento detalhado da geografia do deserto (v. , p. ex., Êx 14). Isso é muito improvável para qualquer pessoa além de Moisés, que passou quarenta anos como pastor, e mais quarenta anos como líder nacional, na região. O mesmo argumento pode ser usado para as reflexões detalhadas dos costumes e práticas de uma variedade de povos descritos em todo o Pentateuco.

A afirmação interna do livro é que "Moisés, então, escreveu tudo o que o Senhor dissera" (Êx 24.4). Se não escreveu, é uma fraude. O sucessor de Moisés, Josué, afirmou que Moisés escreveu a Lei. Na verdade, quando Josué assumiu a liderança, relatou que fora exortado por Deus: "Não deixe de falar as palavras deste livro da Lei" (Js 1.8); foi-lhe ordenado que tivesse "o cuidado de obedecer a toda a lei que o meu servo Moisés lhe ordenou" (1.7). Depois de Josué, uma longa sucessão de personagens do AT atribuiu os livros da lei a Moisés, entre eles Josias (2Cr 34.14), Esdras (Ed 6.18), Daniel (9.11) e Malaquias (4.4). Jesus e os autores do NT também atribuíram palavras a Moisés. As Escrituras em outros contextos referem-se ao Pentateuco como os livros ou lei de Moisés.

Citando Êxodo 20.12, Jesus usou a introdução: "Pois Moisés disse" (Mc 7.10; cf. Lc 20.37). O apóstolo Paulo declarou que "Moisés descreve desta forma a justificativa que vem da Lei: 'O homem que fizer estas coisas viverá por meio delas'", quando citou Êxodo 20.11 (Rm 10.5). Portanto, há confirmação da autoria mosaica por Jesus, que por meio de milagres comprovou ser o Cristo, o Filho de Deus (v. Cristo, divindade de; milagres, valor apologético dos). E há autoridade apostólica, que também foi confirmada (v. milagres na Bíblia).

Fontes

G. L. Archer, Jr., *Merece confiança o Antigo Testamento?*
Flávio Josefo, *Antigüidades dos judeus.*
___, *Contra Ápion.*
N. L. Geisler e W. E. Nix, *Introdução bíblica.*
R. K. Harrison, *Introduction to the Old Testament.*
C. F. Keil e F. Delitzsch, *Commentary on the Old Testament*, v. 1
M. Kline, *Treaty of the great king.*
M. Unger, *Introductory guide to the Old Testament.*

Pi e a Bíblia. V. Bíblia, supostos erros na.

Platão. *Vida e obras de Platão.* Platão nasceu em 428 a.C., ano da morte de Péricles. Tornou-se discípulo de Sócrates aos dezesseis anos. Platão tinha 29 anos quando seu mentor morreu.

Sua carreira literária é dividida em quatro períodos. No primeiro período ele escreveu *Apologia de Sócrates, Crito, Protágoras* e *República* (Livro 1). No segundo período compôs *Crátilo, Górgias* e *Lísis*. Entre o segundo e terceiro períodos, fundou sua Academia. No terceiro período produziu *Mênon, Fédon, Fedro, Simpósio* e o restante de *República*. Antes do seu último período literário, nasceu seu famoso pupilo, ARISTÓTELES, quando Platão tinha 43 anos. No seu quarto e último período de composição literária, Platão escreveu *Parmênides, Tecteto, O sofista, O estadista, Filebo, Timeu, Crítias* e *Leis*.

Alexandre, o Grande, nasceu quando Platão tinha 72 anos (em 347 a.C.). Apenas quatorze anos mais tarde (em 333 a.C.) Alexandre começou a conquistar o mundo e espalhar com isso a linguagem e a cultura grega que dominam grande parte da filosofia desde então.

Epistemologia de Platão. Platão acreditava em idéias inatas. Na verdade, cria que essas eram as idéias que a mente contemplara no mundo das Formas puras antes do nascimento. As idéias eram irredutivelmente simples, formas eternas (*eidos*) que fluíam da única Forma absoluta, o Bem (*agathos*). Como elas foram contempladas pela alma no estado pré-encarnado, só era necessário recordá-las. Isso era realizado por meio de um diálogo do método dialético ilustrado em *Mênon*, quando até um menino escravo foi capaz de fazer geometria euclidiana simplesmente por lhe fazerem as perguntas certas. É claro que, se alguém não acerta nesta vida, há outra encarnação.

Quando alguém raciocinava de volta ao fundamento do pensamento, encontrava os PRIMEIROS PRINCÍPIOS absolutos de conhecimento que serviam como fundamento de todo conhecimento. Ceticismo, AGNOSTICISMO e relativismo (v. VERDADE, NATUREZA ABSOLUTA DA) são contraditórios (v. CONTRADITÓRIAS, AFIRMAÇÕES).

Metafísica de Platão. Platão acreditava que o universo é eterno, o processo eterno pelo qual o Criador (*Demiurgo*) contemplava o Bem (o *agathos*) e transbordava de Formas (*eidos*) que informavam o mundo material (*chaos*) para sempre, formando-o no cosmo. A criação, então, é um processo eterno de criação *ex materia* (v. CRIAÇÃO, VISÕES DA). Logo, a realidade é um DUALISMO básico de Forma e matéria, ambas co-eternas.

Como Platão estabeleceu na famosa analogia da caverna na *República*, o mundo físico é um mundo de sombras. O mundo real é o mundo espiritual das Formas puras. Cada coisa física é estruturada ou formada por essas Formas ou universais, ao contrário do NOMINALISMO, que nega a realidade dos universais e essências. Por exemplo, todos os seres humanos compartilham uma Forma ou Essência de humanidade. E humanidade existe como a Forma pura no mundo real, o mundo espiritual por trás do mundo material. E cada uma dessas Formas puras vêm da Forma que contém todas as Formas em sua natureza absolutamente perfeita.

Visão platônica de Deus. Para Platão, Deus não era a Forma absoluta (*agathos*), mas o Formador (o *Demiurgo*). Seu argumento para o Demiurgo (Formador do mundo) assumiu a seguinte forma: 1) O cosmo seria o caos sem formas. A matéria pura sem estrutura é disforme. 2) O caos (sem forma) é maligno, e o cosmo (forma) é bom. 3) Todas as formas do bem no mundo vêm de um Formador Bom além do mundo (o caos não pode se transformar no cosmo). 4) O Formador não pode fazer formas boas sem uma Forma do Bem como padrão. 5) A Forma segundo a qual formas mutáveis são formadas deve ser uma Forma imutável. Apenas o imutável pode ser a base para o mutável. Apenas o Inteligível (Ideal) pode ser a base para as Idéias. 6) Portanto, há um Formador (*Demiurgo*) e a Forma (Bem) segundo a qual todas as coisas são formadas.

Para completar sua tríade de absolutos, Platão ofereceu um argumento a favor de um Primeiro Motor (ou Alma universal). Assim como a Forma é necessária para explicar a fonte das Formas puras, e o Formador é necessário para explicar a existência das coisas formadas, o Primeiro Motor é necessário para explicar a existência de movimento no mundo. O raciocínio de Platão assume esta forma: 1) As coisas se movem. Isso se sabe pela observação. 2) Mas o que move é movido por outro ou se move. 3) Automotores (almas) são anteriores aos não-automotores. Pois o que não se move é movido pelo que se move. 4) Automotores são eternos; senão não haveria movimento, já que algo inerte não pode se mover. Platão acrescenta que: 5) deve haver dois automotores no universo, um responsável pelo movimento regular (bom) e outro pelo movimento irregular (mau). 6) O responsável pelo movimento bom é o melhor, porque é o Motor Supremo, que ele chama de Alma universal. 7) Logo, há um Motor Supremo (alma).

A influência de* Platão *sobre o pensamento posterior. Alfred North WHITEHEAD disse que a filosofia ocidental é uma série de notas de rodapé sobre Platão. Isso é em grande parte verdadeiro. Influências específicas são manifestas em Plotino, AGOSTINHO, no gnosticismo, no ASCETICISMO, no MISTICISMO, no INATISMO, no DUALISMO, na ALEGORIA e no PANENTEÍSMO. Como Platão defendia uma forma de DEÍSMO FINITO, John Stewart MILL, William JAMES, Brightman, Peter

Bertocci, Whitehead e Charles HARTSHORNE também foram influenciados por Platão. Da mesma forma, Friedrich SCHLEIERMACHER, Adolph Harnack e outros liberais e humanistas (v. HUMANISMO SECULAR) que acreditam na perfectibilidade inerente do homem originam-se de Platão, que acreditava que conhecer o bem é fazer o bem. A salvação vem pela educação.

Uma avaliação das visões de Platão. As visões de Platão têm muitos valores duradouros. Uma lista incompleta incluiria pelo menos os fatores a seguir.

Dimensões positivas. Há vários valores positivos no pensamento de Platão, muitos dos quais foram úteis para expressar e defender a fé cristã. Entre eles estão os seguintes:

FUNDACIONALISMO. A defesa que Platão fez dos primeiros princípios tem sido muito útil para os apologistas cristãos no argumento contra o AGNOSTICISMO e o CONVENCIONALISMO.

Verdade como correspondência. Como outros filósofos clássicos, Platão definiu verdade a como correspondência, dando assim apoio à convicção cristã de que a verdade metafísica é o que corresponde à realidade. A verdade é objetiva e não meramente subjetiva (v. VERDADE, NATUREZA DA).

Absolutismo epistemológico. Além de a verdade ser objetiva para Platão, também era absoluta. Os argumentos de Platão ainda são usados por apologistas cristãos para defender sua fé na verdade absoluta.

Absolutismo moral. Platão também acreditava em valores absolutos. Isso igualmente está de acordo com a tarefa da apologética cristã de defender absolutos morais (v. ABSOLUTOS MORAIS).

ESSENCIALISMO *ético.* Além de acreditar em absolutos morais, Platão afirmou que eles estão ancorados na natureza imutável da Forma (o Bem).

Universais. Ao contrário do NOMINALISMO, Platão argumentou, como fazem os cristãos ortodoxos, que há universais e essências. Na realidade, é parte da fé cristã que Deus tem uma essência e três pessoas e que Cristo tem duas essências ou naturezas unidas numa pessoa (v. CRISTO, DIVINDADE DE).

Argumentos a favor da existência de Deus. As provas que Platão ofereceu para a existência de Deus foram predecessoras das formas cristãs posteriores do ARGUMENTO COSMOLÓGICO ou do argumento da perfeição (v. DEUS, EVIDÊNCIAS DE) usadas por AGOSTINHO, ANSELMO e TOMÁS DE AQUINO.

Imortalidade. Platão defendeu o que todos os cristãos ortodoxos acreditam, ou seja, que os seres humanos têm uma dimensão espiritual em sua composição, que é imortal (v. IMORTALIDADE).

A vida além desta. Outra dimensão do pensamento de Platão que é aceitável para os cristãos é sua crença no mundo espiritual além deste, para o qual as pessoas certamente vão após a morte. Platão propôs a existência de um céu e de um INFERNO.

Capacidade intelectual inata. A maioria dos apologistas cristãos acredita que há uma capacidade inata, dada por Deus, na mente humana. Não nascemos absolutamente vazios, mas com certas capacidades e habilidades racionais dadas por Deus. Isso se manifesta na universalidade de primeiros princípios, tais como a LEI DA NÃO-CONTRADIÇÃO.

Dimensões negativas. A despeito das muitas características positivas do sistema platônico, muitas das idéias de Platão são uma frustração contínua para o cristianismo. Algumas delas são dignas de nota.

Dualismo metafísico. Ao contrário do cristianismo, que afirma a criação monárquica *ex nihilo* (do nada), Platão afirmou um DUALISMO de criação *ex materia*, a partir de matéria preexistente (v. CRIAÇÃO, VISÕES DA). Logo, para Platão o universo material é eterno, não temporal como acreditam os cristãos, apresentando boa evidência para apoiar sua tese (v. KALAM, ARGUMENTO COSMOLÓGICO; *BIG-BANG*, TEORIA DO).

Deísmo finito. Ao contrário do Deus teísta do cristianismo que é infinito em poder e perfeição, o Deus de Platão era finito. Mas há boa evidência para demonstrar que Deus é infinito.

Dualismo antropológico. Um dos legados mais duradouros e perturbadores de Platão entre os cristãos é sua visão dualista dos seres humanos. Segundo Platão, o homem *é* uma alma e só *tem* corpo. Na verdade, para ele os seres humanos estão presos em seus corpos. Disso resultam o asceticismo (negação do corpo) e a alienação, e o cristianismo não apóia nenhuma das duas posições.

Alegorismo. Pelo fato de acreditar que a matéria era menos real e pior que o espírito, Platão depreciou a interpretação literal das coisas. No campo da interpretação isso leva a procurar o significado espiritual ou místico mais profundo do texto. Isso deu origem ao neoplatonismo (v. PLOTINO) e à alegoria medieval (v. ORÍGENES), problema que ainda assedia a igreja cristã.

Inatismo. Apesar de Platão indicar corretamente uma dimensão inata da mente humana, muitos cristãos, seguindo Tomás de Aquino, rejeitam a crença de Platão nas idéias inatas. Alguns grandes pensadores cristãos, como Agostinho, chegaram ao ponto de afirmar a idéia concomitante de Platão da recordação dessas idéias de uma existência prévia, e mais tarde tiveram de abandoná-la.

Reencarnação. O conceito platônico de reencarnação, como os conceitos orientais, foi condenado pela igreja cristã e é refutado por boas evidências, bíblicas e racionais (v. REENCARNAÇÃO).

Otimismo humanista. De certa forma Platão é o pai do humanismo ocidental (v. HUMANISMO SECULAR). Sua crença de que os seres humanos são aperfeiçoáveis pela educação é contrária ao ensinamento das Escrituras e à experiência humana universal.

Dilema pluralista. Como outros filósofos que seguem Parmênides, Platão jamais resolveu o problema da unidade e da diversidade (v. MONISMO). Ele acabou com várias Formas irresoluvelmente simples que não podiam diferir umas das outras de maneira real (v. PLURALISMO METAFÍSICO).

Impropriedade teológica. Alguns cristãos vêem mais verdade cristã em Platão do que realmente existe. A tríade de Platão, Forma, Formador e Alma do mundo, não é de forma alguma a TRINDADE cristã, como alguns afirmaram. Para começar, duas delas (a Forma e a Alma do mundo) sequer são pessoas no sentido significante do termo. Além disso, os elementos da tríade não compartilham uma única natureza.

Além disso, Platão e os outros filósofos gregos jamais uniram seu Deus e seu princípio metafísico mais elevado, como os cristãos (v. Gilson). Em Platão, por exemplo, o Bem é o maior princípio metafísico, mas o Bem não é identificado com Deus. Pelo contrário, o Demiurgo, que é inferior ao Bem, é Deus no sistema de Platão.

Fontes

E. GILSON, *God and philosophy* (cap. 1)
J. OWENS, *A history of ancient western philosophy.*
PLATÃO, *República*
___, *Apologia de Sócrates.*
___, *Timeu.*
___, *Leis.*
A. E. TAYLOR, *Plato: the man and his works.*

platônica de Deus, visão. V. COSMOLÓGICO, ARGUMENTO.

Plotino. Nasceu no Egito (c. 205-270) e antes dos 30 anos começou a estudar filosofia em Alexandria. Posteriormente estudou com Amônio Saccas, mestre de ORÍGENES, durante onze anos. Plotino só começou a escrever depois de ensinar filosofia em Roma durante dez anos. Sua obra teve extrema influência no pensamento filosófico e religioso. Ele seguia a cosmovisão do panteísmo emanacional.

Deus e o mundo. Ao contrário do PANTEÍSMO vedanta (v. HINDUÍSMO VEDANTA), Plotino acreditava que a existência ou realidade é múltipla, ou há muitas realidades. Contou três níveis ou planos de existência. Mas antes e além da existência está o Uno.

O Uno é absolutamente simples, isto é, não tem partes; e é absolutamente necessário, isto é, deve existir. O Uno não "surgiu" simplesmente, mas existe por necessidade. Essa Unidade absoluta deve existir, porque a multiplicidade pressupõe uma unidade anterior. Só podemos saber o que é muitos se conhecermos o Uno. "... deve preceder Realidade e ser seu autor" (*Enéadas*, 6.6.13; todas as outras citações são dessa fonte). Assim, ele é a fonte absoluta de existência. Está além da existência e é anterior a ela.

O indescritível e incognoscível. Plotino argumenta que o Uno transcende tudo de que é a fonte, que é tudo na realidade: "Certamente esse Absoluto não é nada das coisas que se pode afirmar sobre ele — não tem existência, nem essência, nem vida — já que é o que transcende a todas essas coisas". Até seu próprio nome, ele transcende: "E esse nome contém na verdade nada mais que a negação da pluralidade [...] Se fôssemos levados a pensar positivamente sobre ele, nome e coisa, haveria mais verdade no silêncio" (3.8.101).

Se o Uno é verdadeiramente indescritível, por que Plotino tenta descrevê-lo? Sua descrição, diz ele, é um chamado à visão, que impele em direção ao Uno.

Podemos saber algo sobre o Uno por meio de sua descendência, *existência* (6.9.5). Apesar de não podermos falar dele ou conhecê-lo, podemos falar ou saber algo *sobre* ele em termos do que veio *a partir* dele. Devemos lembrar, no entanto, que nossas palavras e pensamentos são apenas indicadores, não realmente descritivos, mas apenas evocativos.

Níveis de realidade. Nous. O primeiro nível de realidade é *Nous* ("Mente"). *Nous* é a Mente Divina; é Deus, mas não o Deus mais elevado. É Existência pura. Das emanações dele, *Nous* é a primeira (5.1.4, 8). Quando o Uno emana, e esse emanante se volta para a fonte, surge a dualidade simples do Conhecedor e do Conhecido (6.7.37). Essa dualidade simples é *Nous*. *Nous*, por sua vez, origina outras emanações ao voltar-se para si mesmo. Produz intelectos ou formas específicas que se voltam para fora, produzindo a alma mundial, que por sua vez produz as espécies das almas individuais (6.2.22; 6.7.15). O Uno, *Nous*, e a Alma mundial formam não uma trindade, mas uma tríade emanacional. Deste Deus de três níveis fluem todas as outras coisas. A criação é *ex deo*, emanacional e necessariamente (v. CRIAÇÃO, VISÕES DA).

Alma universal. O segundo nível da realidade, a *Alma universal*, é uma posição média entre *Nous* e o mundo corpóreo. Reflete o *Nous* e organiza o corpóreo. A *Alma universal* é até mais múltipla que *Nous*, pois está mais distante da Unidade absoluta do Único. Ela emana quando o *Nous* reflete sobre si mesmo (6.2.22). A *Alma universal* anima o universo em toda sua multiplicidade, dando-lhe uma unidade ou totalidade (3.1.4,5).

Matéria. O terceiro nível de realidade é a *matéria*. Como todo o processo emanante é um desenvolvimento necessário da unidade à multiplicidade, é preciso que o último estágio esteja a um passo da inexistência completa. Plotino descreve a matéria como não-existência, mas acrescenta que isso não deve ser entendido como inexistência. Antes, a matéria é uma imagem de existência, ou algo mais distante ainda que uma imagem. Quanto mais distante algo está da Fonte de existência, o Uno, menos unidade e existência tem (6.9.1). Como a matéria é a mais múltipla das formas de realidade, ela "não tem vestígio de bem em si" (1.8.7). Já que a Unidade absoluta é absolutamente boa, cada nível mais distante de multiplicidade é pior e capaz de maior mal (1.8.5). A matéria não tem nenhum bem em si, mas tem a capacidade para o bem. A matéria não é o mal puro. É apenas privada de todo bem (1.8.3), restando-lhe apenas a mera capacidade para o bem.

O que está além e é anterior à existência, o Uno, eterna e necessariamente se desenvolve como uma semente se transforma numa flor. Isso produz *Nous*, ou o que Plotino chama de "Um-Muitos". *Nous* é o Ser tornando-se autoconsciente, isto é, descobrindo-se. Mas quando *Nous* reflete sobre si mesmo, ele produz a alma universal, ou o que Plotino chama "Um-Muitos". Da Alma universal tudo mais flui, inclusive matéria ou os "muitos".

O ser flui da unidade para a multiplicidade. E para Plotino também há um fluxo de volta à unidade. Assim como há uma necessidade de os muitos emanarem do Uno, há uma necessidade de os Muitos retornarem ao Uno. O processo é como esticar um elástico gigante. Ele pode ser esticado até certo ponto antes de voltar à origem.

Seres humanos. Plotino acredita que os seres humanos são almas que têm corpo. O verdadeiro ser é a alma eterna (v. IMORTALIDADE), que é temporariamente ligada a uma casca material. Por essa ligação com a matéria, a alma fica contaminada (1.2.4). Se uma pessoa não se esforça para alcançar o bem e a unidade absolutos, e ao invés disso se preocupa apenas com a matéria, seu ser se tornará absolutamente maligno (1.8.13). Para ser salva e obter perfeição suprema, a pessoa deve abandonar a matéria e buscar o Uno. A salvação consiste em vencer o dualismo entre corpo e alma. Isso normalmente exige muitos ciclos de reencarnação. Para escapar do ciclo, a pessoa deve voltar-se para o interior pelo asceticismo e pela meditação.

Destino. O primeiro passo em direção à salvação começa no âmbito do sentido, onde alguma unidade foi imposta pelo Ser Absoluto acima (1.6.2-3). Ao olhar para as "belezas do âmbito do sentido, imagens e sombras fugitivas que entraram na matéria", a pessoa percebe que "há belezas mais antigas e sublimes que essas" (1.6.3, 4). Esses objetos do sentido nos indicam a fonte (6.9.11). Não devemos parar com eles, mas ascender além deles. Assim, o primeiro passo é do mundo sensível para o mundo intelectual de *Nous*.

Como o primeiro passo envolvia o movimento a partir do externo, o segundo passo continua a ascensão do interno, a alma, para o eterno, *Nous*. Esse movimento é da alma inferior à alma superior, e depois para *Nous*, que está acima da alma. A mente humana deve identificar-se com a Mente. Conhecedor e conhecido devem tornar-se um. Isso é feito por meio da meditação. Mesmo agora, no entanto, a Unidade suprema ainda não foi atingida.

O terceiro e último passo leva à união mais elevada possível — unidade com o Uno. Isso só pode ser atingido pela união mística (v. MISTICISMO) que elimina toda multiplicidade, até intelecto e razão. Diz Plotino: "Quem quer contemplar o que transcende o intelecto consegue fazê-lo quando se despoja de tudo que é do intelecto". O caminho passa além do conhecimento, mesmo os objetos mais elevados do conhecimento, chegando ao intuitivo e místico. Nesse último estágio, tudo é unidade absoluta novamente. O que emanou, retornou. Tudo que fluiu de Deus voltou e deve voltar (5.5.6; 6.9.4).

Avaliação. Apesar das características positivas no seu sistema (tal como a transcendência de Deus e a imortalidade humana), as teorias de Plotino estão sujeitas às mesmas críticas que outras formas de panteísmo. Algumas de suas premissas precisam de uma avaliação especial.

O Uno e a não-existência. Para Plotino, o Ser Supremo (Uno) está além da existência. Mas o ser deve estar no âmbito da existência ou da inexistência. Não há nada entre algo e o nada. Já que o Ser não está no âmbito da existência, deve ser inexistente ou nada. Mas Plotino afirma que o Ser produziu toda existência. Isso é o maior absurdo metafísico.

Efeito e causa. No sistema plotiniano o efeito revela ser maior que a causa. Pois o Uno produziu existência, mas não tem existência. A mente emerge dele, mas ele não tem mente. Entretanto, a água não pode subir além da sua fonte. Um efeito não pode ser maior que sua causa (v. CAUSALIDADE, PRINCÍPIO DA; ANALOGIA, PRINCÍPIO DA).

Seguindo o princípio da causalidade está o princípio da analogia. Já que a causa não pode produzir o que não possui, o efeito deve assemelhar-se à causa. É claro que não pode ser idêntico, já que um é o produtor e outro o produzido. Um é superior. Mas, já que apenas existência produz existência, deve existir alguma semelhança real entre causa e efeito. A Causa infinita e incausada de toda outra existência é Existência, apesar de não ser finita nem ser causada. Para Plotino o Ser não compartilha nenhuma característica com sua descendência. É totalmente "outro". Isso viola o princípio da analogia (v. ANALOGIA, PRINCÍPIO DA; PRIMEIROS PRINCÍPIOS).

Conhecimento do supremo. Plotino não poderia garantir qualquer conhecimento do Único. Ele está além da existência e além da descrição. Todas as afirmações sobre ele são negativas ou equívocas. Porém, até Plotino admitiu que não podemos saber o "quê" a coisa não é sem sabermos o "que" é. Conhecimento negativo pressupõe conhecimento positivo (6.7.29; 6.9.4).

Resumo. O panteísmo emanante de Plotino começa na unidade, que dá origem à multiplicidade crescente até quase atingir o ponto de inexistência. Então tudo volta crescentemente a uma unidade maior, até que a unidade maior é alcançada na unidade absoluta com o Uno. Aqui a pessoa se une ao Uno e ao Todo.

Se palavras não podem expressar o Ser, o próprio Plotino escreveu centenas de páginas descrevendo sua teoria do absoluto. Apenas o silêncio verbal e mental absoluto é coerente para o místico (v. MISTICISMO). Mesmo linguagem evocativa ou meros indicadores não são suficientes. A não ser que indiquem algo que possamos entender, ainda não temos nenhum conhecimento.

Fontes

A. A. ARMSTRONG, *The architecture of the intelligible universe.*

E. BREHIER, *The philosophy of Plotinus.*

D. CLARK e N. L. GEISLER, *Apologetics in the new age,* cap. 4.

G. CLARK, *From Thales to Dewey.*

N. L. GEISLER e W. WATKINS, *Worlds apart: a handbook on worldviews,* cap. 3.

PLOTINO, *Enéadas.*

pluralismo metafísico. O pluralismo afirma que a realidade é encontrada na diversidade, em vez de na unidade (v. UNIDADE E DIVERSIDADE, PROBLEMA DE). Ele se opõe ao monismo, que afirma que a realidade é única.

O panteísmo é uma forma de monismo, e o teísmo é uma forma de pluralismo. Os monistas têm uma noção unívoca ou equívoca da existência (v. PLOTINO). Os teístas esposam a analógica da existência (v. ANALOGIA, PRINCÍPIO DA).

pluralismo religioso. Para entender melhor o pluralismo religioso, vários termos relacionados a religião precisam ser distinguidos: *pluralismo, relativismo, inclusivismo* e *exclusivismo*:

• O *pluralismo religioso* é a crença de que toda religião é verdadeira. Cada uma proporciona um encontro genuíno com o Supremo. Uma pode ser melhor que as outras, mas todas são adequadas.

• O *relativismo* (v. VERDADE ABSOLUTA) afirma que não há critérios pelos quais se possa saber qual religião é verdadeira ou melhor. Não há verdade objetiva na religião, e cada religião é verdadeira para quem acredita nela.

• O *inclusivismo* afirma que uma religião é explicitamente verdadeira, enquanto todas as outras são implicitamente verdadeiras.

• O *exclusivismo* é a crença de que apenas uma religião é verdadeira, e as outras que se opõem a ela são falsas.

O cristianismo é exclusivista; afirma ser a única religião verdadeira (v. CRISTO, SINGULARIDADE DE). Isso coloca os cristãos em confronto com os movimentos modernos de estudar religião comparativa e buscar comunhão entre crenças. Alister McGrath pergunta: "Como podem as afirmações do cristianismo ser levadas a sério se há tantas alternativas rivais e se a 'verdade' em si se tornou uma opção desvalorizada? Ninguém pode reivindicar a possessão da verdade. É tudo uma questão de perspectiva. Todas as reivindicações da verdade são igualmente válidas. Não há ponto de vista universal ou privilegiado que permita decidir o que é certo e o que é errado" (*Challenge of Pluralism* [*O desafio do pluralismo*], p. 365).

Igualdade entre as religiões mundiais. O pluralista John Hick argumenta: "Não considero que as pessoas das outras religiões mundiais estejam, em geral, num nível moral e espiritual diferente dos cristãos". Pois "O ideal básico de amor e cuidado pelos outros e de tratá-los como gostaria de ser tratado é, na verdade, ensinado por todas as grandes tradições religiosas" (Hick, *A Pluralist's View,* p. 39). Hick oferece como prova o fato de que afirmações semelhantes à "Regra Áurea" do cristianismo podem ser encontradas em outras religiões (ibid., p. 39, 40).

É questionável se os praticantes das religiões não-cristãs realmente podem demonstrar o que Gálatas 5.22,23 chama de "o fruto do Espírito": amor, alegria, paz, paciência, amabilidade, bondade, fidelidade, mansidão, domínio próprio. Certamente os não-cristãos fazem coisas boas e sentem a emoção do afeto que chamamos amor. E outros são gentis, bons, generosos e controlados. Mas eles são capazes de manifestar amor *ágape*? É possível levar uma vida filantrópica e até morrer por convicções pessoais, mas não mostrar o verdadeiro amor holístico baseado em Deus (v. 1Co 13.3). Os cristãos devem ter um tipo de amor qualitativamente diferente uns pelos outros e sobretudo por Deus. Embora a graça comum de Deus capacite pessoas más a fazer o bem (v. Mt 7.11), apenas o amor sobrenatural de Deus pode motivar uma pessoa a expressar *agapē* verdadeiro (cf. Jo 15.13; Rm 5.6-8; 1Jo 4.7).

Antes que se conclua apressadamente que William James demonstrou a igualdade de todas as formas de santidade em *Varieties of religious experiences* [*Variedades de experiências religiosas*], o livro *A treatise on religious affections* [*Tratado de sentimentos religiosos*], de Jonathan Edwards, deve ser lido com atenção. Edwards argumenta convincentemente que manifestações de piedade cristã são únicas, diferença situada no nível mais elevado da piedade cristã e não-cristã.

Mesmo que alguém pudesse demonstrar um tipo de igualdade moral na prática entre a maioria dos adeptos das grandes religiões, só isso não provaria igualdade moral entre as religiões. A pessoa que pratica perfeitamente um código moral inferior pode parecer mais moralmente correta que a pessoa que vive imperfeitamente de acordo com um padrão ético superior. Para fazer uma comparação justa, é preciso comparar os ensinamentos morais mais elevados das várias religiões. Além disso, é preciso comparar os melhores exemplos dos adeptos de cada uma. A comparação detalhada das atitudes, objetivos e motivações, assim como ações de madre Teresa e Mohandas Gandi demonstraria a superioridade da compaixão cristã pelos necessitados. Do lado da religião moderna, também é preciso estabelecer o que é inerente ao sistema moral de outra religião e o que foi incorporado a ela como resultado da atividade missionária cristã. O hinduísmo como sistema não gerou compaixão social em Gandi. Gandi foi um aluno do cristianismo que considerou seriamente a conversão. Ele proclamou sua admiração pelos ensinamentos de Jesus no Sermão do Monte. A compaixão social encontrada em algumas formas atuais do hinduísmo é produto importado do cristianismo, por influência de pessoas como Gandi, que foram tocadas por princípios cristãos. Mesmo assim, ele não atingiu a compaixão cristã total de madre Teresa.

Encontrar um princípio moral próximo do Preceito Áureo (cf. Mt 7.12) não é o suficiente para mostrar igualdade moral. Essa é uma manifestação da revelação geral, a lei escrita por Deus nos corações de todos (Rm 2.12-15). Quando foi vivida em momentos de espiritualidade nacional, a moralidade cristã produziu compaixão social dinâmica, enquanto religiões orientais produziram sociedades estagnadas e o islamismo produziu sociedades intolerantes (Pinnock, em Okhlam, p. 61).

A análise de Hick é uma petição de princípio. Apenas ao supor que o denominador comum moral a todas as religiões é o padrão pelo qual elas devem ser julgadas é que ele chega à conclusão pouco surpreendente de que elas são todas iguais. Mas é preciso negar os aspectos superiores da moralidade ou ensinamento cristãos para mostrar que o cristianismo não é superior. Hick parece reconhecer isso tacitamente ao admitir que "a aceitação de alguma forma de visão pluralista leva cada religião a não enfatizar e eventualmente deixar de lado aquele aspecto da sua autocompreensão que implica uma reivindicação da superioridade singular entre as religiões do mundo" (ibid., p. 51).

Além disso, a manifestação moral da crença não resolve a questão da verdade. Por exemplo, o fato de que existem mórmons externamente com boa conduta moral não prova que Joseph Smith foi um verdadeiro profeta. Na verdade, há forte evidência de que ele não foi um verdadeiro profeta (v. Tanner). Entre as evidências do contrário estão suas profecias evidentemente falsas (v. MILAGRE; PROFECIA COMO PROVA DA BÍBLIA). Há evidência para mostrar se algo é verdadeiro além do estilo de vida dos seus adeptos. A verdade é o que corresponde à realidade (v. VERDADE, NATUREZA DA), logo, uma religião é verdadeira se seus princípios centrais correspondem ao mundo real, não apenas se seus seguidores vívem corretamente ou até mesmo melhor que os adeptos de outra religião.

Em quinto lugar, a superioridade moral do cristianismo não está em nossa imperfeição como cristãos, mas na perfeição singular de Cristo como nosso exemplo. Não se baseia no nosso caráter moral falível, mas no caráter impecável dele (Jo 8.46; 2Co 5.21; Hb 4.15; 1Jo 3.3). Nesse contexto, há claramente uma superioridade moral do cristianismo sobre todas as outras religiões.

Igualdade redentiva das religiões. Quanto à reivindicação cristã do modo superior de salvação, Hick acredita que tal afirmação comete uma petição de princípio ou não é verdade na prática.

Se definirmos salvação como ser perdoado e aceito por Deus por causa da morte de Jesus na cruz, torna-se uma tautologia afirmar que apenas o cristianismo conhece e é capaz de pregar a fonte da salvação. [...] Se definirmos salvação como a mudança humana real, a transformação gradual do egoísmo natural (com todos os males humanos que fluem disso) para uma orientação radicalmente nova, centrada em Deus e manifestada no 'fruto do Espírito', parece claro que a salvação está acontecendo em todas as religiões mundiais — e acontecendo, até onde podemos ver, quase na mesma medida (ibid., p. 43).

Além do mais, o que é comum a todas as religiões mundiais é uma resposta adequada para o Supremo. "Mas elas parecem constituir, mais ou menos igualmente, a autêntica percepção humana do Supremo e uma resposta a Ele, o Real, a base final e fonte de tudo" (ibid., p. 45). Há, é claro, "uma pluralidade de tradições religiosas que constituem respostas humanas diferentes, mas ao que parece mais ou menos igualmente salvadoras, ao Supremo. Estas são as grandes religiões mundiais" (ibid., p. 47).

A análise de Hick das crenças sobre salvação é baseada na suposição de que todas as religiões têm uma relação adequada com o que é realmente Supremo. Isso é uma petição de princípio. Talvez algumas não estejam sequer ligadas ao que realmente é Supremo (i.e., o verdadeiro Deus). Ou talvez não estejam adequadamente relacionadas ao que realmente é Supremo (Deus).

Hick supõe equivocadamente que todas as religiões são apenas a resposta humana ao Supremo. Mas isso pressupõe a visão anti-sobrenatural da religião. Na verdade, pressupõe a panteísta oriental do Supremo como o que transcende todas as manifestações culturais específicas nas várias religiões mundiais.

Essa negação da verdade de qualquer religião específica é em si uma forma de exclusivismo. Isso favorece a visão específica conhecida por panteísmo para negar a especificidade do teísmo cristão. Supor esse tipo de posição panteísta como base para a análise de todas as religiões, incluindo as não-panteístas, é simplesmente petição de princípio. Ou, em outras palavras, o pluralista que nega que qualquer religião específica é mais verdadeira que as outras está fazendo uma reivindicação específica da verdade.

A visão pluralista chega ao ponto de afirmar que tudo em que se acredita sinceramente é verdadeiro. Isso significa que não importa se a pessoa é nazista, satanista ou membro da Sociedade da Terra Plana. Qualquer visão seria verdadeira. Claramente, porém, a sinceridade não é um teste da verdade. Muitas pessoas já estiveram sinceramente erradas sobre muitas coisas.

Finalmente, isso implica que todas as reivindicações da verdade são uma questão de "tanto-quanto", em vez de "ou-ou". Com esse raciocínio poderiam existir círculos quadrados, tolos sábios e analfabetos cultos. Proposições mutuamente exclusivas não podem ser ambas verdadeiras. Reivindicações de verdades opostas de religiões diferentes não podem ser ambas verdadeiras (v. LÓGICA; PRIMEIROS PRINCÍPIOS). Por exemplo, o panteísmo hindu e o teísmo cristão afirmam cosmovisões mutuamente excludentes. O islamismo nega, e o cristianismo proclama, a morte de Jesus na cruz e sua ressurreição dos mortos três dias depois. Um dos dois deve estar errado.

A singularidade de Cristo. Quanto ao dogma cristão sobre a singularidade de Cristo (v. CRISTO, SINGULARIDADE DE) ser Deus encarnado como verdadeiro homem, Hick afirma que há dois problemas principais: Primeiro, o próprio Jesus não ensinou essa singularidade. Segundo, o conceito de que Jesus era Deus e humano não é coerente.

Hick rejeita aparentes afirmações sobre a singularidade de Cristo nos evangelhos porque vê teólogos do NT fazendo o mesmo.

Entre os principais teólogos do NT atualmente há um consenso geral de que essas não são afirmações do Jesus histórico, mas palavras atribuídas a ele 60 ou 70 anos mais tarde por um escritor cristão, que expressava a teologia desenvolvida na sua parte da igreja em expansão (ibid., p. 52, 53).

Hick cita uma lista de autores bíblicos que supostamente concordaram que "Jesus não reivindicou divindade para si" (ibid.).

Hick está mal informado sobre ambas as questões. Atualmente a confiabilidade histórica dos evangelhos está além da contestação séria (v. ATOS, HISTORICIDADE DE; NOVO TESTAMENTO, DATAÇÃO DO; NOVO TESTAMENTO, HISTORICIDADE DO). Reivindicar que as afirmações de Jesus foram editadas muitos anos depois para se ajustarem a um programa religioso simplesmente não se enquadra com os fatos. Os evangelhos estavam disponíveis nas formas que conhecemos agora já durante a vida das testemunhas oculares e dos contemporâneos dos eventos. Evidências recentes parecem adiantar as datas. João, considerado o último evangelho a ser escrito, é de autoria de um participante dos eventos (Jo 21.24). Lucas foi escrito por um discípulo contemporâneo que conhecia as testemunhas oculares (Lc 1.1-4). Os evangelhos conhecidos relatam, não criam, as palavras e ações de Jesus. Há forte evidência das afirmações singulares que ele fez de ser Deus encarnado (v. CRISTO, DIVINDADE DE).

A segunda alegação de Hick é que "não se provou ser possível, após quinze séculos de esforço intermitente, dar um significado claro à idéia de que Jesus tinha duas naturezas completas, uma humana e outra divina" (ibid., p. 55). Hick pergunta: "É realmente possível que o conhecimento infinito resida num cérebro humano finito?" (ibid., p. 55). Novamente: "Nós na verdade pretendemos afirmar que Jesus era literalmente onipotente mas fingia não ser, como em Marcos 6.5?".

E apesar de ser bom, amoroso, sábio, justo e misericordioso, há um problema óbvio quanto à maneira em que um ser humano finito poderia ter essas qualidades num grau infinito [...] Um ser finito não pode ter atributos infinitos (ibid., p.56).

Hick chega bem perto de afirmar que a encarnação envolve uma evidente contradição lógica e sua linguagem parece sugerir isso. Se não for uma contradição lógica, não há incoerência demonstrada nessa posição. Na realidade, o próprio Hick admite que "é logicamente permissível acreditar em qualquer coisa que não se contradiz" (*Metaphor of God incarnate* [*A metáfora do Deus encarnado*], p. 104). Quanto à afirmação de que é difícil demonstrar como isso acontece, pelo mesmo motivo seria necessário negar tanto grande parte de nossa experiência comum como a ciência moderna (que tem dificuldade para explicar como a luz pode ser ondas e partículas ao mesmo tempo).

Segundo, Hick parece estar mal informado sobre a visão ortodoxa das duas naturezas de Cristo. Suas objeções pressupõem a heresia monofisista, que confunde as duas naturezas de Cristo. Sua questão: "É realmente possível que o conhecimento infinito resida num cérebro humano finito?" (ibid., p. 55) revela essa confusão. A visão ortodoxa não afirma que havia conhecimento infinito no cérebro finito de Cristo. Antes, afirma que havia duas naturezas distintas em Cristo, uma infinita e outra finita. A pessoa de Cristo não detinha conhecimento infinito. Ele possuía conhecimento infinito apenas em sua natureza infinita. Como Deus, sabia todas as coisas. Como ser humano, Jesus cresceu em sabedoria (Lc 2.52). O mesmo se aplica a outros atributos de Jesus. Como Deus, ele era onipotente. Como ser humano, não era (v. CRISTO, DIVINDADE DE).

Alegações de intolerância. Outra acusação é que o exclusivismo é intolerante, ataque dirigido à posição exclusivista de que uma visão religiosa é verdadeira e as opostas são falsas. Isso, para os pluralistas, parece intransigência. Por que apenas uma visão tem o privilégio da verdade?

Com esse raciocínio, os pluralistas também são "intolerantes". A afirmam que suas opiniões são verdadeiras, excluindo visões opostas (incluindo o exclusivismo). E eles certamente não toleram a posição de que visões pluralistas e não-pluralistas são verdadeiras.

Se a acusação de intolerância é feita pelo modo como alguns exclusivistas expressam suas posições, os não-pluralistas não têm o monopólio da grosseria, intimidação e afirmações mal formuladas. Como foi demonstrado pelo movimento "politicamente correto" nas universidades, os pluralistas podem ser tão intolerantes quanto quaisquer outros. Na verdade, deve haver mais exclusivistas que pluralistas que agem com respeito e moderação. No entanto, deve-se observar que o próprio conceito de tolerância implica uma discordância real. Ninguém tolera o que afirma tolerância pressupõe uma visão confiante da verdade.

Intransigência. A questão da tolerância está relacionada à alegação favorita dos pluralistas: a de que os não-pluralistas são intransigentes, já que afirmam que sua posição é verdadeira, e tudo o mais está errado. Isso parece presunçoso. Por que apenas os exclusivistas podem possuir a verdade?

A resposta é que os pluralistas (P) e os exclusivistas (E) fazem uma afirmação igual quanto à verdade e ao erro. Ambos afirmam que sua posição é verdadeira e tudo o que se opõe a ela é falso. Por exemplo, se E é verdadeiro, todo não-E é falso. Da mesma forma, se P é verdadeiro, todo não-P é falso. Ambas as posições são intransigentes. Toda verdade é intransigente. Afinal, 2+3 só pode ter uma resposta verdadeira — 5. A verdade é assim.

Imperialismo intelectual. Outra acusação é que os exclusivistas são culpados de imperialismo intelectual. Os exclusivistas são totalitários com relação à verdade. Deviam ser mais abertos às idéias de várias fontes, não apenas de uma. Alguns pluralistas pós-modernos chegam ao ponto de afirmar que as próprias idéias de verdade e significado cheiram a fascismo (citado em McGrath, "Challenge of Pluralism" [*O desafio do pluralismo*], p. 364).

Essa alegação tem certo impacto, principalmente para os de mentalidade política específica, mas é inútil para determinar o que é verdadeiro. A maneira em que essa alegação geralmente é feita é como uma forma de falácia lógica conhecida por argumento *ad hominem*, que ataca a pessoa, e não a posição.

Essa objeção também faz uma pressuposição injustificada de que a verdade deve ser mais democrática. Mas a verdade não é decidida pela maioria. A verdade é o que corresponde à realidade (v. VERDADE, NATUREZA DA), quer a maioria acredite quer não. Os pluralistas realmente acreditam que todas as visões são igualmente verdadeiras e boas e devem ser resolvidas pela maioria? O fascismo ou o marxismo são bons como a democracia? O nazismo foi bom como qualquer outro governo? Deveríamos ter tolerado a queima das viúvas nos funerais hindus de seus maridos?

Pressuposições do pluralismo. *Há critérios morais transreligiosos.* Para fazer o argumento da igualdade moral funcionar, é preciso supor uma série de critérios morais que não são específicos de nenhuma religião pelos quais todos possam ser avaliados. Os pluralistas geralmente negam que exista qualquer lei moral universalmente obrigatória. Se houvesse tais leis morais absolutas, haveria necessidade de um Legislador Moral absoluto. Mas apenas as religiões do tipo teísta aceitam esse critério, e algumas delas rejeitam a natureza perfeita e absoluta de Deus (por exemplo, teístas finitos). Se há uma lei moral comum a todas as religiões, ela não é específica, e nenhuma religião pode ser julgada inferior por não possuí-la.

Finalmente, se não há tais leis morais universais, não há como julgar moralmente todas as religiões por qualquer padrão além delas. E não é justo tomar padrões de uma religião e aplicá-los a outra, afirmando que esta é inferior.

Fenômenos podem ser explicados. Por trás do ataque pluralista ao exclusivismo está a pressuposição naturalista. Todos os fenômenos religiosos podem ser explicados naturalisticamente. Nenhuma explicação sobrenatural é permitida. Mas esse naturalismo presunçoso é injustificado. Milagres não podem ser eliminados *a priori* (v. MILAGRES, ARGUMENTOS CONTRA). E, como David Hume afirmou, os milagres não são incríveis. E não falta evidência para os milagres. Na verdade, há evidência substancial para o maior "milagre" de todos, a criação *ex nihilo* do mundo a partir do nada (v. BIG-BANG e KALAM, ARGUMENTO COSMOLÓGICO). Também existe evidência abundante de que a ressurreição de Cristo ocorreu (v. RESSURREIÇÃO, EVIDÊNCIAS DA).

O mundo é "religiosamente ambíguo". Hick acredita que "o universo, como atualmente acessível a nós, pode ser interpretado intelectual e experimentalmente tanto de maneira religiosa quanto naturalista" (*Interpretation of religion* [*Interpretação da religião*], p. 129; v. Geivett, p. 77). Não podemos conhecer a verdade sobre Deus; o que é real não pode ser diferenciado do que é falso.

É uma afirmação contraditória saber que não se pode saber o que é real. Só porque a realidade não é completamente conhecida, não significa que é impossível conhecê-la realmente (v. AGNOSTICISMO; REALISMO). Como Geivett observa, "até onde Deus é conhecido, ele é conhecido realmente". A própria idéia do Real indistinguível é implausível, até mesmo contraditória. A afirmação de Hick de que o Real pode ser simbolizado pelo conceito do *sunyata* do budismo é um desses casos. Pois se o Real é tão indistinguível, como um símbolo pode representá-lo? E o Real não pode se manifestar em várias tradições, como Hick afirma. Para algo ser manifesto, pelo menos algumas de suas características devem ser reveladas. Mas o Real, se totalmente indistinguível, não tem características identificáveis. Logo, não pode se manifestar na nossa experiência de maneira significativa. Há um tipo de epistemologia mística pressuposta nessa abordagem de que "Deus é incognoscível" (v. MISTICISMO). Na verdade ela decreta imperativamente como Deus pode e não pode se revelar (Geivett, p. 77).

O diálogo é a única maneira de conhecer a verdade. Outra pressuposição seriamente falha é a posição de que o diálogo inter-religioso pluralista é a única maneira válida de descobrir a verdade. Nenhum diálogo religioso genuíno é possível se a pessoa presume que sua religião é verdadeira antes do diálogo. Essa é a prova de que ela não está "aberta" para a verdade. O diálogo verdadeiro supõe que a pessoa seja tolerante, aberta, humilde, esteja disposta a ouvir e aprender, a participar da busca conjunta da verdade e do amor altruísta (ibid., p. 239).

No entanto, o diálogo verdadeiro é possível sem que se adote a posição pluralista da verdade. É possível ter uma atitude de humildade, aceitação e tolerância sem sacrificar convicções sobre a verdade. O próprio pluralista não está disposto a abrir mão do compromisso com o pluralismo como condição para tal diálogo. Isso viola o imperativo básico do pluralista. Na realidade, o convite ao diálogo geralmente é a tentativa pouco engenhosa de evangelismo em prol da cosmovisão do que convida ao diálogo.

A visão de Hick é religiosamente neutra. Hick finge neutralidade religiosa, mas isso não existe. Seu suposto pluralismo é padronizado segundo a idéia hinduísta do Transcendente. E é antagônico aos princípios centrais do cristianismo. Não incentiva realmente o diálogo genuíno entre as tradições. Na verdade, torna quase vazio o conceito de estar "numa determinada tradição religiosa". Afinal, segundo os pluralistas, toda tradição é essencialmente igual. Então, aceitar o pluralismo é rejeitar sua tradição e aceitar a tradição pluralista.

A visão relativista da verdade é correta. Por trás da afirmação pluralista de que todas as religiões principais têm uma reivindicação igual da verdade está a visão relativista da verdade (v. VERDADE, NATUREZA DA). Mas a negação da verdade absoluta é contraditória. Ela afirma que o relativismo é verdadeiro para todos, em toda parte e sempre. Mas o que é verdadeiro para todos, em toda parte e sempre é a verdade absoluta. Portanto, o relativista afirma que o relativismo é absolutamente verdadeiro.

Fontes

M. ADLER, *Truth in religion.*

A. D. CLARKE e B. HUNTER, orgs., *One God, one Lord: christianity in a world of religious pluralism.*

D. CLARK e N. L. GEISLER, *Apologetics in the New Age.*

W. V. CROCKETT e J. G. SIGOUNTOS, orgs., *Through no fault of their own? The fate of those who have never heard.*

K. GNANAKAN, *The pluralistic predicament.*

J. HICK, *An interpretation of religion.*

___, *The metaphor of God incarnate: christology in a pluralistic age.*

A. MCGRATH, "The challenge of pluralism for the contemporary christian church", JETS (Sep. 1992)

R. NASH, *Is Jesus the only savior?*

H. NETLAND, *Dissonant voices: religious pluralism and the question of truth.*

D. OKHOLM, et al., *More than one way: four views on salvation in a pluralistic world,* v. contribuições especiais de D. GEIVETT, et al., J. HICK e C. PINNOCK.

J. SANDERS, *No other name: an investigation of the destiny of the unevangelized.*

G. TANNER e S. TANNER, *The changing world of mormonism.*

poligamia. O versículo 3 de 1 Reis 11 diz que Salomão teve 700 esposas e 300 concubinas. Outros homens de Deus muito louvados na Bíblia tiveram várias esposas (e/ou concubinas), inclusive Abraão e Davi. Porém as Escrituras advertem repetidas vezes contra o casamento com várias esposas (Dt 17.17) e a violação do princípio da monogamia — *um* homem para *uma* esposa (cf. 1Co 7.2; 1Tm 2.2). Para muitos críticos, isso parece uma contradição (v. BÍBLIA, SUPOSTOS ERROS NA).

O problema da poligamia. A monogamia é o padrão ideal de Deus para a raça humana. A poligamia nunca foi ordenada por Deus; foi apenas tolerada.

Desde o princípio, Deus estabeleceu o padrão ao criar o casamento monogâmico entre um homem e uma mulher, Adão e Eva (Gn 1.27). É evidente na afirmação subseqüente que "Por essa Razão, o homem deixará pai e mãe e se unirá á sua mulher, e eles se tornarão uma só carne" (Gn 2.24). A poligamia jamais foi estabelecida por Deus para nenhum povo em nenhuma circunstância.

Como resultado desse exemplo estabelecido por Deus, essa era a prática geral (Gn 4.1) até ser interrompida pelo pecado. O primeiro polígamo registrado, Lameque, foi um homem perverso (Gn 4.23).

Cristo reafirmou a intenção original de Deus em Mateus 19.4, observando que Deus criou um "homem e [uma] mulher" e os uniu em matrimônio.

A Lei de Moisés proíbe a poligamia, ordenando: "Ele não deverá tomar para si muitas mulheres" (Dt 17.17). A advertência contra casamentos com incrédulos foi repetida na própria passagem que dá o número das esposas de Salomão (1Rs 11.2). Por implicação, a poligamia pode ser vista nessa afirmação. Por causa do grande número e de sua idolatria, as esposas de Salomão causaram danos irreparáveis à casa de Davi e a Israel.

O NT enfatiza que "cada um deve ter sua esposa, e cada mulher o seu próprio marido" (1Co 7.2). Isso exclui enfaticamente a poligamia. Paulo insistiu em que um líder eclesiástico deve ser "marido de uma só mulher" (1Tm 3.2,12). Além de outros significados, isso certamente implica a relação monogâmica.

O casamento monogâmico representa a relação entre Cristo e sua "noiva" (singular), a igreja (Ef 5.31,32).

O julgamento de Deus sobre a poligamia é evidente por exemplo e implicação:

1. A poligamia é mencionada pela primeira vez no contexto de uma sociedade rebelde contra Deus, na qual o assassino "Lameque tomou [para si] duas mulheres" (Gn 4.19, 23).
2. Deus advertiu repetidamente os polígamos das conseqüências de suas ações "Se o fizer, desviará o seu coração" de Deus (Dt 17.17; cf. 1Rs 11.2).
3. Deus jamais ordenou a poligamia — assim como o divórcio, ele apenas os permitiu por

causa da dureza do coração dos homens (Dt 24.1; Mt19.8).
4. Todo polígamo na Bíblia, incluindo Davi e Salomão (1Cr 14.3), pagou um alto preço seu pecado.
5. Deus odeia a poligamia, assim como odeia o divórcio, já que destrói seu ideal para a família (cf. Ml 2.16).

Conclusão. Embora a Bíblia registre casos de poligamia, isso não significa que Deus a aprovava. A monogamia é ensinada na Bíblia por precedente, já que Deus deu ao primeiro homem apenas uma esposa; por proporção igual de homens e mulheres que traz ao mundo; por preceito dos mandamentos do AT e NT; por punição, já que Deus puniu os que violaram seu padrão (1Rs 11.2); e pela representação de Cristo e sua noiva pura, a igreja (Ef 5.31,32).

Fontes

N. L. GEISLER e T. HOWE, *Manual popular de dúvidas, enigmas e "contradições" da Bíblia.*

S. GRENZ, *Sexual ethics: a biblical perspective.*

R. MCQUILKIN, *An introduction to biblical ethics*, cap 7.

"Polygamy", em R. K. HARRISON, org., *Encyclopedia of biblical and christian ethics.*

H. THIELICKE, *The ethics of sex.*

politeísmo. É a cosmovisão que afirma a existência de muitos deuses finitos no mundo. Existem versões diferentes de politeísmo. Em algumas formas, todos os deuses são mais ou menos iguais. Cada um tem uma esfera ou domínio pessoal. Em outras, os deuses formam uma hierarquia. O henoteísmo tem um Deus principal, tal como Zeus. Em algumas formas, tais como o panteão greco-romano, o número de deuses é limitado. O mormonismo apóia um número indefinido de deuses. Algumas formas de politeísmo estão separadas de todas as cosmovisões. Mas no hinduísmo, o politeísmo e o panteísmo se unem, propondo a existência de um Brahman impessoal e mais de 330 milhões de manifestações pessoais da Realidade suprema impessoal.

A ascensão do politeísmo. A sorte do politeísmo, pelo menos no ocidente, está inversamente relacionada à saúde do teísmo (crença no único Deus). O politeísmo grego entrou em declínio com a ascensão do teísmo filosófico de Platão e Aristóteles. O politeísmo romano praticamente morreu com a ascensão do cristianismo no ocidente. *A cidade de Deus*, de Agostinho, narra a resposta cristã ao politeísmo romano. O politeísmo teve um reavivamento com o declínio das posições judeu-cristãs na cultura geral. Isso foi acompanhado pelo crescimento da feitiçaria, que também segue o politeísmo. O livro de Margo Adler, *Drawing down the moon* [*Trazendo a lua para baixo*], narra esse movimento.

David L. Miller, autor de *The new polytheism: rebirth of the gods and goddesses* [*O novo politeísmo: o renascimento de deuses e deusas*], argumenta que o politeísmo está em plena atividade na sociedade contemporânea. Incentiva as pessoas na sociedade ocidental a entrar em sintonia com os deuses para se liberar e ser o tipo de pessoas que realmente são. Todas as citações neste artigo são do livro de Miller.

Crenças básicas. *Rejeição do monoteísmo.* O estabelecimento do politeísmo exige a demolição do monoteísmo. Deus deve ser rejeitado antes de os deuses serem aceitos.

O monoteísmo é a crença num Deus acima e além do mundo. O pensamento monoteísta reúne todos os "sistemas de explicação, sejam eles teológicos, sociológicos, políticos, históricos, filosóficos ou psicológicos" sob um sistema abrangente. Esse sistema opera "de acordo com conceitos e categorias fixos" que são controlados por um tipo de lógica "ou/ou". Algo é "ou verdadeiro ou falso, ou isso ou aquilo, ou belo ou feio, ou bom ou mau". Mas esse tipo de pensamento, diz Miller, "desaponta o povo numa época em que a experiência se torna conscientemente pluralista, radicalmente tanto/quanto". A sociedade ocidental é assim hoje — radicalmente pluralista (v. PLURALISMO RELIGIOSO). O ocidental contemporâneo vive num mundo onde verdade e moralidade são relativas. "A vida geralmente é anárquica: sem horizontes, cercas, limites, e sem centro para mostrar que a pessoa está segura em casa" (p. 7, 9). A situação contemporânea é tão pluralista que seus intérpretes modernos "tiveram de depender de uma série estranha de palavras" na tentativa de explicá-la. Charles Baudoin fala de *significado polifônico* e existência. Ao mencionar a natureza do pensamento necessário para o entendimento contemporâneo, Philip Wheelwright indica o *conhecimento plurissignificativo* e a comunicação. Norman O. Brown fala sobre *realidade polimorfa* como chave para nossa história, e Ray Hart descreve o aspecto mais profundo de nossas articulações literárias da realidade com a expressão *funcionamento polissêmico do discurso imaginário.* Se tentarmos entender nossa sociedade, Michael Novak sugere que é útil pensar na América como uma comunidade pluralista de etnias radicalmente imiscíveis. Com relação ao governo e à ciência política, Robert Dahl fala de "poliarquia" (p. 3).

politeísmo

Esse tipo de pensamento "poli" trai o fato de que "sofremos a morte de Deus" (v. TEÍSMO). Não há mais "um único centro unindo as coisas". Deus está morto, como Friedrich Nietzsche declarou audaciosamente. A civilização ocidental enterrou o modo monoteísta de pensar e falar sobre Deus, existência e realidade (p. 37). Liberadas do "imperialismo tirânico do monoteísmo", as pessoas podem descobrir novas dimensões e diversidade. Há um novo potencial para esperanças e desejos, leis e prazeres criativos (p. 4).

Por razões obvias Miller evita fazer referências à divindade ao definir o que quer dizer com *politeísmo*. O politeísmo é "a situação religiosa específica [...] caracterizada por pluralidade, e pluralidade que se manifesta sob várias formas". Socialmente falando, é uma "situação" na qual o pluralismo mistura vários valores, padrões sociais e princípios morais. Às vezes esses valores e padrões trabalham juntos, mas geralmente são incompatíveis, e cada cosmovisão procura dominar a "ordem social normal" (p. 4).

Filosoficamente, o politeísmo é vivido quando não existe a "verdade" única que guia as pessoas a "uma única gramática, uma única lógica ou um único sistema de símbolos" (ibid.). O politeísmo intermedia a guerra de cosmovisões ao introduzir:

> relativismo, indeterminismo, sistemas lógicos plurais, números irracionais; substâncias que não têm substâncias, tais como *quarks*; explicações duplas para a luz; e buracos negros no meio de realidades verdadeiras (p. 5).

Por trás desse papel de pacificador, todavia, o politeísmo age tentando absorver outras idéias religiosas. Continua sendo a adoração de vários deuses e deusas. Na sua interessante forma popular, essas divindades não são adoradas todas ao mesmo tempo, mas apenas um deus ou deusa de cada vez pode ser adorado. Nisso, o politeísmo aprova o monoteísmo, a adoração de um Deus.

> A religião politeísta na verdade é uma teologia politeísta, um sistema de simbolizar a realidade de maneira plural para explicar toda experiência, sendo no entanto a prática religiosa composta de monoteísmos consecutivos. [E isso] implica que nossa experiência dos mundos social, intelectual e psicológico é religiosa — isto é, é tão profunda e extensa que apenas uma explanação teológica pode explicá-la completamente (p. 6).

Antigamente o politeísmo reinava na cultura ocidental. Mas quando a cultura grega entrou em colapso, o politeísmo morreu e foi substituído pelo monoteísmo. Embora o politeísmo tenha permanecido "no submundo ou tradição contracultural do ocidente" em todo o reinado de 2 mil anos do pensamento monoteísta, ele não teve um efeito significativo. Com a morte do monoteísmo, diz Miller, o politeísmo pôde ser restaurado ao seu devido lugar (p. 11).

Miller acredita que os seres humanos são naturalmente politeístas na consciência, dando ao politeísmo "vantagens" sobre o monoteísmo. "Apenas uma consciência politeísta explicará realisticamente a nossa vida" (p. 1). As pessoas são libertas da idéia de que devem "endireitar sua vida"; o politeísmo permite o irracionalismo no qual se pode evitar uma visão totalmente estruturada. O politeísmo coloca as pessoas em sintonia com a riqueza e a diversidade da vida. O monoteísmo incentiva o pensamento sobre o que está por trás da vida, em vez do pensamento na vida em si (p. 27, 28).

O mundo Miller sugere que o novo politeísmo dá "uma nova função aos antigos deuses e deusas" (p. 81) em três aspectos. Primeiro, o novo politeísmo "é uma sensatez (sensibilidade? v. or. p. 604) moderna". Não se trata apenas de que "nossa sociedade contemporânea seja pluralista, nem que nossos papéis sejam diversos, nem que nossa moralidade seja relativista, nem mesmo que nossa ideologia política seja fragmentada". Essas são manifestações de algo mais fundamental. "O sentimento mais básico é que os deuses e deusas estão reemergindo nas nossas vidas" (p. 64).

Segundo, o novo politeísmo apresenta velhas maneiras religiosas e conceituais de pensamento. O pensamento ocidental baseia-se nos primeiros gregos, que eram em grande parte politeístas, portanto as idéias, os conceitos e as categorias no fundo da psique ocidental se ajustam ao pensamento ou lógica das fábulas míticas (p. 40).

Terceiro, o novo politeísmo ajuda as pessoas confusas a organizar as "várias potências, estruturas de significado e existência, todas dadas a nós na realidade do nosso cotidiano" (p. 64, 65).

Dada a morte do monoteísmo e o renascimento do politeísmo — até mesmo um novo politeísmo — quem ou o quê são os deuses e deusas desse politeísmo? Miller afirma que os deuses são poderes ou forças. Essas forças transcendem o pessoal, o histórico e o social. Não são afetadas por eventos ou desejos. Mas são imanentes no mundo como potências em indivíduos, em sociedades e na natureza (p. 6, 60). Miller acredita que esses poderes conferem uma estrutura de realidade que informa o comportamento humano social, intelectual e pessoal. (p. 6, 7). Esses poderes são "os Deuses e Deusas da Grécia antiga — não do Egito, nem do Oriente Médio, nem da Índia hindu, nem da China antiga ou do Japão. A Grécia é o local do nosso politeísmo simplesmente porque, queiramos ou não, somos homens e mulheres ocidentais" (p. 80, 81).

Esses vários deuses agem harmoniosamente? Miller diz que não. Eles geralmente agem em "conflito". A vida pode ser caracterizada como "uma guerra entre os Poderes".

> O homem — seu ser, sua sociedade e seu ambiente natural — é a arena de uma eterna Guerra de Tróia. Nossas disposições, emoções, comportamentos anormais, sonhos e fantasias indicam os momentos difíceis quando a guerra não é mais uma guerra fria ou uma desavença fronteiriça, mas um conflito total de guerrilha. Esses indicadores também nos dizem, por sentimento e intuição, quando um Deus se ausentou e outro ainda não correu para preencher o vácuo. Conhecemos bem a guerra (p. 60).

Se as pessoas modernas reconhecerem esses deuses, nova vida será infundida nas velhas maneiras de ver e pensar. Haverá uma nova estrutura filosófica para falar e pensar sobre nossa "experiência mais profunda" (p. 62).

Miller sugere como essa função dos deuses e deusas poderia funcionar. O tremendo crescimento em tecnologia pode ser considerado e informado pelas histórias de Prometeu, Hefaísto e Asclépio.

> Prometeu rouba o fogo e acaba preso numa rocha, atormentado pelo poder que ele mesmo suplantou por seu conhecimento. Hefaísto é o ferreiro divino, o supremo tecnólogo, que é o bastardo de sua mãe e desprovido de sensualidade e sentimento [...] Asclépio é o tecnólogo dos sentimentos; é o psicoterapeuta que a tecnologia e sua civilização transformarão no sumo sacerdote da cultura da saúde mental (p. 66).

A história da deusa Hera, que "tentou socializar o monte Olimpo", é reavivada quando "computadores e procedimentos estatísticos vêm a ser adorados como sabedoria verdadeira" e "consultores e especialistas devem acompanhar cada decisão nos negócios e no governo" (p. 67). O trabalho do "ubíquo deus Pã ("Tudo") é visto no irracional que está sempre logo abaixo da superfície da experiência humana, explodindo com violência e misticismo" (p. 68).

No passado a visão do mundo era estruturada nas idéias do século II do astrônomo alexandrino Ptolomeu. A terra era considerada "uma esfera imóvel no centro do universo, em volta da qual giravam nove esferas concêntricas". Logo, tudo que existia era "organizado ao redor de um único centro", a terra, imaginando-se que o fim do universo era "fixo e seguro". Essa visão monoteísta do mundo caiu com Copérnico (e cientistas subseqüentes). Agora o universo não tem nenhum centro conhecido e seus horizontes não são nem fixos nem seguros. Pelo contrário, ele é visto como um "universo expandindo-se infinitamente cujo centro é [...] desconhecido" (p. 9).

A humanidade. Homens e mulheres são "o parque de diversões" dos deuses (p. 55). Os deuses passeiam "pelos nossos pensamentos sem nosso controle e até mesmo contra nossa vontade". Não possuímos os deuses, mas eles nos possuem (p. 34). Eles "vivem por intermédio de nossas estruturas psíquicas" e "se manifestam sempre nos nossos comportamentos". Não agarramos os deuses, mas os "deuses nos agarram, e nós atuamos nas suas histórias" (p. 59).

Psicologicamente, o politeísmo é vivido em "personalidades" separadas da pessoa. Cada personalidade tem autonomia, vida própria que vai e vem sem considerar a vontade (p. 5). Ninguém pode ser tomado por mais de um deus ao mesmo tempo. Nesse sentido Miller e os politeístas modernos são monoteístas, ou henoteístas. Cada pessoa adora um deus de cada vez, o que controla a pessoa, dentre um grande panteão de deuses. Porém, a história de um deus que está no domínio temporário pode envolver casamentos com outros deuses, parentesco com outros tantos, filhos e deusas virgens. Assim, em última análise, a concepção é sempre politeísta. Pensar de outro modo é participar do engano que foi perpetrado pelo pensamento monoteísta (p. 30, cf. 28).

O propósito da humanidade é encarnar os deuses, tornar-se cônscia de sua presença, reconhecê-los e celebrá-los (p. 55). Isso só pode ocorrer quando começamos a ver nosso mundo com lentes politeístas e mitológicas (p. 63, 83).

Valores. Todos os valores são relativos (v. MORALIDADE, NATUREZA ABSOLUTA DA). Verdade e falsidade, vida e morte, beleza e feiúra, bem e mal, todos estão misturados (p. 29). O pensamento monoteísta separa valores em conceitos e categorias do tipo "ou/ou" (p. 7). Mas esse modo de pensar não explica adequadamente os vários lados da experiência humana. O que os explica é o pensamento politeísta do tipo "tanto / quanto", que reconhece a relatividade de todos os valores.

Avaliação. Alguns valores positivos do politeísmo. O politeísmo é um lembrete das realidades separadas, apesar de não decifrá-las corretamente. Há o reconhecimento bastante difundido e crescente de que a humanidade não está sozinha no universo. Relatos de contatos com OVNIS ou seres extraterrestres persistem. Até vários cientistas acreditam que há seres inteligentes no espaço. E mesmo muitas religiões não-politeístas reconhecem a existência de seres supra-humanos, tais como anjos e demônios. Se há a realidade divina, conclui-se que devemos tentar descobrir nossos relacionamentos com essa realidade e como devemos reagir a ela. A ênfase que os politeístas dão ao contato dos seres humanos com a realidade divina e ao ajuste do seu comportamento de acordo com ela é louvável.

Os politeístas geralmente são elogiados por apresentar uma analogia entre o homem e os deuses. Se seres divinos existem, e se têm alguma relação com a criação da humanidade, é provável que a natureza humana reflita de alguma forma a divindade. Uma causa não pode dar características aos outros que ela mesma não possui. Como uma pintura representa algumas verdades sobre seu pintor (e.g., o nível de técnica, a amplitude da imaginação, ou o cuidado tomado), os seres humanos devem apresentar alguma verdade sobre seu(s) criador(es). Logo, se uma pessoa é a criação de alguma realidade divina, algumas características humanas devem assemelhar-se ao(s) Criador(es). Assim, parece razoável concluir que há uma analogia entre a humanidade e os deuses (v. ANALOGIA, PRINCÍPIO DA).

Os politeístas reconhecem que há várias forças no mundo, algumas incontroláveis. Muitos estudiosos hoje concluíram que, por trás da maioria dos mitos, sejam eles religiosos ou não, estão histórias verdadeiras de encontros humanos com forças que exercem influência. Essas podem ser forças da natureza (e.g., vento, chuva, terremotos, tornados ou enchentes), forças predominantes na cultura (e.g., ganância, esperança, amor ou desejo de poder) ou forças que estão por trás do universo (e.g., deuses, anjos, demônios). Os politeístas, por meio de várias formas de histórias, conseguiram relacionar vividamente o encontro humano com tais forças (v. SATANÁS, REALIDADE DE).

Críticas ao politeísmo. Apesar de os politeístas terem algum discernimento sobre a natureza da realidade, sua cosmovisão é falsa. A realidade suprema não consiste em muitos deuses finitos. Há boa evidência de que existe apenas um Deus, não muitos (v. COSMOLÓGICO, ARGUMENTO; DEUS, EVIDÊNCIAS DE; DEUS, NATUREZA DE; TEÍSMO). Esse Deus é o criador de tudo mais. Logo, não há muitos seres divinos.

Se os elementos naturais, como por exemplo o céu e a terra, tivessem gerado os deuses, os deuses não seriam seres supremos. Tudo o que é derivado de outra coisa é dependente dela, pelo menos em sua origem. Como um ser que recebeu sua existência de outro pode estar acima de seu criador? Seria como se um pão afirmasse ser maior que seu padeiro, ou um computador se declarasse superior ao seu criador. Da mesma forma, se a natureza criou os deuses, a natureza é suprema. Mas se, como Paul Tillich pensou, a adoração envolve o compromisso supremo com o supremo, a natureza, não os deuses, deve ser adorada. Isso seria verdadeiro com relação a tudo que supostamente tivesse gerado ou precedido os deuses. Se os deuses são seres derivados, eles não são dignos de compromisso supremo. Por que adorar algo que não tem valor supremo?

Além disso, como Plotino observou, toda pluralidade pressupõe uma unidade anterior. Muitos são apenas a imitação múltipla do Uno. Logo, muitos deuses não são auto-evidentes. Qual é sua base de unidade? E quem supervisiona o conflito entre eles? Não existimos num *poli*verso, mas num *uni*verso. Se no final das contas há um Poder pessoal por trás do universo, ele deve ser uma unidade.

O princípio antrópico revela que todo o universo era um — com um propósito e um Propositador — desde o princípio. Desde o momento do *big-bang*, todo o universo estava calibrado para o surgimento da vida humana. Isso implica um Criador inteligente. A idéia do universo eterno suposta pelo politeísmo tem outras objeções filosóficas e científicas sérias. Um argumento filosófico surge da impossibilidade de uma série infinita de eventos no tempo. O universo eterno seria uma série sem começo de eventos no tempo. Mas como tal série poderia existir? Para ilustrar, imagine uma biblioteca com um número infinito de livros em suas prateleiras. Imagine que cada livro esteja numerado. Como há um número infinito de livros, cada livro é numerado e todo número possível deve ser impresso nos livros da biblioteca. Disso conclui-se que nenhum livro novo poderia ser acrescentado à biblioteca, pois não haveria nenhum número restante para atribuir-lhe. Todos os números teriam sido usados. Mas isso parece absurdo, pois todos os objetos na realidade podem ser numerados. Além disso, seria fácil fazer acréscimos à biblioteca, já que alguém poderia criar um novo livro com folhas tiradas dos primeiros 50 livros, encadernadas e colocadas na prateleira. Logo, a idéia de uma série infinita real de livros parece impossível. Portanto, a crença politeísta no universo eterno parece impossível (v. Craig, passim).

Um argumento científico contra a idéia dos universo eterno pode ser derivado da idéia moderna de que o universo está se expandindo. O astrônomo Edwin Hubble concluiu que o universo está se expandindo em todas as direções. Se isso for verdade, pode-se concluir que em algum ponto no passado o universo era apenas um único ponto a partir do qual ele se expande. Esse único ponto seria de "densidade infinita". Porém nenhum objeto poderia ser infinitamente denso, pois, se contivesse qualquer quantidade de massa, não seria infinitamente denso, mas finitamente denso. Logo, o universo totalmente encolhido ou contraído não é sequer um universo de verdade. O conceito do universo em expansão exige um ponto no qual o universo não existia. Nesse caso, o universo deve ter sido criado do nada (v. CRIAÇÃO, VISÕES DA).

Deuses politeístas estão nesse universo, não fora dele. Contudo a evidência é de que o universo foi criado. Se o universo não fosse eterno, mas tivesse sido criado do nada (v. CRIAÇÃO EX NIHILO), os deuses supostos pelo politeísmo não seriam eternos; teriam de ser criados. Mas, se foram criados, não são deuses, e sim criaturas feitas por uma Causa eterna (Deus). Todavia, se os deuses do politeísmo derivam sua existência de outro, esse outro é realmente o Deus supremo do monoteísmo. Logo, o politeísmo desaba no monoteísmo. Portanto, se os deuses existem, eles são totalmente dependentes de uma Causa acima deles e além do universo. Mas essa conclusão coincide com as reivindicações do teísmo, não do politeísmo.

A analogia politeísta entre a humanidade e os deuses foi criticada por ser antropomórfica demais (interpretando o que não é humano com base nas características humanas). Certamente a criatura deve ter alguma semelhança com o Criador. Mas aplicar imperfeições humanas à divindade torna a realidade divina indigna de respeito e adoração. Os deuses do politeísmo parecem feitos à imagem humana, em lugar de nós sermos feitos à imagem deles, o que parece avalizar o ponto de vista de que o politeísmo é uma invenção ou superstição humana em vez da representação da realidade.

Conclusão. Como cosmovisão, o politeísmo carece de apoio racional e evidencial. Os vários seres espirituais que existem são limitados e imperfeitos. Logo, implicam um Criador ilimitado e perfeito. O politeísmo não explica a causalidade suprema nem a unidade suprema, que são necessárias para explicar um universo diverso e mutável.

Fontes
M. ADLER, *Drawing down the moon*.
AGOSTINHO, *A cidade de Deus*.
F. BECKWITH, *The mormon concept of God*.
W. CRAIG, *The kalam cosmological argument*.
N. L. GEISLER e W. D. WATKINS, *Worlds apart: a handbook on world views*, cap. 8.
HESÍODO, *Teogonia*.
D. MILLER, *The new polytheism*.
J. SMITH, *Pérola de grande valor*.

pontuados, equilíbrios. V. EVOLUÇÃO BIOLÓGICA; ELOS PERDIDOS.

positivismo. V. COMTE, AUGUSTE; LÓGICO, POSITIVISMO.

pós-modernismo. V. DERRIDA, JACQUES.

pós-vida, experiências de. V. IMORTALIDADE.

pragmatismo. O pragmatismo é uma filosofia americana, criada por William James (1842-1910), que enfatiza os resultados práticos de uma teoria. John Dewey (1859-1952) é chamado de pragmático, mas sua posição pode ser chamada mais tecnicamente instrumentalismo.

Para um pragmático, uma idéia é considerada verdadeira se funciona. Uma série de medidas está correta se trouxer os resultados desejados.

As raízes do pragmatismo são encontradas nas idéias de Charles Sanders Pierce, que usou o método pragmático para esclarecer (mas não comprovar) idéias. Também há semelhanças entre o pragmatismo e o utilitarismo, que afirma que o curso de ação correto é o que traz o maior benefício. Dewey, como instrumentalista, enfatizou resultados práticos de idéias, especialmente na educação.

A visão pragmática foi severamente criticada, porque algo não é verdadeiro simplesmente porque dá certo. Mentir pode evitar um resultado negativo ou alcançar um objetivo desejado à custa de outra pessoa, porém isso não torna as mentiras verdadeiras. Algo pode ser considerado contrário aos fatos, mas ainda assim ser seguido, porque parece a medida mais prática nas circunstâncias. E algo não é correto porque dá certo. Trapacear "funcione", mas não é correto.

A filosofia ética também confunde causa com efeito. Uma idéia não é verdadeira porque funciona; funciona porque é verdadeira. E como alguém julga o que "deu certo"? Apenas o conhecimento prático é considerado conhecimento verdadeiro. A perspectiva eterna não entra na discussão. Os pragmáticos reconhecem apenas os métodos da ciência para testar a verdade. Isso torna absoluto o método científico. Entretanto, no que tange a preocupações éticas não existe critério objetivo, como há na ciência. O sucesso do resultado só pode ser determinado por uma perspectiva subjetiva, pessoal e míope.

A visão pragmática da verdade também mina a confiança. Que juiz permitiria que alguém fizesse um juramento para dizer, como um filósofo gracejou: "o que for conveniente, todo o conveniente, nada mais que o conveniente" (v. VERDADE, NATUREZA DA)?

Fontes

J. O. BUSWELL, Jr., *The philosophies of F. R. Tennant and John Dewey.*

N. L. GEISLER e P. FEINBERG, *Introdução à filosofia,* caps. 7, 16.

____ e W. D. WATKINS, *Worlds apart, a hansdbook on world-views.*

W. JAMES, *Pragmatismo.*

H. S. THAYER, *Meaning and action: a critical history of pragmatism.*

prático, pressuposicionalismo. V. PRESSUPOSICIONAL, APOLOGÉTICA; SCHAEFFER, FRANCIS.

predestinação. V. DETERMINISMO; LIVRE-ARBÍTRIO.

pressuposicional, apologética. A apologética pressuposicional é o sistema que defende o cristianismo tendo como ponto de partida certas pressuposições básicas. O apologista pressupõe a verdade do cristianismo e depois raciocina a partir desse ponto. Uma pressuposição básica é que o não-cristão também tem pressuposições que afetam tudo que ele ouve sobre Deus. Outra é que de certa forma a pessoa abordada está, como Agostinho disse, "lidando" com Deus e, como Romanos 1 diz de maneira tão condenadora, suprimindo o conhecimento da verdade. O papel do apologista é apresentar a verdade do cristianismo e a falsidade de qualquer cosmovisão oposta a Cristo (v. PLURALISMO RELIGIOSO).

Diferenças de outros métodos. A apologética pressuposicional é oposta ao evidencialismo e à apologética clássica (v. APOLOGÉTICA CLÁSSICA). A apologética pressuposicional difere da clássica porque rejeita a validade das provas tradicionais da existência de Deus (v. DEUS, EVIDÊNCIAS DE). Além disso, a apologética pressuposicional difere da clássica e da histórica no uso da evidência histórica. O apologista histórico, assim como o apologista clássico, argumenta a favor do uso da razão como ponto de partida e a evidência para demonstrar a verdade do cristianismo. O pressuposicionalista, por outro lado, insiste que é preciso começar com pressuposições ou cosmo-visões. O apologista histórico acredita que os fatos históricos são óbvios. São auto-evidentes em seu contexto histórico. O pressuposicionalista puro, ao contrário, reitera que nenhum fato é auto-evidente, que todos os fatos são interpretados e podem ser entendidos adequadamente apenas no contexto da cosmovisão geral.

Vários tipos de pressuposicionalismo. Dependendo de como é definido, há três ou quatro tipos básicos de pressuposicionalismo: 1) *pressuposicionalismo revelacional* (v.VANTIL, CORNELIUS) *pressuposicionalismo racional* (v. CLARK, GORDON); 3) *consistência sistemática* (v. CARNELL, EDWARD JOHN). Alguns consideram a apologética de Francis Schaeffer o exemplo de uma quarta variação que pode ser chamada de *pressuposicionalismo prático.* Cada abordagem difere na maneira em que uma cosmovisão é avaliada com respeito à verdade.

Pressuposicionalismo revelacional. De acordo com o pressuposicionalismo revelacional, é preciso começar qualquer compreensão racional da verdade pela pressuposição da verdade da fé cristã. É preciso supor que o Deus trino (v. TRINDADE) revelou-se nas Sagradas Escrituras, a Palavra divinamente autorizada de Deus. Sem essa pressuposição não é possível entender o universo, a vida, a linguagem, a história ou qualquer outra coisa. Esse tipo de argumento às vezes é denominado argumento transcendental, isto é, o argumento que começa estabelecendo as condições necessárias sob as quais todos os outros tipos de conhecimento são possíveis. Essas condições necessárias supõem que o Deus trino se revelou nas Sagradas Escrituras.

Pressuposicionalismo racional. Esse é o sistema apologético do falecido Gordon Clark e seu distinto discípulo Carl F. H. Henry. Como outros pressuposicionalistas, o pressuposicionalista racional começa pela Trindade revelada na Palavra escrita de Deus. Mas o teste para saber se isso é verdadeiro é simplesmente a lei da não-contradição (v. PRIMEIROS PRINCÍPIOS). Isto é, sabe-se que o cristianismo é verdadeiro e todos os sistemas opostos são falsos porque todos eles têm contradições internas e apenas o cristianismo é internamente coerente. Logo, um princípio racional, a lei da não-contradição, é usado como teste da verdade.

Consistência sistemática. John Carnell e seu discípulo, Gordon Lewis, desenvolveram um pressuposicionalismo que tem dois (ou três) testes para a verdade da pressuposição cristã. Como os pressuposicionalistas racionais, eles acreditam que um sistema deve ser racionalmente coerente. Mas, além disso, afirmam que o sistema deve incluir de forma abrangente todos os fatos. Mais tarde Carnell acrescentou um terceiro teste — relevância existencial. O sistema deve suprir as necessidades básicas da vida. O único sistema, segundo eles, que passa nos três testes é o cristianismo. Portanto, o cristianismo é verdadeiro e todos os outros sistemas opostos são falsos.

Pressuposicionalismo prático. A abordagem apologética de Francis Schaeffer também foi descrita por muitos como pressuposicional. Nesse caso, trata-se de um pressuposicionalismo prático. Uma e suas características principais é que todos os sistemas não-cristãos não podem ser vividos. Apenas a verdade cristã é vivenciável. Nesse sentido, usa-se a capacidade de vivência como teste da verdade do cristianismo.

Conclusão. A apologética pressuposicional foi criticada de vários ângulos. A apologética clássica (v. APOLOGÉTICA CLÁSSICA) desafiou sua rejeição das provas tradicionais da existência de Deus (v. DEUS, EVIDÊNCIAS DE). A apologética histórica (v. APOLOGÉTICA HISTÓRICA) defendeu a natureza neutra dos fatos históricos. Outros mencionaram a natureza fideísta do pressuposicionalismo revelacional e o rejeitaram por essa razão (v. FIDEÍSMO). Já que cada sistema é criticado sob o artigo do seu principal defensor, recomenda-se atentar para os artigos sobre Cornelius Van Til, Gordon Clark e John Carnell.

Fontes
J. CARNELL, *Introduction to christian apologetics.*
G. H. CLARK, *Religion, reason, and revelation.*
G. LEWIS, *Testing christianity´s truth claims.*
F. SCHAEFFER, *O Deus que intervém.*
C. VAN TIL, *The defense of the faith.*

primeiros princípios. Os primeiros princípios são a base do conhecimento. Sem eles nada poderia ser conhecido (v. FUNDAMENTALISMO). Até o coerentismo usa o primeiro princípio da não-contradição para testar a coerência do seu sistema. O REALISMO afirma que primeiros princípios se aplicam ao mundo real. Os primeiros princípios inegavelmente se aplicam à realidade. A própria negação de que os primeiros princípios se aplicam à realidade usa primeiros princípios na negação.

Princípios de realidade. Sem os primeiros princípios básicos da realidade, nada pode ser conhecido. Tudo que sabemos sobre a realidade é conhecido por meio deles. Doze primeiros princípios básicos podem ser estabelecidos.

1. A existência existe (E existe) = *O princípio da existência..*
2. A existência é existência (E é E) = *O princípio da identidade.*
3. Existir é não inexistir (E não é I) = *O princípio da não-contradição.*
4. Ou existir ou inexistir (Ou E ou I) = *O princípio do terceiro excluído.*
5. Inexistência não pode causar existência (I > B) = *O princípio da causalidade.*
6. Um ser contingente não pode causar um ser contingente ($s^c > s^c$) = *O princípio da contingência* (ou dependência).
7. Apenas um ser necessário pode causar um ser contingente ($s^n \rightarrow s^c$) = *O princípio da necessidade.*
8. Um ser necessário não pode causar um ser necessário ($s^n > s^n$) = *O princípio negativo da modalidade.*
9. Todo ser contingente é causado por um ser necessário ($s^n \rightarrow s^c$) = *O princípio da causalidade existencial.*
10. O ser necessário existe = *O princípio da necessidade existencial* (s^n existe).
11. O ser contingente existe = *O princípio da contingência existencial* (s^c existe).
12. O ser necessário é semelhante ao(s) ser(es) contingente(s) semelhantes que causa = *O princípio da Analogia* (s^n — semelhante $\rightarrow s^c$).

Para o realista, existir é a base do conhecer. O racionalista René DESCARTES disse: "Penso, logo existo". Mas para um realista como TOMÁS DE AQUINO: "Existo, logo penso". Pois não é possível pensar sem existir. A existência é fundamental para tudo. A existência é a base de tudo. Tudo é (ou, tem) existência. Logo, não há disjunção entre o racional e o real. O pensamento não pode ser separado das coisas nem o conhecer do existir.

Incontestabilidade. Os primeiros princípios são incontestáveis ou redutíveis à incontestabilidade. São evidentes ou redutíveis à evidência. E princípios evidentes são verdadeiros pela própria natureza ou incontestáveis porque o predicado é redutível ao sujeito. O fato de o predicado ser redutível ao sujeito significa que não se pode negar o princípio sem usá-lo. Por exemplo, o princípio da não-contradição não pode ser negado sem ser usado na própria negação. A afirmação: "Os opostos não podem ser verdadeiros" supõe que o oposto dessa afirmação não pode ser verdadeiro.

Nem todos os céticos e agnósticos (v. AGNOSTICISMO) estão dispostos a admitir que o princípio da causalidade, que é crucial em todos os argumentos cosmológicos para Deus, é um primeiro princípio incontestável. Na verdade, nem todo cético está disposto a admitir que algo existe (o princípio da existência). Logo, é necessário comentar sobre sua incontestabilidade.

1. *O princípio da existência*. Algo existe. Por exemplo, eu existo. Isso é incontestável, pois eu teria de existir para negar minha existência. Na própria tentativa de negar explicitamente minha existência eu a afirmo implicitamente.

2. *O princípio da identidade*. Uma coisa deve ser idêntica a si mesma. Se não fosse, então não seria ela mesma.

Com esses e outros princípios, é importante observar a diferença entre *indizível* e *incontestável*. Posso dizer ou escrever as palavras: "Eu não existo". Mas, quando digo isso, afirmo implicitamente que existo. A afirmação de que eu não existo na verdade é insustentável. Preciso existir realmente para dizer gramaticalmente que não existo.

Alguns nominalistas contemporâneos sugerem que isso é uma sutileza da linguagem. Insistem em que afirmações como "Não sei falar uma palavra em português" são basicamente contraditórias, porque a pessoa está falando em português. Ela poderia usar o francês e evitar a dificuldade. Eles acrescentam que a pessoa pode, até na mesma língua, fazer uma metaafirmação que evitaria essa dificuldade. Isto é, eles pressupõem uma classe de afirmações sobre afirmações (chamadas *metaafirmações*) que eles sustentam não serem afirmações sobre o mundo real. Essas metaafirmações estão supostamente isentas de contradição. Logo, a pessoa que diz: "Nenhuma afirmação sobre Deus é descritiva" supostamente não está fazendo uma afirmação descritiva sobre Deus, mas sim sobre as afirmações que podem ser feitas sobre Deus.

É verdade que uma afirmação em francês que diz que a pessoa não sabe falar uma palavra em português não é contraditória. Mas uma afirmação em francês que declare que a pessoa não sabe dizer uma palavra em francês é contraditória.

A manobra da metaafirmação não evita a armadilha da autodestruição. Pois afirmações sobre afirmações que afirmam algo sobre a realidade são indiretamente afirmações sobre a realidade. Por exemplo, se a pessoa diz: "Não estou fazendo uma afirmação sobre a realidade quando digo que afirmações não podem ser feitas sobre a realidade" *está* fazendo uma afirmação sobre a realidade. É o tipo de afirmação mais radical que pode ser feita sobre a realidade, já que proíbe todas as outras afirmações sobre a realidade. Logo, a afirmação "algo existe" não pode ser negada sem afirmar implicitamente que algo existe (e.g., o criador dessa afirmação).

3. *O princípio da não-contradição*. A existência não pode ser inexistência, pois são opostos diretos. E opostos não podem ser iguais. Pois quem afirma que " os opostos podem ambos ser verdadeiros" não acredita que o oposto dessa afirmação é verdadeiro.

4. *O princípio do terceiro excluído*. Já que a existência e a inexistência são opostos (i.e., contraditórios), e os opostos não podem ser iguais, nada pode esconder-se nas "fendas" entre a existência a inexistência. As únicas escolhas são existência e inexistência.

Qualquer tentativa de negar que todas as afirmações significativas devem ser não-contraditórias, por sua natureza como afirmação significativa, deve ser não-contraditória. Da mesma forma, qualquer tentativa de negar que a lei da não-contradição se aplica à realidade é em si uma afirmação não-contraditória sobre a realidade — o que é contraditório. Então, como os outros primeiros princípios, a lei da não-contradição é incontestável.

Dois desafios a essa conclusão são oferecidos, um filosófico e um científico. A objeção filosófica acusa esse argumento de petição de princípio, usando a lei da não-contradição para provar a lei da não-contradição. Na verdade ela diz que é contraditório negar o princípio da não-contradição. Mas a lei da não-contradição não é usada por *base* do argumento. É apenas usada no *processo* fornecer um argumento indireto para a validade da lei da não-contradição. Assim como a afirmação "Eu sei falar uma palavra em português" usa o português no *processo* de demonstração de que sei falar uma palavra em português, ainda assim a lei da não-contradição é usada no processo de demonstração da validade da lei da não-contradição. Mas não é a base do argumento.

A base direta para a lei da não-contradição é sua natureza evidente, pela qual o predicado é redutível ao sujeito. E a prova indireta é demonstrada pelo fato de que qualquer tentativa de negá-la implica sua existência. Isto é, trata-se da condição necessária para todo pensamento racional.

A segunda objeção à lei da não-contradição vem da ciência. O princípio de complementaridade de Niels Bohr é usado para provar que a realidade subatômica é contraditória. Pois segundo esse princípio há maneiras contraditórias de descrever a mesma realidade, tal como "a luz é partículas e ondas". Mas essa é uma má interpretação do princípio de complementaridade. Como Werner Heisenberg observou, essas são "duas descrições complementares da mesma realidade [...] Deve haver limitações no uso do conceito de partícula assim como do conceito de onda, ou seria impossível evitar contradições". Logo, "se forem levadas em consideração essas limitações que podem ser expressas por relações de incerteza, as contradições desaparecem" (Heisenberg, p. 43).

A objeção de que o princípio da incerteza ou imprevisibilidade de Heisenberg é contrário ao princípio da causalidade é infundada. Na melhor das hipóteses, não demonstra que eventos não têm causa, mas apenas que são imprevisíveis segundo a tecnologia disponível no presente. Para a discussão completa, v. INDETERMINAÇÃO, PRINCÍPIO DE.

5. *O princípio da causalidade.* Só a existência pode causar existência. O nada não existe, e só o que existe pode causar existência, já que o próprio conceito de "causar" implica algo existente que tem o poder de causar outra coisa. Do nada absoluto não procede nada.

A afirmação "A inexistência não pode produzir existência" é incontestável. O próprio conceito de "produzir" ou "causar" implica que algo existe para causar ou produzir o ser produzido. Negar o relacionamento de causa e efeito é dizer "Nada é algo" e "Inexistência é existência", o que é absurdo.

Isso deve ser diferenciado do conceito de David HUME segundo o qual não é absurdo o nada ser *seguido de* algo. O próprio Hume concorda que uma coisa é sempre *causada por* algo. E os teístas aceitam o conceito de Hume pelo qual, como questão de seqüência, não havia mundo e depois havia um mundo, que é nada seguido de algo. Não há contradição inerente em dizer que nada pode ser seguido de algo. Isso não muda o fato de que o nada não pode causar absolutamente nada.

Outra maneira de entender porque a inexistência não pode causar existência é ao observar que tudo o que "surge" deve ter uma causa. Se surgiu não é um Ser Necessário, que por natureza deve sempre existir. Então o que surge é, por definição, um ser contingente, um ser que é capaz de existir ou inexistir. Para toda coisa contingente que surge deve haver a mesma ação causadora que a faz passar do estado de potencialidade (potência) para o estado de realidade (ato). Pois, observou Aquino, nenhuma potência de existência pode realizar-se e, antes de ser realizada, deve estar num estado de potencialidade. Mas não pode ser ambos ao mesmo tempo (uma violação do princípio da não-contradição). Logo, não se pode negar o princípio da causalidade sem violar o princípio da não-contradição.

6. *O princípio da contingência (ou dependência).* Se alguma coisa não pode ser causada pelo nada (5), então nada pode ser causado *pelo que poderia ser nada*, a saber, um ser contingente. Pois o que poderia ser nada não é responsável pela própria existência. E o que não é responsável pela própria existência não pode ser responsável pela existência de outro. Já que é contingente ou dependente para a própria existência, não pode ser o que de alguma coisa depende para existir. Logo, o ser contingente não pode causar outro ser contingente.

7. *O princípio positivo da modalidade.* O nada absoluto não pode causar algo (5). E um tipo (modo) contingente de existência não pode causar outro ser contingente (6). Então, se algo surge, deve ser causado por um Ser Necessário.

8. *O princípio negativo da modalidade.* Um Ser Necessário é por definição um modo (tipo) de ser que não pode não existir. Isto é, pelo próprio modo (modalidade), precisa existir. Não pode surgir ou deixar de existir. Mas ser causado significa surgir. Logo, um Ser Necessário não pode ser causado. Pois o que surge não é necessário.

9. *O princípio da causalidade existencial.* Todos os seres contingentes precisam de uma causa. Pois um ser contingente é algo que existe, mas podederia não existir. Porém, já que tem a possibilidade de não existir, então não é responsável pela própria existência. Isto é, em si mesmo não há base que explique porque existe ao invés de não existir. Literalmente

não tem nada(inexistência) por base. Mas a inexistência não pode ser base ou causa por nada (5). Apenas uma coisa pode produzir algo.

10. O Ser Necessário existe = *Princípio da Necessidade Existencial* (S^n existe).

O *princípio da necessidade existencial* parte de dois outros princípios: o princípio da existência (n.º 1) e o *princípio da causalidade* (5).

Já que algo sem dúvida existe (1), ou é a) todo contingente ou b) todo necessário ou c) em parte necessário e, em parte, contingente. Mas b) e c) reconhecem um Ser Necessário, e a) é logicamente impossível, sendo contrário ao princípio evidente do número 5. Pois se todo(s) o(s) ser(es) é (são) contingente(s), então é possível que todo(s) o(s) ser(es) não exista(m). Mas algo sem dúvida existe agora (e.g., eu existo), como foi demonstrado na premissa número 1. E o nada não pode causar algo (5). Portanto, não é possível (i.e., é impossível) que haja o estado do nada absoluto. Mas se é impossível que nada exista (já que algo existe), então algo necessariamente existe (i.e., um Ser Necessário existe).

Em outras palavras, se algo existe e se o nada *não pode* causar algo, então conclui-se que algo *deve* existir necessariamente. Pois se algo não existisse necessariamente, o nada teria causado a coisa que existe. Já que é *impossível* que o nada cause algo, então é *necessário* que algo sempre tenha existido.

11. O ser contingente existe = *Princípio da contingência existencial* (s^c existe).

Nem tudo o que existe é necessário. Pois a mudança é real, isto é, pelo menos algum(ns) ser(es) realmente muda(m). E um Ser Necessário não pode mudar em sua essência. (Isso não significa que não possa haver mudança em relações externas com outro ser. Apenas significa que não pode haver mudança interna na essência. Quando uma pessoa muda em relação a uma coluna, a coluna não muda.) Pois sua existência é necessária, e o que é necessário em essência não pode ser diferente (outro) do que é em sua essência. E toda mudança de essência envolve tornar-se algo essencialmente diferente.

Mas é evidente que eu mudo em minha existência. Mudo de inexistente para existente. Por "eu" quero dizer o ser individual autoconsciente que me denomino. (Isso não quer dizer que todas as partes ou elementos do meu ser sejam não-eternos. Há boas razões para crer que eles não são porque a energia utilizável está acabando e não pode ser eterna [v. TERMODINÂMICA, LEIS DA], mas isso não vem ao caso aqui.) Esse "eu" ou centro de unificação da consciência em torno do qual essas partes elementares de matéria vêm e vão, não é eterno. Isso é claro por várias razões.

Primeiro, minha consciência muda. Até os que afirmam ser eternos e necessários (ou seja, que são um Ser Necessário, Deus) nem sempre tiveram a consciência de ser Deus. Em algum ponto mudam do estado de não estar conscientes de ser Deus para o estado de consciência de ser Deus. Mas um Ser Necessário não pode mudar. Logo, não sou um Ser Necessário. Portanto, sou um ser contingente. Então, pelo menos um ser contingente existe. Tudo é não-necessário.

Além disso, há outras maneiras de saber que sou contingente. O fato de raciocinarmos para chegar a conclusões revela que nosso conhecimento não é eterno e necessário. Aprendemos (i.e., mudança do estado de não saber para o estado de saber). Mas nenhum ser necessário pode aprender algo. Ou sabe tudo eterna e necessariamente, ou não sabe nada. Se é um tipo de ser que sabe, então necessariamente sabe, já que é um tipo necessário de ser. E um ser só pode saber de acordo com o tipo de ser que é. Um ser contingente ou finito deve saber contingentemente, e um Ser Necessário deve saber necessariamente. Mas não sei tudo o que posso saber eterna e necessariamente. Portanto, sou um tipo contingente de ser.

12. *O princípio da analogia.* Já que a inexistência não pode produzir existência (5), apenas a existência pode produzir existência. Mas um ser contingente não pode produzir outro ser contingente (6). E um ser necessário não pode produzir outro ser necessário (8). Então apenas um Ser Necessário pode causar ou produzir um ser contingente. Pois "causar" ou "produzir" significa criar algo. Algo que é criado tem existência. A causa não pode levar a inexistência à existência, já que existência não é inexistência (4). O fato de o Ser produzir algo implica que há uma analogia (semelhança) entre a causa do ser e o ser que ela causa (8) Mas um ser contingente é semelhante e diferente de um Ser Necessário. É semelhante porque ambos têm existência. É diferente porque um é necessário e o outro é contingente. Mas tudo o que é semelhante e diferente é análogo. Logo, há uma analogia entre o Ser Necessário e o ser que ele produz.

Então, duas coisas estão envolvidas no princípio de que o Ser Necessário causa o ser: Primeiro, o efeito deve assemelhar-se à causa, já que ambos são seres. A causa da existência não pode produzir o que não possui. Segundo, além do efeito ter de se assemelhar à causa quanto à existência (i.e., sua realidade), também deve ser diferente dela quanto à potencialidade. Pois a causa (um Ser Necessário), pela própria natureza, não tem potencial de não existir. Mas o efeito (um ser contingente) por sua natureza tem o potencial de não existir. Logo, o ser contingente deve ser diferente de sua Causa. Já que a Causa dos seres contingentes deve ser semelhante e diferente do seu efeito, é apenas análoga. Logo, há uma semelhança analógica entre a Causa de um ser contingente e o ser contingente que cria.

Demonstração da existência de Deus. Dados esses princípios de existência, pode-se saber muitas coisas sobre a realidade; eles relacionam *pensamento* e *coisa*. O *saber* está baseado no *existir*. Por esses princípios, pode-se provar a existência de Deus (v. Deus, evidências de) da seguinte forma:

1. Algo existe (e.g., eu existo) (1).
2. Sou um ser contingente (11).
3. O nada não pode causar uma coisa (5).
4. Apenas um Ser Necessário pode causar um ser contingente (7).
5. Portanto, sou criado por um Ser Necessário (conclui-se com base de 1-4).
6. Mas sou um tipo de ser pessoal, racional e moral (já que realizo esses tipos de atividade).
7. Logo, esse Ser Necessário deve ser um tipo de ser pessoal, racional e moral, pois sou semelhante a ele pelo Princípio da Analogia (12).
8. Mas um Ser Necessário não pode ser contingente (i.e., não-necessário) na sua existência, o que seria uma contradição (3).
9. Logo, esse Ser Necessário é pessoal, racional e moral de maneira necessária, não contingente.
10. Esse Ser Necessário também é eterno, inacausado, imutável, ilimitado e único, já que um Ser Necessário não pode surgir, ser causado por outro, sofrer mudanças, ser limitado por qualquer possibilidade do que poderia ser (um Ser Necessário não tem a possibilidade de ser outra coisa além do que é), ou ser mais que um Ser (já que não pode haver dois seres infinitos).
11. Logo, um Ser Necessário, eterno, não-causado, ilimitado (= infinito), racional, pessoal e Moral existe.
12. Tal Ser é chamado adequadamente de "Deus" no sentido teísta, porque possui todas as características essenciais do Deus teísta.
13. Logo, o Deus teísta existe.

Conclusão. Os primeiros princípios são indispensáveis a todo conhecimento. E os primeiros princípios da existência são o pré-requisito necessário para todo conhecimento sobre existência. Esses primeiros princípios são incontestáveis ou redutíveis ao incontestável. Pois a própria tentativa de negá-los os afirma. Por eles a realidade é conhecida, e a existência de Deus pode ser demonstrada.

Fontes
Aristóteles, *Da interpretação*.
___, *Metafísica*.
W. Heisenberg, *Física e filosofia*.
L. M. Regis, *Epistemology*.
Tomás de Aquino, *Comentário sobre a metafísica de Aristóteles*
___, *Da interpretação*.
F. D. Wilhelmsen, *Man's knowledge of reality*.

Princeton, Escola de apologética de. A Escola de Apologética de Princeton refere-se à abordagem apologética tomada pelos estudiosos da "Velha Princeton" que floresceram na virada do século xx. Em geral, entrava na categoria da apologética clássica (v. apologética clássica), que acredita na validade da revelação geral, dos argumentos clássicos a favor da existência de Deus (v. Deus, evidências de) e dos milagres como confirmação da verdade (v. milagre).

As raízes filosóficas da apologética de Princeton são encontradas no realismo empírico da Filosofia Escocesa do Bom Senso, nos escritos de Thomas Reid (1710-1796) e no empirismo racional de John Locke (1632-1704). Suas teorias são exemplificadas nas obras de J. Gresham Machen (1881-1937), Charles Hodge (1797-1878) e B. B. Warfield (1851-1921). Mais tarde houve uma quebra radical na tradição, quando o Seminário de Westminster foi fundado por professores e alunos que discordavam da direção modernista de teologia que o Seminário de Princeton estava tomando. Cornelius Van Til (1895-1987), discípulo de Herman Dooyeweerd (1894-1977), conduziu Princeton à apologética pressuposicional (v. apologética pressuposicional).

O espírito, se nem sempre a letra, da velha escola de Princeton continuou com Kenneth Hamilton, Kenneth Kantzer, John Gerstner e R. C. Sproul. Sua epistemologia e apologética geral é dependente até certo ponto do fundamento estabelecido pelo antigos teólogos de Princeton.

Fontes

J. GERSTNER, *Reasons for faith*.
C. HODGE, *Systematic theology*, v. 1.
J. LOCKE, *The reasonableness of christianity*.
T. REID, *An inquiry into the human mind on the principles of common sense*.
R. C. SPROUL, *Classical apologetics*.

princípio da frugalidade ("navalha de Occam"). V. WILLIAM OF OCKHAM.

princípio da razão suficiente. V. SUFICIENTE, PRINCÍPIO DA RAZÃO.

probabilidade. V. CHANCE; SEGURANÇA/CERTEZA(?); MÉTODO INDUTIVO; LÓGICA.

processo, teologia do. V. PANENTEÍSMO; WHITEHEAD, ALFRED NORTH.

profecia como prova da Bíblia. Uma das evidências mais fortes de que a Bíblia é inspirada por Deus (v. BÍBLIA, EVIDÊNCIAS DA) é sua profecia. Ao contrário de qualquer outro livro, a Bíblia oferece várias predições específicas — centenas de anos antes — que foram cumpridas literalmente ou indicam um tempo futuro definido em que acontecerão. No seu catálogo abrangente das profecias, *Encyclopedia of biblical prophecies* [Enciclopédia de profecia bíblica], J. Barton Payne descreve 1817 predições na Bíblia, 1239 no AT e 578 no NT (p. 674-5).

O argumento da profecia é o argumento baseado na onisciência. Os seres humanos limitados só conhecem o futuro se lhes for contado por um Ser onisciente (Ramm, p. 81). É importante observar que esse não é um argumento para provar a onisciência. Às vezes argumenta-se equivocadamente que uma predição de eventos incomuns é prova de que existe um Ser onisciente (v. DEUS, NATUREZA DE). Não é necessariamente assim, pois o que é incomum não prova a existência de Deus (v. MILAGRES, ARGUMENTOS CONTRA). Não importa qual a improbabilidade, um evento incomum (por exemplo, uma seqüência perfeita num jogo de bridge, algo extremamente improvável) pode acontecer e, às vezes, acontece. Mas, quando se acredita que um Ser onisciente existe (v. DEUS, EVIDÊNCIAS DE), e predições altamente improváveis são feitas em seu nome e todas se cumprem, é razoável supor que foram divinamente inspiradas. A profecia cumprida não prova a existência de Deus, mas mostra que eventos incomuns previstos em seu nome se cumprem como evidência da sua atividade especial.

Profecia preditiva. Se existe um Deus onisciente que conhece o futuro, a profecia preditiva é possível (v. TEÍSMO; DEUS, NATUREZA DE). E se a Bíblia contém tais predições, elas são sinal da origem divina da Bíblia. Nem tudo que se chama "profecia" na Bíblia é preditivo. Os profetas *transmitiram* a Palavra de Deus e *predisseram* o futuro. Há várias indicações de uma predição sobrenatural, pelo menos uma com valor apologético. Primeira, ela é mais que simples adivinhação ou suposição vaga (v. Ramm, p. 82). Não pode ser uma mera leitura das tendências. Segunda, lida com contingências humanas que normalmente são imprevisíveis. Predições científicas não são da mesma ordem, já que lidam com projeções baseadas na regularidade da natureza, por exemplo, a previsão de um eclipse. Terceira, é um evento altamente improvável, não normalmente esperado. Às vezes a natureza milagrosa da profecia é pela quantidade de tempo de antecedência com que a predição é feita, de forma a reduzir a probabilidade da adivinhação. Outras vezes é revelada no próprio cumprimento singular.

Predições bíblicas. Predições messiânicas. Há duas categorias amplas de profecia bíblica: messiânica e não-messiânica. Payne (ibid., p. 665-70) descreve 191 profecias relacionadas ao esperado Messias e Salvador judeu. Cada uma foi cumprida literalmente na vida, morte, ressurreição e ascensão de Jesus de Nazaré (v. NOVO TESTAMENTO, HISTORICIDADE DO; CRISTO, DIVINDADE DE). Uma amostra dessas profecias inclui:

O nascimento do Messias. Deus disse a Satanás depois que ele tentou Adão e Eva a pecarem: "Porei inimizade entre você e a mulher, entre a sua descendência e o descendente dela; Este lhe ferirá a cabeça, e tu lhe ferirás o calcanhar" (Gn 3.15). O NT revela que Jesus realmente nasceu de uma mulher para esmagar o poder de Satanás. Pois "quando chegou a plenitude do tempo, Deus enviou seu Filho, nascido de mulher, nascido debaixo da lei" (Gl 4.4; cf. Mateus 1; Lucas 2).

Isaías 7.14 previu que um homem chamado *Emanuel* ("Deus conosco") nasceria de uma virgem (v. NASCIMENTO VIRGINAL DE CRISTO): " Por isso, o Senhor mesmo lhes dará um sinal: ficará grávida a virgem conceberá e dará à luz um filho e o chamará Emanuel". Essa predição foi feita com mais de 700 anos de antecedência (v. ISAÍAS, DEUTERO). O NT afirma que Cristo cumpriu essa predição, dizendo:

Tudo isso aconteceu para que se cumprisse o que o Senhor dissera pelo profeta: "A virgem ficará grávida e dará à luz um filho, e lhe chamarão Emanuel", que significa "Deus conosco"(Mt 1.22,23). A alegação de que essa não é realmente uma predição do nascimento de Cristo é respondida no artigo NASCIMENTO VIRGINAL DE CRISTO.

Miquéias profetizou precisamente:

> Mas tu, Belém-Efrata, embora pequena entre os clãs de Judá, de ti virá para mim aquele que será o governante sobre Israel. Suas origens estão no passado distante, em tempos antigos (Mq 5.2).

Até os céticos escribas judeus identificaram o texto como predição referente ao Messias e encaminharam os magos para Belém (Mt 2.1-6):

> Depois que Jesus nasceu em Belém da Judéia, nos dias do Rei Herodes, magos vindos do Oriente chegaram a Jerusalém e perguntaram: "Onde está o Recém-nascido Rei dos Judeus? Vimos a sua estrela no Oriente e viemos adorá-lo". Quando o Rei Herodes ouviu isso, ficou pertubado, e com ela toda Jerusalém. Tendo reunido todos os chefes dos sacerdotes do povo e os mestres da lei, perguntou-lhes onde deveria nascer o Cristo. E eles responderam: " Em Belém da Judéia; pois assim escreveu o profeta: 'Mas tu, Belém, da terra de Judá, de forma alguma és a menor entre as principais cidades de Judá; pois de ti virá o líder que, como pastor, conduzirá Israel, o meu povo'".

A genealogia do Messias. Deus declarou em Gênesis 12.1-3 que a bênção messiânica para todo o mundo viria da linhagem de Abraão: "Farei de você um grande povo, e o abençoarei. Tornarei famoso o seu nome, e você será uma bênção. Abençoarei os que o abençoarem e amaldiçoarei os que o amaldiçoarem; e por meio de você todos os povos da terra serão abençoados" (Gn 12.2,3; cf. 22.18). Jesus realmente era descendente de Abraão. Mateus começa pelo "Registro da genealogia de Jesus Cristo, filho de Davi, filho de Abraão" (Mt 1.1). Paulo acrescenta: Assim também as promessas foram feitas a Abraão e ao seu descendente. A escritura não diz: "E aos seus descendentes", como se falando de muitos, mas: "Ao seu descendente" dando a entender que se trata de um só, isto é, Cristo (Gl 3.16).

O Redentor viria por meio da tribo de Judá: "O cetro não se apartará de Judá, nem o bastão de comando de seus descendentes, até que venha aquele a quem ele pertence, e a ele as nações obedecerão" (Gn 49.10). De acordo com as genealogias do NT essa era a linhagem de Jesus. Lucas declara: Jesus tinha cerca de trinta anos de idade quando começou seu ministério. Ele era como se pensava, filho de José, filho de Eli[...] filho de Juda, filho de Jacó, filho de Isaque, filho de abraão (Lc 3.23,33,34; cf. Mt 1.1-3). Hebreus acrescenta: "Pois é bem conhecido que o nosso Senhor descende de Judá" (Hb 7.14).

Os livros de Samuel registram a predição de que o Messias seria da casa de Davi. Deus disse a Davi:

> Quando a sua vida chegar ao fim e você descansar com os seus antepassados, escolherei um de seus filhos para sucedê-lo, um fruto do seu próprio corpo, e eu estabelecerei o Reino dele. Será ele quem construirá um templo em honra ao meu, e eu firmarei o trono dele para sempre. Eu serei seu pai, e ele será meu filho (2Sm 7.12-14).

O NT afirma repetidas vezes que Jesus era "filho de Davi" (Mt 1.1). O próprio Jesus deu a entender que era o "filho de Davi" (Mt 22.42-45). No chamado *Domingo de Ramos* a multidão aclamou a Cristo como "Filho de Davi" (Mt 21.9).

O arauto da vinda do Messias. Isaías previu que o Messias seria anunciado por um mensageiro do Senhor que seria uma "Uma voz clama: ' No deserto prepararem o caminho para o SENHOR; façam no deserto um caminho reto para o nosso Deus'"(40.3). Malaquias (3.1) acrescentou:

> Vejam, eu enviarei a meu mensageiro, que preparará o caminho diante de mim. Então, de repente, O SENHOR que vocês buscam vira para o seu templo; o mensageiro da aliança, aquele que vocês desejam virá, diz o SENHOR dos Exércitos.

Essas predições foram cumpridas literalmente no ministério de João Batista. Mateus registra:

> Naqueles dias, surgiu João Batista, pregando no deserto da Judéia. Ele dizia: Arrependam-se, pois o Reino dos céus está próximo; Este é aquele que foi anunciado pelo profeta Isaías: Voz do que clama no deserto: Preparem o caminho para o Senhor, façam veredas retas para ele (Mt 3.1-3).

Isaías 11.2 previu que o Messias seria ungido pelo Espírito Santo para o seu ministério: O Espírito do SENHOR repousara sobre ele, O Espírito que dá sabedoria e entendimento, O Espírito que traz conselho e poder, O Espírito que dá conhecimento e temor do SENHOR. Isso aconteceu literalmente com Jesus no seu batismo. Mateus 3.16,17 diz:

> Assim que Jesus foi batizado, saiu da àgua. Naquele momento o céu se abriu, e ele viu o Espírito de Deus descendo como pomba e pousando sobre ele. Então uma voz do céu disse: "Este é o meu filho amado, em quem me agrado.

Isaías 61 diz que o Messias pregaria o evangelho aos pobres e oprimidos. Jesus indicou que estava cumprindo esse ministério na sinagoga de Nazaré (Lc 4.16-19):

> Ele foi a Nazaré, onde havia sido criado, e no dia de sábado entrou na sinagoga, como era seu costume. E levantou-se para ler. Foi lhe entregue o livro do profeta Isaías. Abriu-se encontrou o lugar onde está escrito: "O Espírito do Senhor está sobre mim, porque ele me ungiu para pregar boas novas aos pobres. Ele me enviou para proclamar liberdade aos pobres e recuperação da vista aos cegos, para libertar os oprimidos e proclamar o ano da graça do Senhor.

Jesus parou sua leitura cuidadosamente no meio de um parágrafo, deixando de acrescentar a continuação da frase: "e o dia da vingança do nosso Deus". Isso se refere à sua segunda vinda; não estava se cumprindo naquele dia na reunião da sinagoga, como o restante da profecia.

Isaías 35.5,6 declarou que o Messias faria milagres para confirmar seu ministério, afirmando: "Então, se abrirão os olhos dos cegos e se destaparão os ouvidos dos surdos". O evangelho está repleto de milagres de Jesus. Jesus ia passando por todas as cidades e povoados, ensinando nas sinagogas, pregando as boas novas do Reino e curando todas as enfermidades e doenças (Mt 9.35). Jesus até citou essas mesmas coisas para João Batista como credencial messiânica.

> Jesus respondeu: "Voltem e anunciem a João o que vocês estão ouvindo e vendo: Os cegos veêm os mancos andam, os leprosos são purificados, os surdos ouvem, os mortos são ressuscitados, e as boas novas são pregadas aos pobres (Mt 11.4,5).

A obra do Messias. Malaquias 3.1 predisse a autoridade sobre a adoração do templo que Jesus demonstrou ao expulsar os cambistas — no começo e no final do seu ministério:

> "Vejam, eu enviarei o meu mensageiro, que preparará o caminho diante de mim. E então, de repente, o Senhor que vocês buscam virá para o seu templo; o mensageiro da aliança, aquele que vocês desejam, virá", diz o Senhor dos Exércitos.

Mateus 21.12,13 relata:

> Jesus entrou no templo e expulsou todos os que ali estavam comprando e vendendo. Derrubou as mesas dos cambistas e as cadeiras dos que vendia, pombas, e lhes disse: "Está escrito: 'A minha casa será chamada casa de oração'; mas vocês estão fazendo dela um 'covil de ladrões'".

Entre os vários salmos aplicáveis ao ministério de Jesus está o 118.22, que prevê a rejeição do Messias pelo seu povo: "A pedra que os construtores rejeitaram tornou-se a pedra angular". Esse mesmo versículo é citado repetidas vezes no NT. Por exemplo, Pedro escreveu: Portanto, para vocês, os que crêem, esta pedra é preciosa; mas para os que não crêem, "a pedra que os construtores rejeitaram tornou-se a pedra angular"(1Pe 2.7; cf. Mt 21.42; Mc 12.10; Lc 20.17; At 4.11).

Sofrimento e morte de Cristo. Uma das predições mais incríveis sobre Cristo em todas as Escrituras é a de Isaías 53.2-12. Essa descrição precisa dos sofrimentos de Jesus e da morte de Cristo foi completamente cumprida (v. Mt 26,27; Mc 15,16; Lc 22,23; Jo 18,19). Isaías prediz doze aspectos da paixão do Messias, todos cumpridos. Jesus...

1. foi rejeitado;
2. foi homem de dores;
3. teve uma vida de sofrimento;
4. foi desprezado pelos outros;
5. carregou nossas dores;
6. foi ferido e oprimido por Deus;
7. foi traspassado pelas nossas transgressões;
8. foi moído pelas nossas iniqüidades;
9. sofreu como uma ovelha;
10. morreu com transgressores;
11. não tinha pecado; e
12. intercedeu pelos outros.

Outra confirmação da natureza profética de Isaías 53 é que era comum para os intérpretes judaicos antes da época de Cristo ensinarem que Isaías falava aqui sobre o Messias judaico (v. Driver). Somente depois que os primeiros cristãos começaram a usar o texto apologeticamente foi que ele se tornou, no ensino rabínico, uma expressão do sofrimento da nação judaica. Essa visão é implausível no contexto das referências normais de Isaías ao povo judeu na primeira pessoa do plural ("nosso" ou "nós"), ao passo que ele sempre se refere ao Messias na terceira pessoa do singular, como em Isaías 53 ("ele" e "seu" e "si").

Entre as outras predições da morte de Cristo estão:

13. seus pés e mãos traspassados (Sl 22.16; cf. Lc 23.33);
14. seu lado traspassado (Zc 12.10; cf. Jo 19.34); e
15. sua túnica sorteada (Sl 22.18; cf. Jo 19.23,24).

Apesar de só ser reconhecido depois do fato, uma das predições mais precisas nas Escrituras dá o ano em que Cristo morreria. Daniel falava tanto do exílio de Israel quanto da expiação do pecado quando registrou uma oração de confissão de pecados do seu povo (9.4-19) e uma resposta em forma de visão, na qual o anjo Gabriel deu a Daniel a seguinte predição (9.24-26):

> Setenta semanas estão decretadas para o seu povo e sua santa cidade a fim de acabar com a transgressão, dar fim ao pecado, expiar as culpas, trazer justiça eterna, cumprir a visão e a profecia, e ungir o santíssimo. Saiba e entenda que, a partir da promulgação do decreto que manda restaurar e reconstruir Jeruslém até que ungido, o líder, venha, haverá sete semanas, e sessenta e duas semanas [...] Depois das sessenta e duas semanas o ungido será morto, e já não haverá lugar para ele.

O contexto indica que Daniel sabia que falava sobre anos, já que estava meditando sobre o "número de anos" que Deus havia revelado a Jeremias em que Jerusalém ficaria desolada, ou seja, "setenta anos" (v. 2). Então Deus disse a Daniel que seria 7 x 70 (anos) antes de o Messias vir e morrer.

Artaxerxes mandou Neemias para "restaurar e reconstruir *Jerusalém*" (Dn 9.25; cf. Ne 2) em 445 / 444 a.C. A partir desse ano, em vez da data anterior em que Ciro aprovou apenas a reconstrução do templo (Esdras 1.3), Daniel previu que haveria 483 anos até a época da morte de Cristo. Levando em conta a data amplamente aceita de 33 para a crucifixão (v. Hoehner), seria exatamente 483 anos:

> Sete setes mais sessenta e dois setes é 69 x 7 = 483
> 444 + 33 = 477
> Acrescente seis anos para compensar os cinco dias de um ano solar que não estão no ano lunar seguido por Israel (5 x 477 = 2385 dias ou 6+ anos).
> 477 + 6 = 483 anos

Isso supõe que os 490 de Daniel (70 x 7) não são um número arredondado, o que é possível. A Bíblia freqüentemente arredonda seus números (v. Bíblia, supostos erros na; cronologia da Bíblia, problemas na). De qualquer forma, a predição de Daniel nos leva à época de Cristo.

Salmos 16.10: A ressurreição de Cristo. O AT também previu a ressurreição do Messias dentre os mortos. Salmos 2.7 declara: "Proclamarei o decreto do Senhor: Ele me disse: Tu és meu Filho, eu, hoje, te gerei". Em Salmos 16.10, Davi acrescenta: "Porque tu não me abandonarás no sepulcro, nem permitirás que o teu santo sofra decomposição".

Ambas essas passagens são citadas no NT como predições da ressurreição de Cristo. Pedro disse explicitamente sobre a profecia de Davi no salmo 16:

> Mas ele era profeta e sabia que Deus lhe prometera sob juramento que colocaria um dos seus descendentes em seu trono. Prevendo isso, falou da ressureição do Cristo, que não foi abandonado no sepulcro e cujo corpo não sofreu decomposição (At 2.30,31; cf. 13.35).

O salmo 2 é citado como predição da ressurreição em Atos 13.33,34 (cf. Hb 1.5). Na realidade, usando essas passagens, Segundo o seu costume, Paulo foi à sinagoga e por três sábados discutiu com eles com base nas Escrituras, explicando e provando que o Cristo deveria sofrer e ressuscitar dentre os mortos. E dizia: "Este Jesus que lhes proclamo é o Cristo" (At 17.2,3). Isso dificilmente seria possível a não ser que seus céticos espectadores judeus não reconhecessem a natureza profética de passagens como os salmos 2 e 16.

A Ascensão de Cristo. Em Salmos 110.1, Davi predisse até a Ascensão de Cristo, escrevendo: "O Senhor disse ao meu Senhor: "Senta-te à minha direita até que eu faça dos teus inimigos um estrado para os teus pés" (cf. Sl 2.4-6; 68.6; usado em Ef 4.8). Jesus aplicou essa passagem a si mesmo (Mt 22.43,44). Pedro usou-a como predição da Ascensão de Cristo: Pois Davi não subiu aos céus, mas ele mesmo declarou: "O Senhor disse ao meu Senhor: 'Senta-te à minha direita até que eu ponha os teus inimigos como estrado para os teus pés" (At 2.34,35).

As profecias e o Messias. É importante observar certas coisas singulares das profecias bíblicas. Ao contrário de predições mediúnicas, muitas delas são *bem específicas*, dando, por exemplo, o nome da tribo, cidade e época da vinda de Cristo. Ao contrário de predições encontradas em horóscopos de jornal, *nenhuma dessas predições falhou.*

Já que essas profecias *foram escritas centenas de anos* antes de Cristo nascer, os profetas não poderiam avaliar as tendências da época ou adivinhando. Muitas predições estavam além da habilidade humana de manipular um cumprimento. Se fosse um simples ser humano, Cristo não teria controle sobre quando (Dn 9.24-27), onde (Mq 5.2) ou como nasceria (Is 7.14), como morreria (Sl 22; Is 53), nem faria milagres (Is 35.5,6), nem ressuscitaria dos mortos (Sl 2, 16).

É improvável que todos esses eventos convergissem na vida de um homem. Os matemáticos (Stoner,

p. 108) calcularam que a probabilidade de 16 predições serem cumpridas num homem (e.g., Jesus) é de 1 em 10^{45}. Que 48 predições convergissem numa pessoa, a probabilidade é de 1 em 10^{157}. É quase impossível conceber um número tão grande.

Mas não é apenas uma *improbabilidade lógica* que elimina a teoria de que Jesus manipulou os cumprimentos de profecias a seu respeito; é *moralmente implausível* que o Deus onipotente e onisciente (v. Deus, natureza de) permitisse que seus planos de cumprimento profético fossem arruinados por alguém que por acaso estava no lugar certo na hora certa. Deus não pode mentir (Tt 1.2) e não pode deixar de cumprir uma promessa (Hb 6.18). Portanto, devemos concluir que ele não permitiu que suas promessas proféticas fossem frustradas pelo acaso. Toda evidência indica Jesus como o cumprimento divinamente determinado das profecias messiânicas. Ele era o homem de Deus, confirmado pelos sinais de Deus (At 2.22).

Predições não-messiânicas. Outras profecias bíblicas são específicas e preditivas. A seguir temos exemplos:

Daniel 2.37-42: A sucessão de grandes reinos mundiais. Uma predição incrível na Bíblia é a sucessão dos impérios mundiais da Babilônia, Medo-Pérsia, Grécia e Roma por Daniel. Interpretando o sonho do Rei Nabucodonosor da Babilônia sobre uma imagem humana feita de diferentes metais, ele disse a Nabucodonosor:

"Tu, ó rei, rei de reis [...] tu és a cabeça de ouro. Depois de ti surgirá um outro reino, interior ao teu. Em seguida surgirá um terceiro Reino, Reino de bronze, que governará toda a terra. Finalmente haverá um quarto reino, forte como ferro, pois o ferro quebra e destrói tudo; e assim como o ferro despedaça tudo, também ele destruirá e quebrará todos os outros" (Dn 2.37-40).

Essa profecia é tão precisa que mesmo críticos extremamente negativos concordam que Daniel falou em ordem sobre a Babilônia, a Medo-Pérsia, Grécia e Roma. Os críticos tentam evitar a natureza sobrenatural da profecia ao afirmar que essas palavras foram escritas depois do fato, por volta de 165 a.C. Mas não há prova real para essa afirmação.

Ciro, rei da Pérsia. Uma das predições mais específicas do AT identifica Ciro da Pérsia antes de ele nascer:

Eu sou o Senhor [...] que diz acerca de Ciro: "Ele é meu pastor, e realizará tudo o que me agrada", ele dirá acerca de Jerusalém: "Seja reconstruída", e do templo: "Sejam lançados os seus alicerces" [...]. "Assim diz o Senhor ao seu ungido: a Ciro, Cuja mão direita eu seguro com firmeza para subjugar as nações diante dele e arrancar a armadura de seus reis, para abrir portas diante dele, de modo que as portas não estejam trancadas" (Is 44.24,28-45.1).

Essa predição foi feita uns 150 anos antes de Ciro nascer (v. Isaías, Deutero). Como Isaías viveu entre 740 e 690 a.C. aproximadamente (2Rs 25.21) e Ciro só fez sua proclamação para Israel voltar do exílio por volta de 536 (Ed 1), não havia maneira humana de saber como Ciro se chamaria ou o que faria. A tentativa dos críticos de dividir Isaías e pós-datar a profecia é infundada (v. Isaías, Deutero) e é uma rejeição do detalhe e precisão da predição.

O retorno de Israel à terra. Dado seu longo exílio de cerca de dezenove séculos e a hostilidade dos ocupantes da Palestina contra eles, qualquer predição sobre retorno, restauração e reconstrução da nação de Israel era extremamente improvável. Todavia, predições feitas com alguns séculos e mais de dois milênios e meio de antecedência sobre as duas restaurações dos judeus à sua terra natal e sua restauração como nação foram literalmente cumpridas. Com relação à restauração de Israel de 1948, Isaías previu:

Naquele dia, o Senhor estenderá o braço pela segunda vez para reivindicar o remanescente do seu povo que for deixado na Assíria, no Egito, em Patros, na Etiópia, em Sinear, em Hanante e nas ilhas do mar (Is 11.11).

O primeiro retorno foi sob Esdras e Neemias no século vi a.C. Mas Israel foi mandado novamente para o exílio em 70 d.C., quando os exércitos romanos destruíram Jerusalém e derrubaram o templo. Durante quase dois mil anos o povo judeu permaneceu no exílio e a nação não existia. Então, assim como a Bíblia predissera, eles foram restabelecidos após a Segunda Guerra Mundial e um conflito terrível com os palestinos árabes. Milhões retornaram e reconstruíram seu país e, na Guerra dos Seis Dias, em 1967, Jerusalém tornou-se novamente uma cidade judaica unida. Nenhuma outra nação na história conseguiu manter intacta com tanto sucesso uma cultura, identidade e língua durante centenas de anos, muito menos contra o ódio genocida enfrentado repetidas vezes pelos judeus. Essa predição bíblica é evidência incrível da origem sobrenatural das Escrituras.

O fechamento da Porta Dourada. A Porta Dourada é a porta oriental de Jerusalém, através da qual Cristo fez sua entrada triunfal no Domingo de Ramos antes de sua crucificação (Mt 21). Ezequiel 44.2 previu que um dia ela seria fechada e só reabriria quando o Messias retornasse: O Senhor me disse: Esta porta deve permanecer trancada. Não deverá ser aberta; ninguém poderá entrar por ela. Deve permanecer trancada porque o Senhor, o Deus de Israel, entrou por ela.

Em 1543 o sultão Solimão, o Magnífico, fechou a porta e a murou como Ezequiel havia previsto. Ele não imaginava que estava cumprindo uma profecia. Simplesmente a selou porque a estrada que levava a ela não era mais usada para o tráfego. Ela continua selada até hoje exatamente como a Bíblia previu, aguardando ser reaberta quando o Rei retornar.

A destruição de Tiro. Tiro, um porto importante do Mediterrâneo oriental, foi uma das grandes cidades do mundo antigo. Foi uma cidade muito fortificada e próspera. Mas Ezequiel 26.3-14 previu sua destruição e demolição total centenas de anos antes, ao declarar:

Assim diz o Soberano, O Senhor: "Estou contra você, Ó Tiro e trarei muitas nações contra você; virão como o mar quando eleva as suas ondas. Elas destruirão os muros de Tiro e derrubarão suas torres; eu espalharei o seu entulho e farei dela uma rocha nua. Fora, no mar, ela se tornará um lugar propício para estender redes de pesca [...] Despojarão sua riqueza e saquearão seus suprimentos; derrubarão seus muros, demolirão suas lindas casas e lançarão ao mar as suas pedras, seu madeiramento e todo o entulho. Porei fim a seus cânticos barulhentos, e não se ouvirá mais a música de suas harpas. Farei de você uma rocha nua, e você se tornará um local propício para estender redes de pesca. Você jamais será reconstruída, pois eu, o Senhor, falei". Palavra do Soberano, o Senhor.

Essa predição foi parcialmente cumprida quando Nabucodonosor destruiu a cidade e a deixou em ruínas. Mas as pedras, o pó e as madeiras não foram lançadas ao mar. Então Alexandre, o Grande, atacou a aparentemente inexpugnável ilha de Tiro, tirando as pedras, o pó e a madeira da cidade arruinada do continente e construindo um caminho elevado até a ilha. Além da cidade jamais ter sido reconstruída, hoje ela literalmente é usada como "local propício".

A destruição de Edom (Petra). Ao contrário de muitas predições de destruição do AT, Edom não recebeu nenhuma promessa de restauração, apenas "desolação perpétua". Jeremias escreveu em 49.16,17:

"O pavor que você inspira e o orgulho do seu coração o enganaram, a você, que vive nas lendas das rochas, que ocupa os altos das colunas. Ainda que você, como a águia, faça seu ninho nas alturas, de lá eu o derrubarei", declara o Senhor. "Edom se tornará objeto de terror; todos os que or ali passarem ficarão chocados e zombarão por causa de todas as suas feridas"

Dada a natureza praticamente inexpugnável da antiga cidade esculpida na rocha e protegida por uma passagem estreita, essa era uma predição incrível. Porém, em 636 d.C., ela foi conquistada pelos muçulmanos e, com exceção de turistas e viajantes, está deserta.

A prosperidade do deserto na Palestina. Durante séculos a Palestina ficou abandonada e desolada. Essas condições se estenderam por toda a terra. Mas Ezequiel 36.33-35 previu:

"Assim diz o Soberano, o Senhor: No dia em que eu os purificar de todos os seus pecados, restabelecerei as suas cidades e as ruínas serão reconstruídas". A terra arrasada será cultivada; não permanecerá arrasada à vista de todos os que passarem por ela. Estes dirão: 'Esta terra que estava arrasada tornou-se como o jardim do Éden; as cidades que jaziam em ruínas, arrasadas e destruídas, agora estão fortificadas e habitadas'".

Hoje estradas foram construídas, a terra está sendo cultivada e a agricultura de Israel está prosperando. Essa renovação começou antes da virada do século XX e continua um século depois. Safras agrícolas, inclusive uma grande colheita de laranjas, são parte da restauração — assim como Ezequiel predisse.

O aumento do conhecimento e da comunicação. Outra profecia bíblica que está sendo cumprida depois de milhares de anos é a da predição de Daniel do aumento do conhecimento e da comunicação nos últimos dias (12.4): Deus disse: "Mas você, Daniel, feche com um selo as palavras do livro até o tempo do fim. Muitos irão por todo lado em busca de maior conhecimento"

Nunca na história do mundo houve tamanha explosão nas áreas do conhecimento, transporte e comunicação como no final do século XX. A propulsão a jato na aviação e o microcircuito na computação causaram uma explosão nos transportes e na informação.

Uma conclusão importante. Um fato geralmente ignorado pelos críticos é que apenas um caso real de profecia cumprida estabeleceria a origem sobrenatural das Escrituras (cf. Ramm, p.86). Mesmo se a maioria das predições bíblicas pudesse ser explicada naturalmente, uma única ocorrência clara fundamenta o restante e confirma o evento profético. Assim, se o crítico quer refutar as profecias, todas as instâncias devem ser naturalmente explicáveis.

Objeções à profecia preditiva. Várias objeções foram levantados para negar o argumento a favor da origem sobrenatural da profecia bíblica. As mais importantes serão consideradas resumidamente.

A linguagem da profecia é vaga. Os críticos insistem em que a linguagem da profecia é tão indefinida que não é difícil encontrar um tipo de cumprimento. Predições vagas são esclarecidas pelo seu cumprimento.

Nem toda profecia bíblica é clara. Algumas são vagas e esclarecidas pelo cumprimento. Mas o crítico deve demonstrar que todas as profecias são dessa natureza. No entanto, como foi demonstrado nos exemplos acima, algumas profecias são bem específicas. As predições de quando Cristo morreria (Dn 9.24s.), em que cidade ele nasceria (Mq 5.2) e como ele sofreria e morreria (Is 53) não são nem um pouco vagas.

Outros livros religiosos têm profecias. Também alega-se que as profecias não são exclusivas da Bíblia, mas são encontradas em outros livros sagrados. Logo, não têm valor para provar a verdade do cristianismo sobre outras religiões. Esse argumento é semelhante ao argumento de David HUME segundo o qual eventos milagrosos semelhantes são afirmados por todas as religiões. Portanto, supostos milagres não podem ser usados para estabelecer a verdade de uma religião sobre outra.

Essa objeção está sujeita à mesma crítica que a de Hume (v. MILAGRES, ARGUMENTOS CONTRA). Primeiro, não é verdade que outras religiões apresentam o cumprimento específico, repetido e infalível das predições feitas muitos anos antes dos eventos contingentes sobre os quais o profeta não tinha controle. Esse tipo de predições é exclusivo da Bíblia. Uma discussão de profecias feita por Maomé no *Alcorão*, o rival mais próximo da Bíblia, é encontrado no artigo MAOMÉ, SUPOSTOS MILAGRES DE, e demonstra a disparidade entre os dois livros.

R. S. Foster diz sobre outros livros sagrados e obras de religiões pagãs:

> Nenhuma profecia comprovada é encontrada em qualquer outro livro ou tradição oral atualmente existente ou que jamais tenha existido no mundo. Os oráculos do paganismo não devem ser classificados como exceções. Não há nenhum entre eles que passe no teste exigido para provar agência sobrenatural, que toda profecia bíblica evidencia" (Foster, p. 111).

M'Ilvaine acrescenta:

> A história das nações pagãs realmente é rica em histórias de augúrios e oráculos e predições desconexas [...] Mas uma distância incalculável separa todos os supostos oráculos do paganismo da dignidade das profecias da Bíblia (M'Ilvaine, p. 246-7).

Depois de examinar cuidadosamente os profetas hebreus e pagãos, Calvin Stow concluiu que não havia nenhuma profecia crível em outras obras, mas que cada uma "é apenas o que se esperaria de homens deste mundo, que não têm fé em outro" (citado em Newman, p. 17-8).

Médiuns fizeram predições como as da Bíblia. Críticos contemporâneos da profecia bíblica apresentam predições mediúnicas como iguais às das Escrituras. No entanto, há outro salto quântico entre todos os médiuns e os profetas infalíveis das Escrituras (v. MILAGRES, MÁGICA E). Na realidade, um dos testes dos profetas era se eles proclamavam predições que não aconteciam (Dt 18.22). Aqueles cujas profecias falhavam eram apedrejados (18.20) — uma prática que sem dúvida detinha qualquer pessoa que não tivesse certeza absoluta de que suas mensagens eram de Deus. Entre centenas de profecias, os profetas bíblicos jamais erraram. Um estudo das profecias feitas por médiuns em 1975 e observadas até 1981 demonstrou que, das 72 predições, apenas 6 se cumpriram de alguma forma. Duas delas eram vagas e duas outras eram pouco surpreendentes — os Estados Unidos e a Rússia continuariam sendo superpotências e não haveria guerras mundiais. *The People's Almanac* (1976) fez uma pesquisa das predições de 24 dos maiores médiuns. Os resultados: Do total de 72 predições, 66 (92%) estavam totalmente erradas (Kole, p. 69). A média de precisão de 8% poderia facilmente ser explicada pelo acaso e conhecimento geral das circunstâncias. Em 1993 os médiuns erraram todas as principais notícias inesperadas, inclusive a aposentadoria de Michael Jordan, as enchentes nos Estados Unidos e o tratado de paz entre Israel e a OLP. Entre as profecias falsas havia uma de que a Rainha da Inglaterra se tornaria freira e de que Kathy Lee Gifford substituiria Jay Leno como apresentadora do programa de TV americano *The Tonight Show* (*Charlotte Observer*, 30/12/93).

Da mesma forma, as "predições" altamente renomadas de Nostradamus não eram tão incríveis assim. Ao contrário do que se pensa, ele jamais previu o lugar ou o ano do grande terremoto da Califórnia. A maioria das suas "famosas" predições, tais como a ascensão de Hitler, eram vagas. Como outros médiuns, estava freqüentemente errado, o que configura um falso profeta pelos padrões bíblicos. Mais sobre Nostradamus é relatado no artigo NOSTRADAMUS.

Quando as profecias bíblicas foram feitas? Segundo essa objeção, todas as profecias bíblicas com especificidade suficiente para serem inexplicáveis foram feitas após os eventos. As incríveis afirmações de Daniel seriam bem recentes, e as predições de Isaías sobre Ciro teriam sido acrescentadas depois que o rei persa apareceu. Eles estavam registrando a história, não profetizando Para debates sobre a datação desses dois livros, v. DANIEL, DATAÇÃO DE, e ISAÍAS, DEUTERO. Nenhuma dessas nem outras acusações de profecias pósdatadas têm qualquer fundamento em fatos. E muitos cumprimentos ocorreram muito depois das supostas datas em que tais obras surgiram.

Os supostos cumprimentos interpretam mal os textos. Os críticos argumentam que os supostos cumprimentos das predições do AT são, freqüentemente, más interpretações do texto do AT. Por exemplo, Mateus diz repetidas vezes "para que se cumprisse" (cf 1.22; 2.15,17). Mas quando a passagem do AT é examinada no contexto, descobre-se que essa não era uma predição real do evento ao qual Mateus a aplicou.

Um exemplo é Mateus 2.15: " E assim se cumpriu o que o Senhor tinha dito pelo profeta: "Do Egito chamei o meu filho". Quando a passagem do AT, Oséias 11.1, é examinada, descobre-se que essa não é uma profecia preditiva sobre Jesus saindo do Egito quando era criança, mas uma afirmação sobre os filhos de Israel saindo do Egito no Êxodo.

Admite-se que muitas "profecias" não são preditivas e que o NT *aplicou* certas passagens do AT a Cristo que não eram diretamente preditivas sobre ele. Muitos teólogos dizem que esses textos do AT foram "cumpridos tipologicamente" em Cristo, sem ser diretamente preditivos. Isto é, alguma verdade na passagem é aplicada adequadamente a Cristo, apesar de não ser diretamente uma predição sobre ele.

Outros falam do significado genérico na passagem do AT que se aplica tanto a sua referência do AT (e.g., Israel) como à referência do NT (e.g., Cristo), já que ambos, Israel e Cristo, são "filhos" de Deus. Alguns teólogos descrevem isso como a visão de dupla referência da profecia. Seja qual for o caso, esses tipos de passagens proféticas não são diretamente preditivos e não têm valor apologético. Existem passagens do AT que não são apenas tipológicas, mas claramente preditivas, como foi demonstrado acima. Por exemplo, a época e o lugar do nascimento e da morte de Cristo foram previstos. O que o crítico não pode demonstrar é que todas as "profecias" do AT são apenas tipológicas e não-preditivas.

Jesus manipulou os eventos para cumprir as profecias. Outro argumento usado pelos críticos foi popularizado pelo livro *The Passover plot* [*A conspiração da Páscoa*](v. PÁSCOA, CONSPIRAÇÃO DA), de Hugh Schonfield. Ele argumentou que Jesus manipulou pessoas e eventos para dar a impressão de que era o Messias profetizado. Essa teoria interessante é destruída pelos fatos. Primeiro, vários milagres (v. MILAGRES NA BÍBLIA) confirmaram que Jesus era o Messias. Deus não permitiria que um impostor parecesse ser seu Filho (v. MILAGRES, VALOR APOLOGÉTICO DOS). Segundo, não há evidência de que Jesus tenha sido um enganador. Pelo contrário, seu caráter é impecável (v. CRISTO, SINGULARIDADE DE). Terceiro, Jesus não poderia cumprir predições sobre as quais não tinha controle, tais como sua linhagem (Gn 12.3; 49.10; 2Sm 7.12-16), seu lugar de nascimento (Mq 5.2), a hora da sua morte (Dn 9.24-27) e as condições da sua morte (Is 53). Em quarto lugar, para manipular todas as pessoas (incluindo seus inimigos) e até seus discípulos para dar a impressão de que era o Messias prometido, Jesus precisaria de poderes sobrenaturais. Mas, se teve tais poderes, deveria ser o Messias.

Apenas as profecias bem-sucedidas são registradas. Essa objeção afirma que os profetas do Antigo Testamento eram tão falíveis quanto qualquer outro profeta. Acertaram algumas previsões e erraram outras. Entretanto, apenas as bem-sucedidas foram colocadas na Bíblia. Assim, não há nada sobrenatural em relação a elas. Afinal, se apenas as predições bem-sucedidas de Jean Dixon fossem reunidas num volume muito tempo depois da sua morte, ela também pareceria tão sobrenatural quanto os profetas bíblicos.

Essa objeção é baseada em premissas falhas. Antes de mais nada, apresenta a falha do "argumento da ignorância". Não apresenta evidência de que havia outras profecias falsas. Apenas *supõe* que havia. O ônus da prova é mostrar a existência das profecias que falharam. Segunda, o que admite é suficiente para destruir sua tese. Se todas as profecias na Bíblia são boas, temos bastante evidência positiva de que a Bíblia é infalível em seu poder profético — um sinal garantido de sua origem divina e de estar bem acima dos melhores médiuns em seus melhores dias. Terceira, o argumento é uma analogia falsa, já que no caso dos médiuns temos vários exemplos conhecidos de quando erraram. No caso da Bíblia, não temos nenhum. Isso supõe que os contemporâneos do profeta teriam aprovado os erros e recebido os acertos como sendo divinos. Todavia, não era assim que funcionava.

Algumas predições bíblicas não se cumpriram. Vários críticos argumentaram que nem todas as predições da Bíblia se cumpriram. A predição feita por Jonas de que Nínive seria destruída em quarenta dias não se cumpriu (Jn 3.4). Cristo não voltou dentro de uma geração, como disse que faria. Na realidade, Cristo não voltou para estabelecer um Reino literal como prometeu (Mt 24, 25). E Deus não destruiu o mundo com fogo (2Pe 3.10-13) nem estabeleceu um Paraíso perfeito (Apocalipse 21, 22).

As supostas profecias não cumpridas dividem-se nas seguintes categorias (v. Payne):

Algumas são condicionais. A advertência de Jonas a Nínive estava condicionada a sua rebelião contínua. Quando se arrependeram (3.5-9), Deus retirou a maldição iminente. Como Jesus disse aos seus contemporâneos: "Mas se não se arrependerem, todos vocês também perecerão" (Lc 13.3). Da mesma forma, há um "se não se arrependerem" implicado em todo profeta que adverte sobre o julgamento de Deus. Como Pedro disse, "o Senhor ... é paciente com vocês, não querendo que ninguém pereça, mas que todos cheguem ao arrependimento" (2Pe 3.9). O mesmo acontece em Deuteronômio 11.25, onde Deus diz a Israel: "Ninguém conseguirá resisti-los. O Senhor, o seu Deus, conforme lhes prometeu, trará pavor e medo de vocês a todos os povos daquela terra, aonde quer que vocês forem". Contudo, eles sofreram derrotas, por exemplo, em Ai (Js 7). Mas quando essa promessa é examinada, é claramente condicional — "Se vocês obedecerem a todos os mandamentos que lhes mando cumprir" (Dt 11.22). Quando Israel obedecia a Deus, eles eram invencíveis, mesmo em desvantagem (cf. Js 6, 8-11).

Algumas simplesmente não se cumpriram ainda. A maioria delas está relacionada à segunda vinda de Jesus, que ainda não aconteceu. É simplesmente errado afirmar que a Bíblia tem falsas profecias porque ainda não se cumpriram. Como Pedro advertiu (2Pe 3.3,4,8,9):

Antes de tudo saibam que, nos últimos dias, surgirão escarnecedores zombando e seguindo suas próprias paixões. Eles dirão: O que houve com a promessa da sua vinda? Desde que os antepassados morreram, tudo continua como desde o princípio da criação[...] Não se esqueçam disto, amados: para o Senhor um dia é como mil anos, e mil anos como um dia. O Senhor não demora em cumprir sua promessa, como julgam alguns. Ao contrário, ele é paciente com vocês, não querendo que ninguém pereça, mas que todos cheguem ao arrependimento.

As outras profecias supostamente não cumpridas não são erros na Bíblia, mas *erros dos críticos* quanto a sua interpretação. Por exemplo, Jesus não disse que voltaria à terra durante a vida dos discípulos (em Mt 24.34). Ele jamais disse "Voltarei durante a vida de vocês". O que disse foi: "Eu lhes asseguro que não passará esta geração até que todas estas coisas aconteçam". Essa frase pode significar várias coisas diferentes. Para defender sua teoria, os críticos devem supor que ela só pode significar uma coisa.

Além disso, "geração" em grego (*genea*) pode significar "raça". Uma interpretação da afirmação de Jesus é que a raça judaica não passaria até que tudo isso se cumprisse. Há muitas promessas para Israel, incluindo a herança eterna da terra da Palestina (Gn 12, 14, 15, 17) e o Reino davídico (2 Sm 7), mas a nação estava prestes a ser destruída pelos romanos. Jesus podia estar prometendo a preservação da nação de Israel para cumprir suas promessas a ela. Paulo fala do futuro da nação de Israel, quando os israelitas serão restabelecidos nas promessas de Deus (Rm 11.11-27). E a resposta de Jesus à última pergunta dos seus discípulos implicava que ainda haveria um reino futuro para Israel, quando perguntaram: "Senhor, é neste tempo que vai restaurar o reino a Israel?". Em vez de repreendê-los por sua ignorância, respondeu: "Não lhes compete saber os tempos ou as datas que o Pai estabeleceu pela sua própria autoridade" (At 1.6,7).

Além disso, "geração" também poderia referir-se a uma geração no sentido comum das pessoas que estarão vivas no tempo indicado. Nesse caso, "geração" estaria se referindo ao grupo de pessoas que estarão vivas quando essas coisas acontecerem no futuro. A geração que estiver viva quando essas coisas (o abominável da desolação [Mt 24.15], a grande tribulação [v. 21] e o sinal do Filho do Homem no céu [v. 30]) começarem a acontecer ainda estará viva quando esses julgamentos se completarem. Crê-se normalmente que a tribulação é um período de cerca de sete anos (Dn 9.27; cf. Ap. 11.2) no final dos tempos, Jesus estaria dizendo que "essa geração" viva no início da tribulação ainda estaria viva no final dela.

De qualquer forma, não há razão para supor que Jesus fez a afirmação claramente falsa de que o mundo acabaria durante a vida dos seus contemporâneos.

Resumo. A Bíblia está repleta de profecias preditivas específicas que se cumpriram literalmente. A *Encyclopedia of biblical prophecies* [*Enciclopédia de profecias bíblicas*] calculou que 27% de toda a Bíblia contêm profecias preditivas (Payne, p. 675). Isso não acontece em nenhum outro livro no mundo. É um sinal claro da sua origem divina.

Fontes

A. Y. Ali, *The glorious Qur'an.*
G. T. B. Davis, *Fulfilled prophecies that prove the Bible.*
S. R. Driver, et al., trad., *The fifty-third chapter of Isaiah according to jewish interpreters.*
R. S. Foster, *The supernatural book.*
N. L. Geisler e A. Saleeb, *Answering Islam.*
H. Hoehner, *Chronological aspects of the life of Christ.*
W. Kaiser, *The uses of the Old Testament in the New.*
A. Kole, *Miracle and magic.*
E. P. M'Ilvaine, *The evidences of christianity.*
R. Newman, ed., *The evidence of prophecy.*
J. B. Payne, *Encyclopedia of biblical prophecy.*
B. Ramm, *Protestant christian evidences.*
H. Schonfield, *The Passover plot: new light on the history of Jesus.*
H. Spencer, *Islam and the Gospel of God.*
P. W. Stoner, *Science speaks.*

progressiva, revelação. Às vezes os críticos das Escrituras chegam à conclusão precipitada de que a Bíblia contém erros (v. Bíblia, supostos erros na Bíblia) porque Deus ordena algo diferente de um período para outro. O exemplo clássico é a ordem de Deus sobre os sacrifícios de sangue para expiar o pecado sob a Lei de Moisés. Estes não são mais válidos porque Cristo se ofereceu como o sacrifício expiatório definitivo que os sacrifícios animais prenunciavam (v. Hebreus 7-10). Da mesma forma, Deus ordenou que Adão comesse apenas plantas (Gn 1.29,30). No entanto, depois do dilúvio, mandou Noé comer carne. A Lei mosaica proibia comer certos animais por serem impuros (Lv 11). Porém Jesus anunciou que esses animais eram puros, e podiam ser comidos (Mc 7.19; At 10.14,15; 1Tm 4.4). Essas não são contradições, mas exemplos de *revelação progressiva*.

O princípio da revelação progressiva significa que Deus não revela tudo ao mesmo tempo nem sempre estabelece as mesmas condições para todos os períodos. Revelações posteriores apresentam coisas que suplantam as anteriores. Logo, o AT revelava apenas sinais da Trindade ensinada no NT (p. ex., Mt 3.16,17; 28.18-20). O NT declara explicitamente o que estava apenas implícito no AT (v. Trindade).

Deus pode mudar qualquer coisa que não envolva uma contradição ou que não vá contra sua natureza imutável (Ml 3.6; 2Tm 2.13; Tt 1.2; Hb 6.18). Deus pode mudar fatores não-morais sem qualquer razão aparente ou afirmada (v. essencialismo divino). O mandamento dado aos seres humanos de serem herbívoros, mudado para serem onívoros (Gn 1.29,30; 9.2,3), é um exemplo; mudanças nas leis cerimoniais são outro exemplo. São mandamentos diferentes, de épocas diferentes, que Deus tinha razões diferentes para decretar, mesmo sem nosso conhecimento completo (Dt 29.29).

Às vezes Deus ordena mudanças por causa das condições da humanidade. Tal é o caso da permissão para o divórcio "por qualquer motivo" no AT e uma proibição forte no NT (Mt 19.3). Jesus disse que a lei original era "por causa da dureza de coração de vocês" (19.8). Às vezes Deus tolera certas coisas por causa de tempos de ignorância (At 17.30); mais tarde, porém, não as tolera.

Uma razão importante para mudança é que Deus está revelando um plano. Esse plano tem estágios nos quais algumas coisas são necessárias e estágios em que outras coisas são necessárias. Quando um "tipo" de profecia se cumpre (o sangue do cordeiro), quando se torna realidade, o tipo não é mais necessário. Quando o fundamento da igreja foi estabelecido sobre os apóstolos (Ef 2.20), eles não foram mais necessários.

À luz do princípio de revelação progressiva, as revelações posteriores não são contraditórias, mas complementares. Elas não erram, mas revelam mais verdade. Revelações posteriores não negam as anteriores; apenas as substituem. Já que não foram dadas a todos, mas apenas para um período específico, não se contradizem quando mudam. Não há mandamentos contraditórios para o mesmo povo ao mesmo tempo.

Um exemplo de revelação progressiva pode ser visto em toda família que tem filhos em fase de crescimento. Quando são bem pequenos, os pais deixam os filhos comer com as mãos. Mais tarde, os pais insistem no uso da colher. Finalmente, à medida que a criança progride, o pai manda usar o garfo. Essas ordens são temporárias, progressivas e adequadas para a situação.

pseudepigráficos. V. apócrifos, Antigo e Novo Testamentos.

Qq

Q, documento. Coleção hipotética de ditos ou ensinos de Jesus que supostamente antedata os quatro evangelhos. A hipótese Q vem da palavra alemã *Quelle*, que significa "fonte". Q foi bastante usado pelo SEMINÁRIO JESUS para chegar às suas conclusões radicais. Como Q supostamente contém ditos, não obras ou milagres de Jesus, é usado como base para negar a ressurreição. Como Q, supostamente o documento mais antigo, não continha nenhuma referência à divindade de Jesus, tal conceito também é considerado uma invenção mitológica posterior. Se verdadeira, essa hipótese minaria a apologética histórica do cristianismo (v. APOLOGÉTICA HISTÓRICA; NOVO TESTAMENTO, HISTORICIDADE DO).

Supostos estágios e datas de Q. Segundo o defensor de Q Burton Mack, houve realmente quatro estágios sucessivos de Q: proto-Q1, Q1, proto-Q2 e Q2. O(s) evangelho(s) de Q supostamente se desenvolveram entre 30 e 65, antes de qualquer evangelho canônico aparecer. Então, Q supostamente oferece, junto com o EVANGELHO DE TOMÉ (v. NAG HAMMADI, EVANGELHOS DE), a visão mais antiga dos seguidores de Jesus.

Alguns estudiosos distinguem Q1 (c. 50 d.c.), consistindo em frases curtas de Jesus, e Q2 (50-60), que pode ter sido composto contra o grupo original de Jesus como sugerido pelo tom crítico de Q2. Isso inclui pronunciamentos apocalípticos de maldição sobre os que recusassem o programa do Reino. Depois da Guerra Judaica (70 d.c.), eles aumentaram a mitologia (Q3) para incluir afirmações sobre Jesus ser divino (Mack, p. 53). Nessa divisão, Q1 apresenta Jesus como um sábio, um mestre erudito; Q2 o retrata como profético e apocalíptico; e Q3 como um super-homem, incorporando a sabedoria de Deus e a autoridade divina (Boyd, p. 121).

História da hipótese de Q. Levando em conta sua ampla aceitação atual, era se esperar que a hipótese de Q tivesse existido desde a igreja primitiva. A verdade é que foi Friedrich SCHLEIERMACHER (1768-1834), o pai do liberalismo moderno, quem deu ímpeto à idéia quando reinterpretou uma afirmação de Papias (c. 110) sobre Mateus ter compilado "os oráculos" de Jesus (gr. *ta logia*). Esse, decidiu Schleiermacher, era um documento que consistia apenas nas "afirmações" de Jesus, em lugar de "o que o Senhor disse ou fez" (v. Linnemann, *Is there a synoptic problem?* [*Existe mesmo o problema sinótico?*], p. 20). Mais tarde, Christian Hermann Weisse (1801-1866) afirmou que essa fonte de pronunciamentos foi usada por Lucas para compilar seu evangelho, dando assim origem ao conceito de Q. Outros acrescentaram que Marcos foi usado por Mateus e Lucas. Então Q supostamente explica o material usado por Mateus e Lucas que não é encontrado em Marcos, a fonte comum.

No entanto, apesar de sua popularidade, Q foi rejeitado por vários teólogos desde a época em que foi proposto. B. F. Westcott (1825-1901), Theodore Zahn (1838-1933) e Adolf Schlatter (1852-1938) são exemplos de teólogos mais antigos. Eta Linnemann, John Wenham e William Farmer são exemplos de teólogos contemporâneos.

Suposta base de Q. Segundo seus defensores, "a hipótese Q, junto com a prioridade de Marcos, é a maneira mais eficaz de explicar a miríade de detalhes no relacionamento entre esses três textos". Pois "Mateus e Lucas somente concordam na seqüência de eventos na vida de Jesus quando também concordam com Marcos". E

esse padrão peculiar levou quase todos os teólogos do NT à conclusão de que Mateus e Lucas devem ter utilizado Marcos como um tipo de esquema para suas respectivas obras, mas bem independentemente um do outro.

Essa prioridade de Marcos, no entanto, não explica grande parte do material compartilhado por Mateus e Lucas.

Como Mateus e Lucas poderiam ter incluído essas diversas afirmações, parábolas e histórias ocasionais — às vezes dando versões que são muito próximas na sua redação — independentemente um do outro?

À luz disso, "a hipótese de Q surgiu como maneira de explicar o material comum de Mateus e Lucas, mas que não é encontrado em Marcos" (Patterson, p. 39, 40). Essa semelhança em conteúdo e ordem de eventos é usada para mostrar que os documentos posteriores dependem dos anteriores, isto é, que Mateus e Lucas dependem de Marcos e Q.

Avaliação. Do ponto de vista apologético, o suposto "evangelho de Q" tem sérias implicações para a autenticidade dos evangelhos e a apologética histórica do cristianismo. Mas a evidência mostra que a hipótese não mina de forma alguma a autenticidade dos evangelhos bíblicos.

Uma consideração central é que não há nenhum vestígio de evidência documentária de que Q jamais tenha existido. Nenhum manuscrito ou versão dele jamais foi encontrado. Nenhum pai da igreja jamais citou qualquer obra correspondente ao que os teólogos atuais chamam Q. Do que se conhece sobre a tradição documentária dos primeiros séculos cristãos, essa lacuna é extremamente improvável se a obra existiu. A ex-defensora de Q, Eta Linnemann, observa a reverência com que os críticos consideram Q: "Isso é coisa de conto de fadas" (Linnemann, *Is there a Q?* [O Q existe?], p. 19). Os apologistas podem supor com confiança que Q é uma criação moderna e que nenhum manuscrito surgirá na semana que vem para provar que estão errados. Como Gregory Boyd observa:

Podemos explicar tais semelhanças de outras maneiras que não exigem a dependência de um documento hipotético". Por exemplo, com base no que sabemos sobre a tradição oral e o método judaico de memorização, poderíamos argumentar convincentemente que as semelhanças entre Lucas e Mateus simplesmente indicam a confiabilidade das tradições orais que estão por trás de ambos. Vários teólogos reconhecidos apóiam essa posição. Outros argumentam que Lucas usou Mateus como documento-fonte. Lucas 1.1-4 indica que ele usou várias fontes. Isso explicaria a semelhança (Boyd, p. 119-20).

O argumento a favor de Q é o raciocínio circular. Mack, por exemplo, argumentou que "freqüentemente a maneira em que os pronunciamentos são reunidos ou ordenados [em Q] é evidente. Às vezes uma afirmação oferece a interpretação específica de uma unidade precedente de material (Mack, p. 106).

E "a ordem e organização de material são [...] sinais claros da coerência de uma camada específica de tradição" (ibid., 108). No entanto, o único Q que possuímos foi construído por seus defensores a partir de Mateus e Lucas. Eles decidiram como essas afirmações seriam reunidas. Então não é de surpreender que elas tenham sido ordenadas para constituir evidência, já que aqueles que construíram Q também as ordenaram dessa maneira (ibid., p. 125). Eles estão cometendo uma petição de princípio.

A hipótese de Q é baseada na visão reconstrucionista da história que rejeita a história do NT em Atos. Se a hipótese Q está correta da maneira que alguns teólogos modernos interpretam, o livro de Atos deve ser completamente falso. Mas nenhum livro no NT tem mais autenticação de sua precisão histórica que Atos. Historiadores especializados no Império Romano, tais como A. N. Sherwin-White e Colin Hemer, forneceram evidência esmagadora de sua autenticidade (v. ATOS, HISTORICIDADE DE). Sherwin-White escreveu:

Para Atos a confirmação da historicidade é surpreendente [...] Qualquer tentativa de rejeitar sua historicidade mesmo em questões de detalhe agora deve parecer absurda. Os historiadores romanos aceitam a historicidade de Atos como fato consumado há muito tempo (Sherwin-White, p. 189).

Antes deles havia a obra de William Ramsay, que, depois de décadas de pesquisa, concluiu que na apresentação de centenas de detalhes históricos o dr. Lucas não cometeu nenhum erro (v. Ramsay). Mas, se Atos é boa história, a reconstrução histórica de Q é mitologia.

Um evento importante no cristianismo primitivo foi o Concílio de Jerusalém em 49, no qual o ensinamento de Paulo foi o tema central da controvérsia. Como Linnemann observa:

Devemos crer que esse Concílio contentou-se em discutir a interpretação da lei judaica, como Lucas relata, enquanto Paulo estava 'mitificando' o evangelho, afirmando que Jesus era o filho de Deus, ao mesmo tempo que os seguidores de Q acreditavam que ele era apenas um sábio? (Linnemann, *Is There a Q?*, p. 20).

Certamente, se os seguidores de Q eram seguidores de Jesus, não cristãos, haveria algum vestígio desse conflito no NT. Não há (ibid.).

Nem a ordem de eventos nem a semelhança de conteúdo é base convincente para supor dependência literária. A única maneira de demonstrar dependência literária é provar uma porcentagem alta de construção literária idêntica. Mas esse não é o caso, como Linnemann demonstrou (ibid., p. 21-3).

A semelhança de conteúdo em si não é prova de dependência literária. Isso também poderia ser causado por pessoas diferentes relatando o mesmo evento. Uma afirmação de Jesus não poderia diferir tanto quando relatada independentemente por duas ou mais pessoas que a ouviram. Semelhança pode ser historicamente mas não literariamente transmitida (ibid., p. 22).

E a existência de um documento-fonte não pode ser demonstrada pela seqüência de registros. Apenas 24 pares de equivalências, 36,9%, ocorrem num capítulo. Apenas 5 (7,69%) ocorrem no mesmo ponto da narrativa em Mateus e Lucas. À luz disso, Linnemann argumenta: "É preciso muita imaginação" para supor dependência literária (ibid.).

Dependência literária supõe redação idêntica. Mas o número de palavras idênticas em versos equivalentes é 1 792, ou 41% da porção Q de Mateus e 42% da de Lucas. Em 17 dos 65 pares de equivalências que supostamente vieram de Q, um quarto de Q, o número de palavras idênticas é menos que 25%. Na parábola dos talentos (Mt 25.14-30), a passagem mais longa de Q, apenas 60 das 291 palavras são idênticas a Lucas 19.11-27. Dessas palavras, nove são a conjunção *e*, sete são artigos e seis são pronomes. Assim, restam 38 das 291 palavras para estabelecer dependência. A maioria delas ocorre no discurso direto. "Então a semelhança é facilmente explicada pela memória historicamente confiável que chegou até Mateus e Lucas" (ibid.). A passagem mais longa na área de alta equivalência tem 78% de palavras idênticas. É pouco maior que o Salmo 1, um texto que muitos sabem de cor. Diz Linnemann: "Não é difícil imaginar que relatos desse comprimento eram memorizados na cultura oral da época de Jesus" (ibid.).

Não há razão para aceitar a suposição de que quase todo o material de Q está contido em Mateus e Lucas. O argumento primário é que, já que Mateus e Lucas retêm uma grande quantidade de Marcos nos seus evangelhos, eles teriam feito o mesmo com Q. Mas isso não acontece, já que Mateus e Lucas podem ter dado mais valor a Marcos.

Também se supõe que há várias versões de Q. Além dos critérios subjetivos sobre os quais isso foi decidido, pode ser uma violação da "Navalha de Occam", segundo a qual hipóteses não devem ser multiplicadas sem necessidade. Há uma explicação mais simples se o indivíduo indicar que os evangelhos foram reunidos por testemunhas oculares e por contemporâneos que tinham acesso às afirmações e ações originais de Jesus.

A superposição nos evangelhos pode ser explicada pela premissa de que 1) os escritos eram testemunhos independentes cujos registros naturalmente se superporiam; ou 2) os autores dos evangelhos posteriores usaram o primeiro evangelho escrito, mais suas fontes independentes, e/ou uma fonte comum de pronunciamentos orais de Jesus; ou 3) uma edição antiga de Mateus ou Marcos foi usada mais tarde pelo autor assim como pelos outros autores dos evangelhos. As fontes que Lucas menciona (Lc 1.1-4) podem ser outros evangelhos canônicos compostos por testemunhas oculares.

Se um registro evangélico pré-canônico de Jesus existiu, não há boa razão para crer que tivesse omitido os relatos de milagres e declarações de divindade. Na verdade, já que o AT afirmou divindade para o Messias (esp. Sl 45.6; 110.1; Is 7.14; 9.6; Mq 5.2; Zc 12.10), não há razão para que alguém que afirmava ser o Messias também não o fizesse (v. CRISTO, DIVINDADE DE; VIRGINAL, NASCIMENTO).

Mesmo que houvesse algum registro dos pronunciamentos originais de Jesus anterior aos evangelhos e que não contivesse milagres, isso não provaria que Jesus não fez milagres ou não disse muitas outras coisas. Pode ser que um dos primeiros discípulos, acostumado a registrar em escrita, tal como Mateus, o excoletor de impostos, tenha registrado os pronunciamentos de Jesus porque sabia que seriam necessários mais tarde. Por exemplo, se só tivéssemos Gálatas (e não Rm, 1 Co e 1 Ts), poderíamos supor que Paulo não estava preocupado com a ressurreição. Gálatas apenas a menciona uma vez. Ter um documento antigo dos pronunciamentos de Cristo não nos permite concluir que ele não fez milagres a não ser que o documento o diga explicitamente. Ou pode até ser que, à luz do tremendo impacto que o maior Mestre do mundo teve nas suas mentes e corações durante três anos, houve um depósito oral das palavras de Jesus na memória dos discípulos antes de haver qualquer registro escrito. Na realidade, segundo João, Jesus prometeu que o Espírito Santo traria à memória as coisas que lhes foram ensinadas (Jo 14.26; 16.13).

Se chegarmos ao ponto de pressupor que uma versão antimilagres do documento Q existiu, ela poderia ter sido uma revisão antiga das palavras e ações de Jesus em oposição aos discípulos originais. Afinal, sérias divergências doutrinárias apareceram durante a época dos discípulos (cf. Cl 2; 1Tm 4; 1Jo 4). Jesus advertiu sobre os falsos profetas (Mt 7.15).

Quando segmentos do texto atribuídos a Q são examinados como um todo, há evidência dos milagres e da divindade de Jesus. Jesus alegou que seu "Pai" lhe dera autoridade sobre todo o mundo (Qs24). Considerava-se maior que Salomão ou que o profeta Jonas (Qs32). Acreditava que os que o desonrassem seriam desonrados por Deus (Qs37). Jesus determinaria quem seria excluído do Reino de Deus (Qs47). Ele predisse o futuro (Qs49). Jesus exigiu que seus discípulos o colocassem acima de todos os seres humanos, inclusive seus pais (Qs52). Seus seguidores sentariam em tronos julgando as doze tribos de Israel (Qs62). Jesus até mencionou sua ressurreição por meio do "sinal" (milagre) de Jonas (Qs32). Sem dúvida essa evidência é uma razão pela qual os críticos tentam estratificar o Q em vários documentos, pós-datando as afirmações para o período mais recente possível. No entanto, a base para isso é altamente subjetiva, e, mesmo assim, as afirmações ainda são antigas o suficiente para serem autênticas — durante a vida das testemunhas oculares.

Em comparação com o hipotético documento Q, o manuscrito e os documentos mais antigos que se conhecem da fé cristã contêm referências aos milagres e à divindade de Cristo. João está cheio de ambos (v. JOÃO, EVANGELHO DE) e o Fragmento de John Rylands é o manuscrito mais antigo e inquestionável das origens cristãs (v. NOVO TESTAMENTO, MANUSCRITOS DO). A primeira carta aos Coríntios é aceita até pelos críticos como tendo sido escrita por Paulo em 55 ou 56, apenas 22 ou 23 anos depois da morte de Jesus. Refere-se à ressurreição recebida de Paulo nos seus primeiros ensinamentos (1Co 15.1,4-8).

As pressuposições de Q. Certamente, embora a maioria dos defensores de Q relutem em admitir isso, há um preconceito anti-sobrenatural por trás de sua visão. Seguindo a abordagem naturalista dos evangelhos que começou com David STRAUSS (em 1835-1836), eles supõem que os milagres não aconteceram. Portanto, todos os registros de eventos milagrosos são categorizados como resultados posteriores de mitologização (v. MITOLOGIA E O NOVO TESTAMENTO). A pressa com que chegam a essa conclusão, mesmo supondo uma fonte antiga de "afirmações", revela o desejo de eliminar o sobrenatural. A confiança com que os críticos chegam à conclusão anti-sobrenatural com base tão especulativa e hipotética apóia a tese de que eles realmente começam com uma pressuposição naturalista. Compare as palavras de um defensor de Q: "As narrativas canônicas dos evangelhos não podem mais ser vistas como registros confiáveis de eventos históricos singulares e estupendos na fundação da fé cristã". Pelo contrário, "os evangelhos agora devem ser vistos como resultado da mitologização cristã primitiva" (Patterson, *The lost Gospel*, p. 40).

Começando pela descrença em MILAGRES, não é de admirar que a reconstrução imaginária de Q no período antigo seja desprovida de histórias de milagres, incluindo a RESSURREIÇÃO.

A hipótese de Q é baseada num número incrível de pressuposições (v. Boyd, p. 122-4):

1. Marcos foi o primeiro evangelho e Mateus e Lucas seguiram sua forma e conteúdo. O mesmo dado pode ser explicado pela pressuposição de uma tradição oral ou pela atribuição da primazia de Mateus.
2. Q existiu como documento escrito. Não há provas disso.
3. Um Q pode ser reconstruído com o que Mateus e Lucas têm em comum que não se encontra em Marcos. Mas, se q existiu, não há maneira objetiva de saber quanto dele foi usado.
4. Q foi composto para expressar tudo que os cristãos primitivos acreditavam sobre Jesus. Porque que não poderia ser apenas uma coleção de pronunciamentos?
5. Também se pressupõe que uma comunida de pessoas criou Q. Não há provas disso. Uma pessoa poderia facilmente ter reunido as afirmações de Jesus.
6. Q pode ser precisamente entendido pelo diccernimento das suas diversas fases literárias. Nenhum critério objetivo é oferecido pelo qual isso possa ser feito.
7. Esses supostos estágios refletem várias fases do pensamento dos seguidores de Jesus. As várias posições podem facilmente ser convergentes.
8. As posições de Cristo são incompatíveis entre si. Jesus poderia ser mestre, profeta e autoridade divina. Se esses elementos estão juntos no final, porque não poderiam ter estado no princípio?

Boyd resume:

Vemos, então, que a revisão liberal da figura de Jesus e da história da igreja primitiva com base em Q resulta em nada mais que uma pilha de pressuposições arbitrárias construídas sobre outras pressuposições arbitrárias (Boyd, p. 224).

Conclusão. O argumento a favor da hipótese Q, principalmente sua forma naturalista, não tem base histórica, documentária ou literária. Como Boyd observou:

entre outras coisas, todo o esquema é completamente conjectural. Esses teólogos pedem que troquemos o retrato confiável de Cristo no evangelho pela reconstrução hipotética da história baseada numa reconstrução hipotética de um documento hipotético (Boyd, p. 21-2). Não há nada nos evangelhos canônicos que não possa ser explicado supondo-se que os autores eram testemunhas oculares e/ou contemporâneos dos eventos e que deram um registro preciso do que relataram, assim como Lucas afirma (Lc 1.1-4).

Nas palavras de um ex-discípulo de Q,

Os evangelhos relatam as palavras e ações de Jesus. Fazem isso em parte por meio de testemunhas oculares diretas (Mateus e João) e parcialmente por meio daqueles que foram informados por testemunhas oculares (Marcos e Lucas). As semelhanças assim como as diferenças nos registros dos Evangelhos são exatamente o que se esperaria de reminiscências de testemunhas oculares (ibid.).

Fontes

G. Boyd, *Jesus under siege*.
W. Farmer, *The synoptic problem: a critical analysis*.
E. Linnemann, "Is there a Q?" br (Oct. 1995).
____, *Is there a synoptic problem?*
B. Mack, *The lost Gospel: the book of Q and christian origins*.
S. J. Patterson, "Q – The Lost Gospel", br (Oct. 1993).
____, "Yes, Virginia, There Is a Q", br (Oct. 1995).
W. Ramsay, St. Paul, *Traveler and Roman citizen*.
A. N. Sherwin-White, *Roman society and Roman law in the New Testament*.
J. W. Wenham, *Redating Matthew, Mark, and Luke: a fresh assault on the synoptic problem*.

quântica, física. V. indeterminância, princípio da.

racional, pressuposicionalismo. V. APOLOGÉTICA PRESSUPOSICIONAL; CLARK, GORDON.

racionalismo. Como filosofia enfatiza a razão como meio de determinar a verdade. A mente recebe autoridade sobre os sentidos, o *a priori* sobre o *a posteriori*. Os racionalistas geralmente são fundacionalistas (v. FUNDACIONALISMO), que afirmam que há primeiros princípios de conhecimento, sem os quais nenhum conhecimento é possível (v. a seguir). Para o racionalista, a razão determina a verdade, e a verdade é objetiva (v. VERDADE, NATUREZA DA).

Apesar de ARISTÓTELES (384-322 a.C.) acreditar que o conhecimento começava nos sentidos, sua ênfase na razão e na lógica fez dele o pai do racionalismo ocidental. René DESCARTES (1596-1650), Baruch ESPINOSA (1632-1677) e Gottfried LEIBNIZ (1646-1716) foram os principais racionalistas modernos.

A maioria das cosmovisões tem pelo menos um defensor racionalista importante. Leibniz abraçou o TEÍSMO. Espinosa afirmou o PANTEÍSMO. Ayn Rand (1905-1977) professou o ATEÍSMO. A maioria dos deístas (v. DEÍSMO) afirmou algum tipo de racionalismo. Até o PANENTEÍSMO é representado por fortes defensores racionalistas, tais como Charles Hartshorne (n. 1897). O DEÍSMO FINITO foi defendido racionalmente por John Stuart MILL (1806-1873) e outros.

A razão pela qual várias cosmovisões têm formas de racionalismo é que o racionalismo é uma epistemologia, enquanto a cosmovisão é um aspecto da metafísica. O racionalismo é um meio de discernir a verdade, e a maioria das cosmovisões tem expoentes que as usam para determinar e defender a verdade da maneira que a vêem.

Premissas centrais. *Premissas compartilhadas pelos racionalistas.* Algumas idéias são comuns para quase todos os racionalistas. Elas incluem os seguintes fatores, apesar de alguns racionalistas os defenderem, modificarem ou limitarem de maneiras que outros não limitam.

Fundacionalismo. O fundacionalismo acredita que há primeiros princípios de todo conhecimento, tais como o princípio da não-contradição, o princípio da identidade e o princípio da razão suficiente (v. RAZÃO SUFICIENTE, PRINCÍPIO DE) ou o princípio da causalidade (v. CAUSALIDADE, PRINCÍPIO DA). Todos os racionalistas são fundacionalistas, e todos os fundacionalistas acreditam em alguns princípios fundacionais.

Objetivismo. Os racionalistas também acreditam que existe a realidade objetiva e que ela pode ser conhecida pela razão humana. Isso os distingue do MISTICISMO, EXISTENCIALISMO e outras formas de subjetivismo. Para o racionalista, o real é racional, e a razão é o meio de determinar o que é real.

Exclusivismo. Os racionalistas também são exclusivistas. Eles acreditam que os opostos, mutuamente excludentes não podem ser ambos verdadeiros. Segundo a lei da não-contradição, se o ateísmo é verdadeiro, então todo não-ateísmo é falso. Se o cristianismo é verdadeiro, todos os sistemas não-cristãos são falsos. Mas reivindicações opostas da verdade não podem ser ambas verdadeiras (v. PLURALISMO RELIGIOSO; RELIGIÕES MUNDIAIS, CRISTIANISMO E).

Apriorismo. Todos os racionalistas acreditam que há um elemento *a priori* do conhecimento. A razão é de certa forma independente da experiência. Até os racionalistas que também são empiristas (p. ex., TOMÁS DE AQUINO, ARISTÓTELES e LEIBNIZ) acreditam que não há nada na mente que não estava primeiro nos sentidos exceto a mente em si. Sem essa dimensão *a priori* (independente da experiência) do conhecimento, nada poderia ser conhecido.

Diferenças entre os racionalistas. O papel dos sentidos. Alguns racionalistas depreciam, e até negam, qualquer papel determinante dos sentidos no processo de conhecimento. E enfatizam exclusivamente o racional. Espinosa é um exemplo dessa posição. Outros combinam sentidos e razão, tal como AQUINO e Leibniz. Os primeiros são mais dedutivos em sua abordagem do aprendizado da verdade; os últimos são mais indutivos e inferenciais.

Os limites da razão. A diferença crucial entre os racionalistas é encontrada no âmbito da razão. Alguns racionalistas, tais como Espinosa, dão à razão um âmbito totalmente abrangente. Outros, como Aquino, acreditam que a razão é capaz de descobrir algumas verdades (e.g., a existência de Deus), mas nem toda a verdade (e.g., a TRINDADE). Os da segunda categoria acreditam que há verdades que estão de acordo com a razão e algumas que vão além da razão. Mesmo estas últimas não são *contrárias* à razão. Elas simplesmente estão *além* da capacidade de alcance da razão. Só podem ser conhecidas a partir da revelação especial (v. REVELAÇÃO ESPECIAL).

Avaliação. O racionalismo como um todo tem dimensões positivas e negativas para o apologista. O racionalismo ilimitado, que nega toda revelação especial, obviamente é inaceitável para o teísta (v. BÍBLIA, EVIDÊNCIAS DA; FÉ E RAZÃO). E nenhuma forma de racionalismo que nega o teísmo está de acordo com o cristianismo ortodoxo.

No entanto, a ênfase do fundacionalismo na necessidade dos primeiros princípios é verdadeira e preciosa. Também é preciosa a crença na verdade objetiva. A ênfase do racionalista na natureza exclusiva de reivindicações da verdade também é um benefício para a apologética cristã.

Do ponto de vista cristão, o teólogo racionalista Jonathan Edwards fez uma distinção importante: toda verdade é dada por REVELAÇÃO, geral ou especial, e deve ser recebida pela razão. A razão é o meio dado por Deus de descobrir a verdade que Deus revela, seja neste mundo seja em sua Palavra. Apesar de Deus querer alcançar o coração com a verdade, ele não ignora a mente no processo. Nesse sentido modificado, há grande valor no racionalismo cristão.

Fontes

R. DESCARTES, *Meditations.*

J. EDWARDS, "The mind", em H. G. TOWNSEND, *The philosophy of Jonathan Edwards from his private notebooks.*

N. L. GEISLER e W. CORDUAN, *Philosophy of religion.*

G. LEIBNIZ, *Metaphysics.*

A. RAND, *For the new intellectual.*

B. ESPINOSA, *Ética.*

TOMÁS DE AQUINO, *Suma teológica.*

Ramm, Bernard. Apologista e filósofo cristão (1916-1992) nasceu em Butte, Montana. Ramm começou sua carreira acadêmica em 1943 no Instituto Bíblico de Los Angeles (hoje Universidade Biola). Terminou sua carreira no Seminário Batista Americano do Oeste (1959-1974; 1978-1986). Ramm foi autor de dezoito livros e mais de 100 artigos e críticas. Suas obras sobre apologética incluem: *Problems in christian apologetics* [Problemas da apologética cristã], (1949); *Protestant christian evidences* (Evidências cristãs protestantes, 1954); "The evidence of prophecy and miracle" [A evidência vinda da profecia e dos milagres], em Carl F. H. Henry, org., *Revelation and the Bible* [Revelação e a Bíblia], (1958); *Varieties of christian apologetics* [Variedades de apologética cristã], (1962); e *The witness of the Spirit* [O testemunho do Espírito], (1959). *The God who makes a difference* [O Deus que faz diferença], (1972) foi sua principal obra apologética.

Abordagem apologética de Ramm. Apesar da abordagem inicial de Ramm enfatizar as evidências a favor do cristianismo, sua visão madura foi uma forma de pressusuposicionalismo semelhante ao de Edward John CARNELL. Seu ponto de partida lógico estava relacionado ao método científico.

Rejeição dos argumentos teístas. Como outros pressuposicionalistas, Ramm rejeitava os argumentos teístas tradicionais a favor da existência de Deus. Ele ofereceu três razões: Primeira, Deus não pode ser conhecido sem a fé (*Witness of the Spirit*, p. 82-3). Segunda, os efeitos noéticos do pecado (v. PECADO, EFEITOS NOÉTICOS DO) impedem a eficácia das provas teístas (*Protestant christian evidences*, p. 29). Terceira, tais provas são abstratas e não atingem o Deus da revelação (ibid., 41-2; cf. *Philosophy of the christian religion* [Filosofia da religião cristã], p. 101-4).

Ramm concluiu que "a abordagem filosófica da existência de Deus e a abordagem bíblica da realidade do Deus vivo são fundamentalmente diferentes" (*God who makes a difference*, p. 104). Na realidade, "podemos dizer epigramaticamente que a prova da existência de Deus é a Sagrada Escritura *se* sabemos o que estamos dizendo". Ele explica:

> Essa afirmação pressupõ a uma compreensão da Escritura como representante vicária de eventos históricos da ação de Deus e da palavra de Deus. Por meio do uso de tais eventos e Palavras o Espírito de Deus torna Deus a Realidade que ele é para nós (ibid., p. 105).

Sabemos que Deus existe, Ramm está dizendo, não por causa de qualquer prova filosófica, mas porque ele age na história como as Escrituras atestam.

O ponto de partida lógico. Ramm acreditava que é preciso avaliar as opções, comprometer-se com uma hipótese, e depois testá-la. Acreditava que o progresso do conhecimento só é possível se a pessoa passar dos fatos para alguma teoria ou hipótese que integra e explica os fatos (*Philosophy of the christian religion*, p. 32).

O conteúdo da escolha de pressuposições de Ramm era:

> A religião cristã é a obra redentora e reveladora do Espírito Santo que atinge sua maior expressão na revelação e redenção na Encarnação de Deus em Cristo; e essa religião é preservada por todas as eras e é testemunhada por todas as eras nas Santas Escrituras inspiradas (ibid., p. 33).

Testemunho interno. No primeiro círculo de verificação, o pecador ouve o evangelho e é convencido da sua verdade pelo Espírito Santo. A verificação primária da religião deve ser interna e espiritual, ou a verificação se dá por um processo estranho à religião (ibid., p. 44). Essa influência persuasiva do Espírito Santo é interna, mas não subjetiva (v. Espírito Santo na apologética, papel do).

A ação de Deus na história. Ramm afirmou que a função primária das evidências cristãs é prover uma recepção favorável para o evangelho. Essas evidências não são o evangelho e não o substituem. A ação de Deus na história, o segundo círculo, verifica que o Deus bíblico faz uma diferença e:

> realmente entra no nosso tempo, na nossa história, no nosso espaço, no nosso cosmos. [...] Porque Deus faz essa diferença, sabemos que estamos acreditando na verdade e não em ficção ou mera filosofia religiosa (ibid., p. 57).

Assim, o cristianismo é confirmado por fatos objetivos. Milagres e profecias cumpridas fornecem a melhor evidência (v. profecia como prova da Bíblia). "Os evidencialistas acreditam que as evidências estabelecem a origem divina da fé cristã" (*God who makes a difference*, p. 55). Eventos sobrenaturais validam posições teológicas. A revelação é testada pela razão.

Adequação da cosmovisão. O cristianismo também é testado pela capacitabilidade de a visão panôramica de todo o mundo, da humanidade e de Deus. O terceiro círculo é que o cristianismo é verdadeiro porque seus princípios explicam melhor a vida e o mundo. Uma cosmovisão é "o padrão ou estrutura que tem o maior apelo para o indivíduo, que encaixa as coisas para ele da maneira mais significante" (ibid., p. 60). "A visão sinótica responsável" deve ter considerado os fatos, deve ser testável por algum tipo de critério e deve ser internamente coerente (ibid., p. 67).

Esses critérios são semelhantes à coerência factual e consistência lógica propostas por Carnell. Carnell está convencido da validade da lei da não-contradição (v. primeiros princípios), que é um teste necessário da verdade. Na realidade, não podemos pensar sem ela (ibid., p. 68-9; *Protestant christian evidences*, p. 41, 54). No entanto, Ramm não dá o mesmo tipo de ênfase à lógica que pressuposicionalistas como Gordon Clark.

A questão da certeza. Ramm fez a distinção entre certeza e convicção (v. certeza/convicção). Ele acreditava que 1) por intermédio das Escrituras e do testemunho interno do Espírito Santo, o cristão pode ter convicção total de que Deus existe, de que Cristo é seu Senhor e Salvador, de que ele é um filho de Deus. A palavra *provavelmente* é desnecessária para responder a essas questões. Além disso, 2) a fé cristã é uma questão de história. Fatos históricos podem ser conhecidos com um alto nível de probabilidade. 3) Assim, os cristãos apóiam sua fé na convicção total, crendo na base histórica objetiva e factual da revelação cristã com alto nível de probabilidade (Carnell, *Philosophy*, p. 73).

Logo, o cristão "está convencido da verdade da sua fé pelo testemunho do Espírito. É convencido da verdade da sua fé pelas ações do Deus vivo no cosmos que faz uma diferença. E é um cristão porque acredita que a fé cristã lhe dá a visão global mais adequada que há com relação ao homem, à humanidade, ao mundo e a Deus" (ibid., p. 61).

Fontes

E. J. Carnell, *A philosophy of the christian religion*.
N. L. Geisler, *Christian apologetics*.
S. Grenz, et al., orgs., *Twentieth century theology*.
G. Lewis, *Testing christianity's truth claims*.
B. Ramm, *A christian appeal to reason*.
___, *Problems in christian apologetics*.
___, *Protestant christian evidences*.
___, *The christian view of science and Scripture*.
___, "The evidence of prophecy and miracle", em C. F. H. Henry, org., *Revelation and the Bible*.
___, *The God who makes a difference*.
___, *The witness of the Spirit*.
___, *Varieties of christian apologetics*.

Rand, Ayn. Autora atéia (v. ateísmo) e intelectual. Nascida na Rússia (1905-1977) e educada na Universidade de Leningrado, Rand emigrou para os Estados Unidos em 1926. Suas obras mais importantes, escritas durante o final da década de 1950 e início da década de 1960, incluem *Atlas shrugged* [*Atlas encolhido*], *For* *the new intellectual* [*Para o novo intelectual*], *Fountainhead* [*Origem*] e *The virtue of selfishness* [*A virtude do egoísmo*] (1961).

Influências sobre Rand. A filosofia de Rand, chamada objetivismo, combinou elementos do racionalismo aristotélico (v. ARISTÓTELES), do ateísmo de Nietzsche (v. NIETZSCHE, FRIEDRICH), do capitalismo de Adam Smith, do ilusionismo de Sigmund FREUD e do egoísmo hedonista. Ela povoou seus romances com homens e mulheres heróicos que, pela coragem e independência, mudaram a face da terra.

Alguns filósofos foram desprezados por Rand. Ela considerava W. F. G. HEGEL "um feiticeiro", criticou severamente Immanuel KANT por sua influência deletéria no pensamento moderno e chamou o pragmatismo de William JAMES de "neomístico". Denunciou a filosofia de Karl MARX como puro MATERIALISMO que proclamava que "a mente não existe, que tudo é matéria" (*For the new intellectual*, p. p.32-4).

As crenças de Rand. *Ateísmo.* Rand criou sua forma singular de ateísmo otimista e egocêntrico. Escreveu:

> Ergo esse deus sobre a terra, esse deus a quem os homens têm buscado desde que surgiram, esse deus que lhes dará alegria e paz e orgulho. Esse deus, essa única palavra: Eu (ibid., p. 65).

Como Freud, ela considerava a crença em Deus ilusão: "E esse é o seu segredo esfarrapado", ela escreveu. "O segredo de todas as filosofias esotéricas, toda sua dialética e seus supersentidos [...] é levantar naquela névoa plástica um único absoluto sagrado: seu Desejo" (ibid., p. 149). Rand repreende todos os crentes, dizendo que:

> esses desejos irracionais que levam à sua crença, essas emoções que adoram como ídolo, em cujo altar sacrificam a terra, essa paixão escura e incoerente em seu interior, que acreditam ser a voz de Deus ou de suas glândulas, nada mais são que o cadáver de sua mente" (ibid., p. 151).

Rand não nega que algumas pessoas sentem Deus. Apenas afirma:

> quando um místico (v. MISTICISMO) declara sentir a existência do poder superior à razão, ele de fato a sente, mas esse poder não é um superespírito onisciente do universo. É a consciência de qualquer pessoa a quem esse místico entregou a sua (ibid., p. 161).

O que incita tal entrega? "O místico é levado pelo desejo de impressionar, de trapacear, de agradar, de enganar, de impor essa consciência onisciente sobre os outros" (ibid.).

"A fé no sobrenatural começa pela fé na superioridade dos outros", afirma Rand (ibid.). Não há nenhum ser consciente e racional além do ser humano. "O homem é a única espécie que precisa perceber a realidade — que quer estar *consciente* — por escolha" (ibid., p. 5).

Seguindo a Primeira Lei da Termodinâmica (v. TERMODINÂMICA, LEIS DA), Rand declarou que a vida foi gerada espontaneamente a partir de material eterno (v. EVOLUÇÃO QUÍMICA): "A matéria é indestrutível; muda suas formas, mas não pode deixar de existir". É apenas "um organismo vivo que enfrenta uma alternativa constante: a questão de vida ou morte" (*Virtue of selfishness*, p. 15). A vida não foi criada, e sim autogerada (v. EVOLUÇÃO BIOLÓGICA). "A vida é um processo de ação auto-sustentadora e autogerada" (ibid.).

Os seres humanos. Segundo Rand, a humanidade é diferente de outras espécies vivas porque a consciência humana é voluntária (ibid., p. 19, 20). Além disso, "pensar, sentir, julgar, agir são funções do ego" (*For the new intellectual*, p. 78). Ao contrário dos animais, a humanidade tem a habilidade de fazer "concepções" (ibid., p. 14). Na verdade, a mente é a única arma humana (ibid., p. 78). Rand acrescenta: "Sua mente é seu único juízo da verdade — e se outros rejeitam seu veredicto, a realidade é o tribunal de apelo final" (ibid., p. 126).

O ser humano, como Aristóteles disse, é um animal racional. Mas pensar não é automático nem instintivo. As leis da LÓGICA são necessárias para direcionar o pensamento (*Virtue of selfishness*, p. 21-2).

A natureza da verdade. A verdade é o que corresponde à realidade. Nas palavras de Rand, "a verdade é o reconhecimento da realidade; a razão, o único meio de conhecimento do homem, é seu único padrão de verdade" (ibid.). Na realidade, a "perfeição moral é a racionalidade pura, [...] a aceitação da razão como absoluto" (ibid., p. 178-9). Logo, a verdade é objetiva. Deve ser medida pelo mundo real. E a razão humana é a única maneira de atingir a verdade (v. RACIONALISMO).

A virtude do egoísmo. O altruísmo exige que as pessoas vivam para os outros e coloquem os outros acima de si mesmas. Mas ninguém pode viver para outro realmente compartilhando o espírito (ibid., p. 79, 80). Logo, a moralidade deve ensinar as pessoas não a sofrer, mas a desfrutar e viver (ibid., p. 123). Na verdade,

> o credo do sacrifício é uma moralidade para o imoral — uma moralidade que declara sua falência ao confessar que não

pode dar ao homem nenhuma parte pessoal na virtude ou nos valores, e que suas almas são esgotos de depravação, que devem aprender a sacrificar (ibid., p. 141).

Se decidimos amar os outros, eles devem merecê-lo. Rand escreveu que ela não amaria ninguém sem razão: "Não sou nem inimiga nem amiga dos meus irmãos, mas apenas o que cada um merece de mim. E, para merecer meu amor, meus irmãos devem fazer mais que nascer" (ibid., p. 65).

Baseada em seu preceito de que o único deus digno de adoração é a própria pessoa, Rand propõe o "valor supremo": "A vida do organismo é seu *padrão de valor*; o que promove sua vida é *bom*; o que ameaça sua vida é *mau*" (ibid., p. 17). Ela se opôs ao um PRAGMATISMO que descartava todos os princípios e padrões absolutos (*For the new intellectual*, p. 34). "A ética objetivista coloca a vida do homem como o *padrão* do valor — e *sua vida* como *propósito* ético de todo homem individual" (*Virtue of selfishness*, p. 25). "Nenhum valor é maior que a auto-estima" (*For the new intellectual*, p. 176). Logo, "todo '*ser*' implica um '*dever*'" (ibid., p. 22).

Objetivo utópico. Como capitalista que fugiu da União Soviética, Rand resistiu aos argumentos lançados pelo comunismo (v. MARX, KARL). Pois, quando se diz "que o capitalismo teve sua chance e falhou, eles devem lembrar que no final o que falhou foi uma economia 'mista', que os controles foram a causa do fracasso" (ibid., p. 53). Se "o sistema americano original, *capitalismo*" fosse praticado na sua pureza primitiva, um tipo de utopia hedonista surgiria (*Virtue of selfishness*, p. 33). Os verdadeiros conquistadores das realidades físicas da vida, disse ela, não são os que foram capazes de suportar o meio, dormindo na sua cama de pregos, mas os que encontraram a maneira de trocar sua cama de pregos por um colchão de molas (*For the new intelectual*, p. 170).

Avaliação. *Contribuições positivas.* A filosofia do objetivismo tem discernimento. Os teístas tradicionais podem concordar com algumas de suas idéias.

Como objetivista, Rand defendeu um mundo objetivamente real. Ela abraçou o REALISMO e foi uma crítica incisiva das formas sentimentais de subjetivismo, EXISTENCIALISMO e MISTICISMO que dominam o pensamento contemporâneo. Rand enfatizou a razão e a objetividade da verdade (v. VERDADE, NATUREZA ABSOLUTA DA). A verdade não é argila a ser moldada da maneira que desejamos. É realidade sólida.

Rand defendeu firmemente a validade das leis da lógica (v. LÓGICA; PRIMEIROS PRINCÍPIOS). Sua ênfase à razão para testar a verdade e conhecer a realidade foi um corretivo bem recebido para a vertente irracional na filosofia contemporânea. Ave rara entre os ateus, Rand não evita absolutos (v. MORALIDADE, NATUREZA ABSOLUTA DA). Ela abraçou pelo menos o valor absoluto da vida humana. Mais uma vez, isso é bem recebido pelo TEÍSMO.

Características negativas. Algumas das dificuldades com a filosofia de Rand podem ser observadas em artigos como ATEÍSMO; EVOLUÇÃO BIOLÓGICA; FREUD, SIGMUND; HUMANISMO SECULAR; e MORALIDADE, NATUREZA ABSOLUTA DA. Sobre a inadequação do naturalismo, v. MILAGRES, ARGUMENTOS CONTRA.

Como a maioria dos ateus, Rand cria substitutos para Deus. Ela até fala da "graça da Realidade" (Deus?). Argumenta que é "pela graça da realidade e da natureza da vida, [que] o homem — todo homem — é um fim em si mesmo" (ibid., p. 123). Isso é bastante irônico, já que é pela graça do Absoluto (realidade) que cada indivíduo se torna absoluto.

Ao criticar o MATERIALISMO marxista, ela parece não estar ciente de que seu materialismo é semelhante. Ela acreditava que apenas a matéria era eterna e indestrutível. Nesse caso, na análise final, a mente e a razão — que ela valorizava, deveriam ser reduzidos à matéria. E o pensamento não tem mais realidade que um processo químico.

Apesar de Rand falar da superioridade da mente sobre a matéria, sua filosofia materialista não permite tal distinção. A mente também é redutível à matéria, e totalmente dependente dela. Então como pode ser superior a ela? Além disso, a origem da mente é matéria. Mas como o efeito pode ser maior que a causa? Isso viola tudo que a razão nos diz sobre a realidade — o próprio método que ela proclama para descobrir a verdade.

Seu argumento a favor do ateísmo depende da visão unívoca de existência, que ela não defende (v. ANALOGIA). É recomendável que Rand, como atéia, fale da verdade objetiva e absoluta. No entanto, AGOSTINHO argumentou que não pode haver verdade absoluta sem Deus. Verdade é o que a mente sabe, e verdade absoluta deve residir na Mente Absoluta (= Deus). Mas o ateísmo de Rand rejeita qualquer Mente Absoluta.

Uma dimensão positiva do pensamento de Rand leva ao teísmo, não ao ateísmo que defende. Pois ela afirma que a pessoa tem a obrigação ou o dever moral absoluto. Mas prescrições absolutas só são possíveis se há um Prescribente Absoluto (v. MORAL PARA DEUS, ARGUMENTO). Leis morais absolutas só podem vir do Legislador Moral Absoluto (=Deus). A única conclusão lógica para o ateu é negar todos os absolutos morais, como Nietzsche e Jean-Paul Sartre.

Rand disse claramente que "todo '*ser*' implica um '*dever*'" (ibid., p. 22). Mas, como qualquer texto sobre lógica nos informa, isso é uma falha de raciocínio. Só porque algo é, não significa que deve ser. O descritivo não é a base do prescritivo. Como outros ateus que negam todos (exceto um) os absolutos, Rand cai inevitavelmente em outros deles. Por exemplo, ela insiste em que "nenhum homem pode iniciar [...] o uso da força física contra os outros" (ibid., p. 134). Sua ênfase à razão deixa claro que ela também acredita que "Todos devem ser sempre racionais". Na realidade, seu egoísmo ético resulta no absoluto de que "Todos devem sempre respeitar os direitos dos outros". E a vida é esse direito fundamental.

Fontes

B. Branden, *The passion of Ayn Rand*.
N. L. Geisler, *Ethics: alternatives and issues*, cap. 8.
A. Rand, *Atlas shrugged*.
___, *For the new intellectual*.
___, *The virtue of selfishness*.

realismo. Posição de que há uma realidade externa às nossas mentes que podemos conhecer (v. epistemologia). Essa posição é confrontada pelo ceticismo, pelo agnosticismo e pelo solipsismo. Os realistas cristãos acreditam que há um Espírito infinito (Deus) e um mundo real e finito composto de espíritos (anjos) e seres humanos. Ao contrário do dualismo, os realistas acreditam que todos os seres finitos são criados e não eternos. Ao contrário dos idealistas (e.g., George Berkeley), acreditam que há um mundo material, real e além da mente.

Os realistas também acreditam que há uma correspondência entre pensamento e coisa, entre mente e realidade (v. verdade, natureza da). Para os realistas clássicos, tais como Aristóteles e Tomás de Aquino, essa correspondência é possibilitada por meio dos primeiros princípios de conhecimento. Desde Immanuel Kant, costuma-se distinguir o realismo crítico do realismo clássico. O realismo crítico começa premissa de que conhecemos o mundo real, e o realismo clássico sente pela obrigação de provar que o conhecemos. Em outras palavras, o realista pós-kantiano vê a necessidade de recorrer ao agnosticismo de Kant, já que os kantianos não acreditam que podem conhecer a realidade.

Conhecimento da realidade. O que está em questão é se nossos pensamentos correspondem ao mundo real. Ou, mais basicamente, se os princípios pelos quais conhecemos são adaptados à realidade. Sem tais princípios de conhecimento, realistas clássicos acreditam que nosso conhecimento do mundo real é impossível. Aristóteles e Aquino, por exemplo, afirmaram que há primeiros princípios inegáveis pelos quais o mundo pode ser conhecido.

Os realistas clássicos acreditam que os primeiros princípios são os evidentes. Isto é, uma vez que sejam termos conhecidos fica claro para uma mente racional que eles são verdadeiros. Por exemplo, quando sabemos o que *esposa* significa e o que *mulheres casadas* significa, é evidente que "todas as esposas são mulheres casadas". No entanto, para os realistas clássicos como Aquino, evidente não significa necessariamente *a priori* ou independente da experiência. Para os realistas, os primeiros princípios são conhecidos porque a mente conhece a realidade. Na verdade, esses princípios epistemológicos têm base ontológica na realidade.

Sem tais princípios válidos de conhecimento da verdade, é impossível conhecer realmente. Deve haver um relacionamento entre pensamento e coisa, entre os princípios do conhecimento e o objeto do conhecimento. Mas o que é esse relacionamento, e como pode ser estabelecido? Esse é o problema crítico para um realista crítico.

Primeiros princípios e realidade. Por "realidade" quer-se dizer não só a mente, mas também o mundo além dela. A realidade é o que existe. É tudo que o existe. Realidade é existência, e irrealidade é inexistência. Para os realistas clássicos era suficiente *que* conhecêssemos a existência (ou que soubéssemos que conhecemos a existência) e que, na realidade, nosso conhecimento dos primeiros princípios é baseado no nosso conhecimento fundamental da existência. Como Eric Mascall observou precisamente, é desnecessário que alguém exponha sua epistemologia antes de começar a falar sobre Deus, assim como é desnecessário entender a fisiologia humana para começar a andar (Mascall, p. 45). Aristóteles e Aquino não viam a necessidade de justificar esse conhecimento assim como não se demonstraria diretamente um primeiro princípio. Eles são evidentes. Sabemos que são verdadeiros, mesmo antes de podermos explicar porque são verdadeiros. O fato de algo existir é conhecido pela intuição direta. É óbvio e imediato. Isso não quer dizer que não há maneira de defender primeiros princípios exceto ao observar que são auto-evidentes, uma vez que os termos sejam conhecidos adequadamente.

A incontestabilidade dos primeiros princípios. Como foi visto no artigo primeiros princípios, esses preceitos são incontestáveis ou redutíveis ao incontestável. Isto é, não se pode negá-los sem usá-los. Por exemplo, não se pode negar o princípio de não-contradição sem usá-lo na própria negação. A afirmação: "os opostos podem ser verdadeiros" pressupõe que o oposto dessa afirmação não pode ser verdadeiro. Embora a maioria admita, nem todos os céticos aceitam que o princípio da causalidade, que é crucial em todos os argumentos cosmológicos a favor de Deus, é um primeiro princípio incontestável. Nem todo cético admite que algo existe. Logo, é necessário comentar sua incontestabilidade (v. VERIFICABILIDADE, ESTRATÉGIAS DE).

A afirmação "Eu existo" é incontestável. Se eu dissesse: "Eu não existo", teria de existir para dizer isso. Ao negar explicitamente minha existência, estou afirmando-a implicitamente. Da mesma forma, não posso negar que a realidade é cognoscível. Pois a afirmação de que a realidade não é cognoscível é em si uma afirmação de conhecimento sobre a realidade. O agnosticismo total derrota a si mesmo.

O realismo, portanto, é inevitável. O fato de que às vezes erramos ou nos enganamos com relação à realidade não nega todo conhecimento sobre ela. Na verdade, o exige. Pois não poderíamos conhecer uma ilusão a não ser que fosse vista em contraste com a realidade.

Fontes

R. GARRIGOU-LAGRANGE, *God: his existence and his nature*.
N. L. GEISLER, *Christian apologetics*.
___ e W. CORDUAN, *Philosophy of religion*.
E. GILSON, *On being and some philosophers*.
D. HUME, *The letters of David Hume*, J. Y. T. GREIG, org.
J. MARITAIN, *Existent and existence*.
E. MASCALL, *Existence and analogy*.
TOMÁS DE AQUINO, *O ente e a essência*.

redação do Novo Testamento, crítica da. V. BÍBLIA, CRÍTICA DA.

redação do Antigo Testamento, crítica da. Um *redator* edita ou muda um texto composto por outra pessoa. A chamada crítica da redação da Bíblia afirma que editores (redatores) subseqüentes mudaram o texto das Escrituras. Se essas supostas mudanças foram substanciais, isso prejudica seriamente a credibilidade das Escrituras (v. BÍBLIA, EVIDÊNCIAS DA). Não poderíamos saber com certeza o que estava no texto original. Para posições de redação crítica relacionadas ao NT v. o artigo BÍBLIA, CRÍTICA DA.

Natureza das diversas abordagens de redação. Posições diferentes de crítica da redação são apoiadas por evangélicos e não-evangélicos. Os últimos são mais radicais em sua afirmação dos tipos de mudanças que acreditam que ocorreram no texto.

Posições radicais. Emanuel Tov geralmente é citado para apoiar a posição do cânon editado. Sobre as supostas redações de Jeremias, ele argumentou que detalhes pequenos e grandes foram mudados. Ele acreditava que essas mudanças tornam-se evidentes:

1. no arranjo do texto;
2. na adição de títulos a profecias;
3. na repetição de seções;
4. na adição de novos versículos e seções;
5. na adição de novos detalhes; e
6. nas mudanças no conteúdo (Tov, p. 217).

É claro que mudanças substanciais no conteúdo minariam a credibilidade do AT e principalmente seu valor apologético. Como alguém poderia ter certeza de que as profecias não foram adulteradas para que coincidissem com o que realmente aconteceu?

Redatores "inspirados". Alguns evangélicos tentaram adaptar modelos redacionais ao propor o "redator inspirado". Dessa maneira pretendem explicar a evidência de redação e ao mesmo tempo manter a inspiração das Escrituras (v. BÍBLIA, EVIDÊNCIAS DA; NOVO TESTAMENTO, MANUSCRITOS DO; ANTIGO TESTAMENTO, MANUSCRITOS DO). Por exemplo, Bruce Waltke afirma "que os livros da Bíblia parecem ter passado por uma revisão editorial depois de virem da boca do orador inspirado". Na mesma passagem ele fala de "atividade editorial posterior". Waltke afirma que há evidência de redação de 1800 a.C. a 200 d.C. (Waltke, p. 78, 79, 92). No entanto, há quem responda à proposta de Waltke rejeitando sua posição (ibid., p. 133). Até suas concessões tendem a minar o texto bíblico.

Argumentos a favor de redatores. Atenta-se aqui para a crítica da redação do AT, especialmente aquela afirmada por Waltke e alguns outros teólogos evangélicos que insistem em que "redatores inspirados" fizeram mudanças substanciais nas Escrituras. Junto com redatores de postura mais crítica, acreditam que o conteúdo dos autores bíblicos sofreu mudanças contínuas até chegar à sua forma final.

1. Alguém depois de Moisés, possivelmente Josué, escreveu o último capítulo de Deuteronômio (cap. 34), já que ele não é profético e registra a morte de Moisés.
2. Certos trechos de Deuteronômio (2.10-12, 20-23) mostram a evidência de um redator posterior. São de natureza editorial e parentética.
3. A disposição dos salmos em cinco livros ou seções é indubitavelmente obra de editores com piladores.

4. Provérbios passou pelas mãos de editores depois de Salomão (10.1; 22.17; 25.1; 30.1; 31.1), alguns dos quais viveram na época de Ezequias, dois séculos após Salomão (25.1).
5. Alguns livros, tais como Jeremias, sobrevivem em duas versões bem diferentes. A versão mais longa (hebraica) é um sétimo maior que a versão grega da *Septuaginta*, um exemplo da qual sobrevive em fragmentos de Qumran (4QJerb).
6. Os livros de Crônicas apresentam-se como baseados em registros proféticos anteriores (1Cr 9.1; 27.24; 29.29; 2Cr 9.29; 13.22; 16.11; 20.34; 25.26; 27.7; 28.26; 32.32; 33.19; 35.27; 36.8) que foram editados pelo(s) autor(es) de Crônicas.

Resposta aos argumentos. Nenhum dos argumentos dados para apoiar a redação inspirada é definitivo. Merrill Unger admitiu apenas pequenas "adições editoriais ao Pentateuco, considerado *autenticamente mosaico*". Mas rejeitou completamente a idéia de que adições não-mosaicas posteriores foram feitas no Pentateuco por redatores, inspirados ou não (Unger, P. 231-2). A resposta à teoria do "redator inspirado" seguirá a ordem dos seus argumentos dados acima.

O registro da morte de Moisés. Para a discussão mais completa sobre essa questão, v. PENTATEUCO, AUTORIA MOSAICA DO. O fato de que Moisés não poderia ter escrito Deuteronômio 34 tem sido aceito por teólogos conservadores, inclusive Unger. Todavia, essa não é uma *redação* no conteúdo de algo que Moisés escreveu. É a *adição* dos eventos que, humanamente falando, Moisés não poderia ter escrito, ou seja, o registro do próprio funeral (Dt 34). É claro que é sempre possível que Moisés os tivesse escrito por revelação divina, mas não há afirmação ou evidência de que o tinha escrito. A finalização do livro por outro profeta inspirado, possivelmente Josué, não comprometeria sua autoridade.

Comentários editoriais em Deuteronômio 2. Isso também é discutido em PENTATEUCO, AUTORIA MOSAICA DO. As seções parentéticas em Deuteronômio 2 não precisam ser redações posteriores. Elas se encaixam no texto, e não há razão pela qual Moisés não poderia tê-las incluído para explicar ou esclarecer. Se essas adições foram feitas por escribas posteriores, elas não são inspiradas e estão sujeitas ao mesmo ceticismo textual que Marcos 16.9-20 e João 8.1-11. Sem evidência do contrário, parece razoável considerar essas passagens comentários editoriais de Moisés.

Acrescentando e reorganizando. Simplesmente compilar e organizar escrituras inspiradas (salmos individuais) não é prova do modelo da crítica de redação. Acrescentar salmos ao saltério da maneira em que foram escritos se ajusta perfeitamente ao modelo profético do cânon. O que o modelo redacional teria de provar é que autores inspirados posteriores fizeram mudanças propositais de conteúdo, não apenas reorganizando o que está ali. Não há prova disso nos Salmos.

Pequenas adições editoriais não são o problema. A posição do redator inspirado aceita mudanças *substanciais* no conteúdo.

Provérbios não mostra nenhuma evidência de redação. Nenhuma das passagens citadas de Provérbios prova que a obra original do autor (seja Salomão [1–29], Agur [30] ou Lemuel [31]) não foi aceita pela comunidade da fé imediata e continuamente, sem mudanças subseqüentes de conteúdo. A palavra "compitaram" (25.1) não significa "transformaram o conteúdo", mas apenas que copiaram para outro manuscrito. Se esse processo envolveu a seleção e reorganização do que Salomão havia escrito anteriormente é irrelevante. Como os Salmos, há uma grande diferença entre *reorganizar* o que Salomão escreveu e *editar* (mudar) seu conteúdo. Não há evidência de edição.

Duas edições de Jeremias. Os teólogos conservadores reconhecem que pode haver duas versões (edições) de Jeremias que se originaram do próprio Jeremias, possivelmente por intermédio de Baruque, seu escriba (Archer, p. 361-2). Isso explicaria diferenças encontradas nos manuscritos. Nesse caso não há necessidade de supor um redator *posterior*. O próprio Jeremias, ainda vivo, poderia ter direcionado a versão posterior do seu livro com mais profecias. Jeremias pregou e profetizou conforme a ocasião. É compreensível que a coleção das suas obras crescesse. Os tradutores da *Septuaginta* podem ter tido acesso à versão preliminar.

Citação de outras fontes. As passagens citadas em Crônicas (1Cr 9.1; 27.24, etc.) não significam que o autor de Crônicas (possivelmente Esdras) estava *editando* alguns outros livros. Pelo contrário, ele os usou como fontes para escrever o seu livro, assim como Daniel (9) usa Jeremias (25) e 2Samuel 22 usa o salmo 18. Lucas evidentemente usa outros registros (Lc 1.1-4).

Além disso, não é necessário supor que todas essas citações do AT sejam de obras inspiradas. Algumas eram registros jurídicos (e.g., 1Cr 9.1; 27.24; 2Cr 20.34). Os livros "do vidente Samuel" e "do profeta Natã" (1Cr 29.29) podem ser a obra profética agora conhecida por 1 Samuel. Ainda outros podem ter sido comentários não-inspirados (e.g., 1Cr 13.22).

Paulo usa fontes não-inspiradas nas suas obras (cf. At 17.28; Tt 1.12). Isso não implica mudar um livro inspirado.

Problemas com redação "inspirada". A idéia de redatores inspirados que fizeram mudanças deliberadas e substanciais no conteúdo de material profético prévio é inaceitável.

É contrária à advertência de Deus. Deus fez advertências repetidas aos seus profetas: "Nada acrescentem às palavras que eu lhes ordeno" (Dt 4.2; cf. Pv. 30.4; Ap 22.18,19). Isso, é claro, não significa que outro profeta não possa ter revelação separada adicional para completar Deuteronômio. Isso significa, sim, que ninguém pode mudar (editar) a revelação que Deus deu para outro profeta, ou inclusive para si mesmo. Ninguém devia acrescentar ou diminuir o que Deus havia falado (cf. Ap 22.19).

Confunde crítica textual e canonicidade. A idéia de redação confunde canonicidade e a chamada baixa crítica, ou crítica textual (v. Bíblia, crítica da). Canonicidade (gr. *kanon*, regra ou norma) lida com quais livros são inspirados e pertencem à Bíblia (v. Bíblia, canonicidade da). A crítica textual estuda o texto dos livros canônicos, tentando chegar o mais próximo possível do texto original. A questão de mudanças feitas por escribas na transmissão de um manuscrito de um livro inspirado pertence ao campo da crítica textual, não da canonicidade. Da mesma forma, se o material foi acrescentado depois, como em 1João 5.7 ou João 8.1-11, é uma questão de crítica textual determinar se ele estava na obra original. Não é propriamente uma questão de canonicidade.

Crítica textual é uma disciplina legítima porque não procura mudar ou *editar* o texto original, mas apenas *reconstruí*-lo a partir dos manuscritos disponíveis.

É contrária ao significado de inspirado. A idéia do "editor inspirado" é contrária ao uso bíblico da palavra *inspirada* ou *divinamente inspirada* em 2 Timóteo. A Bíblia não menciona *escritores* inspirados, apenas *Escrituras* inspiradas (v. Bíblia, evidências da). O autor inspirado seria infalível e inerrante, não apenas o autor de um livro infalível e inerrante.

É contrária aos autógrafos inspirados. Essa idéia de redação é contrária à posição evangélica de que apenas os autógrafos (textos originais) são inspirados. O *autógrafo* é o texto original (ou uma réplica exata) tal como veio do profeta. Apenas tal texto é considerado inspirado e, portanto, sem erro. As cópias são inspiradas até o ponto em que reproduzem precisamente o original.

Mas de acordo com a posição do "redator inspirado", a versão editada final é inspirada. Nesse caso, as obras originais não eram as inspiradas por Deus. Pois Deus não pode errar (Tt 1.2; Hb 6.18), nem mudar (Ml 3.6; Hb 1.12; 13.8; Tg 1.17). Se houve um "redator inspirado", Deus fez mudanças de conteúdo em suas edições inspiradas sucessivas.

Além disso, a posição do "redator inspirado" exige rejeição da posição evangélica de um original escrito definido que Deus "soprou" por meio de determinado profeta. Ao invés disso, os autógrafos seriam um manuscrito fluido em processo, talvez durante séculos. Na verdade isso promoveria os escribas ao posto de profetas. Deus teria de "soprar" cópias (inclusive seus erros) assim como os originais.

Elimina a verificação de uma obra. Redação inspirada elimina o meio pelo qual a declaração profética poderia ser testada por aqueles a quem foi dada. Segundo a posição da crítica da redação, a obra profética como tal não foi apresentada à comunidade crente contemporânea. Foi terminada e doada ao povo de Deus décadas (ou até séculos) mais tarde por outra pessoa. Quando havia necessidade, Deus confirmava seus profetas com sinais e prodígios (cf. Êx 3–4; 1Rs 18; At 2.22; Hb 2.3,4). Os contemporâneos do profeta poderiam testar o homem que lhes trouxera as declarações de Deus (cf. Dt 18). Mas se a posição do "redator inspirado" estiver correta, não há maneira de confirmar se essa escritura (na sua forma editada eventual) realmente veio de um profeta de Deus. Somente se a mensagem original e inalterada fosse confirmada pelos ouvintes originais é que poderíamos ter certeza do seu devido lugar no cânon.

Mina a autoridade das Escrituras. O modelo de redação passa a posição de autoridade divina da mensagem profética original (dada por Deus por meio do profeta) para a comunidade de crentes gerações mais tarde. É contrário ao princípio de canonicidade segundo o qual Deus *determina* a canonicidade e o povo de Deus *descobre* o que Deus determinou ser inspirado. Na realidade, o modelo de redação coloca a autoridade no povo de Deus em lugar de na mensagem profética dada por Deus ao seu povo.

Envolve fraude. Um modelo de crítica de redação para a canonicidade implica aceitação de fraude como meio de comunicação divina. De formas significativas, a mensagem ou o livro que afirma vir de um profeta veio na verdade de redatores posteriores. Aplicada aos evangelhos, a crítica de redação afirma que Jesus não disse ou fez necessariamente o que o autor do evangelho afirma ter feito. Redatores literalmente colocam suas palavras na boca de Jesus. Mas isso envolve falsidade ideológica deliberada, o que constitui fraude (v. Novo Testamento, historicidade do). A mesma crítica se aplica se redatores mudaram o que o profeta escreveu. Isso seria fraude, enganando o leitor para que acredite que Deus direcionou o que os autores originais disseram. Mas Deus não pode mentir (Hb 6.18).

Confunde a edição adequada com redação. O modelo canônico da crítica de redação confunde a atividade legítima dos escribas, envolvendo *forma* gramatical, atualização de nomes e disposição de material profético, com as mudanças redacionais ilegítimas do *conteúdo* da mensagem de um profeta anterior. Isso confunde a *transmissão* escrita aceitável com a *manipulação* redacional inaceitável. Confunde discussão adequada de qual é o *texto* mais antigo com afirmações inadequadas de que profetas posteriores mudaram a *verdade* dos textos anteriores.

É refutada pela história judaica. A teoria da redação supõe que existiram redatores inspirados bem depois do período no qual os profetas viveram (viz., século IV a.C.). Não pode haver obras inspiradas a não ser que haja profetas vivos. E os judeus não reconheceram nenhum profeta após a época de Malaquias (c. 400 a.C.). Josefo, o historiador judeu, referiu-se explicitamente ao término da revelação no "reinado de Artaxerxes, rei da Pérsia" (Josefo, 1.8). Acrescentou: "De Artaxerxes até nossa época tudo foi registrado, mas não foi considerado digno de crédito igual ao que precedeu, porque a sucessão exata dos profetas cessou" (ibid.).

Afirmações rabínicas adicionais sobre o término da profecia apóiam tal posição (v. Beckwith, p. 370): Seder Olam Rabbah 30 declara: "Até então [a vinda de Alexandre, o Grande] os profetas profetizaram por meio do Espírito Santo. Daí em diante: 'Inclina teu ouvido e ouça as palavras dos sábios'". Baba' Batra' 12B declara: "Desde o dia em que o templo foi destruído, a profecia é obtida dos profetas e dada aos sábios". O rabino Samuel bar Inia disse: "O Segundo Templo não tinha cinco coisas que o Primeiro Templo possuía, a saber, o fogo, a arca, o Urim e o Tumim, o óleo de unção e o Espírito Santo [da profecia]".

Logo, qualquer mudança no texto do AT após essa época não poderia ser inspirada, já que não houve profetas. Assim, pertencem ao campo da crítica textual, não da canonicidade.

É refutada pela crítica textual. A disciplina acadêmica da crítica textual refuta as afirmações da crítica redacional. Pois a história do texto bíblico é bem conhecida (v. Novo Testamento, manuscritos do). Milhares de manuscritos traçam as mudanças. O texto original pode ser reconstruído com alto grau de confiança.

Não há redações no conteúdo da mensagem profética nem por editores inspirados nem por editores não-inspirados. A maioria das mudanças estão ligadas à forma, não ao conteúdo. São gramaticais, não teológicas. Os escribas foram fiéis na cópia do texto. Nesse caso, não há razão para acreditar que a mensagem original do autor bíblico tenha sido mudada. O breve espaço de tempo e o grande número de manuscritos comparados com outras obras da antiguidade atestam o fato de que o conteúdo dos textos bíblicos está inalterado.

Fontes

G. L. Archer, Jr., *Merece confiança o Antigo Testamento?*
R. Beckwith, *The Old Testament canon of the New Testament church and its background in early judaism.*
Flávio Josefo, *Contra Ápion.*
___, *Antiguidades dos judeus.*
N. L. Geisler e W. Nix, *Introdução bíblica.*
E. Tov, "The literary history of the book of Jeremiah in the light of its textual history", em J. Tigay, org., *Empirical models for biblical criticism.*
M. Unger, *Introductory guide to the Old Testament.*
B. K. Waltke, "Historical grammatical problems", em E. D. Radmacher e R. D. Preus, orgs., *Hermeneutics, inerrancy and the Bible.*

reductio ad absurdum. Expressão que se refere ao argumento baseado na lógica que reduz visões opostas ao absurdo ao demonstrar que duas ou mais de suas premissas centrais, ou que resultam logicamente delas, são logicamente contraditórias (v. lógica). Um sistema da apologética cristã, o pressuposicionalismo racional de Gordon Clark, depende completamente desse tipo de argumento (v. apologética pressuposicional).

reencarnação. Termo que significa literalmente "voltar na carne". Isso não deve ser confundido com a "Encarnação" de Cristo quando ele veio "em carne" de uma vez por todas (1Jo 4.1,2) (v. Cristo, divindade de). *Re*-encarnação significa que depois da morte a alma entra em outro corpo e volta para viver outra vida.

Há várias formas de reencarnação. As mais comuns vêm do hinduísmo e do budismo (v. zen-budismo) e são baseadas na lei inexorável do *carma.* Sob a lei do *carma,* o que a pessoa semeia nesta vida será colhido na próxima. Toda ação nesta vida tem uma reação ou consequência nesta vida ou na próxima.

Ciclos da vida. Popularidade da reencarnação. A reencarnação não só é a crença predominante nas religiões orientais, mas também conquistou popularidade crescente no mundo ocidental. Aproximadamente um em cada quatro americanos acredita em reencarnação. Entre jovens universitários a proporção é quase um em três. Surpreendentemente, cerca de uma em cada cinco pessoas que freqüentam igrejas regularmente também acredita na reencarnação, embora a Bíblia e a crença cristã ortodoxa rejeitem essa doutrina.

Muitas pessoas famosas têm proclamado sua crença na reencarnação. Uma das mais declaradas é Shirley MacLaine. Outras pessoas famosas que acreditam na reencarnação são Glenn Ford, Anne Francis (*Honey west*), Sylvester Stallone (*Rocky, Rambo*), Audry Landers (*Dallas*), Paddy Chayevsky (autor de *Marty, The hospital, Altered states*), General George S. Patton, Henry Ford, Salvador Dali e Mark Twain. Na música o ex-Beatle George Harrison, Ravi Shankar, Mahavishnu, John McLaughlin e John Denver dedicaram-se a espalhar a mensagem de suas crenças espirituais numa segunda chance. Até algumas histórias em quadrinhos foram influenciados. *Camelot 3000, Ronin* e *Dr. Strange* lidaram todos com temas de reencarnação.

Fonte da doutrina. A reencarnação tem uma longa história. Muitos acreditam que a fonte original da doutrina seria *os Vedas* (Escrituras) hindus. Formas budistas, jainistas e *siques* (v. SIKHISMO) parecem ter derivado dele, assim como ensinamentos de meditação transcendental e Hare Krishna. Algumas formas ocidentais podem ter surgido da filosofia grega sem influência direta do ensinamento hindu, começando com os pitagoristas. O médium Edgar Cayce e adeptos do movimento teosófico do final do século XVIII, incluindo a escritora Helena Blavatsky, foram mestres influentes a respeito de vidas múltiplas. Vários teólogos cristãos tentaram harmonizar formas de reencarnação com o cristianismo, entre eles Geddes MacGregor e John HICK.

Tipos de reencarnação. Filosoficamente, a reencarnação está envolvida em religiões orientais como hinduísmo, budismo e taoísmo. Ela é fortemente rejeitada pelo islamismo, judaísmo e cristianismo. Mas jamais foi confinada ao oriente. Alguns filósofos ocidentais antigos também acreditavam que a alma vive de formas diferentes. Pitágoras (c. 580-c. 500 a.C.), PLATÃO (428-348 a.C.) e PLOTINO (205-270) acreditavam que o espírito, ou alma, era eterno e não podia ser destruído (v. IMORTALIDADE).

Platão ensinou que a alma imortal assume o corpo apenas como castigo por algum pecado, pelo qual o sofrimento será muito maior; a alma deve deixar o âmbito ideal e entrar no mundo material.

O homem é uma alma num corpo, e sua alma precisa crescer em direção ao bem maior, para que não tenha mais de sofrer o renascimento contínuo, mas ir ao estado no qual possa, como Deus, contemplar e desfrutar para sempre a hierarquia das formas ideais, em toda sua verdade, beleza e bondade (Noss, p. 52).

Antes desse estado final de felicidade ser realizado podemos voltar até mesmo como animais.

As semelhanças entre Platão e a doutrina hindu são surpreendentes, principalmente o sistema "pessoal" de Ramanuja. Essa escola desenvolveu-se a partir da visão "impessoal" anterior, mas os ingredientes principais são os mesmos: A alma é chamada *jiva* ou *jivatman* e sobrevive à morte como entidade mental chamada *corpo sutil*. Essa entidade entrará num novo embrião, trazendo consigo o *carma* de todas as vidas passadas. *Carma* inclui ações e as conseqüências éticas ligadas a elas. Você realmente colherá o que semeou. Se fizer boas ações, nascerá num "ventre agradável". Se fizer o mal, seu destino será proporcionalmente menos nobre. Você poderá encontrar-se num "ventre imundo e repugnante", seja animal, vegetal ou mineral. O ciclo de morte e renascimento (*samsara*) geralmente é retratado como uma roda, com a morte como portal para a nova vida. Mas o objetivo é escapar desse ciclo.

Essa fuga é chamada *moksha*, e é aqui que surge a diferença entre as formas pessoal e impessoal da doutrina. A versão impessoal diz que, quando toda dívida do *carma* é eliminada, a alma perde toda identidade e simplesmente se torna uma com a Unidade; o eu se funde com Brahman, a força divina impessoal. A visão pessoal diz que a alma é simplesmente liberada para ser ela mesma, totalmente devotada a *Bhagwan* (o Deus pessoal).

Outras formas da doutrina da reencarnação diferem com relação ao que acontece na hora da morte e à natureza do estado final de *moksha*, mas o padrão geral é retido. Os budistas dizem que a alma inconsciente (*vinnana*) continua, mas o eu (intelecto, emoções e consciência) é apagado na morte. Seu *carma* permanece no ciclo de renascimento chamado *samsara*. Há quatro interpretações do estado final no budismo, *nirvana*, que é atingido pela graça de Buda. O jainismo e o siquismo (doutrina seguida pelos *siques*) seguem os mesmos padrões do hinduísmo pessoal e impessoal, respectivamente.

A maioria das formas cristãs não-ortodoxas de reencarnação não diferem quanto ao conceito básico, mas são influenciadas por outros fatores. Mais importante, durante a existência humana, é feita uma decisão sobre a aceitação ou rejeição de Cristo. No modelo mais simples, os que aceitam a Cristo vão para a presença de Deus, e os que o rejeitam são reencarnados. O ciclo continuará até que todos reconheçam a Cristo. Dessa maneira, todos, infalivelmente, serão salvos (v. UNIVERSALISMO). Algumas teorias cristãs de reencarnação dão o castigo final para os que são causas perdidas. Na teoria de MacGregor o castigo é o aniquilamento (v. ANIQUILACIONISMO). A teoria de Hick é relativamente nova, pois supõe que os seres humanos reencarnam em outros planetas.

Razão para a crença. Várias análises racionais são dadas para justificar a crença na reencarnação. Três das razões básicas são a crença na alma imortal, as evidências psicológicas de vidas passadas e o argumento da justiça por meio da reencarnação.

Imortalidade da alma. A principal razão de Platão para crer na transmigração das almas (outro nome para referir-se à alma passando a um corpo diferente) era que ele acreditava que a parte imaterial de cada ser humano era não-criada e indestrutível. Existia antes de nascermos, e continua a existir depois que morremos. Nada, bom ou mau, pode corrompê-la. Nesse caso, os reencarnacionistas argumentam que é provável que ela apareça no mundo em corpos diferentes várias vezes. Isso é parte do seu processo de aperfeiçoamento. Da mesma maneira, filosofias panteístas supõem que tudo é eterno e divino, portanto a alma é igualmente incorruptível.

Evidências psicológicas. Ian Stevenson, um parapsicólogo e pesquisador da regressão, disse:

> A idéia de reencarnação pode contribuir para a compreensão melhorada de questões diversas como: fobias e filias da infância; habilidades não aprendidas; anormalidades de relacionamentos entre pais e filhos; vendetas e nacionalismo belicoso; sexualidade infantil e confusão de identidade sexual; marcas de nascença, deformidades e doenças internas; diferenças entre gêmeos univitelinos; e apetites anormais durante a gravidez (Stevenson, p. 305).

A regressão a vidas passadas, por meio de hipnose ou outro estado de consciência alterada, tem sido útil a algumas pessoas para explicar sentimentos que o paciente não pode explicar ou vencer. Ao descobrir alguma experiência de uma vida passada, muitos aliviaram os sentimentos de medo, depressão ou rejeição. Apesar de muitos psicólogos e hipnotizadores que trabalham com regressão não acreditarem realmente que os eventos recordados por seus pacientes sejam reais, usam este método porque funciona. Como um terapeuta disse: "Não importa se é real ou imaginário se ajuda alguém a entender sua vida. Se funciona, que importa?" (Boeth, H3).

Necessidade de justiça. Para muitos, a idéia de ter mais de uma chance na vida parece ser a solução mais justa. O *carma* é justo. Se você faz coisas ruins, você paga o preço; se faz o bem, recebe a recompensa. O castigo é proporcional à maldade do seu *carma*, não tudo ou nada. A idéia de condenar alguém no o INFERNO eterno por causa de uma quantidade finita de pecado parece muito drástica. Além disso, o sofrimento nesta vida pode ser justificado se é realmente uma liberação do *carma* de vidas passadas. Essa explicação elimina a necessidade de responsabilizar Deus pelo sofrimento. Todo sofrimento pode ser explicado como sendo a liberação justa dos maus atos cometidos em encarnações anteriores.

Como Quincy Howe afirma: "Um dos aspectos mais atraentes da reencarnação é que ele remove completamente a possibilidade de condenação" (Howe, p. 51). Para muitas pessoas, a doutrina do castigo eterno parece totalmente incompatível com o amor de Deus. A reencarnação sugere uma maneira em que Deus pode castigar o pecado (por meio da lei do *carma*), exigir a fé em Cristo (durante pelo menos uma vida) e ainda salvar a todos no final. Quem rejeita a Cristo tem outras oportunidades. Isso até protege a liberdade humana, porque Deus não coage ninguém a crer; ele apenas lhes dá mais tempo para exercitar sua liberdade. O progresso moral e o crescimento espiritual também podem ocorrer durante vidas sucessivas, o que permitirá aos indivíduos entender melhor o amor de Deus. Alguns pensam que a perfeição moral não pode ser atingida sem a reencarnação.

Finalmente, argumenta-se que a reencarnação é justa porque torna a salvação uma questão pessoal entre o indivíduo e Deus. Em vez de lidar com problemas de culpa imputada a partir do pecado de Adão ou ser considerado justo pela fé, cada pessoa é responsável pelo próprio *carma*. Howe, ao argumentar que a expiação por um substituto não é mais válida, diz: "O próprio homem deve fazer as pazes com Deus" (Howe, p. 107). MacGregor diz: "Meu *carma* é só *meu*. É *meu* problema e o triunfo sobre ele é *meu* triunfo". Isso elimina a injustiça de ser castigado de qualquer forma pelo pecado de Adão e a injustiça de Cristo morrer pelos pecados que não cometeu. Pelo contrário, a morte de Jesus torna-se nossa inspiração, "o catalisador perfeito" para alcançar nossa salvação e nos assegurar que estamos na luz infalível do amor de Deus. Ele morreu como nosso exemplo, não como nosso substituto. Dessa maneira, a reencarnação satisfaz a justiça.

Avaliação. *Resposta aos argumentos.* Os argumentos a favor da reencarnação não têm fundamento real. Na melhor das hipóteses demonstram apenas a possibilidade de reencarnação, não sua realidade.

A imortalidade não comprova a reencarnação. Mesmo que alguém pudesse demonstrar a IMORTALIDADE da alma com base puramente racional, isso não provaria a reencarnação. A alma poderia sobreviver para sempre numa forma desencarnada. Ou a alma poderia ser reunida ao corpo num corpo ressurreto imortal e permanente, tal como os judeus, muçulmanos e cristãos ortodoxos acreditam.

"Memórias" de vidas passadas não comprovam a reencarnação. Há outros meios de explicar as supostas "memórias" ou vidas passadas. Primeiro, elas podem ser falsas memórias. Foi comprovado que muitas outras supostas "memórias" eram falsas. Algumas pessoas se recuperaram da síndrome da falsa memória. Segundo, essas supostas "memórias" de vidas anteriores são mais abundantes entre os que foram criados em culturas ou contextos onde foram expostos ao ensinamento da reencarnação. Isso sugere que receberam essas idéias quando eram pequenos e mais tarde as trouxeram do seu banco de memória. Terceira, há casos conhecidos, tais como o de Bridie Murphy, em que as supostas "memórias" de vidas passadas iram nada mais que histórias que sua avó lia para quando era pequena. Outras falsas memórias foram implantadas sob hipnose (o poder da sugestão) ou por terapia de fantasia dirigida durante sessões de orientação ou ensino. A síndrome da falsa memória é reconhecida pelos psicólogos atualmente.

A reencarnação não resolve o problema da justiça. Em vez de resolver o problema do sofrimento injusto, a reencarnação simplesmente diz que, no final das contas, ele é justo. Os inocentes não são realmente inocentes porque o *carma* de vidas passadas está causando o sofrimento. Os reencarnacionistas reclamam que o cristão, diante da mãe de um bebê moribundo, só pode dizer: "Eu não sei". Mas a lei do *carma* pode lhe dar uma resposta: "Seu anjo doce e inocente está morrendo porque numa encarnação anterior foi um mau sujeito". Isso não é uma *solução* ao problema, é apenas uma *subversão* dele. Não *lida* com a dificuldade; apenas a *descarta*.

É realmente justo Deus punir crianças pelos pecados que nem lembram ter cometido? Parece moralmente repugnante e terrivelmente injusto atribuir juízo a alguém que nem sabe que crime cometeu. Além disso, ao adiar a culpa para a vida seguinte, começa-se o retorno infinito de explicações que jamais se resolve com a explicação. Se o sofrimento de cada vida depende dos pecados da vida anterior, como tudo começou? Se houve a primeira vida, de onde veio a dívida do *carma* que explica o sofrimento nessa vida? O mal é um princípio eterno, junto com Deus? Não se pode retroceder eternamente para resolver o problema do mal. A lei do *carma* não resolve o conflito. Apenas joga o problema para vidas passadas, sem chegar à solução.

Tem-se a impressão, e alguns argumentam, que *carma* é o mesmo que a lei bíblica — um código moral universal e rígido. No entanto, o *carma* não é uma prescrição moral. É apenas um sistema de retribuição; não tem conteúdo para nos dizer o que fazer. É uma lei impessoal e amoral de relações de ato e conseqüência. Até mesmo comparações com o relacionamento de ato e conseqüência em Provérbios não conseguem reconhecer que o AT coloca os provérbios como princípios gerais, não sanções absolutas e inquebráveis de retribuição. Nesse aspecto, a lei não era tão inalterável quanto o *carma* — era parte de uma lei superior de perdão e graça. A comparação é inválida.

Argumentos contra a reencarnação. Além dos argumentos a favor da reencarnação não provarem sua existência, há argumentos contra a reencarnação. Vários dos mais importantes podem ser resumidos.

O argumento moral. Em sistemas panteístas não existe a fonte de padrões morais que o *carma* impõe (v. PANTEÍSMO). Por que punir pessoas por algum mal se não há padrão moral de certo e errado? Pois no panteísmo não há diferença entre o bem e o mal. O *carma* não é uma lei moral. Quanto à moralidade, tudo é relativo. Allan Watts, porta-voz do zen-budismo, escreveu:

O budismo não compartilha a visão ocidental de que haja uma lei moral, imposta por Deus ou pela natureza, que o homem deva obedecer. Os preceitos de conduta de Buda — abstinência de tirar a vida, de tirar o que não é dado, da exploração de paixões, da mentira e da intoxicação — são regras de conveniência seguidas voluntariamente (Watts, p. 52).

Esse relativismo apresenta problemas reais para a reencarnação. O relativismo é uma posição impossível de defender na ética. Não se pode dizer: "O relativismo é verdadeiro", ou mesmo: "O relativismo é melhor que o absolutismo", porque essas afirmações supõem um valor absoluto que contradiz o relativismo. Como C. S. LEWIS explica:

No momento em que você diz que um grupo de idéias morais pode ser melhor que outro, você está, na verdade, comparando ambas a um padrão, dizendo que um deles se conforma a tal padrão mais que o outro. Mas o padrão que avalia as duas coisas é algo diferente de ambas [...] Você está, na realidade, comparando ambas a alguma Moralidade Real, admitindo que existe algo Correto, independentemente do que as pessoas pensam, e que as idéias de algumas pessoas estão mais próximas desse Correto real que outras (Lewis, p. 25).

Para dizer que o relativismo está correto, é preciso supor que alguma justiça absoluta exista, o que é impossível no relativismo. Sem que algo absolutamente correto exista, nada pode ser realmente correto; e se nada é correto (ou errado), o *carma* não tem o direito de castigar ninguém (v. MORALIDADE, NATUREZA ABSOLUTA DA).

O argumento humanitário. A reencarnação é, no final das contas, anti-humanitária. Não gera compaixão social. Quem que ajuda os milhares de pessoas pobres, aleijadas, mutiladas, desabrigadas e famintas nas ruas da Índia está trabalhando contra a lei do *carma*. As pessoas sofrem para pagar sua dívida do *carma* e, se forem ajudadas, terão de voltar e sofrer ainda mais para pagar essa dívida. Segundo a crença hindu tradicional, quem ajuda os sofredores não está aumentando o *carma* deles, mas o próprio *carma*. A compaixão social que existe na Índia é resultado da influência não-hindu, em grande parte cristã. O hinduísmo não produziu madre Teresa De Calcutá.

O argumento psicológico. A reencarnação depende da premissa de que o indivíduo tinha o senso altamente desenvolvido de autoconsciência antes de nascer para receber e armazenar informação e mais tarde recordá-la. É fato científico que essa habilidade só se desenvolve a partir do décimo oitavo mês de idade. É por isso que não nos lembramos de quando tínhamos um ano de idade. Afirmar que todo ser humano "esquece" de forma misteriosa o seu passado de consciência altamente desenvolvida e que a maioria jamais o recupera — a não ser que seja treinada e "iluminada" para tal — é altamente improvável. A hipótese é infundada e totalmente *Deus ex machina*.

O argumento científico. Cientificamente, sabemos que a vida começa na concepção, quando os 23 cromossomos de um espermatozóide se unem aos 23 cromossomos de um óvulo e formam um zigoto humano de 46 cromossomos. Nessa hora uma vida humana nova e única começa. Ela tem vida (alma) e um corpo. É um ser humano individual único. Não existia antes. Afirmar que sua alma (vida) existia num corpo anterior não tem base científica. A evidência científica indica a concepção humana como ponto de origem do ser humano individual.

O argumento social. Se a reencarnação fosse correta, a sociedade estaria melhorando. Afinal, se já tivemos centenas, até milhares de oportunidades de melhorar durante milhões de anos, deveria haver alguma evidência disso. Não há evidência de que tal progresso moral esteja ocorrendo. As maneiras pelas quais podemos manifestar ódio, crueldade, racismo e barbarismo a outros seres humanos e que foram desenvolvidas. Até um otimista realista que deseja um futuro melhor deve reconhecer que não há evidência irrefutável de que qualquer melhoria moral significantiva tenha ocorrido durante os milhares de anos que conhecemos.

O problema do mal e a regressão infinita (v. INFINITAS, SÉRIES). Se o sofrimento nesta vida sempre resulta do mal feito numa vida anterior, teria de haver uma regressão infinita de vidas anteriores. Mas uma regressão infinita no tempo não é possível, já que, se houvesse um número infinito de momentos antes de hoje, o hoje jamais chegaria. Mas o hoje chegou (v. KALAM, ARGUMENTO COSMOLÓGICO). Logo, não houve um número infinito de vidas anteriores como a reencarnação tradicional parece pressupor.

Por outro lado, se não houve um número infinito de vidas antes desta, deve ter havido uma primeira vida na qual uma encarnação prévia não foi a causa do seu mal. Mas é isso que o TEÍSMO afirma, a saber, que o mal originou-se por causa da livre escolha de um indivíduo nessa primeira vida (e.g., Lúcifer entre os anjos e Adão, o primeiro ser humano) (v. MAL, PROBLEMA DO).

Problema do tempo infinito e falta de perfeição. Mesmo pela suposição do reencarnacionista de que houve uma quantidade infinita de tempo antes de hoje, sua posição enfrenta outro problema sério. Numa quantidade infinita de momentos há tempo mais que suficiente para atingir a perfeição de todas as almas que a reencarnação supostamente realiza. Em resumo, todas as almas já deveriam ter-se unido a Deus, se houve uma quantidade infinita de tempo para isso. Mas não se uniram. Logo, a reencarnação falhou como solução do problema do mal.

Argumentos bíblicos. Os seres humanos são criados. A doutrina da criação é fundamental em relação a todas as razões bíblicas para rejeitar a reencarnação. A Bíblia é a Palavra inspirada de Deus (v. BÍBLIA, EVIDÊNCIAS DA). Como tal, ela tem autoridade divina em tudo o que ensina. Segundo a Bíblia, os seres humanos foram criados (Gn 1.27). Deus é eterno (1Tm 6.16). Todas as outras coisas foram criadas por ele (Jo 1.3; Cl 1.15,16). Tudo mais existe porque Deus o criou do nada (v. CRIAÇÃO, VISÕES DA). Isso não se aplica apenas a Adão e Eva, os primeiros seres humanos, mas a todos os outros seres humanos após eles (Gn 5.3; Sl 139.13-16; Ec 7.29). Todos os seres humanos desde Adão começam na concepção (Sl 51.5; Mt 1.20). Nesse caso, não pode haver existência pré-encarnada da nossa alma.

O estado intermediário é desencarnado. As Escrituras ensinam que, na morte, a alma deixa o corpo e passa para o mundo espiritual, onde aguarda a ressurreição. O apóstolo Paulo escreveu: "Temos, pois, confiança e preferiamos estar ausentes do corpo e habitar com o Senhor" (2Co 5.8). Segundo, ao contemplar a morte, Paulo acrescentou: "Estou pressionado dos dois lados: desejo partir e estar com Cristo, o que é muito melhor" (Fp 1.23). As "almas" daqueles que acabam de ser martirizados estão conscientes no céu. "Quando ele abriu o quinto selo, vi, debaixo do altar, as almas daqueles que haviam sido mortos por causa da palavra de Deus e o testemunho que deram" (Ap 6.9). Jesus prometeu ao ladrão arrependido na cruz alegria consciente no mesmo dia da sua morte, dizendo: "Eu lhe garanto: Hoje estará comigo no paraíso" (Lc 23.43). Até Moisés e Elias, que estavam mortos há séculos, conversavam conscientemente sobre a morte de Cristo no monte da Transfiguração (Mt 17.3). Mesmo as almas desencarnadas dos perdidos estão conscientes. Pois a besta e o falso profeta que foram lançados no lago de fogo (Ap 19.20) ainda estavam conscientes "mil anos" depois (Ap 20.7,10). Não há a menor sugestão em nenhum lugar das Escrituras de que a alma após a morte vai para outro corpo, como os reencarnacionistas afirmam. Ela simplesmente vai para o mundo espiritual para aguardar a ressurreição.

O estado após a desencarnação é a ressurreição. A reencarnação é a crença de que, após a morte, a alma passa para outro corpo. Em comparação, a Bíblia declara que, após a morte, o mesmo corpo físico é tornado incorruptível na ressurreição (v. RESSURREIÇÃO, EVIDÊNCIAS DA). Em lugar de uma série de corpos que morrem, a ressurreição restaura à vida para sempre o mesmo corpo que morreu. Em vez de ver personalidade como uma alma num corpo, a ressurreição vê cada ser humano como a unidade de corpo e alma. Enquanto a reencarnação é o processo de aperfeiçoamento, a ressurreição é o estado aperfeiçoado. A reencarnação é o estado intermediário, enquanto a alma anseia por desencarnar e ser absorvida em Deus; mas a ressurreição é o estado final, no qual toda a pessoa, corpo e alma, desfruta a bondade de Deus.

Ressureição	Reencarnação
acontece uma vez	ocorre muitas vezes
no mesmo corpo	num corpo diferente
num corpo imortal	num corpo mortal
o estado perfeito	o estado imperfeito
o estado final	o estado intermediário

As diferenças entre ressurreição e reencarnação são as seguintes:

Assim, há uma grande diferença entre a doutrina cristã da ressurreição e a doutrina da reencarnação. O ensinamento de ressurreição da Bíblia (p. ex., em Jo 5.28,29; 1Coríntios 15; Ap 20.4-15), portanto, é contrário à doutrina da reencarnação.

Os seres humanos morrem apenas uma vez. Segundo as Escrituras, os seres humanos morrem apenas uma vez, o que é seguido pelo julgamento: "Da mesma forma, como o homem esta destinado a morrer uma só vez e depois disso enfrentar o Juizo" (Hb 9.27). Nascemos uma vez, vivemos uma vez, e morremos uma vez. Mas, segundo a reencarnação, vivemos várias vezes. Nascemos e renascemos diversas vezes, uma após outra. O apologista hindu Radhakrishna reconheceu que esse versículo resume a diferença definitiva entre o cristianismo e o hinduísmo. Ele escreveu:

Há uma diferença fundamental entre o cristianismo e o hinduísmo; acredita-se que consiste nisso: que, enquanto o hindu de qualquer escola acredita na sucessão de vidas, o cristão acredita que 'está ordenado morrer uma só vez, vindo, depois disto, o juízo' (Radhakrishna, p. 14, 118).

O julgamento é final. Além dos seres humanos viverem e morrerem uma só vez, seguidos do julgamento, esse julgamento é final (v. INFERNO). Quando a pessoa vai ao seu destino, há um "grande abismo" que ninguém pode atravessar (Lc 16.26). Na realidade, o julgamento é descrito como "destruição eterna" (2Ts 1.9) e "fogo eterno" (Mt 25.41). Se dura para sempre, não há possibilidade de reencarnação em outro corpo. Há ressurreição no próprio corpo da pessoa, que recebe o julgamento final de salvação ou condenação (Jo 5.28,29).

Jesus rejeitou a reencarnação. Quando perguntaram se o pecado de um homem antes do nascimento era a causa do seu sofrimento, Jesus respondeu: "Nem ele nem seus pais pecaram", disse Jesus, " Mas isto aconteceu para que a obra de Deus se manifestasse na vida dele" (Jo 9.3). Como isso provavelmente é uma referência à falsa crença judaica de que era possível pecar no ventre antes de nascer, produzindo assim deformação física, a resposta de Jesus exclui qualquer crença em pecado pré-nascimento e *carma*. Em outra passagem, Jesus foi bem enfático ao dizer que o sofrimento da pessoa durante a vida não é necessariamente por causa do pecado (Lc 13.4,5). Isso é verdadeiro com relação ao início da vida, à vida pré-natal ou a supostas vidas pré-encarnadas.

A graça é contrária à reencarnação. A reencarnação é baseada na doutrina do *carma*, que dita que o que a pessoa semeia nesta vida colherá na próxima vida. O *carma* é uma lei inexorável, sem exceções. Pecados não podem ser perdoados; devem ser punidos. Se alguém não paga sua dívida nesta vida, terá de pagar na próxima.

Mas, segundo o cristianismo, o perdão é possível. Jesus perdoou seus inimigos que o crucificaram (Lc 24.34). Os cristãos devem perdoar como Cristo nos perdoou (Cl 3.13). O perdão é contrário à doutrina do *carma* e torna a reencarnação completamente desnecessária. A salvação é um "dom" (Jo 4.10; Rm 3.24; 5.15-17; 6.23; 2Co 9.15; Ef 2.8; Hb 6.4) que é recebido pela fé. Em vez de se esforçar para merecer o favor de Deus, o crente recebe graça ou favor imerecido e é declarado justo. A justiça de Deus é satisfeita porque Jesus foi castigado pelos pecados de todo o mundo na sua morte. Nossos pecados não foram simplesmente ignorados ou jogados debaixo do tapete. Jesus pagou (Rm 3.25; Hb 2.17; 1Jo 2.2; 4.10) a exigência de Deus por justiça ao levar nossa culpa como nosso substituto. Essa penalidade paga por Cristo é contrária à doutrina do *carma* e atinge a base da necessidade de reencarnação.

Resumo. A doutrina de reencarnação, baseada no *carma*, não tem evidência objetiva. É contrária ao bom senso, à ciência, à sã psicologia do desenvolvimento humano e à moralidade. Além disso, opõe-se ao ensinamento claro das Escrituras. Logo, apesar de sua popularidade, até no ocidente, ela é infundada do ponto de vista racional e evidencial.

Fontes
M. Albrecht, *Reincarnation: a christian appraisal*.
K. Anderson, *Life, death, and beyond*.
J. Boeth, "In search of past lives: looking at yesterday to find answers for today", *Dallas Times Herald*, 3 Apr. 1983.
W. de Arteaga, *Past life vision: a christian exploration*.
L. de Silva, *Reincarnation in buddhist and christian thought*.
N. L. Geisler e J. Amano, *Reencarnação: o fascínio que renasce em cada geração*.
S. Hackett, *Oriental philosophy*.
J. Hick, *Death and eternal life*.
___, Crítica não-intitulada, *Religion* (Autumn 1975)
Q. Howe, *Reincarnation for the christian*.
C. S. Lewis, *Cristianismo puro e simples*.
W. Martin, *The riddle of reincarnation*.
V. S. Naipaul, *An area of darkness*.
J. B. Noss, *Man's religions*.
S. Radhakrishna, *The hindu vew of life*.
J. Snyder, *Reencarnação ou ressurreição?*.
I. Stevenson, "The explanatory value of the idea of reincarnation", em *The Journal of Nervous and Mental Disease* (Sep. 1977)
S. Travis, *Christian hope and the future*.
A. Watts, *The way of zen*.

Reid, Thomas. Thomas Reid (1710-1796) foi um dos fundadores da filosofia escocesa do senso comum. Nascido em Strachan, perto de Aberdeen, Reid foi influenciado por seu professor na Faculdade Marischal, George Turnbell, que enfatizava a prioridade do conhecimento do senso, mas sob o manto do berkeleísmo. Depois de estudar o *Tratado da natureza humana* de Hume (1739), Reid renunciou a suas posições berkeleístas (v. Berkeley, George). Reid lecionou na Faculdade King, Aberdeen, até 1751. Ajudou a formar a Sociedade Filosófica de Aberdeen, que geralmente discutia Hume. Em 1764 publicou seu *Inquiry into the human mind on the principles of common sense* [Investigação *sobre entedimento humano segundo os princípios do senso comum*] e no mesmo ano começou a lecionar no Old College em Glasgow. Suas principais obras foram *Essay on the intellectual powers* [*Ensaio sobre as faculdades intelectuais*] (1785) e *Essay on the active powers* [*Ensaio sobre os poderes ativos*], (1788).

Visões filosóficas. Ao contrário de David Hume, Reid acreditava que as idéias surgem dos poderes inatos da concepção na mente, que se manifestam de acordo com os primeiros princípios originais da mente. A evidência é a base da crença e surge do uso do intelecto. Sabemos que essas faculdades são confiáveis porque, não importa como tentemos refutar esses princípios, eles prevalecem. Além disso, todo pensamento depende da suposição de que elas são confiáveis. Em resposta aos céticos que desconfiam das faculdades, Reid observa que até Hume confiava nos seus sentidos na prática e é culpado de incoerência pragmática.

Por causa da sua crença nos poderes ativos, Reid afirmou que ele era a causa ativa dos seus próprios atos. Atos livres não são o resultado de causas antecedentes, mas da vontade. Ações livres não são nem determinadas por outras (v. DETERMINISMO) nem fortuitas (v. INDETERMINISMO), mas são causadas pela pessoa (v. LIVRE-ARBÍTRIO).

Reid ensinou que as crenças do senso comum são "a inspiração do Todo-Poderoso". Não é preciso acreditar em Deus para afirmá-las, mas elas são impostas pela nossa natureza criada. Quando tentamos explicá-las, entendemos que nos foram dadas por Deus. Na verdade, temos a mesma evidência para Deus que temos para a inteligência e a vontade em outra pessoa. Portanto, quem rejeita a Deus também devem rejeitar a existência de outras mentes.

O realismo do senso comum de Reid teve grande influência, principalmente sobre os teólogos da linha antiga da Universidade de Princeton, incluindo Charles HODGE e B. B. WARFIELD (v. PRINCETON, ESCOLA DE APOLOGÉTICA DE) na América (v. Martin).

Fontes
S. A. GRAVE, *The Scottish philosophy of common sense.*
C. HODGE, *Systematic theology*, v. 1.
T. MARTIN, *The instructed vision.*
J. McCOSH, *The Scottish philosophy.*
T. REID, *An inquiry into the human mind on the principles of common sense.*
___, *Essay on the active powers.*
___, *Essay on the intellectual powers.*

Reimarus, Hermann. V. JESUS HISTÓRICO, BUSCA PELO.

relatividade moral. V. MORALIDADE, NATUREZA ABSOLUTA DA.

relativismo. V. VERDADE, NATUREZA DA; MORALIDADE, NATUREZA ABSOLUTA DA.

religiões mundiais e cristianismo. O cristianismo ortodoxo afirma ser a religião verdadeira. O islamismo e outras religiões fazem a mesma afirmação. Até o HINDUÍSMO e o budismo (v. ZEN-BUDISMO), apesar de sua aparência eclética, afirmam ser verdadeiros. Já que há reivindicações da verdade mutuamente excludentes entre essas religiões, é óbvio que não podem estar todas corretas. Por exemplo, algumas religiões são monoteístas, tais como o judaísmo tradicional, o cristianismo e o islamismo. Outras são panteístas, tais como o hinduísmo, o zen-budismo e a Ciência Cristã. O paganismo, o neopaganismo e o mormonismo são politeístas (v. POLITEÍSMO). Estas têm visões incompatíveis de Deus. No final, apenas uma pode ser verdadeira, e as outras devem ser falsas.

Singularidade do cristianismo. A singularidade do cristianismo é encontrada em suas reivindicações sem igual sobre Deus, Cristo, a Bíblia e o caminho da salvação. Apesar de haver outras religiões monoteístas, o cristianismo afirma ter a visão verdadeira de Deus — o trinitarismo (v. TRINDADE).

Uma visão singular de Deus. Nenhuma outra religião na história humana é explicitamente trinitária. PLATÃO tinha uma tríade na realidade suprema composta do Bem, do Demiurgo e da Alma Universal (v. Platão). Mas o Bem não era nem pessoal nem Deus. A Alma Universal não era pessoal. Os três não compartilhavam uma natureza. O neoplatonismo tinha o Uno, o Nous, e uma Alma Universal (v. Plotino). Mas essas séries de emanações não são três pessoas distintas numa essência. Nem o Uno nem a Alma universal eram pessoais. O Uno não tinha essência nem existência. Apenas na TRINDADE cristã há um Deus em essência expresso eternamente em três pessoas distintas — Pai, Filho e Espírito Santo (Mt 28.18).

Os cristãos afirmam que essa visão de Deus é a visão verdadeira e que não há outro Deus (1Co 8.4,6). Outras visões são visões falsas do Deus verdadeiro (como o judaísmo), ou deuses falsos (como no hinduísmo). A visão islâmica de Deus é falsa porque insiste em que há apenas uma pessoa na divindade.

A visão judaica (i.e., AT) de Deus é do Deus verdadeiro, mas é incompleta (Êx 20.2,3; Dt 6.4). O AT permite a pluralidade na unidade de Deus (Sl 110.1) e às vezes fala do Filho de Deus (Pv 30.4). Em uma ocasião todos os três membros da Trindade são mencionados numa passagem (Is 63.7-10). Mas o AT jamais delineia explicitamente os membros da Trindade como três pessoas em Um Deus. O Deus do AT judaico é o Deus verdadeiro revelado explicitamente em sua unidade. É revelação em andamento. O Deus representado em todas as outras religiões é falso. Esses deuses são incompatíveis com a visão de Deus da Bíblia. A idéia de que somente essa visão é verdadeira é exclusiva do cristianismo.

Uma visão singular de Cristo. Nenhuma outra religião mundial acredita que Cristo é o Filho único de Deus, o próprio Deus manifesto em carne humana (v. CRISTO, DIVINDADE DE). Apenas o cristianismo ortodoxo confessa que Jesus é totalmente Deus e totalmente humano, duas naturezas numa pessoa. Outras religiões prestam homenagem a Cristo. Mas nenhuma o considera Deus encarnado. Para o budismo e o hinduísmo, ele é um guru que mostra um caminho para a realidade suprema (Brahman). O islamismo o reconhece como um de vários profetas (v. MAOMÉ,

SUPOSTO CHAMADO DIVINO DE). Para o hinduísmo a encarnação é na verdade uma REENCARNAÇÃO de Krishna. Mas há diferenças significativas entre Krishna e Cristo. Krishna é apenas uma encarnação temporária. Não é uma encarnação do Deus monoteísta, mas de um Deus panteísta. Não há comparação real entre o conceito cristão de Cristo e o de qualquer outra religião. Alguns movimentos religiosos e seitas adotaram uma visão da divindade de Cristo. Mas cada um acrescentou suas crenças não-ortodoxas para destruir as reivindicações da verdade feitas nas Escrituras. Uma forma de budismo tem até um Buda que morre pelos pecados. Mas isso é distante do cristianismo e estranho até para a natureza do budismo original (v. CRISTO, SINGULARIDADE DE).

Ao mencionar as religiões de mistério, o estudioso britânico Norman Anderson explica:

A diferença básica entre o cristianismo e os mistérios é a base histórica de um e o caráter mitológico dos outros. As divindades dos mistérios não passavam de "personagens nebulosas do passado imaginário", enquanto o Cristo que o *kerygma* apostólico proclamava, vivera e morrera poucos anos antes dos primeiros documentos do NT serem escritos. Mesmo quando o apóstolo Paulo escreveu sua primeira carta para os coríntios, a maioria de cerca de 500 testemunhas da ressurreição ainda estava viva (Anderson, p. 52-3).

Uma visão singular da Palavra escrita de Deus. A maioria das religiões tem livros sagrados ou de sabedoria, incluindo todas as principais religiões mundiais. O judaísmo tem a Torá, o ISLAMISMO, *o Alcorão*, e o hinduísmo, o *Bhagavad-gita*. Em comparação com esses e outros livros, a Bíblia cristã é singular.

• Apenas a Bíblia afirma vir pelo processo singular de inspiração divina (v. BÍBLIA, INSPIRAÇÃO DA). O *Alcorão* afirma ter vindo por ditado verbal do anjo Gabriel Maomé.

• Apenas a Bíblia tem profecias sobrenaturais (v. PROFECIA COMO PROVA DA BÍBLIA). Outras religiões reivindicam profecias, mas não fornecem exemplos de previsões claras que foram cumpridas literalmente, tais como a Bíblia tem. Os muçulmanos, por exemplo, afirmam que Maomé fez previsões no *Alcorão*. Mas sob investigação mais minuciosa elas não respondem à altura (v. MAOMÉ, SUPOSTOS MILAGRES DE; ALCORÃO, SUPOSTA ORIGEM DIVINA DO).

• Apenas a Bíblia foi confirmada sobrenaturalmente (v. BÍBLIA, EVIDÊNCIAS DA; CRISTO, DIVINDADE DE). Pois só ela foi escrita por homens de Deus que foram confirmados por atos especiais de Deus (cf. Êx 4.1s.; Hb 2.3,4) por falarem a verdade sobre Deus (v. MILAGRES, VALOR APOLOGÉTICO DOS; MILAGRES NA BÍBLIA).

Singularidade do caminho da salvação. Embora algumas outras religiões (e.g., Escola "Cat" do hinduísmo Bhakti) utilizem a graça (v. Otto), o cristianismo é singular no seu plano de salvação:

• Declara que a humanidade é pecaminosa e alienada do Deus santo (Gn 6.5; Sl 14; Ec 7.28; Lc 13.3; Rm 3.23).

• Insiste que nenhuma quantidade de boas obras pode levar o ser humano ao céu (Is 64.6; Rm 4.5; Ef 2.8,9; Tt 3.5-7).

• Declara que há apenas um caminho para Deus — por meio da morte e ressurreição de Jesus Cristo pelos nossos pecados (Jo 10.1,9; 14.6; 1Co 15.1-6). É preciso crer no coração e confessar com a boca para ser salvo (Rm 10.9). Não há outra maneira. Jesus disse: "Eu sou o caminho, e a verdade, e a vida. Ninguém vem ao Pai a não ser por mim" (Jo 14.6; cf. Jo 10.1; At 4.12).

Salvação e outras religiões. O cristianismo, portanto, não admite salvação por meio de qualquer seita ou religião. Pois Cristo não é considerado o Filho de Deus que morreu pelos nossos pecados e ressuscitou em nenhuma religião não-cristã (v. RESSURREIÇÃO, EVIDÊNCIAS DA).

É importante não tirar falsas implicações dessa exclusividade:

Não significa que Deus não ama os incrédulos no mundo. "Porque Deus tanto amou o mundo que deu o Seu Filho Unigênito, para que todo o que nele crer não pareça, mas tenha a vida eterna" Jo3.16). Paulo disse que Deus quer que todos conheçam a verdade (1Tm 2.4).

Não significa que Deus não dá salvação a todos. João nos informa que Cristo é o sacrifício expiatório pelos nossos pecados e "pelos de todo mundo" (1Jo 2.2). Cristo morreu não só pelos eleitos, mas por todos os "ímpios" (Rm 5.6). Ele morreu até pelos que o "negarem" (2Pe 2.1).

Não significa que apenas algumas nações escolhidas serão evangelizadas. João declarou: Depois disso olhei, e diante de mim estava uma grande multidão que ninguém podia contar, de todas as nações, tribos, povos e línguas, em pé, diante do trono e do Cordeiro com veste brancas e segurando palmas (Ap 7.9).

Não significa que nenhuma salvação esteja disponível para os que jamais ouviram de Cristo (At 10.35; Hb 11.6; v. "PAGÃOS", SALVAÇÃO DOS). Qualquer pessoa em qualquer lugar que busca a Deus o encontrará. Pedro insistiu em que Deus aceita "de todas as nações todo [...], aquele que o teme e faz o que é justo" (At 10.35). O autor de Hebreus diz que Deus "Recompensa aqueles que o buscam" (Hb 11.6).

Todos têm a luz da criação (Rm 1.19) e a consciência (Rm 2.12-15), que é suficiente para condenação e não para salvação. Há muitas maneiras pelas quais Deus pode levar o evangelho aos que serão salvos. A maneira normal é por meio de um missionário (Rm 10.14,15). Mas Deus pode salvar por meio da sua palavra (Hb 4.12), que ele pode transmitir por meio de uma visão, um sonho, uma voz do céu ou um anjo (Ap 14.6). Deus não está limitado nas maneiras em que pode levar a mensagem de salvação aos que o buscam (cf. Hb 1.1). Mas se os homens abandonarem a luz que têm, Deus não é obrigado a dar mais luz (Jo 3.9).

Verdade e outras religiões. Muitos cristãos estão dispostos a aceitar que há verdade ou valor em outras religiões (v. VERDADE, NATUREZA DA). Toda humanidade recebe a revelação geral (Sl 19; At 17; Rm 1.19-29; 2.12-15). Deus revelou-lhes a verdade a eles, então não é de admirar que suas crenças expressem o bem e a verdade.

Há, porém, uma diferença importante entre a verdade que os cristãos defendem e a verdade adotada pelos não-cristãos. O sistema cristão é um sistema de verdade com alguns erros. Todos as religiões não-cristãs são sistemas de erro com algumas verdades (v. PLURALISMO). O único sistema de verdade é o sistema cristão. Como os cristãos são finitos, nossa compreensão desse sistema de verdade terá alguns erros. É por isso que devemos continuar crescendo na verdade (2Pe 3.18), sabendo que agora entendemos imperfeitamente (1Co 13.9,12). Em comparação, nenhum sistema não-cristão é verdadeiro como sistema, apesar de haver verdades no sistema. No entanto, o sistema em si obscurece e corrompe essas verdades de maneira tal que até elas são distorcidas. E nenhum sistema não-cristão dá a luz da salvação.

Algumas objeções respondidas. As reivindicações singulares do cristianismo são ofensivas para a mente incrédula. "Pois, a mesagem da cruz é loucura para os que se estão parecendo, mas para nós, que estamos salvos, é o poder de Deus" (1Co 1.18). Entretanto, o crítico ofendido merece uma resposta (Cl 4.5,6; 1Pe 3.15).

A acusação de intolerância e exclusividade. Alega-se que o cristianismo é intolerante e exclusivista. Nada parece pior para a mente contemporânea que a intolerância. Mas esse argumento é mais emocional que racional:

Apenas uma cosmovisão pode ser verdadeira. Se várias cosmovisões têm reivindicações da verdade mutuamente excludentes, apenas uma pode ser verdadeira (v. PLURALISMO). O sistema verdadeiro de pensamento deve abranger pensamento e vida. Deve possuir consistência e coerência em suas reivindicações gerais. Mas o que é mais importante, o sistema deve corresponder à realidade, passada, presente e futura, natural e sobrenatural. E todos os principais sistemas de pensamento contêm reivindicações fundamentais da verdade que são contrárias às dos demais sistemas. Ou o cristianismo ensina preceitos verdadeiros sobre a TRINDADE, a divindade de Cristo (v. CRISTO, DIVINDADE DE) e o único caminho para salvação, ou outro sistema é verdadeiro e o cristianismo é falso.

A verdade por natureza é restrita. É restrito afirmar que 3 + 3 = 6 é a única resposta, mas todas as outras respostas estão erradas. O ponto de vista do incrédulo também é restrito. A afirmação: "O cristianismo é verdadeiro e todos os sistemas não-cristãos são falsos" não é mais intolerante que afirmar: "O HINDUÍSMO é verdadeiro e todos os sistemas não-hindus são falsos". Nenhuma reivindicação da verdade é totalmente abrangente.

Isso não quer dizer que verdades menores dentro de sistemas opostos de pensamento não podem ser verdadeiras. Os não-cristãos afirmam que o assassinato é errado e que a terra é esférica. Mas apenas o cristianismo (e o judaísmo do qual emergiu) acredita que o mundo foi criado *ex nihilo* por um Deus trino. Os cristãos e não-cristãos podem acreditar que Jesus foi um bom homem. Porém apenas os cristãos acreditam que ele era o Deus-homem. Portanto, apesar de nesse caso poder haver concordância entre verdades, não há concordância sobre verdades fundamentais exclusivas do sistema cristão.

Todas as religiões afirmam ter a verdade. Como foi observado, a reivindicação de verdade singular é compartilhada por todo sistema religioso que faz declarações sobre a verdade. Isso acontece até nas religiões "amplas" e "ecléticas". Os hindus alegam que é verdadeiro que "há muitos caminhos para Deus". Isso parece liberal, mas é tão intolerante quanto a afirmação cristã. Isso exclui todas as visões oponentes.

A acusação de injustiça. É injusto afirmar que não há salvação em outra religião? Esse protesto é infundado pelas razões descritas no artigo PAGÃOS, SALVAÇÃO DOS. É suficiente mencionar que Deus conferiu a salvação para todos (Jo 3.16; 1Jo 2.2). Todos os que realmente a querem a obterão (At 10.35; Hb 11.6).

Conclusão. Qualquer reivindicação da verdade é exclusiva. Um sistema que é totalmente abrangente não faz nenhuma reivindicação da verdade. E toda proposição que afirma uma coisa nega outra por implicação lógica. Afirmações como: "Deus é tudo" são opostas a afirmações como: "Deus não é tudo". Não podem ser ambas verdadeiras. Todas as reivindicações da verdade excluem seu contrário. Na verdade, todas as religiões afirmam ter *a verdade* — mesmo que essa verdade é que eles acreditam que outros sistemas religiosos não-contraditórios também são verdadeiros. Mas, se duas ou mais religiões aceitam as mesmas verdades, são de fato uma única religião. E esse único sistema religioso básico afirma ser a religião verdadeira excluindo todos os outros sistemas religiosos opostos. Assim, a reivindicação do cristianismo de ser a religião verdadeira não é mais intolerante que a reivindicação de qualquer outra religião (v. PLURALISMO RELIGIOSO).

Fontes

N. ANDERSON, *Christianity and world religions*.
E. C. BEISNER, *God in three persons*.
F. F. BRUCE, *Paul and Jesus*.
Y. S. CHISHTI, *What is christianity?*
W. CORDUAN, *Neighboring faiths*.
G. HABERMAS, *The verdict of history*.
J. N. D. KELLY, *Doutrinas centrais da fé cristã*.
J. G. MACHEN, *The origin of Paul's religion*.
R. NASH, *Christianity and the hellenistic world*.
R. OTTO, *India's religion of grace and christianity compared and contrasted*.
PLATÃO, *A república*.
PLOTINO, *Enéas*
G. L. PRESTIGE, *God in patristic thought*.
H. RIDDERBOS, *Paul and Jesus*.
H. SMITH, *The religions of man*.

religiosa, experiência. V. APOLOGÉTICA EXPERIENCIAL; DEUS, EVIDÊNCIAS DE; TRUEBLOOD, ELTON.

religiosa, linguagem. V. ANALOGIA, PRINCÍPIO DA.

religioso de Deus, argumento. V. APOLOGÉTICA EXPERIENCIAL; DEUS, EVIDÊNCIAS DE; TRUEBLOOD, ELTON.

relógio de sol de Acaz. V. CIÊNCIA E A BÍBLIA.

ressurreição, apologética da. V. APOLOGÉTICA, TIPOS DE; APOLOGÉTICA HISTÓRICA; RESSURREIÇÃO, EVIDÊNCIAS DA.

ressurreição, evidências da. A ressurreição corporal de Cristo é a prova principal de que Jesus era quem afirmava ser, Deus em carne humana (v. CRISTO, DIVINDADE DE). Na realidade, a ressurreição de Cristo em um corpo carnal é de tamanha importância para a fé cristã que o NT insiste em que ninguém pode ser salvo sem ela (Rm 10.9; 1Co 15.1-7).

Evidência direta. Alguns optaram por um corpo ressurreto espiritual ou imaterial (v. RESSURREIÇÃO, NATUREZA FÍSICA DA), mas o NT é enfático ao declarar que Jesus ressuscitou com o mesmo corpo físico de carne e ossos que morreu. A evidência para isso consiste no testemunho neotestamentário de várias aparições de Cristo aos seus discípulos durante o período de quarenta dias, no mesmo corpo físico marcado pelos pregos no qual morreu, mas agora imortal.

É claro que a evidência da ressurreição de Cristo depende de sua morte. Em relação ao argumento de que Jesus realmente morreu fisicamente na cruz, v. o artigo CRISTO, MORTE DE; DESMAIO, TEORIA DO. Aqui resta apenas demonstrar que o mesmo corpo que deixou o túmulo foi visto diversas vezes vivo depois disso. A evidência desse fato é encontrada nas doze aparições, das quais as onze primeiras envolvem os quarenta dias após sua crucificação (v. RESSURREIÇÃO, EVIDÊNCIAS DA).

Aparições. A Maria Madalena (João 20.10-18). É o sinal inquestionável da autenticidade do registro que, numa cultura dominada pelos homens, Jesus aparecesse primeiro a uma mulher.

Na cultura judaica do século I, um autor que inventasse um relato da ressurreição jamais teria feito essa abordagem. O testemunho de uma mulher não era sequer aceito no tribunal. Quem inventasse um relato diria que Jesus apareceu primeiro para um ou mais dos doze discípulos, provavelmente a um discípulo proeminente como Pedro. Em vez disso, a primeira aparição pós-ressurreição de Jesus foi para Maria Madalena. Durante essa aparição houve provas inquestionáveis da visibilidade, materialidade e identidade do corpo ressurreto.

Ela *viu* Cristo com seus olhos naturais. O texto diz: "Ela se voltou e viu Jesus ali, em pé" (v. 14). A palavra "viu" (*theoreo*) é uma palavra normal para ver a olho nu. É usada em outra passagem no NT no sentido de ver seres humanos nos seus corpos físicos (Mc 3.11; 5.15; At 3.16) e até para ver o corpo de Jesus antes de ser ressuscitado (Mt 27.55; Jo 6.19).

Maria *ouviu* Jesus: "Mulher, por que está chorando? Quem você está procurando?" (v. 15). Então, mais uma vez, ela ouviu Jesus dizer "Maria" e reconheceu sua voz (v. 16). É claro que ouvir apenas não é evidência suficiente de materialidade. Deus é imaterial, mas sua voz foi ouvida em João 12.28. No entanto, audição física ligada a visão física *é* evidência significativa da natureza material do que foi visto e ouvido. A familiaridade de Maria com a voz de Jesus é evidência da identidade do Cristo ressurreto.

Maria *tocou* o corpo ressurreto de Cristo. Jesus respondeu: "Não me segure, pois ainda não voltei para o Pai" (v. 17). A palavra "segurar" (*aptomai*) é uma palavra normal para toque físico de um corpo material. Também é usada com relação a toque físico de outros corpos humanos (Mt 8.3; 9.29) e do corpo anterior à ressusreição de Cristo (Mc 6.56; Lc 6.19). O contexto indica que Maria se agarrou a ele para não perdê-lo novamente. Numa experiência paralela, as mulheres "abraçaram-lhe os pés" (Mt 28.9).

Maria "bem cedo, estando ainda escuro... chegou ao sepulcro e viu que a pedra da entrada tinha sido removida". Então ela correu até onde Pedro estava e anunciou que o corpo desaparecera (Jo 20.2).

O relato paralelo em Mateus nos informa que os anjos disseram a ela: "Venham ver o lugar onde ele jazia" (Mt 28.6). Ambos os textos implicam que ela viu que o túmulo estava vazio. Mais tarde, Pedro e João também foram ao túmulo. João, "Ele se curvou e olhou para dentro, viu as faixas de linho" e Pedro "entrou no sepulcro e viu as faixas de linho, bem como o lenço que estivera sobre a cabeça de Jesus" (Jo 20.5-7). Mas ver o mesmo corpo físico que jazera ali é prova da identidade numérica do corpo antes da ressurreição.

Nesse relato Jesus foi visto, ouvido e tocado. Além disso, Maria testemunhou o túmulo vazio e os lençóis de Jesus. Todas as evidências da identificação inquestionável do mesmo corpo visível e físico que ressuscitou imortal estão presentes nessa primeira aparição.

Às mulheres (Mt 28.1-10). Jesus não só apareceu para Maria Madalena mas também para outras mulheres com ela (Mt 28.1-10), incluindo Maria, mãe de Tiago e Salomé (Mc 16.1). Durante essa aparição houve quatro evidências de que Jesus ressuscitou no mesmo corpo físico e tangível no qual fora crucificado.

Primeiro, as mulheres *viram* Jesus. Um anjo lhes disse: "Ele ressuscitou dentre os mortos e está indo adiante de vocês para a Galiléia. Lá vocês o verão"(Mt 28.7). E enquanto elas corriam do túmulo, "de repente, Jesus as encontrou e disse: 'Salve!'" (v. 9). Assim, receberam confirmação visual da sua ressurreição física.

Segundo, as mulheres *abraçaram-lhe os pés* e o adoraram. Isto é, não só viram seu corpo físico, mas o sentiram também. Como entidades espirituais não podem ser percebidas com nenhum dos sentidos, o fato de que as mulheres realmente tocaram o corpo físico de Jesus é prova convincente da natureza física e tangível do corpo ressurreto.

Terceiro, as mulheres *ouviram* Jesus falar. Depois de saudá-las (v. 9), Jesus lhes disse: "Não tenham medo. Vão dizer a meus irmãos que se dirijam para a Galiléia; lá eles me verão" (v. 10). Portanto, as mulheres viram, tocaram e ouviram Jesus com seus sentidos físicos, uma confirmação tripla da natureza física do seu corpo.

Quarto, as mulheres *viram o túmulo vazio* onde o corpo permanecera. O anjo disse a elas no túmulo: "Ele não está aqui; ressuscitou, como tinha dito. Venham ver o lugar onde ele jazia" (v. 6). O "ele" que jazia agora está vivo, o que foi demonstrado pelo fato de que o mesmo corpo que jazia ali está vivo agora para sempre. Assim, tanto no caso de Maria Madalena quanto no das outras mulheres, todas as quatro evidências da ressurreição física e visível do corpo numericamente idêntico estavam presentes. Elas viram o túmulo vazio onde seu corpo físico jazia e viram, ouviram e tocaram o mesmo corpo depois que saiu do túmulo.

A Pedro (1Co 15.5; cf. Jo 20.3-9). 1Coríntios 15.5 declara que Jesus "apareceu a Pedro (Cefas)". Não há narração desse evento, mas o texto diz que ele *apareceu* (gr. *ophthē*) e subentende que também foi *ouvido*. Certamente Pedro não ficou mudo. Jesus obviamente falou com Pedro numa aparição posterior, quando pediu para Pedro cuidar de suas ovelhas (Jo 21.15-17). Marcos confirma que Pedro e os demais discípulos o veriam como ele dissera. Pedro, é claro, viu o *túmulo vazio* e os *lençóis* logo antes dessa aparição (Jo 20.6,7). Portanto Pedro teve pelo menos três evidências da ressurreição física: ele viu e ouviu Jesus, e observou o túmulo vazio e os lençóis. Essas são evidências definitivas de que o corpo que ressuscitou era o mesmo corpo material, visível e tangível que Jesus tinha antes da ressurreição.

No caminho de Emaús (Mc 16.12; Lc 24.13-35). Durante essa aparição três evidências da ressurreição física foram apresentadas. Dois discípulos não só viram e ouviram Jesus, mas também comeram com ele. Combinadas, elas provam claramente da natureza física, tangível, do corpo ressurreto.

Dos dois discípulos, um se chamava Cleopas (Lc 24.18). Enquanto andavam em direção a Emaús, "o próprio Jesus se aproximou e começou a caminhar com eles" (v. 15). A princípio, não reconheceram quem ele era; no entanto, eles o *viram* claramente. Quando finalmente perceberam quem era, o texto diz que "ele desapareceu da *vista* deles" (v. 31). O corpo ressurreto de Jesus era visível como qualquer outro objeto.

Eles *ouviram* Jesus com seus ouvidos físicos (v. 17,19,25,26). Na verdade, Jesus conversou por um bom tempo com eles. Pois, "E começando por Moisés e todos os profetas, explicou-lhes o que constava a respeito dele em todas as Escrituras" (v. 27). É claro que eles não foram os únicos a quem Jesus ensinou depois da ressurreição. Lucas nos informa em outra passagem que Jesus "apresentou-se a eles [...] vivo. Apareceu-lhes por um período de quarenta dias falando-lhes acerca do Reino de Deus" (At 1.3). Durante esse período, demonstrou que estava vivo com "muitas provas indiscutíveis" (ibid).

Eles *comeram* com Ele. Lucas diz: "Quando estava à mesa com eles, tomou o pão, deu graças, partiu-o e o deu a eles (v. 30).

Embora o texto não diga especificamente que Jesus também comeu, isso é sugerido por estar "à mesa" com eles. E mais tarde no capítulo é afirmado explicitamente que ele comeu com os dez apóstolos (v. 43). Em duas outras passagens Lucas afirma que Jesus comeu com os discípulos (At 1.4; 10.41). Assim, nessa aparição de Cristo as testemunhas oculares o viram, o ouviram e comeram com ele durante um período considerável de tempo numa noite. É difícil imaginar como Jesus poderia ter feito algo mais para demonstrar a natureza física de seu corpo ressurreto.

Aos dez (Lc 24.36-49; Jo 20.19-23). Quando Jesus apareceu para os dez discípulos, Tomé estava ausente; Jesus foi visto, ouvido, tocado, e viram-no comer peixe. Logo, quatro evidências importantes da natureza física e visível do corpo ressurreto estiveram presentes nessa ocasião.

"Enquanto falavam sobre isso, o próprio Jesus apresentou-se entre eles e lhes disse: 'Paz seja com vocês'" (v. 36). Na verdade, Jesus também conversou com eles sobre "tudo o que a meu respeito está escrito na Lei de Moisés, nos Profetas e nos Salmos" (v. 44). Então Jesus foi obviamente *ouvido* pelos discípulos.

Os discípulos também *viram* Jesus nessa ocasião. Na verdade, pensaram a princípio que ele era um "espírito" (v. 37). Mas Jesus "mostrou-lhes as mãos e os pés" (v. 40). Então eles o viram claramente e o ouviram. No relato paralelo, João registra: "Os discípulos alegraram-se quando viram o Senhor" (Jo 20.20; cf. v. 25).

É possível concluir, com base no fato de que a princípio eles não estavam convencidos de sua materialidade tangível, quando Jesus lhes apresentou suas feridas, que eles o *tocaram* também. Na verdade, Jesus lhes disse claramente: "Toquem-me e vejam; um espírito não tem carne nem ossos, como vocês estão vendo que eu tenho" (Lc 24.39). O uso que Jesus fez dos pronomes "eu" e "me" em conexão com seu corpo ressurreto físico expressa sua reivindicação de que ele é numericamente idêntico ao corpo anterior a ressusreição. Jesus também "*mostrou-lhes as mãos e os pés*" (v. 40), confirmando aos discípulos que seu corpo ressurreto era o mesmo corpo de carne e osso, ferido por pregos, que foi crucificado.

Nessa ocasião Jesus *comeu* comida física para convencer os discípulos de que ressuscitara num corpo físico e literal. "Deram-lhe um pedaço de peixe assado [e um favo de mel], e ele comeu na presença deles" (v. 42,43). O que torna essa passagem uma prova tão poderosa é que Jesus ofereceu sua capacidade de ingerir comida física como prova da natureza material de seu corpo de carne e osso. Jesus literalmente exauriu as maneiras em que poderia provar a natureza corpórea e material do seu corpo ressurreto. Logo, se o corpo ressurreto de Jesus não era o mesmo corpo material de carne e osso em que morreu, ele estaria enganando a todos.

Aos onze (João 20.24-31). Tomé não estava presente quando Jesus apareceu aos seus discípulos (Jo 20.24). Depois de seus colegas relatarem quem haviam visto, Jesus, Tomé recusou-se a acreditar sem que ele mesmo visse a Cristo e tocasse nele. Uma semana depois, seu pedido foi atendido: "Uma semana mais tarde, os seus descípulos estavam outra vez ali, e Tomé com eles. Apesar de estarem trancadas as portas, Jesus entrou, pôs-se no meio e disse: "Paz seja com vocês (Jo 20.26). Quando Jesus apareceu, Tomé viu, ouviu e tocou o Senhor ressurreto.

Tomé *viu* o Senhor. Jesus era claramente visível para Tomé, por isso, mais tarde, lhe disse: "me *viu*" (v. 29).

Tomé também *ouviu* o Senhor dizer: "Coloque o seu dedo aqui; veja as minhas mãos e coloque-a no meu lado: Pare de duvidar e creia" (v. 27). A essa demonstração indubitavelmente convincente de evidência física, Tomé respondeu: "Senhor meu e Deus meu"! (v. 28).

Pode-se concluir que Tomé também *tocou* o Senhor. Certamente foi isso que Tomé disse que queria fazer (v. 25). E Jesus pediu que o fizesse (v. 27). Apesar de o texto dizer apenas que Tomé viu e creu (v. 29), é natural deduzir que ele também tocou Jesus. Jesus foi tocado em pelo menos duas ocasiões (Jo 20.9,17). Então é bem provável que Tomé também o tenha tocado nessa ocasião. De qualquer forma, Tomé certamente entrou em contato com o corpo ressurreto físico e visível por intermédio de seus sentidos naturais. Se Tomé tocou em Cristo, certamente *viu suas feridas da crucificação* (Jo 20.27-29). O fato de Jesus ainda ter essas marcas físicas da sua crucificação é a prova inquestionável de que ele ressuscitou com o corpo material que foi crucificado. Essa era a segunda vez que Jesus exibia suas feridas. É difícil imaginar que ele pudesse ter dado prova maior de que o corpo ressurreto era o mesmo corpo de carne que fora crucificado e agora era glorificado.

Aos sete discípulos (Jo 21). João registra a aparição de Jesus aos sete discípulos que foram pescar na Galiléia. Durante essa aparição os discípulos viram Jesus, ouviram suas palavras e comeram com ele.

A Bíblia diz que "Jesus apareceu novamente aos seus discípulos, à margem do mar Tiberíades" (Jo 21.1). Cedo de manhã eles o viram na praia (v. 4). Depois de Jesus conversar e comer com eles, o texto diz: "Esta foi a terceira vez que apareceu aos seus discípulos, depois que ressuscitou dos mortos" (v. 14).

Os discípulos também *ouviram* Jesus falar (v. 5,6,10,12). Jesus teve uma longa conversa com Pedro na qual perguntou três vezes se Pedro o amava (v. 15,16,17). Como Pedro negou Jesus três vezes, não apenas ele ouviu Jesus falar como também essas palavras sem dúvida penetraram nos seus ouvidos. Jesus também disse a Pedro como ele morreria (v. 18,19).

Ao que parece Jesus também *comeu* com os discípulos durante essa aparição. Ele perguntou: "Filhos, vocês têm algo para comer?" (v. 5). Depois de dizer onde lançar a rede (v. 6), Jesus disse: "Venha comer". (v. 12). Enquanto faziam isso, "Jesus aproximou-se, Tomou o pão e o deu a eles, lançando o mesmo com o peixe (v. 13)". Embora o texto não afirme explicitamente que Jesus comeu, como anfitrião da refeição não seria educado deixar de comer. Pode-se concluir que, além de ver e ouvir Jesus, os discípulos compartilharam uma refeição física com ele.

Aos apóstolos na Grande Comissão (Mt 28.16-20; Mc 16.14-18). A próxima aparição de Cristo foi na Grande Comissão (Mt 28.16-20). Enquanto Jesus os comissionava a discipular todas as nações, foi visto e claramente ouvido por todos os apóstolos.

O texto diz que os discípulos foram à Galiléia, aonde Jesus ordenara que fossem (v. 16). E "quando o *viram*, o adoraram" (v. 17). Marcos acrescenta que estavam comendo (Mc 16.14), embora essa versão esteja na passagem final de Marcos, de autenticidade questionável. No entanto, não foi simplesmente o que viram, mas o que ouviram que os impressionou indelevelmente.

Jesus disse: "Foi-me dada toda autoridade nos céus e na terra. Portanto, vão e façam discípulos de todas as nações, batizando-os em nome do Pai em nome do filho e do Espírito Santo" (Mt 28.18,19). O fato desse pequeno bando logo tornar-se a maior sociedade missionária do mundo é testemunho suficiente de quão poderosamente aquilo que os apóstolos *ouviram* Jesus falar os impressionou.

Aos quinhentos (1Co 15.6). Não há um relato dessa aparição. Ela só é mencionada por Paulo em 1Coríntios 15.6, onde ele diz: "Depois disso apareceu a mais de quinhentos irmãos de uma só vez, a maioria das quais ainda vive".

Como Jesus foi *visto* nessa ocasião e como os impressionou tanto, pode-se concluir que o *ouviram* falar. Senão, por que Paulo iria subentender sua prontidão em testemunhar a favor da ressurreição, como se dissesse basicamente: "Se não acreditam em mim, perguntem a eles"?

Apesar de curto, esse único versículo é um testemunho poderoso da ressurreição corporal de Cristo. Ele soa verdadeiro. Paulo está escrevendo em 55 ou 56 d.c., apenas 22 ou 23 anos após a ressurreição (33). A maioria das testemunhas oculares ainda estava viva. E Paulo desafia seu leitor a averiguar o que ele estava dizendo com essa multidão de testemunhas que viram e provavelmente ouviram Cristo após sua ressurreição.

A Tiago (1Co 15.7). Os irmãos de Jesus eram incrédulos antes da ressurreição. O evangelho de João nos informa que "nem os seus irmãos criam nele" (Jo 7.5). Mas, após sua ressurreição, pelo menos Tiago e Judas, meio-irmãos de Jesus, creram (cf. Mc 6.3). No entanto, as Escrituras dizem explicitamente que Jesus "*apareceu a* Tiago" (1Co 15.7). Sem dúvida Jesus também *falou* com Tiago. Pelo menos, como resultado da experiência, Tiago tornou-se um pilar da igreja primitiva e teve um papel importante no primeiro concílio (At 15.13).

Tiago também escreveu um dos livros do NT no qual falou da "coroa da vida" (Tg 1.12) e da "vinda do Senhor" (5.8), que só se tornou possível por meio da ressurreição de Cristo (2Tm 1.10). Portanto, tudo o que Tiago viu e ouviu durante essa aparição de Cristo não só o levou à conversão mas também o tornou uma personagem importante na igreja apostólica.

Na ascensão (At 1.4-8). A última aparição de Jesus antes da sua ascensão foi novamente para todos os apóstolos. Nessa ocasião eles o viram, ouviram e comeram com ele. Essas três linhas de evidência são a confirmação final da natureza material de seu corpo ressurreto.

Jesus foi *visto* pelos apóstolos nessa ocasião. Lucas diz: "Depois do seu sofrimento, Jesus apresentou-se a eles e deu-lhes muitas provas indiscutíveis de que estava vivo". E acrescenta: "Apareceu-lhes por um período de quarenta dias" (At 1.3).

Também *ouviram* Jesus, já que nessa ocasião ele estava "*falando*-lhes acerca do Reino de Deus" (At 1.3). E durante essa aparição específica Jesus "determinou-lhes que não se ausentassem de Jerusalém, mas que esperassem a promessa do Pai, a qual, disse ele, de mim *ouvistes*" (4, RA). Portanto, essa não era apenas uma voz familiar, mas um ensinamento familiar que confirmava que esse era o Jesus que lhes ensinara antes da crucificação.

Lucas também diz nessa passagem que Jesus *comeu* com os discípulos, como havia feito várias vezes. Pois nessa última aparição antes da ascensão ele estava "comia com eles" (At 1.4). Essa é o quarto relato de Jesus comendo após a ressurreição. Aparentemente era algo que fazia com freqüência, já que mesmo no breve resumo do seu ministério em Atos 10 Pedro declara que "comemos e bebemos com ele depois que ressuscitou dos mortos" (v. 41). Certamente, tanto a comunhão íntima como a capacidade física de comer eram prova mais que suficiente de que Jesus estava aparecendo no mesmo corpo físico e tangível que possuía antes da sua ressurreição.

A Paulo (At 9.1-9; 1Co 15.8). A última aparição de Jesus foi a Paulo (v. 1Co 15.8). É importante observar que essa aparição não foi uma visão que ocorreu apenas na mente de Paulo. Na verdade, foi um evento objetivo, externo, observável a todos que estavam a uma distância visual.

• Paulo denominou "aparição" (gr. *ophthe*), a mesma palavra usada para as aparições literais de Cristo aos outros apóstolos (1Coríntios. 15.5-7). Na realidade, Paulo a denomina "última" aparição de Cristo aos apóstolos.

• Ver o Cristo ressurreto era condição para ser um apóstolo (At 1.22). Mas Paulo afirmou ser um apóstolo, dizendo: "Não sou apóstolo? Não vi Jesus, nosso Senhor?" (1Co 9.1).

• Visões não são acompanhadas de manifestações físicas, tais como luz e uma voz.

As experiências de ressurreição, incluindo a de Paulo, nunca são chamadas "visões" (*optasia*) em nenhuma passagem nos evangelhos ou epístolas. Durante a aparição a Paulo, Jesus foi visto e ouvido. Os evangelhos falam de uma "visão" de anjos (Lc 24.23) e Atos refere-se à "visão celestial" de Paulo (At 26.19), que pode ser uma referência à(s) visão(ões) que ele e Ananias receberam mais tarde (At 9.11,12; cf. 22.8; 26.19). Quanto à verdadeira aparição a Paulo, Cristo foi visto e ouvido pelos sentidos físicos dos que estavam presentes. Em 1Coríntios 15 Paulo disse que Jesus "aparece" também a mim" (v. 8). No registro detalhado do episódio em Atos 26, Paulo disse: "*vi uma luz do céu*" (v. 13). O fato de Paulo referir-se à uma luz física é óbvio porque ela era tão forte que cegou os olhos físicos (At 22.6, 8). Paulo não só viu a luz, mas também viu Jesus.

Paulo também *ouviu* a voz de Jesus falando distintamente a ele "em aramasco" (At 26.14). A voz física que Paulo ouviu disse: "Saulo, Saulo, por que você me persegue?" (At 9.4). Paulo continuou uma conversa com Jesus (v. 5,6) e foi obediente à ordem de ir à cidade de Damasco (9.6). A conversão miraculosa de Paulo, seus esforços incansáveis por Cristo e sua forte ênfase na ressurreição física de Cristo (Rm 4.25; 10.9; 1Co 15) demonstram que tipo de impressão indelével a ressurreição física deixou nele (v. RESSURREIÇÃO, NATUREZA FÍSICA DA).

	Ver	Ouvir	Tocar	Outras evidências
1. Maria Madalena (Jo 20.10-18)	x	x	x	túmulo vazio
2. Maria/ outras mulheres (Mt 28.1-10)	x	x	x	túmulo vazio
3. Pedro (1Co 15.5)	x	x	x	túmulo vazio, lençóis
4. Dois discípulos (Lc 24.13-35)	x	x		*comeram com ele
5. Dez discípulos (Lc 24.36-49; Jo 20.19-23)	x	x	x**	
6. Onze discípulos (Jo 20.24-31)	x	x	x**	viram as marcas,
7. Sete discípulos (Jo 21)	x	x		*comeram
8. Todos os discípulos — comissão (Mt 28.16-20; Mc 16.14-18)	x	x		
9. Quinhentos irmãos (1 Co 15.6)	x		x	

10.Tiago (1Co 15.7)	x	x	
11. Todos os apóstolos — Ascenção (At 1.4-8)	x	x	
12. Paulo (At 9.1-9; 1Co 15.8)	x	x	

*Subentendido
**Ofereceu-se para ser tocado

Além de Paulo, os que estavam com ele também viram a luz e ouviram a voz (At 22.8). Isso demonstra que a experiência não foi só de Paulo. Não foi apenas subjetiva, mas teve um referencial objetivo. Isso aconteceu no mundo físico real, não apenas no mundo de sua experiência espiritual pessoal. Qualquer pessoa que estivesse ali também poderia ter visto e ouvido a manifestação física.

Resumo da evidência direta. A evidência testemunhal da ressurreição física de Cristo é enorme. Comparada às evidências de outros eventos do mundo antigo, é surpreendente:

Só durante as 11 primeiras aparições Jesus apareceu para mais de 500 pessoas durante um período de 40 dias (At 1.3). Em todas as 12 ocasiões Jesus foi visto e provavelmente ouvido. Quatro vezes ele se ofereceu para ser tocado. Foi realmente tocado duas vezes. Em quatro testemunhos o túmulo vazio foi visto, e duas vezes os lençóis foram vistos. Em outras quatro ocasiões é quse certo que Jesus se alimentou. A soma total dessas evidências é a confirmação surpreendente de que Jesus ressuscitou e viveu no mesmo corpo físico, tangível e visível de carne e osso que possuía antes da ressurreição.

Evidência indireta. Além de toda evidência direta da ressurreição corporal de Cristo, há linhas de confirmação. Elas incluem a transformação imediata dos homens que se tornaram apóstolos, a reação dos que rejeitaram a Cristo, a existência da igreja primitiva e a difusão incrivelmente rápida do cristianismo.

Os discípulos transformados. Após a morte de Jesus seus discípulos achavam-se amedrontados, espalhados e céticos. Apenas um, João, estivera na crucificação (Jo 19.26,27). O restante fugira (Mt 27.58). Eles também estavam céticos. Maria, a primeira a quem Jesus apareceu, duvidou, pensando que vira um jardineiro (Jo 20.15). Os discípulos duvidaram dos relatórios das mulheres (Lc 24.11). Alguns duvidaram até ver Cristo com os próprios olhos (Jo 20.25).

Um só acreditou quando todos os outros apóstolos disseram que Cristo havia aparecido para eles. Dois discípulos no caminho para Emaús até duvidaram enquanto falavam com Jesus, pensando que era um estranho (Lc 24.18).

Algumas semanas depois, esses mesmos homens e mulheres que se esconderam (Jo 20.19), estavam proclamando corajosa e abertamente a ressurreição de Cristo — mesmo perante o Sinédrio que era responsável pela morte de Cristo (At 4, 5). A única coisa que pode explicar essa mudança imediata e milagrosa é que eles estavam absolutamente convencidos de que encontraram o Cristo corporalmente ressurreto.

O tema da pregação apostólica. Apesar de todas as coisas maravilhosas que Jesus ensinou aos discípulos sobre o amor (Mt 22.36,37), a não-retaliação (Mt 5) e o reino de Deus (cf. Mt 13), o tema dominante da pregação apostólica não foi nenhum desses temas. Acima de todos estes, eles proclamaram a ressurreição de Cristo. Esse foi o assunto do primeiro sermão de Pedro em Pentecostes (At 2.22-40) e de seu sermão seguinte no templo (At 3.14,26). Foi esse o conteúdo de sua mensagem perante o Sinédrio (At 4.10). Na verdade, em todo lugar e "com grande poder os apóstolos continuavam a testemunhar da ressurreição do Senhor Jesus" (At 4.33; cf. 4.2). Ser testemunha da ressurreição era o pré-requisito para ser o apóstolo (At 1.22; cf. 1Co 9.1). A melhor explicação para esse tema ser sua preocupação imediata semanas após a morte de Jesus era que eles, como os evangelhos nos dizem, o haviam encontrado vivo várias vezes nos dias após a ressurreição.

A reação dos que rejeitavam a Cristo. A reação das autoridades judaicas também é testemunho do fato da ressurreição de Cristo. Eles não apresentaram o corpo, nem organizaram uma busca. Pelo contrário, subornaram os soldados que guardavam o túmulo para mentir (Mt 28.11-15) e *lutaram* contra os discípulos que testificaram que viram o corpo vivo. O fato de *confrontar*, em vez de *refutar*, as reivindicações dos discípulos comprova a realidade da ressurreição.

A existência da igreja primitiva. Outra prova indireta da ressurreição é a própria existência da igreja primitiva. Há boas razões para que a igreja não tivesse nascido, entre elas as seguintes.

A primeira igreja consistia em grande parte de judeus que acreditavam que havia um só Deus (Dt 6.4), e no entanto eles proclamavam que Jesus era Deus (v. CRISTO, DIVINDADE DE). Eles oravam a Jesus (At 7.59), batizavam em seu nome (2.38), afirmavam que ele foi exaltado à direita de Deus (2.33; 7.55) e o chamavam de Senhor e Cristo (2.34-36), o mesmo título que provocou a acusação de blasfêmia pelo sumo sacerdote judeu no julgamento de Jesus (Mt 26.63-65).

Os primeiros cristãos não tiveram tempo suficiente para se estabelecer antes de ser perseguidos, espancados, ameaçados de morte e até martirizados (At 7.57-60). Mas não só mantiveram sua fé como se multiplicaram rapidamente. Se o que testificaram não era real, tinham toda razão e oportunidade para abandoná-lo. Mas não fizeram isso. Apenas um encontro real com o Cristo ressurreto pode explicar adequadamente a existência de uma seita judaica que ficou conhecida pelo nome "cristãos" (At 11.26).

O crescimento do cristianismo. Comparado a outras religiões, como o ISLAMISMO, que cresceu lentamente a princípio, o cristianismo teve um crescimento imediato e rápido. Três mil foram salvos no primeiro dia (At 2.41). Muitos outros eram acrescentados ao grupo diariamente (At 2.47). Em questão de dias mais dois mil se converteram (At 4.4). Assim, "crescendo o número de discípulos" tão rapidamente, diáconos tiveram de ser designados para cuidar das viúvas (At 6.1).Certamente nada além da ressurreição corporal de Cristo e o cumprimento de sua promessa de enviar o Espírito Santo (At 1.8) podem explicar esse crescimento imediato e surpreendente.

Resumo das evidências. As evidências da ressurreição de Cristo são convincentes. Há mais documentos, mais testemunhas oculares e mais evidências que confirmam este fato que para qualquer outro evento histórico antigo. A evidência secundária e suplementar é convincente; quando combinada com a evidência direta, representa a defesa sólida da ressurreição física de Cristo. Na terminologia legal, "está acima de qualquer dúvida razoável".

Objeções à ressurreição. Muitas objeções foram feitas contra a ressurreição física de Cristo. Alguns afirmam que isso seria um milagre, e milagres não são aceitáveis (v. MILAGRES, ARGUMENTOS CONTRA). Outros afirmam que os documentos e testemunhas que registram esses eventos não eram confiáveis (v. NOVO TESTAMENTO, CONFIABILIDADE DOS DOCUMENTOS DO; NOVO TESTAMENTO, HISTORICIDADE DO). Ainda outros inventaram teorias alternativas que se opõem à ressurreição (v. CRISTO, LENDAS SUBSTITUTAS DA MORTE DE; RESSURREIÇÃO, TEORIAS ALTERNATIVAS À). Mas os que tentam evitar a ressurreição lutam contra um furacão de evidências. Os fatos são que Jesus de Nazaré realmente morreu (v. CRISTO, MORTE DE) e realmente ressuscitou dos mortos no mesmo corpo físico.

Fontes

W. CRAIG, *Knowing the truth about the resurrection.*
N. L. GEISLER, *The battle for the resurrection.*
G. HABERMAS, *Ancient evidence on the life of Jesus.*
___, *The resurrection of Jesus: an apologetic.*
R. KITTEL, *The theological dictionary of the New Testament.*
T. MIETHE, *Did Jesus rise from the dead? The resurrection debate.*
J. W. MONTGOMERY, *Christianity and history.*
F. MORRISON, *Who moved the stone?*

ressurreição, natureza física da. Até algumas pessoas que reconhecem que o corpo de Jesus desapareceu misteriosamente do túmulo e que apareceu em várias ocasiões depois disso negam a natureza física essencial do corpo ressurreto. Isto é, negam a crença ortodoxa de que Jesus ressuscitou com o mesmo corpo físico — incluindo as marcas da crucificação — que morreu.

A ressurreição de Cristo perde seu valor apologético se não for a ressurreição física do mesmo corpo que morreu. Na verdade, o apóstolo Paulo está disposto a dizer que o cristianismo é falso se Cristo não ressuscitou corporalmente da sepultura. Logo, a defesa da ressurreição como evento físico, envolvendo a revivificação do corpo físico que morreu, é crucial para a apologética cristã. A negação da ressurreição física de Cristo é equivalente à negação da própria ressurreição, já que é apenas o corpo físico, não a alma, que morre. E se esse corpo físico não volta à vida, não há ressurreição *física*.

A importância do corpo. A importância da ressurreição física de Cristo é de grande alcance, e as implicações de sua negação são fundamentais para o cristianismo ortodoxo. Na verdade, tal negação afeta a apologética cristã e a nossa salvação (Rm 10.9; 1Co 15.12ss.).

Considerações apologéticas. Por que é tão importante para a reivindicação de divindade de Cristo que seu corpo ressurreto seja o mesmo corpo físico que foi colocado no túmulo? A resposta é dupla.

Verificação do Deus verdadeiro. Primeiro, essa é única maneira de saber com certeza que a ressurreição ocorreu. O túmulo vazio em si não prova a ressurreição de Cristo, assim como o relato de que um corpo sumiu de um necrotério não significa que ele ressuscitou. O corpo original poderia ter desaparecido e as aparições poderiam ser de outra pessoa ou da mesma pessoa em outro corpo — o que seria reencarnação, não ressurreição. Mas no contexto teísta (v. TEÍSMO), em qual milagres são possíveis, um túmulo vazio mais as aparições do *mesmo corpo físico*, uma vez morto mas agora vivo, são prova da ressurreição miraculosa.

Sem essa identidade física ligando o corpo pré e pós-ressurreição, o valor apologético da ressurreição é destruído. Se Cristo não ressuscitou no mesmo corpo físico que foi colocado no túmulo, a ressurreição não prova sua reivindicação de ser Deus (Jo 8.58; 10.30). A ressurreição apenas substancia a reivindicação de Jesus de ser Deus se ele ressuscitou no mesmo corpo literal que foi crucificado.

A verdade do cristianismo é baseada totalmente na ressurreição corporal de Cristo. Jesus ofereceu a ressurreição como prova de sua divindade durante todo seu ministério (Mt 12.38-40; Jo 2.19-22; 10.18). Numa passagem, ele apresentou sua ressurreição como evidência singular de sua identidade. Jesus disse aos que buscavam um sinal: Mas nenhum sinal lhe será dado, exceto o sinal do próprio Jonas. Pois assim como Jonas esteve três dias e três noites no ventre de um grande peixe, assim o filho do homem ficará três dias e três noites no coração da terra.(Mt 12.39,40).

Além de Jesus apresentar a ressurreição como prova de sua divindade, para os apóstolos suas aparições foram "provas indiscutíveis" (At 1.3). Ao apresentar as reivindicações de Cristo, eles usaram continuamente o fato da ressurreição corporal de Jesus por base de seu argumento (cf. At 2.22-36; 4.2,10; 13.32-41; 17.1-4, 22-31). Paulo concluiu que Deus "deu prova disso [Jesus] a todos, ressuscitando-o dentre os mortos" (At 17.31).

A continuidade física entre o corpo pré e pós-ressurreição de Cristo é demonstrada repetidamente na pregação apostólica. Em seu primeiro sermão, Pedro declarou aos judeus: "Vocês, com a ajuda de homens perversos, o mataram, pregando-o na cruz. Mas Deus o ressuscitou dos mortos, rompendo os laços da morte ..." (At 2.23,24). Ele acrescenta: "não foi abandonado no sepulcro e cujo corpo não sofreu decomposição. Deus ressuscitou este Jesus, e todos nós somos testemunhas desse fato" (vv. 31,32). Paulo também é específico ao fazer a ligação entre o corpo real que foi colocado no túmulo e o que ressuscitou. Ele diz: "Tiraram-no do madeiro e o colocaram num sepulcro mas Deus o Ressuscitou dos mortos" (At 13. 29, 30).

Verificação do evento real. Segundo, se Cristo não ressuscitou num corpo físico e material, a ressurreição é inverificável. Não há maneira de confirmar se ele realmente ressuscitou a não ser que tenha ressurgido no mesmo corpo tangível e físico que morreu e foi sepultado. Se o corpo ressurreto era essencialmente imaterial e "angelical" (Harris, *Raised immortal* [*Ressurreto imortal*], p. 53, 124, 126), não há maneira de verificar se a ressurreição ocorreu. A manifestação de uma forma angelical não prova a ressurreição corporal. Na melhor das hipóteses, a manifestação angelical prova que há um espírito com poder para se materializar depois de deixar o corpo.

Até os anjos, que são puros espíritos (Hb 1.14), têm o poder de se "materializar" (Gn 18). Os anjos que apareceram para Abraão assumiram forma visível (Gn 18.8; 19.3). Isso, porém, não era prova de que por natureza eles possuíssem corpos físicos. Na verdade, não possuíam; são espíritos (Mt 22.30; Lc 24.39; Hb 1.14). E suas manifestações não foram continuação física de um corpo terreno anterior, como é o caso do corpo ressurreto de Cristo. As manifestações angelicais foram apenas formas temporárias para facilitar a comunicação com seres humanos. Colocar as aparições de Jesus nessa categoria é reduzir a ressurreição a mera teofania.

Chamar o corpo de Cristo "angelical" não só diminui sua natureza como também destrói seu valor como evidência, pois há diferença real entre uma manifestação angelical e um corpo físico literal. A ressurreição no corpo imaterial não é prova de que Cristo tenha derrotado a morte de seu corpo material (cf. 1Co 15.54-56). Um corpo ressurreto imaterial é o mesmo que nenhum corpo ressurreto.

Considerações teológicas. O problema da criação. Deus criou o mundo material e o considerou "bom" (Gn 1.31; cf. Rm 14.14 e 1Tm 4.4). O pecado desintegrou o mundo e trouxe decomposição e morte (Gn 2.17; Rm 5.12). Toda a criação material foi sujeita à escravidão por causa do pecado (Rm 8.18-25). No entanto, por meio da redenção a decomposição e a morte serão revertidas. Pois "a própria natureza criada será libertada da escravidão da decadência em que se encontra" (v. 21). Na verdade, Toda a natureza criada geme até agora [...] mas nós mesmos, que temos os primeiros frutos do Espírito, gememos interiormente, esperando ansiosamente nossa adoção como filhos, a redenção do nosso corpo (v. 22,23). Deus reverterá a maldição sobre a criação material por meio da ressurreição material. Qualquer coisa inferior à ressurreição do corpo físico não restauraria a criação perfeita de Deus como a criação material. Logo, a ressurreição imaterial é contrária aos propósitos criativos de Deus. Assim como recriará o universo físico (2Pe 3.10-13; Ap 21.1-4), Deus também reconstituirá o corpo humano material ao redimir o que morreu.

Qualquer coisa inferior a recriação material do mundo e a reconstrução material do corpo seria o fracasso do propósito criativo de Deus. Robert Gundry, estudioso do NT, observa:

Qualquer coisa inferior a isso mina a intenção final de Paulo — que o homem redimido possua meios físicos de atividade concreta para o serviço e a adoração eternos de Deus na criação restaurada". Portanto, desmaterializar a ressurreição, de qualquer forma, é debilitar a soberania de Deus tanto no propósito criativo quanto na graça redentora (Gundry, p. 182).

O problema da salvação. Há sérios problemas com a doutrina da *salvação* pela a negação da natureza física da ressurreição de Cristo. O NT ensina que a crença na ressurreição corporal de Cristo é uma condição da salvação (Rm 10.9,10; 1Ts 4.14). É parte da essência do próprio evangelho (1Co 15.1-5). No NT o que se entendia por *corpo (soma)* era um corpo físico literal. Logo, a negação da ressurreição física de Cristo prejudica o evangelho.

Além disso, sem a ressurreição física não há continuidade material entre o corpo anterior e posterior à ressurreição e pós-ressurreição. Na verdade, haveria dois corpos diferentes (Harris, *From grave to glory* [*Do túmulo à glória*], p. 54-6, 126). No entanto, como Gundry observa:

A continuidade física também é necessária. Se o espírito humano — um tipo de terceira entidade — for a única ligação entre os corpos mortal e ressurreto, a relação entre os dois corpos é extrínseca e por isso ineficaz como demonstração da vitória de Cristo sobre a morte (Gundry, p. 176).

Em termos mais fortes, Gundry conclui que "a ressurreição de Cristo foi, e a ressurreição dos cristãos será, de natureza física" (Gundry, p. 182). Sem a ressurreição não há base para celebrar a vitória sobre a morte física.

O problema da encarnação. A negação da natureza física do corpo ressurreto é um erro *doutrinário* sério. É um tipo de neodocetismo (v. DOCETISMO). Os docetistas eram um grupo não-ortodoxo do século II que negava que Jesus fosse realmente humano (Cross, p. 413). Eles acreditavam que Jesus era realmente Deus, mas só parecia ser humano. Negavam que ele tivesse carne humana real.

Um erro doutrinário semelhante existia no século I. João adverte contra aqueles que negam que "Jesus Cristo veio em *carne*" (1Jo 4.2; cf. 2Jo 7). Na verdade, quando João disse "veio", ele quis dizer que Cristo veio na carne e continua (após sua ressurreição) na carne. Em 1João 4.2 o particípio perfeito (*elēluthota*) significa "não só que Jesus Cristo veio na plenitude do tempo na carne, mas também que, portanto, ele *ainda está presente* [...] Ele é um Cristo que veio e habita na carne" (Schep, p. 71-2). Ao comentar a passagem paralela em 2João 7, o estudioso de grego A. T. Robertson observa que é a construção (particípio presente) que trata a encarnação como fato contínuo. É isso que os gnósticos docetistas (v. GNOSTICISMO) negavam (Robertson, 6:253). Negar que Cristo tinha um corpo material antes ou depois da sua ressurreição é falsa doutrina. O atual docetismo pós-ressurreição nega que aquele que veio na carne também ressuscitou na carne (Harris, *From grave to glory*, p. 124-6).

O fato de Cristo ter carne humana é essencial para sua humanidade completa e é usado repetidamente para descrevê-la (Jo 1.14; 1Tm 3.16; 1Jo 4.2; 2Jo 7). Nesse caso, se Cristo não ressuscitou imortalmente na carne, ele não era totalmente humano. Isso é crítico, pois o ministério de Cristo para nossa salvação não terminou na cruz. Segundo Hebreus, Cristo "vive sempre para interceder por eles" (Hb 7.25). Na verdade, é pelo fato de Cristo ser completamente humano que é capaz de "compadecer-se das nossas fraquezas" no seu ministério sacerdotal (Hb 4.15). Portanto, a humanidade completa de Cristo é necessária para nossa salvação. Logo, se Cristo não ressurgiu nesse corpo humano, ele não é totalmente humano e não pode ser eficaz para alcançar nossa salvação.

O problema da imortalidade humana. Além disso, negar a ressurreição física cria um sério problema com relação à imortalidade cristã. Se Cristo não ressuscitou no mesmo corpo físico no qual foi crucificado, também não temos esperança de sermos vitoriosos sobre a morte física. Somente por meio da ressurreição física de Cristo o crente pode proclamar triunfantemente: "Onde está, ó morte, a seu vitória? Onde está, ó morte, o seu aguilhão?" (1Co 15.55). Pois é apenas por meio da ressurreição física que Deus "tornou inoperante a morte, e trouxe à luz a vida e a imortalidade por meio evangelho" (2Tm 1.10). Como Paulo disse aos coríntios, "se Cristo não ressuscitou [...] os que dormiram em Cristo estão perdidos" (1Co 15.17,18).

O problema do engano moral. Há um problema *moral* sério de engano com relação à negação da ressurreição física. Ninguém pode olhar diretamente para o registro do evangelho das aparições de Cristo depois da ressurreição e negar que Jesus tentou convencer os discípulos céticos de que tinha um corpo físico real. Ele disse: "Vejam as minhas mãos e os meus pés. Sou eu mesmo! Toquem-me e vejam; um espírito não tem carne nem ossos, como vocês estão vendo que eu tenho" (Lc 24.39). Ele comeu na presença deles (vv. 41-43). Desafiou Tomé: "Coloque o seu dedo aqui; veja as minhas mãos. Estenda a mão e coloque-a no meu lado. Pare de duvidar e creia" (Jo 20.27; v. RESSURREIÇÃO, EVIDÊNCIAS DA).

Dado o contexto da reivindicação de Jesus e da crença judaica na ressurreição física (cf. Jo 11.24; At 23.8), não há outra impressão razoável que tais afirmações pudessem ter deixado na mente dos discípulos senão que Jesus tentava convencê-los de que ressuscitara no mesmo corpo físico no qual morrera. Se o corpo ressurreto de Jesus apenas um corpo imaterial, Jesus enganou seus discípulos. Se o corpo ressurreto de Jesus não era um corpo tangível e físico, ele estava mentindo.

Evidência da ressurreição física. Como foi demonstrado no artigo RESSURREIÇÃO, OBJEÇÕES À, argumentos contra a ressurreição são infundados. Além disso, as evidências a favor da natureza física da ressurreição também são surpreendentes. Apesar de algumas das evidências a seguir também serem válidas para a historicidade da ressurreição, comprovam ainda que Jesus não era "angelical" ao aparecer. Pelo contrário, ele se apresentou com um corpo bem real — o mesmo corpo que foi crucificado.

Jesus foi tocado por mãos humanas. Jesus desafiou Tomé: "Coloque o seu dedo aqui; veja as minhas mãos. Estenda a mão e coloque-a no meu lado. Pare de duvidar e creia" (Jo 20.27). Tomé respondeu: "Senhor meu e Deus meu!" (v. 28). Da mesma forma, quando Maria segurou Jesus após a ressurreição, ele ordenou: "Não me segure pois ainda não voltei para meu Pai" (Jo 20.17). Mateus acrescenta que as mulheres abraçaram os pés de Jesus e o adoraram (Mt 28.9). Mais tarde, quando Jesus apareceu aos dez discípulos, ele disse: "Vejam as minhas mãos e os meus pés, que Sou eu mesmo *Toque-me e vejam*" (Lc. 24.39). O corpo ressurreto de Cristo era um corpo físico que podia ser tocado, até mesmo nas marcas dos cravos e da lança.

O corpo de Jesus era de carne e osso. Talvez a evidência mais forte da natureza física do corpo ressurreto seja que Jesus disse enfaticamente: "Toquem-me e vejam, um espírito não tem carne nem ossos, como vocês estão vendo que eu tenho" (Lc 24.39). Então, para provar sua afirmação, pediu algo para comer, e "Deram-lhe um pedaço de peixe assado [e um favo de mel], e ele comeu na presença deles" (v. 41-43).

Paulo observou corretamente que "carne e sangue não podem herdar o Reino de Deus" (1Co 15.50), mas Jesus não tinha carne corruptível; ele não tinha pecado (2Co 5.21; Hb 4.15). Era de carne, mas não carnal. Não tinha carne humana *pecaminosa* (Hb 4.15); no entanto, morreu e ressurgiu dos mortos em carne humana real (*sarx*, At 2.31). João enfatizou a encarnação contínua de Jesus, quando advertiu: "muitos enganadores têm saído pelo mundo, os quais não confessam Jesus Cristo veio em corpo" (2Jo 7). O uso do particípio no grego significa que Cristo continuava na carne até quando isso foi escrito. A alegação de que seu corpo era de carne física antes da ressurreição, mas de carne não-física depois dela, é uma forma de gnosticismo ou docetismo.

Jesus comeu alimento físico. Outra evidência que Jesus ofereceu da natureza física e tangível de seu corpo ressurreto foi a capacidade de comer, o que ele fez em pelo menos quatro ocasiões (Lc 24.30,41-43; Jo 21.12,13; At 1.4). Atos 10.41 indica que Jesus comeu com freqüência com os discípulos após sua ressurreição, falando sobre os apóstolos que comeram e beberam com ele, "depois que ressuscitou dos mortos".

Ao contrário dos anjos, o corpo de Jesus era material por natureza (Lc 24.39). Dado esse contexto, seria puro engano Jesus ter mostrado sua carne e oferecido sua capacidade de comer alimento físico como prova de seu corpo físico, se não tivesse resurgido num corpo físico.

O corpo de Jesus continha suas feridas. Outra evidência inconfundível da natureza física do corpo ressurreto é que ele possuía as marcas físicas da crucificação de Jesus. Nenhum corpo "espiritual" ou imaterial poderia ter cicatrizes físicas (Jo 20.27). Na verdade, no mesmo corpo físico Jesus subiu ao céu, onde ainda é visto como o "Cordeiro, que parecia ter estado morto" (Ap 5.6). E, quando Cristo voltar, será *"esse Jesus* que dentre vocês foi elevado ao céu" (At 1.11). Essas mesmas marcas da sua crucificação serão visíveis na segunda vinda, pois João declarou: "Eis que ele vem com as nuvens, e *todo olho o verá, até mesmo aqueles que o traspassaram*" (Ap 1.7).

O corpo de Jesus foi reconhecido. As palavras comuns para "ver" (*horaō, theoreō*) e "reconhecer" (*epiginōskō*) objetos físicos foram usadas vez após vez com relação a Cristo em seu estado ressurreto (v. Mt 28.7,17; Mc 16.7; Lc 24.24; Jo 20.14; 1Co 9.1). Em certas ocasiões Jesus não foi reconhecido imediatamente por alguns dos discípulos, algumas delas talvez por causas sobrenaturais. Lucas fala sobre uma ocasião em que "mas os olhos deles foram impedidos de reconhecê-lo" (24.16), e mais tarde "Então os olhos deles foram abertos e o reconheceram" (v. 31). No entanto, as causas gerais eram fatores puramente naturais, tais como perplexidade (Lc 24.17-21), tristeza (Jo 20.11-15), falta de luz (Jo 20.14,15), distância visual (Jo 21.4), aparição repentina de Jesus (Lc 24.36,37), roupas diferentes que usava (Jo 19.23,24; 20.6-8) ou a insensibilidade espiritual (Lc 24.25,26) e incredulidade (Jo 20.24,25) dos discípulos. De qualquer forma, a dificuldade foi temporária. Antes de as aparições terminarem, não restava nenhuma dúvida em suas mentes de que Cristo havia ressuscitado corporal literalmente.

O corpo de Jesus podia ser visto e ouvido. O corpo ressurreto de Jesus podia não só ser tocado, mas também visto e ouvido. Mateus diz que "quando o *viram*, o adoraram" (Mt 28.17). Os discípulos de Emaús o reconheceram enquanto comiam juntos (Lc 24.31), talvez pelos seus movimentos (cf. v. 35). No grego a palavra *epiginōsko* significa "conhecer, entender ou reconhecer". Normalmente significa reconhecer um objeto físico (Mc 6.33, 54; At 3.10). Maria deve ter reconhecido Jesus pelo tom da voz (Jo 20.15,16). Tomé o reconheceu, provavelmente antes de tocar as marcas da crucificação (Jo 20.27,28). Durante o período de quarenta dias, todos os discípulos o viram e ouviram, e testemunharam as "provas discutíveis" de que estava vivo (At 1.3; cf. 4.2,20).

A ressurreição é dentre os mortos. Ressurreição no NT geralmente é descrita como "dos (*ek*) os mortos" (cf. Mc 9.9; Lc 24.46; Jo 2.22; At 3.15; Rm 4.24; 1Co 15.12). Literalmente, essa preposição grega *ek* significa que Jesus ressuscitou "dentre os" corpos mortos, isto é, da sepultura onde cadáveres são enterrados (At 13.29,30). Essas mesmas palavras são usadas para descrever a ressurreição de Lázaro "dos[dentre] os mortos" (Jo 12.1). Nesse caso não há dúvida de que ele saiu da sepultura com o mesmo corpo que foi enterrado. Portanto, a ressurreição era de um cadáver físico saindo de um túmulo ou cemitério. Como Gundry observou corretamente, "para alguém que fosse fariseu, esse fraseado só poderia ter um significado — ressurreição física" (Gundry, p. 177).

Sōma sempre significa corpo físico. Quando usada com relação a um ser humano, a palavra *corpo* (*sōma*) sempre significa um corpo físico no NT. Não há exceções a esse uso. Paulo usa *sōma* quando menciona o corpo ressurreto de Cristo (1Co 15.42-44), indicando assim sua crença de que ele era um corpo físico. O trabalho exegético definitivo sobre *sōma* foi feito por Gundry (ibid.). Como evidência da natureza física do corpo ressurreto, ele indica que "Paulo usou *sōma* sem exceções com relação ao corpo físico" (Gundry, p. 168). Logo, ele conclui que

> O uso sistemático e exclusivo de *sōma* com relação a corpo físico em contextos antropológicos se opõe à desmaterialização da ressurreição, tanto por idealismo quanto por existencialismo (ibid.).

Para os que acham que Paulo deveria ter usado outra palavra para expressar a ressurreição física, Robert Gundry responde: "Paulo usa *sōma* precisamente porque a fisicidade da ressurreição é indispensável para sua soteriologia" (Gundry, p. 69). Esse uso sistemático da palavra *sōma* para o corpo físico é mais uma confirmação de que o corpo ressurreto de Cristo era um corpo literal e material.

O túmulo estava vazio. Junto com as aparições do mesmo Jesus crucificado, o túmulo vazio dá forte evidência da natureza física do corpo ressurreto de Cristo. Os anjos declararam: "Ele não está aqui; ressuscitou, como tinha dito. Venham ver o lugar onde ele jazia" (Mt 28.6). Como era um corpo literal e material, foi colocado ali, e como *o mesmo corpo físico* ressuscitou, conclui-se que o corpo ressurreto era o mesmo corpo material que morreu.

As vestes mortuárias não foram desmanchadas. Quando Pedro entrou no túmulo, "Viu as faixas de linho, bem como o lenço que estivera sobre a cabeça de Jesus. Ele estava dobrado à parte, separado das faixas de linho" (Jo 20.6,7). Certamente, se os ladrões tivessem roubado o corpo, não teriam tempo para tirar e separar o lenço. E se Jesus tivesse se evaporado no interior dos lençóis, o lenço não estaria num lugar separado. Esses detalhes revelam a verdade de que o corpo material de Jesus que jazia ali fora restaurado à vida (At 13.29,30). João ficou tão convencido por essa evidência da ressurreição física que, quando a viu, creu que Jesus havia ressuscitado, apesar de ainda não o ter visto (Jo 20.8).

O corpo que morreu é o mesmo que ressuscitou. Se o corpo ressurreto é em tudo idêntico ao corpo antes da ressurreição ressureto e esse é incontestavelmente material, conclui-se que o corpo ressurreto também é material. Isso, é claro, não significa que todas as partículas sejam iguais. Até o nosso corpo atual muda suas partículas continuamente, mas é o mesmo corpo material. Isso significa que o corpo ressurreto é o mesmo corpo material contínuo e substancial, não importa que mudanças acidentais possa haver em suas moléculas. Além do túmulo vazio, os lençóis, a analogia da semente e as marcas da crucificação são outras linhas de evidência de que a ressurreição de Cristo deu-se no mesmo corpo físico que morreu.

Em primeiro lugar, Jesus disse com antecedência que o mesmo templo, seu corpo, seria destruído e reconstruído. Ele disse: "Destruam este templo, e eu *o* levantarei em três dias" (Jo 2.19). O pronome *o* manifesta que o corpo ressurreto é o mesmo que o corpo destruído pela morte.

Segundo, a mesma identidade é sugerida na forte comparação entre a morte e a ressurreição de Jesus e a experiência de Jonas no grande peixe (Mt 12.39; 16.4). Ele disse: "Pois assim como Jonas esteve três dias e três noites no ventre de um grande peixe, assim o Filho do homem ficará três dias noites no coração da terra" (Mt 12.40). Obviamente, em ambos os casos o corpo físico que entrou foi o mesmo que saiu. Logo, a identidade inseparável entre o corpo antes e depois da ressureição de Jesus estabelecida por Paulo, o fariseu convertido, é forte confirmação de que ele está afirmando a natureza física do corpo ressurreto.

Terceiro, Paulo acrescentou: "Pois é necessário que aquilo que é corruptível se revista de incorruptibilidade, e aquilo que é mortal, se revista de imortaliddade" (1Co 15.53). É digno de nota que Paulo não diz que esse corpo corruptível será *substituído* por um modelo incorruptível. Mas esse corpo físico que agora é corruptível "se revestirá" com o elemento adicional de incorruptibilidade. Se um corpo material fosse enterrado e um corpo espiritual ou imaterial ressurgisse, não seria o mesmo corpo. Mas nesse texto Paulo afirma a identidade numérica entre o corpo antes e depois da ressureição.

Quarto, o sermão de Paulo em Antioquia revela a identidade entre o corpo que foi morto na cruz e o que ressuscitou dos mortos. Ele disse: "Tendo cumprido tudo o que estava escrito a respeito dele, tiraram-no da madeira e o colocaram num sepulcro. Mas Deus o ressuscitou dos mortos" (At 13.29,30).

Finalmente, a ligação íntima entre a morte e a ressurreição indica a identidade numérica *do corpo ressurreto*. Paulo considerou de extrema importância o fato de que "Cristo morreu pelos nossos pecados [...] e que foi sepultado e ressuscitou no terceiro dia" (1Co 15.3,4). Em outra passagem, Paulo declara que o que foi "sepultado" foi "ressuscitado dos mortos" (Rm 6.3-5; cf. At 2.23,24; 3.15; 4.10; 5.30; 10.39,40; 13.29,30; Cl 2.12). É importante salientar que, "como ex-fariseu, Paulo não poderia ter usado uma linguagem tão tradicional sem reconhecer sua intenção de retratar a ressurreição de um cadáver" (Gundry, p. 176).

À luz da evidência, não há justificativa para a afirmação de que o corpo antes e depois da ressurreição não tinham a mesma "identidade material" e que "o corpo ressurreto não terá a harmonia ou fisiologia do corpo terreno" (Harris, *Raised immortal*, p. 124, 126). E como os crentes terão corpos como o dele (Fp 3.21), conclui-se que seus corpos também serão materiais. Na realidade, muitos dos argumentos acima podem ser aplicados diretamente aos crentes. Por exemplo, a Bíblia diz que eles ressuscitarão do "pó da terra" (Dn 12.2) e "sairão" dos "túmulos" (Jo 5.28,29), indicando assim a natureza material dos corpos ressurretos.

Conclusão. Murray Harris alegou que o corpo ressurreto é "espiritual" e não é realmente um corpo físico de carne e osso. E escreveu:

Conseqüentemente o corpo de "carne e ossos" material que Jesus tinha durante seu encontro com os discípulos não era parte integral do seu "corpo espiritual", mas foi assumido temporariamente, na verdade por razões evidenciais, como acomodações ao entendimento de seus discípulos (Harris, *From grave to glory*, p. 392).

Mas se as marcas da crucificação não estavam no corpo ressurreto "espiritual" real, mas apenas no corpo assumido temporariamente por razões evidenciais, Jesus enganou seus discípulos quando disse, a respeito desse corpo temporário de carne e osso: "Vejam as minhas mãos e os meus pés. Sou eu mesmo" (Lc 24.39). Segundo Harris, esse corpo temporário não era nem o corpo físico no qual ele fora crucificado nem seu corpo real ("espiritual") da ressurreição. Se a afirmação de Harris está correta, Jesus enganou seus discípulos descaradamente.

O único corpo que realmente tinha as marcas da ressurreição era o corpo físico de carne e osso no qual Jesus morreu. Mas, segundo Harris, o corpo material assumido temporariamente no qual Jesus apareceu não era o mesmo corpo de carne que tinha as verdadeiras marcas da ressurreição. Conclui-se, então, que o corpo físico assumido temporariamente que Jesus mostrou aos seus discípulos era apenas uma réplica do corpo crucificado. Se Harris estiver certo, Jesus mentiu descaradamente; essa parece uma objeção séria à sua teoria.

A Bíblia é bem clara com relação à natureza do corpo ressurreto. É o mesmo corpo físico e material de carne e osso que morre. Há, na verdade, várias linhas de evidência para apoiar isso. A evidência da natureza física do corpo ressurreto é surpreendente (v. RESSURREIÇÃO, EVIDÊNCIAS DA), e nunca é demais ressaltar sua importância para o cristianismo. Qualquer negação da ressurreição corporal de Cristo é uma questão séria. Negações feitas por evangélicos são ainda mais sérias, incluindo os que usam o termo tradicional *ressurreição física* para afirmar essa teoria. Pois ressurreição "física" sempre significou que Jesus ressurgiu com o mesmo corpo material e físico que morreu.

Este fato é a peça fundamental da teologia e apologética ortodoxa. O cristianismo histórico se firma ou cai por terra com base na historicidade e materialidade da ressurreição corporal de Cristo.

Fontes

W. F. Arndt e F. W. Gingrich, *A Greek-English lexicon of the New Testament.*
W. Craig, *Knowing the truth about the resurrection.*
F. L. Cross, org., *The Oxford dictionary of the christian church.*
G. Friedrich, *The theological dictionary of the New Testament.*
N. L. Geisler, *The battle for the resurrection.*
___, *In defense of the resurrection.*
R. Gundry, *Soma in biblical theology.*
M. Harris, *From grave to glory.*
___, *Raised immortal.*
A. T. Robertson, *Word pictures in the New Testament.*
J. A. Schep, *The nature of the resurrection body.*

ressurreição, objeções à. Entre as objeções comuns levantadas contra a ressurreição física de Cristo, algumas afirmam que os milagres, incluindo a ressurreição, não são críveis (v. MILAGRES, ARGUMENTOS CONTRA). Estas objeções são respondidas especificamente no artigo acima mencionado. Outros insistem em que não podemos saber os verdadeiros acontecimentos que envolveram a morte e ressurreição de Cristo porque os documentos do NT são falhos. Com relação a essa incerteza, v. ATOS, HISTORICIDADE DE; ARQUEOLOGIA DO NOVO TESTAMENTO; BÍBLIA, CRÍTICA DA; JESUS, SEMINÁRIO DE; NOVO TESTAMENTO, MANUSCRITOS DO; e NOVO TESTAMENTO, HISTORICIDADE DO.

No final do século XX, surgiram duas outras objeções. Uma é que as seqüências de eventos dos evangelhos não podem ser harmonizadas. Uma segunda teoria que ganhou adeptos até mesmo entre acadêmicos evangélicos do NT o argumenta que o corpo ressurreto de Cristo era um corpo espiritual, não físico. Murray Harris estava à frente dessa teoria até que, silenciosamente, modificou sua opinião. Mas vários outros estudiosos do NT, incluindo e George Ladd, defenderam o mesmo ponto de vista. Pelo fato de vários aspectos dessa teoria precisarem ser considerados, as objeções à ressurreição serão respondidas aqui; a consideração geral sobre o corpo ressurreto — o de Cristo e o nosso — é feita mais extensamente no artigo RESSURREIÇÃO, NATUREZA FÍSICA DA.

	Mt	Mc	Lc	Jo	At	1Co
1. Maria Madalena		x		x		
2. Maria/ mulheres	x	x				
3. Pedro			x			x
4. Dois discípulos		x	x			
5. Dez discípulos			x	x		
6. Onze discípulos				x		
7. Sete discípulos				x		
8. Comissão dos apóstolo	x		x		x	
9. 500 irmãos						x
10. Tiago						x
11. Ascensão			x			
12. Paulo					x	x

Harmonia dos registros. Com freqüência os críticos alegam que o registro da ressurreição é contraditório. A ordem dos eventos parece diferir entre os relatos. Por exemplo, os evangelhos descrevem Maria Madalena como a primeira a ver Jesus depois da ressurreição (cf. Mt 28.1ss.), mas 1 Coríntios 15.5 descreve Pedro como o primeiro a ver o Cristo ressurreto. Da mesma forma, Mateus (28.1) descreve "Maria Madalena e a outra Maria" como as primeiras no túmulo, mas João (20.1) descreve apenas Maria Madalena.

O exame minucioso revela que as descrições apresentam o mesmo fato de pontos de vista diferentes; os relatos se harmonizam quando comparados detalhadamente.

Há uma ordem geral discernível dos eventos pós-ressurreição nos registros do NT. Os demais eventos se encaixam nesse esquema geral (v. RESSURREIÇÃO, EVIDÊNCIAS DA):

Os manuscritos mais antigos e confiáveis não contêm Marcos 16.9-20.

Pedro viu o túmulo vazio; ele não se encontrou imediatamente com Cristo.

Outros teólogos (cf. Wenham, p. 139) invertem os números 3 e 4 (mas v. Lc 24.34), e alguns combinam 8 e 9. Essas diferenças não afetam a harmonização dos eventos (v. RESSURREIÇÃO DE CRISTO).

Alguns fatores ajudam a entender por que os autores abordaram o assunto dessa maneira:

• Paulo em 1Coríntios resume a defesa da ressurreição do ponto de vista legal e oficial, não fornecendo um relatório detalhado. Portanto, ele apresenta uma lista oficial de testemunhas, que jamais teria incluído mulheres no contexto greco-romano de Corinto. O testemunho de uma mulher não era válido no tribunal.

• A aparição de Cristo para Paulo não foi incluída nos evangelhos, pois Paulo viu a Cristo anos depois da ascensão (Atos 9; cf. 1Co 15.7).

• Como apologista, Paulo destacou a aparição impressionante para as quinhentas testemunhas, a maioria das quais ainda estava viva quando ele escreveu 1Coríntios (c. 55 d.C.).

• Outras aparições, como para Tiago (1Co 15.7) e no caminho para Emaús (Lc 24.13-34), encaixam-se como informação suplementar. Elas não entram no debate da harmonização.

A história das mulheres. Mesmo os eventos intrigantes da primeira manhã envolvendo as mulheres que foram ao túmulo não são difíceis demais de organizar (v. RESSURREIÇÃO DE CRISTO).

Conflito no testemunho independente. O fato de vários registros não se harmonizarem com tanta facilidade deve ser esperado do testemunho autêntico de testemunhas independentes. Se os registros fossem perfeitamente harmoniosos, haveria suspeita de conluio das testemunhas. O fato de os eventos e a ordem serem descritos de perspectivas diferentes que dependem do envolvimento pessoal dos participantes e algumas confusões de detalhes num momento intenso e desconcertante são exatamente o que se espera de registros confiáveis. Na verdade, muitas mentes acostumadas a assuntos legais, treinadas para investigar falsas testemunhas, examinaram os registros dos evangelhos e os declararam confiáveis. Simon Greenleaf, o professor de direito de Harvard que escreveu o livro-texto clássico sobre evidências legais, atribuiu a própria conversão à sua cuidadosa investigação das testemunhas do evangelho. Ele concluiu que

cópias que fossem universalmente recebidas e que influenciassem tanto quanto os quatro evangelhos seriam recebidas como evidência em qualquer tribunal de justiça, sem a menor hesitação (Greenleaf, P. 9, 10).

A natureza essencialmente física do corpo ressurreto. Várias passagens são usadas por críticos para argumentar que o corpo ressurreto de Jesus não era contínua e essencialmente físico (Harris, *From grave to glory* [*Do túmulo à glória*], p. 373). Nenhuma delas, porém, afirma que o corpo de Jesus não era físico.

Paulo e o "corpo espiritual". Os proponentes da teoria de que o corpo ressureto é imaterial citam 1Coríntios 15.44. Paulo refere-se ao corpo ressurreto como "corpo espiritual", em comparação com o "corpo natural" anterior à ressureição (1Co 15.44). Mas um estudo do contexto não apóia essa conclusão.

Um corpo "espiritual" denota um corpo imortal, não imaterial. Um corpo "espiritual" é dominado pelo espírito, não destituído de matéria. A palavra grega *pneumatikos* (traduzido por "espiritual" aqui) significa um corpo dirigido pelo espírito, ao contrário do corpo dominado pela carne. Não é governado pela carne que perece, mas pelo espírito que permanece (v. 50-58). Então o "corpo espiritual" aqui não significa imaterial e invisível, mas imortal e imperecível.

"Espiritual" também denota um corpo sobrenatural, não um corpo não-físico. O corpo ressurreto a que Paulo se refere é sobrenatural. A série de comparações usadas por Paulo nessa passagem revela que o corpo ressurreto era um corpo sobrenatural. Note as comparações:

Corpo antes da ressurreição — terreno	Corpo após a ressureição — celestial
Perecível (v. 42)	Imperecível
fraco (v. 43)	poderoso
mortal (v. 53)	imortal
mortal (v. 44)	[sobrenatural]

O contexto completo indica que "espiritual" (*pneumatikos*) poderia ser traduzido por "sobrenatural" em contraste com "natural". Isso fica claro pelas comparações entre perecível e imperecível, corruptível e incorruptível. Na verdade, *pneumatikos* deveria ser traduzido por "sobrenatural" em 1 Coríntios 10.4, quando fala da "pedra espiritual que os seguia" no deserto. O *greek-english lexicon of the New Testament* explica: "o que pertence à ordem sobrenatural da existência é descrito como *pneumatikos*: portanto, o corpo ressurreto é um *soma pneumatikos* [*corpo sobrenatural*]".

"Espiritual" refere-se a objetos físicos. Um estudo do uso de Paulo para a mesma palavra em outras passagens revela que ela não se refere a algo que é puramente imaterial. Primeiro, Paulo falou da "Rocha espiritual" que seguiu Israel no deserto, da qual beberam uma "bebida espiritual" (1Co 10.4). Todavia, a história do AT (Êx 17; Nm 20) revela que se tratava de uma pedra física, da qual bebiam água literal. Mas a água real que vinha da pedra material era produzida sobrenaturalmente (1Co 10.3,4).

Ou seja, o Cristo sobrenatural era a fonte dessas manifestações sobrenaturais de comida e água física. Mas só porque as provisões físicas vinham de uma fonte espiritual (i.e., sobrenatural) não significa que fossem imateriais. Quando Jesus multiplicou sobrenaturalmente pão para cinco mil pessoas (Jo 6), ele fez pão literal. Mas esse pão literal e material poderia ser chamado de espiritual por causa da sua fonte sobrenatural. Da mesma forma, o maná literal dado a Israel é chamado de "alimento espiritual" (1Co 10.3).

Além disso, quando Paulo falou sobre "quem é espiritual" (1Co 2.15), ele certamente não quis dizer um homem invisível e imaterial, sem corpo físico. Ele estava falando de um ser humano de carne e osso cuja vida era vivida pelo poder sobrenatural de Deus. Referia-se a uma pessoa literal cuja vida tinha uma direção espiritual. O homem ou a mulher espiritual é a pessoa que é ensinada "pelo Espírito" e que "aceita as coisas do Espírito de Deus" (1Co 2.13,14). O corpo ressurreto pode ser chamado de "corpo espiritual", assim como falamos que a Bíblia é um "livro espiritual". Não obstante a fonte e o poder espiritual, o corpo ressurreto e a Bíblia são objetos materiais.

O *Novo dicionário internacional de teologia do Novo Testamento* diz que *espiritual* é usado "em comparação com o *meramente* material ou para as atividades e atitudes derivadas da carne e que recebem significado do que é *meramente* físico, humano e terreno" (Brown, 3.707).

Portanto, "espiritual" não significa algo puramente imaterial ou intangível. O homem espiritual, como a pedra espiritual e a comida espiritual, era um ser físico que recebeu auxílio espiritual ou sobrenatural.

A capacidade do Cristo ressurreto de se manifestar inesperadamente. Argumenta-se que o corpo ressurreto era essencialmente invisível e, portanto, não era um objeto observável na nossa história. O NT diz que ele podia "aparecer" (Harris, *Raised immortal* [*Levantado imortal*], p. 46, 47). Logo, devia ser invisível antes de aparecer (v. Lc 24.34; At 9.17; 13.31; 26.16; 1Co 15.5-8). Em cada uma dessas ocasiões está escrito "apareceu" ou "foi visto" (no aoristo passivo do grego). Gramaticalmente, a ação é de quem aparece, não de quem o vê aparecer. De acordo com tal argumentação, isso significa que Jesus tomou a iniciativa de se tornar visível em suas aparições.

No entanto, o corpo ressurreto de Cristo podia ser visto com os olhos. Registros de aparições usam a palavra *horaō* ("ver"). Embora essa palavra às vezes seja usada no sentido de ver realidades invisíveis (cf. Lc 1.22; 24.23), ela geralmente significa ver com os olhos. A palavra comum que significa "visão" é *horama*, não *horaō* (v. Mt 17.9; At. 9.10; 16.9). No NT, visão refere-se, com freqüência ou sempre, a algo que é essencialmente invisível, tal como Deus ou anjos. Por exemplo, João usa *horaō* para ver Jesus no seu corpo terreno antes da ressurreição (6.36; 14.9; 19.35) e também para vê-lo no seu corpo ressurreto (20.18,25,29). Como a mesma palavra para *corpo* (*sōma*) é usada para Jesus antes e após a ressurreição (cf. 1Co 15.44; Fp 3.21) e como a mesma palavra para sua aparição (*horaō*) é usada em ambos os casos, não há razão para acreditar que o corpo da ressurreição não seja o mesmo corpo físico, agora imortal.

Até a expressão "foi visto" (aoristo passivo, *ōphthē*) simplesmente significa que Jesus tomou a iniciativa de se revelar, não que ele era essencialmente invisível até fazer isso. A mesma forma ("ele apareceu") é usada no AT grego (2Cr 25.21), nos *Apócrifos* (1Macabeus 4.6) e no NT (At 7.26) para seres humanos aparecendo em corpos físicos (Hatch, 2.105-7). Em outras referências, *ōphthē* é usado para visão ocular.

Na sua forma passiva *ōphthē* significa "iniciar uma aparição para visão pública, mover-se de um lugar onde não se é visto para um lugar onde se é visto". Isso não significa que o que é por natureza invisível se torna visível. Quando a expressão "apareceu" (*ōphthē*) é usada com relação a Deus ou anjos (cf. Lc 1.11; At 7.2), que são realidades invisíveis, *naquele contexto* refere-se a uma entidade invisível tornando-se visível. Mas como a mesma expressão é usada para outros seres humanos com corpos físicos e como se alega que Cristo tinha um corpo (*sōma*), não há razão para interpretar essa expressão como referência a algo além do corpo físico e literal a não ser que o contexto exija o contrário. Dizer o contrário contradiz a declaração enfática de João de que o corpo de Jesus, mesmo após a ressurreição (quando João escreveu), era continuamente físico (1Jo 4.2; 2Jo 7).

O mesmo evento que é descrito por "apareceu" ou "foi visto" (passivo aoristo), tal como a aparição de Cristo a Paulo (1Co 15.8), também é encontrado no modo ativo. Paulo escreveu sobre essa experiência no mesmo livro: "Não vi Jesus, nosso Senhor?" (1Co 9.1). Mas, se o corpo ressurreto pode ser visto pelo olho, ele não é invisível até que se torne visível por algum tipo de "materialização".

As aparições de Cristo eram naturais. A palavra "apareceu" (*ōphthē*) refere-se a um evento natural.

O *Greek-english lexicon of the New Testament*, de Arndt e Gingrich, indica que a palavra é usada "para pessoas que aparecem de forma natural". The *theological dictionary of the New Testament* diz que aparições "ocorrem numa realidade que pode ser percebida pelos sentidos naturais". Na *Chave lingüística do Novo Testamento grego*, Fritz Rienecker diz que *apareceu* significa que "ele podia ser visto por olhos humanos, as aparições não era apenas visões" (Rienecker, p. 439).

A intenção não é ignorar textos que, no mínimo, podem ser interpretados de modo a sugerir uma aparição ou um desaparecimento milagroso. Cristo era Deus e fez milagres. Assim, uma diferença deve ser estabelecida entre o corpo ressurreto essencial de Cristo e o poder de Cristo como Deus encarnado. O *fato* de Jesus poder ser visto não é um milagre, mas a *maneira* em que apareceu era milagrosa. Os textos sobre o que essas aparições repentinas representam são simplesmente ambíguos, e alguns acreditam que Jesus ia e vinha rapidamente de maneira humana normal. Mas há uma forte sugestão de que ele aparecia *repentinamente*. E os textos também falam de desaparecimentos repentinos. Lucas escreve sobre os dois discípulos no caminho para Emaús: "Então os olhos deles foram abertos e o reconheceram, e ele desapareceu da vista deles" (Lc 24.31; cf. Lc 24.51; At 1.9). Isso indicaria um ato de poder, um sinal da sua identidade.

O texto não afirma em parte alguma que Jesus deixou de ser físico quando os discípulos não puderam mais vê-lo. Só porque ele estava fora do campo visual deles não significa que estava fora do seu corpo físico. Deus tem o poder de transportar pessoas milagrosamente nos seus corpos físicos antes da ressurreição de um lugar para outro. Apesar de o significado preciso do texto não ser claro, parece que isso aconteceu com Filipe, o evangelista, quando "o Espírito do Senhor [o] arrebatou" (Atos 8.39), levando-o a uma cidade distante.

Os autores podem enfatizar as "aparições" provocadas por Cristo exatamente por causa do seu valor apologético como milagres. As aparições provaram que ele havia derrotado a morte (At 13.30,31; 17.31; Rm 1.4; cf. Jo 10.18; Ap 1.18). A palavra "apareceu" é uma tradução perfeitamente adequada para expressar o triunfo conquistado. Cristo se mostrou soberano sobre a morte e nas suas aparições após a ressurreição.

A razão para enfatizar as várias aparições de Cristo não é porque o corpo ressurreto era essencialmente invisível e imaterial, mas porque era material e imortal. Sem um túmulo vazio e aparições repetidas do mesmo corpo que foi enterrado nele e tornado imortal, não haveria prova da ressurreição. Então não é de admirar que a Bíblia enfatize tanto as várias aparições de Cristo. Elas são prova real da ressurreição física.

Aparições da ressurreição como "visões". O argumento de que as aparições da ressurreição são chamadas "visões" também é usado para apoiar a teoria do corpo ressurreto não-físico. Lucas relata que as mulheres no túmulo "Voltaram e nos contaram ter tido uma visão de anjos que disseram que ele está vivo" (Lc 24.23). Mas visões são sempre de realidades invisíveis, não de objetos físicos e materiais. O milagre é que essas realidades espirituais podem ser vistas. Logo, argumenta-se que um corpo espiritual é semelhante a um corpo angelical e, portanto, não pode ser visto. Alguns indicam o fato de que os acompanhantes de Paulo durante sua experiência no caminho para Damasco não viram Jesus (Pannenberg, p. 93). Portanto, a experiência do Cristo ressurreto é chamada de visão. Mas esse raciocínio é falso.

Lucas 24.23 não diz que ver o Cristo ressurreto foi uma visão; refere-se apenas à visão da oposição de anjos no túmulo. Os evangelhos jamais se referem a uma aparição do Cristo ressurreto como visão, nem Paulo na sua lista em 1Coríntios 15. A única referência possível a uma aparição da ressurreição como visão está em Atos 26.19, onde Paulo diz: "não fui desobediente à visão celestial". Mas mesmo que essa frase seja uma referência à aparição de Cristo em Damasco, é apenas uma sobreposição de palavras. Pois Paulo claramente disse que viu a Jesus (1Co 15.8) e recebeu credenciais apostólicas (1Co 9.1; cf. At 1.22).

É possível que mesmo em Atos 26.19 a palavra "visão" se refira à revelação subseqüente, feita a Ananias, por meio de quem Deus deu a Paulo a comissão de ministrar aos gentios (At 9.10-19). Paulo não diz nada sobre ver o Senhor como faz ao se referir à sua experiência em Damasco (cf. At 22.8; 26.15). Ao ter uma "visão" (*optasia*), Paulo a designa claramente como tal (2Co 12.1), em contraste com uma aparição real.

Ainda mais significativo, no entanto, é que, quando Paulo faz referência à visão, ele não repete o conteúdo da experiência no caminho, mas descreve o que veio a saber mais tarde. Paulo não recebeu seu mandato missionário específico imediatamente (Atos 9.1-9). Recebeu ordens: "Levante-se, entre na cidade; alguém lhe dirá o que você deve fazer" (v. 6). Foi ali na cidade, por meio de uma "visão" (v. 10) dada a Ananias, que Paulo recebeu seu mandato missionário "para levar o meu nome [de Cristo] perante os gentios" (9.15). Paulo deve ter tido uma visão suplementar à de Ananias ao orar "Vá á casa de Judas, na rua chamada Direita" (At 9.11,12). Foi ali que ele ficou sabendo especificamente que Ananias lhe imporia as mãos (v. 12). Assim, quando Paulo disse "não fui desobediente à visão celestial" em Atos 26.19, ele provavelmente se refere ao mandato recebido por meio da visão de Ananias.

A palavra *visão* (*optasia*) jamais é usada em referência a uma aparição da ressurreição em outra parte do NT. Ela sempre é usada em relação a uma experiência puramente visionária (Lc 1.22; 24.23; 2Co 12.1).

De qualquer forma, o *Theological dictionary of the New Testament* (*Dicionário teológico do* NT) observa corretamente que o Novo Testamento faz distinção entre visões e a experiência em Damasco.

Aparições diferem de visões. Os encontros com Cristo após sua ressurreição geralmente são descritos como "aparições" literais (1Co 15.5-8), e nunca como visões. A diferença entre a mera visão e a aparição física é significativa. Visões dizem respeito a realidades invisíveis e espirituais, tais como Deus e anjos. Aparições são de objetos físicos que podem ser vistos a olho nu. Visões não têm manifestações físicas associadas a elas; aparições têm.

Às vezes as pessoas "vêem" ou "ouvem" coisas em visões (Lc 1.11-20; At 10.9-16), mas não com seus olhos físicos. Quando alguém realmente viu ou teve contato físico com anjos (Gn 18.8; 32.24; Dn 8.18), não foi uma visão, mas uma aparição do anjo no mundo físico. Durante essas aparições os anjos assumiram uma forma visível, depois retornaram ao estado invisível normal. No entanto, as aparições da ressurreição de Cristo foram experiências de ver Cristo em sua forma física e visível com os olhos naturais.

A afirmação de que a experiência de Paulo deve ter sido uma visão porque os que estavam com ele não viram a Cristo também é infundada. Os companheiros de Paulo na estrada para Damasco não viram nem entenderam nada, mas viram o fenômeno de luz e som. A Bíblia diz que ouviram "a voz" (At 9.7) e "viram a luz" (At 22.9). Ouviram, mas não entenderam o significado do que foi dito. O fato de não verem ninguém (At 9.7) não é surpreendente. Paulo ficou fisicamente cego com a claridade da luz (At. 9.8,9). Ao que parece apenas Paulo olhou diretamente para o esplendor da glória divina. Logo, só ele viu a Cristo, e só ele foi literalmente cegado por ela (cf. At 22.11; 26.13). No entanto, foi a experiência de uma realidade física real, pois os que estavam com Paulo também a viram e ouviram com seus olhos e ouvidos naturais.

Aparições apenas para crentes. Argumenta-se que a soberania de Jesus sobre suas aparições indica que ele era essencialmente invisível, tornando-se visível quando queria. Em relação a este ponto, dizem que Jesus não apareceu para incrédulos, supostamente indicando que ele não era naturalmente visível.

Mas as Escrituras jamais dizem que Jesus não apareceu para incrédulos. Ele apareceu para seus irmãos incrédulos (1Co 15.7; Tiago), e Mateus 28.17 indica que nem todos que o viram creram. Ele apareceu para o incrédulo mais hostil de todos, Saulo de Tarso (At 9). Com relação à sua ressurreição, até seus discípulos eram incrédulos a princípio. Quando Maria Madalena e as outras relataram que Jesus ressuscitara, "as palavras delas pareciam loucura" (Lc 24.11). Mais tarde Jesus precisou repreender os dois discípulos no caminho para Emaús porque não creram na sua ressurreição: "Como vocês custam a entender e como demoram a crer em tudo o que os proletas falaram!" (Lc 24.25). Mesmo depois que Jesus apareceu às mulheres, a Pedro, aos dois discípulos e aos dez apóstolos, Tomé ainda disse: "Se eu não vir as marcas dos pregos nas suas mãos, não colocar o meu dedo onde estavam os pregos e não puser minha mão no seu lado, não crerei" (Jo 20.25).

Seletividade não prova invisibilidade. O fato de Jesus ser seletivo com relação às pessoas a quem queria aparecer não indica que era essencialmente invisível. Jesus também estava no controle dos que queriam colocar as mãos nele antes da ressurreição. Em certa ocasião, incrédulos "O levaram até o topo da colina [...] a fim de atirá-lo precipício abaixo. Mas Jesus passou por entre eles e retirou-se" (Lc 4.29,30; cf. Jo 8.59; 10.39).

Jesus também selecionou aqueles para quem fazia milagres. Recusou-se a fazer milagres na sua cidade natal "por causa da incredulidade deles" (Mt 13.58). Jesus até desapontou Herodes, que esperava vê-lo fazer um milagre (Lc 23.8). A verdade é que Jesus recusou-se a lançar pérolas "aos porcos" (Mt 7.6). Em submissão à vontade do Pai (Jo 5.30), controlou sua atividade antes e depois da ressurreição. Mas isso não prova que ele era essencialmente invisível e imaterial antes ou após sua ressurreição.

Passar por portas fechadas. É sugerido por alguns que, como o Cristo ressurreto podia aparecer numa casa de portas trancadas (Jo 20.19,26), seu corpo deve ter sido essencialmente imaterial. Outros sugerem que ele se desmaterializou nessa ocasião. Mas essas conclusões não são sustentáveis.

O texto não diz realmente que Jesus passou por uma porta fechada. Simplesmente diz que "estando os discípulos reunidos a portas trancadas, por medo dos Judeus, Jesus entrou; pôs-se no meio deles" (Jo 20.19). O texto não diz como ele entrou na casa. Como o texto não diz explicitamente como Jesus entrou com as portas trancadas, qualquer sugestão é apenas especulação. Sabemos que anjos usaram seus poderes especiais para destrancar as portas da prisão para libertar Pedro (At 12.10). O Cristo sobrenatural certamente possuía esse poder. Apesar de físico, o corpo ressurreto é pela própria natureza um corpo sobrenatural. Logo, deve-se esperar que ele possa fazer coisas sobrenaturais como aparecer numa casa de portas trancadas.

Se quisesse, Jesus poderia ter realizado o mesmo feito antes da ressurreição com seu corpo físico. Como Filho de Deus, seus poderes miraculosos eram tão grandes antes quanto depois da ressurreição. Mesmo antes da ressurreição, Jesus fez em seu corpo físico milagres que transcendiam leis naturais, tais como andar sobre a água (Jo 6.16-20). Mas andar sobre a água não provava que seu corpo anterior à ressurreição não era físico ou que poderia se desmaterializar.

Segundo a física moderna não é impossível um objeto material passar por uma porta. É apenas estatisticamente improvável. Objetos físicos são em grande parte espaço vazio. Tudo o que é necessário para um objeto físico passar por outro é o alinhamento adequado das partículas nos dois objetos físicos. Isso não é problema para o criador o corpo.

O corpo físico em decomposição. Outro argumento dado a favor do corpo ressurreto imaterial é que um corpo ressurreto físico sugeriria "uma visão grosseiramente materialista da ressurreição, segundo a qual os fragmentos espalhados dos corpos decompostos seriam reunidos" (Harris, *Raised immortal*, p. 126).

É desnecessário para a visão ortodoxa acreditar que as mesmas partículas serão restauradas no corpo ressurreto. Até mesmo o bom senso dita que um corpo pode ser o mesmo corpo físico sem ter as mesmas partículas físicas. O fato observável de que corpos ingerem e eliminam produtos, engordam e emagrecem é evidência suficiente disso. Certamente não dizemos que um corpo não é material ou não é o mesmo corpo porque a pessoa perde cinco quilos — ou até vinte e cinco.

Se necessário, não seria problema para o Deus onipotente reunir todas as partículas exatas do corpo da pessoa na ressurreição. Certamente quem criou todas as partículas do universo poderia reconstituir as relativamente poucas partículas de um corpo humano. O Deus que criou o mundo do *nada* certamente pode recompor um corpo ressurreto a partir de *algo*. Mas, como já foi mencionado, isso não é necessário, pois o corpo ressurreto não precisa das mesmas partículas para ser o mesmo corpo.

À luz da ciência moderna é desnecessário acreditar que Deus reconstituirá as partículas exatas que a pessoa tinha do corpo anterior à ressurreição. Pois o corpo físico continua sendo físico e retém sua identidade genética, apesar de suas moléculas mudarem a cada sete anos aproximadamente. O corpo ressurreto pode ser tão material quanto nossos corpos atuais e ainda assim ter novas moléculas.

Ao contrário de nossos corpos, o corpo de Jesus não se corrompeu no túmulo. Ao citar o salmista, Pedro disse enfaticamente sobre Jesus: "não foi abandonado no sepulcro e cujo corpo não sofreu decomposição" (At 2.31). Paulo acrescenta, em contraste, que o profeta não poderia estar se referindo a Davi, já que ele "sofreu de decomposição" (At 13.36). Assim, no caso de Jesus, a maioria das partículas materiais do seu corpo anterior (se não todas elas) estavam no corpo anterior. Alguns dizem que pode ter havido alguma dissolução no corpo de Jesus, pois a morte em si envolve certa deterioração das moléculas orgânicas. Mas talvez isso se aplique apenas a seres humanos mortais. De qualquer forma não houve dissolução *total*, já que sua ressurreição inverteu o processo de deterioração (Schep, p. 139).

O corpo destruído. Paulo disse: "'Os alimentos foram feitos para o estômago e o estômago para os alimentos,' mas Deus destruirá ambos" (1Co 6.13). A partir desse texto alguns têm argumentado que "o corpo da ressurreição não terá a anatomia ou fisiologia do corpo terreno" (Harris, *Raised immortal*, p. 124). Todavia, essa inferência é infundada.

O estudo do contexto revela que, quando Paulo diz que Deus destruirá tanto os alimentos como o estômago, ele está se referindo ao *processo* da morte, não à *natureza* do corpo ressurreto. Pois ele se refere ao processo de morte pelo qual "Deus destruirá ambos" (v. 13).

Como já foi mencionado, embora o corpo da ressurreição não precise comer necessariamente, ele terá a capacidade de comer. Comer no céu será um prazer sem ser uma necessidade. Jesus comeu pelo menos quatro vezes após ter ressuscitado" (Lc 24.30,42; Jo 21.12; At 1.4). Logo, seu corpo ressurreto era capaz de assimilar comida física. Argumentar que não haverá corpo ressurreto porque o estômago será "destruído" é equivalente a afirmar que o resto do corpo — cabeça, braços, pernas e tronco — não ressurgirão porque a morte também os transformará em pó.

"Carne e sangue" e o Reino. Paulo disse que "carne e sangue não podem herdar o Reino de Deus" (1Co 15.50). Já no século II, Ireneu afirmou que essa passagem foi usada por hereges para apoiar seu "grande erro" (Irineu, p. 30.13), isto é, que o corpo ressurreto não será um corpo de carne e osso.

A próxima frase de 1 Coríntios 15.50, omitida pelos hereges, demonstra claramente que Paulo não está falando da carne em si, mas de carne corruptível, pois acrescenta: "nem o que é perecível pode herdar o imperecível". Então Paulo não está afirmando que o corpo ressurreto não terá carne; ele não terá carne *perecível*.

Para convencer os discípulos amedrontados de que não era um espírito imaterial (Lc 24.37), Jesus lhes disse enfaticamente que seu corpo ressurreto tinha carne. Declarou: "Vejam as minhas mãos e os meus pés. Sou eu mesmo! Toquem-me e vejam; um espírito não tem carne nem ossos, como voçês estão vendo que eu tenho" (Lc 24.39).

Pedro disse que o corpo ressurreto de Jesus é o mesmo corpo de carne, agora imortal, que entrou no túmulo e jamais se corrompeu (At 2.31). Paulo reafirmou essa verdade em Atos 13.35. E João sugere que é contrário a Cristo negar que ele continua "em carne" mesmo após sua ressurreição (1Jo 4.2; 2Jo 7).

Essa conclusão não pode ser evitada quando se afirma que o corpo ressurreto de Jesus tinha carne e osso, mas não carne e sangue. Pois, tendo carne e osso, era um corpo literal e material, com ou sem sangue. Carne e osso enfatiza a solidez do atual corpo físico de Jesus. São sinais mais óbvios de tangibilidade que o sangue, que não pode ser tão facilmente visto ou tocado.

A expressão "carne e sangue" nesse contexto aparentemente significa carne e sangue *mortal*, isto é, um mero ser humano. Isso é apoiado pelos usos paralelos no NT. Quando Jesus disse a Pedro: "isto não lhe foi revelado por carne ou sangue" (Mt 16.17), ele não poderia estar se referindo a meras substâncias do corpo. Certamente estes não poderiam revelar que ele era o Filho de Deus. Mas, como J. A. Schep conclui, "a única interpretação correta e natural [de 1Co 15.50] parece ser que *o homem como é agora, uma criatura frágil, terrena, perecível*, não pode ter um lugar no Reino celestial glorioso de Deus" (Schep, p. 204).

O teólogo Joachim Jeremias observa que a má interpretação desse texto "tem um papel desastroso na teologia do NT nos últimos sessenta anos". Após uma cuidadosa exegese da passagem, ele conclui que frase "carne e sangue não podem herdar o Reino de Deus" não se refere à ressurreição, mas às mudanças que ocorrerão na vida com a vinda de Cristo (Jeremias, p. 154).

Ressurreição e revivificação. A ressurreição de Jesus foi mais que a revivificação de um cadáver físico, argumentam os que dizem que a ressurreição foi espiritual. Mas isso é insuficiente para negar a natureza física do corpo ressurreto. A ressurreição de Jesus certamente foi mais que uma revivificação, mas não menos que isso. Pessoas revivificadas morrem novamente, mas o corpo ressurreto de Jesus era imortal. Ele conquistou a morte (1Co 15.54,55; Hb 2.14), ao passo que corpos meramente revivificados eventualmente serão conquistados pela morte. Por exemplo, Jesus ressuscitou Lázaro dos mortos (Jo 11), mas Lázaro finalmente morreu de novo. Jesus foi o primeiro a ressuscitar num corpo imortal, que jamais morrerá novamente (1Co 15.20). Mas só porque Jesus foi o primeiro a ressuscitar num corpo imortal não significa que este fosse um corpo imaterial. O que aconteceu foi mais que a revivificação de um cadáver, mas não menos que isso.

Não se deve concluir que, porque o corpo ressurreto de Jesus não podia morrer, ele não podia ser visto. O que é imortal não é necessariamente invisível. O universo físico recriado durará para sempre (Ap 21.1-4), mas será visível. Mais uma vez, o corpo ressurreto difere do corpo revivificado não porque é imaterial, mas porque é imortal (1Co 15.42,53).

"Forma diferente" de Jesus. Harris escreveu: "Não podemos eliminar a possibilidade da forma visível de Jesus ter-se alterado de forma misteriosa, retardando o seu reconhecimento". Isso sugere que "a expressão 'apareceu noutra forma' no apêndice de Marcos (Mc 16.12) resume o que ocorreu" (Harris, *From grave to glory*, p. 56). Entretanto, essa conclusão é desnecessária.

Há sérias dúvidas sobre a autenticidade desse texto. Marcos 16.9-20 não é encontrado em alguns dos melhores e mais antigos manuscritos. E na reconstrução dos textos originais a partir de manuscritos existentes, muitos estudiosos acreditam que os textos mais antigos são mais confiáveis.

Mesmo confirmada sua autenticidade, a narração do evento que a passagem resume (cf. Lc 24.13-32) diz simplesmente: "Mas os olhos deles foram impedidos de reconhece-lo" (Lc 24.16). Isso deixa claro que o elemento milagroso não estava no corpo de Jesus, mas *nos olhos dos discípulos* (Lc 24.16,31). O reconhecimento de Jesus foi impedido até que seus olhos fossem abertos. Na melhor das hipóteses trata-se de uma referência obscura e isolada sobre a qual é imprudente basear qualquer declaração doutrinária significativa. Seja o que for que *em noutra forma* signifique, certamente não significa uma forma além de um corpo físico real. Nessa mesma ocasião Jesus comeu comida física (Lc 24.30). Mais tarde, ainda em Lucas 24, ele disse que sua capacidade de comer era prova de que não era um espírito imaterial (v. 38-43).

Uma autoridade em significado do grego do NT diz que *outra forma* significa simplesmente que, assim como Jesus apareceu na forma de um jardineiro para Maria, aqui ele apareceu na forma de um viajante (Friedrich, *Theological dictionary*).

Vivificado "pelo Espírito" (1Pe 3.18). Segundo Pedro, Jesus foi "morto no corpo, mas vivificado selo Espírito". Isso tem sido usado para provar que o corpo ressurreto era "espírito" ou imaterial. No entanto, essa interpretação é desnecessária e incoerente com o contexto dessa passagem e com o restante das Escrituras.

O paralelo entre morte e vivificação normalmente se refere no NT à ressurreição do corpo. Por exemplo, Paulo declarou que "Cristo morreu e voltou a viver" (Rm 14.9) e que "foi crucificado em fraqueza; mas, vive pelo poder de Deus" (2Co 13.4).

Mesmo que *espírito* se refira ao espírito humano de Jesus, não ao Espírito Santo, a frase não pode significar que Jesus não tinha um corpo ressurreto. Fosse esse o caso, a referência a esse "corpo" (carne) antes da ressurreição significaria que ele não tinha espírito humano. Parece melhor considerar *carne* nesse contexto como referência à sua condição de humilhação antes da ressurreição e *espírito* como referência ao seu poder ilimitado e vida imperecível após a ressurreição (Schep, p. 77).

Como anjos na ressurreição. Jesus disse que na ressurreição seremos "como os anjos" (Mt 22.30). Mas os anjos não têm corpos físicos; eles são espíritos (Hb 1.14). Logo, argumenta-se, não teremos corpos ressurretos físicos.

Essa é uma má interpretação da passagem. O contexto não é a natureza do corpo ressurreto, mas se haverá casamento no céu. A resposta de Jesus foi que não haverá casamentos humanos assim como não há casamentos angelicais. Jesus não disse nada aqui sobre ter corpos imateriais. Ele não disse que seríamos como anjos porque os humanos seriam imateriais, mas porque eles serão imortais (cf. Lc 20.36).

Espírito vivificante. Segundo 1Coríntios 15.45, Cristo tornou-se "espírito vivificante" após a ressurreição. Essa passagem é usada para provar que Jesus não tinha corpo ressurreto físico.

Espírito vivificante não se refere à *natureza* do corpo ressurreto, mas à *origem* divina da ressurreição. O corpo físico de Jesus ressuscitou somente pelo poder de Deus (cf. Rm 1.4). Portanto Paulo está falando sobre sua *fonte* espiritual, não sua *substância* física como corpo material.

Se *espírito* descreve a natureza do corpo ressurreto de Cristo, Adão (com quem ele é comparado) não teve uma alma, já que é descrito como formado do "pó da terra" (1Co 15.47). Mas a Bíblia diz claramente que Adão era um "ser [alma] vivente" (Gn 2.7).

O corpo ressurreto de Cristo é chamado de "corpo espiritual" (1Co 15.44). Vimos que Paulo usa essa terminologia para descrever comida material e pedra literal (1Co 10.4). É chamado de "corpo" (*sōma*), que sempre significa um corpo físico no contexto de um ser humano individual (Gundry, p. 168).

O corpo ressurreto é chamado "espiritual" e "espírito vivificante" porque sua fonte é o Reino espiritual, não porque sua substância é imaterial. O corpo ressurreto sobrenatural de Cristo é "do céu", assim como o corpo natural de Adão era "terreno" (1Co 15.47). Mas assim como o "terreno" também tinha uma alma imaterial, o do "céu" tem um corpo material.

O que seremos. 1João 3.2 tem sido usado para argumentar que o corpo ressurreto será diferente de um corpo físico. João disse:

Amados, agora, somos filhos de Deus, e ainda não se manifestou o que havemos de ser, mas sabemos que, quando ele se manifestar, seremos semelhantes a ele, pois o veremos de como ele é (1Jo 3.2).

Quando João fala que não sabe o que seremos, está se referindo à nossa *posição* no céu, não à *natureza* do corpo ressurreto. Pois ele a está comparando com nossa posição agora como "filhos de Deus", afirmando que não sabe que posição poderemos ter no céu. Ele sabe que seremos como Cristo. Paulo disse a mesma coisa em Filipenses 3.21: Deus usará seu poder, "ele transformará os nossos corpos humilhados, tornando-os semelhantes ao seu corpo [sōma] glorioso" (Fp 3.21).

E em 1João o apóstolo afirma que Jesus agora tem um corpo de "carne" (*sarx*) no céu. "Todo espírito que confessa que Jesus Cristo veio em carne procede de Deus" (1Jo 4.2). O uso do verbo ("veio") indica ação passada com resultados que continuam no presente. Isto é, Jesus veio no passado em carne e ainda está em carne após a ressurreição. O mesmo é afirmado no presente em 2João 7. Jesus está em carne no céu.

Na realidade, Jesus retornará com o mesmo corpo físico que subiu ao céu (At 1.10,11), incluindo as marcas físicas (Ap 1.7).

Confusão com relação ao corpo de Cristo. Há duas áreas comuns de confusão no uso do material bíblico para provar que Jesus não ressuscitou num corpo essencialmente físico. Uma é que os *atributos* do corpo ressurreto são confundidos com suas *atividades*. Nenhuma das passagens claras sobre a natureza física do corpo ressurreto afirma que Jesus deixou de ter um corpo físico em momento algum (Harris, *From grave to glory*, p. 390). Nenhum desses versículos sequer menciona *o que* o corpo ressurreto é. A questão é o que ele pode *fazer*. Por exemplo, pode passar através de objetos sólidos, aparecer repentinamente ou desaparecer repentinamente. Mas o fato do corpo de Jesus poder passar através de um objeto sólido não prova que era imaterial assim como o fato de andar sobre a água não prova que seus pés eram feitos de madeira flutuante.

Outro erro é supor que, pelo fato de algumas passagens falarem que Jesus passou despercebido dos discípulos em certas ocasiões, ele era *invisível* durante esses períodos. Trata-se aqui da confusão entre *percepção* e *realidade*. Tal pressuposto deixa de distinguir *epistemologia* (estudo do que sabemos) da *metafísica* (estudo do que realmente existe). O bom senso nos diz que, mesmo que não possamos ver algo, isso não precisa ser invisível e imaterial. O cume do monte McKinley fica coberto de nuvens na maior parte do tempo, mas mesmo assim é sempre material.

Conclusão. A evidência da ressurreição física é convincente, e nunca é demais ressaltar sua importância para o cristianismo.

O NT foi aprovado nos critérios de credibilidade. Há muitas razões para aceitar a autenticidade dos registros do NT, apesar da suposta desordem (v. NOVO TESTAMENTO, HISTORICIDADE DO). Seis registros das aparições após a ressurreição, Mateus 28; Marcos 16; Lucas 24; João 20, 21; Atos 9; e 1Coríntios 15, descrevem o período de quarenta dias no qual Jesus foi visto vivo por mais de quinhentas pessoas em onze ocasiões. Dado o fato de algumas dessas testemunhas terem visto o túmulo vazio e os lençóis, terem tocado as marcas de Jesus e o terem visto comer, não há dúvida razoável quanto à realidade da sua ressurreição.

Não há base bíblica para crer que Jesus não ressuscitou com o mesmo corpo físico de "carne e sangue" que morreu. Não há indicação no texto do NT de que nossos corpos ou o corpo de Jesus serão menos "físicos" no céu. Como o teólogo Joachim Jeremias disse: "Olhe para a transfiguração do Senhor no monte da transfiguração, e terá a resposta à pergunta de como devemos imaginar o evento da ressurreição" (Jeremias, p. 157). O corpo material de Jesus foi manifesto na sua glória. Semelhantemente, seu corpo ressurreto fará o mesmo.

Nenhum dos argumentos usados para mostrar que Jesus ressuscitou num corpo de tipo diferente, invisível e imaterial é bíblico ou convincente. Certamente, o corpo ressurreto era imperecível e imortal, mas a alegação de que não era visível e material é infundada. Na melhor das hipóteses é uma inferência especulativa de referências isoladas usando interpretações questionáveis. Em geral argumentos contra a ressurreição material são claramente interpretações erradas do texto bíblico. Sempre vão contra a evidência esmagadora de que o corpo ressurreto era o corpo físico de "carne" e "ossos" que Jesus disse que era (em Lc 24.39).

O cristianismo histórico se firma ou cai dependendo da historicidade, tangibilidade e materialidade da ressurreição corporal de Cristo (1Co 15.12s.; Lc 24.37).

Fontes

W. F. ARNDT e F. W. GINGRICH, *A Greek-English lexicon of the New Testament.*

C. BROWN, *Novo dicionário internacional de teologia do Novo Testamento.*

W. CRAIG, *Knowing the truth about the resurrection.*

G. FRIEDRICH, *The theological dictionary of the New Testament.*

N. L. GEISLER, *The battle for the resurrection.*

___, *In defense of the resurrection.*

___ e W. NIX, *Introdução bíblica.*

S. GREENLEAF, *The testimony of the evangelists.*

R. GUNDRY, *Soma in biblical theology with emphasis on pauline anthropology.*

G. HABERMAS, *The resurrection of Jesus: an apologetic.*

___, *Ancient evidence on the life of Jesus.*

M. HARRIS, *From grave to glory.*

___, *Raised immortal.*

E. HATCH e H. REDPATH, *A concordance to the Septuagint and other Greek versions of the Old Testament.*

IRENEU,

J. JEREMIAS, "Flesh and blood cannot inherit the kingdom of God", em *New Testament studies II* (1955-1956).

W. PANNENBERG, *Jesus — God and man.*

F. RIENECKER, *Chave linguística do Novo Testamento grego.*

A. T. ROBERTSON, *Harmony of the Gospels.*

J. A. SCHEP, *The nature of the resurrection body.*

J. WENHAM, *Easter enigma.*

ressurreição, teorias alternativas da. A evidência a favor da ressurreição física sobrenatural de Cristo é muito convincente (v. RESSURREIÇÃO, EVIDÊNCIAS DA, e RESSURREIÇÃO, NATUREZA FÍSICA DA), e as objeções podem ser respondidas de forma adequada (v. RESSURREIÇÃO, OBJEÇÕES À). Explicações alternativas à ressurreição sobrenatural física foram fornecidas, mas um resumo breve demonstrará também que elas falham.

Teorias naturalistas. Em todas as teorias naturalistas, nas quais a suposição é que Jesus morreu e não ressuscitou, duas questões são problemas inevitáveis: Primeira, dado o fato inevitável de que Jesus realmente morreu na cruz (v. CRISTO, MORTE DE; DESMAIO, TEORIA DO), o problema básico com todas as teorias naturalistas é explicar o que aconteceu com o corpo. É necessário explicar por que os registros mais antigos falam do túmulo vazio ou por que o corpo morto jamais foi encontrado. Segunda, os primeiros discípulos testificaram terem visto o túmulo túmulo vazio e estiveram com Jesus nas semanas após sua morte. Se falsos, por que será que esses relatórios motivaram de tal forma suas ações extraordinárias?

As autoridades removeram o corpo. Uma hipótese propõe que as autoridades romanas ou judaicas levaram o corpo do túmulo para outro lugar, deixando-o vazio. Os discípulos supuseram equivocadamente que Jesus ressuscitara dos mortos.

Se os romanos ou o Sinédrio estavam com o corpo, por que acusaram os discípulos de roubá-lo (Mt 28.11-15)? Tal acusação seria absurda. E se os oponentes do cristianismo tinham o corpo, por que não o exibiram para impedir a história da ressurreição? A reação das autoridades revela que eles não sabiam onde o corpo estava. Eles *resistiram* continuamente ao ensinamento dos apóstolos, mas jamais tentaram refutá-lo.

Essa teoria é contrária à conversão de Tiago e, principalmente, de Saulo. Como um crítico tão severo quanto Saulo de Tarso (cf. At 8, 9) poderia ser ludibriado de tal forma?

Certamente essa teoria não explica as aparições após a ressurreição. Por que Jesus continuou aparecendo para todas essas pessoas com o mesmo corpo marcado que foi colocado no túmulo? Isso também é contrário às conversões de pessoas que se opunham a Jesus. E cria a suposição de que Paulo foi ludibriado quando estava do lado anticristão sem saber que o corpo estava disponível. E foi ludibriado de modo a acreditar na ressurreição.

A hipótese do corpo roubado é um argumento falho baseado na inocência. Não há provas para apoiá-la.

O túmulo jamais foi visitado. Uma teoria é que nos dois meses após a morte de Jesus ele apareceu de alguma forma espiritual aos discípulos, e eles pregaram a ressurreição baseados nisso. Mas ninguém conferiu o túmulo para ver se o corpo de Jesus realmente estava lá. Por que iriam, se já o tinham visto vivo?

Se não podemos acreditar em nada além do que se acha no registro mais antigo nos evangelhos, dificilmente podemos evitar a questão de que o túmulo de Jesus era um lugar movimentado naquela manhã. Se a questão nunca foi levantada, ela certamente ocupou a mente dos autores dos evangelhos. Uma harmonização da ordem dos eventos é encontrada no artigo RESSURREIÇÃO, OBJEÇÕES À. As mulheres que foram terminar os procedimentos de sepultamento (Mc 15.1) viram a pedra rolada e o túmulo vazio. João chegou ao local e viu os lençóis de linho, seguido por Pedro, que entrou no túmulo e viu os lençóis e o lenço (um pano que envolvia a cabeça para manter a boca fechada) ao lado (Jo 20.3-8). Apesar de Paulo não mencionar o túmulo vazio explicitamente, ele o subentende ao falar do sepultamento de Jesus como pré-requisito de sua ressurreiçã (1Co 15.4).

Os guardas certamente fizeram uma busca cuidadosa no túmulo antes de relatar aos líderes judeus que o corpo de Jesus desaparecera (Mt 28.11-15). Suas vidas seriam tiradas se abandonassem seu dever. Esses guardas não teriam de concordar com a história de que os discípulos roubaram o corpo se pudessem dar alguma explicação alternativa razoável. Mas a história dos guardas não explica as aparições após a ressurreição, a transformação dos discípulos ou as conversões em massa de pessoas poucas semanas mais tarde na própria cidade onde tudo acontecera.

As mulheres foram ao túmulo errado. Alguns sugerem que as mulheres foram ao túmulo errado no escuro, viram-no vazio e pensaram que ele ressuscitara. Depois, essa história foi espalhada por elas para os discípulos, o que levou-os a crer na ressurreição de Cristo. Há vários problemas com essa história simplista. Se estava tão escuro, por que Maria Madalena achou que o jardineiro estava trabalhando (Jo 20.15)? Por que Pedro e João cometeram o mesmo erro que as mulheres quando chegaram, mais tarde, à luz do dia (Jo 20.4-6)? Estava claro o suficiente para ver os lençóis e o lenço num túmulo cavernoso e sombrio (v. 7).

Se os discípulos entraram no túmulo errado, as autoridades só precisavam ir ao túmulo correto para lhes mostrar o corpo. Isso teria refutado facilmente todas as alegações de ressurreição.

E, como sucede com outras teorias naturalistas (v. NATURALISMO), esta hipótese não oferece nenhuma explicação para os relatos de aparições de Jesus.

Os discípulos roubaram o corpo. Os guardas espalharam a história de que os discípulos roubaram o corpo durante a noite e o levaram para um local desconhecido. Essa ainda é uma afirmação popular, principalmente nos meios judaicos. Ela explica a história do túmulo vazio e a incapacidade de alguém refutar a afirmação de que Jesus ressuscitou dos mortos.

O roubo de sepulturas não condiz com o que se conhece sobre o caráter moral dos discípulos. Eles eram homens honestos. Ensinaram e viveram segundo os princípios morais mais elevados de honestidade e integridade. Pedro negou especificamente que os apóstolos seguissem fábulas engenhosamente inventadas (2Pe 1.16). Além disso, os discípulos não dão a impressão de ser sutis ou astutos. Se estivessem tentando fazer as predições de Cristo realizar-se, até então ainda não haviam entendido como as profecias se aplicavam a Jesus. Eles nem mesmo entenderam que ele iria morrer, quanto mais que ressuscitaria (Jo 13.36).

Na cena da sepultura encontramos esses conspiradores confusos e desnorteados, tal como os imaginaríamos se não tivessem a menor idéia do que estava acontecendo. Não sabiam o que pensar quando viram o túmulo vazio (Jo 20.9). Espalharam-se e fugiram com medo de ser presos (Mc 14.50).

Talvez a objeção mais séria seja que a fraude foi absolutamente bem-sucedida. Para isso acontecer os apóstolos tiveram de persistir nessa conspiração até a morte e morrer pelo que sabiam ser falso. As pessoas às vezes morrem pelo que acreditam ser verdadeiro, mas têm pouca motivação para morrer pelo que sabem que é mentira. Parece inacreditável que nenhum discípulo jamais tenha abandonado sua fé na ressurreição de Cristo, apesar do sofrimento e da perseguição (cf. 2Co 11.22-33; Hb 11.32-40). Além de morrer por essa "mentira", os apóstolos colocaram a crença na ressurreição no centro de sua fé (Rm 10.9; 1Co 15.1-5,12-19). Na verdade, esse foi o tema da primeira pregação dos apóstolos (At 2.30,31; 3.15; e 4.10,33).

Isso é contrário às conversões de Tiago e Paulo (Jo 7.5; At 9 e 1Co 15.7). Esses céticos certamente ficariam sabendo do plano, e jamais permaneceriam na fé fundamentada em mentira.

Finalmente, se o corpo foi roubado e ainda está morto, por que continuou aparecendo vivo, tanto para discípulos quanto para outras pessoas? Jesus apareceu corporalmente para Maria, para Tiago (o irmão incrédulo de Jesus) e mais tarde para Paulo, o maior oponente judeu do cristianismo primitivo.

José de Arimatéia levou o corpo. Uma idéia semelhante é que José de Arimatéia roubou o corpo de Jesus. José era um seguidor secreto de Jesus, e Jesus foi enterrado no túmulo dele. Os problemas dessa teoria resumem-se em "Por quê?", "Quando?" e "Onde?".

Por que ele levou o corpo? José realmente não tinha motivo. Não poderia ter impedido os discípulos de roubá-lo, já que era um discípulo (Lc 23.50,51). Se não fosse seguidor de Cristo, poderia ter mostrado o corpo e acabado com toda história.

Quando ele (ou os discípulos) poderia(m) ter levado o corpo? José era um judeu devoto que não profanaria o sábado (v. Lc 23.50-56). À noite, as tochas que carregasse seriam vistas. Um destacamento romano estava de guarda em frente ao túmulo (Mt. 27.62-66). Na manhã seguinte as mulheres chegaram ao alvorecer (Lc 24.1). Simplesmente não houve oportunidade.

Se José o levou, onde o colocou? O corpo jamais foi encontrado, apesar de terem transcorrido dois meses antes de os discípulos começarem a pregar. Era tempo suficiente para expor a fraude. Não há motivo, oportunidade, ou método para apoiar essa teoria, e isso não explica as aparições de Cristo no seu corpo ressurreto.

Mais uma vez, não há explicação melhor que a ressurreição sobrenatural para onze aparições, no decorrer dos quarenta dias subseqüentes, para mais de quinhentas pessoas (v. RESSURREIÇÃO, EVIDÊNCIAS DA). Elas o viram, tocaram, comeram com ele, falaram com ele e foram completamente transformadas do dia para a noite de céticos medrosos e dispersos na maior sociedade missionária do mundo. Grande parte disso aconteceu na mesma cidade em que Jesus foi crucificado.

Aparições foram erro de identificação. Uma teoria naturalista popularizada pelo livro *The Passover plot* [*A conspiração da Páscoa*], de Hugh J. Schonfield, é que as aparições pós-morte, que eram o centro da crença dos discípulos na ressurreição, foram todas casos de erro de identificação. Isso é supostamente comprovado pelo fato de os próprios discípulos acreditarem a princípio que a pessoa que apareceu não era Jesus. Maria pensou ter visto um jardineiro (Jo 20). Os dois discípulos pensaram que ele era um estranho viajando em Jerusalém (Lc 24), e mais tarde pensaram que viram um espírito (Lc 24.38,39). Marcos até admite que a aparição era "noutra forma" (Mc 16.12). Segundo Schonfield, os discípulos confundiram Jesus com pessoas diferentes em ocasiões diferentes (Schonfield, p. 170-3).

Essa teoria está cercada de várias dificuldades. Inicialmente, em nenhuma dessas ocasiões mencionadas os discípulos saíram com dúvidas de que realmente era o mesmo Jesus que conheceram intimamente durante anos que aparecera para eles em forma física. Suas dúvidas só foram iniciais e momentâneas. Ao final da aparição, Jesus os convencera por suas feridas, pela capacidade de comer, pelo toque, pelo seu ensinamento, pela sua voz e/ou por milagres que ele era a mesma pessoa com quem haviam passado mais de três anos (v. RESSURREIÇÃO, EVIDÊNCIAS DA). Schonfield ignora toda essa evidência e tira a dúvida inicial deles, que é um sinal de autenticidade do registro, totalmente fora do contexto.

Em segundo lugar, a hipótese do erro de identificação não explica o túmulo permanentemente vazio. Se os discípulos estivessem vendo pessoas diferentes, os judeus ou os romanos poderiam ir ao túmulo de Jesus e mostrar o corpo para refutar sua reivindicação. Mas não há evidência de que fizeram isso, apesar de terem motivo para querer fazê-lo.

O fato é que ninguém jamais encontrou o corpo. Pelo contrário, os discípulos estavam absolutamente convencidos de que haviam encontrado o mesmo Jesus com o mesmo corpo físico ressurreto que haviam conhecido de perto durante anos.

Terceiro, essa especulação não explica a transformação dos discípulos. Um erro de identificação e um cadáver em decomposição num túmulo não explicam por que discípulos amedrontados, dispersos e céticos foram transformados na maior sociedade missionária do mundo, do dia para a noite, pelo encontro equivocado com vários seres mortais.

Quarto, é bastante improvável que muitas pessoas pudessem ser enganadas em tantas ocasiões. Afinal, Jesus apareceu para mais de quinhentas pessoas em onze ocasiões diferentes durante o período de quarenta dias. É menos milagroso afirmar a ressurreição sobrenatural de Cristo que acreditar que todas essas pessoas, em todas essas ocasiões, foram totalmente enganadas e ao mesmo tempo totalmente transformadas. É mais fácil acreditar na ressurreição.

Finalmente, isso é contrário à conversão de céticos como Tiago e Saulo de Tarso. Como tais críticos seriam enganados?

Deus destruiu (transformou) o corpo. Todas as teorias anteriores são puramente naturalistas. Outro grupo afirma que um tipo de milagre ocorreu, mas não foi o milagre da ressurreição física do corpo de Jesus depois que ele morreu. Pelo contrário, essa alternativa à ressurreição física afirma que Deus destruiu (transformou) o corpo de Jesus para que desaparecesse misteriosa e imediatamente de vista (v. Harris). As aparições posteriores de Cristo foram, segundo alguns, aparições teofânicas e, segundo outros, aparições em que Jesus assumiu forma corporal na qual as feridas que mostrou eram réplicas para convencer outros de sua realidade, mas não de sua materialidade. Essa visão é bem mais sofisticada e menos naturalista. Ela não se classifica como naturalista típica nem liberal. Mas está mais próxima do erro neo-ortodoxo sobre a ressurreição. Muitas seitas, como as Testemunhas de Jeová, defendem essa posição. Mas, como as posições naturalistas, tais posições também estão sujeitas a falhas fatais.

Para evitar o único e simples milagre de Jesus ressuscitando como imortal no mesmo corpo físico em que morreu, as pessoas que buscam uma explicação de corpo espiritual supõem que pelo menos dois milagres aconteceram. Primeiro Deus destruiu ou transformou imediata e misteriosamente o corpo físico em corpo não-físico. Alguns dizem que ele foi transformado em gases que escaparam do túmulo (v. BOYCE), outros, que foi vaporizado ou transmutado. Deus também teve de capacitar milagrosamente o Jesus não-físico para que assumisse forma física em ocasiões diferentes pelas quais pudesse convencer os apóstolos de que estava vivo.

Essa hipótese usa dois milagres para evitar um e, no processo, transforma Jesus em enganador. Pois ele disse aos seus discípulos antes e depois da ressurreição que ressuscitaria no mesmo corpo. Ele até deixou o túmulo vazio e os lençóis como evidência, embora não tenha ressuscitado como imortal no corpo que morreu. Ao falar de sua ressurreição, Jesus lhes respondeu: "Destruíam este templo, [corpo físico], e eu *o* [O mesmo corpo físico] levantarei em três dias" (Jo 2.19, grifo do autor). Isso seria uma mentira, a não ser que Jesus tenha ressuscitado com o mesmo corpo físico que morreu. Além disso, depois de sua ressurreição Jesus apresentou as feridas da crucificação para seus discípulos como evidência de que havia realmente ressuscitado no mesmo corpo no qual fora crucificado (cf. Jo 20.27).

> Enquanto falavam sobre isso, o próprio Jesus apresentou-se entre eles e lhes disse: "Paz seja com vocês!" Eles ficaram assustados e com medo, pensando que estavam vendo espírito. Ele disse: "Porque vocês estão perturbados e porque se levantam dúvidas no coração de vocês? Vejam as minhas mãos e os meus pés. Sou eu mesmo! Toquem-me e vejam; um espírito não tem carne nem ossos, como vocês estão vendo que eu tenho (Lc 24.36-39).

Seria fraude oferecer suas feridas como evidência de que realmente havia ressuscitado a não ser que fosse no mesmo corpo crucificado. O propósito dos lençóis no túmulo vazio (Jo 20.6,7; cf. Mc 16.5) era mostrar que o corpo que morreu era o que ressuscitara (cf. Jo 20.8). Se Jesus ressuscitou numa forma espiritual, não há razão para o corpo físico não permanecer no túmulo. Afinal, Deus é capaz de convencer pessoas de sua presença e realidade sem qualquer forma corporal. Ele pode fazer isso com uma voz do céu e outros milagres, como fez em outras ocasiões (cf. Gn 22.1,11; Êx 3.2; Mt 3.17).

Essa visão tornaria falso o testemunho dos apóstolos sobre a ressurreição, já que afirmaram que Jesus ressuscitara dos mortos no mesmo corpo físico em que morreu. Ao falar da *ressurreição*, Pedro disse:

> Prevendo isso, [Davi] falou da ressureição de Cristo, que não foi abandonado no sepulcro e cujo corpo não sofreu decomposição. Deus ressuscitou este Jesus, e todos nós somos testemunhas desse fato (At 2.31,32).

Se isso é verdadeiro, o corpo de Jesus não foi destruído; esse mesmo corpo de "carne" (*sarx*) foi ressuscitado. Foi este Jesus o mesmo que foi crucificado (v. 23) e, à semelhança de Davi, morreu e foi sepultado (v. 29). O apóstolo João mostra a continuidade entre o corpo de carne anterior à ressurreição e o corpo no qual Jesus ressuscitou e que ainda tem à direita do Pai. João escreveu:

O que era desde o princípio, o que ouvimos, o que vimos com os nossos olhos, o que contemplamos e as nossas mãos apalparam — isto proclamamos a respeito da Palavra da vida (1Jo 1.1).

João disse que "todo espírito que confessa que Jesus Cristo veio em carne procede de Deus" (1Jo 4.2). O uso do passado, junto com o presente (2Jo 7) em passagens paralelas enfatiza que Jesus ainda estava (agora no céu) na mesma carne em que veio ao mundo. Logo, negar que Jesus ressuscitou no mesmo corpo físico no qual morreu torna Jesus um enganador e seus discípulos, falsos mestres.

Tal idéia é fortemente contrária à interpretação judaica e bíblica da ressurreição, em que o corpo que morreu é o mesmo que sai do túmulo. Jó disse: "Eu sei que o meu Redentor vive, e que no fim se levantará sobre a terra. E depois que o meu corpo estiver destruído e sem carne, verei a Deus" (Jó 19.25,26). Daniel falou de uma ressurreição física do túmulo, dizendo: "Multidões que dormem no pó da terra acordarão: uns para a vida eterna, outros para a vergonha, para o desprezo eterno" (Dn 12.2). Jesus afirmou que o que é ressurreto é o corpo físico que sai do túmulo:

Não fiquem admirados com isto, pois está chegando a hora em que todos os que estiverem nos túmulos ouvirão a sua voz e sairão; os que fizeram o bem ressuscitarão para a vida, e os que fizeram o mal ressuscitarão para serem condenados (Jo 5.28,29).

Paulo falou a crentes de luto sobre a expectativa de ver seus queridos nos seus corpos ressurretos (1Ts 4.13-18), observando que teremos corpos como o de Cristo (Fp 3.21).

Conclusão. Há várias tentativas de evitar a ressurreição física de Cristo. Além da evidência esmagadora da ressurreição física de Cristo no mesmo corpo em que viveu e morreu (v. RESSURREIÇÃO, EVIDÊNCIAS DA), não há fatos que comprovam qualquer uma dessas teorias. Nenhuma delas explica os fatos. A maioria é puramente naturalista, o que é contrário ao fato de que Deus existe (v. COSMOLÓGICO, ARGUMENTO; MORAL DE DEUS, ARGUMENTO; TELEOLÓGICO, ARGUMENTO) e que pode fazer e fez milagres (v. MILAGRE; MILAGRES, ARGUMENTOS CONTRA). Outros admitem algum tipo de intervenção divina misteriosa para explicar o túmulo vazio, mas ao mesmo tempo rebaixam desnecessariamente os registros bíblicos e o caráter de Cristo (v. CRISTO, SINGULARIDADE DE).

Fontes

J. BOICE, *Foundations of the christian faith.*
W. CRAIG, *Knowing the truth about the resurrection.*
N. L. GEISLER, *The battle for the resurrection.*
___, *In defense of the resurrection.*
R. GUNDRY, *Soma in biblical theology with emphasis on pauline anthropology.*
G. HABERMAS, *The resurrection of Jesus: an apologetic.*
M. HARRIS, *From grave to glory.*
G. LADD, *I believe in the resurrection of Jesus.*
J. A. SCHEP, *The nature of the resurrection body.*

ressurreição de Cristo. *Ordem dos eventos.* Histórico. Os críticos geralmente alegam que o registro dos evangelhos, principalmente no tocante à ressurreição, não é aceitável pelas contradições entre os relatos. Por exemplo, a ordem dos eventos parece ser diferente nos diversos registros. Os evangelhos descrevem Maria como a primeira pessoa que viu Jesus depois da ressurreição, mas 1Coríntios 15.5 diz que Pedro foi o primeiro. Da mesma forma Mateus 28.2 diz que Maria Madalena e a outra Maria foram as primeiras a chegar ao túmulo, enquanto João 20.1 descreve apenas Maria Madalena no local.

No entanto, apesar dessas diferenças, o exame minucioso dos registros da ressurreição revela a harmonia oculta. Na verdade, demonstra o tipo de unidade nas diferenças – esperado de testemunhas independentes e confiáveis que não estavam conspirando. Logo, a alegação de que os evangelhos se contradizem é falha por várias razões.

A harmonia dos registros da ressurreição. Há uma ordem geral discernível dos eventos ocorridos após a ressurreição nos registros do NT. Todos os outros eventos se encaixam nessa lista geral da seguinte maneira:

	Mt	Mc	Lc	Jo	At	1Co
1. Maria Madalena		X		X		
2. Maria e mulheres	X	X				
3. Pedro				X		X
4. Dois discípulos		X	X			

5. Dez apóstolos		X	X		
6. Onze apóstolos			X		
7. Sete apóstolos			X		
8. Todos os apóstolos (Grande Comissão)	X	X	X		X
9. Quinhentos irmãos					X
10. Tiago					X
11. Todos os apóstolos (Ascensão)	X			X	
12. Paulo				X	X

Pedro viu o túmulo vazio, não o Cristo.

Outros teólogos (cf. Wenham, p. 139) invertem os números 3 e 4 (mas v. Lc. 24.34) e alguns combinam 8 e 9. Mas isso não afeta a conciliação de todos os dados. De qualquer forma não há contradição comprovada.

Quando vários fatores são observados, não há muita dificuldade em organizar as várias aparições.

Primeiro, porque Paulo quando defende a ressurreição, fornece uma lista oficial que inclui apenas homens (as mulheres na época não podiam testemunhar no tribunal).

Segundo, é compreensível que a aparição a Paulo não esteja nos evangelhos, já que sua narração termina com a ascensão de Cristo e Paulo viu a Cristo anos depois (At. 9.3s.; 1 Co 15.7).

Terceiro, como o propósito de Paulo é provar a ressurreição, é adequado que tenha selecionado a aparição para quinhentas testemunhas, a maioria das quais ainda estava viva quando ele escreveu (c. 55 d.C.).

Quarto, o restante das aparições, como para Tiago (1Co 15.7) e para os dois discípulos no caminho de Emaús (Lc 24.13s.), serve como informação suplementar que não contradiz as outras aparições.

Quinto, até a dificuldade de discernir a ordem exata dos eventos das primeiras aparições às mulheres não é insuperável. A seguinte ordem de eventos parece explicar todos os dados coerentemente:

1. "Maria Madalena" visitou o túmulo de Jesus no domingo de manhã, "estando ainda escuro" (Jo-20.1). (É possível que outra pessoa estivesse com ela, já que diz "sabemos" [Jo 20.2].)
2. Ao ver que a pedra fora rolada (Jo 20.1), ela correu de volta para Pedro e João em Jerusalém e disse: "não sabemos onde o colocaram" (v. 2).
3. Pedro e João correram até o túmulo e viram os lençóis vazios (Jo 20.3-9); depois, os discípulos [Pedro e João] voltaram para casa" (v. 10). Mas Maria Madalena seguiu Pedro e João para o túmulo.
4. Depois que Pedro e João partiram, Maria Madalena, que permanecera junto ao túmulo, viu dois anjos "onde estivera o corpo de Jesus (Jo 20.12). Então Jesus apareceu a ela (Mc 16.9) e disse que voltasse aos discípulos (Jo 20.14-17).
5. Quando Maria Madalena saía, as outras mulheres chegaram ao túmulo com aromas para embalsamar o corpo de Jesus (Mc 16.1)."Tando começo o primeiro dia da semana" (Mt 28.1). As mulheres do grupo, incluindo a "outra Maria" (Mt 28.1), a mãe de Tiago (Lc 24.10), Salomé (Mc 16.1) e Joana (Lc 24.1,10), também viram a pedra que fora rolada (Mt 28.2; Mc 16.4; Lc 24.2; Jo 20.1). Ao entrar no túmulo, viram "dois homens" (Lc 24.4), um dos quais falou com elas (Mc 16.5) e lhes dis-se para voltar para a Galiléia, onde veriam Jesus (Mt 28.5-7; Mc 16.5-7). Esses dois homens eram na verdade anjos (Jo 20.12).
6. Enquanto Maria Madalena e as mulheres saíam para contar aos discípulos, Jesus apareceu para elas e lhes disse para irem à Galiléia avisar seus "irmãos" (Mt 28.9,10). Enquanto isso, "os onze discípulos foram para a Galiléia, para o monte que Jesus lhes indicara" (Mt 28, 16; Mc 16.7).
7. Maria Madalena e "as outras" (Lc 24.10) voltaram naquela tarde para os onze e "a todos os outros" (Lc 24.9), agora reunidos na Galiléia a portas trancadas "por medo dos judeus" (Jo 20.19). Maria Madalena disse-lhes que vira o Senhor (v. 18). Mas os discípulos não acreditaram nela (Mc 16.11). E não acreditaram na história das outras mulheres (Lc 24.11).
8. Ao ouvir essa notícia, Pedro levantou-se e correu novamente para o túmulo. Ao ver os lençóis (Lc 24.12), ficou maravilhado. Há diferenças notáveis entre essa visita e sua primeira

visita. Aqui Pedro está sozinho, mas da primeira vez João estava com ele (Jo 20.3-8). Aqui Pedro fica realmente impressionado; da primeira vez, apenas João "viu e creu" (Jo 20.8).

Conflito em testemunho independente. O fato de os vários relatos não coincidirem perfeitamente é esperado de testemunhos independentes autênticos. Na verdade, se os registros fossem perfeitamente harmoniosos na superfície, poderíamos suspeitar de conluio. Mas o fato de que os vários eventos e a ordem geral são claros é exatamente o que devemos esperar de um registro confiável (verificado por grandes mentes legais que analisaram os registros dos evangelhos e os comprovaram como tal). Simon Greenleaf, o famoso advogado de Harvard que escreveu um livro didático sobre evidência legal, converteu-se ao cristianismo devido à análise minuciosa dos testemunhos dos evangelhos do ponto de vista legal. Ele concluiu que "cópias que fossem universalmente recebidas e que influenciassem tanto quanto os quatro evangelhos, seriam recebidas como evidência em qualquer tribunal de justiça, sem a menor hesitação" (Greenleaf, p. 9-10).

Evidência positiva de autenticidade. Há evidência positiva surpreendente de que os registros evangélicos são autênticos. Há um número maior de manuscritos para o NT que para qualquer outro livro do mundo antigo (v. Novo Testamento, manuscritos do). Na realidade, mesmo considerando os critérios de credibilidade do grande cético David Hume, o NT é aprovado (v. Novo Testamento, testes de credibilidade das testemunhas do). Assim, não há razão para rejeitar a autenticidade dos registros do NT com base na sua suposta desordem. Dado o fato de que há cinco grandes registros das aparições pós-ressurreição de Jesus (Mt 28; Mc 16; Lc 24; Jo 20–21; At 9; 1Co 15), cheios de registros de testemunhas oculares, não há dúvida sobre a realidade da sua ressurreição.

Fontes
W. L. Craig, *Knowing the truth about the resurrection.*
N. L. Geisler, *The battle for the resurrection.*
S. Greenleaf, *The testimony of the evangelists.*
G. Habermas, *Ancient evidence on the life of Jesus.*
A. T. Robertson, *Harmony of the Gospels.*
J. Wenham, *Easter enigma.*

ressurreição em religiões não-cristãs, alegações de. Alguns críticos da ressurreição de Cristo apelam para reivindicações de que muitos líderes não-cristãos também ressuscitaram dos mortos. Se isso for verdadeiro, a ressurreição de Jesus não seria uma confirmação singular da sua reivindicação de divindade (v. Cristo, divindade de). Especificamente, Robert Price afirma que os vários fenômenos pós-morte encontrados em outras religiões competem com as reivindicações cristãs sobre Cristo (Price, p. 2-3, 14-25). Nesse caso, a ressurreição de Cristo não pode ser usada para apoiar a verdade do cristianismo contra outras religiões (v. pluralismo religioso; religiões mundiais e cristianismo).

Apolônio de Tiana. Apolônio de Tiana (m. 98 d.C.) supostamente compete com a reivindicação de Cristo de ser o filho de Deus, e seu biógrafo Filostrato supostamente relatou suas aparições pós-morte. Na verdade, histórias sobre Apolônio classificam-se mais na categoria de apoteose que como relatos de ressurreição. Numa lenda apoteótica, um ser humano é deificado.

Essas afirmações são questionáveis (v. Habermas, "Resurrection Claims"). A biografia termina com a morte de Apolônio. Não há nada sobre ressurreição. O registro pós-morte veio do que Filostrato chamava "contos". São lendas posteriores que foram adicionadas à biografia depois que ela foi escrita. A biografia é a fonte primária da sua vida, junto com outra menor. Não há outra confirmação.

A fonte das histórias de Filostrato é supostamente "Dâmis", que muitos estudiosos acreditam ter sido uma pessoa inexistente usada como artifício literário. Não há outra evidência. A credibilidade de Dâmis fica prejudicada pelo fato de que sua cidade natal é Nínive, cidade que já não existia há 300 anos. O estilo literário também era uma forma popular da época chamada "romance" ou "ficção romântica", que não é para ser entendida literal ou historicamente. O enredo se desenvolve em situações planejadas, envolve animais exóticos e descrições formais de obras de arte; contém discursos longos e dados históricos freqüentemente imprecisos. Mais informação sobre eles é dada no artigo sobre Apolônio de Tiana.

Também é digno de nota que Filostrato tenha sido comissionado para compor essa biografia por Júlia Domna, esposa do imperador Sétimo Severo, 120 anos depois da morte de Apolônio. Como a benfeitora do autor se tornaria suma sacerdotisa do politeísmo helenista, poderia haver motivação anticristã no acréscimo do final que continha a aparição. As pessoas que escreveram sobre Jesus claramente tinham motivos bem diferentes. Queriam mostrar que ele era o tão esperado Messias, o Salvador do mundo (Jo 20.31).

A suposta aparição pós-morte que Filostrato acrescentada no apêndice foi uma visão no ano 273, quase dois séculos após a morte de Apolônio, para um homem que dormia. Também foi dito que Apolônio não tinha morrido realmente, mas que, em vez disso, fora deificado. Isso está no contexto do politeísmo grego. Os gregos e os romanos não acreditam na ressurreição no mesmo corpo físico. Eles seguiam o modelo da reencarnação. Os filósofos zombaram do apóstolo Paulo quando proclamou a ressurreição corporal no Areópago (At 17.19, 32). Para os gregos que acreditavam na imortalidade, a salvação envolvia livramento do corpo, não ressurreição no mesmo corpo.

Sabatai Tzvi. Mestre judeu do século XVII que afirmou ser o Messias e foi proclamado como tal por um contemporâneo chamado Natã. Foi relatado muitos anos depois que, após a morte de Tzvi em 1676, seu irmão encontrou o túmulo dele vazio, mas cheio de luz (v. Scholem).

Na verdade, houve duas conjecturas com relação a Tzvi. Muitos dos seus seguidores se recusaram a acreditar que ele realmente morrera, e por isso se recusaram a acreditar que ressuscitara dos mortos. Não importa o que aconteceu com ele, ninguém disse tê-lo visto novamente. Seu desaparecimento, como o de Apolônio, tem características de uma lenda apoteótica. Tais lendas não têm apoio histórico. Se a história de Jesus tivesse se desenvolvido de relatos fragmentados, ela seria rejeitada por qualquer acadêmico confiável. O papel de Natã é contraditório. Uma carta relata que Natã ensinava que Tzvi não morrera. Outra fonte relata que Natã morrera um mês antes de Tzvi, e que na verdade jamais se conheceram (Habermas, "Resurrection Claims", p. 175).

Rabino Judá. Rabino Judá foi um personagem importante do judaísmo que esteve envolvido na conclusão da *Mixná*, por volta de 200 d.C. Segundo o *Talmude*, depois que o rabino Judá morreu, "costumava voltar para casa no crepúsculo toda véspera de sábado". Supostamente, quando um vizinho se aproximou da porta do rabino para cumprimentá-lo, foi afugentado pela empregada. Quando o rabino ouviu isso, parou de vir, para não tirar a atenção de outras pessoas boas que voltaram para casa depois da morte (*Talmude*, 3.12.103a).

Apesar de o rabino ter morrido em 220, a primeira referência a essas aparições surgiu no século V ("Resurrection Claims", p. 173). Esse período é grande demais para oferecer credibilidade. Nenhum estudioso reconhecido aceitaria as reivindicações sobre Jesus se viessem de uma testemunha dois séculos depois de sua morte. Além disso, o testemunho é muito limitado. Há apenas uma testemunha do evento — a empregada. E não há nenhuma tentativa de dar comprovação. A única testemunha que poderia oferecer comprovação era o vizinho, que foi afugentado.

A interrupção abrupta das aparições gera dúvidas sobre se ele realmente apareceu. A razão dada para ele não retornar parece pouco convincente. Nenhuma evidência de um túmulo vazio ou de uma aparição física foi apresentada. No máximo parece que apenas uma pessoa interessada teve algum tipo de experiência subjetiva com relação a uma pessoa que, sem dúvida, estimava muito. Se isso aconteceu, esse evento parece mais o candidato a uma explicação psicológica que sobrenatural.

Kabir. Kabir foi um líder religioso do século XV que combinou práticas das religiões islâmica e hindu (v. HINDUÍSMO). Após sua morte em 1518, seus seguidores dividiram-se quanto à decisão de cremar seu corpo, que os hindus apóiam e os muçulmanos rejeitam. O próprio Kabir supostamente apareceu para fazer cessar a controvérsia. Quando os levou a tirar o lençol colocado sobre seu corpo, descobriram que só havia flores ali. Seus seguidores hindus queimaram metade das flores, e os muçulmanos enterraram a outra metade.

Pouco ou nada sobreviveu dos contemporâneos de Kabir. É possível que alguns de seus ensinamentos tenham sido escritos cerca de 50 anos após sua morte, mas eles não contêm nada sobre uma ressurreição (Archer, p. 50-53).

Há evidência de um número crescente de lendas que se desenvolveram entre seus seguidores. Elas incluem o nascimento milagroso, os milagres realizados durante sua vida e as aparições aos seus discípulos após sua morte. Como Habermas menciona:

ressurreição de Cristo	ressurreição não-cristã
vários testemunhos confiáveis	nenhuma testemunha confiável
vários registros contemporâneos	nenhum registro contemporâneo
evidência física abundante	nenhuma evidência física
reinvindicações de divindade são apresentadas	apenas algumas reinvindicações de deificação
outros milagres comprobatórios	nenhum milagre comprobatório

"Foi descoberto que esse é um processo esperado e muito natural na formação da lenda indiana" ("Resurrection Claims", p. 174).

Como a ressurreição no mesmo corpo físico é contrária à crença hindu em transmigração da alma para outro corpo, é improvável que seus seguidores hindus, dedicados às práticas hindus, tivessem acreditado que seu líder ressuscitou corporalmente dos mortos.

A pouca evidência sugere um plano tramado para pacificar ambos os grupos de seguidores e manter o movimento unido. Parece um plano inteligente para satisfazer ambas as práticas religiosas de enterro sem ofender nenhuma delas.

Conclusão. Não há comparação real entre essas histórias e os registros da ressurreição de Cristo. As ressurreições não-cristãs colocam em alto relevo a qualidade bíblica da verdade. Considere as diferenças significativas na maioria dos casos, se não em todos:

"Afirmações não-cristãs de ressurreição não foram provadas por evidência", observa Habermas.

Qualquer das várias hipóteses naturalistas certamente é possível e, em alguns casos, uma ou mais pode ser especificamente postulada como causa provável [...] Simplesmente relatar um milagre não é suficiente para comprová-lo, principalmente se esse milagre for usado para apoiar um sistema religioso (ibid., p. 177).

Fontes
J. C. ARCHER, *The sikhs.*
S. A. COOK, *The Cambridge ancient history.*
J. FERGUSON, *Religions of the Roman empire.*
G. HABERMAS, *Ancient evidence for the life of Jesus.*
___, "Did Jesus perform miracles?", em M. WILKINS, org., *Jesus under fire.*
___, "Resurrection claims in non-christian religions", *Religious Studies* 25 (1989).
L. MCKENZIE, *Pagan resurrection myths and the resurrection of Jesus.*
R. PRICE, "Is there a place for historical criticism?", em *Christianity challenges the university.*
G. SCHOLEM, *Sabatai Tzvi: O Messias místico.*
I. SLOTKI, org., *The Babylonian Talmud.*

revelação especial. A *revelação especial* (v. BÍBLIA, EVIDÊNCIAS DA) é a revelação de Deus na sua Palavra (Escrituras), em contraste com a revelação de Deus no mundo (v. REVELAÇÃO GERAL). Originariamente a revelação especial pode ter sido dada oralmente ou de alguma outra maneira (cf. Hb 1.1), mas foi mais tarde escrita e agora é encontrada apenas na palavra escrita de Deus, a Bíblia (2Tm 3.16,17).

A revelação especial de Deus foi confirmada por milagres (v. MILAGRE; MILAGRES, VALOR APOLOGÉTICO DOS; MILAGRES NA BÍBLIA). Foi assim que o cânon das Escrituras foi determinado (v. APÓCRIFO DO ANTIGO E NOVO TESTAMENTOS; BÍBLIA, CANONICIDADE DA).

revelação geral. A *revelação geral* refere-se à revelação de Deus na natureza, ao contrário da sua revelação nas Escrituras (v. NATURAL, TEOLOGIA). Mais especificamente, a revelação geral é manifesta na natureza física, na natureza humana e na história. Em cada caso Deus revelou algo específico sobre si mesmo e sobre a relação que mantém com sua criação. A revelação geral é importante para a apologética cristã, já que apresenta os dados com os quais o teísta constrói argumentos a favor da existência de Deus (v. COSMOLÓGICO, ARGUMENTO; TELEOLÓGICO, ARGUMENTO). Sem ela não haveria base para a apologética (v. CLÁSSICA, APOLOGÉTICA).

A revelação de Deus na natureza. "Os céus declaram a glória de Deus; o firmamento a obra das suas mãos" (Sl 19.1), escreveu o salmista. "Os céus a sua justiça, e todos os povos contemplam a sua glória" (Sl 97.6). Jó acrescentou: Pergunte, porém, aos animais, e eles o ensinarão, ou às aves do céu, elas lhe contarão; fale com a terra, e ela o instruirá, deixe que os peixes do mar o informem. Quem de todos eles ignora que a mão do Senhor fez isso?

Paulo falou sobre o Deus vivo que fez o céu, a terra, o mar e tudo o que neles há. No passado permitiu que todas as nações seguissem os seus próprios caminhos. Contudo, Deus não ficou sem testemunho: mostrou sua bondade dando-lhe chuva do céu e colheitas no tempo certo, concedendo-lhes sustento com fartura e um coração cheio de alegria (At 14.15-17).

Ele lembrou aos filósofos gregos que O Deus que fez o mundo e tudo o que nele há é o Senhor dos céus e da terra, e não é servido por mãos de homens, como se necessitasse de algo, por que ele mesmo dá a todos a vida, o fôlego e as demais coisas (At 17.24,25).

Paulo instruiu os romanos afirmando que até os pagãos são culpados perante Deus, pois o que de Deus pode conhecer é manifesto entre eles, por que Deus lhe manifestou. Pois desde a criação do mundo os atributos invisíveis de Deus, seu eterno poder e sua natureza divina, têm sido vistos claramente sendo compreendidos por meio das coisas criadas, de forma que tais homens são indesculpáveis (Rm 1.19,20).

À luz disso o salmista concluiu: "Diz o tolo em seu coração: 'Deus não existe'" (Sl 14.1).

Deus é revelado na natureza de duas formas básicas: como *Criador* e *Sustentador* (v. CRIAÇÃO E ORIGENS; ORIGENS, CIÊNCIA DAS). Ele é a causa da *origem* e da *operação* do universo. A primeira forma mostra Deus como originador de todas as coisas. Todas as coisas foram criadas por meio dele" e "Nele, tudo *subsiste*" (Cl 1.16,17); Deus "*fez* o universo", "*sustentando* todas as coisas por sua palavra poderosa" (Hb 1.2,3); "criaste todas as coisas" e "por tua vontade elas existem e foram criadas" (Ap 4.11).

Além de *Originador,* Deus também é o *Sustentador* de todas as coisas. Ele é ativo não só porque por meio dele o universo *veio a existir,* mas também por ele *continuar a existir.* O salmista referiu-se a essa segunda função quando disse sobre Deus: "Fazer jorrar as nascentes nos vales [...] faz crescer o pasto para o gado, e as plantas que o homem cultiva, para da terra tirar o alimento" (Sl 104.10,14).

A revelação de Deus na natureza humana. Deus criou os seres humanos à sua imagem e semelhança (Gn 1.27). Algo sobre Deus, portanto, pode ser apreendido pelo estudo dos seres humanos (cf. Sl 8). Como os seres humanos são semelhantes a Deus, é errado assassiná-los (Gn 9.6) ou amaldiçoá-los (Tg 3.9). O ser humano redimido "está sendo renovado em conhecimento, à imagem do seu Criador" (Cl 3.10). Paulo afirmou que Deus criou:

> De um só fez ele todos os povos, para que povoassem toda a terra, tendo determinado os tempos anteriormente estabelecidos e os lugares exatos em que deveriam habitar. Deus fez isso para que os homens o buscassem e talvez, tateando, pudessem encontrá-lo, embora não esteja longe de cada um de nós. Pois nele vivemos, nos movemos e existimos", como disseram alguns dos poetas de vocês: "Também somos descendência dele". Assim, visto que somos descendência de Deus, não devemos pensar que a Divindade é semelhante a uma escultura de ouro, prata ou pedra, feita pela arte e imaginação do homem (At 17.26-29).

Ao olhar para a criatura podemos aprender algo sobre o Criador (v. ANALOGIA, PRINCÍPIO DA). Porque: Será que quem fez o ouvido não ouve? Será que quem formou o olho não vê? Aquele que disciplina as nações os deixará sem castigo? Não tem sabedoria aquele que dá ao homem o conhecimento? (Sl 94.9,10).

Até Cristo, enquanto viveu na carne, foi considerado imagem do Deus invisível (Jo 1.14; Hb 1.3).

Deus é manifesto não só na natureza intelectual dos seres humanos, mas também na sua natureza moral (v. MORALIDADE, NATUREZA ABSOLUTA DA). A lei moral de Deus está escrita nos corações humanos. Pois quando Os gentios que não têm a lei, praticam naturalmente o que ela ordena, tornam-se lei para si mesmos, embora não possuam a lei; pois mostram que as exigências da lei estão gravadas em seu coração. Disso dão testemunho também a sua consciência e os pensamentos deles (Rm 2.14,15).

Como a responsabilidade moral implica a capacidade de responder, o homem à imagem de Deus também é uma criatura moral livre (Gn 1.27; cf. 2.16,17).

A revelação de Deus na história humana. A história é o conjunto as pegadas de Deus na areia do tempo. Paulo declarou que Deus "tendo determinado os tempos anteriormente estabelecidos e os lugares exatos em que deveriam habitar" (At 17.26). Deus revelou para Daniel que "o Altíssimo domina sobre o sreinados dos homens e os dá a quem quer, e põe no poder o mais simples dos homens" (Dn 4.17). Deus também revelou a Daniel que a história humana está indo rumo ao objetivo final do Reino de Deus na terra (Dn 2,7). Assim, um entendimento adequado da história nos informa sobre o plano e o propósito de Deus.

Deus é revelado na arte humana. A Bíblia declara que Deus é belo, e sua criação também é. O salmista escreveu: "Senhor, Senhor nosso, como é majestosos o teu nome em toda a terra!" (Sl 8.1). Isaías contemplou uma demonstração maravilhosa da beleza de Deus e disse: "vi o Senhor assentado num trono alto e exaltado, e a aba de sua veste enchia o templo" (Is 6.1). As Escrituras nos incentivam: "Adorem o Senhor no esplendor do seu santuário" (Sl 29.2; cf. 27.4).

Salomão disse: "Ele fez tudo apropriado ao seu tempo" (Ec 3.11). O salmista fala da sua cidade de Sião como perfeita em beleza (Sl 50.2).

O que Deus criou é bom como ele é (Gn 1.31; 1Tm 4.4), e a bondade de Deus é bela. Portanto, pelo fato da criação refletir Deus, ela também é bela. Além de Deus ser belo e ter feito um mundo belo, criou seres que podem apreciar a beleza. Como Deus, eles também podem fazer coisas belas. Os seres humanos são, de certa forma "subcriadores". Deus dota certos seres humanos com dons criativos que revelam algo de sua natureza maravilhosa.

Deus é revelado na música. Deus aparentemente ama a música, pois orquestrou o coral angélico na criação quando "as estrelas matutinas juntas cantavam e todos os anjos se regozijavam" (Jó 38.7). Os anjos também cantam continuamente o *tersanctus* na sua presença: "Santo, santo, santo" (Is 6.3; Ap 4.8). Além disso, anjos se reúnem ao redor do trono de Deus, "cantavam em alta voz: Digno é o Cordeiro que foi morto" (Ap 5.12).

A irmã de Moisés, Miriã, liderou os israelitas triunfantes em cântico, depois que Deus os livrou através do Mar Vermelho (Êx 15). Davi, o "salmista amado de Israel", montou um coral para o templo e escreveu muitas canções (salmos) para serem cantadas nele. Paulo admoestou a igreja: "falando entre si com salmos, hinos e cânticos espirituais, cantando e louvando de coração ao Senhor com" (Ef 5.19).

Aprendemos algo mais sobre a natureza de Deus por meio da voz humana, um instrumento de música criado por Deus. Até o sumo sacerdote judeu entrava no lugar Santo com sinos em suas vestes. E o salmista ordenou que Deus fosse louvado com trombeta, harpa, lira, tamborim e címbalos (Sl 150.3-5). No céu alguns anjos tocam trombetas (Ap 8.2) e outros tocam harpas (Ap 14.2). A música também é dom e manifestação de Deus. Como o restante de sua criação, é uma manifestação de sua glória.

Assim, mesmo sem a revelação especial de Deus nas Escrituras, ele se manifesta na revelação geral na natureza.

Revelação geral e especial. Embora a Bíblia seja a única revelação escrita de Deus (v. BÍBLIA, EVIDÊNCIAS DA), ela não é a única revelação de Deus. Deus tem mais a dizer para nós do que está na Bíblia. Sua revelação geral na natureza, no homem, na história, na arte e na música oferece vastas oportunidades de exploração contínua. A seguinte tabela resume essa relação:

Revelação especial	Revelação geral
Deus como Redentor	Deus como Criador
norma para a igreja	norma para a sociedade
meio de salvação	meio de condenação

O papel da revelação especial. A revelação especial contribui especificamente para a teologia cristã. Só a Bíblia é infalível e inerrante (v. BÍBLIA, SUPOSTOS ERROS NA). Além disso, a Bíblia é a única fonte da revelação de Deus como Redentor, bem como de seu plano de salvação. Assim, as Escrituras são normativas para todos (v. REVELAÇÃO ESPECIAL).

Só a Bíblia é infalível e inerrante. A Bíblia é normativa para todo ensinamento cristão. É a revelação de Cristo (Mt. 5.17; Lc 24.27,44; Jo 5.39; Hb 10.7). A tarefa do cristão, então, é levar "cativo todo pensamento, para torná-lo obediente a Cristo" (2Co 10.5) como revelado nas Escrituras. Devemos centralizar nossos pensamentos e também nossas vidas em Cristo (Gl 2.20; Fp 1.21).

Só a Bíblia revela Deus como Redentor. Embora a revelação geral manifeste Deus como Criador, ela não o revela como Redentor. O universo narra a grandeza de Deus (Sl 8.1; Is 40.12-17), mas apenas a revelação especial revela sua graça redentora (Jo 1.14). Os céus proclamam a glória de Deus (Sl 19.1), mas apenas Cristo declarou sua graça salvadora (Tt 2.11-13).

Só a Bíblia tem a mensagem da salvação. À luz da revelação geral todos são "indesculpáveis" (Rm 1.20). Pois "Todo aquele que pecar sem a Lei [escrita], sem a lei também perecerá" (Rm 2.12). A revelação geral é a base suficiente para a condenação. Não é, no entanto, suficiente para a salvação. Pode-se explicar como o céu se move pelo estudo da revelação geral, mas não como ir ao céu (v. PAGÃOS, SALVAÇÃO DOS). "pois, debaixo do céu não há nenhum outro nome dado homens, pelo qual devamos ser salvos" (At 4.12). Para ser salvo, é preciso confessar que "Jesus é Senhor" e acreditar que Deus o ressuscitou dos mortos (Rm 10.9). Mas não se pode confessar alguém sobre quem nunca se ouviu falar: "E como ouvirão, se não houver quem pregue?" (Rm 10.14). Logo, a pregação do evangelho em todo o mundo é a grande comissão do cristão (Mt 28.18-20).

A Bíblia é a norma escrita. Sem a verdade das Escrituras não haveria igreja, pois ela está edificada "sobre o fundamento dos apóstolos e dos profetas" (Ef 2.20). A Palavra revelada de Deus é a norma de fé e conduta. Paulo disse: "Toda a Escritura é inspirada por Deus é útil para o ensino, para a repreensão, para a correção e para a instrução na justiça" (2Tm 3.16). No entanto, nem todos os incrédulos têm acesso à Bíblia. Ainda assim, são indesculpáveis por causa da revelação geral. Pois "todo aquele que pecar sema lei [escrita], sem a lei também perecerá", já que têm uma lei nos seus corações (Rm 2.12,15).

O papel da revelação geral. Ainda que a Bíblia seja toda verdadeira, Deus não revelou toda verdade na Bíblia. Embora só a Bíblia seja a verdade, ela não é a única verdade. Toda verdade é verdade de Deus, mas toda a verdade de Deus não está na Bíblia (v. VERDADE, NATUREZA DA). Portanto, a revelação geral desempenha papel importante no plano de Deus, executando por isso várias funções singulares.

A revelação geral é mais ampla que a especial. A revelação geral abrange muito mais que a revelação especial. A maioria das verdades da ciência, história, matemática e artes não está na Bíblia. Grande parte da verdade em todas essas áreas é encontrada apenas na revelação geral de Deus. Apesar de a Bíblia ser cientificamente precisa, ela não é um livro de ciências. A ordem de fazer ciência não é uma ordem redentora; é uma ordem da criação. Logo depois de criar Adão, Deus ordenou: "Encham e subjuguem a terra!" (Gn1.28). Da mesma forma, não há erros matemáticos na Palavra inerrante de Deus, mas também há pouca geometria ou álgebra e não há cálculo nela (v. CIÊNCIA E A BÍBLIA). Semelhantemente, a Bíblia registra precisamente grande parte da história de Israel, mas fala pouco sobre a história do mundo, exceto com relação a Israel. O mesmo é verdadeiro com relação a todas as áreas das artes e ciência. Sempre que a Bíblia fala nessas áreas, fala com autoridade, mas Deus deixou as descobertas de suas verdades nessas áreas para um estudo da revelação geral.

A revelação geral é essencial para a razão humana. Nem o incrédulo pensa sem a revelação geral de Deus na razão humana (v. FÉ E RAZÃO). Deus é um ser racional, e a humanidade foi feita à sua imagem (Gn 1.27). Assim como Deus pensa racionalmente, os seres humanos receberam essa capacidade. As feras, em comparação, são chamadas de "animais irracionais" (Jd 10). Na verdade, o uso mais elevado da razão humana é amar a Deus "de todo o seu entendimento" (Mt 22.37).

As leis básicas da razão humana são comuns a crentes e incrédulos (v. LÓGICA; PRIMEIROS PRINCÍPIOS). Sem elas, nenhuma escrita, pensamento ou inferência racional seria possível. Mas essas leis do pensamento não são explicadas na Bíblia. Pelo contrário, são parte da revelação geral de Deus e objeto especial do pensamento filosófico.

A revelação geral é essencial ao governo. Deus ordenou que os crentes vivam segundo sua lei escrita, mas escreveu sua lei nos corações dos incrédulos (Rm 2.12-15). A lei divina nas Escrituras é a norma para os cristãos, mas a lei natural é obrigatória para todos. Em nenhuma parte das Escrituras Deus julga as nações pela lei de Moisés dada a Israel (Êx 19,20) ou pela lei de Cristo dada aos cristãos. Pensar de outra forma é o principal erro dos teonomistas. Por exemplo, em nenhum momento as nações não-judaicas são condenadas no AT por não observar o sábado ou não sacrificar um cordeiro. Estrangeiros e viajantes em Israel eram, é claro, obrigados a respeitar as leis civis e morais de Israel enquanto estivessem no país. Mas isso não significa que estivessem sob a lei judaica, assim como os cristãos não estão sob a lei alcorânica pelo fato de deverem respeitá-la quando estão em países muçulmanos.

A lei de Moisés não foi dada aos gentios. Paulo disse claramente: "os gentios, que não têm a lei" (Rm 2.14). O salmista disse: "Ele revela a sua palavra a Jacó, os seus decretos e ordenanças Israel. Ele não fez isso a nenhuma outra nação; todas as outras desconhecem as suas ordenanças" (Sl 147.19,20). Isso é confirmado pelo fato de que, apesar das várias condenações contra os pecados dos gentios no NT, eles jamais foram condenados por não adorar no sábado ou não fazer peregrinações nem trazer o dízimo a Jerusalém. Isso não significa que não haja lei de Deus para incrédulos; eles estão comprometidos pela leis "gravadas em seu coração" (Rm 2.12-15). Apesar de não terem a revelação especial nas Sagradas Escrituras, são responsáveis em relação à revelação geral na natureza humana.

A revelação geral é essencial para a apologética. Sem a revelação geral não haveria base para a apologética cristã (v. CLÁSSICA, APOLOGÉTICA). Pois, se Deus não tivesse se revelado na natureza, não haveria maneira de argumentar com base no planejamento nela evidente a favor da existência do Criador, o que é conhecido por ARGUMENTO TELEOLÓGICO: E não haveria maneira de argumentar com base no princípio ou contingência do mundo a favor da existência da Primeira Causa, o que é conhecido por argumento cosmológico. Da mesma forma, se Deus não tivesse se revelado na natureza moral dos seres humanos, não seria possível argumentar a favor do Legislador Moral (v. MORAL DE DEUS, ARGUMENTO). E, é claro, sem o Deus que pudesse agir na criação do mundo, não haveria nenhum ato especial de Deus (milagre) no mundo (v. MILAGRE).

Interação entre revelações. Como é tarefa do pensador sistemático organizar toda verdade sobre Deus e seus relacionamentos com sua criação, tanto a revelação geral quanto a especial são necessárias. No entanto, como a revelação especial se sobrepõe à geral, é necessário discutir a interação entre revelação geral e especial. Deus se revelou sua Palavra e em seu mundo. Sua verdade é encontrada tanto nas Escrituras como na ciência. O problema surge quando essas duas áreas parecem entrar em conflito. É simplista demais concluir que a Bíblia sempre está certa e a ciência errada.

Ao lidar com conflitos entre cristianismo e cultura, precisamos ter o cuidado de distinguir a *Palavra de Deus*, que é infalível, de *nossa interpretação*, que não é infalível. Devemos também distinguir a *revelação de Deus* no mundo, que é sempre verdadeira, do *conhecimento* atual dele, que nem sempre é correto e é suscetível a mudanças. No passado, os cristãos freqüentemente deixaram de reivindicar a verdade bíblica e deram lugar a teorias científicas que já estão ultrapassadas.

Duas coisas importantes resultam dessas distinções. Primeira, as revelações de Deus na Palavra e no mundo jamais se contradizem. Deus é coerente. Segunda, sempre que há um conflito real, é entre a interpretação humana da Palavra de Deus e o conhecimento humano do mundo. Um deles ou ambos estão errados, mas Deus não errou.

O que tem prioridade? Quando conflitos na compreensão das revelações geral e especial ocorrem, o que tem prioridade? A tentação pode ser de dar precedência à interpretação bíblica porque a Bíblia é infalível, mas isso ignora a distinção crucial que acabou de ser feita. A Bíblia é inerrante, mas sua interpretação é suscetível a erro. A história da interpretação revela que a Palavra infalível de Deus é tão capaz de ser mal-entendida como qualquer outra coisa, incluindo a arte e a ciência.

Isso não deixa a pessoa num impasse. Sempre que há um conflito entre uma interpretação da Bíblia e um conhecimento atual da revelação geral de Deus, a prioridade geralmente deve ser dada à interpretação que parece mais garantida. Às vezes é nosso conhecimento da revelação especial, e às vezes é nosso conhecimento da revelação geral, dependendo de qual é mais completamente comprovado. Alguns exemplos ajudarão a esclarecer essa questão.

Alguns intérpretes concluíram equivocadamente com base em referências bíblicas aos "quatro cantos da terra" (Ap 7.1) que a terra era achatada. A ciência, no entanto, provou com *certeza* que isso é errado. Portanto, nesse caso a certeza na interpretação da revelação geral de Deus tem precedência sobre qualquer incerteza que possa haver na interpretação dessas referências bíblicas. "Quatro cantos" pode ser visto como linguagem figurada.

Outros afirmaram que o Sol gira em torno da Terra com base em referências bíblicas ao "nascer do sol" (Js 1.15) ou ao sol que "parou" (Js 10.13). Mas essa interpretação não é necessária. Pode ser apenas a linguagem da aparência do ponto de vista do observador na face da terra (v. CIÊNCIA E A BÍBLIA). Além disso, desde Copérnico há boas razões para crer que o Sol não gira em torno da Terra. Logo, damos maior *probabilidade* à interpretação heliocêntrica do mundo de Deus atualmente que à interpretação geocêntrica da sua Palavra.

Infelizmente, alguns estão dispostos a acreditar em determinada interpretação da Palavra de Deus, mesmo que isso envolva uma contradição lógica. Mas a revelação geral determina (por meio da lei de não-contradição) que opostos não podem ser verdadeiros (v. PRIMEIROS PRINCÍPIOS). Logo, não podemos acreditar que Deus seja uma pessoa e também três pessoas ao mesmo tempo e no mesmo sentido. Portanto, o monoteísmo como tal e o trinitarismo (v. TRINDADE) não podem ser verdadeiros. Podemos crer, e cremos, que Deus é três pessoas numa essência. Pois, embora isso seja um mistério, não é uma contradição. Assim, podemos ter *certeza absoluta* de que qualquer interpretação das Escrituras que envolva uma contradição é falsa. Mas há casos em que a interpretação das Escrituras deve ter preferência até mesmo sobre teorias extremamente populares da ciência.

A macroevolução é um bom exemplo disso (v. EVOLUÇÃO BIOLÓGICA; EVOLUÇÃO QUÍMICA). É *praticamente certo* que a Bíblia não pode ser interpretada adequadamente de modo a acomodar a macroevolução (v. Geisler). A Bíblia ensina que Deus criou o universo do nada (Gn 1.1), que criou todos os tipos básicos de animais e plantas (Gn 1.21), e que criou especial e diretamente o homem e a mulher à sua imagem (Gn 1.27). Logo, apesar das teorias predominantes e populares (mas não altamente prováveis) da evolução, o cristão deve dar prioridade a essa interpretação altamente provável das Escrituras sobre a teoria improvável da macro evolução.

Enriquecimento mútuo. Geralmente não há conflito sério entre a interpretação bíblica amplamente aceita e o conhecimento geral do mundo científico; antes, há enriquecimento mútuo. Por exemplo, o conhecimento do conteúdo da Bíblia é essencial para grande parte da arte e literatura ocidental. Além disso, a história bíblica e a história mundial se sobrepõem significativamente, de forma que uma não pode ignorar a outra. A conexão entre a ciência moderna e a idéia bíblica da criação é mais negligenciada. Com respeito a isso é importante observar que o conceito bíblico da criação auxiliou o desenvolvimento da ciência moderna. É claro que, no estudo das origens, há uma sobreposição direta e um enriquecimento mútuo dos dados científicos e bíblicos.

Conclusão. A Bíblia é essencial para o pensamento sistemático e para a apologética. É o único livro infalível que temos. Ele fala com autoridade inerrante sobre todo assunto que aborda, seja espiritual ou científico, seja celestial ou terreno. Mas a Bíblia não é a única revelação de Deus à humanidade. Deus falou no mundo assim como na Palavra. É tarefa do pensador cristão adequar a informação de ambos e formar a COSMOVISÃO que inclua a interpretação teocêntrica da ciência, da história, dos seres humanos e das artes. No entanto, sem a revelação de Deus (tanto geral quanto especial) como base, essa tarefa é tão impossível quanto mover o mundo sem um ponto de apoio.

Na teologia, a interação entre disciplinas bíblicas e outras disciplinas deve ser sempre uma via dupla. Nenhuma delas faz monólogo para as outras; todas participam no diálogo contínuo. Apesar de a Bíblia ser infalível em tudo que aborda, ela não fala sobre todos os assuntos. E ainda que a Bíblia seja infalível, nossas interpretações dela não são. Logo, as pessoas que estudam a Bíblia devem atentar bem para outras disciplinas e dialogar com elas, para que uma visão sistemática completa e correta possa ser construída.

Fontes

G. C. BERKOUWER, *General revelation*.

E. BRUNNER, *Revelation and reason*.

J. BUTLER, *The analogy of religion*.

J. CALVINO, *Institutas da religião cristã*.

B. DEMAREST, *General revelation*.

N. L. Geisler, "God's revelation in scripture and nature", em D. Beck, org., *The opening of the American mind*.
___, *Origin science*.
C. Hodge, *Teologia sistemática*
J. Locke, *The reasonableness of christianity*.
W. Paley, *Natural theology*.
Tomás de Aquino, *Suma teológica*.

revelação progressiva. V. progressiva, revelação.

revelacional, pressuposicionalismo. V. Van Til, Cornelius; Pressuposicional, Apologética.

Russell, Bertrand. Nasceu em Ravenscroft, Inglaterra (1872-1970). Seus pais eram livres-pensadores e amigos de John Stuart Mill. Depois da morte de seus pais, foi criado por avós austeros que passaram de presbiterianos a unitaristas. Começou questionando a imortalidade da alma já aos quatorze anos e abandonou sua crença em Deus aos dezoito (em 1890), depois de ler a *Autobiografia* de Mill.

Estudou filosofia em Cambridge, onde mais tarde lecionou na Faculdade Trinity, da qual foi posteriormente demitido por seu ativismo pacifista (1916). Disse: "Quando a guerra começou me senti como se tivesse ouvido a voz de Deus. Sabia que era meu dever protestar". Russell deu palestras nos Estados Unidos várias vezes (1896, 1927, 1929, 1931, 1938s.). Casou-se e divorciou-se várias vezes, passou seis meses na prisão por atividades antigovernamentais (1918), onde escreveu (*Introdução à filosofia da matemática*), e em 1940 foi julgado moralmente incompetente para lecionar em Nova York. Todavia, Russell finalmente recebeu um Prêmio Nobel de Literatura (em 1950) por defender a liberdade de pensamento.

As obras de Russell são volumosas, incluindo literatura de toda espécie, desde a co-autoria do pesado *Principia mathematica* [*Princípios da matemática*] (1910) com Alfred North Whitehead até seu mais popular *Por que não sou cristão* (baseado numa série de palestras de 1927). Outras obras incluem *A critical exposition of the philosophy of Leibniz* [*Exposição crítica da filosofia de Leibniz*] (1900), *Free man's worship* [*A adoração do homem livre*] (1903), *The essence of religion* [*A essência da religião*] (1912), *Religion and science* [*Religião e ciência*] (1935), *The existence of God debate* [*O debate sobre a existência de Deus*], com o padre Copleston (1948), *What is an agnostic?* [*O que é um agnóstico?*] (entrevista de 1953), e *Can religion cure our troubles?* [*Pode a religião curar nossos problemas?*] baseado nos artigos de 1954). Suas primeiras obras sobre filosofia expressam um atomismo lingüístico. Foi mentor de Ludwig Wittgenstein, para cujo *Tractatus* escreveu a introdução, e reconheceu a influência de Wittgenstein no próprio atomismo lógico.

Religião de Russell. A visão religiosa de Bertrand Russell evoluiu consideravelmente durante seus 98 anos de vida. Durante os primeiros quatorze anos da sua vida foi teísta (v. teísmo). Entre os quatorze e os dezoito anos adotou uma posição deísta (v. deísmo). Aos dezoito anos tornou-se a-teísta (i.e., não-teísta). Aos 31, abraçou um tipo de naturalismo estóico fatalista expresso em "Free man's worship". Aos 40, cria num tipo de panteísmo experimental que Friedrich Schleiermacher (1768-1834) teria aprovado (v. Russell, "The essence of religion"). Mais tarde, tornou-se antiteísta e anticristão militante. Aos 76, descreveu-se como "agnóstico" (v. agnosticismo) numa entrevista à revista *Look* (1953).

Agnosticismo e anti-religião. Seja qual for o nome dado às peregrinações metafísicas de Russell, ele foi sistematicamente anticristão e anti-religioso, apesar de não se considerar ateu: "Minha posição é agnóstica", disse (Russell, "The existence of God debate", p. 144). Na entrevista à revista *Look*, afirmou: "O agnóstico pensa que é impossível conhecer a verdade sobre assuntos como Deus e a vida futura aos quais o cristianismo e outras religiões estão relacionados". Depois dessa afirmação contundente, ele se protegeu acrescentando: "Ou, se não é impossível, pelo menos é impossível neste momento" ("What is an agnostic?", p. 577).

Russell distinguiu o agnosticismo do ateísmo, declarando: "O ateu, como o cristão, afirma que *pode* saber se há ou não um Deus; o ateu, que pode saber que não há (v. ateísmo). O agnóstico suspende o julgamento, dizendo que não há base suficiente para afirmar ou negar [...] O agnóstico pode afirmar que a existência de Deus, apesar de não ser impossível, é bem improvável" (ibid.).

Da pena de Russell veio um ataque implacável, não só contra o cristianismo, mas contra a religião em geral. Ele escreveu: "Estou tão absolutamente convencido de que religiões são prejudiciais quanto estou convencido de que são falsas" (*Por que não sou cristão*, xi). A razão básica é que estão enraizadas na crença que é gerada pelo medo, que na verdade é ruim. A religião organizada retarda o progresso no mundo. De modo específico, "digo deliberadamente que a religião cristã, organizada nas suas igrejas, foi e continua sendo o principal inimigo do progresso moral no mundo" (ibid., p. 15).

Nenhuma autoridade é aceita. Russell afirmou que rejeitava toda autoridade. O agnóstico, disse ele, afirma que o homem deve refletir sobre a conduta pessoal, ouvindo a sabedoria de outros. "Somente o tolo satisfaz todos os desejos, mas o que controla o desejo é sempre algum outro desejo" ("What is an agnostic?", p. 578).

Ele negou ter "fé apenas na razão", insistindo que há mais que fatos e razão. Via-se guiado por seus propósitos ou fins claramente pensados. "O agnóstico encontrará seus fins no próprio coração e não numa ordem" (ibid., p. 583). Por exemplo, a razão pode dizer como chegar a Nova York, mas apenas o indivíduo pode pensar numa razão (propósito) para ir até lá.

O pecado não é uma idéia útil, apesar de alguns tipos de conduta serem desejáveis e outros, indesejáveis (ibid., p. 578). Mas logo acrescenta que o castigo da conduta indesejável deve ser apenas restritivo ou reformatório, não penal.

Problemas com o cristianismo. A Bíblia é rejeitada com todas as outras autoridades. Russell a considerava tão lendária quanto as histórias de Homero. Alguns seus ensinamentos morais são bons, mas grande parte dela é muito ruim (ibid., p. 579).

Russell duvidava que Cristo tivesse existido. "Historicamente", afirmou: "é pouco provável que Cristo tenha sequer existido, e se existiu não sabemos nada a seu respeito" (*Por que não sou cristão*, p. 11).

No entanto, ele afirma:

> A maioria dos agnósticos [que não o inclui necessariamente] admira a vida e os ensinamentos morais de Jesus contados nos evangelhos [que ele não aceita], mas não necessariamente mais do que os de outros homens. Alguns [exceto Russell] o colocam no mesmo nível de Buda [...] Sócrates, e alguns, de Abraham Lincoln" (*What is an agnostic?* p.579).

Ao contrário de muitos incrédulos, Russell declarou: "Não creio que Jesus tenha sido o melhor e mais sábio dos homens" (*Can religion cure our troubles?*, p. 2). A avaliação de Russell do Jesus da Bíblia era que ele foi insensato, impiedoso, desumano e cruel (v. a seguir). Apresentou Sócrates de forma mais favorável. Escreveu:

> Há um defeito muito sério para minha mente no caráter moral de Cristo, e é que ele acreditava no inferno. Não acredito que qualquer pessoa que seja real e profundamente bondosa possa acreditar em castigo eterno" (*Por que não sou cristão*, p. 12).

Imortalidade não existe. Russell não acreditava na imortalidade, nem em céu e inferno. Ao falar sobre os agnósticos em geral, disse: "O agnóstico não acredita na imortalidade a não ser que pense que há evidência dela". Sobre si mesmo, Russell acrescenta: "Não acredito que haja uma boa razão para acreditar que sobrevivamos à morte" (*What is an agnostic?*, p. 580). Pois "é racional supor que a vida mental cessa quando a vida corporal cessa" (*What I believe*, p. 40). Acrescenta: "Acredito que quando morrer apodrecerei, e nada do meu ego sobreviverá" (*Por que não sou cristão*, p. 43).

Apesar de incerto quanto à imortalidade em geral, tinha certeza absoluta de que o inferno não existia. Pois:

> A crença no inferno está ligada à crença de que o castigo vingativo do pecado é algo bom [...] É possível que algum dia haja evidência da existência dele [do céu] por meio do espiritualismo, mas a maioria dos agnósticos não acredita que tal evidência exista e, portanto, não acredita no céu (What is an agnostic, p. 580-1).

À pergunta se teme o julgamento de Deus, Russell respondeu:

> Lógico que não. Também nego Zeus e Júpiter e Odin e Brahma, mas estes não causam medo [...] Se Deus existisse, acho pouco provável que tivesse uma vaidade tão instável a ponto de se ofender com os que duvidam de sua existência" (ibid.,p.581).

Negação naturalista de MILAGRES. Quanto ao sobrenatural, Russell afirmou: "Agnósticos não acreditam que haja evidência de 'milagres' no sentido de acontecimentos contrários à lei natural". Na verdade, "é possível descartar milagres, já que a Providência decretou que a operação das leis naturais produzirá os melhores resultados possíveis" (*Por que não sou cristão*, p. 42). Ele admite que há eventos anormais, mas não são milagrosos. "Sabemos que a cura pela fé ocorre e não é de forma alguma milagrosa." Via tanta evidência milagrosa dos deuses gregos em Homero quanto do Deus cristão na Bíblia" (*What is an agnostic?*, p. 581).

Usando o mesmo raciocínio, considerava o nascimento virginal vestígio da mitologia pagã (v. MITRAÍSMO; MITOLOGIA E O NOVO TESTAMENTO). Apontava para a história do NASCIMENTO VIRGINAL ligada a Zoroastro e para o fato de que Ishtar, a deusa babilônica, é chamada "a santa virgem" (ibid., p. 579).

Russell também rejeitou a idéia do propósito para a vida. "Não creio que a vida em geral tenha qualquer propósito. Apenas aconteceu. Mas os seres humanos individuais têm propósitos, e não há nada no agnosticismo que as leve a abandoná-los" (ibid., p.582).

O budismo primitivo é a melhor religião. Quando perguntaram que religião mais respeitava, Russell respondeu que preferia o budismo, "principalmente em suas formas primitivas, porque tinha o menor elemento de perseguição". Admirava o confucionismo e os cristãos liberais que reduziram ao máximo os dogmas. Mas, se realmente existe um Deus por trás de alguma religião, ele disse que a única evidência que aceitaria seria uma voz do céu prevendo exatamente o que aconteceria nas próximas vinte e quatro horas. No entanto, mesmo isso só o convenceria de uma inteligência super-humana. Na verdade, ele não conseguia imaginar uma evidência que o convencesse da existência de um Deus (ibid., p. 583-4).

Avaliação. Tal antagonismo até contra a possibilidade da prova da existência de Deus põe em dúvida a definição de agnosticismo de Russell. Sua atitude difere pouco da atitude da maioria dos ateus que afirmam saber (com base "muito provável") que Deus não existe. Qual é a diferença? Poucos ateus afirmam ter certeza absoluta de que Deus não existe (v. Deus, supostas refutações de). Em certo ponto de sua entrevista à revista Look, Russell admite que, por propósitos práticos, "concordava com os ateus" (ibid., p. 577). Tal relutância em admitir o ateísmo lembra o gracejo de Karl Marx de que "um agnóstico não é nada além de um ateu medroso".

Agnosticismo contraditório. Se Russell era um "agnóstico", era bem radical, afirmando ser "impossível" saber se Deus existe. Isso se resume à afirmação: "Sei com certeza sobre a existência de Deus que você não pode saber nada com certeza sobre a existência de Deus". Acrescenta a admoestação "neste momento" não alivia o problema. A afirmação ainda é contraditória "neste momento".

A avaliação da religião feita por Russell é superficial e falha. Sua afirmação de que todas as religiões são baseadas no medo é um "erro sociológico". Isto é, usa declarações descritivas como se fossem prescritivas. O medo é o fator que leva alguns à religião, mas é insuficiente para produzir a fé genuína ou duradoura. Russell parecia ter um medo patológico do medo. Nem todo medo é ruim. Há o medo saudável que adverte a pessoa de perigo ou conseqüências negativas. O medo de ser reprovado num exame pode ser motivação útil para estudar. O medo de ser atropelado pode fazer a pessoa tomar mais cuidado para atravessar a rua. Além disso, razões psicológicas não explicam a origem da fé. Apenas mostram *por que* as pessoas crêem, mas não explicam em *que* elas crêem (v. Woods, p. 23). Finalmente, a origem não determina o valor da coisa. A maioria das pessoas tem medo do fogo, mas isso não diz nada sobre o valor do fogo.

A necessidade de Deus. Apesar de Russell não acreditar, a necessidade de Deus é ocasionalmente implícita. Num de seus momentos mais sinceros, escreveu:

> Mesmo quando a pessoa se sente mais próxima de outras pessoas, *algo nela parece pertencer obstinadamente a Deus e recusar-se a entrar em qualquer comunhão terrena* — pelo menos é assim que eu deveria expressar isso se acreditasse em Deus. É estranho, não é? Eu me importo ardentemente com este mundo e com muitas coisas e pessoas nele, e no entanto [...] o que é? *Deve haver algo mais importante, acredita-se,* apesar de eu não acreditar que haja (*Autobiografia,* p. 125-6, grifo do autor).

Autoridade da razão. Russell afirmou rejeitar toda autoridade, mas reconheceu a autoridade final da razão humana. Negou ter "fé apenas na razão", unicamente no sentido em que os propósitos humanos ajudam a determinar suas ações. Mas não se tem fé em propósitos, mas numa fonte ou teste da verdade. A razão basta aqui. Logo, é justo dizer que Russell rejeita qualquer autoridade exceto a da razão humana (v. racionalismo). É claro que "a razão lida com questões práticas, algumas observadas, outras inferidas" (*What is an agnostic?,* p. 583). Portanto, Russell realmente tinha uma autoridade final.

Como outros agnósticos e ateus, Russell tinha uma visão incoerente do pecado. Negava sua validade, reduzindo tudo ao "desejável" e "indesejável". Mas, com relação a questões de liberdade de expressão e estilo de vida, expressava convicções morais inabaláveis. Russell parece não duvidar de que a crença no inferno era real e verdadeiramente "cruel", "impiedosa" e "desumana". Essas são posições morais absolutistas. Se a moralidade é apenas o "desejável" ou "indesejável", não há base moral real para dizer que algo é cruel ou errado. Para ser coerente, ele deveria ter dito apenas que o conceito do inferno era contrário aos seus desejos. Não teria base moral para fazer qualquer julgamento de valor (v. moralidade, natureza absoluta da).

Além disso, há uma ambivalência básica na visão que Russell tinha da humanidade. R. E. D. Clark observou que Russell baseava seu código de moralidade na bondade humana essencial, mas em outra ocasião argumentou que um Deus bom jamais teria criado um bípede tão revoltante.

Autoridade e cristianismo. A antipatia de Russell por tudo o que está relacionado ao cristianismo aumenta drasticamente quando aborda qualquer coisa que lembre autoridade ou uma afirmação sobre sua vida e liberdade. Ele gosta de alguns dos próprios ensinamentos morais, mas os que o incomodam são "muito ruins" (ibid., p. 579). Seus ataques contra Jesus, além da descrença básica na existência dele, parecem surgir do fato de que Cristo, nas Escrituras, é uma personagem de autoridade. Buda, a quem prefere, propõe poucos mandamentos e oferece um caminho personalizado para a sabedoria. Sócrates é ainda menos exigente.

Por que Russell rejeitou Cristo. O militante anticristão em *Por que não sou cristão* dá a impressão de ser extremamente ateísta. Mas ele parecia mais preocupado em estabelecer o argumento em que destruía uma caricatura da personalidade e do estilo de vida autoritários do cristianismo. Seu ideal da pessoa religiosa cristã é quem faz o bem e não segue dogmas. Os cristãos devem ser mais que bons cidadãos, ou nada os distinguiria dos outros religiosos, tais como os muçulmanos. No mínimo um cristão acredita em certas coisas sobre a existência de Deus, a imortalidade e o caráter e a pessoa de Cristo. Russell não pode aceitar nenhuma dessas crenças. Especificamente, Russell chegou às seguintes conclusões:

O erro do argumento da primeira causa. Russell rejeitava os argumentos tradicionais da existência de Deus (v. DEUS, EVIDÊNCIAS DE), principalmente o argumento cosmológico da Primeira Causa. Ele raciocinou que, se algo pode existir sem uma causa, tanto poderia ser o mundo como poderia ser Deus. Atribuiu a crença no princípio para o mundo à pobreza da imaginação humana.

Segundo Russell, o próprio conceito de "causa", do qual o ARGUMENTO COSMOLÓGICO depende, perdera sua vitalidade na filosofia atual. Mesmo tendo em vista a causalidade, ele propôs este dilema:

1. Ou todas as coisas são causadas ou não são.
2. Se todas as coisas são causadas, Deus também é, já que é um ser.
3. Se todas as coisas não são causadas, o mundo também não é, já que é algo.
4. Então ou Deus é causado por outro (e não é a Primeira Causa) ou o mundo não é causado por nenhum Deus (e Deus não existe).
5. De qualquer forma não há uma Primeira Causa.

Logicamente, isso não quer dizer que, só porque Deus pode ser incausado, o mundo também pode. Deus e o mundo estão em duas categorias diferentes. Já que um é Criador e o outro criatura, apenas o mundo precisa de uma causa, não Deus. E há boas razões científicas e filosóficas para crer que o mundo teve um princípio, algo que Russell ignora, sem dar a devida consideração (v. BIG-BANG; KALAM, ARGUMENTO COSMOLÓGICO). Logo, o argumento antiprimeira-causa de Russell fracassa.

A pergunta de Russell "Quem causou Deus?" é baseada numa afirmação equivocada do princípio da causalidade (v. CAUSALIDADE, PRINCÍPIO DA). TOMÁS DE AQUINO não argumentou que *tudo* precisa de uma causa. Mas seres *contingentes* ou *dependentes* precisam de uma causa. Por exemplo, seres que têm um começo precisam de uma causa. Pois tudo que surge precisa de uma causa para criá-lo. Mas um Ser independente eterno, tal como Deus é, não precisa de uma causa.

Logo, perguntar "Quem fez Deus?" é absurdo. É como perguntar quem causou o incausado. Não deveria ser difícil para Russell entender isso. Ele acreditava que o mundo não precisava de uma causa; simplesmente existe (*"Existence of God debate"*). Mas, se o universo pode ser incausado, Deus também pode.

O argumento da lei natural. O argumento da lei natural é rejeitado por Russell porque depende da compreensão das leis em sentido prescritivo (argumentando que toda prescrição tem um prescribente). Mas as leis da natureza são apenas descritivas, não prescritivas. Logo, insistiu, o argumento da lei natural fracassa. Além disso:

1. Se Deus criou a lei, foi por uma razão ou sem uma razão.
2. Não poderia ter sido por uma razão, já que nesse caso Deus estaria sujeito a ela e não seria supremo.
3. Não poderia ter sido sem uma razão, pois nesse caso um Deus racional não a teria criado. Pois Deus tem uma razão para tudo.
4. Logo, Deus não poderia ter criado a lei (i.e., não há necessidade para um Legislador).

Russell está certo ao indicar que as leis da natureza são apenas descritivas, não prescritivas. Mas isso não quer dizer que os padrões regulares e a ordem da natureza não precisem de um Organizador (v. TELEOLÓGICO, ARGUMENTO; ANTRÓPICO, PRINCÍPIO; EVOLUÇÃO QUÍMICA). Na verdade, muitos agnósticos e ateus modernos que contemplam o princípio antrópico ficam com dúvidas. Pois quem organizou o universo, ao especificar desde o princípio as condições precisas que tornariam a vida humana possível?

Além disso, Russell propõe um falso dilema sobre se Deus tem uma razão para criar uma lei. A razão não precisa estar acima dele, ou pode estar totalmente ausente. A razão de Deus para fazer as coisas está nele mesmo: Ele é a Razão Suprema, pois ele é o Ser racional supremo no universo.

O argumento do planejamento. Na trilha de David HUME e Charles DARWIN, Russell rejeitou o conceito de planejamento na natureza que leva à suposição de um Criador da natureza. Seu raciocínio pode ser colocado da seguinte forma:

1. Os seres vivos estão adaptados ao seu ambiente por causa de um planejamento ou por causa da evolução.
2. A ciência demonstrou via seleção natural que eles estão adaptados ao seu ambiente por causa da evolução.
3. Logo, não foram projetados por um Criador.

O argumento de Russell contra o planejamento é um erro clássico na lógica. Cria alternativas e depois seleciona as que deseja negar. O resultado inevitável é a petição de princípio. Também ignora as evidências. Argumenta equivocadamente que a adaptação resulta do planejamento *ou* da evolução e depois que resulta apenas da evolução (afirmando uma alternativa). A implicação é: "Ela não resulta do planejamento". No entanto, para haver uma conclusão válida, é preciso negar uma das duas alternativas. Ele ignora a possibilidade da adaptação resultar tanto do planejamento quanto da evolução. Afinal, o Criador poderia ter projetado a evolução como meio de alcançar seu objetivo (v. EVOLUÇÃO). Além disso, Russell supõe que a evidência da evolução é maior que a da criação. Mas isso não é verdadeiro (v. EVOLUÇÃO BIOLÓGICA).

O argumento moral. Russell repreendeu Immanuel KANT por seu argumento moral de Deus. Insiste que ninguém pode se livrar facilmente do que aprendeu na infância, e é aí que KANT aprendeu a crer em Deus. Sem levar em consideração esse argumento *ad hominem*, Russell supôs o seguinte dilema lógico para os que argumentam a partir de uma lei moral para chegar Legislador Moral:

1. Se há uma lei moral, ou ela vem da ordem de Deus ou não vem.
2. Mas ela não pode vir diretamente de Deus, se não ele não seria essencialmente moral, mas arbitrário.
3. E ela não pode não vir pela ordem de Deus, senão Deus estaria sujeito a um padrão moral além de si mesmo e não poderia ser Deus (i.e., Supremo).
4. De qualquer forma, não há razão para supor um Deus como fonte da lei moral.

Deixando de lado a falácia *ad hominem* por não ser digna de comentário, seu argumento é outro falso dilema. Pois a lei moral não precisa ser arbitrária nem estar além de Deus (v. ESSENCIALISMO DIVINO); ela pode estar dentro dele (i.e., sua própria natureza moral imutável). Logo, Deus pode ser supremo sem ser arbitrário.

O argumento da justiça remediadora. Os teístas às vezes argumentam que deve haver uma outra vida e um Deus moralmente perfeito para remediar a injustiça desta vida. Mas Russell responde que tudo o que consideramos verdadeiro aqui provavelmente é verdadeiro em toda parte. E vemos que a injustiça predomina nesta vida. Não há razão para acreditar que isso não incluiria todos os outros mundos possíveis.

Não é necessário que os que é verdadeiro aqui também seja verdadeiro em toda parte. Um deserto no Arizona não significa que exista um na Flórida ou no Alasca. Mesmo se fosse verdadeiro que o comportamento humano num lugar indicasse o comportamento humano em outra parte sob condições semelhantes, o argumento de Russell fracassaria. Afinal, o céu é uma condição completamente diferente — de perfeição. Nesse caso, espera-se que o comportamento humano seja diferente. Russell também ignora a natureza prescritiva da lei moral. Se há um Deus absolutamente perfeito, ele não pode permitir a injustiça para sempre. Deve retificá-la. E Russell não pode supor que não exista nenhum Deus moralmente perfeito como base para provar que não existe nenhum Deus.

O caráter de Cristo. Além de rejeitar os argumentos da existência de Deus e da imortalidade, Russell também negou que Cristo fosse uma pessoa de elevado caráter moral. Acreditava que o caráter de Jesus tinha sérias falhas morais.

A crença de Russell sobre o caráter de Jesus tem suas falhas Inicialmente, ele ignora toda evidência positiva do caráter impecável de Cristo (v. CRISTO, SINGULARIDADE DE). Segunda, seus argumentos negativos não são provas reais de falhas no caráter de Cristo.

Jesus não tinha sabedoria. Um homem sábio não pode estar errado com relação a coisas importantes. Mas Jesus estava errado com relação a um de seus ensinamentos importantes, a saber, que ele voltaria imediatamente para a terra após sua morte (Mt 24.34). Logo, Jesus não era um homem sábio. Em outra ocasião, manifestou falta de sabedoria ao amaldiçoar uma figueira por não ter fruto antes da época de dar fruto (Mt 21.19; cf. Mc 11.14). Nenhuma pessoa realmente sábia teria feito tal coisa.

Russell supõe equivocadamente que Jesus afirmou que voltaria durante a vida dos discípulos (*Porque não sou cristão*, p. 11). A evidência é do contrário. Jesus não disse que voltaria imediatamente, mas apenas iminentemente (cf. At 1.7). A referência a "esta geração" (Mt 24.34) pode ser ao fato de a nação judaica não terminar antes de ele voltar, já que a palavra geração (*genea*) pode referir-se a raça ou nação (cf. Mt 23.36). Ou pode referir-se ao fato de que ele voltaria antes do fim da geração futura, quando os eventos previstos nessa passagem começassem a acontecer (Mt 24.33). Jesus disse explicitamente que ninguém sabia a hora de sua vinda (Mt 24.36; At 1.7). Logo, é contrário ao seu ensinamento na mesma passagem supor que ele estava dizendo quando voltaria.

Quanto ao fato de Jesus ser insensato ao amaldiçoar a figueira, Russell esquece uma questão importante. Já era a época (Páscoa) em que os primeiros figos começavam a aparecer. É por isso que o texto diz: "Vivendo à distância uma figueira com folhas, foi ver se encontraria nela algum fruto" (Mc 11.13). Ele certamente não teria feito isso a não ser que os figos às vezes aparecessem, como aparecem, sob novas folhas nessa época do ano.

Além disso, se Jesus é o Criador, só porque um ser finito não tem uma razão para algum evento não significa que uma Mente infinita não tenha. No final, o propósito de Jesus é revelado: A figueira representava a rejeição infrutífera do Messias por parte de Israel, e isso levaria ao desastre. Imediatamente após esse fato, ele foi abordado no templo pelos líderes judeus (Mc 11.15ss.), que logo depois exigiram sua crucificação.

Jesus não era realmente bondoso. Segundo os evangelhos, Jesus acreditava no inferno — o sofrimento eterno dos perdidos (Mt 5.22; 10.28). Russell afirmou que ninguém que é realmente bondoso acredita num lugar como o inferno.

O fato de Jesus acreditar no inferno não o torna mais desumano que alguém que acredita no holocausto. Certamente, se o holocausto aconteceu, não é desumano acreditar nele. Da mesma forma, se o inferno é real, a pessoa não é desumana por acreditar que é real. É uma questão de realidade, não de bondade.

Jesus era vingativo. Russell acredita que Jesus era vingativo com seus inimigos, amaldiçoando-os e julgando-os (cf. Mt 23). Mas vingança contra os inimigos é uma falha moral. Logo, o caráter de Jesus era moralmente falho.

Ao contrário da afirmação de Russell, não há evidência de que Jesus fosse vingativo. Ele não fez retaliação contra ninguém. Ele advertiu os indivíduos do fim destrutivo das suas vidas, se não se arrependessem. E essa é uma atitude misericordiosa. Jesus realizou um dos maiores atos de misericórdia não-vingativa que se conhece quando olhou para os que o crucificavam e disse: "Pai, perdoa-lhes, pois não sabem o que estão fazendo" (Lc 23.34). Jesus ensinou explicitamente que não devemos ser vingativos, insistindo: "Se alguém o ferir na fce direita, ofereça-lhe também a outra. Acrescentou; "amém os seu inimigos e orem por aqueles que os perseguem" (Mt 5.39,44).

Jesus não tinha bondade adequada. Russell argumentou que qualquer pessoa que ameaçasse as pessoas com o castigo eterno não era realmente boa. Mas Jesus fazia isso ocasionalmente (Mt 5.22, 23.35,36; Jo 5.24-29; 12.48).

O fato de Jesus advertir as pessoas sobre o inferno não prova que ele não era bom. Na verdade, se há um inferno — e quem saberia isso melhor que o Filho de Deus (v. CRISTO, DIVINDADE DE)? —, Jesus seria mau se não advertisse as pessoas sobre tal destino. O que Russell acharia de alguém que não o avisasse sobre uma fenda na estrada na qual morreria se não fizesse meia volta?

Jesus promoveu crueldade. Outra falha no caráter de Cristo, segundo Russell, foi que ele afogou desnecessariamente uma manada de porcos. Tal ato é maldoso para com os animais, por matá-los sem necessidade num lago. Isso revela outra falha do caráter de Jesus.

Não há imperfeição moral no ato de afogar uma manada de porcos (Mt 8.32). Como Deus, Jesus era soberano sobre toda vida. Ele a criou e tem o direito de tirá-la (Dt 32.39; Jó 1.21). Todos os animais morrerão posteriormente segundo a vontade de Deus. Se isso vai acontecer mais cedo ou mais tarde é irrelevante. O propósito dessa manada de suínos não era dar leite suíno. Os proprietários iriam tirar suas vidas de qualquer forma. Além disso, Jesus não os matou diretamente; os demônios os mataram. Jesus apenas expulsou os demônios do homem e estes entraram nos porcos e os lançaram no desfiladeiro. Jesus estava mais preocupado em salvar a pessoa, e Russell está mais interessado nos porcos.

Resumo. Russell argumentou que não há base real para acreditar na existência de Deus nem no caráter moral superior de Cristo (v. CRISTO, SINGULARIDADE DE). E como ambas as crenças são essenciais para o cristão, ele não queria ser considerado cristão. Mas os argumentos de Russell não eliminam os argumentos cristãos a favor da existência de Deus e da superioridade moral de Cristo. Eles carecem de base lógica e factual para atingir o seu objetivo. Indicavam mais o que ele queria que fosse verdadeiro do que uma busca honesta da verdade.

Fontes

N. L. Geisler, *When critics ask*.
B. Russell, *A critical exposition of the philosophy of Leibniz*.
___, *Can religion cure our troubles?*.
___, *The essence of religion*.
___, *The existence of God debate*, com o padre Copleston, transmissões da rádio BBC, 1948.
___, "Free man's worship".
___, *Introduction to mathematical philosophy*.
___, *Religion and science*.
___, "What I believe".
___, "What is an agnostic?", na revista *Look* (1953).
___, *Por que não sou cristão*.
A. D. Weigel, "A critique of Bertrand Russell's religious position", *Bulletin of the Evangelical Theological Society* 8.4 (Autumn 1965).
H. G. Woods, *Why Mr. Bertrand Russell is not christian*.

Ss

Sagan, Carl. Famoso apresentardor da televisão, autor de ciência e ficção científica e astrônomo agnóstico que defendeu firmemente a evolução naturalista (m. 1996) (v. EVOLUÇÃO BIOLÓGICA). Escreveu vários livros, entre eles *Cosmos*, *Cosmic connection* [*Conexão cósmica*], *Life in the universe* [Vida no universo], e *O romance da ciência*.

Apesar de ser agnóstico confesso (v. AGNOSTICISMO), Sagan transformou a celebração do cosmo numa experiência religiosa alternativa. O universo, no seu sistema de crença, funcionava como um deus. O cosmo é absoluto, eterno, criador e objeto de adoração. O cenário da sua série popular de televisão, "Cosmos", foi decorado propositadamente para dar a sensação de nave espacial e catedral. O tema de programas, livros e grande parte do seu trabalho era "O COSMO É TUDO QUE EXISTE, EXISTIU E EXISTIRÁ" (*Cosmos*, p. 4). O cosmo é supremo e abrange tudo. É COSMO, com letras maiúsculas.

À imagem do cosmo. Sagan acreditava que os seres humanos são "criados" à imagem do cosmos. Escreve: "O oceano nos chama. Uma parte do nosso ser sabe que é dali que viemos. Ansiamos por retornar. Esses desejos não são, a meu ver, irreverentes, apesar de possivelmente incomodarem os deuses que possam existir" (ibid., p. 5). Tudo no universo emprega os mesmo padrões repetidamente, de forma conservadora e engenhosa. Isso se aplica a plantas e animais, carvalhos e seres humanos. A humanidade é produto de uma longa série de acidentes biológicos (*Cosmic connection*, p. 52). Quanto às origens humanas, Sagan afirma simplesmente: "A evolução é um fato, não uma teoria" (*Cosmos*, p. 27). Os seres humanos emergiram de um processo poderoso, mas aleatório (ibid., p. 282).

Um dever moral com o cosmo. Já que a humanidade é criada à imagem do cosmos, as pessoas têm uma obrigação moral para com seu criador. "Nossa obrigação de sobreviver é devida não só a nós mesmos mas também ao COSMO, antigo e vasto, do qual surgimos" (ibid., p. 345). Como recebemos nossa existência, temos o dever de perpetuar sua existência. Na verdade, "a própria chave de nossa sobrevivência é o cosmo, no qual flutuamos como partícula de poeira num facho de luz" (ibid., p. 4). Em tal universo, o bem-estar presente e futuro depende do conhecimento científico (*UFO's — A scientific debate* [OVNI's — Um debate científico], xv).

Salvação do COSMO. É necessária a abertura para o cosmos para fazer progredir nosso conhecimento (*O romance da ciência*, p. 58). Como os humanos evoluíram na terra, Sagan raciocinou que a vida também evoluiu em outros lugares. Toda estrela pode ser um sol para alguém (*Cosmos*, p. 5). O contato com esses extraterrestres poderia ser a salvação da raça humana. Portanto, devemos entrar em contato com o espaço sideral por meio de radiotelescópios para receber possíveis mensagens. "O recebimento de uma única mensagem do espaço sideral demonstraria que é possível sobreviver à nossa adolescência tecnológica" (*O romance da ciência*, p. 275). Afinal, a civilização transmis-sora sobreviveu. Sagan acreditava que um conhecimento desse tipo valia muita coisa. Tal mensagem poderia fortalecer os elos que unem todos os seres neste planeta. Já que o cosmo é nosso criador e pode ser nosso salvador, temos um dever moral para com ele. Os cientistas, e principalmente os astrônomos, são sacerdotes que nos lembram de nossas obrigações éticas e nos mostram o caminho da salvação cósmica.

Avaliação. Apesar de Sagan apresentar suas posições como científicas, elas eram na verdade religiosas. Ele vai bem além da ciência e entra na esfera da filosofia especulativa e da religião. Ele diviniza o cosmo (note, COSMO). Substitui Deus pelo cosmo como criador e objeto do dever moral e da adoração religiosa. Sagan até o considera a fonte da nossa salvação como raça.

Sagan ignora ou relega ao esquecimento a vasta evidência científica da existência de Deus e da criação da vida (v. Deus, evidências de). Admitiu que a segunda lei da termodinâmica (v. termodinâmica, leis da) implicaria um criador, mas argumentava que a primeira lei da termodinâmica mostra que o cosmo é eterno e não precisa de criador. Isso, no entanto, é má interpretação da primeira lei, que na forma científica não diz se a energia pode ou não pode ser criada, apenas a quantidade existente de energia real no universo permanece constante.

Comparado a Sagan, outro astrônomo agnóstico é mais justo com a evidência científica da qual se pode inferir um criador. Robert Jastrow, fundador do Instituto Goddard de Pesquisa Espacial, observa que a evidência do princípio do universo tem aumentado:

> Para o cientista que viveu pela fé no poder da razão, a história parece um pesadelo. Ele escalou as montanhas da ignorância; está prestes a conquistar o pico mais elevado; quando termina de escalar a última rocha, é recebido por um bando de teólogos que já haviam chegado ali há séculos (Jastrow, p. 15).

Referências inconsistentes ao planejamento. Sagan é incoerente nas inferências baseadas no planejamento complexo (complexidade específica). Admite que uma mensagem curta do espaço sideral implica um ser inteligente como fonte (v. evolução química). Mas nega que o cérebro humano, com aproximadamente 20 milhões de volumes do mesmo tipo de complexidade específica, precise de um criador inteligente (v. teleológico, argumento; antrópico, princípio). Sagan escreveu que a "neuroquímica do cérebro é surpreendentemente ativa, o circuito da máquina mais maravilhosa que qualquer outra inventada por seres humanos" (*Cosmos*, p. 278).

Se uma única mensagem do espaço requer um criador inteligente, o que dizer de 20 milhões de volumes de informação? Se máquinas comuns precisam de uma causa inteligente, e a máquina mais maravilhosa que qualquer outra inventada por seres humanos? Outro astrônomo incrédulo, Fred Hoyle, converteu-se ao teísmo quando descobriu que a probabilidade de um organismo unicelular emergir por um processo puramente natural era de 1 em $10^{40\,000}$ (v. Hoyle).

Fontes

N. L. Geisler, *Carl Sagan's religion for the scientific mind*.

F. Hoyle, *Evolution from space*.

C. Sagan, *O romance da ciência*.

___, *Cosmic connection*.

___, *Cosmos*.

___, *UFO's: a scientific debate*.

Santo Sudário. *Descrição.* O Santo Sudário é um lençol de linho que mede 4,7 m por 1,18 m (Biblical Archeology Review [1986]: 26) e se encontra em Turim, Itália. Há uma imagem dupla, dos pés à cabeça, de um homem no material, revelando a parte da frente e de trás do seu corpo.

Sabe-se da existência do Sudário desde 1354, mas muitos acreditam que é bem mais antigo. Em 1978, o Sudário foi sujeito a ampla investigação científica. Não havia nenhum sinal de tinta ou corante que pudesse explicar a imagem nele. A imagem era considerada tridimensional e se encontrava apenas na superfície do tecido.

Todavia, em 1988, três laboratórios independentes fizeram teste de datação de carbono de fios do Sudário. Todos deram a ele uma data do final da Idade Média. Os defensores do Sudário alegaram que a amostra era muito fragmentada e tinha sido extraída de uma parte do Sudário que fora contaminada por causa de um incêndio numa igreja medieval.

Autenticidade. A autenticidade do Sudário é discutida ardentemente. Os que o favorecem enfatizam suas características singulares. Os que se opõem a ele indicam a falta de evidência histórica e a evidência da datação científica contra ele.

Argumentos a favor da autenticidade. Os que acreditam que o Sudário é autêntico (v. Habermas) argumentam que: 1) não há modo conhecido para explicar as imagens singulares nele; 2) não há outra explicação para o pólen exclusivo da Palestina encontrado nele; 3) a trama é compatível com tecidos do século i; 4) a moeda sobre o olho é muito possivelmente a de Pôncio Pilatos, cunhada por volta de 29–32 d.C.; 5) ele confere com o procedimento de crucificação e sepultamento do século i; 6) a ausência de marcas de composição no tecido revela que o corpo saiu rapidamente; 7) em 1982, um procedimento "secreto" de datação supostamente atribuiu a um fio do sudário uma data do século i ou ii d.C.

Argumentos contra a autenticidade. Os que rejeitam sua autenticidade (v. Mueller) observam que nenhum dos argumentos acima é definitivo. Pois:

1) há algumas possíveis explicações naturais, e pode haver uma explicação natural ainda desconhecida para as imagens; 2) o pólen pode representar uma época em que o Sudário esteve na Terra Santa durante a Idade Média ou trata-se de pólen trazido de lá; 3) a trama não é necessariamente exclusiva do século i ou poderia ser uma duplicação posterior, ou até mesmo tratar-se de uma imagem medieval colocada num tecido do século i; 4) a suposta moeda não é clara o suficiente para estar acima de suspeita e, se

o Sudário é uma fraude, a moeda não é real, mas apenas uma imagem produzida artificialmente; 5) indivíduos no final da Idade Média poderiam ter conhecimento detalhado das crucificações e sepultamentos do século I; 6) a falta de marcas de composição também poderia ser parte da reconstrução feita por um artista habilidoso; 7) essa datação "secreta" não foi confirmada e foi contestada por três datações científicas independentes feitas em 1988 que apontavam para a Idade Média.

Além disso, os oponentes do Sudário argumentam que: 1) a falta de qualquer história antiga do Sudário leva à dúvida; 2) a Bíblia fala de vários lençóis, não apenas um (Jo 19.40); 3) testes independentes de carbono indicam uma data medieval antiga, não do século I (*Time*, p. 81). Até os defensores do Sudário admitem que "ainda é possível que o sudário seja falso" (Habermas, "Turin, Shroud of", p. 1116). A Igreja Católica Romana jamais o declarou oficialmente autêntico. Na verdade, "logo depois da primeira exposição do sudário, em 1354, um bispo francês o considerou uma fraude" (*Time*, p. 81). E, quando a datação científica deu resultado negativo, o papa João Paulo II ordenou: "Publiquem isso" (ibid.).

Valor apologético. Quanto ao valor apologético do Sudário, a questão da sua autenticidade não é realmente relevante. Toda evidência essencial para defender o cristianismo está, na verdade, separada do Sudário. Se ele é autêntico, não dá evidência essencial da morte ou ressurreição de Cristo que já não tenhamos em outra parte. E se não é autêntico, corremos o risco de usar um mau argumento para uma boa causa e perder a credibilidade da *apologética cristã*.

Valor essencial. Não há valor apologético essencial no Sudário. A evidência a favor do cristianismo é mais que suficiente sem ele. Os milagres de Jesus confirmam que ele é o Filho de Deus. Jesus e a profecia sobrenatural são suficientes para apoiar a reivindicação de que a Bíblia é a Palavra de Deus. Nenhuma outra evidência é necessária. O cristianismo não depende de forma alguma da questão da autenticidade do Santo Sudário.

Valor teórico. Dada a controvérsia com relação ao Sudário e a possibilidade de que seja uma fraude, o valor tático de usá-lo apologeticamente é negativo. Como é desnecessário para a apologética cristã e altamente questionado, é taticamente melhor não usá-lo como evidência da verdadeiridade do cristianismo.

Fontes
G. HABERMAS, *Verdict on the Shroud*.
M. E. MUELLER, "The Shroud of Turin: a critical appraisal", *Skeptical Inquirer*, Spring, 1982.
D. SOX, *Is the Turin Shroud a forgery?*
K. F. WEAVER, "The mystery of the Shroud", *National Geographic*, June 1980.
R. A. WILD, "The Shroud: probably the work of a 14th century artist or forger", *Biblical Archaeology Review*, Mar.-Apr. 1984.
Time, 24 Oct. 24 1998.

Sartre, Jean Paul. Famoso ateu francês (v. ATEÍSMO) do século XX (1905-1980), abordou a filosofia do ponto de vista existencial. Junto com Albert Camus, enfatizou o absurdo da vida. Sartre nasceu em Paris numa família de cristãos nominais (mistura de católicos e protestantes), estudou na Alemanha e ensinou filosofia na França. Sua primeira obra de destaque foi *A náusea*. Em 1938, Sartre foi capturado pela Alemanha (1940), voltou à França e ensinou filosofia até 1944. Tentou um movimento político de esquerda malsucedido (1951), e mais tarde colaborou com os comunistas franceses, tentando conciliar o EXISTENCIALISMO e o MARXISMO.

Tornando-se ateu. Em sua autobiografia, *As palavras*, Sartre escreveu sobre sua educação: "Aprendi [...] o evangelho e o catecismo sem receber os meios para crer" (p. 249). Acrescentou:

Minha família foi afetada pelo lento movimento de descristianização que começou entre a alta burguesia voltairiana e levou um século para se espalhar para todas as camadas [...] A Boa Sociedade acreditava em Deus para falar dele. A religião parecia tão tolerante! Como era confortável (ibid., p. 97-8).

Sartre disse que ficava enojado com o MISTICISMO e a indiferença de seus avós. Externamente continuava a crer, mas pensava em Deus cada vez menos (ibid., p. 100-1). Quanto à origem de seu ateísmo, Sartre escreveu:

Somente uma vez senti que ele existia. Estava brincando com fósforos e queimei um pequeno tapete. Estava tentando esconder meu crime quando, de repente, Deus me viu. Senti seu olhar dentro da minha mente e na minha mão [...] fiquei enfurecido com essa indiscrição tão grosseira, blasfemei [...] Ele nunca mais olhou para mim" (ibid., p. 102).

Sua conversão foi confirmada certo dia, quando contava 12 anos, tentou pensar em Deus e não conseguiu. A partir daquele momento achou que a questão estava resolvida, mas não estava completamente.

Jamais tive a menor vontade de trazê-lo de volta à minha vida. Mas o Outro permaneceu, o Invisível, o Espírito Santo

[...] tive muito mais dificuldade para me livrar dele, pois se instalara no meu subconsciente [...] agarrei o Espírito Santo no porão e o expulsei; o ateísmo é um problema cruel e demorado: acho que o resolvi. Vejo claramente, perdi minhas ilusões (ibid., p. 252-3).

Sartre teve muitas influências filosóficas. Com o filósofo alemão Edmund Husserl (1859-1938) aprendeu o *fenomenológico*. Negações *dialéticas* (liberdade é negatividade) vieram de G. W. F. Hegel (1770-1831). O *ateísmo* aprendeu com Friedrich Nietzsche (1844-1900). Sua *metafísica* foi influenciada por Martin Heidegger (1889-1976), apesar de Heidegger negar o "existencialismo" de Sartre.

Obras importantes. As principais obras de Sartre seguem o desenvolvimento de seu pensamento. O primeiro período de sua carreira foi dominado pela psicologia fenomenológica de Husserl. Aqui ele produz *Transcendence of the ego* [*Transcendência do ego*] (1936, francês, 1937, inglês), *The emotions: outline of a theory* [*As emoções: esboço de uma teoria*] (1939, 1948) e *The psychology of imaginations* [*Psicologia das imaginações*] (1940, 1948). O período médio enfatizou a ontologia da existência humana de Heidegger. Aqui produziu *O ser e o nada* (1943, 1956) e *O existencialismo é um humanismo?* (1946, 1948). Num período posterior suas preocupações voltaram-se para o marxismo. Escreveu *Questão de método* (1960) e *Critique de la raison dialectique* [*Crítica da razão dialética*] (1960).

O ateísmo de Sartre. Visão de Deus. Como outros ateístas, Sartre acreditava que a existência de Deus era impossível porque, pela própria natureza, Deus é um ser autocausado (v. Deus, supostas refutações de). Mas ele teria de ser ontologicamente anterior a si mesmo para causar se, o que é impossível. Nos termos de Sartre, o "ser-por-si" não pode tornar-se o "ser-em-si" (*O ser e o nada*, p. 755-68). Isto é, o contingente não pode tornar-se necessário. O nada não pode transformar-se em algo. Então Deus, um ser autocausado, não pode existir.

Visão dos seres humanos. Sartre via a humanidade como uma bolha oca no mar do nada. O objetivo humano básico é tornar-se Deus. Mas é impossível o contingente tornar-se ser necessário, ou a liberdade tornar-se determinada. O indivíduo está, na verdade, condenado à liberdade (v. livre-arbítrio). Se alguém tentasse fugir do seu destino ainda estaria fugindo livremente. Até o suicídio é um ato de liberdade pelo qual a pessoa tenta em vão evitar sua liberdade. Portanto, a "essência" humana é a liberdade absoluta, mas a liberdade absoluta não tem objetivo ou natureza definível. O "eu" (sujeito) sempre transcende o "me" (objeto).

Visão da ética. Não há prescrições morais absolutas ou objetivas. Pois "logo depois de me criares deixei de ser teu [de Zeus]", escreveu Sartre. "Eu era como um homem que perdeu sua sombra. E não havia mais nada no céu, nem certo ou errado, nem ninguém para me dar ordens [...] Pois eu, Zeus, sou um homem, e todo homem deve encontrar seu próprio caminho" (*Sem saída*, p. 121-3).

Além de não haver imperativos divinos nem prescrições morais, não há valores objetivos. Nas últimas linhas de *O ser e o nada*, Sartre escreveu: "tanto faz se a pessoa fica bêbeda sozinha ou se é líder de nações". Pois todas as atividades humanas são equivalentes. Na verdade, devemos repudiar esse "espírito de seriedade" que supõe que haja valores absolutos ou objetivos e aceitar o absurdo e a subjetividade básicos da vida (v. de Beauvoir, p. 10, 16-18, 156).

Então o que devemos fazer? Literalmente, "o que quisermos". Já que não há valores absolutos e objetivos, devemos criá-los. A pessoa pode agir para o bem pessoal ou para o bem de toda humanidade. Mas não há o imperativo ético de pensar nos outros. Na análise final, cada um é responsável apenas pelo uso da liberdade pessoal inevitável.

Visão do mundo e do destino. O mundo para Sartre é real, mas contingente. Simplesmente existe. É, como a vida humana, gratuita. Filosoficamente, é incausado. É o campo no qual as escolhas subjetivas são realizadas. Não tem significado objetivo. Cada pessoa cria significado pessoal. O fato de várias pessoas poderem escolher os mesmos projetos subjetivos (como o marxismo, para Sartre) não faz diferença. Cada pessoa ainda é objetivamente o resultado apenas das escolhas pessoais que fez. Por exemplo, Sartre disse: "Tenho meus livros". Mas cada um transcende o mundo que criou pessoalmente. O autor é mais que as palavras. É o "Nada" (liberdade) do qual foi criado.

Avaliação. Além da defesa geral do teísmo (v. apologética, argumento da; cosmológico, argumento; moral de Deus; argumento; teleológico, argumento) e das respostas às objeções dos ateus (v. Deus, objeções à prova de), há certas coisas que podem ser ditas sobre a forma de ateísmo proposta por Sartre.

Primeira, Deus não é um Ser *autocausado*, o que é impossível; ele é um Ser *não-causado*. Ao criar uma definição falsa de Deus, Sartre conseguiu livrar se dele com extrema facilidade. Mas isso é apenas uma caricatura, não o Deus real.

Segunda, Deus não é uma contradição para a liberdade e criatividade humana. Deus é o criador supremo e o homem é subcriador e co-criador do bem e do valor. Deus é a causa primária, e a liberdade humana é a causa secundária. O livre-arbítrio e o determinismo não são logicamente contraditórios, pois Deus pode predeterminar que uma pessoa seja livre.

Terceira, Sartre faz uma disjunção radical e infundada entre sujeito e objeto, fato e valor. Mas no ser humano individual essa é uma distinção sem diferença real. Eu sou eu. Um ataque à minha objetividade (por exemplo, meu corpo) é um ataque a mim. Quando alguém mata um corpo, a pessoa também parte. Ninguém pode arrancar meu braço sem me atacar. Minha objetividade e subjetividade são separáveis nesta vida.

Quarta, se não há valores objetivos e cada um é responsável apenas por si mesmo, não há sentido ético significativo pelo qual a pessoa deva escolher responsavelmente pelos outros. Na verdade, não há obrigação moral para fazer nada. Os existencialistas ateístas fazem o que fazem apenas porque decidem fazê-lo. O EXISTENCIALISMO ateísta é reduzido ao antinomianismo (v. MORALIDADE, NATUREZA ABSOLUTA DA).

Quinta, apesar dos comentários autobiográficos, Sartre não conseguiu descartar Deus com tanta facilidade. Antes de morrer, voltou-se ao Deus que o criou. Como relatado numa revista francesa, Sartre abraçou o teísmo cristão antes de morrer. Em suas próprias palavras (primavera de 1980):

> Não acredito que sou resultado do acaso, um grão de areia no universo, mas alguém que foi esperado, preparado, antecipado. Em resumo, um ser que apenas um Criador poderia colocar aqui; e essa idéia da mão criadora refere-se a Deus.

A amante de Sartre, Simone de Beauvoir, reagiu à aparente retratação de Sartre, lamentando: "Como se explica esse ato senil de um vira-casaca?". Acrescenta: "Todos os meus amigos, todos os sartrianos e a equipe editorial de *Les temps modernes* apoiaram-me na minha consternação" (citada em *National Review*, p. 677).

À luz dessa conversão, não é de admirar que seus colegas existencialistas tenham reagido dessa forma, pois trata-se de uma autocondenação tácita do humanismo sartriano pelo próprio Sartre. Dois homens, Alain Larrey e Michael Viguier, que viviam em Paris em 1980, relatam que, dois meses antes de morrer, Sartre comentou com seu médico católico que "se arrependia do impacto que suas obras tiveram sobre os jovens", lamentando que tantos "as tivessem levado tão seriamente".

Fontes

S. de BEAUVOIR, *The ethics of ambiguity*.
N. L. GEISLER, *Ética cristã*, cap. 2.
___, *Is man the measure?* Cap. 3.
___, & W. WATKINS, *Worlds apart*, cap. 3.
J. P. SARTRE, *O ser e o nada*.
___, *O existencialismo é um humanismo?*
___, *A náusea*.
___, *Sem saída*. [Ver nome do original francês]
___, *Nouvel observateur*, publicado em *National Review* (11 June 1982), por T. Molnor.
___, *As palavras*.

Satanás, realidade de. Existe muito ceticismo em relação a Satanás. As pessoas que levam a Bíblia a sério são obrigadas a acreditar na existência de Satanás, já que a Bíblia refere-se inquestionavelmente ao demoníaco. No entanto, céticos e ateus (v. ATEÍSMO) alegam que a crença no poder maligno e sinistro no universo é ultrapassada e supersticiosa.

Em defesa do satânico. Um Diabo real e pessoal recebe características distintivas de personalidade, incluindo intelecto (2Co 11.3; Lc 4.1ss.), desejo (1Tm 3.6; cf. Is 14.12ss.), inveja (Jó 1.8,9), ódio (1Pe 4.8), raiva (Ap 12.12) e vontade são atribuídas a ele. O Diabo comanda (Lc 4.3,9) e lidera rebeliões (Ap 12.1-3).

Algumas evidências da personalidade e da realidade de Satanás são diretas. No cômputo total, isso é suficiente para comprovar a existência de um Diabo pessoal.

A autoridade da Bíblia. Uma vez estabelecida a autenticidade e a origem divina da Bíblia (v. BÍBLIA, EVIDÊNCIAS DA; NOVO TESTAMENTO, HISTORICIDADE DO), a existência de Satanás é deduzida.

Gênesis 3.1 descreve Satanás como inimigo pessoal de Deus e dos seres humanos que engana: "Foi isso mesmo que Deus disse: 'Não comam de nenhum fruto das árvores do jardim'?". A historicidade dessa passagem é confirmada pelas referências do NT à historicidade de Adão e Eva (v. ADÃO, HISTORICIDADE DE; ÉDEN, JARDIM DO) e sua Queda (cf. Rm 5.12; 1Tm 2.13,14).

1Crônicas 21.1 e Salmos 109.6 descrevem Satanás contra o povo de Deus. Jó 1 e 2 registra que Satanás tem acesso à presença de Deus e acusa as pessoas: "Certo dia os anjos vieram apresentar-se ao SENHOR, e Satanás também veio com eles" (1.6). Satanás é a causa real do sofrimento aparentemente inexplicável de Jó.

Dezenove dos 27 livros do NT referem-se a Satanás (e outros quatro a demônios). Obtemos assim mais entendimento dessa esfera de rebelião contra Deus. Os encontros pessoais e conversas de Cristo com Satanás e demônios deixaram claro que Jesus acreditava num Satanás real e pessoal. Jesus fez 25 das 29 referências a Satanás encontradas nos evangelhos.

Na verdade, Jesus teve uma longa conversa com Satanás durante sua tentação. Mateus 4 e Lucas 4 descrevem um encontro pessoal entre Satanás e Jesus. Marcos 1.12 e Hebreus 4.13 referem-se a esse confronto. Negar a realidade pessoal de Satanás nessas passagens é contestar a integridade ou sanidade de Cristo (v. CRISTO, DIVINDADE DE). Em Apocalipse 12.9 vários nomes que descrevem Satanás são mencionados numa passagem: "O grande dragão foi lançado fora. Ele é a antiga serpente chamada Diabo ou Satanás, que engana o mundo todo. Ele e os seus anjos foram lançados à terra". Apocalipse 20.2 fala de um anjo de Deus que "prendeu o dragão, a antiga serpente, que é o diabo, Satanás, e o acorrentou por mil anos".

Os eventos que cercam a tentação são todos históricos — o ministério de João Batista e o batismo de Jesus (cf. Mt 3). A natureza e a realidade do registro são vívidas demais para ser meramente simbólicas. Os evangelhos atribuem importância considerável ao evento como linha divisória na vida de Cristo e na história da salvação. Ele declarou ser o Filho de Deus; derrotou a tentação. Passou no teste em que o primeiro Adão foi reprovado.

O inimigo do povo de Deus. A história de Israel e da igreja são difíceis de entender sem um Satanás pessoal que procura frustrar o plano de Deus para a história. Na Queda, foi anunciado que à salvação humana viria por meio da descendência prometida da mulher (Gn 3.15). Essa aliança foi posteriormente restringida à descendência de Abraão por meio de Isaque e Jacó (Gn 12.1-3; 36; 46). A aliança limitou-se às doze tribos de Israel (Gn 49). Satanás atacou implacavelmente essa linhagem (cf. Nm 24.10; Zc 3.1).

Levando em consideração a relativa insignificância de Israel na história do mundo, eles têm sido vítimas constantes de programas de genocídio, começando com os persas (cf. Ester). A conquista grega da Palestina resultou na tentativa planejada de destruir a cultura judaica poucas vezes repetida. Desde Hamã, passando pelas perseguições medievais, até Hitler, Stalin e Saddam Hussein, esse pequeno povo tem sido alvejado. Essa conspiração de ódio contra os judeus é mais bem explicada como resultado de uma mente maligna e sinistra. Isso sem falar dos dois milênios de ataques à identidade, à pureza e à comunidade cristãs. Em várias ocasiões esses ataques chegaram perigosamente perto de demolir o povo de Deus da nova aliança.

A realidade dos demônios. Outro argumento para apoiar a realidade do Diabo é a existência de demônios que expressam uma conspiração unificada contra Deus, seu plano e seu povo. Sem um líder, as forças demoníacas não manifestariam uma demonstração tão organizada de força contra Deus. Na verdade, a Bíblia descreve Satanás como seu "príncipe" (Lc 11.15) e "rei" (Ap 9.11). A evidência crescente de verdadeira possessão demoníaca é uma fonte extrabíblica de apoio à realidade dos demônios.

A universalidade da tentação e do mal. Outra evidência da realidade do Diabo pessoal é a natureza universal, poderosa e persistente da tentação à prática do mal. O que mais explica os crimes horríveis cometidos por pessoas aparentemente decentes, desde Davi até o presente? Mesmo pessoas que obedecem à lei (que aparentam ser "boas") mostram que não são boas por sentir vontade de fazer coisas completamente contrárias ao seu caráter. E isso inclui cristãos. A tentação universal de pecar, até em pessoas tementes a Deus, é explicada pelo ataque pessoal constante. O mal não pertence à categoria de força impessoal na qual geralmente é colocado. A gravidade e o magnetismo são forças impessoais, mas não incitam pessoalmente. O mal por sua natureza interage com o intelecto e a vontade.

A proliferação do engano. A existência de milhares de religiões falsas e seitas comprova a existência de um grande enganador. Paulo escreveu: O Espírito diz claramente que nos últimos tempos alguns abandonarão a fé e seguirão espíritos enganadores e doutrinas de demônios. Tais ensinamentos vêm de homens hipócritas e mentirosos, que têm a consciência cauterizada. (1Tm 4.1,2).

Considerada como um todo, a evidência direta e indireta da existência do poder maligno pessoal por trás deste mundo é considerável. É baseada na história e na experiência pessoal.

Objeções ao Diabo. Uma objeção comum à existência do demoníaco é que há explicações naturais para o que às vezes é chamado de "demoníaco" ou maligno. Um argumento comum é que doenças atribuídas ao demoníaco, até mesmo na Bíblia, agora são atribuídas a causas naturais. Essa objeção ignora o fato de a Bíblia fazer distinção entre doença e possessão demoníaca. Jesus as diferenciou quando as descreveu como milagres separados que os apóstolos receberam poder de realizar: "Curem o senfermos, ressuscitem os mortos, purifiquem os leprosos, expulsem os demônios" (Mt 10.8). A Bíblia não afirma que toda doença é causada por demônios. A Bíblia recomenda o uso de remédios para tratar doenças naturais (cf. 1Tm 5.23).

Sintomas semelhantes podem estar presentes em doenças e algumas possessões demoníacas, mas isso não prova que haja uma explicação natural para ambas. O jovem de quem um demônio foi expulso em Mateus 17.14-17 tinha sintomas semelhantes aos de um ataque epiléptico, mas isso não significa que tivesse epilepsia. Efeitos semelhantes não provam causas idênticas (v. MILAGRES, FALSOS). Deus e os magos do Egito transformaram água em sangue. Até uma doença causada por demônios pode ser curada com remédios. Muitas doenças induzidas podem ser tratadas. O fato de uma mente causá-la (humana ou demoníaca) não significa que o remédio não possa aliviar os sintomas.

Pelo menos algumas atividades demoníacas manifestam características espirituais distintas que não estão presentes em doenças naturais. Esses sintomas incluem coisas como oposição a Deus, reação violenta a Cristo e manifestação de força sobrenatural (cf. Marcos 5.1-4). Tais sintomas não são curados com tratamento meramente natural.

Outro argumento é que a crença em atividade satânica é característica dos ignorantes. Essas crenças diminuem à medida que a sociedade se moderniza. Mas isso acontece em parte por causa de estratégias diferentes que Satanás usa entre povos diferentes. Ele pode se adaptar à cultura que está enganando. Não há maneira melhor para enganar os anti-sobrenaturalistas sofisticados que levá-los a acreditar que ele não existe. A Bíblia declara que Satanás se disfarça em anjo de luz (2Co 11.14). Mas não é verdade que manifestações demoníacas ocorrem apenas entre povos "primitivos". Com o advento da "era pós-cristã", o mundo ocidental tem testemunhado cada vez mais atividade ocultista e relatos de manifestações demoníacas.

Algumas das maiores mentes ocidentais acreditavam em Satanás e nos demônios. Entre elas estão Agostinho, Anselmo, Tomás de Aquino, Blaise Pascal, Søren Kierkegaard e C. S. Lewis. Não é o nível de inteligência ou estudo que determina se a pessoa acredita no mal personificado. Antes, depende da rejeição ou aceitação da revelação sobrenatural das Escrituras (v. BÍBLIA, EVIDÊNCIAS DA).

Fontes

N. L. GEISLER, *Miracles and the modern mind.*

___, *Signs and wonders.*

C. S. LEWIS, *Cartas do diabo ao seu aprendiz.*

TOMÁS DE AQUINO, *Suma teológica* 1a, 50-64.

M. UNGER, *Demonology.*

Schaeffer, Francis. Francis Schaeffer (1912-1984) nasceu em Germantown, Pensilvânia. Depois de se formar na Faculdade Hampden-Sydney, estudou sob a orientação de Cornelius Van Til no Seminário Westminster e recebeu a ênfase evidencial de Allan McRae no Seminário Faith. Depois de dez anos de pastorado nos Estados Unidos, ele e sua esposa Edith foram para a Suíça como missionários de evangelismo para crianças em 1948. Depois de uma crise pessoal, espiritual e eclesiástica em 1955, durante a qual foi abandonado por sua junta missionária, deu início naquele país à Sociedade L'Abri, para alcançar principalmente universitários britânicos e americanos que viajavam pela Europa. L'Abri tornou-se um centro intelectual que criticava a cultura e desafiava as pessoas influenciadas pelo EXISTENCIALISMO e pelas teologias modernistas européias.

Muitas das obras de Schaeffer estão relacionadas a apologética, mas três delas descrevem suas convicções: *O Deus que intervém* (a primeira publicada em 1968), *A morte da razão* (1968) e *He is there and he is not silent* [Ele está lá e não está calado] (1972). *Genesis in space and time* [Gênesis no espaço e no tempo] (1972) e *No final conflict* [Nenhum conflito final] (1975) abordam a apologética bíblica. *How shall we then live?* [Como devemos viver?] (1976), *Whatever happened to the human race* [O que aconteceu com a raça humana?] (1979) e *A christian manifesto* [O manifesto cristão] (1981) podem ser considerados apologética cultural. *Back to freedom and dignity* [De volta à liberdade e dignidade] (1972) defendia o livre-arbítrio humano (v. LIVRE-ARBÍTRIO) e a imagem de Deus contra o determinismo de B. F. Skinner. Schaeffer também escreveu vários livros sobre vida espiritual, inclusive *The mark of a christian* [A marca do cristão] (1970) e *A verdadeira espiritualidade* (1971).

Abordagem apologética de Schaeffer. Schaeffer não foi nem um filósofo profissional nem um apologista. Ele se considerava um evangelista, apesar de ser na verdade um pré-evangelista ou apologista popular. Como tal, não empregava termos num sentido preciso ou técnico. E não escrevia sistematicamente. Suas primeiras obras apologéticas surgiram como palestras (Duriez, p. 252). O resultado é que é difícil reconstruir seu método apologético preciso; no entanto, certos elementos de sua abordagem podem ser destacados.

Ponto de partida pressuposicional. Thomas V. Morris indica elementos pressuposicionais na abordagem de Schaeffer (v. PRESSUPOSICIONALISTA, APOLOGÉTICA). Schaeffer recusava-se a ser classificado, quer como pressuposicionalista, quer como evidencialista (citado por Ruegsegger, p. 64). A despeito disso, foi influenciado por VAN TIL e acreditava que pressuposições eram "cruciais" (Duriez, p. 256). Chegou ao ponto de dizer que a apologética pressuposicionalista teria impedido a decomposição da cultura moderna. "Portanto, para nós agora, mais que em qualquer época, a apologética pressuposicional é imperativa" (*The God who is there*, p. 15). Schaeffer fala até de "necessidade" relacionada a seus argumentos (Morris, p. 31), apesar de Gordon Lewis insistir em que trata-se de uma "necessidade descritiva" (Lewis, p. 88) de um evangelista popular, não de uma necessidade filosófica de um apologista técnico. O biógrafo de Schaeffer, Colin Duriez, descreve o tema de Schaeffer da "'necessidade' do cristianismo histórico", segundo a qual "sem a existência e comunicação de Deus, não há respostas para questões humanas fundamentais" (Duriez, p. 256). Esse é um argumento transcen-dental (v. TRANSCENDENTAL, ARGUMENTO). Schaeffer, como outros pressuposicionalistas, começa com o ponto de partida cristão do Deus trino revelado nas Escrituras.

O ponto de partida pressuposicional de Schaeffer, como o de Van Til, era o "Deus infinito-pessoal" da Bíblia (Schaeffer, *The God who is there*, p. 94). Schaeffer afirmou que "toda pessoa com quem falamos, seja a balconista ou o universitário, tem um conjunto de pressuposições, quer os tenham analisado ou não" (ibid., p. 109). Pressuposições fornecem ponto de partida para a jornada espiritual (ibid., p. 126). É preciso continuar para propiciar uma verificação racional das crenças. Nesse contexto, Kenneth Harper vê Schaeffer como "pressuposicionalista inconsistente", pois, ao contrário de Van Til, Schaeffer acreditava que os cristãos têm algo em comum com os incrédulos (Harper, p. 138). Todavia, até Van Til reconheceu o campo comum em sentido formal, bem como na verificação por meio do argumento transcendental.

Coerência lógica. Contra o existencialismo radical, o irracionalismo e o crescente misticismo da cultura, Schaeffer enfatizou o princípio da não-contradição (*The God who is there*, p. 109). Ele acreditava que as pessoas procuravam uma "fuga da razão". Todas as posições não-cristãs eram inconsistentes. O cristianismo, em comparação, "constitui a resposta não-contraditória" (ibid., p. 156). A LÓGICA faz parte da imagem de Deus no homem, pela qual reivindicações da verdade devem ser testadas. Sem coerência lógica não há verdade. Schaeffer refere-se com freqüência a esse tema.

Elemento pragmático. Como o impulso da estratégia apologética de Schaeffer era mostrar que a posição não-cristã era impraticável tem uma dimensão pragmática (v. Geisler, *Christian apologetics*, cap. 6). Apenas pressuposições cristãs podem ser vividas coerentemente, segundo Schaeffer. Ele insiste em que "devemos ser capazes de viver em conformidade com nossa teoria", se ela é verdadeira (*The God who is there*, p. 109). A posição materialista (v. MATERIALISMO) é falsa porque "o homem simplesmente não pode viver como se fosse uma máquina". A posição cristã "pode ser vivida, tanto na vida cotidiana como na busca da erudição". Além disso, o cristão "tem anos de evidência experimental" para apoiar sua convicção. Logo, a qualidade de ser vivida é um teste da verdade de uma posição e sua impossibilidade é um teste da sua falsidade (ibid., p. 109-11).

Aspecto da verificação. Gordon Lewis vê sua forma de pressuposicionalismo em Schaeffer, que é baseada na de John CARNELL. Prefere chamá-la de apologética de verificação, que não é nem dedutiva nem indutiva, mas uma abordagem abdutiva (Lewis, "Schaeffer's apologetic method"). Na verdade, Schaeffer diz que a racionalidade é obtida "com base no que está aberto a verificação e discussão" (*A morte da razão*, p. 82). Até define *verificação* como "o procedimento exigido para o estabelecimento da verdade ou falsidade de uma afirmação" (*The God who is there*, p. 180). Também descreve uma forma dupla de verificação, apesar de uma delas conter dois elementos:

1. A teoria deve ser não-contraditória e deve dar uma resposta ao fenômeno em questão.
2. Devemos ser capazes de vivê-la coerentemente (ibid., p. 109).

Portanto, a definição de *verificação* de Schaeffer é mais ampla que a da ciência. Como mencionado acima, às vezes ele parece engajar-se num tipo de argumento transcendental, estabelecendo a necessidade da existência de Deus e de sua revelação para que entendamos o mundo.

Avaliação. *Contribuições positivas.* Há muitas coisas louváveis sobre a abordagem de Francis Schaeffer em relação à apologética. Entre elas as seguintes são dignas de nota.

A autoridade proposicional das Escrituras. Schaeffer, como outros pressuposicionalistas, começou com o Deus trino (v. TRINDADE) que se revelou nas Escrituras. Enfatizou a necessidade de revelação proposicional (ibid., p. 109; v. BÍBLIA, EVIDÊNCIAS DA). Schaeffer jamais abandonou a convicção de que a inerrância das Escrituras é uma questão divisória. Para ele, as Escrituras são a revelação objetiva e proposicional de Deus à humanidade. Incentivou a formação do Conselho Internacional de Inerrância Bíblica, 1978-1988, que produziu a "Declaração de Chicago" sobre inerrância e o livro *Inerrancy* [*Inerrância*]. Schaeffer participou de algumas das primeiras reuniões do Conselho. Seu livro

No final conflict traçou um limite para os evangélicos com relação a essa questão.

O caráter racional da crença. Enfatizou constantemente o caráter objetivo e racional da crença. Em *A morte da razão*, critica o irracionalismo, o subjetivismo e EXISTENCIALISMO que havia permeado grande parte do século XX. Nesse contexto, Schaeffer tinha maior admiração pela razão humana que Van Til.

Schaeffer era inflexível com relação à natureza objetiva da verdade (v. VERDADE, NATUREZA DA). A verdade "aberta para verificação também pode ser comunicada verbalmente pela escrita" (ibid., p. 141). Não há testes especiais da verdade religiosa, pois "prova científica, prova filosófica e prova religiosa seguem as mesmas regras" (ibid., p. 109). Verdade é verdade. Embora o termo tenha sido diluído para significar verdade subjetiva, Schaeffer às vezes refere-se a verdade subjetiva com a expressão redundante "verdade verdadeira".

A necessidade de algo em comum. Outra dimensão positiva da abordagem de Schaeffer foi sua ênfase à necessidade de algo em comum em debates com incrédulos. Ele acreditava que isso estava baseado no fato de "sermos feitos à imagem de Deus" (*A morte da razão*, p. 83). A Queda não significa que deixamos de ser humanos ou racionais (*The God who is there*, p. 178). Incrédulos compartilham com os crentes valores absolutos morais e racionais. Incrédulos possuem estrutura moral e experimentam igualmente culpa moral (ibid., p. 102). Além disso, os seres humanos têm o "poder de raciocinar coerentemente" (ibid., p. 179). A lei de não-contradição não vem de ARISTÓTELES, mas faz parte de ser criado à imagem de Deus (v. PRIMEIROS PRINCÍPIOS). Ainda que esses fatores sejam compartilhados com incrédulos, estes negam que a base adequada para tais valores esteja em Deus (*He is there and he is not silent*, p. 65).

Aspectos negativos da apologética de Schaeffer. Grande parte da reação negativa à abordagem de Schaeffer é gerada pelo uso impreciso de termos. Isso geralmente pode ser explicado por sua falta de conhecimento acadêmico sobre filosofia ou apologética. Ele mesmo admitiu que era um evangelista que desenvolveu um método prático de evangelizar, ou melhor, pré-evangelizar. No entanto, Schaeffer deve assumir a responsabilidade pelas imprecisões e insuficiências de seu sistema.

Má interpretação dos pensadores modernos. Apesar de Schaeffer geralmente intuir corretamente a principal corrente do pensamento moderno, ele freqüen-temente interpretava mal as verdadeiras fontes. A maioria dos especialistas em Søren KIERKEGAARD acredita que Schaeffer o entendeu mal e o considerou irraciona-lista. Schaeffer também entendeu mal TOMÁS DE AQUINO, caracterizando-o como alguém que separava fé e razão, criando o humanismo moderno (v. FÉ E RAZÃO). Numa distorção inconfundível de Aquino, Schaeffer alegou que, como resultado de Aquino, os filósofos "estavam tornando autônomos os particulares e perdendo assim o universal que dava sentido aos particulares". Logo,

se a natureza ou os particulares são independentes de Deus, a natureza começa a eliminar a graça. Ou, por outras palavras: tudo o que nos resta são os particulares, o universal está perdido, não só na área de valores morais, o que já não é bom, mas também na área do conhecimento (Schaeffer, *He is there and he is not silent*, p. 41-2).

Como a análise detalhada das obras de Aquino revela (v. Geisler, *Inerrancy*, toda a obra), nada poderia estar mais distante da verdade. Aquino foi um os maiores defensores dos princípios universais no conhecimento e dos valores morais absolutos de todos os tempos.

Duriez tenta em vão exonerar Schaeffer dessa acusação, citando referências obscuras e fontes secundárias, mas não consegue mostrar nenhum texto de Aquino que apóie essa má interpretação (Duriez, p. 252-4). Seu esforço em mostrar relações causais indiretas apenas manifesta mau uso (inadequado) de Aquino (v. Geisler, *Inerrancy*, cap. 1, 5).

Falta de valorização da apologética clássica. Apesar de parte de seu raciocínio poder ser construído na forma de um ARGUMENTO TELEOLÓGICO ou ARGUMENTO COSMOLÓGICO da existência de Deus, Schaeffer não os utiliza como parte formal de seu sistema apologético. Na verdade, rejeita explicitamente a APOLOGÉTICA CLÁSSICA (*The God who is there*, p. 15). Ele não parece apreciar a necessidade expressa pelos grandes apologistas cristãos mais antigos de oferecer argumentos teístas para estabelecer a existência de Deus — a chave para a apologética teísta.

Ironicamente, apesar de Schaeffer rejeitar a apologética clássica, ele às vezes imita os argumentos da existência de Deus. Por exemplo, empregando uma forma transcendental do argumento, conclui que "*todo mundo precisa explicar o fato de que o universo e ele, o indivíduo, existem; logo, algo existiu!*" (*He is there and he is not silent*, p. 92, grifo do autor). Ele até usa as premissas básicas do argumento cosmológico, ou seja, que 1) algo existe, e 2) o nada não pode produzir algo. Rejeita a teoria de que "tudo que existe veio de absolutamente nada" (ibid., p. 7).

Processos de raciocínio inválidos. Do ponto de vista filosófico ou apologético, a lógica de Schaeffer geralmente é indefinida e deficiente. Como Lewis comenta: "Schaeffer poderia ter definido a lei de não-contradição com mais cuidado. Seus propósitos populares o levaram à imprecisão, já que nem todo 'oposto' é contraditório" ("Schaeffer's apologetic method", p. 81).

Outros encontraram uma falha lógica de afirmar o conseqüente na sua abordagem pressuposicionalista. Ela argumenta que, se "P" é verdadeiro, "Q" é verdadeiro. "Q" é verdadeiro. Logo, "P" é verdadeiro. Essa é a mesma dificuldade enfrentada por formas científicas de raciocínio. Alguns afirmam que isso pode ser derrubado por linhas divergentes de evidência (ibid., p. 99). Outros concluem que é por isso que o método científico pode falsificar teorias, mas não comprová-las. É claro que isso pode ser derrubado se o argumento é colocado numa forma transcendental válida. Mas parece não haver maneira válida de fazer isso — pelo menos não com tudo que Schaeffer e outros pressuposicionalistas querem incluir em suas pressuposições, ou seja, a Trindade e a inspiração de Bíblia (v. Van Til).

Elemento pragmático insuficiente. Apesar de Schaeffer ter mais de uma dimensão pragmática em sua apologética (tendo elementos racionais e evidenciais também), dá grande ênfase ao fato de as teorias não-cristãs não serem vivíveis. Não há dúvida de que isso surgiu do seu uso da apologética como auxílio prático para o evangelismo. Mas até abordagens "práticas" devem envolver raciocínio válido. E não é suficiente testar uma teoria por ser praticável por não. Primeiro, é um teste pragmático sujeito a toda crítica desse teste da verdade (v. VERDADE, NATUREZA DA; PRAGMATISMO). Segundo, o fato de ser praticável será definido diferentemente cosmovisão diferentes. E é uma petição de princípio usar uma visão cristã para testar se uma teoria hindu ou qualquer outra é praticável.

Terceiro, é claro, se uma teoria é verdadeira deve ser praticável. Mas isso não significa que, se algo é praticável, deve ser verdadeiro. Na verdade, só porque algumas pessoas acham que o cristianismo não é praticável não significa que ele seja falso. É possível que não o estejam vivendo corretamente, isto é, pelo poder de Deus.

Coerência sistemática insuficiente. Se a posição de Schaeffer é considerada substancialmente igual à de John Carnell, como Lewis sugere, está sujeita à mesma crítica discutida nos artigos sobre Carnell e pressuposi-cionalismo. Mais de uma cosmovisão pode ser sistematicamente coerente com os fatos que interpreta. Mas cada cosmovisão interpreta os fatos de forma diferente. Não se pode julgar visões de mundo conflitantes só pela coerência sistemática. O HINDUÍSMO e o ZEN-BUDISMO são internamente coerentes e explicam todos os dados de experiência da forma que os interpretam (apesar de falharem em outras áreas). Assim, a cosmovisão cristã não pode ser provada apenas por esse método.

Exagero nas conclusões. Até os defensores do método de Schaeffer admitem que ele exagera suas conclusões. Lewis observa que "Schaeffer muitas vezes pensa que examinou todas as hipóteses possíveis, quando, na verdade, examinou algumas" (ibid., p. 100). Não se pode saber se todas as posições não-cristãs são incoerentes e/ou não são praticáveis sem que se tenha examinado cuidadosamente cada uma delas. Schaeffer não tenta fazer isso nas suas obras.

Fontes

L. T. DENNIS, *Francis Schaeffer: portraits of the man and his work.*
___, *Letters of Francis A. Schaeffer.*
C. DURIEZ, "Francis Schaeffer", em W. ELWELL, org., *Handbook of evangelical theologians.*
N. L. GEISLER, *Christian apologetics*, cap. 6.
___, *Thomas Aquinas.*
___, org., *Inerrancy.*
K. C. HARPER, "Francis Schaeffer: an evaluation", *Bibliotheca Sacra* 133 (1976).
G. LEWIS, "Schaeffer's apologetic method", em R. W. Ruegsegger, org., *Reflections on Francis Schaeffer.*
___, *Testing christianity's truth claims.*
T. V. MORRIS, *Francis Schaeffer's apologetics: a critique*
R. RAYMOND, *The justification of knowledge.*
F. SCHAEFFER, *A morte da razão.*
___, *He is there and he is not silent.*
___, *The complete works of Francis Schaeffer*
___, *O Deus que intervém*
C. VAN TIL, *The apologetic method of Francis Schaeffer.*

Schleiermacher, Friedrich. Teólogo alemão educado no pietismo morávio (1768-1834). Foi ordenado e pregou em Berlim (1796) antes de ensinar teologia em Halle (1804) e Berlim (1810). Suas principais obras são *On religion* [*Da religião*] (1799), que é experimental na sua orientação, e *The christian faith* [*A fé cristã*] (1821-1822), que é de caráter doutrinário na. Também escreveu *Brief outline on the study of theology* [*Breve esboço do estudo da teologia*] e um livro póstumo, *Hermeneutics* (Hermenêutica).

Schleiermacher foi influenciado pelo pietismo, que enfatizava a devoção mais que a doutrina; pelo romantismo, que incluía a crença no PANTEÍSMO em oposição ao teísmo, e pelo agnosticismo, seguindo Immanuel Kant, que enfatizava o prático mais que o teoria.

O próprio Schleiermacher exerceu uma tremenda influência sobre seus seguidores. Como pai do liberalismo moderno, influenciou a maioria dos principais liberais depois dele, entre eles Albrecht Ritschl (1822-1889), autor de *Critical history of the christian doctrine of justification and reconciliation* [*História crítica da doutrina cristã da justificação e reconciliação*]; Adolf von Harnack (1851-1930), autor de *What is christianity?* [*O que é o cristianismo?*], e Julius Wellhausen (1844-1918), que escreveu *Introduction to the history of Israel* [*Introdução à história de Israel*], obra na qual defendeu a hipótese JEDP de autoria/redação do Pentateuco (v. PENTATEUCO, AUTORIA MOSAICA DO).

Elementos da religião. Para Schleiermacher, a base da religião é a experiência humana, não a existência divina. Precisamos tê-la antes de poder exprimi-la. A séde da religião é no eu. O interior é a chave do exterior. O objeto da religião é o "Todo", que muitos chamam "Deus". E a natureza da religião é encontrada no sentimento (senso) de dependência absoluta, que é descrito como a sensação de ser criatura, a consciência de ser dependente do Todo, ou a sensação de contingência existencial.

Schleiermacher distinguiu a religião da ética e da ciência da seguinte forma:

Ética	Ciência	Religião
Maneira de viver	Maneira de pensar	maneira de sentir
Maneira de agir	Maneira de saber	maneira de ser (perceber)
Prática	Racionalização	intuição comportamental
autocontrole	contemplativa	auto-entrega

A relação da religião com a doutrina é igual a do som com o eco ou da experiência com a expressão dessa experiência. A religião é encontrada no sentimento, e a doutrina é apenas uma forma de sentimento. A religião é o "recheio" e a doutrina, a estrutura. A doutrina não é essencial para a experiência religiosa e é pouco necessária para expressá-la, já que também pode ser expressa por meio de símbolos.

Quanto a universalidade da religião, Schleiermacher acreditava que todos têm um sentimento religioso de dependência do Todo. Nesse sentido não há ateus (v. ATEÍSMO). Nisso, prenunciou Paul Tillich.

Sendo basicamente um sentimento, a religião é melhor comunicada pelo exemplo pessoal. É melhor apreendida que ensinada. A religião também pode ser comunicada por meio de símbolos e doutrinas. Mas doutrinas são registros do sentimento religioso. São afirmações sobre nosso sentimento, não sobre Deus, seus atributos ou sua natureza. Assim, há uma variedade infinita de expressões religiosas, devidas em grande parte a diferenças de personalidade. A experiência panteísta resulta dos que gostam do que é obscuro. Teístas (v. TEÍSMO) tendem a gostar do que é definido.

O alvo da religião é o amor ao Todo, o Espírito do Mundo. Isso é alcançado por meio do amor por outros seres humanos. O resultado da religião é a unidade da vida. E sua influência é manifesta nos valores morais. A religião produz a totalidade de vida, mas não tem influência específica sobre atos individuais. Agimos *com* a religião, não *a partir* dela.

Da mesma forma, a influência da religião sobre a ciência não é direta. Não se pode ser científico sem piedade. Pois o sentimento de dependência do Todo remove a presunção de conhecimento, que é ignorância. O verdadeiro objetivo da ciência não pode ser realizado sem a visão que surja da religião.

O teste da verdade. As religiões não são nem verdadeiras nem falsas em si mesmas. Categorias de verdade não se aplicam ao sentimento de dependência absoluta. A verdade e a falsidade estão relacionadas a idéias (v. VERDADE, NATUREZA DA). E a verdade de uma idéia é determinada por dois grupos de critérios, científicos e eclesiásticos. Critérios científicos incluem clareza, consistência, coerência, e condizem com outras doutrinas num sistema. Os critérios eclesiásticos se aplicam à vida da igreja. Na verdade, o conhecimento de Deus é mediado pela experiência corporativa da redenção, mais que por um corpo de doutrinas. É por isso que Schleiermacher relegou seu tratamento da Trindade a um apêndice, por considerá-lo uma especulação divorciada da piedade.

Por exemplo, sua avaliação da doutrina da atemporalidade de Deus (v. DEUS, NATUREZA DE) resultou no seguinte:

1. A atemporalidade não condiz com a encarnação. Como o eterno pode tornar-se temporal?
2. A atemporalidade não condiz com a doutrina da criação. Como pode o eterno agir no tempo?
3. A atemporalidade não condiz com presciência, nem com conhecimento. Por que a Bíblia fala da presciência de Deus? Como pode um Deus a temporal conhecer alguma coisa no tempo?
4. A atemporalidade não condiz com a personalidade de Deus. Como Deus pode planejar

seu propósito e reagir aos acontecimentos no tempo se é eterno?
5. A atemporalidade não condiz com a adoração adequada de Deus. Ela requer a imutabilidade de Deus. Quem pode adorar um Deus que não pode sofrer nenhuma mudança?

Logo, a atemporalidade é rejeitada como doutrina verdadeira.

O conceito de salvação de Schleiermacher não era ortodoxo. Ele acreditava que a redenção era a impressão deixada por Jesus. Essa consciência esclarecida de Deus transformava a comunidade cristã quando a consciência empobrecida de Deus era substituída pela de Jesus. Sua visão de MILAGRES e providência era ambivalente. E sua ênfase quase completa na imanência de Deus o tornou sujeito à acusação de PANTEÍSMO.

Avaliação. Apologistas cristãos consideram várias posições de Schleiermacher, principalmente suas visões sobre Deus, religião, verdade e CRÍTICA BÍBLICA.

Schleiermacher ofereceu perspectivas sobre religião com ênfase da natureza contingente e dependente de todas as criaturas; na importância da experiência religiosa; distinções entre religião, ciência e ética; crença de que a verdade precisa ser testada; na comunidade; e sua crença na teologia sistemática.

Mas isso não alivia alguns problemas sérios: a forma experimental de panteísmo; sua aceitação da epistemologia kantiana (v. KANT; AGNOSTICISMO); a disjunção entre experiência e doutrina; a afirmação de que a verdade não se aplica à religião (v. VERDADE, NATUREZA DA); a redução da teologia a mera antropologia (v. Barth); e a aceitação da alta crítica negativa da Bíblia (v. BÍBLIA, CRÍTICA DA).

Fontes
G. L. ARCHER, Jr., *Merece confiança o Antigo Testamento?*
K. BARTH, *From Rousseau to Ritschl.*
___, *The theology of Schleiermacher.*
R. BRANDT, *The philosophy of Friedrich Schleiermacher.*
R. K. HARRISON, *Introduction to the Old Testament.*
R. NIEBUHR, *Schleiermacher on Christ and religion.*
F. SCHLEIERMACHER, *On religion.*
___, *The christian faith.*

Schopenhauer, Arthur. Nasceu em Danzig, Alemanha (1788-1860). Estudou na França, Inglaterra e Índia. Veio de uma família mentalmente instável. Seu pai provavelmente suicidou-se. Ele se distanciou completamente de sua mãe e teve relacionamentos infelizes com mulheres. Sua carreira acadêmica foi curta pela falta de alunos; marcava deliberadamente as aulas para competir com W. F. G. HEGEL quando este estava no auge de sua carreira. Após anos de solidão e ressentimento durante os quais sua obra não foi amplamente aceita, morreu em 1860.

Os livros de Schopenhauer incluem sua dissertação publicada, *On the fourfold root of the principle of sufficient reason* [Da raiz quádrupla do princípio da razão suficiente] (1813) e *O mundo como vontade e representação* (1818/1819). Em 1844 o último volume foi acrescido por 50 capítulos. Também produziu *On the will in nature* [Da vontade na natureza] (1836) e *Sobre o fundamento da moral* (1841).

Filosofia. Apesar de ter sido aluno de Friedrich SCHLEIERMACHER (1768-1834) e Johann Fichte (1762-1814), eles o desapontaram. PLATÃO (428-348 a.C.) e Immanuel KANT o impressionaram. Também reconheceu influências hindus e o idealismo de George BERKELEY. Por meio de sua mãe, romancista, aprendeu as idéias do poeta e dramaturgo Johann Goethe (1749-1832).

Epistemologia. Schopenhauer foi um arquiinimigo do racionalismo e do empirismo (v. HUME, DAVID). Os sentidos nos oferecem apenas impressões do mundo fenomenal (das aparências), como David Hume nos informa. E a mente não pode conhecer a realidade, como Kant demonstrou.

Ele criticou severamente o princípio da razão suficiente usado por Gottfried LIEBNIZ e pelos raciona-listas, nos quais observou a confusão entre causa real e razão suficiente. Razão suficiente é uma estrutura de consciência pressuposta (*a priori*) pelo pensador; não pode ser provada. Ela só se aplica a objetos de pensamento, isto é, a fenômenos, e não a númenos ou ao mundo real. As quatro raízes da razão suficiente são ser, tornar, agir e conhecer.

Há discordância se Schopenhauer era um verdadeiro ateu (v. ATEÍSMO) ou se talvez teria adotado um tipo de PANTEÍSMO. Era claramente contra o teísmo. Alegava que o argumento ontológico é baseado na confusão feita por René DESCARTES entre causa e razão. Uma causa exige algo além dela *ad infinitum*. Mas a razão não precisa de causa; a razão pode estar em si mesma (v. CAUSALIDADE, PRINCÍPIO DA). Assim, o princípio da razão suficiente não leva à Primeira Causa (Deus).

O ARGUMENTO ONTOLÓGICO é uma "piada encantadora", um truque, segundo Schopenhauer. Supõe a existência de Deus por definição, e depois finge chegar à prova de Deus na conclusão (v. DEUS, EVIDÊNCIAS DE). ARISTÓTELES mostrou que definir (*o que é*) difere de existir (*que é*). Logo, a existência jamais pode pertencer à essência de algo, como o argumento ontológico afirma.

O mundo como representação (ou idéia). A base do sistema de Schopenhauer é a premissa do mundo como representação, isto é, o que confronta diretamente quem que o percebe.

O mundo é a apresentação (ou idéia) individual. Aparece fenomenalmente como apresentação mental e real como a coisa-em-si ou vontade. Ele cita BERKELEY ao dizer que "ser é ser percebido", para apoiar sua tese. Rejeita a redução de objeto para sujeito proposta por Fichte e a redução de sujeito para objeto proposta por Friedrich Schelling. Reduz as formas e categorias de Kant a espaço, tempo e causa. A razão é o instrumento da vontade em oposição ao conceito da regra da razão de Hegel.

Há elementos distintivos na visão da realidade (metafísica) de Schopenhauer. A realidade não é racional; é volitiva. A coisa-em-si é "vontade cósmica". Aparência manifesta realidade (fenômeno revela o númeno). A humanidade carrega em seu peito, no princípio da liberdade, a resposta às questões metafísicas.

Pessimismo cósmico. O pessimismo cósmico de Schopenhauer contradizia o "iluminismo" e o "mecanicismo" da sua época. Ele via a realidade como a vontade universal, isto é, um todo, onipresente na natureza em vez de em muitas vontades individuais. Vontade é a base não-racional e irracional de toda razão suficiente. É uma força cósmica cega, esforçando-se incessantemente para se incorporar no espaço e no tempo. Suas operações são destituídas de um propósito último de planejamento. A natureza é um vasto campo fenomenológico para os numerosos projetos da vontade.

Esse dinamismo cósmico é essencialmente a vontade de viver. A vontade de viver subjetiva é manifesta nos vários níveis de objetificação. Estes, na verdade, funcionam como formas platônicas (v. PLATÃO). Há formas superiores e inferiores que são mais ou menos expressões adequadas da vontade. Essas formas estão engajadas no esforço incessante para proporcionar um lugar no mundo para a vontade. Esse esforço leva ao otimismo em LEIBNIZ, no sentido em que Deus é necessário para ordená-las. Mas leva ao pessimismo em Schopenhauer, já que tal Deus não existe e a vontade está essencialmente em desacordo consigo mesma.

A vontade tem hostilidades essenciais e internas, de modo que momentos de alegria (harmonia) são acidentais. A dor é a essência positiva da vida. A vontade é baseada em necessidade, deficiência e dor. Está constantemente lutando por causa da dor. A razão é apenas um subproduto dessa força vital (vontade). E o ser humano é mais infeliz por possuir razão, já que antecipa a dor futura e medita sobre a certeza da morte iminente. Ela apenas capacita o homem a superar os animais no mal. A liberdade é a motivação mais forte do homem, e só ela dá razão suficiente para a ação.

Natureza humana. Os seres humanos são a encar-nação da vontade, o microcosmo do universo. A vontade e o corpo são a mesma coisa, só que sob aspectos diferentes. A mente é serva da vontade, não sua senhora.

Schopenhauer rejeitava completamente idéias como a inevitabilidade do progresso humano e a perfectibilidade do homem, substituindo-as por um retrato da humanidade em geral destinada a um ciclo eterno de tormento e miséria, relata o biógrafo Patrick Gardner (*Schopenhauer,* p. 329). Ele negava até que mudanças radicais na ordem social resolvessem qualquer coisa, pois "a má condição de vida atual é meramente o reflexo dos instintos agressivos e libidinosos na nossa natureza" (ibid.).

Arte e moralidade. O pessimismo de Schopenhauer levou-o a contemplar o suicídio como solução para a miséria. Rejeitou, no entanto, o suicídio e sugeriu a arte como alívio temporário das tensões da vida. O suicídio dá lugar à vontade irracional, que deve sofrer resistência.

A arte proporciona uma válvula de escape. A pessoa deve perder-se em contemplação silenciosa da natureza ideal — procurando formas perfeitas no mundo natural. A arte transporta a pessoa de dentro de si mesma para conhecimento indolor e atemporal. É o tipo de conhecimento muito superior ao encontrado nas ciências naturais, que dão apenas conhecimento do mundo fenomenal. A arte, no entanto, dá discernimento sobre as próprias formas arquetípicas (platônicas) das quais este mundo é, na melhor das hipóteses, uma expressão inadequada. A criatividade possui energia excedente da vontade, capacitando a pessoa a concentrar-se nessas idéias.

A *moralidade* é um alívio ainda melhor que a arte. Sua compaixão nos livra do egoísmo e sua denúncia nos livra do sofrimento. O valor moral de um indivíduo é encontrado na sua habilidade de libertar-se das pressões e dos impulsos da vontade irracional. Mas a salvação suprema (do sofrimento) é encontrada no nada (v. HINDUÍSMO VEDANTA; ZEN-BUDISMO).

A *música,* de todas as expressões humanas, está mais próxima da realidade suprema. Não se preocupa com a representação da realidade nas idéias ou com as idéias (formas) fundamentais que a formam. Fala, porém, na "linguagem abstrata universal do coração" (ibid.). Essa idéia foi aplicada por Richard Wagner na ópera *Tristão e Isolda*, apesar de Schopenhauer não gostar dela.

Avaliação. *Dimensões positivas.* Visão realista da natureza humana. Ao contrário da perfectibilidade da humanidade afirmada por tantos seus contemporâneos dos Schopenhauer via mais claramente a verdadeira natureza humana. O progresso por esforço próprio e a perfectibilidade são ilusão. A humanidade por si mesma está destinada ao sofrimento e à miséria perpétuos.

Ênfase no pessimismo. Da mesma forma, afirmou corretamente que a dor é a essência da vida. Sem qualquer esperança transcendente, surge um pessimismo legítimo. Dada a história do terror humano, não há razão realista para acreditar que estruturas sociais mutáveis alterarão a natureza humana.

Insuficiência da razão suficiente (v. RAZÃO SUFICIENTE, PRINCÍPIO DA). Schopenhauer avaliou precisamente o princípio racionalista da razão suficiente. Se tudo tem uma razão, Deus também tem. Essa observação foi feita por teístas (v. Gurr). Se, por outro lado, Deus é sua própria razão (base), ele é um ser autocausado. Mas isso é impossível, já que não é possível ser ontologica-mente anterior a si mesmo.

Invalidade do ARGUMENTO ONTOLÓGICO. Como KANT e a maioria dos filósofos desde então, Schopenhauer viu que o argumento ontológico é inválido. Ele realmente introduz clandestinamente a existência em suas premissas. Pois somente *se* a pessoa supõe que um Ser Necessário existe é que pode concluir que deve, na verdade, necessariamente existir. Da mesma forma, somente *se* um triângulo existe é que realmente precisa ter três lados.

A natureza volitiva da realidade. Apesar de Schopenhauer ter chegado neste ponto ao extremo irracional, certamente estava correto ao observar que a realidade suprema tem um elemento volitivo. Esse fator foi amplamente ignorado pelos racionalistas e idealistas de sua época.

Críticas. O ateísmo de Schopenhauer está sujeito às mesmas críticas que outras formas de ateísmo, descritas nos artigos ATEÍSMO e DEUS, SUPOSTA REFUTAÇÃO DE. Poucas de suas premissas cruciais são dignas de nota.

Natureza incoerente. Como outros que seguem Kant, a negação de Schopenhauer do conhecimento de Deus era incoerente. Na realidade, todo o seu sistema é a descrição da realidade suprema como ele a vê — exatamente o que não é possível com base nas premissas kantianas. Afirmar que saber com a mente que a realidade não pode ser conhecida por meio da mente.

Rejeição injustificada da lei da causalidade. Ele estava correto ao rejeitar o princípio da razão suficiente, mas não o princípio da causalidade (v. CAUSALIDADE, PRINCÍPIO DA). Repreendeu Kant por aplicar causalidade ao mundo real (numenal), mas também fez isso implicitamente. Acreditava que a vontade cósmica era a *causa* dos fenômenos que observamos. Mas como saberia isso sem aplicar o princípio da causalidade? Afirmar que não existe mente cósmica não ajuda. Argumentar a partir do que observamos a favor de uma causa real de qualquer tipo é usar o princípio da causalidade.

Natureza autodestrutiva da negação da racionalidade. É incoerente afirmar que a realidade suprema não é racional. A afirmação de que toda realidade é irracional é negar a realidade da própria mente que afirma isso (v. REALISMO; PRIMEIROS PRINCÍPIOS). Além disso, como pode o efeito ser maior que a causa? Como pode o não-racional ser a causa da mente racional (v. CAUSALIDADE, PRINCÍPIO DA)?

Fontes

W. CALDWELL, *Schopenhauer's system in its philosophical significance.*

F. C. COPLESTON, *Schopenhauer, philosopher of pessimism.*

P. GARDNER, *Schopenhauer.*

___, "Schopenhauer, Arthur", em P. EDWARDS, *The encyclopedia of philosophy.*

J. E. GURR, *The principle of sufficient reason in some scholastic systems 1750-1900.*

D. J. O'CONNOR, *A critical history of western philosophy.*

A. SCHOPENHAUER, *Sobre o fundamento da moral.*

___, *On the fourfold root of the principle of sufficient reason.*

___, *On the will in nature.*

___, *O mundo como vontade e representação.*

Scotus, John Duns. V. COSMOLÓGICO, ARGUMENTO.

secular, humanismo. V. HUMANISMO SECULAR.

Sherlock, Thomas. (1678-1761) Escreveu contra o DEÍSMO no início do século XVIII. Sua obra *The use and interest of prophecy in the several ages of the world* [*O uso e interesse da profecia nas várias eras do mundo*] (1725) constituiu uma apologia contra o deísta (v. DEÍSMO) Anthony Collins, autor de *Grounds of the christian religion* [*As bases da religião cristã*]. Sherlock é mais bem conhecido pela obra *The tryal of the witnesses of the resurrection of Jesus* [*O julgamento das testemunhas da ressurreição de Jesus*], (1729), que é uma resposta a *Discourses on the miracles* [*Discursos* sobre os milagres], de Thomas Woolston. *The tryal* passou por 14 edições e é um modelo do uso antigo de procedimento jurídico para defender o cristianismo:

> O juiz e o resto da companhia eram a favor da apresentação da causa uma semana antes; mas o advogado de Woolston assumiu e disse: Considere, senhor, o cavalheiro não deve argumentar com base em Littleton, Plowden ou Coke, autores que conhece bem; mas deve retirar sua autoridade de Mateus, Marcos, Lucas e João. E uma quinzena é pouco tempo para alguém familiarizar-se com um novo conhecimento. E, voltando-se para o cavalheiro, disse: Irei visitá-lo antes da quinzena terminar, para ver que resultado obterá com as opiniões de Hammond sobre o Novo Testamento, uma concordância numa das mãos e uma Bíblia na outra.

Seguindo um modelo de procedimento legal, outros passaram a defender a verdade do cristianismo. O especialista em evidências Simon GREENLEAF fez uso dessa abordagem, assim como John Warwick Montgomery e outros.

Fontes

S. GREENLEAF, *The testimony of the evangelists*.
J. W. MONTGOMERY, *The law above the law*.
T. SHERLOCK, *The tryal of the witnesses of the resurrection of Jesus*.

siquismo. *Raízes do siquismo.* O siquismo é uma das mais recentes religiões mundiais, pois surgiu apenas no século XV. Seu fundador, Nanak, era um hindu que desejava purificar o HINDUÍSMO por meio do islamismo. Afirmou ter uma revelação de um Deus monoteísta ("O Nome verdadeiro"), que o encarregou dessa missão redentora.

Primeiros reformadores do hinduísmo. Já no século X havia formas militantes de islamismo na Índia fazendo pressão para a purificação do HINDUÍSMO decadente. No século XI o islamismo já dominava o noroeste da Índia. No século XII um poeta reformador chamado Jaidev ensinou a idéia-chave do futuro siquismo, ou seja, que cerimônias religiosas e o ascetismo não tinham valor quando comparados à repetição piedosa do Nome de Deus. No século XIV outro reformador chamado Ramananda estabeleceu a seita vishnuita que procurava purgar o hinduísmo de certas crenças e práticas, tais como o sistema de castas e a proibição de comer carne.

Kabir (1440-1518): Reformador do siquismo. A principal reivindicação de Ramananda foi ter um seguidor maior que ele. Contemporâneo do reformador protestante Martinho LUTERO, que pregou suas 95 teses um ano antes de Kabir morrer, Kabir absorveu dos muçulmanos o ódio pelas imagens (v. ISLAMISMO). Como monoteísta, declarou que o Deus de misericórdia era capaz de livrar qualquer um da lei do carma (v. REENCARNAÇÃO). Negou a autoridade especial dos *Vedas* (v. HINDUÍSMO) e atacou os brâmanes e muçulmanos por seu ritualismo estéril (v. Noss, p. 311-2).

Depois de sua morte em 1518 d.C., seus seguidores muçulmanos e hindus dividiram-se quanto à questão da cremação de seu corpo (que os hindus queriam e os muçulmanos não). O próprio Kabir supostamente cessou a controvérsia. Quando os levou a levantar o manto colocado sobre seu corpo, viram apenas flores ali. Seus seguidores hindus cremaram metade das flores e os muçulmanos enterraram a outra: Apesar de alguns afirmarem que isso é prova da sua ressurreição, há bases substanciais para rejeitar essa reivindicação (v. RESSURREIÇÃO, REIVINDICAÇÕES NÃO-CRISTÃS DE).

Nanak: fundador do siquismo. Nanak nasceu em 1469 na vila de Talwandi, perto de Lahore, capital de Punjab. Seus pais eram hindus, e o líder da vila, Rai Bular, converteu-se ao islamismo e incentivou a reconciliação entre as duas religiões.

Acredita-se que Nanak foi uma criança precoce e poeta nato. Mas não foi bom marido ou pai, e posteriormente deixou a esposa e os dois filhos. Então, "um dia, depois de banhar-se no rio, Nanak desapareceu na floresta, e foi levado numa visão à presença de Deus". Depois de aceitar um copo de néctar, afirma-se que Deus lhe disse:

> Estou contigo. Eu te fiz feliz, e também os que se chamarem pelo teu nome. Vai e repete o Meu, e faça com que outros façam o mesmo. Permanece incontaminado pelo mundo. Pratica a repetição do Meu nome, caridade, ablução, adoração e meditação. Eu te dei esse cálice de néctar, um penhor da minha recompensa (v. Noss, p. 313).

Acredita-se que Nanak proclamou o prefácio do *Japji*, que é repetido silenciosamente a cada manhã pelos siques:

> Há um só Deus cujo nome é Verdadeiro, o Criador, destituído de medo e inimizade, imortal, incausado, auto-existente, grande e generoso. O Verdadeiro era desde o princípio, o Verdadeiro era nos primórdios. O Verdadeiro é, era, ó Nanak, e o Verdadeiro também será (ibid.).

Depois de três dias acredita-se que Nanak deixou a floresta e, depois de permanecer calado por um dia, declarou: "Não há hindu ou muçulmano". Esse foi o começo de sua campanha para converter toda a Índia, a Pérsia e a Arábia. Perambulou pelas cidades, cantando seus hinos acompanhado por um pequeno instrumento de cordas.

Os dez gurus. Nanak escolheu seu sucessor e assim por diante até completar dez gurus: Nanak (1469-1538); Angad (1538-1552); Amar Das (1552-1574); Ram Das Sodhi (1574-1581); Arjun Mal (1581-1606); Hargobind (1606-1644); Har Raj (1644-1661); Hari Krishen (1661-1664); Tegh Bahadur (1664-1675); e Gobind Rai (1675-1708). A sucessão terminou quando Gobind Rai não teve filhos e não escolheu seu sucessor.

As Escrituras siques. Guru Arjun, o quinto Guru, reuniu vários hinos e escrituras relevantes. Esse processo de coleção continuou até ser completado pelo décimo Guru, Gobind Rai. Esses volumes são conhecidos *Siri Guru Granth Sahib* (também chamados *Adi Granth*).

Doutrinas e práticas siques. Os ensinamentos do siquismo incluem o monoteísmo, a meditação, a REENCARNAÇÃO com seu *samsara* e carma (v. Mather, 257-8). Os siques mais radicais, chamados khalsa, praticam os cinco K: 1) *kesa* — cabelo longo que não pode ser cortado; 2) *kangha* — pente; 3) *kacha* — calças curtas; 4) *kacku* — bracelete de metal; e 5) *kirpan* — arma ou espada.

Os siques não podem adorar imagens, embora o *Adi Granth* tenha se tornado objeto de devoção. Seus templos são chamados *Gurdwaras.* Horas sagradas, geralmente de manhã, são reservadas para orações.

O siquismo teve considerável influência no mundo ocidental por meio de Yogi Bhajan, que estabeleceu uma forma de siquismo conhecido por Sikh Dharma. Em 1968, fundou a Organização Saudável, Satisfeita e Santa, começando seu primeiro *ashram* em Los Angeles. Muitos jovens americanos do movimento da contracultura uniram-se a ele. Dali mudaram-se para um rancho de quarenta acres no Novo México, onde seus seguidores praticam métodos de despertamento kundalini ao fixar o olhar nos olhos de outros praticantes ou em retratos de seu guru e declamarem um mantra. São vegetarianos rígidos e vivem um vida sem drogas e com igualdade.

Avaliação. O siquismo sem dúvida deve ser louvado pela ênfase no monoteísmo e pela campanha iconoclasta, contra o ritualismo vazio e o ascetismo. Da mesma forma, a ênfase na natureza de Deus e na vida ética o coloca entre os outros monoteísmos éticos do mundo, tais como o judaísmo, o cristianismo e o ISLAMISMO.

No entanto, sua crença na REENCARNAÇÃO foi extremamente criticada por teístas cristãos. E a falta de qualquer confirmação sobrenatural comprovada de suas reivindicações de que Nanak fosse um profeta (v. MILAGRES COMO CONFIRMAÇÃO DA VERDADE) desqualificam o siquismo como a verdadeira religião. Suas origens podem ser explicadas por suas raízes, uma reação natural contra o hinduísmo decadente em favor de uma forma islâmica de monoteísmo sem aceitar os rituais islâmicos. Esse tipo de sincretismo é típico da mentalidade indiana.

Fontes

SIR NORMAN ANDERSON, *Christianity and world religions.*
W. CORDUAN, *Neighboring faiths.*
J. B. NOSS, *Man's religions.*
G. A. MATHER, et al., *Dicionário de religiões, crenças e ocultismo.*
H. SMITH, *The religions of man.*

sistemático, pressuposicionalismo. V. APOLOGÉTICA, ARGUMENTO DA; CARNELL, EDWARD JOHN; PRESSUPOSICIONALISTA, APOLOGÉTICA.

Skinner, B. F. V. DETERMINISMO.

Smith, Wilbur M. Apesar de Wilbur Smith (1894-1977) jamais ter obtido um diploma, lecionou durante vários anos em importantes instituições evangélicas. Smith foi professor de Bíblia no Instituto Bíblico Moody (1939-1947), membro-fundador do corpo docente do Seminário Teológico Fuller (1947-1963) e professor emérito da Escola Bíblica no Seminário Teológico evangélico Trinity (1963-1968). Suas principais obras apologéticas incluem *The supernaturalness of Christ* [*A sobrenaturalidade de Cristo*] (1940) e *Therefore stand* [Portanto, permanecei firmes] (1945).

A defesa mais abrangente de Smith a favor do cristianismo é encontrada em *Therefore stand.* O livro estuda os três pontos da mensagem de Paulo no Areópago (At 17.24-31): criação, ressurreição e julgamento. Com base nesses três temas Smith construiu sua apologética; os dois primeiros são discutidos a seguir.

Existência de Deus. Smith argumenta a favor da visão cristã da criação apelando para a ciência. Toda pesquisa científica é fundada nos princípios da causalidade e da uniformidade (v. ORIGENS, CIÊNCIA DAS). O primeiro afirma que tudo que tem princípio tem causa, e o segundo que o que causa algum efeito no presente provavelmente causou o mesmo efeito no passado. A partir desses princípios Smith desenvolveu um par de argumentos cosmológicos (v. ARGUMENTO COSMOLÓGICO). O primeiro mostra que deve haver uma primeira causa do universo devido a impossibilidade da série infinita de eventos passados (v. KALAM, ARGUMENTO COSMOLÓGICO). Além disso, essa primeira causa deve ser uma mente, porque a ordem e a unidade do universo revelam certa inteligência (v. TELEOLÓGICO, ARGUMENTO).

O segundo argumento tenta mostrar que o universo precisa de uma causa, não só para ter início, mas para continuar existindo. Pois se o universo consiste totalmente em coisas contingentes, ele deve ser contingente. Mas se o universo como um todo é contingente, precisa de uma Causa além do universo. Essa causa é Deus.

Ressurreição. Smith acreditava que a ressurreição de Cristo era o próprio refúgio da fé (v. RESSURREIÇÃO, EVIDÊNCIAS DA). "Sem ela, não resta nada que seja vital e singular no evangelho" ("Scientists and the resurrec-tion", p. 22). Felizmente, a maior parte da evidência é encontrada onde mais é necessária. Smith apresenta evidência história para apoiar o sepultamento, o túmulo vazio e a ressurreição de Jesus, refutando assim várias explicações naturalistas (v. MILAGRES, ARGUMENTOS CONTRA; NATURALISMO) dos dados (v. RESSURREIÇÃO, TEORIAS ALTERNATIVAS DA). Ele conclui que a evidência da ressurreição "é tão esmagadora que nenhum meio intelectual honrado pode eliminar as evidências" (Therefore stand, p. 406).

Fontes

W. ELWELL, "Smith, Wilbur", em *Handbook of evangelical theologians*.

W. M. SMITH, *Before I forget*.

___, "Scientists and the resurrection", CT (15 Apr. 1957).

___, *The supernaturalness of Christ*.

___, *Therefore stand*.

Strauss, David. Alemão nascido em Ludwigsburg (1808-1874), que iniciou a busca pelo Jesus histórico com sua biografia naturalista da vida de Cristo.

Strauss estudou sob a tutela de F. C. Baur (1792-1860) e foi influenciado por Friedrich SCHLEIERMACHER (1768-1834) e G. W. F. HEGEL (1770-1831) em Tübingen. Depois de estudar em Berlim, foi designado preletor sobre o pensamento de Hegel em Tübingen (1832). Seu livro demitologizado *Life of Jesus* [*A vida de Jesus*], (em 2v.) apareceu em 1835-1836 e, com o alvoroço resultante, Strauss foi demitido. Em 1840-1841 publicou *History of christian doctrine* [*História da doutrina cristã*], uma história polêmica desde o desenvolvimento do NT até sua dissolução em Hegel. Em 1862 escreveu sobre o crítico bíblico Herman Samuel Reimarus, cujo *Fragments* [*Fragmentos*], publicado em 1778, deu origem à primeira busca pelo Jesus histórico (v. JESUS HISTÓRICO, BUSCA PELO). Obras posteriores incluem *The life of Jesus for the German people* [*A vida de Jesus para o povo alemão*], (1864), *The life of Christ and the history of Jesus* [*A vida de Cristo e a história de Jesus*], (1865) e *The old faith and the new* [*A velha fé e a nova*] (1872/1873).

A última clamava por uma nova religião humanista que trocava a crença no teísmo e na imortalidade pelo materialismo científico. Promovia a evolução darwiniana (v. DARWIN, CHARLES; EVOLUÇÃO BIOLÓGICA).

Strauss passou de uma forma antiga de panteísmo desenvolvimentista hegeliano para o evolucionismo materialista. Tal como David HUME, rejeitava todos os milagres, considerando-os mitos. Posteriormente negou toda crença em Deus e na imortalidade da alma. Como rejeitava milagres, via os evangelhos como mitos não intencionais criados pela piedade do início do século II (v. MITOLOGIA E O NOVO TESTAMENTO). Eles estavam imersos na expectativa messiânica do AT e na ansiedade de provar que Jesus era o Messias (v. CRISTO DA FÉ VS. JESUS DA HISTÓRIA). Strauss foi o primeiro a aplicar consistentemente essa tese a todo o NT.

Fontes

R. S. CROMWELL, *David Friedrich Strauss and his place in modern thought*.

H. HARRIS, *David Friedrich Strauss and his theology*.

D. STRAUSS, *The life of Jesus critically examined*.

T. ZIEGLER, *David Friedrich Strauss*.

suficiente, princípio da razão. O princípio da razão suficiente surge do RACIONALISMO moderno, principalmente desenvolvido por Gottfried LEIBNIZ (1646-1716). Foi desenvolvido por Christian Wolfe e originariamente aceito por Immanuel KANT (1724-1804), apesar de Kant rejeitar subseqüentemente seu valor metafísico, já que acreditava que levava a contradições e ao AGNOSTICISMO.

O princípio afirma que "Tudo tem uma razão suficiente, em outro ou em si mesmo". Isto é, há para tudo uma razão suficiente que é externa, ou algumas coisas serão a própria razão suficiente. Leibniz acreditava que, como o mundo era contingente, tinha uma razão suficiente fora dele mesmo (em Deus). E a razão suficiente para Deus está em si mesmo.

Como "razão" para o mundo significa "motivo" ou "causa", o princípio da razão suficiente significa que tudo o que existe tem uma causa, fora de si ou em si mesmo. Não levou muito tempo para que agnósticos (v. AGNOSTICISMO) filosóficos, como Kant, ou ateus, como Arthur SCHOPENHAUER (1788-1860), concluíssem que isso conduz à regressão infinita (v. INFINITA, SÉRIE) ou ao ser autocausado, o que é impossível. Se *tudo* literalmente tem uma causa, ou a série de causas não termina ou termina num ser que causou sua própria existência. Como nada pode criar-se a partir da inexistência ontológica, o próprio conceito de Deus é contraditório. Deus não poderia existir.

Muitos críticos do TEÍSMO racional acreditam que o princípio da razão suficiente prescreve o fim de todos os argumentos teístas (v. DEUS, EVIDÊNCIAS DE; DEUS, OBJEÇÕES ÀS PROVAS DE) que usam qualquer premissa causal (v. COSMOLÓGICO, ARGUMENTO). Esse não é o caso. Existe uma grande diferença entre os princípios da razão suficiente e da causalidade. Críticas à razão suficiente não se aplicam ao princípio da causalidade (v. CAUSALIDADE, PRINCÍPIO DA). Este princípio foi afirmado por TOMÁS DE AQUINO, que jamais se referiu a qualquer princípio da razão suficiente, apesar de alguns filósofos escolásticos depois de Leibniz o aceitarem equivocadamente (v. Gurr). Os dois princípios são:

O princípio da razão suficiente leva a uma contradição. O princípio da causalidade, não. O princípio de Leibniz leva logicamente ao ateísmo moderno. O princípio de Aquino leva ao teísmo. O Deus do princípio da razão suficiente é o Deus da razão, não da realidade. O Deus do princípio existencial da causalidade leva ao Deus que existe e, na verdade, é a própria existência (v. DEUS, NATUREZA DE). Ter um Deus incausado é tão coerente quanto os ateístas afirmarem que há um universo incausado. E não há contradição lógica inerente no conceito de um Ser que simplesmente *existe* e sempre existiu.

Princípio da razão suficiente:	Princípio da causalidade:
1. Todas as coisas precisam de uma causa	1. Coisas contingentes precisam de uma causa
2. Deus é a Razão Suprema.	2. Deus é o único ser supremo
3. Deus é um Ser Auto-Causado	3. Deus é um Ser Incausado

Fontes
N. L. GEISLER e W. CORDUAN, *Philosophy of religion*.
J. E. GURR, *The principle of sufficient reason in some scholastic systems 1750-1900*.
I. KANT, *Crítica da razão pura*.
G. LEIBNIZ, *Monadology*.
___, *Discourse on metaphysics*.
TOMÁS DE AQUINO, *Suma teológica*.

Suzuki, Daisetsu Teitaro. V. ZEN-BUDISMO.

Schweitzer, Albert. V. JESUS HISTÓRICO, BUSCA DO.

Tt

tautologia. É uma afirmação sem conteúdo, algo verdadeiro por definição e não-informativo sobre o mundo real. A expressão: "todos os solteiros são homens não-casados" é uma tautologia, assim como "todos os triângulos têm três lados". Nenhuma das afirmações nos informa que o sujeito existe. Apenas significam: "Se x existe, então é x". Se há solteiros no universo, eles não são casados. A tautologia não nos diz que um solteiro realmente existe. David Hume chama esse tipo de afirmação de "relação de idéias". Immanuel Kant denominou-as "analíticas".

Tautologias e afirmações empíricas. Tautologias geralmente são comparadas a afirmações empíricas que têm conteúdo: "A árvore no meu jardim é um carvalho"; "O carro na minha garagem é preto". Apesar de afirmações empíricas terem conteúdo, não são logicamente necessárias. Isto é, podem ser falsas. tautologias, por outro lado, são logicamente necessárias, já que são verdadeiras por definição. Não dizem nada, mas são necessariamente verdadeiras.

Uma afirmação analítica é simplesmente expletiva porque o predicado explica a idéia presente no sujeito. Ao contrário das afirmações empíricas, as afirmações analíticas não são ampliativas. O predicado não acrescenta o que se sabe sobre o sujeito. "A casa é marrom" é uma afirmação ampliativa, já que o predicado amplia a descrição do sujeito. Descobrimos qual é a cor da casa, que não sabíamos só pela análise do conceito "casa".

Apesar de todas as tautologias serem absolutamente verdadeiras, nem tudo o que é absolutamente verdadeiro é tautologia. "Eu existo" é verdadeiro. Não posso negar que existo a menos que eu exista para negá-lo. Da mesma forma, a afirmação sobre minha existência "Eu sou eu" não é mera tautologia, já que afirma algo sobre minha existência. E "A existência existe" não é uma afirmação vazia, já que afirma existência (v. primeiros princípios; metafísica; realismo).

Embora tautologias ou afirmações verdadeiras por definição sejam em si vazias, podem estar cheias de conteúdo e ser usadas para provar que algo é verdadeiro. A afirmação "Se isso é um efeito, deve haver uma causa" é uma afirmação vazia. Mas quando combinada com a afirmação sobre o mundo real, tal como "O mundo existente é um efeito", pode ser usada para afirmar que o mundo tem uma causa (v. Deus, evidências de). Portanto, o simples fato de uma afirmação ser analítica (verdadeira por definição) não significa que não possa ser usada para demonstrar algo sobre o mundo real.

teísmo. É a cosmovisão segundo a qual um Deus infinito e pessoal criou o universo e intervém milagrosamente nele de tempos em tempos (v. milagre). Deus é transcendente sobre o universo e imanente nele. As três grandes religiões teístas são o judaísmo, o islamismo e o cristianismo.

O teísmo finito, o deísmo e, até certo ponto, o panenteísmo ocidental brotaram da cosmovisão teísta (v. teísmo). A diferença central entre o teísmo e o teísmo finito é a questão se Deus é infinito ou finito. O deísmo é basicamente uma visão teísta sem a intervenção sobrenatural no mundo (v. milagre). O panenteísmo modifica o teísmo supondo um Deus finito com dois pólos, dos quais um é, teoricamente, a infinitude. As vezes é chamado "teísmo neoclássico".

***Diferentes tipos de* teísmo.** Uma das maneiras mais fáceis de distinguir os sistemas teístas é observar a perspectiva que cada uma tem sobre Deus. Existem teístas *racionais* tais como René Descartes e Gottfried Leibniz, teístas *existenciais* tais como Søren Kierkegaard, teístas *fenomenológicos* tais como Peter Koestenbaum, teístas *analíticos* tais como Alvin Plantinga, teístas *empíricos* como Thomas Reid, teístas *idealistas* como George Berkeley, e teístas *pragmáticos* como Charles Sanders Pierce. Cada um usa métodos filosóficos distintos para afirmar a crença em Deus.

Os teístas também podem ser distinguidos pelo que acreditam sobre Deus e sua relação com o mundo. A maioria acredita que o mundo material é real, mas alguns acreditam que ele só existe nas mentes e nas idéias (Berkeley). A maioria dos teístas acredita que Deus é imutável, mas alguns (geralmente influenciados pelo panenteísmo) acreditam que Deus pode mudar e muda. Alguns teístas acreditam que é possível que o universo criado seja eterno (TOMÁS DE AQUINO), enquanto a maioria acredita que o universo deve ser temporal (Boaventura). Talvez a diferença mais importante entre os teístas é que muitos acreditam que Deus é apenas uma pessoa (monoteísmos), tal como no judaísmo e islamismo. Outros, especificamente os cristãos ortodoxos, acreditam na forma *trinitária* de monoteísmo: Deus tem três centros de personalidade numa unidade monoteísta perfeita.

Entre os principais defensores do teísmo clássico estavam AGOSTINHO (354-430), ANSELMO (1033-1109) e Tomás de Aquino (1224-1274). No mundo moderno, DESCARTES (1596-1650), LEIBNIZ (1646-1716) e William PALEY (1743-1805) são alguns dos defensores mais conhecidos do teísmo. Talvez o representante mais popular do teísmo no século XX tenha sido C. S. LEWIS (1898-1963). Como o teísmo é descrito em detalhes nos artigos desses representantes, apenas um resumo das posições teístas será incluído aqui.

Esboço da cosmovisão teísta. Os que defendem a cosmovisão teísta têm crenças centrais comuns. Dependendo de quanto os teístas mantêm uma linha de coerência, seus pensamentos e ações são formados a partir deste centro:

Deus existe além e dentro do mundo. O teísmo afirma a *transcendência* e a *imanência* de Deus. Deus existe além e independentemente do mundo, mas governa todas as partes do mundo como Causa susten-tadora. O mundo foi *criado* por Deus e é *conservado* por ele (v. CRIAÇÃO E ORIGENS).

O mundo foi criado ex nihilo. O mundo não é eterno. Foi criado pelo decreto de Deus. Sua existência é totalmente contingente e dependente. O universo não foi criado a partir de material preexistente (*ex materia*), como no DUALISMO ou MATERIALISMO, nem foi feito da essência de Deus (*ex Deo*), como no PANTEÍSMO. Ele foi criado por Deus, mas a partir do nada (*ex nihilo*; v. CRIAÇÃO, VISÕES DA).

Milagres são possíveis. Apesar de operar seu universo de forma regular e ordenada pelas leis da natureza, Deus transcende essas leis. A natureza não é tudo. Há uma esfera sobrenatural (v. NATURALISMO). Esse sobrenatural pode invadir a esfera natural. O Criador soberano não pode ser trancado do lado de fora da sua criação. Apesar de Deus normalmente agir de forma regular, ocasionalmente intervém de forma direta. Essa invasão ocasional da natureza pelo sobrenatural é chamada "milagre".

A maioria dos teístas não só acredita que milagres podem acontecer; acreditam que alguns realmente *aconteceram* (v. MILAGRES, ARGUMENTOS CONTRA). Os teístas judeus indicam os milagres envolvidos no Êxodo, os muçulmanos indicam as revelações de Deus a Maomé, e os teístas cristãos indicam o nascimento e a ressurreição de Cristo como principais exemplos de milagres.

As pessoas são feitas à imagem de Deus. O teísmo acredita na criação da humanidade à imagem de Deus. Isso significa que o homem tem liberdade (v. LIVRE-ARBÍTRIO) e dignidade, que devem ser tratadas com o maior respeito. A vida sagrada. Os seres humanos devem ser amados como pessoas, não usados como coisas.

Como criaturas de Deus, homens e mulheres não são soberanos sobre suas próprias vidas. Ninguém tem o direito de tirar sua própria vida nem tirar a vida de outro, exceto quando o assassinato é diretamente sancionado. Apenas Deus dá vida, e apenas Deus pode tirá-la ou ordenar que seja tirada.

A humanidade teve um princípio no tempo. Não havia alma preexistente, portanto nenhuma eternalidade, mas a alma foi criada para ser imortal (v. IMORTALIDADE). Também não há aniquilação da alma (v. NIILISMO), como é a crença do ateísmo e de alguns teístas. Cada pessoa é imortal, não por essência, mas porque Deus nos susterá para sempre.

Há uma lei moral. Como o Deus teísta é um ser moral e como a humanidade foi criada à sua imagem, e a conseqüência moral do teísmo é que o dever supremo das pessoas é obedecer à lei moral. Essa lei tem autoridade absoluta, já que vem de Deus (v. MORALIDADE, NATUREZA ABSOLUTA DA). Ela está acima de qualquer lei humana. É prescritiva, não apenas descritiva, como são as leis da natureza.

Recompensas e castigo futuros. Cada vida individual, como toda a história, tem um fim ou objetivo. Ações morais humanas serão recompensadas ou castigadas. Não haverá reencarnação nem segunda chance após a morte. Cada pessoa será recompensada ou castigada segundo a relação do indivíduo com Deus durante sua vida (v. INFERNO). Isso se relaciona com o que a pessoa "fez" ou com a graça de Deus. Alguns teístas modernos minimizam (ou negam) o aspecto de punição do destino humano, esperando que todos sejam salvos (v. UNIVERSALISMO) ou pelo menos aniquilados, se forem incrédulos. Mas os teístas tradicionais acreditam que isso é ilusão. Todos os teístas, no entanto, admitem a existência de um dia em que haverá justiça.

Avaliação. Muitos não-teístas acreditam literalmente que o teísmo é bom demais para ser verdadeiro. Sigmund Freud escreveu: Dizemos para nós mesmos: seria muito bom se houvesse um Deus, que fosse criador do mundo e provedor benevolente, se houvesse uma ordem mundial moral e uma vida futura, mas ao mesmo tempo é muito estranho que seja exatamente isso que desejaríamos para nós mesmos (FREUD, p. 57-8).

A verdadeira questão, é claro, não é quão satisfatória pareça ser a cosmovisão, mas se é verdadeira. Muitos não-teístas acreditam que ela não é verdadeira (v. DEUS, SUPOSTAS REFUTAÇÕES DE). Outros se contentam apenas em tentar demonstrar que argumentos a favor da existência de Deus falham (v. DEUS, OBJEÇÕES ÀS PROVAS DE). Ambos são malsucedidos, e há bons argumentos de que o Deus teísta existe (v. COSMOLÓGICO, ARGUMENTO; MORAL, ARGUMENTO; TEOLÓGICO, ARGUMENTO), e que há absolutos morais e vida após a morte — parte essencial de uma cosmovisão teísta.

Fontes

AGOSTINHO, *O livre arbítrio*.
___, *On the nature of the good*.
___, *A cidade de Deus*.
S. FREUD, *O futuro de uma ilusão*.
N. L. GEISLER e W. WATKINS, *Worlds apart: a handbook on world views*, cap. 2.
___ e W. CORDUAN, *Philosophy of religion*.
G. Leibniz, *Theodicy*.
C. S. Lewis, *Cristianismo puro e simples*.
TOMÁS DE AQUINO, *Suma contra os gentios*.
___, *Do mal*.

teísta, evolução. V. EVOLUÇÃO TEÍSTA.

teológico, argumento. Quatro tipos de argumentos "clássicos" são usados na tentativa de estabelecer a existência de Deus: o ARGUMENTO ONTOLÓGICO, o ARGUMENTO MORAL, o ARGUMENTO COSMOLÓGICO e o ARGUMENTO TEOLÓGICO. O argumento ontológico baseia-se no conceito de um Ser Necessário para provar a existência desse Ser. Desde a época de Immanuel KANT, o argumento ontológico foi amplamente desacreditado. O argumento moral é o argumento baseado na existência da lei moral para provar a existência do Legislador Moral. O argumento cosmológico usa a existência do cosmo para chegar ao Criador. O argumento teológico

parte do planejamento, ou projeto, para o Planejador ou Projetista. Algumas formas do argumento teleológico podem ser encontradas no início da filosofia grega. Ele pode ser encontrado em Sócrates (*Memorabilia* de Xenofon 1.4.4ss.), PLATÃO (*Phaedo*) e FÍLON (*Works of Philo* 3.182, 183.33). No entanto, chegou ao auge mais tarde, na Idade Média e no mundo moderno (v. PALEY, WILLIAM).

Argumentos baseados em planejamento. *O governador do mundo de* TOMÁS DE AQUINO. Apesar de Aquino ser mais conhecido pelo argumento cosmológico, o último dos seus "Cinco Caminhos" para provar a existência de Deus é argumento teleológico. Aquino o chama argumento do *"governo do mundo"* (Aquino 1.2.3):

1. Todo agente age para um fim, até agentes naturais.
2. O que age para um fim manifesta inteligência.
3. Mas os agentes naturais não têm inteligência própria.
4. Logo, são direcionados para seu fim por alguma Inteligência.

A primeira premissa é simplesmente o *princípio de teleologia* ou princípio de finalidade (v. PRIMEIROS PRINCÍPIOS). Entre a primeira e a segunda premissa existe a pressuposição de que todas ou a maioria das coisas na natureza podem ser chamadas "agentes". Elas se movem para um fim, seja a sobrevivência seja a reprodução, e movem-se em direção a propósitos secundários que não têm relação consigo mesmas. No todo sua existência e suas ações tornam o mundo habitável, belo, ou agradável ou significativo. Esses agentes atuam de maneiras previsíveis e determinadas que parecem trabalhar em prol dos melhores resultados. Se a pessoa aceita a suposição e as duas primeiras premissas como razoáveis, cai na armadilha da terceira premissa, que tudo que carece de inteligência deve estar direcionado a um fim, como uma flecha é direcionada pelo arqueiro. A inteligência que direciona tudo corresponde ao conceito de *Deus* (Burrill, p. 165-70).

O relojoeiro de Paley. Uma das formas mais populares do argumento foi fornecida por William PALEY (1743-1805), deão de Carlisle. Paley insistiu em que, se alguém encontrasse um relógio num campo vazio, concluiria corretamente que o objeto teve um relojoeiro, por causa do seu planejamento óbvio. Da mesma forma, quando alguém olha para o projeto ainda mais complexo do mundo em que vivemos, só pode concluir que há um grande Projetista por trás dele. Vamos apresentar o argumento de forma resumida (ibid.).

1. O relógio mostra que foi montado para um propósito inteligente (marcar as horas):
   a) Tem uma mola para dar-lhe movimento.
   b) Tem uma série de rodas para transmitir esse movimento.
   c) As rodas são feitas de bronze para que não enferrujem.
   d) A mola é feita de aço por causa da resistência desse metal.
   e) A tampa é de vidro para que se possa ver através dele.
2. O mundo aponta uma evidência ainda maior de planejamento que um relógio:
   a) O mundo é uma obra de arte ainda maior que um relógio.
   b) O mundo tem planejamento mais sutil e complexo que um relógio.
   c) O mundo tem uma variedade infinita de meios adaptados aos fins.
3. Logo, se a existência de um relógio implica um relojoeiro, a existência do mundo implica um Projetista inteligente ainda maior (Deus).

O projetista de máquinas de Cleantes. Nos *Dialogues concerning natural religion* [*Diálogos sobre a religião natural*], de David Hume, o teísta fictício Cleantes oferece uma forma semelhante (p. 171-6):

1. Todo projeto implica um projetista.
2. Grandes projetos implicam um grande projetista.
3. Há um grande projeto no mundo (como o de uma grande máquina).
4. Logo, deve haver um grande Projetista do mundo.

O argumento vai além do de Paley. Cleantes usa ilustrações de projeto diferentes do relógio ou da máquina. O olho humano, relações entre homem e mulher, um livro e uma voz do céu são todos usados para ilustrar planejamento. Também deixa claro que o argumento teológico é um *argumento de analogia*, insistindo em que efeitos têm causas relacionadas. Cleantes faz alusão ao acaso como explicação improvável de que uma voz distinta do céu poderia ser um assobio acidental do vento. Finalmente, insiste em que irregularidades na natureza não afetam o argumento. Antes, essas são as exceções que estabelecem a regra.

Hume usou esse argumento para antecipar algumas de suas críticas, tornando mais forte sua refutação final. No entanto, Hume não faz justiça ao argumento de Paley (v. PALEY, WILLIAM).

Objeção de Mill. John Stuart MILL (1806-1873) protestou contra a forma do argumento da analogia de Paley e ofereceu o que considerava ser um argumento melhor. Sua objeção não destrói o argumento, mas o enfraquece (ibid., p. 177-84):

1. O argumento de Paley é baseado na analogia — semelhança em efeito implica semelhança em causa.
2. Esse tipo de analogia é mais fraco quando as diferenças são maiores.
3. Há uma diferença significante que enfraquece esse argumento.
   a) Relógios implicam relojoeiros apenas porque, por experiência prévia, sabemos que relógios são feitos por relojoeiros.
   b) Da mesma forma, pegadas implicam seres humanos e estrume implica animais apenas porque a experiência prévia nos informa que é assim, não porque haja qualquer planejamento intrínseco nos restos.
4. Logo, o argumento de Paley é mais fraco do que ele pensava.

Depois de criticar a forma de Paley do argumento teológico, Mill ofereceu o que considerava ser sua expressão mais forte. É baseado no "método de concordância" indutivo de Mill. Esse argumento foi o mais fraco dos métodos indutivos de Mill, mas ele considerava o argumento teológico uma forma forte desse tipo de indução. Mill começou com o aspecto orgânico em vez de com o aspecto mecânico da natureza.

1. Existe a cooperação de muitos elementos diferentes no olho humano.
2. Não é provável que a seleção natural tenha reunido esses elementos.
3. O método de concordância argumenta a favor de uma causa comum para o olho.
4. A causa foi uma causa final (projetista), não uma causa eficiente (produtora).

Mas Mill admitiu que a explicação alternativa da evolução diminui a força dessa forma. Grande parte do que parece ser planejamento é explicado na evolução pela seleção natural (v. EVOLUÇÃO BIOLÓGICA).

Réplica de Hackett. Stuart C. Hackett discorda de Mill quanto à questão se o método de analogia enfraquece inerentemente o argumento (Hackett, p. 106):

1. Todos os compostos que envolvem a relação de meios complexos para produzir um resultado significativo são compostos cuja inteligência é um aspecto indispensável.
2. O universo de espaço e tempo é um composto no qual meios complexos são relacionados de forma a produzir resultados significativos (v. ANTRÓPICO, PRINCÍPIO).
3. Logo, o universo de espaço e tempo é um composto cuja inteligência é um aspecto indispensável.

Certamente esse argumento procede por analogia, já que o universo de espaço e tempo é classificado com todos os outros compostos aparentemente semelhantes. Mas Hackett afirma que essa característica dificilmente pode ser considerada uma falha. Ele afirma:

> De fato, esse raciocínio envolve analogia; não obstante, deve ser ressaltado que praticamente todo raciocínio sobre o trivial envolve analogia, [...] de forma que a rejeição do princípio analógico seria praticamente equivalente a considerar todo raciocínio factual ilegítimo (ibid., p. 104).

A fraqueza da desigualdade demonstrada na terceira premissa de Mill foi atacada por outros. Mas, como Hackett também demonstra, a semelhança para a analogia não está na produção do artefato, mas nas características que nos levam a tirar conclusões relativas à sua produção.

Alvin Plantinga, apesar de não ser um defensor do argumento teleológico, também demonstrou que essa crítica não é tão poderosa quanto parece. O universo é singular de várias maneiras, mas de maneiras cruciais certamente apresenta semelhança suficiente com outras coisas a ponto de não podermos descartar imediatamente analogias indutivas (Plantinga, p. 97-107).

Mesmo assim, Mill nos deixa com a possibilidade de que o planejamento aparente no universo seja apenas o resultado da seleção natural. Essa questão é examinada mais detalhadamente por Russell.

Refutação evolutiva de Russell. Bertrand RUSSELL (1872-1970) tentou a refutação do argumento teleológico a partir da evolução. A lógica pode ser afirmada desta forma (Russell, p. 589):

1. A adaptação dos meios aos fins no mundo é ou resultado da evolução ou resultado de planejamento.
2. Essa adaptação é resultado da evolução.
3. Logo, essa adaptação não é resultado de um planejamento.

A questão de Russell é que, se a adaptação pode ser explicada pela seleção natural, não há necessidade de invocar o planejamento para explicá-la. É claro que o argumento de Russell não constitui uma conseqüência lógica, pois não há razão lógica pela qual a adaptação não possa ser resultado da evolução e do planejamento (v. EVOLUÇÃO BIOLÓGICA). Além disso, não há necessidade de supor que a seleção natural pode explicar toda adaptação (Geisler, *Origin science*). E se a seleção natural não pode explicar todo planejamento aparente, isso dá alguma força para o argumento do planejamento. Logo, o argumento de Russell não refuta o argumento teleológico; no máximo, força uma modificação no argumento.

Alternativas de Hume à teleologia. A crítica mais famosa do argumento teleológico vem de Hume. Apesar de muitos estudiosos acreditarem ser essa a opinião do próprio Hume, ele colocou duas respostas para o argumento teleológico na boca de um cético, Fílon.

Argumento de Hume pressupõe planejamento. O primeiro argumento é baseado na pressuposição de que há planejamento na natureza (Burrill, p. 184-91). Na verdade ele considera o que esse raciocínio pode provar sobre Deus. Na melhor das hipóteses, o Deus indicado por esse planejamento seria:

1. Diferente da inteligência humana, já que invenções humanas diferem das da natureza;
2. Finito, já que o efeito é finito (e a causa é igual ao efeito);
3. Imperfeito, pois há imperfeições na natureza;
4. Múltiplo, pois a criação do mundo parece mais a construção cooperativa de um navio;
5. Masculino e feminino, pois é assim que os humanos procriam;
6. Antropomórfico, pois suas criaturas têm olhos, orelhas, narizes e outras características físicas.

Segundo Hume, o máximo que se pode concluir a partir da pressuposição de que há planejamento no mundo é que o mundo surgiu de algo parecido com um planejamento. No mínimo, o mundo pode ser o produto grosseiro de algum(ns) deus(es) infantil(is) ou o resultado inferior produzido por alguma(s) divindade(s) senil(is).

Argumento de Hume sem pressupor planejamento. O segundo argumento de Hume (por meio do personagem literário "Fílon") não pressupõe que haja planejamento no mundo (ibid., p. 191-8). Insiste em que é possível que o mundo tenha surgido por acaso:

1. A aparente ordem no mundo resultou do planejamento ou do acaso (mas não ambos, pois são mutuamente excludentes).
2. É completamente plausível que o mundo tenha resultado do acaso. a) É possível que o universo de matéria em movimento seja eterno. b) Numa infinidade de operações aleatórias, toda combinação será realizada. c) As combinações que se adaptam melhor tendem a se perpetuar depois que acontecem. d) O que não se adapta tende a mudar até que também se adapte. e) Logo, a adaptação "ordenada" atual do universo pode ser resultado do puro acaso.

Fílon acrescenta o argumento da adaptação evolutiva: A adaptação animal não pode ser usada para provar planejamento ou projeto, pois não poderia sobreviver sem se adaptar ao ambiente. Se as coisas não podem ser diferentes do que são, não há evidência de planejamento inteligente. Contudo, Fílon admite que é difícil explicar órgãos não necessários para a sobrevivência. Por que dois olhos e dois ouvidos? Ao observar que teorias de planejamento no universo têm problemas e absurdos, Fílon sugere a suspensão do julgamento sobre a questão da existência de Deus. A base para essa mudança de método foi estabelecida por Hume no argumento de Fílon. A partir daí, qualquer argumento de qualquer um dos lados precisa lidar com a escolha entre um projetista cósmico e o acaso. E, para fazer esse tipo de argumento funcionar, não é suficiente apenas defender a própria teoria. Torna-se necessário mostrar que o argumento do outro é insuficiente. O teísta teleológico deve demonstrar tanto que a existência de Deus explica o planejamento como que o mundo não surgiu do acaso.

O planejamento antecipatório de Taylor. Com o surgimento da evolução, parecia para alguns teístas que a sobrevivência do argumento teleológico dependia da sua capacidade de lidar com as alternativas evolutivas e do acaso. É exatamente isso que A. E. Taylor esperava conseguir com seu argumento baseado no planejamento avançado aparente na natureza (Burrill, 209-32). Ele pode ser resumido assim:

1. A natureza revela uma ordem antecipatória; planeja sua preservação. a) A necessidade corporal de oxigênio é antecipada pelas membranas que o fornecem. b) Muitos insetos depositam ovos onde a comida está disponível para sua prole. c) Os movimentos de um gato são antecipados para capturar presas.
2. O planejamento antecipado da natureza não pode ser explicado apenas pelas leis físicas. Há inúmeras direções em que os elétrons poderiam ir, mas movem-se de acordo com o planejamento antecipado necessário para preservar o organismo. a) Esse é o caso em organismos saudáveis e doentes (e.g., anticorpos). b) Com base apenas nas leis físicas, más adaptações seriam tão prováveis quanto boas adaptações. c) Se não recorrermos ao absurdo, algo mais que leis físicas deve explicar a superação de altas improbabilidades.
3. A mente ou inteligência é a única condição conhecida que pode remover essas improbabilidades do surgimento da vida. a) A mente humana é evidência direta da adaptação antecipatória. Os seres humanos planejam com antecedência. Pessoas idosas fazem testamentos. Nenhum jurado considera um homem culpado de assassinato em primeiro grau sem que tenha previsto o resultado das suas ações. b) Até cientistas que reduzem antecipação a ação reflexa complicada não vivem dessa maneira. Eles escrevem livros esperando que outros os leiam. Votam na esperança de que isso trará um futuro melhor.
4. A mente ou inteligência que explica adaptações antecipatórias não pode ser explicada como resultado da evolução. a) A mente não é a força vital que resultou da evolução e depois assumiu a direção e a matéria sem vida, pois o planejamento adiantado que deu origem à mente só pode ser explicado como resultado da Mente. Usamos ferramentas que outras mentes projetam, mas alguma mente teve de fazer a primeira ferramenta. Da mesma forma, o fato de a mente poder usar a natureza como instrumento supõe que o processo da natureza que produziu a mente é em si inteligentemente direcionado. b) O próprio surgimento e persistência das espécies é impossível sem adaptação preparató-

ria do ambiente. Sem os elementos químicos corretos sob condições diferentes, a vida não é possível. c) Logo, ou a adaptação prospectiva não tem sentido ou uma Mente guia todo o processo.

5. A seleção natural darwiniana (v. DARWIN, CHARLES) não pode explicar o planejamento antecipado evidente na natureza, pois: a) Os mais adaptados não são necessariamente os melhores; os mais estúpidos às vezes sobrevivem (e.g., um bêbado num acidente). b) Até mutações implicam planejamento, já que possibilitam a evolução. Mutações não devem ser aleatórias e imparciais, e sim devem ocorrer com propósito, implicando planejamento. E mutações não devem ser pequenas e graduais, mas grandes e repentinas. Isso indica planejamento. c) O darwinismo não explica, apenas pressupõe a vida com um ambiente preparatório. d) A mente humana não pode ser explicada pela sobrevivência do mais forte ou adaptado, pois não há razão para esses ajustes produzirem a capacidade de prever, e a mente humana não se adapta ao ambiente, mas o transforma. e) Logo, se a mente não foi totalmente produzida pela natureza, deve ter sido ativa na produção da natureza, já que a natureza indica planejamento avançado explicado apenas pela inteligência.

O planejamento avançado de Taylor é uma percepção maior do que é conhecido por princípio antrópico. Segundo esse princípio, a possibilidade da vida humana e tudo o que leva a ela foi estabelecido a partir do momento da origem instantânea do universo material. Pois, se as condições que foram estabelecidas naquele momento fossem um pouco diferentes, nem a vida, em geral, nem a vida humana poderiam surgir. Isso é evidência forte do planejamento antecipatório desde o princípio do universo (v. Ross).

Taylor admite que objeções podem ser feitas contra o argumento teleológico. Ele afirma, no entanto, que elas não afetam o argumento básico, mas são aplicáveis apenas a certas pressuposições injustificáveis que às vezes estão ligadas ao argumento. O argumento teleológico em si, pelo menos conforme o planejamento aparente nas adaptações antecipatórias da natureza, é válido.

A nova forma do argumento. A segunda crítica de Hume ao argumento teleológico conseguiu mudar a forma do argumento. Em essência, o raciocínio assumiu esta forma:

1. O universo resultou do planejamento ou do acaso.
2. É altamente improvável que tenha resultado do acaso.
3. Logo, é altamente provável que o universo tenha sido planejado.

A alta improbabilidade de um acontecimento aleatório é devida ao fato de que não há, como Fílon supôs, no argumento de Hume, uma eternidade de tempo para realizar o arranjo ordenado no qual as coisas agora se encontram. Há apenas determinada quantidade de bilhões de anos geológicos para as coisas assumirem sua forma atual. Hackett disse:

> Concluo que a idéia de acaso simplesmente não dá qualquer explicação racionalmente plausível da ordem significativa do universo e que, portanto, o princípio de atividade propositadamente direcionada oferece uma explicação surpreendentemente mais razoável (Hackett, p. 106).

Tentando tapar o furo. A probabilidade do acaso é muito pequena. Os defensores do argumento teleológico tentaram tapar os furos criados pelo argumento do acaso proposto por Hume. Alguns enfrentaram o desafio e argumentaram simplesmente que a probabilidade do acaso não é muito boa.

Os teístas (v. TEÍSMO) argumentaram que a probabilidade de tirar dois seis ao lançar dois dados é de uma em trinta e seis, mas isso não significa que realmente serão necessárias trinta e seis jogadas para obter dois seis. Pode acontecer na primeira jogada. Da mesma forma, a probabilidade *a priori* contra o universo surgir do acaso é imensa. No entanto, na verdade (*a posteriori*) o universo existe, e poderia ter acontecido dessa maneira, não importa quão remota a probabilidade.

Julian HUXLEY, arquidefensor da evolução, estimou que, pela freqüência conhecida de mutações úteis durante a escala de tempo conhecida, a probabilidade contra a evolução acontecer por acaso é de 1 em 1 seguido de três milhões de zeros (15 páginas de zeros) (Huxley, p. 46). Huxley acreditava, no entanto, que a seleção natural foi o processo que superou a enorme improbabili-dade. Mas, do ponto de vista do teleologista, a seleção natural funciona como um tipo de inteligência suprema, decidindo com aparente antecipação milhares de pontos contra probabilidades de um em mil. O que, além de planejamento antecipado inteligente, poderia fazer a seleção correta tão sistematicamente, contra improbabilidades tão esmagadoras?

Talvez a objeção mais grave ao argumento teleológico venha da hipótese do acaso: o planejamento no universo conhecido pode ser apenas um episódio temporário e fragmentado na história de todo o universo (um tipo de oásis de planejamento e organização no grande deserto do acaso). F. R. Tennant responde a essa alternativa (em Hick, p. 120-36) ao demonstrar que isso é concebível, mas altamente improvável porque:

1. As meras possibilidades do mundo desconhecido (ou incognoscível) não podem ser usadas para refutar as probabilidades no mundo conhecido.
2. Não há evidência para apoiar a tese de que o mundo conhecido é uma mentira para o mundo desconhecido.
3. O universo conhecido não é isolado do desconhecido, mas interligado a ele e interdependente dele.
4. A termodinâmica (v. TERMODINÂMICA, LEIS DA) torna improvável o desenvolvimento completamente aleatório.
5. A reorganização aleatória da matéria por forças mecânicas não pode explicar a origem da mente e da personalidade.
6. A grandeza qualitativa dos valores humanos no oásis do mundo conhecido é maior que a imensidão quantitativa do mundo desconhecido.

Depois de tentar tapar o suposto furo no argumento teleológico, Tennant oferece sua forma revisada. Ela é baseada no que ele chama de teleologia mais ampla: inúmeros casos de planejamento conspiraram para produzir e manter, por meio de ação unida e recíproca, uma ordem geral. O valor em argumentar que a natureza como um todo é planejada é, segundo Tennant, que tal argumento não é suscetível a muitas das críticas às quais a teleologia "estreita" está aberta.

Por exemplo, uma teleologia mais ampla não exige que todos os detalhes do processo sejam antecipados. Um processo deliberado pode produzir, como subproduto, alguns males inevitáveis. (Por exemplo, um subproduto de lagos artificiais agradáveis é que algumas pessoas se afogarão neles.) Tennant vê seis áreas nas quais o mundo reflete sua teleologia mais ampla:

1. Adaptação do pensamento à coisa (a imaginação do mundo);
2. Adaptação das partes internas de seres orgânicos; 3. adaptação da natureza inorgânica a fins determinados;
4. Adaptação da natureza às necessidades estéticas humanas;
5. Adaptação do mundo aos objetivos morais humanos; e
6. Adaptação dos processos cósmicos de modo a culminar no *status* racional e moral de um ser humano.

Todas as partes e processos do mundo contribuíram para produzir o ser humano. Isso coloca acima de qualquer dúvida o fato de que o mundo foi planejado. William Lane Craig concorda que "as considerações sobre o cosmo também deram nova vida ao argumento do planejamento" (Craig, p. 73).

Princípio da uniformidade de Hume. Outra alternativa ao argumento do acaso de Hume é usar o próprio princípio de uniformidade. É exatamente isso que Paley fez. Na verdade, quando Hume está argumentando contra os milagres (v. MILAGRES, ARGUMENTOS CONTRA), baseia seu raciocínio no que chamou "experiência uniforme". Isso equivale a uma "prova" prática porque uma conjunção de eventos é repetida sem exceção com tanta freqüência que não se pode evitar a suposição de uma ligação causal. Usando a informação da microbiologia moderna para afirmar o princípio de Hume, o argumento teleológico pode ser afirmado da seguinte maneira:

1. Células vivas são caracterizadas pela complexidade específica. a) Cristais são específicos, mas não complexos. b) Polímeros aleatórios são complexos, mas não específicos. c) Células vivas são específicas e complexas.
2. Uma linguagem escrita tem complexidade específica (Yockey, p. 13-31). a) Uma única palavra repetida várias vezes é específica. b) Uma longa série de letras aleatórias tem complexidade. c) Uma frase tem complexidade específica.
3. A experiência uniforme nos informa que apenas a inteligência é capaz de produzir regularmente complexidade específica.
4. Logo, é razoável supor que organismos vivos foram produzidos por inteligência (v. EVOLUÇÃO QUÍMICA).

O mesmo acontece com considerações biológicas recentes que mostram uma forte analogia (na verdade, identidade matemática) entre o código genético nos organismos vivos e o código da linguagem humana produzida pela inteligência. Leslie Orgel observou que

> organismos vivos são distinguidos por sua *complexidade específica*. Cristais [...] não são considerados vivos porque não têm complexidade; misturas aleatórias de polímeros também não são porque não têm *especificidade* (Orgel, p. 189, grifo do autor).

Michael Behe também demonstrou que essa complexidade específica é irredutível, comprovando que ela não poderia ter evoluído em saltos (v. Behe). Todos os elementos básicos devem estar presentes simultaneamente desde o princípio para que funcione. À luz disso, o argumento de Paley pode ser afirmado:

1. Um ser vivo, desde o organismo unicelular mais simples até um ser humano, demonstra muitas estruturas que são complexas e específicas. Essas estruturas são semelhantes em todos os outros organismos no mesmo nível de existêcia.
2. Corpos humanos são sistemas complexos de sistemas complexos e classificam-se num contexto maior do ecossistema natural. Em cada nível, uma complexidade imensa é organizada de forma muito específica segundo a necessidade de todos os níveis superiores de organização.
3. Logo, a uniformidade do planejamento específico em todos os níveis implica intensamente um Planejador inteligente (Deus).

Duas coisas devem ser observadas com relação ao argumento teológico nesta forma. Primeiro, ele é baseado no princípio científico da regularidade. A causa de um evento é aquilo que pode produzir regularmente esse evento. Segundo, quando aplicado à origem da vida, esse argumento é baseado no princípio da uniformidade proposto por Hume: uma conjunção constante e fatores antecedentes e conseqüentes é a base para atribuir conexão causal (v. CIÊNCIA DAS ORIGENS). Paley aceitava claramente esse princípio de Hume e usou-o no seu argumento:

> Em todo lugar que vemos sinais de inteligência, somos levados por sua causa a um autor *inteligente*. E essa transição do pensamento é fundada na experiência uniforme. Vemos inteligência agindo constantemente; isto é, vemos inteligência constantemente produzindo efeitos, marcados e distinguidos por certas propriedades [...] Não vemos, sempre que somos testemunhas da verdadeira formação das coisas, nada além de inteligência produzindo efeitos, marcados e distinguidos da mesma forma. Queremos explicar sua origem. Nossa experiência sugere uma causa perfeitamente adequada para essa explicação [...] porque ela concorda com aquilo que em todos os casos é o fundamento do conhecimento — o curso constante da sua experiência (Paley, p. 37).

Logo, Hume não respondeu a Paley com antecedência. Pelo contrário, Paley baseou seu argumento no princípio da uniformidade (conjunção constante) que tomou de Hume por empréstimo. Assim, argumentou que, como a inteligência é a única causa constantemente ligada ao planejamento (tal como num relógio), a inteligência é a causa mais razoável para explicar a natureza que manifesta esse mesmo tipo de planejamento. Paley, é claro, não estava ciente da microbiologia, portanto não previu como seu argumento seria fortalecido pela descoberta da complexidade específica do DNA.

À luz do redescoberto princípio da uniformidade (conjunção constante) como base do argumento teológico, uma nova crítica à alternativa do acaso sugerida por Hume surge: ela é contrária ao princípio da conjunção constante estabelecido pelo próprio Hume. Isto é, o acaso não é uma explicação racional segundo o próprio Hume, já que uma pessoa racional deve supor como uma causa apenas aquilo que está constantemente ligado ao efeito. Mas a única causa constantemente ligada à complexidade específica (tal como aquela encontrada nos seres vivos) é a inteligência. Logo, apenas a inteligência (não o acaso) deve ser considerada a causa da vida.

O pensamento racional ou científico não é baseado em ocorrências aleatórias, mas em conjunção constante. Logo, para supor uma força natural não-inteligente como causa da complexidade específica, é preciso mostrar como ela se ligou constantemente a uma causa não-inteligente puramente natural. Isso não foi feito. Na realidade, foi demonstrado que explicações puramente naturalistas da origem da vida são implausíveis (v. Thaxton). Até elementos químicos biologicamente interessantes (tais como aminoácidos), que se acham tão distantes de uma célula viva quanto algumas palavras distam de um volume de enciclopédia, resultam apenas quando há intervenção inteligente ilegítima (como nas experiência de Urey e Miller). Hackett faz uma boa defesa em favor do argumento teológico, mas só depois de argumentar que o mundo é um efeito e Deus é sua causa. Sérias dúvidas, tais como aquelas levantadas

teológico, argumento

por Kant e C. J. Ducasse, nos levarão, em última análise, a buscar um argumento subjacente ao argumento teleológico. Kant diz que é o argumento ontológico, e Ducasse procura o argumento cosmológico.

Outras objeções. *Defeitos ontológicos no argumento teleológico.* Aqueles que se opõem ao argumento teleológico oferecem ainda outras objeções. Kant não propôs uma refutação de Deus nem sugeriu uma desconsideração completa do argumento teleológico (v. Deus, objeções às refutações de). No entanto, ele insistiu em que o argumento teleológico é inconcluso:

1. O argumento teleológico é baseado na experiência de planejamento e ordem no mundo.
2. Mas a experiência jamais nos dá a idéia de um Ser absolutamente perfeito e necessário. Pois: a) Se Deus é apenas o maior numa cadeia real de seres experimentados, então um ser maior é possível. b) E se Deus é separado dessa cadeia, ele não está sendo baseado em experiência. Nesse caso, abandonamos a base experimemental do argumento e importamos um argumento ontológico inválido da esfera do pensamento puro (Burrill, p. 199-207).
3. Logo, um Ser Necessário não pode ser provado com base no planejamento do mundo.

Isso não quer dizer, no entanto, que não haja força no argumento teleológico. Kant também ficava impressionado quando olhava para as estrelas. Quando colocou essa experiência num resumo lógico, ela assumiu a seguinte forma:

1. Há em todo o mundo indicação clara de organização intencional.
2. O bom estado dessa organização é exterior às coisas em si. Elas possuem essa ordem contingentemente, não espontaneamente.
3. Logo, há uma causa sublime e sábia (ou causas) que organizou(aram) o mundo.
4. O fato de essa causa ser única pode ser inferido da relação recíproca das partes com o universo inteiro numa adaptação mútua, formando um todo unificado.

Kant concluiu que o argumento teleológico, apesar de não ser conclusivo, tem valor. Mesmo não provando a existência de um Criador, ele indica um Arquiteto. Como a causa só pode ser proporcional ao efeito, o Arquiteto é apenas um ser muito grande, e não um ser totalmente suficiente. O argumento no máximo permite a maior causa, o que não é base suficiente para a religião. O passo da maior causa atual indicada pela experiência para a maior causa possível exigida pela razão pura é um salto ontológico injustificado. Kant concluiu que os teístas que usam o argumento teleológico para provar a existência de Deus fizeram um salto desesperado do solo da experiência para flutuar nos ares rarefeitos da possibilidade pura, sem sequer admitir que deixaram o solo.

A maioria dos teístas admite que o argumento teleológico sozinho não prova a existência de um Ser Necessário infinito que criou o universo do nada (v. criação, visões da). O argumento cosmológico é que deve fazer isso. Porém, quando combinado com o argumento cosmológico, o argumento teleológico mostra que a Causa infinita de toda existência finita é inteligente, o que se evidencia no planejamento extremamente complexo manifesto no universo. O argumento cosmológico não "flutua nos ares rarefeitos da possibilidade pura". Na realidade, começa com o mundo finito existente e real e vai para um Deus infinito existente e real. Não há nenhum truque ontológico nisso, assim como não há na conclusão de que uma pessoa com um umbigo teve uma mãe real.

O problema da perfeição. Segundo Ducasse, o argumento teleológico sofre de outros defeitos (ibid., p. 234-9). Ele descreve três defeitos básicos:

1. Não prova um Criador perfeito. a) O planejamento no mundo não é perfeito, e precisa apenas de uma causa imperfeita para explicá-lo. Os seres humanos são tão capazes de julgar o que não é proposital quanto o que é proposital. b) O mal, o desperdício e a doença demonstram ausência de propósito (v. mal, problema do).
2. Projetistas podem ser inferiores ao que projetam. Microscópios, escavadeiras e computadores têm poderes que seus inventores não têm.
3. O argumento teleológico tem os mesmos defeitos que o argumento cosmológico: a) Se o mundo precisa de um projetista, este também precisa, *ad infinitum*. b) Mas se tudo é causado (segundo o princípio da razão suficiente), não pode haver primeira causa.

Então, Ducasse oferece algo que considera a alternativa mais plausível ao argumento teleológico; ela não envolve nenhum criador.

1. A explicação mais econômica é provavelmente a correta.

2. O mundo é explicado mais economicamente por um anseio desprovido de propósito nos seres humanos (Schopenhauer) que por alguma inteligência além do mundo. a) Ele é mais simples, já que está localizado na humanidade e não dependente de causas além do mundo. b) Ele explica as coisas assim como Deus explica. Por exemplo, o olho é um anseio aleatório por visão que jamais é satisfeito.
3. Logo, é mais provável o mundo ser o resultado de um anseio aleatório do que ter surgido de um planejamento inteligente.

Esse argumento está longe de ser definitivo. Está aberto para críticas em vários pontos. Primeiro, o princípio da economia ou simplicidade é aplicado adequadamente à questão da causa do universo? O cético de Hume argumentou contra sua aplicação, e o ceticismo não pode ter as duas alternativas. Parece uma petição de princípio supor que a melhor causa venha do universo e não de fora dele. Segundo, mesmo supondo que a explicação mais simples seja a melhor, um anseio aleatório realmente é a explicação mais simples? Parece muito mais obscuro e complicado em alguns aspectos. Terceiro, como um anseio aleatório pode resultar em atividade deliberada? Como pode o efeito ser maior que a causa?

Conclusão. O argumento teleológico, é altamente provável, mas não absolutamente seguro para o planejamento inteligente manifesto no mundo. O acaso é possível apesar de não ser provável. A evidência teleológica favorece a unidade dessa causa, já que esse mundo é realmente um universo, não um "multiverso". Isso fica evidente em vista do princípio antrópico, que revela que o mundo, a vida e a humanidade foram previstos desde o momento da origem do universo material (v. evolução cósmica).

O argumento teleológico não exige que essa causa seja absolutamente perfeita. E não explica *ipso facto* a presença do mal e da desordem no mundo. O argumento teleológico é dependente dos argumentos cosmológico e moral para estabelecer esses outros aspectos de um Deus teísta.

É realmente um argumento causal que parte do efeito em direção à causa, só que argumenta com base na natureza inteligente do efeito até chegar à causa inteligente. Esse último ponto é importante, pois, se o princípio da causalidade (v. causalidade, princípio da) não pode ser apoiado, então é incorreto insistir em que deve haver uma causa ou fundamento para o planejamento no mundo. O planejamento poderia apenas existir sem uma causa. Somente se há um propósito para tudo é que se conclui que o mundo deve ter um Originador desse propósito. O argumento teleológico depende do argumento cosmológico nesse sentido importante — de que o primeiro se apropria do princípio de causalidade encontrado no segundo. Como pode ser visto facilmente por todas as formas de argumento de planejamento, a pressuposição implícita é que precisa haver uma causa para a ordem no mundo. Negue-se isso e o argumento falha, pois o suposto planejamento (se incausado) seria simplesmente gratuito.

Fontes

M. Behe, *A caixa preta de Darwin*.
D. R. Burrill, org., *The cosmological arguments: a spectrum of opinion*.
W. Craig, *Apologetics: an introduction*
N. L. Geisler, *Origin science*.
___ e W. Corduan, *Philosophy of religion*.
S. C. Hackett, *The reconstruction of the christian revelation claim*.
J. Huxley, *Evolution in action*.
L. Orgel, *As origens da vida*.
W. Paley, *Natural theology*.
A. Plantinga, *God and other minds*.
H. Ross, *The fingerprint of God*.
B. Russell, *The basic writings of Bertrand Russell*.
F. R. Tennant, *The existence of God*.
W. Thaxton, et al. *The mystery of life's origin*.
Tomás de Aquino, *Suma teológica*.
H. P. Yockey, "Self organization origin of life scenarios and information theory", *Journal of Theoretical Biology* (7 July 1981).

termodinâmica, leis da. Termodinâmica é o campo da ciência física que relaciona matéria com energia. Os princípios da termodinâmica são considerados invioláveis e são aplicados constantemente na engenharia e nas ciências, inclusive na ciência das origens (v. origens, ciência das). Os princípios termodinâmicos funcionam nos chamados sistemas macroscópicos, massa ou energia, que podem ser isolados e estudados em suas propriedades, tais como temperatura, densidade, volume, compressibilidade, expansão e contração com mudanças de temperatura. Sistemas macroscópicos são estudados em equilíbrio com seu ambiente, inclusive seu contexto supremo — o universo inteiro. Mudanças no contexto — temperatura, por exemplo — produzem reações no sistema que compensam e levam a um novo equilíbrio. A mudança de um equilíbrio para outro é chamada "processo termodinâmico". As limitações dos processos termodinâmicos que foram descobertas levaram à formulação das *leis* da termodinâmica.

Duas leis da termodinâmica, a primeira e a segunda, têm implicações importantes para criacionistas e materialistas (v. MATERIALISMO) no debate sobre as origens. Ambos os lados evocam as leis com freqüência surpreendente e níveis variados de compreensão do que realmente significam. Outras leis também desempenham papéis ocasionais na apologética.

Lei zero. A primeira lei não é realmente a "primeira" lei da termodinâmica, pois há uma lei zero que afirma que, quando cada um de dois sistemas está em equilíbrio com um terceiro, os dois primeiros sistemas devem estar em equilíbrio um com o outro. Essa propriedade de equilíbrio compartilhada é a temperatura. Basicamente isso significa que qualquer objeto certamente atingirá a temperatura do seu meio. Essa lei ocasionalmente é mencionada na física planetária e em teorias de como a terra, com seu centro em estado de fusão, precioso calor do sol e exposição ao espaço gelado, estabeleceu um equilíbrio térmico insulado pela atmosfera que possibilita a vida (v. ORIGENS, CIÊNCIA DAS).

Primeira lei. A primeira lei da termodinâmica às vezes é afirmada da seguinte maneira: "Energia não pode ser criada nem destruída". Nessa forma a lei geralmente é usada pelos não-teístas para mostrar que o universo é eterno, que não há necessidade de Deus e que certamente não pode haver nenhum Deus que criou um mundo temporal *ex nihilo* (v. CRIAÇÃO, VISÕES DA).

A primeira lei é uma lei de conservação de energia. O calor é medido em calorias de energia. Calorias podem passar de um objeto para outro, podem ser convertidas em trabalho mecânico e podem ser armazenadas, embora a energia não seja uma substância material. Mas nenhuma caloria de energia realmente desaparece. Ela apenas muda de forma.

Outra maneira mais precisa de afirmar essa lei de conservação é que "A quantidade de energia *real* no universo permanece constante". Isso não diz nada sobre como a energia surgiu no universo. Também não pode teorizar sobre se Deus poderia criar nova energia no sistema, se quisesse. É uma afirmação a partir da observação que a energia não desaparece e também de que não tem sido observado seu surgimento a partir do nada.

A afirmação "Energia não pode ser criada nem destruída" expressa dogmatismo filosófico. Trata-se de um pronunciamento metafísico não apoiado pela observação. Pelo que podemos observar, nenhuma energia nova está surgindo e nenhuma energia real está desaparecendo.

Como tal, a primeira lei não apóia cosmovisão teísta nem a não-teísta. Ela não afirma que a energia é eterna e que, por isso, Deus é desnecessário. Mas também não afirma que Deus dotou o sistema de energia num determinado momento. Simplesmente afirma que atualmente a quantidade real de energia — por mais tempo que esteja aqui — não está mudando.

Segunda lei. A segunda lei da termodinâmica é outra história. Ela pode ser enunciada: "Num sistema fechado e isolado, a quantidade de energia utilizável no universo está diminuindo". A parte *dinâmica* da *termodinâmica* está mudando para energia calorífica inutilizável, a parte *termo*. Note que essa lei não infringe a primeira lei; antes a amplia. Se a energia é constante, por que precisamos de cada vez mais eletricidade? A resposta é que a *entropia* acontece. A segunda lei afirma que "no geral, as coisas deixadas ao léu tendem à desordem". No geral, a quantidade de desordem está aumentando. A entropia — isto é, a desordem — de um sistema isolado jamais diminui. Quando um sistema isolado atinge entropia máxima, ele não pode mais mudar: atingiu o equilíbrio. Diríamos que "desgastou-se".

A segunda lei apóia uma forma do argumento cosmológico da existência de Deus. Se o universo está se desgastando, ele não pode ser eterno (v. KALAM, ARGUMENTO COSMOLÓGICO; BIG-BANG, TEORIA DO; EVOLUÇÃO QUÍMICA). Se houve um princípio, deve haver uma causa (v. CAUSALIDADE, PRINCÍPIO DA). Portanto, o universo teve uma Causa.

A segunda lei também é usada por criacionistas para argumentar contra a macroevolução (v. EVOLUÇÃO BIOLÓGICA). Os evolucionistas protestam, observando que a segunda lei se aplica apenas a sistemas fechados, tais como o universo inteiro, ao invés de sistemas abertos, como organismos vivos. É verdade que um organismo pode absorver energia do meio externo, portanto nesse aspecto a segunda lei não se aplica. Por outro lado, a segunda lei diz que essa energia natural não direcionada, suprida por comida, água e luz solar, não pode aumentar em complexidade específica. O calor do sol não ajuda uma criatura a desenvolver novos olhos para ver a luz solar. Ele sequer recarrega as baterias da criatura para que possa viver infinitamente. A entropia acontece no ciclo de vida do organismo individual e da espécie.

A segunda lei assegura que uma máquina de movimento perpétuo (ou universo) também não funcionará. Todas as máquinas gastam uma fração do seu consumo de energia para entropia, ou desgaste. A segunda lei da termodinâmica estabelece um limite máximo para a eficiência de um sistema. Ele sempre é menor que 100 %.

Terceira lei. Há uma terceira lei da termodinâmica que raramente ou nunca aparece em considerações apologéticas. Essa lei basicamente diz que um sistema jamais atinge "zero" absoluto de energia. Há uma escala de temperatura absoluta, com uma temperatura de zero absoluto. A terceira lei da termodinâmica afirma que zero absoluto pode ser quase atingido, mas nunca é completamente atingido.

Fontes

J. Collins, *A history of modern european philosophy*.
W. L. Craig, *The existence of God and the origin of the universe*.
N. L. Geisler, *Origin science*.
R. Jastrow, "A scientist caught between two faiths: interview with Robert Jastrow", *CT*, 6 Aug. 1982.
___, *God and the astronomers*.
M. D. Lemonick, "Echoes of the big bang", *Time*, 4 May 1993.
A. Sandage, "A scientist reflects on religious belief", *Truth*, 1985.
V. J. Stenger, "The face of chaos", *Free Inquiry*, Winter 1992-1993.

Tertuliano. (160/70-215/20) Quintus Septimius Florens Tertulianus. Um dos primeiros apologistas cristãos, que viveu em Cartago, Norte da África. Estudou direito e converteu-se ao cristianismo por volta de 190 d.C. Dedicou-se ao estudo das Escrituras. Separou-se da igreja instituída e tornou-se líder de um pequeno grupo montanista. Sua interação com os incrédulos da época ilustra a posição de interação entre fé e razão dos cristãos primitivos.

Entre as muitas obras de Tertuliano estão *Apologeticus* [*Apologética*], *On baptism* [*Do batismo*], *The prescription against heretics* [*Prescrição contra os heréticos*], *Against Hermogenes* [*Contra Hermógenes*], *On the flesh of Christ* [*Da carne de Cristo*], *The treatise on the soul* [*Tratado sobre a alma*], *To Scapula* [*Carta a Escápula*] e *Against Marcion* [*Contra Marcião*]. Enquanto Justino Mártir e Clemente de Alexandria são equivocadamente considerados racionalistas, Tertuliano é acusado falsamente de fideísmo.

O suposto fideísmo de Tertuliano é baseado em várias passagens. Ele escreveu: "Com nossa fé, não desejamos outra crença" (*The prescription against heretics*, p. 7). Também perguntou: "O que Atenas tem que ver com Jerusalém? Que harmonia há entre a Academia e a Igreja?" (ibid.). Até chamou filósofos de "aqueles patriarcas de toda heresia" (*Against Hermogones*, p. 8). Na sua passagem mais famosa, Tertuliano chegou ao ponto de declarar sobre a crucificação de Cristo que "certamente devemos crer nela, pois é absurda". Acrescentou: "E ele [Cristo] foi sepultado, e ressuscitou, o fato é certo, porque é impossível" (*On the flesh of Christ*, p. 5).

Tertuliano não era irracionalista, nem fideísta. Ao contrário do que se crê, Tertuliano jamais disse "Credo ad absurdum". Ele não usou a palavra latina *absurdum* aqui, que significa uma contradição racional. Pelo contrário, usou a palavra *ineptum* ou "tolo" nessa afirmação. Como o apóstolo Paulo (1Co 1.18), ele estava simplesmente observando que o evangelho parece "tolice" para os incrédulos, mas jamais afirmou que é logicamente contraditório. Semelhantemente, a ressurreição é apenas "impossível" no sentido humano, mas não realmente impossível, do ponto de vista divino.

Ênfase na razão nos escritos de Tertuliano. Como advogado e defensor da fé cristã, Tertuliano conhecia bem o valor da razão humana na declaração e defesa da fé cristã. Falou sobre a racionalidade de toda bondade (*Against Marcion*, 1.23). Disse: "Nada pode ser considerado racional sem ordem, muito menos a razão em si pode dispensar a ordem em alguém" (ibid.). Mesmo ao falar do mistério do livre-arbítrio humano (v. livre-arbítrio), Tertuliano declarou que "ele não pode ser considerado irracional" (ibid., 1.25). Também fala de aplicar "a regra da razão" como princípio direcionador na interpretação das Escrituras (*The prescription against heretics*, p. 9). Tertuliano também declarou que "todas as propriedades de Deus devem ser tão racionais quanto são naturais". Pois

nada mais pode ser adequadamente considerado bom além do que é racionalmente bom; muito menos pode a bondade em si ser abandonada por qualquer irracionalidade (Against Marcion, 1.23).

Até era contra alguém ser batizado na fé cristã se está "satisfeito em ter apenas crido, sem avaliar completamente os fundamentos e a tradição" (*On baptism*, 1).

Ocasionalmente, Tertuliano até falava favoravelmente dos filósofos, admitindo: "É claro que não negaremos que os filósofos às vezes pensam as mesmas coisas que nós pensamos". Isso acontece por causa da revelação de Deus na "natureza," isto é, "pela inteligência comum que Deus se agradou em dar à alma do homem" (*Treatise on the soul*, 2). Seu maior louvor à razão humana foi reservado para o testemunho de Deus na alma humana.

Esses testemunhos da alma são tão simples quanto verdadeiros, comuns quanto simples, universais quanto comuns, naturais quanto universais, divinos quanto naturais [...] E se tens fé em Deus e na Natureza, tem fé na alma; logo, também crerás (*Treatise on the soul*, 5).

Isso não quer dizer que Tertuliano rejeitava a revelação geral no mundo externo. Na verdade, ele disse: "Somos adoradores de um Deus cuja existência e caráter a Natureza ensina para todos os homens" (*To Scapula*, 2).

Conclusão. Apesar de sua forte ênfase na fé, Tertuliano, como Justino e Clemente, acreditava que havia um papel importante para a razão humana na defesa da verdade da religião cristã (v. FÉ E RAZÃO). Ele acreditava na REVELAÇÃO GERAL no mundo externo e interno da alma, apesar de enfatizar o segundo.

Fontes
TERTULIANO, *Against Hermogones*.
___, *Against Marcion*.
___, *Apologeticus*.
___, *On baptism*.
___, *On the flesh of Christ*.
___, *The prescription against heretics*.
___, *To Scapula*.
___, *Treatise on the soul*.

testemunhas, critérios de Hume para. David HUME (1711-1776) é o cético exemplar da era moderna (v. AGNOSTICISMO). Ele descreve os critérios básicos que considerava necessários para testar a credibilidade de testemunhas. Em suas palavras:

Suspeitamos de qualquer evento em que as testemunhas se contradizem, quando são poucas ou de caráter duvidoso, quando têm interesse naquilo que afirmam, quando dão testemunho com hesitação ou com asseverações [afirmações] violentas demais (Hume, p. 120).

Essas preocupações podem ser divididas em quatro perguntas:

1. As testemunhas se contradizem?
2. Há número suficiente de testemunhas?
3. As testemunhas foram honestas?
4. Elas foram imparciais?

Os testes de Hume podem ser aplicados prontamente às testemunhas da ressurreição de Cristo no NT.

Nenhuma contradição entre testemunhas. A evidência é que o relato das testemunhas não se contradiz (v. NOVO TESTAMENTO, HISTORICIDADE DO). Cada autor do NT conta uma parte crucial e justaposta da história.

• Cristo foi crucificado [por volta de 30 d.C.] sob Pôncio Pilatos em Jerusalém.
• Ele afirmou ser o Filho de Deus e ofereceu milagres para apoiar sua afirmação.
• Foi crucificado, dado como morto e enterrado, mas três dias depois o túmulo estava vazio (v. CRISTO, DIVINDADE DE).
• Jesus apareceu fisicamente a vários grupos de pessoas nas semanas seguintes, com o mesmo corpo marcado por cravos em que morreu.
• Provou sua realidade física a eles de forma tão convincente que esses homens céticos pregaram a Ressurreição confiantemente pouco mais de um mês depois na mesma cidade, onde milhares de judeus se converteram ao cristianismo.

Há pequenas discrepâncias nos registros evangélicos. Um registro (Mt 28.5) diz que havia um anjo no túmulo; João diz que havia dois anjos (Jo 20.12). Tais conflitos não são contradições porque não são inconciliáveis. Mateus não diz que havia *apenas* um anjo ali; isso seria uma contradição. Não temos certeza se os dois textos estão falando do mesmo momento (v. BÍBLIA, SUPOSTOS ERROS NA). Além disso, pequenas diferenças em testemunhos não são o que Hume tinha em mente em sua primeira regra. Não se espera que testemunhas autênticas e independentes dêem testemunho idêntico. Se dessem, poderíamos descartar seu testemunho, desconfiando de que estavam conspirando.

Número de testemunhas. Há 27 livros no NT, escritos por cerca de nove pessoas diferentes, todas testemunhas ou contemporâneas dos eventos que registraram.

Quando ameaçados pelas autoridades, os apóstolos disseram: "pois não podemos deixar de falar do que vimos e ouvimos" (At 4.20). Pedro afirmou ser testemunha de Jesus (1Pe 5.1). Em 2Pedro 1.16, ele escreveu:

De fato, não seguimos fábulas engenhosamente inventadas, quando lhes falamos a respeito do poder e da vinda de nosso Senhor Jesus Cristo; ao contrário, nós fomos testemunhas oculares da sua majestade.

O autor do quarto evangelho disse: "Aquele que o viu, disso deu testemunho, e o seu testemunho é verdadeiro. Ele sabe que está dizendo a verdade, e dela testemunha para que vocês também creiam" (Jo 19.35). Na verdade, João afirmou sobre Cristo:

O que era desde o princípio, o que ouvimos, o que vimos com os nossos olhos, o que contemplamos e as nossas mãos apalparam – isto proclamamos a respeito da Palavra da vida...Nós lhes proclamamos o que vimos e ouvimos... (1Jo 1.1,3).

E Lucas disse: "Muitos já se dedicaram a elaborar um relato dos fatos que se cumpriram entre nós, conforme nos foram transmitidos por aqueles que desde o início foram testemunhos oculares e servos da palavra" (Lc 1.1,2).

Seis testemunhas são cruciais para o assunto de milagres no NT (Mateus, Marcos, Lucas, João, Atos e 1 Coríntios). Esses seis livros de cinco autores testemunham a favor do milagre da ressurreição. Até teólogos críticos reconhecem que esses livros foram escritos antes de 70 d.C., enquanto contemporâneos de Cristo ainda estavam vivos. Não há dúvida de que 1Coríntios foi escrita pelo apóstolo Paulo por volta de 55 ou 56 d.C., apenas duas décadas após a morte de Cristo. Esse é um testemunho poderoso da realidade do milagre da ressurreição. É um documento bem antigo. É escrito por uma testemunha ocular do Cristo ressurreto (1Co 15.8; cf. At 9). Paulo refere-se a mais de 500 pessoas que viram e ouviram o Cristo ressurreto diretamente (1Co 15.6). Naquela época, a maioria dessas testemunhas estava viva, disponível para interrogação (v. RESSURREIÇÃO, EVIDÊNCIAS DA).

Honestidade. Poucos duvidam do fato de que o NT propõe um alto padrão de moralidade, principalmente na ênfase dada por Jesus ao amor (Mt 5–7; 22.36,37). Seus apóstolos repetiram esse ensinamento em suas obras (p. ex., Rm 13; 1Co 13; Gl 5). Viveram e até morreram pelo que ensinaram sobre Cristo (2Tm 4.6-8; 2Pe 1.14), sinal claro de sua sinceridade.

Além de ensinar que a verdade é uma ordem divina (Rm 12.9), é evidente que os autores do NT eram escrupulosos quanto à verdade em suas obras. Pedro declarou: "não seguindo fábulas engenhosamente inventadas quando lhes falamos" (2Pe 1.16). O apóstolo Paulo insistiu: "Não mintam uns aos outros" (Cl 3.9). Os autores do NT eram homens honestos, dispostos a morrer pela verdade do que haviam escrito. Além disso, onde as afirmações dos autores do Novo Testamento coincidem com a descoberta de historiadores e arqueólogos, elas provaram ser precisas (v. ATOS, HISTORICIDADE DE; ARQUEOLOGIA DO NOVO TESTAMENTO). O arqueólogo Nelson Glueck conclui:

> Pode-se dizer categoricamente que nenhuma descoberta arqueológica jamais contradisse uma referência bíblica. Foram feitas várias descobertas arqueológicas que confirmam em geral ou em detalhes exatos afirmações históricas na Bíblia" (Glueck, p. 31).

Não há prova de que os autores do NT mentiram nos seus livros ou falsificaram fatos deliberadamente. Como o especialista jurídico de Harvard, Simon Greenleaf, concluiu, seu testemunho não demonstra nenhum sinal de perjúrio (v. Greenleaf).

Finalmente, o registro do NT tem recebido forte e significativo apoio de historiadores desse período da história romana. O famoso historiador do império romano Sherwin-White criticou estudiosos que não reconhecem o valor histórico dos documentos do NT em comparação com as fontes de história romana (Sherwin-White, p. 188-91). Outro historiador conhecido do período, Colin Hemer, apresentou forte evidência que apóia a natureza histórica do Livro de Atos e sua autoria por Lucas (até 62 d.C.), colocando-a

> incontestavelmente durante a vida de muitas testemunhas oculares e contemporâneos sobreviventes de Jesus, Pedro e Paulo, como possíveis leitores que poderiam protestar ante a presença de falsificação material (Hemer, p. 409-10).

Testemunhas imparciais. As testemunhas dos milagres de Cristo, principalmente de sua ressurreição, também não estavam predispostas a acreditar nos eventos dos quais deram testemunho.

Os próprios apóstolos não acreditaram nos primeiros relatos de que Cristo havia ressuscitado dos mortos (v. RESSURREIÇÃO, EVIDÊNCIAS DA). As histórias das mulheres "não acreditaram nas mulheres; as palavras delas lhes pareciam loucura" (Lc 24.11). Mesmo quando alguns dos próprios discípulos viram a Cristo, foram "Como vocês custam a entender e como demoram a crer" (Lc 24.25). Quando Jesus apareceu aos dez apóstolos e mostrou-lhes suas feridas, eles mostraram-se vacilantes, "por não crerem ainda, tão cheios estavam de alegria e de espanto" (Lc 24.41). Tomé protestou que não acreditaria a não ser que tocasse as feridas da mão de Jesus (Jo 20.25).

Jesus também apareceu a incrédulos, pelo menos a seu irmão incrédulo, Tiago (Jo 7.5; 1Co 15.7), e ao maior incrédulo da época — Saulo de Tarso (At 9).

As testemunhas da ressurreição não tinham nada a ganhar pessoalmente com seu testemunho. Foram perseguidas e ameaçadas de morte por sua posição (cf. At 4, 5, 8). Na realidade, a maioria dos apóstolos foi martirizada. Certamente, seria muito mais proveitoso negar a ressurreição.

Descartar os testemunhos dos que acreditaram no Cristo ressurreto é como descartar a testemunha ocular de um assassinato por ter realmente visto tudo acontecer. O preconceito nesse caso não é das testemunhas, mas dos que rejeitam seu testemunho.

Finalmente, rejeitar uma testemunha só por ela apresentar algum tipo de preconceito é infundado. Todo mundo tem um preconceito ou conjunto de crenças. Nenhum testemunho seria aceito sobre nada se qualquer preconceito fosse uma desqualificação. Doutores tendem a favorecer a sobrevivência do paciente. Mas ainda pode-se confiar que darão uma análise objetiva da condição do paciente. Richard Whateley argumentou satiricamente que não acreditaria nas conquistas militares de Napoleão, já que os britânicos praticamente o detestavam e os franceses o adoravam. Mas na verdade as pessoas não descartam os testemunhos das pessoas porque elas têm preconceito. Em vez disso, examinam cuidadosamente seus testemunhos para determinar os fatos.

Conclusão. Hume foi um dos grandes céticos da era moderna. Determinou critérios pelos quais acreditava que poderia eliminar toda crença em milagres. No entanto, quando seus critérios são aplicados às testemunhas da ressurreição de Cristo, elas são consideradas dignas de crédito. Isso confirma a alegação cristã de que as testemunhas do NT era confiáveis e, portanto, de que o NT relata precisamente o que Jesus disse e fez (v. Novo Testamento, historicidade do).

Fontes

M. Burrows, *What mean these stones?*

N. L. Geisler e R. Brooks, *When critics ask*.

N. Glueck, *Rivers in the desert: a history of the Negev*.

S. Greenleaf, *The testimony of the evangelists*.

C. Hemer, *The book of Acts in the setting of hellenic history*.

D. Hume, *Investigação acerca do entendimento humano*.

A. N. Sherwin-White, *Roman society and Roman law in the New Testament*.

C. Wilson, *Rocks, relics, and biblical reliability*.

Tindal, Matthew. Advogado inglês, (1656-1733) foi um dos deístas mais conhecidos e respeitados (v. deísmo) de sua época. Sua obra mais importante, *Christianity as old as creation: or, the Gospel, a republication of the religion of nature* [*O cristianismo tão antigo quanto a criação: ou, o Evangelho, uma republicação da religião da natureza*] (1730), só foi publicada quando ele tinha cerca de 74 anos de idade. Por sua influência e abrangência, foi chamada a "Bíblia deísta". Essa obra importante ocasionou mais de 150 respostas, inclusive a crítica clássica do deísmo, *Analogy of religion* [*Analogia da religião*] (1872), de Joseph Butler.

Existência e natureza de Deus. A visão de Tindal da existência e natureza de Deus era muito semelhante a dos teístas. Ele acreditava que Deus era completamente perfeito, infinitamente amoroso, eterno, justo, misericordioso, imutável, onipresente, onisciente, verdadeiro, benevolente, sábio, sem partes e invisível (Tindal, p. 39, 41-2, 44-5, 65-6, 87). Ele também acreditava que Deus era impassível, isto é, sem paixões. Como argumentou:

Se nos atrevermos a consultar nossa Razão, ela nos dirá que a inveja em relação a honra e poder, amor à fama e glória só podem pertencer a criaturas limitadas; mas são tão necessariamente excluídas de um Ser ilimitado e absolutamente perfeito quanto raiva, vingança e paixões semelhantes; o que faria a divindade se assemelhar à parte fraca, feminina e impotente da nossa natureza, em vez de à parte masculina, nobre e generosa (ibid., p. 39).

Da mesma forma, Deus não é movido pelas ações do homem. Pois

se Deus pudesse, estritamente falando, ficar com raiva, ser provocado ou ficar entristecido com a Conduta dos meros Mortais, ele não teria um Momento de Paz; mas deve ser muito mais miserável que as Criaturas mais infelizes. Ou: Se Deus tivesse algum conforto, ou satisfação a obter dos pensamentos e ações das suas Criaturas, ele jamais teria uma infinidade delas contribuindo juntamente para esse fim" (ibid.).

Criação e humanidade. Segundo Tindal, o universo foi criado por Deus *ex nihilo* (do nada). Os seres humanos também foram criados pela ação criativa direta de Deus:

é Deus quem do nada nos cria, nos forma segundo o modo que lhe agrada, grava em nós as faculdades, disposições, desejos e paixões que deseja (ibid., p. 29, 30, 106).

Quanto à razão de Deus ter criado todas as coisas, Tindal afirma que não foi por qualquer carência ou necessidade de Deus, já que absolutamente perfeito. Pelo contrário a motivação de Deus para criar foi apenas o bem das suas criaturas (ibid., p. 30).

Relação de Deus com o mundo. Segundo Tindall, Deus não só criou todas as coisas, mas também preserva ou sustenta constantemente todas as coisas. Logo, tudo é dependente de Deus para sua existência e preservação, ao passo que Deus não depende de nada para sua existência ou caráter. Na verdade, Deus não precisa de nada das suas criaturas, já que é totalmente perfeito e auto-suficiente em si mesmo (ibid., p. 30, 44-6).

Deus também é o Governador cósmico do mundo. Suas leis divinas são as da natureza, que governam as atividades das suas criaturas. Essas leis naturais são perfeitas, imutáveis e eternas, pois governam as próprias ações de Deus. Conseqüentemente, essas são as mesmas leis pelas quais Deus "espera que todo o mundo racional governe" suas ações. Para assegurar isso, Deus "continua a implantar diariamente" sua lei "nas mentes de todos os homens, cristãos e outros" (ibid., p. 59, 114).

Deus estabeleceu o objetivo ou fim de todas as ações — a honra de Deus e o bem do homem —, mas não o meio:

Isso não só ordena que *ímpios devem ser punidos*, mas que homens, segundo as circunstâncias diferentes em que estão, devem tomar as medidas necessárias para fazê-lo, e variar conforme as exigências demandarem; então isso não só requer que a justiça seja feita com os homens quanto a suas várias reivindicações, mas também que a maneira mais rápida e eficaz de fazê-lo deve ser usada; e o mesmo pode ser dito sobre todas as outras instâncias dessa natureza (ibid., p. 115).

A lei natural revela *o quê* as pessoas devem buscar, mas não revela exatamente *como* atingir esse fim (ibid., p. 70, 107). Isso é adequado.

Se Deus interferisse mais e prescrevesse uma maneira específica de fazer essas coisas, das quais os homens nunca, nem de forma alguma variam, ele apenas se interporia desnecessariamente, mas em detrimento do fim para o qual assim se interpôs (ibid., p. 115).

Logo, Deus não precisa interferir nas questões de sua criação, nem deve. As leis naturais que estabeleceu são suficientes para o governo contínuo do mundo. Milagres não acontecem (v. MILAGRES, ARGUMENTOS CONTRA).

Seres humanos. Os seres humanos são pessoais, racionais e livres, mas é a razão "que nos torna a imagem do próprio Deus, e é a ligação comum que une o céu e a terra". Pela razão podemos provar a existência de Deus, demonstrar os atributos de Deus e descobrir e entender toda a religião natural. Tindal definiu *religião natural* como

a crença na existência de um Deus, e a sensatez e prática desses deveres, que resultam do conhecimento, que nós, por

nossa razão, temos dele, e suas perfeições; e de nós mesmos, e nossas próprias imperfeições; e da relação que temos com ele, e com nossas co-criaturas (ibid., p. 13).

Toda pessoa é capaz de chegar aos artigos básicos da religião natural: 1) crença em Deus; 2) adoração a Deus; e 3) fazer o que é para seu próprio bem ou felicidade, e promover o bem-estar comum (ibid., p. 11-18).

Tindal reconhecia prontamente que nem todas as pessoas aceitavam a religião natural revelada na natureza. A razão para isso, segundo ele, era por causa de uma "fraqueza inata" de crer em superstições. Dessa fraqueza surge a maior parte dos problemas da humanidade (ibid., p. 165, 169).

Apesar de muitas pessoas terem se desviado da religião natural, Deus fez a natureza humana agir de acordo com o restante da natureza. Os que não agem assim estão contradizendo a própria natureza racional, agindo portanto irracionalmente (ibid., p. 26).

Origem e natureza do mal. Tindal acreditava que o mal surgiu porque as pessoas sucumbiram à superstição e agem contra a ordem natural das coisas (v. MAL, PROBLEMA DO). Acreditava que algumas pessoas precisavam de um salvador para seus pecados. Jesus Cristo veio para "ensinar" essas pessoas "a se arrepender da violação dos deveres conhecidos". Como Tindal indica, Jesus disse: "... não vim chamar justos, mas pecadores [ao arrependimento]" (Mt 9.13). Há dois tipos de pessoas, disse Tindal, as "saudáveis ou justas" e as "doentes ou pecadoras". Jesus trabalhou somente com as primeiras, pois "só há um remédio universal para todas as pessoas doentes: *arrependimento* e *retificação*". Isso foi revelado na natureza desde a criação (ibid., p. 48-9). Além disso, se Deus, que não faz acepção de pessoas, julgará o mundo com justiça e aceitará os justos, os justos não precisam de médico. Já estão vivendo de maneira que agrada a Deus. Cristo veio para reformar os que não têm um nível suficiente de moralidade (ibid., p. 49).

Natureza da ética. "O princípio do qual todas as ações humanas flui é o desejo de felicidade", escreveu Tindal. Esse princípio central é o "único princípio inato na humanidade" e deve, assim, ter sido implantado por Deus. Como os seres humanos são criaturas racionais, sua felicidade é encontrada quando eles governam todas as suas "ações pelas regras da razão correta". Essas regras de disciplina são baseadas nas perfeições morais de Deus descobertas na natur1eza. Quando vivemos de acordo com as regras da razão correta, implantamos cada vez mais em nós as perfeições morais de Deus, das quais a felicidade dele [e a nossa] é inseparável [ibid., p. 23-4, 30).

"A partir dessas premissas", disse Tindal, "podemos concluir que os homens, segundo aquilo que compartilham ou não com a natureza de Deus, devem inevitavelmente ser felizes ou miseráveis". Na sabedoria de Deus, as conseqüências das ações boas e más são encontradas na felicidade ou infelicidade nesta vida. Logo, "não há virtude que não tenha algum bem ligado inseparavelmente a ela; e nenhum defeito que não leve necessariamente consigo algum mal" (ibid., p. 25).

Tindal rejeitou a idéia de que qualquer livro ou quaisquer livros poderiam ser usados por Deus para revelar o que é certo ou errado. Um livro não poderia incluir todos os casos. Mas a luz da natureza nos ensina nosso dever na maioria dos casos (ibid., p. 27).

História e destino. Tindal tinha pouco a dizer sobre a história. Acreditava que a história mostra como as pessoas foram enganadas por líderes religiosos gananciosos e desonestos que tiram vantagem da tendência do homem de acreditar em superstições (ibid., p. 169).

Ele também tentou desacreditar a historicidade da Bíblia (v. BÍBLIA, CRÍTICA DA). Ridicularizou muitas histórias bíblicas, como os registros do jardim do Éden, a Queda do homem, a luta de Jacó com Deus e a mula falante de Balaão. Ele também argumentou que muitos milagres registrados na Bíblia eram semelhantes a mitos pagãos e por isso também era míticos (ibid., p. 170, 192, 229, 340-9).

Tindal acreditava em vida após a morte. A natureza racional da humanidade sobreviverá à morte e passará para outra vida, onde não há "coisas sensuais para desviar seus pensamentos". Também haverá um "Dia Final" em que Deus julgará todos os seres humanos, não pelo que disseram ou creram, "mas pelo que fizeram mais que outros". O julgamento de Deus será imparcial e justo, já que "Deus sempre deu à humanidade meios suficientes de saber o que ele requer dela, e quais são estes meios" (ibid., p. 1, 25-6, 51).

Avaliação. O anti-sobrenaturalismo do deísmo é criticado nos artigos sobre deísmo, em deístas como Thomas JEFFERSON e Thomas PAINE, e em artigos sobre milagres específicos como o NASCIMENTO VIRGINAL e a RESSURREIÇÃO DE CRISTO. V. tb. MILAGRE E MILAGRES, ARGUMENTOS CONTRA. Historicamente, duas das melhores críticas de Tindal foram de Butler (*Analogy of religion*) e de Jonathan EDWARDS em várias das suas críticas ao deísmo, racionalismo e universalismo.

Fontes

J. BUTLER, *Analogy of religion*.
J. EDWARDS, *The works of Jonathan Edwards*.
N. L. GEISLER, *Worlds apart: a handbook on worldviews*, cap. 5.
H. M. MORAIS, *Deism in eighteenth century America*.
J. ORR, *English deism: its roots and its fruits*.
M. TINDAL, *Christianity as old as the creation: or, the Gospel, a republication of the religion of nature*.

Tomás de Aquino. O maior teólogo, filósofo e apologista da igreja medieval (1224-1274). Nascido na Itália, filiou-se à ordem dominicana. Estudou em Nápoles e Paris. Começou uma escola em Colônia e lecionou em Paris durante quase toda sua carreira. Esteve durante oito anos na Cúria papal em Roma. Foi canonizado pela Igreja Católica Romana em 1326. Aquino escreveu *De anima* [Da alma], *De ente et essentia* [Do ser e da essência], *De veritate* [Da verdade], *Sobre o poder de Deus, Suma contra os gentios* e *The unity of the intellect against averoeists* [Da unidade do intelecto). Sem dúvida seu trabalho mais importante e de maior influência está incluído no seu *magnum opus*, sua teologia sistemática, *Suma teológica*, que ainda não estava acabada quando da sua morte.

O pensamento de Aquino é rico e variado. Escreveu sobre vários assuntos, incluindo-se fé e razão, revelação, conhecimento, realidade, Deus (v. DEUS, EVIDÊNCIAS DE; DEUS, NATUREZA DE), analogia (v. ANALOGIA, PRINCÍPIO DA), criação (v. CRIAÇÃO E ORIGENS; CRIAÇÃO, VISÕES DA), seres humanos, governo e ética (v. MORALIDADE, NATUREZA ABSOLUTA DA). Sua mente era intensamente analítica, tornando seus argumentos difíceis para o leitor moderno entender. Seu estilo literário às vezes é dialético e altamente complexo, principalmente na *Suma teológica*. Esse não é tanto o caso em *Suma contra os gentios*.

Teologia e apologética. *Revelação.* Deus revelou-se tanto na natureza quanto nas Escrituras. Sua revelação natural (Rm 1.19,20) está disponível para todos e é a base da teologia natural (v. REVELAÇÃO GERAL). A criação revela um Deus e seus atributos essenciais, mas não a TRINDADE ou as doutrinas singulares da fé cristã, tais como a encarnação de Cristo (v. CRISTO, DIVINDADE DE) ou o modo de salvação. Essa revelação na natureza também inclui a lei moral que é obrigatória para todas as pessoas (Rm 2.12-15). A lei divina é para crentes; ela é revelada nas Escrituras (v. REVELAÇÃO ESPECIAL). Apesar de ser escrita por homens com estilos literários diferentes (*Suma teológica*, 2a2ae. 173,3,ad1), a Bíblia é a única Escritura divinamente autorizada (ibid., 1a.1, 2, ad2). A Bíblia é inspirada e inerrante (v. BÍBLIA, INSPIRAÇÃO DA), mesmo em questões que não sejam essenciais para a redenção (ibid., 1a.1, 10 ad3). As outras obras cristãs, incluindo as dos pais e os credos, não são inspirados ou revelatórias. São apenas interpretações humanas da revelação de Deus nas Escrituras (ibid., 2a2ae. 1, 9).

FÉ E RAZÃO. Seguindo AGOSTINHO, Aquino cria que a fé é baseada na revelação de Deus nas Escrituras. Mas o apoio para a fé é encontrado nos milagres (v. MILAGRES, VALOR APOLOGÉTICO DOS) e em argumentos plausíveis (*De veritate*, 10, 2). Apesar da existência de Deus ser passível de prova pela razão (v. COSMOLÓGICO, ARGUMENTO), o pecado obscurece a capacidade de saber (*Suma teológica*, 2a2ae. 2, 4), portanto crer (não provar) que Deus existe é necessário para a maioria das pessoas (*Suma contra os gentios*, 1.4, 3-5). A razão humana, no entanto, jamais é a base para a fé *em* Deus. Exigir razões para a crença em Deus na verdade diminui o mérito da fé (*Suma teológica*, 2a2ae. 2, 10). Contudo, os crentes devem raciocinar sobre e a favor da sua fé (v. APOLOGÉTICA CLÁSSICA).

Segundo Aquino, há cinco vias de demonstrar a existência de Deus. Podemos argumentar: 1) a partir do movimento até o Motor Imóvel; 2) a partir dos efeitos até a Primeira Causa; 3) a partir de um ser contingente até o Ser Necessário; 4) a partir de níveis de perfeição até um Ser Totalmente Perfeito; e 5) a partir do planejamento na natureza até um Planejador da natureza (ibid., 1a, 2, 3). Por trás desses argumentos está a premissa de que todos os seres finitos e mutáveis precisam de uma causa além de si mesmos.

Contudo, existem mistérios da fé cristã, tais como a TRINDADE e a encarnação (v. CRISTO, DIVINDADE DE), que só podem ser conhecidos pela fé na revelação de Deus nas Escrituras (*Suma contra os gentios*, 1.3, 2). Estas também vão além da razão, mas não são contrárias a ela.

Conhecimento. Aquino acreditava que o conhecimento vem pela revelação sobrenatural (nas Escrituras) ou por meios naturais (v. EPISTEMOLOGIA). Todo conhecimento natural começa na experiência (*De anima*, 3.4). Mas nascemos com a capacidade *a priori*, natural, de saber (*Suma teológica*, 1a2ae. 17, 7). Tudo o que está em nossa mente estava primeiro nos sentidos, exceto a mente. Saber algo com certeza é possível por meio dos primeiros princípios. Os PRIMEIROS PRINCÍPIOS são conhecidos por inclinação antes de serem conhecidos por cognição. Eles incluem: 1) o princípio de identidade (existir é existir); 2) o princípio de não-contradição (existir não é inexistir); 3) o princípio do termo médio excluído (ou existir ou não existir); 4) o princípio de causalidade (inexistência não pode causar existência; v. CAUSALIDADE, PRINCÍPIO DA); e 5) o princípio de finalidade (toda existência tem um objetivo). Com esses e outros princípios, a mente pode alcançar o conhecimento da realidade — até conhecimento definido. Quando os termos são adequadamente compreendidos, esses primeiros princípios são evidentes e, portanto, inegáveis (*Suma teológica*, 1a.17, 3, ad2).

Realidade. Como ARISTÓTELES, Aquino acreditava que a função da pessoa sábia é conhecer a ordem. A ordem que a razão produz nas próprias idéias é chamada lógica. A ordem que a razão produz por meio de ações da vontade é ética. A ordem que a razão produz nas coisas externas é arte. A ordem que a razão contempla (mas não produz) é natureza. A natureza, quando contemplada na medida em que é sensível, é ciência física. A natureza, quando estudada na medida em que é quantitativa, é matemática. O conceito moderno da matemática é bem mais amplo, e inclui dimensões mais abstratas e não-quantitativas. Aquino a teria considerado filosofia, não matemática. A natureza ou a realidade, quando estudada na medida em que é real, é metafísica. A metafísica, então, é o estudo do real como real ou existente, na medida em que é existente.

O centro da metafísica de Aquino é a distinção real entre *essência* (*aquilo que* algo é) e *existência* (*aquilo* que é) em todos os seres finitos (*De ente et essentia*). Aristóteles havia distinguido a realidade da potenciali-dade, mas aplicou isso apenas a coisas compostas de forma e matéria, não à ordem de existência. Aquino toma a distinção de Aristóteles entre ato e potência e a aplica à forma (existência). Aquino argumenta que só Deus é Existência Pura, Realidade Pura, sem potencialidade alguma (v. DEUS, NATUREZA DE). Logo, a premissa central da visão tomista da vida é que a realidade na ordem em que é realidade é ilimitada e singular, a menos que esteja associada à potência passiva. Só Deus é ato puro (ou realidade) sem potencialidade ou forma. Os anjos são potencialidades completamente realizadas (formas puras). A humanidade é uma composição de forma (alma) e matéria (corpo) que é progressivamente realizada.

Deus. Só Deus *é* Existência (qualidade de "Eu sou"). Tudo mais apenas *tem* existência. A essência de Deus é idêntica à sua existência. É de sua essência existir. Deus é um Ser Necessário. Ele não pode inexistir. E Deus também não pode mudar, já que não tem potencialidade para ser algo além do que é. Da mesma forma, Deus é eterno, já que o tempo implica mudança de antes para depois. Mas como o "EU SOU", Deus não tem antes ou depois. Deus também é simples (indivisível) já que não tem potencial para divisão. É infinito, já que ato puro como tal é ilimitado, não tendo potencialidade para limitá-lo (*Suma teológica*, 1a. 3; 1a. 7-11). Além desses atributos metafísicos, Deus também é moralmente perfeito e infinitamente sábio (ibid., 1a. 4, 5).

Analogia. O conhecimento natural de Deus é derivado do que criou, como a causa eficiente é conhecida a partir dos efeitos. Como Deus fez o mundo, sua criação se assemelha a ele. Não é igual a ele (unívoca), mas é semelhante a ele. Nosso conhecimento natural de Deus é baseado nessa semelhança ou analogia. E não pode ser totalmente diferente dele (equívoca), já que a causa comunica algo de si para seus efeitos. O conhecimento unívoco (totalmente igual) de Deus é impossível, já que nosso conhecimento é limitado e Deus é ilimitado. O conhecimento equívoco (totalmente diferente) de Deus é impossível, pois a criação assemelha-se ao Criador; o efeito se assemelha à causa eficiente. É claro que há grandes diferenças entre Deus e as criaturas. Logo, a *via negativa* (o modo de negação) é necessária. Isto é, devemos retirar de nossos conceitos todas as limitações antes de aplicá-los a Deus. Devemos aplicar a Deus apenas o atributo significado (tal como bondade ou verdade), mas não o modo finito de significação (v. ANALOGIA, PRINCÍPIO DA).

Portanto, o mesmo atributo terá a mesma definição para criaturas e Criador, mas aplicação e extensão diferentes. Como Deus, eu sei que 2 + 2 = 4. Mas os fatos matemáticos que conheço e os outros atributos que compartilho com Deus são limitados e contingentes. E não posso fazer com esse conhecimento o que Deus pode fazer. A razão para isso é que criaturas são apenas finitamente boas e Deus é infinitamente Bom. Assim, antes de poder aplicar adequadamente o termo "bom" para Deus, deve-se negar o modo finito (como) com o qual encontramos o bem entre criaturas e aplicar o significado (o quê) a Deus de forma ilimitada (*Suma contra os gentios*, I, 29-34; *Suma teológica*, 1a. 13).

Criação. Deus não criou o mundo a partir de si mesmo (*ex Deo*) ou a partir de material preexistente (*ex materia*). Na verdade, ele o criou do nada (*ex nihilo*) (v. CRIAÇÃO, VISÕES DA), apesar da criação eterna ser teoricamente possível, uma vez que não há razão lógica pela qual a Causa eterna não possa continuar causando eternamente. No entanto, a revelação divina ensina que o universo teve princípio. Assim, Deus criou um universo temporal. Literalmente não havia tempo antes de Deus criar — apenas eternidade. Deus não criou *no* tempo; pelo contrário, com o mundo houve a criação *do* tempo. Assim, não havia tempo antes de o tempo começar (*Suma teológica*, 1a. 44-6).

Além disso, o universo é dependente de Deus para existir. Ele não só o criou, mas também o mantém. Deus é a Causa da origem de toda criação e a Causa da sua continuação. O universo é absolutamente dependente de Deus; é contingente. Apenas Deus é necessário.

Seres humanos. No ser humano alma e corpo formam uma unidade de matéria/forma. Apesar dessa unidade, não há identidade entre alma e corpo. A alma sobrevive à morte e aguarda a reunião com o corpo físico na RESSURREIÇÃO final (*Suma teológica*, 1a. 75-6). A alma humana é a causa formal, enquanto o corpo é a causa material do ser humano. Deus, é claro, é a causa eficiente. Os pais são apenas a causa instrumental do corpo. A causa final (propósito) é glorificar a Deus, que nos criou. Adão foi criado diretamente por Deus no princípio, e Deus cria diretamente cada alma nova no ventre de sua mãe (ibid., 1a. 90-3).

Ética. Assim como há primeiros princípios de pensamento, há primeiros princípios de ação, chamados leis. Aquino distingue quatro tipos de lei (v. LEI, NATUREZA E TIPOS DE):

> *Lei eterna* é o plano pelo qual Deus governa a criação.
> *Lei natural* (v. MORALIDADE, NATUREZA ABSOLUTA DA) é a participação das criaturas racionais nessa lei eterna.
> *Lei humana* é a aplicação particular da lei natural às comunidades locais.
> *Lei divina* (v. REVELAÇÃO ESPECIAL) é a revelação da lei de Deus aos crentes por meio das Escrituras (ibid., 1a2ae. 91).

Aquino divide as virtudes em duas classes: natural e sobrenatural. Prudência, justiça, coragem e temperança são virtudes naturais. São manifestadas pela revelação natural e são aplicáveis a todos os seres humanos. Virtudes sobrenaturais consistem em fé, esperança e amor. São conhecidas a partir da revelação sobrenatural nas Escrituras e são obrigatórias para os crentes (ibid., 1a. 60-1).

Avaliação. Críticas às visões de Aquino foram feitas por ateus e agnósticos, e são discutidas nos artigos referentes a eles. Os argumentos dos relativistas contra seu pensamento são discutidos em MORALIDADE, NATUREZA ABSOLUTA DA. Alguns protestaram que as provas da existência de Deus de Aquino são inválidas (v. DEUS, OBJEÇÕES ÀS PROVAS DE). Outros negaram sua doutrina de analogia (v. ANALOGIA, PRINCÍPIO DA). Outros ainda atacam sua epistemologia e uso dos primeiros princípios. Semelhantemente, sua dependência da lógica aristotélica foi criticada. Recentemente, no entanto, a filosofia de Aquino experimentou um renascimento, principalmente entre os evangélicos.

Fontes

R. J. Deferrari, *A complete index of the Summa theologica of St. Thomas Aquinas.*
___, *A lexicon of St. Thomas Aquinas based on Summa theologica and select passages of his other work.*
___, *Latin-English dictionary of Thomas Aquinas.*
N. L. Geisler, *Thomas Aquinas: an evangelical appraisal.*
A. Kenny, *Five ways.*
T. Miethe e V. Bourke, *Thomistic bibliography.*
M. Stockhammer, *Thomas Aquinas dictionary.*
Tomás de Aquino, *De anima.*
___, *De ente et essentia.*
___, *Suma contra os gentios.*
___, *Suma teológica.*
___, *De veritate.*

transcendental, argumento. O *argumento transcendental* é usado por alguns apologistas pressuposicionalistas (v. PRESSUPOSICIONALISTA, APOLOGÉTICA) para demonstrar a verdade do cristianismo. É estruturado a partir do raciocínio de Kant em *Crítica da razão pura*. Um argumento transcendental não é nem dedutivo nem indutivo. É mais redutivo, argumentando de volta às pré-condições necessárias para algo o ser verdadeiro.

Da forma usada pela apologética pressuposicionalista, o argumento transcendental afirma que, para entender o mundo, é necessário postular a existência do Deus trino revelada na Bíblia. Esse argumento é empregado por Cornelius Van Til, e uma forma modificada é usada por Francis Schaeffer.

O pensamento de Van Til é baseado em Herman Dooyeweerd, que por sua vez se inspirou em Kant. Quando o agnosticismo de Kant é aceito, primeiros princípios, tais como o princípio de causalidade, não podem ser aplicados ao mundo real. Isso ocasiona a necessidade de descobrir alguma forma de chegar à realidade. O realista transcendental (v. REALISMO) argumenta que isso pode ser feito da mesma forma que Kant supôs a existência de formas *a priori* e categorias do sentido e da mente. Usando esse tipo de redução, tentam encontrar as condições necessárias para algo ser verdadeiro. O próprio Kant concluiu que era necessário supor a existência de Deus e da imortalidade para entender as obrigações morais (v. MORAL, ARGUMENTO).

Alguns apologistas fizeram uso mínimo do argumento transcendental. John Carnell, por exemplo, provavelmente o usou para defender o princípio de causalidade (v. CAUSALIDADE, PRINCÍPIO DA). Van Til usou-o bastante, afirmando que todo o sistema cristão é baseado nele. Outros adotam o meio-termo, afirmando que é necessário supor a existência de leis básicas da razão (v. LÓGICA; PRIMEIROS PRINCÍPIOS) de um Deus teísta e talvez algumas outras coisas para entender o mundo.

Princípio transcendental e primeiros princípios. A apologética clássica é baseada em primeiros princípios, tais como *não-contradição, causalidade* e *analogia* (v. COSMOLÓGICO, ARGUMENTO). Os pressuposicionalistas rejeitam provas tradicionais da existência de Deus (v. DEUS, EVIDÊNCIAS DE) a favor de muitos dos argumentos ateístas e agnósticos (v. AGNOSTICISMO; ATEÍSMO). Eles parecem substituir os primeiros princípios tradicionais de conhecimento do mundo real por um novo *princípio transcendental*. Isso levanta a questão da relação entre o princípio transcendental e os primeiros princípios tradicionais.

Semelhanças e diferenças. Há semelhanças e diferenças no uso do princípio transcendental e dos primeiros princípios pelos apologistas evangélicos. Em geral a seguinte comparação representará o pensamento dos representantes das posição de Tomás de Aquino e Van Til. Outros pontos de vistas diferem, mas geralmente seguem uma dessas duas linhas de pensamento (v. APOLOGÉTICA, TIPOS DE).

Semelhanças. Em ambos os sistemas os princípios operam como um primeiro princípio. Não há nada mais básico que ambos em termos de qual pode ser comprovado. É interessante que os transcendentalistas dão um status ao seu princípio que negam aos primeiros princípios tradicionais. Essa parece ser uma crítica válida da apologética transcendental.

Ambos acreditam que seus respectivos princípios podem ser usados para provar a existência de Deus.

Ambos afirmam que seus princípios se aplicam ao mundo real. Mas, ao contrário de Kant, acreditam que é possível conhecer a realidade (v. REALISMO; AGNOSTICISMO) por meio de seus princípios.

Ambos afirmam que seus princípios podem ser entendidos de forma significativa, mesmo por seres humanos finitos. Eles não possuem significado equívoco entendido por Deus e por nós (v. ANALOGIA).

Ambos acreditam que seus argumentos são válidos, mesmo se rejeitados por outros.

Diferenças. Os transcendentalistas só têm um princípio — o princípio transcendental. Os tradicionalistas usam muitos primeiros princípios, inclusive não-contradição, causalidade e analogia.

Os transcendentalistas pressupõem seu primeiro princípio sem tentar demonstrá-lo. Os tradicionalistas oferecem prova dos primeiros princípios ao mostrar que eles são auto-evidentes ou redutíveis ao auto-evidente. Isso pode ser visto no artigo sobre primeiros princípios.

Embora ambos impliquem uma ligação causal entre o mundo e Deus, os transcendentalistas negam a validade ontológica do princípio de causalidade. Os transcendentalistas insistem em que é transcenden-talmente necessário supor uma primeira causa (i.e., Deus) do mundo finito para que este faça sentido. Mas, como isso difere de dizer que toda existência finita e contingente precisa de uma Primeira Causa, o que é exatamente que exige o primeiro princípio de causalidade?

O princípio transcendental descreve formalmente a condição necessária, mas não a condição suficiente de algo. O princípio de causalidade fornece ambas as condições. Logo, o princípio transcendental oferece apenas uma condição necessária, não a causa real, do mundo finito. Pois a condição necessária (por exemplo, folhas secas) apenas explica como o fogo é possível. Ainda é necessário haver ignição (condição suficiente) para explicar como esse fogo se torna real.

Conclusão. O princípio transcendental não é evidente e não pode ser, por definição, justificado em termos de algo mais básico que ele mesmo. Como tal, não tem fundamento. Todavia, primeiros princípios, tais como os de não-contradição e causalidade, são auto-evidentes ou redutíveis a auto-evidentes. Logo, servem melhor como base para a apologética.

Fontes

J. Frame, *Cornelius Van Til: an analysis of his thought.*

I. Kant, *Crítica da razão pura.*

Tomás de Aquino, *Suma contra os gentios.*

Van Til, Cornelius, *In defense of the faith.*

Trindade. O termo significa simplesmente "triunidade". Deus não é uma unidade simples; há pluralidade na sua unidade. A Trindade é um dos grandes mistérios (v. mistério) da fé cristã. Ao contrário da antinomia (v. Kant) ou paradoxo, que é contradição lógica (v. lógica), a Trindade vai além da razão, mas não contra a razão. É conhecida apenas pela revelação divina, portanto não é assunto da teologia natural, mas da revelação (v. revelação especial).

A base da Trindade. Embora a palavra *Trindade* não apareça na Bíblia, seu conceito é claramente ensinado nela. A lógica da doutrina da Trindade é simples. Duas verdades bíblicas são evidentes nas Escrituras, cuja conclusão lógica é a Trindade:

1. Há um Deus.
2. Há três pessoas distintas que são Deus: Pai, Filho e Espírito Santo.

Um Deus. O ensinamento central do judaísmo chamado *Sh^{e}ma'* afirma: "Ouça, ó Israel: O Senhor, o nosso Deus, é o único Senhor" (Dt 6.4). Quando perguntaram a Jesus: "De todos os mandamentos, qual é o mais importante?", ele deu a resposta citando o *Sh^{e}ma'* (Mc 12.29). Apesar do ensinamento forte sobre a divindade de Cristo (cf. Cl 2.9), o apóstolo Paulo disse enfaticamente: "há um único Deus, o Pai, por meio de quem vieram todas as coisas e por meio de quem" (1Co 8.6*a*). Do princípio ao fim, as Escrituras falam de um só Deus e consideram todos os outros deuses falsos (Êx 20.3; 1Co 8.5,6).

A Bíblia também reconhece a pluralidade de pessoas em Deus. Apesar de a doutrina da Trindade não ser explícita no at como no nt, há passagens em que membros da Trindade são distinguidos. Às vezes eles falam uns com os outros (v. Sl 110.1).

O Pai é Deus. Em toda a Bíblia Deus é chamado Pai. Jesus ensinou seus discípulos a orar: "Pai nosso, que estás nos céus" (Mt 6.9). Deus é "Pai celeste" (Mt 6.32) e o "Pai dos espirituais" (Hb 12.9). Como Deus, ele é o objeto da adoração. Jesus disse à mulher samaritana: No entanto, está chegando a hora, e de fato já chegou, em que os verdadeiros adoradores adorarão o Pai em espírito e em verdade. São estes os adoradores que Pai procura (Jo 4.23). Deus não só é chamado "nosso Pai" (Rm 1.7) várias vezes, mas também "o Pai" (Jo 5.45; 6.27). Ele também é chamado "Deus e Pai" (2Co 1.3). Paulo declarou que "há um único Deus, o Pai" (1Co 8.6). Além disso, Deus é mencionado como o "Deus e Pai de nosso Senhor Jesus Cristo" (Rm 15.6). Na verdade, o Pai e o Filho geralmente são relacionados pelos mesmos nomes no mesmo versículo (Mt 11.27; 1Jo 2.22).

O Filho é Deus. A divindade de Cristo é tratada a seguir na seção sobre ataques à Trindade e mais extensamente no artigo Cristo, Divindade de. Como resumo geral, deve-se mencionar que:

Jesus afirmou ser Deus. yhwh, transcrito em algumas versões como *Jeová (Javéou Iavé)*, era o nome especial de Deus revelado a Moisés em Êxodo 3.14, quando Deus disse: "Eu Sou O Que Sou". Em João 8.58, Jesus declara: "antes de Abraão nascer, Eu Sou". Essa declaração reivindica não só existência antes de Abraão, mas igualdade com o "Eu Sou" de Êxodo 3.14. Os judeus à volta de Jesus entenderam claramente o que ele queria dizer e pegaram pedras para matá-lo por blasfêmia (v. Mc 14.62; Jo 8.58; 10.31-33; 18.5,6). Jesus também disse que é "o primeiro e o último" (Ap 2.8).

Jesus aceitou a glória de Deus. Isaías escreveu: "Eu sou o Senhor, este é o meu nome; a minha glória, pois, não a darei a outrem, nem a minha honra, às imagens de escultura" (42.8) e: "Assim diz o Senhor [Iavé] [...] Eu sou o primeiro e eu sou o último; além de mim não há Deus" (44.6). Semelhantemente, Jesus orou: "E agora, Pai, glorifica-me junto a ti, com a glória que eu tinha contigo antes que o mundo existisse" (Jo17.5). Mas disse que não daria sua glória a outro.

Embora o AT proíba a adoração a outro além de Deus (Êx 20.1-4; Dt 5.6-9), Jesus aceitou adoração (Mt 8.2; 14.33; 15.25; 20.20; 28.17; Mc 5.6). Os discípulos atribuíram a ele títulos que o AT reservava a Deus, tais como "o Primeiro e o Último" (Ap 1.17; 2.8; 22.13), "a verdadeira luz" (Jo 1.9), a "rocha" ou "pedra" (1Co 10.4; 1Pe 2.6-8; cf. Sl 18.2; 95.1), o "marido" (Ef 5.28-33; Ap 21.2), o "Supremo Pastor" (1Pe 5.4) e "o grande Pastor" (Hb 13.20). Eles atribuíram a Jesus as atividades divinas da criação (Jo 1.3; Cl 1.15,16), redenção (Os 13.14; Sl 130.7), perdão (At 5.31; Cl 3.13; cf. Sl 130.4; Jr 31.34) e julgamento (Jo 5.26). Usaram títulos divinos ao se referir a Jesus. Tomé declarou: "Senhor meu e Deus meu!" (Jo 20.28). Paulo declara que em Jesus "habita corporalmente toda a plenitude da divindade" (Cl 2.9). Em Tito, Jesus é chamado "nosso grande Deus e Salvador" (2.13), e o autor de Hebreus disse sobre ele: "O teu trono, ó Deus, subsiste para todo o sempre" (Hb 1.8). Paulo diz que, antes de Cristo existir como ser humano, existia como Deus (Fp 2.5-8). Hebreus 1.5 diz que Cristo reflete a glória de Deus, leva a marca da sua natureza e sustenta o universo. O prólogo do evangelho de João também não mede palavras, dizendo: "No princípio era aquele que é a Palavra. Ele estava com Deus e era Deus" (Jo 1.1).

Jesus afirmou igualdade com Deus de outras maneiras. Reivindicou as prerrogativas de Deus. Afirmou ser juiz de todos (Mt 25.31-46; Jo 5.27-30), mas Joel cita Iavé dizendo: "Pois ali me assentarei para julgar todas as nações vizinhas" (Jl 3.12). Ele disse a um paralítico: "Filho, os seus pecados estão perdoados" (Mc 2.5b). Os escribas responderam corretamente: "Quem pode perdoar pecados, a não ser somente Deus?" (v. 7i). Jesus afirmou possuir o poder de ressuscitar e julgar os mortos, poder que apenas Deus possui (Jo 5.21, 29). Mas o ensinou claramente que apenas Deus podia dar vida (Dt 32.39; 1Sm 2.6) e ressuscitar os mortos (Sl 2.7).

Jesus reivindicou a honra devida a Deus, dizendo: "Aquele que não honra o Filho, também não honra o Pai que o enviou" (Jo 5.23). Os judeus que ouviam sabiam que ninguém devia afirmar ser igual a Deus dessa maneira e mais uma vez pegaram pedras (Jo 5.18). Quando perguntaram no seu julgamento judaico: "Você é o Cristo, o Filho do Deus Bendito?", a resposta dele foi: "Sou [...] e vereis o Filho do homem assentado à direita do Poderoso vindo com as nuvens do céu" (Mc 14.61b,62).

O Espírito Santo é Deus. A mesma revelação de Deus que declara que Cristo é o Filho de Deus também menciona outro membro da Trindade divina chamado Espírito de Deus, ou Espírito Santo. Ele também é igualmente Deus com o Pai e o Filho, e também é uma pessoa distinta.

O Espírito Santo é chamado "Deus" (At 5.3,4). Ele possui os atributos da divindade, tais como onipresença (cf. Sl 139.7-12) e onisciência (1Co 2.10, 11). Aparece associado a Deus Pai na criação (Gn 1.2). Está envolvido com outros membros da Trindade na obra de redenção (Jo 3.5,6; Rm 8.9-17, 27; Tt 3.5-7). Está associado a outros membros da Trindade sob o "nome" de Deus (Mt 28.18-20). Finalmente, o Espírito Santo aparece, junto com o Pai e o Filho, nas bênçãos do NT (p. ex., 2Co 13.13).

Além de possuir divindade, o Espírito Santo também tem uma personalidade diferenciada. O fato de ser uma pessoa distinta fica claro, pois as Escrituras referem-se a "ele" com pronomes pessoais (Jo 14.26; 16.13). Segundo, ele faz coisas que só pessoas podem fazer, como ensinar (Jo 14.26; 1Jo 2.27), convencer do pecado (Jo 16.7,8) e entristecer-se com o pecado (Ef 4.30). Finalmente, o Espírito Santo tem intelecto (1Co 2.10, 11), vontade (1Co 12.11) e sentimentos (Ef 4.30).

O fato de os três membros da Trindade serem pessoas distintas fica claro, pois cada um é mencionado de forma diferente dos outros. O Filho orou ao Pai (cf. João 17). No batismo do Filho, o Pai falou do céu a respeito dele (Mt 3.15-17). Na verdade, o Espírito Santo estava presente ao mesmo tempo, revelando que eles coexistem. Além disso, o fato de terem títulos separados (Pai, Filho e Espírito) indica que não são a mesma pessoa. Ademais, cada membro da Trindade tem funções especiais que nos ajudam a identificá-los. Por exemplo, o Pai planejou a salvação (Jo 3.16; Ef 1.4); o Filho a consumou na cruz (Jo 17.4; 19.30; Hb 1.1,2) e na ressurreição (Rm 4.25; 1Co 15.1-6); e o Espírito Santo a aplica à vida dos crentes (Jo 3.5; Ef 4.30; Tt 3.5-7). O Filho se submete ao Pai (1Co 11.3; 15.28), e o Espírito Santo glorifica o Filho (Jo 16.14).

Defesa filosófica da Trindade. A doutrina da Trindade não pode ser provada pela razão humana; só é conhecida porque é apresentada por revelação especial (na Bíblia). No entanto, só porque ela ultrapassa a razão não significa que vá contra a razão (v. MISTÉRIO). Ela não é irracional ou contraditória, como muitos críticos acreditam.

A lógica da Trindade. A lei filosófica da não-contradição nos informa que algo não pode ser verdadeiro e falso ao mesmo tempo e no mesmo sentido. Essa é a lei fundamental de todo pensamento racional. E a doutrina da Trindade não a viola. Isso pode ser demonstrado afirmando antes de mais nada o que a Trindade não é. A Trindade não é a crença de que Deus é três pessoas e apenas uma pessoa ao mesmo tempo e no mesmo sentido. Isso seria uma contradição. Pelo contrário, é a crença de que há três pessoas em *uma natureza*.

Isso pode ser um mistério, mas não é uma contradição. Isto é, pode ultrapassar a capacidade de compreender completamente, mas não vai contra a capacidade de apreender coerentemente.

Além disso, a Trindade não é a crença de que há três naturezas uma *natureza* ou três essências em uma essência. [Isso seria uma contradição. Pelo contrário, os cristãos afirmam que há três *pessoas* em uma *essência*. Isso não é contraditório, porque faz uma distinção entre pessoa e essência. Ou, em termos da lei da não-contradição, apesar de Deus ser um e muitos ao mesmo tempo, ele não é um e muitos no *mesmo sentido*. Ele é um quanto à essência, mas três pessoas. Portanto, não há violação da lei da não-contradição na doutrina da Trindade.

Um modelo da Trindade. Afirmar que Deus tem uma essência e três pessoas quer dizer que ele tem um "Algo" e três "Alguéns". Os três Alguéns (pessoas) compartilham o mesmo Algo (essência). Assim, Deus é uma unidade de essência com pluralidade de pessoas. Cada pessoa é diferente, mas todas compartilham uma natureza comum.

Deus é um em substância. A unidade está na sua essência (o que Deus é), e a pluralidade está nas pessoas de Deus (como se relaciona consigo mesmo). Essa pluralidade de relacionamentos é interna e externa. Dentro da Trindade cada membro se relaciona com os outros de certas maneiras. Essas são de certa forma análogas às relações humanas. As descrições da Bíblia sobre *Iavé* como Pai e Jesus como Filho dizem algo sobre como o Filho se relaciona com o Pai. O Pai envia o Espírito como Mensageiro, e o Espírito é uma Testemunha do Filho (Jo 14.26). Essas descrições ajudam a entender as funções na unidade da Trindade. Cada um é totalmente Deus, e cada um tem seu trabalho e tema inter-relacional com os outros dois. Mas é vital lembrar que os três compartilham a mesma essência, de forma que se unificam em um Ser.

Algumas ilustrações da Trindade. Nenhuma analogia da Trindade é perfeita, mas algumas são melhores que outras. Primeiro, algumas más ilustrações devem ser repudiadas. A trindade *não* é como uma corrente de três elos. Pois estes são três partes separadas e separáveis. Mas Deus não é separado nem separável. E Deus não é como o mesmo ator com três papéis diferentes numa peça. Pois Deus é simultaneamente três pessoas, não uma pessoa representando três papéis. E Deus não é como os três estados da água: sólido, líquido e gasoso. Pois normalmente a água não está em todos os três estados ao mesmo tempo, mas Deus é sempre três pessoas ao mesmo tempo. Ao contrário de outras más analogias, esta não implica triteísmo. Entretanto, reflete outra heresia conhecida modalismo.

A maioria das ilustrações falsas da Trindade tende a apoiar a alegação de que o trinitarismo é realmente triteísmo, já que indicam partes separáveis. As analogias mais úteis retêm a unidade de Deus ao mesmo tempo que mostram uma pluralidade simultânea. Há várias que seguem essa descrição.

Uma ilustração matemática. Um aspecto do problema pode ser expresso em termos matemáticos. Os críticos fazem questão de computar a impossibilidade matemática de acreditar que há um Pai, um Filho e um Espírito Santo na Trindade, sem afirmar que há três deuses. Não é verdade que $1 + 1 + 1 = 3$? Certamente é se você *adicionar*, mas os cristãos insistem em que a Trindade divina é semelhante a $1 \times 1 \times 1 = 1$. Deus é trino, não tríplice. Sua essência única tem centros múltiplos de personalidade. Logo, não há problema matemático em conceber a Trindade, assim como não há problema em entender 1 ao cubo (1^3).

Uma ilustração geométrica. Talvez a ilustração mais utilizada da Trindade seja o triângulo. Um triângulo tem três arestas, que são inseparáveis umas das outras e simultâneas umas às outras. Nesse sentido essa é uma boa ilustração da Trindade. É claro que o triângulo é finito e Deus é infinito, então não se trata de uma ilustração perfeita.

Outro aspecto da Trindade é que Cristo é uma pessoa (demonstrada como uma aresta do triângulo), mas tem duas naturezas, uma divina e uma humana.

Alguns mostram esse aspecto graficamente simbolizando a divindade de Cristo pela aresta do triângulo e usando outra figura geométrica, um círculo, por exemplo, para ilustrar a natureza humana. No ponto da pessoa de Jesus Cristo, o círculo é fundido com o triângulo, a natureza humana tocando a natureza divina, mas não se misturando a ela.

As naturezas, humana e divina, existem lado a lado sem confusão no Filho. Suas duas naturezas humanas estão unidas numa pessoa. Ou em Cristo há dois *Algos* e um *Alguém*, ao passo que em Deus há três *Alguéns* e um *Algo*.

Uma ilustração moral. AGOSTINHO sugeriu uma ilustração de como Deus é três e um ao mesmo tempo. A Bíblia nos diz que "Deus é amor" (1Jo 4.16). O amor envolve o que ama, o amado e o espírito de amor entre eles. O Pai deve ser comparado ao que ama, o Filho ao amado e o Espírito Santo é o espírito de amor. Mas o amor não existe sem que esses três estejam unidos em um. Essa ilustração tem a vantagem de ser pessoal, já que envolve amor, uma característica que flui apenas de pessoas.

Uma ilustração antropológica. Como a humanidade é feita à imagem de Deus (Gn 1.27), é razoável supor que homens e mulheres se assemelhem à Trindade na sua existência. Algo que causa mais problemas que resolve é imaginar o ser como uma "tricotomia" de corpo, alma e espírito. Se a posição tricotomista está correta, essa não é uma ilustração útil. Corpo e alma não são uma unidade indivisível. Eles podem ser (e são) separados na morte (cf. 2Co 5.8; Fp 1.23; Ap 6.9). A natureza e as pessoas da Trindade não podem ser separadas.

Uma ilustração baseada na natureza humana mais correta é a relação entre a *mente* humana, com suas *idéias*, e a expressão dessas idéias em *palavras*. Há obviamente uma unidade entre as três, sem haver uma identidade. Nesse sentido, elas ilustram a Trindade.

Uma ilustração islâmica de pluralidade em Deus. Ao falar com muçulmanos, a melhor ilustração de pluralidade é a relação entre o conceito islâmico do *Alcorão* e Deus. Yusuf K. Ibish, num artigo intitulado "The muslim lives by the Qur'an" ("O muçulmano vive segundo o *Alcorão*"), citado por Charis Waddy, *The muslim mind* [A mente muçulmana], a descreveu da seguinte maneira: o *Alcorão* "é uma expressão da Vontade Divina. Se quiser compará-la a algo no cristianismo, precisa compará-la ao próprio Cristo. Cristo era a expressão do Divino entre os homens, a revelação da Vontade Divina. É isso que o *Alcorão* é".

Os muçulmanos ortodoxos acreditam que o *Alcorão* é eterno e incriado. Não é o mesmo que Deus, mas uma expressão da mente de Deus tão eterna quanto o próprio Deus. Certamente há aqui uma pluralidade na unidade, algo que é diferente de Deus mas ao mesmo tempo um com Deus em características essenciais.

Ataques à Trindade. A Trindade é o centro do cristianismo ortodoxo. Porém muitos críticos — judeus e muçulmanos principalmente — alegam que ela é incoerente e contraditória. Os cristãos ortodoxos insistem em que o ensinamento de que Deus é um em essência mas três em personalidade é complexo, mas não contraditório.

A questão central é a divindade de Cristo (v. CRISTO, DIVINDADE DE), uma doutrina inseparável da doutrina da Trindade. Se a pessoa aceita o ensinamento bíblico sobre a divindade de Cristo, a pluralidade na Trindade foi reconhecida. Por outro lado, se a doutrina da Trindade é aceita, a divindade de Cristo é parte do pacote. É claro que monoteístas rígidos (v. ISLAMISMO), tais como muçulmanos e judeus ortodoxos, rejeitam a divindade de Cristo e a Trindade como negação da unidade absoluta de Deus.

Má interpretação islâmica. Obstáculos na mente muçulmana impedem a aceitação da Trindade divina. Alguns são filosóficos; outros são bíblicos. Os teólogos muçulmanos geralmente fazem uso arbitrário e seletivo dos textos bíblicos de uma forma que favorece seus propósitos (v. BÍBLIA, VISÃO ISLÂMICA DA). No entanto, até os textos que consideram "autênticos" são distorcidos ou mal-interpretados para apoiar seus ensinamentos (v. NOVO TESTAMENTO, HISTORICIDADE DO).

Cristo como "unigênito" de Deus. Talvez nenhum conceito cristão desperte uma reação tão violenta entre os muçulmanos quanto o de que Jesus é o "Filho unigênito de Deus". Isso cria tensão de imediato, porque os muçulmanos entendem as palavras de maneira rudemente antropomórfica. Os cristãos evangélicos semelhantemente devem ficar ofendidos ao ouvir o que os muçulmanos entendem por termo. É necessário evitar essa má interpretação.

A Bíblia refere-se a Cristo como o Filho "Unigênito" de Deus (Jo 1.18; cf. 3.16). No entanto, os teólogos muçulmanos em geral interpretam o termo erroneamente, no sentido carnal de alguém que literalmente gera filhos. "Gerar" implica o ato físico de relações sexuais. Eles acreditam, e os cristãos também, que isso é absurdo. Deus é um Espírito sem corpo. Como o teólogo islâmico Anis Shorrosh alega: "Ele [Deus] não gera porque gerar é um ato animal. Isso pertence ao ato animal inferior do sexo. Não atribuímos tal ato a Deus" (Shorrosh, p. 254). Mas apenas algumas seitas, particularmente os mórmons, têm um ensinamento que se aproxima dessa interpretação de "gerar".

Além disso, para a mente islâmica, *gerar* é "criar". "Deus não pode criar outro Deus [...] Ele não pode criar outro ser incriado" (ibid., p. 259). Mais uma vez, os cristãos concordam plenamente. As afirmações precedentes revelam o nível em que o conceito bíblico da filiação de Cristo é mal interpretado pelos teólogos muçulmanos. Pois nenhum cristão ortodoxo interpreta a palavra "gerar" como "fazer" ou "criar". O arianismo ensinava isso e sofreu séria resistência em todos os lugares em que apareceu na história da igreja. Seus principais defensores hoje pertencem a outra seita, as Testemunhas de Jeová. Não é de admirar que 'Abdu 'L-Ahad Dawud conclua que, do "ponto de vista islâmico, o dogma cristão relativo à geração ou nascimento eterno do Filho é blasfêmia" (p. 205).

Traduções novas e mais precisas têm o cuidado de dizer o que o original grego pretendia dizer. *Unigênito* não é referência a qualquer geração física, mas a uma relação especial entre o Filho e o Pai. O termo remete a uma relação singular, e poderia ser traduzido, como indicado nas notas de rodapé da *Nova Versão Internacional*, Filho Único. Isso não implica criação pelo Pai ou qualquer outro tipo de geração. Assim como pai e filho terrenos têm uma relação filial especial, o Pai eterno e seu Filho eterno atuam singular e intimamente um com o outro. Isso não se refere a geração física, mas a uma *procedência* eterna do Pai. Assim como para os muçulmanos a Palavra de Deus (*Alcorão*) não é idêntica a Deus, mas procede eternamente dele, para os cristãos, Cristo, o "Verbo" de Deus (surata 4.171), procede eternamente dele (v. ALCORÃO, SUPOSTA ORIGEM DIVINA DO). Palavras como *geração* e *procedência* são usadas com relação a Cristo no sentido filial e relacional, não em sentido carnal e físico.

Alguns teólogos muçulmanos confundem a filiação de Cristo com seu NASCIMENTO VIRGINAL. Michael Nazir-Ali observou que "na mente muçulmana a geração do Filho geralmente significa seu nascimento da Virgem Maria" (Nazir-Ali, p. 29). Como Shorrosh observa, muitos muçulmanos acreditam que os cristãos fizeram de Maria uma deusa, sendo Jesus o filho e Deus Pai o marido dela (p. 114). Com essa má representação carnal de uma realidade espiritual, não é de admirar que os muçulmanos rejeitem o conceito cristão do Pai e do Filho eternos.

A má interpretação da Trindade é incentivada pela má interpretação de Maomé, que disse: "Ó Jesus, filho de Maria! Foste tu que disseste aos homens: Tomai a mim e a minha mãe por duas divindades, em vez de Allah?" (surata 5.116). Centenas de anos antes de Maomé, os cristãos condenaram tal interpretação grotesca da filiação de Cristo. O autor cristão Lactâncio (p. 240-320), escrevendo por volta de 306 d.C, disse:

> Quem ouve as palavras 'Filho de Deus' não deve imaginar tamanha perversidade como Deus procriando por meio de casamento e união com qualquer fêmea — algo que não é feito exceto por um animal provido de corpo e sujeito à morte.

Além disso,

> como Deus é único, com quem poderia unir-se? Ou [sic], já que era poderoso o suficiente para realizar tudo que quisesse, certamente não precisava da companhia de outra para o propósito de criar (Pfander, p. 164).

Distorção de João 1.1. Se a rejeição da filiação eterna de Cristo é baseada numa interpretação gravemente errada do conceito cristão de Cristo como Filho de Deus, outro texto que proclama a divindade de Cristo é bastante distorcido: "No princípio era aquele que é a Palavra, Ele estava com Deus e era Deus" (Jo 1.1). Sem apoio textual de nenhum dos mais de 5 300 manuscritos gregos, os muçulmanos traduzem a última frase por "e o Verbo era *de Deus*". Dawud declara, sem qualquer fundamento: "a forma grega do caso genitivo '*Theou*', i.e., 'de Deus', foi corrompida para '*Theos*', isto é, 'Deus', na forma nominativa do nome!" (p. 16-7).

Essa tradução não só é arbitrária, como também é contrária ao restante da mensagem do evangelho de João, no qual as afirmações de que Cristo é Deus são feitas várias vezes (cf. Jo 8.59; 10.30; 12.41; 20.28).

Má interpretação da confissão de Tomé. Quando Jesus desafiou Tomé a crer depois que este o viu seu corpo físico ressurreto (v. RESSURREIÇÃO, EVIDÊNCIAS DA), Tomé confessou a divindade de Jesus, declarando: "Senhor meu e Deus meu!" (Jo 20.28). Muitos autores muçulmanos diminuem essa proclamação da divindade de Cristo ao reduzi-la a uma exclamação: "Deus meu!". Deedat afirma: "O quê? Ele estava chamando Jesus de seu Senhor e seu Deus? Não. Essa é uma exclamação que as pessoas utilizam [...] Essa é uma expressão particular" (Shorrosh, p. 278).

A interpretação alternativa de Deedat não é viável. Primeiro, em referência óbvia ao conteúdo da confissão de Tomé sobre Jesus como "Senhor meu e Deus meu", Jesus o abençoou por ter visto e crido corretamente (Jo 20.29). A confissão de Tomé da divindade de Cristo vem no contexto de uma aparição miraculosa do Cristo ressurreto, no auge do ministério após a ressurreição, quando os discípulos de Jesus estavam fortalecendo sua fé em Cristo, baseados nos sinais miraculosos dele (cf. Jo 2.11; 12.37). A confissão de Tomé sobre a divindade de Cristo é coerente com o tema declarado do evangelho de João: "Para que vocês creiam que Jesus é o Cristo, o Filho de Deus, e crendo, tenham vida em seu nome" (Jo 20.31). Mesmo deixando isso de lado, Tomé era um judeu devoto que reverenciava o nome de Deus. Ele jamais usaria o nome de Deus numa exclamação tão profana.

Sem dúvida havia um tom maravilhado na voz de Tomé quando declarou a divindade de Cristo, mas reduzir o que ele disse a mera exclamação emocional é afirmar que Jesus abençoou Tomé por desobedecer ao mandamento que condena o uso do nome de Deus em vão.

O Filho de Davi e o Senhor de Davi. Em Mateus 22.43, ao citar Salmos 110, Jesus disse: "Então, como é que Davi, falando pelo Espírito, o chama 'Senhor' [Messias]?. Segundo Dawud: "Com essa expressão segundo a qual o 'Senhor', ou o "Adôn', não poderia ser um filho de Deus, Jesus se exclui desse título" (p. 89).

No entanto, uma investigação do contexto mostra que Jesus está falando o contrário. Jesus confundiu seus questionadores judeus e céticos ao apresentar-lhes um dilema que abalou o próprio conceito deles sobre o Messias. Como Davi poderia chamar o Messias de "Senhor" (como fez em Sl 110.1), quando as Escrituras também dizem que o Messias seria o descendente de Davi (cf. 2Sm 7.12)? A única resposta é que o Messias seria homem (filho ou descendente de Davi) *e* Deus (Senhor de Davi). Jesus está afirmando ser Deus e humano. A mente islâmica não deveria ter mais dificuldade em entender como Jesus pode unir numa pessoa as naturezas divina e humana do que em entender sua própria crença de que seres humanos combinam espírito e carne, o eterno e o transitório numa pessoa (surata 89.27-30; cf. 3.185). Mesmo segundo a crença islâmica, tudo que o Deus Todo-Poderoso, Criador e Governador de todas as coisas, deseja na sua sabedoria infinita ele também pode realizar, pois "Ele é o soberano absoluto dos Seus servos" (surata 6.61).

Somente Deus é bom. Muitos teólogos islâmicos afirmam que Jesus negou ser Deus quando repreendeu o jovem rico, dizendo: "Por que você chama bom? Ninguém é bom a não ser um, que é Deus" (Mc 10.18). Uma investigação desse texto no seu contexto revela que Jesus não estava negando sua divindade. Na verdade, ele estava pedindo para o jovem considerar as implicações da sua apelação impulsiva. Jesus não disse: "Não sou Deus" ou "Não sou bom". Na realidade, tanto a Bíblia quanto o *Alcorão* ensinam que Jesus não tinha pecado (cf. Jo 8.46; Hb 4.14). Antes, Jesus o desafiou a examinar o que realmente estava dizendo quando o chamou de "Bom Mestre". Na verdade, Jesus estava dizendo: "Você percebe o que está dizendo ao chamar-me de 'Bom Mestre'? Somente Deus é bom. Você está me chamando de Deus?". O fato de o jovem rico recusar-se a fazer o que Jesus pedira prova que ele não considerava realmente Jesus seu Mestre. Mas Jesus não negou em momento algum que era Mestre ou Deus do jovem rico. Na verdade, em outra passagem Jesus afirmou claramente ser Senhor e Mestre de todos (Mt 7.21-27; 28.18; Jo 12.40).

O Pai é maior. A afirmação de Jesus de que "o Pai é maior do que eu" (Jo 14.28) também é mal interpretada pelos muçulmanos. Ela é tirada do seu contexto real para dar a entender que o Pai é maior em *natureza*, mas Jesus só quis dizer que o Pai é maior em *posição*. Isso fica evidente pelo fato de que no mesmo evangelho (de João) Jesus afirmou ser o "Eu Sou" ou Iavé do AT (Êx 3.14). Ele também afirmou ser igual a Deus (Jo 10.30,33). Além disso, várias vezes aceitou adoração (Jo 9.38; cf. Mt 2.11; 8.2; 9.18; 14.33; 15.25; 28.9,17; Lc 24.52). E também disse: "Aquele que, também não honra o Filho não honra o Pai que o enviou" (Jo 5.23).

Ademais, quando Jesus falou que o Pai é "maior", o contexto era da ida "para o Pai" (Jo 14.28). Apenas alguns capítulos depois Jesus fala do Pai, dizendo: "Eu te glorifiquei na terra, completando a obra que me deste para fazer" (Jo 17.4). Mas essa diferença funcional do seu papel como Filho revela no versículo seguinte que este não deveria ser usado para diminuir o fato de que Jesus era igual ao Pai em natureza e glória. Pois Jesus disse: "E agora, Pai, glorifica-me junto a ti, com a glória que eu tinha contigo antes que o mundo existisse" (Jo 17.5).

Conceitos filosóficos mal interpretados. Os teólogos islâmicos também fazem objeções filosóficas à doutrina da Trindade. Estas devem igualmente ser refutadas antes que possam entender o ensinamento bíblico sobre uma pluralidade de pessoas na unidade de Deus.

A ênfase dada à Unidade de Deus é fundamental para o islamismo. Um teólogo muçulmano disse:

Na realidade, o ISLAMISMO, como outras religiões antes dele, em sua clareza e pureza original, não é nada mais que a declaração da Unidade de Deus, e sua mensagem é um chamado para testificar sobre essa Unidade (Mahud, p. 20).

Outro autor acrescenta:

A Unidade de Alá é a característica distintiva do islamismo. Essa é a forma mais pura de monoteísmo, i.e., a adoração de Alá, que não foi gerado nem teve qualquer outro a ele associado na sua divindade. O islamismo ensina isso nos termos mais inequívocos" (Ajijola, p. 55).

Por causa dessa ênfase irredutível da unidade absoluta de Deus, no Islã o maior pecado de todos é o pecado do *shirk*, ou a designação de parceiros de Deus. O *Alcorão* declara severamente: "Allah jamais perdoará quem lhe atribuir parceiros, conquanto perdoe outros pecados a quem lhe apraz. Quem atribuir parceiros a Allah desviar-se-á profundamente" (surata 4.116). No entanto, essa é uma má interpretação da unidade de Deus.

A Trindade e a heresia. Existem duas heresias principais das quais a Trindade deve ser distinguida: modalismo e triteísmo. A heresia do modalismo, também chamada sabelianismo, nega que há três pessoas distintas e eternas na Divindade. Afirma que as denominadas "pessoas" da Trindade são modos de substância divina, não pessoas distintas. Como a água com seus três estados (sólido, líquido e gasoso), a Trindade é considerada apenas três modos diferentes da mesma essência. Ao contrário dos modalistas, os trinitários acreditam que há três pessoas distintas (não apenas modos) nessa única substância de Deus.

Tanto o islamismo quanto o cristianismo proclamam que Deus é um em essência. O que está sendo discutido é se pode haver qualquer pluralidade de pessoas nessa unidade de natureza. As falhas na visão islâmica de Deus surgem em parte da sua má interpretação do monoteísmo cristão (v. TEÍSMO). Muitos muçulmanos a interpretam como triteísmo em vez de monoteísmo. O erro oposto, que é o triteísmo, afirma que há três deuses separados. Poucos teólogos ou filósofos cristãos defenderam essa posição, mas ela geralmente tem sido atribuída ao trinitarianos. Ao contrário dos triteístas, os trinitários não afirmam existir um Deus com três substâncias diferentes; eles confessam que Deus é três pessoas distintas em uma substância.

A Bíblia declara enfaticamente: "O SENHOR; nosso Deus, é o único SENHOR" (Dt 6.4). Jesus (Mc 12.29) e os apóstolos repetem essa fórmula no NT (1Co 8.4,6). E os primeiros credos cristãos falam de Cristo como um em "substância" ou "essência" com Deus. O Credo Atanasiano diz: "Adoramos um Deus em Trindade, e a Trindade em Unidade; Não confundindo as Pessoas; nem dividindo a Substância (Essência)". Portanto, o cristianismo é uma forma de monoteísmo, que crê no Deus único.

A Trindade e a complexidade. Muitos muçulmanos reclamam que o conceito cristão de Trindade é complexo demais. Mas se esquecem que a verdade nem sempre é simples. Como C. S. LEWIS disse com propriedade:

Se o cristianismo fosse algo inventado, certamente seria mais simples. Mas não é. Não podemos competir, em simplicidade, com as pessoas que estão inventando religiões. Como poderíamos? Estamos lidando com o fato. É claro que qualquer um pode ser simples se não se preocupa com fatos (Lewis, p. 145).

O fato que confronta os cristãos e que levou à formulação dessa verdade complexa foi, é claro, as afirmações e credenciais de Jesus de Nazaré de ser Deus (v. CRISTO, DIVINDADE DE). Isso os levou necessariamente a supor uma pluralidade na divindade e, logo, à doutrina da Trindade, já que esse Jesus não era o mesmo que a pessoa a quem ele se referia como Pai. Assim, os cristãos acreditam e os muçulmanos negam que haja três pessoas nesse Deus único. Nesse ponto o problema passa a ser filosófico.

O conceito neoplatônico de unidade. No centro da incapacidade muçulmana de entender a Trindade está o conceito neoplatônico de unidade. O filósofo PLOTINO, que viveu no século II e influenciou muito o pensamento da Idade Média, via Deus (o Supremo) como o Único, uma unidade absoluta na qual não há nenhuma multiplicidade. Esse Único era tão absolutamente simples que não podia nem conhecer a si mesmo, pois autoconhecimento implica uma distinção entre conhecedor e conhecido. Só quando emanava num nível inferior, no *Nous* ou Mente, é que podia refletir sobre si mesmo e, portanto, conhecer-se. Para Plotino, o Único não pode ser conhecido, está além da consciência e até além da existência. Era tão indivisivelmente simples que em si mesmo não tinha mente, pensamentos, personalidade ou consciência. Era desprovido de tudo, até de existência. Logo, não podia ser conhecido, exceto pelos seus efeitos que, no entanto, não se assemelham a ele (Plotino, 1.6; 3.8, 9; 5.1, 8; 6.8, 18).

Não é difícil ver fortes semelhanças entre as visões de Plotino e islã sobre Deus. E não é difícil ver o problema dessa visão. Ela preserva uma unidade rígida em Deus à custa da personalidade real. Ela se apega a uma simplicidade rígida, sacrificando o relacionamento. Isso nos deixa com um conceito vazio e estéril de divindade. Ao reduzir Deus a uma unidade singular, resta só uma unidade estéril. Como Joseph Ratzinger observou com perspicácia:

> Quem que não é relacionado, nem relacional, não pode ser uma pessoa. Não existe algo como uma pessoa no singular categórico. Isso já fica evidente nas palavras em que o conceito de pessoa surgiu: a palavra grega "*prosopon*" significa literalmente "(a) olhar para", com o prefixo "*pros*" (para). Isso inclui a idéia de relacionamento como parte integral [...] Portanto, é necessário ultrapassar o singular no conceito de pessoa [Ratzinger, p. 128-9].

Confusão em relação à Trindade. Confundindo unidade e singularidade. O Deus islâmico tem unidade e singularidade. Mas essas características não são iguais. É possível haver unidade sem singularidade, pois poderia haver pluralidade na unidade. Na verdade, a Trindade é exatamente uma pluralidade de pessoas na unidade de uma essência. Analogias humanas ajudam a ilustrar a questão de maneira superficial. Minha mente, meus pensamentos e minhas palavras têm uma unidade, mas não são uma singularidade, já que são todos diferentes. Semelhantemente, Cristo pode expressar a mesma natureza de Deus sem ser a mesma pessoa que o Pai.

Nesse sentido, o monoteísmo islâmico sacrifica a pluralidade numa tentativa de evitar a dualidade. Ao evitar o extremo de admitir qualquer parceiro de Deus, o islamismo vai para outro extremo e nega qualquer pluralidade pessoal em Deus. Mas, como Joseph Ratzinger observou,

> a crença na Trindade, que reconhece a pluralidade na unidade de Deus, é a única maneira para a eliminação final do dualismo como meio de expandir pluralidade junto com unidade; somente por meio dessa crença a validação positiva da pluralidade recebe uma base definitiva. Deus está acima do singular e do plural. Ele rompe com ambas as categorias (Ratzinger, p. 128).

Confundindo pessoa (quem) e natureza (o quê). O fato de Cristo estar "repleto de ambas as categorias" explica porque cristãos e não-cristãos têm lutado para entender as duas naturezas de Cristo. Uma das melhores explicações sobre aquilo em que os cristãos acreditam, apesar de não conseguir explicar muito, é encontrada numa das declarações de fé da Reforma do século XVI, a *Confissão belga*, artigo 19:

> Cremos que, por essa concepção, a Pessoa do Filho está unida e conjugada, inseparavelmente, à natureza humana. Não há, então, dois filhos de Deus nem duas pessoas, mas duas naturezas unidas numa só Pessoa, mantendo em cada uma delas suas características distintas. A natureza divina permaneceu não-criada (Hb 7.3) preenchendo céu e terra.
> Do mesmo modo, a natureza humana não perdeu suas características; mas permaneceu criatura, tendo início, sendo uma natureza finita e mantendo tudo o que é próprio de um verdadeiro corpo. [...] Essas duas naturezas, porém, estão unidas de tal maneira que nem por sua morte foram separadas. [...] Por isso confessamos que Cristo é verdadeiro Deus e verdadeiro homem: verdadeiro Deus a fim de vencer a morte por seu poder; verdadeiro homem a fim de morrer por nós na fraqueza de sua carne.

O cristianismo ortodoxo não acredita que Jesus Cristo era como um *milk-shake*, tendo duas naturezas misturadas numa massa indistinguível. E os cristãos não acreditam que Jesus tinha uma identidade esquizofrênica na qual as naturezas divina e humana eram tão distintas que teriam de se comunicar por telefone. Essas opiniões e outras idéias igualmente equivocadas tentam macular a teologia cristã em toda a história. Uma teoria moderna e popular, que não entende Filipenses 2 nem a razão pela qual Deus precisou assumir a forma humana, afirma que Jesus esvaziou-se dos seus atributos divinos de poder e autoridade e manteve apenas sua perfeição moral.

Como isso é concebível? A posição ortodoxa é que o Deus Filho não abandonou nenhum aspecto de sua divindade, apenas acrescentou a ela a natureza humana. Ele aceitou limitações. Como ser humano, Jesus teve de crescer e aprender. Passou necessidades, sentiu tristeza e havia coisas que a natureza humana de Jesus não sabia, como a data da sua volta (Mt 24.36).

Um teólogo, Charles Hodge, supôs que Deus havia retratado a analogia mais clara das duas naturezas no projeto do templo de Israel em Jerusalém. O átrio onde a adoração diária e o sacrifício aconteciam era o átrio de Israel ou santo lugar. Mas dentro desse espaço havia outra sala que representava a presença de Deus no meio do seu povo. Nessa sala central, o "Lugar santíssimo", só entrava o sumo sacerdote uma vez por ano. Uma cortina separava as duas partes do santuário para que a sala ficasse escondida. Simbolicamente, no entanto, ela capacitava os sacerdotes na sua vida diária na adoração do templo. Os dois lugares não se misturavam, mas eram unidos e inseparáveis.

A visão ortodoxa das duas naturezas de Cristo é que uma pessoa é ao mesmo tempo Deus e homem. As duas naturezas comungam intimamente, mas não se sobrepõem. Cristo possui duas naturezas unidas. Logo, quando Jesus morreu na cruz pelo nosso pecado ele morreu como o Deus-homem. Não é exagero, disse João CALVINO, dizer que no momento em que Jesus estava pendurado na cruz era seu poder como Deus Criador que sustentava o monte no qual a cruz se apoiava. Se Jesus não é Deus e humano, ele não pode reconciliar Deus com a humanidade. Mas a Bíblia diz claramente: "há um só Deus e um só mediador entre Deus e os homens: o homem Cristo Jesus (1Tm 2.5).

Como Cristo é um *Alguém* (pessoa) com dois *Algos* (naturezas); sempre que é feita uma pergunta a seu respeito ela deve ser separada em duas perguntas, cada uma aplicando-se a uma natureza. Por exemplo, ele ficava cansado? Como Deus, não; como ser humano, sim. Cristo ficava com fome? Segundo a natureza divina, não; mas na sua natureza humana, sim. Cristo morreu? Na sua natureza humana, ele realmente morreu. Sua natureza divina é eternamente viva. Ele morreu como o Deus-homem, mas sua Divindade não morreu.

Quando essa mesma lógica é aplicada a outras questões teológicas levantadas por muçulmanos, a resposta é a mesma. Jesus sabia tudo? Como Deus, sabia, já que Deus é onisciente. Mas, como homem, Jesus não sabia a hora da sua segunda vinda (Mt 24.36) e, como criança, "cresc[ia] em sabedoria" (Lc 2.52).

Jesus podia pecar? A resposta é a mesma: como Deus, não; como homem, sim (mas não pecou). Deus não pode pecar. Por exemplo, a Bíblia diz: "é impossível que Deus minta" (Hb 6.18; cf. Tt 1.2). Porém Jesus foi "passou por todo tipo de tentação, porém, sem pecado" (Hb 4.15). Apesar de jamais ter pecado (cf. 2Co 5.21; 1Pe 1.19; 1Jo 3.3), ele realmente foi tentado e era possível que pecasse. Se não fosse, sua tentação teria sido uma fraude. Jesus possuía o poder do livre-arbítrio, que significa que, quando escolheu não pecar, essa foi uma escolha significativa. Ele poderia ter pecado.

Dividir cada pergunta sobre Cristo em duas respostas, referindo-as a cada natureza, resolve muitos problemas teológicos que de outra maneira permaneceriam encobertos pela ambigüidade. Isso também torna possível evitar contradições lógicas que são levantadas por muçulmanos e outros incrédulos.

Conclusão. A doutrina da Trindade é um dos grandes mistérios da fé cristã. Isto é, transcende a razão sem ser contrária à razão (v. FÉ E RAZÃO). Ela não é conhecida pela razão (v. REVELAÇÃO GERAL), mas apenas pela REVELAÇÃO ESPECIAL. Deus é um em essência, mas três em pessoas. É uma pluralidade dentro da unidade. Deus é "triunidade", não uma singularidade rígida.

Quando esses conceitos são compreendidos, caem muitas das barreiras que separam até mesmo monoteístas radicais como judeus ortodoxos e muçulmanos.

Fontes

A. AJIJOLA, *The essence of faith in Islam*.
AGOSTINHO, *Da Trindade*.
S. BALIC, "The image of Jesus in contemporary islamic theology", em A. SHIMMEL e A. FALATURI, orgs., *We believe in one God*.
C. BEISNER, *God in three persons*.
A. DAWUD, *Muhammad in the Bible*.
J. N. D. KELLY, *Doutrinas centrais da fé cristã*.
C. S. LEWIS, *Cristianismo puro e simples*.
A. H. MAHUD, *The creed of Islam*.
M. NAZIR-ALI, *Frontiers in muslim-christian encounter*.
C. G. PFANDER, *The Mizanu'l Haqq (The balance of truth)*.
PLOTINO, *The enneads*.
G. L. PRESTIGE, *God in patristic thought*.
J. RATSINGER, *Introduction to christianity*, J. R. FOSTER, trad.
A. SHORROSH, *Islam revealed*.
TOMÁS DE AQUINO, *Da Trindade*.

Troeltsch, Ernst. Ernst Peter Wilhelm Troeltsch (1865-1923) nasceu em Haunstentten e estudou em Göttingen, Berlim, e Erlängen. Troeltsch foi ministro da educação da Alemanha antes da Primeira Guerra Mundial e lecionou, principalmente em Berlim e Heidelberg, desde 1894 até sua morte. Foi um teólogo liberal que estava intensamente envolvido em questões sociais e políticas, e também historiador e filósofo. Seu trabalho descartava a Bíblia e considerava toda religião culturalmente condicionada, embora detestasse o relativismo que suas idéias promoveram. Troeltsch acreditava que o cristianismo era a melhor religião para o mundo ocidental, e procurou legitimá-lo por meio da ação social na história moderna, antes que pela ação sobrenatural do mundo antigo. Entre suas obras estão *Christian thought in history and application* [*O pensamento cristão na história e sua aplicação*] (1924) e *The social teaching of the christian church* [*O ensino social da igreja cristã*] (1912).

Troeltsch estabeleceu a regra da analogia: A única maneira de conhecer o passado é por analogia com o presente. O desconhecido do passado só é obtido por meio do que é conhecido. Nesse princípio, alguns argumentam que não se deve acreditar nos milagres da Bíblia, pois não se relacionam a nada que acontece agora (v. MILAGRES, ARGUMENTOS CONTRA). Um método histórico adequado, portanto, elimina os milagres. Antony FLEW acrescentou seu toque ao "argumento histórico crítico".

Troeltsch usou o *princípio da analogia* e Flew o *princípio da história crítica* contra milagres. Ambos têm a mesma base naturalista (v. NATURALISMO).

Deve-se observar que o termo *princípio da analogia* é usado de duas maneiras completamente diferentes. Para uma análise do princípio da analogia relacionado à razão e ao conhecimento de Deus, v. o artigo ANALOGIA, PRINCÍPIO DA.

O princípio da analogia. Esse princípio da analogia, segundo Troeltsch, afirma que "na analogia dos eventos conhecidos por nós, buscamos por conjectura e compreensão explicar e reconstruir o passado". Sem uniformidade do passado e do presente, não poderíamos conhecer nada sobre o passado. Pois sem analogias do presente não podemos entender o passado *(Troeltsch, Historicism and its problems [O historicismo e seus problemas]).*

Com base nesse princípio, alguns insistiram em que "nenhuma quantidade de testemunho pode estabelecer como realidade passada algo que não pode ser encontrado na realidade presente". Mesmo que a testemunha tenha um caráter perfeito, o testemunho não tem poder como prova (Becker, *Detachment and the writing of history*, [*O distanciamento e a composição da história*] (p. 12-3). Isso significa que, se não é possível identificar no mundo atual os milagres encontrados no NT, não temos razão para crer que ocorreram no passado. O filósofo F. H. Bradley (1846-1924) analisou o problema da seguinte maneira:

> Temos visto que a história se baseia, como último recurso, numa inferência da nossa experiência, um julgamento baseado na nossa realidade; [...] quando nos pedem para afirmar a existência de eventos no passado, os efeitos das causas que evidentemente não têm analogia no mundo em que vivemos e que conhecemos — não conseguimos dizer nada além disso, que [...] temos de construir uma casa sem fundamento [...] E como podemos tentar isso sem entrar em contradição? [Bradley, p. 100].

É do conhecimento geral que, nos dias de hoje, não acontece nenhum NASCIMENTO VIRGINAL, nenhuma ressurreição de mortos e ninguém caminha sobre as águas; logo, conclui-se pelo princípio da analogia que não se pode saber se tais eventos aconteceram na história. Portanto, milagres bíblicos são historicamente incognoscíveis.

Semelhante ao "princípio da analogia" de Troeltsch é a "história crítica" de Flew. A história crítica deve sua existência em parte a dois princípios afirmados por David Hume, que tentam minar a credibilidade dos milagres. Tratado da natureza humana], 2.3.1; Investigação sobre o entendimento humano], 8; v. MILAGRES, ARGUMENTOS CONTRA). Flew comenta:

1. Os atuais detritos [os restos] do passado não podem ser interpretados como evidência histórica, a não ser que suponhamos que as mesmas regularidades básicas existentes no passado são existentes hoje.
2. O historiador deve empregar como critério todo conhecimento atual, ou conhecimento presumido, do que é provável ou improvável, possível ou impossível (Flew, p. 350).

Apenas pela suposição de que as leis de hoje também governavam a realidade no passado é que os historiadores interpretam racionalmente a evidência e constroem um registro do que realmente aconteceu (ibid., p. 351).

Flew conclui que o historiador crítico descarta a narrativa de um milagre. Com Hume, ele argumenta que pessoas racionais consideram a "impossibilidade absoluta de uma natureza milagrosa" suficiente para refutar ocorrências relatadas (ibid., p. 352). Milagres são possíveis em princípio, mas na prática o historiador deve sempre rejeitá-los. A própria natureza do método histórico exige que o passado seja interpretado de acordo com as regularidades (naturalistas) do presente. Na estrutura lógica, esse argumento contra milagres pode ser resumido:

1. Toda história crítica depende da validade de dois princípios: a) Os restos do passado podem ser usados como evidência para a reconstrução da história apenas se supusermos que as mesmas regularidades básicas da natureza de hoje aplicam-se ao passado. b) O historiador crítico deve usar o conhecimento atual do possível do provável como critério para conhecer o passado.
2. A crença em milagres é contrária a ambos esses princípios.
3. Logo, a crença em milagres é contrária à história crítica.

Por outro ângulo, apenas os ingênuos e acríticos podem acreditar em milagres. O passado só pode ser conhecido em termos de padrões regulares do presente.

E esses padrões da natureza no presente eliminam qualquer conhecimento de milagres no passado.

Avaliação. Deve-se mencionar primeiro que esse argumento não alega eliminar a possibilidade de milagres (v. Espinosa, Baruch). Simplesmente tenta eliminar sua *cognoscibilidade* pelo que Flew chama "história crítica". Além disso, o argumento (como Flew admite) segue a forma básica do anti-sobrenaturalismo de Hume, que foi criticado no artigo MILAGRES, ARGUMENTOS CONTRA. Isso quer dizer que ele supõe que, para ser realmente crítico e histórico, é preciso ser anti-sobrenatural. Qualquer pessoa que aceite o sobrenatural é automaticamente ingênua (de passagem, um ataque *ad hominem*). No entanto, essa intolerância não deveria ser elevada a pré-requisito para avaliar evidência e compilar história.

É um princípio válido que "o presente é a chave para o passado", ou que "o passado é conhecido pela analogia com o presente". Isso porque as pessoas que vivem no presente não têm acesso direto ao passado. Não estávamos lá e não podemos voltar. Devemos depender, portanto, da comparação de remanescentes do passado com eventos no presente. É exatamente assim que a ciência das origens funciona (v. ORIGENS, CIÊNCIA DAS), seja ela aplicada à arqueologia, à biologia ou à geologia. Na geologia o princípio da analogia é conhecido por princípio de uniformidade ou uniformitismo. Contudo, os dois devem ser distinguidos. Pois o uniformitarismo está cheio de preconceito anti-sobrenatural, ao passo que, nas ciências sobre o passado, o princípio da uniformidade (analogia) é legítimo. Quando um arqueólogo encontra um pedaço de cerâmica, é útil saber para que a cerâmica é usada no presente, como materiais, formas e esmaltes diferentes se aplicam a funções diferentes e como o oleiro faz a cerâmica. O arqueólogo supõe a partir disso qual a possível origem desse fragmento.

Uma aplicação válida do princípio de que "o presente é a chave para o passado" é que "os tipos de causas que produzem certos tipos de efeitos no presente supostamente produzem tipos de efeitos semelhantes no passado". Mas, ao contrário de Troeltsch e Flew, esse princípio não elimina a crença em milagres passados, mesmo que nenhum milagre parecido ocorra no presente. Esse é um mau uso do princípio.

Problemas com os argumentos. Várias dificuldades envolvidas nos argumentos contra milagres são discutidas na seção sobre argumentos contra milagres baseados na analogia do artigo MILAGRES, ARGUMENTOS CONTRA. De forma abreviada, esses argumentos são:

Troeltsch e Flew adotam o uniformitarianismo histórico. Eles supõem que todos os eventos passados são uniformemente iguais a todos os eventos atuais. Pela lógica uniformitária, a geologia ignorou por muito tempo o fato de que muitos processos passados foram catastróficos e causaram mudanças mais rapidamente do que observamos. Pelo argumento uniformitário, os cientistas não deveriam estudar eventos singulares e não repetíveis que cercam as origens do universo e da vida na terra.

O argumento histórico confunde a uniformidade com o uniformitarismo. Não é obrigatório que o objeto do passado não possa ser uma singularidade. Descobertas arqueológicas singulares podem ser estudadas por analogia com outras descobertas. Elas podem não ser uniformemente iguais, talvez sejam completamente diferentes, mas isso não desqualifica seu estudo. O programa SETI (Search for Extra-Terrestrial Intelligence — Busca por Inteligência Extraterrestre) não deixa de ser científico por acreditar que o recebimento de uma mensagem singular do espaço revelará a existência de vida inteligente (v. Sagan, Carl). A *base* para saber se um grupo singular de ondas de rádio é produzida por inteligência é sua complexidade organizada, não o recebimento de mais mensagens. A evidência histórica dá ampla base para afirmar que os milagres de Cristo ocorreram, mesmo que não ocorram atualmente.

É um argumento injustificado presumir que nenhum milagre esteja acontecendo. Deus ainda pode ou não estar agindo dessa maneira. Troeltsch e Flew não demonstram que milagres não acontecem atualmente. Se há milagres, uma analogia para conhecer o passado existe de fato.

Na prática, Flew diz que milagres são "totalmente impossíveis" e devem ser sumariamente descartados. Essa é a falácia da petição de princípio. Por que um pensador crítico deve ter tanto preconceito contra a realidade histórica de um milagre a ponto de começar com a mente fechada para toda evidência?

Ao encerrar o assunto e zombar dos que discordam de suas pressuposições, os uniformitários estão na verdade desobedecendo aos fundamentos da ciência. Um exemplo recente é o tempo e energia gastos para evitar a evidência de que o universo teve princípio, apesar da erupção explosiva de massa no *big-bang* ser amplamente aceita hoje em dia.

Por que eventos excepcionais do passado devem ser comparados com eventos normais do mundo atual? A cura de um homem cego de nascença parecia tão incrível na época de Jesus quanto seria se acontecesse agora (v. Mt 9). A única comparação legítima de uma anomalia passada é a comparação com acontecimentos anômalos atuais, e não com ocorrências da vida normal.

O argumento uniformitário prova que grande parte de sua crença sobre o passado não pode ser verdadeira. Muitos eventos históricos que eles aceitam foram excepcionais e singulares.

A "história crítica" não critica a aceitação ingênua e irrazoável das pressuposições que eliminam o conhecimento histórico válido. Ela legisla sobre a verdade, em vez de procurá-la.

Conclusão. Troeltsch procurou sintetizar a religião e a cultura social, mas raramente conseguiu chegar à conclusão final; assim, elaborou uma teologia da ação cristã no mundo que, embora às vezes fosse útil, era sempre incompleta. Parte do problema foi seu ceticismo liberal teológico, que deixou sem resposta a questão dos fundamentos do cristianismo e onde essa mesma religião se encaixava no mundo da realidade. Grande parte do problema com essa filosofia histórica está relacionada a seu "princípio da analogia", um dogma uniformitário que descarta a singularidade da vida e dos milagres de Cristo. Quem Cristo foi e o que fez não poderiam sequer ser considerados sem que ocorrências semelhantes se repetissem agora. Esse NATURALISMO histórico supõe que todos os eventos podem ser naturalmente explicados. Entretanto, tal suposição, é contrária ao pensamento racional em geral e ao pensamento científico em particular (v. ORIGENS, CIÊNCIA DAS).

Fontes
C. BECKER, "Detachment and the writing of history", em *Detachment and the writing of history*, org. P. L. SNYDER.
F. H. BRADLEY, *The presuppositions of critical history*.
D. K. ERLANDSON, "A new look", *Religious Studies* (Dec. 1977).
A. FLEW, "Miracles", em *Encyclopedia of philosophy*, org. P. EDWARDS.
N. L. GEISLER, *Christian apologetics*.
___, *Miracles and the modern mind*.
S. HAWKING, *Uma breve história do tempo*.
D. HUME, *Investigação acerca do entendimento humano*.
___, *Resumo de um tratado da natureza humana*.
R. JASTROW, *God and the astronomers*.
C. S. LEWIS, *Milagres*.
E. TROELTSCH, *Historicism and its problems*.
___, "Historiography", em *Encyclopedia of religion and ethics*.
R. WHATELY, "Historical doubts concerning the existence of Napoleon Bonaparte", em H. MORLEY, org., *Famous pamphlets*, 2ª. ed.
H. P. YOCKEY, "Self-organization, origin of life scenarios, and information theory", em *Journal of Theoretical Biology* (1981).

Trueblood, Elton. Teólogo e filósofo americano (1900-1994), originário do grupo religioso conhecido por quacres. Depois de servir como capelão da Universidade Standard, tornou-se professor de filosofia na Faculdade Earlham. Aposentou-se de Earlham em 1966 e tornou-se professor conferencista.

Trueblood publicou 37 livros, inclusive *The essence of spiritual religion* [*A essência da religião espiritual*] (1937), *The predicament of modern man* [*A difícil situação do homem moderno*] (1944), *The company of the committed* [*A companhia dos comprometidos*] 1961), *The incendiary fellowship* [*A comunhão incendiária*] (1967) e *While it is day: an autobiography* [*Enquanto é dia: uma autobiografia*] (1974). De interesse especial para apologistas é *Philosophy of religion* [*Filosofia da religião*] (1957).

Ao mesmo tempo que seguiu as crenças dos quacres sobre a "luz interior", o pacifismo e os direitos civis, Trueblood adotou a tendência evangélica tradicional. Sua obra *Philosophy of religion* foi além do tradicional misticismo quacre.

Trueblood argumentou que "a revelação deve ser testada pela razão simplesmente porque há afirmações falsas de revelação" (*Philosophy of religion*, p. 32). Apesar de reconhecer a necessidade de autoridade, ele insistiu em que esta deveria ser uma autoridade razoável, em que se possa confiar (ibid., p. 67). Acreditava que há ampla evidência para apoiar a verdade do cristianismo como detentora de autoridade. Como George BUTLER, ele acreditava que "provas demonstráveis, ao serem acrescentadas, não só *aumentam* a evidência, mas a *multiplicam*" (ibid., p. 74).

Evidência de Deus. Trueblood baseou sua defesa da existência de Deus nas fontes clássicas de evidência:

Argumento cosmológico. Ao falar sobre a segunda lei da termodinâmica (v. TERMODINÂMICA, LEIS DA), Trueblood disse:

Se o universo está se desgastando como um relógio de corda, [...] um dia alguém deu corda no relógio [...] O mundo, para ter um final do tempo, deve ter tido um princípio do tempo.

Ele concluíu afirmando que a evidência sugere que "o mundo não explica a própria existência [...] A natureza indica algo além da natureza como sua explicação" (ibid., p. 104). V. artigo sobre BIG-BANG, TEORIA DO.

Argumento moral. Uma das melhores afirmações do ARGUMENTO MORAL DA EXISTÊNCIA DE DEUS é encontrada em Trueblood. Ele ponderou que deve haver uma lei moral objetiva (v. MORALIDADE, NATUREZA ABSOLUTA DA).

Senão, não haveria tal concordância sobre a moralidade. Sem a lei moral, toda pessoa estaria certa, não importa o que fizesse, e não poderia haver qualquer discordância sobre padrões éticos. Nenhuma questão ética poderia sequer ser discutida, pois o conceito de ética não teria sentido. Posições contraditórias estariam corretas, já que opostos poderiam ser igualmente corretos. A lei moral que existe deve estar além dos indivíduos e além da humanidade como um todo, pois cada pessoa raça são medidas pelo progresso moral.

Essa lei moral deve vir de um Legislador moral, pois a lei não tem significado sem que venha da mente que lhe dá significado. A deslealdade não faz sentido se a lealdade não é devida a uma pessoa, mas as pessoas morrem por lealdade ao que é moralmente correto. A verdade não faz sentido a não ser no contexto da união de mente com mente, mas as pessoas morrem pela verdade. Logo, a descoberta da lei moral e a dedicação a ela só faz sentido se há uma Mente ou Pessoa por trás dela.

Logo, uma Mente pessoal e moral que está além da humanidade está por trás dessa lei moral. Caso contrário, o universo seria irracional. A menos que suponhamos que o universo seja irracional, deve haver uma lei moral objetiva e um Legislador moral objetivo.

Argumento religioso. Trueblood também apresenta um bom resumo do argumento baseado na experiência religiosa (v. APOLOGÉTICA EXPERIMENTAL). Observa que as massas afirmam conhecer a Deus e que, mesmo que somente uma pessoa esteja certa sobre a experiência religiosa, deve haver um Deus. À luz disso, há duas alternativas: "Ou Deus existe, ou todos os que afirmam conhecê-lo foram enganados" (ibid., p. 146). Mas como entre os que afirmam conhecer a Deus estão algumas das mentes mais brilhantes e críticas da história da humanidade, parece improvável que todos estejam errados. É mais provável que Deus exista. É claro que sempre é possível que todos estejam enganados (v. FREUD, SIGMUND; FEUERBACH, LUDWIG), mas isso não quer dizer que haja boa razão para acreditar que estejam. Na verdade, há boas razões para acreditar que Deus existe (v. DEUS, EVIDÊNCIAS DE).

Fonte
E. TRUEBLOOD, *Philosophy of religion*.

Turim, Sudário de. V. SANTO SUDÁRIO.

Tzvi, Sabatai. Mestre judeu do século XVII que afirmou ser o Messias e aparentemente foi assim proclamado por um contemporâneo chamado Natã. Depois da morte de Tzvi, em 1676, conta-se que seu irmão Elias foi ao túmulo e o encontrou vazio e cheio de luz. Muitos dos seus seguidores acreditavam que ele não havia morrido e que logo se revelaria (v. Scholem).

Críticos da ressurreição usam Sabatai Tzvi como razão para afirmar que as reivindicações relativas à ressurreição não vêm só do cristianismo. No entanto, a investigação dos fatos revela que todos os relatos sobre esse mestre pertencem à categoria de lenda (v. RESSURREIÇÃO EM RELIGIÕES NÃO-CRISTÃS, REIVINDICAÇÕES DE).

Jesus começou em condições superiores a Tzvi. Dezenas de predições do AT foram cumpridas em Jesus de Nazaré antes de sua morte. Depois cumpriu a previsão profética sobre como morreria (Is 53) e até o ano aproximado da sua morte (c. 33 d.C., Daniel 9.24-26). Para mais informações sobre as profecias relativas a Jesus, v. PROFECIA COMO PROVA DA BÍBLIA.

Outra diferença é que muitos dos seguidores de Sabatai Tzvi recusaram-se a crer que ele morreu e ressuscitou porque acreditavam que ele não podia morrer. O tema geral do seu desaparecimento se classifica como lenda apoteótica, na qual um ser humano alcança a divindade.

Usando os documentos do grupo, o pesquisador Gershom Scholem consegue rastrear o desenvolvimento da história de que o irmão de Sabatai encontrou o túmulo vazio. Apesar de críticos do cristianismo especularem sobre como a "lenda" de Cristo teria mudado e crescido com o tempo, não há prova da existência de protevangelhos, e pelo menos um ou dois dos quatro evangelhos que temos aparentemente podem ser datados das três primeiras décadas após a ressurreição (v. RESSURREIÇÃO, EVIDÊNCIAS DA). Apesar disso, os registro da vida, morte e ressurreição de Jesus não foram mudados nem ajustados pela igreja ortodoxa.

No caso de Sabatai Tzvi, há evidências conflitantes até sobre se Natã ensinou que o mestre ainda estava vivo. Uma carta que foi encontrada relata que Natã na verdade morreu um mês antes de Tzvi, e os dois jamais se conheceram.

Fontes
G. SCHOLEM, *Sabatai Tzvi: O Messias místico*.
G. HABERMAS, "Resurrection claims in non-christian religions", *Religious Studies* 25 (1989).

Uu

unidade e diversidade, problema da. Um problema metafísico clássico pergunta: A realidade é uma ou muitas? Ou é uma e ao mesmo tempo muitas? Se há uma unidade suprema na realidade, como também há diversidade real? Ou, se há diversidade real das coisas, como pode haver uma unidade suprema? Na análise final, o problema da unidade e diversidade se resume ao confronto entre o monismo e o pluralismo.

O filósofo antigo Parmênides formulou a afirmação absoluta do MONISMO: existir só pode haver um ser, já que supor que há mais de um leva a absurdos e antinomias. Duas coisas diferentes teriam de diferir. E há apenas duas maneiras de diferir, pela existência ou pela inexistência. Mas diferir pela inexistência ou nada não é diferir. Contudo, diferir pela existência é impossível, porque existência é o próprio aspecto em que todas as coisas são idênticas. E as coisas não podem diferir no mesmo aspecto em que são idênticas. Portanto, não pode haver duas ou mais existências, apenas uma.

Várias soluções ao problema da unidade e da diversidade foram sugeridas (v. MONISMO; PLURALISMO METAFÍSICO; ANALOGIA). Os atomistas (v. ATOMISMO) sugerem que as coisas diferem pela inexistência absoluta (o vazio). Mas diferir em absolutamente nada é não diferir. PLATÃO argumentou que as coisas diferem pela inexistência relativa, mas isso também acaba não sendo diferença real. E não podem diferir, como disse ARISTÓTELES, na existência simples, já que as existências simples simplesmente não podem diferir — são iguais quanto à existência.

Nenhuma solução foi bem-sucedida para o teísta (v. TEÍSMO) exceto a de TOMÁS DE AQUINO. Ele demonstrou que as coisas podem diferir quanto à existência, já que são tipos diferentes de existência. O Ser infinito difere do ser finito, e o Ser Necessário difere do ser contingente. Um ser de Realidade pura difere de outro que tem realidade e potencialidade. O único tipo de ser que não pode diferir quanto à existência é um ser de Realidade pura (Deus). Isto é, só pode haver um ser como esse porque é um tipo único de Ser. É Existência pura e simples. Todos os outros seres são seres complexos, tendo uma mistura de realidade e potencialidade. Assim, as coisas diferem no tipo de existência que têm, exceto Aquele que *é* Existência e a partir do qual todos os outros seres *têm* sua existência. Isso resolve o problema da unidade e da diversidade no âmbito da existência sem ir além da existência (ao Incognoscível), como PLOTINO fez, o que deixa a pessoa em total ignorância sobre Deus (v. AGNOSTICISMO).

universalismo. O universalismo é a crença de que todos serão salvos. Foi proposta pela primeira vez pelo pai da igreja ORÍGENES (c. 185-c. 254), que não era ortodoxo em suas posições. Orígenes e o universalismo foram condenados for não serem ortodoxos no Quinto Concílio Ecumênico de Constantinopla (553 d.C.). A teologia do universalismo deve ser diferenciada da Igreja Universalista, um movimento aconfessional extremado, nascido na América colonial, cuja rejeição do cristianismo histórico foi bem além da própria doutrina de universalismo. Esse grupo foi uma força na teologia liberal da América do século XIX e continua até hoje.

Um dos teólogos mais influentes do século XX a adotar o universalismo foi Karl BARTH (1886-1968). O filósofo John HICK é um proponente contemporâneo da visão (v. Hick). Um pequeno número de teólogos evangélicos, tais como Clark Pinnock e John Stott, adotaram formas de universalismo e/ou ANIQUILACIONISMO. A maioria dos teólogos liberais e das seitas afirmam algum tipo de universalismo ou uma forma bem próxima dele, o aniquilacionismo, a teoria de que as pessoas que não podem ir para o céu simplesmente deixam de existir. O princípio comum em todas as teologias universalistas e aniquilacionistas é que não há castigo eterno.

A base do universalismo. Os universalistas geralmente recorrem a argumentos ligados ao amor de

Deus para apoiar suas posições. Eles citam várias passagens das Escrituras para substanciar suas teorias.

A benevolência de Deus. O universalismo geralmente é baseado na idéia de que um Deus amoroso jamais deixaria uma de suas criaturas perecer. Mas, como C. S. Lewis demonstrou (v., p. ex., seu livro *O grande abismo*), justamente o oposto é verdadeiro. Pois, apesar do fato de que Deus "Tanto amou o mundo que deu o seu Filho Unigênito" (Jo 3.16), "não querendo que ninguém pereça" (2Pe 3.9), ele não impõe seu amor a ninguém. Amor forçado é um conceito contraditório (v. LIVRE-ARBÍTRIO). Jesus disse:

> Jerusalém, Jerusalém, você, que mata os profetas e apedreja os que lhe são enviados! Quantas vezes eu quiz reunir os seus filhos, como galinha reúne os seus pintinhos debaixo das suas asas, mas vocês não quizeram (Mt 23.37).

Lewis observou: "Em última análise há apenas dois tipos de pessoas: as que dizem para Deus 'Seja feita a tua vontade' e aqueles a quem Deus diz 'Seja feita a *tua* vontade'" (*O grande abismo*, p. 69).

Além disso, a Bíblia ensina claramente que INFERNO eterno existe que seres humanos serão lançados nele (v., p. ex., Mt 25.41; 2Ts 1.7-9; Ap 20.11-15). Jesus tinha mais a dizer sobre o inferno que sobre o céu. Ele declarou: "Não tenham medo dos que matam o corpo, mas não podem matar a alma. Antes tenham medo daquele que pode destruir tanto a alma como o corpo no inferno" (Mt 10.28). Ele acrescentou sobre aqueles que o rejeitam; "Assim como o joio é colhido e queimado no fogo, assim também acontecerá no fim desta era" (Mt 13.40). No que às vezes é chamado Sermão Profético, Jesus afirmou: "Então ele dirá aos que estiverem à sua esquerda: 'Malditos, apartem-se de mim para o fogo eterno, preparado para o Diabo e os seus anjos'" (Mt 25.41). Em outra passagem ele enfatizou o horror do inferno com a afirmação: "Se a sua mão o fizer tropeçar, corte-a. E melhor entrar na vida mutilado do que, tendo as duas mãos, ir para o inferno, onde o fogo nunca se apaga" (Mc 9.43). Uma e suas histórias mais vívidas foi do homem rico e do mendigo chamado Lázaro. Como essa história usa um nome real, a maioria dos expositores bíblicos a distinguem das parábolas e acreditam que se refira a pessoas que realmente existiram. A descrição do inferno é clara:

> No Hades, onde estava sendo atormentado, ele olhou para cima e viu Abraão de longe, com Lázaro ao seu lado. Então chamou-o: "Pai Abraão, tem misericórdia de mim e manda que Lázaro molhe a ponta do dedo na água e refresque a minha língua, porque estou sofrendo muito neste fogo". Mas Abraão respondeu: "Filho, lembre-se que durante a sua vida você recebeu coisas boas, enquanto que Lázaro recebeu coisas más. Agora, porém, ele está sendo consolado e você está em sofrimento. E além disso, entre vocês e nós há um grande abismo, de forma que os que desejam passar do nosso lado para o seu, ou do seu lado para o nosso, não conseguem". Ele respondeu: "Então eu te suplico, pai: manda Lázaro ir à casa de meu pai, pois tenho cinco irmãos. Deixa que ele os avise, a fim de que eles não venham também para este lugar de tormento". Abraão respondeu: "Eles têm Moisés e os Profetas; que os ouçam". "Não, pai Abraão", disse ele, "mas se alguém dentre os mortos fosse até eles, eles se arrependeriam". Abraão respondeu: "Se não ouvem a Moisés e aos Profetas, tampouco se deixarão convencer, ainda que ressuscite alguém dentre os mortos" (Lc 16.23-31)

A onipotência de Deus. Outros defendem o universalismo com base na onipotência de Deus. Orígenes declarou: "Pois nada é impossível para o Onipotente, e nada é incapaz de ser restaurado por seu Criador" (*Dos primeiros princípios*, 3.6.5). Isso, é claro, implica que Deus quer, por sua bondade, fazê-lo, uma posição que tem o apoio de várias passagens das Escrituras (1Tm 2.4; 2Pe 3.9). Mas, se Deus quer salvar a todos, e pode salvar a todos (i.e., é onipotente), parecia correto para Orígenes concluir que salvará a todos.

Duas coisas devem ser ditas em resposta. Primeira, os atributos de Deus não operam em contradição uns com os outros. Deus é internamente coerente na sua natureza. É por isso que a Bíblia insiste em que "é impossível que Deus minta" (Hb 6.18). Também é por isso que o poder de Deus deve ser exercitado de acordo com seu amor. Isto é, Deus não pode fazer algo desamoroso. Segunda, como já foi demonstrado (anteriormente), é desamoroso forçar as pessoas a amá-lo. Amor forçado é contradição, e Deus não pode fazer o que é contraditório. O amor não pode coagir, apenas persuadir. E se alguns se recusam a ser persuadidos, como a Bíblia diz, Deus não os coagirá a entrar seu Reino.

Visão reformatória da justiça. Orígenes argumentou que a justiça de Deus tem a reforma em mente, não o castigo (v. INFERNO). Ele afirmou:

> A fúria da vingança de Deus é proveitosa para a purgação das almas. Acredita-se que o castigo, também, que é supostamente aplicado pelo fogo, é aplicado com o objetivo de cura (2.10.6).

Acrescentou:

> Os que foram tirados de seu estado primitivo de bênção não foram removidos irrecuperavelmente, mas apenas

colocados sob o governo das ordens santas e abençoadas que descrevemos; e ao se beneficiarem do auxílio destas, e serem reformados pelos princípios salutares e disciplina, podem ser recuperados e restaurados à sua condição de felicidade (1.6.2).

Não se pode aplicar o desejo óbvio de Deus de que pessoas reformem suas vidas para provar que todos serão salvos no final. Não se pode supor, contrariando as Escrituras e os fatos, que todas as pessoas querem ser reformadas (Mt 23.37; Ap 20.10-15), ou que nenhuma decisão é final. Do mesmo modo, a Bíblia declara que "o homens está destinado a morrer uma só vez e, depois disso enfrentar o juízo" (Hb 9.27). Isso é contrário ao conceito adequado de justiça, que é penal, não reformatório. A justiça absoluta e a santidade de Deus exigem que a penalidade seja paga pelo pecado (v. Lv 17.11; Ez 18.20).

A visão reformatória da justiça também é contrária à morte substitutiva de Cristo. "Pois também Cristo sofreu pelos pecados uma vez por todas, o justo pelos injustos, para conduzir-nos a Deus" (1Pe 3.18; cf. 1Co 15.3). "Deus tornou pecado por nós aquele que não tinha pecado para que nele nos tornássemos justiça de Deus" (2Co 5.21). Por que Cristo teve de pagar o terrível preço do pecado se o pecado não é um crime infinito e não tem de ser punido?

Na verdade Deus está interessado na reforma. Essa é a essência da vida. Os que se recusam a aceitar o que Cristo fez na expiação não podem ser reformados nesta vida. E assim devem ficar sem a justiça de Cristo perante um Deus infinitamente santo que não pode tolerar a presença da corrupção do pecado. A separação de Deus é o castigo necessário para os que não podem subsistir na presença de Deus e são apropriadamente objeto da ira dele. É por isso que Deus é tão longânimo com os que vivem. Ele não quer que pereçam (2Pe 3.9).

Orígenes ofereceu o seguinte argumento para o universalismo com base na sabedoria de Deus:

Deus, pela habilidade inefável de sua sabedoria, transformando e restaurando todas as coisas, da forma que são feitas, para algum objetivo útil e para o proveito comum de todos, reconvoca as mesmas criaturas que difeririam tanto umas das outras na conformação mental a um acordo de ação e propósito; de forma que, apesar de estarem sob a influência de motivações diferentes, completam a plenitude e perfeição de um mundo, e a própria variedade de mentes tende a um fim de perfeição. Pois é [...] um poder que segura e sustenta toda diversidade do mundo, e leva movimentos diferentes a uma obra, a fim de que um empreendimento tão imenso quanto o do mundo não seja dissolvido pelas dissensões das almas.

Isso também não leva em conta que a sabedoria de Deus não age contra seu amor. E o amor não pode forçar alguém a fazer algo.

O fato de Deus ser infinitamente sábio (onisciente) permite que saiba que nem todos escolherão servi-lo livremente. A tentativa de salvar pessoas que Deus sabe que jamais o aceitarão seria contrária à sabedoria de Deus. Ainda assim, somos todos convidados, até os que Deus sabe que o rejeitarão.

Muitos, com Orígenes, respondem que: Deus, o Pai de todas as coisas, para *assegurar a salvação de todos* os seus seres por meio do plano inefável de sua palavra e sabedoria, coordenou cada uma delas para que todo espírito, quer alma quer existência racional, seja qual for o nome, *não fosse compelido por força*, contra a liberdade da própria vontade, a qualquer outro curso além daquele ao qual as motivações de sua mente o levaram (a fim de que, ao fazê-lo, o poder de exercitar o livre-arbítrio não fosse tirado, o que certamente produziria uma mudança da natureza do próprio ser)" (Orígenes, 2.1.2, grifo do autor). Mas Deus não pode "assegurar a salvação de todos" sem obrigá-los à força. Enquanto as pessoas se recusarem a aceitar livremente o amor de Deus, um Deus amoroso não pode assegurar que serão salvas.

Apoio bíblico para o universalismo. Vários textos bíblicos foram usados para apoiar a afirmação dos universalistas. Deve-se observar no princípio desta análise que a Bíblia não se contradiz (v. Bíblia, supostos erros na). Textos que podem ser interpretados de mais de uma maneira devem ser comparados aos que não podem:

Salmo 110.1. Davi disse e Cristo repetiu (Sl 110.1; Mt 22.44): "O Senhor disse ao meu senhor: Senta-te à minha direita, até que eu ponha os teus inimigos debaixo dos teus pés". Os inimigos literalmente, aqui são descritos subjugados, não salvos. São colocados "debaixo dos pés" do Senhor — uma descrição pouco adequada para santos que são co-herdeiros com Cristo (Rm 8.17; Ef 1.3). Em Salmos 110, Davi está falando da visitação da ira de Deus sobre seus inimigos, não de bênçãos ao seu povo.

Atos 3.21. Pedro fala de Jesus.

"É necessário que ele permaneça no céu até que chegue o tempo em que Deus restaurará todas as coisas, como falou há muito tempo, por meio dos seus santos profetas"

Essa referência à "restauração de todas as coisas" é interpretada pelos universalistas como a restauração de tudo a Deus. Entretanto, o contexto não apóia tal conclusão. Atos 3.20,21 sequer sugere que haverá uma salvação total. Outras passagens refutam completamente tal idéia. Jesus disse que as portas do Hades (inferno) não prevaleceriam contra a igreja (Mt 16.18). Também prometeu a seus seguidores: "E eu estarei sempre com vocês, até o fim dos tempos" (Mt 28.20). Jesus não poderia estar com seus seguidores até o final dos tempos se toda a igreja entrasse em completa apostasia logo depois da sua fundação. Em Efésios 3.21, o apóstolo Paulo diz: "a ele seja a glória na igreja e em Cristo Jesus, por todas as gerações, para todo o sempre". Como Deus seria glorificado na igreja em todas as eras se não houve igreja por vários séculos? Efésios 4.11-16 menciona a igreja chegando à maturidade espiritual, não de sua degeneração.

Então o que significa restaurará todas as coisas"? Pedro está falando para os judeus e refere-se ao "tempo em que Deus restaurará todas as coisas, como falou a muito tempo, por meio dos seus santos profetas" (At 3.21). Aqui está a "aliança que Deus fez com os seus antepassados. Ele disse a Abraão: Por meio da sua descendência todaos os povos da terra serão abençoados'" (v. 25). Essa aliança abraâmica era incondicional e incluía as promessas de posse da terra da Palestina "para sempre" (Gn 13.15). Pedro refere-se ao cumprimento futuro dessa aliança abraâmica, a restauração de todas as *coisas* a Israel. Paulo afirma o mesmo em Romanos 11 (v. 23-26).

Romanos 5.18-19. Paulo escreveu:

> Conseqüentemente, assim como uma só transgressões resultou na condenação de todos os homens, assim também um só ato de justificação que traz vida a todos os homens. Logo, assim como por meio da desobediência, de um só homem muits foram feitos pecadores, assim também, por meio da obediência de uma único homem muitos serão feitos justos.

A partir desses versículos os universalistas inferem que a morte de Cristo por todos garante a salvação de todos. Essa conclusão, no entanto, é contrária ao contexto e certamente à mensagem de Romanos como um todo. Isso está explicitmente no contexto de ser justificado *mediante a fé* (5.1), não automaticamente. No versículo anterior ele declara que a salvação é daqueles "que recebem [...] a dádiva da justiça" (5.17).

O restante de Romanos deixa inconfundivelmente claro que nem todos serão salvos. Romanos 1, 2 fala dos pagãos, que são "indesculpáveis" (Rm 1.20). Sobre eles recai a ira de Deus (1.18). Declara que "Todo aquele que pecar se a lei, sem a lei também perecerá" (Rm 2.12). Na base de seu argumento, Paulo conclui que, sem justificação mediante a fé, o mundo está "sob o juizo de Deus" (Rm 3.19). Ao falar do destino de salvos e perdidos, Paulo afirma que "o salário do pecado é a morte, mas o dom gratuito de Deus é a vida eterna em Cristo Jesus, nosso Senhor" (Rm 6.23). Semelhan-temente, Paulo reconheceu que, apesar de suas orações, nem todos os seus compatriotas seriam salvos (Romanos 11), mas seriam "amaldiçoados" (Rm 9.3). O propósito de Romanos é mostrar que apenas os que crêem serão justificados (Rm 1.17; cf. 3.21-26). Romanos 9 não deixa dúvida de que nem todos, mas apenas os eleitos serão salvos. Os outros são "vasos de ira, preparados para a destruição" (Rm 9.22).

Além de Romanos, várias passagens falam do destino eterno do povo perdido, inclusive a passagem expressiva no final de Apocalipse, quando João diz:

> Depois vi um grande trono branco e aquele que nele estava assentado. A terra e o céu fugiram da sua presença, e não se encontrou lugar para eles. Vi também os mortos, grandes e pequenos, em pé diante do trono, e livres foram abertos. Outro livro foi aberto, o livro da vida. Os mortos foram julgados de acordo com o que tinham feito, segundo o que estava registrado nos livros. O mar entregou os mortos que nele havia, e a morte e o Hades entregaram os mortos que neles havia; e cada em foi julgado de acordo com o que tinha feito. Então a morte e o Hades foram lançados no lago de fogo. O lago de fogo é a segunda morte. Aqueles cujos nomes não foram encontrados no livro da vida foram lançados no lago de fogo. (Ap 20.11-15).

2Coríntios 5.19. Os Universalistas também esta passagem, em que Paulo disse "que Deus em Cristo estava reconciliando consigo o mundo, não levando em conta os pecados dos homens, e nos confiou a mensagem da reconciliação" Argumenta-se que "o mundo" foi reconciliado com Deus pela obra de Cristo. Logo, todos estão salvos com base na obra de Jesus na Cruz.

O contexto esclarece o significado de "mundo". Primeiro, reconciliação é considerada um processo segundo o propósito de Deus, não um fato universal consumado. Deus deseja que todos sejam salvos (2Pe 3.9), mas nem todos serão salvos (Mt 7.13,14; Ap 20.11-15). Segundo, o contexto indica que a reconciliação real é apenas para os que estão "em Cristo", não para todos (2Co 5.17). Se todos já estivessem salvos, a exortação de Paulo como embaixador "em nome de Cristo" rogando que o mundo se reconcilie com Deus não faz sentido. Eles já foram reconciliados.

Todos podem ser salvos pela reconciliação com Cristo, mas nem todos serão salvos por ela.

Efésios 1.10. Outra má interpretação dos universalistas é da afirmação de Paulo "... de fazer convergir em Cristo todas as coisas, celestiais ou terrenas, na despenção da plenitude dos tempos".

Uma investigação cuidadosa desse texto revela que Paulo está falando apenas para os crentes. Primeiro, o contexto é aqueles que Deus "escolheu nele antes da criação do mundo" (1.4). Segundo, a expressão "em Cristo" só é usada nas Escrituras com relação a crentes. O fato de os incrédulos serem excluídos é esclarecido ainda mais pela omissão dos que estão "debaixo da terra", que Paulo usa em outra passagem para referir-se aos perdidos (Fp 2.10).

Filipenses 2.10,11. Paulo prevê um dia em que "ao nome de Jesus se dobre todo joelho nos céus, na terra e debaixo da terra, e toda língua confesse que Jesus Cristo é o Senhor, para a glória de Deus Pai". Aqui, os universalistas insistem, o texto claramente tem em vista os incrédulos, na expressão "debaixo da terra".

Ninguém nega que os incrédulos reconhecerão que Jesus é Senhor, mas isso não quer dizer que serão salvos. Até os demônios acreditam *que* Jesus é Senhor, mas se recusam a submeter-se a ele (cf. Tg 2.19). Acreditar *que* Jesus é Senhor não salvará ninguém. Apenas crer *em* Cristo (Tg 2.21-26) salva. Os que estão "debaixo da terra" (= os perdidos), nesse texto, confessarão com sua boca, mas esse reconhecimento não será de coração. Para a salvação, Paulo insistiu, é preciso confessar e crer "em seu coração" (Rm 10.9).

1Coríntios 15.25-28. Sobre o *escaton* ou fim da história, Paulo afirmou: Pois é necessário que ele reine até que todos os seus inimigos sejam postos debaixo de seus pés. O último inimigo a ser destruído é a morte. Por que ele "tudo sejeito debaixo de seus pés [...] Quando, porém, tudo lhe estiver sujeito, então o próprio filho se sujeitará àquele que todas as coisas lhe sujeitou, a fim de que Deus seja tudo em todos. Sobre esse texto, Orígenes escreveu:

> Mas mesmo que essa declaração franca do apóstolo não nos informe suficientemente o que ele quer dizer com 'todos os inimigos debaixo dos pés', veja o que ele diz nas palavras seguintes: 'Porque todas as coisas sujeitou debaixo dos pés'. O que é, então, essa subordinação pela qual todas as coisas são sujeitas a Cristo?

Acrescentou:

> Sou da opinião que é essa mesmo sujeição pela qual também desejo estar sujeito a ele, pela qual os apóstolos também foram sujeitos, e todos os santos que foram seguidores de Cristo (Orígenes, 1.6.1).

Essa interpretação ignora o conteúdo e o contexto dessa passagem. Paulo não está falando da salvação dos perdidos, mas sim da sua condenação. Isso é evidente em expressões como *sujeição, subordinação* e *destruição de todo principado*. Essa é a linguagem de sujeitação (v. 24,27,28). Os indivíduos são chamados "inimigos" de Deus, não seus amigos ou filhos. São inimigos subjugados, não amigos salvos. O fato de Deus ser "tudo em todos" (v. 28) não significa que todos estarão em Deus. Ele reinará supremo em todo o universo após o fim da rebelião contra ele. A expressão *todas as coisas* deve ser interpretada no seu contexto. Todas as coisas estão sujeitas a Cristo (v. 28). Mas todas essas coisas são inimigos (v. 25). A expressão é usada no mesmo sentido que *inimigos* nos versículos sucessivos (v. 26,27).

O céu não é o lugar onde Deus subjuga a vontade de seus inimigos e os força a entrar no aprisco. Assim, não há sinal em tais passagens da salvação de todos os incrédulos.

Conclusão. Além de não haver base para apoiar o universalismo, há argumentos decisivos contra ele.

O universalismo é contrário às implicações de ser criado à imagem de Deus. Deus fez a humanidade à sua imagem (Gn 1.27), o que inclui liberdade. Para que todos sejam salvos, os que se recusam a amar a Deus teriam de ser forçados a amá-lo. "Liberdade" forçada não é liberdade. Um resultado disso é que o universalismo é contrário ao amor de Deus. Amor forçado não é amor, mas um tipo de estupro. Nenhum ser realmente amoroso se impõe a outro.

O universalismo é contrário à perfeição e justiça divina. Deus é absolutamente santo e, como tal, deve separar-se do pecado e castigá-lo. Logo, enquanto houver alguém vivendo em pecado e rebelião contra Deus, Deus o castigará. A Bíblia chama esse lugar de separação e castigo INFERNO (v. Mateus 5, 10, 25).

O universalismo baseia-se em passagens das Escrituras retiradas de seu contexto e ignora outras passagens claras.

O universalismo tem por base um tipo de ilusão freudiana. Sigmund Freud denominou ilusão qualquer crença baseada no mero desejo. Não *desejamos* que ninguém sofra no inferno para sempre, e esse desejo forte parece ser o impulso principal do pensamento universalista. Mas é ilusão acreditar que todos os desejos serão realizados.

Fontes

K. BARTH, *Church dogmatics*.
J. D. BETTIS, "A critique of the doctrine of universal salvation", *RS* 6 (Dec. 1970): 329-44.

W. V. Crockett, "Will God save everyone in the end?", em W. V. Crockett e J. G. Sigountos, orgs., *Through no fault of their own? The fate of those who have never heard*.
J. Danielou, *Origen*.
J. Gerstner, *Jonathan Edwards on heaven and hell*.
J. Hick, *Evil and the God of love*.
C. S. Lewis, *O grande abismo*.
___, *O problema do sofrimento*.
D. Moore, *The battle for hell*.

Orígenes, *On first principles*.
R. A. Peterson, *The Fifth Ecumenical Council of Constantinople*.
___, *Hell on trial: the case for eternal punishment*.
B. Russell, *Por que não sou cristão*.
J. Sanders, *No other name*, parte 2.
J. P. Sartre, *No exit*.
W. G. T. Shedd, *The doctrine of endless punishment*.
J. L. Walls, *Hell: The logic of damnation*.

Vv

Van Til, Cornelius. Cornelius Van Til (1895-1987) nasceu na Holanda, emigrou para os Estados Unidos na infância e cresceu numa fazenda no estado de Indiana. Freqüentou o Calvin College e o Seminário Princeton. Depois de pastorear uma igreja no Estado de Michigan, foi professor de apologética no Seminário Teológico Westminster desde sua fundação em 1929 até aposentar-se em 1972. Francis SCHAEFFER estava entre os alunos que adotaram uma forma de pressuposicionalismo sob sua influência.

Suas visões sobre apologética são expressas em *The defense of the faith* [A defesa da fé] (1955); *The protestant doctrine of Scripture* [A doutrina protestante das Escrituras] (1967); *A survey of christian epistemology* [Uma resenha de epistemologia cristã] (1969); *A christian theory of knowledge* [Uma teoria cristã do conhecimento] [1969]; *Introduction to systematic theology* [Introdução à teologia sistemática] (1969); *The great debate today* [O grande debate atual] (1971); *The defense of christianity and my credo* [A defesa do cristianismo e o meu credo] (1971); *Common grace and the Gospel* [graça comum e o evangelho] 1972); *Christian apologetics* [Apologética cristã] (1975); *Christian-theistic evidences* [Evidências cristãs teístas] (1976); e duas obras sem data: *Why I believe in God* [Por que creio em Deus], é o resumo de sua visão. Outras obras significativas incluem uma introdução a uma edição do livro de B. B. Warfield *The inspiration and authority of the Bible* [A inspiração e autoridade da Bíblia] e um ensaio, "Meu credo", em E. R. Geehan, org., *Jerusalem and Athens* (1971).

Filosofia de apologética. Numa afirmação sucinta de suas posições, Van Til dividiu sua filosofia apologética em três áreas principais: "Meu problema com o 'método tradicional'", "minha interpretação filosófica da relação entre o cristão e o não-cristo", e "minha proposta para uma metodologia consistentemente cristã da apologética".

Apologética "tradicional". Van Til via sete problemas na apologética clássica:

1. Compromete Deus ao afirmar que sua existência é apenas "possível", embora "altamente provável", e não ontológica e "racionalmente" necessária.
2. Compromete o conselho de Deus ao não considerá-lo a única "causa" suprema de tudo existe.
3. Compromete a revelação de Deus em sua necessidade, clareza, suficiência e autoridade.
4. Compromete o homem como portador da imagem de Deus pela conceituação da criatura humana e do conhecimento independentemente da Existência e conhecimento de Deus. Os seres humanos não precisam "pensar o que Deus pensa".
5. Compromete a relação de aliança da humanidade com Deus por não considerar a ação representativa de Adão algo absolutamente determinante do futuro.
6. Compromete a pecaminosidade resultante do pecado de Adão por não considerar a depravação ética algo que se estende por toda a vida, até pensamentos e atitudes.
7. Compromete a graça de Deus por não vê-la como pré-requisito necessário da "renovação para o conhecimento". Na visão tradicional homens e mulheres devem se renovar para o conhecimento por meio do "uso correto da razão

Cristão e não-cristão juntos. Van Til faz quatro afirmações básicas sobre o relacionamento de fé e razão. Cada uma revela algo sobre a natureza de sua abordagem apologética.

1. Ambos têm pressuposições sobre a natureza da realidade:
a) O cristão pressupõe um Deus trino e seu plano redentor para o universo estabelecido de uma vez por todas nas Escrituras.
b) O não-cristão pressupõe uma dialética entre "acaso" e "regularidade", sendo que o primeiro explica a origem da matéria e da vida, e a

segunda explica o sucesso atual do empreendimento científico.
2. Nem o cristão nem o incrédulo podem, como seres finitos, usar a lógica para dizer que a realidade *deve* ou *não pode* existir. a) O cristão tenta entender o mundo por meio da observação e ordenação lógica dos fatos. Isso é feito em sujeição consciente ao plano do Cristo comprovado pelas Escrituras. b) O não-cristão, apesar de procurar entender o mundo pela observação, tenta usar LÓGICA para destruir a posição cristã. Apelando para a *irracionalidade* da "matéria", o incrédulo diz que o caráter aleatório dos "fatos" testemunha conclusivamente contra a cosmovisão cristã. Assim, o não-cristão alega que a história cristã não pode ser verdadeira. Cada ser humano deve ser autônomo. A "lógica" deve legislar o que é "possível", e a possibilidade deve excluir Deus.
3. Ambos alegam que sua posição está "de acordo do com os fatos": a) O cristão faz essa afirmação com base na experiência à luz da revelação de Cristo comprovado pelas Escrituras. A uniformidade e a diversidade dos fatos têm como base o plano abrangente de Deus. b) O não-cristão faz essa afirmação depois de interpretar os fatos e a experiência pessoal à luz da autonomia humana. O incrédulo descansa na receptividade do mundo e na acessibilidade da matéria à mente. Nenhum fato pode negar a autonomia humana ou atestar uma origem divina do mundo e da humanidade.
4. Ambos afirmam que sua posição é "racional". a) O cristão afirma que a posição de fé é consistente. O aparentemente inexplicável pode ser explicado por meio da lógica racional e da informação disponível nas Escrituras. b) O não-cristão pode ou não afirmar que fatos são totalmente consistentes e estão de acordo com a racionalidade suprema do cosmos. Quem afirma consistência total ficará vulnerável na hora de explicar a "evolução" naturalista. Se seres racionais e o mundo racional surgiram do puro acaso e da irracionalidade total, tal explicação na verdade não é uma explicação. A base aleatória irracional destrói a afirmação.

Um método solidamente apologético. A visão positiva de Van Til propõe:

1. Que usemos o mesmo princípio na apologética que usamos na teologia — o Cristo comprovado e explicado pelas Escrituras.
2. Que não recorramos mais a "noções comuns" com as quais os cristãos e não-cristãos po dem concordar. O que têm em comum é qu e cada pessoa e o mundo de cada pessoa são o que as Escrituras dizem ser.
3. Que apelemos aos seres humanos como por tadores da imagem de Deus. Para isso colocamos a autonomia racional do não-cristão contra a dependência cristã. O conhecimen to humano depende do conhecimento de Deus, revelado na pessoa e pelo Espírito de Cristo.
4. Que afirmemos, portanto, que só o cristianismo é razoável. É totalmente irracional afirmar qualquer outra posição além dele. Somente o cristianismo não sacrifica a razão no altar do "acaso".
5. Que argumentemos, portanto, por "pressuposição". O cristão, como Tertuliano, deve contestar os princípios da posição do oponente. A única "prova" da posição cristã é que, se sua verdade não é pressuposta, não há possibilidade de "provar" nada. A realidade proclamada pelo cristianismo é o fundamento necessário para a "prova".
6. Que preguemos com o conhecimento de que a aceitação do Cristo das Escrituras só acon tece quando o Espírito Santo usa evidências inevitavelmente claras para abrir os olhos do pecador perdido para as coisas como elas realmente são.
7. Que apresentemos a mensagem e evidência da posição cristã da forma mais clara possível. Pelo fato de o ser humano ser o que o cristão diz que ele é, o não-cristão pode entender intelectualmente as questões envolvidas. Até certo ponto, a mensagem cristã diz o que o incrédulo já sabe, mas tenta ocultar. Esse lembrete oferece solo fértil para o Espírito Santo. Segundo a graça soberana de Deus, o Espírito pode conceder arrependimento ao não-cristão e conhecimento daquele que é a vida eterna.

Pressuposicionalismo revelacional. *Rejeição da* APOLOGÉTICA CLÁSSICA. Van Til rejeita a apologética clássica, que ele chama de método "tradicional". Em seu lugar coloca a apologética pressuposicionalista. Ele acredita que a apologética clássica de TOMÁS DE AQUINO é baseada na autonomia humana.

Não há nessa base nenhum ponto genuíno de contato com a mente do homem natural [...] A revelação do Deus auto-suficiente não pode ter significado para a mente que se considera autônoma.

O problema é "como se pode saber que o Deus da razão e o Deus da fé são o mesmo" (*In defense of the faith*, p. 73, 94, 127). Ele descreveu o método tomista como "posição intermediária entre o cristianismo e o paganismo". Os argumentos teístas são inválidos e, de qualquer forma, não levam à "trindade ontológica independente das Escrituras". A apologética tomista reduz o evangelho por meio do racionalismo "para torná-lo aceitável ao homem natural" (*Great debate today*, p. 91).

Ele insistiu em que, se o Deus da Bíblia não é o fundamento da experiência humana, a experiência opera no vácuo (*Common grace and the Gospel*, p. 192). Assim, Van Til começa com o Deus trino e sua revelação nas Escrituras Sagradas. Portanto, sua posição foi chamada de pressuposicionalismo *revelacional*.

Método apologético de Van Til. O método da implicação. Logo no começo de sua carreira, Van Til chamou sua apologética "método da implicação" (*A survey of christian epistemology*, p. 6-10; 201-2). John Frame disse que a frase sugeria a Van Til uma combinação de abordagens dedutiva e indutiva. O geral tem prioridade sobre o particular (*Cornelius Van Til*, p. 311).

Raciocínio por pressuposição. Em suas obras posteriores Van Til denomina tipicamente seu método "raciocínio por pressuposição" (ibid., p. 312). Afirmou que "argumentar por pressuposição é indicar quais são os princípios epistemológicos e metafísicos que influenciam e controlam o método da pessoa". As questões não podem ser resolvidas pelo apelo a "fatos" e "leis" comuns. As cosmovisões estão afastadas demais para isso. O que deve ser procurado em ambos os lados é o ponto de referência final que pode tornar os fatos e leis inteligíveis (*In defense of the faith*, p. 99, 100).

O ponto de referência de Van Til é tão dependente das Escrituras que foi chamado de "pressuposicionalismo *revelacional*". Ele rejeita o pressuposicionalismo *racional* de Gordon CLARK, acreditando que sua ênfase na lei da não-contradição não é útil para a soberania Deus. Semelhantemente, Van Til discordava do pressuposicionalismo de Edward J. CARNELL, conhecido por *coerência sistemática*. Coerência sistemática combina a lei da não-contradição, evidência factual e adequação existencial como testes da verdade.

Método indireto. Van Til descreveu o método como "indireto" para distingui-lo dos argumentos evidenciais clássicos "diretos". Era indireto porque mostrava a verdade do cristianismo pela demonstração da contradição em visões opostas. A posição do oponente é reduzida absurdo. Frame acrescenta que isso sugere "um modelo como o do argumento indireto na matemática. Nesse modelo, prova-se a proposição pela suposição do oposto" (*Cornelius Van Til*, p. 313-4).

Método externo e interno. O método apologético de Van Til é externo e interno. Ele afirma:

> Devemos tratar o incrédulo sempre a partir do nosso compromisso pressuposicionalista. A partir desse compromisso, no entanto, podemos examinar legitimamente as pressuposições do incrédulo e contar-lhe nossa avaliação delas, como as vemos do nosso ponto de vista [...] essa crítica é "externa" no sentido de ser baseada em critérios fora do sistema de pensamento do próprio incrédulo [...] Mas ela pode tornar-se "interna" em outro sentido, quando perguntamos ao incrédulo como, mesmo do próprio ponto de vista dele, ele consegue explicar a inteligibilidade do mundo [...] Nossa crítica jamais será puramente interna, puramente do ponto de visto do incrédulo. Sempre será externa no sentido de que é determinada pelo ponto de vista cristão. Caso contrário, seria [...] afogar-se com a pessoa que se tentava resgatar (ibid., p. 322).

Transcendental. Quem conhece Immanuel KANT entende o que é o ARGUMENTO TRANSCENDENTAL. Van Til afirmou que "o método de implicação também pode ser chamado *método transcendental* [...] O argumento realmente transcendental toma qualquer fato de experiência que quer investigar e tenta determinar o que as pressuposições de tal fato devem ser, para torná-lo o que é". O argumento transcendental procura uma epistemologia fundacional para o conhecimento. Van Til observa que isso sempre pressupõe que o fundamento realmente exista (*Survey of christian epistemology*, 10, 11).

Robert Knudsen, no ensaio "Progressive and regressive tendencies in christian apologetics" [*Tendências progressivas e regressivas na apologética cristã*] (em *Jerusalem and Athens* [*Jerusalém e Atenas*]), observou que o método transcendental ganhou ascendência depois que David Hume minou a metodologia tradicional. Greg Bahnsen defendeu o método transcendental no ensaio "The reformation of christian apologetics" [*A reforma da apologética cristã*] (em North, p. 191-239). No entanto, Van Til jamais descreveu como seu argumento transcendental realmente funciona. Porém, afirmou que "o único argumento convincente para o Deus absoluto é o argumento transcendental" (*In defense of the faith*, p. 11; v. SCHAEFFER, FRANCIS e o seu uso do argumento transcendental).

Van Til disse que os argumentos indutivo e dedutivo estão presos ao universo. "Em nenhum dos casos há mais que uma regressão infinita." É sempre possível perguntar: "Se Deus fez o universo, quem fez Deus?". Mas a menos que haja um Deus absoluto, as próprias questões e dúvidas do cético não teriam significado. Em algum ponto toda base epistemológica depende da existência de Deus. O argumento transcendental procura descobrir esse fundamento pressuposto (*Survey of christian epistemology*, p. 11). Logo, o transcendentalis-mo e o pressuposicionalismo são um só. Pois, segundo Van Til, é transcendentalmente necessário pressupor um Deus trino (v. TRINDADE) revelado nas Escrituras para entender o mundo. Sem essa pressuposição necessária, nenhum pensamento ou significado é possível.

O método de redução ao absurdo. Frame reconheceu três elementos nesse método: Primeiro, ele procura demonstrar que toda inteligibilidade depende de, ou pressupõe, o teísmo cristão. Segundo, é indireto ao invés de direto, negativo ao invés de positivo, essencialmente uma *reductio ad absurdum*. Terceiro, cada participante na discussão deve ser capaz de assumir a posição da oposição por amor ao argumento, para ver como ele funciona (*Cornelius Van Til*, p. 314-5). Segundo Frame: "O incrédulo fornece as premissas do argumento indireto, premissas que o incrédulo reduz ao absurdo" (ibid., p. 315). Uma vez que o incrédulo forneça a premissa do argumento indireto, o crente mostra que ele implica uma dialética racional-irracionalista. O sistema do incrédulo inevitavelmente aplica leis puramente abstratas a fatos irracionais. O pensamento racional é impossível.

Duas coisas acontecem no uso do método: O cristão supõe a precisão do método oposto, depois passa para suas implicações finais para mostrar que seus "fatos" não são fatos e suas "leis" não são leis. Pede-se que o não-cristão suponha a posição cristã por amor ao argumento, demonstrando-se a seguir que apenas esses "fatos" e "leis" parecem "inteligíveis" (*In defense of the faith*, p. 100-1). Indica-se que o

> incrédulo refuta próprio irracionalismo, pois, apesar de sua filosofia, ele continua a viver como se o mundo fosse um lugar racional. Logo, a própria mente do incrédulo é parte da revelação de Deus, testemunhando contra sua defesa irracionalista (*Cornelius Van Til*, 322).

Conceitos básicos. Uma compreensão da abordagem de Van Til depende do significado de certos conceitos básicos.

Soberania de Deus. Van Til é antes de mais nada um teólogo reformado. Sem o controle soberano do universo e a revelação de Deus a nós, não saberíamos absolutamente nada. Fatos e leis são o que o que são por causa do plano de Deus. O decreto de Deus "é o poder final e exclusivamente determinante de tudo o que acontece". É a fonte (*In defense of the faith*, p. 11; *Christian apologetics*, p. 11; *Introduction to systematic theology*, p. 247).

Campo comum. Como toda verdade é de Deus e nada faz sentido sem ele, não há fundamento epistemológico intelectual em comum com os incrédulos. No lugar desse fundamento estabelecemos o Cristo auto-evidente das Escrituras. Não apelamos mais ao campo comum, mas à base realmente comum de que todo ser humano é portador da imagem divina e está lidando com Deus de alguma forma.

Fatos brutos. Um "fato bruto" é um fato que não tem sentido porque não é interpretado por Deus. Representa o universo de puro acaso. Fatos brutos pressupõem a autonomia humana e começam fora da revelação soberana de Deus sobre si mesmo. Van Til afirma que os cristãos devem apelar para fatos *interpretados por Deus*, mas nunca para fatos brutos (Van Til, *Christian-theist evidences*, p. 51, 57; Frame, *Cornelius Van Til*, p. 180).

Por causa do seu ponto de partida pressuposicionalista, às vezes supõe-se equivocadamente que Van Til não acredita na validade da apologética histórica tradicional (v. HISTÓRICA, APOLOGÉTICA). Ele diz: "Eu empregaria a apologética histórica". A investigação histórica mais cedo ou mais tarde vindicará a verdade da posição cristã.

> Mas eu não falaria muito sobre fatos e mais fatos sem desafiar a filosofia do incrédulo quanto aos fatos. Uma apologética histórica realmente produtiva argumenta que todo fato *é* e *deve ser* um fato que prova a verdade da verdade da posição cristã (*Christian theory of knowledge*, p. 293).

Todos os fatos devem ser interpretados na estrutura da pressuposta cosmovisão cristã revelada na Bíblia, caso contrário estão manchados por sua rejeição da revelação de Deus.

Depravação humana. Como resultado do pecado de Adão, a raça humana é radicalmente depravada e, portanto, vê tudo com a perspectiva distorcida, cheia de preconceitos. Estando "mortos" nos pecados, os seres humanos decaídos são incapazes de "conhecer" precisamente qualquer coisa no seu contexto de realidade até que o Espírito Santo abra seus olhos no processo de salvação. Com João CALVINO, Van Til equilibra um reconhecimento da graça comum de Deus para o incrédulo com uma visão de que o pecado corrompe a mente do incrédulo. Mesmo o cientista não-cristão mais intelectual não pode entender realmente a realidade (*In defense of the faith*, cap. 15). "O homem natural não pode escolher fazer a vontade de Deus. Ele nem pode saber o que é bom" (ibid., p. 54). Os efeitos noéticos do pecado (v. PECADO, EFEITOS NOÉTICOS DO) são totais e devastadores.

Analogia e paradoxo. Mesmo a mente regenerada só assimila o conhecimento de Deus por analogia. Nosso conhecimento jamais é unívoco com o de Deus. Sempre que a criatura tenta entender a realidade divina, ela encontra "paradoxos" ou aparentes contradições. Van Til argumenta que,

como Deus não é totalmente compreensível para nós, estamos fadados a cair no que parece ser contradição em todo nosso conhecimento. Nosso conhecimento é analógico e, portanto, deve ser paradoxal (*In defense of the faith*, p. 61).

Deus é tão soberanamente transcendente sobre a compreensão humana que seria blasfêmia para nós supor que podemos conhecer da maneira que Deus conhece. Até nosso conhecimento sobrenaturalmente iluminado só é análogo ao de Deus. Essa visão da mente mantém constantemente destacadas duas idéias: 1) a distinção entre Criador e criatura e 2) a soberania do Criador sobre a criatura (*Cornelius Van Til*, p. 89). Por essas razões nosso conhecimento deve ser analógico. Nosso conhecimento é derivado do conhecimento original no pensamento de Deus.

O ser humano deve tentar pensar os pensamentos de Deus.

Mas isso significa que deve, ao buscar seu próprio sistema, estar constantemente sujeito à autoridade do sistema de Deus *enquanto* isso lhe é revelado (*Christian theory of knowledge*, p. 16).

Avaliação. Contribuições positivas. Poucos apologistas enfatizam mais franca e corajosamente a soberania de Deus que Van Til. Se Deus não quisesse se revelar soberanamente, estaríamos em completa ignorância. A revelação, geral ou especial, é a fonte de toda verdade.

Apesar de alguns sistemas apologéticos reconhecerem relutantemente a limitação do homem, poucos reconhecem explicitamente a depravação humana e a incapacidade associada à depravação. O pecado tem um efeito sobre a pessoa toda, incluindo a mente. Van Til via isso tão claramente quanto qualquer apologista.

Van Til defendeu as leis formais da LÓGICA em princípio e prática. Acreditava que as leis da lógica eram as mesmas para o Criador e as criaturas. Todavia, formalmente por causa do pecado, não são interpretadas ou aplicadas da mesma maneira. Ele não era um irracionalista.

Van Til ofereceu um argumento forte a favor do cristianismo. Considerou-o "prova" e repreendeu outras visões por reduzirem suas defesas a meros argumentos "prováveis".

Parece adequado reconhecer que há validade na abordagem transcendental. O que geralmente é descrito como argumento contraditório é bem semelhante à abordagem de Van Til. Há certas precondições racionalmente necessárias para significado, e elas exigem, como Van Til argumentou, a suposição da existência de um Deus teísta.

Van Til acreditava na evidência histórica, e até dedicou a ela um livro, *Christian-theist evidences*. Ao contrário do colega apologista reformado (mas opositor pessoal) Gordon Clark, Van Til não era um cético empirista. Acreditava na validade da evidência histórica do cristianismo, porém apenas vista a partir da pressuposição da revelação bíblica.

Além disso, ao contrário de Clark, Van Til via corretamente que nosso conhecimento de Deus é apenas analógico (v. ANALOGIA, PRINCÍPIO DA). Pensar o contrário é presunção, até blasfêmia. Pois seres finitos só podem saber de forma finita. Afirmar que sabemos infinitamente, como Deus, é deificar nosso conhecimento.

Geralmente ignorado pelos não-pressuposicionalistas é o valor prático de uma abordagem pressuposicionalista. Os incrédulos pressupõem implicitamente (e até inconscientemente) os princípios básicos da cosmovisão teísta para entender o mundo. Demonstrar isso derruba sua visão de mundo e os convida a considerar o valor positivo da cosmovisão cristã. Sem dúvida a eficácia de Schaeffer ao fazê-lo é resultado do seu estudo sob a influência de Van Til.

Pontos negativos da apologética de Van Til. Algumas críticas de Van Til parecem estar baseadas em má interpretação, mas outras parecem válidas.

Até mesmo defensores firmes tais como John Frame, ao defender a validade geral do método de Van Til, admitem que ele exagera ao exigir que todo argumento apologético siga um único padrão (*Cornelius Van Til*, p. 315). Frame indica corretamente que é preciso mais argumentos tradicionais para fazer o argumento geral de Van Til funcionar. Para demonstrar que a visão não-cristã de movimento e repouso não é inteligível, talvez seja necessário usar uma prova teísta de movimento como a de Aquino. Argumentaríamos que, para o movimento ser inteligivelmente explicado, Deus deve existir (ibid., p. 318).

Para provar a conclusão de Van Til, escreve Frame, é preciso um argumento complexo para demonstrar que comunicação inteligível pressupõe o teísmo bíblico:

Um apologista *vantiliano* teria de entrar em detalhes ao mostrar que inteligibilidade exige existência última e igual de um e de vários, e que tal existência última e igual por sua vez pressupõe a Trindade ontológica [...] eu creio que a conclusão de Van Til é melhor descrita como um *objetivo* da apologética [...] Não é realista esperar que todo o teísmo cristão possa ser estabelecido num único encontro, muito menos num único argumento de silogismo (ibid.).

Van Til supõe equivocadamente que sua visão é uma abordagem puramente indireta (negativa). Não há demarcação clara entre argumentos indiretos e diretos. A maioria dos argumentos pode ser afirmada de ambas as formas. Frame resume a apologética de Van Til:

1. Se Deus não existe, o mundo não é inteligível.
2. Deus não existe.
3. Logo, o mundo não é inteligível (ibid., p. 318).

Já que se aceita que o mundo é inteligível, Deus deve existir. Mas Frame indica que o mesmo argumento pode ser afirmado numa forma positiva:

1. Se o mundo é inteligível, Deus existe.
2. O mundo é inteligível.
3. Logo, Deus existe (ibid.).

Apesar dos protestos de Van Til em contrário, ele não pode evitar um argumento apologético positivo. Nesse caso, grande parte da força de Van Til contra a apologética clássica se evapora.

Van Til interpreta mal o método apologético tradicional da apologética e, assim, critica-o erroneamente por visões muitos semelhantes às dele mesmo. Frame diz que ele questiona se o raciocínio transcendental é tão diferente do raciocínio tradicional, principalmente porque os argumentos tradicionais podem ser necessários para extrair essa abordagem (ibid., p. 45). Frame é perspicaz ao observar que o pressuposicionalismo revelacional é muito semelhante às abordagens tomistas. Aquino concordaria com Van Til:

1. Que no âmbito da existência (metafísica), a lógica é dependente de Deus e não Deus lógica (*Suma contra os gentios*, 1.7; 3.47; 1a. 105, 3).
2. Que a existência de Deus é ontologicamente nececessária (ibid., 1a. 2, 3).
3. Que sem Deus nada poderia ser conhecido ou considerado verdadeiro (ibid., 1a. 16, 1-8; 1a2ae,109, 1).
4. Que a base para a verdade cristã não é a razão nem a experiência, mas a autoridade de Deus expressa nas Escrituras (*Da verdade*, 14.8-9; *Suma contra os gentios*, 2a2ae. 2, 1, ad).
5. Que a humanidade depravada intencionalmente obstrui a revelação de Deus na natureza *(Suma contra os gentios*, 1a2ae.77, 4:83, 3; 84, 2; cf. 1a2ae. 109, 1-10).

Van Til reclama que a apologética tradicional compromete a certeza sobre Deus. Ele procura prova absolutamente garantida para o teísmo cristão (*In defense of the faith*, p. 103-4). Mas "o próprio Van Til admite que nosso *argumento* apologético pode não ser adequado para estabelecer essa conclusão certa", escreve Frame.

Se o argumento jamais é afirmado de forma suficientemente adequada para justificar a certeza das suas conclusões, em que base os apologistas podem reivindicar garantia para seu argumento? (*Cornelius Van Til*, p. 277).

Van Til exagera quando parece insistir em que todo argumento deve ser indubitável (v. CERTEZA/CONVICÇÃO). A evidência é igualmente convincente num argumento que indique alta probabilidade (ibid., p. 279).

Van Til não era um tomista disfarçado, mas sabia menos sobre Aquino e estava muito mais próximo do pensamento tomista do que imaginava. A diferença básica entre Van Til e Aquino é que, apesar de ambos concordarem *ontologicamente* que toda verdade depende de Deus, Van Til não percebe com clareza que o homem finito deve perguntar *epistemologicamente* como ele sabe isso. Nisso ele confunde a ordem de *existir* e a ordem de *conhecer*.

Ou há uma base racional para conhecer ou não há. Mas não se pode cometer uma petição de princípio e simplesmente supor o Deus teísta. Pressuposições não podem ser arbitrárias. Se argumentarmos, como Van Til sugeriu que devemos, que o teísmo cristão é uma posição racionalmente necessária, é difícil ver sobre que base racional se pode criticar Aquino por dar apoio racional a ele. Como Van Til sabe que a posição cristã é verdadeira? Se Van Til respondesse, como parece fazer nas suas obras: "Porque é a única visão realmente racional", talvez Aquino pudesse responder: "É nisso que eu creio. Seja bem-vindo, querido irmão, ao clube bimilenar dos teístas racionais".

Van Til vai mais longe que a maioria dos teólogos reformados, que também vão mais longe que outras teologias protestantes, ao considerar os efeitos noéticos da depravação radical (v. PECADO, EFEITOS NOÉTICOS DO). Mesmo alguns dos defensores mais firmes de Van Til admitem um exagero em sua formulação. Ao falar da afirmação de Van Til de que "toda atividade interpretativa do incrédulo resulta em conclusões falsas", Frame responde que por implicação Van Til nega a graça comum (*Cornelius Van Til*, p. 194). Ele acrescenta: "as formulações antitéticas extremas [de Van Til] são inadequadas sem qualificação considerável". Essa interpretação afirma que o incrédulo literalmente jamais faz uma afirmação correta. Mesmo a resposta a um problema matemático é incorreta, pois representa uma visão falsa de como o universo funciona matematicamente. Frame acha simplista afirmar que os efeitos noéticos do pecado resultam na falsificação proposicional de toda expressão do incrédulo (ibid.,p. 211).

Van Til também sugere que a depravação humana se revela tanto ou mais nas afirmações discretas que o incrédulo faz que na direção da vida. E é errado sugerir que a negação da verdade por parte do incrédulo afirma de certa forma a verdade (ibid., p. 207).

Na realidade, o próprio Van Til oferece afirmações inconsistentes com sua a antítese entre o conhecimento de crentes e incrédulos. Ele exorta a que

apresentemos a mensagem e evidência da posição cristã da forma mais clara possível, sabendo que, pelo fato de o homem ser o que o cristão diz que é, o não-cristão será capaz de entender num sentido intelectual as questões envolvidas ("My credo").

Van Til até diz sobre o incrédulo: "Ele tem dentro de si o conhecimento de Deus por ter sido criação à imagem de Deus". Mas continua, já na frase seguinte: "Porém essa idéia de Deus é reprimida pelo seu falso princípio, o princípio de autonomia" (*In defense of the faith*, p. 170). Esse princípio é o preconceito pelo qual todo conhecimento é distorcido e falso. Mas como ele pode entender as questões mesmo num sentido intelectual se não há fatos, base ou conhecimento comum de qualquer tipo — se ele vê tudo de forma distorcida?

Van Til viu essa tensão no seu ponto de vista. Ele fala dela como uma "questão difícil". "Não podemos dar uma explicação totalmente satisfatória da situação que ela de fato apresenta" (*Introduction to systematic theology*, p. 15). Se seres humanos decaídos realmente vêem tudo de forma distorcida, de maneira que não podem sequer entender a verdade da revelação geral ou do evangelho, eles não são moralmente responsáveis. No entanto, as Escrituras dizem que são "indesculpáveis" (Rm 1.19,20; 2.12-15). Na realidade, Adão e Eva estavam "mortos em suas transgressões e pecados" (cf. Ef 2.1) no momento em que provaram o fruto proibido (Gn 3.6; Rm 5.12). Mas ouviram e entenderam o que Deus falou (Gn 3.9-19).

Um erro comum do pressuposicionalismo reformado é igualar a linguagem figurada *mortos* com o conceito *aniquilados*, erro que, felizmente, não fazem ao falar da "segunda morte" (Ap 20.14). A morte nas Escrituras é mais bem compreendida em termos de separação, não aniquilação. O profeta disse: "Mas as suas separam vocês do seu Deus" (Is 59.2). Na realidade, "mortos" não é a única figura de linguagem usada na Bíblia para descrever a humanidade decaída. Doença, cegueira, poluição e paralisia também são usadas. Mas nenhuma delas implica que uma pessoa é totalmente incapaz de entender a revelação de Deus. Muitos teólogos reformados não-pressuposicionalistas, entre eles Jonathan EDWARDS, B. B. WARFIELD, John Gerstner e R. C. Sproul, também acreditam firmemente na depravação radical sem aceitar essa visão distorcida dos efeitos noéticos do pecado. Depravação pode ser entendida como a incapacidade de iniciar ou alcançar a salvação sem a graça de Deus.

Nessa mesma linha, os pressuposicionalistas reformados geralmente interpretam mal 1 Coríntios 2.14, dizendo que incrédulos não podem sequer entender a verdade de Deus antes de ser regenerados. Além da dificuldade óbvia que teriam para ser salvos antes de crer (justamente o contrário do que a Bíblia diz em textos como Jo 3.16,36; At 16.31 e Rm 5.1), essa é uma má interpretação da passagem. E não ajuda a estabelecer uma ordem de eventos na salvação dizer que a pessoa salva é regenerada antes de ser justificada, já que ela chega ao reino de Deus por regeneração (Jo 3.3; Tt 5.5). A palavra grega para "receber" (*dechomai*) significa "dar as boas vindas". Isso não quer dizer que eles não têm entendimento. Claramente *percebem* as verdades, mas não as *recebem* prontamente (Rm 1.19,20). Como consequência, não as conhecem por experiência. O fato de não entenderem essas verdades leva a uma má interpretação dos efeitos do pecado sobre a mente não-regenerada.

Van Til supõe que o argumento transcendental evita os efeitos da depravação aos quais os argumentos apologéticos tradicionais estão sujeitos. Mas por que o pecado não leva o incrédulo a reprimir a força do ARGUMENTO TRANSCENDENTAL assim como qualquer outra evidência (*Cornelius Van Til*, p. 200)? Aqui a abordagem transcendental perde a vantagem alcançada sobre a apologética clássica.

Essa mesma questão se aplica à rejeição de Van Til da REVELAÇÃO GERAL cheia de conteúdo, na qual argumentos teístas tradicionais são baseados. Geralmente supõe-se que os efeitos do pecado na revelação geral tornam a revelação sobrenatural necessária. Mas o pecado tem efeitos igualmente prejudiciais sobre a revelação sobrenatural, como evidenciado pelas denominações, facções e seitas cristãs que afirmam a mesma revelação sobrenatural, mas a interpretam de maneiras radicalmente diferentes. Logo, a simples pressuposição de um ponto de partida nas Escrituras Sagradas não oferece nenhuma vantagem sobre começar revelação geral, como faz a apologética clássica. Os efeitos noéticos do pecado não desaparecem só porque a pessoa passa da natureza para a Bíblia.

A visão de Van Til sobre a Trindade envolvia duas proposições aparentemente opostas: Deus é uma pessoa; Deus é três pessoas. Ele jamais diferenciou claramente os dois sentidos do termo *pessoa*. A doutrina de Van Til da Trindade "começa com uma afirmação dos credos antigos e das confissões reformadas" (*Cornelius Van Til*, p. 63). No entanto, continua dizendo: "Portanto, afirmamos que não declaramos unidade e trindade da mesma coisa. Declaramos que Deus, isto é, toda a divindade é uma pessoa" (*Introduction to systematic theology*, p. 229). Portanto, "Deus não é apenas uma unidade de pessoa; ele é *uma* pessoa" (*Cornelius Van Til*, p. 65).

Esse é um movimento teológico que nenhum credo, confissão ou pai da igreja ortodoxo jamais fez. John Robbins, discípulo de Gordon Clark, chegou ao ponto de chamá-lo "nova heresia radical" (Robbins, p. 20). A objeção mais comum, no entanto, é que ele viola a lei da não-contradição. Os defensores de Van Til indicam que ele jamais chamou a doutrina da Trindade de "contraditória", mas "aparentemente contraditória" (*Common grace and the Gospel*, p. 9). Ele não negou a visão tradicional de que Deus é um em essência e três em pessoa; ele diz que essa "não é toda a verdade da questão". Ele tenta suplementar a doutrina tradicional, não substituí-la (*Cornelius Van Til*, p. 67). Ainda parece um pouco presunçoso afirmar que ele descobriu o que dezenove séculos de teólogos, credos e concílios não descobriram. A questão não é se Van Til afirma a fórmula ortodoxa de que Deus é um em essência e três em pessoas (com uma diferença distinta entre *pessoa* e *essência*). A controvérsia é que ele também afirma que Deus é três pessoas e ainda assim apenas uma pessoa (sem oferecer uma diferença entre *pessoa* e *pessoas*).

Seus defensores afirmam que Clark e Robbins não respondem ao argumento de Van Til. "Ele é um 'ser', não três; os três compartilham uma 'essência'. Agora a questão que importa é: trata-se de um ser pessoal ou impessoal?" Van Til acreditava que a formulação histórica tornava Pai, Filho e Espírito indivíduos, mas a essência divina, Deus, só poderia ser considerada abstração. Esse modelo só poderia ser inadequado, pois Deus não é uma abstração (ibid., p. 68).

Mas o argumento oferecido é um falso dilema. Deus não é nem pessoal (em sentido singular) nem impessoal. É tripessoal. Logo, não é necessário concluir que a essência de Deus é impessoal porque há três pessoas nela. Ser tripessoal é ser pessoal. Frame faz a pergunta adequada: "Como, então, relacionamos 'uma pessoa' às 'três pessoas'? Van Til afirma que 'isso é um mistério que está além de nossa compreensão'". Van Til não diz que as duas afirmações são contraditórias, mas parece não deixar nenhuma alternativa à contradição.

A base da defesa de Frame é que algo pode ser A e não-A se os dois AS têm sentidos diferentes.

A linguagem tradicional, "um em essência, três em pessoa" (que, novamente, Van Til não rejeita), enfatiza mais que a unidade e a Trindade são aspectos diferentes. Mas a formulação "uma pessoa e três pessoas" não nega essa diferença de aspecto (ibid., p. 69).

Isso leva ao último ponto de Frame. Obviamente, há uma diferença entre o sentido de *pessoa* aplicado à unidade de Deus e o sentido de *pessoas* aplicado aos três membros da Trindade. Primeiro, o Pai é quem gera, o Filho é gerado e o Espírito é quem procede do Pai e do Filho. A divindade como unidade não é nenhum desses três papéis.

Nem Van Til nem eu afirmaríamos ser capazes de afirmar, precisa e exaustivamente, as diferenças entre a essência de Deus e as pessoas individuais da divindade. Sem dúvida os críticos *clarkianos* de Van Til considerarão isso uma admissão prejudicial, pois insistem em que todas as afirmações teológicas são perfeitamente precisas. Não importa que as próprias Escrituras em geral não sejam precisas com relação aos mistérios da fé. Mas a tradição credal também falha em dar uma explicação "precisa" das relações entre a "essência" de Deus e suas "pessoas" [ibid., p. 71].

Frame nesse ponto argumenta, com relação às confissões, que resolvem o conceito bíblico da Trindade, que "*ousia* e *hypostasis* podem ser permutáveis. Podem significar uma substância e três substâncias".

Apesar de Van Til estar disposto a admitir que não pode realmente especificar qualquer diferença de significado entre os dois usos do termo "pessoa", critica visões não-cristãs por suas contradições. Ele diz que uma visão "não levará a maior conhecimento, mas apenas ao ceticismo sobre a própria possibilidade da verdade" (ibid., p. 77). O mesmo pode ser dito sobre a visão de Van Til.

Van Til não ignora o fato de que não forneceu uma diferença real na definição do termo "pessoa" usado com relação a "uma pessoa" e "três pessoas". Admite que "nem sempre conseguiremos demonstrar como dois conceitos coexistem logicamente" (*Cornelius Van Til*, p. 71). Mas a não ser que a diferença possa ser demonstrada, Van Til não evitou a acusação de contradição. Pois não se pode ter três e apenas um do mesmo sujeito (pessoal) ao mesmo tempo.

Van Til nega "que possamos provar aos homens que não estamos afirmando nada que eles devem considerar irracional, visto que dizemos que Deus é um em essência e três em pessoas". Mas se não podemos fazer isso, que base temos para objetar quando os incrédulos não podem fazer o mesmo com sua visão? Na verdade, todo o método transcendental depende da capacidade de demonstrar que a visão do incrédulo é redutível ao logicamente contraditório.

Van Til alega:

Não afirmo que os cristãos operem de acordo com novas leis de pensamento assim como não afirmo que têm novos olhos ou narizes (*In defense of the faith*, p. 296).

Apesar dessa afirmação, as "leis de pensamento" de Van Til não são realmente iguais para os crentes. Há apenas uma identidade formal. Não há ponto real de contato que seja igual para Deus e para a humanidade. Mas isso leva ao ceticismo sobre Deus, já que não há ponto de identidade real entre nosso conhecimento e o dele. É transcendentalmente necessário afirmar tal ponto de identidade pleno de conteúdo.

Mesmo que um argumento transcendental seja válido, isso não significa que a forma de Van Til seja válida. Certamente, como Van Til argumenta, é necessário supor um Deus para entender o mundo. Mas ele não demonstrou que é necessário postular um Deus trino. Isso é verdadeiro quer a pessoa aceite, quer não, seu argumento de que apenas a Trindade resolve o problema de um e muitos. Mesmo supondo que deva haver mais de uma pessoa na divindade para entender o mundo, não é obrigatório que haja três pessoas. Acredita-se nisso simplesmente a partir das Escrituras. O mesmo se aplica a outros aspectos do cristianismo, tais como o plano de salvação. Van Til não demonstra em parte alguma que essa seja uma precondição transcendentalmente necessária para se entender o mundo. Logo, há elementos fideístas na forma de pressuposicionalismo de Van Til. É interessante observar que mesmo os defensores de Van Til admitem:

Eu acredito que grande parte do pressuposicionalismo de Van Til deve ser entendido como um apelo ao coração, e não como um método apologético direto (Frame, *Cornelius Van Til*, p. 320).

Fontes

G. Bahnsen, *By this standard*.
J. DeBoer, et al., "Professor Van Til's apologetics", em *The Calvin Forum* (Aug.-Sep., Dec. 1953; Mar.-Apr.1955).
J. Frame, *Cornelius Van Til: an analysis of his thought*.
___, "The problem of theological paradox", em G. North, org., *Foundations of christian scholarship*.
N. L. Geisler, *Christian apologetics*.
S. Hackett, *The resurrection of theism*.
F. Howe, *Challenge and response*.
R. Knudsen, "Progressive and regressive tendencies in christian apologetics", em E. R. Geehan, *Jerusalem and Athens*.
D. E. Kucharsky, "At the beginning, God: an interview with Cornelius Van Til", *Christianity Today* (30 Dec 1977)
G. Lewis, *Testing christianity's truth claims*.
S. Oliphint, *The consistency of Van Til's methodology*.
J. Robbins, *Cornelius Van Til: the man and the myth*.
N. Stonehouse, org., *Nature and Scripture*.
Tomás de Aquino, *Suma contra os gentios*.
___, *Da Trindade*.
___, *Da verdade*.
C. Van Til, *A survey of christian epistemology*.
___, *Christian apologetics*.
___, *Christian theory of knowledge*.
___, *Christian-theist evidences*.
___, *Common grace and the Gospel*.
___, *In defense of the faith*.
___, entrevista em *Christianity Today* (3 Dec. 1977)
___, Introdução, em B. B. Warfield, *The inspiration and authority of the Bible*.
___, *Introduction to systematic theology*.
___, "My credo", em *Jerusalem and Athens*.
___, *The great debate today*.
___, *The inspiration and authority of the Bible*.
White, William, *Van Til, defender of the faith: an authorized biography*.

vedanta. V. hinduísmo vedanta.

verdade, natureza da. Pilatos perguntou: O que é a verdade? Filósofos desde Sócrates até hoje pergun-

verdade, natureza da

tam: Ela é *absoluta*? É *cognoscível* (v. AGNOSTICISMO)? Corresponde a um referente ou, no caso da verdade metafísica, à realidade?

A importância da natureza da verdade. A natureza da verdade é crucial para a fé cristã. Além do cristianismo afirmar que a verdade absoluta existe (verdade para todos, em todo lugar, em todas as épocas), insiste em que a verdade sobre o mundo (realidade) é a que corresponde à maneira em que as coisas realmente são. Por exemplo, a afirmação "Deus existe" significa que realmente há um Deus além do universo, um Ser extracósmico (v. DEUS, EVIDÊNCIA DE). Semelhan-temente, a afirmação de que "Deus ressuscitou Cristo dos mortos" significa que o cadáver de Jesus de Nazaré saiu vivo sobrenaturalmente do túmulo alguns dias após seu sepultamento (v. RESSURREIÇÃO, EVIDÊNCIAS DA). As reivindicações cristãs da verdade realmente correspondem à realidade sobre a qual afirmam nos informar.

A natureza da verdade. *O que a verdade não é...* A verdade pode ser compreendida a partir do que é e a partir do que não é. Há muitas visões inadequadas da natureza da verdade. A maioria delas resulta da confusão entre a natureza (definição) da verdade e o teste (defesa) da verdade ou de não distinguir o resultado da regra.

A verdade não é "o que funciona". Uma teoria popular é a visão pragmática de William James e seus seguidores de que a verdade é o que funciona. Segundo James:

> A verdade é o conveniente com relação ao saber. Uma afirmação é considerada verdade se traz os resultados certos. É o conveniente confirmado pela experiência futura.

Que essa visão é inadequada fica evidente a partir da confusão entre causa e efeito. Se algo é verdadeiro, funcionará, pelo menos a longo prazo. Mas só porque algo funciona não significa que seja verdadeiro. Não é assim que a verdade é detectada no tribunal. Os juízes tendem a considerar o expediente como perjúrio. Finalmente, os resultados não resolvem a questão da verdade. Mesmo quando os resultados são obtidos, ainda se pode questionar se a afirmação inicial correspondia aos fatos. Se não, não era verdadeira, não importa quais os resultados.

A verdade não é "o que é coerente". Alguns pensadores sugeriram que a verdade é o que é internamente consistente; é coerente e coerente consigo mesma. Mas essa também é uma definição inadequada. Afirmações vazias são coerentes apesar de serem destituídas de conteúdo verdadeiro. "Todas as esposas são mulheres casadas" é uma afirmação internamente consistente, mas vazia. Não nos diz nada sobre a realidade. A afirmação estaria correta, mesmo que não existissem esposas. Na realidade, ela significa: "*Se* há uma esposa, ela deve ser casada". Mas não nos informa que há uma esposa no universo. Um grupo de afirmações falsas também pode ser internamente consistente. Se várias testemunhas conspiram para representar falsamente os fatos, sua história pode ser mais coerente que se elas tentassem contar a verdade honestamente. Mas isso ainda é uma mentira. Na melhor das hipóteses, a coerência é um teste negativo da verdade. Afirmações são erradas caso sejam inconsistentes, mas não são necessariamente verdadeiras se forem consistentes.

A verdade não é "a intenção". Alguns encontram verdade nas intenções, não nas afirmações. Uma afirmação é verdadeira se o autor quer que seja verdadeira e falsa se ele não quer que seja verdadeira. Mas muitas afirmações concordam com a intenção do autor, mesmo quando o autor está errado. "Deslizes" ocorrem, comunicando uma mentira ou idéia enganosa que o comunicador não tinha a intenção de comunicar. Se algo é verdadeiro porque alguém queria que fosse verdadeiro, todas as afirmações sinceras já feitas são verdadeiras — mesmo as que são patentemente absurdas. Pessoas sinceras geralmente estão sinceramente erradas.

A verdade não é "o que é abrangente". Outra idéia é que a visão que explica a maior quantidade de dados é verdadeira. E as que não são tão abrangentes não são verdadeiras — ou não *tão verdadeiras*. Abrangência é um teste da verdade, mas não a definição da verdade. Certamente uma boa teoria explicará todos os dados relevantes. E a cosmovisão verdadeira será abrangente. No entanto, esse é apenas um teste negativo de veracidade. As afirmações dessa visão ainda devem corresponder à realidade. Se uma visão fosse verdadeira só por ser mais enciclopédica, uma afirmação abrangente de erro seria verdadeira e uma apresentação condensada da verdade automaticamente seria errada. Nem todas as apresentações extensas são verdadeiras e nem todas as sucintas são falsas. Pode-se ter uma visão abrangente do que é falso ou uma visão superficial ou incompleta do que é verdadeiro.

A verdade não é "o que é existencialmente relevante". Seguindo Søren KIERKEGAARD e outros filósofos existencialistas, alguns insistem em que a verdade é o que é relevante para nossa existência ou vida, e que o irrelevante é falso. Verdade é subjetividade, disse Kierkegaard; verdade pode ser vivida. Como Martin BUBER afirmou, a verdade é encontrada em pessoas, não em proposições.

No entanto, mesmo se a verdade é de certa forma existencial, nem toda verdade se encaixa na categoria existencial. Há muitos tipos de verdade: física, matemática, histórica e teórica. Mas se a verdade por natureza é encontrada apenas subjetivamente na relevância existencial, nenhum desses tipos poderia ser verdadeiro. O que é verdadeiro será relevante, mas nem tudo que é relevante é verdadeiro. Uma caneta é relevante para um autor ateu. E uma arma é relevante para um assassino. Mas isso não torna a primeira verdadeira nem a segunda boa. Uma verdade sobre a vida será relevante à vida. Mas nem tudo que é relevante para a vida será verdadeiro.

A verdade não é "o que é agradável". A visão subjetiva popular é que a verdade dá o sentimento de satisfação e o erro, de desconforto. A verdade é encontrada nos nossos sentimentos subjetivos. Muitos místicos (v. MISTICISMO) e entusiastas da Nova Era defendem versões dessa visão errônea, apesar de ela também ter uma forte influência entre alguns grupos cristãos que enfatizam a experiência.

É evidente que más notícias podem ser verdadeiras. Mas se o que é agradável é sempre verdadeiro, não precisaríamos acreditar em nada desagradável. Notas baixas no boletim não fazem um aluno se sentir bem, mas o aluno que se recusa a acreditar nelas sofrerá as conseqüências. Elas são verdadeiras. Sentimentos também são relativos a personalidades individuais. O que é agradável para um pode ser ruim para outro. Se assim fosse, a verdade seria altamente relativa. Mas, como será visto em maiores detalhes a seguir, a verdade não pode ser relativa.

Mesmo se a verdade nos é agradável — pelo menos a longo prazo — isso não significa que o que é agradável é verdadeiro. A natureza da verdade não depende do resultado da verdade.

O que a verdade é. *Correspondência à realidade.* Agora que as visões inadequadas da natureza da verdade foram examinadas, resta afirmar a visão adequada. A verdade é o que corresponde à maneira em que as coisas realmente são. A verdade é "a realidade nua e crua". A correspondência se aplica a realidades abstratas assim como factuais. Existem verdades matemáticas. Também há verdades sobre idéias. Em cada caso há uma realidade, e a verdade a expressa precisamente.

Falsidade, então, é o que não corresponde. Não é a realidade nua e crua, e representa mal a maneira que as coisas são. A intenção por trás da afirmação é irrelevante. Se não tem correspondência adequada, é falsa.

Argumentos a favor da correspondência. Todas as visões de não-correspondência da verdade implicam correspondência, mesmo enquanto tentam negá-la. A afirmação: "A verdade não corresponde à realidade" implica que essa afirmação corresponde à realidade. Assim, a visão de não-correspondência não pode se expressar sem usar uma estrutura de correspondência como referência.

Se as afirmações factuais de uma pessoa não precisam corresponder aos fatos para ser verdadeiras, qualquer afirmação factualmente incorreta é aceitável. Torna-se impossível mentir. Qualquer afirmação é compatível com qualquer situação.

Para saber se algo é verdadeiro ou falso, deve haver uma diferença real entre as coisas e as afirmações sobre as coisas. Mas correspondência é a comparação de palavras com seus referentes. Logo, uma visão de correspondência é necessária para entender afirmações factuais.

A comunicação depende de afirmações informativas. Mas a correspondência a fatos é o que torna as afirmações informativas. Toda comunicação depende, em última análise, de algo que é literal e factualmente verdadeiro. Não podemos sequer usar uma metáfora sem entender que há um significado literal comparado ao sentido figurado não-literal. Então, conclui-se que toda comunicação depende, em última análise, de uma correspondência à verdade.

A teoria intencionista alega que algo é verdade somente se o que é realizado corresponde à intenção da afirmação e a cumpre. Sem correspondência de intenções e fatos realizados não há verdade.

Objeções à correspondência. Objeções à visão de correspondência da verdade vêm de fontes cristãs e não-cristãs.

Quando Jesus disse "Eu sou [...] a verdade" (Jo 14.6), argumenta-se que ele demonstrou que a verdade é pessoal, não proposicional. Isso refuta a visão de correspondência da verdade, na qual verdade é uma característica de proposições (ou expressões) que correspondem a seu referente. Mas uma pessoa, assim como uma proposição, podem corresponder à realidade. Como "expressão exata" do Deus invisível (Hb 1.3), Jesus corresponde perfeitamente ao Pai (Jo 1.18). Ele disse a Filipe: "Quem me vê, vê o Pai" (Jo 14.9). Portanto, uma pessoa pode corresponder a outra em seu caráter e suas ações. Nesse sentido, as pessoas podem ser consideradas verdadeiras, ou podem expressar a verdade.

Deus é verdade, porém não há nada fora dele a que ele corresponda. Mas, de acordo com a visão de correspondência, a verdade é o que representa corretamente a realidade. Como Deus não tem correspondência, segundo esse argumento, a teoria da correspondência nega que Deus é verdade, como a Bíblia diz ser (Rm 3.4). No entanto, a verdade como correspondência está fortemente ligada a Deus. As palavras de Deus correspondem a seus pensamentos. Assim, Deus é verdadeiro no sentido de que pode-se confiar na sua palavra. Os pensamentos de Deus são idênticos a eles mesmos, um tipo de "correspondência" perfeita. Nesse sentido, Deus é verdadeiro em relação a si próprio. Se a verdade é vista como aquilo que corresponde a outro, nesse sentido Deus não é "verdadeiro". Antes, é realidade absoluta e, portanto, o padrão da verdade. Outras coisas devem corresponder a ele de forma limitada para serem consideradas verdadeiras, não ele deve corresponder a elas.

O erro básico nessa objeção de que Deus é verdade, mas não é correspondente, está nas suas definições falhas. Se correspondência relaciona-se apenas a algo *além* da pessoa, Deus não pode ser verdade, mas será a realidade suprema à qual a verdade corresponde. Se correspondência também pode estar *dentro da pessoa*, Deus corresponde a si mesmo da maneira mais perfeita. Ele é verdade perfeita por identidade perfeita. Considere o seguinte pensamento errôneo:

1. Todos que se submetem à autoridade do papa são católicos romanos.
2. Mas o papa não pode submeter-se a si mesmo.
3. Logo, o papa não é católico romano.

O erro está na segunda premissa. Ao contrário da afirmação, o papa pode submeter-se a si mesmo. Ele só precisa seguir as regras que estabelecer para os católicos romanos. Semelhantemente, Deus pode viver e vive de acordo com a própria autoridade. Nesse sentido, ele é verdadeiro consigo mesmo.

A natureza absoluta da verdade. A relatividade da verdade é normalmente uma premissa do pensamento atual. Mas o cristianismo ortodoxo é baseado na posição de que a verdade é absoluta. Logo, a defesa da possibilidade da verdade absoluta é crucial para a defesa da fé cristã histórica. Segundo as teorias da verdade relativa, algo pode ser verdadeiro para uma pessoa, mas não para todas as pessoas. Ou pode ser verdadeiro numa época, mas não em outra. Segundo a visão absolutista, o que é verdadeiro para uma pessoa é verdadeiro para todas as pessoas, épocas e regiões.

Como foi afirmado acima, há apenas uma visão adequada da natureza da verdade — a visão da correspondência. Outras visões, tais como coerência e pragmatismo, descrevem testes da verdade, não a explicação da natureza da verdade em si. *Verdade factual é o que corresponde aos fatos*. É o que corresponde à situação real que está sendo descrita.

Verdade relativa. A relatividade da verdade é uma visão contemporânea popular. Mas a verdade não é determinada por voto majoritário. Vamos analisar as razões que as pessoas dão para crer que a verdade é relativa.

Primeira, certas coisas só parecem ser verdadeiras em algumas ocasiões, e não em outras. Por exemplo, muitas pessoas no passado acreditavam que a terra era plana. Agora sabemos que essa afirmação da verdade estava errada. Parece que essa verdade mudou com o passar do tempo. Será que mudou? A verdade muda, ou o conhecimento sobre o que é verdadeiro muda? Bem, certamente o mundo não mudou de cubo para esfera. O que mudou com relação a isso foi nosso conhecimento, não nossa terra. Ele mudou de um conhecimento falso para um verdadeiro.

Na audiência designada de uma afirmação, toda verdade é uma verdade absoluta. Algumas afirmações realmente se aplicam apenas a algumas pessoas, mas a verdade dessas afirmações é tão absoluta para todas as pessoas em todo lugar em todas as épocas quanto uma afirmação que se aplica a todas as pessoas em geral. "Injeções diárias de insulina são essenciais para a sobrevivência" aplica-se a pessoas com algumas formas crônicas de diabete. Essa afirmação tem uma audiência designada aplicada. Não pretende ser uma verdade que se aplica a todo mundo. Mas, se ela se aplica a Paulo, é a verdade sobre Paulo para todo mundo. A advertência de que essa afirmação é falsa para pessoas com um pâncreas saudável não deprecia a verdade da afirmação no seu universo de discurso — diabéticos aos quais é adequadamente dirigida.

Algumas afirmações parecem ser verdadeiras apenas para algumas pessoas. A afirmação: "Estou com calor" pode ser verdadeira a meu respeito, mas não a respeito de outra pessoa, que pode estar com frio. Sou a única pessoa no universo de discurso da afirmação. A afirmação: "Eu [Norman Geisler] estou com calor" (no dia 1.º de julho de 1998, às 15h37) declara que é verdadeiro para todo mundo em todo lugar que Norman Geisler estava com calor nesse momento da história. Ela corresponde a fatos e, portanto, é uma verdade absoluta.

Um professor de frente para os alunos na sala de aula diz: "A porta desta sala está à minha direita". Mas ela está à esquerda dos alunos. Os relativistas argumentam que certamente essa verdade é relativa para o professor, já que é falsa para a classe. No entanto, pelo contrário, é igualmente verdadeiro para todos que a porta está à direita do professor. Essa é uma verdade absoluta. Jamais será verdadeiro para qualquer pessoa, em qualquer lugar, em qualquer época que a porta estava à esquerda do professor durante aquela aula naquele dia naquela sala. A verdade de que a porta está à esquerda dos alunos é igualmente absoluta.

Parece óbvio que a temperatura freqüentemente é bem alta no Arizona e bem baixa no Pólo Norte. Então, aparentemente algumas coisas são verdadeiras para alguns lugares e não para outros. Certo?

Não. Algumas coisas são verdadeiras com relação a alguns lugares, mas não são verdadeiras em lugares onde as condições são diferentes. Mas essa não é a questão. No universo de discurso da previsão do tempo do Arizona, a afirmação corresponde aos fatos. Então, ela é verdadeira em todos os lugares. A afirmação: "A temperatura está baixa no Pólo Norte" é verdadeira para pessoas no Arizona no verão, ou em Plutão, onde é mais frio que no Pólo Norte. A verdade é o que corresponde aos fatos, e o fato é que é frio no Pólo Norte.

Toda verdade é absoluta. Não há verdades relativas. Pois, se algo é realmente verdadeiro, é realmente verdadeiro para todas as pessoas em todo lugar, em todas as épocas. A afirmação da verdade $7 + 3 = 10$ não é apenas verdadeira para matemáticos e não é verdadeira apenas numa aula de matemática. É verdadeira para todo mundo em todo lugar.

Avaliação. Como uma maçã velha, o relativismo pode ser bom na superfície, mas está podre por dentro. Entre seus problemas se acham:

Absolutamente relativo? A maioria dos relativistas realmente acredita que o relativismo se aplica a todo mundo, não só a eles. Mas é exatamente isso que não podem afirmar se realmente são relativistas. Pois a verdade relativa só é verdadeira para mim, mas não necessariamente para todas as outras pessoas. Então, o relativista que pensa que o relativismo é verdadeiro para todas as pessoas é um absolutista. Tal pessoa acredita, no mínimo, em *uma* verdade absoluta. O dilema é esse: o relativista coerente não pode dizer: "É verdade absoluta para todo mundo que a verdade é apenas relativamente verdadeira". E a pessoa não pode dizer: "É apenas relativamente verdadeiro que o relativismo é verdadeiro". Se é apenas relativamente verdadeiro, o relativismo pode ser falso para alguns ou para todos os outros. Então por que considerá-lo verdadeiro? Ou a afirmação de que a verdade é relativa é uma afirmação absoluta, ou é uma afirmação que jamais pode ser realmente feita, porque quem a faz está acrescentando, todas as vezes, outro "relativamente". Isso começa uma REGRESSÃO INFINITA que jamais redundará na afirmação real.

A única maneira pela qual o relativista pode evitar o doloroso dilema do relativismo é admitir que há pelo menos algumas verdades absolutas. Como foi mencionado, a maioria dos relativistas acredita que o relativismo é absolutamente verdadeiro e que todo mundo deve ser relativista. Nisso jaz a natureza autodestrutiva do relativismo. O relativismo apóia-se no cume da verdade absoluta e quer "relativizar" tudo.

Um mundo de contradições. Se o relativismo fosse verdadeiro, o mundo estaria cheio de condições contraditórias. Pois, se algo é verdadeiro para mim, mas falso para você, condições opostas existem. Pois, se digo: "Há leite na geladeira" e você diz: "Não há leite na geladeira" — e ambos estamos certos, deve haver e não haver leite na geladeira ao mesmo tempo e no mesmo sentido. Mas isso é impossível. Então, se a verdade fosse relativa, uma impossibilidade seria real.

No âmbito religioso isso significaria que Billy Graham está dizendo a verdade quando diz: "Deus existe", e Madalyn Murray O'Hare também está certa quando afirma: "Deus não existe". Mas essas duas afirmações não podem ser verdadeiras. Se uma é verdadeira, a outra é falsa. E como elas esgotam as únicas possibilidades, uma deve ser verdadeira.

Nem certo nem errado. Se a verdade é relativa, ninguém jamais está errado — mesmo quando estamos errados. À medida que algo é verdadeiro para mim, estou certo mesmo quando estou errado. A desvantagem é que jamais poderia aprender porque aprender é passar do conhecimento falso para um verdadeiro — isto é, do conhecimento absolutamente falso para o absolutamente verdadeiro. A verdade é que absolutos são inevitáveis.

Respondendo objeções. Os relativistas apontaram várias objeções à visão da verdade como absoluta. As seguintes são as mais importantes:

Não há conhecimento absoluto. Alega-se que a verdade não pode ser absoluta, já que não temos conhecimento absoluto das verdades. Até a maioria dos absolutistas admite que a maior parte das coisas são conhecidas apenas em termos de níveis de probabilidade. Como, então, podem todas as verdades ser absolutas?

Podemos ter certeza absoluta de algumas coisas. Tenho certeza absoluta de que existo. Na verdade, minha existência é inegável. Pois tenho de existir para fazer a afirmação: "Eu não existo". Também tenho certeza absoluta de que não posso existir e não existir ao mesmo tempo. E que não existem círculos quadrados. E que $3 + 2 = 5$.

Há muitas outras coisas das quais tenho certeza absoluta. Mas mesmo aqui o relativista é mal orientado, ao rejeitar a verdade absoluta simplesmente pela falta de *evidência* de que algumas coisas são verdadeiras. A verdade pode ser absoluta, não importa quais os nossos motivos para acreditar nela. Por exemplo, se é absolutamente verdadeiro que Sidney, Austrália, está no Oceano Pacífico, então isso é absolutamente verdadeiro, não importa qual a minha evidência ou falta de evidência. Uma verdade absoluta é absolutamente verdadeira em si. Evidência, ou falta dela, não muda um fato. E verdade é o que corresponde aos fatos. A verdade não muda só porque aprendemos algo mais sobre ela.

Verdades intermediárias. Outra objeção é que muitas coisas são comparativas — como tamanhos relativos, tais como mais baixo ou mais alto. Como tais elas não podem ser verdades absolutas, já que mudam dependendo do objeto com o qual são comparadas. Por exemplo, algumas pessoas são boas comparadas com Hitler, porém más comparadas com madre Teresa de Calcutá. Ao contrário da afirmação relativista, coisas intermediárias não refutam o absolutismo. Pois os fatos: "João é baixo comparado a um jogador de basquete da NBA (National Basketball Association — Associação Nacional de Basquete)" e "João é alto comparado a um jóquei" são absolutamente verdadeiros em todas as épocas para todas as pessoas. João tem estatura média, e o fato de ser mais baixo ou mais alto depende da pessoa com a qual é comparado. O mesmo acontece com outras coisas intermediárias, tais como mais quente ou mais frio e melhor ou pior.

Nenhuma verdade nova (ou progresso novo). Se a verdade nunca muda, não pode haver uma nova verdade. Isso significaria que nenhum progresso é possível. Mas descobrimos verdades novas. Esse é o caso das descobertas científicas. Em resposta a isso, "verdade nova" pode ser interpretada de duas maneiras. Pode significar "nova para nós", como uma nova descoberta da ciência. Mas essa é apenas uma questão de descobrirmos uma "verdade" antiga. Afinal, a lei da gravidade já existia antes de Isaac Newton. Muitas verdades sempre existiram, mas só agora as descobrimos. A outra maneira de interpretar "verdade nova" é que algo novo surgiu que torna possível fazer uma nova afirmação sobre esse assunto que só então passa a ser verdadeira. Mas isso também não é problema. Quando o dia 1.º de janeiro de 2020 chegar, uma nova verdade surgirá. Até esse dia não será verdadeiro dizer: "É 1.º de janeiro de 2020". Mas, quando isso acontecer, será verdadeiro para todas as pessoas em todos os lugares para sempre. Portanto, verdades "velhas" não mudam e as "novas" não se realizam. Quando algo é verdadeiro, é sempre verdadeiro — para todos.

Verdade e aumento de conhecimento. Também alega-se que o conhecimento da verdade não é absoluto, já que nosso conhecimento aumenta. O que é verdadeiro hoje pode ser falso amanhã. O progresso da ciência é prova de que a verdade está constantemente mudando. Essa objeção não observa que não é a verdade que está mudando, mas nosso conhecimento dela. Quando a ciência realmente progride, ela não passa da verdade velha para a nova, mas do erro para a verdade. Quando Copérnico argumentou que a terra gira em torno do sol e não o inverso, a verdade não mudou. O que mudou foi o conhecimento científico sobre o que gira em torno de quê.

Absolutos restritos. É claro que a verdade é restrita. Há apenas uma resposta para 4 + 4. Não é 1. Não é 2, 3, 4, 5, 6, 7, 9, 10 ou qualquer outro número. É 8 e apenas 8. É restrita, mas correta.

Os não-cristãos geralmente afirmam que os cristãos são tacanhos, porque afirmam que o cristianismo é verdadeiro e todos os outros sistemas não-cristãos são falsos. No entanto, o mesmo ocorre com os não-cristãos que afirmam que o que eles consideram verdade é verdadeiro, e todas as crenças opostas são falsas. Isso também é tacanho. A questão é que se C (cristianismo) é verdadeiro, conclui-se que todo não-C é falso. Da mesma forma, se H (p. ex., humanismo) é verdadeiro, todo não-H é falso. Ambas as visões são igualmente tacanhas. A verdade é assim. Cada reivindicação da verdade exclui reivindicações contraditórias. O cristianismo não é mais tacanho que qualquer outro grupo de crenças, seja o ATEÍSMO, o AGNOSTICISMO, o ceticismo ou o PANTEÍSMO.

Absolutos dogmáticos. A afirmação de que os que acreditam na verdade absoluta são dogmáticos não resolve a questão. Se toda verdade é absoluta — verdadeira para todas as pessoas, épocas e lugares — todas as pessoas que afirmam que algo é verdadeiro são "dogmáticas". Até o relativista que afirma que o relativismo é verdadeiro é dogmático. Essa pessoa afirma ter a única verdade absoluta que pode ser afirmada, ou seja, que todas as outras coisas são relativas.

Algo importante é ignorado nessa acusação de dogmatismo. Há uma grande diferença entre a acusação pejorativa de que a crença na verdade absoluta é dogmática e a maneira em que alguém acredita nisso. Sem dúvida a maneira pela qual muitos absolutistas afirmam e transmitem suas convicções é tudo, menos humilde. No entanto, nenhum agnóstico consideraria convincente um argumento contra o agnosticismo que afirme que alguns agnósticos comunicam suas convicções de maneira dogmática.

Contudo, existe uma distinção importante a ser lembrada: a verdade é absoluta, mas nosso entendimento não é. O fato de haver a verdade absoluta não significa que nosso *conhecimento* sobre ela seja absoluto. Essa constatação em si mesma deveria tornar os absolutistas humildes ao defender suas convicções. Pois, apesar de a verdade ser absoluta, nosso conhecimento sobre a verdade absoluta não é absoluto. Como criaturas finitas, crescemos no nosso conhecimento da verdade.

Resumo. A verdade pode ser testada de várias maneiras, mas deve ser entendida apenas de uma maneira. Há uma realidade, à qual afirmações ou idéias devem se conformar para ser consideradas verdadeiras. Pode haver várias maneiras diferentes de *defender* diferentes reivindicações da verdade, mas há apenas uma maneira adequada de *definir* a verdade, ou seja, como correspondência. A confusão entre a natureza da verdade e a verificação da verdade é a base da rejeição da visão de correspondência da verdade.

Semelhantemente, há uma diferença entre o que a verdade *é* e o que a verdade *faz*. A verdade é *correspondência*, mas a verdade tem certas *conseqüências*. A verdade em si não deve ser confundida com seus resultados ou com sua aplicação. Deixar de fazer essa distinção leva a visões erradas da natureza da verdade. A verdade é o que corresponde à realidade ou à situação que pretende descrever. Uma falsidade é o que não corresponde.

Fontes

Anselmo, *Verdade, liberdade e mal.*
Aristóteles, *Analítica posterior.*
Agostinho, *Contra os acadêmicos.*
A. Bloom, *O declínio da cultura ocidental.*
N. L. Geisler, *Thomas Aquinas,* cap. 6.
J. F. Harris, *Against relativism.*
C. S. Lewis, *The abolition of man.*
Platão, *Protágoras.*
____, *Theaetetus.*
Tomás de Aquino, *Da verdade.*
D. Wells, *God in the wastelands: no place for truth.*

verdade absoluta. V. verdade, natureza da.

verificabilidade, princípio da. V. Ayer, A. J.

verificação, tipos de. A escatologia (gr. *eschatos*, "final") lida com o que acontecerá no final. *Verificação* relaciona-se a como testar o significado ou verdade de uma reivindicação. Da escola do positivismo lógico nasceu o princípio da verificação. Proponentes como A. J. Ayer, seguindo David Hume, alegaram que, para a afirmação ser significativa, ser verdadeira por definição ou empiricamente verificável por meio de um ou mais sentidos. Isso provou ser muito restrito, já que nessa base o princípio de verificabilidade empírica não era empiricamente verificável. Também era desprovido de sentido.

Com a morte da verificabilidade restrita, nasceu uma ampliação do princípio que incluía outros tipos de verificação — experimental, histórica e escatológica. A maioria dos filósofos concordou que precisava haver condições específicas sob as quais seria possível saber se uma afirmação era significativa ou verdadeira. Antony Flew, seguindo a parábola do "jardineiro invisível" de John Wisdom, argumentou que, a não ser que haja critérios pelos quais se possa saber se algo é falso, não se pode saber se algo é verdadeiro. A não ser que se possa especificar algumas condições pelas quais uma reivindicação possa ser falsificada, também não há maneira de verificá-la. Algo deve ser capaz de refutar uma proposição para a evidência apoiá-la. Isso significa que, a menos que o teísta seja capaz de especificar condições sob as quais poderíamos saber que Deus não existe, não há base para afirmar que ele existe.

Tipos de verificação. Tentativas de responder ao desafio da verificação de uma reivindicação da verdade dividem-se em três categorias: passado, presente e futuro. As que oferecem critérios para o presente podem ser divididas em *provas teístas* e *testes experimentais*.

Histórica. Entre os apologistas cristãos, John W. Montgomery e Gary Habermas argumentam que as reivindicações da verdade podem ser verificadas a partir da história por meio da ressurreição de Cristo (v. ressurreição, evidências da). Essa visão é chamada de apologética histórica ou verificação histórica.

Verificação presente. Os que tentam algum tipo de verificação no presente dividem-se nas categorias amplas de racional e experimental. A primeira oferece provas teístas tradicionais como verificação. Os teístas tradicionais observam que é exatamente isso que os argumentos a favor e contra a existência de Deus fazem (v. Deus, evidências de). Se alguém pudesse oferecer uma refutação de Deus, também poderia refutar a reivindicação do teísmo (v. Deus, supostas refutações de). Semelhantemente, uma prova de Deus pode verificar sua existência. Qualquer coisa inferior a uma prova completa ainda tende a verificar ou refutar.

Testes experimentais podem ser especiais ou gerais. Os especiais geralmente são chamados místicos e lidam com experiências religiosas singulares. Os gerais lidam com experiências disponíveis a todos. Alguns apologistas oferecem testes experimentais não-místicos para a veracidade das afirmações religiosas. Ian Ramsey falou sobre a adaptação empírica de afirmações que evocam uma experiência com Deus (v. Ramsey). Friedrich SCHLEIERMACHER falou de um sentimento de dependência absoluta. O senso de compromisso absoluto de Paul TILLICH se adapta a essa categoria. Alguns desenvolveram um argumento com base na experiência religiosa como teste para suas reivindicações sobre Deus. Elton TRUEBLOOD é um evangélico que tentou isso.

Testes escatológicos. Os que partiam das tradições empíricas tentaram outros tipos de verificação-falsificação. John HICK ofereceu o princípio da verificação escatológica (Hick, p. 252-74). Reivindicações da imortalidade podem ser verificadas se, por exemplo, observarmos conscientemente nossos próprios enterros. Podemos saber que Deus existe após a morte se tivermos uma experiência de arrebatamento e felicidade transcendentes que traz realização plena.

Avaliação. Como outras formas de verificação são discutidas conforme observado acima, a verificação escatológica será tratada aqui. Do lado positivo, a verificação futura parece suprir os critérios mínimos de significado e verdade. Não supre condições específicas sob as quais poderíamos saber se certas reivindicações religiosas são verdadeiras.

Por outro lado, o conhecimento também estará atrasado demais para ser útil. Os ateus (v. ATEÍSMO) apostam na inexistência de Deus e do inferno. Se o ateu acorda depois da morte e descobre que estava errado sobre ambos, é tarde demais. Essa era a questão central da Aposta de Pascal (v. PASCAL, BLAISE). Até mesmo para o teísta poderia ser muito tarde. Queremos saber *agora* se vale a pena sacrificar tudo por Deus, e qual Deus é o verdadeiro Deus. Por que sofrer por Cristo até a morte sem evidência de que o cristianismo é verdadeiro (cf. 2Co 11.22-28; 2Tm 3.12)? Poderíamos achar melhor evitar todo sofrimento e plenamente agora.

Fontes

A. J. AYER, *Language, truth and logic.*
A. FLEW, *New essays in philosophical theology.*
G. R. HABERMAS, *The resurrection of Jesus: an apologetic.*
J. HICK, *The existence of God.*
J. W. MONTGOMERY, *The shape of the past.*
___, *Christianity and history.*
I. RAMSEY, *Religious language.*
E. TRUEBLOOD, *Philosophy of religion.*

vestigiais, órgãos. V. EVOLUÇÃO BIOLÓGICA.

virginal, nascimento. O nascimento virginal de Cristo é alvo constante de críticos naturalistas da Bíblia, que tendem a considerá-lo resultado da influência pagã sobre autores cristãos do século II. Esses cristãos teriam desenvolvido o mito para competir com as histórias da mitologia grega (v. MILAGRES, MITO E; MITOLOGIA E O NOVO TESTAMENTO). Uma razão para a veemência desses pronunciamentos é que, se verdadeiro, o nascimento virginal estabelece acima de qualquer dúvida a vida de Jesus como intervenção sobrenatural de Deus. Se os anti-sobrenaturalistas abrirem mão desse ponto, perderão toda a causa.

Evidência do nascimento virginal. *Credibilidade de milagres.* Na base da rejeição do nascimento virginal de Cristo está a rejeição de milagres (v. MILAGRE; MILAGRES, ARGUMENTOS CONTRA; MILAGRES NA BÍBLIA). Um nascimento virginal é um milagre. Se um Deus teísta existe, e há evidência de que existe (v. COSMOLÓGICO, ARGUMENTO; MILAGRES, VALOR APOLOGÉTICO DOS), os milagres são automaticamente possíveis. Pois, se há um Deus que pode agir, pode haver atos de Deus. Na verdade, existem muitas razões para crer que milagres aconteceram desde o momento da fundação do universo (v. *BIG-BANG*; EVOLUÇÃO CÓSMICA). Logo, o registro do nascimento virginal de Jesus não pode ser considerado mitológico antes que as evidências sejam examinadas.

Antecipação do nascimento virginal. Gênesis 3.15. Muito antes de o NT registrar o nascimento virginal, o AT o previu. Na realidade, a primeira profecia messiânica na Bíblia (v. PROFECIA COMO PROVA DA BÍBLIA) revela o nascimento virginal. Ao falar do tentador (serpente), Deus disse: "Porei inimizade entre você e a mulher, entre a sua descendência e o descendente dela; este lhe ferirá a cabeça, e você lhe ferirá o calcanhar" (Gn 3.15).

O fato de o futuro Redentor ser "descendente" da mulher é importante na cultura patriarcal. Por que uma mulher? Normalmente, os descendentes eram identificados pela linhagem paterna (cf. Gn 5, 11). Mesmo a genealogia oficial do Messias em Mateus 1 é definida pelo pai legal de Jesus, José. Nessa expressão peculiar, *descendente de mulher*, fica implícito que o Messias viria de uma mulher, mas não de um pai natural.

Jeremias 22 (cf. 2Sm 7). Outra insinuação possível do nascimento virginal no AT é encontrada na maldição colocada sobre Jeconias: "Registrem esse homem como homem sem filhos. Ele não prosperará em toda a sua vida; nenhum de seus descendentes prosperará em toda a sua vida; nenhum de seus descendentes prosperará nem se assentará no trono de Davi nem governará em Judá" (Jr 22.30). O problema com essa profecia é que Jesus era descendente do trono de Davi pela linhagem de Jeconias (cf. Mt 1.12).

No entanto, como José era apenas o pai *legal* de Jesus (pelo fato de estar noivo de Maria quando ela engravidou), Jesus não herdou a maldição dos verdadeiros descendentes de Jeconias. E, como Jesus era o filho real de Davi por meio de Maria segundo a genealogia matriarcal de Lucas (Lc 3), cumpriu as condições de vir da descendência de Davi (2Sm 7.12-16), sem perder os direitos legais ao trono de Davi ao levar a maldição de Jeconias. Assim, o nascimento virginal é sugerido interpretação coerente dessas passagens do AT.

Isaías 7.14. O NT (Mt 1.23) e muitos apologistas cristãos usam Isaías 7.14 como profecia para provar que a Bíblia (v. PROFECIA COMO PROVA DA BÍBLIA) faz previsões com séculos de antecedência. No entanto, certos críticos (v. BÍBLIA, CRÍTICA DA), seguindo a interpretação de muitos teólogos, dizem que o versículo 16 refere-se ao nascimento do filho do próprio Isaías, logo depois da queda de Samaria em 722 a.C. Nesse caso, não é uma profecia sobre o nascimento virginal de Jesus e não tem valor apologético.

Das três interpretações de Isaías 7.14, apenas uma é incompatível com a interpretação profética sobrenatural referente ao nascimento de Cristo. É a interpretação segundo a qual essa profecia refere-se apenas à época de Isaías e foi cumprida no nascimento natural de Maher-Shalal-Hash-Baz (traduzido por Rapidamente até os despojos, agilmente até a pilhagem, Is 8.3). Das outras duas possibilidades, a profecia poderia ter cumprimento duplo — um preliminar no filho de Isaías e o final no nascimento de Cristo. Ou essa profecia refere-se apenas ao nascimento sobrenatural de Cristo (Mt 1.23).

Referência única a um nascimento natural. Teólogos liberais e alguns conservadores vêem Isaías 7.14 como referência apenas à concepção e nascimento naturais do filho da profetisa. Argumentam que a palavra *'almâ* do hebraico, às vezes traduzida por "virgem" (RA, RC, NVI), refere-se a uma jovem, casada ou solteira, e deve ser traduzida "a jovem" (BLH). Se o profeta quisesse dizer uma virgem, teria usado *bᵉtûlâ* (cf. Gn 24.16; Lv 21.3; Jz 21.12). Além disso, o contexto revela que a profecia tinha um cumprimento a curto prazo. O versículo 16 declara que "antes que o menino saiba rejeitar o erro e escolher o que é certo, a terra dos reis que você teme ficará deserta" (Is 7.16). Isso foi cumprido literalmente na invasão do rei assírio Tiglate-Pileser III.

Mesmo no contexto mais amplo, apenas o nascimento de Maher-Shalal-Hash-Baz se ajusta à profecia. Isaías 8.3 diz: "Então deite-me com a profetisa, e ela engravidou e deu à luz em filho. E o SENHOR me disse: 'Dê-lhe o nome de Maher-Shalal-ash-Baz' (Is 8.3). O "sinal" foi prometido a Acaz (7.11) e não faria sentido se o cumpriumento dele fosse depois de sua época (7.14).

Logo, o argumento conclui que nenhuma previsão do nascimento virginal de Cristo deve ser encontrada aqui. O uso por Mateus foi falho ou puramente tipológico, sem valor profético ou apologético. Mateus usa a expressão "cumpriu-se" tipologicamente em outros casos (p. ex., 2.15, 23). Mateus *aplicou* a Cristo textos que não tinham contextos messiânicos.

Há uma dificuldade com a reivindicação de que *'almâ* refere-se a alguém que é casada. O AT não usa vez a palavra *'almâ* para referir-se a uma mulher casada. *Bᵉtûlâ*, por outro lado, é usado para mulheres casadas (v. Joel 1.8). Entre textos que usam *'almâ* para referir-se a uma virgem estão Gênesis 24.43, Êxodo 2.8, Salmo 68.25, Provérbios 30.19 e Cântico dos cânticos 1.3, 6.8.

Alguns críticos usam 1Crônicas 15.20 e Salmos 46 como exemplos de *'almâ* (ou *'alamôt*) referindo-se a uma pessoa casada. No salmo 46 é apenas parte do título, "Cântico para *'alamôt*". Nada no título ou no texto do salmo nos ajuda a entender o que *'alamôt* significa, muito menos se se refere a uma pessoa casada. Pode ser uma anotação musical, como para um coral de moças, ou pode referir-se a algum tipo de acompanhamento musical. A referência em 1Crônicas 15.20 é semelhante. Canta-se música com "liras, acompanhado o 'alamôt". Qualquer que seja o significado desse expressão, *'almâ* significa mulher casada.

Pode-se argumentar que algumas características da passagem não poderiam referir-se apenas a circunstâncias imediatas: a natureza sobrenatural do "sinal" (Is 7.11); a referência ao nascido como *'immānû-'ēl*, "Deus conosco"; e a referência ao "descendentes de Davi" (Is 7.13). O nascimento de Maher-Shalal-Hash-Baz (Rapidamente até os despojos, agilmente até a pilhagem) no capítulo seguinte não pode cumprir 7.14, pois o nascido seria chamado "Emanuel".

Apesar de o "sinal" ser para Acaz, também era para os descendentes "de Davi" (v. 13). Um sinal distante pode ser para alguém que vive muito antes do evento, contanto que os benefícios do sinal se estendam a quem o sinal é dado. Como o "sinal" foi o nascimento do Messias, a esperança da salvação para Acaz e todas as outras pessoas, o sinal certamente era para ele.

Mas e o versículo 16? A única maneira significativa de entender esse versículo é que ele se refere a uma criança na época de Isaías. Deve-se levar em conta que a referência de 7.16 à invasão assíria é em si uma profecia sobrenatural. A questão não é, então, se 7.14 é profético e foi cumprido. A questão é se foi cumprido em 3 ou 700 anos. Há uma possibilidade de que Isaías 7.16 possa ser interpretado em termos da teoria "somente nascimento virginal". O comentarista William Hendriksen sugere esta possível interpretação:

Eis que a virgem conceberá e dará à luz um filho [...] antes que este menino, *que pela minha visão profética já chegou*, saiba desprezar o mal e escolher o bem — i.e., *em breve*, será desamparada a terra ante cujos dois reis tu tremes de medo (Hendriksen, p. 139).

Ou, se alguém quiser ser mais literal, os assírios invadiram *antes* de o menino Jesus crescer — bem antes.

Geralmente reconhece-se que nem todos os usos da expressão "cumpriu-se" implicam uma profecia realmente preditiva, e Isaías 7.14 não é necessáriamente uma delas. Mateus cita Miquéias 5.2, uma profécia clara de que o Cristo nasceria em Belém (Mt 2.5; v. tb. Mt 3.3; 21.5; 22.43).

Referência dupla. Mesmo que o contexto imediato revele que a profecia teve um cumprimento a curto prazo, isso não significa que também não haja um cumprimento mais amplo numa referência posterior a Cristo. Segundo essa teoria, muitas profecias do AT têm cumprimento parcial na sua época e cumprimento completo no futuro distante. Pela situação desesperadora do povo, Deus prometeu dar a Acaz um sinal que lhes asseguraria que Deus, em última análise, os livraria do cativeiro. Esse foi um sinal do livramento físico de Israel do cativeiro dos seus inimigos. Em termos definitivos, foi um sinal do livramento do Israel espiritual do cativeiro de Satanás. O primeiro aspecto do sinal foi cumprido no nascimento de Maher-Shalal-Hash-Baz, o segundo aspecto no nascimento de Jesus da verdadeira virgem, Maria. Esses cumprimentos duplos são claros em outras profecias. Zacarias 12.10 pode ser aplicado à primeira (Jo 19.37) e à segunda vinda (Ap 1.7) de Cristo. Parte de Isaías 61 foi cumprida na primeira vinda de Jesus (Is 61.1,2*a*; cf. Lc 4.18,19), e parte resta cumprir na segunda vinda (Is 61.2*b*-11).

Segundo a teoria da referência dupla, *'almâ* refere-se a uma jovem que nunca teve relações sexuais. A esposa de Isaías que deu à luz o filho em cumprimento do primeiro aspecto da profecia era uma virgem até conceber por meio de Isaías. Mas em Maria, mãe de Jesus, houve um cumprimento completo — ela era virgem quando concebeu Jesus (Mt 1.24,25).

Outros argumentos dessa posição também se adaptam à teoria "somente nascimento virginal". Todas essas teorias rejeitam a idéia de que a importância de Isaías 7.14 é exaurida no nascimento natural do filho da profetisa.

Referência única a um nascimento sobrenatural. Alguns teólogos defendem a posição de que Isaías 7.14 refere-se somente ao nascimento virginal sobrenatural de Cristo. Ao contrário da primeira opção, *'almâ* só é traduzido por "virgem" no AT e não há outras opções. A profetisa, portanto, não se qualifica para cumprir a profecia. O AT grego (*Septuaginta*) traduziu *'almâ* pela palavra clara *parthenos*, que só pode significar "virgem". Esses tradutores, trabalhando antes do advento, acreditavam evidentemente que essa era uma previsão do nascimento virginal do Messias. O NT inspirado sancionou esse trabalho ao citar a *Septuaginta* em Mateus 1.23. Além disso, traduzir *'almâ* como moça ainda solteira, mas que logo se casaria com Isaías, significa que não seria mais uma *virgem* concebendo, mas uma mulher casada. Isaías 7.14 considera a concepção e o nascimento a partir de uma virgem.

Os proponentes da teoria "somente nascimento sobrenatural" indicam que a previsão obviamente vai além de Acaz para os "descendentes de Davi" (Is 7.13). Isso dificilmente se aplicaria a um nascimento natural pela profetisa na época de Isaías. Além disso, a ênfase é dada a algum "sinal" maravilhoso e inédito (Is 7.11-14). Por que um nascimento ordinário seria interpretado como um sinal extraordinário?

Todo o contexto de Isaías 7—11 (cf. Miquéias 5.2s.) forma uma cadeia inquebrável de profecia messiânica:

"Por isso, o SENHOR mesmo lhes dará um sinal: a virgem ficará grávida e dará à luz um filho, e o chamará Emanuel" (7.14).

"Seus braços abertos se espalharão por toda a tua terra, ó Emanuel!" (8.8*b*).

Porque um menino nos nasceu, um filho nos foi dado, e governo está sobre os seus ombros e ele será chamado o seu nome será: Maravilhoso Conselheiro, Deus Poderoso, Pai, Príncipe da Paz" (9.6).

Um ramo surgirá do tronco de Jessé, e das suas raízes brotará um renovo. O Espírito do Senhor repousará sobre ele, o Espírito que dá sabedoria e entendimento, o Espírito que traz conselho e poder, o Espírito que dá conhecimento e temor do Senhor. E ele se inspirará com base no que ouviu; mas com retidão julgará os necessitados, com justiça tomará decisões em favor dos pobres. Com suas palavras, como se fossem um cajado, ferirá a terra; com o sopro de sua boca, e a fidelidade o seu cinturão (11.1-5).

Mateus 1.22 interpreta Isaías 7.14 como profético com a expressão "para que se cumprisse" e acrescenta uma frase intensificadora: *Tudo isso aconteceu* para que se cumprisse..." (grifo do autor). O estilo da citação enfatiza a qualidade sobrenatural do nascimento e da divindade de Cristo. A maioria dos teólogos que defendem um dos lados da questão reconhecem que a expressão "para que se cumprisse" não se refere necessariamente a uma profecia preditiva. No entanto, tudo indica que Mateus 1.23 é um exemplo de uma profecia preditiva.

Finalmente, o mesmo versículo não pode referir-se ao nascimento de Maher-Shalal-Hash-Baz, pois o mesmo versículo não pode significar duas coisas diferentes (opostas). Se a *Septuaginta* e o NT inspirado afirmam que a referência é a uma virgem real, *ela deve ser relativa* apenas a Cristo.

Tradução do nome Emanuel. Uma questão final que surge nesse debate é se o nome *Emanuel* ['*immānû-'ē*] requer que Isaías se refira ao Deus encarnado. A resposta é não. *Emanuel* pode significar "Deus *está* conosco". Apesar da tradução "Deus conosco" parecer significar que o nomeado é divino, é lingüisticamente possível traduzir "Emanuel" por "Deus está conosco", que não denota divindade ao nomeado. O nome de uma criança pode referir-se a uma situação significativa para quem dá o nome. Sara deu ao seu filho o nome de *Isaque*, que significa "riso".

No entanto, a evidência geral indica que a tradução tradicional está correta. Quando se dá um nome na Bíblia, geralmente ele se refere ao nomeado: *Eva*, mãe de "toda a humanidade" (Gn 3.20); *Noé*, relacionado à palavra hebraica que significa "alívio" (Gn 5.29); *Abrão*, "pai exaltado", e *Abraão*, "pai de muitos" (Gn 17.5); *Sara*, "princesa" (Gn 17.15); *Esaú*, "peludo" (Gn 25.25); *Jacó*, "ele segura o calcanhar" ou "enganador", e Israel, "ele luta com Deus" (Gn 27.36; 32.28); *Noemi*, "agradável", e *Mara*, "amarga" (Rute 1.20); *Nabal*, "tolo" (1Sm 25.3,25); *Jesus*, "Iavé salva" (Mt 1.21); Pedro, "rocha" (Mt 16.18); e Barnabé, "encorajador" (At 4.36).

Os contextos imediato e amplo demonstram que *Emanuel* refere-se ao caráter do nomeado. O evento é um sinal sobrenatural. Toda a "casa de Davi" está em vista, principalmente na "cadeia messiânica" de Isaías 7–11. O NT o interpreta como referente a Cristo. Todos esses fatores apóiam a teoria de que esta é uma referência a Cristo.

A confiabilidade do registro do NT. A evidência de que Jesus foi concebido de uma virgem é baseada na confiabilidade dos documentos do NT e das testemunhas do NT. Ambos foram estabelecidos com forte evidência. Na realidade, como demonstrado em outros artigos, a evidência da autenticidade do NT é maior que a de qualquer outro livro do mundo antigo (v. ATOS, HISTORICIDADE DE. NOVO TESTAMENTO, DATAÇÃO DO; NOVO TESTAMENTO, MANUSCRITOS; NOVO TESTAMENTO, HISTORICIDADE DO; NOVO TESTAMENTO, FONTES NÃO-CRISTÃS DO). Só resta mostrar que esses registros testificam a favor do nascimento virginal de Cristo.

Não pode haver dúvida de que o NT afirma claramente que Cristo nasceu de uma virgem.

Mateus 1.18-23. O evangelista escreveu:

Foi assim o nascimento de Jesus Cristo: Maria, sua mãe, estava prometida em casamento com José, mas, *antes que se unissem*, achou-se grávida pelo Espírito Santo. Por ser José seu marido, um homem justo, e não querendo expô-la à desonra pública, *pretendia anular o casamento secretamente.* Mas, depois de ter pensado nisso, apareceu-lhe um anjo do Senhor em sonho e disse: "José, filho de Davi, não tema receber Maria como esposa, pois *o que nela foi gerado procede do Espírito Santo.* Ela dará à luz um filho, e você deverá dar-lhe o nome de Jesus, porque ele salvará o seu povo dos seus pecados". Tudo isso *aconteceu para que se cumprisse o que o senhor dissera pelo profeta: "A virgem ficará grávida e dará à luz um filho, e lhe chamarão Emanuel"*, que significa "Deus Conosco" (1.18-23).

As seções destacadas com grifo indicam quatro fatores que demonstram que Cristo nasceu de uma virgem: Primeiro, Maria concebeu *"antes que se unissem"*, revelando assim que não foi uma concepção natural. Segundo, a reação inicial de José revela ele ainda não tivera relação sexual com Maria, pois, quando descobriu que ela estava grávida, *"pretendeu anular o casamento secretamente"*. Terceiro, a frase *"o que nela foi gerado procede do Espírito Santo"* revela a natureza sobrenatural do evento. Finalmente, a citação da tradução da *Septuaginta* de Isaías 7.14 sobre uma *parthenos*, "virgem", dando à luz um filho indica que Maria não tivera relações sexuais com ninguém. Não era apenas uma virgem antes de o bebê ser concebido, mas depois de ser concebido e até o momento em que ele nasceu.

Lucas 1.26-35. Marcos começa imediatamente com o ministério de Jesus, de acordo com sua ênfase em Cristo como "servo" (cf. 10.45). Mas gostaríamos de que um médico, Dr. Lucas, desse atenção às circunstâncias do nascimento. Ele começa com a proclamação de Cristo nascido de uma virgem:

No sexto mês Deus enviou o anjo Gabriel a Nazaré, cidade da Galiléia, a uma *virgem prometida em casamento* a certo homem chamado José, descendo de Davi. O nome da virgem era Maria. O anjo aproximando-se dela, disse: "Alegre-se, *agradecida!* O Senhor está com você!" Maria *ficou perturbada* com essas palavras, pensando no que poderia significar esta saudação. Mas o anjo disse: "Alegre-se, *agradecida!* O Senhor está com você!" Maria *ficou perturbada* com essas palavras, pensando no que poderia significar esta saudação. Mas o anjo disse: "Não tenha medo, Maria; você foi agraciada por Deus! Você ficará grávida e dará à luz um filho, e lhe porá o nome de Jesus. Ele será grande e será chamado Filho do Altíssimo. O Senhor Deus lhe dará o trono de seu pai Davi, e ele reinará para sempre sobre o povo de Jacó; seu Reino jamais terá fim?". Perguntou Maria ao anjo: *"O Espírito Santo virá sobre você, e o poder do Altíssimo a cobrirá com a sua sombra.* Assim, aquele que há de nascer será chamado Santo, Filho de Deus (1.26-35)

O texto grifado demonstra mais uma vez que a concepção de Cristo foi sobrenatural: Maria era uma "virgem" (*parthenos*), "prometida em casamento". A reação de Maria, que "ficou em casamento" e temeu, e sua pergunta em tom de surpresa: "Como será isto?" revelam que ela era uma virgem. O anjo deu alguma descrição de como a concepção aconteceria por meio do Espírito Santo e do "poder do Altíssimo".

Lucas 2.1-19. Quando Lucas registra o nascimento, ele ressalta novamente que Maria estava apenas "desposada", o que, naquela cultura, significava que ainda não tivera relação sexual com José. A aparição sobrenatural do anjo e do coro celestial demonstram que algo extraordinário acontecera. A reação de Maria foi contemplar com espanto o mistério de tudo aquilo. Obviamente ela sabia que algo sobrenatural e santo havia ocorrido (v. 19).

João 2.2-11. João destaca a divindade geral de Cristo (v. CRISTO, DIVINDADE DE) e não entra em detalhes. No entanto, há algumas insinuações fortes no Evangelho de João de que Jesus nasceu de uma virgem. Quando Jesus fez seu primeiro milagre em Caná da Galiléia, sua mãe sem dúvida estava ciente da sua origem sobrenatural e confiante de que ele podia realizar o sobrenatural. João escreveu: No terceiro dia houve um casamento em Caná na Galiléia. A mãe de Jesus estava ali; Jesus e seus discípulos também haviam sido convidados para o casamento. Tendo acabado o vinho, a mãe de Jesus lhe disse: *"Eles não têm mais vinho".* Respondeu Jesus: "Que temos nós em comum, mulher? *A minha hora ainda não chegou".* Sua mãe disse aos serviçais: *"Façam tudo no que ele lhes mandar"* (Jo 2.1-5). Na verdade, o texto grifado revela que Maria parece não só acreditar que Jesus podia fazer um milagre, mas também estar pedindo um, apesar de jamais tê-lo visto fazer um milagre, já que esse era o primeiro (v. 11). O seu conhecimento da habilidade sobrenatural de Jesus vinha do relacionamento passado que tivera com o filho, inclusive o nascimento dele.

João 8.41. Até o insulto dos inimigos de Jesus mostra que as circunstâncias do seu nascimento incitaram fofocas, o que é de se esperar com a divulgação da história. Jesus disse a eles: "Vocês estão fazendo as obras do pai de vocês'. Protestaram eles: "'Nós não somos filhos ilegítimos. O único Pai que temos é Deus'". Os judeus podem ter apenas respondido defensivamente ao ataque de Jesus à sua confiança inapropriada na filiação de Abraão. Nesse caso, trata-se de uma resposta estranha. Mas ela faz sentido se eles estivessem usando o mesmo argumento contra a própria legitimidade de Jesus. Até José precisou de uma visita angelical para ser convencido da pureza de Maria (Mt 1.20). Ele e Maria provavelmente enfrentaram preconceito. Mas Jesus enfrentou a questão corajosamente ao responder aos seus acusadores desdenhosos: "Qual de vocês pode me acusar de algum pecado?" (Jo 8.46).

Gálatas 4.4. As Epístolas estão cheias de referências à santidade de Jesus. No contexto do ensino sobre a pecaminosidade inata que caracteriza cada descendente de Adão (p. ex., Romanos 5), esses ensinamentos em si indicam que Deus havia feito algo diferente em Jesus (2Co 5.21; Hb 4.15; 1Jo 3.3). A referência de Paulo a Jesus, "nascido de mulher", é relativamente explícita. "Mas, quando chegou, a plenitude do tempo, Deus enviou seu Filho, nascido de mulher, nascido debaixo lei" (Gl 4.4). Isso se refere a Gênesis 3.15. Numa cultura patriarcal como a judaica, nasce-se de um homem (o pai). Chamar a atenção para o fato de ser "nascido de mulher" é demonstrar que algo anormal está acontecendo — no caso de Jesus, um nascimento virginal.

A acusação de mitologia. É difícil negar que o Novo Testamento ensina o nascimento virginal de Cristo. O ataque mais fácil é dizer que esse é um mito que imita deuses gregos e romanos e que não foi realmente um evento histórico. Para uma refutação completa da acusação de que os evangelhos evoluíram durante várias gerações, resultando numa lenda cheia de mitos da vida de Jesus, v. os artigos sobre o NT; v. tb. MITRAÍSMO; DIVINO, HISTÓRIAS DE NASCIMENTO; BÍBLIA, CRÍTICA DA; JESUS, SEMINÁRIO; e Q, DOCUMENTO. Em resumo:

• A evidência de que o NT foi escrito por contemporâneos e testemunhas oculares é incontestável (cf. Lucas 1.14). Teorias de datação do século II foram agora completamente desacreditadas, não permitindo tempo para desenvolvimento de lendas (v. NOVO TESTAMENTO, MANUSCRITOS DO; NOVO TESTAMENTO, CONFIABILIDADE DAS TESTEMUNHAS DO; e NOVO TESTAMENTO, HISTORICIDADE DO).

• Os registros de nascimento virginal não demonstram qualquer marca literária do estilo mítico"

(v. MITRAÍSMO; DIVINO, HISTÓRIAS DE NASCIMENTO; MITOLOGIA E O NOVO TESTAMENTO).

• Pessoas, lugares e eventos do nascimento de Cristo são precisa e historicamente substanciados. Lucas em especial se dedica aos detalhes históricos (Lucas 3.1,2; para as credenciais de Lucas como historiador v. ATOS, HISTORICIDADE DE).

• Nenhum mito grego corresponde nem de forma remota à encarnação literal de um Deus monoteísta em forma humana (cf. Jo 1.1-3,14) por meio de um nascimento virginal literal (Mt 1.18-25). Os gregos eram politeístas, não monoteístas.

• Histórias de deuses gregos tornando-se humanos por meio de eventos milagrosos como o nascimento virginal apareceram depois de Cristo. Logo, se há alguma influência é do cristianismo sobre a mitologia, não o inverso.

Conclusão. A evidência histórica de que Jesus foi concebido sobrenaturalmente é mais que substancial. Na realidade, há mais registros contemporâneos de testemunhas oculares para o nascimento virginal que para a maioria dos eventos do mundo antigo. Os registros não demonstram sinais de desenvolvimento mitológico. Além disso, estão cercados de referências históricas a pessoas, lugares e épocas reais. Portanto, não há razão para crer que Jesus não nasceu literal e biologicamente de uma virgem tal como a Bíblia afirma. Apenas o preconceito anti-sobrenaturalista injustificado é base para a conclusão contrária.

Um texto polêmico específico é Isaías 7.14, que é citado por Mateus. Os críticos argumentam que ele não tem valor profético. No mínimo o texto refere-se apenas a eventos da época de Isaías, que foram aplicados tipologicamente a Cristo, mas não têm valor profético. Existem razões para crer que o texto se refere, parcial ou totalmente, a uma previsão do nascimento virginal. De qualquer forma, há outros textos proféticos claros no AT (v. PROFECIA COMO PROVA DA BÍBLIA).

Fontes

F. E. GAEBELEIN, *The expositor's Bible commentary*, v. 6.
R. GROMACKI, *The virgin birth: doctrine of deity.*
W. HENDRIKSEN, *New Testament commentary: exposition of the Gospel according to Matthew.*
C. S. LEWIS, *Cristianismo puro e simples.*
___, *Surpreendido pela alegria.*
J. G. MACHEN, *The virgin birth of Christ.*
JUSTINO MÁRTIR, *Diálogo com Trifão*, cap. 84.
J. ORR, *The virgin birth of Christ.*
R. D. WILSON, *Princeton Theological Review*, nº. 24 (1926).
E. YAMAUCHI, "Easter — myth, hallucination, or history?" (2 partes), *Christianity Today* (29 Mar. 1974; 15 Apr. 1974).
E. J. YOUNG, "The virgin birth", em *The Banner* (15 Apr. 1955).

virginal em Isaías 7.14, nascimento. V. VIRGINAL DE CRISTO, NASCIMENTO.

Voltaire, François-Marie. Nasceu em Paris numa família abastada (1694-1778). Recebeu educação clássica dos jesuítas de Louis-le-Gran. Abandonou o estudo da lei por atividades literárias. Sua inclinação extremamente satírica resultou em exílio na Holanda em 1713 e aprisionamento na Bastilha (1717-1718). Começando por seu poema épico *La henriade* (1723), sobre Henrique IV (1366-1413), o último rei inglês tolerante, Voltaire dominou os palcos franceses por meio século.

Voltaire escreveu *Letters concerning the English nation* (*Cartas a respeito da nação inglesa*), reportando-se ao país inglês, onde havia mais tolerância religiosa na época que na França. Na edição francesa, incluiu uma crítica de *Pensamentos*, de Blaise Pascal (1623-1662). *Lettres philosophiques* [*Cartas filosóficas*] (1734) foi uma inspiração para os pensadores liberais do século XVII. *Essai sur les moeurs* [*Ensaio sobre os costumes*] (1756) foi publicado quando ele morou em Genebra, e *Cândido, ou O otimismo*, uma sátira sobre a teodicéia do "melhor de todos os mundos possíveis" de Gottfried LEIBNIZ, foi publicado em 1756. Os temas do seu *Lettres* anterior foram mais desenvolvidos no *Dicionário filosófico* (1764).

O Deus deísta de Voltaire. Apesar de ter usado o termo "teísta" (v. TEÍSMO) para descrever sua filosofia, Voltaire era deísta (v. DEÍSMO). Acreditava num Criador que não intervinha sobrenaturalmente no mundo. Sua crença firme no projeto da natureza o manteve longe do ATEÍSMO, visão que mais tarde foi atacada por Charles DARWIN (1809-1882).

Voltaire não acreditava que o conhecimento da existência de Deus é inato. Observou que algumas nações não têm conhecimento de uma Divindade criadora. "Todo homem chega ao mundo com um nariz e cinco dedos em cada mão, mas nenhum deles possui ao nascer qualquer conhecimento de Deus" (*Lettres philosophiques*, p. 39,40). Como a consciência da lei moral, o senso de divindade se desenvolve gradativa mas inevitavelmente à medida que a pessoa contempla a evidência que Deus colocou no mundo natural.

Evidência da existência de Deus. Ele aceitava muitos dos argumentos de TOMÁS DE AQUINO a favor da existência de Deus. Seu ARGUMENTO COSMOLÓGICO é rígido e persuasivo:

1. Eu existo; então algo existe.
2. Se algo existe, algo sempre existiu em toda eternidade; pois que existe é auto-existente ou recebeu sua existência de outro ser.
3. Se o que existe é auto-existente, existe *necessariamente*; sempre existiu necessariamente: e é Deus.
4. Se o que existe recebeu sua existência de outro ser, esse outro ser derivou *sua* existência de um terceiro, que deve ser necessariamente Deus (*Voltaire and Rousseau against the atheists* [Voltaire e Rousseau contra os ateus], 42-3).

Seu ARGUMENTO TELEOLÓGICO seguiu a forma do de William PALEY (1743-1805): "Sempre acreditarei que o relógio comprova a existência do relojoeiro e que o universo comprova a existência de Deus". Ele acrescenta:

Na minha opinião, na natureza, como na arte, não vejo nada além de causas finais; e também acredito que macieiras foram feitas com o propósito de dar maçãs, assim como relógios foram feitos para mostrar a hora do dia (ibid., p. 35). Será possível que essas *cópias* implicam um criador inteligente, e os *originais* não? [...] Isso em si me parece a demonstração mais convincente da existência de um Deus, e não posso imaginar de que maneira ela possa ser respondida (ibid., p. 9).

Os atributos de Deus. Voltaire acreditava, como Aquino, que os atributos essenciais de Deus, o Primeiro Motor, poderiam ser inferidos a partir da natureza. "Esse motor é muito *poderoso*, senão não poderia regular uma máquina tão grande e complicada [quanto o universo]." Semelhantemente, "ele é muito *inteligente*, já que nós, que somos inteligentes, não podemos produzir nada igual à menor parte dessa máquina". Além disso, "ele é um ser *necessário*, visto que a máquina poderia não existir, mas ele [...] é *eterno*, pois não pode ter surgido da não-entidade, que, sendo nada, é incapaz de produzir algo" (ibid., p. 9,10). Voltaire parecia aceitar a *simplicidade* ou indivisibilidade de Deus. Pois ele fala do "feito de transmitir uma idéia falsa de Deus, aparentemente considerando-o composto de partes — e estas, também, partes desconexas — partes hostis umas às outras" (ibid., p. 24).

No entanto, Voltaire usa expressões ambíguas para a *infinitude* de Deus. Ele disse: "Sou forçado a admitir eternidade, mas não sou forçado a admitir que há algo como a infinitude" (ibid., p. 12). "Percebo apenas que há algo que é mais poderoso que eu mesmo, mas nada além disso" (ibid., p. 42). "Não sei de nenhuma razão pela qual Deus deva ser infinito" (ibid., p. 11). Mas, apesar de Deus não ser infinito na sua existência, Voltaire parece reconhecer que Deus é infinito no poder (onipotente) de duração (eternidade), "pois que restrição há sobre ele?" (ibid., p. 44). Voltaire parece antecipar a concepção futura de um Deus finito, proposta por John Stuart MILL.

O que Deus quer, ele quer com necessidade, pois é um Ser Necessário. Essa necessidade não anula o livre-arbítrio. "Eu necessariamente desejo vir a ser feliz. Não desejo isso menos porque desejo *necessariamente*. Do contrário, só quero ainda mais porque minha vontade é invencível" (ibid., p. 16).

Deus espera que suas criaturas vivam pela lei moral natural. Numa passagem muito franca, Voltaire escreveu:

Que outra restrição poderia ser imposta à avareza e às transgressões secretas não-castigadas além da idéia de um mestre eterno que nos vê e julgará até nossos pensamentos mais secretos? (ibid., p. 35).

Não fica claro como ele conciliou isso com suas dúvidas sobre imortalidade, a não ser que todo julgamento viria nesta vida, algo que não é evidente para a maioria das pessoas.

Outras crenças de Voltaire. *Ética.* A ética foi a principal preocupação de Voltaire. Dogmas dividem, mas a ética une. Toda lei civil deve ser baseada na lei moral comum a todos os homens, baseada na natureza humana comum. A justiça era o princípio subjacente. Ele odiava a injustiça, a crueldade e a opressão. A felicidade do indivíduo e da sociedade era o objetivo principal do comportamento ético.

Voltaire tinha uma visão naturalista da religião e da ética. As pessoas nasciam com uma capacidade moral, se não com instintos morais. Seja qual for sua derivação, eles são o fundamento da sociedade. Sem eles, não há possibilidade de governar um mundo humanitário.

Providência especial e MILAGRES. Deus era necessário para dar início ao mundo, mas não manifestou nenhum cuidado providencial especial com relação a ele desde então. Na verdade, o tema geral do *Zadig* de Voltaire parece ter sido a questão da justiça de Deus. Voltaire distinguiu a providência geral e a providência especial de Deus. Permitia a primeira no sentido deísta de que Deus dotou os seres humanos de razão e sentimentos de benevolência, mas negava a segunda. O mal presente no mundo se interpunha entre ele e um Deus benevolente (v. MAL, PROBLEMA DO).

Quanto aos milagres, "nenhuma das profecias a que Pascal se referiu pode ser aplicada honestamente a Cristo; [...] sua discussão sobre milagres foi pura besteira" (Torrey, *Voltaire and the English deists* [*Voltaire e os deístas ingleses*], 264).

Imortalidade da alma. A posição de Voltaire com relação à existência da mente e da alma dá origem ao materialismo posterior, apesar de ele permanecer cético. Baseado no empirismo inglês, Voltaire posteriormente concluiu: "Não posso duvidar de que Deus tenha dotado a matéria organizada de sensações, memória e, conseqüentemente, idéias" (ibid., p. 264). Em toda sua vida manteve uma posição cética com relação à alma, e sua expressão no último capítulo de *Micrômega* (1752) resume com humor sua posição: "Que Deus, se é que ele existe, salve minha alma, se é que ela existe". Outros desenvolveram o ceticismo de Voltaire sobre a alma num MATERIALISMO ateísta completo.

Cristianismo desumano. Seu poema anônimo *Epître à Uranie* ([*Epístola a Urânia*] (1722) foi uma diatribe contra a crença cristã numa divindade ciumenta e tirana do AT e a condenação desumana de todos os pagãos ao castigo eterno. Ao comentar a divindade benevolente e misericordiosa que adorava, Voltaire orou: "Não sou um cristão para que possa te amar mais" (ibid., p. 266). Voltaire denunciou todas as religiões reveladas (v. REVELAÇÃO ESPECIAL).

O ataque de Voltaire contra o cristianismo atingiu um dos seus defensores mais distintos da época, PASCAL. Na vigésima quinta carta filosófica de Voltaire, ele se concentrou na posição cristã de Pascal sobre a Queda, a Redenção, a providência divina, a predestinação e a graça. Ele acreditava que Pascal não era nem iluminado nem humanitário e que incentivava o fanatismo. Quanto à "aposta" de PASCAL, Voltaire ficou chocado por ele recorrer a tal meio para comprovar Deus. Voltaire responde: "Os céus proclamam a glória de Deus".

Além desta obra anônima, Voltaire reservou sua crítica mais forte do cristianismo até após sua aposentadoria, no início da década de 1760. No seu relato sobre a vida do padre renegado, Jean Meslier (1762), escreveu:

> Quais são, então, os vãos recursos dos cristãos? Seus princípios morais? São basicamente os mesmos em todas as religiões. Suas características são dogmas cruéis [que] surgiram entre eles e resultaram em perseguição e dissensão. Por que devemos acreditar em seus milagres? Mas que povo não tem os seus e que mentes filosóficas não rejeitam essas fábulas? ... Suas profecias? A sua falsidade não foi demonstrada? ... Sua moral? Não é muitas vezes infame? O estabelecimento de sua religião? Não começou com fanatismo, não foi promovido pela intriga, e o edifício não foi visivelmente mantido à força? Sua doutrina? Não é ela o cúmulo do absurdo? (ibid., p. 266).

Para Voltaire, "o estabelecimento do cristianismo [foi] uma aberração grave da mente humana, uma interrupção do progresso da humanidade" (ibid., p. 267).

Voltaire encontrou argumentos contra milagres (v. MILAGRES, ARGUMENTOS CONTRA) nos escritos de David HUME e dos deístas ingleses. Em Anthony Collins descobriu argumentos contra a profecia. E com os racionalistas franceses convenceu-se das incontáveis contradições e inconsistências na Bíblia.

Quanto a Cristo, ele foi aceito como seu mestre sobre outros líderes religiosos, tais como Confúcio (551-479 a.C.), a quem admirava. No entanto, ele retratava Cristo como um deísta ou humanista. Voltaire rejeitava o Cristo dos evangelhos, apesar de, como Thomas JEFFERSON (1743-1826), aceitar os ensinamentos morais essenciais de Cristo relatados neles. O único sentido em que as posições de Voltaire podem ser consideradas cristãs é no sentido deísta. O cerne dos ensinamentos cristãos teístas e morais da filiação de Deus e da fraternidade da humanidade é comum a todas as religiões reveladas na natureza (v. seu *Traité sur la tolerance* [*Tratado sobre a tolerância*,1763]).

O mal. Ao citar Epicuro (341-270 a.C.), Voltaire concordou:

> Ou Deus pode remover o mal do mundo mas não quer; ou, querendo, não é capaz; ou não é capaz nem quer. Ou é capaz e quer [...] se ele quer e não é capaz, não é onipotente. Se é capaz, mas não quer, não é benevolente. Se não quer nem é capaz, não é nem onipotente nem benevolente [...] se quer e é capaz, de onde vem o mal sobre a face da terra? (citado em *Voltaire and the English deists*, p. 265).

As obras de Voltaire sobre o mal foram dirigidas contra o otimismo de Leibniz e Alexander Pope (1688-1744). Sua sátira clássica *Cândido, ou O otimismo* foi dirigida contra esse "melhor de todos os mundos possíveis" da forma mais mordaz. Rejeitou a idéia otimista de que "tudo que existe é bom" ou de que "o mal parcial é o bem universal" a favor da aceitação estóica do destino e um desejo de tornar a vida suportável, apesar do mal (v. MAL, PROBLEMA DO).

Atitude religiosa. Apesar da sua antipatia com relação ao cristianismo e à religião sobrenatural, Voltaire tinha uma experiência religiosa profunda e defendia firmemente a religião natural. Como Norman Torrey disse, ele tinha um senso genuíno de temor e veneração, expresso com freqüência demais para ser ignorado, que só poderia ter vindo da experiência mística pessoal da grandeza cósmica (*Voltaire and the English deists*, p. 265).

Avaliação. Aspectos positivos. Voltaire defendeu ardentemente muitas coisas que os teístas, moralistas e amantes da liberdade estimam. Defendeu a existência de Deus, expôs a falácia da superstição, afirmou uma atitude profundamente religiosa, valorizou a razão humana na busca da verdade e tinha um senso de moralidade e justiça.

Com os teístas, Voltaire falou contra o ateísmo. Escreveu:

Sempre tive a convicção de que o ateísmo não pode ser bom, e pode fazer muito mal. Já indiquei a diferença infinita entre os sábios que escreveram contra a superstição e os loucos que escreveram contra Deus. Não há nem filosofia nem moralidade em qualquer sistema de ateísmo (*Lettres philosophiques*, p. 33).

Ele acrescenta: "não seria difícil provar com base na história que o ateísmo às vezes produz tanto mal quanto as superstições mais bárbaras" (ibid., p. 29).

Na realidade, é muito provável que todos os homens poderosos que passaram sua vida nessa roda de crimes que os insensatos denominam *política, revolução, governo, etc.* fossem ateus (ibid., p. 33).

Tendo admirado os ingleses por muito tempo, Voltaire foi influenciado por John LOCKE (1632-1704) e Isaac NEWTON (1642-1727). A lei da gravidade de Newton inspirou em Voltaire um senso profundo de admiração pela natureza e sua causa supremamente inteligente. Escreveu:

A mesma gravidade penetra todos os corpos celestiais, e os impele em direção uns aos outros [...] e diga-se de passagem, estabeleceu o que PLATÃO previu (não sei como), que o mundo é obra do *Geômetra Eterno* (ibid., p. 7).

Voltaire deduziu corretamente que o mal é um dos grandes problemas para teísta. Ele também viu claramente a forma da objeção, ou seja, a aparente impossibilidade de Deus ser benevolente e onipotente sem derrotar o mal. O que ele não viu era que há uma maneira de contornar o dilema (v. MAL, PROBLEMA DO).

Os que acreditam na religião racional podem agradecer a Voltaire pela denúncia da superstição e da ignorância na religião. Essa ênfase ajuda muito na busca da verdade. É um controle objetivo do que poderia ser paixão descontrolada e irracionalidade.

Voltaire aprendeu bem com LOCKE e os deístas ingleses sobre a necessidade de liberdade e tolerância religiosa. A influência de Locke sobre Jefferson foi uma influência significativa sobre a Revolução Americana. Religião forçada é uma contradição, pois a religião envolve a expressão livre da alma. É obrigação do governo proteger a liberdade de religião, não impor a religião do Estado.

Críticas negativas. Como forma de DEÍSMO, a teologia de Voltaire é vulnerável à incoerência inerente ao deísmo. Como mencionado no artigo DEÍSMO, este admite o grande milagre (criação do universo), mas nega os menores. Era comum os deístas seguirem os argumentos contra milagres dados por Baruch ESPINOSA (1632-1677) e HUME. Foi comprovado que esses argumentos são infundados, forçados e criados para favorecer o naturalismo (v. MILAGRES, ARGUMENTOS CONTRA).

Do ponto de vista puramente natural, é possível compreender as dúvidas de Voltaire sobre a imortalidade. No entanto, à luz da evidência surpreendente da ressurreição de Cristo (v. RESSURREIÇÃO, EVIDÊNCIAS DA), há toda razão para crer na vida após a morte. Na realidade, Voltaire não parece coerente com a própria crença no Deus que julga todos os homens, pois ele sabia que nem todos os males são justamente punidos nesta vida. Como muitos outros deístas, céticos e ateus, Voltaire força o dilema do mal. Mas ao fazê-lo, mina sua própria posição. Pois como podemos saber que há injustiças absolutas sem supor um padrão absoluto de justiça? No entanto, se Deus é absolutamente justo, o problema do mal é resolvido. Pois os males não punidos que vemos são injustos apenas de forma imediata. Se Deus é perfeitamente justo, cuidará deles quando decidir (v. MAL, PROBLEMA DO).

O dilema de Voltaire é falso. Pois o fato de o mal *ainda não* ter sido derrotado não significa que não será. Se Deus é benevolente, ele quer derrotá-lo. Se ele é onipotente, é capaz de derrotá-lo. E se é ambas as coisas e o mal *ainda não* foi derrotado, *será*.

Era comum para os pensadores do ILUMINISMO demonstrar a injustiça do inferno. Mas seu padrão pressuposto de justiça absoluta exigia isso. Senão, não há justiça absoluta e Deus não é absolutamente justo, mas deve ser, já que o próprio conceito de uma injustiça absoluta implica a justiça absoluta.

Também era típica desse período a crítica negativa da Bíblia. Porém essas críticas foram baseadas num anti-sobrenaturalismo injustificado e eram pré-arqueológicas. Os textos bíblicos foram desde então substanciados surpreendentemente (v. ATOS, HISTORICIDADE DE; ARQUEOLOGIA DO ANTIGO TESTAMENTO; ARQUEOLOGIA DO NOVO TESTAMENTO; NOVO TESTAMENTO, HISTORICIDADE DO).

Como outros que adotaram a hipótese evolutiva injustificada da teoria da história da religião, que parte do animismo ao politeísmo, deste ao henoteísmo, e daí ao monoteísmo, Voltaire acreditava na idéia de que o Deus do AT era uma divindade tribal vingativa, ao contrário do Deus de amor do NT. Na verdade, Deus é descrito como amoroso e misericordioso muito mais vezes no AT (v. p. ex., Gn 43.14; Êx 20.6; Nm 14.19; Dt 7.9; Sl 136; Jn 4.2). As passagens mais severas sobre julgamento eterno são encontradas no NT (p. ex., Mt 25.41; Lc 16.19-31; Ap 20.11-15).

Fontes

G. LANSON, *Voltaire*.

N. TORREY, *Voltaire and the English deists*.

___,"Voltaire, François-Marie Arouet de", em EDWARDS, *Encyclopedia of philosophy*.

VOLTAIRE, François-Marie, *Cândido, ou O otimismo*.

___, *Dicionário filosófico*.

___, *Lettres philosophiques*.

___,*Selected letters*.

___, *Voltaire and Rousseau against the atheist, Or, essays and detached passages from those writers in relation to the being and attributes of God* (1845), J. AKERLY, trad.

voluntarismo. V. ESSENCIALISMO DIVINO.

Ww

Warfield, B. B. Benjamin Breckinridge Warfield (1851-1921) nasceu perto de Lexington, Kentucky. Formou-se na Faculdade de Nova Jérsei (mais tarde Universidade Princeton) em 1871 e no Seminário Teológico Princeton em 1876. Depois de estudar na Universidade de Leipzig (1876-1877), foi pastor interino na Primeira Igreja Presbiteriana de Baltimore, Maryland (1877-1878). Ensinou no Seminário Teológico Ocidental, em Allegheny, Pensilvânia (1878-1887), antes de ser chamado para ensinar teologia no Seminário Teológico Princeton, onde lecionou de 1887 até sua morte.

Além de obras bíblicas e teológicas, Warfield escreveu livros e artigos relacionados a apologética, entre eles *An introduction to the textual criticism of the New Testament* [*Introdução à crítica textual do Novo Testamento*] (1886), *The Gospel of the incarnation* [*O evangelho da encarnação*] (1893), *The Lord of glory* [*O Senhor da glória*] (1907), *Counterfeit miracles* [*Falsos milagres*] (1918), *Revelation and inspiration* [*Revelação e inspiração*] (1927), *Christology and criticism* [*Cristologia e crítica*] (1929) e *Studies in Tertullian and Augustine* [*Estudos em Tertuliano e Agostinho*] (1930). Seus artigos com temas apologéticos incluem "Revelation" ["*Revelação*"] na *International standard Bible encyclopedia* (1915), "On the antiquity and the unity of the human race" ("Da antiguidade e unidade da raça humana") e "The idea of systematic theology" ("A idéia da teologia sistemática").

Visão da apologética de Warfield. João Calvino e a tradição da Confissão Presbiteriana Escocesa de Westminster foram influências teológicas importantes sobre Warfield. Ele respeitava muito seu antecessor em Princeton, Charles Hodge. James McCosh implantou o realismo escocês de Thomas Reid (1710-1796) no pensamento de Warfield. Também foi muito influenciado por Agostinho e um pouco menos por Tomás de Aquino.

Warfield foi preeminentemente um teólogo apologético. Enfatizou a necessidade da apologética e da fé racional fundada na evidência.

Definição da apologética. Warfield definiu apologética como "a defesa sistematicamente organizada do cristianismo em todos os seus elementos e detalhes, contra toda oposição..." (*Works* [*Obras*], 9:5). "O que a apologética procura estabelecer é o próprio cristianismo — incluindo todos os seus 'detalhes' e envolvendo sua 'essência' — na sua totalidade como religião absoluta" (ibid., p. 9).

Relação da apologética e da teologia. No seu "Idea of systematic theology", Warfield descreveu a relação entre apologética e teologia:

> a apologética filosófica [...] forma a estrutura da teologia científica e é nela pressuposta [...] A teologia apologética prepara o caminho para toda teologia ao estabelecer as pressuposições necessárias sem as quais nenhuma teologia é possível — a existência e a natureza essencial de Deus (v. Deus, natureza de), a natureza religiosa do homem que o capacita para receber revelação de Deus, a possibilidade revelação de Deus, sua concretização nas Escrituras (ibid., 9:55, 64).

É "função da apologética investigar, resgatar e estabelecer a base sobre a qual a teologia — ciência, ou conhecimento sistematizado de Deus — é possível" (ibid., 9:4).

A importância da apologética. Poucos apologistas conceberam papel maior para a apologética que Warfield. Em 1887, o discurso inaugural do seu magistério em Princeton, "The idea of systematic theology considered as a science" ("A idéia da teologia sistemática considerada ciência"), enfatizou a apologética como "a parte primária, [...] a parte vitoriosa" na divulgação da fé cristã. "A distinção do cristianismo é o fato de ter vindo ao mundo vestido de uma missão de dominar por meio da *razão*. Outras religiões podem apelar à espada, ou procurar alguma outra maneira de se propagar. O cristianismo faz seu apelo à razão, e se destaca distintamente entre todas as religiões, portanto, como a 'religião apologética'. É somente pelo raciocínio que ele chegou até aqui no seu domínio" (*Selected shorter writings* [*Breves escritos selecionados*], 2:99, 100).

Sobre a relação entre a apologética e a Bíblia, ele disse:

É fácil, sem dúvida, dizer que cristão deve tomar sua posição não *acima* das Escrituras, mas *nas* Escrituras. Ele certamente deve. Mas certamente deve primeiro *ter* as Escrituras, autenticadas para si mesmo, antes de poder tomar sua posição nelas (ibid., 2:98).

Fé e razão. Warfield acreditava que os *indicia* (demonstrações do caráter divino da Bíblia) agem lado a lado com o Espírito Santo para convencer as pessoas da verdade da Bíblia. Warfield concordava com Calvino que provas não podem trazer pessoas a Cristo nem convencê-las da autoridade divina das Escrituras. No entanto, Warfield acreditava que o Espírito Santo exerce seu poder convincente por meio delas.

Ao contrário da apologética pressuposicionalista (v. PRESSUPOSICIONALISTA, APOLOGÉTICA), Warfield acreditava que há um campo comum com os incrédulos.

O mundo dos fatos está aberto para todas as pessoas e todos podem ser convencidos da existência de Deus e da verdade das Escrituras por meio deles, pelo poder do raciocínio pensador redimido.

No artigo de 1908 sobre "Apologética" ele afirmou que a fé é um ato moral e um dom de Deus. Mas também é uma questão de convicção que se transforma em confiança. E todas as formas de convicção precisam ter uma base razoável.

Não é a fé, mas a razão que investiga a natureza e validade desse fundamento [...] Cremos em Cristo porque é racional acreditar nele, não apesar de ser irracional (*Works*, 9.15).

Como calvinista, Warfield disse que o simples raciocínio não pode fazer um cristão, dada a incapacidade dos pecadores de chegar a Deus sob a maldição da Queda. O problema não é que a fé não acaba em evidência, mas que a alma morta não pode reagir à evidência. Contudo, por outro lado, o Espírito Santo não leva ninguém à salvação sem evidências. O Espírito age para preparar a alma para receber a evidência. Portanto, homens e mulheres não se tornam cristãos pela apologética, mas a apologética fornece "a base sistematicamente organizada sobre a qual deve estar a fé de homens cristãos" (ibid.).

Sem dúvida, nem todo cristão pode fazer apologética, e poucos sequer estão cientes da justificação racional de sua fé. No entanto, a prova sistemática que é implícita em todo ato da fé cristã é produto da apologética. Não é necessário para a salvação ter consciência dessas provas ou entendê-las explicitamente. Entretanto, tal entendimento é necessário para a vindicação da fé (ibid., p. 16).

Os vários passos da apologética. Como proponente da apologética clássica (v. CLÁSSICA, APOLOGÉTICA), Warfield acreditava que a apologética podia ser dividida em provas da existência e natureza de Deus (v. DEUS, EVIDÊNCIAS DE), da origem divina e autoridade do cristianismo, e da superioridade do cristianismo sobre outros sistemas religiosos (ibid., p. 10). Ele dividiu o campo por funções, estabelecendo quais argumentos enfrentam quais oponentes em batalha:

A *apologética filosófica* estabelece que Deus existe como Espírito pessoal, Criador, Preservador e Governador. A apologética filosófica lida com teorias antiteístas.

A *apologética psicológica* estabelece a natureza religiosa da humanidade e a validade das sentimentos religiosos humanos. Envolve a psicologia, a filosofia e os fenômenos da religião. Lida com ataques naturalistas da "religião comparativa" ou dos movimentos da "história das religiões".

Uma forma sem nome pode ser chamada de *apologética revelacional*, pois revela a realidade do governo divino da história, do próprio relacionamento que Deus tem com este mundo e as maneiras pelas quais se manifesta.

A *apologética histórica* defende a origem divina do cristianismo como religião revelada de Deus. Discute todos os assuntos relacionados ao que é popularmente chamado "evidências do cristianismo".

A *apologética bíblica* estabelece a confiabilidade da Bíblia como documento revelado por Deus para a redenção dos pecadores (ibid., p. 13).

Inspiração da Bíblia. Warfield é mais conhecido pela forte defesa da inspiração (v. BÍBLIA, EVIDÊNCIAS DA) e inerrância (v. BÍBLIA, SUPOSTOS ERROS NA) da Bíblia nos textos originais ou "autógrafos". Warfield produziu duas obras principais: *Revelation and inspiration* [*Revelação e inspiração*] e *Limited inspiration (Inerrancy)* [*Inspiração limitada (Inerrância)*], tendo também colaborado com A. A. Hodge em *Inspiration* [*Inspiração*].

Legado. As opiniões de Warfield sobre apologética têm impacto duradouro no meio americano. As obras em que defendeu uma Escritura inspirada tiveram forte influência sobre o movimento de inerrância surgido muitos anos depois entre os evangélicos, conhecido por Concílio Internacional sobre Inerrância Bíblica (v. Geisler, *Inerrancy*).

Em termos gerais, Warfield é o pai espiritual da maioria dos apologistas clássicos do final do século XX, líderes como John Gerstner, Kenneth Kantzer, Arthur Lindsley e R. C. Sproul (v. Sproul).

Fontes

A. A. Hodge e B. B. Warfield, *Inspiration*.
M. Noll, "B. B. Warfield", em Walter Elwell, *Handbook of evangelical theologians*.
R. C. Sproul, et al., *Classical apologetics*.
B. B. Warfield, *An introduction to the textual criticism of the New Testament*.
___, "Introduction" em F. R. Beattie, *Apologetics, or the rational vindication of christianity*.
___, "Revelation", em *International standard Bible encyclopedia*, 1915 org.
___, *Christology and criticism*.
___, *Counterfeit miracles*.
___, *Limited inspiration [inerrancy]*.
___, *Revelation and inspiration*.
___, *Selected shorter writings of Benjamin B. Warfield*, 2 v.
___, *Studies in Tertullian and Augustine*.
___, *The Gospel of the incarnation*.
___, *The Lord of glory*.
___, *Works of Benjamin B. Warfield*, 10 v.

Wellhausen, Julius. Teólogo alemão (1844-1918) denominado "pai da crítica bíblica moderna" (v. Bíblia, crítica da). Estudou em Göttingen e lecionou em Göttingen, Greifswald, Halle, Marburgo e finalmente retornou a Göttingen como historiador, filólogo e mestre de hebraico, aramaico, siríaco e árabe.

A obra mais importante de Wellhausen, que apresentou um desenvolvimento maduro do método histórico-crítico, foi *Introduction to the history of Israel* [*Introdução à história de Israel*], 1878. Foi o autor do verbete "Israel" na 9.ª ed. da *Encyclopedia Britannica*, 1878, e *Die komposition des Hexateuchs* [*A composição do Hexateuco*], 1877.

Wellhausen foi influenciado por W. F. G. Hegel e Wilhelm Vatke, que aplicou a dialética hegeliana do desenvolvimento histórico ao desenvolvimento da religião de Israel. A partir dessa plataforma, Wellhausen desenvolveu a hipótese documentária.

Hipótese documentária. Wellhausen procurou mostrar que o AT possuído pela igreja é um produto pós-exílico do judaísmo com sua hierarquia sacerdotal. A religião entre os hebreus na verdade desenvolveu-se pela evolução natural, como entre todos os outros povos, do fetichismo (crença em ou adoração de objetos que são considerados mágicos por pessoas supersticiosas), ao politeísmo, ao henoteísmo (crença em ou adoração de um Deus sem negar a existência de outros deuses), ao monoteísmo ético. O último estágio foi alcançado nos escritos dos profetas do século VIII a.C., culminando na pregação dos deuteronomistas. O desenvolvimento final foi a institucionalização dessa religião na legislação do código sacerdotal e a reedição da história de Israel à luz da sua nova perspectiva religiosa (v. arqueologia do Antigo Testamento; Bíblia, evidências da; pentateuco, autoria mosaica do; redação do Antigo Testamento, crítica da; Espinosa, Baruch; Strauss, David).

O resultado é a famosa teoria JEDP da autoria do *Pentateuco*. Segundo essa teoria, Moisés não escreveu o Pentateuco (Gênesis até Deuteronômio), como teólogos judeus e cristãos acreditaram durante séculos. Ao invés disso, ele foi escrito por várias pessoas durante um longo período. Esses documentos são identificados como:

1. *Jeovista* ou *Javista* (J), século IX a.C.;
2. *Eloísta* (E), século VIII a.C.;
3. *Deuteronomista* (D), por volta da época de Josias, 640–609 a.C; e
4. *Sacerdotal* (P), século V a.C

O *Pentateuco* é um mosaico cujas peças foram montadas por diferentes autores, que podem ser parcialmente identificados pelo uso constante dos nomes divinos *Iavé*, *'elohîm* (Deus), ou por referências aos sacerdotes (P) e às leis (D)

Um ou mais "redatores" ou "editores / compiladores" reuniram todo esse desenvolvimento evolutivo da história religiosa de Israel. Wellhausen supõe que há uma "religião popular" de Israel que deve ser descoberta entre as muitas imposições de redatores posteriores, e quando essa religião é descoberta, revela sua forma em cada estágio no desenvolvimento evolutivo.

Avaliação. A obra de Wellhausen é criticada no artigo Bíblia, crítica da; pentateuco, autoria mosaica do; JEDP, teoria; e outros artigos relacionados. Em geral, o pensamento de Wellhausen guiou o trabalho de esforços histórico-críticos "negativos" que visam minar a autoridade das Escrituras. A teoria ainda é muito aceita, apesar de descobertas arqueológicas e outras terem minado suas suposições.

O colapso da teoria JEDP. Deuteronômio dá um exemplo de argumentos que refutam as primeiras teorias desenvolvidas por Wellhausen: Textualmente, Deuteronômio afirma: "São estas as palavras ditas por Moisés" (1.1; 4.44; 29.1). Negar isso é afirmar que o livro da lei é uma fraude. Josué, sucessor imediato de Moisés, atribuiu o livro de Deuteronômio a Moisés (Js 1.7), assim como o restante do AT (Jz 3.4; 1Rs 2.3; 2Rs 14.6; Ed 3.2; Ne 1.7; Sl 103.7; Dn 9.11; Ml 4.4). Deuteronômio é o livro da Lei mais citado no NT, sempre sendo atribuído a Moisés (At 3.22; Rm 10.19; 1Co 9.9). Jesus citou Deuteronômio 6.13,16 ao resistir ao Diabo (Mt 4.7,10), e também o atribuiu diretamente a Moisés (Mc 7.10; Lc 20.28).

Detalhes geográficos e históricos do livro revelam conhecimento de primeira mão dos locais que Moisés teria conhecido; suas formas de aliança também o colocam no período de Moisés (v. Kline, toda a obra).

Referências aparentes no livro a um período posterior são facilmente explicadas. Deuteronômio 34, com sua descrição da morte de Moisés, provavelmente foi escrito por seu sucessor Josué, de acordo com o costume da época.

Moisés e todo o Pentateuco. A evidência de que Moisés escreveu Deuteronômio destrói a teoria JEDP. Variações da teoria ainda negam que Moisés seja o autor de todos os cinco livros.

Quatro dos cinco livros (exceto Gênesis) afirmam ser escritos por Moisés (v. Êx 24.4; Lv 1.1; 4.1; 5.14; Nm 1.1; 33.2, além das menções já feitas em Deuteronômio). A falta de uma afirmação direta em Gênesis é compreensível, já que os eventos ocorreram antes do nascimento de Moisés. Nesse livro, Moisés aparentemente agiu como um editor e compilador, baseando sua obra em registros preservados dos patriarcas. Isso é indicado pela frase freqüente: "Este é o registro [...] de" (como em 5.1; 10.1; e 25.19). Há evidência considerável de que Moisés compôs o que conhecemos por Gênesis:

1. Moisés tinha acesso às genealogias que traçam sua ascendência a Abraão e ao princípio. Como líder, Moisés conhecia as promessas de Deus de dar-lhes a Palestina (Gn 12.1-3; 13.15-18; 15.18-21; 17.8; 26.3) depois de livrá-los do Egito (46.3,4; cf. Êx 2.24).
2. Citações de Gênesis identificam-no como parte da "lei de Moisés" (Lc 24.44; cf. 2Cr 25.4). Elas são encontradas no próprio Deuteronômio de Moisés (1.8); 2 Reis 13.23; 1 Crônicas 1, e Mateus 19.8. Gênesis é classificado com os outros quatro como livros de Moisés em Lucas 24.27,44.
3. Desde a antigüidade, a tração judaica atribuiu Gênesis a Moisés. Referências são encontradas em todo o *Talmude* e em outros autores judaicos, como Fílon e Josefo.
4. Êxodo a Deuteronômio são incompletos sem a base de Gênesis. Juntos, formam uma unidade de narrativa.

Com a possível exceção de algum material explicativo parentético e alguma atualização de nomes de lugares que mudaram, a linguagem e cultura de todo o *Pentateuco* reflete a da época de Moisés (v. ALBRIGHT, WILLIAM F.).

Outras evidências contra a hipótese de Wellhausen. Praticamente todo o corpo de evidência arqueológica tende a provar que a teoria evolutiva de Wellhausen é errada. A mais importante vem das primeiras descobertas em Ebla, Síria. As tabuinhas de Ebla (v. EBLA, TÁBUINHAS DE) confirmam que o monoteísmo é extremamente antigo, ao contrário da suposição de Wellhausen de que era um desenvolvimento evolutivo recente, vindo do politeísmo e henoteísmo antigos.

Fontes
O. T. ALLIS, *The five books of Moses*.
___, *The Old Testament: its claims and its critics*.
G. L. ARCHER, Jr., *Merece confiança o Antigo Testamento?*
F. DELITZSCH, *Commentary on Genesis*.
N. L. GEISLER e W. E. NIX, *Introdução bíblica*.
R. K. HARRISON, "Historical and literary criticism of the Old Testament", em F. GABERLEIN, *The Expositor's Bible Commentary*, v. 1.
___, *Old Testament introduction*.
M. KLINE, *Treaty of the great king*.
E. KRENTZ, *The historical-critical method*.
R. H. PFEIFFER, *Introduction to the Old Testament*.
J. WELLHAUSEN, *Die komposition des Hexateuchs*.
___, *Prolegomena to the history of ancient Israel*.
___, "Israel" em *Encyclopedia Britannica*, 9ª ed.
J. WENHAM, "History and the Old Testament", *Bibliotheca Sacra* 124 (1967).
R. D. WILSON, *A scientific investigation of the Old Testament*.

Wells, G. A. Teólogos modernos negam que Jesus fez e disse o que é lhe atribuído pelos Evangelhos (v. BÍBLIA, CRÍTICA DA; JESUS, SEMINÁRIO). Mas poucos se uniram a G. A. Wells para negar que o homem Jesus de Nazaré existiu. Talvez seja a natureza curiosa de suas idéias que lhe mereceu certa desconfiança nos meios teológicos. Wells acredita que, se Jesus existiu, foi uma pessoa obscura cuja história foi moldada segundo as religiões de mistério (v. MITRAÍSMO) e a literatura judaica.

Nos seus livros *Did Jesus exist?* [*Jesus existiu?*] e *The historical evidence for Jesus* [*A evidência histórica de Jesus*], Wells vê quatro estágios no desenvolvimento das primeiras idéias sobre Cristo:

• Estágio um — epístolas de Paulo, escritas até 60. Esse "Jesus" era visto como um ser sobrenatural que passou um período breve, mas obscuro na terra, talvez séculos antes (*Did Jesus exist?*, cap. 5).
• Estágio dois — epístolas canônicas não-paulinas, terminadas na década de 70. Dizem agora que Jesus viveu na terra recentemente.
• Estágio três — as epístolas pastorais e Inácio, c. 80. Jesus é ligado a personagens históricos como Pilatos e acredita-se que morreu nas mãos dos romanos.
• Estágio quatro — os evangelhos (c. 90, Marcos; até c. 120, João). Os foram relatos forjados em maior ou menor proporção. Foram aceitos pela igreja primitiva sem críticas, já que não entram em conflito com as crenças estabelecidas (v. Habermas, cap. 2).

À luz desses estágios, Wells acredita que fatos históricos sobre Jesus surgiram mais tarde. Alega que Paulo não estava interessado em detalhes históricos, apenas no Cristo divino. O conceito da sabedoria de Jesus e as religiões de mistério influenciaram o quadro inicial. O cristianismo primitivo começou sem qualquer contato com o Jesus histórico. Logo, nada pode ser conhecido sobre tal homem, já que não há informação de primeira mão. Os evangelhos simplesmente supuseram fatos da vida de Jesus, aceitando o que condizia com suas visões gerais. Se Jesus existiu, provavelmente foi um camponês desconhecido.

Dificuldades com a tese de Wells. Problemas com esse tipo de argumento são comentados nos artigos sobre a historicidade do NT e de Jesus. V. especialmente Atos, historicidade de; Arqueologia do Novo Testamento; Bíblia, evidências da; Cristo, singularidade de; Cristo da fé vs. Jesus da história; Jesus, fontes não-cristãs; Jesus, seminário; Novo Testamento, datação do; Novo Testamento, historicidade do, e Filho do Homem, Jesus como.

O primeiro problema é que Wells, como a maioria dos outros críticos, acredita que as obras básicas de Paulo já estavam em circulação no ano 60 d.C., o prejudica sua tese. Mesmo nesses livros, escritos enquanto as testemunhas oculares ainda estavam vivas, há ampla evidência de interesse histórico. Paulo fala do nascimento virginal de Jesus (Gl 4.4), da vida sem pecado (2Co 5.21), da morte na cruz (1Co 15.3; Gl 3.13), da ressurreição (1Co 15.4, 12-20) e das aparições após a ressurreição (1Co 15.3-8). Ele apelou para o fato literal de centenas de testemunhas oculares poderem comprovar suas palavras. Paulo também dá detalhes históricos sobre os sucessores imediatos de Jesus, os apóstolos (1Co 15.5-8; Gl 1.18,19; 2).

Outro pilar do argumento de Wells rui na sua datação dos evangelhos. Mesmo alguns teólogos críticos datam Marcos em 65 e Mateus e Lucas de antes de 90. Como mencionado no artigo Novo Testamento, historicidade do, essa é a data mais avançada que pode ser considerada razoável, dada a evidência. Certamente a datação não condiz com o cenário de "quatro estágios". Paleógrafos falam pela maioria dos estudiosos recentes legítimos quando concluem que "todos os livros do NT foram escritos por judeus batizados entre a década de 40 e de 80 do século I d.C. (muito provavelmente entre 50 e 75 d.C.) ("Toward a more conservative view" ["Em busca de uma visão mais conservadora"], p. 359). Carl Hemer fornece evidência poderosa de que Atos foi escrito entre 60-62. Lucas foi escrito antes de Atos (v. Atos 1.1), datando-o de no máximo 62 (v. Atos, historicidade de). Em vez de serem adições posteriores, como Wells sugere, o detalhe e a precisão dos dados históricos — principalmente em Lucas e Atos — demonstram claramente uma data anterior.

Finalmente, o fragmento de papiro John Rylands [p^{52}] (v. Novo Testamento, manuscritos) é boa evidência de que João foi escrito antes do final do século I. A possibilidade de que fragmentos do NT datados da metade do século I façam parte dos manuscritos de Qumran, se comprovada, definitivamente resolveria qualquer questão sobre evangelhos posteriores.

Cristianismo e religiões de mistério. Ao contrário do que diz Wells, os registros da vida de Cristo não são baseados em religiões de mistério (v. Mitraísmo). Segundo um registro contemporâneo de Paulo (1Coríntios 15), os evangelhos foram baseados no depoimento de testemunhas oculares. À luz disso, Wolfhart Pannenberg conclui:

> Sob tais circunstâncias, é pura especulação dizer que a história das religiões é responsável pelo *surgimento* da mensagem cristã primitiva sobre a ressurreição de Jesus (Pannenberg, p. 91).

O cristianismo era monoteísta, e as religiões de mistério por natureza eram politeístas (v. politeísmo). Os deuses das religiões de mistério não eram encarnados como seres humanos (v. Jo 1.1,14). As histórias de deuses voltando dos mortos não são ressurreições no sentido bíblico, e sim exemplos de reencarnação (v. mitraísmo).

E o erro final e fatal é que essas histórias surgiram depois da época de Cristo e dos evangelhos (v. Novo Testamento, datação do).

Metodologia histórica. A alegação de Wells de que os evangelhos eram suposições ou invenções sobre Jesus é infundada. É baseada na suposição já refutada de que eles eram livros posteriores, negligencia a ligação com as obras de Paulo, bem como a presença de testemunhas oculares que poderiam contestar seus escritos. Além disso, os evangelhos e Paulo apresentam a mesma descrição básica de Jesus.

Se forem aplicados à vida de Cristo os mesmos critérios que geralmente são usados para avaliar obras antigas, a historicidade de Jesus deve ser aceita. Avaliando por esses padrões, observou o historiador crítico Michael Grant:

Não podemos rejeitar a existência de Jesus assim como não podemos rejeitar a existência de uma massa de personagens pagãs cuja realidade como personagens históricas nunca é questionada (Grant, p. 199-200).

Fontes

W. F. Albright, "William Albright: toward a more conservative view", em *Christianity Today* (18 Jan. 1963).

M. Grant, *Jesus: A historian's review of the Gospels.*
G. Habermas, *Christianity and the hellenistic world.*
R. Nash, *Christianity and the hellenistic world.*
W. Pannenberg, *Jesus — God and man.*
J. A. T. Robinson, *Redating the New Testament.*
G. A. Wells, *Did Jesus exist?*
___, *The historical evidence for Jesus.*
E. Yamauchi, "Easter — myth, hallucination, or history?" *Christianity Today* (29 Mar. 1974; 15 Apr. 1974).

Wells, H. G. *Vida e obras.* Herbert George Wells (1866-1946) foi um humanista científico que afirmou uma nova fé religiosa, a fé no homem. Foi admirador de Auguste Comte e Herbert Spencer. Wells foi um jornalista inglês, professor de ciências e co-autor com Julian Huxley de uma obra popularizada, *Science of life* [*A ciência da vida*].

Ele "cresceu na Inglaterra vitoriana. Mas reagia violentamente, desde criança, à fé evangélica de sua mãe". Na verdade, "desprezava principalmente a doutrina da Trindade" (Glover, p. 121). Entretanto, as obras de Wells refletem muitas verdades cristãs, incluindo-se a do pecado original, vista na sua crença na "perversidade persistente" dos seres humanos.

H. G. Wells escreveu uma série de romances científicos e outras obras, inclusive *The time machine* [*A máquina do tempo*] (1895), *The food of the gods* [*A comida dos deuses*] (1904), *First and last things* [*As primeiras e as últimas coisas*], 1908), *God the invisible king* [*Deus, o rei invisível,*] (*1917*), *The secret places of the heart* [*Lugares secretos do coração*], (1922), *The fate of man* [*O destino do homem*], (1939), *You can't be too careful* [*Impossível ser cuidadoso demais*], (1941), *New world order* [*Uma nova ordem mundial*], (194?), e *Mind at the end of its tether* [*A mente no fim de seus recursos*], (194?).

Visões de Wells. Há muitas palavras que descrevem as crenças de Wells: evolucionismo, antipes-simismo, misticismo, dualismo, deísmo finito, agnosticismo e até fideísmo foram todos abraçados por Wells. O que é constante em toda sua obra é o evolucionismo humanista (v. humanismo secular).

Reagindo ao seu pessimismo inicial, Wells escreveu: "Descarto a idéia de que a vida é caótica porque isso torna a minha vida vã, e não posso contemplar uma vida vã pacientemente". Além disso,

afirmo [...] que sou importante num esquema, que somos todos importantes num esquema [...] O que é o esquema como um todo não sei. Com minha mente limitada não posso saber. Então eu me torno um místico".

Ele acrescenta:

E a essa declaração infundada e arbitrária da justiça e significância absoluta das coisas chamo de *Ato de Fé*. Essa é a minha confissão religiosa fundamental. É uma determinação voluntária e deliberada de crer, é uma escolha feita (*First and last things*, p. 66-7).

Em 1917, professou ter encontrado a salvação da futilidade da vida, algo que descreveu num livro intitulado *God the invisible king*. William Archer alegou que a essa altura Wells considerou-se o apóstolo de uma nova fé religiosa (Archer, p. 32).

Deus era finito e surgiu no tempo, mas fora do espaço. Deus era o capitão pessoal da humanidade que cresce à medida que a humanidade cresce. No entanto, Deus não era a Mente coletiva da humanidade, mas um ser com caráter próprio.

O inimigo de Deus era a natureza ou, mais especificamente, a morte. Logo, o objetivo de Deus era vencer a morte. Deus está acima do Ser Velado ou Força Vital que é a "natureza, manchada de sangue, vivendo em unhas e dentes".

No final Wells tornou-se pessimista (*Mind at the end of its tether*). Ele perdeu a esperança de que o homem seja capaz de se adaptar e, por isso, desaparecerá e será extinto como os dinossauros. Apesar disso, Wells acredita que a evolução continuará por meio de algum outro organismo.

Avaliação. Para uma avaliação das visões de Wells, v. o artigo HUMANISMO SECULAR.

Fontes

W. ARCHER, *God the invisible king*.
W. B. GLOVER, "Religious Orientations of H. G. Wells", *Harvard Teological Review* 65 (1972).
H. G. WELLS, *First and last things*.
___, *God the invisible king*.
___, *Mind at the end of its tether*.

Whateley, Richard. Especialista em lógica e teólogo inglês (1786-1863), que se tornou arcebispo de Dublin (1831-1863). Seu livro *Lógica* (1826) estabeleceu a essência de seu entendimento sobre o uso da razão. Deixou sua autobiografia, que foi publicada postumamente por sua filha, *Life and correspondence* [*Vida e correspondência*], (1866). Whateley também editou *Evidences and moral philosophy* [*Evidências e filosofia moral*], de William PALEY. Mas seu legado mais duradouro do ponto de vista apologético é *Historic doubts relative to Napoleon Bonaparte* [*Dúvidas históricas relativas a Napoleão Bonaparte*], (1819). Nessa obra curta, satirizou o ceticismo ao reduzir ao absurdo a lógica usada para negar a autenticidade da Bíblia.

Usando a figura histórica ainda viva de Napoleão I (1769-1821) como exemplo, Whateley aplicou os princípios de ceticismo de David HUME (1711-1776). Ele disse que não era de admirar que o público ainda se ocupasse em contar as façanhas de Napoleão, dado o seu caráter extraordinário. Mas ninguém parecia fazer a pergunta crucial se Napoleão sequer existia. Whateley observou que o não-questionado não é necessariamente inquestionável. As pessoas admitem rapidamente o que estão acostumadas a tomar por certo. Hume havia demonstrado a facilidade com que as pessoas acreditam nas menores evidências de histórias que agradam a imaginação.

Ao examinar as evidências, Whateley conclui que, além das raras testemunhas de primeira mão, o jornal se tornou a autoridade quanto à verdade. Mas usando os três princípios de credibilidade de Hume (v. NOVO TESTAMENTO, HISTORICIDADE DO), a autoridade do jornal falha em todos os pontos. Hume perguntou sobre as testemunhas:

1. Se elas têm os meios de obter informação correta;
2. Se estão interessadas em esconder a verdade ou propagar falsidade;
3. Se concordam nos seus testemunhos.

Parece então que aquelas em cujo testemunho a existência e as ações de Bonaparte geralmente recebem crédito falham em todos os pontos mais essenciais dos quais depende a credibilidade de testemunhas: primeiro, não temos certeza de que elas têm acesso à informação correta; segundo, elas têm interesse aparente em propagar falsidade; e, terceiro, elas se contradizem claramente nos pontos mais importantes (p. 266).

Whateley desafia o livre-pensador a pesar toda evidência "e, se descobrir que resulta em algo mais que uma probabilidade", Whateley disse que o parabenizaria por sua fé fácil (p. 271).

Whateley insiste em que a história se torna ainda mais duvidosa quando tem qualidades extraordinárias. Rastreando a natureza incrível das façanhas militares de Napoleão, Whateley perguntou se alguém acreditaria nisso, mas não em milagres. Pois lhe parecia que Napoleão havia violado as leis da natureza (p. 274). Logo, todo cético que segue seus princípios deve rejeitar tais histórias sobre Napoleão por serem altamente improváveis.

Ao mencionar a questão de motivação, Whateley indicou que, embora a história sobre Napoleão *possa* ser verdadeira, não poderia ser fabricada uma história mais bem planejada para a diversão do povo inglês. Ele especula, também, sobre como o nome *Napoleão Bonaparte* poderia ter surgido equivocadamente, como outros na história. Ele chamou os livres-pensadores a não ouvir nenhum testemunho que fosse contrário à sua experiência, mas a seguir seus princípios coerentemente.

Se, depois de tudo o que foi dito, não conseguirem duvidar da existência de Napoleão Bonaparte, devem pelo menos reconhecer que não aplicam a essa questão o mesmo plano de raciocínio que empregaram em outras (p. 290).

Tenha ou não algum cético anunciado sua dúvida sobre Napoleão, alguns dos mais tolerantes deveriam ter sido encorajados a avaliar seus preconceitos com relação aos registros bíblicos de milagres em geral e ao registro de Jesus no NT em particular.

Fontes

D. HUME, *Investigação sobre o entendimento humano*, livro 10.
R. WHATELEY, *Historic doubts relative to Napoleon Bonaparte*, em H. MORLEY, org., *Famous pamphlets. pamphlets*.

Whitehead, Alfred North. Alfred North Whitehead (1861-1947) é o pai da cosmovisão contemporânea conhecida como PANENTEÍSMO (que não deve ser confundida com panteísmo), ou Teologia de Processo. Nasceu na Ilha de Thanet e era filho de um pastor anglicano. Estudou na escola pública Sherborne em Dorset, onde aprendeu os clássicos, história e matemática. Estudou na Faculdade Trinity, em Cambridge.

Durante seu primeiro período literário (1898-1910) concentrou-se na filosofia da matemática. Produziu *A treatise on universal algebra* [Tratado de álgebra universal], (1898) e *Principia mathematica* [*Princípios da matemática*], com Bertrand Russell, (1910-1913).

O segundo período literário (1910-1924) concentrou-se na filosofia da ciência. Enquanto ensinava na Universidade de Londres (1910-1914), escreveu *Introduction to mathematics* [*Introdução à matemática*], (1911).

Mais tarde, na Faculdade Imperial de Ciência e Tecnologia (1914-1924), produziu [*Space, time, and relativity*] [*Espaço, tempo e relatividade*], (1915), *The organization of thought* [*A organização do pensamento*], (1917), *An enquiry concerning the principles of natural knowledge* [*Uma investigação dos princípios do conhecimento natural*], (1919), *The concept of nature* [*O conceito de natureza*], (1920) e *The principle of relativity* (*O princípio da relatividade*, 1922).

Um terceiro período literário (1924-1947) enfatizou a filosofia da história e da realidade assim como a cosmologia e a metafísica. O período transicional (1925-1927) trouxe *Science and the modern world* [*A ciência e o mundo moderno*], (1925), *Religion in the making* [*Formação da religião*], (1926) e *Symbolism, its meaning and effect* [*Simbolismo, seu significado e efeito*], (1927). Suas obras amadurecidas nessa área vieram de 1927 a 1947 e deram origem ao épico *Process and reality* [*Processo e realidade*], (1929), *Adventures of ideas* [*Aventuras das idéias*], (1933), *Modes of thought* [*Modos de pensamento*], (1938) e *Essays in science and philosophy* [Ensaios sobre ciência e filosofia], (1947).

A formação da religião. A visão da religião de Whitehead é um marco no pensamento moderno. Sua visão de dogma ou afirmações proposicionais religiosas, se válida, negaria a crença cristã ortodoxa na Escritura inspirada e infalível (v. BÍBLIA, EVIDÊNCIAS DA). O pensamento complexo de Whitehead às vezes é chamado *teologia de processo*, pois sua idéia básica é que todas as coisas estão em processo de transformação, incluindo-se Deus.

Definição de religião. A religião é definida como "um sistema de verdades gerais que têm o efeito de transformar o caráter quando são sinceramente analisadas e realmente apreendidas". A religião surgiu *no ritual* — atividades habituais irrelevantes à preservação física. Depois manifestou-se na *emoção* — tipos definidos de expressão de sentimentos religiosos, seguindo o ritual. A crença (*mito*) veio a seguir, dando explicações definidas para o ritual. Finalmente veio a *racionalização*, a organização e explicação de crenças e aplicação à conduta. Assim como os rituais incentivavam as emoções, os mitos geraram o pensamento.

Religião e dogma. As experiências religiosas estão relacionadas os dogma, pois ao dogmas são tentativas de chegar a fórmulas precisas de experiência religiosa. Religiões racionais expressam suas experiências em três conceitos principais: primeiro, o valor do indivíduo; segundo, o valor de indivíduos diversos uns para os outros; e terceiro, o valor do mundo objetivo para a existência de uma comunidade de indivíduos. "Religião é lealdade ao mundo", apesar de começar com consciência de valor no indivíduo.

Segundo Whitehead, a religião racional é a tentativa de encontrar a interpretação permanente e inteligível da experiência. O budismo e o cristianismo diferem, pois o segundo é metafísica buscando a religião, e o primeiro é religião buscando a metafísica. No budismo (v. ZEN-BUDISMO), o mal é necessário, mas no cristianismo é apenas contingente. Enquanto os budistas buscam alívio do mundo, os cristãos procuram mudar o mundo. Buda deu doutrina para iluminar, mas Cristo deu sua vida para salvar. O budismo começa com princípios gerais, mas o cristianismo começa com fatos e os generaliza.

METAFÍSICA. Segundo Whitehead, *processo* e *permanência* interagem como aspectos da realidade. Permanência é o *elemento potencial* da realidade. A permanência temporal (tempo) é encontrada em objetos eternos. A permanência não-temporal é encontrada em Deus (pelo menos no Deus da natureza primordial, como mencionado a seguir).

Um pouco de realidade é o *elemento real* ou entidade. Existência *é* o potencial para transformação. Esse é o *princípio da relatividade.* Como algo se transforma demonstra o que ela é. Esse é o *princípio do progresso.* Entidades reais são ocasiões, eventos reais ou doses de experiência. Como no *Sofista* de PLATÃO, estão se transformando, mas jamais terminam a jornada. A cada momento do processo que se passa, o velho morre e o novo nasce. Passam de subjetividade para objetividade (imortalidade). Fazem isso por causalidade final — ou seja, pelo alvo subjetivo. Quando são objetificadas, podem agir pela causalidade eficiente em outras, do passado para o presente.

Então como mover-se nessa progressão de pólo a pólo, objetificando-se e transformando-se? Trata-se de um processo mental de capturar e incorporar em si uma apreensão do mundo circundante. Na verdade isso vai além do conhecimento de "apreensão" ou "compreensão", chegando à união com o mundo apreendido, portanto Whitehead tira da gaveta o termo pouco usado *preensão*.

Preensão é o processo de sentir que ultrapassa o tratamento objetivo de realidades objetivas. Absorve o que é apreendido na unidade e satisfação da entidade real que está apreendendo. Há dois tipos de preensão, negativa ou exclusiva e positiva ou inclusiva. Há três fatores de preensão:

1. A ocasião da experiência (o sujeito, entidade real);
2. Os dados "preendidos" (o objeto "preendido");
3. A forma subjetiva (como o dado é "preendido").

Todas as entidades reais são bipolares por natureza. O *pólo conceitual* (aspecto potencial) é simples e pode ser preendido negativamente no total. O que é conceitual ou potencial não existe agora. O *pólo físico* (aspecto real) é complexo e pode ser apreendido de modo parcial negativamente e positivamente. É algumas coisas; não é outras. O princípio ontológico é que as únicas causas reais de algo vêm do pólo físico. Apenas entidades reais se tornam causas reais, fatos finais.

Visão de Deus. *As opções de Deus.* A visão de Deus de Whitehead é bipolar. Seu pólo real é o universo, o cosmo. Esse pólo está mudando constantemente à medida que Deus apreende mais experiências ou entidades. O pólo potencial de Deus está além do mundo real. É o mundo infinito de potencial eterno e imutável.

Pode ser útil ver como Whitehead contrastou sua visão de Deus com outras visões:

1. O conceito oriental de uma ordem impessoal à qual o mundo se conforma. Essa ordem é a auto-ordenação do mundo; não é o mundo obedecendo a uma regra imposta.
2. O conceito semita de uma entidade definida pessoal e individual, cuja existência é o único fato metafísico absoluto. Deus é absoluto e não derivado. Esse Deus decretou e ordenou a existência derivada que chamamos mundo real.
3. O conceito panteísta tem ligações com o conceito semita, exceto que o mundo real é uma *fase* dentro do fato completo da existência de Deus. O fato completo é a entidade individual, absoluta de Deus. O mundo real, concebido s eparadamente de Deus, é irreal. Sua única realidade é a realidade de Deus. O mundo real só é real porque é uma descrição parcial do que Deus é. Mas em si é apenas uma certa mutualidade de "aparência". Essa aparência é uma fase da existência de Deus. Essa é a doutrina extrema do monismo afirmada por Parmênides e Shankara (v. HINDUÍSMO VEDANTA) na Índia (*Religion in the making*, p.66-7).

Whitehead rejeita essas visões. O cristianismo é uma forma de visão "semita", embora a doutrina cristã tenha tentado acrescentar certa imanência ao Ser semita totalmente simples e transcendente. Whitehead não concorda com a transcendência radical do Deus semita. Também rejeita a auto-suficiência dessa visão de Deus. "Não há entidade, nem sequer Deus, 'que não precise de nada além de si para existir'" (ibid., p. 71).

A existência e a natureza de Deus. Seguindo Immanuel KANT, Whitehead rejeita a validade do argumento ontológico. O argumento cosmológico só nos leva a postular um Deus imanente no mundo. Whitehead opta pelo "argumento estético" da ordem do mundo. Deus é aceito porque explica a ordem criativa no processo cósmico.

Isto é, Deus depende do mundo, e o mundo depende de Deus. Sem Deus, não haveria mundo real. Sem a criatividade dinâmica do mundo real, não haveria "explicação racional para a visão ideal que constitui Deus".

Em seu pólo real, Deus é finito e limitado. "Ser real é ser limitado." Deus não pode ser infinito no seu pólo real, senão seria todas as coisas que realmente existem — o mal e o bem (ibid., p. 144).

Observe que esse argumento interage primariamente com a cosmovisão panteísta, e ao mesmo tempo a reformula. O panteísmo é negado, pois o seu ser é imanente demais, mas é a alternativa que o pensamento de Whitehead mais valoriza. Reduzir Deus a uma Força impessoal, como o conceito asiático faz, é rebaixar a importância religiosa de Deus. Deus é pessoal, intimamente ligado ao mundo. Mas também rejeita-se um Deus transcendente que é independente e auto-existente. Deus é finito, ou *é* o universo, incluindo o seu mal (v. MAL, PROBLEMA DO). Deus não está *além* do mundo nem é *idêntico* a ele. Deus está *no* mundo.

Deus é a função no mundo pela qual nossos propósitos são direcionados a fins que na nossa consciência são imparciais no que diz respeito a nossos próprios interesses.

Além disso, Deus é a realização real (no mundo) do mundo ideal. 'O reino dos céus é Deus' (ibid., p. 148,151).

Há um Deus no mundo, porque

a ordem do mundo não é um acidente. Não há nada real que poderia ser real sem alguma medida de ordem [...] essa criatividade e essas formas não conseguem alcançar a realidade sem a harmonia ideal completa, que é Deus" (ibid., 115).

Deus funciona como base da criatividade necessária para atingir valor no mundo. "Deus, condicionando a criatividade à sua harmonia de apreensão, entra na criatura mental como o julgamento moral segundo uma perfeição de ideais." Logo, "o propósito de Deus ao atingir o valor é de certa forma um propósito criativo. Sem Deus, os elementos formadores restantes falhariam nas suas funções" (ibid., p. 110, 114).

Segundo Whitehead, Deus tem uma *natureza primordial* e uma *natureza conseqüente*. A segunda é a existência que está sendo continuamente enriquecida pelo que Deus preende. Whitehead também a chama *natureza superjetiva*.

A natureza primordial de Deus deveria ser ordenadora de objetos eternos. Objetos eternos são potenciais puros que, como as mônadas de Gottfried LEIBNIZ, não podem se relacionar. O princípio ontológico exige que haja uma entidade real por trás delas, já que apenas entidades reais são causas reais.

Deus também é o ordenador de entidades reais. É necessário que Deus tenha uma natureza conseqüente. Todas as entidades reais são bipolares. O pólo físico é necessário para perceber a visão do pólo conceitual. Além disso, a natureza primordial só está relacionada a objetos eternos. E o princípio de relatividade exige que algo se relacione a entidade reais. Sem Deus o mundo real seria um caos.

A natureza "superjetiva" de Deus é apenas a natureza conseqüente enriquecida pelas preensões de Deus e disponível para a preensão por outras entidades reais — um processo que nunca termina. O mal é incompatibilidade. O mal não se ajusta a uma determinada ordem do processo cósmico. Criatividade é o princípio de conjunção e continuidade que preenche os espaços vazios entre os átomos, que firma o processo cósmico, que torna muitos em unidade. É a "substância" de que todas as entidades (até Deus) são "acidentes".

Visão do mundo. Deus e o mundo não são realmente diferentes. Deus *é* a ordem (e valor) no mundo real. O mundo é a natureza conseqüente de Deus. É a soma total de todas as entidades reais (eventos) ordenadas por Deus. Mas o mundo está em processo. Está constantemente mudando. Logo, Deus em sua natureza conseqüente está constantemente em processo de fluxo.

Criação. O universo é eterno. Deus não cria objetos eternos. Ele é dependente deles como eles são dependentes de Deus. Então, Deus "não existia *antes* da criação, mas *com* toda criação" (ibid., p. 392, 521). Ele não criou o universo, mas direciona seu progresso.

Como outro teólogo de processo disse, criação a partir do nada é algo excessivamente coercivo. A tentação é grande de interpretar o papel de Deus por meio de poder coercivo.

Se toda ordem criada depende da sua vontade para existir, ela deve estar sujeita a seu controle absoluto [...] Se Deus controla o mundo, ele é responsável pelo mal: diretamente em termos da ordem natural, e indiretamente no caso do homem (Ford, p. 201).

Deus é mais um persuasor cósmico que atrai o potencial para o real pela causalidade final, assim como a pessoa é atraída pelo objeto amado.

De certa forma, a origem ou a "criação" do universo é *ex materia* (de material preexistente). No entanto, o conteúdo eterno não é material e sim a esfera de formas eternas ou potenciais que estão disponíveis para Deus ordenar e incentivar o processo cósmico em vários aspectos de entidades reais. Mas como a esfera de objetos eternos é a natureza primordial de Deus, o movimento da criação também é *ex deo*, isto é, do pólo potencial de Deus para seu pólo real (o mundo). A realidade passa do inconsciente para o consciente, do potencial para o atual, do abstrato para o concreto, de formas para fatos.

O que incita esse movimento? O que o atualiza? A resposta é *criatividade*. "'Criatividade' é o princípio da *novidade*." A criatividade introduz novidade no mundo real. "O 'avanço criativo' é a aplicação desse princípio supremo de criatividade a cada situação nova que ela origina." Até Deus se baseia na criatividade. "Toda entidade real, inclusive Deus, é uma criatura transcendida pela criatividade que qualifica." Logo, "todas as entidade reais compartilham com Deus esse caráter de autocausação" (*Process and reality*, p. 31-2, 135, 339).

Há um movimento autocausado em Deus do seu pólo potencial para seu pólo real. Deus é um "ser" autocausado que está constantemente se transformando. Logo, o processo de criação é um processo eterno da auto-realização de Deus.

O mundo. O mundo é pluralista (v. PLURALISMO). Em sua totalidade é o "corpo" de Deus. É composto de muitas "entidades reais", que Whitehead chama "fatos finais", "gotas de experiência" ou "ocasiões reais"

(*Primordial nature of God*, p. 95).O mundo é uma série atomística de eventos (v. ATOMISMO).

Uma metafísica de processo para o mundo abandona o conceito de entidades reais que são os sujeitos imutáveis de mudança. Todas as coisas constantemente morrem e renascem como coisas diferentes. A idéia de que "ninguém atravessa o mesmo rio duas vezes" é estendida à pessoa que atravessa, assim como à água que flui no rio. Nenhum pensador pensa duas vezes. Nenhum sujeito tem a mesma experiência duas vezes. Não há seres imutáveis (ibid., p. 43,122). Não há existência concreta, tudo está se transformando. "Pertence à natureza de toda criatura ser o potencial para toda transformação. Há uma transformação de continuidade, não-continuidade de transformação" (Ibid., p. 53, 71).

Apesar da distinção atomística e da mudança contínua no universo, existe ordem. Essa ordem é dada por Deus. Em sua natureza primordial Deus dá ordem a todos os objetos eternos (formas), e a "natureza conseqüente" de "Deus é a preensão física que Deus faz das realidades do universo em evolução" (ibid., p. 134).

Mal. A auto-realização de Deus nunca é perfeita, nem totalmente incompleta. O mundo real não é totalmente organizado, nem totalmente caótico. A imanência do Deus ordenador torna o caos total impossível (ibid., p. 169). Deus faz tudo o que pode para obter o melhor possível de cada momento na história do mundo. "A imagem sob a qual esse crescimento operativo da natureza de Deus é mais bem concebido é de um cuidado gentil para que nada se perca" (ibid., p. 525). O mal pode ser definido como o que é incompatível com esses esforços divinos em qualquer momento. Como Deus não força o mundo, mas apenas o persuade, ele não pode destruir o mal. Deus deve simplesmente trabalhar com o mal e fazer o melhor que pode para derrotá-lo (v. DEÍSMO FINITO; KUSHNER, HAROLD).

[A teoria da] persuasão divina responde ao problema do mal radicalmente, simplesmente negando que Deus exerce controle total sobre o mundo. Platão tentou expressar isso ao dizer que Deus faz o melhor que pode ao tentar persuadir a matéria recalcitrante a receber a impressão das formas divinas (Ford, p. 202).

O que um Deus finito não consegue persuadir a conformar-se à unidade geral do mundo real é o mal. O mal é incompatibilidade. É incongruência. O mal é como os cacos de vidro que não se encaixam no vitral. Só que essa "imagem" ou ordem muda a todo instante. O que não se encaixa num momento pode encaixar-se mais tarde. O mal, então, deve ser considerado relativo.

Seres humanos. O ser humano é um ser pessoal com livre-arbítrio. Cada pessoa tem "alvos subjetivos", para os quais os fins são determinados e a causalidade final é alcançada. Deus oferece o alvo geral — a direção inicial, mas o resto é responsabilidade da criatura (Ford, p. 202-3).

No relacionamento mente-corpo descrito por Whitehead, o corpo vivo é uma coordenação de ocasiões reais. Cada pessoa (incluindo Deus) é uma sociedade de entidades reais que muda constantemente. Não existe um "eu" imutável e eterno. A unidade de um indivíduo não se encontra na essência ou no ser imutável. É transformação autocausada. Whitehead escreveu:

Considero-me essencialmente uma unidade de emoções, alegrias, esperanças, medos, arrependimentos, avaliações de alternativas, decisões — todas reações subjetivas ao ambiente conforme este age em minha natureza. Minha unidade — que é o "Eu sou" de Descartes — é meu processo de moldar essa massa disforme de material num padrão consistente de sentimentos. Moldo as atividades do ambiente numa nova criação, que é eu mesmo nesse momento; no entanto, sendo eu mesmo, é uma continuação do mundo antecedente (*Modes of thought*, p. 228).

A identidade da pessoa é produzida a cada momento na comunidade de eventos reais. Como no mundo mais amplo, não há continuidade na transformação. Há apenas essa transformação em continuidade (*Religion in the making*, p. 112).

Imortalidade pessoal não era parte essencial da visão de Whitehead. Ele não via evidência científica dela, mas também não se opunha a ela. Simplesmente mencionou que no presente em geral acredita-se que um ser puramente espiritual é necessariamente imortal. Sua doutrina sobre a questão da imortalidade ou sobre a existência de seres puramente espirituais além de Deus é totalmente neutra (ibid., p. 107-8).

Ética e valores. Nesse caleidoscópio sempre mutante, não há mal absoluto, logo não há valores absolutos (v. MORALIDADE, NATUREZA ABSOLUTA DA). Valor é um conceito mutável e subjetivo. "Há muitas espécies de formas subjetivas, tais como emoções, avaliações, propósitos, aversões, consciência, etc." (*Process and reality*, p. 35). Deus é a medida de todo valor, mas Deus não é mais estável que as outras coisas. Nada é imutável.

Por outro lado, o valor é conceito específico e concreto. Deus quer atingir valor, e a busca é criativa. "O mundo real é o resultado da ordem estética [de valor], e a estética é derivada da imanência de Deus" (*Religion in the making*, p. 97,100-1). O problema com a ética teísta cristã é que ela procura um fim para o mundo —

objetivos definidos e um caminho absoluto a seguir. Os cristãos dão liberdade "a suas intuições éticas absolutas com respeito a possibilidades ideais sem pensar na preservação da sociedade" (*Adventures of ideas*, p. 16).

Para Whitehead, o bem e o mal "dizem respeito apenas a inter-relações no mundo real. O mundo real é bom quando é belo" (ibid., p. 269). A bondade sempre vem em graus comparativos, assim como as coisas são mais ou menos belas. Mas nada é o mais belo ou o mais perfeito. "A moralidade consiste no objetivo de chegar ao ideal [...] Logo, a estagnação é a inimiga mortal da moralidade" (ibid., p. 269-70). Há, na melhor das hipóteses, para Deus e os seres humanos, apenas uma realização relativa de mais bem.

História e destino. Há um processo evolutivo contínuo (v. EVOLUÇÃO CÓSMICA; EVOLUÇÃO BIOLÓGICA). Deus está alcançando mais e mais valor. Este valor é armazenado em sua natureza conseqüente, que, enriquecida, é chamada "natureza superjetiva" de Deus. No entanto, "nem Deus, nem o mundo, atingem a conclusão estática" (ibid., p. 135, 529). O mal é recalcitrante, e nenhuma vitória final sobre ele é possível. Logo, Whitehead conclui:

Na nossa construção cosmológica ficamos, portanto, com opostos finais, alegria e tristeza, bem e mal, disjunção e conjunção — ou seja, muitos em um — fluxo e permanência, grandeza e trivialidade, liberdade e necessidade, Deus e o mundo (ibid., p. 518).

Como Deus não é nem onisciente nem onipotente, também não sabe como o processo cósmico terminará (v. DEUS, NATUREZA DE). Pois,

durante esse processo, Deus, por assim dizer, tem de esperar com a respiração suspensa até que a decisão seja feita, não apenas para descobrir qual foi a decisão, mas talvez até para esclarecer a situação surgida em virtude da decisão dessa ocasião concreta (Loomer, p. 365).

Avaliação. A complexidade e amplitude do pensamento de Whitehead dificultam a avaliação abrangente das suas idéias num espaço limitado. Grande parte é avaliada em outros artigos. Sua epistemologia essencial da verdade e moralidade relativas é discutida em VERDADE, NATUREZA ABSOLUTA DA; MORALIDADE, NATUREZA DA. Sobre a visão de processo de Deus e da realidade, v. PANENTEÍSMO. O conceito de processo do mal é exposto em MAL, PROBLEMA DO.

Fontes

L. FORD, "Biblical recital and process philosophy", em *Interpretation*.

N. L. GEISLER , "Teologia do processo", em S. GUNDRY et al., orgs., *Teologia contemporânea*.

___, et al., *Worlds apart: a handbook of world views*, cap. 4.

D. F. LINDSEY, "An evangelical overview of process theology", *Sacra* 134 (Jan.-Mar. 1977).

B. LOOMER, "A response to David Griffin", *Encounter* 36:4 (Autumn 1975).

A. N. WHITEHEAD, *Process and reality*.

___, *Religion in the making*.

Wittgenstein, Ludwig. Ludwig Wittgenstein (1889-1951) foi filho de um magnata vienense do aço. Seu pai era um judeu protestante. Sua mãe era católica romana, e Ludwig foi batizado na igreja católica. Estudou engenharia em Berlim e em Manchester, Inglaterra. Também estudou em Cambridge com Bertrand Russell. Wittgenstein escreveu o que se tornou uma obra influente na filosofia, *Tractatus logico-philosophicus* (1921), Ing., 1961) durante sua estadia num campo de prisioneiros durante a primeira Guerra Mundial. Wittgenstein acreditava ter solucionado todos os problemas da filosofia com *Tractatus*, então aposentou-se da área para lecionar. Também doou sua fortuna herdada. No final da década de 1920, Wittgenstein encontrava-se freqüentemente com o círculo de positivistas lógicos de Viena (v. LÓGICO, POSITIVISMO), incluindo A. J. AYER. Lecionou em Cambridge até 1947 e depois foi trabalhar como porteiro de hospital. Em 1948 entrou em reclusão e logo depois descobriu que tinha câncer.

Além do *Tractatus*, as obras de Wittgenstein incluíram *Notebooks: 1914-1916* [Cadernos de notas, 1914-1916], (1961), *Prototractatus* (1914-1918), *Lectures and conversations on aesthetics, psychology, and religious belief* [Preleções e conversas sobre estética, psicologia e crença religiosa] (1930-1938); *The blue and brown books* [Livros azuis e marrons], (1933-1935, 1958), *Remarks on the foundations of mathematics* [Observações sobre princípios da Matemática], (1937-1944), *Zettell* (1945-1948), *On certainty* [Da certeza], (1949-1969), e *Investigações filosóficas* (parte 1, 1945; parte 2, 1947-1949).

Wittgenstein também continuou a pesquisar como engenheiro e patenteou várias invenções, incluindo-se uma turbo-hélice para aviões.

Três influências dentre muitas se destacam no seu pensamento filosófico: Immanuel KANT, Arthur SCHOPENHAUER e Bertrand RUSSELL. Leo Tolstói e Fiodor Dostoievsky guiaram seu estilo de vida, e AGOSTINHO e Søren Kierkegaard foram seus autores favoritos sobre religião.

Pensamento filosófico. Wittgenstein teve dois grandes períodos de trabalho. O primeiro período foi expresso pelo *Tractatus logico-philosophicus*. O próprio Wittgenstein disse que o propósito do livro era ético. No prefácio explicou que esperava estabelecer limites à expressão de pensamentos. Não pode haver limites ao pensamento, declarou ele. "Devemos ter liberdade para pensar o que não pode ser pensado." No entanto, estabelecer limites à linguagem é diferenciar idéias significantes de absurdo. "O que não podemos falar devemos ignorar", disse ele. Isso refletia seu trabalho no livro. Disse: "Meu trabalho consiste em duas partes: a parte apresentada aqui mais tudo que não escrevi, e é exatamente essa segunda parte que é a importante".

O projeto em *Tractatus* é kantiano. O método é de atomismo lógico, pois Wittgenstein supõe que existe a convergência entre linguagem e realidade. A linguagem reflete o mundo. Essa convergência tem sérias implicações para a ética e a filosofia no seu pensamento. Somente proposições de ciência natural podem ser expressas em linguagem (*Tractatus*, 6.42). Nenhuma proposição transcendental sobre ética, estética ou Deus pode ser expressa.

O segundo período do trabalho de Wittgenstein foi expresso em *Philosophical investigations*. Wittgenstein apresenta e depois tenta refutar afirmações de Agostinho sobre a "teoria retratista de significado" como a essência da linguagem humana. Ele considera simplificação exagerada as idéias de que a função da linguagem é afirmar fatos e que todas as palavras são nomes, referindo-se a algo. E errônea a idéia de Agostinho de que significado é ensinado por exemplos em definição. Definições com exemplos podem ser interpretadas de várias maneiras (ibid., 1.1:28). Ele julgava absurda a afirmação de Agostinho de que o significado de um nome é o objeto que o nome denota.

Também rejeitava as idéias de que significado é uma questão de produzir imagens mentais, de que a pessoa esclarece proposições ao analisá-las e de que palavras têm um sentido determinado. Rejeitava a linguagem unívoca e analógica (v. ANALOGIA, PRINCÍPIO DA). Por outro lado, Wittgenstein foi um forte defensor do CONVENCIONALISMO.

A idéia central é que linguagem religiosa não contém sentido. Ela pertence ao âmbito do inexprimível porque há um abismo intransponível entre fato e valor. Como discutido no artigo sobre analogia, essa visão é de que todo "debate sobre Deus" é absurdo. Isso não significa que a pessoa não possa sentir ou saber algo sobre Deus. Fica claro em *Notebooks* que há um sentimento de dependência e uma crença em Deus porque "os fatos do mundo não são o fim da questão". Mas o que Wittgenstein sabe não pode debater. Tais coisas estão fora dos limites da linguagem e, em última análise, do pensamento.

O fato de coisas mais elevadas e transcendentes serem inexprimíveis não quer dizer que sejam totalmente incomunicáveis. Elas podem ser demonstradas em vez de faladas. Uma aparente contradição no *Tractatus* é que, apesar das proposições sobre linguagem serem empregadas, elas não são proposições da ciência natural. Pelo próprio raciocínio de Wittgenstein, elas devem ser um absurdo. Ele reconhece isso, dizendo que só podem servir de elucidação — um exemplo de demonstrar e falar (6:45).

Em *Investigações* Wittgenstein não fala diretamente sobre o discurso religioso, mas parece supor que oração e teologia sejam atividades lingüísticas significativas. Orar em particular é mencionado como jogo de linguagem. Como afirmar fatos é apenas uma de muitas atividades lingüísticas, não há obstáculo *a priori* contra a significância da linguagem religiosa. Como jogos de linguagem têm critérios intrínsecos de significado e a linguagem religiosa é um jogo de linguagem, ela deve ser julgada pelos seus próprios padrões e não pelos padrões impostos a ela. Essa é uma forma de fideísmo.

Em *Lectures and conversations*, Wittgenstein retrata a linguagem religiosa como possivelmente significativa (como um jogo de linguagem). Mas é claro que ele continua sendo um acognóstico. Ele rejeita qualquer conhecimento cognitivo na linguagem religiosa. Por exemplo, é legítimo proferir uma crença num julgamento final. Mas ninguém poderia dizer se a crença é possivelmente verdadeira ou falsa (p. 58). Tais crenças são simplesmente uma questão de fé (v. FIDEÍSMO). Não há evidência para elas. No entanto, ele não ridicularizaria os que afirmam basear suas crenças em evidência, por exemplo, a apologética histórica.

Foi dito que o cristianismo baseia-se num fundamento histórico. Pessoas inteligentes já disseram milhares de vezes que incontestabilidade não é o suficiente nesse caso, mesmo que haja tanta evidência quanto para Napoleão (v. WHATELY, RICHARD). Porque a incontestabilidade não seria suficiente para me fazer mudar toda a minha vida (p. 57).

As crenças religiosas ajudam a orientar nossa vida, mas não nos informam sobre a realidade. Wittgenstein acredita que estamos presos numa bolha lingüística. A linguagem religiosa é boa enquanto jogo de linguagem, mas não nos diz nada sobre Deus ou a realidade suprema.

Avaliação. Ao contrário dos positivistas lógicos (v. Ayer, A. J.), Wittgenstein não nega totalmente a significância da linguagem religiosa. Ela continuou sendo uma forma legítima de linguagem e baseava-se numa experiência significante. Além disso, Wittgenstein não acompanhava o Círculo de Viena na afirmação da verificabilidade empírica. Eles insistiam em que apenas tautologias vazias (v. TAUTOLOGIA), que são verdadeiras por definição ou conhecidas por meio dos sentidos, podem ter significado. Wittgenstein rejeitou essa forma de positivismo, percebendo que significado deve ser ouvido, não legislado.

Portanto, não abraçou o ateísmo. Era um teísta fideísta. Leu o NT e Søren KIERKEGAARD. Reconhecia a validade da oração e da crença nas últimas coisas. Até reconheceu que a linguagem religiosa tem valor. Apesar de não representar sua posição, ela auxiliava a vida religiosa de forma prática. Era uma expressão significativa de experiência religiosa e ajudava a pessoa a viver.

Wittgenstein foi o arquiinimigo da visão platônica (v. PLATÃO) de que há uma correspondência unívoca entre nossas idéias e as de Deus. Essa visão agostiniana ele rejeitou completamente. Não há correspondência entre nosso pensamento e o de Deus (v. VERDADE, NATUREZA DA).

Porém, sua visão está aberta para sérias críticas. Todas as formas de FIDEÍSMO são insustentáveis. Tomar suas obras como justificação racional da fé fideísta não-racional é contraditório. Se ele não dá justificação racional para suas crenças, elas simplesmente são proposições infundadas que nenhuma pessoa razoável deve aceitar.

Ele também segue Kant numa falsa dicotomia entre fato e valor. Eles viam cada um deles em esferas totalmente separadas. Mas esse não é o caso. Seres humanos combinam ambos. Não se pode atacar a facticidade humana (a presença física do corpo) sem atacar o valor da vida e personalidade. Não se pode separar estupro ou genocídio do valor do objeto que está no centro dessas ações. Na teologia, o fato da morte de Cristo não pode ser separado do seu valor redentor.

Wittgenstein acreditava que estamos presos numa linguagem que não nos diz nada sobre a esfera de valor além da linguagem em si. Isso é contraditório. Qualquer tentativa de proibir afirmações sobre a esfera mística além da linguagem transgride essa proibição. Como o AGNOSTICISMO de Kant, a pessoa não pode saber que ela não pode saber, e não pode dizer que não pode dizer. Ao afirmar que o místico não pode ser proferido, a pessoa profere algo sobre ele.

Entre os legados de Wittgenstein, nenhum é mais letal que a visão convencionalista de significado. Não é possível que todo significado seja relativo. Se fosse, a afirmação "Todo significado é relativo" não faria sentido. Como em outras tentativas de negar significado objetivo, Wittgenstein teve de usar o significado objetivo para suas afirmações (v. CONVENCIONALISMO).

Fontes

N. L. GEISLER e W. CORDUAN, *Philosophy of religion*.

E. GILSON, *Linguistics and philosophy*.

PLATÃO, *Cratylus*.

TOMÁS DE AQUINO, *Suma teológica*.

L. WITTGENSTEIN, *Tractatus logico-philosophicus*.

___, *Investigações filosóficas*.

Wolff, Christian. V. COSMOLÓGICO, ARGUMENTO.

Zz

zen-budismo. *Formas de budismo.* De modo igual ao HINDUÍSMO do qual surgiu, o budismo não é uma religião monolítica; abrange muitas crenças e até cosmovisões diferentes (v. COSMOVISÃO). Todas, é claro, defendem Gautama Buddha (563-483 a.C.). Buda, que foi criado na Índia, deixou seu lar e família à procura de iluminação, que afirmou ter encontrado enquanto meditava sob um pipal. Os budistas o vêem como a fonte de iluminação.

As duas ramificações principais do budismo chamam-se maaiana ("o veículo superior") e hinaiana ("o veículo inferior"). A primeira afirma que a iluminação está disponível a todos e a segunda apenas a alguns dedicados. Cientes da conotação negativa do termo, os budistas hinaianas começaram a se chamar theravada ("o ensinamento dos anciãos").

Crenças básicas dos budistas. Ambos os grupos de budistas aceitam as "Quatro Verdades Nobres" e o "Caminho Óctuplo" para a iluminação.

As Quatro Verdades Nobres. A primeira nobre verdade é que a vida consiste em sofrimento (*dukkha*), que compreende dor, miséria, tristeza e falta de realização.

A segunda nobre verdade é que nada é permanente ou imutável no mundo (*anicca*). Sofremos porque queremos o que não é permanente.

A terceira nobre verdade é que a maneira de libertar-se é eliminar todo desejo ou vício pelo que é temporal.

A quarta nobre verdade é que o desejo pode ser eliminado seguindo-se o Caminho Óctuplo.

O Caminho Óctuplo é dividido da seguinte maneira:

SABEDORIA

1. Falar correto
2. Pensamento correto (conduta ética)
3. Falar correto
4. Ação correta
5. Meio de vida correto (disciplina mental)
6. Esforço correto
7. Consciência correta
8. Meditação correta

Estes não são passos que devem ser tomados em ordem seqüencial, mas atitudes e ações a serem desenvolvidas simultaneamente.

Além desses ensinamentos, os budistas acreditam em REENCARNAÇÃO e no Nirvana ("céu" budista), que é o estado final de "Nada", onde não há mais desejo ou frustração.

Mas, sem dúvida, a forma mais influente de budismo é conhecida por zen-budismo. Suas origens são encontradas em Tao-sheng (360-434 d.C.), um budista maiana, e em Bodidarma (m. 534 d.C.). Ele migrou da China para o Japão, onde sua forma de budismo foi mesclada com o taoísmo, que enfatiza a união com a natureza. Essa mistura eclética é conhecida por zen ("meditação"). Uma vez que a doutrina zen alastrou-se mais profundamente no cristianismo, ele é de grande interesse para os apologistas cristãos.

Um dos defensores mais influentes do PANTEÍSMO no ocidente foi Daisetsu Teitaro Suzuki. Por meio de sua longa atividade como professor na Universidade Columbia e em várias outras universidades americanas, além das suas palestras em todo mundo ocidental, Suzuki promoveu a causa zen segundo a interpretação ocidental. D. T. Suzuki influenciou e convenceu ocidentais como Christmas Humphreys e Alan Watts.

Natureza do zen. Para entender a forma de panteísmo de Suzuki, é preciso tentar compreender a natureza do zen. Primeiro, observaremos o que Suzuki acredita que zen não é, e depois o que acredita que é.

O que zen não é. Segundo Suzuki, zen não é um sistema ou filosofia "fundado na LÓGICA e na análise". Zen é oposto a qualquer forma de pensamento dualista — isto é, fazer qualquer distinção entre sujeito e objeto (*Introduction to zen buddhism* [*Introdução ao zen-budismo*], p. 38). Em vez disso, Suzuki nos chama para:

fazer cessar o dualismo de sujeito e objeto, esquecer ambos, transcender o intelecto, separar-se do entendimento e penetrar diretamente na identidade da mente-Buda; fora disso não há realidade.

E zen não é um conjunto de ensinamentos. Suzuki disse: "Zen não tem nada a nos ensinar sobre análise intelectual; nem tem doutrinas estabelecidas impostas a seus seguidores". Como tal, zen não tem "livros sagrados nem princípios dogmáticos". Na verdade, "zen não ensina nada". Nós mesmos "nos ensinamos; zen apenas indica o caminho" (ibid., p.38, 46).

Zen também não é uma religião no sentido popular da palavra. Não tem deus para ser adorado, nem ritos cerimoniais, nem pós-vida, nem alma. Quando Suzuki diz que não há deus no zen, ele não nega nem afirma a existência de alguma divindade. "No zen, Deus não é nem negado nem imposto; só que no zen não há o Deus concebido pela mente judaico-cristã" (ibid., p. 39).

O Zen afirma não ser teísta nem panteísta, negando tais designações metafísicas. Ao contrário do Deus do teísmo cristão ou do hinduísmo vedanta, "não há objeto no zen sobre o qual fixar o pensamento" do discípulo.

Zen apenas sente o calor do fogo e o frio do gelo, porque quando faz muito frio tremernos e acolhemos o fogo. O sentimento é tudo em todos [...]; toda nossa teorização não chega à realidade (ibid., p. 41).

O que zen é. Assim o que podemos dizer que zen é? Segundo Suzuki, "zen é o oceano, zen é o ar, zen é a montanha, zen é o trovão e o relâmpago, a flor da primavera, o calor do verão, a neve do inverno; mas, além disso, zen é o homem". Suzuki contou uma história em que um mestre zen definiu zen como "nosso pensamento cotidiano" (ibid., p. 45). Suzuki o define de outra maneira:

Quando um monge faminto durante o trabalho ouviu o gongo para o jantar, ele imediatamente largou seu serviço e compareceu ao refeitório. O mestre, ao vê-lo, riu alegremente, pois o monge agira de forma extremamente zen (ibid., p. 85). Em outras palavras, zen é vida. "Levanto minha mão; pego um livro do outro lado da minha mesa; ouço os meninos jogando lá fora; vejo as nuvens passar pela floresta adiante: — em tudo isso estou praticando zen, estou vivendo zen. Nenhum debate prolixo é necessário, nem qualquer explicação (ibid., p.75). Zen é a experiência pessoal de vida, livre de qualquer abstração ou conceitualização (ibid., p. 45, 132).

Deus e o mundo. No zen-budismo Deus é homem, e homem é Deus. Citando o místico ocidental (v. MISTICISMO) Meister Eckhart com aprovação, Suzuki afirma:

Pessoas simples pensam que devemos ver Deus como se ele estivesse daquele lado e nós deste. Não é assim; Deus e eu somos um no ato de concebê-lo. Nessa unidade absoluta das coisas, o zen estabelece os fundamentos da sua filosofia (*Zen buddhism*, p. 113).

Além de o homem ser Deus, tudo é Deus e Deus é tudo. Tudo e todos são Um. "Budas [i.e. pessoas iluminadas] e seres sensitivos [i.e., aqueles que ainda são ignorantes] surgem ambos da Mente Única, e não há outra realidade além dessa Mente" (*Manual of zen buddhism* [Manual do zen-budismo], p. 112).

O que é essa Mente abrangente é ser *não-mental* como a natureza espiritual humana. Suzuki diz: "Essa Natureza [i.e., a natureza espiritual humana] é a Mente, e a Mente é o Buda, e o Buda é o Caminho, e o Caminho é Zen" (*Zen buddhism*, p. 88). A mente pode ser descrita como tendo "existido desde o passado infinito". A mente não nasce e não morre; está além das categorias de idade ou existência (*Manual of zen buddhism*, p. 112). A mente é tudo e tudo é a Mente.

Suzuki é rápido em apontar que essa forma de monismo não é a negação do mundo que vemos e sentimos à nossa volta. No entanto, o mundo que sentimos que está além de nós é um "mundo relativo", que não tem realidade final. Seres individuais existem, mas são reais "apenas enquanto são considerados a realização parcial da Igualdade". Na verdade a Igualdade "existe imanentemente *neles*. As coisas são vazias e ilusórias enquanto são consideradas coisas específicas e não são consideradas em referência ao Todo que é Igualdade e Realidade" (*Outlines of mahayana buddhism* [Esboços de budismo mahayana], p. 140-1).

Portanto, a experiência comum considera o mundo como algo que existe em si, mas é uma ilusão. O que de fato existe é a Mente (*Manual of zen buddhism*, p. 51).

Os budistas não gostam de chamar o Todo ou Mente de *Deus*. O próprio termo é ofensivo à maioria dos budistas,

especialmente quando está intimamente associado nas mentes vulgares à idéia do Criador que produziu o mundo do nada (v. CRIAÇÃO, VISÕES DA), causou a queda da humanidade e, movido por angústia ou remorso, enviou o próprio filho para salvar os depravados.

A variedade de maneiras em que os budistas descrevem essa realidade Absoluta é parcialmente um esforço para evitar falar de Divindade (*Outlines of mahayana buddhism*, p. 219-20).

Além disso, o Todo ou Realidade Absoluta não pode ser compreendido "como realmente é". Ele vai além de categorias, até de existência. Suzuki afirma:

Não podemos sequer dizer que existe, pois tudo o que existe pressupõe o que não existe: existência e inexistência são termos relativos tanto quanto sujeito e objeto, mente e matéria, isso e aquilo, um e outro: um não pode ser concebido sem o outro. Portanto, 'não é assim (*na iti*)' deve ser a única maneira de nossa língua humana imperfeita expressá-lo. Dessa forma, os maianistas geralmente designam Realidade a absoluta por *Cunyata* ou vazio.

Esse "vazio" indefinível e impensável pode ser mais bem interpretado desta maneira: Realidade não é nem existência nem inexistência; não é nem unidade nem pluralidade (ibid., p. 101-2). Isso é Deus, e Deus é Tudo, e Tudo é a Mente, e a Mente é Buda, e Buda é o Caminho, e o Caminho é Zen.

Visão dos seres humanos. Assim, seres humanos individuais são apenas uma manifestação desse Todo ou Mente ou Deus. Indivíduos não são entidades isoladas como imaginamos. Sozinhas as pessoas não são mais significativas que bolhas de sabão. A existência específica adquire significado apenas quando considerada em termos de unidade total (ibid., p. 46-7). Isso não é precisamente a negação da materialidade. Os seres humanos têm materialidade e imaterialidade, e mais (ibid., p. 149). É a negação da individualidade de qualquer forma absoluta. As pessoas só parecem ser seres individuais, mas na realidade são todos um no Todo. O objetivo de zen é ajudar as pessoas a ir além do egoísmo e a perceber sua unidade em Deus, tornando-se assim imortais (ibid., p. 47).

Ética. O Zen é principal e fundamentalmente uma "disciplina prática de vida" (*Introdução ao zen-budismo*, p. 37). Do ponto de vista ético, o zen é uma disciplina voltada para a "reconstrução do caráter" (*Zen buddhism*, p. 16). Essa reconstrução de caráter é necessária para lutar contra o egoísmo, "a fonte de todo mal e sofrimento". O budismo "concentra toda sua força ética na destruição de idéias e desejos egocêntricos" (*Outlines of mahayana buddhism*, p. 124).

Basicamente, a resposta do Zen ao egoísmo é aprender. Essa ignorância é o apego. "O homem precisa desprender-se da Ignorância" (i.e., DUALISMO), transcendendo assim a dualidade. Quando isso é alcançado, a pessoa "está em harmonia e é um com o Todo" (ibid., p. 122, 124, 146). Esse objetivo só pode ser atingido por meio de trabalho altruísta e devoção aos outros, o que exige a destruição prévia de todos os desejos egoístas.

A realização desse objetivo é chamada *nirvana*. A destruição do egoísmo traz iluminação, logo a habilidade de amar os outros como a nós mesmos (ibid., p. 52-5).

Nesse processo de chegar à iluminação e na iluminação do monge zen está envolvido "muito trabalho manual, como varrer, lavar, cozinhar, juntar lenha, lavrar ou pedir esmolas em vilas distantes e próximas". O princípio central pelo qual o monge zen deve viver "é não desperdiçar, mas fazer o melhor uso possível das coisas que recebemos" (*Introdução ao zen-budismo*, p. 118, 121). O ensinamento ético de zen está sucintamente resumido nos *Ensinamentos dos sete budas*:

Não cometas males
Mas faze tudo que é bom,
E mantém teu pensamento puro —
Esse é o ensinamento de todos os Budas.
(*Manual of zen buddhism*, p. 15).

Natureza da história. Como o mundo é considerado ilusório (v. ILUSIONISMO), a história também é considerada ilusória. Passado, presente e futuro são "infinitos". Não têm realidade a não ser como manifestações da Mente (ibid., p. 53).

Supor essa existência ilusória da história não elimina de forma alguma seu papel como parte de Maya ou Ignorância. Suzuki afirma que a história é a "grande dramatização que visualiza a doutrina budista da imortalidade cármica". Assim como muitas formas de panteísmo hindu, o zen-budismo afirma a crença em carma. O conceito budista de *carma* é que "qualquer ato, bom ou mau, uma vez cometido e concebido, jamais desaparece como uma bolha na água, mas vive, potencial ou ativamente dependendo do caso, no mundo das mentes e ações". Suzuki compara a doutrina do carma à "teoria da evolução e hereditariedade agindo no nosso campo moral" (*Outlines of mahayana buddhism*, p. 183, 200, 207).

Como todas as outras coisas no mundo de dualidade, a história deve ser transcendida. Isso é feito da seguinte maneira:

Eventos passados já são passados; portanto, não pense sobre eles, e sua mente estará desligada do passado. Assim, eventos passados são eliminados. Eventos presentes já estão aqui na sua frente; então não se prenda a eles. Não se prender significa não despertar qualquer sentimento de ódio ou amor. Desse modo sua mente fica desligada do presente, e os eventos diante dos seus olhos são eliminados. Quando passado, presente e futuro são afastados dessa forma, eles são completamente eliminados [...] Se você tem a percepção totalmente clara de forma que a mente não está presa a nada, isso é ter percepção totalmente clara do seu próprio ser. Essa própria

Mente [...] é a Mente-Buda; denomina-se Mente de Emancipação, Mente de Iluminação, Mente Eterna e Ausência de Materialidade e Idealidade (*Zen buddhism*, p. 196-7).

Destino humano. O destino humano é a conquista do *nirvana* — isto é, "a aniquilação da noção de substância do eu e de todos os desejos que surgem dessa concepção errônea" e a expressão prática de "amor universal ou compaixão (*karuma*) por todos os seres" (*Outlines of mahayana buddhism*, p. 50-1). O *nirvana* às vezes é mencionado tendo quatro atributos: "é eterno porque é imaterial; é feliz porque está acima de todo sofrimento; é automático porque não conhece compulsão; é puro porque não é corrompido por paixão e erro" (ibid., p. 348; cf. 399). O nirvana também é Deus, e alcançar isso é perceber a unidade essencial com o Absoluto.

O nirvana não é atingido facilmente. Mas não envolve ascetismo, conhecimento de determinados livros ou doutrinas, nem meditação separada da vida. A realização de *nirvana*, ao contrário, começa e termina na própria vida. "Salvação [i.e., obtenção do *nirvana*] deve ser buscada no próprio finito, não há nada infinito sem as coisas finitas; se você buscar algo transcendental, isso o separará deste mundo de relatividade, que é o mesmo que a própria aniquilação. Você não quer salvação à custa da própria existência."

"O nirvana deve ser buscado no meio de samsara (nascimento e morte)." Ninguém pode escapar de samsara. É a percepção subjetiva da vida. Se uma pessoa simplesmente mudar sua percepção interior, ela verá que a realidade é "totalmente uma" (*Zen buddhism*, p. 14,15). A consciência disso na vida interior é o nirvana.

O caminho para o nirvana envolve muitas coisas. Mas o aspecto fundamental é a eliminação de todo pensamento dualista. E a raiz de tal pensamento é a lógica. Suzuki reconhece que "geralmente pensamos que 'A é A' é absoluto, e que a proposição 'A é não-A' ou 'A é B' é impensável". Mas tal pensamento só nos mantém presos de forma a não compreendermos a verdade. Portanto, devemos quebrar as cadeias da lógica e abordar a vida de um novo ponto de vista. Nessa nova experiência "não há lógica, nem filosofia; não há distorção de fatos para acomodar-se a nossas medidas artificiais; não há assassinato da natureza humana para submetê-la a dissecações intelectuais; um espírito depara com outro espírito como dois espelhos de frente um para o outro, e não há nada para intervir entre seus reflexos mútuos" (*Introdução ao zen-budismo*, p. 58-9, 61).

Para ajudar o discípulo zen a ir além da interpretação lógica da realidade, os mestres zen criaram uma abordagem da realidade que incluía afirmações e questões ilógicas assim como respostas a perguntas — chamadas *koan*. Por exemplo, uma pergunta muito familiar é: "Se você ouviu o som de uma mão [batendo palmas], você pode fazer com que eu também a ouça?" (ibid., p. 59). Uma afirmação famosa de Fudaishi ilustra graficamente a irracionalidade do zen:

> De mãos vazias eu vou, e observo a enxada em minhas mãos;
> Ando a pé, e no entanto ando no lombo de um boi;
> Quando passo sobre uma ponte, veja, a água não flui, mas sim a ponte [ibid., p. 58].

Para atingir o nirvana, é preciso transcender todas as coisas que impedem a pessoa de ver a vida na sua plenitude. Esse passo em direção ao nirvana é chamado *satori*. O *satori* é atingido por meio de *koan*. É esse processo de *koan* a *satori* e depois para nirvana que é o caminho para a felicidade espiritual (ibid., p. 60).

A essência do panteísmo absoluto de Suzuki é que o mundo de específicos é finito e infinito, relativo e absoluto, ilusório e real. O que a pessoa precisa para ver a realidade em sua plenitude é libertar-se de lógica, palavras, conceitos, abstrações — qualquer coisa que a impeça de experimentar pessoalmente o que não é nem existência nem inexistência. Quando isso ocorre o Nirvana é alcançado — a pessoa se torna um com o Todo.

Avaliação. Para uma crítica de zen, v. artigos sobre PANTEÍSMO; PRIMEIROS PRINCÍPIOS; MAL, PROBLEMA DO.

Fontes

D. CLARK, *The pantheism of Alan Watts*.
D. CLARK e N. L. GEISLER, *Apologetics in the New Age*.
N. L. GEISLER e W. WATKINS, *Worlds apart: a handbook on world views*.
S. HACKETT, *Oriental philosophy*.
D. JOHNSON, *A reasonable look at Asian religions*.
D. T. SUZUKI, *Introdução ao Zen-Budismo*.
___, *Manual of zen buddhism*.
___, *Outlines of mahayana buddhism*.
___, *Zen buddhism*.
A. W. WATTS, *O espírito do Zen*.
___, *The way of zen*.
J. I. YAMAMOTO, *Beyond buddhism*.

Bibliografia

Abanes, Richard. *Journey into the light.* Grand Rapids: Baker, 1996.
Abdalati, Hammudah. *Islam in focus.* Indianapolis: American Trust, 1975.
Abdul-Haqq, Abdiyah Akbar. *Sharing your faith with a muslem.* Minneapolis: Bethany, 1980.
Acton, H. B. Hegel, Georg Wilhelm Friedrich. In: *The encyclopedia of philosophy*, org. Paul Edwards. Vol. 3. New York: Macmillan & Free Press, 1967.
Adamson, Donald. *Blaise Pascal*: Mathematician, physicist and thinker about God. New York: St. Martin's, 1995.
Adler, Margo. *Drawing down the moon.* New York: Viking, 1979.
Adler, Mortimer Jerome. *Saint Thomas and the gentiles.* Milwaukee: Marquette University Press, 1938.
_____. *Six great ideas.* New York: Thirteen, 1982.
Adler, Mortimer Jerome. *Truth in religion*: The plurality of religions and the unity of truth. New York: Macmillan, 1990.
Afnan, S. M. *Avicenna*: His life and works. London: George Allen & Unwin, 1958.
Agassiz, Louis. *Prof. Agassiz on the origin of species.* 2nd series. Vol. 30. Cambridge, Massachusetts: June 30, 1860.
Agostinho. *A cidade de Deus.* Trad. Oscar Paes Leme. São Paulo: Edameris, 1964, 3vols.
_____. *Confissões.* Trad. J. Oliveira Santos e Ambrósio de Pina. 3. ed. São Paulo: Abril, 1984.
_____. *O livre-arbítrio.* Trad., org., introd. e notas Nair de Assis Oliveira; rev. Honório Dalbosco. São Paulo, Paulus, 1995. — (Patrística).
_____. *A doutrina cristã:* manual de exegese e formação cristã. Trad. Nair de Assis Oliveira. São Paulo: Paulinas, 1991. — (Série Espiritualidade).
_____. *Comentário da Primeira Epístola de São João.* Trad. Nair de Assis Oliveira. São Paulo: Paulinas, 1989. — (Série Espiritualidade).
_____. *A verdadeira religião.* Trad. Nair de Assis Oliveira. 2. ed. São Paulo: Paulinas, 1987. — (Série Espiritualidade).
_____. *A Trindade.* Trad. Augusto Belmonte. São Paulo: Paulus, 1994. — (Patrística; 7).
Ahmad, Mirza Bashiruddin Mahmud. *Introduction to the study of the holy Quran.* Islam International, 1989.
Ajijola, Alhaj A. D. *The essence of faith in Islam.* Lahore, Pakistan: Islamic Publications, Ltd., 1978.
Akin, James. Material and formal sufficiency. *This Rock* 4, n.º 10. (October, 1993).
Aland, Kurt. *The text of the New Testament*: an introduction to the critical editions and to the theory and practice of modern textual criticism. Grand Rapids: Eerdmans 1988.
Al-Bagillani, Richard J. McCarthy (org.). *Miracle and magic.* Place de l'Etoile: Librairie Orientale, n.d.
Albrecht, Mark. *Reincarnation: A christian appraisal.* Downers Grove: InterVarsity, 1982.
Albright, William F. *The Archaeology of Palestine.* Baltimore: Penguin, 1949.
_____. *Archaeology and the religion of Israel.* Baltimore: The Johns Hopkins Press, 1953.
_____. *From stone age to Christianity.* Garden City, N.Y.: Doubleday, Anchor, 1957.
_____. *History, Archaeology and Christian humanism.* New York: McGraw-Hill, 1964.
_____. *Recent discoveries in Bible lands.* New York: Funk & Wagnalls, 1956.
_____. Recent discoveries in Palestine and the Gospel of St. John. In: *The background of the New Testament and its eschatology*, orgs. W. D. Davies & David Daube. Cambridge: Cambridge University Press, 1954.
_____. Retrospect and prospect in New Testament archaeology. In: *The teacher's yoke,* org. E. Jerry Vardaman. Waco, Tex.: Baylor University, 1971.
_____. William Albright: Toward a more conservative view. *Christianity Today,* 18 January 1963.

ALDRIDGE, Alfred O. *Man of reason: The life of Thomas Paine*. Philadelphia: Lippincott, 1959.

_____. Paine, Thomas. In: *The Encyclopedia of Philosophy*. Vol. 6. Reimpressão Paul Edwards (org.). 5.v. 6:17-18. New York: Macmillan & Free Press, 1967.

ALHAJ, A. D. Ajijola. *The essence of faith in Islam*. Lahore, Pakistan: Islamic Publications, Ltd., 1978.

ALI, A. Yusaf. *The Holy Qur'an: Translation and Commentary*. Damascus: Ouloom Alqur'an, 1934.

_____. *The Meaning of the Glorious Qur'an*. Vol. 2. Cairo, Egypt: Dar Al-Kitab Al-Masri, n.d.

ALI, Maulu: Muhammad. *Muhammad and Christ*. Uahore: The Ahmadiyya Anjuman-i-Ishaa-i-Islam, 1921.

_____. *The Religion of Islam*. 6th ed., rev. Lahore: Ahmadiyya anjuman ishaat Islam, 1990.

ALI, Yusuf. Mudjiza. In *Shorter Encyclopedia of Islam*, org. H. A. R. Gibb & J. H. Kramers. Ithaca, N.Y.: Cornell University Press, 1953.

ALLEGRO, John M. *The Treasure of the Copper Scroll*. 2nd ed. rev. Garden City, N.Y.: Doubleday, 1965.

ALLIS, O. R. *The OT: Its Claims and Its Critics*. Grand Rapids: Baker, 1972.

ALLIS, Oswald Thompson. *The Five Books of Moses*. 2nd ed. Philadelphia: Presbyterian & Reformed, 1949.

ALTIZER, Thomas J. J. & HAMILTON, William. *Radical Theology and The Death of God*. Indianapolis: Bobbs-Merrill, 1966.

ALTIZER, Thomas. *The Gospel of Christian Atheism*. Philadelphia: Westminster, 1966.

ANDERSON, J. N. D. *A Lawyer Among the Theologians*. Grand Rapids: Eerdmans, 1973.

_____. *The World's Religions*. London: InterVarsity Fellowship, 1950.

ANDERSON, John. *Psychic Phenomena-Confessions of a New Age Warlock*. Lafayette, La.: Huntington House, 1991.

ANDERSON, Kerby. *Life, Death and Beyond*. Grand Rapids: Zondervan, 1980.

ANDERSON, Norman. *Christianity and World Religions*. Downers Grove, Ill.: InterVarsity, 1984.

_____. *Islam in the Modern World*. Leicester: Apollos, 1990.

ANDRAE, Tor. *Mohammed: The Man and His Faith*. Ed. rev. New York: Harper & Row, 1955.

ANKERBERG, John & WELDON, John. *Cult Watch*. Eugene, Ore.: Harvest House 1991.

ANSELMO. *Monologio*; *Proslógio*; *A verdade*; *O gramático*. Trad. Ângelo Ricci. 3. ed. São Paulo: Abril Cultural, 1984.

ANSELM. *Truth, Freedom, and Evil: Three Philosophical Dialogues*. Organizado e traduzido por Jasper Hopkins e Herbert Richardson. New York: Harper & Row, 1967.

ANSTEY, Martin. *Chronology of the OT: Complete in One Volume*. Grand Rapids: Kregel, 1973.

ANTES, Peter. Relations with the Unbelievers in Islami Theology. In *We Believe in One God*, org. Annemarie Schimmel & Abdoldjavad Falaturi. New York: Seabury, 1979.

ARBAUGH, G. E. & G. B. *Kierkegaard's Authorship*. London: George Allen & Unwin, 1968.

ARBERRY, A. J. *Avicenna on Theology*. London: John Murray, 1951.

ARCHER, Gleason. *Enciclopédia de temas bíblicos*. Trad. Oswaldo Pinto. 2. ed. São Paulo: Vida, 2002.

_____. *A Survey of Old Testament Introduction*. Ed. rev. Chicago: Moody, 1974.

ARCHER, John Clark. *The Sikhs*. Princeton, N.J.: Princeton University Press, 1946.

ARISTÓTELES. *Metafísica*. Trad. direta do grego por Vincenzo Cocco e notas de Joaquim Carvalho. São Paulo: Abril Cultural, 1984. (Os Pensadores; vol. 4.)

_____. *Organon*: analíticos posteriores. Lisboa: Guimaraes, 1987. (Filosofia & Ensaios)

_____. *Tópicos*. Trad. Leonel Vallandro e Gerd Bornheim. 2. ed. São Paulo: Abril Cultural, 1983. (Os Pensadores, vol. 4.)

ARISTOTLE. *The Works of Aristotle Translated Into English*. Org. W. D. Ross. Oxford: Oxford University Press, 1961.

ARMINIUS, James. *The Writings of Arminius*. 3 vols. Trad. do latim James Nichols e W. R. Bagnall. Grand Rapids: Baker, 1956.

ARMSTRONG, A. H. *The Architecture of the Intelligible Universe in the Philosophyof Plotinus; An Analytical and Historical Study*. Cambridge, Eng.: The University Press, 1967.

ARNDT, W. *Bible Difficulties: An Examination of Passages of the Bible Alleged to Be Irreconcilable with Inspiration*. St. Louis: Concordia, 1971.

_____. *Does the Bible Contradict Itself? A Discussion of Alleged Contradictions in the Bible*. 5th ed. rev. St. Louis: Concordia, 1955.

_____, William F. & GINGRICH, F. Wilbur. *A Greek-English Lexicon of the New Testament and Other Early Christian Literature*. Tradução e adaptação da 4. rev. e comentada por Walter Bauer, Chicago: University of Chicago, 1957. 2nd ed. rev., 1979.

Asimov, Isaac. *O início e o fim*. São Pualo: Círculo do Livro, [c. 1977].

'Ata ur-Rahim, Muhammad. *Jesus: Prophet of Islam*. New York: Diwan, n.d.

Atenágoras. In: *Padres apologistas*. Intr. Roque Frangivotti. São Paulo: Paulus, 1995. (Patrística; 2).

_____. *Apologia pro Christianis*. Org. e trad. William R. Schoedel. Oxford: Clarendon, 1972.

_____. *De resurrectione*. Org. e trad. William R. Schoedel. Oxford: Clarendon, 1972.

Augustine, St. Against the Epistle of the Manichaeans. In: *Nicene and Post-Nicene Fathers*, org. Philip Schaff. 14 vols. 1st series. 1886–94. Reprint, Grand Rapids: Eerdmans, 1952.

_____. Against Lying. In: *Nicene and Post-Nicene Fathers*., Augustine, St. AntiManichaean Writings. In: *Nicene and Post-Nicene Fathers*, org. Philip Schaff. 14 vols. 1st series. 1886–94. Reprint, Grand Rapids: Eerdmans, 1952.

_____. Enchiridon. In: *Nicene and Post-Nicene Fathers*, org. Philip Schaff. 14 vols. 1st series. 1886–94. Reprint, Grand Rapids: Eerdmans, 1952.

_____. Letters 82,3. In: *The Nicene and Post-Nicene Fathers of the Christian Church*, org. Philip Schaff, 1st series, vols. 1–7 (1886–1888) Reprint, Grand Rapids: Eerdmans, 1979.

_____. *The Literal Meaning of Genesis*. Org. John Taylor. New York: Newman, 1982.

_____. On the Creed. In: *Nicene and Post-Nicene Fathers,*. org. Philip Schaff. 14 vols. 1st series. 1886–94. Reprint, Grand Rapids: Eerdmans, 1952.

_____. On Grace and Free Will. In: *The Ante-Nicene Fathers*, org. Alexander Roberts and James Donaldson. Vol. 2. Grand Rapids: Eerdmans, 1885.

_____. On Lying. In: *Nicene and Post-Nicene Fathers*, org. Philip Schaff. 14 vols. 1st series. 1886–94. Reprint, Grand Rapids: Eerdmans, 1952.

_____. On the Morals of the Catholic Church. In: *Nicene and Post-Nicene Fathers*, org. Philip Schaff. 14 vols. 1st series. 1886–94. Reprint, Grand Rapids: Eerdmans, 1952.

_____. On the Nature of Good. In: *Nicene and Post-Nicene Fathers*, org. Philip Schaff. 14 vols. 1st series. 1886–94. Reprint, Grand Rapids: Eerdmans, 1952.

_____. On Predestination 5. In: *Nicene and Post-Nicene Fathers*, org. Philip Schaff. 14 vols. 1st series. 1886–94. Reprint, Grand Rapids: Eerdmans, 1952.

_____. On the Soul and Its Origin. In: *Nicene and Post-Nicene Fathers*, org. Philip Schaff. 14 vols. 1st series. 1886–94. Reprint, Grand Rapids: Eerdmans, 1952.

_____. Reply to Faustus the Manichaean. In: *Nicene and Post-Nicene Fathers*, org. Philip Schaff. 14 vols. 1st series. 1886–94. Reprint, Grand Rapids: Eerdmans, 1952.

Avicena. *Metaphysica sive Prima Philosophia*. Louvain: Edition de la bibliotheque, 1961.

Ayer, A. J. *Foundations of Empirical Knowledge*. London: Macmillan, 1964.

_____. *Language, Truth and Logic*. New York: Dover, 1952.

_____. *Philosophical Essays*. New York: St. Martin's, 1969.

_____. *The Problem of Knowledge*. London: Macmillan, 1956.

Bacon, Francis. *Novum organum ou Verdadeiras indicações acerca da interpretação da natureza*. 3. ed. São Paulo: Abril, 1984. (Os Pensadores).

Baldwin, Lindley. *Samuel Morris: The March of Faith*. Minneapolis: Dimension, 1942.

Balic, Smail. The Image of Jesus in Contemporary Islamic Theology. In: *We Believe in One God*, Org. Annemarie Shimmel and Abdoldjavad Falaturi. New York: Seabury, 1979.

Barbet, Pierre. *A Doctor at Calvary*. Garden City, N.Y.: Doubleday, 1953.

_____. *A Doctor at Calvary; the Passion of Our Lord Jesus Christ as Described by a Surgeon*. New York: Image, 1963.

Barbour, Ian G. *Issues in Science and Religion*. Englewood Cliffs, N.J.: Prentice-Hall, 1966.

Baron, Salo, org. *Essays on Maimonides*. New York: AMS, 1966.

Barrett, William. *Irrational Man: A Study in Existential Philosophy* New York: Doubleday, 1958.

Barrow, John D. *The Anthropic Cosmological Principle*. New York: Oxford University Press, 1986.

Barth, Karl. *Church Dogmatics*. Introd. de Helmut Gollwitzer. Trad. e org. G. W. Bromiley. New York: Harper Torchbooks, 1961.

_____. An Introductory Essay. In: *The Essence of Christianity,* org. Ludwig Feuerbach. New York: Harper & Brothers, 1957.

_____. *From Rousseau to Ritschl*. London: SCM, 1959.

_____. *The Resurrection of the Dead*. Trad. H. J. Stenning. New York: Arno, 1977.

_____. *The Theology of Schleiermacher.* Org. Deitrich Ritschl. Trad. Geoffrey W. Bromiley. Grand Rapids: Eerdmans, 1982.
BARTHELEMY, D. & MILIK, J. T. *Ten Years of Discovery in the Judaean Desert.* London: Oxford University Press, 1955.
BAYLE, Pierre. *Selections from Bayle's Dictionary.* Trad. R. H. Popkin. Indianapolis: Bobbs-Merrill, 1965.
BEAUVOIR, Simone de. *The Ethics of Ambiguity.* Trad. Bernard Frechtman. NewYork: Philosophical Press, 1948.
BECK, William David. *Opening the American Mind: The Integration of Biblical Truth in the Curriculum of the University.* Grand Rapids: Baker, 1991.
BECKER, Carl. Detachment and the Writing of History. In: *Detachment and the Writing of History,* org. Phil L. Snyder. Westport, Conn.: Greenwood, 1972.
BECKWITH, Roger. *The Old Testament Canon of the New Testament Church and Its Background in Early Judaism.* Grand Rapids: Eerdmans, 1986.
BEHE, Michael J. *A caixa preta de Darwin*: o desafio da bioquímica à teoria da evolução. Trad. Ruy Jungmann. Rio de Janeiro: Zahar, 1997.
BEISNER, E. Calvin. *God in Three Persons.* Wheaton, Ill. : Tyndale House, 1984.
BELD, Scott C. et al. *The Tablets of Ebla: Concordance and Bibliography.* Winona Lake, Ind.: Eisenbrauns, 1984.
BELL, Richard. *The Origin of Islam in Its Christian Environment.* Frank Cass, 1968.
BERGSON, Henri. *Creative Evolution.* 1911. Reprint Trad. Arthur Mitchell. Westport, Conn.: Greenwood, 1977.
BERKOUWER, G. C. *General Revelation.* Grand Rapids: Eerdmans, 1955.
_____. *Man: The Image of God.* Trad. Dirk W. Jellema. Grand Rapids: Eerdmans, 1962.
BERNARD, J. H. Note F: The Improbability of Miracle In: *Analogy of Religion,* org. Joseph Butler. London: Macmillan, 1900.
BETTENSON, Henry, org. *Documentos da igreja cristã.* Trad. Helmuth Alfred Simon. Rev., cor. e atual. por Gerson Correia de Lacerda. São Paulo: Aste/ Simpósio, 1998.
BETTIS, Joseph Dabney. A Critique of the Doctrine of Universal Salvation. *Religious Studies* 6 (1970).
Bhagavad-Gita: canção do divino mestre. Trad. Rogério Duarte. São Paulo: Companhia das Letras, 1998.
BIMSON, John & LIVINGSTON, David. Redating the Exodus. *Biblical Archeology Review* (September/ October 1987).
BIRD, Wendel. R. *The Origin of Species Revisited.* 2 vols. New York: Philosophical Library, 1987-89.
BLACK, M. *The Scrolls and Christian Origins.* New York: Scribner, 1961.
BLAKNEY, Raymond Bernard. *Meister Eckhart: A Modern Translation.* New York: Harper & Row, 1941.
BLOCKMUEHL, Klaus. *The Challenge of Marxism.* Colorado Springs: Helmers & Howard, 1986.
BLOMBERG, Craig. *The Historical Reliability of the Gospels.* Downers Grove, Ill.: InterVarsity, 1987.
BLOOM, Alan. *O declínio da cultura ocidental*: da crise da universidade a crise da sociedade. Trad. João Alves dos Santos. São Paulo: Best Seller, 1989.
BLUM, Harold F. *Time's Arrow and Evolution.* Princeton, N.J.: Princeton University Press, 1955.
BOEHNER, Philotheus, org. *Ockham: Philosophical Writings.* Seleções com traduções. Edinburgh, 1957.
BOETH, Jennifer. In: Search of Past Lives: Looking at Yesterday to Find Answers for Today. *Dallas Times Herald.* 3 April 1983.
BOICE, James. M. *Foundations of the Christian Faith.* Downers Grove, Ill.: InterVarsity, 1986.
BOLICH, Gregory G. *Karl Barth and Evangelicalism.* Downers Grove, Ill.: InterVarsity, 1980.
BORG, Marcus. *Jesus in Contemporary Scholarship.* Valley Forge, Pa.: Trinity Free Press, 1994.
BORG, Marcus. *Meeting Jesus Again for the First Time.* San Francisco: Harper San Francisco, 1993.
BOUDREAU, Albert H. *The Born-Again Catholic.* Locust Valley: Living Flame, 1983.
BOUQUET, A. C. *Sacred Books of the World.* Baltimore: Penguin, 1959.
BOWLE, J. *Hobbes and His Critics: A Study of Seventeenth-Century Constitutionalism.* London: Cape, 1951.
BOYD, Gregory A. *Jesus Under Siege.* Wheaton, Ill.: Victor, 1995.
BOYER, Louis. *The Spirit and Forms of Protestantism.* Westminster, Md.: The Newman, 1961.
BRAATEN, C. E. Martin Kahler on the Historic, Biblical Christ. In: *The Historical Jesus and the Kerygmatic Christ,* org. R. A. Harrisville. New York: Abingdon, 1964.
BRADLEY, F. H. *The Presuppositions of Critical History.* Chicago: Quadrangle, 1968.
BRAND, Paul. Com Philip Yancey. A Surgeon's View of Divine Healing. *Christianity Today.* 25 November 1983.
BRANDEN, Barbara. *The Passion of Ayn Rand.* Garden City, N.Y.: Doubleday, 1986.
BRANDT, Richard. *The Philosophy of Friedrich Schleiermacher.* New York: Harper & Brothers, 1941.
BRASWELL, George, W., Jr. *Understanding World Religions.* Nashville, Tenn.: Broadman & Holman, 1994.

BREE, Germaine. *Camus*. New Brunswick, N.J.: Rutgers University Press, 1972.
BREHIER, Emily. *The Philosophy of Plotinus*. Trad. Joseph Thomas. Chicago: University of Chicago Press, 1958.
BRIGHTMAN, Edgar S. *A Philosophy of Religion*. New York: Prentice-Hall, 1940.
BROOKS, J. & SHAW, Gordon. *Origin and Development of Living Systems*. New York: Academic, 1973.
BROWN, C. *Miracles and the Critical Mind*. Grand Rapids: Eerdmans, 1984.
BROWN, Colin, org. *The New International Dictionary of New Testament Theology*. 3 vols. Trad. Lothar Coenen, Erich Beyreuther e Hans Beitenhard, orgs. *Theologisches Begriffslexikon zum Neuen Testament* (1967–71). Grand Rapids: Zondervan, 1975-1978.
_____. Sign, Wonder, Miracle. In: *The New International Dictionary of New Testament Theology*, org. Colin Brown. Vol. 2 Trad. Lothar Coenen, Erich Beyreuther e Hans Beitenhard, orgs. *Theologisches Begriffslexikon zum Neuen Testament* (1967– 71). Grand Rapids: Zondervan, 1975–78.
BROWN, Harold O. J. *The Protest of a Troubled Protestant*. Grand Rapids: Zondervan, 1969.
BRUCE, F. F. *The Books and the Parchments*. Old Tappan, N.J.: Revell, 1984.
_____. *Commentary on the Acts of the Apostles*. Grand Rapids: Eerdmans, 1954.
_____. *Commentary on the Epistles to the Ephesians and Colossians*. Grand Rapids: Eerdmans, 1957.
_____. *In Defense of the Gospel*. Grand Rapids: Eerdmans, 1977.
_____. *Jesus and Christian Origins Outside the New Testament*. Grand Rapids: Eerdmans, 1974.
_____. *Merece confiança o Novo Testamento?* Trad. Waldyr Carvalho Luz. 2. ed. São Paulo: Vida Nova, 1990.
_____. *Paul and Jesus*. Grand Rapids: Baker, 1974.
_____. *Peter, Stephen, James and John*. Grand Rapids: Eerdmans, 1979.
_____. *Second Thoughts on the Dead Sea Scrolls*. Grand Rapids: Eerdmans, 1956.
_____ & MARTIN, William J. Two Laymen on Christ's Deity. *Christianity Today*, 18 December1964.
BRUMMER, Vincent. *Transcendental Criticism and Christian Philosophy*. Franeker, Netherlands: T. Wever, 1961.
BRUNNER, Emil. *The Christian Doctrine of God*. Vol. 1, *Dogmatics*. Trad. Olive Wyon. London: Lutterworth, 1949.
_____. *The Divine-Human Encounter*. Trad. Amandus W. Loos. Philadelphia: Westminster, 1943.
_____. *The Mediator: A Study of the Central Doctrine of the Christian Faith*. Trad. Olive Wyon. Philadelphia: Westminster, 1947.
_____. *The Philosophy of Religion from the Standpoint of Protestant Theology*. Trad. A. J. D. Farrer and Bertram Lee Woolf. London: James Clarke, 1937. Reprint, 1958.
_____. *Revelation and Reason*. Philadelphia: Westminster, 1946.
BUBER, Martin. *Eclipse of God: Studies in the Relation Between Religion and Philosophy*. New York: Harper Torchbooks, 1957.
_____. *I and Thou*. Trad. Ronald Gregor Smith. 2nd ed. New York: Charles Scribner's Sons, 1958.
BUCAILLE, Maurice. *A Bíblia, o Alcorão e a ciência*: as escrituras sagradas examinadas à luz do conhecimento moderno. Ed. rev. E adpt. Por Samir El Hayek. São Bernardo do Campo, SP: Centro de Divulgação do Islam para a América Latina, [1994?].
BUCKLEY, William F. A transcript of Firing Line. 17 October 1971.
BUCKLIN, Robert. The Legal and Medical Aspects of the Trial and Death of Christ. *Medicine, Science and the Law* (January, 1970).
BUELL, Jon A. & HYDER, Quentin O. *Jesus: God, Ghost or Guru*. Grand Rapids: Zondervan, 1978.
BUKHARI. *The Translation of the Meanings of Sahih Al-Bukhari*. Trad. Muhammad Musin Kham. 10 vols. Al-Medina: Islamic University.
BULTMANN, Rudolf. *Kerygma and Myth: A Theological Debate*. Org. Hans Werner Bartsch. Trad. Reginald H. Fuller. London: Billing & Sons, 1954.
BURRILL, Donald R., org., *The Cosmological Arguments: A Spectrum of Opinion*. Garden City, N.Y.: Doubleday, 1967.
BURROWS, Millar. *More Light on the Dead Sea Scrolls*. New York: Viking, 1958.
_____. *What Mean These Stones?* New Haven, Conn.: American Schools of Oriental Research, 1941.
BUSH, Russ L., org. *Classical Readings in Christian Apologetics, A.D. 100–1800*. Grand Rapids: Academie , 1983.
BUSWELL, James O. *The Philosophies of F. R. Tennant and John Dewey*. New York: Philosophical Library, 1950.
_____. *A Systematic Theology of the Christian Religion*. Grand Rapids: Zondervan, 1972.
BUTLER, Joseph. *The Analogy of Religion Natural and Revealed to the Constitution and Course of Nature*. 3rd ed. London: George Routledge and Sons, 1887; first published, 1872.

_____. *Fifteen Sermons.* Charlottesville, Va.: Lincoln-Rembrandt, 1993.
_____. *The Works of Joseph Butler.* Org. W. E. Gladstone. Oxford, 1897.
CALDWELL, William. *Schopenhauer's System in Its Philosophical Significance.* 1896 Reprint, Bristol, England: Thoemmes, 1993.
CALVIN, John. *Calvin's Commentaries: Epistles of Paul to the Romans and Thessalonicians.* 22 vols. Org. David W. Torrance and Thomas F. Torrance. Grand Rapids: Eerdmans, 1972.
CALVINO, João. *As institutes, ou, Tratado da religão cristã.* Trad. Waldyr Carvalho Luz. São Paulo: Casa Ed. Presbiteriana, 1985-.
CAMPBELL, William. *The Qur'an and the Bible in the Light of History and Science.* Middle Eastern SIM Resources, n.d.
CAMUS, Albert *The Myth of Sisyphus and Other Essays.* Trad. Justin O'Brien New York: Random House, 1955.
_____. *A peste.* Trad. Valery Rumjanek. 2. ed. Rio de Janeiro: Record, [1982?].
CAPRA, Fritjof. *O Tal da Física*: um paralelo entre a física moderna e o misticismo oriental. Trad. José Ferandes Dias; rev. téc. Newton Roberval Eichemberg. São Paulo: Cultrix, 1985.
CARMICAL, Frank. The Unknown and Unread Soren Kierkegaard: An Orthodox, Evangelical Christian. *Studia Theologica Et Apologia* 1, no. 3 (1985): 1–29.
CARNELL, Edward John. *An Introduction to Christian Apologetics: A Philosophic Defense of the Trinitarian-theistic Faith.* 5th ed. Grand Rapids : Eerdmans, 1956.
CARSON, D. A. *The Gagging of God.* Grand Rapids: Zondervan, 1996.
_____. *The Gospel According to John.* Grand Rapids: Eerdmans, 1991.
_____. Redaction Criticism: On the Legitimacy and Illegitimacy of a Literary Tool. In: *Scripture and Truth*, org. D. A. Carson and John D. Woodbridge, 119–42. Grand Rapids: Baker, 1992.
CARVER, W. O. Edgar Young Mullins—Leader and Builder. *Review and Expositor* (April, 1929).
CASSIUS, Dio. *Roman History.* 69.11.2. See *Documents for the Study of the Gospels*, org. David R. Cartlidge and David L. Dungan. Cleveland: William Collins, 1980.
CASTANEDA, Carlos. *Porta para o inferno.* 5. ed. Trad. Luzia Machado da Costa. Rio de Janeiro: Record, [1980?].
_____. *The Teachings of Don Juan.* Berkeley: University of California Press, 1968.
CAVENDISH, Marshall. Nostradamus. In: *Man, Myth and Magic: The Illustrated Encyclopedia of Mythology, Religion, and the Unknown.* Nova edição organizada e compilada por Yvonee Deutc. New York: Marshall Cavendish, 1983.
CELSUS. *On the True Doctrine (or Discourse).* Trad. R. Joseph Hoffman. New York: Oxford University Press, 1987.
CHADWICK, H. Justin Martyr's Defense of Christianity. *Bulletin of the John Ryland Library* 47 (1965).
CHAMBERLAIN, W. B. *Heaven Wasn't His Destination: The Philosophy of Ludwig Feuerbach.* London: Allen & Unwin, 1941.
CHARLESWORTH, James H., org. *The Dead Sea Scrolls.* Vol. 4, *Angelic Liturgy, Prayers, and Psalms.* Louisville, Ky.: Westminster/John Knox, 1997.
Charlesworth, J. et al. *Jesus and the Dead Sea Scrolls.* New York: Doubleday, 1992.
CHARNOCK, Stephen. *Discourses upon the Existence and Attributes of God.* 2 vols. Reprint, Grand Rapids: Baker, 1979.
CHEMNITZ, Martin. *Examination of the Council of Trent.* St. Louis: Concordia, 1971.
CHESTERTON, G. K. *The Autobiography of G. K. Chesterton.* New York: Sheed & Ward, 1936.
_____. *The Catholic Church and Conversion.* New York: Macmillan, 1951.
_____. *Chaucer.* New York: Sheed & Ward, 1956.
_____. *Five Types.* London: Henry Holt, 1911.
_____. *Generally Speaking.* New York: Dodd, Mead, 1929.
_____. *A Handful of Authors: Essays on Books and Writers.* New York: Sheed & Ward, 1953.
_____. *Heretics.* New York: Devin Adair, 1950.
_____. *Orthodoxy.* New York: Dodd, Mead, 1954.
_____. *Saint Thomas Aquinas.* Garden City, N.Y.: Doubleday, 1956.
_____. *St. Francis of Assisi.* Garden City, N.Y.: Doubleday, 1954.
_____. *The Thing: Why I Am a Catholic.* New York: Dodd, Mead, 1946.
CHILDS, Brevard S. *Introduction to the Old Testament as Scripture.* London: SCM, 1983.
_____. *The New Testament as Canon: An Introduction.* Valley Forge, Pa.: Trinity Press International, 1985.
CHISHTI, Yousuf, Saleem. *What is Christianity: Being A Critical Examination of Fundamental Doctrines of the Christian Faith.* Karachi, Pakistan: World Federation of Islamic Missions, 1970.

CLAPP, James Gordon. Locke, John. In: *Encyclopedia of Philosophy*, org. Paul Edwards. Vol. 4. New York: Macmillan and The Free Press, 1967.
CHRYSSIDES, George D. Miracles and Agents. *Religious Studies,* 11. September 1975.
CLARK, David. *Dialogical Apologetics.* Grand Rapids: Baker, 1993.
_____. *The Pantheism of Alan Watts.* Downers Grove, Ill.: InterVarsity, 1978.
CLARK, David & GEISLER, Norman L. *Apologetics in the New Age.* Grand Rapids: Baker, 1990.
CLARK, Gordon. Apologetics. In: *Contemporary Evangelical Thought,* org. Carl F. H. Henry. Grand Rapids: Baker, 1968.
_____. The Bible as Truth. *Bibliotheca Sacra* 114 (April, 1957).
_____. *A Christian Philosophy of Education.* 2nd ed. rev. Jefferson, Md.: Trinity Foundation, 1988.
_____. *A Christian View of Men and Things.* Grand Rapids: Eerdmans, 1952.
_____. *Dewey.* Philadelphia: Presbyterian & Reformed, 1960.
_____. *Historiography: Secular and Religious.* Grand Rapids: Baker, 1971.
_____. *The Johannine Logos.* Nutley, N.J.: Presbyterian & Reformed, 1972.
_____. *Karl Barth's Theological Method.* Philadelphia: Presbyterian & Reformed, 1963.
_____. *Religion, Reason and Revelation.* Philadephia: Presbyterian & Reformed, 1961.
_____. *Selections from Hellenistic Philosophy.* New York: Irvington, 1978.
_____. Special Divine Revelation as Rational. In: *Revelation and the Bible,* org. Carl Henry. Grand Rapids: Baker, 1969.
_____. *Thales to Dewey: A History of Philosophy.* 1957. Reprint, Grand Rapids: Baker, 1980.
_____. Truth. In: *Baker's Dictionary of Theology,* org. Everett F. Harrison. Grand Rapids: Baker, 1960.
CLARK, Ronald W. *Einstein: His Life and Times.* New York: Avon, 1984.
CLARKE, Andrew D. & WINTER, Bruce W. (orgs.). *One God, One Lord: Christianity in a World of Religious Pluralism.* Grand Rapids: Baker, 1993.
CLEMENT OF ALEXANDRIA. Exhortation to the Heathen. In: *Ante-Nicene Fathers,* org. Alexander Roberts and James Donaldson. Grand Rapids: Eerdmans, 1989.
_____. *Stromata* In: *Ante-Nicene Fathers,* org. Alexander Roberts and James Donaldson. Grand Rapids: Eerdmans, 1989.
CLOUD, Preston. Pseudofossils: A Plea for Caution. *Geology* (November, 1973.
COBB, John B., Jr. *A Christian Natural Theology.* Philadelphia: Westminster, 1965.
COBB, John B., Jr. & GRIFFIN, David Ray. *Process Theology: An Introductory Exposition.* Philadelphia: Westminster, 1976.
COLLINS, David. Was Noah's Ark Stable? *Creation Research Society Quarterly* 14 (1977).
COLLINS, James. *The Existentialists.* Chicago: H. Regnery, 1952.
_____. *God in Modern Philosophy.* Westport, Conn.: Greenwood, 1978.
_____. *A History of Modern European Philosophy.* Milwaukee: Bruce, 1954.
COMFORT, Philip W. & BARRETT, David P. *The Complete Text of the Earliest New Testament Manuscripts.* Grand Rapids: Baker, 1998.
COMTE, Auguste. *Curso de filosofia positiva; Discurso preliminar sobre o conjunto do positivismo; Catecismo positivista.* Trad. José Arthur Giannotti e Miguel Lemos. São Paulo: Nova Cultural, c. 1996.
CONRADIE, A. L. *The Neo-Calvinistic Concept of Philosophy.* Natal: University Press, 1960.
COOK, Edward M. *Solving the Mysteries of the Dead Sea Scrolls: New Light on the Bible.* Grand Rapids: Zondervan, 1994.
COOK, Stanley Arthur. *The Cambridge Ancient History.* London: Cambridge University Press, 1965.
COPI, Irving M. *Introduction to Logic.* 7th ed. New York: Macmillan, 1986.
COPLESTON, Frederick C. *Arthur Schopenhauer: Philosopher of Pessimism.* S. I. Burn, Oates and Wahbourne, 1947.
_____. *The History of Philosophy.* Vol. 1, *Greece and Rome.* Garden City, N.Y.: Image, 1962.
CORDUAN, Winfried. A Hair's Breadth from Pantheism: Meister Eckhart's God-Centered Spirituality. *Journal of the Evangelical Theological Society* 37 (1994): 263–74.
_____. *Neighboring Faiths: A Christian Introduction to World Religions.* Downers Grove, Ill.: InterVarsity, 1998.
_____. *Reasonable Faith: Basic Christian Apologetics.* Nashville, Tenn.: Broadman & Holman, 1993.
_____. Transcendentalism: Hegel. In: *Biblical Errancy: An Analysis of its Philosophical Roots,* org. Norman L. Geisler, 81–101. Grand Rapids: Zondervan, 1981.
CORWIN, Charles. *East to Eden? Religion and the Dynamics of Social Change.* Grand Rapids: Eerdmans, 1972.

COURVILLE, Donovan A. *The Exodus Problem and Its Ramifications.* Loma Linda, Calif.: Challenge, 1971.
COUSINS, Ewert H., org. *Process Theology: Basic Writings.* New York: Newman, 1971.
CRAGG, Kenneth. *The Call of the Minaret.* New York: Oxford University Press, 1964.
_____. Contemporary Trends in Islam. In: *Muslims and Christians on the Emmaus Road,* org. J. Dudley Woodberry. Monrovia, 1989.
_____. *Jesus and the Muslim: An Exploration.* London: George Allen & Unwin, 1985.
CRAIG, William. *Apologetics: An Introduction.* Chicago: Moody, 1989.
CRAIG, William Lane. *Assessing the New Testament Evidence for the Historicity of the Resurrection of Jesus.* Lewiston: Mellen, 1989.
_____. *Divine Foreknowledge and Human Freedom: the Coherence of Theism : Omniscience.* New York : E. J. Brill, 1990.
_____. *The Existence of God and the Beginning of the Universe.* San Bernardino: Here's Life, 1979.
_____. *The Kalam Cosmological Argument.* London: Macmillan, 1979.
_____. *Knowing the Truth About the Resurrection.* Ed. rev. Ann Arbor: Servant, 1981.
_____. *The Only Wise God: the Compatibility of Divine Foreknowledge and Human Freedom.* Grand Rapids: Baker, 1987.
CRAIG, W. L. & SMITH, Quentin. *Theism, Atheism, and Big Bang Cosmology.* Oxford: Clarendon, 1993.
CRAIGHEAD, Houston. Non-Being and Hartshorne's Concept of God. *Process Studies* 1 (1971):9–24.
_____. Response. *The Southwestern Journal of Philosophy* 5 (1974).
CREME, Benjamin. *Message from Maitreya the Christ and the Masters of Wisdom.* North Hollywood, Calif.: Tara Center, 1980.
CROCKETT, William V., org. *Fours Views on Hell.* Grand Rapids: Zondervan, 1992.
_____. Will God Save Everyone in the End? In: *Through No Fault of Their Own: The Fate of Those Who Have Never Heard,* org. William V. Crockett and James G. Sigountos. Grand Rapids: Baker, 1991.
CROCKETT, William V. & SIGOUNTOS, James G., orgs. *Through No Fault of Their Own? The Fate of Those Who Have Never Heard.* Grand Rapids Baker, 1991.
CROMWELL, R. S. *David Friedrich Strauss and His Place in Modern Thought.* Fair Lawn, N.J.: R. E. Burdick, 1974.
CROSS, F. L. Athenagoras. In: *The Oxford Dictionary of the Christian Church,* org. F. L. Cross. 2nd ed. London: Oxford University Press, 1974.
_____. Celsus. In: *The Oxford Dictionary of the Christian Church,* org. F. L. Cross. 2nd ed. London: Oxford University Press, 1974.
_____. Essenes. In: *The Oxford Dictionary of the Christian Church,* org. F. L. Cross. 2nd ed. London: Oxford University Press, 1974.
_____. Eusebius. In: *The Oxford Dictionary of the Christian Church,* org. F. L. Cross. 2nd ed. London: Oxford University Press, 1974.
_____. Marcion. In: *The Oxford Dictionary of the Christian Church,* org. F. L. Cross. 2nd ed. London: Oxford University Press, 1974.
CROSS, F. L. et al. orgs. Pascal, Blaise. In: *The Oxford Dictionary of the Christian Church.* 2nd ed. London: Oxford University Press, 1974.
CROSS, F. L. & LIVINGSTONE, E. A. orgs. *The Oxford Dictionary of the Christian Church.* 2nd ed. London: Oxford University Press, 1974.
CROSSAN, John Dominic. *The Historical Jesus: The Life of a Mediterranean Peasant.* San Francisco: Harper San Francisco, 1991.
CULLMANN, Oscar. *The Christology of the New Testament.* London: SCM, 1959.
CUSTANCE, Arthur. *The Doorway Papers.* Vol. 2, *Genesis and Early Man.* Grand Rapids: Zondervan, 1975.
CUSTANCE, Arthur. *The Doorway Papers.* Vol. 9, *The Flood: Local or Global?* Grand Rapids: Zondervan, 1979.
_____. *The Doorway Papers.* Vol. 1, *Noah's Three Sons.* Grand Rapids: Zondervan, 1975.
_____. *The Genealogies of the Bible: A Study of the Names in Genesis 10.* Ottawa: N.p., 1964.
_____. *Genesis and Early Man.* Grand Rapids: Zondervan, 1975.
DAHOOD, Michael. Are the Ebla Tablets Relevant to Biblical Research? *Biblical Archaeology Review* (September–October, 1980).
DANIELOU, Jean. *Origen.* New York: Sheed & Ward, 1983.

Darrow, Clarence. *The Story of My Life*. New York: Charles Scribner's Sons, 1932.
Darwin, Charles. *Autobiografia*: 1809-1882. Trad. Vera Ribeiro; notas Francis Darwin; apresentação Ricardo Ferreira. Rio de Janeiro: Contraponto, 2000
_____. *The Descent of Man and Selection in Relation to Sex*. New York: D. Appleton, 1896.
_____. *A origem das espécies e a seleção natural*. Trad. Edurardo Fonseca. 5. ed. São Paulo: Hemus, [1995?].
Darwin, Francis. *The Life and Letters of Charles Darwin*. Vol. 3. London: John Murray, 1888.
Dashti, Ali. *Twenty Three Years: A Study of the Prophetic Career of Mohammad*. London: George Allen & Unwin, 1985.
Davidson, Bruce W. Reasonable Damnation: How Jonathan Edwards Argued for the Rationality of Hell. *Journal of the Evangelical Theological Society* 38, no. 1 (1995).
Davies, Philip R. *Daniel*. Sheffield: JSOT, 1985.
Davis, C. Truman. The Crucifixion of Jesus: The Passion of Christ from a Medical Point of View. *Arizona Medicine* (March 1965): 183–87.
David, George T. B. *Fulfilled Prophecies That Prove the Bible*. Philadelphia: Million Testaments Campaign, 1931.
Davis, John J. *Foundations of Evangelical Theology*. Grand Rapids: Baker, 1994.
Davis, Percival & Kenyon, Dean H. *Of Pandas and People: The Central Question of Biological Origins*. Org. Charles B. Thaxton. Dallas, Tex.: Haughton, 1993.
Dawud, Abdu L-Ahad. *Muhammad in the Bible*. 2nd ed. Kuala Lumpur: Pustaka Antara, 1979.
De Arteaga, William. *Past Life Visions: A Christian Exploration*. New York: Seabury, 1983.
De Beauvoir, Simone. *The Ethics of Ambiguity*. Trad. Bernard Frechtman Secaucus, N.J.: Citadel, 1948.
De Boer, T. J. *The History of Philosophy in Islam*. Trad. Edward R. Jones. New Delhi: Cosmo, 1983.
De Mille, Richard, org. *The Don Juan Papers*. Santa Barbara, Calif.: Ross Erickson, 1980.
De Saussure, Ferdinand. *Cours de Linguistique Generale*. Org. Charles Bally e Albert Sechebaye com a colaboração de Albert Riedilinger. Trad. e anotada por Roy Harris. LaSalle, Ill.: Open Court, 1986.
De Silva, Lynn. *Reincarnation in Buddhist and Christian Thought*. Colombo: Christian Literature Society of Ceylon, 1968.
Deedat, Ahmed. *Is the Bible God's Word?*. South Africa: N.p., 1987.
Deferrari, R. J. *A Complete Index of the Summa Theologiae of St. Thomas Aquinas*. Catholic University of America Press, 1956.
_____. *A Lexicon of St. Thomas Aquinas Based on Summa Theologiae and Select Passages of His Other Work*. Catholic University of America Press, 1960.
Deferrari, R. J. A. *Latin-English Dictionary of Thomas Aquinas*. Daughters of St. Paul, 1960.
Deissmann, Adolf. *Light from the Ancient East*. Trad. L. R. M. Strachan. New York: Harper, 1923.
Delaney, John J. & Tobin, James Edward. *Dictionary of Catholic Biography*. Garden City, N.Y.: Doubleday, 1961.
Delbert, Pierre & Ernest, Louis. *La science et la realite*. Paris: Flammarion, 1920.
Delvolve, Jean. *Religion, Critique et Philosophie Positive chez Pierre Bayle*. Paris: Felix Alcan, 1906.
Demarest, Bruce A. *General Revelation: Historical Views and Contemporary Issues*. Grand Rapids: Zondervan, 1983.
_____. Process Theology and the Pauline Doctrines of the Incarnation. In: *Pauline Studies: Essays Presented to F. F. Bruce on His 70th Birthday*, org. por Donald A. Hagner e Murray J. Harris. Exeter Paternoster., 1980.
Denton, Michael *Evolution: A Theory in Crisis*. Bethesda, Md: Adler & Adler, 1985.
Denzinger, Henry. *The Sources of Catholic Dogma*. Trad. Roy J. Deferrari. London: B. Herder, 1957.
Dermenghem, Emile. *Muhammad and the Islamic Tradition*. Trad. Jean M. Watt. Westport, Conn.: Greenwood, 1974.
Derrida, Jacques. *The Ear of the Other*. New York: Schocken, 1985.
_____. *Edmund Husserl's Origin of Geometry: An Introduction*. Lincoln: University of Nebraska, 1989.
_____. *Gramatologia*. São Paulo: Perspectiva, 1973.
_____. *Limited Inc*. Trad. Constança Marcondes Cesar. Campinas, SP: Papirus, 1991.
_____. *Paixões*. Trad. Loriz Z. Machado. Campinas: Papirus, 1995.
_____. *Espectros de Marx*: o estado da dívida, o trabalho de luto e a nova internacional. Rio de Janeiro: Relume-Dumara, 1994.
_____. *A voz e o fenômeno*: introdução ao problema do signo na fenomenologia de Husserl. Lucy Magalhães. Rio de Janeiro: Zahar, 1994.
_____. *A escritura e a diferença*. 2 ed. Trad. Maria Beatriz Marques Nizza da Silva. São Paulo: Perspectiva, 1995. — (Debates; 49).

Descartes, Rene. *Discurso do método*. Trad. Maria Ermantina Galvão G. Pereira. 2 ed. São Paulo: Martins Fontes, 1996.
_____. *Meditações*. Trad. Jacó Guinsburg. São Paulo: Nova Cultura, 1988. — (Os Pensadores).
Dewey, John *A Common Faith*. London:Yale University Press, 1934.
_____. *Recontruction and Philosophy*. London: University of London Press, 1921.
Diamond, Malcolm L. Miracles, *Religious Studies*. 9 (1973).
Dickason, C. Fred. *Angels: Elect and Evil*. Chicago: Moody, 1995.
Dixon, Larry. *The Other Side of the Good News: Confronting the Contemporary Challenges to Jesus' Teaching on Hell*. Wheaton, Ill.: Bridgepoint, 1992.
Dodd, C. H. *The Interpretation of the Fourth Gospel*. Cambridge: Cambridge University Press, 1968.
Dodds, E. R. *Pagan and Christian in an Age of Anxiety*. Cambridge: Cambridge University Press, 1965.
Doi, A.R.I. The Status of Prophet Jesus in Islam. *Muslim Magazine World League Journal*. (June 1982).
_____. The Status of Prophet Jesus in Islam—II. *Muslim Magazine World League Journal*. (June 1982).
Dooyeweerd, Herman. *A New Critique of Theoretical Thought*. 4 vols. Ontario: Paideia, 1984.
_____. *In The Twilight of Western Thought: Studies in the Pretended Autonomy of Philosophical Thought*. Nuttley, N.J.: Craig, 1972.
Douglas, J. D., org. *The New International Dictionary of the Christian Church*. Grand Rapids: Zondervan, 1974.
Douillet, Jacques. *What Is a Saint*. New York, 1960.
Dowling, Levi H. *The Aquarian Gospel of Jesus the Christ; the Philosophic and Practical Basis of the Religion of the Aquarian Age of the World*. Santa Monica, Calif.: DeVorss, 1972.
Dulles, Avery. *A History of Apologetics*. New York: Westminster, 1971.
_____. Infallibility: The Terminology. In: *Teaching Authority and Infallibility in the Church,* org. Paul C. Empie, T. Austin Murphy e Joseph A. Burgess. Minneapolis: Augsburg, 1980.
Dupont-Sommer, A. *The Jewish Sect of Aumran and the Essenes*. London: Vallentine, Mitchell, 1954.
Eareckson, Joni & Estes, Steve. *A Step Further*. Grand Rapids: Zondervan, 1978.
Eddy, Mary Baker. *Ciência e saúde com a chave das Escrituras = Science and health with key to the Scriptures*. Boston [Estados Unidos]: The First Church of Christ, Scientist, c. 1995.
Edgar, Thomas. *Miraculous Gifts: Are They for Today?* Neptune, N.J.: Loizeaux Brothers, 1983.
Edwards, Jonathan. Freedom of the Will. In: *The Works of Jonathan Edwards*. 2 vols. Carlisle, Pa.: Banner of Truth, 1974.
_____. *Jonathan Edwards: Representative Selections . . .* Org. Clarence H. Faust et al. New York: Hill & Wang, 1962.
_____. The Mind. In: *The Philosophy of Jonathan Edwards from His Private Notebooks,* org. Harvey G. Townsend. Eugene: University of Oregon, 1955.
_____. Miscellanies. In: *The Works of Jonathan Edwards*. 2 vols. Carlisle, Pa.: Banner of Truth, 1974.
_____. Of Being. In: *Jonathan Edwards: Representative Selections,* org. Clarence H. Faust et al. New York: Hill & Wang, 1962.
_____. Religious Affections. In: *The Works of Jonathan Edwards*. 2 vols. Carlisle, Pa.: Banner of Truth, 1974.
_____. *The Works of Jonathan Edwards*. 2 vols. Carlisle, Pa.: Banner of Truth, 1974.
Edwards, Paul, org. *Encyclopedia of Philosophy*. 8 vols. New York: Macmillan & The Free Press, 1967.
Edwards, William D., Gabel, Wesley J. & Hosmer, Floyd E. On the Physical Death of Jesus Christ. *Journal of the American Medical Association* 255, no. 11 (1986).
Eerdman's Handbook of the World Religions. Grand Rapids: Eerdmans, 1982.
Ehrenfeld, David. *The Arrogance of Humanism*. N.ew York: Oxford University Press, 1981.
Einstein, Albert. *Ideas and Opinions—The World as I See It*. 3rd ed. New York: Crown, 1982.
Eisenman, Robert H. & Wise, Michael. *A descorberta dos manuscritos do mar Morto*: primeira tradução e interpretação completa de cinqüenta documentos-chave guardados há mais de 35 anos. Trad. Robert Eisnman & Michael Wise. Trad. Sieni Maria Campos. Rio de Janeiro: Ediouro, 1994.
Eisley, Loren. *The Immense Journey*. New York: Vintage, 1957.
Eldredge, Niles. *Os mitos da evolução humana*. Trad. Vera Ribeiro. Rio de Janeiro: Zahar, 1984.
Elliger, K. & Rudolph, W., orgs. *Biblia Hebraica Stuttgartensia*. 2nd ed. Stuttgart: Deutsche Bibelstiftung, 1967-77, 1983: Editio minor, 1984.
Elwell, Walter, org. *Enciclopédia histórico-teológica da Igreja Cristã*. Trad. Gordon Chown. São Paulo: Vida Nova, 1988-1992.

_____. *Handbook of Evangelical Theologians.* Grand Rapids: Baker, 1993.
Encyclopedia Britannica. org. S. v. Einstein.
ENGELS, Friedrich. *Ludwig Feuerbach and the Outcome of Classical German Philosophy.* New York: International Publishers, 1934.
ERLANDSON, Douglas K. A New Look. *Religious Studies* (December, 1977).
ESTRADA, David & WHITE, William, Jr. *The First New Testament.* Nashville, Tenn.: Thomas Nelson, 1978.
EVANS, Craig A., et al. *Nag Hammadi Texts and the Bible.* New York: E. J. Brill, 1993.
EVANS, C. Stephen. *Existentialism: The Philosophy of Despair and the Quest for Hope.* Dallas: Probe/Word, 1989.
_____. *Passionate Reason: Making Sense of Kierkegaard's Philosophical Fragments.* Bloomington: Indiana University Press, 1992.
EVANS, C. Stephen & WESTPHAL, Merold, orgs. *Christian Perspectives on Religious Knowledge.* Grand Rapids: Eerdmans, 1993.
Eve of Passover. In: *Babylonian Talmud Sanhedrin* 43a. Org. Israel W. Slotki. Trad. S. Daiches. Vol. 3. Rebecca Bennett Publications, 1959.
EWING, I. *The Essene Christ.* New York: Philosophical Library, 1961.
FARMER, William R. *The Synoptic Problem.* New York: Macmillan, 1964.
FARMER, William. *The Synoptic Problem: A Critical Analysis.* Dillsboro:: Western North Carolina Press, 1976.
FARUQI, Isma'il R. Al. *Islam.* Argus Communications, 1984.
FEIGEL, Herbert. Logical Positivism after Thirty Five Years. *Philosophy Today* (Winter, 1964).
FELDMAN, L. H. *Scholarship on Philo and Josephus 1937-1962.* New York: Yeshiva University, 1963.
FERGUSON, Everett. *Background of Early Christianity.* Grand Rapids: Eerdmans, 1993.
FERGUSON, John. *The Religions of the Roman Empire.* London : Thames & Hudson, 1982.
FERGUSON, Marilyn, *A conspiração aquariana.* Trad. Carlos Evaristo M. Costa. 11. ed. Rio de Janeiro: Record, 1997.
FERNGREN, Gary B. & NUMBERS, Ronald L. C. S. Lewis on Creation and Evolution: The Acworth Letters, 1944-1960. *Journal of American Scientific Affiliation* 48, no. 1 (1996).
FERRE, Frederick. Analogy. In: the *Encyclopedia of Philosophy*, org. Paul Edwards. Vol. 1. New York: Macmillan and The Free Press, 1967.
_____. *Language, Logic and God.* New York: Harper, 1961.
FERRIN, Howard W. Manipulation or Motivation? Skinner's Utopia vs. Jesus' Kingdom. *Christianity Today,* September 29, 1972.
FESPERMAN, Francis I. Jefferson's Bible. *Ohio Journal of Religious Studies* 4 (1976):78-88.
FEUERBACH, Ludwig. *The Essence of Christianity.* Trad. George Eliot. New York: Harper Torchbooks, 1957.
Fifty-Third Chapter of Isaiah according to the Jewish Interpreters. Trad. S. R. Driver e A. Neubauer. New York: KTAV, 1969.
FILO [de Alexandria]. *De Vita Contemplativa.* Trad. e introdução de David Winston. New York: Paulist, 1981.
FINDLAY, J. N. Can God's Existence Be Disproved? In: the *Ontological Argument,* org. Alvin Plantinga. Garden City, N.Y.: Doubleday, 1965.
FISHER, E. NT Documents Among the Dead Sera Scrolls? *The Bible Today,* Collegeville, Minn., 1972.
FLETCHER, John. *Checks to Antinomianism.* Kansas City: Beacon Hill. 1948.
FLETCHER, Joseph *Situation Ethics: The New Morality.* Philadelphia: Westminster, 1966.
FLEW, Antony. *New Essays in Philosophical Theology.* New York: Macmillan, 1955.
_____. Miracles. In: *The Encyclopedia of Philosophy,* org. Paul Edwards. Vol. 5. New York: Macmillan and The Free Press, 1967.
_____. Theology and Falsification. In: *New Essays in Philosophical Theology.* London: SCM, 1963.
FLINT, Robert. *Agnosticism.* New York: Charles Scribner's Sons, 1903.
_____. *Anti-Theistic Theories.* 3rd ed. Edinburgh and London: Wm. Blackwood & Sons, 1885.
FOOTE, Henry Wilder. *Thomas Jefferson: Champion of Religious Freedom, Advocate of Christian Morals.* Boston: Beacon, 1947.
FORD, Lewis. Biblical Recital and Process Philosophy. *Interpretation* 26, no. 2 (1972).
FOREMAN, Mark. An Evaluation of Islamic Miracle Claims in the Life of Muhammad. Unpublished paper, 1991.
FORSTER, T. Roger. and V. Paul Marston. *God's Strategy in Human History.* Wheaton, Ill.: Tyndale House, 1973.
FOSTER, M. B. The Christian Doctrine of Creation and the Rise of Modern Natural Science. *Mind* 43 (1934).

FOSTER, R. S. *The Supernatural Book: Evidence of Christianity.* New York: Cranston & Curts, 1893.
FOXE, John. *Acts and Monuments of Matters Most Special and Memorable, Happening in the Church, with an universal historie of the same.* 4th ed. London: John Daye, 1583.
FRANCE, R. T. *The Evidence for Jesus.* Downers Grove, Ill.: InterVarsity, 1986.
FRANK, Philipp. *Einstein: His Life and Times.* New York: Alfred A. Knopf, 1953.
FRAZER, James G. *Ramo de ouro.* Trad. Waltensir Dutra. São Paulo: Zahar, 1982.
_____. *The New Golden Bough.* Revisado por Theodore Gaster. New York: Phillips, 1959.
FREGE, Gottlob. *Lógica e filosofia da linguagem*; seleção, introdução, tyradução e notas de Paulo Alcoforado. São Paulo: Cultrix, 1978.
FREUD, Sigmund. *O futuro de uma ilusão.* Trad. José Octávio de Aguiar Abreu. Rio e Janeiro: Imago, 1997.
_____. *Moisés e o monoteísmo.* Trad. Maria Aparecida Moraes Rego. Rio de Janeiro: Imago, 1997.
_____. *Totem e tabu.* Trad. Órizon Carneiro Muniz. Rio de Janeiro: Imago, 1999.
FUNK, Robert et al. *The Parables of Jesus: Red Letter Edition.* Sonoma, Calif.: Polebridge, 1988.
FURLONG, William R. & MCCANDLESS, Byron. *So Proudly We Hail: The History of the United States Flag.* Washington, D.C.: Smithsonian Institution Press, 1981.
GAEBERLEIN, Frank E., org. *The Expositor's Bible Commentary.* 12 vols. Grand Rapids: Zondervan, 1979.
GANGEL, Kenneth. John Dewey: An Evangelical Evaluation Part II. In: *Bibliotheca Sacra* 124 (1967).
GARDNER, Patrick. Schopenhauer, Arthur. In: the *Encyclopedia of Philosophy*, org. Paul Edwards. New York: Macmillan and The Free Press, 1967.
GARNET, P. O'Callahan's Fragments: Our Earliest New Testrment Texts? *Evangelical Quarterly* 45 (1972).
GARRIGOU-LAGRANGE, Reginald. *God: His Existence and His Nature.* 2 vols. St. Louis: B. Herder, 1934–36.
_____. *The One God.* Trad. Bede Rose. St. Louis: B. Herder, 1943.
_____. *Predestination.* Trad. Dom Bede Rose. St. Louis: B. Herder, 1939.
_____. *Reality: A Synthesis of Thomistic Thought.* Trad. Patrick Cummins St. Louis: B. Herder, 1950.
GASQUE, Ward. F. F. Bruce: A Mind for What Matters. *Christianity Today,* 7 April 1989.
GAUSSEN, S. R. L. *Theopneustia: The Bible, Its Divine Origin and Inspiration, Deduced from Internal Evidence and the Testimonies of Nature, History, and Science.* Ed. rev. New York: Jennings & Pye, 1867.
GEACH, Peter & BLACK, Max, orgs. *Translations From the Philosophical Writings of Gottlob Frege.* Oxford: Blackwell, 1980.
GEISLER, Norman L. *The Battle for the Resurrection.* Updated edition. Nashville, Tenn.: Thomas Nelson, 1992.
_____. Bible Manuscripts. In: *Wycliffe Bible Encyclopedia*, org. Charles F. Pfeiffer, Howard F. Vos e John Rea. 2 vols. Chicago: Moody, 1975.
_____. Biblical Studies. In: *The Opening of the American Mind,* org. W. David Beck, 25–45. Grand Rapids: Baker, 1991.
_____. *Carl Sagan's Religion for the Scientific Mind.* Dallas: Quest, 1983.
_____. *Christian Apologetics.* Grand Rapids: Baker, 1976.
_____. *Ética cristã*: alternativas e questões contemporâneas. Trad. Gordon Chown. São Paulo: Vida Nova, 1984 (reimpressão 1991).
_____. Concept of Truth in the Inerrancy Debate. *Bibliotheca Sacra* (October–December, 1980.
_____. *The Creator in the Courtroom: Scopes II.* Milford, Mich.: Mott Media, 1982.
_____. The Extent of the Old Testament Canon. In: *Current Issues in Biblical and Patristic Interpretation,* org. Gerald F. Hawthorne. Grand Rapids: Eerdmans, 1975.
_____. God's Revelation in Scripture and Nature. In: *The Opening of the American Mind,* org. David Beck. Grand Rapids: Baker, 1991.
_____. *In Defense of the Resurrection.* Lynchburg, Va.: Quest, 1991.
_____. *Is Man the Measure?: An Evaluation of Contemporary Humanism.* Grand Rapids: Baker, 1983.
_____. *Knowing the Truth About Creation: How It Happened and What It Means to Us.* Ann Arbor, Mich.: Servant, 1989.
_____. Man's Destiny: Free or Forced. *Christian Scholar's Review* 9, no. 2 (1979).
_____. *Miracles and the Modern Mind.* Grand Rapids: Baker, 1992.
_____. *Miracles and Modern Thought.* Grand Rapids: Zondervan, 1982.
_____. The Missing Premise in the Ontological Argument. *Religious Studies* (September, 1973).

_____. The Natural Right. In: *In Search of a National Morality*, org. William Bentley Ball, 112-28. Grand Rapids: Baker, 1992.
_____. Neopaganism, Feminism, and the New Polytheism. *Christian Research Journal* (Fall, 1991): 8.
_____. Of Pandas and People: The Central Questions of Biological Origins. *Perspectives on Science & Christian Faith* 42, no. 4 (1990): 246-49.
_____. *A Popular Survey of the Old Testament*. Grand Rapids: Baker, 1977.
_____. Process Theology. In: *Tensions in Contemporary Theology*, org. Stanley N. Gundry e Alan F. Johnson. Chicago: Moody, 1976.
_____. Purpose and Meaning: The Cart and the Horse. *Grace Theological Journal* 5 (1984).
_____. *The Roots of Evil*. 2nd ed. rev. Dallas: Probe, 1989.
_____. *Signs and Wonders*. Wheaton, Ill.: Tyndale House, 1988.
_____. *Thomas Aquinas: An Evangelical Appraisal*. Grand Rapids: Baker, 1991.
_____. Was Clarence Darrow a Bigot? *Creation/Evolution* (Fall, 1988).
_____. *What Augustine Says*. Grand Rapids: Baker, 1982.
_____. When Did I Begin?: A Review Article. *Evangelical Theological Society* 33, no. 4 (1990): 509-12.
_____, org. *Inerrancy*. Grand Rapids: Zondervan, 1979.
_____ & BROOKS, Ronald M. *Come Let Us Reason: An Introduction to Logical Thinking*. Grand Rapids: Baker, 1990.
_____. *When Skeptics Ask*. Wheaton, Ill.: Victor, 1990.
GEISLER, Norman L. & AMANO, J. Yutaka,. *The Infiltration of the New Age*. Wheaton, Ill.: Tyndale House, 1989.
_____. *Reencarnação*: o fascínio que renasce em cada geração. Trad. Oswaldo Ramos. 2. ed. São Paulo: Mundo Cristão, 1994.
_____ & CORDUAN, Winfried. *Philosophy of Religion*. 2nd ed. Grand Rapids: Baker, 1988.
_____ & FEINBERG, Paul D. *Introdução à filosofia*: uma perspectiva cristã. 2. ed. Trad. Gordon Chown. São Paulo: Vida Nova, 1996.
_____ & HOWE, Thomas. *Manual popular de dúvidas, enigmas e "contradições" da Bíblia*. Trad. Milton Azevedo Andrade. São Paulo: Mundo Cristão, 1999.
_____ & KERBY, J. *Origin Science: A Proposal for the Creation-Evolution Controversy*. Grand Rapids: Baker, 1987.
_____ & KUSHNER, Harold. *Why Do Good Things Happen to Bad People?* Video Debate on John Ankerberg TV Show, Chattanooga, Tenn., 1984.
_____ & MCKENZIE, Ralph. *Roman Catholics and Evangelicals: Agreements and Differences*. Grand Rapids: Baker, 1995.
_____ & NIX, William E. *Introdução bíblica*: como a Bíblia chegou até nós. Trad. Oswaldo Ramos . São Paulo: Vida, 1997.
_____ SALEEB, Abdul. *Answering Islam: The Crescent in the Light of the Cross*. Grand Rapids: Baker, 1993.
_____ & WATKINS, William D. *Perspectives: Understanding and Evaluating Today's World Views*. San Bernardino, Calif: Here's Life, 1984.
_____. *World's Apart: A Handbook on World Views*. Grand Rapids: Baker, 1989.
GEIVETT, Douglas R. *Evil and the Evidence for God: The Challenge of John Hick's Theodicy*. Philadelphia: Temple University Press, 1993.
GEIVETT, Douglas R. & HABERMAS, Gary R., orgs. *In Defense of Miracles: A Comprehensive Case for God's Action in History*. Downers Grove, Ill.: InterVarsity, 1997.
GENTRY, Robert. *Creation's Tiny Mystery*. Knoxville, Tenn.: Earth Science Association, 1988.
GEORGE, Timothy & DOCKERY, David S., orgs. *Baptist Theologians*. Nashville, Tenn.: Broadman, 1990.
GERSTNER, John H. Heathen. In: *Baker's Dictionary of Theology*, org. Everett F. Harrison. Grand Rapids: Baker, 1960.
_____. *Jonathan Edwards on Heaven and Hell*. Grand Rapids: Baker, 1980.
_____. *Jonathan Edwards: A Mini-Theology*. Wheaton, Ill.: Tyndale House, 1987.
_____. An Outline of the Apologetics of Jonathan Edwards. *Bibliotheca Sacra*, 133, no.4 (January-March, 1976); (April-June, 1976); (July-September, 1976); (October-December, 1976).
_____. *Reasons for Faith*. New York: Harper, 1960. Reprint, Morgan, Pa.: Soli Deo Gloria, 1995.
GIBB, H. A. R. & KRAMERS, J. H. *Shorter Encyclopedia of Islam*. Ithaca, N.Y.: Cornell University Press, 1953.
GIBBON, Edward. *Declínio e queda do Império Romano*. Org. e introd. Dero A. Saunders; trad. e notas suplem. José Paulo Paes. Ed. abrev., 4. reimpr. São Paulo: Companhia das Letras: Círculo do Livro, 1997.

GILBY, Thomas. *St. Thomas Aquinas: Philosophical Texts*. New York: Oxford University Press, 1964.
GILCHRIST, John. *The Texual History of the Qur'an and the Bible*. Villach, Australia: Light of Life, 1988 reprint.
GILKEY, Landgon. *Maker of Heaven and Earth: A Study of the Christian Doctrine of Creation*. Garden City, N.Y.: Doubleday, 1959.
GILSON, Etienne. *Being and Some Philosophers*. Toronto: Pontifical Institute of Medieval Studies, 1949.
_____. *God and Philosophy*. New Haven, Conn.: Yale University Press, 1992.
_____. *History of Christian Philosophy in the Middle Ages*. New York: Random House, 1955.
_____. *Linguistics and Philosophy*. Notre Dame, Ind.: University of Notre Dame, 1988.
_____. *The Unity of Philosophical Experience*. New York: Charles Scribner's Sons, 1937.
GINSBURG, C. D. *Os essênios*: sua história e doutrinas. Trad. Auriphebo Berrance Simões. 4. ed. São Paulo: Pensamento, [1997].
GISH, Duane T. *Evolução*: o desafio do registro fóssil. Trad. Eliane Mara Stevão e Maria J. de L. Stevão. Curitiba: G. Stevão, 1990.
GLEICK, James. *Caos*: a criação de uma nova ciência. [Trad. Waltensir Dutra]. 9. ed. Rio de Janeiro: Campus, [1999].
GLOVER, Willis B. Religious Orientations of H. G. Wells: A Case Study in Scientific Humanism. *Harvard Theological Review* 65 (1972): 117–35.
GLUECK, Nelson. *Rivers in the Desert: A History of the Negev*. Philadelphia: Jewish Publication Society, 1969.
GLUT, Donald F. *The Empire Strikes Back*. New York: Ballantine, 1980.
GNANAKAN, Ken. *The Pluralistic Predicament*. Bangalore, India: Theological Book Trust, 1992.
GOETZ, Stewart C. Review of *The Kalam Cosmological Argument*, by William Lane Craig. *Faith and Philosophy* 9 (1989): 99–102.
GOLDZIHER, Ignaz. *Introduction to Islamic Theology*. Princeton, N.J.: Princeton University Press, 1981.
GOMBRIDH, E. H. Lessing. *Proceedings of the British Academy* 43 (1957).
GOOCH, George Peabody. *History and Historians in the Nineteenth Century*. New York: Longmans, Green, 1913.
GOSHEN-GOTTSTEIN, Moshe. Biblical Manuscripts in the United States *Textus* 3 (1962).
GOULD, Stephen J. Evolution's Erratic Pace *Natural History* 86 (1977).
GOVIER, Gordon. Celebration Underway: Jerusalem 3000. *Institute for Biblical Archeology* (January–March 1996).
GRANT, Michael. *Jesus: An Historian's Review of the Gospels*. New York: Collier, 1992.
GRANT, R. M. *Gnosticism and Early Christianity*. New York: Columbia University, 1996.
GRAVE, S. A. *The Scottish Philosophy of Common Sense*. Westport, Conn.: Greenwood, 1973.
GREEN, J. B., MCKNIGHT, S. & MARSHALL, I. H., orgs. *Dictionary of Jesus and the Gospels*. Downers Grove, Ill.: InterVaristy, 1992.
GREEN, William H. Primeval Chronology. In: *Classical Evangelical Essays in Old Testament Interpretation*, org. Walter Kaiser. Grand Rapids: Baker, 1972.
GREENLEAF, Simon. *The Testimony of the Evangelists*. Grand Rapids: Baker,1984; 1874 reprint.
_____. *A Treatise on the Law of Evidence*. Boston: C. C. Little & J. Brown, 1842.
GREGORY, John & SHAFER, Carl. *Excellence in Teaching with the Seven Laws:Aa Contemporary Abridgment of Gregory's Seven Laws of Teaching*. Grand Rapids: Baker, 1985.
GROMACKI, Robert. *The Virgin Birth: Doctrine of Deity*. Grand Rapids: Baker, 1981.
GROOTHUIS, Douglas R. *Confronting the New Age : How to Resist a Growing Religious Movement*. Downers Grove, Ill. : InterVarsity, 1988.
_____. *Unmasking the New Age*. Downers Grove, Ill.: InterVarsity, 1986.
GRUBER, Howard. *Darwin on Man*. London: Wildwood House, 1974.
GRUDEM, Wayne A., org. *Are Miraculous Gifts for Today?* Grand Rapids: Zondervan, 1996.
GRUENLER, Gordon R. *The Inexhaustible God: Biblical Faith and the Challenge of Process Theism*. Grand Rapids: Baker, 1983.
GUDEL, Joseph P. *To Every Muslim An Answer*. Unpublished thesis at Simon Greenleaf School of Law, 1982.
GUINESS, Os. *The Dust of Death*. Downers Grove, Ill.: InterVarsity, 1973.
GUNDRY, Robert. *Matthew: A Commentary on His Literary and Theological Art*. Grand Rapids: Eerdmans, 1982.
_____. *Soma in Biblical Theology: with Emphasis on Pauline Anthropology*. Cambridge: Cambridge University Press, 1976.
GURNEY, O. R. *The Hittites*. Baltimore: Penguin, 1952.

GURR, John E. *The Principle of Sufficient Reason in Some Scholastic Systems, 1750–1900.* Milwaukee: Marquette University Press, 1959.

GUTHRIE, Donald. *New Testament Introduction: The Gospels and Acts.* London: Tyndale House, 1965.

HAAS, N. Anthropological Observations of the Skeletal Remains from Giv'at ha-Mivtar. *Israel Exploration Journal* 20 (1970).

HABERMAS, Gary. *Ancient Evidence for the Life of Jesus.* Nashville, Tenn.: Thomas Nelson 1984.

_____. *Dealing with Doubt.* Chicago: Moody, 1990.

_____. Did Jesus Perform Miracles? In: *Jesus Under Fire*, org. Michael Wilkins e J. P. Moreland. Grand Rapids: Zondervan, 1995.

_____. *The Historical Jesus: Ancient Evidence for the Life of Christ.* Joplin, Mo.: College Press, 1996.

_____. Resurrection Claims in Non-Christian Religions. *Religious Studies* (1989).

_____. *The Resurrection of Jesus: An Apologetic.* Grand Rapids: Baker, 1980.

_____. *The Verdict of History.* Nashville, Tenn.: Thomas Nelson, 1988.

HABERMAS, Gary & FLEW, Antony G. N. *Did Jesus Rise from the Dead?: The Resurrection Debate.* Org. Terry L. Miethe. Sn Francisco: Harper & Row, 1987.

Habermas, Gary & MORELAND, James Porter. *Immortality: The Other Side of Death.* Nashville, Tenn.: Thomas Nelson, 1992.

HACKETT, Stuart. *Oriental Philosophy: A Westerner's Guide to Eastern Thought.* Madison: University of Wisconsin Press, 1979.

_____. *The Resurrection of Theism.* Chicago: Moody, 1957.

HALEY, John W. *An Examination of the Alleged Discrepancies of the Bible.* Grand Rapids: Baker, 1951.

HAMILTON, Floyd E. *The Basis of Christian Faithy: A Modern Defense of the Christian Religion*, 3rd ed. rev. New York: Harper & Brothers, 1965.

HANEEF, Suzanne. *What Everyone Should Know about Islam and Muslims.* Chicago: Kazi, 1979.

HANNAH, John D., org. *Inerrancy and the Church.* Chicago: Moody, 1984.

HAQQ, Abdul *Sharing Your Faith with a Muslim.* Minnesota: Bethany, 1980.

HARBIN, Michael. *To Serve Other Gods: An Evangelical History of Religion.* New York: University Press of America, 1994.

HARDON, John A. *The Catholic Catechism: A Contemporary Catechism of the Teachings of the Catholic Church.* New York: Doubleday, Image, 1966.

HARRIS, H. *David Friedrich Strauss and His Theology.* Cambridge: Cambridge University Press, 1973.

HARRIS, Murray. *From Grave to Glory.* Grand Rapids: Zondervan, 1990.

_____. *Raised Immortal: Resurrection and Immortality in the New Testament.* Grand Rapids: Eerdmans, 1983.

HARRIS, R. Laird. *Inspiration and Canonicity of the Bible.* Grand Rapids: Zondervan, 1957.

HARRIS, R. Laird, QUEK, Swee Hwa & VANNOY, J. Robert (orgs.). *Inspiration and History: Essay in Honour of Alan A. MacRae.* Singapore: Christian Life, 1986.

HARRISON, Everett F., org. *Baker's Dictionary of Theology.* Grand Rapids: Baker, 1960.

HARRISON, R. K. Historical and Literary Criticism of the Old Testament. In: *The Expositor's Bible Commentary*, org. Frank E. Gaebelein. Vol. 1. Grand Rapids: Zondervan, 1979.

_____. *An Introduction to the Old Testament.* Grand Rapids: Eerdmans, 1969.

HART, Daryl G. The Princeton Mind in the Modern World and the Common Sense of J. Gresham Machen. *Westminster Theological Journal* 46, no. 1 (1984): 1–25.

HARTSHORNE, Charles. Abstract and Concrete Approaches to Deity. *Union Seminary Quarterly Review.* 20 (1965).

_____. *Aquinas to Whitehead: Seven Centuries of Metaphysics of Religion. The Aquinas Lecture, 1976.* Milwaukee: Marquette University Publications, 1976.

_____. Beyond Enlightened Self-Interest: A Metaphysics of Ethics. *Ethics* 84 (1974).

_____. *Creative Synthesis and Philosophic Method.* LaSalle: Open Court, 1970.

_____. The Dipolar Conception of Deity. *The Review of Metaphysics.* 21 (1967).

_____. *The Divine Relativity: A Social Conception of God.* New Haven & London: Yale University Press, 1948.

_____. Efficient Causality in Aristotle and St. Thomas: A Review Article. *The Journal of Religion.* 25 (1945).

_____. The Idea of God—Literal or Analogical? *The Christian Scholar* 34 (1956).

_____. Idealism and Our Experience of Nature. In: *Philosophy, Religion, and the Coming World Civilization:*

Essays in Honor of William Ernest Hocking, org. Leroy S. Rouner, 70–80. The Hague: Martinus Nijhoff, 1966.

_____. Is God's Existence a State of Affairs? In: *Faith and the Philosophers,* org. John Hick, 26–33. New York: St. Martin's, 1966.

_____. *The Logic of Perfection.* LaSalle: Open Court, 1962.

_____. Love and Dual Transcendance. *Union Seminary Quarterly Review.* 30 (1975): 97.

_____. *Man's Vision of God and the Logic of Theism.* Hamden: Archon, 1964; first published 1941.

_____. *A Natural Theology for Our Time.* LaSalle: Open Court, 1967.

_____. The Necessarily Existent. In: *The Ontological Argument from St. Anselm to Contemporary Philosophers,* org. Alvin Plantinga. New York: Doubleday, 1965.

_____. Personal Identity from A to Z. *Process Studies.* 2 (1972).

_____. Two Levels of Faith and Reason. *The Journal of Bible and Religion.* 16 (1948).

_____. *Whitehead's Philosophy: Selected Essays.* Lincoln: University of Nebraska Press, 1972.

HARTSHORNE, Charles & REESE, William L. *Philosophers Speak of God.* Reprinted. Chicago & London: University of Chicago Press, 1976; first published, 1953.

HASEL, Gerhard. *Teologia do Novo Testamento*: questões fundamentais no debate atual. Trad. Jussara Marindir Pinto Simões Arias. Rio de Janeiro: Juerp, 1988.

HASTINGS, James. et al., orgs. *Encyclopedia of Religion and Ethics.* 13 vols. New York: Scribner's, 1908–26.

HASTINGS, Rashdal. *The Theory of Good and Evil.* Vol. 2. Oxford: Clarendon & New York: Oxford University Press, 1907.

HATCH, Edwin & REDPATH, Henry, *A Concordance to the Septuagint and Other Greek Versions of the Old Testament.* Oxford: Claredon, 1900.

HAWKING, Stephen. *Uma breve história do tempo*: do Big Bang aos buracos negros. [Trad. Maria Helena Torres]. São Paulo: Círculo do Livro, [1989].

_____. *Buracos negros, universos-bebês e outros ensaios.* Trad. Maria Luiz X. de A. Borges. Rio de Janeiro: Rocco, 1995.

HAYKAL, Muhammad Husayn. *The Life of Muhammad.* Indianapolis: North America Trust, 1976.

HAZARD, Paul. *European Thought in the Eighteenth Century.* New Haven, Conn.: Yale University Press, 1954.

HEEREN, Fred. *Show Me God: What the Message from Space Is Telling Us About God.* Wheeling, Ill.: Search Light, 1995.

HEGEL, G. W. F. *Early Theological Writings.* Philadelphia: University of Pennsylvania Press, 1988.

_____. *Encyclopedia of Philosophy.* New York: Philosophical Library, 1959.

_____. *Lectures on the Philosophy of Religion.* Berkeley: University of California Press, 1984–87.

_____. *Logic.* Oxford: Clarendon, 1975.

_____. *The Phenomenology of Mind.* Trad. J. B. Baillie. New York: Macmillan, 1931.

_____. *Fenomenologia do espírito* (parte II). Trad. Paulo Meneses, com a colaboração de José Nogueira Machado. 4. ed. Petrópolis, RJ: Vozes, 1999.

_____. *Filosofia da história.* Trad. Maria Rodrigues e Hans Harden. Brasília: Ed. UnB, 1995.

_____. *Philosophy of Nature.* Oxford: Clarendon, 1970.

HEIDEGGER, Martin. *Was Ist Metaphysics?* Bonn: F. Cohen, 1949.

HEISENBERG, Werner. *Física e filosofia.* Trad. Jorge Leal Ferreira. 2. ed. Brasília: Ed. UnB, 1987.

HEMER, Colin J. *The Book of Acts in the Setting of Hellenistic History.* Winona Lake, Ind.: Eisenbrauns, 1990.

HENDRIKSEN, William. *New Testament Commentary: Exposition of the Gospel According to Matthew.* Grand Rapids: Baker, 1973.

HENGEL, Martin. *Crucifixion.* Philadelphia: Fortress, 1977.

HERBERT, Nick. *A realidade quântica*: nos confines da nova física. Trad. Mario C. Moura. Rio de Janeiro: F. Alves, 1989.

HICK, John. *Death and Eternal Life.* Lousiville, Ky.: Westminster, 1994.

_____. *Evil and the God of Love.* New York: Harper & Row, 1966.

_____. *An Interpretation of Religion: Human Responses to the Transcendent.* London: Macmillan, 1989.

_____. *The Metaphor of God Incarnate: Christology in a Pluralistic Age.* Louisville: Westminster/John Knox, 1993.

_____. A Pluralist's View. In: *More Than One Way? Four Views on Salvation in a Pluralistic World,* orgs. Dennis L. Okholm e Timothy R. Phillips. Grand Rapids, Zondervan, 1995.

_____. (org.) *The Existence of God.* New York: Macmillan 1964.
HICK, John, Clark H. PINNOCK, Alister E. MCGRATH, R. Douglas GEIVETT & W. Gary PHILLIPS. *More Than One Way? Four Views on Salvation in a Pluralistic World*, orgs. Dennis L. Okholm e Timothy R. Phillips. Grand Rapids: Zondervan, 1995.
HILLEARY, William & METZGER, W. *The World's Most Famous Court Trial.* Cincinnati: National Book Company, 1925.
HITCHCOCK, James. *What Is Secular Humanism? Why Humanism Became Secular and How It Is Changing Our World.* Ann Arbor: Servant, 1982.
HITCHING, Francis. *The Neck of the Giraffe.* New Haven, Conn.: Ticknor & Fields, 1982.
HITLER, Adolf. *Mein Kampf.* London: Gurst & Blackett, 1939.
HOBBES, Thomas. *Leviatã, ou, Matéria, forma e poder de um estado eclesiástico e civil.* Trad. João Paulo Monteiro e Maria Beatriz Nizza da Silva. São Paulo: Nova Cultural, c. 1997.
HODGE, Archibald A. & WARFIELD, Benjamin B. *Inspiration.* Philadelphia: Presbyterian Board of Publication, 1881. Reprint, Grand Rapids: Baker, 1979.
HODGE, Charles. *Teologia sistemática.* Trad. Valter Martins. São Paulo: Hagnos, 2001.
_____. *What Is Darwinism?* Orgs. Mark A. Noll e David N. Livingstone. Grand Rapids: Baker, 1994; 1874 reprint.
HODGES, Zane C. Form-Criticism and the Resurrection Accounts. *Bibliotheca Sacra* 124 (1967).
HOEHNER, Harold, *Chronological Aspects of the Life of Christ.* Grand Rapids: Zondervan, 1978.
HOLDEN, Joseph. *An Examination of the Jesus Seminar.* Unpublished Master's thesis, Southern Evangelical Seminary, 1996.
HOLIS, C. *The Mind of Chesterton.* Coral Gables, Fla.: University of Miami, 1970.
HOLLINGDALE, R. G. *Nietzsche: The Man and His Philosophy.* London: Routledge & K. Paul, 1965.
HOLTON, Gerald. *Thematic Origins of Scientific Thought.* Cambridge, Mass.: Harvard University Press, 1973.
HOROWITZ, Joseph. The Growth of the Mohammed Legend. *The Moslem World* 10 (1920).
HOWE, Quincy. *Reincarnation for the Christian.* Philadelphia: Westminster Press, 1974.
HOYLE, Fred. *The Intelligent Universe.* London: Joseph, 1985.
HOYLE, Fred & WICKRAMASINGHE, N. C. *Evolution From Space*, London: J. M. Dent & Sons, 1981.
HOYT, Karen & YAMAMOTO, J. Isamu. *The New Age Rage.* Old Tappan, N.J.: Power Books, 1987.
HUGHES, G. E. Can God's Existence Be Disproved? In: *New Essays in Philosophical Theology*, org. Antony Flew et al. New York: Macmillan, 1955.
HUME, David. *Resumo de um tratado da natureza humana.* Trad. Rachel Gutierrez e José Sotero Caio. Ed. bilingüe. Porto Alegre: Paraula, 1995.
_____. *Diálogos sobre a religião natural.* Trad. José Oscar de Almeida Marques. São Paulo: Martins Fontes, 1992.
_____. *Investigação acerca do entendimento humano.* São Paulo: Nova Cultural, c. 1996.
_____. *The Letters of David Hume.* 2 vols. Org. J. Y. T. Greig. Oxford: Clarendon, 1932.
HUMMEL, Charles E. *The Galileo Connection.* Downers Grove, Ill.: InterVarsity, 1986.
HUMPHREY, J. Edward. *Emil Brunner.* Peabody, Mass.: Hendrickson, 1991.
HUMPHREYS, Fisher. E. Y. Mullins. In: *Baptist Theologians*, orgs. Timothy George e David S. Dockery, 330-50. Nashville, Tenn.: Broadman, 1990.
HUNT, Robert Nigel Carew. *The Theory and Practice of Communism, an Introduction.* Baltimore: Penguin, 1963.
HUTCHINS, Robert Maynard, org. *Great Books of the Western World.* Vol. 15, *The Annals and The Histories* by Cornelius Tacitus. Chicago: William Benton, 1952.
HUXLEY, Julian. *Evolution in Action.* New York: Penguin, 1953.
_____. *Religion Without Revelation.* New York: The New American Library, 1957.
HUXLEY, T. H. Agnosticism and Christianity. In: *Collected Essays*, org. Frederick Barry. New York: Macmillan, 1929.
IBISH, Yusuf. The Muslim Lives by the Qur'an. In: *The Muslim Mind*, org. Charis Waddy. London/New York: Longman, 1976.
IBN ISHAQ. *Sirat Rasul Allah. The Life of Muhammad.* Trad. A. Guillaume. New York: Oxford University Press, 1980.
IBN TAYMIYYA. *A Muslim Theologian's Response to Christianity.* Delmar, New York: Caravan, 1984.
INGERSOLL, Robert G. *The Works of Robert Ingersoll.* Org. Clinton P. Farrell. 12 vols. New York: AMS, 1978.
INGERSOLL, Robert G. *Some Mistakes of Moses.* Reprint, Buffalo, N.Y.: Prometheus, 1986.
Ireneu. Against Heresies. In: *The Ante-Nicene Fathers*, ed. rev. por Alexander Roberts e James Donaldson. Grand Rapids: Eerdmans, 1885.

Isнaq, Ibn. Sirat Rasul Allah. *The Life of Muhammad.* Trad. A. Guillaume. New York: Oxford University Press, 1980.
Jaeger, Werner. *Aristotle, Fundamentals of the History of His Development.* Trad. Richard Robinson. Oxford, 1948.
Jaki, Stanley L. *Miracles and Physics.* Front Royal, Va.: Christendom, 1989.
_____. *The Absolute Beneath the Relative and Other Essays.* Lanham, Md.: University Press of America, 1988.
_____. *God and the Cosmologists.* Edinburgh: Scottish Academy Press, 1989.
_____. *Miracles and Physics.* Front Royal, Va.: Christendom, 1989.
James, Edwin O. Frazer, James George. In: *New 20th Century Encyclopedia of Religious Knowledge,* org. J. D. Douglas. Grand Rapids: Baker, 1991.
James, William. *Essays in Pragmatism,* org. New York: Hafner, 1968.
_____. *Human Immortality: Two Supposed Objections to the Doctrine.* London: Archibald Constable, 1906.
_____. *A Pluralistic Universe.* London: Longmans, Green, 1909.
_____. *Pragmatismo e outros ensaios.* Rio de Janeiro: Lidador, 1963.
_____. *Some Problems of Philosophy: A Beginning of an Introduction to Philosophy.* New York : Longmans, Green, 1948.
_____. *The Varieties of Religious Experience.* New York: The New American Library of World Literature, 1958, first published, 1902.
Jaspers, Karl. *Nietzsche: An Introduction to the Understanding of His Philosophical Activity.* Tucson: University of Arizona, 1965.
_____. *Nietzsche and das Christentum.* Trad. E. B. Ashton. Chicago, 1961.
_____. *Reason and Existence.* Milwaukee: Marquette University, 1997.
Jastrow, Robert. A Scientist Caught Between Two Faiths: Interview with Robert Jastrow. *Christianity Today,* 6 August 1982.
_____. *God and the Astronomers.* New York: W. W. Norton, 1978.
Jeffery, Arthur. org. *Islam, Muhammad andHhis Religion.* Indianapolis/New York: Bobbs-Merrill, 1958.
Jeremias, Joachim. 'Flesh and Blood Cannot Inherit the Kingdom of God. *New Testament Studies II* 1955–56.
Jerônimo. *Preface to Jerome's Commentary on Daniel.* Trad. Geason Archer, Grand Rapids: Baker, 1958.
Jewell, James H. & Didden, Patricia A. A Surgeon Looks at the Cross. *Voice* 58 (1979): 3–5.
Jewett, Paul K. *Emil Brunner's Concept of Revelation.* London: J. Clarke, 1954.
_____. *Emil Brunner: An Introduction to the Man and His Thought.* Chicago: InterVarsity, 1961.
_____. *Man as Male and Female.* Grand Rapids: Eerdmans, 1975.
Jividen, Jimmy. *Miracles: From God or Man?* Abilene, Tex.: ACU, 1987.
Johnson, B. C. *An Atheist Debater's Handbook.* Buffalo, N.Y.: Prometheus, 1983.
Johnson, David L. *A Reasoned Look at Asian Religions.* Minneapolis: Bethany, 1985.
Johnson, Phillip E. *Darwin on Trial.* Washington, D.C.: Regnery Gateway, 1991.
Johnson, Phillip. *Reason in the Balance: The Case Against Naturalism in Science, Law and Education.* Downers Grove, Ill.: InterVarsity, 1995.
Jones, Bevan. L. *Christianity Explained to Muslims: A Manual for Christian Workers.* Calcutta: Y.M.C.A. Publishing House, 1938.
_____. *The People of the Mosque.* London: Student Christian Movement Press, 1932.
Jordan, James. The Biblical Chronology Question: An Analysis. *Creation Social Science and Humanity Quarterly* 2, no. 2 (Winter 1979 e Spring 1980).
Josefo, Flávio. *The Antiquities of the Jews.* New York: Ward, Lock, Bowden, 1900.
_____. *Complete Works.* Trad. William Whiston, Grand Rapids: Kregel, 1963.
_____. *Jewish Wars.* Baltimore: Penguin, 1959.
Kahle, Paul E. *The Cairo Geniza.* 2nd ed. Oxford: Oxford University Press, 1959.
Kahler, Martin. *The So-Called Historical Jesus and the Historic, Biblical Christ.* Philadelphia: Fortress, 1988.
Kahn, James. *O retorno de Jedi.* Trad. Marcos Santarrita. Rio de Janeiro: F. Alves, 1983.
Kaiser, Walter. *The Uses of the Old Testament in the New.* Chicago: Moody, 1985.
_____. (org.). *Classical Evangelical Essays in OT Interpretation.* Grand Rapids: Baker, 1972.
Kalsbeek, L. *Contours of a Christian Philosophy: An Introduction to Herman Dooyeweerd's Thought.* Toronto: Wedge, 1981.
Kant, Immanuel. *Crítica da faculdade do juízo.* Trad. Valério Rohdn e Antonio Marques. Rio de Janeiro: Forense, 1993.

_____. *Crítica da razão prática*. Trad. e pref. Afonso Bertagnoli. Rio de Janeiro: Ediouro, [1992].
_____. *Crítica da razão pura*. Trad. Valério Rohden e Udo Baldur Moosburger. São Paulo: Nova Cultural, c. 1996.
_____. *Prolegomena to Any Future Metaphysics*. New York: Bobbs-Merrill, 1950.
_____. *Religion Within the Limits of Reason Alone*. New York: Harper & Row, 1960.
KANTZER, Kenneth. *John Calvin's Theory of the Knowledge of God and the Word of God*. Harvard University Thesis, Cambridge, 1950.
KANTZER, Kenneth S. & GUNDRY, Stanley N. (orgs.). *Perspectives on Evangelical Theology*. Grand Rapids: Baker, 1979.
KATEREGGA, Badru D. *Islam and Christianity: A Muslem and a Christian in Dialogue*. Grand Rapids: Eerdmans, 1981.
KAUFMANN, Walter. *Critique of Religion and Philosophy*. New York: Doubleday, 1961.
_____. *Nietzsche: Philosopher, Psychologist, Antichrist*. 4th ed. Princeton, N.J.: Princeton University Press, 1974.
KEATING, Karl. *Catholicism and Fundamentalism*. San Francisco: Ignatius, 1988.
KEIL, C. F. & DELITZSCH, F. *Commentary on the Old Testament: The Pentateuch*. Trad. James Martin. Grand Rapids: Eerdmans, 1983.
KELLY, J. N. D. *Doutrinas centrais da fé cristã*: orgiem e desenvolvimento. Trad. Márcio Loureiro Redondo. São Paulo: Vida Nova, 1994.
KENNY, Anthony. *The Five Ways: St. Thomas Aquinas' Proofs of God's Existence*. New York: Schocken, 1969.
KENYON, Fredric. *Our Bible and the Ancient Manuscripts*. 4th ed., revised by A. W. Adams. New York: Harper, 1958.
KENYON, Sir Frederick. *The Bible and Archaeology*. New York: Harper, 1940.
KETCHAM, Ralph. Jefferson, Thomas. In: *The Encyclopedia of Philosophy*, org. Paul Edwards, 4:259 New York: Macmillan, 1967.
KEYSER, Leander S. *A System of Christian Evidence*, 5th ed. rev. Burlington, Iowa: The Lutheran Literary Board, 1930.
KIERKEGAARD, Søren. *Fear and Trembling and The Sickness Unto Death*. Trad., introd. e notas de Walter Lowrie. New York: Doubleday, 1954.
_____. *For Self-Examination and Judge for Yourselves and Three Discourses*. Trad. Walter Lowrie. Princeton, N.J.: Princeton University Press, 1941.
KIM, Seyoon. *The Origin of Paul's Gospel*. Grand Rapids: Eerdmans, 1982.
KIRK, G. S. & RAVEN, J. E. *The Presocratic Philosophers*. Cambridge: Cambridge University Press, 1964.
KITCHEN, K. A. *Ancient Orient and the Old Testament*. Downers Grove, Ill.: InterVarsity, 1966.
KITTEL, Gerhard, org. *Theological Dictionary of the New Testament*. Trad. e org. Geoffrey William Bromiley. Grand Rapids: Eerdmans, 1964–76.
KITTEL, R. & KAHLE, P., orgs. *Biblia Hebraica*, 7th ed. Stuttgart: Deutsche Bibelstiflung, 1951.
KITWOOD, T. M. *What Is Human?* Downers Grove, Ill.: InterVarsity, 1970.
KLAPWIJK, Jacob. Dooyeweerd's Christian Philosophy: Antithesis and Critique. *Reformed Journal* (March, 1980).
KLINE, Leonard R. Lutherans in Sexual Commotion *First Things* (May, 1994).
KLINE, Meredith G. *Treaty of the Great King: The Covenant Structure of Deuteronomy: Studies and Commentary*. Grand Rapids : Eerdmans, 1963.
KLOPPENBORG, J. *Q Parallels: Synopsis, Critical Notes and Concordance*. Sonoma, Calif.: Polebridge, 1988.
KOELIN, F. C. A. *The Philosophy of the Enlightenment*. Princeton, N.J.: Princeton University Press, 1951.
KOLE, Andre & JANSSEN, Al. *Miracles or Magic?* Eugene, Ore.: Harvest House, 1984.
KOREM, Danny. *Powers: Testing the Psychic and Supernatural*. Downers Grove, Ill: InterVarsity, 1988.
KOREM, Danny & MEIER, Paul. *The Fakers*. Ed. rev. Grand Rapids: Baker, 1981.
KREEFT, Peter. *Between Heaven and Hell: A Dialog Somewhere Beyond Death with John F. Kennedy, C. S. Lewis, and Aldous Huxley*. Downers Grove, Ill: InterVarsity, 1982.
_____. *Christianity for Modern Pagans*. Pascal's Pensees. San Francisco: Ignatius, 1993.
_____. *Fundamentals of the Faith*. San Francisco: Ignatius, 1988.
_____., org. *Summa of the Summa*. San Francisco: Ignatius, 1990.
KREEFT, Peter & TACELLI, Ronald K. *Handbook of Christian Apologetics*. Downers Grove, Ill.: InterVarsity, 1994.
KRENTZ, Edgar. *The Historical-Critical Method*. Philadelphia: Fortress, 1975.
KUNG, Hans. *Infallible: An Inquiry* Trad. Edwards Quinn. Garden City, N.Y.: Doubleday, 1971.
KURTZ, Paul, ed. *Humanist Manifestos I & II*. Buffalo: Prometheus, 1973.

_____. A Secular Humanist Declaration *Free Inquiry* (Winter, 1980-81).
KUSHNER, Harold S. *Quando tudo não é o bastante*. Trad. Elizabeth e Djalmir Mello. São Paulo: Nobel, 1988.
_____. *Quando coisas ruins acontecem as pessoas boas*. Trad. Francisco de Castro Azevedo. 2. ed. São Paulo: Nobel, 1988.
LADD, George Eldon. *I Believe in the Resurrection of Jesus*. Grand Rapids: Eerdmans, 1975.
LAFAY, Howard. Ebla. *National Geographic* 154, no. 6 (1978).
LAMONT, Corliss. The Affirmative Ethics of Humanism. *The Humanist* 40. (1980).
_____. *The Philosophy of Humanism*. New York: Frederick Ungar, 1979.
LANGE, John Peter. *Commentary on the Holy Scriptures*. Trad. e org. Philip Schaff. Grand Rapids: Zondervan, 1864.
LANSON, Gustave. *Voltaire*. Paris: Hachette, 1910.
LAPIDE, Pinchas. The Resurrection of Jesus. *Time*, 7 May 1979.
LAPLACE, Pierre Simon. *The System of the World*. Vols. 1-2. London: Longman, Rees, Orme, Brown & Green, 1830.
LARUE, Gerald A. Committee for the Scientific Examination of Religion. (CSER's investigation) *Free Inquiry* (Fall, 1986).
LEIBNIZ, Gottfried. *The Monadology*. Trad. Robert Latta. London: Oxford University Press, 1925.
_____. *Theodicy: Essays on the Goodness of God, the Freedom of Man, and the Origin of Evil*. New Haven: Yale University Press, 1952.
LELAND, John. *A View of the Principal Deistic Writers . . .* London: B. Dod, 1754.
LEMONICK, Michael D. Echoes of the Big Bang. *Time*, 4 May 1993.
LESSING, Gotthold. *Lessing's Theological Writings*. Trad. Henry Chadwick. London: Adam & Charles Black, 1956.
_____. *Selected Prose Works of G. E. Lessing*. Trad. E. C. Beasley e Helen Zimmern. Org. Edward Bell. London: George Bell, 1885. Ed. rev., 1905.
LEVY-BRUHL, Lucien. *The Philosophy of Auguste Comte*. London: S. Sonnenschein, 1903.
LEWIS, C. S. *The Abolition of Man*. New York: Macmillan, 1947.
_____. *Christian Reflections*. Org. Walter Hooper. Grand Rapids: Eerdmans, 1967.
_____. *God in the Dock: Essays on Theology and Ethics*. Org. Walter Hooper. Grand Rapids: Eerdmans, 1970.
_____. *The Great Divorce*. New York: Macmillan, 1946.
_____. *Cristianismo puro e simples*. 5. ed. São Paulo: ABU Ed., 1997.
_____. *Miracles: A Preliminary Study*. New York: Macmillan, 1947.
_____. *The Problem of Pain*. New York: Macmillan, 1940.
_____. *Reflections on the Psalms*. New York: Harcourt, Brace, 1958.
_____. *Cartas do diabo ao seu aprendiz*. Trad. Mateus Sampaio Soares de Azevedo. Petrópolis, RJ: Vozes, 1996.
_____. *Studies in Medieval and Renaissance Literature*. New York: Cambridge University Press, 1966.
_____. *Surpreendido pela alegria*. Trad. Eduardo Pereira e Ferreira. 3. ed. São Paulo: Mundo Cristão, 1998.
LEWIS, Gordon R. *Testing Christianity's Truth Claims*. Chicago: Moody, 1976.
LEWIS, G. & DEMAREST, B. *Challenges to Inerrancy: A Theological Response*. Chicago: Moody, 1984.
LEWIS, James F. & TRAVIS, William G. *Religious Traditions of the World*. Grand Rapids: Zondervan, 1991.
LIGHTFOOT, J. B. *The Apostolic Fathers*. London: Macmillan, 1891.
_____. *Colossians and Philemon*. Wheaton, Ill.: Crossway, 1997.
LIGHTMAN, Alan & BRAWER, Roberta. *Origins: The Lives and Worlds of Modern Cosmologists*. Cambridge, Mass.: Harvard University Press, 1990.
LIGHTNER, Robert. *Heaven for Those Who Can't Believe*. Schaumburg, Ill.: Regular Baptist Press, 1977.
_____. *The Savior and the Scriptures*. Philadelphia: Presbyterian & Reformed, 1966.
LINDSELL, Harold *The Battle for the Bible*. Grand Rapids: Zondervan, 1976.
LINDSEY, Duane F. An Evangelical Overview of Process Theology. *Bibliotheca Sacra* 134 (1977).
LINNEMANN, Eta. *Historical Criticsm of the Bible: Methodology or Idealogy?* Grand Rapids: Baker, 1990.
_____. *Is There A Synoptic Problem? Rethinking the Literary Dependence of the First Three Gospels*. Grand Rapids,: Baker , 1992.
LOCKE, John *The Reasonableness of Christianity with A Discourse of Miracles and Part of A Third Letter Concerning Toleration*. Stanford: Stanford University Press, 1974.
LOCKYER, Herbert. *All the Miracles of the Bible; The Supernatural in Scripture, Its Scope and Significance*. Grand Rapids: Zondervan, 1978.

LONGENECKER, Richard N. *The Christology of Early Jewish Christianity.* London: SCM, 1970.
LOOMER, Bernard. A Response to David Griffin. *Encounter* 36, no. 4 (1975).
LUBENOW, Marvin. *Bones of Contention: a Creationist Assessment of the Human Fossils.* Grand Rapids: Baker, 1992.
LUCAS, George. *Star Wars.* New York: Ballantine 1976.
LUNDIN, Roger. *The Culture of Interpretation.* Grand Rapids: Eerdmans, 1993.
LUTERO & ERASMO. *Free Will and Salvation.* Trad. e org. E. Gordon Rupp et al. London: SCM, 1969.
LUTERO, Martinho. *Bondage of the Will.* Trad. Henry Cole. Grand Rapids: Baker, 1976.
LUTZER, Erwin. *The Necessity of Ethical Absolutes.* Grand Rapids: Zondervan, 1981.
LYON, David. *Karl Marx: A Christian Assessment of His Life and Thought.* Downers Grove, Ill.: InterVarsity, 1981.
LYOTARD, Jean-Francois. O pós-moderno. Trad. Ricardo Correa Barbosa. 4. ed. Rio de Janeiro: J. Olympio, 1993.
MACGREGOR, Geddes. *The Christening of Karma.* Wheaton, Ill.: Theosophical Publishing House, 1984.
MACHEN, J. Gresham. *Christian Faith in the Modern World.* New York: Macmillan, 1936.
_____. *The Christian View of Man.* New York: Macmillan, 1937.
_____. *Christianity and Liberalism.* Grand Rapids: Eerdmans, 1923.
_____. *The Origin of Paul's Religion.* Grand Rapids: Eerdmans, 1947.
_____. *The Virgin Birth of Christ.* Reprint, Grand Rapids: Baker, 1977; first pub., 1930.
_____. *What Is Christianity?* Grand Rapids: Eerdmans, 1951.
_____. *What Is Faith?* Carlisle, Pa.: Banner of Truth, 1991.
MACK, Burton. *O evangelho perdido*: o livro de Q e as origins cristãs. Trad. Sérgio Alcides. Rio de Janeiro: Imago, 1994.
MACKAY, Donald M. *The Clock Work Image.* Downers Grove, Ill.: InterVarsity, 1974.
MACLAINE, Shirley. *Minhas vidas.* [Trad. A. B. Pinheiro de Lemos]. São Paulo: Círculo do livro, [1991].
_____. *Dançando na luz.* [Trad. Lia Wyler]. São Paulo: Círuclo do Livro, [1991].
MACPHERSON, John. *The Westminster Confession of Faith.* 2nd ed. Edinburgh: T. & T. Clark, 1911.
MADISON, Gary B. *Working Through Derrida.* Evanston, Ill.: Northwestern University, 1993.
MAHARAJ, Rabindranath R., com Dave Hunt. *Morte de um guru.* Trad. Markus A. Hediger. São Paulo: Vida Nova; Cascavel, PR: Ed. Esperança, 1990.
MAHUD, Abdel Haleem. *The Creed of Islam.* World of Islam Festival Trust, 1978.
MAIER, Gerhard. *The End of the Historical Critical Method.* Trad. Edwin W. Leverenz e Rudolph F. Norden. St. Louis: Concordia, 1974.
MAIMONIDES. *Guide of the Perplexed.* Indianapolis: Hackett, 1995.
MALININE, M., org. e trand. *De Resurrectione epistula ad Rheginum.* Zurich: Rascher, 1963.
MANDONNET, P. & DESTREZ, J. *Bibliographie Thomiste.* Paris, 1921.
MANSOOR, Menahem. The Dead Sea Scrolls. In: *New Catholic Encyclopedia,* 2:390. Washington, D.C.: Catholic University Press of America, 1967, 1974, 1979.
MARCEL, Gabriel. *Le Mystere de l'etre.* 2 vols. Paris, 1951. Trad. G. S. Fraser e Rene Hauge as *The Mystery of Being.* 2 vols. Chicago, 1950.
MARITAIN, Jacques. *Existence and the Existent.* Garden City, N.Y.: Doubleday, 1956.
MARSDEN, George M. J. Gresham Machen, History and Truth. *Westminster Theological Journal* 42 (1979): 157–75.
MARSHALL, I. Howard. *I Believe in the Historical Jesus.* Grand Rapids: Eerdmans, 1977.
_____. *The Origins of New Testament Christology.* Downers Grove, Ill.: InterVarsity, 1976.
MARTIN, Michael. *Atheism: A Philosophical Justification.* Philadelphia: Temple University Press, 1990.
_____. *The Case Against Christianity.* Philadelphia: Temple University Press, 1991.
MARTIN, T. *The Instructed Vision.* Bloomington: Indiana University Press, 1961.
MARTIN, Walter. *Como entender a Nova Era.* [Trad. Wanda Assumpção]. 2. impr. São Paulo: Vida, 1995.
_____. *The Riddle of Reincarnation.* San Juan Capistrano, Calif.: Christian Research Institute, 1980.
MÁRTIR, Justino. *Diágolo com Trifão.* Trad. Ivo Storniolo e Euclides M. Balancin. São Paulo: Paulus, 1995. (Patrística; 3).
_____. *Apologia.* Trad. Ivo Storniolo e Euclides M. Balancin. São Paulo: Paulus, 1995. (Patrística; 3).
MARX, Karl. *O capital*: crítica da economia política, livro primeiro: o processo de produção do capital, volume I. [Trad. Reginaldo Sant'Anna]. 16. ed. Rio de Janeiro: Civilização Brasileira, 1998.
_____. *Selected Writings in Sociology and Social Philosophy.* New York: McGraw-Hill, 1956.

_____ & ENGELS, Friedrich. *On Religion.* New York: Schocken, 1964.
MASCALL, E. L. *Existence and Analogy.* London: Longmans, Green, 1949.
_____. *The Secularization of Christianity.* New York: Holt, Rinehart, Winston, 1966.
MATHER, George A. & NICHOLS, Larry A. *Dicionário de religiões, crenças e ocultismo.* Trad. Josué Ribeiro. São Paulo: Vida, 2000.
MATRISCIANA, Caryl. *Gods of the New Age.* Eugene, Ore.: Harvest House, 1985.
MATTHEWS, L. Harrison. 1971. Introduction. In: *On the Origin of Species,* Charles Darwin. London: Dent, 1971.
MATTHIAE, Paolo. *Ebla: An Empire Rediscovered.* Trad. Christopher Holme. Garden City, N.Y.: Doubleday, 1981.
MAUER, Armand. *A History of Medieval Philosophy.* New York: Random House, 1962.
_____. St. Thomas and the Analogy of Genus. *New Scholasticism* 29 (1955).
MAVRODES, George. *Belief in God: a Study in the Epistemology of Religion.* Washington, D.C.: University Press of America, 1981.
MAVRODES, George I. Some Puzzles Concerning Omnipotence. *Philosophical Review* 72 (1963): 221-23.
MAYLOCK, A. I. *The Man Who Was Orthodox.* London: D. Dobson, 1963.
MAYR, Ernst. Introduction in *Darwin's On the Origin of Species.* Cambridge, Mass.: Harvard University Press, 1964.
MAZLISH, Bruce. Comte, Auguste. In: *The Encyclopedia of Philosophy,* org/ Paul Edwards. New York: Macmillan & The Free Press, 1967.
MBITI, John S. *African Religions and Philosoophy.* New York: Praeger, 1969. Reprint, Anchor, 1970.
_____. *Concepts of God in Africa.* New York: Praeger, 1970.
MCCALLUM, Dennis, org. *The Death of Truth.* Minneapolis: Bethany, 1996.
MCCORMICK, Charles Tilford. *McCormick's Handbook of the Law of Evidence.* 2nd org. por Edward W. Cleary St. Paul: West, 1972.
MCCOSH, J. *The Scottish Philosophy.* New York: AMS, 1980.
MCDONALD, H. D. *Theories of Revelation: An Historical Study 1700-1960.* 2 vols. Twin Books Series. Grand Rapids: Baker, 1979.
MCDOWELL, Josh. *Daniel in the Critics Den.* San Bernardino, Calif.: Campus Crusade for Christ International, 1979.
_____. *Evidência que exige um veredito*: evidências históricas da fé cristã. 2. ed. São Paulo: Candeia, 1992 (impressão 1996).
_____ & LARSON, Bart. *Jesus*: uma defesa bíblica de sua divindade. São Paulo: Candeia, 1994.
_____ & GILCHIRST, John. *The Islam Debate.* San Bernardino, Calif.: Here's Life, 1983.
_____ & STEWART, Don. *Respostas àquelas perguntas*: o que os céticos perguntam sobre a fé cristã. 2. ed. São Paulo: Candeia, 1992.
MCGRATH, Alister. The Challenge of Pluralism for the Contemporary Christian Church. *Journal of the Evangelical Theological Society* (September, 1992): 361-73.
_____. Response to John Hick. In: *More Than One Way? Four Views on Salvation in a Pluralistic World,* org. Dennis L. Okholm e Timothy R. Phillips. Grand Rapids: Zondervan, 1995.
MCILVAINE, C.P. *The Evidences of Christianity.* 6th ed. C. & H. Carvill, 1857.
MCINERNY, Ralph. *The Logic of Analogy.* The Hague: Nijhoff, 1961.
MCIVER, Tom. Creationist Misquotations of Darrow. *Creation/Evolution.* 8, no. 2 (1988).
MCKEON, Richard, org. e trad. *Selections from Medieval Philosophers.* Vol. 2. New York: Scribner, 1957.
MCRAY, John. *Archaeology and the New Testament.* Grand Rapids: Baker, 1991.
MEIER, John P. *A Marginal Jew: Rethinking the Historical Jesus.* Vol. 1, *The Roots of the Problem and the Person.* New York: Doubleday, 1991.
MERCATI, A. The New List of the Popes. *Medieval Studies.* 1947.
MERILL, Eugene. Ebla and Biblical Historical Inerrancy. *Bibliotheca Saca*140 (1983).
METZGER, Bruce. *Chapters in the History of New Testament Textual Criticism.* Grand Rapids: Eerdmans, 1963.
_____. *An Introduction to the Apocrypha.* New York: Oxford University Press, 1957.
_____. *Manuscripts of the Greek Bible: An Introduction to Greek Paleography.* New York: Oxford University Press, 1981.
_____. *The Text of the New Testament.* New York: Oxford University Press, 1964.
_____. *A Textual Commentary on the Greek New Testament: A Companion Volume to the United Bible Societies' Greek New Testament. Third edition.* London; New York: United Bible Societies, 1975.

MEULLER, G. E. The Hegel Legend of 'Thesis, Antithesis–Synthesis. *Journal of the History of Ideas* 19, no. 3 (1958).
MICELI, Vincent P. *The Gods of Atheism.* Harrison, N.Y.: Roman Catholic Books, 1971.
MIETHE, Terry, org. *Did Jesus Rise fom the Dead? The Resurrection Debate.* San Francisco: Harper & Row, 1987.
_____ & BOURKE, Vernon. *Thomistic Bibliography, 1940–1978,* Westport, Conn.: Greenwood, 1980.
_____ & FLEW, Anthony. *Does God Exist? A Believer and an Atheist Debate.* San Francisco: Harper San Francisco, 1991.
MILES, T. R. *Religion and the Scientific Outlook.* London: George Allen & Unwin, 1959.
MILL, John Stuart. *Auguste Comte and Positivism.* Bristol, England: Thoemmes, 1993; 1865 reprint.
_____. *A lógica das ciências morais.* Introd. e trad. Alexandre Braga Massella. São Paulo: Iluminuras, 1999.
_____. *Three Essays on Religion*: Nature, Utility of Religion, and Theism. London: Longmans, Green, 1885.
_____. *Utilitarianism.* New York: Meridian, 1962.
MILLER, David. *The New Polytheism.* New York: Harper & Row, 1974.
MILLER, Elliot. *A Crash Course on the New Age.* Grand Rapids: Baker, 1989.
_____ & SAMPLES, Kenneth R. *The Cult of the Virgin: Catholic Mariology and the Apparitions of Mary.* Grand Rapids: Baker, 1992.
MILLER, Robert J., org. *The Complete Gospels.* Sonoma, Calif.: Polebridge, 1992.
MILNE, Bruce. *Conheça a verdade*: um manual de doutrina bíblica. [Trad. Neyd Siqueira]. São Paulo: ABU Ed., 1987.
MITCHELL, Basil, org. *Faith and Logic.* London: Allen & Unwin, 1957.
MOLINA, Luis de & FREDDOSO, Alfred J. *On Divine Foreknowledge: Part IV of the Concordia.* Ithaca, N.Y.: Cornell University Press, 1988.
MOLNAR, Thomas. *Theists and Atheists*: A Typology of Non-Belief. New York: Mouton, 1980.
MOMEN, Moojan. *An Introduction to Shii Islam*: The History and Doctrines of Twelver. *Shiism.* New Haven, Conn.: Yale University Press, 1987.
MONDIN, B. *The Principle of Analogy in Protestant and Catholic Theology.* The Hague: Nijhoff, 1963.
MONTGOMERY, John W. *Christianity and History.* Downer's Grove, Ill.: InterVarsity, 1964.
_____. *Christianity for the Tough-Minded.* Minneapolis: Bethany, 1973.
_____. *Evidence for Faith.* Dallas: Probe, 1991.
_____. *Faith Founded on Fact.* Nashville, Tenn.: Thomas Nelson, 1978.
_____. *The Law Above the Law.* Minneapolis: Bethany, 1975.
_____. *The Shape of the Past*: An Introduction to Philosophical Historiography. Ann Arbor, Mich.: Edwards Bros., 1962.
_____, org. *Myth, Allegory and Gospel*: An Interpretation of J. R. R. Tolkien/C. S. Lewis/G. K. Chesterton/Charles Williams. Minneapolis: Bethany, 1974.
_____ & ALTIZER, Thomas. *The Altizer-Montgomery Dialogue.* Downers Grove, Ill.: InterVarsity, 1967.
MOORE, David. *The Battle for Hell*: A Survey and Evaluation of Evangelicals' Growing Attraction to the Doctrine of Annihilationsim. Lanham, Md.: University Press of America, 1995.
MOORE, James R. *The Post-Darwinian Controversies.* New York: Cambridge University Press, 1979.
MORAIS, Herbert M. *Deism in Eighteenth Century America.* 1934. Reprint. New York: Russell & Russell, 1960.
MORELAND, J. P. *Christianity and the Nature of Science.* Grand Rapids: Baker, 1989.
_____. *Scaling The Secular City: A Defense of Christianity.* Grand Rapids: Baker,1987.
_____. *Universals, Qualities, and Quality-Instances.* New York: University Press of America, 1985.
_____, org. *The Creation Hypothesis: Scientfic Evidence for an Intelligent Designer.* Downers Grove, Ill.: InterVarsity, 1994.
_____ & NIELSEN, Kai. *Does God Exist? The Great Debate.* Nashville, Tenn.: Thomas Nelson, 1990.
MORRIS, Henry. *Biblical Cosmology and Modern Science.* Phillipsburg, N.J.: Presbyterian & Reformed, 1970.
_____. *The Genesis Record.* Welwyn: Evangelical Press, 1977.
_____, org. *Scientific Creationism.* San Diego: Creation-Life, 1974.
_____ & Parker, Gary E. *What Is Creation Science?* El Cajon, Calif.: Master Books, 1987.
MORRIS, John D. *The Young Earth.* Colorado Springs: Master Books, 1994.
MORRIS, Thomas. *Our Idea of God.* Downers Grove, Ill.: InterVarsity, 1991.
MORRISON, Frank. *Who Moved the Stone?* London: Faber & Faber, 1958.

Morton, A. Q. & McLeman, James. *Christianity in the Computer Age*. New York: Harper & Row, 1964.
Mossner, E. C. *Bishop Butler and the Age of Reason*. New York: Macmillan, 1936.
Most, G. *Catholic Apologetics Today: Answers to Modern Critics*. Rockford, Ill.: Tan, 1986.
Mueller, Marvin E. The Shroud of Turin: A Critical Appraisal. *Skeptical Inquirer* (Spring, 1982).
Mufassir, Sulaiman Shahid. *Jesus, a Prophet of Islam*. American Trust Publications, 1980.
Muller, Julius. *The Theory of Myths, in Its Application to the Gospel History, Examined and Confuted*. London: John Chapman, 1844.
Mullins, Edgar Young. *The Axioms of Religion*. Philadelphia: American Baptist Publication Society, 1908.
_____. *The Christian Religion in Its Doctrinal Expression*. Philadelphia: Roger Williams, 1917.
_____. *Christianity at the Cross Roads*. Nashville, Tenn.: Sunday School Board of the S.B.C., 1924.
_____. *Freedom and Authority in Religion*. Philadelphia: Griffith & Rowland, 1913.
_____. *Why Is Christianity True?* Philadelphia: Judson, 1905.
Murray, John. *Principles of Conduct*. Grand Rapids: Eerdmans, 1957.
Nahm, Milton C. *Selections from Early Greek Philosophy*. 4th ed. New York: Appleton-Century-Crofts, 1964.
Naipaul, V. S. *An Area of Darkness*. London: Picador, 1995.
Nash, Ronald. *Christian Faith and Historical Understanding*. Probe Ministries International, 1984.
_____. *Christianity and the Hellenistic World*. Grand Rapids: Zondervan, 1984.
_____. *Dooyeweerd and the Amsterdam*. Grand Rapids: Zondervan, 1962.
_____. Gordon H. Clark In: *Handbook of Evangelical Theologians*. org. Walter Elwell. Grand Rapids: Baker, 1993.
_____. *The Gospel and the Greeks*. Dallas:Probe, 1992.
_____. *Is Jesus the Only Savior?* Grand Rapids: Zondervan, 1994.
_____. *The Word of God and the Mind of Man*. Phillipsburg, N.J.: Presbyterian & Reformed, 1992.
_____, org. *The Philosophy of Gordon Clark*. Philadelphia: Presbyterian & Reformed, 1968.
_____, org. *Process Theology*. Grand Rapids: Baker, 1987.
Nehls, Gerhard. *Christians Ask Muslims*. SIM International Life Challenge, 1987.
Netland, Harold A. *Dissonant Voices: Religious Pluralism and the Question of Truth*. Grand Rapids: Eerdmans, 1991.
Nettles, Thomas J. Edgar Young Mullins. In: *Handbook of Evangelical Theologians*. Grand Rapids: Baker, 1993.
Neufeld, E. *The Hittite Laws*. London: Luzac, 1951.
Neuner, S. J. & Dupuis, J. Discourse to Scientists on the 350th Anniversary of the Publication of Galileo's 'Dialoghi. In: *The Christian Faith: Doctrinal Documents of the Catholic Church*. 5th rev.ed. New York: Alba House, 1990.
New Catholic Encyclopedia, 17 vols. New York: McGraw-Hill, 1979.
Newman, John H. *Apologia pro vita sua*. New York: W. W. Norton, 1968.
_____. *An Essay in Aid of a Grammar of Assent*. Notre Dame, Ind.: University of Notre Dame, 1979.
_____. *Essay on the Development of Christian Doctrine*.Notre Dame, Ind.: University of Notre Dame, 1989.
_____. *A Grammar of Assent*. London: Burns & Oates, 1881.
Newman, Robert. *The Biblical Teaching on the Firmament*. Unpublished Masters Thesis, Biblical Theological Seminary,1972.
_____, org. *The Evidence of Prophecy: Fulfilled Prediction as a Testimony to the Truth of Christianity*. Hatfield, Pa.: Interdisciplinary Biblical Research Institute, 1988.
Newman, Robert Chapman & Eckelmann, Herman J. *Genesis One & the Origin of the Earth*. Downers Grove, Ill.: InterVarsity Press, 1977. Reimpressão. Grand Rapids: Baker, 1981.
Newton, Sir Isaac. *Princípios matemáticos*; *Óptica*; *O peso e o equilíbrio dos fluidos*. Tradução Carlos Lopes de Mattos, Pablo Rubén Mariconda e Luiz Possas (escólio geral). São Paulo: Nova Cultural, c. 1996.
Niebuhr, Reinhold, org. *Marx and Engels on Religion*. New York: Schocken, 1964.
_____. *Schleiermacher on Christ and Religion*. New York: Scribner, 1964.
Nielsen, Kai. *Philosophy and Atheism: A Defense of Atheism*. Buffalo, N.Y.: Prometheus, 1985.
Nietzsche, Friedrich. *O anticristo*. Trad. David Jardim Junior. Introd. Geir Campos. Rio de Janeiro: Ediouro, [1993].
_____. *Além do bem e do mal*: prelúdio a uma filosofia do futuro. Trad., notas e posfácio Paulo César de Souza. 2. ed., 3. reimpr. São Paulo: Companhia das Letras, 1999.
_____. *O nascimento da tragédia, ou, Helenismo e pessimismo*. Trad., notas e posfácio J. Guinsburg. 2. ed., 1. reimp. São Paulo: Companhia das Letras, 1998.

_____. *Joyful Wisdom*. Trad. Thomas Common. Frederick Unger, 1960.
_____. Genealogia da *moral: uma polêmica*. Trad., notas e posfácio Paulo César de Souza. São Paulo: Companhia das Letras, 1998.
_____. *Assim falava Zaratustra*. Trad. José Mendes de Souza; apêndices de Elisabeth Forster-Nietzche; prefácio Geir Campos. Rio de Janeiro: Ediouro, [1992].
NOEBEL, David A. *Understanding the Times*. Manitou Springs, Colo.: Summit, 1991.
NOLEN, William A. *Healing: A Doctor in Search of a Miracle*. New York: Random House, 1974.
NOSS, John B. *Man's Religions*. New York: Macmillan, 1956.
NOWELL-SMITH, Patrick. Miracles. In: *New Essays in Philosophical Theology*, orgs. Antony Flew e Alasdair MacIntyre. New York: Macmillan, 1955.
NYGREN, E. Herbert. Existentialism: Kierkegaard. In: *Biblical Errancy*. Grand Rapids: Zondervan, 1981.
O'CONNOR, D.J. *A Critical History of Western Philosophy*. New York: Free Press of Glencoe, 1965.
OGDEN, Schubert M. Bultmann's Demythologizing and Hartshorne's Dipolar Theism. In: *Process and Divinity: Philosophical Essays Presented to Charles Hartshorne*, org. William L. Reese, 493–513. LaSalle: Open Court, 1964.
_____. The Meaning of Christian Hope. *Union Seminary Quarterly Review* 30 (1975).
_____. Toward a New Theism. In: *Process Philosophy and Christian Thought*, orgs. Delwin Brown, Ralph E. James Jr. e Gene Reeves. Indianapolis: Bobbs-Merrill, 1971.
_____. *Faith and Freedom: Toward a Theology of Liberation*. Nashville: Abingdon, 1979.
_____. *The Reality of God and Other Essays*. 1963. Reprint. San Francisco: Harper & Row, 1977.
_____. *Theology in Crisis: A Colloquim on the Credibility of God*. New Concord: Muskingum College, March 20–21, 1967.
OGLETREE, Thomas W. *The Death of God Controversy*. Nashville: Abingdon, 1966.
OKHOLM, Dennis L. & PHILLIPS, Timothy R., orgs. *More Than One Way? Four Views on Salvation in a Pluralistic World*. Grand Rapids: Zondervan, 1995.
ORCHARD, B. A Fragment of St. Mark's Gospel Dating from Before A. D. 50? *Biblical Apostolate*, Rome, 6, 1972.
ORGEL, Leslie. *As origens da vida*: moléculas e seleção natural. Trad. Helena Cristina Fontenele Arantes; rev. João Lucio Azevedo. Brasília: Ed. Universidade de Brasília, [1985].
ORÍGENES. Contra Celsus. In: *The Ante-Nicene Fathers*, orgs. Alexander Roberts e James Donaldson. Grand Rapids: Eerdmans, 1989.
_____. On First Principles. In: *The Ante-Nicene Fathers*, orgs. Alexander Roberts e James Donaldson. Grand Rapids: Eerdmans, 1989.
ORR, James. The Old Testament Doctrine of Immortality. In: *The Christian View of God and the World*. Grand Rapids: Eerdmans, 1948.
_____. *The Problems of the Old Testament*. London: Nisbet, 1906.
_____. *The Virgin Birth of Christ*. New York: C. Scribner's Sons, 1907.
_____. *English Deism: Its Roots and Its Fruits*. Grand Rapids: Eerdmans, 1934.
OSBURN, Evert D. Those Who Have Never Heard: Have They No Hope? *Journal of the Evangelical Theological Society*. 32, no. 3 (1989).
OSTLING, Richard. New Grounding for the Bible? *Time*, September 21, 1981.
OTT, Ludwig. *Fundamentals of Catholic Dogma*. Org. James Canon Bastible. Trad. Patrick Lynch. Rockford, Ill.: Tan, 1960.
OTTO, Rudolf. *India's Religion of Grace and Christianity Compared and Contrasted*. New York: Macmillan, 1930.
_____. *Mysticism East and West*. Trad. Bertha L. Bracey e Richenda C. Payne. New York: Meridian, 1957.
OWEN, H. P. *The Christian Knowledge of God*. University of London: Athlone, 1969.
_____. *Concepts of Deity*. London: Macmillan, 1971.
OWEN, Joseph. *The Doctrine of Being in the Aristotelian Metaphysics*. Toronto: Pontifical Institute of Medieval Studies, 1978.
OWENS, Joseph. *A History of Ancient Western Philosophy*. New York: Appleton-Century-Crofts, 1959.
PACHE, Rene. *The Inspiration and Authority of Scripture*. Salen, Wis: Sheffield, 1969.
_____. *The Inspiration and Authority of Scripture*. Trad. Helen I. Needham. Chicago: Moody, 1969.
PACKER, J. I. *The Apostles' Creed*. Wheaton, Ill.: Tyndale House, 1988, 1977.
_____. *Fundamentalism and the Word of God*. Grand Rapids: Eerdmans, 1958.

_____. Sola Scriptura: Crucial to Evangelicalism. In: *The Foundations of Biblical Authority*, org. James Montgomery Boice. Grand Rapids: Zondervan, 1978.

PADOVER, Saul K. *Thomas Jefferson and the Foundations of American Freedom*. New York: Van Nostrand Reinhold, 1965.

PAGELS, Heinz R. *Perfect Symmetry: The Search for the Beginning of Time*. London: Penguin, 1992.

PAINE, Thomas. *The Age of Reason*. New York: G. P. Putnam's Sons, 1907.

_____. *Complete Works of Thomas Paine*. Org. Calvin Blanchard. Chicago & New York: Belford, Clarke, 1885.

PALEY, William. *Evidence of Christianity*. London, 1851.

PANNENBERG, Wolfhart. *Jesus, God and Man*. Philadelphia: Westminster Press, 1968.

PARKER, Barry. *Creation—The Story of the Origin and Evolution of the Universe*. New York: Plenum, 1988.

PARMÊNIDES. Proem, In: KIRK, G. S. et al., *The Presocratic Philosophers*. Cambridge: Cambridge University Press, 1964.

PARRINDER, Geoffrey. *Jesus in the Qur'an*. New York: Oxford University Press, 1977.

PARSHALL, Phil. *Bridges to Islam*. Grand Rapids: Baker, 1983.

PASCAL, Blaise. *Pensamentos*. Trad. Sérgio Milliet; intrd. e notas Ch. M. Des Granges; estudo introdutivo Gilles Granger. Rio de Janeiro: Ediouro, [1993].

PATTERSON, Colin. In the Plaintiff's Pre-Trail Brief, William J. Guste Jr., Attorney General, June 3, 1982. Appendix A.

PAYNE, Barton. *Encyclopedia of Biblical Prophecy*. London: Hodder & Stoughton, 1973.

PEARCEY, Nancy R. & THAXTON, Charles. *The Soul of Science: A Christian Map to the Scientific Landscape*. Wheaton, Ill.: Crossway, 1994.

PELIKAN, Jaroslav. *The Riddle of Roman Catholicism*. New York: Abingdon, 1960.

PELLETIER, Kenneth. *Christian Medical Society Journal* 11, no.1 (1980).

PETERS, George W. *Indonesia Revival*. Grand Rapids: Zondervan, 1973.

PETERS, Richard. *Hobbes*. Baltimore: Penguin, 1956.

PETERS, Robert. Tautology in Evolution and Ecology *The American Naturalist*, January–February, 1976.

PETERSON, Robert A. *Hell on Trial: The Case for Eternal Punishment*. Phillipsburg, N.J.: Presbyterian & Reformed, 1995.

_____. A Traditionalist Response to John Stott's Arguments for Annihilationism. *Journal of the Evangelical Theological Society* (December 1994).

PETTINATO, Giovanni. *The Archives of Ebla: An Empire Inscribed in Clay*. New York: Doubleday, 1981.

PFANDER, C. G. *The Mizanu'l Haqq: The Balance of Truth*. Austria: Light of Life, 1986.

PFEIFFER, Robert Henry. *Introduction to the Old Testament*. London: Adam & Charles Black, 1948.

PFLEIDERER. *The Early Christian Conception of Christ: Its Significance and Value in the History of Religion*. London: Williams & Norgate, 1905.

PFURTNER, Stephan. *Luther and Aquinas on Salvation*. New York: Sheed & Ward, 1965.

PHILIPS, Timothy R. & OKHOLM, Dennis L., orgs. *Christian Apologetics in the Postmodern World*. Downers Grove, Ill.: InterVarsity, 1995.

PHILLIPS, W. Gary & BROWN, William E. *Making Sense of Your World from a Biblical Viewpoint*. Chicago: Moody, 1991.

PHILOSTRATUS. *The Life of Apollonius of Tyana*. Trad. F. C. Conybeare. 2 vols. Loeb Classical Library. Cambridge, Mass.: Harvard University Press, 1969.

PHLEGON. Chronicles as cited by Origen, *Against Celsus*. In: *The Ante-Nicene Fathers*, org. Alexander Roberts and James Donaldson. Grand Rapids: Eerdmans, 1989.

PICKERING, Wilbur N. *The Identity of the New Testament Text*. Nashville: Thomas Nelson, 1977.

PINES, S. *An Arabic Version of the Testimonium Flavianum and its Implications*. Jerusalem: Israel Academy of Sciences and Humanities, 1971.

_____. Maimonides. In: *Encyclopedia of Philosophy*, org. Paul Edwards. 8 vols. New York: Macmillan and The Free Press, 1967.

PINNOCK, Clark. *Grace Unlimited*. Minneapolis: Bethany, 1975.

_____. Response to John Hick. In: *More Than One Way? Four Views on Salvation in a Pluralistic World*, org. Dennis L. Okholm and Timothy R. Phillips. Grand Rapids: Zondervan, 1995.

_____. *A Wideness in God's Mercy*. Grand Rapids: Zondervan, 1992.

PLANTINGA, Alvin. *God and Other Minds*. Ithaca, N.Y.: Cornell University Press, 1970.

_____. *God, Freedom, and Evil*. Grand Rapids: Eerdmans, 1977.

_____. *The Nature of Necessity: From St. Anslem to Contemporary Philosophers*. Oxford: Clarendon, 1992.

_____. Reason and Belief in God. In: *Faith and Rationality*, org. Alvin Plantinga and Nicholas Wolterstorff. Notre Dame, Ind.: University of Notre Dame, 1983.
_____. The Reformed Objection to Natural Theology. *Christian Scholars Review* 11 (1982): 187-98.
_____, org. *The Ontological Argument*. Garden City, N.Y.: Doubleday, 1965.
Platão. *Diálogos*. Seleção, introd. e trad. direta do grego Jaime Bruna. São Paulo: Cultrix, [1999].
_____. Parmenides. In: *Diálogos*. Trad. Carlos Alberto Nunes. Belém: Universidade Federal do Pará, 19—.
_____. *Protágoras*. Trad., estudo introd. e notas Eleazar Magalhães Teixeira. Fortaleza: Edições UFC, 1986.
_____. *A república*. Trad. Enrico Corvisierei. São Paulo: Nova Cultural, c. 1997.
_____. Sofista. In: *Diálogos*: O banquete, Fédon, Sofista, Político. Trad. José Cavalcanti Souza e Jorge Palikat. 2. ed. São Paulo: Abril Cultural, 1983.
_____. *Timeu e Críteas ou a Atlântida*. São Paulo: Hemus, 1981.
PLOTINO, *The Six Enneads*, Chicago: Encylopedia Britannica, 1952.
POLANYI, Michael. Life Transcending Physics and Chemistry. *Chemical Engineering News,* August 21, 1967.
POLLOCK, Dale. *Skywalking: The Life and Films of George Lucas*. New York: Harmony, 1983.
POPKIN, Richard. Bayle, Pierre. In: *The Encyclopedia of Philosophy,* org. Paul Edwards. New York: Macmillan and The Free Press, 1967.
POPKIN, Richard. Pascal. In: the *Encyclopedia of Philosophy,* org. Paul Edwards. Vol 6. New York: Macmillan and The Free Press, 1967.
POPPER, Karl. *Autobiografia intelectual*. Trad. Leônidas Hegenberg e Octanny Silveira da Motta. 2. ed. São Paulo: Cultrix, 1986.
PRABHAVANANDA, Swami. *The Spiritual Heritage of India*. Hollywood: Vedanta, 1963.
_____, trad. Appendix II: The Gita and War. *The Song of God: Bhagavad-gita*. New York: Harper, 1951.
_____. *Os Upanishads*: sopro vital do eterno. Trad. Cláudia Gerpe. 3. ed. São Paulo: Pensamento, [1997].
PRESTIGE, G. L. *God in Patristic Thought*. London: S.P.C.L., 1952.
PREUS, Robert. *The Inspiration of Scripture*. Edinburgh: Oliver & Boyd, 1955.
PRICE, George M. *The New Geology*. Mountain View, Calif.: Pacific Press. Publishing Association, 1923.
PRICE, Robert M. Is There a Place for Historical Criticism? *Religious Studies* 27, no. 3 (1991): 2, 3, 14, 25.
PRITCHARD, James B., org. *The Ancient Near East*, vol. 2, *A New Anthology of Texts and Pictures*. Princeton N.J.: Princeton University Press, 1975.
PRZYWARA, Erich. *An Augustine Synthesis*. Glouster, Mass.: Peter Smith, 1970.
PURTILL, Richard L. *C. S. Lewis' Case for the Christian Faith*. San Francisco: Harper & Row, 1981.
QUINE, Willard Van Orman. Two Dogmas of Empiricism. In: *From a Logical Point of View*, 2nd ed. New York: Harper & Row, 1953.
RADHAKRISHNAN, Sarvepail. *The Hindu View of Life*. London: Allen & Unwin, 1927.
_____. *The Principal Upanishads*. London: Allen & Unwin, 1958.
RAHMAN, Fazlur, *Islam*. Chicago: University of Chicago Press, 1979.
_____. *Major Themes of the Qur'an*. Minneapolis: Bibliotheca Islamica 1980.
RAMM, Bernard. *A Christian Appeal to Reason*. Waco, Tex.: Word, 1977.
_____. *The Christian View of Science and Scripture*. Grand Rapids: Eerdmans, 1954.
_____. *The Pattern of Religious Authority*. Grand Rapids: Eerdmans, 1959.
_____. *Protestant Biblical Interpretation: A Textbook of Hermeneutics for Conservative Protestants*. Boston: W. A. Wilde, 1950.
_____. *Protestant Christian Evidences*. Chicago: Moody, 1953
_____. *Varieties of Christian Apologetics*. Grand Rapids: Baker, 1973.
RAMSAY, Sir William. *St. Paul the Traveller and the Roman Citizen*. New York: G. P. Putnam's Sons, 1896.
_____. *Was Christ Born at Bethlehem?* New York: Putnam, 1898. Reprint, 1960.
RAMSEY, Ian T. *Religious Language: An Empirical Placing of Theological Phrases*. New York: Macmillan, 1957.
RAND, Ayn. *Atlas Shrugged*. New York: Dutton, 1992.
_____. *For the New Intellectual*. New York: New American Library, 1961.
_____. *The Virtue of Selfishness*. New York: New American Library, 1964.
RANDI, James. *The Faith Healers*. Com prefácio de Carl Sagan. Buffalo, N.Y.: Prometheus, 1987.
_____. *Flim-Flam*. Buffalo, N.Y.: Prometheus, 1982.

_____. Nostradamus: The Prophet for all Seasons. *Skeptical Enquirer* (Fall 1982).
RATZINGER, Joseph. *Introduction to Christianity.* New York: Seabury, 1979.
RAUF, Muhammad Abdul. *Islam: Creed and Worship.* Washington, D.C.: The Islamic Center, 1974.
REGIS, Louis Marie. *Epistemology.* New York: Macmillan, 1959.
REHWINKEL, Alfred. *The Flood.* St. Louis: Concordia, 1951.
REID, Thomas. *Essay on the Active Powers of Man.* New York: Garland, 1977.
_____. *Essay on the Intellectual Powers of Man.* New York: Garland, 1971.
_____. *An Inquiry into the Human Mind: On the Principles of Common Sense.* Org. Derek R. Brookes. University Park: Pennsylvania State University, 1997.
REIMARUS, Hermann. *Fragments.* Org. Charles H. Talbert. Philadelphia: Fortress, 1970.
REISSER, Paul C., REISSER, Teri K. & WELDON, John. *The Holistic Healers: a Christian Perspective on New-age Health Care.* Downers Grove, Ill. : InterVarsity, 1983.
RENAN, Ernest. *The Life of Jesus.* New York: A. L. Burt, 1897.
Revelation. *Anglican Theological Review* (October, 1980).
RHODES, Ron. *Christ Before the Manger.* Grand Rapids: Baker, 1992.
RICE, John R. *Our God-Breathed Book—The Bible.* Murfreesboro, Tenn.: Sword of the Lord, 1969.
RICKABY, J. *Free Will and Four English Philosophers.* London: Burns, Oates, 1906.
RIDDERBOS, Herman N. *Paul and Jesus; Origin and General Character of Paul's Preaching of Christ.* Grand Rapids: Baker, 1958.
RIENECKER, Fritz. *Chave lingüística do Novo Testamento.* Trad. Gordon Chown e Julio Paulo T. Zabatiero. São Paulo: Vida Nova, 1985.
RIPPIN, Andrew & KNAPPERT, Jan, orgs. e trads. *Texual Sources for the Study of Islam.* Manchester: Manchester University Press, 1986.
ROBBINS, John W. *Cornelius Van Til: The Man and the Myth.* Jefferson, Md.: Trinity Foundation, 1986.
_____, org. *Gordon H. Clark: Personal Recollections.* Jefferson, Md.: Trinity Foundation, 1989.
ROBERT, Lyon. Re-examination of Codex Ephraemi Rescriptus. *New Testament Studies* 5 (1959).
ROBERTSON, A. T. *A Harmony of the Gospels for Students of the Life of Christ: Based on the Broadus Harmony in the Revised Version.* New York : Harper & Row, 1950.
_____. *An Introduction to the Textual Criticsim of the New Testament.* Nashville, Tenn.: Broadman, 1925.
_____. *Word Pictures in The New Testament.* 6 vols. Nashville, Tenn.: Broadman, 1930.
ROBINSON, G. L. *Where Did We Get Our Bible?* New York: Doubleday, Doran, 1928.
ROBINSON, James M. & MILLER, Robert J., orgs. *The Nag Hammadi Library in English.* San Francisco: Harper & Row, 1988.
ROBINSON, John A. T. *Honest to God.* Philadelphia: Westminster, 1963.
_____. *The Human Face of God.* Philadelphia: Westminster, 1973.
_____. *Redating the New Testament.* Philadelphia: Westminster, 1976.
ROBINSON, John Mansley. *An Introduction to Early Greek Philosophy.* Boston: Houghton Mifflin, 1968.
ROSS, Hugh. *Creation and Time.* Colorado Springs, Colo.: NavPress, 1994.
_____. *The Creator and the Cosmos: How the Greatest Scientific Discoveries of the Century Reveal God.* Colorado Springs, Colo.: NavPress, 1993.
_____. *The Fingerprint of God: Recent Scientific Discoveries Reveal the Unmistakable Identity of the Creator.* Orange, Calif.: Promise, 1989.
_____. *Joshua's Long Day and Other Mysterious Events.* 120 min. Pasadena, Calif.: Reasons to Believe, n.d. Videocassette.
ROSS, W. D. *Aristotle's Categories and De Interpretatione.* Trad. e notas. Oxford, 1961.
_____. *Prior and Posterior Analytics.* Oxford, 1949.
RURAK, James. Butler's Analogy: A Still Interesting Synthesis of Reason and Revelation. *Anglican Theological Review* 62 (1980): 365–81.
RUSSELL, Bertrand. *The Autobiography of Bertrand Russell.* Boston: Little, Brown, 1968.
_____. *The Basic Writings of Bertrand Russell.* Org. Robert E. Egner and Lester E. Denonn. New York: Simon & Schuster, 1961.
_____. Can Religion Cure Our Troubles. In: *Why I Am Not a Christian,* org. Paul Edwards. New York: Simon & Schuster, 1957.

_____. *A Critical Exposition of the Philosophy of Leibniz.* 2nd ed. London: Routledge, 1992.
_____. The Essence of Religion. In: *The Basic Writings of Bertrand Russell,* org. Robert E. Egner and Lester E. Denonn. New York: Simon & Schuster, 1961.
_____. The Existence of God Debate with Father Copleston. *The Existence of God,* org. John Hick. New York: Macmillan, 1964.
_____. *A Free Man's Worship.* Portland, Maine: T. B. Mosher, 1923.
_____. *Introduction to Mathematical Philosophy.* New York: Dover, 1919.
_____. On Induction. In: *The Basic Writings of Bertrand Russell,* org. Robert E. Egner and Lester E. Denonn. New York: Simon & Schuster, 1961.
_____. *Religion and Science.* New York: Oxford University Press, 1961.
_____. *What I Believe.* New York: Dutton, 1925.
_____. What is An Agnostic. In: *The Basic Writings of Bertrand Russell,* org. Robert E. Egner and Lester E. Denonn. New York: Simon & Schuster, 1961.
_____. *Why I Am Not a Christian.* New York: Simon & Shuster, 1957.
RUSSELL, C. Allyn. J. Gresham Machen, Scholarly Fundamentalist. *Journal of Presbyterian History* 51 (1973): 40–66.
RUSSELL, Edward S. *The Diversity of Animals: An Evolutionary Study.* Leiden: Brill, 1962.
SACHEDINA, Abdulaziz Abdulhussein. *Islamic Messianism: The Idea of Mahdi in Twelver Shiism.* Albany: State University of New York Press, 1981.
SAGAN, Carl. *O romance da ciência.* Trad. Carlos Alberto Medeiros. 3. ed. Rio de Janeiro: F. Alves, 1985.
_____. *The Cosmic Connection.* New York: Anchor, 1973.
_____. *Cosmos.* Trad. Angela do Nascimento Machado. Rio de Janeiro: F. Alves, 1986.
_____. *The Edge of Forever.* New York: Turner Home Entertainment, 1989.
_____. *UFO'S—A Scientific Debate.* Ithaca, N.Y.: Cornell University Press, 1972.
SAHAS, Daniel J. The Formation of Later Islamic Doctrines as a Response to Byzantine Polemics: The Miracles of Muhammad. *The Greek Orthodox Theological Review* 27, nos. 2 e 3 (1982).
SALMON, George. *The Infallibility of the Church.* London: John Murray, 1914.
SANDAGE, Alan. A Scientist Reflects on Religious Belief. *Truth.* Vol. 1. Dallas: Truth Incorporated, 1985.
SANDERS, E. P. *The Tendencies of the Synoptic Tradition.* Cambridge: Cambridge University Press, 1969.
SANDERS, J. Oswald. *How Lost Are the Heathen?* Chicago: Moody, 1988.
SANDERS, John. *No Other Name: An Investigation into the Destiny of the Unevangelized.* Grand Rapids: Eerdmans, 1992.
SARTRE, Jean-Paul. *O ser e o nada*: ensaio de ontologia fenomenológica. Trad. e notas de Paulo Perdigão. 8. ed. Petrópolis, RJ: Vozes, 2000.
_____. *O existencialismo e um humanismo*; *A imaginação*; *Questão de método.* Seleção de textos José Américo Motta Pessanha. Trad. Rita Correia Guedes, Luiz Roberto Salinas Forte, Bento Prado Junior. 3. ed. São Paulo: Nova Cultural, 1987.
_____. *A náusea.* Trad. Rita Braga. 6. ed. Rio de Janeiro: Nova Fronteira, 1989.
_____. *No Exit and Three Other Plays.* New York: Vintage, 1955.
_____. *As palavras.* Trad. J. Guinsburg. 2 ed. Rio de Janeiro: Nova Fronteira, [1986].
SATIN, Mark. *New Age Politics.* New York: Dell, 1979.
SAVAGE, C. Wade. The Paradox of the Stone. *Philosophical Review* 76 (1967): 74–79.
SAYERS, Dorothy Leigh. Towards a Christian Esthetic. In: *The Whimsical Christian.* New York: Macmillan, 1978.
SCHACHT, Richard. *Making Sense of Nietzsche: Reflections Timely and Untimely.* Urbana: University of Illinois Press, 1995.
SCHAEFFER, Francis. *Back to Freedom and Dignity.* Downers Grove, Ill.: InterVarsity, 1972.
_____. *The God Who is There.* Downers Grove, Ill.: InterVarsity, 1973.
_____. *He Is There and He Is Not Silent.* Wheaton, Ill.: Tyndale House, 1972.
_____. *No Final Conflict.: The Bible Without Errror in All That It Affirms.* Downers Grove, Ill.: InterVarsity, 1975.
_____. *Whatever Happened to the Human Race?* Old Tappan, N.J.: Revell, 1979.
SCHAFF, Philip. *A Companion to the Greek Testament and the English Version.* 3rd ed. New York : Harper, 1883.
_____, org. *The Creeds of Christendom.* 3 vols. 6th ed. rev. New York: Harper, 1919.
_____. *Nicene and Post-Nicene Fathers of the Christian Church.* 14 vols. 1st series. 1886–94. Reprint. first series. Grand Rapids: Eerdmans, 1952.

Schep, J. A., *The Nature of the Resurrection Body*. Grand Rapids: Eerdmans, 1964.
Schilpp, Paul Arthur & Hahn, Lewis Edwin, orgs. *The Philosophy of John Dewey*. LaSalle, Ill.: Open Court, 1989.
Schimmel, Annemarie. The Prophet Muhammad as a Centre of Muslim Life and Thought. In: *We Believe in One God*, org. Annemarie Schimmel and Abdoldjavad Falaturi. New York: Seabury, 1979.
_____ & Falaturi, Abdoldjavad. *We Believe In One God*. New York: Seabury, 1979.
Schipper, Reinier. Paul and the Computer. *Christianity Today*, 4 December 1964.
Scheiermacher, Friedrich. *The Christian Faith*. Philadelphia: Fortress, 1976.
_____. *On Religion*. New York: Cambridge University Press, 1996.
Schmidt, W. *High Gods in North America*. Oxford: Clarendon, 1933.
_____. *The Origin and Growth of Religion: Facts and Theories*. Reprint, New York: Cooper Square, 1972.
_____. *Private Revelation*. St. Louis: B. Herder, 1939.
Scholem, Gershom. *Sabatai Tzvi*: o messias místico III. [Trad. Ari Sólon, Margarida Goldsztajn e J. Guinsburg]. [S.l.]: São Paulo: Associação Universitária de Cultura Judaica; Perpectiva, 1996.
Schonfield, Hugh J. *The Passover Plot: New Light on the History of Jesus*. New York: Bantam, 1967.
Schopenhauer, Arthur. *Sobre o fundamento da moral*. Trad. Maria Lucia Cacciola. São Paulo: Martins Fontes, 1995.
_____. *On the Fourfold Root of the Principle of Sufficient Reason*. Trad. E. F. J. Payne. La Salle, Ill.: Open Court, 1974.
_____. *On the Will in Nature*. New York: Berg, 1992.
_____. *O mundo como vontade e representação* (III parte) ; *Crítica da filosofia kantiana* ; *Parerga e paralipomena* (capítulos V, VIII, XII, XIV). Trad. Wolfgang Leo Maar e Maria Lúcia Mello e Oliveira Cacciola; assessoria Rubens Rodrigues Torres Filho (Crítica da filosofia kantiana). São Paulo: Nova Cultural, c. 1997.
Schroeder, Henry J., org. *Canons of the Council of Trent. Canon 30, Session t, 1547*. Rockford, Ill.: Tan, 1978.
Scorgie, Glen G. *A Call for Continuity: The Theological Contribution of James Orr*. Macon, Ga.: Mercer University Press, 1988.
_____. Orr, James. In: *New Dictionary of Theology*, org. Sinclair B. Ferguson and David F. Wright. Downers Grove, Ill.: InterVarsity, 1988.
Scotus, John Duns. *Philosphical Writings*. Trad. e introd. Allan Wolter. Indianapolis: Bobbs-Merrill, 1962.
Scrivener, F. H. A. *Plain Introduction to the Criticism of the New Testament*. 2 vols. 4th ed. Org. Edward Miller. London: Bell, 1894.
Sell, Alan P. F. *Defending and Declaring the Faith: Some Scottish Examples, 1860–1920*. Colorado Springs: Helmers & Howard, 1987.
Shanks, Hershel, Vanderkam, James & Carter Jr., P. K. *The Dead Sea Scrolls after Forty Years*. Washington, D.C.: Biblical Archaeology Society, 1992.
Sharot, Stephen. *Messianism, Mysticism and Magic: A Sociological Analysis of Jewish Religious Movements*. Chapel Hill: University of North Carolina Press, 1982.
Shedd, W. G. T. *The Doctrine of Endless Punishment*. New York: Scribner, 1886.
_____. *Dogmatic Theology*. Vol 1. New York: Charles Scribner & Sons, 1868–94.
Sherwin-White, A. N. *Roman Society and Roman Law in the New Testament*. Oxford: Clarendon, 1963.
Shorrosh, Anis A. *Islam Revealed: A Christian Arab's View of Islam*. Nashville: Thomas Nelson, 1988.
Short, Robert. *The Gospel from Outer Space*. San Francisco: Harper & Row, 1983.
Shutt, R. J. H. *Studies in Josephus*. London: S.P.C.K., 1961.
Sire, James W. *The Universe Next Door*. Downers Grove, Ill.: InterVarsity, 1988.
Skinner, B. F. *Sobre o behaviorismo*. Trad. Maria da Penha Villalobos. 2. ed. São Paulo: Cultrix, [1985].
_____. *O mito da liberdade*. [Trad. Elisane Reis Barbosa Rebelo]. São Paulo: Summus Editorial, 1983.
_____. The Problem of Consciousness—A Debate. *Philosophy and Phenomenological Research* 27, no. 3 (1967).
_____. *Walden Two*. New York: Macmillan, 1976.
Slomp, J. The Gospel in Dispute. *Islamo Christiana* (journal). Rome: Pontificio Instituto de Saudi Arabia, 1978.
Slotki, Israel W, org. *The Babylonian Talmud*. Trad. S. Daiches. Vol. 3. Rebecca Bennett Publications, 1959.
Smart, Ninian. *Philosophers and Religious Truth*. London: SCM, 1964.
Smith, Chuck. *Charisma vs. Charismania*. Eugene, Ore.: Harvest House, 1983.
Smith, George H. *Atheism: The Case Against God*. Los Angeles: Nash, 1974.
Smith, H. E. *The Literary Criticism of Pierre Bayle*. Albany, N.Y.: Brandow, 1912.
Smith, Huston. *The Religions of Man*. New York: Harper & Row, 1965.

SMITH, Whitney. *The Flag Book of the United States.* New York: William Morrow, 1970.
SMITH, Wilbur M. *Before I Forget.* Chicago: Moody, 1971.
_____. Scientists and the Resurrection. *Christianity Today,,* 15 April 1957.
_____. *The Supernaturalness of Christ.* Boston: W.A. Wilde, 1944.
_____. *Therefore Stand: a Plea for a Vigorous Apologetic in the Present Crisis of Evangelical Christianity.* Boston: W. A. Wilde, 1945.
SNYDER, John. *Reencarnação ou ressurreição?* [Trad. Robinson Norberto Malkomes]. São Paulo: Vida Nova, 1985 (impressão 1988).
SORLEY, W. R. *Moral Values and the Idea of God.* 3rd ed. Cambridge: Cambridge University Press, 1919.
SOULEN, Richard N. *Handbook of Biblical Criticism.* 2nd ed. Atlanta: John Knox, 1981.
SOUTER, Alexander. *The Text and Canon of the New Testament.* London: Duckworth, 1913. Reprint. Org. C. S. C. Williams. Naperville, Ill.: Allenson, 1954.
SOX, David. *The Gospel of Barnabas.* London: George Allen & Unwin, 1984.
SPENCER, Harold. *Islam and the Gospel of God: A Comparison of the Central Doctrines of Christianity and Islam, Prepared for the Use of Christian Workers among Muslims.* Delhi : I.S.P.C.K., 1956.
SPIER, J. M. *An Introduction to Christian Philosophy.* 2nd ed. Nutley, N.J.: Craig, 1973.
SPINOZA, Benedict. *Ética.* Trad. e pref. Livio Xavier. Rio de Janeiro: Ediouro, [1993].
_____. *A Theologico-Political Treatise and a Political Treatise.* Trad. e introd. R. H. M. Elwes. New York: Dover, 1951.
SPROUL, R. C. The Internal Testimony of the Holy Spirit. In: *Inerrancy,* org. N. L. Geisler. Grand Rapids: Zondervan, 1979.
_____. *Not a Chance: The Myth of Chance in Modern Science and Cosmology.* Grand Rapids: Baker, 1994.
_____. *Razão para crer*: uma resposta às objeções comuns ao cristianismo. [Trad. Ney Siqueira]. 3. ed. São Paulo: Mundo Cristão, 1997.
STANLEY, Jake. *Miracles and Physics.* Front Royal, Va.: Christendom, 1989.
STANTON, Graham. *Gospel Truth?* Valley Forge, Pa.: Trinity, 1995.
STAUFFER, Ethelbert. *Jesus and His Story.* London: SCM, 1960.
STENGER, Victor J. The Face of Chaos *Free Inquiry* (Winter, 1992–93).
STEPHEN, Leslie. *An Agnostic's Apology.* New York: G. P. Putnam's Sons, 1893.
STEVENSON, Ian. The Explanatory Value of the Idea of Reincarnation. *The Journal of Nervous and Mental Disease* (September, 1977).
STEVENSON, J. *Studies in Eusebius.* Cambridge: Cambridge University Press, 1929.
STEVENSON, Kenneth E. & HABERMAS, Gary. *A verdade sobre o Sudário.* [Trad. Isabel Fontes dLeal Ferreira]. São Paulo: Edições Paulinas, c. 1983.
STEVENSON, Leslie. *Seven Theories of Human Nature.* Oxford: Clarendon, 1974.
STEWART, H. F. *Pascal's Apology for Religion.* Cambridge: Cambridge University Press, 1942.
STOCKHAMMER, Morris. org. *Thomas Aquinas Dictionary.* London: Vision, 1965.
STOKES, Walter E. A Whiteheadian Reflection on God's Relation to the World. In: *Process Theology: Basic Writings,* org. Ewert H. Cousins, 137–52. New York: Newman, 1971.
STONEHOUSE, Ned B. *J. Gresham Machen: A Biographical Memoir.* Grand Rapids: Eerdmans, 1954.
STONER, Peter, *Science Speaks.* Wheaton, Ill.: Van Kampen, 1952.
STRAUSS, David. *The Life of Jesus.* New York: C. Blanchard, 1900.
STRAUSS, David Friedrich. *The Life of Jesus Critically Examined.* Lives of Jesus Series. Trad. e org. George Eliot. Com introdução de Peter C. Hodgson. London: SCM , 1973.
_____. *A New Life of Jesus.* 2nd ed. 2 vols. London: Williams & Norgate, 1879.
STREETER, B. H. Codices 157, 1071 and the Caesarean Text. *Quantulacumque,* Studies Presented to Kirsopp Lake 1937.
STREETER, B. H. *The Four Gospels: A Study of Origins.* London: Macmillan, 1936.
STRIMPLE, B. *Modern Search for the Real Jesus.* Phillipsburg: Presbyterian & Reformed, 1995.
STRONG, A. H. *Systematic Theology.* 3 vols. in one. Revell, 1907.
STROUD, William. *The Physical Cause of the Death of Christ and its Relation to the Principles and Practice of Christianity.* New York: Appleton, 1871.
STROUD, William. *Treatise on the Physical Cause of the Death of Christ and Its Relation to the Principles and Practice of Christianity.* London: Hamilton, Adams, 1847.
SULLIVAN, J. W. N. *The Limitations of Science.* New York: New American Library, 933.

Sullivan, James B. *An Examination of First Principles in Thought and Being in the Light of Aristotle and Aquinas.* Washington D.C.: The Catholic University of America Press, 1939.
Suzuki, D. T. *Introdução ao Zen-budismo.* Org. Christmas Humphreys. Trad. Murillo Nunes de Azevedo. São Paulo: Pensamento, [1982].
Swanson, Guy E. *The Birth of the Gods.* Ann Arbor: University of Michigan Press, 1968.
Sweitzer, Albert. *Quest of the Historical Jesus.* New York: Macmillan, 1968.
Swinburne, Richard. *The Christian God.* London: Oxford University Press, 1994.
_____. *The Coherence of Theism.* London: Oxford University Press, 1977.
_____. *Miracles.* New York: Macmillan, 1989.
_____, org. *The Concept of Miracle.* London: Macmillan, 1989.
Takle, John. Islam and Christianity. In: *Studies in Islamic Law, Religion and Society*, org. H. S. Bhatia. New Delhi, India: Deep & Deep, 1989.
Tanner, Gerald and Sandra. *The Changing World of Mormonism.* Chicago: Moody, 1981.
Tari, Mel. *Like a Mighty Wind.* Carol Stream, Ill.: Creation House, 1971.
Taylor, A. E. *Plato: The Man and His Works.* Freeport, N.Y.: Books for Libraries, 1971.
Taylor, Richard. Metaphysics and God. In: *The Cosmological Arguments,* org. Donald Burrill. Garden City, N.Y.: Anchor, 1967.
Tennant, F. R. *Miracle and Its Philosophical Presuppositions.* Cambridge: Cambridge University Press, 1925.
_____. *Philosophical Theology.* 2 vols. Cambridge, 1928–30.
Teske, R. J. Plato's Later Dialectic. *The Modern Schoolman* 38 (1961).
Thackeray, H. St. J. *Josephus: The Man and the Historian.* New York: Jewish Institute of Religion, 1929.
Thaxton, Charles B., Bradley, Walter L. & Olsen, Roger. *The Mystery of Life's Origin: Reassessing Current Theories.* New York: Philosophical Library, 1984.
Thiele, E. R. *The Mysterious Numbers of the Hebrew Kings.* Ed. rev. Grand Rapids: Eerdmans, 1965.
Thomas, Heywood J. *Philosophy of Religion in Kierkegaard's Writings.* Lewiston, N.Y.: Edwin Mellen, 1994.
Thomas, Robert L. The Hermeneutics of Evangelical Redaction. *Journal of the Evangelical Theological Society* 29, no. 4 (1986): 447–59.
_____. An Investigation of the Agreements Between Matthew and Luke Against Mark. *Journal of the Evangelical Theological Society* 19 (1976).
_____ & Gundry, Stanley N. Form Criticism. In: *A Harmony of the Gospels with Explanations and Essays: Using the Text of the New American Standard Bible,* org. Robert L. Thomas and Stanley N. Gundry. Chicago: Moody, 1978; San Francisco: Harper & Row, 1985.
_____. Source Criticism. In: *A Harmony of the Gospels with Explanations and Essays: Using the Text of the New American Standard Bible,* org. Robert L. Thomas and Stanley N. Gundry. Chicago: Moody, 1978; San Francisco: Harper & Row, 1985.
Tindal, Matthew. *Christianity as Old as the Creation: or, the Gospel, a Republication of the Religion of Nature.* New York & London: Garland , 1978; first published, 1730.
Tisdall, W. St. Clair. *A Manual of the Leading Muhammadan Objections to Christianity.* London: S.P.C.K., 1904.
_____. *The Source of Islam.* Edinburgh: T & T. Clark, n.d.
Tolkein, J. R. R., *O senhor dos anéis.* Trad. Lenita Maria Rímoli e Almiro Pisseta. São Paulo: Martins Fontes, 2001.
Tomás de Aquino. *Commentary on the Metaphysics of Aristotle.* Trad. John P. Rowan. Chicago: H. Regnery, 1961.
_____. *Commentary on the Posterior Analytics of Aristotle.* Albany, N.Y.: Magi, 1970.
_____. *Commentary on Saint Paul's Epistle to the Ephesians by St. Thomas Aquinas.* Trad. Matthew L. Lamb. Albany, N.Y.: Magi, 1966.
_____. *Compendium of Theology.* Trad. Cyril Vollert. St. Louis: B. Herder, 1949.
_____. *De Ente.* Trad. Joseph Bobik. Notre Dame, Ind.: University of Notre Dame Press, 1965.
_____. *O ente e a essência.* Trad. Carlos Arthur do Nascimento. Petrópolis: Vozes, 1995.
_____. *On Evil.* Org. Jean Oesterle. Notre Dame, Ind.: University of Notre Dame Press, 1995.
_____. *On the Power of God.* 3 vols. Org. e trad. Lawrence Shapcote. London: Burns, Oates & Washbourne, 1932.
_____. *On Truth.* Trad. J. V. McGlynn. Chicago: H. Regnery, 1952–54.
_____. *Suma contra os gentios.* Trad. Odilao Moura e Ludgero Jaspers. Porto Alegre: Est/ Sulina/ ucs, 1990.
_____. *Suma teológica.* Porto Alegre: Universidade de Caxias do Sul, 1980. Vv. Vols.

TOON, Peter. *The Development of Doctrine in the Church.* Grand Rapids: Eerdmans, 1979.
TORREY, Norman. Voltaire, Francois-Marie Arouet De. In: *Encyclopedia of Philosophy* org. Paul Edwards. (see).
_____. *Voltaire and the English Deists.* Oxford: Marston, 1963.
_____. Voltaire, Francois-Marie Arouet de. In: *Encyclopedia of Philosophy,* org. Paul Edwards. New York: Macmillan and The Free Press, 1967.
TOV, Emanuel. The Literary History of the Book of Jeremiah in the Light of its Textual History. In: *Empirical Models for Biblical Criticism,* org. J. Tigay. Philadelphia: University of Pennsylvania Press, 1985.
TOWNSEND, Harvey G., org. *Jonathan Edwards from His Private Notebooks.* Eugene: University of Oregon, 1955.
TRAVIS, Stephen. *Christian Hope and the Future.* Downers Grove, Ill.: InterVarsity, 1980.
TREVER, J. C. The Discovery of the Scrolls. *Biblical Archaeologist* 11 (1948).
TROELTSCH, Ernst. Historiography In: *Encyclopedia of Religion and Ethics,* org. James Hastings et al. 13 vols. New York: Scribner's, 1908–26.
TRUEBLOOD, David Elton. *Philosophy of Religion.* New York: Harper & Brothers, 1957.
TUCK, Robert. org. *A Handbook of Biblical Difficulties.* New York: Revell, 1914.
TUCKETT, C. M. *Nag Hammadi and the Gospel Tradition.* London: T. & T. Clark, 1986.
TERTULIANO. *Against Marcion.* In: *The Ante-Nicene Fathers,* org. Alexander Roberts and James Donaldson. Vol. 3. Grand Rapids: Eerdmans, 1989.
_____. *Against the Valentinians.* In: *The Ante-Nicene Fathers.*
_____. *Five Books Against Marcion.* In: *The Ante-Nicene Fathers.*
_____. *On the Flesh of Christ.* In: *The Ante-Nicene Fathers.*
_____. *On the Resurrection of the Flesh.* London: S.P.C.K., 1960.
TZAFERIS, Vasilius. Jewish Tombs at and Near Giv'at ha-Mitvar. *Israel Exploration Journal* 20 (1970): 38–59.
UNGER, Merrill. *Biblical Demonology.* Grand Rapids: Kregel, 1994.
_____. *Introductory Guide to the Old Testament.* 2nd ed. Grand Rapids: Zondervan, 1956.
VAN BUREN, Paul. *The Secular Meaning of the Gospel.* New York: Macmillan, 1963.
VAN TIL, Cornelius. *The Defense of the Faith.* Philadelphia: The Presbyterian & Reformed, 1955.
VANDERKAM, James. *Os manuscritos do mar Morto hoje.* Trad. Rubens Figueiredo. Rio de Janeiro: Objetiva, 1995.
VAN TILL, Howard J. *The Fourth Day: What the Bible and the Heavens Are Telling Us about the Creation.* Grand Rapids: Eerdmans, 1986.
_____. *Portraits of Creation.* Grand Rapids: Eerdmans, 1990.
VELIKOVSKY, Immanuel. *Worlds in Collision.* Cutchogue, N.Y.: Buccaneer, 1950.
VERMES, Geza. *The Dead Sea Scrolls in English.* New York: Penguin, 1987.
VITZ, Paul. *Sigmund Freud's Christian Unconscious.* Grand Rapids: Eerdmans, 1993.
VOLTAIRE, Francois-Marie. *Cândido, ou, O otimismo.* Trad. Roberto Gomes. Porto Alegre: L&PM, 1998.
_____. *Dicionário filosófico.* Trad. Bruno da Ponte e João Lopes Alves e Marilena de Souza Chauí (verbetes assinalados com asterisco). Carta sobre os cegos para uso dos que vêem; Adição à carta precedente; O sobrinho de Rameau / Diderot; trad. e notas Marilena de Souza Chauí, J. Guinsburg. São Paulo: Nova Cultural, 1988.
_____. *Philosophical Letters.* Trad. Ernest Dilworth. New York: Macmillan, 1961.
_____. *Selected Letters of Voltaire,* org. L. C. Syms. New York: New York University Press, 1973.
_____. *Voltaire and Rousseau Against the Atheists.* New York: Wiley & Putnam, 1845.
VON WEIZSACKER, C. F. *The Relevance of Science.* New York: Harper & Row, 1964.
VOS, Howard H. Albright, William Foxwell. In: *Evangelical Dictionary of Theology.* Grand Rapids: Baker, 1984.
WAARDENBURG, Jacques World Religions as Seen in the Light of Islam. In *Islam: Present Influence and Past Challenge,* org. Alford T. Welch and Pierre Cachia. New York State: University of New York Press, 1979.
WADDY, Charis. *The Muslim Mind.* London and New York: Longman, 1976.
WALD, George. The Origin of Life. In: *Life: Origin and Evolution.* Reprinted from *Scientific American,* August, 1954.
WALLIS-HADRILL, D. S. *Eusebius of Caesaria.* London: A. R. Mowbray, 1960.
WALLS, Jerry L. *Hell: The Logic of Damnation.* Notre Dame, Ind.: University of Notre Dame Press, 1992.
WALTKE, Bruce K. Historical Grammatical Problems. In: *Hermeneutics, Inerrancy and the Bible,* org Earl D. Radmacher and Robert D. Preus. Grand Rapids: Zondervan, 1984.

WALTON, F. E. *Development of the Logos-Doctrine in Greek and Hebrew Thought*. London: Simkin, Marshall, Hamilton, Kent, 1911.
WARD, James. *Naturalism and Agnosticism*. New York: Charles Scribner's Sons, 1903.
WARD, Maisie. *Gilbert Keith Chesterton*. New York: Sheed & Ward, 1943.
_____. *Return to Chesterton*. New York: Sheed & Ward, 1952.
WARFIELD, B. B. On the Antiquity and the Unity of the Human Race. *The Princeton Theological Review* 1911.
_____. *Biblical and Theological Studies*. Org. Samuel G. Craig. Philadelphia: Presbyterian & Reformed, 1968.
_____. *Calvin and Calvinism*. Grand Rapids: Baker, 1991.
_____. *Counterfeit Miracles*. London: Banner of Truth Trust, 1972.
_____. *The Inspiration and Authority of the Bible*. Philadelphia: Presbyterian & Reformed, 1948.
_____. *Limited Inspiration*. Reprint, Grand Rapids: Baker, 1947.
_____. *The Person and Work of Christ*. Grand Rapids: Baker, 1980.
_____. *Calvin and Calvinism*. Grand Rapids: Baker Book House, 1991.
WASSENAR, Robert. A Physician Looks at the Suffering of Christ. *Moody Monthly* 79, no. 7 (1979): 41–42.
WATT, W. Montgomery. *Islam and Christianity Today: A Contribution to Dialogue*. Routledge & Kegan Paul, 1983.
_____. Montgomery. *Muhammad: Prophet and Statesman*. Reprint ed. London: Oxford University Press, 1967.
WATTS, Alan W. *O espírito Zen*: um caminho para a vida, o trabalho e a arte no Extremo Oriente. Trad. e pref. Murillo Nunes de Azevedo. São Paulo: Cultrix, [1988].
_____. *The Way of Zen*. New York: Vintage, 1957.
WEAVER, K. F. The Mystery of the Shroud. *National Geographic,* June, 1980.
WEBB, C. C. J. *Pascal's Philosophy of Religion*. New York: Kraus Reprint, 1929.
WEBBER, Robert. *Secular Humanism: Threat and Challenge*. Grand Rapids: Zondervan, 1982.
WEIGEL, Arnold D. A Critique of Bertrand Russell's Religious Position. *Bulletin of the Evangelical Theological Society* 8, no. 4 (1965).
WEINBERG, Steven. *Sonhos de uma teoria final*: a busca das leis fundamentais da natureza. Steven Weinberg. Trad. Carlos Irineu da Costa. Rio de Janeiro: Rocco, 1996.
WEIZSACKER, C. F. *The Relevance of Science*. New York: Harper & Row, 1964.
WELLHAUSEN, Julius. *Die Composition des Hexateuchs und der Historischen Bucher des Alten Testament*. Berlin: G. Reimer, 1889.
_____. *Israel. Encyclopedia Britannica*, 9th ed. New York: H. G. Allen, 1875.
_____. *Prolegomena to the History of Ancient Israel*. Reprint edition. Goucester, Mass.: Peter Smith, 1973.
WELLS, David. Tradition: A Meeting Place for Catholic and Evangelical Theology? *The Christian Scholar's Review* 5, no. 1 (1975).
WELLS, David F. *No Place for Truth*. Grand Rapids: Eerdmans, 1993.
WELLS, G. A. *Did Jesus Exist?* Buffalo, N.Y.: Prometheus, 1975.
_____. *The Biblical Evidence for Jesus*. Buffalo, N.Y.: Prometheus, 1982.
WENHAM, D. & BLOMBERG, C., orgs. *Gospel Perspectives 6: The Miracles of Jesus*. Sheffield: JSOT, 1986.
WENHAM, Gordon J. et al. History and the Old Testament. In: *History, Criticism and Faith,* org. Colin Brown, 13–73. Downers Grove: InterVarsity, 1976.
WENHAM, John William. *Christ and the Bible*. Downers Grove, Ill: InterVarsity, 1972.
_____. *Easter Enigma*. Grand Rapids.: Academie, 1984.
_____. Gospel Origins. *Trinity Journal* 7 (1978).
_____. History and The Old Testament. *Bibliotheca Sacra* 124 (1967).
WENHAM, John. *Redating Matthew, Mark and Luke: A Fresh Assault on the Synoptic Problem*. Downer's Grove, Ill.: InterVarsity, 1992.
WESTCOTT, B. F. *The Gospel According to St John: The Authorized Version*. Reimpressão de 1882. Grand Rapids: Eerdmans, 1954.
WHATELY, Richard. *Histroic Doubts Relative to Napoleon Bonaparte*. In: *Famous Pamphlets,* org. H. Morley. New York: Routledge, 1890.
WHITCOMB, John. *Chart of Old Testament Kings and Propehts*. Ed. rev. Winona Lake, Ind.: Bible Charts, 1976.
_____. *The World that Perished*. Winona Lake, Ind.: BMH, 1978.

_____ & MORRIS, Henry. *The Genesis Flood: The Biblical Record and Its Scientific Implications*. Philadelphia: Presbyterian & Reformed, 1961.

WHITE, Hayden. Feuerbach, Ludwig. In: the *Encyclopedia of Philosophy*, org. Paul Edwards. New York: Macmillan and The Free Press, 1967.

WHITE, James R. *Answers to Catholic Claims*. Southbridge, Mass.: Crowne, 1990.

WHITE, Mel. *Deceived*. Old Tappan, N.J.: Revell, 1979.

WHITE, W., Jr. O'Callahan's Identifications: Confirmation and Its Consequences *The Westminster Journal* 35 (1972).

WHITEHEAD, Alfred North. *Adventures of Ideas*. 1933. Reprint, New York: The Free Press, 1967.

_____. *Modes of Thought*. New York: The Free Press, 1968.

_____. *Process and Reality*. 1929. Reprint, New York: Harper Torchbooks, 1960.

_____. *Religion in the Making*. 1926. Reprint. New York: Meridian, 1967.

_____. *Science and the Modern World*. New York: Macmillian, 1967.

WHITTAKER, Edmund. *The Beginning and End of the World*. London: Oxford University Press, 1942.

WHITTAKER, Thomas. *Comte and Mill*. Bristol: Thoemmes, 1908.

WIEMAN, Henry N. *The Source of Human Good*. Chicago: University of Chicago Press, 1946.

WILD, Robert A. The Shroud: Probably the Work of a 14th Century Artist or Forger. *Biblical Archaeology Review* (March/April, 1984).

WILDER-SMITH, A. E. *Man's Origin, Man's Destiny*. Minneapolis: Bethany, 1968.

WILHELMSEN, Frederick D. *Man's Knowledge of Reality: An Introduction to Thomistic Epistemology*. Englewood Cliffs, N.J.: Prentice-Hall, 1956.

WILKINS, Michael J. & MORELAND, J. P., orgs. *Jesus Under Fire*. Grand Rapids: Zondervan, 1995.

WILLIAMS, John Alden. *Islam*. New York: George Braziller, 1962.

WILSON, Clifford A. *The Passover Plot Exposed*. San Diego, Calif.: Master, 1977.

_____. *Rocks, Relics and Biblical Reliability*. Grand Rapids: Zondervan, 1977.

WILSON, Robert Dick. The Meaning of Almah in Isaiah 7:14. *Princeton Theological Review* 24 (1926).

_____. *A Scientific Investigation of the Old Testament*. Chicago: Moody, 1959.

WIMBER, John & SPRINGER, Kevin. *Power Evangelism*. San Francisco: Harper San Francisco, 1992.

_____. *Power Healing*. San Francisco: Harper San Francisco, 1991.

WISDOM, John. Gods. In: *Logic and Language*, org. Antony Flew. Oxford: Blackwell, 1955.

WISEMAN, D. J. *Chronicles of the Chaldean Kings in the British Museum*. British Museum, 1956.

WISEMAN, Donald. *Creation Revealed in Six Days: The Evidence of Scripture Confirmed by Archaeology*. 3rd ed. London: Marshall, 1958.

WITTGENSTEIN, Ludwig. *Investigações filosóficas*. Trad. José Carlos Bruni. São Paulo: Nova Cultural, c. 1996.

_____. *Tractatus Logico-Philosophicus*. Trad., apresentação e ensaio introdutório Luiz Henrique Lopes dos Santos; introd. Bertrank Russell. 2. ed. rev. e ampl. São Paulo: EDUSP, 1994..

WOLFF, Richard. *The Final Destiny of Heathen*. Ridge Field Park, N.J.: Interdenominational Foreign Mission Association, 1961.

_____. *Is God Dead?* Wheaton, Ill.: Tyndale House, 1966.

WOLFSON, H. A. Maimonides on Negative Attributes. In: *Louis Ginzberg: Jubilee Volume,* org. A. Marx. New York: The New American Academy for Jewish Research, 1945.

WOLTERSTORFF, Nicholas. *Divine Discourse*. New York: Cambridge University Press, 1995.

WONDERLY, Daniel E. *God's Time-Records in Ancient Sediments*. Flint, Mich.: Crystal, 1977.

WOODBERRY, J. Dudley, org. *Muslims and Christians on the Emmaus Road*. Monrovia: March, 1989.

WOODBRIDGE, John D. *Biblical Authority: A Critique of the Roger/McKim Proposal*. Grand Rapids: Zondervan, 1982.

WOODMORAPPE, John. *Noah's Ark: A Feasibility Study*. Impact: March 1996.

WOODS, Herbert G. *Why Mr. Bertrand Russell Is Not Christian: An Essay in Controversy*. London: Student Christian Movement, 1928.

WRIGHT, G. E. org. *The Bible and the Ancient Near East*. Garden City, N.Y.: Doubleday, 1961.

WURTHWEIN, Ernst. *The Text of the Old Testament: An Introduction to the Biblia Hebraica*. Trad. Erroll F. Rhodes. Grand Rapids: Eerdmans, 1979.

YAMANI, Amed Zaki. Foreword. In: W. Watt, Montgomery. *Islam and Christianity Today: A Contribution to Dialogue*. Routledge & Kegan Paul, 1983.

YAMAUCHI, Edwin. Easter—Myth, Hallucination, or History? (2 parts) *Christianity Today* , 29 March 1974; 15 April 1974.

_____. Passover Plot or Easter Triumph. In: *Christianity for the Tough-Minded,* org. John W. Montgomery. Minneapolis: Bethany, 1973.

_____. *Pre-Christian Gnosticism.* Grand Rapids: Eerdmans, 1973.

_____. *The Stones and the Scriptures* Philadelphia: J. B. Lippincott, 1972.

YOCKEY, Herbert. Self Organization, Origin of Life Scenarios and Information Theory. *The Journal of Theoretical Biology* 91 (1981).

YOUNG, David A. *The Biblical Flood: a Case Study of the Church's Response to Extra Biblical Evidence.* Grand Rapids: Eerdmans, 1995.

YOUNG, Davis. *Christianity and the Age of the Earth.* Thousand Oaks, Ca.: Artisan Sales, 1988.

YOUNG, Edward J. The Virgin Birth. *The Banner,* 15 April 1955.

YUSSEFF, M.A. *The Dead Sea Scrolls, The Gospel of Barnabas, and the New Testament.* Indianapolis: American Trust, 1985.

ZALECKAS, Eva. Letter to the Editor. *Time,* 4 June 4 1979.

ZEITLIN, Solomon. *The Dead Sea Scrolls and Modern Scholarship.* Philadelphia: Dropsie College, 1956.

ZIAS, J. & SEKELES, E. The Crucified Man from Giv'at Ha-Mivtar: A Reappraisal. *Israel Exploration Journal* 35 (1985): 22-7.

ZWEMER, Samuel M. *The Moslem Doctrine of God.* American Tract Society,1905.

Esta obra foi composta em *Minion Condensed*
e impressa por Gráfica Santuário sobre papel
Offset 63 g/m² para Editora Vida.